中国改革开放新时期年鉴

2002年

中国民主法制出版社
2014 · 北京

图书在版编目（CIP）数据

中国改革开放新时期年鉴．2002年／王振川主编．—北京：中国民主法制出版社，2014.12

ISBN 978-7-5162-0674-4

Ⅰ．①中…　Ⅱ．①王…　Ⅲ．①改革开放—中国—2002—年鉴 Ⅳ．① D616-54

中国版本图书馆CIP数据核字（2014）第274423号

图书出品人：肖启明
图书策划：刘海涛
责任编辑：石　松　董　理

书　名／中国改革开放新时期年鉴（2002年）
作　者／王振川　主编

出版·发行／中国民主法制出版社
地　址／北京市丰台区玉林里7号（100069）
电　话／63055259（总编室）　63057714（发行部）
传　真／63055259
http: //www.npcpub.com
E-mail: mzfz@ npcpub.com
经　销／新华书店
开　本／16开　787毫米×1092毫米
印　张／72.875　字数／2182千字
版　本／2014年12月第1版　2014年12月第1次印刷
印　刷／涿州市星河印刷有限公司印刷

书　号／ISBN 978-7-5162-0674-4
定　价／900.00元

《中国改革开放新时期年鉴》编委会

编　　辑

李凤英　滕景霞　周　磊　宋　明　程学本

王　琳　沈　建　高　瑗　高　艳　刘　阳

日期索引

【一月】

【二月】

【三月】

【四月】

【七月】

【八月】

【九月】

【十月】

【十一月】

【十二月】

1月1日

《人民日报》发表社论《迈出中华民族伟大复兴的新步伐——元旦献词》

新世纪的第一年，我们伟大的祖国在全面建设小康社会、加快推进社会主义现代化建设的新阶段高歌奋进，步伐雄健。

我国"十五"计划开局良好，经济和社会发展保持旺盛活力。隆重庆祝建党80周年，兴起了学习"七一"重要讲话、贯彻"三个代表"重要思想的热潮。党的十五届六中全会作出加强和改进党的作风建设的重要决定，党的作风建设进入新阶段。北京申办2008年奥运会获得成功，极大地激发了全国人民的爱国热情。中国加入世界贸易组织，在更大范围和更深程度上参与经济全球化。亚太经合组织第九次领导人非正式会议等重要会议在我国成功举行，我国的国际地位进一步提高。科学、国防、教育、文化、卫生、体育等各项事业蓬勃发展，精神文明建设和民主法制建设取得新的成就。社会治安综合治理和反腐败斗争持续深入，民族团结和社会稳定进一步巩固，人民生活水平不断提高。奋斗伴随艰辛，成就来之不易。这是以江泽民同志为核心的党中央统揽全局，审时度势，正确决策，坚强领导的结果；是全国各族人民团结奋斗，艰苦创业，开拓进取，顽强拼搏的结果。新世纪第一年的中国以光荣和自豪载入史册。

今年是我们党和国家历史上具有重要意义的一年。我们党将要召开十六大，这是全党和全国人民政治生活中的一件大事；我们将迈出新世纪中华民族伟大复兴和党的建设新的步伐；我们将踏上新形势下改革开放和社会主义现代化建设新的征程。

纵观当前国内外形势，我们面临的任务十分艰巨。做好以经济建设为中心的各项工作，对于巩固和发展"十五"开局的良好势头，维护改革发展稳定的良好局面，继续推进建设有中国特色社会主义的伟大事业，至关重要。我们要正确把握复杂多变的国际政治经济形势，既要充分看到世界经济下滑的不利影响，又要充分认识我国经济发展的有利条件，坚持解放思想，实事求是，抓住机遇，加快发展，沉着应对，趋利避害，抵御和克服前进道路上的各种风险和困难，以保持经济和社会的稳定。要坚持扩大内需的方针，继续实施积极的财政政策和稳健的货币政策；要调整农业结构，深化农村改革，努力增加农民收入；要进一步推进经济结构的战略性调整，着力抓好企业技术改造；要不断深化经济体制改革，为加快发展和扩大开放创造良好的体制环境；要以加入世界贸易组织为契机，进一步扩大对外开放；要积极扩大就业，努力改善人民生活。

实现中华民族的伟大复兴，不仅需要发达的物质文明，而且需要先进的精神文明。实现两个文明的协调发展，是我国社会全面进步的必由之路。要坚持不懈地进行党的基本理论和基本路线的教育，进一步增强广大人民群众为实现党在现阶段的基本纲领而奋斗的坚定性自觉性。要以"三个代表"重要思想为指导，深入推进理论学习、研究和宣传，把重大理论问题和实际问题说充分说清楚。要进一步加强思想政治工作，弘扬爱国主义、集体主义、社会主义和为实现社会主义现代化不懈奋斗的精神。要坚持为人民服务、为社会主义服务和百花齐放、百家争鸣的方针，深入推进优秀作品的创作生产，繁荣社会主义文化。要深入推进群众性精神文明创建活动，贯彻落实《公民道德建设实施纲要》。要大力加强社会主义法制建设，把依法治国和以德治国结合起来。要认真研究社会稳定面临的新情况新问题，正确处理新时期人民内部矛盾。要关心群众生活，特别是要满腔热忱地帮助生活困难的城乡居民，千方百计做好社会稳定的工作，为改革和发展提供良好的社会环境。

中国共产党是中国人民的领导核心。面对改革发展稳定的繁重任务，各级党的组织和领导干部，一定要有奋发有为的精神状态，有强烈的事业心、责任感，解放思想，实事求是，与时俱进，开拓创新。党的作风建设，既是一项长期而艰巨的任务，又是一项现实而紧迫的工作。一定要按照中央的要求，把今年作为转变作风年，调查研究年。各级干部都要按照六中全会的要求，深入实际，调查研究，关心群众疾苦，注意工作方法，真抓实干，把中央的各项决策和部署落到实处，努力使作风有一个大的转变，工作有一个新的气象，党群关系、干群关系有一个新的改善，更好地肩负起时代和人民赋予的历史使命。

实现中华民族伟大复兴，任重道远，光明在前，今年必定又是一个好年景。让我们更高举起邓小平理论伟大旗帜，更加紧密地团结在以江泽民同志为核心的党中央周围，统一思想、坚定信心，沉着应对、趋利避害，转变作风、扎实工作，努力促进经济和社会健康发展，以改革开放和现代化建设的优异成绩，迎接党的第十六次全国代表大会的召开。

全国政协在全国政协礼堂举行新年茶话会

江泽民、李鹏、朱镕基、李瑞环、胡锦涛、尉健行、李岚清等党和国家领导人同各民主党派中央、全国工商联负责人，无党派人士，中央和国家机关有关方面负责人，首都各族各界的代表欢聚一堂，共庆新年。

中共中央总书记、国家主席、中央军委主席江泽民在茶话会上发表了重要讲话。

茶话会由中共中央政治局常委、全国政协主席李瑞环主持。他代表政协全国委员会向各位来宾表示热烈的欢迎和诚挚的问候，祝大家身体健康、工作顺利、阖家幸福。李瑞环说，江泽民同志的重要讲话，全面总结了过去一年的重要工作，精辟分析了当前国际国内的大局大势，深刻指出了我们面临的光荣任务。这对于我们在新的一年里，同心同德地做好各项工作，具有十分重要的指导意义。江泽民同志的讲话还对人民政协工作提出了新的希望和要求。我们一定要认真学习领会，并在实际工作中贯彻落实。李瑞环强调，今年将是我们党和国家历史上具有重大意义的一年。让我们更加紧密地团结在以江泽民同志为核心的中共中央周围，高举邓小平理论伟大旗帜，以"三个代表"重要思想为指导，齐心协力，扎实工作，为巩固和扩大最广泛的爱国统一战线，保持和发展"十五"开局的良好势头，迎接中共十六大的胜利召开，不断作出新的更大的贡献。九三学社中央主席吴阶平代表各民主党派中央、全国工商联和无党派人士，向全国各族人民致以节日的良好祝愿，向香港、澳门特别行政区同胞和台湾同胞、海外侨胞致以诚挚的问候，向伟大的中国共产党表示崇高的敬意。

中共中央总书记江泽民在全国政协新年茶话会上发表讲话

同志们，朋友们：

今天是元旦佳节。我代表中共中央、国务院、中央军委，向各民主党派和工商联、各人民团体和各界人士，向全国广大工人、农民、知识分子和干部，向人民解放军指战员、武警官兵和公安干警，向香港特别行政区同胞、澳门特别行政区同胞和台湾同胞、海外侨胞，向关心和支持我国现代化建设的国际友人，致以节日的良好祝愿！祝大家新年好！

刚刚过去的二〇〇一年，是新世纪的开端之年，也是我们实施"十五"计划和现代化建设第三步战略部署的第一年，具有特殊的意义。在中国共产党的领导下，全国各族人民同心同德，艰苦奋斗，夺取了改革开放和现代化建设的新胜利。

我们隆重庆祝了中国共产党成立八十周年，阐述了"三个代表"要求的重要意义，总结了历史经验，进一步明确了党在新世纪的历史任务和奋斗目标。我们召开了党的十五届六中全会，作出了加强和改进党的作风建设的重要决定，继续推进党的建设的新的伟大工程。全党思想认识更加一致，精神更加振奋。

我们继续推进经济发展和社会全面进步。在世界经济增长明显减缓的情况下，我国经济保持了较好的发展势头。结构调整力度加大，投资、消费和对外贸易保持增长，利用外资继续增加，西部大开发取得重要进展，财政收入增长，金融运行平稳，社会保障体系建设加强，整顿和规范市场经济秩序成效明显。在严重灾害的情况下农业平稳发展，农民收入出现恢复性增长。国有企业改革等各项改革不断深化，经济增长质量和效益提高。我国成为世贸组织成员，标志着我国对外开放进入了一个新的阶段。社会主义精神文明建设和民主法制建设取得新的成绩，科技、教育、文化、卫生、体育等各项事业全面推进，社会治安综合治理和反腐败斗争不断深入。农村"三个代表"学习教育活动深入进行。民族和宗教工作进一步加强。香港、澳门继续保持稳定发展。北京申办二〇〇八年奥运会成功，全国人民爱国热情高涨。我国经济发展，社会稳定，民族团结，人民安居乐业。

我们坚持独立自主的和平外交政策，在国际局势深刻变化的情况下，外交工作取得新的成绩。我国同周边国家的睦邻友好关系不断巩固，同发展中国家的团结合作继续发展，同西方发达国家的关系得到改善，同各种国际组织和机构的合作得到加强。我们成功举办了亚太经济合作组织第九次领导人非正式会议等重要国际会议和活动，扩大了我国的国际影响。美国发生"九·一一"恐怖暴力袭击事件后，我们与国际社会一道，共同谴责和反对恐怖主义。中国为促进世界的和平与发展，发挥着日益重要的作用。

同志们，朋友们！二〇〇二年是我们党和国家历史上非常重要的一年。中国共产党将召开第十六次全国代表大会。这是我们党在新世纪召开的第一次全国代表大会。这次会议，对于我们继往开来，与时俱进，开创建设有中国特色社会主义事业的新局面，具有重大而深远的意义。开好这次会议，是今年我国政治生活中的一件大事。我们将精心做好各项准备工作，努力以优异的成绩迎接党的十六大的召开。

进入新世纪，国际局势发生着"冷战"结束以来最为深刻的变化，不稳定因素增多，世界和平与发展的事业面临新的挑战。但和平与发展仍然是时代的主题，维护和平、谋求发展是世界人民的普遍愿望，世界上维护和平的力量继续增长。总的看，世界和平仍可以维持。总体和平、局部战争，总体缓和、局部紧张，总体稳定、局部动荡，将是今后一个时期国际局势的基本态势。我们要正确把握复杂多变的国际政治经济形势，坚定不移地坚持以经济建设为中心，集中精力把我们自己的事情办好，把我们的综合国力搞上去。

在新的一年里，全党和全国各族人民要坚持以邓小平理论和党的十五大精神为指导，进一步贯彻落实党的十五届五中、六中全会精神，按照"三个代表"要求,统一思想、坚定信心,沉着应对、趋利避害,转变作风、扎实工作,为完成今年改革和发展的各项任务而努力奋斗。

我们要坚持实施扩大内需的方针,深化改革,扩大开放,进一步推进经济结构的战略性调整,努力促进农业发展和增加农民收入,提高企业效益和竞争力,积极扩大就业、改善人民生活,继续保持国民经济持续快速健康发展。我们要积极推进社会主义精神文明建设和民主法制建设,大力发展教育科技文化事业,提高全民族的思想道德素质和科学文化素质,进一步加强思想作风建设、廉政建设、公民道德建设,保持和发扬艰苦奋斗、勤俭建国的优良传统,坚决打击各种违法犯罪活动,维护社会的安定团结。

我们要一如既往地奉行独立自主的和平外交政策,在和平共处五项原则的基础上,发展和加强与世界各国的友好合作关系。我们愿同国际社会一道,共同促进世界的和平与发展,为推动建立公正合理的国际政治经济新秩序,为创造一个持久和平与普遍繁荣的新世纪而共同努力。

解决台湾问题,实现祖国完全统一,是中华民族的根本利益所在。进入新世纪以来,海峡两岸经济合作、人员往来和各项交流加强,"和平统一、一国两制"方针得到越来越多的台湾人民的欢迎和认同。两岸相继加入世贸组织,为发展两岸经贸关系提供了新的机遇。我们将在一个中国原则基础上,继续推动两岸关系的改善,加强与台湾人民的联系和往来。合则两利、分则两害,两岸统一是大势所趋,是任何力量也改变不了的。

人民政协是爱国统一战线组织和共产党领导的多党合作和政治协商的重要机构,是我国发扬社会主义民主的重要形式。在过去的一年里,人民政协高举爱国主义、社会主义的旗帜,认真履行各项职能,充分发扬民主,努力促进团结,深入调查研究,积极反映社情民意,为维护改革发展稳定的良好局面作出了重要贡献。在新的一年里,人民政协要继续牢牢把握团结和民主两大主题,紧紧围绕党和国家的中心任务与工作大局,积极参政议政,广泛建言献策,团结各界群众,调动一切积极因素,为改革开放和现代化建设作出新的更大成绩。

全面贯彻落实党的十五届六中全会精神,是当前全党的一项重要任务。加强和改进党的作风建设,核心的问题是保持党同人民群众的血肉联系。能否始终保持同人民群众的血肉联系,是新的历史条件下我们党面临的一个根本考验。马克思主义执政党的最大危险就是脱离群众,最容易犯的错误也是脱离群众。我们党要经受住长期执政、改革开放和发展社会主义市场经济的考验,就必须抓住并切实解决好保持同人民群众的血肉联系这个问题。全党同志一定要按照六中全会的要求,扎扎实实地抓好作风建设,以新的风貌和精神状态,带领广大人民继续推进党和国家的各项事业。

一九四九年三月五日,毛泽东同志深刻地指出:"夺取全国胜利,这只是万里长征走完了第一步。如果这一步也值得骄傲,那是比较渺小的,更值得骄傲的还在后头。在过了几十年之后来看中国人民民主革命的胜利,就会使人们感觉那好像只是一出长剧的一个短小的序幕。剧是必须从序幕开始的,但序幕还不是高潮。中国的革命是伟大的,但革命以后的路程更长,工作更伟大,更艰苦。这一点现在就必须向党内讲明白,务必使同志们继续地保持谦虚、谨慎、不骄、不躁的作风,务必使同志们继续地保持艰苦奋斗的作风。"毛泽东同志的这段话,至今对我们仍然具有重要的警示作用。我们一定要结合新的实际在全体党员干部中广泛开展坚持"两个务必"的教育,使全党同志在日益复杂的国内外环境中始终保持清醒的头脑,居安思危,增强忧患意识,扎扎实实地为国家和人民工作。党的各级领导干部要深怀爱民之心,恪守为民之责,善谋富民之策,多办利民之事,脚踏实地,真抓实干。

同志们,朋友们!实现中华民族的伟大复兴,是无比美好的事业,也是十分艰巨的事业。全国各族人民要万众一心,发奋努力,在中国共产党的领导下坚定不移地走建设有中国特色社会主义的道路,敢于战胜一切艰难险阻,为不断推进社会主义现代化建设而不懈奋斗!

谢谢大家!

九三学社中央主席吴阶平在全国政协新年茶话会发表讲话

同志们、朋友们:

今天,我们怀着喜悦的心情,欢聚一堂,辞旧迎新。我谨代表各民主党派中央、全国工商联和无党派人士,向全国各族人民致以节日的良好祝愿!向香港、澳门特别行政区同胞和台湾同胞、海外侨胞致以诚挚的问候!向伟大的中国共产党表示崇高的敬意!

2001年大事多,喜事多,是令人精神振奋、欢欣鼓舞的一年。半年前,中共中央隆重举行庆祝中国共产党成立八十周年大会,江泽民总书记发表了重要讲话。江总书记的讲话从世纪之交中国和世界发展的大局出发,运用马克思主义的立场、观点、方法,实事求是地概括了中国共产党80年的光辉业绩,深刻总结了中国共产党领导中国革命、建设和改革的基本经验;精辟阐述了中国共产党要始终代表中国先进生产力的发展要求,始终代表中国先进文化的前进方向,始终代表中国最广大人民根本利益的科学内涵和精神实质;明确提出了加强和改进中国共产党自身建设的战略任务,回答了执政党建设面临的一系列重大而紧迫的问题。"讲话"内涵丰富,思想深刻,具有很强的理论性、实践性和指导性;是在新的历史条件下,对马克思主义、毛泽东思想和邓小平理论的坚持和运用,继承和发展,标志着中国共产党对执政和社会主义建设规律的认识,对人类社会发展规律的认识,都达到了一个新的境界;是指导我们开创建设有中国特色社会主义的纲领性文献,也是中国共产党面向新世纪的政治宣言。这一讲话得到了全国各族人民的衷心拥护。

2001 年,中共中央召开了十五届六中全会。这次全会通过的《中共中央关于加强和改进党的作风建设的决定》,以邓小平理论和江泽民同志"七一"重要讲话精神为指导,明确提出执政党在当前和今后一个时期的主要任务,展现了中国共产党第三代领导集体从严治党的坚定信心,是在新形势下指导中国共产党加强作风建设的纲领性文件。

2001 年是我国实施"十五"计划的开局之年。中共中央、国务院采取一系列有效措施,克服国际国内一切不利因素,使我国经济继续保持良好的发展态势,国内生产总值增长达到预定目标,改革开放和社会主义现代化建设迈出新的步伐,赢得了新世纪的良好开局。

过去的一年我国喜讯频传:北京申办 2008 年奥运会获得成功,全国人民欢欣鼓舞;我国成功地举办了亚太经合组织(APEC)第九次领导人非正式会议,这次盛会意义重大,影响深远,不仅向全世界展示了中国改革开放和社会主义现代化建设的伟大成就,提高了我国的国际地位,并为推动亚太区域合作以及世界的稳定繁荣发展作出了重要贡献,得到了国际社会的高度赞誉;经过 15 年的艰苦努力,我国正式成为世贸组织的新成员。加入世贸组织,是党中央、国务院审时度势,高瞻远瞩作出的重大战略决策,是中国主动参与经济全球化、融入世界经济主流的重要战略选择,是 21 世纪伊始世界经济发展进程中令人瞩目的重要事件。这一决策充分体现了以江泽民同志为核心的党中央第三代领导集体总览全局、与时俱进的远见卓识和深化改革、扩大开放的坚定决心,标志着我国的改革开放进入一个全新的阶段,对新世纪我国经济发展和社会进步将产生重要而深远的影响。

2001 年,各民主党派中央、全国工商联各级组织和广大成员,坚持以邓小平理论为指导,认真学习江泽民同志"七一"重要讲话,贯彻落实中共十五届五中、六中全会和第十九次全国统战工作会议精神,在进一步坚持和完善共产党领导的多党合作和政治协商制度方面,在紧密围绕党和国家中心任务,认真履行参政党职能,推动国家经济社会发展和祖国和平统一大业方面,在全面加强自身建设,实现跨世纪健康发展方面,在化解矛盾,协调关系,维护政治稳定,加快社会主义民主与法制建设方面,在大力开展支边扶贫,科教服务等方面,发挥积极性和创造性,做了许多工作,取得了新的成绩。

今年,万众瞩目的中国共产党第十六次全国代表大会将隆重举行。党的十六大对于全面加强和改善中国共产党的领导,继续推进建设有中国特色的社会主义事业,在新世纪实现中华民族的伟大振兴,具有重要而深远的意义。各民主党派、工商联和无党派人士决心在中国共产党的领导下,加强学习,统一思想,坚定信心,紧紧把握大团结大联合的主题,为建设有中国特色社会主义的经济、政治、文化服务,为维护安定团结的政治局面服务,为实现祖国的完全统一服务,为维护世界和平与促进共同发展服务,与时俱进,扎实工作,以崭新的精神风貌和优异的工作成绩迎接党的十六大胜利召开。

2002 年是各民主党派中央、全国工商联自身建设的关键之年。各民主党派中央、全国工商联的全国代表大会正在积极准备,即将拉开序幕。我们将以邓小平理论为指导,以政治交接为主线,增强接受中国共产党领导的自觉性和坚定性,进一步坚持和维护共产党领导的多党合作和政治协商制度,更加牢固地确立与中国共产党长期团结合作的政治基础,努力建设成为适应新世纪要求的参政党。

同志们,朋友们,新世纪的良好开端展示着伟大祖国的新气象,而更加宏伟的目标在召唤着我们。让我们紧密团结在以江泽民同志为核心的中共中央周围,高举邓小平理论伟大旗帜,以"三个代表"重要思想为指导,坚定信念,振奋精神,朝着建设富强民主文明的社会主义现代化国家的目标奋勇前进!

谢谢大家!

国家税务总局公布最新统计数字 2001 年全国税收突破 15000 亿元

国家税务总局公布最新统计数字,2001 年全国税收收入共完成 15157 亿元(不包括关税和农业税收),比上年增长 19.7%,增收 2496 亿元,完成年计划的 112.9%。税收总收入突破 15000 亿元,每个月的税收收入均超过 1000 亿元,国税系统收入首次突破万亿元。

据介绍,税收增收主要依靠国内增值税和各项所得税。国内增值税收入完成 5452 亿元,比上年增长 16.8%,增收 784 亿元,占总增收额的 31.4%;内、外资企业所得税和个人所得税(含利息所得税)收入共完成3621亿元,增收1196亿元,占总增收额的47.9%。

1月2日

国家主席江泽民与乌兹别克斯坦总统卡里莫夫就中乌建交10周年互致贺电

外交部部长唐家璇和乌兹别克斯坦外长卡米洛夫互致贺电祝贺两国建交10周年

2001年海关税收净入库2492.32亿元

全国海关税收再创历史最高水平,去年征收关税和进口环节税净入库累计2492.32亿元,比上年增收250.37亿元、增长11.17%。其中,关税840.62亿元,进口环节税1651.70亿元。这是继1998年全国打击走私工作会议以后海关税收连续3年大幅度增长,3年海关税收共入库6325亿元,其中比上年增长部分达1614亿元。

1月3日

国家主席江泽民和哈萨克斯坦总统纳扎尔巴耶夫就中哈建交10周年互致贺电

国务院总理朱镕基在人民大会堂会见巴基斯坦总统穆沙拉夫

朱镕基高度评价穆沙拉夫总统不久前访华取得圆满成功,称赞穆沙拉夫的访问为中巴友好合作关系的发展在新世纪注入新的活力。朱镕基还转达了江泽民主席对穆沙拉夫的问候。

外交部部长唐家璇和哈萨克斯坦外长伊德里索夫互致贺电祝贺两国建交10周年

1月4日

国家主席江泽民和塔吉克斯坦总统拉赫莫诺夫就中塔建交10周年互致贺电

国家主席江泽民和乌克兰总统库奇马就中乌建交10周年互致贺电

国办转发科技部 财政部 国家计委 国家经贸委《关于国家科研计划实施课题制管理的规定》

全国人事厅局长会议在北京召开

1月4日至5日,全国人事厅局长会议在北京召开。会议提出,新的一年,各级人事部门要按照“三个代表”的要求,深入实施人才战略,全面推进人才队伍建设、人事制度建设、人才市场建设、人事法制建设和人事部门作风建设,为经济持续快速健康发展和社会全面进步提供人才保证。

人事部部长张学忠说,建立一支宏大的高素质的人才队伍,始终是实施人才战略、开发人才资源的根本任务,是在激烈的国际人才竞争中赢得主动的关键。要以培养高层次急需人才为重点,加快专业技术人才队伍建设步伐:一要大力发展博士后科研队伍;二要改进和完善专家培养管理办法;三要加大人才特别是高层次人才的引进力度。

张学忠指出,加入世界贸易组织后,我们面临的挑战,最为直接、最为突出的是对政府管理制度和行为方式的挑战,说到底是对公务员队伍素质和能力的挑战。要把加强对公务员的培训,作为当务之急,努力提高他们的依法行政能力,增强服务意识,提高行政管理水平。一要在全国公务员中实行世贸基本知识的全员培训。二要继续深入开展依法行政培训,使广大公务员特别是经济部门、执法部门的公务员牢固树立严格按照法定权限、程序和法律规则办事的思想观念,促进政府职能向适应市场经济的要求转变,提高公务员适应市场经济发展和与国际惯例接轨的依法行政能力。三要积极开展公共管理硕士(MPA)教育,提高公务员专业化行政管理能力。同时要加强公务员的外语、计算机培训。四要研究制定各级各类公务员的能力素质标准,提供能力建设的科学依据,建立科学的培训质量评估体系,实现培训方式现代化。

张学忠强调,实施人才战略,队伍建设是目标,制度建设是关键。要继续推进人事制度和体制创新,健全完善公务员制度。一是完善公务员竞争上岗制度。二是完善公务员选拔录用制度。三是会同有关部门积极探索建立和推行任前公示制、考察预告制、试用期制、部分职务聘任制、诫勉谈话制和离岗培训制等制度。四是规范完善公务员考核制度。五是研究建立公务员分类管理制度。

外交部部长唐家璇和塔吉克斯坦外长纳扎罗夫互致贺电祝贺两国建交10周年

外交部部长唐家璇和乌克兰外长兹连科互致贺电祝贺两国建交10周年

大型历史文献画册《中国加入世界贸易组织纪

实》出版发行

该画册由外经贸部、人民日报社共同组织编辑，由五洲传播出版社出版发行。它通过翔实、珍贵的历史图片、文字资料，生动地记载了中国复关和加入世贸组织谈判的15年历程，是一部既有权威性又具文献价值的历史典籍。

画册分为六个部分:《战略决策》、《历史时刻》、《漫漫历程》、《重大转折》、《艰难谈判》、《走向未来》。画册中的照片采用中、英文对照说明。

1月5日

国家主席江泽民和吉尔吉斯斯坦总统阿卡耶夫就中吉建交10周年互致贺电

外交部部长唐家璇和吉尔吉斯斯坦外长伊马纳利耶夫互致贺电祝贺两国建交10周年

塔里木发现特大型地下水库

在西北干旱地区地下水资源勘查中，我国地质工作者发现了干旱的塔里木盆地北缘蕴藏一个特大型“地下水库”，地下水年补给量每年高达10亿立方米，地下水储存资源360亿立方米，略等于一个三峡水库(393亿立方米)的库容。

1月6日

国家主席江泽民和土库曼斯坦总统尼亚佐夫就中土建交10周年互致贺电

中央农村工作会议在北京召开

会议提出，当前和今后一个时期，要坚定不移地推进农业和农村经济结构的战略性调整，提高农业整体素质和效益，促进农民收入持续稳定增长。

这次中央农村工作会议的主要任务是，以江泽民同志“七一”重要讲话和党的十五届五中、六中全会精神为指导，贯彻落实中央经济工作会议精神，分析当前农村形势，研究部署2002年农业和农村工作。党中央、国务院对这次会议十分重视，政治局常委会和国务院分别对会议文件进行了讨论，制定了增加农民收入的政策措施。会议讨论了《中共中央、国务院关于做好2002年农业和农村工作的意见(讨论稿)》。中共中央政治局委员、书记处书记、国务院副总理温家宝在会议上作了题为《以增加农民收入为基本目标，大力推进农业和农村经济结构战略性调整》的报告，对当前农村形势、调整农业结构和增加农民收入的主要任务与政策措施作了全面的阐述。报告共四个部分：一、继续推进农业和农村经济结构调整，努力增加农民收入。二、当前调整农业和农村经济结构、增加农民收入的主要任务。三、调整农业和农村经济结构、增加农民收入要重点抓好的几项工作。四、用“三个代表”重要思想统揽全局，加强党对农村工作的领导。

会议分析了当前我国农业和农村工作的形势。去年，各地和各部门认真贯彻中央有关加强农业和农村工作的方针政策，调动了广大农民群众的积极性，农业和农村经济取得新的发展。农业生产克服严重旱灾平稳发展，结构调整初见成效，农民收入有了恢复性增长，农村社会保持稳定。当前农业和农村经济发展中的突出问题，仍然是农民收入增长困难。去年农民收入虽有恢复性增长，但基础仍不牢固，影响农民增收的一些长期性、根本性因素尚未消除；今年是我国加入世贸组织第一年，农业可能受到较大的冲击，农民增收的难度更大。增加农民收入，不仅关系到农村经济发展、农民生活改善和农村社会稳定，而且关系到扩大内需方针的落实，关系到经济和社会发展的全局。全党务必高度重视这个问题，把增加农民收入作为农业和农村工作的重点任务，放在整个经济工作的突出位置。

会议强调，新阶段增加农民收入，要有新的思路，采取综合措施。总的指导思想是“多予，少取，放活”。多予，就是要增加对农业和农村的投入，加快农村基础设施建设，扩大退耕还林规模，直接增加农民收入。少取，就是要推进农村税费改革，切实减轻农民负担，让农民休养生息。放活，就是要认真落实党在农村的各项政策，把农民群众的积极性、主动性、创造性充分发挥出来，进一步活跃农村经济，拓宽农民增收渠道。

会议指出，对农业和农村经济结构进行战略性调整，是我国农业和农村经济发展的必然要求，是增加农民收入的根本途径。近几年，各地按照农业发展新阶段的要求，围绕增加农民收入，积极探索结构调整的路子和办法。种植业结构进一步优化，开始形成粮食作物、经济作物和饲料作物协调发展的基本格局；畜牧业发展步伐加快，为保证市场供应、增加农民收入发挥了重要作用；农产品质量明显提高，淘汰了一批劣质品种，发展了一批优质专用品种，培育了一批名牌农产品；主要农产品生产进一步向优势产区集中，农业区域化布局、专业化分工的趋势逐步显现。去年农民人均纯收入比上年增长4%以上，扭转了农民收入增幅连续几年下降的势头。这得益于近几年的结构调整，得益于各地千方百计拓宽农民增收渠道的艰苦努力。

会议指出，调整农业结构，增加农民收入，是一项长期任务，是一个循序渐进的过程，不可能一蹴而就，只有坚持不懈地抓，才能见到成效。今后一个时期农业和农村经济结构调整的任务：一是调整农业生产布局，充分发挥区域比较优势。东部地区和大中城市郊区要大力发展高科技农业、高价值农产品和出口创汇农业，沿海地区要率先基本实现农业现代化。中部地区要发挥粮食生产优势，优化粮食品种和品质结构，发展加工转化和产业化经营，把粮食产业做优。西部地区要加大退耕还林步伐，发展特色农业、生态农业和节水农业。二是调整农产品结构，发展优质专用无公害农产品，全面提高农产品质量和安全水平，加快实现我国农产品的优质化和专用化。三是调整农村产业结构，继续发展乡镇企业和农村二、三产业，加快发展农产品加工业，大幅度提高农产品的附加值。四是调整农村就业结构，加快转移农村劳动力，拓宽农民增收渠道，努力探索适合中国国情的城镇化道路。达到这个阶段性目标，我国的农业发展将提高到一个新的水平，农民收入将保持持续稳定增长，整个农村经济将出现一个新的局面。

会议提出，各级政府要从本地实际出发，扎扎实实抓好推进结构调整的重点工作：一要进一步加大扶持龙头企业的力度，带动农户生产，帮助农民增收。二要继续推进农业科技体制改革，加快建立新型农业科技创新体系和技术推广体系。三要加强农产品质量标准和检验检测体系建设，确保农产品质量安全。四要切实加强畜禽疫病防治工作，建立重大病虫害的快速扑灭机制，加快"无规定疫病"畜产品出口保护区建设。五要尽快建立和完善农业信息的收集、整理和发布制度，使农户和企业能够根据市场变化及时调整生产经营决策。六要深化粮棉流通体制改革，逐步建立统一、开放、竞争、有序的粮棉市场。七要加强农村小型基础设施建设，重点支持节水灌溉、人畜饮水、农村沼气、农村水电、乡村道路和草场围栏等。

会议强调，要加大对农村教育的投入，继续普及和提高农村义务教育，进一步落实以县为主、县乡两级管理农村教育的体制，结合学校的合理调整，加强学校的危房改造。已经进行农村税费改革试点的地区，政府要确保办学经费；尚未进行税费改革的地区，原来的资金渠道不能取消，确保农村教育的正常运转。要按照"以防为主、防治结合"的方针，加强农村医疗卫生工作，健全疾病控制特别是传染病和地方病控制体系；加大对农村医疗设施的投入，改革运行机制，研究和实施新形势下的合作医疗制度，改善农村的医疗服务。

会议深入分析了加入世界贸易组织对我国农业发展和改革将产生的影响。从长远看，入世有利于我国农业比较优势的充分发挥和农业资源的合理配置；有利于改善农产品出口的国际环境，扩大优势农产品的出口；有利于调整农业结构，从整体上提高我国农业的国际竞争力；有利于吸引国外资金、技术和管理经验，推进农业现代化；有利于加快建立、健全农产品市场体系和国家对农业的支持保护体系，带动农业和农村经济管理体制以及外贸体制的改革和完善。但"入世"也给我国农业带来了严峻的挑战，我们对此要有足够的估计。从近期看，由于国际市场农产品的成本和价格较低，我国农业经营规模小，土地密集型的大宗农产品生产会受到较大冲击；而具有比较优势的劳动密集型产品市场开拓能力不强。这些问题如果处理不好，就会影响农业生产和农民特别是主产区农民的增收。我们要未雨绸缪，扎扎实实地做好各项应对工作。加快推进农业结构的战略性调整，优化产业结构和区域布局，推动农业生产标准化、农产品优质化；积极推进各项改革，尽快建立适应国内外市场需求变化的农村经济体制和运行机制；广泛运用农业先进适用技术，努力降低生产流通成本，提高国内农产品的竞争力；充分利用世界贸易组织允许的政策，强化和完善对农业和农民收入的支持体系，使农业的整体效益在竞争中得到提高。

会议指出，要用"三个代表"重要思想统揽全局，加强党对农村工作的领导。当前要认真贯彻党的十五届六中全会精神，切实加强农村干部的作风建设。正在农村进行的"三个代表"重要思想学习教育活动，是农村政治生活中的一件大事。今年的学习教育活动主要在村一级进行。要以发展农村经济、增加农民收入、保持农村稳定为主题，坚持以正面教育、自我教育为主，认真解决当前村一级所存在的突出问题，努力提高农村基层干部队伍的整体素质，真正使干部受到教育、农民得到实惠。

会议要求，各级干部要在思想上切实加深同农民群众的感情，尊重农民，爱护农民。要端正对农民的认识，切实改变对农民的一些偏见，真心实意地把农民当作我国社会主义现代化建设的重要力量；切实纠正忽视甚至歧视农民的错误做法，真心实意地尊重农民的物质利益，保障农民的民主权利。要在作风上更加扎扎实实，深入农村，了解农村。广大干部要把深入实际、调查研究作为一项基本功。干部深入农村，要真正沉下去，进行深入细致的调查研究，不能走马观花，浮光掠影。只有真正了解农民群众的想法，才能在决策中体现农民的意愿和利益。要在工作上真正把农业放到重要位置，关心农业，支持农业。农业是安天下的产业，是关联全社会的产业。各部门都要把支持农业作为自己义不容辞的责任，增强服务意识，采取切实措施，支持农业和农村的发展。地(市)、县领导干部一定要把主要精力放在农村工作上。

会议认为，当前要特别强调在干部中加强坚持实事求是的思想路线教育,坚决反对形式主义和虚报浮夸。要正确估计农村经济发展水平和农民富裕程度。要教育基层干部,既要对上负责,更要对下负责。即使是上级布置的任务,如果不符合当地农村实际,没有条件完成,也要主动向上反映,做到量力而行,珍惜民力。上级部门在给基层布置任务时,一定要从农村实际出发,体谅基层的困难。要关心和爱护农村基层干部,为他们创造良好的工作条件,保护好他们的积极性。要全面加强农村基层组织建设、精神文明建设和民主法制建设。

会议强调,做好今年的农业和农村工作,意义重大,任务艰巨。全党同志一定要从战略高度重视农业和农村工作,在以江泽民同志为核心的党中央领导下,按照"三个代表"的要求,坚定信心,扎实工作,以优异的成绩迎接党的十六大召开。

国务委员兼国务院秘书长王忠禹主持了第一天上午的全体会议。河南省、福建省、浙江省、湖北省、陕西省的有关负责人在大会上先后作了发言。

参加会议的有各省、自治区、直辖市党委、政府主管农业、农村工作的负责人及计划单列市主管农业、农村工作的负责人,新疆生产建设兵团负责人,中央和国家机关有关部门负责人等。

中央农村工作领导小组副组长马忠臣就农户承包地使用权流转政策答记者问

问:随着农村经济的不断发展,一部分劳动力从土地上转移出来,土地使用权流转必然发生。在这种形势下,如何看待土地问题和土地使用权流转问题?

答:农民承包的土地既是生产资料,也是重要的社会保障。同时,在社会主义社会,它也是农民权利平等的重要体现。老百姓讲,"土地是农民的命根子",这是一个带全局性的问题。党中央、国务院十分重视土地政策的制定和落实。去年年底,中央专门下发了关于做好农户承包地使用权流转工作的通知,对土地使用权流转政策做了明确的规定。目前,全国各地正在全面宣传落实。

问:农民承包的土地使用权包括哪些方面?

答:农民承包的土地,所有权属集体,使用权属农民,农民承包的土地使用权主要包括经营权、收益权和流转权。流转权主要指在承包期限内相互合作、转包、有偿转让、入股、联合经营、抵押等。

问:您怎样估价全国土地使用权流转的形势?

答:根据各方面调查分析,全国土地使用权流转工作,总体上是健康的,多数反映了生产要素的合理流动和优化配置,主流是好的。但也存在不少违背农民意愿、损害农民利益的问题。如有的随意改变土地承包关系,有的把土地流转作为增加乡村收入的措施,有的用行政手段将农户的承包地转租给企业经营,有的借土地流转之名随意改变土地农业用途等,严重侵犯了农民的承包经营权,损害了农民的切身利益。这些问题如不加以纠正,将引发许多矛盾,如任其发展,将会动摇农村基本经济制度。各地领导同志如果忽视这个问题,后果是严重的,必须引起高度重视。

问:如何评估土地使用权流转的发展趋势?

答:在稳定家庭承包经营制度的基础上,允许土地使用权合理流转,是农业发展的客观要求,也符合中央的一贯政策。在条件具备的地方,在农民自愿的基础上,实行土地依法流转,必将促进生产力的发展。就全国而言,绝大多数农村目前尚不具备这个条件,因为这是一个发展过程,不能急躁,不能刮风,不能下指标,更不能强制推行。在这个问题上要接受历史的经验教训,给予正确指导。

问:土地使用权流转的前提是什么?具备什么条件才能流转?

答:要认真落实中央关于土地承包期再延长30年不变的政策,确保农民家庭承包经营制度长期稳定,这是土地使用权流转的基本前提。只有那些第二、三产业发达,大多数农民实现非农就业并有稳定的工作岗位和收入来源的地方,才有可能出现较大范围的土地使用权流转,发展适度规模经营。因此,土地使用权流转一定要坚持条件,不能强制推行,也不能用收走农民承包地的办法搞劳动力转移。

问:土地使用权流转应掌握什么原则和政策?

答:农民承包地使用权流转必须坚持依法、自愿、有偿的原则,必须严格掌握政策界限,不能自行其是,不能用感情代替政策。土地流转要严格按照有关法律、法规和中央政策办事。在承包期内,村集体经济组织无权单方面解除土地承包合同,不能用少数服从多数的办法强迫农户放弃承包权或改变承包合同,不准收回农户的承包地搞招标承包,不准将农户的承包地收回抵顶欠款,不准借土地流转改变土地所有权和农业用途。在这里还有一个需要注意的问题,那就是流转期限不得超过农户承包土地的剩余承包期。必须明确,土地流转的主体是农户而不是集体经济组织。土地使用权流转必须是农民自愿的。在承包期内,农户对承包的土地有自主的经营权、收益权和流转权,有权依法自主决定承包地是否流转及流转的形式。还有一个问题要严格掌握,那就是土地使用权的流转是有偿的。土地流转的转包费、转让费和租金等,应由农户与受让方或承租方协商确定,流转的收益归农户所有,任何组织和个人不得截流或扣缴,不能侵犯农民的合法权益。

问：工商企业和城镇居民租赁农户承包地应掌握哪些政策规定？

答：农村土地流转应主要在农户之间进行。工商企业开发农业，应主要从事产前、产后和“四荒”资源开发，采取公司加农户和订单农业的方式，带动农户发展产业化经营。由于我国人多地少，企业和城镇居民到农村租赁和经营农户承包地，隐患很多，甚至可能造成土地兼并，使农民成为新的雇农或无业游民，危及社会稳定。中央的政策十分明确，不提倡工商企业长时间、大面积租赁和经营农户承包地，地方也不要动员和组织城镇居民到农村租赁农户承包地。如必须建立的种苗繁育、示范推广基地、发展设施农业等，应尽量与现有农业示范场或国有农场结合，确实困难的可小范围向农户租赁承包地，但要严格按政策进行。

问：在土地流转中，对外商采取什么政策？

答：中国农村是一个大市场，外商投资的潜力很大。如果外商在我国租赁农户承包地，必须是农业生产、加工企业或农业科研推广单位，其他企业或单位不准租赁经营农户承包地。已经租赁农户承包地的要加以规范。

外交部部长唐家璇和土库曼斯坦外长梅列多夫互致贺电祝贺两国建交10周年

1月7日

《人民日报》发表社论《关心农民支持农业》

新年钟声刚刚敲过，党中央、国务院就召开中央农村工作会议，研究部署今年的农业和农村工作。这充分体现了中央在新世纪坚持农业基础地位不动摇的战略思想。这次会议对调整农业结构、增加农民收入作出了具体部署，农村工作的任务和重点已经明确，现在需要全党全社会拿出实实在在的行动，关心农民，支持农业。

加强农业基础，增加农民收入，不仅关系农村经济发展和农村社会稳定，而且关系国民经济和社会发展全局。面对严峻的世界经济形势，我国经济要保持较快的增长速度，必须继续贯彻扩大内需的方针。千方百计增加农民收入，提高农村购买力水平，是扩大和培育内需十分重要的方面，是当前农业和农村工作的中心任务。农民收入增长缓慢，是国内需求不振的重要原因，农村购买力上不去，已成为扩大内需的主要制约因素。只有尽快把农民收入搞上去，下功夫做好开拓农村市场这篇大文章，扩大内需才有后劲。近几年，我们实行积极的财政政策，扩大投资需求，刺激消费需求，提高了城镇中低收入人群的收入水平，收到了明显的效果。现在应该而且也有条件，在增加农民收入、扩大农村需求方面采取更有力的措施。

我国农业发展进入新阶段，在主要农产品供求关系实现历史性转折的同时，也遇到了农产品普遍卖难、价格持续低迷、农民增收困难等新情况、新问题。我国加入世界贸易组织，给农业提供了新的发展机遇，也带来了严峻的挑战。农业正处在一个过坎爬坡的关键时期。面对这种新的形势，做好新时期的农业、农村和农民工作，要求更高了，任务更重了，难度也更大了。这需要我们比以往任何时候都更加关心农民，支持农业。

我国是一个农业大国，农民占人口的绝大多数。这是我们最基本的国情。农业兴、百业兴，农民富、国家富，农村稳、天下稳。关心农民，支持农业，不仅是现实需要，也是个战略问题；不仅是个经济问题，也是个政治问题。这是一条大方针，也是我们党的一个传统。过去，革命和建设之所以不断取得成功，就是因为我们充分相信农民、依靠农民，始终注意维护农民的物质利益，保障农民的民主权利。今后，巩固政权、富民强国，也必须长期坚持这个方针。

关心农民，支持农业，就要求全党同志特别是各级领导干部，以高度的政治责任心和强烈的历史使命感来对待农业、农村和农民问题，带着感情做农村工作，为农业发展、农民增收而殚精竭虑，日思夜想。就要求我们下决心强基固本，调整国民收入分配结构，切实加强对农业的支持和保护，为农业发展、农民增收创造良好的条件。就要求我们尊重农民意愿，放开农民手脚，落实好党在农村的各项政策，充分发挥农民群众的主动性和创造精神，对农民多给予、少索取，多服务、少干预，不做侵犯农民利益、伤害农民感情的事情，使农村经济更加活跃起来。

关心农民，支持农业，是实践“三个代表”重要思想的必然要求，是贯彻党的十五届六中全会精神，密切党同人民群众联系的具体体现。只要全党同志齐心协力，真抓实干，迎难而上，把关心农民、支持农业的各项措施落到实处，就一定能够开创农业和整个国民经济发展的新局面。

国家主席江泽民在中南海会见上海合作组织五个成员国外长

江泽民首先积极评价此次上海合作组织成员国外长非例行会议。江泽民说：外长们签署的《联合声明》反映了我们的共同立场和主张，有利于加强六国合作并发挥上海合作组织的作用和影响，也有利于共同维护地区和平、安全与稳定，我对会议获得圆满成功表示祝贺。

江泽民在回顾去年的国际形势时指出,“9·11”事件突出表明,虽然国际形势总体趋于缓和,但不稳定因素明显上升。各国进一步认识到,要通过加强合作来维护共同安全。我们六国应下大力气在这方面发挥重要作用,大家应齐心协力,维护共同利益,当务之急是尽快建立起地区反恐机制。

江泽民进一步指出,上海合作组织能否有更大作为,关键在于搞好自身建设,加强团结和协作,加快制定组织宪章,完善组织的合作和运作机制。江泽民表示,对上海合作组织的发展前景充满信心。

江泽民还重申了中国政府在反恐和阿富汗问题上的原则立场。

江泽民最后请俄、哈、吉、塔、乌五国外长转达他对五国元首的亲切问候。

外交部长唐家璇会见时在座。

上海合作组织成员国外长非例行会议在北京举行

会议由中国外交部长唐家璇主持,俄罗斯外长伊万诺夫、哈萨克斯坦外长伊德里索夫、吉尔吉斯斯坦外长伊马纳利耶夫、塔吉克斯坦外长纳扎罗夫和乌兹别克斯坦外长卡米洛夫均率团出席了会议。

唐家璇在开幕词中指出,本次会议的使命是讨论当前国际和地区形势,探讨如何发挥上海合作组织的作用和影响,推动该组织顺利向前发展。俄、哈、吉、塔、乌五国外长就当前阿富汗局势、国际反恐斗争、打击本地区“三股势力”及加强上海合作组织建设等问题充分发表了意见,高度评价上海合作组织在维护地区和平与稳定以及国际反恐斗争等方面所发挥的重要作用。

唐家璇最后发言,就上述问题阐述了中方的看法和立场。

唐家璇充分肯定上海合作组织成立半年来所展示的积极成效。他同时也指出,上海合作组织在维护地区安全与稳定、应对危机与挑战、参与重大国际和地区问题的解决等方面有着巨大潜力。当前,应重点做好以下三方面工作:一、继续在阿富汗及地区问题上保持密切协调和配合。二、深化打击本地区“三股势力”的合作。各方应加快《打击“三股势力”上海公约》的批准进程,加紧筹建比什凯克地区反恐怖机构,在打击“东突”、车臣和“乌兹别克伊斯兰运动”恐怖组织和团伙方面进一步加大合作力度。三、加强上海合作组织基本建设,加快组织宪章及其他一系列法律文件的制定工作,为今年6月成员国元首会晤做好充分准备。

会后,唐家璇等六国外长签署了《上海合作组织成员国外长联合声明》,并共同会见了记者。

上海合作组织成员国外长非例行会议发表联合声明

一

1. 阿富汗最近事态的发展有力地证明,上海合作组织(以下简称“本组织”)将维护地区安全与稳定、打击恐怖主义、分裂主义和极端主义“三股势力”确定为各成员国的合作重点,是十分正确和具有远见的。

2001年“9·11”事件后,本组织成员国政府首脑迅速发表专门声明,对恐怖袭击事件表示了强烈谴责。本组织是最先对“9·11”事件作出反应的国际组织之一。

2. 作为阿富汗的近邻,早在“9·11”事件发生之前,我们就长期受到源自该国的恐怖主义和毒品的直接威胁,曾多次提醒国际社会这些威胁的危害性。正因为如此,本组织成员国积极参与国际反恐联盟,并采取措施进一步加强本组织的反恐工作。

3. 本组织成员国完全支持联合国安理会第1373、1377、1383和1386号决议中规定的措施,将同根据第1373号决议成立的安理会反恐委员会开展全面合作。

二

1. 本组织成员国对阿富汗人民摆脱与国际恐怖主义沆瀣一气的塔利班制度表示欢迎,并支持阿富汗、地区各国及整个国际社会的共同努力,确保阿富汗永远不再成为扩散恐怖主义、分裂主义、极端主义和毒品的策源地。

2. 我们希望阿富汗成为和平、中立的国家,尊重和遵守人权和基本自由,同所有邻国保持友好关系,恪守所承担的国际义务。

3.本组织成员国支持2001年12月5日签署的《波恩协议》和阿富汗人民为建立多民族参与的、具有广泛代表性的政权所做的努力。我们将积极支持阿富汗临时政府。

与此同时,我们认为,这只是在阿富汗战后重建的艰难道路上迈出的第一步。我们呼吁国际社会在联合国框架内开展相互协作,防止阿富汗内部出现威胁政治解决进程的新的不稳定局势。我们呼吁参与这一进程的所有阿富汗人以合做为重,放弃相互争斗。

4. 决定阿富汗未来政治安排、选择政权架构和性质是阿富汗人民不可剥夺的权利。国际社会所有成员应尊重阿富汗的主权、领土完整和国家统一、不干涉其内部事务,为阿富汗社会的正常发展创造良好的外部条件。任何将某种管理方式强加给阿富汗,或将其置于某种影响下的企图,都可能给阿富汗及其周边地区带来新的危机。

5. 我们强调,国际安全援助部队必须与阿富汗临时政府密切合作,应按照联合国安理会的授权行事,并得到阿富汗合法政权的同意。

6. 本组织成员国支持对阿富汗人民提供广泛的国际人道主义援助，并愿为此作出自己的贡献，包括提供援助和为其他国家及国际组织的援助物资提供运输通道。

7. 本组织成员国支持在联合国主导下继续进行广泛的国际努力，以重建阿富汗经济。我们还赞同，本组织成员国将单独或在联合国框架内参与阿富汗经济重建项目。

三

1. 塔利班政权在阿富汗的垮台并不意味着国际恐怖主义组织和团伙已自行消亡。我们谴责并坚决打击一切形式的恐怖主义，反对以恐怖主义手段实现政治目标。我们决心继续致力于最大限度地消除包括在我们各国境内存在的恐怖主义威胁，并呼吁国际社会向我们提供相应支持。

2. 本组织成员国坚决主张，恐怖主义没有具体的民族和宗教特性，不能将反恐混同于反对某种宗教、信仰自由或某个国家和民族。应确保在全球、地区及一国等各个层次上同恐怖主义威胁作有效斗争，这种斗争应不带偏见，不采取双重标准。本组织所有成员国对恐怖主义威胁一致感到忧虑，对成员国打击恐怖主义的行动表示理解，认为这是国际反恐斗争的重要组成部分。

3. 本组织成员国一致认为，联合国和安理会应在国际反恐斗争中发挥主导作用。一切反恐行动应符合《联合国宪章》的宗旨和原则及其他公认的国际法准则，不能任意扩大范围，不能干涉主权国家的内政，总之是要有利于维护地区及世界和平的长远利益。

4. 我们认为，当前形势的发展迫切要求国际社会尽快制定各方都能接受的《关于国际恐怖主义的全面公约》和《制止核恐怖主义行为的公约》。

5. 本组织成员国认为，打击恐怖主义全球体系应依靠地区、次地区和国家机构，决定近期在比什凯克市建立本组织反恐怖机构，并希望在其他地区和次地区组织框架内也能建立此类机构，这有利于国际反恐斗争。

6. 我们呼吁国际社会树立以互信、互利、平等、协作为原则的新型安全观，推动解决发展问题和地区冲突问题，从根本上减少不安全因素，铲除恐怖主义根源。

7. 本组织成员国对印巴之间紧张局势加剧深表忧虑，希望双方保持克制，不使局势进一步恶化，希望双方恢复政治对话，求得问题的妥善解决，共同努力打击全球恐怖主义威胁。

四

1. 本组织是一个开放性机构。我们愿同邻国及非本地区国家和组织密切配合，保障本地区的安全与稳定。本组织愿同阿富汗临时政府以及未来阿富汗权力机构开展建设性对话与合作，并呼吁阿富汗合法领导人与本组织密切协作。

2. 阿富汗问题的解决进程为地区实现持久和平与稳定提供了独一无二的历史机遇。本组织决心为实现这一崇高目标作出重要贡献。

3. 本组织成员国外长详细探讨了在各优先发展领域的活动，并认为，扩大本组织框架内的信任措施、政治协作、经贸和投资合作以及文化、人文关系，是维护地区安全与稳定的最重要条件之一。

4. 鉴此，我们将采取切实努力解决地区安全与发展任务，同时根据各国元首和政府首脑的委托，在2002年6月本组织圣彼得堡峰会前加快本组织及其机构的组织建设工作。相信这将促使本组织成为维护地区安全与发展的重要因素。

全国人大常委会委员长李鹏在人民大会堂会见由美国众议院美中议会交流小组主席唐纳德·曼祖洛率领的代表团

李鹏说，代表团此访适逢新年刚过，希望有助于中国全国人大与美国国会在新一年里开展更多的交流。

李鹏指出，三十年前，在双方的共同努力下，中美关系的坚冰被打破，两国关系正常化的进程由此开始。三十年来，两国关系虽历经风雨，但总的来说是不断向前发展的。历史一再证明，中美两国虽存在这样那样的分歧，但更拥有广泛而重要的共同利益；中美关系的发展符合两国人民的利益，对亚太和世界的和平、稳定与繁荣也至关重要。

李鹏说，中国是一个人口众多的发展中国家，中国人民热爱和平，需要和平。我们把集中精力发展经济、改善人民生活作为长期的中心任务，把维护世界和平、促进共同发展作为对外政策的宗旨。中国愿与世界所有国家和平相处，平等合作，友好交往。

李鹏表示，我们高兴地看到，自江泽民主席和布什总统上海会晤以来，两国关系继续改善和发展。中方愿与美方共同努力，加强各领域的交流与合作，妥善处理分歧，推动两国关系朝着建设性合作关系的方向发展。

李鹏说，我们重视美国国会的重要作用。近年来，越来越多的美国议员主张发展中美关系，我们对此表示赞赏。中国全国人大愿同美国国会加强交往，通过对话和交流增进了解，扩大共识。我们欢迎更多的美国会议员访问中国，为中美关系的改善和发展作出贡献。

曼祖洛说，美中之间应该发展建设性合作关系。他祝贺中国加入世贸组织，希望双方在这方面进行更好的合作。他感谢中国在“9·11”事件后在反恐问题上给予美国的支持和合作。曼祖洛同意李鹏关于中国人大与美国国会之间加强交往的谈话，认为这方面的交流对增进了解、发展合作十分必要。

全国人大外事委员会主任委员、全国人大中美议会交流小组主席曾建徽，外交部副部长李肇星，全国人大常委会副秘书长吕聪敏，全国人大外事委员会委员于恩光以及美国驻华大使雷德参加了会见。

全国人大常委会委员长李鹏在人民大会堂会见斯洛伐克国民议会第一副主席帕沃尔·赫鲁肖夫斯基

李鹏首先对赫鲁肖夫斯基副主席访华表示热烈欢迎。他还愉快地回顾了2000年6月访问斯洛伐克时的情景。他说，中斯两国人民之间有着传统友谊。自1993年斯洛伐克独立以来，中斯双边关系保持着良好的发展势头。两国领导人多次互访，增进了了解和友谊，扩大了共识，促进了友好合作关系的发展。斯洛伐克政府始终坚持一个中国的立场，我们表示赞赏。

李鹏说：中国一贯主张，各国国情不同，选择何种社会制度和发展道路应由各国人民自己决定。我们尊重贵国人民的选择，赞赏斯洛伐克政府在维护国家独立和社会稳定，以及在振兴经济方面所取得的成绩。中国愿意在平等互利的基础上，进一步发展两国在政治、经贸等各个领域的合作。

李鹏说，中国全国人大与斯国民议会之间一直保持着友好关系，相信副主席此次访华必将为推动中斯关系的发展发挥积极作用。中国全国人大愿意积极开展与斯议会领导人、各对口委员会和友好小组间多层次、多渠道的交往。

李鹏还向客人简要介绍了中国的政治经济形势和立法成果。

赫鲁肖夫斯基感谢李鹏委员长的会见。他说，李鹏访问斯洛伐克的情景他至今还记忆犹新，那是一次非常成功的访问。我们两国议会和政府的交往都有很大进展，经贸交往也日益加强。这次访华的代表团包括了斯洛伐克各主要政党的成员，大家都对发展与中国的友好关系持积极态度，非常希望能通过这次访问加深对中国的认识和了解，使斯中两国的友谊进一步加深。

全国人大中斯友好小组主席李来柱、全国人大常委会副秘书长吕聪敏、外交部副部长王光亚、全国人大中斯友好小组副主席陶西平等参加了会见。

国务院总理朱镕基在人民大会堂与蒙古国总理那木巴尔·恩赫巴亚尔举行会谈

朱镕基首先对恩赫巴亚尔在新年伊始访华表示热烈欢迎，对蒙古国在维护国家稳定、恢复和发展经济方面取得的积极成果表示赞扬，并相信，经过蒙古国政府和人民的不懈努力，蒙古国一定能实现振兴本国经济、改善人民生活的目标。

朱镕基积极评价中蒙两国关系。他说，中国有一句俗话：远亲不如近邻。蒙古国是中国的重要邻国，两国有4600多公里的共同边界。中方一向重视与邻国的关系，中蒙关系在中国同周边国家关系中占有重要地位。在新形势下，中蒙保持长期友好，符合两国和两国人民的根本利益，也有利于维护地区的和平与稳定。

朱镕基重申，中国在与蒙古国交往中将继续尊重蒙古国的独立、主权与领土完整，尊重蒙古国的无核区地位，尊重蒙古国人民对发展道路的选择。中方愿同蒙方一道，恪守《中蒙友好合作关系条约》的精神，根据江泽民主席访蒙时与蒙方达成的共识，推动两国长期稳定、健康互信的友好合作关系不断深入发展。

朱镕基对进一步发展中蒙关系提出三点意见。第一，应继续保持高层互访的势头，两国政府部门、议会、政党也应积极开展各种形式的交往。第二，进一步加强两国文化、教育等领域的合作，尤其是开展两国年轻一代的友好交流，促进彼此间的了解和友谊。第三，加强两国在国际和地区事务中的合作，中方愿在国际和地区事务中继续同蒙方加强协调与配合。

关于经贸关系，朱镕基说，中蒙地理相邻，关系友好，经济互补性强，深化经贸合作具有得天独厚的优势。近年来，中蒙经贸合作取得了很大发展，目前中国是蒙古国的第一大贸易国和投资国，但双方的合作仍有很大潜力。两国政府首先应予以积极推动，以使中蒙合作关系再上新台阶。同时，中方欢迎两国的大企业之间建立更密切的直接联系，调动各方面发展合作的积极性。

恩赫巴亚尔赞同朱镕基关于两国关系的评价。他说，蒙中两国和两国人民之间有着悠久的传统友谊。中国是蒙古国南面最大的邻国，发展与中国的睦邻友好与平等互利合作是蒙古国对外关系的首要方针之一。蒙方愿根据1994年签署的《中蒙友好合作关系条约》，按照两国元首确立的建立面向21世纪长期稳定、健康互信、睦邻友好合作关系的目标，稳定发展两国关系。

恩赫巴亚尔对两国的经贸合作表示满意。他说，作为邻国，两国的经贸合作与交流仍存在巨大的发展空间，蒙方愿积极与中国开展各方面合作。

双方就一些重要项目进行了讨论。恩赫巴亚尔代表蒙古国政府再次祝贺中国加入世界贸易组织，表示这为蒙中深化互利合作提供了更为有利的条件。双方还就两国在资源开发和基础设施建设以及风沙治理、疫情防治等方面的合作交换了意见。

教育部部长陈至立、交通部部长黄镇东等出席了会谈。会谈结束后，朱镕基与恩赫巴亚尔共同出席了《中华人民共和国政府与蒙古国政府经济技术合作协定》等3个文件的签字仪式。

国务院副总理钱其琛在海南考察旅游工作

1月7日至10日，钱其琛在海南省委书记白克明、省长汪啸风等陪同下，先后考察了琼海、万宁和三亚等地旅游经济发展情况，并听取了海南省委、省政府的工作汇报。

钱其琛充分肯定了海南省在经济建设、旅游等方面取得的成绩，对海南省把旅游业作为"兴岛富民"的支柱产业加以培育和发展、积极实施建设热带海岛度假休闲旅游胜地战略、大力开发"蓝色"海洋旅游和"绿色"生态旅游等做法表示赞赏。

钱其琛说，海南是中国唯一的热带省份，旅游资源十分丰富和独特，距离港澳和东南亚国家也比较近，区位优势明显，又是经济特区，发展旅游业大有可为。要进一步扩大旅游业对外开放，通过开放带动开发，推动全省经济的快速发展。扩大旅游业开放，既要向国内开放，也要向国外开放。可把内地旅行社引进海南开展业务；同时想办法引进国外的大旅行社来琼开展业务，提升海南旅行社的管理水平，吸引更多的游客来海南。

钱其琛指出，要制定好旅游规划，要把握本地区旅游资源的特点，要有长期、中期、短期的发展规划，协调好经济效益与社会效益的关系。要坚持一流标准，提高项目策划水平，防止盲目开发和低水平重复建设。

钱其琛强调，要大力整顿旅游市场秩序，进一步规范对旅游业的管理。要针对目前存在的导游人员私拿回扣、索要小费和"宰客"等问题，制定专门的管理办法，规范其经营行为。要适应我国加入世界贸易组织新形势要求，加快旅游人才的培养，通过引进国外人才，挖掘本地人才，创新人才管理和使用机制，不断提高旅游业服务质量和水平。陪同考察的国务院有关部门负责人有崔占福、何光暐、于广洲等。

全国建设工作会议在北京召开

建设部部长汪光焘强调，住房发展的目标和政策，应当定位于中低收入居民，体现最广大人民群众的根本利益。要继续扩大面向中低收入居民的住房建设。

统计表明，去年1至11月份，全国房地产开发完成投资4857亿元，比上年同期增长29.7%；个人购买商品住宅比重达到93.9%。

汪光焘说，要完善、落实经济适用住房建设的各项政策，组织好经济适用住房的建设。要完善住房公积金现行管理办法，健全监督体系，发展住房公积金个人贷款。要进一步完善住房市场的税收政策、个人住房贷款保险政策、住宅产业现代化扶持政策和旧房改造扶持政策，积极培育住房租赁市场。

建设部在北京颁发中国人居环境奖和中国人居环境范例奖

获得首届"中国人居环境奖"的5个获奖城市是深圳市、大连市、杭州市、石河子市和南宁市。同时，"北京市大气污染治理和环境综合整治"等28个项目获得了"中国人居环境范例奖"。这两个奖项是根据各地的推荐和建设部组织的专家评选委员会的评审而产生，目的在于表彰在改善城乡环境质量，提高城镇总体功能，创造良好的人居环境方面作出突出成绩并取得显著效果的城市、村镇和单位。

《证券公司管理办法》颁布

中国证监会制定并颁布了《证券公司管理办法》（以下简称《办法》）。《办法》对证券公司的设立、变更和终止；证券从业人员管理；证券公司的内部控制与风险管理及对证券公司的日常监管等方面的内容作出了相应的规定。

《办法》明确规定，证券公司应当按照现代企业制度的要求，建立并健全符合公司法规定的治理结构。证券公司应当建立有关隔离制度，做到投资银行业务、经纪业务、自营业务、受托投资管理业务、证券研究和证券投资咨询业务等在人员、信息、账户上严格分开管理，以防止利益冲突。证券公司不得兴办实业，不得购置非自用不动产。

全国人大常委会副委员长布赫在北京会见意大利议员代表团

国务委员兼国防部长迟浩田在北京会见美国退役将军代表团

李家峡水电站全面竣工

黄河上游已建最大水电站——李家峡水电站枢纽工程通过国家级竣工验收。李家峡水电站最大坝高165米，总装机200万千瓦，全年平均发电量60.63亿千瓦时。

1月8日

国家主席江泽民在中南海会见蒙古国总理恩赫巴亚尔

江泽民热烈欢迎恩赫巴亚尔访华，并愉快地回忆起1999年对蒙古进行的国事访问和受到的热情款待。他说：我与巴嘎班迪总统就中蒙友好关系的发展方向达成重要共识，这次两国总理又就如何在新世纪深化两国互利合作进行了富有成果的会谈。我相信，你的这次访问一定能促进中蒙友好合作在各个领域取得新的进展。

江泽民说，亲望亲好，邻望邻好。蒙古幅员辽阔，资源丰富，经济发展潜力很大。作为蒙古的好邻居，好朋友，我们真诚希望并祝愿蒙古在今后的建设与发展中不断取得新的成就。

江泽民说，纵观国际形势的发展演变，我们仍对这个世界充满信心。总体和平、局部战争，总体缓和、局部紧张，总体稳定、局部动荡是当前国际形势的基本特征。“9·11”事件发生后，恐怖主义成为国际公害，各国人民在反恐问题上开展了国际合作。中国一贯反对一切形式的恐怖主义，支持联合国为此发挥重要作用。恐怖主义势力毕竟是少数人，打击恐怖主义要避免伤及无辜。

恩赫巴亚尔感谢江泽民的亲切会见，并转达了巴嘎班迪总统的亲切问候。

恩赫巴亚尔说，中国是蒙古的重要邻国，长期稳定地发展与中国的友好合作是蒙古对外政策的首要方针之一。1994年签署的《中蒙友好合作关系条约》为发展两国友好合作关系奠定了法律基础。两国元首互访，又为新世纪的两国关系指明了方向。我昨天与朱镕基总理谈得很好，相互了解与相互信任不断加深，两国政府有很多工作要做。蒙方愿与中方共同努力，落实这次访问的积极成果，推动蒙中友好合作迈上新的台阶。

恩赫巴亚尔赞同江泽民对国际形势的分析，表示蒙古也坚持反对恐怖主义的立场，同时认为要注意解决恐怖主义的根源问题。恩赫巴亚尔高度评价中国保持自身的稳定与发展和由此对世界的整体和平与稳定作出的重要贡献，期待中国在国际舞台上发挥更大作用。

农工民主党副主席李蒙、中国驻蒙古大使黄家骙、外交部副部长王毅、外经贸部副部长安民及蒙古外交部部长额尔敦楚伦、蒙古驻华大使阿玛尔萨那和基础设施部长吉格吉德会见时在座。

国家主席江泽民在中南海会见由美国众议院美中议会交流小组主席唐纳德·曼祖洛率领的代表团

江泽民说：你们是我在2002年会见的第一批美国朋友。听说这是曼祖洛先生第二次访华。希望你们在中国多看看、多听听，多提宝贵意见。

江泽民说，中美关系经历了不少波折起伏，但总的来说是不断向前发展的。双方在广泛领域的交流与合作不但给两国人民带来了实实在在的好处，也为促进亚太和世界的和平与繁荣作出了重要贡献。

江泽民说，中美关系事关亚太和世界的和平、稳定与繁荣。中美在许多问题上都拥有共同的责任和利益，应该加强交往与合作。

曼祖洛说，他这次来华就是为了进一步了解中国，推动双方的合作。他赞赏中国在加入世贸组织前后所做的巨大努力，相信美中经贸关系在世贸组织的框架内一定会发展得更好。

全国人大外事委员会主任委员、全国人大中美议会交流小组主席曾建徽，外交部副部长李肇星，全国人大外事委员会委员、全国人大中美议会交流小组成员于恩光以及美国驻华大使雷德等参加了会见。

全国人大常委会委员长李鹏在人民大会堂会见蒙古总理恩赫巴亚尔

李鹏说，中蒙是山水相连的邻国，有着漫长的共同边界，两国人民应该根据和平共处的五项原则发展长期稳定的睦邻友好关系。1994年，我曾代表中国政府访问蒙古，双方签署了面向未来的《中蒙友好合作关系条约》，奠定了两国关系新的政治和法律基础。

李鹏说，近年来，两国友好合作在各个领域发展顺利，我对此感到高兴，尤其是两国元首互访共同倡导的两国建立“长期稳定，健康互信”的睦邻友好合作关系，为两国关系在新世纪的发展指明了方向。

李鹏说，你的这次访问取得了圆满成功，中国全国人大支持并鼓励两国各个部门之间进一步深化互利合作，为两国人民谋得更多的利益，为促进本地区的和平与稳定作出积极的贡献。

恩赫巴亚尔回顾了蒙中友好关系近年来取得的显著进展，他强调说，1994年两国签署的友好合作关系条约，为两国在各个领域合作提供了坚实基础和动力。

恩赫巴亚尔赞赏李鹏多年来为增进蒙古与中国的友好合作所做的重要贡献，希望中国全国人大继续关心和支持两国间在各个领域交流与合作。

恩赫巴亚尔说，这次访华与中国领导人谈得很好，在很多方面达成共识。双方一致认为，蒙中友好合作潜力巨大，前景广阔，我们对蒙中关系的未来充满信心。

国务院副总理李岚清考察国家广播电影电视总局

李岚清指出，江泽民总书记对西部省区群众收听收看广播电视节目十分关心，作了一系列重要指示，提出要采取切实措施，让党和国家的声音传入千家万户。各级党委、政府要以“三个代表”重要思想为指导，同心协力，常抓不懈，切实加强西部省区广播电视覆盖工作，把江总书记的指示落到实处。

中宣部部长丁关根参加考察并讲话。

国家计委今年严查四类价格和收费行为

国家计委部署2002年价格监督检查工作时提出，今年将加强对政府管理的价格和收费的监督检查，加大执法力度，注重标本兼治，重点解决涉农价格和收费，教育和药品、医疗服务收费，行政事业单位的乱收费，制止价格欺诈、价格歧视等不正当价格行为等群众反映强烈的突出问题。

在大力开展涉农价格和收费检查方面，国家计委要求县一级价格主管部门把中小学教育、建房占地、用电及农网改造等方面价格、收费作为检查的重点。在教育、药品和医疗服务方面，2002年要以中小学校、药品和医疗服务乱加价、乱收费为重点。对与群众生活密切相关的公用事业价格，如水、电、气等，地方要安排常规性检查，并建立相应的制度。在规范行政事业单位的收费行为方面，为制止围绕车辆和道路的乱收费，今年将在部分大中城市开展小轿车收费检查，组织开展对路桥收费的专项整治。为了制止不正当价格行为，切实维护广大消费者和经营者的合法权益，2002年要以禁止价格欺诈为重点，严厉查处虚假标价、价格误导、质价不符、短缺数量等欺骗、诱导消费者或者其他经营者的行为。

国务院副总理李岚清在中南海会见美国众议员汤姆·兰托斯

中央军委副主席迟浩田考察广州军区某部“南海前哨钢八连”

迟浩田强调，连队是军队的基础。一定要按照江泽民主席军队建设“五句话”总要求建设过硬连队，发扬优良传统，进一步打牢部队建设的基础。

迟浩田来到八连驻守的横琴岛，首先代表江主席、中央军委，向“南海前哨钢八连”全体官兵表示亲切的慰问并致以新年的祝贺。

“南海前哨钢八连”1964年被国防部授予荣誉称号后，始终保持钢的信念、钢的作风、钢的纪律，经受住了复杂环境的考验，成为全军部队一面旗帜。迟浩田赞扬说，你们战争年代是英雄，和平时期是模范，无愧于“钢八连”的英雄称号。

迟浩田在会见全连官兵时强调，抓基层、打基础，是今年全军部队的一项重点工作。各级领导一定要严格按照江主席“三个代表”重要思想和“五句话”总要求，紧密结合部队实际，按照《军队基层建设纲要》抓好落实。抓基层就是要扎扎实实打基础，认认真真抓落实。你们连总结的“抓基础、抓落实、抓经常、抓反复”的经验很好，对全军部队都有指导意义，值得大力宣传推广。

迟浩田在谈到官兵关系时指出：良好的官兵关系，历来是我军的政治优势，是战胜敌人、战胜困难、夺取胜利的法宝。这个优势和法宝，什么时候都不能丢。希望你们认真抓好尊干爱兵教育，官兵之间要有“同志心、战友爱、兄弟情”。官兵之间要讲民主、讲平等，互相信任，互相帮助，互相支持；干部要尊重和维护战士的合法权益，关心战士的成长进步；战士要尊重干部，服从指挥，努力完成上级交给的任务。官兵团结一心，拧成一股绳，什么困难也难不倒我们。

广州军区司令员刘镇武、政委刘书田陪同考察。

全军抓基层工作座谈会在北京召开

总政治部主任于永波在全军抓基层工作座谈会上强调，全军部队要大力加强基层建设，使“三个代表”进一步向基层延伸，向实践拓展，真正进入连队工作，进入官兵思想，体现到基层的全面发展、全面进步上。

全军抓基层工作座谈会集中研究了如何贯彻落实江泽民主席和军委的指示要求、抓好基层建设的问题。与会代表认真分析了我军基层建设的形势，认为10多年来，全军基层建设全面加强，协调发展，形势很好。江主席关于军队建设“五句话”总要求更加深入人心，《军队基层建设纲要》得到全面贯彻落实，基层建设始终保持了正确方向，部队军政素质不断增强，物质文化生活明显改善，官兵精神面貌发生深刻变化，涌现了以成都军区某炮兵团为代表的一大批先进典型。全军部队经受住了复杂形势和重大政治斗争考验，出色完成了军事斗争准备等重大任务，始终保持高度稳定和集中统一。但是，新的形势给基层建设提出了新的更高的要求，抓基层的任务仍然十分繁重。我们必须保持清醒的头脑，认真贯彻落实江主席的重要指示，按照军委的要求，把今年的抓基层工作做好。

全国旅游工作会议在海南博鳌召开

国务院副总理钱其琛会议上强调，各地区、各有关部门要以江总书记“三个代表”重要思想为指导，认真贯彻中央经济工作会议精神，千方百计抓好入境旅游，积极发展国内旅游，大力整顿旅游市场秩序，进一步扩大旅游业的对外开放，推动我国旅游业更快更好地发展，为促进经济结构调整和经济社会发展作出更大贡献。

钱其琛说，2001年，面对复杂多变的国际政治经济环境，各地区、各部门认真贯彻落实全国旅游发展工作会议精神，进一步加大对旅游业的领导和支持力度，优化了旅游业发展环境,旅游外汇收入和入境旅游、国内旅游人数同比均有较大增长,旅游资源开发、产品建设、宣传促销等方面成效显著。但是,当前旅游业还存在着市场秩序混乱的问题,必须高度重视,采取有力措施,切实加以解决。旅游部门要会同工商、公安、税务、纪检监察等部门,严格规范旅行社与旅游商品销售单位的经济利益关系,打击各种形式的败坏旅游业声誉的行为。全国132个优秀旅游城市,要在整顿旅游市场秩序中走在前面,作出表率。

钱其琛指出,加入世界贸易组织,标志着我国对外开放进入了一个新的阶段,旅游业必须适应加入世界贸易组织要求,进一步解放思想,更新观念,继续走在全国对外开放的前列,特别是要加快旅行社对外开放的步伐。旅行社对外开放要抓好两个环节:一是要引进国际上知名的大旅游公司,以便学习他们的管理模式和经验,改变我国旅行社长期存在的“小散弱差”、管理落后等状况,促进我国旅行社的改革和发展;二是必须坚持和完善审批制度,防止境外那些信誉不好的小旅行社借机涌入我国旅游市场,扰乱我国的旅游市场秩序。扩大旅游总的对外开放,还要认真抓好利用外资开发旅游资源特别是中西部地区旅游资源的工作;推动有实力的旅行社“走出去”,尤其是到中国公民出国旅游目的地国家办企业。

钱其琛强调,面对当前国际形势的新变化,千方百计抓好入境旅游,确保入境旅游人数继续增长,对于改善外汇收支状况、增加国家外汇储备具有特别重要的意义。因此,旅游系统今年要把抓好入境旅游工作放在更加突出的位置。对日本、韩国、俄罗斯、美国及西欧、东南亚等传统客源市场,要通过加大促销力度,进一步巩固和扩大。对印度和东欧、中东、拉美等新兴市场,把市场进一步做大。要充分利用中国作为世界最安全的旅游目的地形象和加入世界贸易组织的效应,吸引更多境外游客来华旅游。

钱其琛指出,党中央、国务院已将旅游业确定为国民经济新的增长点,旅游行业要抓住机遇,扎实工作,乘势前进,把包括假日旅游在内的国内旅游进一步组织好、协调好,促进其健康发展,使国内旅游成为新的消费热点。当前要尽快出台建设国家旅游度假区和试办国家生态旅游示范区、国家旅游扶贫试验区的相关标准或管理办法,使这项工作能够尽早稳妥起步,取得阶段性成果。在有条件的城市,可利用现有的设施和闲置的房地产试办节假日家庭式旅游。

国家旅游局有关负责人表示,将坚决清理一批各方面素质不合格的导游人员,严厉查处超计划超时购物、私拿回扣行为;重点查处擅自变更旅行活动安排,降低服务标准和服务质量;查处讲解掺杂低级、庸俗、迷信内容;严厉打击以色情服务为目的的“伴游”、“陪游”等活动。对有违规违纪行为的导游人员要坚决给予惩处,直至吊销导游员资格。

据悉,今年整顿和规范旅游市场秩序要实现“五无”:旅游购物、消费无宰客;城市“一日游”无重大投诉;旅游经营无“黑社”;导游服务无“野导”;旅游交通无重大责任事故。

中国联通CDMA网开通运营

中共中央政治局委员、国务院副总理吴邦国出席开通仪式并启动CDMA网开通标志。

参加开通仪式的还有国务院有关部委领导、韩国情报通信部部长、相关国家驻华使节以及国内外知名电信运营商、设备制造商等方面的来宾共600多人。吴邦国在会前会见了参加开通仪式的国内外主要贵宾。

信息产业部部长吴基传在开通仪式上说,中国联通CDMA网的建成开通,是我国通信改革发展中的一件大事,对于繁荣电信市场、促进电信竞争、提高服务质量都是一个有力的推动。

1月9日

国家主席江泽民在人民大会堂与南斯拉夫联盟共和国总统科什图尼察会谈

江泽民主席首先欢迎科什图尼察总统访华,并表示,相信科什图尼察总统此次对中国进行的访问必将进一步增进两国人民之间的了解与信任,推动中南关系全面发展。

江泽民高度评价中南传统友谊。他说,几十年来,中南友好没有因国际和地区形势及两国国内情况的变化而变化,两国关系持续发展,双方在各领域内的交流与合作不断加强,两国在许多重大国际问题上有着相同或相似的看法。中南关系能够经受住历史的考验,主要有三方面的原因:第一,两国彼此敬重,相互怀有友好的情谊;第二,两国没有利害冲突,不存在悬而未决的问题,发展互利合作符合双方的共同利益;第三,双方在相互关系中恪守完全平等、相互尊重、不干涉对方内政的原则。

江泽民指出,发展中南长期稳定的友好合作关系是中国政府坚定不移的方针。中方在与南斯拉夫的交往中,将一如既往地尊重南的主权和领土完整,尊重南选择的发展道路和奉行的对外政策。中方理解南作为欧洲国家积极致力于融入欧洲一体化进程的努力。中方愿与南方一道,恪守《中南联合声明》确定的各项原则,加强两国在政治、经济、科技、文化等各领域内的合作与交流,增进相互了解与信任,推动两国关系在新世纪更加全面深入地向前发展。

江泽民积极评价南政府为实现民族和解,恢复经济,加强国际合作,修边睦邻及为政治解决科索沃危机所做的不懈努力,为南政府在内政外交方面取得的成绩感到高兴,并表示相信,南政府和人民有能力、有智慧妥善解决目前面临的问题。

科什图尼察对来华进行国事访问表示非常高兴,对中方给予他本人及代表团的热情、友好、周到的接待表示感谢,相信此次访问将在南中关系史上开辟一个新的阶段。他说,中国一直是南斯拉夫的真诚朋友。南中两国相互理解,在重大问题上的立场相同。双方彼此尊重对方的主权和领土完整,支持对方捍卫民族尊严的崇高目标,在国际事务中都主张建立公正合理的国际秩序,维护世界和平。南愿进一步推动两国关系在政治、经济、文化等各个领域内不断巩固和加强,并造福于两国人民。科什图尼察感谢中方长期以来给予南的支持与帮助,表示南政府愿进一步加强两国政府、议会之间的交流,深化两国在经济领域内的合作,推动南中友谊不断发展。

科什图尼察重申南将继续坚持一个中国的立场,认为世界上只有一个中国,即中华人民共和国,台湾是中国的一部分,南支持中国为实现国家统一所做的努力。

江泽民主席对南一贯坚持一个中国的立场,支持中国的统一大业表示高度赞赏。

会谈结束后,江泽民主席与科什图尼察总统共同签署了《中南联合声明》,并出席了《中华人民共和国政府和南斯拉夫联盟共和国政府经济技术合作协定》等其他两个文件的签字仪式。

中华人民共和国和南斯拉夫联盟共和国发表联合声明

应中华人民共和国主席江泽民的邀请,南斯拉夫联盟共和国总统沃伊斯拉夫·科什图尼察于2002年1月9日至11日对中华人民共和国进行了国事访问。江泽民主席、全国人民代表大会常务委员会委员长李鹏和国务院总理朱镕基等中国领导人与沃伊斯拉夫·科什图尼察总统在诚挚友好的气氛中就双边关系、地区形势和共同关心的国际问题深入交换了意见,达成了广泛共识。双方发表声明如下:

一、双方对两国关系的顺利发展感到满意,一致认为,在相互尊重主权和领土完整、互不侵犯、互不干涉内政、平等互利、和平共处原则的基础上,长期、稳定、全面发展双边关系符合中南两国和两国人民的根本和长远利益,也有利于地区和世界的和平与发展。双方决心共同努力,推动两国关系在新世纪更加全面深入的发展。

二、双方愿开展包括高级和最高级别在内的各级政治对话,以增进两国间的相互理解和信任。双方将积极推动两国在经济、科技、文化、教育和卫生等具体领域的合作与交流,不断扩展合作渠道,丰富合作内涵,加强双边关系的物质基础。双方愿在市场经济条件下,继续鼓励和支持两国企业加深了解,扩大合作,推动双边贸易关系、旅游和其他形式的经济合作不断发展。双方将继续鼓励和支持两国政府、议会及地方政府和民间组织保持经常性交往,增进相互了解与信任,巩固中南传统友谊。双方将鼓励和推动人员接触和往来,并在打击有组织犯罪、非法贩卖人口、毒品、武器及伪造货币和证件等方面加强合作。

三、中方赞赏南斯拉夫为实现内部稳定、民族和解所做的积极努力。中方重申,支持和尊重南斯拉夫联盟共和国的主权和领土完整,要求全面切实执行联合国安理会第1244号决议,保障科索沃—梅托希亚地区各民族的完全平等、财产和人身安全及利益,并保护其文化遗产,确保难民和流离失所者尽快安全、自由地重返家园,并在此基础上实现科索沃—梅托希亚问题的政治解决。作为联合国安理会常任理事国,中国将为科索沃—梅托希亚问题在联合国安理会决议框架内早日得到公正、持久的和平解决,并根据联合国安理会第1345号和第1371号决议和平解决地区争端继续作出不懈的努力。

四、南方重申其众所周知的立场,世界上只有一个中国,中华人民共和国政府是代表全中国的唯一合法政府,台湾是中国领土不可分割的一部分。南方确认不与台湾建立任何形式的官方关系或进行任何官方性质的往来,不支持台湾加入只有主权国家才能参加的国际组织。南方强调,台湾问题纯属中国内政,尊重和支持中国为维护国家统一所做的努力,希望中国早日实现国家统一。

五、南方充分重视中国在国际事务中发挥的重要作用,高度评价中国作为联合国安理会常任理事国在维护世界和平和东南欧地区稳定方面作出的积极贡献。中方认为,南斯拉夫是实现世界和平、维护东南欧地区稳定和促进区域合作的重要因素。中方理解和尊重南斯拉夫作为欧洲国家致力于融入欧洲一体化进程的选择,赞赏南斯拉夫奉行睦邻友好政策。

六、双方认为,当前国际形势正在发生复杂而深刻的变化,追求和平与发展已成为世界人民的共同愿望。世界多极化符合时代进步的要求和国际社会绝大多数国家和人民的愿望。双方强调,国家不分大小、贫富、强弱,都是国际社会的平等一员,都有参与国际事务的平等权利。各国有权根据本国国情，独立自主地选择自己的社会制度和发展道路。中南两国愿与国际社会一道为建立公正合理的国际政治经济新秩序而共同努力。

七、双方坚决反对一切形式的恐怖主义，认为恐怖主义是对整个人类文明的公然挑战，已成为国际社会的公害。双方强调，在打击恐怖主义问题上不能搞双重标准。对于任何形式的恐怖主义，国际社会都应采取一致立场，严厉谴责，坚决斗争。双方主张，在反恐问题上应进一步加强国际合作，充分发挥联合国和安理会的主导作用，并采取措施彻底消除恐怖主义产生的根源。

八、双方坚信，联合国是当今最具普遍性的政府间国际组织，在维护国际和平与稳定、解决全球和地区冲突方面，其权威性和重要作用是其他国际或地区组织无法取代的。双方重申恪守《联合国宪章》的宗旨和原则以及其他公认的国际法原则和国际关系准则，支持加强和提高联合国的作用和效能，愿继续加强两国在联合国及其他国际组织中的密切协作。

本声明于2002年1月9日在北京签署。

国务院召开第52次常务会议

国务院总理朱镕基主持召开了会议。会议认为，1987年国务院发布的《化学危险物品安全管理条例》，对加强危险化学品的管理起了重要作用。对危险化学品的监管，涉及生产、经营、储存、运输、使用危险化学品和处置废弃危险化学品等多个环节，为了有效地防止危险化学品事故发生，有必要在总结实践经验的基础上，对原条例做全面修改。

会议确定，《危险化学品安全管理条例(修订草案)》经进一步修改后，由国务院公布施行。

中央军委批转军队采购改革总体方案

经中央军委主席江泽民批准，中央军委日前向全军和武警部队批转了总后勤部制订的《深化军队物资、工程、服务采购改革总体方案》，要求各级积极稳妥地组织实施，确保军队采购制度改革顺利进行。

中央军委副主席张万年、迟浩田对这项改革作了批示。在今天召开的全军采购制度改革工作会议上，中央军委委员、总后勤部部长王克对这项工作做了部署。

军队采购改革总体方案提出，这项改革要以江主席“三个代表”重要思想为指导，适应社会主义市场经济发展和打赢高技术局部战争的要求，在“十五”期间逐步建立起统一管理、分工负责、有效监督、集约高效，具有我军特色的现代采购制度。改革的主要任务是，改革采购模式，把目前分散在各部门的采购项目，尽可能地集中起来，由专门的采购机构统一组织，逐步实现以集中采购为主的采购模式。改革采购方式，扩大招标采购的范围。改革采购程序，实行分段管理，从编制采购预算、统一采购计划、组织实施采购、严格质量验收到集中支付资金，分工协作，相互制约。

王克在讲话中说，这项改革方案的出台，标志着我军的采购制度改革进入了总体设计、全面推进的新阶段，形成了与国家政府采购制度改革相适应、具有我军特色的采购制度框架。这项改革搞好了，就会使我军的后勤工作在适应社会主义市场经济方面又迈出重要的一步。

王克强调，深化采购制度改革，一要切实加强组织领导，采取得力措施，认真抓好。二要牢固树立全局观念，各级各部门要自觉支持改革，积极参与改革。三要认真抓好配套建设，积极改进采购手段，提高采购效率。四要积极稳妥地推进改革，先易后难，循序渐进，分步实施，逐步完善。今年要全面推开物资、工程采购改革，并在总部和大单位机关组织服务采购改革试点，明年全面展开服务采购改革，2005年前基本建立起新型的军队采购制度。

第五次全国环境保护会议在北京召开

国务院总理朱镕基在会上指出，保护环境是我国的一项基本国策，是可持续发展战略的重要内容，直接关系现代化建设的成败和中华民族的复兴。他强调，在保持国民经济持续快速健康发展的同时，必须把环境保护放在更加突出的位置，加大力度，狠抓落实，努力开创新世纪环境保护工作新局面。

国务院副总理温家宝主持了会议。会议的主题是贯彻落实国务院批准的《国家环境保护“十五”计划》，部署“十五”期间的环境保护工作。

朱镕基代表党中央、国务院向全国从事和参与环境保护工作的各条战线的同志们，表示亲切的问候和衷心的感谢。他强调，保护和改善环境就是发展生产力。实践证明，无论什么地方，保护好环境就能增强投资吸引力和经济竞争力。经济建设决不能以破坏人类生存环境为代价，不能把环境保护同经济建设对立起来或割裂开来。要把认识真正统一到走可持续发展的道路上来，要让这种思想深入人心，决不能做“吃祖宗饭、断子孙生路”的事情。

朱镕基充分肯定了“九五”期间我国环境保护工作取得的成绩。“九五”期间，结合经济结构调整和扩大内需，加大了污染防治和生态保护力度，累计完成环保投资3600亿元，比“八五”时期增加2300亿元，“九五”环保工作的主要目标基本实现。但也必须清醒地看到,我国环境形势依然严峻,不容乐观。从总体上看,生态环境恶化的趋势初步得到遏制,部分地区有所改善,部分地区还在恶化。"十五"期间,我国工业化、城市化将继续发展,人口还要增加,对环境的压力不断增大。环境保护和生态建设面临的任务十分艰巨。

朱镕基指出,"十五"期间,环境保护既是经济结构调整的重要方面,又是扩大内需的投资重点之一。要明确重点任务,加大工作力度,有效控制污染物排放总量,大力推进重点地区的环境综合整治。凡是新建和技改项目,都要坚持环境影响评价制度,不折不扣地执行国务院关于建设项目必须实行环境保护污染治理设施与主体工程"三同时"(同时设计、同时施工、同时投入运行)的规定。当前,特别要注意防止出现新一轮的重复建设。搞重复建设后患无穷,会带来一系列的经济和社会问题。经济发展要在提高科技含量、规模效益和增强竞争力上下功夫。现在还热衷于搞浪费资源、污染环境的"小土群"、"小洋群",是没有出路的。不仅无益于发展地方经济,相反会危害群众利益,祸及子孙后代。已被淘汰的落后生产能力决不能以任何借口和形式恢复生产,更不得向西部地区转移,各级领导要"守土有责"。要注意保护好城市和农村的饮用水源。决不允许再发生工厂污染江河、水库的事情。要切实搞好生态环境保护和建设,特别是加强以京津风沙源和水源为重点的治理和保护,建设环京津生态圈。要抓住当前有利时机,进一步扩大退耕还林规模,推进休牧还草,加快宜林荒山荒地造林步伐。在大力发展旅游业的同时,千万要注意加强风景名胜区和旅游点的环境保护,决不能破坏自然景观、人文景观。

朱镕基强调,环境保护是政府的一项重要职能。"十五"环保计划的实施,必须发挥政府的主导作用,关键是要责任到位,措施到位,组织到位。环境保护工作不仅是环保部门的事情,各有关部门都要密切配合,各负其责,按照社会主义市场经济的要求,动员全社会的力量去做好这项工作。环保部门要不负重托,不辱使命,切实加强队伍建设,认真转变作风,严格执法,对污染环境的行为要坚决查处,决不姑息,同时要坚决执行收费和罚没收入"收支两条线"的规定。要继续搞好环境警示教育,把公众和新闻媒体参与环境监督作为加强环保工作的重要手段。对造成环境污染、破坏生态环境的违法行为,要公开曝光,并依法严惩。

朱镕基说,环境保护是一项功在当代,利在千秋的伟大事业。各地区、各部门要认真贯彻落实这次会议的精神,以江泽民同志"三个代表"重要思想为指导,努力完成国家环境保护"十五"计划提出的各项目标和任务。只要我们矢志不移、坚持不懈地努力奋斗,就一定能使我们的祖国水更清、天更蓝、山川更秀美。

国家环保总局局长解振华、国家经贸委主任李荣融、山东省代省长张高丽、内蒙古自治区主席乌云其木格先后在会议上发言。

国务院召开的这次环境保护会议,采用电视电话会的形式,直接到省市县。在主会场参加会议的有中央、国务院有关部门负责同志;在各分会场参加会议的有各省、自治区、直辖市以及各地(市)、县政府的主要负责人和有关部门的负责同志。

全国科技大会在北京开幕

我国将抓紧实施人才、专利和技术标准三大战略,以应对加入世贸组织后所面临的机遇和严峻挑战。

科技部部长徐冠华指出,我们要积极实施人才战略,采取切实措施,营造良好环境,吸引国内外人才。我们采取的措施是:一要根据重大项目需求,有针对性地加大对海外顶尖人才包括高水平团队的引进力度,努力形成海外优秀科技人才回国创业的潮流;二是改革科技评价制度,国家科技计划和项目都将把发现、培养和稳定青年人才,特别是青年尖子人才作为重要考核指标;三是国家科技计划实施课题制,提高科研经费中人员费用的比例,克服科技管理中见物不见人的弊端;四是研究探索高新技术企业利用期权等多种形式的激励机制,充分体现科技人员和经营管理人员的创新价值。

谈到实施专利战略,徐冠华说,一是建立运用知识产权制度促进科技创新的利益激励机制;二是发挥知识产权在科技管理中的导向作用;三是在科技计划中设立专门经费,支持申请国内外专利,并对专利维持费给予补助;四是积极配合国家知识产权局,对重大科技计划中的创造发明申请加快专利审批速度,促进其尽快形成市场竞争力。

谈到实施技术标准战略,徐冠华说,一是加强国际标准化总体发展动态和我国标准发展战略研究,尽快研究建立既符合世贸组织规定,又能保护本国利益的国家技术标准体系;二是调整现有科研机构设置,支持有关部门建设国家标准技术研究机构及相应的人才队伍;三是增加技术标准研究投入,把建立技术标准作为国家科技项目的重要内容和考核目标;四是积极参与国际标准制定及相关活动,争取在国际标准化领域获得更多的发言权。

全国民航航空安全工作会议在北京召开

民航总局局长刘剑锋表示,民航正在进行管理体制的改革,但政府对航空安全的控制力不能削弱、只能加强。管理方式将从主要靠行政办法,转变为主要依靠法律,辅之以必要的行政手段和经济手段。同时加快法规规章的制定和修改,坚持高标准,吸取世界民航安全管理的先进经验,争取用两个五年计划的时间,建成完整、配套、适用的安全法规体系。

据介绍,2001年我国航空安全形势总体平稳,从2000年6月至今民航运输飞行已连续18个月无事故,是民航1990年以来第二个最长的安全周期。2002年民航安全工作目标包括:杜绝运输飞行事故,在确保人、机安全的前提下杜绝劫机、炸机事件发生,杜绝重大航空地面事故和特大航空器维修事故等。

外交部部长唐家璇开始对厄立特里亚 埃塞俄比亚 南非 英国进行正式访问

对外友协在人民大会堂举行招待会庆祝中国与乌兹别克斯坦 哈萨克斯坦 吉尔吉斯斯坦和土库曼斯坦建交10周年

国务委员司马义·艾买提、对外友协会长陈昊苏、中联部副部长蔡武、中国人民解放军副总参谋长熊光楷上将以及中亚五国驻华使节出席了招待会。

陈昊苏发表讲话指出,中国是率先承认中亚五国独立的国家之一,10年来与中亚五国建立了日益发展的友好合作双边关系。中国人民十分珍惜与中亚五国的传统友谊,将继续保持和发展我们之间长期稳定的睦邻友好合作关系,永做"好邻居、好伙伴、好朋友"。

中亚五国驻华使节也分别发表讲话,盛赞中亚五国与中国在各领域合作中取得的积极成果。

国家环保总局公布2001年全国环境质量状况

与2000年相比,城市空气质量基本稳定;主要流域中海河、淮河、滇池水质变化不大,长江、珠江、松花江、太湖、巢湖水质有所好转,辽河和黄河水质污染有所加重。

中国医师协会在北京成立

中国医师协会是在我国颁布实施《中华人民共和国执业医师法》之后,依法成立的我国最大的医师行业性组织。中国医师协会的成立,将打破学、协会中严格的专业界限,容纳西医、中医、中西医结合医、民族医等,标志着我国医师队伍的管理将发生深刻的变化,将由目前单一的卫生行政管理模式,逐步过渡到卫生行政管理和行业自律管理的协同模式。据有关部门的统计,我国执业医师人数已超过200万人。

全国人大常委会副委员长吴阶平、彭珮云出席了成立大会。

1月10日

全国人大常委会委员长李鹏在人民大会堂会见南斯拉夫总统科什图尼察

李鹏委员长热烈欢迎科什图尼察总统访华。他说,总统阁下同江泽民主席举行了成功会谈,就两国关系及其他共同关心的重大问题深入交换了意见,达成广泛共识,并签署了《中南联合声明》等一系列重要文件,确定了两国关系今后发展的方向,丰富了两国合作的内涵。中南两国虽相距遥远,但两国和两国人民之间有着深厚的友谊。我2000年访南时,曾深切地感受到了这一点。

李鹏感谢南一贯坚持一个中国的立场,支持中国的统一大业。他表示,中方尊重南的主权和领土完整,赞赏南为实现国家稳定、民族和解、经济复苏所做的努力。

李鹏在介绍中国情况时说,中国实行人民代表大会制度,这一制度根植于中国的土壤,符合中国的国情,它不同于某些国家实行的"两院制"和"三权分立"。他指出,议会之间的交往与合作有利于两国总体关系的发展。中国全国人大支持中国政府进一步发展中南互利友好合作,愿进一步加强同南议会的交流,增进两国人民之间的相互了解与友谊。

科什图尼察总统感谢李鹏委员长会见他和代表团。他说,昨天与江泽民主席进行了非常友好、成功的会谈,双方签署的联合声明是指导两国关系发展的一个重要文件。南方愿在这一文件的指导下与中方加强包括双方议会在内的各领域、各层次的交往与合作,使南中传统友谊不断深化和发展。

全国人大常委会副委员长姜春云、全国人大常委会副秘书长吕聪敏、中国驻南大使温西贵、李鹏委员长办公室主任吴文昌、外交部部长助理刘古昌等会见时在座。

全国人大常委会委员长李鹏在人民大会堂与韩国国会议长李万燮举行会谈

李鹏首先代表全国人大常委会并以他个人的名义对李万燮议长来访表示欢迎。他接着说,阁下1994年率团访华,是正式访华的第一位韩国议长。我们都是发展中韩两国友好关系的积极参与者和见证人。今年是两国建交10周年,回顾过去,我们对这10年来两国关系的顺利发展表示满意。在短短的10年里,双边关系发展迅速。两国在政治、经济、科技、文化等方面的交流与合作取得了许多成果,两国间建立的合作伙伴关系进入了全面发展的新阶段,这是两国领导人和两国各界人士共同努力的结果。

李鹏说，去年5月我访问韩国，受到阁下和韩国国会等各界人士的热情接待，至今记忆犹新。议长此次来访，使我们有机会重叙友谊，你的这次访问揭开了中韩建交10周年一系列庆祝活动的序幕。我们希望以此为契机，与韩方一道，携手努力，把两国友好合作关系推向一个新的高度。

李鹏说，多年来，李万燮议长为推动中国全国人大与韩国国会之间的关系做了大量工作，对此我们深表感谢和赞赏。

李鹏说，中国是朝鲜半岛南北双方的友好邻邦，对南北关系出现的每一个进展都感到由衷的高兴。一个和平、统一、繁荣的半岛，符合中国的利益，也符合本地区各国和世界的利益。中国坚定地支持南北双方为改善相互关系，实现和解、合作，最终走向自主和平统一所作出的一切努力，真诚希望半岛实现持久和平与共同发展。

李万燮说，今天是他与李鹏委员长的第五次会面，感到像到了亲戚家一样兴奋。李鹏委员长和全国人大热情友好的接待体现了中国人民对韩国人民的友好情谊。他说，此次应邀访华正值韩中两国建交10周年，以此为契机，可以推动韩中友好合作关系更上一层楼。韩国国会和中国全国人大都是两国人民的代表机构，彼此间的频繁交流与合作是两国关系的重要组成部分，有利于促进两国关系的进一步发展。关于朝鲜半岛形势，李万燮说，韩国方面将为实现半岛永久和平而努力，希望中国一如既往予以支持。他对中国在半岛问题上所持的一贯立场表示赞赏。李万燮特别对中国加入世贸组织、申奥成功、亚太经合组织会议在上海成功举行和中国足球队成功进入世界杯决赛圈表示祝贺。

李万燮说，加入世贸组织是中国坚持改革开放政策的结果。中国入世后，韩中两国经济合作领域更加广阔，两国应在世贸组织框架下进一步加强合作。他也对韩国企业能有机会参与中国西部大开发向中国表示感谢。

会谈结束后，李鹏和李万燮出席了中国全国人大常委会办公厅和韩国国会事务总局合作协议的签字仪式。

全国人大常委会副委员长周光召，全国人大外事委员会主任委员、全国人大中韩友好小组主席曾建徽，全国人大常委会副秘书长吕聪敏，外交部副部长王毅，李鹏委员长办公室主任吴文昌，韩国驻华大使金夏中等参加会谈并出席了签字仪式。

国务院总理朱镕基在中南海会见南斯拉夫总统科什图尼察

国务院西部开发办在北京召开退耕还林工作电视电话会议

会议确定，2002年我国将全面启动退耕还林工程，抓住目前粮食库存较多的有利时机，在两年试点工作的基础上，加快实行“退耕还林、开仓济贫”。2002年计划新增退耕还林面积3400万亩，宜林荒山荒地造林面积3993万亩。

据初步统计，到2001年年底，累计完成退耕还林1867.3万亩，宜林荒山荒地造林1635.1万亩，合计3502.4万亩。由于退耕还林工程的实施涉及面广，在试点期间也出现了一些不容忽视的问题。如有些地区治理模式单一，没有处理好加强生态建设与解决农牧民长远生计、发展地方经济的关系；有些地方违反国家规定，出现截留种苗补助资金和现金补助、套取国家粮食供应资金，以及向农民供应不合格粮食等问题。

会议确定，2002年启动退耕还林要采取个体承包的方式，做到“三到户”，即：退耕还林和宜林荒山荒地造林，以及植被保护的任务落实到户；国家粮食补助、现金补助和种苗补助的政策兑现到户；实行“谁造林(草)、谁经营、谁受益”的政策，林草权属落实到户。

会议对2002年退耕还林工作提出了明确要求。一是要进一步加强领导，层层落实责任。二是要切实做好基础工作，确保工程质量。三是要认真做好种苗准备，确保种苗供应。四是要加强监督检查，严格补助粮和补助资金的管理。五是要着手制定退耕还林法规，规范退耕还林工作。

国务院西部开发办主任、国家计委主任曾培炎，国家林业局局长周生贤在会上讲话，四川省、内蒙古自治区、陕西省政府领导介绍了本省(区)退耕还林工作开展情况。

全国农业工作会议在北京结束

农业部部长杜青林说，从今年开始，农业部门要重点抓好六个方面产业发展行动计划：一要实施优质、专用粮食等大宗农产品发展行动计划。各地特别是粮食主产区，要在稳定生产能力、密切产销关系的前提下，继续压缩一般品种，大力发展优质、专用品种。二要实施畜牧业发展行动计划。“十五”期间，畜牧业在农业中的比重争取每年增加一个百分点，优质畜产品在畜产品中的比重争取每年增加两个百分点。三要实施园艺业发展行动计划。经过“十五”期间的努力，园艺产品良种率要提高10个百分点，加工比重提高5个百分点，重点园艺产品形成规模化、标准化生产。四要实施农产品加工业发展行动计划。围绕大宗农产品的精深加工，积极发展综合型、契约型农产品加工企业，防止低水平重复建设。五要实施渔业发展行动计划。水产养殖业,尤其是名优特新水产品要实现持续快速增长,加快数量型渔业向质量型渔业转变,进一步增强渔业的综合经济效益和发展后劲。六要实施农垦发展行动计划。通过增创体制优势整合资源优势,培育农垦优势产业和新增长点,解放和发展农垦生产力。

外贸进出口总值首次突破 5000 亿美元大关

据海关统计,去年我国外贸进出口总值首次突破 5000 亿美元大关,达 5097.7 亿美元,比上年增长 7.5%。其中出口 2661.6 亿美元,增长 6.8%;进口 2436.1 亿美元,增长 8.2%,累计实现贸易顺差 225.5 亿美元。

七部门联合发出通知要求切实维护军人及其家属合法权益

全国双拥工作领导小组、最高人民法院、最高人民检察院、公安部、民政部、司法部和解放军总政治部联合发出《关于重视解决部队官兵涉法问题,维护军人及其家属合法权益的通知》,要求各地各部队坚决按照有关法律规定妥善处理官兵涉法问题,切实维护部队官兵及其家属的合法权益,为加强国防和军队建设创造良好的法制环境。

中国科学院等离子体物理研究所超导托卡马克实验获重大进展

这一研究成果,使 HT—7 超导托卡马克的研究全面步入世界磁约束核聚变研究的前列,成为世界上仅有的两套高参数稳态条件下开展等离子体物理研究的实验装置之一。

首届中华环境奖在人民大会堂颁发

全国人大常委会副委员长姜春云在颁奖会上讲话,并同全国人大常委会副委员长王光英,全国政协副主席赵南起等向获奖者颁奖。

由中华环境保护基金会设立的中华环境奖,是我国环境保护领域荣誉最高的社会性奖项,每两年举行一届。

全国计划生育工作会议在北京召开

首都法律界、人口学界的 3 位知名专家学者分别向来自全国各地的 80 多位计生委主任作了依法行政知识讲座。

《地震安全性评价管理条例》颁布

《地震安全性评价管理条例》是国务院为了加强对地震安全性评价的管理,防御与减轻地震灾害,保护人民生命和财产安全,根据《中华人民共和国防震减灾法》的有关规定制定的。

钟敬文逝世

北京师范大学教授钟敬文 2002 年 1 月 10 日 0 时 1 分因病在北京逝世。

钟敬文先生出生于广东海丰,“五四”运动前后就投身于中国民俗学和民间文艺的研究。1927 年到中山大学任教,就与顾颉刚等组织民俗学会,编辑《民间文艺》、《民俗》周刊及民俗丛书。作为我国民俗学和民间文艺学的创始者和奠基人之一,钟老先生在民俗学和民间文艺学领域辛勤耕耘 80 年,把毕生精力都奉献给了自己所钟爱的事业:参加创办了中国民间文艺研究会,1953 年开始招收我国首届民间文艺学研究生,1955 年组建了我国第一个民间文学教研室。他领导的民间文学学科曾被确定为我国第一批博士点,此后又成为国家重点学科。钟老先生为我国民俗学和民间文艺学学科建设殚精竭虑,培养了大批专业人才,被国内外誉为“中国民俗学之父”。

1月11日

国家主席江泽民在北京会见韩国国会议长李万燮

江泽民首先对李万燮议长一行来访表示欢迎。他说,8 年前,我们曾在北京见过面,今天老朋友重逢十分高兴。议长阁下长期致力于中韩友好事业,相信议长阁下此次访华必将为促进中韩关系的进一步发展作出新的贡献。

在谈到两国关系时,江主席说,今年是中韩两国建交 10 周年。10 年来,中韩关系得到迅速、全面的发展。两国在政治领域里交往频繁,相互理解不断加深;经济领域中互惠互补,交流合作持续扩大;两国间业已建立的合作伙伴关系已进入全面合作的新阶段。实践证明,中韩发展友好合作关系完全符合中韩两国人民的根本利益,有利于维护朝鲜半岛和本地区及世界的和平与稳定。中方愿以纪念两国建交 10 周年为契机,与韩方携手合作,推动两国在各个领域的合作伙伴关系更上一层楼。

在谈到朝鲜半岛局势时,江主席说,维护半岛和平与稳定符合朝鲜民族及有关各方的根本利益。我们相信在双方共同努力下,南北关系在新的一年里必将取得新的进展。中方作为南北双方的共同朋友和友好邻邦,将一如既往地支持半岛民族和解进程,支持南北通过对话改善关系,最终实现自主和平统一。今后中国将继续为此发挥建设性作用。

江泽民还请李万燮议长向金大中总统转达亲切的

问候。

参加会见的有全国人大常委会副委员长周光召，全国人大外事委员会主任委员、全国人大中韩友好小组主席曾建徽，外交部副部长王光亚，以及韩国驻华大使金夏中等。

国家主席江泽民在人民大会堂分别接受三国大使国书

这三位大使分别是：苏里南大使王伦兴、哈萨克斯坦大使扎内别克·萨利莫维奇·卡里布扎诺夫和亚美尼亚大使瓦西里·卡扎良。

全国人大常委会委员长李鹏在海南考察工作

1月11日至16日，李鹏在海南省委书记、省人大常委会主任白克明，省长汪啸风的陪同下，先后在三亚市、琼海市、海口市考察了海南的基础设施建设、旅游产业发展情况；在琼海博鳌，李鹏听取了亚洲论坛建设规划的汇报并实地察看了工程进展情况。考察期间，李鹏听取了海南省委的工作汇报，对海南近几年来经济建设、社会发展等各方面工作取得的成绩予以充分肯定。

李鹏指出，海南建省14年来，经过不断的探索和努力，发展经济的思路日益清晰并形成共识。海南省各级领导干部带领广大人民群众坚持改革创新，紧紧抓住经济结构调整这条主线，明确主攻方向，壮大热带农业、旅游业这两大优势产业，积极发展有优势的天然气化工工业，妥善处理历史遗留问题，全省的面貌日新月异。同时，精神文明建设、民主法制建设和转变机关工作作风等也有了长足的进步。他说，海南风光秀丽、景色宜人，生态环境十分优秀，旅游资源十分丰富。在发展经济包括发展旅游业的过程中，要高度重视环境保护工作，为可持续发展、为子孙后代留下一片蓝天碧水。他希望海南省委和省政府带领广大干部群众，在“三个代表”重要思想的指引下，抓住机遇、发挥优势、开拓创新、扎实工作，以改革发展稳定的优异成绩，迎接党的十六大的召开。

如何依法加强人大的监督工作是李鹏此次考察海南的一个调研重点。他听取了海南省人大常委会关于开展监督工作的汇报，与大家就立法和监督问题进行深入讨论。

李鹏说，监督工作与立法工作同等重要，是人大的一项重要职权。多年来，地方各级人大及其常委会就如何依法开展监督工作进行了积极探索，在一些方面走在了前面，值得我们学习。海南人大开展形式多样的执法检查、工作监督，突出整改跟踪，加大督办力度，提高监督实效，促进行政机关、司法机关改进工作，成效是显著的。对于各地人大在监督工作实践中创造的工作评议、述职评议、人大代表向选民述职等形式，全国人大常委会鼓励和支持地方人大继续依法实践和探索，待条件成熟后再上升为全国性法律。

李鹏指出，人的认识来源于实践。全国人大及其常委会制定的法律，有许多是来源于地方成功的实践。如人口与计划生育法，就是先有各地的实践和地方性法规，在此基础上，全国人大常委会加以总结提高制定成全国性法律。所以，地方立法很重要，一是根据全国性法律制定符合本地实际情况的实施办法，规范本地的事务，推动本地的发展；二是在法律规定的重要方面，在全国性法律一时难以出台的情况下，根据本地实际和需要，先行一步，制定地方法规，为全国人大及其常委会制定法律积累经验。海南人大常委会制定的《海南省旅游条例》，就是一个成功的范例。

当有的同志提出希望全国人大尽快制定监督法时，李鹏说，全国人大常委会对制定监督法十分重视，组织了专门的起草小组，开展了调查研究，并已经形成了草稿。但由于各方面对有些监督形式还有不同意见，各地的地方性法规的规定也不一致，有的还在探索过程中，因此，要制定一部全国统一的监督法，需要继续调研论证，也需要地方人大多实践、多提供实践经验。

李鹏强调指出，能否落实人大监督以后的整改工作，工作改进得怎么样是衡量人大监督工作成效的标志。不论是何种监督方式，对人大及其常委会提出的整改意见，有关部门一定要有反馈。不追求表面的热热闹闹，认认真真抓好整改工作，监督工作才能真正产生实效，才可以说完成了宪法和法律赋予我们的职责。

李鹏指出，我国的政治制度和西方有着本质的不同。我们的人大也好、一府两院也好，在建设有中国特色社会主义伟大事业的目标上是一致的，只是分工不同，职责有别。人大开展监督工作要在党委的领导下，监督的目的是促进和支持一府两院做好工作，最终要有利于我们的事业发展。

陪同李鹏委员长考察的全国人大常委会有关部门负责人有周成奎、吴文昌。

国务院总理朱镕基对孟加拉国进行正式访问

国务院总理朱镕基1月11日至13日对孟加拉国进行正式访问。

访问期间，朱镕基总理与卡莉达·齐亚总理举行了会谈。双方在亲切友好的气氛中就中孟双边关系和共同关心的地区和国际问题，以及进一步加强联合国作用等交换了意见，并达成广泛共识。

会谈结束后，中孟两国签署了《中华人民共和国政府和孟加拉人民共和国政府经济技术合作协定》、

《中华人民共和国政府和孟加拉人民共和国政府文化合作协定2001—2003年执行计划》等7个合作协定和备忘录。

朱镕基总理访问期间还分别会见了孟加拉国总统巴德尔多扎·乔杜里、议长贾米鲁丁·西尔卡、外长穆尔希德·汗和反对党领袖谢赫·哈西娜,并与卡莉达·齐亚总理一起主持了我国援建的孟中友好会议中心交接仪式。

全国政协主席李瑞环在北京会见韩国国会议长李万燮

李瑞环欢迎韩国客人来访。他说,中韩两国建交时间不长,但在各个领域的友好合作发展迅速,成就显著,这是两国领导人及社会各界人士共同努力的结果。进一步发展中韩友好关系,符合双方的根本利益,也有利于维护亚太地区和世界的和平稳定。

李瑞环说,中国加入世贸组织是一件好事,是中国改革开放的需要,也是世界经济发展的需要。我们清醒地认识到,"入世"以后,中国面临许多机遇,也会面临不少挑战或考验,某些方面还可能要经历一个痛苦的过程。我们真诚地希望,通过交流与合作,学习借鉴韩国在这方面的经验。

全国宣传部长会议在北京召开

中共中央政治局常委、书记处书记胡锦涛发表重要讲话。他强调,今年是我们党和国家历史上非常重要的一年。宣传思想战线一定要认真贯彻党的十五届五中、六中全会和中央经济工作会议精神,围绕中心,服务大局,高度重视并切实做好统一思想的工作,努力把全党同志和全国人民的思想统一到邓小平理论和"三个代表"重要思想上来,统一到中央应对复杂国际局势作出的重要判断和重大决策上来,统一到中央关于今年工作的总体要求和部署上来,为完成今年改革开放和现代化建设的各项任务,为十六大的胜利召开提供强有力的思想和舆论保证。

中共中央政治局委员、书记处书记、中宣部部长丁关根在讲话中强调,今年宣传思想战线第一位的任务,就是迎接十六大、宣传十六大、贯彻十六大,认真学习"三个代表"、深入宣传"三个代表"、身体力行"三个代表",兴起学习宣传贯彻江总书记"七一"重要讲话和"三个代表"重要思想的热潮,兴起宣传改革开放和党的建设辉煌成就的热潮,兴起学习宣传贯彻十六大精神的热潮,把思想统一到邓小平理论和"三个代表"重要思想上来,统一到中央应对复杂国际局势作出的重要判断和重大决策上来,统一到中央关于今年工作的总体要求和部署上来,为党的十六大营造昂扬向上、团结奋进、开拓创新的良好氛围。

中共中央政治局常委、国务院副总理李岚清,中共中央政治局委员、书记处书记张万年,中共中央政治局候补委员、书记处书记曾庆红出席会议。会议由中共中央政治局委员、书记处书记、中宣部部长丁关根主持。

中宣部常务副部长刘云山在会上作了工作报告。中宣部副部长、广电总局局长徐光春,新闻出版总署署长石宗源,中宣部副部长吉炳轩、李从军通报了情况。中央有关部门负责人和全国省、自治区、直辖市党委宣传部长参加了会议。

中蒙两国政府发表《中蒙联合公报》

应中华人民共和国国务院总理朱镕基的邀请,蒙古国总理那木巴尔·恩赫巴亚尔于2002年1月7日至12日对中华人民共和国进行了正式访问。

访问期间,中华人民共和国主席江泽民和全国人民代表大会常务委员会委员长李鹏会见了恩赫巴亚尔总理。朱镕基总理同恩赫巴亚尔总理举行了正式会谈。在亲切友好的会见、会谈中,双方就当前国际形势、中蒙关系、各自国内情况、对外政策及活动等相互通报了情况并交换了意见,达成了广泛共识。

双方一致认为,世界多极化和经济全球化是客观发展趋势,世界要和平、人民要合作、国家要发展、社会要进步是时代的潮流。世纪之交,地区和国际形势正在发生重大而深刻的变化,中蒙作为友好邻邦,根据1994年友好合作关系条约和1998年联合声明的精神,在和平共处五项原则的基础上,不断发展长期稳定、健康互信的睦邻友好合作关系,扩大互利合作,是形势发展的需要,具有重要的战略意义。双方对当前两国关系现状表示满意,并重申将进一步努力,广泛开展两国在各个领域的全面合作,并赋予其新的内容和形式。

双方指出,中华人民共和国与蒙古国之间传统的和业已存在的高层互访和接触对两国关系的发展具有特殊意义,并认为这对加深两国的相互理解与合作起着重要作用。双方同意,进一步加强两国文化、教育、科技和旅游等领域的合作及人员交流,进一步加强在国际和地区事务中的合作。双方对中蒙边界第二次联检工作进展情况表示满意。

蒙方表示,同中国全面发展友好合作关系,是蒙古对外政策的首要方针之一。中方对此予以高度赞赏和支持。并表示,中方重视对蒙关系,将继续致力于同蒙古发展睦邻友好合作关系。

双方表示,相互尊重独立、主权、领土完整和各自选择的发展道路。中方表示,支持蒙古的无核区地位。蒙方重申,中华人民共和国政府是代表全中国的唯一合法政府，台湾是中国领土不可分割的一部分。蒙方表示，支持中国在台湾问题上采取“一国两制、和平统一”的方针，不支持“台湾独立”。

双方认真讨论了经济合作问题，指出，近年来，中蒙经贸合作取得了很大发展，但仍有很大潜力，愿在现有基础上进一步加强双边合作的深度和广度，推动两国经贸关系向更高水平发展。双方就推动资源开发，以及蒙古“千年之路”方案的实施和蒙古东部地区同中国东北地区基础设施相连接等大型项目合作交换了意见，并表示将继续进行深入探讨。蒙方就中华人民共和国加入世界贸易组织表示祝贺。双方表示，将按世界贸易组织规则发展两国经贸合作。

访问期间，双方签署了中方向蒙方提供无偿援助的经济技术合作协定，并办理了中方在2001年度无偿援款项下向蒙方提供成品油的换文。蒙方对中方的援助表示感谢。双方表示，支持两国人道主义领域及非政府部门之间的合作。

双方认为，各国应遵守联合国宪章的宗旨和原则以及公认的国际关系基本准则。各国事务应由本国政府和人民决定，国际事务应由有关各国政府和人民平等协商处理，提倡实现国际关系的民主化。双方一致认为，应尊重各国的历史文化、社会制度和发展模式，世界各种文明和社会制度应该而且能够长期共存，取长补短，求同存异，共同发展。

双方强调，联合国是当今最具普遍性的政府间国际组织，在维护世界和平与安全、解决国际争端，促进经济、社会合作等领域的作用是其他国际或地区组织所无法替代的，应进一步加强联合国作用。双方一致谴责任何形式的国际恐怖主义活动，主张加强国际反恐合作，充分发挥联合国和安理会在反恐问题上的重要作用。

双方高度评价并祝贺中华人民共和国和蒙古国沿着各自选择的道路顺利前进，以及两国人民在发展本国伟大建设事业中取得的成就，并阐明这对地区和平与稳定具有重要意义。

蒙古国总理那木巴尔·恩赫巴亚尔对中国政府和人民的热情接待表示感谢，并转达了蒙古国总统那木巴尔·巴嘎班迪对中华人民共和国主席江泽民和蒙古国家大呼拉尔主席桑·图木尔奥其尔对中华人民共和国全国人民代表大会常务委员会委员长李鹏的亲切问候。蒙古国总理那木巴尔·恩赫巴亚尔邀请中华人民共和国国务院总理朱镕基在方便的时候访问蒙古。朱镕基总理愉快地接受了邀请。

2002年1月11日于北京

国务院副总理钱其琛在人民大会堂会见国际原子能机构总干事穆罕默德·巴拉迪

中共中央政治局书记处书记曾庆红在北京会见日本总务省总务大臣片山虎之助一行

外交部部长唐家璇访问埃塞俄比亚

外交部部长唐家璇1月11日至1月12日对埃塞俄比亚进行访问。

访问期间，唐家璇先后拜会了吉尔马总统和梅莱斯总理，与外长塞尤姆和农业部长穆拉图举行了会谈并签署了《中埃经济技术合作协定》、中埃外交部建立政治磋商机制等文件。

访问期间，唐家璇在埃国际和平与发展研究所发表演讲，阐述了中国政府对进一步拓展中非友好合作的积极态度及对当前国际形势的看法。

全国环保厅局长会议在北京召开

国家环保总局局长解振华提出，今年要扎扎实实贯彻落实第五次全国环保大会精神，重点抓好污染物排放总量控制，加大生态环境建设力度，抓好重点城市、流域、区域的污染防治工程三项工作。

会议提出，为做好今年的重点工作，必须采取有效措施。要严格执行环境影响评价和建设项目主体设施和治污设施同时设计、同时施工、同时运营制度，推进排污许可证工作，控制和削减污染物排放总量；下大力气抓好“33211”重点地区的环境治理和三峡库区及南水北调地区水污染防治，力争取得阶段性进展；开展中、东部地区生态环境调查，进一步落实《全国生态环境保护纲要》；积极探索城市污水、垃圾处理社会化、产业化、市场化道路；加强环境立法，提高环保部门执法能力；继续深入开展环境警示教育，加大环境状况和环保工作的透明度，鼓励公众参与和舆论监督工作；加快排污收费改革，坚决实行“收支两条线”。

1月12日

全国总工会十三届四次执委会议在北京召开

中共中央政治局常委、中央书记处书记、中华全国总工会主席尉健行强调，各级工会要认真实践“三个代表”重要思想，依法坚决履行维护职工合法权益的基本职责。

会前，中央书记处听取了中华全国总工会党组的工作汇报，充分肯定了2001年的工会工作，强调各级工会要深入学习贯彻江泽民同志“七一”重要讲话和党的十五届六中全会精神，进一步动员和组织广大职工为经济建设多做贡献，切实履行好维护职工合法权益的基本职责，大力推进工会自身建设和改革，更好地发挥工会在做好新形势下群众工作中的重要作用。会议认真传达学习了中央书记处的意见,认为这些意见对于加强工会建设,促进工会工作发展,具有十分重要的指导意义。

尉健行在讲话中强调,各级工会必须按照“三个代表”的要求和中央的指示精神,以贯彻实施工会法为重要契机,坚决履行维护职工合法权益的基本职责,一手抓调整劳动关系机制的建设,一手抓为职工群众办实事,保护、调动、发挥好广大职工的积极性、创造性,在改革发展稳定中充分发挥工人阶级的主力军作用。

尉健行指出,必须着力加强工会调整劳动关系机制的建设。基层主要是依据工会法、劳动法,建立、健全平等协商、集体合同制度和职工代表大会制度。要坚持所有企业都要推行平等协商和集体合同制度,在提高建制率的同时,把增强约束力和实效性放到突出位置来抓。要坚持所有企事业单位都要实行职工民主管理。公有制企事业单位要继续推行厂务公开,不断充实和丰富职代会的内容,完善职代会制度,提高职代会的质量和实效。要集中力量抓好非公有制企事业单位职工民主管理的工作,指导和帮助他们按照工会法等法律、法规,大胆探索和积极推行职工代表大会等各种与非公有制企事业单位相适应的民主管理形式,更好地落实法律赋予职工的权利。

尉健行强调,领导机关要保证基层有效地调整劳动关系,必须建立、健全相应的监督制约和保证机制。当前突出而紧迫的是依法把劳动争议仲裁机制进一步建立、健全起来,及时有效地解决劳动争议尤其是集体劳动争议。

尉健行说,加强调整劳动关系机制的建设,前提是每个企业必须有工会组织。要继续抓好新建企业工会的组建和改制企业工会的重建、整顿工作,最大限度地把广大职工组织到工会中来。要确保今年工会组建任务的完成,使全国工会会员总数达到1.3亿,并力求有更大的突破和发展。

尉健行强调,工会的作用是在为职工群众说话办事中体现出来的。当前最为紧要的是为困难职工群体办实事,帮助他们排忧解难。一要在下岗职工出“中心”及基本生活保障向失业保险并轨中,积极配合政府部门组织开展再就业援助行动,促进下岗职工再就业,接续好社会保险关系,对符合条件的失业人员,要按规定发放失业保险金,保障其基本生活。二要支持和推动各地不折不扣地贯彻落实中央现行的社会保障政策和措施,继续做好“两个确保”工作,把符合条件的特困职工全部纳入城镇居民最低生活保障范围,努力做到应保尽保。要主动协助有关方面,切实把遇到困难和离退休老劳模的基本生活保障做好。要把工会的送温暖活动同各项社会保障制度紧密结合起来,继续做好今年春节期间的集中送温暖活动,进一步推动其经常化、制度化、社会化。三要协助政府和企事业单位努力解决拖欠、克扣职工工资问题,确保工资按时足额发放,尤其要防止出现新的拖欠。四要坚持“安全第一、预防为主、群防群治、依法监督”的原则,开展多种形式的安全生产监督检查活动,积极推动劳动安全卫生监督检查体系的建立、健全,确保职工的劳动安全。

尉健行强调,要积极协助党政,努力做好职工的思想政治工作,教育引导职工正确处理个人利益与集体利益、局部利益与整体利益、眼前利益与长远利益的关系。要认真探索和总结新形势下开展劳动竞赛、合理化建议、技术革新、技术协作、发明创造和实施群众性经济技术创新工程的新经验、新办法,把广大职工的积极性、创造性更好地组织和引导到推进改革发展稳定的大局上来。

执委会议期间,中华全国总工会副主席、书记处第一书记张俊九作了工作报告,中华全国总工会副主席孙宝树作了会议总结,中华全国总工会经费审查委员会主任李永安作了经费审查工作报告。会议选举孙宝树、周玉清、苏立清为中华全国总工会副主席,汤维英、徐德明、散襄军为主席团委员,增补、替补了30名全总执委和4名全总经审会委员。全国总工会领导李奇生、刘珩、方嘉德、倪豪梅、尤仁、王东进、徐锡澄、周玉清、苏立清、纪明波、董力等出席了会议。

国务院副总理吴邦国在广东考察

1月12日至15日,吴邦国在中共中央政治局委员、广东省委书记李长春,省长卢瑞华等的陪同下,先后在广州市和汕头经济特区考察了企业及城市基础设施建设情况。吴邦国在考察期间听取了广东省委、省政府的工作汇报,对广东省的工作给予了充分肯定。

吴邦国指出,信息化是现代化的重要内容和特征。当前和今后一个时期应着重推进政府和企业信息化建设。他指出,政府信息化对提高工作效率,加强有效监管,实行政务公开,推进廉政建设都具有重要作用。目前不少地方和部门信息化工作有了一定基础,但还普遍存在着自成体系和资源利用率低的问题。为此,发挥政府的协调作用,尽快实现不同系统之间的互联互通,资源共享,加强信息资源深度和广度的开发利用,已成为当务之急。吴邦国指出,企业信息化作为国民经济和社会信息化的基础,应提到重要议事日程上来,积极加以推进。推进信息化建设,领导是关键,要实事求是,从实际出发,统筹规划,量力而行,要解决实际问题,讲求实效,注重效益。

吴邦国说,市场经济是法治经济,是信用经济。当前市场经济秩序不佳的状况很大程度上与缺乏良好信用体系有关。因此，要把信用体系建设作为整顿和规范市场经济秩序的治本之策，积极探索有效办法，加快建设进程。要把企业依法纳税、社保基金缴纳、银行贷款归还、经济合同履约等作为考核企业信用状况的重要内容。

吴邦国要求，要加强劳动关系协调工作，充分发挥工会组织的作用，依法保障企业职工特别是非公有制企业职工的合法权益。要加强春运工作的组织领导，确保旅客出行安全有序，要强化安全生产，防止重大特大事故的发生，让人民群众过一个安乐祥和的节日。

陪同吴邦国考察的有关方面负责人有李荣融、张国宝、张小建、刘廷焕、倪豪梅等。

全国政协副主席王兆国率中华海外联谊会代表团对巴西进行访问

第四届中华人口奖颁奖大会在北京举行

宋平等15位对我国人口与计划生育事业作出突出贡献的人士获奖。中共中央政治局委员、全国人大常委会副委员长姜春云，全国人大常委会副委员长彭珮云、蒋正华，全国政协副主席周铁农等出席颁奖大会。

中华人口奖是我国人口领域的最高奖项，由中宣部、国家计生委等15个部门于1993年设立。

1月13日

国务院总理朱镕基对印度进行正式访问

应印度共和国总理阿塔尔·比哈里·瓦杰帕伊的邀请，国务院总理朱镕基1月13日至1月18日对印度进行正式访问。

访问期间，朱镕基总理与印度总理瓦杰帕伊举行了会谈，双方就双边关系和共同关心的问题广泛深入地交换了意见。会谈结束后，朱镕基总理和瓦杰帕伊总理出席了中印双方六项合作协议和谅解备忘录的签字仪式。它们分别为：《中华人民共和国政府与印度共和国政府旅游合作协定》、《中华人民共和国国家航天局与印度共和国空间研究组织关于和平利用外层空间合作的谅解备忘录》、《中国水利部与印度水利部关于中方向印方提供雅鲁藏布江—布拉马普特拉河汛期水文资料的谅解备忘录》、《中国外国专家局与印度科技部人才交流合作谅解备忘录》、《中国科学院与印度科技部科技合作谅解备忘录》、《中国国家质量监督检验检疫总局和印度农业部关于实施植物检疫措施的谅解备忘录》。

朱总理根据江泽民主席1996年访印时达成的建立建设性合作伙伴这一目标，就发展中印全面合作提出五项建议，即保持两国高层及各领域交流、加强两国经贸互利合作、开展科技交流与合作、推动区域经济合作、妥善处理现存的问题。朱镕基尤其强调要加强两国人民的相互了解，特别是对彼此现状的了解。他说，只有相互了解，才能相互信任；只有相互信任，才能有持久稳固的合作。为此，朱总理宣布今年3月下旬开通中印直航，欢迎印各界人士到中国参观访问。中印两国都是世界上的潜在大市场，经贸合作前景广阔；两国的经济发展各有优势，可以相互补充；两国都在深化经济体制改革，应该相互学习。这是朱总理与印方达成的重要共识。

印度朝野各界盛赞中国经济取得的巨大成就，印工商联合会主席表示，印度对中国的看法已发生改变，印工商界愿与中国发展全面合作，愿借鉴中国的成功经验。这些都预示着中印经贸合作将迎来一个全面发展的新阶段。

国务委员司马义·艾买提率中国政府代表团前往哈萨克斯坦 吉尔吉斯斯坦 乌兹别克斯坦 塔吉克斯坦和土库曼斯坦进行访问并参加中国与上述五国建交10周年庆祝活动

1月14日

国务院任免国家工作人员

任命彭开宙为铁道部副部长；

任命奚国华为信息产业部副部长；

任命李东生为国家工商行政管理总局副局长；

任命宋瑞祥(正部长级)为中国地震局局长。

免去宋瑞祥的国家环境保护总局副局长职务；

免去陈章立的中国地震局局长职务。

国务院副总理温家宝在河北农村考察

温家宝指出，刚刚结束的中央农村工作会议，分析了当前农业和农村形势，提出了农业和农村工作的主要任务，研究了调整农业结构、增加农民收入的政策措施，广大农村干部群众要结合当地实际，认真贯彻落实。当前重点要做好四方面的工作：一是搞好村级“三个代表”重要思想学习教育活动，二是开展冬季农田水利建设，三是安排好灾区和贫困地区群众生活，四是抓紧春耕备耕工作。

温家宝来到革命老区河北省阜平县，看望和慰问了当地抗日老战士和农村干部群众，给老区人民送来党中央、国务院的关怀和温暖。

温家宝在同当地干部群众座谈时指出,革命老区变化很大,但条件仍很落后。各级干部要关心老区人民生活,支持老区经济建设,加快老区的发展。老区广大群众要发扬光荣传统,坚持长期艰苦奋斗,努力改变贫穷落后面貌。针对阜平县的实际情况,温家宝与干部群众共同研究脱贫致富的措施,提出首先要办好五件事:一是搞好乡村道路建设,解决群众的交通问题;二是发展小水电,保证群众生产生活用电;三是搞好小流域治理,改善生产生活条件;四是推进退耕还林、封山育林,搞好生态建设;五是发展大枣、核桃、苹果等特色产业,努力增加农民收入。

在城南庄镇卫生院,温家宝考察了村级合作医疗情况。他告诉大家,党中央、国务院非常重视解决农民治病难的问题,各级政府要积极探索农村合作医疗制度改革的路子。

国家主席江泽民根据全国人大常委会的决定任免驻外大使

一、免去王国章的中华人民共和国驻朝鲜民主主义人民共和国特命全权大使职务。

任命武东和为中华人民共和国驻朝鲜民主主义人民共和国特命全权大使。

二、免去卢秋田的中华人民共和国驻德意志联邦共和国特命全权大使职务。

任命马灿荣为中华人民共和国驻德意志联邦共和国特命全权大使。

三、免去穆文的中华人民共和国驻突尼斯共和国特命全权大使兼驻巴勒斯坦国特命全权大使职务。

任命朱邦造为中华人民共和国驻突尼斯共和国特命全权大使兼驻巴勒斯坦国特命全权大使。

四、免去仓友衡的中华人民共和国驻毛里塔尼亚伊斯兰共和国特命全权大使职务。

任命李国学为中华人民共和国驻毛里塔尼亚伊斯兰共和国特命全权大使。

五、免去廖启平的中华人民共和国驻佛得角共和国特命全权大使职务。

任命洪虹为中华人民共和国驻佛得角共和国特命全权大使。

六、免去林贞龙的中华人民共和国驻摩尔多瓦共和国特命全权大使职务。

任命徐中楷为中华人民共和国驻摩尔多瓦共和国特命全权大使。

七、免去左福荣的中华人民共和国驻阿尔巴尼亚共和国特命全权大使职务。

任命田长春为中华人民共和国驻阿尔巴尼亚共和国特命全权大使。

中共中央政治局常委尉健行在人民大会堂会见由副主席兼秘书长施里武亲王率领的柬埔寨奉辛比克党代表团

尉健行对访问柬埔寨后不久就在北京与施里武亲王再次见面表示高兴。他说,中柬两国是亲密的友好邻邦,两国关系近年来一直保持良好发展势头。2000年11月,江泽民主席对柬埔寨进行了历史性访问,双方签署了《联合声明》,为中柬关系的长远发展指明了方向。去年5月李鹏委员长访柬,进一步推动了中柬关系的发展。12月,我对柬埔寨进行正式友好访问,亲眼目睹了柬埔寨人民在西哈努克国王和王国政府领导下取得的巨大成就,并就两国关系和共同关心的问题与柬埔寨领导人交换了意见,达成了广泛的共识。相信在双方的共同推动下,新世纪的中柬关系一定会更加稳定、全面和深入地向前发展。

尉健行高度赞赏西哈努克国王几十年来为培育和发展中柬友谊作出的不可磨灭的贡献。他说,中国政府将一如既往地支持柬埔寨的独立、和平和发展事业,相信柬人民在西哈努克国王和王国政府的领导下,一定能够在重建和发展事业中取得新的成就。

在谈到党际关系时,尉健行说,中国共产党和柬埔寨奉辛比克党都是执政党,在当前复杂多变的国际形势下,加强两党的友好交往和经验交流,不仅有利于各自党的建设和国家发展,而且有利于中柬关系的持续稳定发展。

会见中,尉健行向客人介绍了中国共产党在新形势下加强和改进党的作风建设的有关情况。施里武亲王介绍了柬国内当前形势,特别是奉辛比克党自身建设的有关情况。

中联部部长戴秉国、副部长王家瑞、柬埔寨驻华大使凯·勒昂等会见时在座。

国务委员罗干在中南海会见以委员长村井仁为团长的日本国家公安委员会代表团

全国人大常委会副委员长成思危在人民大会堂会见由迪奥赫内斯·马丁内斯主席率领的巴拉圭参议院外委会代表团

中央军委主席江泽民签署命令批准颁发《中国人民解放军现役军官职务任免条例》

《中国人民解放军现役军官职务任免条例》(以下简称《条例》)是我军历史上正式颁发的第一部军官职务任免条例,适用于排级至大军区级军事、政治、后勤、装备现役军官职务的任免。

《条例》以邓小平理论和江泽民总书记“三个代

表”重要思想以及军队建设的一系列重要论述为指针，适应新形势下军队改革、发展的需要，从军队干部队伍实际情况出发，体现党和国家干部人事制度改革的基本精神，总结全军在干部选拔任用工作中的有益做法，吸收近年来新出台的一些政策规定，以程序为主线，贯穿原则，体现方法，具有较强的操作性。《条例》的颁发，将进一步推进军官队伍革命化、年轻化、知识化、专业化建设，为我军打赢未来高技术战争、保持人民军队性质提供坚强有力的组织保证。

《条例》是在1997年颁发的《中国人民解放军团级以上领导干部职务任免暂行条例》的基础上制定的，主要内容包括军官职务任免的程序、军官的考核、后备干部、军官职务的晋升、军官的调整交流和任职回避、军官职务的免除、军官职务任免工作的纪律与监督等，共九章六十九条。

《条例》在明确军官职务任免必须坚持的原则的基础上，适应新的形势和任务，对军官职务任免的各个方面作出了统一和规范。其中最主要的内容是：明确各级军官职务任免研究上报的权限，规定政治机关提名和党委集体讨论的步骤，从程序上保证军官职务任免工作公正、有序的进行；通过规范办事程序，细化军官考核办法，明确民主推荐和个别谈话听取群众意见的范围，进一步扩大选人用人中的民主，保证尊重群众公论的原则真正得到落实；明确军官考核结果等次的基本标准，规定军官晋升职务的资格和条件，特别是明确军官提前晋升、越职晋升的具体情形，规定军官调任下级职务的条件，进一步建立、健全激励机制；规定军官职务任免工作在推荐、考核、提名、任用四个环节上实行责任制，提出对用人失察失误有关责任者进行追究的处理办法，健全监督制约机制，防止和克服军官选拔任用工作中的不正之风。

总政治部要求全军和武警部队各级党委、政治机关要严格用《条例》规范军官职务任免工作，努力提高军官队伍建设的水平。

1月15日

国务院副总理吴邦国在贵州考察

1月15日至20日，吴邦国在贵州省委书记钱运录、省长石秀诗等陪同下，专程走访了特困企业，看望了特困职工家庭，代表党中央、国务院对特困职工及其家属，表示亲切慰问。在特困职工家中，吴邦国关切询问领取退休金、下岗职工基本生活费、最低生活保障金和子女下岗分流、家庭生活等情况。他指出，随着经济结构调整和企业改革的深化，必然带来劳动力结构调整，部分职工下岗难以避免。因此，妥善安置下岗职工，不折不扣地做好“两个确保”和“低保”工作，显得尤为重要，这也是帮贫解困工作的基础。他要求，各地一定要在扩大社会保险覆盖面，提高基金征缴率，实行社会化发放方面狠下功夫，决不能发生新的拖欠。他说，对特困企业要通过结构调整、兼并破产、重组改制等各种途径，使企业和职工走出困境。要把帮贫解困与再就业工程结合起来，创造更多的就业岗位。下岗职工要转变择业观念，争取尽快重新就业。

吴邦国强调，一个地区和企业越是困难，党的工作越是要加强，党员干部越是要发挥先锋模范作用，做深入细致的帮扶工作，与广大职工同甘共苦，团结奋进，共渡难关。春节即将来临，各地、各部门和各企业的领导同志要结合“送温暖”工程，关心并看望特困职工，多做雪中送炭、温暖人心的事，帮助特困职工解决一些特殊的实际困难。

吴邦国在黔期间还考察了“西电东送”工程及贵州铝厂、振华电子集团、东方机床厂、林东矿务局等企业，并听取了省委、省政府工作汇报，对贵州省在经济发展、基础设施建设、民族团结等方面的工作给予了充分肯定。陪同吴邦国考察慰问的有关方面负责人有李荣融、朱志刚、张小建、刘廷焕、倪豪梅等。

国务委员吴仪在浙江调研

1月15日至20日，吴仪在浙江省委书记张德江、省长柴松岳陪同下，到杭州、绍兴、金华、温州就国有外贸企业改革和民营企业出口等问题进行调研，先后考察了杭州、萧山经济技术开发区、杭州出口加工区和部分外贸出口实绩较好的企业，并分别在杭州和温州主持召开了国有外贸企业改革和民营企业出口座谈会。

吴仪强调，面对我国成为世贸组织成员带来的机遇和挑战，国有外贸企业只有加快改革步伐才能生存和发展。她希望浙江省认真总结经验，巩固改革成果，大力发展一批具有国际竞争力的大公司和企业集团，努力提高企业的市场竞争能力。各地要向浙江学习，进一步转变观念，不等不靠不要，主动改革。积极采取重组、兼并等多种形式，重点改革产权制度，转换经营机制，把改革、改组、改造和加强管理紧密结合起来，加快建立现代企业制度，不断增强国有外贸企业的活力。

吴仪指出，包括民营企业在内的非公有制经济是我国社会主义市场经济的重要组成部分，在我国参与国际经济合作与竞争中发挥着越来越重要的作用。民营企业家一定要加强学习，正确运用WTO规则来发展和保护自己。要加大研究开发和创新力度，积极发展技术和资本密集型企业，有条件的要向高新技术产业进军。要主动“走出去”，了解世界，在竞争中得到锻炼，在发展中壮大自己。要做大做强，以诚信为本，守法经营,依靠产品质量和信誉,创自己的品牌。

国务院有关部门负责人马秀红、赵光华、杨树德、李剑阁等陪同考察。

全国审计工作会议在北京召开

国务委员王忠禹在会议上传达了朱镕基总理近日在听取审计署工作汇报时的指示。朱镕基强调指出,今后的审计工作要继续坚持全面审计,突出重点,抓住典型,跟踪落实,在总结经验的基础上,进一步把审计工作做好。

朱镕基首先充分肯定了审计工作取得的成绩。他说,去年全国审计机关在查处重大违法违纪问题、制止犯罪、规范财经秩序方面做了大量的工作,发挥了很大的作用。从审计署审计查出的案件来看,违法违规问题数额大,经济犯罪性质严重,贪污腐败分子胆大妄为,无论从职责和力量上看,审计工作只能加强,不能削弱。

关于如何做好今后的审计工作,朱镕基指出,要坚持"全面审计,突出重点"的方针。他说,今后审计工作不仅要继续突出重点,而且对每个重点都要做到解剖麻雀,能够从制度上、机制上提出意见。要重点揭露重大违法违纪问题和影响经济全局的问题,同时,还要注意揭露和分析那些深层次并带有普遍性的问题。今年审计工作要突出抓好三方面:一是要突出金融审计这个重点;二是要突出对"收支两条线"问题的审计;三是突出对2001年地方企业所得税收入中问题的审计。

朱镕基强调,审计工作要抓住典型,解剖麻雀,提高审计成果的质量和水平。要把查处案件、处理人员与促进改革、完善制度更好地结合起来,及时分析和反映那些带有倾向性、普遍性而又非常重要的问题。中央经济工作会议提出,要加强社会信用建设。目前,一些国有企业信息失真,搞假账,如此下去中国的社会主义市场经济体制是难以建成的。审计部门要严惩造假账的行为,同时提出标本兼治的建议,为建立社会信用机制作出贡献。另外,审计部门在开展经济责任审计时,也要特别关注企业领导人员的决策问题,研究如何通过审计促进健全企业决策机制,如何追究企业领导决策失误的责任问题。

朱镕基指出,审计决定的跟踪检查和落实是一个非常重要的问题,也是审计部门的一项重要职责。审计部门对审计结果负有督促检查、跟踪落实的责任。审计署要采取措施,逐步建立起案件移交、查处跟踪机制,并专人专职负责跟踪查处情况。一定要跟踪到底,不能不了了之。

此外,朱镕基总理还对进一步加强审计信息化建设和队伍建设、解决重复监督、利用社会审计力量和建立审计公告制度等问题作出了指示。

王忠禹在传达了朱镕基总理对审计工作的指示后强调,朱镕基总理的指示,既肯定了审计署的工作成绩,也从深入贯彻江总书记"三个代表"重要思想和认真贯彻落实党的十五届六中全会精神的高度,对审计工作提出了新的更高的要求,为当前和今后一个时期的审计工作指明了方向。全国各级审计机关和广大审计人员要认真学习领会,坚决加以贯彻落实。各级政府要进一步加强对审计工作的领导,有关部门要积极支持和配合审计部门严格执法,为审计部门创造良好的执法环境。

审计署审计长李金华说,2001年,全国审计机关突出对重点领域、重点部门、重点资金的审计监督,加大对重大违法违纪问题和经济案件的查处力度,各项工作取得明显成效。去年1—11月份,全国共审计10.7万个单位,查出违法违纪金额1600多亿元,其中已上缴财政110亿元,减少财政拨款和补贴48亿元,促进增收节支33亿元,向司法机关移送各类违法犯罪案件线索819件。

预算执行审计方面,2001年上半年,审计署对财政部、国税、海关和国务院其他部门2000年度中央预算执行情况,以及其他财政收支情况进行了审计。审计结束后,国务院各部门认真落实审计决定,纠正问题的比率有较大提高。截至2001年10月底,已归还各类被挪用的财政资金105亿元,上缴财政各项税金和罚款106亿元,滞留的国债资金22亿元全部拨付到位。各级纪检、监察和司法部门共立案查处了审计移交的各类案件195起,有397人受到党纪政纪处分或被追究刑事责任。

李金华说,今年,预算执行审计主要审计财政部、8个省级国税、16个直属海关、人民银行系统,以及67个中央部门和直属单位等;专项资金审计主要审计国债资金、民航建设资金、重点机场建设项目、国土专项资金、政府采购、企业养老保险基金和出入境检验检疫系统等9个项目;金融审计主要审计建设银行资产负债损益情况和部分国际组织的贷援款项目;经济责任审计,审计署根据中组部委托,计划对12户国有重要骨干企业领导人员进行任期经济责任审计。审计中突出三方面重点:

一是突出对国有商业银行的审计。审计署将组织对中国建设银行总行及部分分支机构进行审计,重点检查会计信息真实性和资产质量状况,揭露违规经营、资产和盈亏不实、"账外账"等违法违纪问题和经济犯罪案件,为促进金融体制改革,完善国有金融机构经营机制服务。

二是突出对有关部门执行“收支两条线”情况的审计。通过对这些部门的财务收支情况的审计,检查其是否严格执行“收支两条线”的规定,有关的罚没收入是否入账,是否全部上缴中央;各部门是否存在乱发钱物等问题。

三是突出对2001年地方企业所得税收入基数情况的审计。检查企业是否存在将应该在2002年征缴的企业所得税提前到2001年入库,是否改变了企业按照一定期限和一定税额预缴所得税的原定办法,是否通过财政注入资金或金融机构贷款等方式虚增所得税收入等。

全国海关关长会议在北京召开

国务委员吴仪在会议上强调,海关工作要以“三个代表”的重要思想为指导,适应我国加入世贸组织的新形势,大力推进业务制度改革和创新,努力提高通关效率和行政执法能力,为经济发展作出新的贡献。

吴仪充分肯定了2001年海关税收征管、打击走私、探索新的通关模式和加强队伍建设等方面所取得的成绩。她代表国务院向全国海关的干部职工和辛勤工作在监管一线的武警官兵表示衷心的感谢和亲切的问候。

吴仪指出,2002年是我们党和国家历史上具有重要意义的一年,海关要认真分析研究国际国内的新形势、新情况给海关管理工作带来的新影响和提出的新要求,紧跟时代步伐,继续围绕“管住自己的人,把好国家的门”两大主题,坚持“依法行政、为国把关、服务经济、促进发展”的工作方针,下大力气推动海关各项业务改革,不断完善“快速通关”、“便捷通关”模式,提高通关速度,与有关部门合力营造良好的现代物流环境,建立高效快捷的“大通关”。她希望沿海发达地区在运用现代信息技术提高通关整体效率方面先行一步,率先实行“电子报关”。要推动加工贸易的规范有序健康发展。进一步扩大对资信好、规模大的高新技术企业的计算机联网监管试点,确保监管的严密和高效。要认真办好出口加工区,规范保税区及保税仓库的管理。

吴仪强调,海关要遵循世贸组织规则和我国的承诺,做好相关工作。加入世贸组织后,海关税收面临很大困难,必须依靠全国海关综合治税,确保税收应收尽收。要保持打击走私高压态势,认真分析研究加入世贸组织后的走私特点,综合运用风险管理、企业分类管理、行业自律、反走私责任制、国际(地区)间的执法互助和司法协作等多种手段,努力形成全方位、协同作战的反走私综合治理机制,提高反走私的针对性和有效性。要深入学习世贸组织规则,重点学懂、学深、学通、学透海关估价规则、原产地规则等。要进一步加强进出口统计和分析,尽快建立进口预警机制,切实加强对进出口动态的分析监测。

海关总署署长牟新生在会上指出,今年全国海关要继续完善通关作业改革,全力支持扩大出口,切实加强海关领导班子和干部队伍建设,全面完成海关各项任务。

今年全国海关业务的工作重点有以下四个方面:

一是积极应对入世,强化海关职能,全面完成税收、打私等各项任务。牟新生说,今年是我国加入WTO的第一年,海关监管、征税、打私、统计等各项工作都面临着新的挑战。海关各部门要按照统一部署,各司其职,各负其责,积极主动做好应对工作。全国海关要上下一心,采取有力措施,千方百计确保完成今年税收任务。要进一步加强对“税源大户”企业生产经营情况的跟踪调查,确保海关税收不流失。要加强减免税管理和清理欠税工作,不断提高税收征管质量。要修订完善关于估价的法律、法规和各项规章制度,健全新的海关估价法规体系。

针对入世后反走私斗争出现的新问题、新特点、新规律,海关打私工作要继续集中力量打击重点地区、重点渠道和重点商品的走私违法活动,重点打击加工贸易渠道走私和价格瞒骗行为。

二是切实提高通关效率,全力支持扩大出口。积极推动建立口岸工作联络协调机制,继续落实便利通关的各项措施,完善海关保税监管制度。积极探索“电子底账 + 联网核查”的监管方式,努力促进和保障加工贸易健康发展。要发挥海关在保税区管理方面的牵头协调作用,在清理整顿的基础上,进一步明确保税区的功能定位,落实保税区监管的各项措施。

三是以建立、健全风险管理机制为着力点,抓基层、打基础,继续完善通关作业改革。要建立以企业为单元、信息化技术作支持、海关各部门共同参与的风险管理机制,逐步实现海关风险管理的重心从货物为主向企业和货物并重的转移,提高海关管理的有效性和基层的实际监管能力。

四是大力开展海关信息化建设,加快建设“电子海关”、“电子口岸”。

全国新闻出版(版权)局长会议在北京召开

会议期间,传达了朱镕基总理、李岚清副总理到新闻出版总署考察时的重要讲话精神,传达学习了胡锦涛、丁关根等中央领导同志在全国宣传部长会议上的重要讲话,讨论了石宗源署长的工作报告,交流了部分省(区、市)新闻出版局、出版集团、发行集团、出版社、杂志社的典型经验。中宣部副部长李从军出席会议并讲话。

李从军说，这次会议是在一个非常特殊时期召开的一次重要会议。贯彻江总书记“七一”重要讲话精神，实践“三个代表”重要思想，是时代赋予出版工作的光荣使命，是出版业必须担负的重要职责。新闻出版界要按照“三个代表”要求，进一步认清形势，明确任务，努力实现中国出版业跨越式发展。

李从军说，2002年要重点做好以下六项工作：一、迎接十六大，把出版繁荣工作提高到新水平；二、抓紧做好加入世贸组织各项应对工作；三、加快集团建设；四、加快市场整合；五、做好集中整治和治散治滥工作；六、坚持和完善宏观调控体系。

新闻出版总署署长石宗源在会议上痛斥“出版物质量低劣”现象，明确要求在出版物质量管理问题上不能护短、不能“灯下黑”，要下力气改变出版物低水平重复和粗制滥造问题。

石宗源说：“新闻出版繁荣是以高质量为前提的繁荣，质量不高，甚至质量低劣，只能是虚假繁荣。”

全国安全生产工作会议在北京召开

会议提出，2002年安全生产工作要立足防范，深入整治，强化监管，促进全国安全生产状况进一步好转。

据了解，2001年全国伤亡事故上升幅度减缓，一些重点行业事故大幅度下降。国务院安全生产委员会副主任、国家安全监督管理局局长张宝明指出，虽然目前安全生产形势趋于好转，但全国安全生产形势仍然十分严峻，伤亡事故和死亡人数仍居高不下，一些行业呈上升趋势。去年1—11月，全国共发生各类伤亡事故94万多起，死亡116858人，同比分别上升26.5%和8.8%。其中，道路交通事故死亡95226人，占全国事故死亡总数的81.5%，同比上升11.3%；水上交通事故死亡和失踪732人，同比上升21.4%。虽然去年没有发生一次死亡100人以上的恶性事故，但一次死亡30人以上的特大恶性事故仍时有发生。

张宝明分析事故多发的原因是：一些地方政府特别是县乡政府领导没有树立安全第一的思想；安全生产基础薄弱，事故隐患普遍存在；安全监管上有法不依、执法不严问题比较严重；一些地方监管机构不顺，力量不足，工作不到位。

张宝明说，要把安全工作推上法制化轨道，《安全生产法》可望6月出台。要加强安全生产的宣传教育培训，搞好技术改造，完善安全防范设施，加强经常性的监督检查。

南非总统姆贝基在比勒陀利亚会见外交部部长唐家璇

1月16日

国家主席江泽民在中南海会见巴基斯坦参联会主席阿齐兹·汗上将

江泽民首先对客人的来访表示欢迎。他说，中巴两国是山水相连的友好邻邦。在长期的友好交往中，两国人民相互理解、相互支持、相互帮助，建立了深厚的友谊。建交五十年来，两国友好合作关系历经国际风云变幻的考验。真诚友好、相互信任和互利合作已成为两国关系的显著特征。

江泽民说，南亚地区是亚洲的重要组成部分，没有南亚的稳定和发展就不会有整个亚洲的和平与繁荣。我们真诚希望南亚地区保持和平与稳定，经济快速健康地向前发展。

江泽民说，阿富汗是中巴两国的共同邻国。多年来，两国同国际社会一道，为推动阿富汗问题的和平解决作出了不懈努力。我们真诚希望阿富汗各派能以国家利益为重，以和平为重，切实履行有关协议，使阿富汗尽早恢复和平与安宁。阿富汗的命运最终应由阿富汗人民自己决定。同时，阿富汗问题的政治解决离不开联合国的作用。中方支持巴基斯坦在阿富汗和平进程中发挥积极作用，愿与巴方保持沟通，协调立场，共同维护本地区的和平与稳定。

阿齐兹对江主席的会见表示感谢并转达了穆沙拉夫总统对江泽民主席的问候。他说，巴中两国是亲密的友好近邻，巴中建交五十年来，两国人民相互支持，坦诚相待，结下了深厚的友谊。在两国领导人的关怀下，巴中两国、两军的友好合作关系正在不断得到巩固和发展。他还介绍了巴基斯坦对国际和地区形势的看法。

中央军委委员、总参谋长傅全有上将，副总参谋长熊光楷上将和巴基斯坦驻华大使霍哈尔等会见时在座。

国家主席江泽民在中南海会见由美国联邦参议员玛丽·兰德里欧女士和联邦众议员安妮·诺瑟普女士率领的美国国会收养联盟代表团

江泽民指出，中国政府一向高度重视和关心儿童的福利事业，并使之取得了巨大的发展。多年来，中国通过立法、司法和组织保障建设，切实保护儿童权益，并努力解决孤残儿童的收养、养育和安置问题。

江泽民说，中国积极参与有关儿童生存保护和发展的国际交流与合作，并同十五个国家建立了跨国收养合作关系。中美两国在这方面做得很好，增进了两国人民的相互理解。跨国收养对世界和平与发展也具有积极意义，希望两国有关部门和团体加强沟通与合作，把这项有意义的工作做得更好。

民政部部长多吉才让、外交部副部长李肇星等参加了会见。

全国侨办主任会议在北京召开

国务院副总理钱其琛接见了与会代表并讲话。钱其琛说，这些年来，各级侨办以邓小平侨务思想为指导，贯彻“三个代表”的要求，侨务工作取得明显进展。广大华侨华人在我国扩大对外开放、实施“科教兴国”和西部大开发战略，开展“反独促统”活动，以及支持北京申办2008年奥运会等重大事件和活动中，都发挥了重要作用。

钱其琛强调，广大海外侨胞是我国发展社会生产力的重要资源，是实现21世纪中华民族伟大复兴和祖国完全统一的重要力量。我们要深刻领会邓小平同志关于海外侨胞是我国大发展的独特机遇和江泽民同志关于海外侨胞是中华民族宝贵资源的指示精神，进一步加强侨务工作特别是国外侨务工作，把3000多万海外侨胞的积极性充分调动起来，把他们的优势和作用充分发挥出来。

钱其琛指出，热心为侨胞生存和发展服务，是充分调动他们参与我国现代化建设与和平统一大业积极性的前提，是江泽民同志“三个代表”重要思想在侨务战线的具体实践。随着我国加入世界贸易组织，华侨华人与中国的合作、交流将更加广泛和密切，保护他们在国内的合法权益，特别是投资权益，显得尤为重要。侨务部门要进一步做好保护侨商合法权益的工作，协助各级政府创造与国际接轨的投资软环境。钱其琛表示，进一步做好海外华文教育工作，努力满足华侨华人特别是青少年一代渴望学习中文、了解中华文化的迫切需求，这对促进所在国与中国多领域友好合作交流具有积极的意义，是一项功在当代、利在千秋的事业，一定要持之以恒地抓下去。各级人民政府应当高度重视和支持同级侨办开展海外华文教育工作。

国务院侨办主任郭东坡作了工作报告。来自全国各省、市、自治区的160多位代表出席会议。

全国民委主任会议在北京召开

中央统战部副部长、国家民委主任李德洙在会上作的工作报告中提出，今年民委工作的总体要求是：坚持以邓小平理论和“三个代表”重要思想为指导，进一步贯彻落实江泽民总书记“七一”重要讲话和党的十五届六中全会的精神，抓住实施第十个五年计划和西部大开发的有利时机，深入贯彻落实中央民族工作会议精神，加快少数民族和民族地区经济社会发展，巩固和加强民族团结，维护社会稳定，促进各民族共同繁荣，以民族工作的新成绩迎接党的十六大召开。

22个人口较少民族(第四次全国人口普查10万人以下的民族)的发展工作，是国家民委2002年工作的重中之重。据悉，国家将加大对22个人口较少民族发展的扶持力度，有关地方和部门可以在执行统一政策的前提下，在实际工作中对人口较少民族给予更多的支持和照顾。全国民委主任会议提出，民委工作部门要坚持因地因族制宜的方针和分类指导的原则，以解决人口较少民族群众最基本的生产生活需要为重点，以落实项目为重要环节，切实推进扶持22个人口较少民族加快发展的工作。

全国政协副主席万国权在人民大会堂会见以国会议员伊藤忠治为团长的日本民主党国会议员代表团

科技部确定今年基础研究重点

科技部表示，我国“十五”基础研究工作开局良好。一年来，基础研究领域取得了一批代表性成果。

去年以来，我国基础研究投入稳步增长，各项计划进展顺利。2001年用于支持基础研究的国家自然科学基金总额达15亿元，国家重点基础研究发展规划投入经费达6亿元，有关部门还筹措经费8300多万元，支持一批优秀实验室的仪器设备更新。我国基础研究设施不断改善，科技装备水平逐步提高，这为提升我国基础研究实力、增强原始创新能力提供了较强的条件支撑。

按照“十五”规划的总体要求，2002年，我国在基础研究方面将主要做好以下几方面工作：

继续抓好原始性创新工作。科技部拟与有关部委共同发布和实行关于加强基础研究原始性创新能力一系列新的政策和措施，创造有利于原始创新的宽松环境，大力促进原始性创新的能力建设。

加大数据共享工作的推进力度。科技部将组织实施“科学数据共享工程”，该工程将建成以部门信息中心为主体，覆盖全面、结构合理的国家科学数据中心群及其数据共享网络体系，实现我国科学数据的全面共享。相关的技术标准、管理体系、工作机制及法律、法规等正在建立、健全中。

增加资金投入，完善基金制度，不断提高面上项目的资助率，努力使自然科学基金成为支持科技创新的源头和孕育重大科技成果的摇篮。据了解，国家自然科学基金已经形成面上项目、重点重大项目和专项基金相结合的资助格局。

继续实施国家支持基础研究的各项计划，如国家重点基础研究发展规划(973)、基础研究重大项目前期研究专项(原攀登计划)、基础性工作、国家重点实验室、国家重点野外科学观测实验站(试点站)、国家重大科学工程以及教育部、中科院等部门的基础研究计划。

科技部在北京公布2001年我国基础研究十大进展

这十大基础研究进展是：

1. 我国完成水稻基因组"工作框架图"；

2. 我国科学家研究出将光盘容量扩大100万倍的技术；

3. 中国科技大学C60纳米材料结构研究获重要进展；

4. 中美科学家在我国发现最古老的大洋地壳残片；

5. 我国科学家研究确定全球二叠系—三叠系界线层型(国际标准)；

6. 我国科学家将巨颅兽哺乳动物的历史向前推进4500万年；

7. 我国肝胆管结石及其并发症的外科治疗与实验研究取得创新性成果；

8. 我国粲夸克偶素物理实验研究获重大进展；

9. 我国新核素合成研究获两项突破；

10. 我国科学家揭开导致A—1型短指(趾)症之谜。

1月17日

国家主席江泽民在人民大会堂与约旦国王阿卜杜拉二世举行会谈

江泽民说，近年来，中约关系呈现出良好的发展势头。双边贸易迅速增长，中国对约投资也不断增加，与政治关系形成了良性互动。中国实施"走出去"战略，去年加入了WTO，这些都为两国经贸合作关系的发展提供了新的机遇。江泽民表示，发展长期友好、互利合作的中约关系是中国政府的既定政策，21世纪的中约关系有着广阔的发展前景。

江泽民在向阿卜杜拉介绍台湾问题时指出，台湾问题涉及中国的主权和领土完整，牵扯着包括台湾同胞在内的13亿中国人民的感情，我们实现祖国最终统一是任何人也改变不了的政治目标。江泽民感谢阿卜杜拉和约旦政府多次重申坚持一个中国的原则立场。

江泽民向客人介绍了中国对当前国际形势的基本看法。关于中东问题，江泽民表示：一年多来，以巴冲突不断，局势跌宕起伏，中东和平进程面临严峻考验。我本人和中国政府对此十分关切，并为缓和紧张局势作出了积极努力。我们认为，解决中东问题的唯一正确途径是尽快恢复和谈。暴力和武力不仅解决不了问题，反而会加剧彼此的隔阂与仇恨。国际社会也应作出更大努力，推动恢复中东和平进程。中国愿与国际社会一道，特别是与阿拉伯国家加强合作，继续推动中东问题得到早日解决。

关于反恐问题，江泽民强调，中国反对一切形式的恐怖主义，中国赞成就反恐问题加强国际合作，特别要注意发挥联合国作用。同时，反恐不能搞双重标准。中国反对任意扩大打恐目标。

会谈结束后，两国领导人共同主持了中国向约旦提供经援等有关协议的签字仪式。

国家主席江泽民任命孙振宇为中国常驻世界贸易组织代表

国家主席江泽民任命孙振宇为中国常驻世界贸易组织代表、特命全权大使，兼任中国常驻联合国日内瓦办事处和瑞士其他国际组织副代表。

全国人大常委会委员长李鹏在人民大会堂会见白俄罗斯国民会议共和国院主席沃伊托维奇

李鹏首先对沃伊托维奇主席在中白建交十周年之际率团访华表示热烈欢迎。他说，2000年我访问白俄罗斯时受到了贵国议会、政府和人民的热情接待，至今记忆犹新。李鹏说，中白两国人民一直相互同情、相互理解、相互支持，这是中白关系健康稳定发展的牢固基础。我们高兴地看到，中白建交十年来，两国在政治、经济、科技和文化等领域的友好合作关系不断发展。两国高层领导互访不断，增进了彼此的了解和友谊，促进了两国在各个领域的交流与合作。至今中白两国签署的政府和部门间合作文件达50多个，涉及经贸、科技、军技和文化等领域。两国政府已设立经贸、科技混委会。我们希望中白关系在新世纪取得更大进展。李鹏对白俄罗斯在台湾、西藏、人权等问题上一贯支持中方的立场表示感谢。

李鹏说，近年来，中国全国人大与白俄罗斯议会往来频繁、合作密切，这对于推动双边关系发展发挥了重要作用。中国人大与白俄罗斯议会在国际舞台上也进行了很好的合作，我们欢迎贵国议会的专门委员会同中国人大的对应委员会开展交流。

李鹏还向客人介绍了中国关于反恐、加入世界贸易组织等问题的政策，以及全国人大的职能、机构等。

李鹏委员长夫人朱琳、全国人大常委会副委员长铁木尔·达瓦买提、外交部副部长李肇星、全国人大常委会委员王涛、全国人大常委会副秘书长吕聪敏、李鹏委员长办公室主任吴文昌，和白俄罗斯驻华大使鲁萨凯维奇等参加了会见。

国家副主席胡锦涛在人民大会堂会见白俄罗斯国民会议共和国院主席沃伊托维奇

亚欧环境部长会议在北京召开

国务院总理朱镕基在给大会的贺信中指出，中国是一个发展中国家，也是一个环境大国，愿与世界各国携手并进，加强合作，共创世界美好未来。

朱镕基在贺信中说，环境保护关系到人类社会的生存与繁衍，是全人类的共同任务。亚洲和欧洲是人类文明的重要发源地，在新世纪全球经济发展和环境保护中占据举足轻重的地位。此次会议必将有力地推动亚欧环境合作，对全球环境保护和可持续发展也会产生积极影响。

朱镕基强调，中国政府高度重视环境保护，将环境保护作为一项基本国策，实施可持续发展战略，制定了一系列保护环境的法律、法规和措施，为改善环境质量进行了不懈努力。中国是一个发展中国家，也是一个环境大国，解决中国环境问题是对世界环境保护的重大贡献。我们愿与世界各国携手并进，加强合作，共创世界美好未来。

国务院副总理温家宝在大会上发表讲话。他说，发达国家在长期发展中对全球环境造成较大影响，在经济和技术上也有能力和条件承担更多的环境保护义务，应发挥自己的优势，积极帮助发展中国家解决环境问题。发展中国家在推进经济发展中应加强环境保护，尽力减少经济发展对环境的影响。加强亚欧国家在环境保护和可持续发展方面的合作，具有巨大潜力，符合各国利益，对于解决全球环境问题也将产生重要的影响。

温家宝在讲话中代表中国政府就加强亚欧环境合作提出四点建议：一是建立亚欧环境合作伙伴关系，相互尊重，相互学习，平等互利，取长补短。二是把环境合作与经济合作结合起来，通过环境合作促进两大区域的可持续发展。三是环境合作要充分考虑各国的历史进程和经济社会发展水平的差异，兼顾各国的现实利益和世界的长远利益。四是开展环保技术、管理和产业等领域的实质性合作，提高欧亚环境合作的水平。

温家宝最后强调，中国是一个负责任的大国，对解决全球环境问题一直持积极态度，先后签署了一批重要国际环境协议，并在严格履行相应的国际义务和责任方面作出举世公认的成绩。我们将一如既往，在国际环境合作中继续努力。

亚欧环境部长会议由中德两国政府在2000年汉城第三次亚欧会议上共同倡议，是亚欧会议框架下的合作活动之一。国家环保总局局长解振华在大会上作了主旨发言。来自亚欧会议25个成员国的环境部长或代表及欧盟委员会的环境代表出席了本次大会。会议就发展亚欧环境合作的伙伴关系、国际环境问题、可持续发展世界首脑会议、亚欧会议成员间环境问题未来对话选择以及其他问题进行了深入交流，并通过了《亚欧环境部长会议主席声明》。

“香港一号”和“香港二号”卫星采购合同签署

中国航天科技集团公司与以色列飞机工业公司、香港卫星科技控股公司在北京人民大会堂签署了以商业模式设计、制造、运营“香港一号”、“香港二号”卫星的多方合作协议，合作开发有市场前景的中等容量通信卫星。全国政协副主席宋健出席了签字仪式。

第十二届“中国十大杰出青年”颁奖典礼在北京举行

第十二届“中国十大杰出青年”是：于魁智、尹祥美、王辰、母连云、伊力汗·奥斯曼、刘小宁、张伟平、杨桂生、周继红、黄强。

1月18日

国家主席江泽民在中南海接受埃及《金字塔报》和中东社采访

在谈到中埃关系时，江泽民表示，穆巴拉克总统即将对中国进行的访问，是新世纪之初两国关系中的一件大事。中国和埃及都是文明古国。中埃两国人民友好交往源远流长。建交后，通过双方几代领导人的精心培育，两国建立了真诚的友谊和良好的合作，不论是在维护世界和平与稳定，反对强权政治，还是在发展各自的民族经济方面，两国始终相互理解，相互支持。

他说：进一步发展中埃友好合作关系是中国政府的既定政策。我们坚信，在双方的共同努力下，中埃两国战略合作关系一定会更加健康、稳定地发展，并结出更加丰硕的成果。

在谈到中国与阿拉伯国家的关系时，江泽民表示，中国同阿拉伯国家有着传统友谊，长期以来一直相互同情和支持。中国一贯重视发展同阿拉伯国家的关系，这是我们既定的外交方针。我们高度重视阿拉伯国家在地区和国际事务中发挥的重要作用和影响。

他说：“9·11”事件之后，国际形势更加复杂多变，不稳定因素增多。中国同阿拉伯国家都面临许多新问题与新挑战。我们需要增加往来，增进了解，加强协调与合作，共同维护地区与世界的和平、稳定与发展。我们相信，在双方的共同努力下，中国和阿拉伯国家的关系将在新世纪得到全面、深入发展。

中共中央政治局委员、书记处书记、中宣部部长丁关根，人民日报社社长许中田，新华社社长田聪明，外交部副部长王光亚等参加会见。

全国人大常委会委员长李鹏在人民大会堂会见约旦国王阿卜杜拉二世

李鹏欢迎阿卜杜拉访华，对他本人1991年访约时受到盛情款待表示感谢，并请阿卜杜拉转达他对马贾利众议长的亲切问候。李鹏还积极评价中约双边关系以及阿卜杜拉国王此次访华成果。

在谈到国际形势时，李鹏指出，中国赞成多极化，主张国际关系民主化。当前经济全球化迅猛发展，中国加入了世贸组织，也积极参与全球化进程。同时，发展中国家在全球化进程中一定要趋利避害，维护自身正当权利。

李鹏还表示，中国全国人大积极参加国际事务，愿意加强与各国议会的交往。中国全国人大与约旦议会的交往也在日益增多。

李鹏还向客人介绍了中国政府在国际反恐、中东等问题上的原则立场，并表示赞赏约旦在中东问题上发挥的独特作用。

全国人大常委会副委员长铁木尔·达瓦买提等参加了会见。

中央党校举行2001年度冬季毕业典礼

中共中央政治局常委、中央党校校长胡锦涛出席毕业典礼，并向毕业学员颁发毕业证书。

中央组织部部长曾庆红出席毕业典礼。

据介绍，本期毕业学员共836人。中直机关分校、中央国家机关分校、部队分校和中央金融工委分校的2132名学员也同期毕业。

全国总工会实施送温暖工程10周年座谈会在北京召开

中共中央总书记江泽民为送温暖工程题词。中共中央政治局常委、中央书记处书记、中华全国总工会主席尉健行发表重要讲话。

尉健行强调，江泽民同志早在全总党组的报告上就明确批示，“送温暖是我们党的好传统，要发扬”，今天又亲笔为送温暖工程题词，这既是对这项工作的充分肯定和高度评价，更是对我们的极大鼓舞和殷切期望，我们一定要按照江泽民同志的要求，以“三个代表”重要思想为指导，努力推动送温暖工程取得新的更大进展。

尉健行指出，10年来，在各级党政领导的关心重视、各级工会组织的积极努力和社会各界的广泛参与下，这项工作不断深入发展，取得了显著成绩，基本实现了经常化、制度化、社会化，受到广大职工的欢迎和社会各界的赞誉，为推进改革、促进发展、维护稳定发挥了积极作用。这项工作之所以能够取得重大进展并产生广泛的社会影响，一是党中央、国务院高度重视，始终把它作为保持党与人民群众血肉联系的重大问题来抓，这是这项工作深入开展的根本保证。二是形成各级党政重视支持、各级工会积极努力、全社会广泛参与的工作格局，这是这项工作取得成效的关键。三是推动送温暖活动向送温暖工程发展，逐步与建立完善各项社会保障制度紧密结合起来，这是实现这项工作经常化、制度化、社会化的发展方向。四是实施送温暖工程由帮扶特困职工向维护困难职工群体合法权益扩展，这是当前推进这项工作的重点。五是从生活救济向生产自救发展，由送钱送物向送技术、送信息、送政策拓展，这是使困难职工脱贫带根本性的帮扶措施。

尉健行强调，继续深入实施送温暖工程，与党政和社会有关方面一起，更好地关心职工生活，更多地为困难职工办实事，保护、调动和发挥好广大职工投身改革和建设的积极性、创造性，保持职工队伍和社会政治的稳定，是当前工会面临的一项繁重而紧迫的任务，也是工会服务服从于党和国家工作大局的紧要工作。做好这项工作，必须坚持做到：一要从思想上进一步提高对深入实施送温暖工程重要性、紧迫性的认识。各级工会组织一定要按照“三个代表”的要求，切实把实施送温暖工程作为履行维护职工合法权益基本职责、推动改革发展稳定大局的大事来抓，在党委的领导和政府的支持下，加强与社会各方面的联系与合作，精心筹划，精心组织，进一步推动送温暖工程的经常化、制度化、社会化。二要把送温暖工程的工作重点进一步扩展到困难职工群体上来。要认真摸清困难职工群体的工作、生活和思想状况，及时向党政和上级工会反映，引起全社会的关心和重视，支持地方政府把解决这些困难职工群体的问题，纳入经济和社会发展计划，制定相应的政策措施，工会要主动协助有关方面对这些问题认真加以解决。三要努力推动实施送温暖工程与完善社会保障制度紧密结合。要积极协助各级地方政府，不折不扣地贯彻落实党中央、国务院确定的社会保障政策和措施，继续做好“两个确保”工作，把所有符合条件的特困职工全部纳入城镇居民最低生活保障范围，努力做到应保尽保。要针对下岗职工出“中心”任务艰巨繁重的实际情况，积极协助党政妥善处理好下岗职工与企业解除劳动关系的有关问题。四要大力发展职工劳动福利事业。各级工会要发挥自身优势，积极发展包括生活救助、再就业服务、职工互助补充保险和合作建房等职工互助合作事业，形成具有为会员服务特色的职工互助合作保障体系，为困难职工提供力所能及的帮助和服务。五要把帮扶困难职工与做好职工思想政治工作结合起来。要积极配合党政，教育和引导广大职工识大体、顾大局，正确对待改革过程中的利益关系调整，坚定克服困难的信心。要在帮扶困难职工解决具体困难的同时，积极引导他们转变择业观念，努力提高自身的技术技能，敢于面对激烈的市场竞争，不断增强竞争能力。要组织职工广泛开展多种形式的群众性经济技术活动，推进企业技术进步，开拓新的生产经营门路，打开市场，推动企业努力提高经济效益，在发展经济的同时不断提高职工的生活水平。

尉健行说，春节将至，党中央、国务院对做好节日期间的工作极为关心和重视。中央明确要求各级工会要继续开展好各种形式的送温暖活动，把党和政府的关怀送到千家万户。各级工会组织和广大工会干部，一定要按照中央的要求，进一步取得党委的重视、政府(行政)的支持和社会的帮助，把今年春节期间的送温暖活动扎扎实实地搞好。

全国人大常委会原副委员长、中华全国总工会原主席倪志福出席了座谈会。座谈会由中华全国总工会副主席、书记处第一书记张俊九主持。民政部、劳动和社会保障部及黑龙江、湖南、四川、河南等省有关负责同志在座谈会上发了言。

中央综治委 2002 年第一次全体会议在北京召开

中共中央政治局委员、中央社会治安综合治理委员会主任罗干在会议上指出，2002 年是我国加入世界贸易组织后的第一年，也是实现社会治安两年内取得新的明显进步的关键一年，社会治安综合治理工作面临着更加繁重的任务。各级党委政府要正确处理改革、发展、稳定的关系，防止发生各种影响社会稳定的群体性事件。要继续深入开展矛盾纠纷排查调处工作，及早发现矛盾纠纷隐患，着力解决群众关注的实际问题，为群众排忧解难，把问题解决在基层、解决在萌芽状态。

今年的社会治安工作还要把“严打”整治斗争推向深入。罗干强调，要始终保持对犯罪分子“严打”的高压态势。要把打击有组织犯罪、带黑社会性质的团伙犯罪和流氓恶势力犯罪作为重中之重，在深挖和严惩其后台和保护伞、铲除其经济依托上狠下功夫。要继续深入开展打假行动，严厉打击制售危害人民群众生命健康的假冒伪劣商品等违法犯罪行为，严厉打击金融、财税、建筑、流通等领域的违法犯罪活动和走私犯罪活动。要进一步加强对治安混乱地区和突出治安问题的排查整治力度，因地制宜地采取措施认真加以整治，尽快改变面貌。

罗干指出，今年社会治安综合治理工作的重点是加强治安防范特别是社区的治安防范工作。各级党委政府、各有关部门要认真贯彻《中共中央、国务院关于进一步加强社会治安综合治理的意见》，高度重视治安防范工作，动员广大群众开展群防群治，深化基层安全创建活动。各有关部门要认真负责地做好本单位、本系统内的治安防范工作，同时要充分发挥部门的职能作用，积极参与全社会的治安防范工作，确保群防群治的工作落到实处，取得实效，巩固“严打”整治斗争成果。

春节将至，罗干强调要做好春节期间的安全保卫工作，确保广大群众过一个欢乐祥和的春节。一要严厉打击车匪路霸等犯罪活动，确保良好的交通秩序；严厉打击盗窃、抢劫、抢夺等严重危害人民群众生命财产安全的违法犯罪活动；严厉打击黄赌毒等违法犯罪活动，净化社会环境；二要深入排查整治治安混乱的地区、路段和集贸市场、公共复杂场所，有针对性地采取措施进行整治；三要加强重点目标、重点部位的安全保卫工作，特别要做好交通运输、集贸市场、群众游园、文体活动、安全生产等方面的保卫工作；四要加强消防、道路交通、车辆船舶等各项安全检查，防止发生群死群伤等重大治安灾害事故；五要继续严厉打击“法轮功”邪教组织的破坏活动；六要加强对进城经商务工人员的安全教育，做好“民工潮”的疏导工作。

中央综治委副主任曹志、肖扬及中央综治委委员出席了会议。会议审议了《2002 年全国社会治安综合治理工作要点》。

国办转发水利部《关于加强淮河流域 2001—2010 年防洪建设若干意见的通知》

该文件是继国务院 1991 年作出了“关于进一步治理淮河和太湖的决定”之后，指导淮河流域防洪建设的又一重要纲领性文件，是淮河流域 2001—2010 年防洪建设的基本依据。

《关于加强淮河流域 2001—2010 年防洪建设若干意见的通知》总结了 1991 年以来淮河治理工程建设的经验，根据新的水资源状况和经济社会发展新的要求，提出了淮河流域 2001—2010 年防洪建设的目标、总体部署、建设任务以及实施意见和保障措施。《关于加强淮河流域 2001—2010 年防洪建设若干意见的通知》明确：继续加固、兴建水库，实施水土保持；加固干支流堤防，扩大和整治淮河干流泄洪通道，抓紧行蓄(滞)洪区安全建设，修建洪水控制工程；巩固和扩大下游排洪能力；治理淮北跨省骨干河道和流域重要支流；续建沂沭泗河洪水东调南下工程；加强平原和湖泊洼地以及里下河地区除涝建设；加强非工程防洪措施，完善工程措施和非工程措施相结合的综合防洪除涝体系。

《今日中国》月刊在人民大会堂举行创刊50周年纪念会

中共中央总书记、国家主席江泽民，中共中央政治局常委、全国政协主席李瑞环分别发来贺信和题词表示祝贺。

江泽民在贺信中说："值此《今日中国》创刊50周年之际，我向你们表示热烈的祝贺！ 50年来，你们热情报道中国社会主义建设和改革开放的伟大进程，为促进各国人民对中国的了解，增进中国人民与各国人民的友谊作出了重要贡献。宋庆龄同志生前为杂志的创办和发展倾注了大量心血，希望你们发扬优良传统，再接再厉，与时俱进，更好地为改革开放和现代化建设服务，为促进人类和平与发展的崇高事业贡献力量。"

李瑞环的题词是："报道今日中国发挥桥梁作用。"

《今日中国》于1952年1月创办，原名《中国建设》，创办者为孙中山夫人、国家名誉主席宋庆龄。经过半个世纪的发展，《今日中国》已发展成为我国目前唯一一本多文种的综合性月刊，拥有英文、法文、西班牙文、阿拉伯文、中文5个语种的印刷版和包括德文在内的6个语种的网络版，读者遍及世界150多个国家和地区。

1月19日

国家副主席胡锦涛在人民大会堂会见出席中美关系国际研讨会的美国客人

胡锦涛对中美学术界合作研究中美关系和开展学术交流表示赞赏。胡锦涛说，今年是中美上海联合公报发表30周年，30年来中美关系走过了不平坦的道路，但总的是向前发展的。去年在上海APEC领导人非正式会议期间，江泽民主席与布什总统成功举行了会晤，双方就致力于发展中美建设性合作关系达成重要共识，从战略高度为新世纪两国关系的发展确立了方向。中美两国都是联合国安理会常任理事国，都是世界上有重要影响的国家，改善和发展中美关系，符合两国人民的根本利益，对维护世界的和平稳定，促进世界的发展繁荣都具有十分重要的意义。当前中美关系面临进一步发展的重要机遇，希望双方共同努力，加强交流，增进了解，促进合作，推动中美关系朝着建设性合作关系的方向前进。

胡锦涛还向客人阐述了我解决台湾问题的一贯方针和原则立场，介绍了中国改革发展的有关情况。

国家统计局最新统计成果显示去年我国旅游总收入增一成

经国家统计局确认的最新统计结果显示，去年我国旅游业克服了世界经济不景气和"9·11"事件等不利因素的影响，继续取得骄人业绩，旅游业总收入达4995亿元人民币，比上年增长10.5%，高出国民经济总体增长速度3.2个百分点。

据统计，去年我国入境旅游人数达8901.29万人次，旅游外汇收入达177.92亿美元，分别比上年增长6.7%和9.7%。其中香港同胞5856.85万人次，与上年持平，澳门和台湾同胞分别比上年增长36.7%和10.7%。在15个主要客源国中，除蒙古来华人数略有下降外，其余均实现增长，增幅一成以上的有韩国、俄罗斯、菲律宾、泰国等，美国来华人数全年增长5.9%。

去年全国国内旅游人数高达7.84亿人次，国内旅游收入为3522.36亿元，分别比上年增长5.3%和10.9%。其中，城镇居民出游3.74亿人次，农村居民出游4.09亿人次。全年国内旅游出游人均花费449.5元，比上年增长5.4%，其中城镇居民708.3元，农村居民212.7元。在春节、"五一"、"十一"3个黄金周中，全国共接待国内旅游者1.8亿人次，旅游收入合计达736亿元，占全年国内旅游业总收入的20.9%。

此外，去年中国公民出境人数达1213.31万人次，比上年增长15.9%。其中，因私出境694.54万人次，比上年增长23.3%。

中央军委副主席迟浩田看望兰州军区某红军团九连

迟浩田强调，新形势下加强部队基层建设，一定要用江泽民总书记"三个代表"重要思想统揽和指导各项工作，不断提高基层建设的质量。

红九连战争年代被授予"战斗模范连"，和平时期连续多年被上级评为"全面建设模范连"。迟浩田称赞他们昔日是英雄，今天是模范。迟浩田说，今年是我军深入学习、实践"三个代表"和抓基层、打基础的一年。部队贯彻"三个代表"，归根到底都要落实到基层，都要通过基层建设的成效来检验。要把"三个代表"的学习和实践引向深入，就是要抓好基层各项工作的落实，就是要把全军学习贯彻"三个代表"不断向基层延伸、向实践拓展，使"三个代表"真正进入连队工作、进入官兵思想，体现到基层的全面发展和全面进步上，体现到部队战斗力的不断提高上。

迟浩田强调，"三个代表"重要思想既给军队建设包括基层建设赋予了新的内容，提出了新的要求，又为认识和把握新形势下部队建设的特点规律，回答遇到的新情况新问题，提供了强大的思想武器。要巩固和发展目前基层建设好的形势，就必须按照“三个代表”的要求，更新观念，与时俱进，思考和筹划各项工作，指导基层不断上台阶，迈新步。

迟浩田指出，按照江泽民主席“五句话”总要求和《军队基层建设纲要》抓基层，就是要突出用“三个代表”重要思想武装官兵的头脑，保持部队的高度稳定和集中统一，从思想上、组织上、制度上把党对军队绝对领导的要求落实到基层，使广大官兵更加紧密地团结在以江泽民同志为核心的党中央、中央军委周围，坚决听从党中央、中央军委的指挥。

兰州军区司令员李乾元、政委刘冬冬陪同看望。

1月20日

国家主席江泽民和白俄罗斯总统卢卡申科就中白建交10周年互致贺电

国务委员吴仪致信全国机电产品进出口工作会议

吴仪指出，2001年我国机电产品进出口的规模、质量、效益进一步提高。进出口总额2393亿美元，增长15%，占全国外贸进出口总额的46.9%，其中出口1188亿美元，增长12.8%，高出外贸出口6个百分点，在外贸出口中所占比重已达到44.6%。机电产品进出口的快速增长，不仅有效地拉动了进出口贸易乃至国民经济的增长，对进出口结构和产业结构的优化升级、增加就业、保持社会稳定也发挥了重要作用。

吴仪强调，2002年机电产品进出口工作要认真贯彻中央经济工作会议确定的努力促进出口的方针。要以我国加入世贸组织为契机，抓住世界经济新一轮结构调整的机遇，继续千方百计扩大出口，落实各项促进机电产品出口的政策措施，进一步优化机电产品进出口结构，大力开拓国际市场，同时要密切注意加入世贸组织后机电产品进口增加给进口调控和管理带来的变化。要通过我们的扎实工作，努力完成今年机电产品进出口增长10%的目标，为实现“十五”计划中确定的到2005年机电产品出口比重提高到50%左右的目标，为国民经济发展作出更大的贡献！

外交部部长唐家璇和白俄罗斯外长米哈伊尔·赫沃斯托夫互致贺电祝贺两国建交10周年

教育部 国家语言文字工作委员会发布《第一批异形词整理表》

1月21日

国家主席江泽民就刚果(金)火山爆发造成重大人员伤亡致电刚果民主共和国总统约瑟夫·卡比拉表示慰问

国务院总理朱镕基在人民大会堂与挪威王国首相谢尔·马格纳·邦德维克举行会谈

朱镕基对邦德维克访华表示热烈欢迎。他说，当前中挪关系的发展势头很好。两国元首已实现了成功互访，双方各部门、各级别的人员交往日益增多。这种直接交流增进了相互了解，促进了双方在各个领域的互利合作。两国在联合国及其他多边领域的合作也很密切，并取得良好效果。

他说，近年来，两国在经贸领域的合作不断扩大。挪威在电讯、环保等方面很发达，双方在许多领域已进行了富有成果的合作。去年中挪贸易额超过九亿美元，比十年前增长了两倍，但这与中挪两国经济总量还是不相称的，两国经贸合作的潜力很大。

他说，中国加入世贸组织后，将继续扩大与包括挪威在内的世界各国的经贸合作。相信邦德维克首相访问后，中挪企业界之间，特别是中小企业间的合作将取得更大发展，这对双方都是有利的。

双方还就环保、人权、宗教以及其他共同关心的地区和国际问题交换了意见，并表示将加强在国际领域的合作。

会谈结束后，朱镕基总理与邦德维克首相还共同会见记者并回答了他们的提问。

中共中央政治局常委胡锦涛在天津考察

1月21日至23日，胡锦涛在中共天津市委书记张立昌、市长李盛霖，中华全国总工会副主席、书记处第一书记张俊九等陪同下，深入农村、企业和社区，亲切看望困难群众，详细了解天津市开展扶贫帮困工作的情况。

胡锦涛强调，关心群众生活是密切党同人民群众血肉联系、巩固党的执政地位、促进经济社会发展、维护安定团结政治局面的一件大事。各级党委、政府一定要深入贯彻十五届六中全会精神，认真实践“三个代表”重要思想，怀着对人民群众的深厚感情，时刻把群众的冷暖疾苦挂在心上，真正把党和政府的关怀送到千家万户。

在听取天津市委、市政府的工作汇报后，胡锦涛作了重要讲话。他在充分肯定天津近年来改革开放和现代化建设取得的成就后指出，党中央、国务院始终十分关心人民群众的生活，始终把保障困难群众的基本生活作为一件大事来抓。江泽民总书记在六中全会和中央经济工作会议上又强调，关心群众，首先要关心困难群体的疾苦；为最广大人民谋利益，首先要为困难群体谋好利益，要把他们的工作和生活切实安排好，努力使低收入居民家庭的基本生活得到应有的保障。各级党委和政府一定要按照江泽民总书记的要求，把关心群众生活放到更加突出的位置，千方百计解决好困难群众的生活问题。各级领导干部要有强烈的爱民之心，经常深入到广大群众特别是困难群众中去，问问他们缺什么、少什么，听听他们愁什么、盼什么，看看他们的劳动就业、吃饭穿衣、子女上学、生病就医等问题解决了没有，真正把困难群众的情况搞清楚。要坚持“一要吃饭，二要建设”的原则，优先安排好群众的生活。要建立一套规范管用的工作机制，进一步抓好各项社会保障措施的落实，在城镇着力搞好“两个确保”、“一个低保”，在农村重点安排好灾区和贫困地区的群众生活，决不能出现被遗忘的角落，决不让一个困难群众挨饿受冻。要充分发挥我们的政治优势，大力弘扬扶贫济困的传统美德，广泛动员社会各方面的力量，积极开展经常性的社会捐助和社会互助活动。胡锦涛强调，发展是硬道理，解决部分群众生活困难问题，说到底要靠经济发展。要通过搞好国有企业，加快发展非公有制经济和中小企业，大力发展劳动密集型产业和第三产业，创造更多的就业岗位；通过进一步加大对农业和农村的投入，加快农业和农村经济结构调整，采取新的思路和综合措施，努力增加农民收入。

在天津期间，胡锦涛还看望了驻津部队、武警师以上干部。

中办 国办发出要求各地区各部门进一步精简会议和文件的意见

意见指出，党的十五届六中全会作出的《关于加强和改进党的作风建设的决定》明确提出：“改进领导方式和工作方法。下决心精简会议和文件，改进会风和文风。”近年来，党中央、国务院多次强调要改进作风，深入实际，切实精简会议和文件，并采取了一些实际措施，取得了一定成效。但是，会议过多，请领导同志出席事务性活动过多，各类文件简报过多的情况仍然没有根本改变，影响了领导机关和领导干部同人民群众的密切联系，不利于各级党委和政府集中精力抓工作。

意见强调，从中央和国家机关做起，各地区、各部门安排会议活动一律要从严掌握。能不开的会议坚决不开，可以合并开的合并召开；要尽可能利用现代通信和技术手段召开电视电话会议，条件具备的可以直接开到基层，避免层层开会。一律不准巧立名目召开各种属联谊性、轮流做东的“片会”。中央和国家机关各部门每年召开的本系统全国性工作会议原则上只开1次，特殊情况不得超过2次。各地区、各部门首先是省部级以上的党政机关要严格控制举行各类纪念会、研讨会、表彰会、剪彩、奠基、首发首映式以及各种检查、评比等活动。元旦、春节期间，党政机关之间不搞相互走访拜年活动。对必须举办的会议和活动，要明确主题，充分准备，注重实效。

意见要求，各类会议活动要尽量压缩规模，减少参加人员。中央和国家机关各部门不能以地方领导同志是否出席本系统的会议活动作为衡量地方是否重视某项工作的依据。省区市召开的会议，未经批准，也不要邀请中央和国家机关有关部门负责同志出席。各地区、各部门举办会议活动要认真执行有关财务规定，厉行节约，反对铺张浪费。不得超标准使用经费和摊派、转嫁经费负担；不得借召开会议、举办活动名义发放纪念品；不得组织高消费娱乐、健身活动；不得到中央明令禁止的风景名胜区召开会议和举办活动。需要安排住宿的，要在定点接待的宾馆、招待所，不得安排豪华宾馆、涉外旅游饭店。领导干部下基层要轻车简从，不搞层层陪同，不得超标准安排用餐。财政、审计等部门要严格按照有关规定加强对会议活动经费的控制、管理和审核。未经批准召开的会议，会议经费一律不予报销。各级纪检、监察机关对违反有关规定和纪律的行为要坚决查处。

意见要求，安排领导同志出席会议活动要坚持突出重点、精简务实的原则。为了减少请领导同志出席事务性活动，除因特殊需要外，原则上不邀请领导同志参加剪彩、奠基、首发首映式、颁奖等活动。

意见要求，会议活动的新闻报道，应从实际工作需要出发，内容要准确、鲜明、生动，播报时间、篇幅要尽量简短，力戒空泛和一般化。

意见强调，要坚持少而精的原则，切实精简各类文件简报。可发可不发的公文坚决不发，可长可短的公文一定要短。凡是法律、法规已有明确规定的一律不再发文，已全文公开播发见报的不再印发文件。对党中央、国务院文件，各地区、各部门要结合实际提出具体贯彻落实意见，不得照抄照搬，层层转发。各地区、各部门印发的文件简报既要加强对全局工作的指导性，又要注重在具体工作中的可操作性，切实提高针对性和时效性。要注意改进文风，文件简报要简明扼要，分析问题要切中要害，所提建议要切实可行。

意见要求，各级领导机关和领导干部要切实负起责任，带头转变作风，带头精简会议和文件，带头深入基层调查研究，注重解决实际问题，在狠抓各项工作的落实上下功夫。要充分利用现代化办公手段,推动党政机关信息化建设,切实改进领导方式和工作方法,真正从源头上解决文山会海问题。中共中央办公厅、国务院办公厅将对《意见》的贯彻落实情况进行督促检查。

全国推进流通现代化工作现场会在上海召开

国务委员吴仪在会上讲话时指出,没有流通的现代化,就没有真正意义上的社会主义市场经济,国民经济整体素质就难以提高。各地要充分认识推进流通现代化的重要意义,大力发展以连锁经营、物流配送、网上电子商务等现代流通方式,积极稳妥地推进流通现代化。

吴仪充分肯定了近年来各地通过引进外资和运用现代信息技术改造、改组传统商业,发展连锁经营、超级市场等现代流通方式和经营业态作出的积极探索和取得的成绩。她指出,在我国加入世贸组织的新形势下,推进流通现代化,对于促进经济良性循环、提高经济运行质量和效益,对于引导消费和培育内需,对于整顿和规范市场经济秩序,都具有重要意义,也是我国流通业应对加入世贸组织、更广泛地参与国际合作与竞争的一个重要举措。各地区、各部门要进一步转变观念,提高认识,适应社会主义市场经济发展的要求,加快由传统商业向现代商业转变的步伐。

吴仪希望各地在推进流通现代化工作中,树立全局观念,打破地方保护,努力培育具有国际竞争力的大型流通集团。抓紧培养精通现代流通规则,特别是熟悉世贸组织规则,熟悉国际商务法律和现代流通技术的高素质人才。她说,各地在引进外资中一定要遵守国家的法律、法规和政策,不能自行其是。要把引进外资与改造传统商业紧密结合起来,提高利用外资的质量和水平,切实引进国际大型商业集团的先进经营理念、模式、业态、管理和技术,并有所创新,实现跨越式发展。要加快建立商业信用体系,创造良好的流通环境和消费环境。

吴仪最后强调,各地推进流通现代化一定要从实际出发,按市场经济规律办事,切不可一哄而起,相互攀比。要充分考虑现代化流通方式的强大辐射功能,避免因重复建设而造成的社会资源浪费。

国防部部长迟浩田在北京与塞浦路斯国防部部长苏格拉底·哈西科斯举行会谈

全国中医药工作会议在北京召开

卫生部副部长、国家中医药管理局局长佘靖说,今后一个时期,国家将加大投入,继续抓好农村中医工作先进县建设,扩大先进县建设数量。同时研究制定全国农村中医药工作先进地市建设规划和标准,做好试点。要大力开展培训,采取措施促进高水平中医药人才向农村流动。

国家中医药管理局日前启动实施了农村中医药适宜技术推广示范项目,筛选出一批价低、实用的中医药技术成果,向农村推广。

1月22日

国家主席江泽民在中南海会见挪威首相邦德维克

江泽民说,近些年来,我们两国关系发展得很好。双方领导人通过多种方式保持接触,各级政府部门及民间交往进一步密切。经贸合作向深度和广度拓展。挪威在环保、渔业、造船、航运等领域具有世界先进水平,双方合作不断取得新的成果。两国在科技、文教、卫生等领域的交流与合作富有成效。

邦德维克说,中国20多年来在经济建设中取得的成就给我们留下了深刻印象。我这次访华带来了一个庞大的工商界代表团,这表明挪工商界对中国有着很大兴趣。挪中经贸合作潜力巨大,我们希望两国在环保、通讯、航运等方面继续加强合作。

双方还就中国加入世界贸易组织、打击恐怖主义等问题广泛地交换了意见。

江泽民表示,中挪两国之间没有根本的利害冲突,在许多重大国际问题上有着相同或相似的立场,在维护世界和平与稳定方面有广泛共同利益,两国在经济上可以优势互补。只要继续本着相互尊重、平等互利的原则,不断增进了解、扩大合作,中挪关系就一定能在稳定、健康的轨道上不断向前发展。

民建中央副主席路明、外经贸部部长石广生、外交部副部长乔宗淮、中国驻挪威大使马恩汉,挪威贸易和工业大臣安斯加尔·加布尔埃尔森,挪威驻华大使叶德宏等会见时在座。

国务院召开第7次全体会议

国务院总理朱镕基主持召开国务院第7次全体会议,布置讨论即将提请九届全国人大五次会议审议的《政府工作报告(征求意见稿)》。

出席会议人员围绕《政府工作报告(征求意见稿)》进行了认真热烈的讨论。会议认为,此稿已经国务院总理办公会议多次讨论,数易其稿,此次讨论修改后可以发到各省、自治区、直辖市和有关部门、单位广泛征求意见。

朱镕基在讲话中说,过去的一年,在国际形势复杂多变,世界经济和贸易明显减速的情况下,我国改革开放和社会主义现代化建设取得了新的重大成就。国民经济持续快速健康发展，经济体制改革继续深化，科技、教育和各项事业全面发展，社会政治保持稳定，城乡居民生活进一步改善。第十个五年计划开局良好。这些成就确实来之不易，是以江泽民同志为核心的党中央统揽全局、审时度势、及时作出正确决策和部署的结果，是全国各族人民锐意进取、团结奋斗的结果。

朱镕基指出，今年是我们党和国家历史上非常重要的一年，做好各项工作意义重大。尽管面临着新的困难和挑战，但有利条件很多。我们要坚定信心，趋利避害，转变作风，扎实工作。要坚持实施扩大国内需求的方针，促进经济较快增长。加快农业和农村经济发展，努力增加农民收入。积极推进经济结构调整和经济体制改革。适应加入世贸组织新形势，全面提高对外开放水平。继续大力整顿和规范市场经济秩序。贯彻科教兴国战略，加强精神文明建设。进一步转变政府职能，加强政风建设。朱镕基要求，今年政府工作要狠抓落实，把每项任务、每项措施真正落到实处。要严格实行工作责任制，加强检查监督。国务院全体人员和各部门、各单位负责人，都要埋头苦干，心无旁骛，尽职尽责地抓好各项工作。

朱镕基强调，九届全国人大五次会议和全国政协九届五次会议即将召开。国务院组成人员和各部门负责人，要按照大会要求，集中精力参加会议，虚心听取意见，认真回答问题，诚恳接受监督。他表示，国务院还将分别召开座谈会，进一步听取各方面人士对《政府工作报告(征求意见稿)》的意见。

国务院全体会议组成人员出席了会议，有关部门、单位负责人列席了会议。

中共中央政治局常委尉健行在人民大会堂会见以布兰科·茨尔文科夫斯基主席为团长的马其顿社会民主联盟代表团

尉健行对代表团访华表示热烈欢迎。他说：中马两国相距遥远，但两国人民之间有着悠久的传统友谊。两国自1993年建交以来，各领域的友好合作关系不断发展。虽然由于台湾当局的破坏，中马关系一度遭受挫折，但那已成为过去。目前两国关系已重新回到正常发展的轨道。我们愿同马方共同努力，在相互尊重主权和领土完整、互不干涉内政、平等互利等原则基础上，进一步发展双方在政治、经济、文化、科技等各领域的友好合作，把两国关系提高到一个新的水平。谈到党际关系时，尉健行说：中国共产党在对外交往中遵循“独立自主、完全平等、互相尊重、互不干涉内部事务”四项基本原则，同所有愿意与我党交往的各类政党和组织建立新型党际关系。今天，我们非常高兴地结识了马社民盟这个新朋友，也愿积极发展与马各类政党、政治组织的关系，为进一步推动两国关系的发展作出贡献。

尉健行还向客人介绍了中国当前的政治、经济形势和中国共产党的自身建设情况。

中联部副部长蔡武参加了会见。

中国科协第六届全国委员会第二次会议在北京召开

中共中央政治局委员、书记处书记、国务院副总理温家宝在会上指出，广大科技工作者要树立高度的社会、历史责任感，自觉地将个人的理想抱负同民族的前途命运紧密地结合起来，在实现中华民族伟大复兴的壮丽事业中作出无愧于时代的贡献。

在为大会所作的经济形势和科技工作的报告中，温家宝指出，随着科学技术的迅猛发展，经济和科技的联系越来越紧密。今天，科学技术的发展水平及其推广应用，已成为衡量综合国力和经济竞争力的重要指标。现代国际间的竞争，说到底是综合国力的竞争，关键是科学技术的竞争。要把发展科学技术事业摆在更加突出的位置，努力增强我国的自主创新能力，加速科技成果向现实生产力的转化，促进产业结构的优化升级，提高国际竞争力，以应对加入世界贸易组织后日趋激烈的国际竞争。

温家宝说，科学技术是先进生产力的集中体现和主要代表，是人类文明进步的重要基石。科技工作者要自觉地从广大人民的根本利益出发，加强科技创新，为提高我国的科学技术水平，促进经济发展和经济结构调整贡献力量。科技工作者不仅要做先进生产力的开拓者，也要做先进文化的传播者，在推进社会主义物质文明建设的同时，自觉肩负起推进社会主义精神文明建设的重任。要努力普及科学技术知识，弘扬科学精神，传播科学思想和科学方法，使科学的世界观、方法论真正深入广大干部、群众的心中，成为新时期民族精神的重要支柱和实现现代化的强大动力。

温家宝强调，中国科协是我国科技工作者的群众组织，是党联系群众的桥梁和纽带。在发展社会主义市场经济的新形势下，科协的主要任务是：进一步密切和广大科技工作者的联系，调动广大科技工作者的积极性、主动性和创造性，动员和组织广大科技工作者投身社会主义现代化建设的伟大事业，促进经济和科技的结合，充分发挥科学技术在经济社会发展中的重要作用。

会议由全国人大常委会副委员长、中国科协主席周光召主持。全国人大常委会副委员长吴阶平、许嘉璐，全国政协副主席宋健、钱正英出席了会议。

今年，中国科协将广泛开展多种形式的科技服务活动，充分发挥科协及所属学会智力密集、跨部门跨行业和客观超脱的优势，围绕关系经济、社会和科技发展的重大问题和实施可持续发展战略，组织全局性、综合性、跨学科的专项课题研究，为宏观决策提供依据。

我国林业实现历史性转变

国家林业局局长周生贤在向全国政协汇报林业和生态建设情况时说，以退耕还林、天然林保护等六大国家重点生态建设工程的实施为标志，我国林业的任务和定位实现了林木采伐到资源保护、从以产业为主向以公益事业为主的历史性转变。

周生贤说，过去是以木材生产为中心组织安排林业工作的，现在生态需求成为社会对林业的主导需求，提高生态质量成为人们的强烈愿望。近年来国家投入数千亿元资金，启动了天然林保护、退耕还林、“三北”防护林四期、野生动植物保护四大重点生态建设工程，环北京防沙治沙工程和速生丰产林基地建设工程正加紧试点。经国务院批准，六大工程完全纳入了社会公益事业、社会公共工程的范畴。这意味着资源保护、生态建设已经成为林业的首要任务。

周生贤表示，国家林业局的职能重点转向了执法监督。重点抓好三项工作：一是严管林；二是慎用钱；三是质为先。

1月23日

国家主席江泽民在人民大会堂与埃及总统穆罕默德·胡斯尼·穆巴拉克举行会谈

江泽民对穆巴拉克第八次访问中国表示热烈欢迎，相信这次访问必将进一步加强两国业已建立的战略合作关系，促进两国在各个领域的友好合作。

江泽民高度评价穆巴拉克总统一贯重视对华关系，并为推动两国关系发展所作出的积极努力和重要贡献。他指出，中埃作为两个文明古国和亚非大国，在维护世界和平、捍卫广大发展中国家权益等方面有着广泛的共识和一致的利益。

江泽民希望两国进一步探讨加强两国战略合作关系，实现双边关系在新世纪长期稳定、深入发展。他说，中国始终把埃及视为自己在阿拉伯世界和非洲大陆最重要的合作伙伴，重视发展同埃及全方位的友好互利合作关系。加强和发展同埃及的长期友好合作关系是中国外交的既定方针。江泽民表示愿与穆巴拉克一道，本着继往开来、密切合作、携手共进的精神，进一步充实两国战略合作关系的内涵，不断拓展和深化两国互利合作。

穆巴拉克完全赞同江泽民关于两国关系的积极评价。他说，埃中两国关系始终发展良好，这对推动两国加强在多个领域的友好合作和交流具有重要意义。两国签署战略合作关系协议以来，双方已启动在许多领域的战略合作，今后要进一步拓宽新的合作领域。埃方愿与中方共同努力，加强在安全、科技、信息、海运和能源等多领域的交流与合作。

关于两国经贸关系，江泽民说，近年来，双边贸易发展较快，中方将鼓励中国企业增加从埃及进口，鼓励中国企业赴埃投资，积极鼓励和支持两国企业通过在对方国家举办和参加展览、增加互访等各种有效方式寻求贸易机会、扩大双边贸易额。把埃及列为中国公民出国旅游目的地问题已得到圆满解决。今后，双方可进一步加强在和平利用核技术、石油、科技、农业、林业等领域的合作。

穆巴拉克对两国经贸合作关系的快速发展表示满意。他说，埃中商务理事会将于明天成立，相信这将进一步推动两国间的经贸互利合作。穆巴拉克欢迎中国企业家到埃及投资，参与埃及的经济建设。

会谈结束后，两位领导人出席了签字仪式，双方签署了两国政府关于经济技术合作协定、和平利用原子能合作协定、石油领域开展合作的框架协议和中国公民组团赴埃及旅游实施方案的谅解备忘录5个文件。

全国人大常委会委员长李鹏在北京会见塞浦路斯国防部长苏格拉底·哈西科斯

李鹏说，多年来，中塞关系发展顺利，在两国领导人的共同关心下，双边友好合作关系不断发展，民间交往日益增多。中国政府重视发展同塞浦路斯的关系，愿为进一步增进双方在各个领域的友好合作关系作出不懈努力。我们相信，在双方的共同努力下，中塞两国两军友好合作关系必将有新的发展。他说，中国主张世界多极化，奉行独立自主的和平外交政策，在国际社会中伸张正义、主持公道。中国遵守联合国所有关于塞浦路斯问题的决议，愿意与包括塞浦路斯在内的所有国家发展友好合作关系。

中央军委副主席、国务委员兼国防部部长迟浩田会见时在座。

国务院总理朱镕基在北京会见阿富汗临时政府主席哈米德·卡尔扎伊

朱镕基说，中国真诚希望阿富汗能尽快启动经济恢复和重建工作，中国将积极参加阿富汗的重建进程，并为此提供力所能及的支持和帮助。

朱镕基说，阿富汗重建会议的成功举行体现了国际社会对阿富汗临时政府的支持。中国作为阿富汗的友好邻邦，将与阿富汗人民站在一起。阿富汗的重建工作关系国计民生，重点在于基础建设，中国在这方面很有优势。中国政府将会鼓励中国有实力的公司积极参与阿富汗的重建。

宾主还就当前国际社会反对恐怖主义的斗争交换了看法。朱镕基指出，中国反对一切形式的恐怖主义。少数“东突”恐怖分子曾在境外受训，他们的恐怖行径影响到中国新疆地区的和平与稳定，中国政府对此极为重视。

会见后，朱镕基和卡尔扎伊出席了《中华人民共和国政府向阿富汗临时政府提供3000万元人民币紧急物资援助的换文》和《中华人民共和国政府向阿富汗临时政府提供100万美元现汇的换文》等文件的签字仪式。

国务院总理朱镕基在人民大会堂会见爱尔兰外长考恩

国务院召开第53次常务会议

国务院总理朱镕基主持召开了会议，审议并原则通过了《中华人民共和国公民身份证法(草案)》、《中华人民共和国进出口商品检验法修正案(草案)》。

会议认为，1985年发布的《中华人民共和国居民身份证条例》，确立了我国的居民身份证制度。随着形势的发展，有必要以居民身份证条例为基础，总结实践经验，对公民身份证制度进一步依法加以规范和完善。

会议认为，1989年公布施行的《中华人民共和国进出口商品检验法》，对加强进出口商品检验工作，促进对外贸易健康发展，发挥了重要作用。为了适应我国加入世界贸易组织的新形势，履行我国对外有关承诺，有必要在总结实践经验的基础上，对现行进出口商品检验法的部分条款进行修改、完善。

会议确定，《中华人民共和国公民身份证法(草案)》和《中华人民共和国进出口商品检验法修正案(草案)》，经进一步修改后，由国务院提请全国人大常委会审议。

国务院作出《国务院关于2001年度国家科学技术奖励的决定》

各省、自治区、直辖市人民政府，国务院各部委、各直属机构：

为实施“科教兴国”战略，鼓励优秀科学技术人才脱颖而出，奖励为发展我国科学技术事业、促进国民经济发展和社会进步作出突出贡献的科学技术人员，根据《国家科学技术奖励条例》的规定，由国家科学技术奖励评审委员会严格评审和科技部审核，经国务院批准并报请国家主席江泽民签署，授予王选、黄昆2001年度国家最高科学技术奖；经国务院批准，授予“纳米非氧化物的溶剂热合成与鉴定”等18项成果国家自然科学奖二等奖，授予“水稻雄性不育K型新质源的创制、研究与应用”等14项成果国家技术发明奖二等奖，授予“水稻两用核不育系‘培矮64S’选育及其应用研究”等17项成果国家科学技术进步奖一等奖，授予“新型背负式机动喷粉喷雾机研制开发”等174项成果国家科学技术进步奖二等奖，授予德国佩策特、美国杨又迪、瑞典诺登斯强姆、加拿大毛焕宇、日本黑田吉益和巴西瓦加斯6人中华人民共和国国际科学技术合作奖。

全国科学技术工作者要向全体获奖者学习，继续发扬坚持真理、刻苦钻研、求真务实、开拓创新、大力协作、勇攀高峰的精神，不断加强技术创新，加速科技成果转化，为推动我国经济结构战略性调整、提高我国的综合国力、实现我国社会主义现代化建设第三步战略目标提供强大的科技支持，作出更大的贡献。

国务院

2002年1月23日

中纪委第七次全体会议在北京举行

会议的主要任务是：高举邓小平理论伟大旗帜，坚持以江泽民同志在庆祝中国共产党成立80周年大会上的重要讲话和“三个代表”重要思想为指导，深入学习贯彻党的十五大、十五届六中全会精神以及中央经济工作会议精神，总结2001年党风廉政建设和反腐败工作，研究部署2002年党风廉政建设和反腐败任务，把反腐倡廉工作提高到一个新的水平。

中共中央政治局常委、中央书记处书记、中央纪律检查委员会书记尉健行代表中央纪律检查委员会常务委员会作了题为《以“三个代表”重要思想为指导，贯彻党的十五届六中全会精神，取得党风廉政建设和反腐败斗争的新成果》的工作报告。

尉健行指出，2001年是党风廉政建设和反腐败工作继续向实现党的十五大确定的工作目标胜利推进的重要一年。江泽民同志在庆祝中国共产党成立80周年大会上的重要讲话中强调指出，贯彻“三个代表”要求，必须坚持党要管党的原则和从严治党的方针，坚决克服党内存在的消极腐败现象，以党风廉政建设的实际成果取信于人民。党的十五届六中全会通过了《中共中央关于加强和改进党的作风建设的决定》，党中央制定并颁发了《公民道德建设实施纲要》，党中央、国务院相继作出了一系列深化改革、加大反腐败治本力度的重大部署，这些重大决策和部署有力地推动了反腐倡廉工作的深入发展。尉健行强调，经过全党和全社会的共同努力，党风廉政建设和反腐败斗争持续深入，取得了新的明显成效，党政机关和干部队伍中腐败现象蔓延的势头继续得到遏制，一些诱发腐败的深层次问题正在逐步解决。不少地方的民意调查表明，人民群众对反腐败工作的满意程度又有提高。

尉健行在工作报告中，总结了2001年党风廉政建设和反腐败工作取得的新成效。

一是坚持教育和管理相结合，党员领导干部廉洁从政行为进一步规范。各级党组织进一步调整和充实党员领导干部的从政行为规范，加大对廉洁从政准则落实情况监督检查的力度，领导干部廉洁自律的重点工作取得了新的进展。2001年1至11月，全国纪检监察机关清理出领导干部违反规定收受的现金、有价证券2.5亿元，受到查处的人员1400多人。

二是查办案件工作保持强劲势头，持续向纵深发展。据统计，2001年1至12月，全国纪检监察机关查结案件174633件，给予党纪政纪处分175364人。在受处分的人员中，县(处)级干部6076人；地(厅)级干部497人；省(部)级干部(不含军队)16人，其中因腐败问题而被查处的10人。云南省原省长李嘉廷、公安部原副部长李纪周、河北省原常务副省长丛福奎、海关总署原副署长王乐毅、福建省委原副书记石兆彬、广西壮族自治区政府原常务副主席刘知炳，以及沈阳市原市长慕绥新、原常务副市长马向东等腐败分子被严肃查处，充分显示了我们党反对腐败的坚强决心。

三是坚持纠建并举，一些重点领域纠正部门和行业不正之风工作取得进展。各省(区、市)和有关部门结合医药卫生体制改革，继续整顿和规范药品生产流通秩序，实行医院药品收入“收支两条线”管理，并积极探索从源头上解决药品购销中不正之风的有效办法。

四是坚持标本兼治、从源头上预防和解决腐败问题的工作思路更加明确。行政审批制度改革加快推进，审批项目得到初步清理。财政制度改革初见成效，财政资金监管力度加大。干部人事制度改革继续深化，干部选拔任用工作中民主、公开、竞争的程度不断提高。各地在继续推行乡(镇)政务公开、村务公开和厂务公开制度的同时，积极推行县级政权机关的政务公开，推行面超过半数的有26个省(区、市)，社会主义基层民主进一步扩大。

五是党委、政府抓反腐倡廉工作的责任意识明显增强，党政齐抓共管、部门各负其责的局面进一步发展。中央和国家机关特别是一些经济管理部门和行业主管部门，积极主动地履行抓好党风廉政建设的责任。不少地区和部门结合实际，依靠群众，创造性地开展反腐倡廉工作。

尉健行指出，2002年是我们党和国家历史上具有重大意义的一年。扎实、认真地落实中央部署的反腐倡廉工作至关重要。2002年党风廉政建设和反腐败工作的总体要求是：高举邓小平理论伟大旗帜，坚持以江泽民同志“七一”重要讲话和“三个代表”重要思想为指导，深入学习贯彻党的十五届六中全会精神以及中央经济工作会议精神，加强反腐败三项工作，坚持标本兼治，注重制度创新，从源头上预防和解决腐败问题，狠抓工作落实，努力取得党风廉政建设和反腐败斗争新的实际成果，实现党的十五大确定的反腐败工作目标，迎接党的第十六次全国代表大会召开。

尉健行指出，2002年要着重抓好以下工作：一是进一步规范领导干部从政行为，加强监督检查，强化领导干部廉洁自律工作。二是继续加大办案力度，提高办案能力和政策水平，集中力量突破一批大案要案。三是着眼于体制机制的改革，巩固和扩大纠正部门和行业不正之风的成果。同时，要加快推进行政审批制度改革，深化财政制度改革，继续推进干部人事制度改革。

尉健行强调，在整体推进党风廉政建设和反腐败工作的进程中，要突出抓好四项工作。一是加强监督检查，保证六中全会《决定》的落实；二是严明党的政治纪律，坚决维护以江泽民同志为核心的党中央的权威，保证中央政令畅通；三是继续贯彻党风廉政建设责任制；四是加强和改进纪检监察机关的作风建设。他要求纪检监察干部首先是领导干部，要以与时俱进的思想观念、奋发有为的精神状态和真抓实干的工作作风，高标准高质量地完成中央交给的各项工作任务。

会议由中央纪委常务副书记曹庆泽主持。中央纪律检查委员会委员108人出席会议。省、自治区、直辖市及副省级市，中央、国家机关和部分国有大型企业纪检监察部门的主要负责同志，出席解放军纪律检查工作会议的同志列席了会议。出席全国纪检监察系统先进集体先进工作者表彰大会的代表也参加了会议。

国务院副总理李岚清在中南海会见亚洲开发银行行长千野忠男

全国人大常委会副委员长姜春云就《人口与计划生育法》接受《人民日报》记者专访

一、人口与计划生育法的颁布实施对我国的人口与计划生育工作有什么重要意义？

计划生育是根据我国的国情确定的一项基本国策，是实现国民经济和社会可持续发展的一项战略性措施，已经载入宪法，必须长期坚持。经过全党和全国人民的长期不懈努力，我国人口与计划生育工作取得了举世瞩目的成就。人口与计划生育法是30年来计划生育工作实践经验的总结，是一部重要的法律，既坚持了立足本国国情，又注意与我国参加的国际公约相衔接；既坚持了国家指导、群众自愿原则，又对违反计划生育的行为规定了适当的制约措施；既对地方过去的实际做法给予必要的规范，又给地方因地制宜规定具体的实施办法留有余地。因此，人口与计划生育法的颁布实施，对于确保计划生育政策长期稳定，把计划生育纳入法制轨道，提高人口与计划生育工作水平，保障公民的合法权益，实现人口与经济、社会、资源、环境的协调发展，都具有十分重要的意义。

二、人口与计划生育法的重点是什么？

人口与计划生育法的基本精神是稳定现行生育政策，同时，面对新的形势，按照依法治国的要求，对计划生育工作提出了更高的要求。这部法律对国家的生育政策，各级政府、组织在计划生育工作中的责任，公民实行计划生育的权利与义务，依法实行计划生育的奖励保障措施，违反计划生育应承担的责任等，作了相应的规定。

(一)稳定现行生育政策

生育政策是人口与计划生育法的核心内容，准确表述我国的现行生育政策是一个关键性问题。现行生育政策是经过近30年实践逐步形成的，是行之有效的。这次立法保障了现行生育政策的稳定，既没有收紧，也没有放松。该法第十八条规定："国家稳定现行生育政策，鼓励公民晚婚晚育，提倡一对夫妻生育一个子女；符合法律、法规规定条件的，可以要求安排生育第二个子女。具体办法由省、自治区、直辖市人民代表大会或者其常务委员会规定。""少数民族也要实行计划生育，具体办法由省、自治区、直辖市人民代表大会或者其常务委员会规定。"这一规定，体现了多年来我国实行的计划生育政策的稳定性和连续性。符合法律、法规规定条件的，可以要求安排生育第二个子女，是现行生育政策所确定并已由各省、自治区、直辖市具体作出了规定，体现了对某些特殊情况和实际困难的照顾。目前，全国31个省、自治区、直辖市对此都有规定。各省、自治区、直辖市的规定实行了多年，既符合国家现行生育政策，又符合群众愿望，保证了国家人口计划的顺利完成。考虑到各地在这方面的规定不尽相同，因此该法授权具体办法由各省、自治区、直辖市人大或者其常委会作出规定。

(二)各级政府、组织在计划生育工作中的责任，公民在实行计划生育中的权利与义务

计划生育是一项需要全社会共同参与的事业，涉及方方面面。人口与计划生育法对各级人民政府及部门、村委会、居委会、社会团体、企业事业组织在计划生育中所担负的责任作出了具体的规定。并对玩忽职守，不认真履行计划生育职责的，规定了相应的责任。该法规定，各级人民政府及其工作人员在推行计划生育工作中应当严格依法行政，文明执法，不得侵犯公民的合法权益，并对违反者规定了相应的责任。同时，对计划生育部门及其工作人员依法执行职务，规定了法律保障。这些规定，对计划生育工作提出了更高的要求，对促进计划生育工作文明执法、依法行政，将会起到积极的作用。

该法还对公民在计划生育中的权利、义务作出了规定，主要是：公民有生育的权利，也有依法实行计划生育的义务；夫妻双方在实行计划生育中负有共同的责任；公民享有避孕节育措施的知情选择权，也有自觉落实计划生育避孕节育措施、接受计划生育技术服务指导的义务。这些规定，从法律制度上保证了计划生育工作的有效开展。

(三)依法实行计划生育的奖励保障和违反计划生育应承担的责任

坚持国家指导，公民自愿，是我国推行计划生育的一项重要原则。为保证计划生育工作顺利开展，人口与计划生育法对依法实行计划生育的公民，规定了一系列奖励保障措施：一是对独生子女的父母发给《独生子女父母光荣证》，按规定给予奖励。二是建立、健全基本养老保险、基本医疗保险、生育保险和社会福利等社会保障制度。国家鼓励保险公司举办有利于计划生育的保险项目，以促进计划生育工作的顺利开展。三是公民晚婚晚育，给予延长婚假、生育假的奖励或者其他福利待遇；公民实行计划生育手术，享受国家规定的休假，地方人民政府可以给予奖励；对农村实行计划生育的家庭，给予资金、技术、培训等方面的支持、优惠；对实行计划生育的贫困家庭，在扶贫贷款、以工代赈、扶贫项目和社会救济等方面给予优先照顾。四是建立、健全计划生育技术服务网络，为公民提供计划生育、生殖保健的咨询、指导和技术服务，育龄夫妻免费享受国家规定的基本项目的计划生育技术服务，等等。

同时，对违反计划生育的，规定了必要的制约或者制裁措施：一是不符合法定条件生育子女的公民，应当依法缴纳社会抚养费，以补偿因多生而增加的社会公共投入；是国家工作人员的，还应当依法给予行政处分，其他人员还应当由其所在单位或者组织给予纪律处分。二是对伪造、变造、买卖计划生育证明等违法行为，破坏计划生育管理秩序的，依法追究法律责任。三是对拒绝、阻碍计划生育行政部门及其工作人员依法执行公务的，给予批评教育和制止，构成犯罪的依法追究刑事责任。

三、人口与计划生育法将于2002年9月1日正式

实施,在此之前有关部门还需要做哪些准备工作?

实施人口与计划生育法,做好准备工作至关重要。在该法正式实施之前,各级、各部门、各有关方面有大量工作要做。首先要搞好法律的宣传普及工作。人口与计划生育法是一部关系千家万户、与全体公民生产生活密切相关的法律,而且在法的制定过程中有些人存在这样那样的疑虑和猜测,所以各地和有关部门要及时、大力、全方位做好这部法律的宣传教育,务使广大群众了解稳定现行生育政策的重要性,正确理解掌握这部法律的基本规定,并自觉地贯彻实施。宣传教育工作要做到家喻户晓,人人明白。第二是抓紧做好对有关人员的培训。这部法律的实施,要靠各有关部门和全体计划生育工作者依法办事,积极开展工作。这就要求对政府有关人员、计划生育工作人员进行全面、系统的培训,以增强其法制观念,提高业务技术素质,做到知法、守法、依法行政,不断提高计划生育工作的实际水平。第三是要加强配套法规的制定工作。人口与计划生育法对一些具体规定授权给国务院制定行政法规或者地方人大制定地方性法规。国务院和地方人大要依照该法的规定,对原有的法规,该修改的修改,该完善的完善,该制定具体办法的抓紧制定办法。要在2002年9月1日前,完成配套法规的制定、修改工作,以保证该法的顺利实施。

中国疾病预防控制中心和卫生部卫生监督中心在北京成立

卫生部部长张文康指出,两个中心的成立,是党中央、国务院为使疾病预防控制工作和卫生监督执法工作适应社会发展需要而采取的重大决策,标志着中国的疾病预防控制和卫生监督工作有了"国家队",预示着中国的公共卫生将有一个大的发展。

中国疾病预防控制中心将在卫生部的领导下,研究疾病预防控制策略与措施,开展疾病监测和公共卫生信息管理,为疾病预防控制科学决策提供依据;提高救灾防病和应对突发卫生事件能力,参与国家疾病预防控制法规、标准、规范、规划、方案等制订与实施;指导地方疾病预防控制工作的开展,根据法律、法规规定,承担监督检验、检定、评价和技术仲裁工作,开展疾病预防控制相关应用性科学研究,推广新技术、新方法。目前,中心下设传染病预防控制所、病毒病预防控制所、健康教育所、农村改水技术指导中心、妇幼保健中心等12个专业所或中心。

卫生部卫生监督中心将在公共卫生、医疗保健等领域依法开展综合卫生监督执法工作,协助卫生部查处大案、要案,开展卫生法律、法规的宣传咨询和执法稽查。卫生监督工作的重点是保障社会活动中的卫生秩序,预防和控制疾病发生和流行,保护公民的健康权益。卫生监管的范围包括卫生许可管理,对各级各类卫生机构、个体诊所及采供血机构的监管以及卫生专业人员的执业许可和健康许可,将分散的、多头的监管组建成统一的监管机构。

2001年世界十大科技进展与中国十大科技进展评选在北京揭晓

它们是由500余位中国科学院院士和中国工程院院士投票选出的。

2001年中国十大科技进展是:我国第一艘无人飞船"神舟"二号发射成功,我国航天业向实现载人飞行迈出重要一步;人类基因组"中国卷"率先绘制完成,与先前绘制的基因草图相比,基因覆盖率和准确率有较大提高;我国首次独立完成水稻基因组"工作框架图"和数据库,为培育高产、优质、美味的优良品种奠定基础;我国建成世界上最大种质资源库,长期贮存的种子数量达到33万多份;性能最高的超级服务器"曙光3000"研制成功,最高运算速度达每秒4032亿次;科学家成功直接观察分子内部结构,在国际上首次"拍摄"到能够清楚分辨碳原子间单键和双键的分子图像;我国早期生命研究获重要成果,为全面、准确揭示寒武纪生命大爆发的属性和力度提供了可靠证据;我国新核素合成研究获突破,两项新成果处于国际领先水平;全国土地资源"家底"摸清,获得迄今为止最系统、全面、准确的土地国情国力资料;我国夺得世界棉花单产"三连冠",连续3年创造了亩产皮棉200公斤至250公斤的世界高产纪录。

2001年世界十大科技进展是:科学家公布人类基因组图谱;美国科学家研制出单分子晶体管;首台可自动运行的DNA(脱氧核糖核酸)计算机问世;世界首只转基因灵长类动物在美诞生;美国新型艾滋病疫苗动物试验取得成效;德国研制单电子纳米开关;科学家发现火星上有水的新证据;科学家找到"电荷宇称不守恒"现象的有力证据;日英科学家在激光核聚变研究上获得新进展;美国发射"奥德赛"火星探测器。

十大科技进展评选由中国科学院学部联合办公室、中国工程院学部工作部等联合主办。

1月24日

国家主席江泽民在中南海会见阿富汗临时政府主席哈米德·卡尔扎伊

江泽民说,为了表示中国对阿富汗人民的友好感情,表达中国对阿富汗临时政府与和平进程的支持,中国政府决定,再为阿富汗的重建提供1.5亿美元的援助。

江泽民说,作为邻国,中国愿积极参与阿富汗的重建。凡是有利于重建与和平的事情,中国都会支持。万事开头难。中国欣喜地看到,阿富汗和平进程有了良好的开端。他说,中国经过几十年的发展,切身体会到稳定对于经济建设的重要性。他希望并相信阿富汗人民在临时政府领导下,能够尽快恢复各方面秩序,顺利进行战后重建工作。

江泽民说,中阿两国有着共同边界,是友好邻邦。中国人民对阿富汗人民向来怀有友好的感情。中阿建交后,两国保持了睦邻关系。刘少奇、周恩来、陈毅等中国老一代领导人都访问过阿富汗。中国珍视中阿两国人民的传统友谊,坚定支持阿富汗维护独立与和平的努力,并向阿富汗提供了力所能及的援助。

江泽民强调,中国反对任何形式的恐怖主义,中国也是恐怖主义的受害者。中国对阿富汗临时政府坚决打击恐怖主义的立场表示赞赏。中方愿与阿富汗及其他邻国一道,共同致力于这方面的合作。

全国人大常委会委员长李鹏在北京饭店会见柬埔寨国王诺罗敦·西哈努克

李鹏说,中柬两国和两国人民有着深厚的传统友谊,西哈努克国王同中国老一辈领导人建立的中柬友好关系经受了国际风云变幻的考验,显示出强大的生机和活力。近年来,两国领导人经常互访和接触,两国在各领域的交流与合作得到进一步加强,双方在国际和地区事务中相互支持和配合。李鹏对中柬关系的全面发展表示满意,对西哈努克国王长期以来为此所作的卓越贡献表示高度赞赏。

全国人大常委会委员长李鹏在人民大会堂会见埃及总统穆巴拉克

国务院总理朱镕基在钓鱼台国宾馆会见埃及总统穆巴拉克

全国政协主席李瑞环在人民大会堂会见埃及总统穆巴拉克

纪念江泽民主席《为促进祖国统一大业的完成而继续奋斗》重要讲话发表七周年座谈会在人民大会堂举行

国家副主席胡锦涛出席了座谈会。国务院副总理钱其琛在会上发表重要讲话,中共中央政治局候补委员、书记处书记曾庆红主持了座谈会。

曾庆红在主持座谈会时指出,江泽民主席关于促进祖国统一大业的重要讲话,精辟概括了邓小平同志"和平统一、一国两制"思想的精髓,体现了中央对台工作方针政策的一贯性、连续性和在新形势下的进一步发展,表达了中国共产党和中国政府发展两岸关系、实现祖国和平统一的坚定决心和极大诚意,也体现了包括台湾同胞在内的中国各族人民维护国家主权、领土完整的坚定立场和早日完成祖国统一大业的强烈愿望,是新时期解决台湾问题的纲领性文件,对于两岸关系发展和最终实现祖国完全统一具有重大的现实意义和深远的历史意义。他指出,纪念江泽民主席重要讲话发表七周年,就是要进一步认真学习、坚决贯彻讲话精神,不失时机大力促进两岸关系的发展,为推进祖国和平统一大业和实现中华民族的伟大复兴作出更大的贡献。

全国政协副主席、致公党中央主席罗豪才代表各民主党派中央、全国工商联和无党派人士,中共中央台办、国务院台办主任陈云林,中华全国台湾同胞联谊会会长杨国庆代表台盟中央、全国台联,全国妇联副主席、书记处第一书记顾秀莲代表全国总工会、共青团中央、全国妇联分别在座谈会上发言。

中共中央政治局委员、北京市委书记贾庆林,全国人大常委会副委员长王光英、吴阶平、何鲁丽、丁石孙、成思危、许嘉璐、蒋正华,全国政协副主席阿沛·阿旺晋美、孙孚凌、经叔平、张克辉出席了座谈会。

在京中央党政军群有关部门和北京市的负责人,各民主党派中央、全国工商联的负责人和无党派人士代表,在京台胞、台属代表300余人参加了座谈会。

座谈会是由中共中央台湾工作办公室、国务院台湾事务办公室、台湾民主自治同盟、中国和平统一促进会、全国政协港澳台侨委员会、中华全国台湾同胞联谊会、海峡两岸关系协会共同主办的。

国务院副总理钱其琛在江泽民主席《为促进祖国统一大业的完成而继续奋斗》重要讲话发表七周年座谈会上发表讲话

同志们,朋友们:

1995年1月30日,江泽民主席发表了《为促进祖国统一大业的完成而继续奋斗》的重要讲话。今天,我们在这里举行座谈会,重温这一重要讲话,回顾一年来两岸关系的发展,展望祖国和平统一的前景,是很有意义的。

过去的一年,在海峡两岸同胞的共同努力下,两岸人员往来和经贸、文化等领域的交流与合作,出现新的热潮,取得新的进展。同时,台湾岛内局势也发生了值得注意的变化。综观全局,两岸关系的基本格局和发展趋势没有改变。国际上普遍承认一个中国的基本框架是稳固的，台湾当局在国际上进行的分裂活动一再遭到挫败。求和平、求安定、求发展，是台湾民意的主流。祖国大陆经济发展，政治稳定，社会安定，国际地位不断增强，充满蓬勃生机。两岸合则两利，分则两害，已被越来越多的台湾同胞所认识。搞对抗没有好处，搞“台独”没有出路。我们对两岸关系发展与祖国和平统一的前景充满信心。

在新的一年里，努力消除两岸关系中存在的障碍，维护台海和平，推进两岸人员往来和经济、文化等领域的交流，争取实现两岸直接“三通”，促进两岸关系稳定发展，仍然是海峡两岸中国人共同面临的课题。我们将继续坚持“和平统一、一国两制”的基本方针，全面贯彻江泽民主席关于现阶段发展两岸关系、推进祖国和平统一进程的八项主张，采取积极措施，努力推动两岸关系向着和平统一的方向发展。

大陆与台湾同属一个中国。海峡两岸尽管尚未统一，但双方应积极创造条件，努力缓解矛盾，改善两岸关系，打破政治僵局。1992年海协与台湾的海基会达成各自以口头方式表述“海峡两岸均坚持一个中国原则”的共识，体现了妥善处理分歧、有效打破僵局的政治智慧。它的重要意义在于：在双方表明坚持一个中国原则态度的前提下，照顾各方利益，以灵活的方式求同存异，建立互信、务实谈判、面向未来。这一来之不易的成果，对于当前的两岸关系仍具有十分重要的意义，应予维护。江泽民主席强调，“在一个中国原则的前提下什么都可以谈，当然也包括台湾当局关心的各种问题”。我们在促进恢复两岸对话与谈判的问题上，有最大的诚意，也有最大的包容性。台湾当局领导人不接受一个中国原则，不承认“九二共识”，这是导致两岸关系陷入僵局的症结，也是造成台海局势难以稳定并可能引发危机的根源。我们多次说过，世界上只有一个中国，大陆和台湾同属一个中国，中国的主权和领土完整不容分割。这是海峡两岸坚持一个中国原则的共同基点。希望台湾当局领导人拿出勇气，面对现实，为了台湾社会的稳定与发展，在承认“九二共识”问题上采取认真的、积极的实际步骤。双方在此基础上重新开启对话与谈判，有利于两岸关系的稳定与发展，这不仅符合两岸同胞的利益和期待，对亚太地区的和平与稳定也是有益的。

两岸双方已先后加入世界贸易组织，这是双方一件大事，也是进一步发展两岸经贸关系的新契机。当前，经济全球化程度不断加深，区域经济合作的趋势更加突出。双方都面临着巨大的发展机遇，也将接受相当程度的挑战。面对共同的机遇与挑战，两岸同胞理应甘苦共尝，相互扶持。去年以来，台湾同胞经受了经济衰退与自然灾害的双重侵袭，我们对此感同身受。我们希望台湾社会安定，经济繁荣，人民安居乐业。进一步发展两岸经济关系，是客观趋势所至，是两岸同胞所愿，是双方利益所在。我们主张不以政治分歧干扰两岸经贸交流。限制两岸经济合作的人为障碍，应当尽快拆除。两岸经贸问题应该也完全可以在两岸之间解决。实现两岸直接“三通”，势在必行。尽快实现两岸直航，是台湾广大同胞尤其是业者的殷切期望。当前，可由两岸民间行业组织就通航问题进行商谈，达成协议，尽快通起来。为推动两岸经济关系上升到一个新的水平，我们愿意听取台湾各界人士关于建立两岸经济合作机制、密切两岸经济关系的意见和建议。

两岸同胞血脉相连，情同手足。中华儿女共同创造的五千年灿烂文化，始终是维系全体中国人的精神纽带。两岸同胞共同继承和弘扬中华文化的优秀传统，将使中华文化在新的时代焕发新的光彩。青年是国家的未来。两岸青年应加强交往，增进了解。我们欢迎更多的台湾青年来祖国大陆学习深造，开创事业，施展才华。

长期以来，台湾同胞为摆脱殖民统治、反抗专制压迫、实现当家做主愿望，付出了艰辛的努力。我们充分理解他们在特殊的历史背景下形成的复杂心态，充分尊重他们的愿望和要求。广大台湾同胞要求当家做主，与极少数人搞“台独”是有本质区别的。“台独”分裂势力以“本土化”为旗号，挑动省籍矛盾，制造社会纷争，进行分裂活动，造成台湾社会的分化、对立和不安。对此，广大台湾同胞应当提高警惕。我们真诚希望台湾同胞，不分省籍，不分地域，和睦相处，共同发展。

江泽民主席在八项主张中强调，我们“希望台湾各党派以理性、前瞻和建设性的态度推动两岸关系发展”；“我们欢迎台湾各党派、各界人士，同我们交换有关两岸关系与和平统一的意见，也欢迎他们前来参观、访问”。近年来，尽管台湾政局发生了变化，但我们的这一基本政策没有改变。我们将一如既往地与坚持一个中国原则、主张发展两岸关系的台湾各党派、各界人士加强交往和对话。这种交往和对话，旨在增进两岸同胞的相互了解，有助于营造两岸关系的和缓气氛，有助于台海局势的稳定，从而有利于维护台湾同胞的利益。相反地，以狭隘、僵化和对抗的心态限制交往、拒绝对话，只会加剧两岸对立和紧张，对台湾同胞只有百害，而无一利。民进党应该更多地为台湾人民的福祉着想，彻底抛弃“台独党纲”，以真诚的态度发展两岸关系。我们认为，广大民进党成员与极少数顽固的“台独”分子是有区别的。我们欢迎他们以适当身份前来参观、访问，增进了解。

我们对台湾分裂势力的“台独”活动始终保持高度警惕。搞分裂不得人心。台湾文化的母体和核心是中华文化。“台独”势力企图毒化台湾的思想、文化、教育等领域，企图将台湾文化与中华文化分割开来、对立起来，进而磨灭台湾同胞的中华民族意识。对于台湾分裂势力以各种蚕食渐进的手法推行“台独”，台湾同胞看得很清楚，我们也看得很清楚。台湾分裂势力的倒行逆施，正在受到两岸同胞和全体中华儿女的坚决反对。

台湾当局耗费巨资，大规模采购先进武器装备，企图依靠外部势力的军事支持谋求“台独”，这不会给台湾带来安全，反而会进一步加剧台海紧张局势，最终损害台湾同胞的根本利益。

我们已经按照“和平统一、一国两制”的基本方针顺利地解决了香港问题、澳门问题，并将按照这一方针解决台湾问题。我们充分重视台湾与港澳的不同情况，在“一国两制”的框架内，实行比港澳更宽松的政策。统一后，不仅台湾同胞现有的各种权益将得到切实尊重和维护，而且他们希望获得的其他权益也将得到充分实现。实现和平统一，落实“一国两制”，就能避免“台独”分裂势力挑起战争带来的灾难，永享太平。台湾同胞将真正实现当家做主的夙愿，高度自治，充分行使选择社会制度和生活方式的权利。台湾被宰割、被殖民的历史将不会重演；违背台湾同胞意愿的专制政权将不会再现。台湾经济将真正以祖国大陆为腹地，获得巨大的发展空间，实现经济结构的优化和长期繁荣。广大台湾同胞可以更加广泛、直接地参与管理国家大事，共同致力于国家的和平发展。台湾同胞还将与大陆同胞一道，充分地共享伟大祖国在国际上的尊严和荣誉。为实现这一目标，我们愿意广泛听取和充分尊重广大台湾同胞的意见。

世界上只有一个中国，这是国际社会普遍承认的事实。中国政府和全体中国人民维护国家主权和领土完整、努力推进和平统一的事业，得到越来越多国家的理解和支持，这是趋势和潮流。台湾分裂势力企图在国际上制造“两个中国”、“一中一台”，是没有出路的。我们坚决反对外国向台湾出售先进武器，坚决反对任何外部干涉势力以任何借口阻挠中国的和平统一。

完成祖国统一，是中国人民坚定不移的决心，是我们神圣的历史使命。两岸同胞团结携手，努力奋斗，一定能早日实现祖国的完全统一和中华民族的伟大复兴。一个统一、强大的中国，将使海峡两岸的中国人为自立于世界民族之林而自豪，也必将为世界的和平与发展作出更大的贡献。

中华民族传统的新春佳节就要到来。借此机会，我谨向台湾同胞，向所有致力于发展两岸关系、支持祖国统一的朋友们，致以诚挚的节日问候。祝大家新春愉快，阖家欢乐！

《人民日报》发表社论《大力推进祖国和平统一进程》

全国整顿和规范市场经济秩序领导小组在北京召开第四次全体会议

国务院副总理、全国整顿和规范市场经济秩序领导小组组长李岚清发表讲话，强调要努力实践江泽民同志“三个代表”重要思想，总结经验，乘势前进，加强领导，重在落实，坚定不移地把整顿和规范市场经济秩序工作继续深入开展下去。

国务院副总理、全国整顿和规范市场经济秩序领导小组副组长吴邦国出席会议并讲话，会议由国务委员、全国整顿和规范市场经济秩序领导小组副组长吴仪主持。

李岚清在听取大家发言后指出，去年各地区、各部门认真贯彻落实全国整顿和规范市场经济秩序工作会议精神，紧紧抓住直接关系广大群众切身利益、群众反映强烈、对社会危害严重的几个突出问题，开展声势浩大的专项斗争，各个方面取得了阶段性成果。特别是在取缔拼装车、打击制售假劣一次性医疗器械、整治非法经营的“网吧”等专项整治方面取得了显著成果。揭露和处理了一批大案要案，依法惩处了一批严重破坏市场经济秩序的违法犯罪分子，得到人民群众的支持、拥护和好评。政策法规不断完善，执法部门得到加强，进一步明确了各部门的职责分工，地方政府主要负责同志重视并建立了各级领导责任制，社会舆论监督作用得到更好发挥。但是，应该看到，存在的问题还很严重，切不可掉以轻心。

李岚清强调，当前国际形势复杂多变，世界经济和贸易明显放慢；加入世贸组织给我们带来机遇的同时，也使我们面临新的挑战，整顿和规范市场经济秩序对完成今年的各项任务，具有十分重要的意义。

李岚清指出，今年整顿和规范市场经济秩序的工作，一方面要把去年已经部署和开展的各个专项斗争深入下去，继续保持高压态势，严厉打击制售假冒伪劣商品的违法犯罪活动，特别是继续狠狠打击食品、药品、医疗器械、农资等严重危害人民群众切身利益的制假售假行为；整顿和规范建筑市场、文化市场；严厉打击走私贩私活动、传销和变相传销活动；整顿税收征管秩序，加强价格和收费的整治。另一方面，要安排好深入整顿金融和信用秩序，严肃财经纪律；打破地方保护和行业垄断，建立全国统一、开放、有序竞争的市场体系；整顿中介机构，打击造假账、提供假信息等违法行为；大力整顿旅游市场秩序等各项工作。还要继续坚持不懈地抓好安全生产管理。要根据具体情况和客观需要,组织几次大规模的专项斗争。

李岚清提出,近期的重点工作是整顿集贸市场秩序,严肃查处这类市场中存在的销售假冒伪劣商品和偷税逃税行为,建立新的管理体制;严肃查处银行、证券、保险等金融机构的违法违规经营活动;继续整治违规建设和经营的加油站,严厉查处经营劣质油料、偷逃税收等不法行为。

李岚清提出了检验整顿和规范市场经济秩序专项斗争成功与否的四项标准:一是大案要案得到查处,犯罪分子受到应有的惩治;二是有关的法律、法规比较完善;三是各有关部门责任明确,建立起良好的执法机制;四是这方面的经济秩序基本得到好转。总之,必须达到标本兼治的目的。

李岚清要求,做好今年整顿和规范市场经济秩序工作必须加强领导,重在落实。各地区、各部门都要把这项工作提上重要议事日程,坚持主要负责同志亲自抓,健全工作机构,加强督促检查。要根据本地区、本部门的实际情况,研究确定具体工作方案,把各项工作和责任落到实处,绝不能简单地以会议贯彻会议,搞形式,走过场。还要注意从源头上抓起,既要坚决取缔假冒伪劣商品的生产窝点,又要狠狠打击印制假商标、假标识、假包装的印刷企业。通过持之以恒的努力,逐步形成完善的法治体系、良好的社会信用、公平竞争的机制,进一步完善社会主义市场经济体制的框架。

吴邦国在讲话中指出,对整顿和规范市场经济秩序工作的艰巨性和长期性要有充分估计,巩固已经取得的成果,防止反复。今年还是要集中力量,紧紧抓住关系广大群众切身利益、人民群众最关心的突出问题,切实抓出显著成效。在整治和打击假冒伪劣、商业欺诈行为的同时,要加大治本力度,规范政府本身和各种市场主体的行为,把整治过程变成建设和完善社会主义市场经济秩序的过程。要继续抓好安全生产管理。

国家经贸委主任、全国整顿和规范市场经济秩序领导小组办公室主任李荣融在会上作了汇报,有关部门的领导同志也发了言。据了解,去年共取缔制假售假窝点50多万个,立案查处120多万起,案值164亿元。已经查明的202个报废汽车拆解市场已被全部取缔,同时还铲除了1338个报废汽车拆解拼装窝点。没收一次性使用假劣无菌注射器1148万余支、一次性使用假劣输液器338万余套。依法取缔1.7万家"网吧"、非法娱乐场所1.6万家,收缴非法、违禁出版物1.58亿件、盗版软件420余万张,取缔违规、非法市场1400多处、无证照摊点6万余个。查处非法传销案件2400多件,取缔传销窝点2500多个。查处涉嫌偷骗税86.5亿元,为国家挽回经济损失18.9亿元。全国法院系统新收一审破坏市场经济秩序犯罪案件8818件、14873人。加大了对因官僚主义、失职渎职给国家财产和人民生命安全造成重大损失行为的查处力度。尽管特大安全生产事故仍时有发生,但事故次数和死亡人数比上年均有所下降。

外交部部长唐家璇在北京会见几内亚比绍外交、国际合作和侨务部长菲洛梅娜·玛斯卡雷妮娅斯·蒂波特

1月25日

中共中央总书记江泽民在中央纪委第七次全体会议上发表重要讲话

他强调指出,加强干部队伍建设要坚持教育在先,特别要努力使各级领导干部牢固树立正确的权力观。这要作为党的一项长期的重大任务坚持不懈地抓下去。

江泽民指出,党的纪律检查工作必须适应形势和任务的发展,与时俱进,开拓创新。纪律检查工作与时俱进,就要坚持以邓小平理论为指导,贯彻"三个代表"要求,继承和发扬党风廉政建设的好传统、好作风,推动纪律检查工作在解决提高党的领导水平和执政水平、增强拒腐防变和抵御风险能力这两大历史性课题中发挥更加积极的作用;就要坚持解放思想、实事求是,通过深化对客观实际的认识,不断探索新形势下党的纪律检查工作的规律;就要努力创新,不断改进纪律检查工作的方法和手段,使纪律检查工作更好地适应新形势新任务的要求;就要加强学习、加强实践,不断提高广大纪律检查干部的素质,建设一支适应新形势新任务要求的高素质的纪律检查干部队伍。

中共中央政治局常委李鹏、朱镕基、李瑞环、胡锦涛、李岚清出席今天的会议。中共中央政治局常委、中央纪律检查委员会书记尉健行主持了会议。

江泽民密切联系当前国内外形势的发展变化和改革、建设面临的任务,深刻阐述了加强干部队伍建设的极端重要性。他说,要保证党的路线方针政策的贯彻落实,保证党和国家的长治久安,保证党同人民群众始终保持血肉联系,保证我们的事业与时俱进,实现经济发展、政治清明、文化繁荣、社会安康,都要首先抓住抓好干部队伍建设。这是我们党在长期实践中取得的一条重要政治经验,也是治理我们这样一个有12亿多人的社会主义国家必须坚持的重要政治原则。

江泽民指出,干部队伍建设的基础是教育。只有通过全面的经常的教育,真正打牢思想政治基础、筑严思想政治防线,干部队伍的建设才能越搞越好。对领导干部来说，打牢思想政治基础，筑严思想政治防线，最根本的就是要牢固树立马克思主义的世界观、人生观、价值观，牢固树立正确的权力观、地位观、利益观。

江泽民着重强调了领导干部要牢固树立正确的权力观问题。他指出，树立正确的权力观，最根本的是要解决好始终保持党同人民群众的血肉联系的问题。马克思主义政党执政以后，能否正确地看待和行使人民赋予的权力，始终保持同人民群众的血肉联系，是一个必须长期经受的根本性考验，也是一个关系社会主义事业前途命运的长期的根本性课题。如果长期执政以后我们的干部丧失了当年夺取政权和建设初期那样一种蓬勃朝气，那样一种昂扬锐气，那样一种浩然正气，而变得明哲保身，事不关己、高高挂起，官僚主义、形式主义严重，以至滥用权力使党和人民的利益受到损害，那么最后必然失去最广大人民的拥护和支持。这是历史兴亡的规律，古今中外，概莫能外。对这个问题，各级领导干部一定要警醒。

江泽民指出，领导干部树立正确的权力观，必须加强学习，提高思想境界和道德修养，掌握辩证唯物主义和历史唯物主义的基本原理，在思想上、行动上、作风上做到立党为公、执政为民，增强公仆意识，自觉摆正同人民群众的关系。各级领导干部必须明白，我们是共产党人，要立志做大事，不要立志当大官，要把心思用在工作上，用在为人民群众谋利益上。

江泽民强调，树立正确的权力观也是一个加强党性修养的问题。领导干部必须树立强烈的党的意识。党员干部要与党同心同德，一言一行都要维护党的形象和威信，既要对党的事业充满信心，又要对前进道路上的困难和风险有充分的思想准备，以奋发有为的精神状态、脚踏实地的工作作风，积极推进本地区、本单位的各项工作，以自己的实际行动，把广大人民群众紧紧团结在党的周围。

江泽民指出，用什么人不用什么人，对党的作风建设乃至整个党的建设具有重要的影响和导向作用。用人上的不正之风是危害最大的不正之风，而且还会带来和助长其他方面的不正之风。要把人选准用好，树立科学的用人观念至关重要。要坚持任人唯贤，反对任人唯亲。既要德才兼备，又不求全责备；既要坚持选人标准，又要不拘一格；既要搞五湖四海，又要唯才是举；既要看素质，又要看实绩。用人要用其所长，防止用其所短。干部中通才是有的，但多数是属于专门人才，有一技一艺或几技几艺之长，一定要用他们的长处，发挥他们的优势。领导干部要有爱才之心、识才之智、容才之量、用才之艺，以对党和人民高度负责的态度，切实把好选人用人关。

江泽民强调，我们选人用人的标准，总的讲是德才兼备。要特别注意选拔任用政治清醒、信念坚定，善于学习、与时俱进，求真务实、不图虚名，坚持原则、弘扬正气的人。要通过正确的用人导向，使各级领导班子树立奋发有为、廉洁奉公、团结高效的形象，增强领导班子的凝聚力和战斗力。选拔任用干部，必须十分注意他们遵守党的政治纪律的情况，特别要注意他们在重大政治问题上的态度和表现。在大是大非的问题上、在政治风浪中经受不住考验的干部，不能提拔使用。这要作为我们考察和识别干部一条必须坚持的重要标准。

江泽民指出，干部选拔工作要坚持走制度创新的路子，用科学的选人用人制度来保障把人选准用准。各级党委要认真贯彻《党政领导干部选拔任用工作暂行条例》，同时要在落实《深化干部人事制度改革纲要》上下功夫。要通过持续不懈的努力，形成一个既有利于优秀人才脱颖而出、健康成长、人尽其才、才尽其用，又有利于防止和纠正用人上的不正之风的科学机制。要坚决查处用人上的不正之风和腐败行为。对不按党的干部标准、不按规定的程序选人用人的，一经发现就要坚决查处，决不能姑息迁就。

江泽民强调，推进干部人事制度改革，要十分注意解决好知人识人问题，关键是要健全和完善干部考察、评价、监督、激励的科学机制。考察是干部工作的基础性环节。确保把人看准看真，防止考察失实失真，最根本最可靠的办法就是充分发扬民主，走群众路线。要继续完善民主推荐、民主测评、民主评议制度，确保群众能畅所欲言，说出对干部的真实看法。考察要向深度和广度延伸，增加透明度，了解干部各方面的情况。要在深入考察的基础上全面客观地评价干部。要建立党政领导班子任期目标责任制和领导干部岗位职责规范，制定切实可行的以实绩为核心，包括德、能、勤、绩、廉各个方面在内的评价标准，真正使干部评价工作制度化、规范化。要坚持辩证法，用联系的、发展的、全面的眼光评价干部。要注意发现那些埋头苦干、任劳任怨、政绩突出而不事张扬的人，善于识别那些投机取巧、沽名钓誉、弄虚作假的人，切不可被表面现象所迷惑。

江泽民强调，干部选拔任用以后，更要严格要求，加强教育和管理，督促其勤政廉政，健康成长。各级党组织特别是纪检监察部门要根据形势的新发展和实践的新要求，积极探索，找到主动监督的好办法，真正做到领导干部的权力行使到哪里，党组织的监督就实行到哪里。各级领导干部都要加强自律意识，自觉接受党和人民的监督。越是职位高的干部，越要自觉接受监督。在我们党内，任何人都没有不受监督的特权。要进一步加强和健全党内监督的各项制度，真正从体制和制度上保证各级领导干部正确行使手中的权力。

江泽民最后指出，在党中央的领导下，党的纪律检查机关认真抓党风廉政建设和反腐败斗争，取得了显著的成绩，为维护改革发展稳定的大局创造了有利条件。实践证明，党中央确立的反腐败斗争的指导思想、基本原则、领导体制和工作机制、工作格局是完全正确的。各级党委要继续加强对纪律检查机关的领导和支持，关心和爱护广大纪律检查干部，把纪律检查工作做得更好。纪律检查干部肩负着党交给的重大责任，必须忠实地履行自己的职责，以身作则，秉公执法，带头树立法制观念，发扬良好的工作作风，使广大干部和群众感到纪律检查干部可亲、可信、可敬。各级纪律检查机关要贯彻党的十五届六中全会精神，按照“八个坚持、八个反对”的要求，深入开展作风建设。广大纪律检查干部要深入实际，深入群众，紧紧依靠各级党组织和广大党员干部，把工作做得更好。

尉健行在主持会议时说，江泽民同志的重要讲话，从巩固党的执政地位、维护国家长治久安的高度，深刻地分析了我国在新世纪面临的国际国内形势，精辟地阐述了切实加强干部队伍建设的极端重要性，要求领导干部必须牢固树立正确的权力观，强调要进一步健全选贤任能的机制和完善干部考察、评价、监督、激励的科学机制；充分肯定了这些年来反腐倡廉工作和党的纪律检查工作取得的成绩，强调党的纪律检查工作必须适应形势和任务的发展，与时俱进，开拓创新；要求纪检干部坚持解放思想、实事求是，加强学习、加强实践，不断提高素质。江泽民同志的重要讲话，对于全面加强党的建设，加强和改进干部工作，深入扎实地推进党风廉政建设和反腐败斗争，具有十分重要的意义。江泽民同志对党的纪检工作提出的明确要求，是对全体纪检干部的关怀和鼓舞，为进一步做好纪检工作指明了方向。全党同志、各级纪检干部要认真学习、坚决贯彻江泽民同志的重要讲话，以与时俱进、奋发有为的精神状态和真抓实干的工作作风，不断创造新的业绩。

丁关根、田纪云、李铁映、吴邦国、迟浩田、张万年、罗干、姜春云、贾庆林、钱其琛、温家宝、曾庆红、吴仪、布赫、铁木尔·达瓦买提、彭珮云、肖扬、韩杼滨、任建新、张思卿、钱正英、朱光亚同志出席了会议。

中央军委委员傅全有、于永波、王克、王瑞林、曹刚川等，中央纪律检查委员会委员，中央和国家机关、解放军驻京各单位及武警部队的主要负责同志，列席中央纪委第七次全会的省、自治区、直辖市，中央、国家机关各部门纪检监察机关和部分国有大型企业纪检监察机构的负责同志，出席全军纪律检查工作会议的代表参加了会议。

中央纪委第七次全体会议公报

（二〇〇二年一月二十五日中国共产党中央纪律检查委员会第七次全体会议通过）

中国共产党中央纪律检查委员会第七次全体会议，于2002年1月23日至25日在北京举行。出席会议的中央纪委委员108人。省、自治区、直辖市及副省级城市纪检监察机关的负责同志，中央、国家机关和部分国有大型企业纪检监察部门的负责同志，以及出席解放军纪检工作会议的同志列席了会议，出席全国纪检监察系统先进集体先进工作者表彰大会的代表也参加了会议。

中央纪律检查委员会常务委员会主持了会议。会议的主要任务是：高举邓小平理论伟大旗帜，坚持以江泽民同志在庆祝中国共产党成立八十周年大会上的重要讲话和“三个代表”重要思想为指导，深入学习贯彻党的十五大、十五届六中全会精神以及中央经济工作会议精神，总结2001年党风廉政建设和反腐败工作，研究部署2002年党风廉政建设和反腐败任务，把反腐倡廉工作提高到一个新的水平。会议审议通过了中央纪律检查委员会书记尉健行代表中央纪律检查委员会常务委员会所作的《以“三个代表”重要思想为指导，贯彻党的十五届六中全会精神，取得党风廉政建设和反腐败斗争的新成果》的工作报告。

中国共产党中央委员会总书记江泽民在全会上作了重要讲话。李鹏、朱镕基、李瑞环、胡锦涛、尉健行、李岚清等党和国家领导人出席了会议。参加会议的还有中央和国家机关及有关方面的负责同志，解放军驻京各大单位及武警部队的负责同志。

全会认真学习了江泽民同志的重要讲话，一致认为，江泽民同志的重要讲话，从巩固党的执政地位、维护国家长治久安的高度，深刻地分析了我国在新世纪面临的国际国内形势，精辟地阐述了切实加强干部队伍建设的极端重要性，要求领导干部必须牢固树立正确的权力观，强调要进一步健全选贤任能的机制和完善干部考察、评价、监督、激励的科学机制；充分肯定了这些年来反腐倡廉工作和党的纪律检查工作取得的成绩，强调党的纪律检查工作必须适应形势和任务的发展，与时俱进，开拓创新。要求纪检干部坚持解放思想、实事求是，加强学习、加强实践，不断提高素质。全会指出，江泽民同志的重要讲话，对于全面加强党的建设，加强和改进干部工作，深入扎实地推进党风廉政建设和反腐败斗争，具有十分重要的意义。江泽民同志对党的纪检工作提出的明确要求，是对全体纪检干部的关怀和鼓舞，为进一步做好纪检工作指明了方向。

全党同志、各级纪检干部要认真学习、坚决贯彻江泽民同志的重要讲话，以与时俱进、奋发有为的精神状态和真抓实干的工作作风，不断创造新的业绩。

全会认为，2001年是党风廉政建设和反腐败工作继续向实现党的十五大确定的工作目标胜利推进的重要一年。以江泽民同志为核心的党中央按照“三个代表”的要求，对党风廉政建设和反腐败斗争实行坚强有力的领导。党的十五届六中全会通过了《中共中央关于加强和改进党的作风建设的决定》，党中央制定并颁发了《公民道德建设实施纲要》，党中央、国务院相继作出一系列深化改革、加大反腐败治本力度的重大部署，有力地推动了反腐倡廉工作的深入发展。经过全党和全社会的共同努力，在改革不断深化、开放不断扩大、经济持续发展的情况下，党风廉政建设和反腐败斗争始终保持了平稳健康、向纵深发展的良好态势，取得了新的明显成效，党政机关和干部队伍中腐败现象蔓延的势头继续得到遏制，一些诱发腐败的深层次问题正在逐步解决。同时也要清醒地看到，反腐败的任务还相当繁重，必须进一步加大工作力度。

全会指出，以党的十六大召开为标志，2002年是我们党和国家历史上具有重大意义的一年。扎实、认真地做好中央部署的反腐倡廉工作，对于维护改革发展稳定的良好局面，继续推进建设有中国特色社会主义伟大事业，至关重要。2002年党风廉政建设和反腐败工作的总体要求是：高举邓小平理论伟大旗帜，坚持以江泽民同志“七一”重要讲话和“三个代表”重要思想为指导，深入学习贯彻党的十五届六中全会精神以及中央经济工作会议精神，加强反腐败三项工作，坚持标本兼治，注重治本，从源头上预防和解决腐败问题，狠抓工作落实，努力取得党风廉政建设和反腐败斗争新的实际成果。

第一，进一步规范领导干部从政行为，加强监督检查，强化领导干部廉洁自律工作。要继续落实领导干部廉洁从政的各项规定，重点抓好以下几项工作：（一）继续落实“领导干部不准收受以下单位和个人的现金、有价证券：直接管理和服务的对象；主管范围内下属单位和个人；其他与其行使职权有关系的单位和个人；外商、私营企业主”的规定。对违反规定的，必须严格执行纪律。对用公款向领导干部赠送现金、有价证券、支付凭证的直接责任人和单位主要负责人，必须给予党纪政纪处分或组织处理。（二）禁止领导干部到企业和单位报销应由本人及其配偶、子女支付的个人费用。对违反规定报销的，要责令其退还，并视情况给予党纪政纪处分。对批准报销的企业和单位的有关责任人，要根据情节进行处理。（三）继续落实领导干部配偶、子女从业的有关规定。进一步规定：不准省（部）、地（厅）、县（处）级领导干部的配偶、子女在异地注册登记后，到该领导干部管辖范围内从事可能与公共利益发生冲突的经商办企业活动；不准领导干部的配偶、子女利用该领导干部的职权为他人经商办企业提供便利条件，从中谋取私利；不准领导干部利用职权为其他领导干部的配偶、子女在自己管辖范围内经商办企业谋取非法利益提供便利条件。（四）狠刹奢侈享乐、铺张浪费歪风。禁止用公款进行高消费的娱乐和健身活动。凡是拖欠工资的县、乡，不得用财政资金上新的建设项目，更不准机关盖办公楼、买轿车，领导干部不准出国。进一步明确：党和国家机关工作人员到农村基层进行公务活动，不准用公款在社会上的经营性饭店用餐。（五）各地要结合实际，创造条件，制定具体措施，纠正一些乡（镇）领导干部中存在的“走读”现象。（六）继续执行中央纪委第四次全会关于国有企业领导人员廉洁自律的五项规定。进一步规定：国有企业领导人员不准动用企业资金以个人名义或伙同他人买卖股票。国有企业领导人员要定期向职工代表大会报告执行廉洁自律规定的情况，接受群众评议和监督。

第二，继续加大办案力度，提高办案能力和政策水平，集中力量突破一批大案要案。当前尤其要查办金融、证券、房地产、人事、司法等领域的案件。要坚决查办严重违反政治纪律的案件。对贪污贿赂、徇私枉法、买官卖官、贿赂选举、严重失职渎职的案件，领导干部为黑恶势力充当“保护伞”的案件和严重破坏社会主义市场经济秩序的案件，都要严肃查处。要注意查办基层干部中的违纪违法案件特别是侵害国家、集体和群众利益的案件，国有企业中发生的国有资产严重流失的案件。案件查处要继续坚持立足全局，讲究策略，综合考虑政治、经济和社会效果。

第三，坚持纠建并举的方针，巩固和扩大纠正部门和行业不正之风的成果。要继续重点抓好纠正医药购销中不正之风工作。加大对药品生产流通秩序的整顿力度。要在地（市）级以上城市的公立非营利性医疗机构普遍实行药品集中招标采购制度，并逐步扩大到大部分县级城市的公立非营利性医疗机构。要扩大实行集中招标采购药品的范围。继续抓好减轻农民负担工作，深入治理向农民乱收费、乱集资、乱摊派问题。继续巩固治理公路“三乱”和中小学校乱收费的成果。

要贯彻六中全会《决定》关于坚持标本兼治、综合治理，注重从源头上预防和解决腐败问题的要求，重点抓好继续深化三项制度改革的工作。

1. 加快推进行政审批制度改革。各地区、各部门要按照中央要求，在彻底清理的基础上，对行政审批项目逐一作出处理。应当取消的行政审批项目，要坚决取消，并建立后续监管制度，防止管理脱节。可以用市场机制代替的行政审批项目,要通过市场机制来处理。对保留的行政审批项目,要制定严密的内部监督制约措施,规范审批行为,提高审批的透明度。

2002年,各地区、各部门都要实行经营性土地使用权出让招标拍卖、建设工程项目公开招标投标、政府采购、产权交易进入市场四项制度。要进一步规范有形建筑市场和政府采购工作。有形建筑市场必须与政府管理部门彻底脱钩,实现人员、职能分离;政府采购管理机构与执行机构要分开设立。

2. 深化财政制度改革。要积极推行部门预算。中央部门要按照预算内外资金统管的财政综合预算的要求,完善部门预算;省级、地(市)级政法和行政执法部门都要实行部门预算;对预算外资金一律实行收支脱钩管理。要进一步推行国库集中收付制度,增加试点部门,规范政府收支行为。要进一步落实"收支两条线"管理的各项规定。要继续清理整顿行政事业单位银行账户,坚决查处设立"小金库"、账外账,违规开设银行账户的行为。

3. 深入推进干部人事制度改革。各地要采取有力措施,落实好"地(市)、县(市)党委、政府领导班子正职的拟任人选逐步做到分别由省(区、市)、市的党委常委会提名,党的委员会全体会议审议,进行无记名投票表决;在全会闭会期间可由党委常委会议作出决定,但在常委会议作出决定前必须征求全委会成员的意见"的制度。要加强对干部选拔任用工作的监督,对党政领导干部推荐提名、考察考核、讨论决定等各个环节实行全过程的监督检查,促进干部考察预告、差额考察、领导干部引咎辞职、责令辞职等制度顺利推行。要严肃查处严重违反组织人事纪律的行为,对买官卖官、贿赂选举的,一律撤销党内外职务;情节严重的,给予开除党籍处分;涉嫌犯罪的,移送司法机关处理。

深入推进党风廉政建设和反腐败斗争,要靠教育,靠制度。2002年,各级党委要组织广大党员和领导干部继续深入学习贯彻江泽民同志"七一"重要讲话精神和六中全会精神。要把党风廉政建设和反腐败斗争的宣传教育纳入全党宣传教育工作的总体部署,大力开展理想信念和廉洁从政教育,增强广大党员干部拒腐防变的能力。要注重制度建设,适应形势发展的需要,不断充实、调整反腐倡廉方面的党内法规。要拓宽民主渠道,进一步推行政务公开、厂务公开、村务公开和民主评议、质询听证等制度。全国县级政权机关都要实行政务公开,有条件的地(市)级政权机关也要推行政务公开。

全会要求,各级党委和纪委要在整体推进党风廉政建设和反腐败工作的进程中,突出抓好以下几项工作。一是各级党组织要全面贯彻"八个坚持、八个反对"的要求,并加强监督检查,保证六中全会《决定》落到实处。按照六中全会要求,中央和各省(区、市)党委要逐步建立巡视制度,进一步加强巡视工作。二是要严明党的政治纪律,坚决维护以江泽民同志为核心的党中央的权威,保证中央政令畅通。三是要继续贯彻党风廉政建设责任制,认真抓好责任追究,保证反腐倡廉各项任务得到全面落实。四是要加强和改进纪检监察机关的作风建设,逐步改革和完善党的纪律检查体制。各级纪检监察机关和领导干部,要按照江泽民同志讲话的要求,进一步解放思想,实事求是,改革创新,开拓进取,高标准高质量地完成中央交给的各项工作任务。

根据工作需要,全会补选李至伦同志为中央纪委副书记,张惠新同志为中央纪委常务委员会委员、副书记。

全会号召,全党同志要更加紧密地团结在以江泽民同志为核心的党中央周围,按照中央的部署,振奋精神,开拓进取,再接再厉,狠抓落实,取得党风廉政建设和反腐败的优异成绩,实现党的十五大确定的反腐败工作目标,迎接党的第十六次全国代表大会召开!

全国人大常委会公布中国加入世界贸易组织法律文件中文版

这个法律文件包括:全国人大常委会关于批准我国加入世界贸易组织的决定,国家主席江泽民签署的批准书,世界贸易组织《关于中华人民共和国加入的决定》,《中华人民共和国加入议定书》和《中国加入工作组报告书》。其中,加入议定书9个附件的内容包括:中国在过渡性审议机制中提供的信息,总理事会依照中国加入议定书第18条第2款处理的问题,国营贸易产品进口、出口,指定经营产品,非关税措施取消时间表,实行价格控制的产品和服务,根据《补贴与反补贴措施协定》第25条作出的通知,需逐步取消的补贴,实行出口税的产品,WTO成员的保留,货物贸易减让表,服务贸易具体承诺减让表。

根据法律规定,全国人大常委会公报公布的中国加入世界贸易组织法律文件中文版为标准的中文版本。

中华人民共和国加入议定书

序 言

世界贸易组织("WTO"),按照WTO部长级会议根据《马拉喀什建立世界贸易组织协定》("《WTO协定》")第12条所作出的批准,与中华人民共和国("中国"),忆及中国是《1947年关税与贸易总协定》的创始缔约方,注意到中国是《乌拉圭回合多边贸易谈判结果最后文件》的签署方,注意到载于WT/ACC/

CHN/49号文件的《中国加入工作组报告书》(“工作组报告书”),考虑到关于中国WTO成员资格的谈判结果,协议如下:

第一部分 总 则

第1条 总体情况

1.自加入时起,中国根据《WTO协定》第12条加入该协定,并由此成为WTO成员。

2.中国所加入的《WTO协定》应为经在加入之日前已生效的法律文件所更正、修正或修改的《WTO协定》。本议定书,包括工作组报告书第342段所指的承诺,应成为《WTO协定》的组成部分。

3.除本议定书另有规定外,中国应履行《WTO协定》所附各多边贸易协定中的、应在自该协定生效之日起开始的一段时间内履行的义务,如同中国在该协定生效之日已接受该协定。

4.中国可维持与《服务贸易总协定》(“GATS”)第2条第1款规定不一致的措施,只要此措施已记录在本议定书所附《第2条豁免清单》中,并符合GATS《关于第2条豁免的附件》中的条件。

第2条 贸易制度的实施

(A)统一实施

1.《WTO协定》和本议定书的规定应适用于中国的全部关税领土,包括边境贸易地区、民族自治地方、经济特区、沿海开放城市、经济技术开发区以及其他在关税、国内税和法规方面已建立特殊制度的地区(统称为“特殊经济区”)。

2.中国应以统一、公正和合理的方式适用和实施中央政府有关或影响货物贸易、服务贸易、与贸易有关的知识产权(“TRIPS”)或外汇管制的所有法律、法规及其他措施以及地方各级政府发布或适用的地方性法规、规章及其他措施(统称为“法律、法规及其他措施”)。

3.中国地方各级政府的地方性法规、规章及其他措施应符合在《WTO协定》和本议定书中所承担的义务。

4.中国应建立一种机制,使个人和企业可据以提请国家主管机关注意贸易制度未统一适用的情况。

(B)特殊经济区

1.中国应将所有与其特殊经济区有关的法律、法规及其他措施通知WTO,列明这些地区的名称,并指明界定这些地区的地理界线。中国应迅速,且无论如何应在60天内,将特殊经济区的任何增加或改变通知WTO,包括与此有关的法律、法规及其他措施。

2.对于自特殊经济区输入中国关税领土其他部分的产品,包括物理结合的部件,中国应适用通常适用于输入中国关税领土其他部分的进口产品的所有影响进口产品的税费和措施,包括进口限制及海关税费。

3.除本议定书另有规定外,在对此类特殊经济区内的企业提供优惠安排时,WTO关于非歧视和国民待遇的规定应得到全面遵守。

(C)透明度

1.中国承诺只执行已公布的、且其他WTO成员、个人和企业可容易获得的有关或影响货物贸易、服务贸易、TRIPS或外汇管制的法律、法规及其他措施。此外,在所有有关或影响货物贸易、服务贸易、TRIPS或外汇管制的法律、法规及其他措施实施或执行前,应请求,中国应使WTO成员可获得此类措施。在紧急情况下,应使法律、法规及其他措施最迟在实施或执行之时可获得。

2.中国应设立或指定一官方刊物,用于公布所有有关或影响货物贸易、服务贸易、TRIPS或外汇管制的法律、法规及其他措施,并且在其法律、法规或其他措施在该刊物上公布之后,应在此类措施实施之前提供一段可向有关主管机关提出意见的合理时间,但涉及国家安全的法律、法规及其他措施、确定外汇汇率或货币政策的特定措施以及一旦公布则会妨碍法律实施的其他措施除外。中国应定期出版该刊物,并使个人和企业可容易获得该刊物各期。

3.中国应设立或指定一咨询点,应任何个人、企业或WTO成员的请求,在咨询点可获得根据本议定书第2条(C)节第1款要求予以公布的措施有关的所有信息。对此类提供信息请求的答复一般应在收到请求后30天内作出。在例外情况下,可在收到请求后45天内作出答复。延迟的通知及其原因应以书面形式向有关当事人提供。向WTO成员作出的答复应全面,并应代表中国政府的权威观点。应向个人和企业提供准确和可靠的信息。

(D)司法审查

1.中国应设立或指定并维持审查庭、联络点和程序,以便迅速审查所有与《1994年关税与贸易总协定》(“GATT1994”)第10条第1款、GATS第6条和《TRIPS协定》相关规定所指的法律、法规、普遍适用的司法决定和行政决定的实施有关的所有行政行为。此类审查庭应是公正的,并独立于被授权进行行政执行的机关,且不应对审查事项的结果有任何实质利害关系。

2.审查程序应包括给予受须经审查的任何行政行为影响的个人或企业进行上诉的机会,且不因上诉而受到处罚。如初始上诉权需向行政机关提出,则在所有情况下应有选择向司法机关对决定提出上诉的机会。关于上诉的决定应通知上诉人,作出该决定的理由应以书面形式提供。上诉人还应被告知可进一步上诉的任何权利。

第3条　非歧视

除本议定书另有规定外，在下列方面给予外国个人、企业和外商投资企业的待遇不得低于给予其他个人和企业的待遇：

(a)生产所需投入物、货物和服务的采购，及其货物据以在国内市场或供出口而生产、营销或销售的条件；及

(b)国家和地方各级主管机关以及公有或国有企业在包括运输、能源、基础电信、其他生产设施和要素等领域所供应的货物和服务的价格和可用性。

第4条　特殊贸易安排

自加入时起，中国应取消与第三国和单独关税区之间的、与《WTO协定》不符的所有特殊贸易安排，包括易货贸易安排，或使其符合《WTO协定》。

第5条　贸易权

1. 在不损害中国以与符合《WTO协定》的方式管理贸易的权利的情况下，中国应逐步放宽贸易权的获得及其范围，以便在加入后3年内，使所有在中国的企业均有权在中国的全部关税领土内从事所有货物的贸易，但附件2A所列依照本议定书继续实行国营贸易的货物除外。此种贸易权应为进口或出口货物的权利。对于所有此类货物，均应根据GATT1994第3条，特别是其中第4款的规定，在国内销售、许诺销售、购买、运输、分销或使用方面，包括直接接触最终用户方面，给予国民待遇。对于附件2B所列货物，中国应根据该附件中所列时间表逐步取消在给予贸易权方面的限制。中国应在过渡期内完成执行这些规定所必需的立法程序。

2. 除本议定书另有规定外，对于所有外国个人和企业，包括未在中国投资或注册的外国个人和企业，在贸易权方面应给予其不低于给予在中国的企业的待遇。

第6条　国营贸易

1. 中国应保证国营贸易企业的进口购买程序完全透明，并符合《WTO协定》，且应避免采取任何措施对国营贸易企业购买或销售货物的数量、价值或原产国施加影响或指导，但依照《WTO协定》进行的除外。

2. 作为根据GATT1994和《关于解释1994年关税与贸易总协定第17条的谅解》所作通知的一部分，中国还应提供有关其国营贸易企业出口货物定价机制的全部信息。

第7条　非关税措施

1. 中国应执行附件3包含的非关税措施取消时间表。在附件3中所列期限内，对该附件中所列措施所提供的保护在规模、范围或期限方面不得增加或扩大，且不得实施任何新的措施，除非符合《WTO协定》的规定。

2. 在实施GATT1994第3条、第11条和《农业协定》的规定时，中国应取消且不得采取、重新采取或实施不能根据《WTO协定》的规定证明为合理的非关税措施。对于在加入之日以后实施的、与本议定书或《WTO协定》相一致的非关税措施，无论附件3是否提及，中国均应严格遵守《WTO协定》的规定，包括GATT1994及其第13条以及《进口许可程序协定》的规定，包括通知要求，对此类措施进行分配或管理。

3. 自加入时起，中国应遵守《TRIMs协定》，但不援用《TRIMs协定》第5条的规定。中国应取消并停止执行通过法律、法规或其他措施实施的贸易平衡要求和外汇平衡要求、当地含量要求和出口实绩要求。此外，中国将不执行设置此类要求的合同条款。在不损害本议定书有关规定的情况下，中国应保证国家和地方各级主管机关对进口许可证、配额、关税配额的分配或对进口、进口权或投资权的任何其他批准方式，不以下列内容为条件：此类产品是否存在与之竞争的国内供应者；任何类型的实绩要求，例如当地含量、补偿、技术转让、出口实绩或在中国进行研究与开发等。

4. 进出口禁止和限制以及影响进出口的许可程序要求只能由国家主管机关或由国家主管机关授权的地方各级主管机关实行和执行。不得实施或执行不属国家主管机关或由国家主管机关授权的地方各级主管机关实行的措施。

第8条　进出口许可程序

1. 在实施《WTO协定》和《进口许可程序协定》的规定时，中国应采取以下措施，以便遵守这些协定：

(a)中国应定期在本议定书第2条(C)节第2款所指的官方刊物中公布下列内容：

——按产品排列的所有负责授权或批准进出口的组织的清单，包括由国家主管机关授权的组织，无论是通过发放许可证还是其他批准；

——获得此类进出口许可证或其他批准的程序和标准，以及决定是否发放进出口许可证或其他批准的条件；

——按照《进口许可程序协定》，按税号排列的实行招标要求管理的全部产品清单；包括关于实行此类招标要求管理产品的信息及任何变更；

——限制或禁止进出口的所有货物和技术的清单；这些货物也应通知进口许可程序委员会；

——限制或禁止进出口的货物和技术清单的任何变更；用一种或多种WTO正式语文提交的这些文件的副本应在每次公布后75天内送交WTO，供散发WTO成员并提交进口许可程序委员会。

(b)中国应将加入后仍然有效的所有许可程序和

配额要求通知WTO,这些要求应按协调制度税号分别排列,并附与此种限制有关的数量(如有数量),以及保留此种限制的理由或预定的终止日期。

(c)中国应向进口许可程序委员会提交其关于进口许可程序的通知。中国应每年向进口许可程序委员会报告其自动进口许可程序的情况,说明产生这些要求的情况,并证明继续实行的需要。该报告还应提供《进口许可程序协定》第3条中所列信息。

(d)中国发放的进口许可证的有效期至少应为6个月,除非例外情况使此点无法做到。在此类情况下,中国应将要求缩短许可证有效期的例外情况迅速通知进口许可程序委员会。

2.除本议定书另有规定外,对于外国个人、企业和外商投资企业在进出口许可证和配额分配方面,应给予不低于给予其他个人和企业的待遇。

第9条　价格控制

1.在遵守以下第2款的前提下,中国应允许每一部门交易的货物和服务的价格由市场力量决定,且应取消对此类货物和服务的多重定价做法。

2.在符合《WTO协定》,特别是GATT1994第3条和《农业协定》附件2第3.4款的情况下,可对附件4所列货物和服务实行价格控制。除非在特殊情况下,并须通知WTO,否则不得对附件4所列货物或服务以外的货物或服务实行价格控制,且中国应尽最大努力减少和取消这些控制。

3.中国应在官方刊物上公布实行国家定价的货物和服务的清单及其变更情况。

第10条　补贴

1.中国应通知WTO在其领土内给予或维持的、属《补贴与反补贴措施协定》(“《SCM协定》”)第1条含义内的、按具体产品划分的任何补贴,包括《SCM协定》第3条界定的补贴。所提供的信息应尽可能具体,并遵循《SCM协定》第25条所提及的关于补贴问卷的要求。

2.就实施《SCM协定》第1条第2款和第2条而言,对国有企业提供的补贴将被视为专向性补贴,特别是在国有企业是此类补贴的主要接受者或国有企业接受此类补贴的数量异常之大的情况下。

3.中国应自加入时起取消属《SCM协定》第3条范围内的所有补贴。

第11条　对进出口产品征收的税费

1.中国应保证国家主管机关或地方各级主管机关实施或管理的海关规费或费用符合GATT1994。

2.中国应保证国家主管机关或地方各级主管机关实施或管理的国内税费,包括增值税,符合GATT1994。

3.中国应取消适用于出口产品的全部税费,除非本议定书附件6中有明确规定或按照GATT1994第8条的规定适用。

4.在进行边境税的调整方面,对于外国个人、企业和外商投资企业,自加入时起应被给予不低于给予其他个人和企业的待遇。

第12条　农业

1.中国应实施中国货物贸易承诺和减让表中包含的规定,以及本议定书具体规定的《农业协定》的条款。在这方面,中国不得对农产品维持或采取任何出口补贴。

2.中国应在过渡性审议机制中,就农业领域的国营贸易企业(无论是国家还是地方)与在农业领域按国营贸易企业经营的其他企业之间或在上述任何企业之间进行的财政和其他转移作出通知。

第13条　技术性贸易壁垒

1.中国应在官方刊物上公布作为技术法规、标准或合格评定程序依据的所有正式的或非正式的标准。

2.中国应自加入时起,使所有技术法规、标准和合格评定程序符合《TBT协定》。

3.中国对进口产品实施合格评定程序的目的应仅为确定其是否符合与本议定书和《WTO协定》规定相一致的技术法规和标准。只有在合同各方授权的情况下,合格评定机构方可对进口产品是否符合该合同的商业条款进行合格评定。中国应保证此种针对产品是否符合合同商业条款的检验不影响此类产品通关或进口许可证的发放。

4.(a)自加入时起,中国应保证对进口产品和国产品适用相同的技术法规、标准和合格评定程序。为保证从现行体制的顺利过渡,中国应保证自加入时起,所有认证、安全许可和质量许可机构和部门获得既对进口产品又对国产品进行此类活动的授权;加入1年后,所有合格评定机构和部门获得既对进口产品又对国产品进行合格评定的授权。对机构或部门的选择应由申请人决定。对于进口产品和国产品,所有机构和部门应颁发相同的标志,收取相同的费用。它们还应提供相同的处理时间和申诉程序。进口产品不得实行一种以上的合格评定程序。中国应公布并使其他WTO成员、个人和企业可获得有关其各合格评定机构和部门相应职责的全部信息。

(b)不迟于加入后18个月,中国应仅依据工作范围和产品种类,指定其各合格评定机构的相应职责,而不考虑产品的原产地。指定给中国各合格评定机构的相应职责将在加入后12个月通知TBT委员会。

第14条　卫生与植物卫生措施

中国应在加入后30天内,向WTO通知其所有有关卫生与植物卫生措施的法律、法规及其他措施，包括产品范围及相关国际标准、指南和建议。

第15条 确定补贴和倾销时的价格可比性

GATT1994第6条、《关于实施1994年关税与贸易总协定第6条的协定》(“《反倾销协定》”)以及《SCM协定》应适用于涉及原产于中国的进口产品进入一WTO成员的程序，并应符合下列规定：

(a)在根据GATT1994第6条和《反倾销协定》确定价格可比性时，该WTO进口成员应依据下列规则，使用接受调查产业的中国价格或成本，或者使用不依据与中国国内价格或成本进行严格比较的方法：

(i)如受调查的生产者能够明确证明，生产该同类产品的产业在制造、生产和销售该产品方面具备市场经济条件，则该WTO进口成员在确定价格可比性时，应使用受调查产业的中国价格或成本；

(ii)如受调查的生产者不能明确证明生产该同类产品的产业在制造、生产和销售该产品方面具备市场经济条件，则该WTO进口成员可使用不依据与中国国内价格或成本进行严格比较的方法。

(b)在根据《SCM协定》第二、三及五部分规定进行的程序中，在处理第14条(a)项、(b)项、(c)项和(d)项所述补贴时，应适用《SCM协定》的有关规定；但是，如此种适用遇有特殊困难，则该WTO进口成员可使用考虑到中国国内现有情况和条件并非总能用作适当基准这一可能性的确定和衡量补贴利益的方法。在适用此类方法时，只要可行，该WTO进口成员在考虑使用中国以外的情况和条件之前，应对此类现有情况和条件进行调整。

(c)该WTO进口成员应向反倾销措施委员会通知依照(a)项使用的方法，并应向补贴与反补贴措施委员会通知依照(b)项使用的方法。

(d)一旦中国根据该WTO进口成员的国内法证实其是一个市场经济体，则(a)项的规定即应终止，但截至加入之日，该WTO进口成员的国内法中须包含有关市场经济的标准。无论如何，(a)项(ii)目的规定应在加入之日后15年终止。此外，如中国根据该WTO进口成员的国内法证实一特定产业或部门具备市场经济条件，则(a)项中的非市场经济条款不得再对该产业或部门适用。

第16条 特定产品过渡性保障机制

1.如原产于中国的产品在进口至任何WTO成员领土时，其增长的数量或所依据的条件对生产同类产品或直接竞争产品的国内生产者造成或威胁造成市场扰乱，则受此影响的WTO成员可请求与中国进行磋商，以期寻求双方满意的解决办法，包括受影响的成员是否应根据《保障措施协定》采取措施。任何此种请求应立即通知保障措施委员会。

2.如在这些双边磋商过程中，双方同意原产于中国的进口产品是造成此种情况的原因并有必要采取行动，则中国应采取行动以防止或补救此种市场扰乱。任何此类行动应立即通知保障措施委员会。

3.如磋商未能使中国与有关WTO成员在收到磋商请求后60天内达成协议，则受影响的WTO成员有权在防止或补救此种市场扰乱所必需的限度内，对此类产品撤销减让或限制进口。任何此类行动应立即通知保障措施委员会。

4.市场扰乱应在下列情况下存在：一项产品的进口快速增长，无论是绝对增长还是相对增长，从而构成对生产同类产品或直接竞争产品的国内产业造成实质损害或实质损害威胁的一个重要原因。在认定是否存在市场扰乱时，受影响的WTO成员应考虑客观因素，包括进口量、进口产品对同类产品或直接竞争产品价格的影响以及此类进口产品对生产同类产品或直接竞争产品的国内产业的影响。

5.在根据第3款采取措施之前，采取此项行动的WTO成员应向所有利害关系方提供合理的公告，并应向进口商、出口商及其他利害关系方提供充分机会，供其就拟议措施的适当性及是否符合公众利益提出意见和证据。该WTO成员应提供关于采取措施的决定的书面通知，包括采取该措施的理由及其范围和期限。

6.一WTO成员只能在防止和补救市场扰乱所必需的时限内根据本条采取措施。如一措施是由于进口水平的相对增长而采取的，而且如该项措施持续有效的期限超过2年，则中国有权针对实施该措施的WTO成员的贸易暂停实施GATT1994项下实质相当的减让或义务。但是，如一措施是由于进口的绝对增长而采取的，而且如该措施持续有效的期限超过3年，则中国有权针对实施该措施的WTO成员的贸易暂停实施GATT1994项下实质相当的减让或义务。中国采取的任何此种行动应立即通知保障措施委员会。

7.在迟延会造成难以补救的损害的紧急情况下，受影响的WTO成员可根据一项有关进口产品已经造成或威胁造成市场扰乱的初步认定，采取临时保障措施。在此种情况下，应在采取措施后立即向保障措施委员会作出有关所采取措施的通知，并提出进行双边磋商的请求。临时措施的期限不得超过200天，在此期间，应符合第1款、第2款和第5款的有关要求。任何临时措施的期限均应计入第6款下规定的期限。

8.如一WTO成员认为根据第2款、第3款或第7款采取的行动造成或威胁造成进入其市场的重大贸易转移，则该成员可请求与中国和/或有关WTO成员进行磋商。此类磋商应在向保障措施委员会作出通知后

30天内举行。如此类磋商未能在作出通知后60天内使中国与一个或多个有关WTO成员达成协议,则请求进行磋商的WTO成员在防止或补救此类贸易转移所必需的限度内,有权针对该产品撤销减让或限制自中国的进口。此种行动应立即通知保障措施委员会。

9.本条的适用应在加入之日后12年终止。

第17条 WTO成员的保留

WTO成员以与《WTO协定》不一致的方式针对自中国进口的产品维持的所有禁止、数量限制和其他措施列在附件7中。所有此类禁止、数量限制和其他措施应依照该附件所列共同议定的条件和时间表逐步取消或加以处理。

第18条 过渡性审议机制

1.所获授权涵盖中国在《WTO协定》或本议定书项下承诺的WTO下属机构①,应在加入后1年内,并依照以下第4款,在符合其授权的情况下,审议中国实施《WTO协定》和本议定书相关规定的情况。中国应在审议前向每一下属机构提供相关信息,包括附件1A所列信息。中国也可在具有相关授权的下属机构中提出与第17条下任何保留或其他WTO成员在本议定书中所作任何其他具体承诺有关的问题。每一下属机构应迅速向根据《WTO协定》第4条第5款设立的有关理事会报告审议结果(如适用),有关理事会应随后迅速向总理事会报告。

2.总理事会应在加入后1年内,依照以下第4款,审议中国实施《WTO协定》和本议定书条款的情况。总理事会应依照附件1B所列框架,并按照根据第1款进行的任何审议的结果,进行此项审议。中国也可提出与第17条下任何保留或其他WTO成员在本议定书中所作任何其他具体承诺有关的问题。总理事会可在这些方面向中国或其他成员提出建议。

3.根据本条审议问题不得损害包括中国在内的任何WTO成员在《WTO协定》或任何诸边贸易协定项下的权利和义务,并不得排除或构成要求磋商或援用《WTO协定》或本议定书中其他规定的先决条件。

4.第1款和第2款规定的审议将在加入后8年内每年进行。此后,将在第10年或总理事会决定的较早日期进行最终审议。

第二部分 减让表

1.本议定书所附减让表应成为与中国有关的、GATT1994所附减让和承诺表及GATS所附具体承诺表。减让表中所列减让和承诺的实施期应按有关减让表相关部分列明的时间执行。

2.就GATT1994第2条第6款(a)项所指的该协定日期而言,本议定书所附减让和承诺表的适用日期应为加入之日。

第三部分 最后条款

1.本议定书应开放供中国在2002年1月1日前以签字或其他方式接受。

2.本议定书应在接受之日后第30天生效。

3.本议定书应交存WTO总干事。总干事应根据本议定书第三部分第1款的规定,迅速向每一WTO成员和中国提供一份本议定书经核证无误的副本和中国接受本议定书通知的副本。

4.本议定书应依照《联合国宪章》第102条的规定予以登记。

2001年11月10日订于多哈,正本一份用英文、法文和西班牙文写成,三种文本具有同等效力,除非所附减让表中规定该减让表只以以上文字中的一种或多种为准。

①货物贸易理事会、与贸易有关的知识产权理事会、服务贸易理事会、国际收支限制委员会、市场准入委员会(包括《信息技术协定》)、农业委员会、卫生与植物卫生措施委员会、技术性贸易壁垒委员会、补贴与反补贴措施委员会、反倾销措施委员会、海关估价委员会、原产地规则委员会、进口许可程序委员会、与贸易有关的投资措施委员会、保障措施委员会和金融服务委员会。

1月26日

国家主席江泽民就以巴冲突复信巴勒斯坦国总统巴勒斯坦民族权力机构主席阿拉法特

江泽民表示,中国政府反对对巴勒斯坦实施军事打击,支持一切有利于尽快结束冲突、恢复以巴谈判的努力。

首任中国常驻世界贸易组织代表孙振宇离开北京赴日内瓦出席中国驻世贸组织大使馆揭牌仪式

随行前往参加揭牌仪式的还有曾任中国复关和入世谈判代表团团长的沈觉人、佟志广和谷永江。外经贸部部长石广生到机场为孙振宇等送行。

在首都国际机场,石广生说,中国政府任命外经贸部第一副部长为首任驻世贸组织大使,这充分说明中国对世贸组织事务与工作的高度重视。他表示,中国"入世"后,不仅要遵守规则,履行承诺,而且要重视研究作为成员应享有的权利以及其他成员履行承诺的情况。

孙振宇向记者透露,他抵达后将首先向世贸组织总干事递交江泽民主席签署的全权证书。中国代表团将尽快与各国代表团进行广泛接触,进一步了解他们的立场,加深彼此间的交流与理解。孙振宇还表示,中国将以积极的态度参加新一轮多边贸易谈判。新一轮谈判涉及方方面面利益，非常复杂。他希望谈判能在公平合理的基础上，使广大发展中国家受益，而不是受损。

中国驻世贸组织大使馆将于28日正式揭牌，中国常驻世贸组织代表团的工作也将随即开始。

国务院总理朱镕基签署第344号令公布《危险化学品安全管理条例》

《危险化学品安全管理条例》已经2002年1月9日国务院第52次常务会议通过，现予公布，自2002年3月15日起施行。

总　理　朱镕基

2002年1月26日

危险化学品安全管理条例

第一章　总　则

第一条　为了加强对危险化学品的安全管理，保障人民生命、财产安全，保护环境，制定本条例。

第二条　在中华人民共和国境内生产、经营、储存、运输、使用危险化学品和处置废弃危险化学品，必须遵守本条例和国家有关安全生产的法律、其他行政法规的规定。

第三条　本条例所称危险化学品，包括爆炸品、压缩气体和液化气体、易燃液体、易燃固体、自燃物品和遇湿易燃物品、氧化剂和有机过氧化物、有毒品和腐蚀品等。

危险化学品列入以国家标准公布的《危险货物品名表》(GB12268)；剧毒化学品目录和未列入《危险货物品名表》的其他危险化学品，由国务院经济贸易综合管理部门会同国务院公安、环境保护、卫生、质检、交通部门确定并公布。

第四条　生产、经营、储存、运输、使用危险化学品和处置废弃危险化学品的单位(以下统称危险化学品单位)，其主要负责人必须保证本单位危险化学品的安全管理符合有关法律、法规、规章的规定和国家标准的要求，并对本单位危险化学品的安全负责。

危险化学品单位从事生产、经营、储存、运输、使用危险化学品或者处置废弃危险化学品活动的人员，必须接受有关法律、法规、规章和安全知识、专业技术、职业卫生防护和应急救援知识的培训，并经考核合格，方可上岗作业。

第五条　对危险化学品的生产、经营、储存、运输、使用和对废弃危险化学品处置实施监督管理的有关部门，依照下列规定履行职责：

(一)国务院经济贸易综合管理部门和省、自治区、直辖市人民政府经济贸易管理部门，依照本条例的规定，负责危险化学品安全监督管理综合工作，负责危险化学品生产、储存企业设立及其改建、扩建的审查，负责危险化学品包装物、容器(包括用于运输工具的槽罐，下同)专业生产企业的审查和定点，负责危险化学品经营许可证的发放，负责国内危险化学品的登记，负责危险化学品事故应急救援的组织和协调，并负责前述事项的监督检查；设区的市级人民政府和县级人民政府的负责危险化学品安全监督管理综合工作的部门，由各该级人民政府确定，依照本条例的规定履行职责。

(二)公安部门负责危险化学品的公共安全管理，负责发放剧毒化学品购买凭证和准购证，负责审查核发剧毒化学品公路运输通行证，对危险化学品道路运输安全实施监督，并负责前述事项的监督检查。

(三)质检部门负责发放危险化学品及其包装物、容器的生产许可证，负责对危险化学品包装物、容器的产品质量实施监督，并负责前述事项的监督检查。

(四)环境保护部门负责废弃危险化学品处置的监督管理，负责调查重大危险化学品污染事故和生态破坏事件，负责有毒化学品事故现场的应急监测和进口危险化学品的登记，并负责前述事项的监督检查。

(五)铁路、民航部门负责危险化学品铁路、航空运输和危险化学品铁路、民航运输单位及其运输工具的安全管理及监督检查。交通部门负责危险化学品公路、水路运输单位及其运输工具的安全管理，对危险化学品水路运输安全实施监督，负责危险化学品公路、水路运输单位、驾驶人员、船员、装卸人员和押运人员的资质认定，并负责前述事项的监督检查。

(六)卫生行政部门负责危险化学品的毒性鉴定和危险化学品事故伤亡人员的医疗救护工作。

(七)工商行政管理部门依据有关部门的批准、许可文件，核发危险化学品生产、经营、储存、运输单位营业执照，并监督管理危险化学品市场经营活动。

(八)邮政部门负责邮寄危险化学品的监督检查。

第六条　依照本条例对危险化学品单位实施监督管理的有关部门，依法进行监督检查，可以行使下列职权：

(一)进入危险化学品作业场所进行现场检查，调取有关资料，向有关人员了解情况，向危险化学品单位提出整改措施和建议；

(二)发现危险化学品事故隐患时，责令立即排除或者限期排除；

(三)对有根据认为不符合有关法律、法规、规章规定和国家标准要求的设施、设备、器材和运输工具，责令立即停止使用；

(四)发现违法行为，当场予以纠正或者责令限期改正。

危险化学品单位应当接受有关部门依法实施的监督检查,不得拒绝、阻挠。

有关部门派出的工作人员依法进行监督检查时,应当出示证件。

第二章 危险化学品的生产、储存和使用

第七条 国家对危险化学品的生产和储存实行统一规划、合理布局和严格控制,并对危险化学品生产、储存实行审批制度;未经审批,任何单位和个人都不得生产、储存危险化学品。

设区的市级人民政府根据当地经济发展的实际需要,在编制总体规划时,应当按照确保安全的原则规划适当区域专门用于危险化学品的生产、储存。

第八条 危险化学品生产、储存企业,必须具备下列条件:

(一)有符合国家标准的生产工艺、设备或者储存方式、设施;

(二)工厂、仓库的周边防护距离符合国家标准或者国家有关规定;

(三)有符合生产或者储存需要的管理人员和技术人员;

(四)有健全的安全管理制度;

(五)符合法律、法规规定和国家标准要求的其他条件。

第九条 设立剧毒化学品生产、储存企业和其他危险化学品生产、储存企业,应当分别向省、自治区、直辖市人民政府经济贸易管理部门和设区的市级人民政府负责危险化学品安全监督管理综合工作的部门提出申请,并提交下列文件:

(一)可行性研究报告;

(二)原料、中间产品、最终产品或者储存的危险化学品的燃点、自燃点、闪点、爆炸极限、毒性等理化性能指标;

(三)包装、储存、运输的技术要求;

(四)安全评价报告;

(五)事故应急救援措施;

(六)符合本条例第八条规定条件的证明文件。

省、自治区、直辖市人民政府经济贸易管理部门或者设区的市级人民政府负责危险化学品安全监督管理综合工作的部门收到申请和提交的文件后,应当组织有关专家进行审查,提出审查意见后,报本级人民政府作出批准或者不予批准的决定。依据本级人民政府的决定,予以批准的,由省、自治区、直辖市人民政府经济贸易管理部门或者设区的市级人民政府负责危险化学品安全监督管理综合工作的部门颁发批准书;不予批准的,书面通知申请人。

申请人凭批准书向工商行政管理部门办理登记注册手续。

第十条 除运输工具加油站、加气站外,危险化学品的生产装置和储存数量构成重大危险源的储存设施,与下列场所、区域的距离必须符合国家标准或者国家有关规定:

(一)居民区、商业中心、公园等人口密集区域;

(二)学校、医院、影剧院、体育场(馆)等公共设施;

(三)供水水源、水厂及水源保护区;

(四)车站、码头(按照国家规定,经批准,专门从事危险化学品装卸作业的除外)、机场以及公路、铁路、水路交通干线、地铁风亭及出入口;

(五)基本农田保护区、畜牧区、渔业水域和种子、种畜、水产苗种生产基地;

(六)河流、湖泊、风景名胜区和自然保护区;

(七)军事禁区、军事管理区;

(八)法律、行政法规规定予以保护的其他区域。

已建危险化学品的生产装置和储存数量构成重大危险源的储存设施不符合前款规定的,由所在地设区的市级人民政府负责危险化学品安全监督管理综合工作的部门监督其在规定期限内进行整顿;需要转产、停产、搬迁、关闭的,报本级人民政府批准后实施。

本条例所称重大危险源,是指生产、运输、使用、储存危险化学品或者处置废弃危险化学品,且危险化学品的数量等于或者超过临界量的单元(包括场所和设施)。

第十一条 危险化学品生产、储存企业改建、扩建的,必须依照本条例第九条的规定经审查批准。

第十二条 依法设立的危险化学品生产企业,必须向国务院质检部门申请领取危险化学品生产许可证;未取得危险化学品生产许可证的,不得开工生产。

国务院质检部门应当将颁发危险化学品生产许可证的情况通报国务院经济贸易综合管理部门、环境保护部门和公安部门。

第十三条 任何单位和个人不得生产、经营、使用国家明令禁止的危险化学品。

禁止用剧毒化学品生产灭鼠药以及其他可能进入人民日常生活的化学产品和日用化学品。

第十四条 生产危险化学品的,应当在危险化学品的包装内附有与危险化学品完全一致的化学品安全技术说明书,并在包装(包括外包装件)上加贴或者拴挂与包装内危险化学品完全一致的化学品安全标签。

危险化学品生产企业发现其生产的危险化学品有新的危害特性时,应当立即公告,并及时修订安全技术说明书和安全标签。

第十五条 使用危险化学品从事生产的单位,其生产条件必须符合国家标准和国家有关规定，并依照国家有关法律、法规的规定取得相应的许可，必须建立、健全危险化学品使用的安全管理规章制度，保证危险化学品的安全使用和管理。

第十六条　生产、储存、使用危险化学品的，应当根据危险化学品的种类、特性，在车间、库房等作业场所设置相应的监测、通风、防晒、调温、防火、灭火、防爆、泄压、防毒、消毒、中和、防潮、防雷、防静电、防腐、防渗漏、防护围堤或者隔离操作等安全设施、设备，并按照国家标准和国家有关规定进行维护、保养，保证符合安全运行要求。

第十七条　生产、储存、使用剧毒化学品的单位，应当对本单位的生产、储存装置每年进行一次安全评价；生产、储存、使用其他危险化学品的单位，应当对本单位的生产、储存装置每两年进行一次安全评价。

安全评价报告应当对生产、储存装置存在的安全问题提出整改方案。安全评价中发现生产、储存装置存在现实危险的，应当立即停止使用，予以更换或者修复，并采取相应的安全措施。

安全评价报告应当报所在地设区的市级人民政府负责危险化学品安全监督管理综合工作的部门备案。

第十八条　危险化学品的生产、储存、使用单位，应当在生产、储存和使用场所设置通讯、报警装置，并保证在任何情况下处于正常适用状态。

第十九条　剧毒化学品的生产、储存、使用单位，应当对剧毒化学品的产量、流向、储存量和用途如实记录，并采取必要的保安措施，防止剧毒化学品被盗、丢失或者误售、误用；发现剧毒化学品被盗、丢失或者误售、误用时，必须立即向当地公安部门报告。

第二十条　危险化学品的包装必须符合国家法律、法规、规章的规定和国家标准的要求。

危险化学品包装的材质、型式、规格、方法和单件质量(重量)，应当与所包装的危险化学品的性质和用途相适应，便于装卸、运输和储存。

第二十一条　危险化学品的包装物、容器，必须由省、自治区、直辖市人民政府经济贸易管理部门审查合格的专业生产企业定点生产，并经国务院质检部门认可的专业检测、检验机构检测、检验合格，方可使用。

重复使用的危险化学品包装物、容器在使用前，应当进行检查，并作出记录；检查记录应当至少保存2年。

质检部门应当对危险化学品的包装物、容器的产品质量进行定期的或者不定期的检查。

第二十二条　危险化学品必须储存在专用仓库、专用场地或者专用储存室(以下统称专用仓库)内，储存方式、方法与储存数量必须符合国家标准，并由专人管理。

危险化学品出入库，必须进行核查登记。库存危险化学品应当定期检查。

剧毒化学品以及储存数量构成重大危险源的其他危险化学品必须在专用仓库内单独存放，实行双人收发、双人保管制度。储存单位应当将储存剧毒化学品以及构成重大危险源的其他危险化学品的数量、地点以及管理人员的情况，报当地公安部门和负责危险化学品安全监督管理综合工作的部门备案。

第二十三条　危险化学品专用仓库，应当符合国家标准对安全、消防的要求，设置明显标志。危险化学品专用仓库的储存设备和安全设施应当定期检测。

第二十四条　处置废弃危险化学品，依照固体废物污染环境防治法和国家有关规定执行。

第二十五条　危险化学品的生产、储存、使用单位转产、停产、停业或者解散的，应当采取有效措施，处置危险化学品的生产或者储存设备、库存产品及生产原料，不得留有事故隐患。处置方案应当报所在地设区的市级人民政府负责危险化学品安全监督管理综合工作的部门和同级环境保护部门、公安部门备案。负责危险化学品安全监督管理综合工作的部门应当对处置情况进行监督检查。

第二十六条　公众上交的危险化学品，由公安部门接收。公安部门接收的危险化学品和其他有关部门收缴的危险化学品，交由环境保护部门认定的专业单位处理。

第三章　危险化学品的经营

第二十七条　国家对危险化学品经营销售实行许可制度。未经许可，任何单位和个人都不得经营销售危险化学品。

第二十八条　危险化学品经营企业，必须具备下列条件：

(一)经营场所和储存设施符合国家标准；

(二)主管人员和业务人员经过专业培训，并取得上岗资格；

(三)有健全的安全管理制度；

(四)符合法律、法规规定和国家标准要求的其他条件。

第二十九条　经营剧毒化学品和其他危险化学品的，应当分别向省、自治区、直辖市人民政府经济贸易管理部门或者设区的市级人民政府负责危险化学品安全监督管理综合工作的部门提出申请，并附送本条例第二十八条规定条件的相关证明材料。省、自治区、直辖市人民政府经济贸易管理部门或者设区的市级人民政府负责危险化学品安全监督管理综合工作的部门接到申请后，应当依照本条例的规定对申请人提交的证明材料和经营场所进行审查。经审查，符合条件的，颁发危险化学品经营许可证，并将颁发危险化学品经营许可证的情况通报同级公安部门和环境保护部门；不符合条件的，书面通知申请人并说明理由。

申请人凭危险化学品经营许可证向工商行政管理部门办理登记注册手续。

第三十条 经营危险化学品，不得有下列行为：

(一)从未取得危险化学品生产许可证或者危险化学品经营许可证的企业采购危险化学品；

(二)经营国家明令禁止的危险化学品和用剧毒化学品生产的灭鼠药以及其他可能进入人民日常生活的化学产品和日用化学品；

(三)销售没有化学品安全技术说明书和化学品安全标签的危险化学品。

第三十一条 危险化学品生产企业不得向未取得危险化学品经营许可证的单位或者个人销售危险化学品。

第三十二条 危险化学品经营企业储存危险化学品，应当遵守本条例第二章的有关规定。危险化学品商店内只能存放民用小包装的危险化学品，其总量不得超过国家规定的限量。

第三十三条 剧毒化学品经营企业销售剧毒化学品，应当记录购买单位的名称、地址和购买人员的姓名、身份证号码及所购剧毒化学品的品名、数量、用途。记录应当至少保存1年。

剧毒化学品经营企业应当每天核对剧毒化学品的销售情况；发现被盗、丢失、误售等情况时，必须立即向当地公安部门报告。

第三十四条 购买剧毒化学品，应当遵守下列规定：

(一)生产、科研、医疗等单位经常使用剧毒化学品的，应当向设区的市级人民政府公安部门申请领取购买凭证，凭购买凭证购买；

(二)单位临时需要购买剧毒化学品的，应当凭本单位出具的证明(注明品名、数量、用途)向设区的市级人民政府公安部门申请领取准购证，凭准购证购买；

(三)个人不得购买农药、灭鼠药、灭虫药以外的剧毒化学品。

剧毒化学品生产企业、经营企业不得向个人或者无购买凭证、准购证的单位销售剧毒化学品。剧毒化学品购买凭证、准购证不得伪造、变造、买卖、出借或者以其他方式转让，不得使用作废的剧毒化学品购买凭证、准购证。

剧毒化学品购买凭证和准购证的式样和具体申领办法由国务院公安部门制定。

第四章 危险化学品的运输

第三十五条 国家对危险化学品的运输实行资质认定制度；未经资质认定，不得运输危险化学品。

危险化学品运输企业必须具备的条件由国务院交通部门规定。

第三十六条 用于危险化学品运输工具的槽罐以及其他容器，必须依照本条例第二十一条的规定，由专业生产企业定点生产，并经检测、检验合格，方可使用。

质检部门应当对前款规定的专业生产企业定点生产的槽罐以及其他容器的产品质量进行定期的或者不定期的检查。

第三十七条 危险化学品运输企业，应当对其驾驶员、船员、装卸管理人员、押运人员进行有关安全知识培训；驾驶员、船员、装卸管理人员、押运人员必须掌握危险化学品运输的安全知识，并经所在地设区的市级人民政府交通部门考核合格(船员经海事管理机构考核合格)，取得上岗资格证，方可上岗作业。危险化学品的装卸作业必须在装卸管理人员的现场指挥下进行。

运输危险化学品的驾驶员、船员、装卸人员和押运人员必须了解所运载的危险化学品的性质、危害特性、包装容器的使用特性和发生意外时的应急措施。运输危险化学品，必须配备必要的应急处理器材和防护用品。

第三十八条 通过公路运输危险化学品的，托运人只能委托有危险化学品运输资质的运输企业承运。

第三十九条 通过公路运输剧毒化学品的，托运人应当向目的地的县级人民政府公安部门申请办理剧毒化学品公路运输通行证。

办理剧毒化学品公路运输通行证，托运人应当向公安部门提交有关危险化学品的品名、数量、运输始发地和目的地、运输路线、运输单位、驾驶人员、押运人员、经营单位和购买单位资质情况的材料。

剧毒化学品公路运输通行证的式样和具体申领办法由国务院公安部门制定。

第四十条 禁止利用内河以及其他封闭水域等航运渠道运输剧毒化学品以及国务院交通部门规定禁止运输的其他危险化学品。

利用内河以及其他封闭水域等航运渠道运输前款规定以外的危险化学品的，只能委托有危险化学品运输资质的水运企业承运，并按照国务院交通部门的规定办理手续，接受有关交通部门(港口部门、海事管理机构，下同)的监督管理。

运输危险化学品的船舶及其配载的容器必须按照国家关于船舶检验的规范进行生产，并经海事管理机构认可的船舶检验机构检验合格，方可投入使用。

第四十一条 托运人托运危险化学品，应当向承运人说明运输的危险化学品的品名、数量、危害、应急措施等情况。

运输危险化学品需要添加抑制剂或者稳定剂的，托运人交付托运时应当添加抑制剂或者稳定剂，并告知承运人。

托运人不得在托运的普通货物中夹带危险化学品，不得将危险化学品匿报或者谎报为普通货物托运。

第四十二条　运输、装卸危险化学品，应当依照有关法律、法规、规章的规定和国家标准的要求并按照危险化学品的危险特性，采取必要的安全防护措施。

运输危险化学品的槽罐以及其他容器必须封口严密，能够承受正常运输条件下产生的内部压力和外部压力，保证危险化学品在运输中不因温度、湿度或者压力的变化而发生任何渗（洒）漏。

第四十三条　通过公路运输危险化学品，必须配备押运人员，并随时处于押运人员的监管之下，不得超装、超载，不得进入危险化学品运输车辆禁止通行的区域；确需进入禁止通行区域的，应当事先向当地公安部门报告，由公安部门为其指定行车时间和路线，运输车辆必须遵守公安部门规定的行车时间和路线。

危险化学品运输车辆禁止通行区域，由设区的市级人民政府公安部门划定，并设置明显的标志。

运输危险化学品途中需要停车住宿或者遇有无法正常运输的情况时，应当向当地公安部门报告。

第四十四条　剧毒化学品在公路运输途中发生被盗、丢失、流散、泄漏等情况时，承运人及押运人员必须立即向当地公安部门报告，并采取一切可能的警示措施。公安部门接到报告后，应当立即向其他有关部门通报情况；有关部门应当采取必要的安全措施。

第四十五条　任何单位和个人不得邮寄或者在邮件内夹带危险化学品，不得将危险化学品匿报或者谎报为普通物品邮寄。

第四十六条　通过铁路、航空运输危险化学品的，按照国务院铁路、民航部门的有关规定执行。

第五章　危险化学品的登记与事故应急救援

第四十七条　国家实行危险化学品登记制度，并为危险化学品安全管理、事故预防和应急救援提供技术、信息支持。

第四十八条　危险化学品生产、储存企业以及使用剧毒化学品和数量构成重大危险源的其他危险化学品的单位，应当向国务院经济贸易综合管理部门负责危险化学品登记的机构办理危险化学品登记。危险化学品登记的具体办法由国务院经济贸易综合管理部门制定。

负责危险化学品登记的机构应当向环境保护、公安、质检、卫生等有关部门提供危险化学品登记的资料。

第四十九条　县级以上地方各级人民政府负责危险化学品安全监督管理综合工作的部门应当会同同级其他有关部门制定危险化学品事故应急救援预案，报经本级人民政府批准后实施。

第五十条　危险化学品单位应当制定本单位事故应急救援预案，配备应急救援人员和必要的应急救援器材、设备，并定期组织演练。

危险化学品事故应急救援预案应当报设区的市级人民政府负责危险化学品安全监督管理综合工作的部门备案。

第五十一条　发生危险化学品事故，单位主要负责人应当按照本单位制定的应急救援预案，立即组织救援，并立即报告当地负责危险化学品安全监督管理综合工作的部门和公安、环境保护、质检部门。

第五十二条　发生危险化学品事故，有关地方人民政府应当做好指挥、领导工作。负责危险化学品安全监督管理综合工作的部门和环境保护、公安、卫生等有关部门，应当按照当地应急救援预案组织实施救援，不得拖延、推诿。有关地方人民政府及其有关部门并应当按照下列规定，采取必要措施，减少事故损失，防止事故蔓延、扩大：

（一）立即组织营救受害人员，组织撤离或者采取其他措施保护危害区域内的其他人员；

（二）迅速控制危害源，并对危险化学品造成的危害进行检验、监测，测定事故的危害区域、危险化学品性质及危害程度；

（三）针对事故对人体、动植物、土壤、水源、空气造成的现实危害和可能产生的危害，迅速采取封闭、隔离、洗消等措施；

（四）对危险化学品事故造成的危害进行监测、处置，直至符合国家环境保护标准。

第五十三条　危险化学品生产企业必须为危险化学品事故应急救援提供技术指导和必要的协助。

第五十四条　危险化学品事故造成环境污染的信息，由环境保护部门统一公布。

第六章　法律责任

第五十五条　对生产、经营、储存、运输、使用危险化学品和处置废弃危险化学品依法实施监督管理的有关部门工作人员，有下列行为之一的，依法给予降级或者撤职的行政处分；触犯刑律的，依照刑法关于受贿罪、滥用职权罪、玩忽职守罪或者其他罪的规定，依法追究刑事责任：

（一）利用职务上的便利收受他人财物或者其他好处，对不符合本条例规定条件的涉及生产、经营、储存、运输、使用危险化学品和处置废弃危险化学品的事项予以批准或者许可的；

(二)发现未依法取得批准或者许可的单位和个人擅自从事有关活动或者接到举报后不予取缔或者不依法予以处理的;

(三)对已经依法取得批准或者许可的单位和个人不履行监督管理职责,发现其不再具备本条例规定的条件而不撤销原批准、许可或者发现违反本条例的行为不予查处的。

第五十六条 发生危险化学品事故,有关部门未依照本条例的规定履行职责,组织实施救援或者采取必要措施,减少事故损失,防止事故蔓延、扩大,或者拖延、推诿的,对负有责任的主管人员和其他直接责任人员依法给予降级或者撤职的行政处分;触犯刑律的,依照刑法关于滥用职权罪、玩忽职守罪或者其他罪的规定,依法追究刑事责任。

第五十七条 违反本条例的规定,有下列行为之一的,分别由工商行政管理部门、质检部门、负责危险化学品安全监督管理综合工作的部门依据各自的职权予以关闭或者责令停产停业整顿,责令无害化销毁国家明令禁止生产、经营、使用的危险化学品或者用剧毒化学品生产的灭鼠药以及其他可能进入人民日常生活的化学产品和日用化学品;有违法所得的,没收违法所得;违法所得10万元以上的,并处违法所得1倍以上5倍以下的罚款;没有违法所得或者违法所得不足10万元的,并处5万元以上50万元以下的罚款;触犯刑律的,对负有责任的主管人员和其他直接责任人员依照刑法关于危险物品肇事罪、非法经营罪或者其他罪的规定,依法追究刑事责任:

(一)未经批准或者未经工商登记注册,擅自从事危险化学品生产、储存的;

(二)未取得危险化学品生产许可证,擅自开工生产危险化学品的;

(三)未经审查批准,危险化学品生产、储存企业擅自改建、扩建的;

(四)未取得危险化学品经营许可证或者未经工商登记注册,擅自从事危险化学品经营的;

(五)生产、经营、使用国家明令禁止的危险化学品,或者用剧毒化学品生产灭鼠药以及其他可能进入人民日常生活的化学产品和日用化学品的。

第五十八条 危险化学品单位违反本条例的规定,未根据危险化学品的种类、特性,在车间、库房等作业场所设置相应的监测、通风、防晒、调温、防火、灭火、防爆、泄压、防毒、消毒、中和、防潮、防雷、防静电、防腐、防渗漏、防护围堤或者隔离操作等安全设施、设备的,由负责危险化学品安全监督管理综合工作的部门或者公安部门依据各自的职权责令立即或者限期改正,处2万元以上10万元以下的罚款;触犯刑律的,对负有责任的主管人员和其他直接责任人员依照刑法关于危险物品肇事罪、重大责任事故罪或者其他罪的规定,依法追究刑事责任。

第五十九条 违反本条例的规定,有下列行为之一的,由负责危险化学品安全监督管理综合工作的部门、质检部门或者交通部门依据各自的职权责令立即或者限期改正,处2万元以上20万元以下的罚款;逾期未改正的,责令停产停业整顿;触犯刑律的,对负有责任的主管人员和其他直接责任人员依照刑法关于危险物品肇事罪、生产销售伪劣商品罪或者其他罪的规定,依法追究刑事责任:

(一)未经定点,擅自生产危险化学品包装物、容器的;

(二)运输危险化学品的船舶及其配载的容器未按照国家关于船舶检验的规范进行生产,并经检验合格的;

(三)危险化学品包装的材质、型式、规格、方法和单件质量(重量)与所包装的危险化学品的性质和用途不相适应的;

(四)对重复使用的危险化学品的包装物、容器在使用前,不进行检查的;

(五)使用非定点企业生产的或者未经检测、检验合格的包装物、容器包装、盛装、运输危险化学品的。

第六十条 危险化学品单位违反本条例的规定,有下列行为之一的,由负责危险化学品安全监督管理综合工作的部门责令立即或者限期改正,处1万元以上5万元以下的罚款;逾期不改正的,责令停产停业整顿:

(一)危险化学品生产企业未在危险化学品包装内附有与危险化学品完全一致的化学品安全技术说明书,或者未在包装(包括外包装件)上加贴、拴挂与包装内危险化学品完全一致的化学品安全标签的;

(二)危险化学品生产企业发现危险化学品有新的危害特性时,不立即公告并及时修订其安全技术说明书和安全标签的;

(三)危险化学品经营企业销售没有化学品安全技术说明书和安全标签的危险化学品的。

第六十一条 危险化学品单位违反本条例的规定,有下列行为之一的,由负责危险化学品安全监督管理综合工作的部门或者公安部门依据各自的职权责令立即或者限期改正,处1万元以上5万元以下的罚款;逾期不改正的,由原发证机关吊销危险化学品生产许可证、经营许可证和营业执照;触犯刑律的,对负有责任的主管人员和其他直接责任人员依照刑法关于危险物品肇事罪、重大责任事故罪或者其他罪的规定,依法追究刑事责任:

（一）未对其生产、储存装置进行定期安全评价，并报所在地设区的市级人民政府负责危险化学品安全监督管理综合工作的部门备案，或者对安全评价中发现的存在现实危险的生产、储存装置不立即停止使用，予以更换或者修复，并采取相应的安全措施的；

（二）未在生产、储存和使用危险化学品场所设置通讯、报警装置，并保持正常适用状态的；

（三）危险化学品未储存在专用仓库内或者未设专人管理的；

（四）危险化学品出入库未进行核查登记或者入库后未定期检查的；

（五）危险化学品专用仓库不符合国家标准对安全、消防的要求，未设置明显标志，或者未对专用仓库的储存设备和安全设施定期检测的；

（六）危险化学品经销商店存放非民用小包装的危险化学品或者危险化学品民用小包装的存放量超过国家规定限量的；

（七）剧毒化学品以及构成重大危险源的其他危险化学品未在专用仓库内单独存放，或者未实行双人收发、双人保管，或者未将储存剧毒化学品以及构成重大危险源的其他危险化学品的数量、地点以及管理人员的情况，报当地公安部门和负责危险化学品安全监督管理综合工作的部门备案的；

（八）危险化学品生产单位不如实记录剧毒化学品的产量、流向、储存量和用途，或者未采取必要的保安措施防止剧毒化学品被盗、丢失、误售、误用，或者发生剧毒化学品被盗、丢失、误售、误用后不立即向当地公安部门报告的；

（九）危险化学品经营企业不记录剧毒化学品购买单位的名称、地址，购买人员的姓名、身份证号码及所购剧毒化学品的品名、数量、用途，或者不每天核对剧毒化学品的销售情况，或者发现被盗、丢失、误售不立即向当地公安部门报告的。

第六十二条　危险化学品单位违反本条例的规定，在转产、停产、停业或者解散时未采取有效措施，处置危险化学品生产、储存设备、库存产品及生产原料的，由负责危险化学品安全监督管理综合工作的部门责令改正，处2万元以上10万元以下的罚款；触犯刑律的，对负有责任的主管人员和其他直接责任人员依照刑法关于重大环境污染事故罪、危险物品肇事罪或者其他罪的规定，依法追究刑事责任。

第六十三条　违反本条例的规定，有下列行为之一的，由工商行政管理部门责令改正，有违法所得的，没收违法所得；违法所得5万元以上的，并处违法所得1倍以上5倍以下的罚款；没有违法所得或者违法所得不足5万元的，并处2万元以上20万元以下的罚款；不改正的，由原发证机关吊销生产许可证、经营许可证和营业执照；触犯刑律的，对负有责任的主管人员和其他直接责任人员依照刑法关于非法经营罪、危险物品肇事罪或者其他罪的规定，依法追究刑事责任：

（一）危险化学品经营企业从未取得危险化学品生产许可证或者危险化学品经营许可证的企业采购危险化学品的；

（二）危险化学品生产企业向未取得危险化学品经营许可证的经营单位销售其产品的；

（三）剧毒化学品经营企业向个人或者无购买凭证、准购证的单位销售剧毒化学品的。

第六十四条　违反本条例的规定，伪造、变造、买卖、出借或者以其他方式转让剧毒化学品购买凭证、准购证以及其他有关证件，或者使用作废的上述有关证件的，由公安部门责令改正，处1万元以上5万元以下的罚款；触犯刑律的，对负有责任的主管人员和其他直接责任人员依照刑法关于伪造、变造、买卖国家机关公文、证件、印章罪或者其他罪的规定，依法追究刑事责任。

第六十五条　违反本条例的规定，未取得危险化学品运输企业资质，擅自从事危险化学品公路、水路运输，有违法所得的，由交通部门没收违法所得；违法所得5万元以上的，并处违法所得1倍以上5倍以下的罚款；没有违法所得或者违法所得不足5万元的，处2万元以上20万元以下的罚款；触犯刑律的，对负有责任的主管人员和其他直接责任人员依照刑法关于危险物品肇事罪或者其他罪的规定，依法追究刑事责任。

第六十六条　违反本条例的规定，有下列行为之一的，由交通部门处2万元以上10万元以下的罚款；触犯刑律的，依照刑法关于危险物品肇事罪或者其他罪的规定，依法追究刑事责任：

（一）从事危险化学品公路、水路运输的驾驶员、船员、装卸管理人员、押运人员未经考核合格，取得上岗资格证的；

（二）利用内河以及其他封闭水域等航运渠道运输剧毒化学品和国家禁止运输的其他危险化学品的；

（三）托运人未按照规定向交通部门办理水路运输手续，擅自通过水路运输剧毒化学品和国家禁止运输的其他危险化学品以外的危险化学品的；

（四）托运人托运危险化学品，不向承运人说明运输的危险化学品的品名、数量、危害、应急措施等情况，或者需要添加抑制剂或者稳定剂，交付托运时未添加的；

（五）运输、装卸危险化学品不符合国家有关法律、法规、规章的规定和国家标准，并按照危险化学品的特性采取必要安全防护措施的。

第六十七条　违反本条例的规定，有下列行为之一的，由公安部门责令改正，处 2 万元以上 10 万元以下的罚款；触犯刑律的，依照刑法关于危险物品肇事罪、重大环境污染事故罪或者其他罪的规定，依法追究刑事责任：

(一)托运人未向公安部门申请领取剧毒化学品公路运输通行证，擅自通过公路运输剧毒化学品的；

(二)危险化学品运输企业运输危险化学品，不配备押运人员或者脱离押运人员监管，超装、超载，中途停车住宿或者遇有无法正常运输的情况，不向当地公安部门报告的；

(三)危险化学品运输企业运输危险化学品，未向公安部门报告，擅自进入危险化学品运输车辆禁止通行区域，或者进入禁止通行区域不遵守公安部门规定的行车时间和路线的；

(四)危险化学品运输企业运输剧毒化学品，在公路运输途中发生被盗、丢失、流散、泄露等情况，不立即向当地公安部门报告，并采取一切可能的警示措施的；

(五)托运人在托运的普通货物中夹带危险化学品或者将危险化学品匿报、谎报为普通货物托运的。

第六十八条　违反本条例的规定，邮寄或者在邮件内夹带危险化学品，或者将危险化学品匿报、谎报为普通物品邮寄的，由公安部门处 2000 元以上 2 万元以下的罚款；触犯刑律的，依照刑法关于危险物品肇事罪或者其他罪的规定，依法追究刑事责任。

第六十九条　危险化学品单位发生危险化学品事故，未按照本条例的规定立即组织救援，或者不立即向负责危险化学品安全监督管理综合工作的部门和公安、环境保护、质检部门报告，造成严重后果的，对负有责任的主管人员和其他直接责任人员依照刑法关于国有公司、企业工作人员失职罪或者其他罪的规定，依法追究刑事责任。

第七十条　危险化学品单位发生危险化学品事故造成人员伤亡、财产损失的，应当依法承担赔偿责任；拒不承担赔偿责任或者其负责人逃匿的，依法拍卖其财产，用于赔偿。

第七章　附　则

第七十一条　监控化学品、属于药品的危险化学品和农药的安全管理，依照本条例的规定执行；国家另有规定的，依照其规定。

民用爆炸品、放射性物品、核能物质和城镇燃气的安全管理，不适用本条例。

第七十二条　危险化学品的进出口管理依照国家有关规定执行；进口危险化学品的经营、储存、运输、使用和处置进口废弃危险化学品，依照本条例的规定执行。

第七十三条　依照本条例的规定，对生产、经营、储存、运输、使用危险化学品和处置废弃危险化学品进行审批、许可并实施监督管理的国务院有关部门，应当根据本条例的规定制定并公布审批、许可的期限和程序。

本条例规定的国家标准和涉及危险化学品安全管理的国家有关规定，由国务院质检部门或者国务院有关部门分别依照国家标准化法律和其他有关法律、行政法规以及本条例的规定制定、调整并公布。

第七十四条　本条例自 2002 年 3 月 15 日起施行。1987 年 2 月 17 日国务院发布的《化学危险物品安全管理条例》同时废止。

1 月 27 日

国办转发国家计委《关于“十五”期间加快发展服务业若干政策措施的意见》

《关于“十五”期间加快发展服务业若干政策措施的意见》提出，加快发展服务业，是国民经济持续快速健康发展的重要保障，是提高国际竞争力和国民经济整体素质的有力措施，是缓解就业压力的主要途径，也是提高人民生活水平的迫切需要。要有步骤地扩大开放，在主要依靠市场机制的基础上，通过政策引导，加大工作力度和资金投入，促进全国服务业发展再上一个新台阶。

《关于“十五”期间加快发展服务业若干政策措施的意见》提出了十二个方面的政策措施：

一是优化服务业行业结构。强化对交通运输、商贸流通、餐饮、公用事业、农业服务等行业的改组改造，推进连锁经营、特许经营、物流配送、代理制、多式联运、电子商务等组织形式和服务方式的发展。积极发展房地产、物业管理、旅游、社区服务、教育培训、文化、体育等需求潜力大的行业。大力发展信息、金融、保险以及会计、咨询、法律服务、科技服务等中介服务行业。

二是扩大服务业就业规模。积极支持服务业各行业拓宽服务领域，开拓新的就业渠道。对就业潜力大的行业，要大张旗鼓地鼓励发展。鼓励下岗职工、乡镇转岗干部和复转军人创办社区服务企业和农业服务企业。积极引导劳动力的跨地区流动就业，取消各种限制劳动力合理流动的政策规定。鼓励服务业推行非全日制、临时性、弹性工作时间等灵活多样的就业形式。

三是加快企业改革和重组。国有经济比重较高的对外贸易、公用事业、旅游、文化、电信、金融、保险等行业，要逐步放宽对非国有经济的准入限制和扩大对外开放。对国有服务业大中型企业进行规范的公司制改革。进一步放开搞活国有服务业中小企业，采取多种形式进行产权制度和经营机制改革。

四是放宽服务业市场准入。积极鼓励非国有经济在更广泛的领域参与服务业发展。加快铁路、民航、通信、公用事业等行业管理体制的改革,放宽外贸、教育、文化、中介服务等行业市场准入的资质条件。凡鼓励和允许外资进入的领域,均鼓励和允许国内投资者进入。国务院有关部门要尽快制定并公示有条件准入的领域、准入条件、审批确认等准入程序以及管理监督办法。

五是有步骤地扩大对外开放。有步骤地进一步开放银行、保险、证券、电信、外贸、商业、文化、旅游、医疗、会计、审计、资产评估、国际货运代理等领域。鼓励有条件的企业发展服务业的跨国公司。鼓励开展设计咨询、对外工程和技术承包、劳务合作。有关部门要为企业开拓国际市场创造必要条件。

六是推进部分服务领域的产业化。国务院有关部门和地方各级政府要尽快完成适宜产业化领域由“政府办”向“社会办”的转变。各级政府要做好有关领域的基本公共服务,基本公共服务以外的领域都要实行产业化经营。营利性事业单位都要改制为企业或实行企业化管理。非营利性机构也要引入竞争机制,面向市场提供服务。

七是促进后勤服务的社会化。学校、医院和企业、事业单位以及有条件的机关后勤服务设施都要面向社会开放。除法律、法规和国家政策另有规定外,学校、医院和企业、事业单位以及党政机关营利性的后勤服务机构都要改制为独立法人企业。新组建并由国家财政拨款的行政事业单位,原则上不再设立后勤服务机构。

八是鼓励中心城市“退二进三”。调整城市市区用地结构,减少工业企业用地比重,提高服务业用地比重。要把一些城市行之有效的“退二进三”措施,推广到更多城市。中心城市要根据城市总体规划,逐步迁出或关闭市区污染大、占地多等不适应城市功能定位的工业企业,工业企业退出的土地,要优先用于服务业。

九是加快服务业人才培养。加快培养服务业所需各类人才,特别要加快培养社会急需的人才。有计划地在现有高等学校和中等职业学校增设服务业紧缺的专业。拓宽人才培养途径,积极吸引和聘用海外高级人才。加强岗位职业培训,提高服务业从业人员水平。全面推进职业资格证书制度,建立服务业职业资格标准体系。

十是多渠道增加服务业投入。中央和地方各级政府,都要适当安排一定数量的投资,作为加快发展服务业的引导资金。银行要在独立审贷基础上积极向符合贷款条件的服务业企业及其建设项目发放贷款。鼓励符合条件的服务业企业进入资本市场融资。

十一是扩大城乡居民的服务消费。改善服务消费环境,完善消费政策,营造有利于扩大服务消费的社会氛围。建立个人信用制度,完善消费信贷办法,提高信贷服务水平。加强服务业各类基础设施建设,特别要注意扩大农村基础设施的覆盖面,促进农民增加服务消费。积极稳妥地推进城镇化,扩大城市服务消费群体。推行职工带薪年休假制度,有关部门要尽快制定具体实施办法。

十二是加强服务业的组织领导。各级政府要为加快发展服务业创造良好的环境。计划部门负责服务业总体规划编制、政策制定和衔接平衡工作。有关行业主管部门要做好相关行业的规划编制、政策制定和组织实施工作。各地区、各部门要根据本意见制定和实施促进服务业加快发展的具体政策措施。

1月28日

国家主席江泽民在中南海会见参加中日民间友好团体负责人会议的日方23个团体代表

江泽民首先对中日民间友好团体负责人会议的召开表示祝贺,对专程来华与会的日本23个团体的代表表示欢迎。

江泽民说,长期以来,中日两国的友好团体和人士为促进中日邦交正常化、缔结中日和平友好条约和发展中日关系发挥了重要作用。今年是中日邦交正常化30周年。中日两国53个民间团体在北京相聚,共商发展中日友好大计,充分体现了中日两国各界人士希望发展中日友好的愿望和热情,具有积极意义。希望中日两国的民间团体和各界人士为发展新世纪的中日友好作出新的贡献。

江泽民指出,中日两国是一衣带水的邻邦,有着长期友好的交往历史。中国政府一贯重视中日关系和民间友好。中日两国应本着“以史为鉴,面向未来”的精神,发展中日友好合作关系。中日两国要世世代代友好下去,两国的青年一代要把中日友好事业不断推向前进。两国间要进一步增进相互理解和相互信任,扩大互利合作,实现共同发展,这既符合两国的根本利益,也有利于亚洲和世界的和平与稳定。

全国政协副主席、中日友好协会会长宋健,中国人民对外友好协会会长陈昊苏,外交部副部长李肇星以及有关团体负责人和日本驻华大使阿南惟茂等会见时在座。

全国人大常委会委员长李鹏在人民大会堂会见乌兹别克斯坦最高会议副主席鲍里斯·布格洛夫

李鹏欢迎布格洛夫副主席访华并出席中乌建交10周年庆祝活动。他说,建交10年来,中乌友好合作关系日益发展和深化,政治互信不断增强,人民友谊与日俱增，各领域合作逐步扩大，成果显著。双方在打击“三股势力”问题上有共同利益和一致立场，在双边范围和上海合作组织内进行着富有成效的合作，为维护本地区安全与稳定作出了积极贡献。中方感谢并高度评价乌方在台湾、打击“东突”恐怖势力等问题上给予中方的坚定支持，将一如既往地支持乌为维护国家安全、发展本国经济、提高国际地位所作的努力。

李鹏说，中方一贯重视与乌兹别克斯坦发展长期稳定的友好合作关系，愿以两国建交10周年为契机，继续与乌方开展建设性的合作，使中乌关系达到更高更新的水平。

在谈到两国议会交往时，李鹏表示，议会交往是两国关系的重要组成部分，对推动两国关系发展发挥着不可替代的作用。10年来，中国全国人大与乌兹别克斯坦最高会议来往不少，相互交流与合作进行得很好，有力地促进了两国关系的发展。中国全国人大十分重视与乌最高会议的合作，愿进一步加强沟通与交流，为推动中乌关系不断向前发展继续作出努力。

全国人大常委会副委员长铁木尔·达瓦买提、外交部部长助理刘古昌，以及乌兹别克斯坦驻华大使埃尔加舍夫等参加了会见。

国务院总理朱镕基在北京会见伊拉克副总理阿齐兹

朱镕基说，中国和伊拉克同属亚洲国家，两国人民之间的友谊源远流长。1958年两国建交后，双方在各个领域的友好合作关系发展顺利。加强两国传统友谊和深化彼此合作关系是两国的共同愿望。

朱镕基阐述了中方在伊拉克问题上的原则立场。指出中国一贯主张在安理会有关决议基础上早日公正、合理地解决包括对伊拉克制裁在内的海湾战争遗留问题。中国始终认为伊拉克的主权和领土完整应得到国际社会的尊重，同时希望伊拉克加强同联合国的合作，并努力改善与邻国的关系，为尽早解除制裁创造条件。朱镕基表示，中国愿为伊拉克问题的尽早解决继续作出自己的努力。

国务院总理朱镕基在中南海紫光阁会见乌克兰外交部长阿纳托利·马克西莫维奇·兹连科

朱镕基对兹连科在中乌建交10周年之际率团访华表示欢迎。他说，中乌建交以来，双边关系稳步发展，各领域交流与合作不断扩大，取得了令人满意的成果。

他说，去年7月，江泽民主席与库奇马总统共同确定发展中乌长期稳定、高度信任、相互协作的全面友好合作关系，两国关系进入了一个崭新的阶段。中国重视发展中乌关系，希望双方继续加强交往，增进了解，本着平等互利、注重实效、共同发展的原则扩大合作，为两国友好关系的深入发展共同努力。

他欢迎乌克兰企业家到中国访问，与中国同行增进了解和共识，共同促进两国经贸发展。

全国台办主任会议在北京召开

会议学习了中央有关对台工作的指示精神，总结了去年的对台工作，部署了今年的对台工作。中共中央政治局委员、国务院副总理钱其琛出席会议并发表重要讲话。中共中央台湾工作办公室、国务院台湾事务办公室主任陈云林在会上作了工作报告。

钱其琛阐述了对国际形势的看法，分析了当前台湾局势和两岸关系形势。他强调说，解决台湾问题，实现祖国完全统一，是我们党提出的新世纪的三大任务之一。全党、全社会都要重视对台工作。各地各部门要加强使命感、责任感和紧迫感，把思想统一到中央的对台方针政策上来，积极主动地做好各项对台工作。要坚持“和平统一、一国两制”的基本方针，全面贯彻江泽民主席关于现阶段发展两岸关系、推进祖国和平统一进程的八项主张。要坚持一个中国原则，反对任何形式的“台独”分裂活动。当前特别要对“渐进式台独”提高警惕。要积极采取主动措施，进一步密切两岸经贸合作，加强两岸人员往来和各项交流，推动两岸直接“三通”。要认真落实“更寄希望于台湾人民”的工作方针，认真倾听他们对发展两岸关系和实现祖国统一的意见和建议，团结广大台湾同胞，推动两岸关系向着和平统一的方向发展。

中央直属机关、国务院有关部委的负责同志，各省、自治区、直辖市、计划单列市、副省级城市和新疆生产建设兵团台办主任，中央政府驻香港、澳门联络办公室对台工作机构负责人，以及海峡两岸关系协会负责人参加了会议。

福建省第九届人民代表大会第五次会议选举宋德福为省人大常委会主任

中国常驻世界贸易组织代表团在日内瓦湖畔威尔逊总统酒店举行揭牌开馆仪式

张光年逝世

原中共中央顾问委员会委员，中国作家协会名誉副主席、原党组书记、副主席，著名诗人、文艺活动家、文艺评论家和编辑家，党在文学战线的优秀领导干部张光年同志，因病医治无效，1月28日在北京逝世。

张光年同志笔名光未然，湖北省光化(现为老河口市)人，1927年加入中国共产主义青年团，1929年加入中国共产党。

抗战时期，张光年积极投身抗日救亡运动，他创作的《五月的鲜花》传唱全国，组诗《黄河大合唱》经冼星海谱曲后，成为表现中华民族精神的不朽经典。新中国成立后，张光年致力于社会主义文艺的建设和组织领导工作，历任中央戏剧学院教育长兼创作室主任，文化部艺术局副局长，《剧本》月刊主编，中国戏剧家协会党组书记、秘书长兼创作室主任，中国作家协会书记处书记，《文艺报》主编。他是第三、五届全国人大代表，党的十四大、十五大特邀代表。

在近70年的文艺生涯中，他著有《风雨文谈》、《惜春文谈》、《光未然诗存》、《文坛回春纪事》、《骈体语译〈文心雕龙〉》等大量著作。

1月29日

国家主席江泽民就尼日利亚拉各斯市发生严重爆炸事件造成重大人员伤亡致电尼日利亚联邦共和国总统奥卢塞贡·奥巴桑乔向遇难者家属表示诚挚的慰问

中央企业工委工作会议在北京召开

国务院副总理、中央企业工委书记吴邦国在会上强调，要认真贯彻落实党的十五届六中全会、中央经济工作会议和中纪委七次全会精神，以江总书记“七一”重要讲话和“三个代表”重要思想为指导，统一思想，坚定信心，开拓进取，扎实工作，切实加强和改善党对国有企业的领导，以国有企业党建工作的新局面和国有企业改革发展的新成绩，迎接党的十六大召开。

吴邦国在讲话中首先充分肯定了中央企业各项工作取得的成绩。他指出，近年来中央企业工委和中央企业各级党组织按照党中央的要求，坚持以“三个代表”重要思想为指导，紧紧围绕国有企业改革与发展这个中心环节，在企业党的建设、领导班子建设、纪检监察、推进企业改革发展和国有资产监督等方面，做了大量卓有成效的工作。一是中央企业在国有企业改革发展中发挥了重要骨干作用。中央企业2000年实现利润创下历史最高水平，去年面对世界经济增速明显放缓的严峻形势，中央企业经受住了考验，实现利润1867亿元，总体上保持了生产增长、出口增加、效益水平较高的良好运行态势，为巩固和扩大国有企业改革脱困成果，保持“十五”开局良好发展势头，促进国民经济持续健康快速发展作出了突出贡献。二是“三讲”学习教育活动取得积极成效，企业党建工作得到加强，企业党组织的政治核心作用、基层党组织的战斗堡垒作用和广大党员的先锋模范作用得到积极发挥，企业领导班子的精神面貌有了新的变化，党群、干群关系有了新的改善，党组织的创造力、凝聚力和战斗力有了新的提高，企业在增强市场竞争能力上有了新的举措，有力保证和促进了企业改革发展稳定各项任务的完成。三是企业领导班子思想建设、组织建设、作风建设以及制度建设进一步加强，领导成员素质有所提高。四是党风廉政建设和反腐败斗争不断深化，取得了明显成效，腐败现象得到有效遏制，一些诱发腐败的深层次问题正在逐步解决，广大职工对反腐败工作的满意程度有了提高。

吴邦国对做好今年的工作提出了五点要求：一是把深入学习贯彻江总书记“七一”重要讲话和“三个代表”重要思想，作为今年中央企业党建工作的首要任务，花大力量抓紧抓好。要深刻理解“七一”讲话对马克思主义理论的新发展、新贡献，在正确把握讲话提出的新思想、新观点、新论断上下功夫，在解放思想中统一思想。要发扬理论联系实际、学以致用的学风，坚持用“三个代表”重要思想指导企业各项工作，要把落实“三个代表”重要思想与解决企业改革发展中面临的突出问题密切结合起来。二是把加强和改进党的作风建设放在更加突出的位置。加强和改进党的作风建设，就要兢兢业业地办好企业的事，始终保持党同人民群众的血肉联系。领导机关和领导干部要起表率作用，特别是“一把手”的作风直接影响一个单位的作风。“一把手”不仅要对本单位的作风建设负总责，而且要管好自己、家属和身边工作人员，在班子中起好的带头作用。要狠抓落实，真抓实干，把中央的方针政策和重大工作部署落到实处。三是切实加强企业领导班子建设和培养选拔年轻干部工作。要在现有工作的基础上，推动领导干部思想政治建设的经常化、制度化。坚持民主集中制，进一步建立和完善企业议事规则和决策程序并严格执行。大力培养和选拔年轻干部，在国有企业中形成人才辈出的局面。四是将党风廉政建设和反腐败斗争不断引向深入。企业领导人员要带头遵纪守法，廉洁自律。继续加大查办案件力度。不断完善制度建设。要严明党的政治纪律，与党中央保持高度一致。五是努力保持企业和社会的稳定。中央企业要带头按时足额为职工缴纳各项社会保险费，不能发生欠缴。在企业兼并破产工作中要妥善安置好职工，深入细致地做好困难职工群体的帮贫解困工作。要继续加大与“法轮功”等邪教组织斗争的力度。

在谈到监事会工作时，吴邦国指出，在顺利实现稽查特派员制度向监事会制度过渡的基础上，监事会工作逐步规范化、制度化，有效发挥了监督作用，培养和锻炼了一支具有较高素质的工作队伍。实践证明，监事会制度是一项符合我国国情的、行之有效的国有企业监督制度。吴邦国强调，监事会要切实负起责任，突出重点，强化监督，加强调查研究，妥善处理好监督与被监督的关系，不断提高政治业务素质，充分发挥监督作用，把监事会工作提高到一个新的水平。

中央企业工委副书记郑斯林主持的会议。中央和国家机关有关部门的负责同志和各中央企业主要负责同志、国有重点大型企业监事会主席等共600余人出席了会议。

中组部发出通知要求把学习贯彻中央纪委七次全会精神和江泽民重要讲话作为组织工作的重要任务

通知指出，中央纪委第七次全体会议总结了去年工作，并对今年的党风廉政建设和反腐败斗争作出了新的部署，江泽民同志在会上着重就干部队伍建设问题发表了重要讲话。江泽民同志的重要讲话，从巩固党的执政地位、维护国家长治久安的高度，深刻分析了我国新世纪面临的国际国内形势，精辟阐述了切实加强干部队伍建设的极端重要性，要求领导干部必须牢固树立正确的权力观，强调要进一步完善选贤任能的机制和健全干部考察、评价、监督、激励的科学机制，对于加强和改进干部工作，深入扎实地推进党风廉政建设和反腐败斗争，全面加强党的建设，具有重要而深远的意义。江泽民同志的重要讲话，是新形势下加强干部队伍建设的极其重要的文件，为进一步做好组织、干部工作指明了方向。

通知强调，江泽民同志在中央纪委第七次全会上的重要讲话，内容丰富，思想深刻，指导性强，各级组织部门要集中一段时间，组织广大干部进行认真学习。在学习中，首先要认真研读讲话全文，全面把握讲话的主要内容和精神实质，对讲话提出的重要论断、重要观点和各项要求要深刻领会，熟记在心。要发扬理论联系实际的优良学风，紧密联系当前国内外形势的发展变化和改革建设面临的任务，深刻认识加强干部队伍建设的极端重要性；紧密联系各地各部门干部队伍建设的实际，深刻认识领导干部牢固树立正确的权力观，对于解决好始终保持党同人民群众的血肉联系这一根本问题的重要意义；紧密联系近年来中央关于加强党的建设一系列重大部署，深刻认识江泽民同志重要讲话对干部队伍建设提出的新的更高要求。同时，要把学习讲话与深入学习贯彻江泽民同志"七一"重要讲话和六中全会《决定》结合起来，与贯彻落实全国组织部长会议精神结合起来，按照江泽民同志重要讲话中提出的要求，进一步完善今年组织工作的各项部署。组织部门领导干部要带头学习，刻苦钻研，力求学得更深一些、更好一些。

通知要求把教育干部树立正确的权力观，作为一项长期的重大任务抓紧抓好。要组织广大干部加强对马列主义、毛泽东思想、邓小平理论的学习，树立正确的世界观、人生观、价值观，不断增强贯彻"三个代表"要求的自觉性和坚定性，始终保持一种蓬勃朝气、昂扬锐气、浩然正气。教育干部始终信守为人民掌握和行使权力的正确原则，始终自觉地接受党和人民对自己行使权力的监督，记取极少数领导干部堕落为腐败分子的沉痛教训，在思想上、行动上、作风上做到立党为公、执政为民。要教育干部坚决破除"官本位"意识，肃清封建残余思想的影响，坦然对待个人的升降去留，接受党和人民的选择。要教育党员干部加强党性修养，使他们与党同心同德，一言一行都要维护党的形象和威信，以奋发有为的精神状态、脚踏实地的工作作风，积极推进本地区、本单位的各项工作，以自己的实际行动，把广大人民群众紧紧团结在党的周围。同时，要把领导干部能否正确看待和运用手中的权力，勤政为民，扎实工作，为人民群众谋取实实在在的利益，作为选拔和使用的重要依据。

通知强调，要树立科学的用人观念，坚持正确的用人导向。在领导班子换届和调整配备中，要坚持任人唯贤，反对任人唯亲。既要德才兼备，又不求全责备；既要坚持选人标准，又要不拘一格；既要搞五湖四海，又要唯才是举；既要看素质，又要看实绩。特别注意选拔任用政治清醒、信念坚定，善于学习、与时俱进，求真务实、不图虚名，坚持原则、弘扬正气的人。要通过正确的用人导向，使各级领导班子树立奋发有为、廉洁奉公、团结高效的形象，增强领导班子的凝聚力和战斗力。通知还强调，选拔任用干部，还必须十分注意他们遵守党的政治纪律的情况，特别要注意他们在重大政治问题上的态度和表现。在大是大非的问题上、在政治风浪中和关键时刻经受不住考验的干部，不能提拔任用。

通知提出，要进一步深化干部人事制度改革，建立、健全干部选拔任用的科学机制。各级组织部门要按照《深化干部人事制度改革纲要》提出的目标和要求，对本地区、本部门推进干部人事制度改革的情况进行一次全面总结。对已经有明确规定的，要坚决执行，已经成熟的实践经验要尽快形成制度，尚不成熟的要继续探索和积累经验，亟待解决的问题要积极寻找思路，抓紧试点，力求取得突破，努力推进干部人事工作科学化、民主化、制度化。要继续完善民主推荐、民主测评和民主评议制度，扩大范围，改进方法，确保干部群众畅所欲言，反映出对干部的真实看法。积极推行考察预告、差额考察、任前公示等制度，增加干部考察工作的透明度。抓紧建立党政领导班子任期目标责任制和领导干部岗位职责规范，制定切实可行的以实绩为核心，包括德、能、勤、绩、廉各个方面在内的评价标准，真正使干部评价工作制度化、规范化。

通知提出，要进一步完善监督机制，切实加强对干部选拔任用工作和领导干部的监督。要坚持不懈地抓好《党政领导干部选拔任用工作暂行条例》的贯彻落实。逐步建立、健全干部选拔任用工作责任追究制，明确干部推荐、考察、决策各个环节的责任主体和责任内容，切实解决用人失误失察无人负责、无法追究的问题。加强对各级领导干部特别是“一把手”的主动监督，把监督的关口前移。各级组织部门要在党委的领导下，按照中央的部署和中纪委第七次全会的要求，针对本地区、本部门、本单位干部人事工作中存在的突出问题，一个一个地抓紧解决。当前，一些地方正在进行领导班子换届调整，要特别强调严肃组织人事工作纪律。对那些搞封官许愿、买官卖官和跑官要官、拉票贿选的，发现一个处理一个，决不手软。

通知要求，各级组织部门必须充分认识肩负的重大责任，进一步增强政治意识、大局意识、改革意识和服务意识，改进和加强作风建设，不断提高自身的素质和识人用人的水平。要坚持公道正派，任人唯贤，以好的作风选人、选作风好的人，忠实地履行自己的职责；要严守干部人事工作纪律，要求别人做到的自己首先要做到；要严格遵守廉洁自律的各项规定，保持一身正气，坚决抵制各种不正之风；坚持与时俱进，按照江泽民同志重要讲话的要求，不断探索新形势下党的组织工作的规律，不断改进工作方法和手段，更好地适应新形势新任务的要求。各级组织部门要结合开展的各种形式的争先创优活动，加强对组工干部的权力观教育，进一步转变作风，密切联系群众，谦虚谨慎，使组织部门真正成为党员之家、干部之家和知识分子之家。

云南省第九届人民代表大会第五次会议选举徐荣凯为省长

1月30日

中共中央总书记江泽民在北京考察

江泽民和随行的中共中央政治局候补委员、书记处书记曾庆红，在中共中央政治局委员、中共北京市委书记贾庆林和北京市市长刘淇的陪同下进行考察。

江泽民强调，今年是我们党和国家发展史上非常重要的一年，我们党将召开十六大。这对于我们继往开来，与时俱进，全面建设小康社会，加快推进社会主义现代化，具有重大而深远的意义。全党、全国上下必须认清国际国内形势变化带来的新机遇新挑战，保持奋发有为的精神、艰苦奋斗的作风、百折不挠的斗志，加紧做好各方面工作，以优异的成绩迎接党的十六大召开。

江泽民强调，北京是我们伟大祖国的首都，是全国的政治文化中心，也是向世界展示我国改革开放和现代化建设成就的重要窗口。北京有比较雄厚的物质技术基础，有科技、人才、智力和信息等方面的独特优势，应当而且完全有条件发展得更快、更好一些。希望北京市抓住新机遇，应对新挑战，创造新经验，赢得新发展，力争率先基本实现现代化，把北京建成具有时代特征、中国特色的世界历史文化名城和现代化国际大都市。

江泽民指出，要始终集中精力把改革和发展的事情办好，努力提高综合实力和国际竞争力。我国加入世贸组织，给我们提出了一系列新情况新挑战，必须沉着应对，趋利避害，开拓创新，继续坚定不移地坚持以经济建设为中心，深化改革，扩大开放，聚精会神把我们自己的事情办好。要继续以发展为主题，以结构调整为主线，以改革开放和科技进步为动力，以信息化带动工业化、现代化，努力实施一批拥有自主知识产权的重大高技术项目，加快电子信息、软件技术、生物医药、环保工程等高新技术产业的发展，尽快形成具有自己特点和竞争优势的高新技术产业群，为我国技术的跨越式发展作出贡献。要抓住当前全球范围内正在进行新一轮产业结构调整和重组的机遇，进一步整合各种资源，积极采用高新技术和适用先进技术，改造一批重点产业和骨干企业，增强企业技术创新能力，努力形成一批现代先进制造业。要充分发挥广大农民的积极性，进一步深化农村改革，推进农业结构调整，加强农村基础设施建设和生态环境建设，加快农村现代化步伐，推动城乡经济社会协调发展。

江泽民指出，要始终维护和发展好人民群众的利益，努力提高城市现代化建设管理水平和文明程度。努力实现、发展和维护最广大人民的利益，是我们党一切工作的根本出发点，也是正确处理改革发展稳定关系的结合点。各级领导干部必须从巩固党的执政地位的高度和维护社会稳定的大局出发，千方百计地为人民群众谋利益。搞好城市规划、建设和管理，是广大市民的利益和愿望所在。要围绕筹办2008年奥运会，大力实施“科技奥运、绿色奥运、人文奥运”，加强环境综合整治，抓好城市绿化美化，提高市民文明素质，努力使全市人民生活得更方便、更舒心、更幸福。要按照科学规划、科学建设、科学管理的原则，充分考虑历史，立足现实，着眼未来，在加快现代化建设的进程中，努力使城市现代化建设与历史文化遗产浑然一体、交相辉映，向世界展示北京这座世界名城文化悠久、经济繁荣、环境优美、生态良好的现代化国际大都市的崭新面貌。

江泽民强调，要始终全面贯彻“三个代表”的要求，努力提高领导水平和为广大人民群众服务的水平。把进入新世纪的各项工作做好，关键是抓好党的建设。要进一步加强学习，发扬理论联系实际的学风，深入研究党的建设面临的重大问题，深入研究现实生活中提出的重大理论和实践问题。这是在新世纪把我们的事业不断推向前进的迫切需要，也是始终保持党的先进性的根本要求。贯彻落实党的十五届六中全会精神，是当前全党的一项重要任务。我们党要经受住长期执政、改革开放和发展社会主义市场经济的考验，就必须抓住并切实解决好保持党同人民群众血肉联系这个核心问题。各级党组织要按照六中全会的要求，扎扎实实地抓好作风建设，以新的精神风貌，带领广大人民群众继续推进党和国家的各项事业。各级领导干部要深怀爱民之心，恪守为民之责，善谋富民之策，多办利民之事。要时刻把人民群众的利益放在心上，做一切工作都要优先考虑服务群众、方便群众，不断密切党和人民群众的联系。

中央有关部门负责同志王刚、曾培炎、华建敏、张俊九、李荣融、杜青林等陪同考察。

国家主席江泽民和摩尔多瓦共和国总统沃罗宁就中国和摩尔多瓦建交10周年互致贺电

全国人大常委会委员长李鹏和摩尔多瓦共和国议长奥斯塔普丘克就中摩建交10周年互致贺电

全国人大常委会委员长李鹏就《人权》杂志创刊致信中国人权研究会表示祝贺

国务院总理朱镕基主持召开科技教育文化卫生体育界代表座谈会征求对《政府工作报告(征求意见稿)》的意见

国务院总理朱镕基和摩尔多瓦共和国总理塔尔列夫就中摩建交10周年互致贺电

国务院召开第54次常务会议

国务院总理朱镕基主持召开了会议会议。会议审议并原则通过了《奥林匹克标志保护条例(草案)》、《排污费征收使用管理条例(草案)》。

会议认为，2001年7月，北京市取得了第二十九届奥运会主办权。根据《奥林匹克宪章》和《第二十九届奥林匹克运动会主办城市合同》的要求，我国有义务对奥林匹克标志给予充分保护，而我国现行有关法律、行政法规的规定不能完全满足要求。为了履行承诺，同时也为了增加北京2008年奥运会的收入，保证资金来源，减轻国家财政负担，制定《奥林匹克标志保护条例》是必要的。

会议认为，排污收费制度是我国环保法律规定的一项重要制度，也是世界各国的通行做法。实行这一制度，对于防治环境污染、改善环境质量，具有重要意义和作用。随着我国环保事业的发展和财政管理体制的改革，现行排污收费制度在实施中也出现了一些新的情况和问题，为了进一步规范排污费的征收、使用、管理，严格执行"收支两条线"的规定，需要制定《排污费征收使用管理条例》。

会议决定，《奥林匹克标志保护条例(草案)》和《排污费征收使用管理条例(草案)》经修改后，由国务院公布施行。

政协第九届全国委员会第三十六次主席会议在北京举行

会议审议通过了关于召开政协九届五次会议的决定草案和政协九届五次会议议程、日程草案，建议政协九届五次会议于2002年3月3日在北京举行。中共中央政治局常委、全国政协主席李瑞环主持会议。

会议先后听取了全国政协秘书长郑万通关于召开政协九届五次会议决定草案的说明，关于政协九届五次会议秘书长、副秘书长和新闻发言人名单草案的说明，关于政协九届常委会工作报告起草情况的说明；副秘书长王巨禄关于政协九届常委会第十六次会议议程、日程草案的说明和政协九届五次会议议程、日程草案的说明；提案委员会主任何光远关于政协九届四次会议以来提案工作情况报告起草情况的说明。

会议审议通过了政协九届常委会第十六次会议议程草案和日程，决定这次常委会议于2002年2月26日至28日在京举行，建议本次常委会议的主要议程为：审议通过关于召开政协九届五次会议的决定；审议通过政协九届五次会议议程草案和日程；审议通过政协九届常委会工作报告和报告人；审议通过政协九届四次会议以来提案工作情况的报告和报告人；审议通过政协九届全国委员会增补委员名单和人事任免事项；听取专门委员会主任关于本委员会2001年度工作情况的汇报；审议全国政协办公厅2001年度委员视察工作总结(书面)、全国政协委员赴地方视察情况的报告(书面)和外事出访报告(书面)等。

会议审议通过了政协九届五次会议秘书长、副秘书长和新闻发言人名单；审议并原则通过了政协九届常委会工作报告稿和政协九届四次会议以来提案工作情况的报告稿，并推举了报告人选，决定对这两份报告稿作进一步修改后，提请政协九届常委会第十六次会议审议通过。会议还审议了各专门委员会2001年度工作情况总结和全国政协办公厅2001年度委员视察工作总结(书面)。

全国政协副主席叶选平、阿沛·阿旺晋美、任建新、宋健、李贵鲜、陈俊生、张思卿、钱正英、孙孚凌、朱光亚、万国权、胡启立、赵南起、毛致用、白立忱、张克辉、周铁农、王文元出席会议。

国台办举行新闻发布会

国台办发言人张铭清表示,钱其琛副总理在1月24日的讲话中指出,"民进党应该更多地为台湾人民的福祉着想,彻底抛弃'台独党纲',以真诚的态度发展两岸关系。"现在的问题是民进党自己关闭了接触的大门。民进党只有彻底抛弃"台独党纲",才能够消除与我们接触的障碍,也才能够在两岸关系中有所作为。

张铭清说,钱其琛在讲话中明确指出,广大民进党成员与极少数顽固的"台独"分子是有区别的。事实也证明了这一点。因此,欢迎他们以适当的身份来大陆参观访问、增进了解。这里所说的"适当身份"不难理解,多年以来,已有不少民进党成员以适当的身份来过大陆。我们所说的民进党内顽固的"台独"分子,是指坚持"台独党纲",进行分裂活动,企图把台湾从祖国分割出去的人。

有记者问,钱副总理提出"我们愿意听取台湾各界人士关于建立两岸经济合作机制、密切两岸经济关系的意见和建议",有何含义?张铭清说,我们一贯认为,建立两岸经济合作机制,有利于促进两岸经贸关系发展。在筹备和进行1993年4月的"汪辜会谈"期间,海协向台湾海基会提出设立两岸经济交流与合作会议制度的建议,就是属于建立两岸经济合作机制的一种主张。一个时期以来,包括台湾工商界、学术界在内的有关人士,提出了一些建立两岸经济合作机制的意见和建议。现在,两岸双方已先后加入世界贸易组织,这是建立两岸经济合作机制的新契机。钱其琛副总理表示,我们愿意听取台湾各界人士有关这方面的意见和建议,表明了我们的态度和尊重台湾同胞的意愿,这有利于共同探讨合作之道,推动两岸经济关系上升到一个新的水平。

有记者问,对吕秀莲日前提出的"以'一个中华'取代'一个中国'"有何评论?张铭清回答说,一个中国原则是改善和发展两岸关系的基础,也是两岸对话与谈判的基础。我们多次呼吁台湾当局尽早明确承认一个中国原则,承认1992年海协与台湾海基会达成的各自以口头方式表述"海峡两岸均坚持一个中国的原则"的共识,以便重开两会协商。吕秀莲提出的所谓"以'一个中华'取代'一个中国'"的提法,实质上是以"一个民族、两个华人国家"对抗一个中国原则,是顽固坚持"台独"分裂立场的表现。这不是在改善两岸关系,而是破坏两岸关系,制造新的紧张。如果真有改善两岸关系的诚意,真正为台湾同胞的切身利益着想,就应该承认并接受多年来"九二共识"作为两岸对话与协商基础的历史事实,这才是明智之举。

在回答有关台湾当局开放部分大陆农产品、服务业入岛,单方面对大陆部分产品设限的问题时,张铭清表示,发展两岸经济交流与合作是我们的一贯主张。任何有助于促进两岸经贸交流的措施,我们都欢迎。按照世贸组织原则,台湾当局理应取消限制和阻碍两岸经贸交流的任何歧视性做法,开放两岸直接"三通"。但目前台湾当局的开放措施还十分有限,对大陆重要的农产品和工业品也仍未开放,两岸直接"三通"还未能实现,这是有违世贸组织基本规则的。

全国对外宣传专题工作会议在北京闭幕

中央对外宣传办公室主任赵启正说,中国入世给对外宣传工作带来的机遇和挑战之一就是要增强服务意识,研究海外受众的需求,提供更多有效信息,使他们了解中国并分享各种机会。

赵启正要求各级外宣工作者以更加解放的思想,利用各种机会开展外宣,入情入理地宣传社会主义,为今年的经济建设和中共十六大的召开服务。

他说,北京申奥成功、上海成功举办APEC领导人非正式会议、中国入世等都提升了中国的国际地位。中国与世界增进了解的愿望更加强烈。中国地域辽阔,需要向海外介绍的内容很多,海外对中国感兴趣的内容也多种多样。各地要根据本地区的具体情况,制定相应的外宣计划,如内陆省份要借助西部大开发的进展,让外国投资者了解和分享中国的商机。而上海等沿海发达城市要瞄准高层次的国际活动开展对外宣传。

针对目前一些外宣品存在泛英文、泛阶层、泛年龄和泛风格的问题,赵启正指出外宣品要考虑受众的具体情况,明确目标受众,增加人情味儿,增强对外宣传的有效性。此外,外宣品要面向国际市场,借助国外主渠道进行传播。

这次为期3天的会议侧重地方外宣。与会者分内陆和沿海、沿边两组参加了论坛形式的交流。

国办转发文化部等三部委《关于进一步加强基层文化建设的指导意见》

文化部、国家计委、财政部《关于进一步加强基层文化建设的指导意见》已经国务院同意,现转发给你们,请认真贯彻执行。

国务院办公厅

2002年1月30日

关于进一步加强基层文化建设的指导意见

党的十五大以来，各地区、各有关部门高度重视社会主义精神文明建设，大力加强文化工作，城乡基层文化设施状况得到较大改善，文化生活进一步丰富，有力地促进了经济和社会的发展。但也要看到，目前基层文化建设仍比较薄弱。在部分农村，特别是一些经济欠发达地区，文化生活还很贫乏；一些地方愚昧迷信活动抬头，腐朽思想蔓延，"黄、赌、毒"等社会丑恶现象沉渣泛起；少数地方非法宗教活动猖獗，影响了社会稳定和基层政权建设。为进一步加强基层文化建设，用先进文化占领城乡阵地，现提出以下意见。

一、认真学习实践江泽民同志"三个代表"重要思想，高度重视基层文化建设

（一）基层文化建设是中国先进文化建设的重要方面，是推动先进生产力发展的重要因素，也是实现广大人民群众根本利益的重要方面。搞好基层文化工作，对于宣传党和国家的方针政策，加强党和政府与人民群众之间的血肉联系，在全社会培养健康、文明的生活方式，提高广大人民群众的思想道德和科学文化素质，具有重要作用。地方各级人民政府、各有关部门要认真学习实践江泽民同志"三个代表"重要思想，高度重视并大力推进基层文化建设。

（二）基层文化建设总体要求是：始终坚持中国先进文化的前进方向，大力弘扬民族优秀文化，摒弃落后文化，抵制腐朽文化。"十五"期间，以社区和乡镇为重点，全面加强文化阵地、文化队伍、文化活动内容和方式的建设，努力满足广大人民群众日益增长的精神文化需求。

二、加快推进基层文化设施建设

（三）文化设施是开展群众文化活动、传播先进文化的重要阵地，中央和地方各级人民政府要加大投资力度，加快文化设施建设，满足广大人民群众就近、经常和有选择地参加文化活动的需要。城市要在搞好群艺馆、文化馆、图书馆建设的同时，加强社区和居民小区配套文化设施建设，发展文化广场等公共文化活动场所。要在现有公共服务设施中开辟老年、少儿和残疾人文化活动场所，建设老年文化活动中心、老年大学（学校）、青少年校外文化活动设施和场所。要努力实现"县县有文化馆、图书馆"的目标。经济条件较好、人口规模较大的县可分设文化馆、图书馆；经济欠发达、人口规模较小的县可将文化馆、图书馆合二为一建设。农村要因地制宜建设乡镇文化站和村文化室；地广人稀、人口分散的少数民族地区、边疆地区、边远山区和农牧区要积极发展流动文化车、汽车图书馆和流动剧场等。全国万里边疆文化长廊建设要落实文化设施建设任务。民政部门实施的"星光计划"，要将资金落实到社区老年活动设施建设上，促进社区老年活动的开展。

（四）把文化设施建设纳入城乡建设整体规划，把群艺馆、文化馆、图书馆、文化站作为重点列入建设规划。各级城乡规划部门要会同文化部门，按照《中华人民共和国城市规划法》、《中华人民共和国土地管理法》规定和有关要求，在城镇建设中，统筹规划城镇文化设施建设。城市新建居民小区和经济开发区必须规划和配套建设相应文化设施。新建符合当地经济发展水平的非经营性文化设施所需用地，可以划拨供地的，地方人民政府应优先划拨；采用有偿方式供地的，应在地价上适当给予优惠。城镇建设确需征用文化设施用地，必须做到先建后拆，或建拆同时进行，要保证重建的文化设施规模不低于原有的规模。

（五）切实加强文化设施的管理和利用。完善群艺馆、文化馆、图书馆必要的设备和装备，加强对设备的日常维护保养。通过建立、健全岗位责任制和工作目标管理责任制，完善综合服务功能，不断提高文化设施利用率。要防止文化设施被挤占、挪用，要坚决收回被挤占、挪用的文化设施。机关、学校、部队、企业的内部文化设施，凡有条件对社会开放的，要采取多种方式开放内部文化设施，为群众开展文化活动提供方便。要加强对城镇大型露天文化活动场所的管理和使用，各级文化部门要搞好活动的组织和安排。

三、努力建立一支稳定的专兼结合的文化队伍

（六）建立、健全群艺馆、文化馆、图书馆和乡镇（街道）文化机构的工作岗位规范，逐步实行工作人员从业资格制度。充分发挥中央文化单位和省（自治区、直辖市）、地（市）、县（市）文化机构的积极性，尽快建立基层文化骨干培训网络，不断提高基层文化工作者的思想水平和业务素质。要改善队伍结构，以适应新形势下基层文化工作的需要。各地区、各有关部门要切实关心和帮助基层文化工作者解决工作、生活中的实际困难，保证工资的按时发放，提供必要的工作条件。

（七）积极推进基层文化机构人事制度改革。要逐步建立和完善能上能下、能进能出的用人机制和科学合理的人事管理制度。要采取有效措施，鼓励和吸引优秀人才到基层文化机构工作。在市县乡机构改革中，各地区、各有关部门要认真贯彻执行《中共中央办公厅国务院办公厅关于市县乡人员编制精简的意见》（中办发〔2000〕30号）精神，结合当地实际情况，在乡镇设置集文化、宣传、广电、体育、科技培训等功能为一体的综合性宣传文化机构。同时，要积极解决农村电影放映队伍的编制问题。

（八）大力培养和发展民间文化队伍。积极鼓励民办社会文化团体、民办文化类非企业单位和文化经营

户的发展，支持他们采取多种方式拓宽文化服务渠道，引导他们开展健康的文化活动。注意发挥民间艺人在活跃基层文化生活中的作用。逐步完善城市社区文化指导员制度，鼓励社区有文艺专长和组织才能的居民担任社区文化指导员，辅导和组织社区居民开展文化活动。建立和完善民间文艺团体注册登记和监督检查制度。在各类文化比赛和交流方面，民间文艺团体和民间艺人享有与公办文化事业单位及其人员的同等权利。

四、积极开展丰富多彩的文化活动

（九）利用现代科技推动先进文化传播。要建立和完善文化信息网络服务体系，加快网络服务平台建设，提高资源共享水平。要有计划有步骤地整合和开发现有图书、音像、信息等文化资源，以发展数字文化网络为突破口，为广大人民群众提供快捷、丰富的经济信息和文化服务。特别要从提高农民的阅读水平和质量入手，发展网络终端，普及网络应用知识，帮助农民脱贫治愚，使经济欠发达地区农村实现跨越式发展。

（十）积极繁荣社区文化。要充分利用街道文化站、社区服务活动室、文化广场等现有设施，组织开展丰富多彩、健康有益的文化活动，营造良好的文化氛围。积极发挥社区内的各种专栏、板报的宣传教育作用。因地制宜地搞好群众性歌咏活动。要高度重视并积极引导社会举办和群众自发组织的各种文化活动。

（十一）推进农村文化活动方式的创新。继续发展民间艺术之乡、特色艺术之乡和民族民间文化生态保护区，继承和发展民族民间传统特色艺术。充分利用农闲时间、集市和民族民间传统节日，开展生动活泼的文化活动。努力搞好农村电影发行放映工作，力争实现每村每月放映一场电影的目标。鼓励发展庭院文化。艺术表演团体、群艺馆、文化馆、图书馆、电影公司等要在文化、科技、卫生“三下乡”活动中发挥作用，深入基层为群众送戏、送书、送电影、送文化科技知识。要充分发挥流动文化车、文化小分队的作用，积极探索灵活多样、行之有效的文化下乡新方法和新形式。

（十二）加强对文化市场的培育和管理。各地区要根据经济、社会和文化发展的实际，制定文化市场建设、发展和管理规划，逐步建立与当地经济和社会发展水平相适应的内容丰富、健康规范的文化市场。积极引导群众的文化消费，扶持健康有益的文化活动。加强对娱乐、音像、演出等文化市场的管理，整顿和规范文化市场秩序，坚决制止传播各种色情、暴力、愚昧迷信等内容的违法活动。地方各级人民政府要加强文化市场的管理机构和稽查队伍建设，落实人员编制和日常工作所需经费，采取培训等方式，不断提高执法队伍的业务素质和执法水平。

五、切实加强领导并落实各项保障措施

（十三）地方各级人民政府要把基层文化建设纳入重要议事日程，切实加强领导。要把文化建设纳入当地国民经济和社会发展总体规划，所需经费列入地方财政预算。加强基层文化建设的主要责任在县（市）、区级人民政府。要继续开展创建文化先进县（市）活动，实施少儿文艺“蒲公英计划”和知识工程，落实《全国万里边疆文化长廊2001年至2010年建设规划》。

（十四）切实加大对基层文化建设的投入。要确保文化事业经费的增长不低于当年财政收入的增长幅度；文化事业建设费的安排应向基层文化建设项目倾斜；保证有影响的重大群众文化活动的经费投入；对于群艺馆、文化馆、图书馆等公益文化事业单位的日常工作给予必要的经费保障；保证各级公共图书馆有一定数量的购书经费。要加大对基层文化基础设施建设、配套设备及其维修、流动文化车购置、文化信息网络建设、文化队伍教育培训、老年教育等经费的投入，特别要对西部地区文化事业发展予以重点扶持。要适当增加全国万里边疆文化长廊专项补助经费，加强对具体项目的论证和实施，最大限度地发挥资金的使用效益。要切实加强民族民间文化遗产保护，扶持有代表性和有影响的农村区域性民间民俗艺术活动、艺术项目，资助民族民间艺术的传承及其资料的抢救和整理等。保证每年为贫困地区、革命老区、少数民族地区、边疆地区乡镇文化机构集中配送一定数量的图书。

（十五）各地区、各有关部门要认真落实《国务院关于支持文化事业发展若干经济政策的通知》（国发〔2000〕41号）精神，切实搞好文化事业建设费的征收、管理和使用；建立、健全有关专项资金制度；鼓励对社会公益性活动、项目和文化设施等方面的捐赠。有关部门要对现行文化经济政策的落实情况进行督促和检查。新闻媒体要加强对现行文化经济政策和法律、法规的宣传。要研究制定新的政策措施，鼓励社会力量投资文化建设，逐步形成政府投入为主、社会多渠道筹资为辅的文化建设投入格局。切实加强民族民间文化遗产的抢救保护和开发利用，抓紧制定民族民间文化保护的政策法规。

我国科学家初步揭开人类细胞衰老之谜

北京大学医学部教授童坦君、张宗玉领导的研究组经过多年研究，目前已初步阐明人类细胞衰老的主导基因P16是人类细胞衰老遗传控制程序中的主要环节，揭示了P16基因在衰老过程中高表达的原因，从而初步揭开了人类细胞衰老之谜。

生命科学学者、中国科学院院士韩启德表示，此项生命科学基础研究，是我国学者在人类细胞衰老机理上取得的原创性贡献，它为科学界进一步阐明人类细胞衰老问题提供了一条新途径。

据介绍，此项名为“衰老细胞与分子机理研究”的课题，是国家自然科学基金重点项目，曾先后获得国家重点基础研究发展规划等18项基金的支持。目前，他们的研究成果已经在国际上引起重视。去年12月，他们在国际权威专业刊物美国《生物化学杂志》（JBC）上连续发表论文两篇，并被美国《科学引文索引》收录。

国家环境保护“十五”计划提出投资七千亿元改善城乡环境

国务院近日批复了国家环保总局会同国家计委、国家经贸委、财政部等部门和各地编制的《国家环境保护“十五”计划》。为实现“十五”环保目标，全国环保将投资7000亿元，约占同期国内生产总值的1.3%，约占全社会固定投资总量的3.6%，比“九五”提高1个百分点。其中政府投资3940亿元，占投资总需求的56%，企业投资3060亿元，占总需求的44%。

《计划》提出，到2005年我国的环境污染状况有所减轻，生态环境恶化趋势得到初步遏制，城乡环境质量特别是大中城市和重点地区的环境质量得到改善，健全适应社会主义市场经济体制的环保法律、政策和管理体系。

“十五”期间，要继续重点抓好“三河”（淮河、海河、辽河）、“三湖”（太湖、巢湖、滇池）、“两控区”（酸雨控制区和二氧化硫控制区）、北京市、渤海的污染防治工作，抓紧治理三峡库区和南水北调工程沿线的水污染；继续加大环境污染防治力度，做好重点城市的环保工作，加强小城镇环境保护和建设；切实加强生态建设和保护，遏制人为破坏；积极推进污染治理的企业化、产业化、市场化，多渠道筹集资金，鼓励和支持各类社会资金投向环境保护，加大城市污水处理费、垃圾处理费征收力度。

国务院在批复中指出，各省、自治区、直辖市人民政府和国务院有关部门要根据《计划》，尽快制定本地区、本部门的具体实施计划，把环境保护重点工程纳入地方、部门和国家的国民经济和社会年度发展计划，认真落实。环境保护的主要责任在地方，各级人民政府要将环境保护目标和措施纳入省长、市长、县长目标责任制，建立总量控制指标和环境质量完成情况考核制度。要加强对《计划》实施的领导和监督，做到资金到位、措施到位，责任明确。每年要对《计划》实施情况进行检查、总结，对逾期未完成任务的，要查明原因，认真整改。

1月31日

国家主席主席江泽民与马耳他总统圭多·德马尔科就中马建交30周年互致贺电

国务院总理朱镕基在中南海主持座谈会征求各民主党派中央 全国工商联负责人和无党派人士对《政府工作报告（征求意见稿）》的意见

各民主党派中央、全国工商联负责人和无党派人士何鲁丽、丁石孙、成思危、许嘉璐、蒋正华、罗豪才、吴阶平、张克辉、经叔平、严义埙等先后在座谈会上发言。大家认为，过去的一年，是不平凡的一年。全国各族人民在中国共产党的领导下，面对复杂多变的国际形势，团结奋进，克服困难，改革开放和社会主义现代化建设取得了新的重大成绩。这些成绩确实来之不易。《政府工作报告（征求意见稿）》充分体现了江泽民同志“三个代表”重要思想，全面贯彻了中共十五届六中全会精神和中央经济工作会议精神，实事求是总结了去年的工作，认真分析了存在的问题，阐明了今年面临的新形势和主要任务，提出了切实可行的政策措施。《政府工作报告（征求意见稿）》求真务实、重点突出、文风简朴。大家一致赞同《政府工作报告（征求意见稿）》的基本框架和主要内容，并就扩大和培育内需、加快农业和农村经济发展、整顿和规范市场经济秩序、加快科技和教育改革与发展、加强精神文明和民主法制建设等问题，提出了具体修改意见。

在此之前，国务院已将《政府工作报告（征求意见稿）》发给各民主党派中央、全国工商联负责人和部分无党派人士征求意见。他们已经进行了认真的准备。座谈会上各方面人士畅所欲言，各抒己见，积极献计献策。朱镕基在会上不时插话，与大家一起讨论。

座谈会结束时，朱镕基讲了话。他说，感谢大家提出了不少很好的意见，感谢各民主党派中央、全国工商联负责人和无党派人士对政府工作的关心与支持。对于大家的意见，我们将认真研究和采纳。

朱镕基还就增加农民收入、完善城镇社会保障体系、财政收支、生态环境建设等问题，与大家坦诚交换了意见。

出席座谈会的各民主党派中央、全国工商联负责人和无党派人士还有王光英、孙孚凌、万国权、周铁农、王文元等。

中共中央政治局常委尉健行在河北省张家口市考察

1月31日至2月2日，中共中央政治局常委、中央书记处书记、中华全国总工会主席尉健行在河北省张家口市送温暖和看望困难职工与劳动模范时强调，各级工会要按照“三个代表”的要求，继续深入实施送温暖工程，更好地维护职工特别是困难职工群体的合法权益。

尉健行强调，党中央、国务院十分关心和重视送温暖工程。江泽民同志曾明确指出：“送温暖是我们党的好传统，要发扬”，日前又亲笔为送温暖工程题词。广大工会干部要以此为动力，切实把实施送温暖工程作为工会履行维护职工合法权益基本职责、推动改革发展稳定大局的大事来抓，在党委的领导和政府(行政)的支持下，加强与社会各方面的联系与合作，扎实开展工作，努力推动送温暖工程的经常化、制度化、社会化。

尉健行指出，各级工会要适应新形势的要求，把送温暖工程的工作重点从帮扶特困职工进一步拓展到维护困难职工群体合法权益上来。要深入调查研究，摸清困难职工群体的实际困难与问题，及时向党政领导和上级工会反映，主动协助有关方面认真加以解决。要推动实施送温暖工程与完善社会保障制度紧密结合，积极协助各级地方政府贯彻落实好党中央、国务院现行的社会保障政策和措施，继续做好“两个确保”工作，把所有符合条件的特困职工全部纳入城镇居民最低生活保障范围，努力做到应保尽保。

尉健行说，劳动模范为我国的改革、发展和稳定作出了突出贡献，各级工会要切实关心劳动模范特别是生活暂时遇到困难和离退休老劳模的工作、生活与身体健康，积极协助党政下大气力抓好有关劳模政策的落实，并针对新情况积极推进新的政策措施的制定与实施，尽快使他们的生活困难问题得到妥善解决。尉健行对河北省委、省政府和张家口市委、市政府在尊重、关心劳模，积极落实劳模医疗、生活待遇，给予劳模必要照顾等方面所采取的政策措施及所开展的工作，给予充分肯定。

送温暖期间，尉健行先后到十户困难职工和劳动模范家庭看望与慰问，询问他们在就业、基本生活保障、住房、子女上学、身体和就医等方面的情况，视察了宣化钢铁集团有限责任公司、宣化工程机械集团有限公司和张家口市总工会创办的下岗职工再就业基地。河北省委书记王旭东、省长钮茂生和中华全国总工会副主席、书记处第一书记张俊九等陪同送温暖。

国务院副总理温家宝对中央储备粮管理工作作出批示

温家宝指出：做好中央储备粮管理工作，关系国家粮食安全和社会稳定，责任重大。确保中央储备粮数量真实、质量良好，确保国家急需时调得动、用得上，始终是中国储备粮管理总公司的根本任务。为此，必须严格制度、严格管理、严格责任。

全国人大常委会副委员长姜春云在四川考察工作

中共中央政治局委员、全国人大常委会副委员长姜春云2002年1月在四川考察时强调，地方立法工作要以“三个代表”重要思想为指导，以发展为主题，与时俱进，从实际出发，进一步提高立法质量，切实解决实际问题。

姜春云对四川省人大及其常委会的立法工作给予了充分肯定。他指出，我国的改革开放和现代化建设进入了新的阶段，新的形势任务对立法工作提出了新的更高要求。社会主义市场经济正向纵深发展，急需通过立法引导、保障和规范其健康发展；我国加入世贸组织，国际交流与合作的规模迅速扩大，需要抓紧搞好相关法律、法规的修订工作；经济结构调整和西部大开发也需要制定相应的法律、法规。

姜春云强调，搞好新形势下的地方立法工作要着重抓好六个方面的工作。第一，围绕中心，与时俱进，增强立法工作的主动性、科学性，适时搞好法律、法规的制定和修改。第二，从本地实际情况和需要出发，有针对性地搞好立法工作，真正解决实际问题。制定地方性法规的前提是本地的具体情况和实际需要，各个省市可以相互学习，但切忌照搬照抄。地方立法要有特色，有针对性、可操作性，防止照抄照转，“大而全”、“小而全”。要处理好数量与质量的关系，立法要讲数量，更要注重质量。第三，要用“三个代表”重要思想指导、检验、衡量立法工作，以宪法、法律为依据，维护国家法制统一，防止和克服部门利益倾向和地方保护主义。人大代表、常委会组成人员审议法规草案，要坚持原则，立法为公，坚决反对部门利益倾向和地方保护主义。第四，坚持发扬民主，走群众路线，反映民情，集中民意民智。立法法对审议的程序，立法座谈会、听证会、论证会制度，重要法律草案可以公开征求群众意见等都作了规定，要认真加以落实。正确处理统一审议与其他委员会审议的关系，既充分发挥统一审议在维护法制统一中的作用，又要充分发挥其他委员会的作用。第五，加强党委对立法工作的领导，正确处理发扬民主、依法办事与加强党的领导的关系。第六，必须努力学习，不断提高人大常委会组成人员和立法工作者的政治业务素质。要认真学习马列主义、毛泽东思想和邓小平理论，学习“三个代表”重要思想，学习党的路线、方针、政策，学习法律知识和相关业务知识，使自己的思想观念、知识水平、工作能力跟上时代前进的步伐,适应新的形势要求。

广西壮族自治区第九届人民代表大会第五次会议选举曹伯纯为自治区人大常委会主任

国家副主席胡锦涛在人民大会堂会见日本丰田汽车公司董事长奥田硕一行

胡锦涛对奥田硕在中日邦交正常化30周年之际率团访华表示欢迎,并赞赏奥田硕长期致力于日中友好事业。他说,30年来,在中日双方共同努力下,两国关系迅速发展,各个领域的合作取得了丰硕成果,给两国人民带来了实实在在的利益,也为亚洲乃至世界的和平、稳定与发展作出了积极贡献。

胡锦涛指出,在新世纪,我们要继续遵循《中日联合声明》、《中日和平友好条约》和《中日联合宣言》所确定的原则,本着"以史为鉴、面向未来"的精神,切实落实两国领导人达成的一系列重要共识,推动中日睦邻友好合作关系持续稳定健康向前发展,让中日世代友好的崇高目标深深地扎根于两国人民心中。

应客人要求,胡锦涛介绍了中国经济发展情况。他说,中国加入WTO后,将在多边经贸体制框架内,加强同世界各国的经贸合作,欢迎包括日本丰田汽车公司在内的各国大型企业集团参与中国经济建设,开展多方面合作。

2001年"中国高等学校十大科技进展"评选揭晓

由教育部科学技术委员会负责组织评选的2001年度"中国高等学校十大科技进展"揭晓。高校十大科技进展的项目是:

一、H基因的突变导致了A-1型短指(趾)。上海交通大学首先发现IHH基因的三个突变是导致A-1型短指(趾)发生的直接原因,同时发现该基因与人体身高形成相关。成功破解了人类遗传史上的百年之谜,在国内外学术界引起极大反响。

二、高温超导磁悬浮实验车。西南交通大学研制成功一套全自动"高温超导磁悬浮测试系统",首次实验研究了YBCO高温超导体块材在永磁导轨上的磁悬浮性能,研制成功世界上第一辆载人高温超导磁悬浮实验车,具有巨大开发前景和经济潜力。

三、C60单分子的高分辨表征和新型二维取向畴。中国科学技术大学在国际上首次"拍下"了能够分辨碳一碳单键和双键的分子图像,利用这种直接成像技术,还首次发现二维C60点阵的一种新型取向畴结构。该研究论文发表在国际权威学术期刊《自然》上。

四、全球二叠系一三叠系界线层型研究。中国地质大学提出了全球三叠系底界的新标准和新演化谱系,并运用多种地层学方法对煤山剖面进行高精度研究。该项目在中国煤山剖面研究所获得的一系列创新点与重要成果,已成为国际范例或标准被国际学术界广泛应用。

五、中国陆地生态系统碳循环及植被生产力的研究。北京大学构建了世界上第一个国家尺度的长时间序列的生物量数据库,为科技界有重大争议的北半球陆地"碳汇"问题提供了直接的证据,在国际权威学术期刊《科学》上连续发表两篇论文。

六、中国高速互连研究试验网络NSFCNET。由清华大学、中国科学院计算机信息网络中心、北京大学、北京邮电大学、北京航空航天大学等单位承担建设的重大联合研究项目"中国高速互连研究试验网络NSFCNET",总体水平达到了国际先进,部分成果达到国际领先水平,为未来国家信息基础设施建设起到了示范作用,极大地推动了我国高速互联网络关键技术和基础理论的研究。

七、光学超晶格紫外一绿、蓝一红双波长小型全固态激光器。南京大学利用具有原始性创新和自主知识产权的光学超晶格的新概念、新原理、新材料和新技术,研制出光学超晶格多波长全固态激光器,对提升我国在该领域的创新能力、实现跨越发展具有重要意义。

八、铝合金超常铸轧技术与设备。中南大学建立了一套超常铝带板铸轧工艺和仿真控制软件,达到国际领先水平。用该技术生产的产品具有优良的性价比,这在拓宽铝材应用领域、迅速发展我国高性能铝材制备生产能力等方面具有十分重要的示范和应用价值。

九、国际合作西藏高原深剖面探测的大地电磁研究。中国地质大学研究出较准确的青藏高原地壳电性结构模型,发现西藏地壳中普遍存在流体,这对研究高原及邻区的气候与环境变迁有重要意义。该成果发表在国际权威的《科学》上,并被引用102次。

十、高纯粘胶基碳纤维的研制及300kg/y粘胶基碳纤维扩试线。东华大学创造出了具有我国特色的整套软硬件技术,用国产原丝研制出了集美国、俄罗斯碳丝优秀指标于一身的国产粘胶基碳纤维,从而彻底解决了这一关键战略材料的供应问题,对我国国家安全具有重大意义。

2月1日

中央军委举行慰问驻京部队老干部迎新春文艺演出中央军委主席江泽民向全军老同志祝贺新春

中央军委副主席胡锦涛、张万年、迟浩田，以及刘华清、张廷发等老同志，中央军委委员傅全有、于永波、王克、王瑞林、曹刚川也出席观看了演出。

演出前，江泽民等会见了曾经担任党和国家领导职务的军队老同志、老同志夫人，与他们亲切握手，互致问候，共贺新春。

为中华民族的独立和解放建立了卓越功勋，为人民军队建设和社会主义现代化建设作出了突出贡献的老同志今天欢聚一堂，充满豪情。大家回顾过去一年我国改革开放和社会主义现代化建设取得的巨大成就，畅谈申奥成功、成功举办 APEC 会议、加入 WTO，心情十分激动。老同志们表示，在新的一年里，我们要更加紧密团结在以江泽民同志为核心的党中央周围，高举邓小平理论伟大旗帜，以“三个代表”的重要思想为指导，团结奋斗，锐意进取，以更加优异的成绩迎接党的十六大胜利召开。

中共中央总书记江泽民考察“西新工程”建设情况

江泽民强调，加强西藏、新疆等边远地区的广播电视覆盖，对于促进这些地区的经济发展、社会进步、民族团结、社会稳定，具有十分重要的意义。要坚持不懈地抓好西部地区广播电视覆盖工作，巩固已有成果，进一步让党和国家的声音传入千家万户，让中国的声音传向世界各地。

江泽民在国家广电总局听取了中央宣传部副部长、广电总局局长徐光春的工作汇报，观看了西部地区广播电视覆盖工程大屏幕演示，考察了监测中心机房，会见了工程技术人员代表。

江泽民指出，国家广电总局和全国广电系统的同志们，认真贯彻落实中央部署，在有关部门和地方党委、政府的支持下，周密部署，精心施工，克服种种困难，在西藏、新疆等边远地区成功实施了大规模的广播覆盖工程。经过一年多努力，这些地方广播覆盖的局面发生根本改变，实现了把党和国家的声音传入千家万户的目标。他代表党中央、国务院向全国广电系统的同志们表示亲切的问候和衷心的感谢。

江泽民指出，西藏、新疆等边远地区广播电视覆盖工程，是顺民心、得民心、暖民心、稳民心的工程，深受这些地区广大群众特别是少数民族群众的欢迎。这项工程的胜利实施，充分说明社会主义具有集中力量办大事的优势，也充分说明只要我们讲政治、抓落实，一切从人民的利益出发，我们的工作就能作出成绩，就能得到人民的拥护。

江泽民强调，在新的形势下，要高度重视广播影视工作，充分利用广播影视等现代传媒手段进行思想政治工作和宣传教育工作。要适应形势发展的要求，深化改革，积极创新，努力从思想内容、表现形式、宣传方法等方面增强广播影视的影响力，用更多更好的广播影视作品，凝聚人心，鼓舞干劲，促进改革开放和现代化建设。

中共中央国务院在北京举行国家科学技术奖励大会

中共中央总书记江泽民出席大会并为获奖代表颁奖。

国务院总理朱镕基代表党中央、国务院在大会上发表讲话。国务院副总理李岚清宣读了《国务院关于2001 年度国家科学技术奖励的决定》。

国家副主席胡锦涛主持了大会。

根据党中央、国务院的决定，从 2000 年起设立的国家最高科学技术奖，是以国家名义对为科学技术发展作出杰出贡献的科学家给予最高荣誉的奖励。

会上，江泽民首先向获得 2001 年度国家最高科学技术奖的中国科学院和中国工程院院士、北京大学计算机科学技术研究所王选，中国科学院院士、中国科学院半导体研究所黄昆颁发奖励证书和奖金。在热烈的掌声中，江泽民等党和国家领导人还向获得国家自然科学奖、国家技术发明奖和国家科学技术进步奖的代表颁奖。

胡锦涛在主持讲话中指出，江泽民等党和国家领导人为获得国家科学技术奖励的代表颁了奖，朱镕基同志代表党中央、国务院作了重要讲话，李岚清同志宣读了国务院的奖励决定。这充分体现了党和国家对科技事业的高度重视和对广大科技工作者的亲切关怀。朱镕基同志的讲话，高度评价了科技战线取得的显著成绩，充分肯定了科技工作者为社会主义现代化建设作出的突出贡献；同时，进一步强调要在新的形势下更加重视科学技术的巨大作用，大力推进科技创新和产业化，千方百计培养和延揽优秀科技人才，并对广大科技工作者提出了殷切的期望。我们要认真学习领会。

胡锦涛最后说，让我们更加紧密地团结在以江泽民同志为核心的党中央周围，高举邓小平理论伟大旗帜，深入贯彻“三个代表”重要思想，大力实施科教兴国战略，夺取建设有中国特色社会主义事业的更大胜利。

黄昆代表全体获奖人员发言时表示，党和国家高度重视科学技术的发展，实施“科教兴国”战略，加大了人才培养和引进的力度，我国的科技工作者在科学技术领域取得了丰硕成果。只要广大的科技工作者认真贯彻落实江泽民同志"三个代表"重要思想,刻苦钻研、开拓创新、求真务实、埋头苦干,我们社会主义祖国一定能够成为世界科技强国。

出席奖励大会并参加会见的领导同志还有:丁关根、吴邦国、张万年、贾庆林、温家宝、曾庆红、吴仪、王光英、铁木尔·达瓦买提、何鲁丽、周光召、许嘉璐、王忠禹、宋健、钱正英、朱光亚、胡启立、王文元。

中央军委委员傅全有、于永波、王克、曹刚川,中央、国家机关和军队有关负责同志,国家科技教育领导小组成员,国家科学技术奖励委员会成员等也出席了大会并参加了会见。首都科技界代表3000余人参加了奖励大会。

会上,颁布了2001年度国家科学技术奖励获奖人选和项目。其中,获国家自然科学奖二等奖18项;获国家技术发明奖二等奖14项;获国家科学技术进步奖一等奖17项,二等奖174项。德国科学家米夏埃尔·佩策特、美国杨又迪博士、瑞典科学家比约昂·艾利克·维尔汉姆·诺登斯强姆、加拿大毛焕宇博士、日本科学家黑田吉益、巴西若则·依斯拉尔·瓦加斯博士获中华人民共和国国际科学技术合作奖。

国务院总理朱镕基在国家科学技术奖励大会上发表讲话

同志们:

今天,党中央、国务院在这里隆重召开国家科学技术奖励大会。江泽民主席为王选、黄昆两位院士颁发了2001年度国家最高科学技术奖。大会还为荣获国家自然科学奖、技术发明奖和科技进步奖的科学家颁奖,表彰他们在科学技术领域所作出的杰出贡献。这是我国科技界的一大盛事。我代表党中央、国务院,向王选院士、黄昆院士,向所有获奖人员和集体表示热烈的祝贺!

这次获得国家最高科学技术奖的两位院士,在科技创新和发展中取得了卓越的成就。王选院士长期致力于文字、图形和图像的计算机处理研究,从1975年开始,研制国际上尚未商品化的第四代激光照排系统,应用自己的发明成果开发汉字激光照排系统,实现了报业和出版业的跨越式发展,创造了巨大的经济和社会效益。黄昆院士在固体物理学科作出了许多开拓性的重大贡献,对推动固体物理学的发展起了重要作用。他提出的与晶格中杂质有关的X光漫散射预言,被后来的实验所证实,可直接用于研究固体中的微观缺陷;他在晶格动力学领域的研究成果,对信息产业特别是光电子产业具有重要的指导意义。

借此机会,我讲几点意见:第一,更加重视科学技术的巨大作用。当今世界,日趋激烈的国际竞争越来越表现为科技实力和创新能力的竞争。加速科技创新与进步,显著提高我国科技水平,是摆在我们面前一项重大而紧迫的任务。近几年,党中央、国务院加大了实施科教兴国战略的力度,1999年召开全国技术创新大会,制定了一系列政策措施,促进了科技创新和产业化,推动了科技体制改革的深化。去年,我国制定并开始实施"十五"期间新的"863计划"、科技攻关计划和重点基础研究计划,一批国家高技术产业化重大项目正式启动。国家对科技的投入明显加大。新的"863计划"五年安排国家投入比前15年投入增加一倍;对国家自然科学基金等方面的投入,也都有大幅度增加。这些说明,党中央、国务院更加重视科技创新和进步,也说明科教兴国战略一定会真正落到实处。

第二,大力推进科技创新和产业化。科技进步的本质在于创新。几年来,我们在推进科技创新和产业化方面做了大量工作。加强了国家创新体系建设。在基础研究和战略高技术研究方面,加强对科技制高点的攻关,在一些领域取得重大进展。制定了鼓励软件产业和集成电路产业发展的政策,加速国家高新技术产业开发区的建设。基本完成了中央部门所属应用型科研机构的企业化改革。科技企业孵化器得到快速发展。风险投资基金有力地支持了科技企业的成长壮大。科技成果应用和推广的步伐进一步加快。我们要增强原始性创新能力,更多地掌握具有自主知识产权的核心技术和关键技术。要大力发展高新技术产业,用先进技术改造和提升传统产业,加快产业结构优化升级,推动我国经济更快更好地迈上新台阶。

第三,千方百计培养和延揽优秀科技人才。加快科技创新与进步,关键在人才。这两年,党中央确定实施人才战略,并列入国家"十五"计划纲要,特别是要培养高新科技人才。制订并实施了面向21世纪教育振兴行动计划,明确提出培养大批各类专门人才,特别是要着力培养高水平的学术带头人。几年来,国家通过深化收入分配制度改革,制定技术、管理等生产要素参与分配的政策,以充分体现科技人才的创造性劳动价值。完善了专利制度,依法加强知识产权保护。改进了科技奖励和评价制度。这些对于发挥广大科技人员的积极性起到了重要作用。我们要继续大力营造有利于人才成长和科技创新的环境。既要充分发挥老一辈科学家的智慧才能,又要善于发现和大胆起用优秀的年轻科技人才。国家将进一步采取措施,吸引和聘用海外高级人才,鼓励留学人员回国创业。

同志们,党和国家表彰和奖励有突出贡献的科技人员,必将极大地激励广大科技工作者创新创业的热情和雄心壮志。实现我国现代化第三步战略目标的宏伟事业,为科技工作者开辟了充分施展才华的广阔天地。让我们在以江泽民同志为核心的党中央领导下，按照“三个代表”的要求，奋力开拓创新，勇攀科学高峰，为祖国繁荣富强和人类文明进步作出更大的贡献。

国务院总理朱镕基主持召开企业界代表座谈会征求对《政府工作报告(征求意见稿)》的意见

全国政协在全国政协礼堂举行春节茶话会

全国政协今天上午在北京举行春节茶话会，邀请已故党外全国政协委员和知名人士的夫人相聚全国政协礼堂，喜迎新春佳节。

全国政协副主席叶选平代表李瑞环主席和全国政协，向出席茶话会的各位老大姐致以节日的问候和良好的祝愿，并祝她们新春愉快、身体健康、阖家幸福。

叶选平在讲话中回顾了过去一年我国在各个方面取得的重大成就后说，在这国家昌盛、万家喜庆的日子里，我们倍加思念党的老一辈无产阶级革命家，倍加思念那些曾经与中国共产党合作共事、风雨同舟、肝胆相照、荣辱与共的亲密同志和朋友。他说，在新的一年里，我们要高举邓小平理论伟大旗帜，紧密团结在以江泽民同志为核心的党中央周围，发扬优良传统和优势，为推进现代化建设，促进祖国完全统一，维护世界和平而共同奋斗。

国务院公布的五个条例今起施行

从2月1日起，国务院公布的《电影管理条例》、《出版管理条例》、《音像制品管理条例》、《外资金融机构管理条例》、《外资保险公司管理条例》等5个新制定或修改的条例开始施行。这几个条例进一步明确我国电影、出版、音像文化市场以及金融、保险市场的准入条件和范围。

社会资金可申请电影制片“准入证”

新修改的电影管理条例规定，电影制片单位以外的单位可以独立从事电影摄制业务，但须报国务院广播电影电视行政部门批准，并持批准文件到工商行政管理部门办理相应的登记手续。经批准摄制电影片后，应当事先到国务院广播电影电视行政部门领取一次性《摄制电影片许可证(单片)》，并参照电影制片单位享受权利、承担义务。国家鼓励企业、事业单位和其他社会组织以及个人以资助、投资形式参与摄制影片。

条例规定，国家允许企业、事业单位和其他社会组织以及个人投资建设、改造电影院，允许以中外合资或者中外合作的方式建设、改造电影院。电影制片单位经国务院广播电影电视行政部门批准，可以与境外电影制片者合作摄制电影片；其他单位和个人不得与境外电影制片者合作摄制电影片。同时规定，境外组织或者个人不得在中华人民共和国境内独立从事电影片摄制活动。中外合作摄制电影片，应当由中方合作者事先向国务院广播电影电视行政部门提出立项申请。

条例对违反条例规定的，明确规定了处罚数额范围，与过去相比更便于操作。

图书 报纸 期刊分销业务向“三资”开放

新修改的出版管理条例规定：国家允许设立从事图书、报纸、期刊分销业务的中外合资经营企业、中外合作经营企业、外资企业。具体实施办法和步骤由国务院出版行政部门会同国务院对外经贸主管部门按照有关规定规定。

中学小学教科书出版印刷发行单位的确定须公开、公正。中学小学教科书由国务院教育行政部门审定或者组织审定，其出版、印刷、发行单位由省级以上人民政府出版行政部门、教育行政部门会同价格主管部门以招标或者其他公开、公正的方式确定。除此之外，其他任何单位或者个人不得从事中学小学教科书的出版、印刷、发行业务。

条例首次对出版物进口作出规定，明确出版物进口经营单位设立的条件，此外还加大对出版单位出卖书号的处罚力度。

盗版将受到更严厉的惩罚

按照新修改的音像制品管理条例规定，盗版等违法经营将付出更加惨重的代价。过去的处罚是按照违法所得的标准来执行，一般很难界定。而修改后的条例规定，对违法经营的处罚按照违法经营额作为标准执行，更有利于操作。

国家允许设立从事音像制品分销业务的中外合作经营企业，具体办法和步骤，由国务院文化行政部门会同对外经贸主管部门出台这方面的规定。音像出版单位可以与香港特别行政区、澳门特别行政区、台湾地区或者外国的组织、个人合作制作音像制品。

按照条例规定，从2月1日起，录像放映等音像制品放映逐步清理退场：将不再审批设立经营性音像制品放映单位；已经依法设立的，不得更新现有设备，并在5年内予以关闭。

外资银行可以从事存贷款业务

新修改的外资金融机构管理条例规定，外资金融机构在满足审慎性准入条件前提下，可以在中国境内申请设立营业性机构。独资银行、外国银行分行、合资银行按照中国人民银行批准的业务范围，可以部分或全部经营吸收公众存款，发放短期、中期和长期贷款等种类的业务。

条例取消过去人民币业务市场准入对外资金融机构设定的业务规模数量指标，规定外资金融机构经营人民币业务，应当具备的条件是：提出申请前在中国境内开业3年以上，提出申请前2年连续盈利，中国人民银行规定的其他审慎性条件。外资金融机构的存款、贷款利率及各种手续费率，由外资金融机构按照中国人民银行的有关规定确定。

条例还放宽设立中外合资银行或合资财务公司中方合作伙伴的限制，不要求中方出资者为金融机构，外国服务提供者可以与自己选择的任何中国实体进行合营。

“洋保险”进入中国市场

新制定的外资保险公司管理条例，根据我国入世有关承诺的内容，规定外资保险公司包括在中国设立的中外合资保险公司、外资独资保险公司和外国保险公司在中国设立的分公司。外资保险公司可以全部或者部分依法经营下列种类的保险业务：财产保险业务，包括财产损失保险、责任保险、信用保险等保险业务；人身保险业务，包括人寿保险、健康保险、意外伤害保险等保险业务；可以在核定的范围内经营大型商业风险保险业务、统括保单保险业务。同一外资保险公司不得同时兼营财产保险业务和人身保险业务。

外经贸部 交通部等联合举行座谈会纪念江泽民主席对台重要讲话发表七周年

外经贸部、交通部、信息产业部、民航总局、国家邮政局联合举行座谈会，纪念江泽民主席《为促进祖国统一大业的完成而继续奋斗》重要讲话发表七周年。

与会人士一致表示，江泽民主席对台重要讲话具有重大的现实意义和深远的历史意义，是我们在新时期促进两岸经济关系发展的努力方向。我们将坚持“和平统一、一国两制”的基本方针，为尽早实现两岸直接“三通”，促进祖国和平统一大业的早日实现作出新的努力。

外经贸部副部长安民主持会议并发言指出，过去7年来，在祖国大陆的积极推动下，经过两岸工商界人士的共同努力，两岸经贸交流得到了长足发展。目前，台湾已成为大陆第五大贸易伙伴和第二大进口市场，大陆也是台湾第二大出口市场和最大的贸易顺差来源地，两岸经贸依存度不断提高。从1995年至2001年，两岸贸易额累计达1635.5亿美元，祖国大陆实际吸收台资211.1亿美元。去年，两岸贸易总额为323亿美元，同比增长近6%，其中祖国大陆向台湾出口50亿美元，自台进口273亿美元；祖国大陆新批准台资项目4196家，协议金额69亿美元，实际利用台资31.4亿美元，同比增长36.2%、73.1%和32.8%。

安民指出，我们将坚持江泽民主席“不以政治分歧去影响、干扰两岸经济合作”的主张，一如既往地推动两岸经贸交流的发展，继续鼓励台商来大陆投资和从事其他经济活动，依法保护他们的正当权益，与台湾工商界人士共商进一步促进两岸经济合作的大计。他呼吁，台湾当局应彻底取消两岸经贸交流的一切不合理限制，尽快开放两岸直接“三通”，提高两岸经贸合作的层次和水平。

交通部副部长洪善祥指出，在江泽民主席八项主张指引下，我们致力于推动两岸海上通航的工作。1997年福州港、厦门港与高雄港之间的“试点直航”顺利启动，已累计运输两岸中转货物近170万标准箱。但由于台湾当局的限制，两岸贸易货物仍不能直接通关入境。他呼吁，台湾当局取消不合理限制，使两岸尽快实现直接海上通航。

民航总局副局长鲍培德说，为促进两岸空中直航，该局和航空企业在过去7年中与台湾民航界同仁进行了上百次研讨交流，领域涉及客货运输、联运协议、票证结算、电脑联网、适航验证、空管协调等。他指出，两岸已具备了空中直航的条件，但由于台湾当局的人为阻隔而至今未能实现。我们希望由两岸民间行业组织、航空企业间就空中直航问题达成协议，尽快通起来。

国家邮政局副局长谭小为表示，祖国大陆邮政部门一直务实推动两岸通邮，在两岸邮政界的共同努力下，两岸的间接通邮已经实现。但台湾当局至今拒绝两岸直接通邮。他呼吁台湾当局尽快开放，开通两岸直达邮路以满足两岸民众对各种邮政业务的迫切需要。

此外，中粮集团总公司和中远集团总公司的代表也在发言中表示，台湾当局应从两岸工商界的利益出发，取消不合理限制，使两岸尽快实现直接“三通”。

湖南省第九届人民代表大会第五次会议上选举张云川为省长

2001年首届中华医学科技奖颁奖大会在人民大会堂举行

中华医学科技奖是经科技部批准的面向全国医药卫生行业的最高科学技术奖。根据《中华医学科技奖奖励条例》规定，评审委员会本着严格要求、坚持标准、坚持质量、宁缺毋滥的原则，共评出获奖项目64项。其中，“遗传性乳光牙本质致病基因的鉴定”等8个项目获一等奖，“青蒿琥脂预防日本血吸虫病优化方案及推广应用的研究”等25个项目获二等奖,“N—乙酰氨基葡萄糖转移酶V的调控研究”等30个项目获三等奖,“非侵入性艾滋病毒感染诊断新技术的引进和应用及艾滋病治疗的规范化”获国际科技合作类奖。

全国人大常委会副委员长吴阶平、全国政协副主席朱光亚出席了颁奖大会。中华医学会会长、卫生部部长张文康讲话。

王崇伦逝世

全国著名劳动模范、中华全国总工会原副主席、原党组副书记、原书记处书记王崇伦因病于2月1日在北京逝世,终年75岁。

王崇伦是辽宁省鞍山市人。1949年8月参加工作,1994年8月退休。王崇伦同志参加革命工作后,努力钻研业务技术,进行技术革新和发明创造100多项。1953年,他创造发明“万能工具”胎,在技术革新方面作出了突出贡献,被誉为“走在时间前面的人”。1956年、1959年被评为全国先进生产者,出席了全国先进生产者大会。1954年至1973年先后14次受到毛泽东主席的接见。

王崇伦同志曾当选为中国共产党第十二次全国代表大会代表、党的十二届中央委员,是第一、二、三、四、五届全国人大代表,第七届全国政协委员会委员。

2月2日

全国药品监督管理工作会议在上海召开

国务院副总理吴邦国就药品监督管理工作作出指示。吴邦国说,各级药品监督管理部门在新的一年里要进一步认真学习贯彻江泽民同志“三个代表”重要思想,开拓进取,突出重点,扎实工作,真正让老百姓用上安全有效的放心药,促进医药事业健康发展。

吴邦国说,去年,药监部门在落实省以下垂直管理体制改革、加强药品监管、整顿药品市场秩序等方面做了大量工作,取得了很大成绩。药品作为人民群众防病治病必不可少的特殊商品,直接关系人民群众生命健康。药品监管任重道远,要把市、县级药监机构和职能落实到位,各级药监机构必须做到政企分开。按照政治过硬、业务精良、作风清正、纪律严明的要求加强药监队伍建设,切实转变工作作风,提高办事效率。要加强药品研究、生产、流通、使用全过程的监管,完善各项监管制度,深入开展整治药品市场秩序和打假工作,维护全国统一、公平竞争、规范有序的市场环境。

国家药品监督管理局有关负责人在讲话中要求药品监管部门充分认识政企分开的重要性和紧迫性,坚决与所办、所管经济实体以及有碍公正执法的事业单位脱钩,坚决清理个别录用人员在企业任职、兼职或持股现象。要加强思想教育,提高药品监督管理队伍的政治素质和业务素质。

会议要求各级药品监督管理部门把整治药品市场秩序作为药品监督管理工作的重中之重,按照标本兼治、重点治本的原则,狠抓落实,严厉打击各种制售假药劣药的违法犯罪行为。要创新监管方式方法,由重事前审批轻事后监管,向审批、监管并重转变;由重突击检查轻日常监管向可控的制度化运作转变;由重投诉查处轻前期监管,向建立防范在先、齐抓共管的良性机制转变,恪尽职守,确保广大群众用上安全有效的放心药。

《人民日报》发表社论《营造创新氛围 攀登科技高峰——祝贺王选 黄昆院士获国家最高科学技术奖》

我国新增14块国际重要湿地

国家林业局局长周生贤在世界湿地日纪念大会上宣布,我国又有14块湿地被国际组织批准列入国际重要湿地名录,生效时间为2002年1月11日。至此,我国的国际重要湿地数量增加到21块,总面积达到303万公顷。

这次新增的国际重要湿地分布于全国8个省市区,总面积达196万公顷,它们是:内蒙古达赉湖保护区和鄂尔多斯保护区;广东湛江红树林保护区和惠东港口海龟保护区;黑龙江三江保护区、洪河保护区和兴凯湖保护区;江苏盐城保护区和大丰麋鹿保护区;湖南西洞庭湖保护区和南洞庭湖保护区;辽宁大连斑海豹保护区;上海崇明东滩保护区;广西山口红树林保护区。

据介绍,我国湿地总面积约6600万公顷,占世界湿地总面积的10%,居亚洲第一位、世界第四位。全国现有湿地保护区310处,面积近1600公顷,30多种国家一级、二级重点保护水禽得到较好保护。

2月3日

中央统战部 国家广电总局向各民主党派等通报加强西部省区广播电视覆盖工作情况

根据中央领导同志的指示,中央统战部、国家广播电影电视总局在京召开情况通报会,向各民主党派、全国工商联领导人和无党派人士通报落实江总书记重要指示,加强西部省区广播电视覆盖工作的情况。王光英、吴阶平、成思危、许嘉璐、蒋正华、经叔平、罗豪才、张克辉、周铁农、王文元出席通报会。

中宣部副部长、国家广电总局局长徐光春通报了有关情况。中央统战部常务副部长刘延东主持会议并讲话。

江泽民总书记非常关心西藏、新疆等边远民族地区的经济发展、民族团结和社会稳定，对进一步加强这些地区的广播电视覆盖作了一系列重要指示，要求采取切实措施，把党和国家的声音传入千家万户。民主党派领导人在西部考察中，对加强广播电视覆盖提出积极建议。近一年来，国家广电总局和各级广电部门认真学习江总书记重要指示，研究民主党派提出的建议，在有关地方党委、政府和中央有关部门的重视支持下，讲政治、抓落实，把加强对西藏、新疆等地区的广播覆盖作为一件大事来抓，投入大量资金，新建扩建一大批中、短波发射台，新增、更新了一批发射机，增强了发射功率，使对西藏、新疆、内蒙古、四川、青海、甘肃、云南等省区的广播覆盖能力大大增强，这些地区能收听到10套左右短波广播，各地市能收听2至3套中波广播，各县能收听到2至3套调频广播，播出效果良好，覆盖质量提高。

各民主党派中央、全国工商联领导人和无党派人士听取情况通报后表示，江总书记关于加强西部省区广播电视覆盖的重要指示高瞻远瞩，英明正确。中共中央、国务院高度重视、积极采纳民主党派提出的建议，并在很短的时间里取得明显成效，充分说明了共产党领导的多党合作和政治协商制度的优越性，生动反映了民主党派、全国工商联和无党派人士围绕中心，服务大局，发挥民主监督、参政议政作用的重要意义。在充分肯定取得成绩的同时，大家还对进一步做好西部省区的广播电影电视工作提出了许多很好的建议。

2月4日

中共中央政治局常务委员会召开会议研究进一步安排好困难群众生产和生活的工作

中共中央总书记江泽民主持会议并发表了重要讲话。他强调，贯彻"三个代表"要求，最根本的是要不断实现好、发展好、维护好最广大人民的根本利益。这是我们党一切工作的出发点和落脚点，也是正确处理改革、发展、稳定关系的结合点。各级领导干部必须从巩固党的执政地位的高度出发，从促进经济和社会发展、维护社会稳定的大局出发，深怀爱民之心，恪守为民之责，善谋富民之策，多办利民之事，更好地为广大人民群众服务，更好地为最需要帮助的困难群众服务。

中共中央政治局常委李鹏、朱镕基、李瑞环、胡锦涛、尉健行、李岚清出席了会议。

会议认为，当前国际社会局势深刻变化，我国改革和发展也遇到了许多新情况新问题，抓紧解决存在的突出问题，特别是抓紧解决好城乡困难群众的生产和生活问题，对于深化改革、扩大开放，促进发展、保持稳定，具有十分重要的意义。全党、全国上下必须从全局和战略的高度，充分认识安排好困难群众生产和生活工作的重要性。

会议认为，这些年来，我国经济持续快速健康发展，人民生活水平不断提高，我们在扶持城乡困难群众方面做了大量工作，取得了显著成绩。"八七"扶贫攻坚计划已基本完成，党中央、国务院确定的在上个世纪末基本解决农村贫困人口温饱问题的战略目标基本实现。国有企业下岗职工基本生活保障和再就业工程不断推进。全国各地最低生活保障工作稳步开展。养老保险和失业保险的覆盖面继续扩大。离退休人员离退休费的标准有所提高。抗灾救灾工作得到加强。社会扶贫济困也取得明显进展。

会议认为，当前安排好困难群众的生产和生活，任务仍十分繁重，还要不懈努力。我国人口众多，发展很不平衡。农村还有3000万贫困人口，主要分布在自然条件恶劣，交通不便的偏远地区，革命老区和少数民族地区，解决温饱问题的难度很大。一部分已经初步解决温饱问题的农民群众，生产和生活条件仍相当差，巩固扶贫成果、防止返贫的任务很重。近两年，一些地方遭受严重自然灾害，不少群众又发生新的生活困难。国有企业下岗职工、困难企业职工和城市低保对象，数量也不小。对取得的成绩，要充分肯定，并认真总结经验，继续发扬光大。同时，对存在的问题，也要实事求是，采取得力的措施，认真加以解决。各级党委和政府一定要按照中央的要求，承担起自己应负的责任，扎扎实实地把扶持困难群众的各项工作做好。

会议提出，在全面建设小康社会，加快推进社会主义现代化的进程中，必须把扶持困难群众的工作放在突出的位置，作为一项关系全局的重要工作。

第一，把中央制定的扶持城乡困难群众的各项政策措施全部落实到位。近几年来，党中央、国务院在农村扶贫开发、抗灾救灾、国有企业下岗职工基本生活保障和实施再就业工程、离退休人员离退休费的发放、城市最低生活保障以及保证县乡基层干部和中小学教师发放基本工资等方面，制定了一系列政策措施，各级党委和政府要切实加以落实。要进一步加大工作力度，改进工作方法，结合本地实际，建立、健全一整套制度，形成良好的工作机制。各级干部、各个部门的任务要具体，责任要明确，有布置，有检查。通过各方面的共同努力，真正落实党和国家的各项政策措施，使困难群众都能感受到党和政府的温暖，得到实实在在的帮助。劳动模范为党和人民作出了突出贡献，对他们遇到的生产和生活上的困难，要切实加以解决。

第二，春节之前要集中做好扶贫济困工作。各级党委和政府都要集中分析一下本地区城乡群众的生产和生活问题。对生活困难的群众，要认真了解情况，切实落实措施。各级领导干部要带头到有困难群众的地方去，广泛开展“送温暖”活动，想方设法解决困难群众的燃眉之急，保证他们过好春节。

第三，广泛动员全社会的力量深入持久地开展扶贫济困活动。要发挥社会主义集中力量办大事的优势，广泛动员社会各方面的力量，深入持久地把扶贫济困的事情办好。各级党委和政府、民主党派、群众团体、社会团体、企事业单位、大专院校、人民解放军和武警部队等各个方面，都应积极投入扶贫济困的活动，在全社会形成扶贫济困的良好风尚。

第四，把党的作风建设与扶持困难群众的工作紧密结合起来。加强和改进党的作风建设，核心问题是保持党同人民群众的血肉联系。我们党要经受住长期执政、改革开放和发展社会主义市场经济的考验，必须紧紧抓住并切实解决好保持党同人民群众血肉联系这个核心问题。关心群众生活，首先要关心困难群众的生活，因为他们最需要关心。要使困难群众得到实实在在的帮助，不能搞形式主义，搞花架子。全党都要把做好扶持困难群众的工作作为转变作风的一个重要环节，切实抓紧抓好。

会上，国务院扶贫开发领导小组、全国总工会、民政部、劳动和社会保障部等部门的负责同志汇报了开展扶持困难群众工作等方面的情况。

中共中央政治局委员丁关根、吴邦国、贾庆林、温家宝，中共中央政治局候补委员曾庆红，国务委员司马义·艾买提、王忠禹列席了会议。

中央国家机关有关部门负责同志也列席了会议。

全国人大常委会委员长李鹏在人民大会堂会见乌拉圭东岸共和国众议长古斯塔沃·卡洛斯·佩纳德斯·埃切瓦内

李鹏说，去年11月他对乌拉圭的访问很成功，留下了深刻的印象。他对乌方的热情接待，再次表示衷心的感谢。中乌两国虽然相距遥远，但都是发展中国家，拥有广泛的共同利益，发展两国友好合作关系具有坚实的基础和条件。中方一贯重视发展与乌拉圭的友好合作关系。中方欣喜地看到，自1988年建交以来，两国关系发展顺利，尤其是近年来，在双方的共同努力下，两国关系取得了进一步的发展。

李鹏说，中乌两国在国际事务中相互支持，保持良好合作。对乌拉圭在中国加入世界贸易组织等问题上给予的支持，中方深表感谢。今后，双方应进一步加强在联合国、世界贸易组织等国际组织的合作，共同维护发展中国家的权益。

李鹏说，中国全国人大同乌国会保持着良好的合作关系，也积极推进了两国关系的发展。中乌要进一步加强双方的交流与合作，增进了解和友谊。中方愿与乌拉圭议会一道，继续努力，把两国在各个领域的友好合作关系推向一个新的高度。

全国人大常委会委员、全国人大中乌友好小组主席顾金池，全国人大法律委员会副主任委员、中乌友好小组副主席乔晓阳，外交部副部长乔宗淮，李鹏委员长办公室主任吴文昌和乌拉圭驻华大使迪亚斯参加了会见。

全国人大常委会委员长李鹏在人民大会堂会见由主席冈萨雷斯·波萨达率领的秘鲁国会对外关系委员会代表团

国务院总理朱镕基在人民大会堂与老挝总理本南·沃拉芝举行会谈

朱镕基首先积极评价双边关系现状，表示当前中老关系呈现出良好的发展势头。2000年两国元首实现了历史性互访，江泽民主席访问老挝时，双方签署并发表了关于双边合作的《联合声明》，确定了“长期稳定、睦邻友好、彼此信赖、全面合作”的发展方向。两国在各领域的交流与合作不断深化，双方在国际和地区事务中相互支持和配合。

朱镕基说就加强双边合作关系提出以下几点意见：

第一，继续保持两国高层经常性接触。中方欢迎老挝领导人多来中国看一看。

第二，增进两国各部门各层次的友好交往。加强双方在文化、新闻、教育、卫生等部门之间的友好交往，支持和鼓励地方省市间，特别是云南省与老挝北部省份之间的往来与合作。

第三，开展人才交流与培养。

第四，加强在国际和地区事务中的支持与配合。

关于经贸合作，朱镕基表示，近年来，中老经贸合作取得积极成果。为进一步挖掘潜力，发挥各自优势，推动两国经贸合作不断发展，中方愿继续加强与老挝在农林、矿产资源开发、基础设施建设等领域的合作。

会谈后，两国总理出席了有关签字仪式。双方签署了中老引渡条约、两国政府经济技术合作协定、两国政府关于中国向老挝提供优惠贷款的框架协议、中国人民银行与老挝人民民主共和国银行双边合作协议以及两国教育部2002—2005年教育合作计划。

中共中央组织部 解放军总政治部 中共北京市委在人民大会堂举行在京老同志迎春茶话会

中共中央政治局常委、国家副主席、中央军委副主席胡锦涛代表党中央、国务院、中央军委向各位老同志致以节日的祝贺,向全国的离退休老干部、老同志致以亲切的问候和崇高的敬意。他强调,在新的一年,我们要更加紧密地团结在以江泽民同志为核心的党中央周围,高举邓小平理论伟大旗帜,深入贯彻"三个代表"重要思想,以改革开放和现代化建设的优异成绩迎接党的十六大胜利召开。

胡锦涛说,2001年是新世纪的第一年,也是我国实施"十五"计划和现代化建设第三步战略部署取得良好开局的一年。面对复杂多变的国际形势,我们党团结带领全国各族人民克服困难,开拓前进,在世界经济和贸易增长明显减缓的情况下我国经济保持了较好的发展势头,在世界很不安宁的情况下我国保持了社会政治大局的稳定,建设有中国特色社会主义各项事业取得了新的进展。胡锦涛在回顾了过去一年党和国家各项事业取得的成绩后指出,去年的成绩确实来之不易,这是以江泽民同志为核心的党中央总揽全局,审时度势,及时作出正确决策和部署的结果,是全党按照"三个代表"要求加强和改进党的建设的结果,是全国各族人民团结奋斗的结果,其中也包含着广大老同志的支持和参与。

胡锦涛指出,2002年是我们党和国家历史上非常重要的一年。当前,国际局势错综复杂,不稳定因素增加。随着世界经济形势的变化,我国面临的外部经济环境趋紧,特别是外贸形势严峻。我国经济发展中也还存在一些值得重视的突出问题。同时也要看到,做好今年工作也有许多有利条件。我们要全面正确地认识和把握形势,抓住机遇,迎接挑战,充分利用一切有利条件,发挥各方面的积极性,以良好的精神状态和深入扎实的工作作风,努力把今年的各项工作做好。

胡锦涛强调,在新的一年,我们要坚持实施扩大国内需求的方针,继续深化改革、扩大开放,加快经济结构调整,大力整顿和规范市场经济秩序,认真贯彻科教兴国战略和可持续发展战略,促进国民经济持续快速健康发展。要积极推进社会主义精神文明建设和民主法制建设,大力发展教育科技文化事业,深入开展爱国主义、集体主义、社会主义思想和艰苦创业精神的教育,认真贯彻《公民道德建设实施纲要》,全面落实社会治安综合治理的各项措施,全力维护社会稳定和国家安全,为推进改革和发展创造良好的社会环境。

胡锦涛强调,要把新世纪中国的事情办好,关键在我们党,在于按照"三个代表"要求全面推进党的建设新的伟大工程。今年我们党将召开十六大。这次大会对于我们继往开来,与时俱进,全面建设小康社会,加快推进社会主义现代化具有重大而深远的意义。要坚持以邓小平理论和"三个代表"重要思想为指导,全面落实十五届六中全会精神,紧紧围绕提高党的领导水平和执政水平、提高拒腐防变和抵御风险能力这两大历史性课题,坚持党要管党、从严治党,以改革的精神认真研究和解决党的建设面临的重大理论和现实问题,进一步增强党的创造力、凝聚力和战斗力,从思想上、政治上、组织上为开好十六大提供坚强的保证。

胡锦涛指出,广大老同志为中华民族的独立和人民的解放,为新中国的建立和社会主义事业的发展,为我国的改革开放和现代化建设,作出了巨大的历史贡献,建立了不朽的功绩。当代中国共产党人正是在老一辈无产阶级革命家开创的、一代又一代共产党人为之奋斗的伟大基业上前进的,没有包括广大老同志在内的前辈共产党人和革命者的流血牺牲、艰辛创业,就没有今天中国的大好局面。我们要认真学习和继承老同志们在长期革命、建设和改革的伟大实践中形成的光荣传统和崇高风范,结合新的实际进一步发扬光大、一代一代地永远传下去,这对于我们继往开来、与时俱进,不断开创建设有中国特色社会主义事业的新局面,实现中华民族的伟大复兴,必将产生十分重要的作用。各级党委和政府要进一步提高对老干部工作重要性的认识,加强领导,把中央的有关方针政策认真贯彻落实好,进一步从政治上关心、爱护老同志,在生活上照顾好老同志,保障他们按国家政策享受的各种待遇,尤其要确保离退休老同志的离退休费按时足额发放。对贫困地区、困难企业和改制企业中有特殊困难的老干部,要采取具体措施,保证他们安度晚年。各级党委、政府要努力探索和解决老干部工作遇到的新情况新问题,认真做好新形势下的老干部工作。

茶话会由中共中央政治局候补委员、书记处书记、中央组织部部长曾庆红主持。

科技部 教育部在人民大会堂举办形势报告会

中共中央政治局常委、国务院副总理李岚清为国家科学技术奖获奖代表及首都科技、教育界人士作形势报告。

李岚清在报告中回顾了近年来我国改革开放、经济发展和实施科教兴国战略等方面取得的重大成就,分析了当前的经济形势和面临的挑战,阐述了今年经济、科技、教育工作的主要任务,并对科技、教育工作者提出了殷切期望。

李岚清说,新世纪的第一年刚刚过去,我国实施"十五"计划和现代化建设第三步战略部署开局良好。我国当前的好形势来之不易。近年来,我们在复杂的国际环境下，克服了国内经济生活中的种种困难，取得了举世瞩目的成绩。这是以江泽民同志为核心的党中央高屋建瓴，统揽全局，及时采取一系列正确决策和部署，团结带领全国人民努力奋斗的结果。

李岚清指出，在充分肯定成绩的同时，也要清醒地看到经济社会生活中还存在不少问题。解决这些问题的有利条件很多，只要我们认真贯彻落实中央的部署，以邓小平理论为指导，按照“三个代表”的要求，坚定信心，团结奋斗，就一定能够开创各项工作的新局面，以更加优异的成绩迎接党的十六大的召开。

李岚清强调，要努力做好新世纪的科技教育工作，大力推进基础教育特别是农村义务教育的改革与发展，根据经济社会发展的需要努力发展高等教育和职业教育，继续深化科研机构改革，继续积极推进知识创新工程，大力推进原始性创新，加速应用技术研究开发成果产业化进程。他希望科技教育工作者要认识肩负的重大历史使命，发扬创新精神，勇攀科技高峰，共同开创我国科技教育事业的美好未来。

科学技术部部长徐冠华主持报告会，国家科教领导小组成员陈至立、刘积斌、项怀诚、路甬祥、高强等出席报告会。参加2001年度国家科学技术奖励大会的全体代表及首都科技界、教育界人士共3000多人出席了报告会。

农业部部长杜青林在国务院新闻办举行的记者招待会上宣布应对入世我国农业将实施五项重大措施

国务院新闻办举行中外记者招待会。农业部部长杜青林在会上宣布，为了积极应对加入世界贸易组织后给农业带来的挑战，我国将着力实施五项重大措施：

——突出结构调整的战略重点，优化农业生产布局，构建农业优势产业带。重点建设黄淮海地区优质、专用小麦产业带，东北及内蒙古东部玉米—大豆产业带，新疆棉花产业带，中原地区牛羊肉产业带，“三北”地区奶业产业带，长江流域优质油菜和柑橘产业带，陕西和渤海湾地区的苹果产业带，沿海及重要江河湖泊流域优质水产品产业带。

——实施农业发展行动计划，把优势产品和优势产业做大做强。实施优质、专用粮食等大宗农产品发展行动计划，提高农业综合生产能力；实施畜牧业发展行动计划，争取把畜牧业尽快发展成为一个大产业；实施园艺业发展行动计划，重点园艺产品要尽快形成规模化、标准化生产；实施农产品加工业发展行动计划，提高农产品附加值；实施渔业发展行动计划，加快数量型渔业向质量型渔业转变；实施农垦发展行动计划，重点抓好大豆、乳业、种业、热带作物和无公害食品等生产经营。

——增强龙头企业的辐射带动作用，培育一批辐射面广、带动力强的龙头企业。龙头企业要突出主业，把有限的资金用在农产品加工、销售和生产基地建设上，大力发展订单农业。

——建立、健全农产品质量标准和检测检验体系，加强农产品质量安全工作。实行市场准入制度，从源头上确保农产品质量安全。

——以农业科技创新、基础设施建设为重点，强化结构调整和农民增收的支撑力。扩大优良品种的引进、繁育和推广，启动第二期“种子工程”，试行良种推广补贴制度，加快品种更新换代。加大对农业基础性、公益性设施的投资力度，增加财政对农业生产者的直接支出。

杜青林还介绍说，2001年，尽管遭受了严重干旱等灾害，但农业持续平稳发展。去年我国种植业结构逐步优化，经济作物和饲料作物种植面积已经占农作物总面积的1/3，基本形成了粮食作物、经济作物和饲料作物协调发展的格局。农民人均纯收入实现恢复性增长，扭转了增幅连续4年下滑的局面，增幅达到4%以上。

海峡两岸关系协会驻澳门特别行政区办事处正式成立并举行挂牌仪式

澳门特区行政长官何厚铧，中共中央台办、国务院台办主任陈云林出席了挂牌仪式并为办事处揭牌。

海协驻澳办事处是海协经主管部门同意、根据《海协章程》规定、依照澳门特区的法律正式设立的分支机构。其主要职能是：依照海协指示，加强同赞成海协宗旨的台湾及海外社会团体和各界人士的联系与合作；为台湾同胞、工商团体和各界人士提供两岸交流交往、经贸合作等方面的联络、咨询等服务；协助办理维护两岸同胞权益的事项；办理海协及其主管部门交办的其他事项。

中共中央政治局委员李铁映与当代中国研究所干部职工座谈

李铁映指出，当代史研究者要代表中国人民的根本利益，坚持和发展马克思主义唯物史观，深入研究当代中国历史，为建设有中国特色社会主义、为中华民族的振兴贡献力量。

李铁映指出，国史研究是一门特殊的学科，非常重要，不可没有，也不可偏废。世界上没有哪个国家、哪个民族是不研究自己的历史、不总结自己的经验教训就能够成功地走向未来的。党史、国史是总结我们党和国家自己的实践经验的最直接、最现实的方式。

李铁映说，一个国家的历史，可以凝聚人民的力量。历史学家手中的笔重若千斤。可是,我们有些人却忘记了这一点。一些别有用心的人时刻不忘给我们的历史抹黑,时刻不忘搞乱中国。我们不警惕不行。

李铁映说,一个国家、一个民族最可宝贵的东西是自己的实践经验。这个经验要由自己来总结。撰写当代中国的历史,就是要坚持和发展马克思主义唯物史观,努力探索一切有利于中国发展、有利于振兴中华民族的社会主义道路。当代史学工作者是中国人民进行探索的历史见证人和经验总结者,要写出中国人民的探索史、进步史,真实反映中国人民建设有中国特色社会主义的伟大实践。

李铁映强调,江总书记“三个代表”重要思想的核心是代表人民的根本利益。只有代表了、反映了人民的根本利益,才有先进性可言。研究当代中国史要以“三个代表”重要思想为指导,真正体现和代表中国人民的根本利益,为建设有中国特色的社会主义,为中华民族振兴贡献力量。

最高人民检察院邀请部分在京中央新闻媒体负责同志座谈

最高人民检察院检察长韩杼滨强调,今年检察机关将坚持解放思想,更新观念,转变作风,开拓创新,推动检察工作与时俱进。

韩杼滨向新闻单位负责同志简单通报了去年检察工作的基本情况。他说,今年检察工作总的要求是以“三个代表”重要思想为指导,认真贯彻江泽民总书记“七一”重要讲话、党的十五届六中全会精神,全力维护社会政治稳定,深入推进“严打”整治斗争,进一步加大查办和预防职务犯罪工作力度,加强和规范诉讼监督工作,深化业务工作机制、队伍管理机制和执法保障机制改革,狠抓检察队伍作风建设和基层检察院规范化建设,推动各项检察工作与时俱进。一是始终坚持以“三个代表”重要思想为指导,在服务大局中推动检察工作与时俱进;二是始终突出强化监督、公正执法的主题,在维护司法公正和法制统一中推动检察工作与时俱进;三是始终坚持用观念更新和理论创新带动工作创新和机制创新,在深化改革中推动检察工作与时俱进;四是始终保持奋发有为的精神状态,用好的作风推动检察工作与时俱进。

韩杼滨介绍了今年检察机关将着力抓好的五项主要工作:一是深入推进“严打”整治斗争,全力维护社会政治稳定;二是加大办案力度,注重标本兼治,以查办和预防职务犯罪新的实际成果推动党风廉政建设;三是强化诉讼监督,维护司法公正和法制统一;四是深化检察改革,积极探索和创新工作机制;五是大力加强检察队伍建设和基层检察院规范化建设等。

国务院新闻办、中宣部新闻局及新华社、《人民日报》、中央电视台、中央人民广播电台等在京中央新闻单位的有关负责同志到会座谈。

国务院总理朱镕基签署第345号令公布《奥林匹克标志保护条例》

《奥林匹克标志保护条例》已经2002年1月30日国务院第54次常务会议通过,现予公布,自2002年4月1日起施行。

总 理 朱镕基

2002年2月4日

奥林匹克标志保护条例

第一条 为了加强对奥林匹克标志的保护,保障奥林匹克标志权利人的合法权益,维护奥林匹克运动的尊严,制定本条例。

第二条 本条例所称奥林匹克标志,是指:

(一)国际奥林匹克委员会的奥林匹克五环图案标志、奥林匹克旗、奥林匹克格言、奥林匹克徽记、奥林匹克会歌;

(二)奥林匹克、奥林匹亚、奥林匹克运动会及其简称等专有名称;

(三)中国奥林匹克委员会的名称、徽记、标志;

(四)北京2008年奥林匹克运动会申办委员会的名称、徽记、标志;

(五)第29届奥林匹克运动会组织委员会的名称、徽记,第29届奥林匹克运动会的吉祥物、会歌、口号,“北京2008”、第29届奥林匹克运动会及其简称等标志;

(六)《奥林匹克宪章》和《第29届奥林匹克运动会主办城市合同》中规定的其他与第29届奥林匹克运动会有关的标志。

第三条 本条例所称奥林匹克标志权利人,是指国际奥林匹克委员会、中国奥林匹克委员会和第29届奥林匹克运动会组织委员会。

国际奥林匹克委员会、中国奥林匹克委员会和第29届奥林匹克运动会组织委员会之间的权利划分,依照《奥林匹克宪章》和《第29届奥林匹克运动会主办城市合同》确定。

第四条 奥林匹克标志权利人依照本条例对奥林匹克标志享有专有权。

未经奥林匹克标志权利人许可,任何人不得为商业目的(含潜在商业目的,下同)使用奥林匹克标志。

第五条 本条例所称为商业目的使用,是指以营利为目的,以下列方式利用奥林匹克标志:

(一)将奥林匹克标志用于商品、商品包装或者容器以及商品交易文书上;

(二)将奥林匹克标志用于服务项目中；

(三)将奥林匹克标志用于广告宣传、商业展览、营业性演出以及其他商业活动中；

(四)销售、进口、出口含有奥林匹克标志的商品；

(五)制造或者销售奥林匹克标志；

(六)可能使人认为行为人与奥林匹克标志权利人之间有赞助或者其他支持关系而使用奥林匹克标志的其他行为。

第六条　国务院工商行政管理部门依据本条例的规定，负责全国的奥林匹克标志保护工作。

县级以上地方工商行政管理部门依据本条例的规定，负责本行政区域内的奥林匹克标志保护工作。

第七条　奥林匹克标志权利人应当将奥林匹克标志报国务院工商行政管理部门备案，由国务院工商行政管理部门公告。

第八条　取得奥林匹克标志权利人许可，为商业目的使用奥林匹克标志的，应当同奥林匹克标志权利人订立使用许可合同。其中，使用本条例第二条第(一)项、第(二)项规定的奥林匹克标志的，应当同国际奥林匹克委员会及其授权或者批准的机构订立合同；使用本条例第二条第(三)项规定的奥林匹克标志的，应当同中国奥林匹克委员会订立合同；使用本条例第二条第(四)项、第(五)项、第(六)项规定的奥林匹克标志的，在2008年12月31日以前，应当同第29届奥林匹克运动会组织委员会订立合同。奥林匹克标志权利人应当将使用许可合同报国务院工商行政管理部门备案。

依照前款规定订立使用许可合同的，被许可人只得在合同约定的地域范围、期间内使用奥林匹克标志。

第九条　本条例施行前已经依法使用奥林匹克标志的，可以在原有范围内继续使用。

第十条　未经奥林匹克标志权利人许可，为商业目的擅自使用奥林匹克标志，即侵犯奥林匹克标志专有权，引起纠纷的，由当事人协商解决；不愿协商或者协商不成的，奥林匹克标志权利人或者利害关系人可以向人民法院提起诉讼，也可以请求工商行政管理部门处理。工商行政管理部门处理时，认定侵权行为成立的，责令立即停止侵权行为，没收、销毁侵权商品和专门用于制造侵权商品或者为商业目的擅自制造奥林匹克标志的工具，有违法所得的，没收违法所得，可以并处违法所得5倍以下的罚款；没有违法所得的，可以并处5万元以下的罚款。当事人对处理决定不服的，可以自收到处理通知之日起15日内依照《中华人民共和国行政诉讼法》向人民法院提起诉讼；侵权人期满不起诉又不履行的，工商行政管理部门可以申请人民法院强制执行。进行处理的工商行政管理部门应当事人的请求，可以就侵犯奥林匹克标志专有权的赔偿数额进行调解；调解不成的，当事人可以依照《中华人民共和国民事诉讼法》向人民法院提起诉讼。

利用奥林匹克标志进行诈骗等活动，触犯刑律的，依照刑法关于诈骗罪或者其他罪的规定，依法追究刑事责任。

第十一条　对侵犯奥林匹克标志专有权的行为，工商行政管理部门有权依法查处。

工商行政管理部门根据已经取得的违法嫌疑证据或者举报，对涉嫌侵犯奥林匹克标志专有权的行为进行查处时，可以行使下列职权：

(一)询问有关当事人，调查与侵犯奥林匹克标志专有权有关的情况；

(二)查阅、复制与侵权活动有关的合同、发票、账簿以及其他有关资料；

(三)对当事人涉嫌侵犯奥林匹克标志专有权活动的场所实施现场检查；

(四)检查与侵权活动有关的物品；对有证据证明是侵犯奥林匹克标志专有权的物品，予以查封或者扣押。

工商行政管理部门依法行使前款规定的职权时，当事人应当予以协助、配合，不得拒绝、阻挠。

第十二条　进出口货物涉嫌侵犯奥林匹克标志专有权的，由海关参照《中华人民共和国海关法》和《中华人民共和国知识产权海关保护条例》规定的权限和程序查处。

第十三条　侵犯奥林匹克标志专有权的赔偿数额，按照权利人因被侵权所受到的损失或者侵权人因侵权所获得的利益确定，包括为制止侵权行为所支付的合理开支；被侵权人的损失或者侵权人获得的利益难以确定的，参照该奥林匹克标志许可使用费合理确定。

销售不知道是侵犯奥林匹克标志专有权的商品，能证明该商品是自己合法取得并说明提供者的，不承担赔偿责任。

第十四条　奥林匹克标志除依照本条例受到保护外，还可以依照《中华人民共和国著作权法》、《中华人民共和国商标法》、《中华人民共和国专利法》、《特殊标志管理条例》等法律、行政法规的规定获得保护。

第十五条　本条例自2002年4月1日起施行。

《领导干部国际金融知识读本》出版发行

由中国银行主编的《领导干部国际金融知识读本》今天正式出版发行。中共中央总书记、国家主席江泽民为本书题写书名并作批语。江泽民总书记在批语中指出："在经济全球化深入发展的条件下，为了适应我国加入世界贸易组织和扩大对外开放的新形势，各级领导干部都应该努力掌握必要的国际金融知识，以利提高我们参与国际市场竞争的能力，更好地服务于我国改革开放和社会主义现代化建设。”

《中国加入世界贸易组织知识读本》系列丛书出版

《中国加入世界贸易组织知识读本》系列丛书已由人民出版社出版，国家主席江泽民为这套丛书题写书名。这套丛书由对外贸易经济合作部部长石广生主编，外经贸部组织编写，授权人民出版社出版，是对外贸易经济合作部指定的全国WTO知识培训教材。

2月5日

国家主席江泽民在人民大会堂与摩洛哥国王穆罕默德六世举行会谈

江泽民热烈欢迎穆罕默德国王访华，对在北京再次与国王会面感到高兴。他说，国王陛下是中摩建交44年来访华的第一位摩洛哥君主，相信国王此访将成为中摩关系史上新的里程碑。

江泽民积极评价中摩双边关系。他说，中摩友谊源远流长。两国人民在争取民族独立和解放、捍卫国家主权和尊严、促进世界和平与发展的长期斗争中，一贯相互同情和支持。在发展经济、建设国家的事业中进行了真诚友好、平等互利的合作。今天，我们再次共同回顾历史，站在战略高度，从长远利益出发，确定新世纪两国关系发展的方向。

江泽民建议，中摩两国在以下几个方面继续共同作出努力：1. 面向未来，建立两国长期稳定的友好合作关系。2. 推动互利合作。3. 加强协调和磋商，共同捍卫发展中国家权益，维护世界和平。

江泽民赞赏摩洛哥长期以来坚持一个中国的立场，感谢摩洛哥在人权领域给予中国的支持，高度评价摩洛哥政府和国王本人为保持摩政治稳定、实现经济持续发展和人民安居乐业所做的努力及取得的成就，并衷心祝愿摩洛哥在建设国家的道路上不断进步。

在谈到双边经贸关系时，江泽民强调，中国政府一向重视发展与摩洛哥的友好合作。他说，近年来，双边合作渠道日益拓宽，合作形式更加多样化，为双方带来了良好的社会和经济效益。中方将本着平等互利、共同发展的原则，与摩方共同努力，大力加强两国经贸合作，实现共同发展。

会谈结束后，江泽民和穆罕默德六世共同出席了《中华人民共和国政府与摩洛哥王国政府经济技术合作协定》等4个协议和1个换文的签字仪式。

国家主席江泽民在人民大会堂会见老挝总理本南·沃拉芝

江泽民欢迎本南总理访华，并请他转达对老挝人民革命党主席、国家主席坎代·西潘敦同志的亲切问候和良好祝愿。

江泽民说，中老两国都坚持党的领导和走社会主义道路。发展两国长期稳定的睦邻友好合作，符合两国人民的愿望和根本利益，有利于本地区的和平与发展，也有利于推进社会主义事业的不断发展。中方将重视发展同老挝的睦邻友好关系。

全国人大常委会委员长李鹏在人民大会堂会见老挝总理本南·沃拉芝

全国总工会主席尉健行在北京看望慰问已故全国劳动模范和先进工作者时传祥 张秉贵 孙维刚的家属

尉健行在北京市委书记贾庆林的陪同下，先后来到医院和张秉贵、孙维刚的家，对时传祥、张秉贵、孙维刚的家属进行慰问，详细询问他们的生活和身体情况。他强调，党中央、国务院高度重视、十分关心劳动模范。在发展社会主义市场经济的今天，我们更加需要按照江泽民同志“三个代表”重要思想的要求，进一步弘扬劳动模范的崇高思想和模范行为，不断推进社会主义物质文明和精神文明建设。

尉健行说，各级工会组织要在党政的领导和支持下，切实关心劳模的生活、身体与工作，积极推动有关劳模政策的落实，并适应新的形势，研究提出新的政策措施建议。对遇到特殊困难的劳模和离退休的老劳模，工会要切实承担起“第一责任人”的职责，积极主动地协助有关方面，及时解决他们遇到的实际困难与问题。

中华全国总工会副主席、书记处第一书记张俊九，北京市委副书记、市人大常委会主任于均波等也陪同看望和慰问。

全国金融工作会议在北京召开

会议于2月5日至7日在北京举行。

中共中央总书记江泽民，中共中央政治局常委李鹏、朱镕基、李瑞环、胡锦涛、尉健行、李岚清出席了会议。

这次全国金融工作会议的主要任务是，以邓小平理论和“三个代表”重要思想为指导，以加强金融监管、深化金融改革、防范金融风险、整顿金融秩序、改善金融服务为主题，全面总结1997年全国金融工作会议以来的金融工作，对今后一个时期的工作作出部署。

江泽民总书记在会上作了重要讲话，深刻分析了国内外经济金融形势，全面阐述了金融工作的重要性，指出了今后一个时期金融工作的指导方针和主要任务。朱镕基总理对下一阶段的金融工作做了全面部署，对加强金融监管、推进国有商业银行改革等重点任务提出了具体要求。

会议充分肯定了1997年全国金融工作会议以来金融工作所取得的成绩。会议认为，四年来，我国金融改革、整顿和发展取得了积极成果，保持了国内金融的稳定，有力地支持了经济发展。全国金融秩序明显好转，金融改革取得重要进展，金融发展和开放水平不断提高，全社会金融法制观念和风险意识普遍增强。国家外汇储备稳步增加，人民币汇率保持稳定。实践证明，党中央、国务院关于金融工作的一系列重大决策是正确的。各地方、各部门特别是金融系统广大干部职工努力工作，取得了很大成绩。

会议指出，巩固和发展当前好的经济金融形势，必须清醒地看到，金融领域还存在一些亟待解决的问题，主要是金融监管薄弱；金融企业经营机制不健全，管理松懈；社会信用观念淡薄，金融企业的合法权益得不到有效保护；金融专业人才不足，金融服务水平和创新能力较低；金融市场秩序混乱的情况在一些方面仍然存在。对这些问题，决不可掉以轻心，必须采取有效措施抓紧解决。

会议指出，进入新世纪，我国全面实施“十五”计划，加入了世界贸易组织，金融业发展的机遇和挑战并存。必须统一思想，从改革、发展、稳定的大局看待金融问题，进一步深化对“金融是现代经济的核心”的认识，把金融工作放在更加突出的重要位置上，坚定信心，知难而进，扎实工作，确保金融安全、高效、稳健运行，把我国的金融工作提高到一个新水平。

会议指出，在新的发展时期，做好金融工作的指导方针是，坚持以邓小平理论和江泽民同志“三个代表”的重要思想为指导，进一步加强金融监管，深化金融企业改革，改进金融服务，整顿金融秩序，防范和化解金融风险，维护国家金融安全，促进国民经济持续快速健康发展。“十五”期间金融工作的主要任务是，进一步完善现代金融机构体系、市场体系、监管体系和调控体系，努力实现金融监管和调控高效有力，金融企业经营机制健全、资产质量和经营效益显著改善，金融市场秩序根本好转，金融服务水平和金融队伍素质明显提高，全面增强我国金融业竞争力。

会议强调，加强监管是金融工作的重中之重。加强金融监管，防范金融风险，保持金融稳定，是顺利推进金融改革和发展的基础，是贯彻执行国家宏观调控政策的必要条件，是维护国家经济安全的重要保证。金融监管的目标是依法维护金融市场公开、公平、有序竞争，有效防范系统性风险，保护存款人、投资者和被保险人的合法权益。银行、证券、保险等监管机构要依法履行监管职责，充实监管力量，转变监管理念，切实把工作重心从审批事务转移到对金融企业和金融市场的监管上来。必须从健全监管法规、严格监管制度、改进监管方式、强化监管手段、完善监管体制等方面，全面提高金融监管水平。

会议强调，必须把银行办成现代金融企业，推进国有独资商业银行的综合改革是整个金融改革的重点。国有独资商业银行在我国经济和社会发展中居于举足轻重的地位，维系着国民经济命脉和经济安全。无论是充分发挥银行的重要作用，还是从根本上防范金融风险，都必须下大决心推进国有独资商业银行改革。国有独资商业银行是经营货币的企业。要按照建立现代企业制度的要求，把国有独资商业银行改造成治理结构完善、运行机制健全、经营目标明确、财务状况良好、具有较强国际竞争力的现代金融企业。当前，国有独资商业银行要大力推进内部机制改革，强化内部管理。在保证资产安全的前提下，努力增加盈利，支持国民经济发展。要加强信贷管理，按照国际惯例，全面推行商业银行贷款质量“五级分类”制度，实行审慎的会计原则和严格的信息披露制度，切实降低不良资产比例。要加强财务管理，健全成本约束机制，提高盈利水平。要优化组织结构，健全各项规章制度和业务操作规程。加快信息化建设，为银行加强管理、改善服务提供充分的信息技术支持。具备条件的国有独资商业银行可改组为国家控股的股份制商业银行，条件成熟的可以上市。金融资产管理公司要提高处置不良资产的效率。进一步办好政策性银行、其他商业银行和非银行金融企业。

会议指出，农村信用社改革的重点是明确产权关系和管理责任，强化内部管理和自我约束机制，进一步增强为“三农”服务的功能，充分发挥农村信用社支持农业和农村经济发展的金融主力军和联系农民的金融纽带作用。农村信用社改革要因地制宜，分类指导，不搞“一刀切”。要强化农村信用社内部管理，完善贷款审批、风险防范和内部财务等内控制度。要加强和改善对农村信用社的监管。

会议指出，证券市场在经济发展中的作用日益重要，规范和发展证券市场的方针不会改变。稳定是发展的基础。要继续贯彻“法治、监管、自律、规范”的方针，强化监管、综合治理、正确引导、循序渐进、稳步发展，逐步使证券市场规范化，不断提高直接融资比重。要加快培育合格的市场主体，提高上市公司质量，完善证券公司、基金管理公司法人治理结构和内控制度。要加强和改进证券监管，提高市场信息的真实性和透明度，依法严厉打击造假账、发布虚假信息、操纵市场和内幕交易等违法违规行为,保护投资者特别是中小投资者合法权益。稳步推进证券市场体系建设。加快国有独资保险公司股份制改革步伐,完善法人治理结构,切实转换经营机制,引进国外先进技术和管理经验,增强经营活力和竞争能力。加强和改善保险监管,规范发展保险中介市场,积极培育再保险市场,进一步拓宽资金运用渠道。

会议强调,必须大力加强社会信用制度建设。市场经济是信用经济、法制经济,良好的社会信用是建立规范的社会主义市场经济秩序的保证,是有效防范金融风险的重要条件,是现代经济金融正常运行的根基。全党全社会必须从改革、发展、稳定的大局出发,增强信用观念,建立和维护良好的社会信用。要通过强化经济金融法治、加快信用制度建设、加强宣传教育和舆论监督等综合治理措施,实现社会信用秩序的根本好转。要建立全国企业和个人征信体系,使具有良好信誉的企业和个人充分享有守信的益处和便利,使有不良记录的企业和个人声誉扫地、付出代价。

会议提出,要充分发挥货币政策在宏观调控中的作用,进一步加大金融对经济结构调整和经济发展的支持力度。要调整和优化信贷结构,继续加大对国债项目配套贷款和重点行业、骨干企业技术改造的信贷支持,增加农业信贷投入,积极为中小企业和非公有制企业提供信贷服务,特别是支持科技型中小企业发展。要大力发展个人消费信贷,积极开展助学贷款业务,努力支持对外贸易稳定增长。

会议指出,建设一支高素质的金融人才队伍,是提高我国金融业竞争力的关键。要大力实施人才战略,健全金融企业内部的激励和约束机制,积极创造条件吸引和留住人才,建立知人善用、人尽其才的用人制度,全面提高金融队伍的整体素质。

会议要求,做好"十五"期间的金融工作,必须加强领导。金融系统要加强党的建设,大力推进社会主义精神文明建设,不断提高干部职工的思想道德素质。要转变作风,树立严格、规范、谨慎、诚信、创新的行业风气,坚决反对和纠正讲究排场、挥霍浪费的不良风气,大力倡导勤俭办事、厉行节约的优良作风。要加强党风廉政建设,从源头上治理腐败。

会议要求,我们要紧密团结在以江泽民同志为核心的党中央周围,自觉地把思想和行动统一到中央的决策和部署上来,努力完成金融工作的各项任务,使金融在推动国民经济发展和社会全面进步中发挥更大的作用,以优异的成绩迎接党的十六大召开。

出席会议的中央和国务院领导同志还有:丁关根、吴邦国、张万年、罗干、钱其琛、温家宝、曾庆红、吴仪、王忠禹等。

中共中央政治局委员、书记处书记、国务院副总理温家宝作总结讲话。江苏省、中国人民银行、中国证监会、中国保监会和中国工商银行负责人作了大会发言。

各省(自治区、直辖市)省长(主席、市长),负责金融工作的副省长(副主席、副市长),各计划单列市市长,新疆生产建设兵团主要负责人,党中央和国务院有关部门负责人,金融系统有关单位和部门负责人出席了会议。

《人民日报》发表评论员文章《警惕合法外衣下的罪恶》

2月6日

国家主席江泽民和斯里兰卡总统钱德里卡·班达拉奈克·库马拉通加就中斯建交45周年互致贺电

全国人大常委会委员长李鹏 国务院总理朱镕基 全国政协主席李瑞环在人民大会堂分别会见摩洛哥国王穆罕默德六世

国务院总理朱镕基和斯里兰卡总理拉尼尔·维克勒马辛哈就中斯建交45周年互致贺电

全国政协主席李瑞环邀请全国性宗教团体领导人到中南海座谈

李瑞环在认真听取了宗教团体领导人的发言后讲话。他首先代表江泽民总书记和朱镕基总理,向全国性宗教团体领导人、全国宗教界人士和广大信教群众致以亲切问候和良好祝愿。他说,过去的一年,我国经济建设和各项社会事业都取得了显著成就。广大宗教界人士和信教群众同党和政府齐心协力,积极开展工作,为贯彻落实各项宗教政策,为维护安定团结的社会局面,为推进两个文明建设,作出了应有的贡献。

李瑞环强调,今年中国共产党将召开第十六次全国代表大会。进一步做好今年的各项工作包括宗教工作,意义重大而不寻常。各级宗教工作部门和宗教界要把贯彻落实全国宗教工作会议精神作为一件大事,抓紧抓好,抓出成效。要始终不渝地坚持宗教信仰自由政策,尊重并保护信教群众的合法权益,不断增强信教与不信教群众以及不同宗教信仰群众之间的大团结。要积极引导宗教与社会主义社会相适应,进一步挖掘、整理宗教文化中积极、向上的内容,特别是宗教界要继续在团结信教群众、维护社会稳定方面发挥不可替代的作用。要毫不动摇地执行独立自主自办原则,积极开展对外友好交往,有效抵御利用宗教进行的渗透活动。李瑞环希望大家在新的一年里，再接再厉，扎实工作，争取新的更大的成就。

国务委员司马义·艾买提、王忠禹，全国政协副主席、中央统战部部长王兆国出席了座谈会。中国天主教爱国会主席傅铁山、中国道教协会会长闵智亭、中国基督教三自爱国运动委员会主席罗冠宗，中国伊斯兰教协会会长陈广元，中国佛教协会副会长刀述仁等在座谈会上发言。参加座谈会的还有有关部门负责同志刘延东、李德洙、徐绍史、朱维群、叶小文等。

中央政法委书记罗干慰问首都公安民警武警官兵

在贾春旺、王胜俊、崔占福、强卫等陪同下，中共中央政治局委员、国务委员、中央政法委书记罗干来到北京市公安局东城分局巡察支队、海淀分局花园路派出所、东城区看守所和武警某部六中队等，亲切看望、慰问常年战斗在维护社会稳定和社会治安第一线的首都公安民警和武警官兵，并通过他们向全国广大公安民警和武警官兵及他们的家属表示节日的问候和衷心的感谢。

罗干说，在过去的一年里，你们认真学习江总书记"三个代表"的重要思想和关于政法工作的一系列重要指示精神，认真贯彻了全国社会治安工作会议的精神，积极开展"严打"整治斗争，严密防范和打击邪教"法轮功"的违法犯罪活动，热情为人民群众服务，为维护首都稳定和良好的治安秩序做了大量工作。当前北京社会治安好转，群众安全感有所增强，你们功不可没！罗干勉励大家不骄不躁，再接再厉，为党的十六大胜利召开，为人民群众安居乐业，创造良好的治安环境。

外交部部长唐家璇和斯里兰卡外交部长蒂龙·费尔南多就中斯建交45周年互致贺电

2月7日

国家主席江泽民在中南海会见美国大自然保护协会亚太理事会理事长高盛公司董事长兼首席执行官保尔森一行

江泽民对保尔森访华表示欢迎。他说，美国大自然保护协会是具有重要影响的国际环境保护组织，多年来积极参与中国西部大开发生态环境保护和建设，我们对此表示赞赏。中国政府一贯高度重视环境和生态保护，始终将可持续发展战略作为一件大事来抓。目前，中国实施的西部大开发，将生态环境的保护与发展放在了重要位置。希望美国大自然保护协会为促进中美在环保领域的交流与合作作出新的贡献。

保尔森对江泽民的会见表示感谢，并向他介绍了美国大自然保护协会在中国云南与省政府合作进行的"滇西北保护与发展行动计划"项目的概况。保尔森对中国政府在环境保护方面所做的出色工作表示赞赏，并表示将继续与云南省政府和其他有关部门密切合作，为滇西北的环境保护、经济发展和人民生活改善作出贡献。

保尔森是应国家环境保护总局邀请来华进行工作访问的。国家环境保护总局局长解振华、云南省省长徐荣凯、中国证监会主席周小川等会见时在座。

江泽民 李鹏 朱镕基 李瑞环 胡锦涛 尉健行 李岚清等党和国家领导人出席2002年军民迎新春大型文艺晚会

《人民日报》发表社论《认清形势 坚定信心 进一步提高金融工作水平》

国务院在北京召开全国安全生产电视电话会议

国务院副总理、国务院安全生产委员会主任吴邦国在会上强调，要以江泽民同志"三个代表"重要思想为指导，增强抓好安全生产的紧迫感和责任感，努力做好今年的安全生产工作，巩固和扩大安全生产专项整治阶段成果，促进安全生产形势的稳定好转，为维护改革发展稳定大局作出新的更大的贡献。

吴邦国说，党中央、国务院历来高度重视安全生产工作，江泽民总书记、朱镕基总理等中央领导同志多次作过重要指示。为加强安全生产工作，国务院采取了一系列重大举措。各省、自治区、直辖市和国务院有关部门认真贯彻落实党中央、国务院的工作部署，普遍重视和加强了安全生产工作。在各方面的高度重视、扎实工作、共同努力下，去年全国安全生产形势总体上明显好转，突出表现在全国重特大事故发生起数和死亡人数比上年均有较大幅度下降，重点行业、重点领域的安全生产专项整治取得阶段性成果。

吴邦国指出，在肯定成绩的同时，我们必须清醒地看到，安全生产专项整治取得的成果只是阶段性的，不能估计过高，安全生产的基础还很不牢固。去年全国各类伤亡事故和死亡人数仍有上升，个别领域和个别地区重特大事故接连发生。尤其值得注意的是，今年1月份，全国发生特大事故9起、死亡156人，其中煤矿就发生6起，全国安全生产形势仍很严峻，存在的问题还不少。各地区、各部门必须认清形势的严峻性和工作的艰巨性，高度重视，克服畏难和厌战情绪，增强责任感和紧迫感，坚持不懈地把安全生产工作抓紧抓实抓好。

吴邦国对做好今年的安全生产工作提出了四点要求：一是继续深入开展安全生产专项整治工作。国务院决定由国家经贸委牵头，会同有关部门在全国范围内进行危险化学品安全管理专项整治。各地区、各部门要按照统一部署，认真贯彻执行《危险化学品安全管理条例》，从生产、经营、储存、运输、使用和废弃物处置等各个环节，狠抓危险化学品的安全整治，切实加强监督管理，严禁非法生产、经销、运输和使用危险化学品。要深入开展煤矿安全专项整治，按照郑州现场会和国办68号文件精神，做好乡镇煤矿的整顿验收工作，严把复产验收关和核发“四证”关，确保整顿验收的质量，验收合格的方可恢复生产，对验收不合格的，要采取强硬措施，坚决关闭。要加大煤矿安全执法监督的力度，对于监督不力造成的安全生产事故，要追究执法监督部门领导和直接责任人的责任。要狠抓民爆物品和烟花爆竹的安全整治。要继续深入进行公众聚集场所的消防安全整治。要以预防公路客运重特大事故和整顿规范水上运输秩序为重点，下大力量抓好交通运输的安全整治，加强客货运输安全管理，扭转交通运输群死群伤事故多发的局面。

二是加强安全生产基础工作。企业要落实安全生产责任制，建立、健全安全生产的各项规章制度并严格执行。改变那种责任不清、管理不严、有章不循的状况。要有专人具体负责安全生产工作，并赋予相应权力。要加强日常监督检查，发现隐患，及时纠正，坚决制止违章指挥、违规操作、违反劳动纪律的“三违”现象，把安全生产各项制度和要求真正落到实处。要继续搞好安全生产培训，提高职工队伍的安全素质和自我防护能力，对从事特种作业的人员必须按照国家有关规定，经过严格培训，考核合格后持证上岗。要加强安全生产宣传教育，增强全民安全生产意识。企业要加大安全生产投入，集中力量完善安全生产设施，弥补安全欠账，消除隐患，改善作业环境和条件。煤矿安全投入欠账比较多，要抓住煤炭生产形势好转的有利时机，围绕“一通三防”，加强安全技术改造，完善各项安全生产监测和防范措施。所有建设工程项目都必须严格执行安全设施和主体工程同时设计、同时施工、同时验收、同时投入使用的“四同时”规定，绝不能以节省投资为借口削减安全生产的必要设施。

三是强化安全监督管理。各级安全生产监督管理部门要认真履行职责，切实负起责任，充分发挥安全监管部门综合监督、管理和协调的作用，加大安全生产监督工作力度，增强安全生产监督的权威和威慑力。要充分发挥舆论的监督作用，形成宣传舆论和社会监督的氛围。各地要结合机构改革，建立、健全分级管理的安全生产监管体系，做到机构、人员、职能、经费“四落实”。省级煤矿安全监察局与煤炭行业管理部门必须彻底分开，使煤矿安全监察机构的工作重心真正转到煤矿安全监察执法上来。

四是进一步落实安全生产责任制。各地政府一把手是本地区安全生产工作的第一责任人，必须对本地区安全生产工作负总责，确保一方平安。县乡处于安全生产工作的第一线，也是安全生产监督管理工作的薄弱环节，落实县乡责任是今年落实安全生产责任制的重中之重。各地要按照《国务院关于特大安全事故行政责任追究的规定》的精神，制定实施细则，加大对县乡领导干部安全事故行政责任的追究力度。

吴邦国最后强调，各地区、各部门、各单位要切实做好春节期间的安全生产工作。他说，春运已进入高峰，要把春运的各项工作进一步精心组织安排好，确保公路、铁路、水路、航空运输的安全畅通，确保民工有序流动，确保广大人民群众出行的安全。要切实加强烟花爆竹、危险化学物品的管理，严禁携带易燃易爆物品和危险化学物品乘坐汽车、火车、轮船、飞机等交通工具。对节日期间举办的各种大型娱乐活动，主办单位和有关部门要切实负起责任，精心组织，确保万无一失。要把旅游场所、娱乐场所、大型商场、机场、车站、码头、油库等公共场所和要害部门作为安全防范的重点，落实各项防范措施，制订应急预案，加强安全保卫，保证广大人民群众过一个安全、祥和、欢乐的新春佳节。

会议由国务院副秘书长尤权主持。国家经贸委主任李荣融通报了去年全国安全生产有关情况。福建、湖北、广东、山西四省负责同志在会上发了言。中央、国务院有关部门和单位以及中央管理的在京国有重要骨干企业负责同志在主会场参加了会议，各省、自治区、直辖市政府负责同志和部分市县政府及有关部门的负责同志在各分会场参加了会议。

全国老龄工作委员会第四次全体会议在北京召开

国务院副总理、全国老龄工作委员会主任李岚清出席会议并发表讲话，强调要认真贯彻落实“三个代表”重要思想，扎扎实实做好为老年人服务的各项工作。

会议由国务委员、全国老龄工作委员会常务副主任司马义·艾买提主持。

李岚清在讲话中肯定了2001年老龄工作取得的成绩，对今年的老龄工作提出了要求。他指出，我国有1亿多老年人，他们是社会的重要组成部分。做好老龄工作是全心全意为人民服务宗旨和社会主义制度的本质要求，也事关改革发展稳定大局，是贯彻“三个代表”重要思想的具体体现。

李岚清要求，各级党委、政府要进一步统一思想，提高对老龄工作重要性的认识，切实加强对老龄工作的领导。老龄工作只能加强，不能削弱。各地区要按照中央决定精神，抓紧理顺和健全地、县级老龄工作体制，健全机构，配好人员，保证经费，确保基层老龄工作的正常开展。

李岚清强调，做好老龄工作必须坚持党政主导、社会参与、全民关怀的方针。要调动社会各方面的力量参与老龄事业发展，倡导人人为老龄事业做贡献。他说，敬老、养老、助老是中华民族的传统美德，体现了先进文化的前进方向。要认真贯彻落实《公民道德建设实施纲要》，广泛开展老年志愿者服务活动，教育青少年尊重、爱护和帮助老年人，推动尊老爱幼、老少共融良好社会风尚的形成。

李岚清强调，各地区、各部门、各级党政军群领导要把老龄工作纳入重要议事日程，增加对老龄事业的投入，精心组织和安排好今年的工作，扎扎实实为老年人办几件实事、好事。要采取行之有效的措施，切实保障城乡贫困老年人的基本生活，确保企业离退休人员基本养老金、城市居民最低生活保障金和优抚对象抚恤金的按时发放，决不能让老年人冻着、饿着；要建设一批适用、方便的活动场所和老年服务设施，广泛开展形式多样、内容丰富多彩、健康有益的老年文化和体育健身活动，提供方便的医疗保健服务；要做好维护老年人合法权益工作，健全对老年人的法律援助制度；要重视发挥老年人的作用，鼓励老年人参与力所能及的社会公益事业和精神文明建设活动；要办好老年大学和老年学校；积极开展党的政策、形势和科学文化知识教育，健全老年党员的组织生活；引导广大老年人自觉地同“法轮功”邪教组织作斗争等等。使广大老年人以科学、健康、文明的生活方式安享晚年。

李岚清指出，老龄工作的重点在社区、在基层，要把老龄工作作为社区建设的重要内容抓紧抓好。要重视农村老龄工作出现的新情况和新问题，加强调查研究，探索农村老龄工作的新路子。

李岚清说，老年人是一个庞大的社会群体，也是特别需要关怀和帮助的社会群体，大力发展老年产业和老年服务业，不仅是满足老年人日益增长的物质和文化生活水平的需要，也是扩大内需、增加就业、促进经济发展的需要。有关部门要抓紧制定优惠政策，推动老年产业和老年服务业的发展。

李岚清强调，各地区、各有关部门要按照党的十五届六中全会决定要求，进一步转变工作作风，深入贯彻中央关于加强老龄工作的决定，全面落实中国老龄事业发展“十五”计划纲要，把各项老龄工作任务落到实处。李岚清最后说，春节将至，向全国老年人致以节日的问候。

全国老龄工作委员会副主任多吉才让、徐绍史、张左己、黄晴宜和全国老龄工作委员会委员出席了会议。会议决定增补共青团中央为全国老龄工作委员会成员单位。

全国双拥工作领导小组第十五次全体会议在北京举行

会议回顾总结了2001年全国双拥工作情况，研究部署了新年度的双拥工作任务，要求各地、各部队深入贯彻落实江泽民总书记“三个代表”重要思想，扎扎实实做好双拥工作，进一步巩固和发展军政军民团结，为国家改革发展稳定和军队建设创造良好的条件，以实际行动迎接党的十六大的胜利召开。

国务委员、全国双拥工作领导小组组长司马义·艾买提在会上指出，2001年，在党中央、国务院、中央军委的领导下，全国双拥工作以“三个代表”重要思想为指导，服务大局，注重建设，立足基层，求实创新，在原有基础上有了新的发展和进步。双拥优良传统教育深入人心，军地相互支持更加有力，政策法规建设得到加强，群众性创建活动持续发展，双拥工作整体水平不断提高，有力地促进了国家改革发展稳定和军队建设。

他强调，2002年的双拥工作要着眼于为党的十六大召开创造良好条件，继续为改革发展稳定这个大局服务，切实把维护社会稳定摆在突出位置。各地、各部队要把促进社会发展和部队战斗力提高作为双拥工作的根本任务和目标，加强军地之间相互支持与合作。要加大群众性创建活动力度，不断提高双拥工作的整体水平。要把开展创建双拥模范城(县)活动的重点放在基层，注重落实；要坚持创建活动的经常化，并在增强实效、提高质量上下功夫。要健全基层群众性双拥服务组织，积极开展富有时代特色、能够吸引军民广泛参与的双拥活动，下大力气解决转业、离休退休和退伍军人安置、随军家属就业、义务兵家属优待、重点优抚对象生活及医疗保障等实际问题，使双拥工作的各项任务落到实处。

全国双拥工作领导小组副组长多吉才让、唐天标、姜异康、罗平飞及各成员单位的负责同志出席了会议。

2月8日

中共中央在中南海举行党外人士迎春座谈会

中共中央总书记、国家主席江泽民强调，在全面建设小康社会、加快推进社会主义现代化的新的发展阶段，我们必须坚定不移地坚持共产党领导的多党合作，与各民主党派、工商联和无党派人士继续和衷共济、肝胆相照，把建设有中国特色社会主义伟大事业更好地推向前进。

江泽民、李瑞环、胡锦涛等中共中央领导同志，与各民主党派中央、全国工商联负责人和无党派代表人士欢聚一堂，畅叙友情，共商国是，喜迎新春。

江泽民代表中共中央、国务院，向各民主党派、工商联和无党派的同志们致以诚挚的问候和良好的新春祝福。

座谈会上，民盟中央名誉主席费孝通、民建中央名誉主席孙起孟、民进中央名誉主席雷洁琼、民革中央主席何鲁丽、民盟中央主席丁石孙、民建中央主席成思危、民进中央主席许嘉璐、农工党中央主席蒋正华、致公党中央主席罗豪才、九三学社中央主席吴阶平、台盟中央主席张克辉、全国工商联主席经叔平、无党派代表人士阿沛·阿旺晋美先后发言。他们在发言中高度评价了过去一年中我们国家所取得的各项成就，表达了对中国共产党领导全国各族人民实现新世纪三大任务的信心和期望，还对做好今后的工作提出了许多很好的意见和建议。

江泽民在认真听取大家的发言后作了重要讲话。他说，刚刚过去的 2001 年，是我们实施“十五”计划和现代化建设第三步战略部署的开局之年。一年来，我们继续深化改革、扩大开放，坚持扩大内需的方针，推进经济结构调整和西部大开发，在全球经济增长明显减缓的情况下，实现了国民经济的较快增长。我们隆重庆祝中国共产党成立 80 周年，总结了历史经验，全党继续高举邓小平理论伟大旗帜，贯彻“三个代表”要求。我国正式加入世贸组织，标志着我们的对外开放进入了一个新的阶段。精神文明建设、民主法制建设以及各项社会事业蓬勃发展。新成绩、新进展，是全国各族人民在中国共产党领导下团结奋斗所取得的，也是与各民主党派、工商联和无党派人士同中国共产党的紧密团结和亲密合作分不开的。

江泽民指出，2002 年是我们党和国家发展史上具有重要意义的一年。我们党将召开十六大，进一步动员和带领全国人民继往开来、与时俱进，在新世纪开创建设有中国特色社会主义事业的新局面。我们要坚持以党的基本理论和基本路线为指导，统一思想、坚定信心，沉着应对、趋利避害，转变作风、扎实工作，保持国民经济持续快速健康发展，保持社会团结稳定。

江泽民说，当前，国际局势错综复杂，我国改革和发展的任务十分繁重，必须凝聚起全国各族人民的力量共同前进。中国共产党领导的多党合作和政治协商制度，是经过长期实践检验的符合我国国情、具有独特优势的一项基本政治制度，无论是共产党还是各民主党派，都要百倍珍惜，自觉维护，并使之不断完善。在全面建设小康社会、加快推进社会主义现代化的新的发展阶段，我们必须坚定不移地坚持共产党领导的多党合作，凝聚成不懈奋进的强大力量，始终保持生动活泼、团结稳定的政治局面。希望各民主党派同中国共产党一道，共同致力于研究和解决我国经济和社会发展中的重大问题，为保持我国经济持续快速健康发展作出新的贡献。

江泽民最后说，回顾过去，展望未来，我们对改革开放和现代化建设充满必胜的信念。让我们更加紧密地团结起来，以更加振奋的精神和更加扎实的工作，为实现中华民族的伟大复兴而共同奋斗。

座谈会由中共中央政治局常委、全国政协主席李瑞环主持。他说，刚才，各民主党派中央、全国工商联领导人和无党派代表人士发表了热情洋溢的讲话，高度评价了过去一年改革开放和现代化建设取得的各项成就，表达了对中国共产党领导全国各族人民完成新世纪三大任务的信心与期望，同时还提出了许多很好的意见和建议，这对于我们做好今年的工作，巩固和发展“十五”开局的良好势头，有着重要意义。他指出，江总书记的重要讲话，深刻分析了当前国际国内形势，进一步明确了今年的工作方针和任务，对统一战线各方面进一步围绕大局，发挥作用，加强自身建设提出了殷切的希望，我们要认真学习，很好地贯彻落实。在新的一年里，我们要更加紧密地团结在以江泽民同志为核心的中共中央周围，同心同德，团结奋斗，扎实工作，以优异的成绩迎接中共十六大的召开。

应邀出席座谈会的党外人士还有：王光英、孙孚凌、万国权、周铁农、王文元以及各民主党派中央、全国工商联有关负责人。

中共中央政治局候补委员、书记处书记曾庆红，全国政协副主席、中共中央统战部部长王兆国，以及中共中央办公厅主任王刚、中共中央统战部副部长刘延东、李德洙等出席了座谈会。

国务院副总理温家宝通过卫星通信向南极考察队员和“雪龙”号船员祝贺新春

中共中央政治局委员、书记处书记、国务院副总理温家宝来到国家海洋局，代表党中央、国务院和全国人民，通过卫星通讯向远离祖国、不畏艰险、日夜奋斗在南极第一线的中国第十八次南极考察的全体队员和“雪龙”号船员祝贺新春。

温家宝指出，南极科学考察是我国科学技术事业和海洋事业的重要组成部分，是人类探索自然奥秘、和平利用南极的重要活动。在以往的考察活动中，取得了丰硕的成果。去年第十七次考察活动，在人类活动对南极海鸟生态的影响方面获取了大量的数据，完成了气象常规观测和高分辨率卫星云图接收、电离层观测、臭氧观测、GPS全球联测及验潮观测、中日合作高空大气物理及地磁观测等常规科考项目。今年第十八次南极考察，重点进行内陆冰盖断面雪冰考察、南大洋科考、南极臭氧观测、拉斯曼丘陵研究、海洋生态监测，还担负气象、发电等基地建设任务。两个多月来，考察队全体同志不畏艰险，顽强拼搏，穿越了西风带，顺利到达了长城站和中山站，完成了大部分科考任务，启动了我国“十五”极地能力建设，为我国科学技术和海洋事业发展增添了光彩。

中国第十八次南极考察队由143人组成，乘“雪龙”号科学考察船于2001年11月15日离开上海，先后到达长城站和中山站。考察队领队魏文良、“雪龙”号船长袁绍宏、长城站站长董利、中山站站长陈永祥等汇报了考察进展情况，并代表奋战在南极的全体考察队员向祖国和人民拜年。

温家宝还亲切接见了上任长城站站长吴金友等中国第十六、十七次南极考察队部分在京队员。

国务院副总理温家宝在内蒙古自治区东部贫困地区考察工作

2月8日至10日，在内蒙古自治区党委书记储波、自治区政府主席乌云其木格等陪同下，国务院副总理温家宝来到内蒙古自治区东部贫困地区，代表党中央、国务院看望、慰问各族群众，送来了党和政府的温暖。

温家宝说，开展扶贫济困是实践“三个代表”的具体行动，各级干部要自觉承担起自己的责任，把这项工作做好。

翁牛特旗和敖汉旗地处科尔沁沙地边缘，由于生态环境非常恶劣，这里十年九旱。温家宝说，扶贫济困要经常化，不能搞一阵子，要干一辈子。对于自然条件恶劣、灾害频繁地区的群众生活，既要救急，更要治本，努力改善生态环境和生产条件，这是一项艰苦细致的工作。各级领导干部灾后要反思，总结教训，探索适合当地实际的发展路子。

温家宝十分关心农牧民外出打工的情况，一些群众反映打工拿不到工钱，他感到非常焦虑，要求有关部门立即采取措施，制止拖欠农民工资的行为，保护农民的合法权益。

全国法院纪检监察工作电视电话会议在北京召开

最高人民法院副院长祝铭山要求各级人民法院强化党风廉政建设，加大对自身违纪违法案件的查处力度，以廉政促进司法公正和效率。

据介绍，为了树立良好的司法形象，保障司法公正，全国法院坚持从严管理，加强自我监督。去年，全国法院处级以上领导干部上交和拒收钱款约456万元人民币、港币3万元；按照党风廉政建设责任制的规定，追究了10名领导干部的领导责任，另有114名院长因用人失察或监管不力导致本单位或本地区法院出现严重违纪、违法案件或其他重大事件，主动到上级法院检讨责任。全国各级人民法院注重自查自纠，共查处违纪、违法工作人员1384人，其中85人被追究刑事责任。

2月9日

国家主席江泽民在人民大会堂会见以党首野田毅为团长前首相海部俊树为顾问的日本保守党代表团

江泽民首先对保守党代表团在中日邦交正常化30周年之际访华表示欢迎，对与各位热心于中日友好事业的新老朋友们会面表示高兴。他说，在纪念中日邦交正常化30周年的时候，我们深切缅怀历史上为中日友好事业作出过贡献的人们，对仍在关心并致力于中日友好事业的朋友们表示诚挚的敬意和衷心的感谢。

江泽民说，总结过去两千年特别是近几十年中日关系的历史，我认为中日双方唯一正确的选择是坚持中日友好，友好可促进共同繁荣，对两国和两国人民都有利。日本坚持走和平发展的道路最符合日本民族的利益，也是亚洲国家和人民所期望的。中日两国政治家应该从这个大局出发，以两国人民的根本愿望和利益为重，始终以正确的历史观教育青少年，不断地促进中日关系的发展，实现中日两国人民的世代友好。

江泽民指出，中国政府一贯重视中日关系。保持一个健康稳定、友好合作的中日关系不仅有益于中日两国人民，而且一定能够为亚洲的稳定、繁荣，为世界的和平、发展作出重要贡献。期望日本保守党和日本朝野各界继续为推动中日友好事业的发展作出积极努力。

国家主席江泽民在人民大会堂分别接受哥伦比亚驻华大使阿方索·德赫雷斯·坎波·索托和秘鲁驻华大使玛尔塔·托莱多·奥坎波递交的国书

国务院总理朱镕基在人民大会堂会见长期参与中国革命和建设事业的外国老专家和他们的亲属

全国政协主席李瑞环在全国政协大楼会见第十一世班禅额尔德尼·确吉杰布

国务院副总理李岚清到北京外国语大学和中国政法大学看望教师

走过60年历程的北京外国语大学如今已经成为我国开设语种最多的全国重点外国语大学,是我国从事外国语言文学和国际问题教学与研究和外语人才培养的重要基地。李岚清在座谈中仔细向学校领导和教授、专家们了解外语教学改革取得的成效,探讨进一步深化改革的思路。他说,我国的现代化建设和对外开放需要大批高素质的外语人才,外语院校担负着培养外语人才的重任。北京外国语大学作为外语教学和研究的重点高校,要积极探索改革外语教学的新思路、新方法,为外语教学提供新的经验和好教材,为国家培养出更多高质量的复合型外语人才。全国的外语院校和外语教师都要认真研究从整体上提高我国的外语教学水平,解决目前存在的学生会读而不能听、会听而不能讲的问题。学好外语不仅要靠学生的勤学苦练,又要讲求科学的教学方法,讲求教学效果。

中国政法大学经过50年的建设,现在已经形成多层次的办学格局和体系,在我国法学教育领域具有突出优势。李岚清在认真听取了校领导和教授、专家们关于改进法学教育教学方法的意见后说,随着我国依法治国的不断推进和国际间的交流日益增多,各方面对高素质、高水平法律人才的需求越来越大,抓紧培养大批既通晓法律,又熟悉经济、人文、外语等知识的高素质实用型、复合型人才,提高我国法学教育整体水平,为我国法制建设提供智力支持等,是摆在中国政法大学和所有政法类高等院校面前的重要课题。李岚清指出,我国的法制体系还不够健全,不够完善,行政法规和法律之间、民法与刑法之间如何有效衔接,都需要政法院校的教授、专家们认真研究和探索。希望中国政法大学努力把学校建设成为全国政法教育和法学研究的中心,为我国的法制建设作出更大的贡献。

中国和摩洛哥发表新闻公报

应中华人民共和国主席江泽民的邀请,摩洛哥王国穆罕默德六世国王陛下于2002年2月4日至9日对中华人民共和国进行了国事访问。

访问期间,江泽民主席与穆罕默德六世国王陛下举行了正式会谈,在诚挚友好的气氛中就加强双边关系及共同关心的国际和地区问题深入交换了看法,并就新世纪两国关系发展的方向和框架达成共识。穆罕默德六世陛下还会见了全国人民代表大会常务委员会委员长李鹏、国务院总理朱镕基和中国人民政治协商会议全国委员会主席李瑞环。两国有关方面签署了有关经济技术合作、环境保护、社会发展与就业、卫生、旅游和新闻等方面的8项协议。

双方回顾了两国在各个领域业已存在的友好合作关系,对这一关系所达到的水平深表满意。

双方认为,建立在平等互利基础之上的两国经贸合作具有进一步拓展和深化的巨大潜力,强调双方将继续支持和鼓励两国有关部门和企业增加接触,不断探索扩大两国合作的新方式和新途径。

双方认为,中摩在重大国际和地区问题上有着广泛的共识,并高度评价两国在国际事务中始终保持的合作和磋商关系。

双方认为,目前世界经济全球化继续发展,发展中国家应在多极化的框架内加强联合,努力维护自身权益。

双方对经济全球化给发展中国家带来的负面影响表示关注,主张发达国家应加倍努力,保障发展中国家的经济安全,帮助其提高发展能力,从而逐步缩小发达国家与发展中国家的差距。

双方赞同通过对话妥善处理各国在人权领域存在的分歧,促进人权事业的积极发展。

双方表示愿同国际社会一道,为建立公正、合理的国际政治、经济新秩序和一个和平与发展的新时代而共同努力。

双方强调,联合国在维护世界和平与安全方面具有重要的作用,同时,应对联合国的机构进行必要的改革,以满足成员国对实现国际关系民主化的要求。

双方一致谴责任何形式的恐怖主义,并坚决支持国际打恐行动;主张反恐要标本兼治,一方面要重视发展问题;另一方面要合理解决各种政治冲突,以彻底铲除产生恐怖主义的根源。

双方强调,反恐行动应符合《联合国宪章》的宗旨和原则及公认的国际法准则,并充分发挥联合国和安理会的主导作用。

双方对中东局势不断升级表示十分担忧,认为中东问题得不到全面、持久和公正的解决对地区稳定与安全构成严重威胁,并对世界的和平与发展产生消极影响。

双方呼吁所有有关各方尽早恢复谈判,并敦促国际社会承担起推动中东和平进程的责任。双方强调支持中东和平进程,并将继续努力根据包括安理会242号决议和338号决议在内的联合国有关决议以及"土地换和平"原则实现中东问题的和平、全面、持久和公正的解决。

双方认为,谋求和平、稳定和发展是非洲大陆的一个首要任务。但双方对非洲发展面临的诸多挑战,特别是债务和地区冲突问题感到关切,呼吁国际社会在这一问题上承担起责任,帮助非洲国家保障其国家独立、主权和领土完整,实现发展和繁荣,进而促进非洲的安全、稳定与和平。

双方高度评价中非友好合作关系和中非合作论坛机制，表示愿意在此框架内继续开展两国与非洲其他国家间多领域、多种形式的互利合作，为建立中非长期稳定、平等互利的新型伙伴关系作出贡献。

双方认为，摩洛哥王国穆罕默德六世国王陛下对中华人民共和国的访问取得了圆满成功，这是中摩关系中具有历史意义的一件大事，必将有力地推动两国友好合作关系在新世纪继续向前发展。

摩洛哥方面对其在中国逗留期间所受到的热烈欢迎和盛情款待表示深切的谢意。

出于两国之间的友好情谊和为了保持双方之间的经常性对话，摩洛哥王国穆罕默德六世国王陛下邀请中华人民共和国主席江泽民先生阁下再次访问摩洛哥。江泽民主席阁下对这一邀请表示感谢。

国家信息化专家咨询委员会成立会在北京举行

国务院副总理、国家信息化领导小组副组长吴邦国向受聘的各位专家颁发聘书。吴邦国在与专家座谈时强调，要充分发挥专家学者的参谋咨询作用，增强决策的科学性，促进国家信息化建设健康发展。

吴邦国说，大力推进国民经济和社会信息化，是覆盖现代化建设全局的战略举措，关系到国民经济和社会发展的各个方面，对促进产业结构调整和产业优化升级，加快实现工业化、现代化都具有十分重要的意义。他指出，当今世界信息技术迅猛发展，知识更新不断加快，社会对信息资源的需求和依赖程度越来越高，客观上对信息化建设提出了新的更高的要求。因此，广泛听取专家意见，充分发挥专家学者的参谋咨询作用，对增强信息化建设决策的科学性，确保信息化建设健康发展至关重要。成立国家信息化专家咨询委员会，就是为了集专家智慧，对我国信息化发展中的重大问题进行研究咨询，向国家信息化领导小组提出决策建议。他要求国务院信息化工作办公室要为专家咨询委员会创造良好的工作条件，做好服务工作，虚心地充分地听取专家们的意见，使专家委员会真正发挥作用。他希望专家发挥聪明才智，为国家献计献策，希望大家畅所欲言，充分发表自己的真知灼见，形成良好的学术氛围，充分发挥参谋咨询作用。

据悉，国家信息化专家咨询委员会经国家信息化领导小组批准成立，是国家信息化领导小组决策咨询机构。经过考察遴选，委员会首批聘请了来自各方面，专业覆盖经济、技术、法律等领域的38名委员。他们中间既有多年从事信息技术研究的资深院士、国内知名经济学家，也有不少后起之秀。

国家计委主任、国家信息化领导小组副组长曾培炎，国务院副秘书长尤权，国务院信息化工作办公室副主任曲维枝、刘鹤等出席了会议。

国家民委主任李德洙就当前民族工作形势及民委工作任务接受《人民日报》记者专访

记者：进入新世纪后，国际形势、国内形势都有些新变化。您对当前民族工作的形势怎么估计？

李：从当今国际国内大势及民族工作实际出发，我们可以对新阶段民族工作的形势，作出四个基本判断：第一，民族问题的五个基本特征，即普遍性、长期性、复杂性、国际性、重要性没有改变，将长期存在。第二，国际敌对势力企图利用民族和宗教问题西化、分化中国的本质没有改变。第三，民族工作的根本任务没有改变。江泽民同志强调指出，现阶段我国的民族问题集中表现为少数民族和民族地区迫切要求加快经济文化的发展。搞好民族工作，加强民族团结的核心是积极创造条件，加快少数民族和民族地区发展，促进各民族共同繁荣。这是处理民族关系、解决民族问题的根本任务。第四，平等、团结、互助的民族关系健康发展的基本特征没有改变，“三个离不开”更加巩固的发展趋势没有改变。

记者：新的一年，民族工作总的指导思想是什么？

李：总的指导思想是，以邓小平理论和党的十五大精神为指导，进一步贯彻落实江泽民同志“七一”重要讲话、党的十五届五中、六中全会和中央民族工作会议精神，按照“三个代表”要求，坚持和完善民族区域自治制度，全面贯彻党的民族政策，巩固和发展平等、团结、互助的社会主义民族关系，加快少数民族和民族地区经济发展和社会进步，增强民族团结，维护社会稳定，以新的成就迎接党的十六大召开。

记者：在这个总体要求下，有什么新的思路？民委工作的任务是什么？

李：做好民族工作，我们要坚持用改革发展、团结稳定、开拓创新的思路，着重做好以下几个方面的工作：

一要抓政策，促进少数民族和民族地区经济社会加快发展。我们要抓住西部大开发的机遇，千方百计促进少数民族和民族地区加快发展。要全面推进“兴边富民行动”；要以落实项目为主要环节，全面启动扶持22个人口较少民族加快发展的工作；要以筹备召开全国牧区工作会议为契机，争取牧区和扶贫工作有新进展。要努力促进少数民族和民族地区文化的发展。要以改善办学条件为突破口，以提高教学质量为核心，努力办好民族院校；加大推动民族地区“普九”工作的力度，特别是要搞好人口较少民族的“普九”工作，配合教育部把已出台的优惠政策真正执行下去；进一步做好东西部学校对口支援的工作，加强民族地区师资队伍建设。

二要抓稳定，加强民族团结，促进民族关系健康发展。要建立、健全机制，把对影响民族团结问题的事件的处理纳入法制化、规范化轨道；要加强群众中的骨干队伍建设。要加强民族理论、政策和常识的宣传教育，在全社会营造自觉维护民族团结的良好氛围。要做好城市和散杂居民族工作。要努力拓展民族外事工作领域，要旗帜鲜明地反对民族分裂。

三要抓法制，提高民族工作依法行政水平。我们要会同有关部门研究贯彻落实民族区域自治法的意见；根据新修改的《民族区域自治法》，修改《民族乡行政工作条例》和《城市民族工作条例》；加大工作力度，推动自治条例的修改和制定。

四要抓关键，大力培养少数民族干部。各级民委一定要把民族干部工作摆在事关全局的位置上来，要在联系、培养、选拔、使用、推荐五个环节上下大力气。

五要抓基础，深入开展调查研究。我们要结合民族工作的实际，创造性地开展调查研究，发挥好参谋助手作用。重点抓好以下几个调研题目：今后一个时期世界民族问题的走向；民族关系中的新情况、新问题；新的历史条件下少数民族干部成长的特殊规律。

全国国家助学贷款工作电视电话会议在北京举行

国务院副总理李岚清对国家助学贷款工作作出重要批示，要求各级人民政府以及金融、教育、财政部门和各高等学校要进一步统一思想，提高认识，加大工作力度，在落实上狠下功夫。

李岚清指出，开展国家助学贷款工作，是实施科教兴国战略，加速人才培养的重大政策；是在社会主义市场经济体制条件下，帮助高校经济困难的学生顺利完成学业的重大举措；是实践江泽民同志“三个代表”重要思想的具体行动，体现了社会主义制度的优越性，有利于人才培养，有利于党的教育方针的贯彻落实。两年多来，经过各方面的共同努力，国家助学贷款工作已取得了一定成效，有了一个良好开端，受到社会各界特别是高校学生的拥护和好评。但是目前这项工作在组织实施方面仍存在不少问题，贷款发放与经济困难学生需求相比还有很大差距。人民银行要会同教育部、财政部和各国有商业银行认真总结前一阶段工作的经验，及时研究解决出现的新情况、新问题，按照既要方便贷款，又要防范风险的原则，不断完善制度和办法，改进工作作风，提高工作效率，让符合条件的申请贷款的大学生都能及时得到贷款，保证国家助学贷款工作广泛、健康、持续地开展。

国务院扶贫办宣布我国扶贫开发出台重大措施

经国务院批准，国家扶贫开发工作重点县已经确定，并将立即付诸实施。这标志着，在我国使用了16年之久的“国定贫困县”的称谓将从此退出历史舞台。

根据刚刚颁布的《中国农村扶贫开发纲要》，国家将在中西部21个省(区、市)的少数民族地区、革命老区、边疆地区和特困地区确定592个县，作为新阶段国家扶贫开发工作重点县。这592个县的农村贫困人口可以覆盖全国农村贫困人口50%以上、低收入人口60%以上，是当前和今后一段时期扶贫开发工作的大头。对于沿海发达地区和非重点县中的贫困村、贫困户，在以省扶持为主的前提下，国家也将给予适当的资金支持。

国务院扶贫办主任吕飞杰说，确定扶贫开发工作重点县，是党中央、国务院根据新阶段扶贫开发工作对象、任务与特点采取的重大措施。从1986年开始，国家陆续确定了一批重点扶持的贫困县。“八七”扶贫攻坚计划顺利实施后，贫困地区农民的生产生活状况发生了巨大变化，贫困人口出现群体越来越小的多分散性的特点。这次确定的扶贫开发工作重点县，农村贫困人口、低收入人口相对集中，解决温饱及脱贫致富的任务较重，是全国扶贫工作的重点和难点。

据悉，为了抓好重点县的扶贫开发工作，中央决定集中主要的扶贫资金予以支持。同时，各重点县必须把扶贫开发工作当作中心任务来抓，必须坚持扶贫到村、到户，争取使贫困农民早日脱贫致富。

2月10日

全国政协副主席王兆国向各民主党派中央全国工商联负责人和无党派代表人士通报全国金融工作会议精神

王兆国首先传达了江泽民总书记、朱镕基总理在全国金融工作会议上的重要讲话和会议的主要精神。他说，这次全国金融工作会议的主题是加强金融监管、深化金融改革、防范金融风险、整顿金融秩序、改善金融服务，内容十分重要，会议还全面总结了4年来我国金融改革、整顿和发展所取得的成绩，体现了中共中央对当前金融工作一系列重大决策的正确性。江泽民总书记的重要讲话，深刻分析了国内外经济金融形势，全面阐述了金融工作的重要性，指出了今后一个时期金融工作的指导方针和主要任务。朱镕基总理全面部署了下一阶段的金融工作，对加强金融监管、推进国有商业银行改革等重点任务提出了具体要求。会议号召全党和全国人民统一思想、统一行动、坚定信心、转变作风，努力完成金融工作的各项任务，使金融在推动国民经济发展和社会全面进步中发挥更大的作用,以优异成绩迎接党的十六大的胜利召开。

王兆国希望各民主党派、工商联和无党派人士,结合实际工作,认真学习、领会和贯彻江泽民总书记、朱镕基总理的重要讲话和会议精神,努力把思想行动统一到中共中央作出的把金融工作放在更加突出的重要位置,确保金融安全、高效、稳健运行的重大决策上来;统一到中共中央关于做好"十五"期间金融工作的总体要求和部署上来,充分发挥人才荟萃、智力密集、联系广泛等优势,积极参政议政,建言献策,共同为加强金融监管,深化金融企业改革,改进金融服务,整顿金融秩序,防范和化解金融风险,维护国家金融安全,促进国民经济持续快速健康发展,作出新的更大的贡献。

出席今天通报会的有:担任全国人大常委会副委员长、全国政协副主席的党外人士王光英、吴阶平、何鲁丽、丁石孙、成思危、许嘉璐、蒋正华、孙孚凌、万国权、经叔平、罗豪才、张克辉、周铁农、王文元,各民主党派中央、全国工商联负责人、无党派代表人士,中央统战部常务副部长刘延东等有关方面的负责人。

中国人权领域第一份专业杂志——《人权》杂志创刊

国务院新闻办公室主任赵启正接受《人权》杂志记者采访

赵启正全面阐述了中国人权发展现状和前景,分析了中、西方人权观分歧的根本原因,阐明了中国政府对人权问题的基本看法。

他说,中国人民现在享有前所未有的自由和个人权利,随着经济发展和社会进步,今后将在更广泛的领域和更高的层次上享受人权。

赵启正说,人权问题是国外对中国缺乏了解、存有许多疑虑和误解的一个问题。为了向世界说明中国人权的真实情况,阐明中国政府在人权问题上的立场,国务院新闻办公室于1991年11月1日发表了中国第一份人权白皮书——《中国的人权状况》。这个白皮书将国际社会关于人权的普遍性原则与中国人民促进和保护人权的实践相结合,系统地介绍了中国从半殖民地半封建社会走向人民民主的现代社会的艰难历程以及人权状况发生的沧桑巨变,鲜明地向世人阐述了中国的人权观点,有针对性地驳斥了西方媒体散布的谎言,在国内外引起了很大的反响。

此后,国务院新闻办公室定期发表中国的人权状况白皮书和文章,不断向世界介绍中国的人权状况及其进展。到目前为止,先后发表直接以人权命名的白皮书6个,另外还分别就改造罪犯、农村扶贫开发、妇女、儿童、计划生育、民族、宗教、西藏等与人权密切相关的问题,发表了12份白皮书和若干篇文章。

与此同时,针对西方国家对中国人权进行的系统的歪曲和攻击,如美国国务院每年发表的《国别人权报告》中国部分,国务院新闻办公室还适时发表有分量的文章,摆事实,讲道理,予以驳斥和澄清,有时还发表报告如《美国的人权纪录》,针锋相对地进行回击。

赵启正说,在世界各国中,像中国这样在大约10年的时间里,发表了18个有关人权的白皮书,阐述自己的人权状况和主张,并不多见。从一定意义上说,这本身就是中国社会不断走向开放的一个重要标志,也是中国人权不断发展进步的标志。我们的人权白皮书与某些国家发表的人权报告有着本质的区别,因为它并不以"世界人权法官"自居、以指责别国为己任,而是立足于阐述本国的人权理论与实践,总结自身在维护和促进人权方面的经验,推动本国人权的发展;同时还因为它并不强加于人、颐指气使,而是立足于阐明自己的观点和状况,与国际社会进行平等和相互尊重的对话与交流,谋求与世界共同进步与发展。

赵启正认为,中国关于人权的一些基本观点,也在世界上特别是在广大发展中国家赢得了广泛的理解、支持和认同。这当然最主要是因为中国确实在维护人权方面取得了显著的成就,中国的人权观是合情合理和合乎国际准则的,但毫无疑问也与我们长期不懈地向国外介绍和说明中国的人权状况和观点有很大的关系。

赵启正说,我们与西方在人权问题上的确有很大的分歧。1990年以来,美国等一些西方国家在联合国人权委员会上提出了10次反对中国的人权提案,虽然每次都以失败而告终,但始终没有彻底放弃,这本身就反映出美国等一些西方国家与中国在人权方面有着很大的矛盾和分歧。这些分歧大致可分为两种,一种是对事实认识上的分歧;一种是人权观上的分歧。比较起来,人权观上的分歧更带有根本性,对同一事实的认识往往由于受到不同人权观的支配而得出很不相同的结论。尽管中国的人权状况在许多方面仍有待改进,但是,改革开放以来的20多年是中国人权发展最快的时期,这不仅表现在人民生存权、发展权和经济、社会、文化权利的改善上,而且表现在民主法制建设的加强和公民权利、政治权利的扩大与维护上。事实上,人权的实现是一个与社会的文明进步密切相关的不断发展的过程。各国的经济发展水平和历史文化各不相同,采取不同的发展道路和人权模式,是很自然的。强迫世界各国都采用一种发展模式、一种人权模式,是不符合人类发展规律的,也是背离人权的基本精神的。

赵启正说,改善中国的人权状况,是一项符合中国人民根本利益的事业,是中国促进社会全面发展的一个重要目标,中国政府和人民愿意为之付出长期不懈的努力。我们愿意吸收世界其他国家的好的经验,充分利用人类文明的一切优秀成果,真诚地希望一切关心中国人权的国家、组织和人士,对中国人权发展提出好的建议和善意的批评。

他说,中国与西方国家的历史、文化和宗教背景不同,社会制度、经济发展和意识形态不同,在人权问题上存在这样那样的分歧,是正常的。这些分歧不应该成为对抗的理由和沟通的障碍,相反,应该成为互相借鉴、加强沟通的动力。我们认为,解决分歧的办法不应当是扩大分歧,而应当是缩小分歧。双方应当在平等和相互尊重的基础上,大家心平气和地坐下来商谈,而不应当颐指气使,要求别人完全按照自己的意志行事。对于国际上一些人士由于不了解中国情况而存在的对中国人权的误解甚至敌意,我们希望通过接触、对话和交流,尽量减少误解和分歧,增加了解和理解,扩大共识和合作,暂时不能达成共识的,可以先把分歧搁置下来,求同存异。但是,我们反对把人权政治化、以人权为借口干涉中国内政、破坏中国社会稳定和国际声誉、阻碍中国发展的行为。最近一些年来,中国与美国、欧盟、加拿大、澳大利亚等许多西方国家进行了多个层次上的人权对话,这对于增加彼此间的相互了解和加强合作起到了积极的作用,我希望这种对话今后能够继续积极有效地进行。

他说,人权的基本目标、理想和内容是共同的、一致的,但是,不同历史文化、不同发展阶段的国家实现普遍人权的方式、方法和模式有所不同,人们对人权保障的看法和理解也有差别。例如,东方文化和中国传统文化比较强调个人与社会的和谐和个人对社会的责任,表现在人权上就是比较强调个人权利与集体权利的协调;而西方文化则更关注个人、个人自由和价值的实现,表现在人权上就是比较强调个人权利与政府、社会的分离和对立。又如,人权与经济发展水平有密切关系,许多发展中国家比较重视社会经济的发展,以及人民生存权、发展权和经济、社会和文化权利的维护和促进。因为对于这些国家来说,发展问题是最突出、最根本的问题,是解决一切问题包括人权问题的关键。这与西方发达国家强调的有很大的不同。另外,东方国家在婚姻、家庭等问题上,也与西方许多国家有不完全相同的理解和看法。这些在很大程度上都与各国的历史、文化和发展水平有关。

赵启正说,中国人权进步最突出的表现是中国人民的生存状况在最近的20多年来发生了巨大的变化。1978年以来,中国政府坚定不移地实行改革开放政策,极大地促进了经济发展和人民生活的改善。从1979年到2000年,按可比价格计算,中国国民经济保持了年均9.5%的增长速度,中国的贫困人口由1978年的2.5亿减少到不到3000万,23年中消除贫困人口约2.2亿人,这不仅在中国历史上而且在世界范围内都是前所未有的。占世界人口1/5的13亿中国人民生存状况的巨大改善,是中国人权发展史上具有历史意义的进步,也是中国对世界人权事业发展作出的巨大贡献。

改革开放以来,中国政府根据中国的具体国情,采取循序渐进的方式,稳步推进民主、法制建设,促进中国社会的全面进步,保障人民的公民权利和政治权利。中国人民现在享有了历史上从来没有过的自由和个人权利,例如,个人从事经济、商业、文化活动的自由,选择职业的自由,言论、出版的自由以及法律对个人权益保护等等,都有了很大的发展。

中国积极参加国际人权领域特别是联合国人权方面的活动,尊重《世界人权宣言》和联合国人权公约及其基本原则。到目前为止,中国已经批准加入了18个国际人权公约,并依据中国的实际情况,将这些公约规定的保护人权的原则和标准纳入到中国的法律当中。

当今世界局势错综复杂,国与国之间的利益争夺,不同民族、宗教、文化、价值观念的冲突,都有可能上升为影响人类和平与生命安全的因素,对世界的和平与安全构成威胁和挑战。在这样的国际背景下,中国作为一个多个民族、多种宗教共存的、处于经济和社会发展过渡期的大国,能够保持社会稳定、民族和睦、经济持续快速发展、人民生活逐步改善,这是一个很了不起的成就,是值得我们倍加珍惜的。

赵启正说,中国在人权方面还有很多不足和问题,其中最大的问题是还有3000万农村贫困人口没有解决温饱问题,还有8507万15岁以上人口是文盲半文盲,医疗健康保障水平还比较低,劳动者权益的保障面临不少挑战。另外,法制不够健全,执法不严、执法犯法等侵害公民合法权益的事件时有发生。中国政府维护人权的态度是十分明确的,对于一切侵害人权的现象都坚决予以纠正。但是,我们深知,中国的发展需要分阶段逐步实现,发展过程中存在的问题不可能在很短的时间内全部解决,解决中国的问题要有决心和信心,更要有恒心和耐心。

赵启正表示对中国人权的未来充满信心。他说,中国未来经济更加发展、人民生活更加富裕、社会更加公平开放和文明进步,是可以预期的,是经过中国政府和人民的共同努力完全可以达到的。随着经济发展和社会进步,中国人民将在更广泛的领域和更高的层次上享受人权。

2月11日

中共中央国务院在人民大会堂举行2002年春节团拜会

党和国家领导人江泽民、李鹏、朱镕基、李瑞环、胡锦涛、尉健行、李岚清等出席。

中共中央总书记、国家主席、中央军委主席江泽民主持团拜会。他说,今天我们在这里欢聚一堂,喜迎中华民族的传统佳节——春节的到来。在这辞旧迎新的美好时刻,我代表中共中央、国务院,向全国各族人民,向广大工人、农民、知识分子和干部,向人民解放军指战员、武警官兵和公安干警,向各民主党派、全国工商联和无党派人士,表示亲切的慰问和良好的祝愿!向香港特别行政区同胞、澳门特别行政区同胞和台湾同胞、海外侨胞,致以诚挚的问候!向关心和支持我国现代化建设的国际友人,表示衷心的感谢!祝大家新春愉快,阖家幸福!

中共中央政治局常委、国务院总理朱镕基在团拜会上讲话。

出席团拜会的领导同志有:丁关根、李铁映、吴邦国、迟浩田、张万年、罗干、贾庆林、钱其琛、温家宝、曾庆红、吴仪、刘华清、王光英、布赫、铁木尔·达瓦买提、吴阶平、彭珮云、何鲁丽、周光召、曹志、丁石孙、成思危、许嘉璐、蒋正华、司马义·艾买提、王忠禹、肖扬、韩杼滨、王兆国、阿沛·阿旺晋美、任建新、宋健、李贵鲜、陈俊生、张思卿、孙孚凌、万国权、赵南起、白立忱、经叔平、罗豪才、张克辉、周铁农、王文元和张劲夫、彭冲、谷牧、郑天翔、刘复之、王汉斌、倪志福、陈慕华、孙起孟、雷洁琼、王丙乾、邓力群、张廷发。中央军委委员傅全有、王克、王瑞林、曹刚川等也出席了团拜会。

国务院总理朱镕基在春节团拜会上发表讲话

同志们,朋友们:

在中国人民传统的新春佳节到来之际,我们欢聚一堂,辞旧迎新,感到格外高兴。

新世纪的第一年,在世界局势复杂多变、全球经济明显减速的情况下,我国赢得了实施"十五"计划的良好开局。国民经济持续较快增长,改革开放继续推进,科技、教育等各项事业全面发展,人民生活进一步改善,社会政治保持稳定。我们隆重庆祝了中国共产党成立80周年,我国正式加入世界贸易组织,北京获得2008年奥运会举办权,我国成功举办亚太经合组织第九次领导人非正式会议。所有这些,极大地激发了全国各族人民奋发图强的爱国热情,增强了中华儿女的民族自豪感和凝聚力。

今年,是我们党和国家发展史上非常重要的一年,做好各项工作意义重大。面对新形势新任务,我们要坚定信心,趋利避害,勇往直前。扩大和培育国内需求,促进经济较快增长。努力增加城乡居民特别是低收入群体的收入,加快完善城镇社会保障体系。推动经济结构调整和经济体制改革,继续整顿和规范市场经济秩序。适应加入世贸组织新形势,全面提高对外开放水平。积极实施科教兴国战略和可持续发展战略。深入开展反腐败斗争,厉行勤俭节约,反对奢侈浪费。加强社会主义精神文明和民主法制建设。全力维护社会稳定和国家安全。

我们要继续坚持"一国两制"方针。全力支持香港特别行政区、澳门特别行政区政府和行政长官依法施政,促进香港、澳门长期稳定和繁荣发展。

我们要继续贯彻"和平统一、一国两制"的基本方针和江泽民主席关于解决台湾问题的八项主张。坚决反对一切妄想把台湾从祖国分裂出去的图谋。我们将坚持在一个中国原则的基础上,促进恢复两岸对话与谈判,努力推动两岸关系发展。

我们要继续奉行独立自主的和平外交政策,不断加强同世界各国的友好合作关系。积极参与联合国和其他国际事务。坚决反对一切形式的恐怖主义。坚决反对霸权主义和强权政治,努力推动建立公正合理的国际政治经济新秩序,为世界和平与发展的崇高事业作出新贡献。

同志们,朋友们!我们要在以江泽民同志为核心的党中央坚强领导下,高举邓小平理论伟大旗帜,按照"三个代表"要求,与时俱进,转变作风,扎实工作,以改革开放和现代化建设的新成就,迎接中国共产党第十六次全国代表大会的召开。

中共中央政治局常委胡锦涛在黑龙江考察

2月11日至14日,胡锦涛在中共黑龙江省委书记徐有芳、省长宋法棠等陪同下,看望城乡困难群众,慰问坚守工作岗位的企业职工和公安干警。他代表党中央和江泽民总书记,向当地干部群众致以节日的问候。

胡锦涛叮嘱当地干部,不仅要搞好节日期间的送温暖工作,而且平时也要关心困难群众,使送温暖工作经常化。胡锦涛要求当地政府积极为下岗职工再就业创造条件,帮助他们尽快渡过难关。

在同当地干部座谈时,胡锦涛要求他们进一步把农村"三个代表"重要思想学习教育活动引向深入。把"三个代表"的要求贯彻到促进农村改革发展稳定的实践中去,贯彻到加强和改进农村基层组织建设的全过程中去。广大农村基层干部要不断提高自身素质,切实改进工作作风,真正成为建设社会主义新农村的领头雁,成为农民群众信得过的主心骨,成为帮助群众排忧解难的贴心人。

在听取黑龙江省委、省政府工作汇报后,胡锦涛作了重要讲话。他充分肯定了近几年黑龙江改革开放和现代化建设取得的新成绩,并着重就如何做好扶贫帮困工作提出了要求。胡锦涛指出,做好扶贫帮困工作是一项重大的政治任务。各级党委、政府和领导干部一定要把思想进一步统一到中央的精神上来,按照江泽民总书记的要求,以高度的政治责任感和扎实的工作作风,抓紧解决好城乡困难群众的生产和生活问题。要通过深入细致的排查,进一步摸清困难群众的真实情况,看看我们的扶贫帮困工作究竟做得如何,特别是困难群众的吃饭穿衣、生病就医、子女上学、劳动就业等实际问题到底解决了没有,那些为党和人民作出过贡献的老同志、老劳模、烈军属都照顾好了没有,拖欠、克扣农民工工资的违法行为都及时查处了没有,真正对存在的问题做到心中有数,并切实加以解决。胡锦涛特别强调,对扶贫帮困工作来说,即使有百分之一的疏漏,也会给被疏漏的那部分群众造成百分之百的困难。我们必须从这样的角度看问题,尽一切努力把扶贫帮困工作做细做实做到位。

国务院总理朱镕基签署第346号令公布《指导外商投资方向规定》

现公布《指导外商投资方向规定》,自2002年4月1日起施行。

总 理 朱镕基

2002年2月11日

指导外商投资方向规定

第一条 为了指导外商投资方向,使外商投资方向与我国国民经济和社会发展规划相适应,并有利于保护投资者的合法权益,根据国家有关外商投资的法律规定和产业政策要求,制定本规定。

第二条 本规定适用于在我国境内投资举办中外合资经营企业、中外合作经营企业和外资企业(以下简称外商投资企业)的项目以及其他形式的外商投资项目(以下简称外商投资项目)。

第三条 《外商投资产业指导目录》和《中西部地区外商投资优势产业目录》由国家发展计划委员会、国家经济贸易委员会、对外贸易经济合作部会同国务院有关部门制订,经国务院批准后公布;根据实际情况,需要对《外商投资产业指导目录》和《中西部地区外商投资优势产业目录》进行部分调整时,由国家经济贸易委员会、国家发展计划委员会、对外贸易经济合作部会同国务院有关部门适时修订并公布。

《外商投资产业指导目录》和《中西部地区外商投资优势产业目录》是指导审批外商投资项目和外商投资企业适用有关政策的依据。

第四条 外商投资项目分为鼓励、允许、限制和禁止四类。

鼓励类、限制类和禁止类的外商投资项目,列入《外商投资产业指导目录》。不属于鼓励类、限制类和禁止类的外商投资项目,为允许类外商投资项目。允许类外商投资项目不列入《外商投资产业指导目录》。

第五条 属于下列情形之一的,列为鼓励类外商投资项目:

(一)属于农业新技术、农业综合开发和能源、交通、重要原材料工业的;

(二)属于高新技术、先进适用技术,能够改进产品性能、提高企业技术经济效益或者生产国内生产能力不足的新设备、新材料的;

(三)适应市场需求,能够提高产品档次、开拓新兴市场或者增加产品国际竞争能力的;

(四)属于新技术、新设备,能够节约能源和原材料、综合利用资源和再生资源以及防治环境污染的;

(五)能够发挥中西部地区的人力和资源优势,并符合国家产业政策的;

(六)法律、行政法规规定的其他情形。

第六条 属于下列情形之一的,列为限制类外商投资项目:

(一)技术水平落后的;

(二)不利于节约资源和改善生态环境的;

(三)从事国家规定实行保护性开采的特定矿种勘探、开采的;

(四)属于国家逐步开放的产业的;

(五)法律、行政法规规定的其他情形。

第七条 属于下列情形之一的,列为禁止类外商投资项目:

(一)危害国家安全或者损害社会公共利益的;

(二)对环境造成污染损害,破坏自然资源或者损害人体健康的;

(三)占用大量耕地,不利于保护、开发土地资源的;

(四)危害军事设施安全和使用效能的;

(五)运用我国特有工艺或者技术生产产品的;

(六)法律、行政法规规定的其他情形。

第八条 《外商投资产业指导目录》可以对外商投资项目规定"限于合资、合作"、"中方控股"或者"中方相对控股"。

限于合资、合作,是指仅允许中外合资经营、中外合作经营;中方控股,是指中方投资者在外商投资项目中的投资比例之和为51％及以上；中方相对控股，是指中方投资者在外商投资项目中的投资比例之和大于任何一方外国投资者的投资比例。

第九条　鼓励类外商投资项目，除依照有关法律、行政法规的规定享受优惠待遇外，从事投资额大、回收期长的能源、交通、城市基础设施（煤炭、石油、天然气、电力、铁路、公路、港口、机场、城市道路、污水处理、垃圾处理等）建设、经营的，经批准，可以扩大与其相关的经营范围。

第十条　产品全部直接出口的允许类外商投资项目，视为鼓励类外商投资项目；产品出口销售额占其产品销售总额70％以上的限制类外商投资项目，经省、自治区、直辖市及计划单列市人民政府或者国务院主管部门批准，可以视为允许类外商投资项目。

第十一条　对于确能发挥中西部地区优势的允许类和限制类外商投资项目，可以适当放宽条件；其中，列入《中西部地区外商投资优势产业目录》的，可以享受鼓励类外商投资项目优惠政策。

第十二条　根据现行审批权限，外商投资项目按照项目性质分别由发展计划部门和经贸部门审批、备案；外商投资企业的合同、章程由外经贸部门审批、备案。其中，限制类限额以下的外商投资项目由省、自治区、直辖市及计划单列市人民政府的相应主管部门审批，同时报上级主管部门和行业主管部门备案，此类项目的审批权不得下放。属于服务贸易领域逐步开放的外商投资项目，按照国家有关规定审批。

涉及配额、许可证的外商投资项目，须先向外经贸部门申请配额、许可证。

法律、行政法规对外商投资项目的审批程序和办法另有规定的，依照其规定。

第十三条　对违反本规定审批的外商投资项目，上级审批机关应当自收到该项目的备案文件之日起30个工作日内予以撤销，其合同、章程无效，企业登记机关不予注册登记，海关不予办理进出口手续。

第十四条　外商投资项目申请人以欺骗等不正当手段，骗取项目批准的，根据情节轻重，依法追究法律责任；审批机关应当撤销对该项目的批准，并由有关主管机关依法作出相应的处理。

第十五条　审批机关工作人员滥用职权、玩忽职守的，依照刑法关于滥用职权罪、玩忽职守罪的规定，依法追究刑事责任；尚不够刑事处罚的，依法给予记大过以上的行政处分。

第十六条　华侨和香港特别行政区、澳门特别行政区、台湾地区的投资者举办的投资项目，比照本规定执行。

第十七条　本规定自2002年4月1日起施行。1995年6月7日国务院批准，1995年6月20日国家计划委员会、国家经济贸易委员会、对外贸易经济合作部发布的《指导外商投资方向暂行规定》同时废止。

2月12日

国务院总理朱镕基到重庆考察

2月12日，朱镕基代表党中央、国务院和江泽民总书记看望、慰问重庆人民，同山城3000万干部群众和三峡库区移民一起辞旧迎新，欢度马年春节。

朱镕基在重庆市委书记贺国强、市长包叙定的陪同下，来到重庆环线高速公路上的童家院子立交桥，实地察看立交桥建设的情况，听取重庆市综合交通规划汇报，并乘车考察了主城区环线高速公路。朱镕基对重庆市交通基础设施建设取得的成绩给予充分肯定，勉励他们学习其他城市的先进经验，把城市交通建设得更好。

朱镕基说：刚才我看望了困难家庭，了解到重庆的最低生活保障工作做得不错。重庆是老工业基地，在产业结构调整、市场供求变化过程中，有些企业效益不好，部分职工下岗，生活发生了暂时困难。党中央、国务院对此非常重视，已经下大力气加强社会保障体系建设，包括实行国有企业下岗职工基本生活保障制度、失业保险制度和城市最低生活保障制度，以确保困难群众的基本生活。相信随着经济发展，大家的生活一定会不断得到改善。

朱镕基还听取了当地负责同志关于移民工作的汇报。他充分肯定了他们的工作，并强调，今年是三峡移民的攻坚决胜之年，要严格按照“倒计时”工作方案，进一步把移民安置工作做好。要切实搞好调整结构，多种经济作物，发展养殖业、畜牧业，特别要搞好退耕还林，开仓济贫，这是尽快增加农民收入的最好办法。他鼓励当地干部群众多种树，使长江两岸到处青山绿水、葱葱茏茏。这样，有利于保护环境，更好发展旅游业，还能够增加农民收入。

陪同朱镕基前往重庆的国务院有关部门负责人有曾培炎、多吉才让、张左己、魏礼群、尤权、楼继伟、李伟等。

2月13日

国家计委主任曾培炎就中美经济合作接受新华社记者专访

国家发展计划委员会主任曾培炎在美国总统布什访华前夕说，中美之间在经济领域的互补性很强，拥有巨大的合作潜力和广泛的共同利益。

他说，自中美两国建交以来，经济领域的合作有力地促进了双边关系向前发展。虽然这中间也经历了一些波折，但总体上保持着良好态势。从当前世界经济形势和两国自身需要来看，加快发展中美经贸、投资领域的合作，有利于双方发挥优势，促进经济发展，扩大就业。这是两国人民的共同愿望，也是两国人民的切身利益所在。

曾培炎指出，自中美元首上海会晤以来，中美关系继续向好的方向发展。应江泽民主席邀请，布什总统将于2月21日至22日来华进行工作访问。我们希望，通过布什总统这次访华，能进一步推动中美经济合作与交流，拓宽合作渠道和领域，提高合作的层次和水平。

他说，中国十分重视中美之间的经济合作。中国将继续坚持扩大开放的方针，鼓励外商投资农业、能源、交通、石化、医药、建材和高新技术产业。中国政府制定了一系列优惠政策，欢迎外商到西部地区投资兴业。中国将按照加入世界贸易组织承诺的地域、数量、股比、经营范围和时间表，进一步开放银行、保险、电信、商业、外贸、旅游、运输、会计、律师等服务贸易领域。这些都将使中国市场更具吸引力，为美国企业提供更多商机。

曾培炎说，在当前全球经济发展趋缓的形势下，中美就经济、金融、贸易等一系列问题进行对话，具有更为重要的战略意义。希望美国政府能放宽高技术领域对华出口和投资的限制，尽早履行在《中美农业合作协议》中所做的承诺。

回顾近年来中美经济合作的发展情况，曾培炎指出，1997年和1998年，两国元首实现互访、中美两国确立了面向21世纪的建设性合作关系以后，中美在经济领域的合作取得了长足的进步。

在贸易领域，目前中国是美国的第四大贸易伙伴，美国是中国的第二大贸易伙伴，是仅次于日本的第二大进口来源地。中国从美国进口的主要商品有农产品、飞机、电站设备、石油设备、电子产品、化工产品和医疗设备等。中国向美国主要出口轻工、机械、电子等产品。1999年11月15日，中美两国政府代表在北京签署了关于中国加入世贸组织的双边协议，大大加快了中国加入世界贸易组织的进程，也为中美经贸关系的长期稳定发展创造了条件。2000年第四季度以来，美国经济持续减速，但是，中美贸易仍保持了良好的发展势头。据中国海关统计，2000年和2001年，中美贸易总额分别比上年同期增长21.2%和8.1%。

在投资领域，截至2001年底，美国在中国投资项目近3.4万个，合同金额680多亿美元，实际投资金额近350亿美元。以上3项指标分别占中国利用外商直接投资的8.7%、9.1%和8.8%，在来华投资的国家和地区中，仅次于香港特别行政区居第二位。其中，2001年美国实际对华投资达48.58亿美元，创历史最高水平。这些投资主要集中在机械、汽车、通信、计算机、石油化工、能源、基础设施，以及金融、保险等领域，投资项目规模相对较大。

曾培炎说，中美两国在劳动力、资本、技术、市场等不同方面具有各自的比较优势，在平等互利的基础上开展经贸、投资合作，有助于促进两国经济发展和人民生活的改善。

中国从美国进口产品，引进资金和技术，有利于丰富国内市场，弥补发展资金不足，借鉴先进的管理经验。同时也为美国的工业企业和高科技公司提供了一个利润丰厚的大市场，有利于增加美国的就业岗位，使它们从对中国的出口和投资中获益。美国从中国进口大量质优价廉的消费品，也使千百万美国家庭从中受益。

曾培炎说，美国对华投资在促进中国经济发展方面起到了积极作用，同时，美国企业自身也分享到中国经济高速发展的成果。中国业务日益成为一些美国大公司全球业务的重要组成部分。例如，摩托罗拉公司累计对华投资超过30亿美元，其移动通信产品已占中国市场的30%左右；通用汽车公司在上海和沈阳分别建设了合资企业，总投资达18亿美元；柯达公司在中国感光材料市场占据主导地位；微软等大公司相继在中国建立了研究开发机构。这些项目均取得了很好的经济效益。

同时，中国企业在美国投资，在加强中美经贸合作和促进当地经济发展、创造就业机会等方面也起到了积极的作用。例如，中国的海尔集团在美国南卡罗来纳州投资建设了家电工厂，为当地的发展作出了积极贡献，获得当地政府2001年的"社区贡献奖"。

展望中美经济合作的未来，曾培炎说："我们相信，只要双方能排除非经济因素的影响，以平等协商、积极务实的态度解决双边经济关系发展过程中出现的问题，中美经济合作就能得到健康稳定的发展，中美双边经济合作就有光明的前景。"

外经贸部宣布美国连续3年成为对华投资最多的国家

截至2001年底，美国在华投资项目累计已超过3.3万个，美方实际投入350亿美元，美国已连续3年成为对华实际投资最多的国家。

据了解，美国最大的500家公司已有300多家在华投资，遍及机械、冶金、石油、电子、通讯、化工、纺织、轻工、食品、农业、医药、环保、金融、保险等国民经济的主要领域。美国通用汽车、摩托罗拉、朗讯科技、可口可乐、杜邦公司、伊士曼柯达公司、IBM、施乐公司、惠普公司等都在中国大举投资,并取得了成功。通用汽车在上海合资生产的别克汽车,投产当年就获得了6亿元人民币的利润。可口可乐公司生产的系列饮料,已占据中国饮料市场1/4的份额。4年前,中国还是柯达公司在全球的第十七大市场,目前已跃居第一位。同时,美国对华服务贸易也在迅速发展。全球最大的零售企业——美国沃尔玛公司在中国已有十几家分店,还将陆续增设分店。美国的保险公司、商业银行也已进入中国市场。

在开拓中国市场的同时,美国的一些大企业还在中国加工产品再出口到世界各地。摩托罗拉公司自1989年以来在中国投资34亿美元设立了8家合资企业,这些企业去年出口达到十几亿美元,连续多年名列中国外商投资企业出口第一名。

2月14日

国家主席江泽民和墨西哥总统比森特·福克斯·克萨达就中墨建交30周年互致贺电

外交部部长唐家璇和墨西哥外交部部长豪尔赫·卡斯塔涅达就中墨建交30周年互致贺电

外经贸部有关负责人就入世后中美经贸关系面临新的机遇和挑战答《人民日报》记者问

问:美国是中国的第二大贸易伙伴,中国则是美国的第四大贸易伙伴,据中国海关统计,1979年至2001年,中美双边贸易额累计近6000亿美元。中国加入世贸组织后,中美经贸关系发展前景如何?

答:中国的发展离不开世界,世界的繁荣需要中国。经过十几年的不懈努力,中国终于在去年12月成为世贸组织正式成员。中国入世后,中美经贸关系面临新的机遇和挑战。

自1979年7月《中美贸易关系协定》签订后的20多年来,中美经贸合作发展迅速,业已成为两国关系的一个重要支柱。去年,中美双边贸易额达805亿美元,相当于1979年中美建交之初的30多倍。截至去年年底,美国对华投资项目累计超过3.3万个,美方实际投入350亿美元,全美500强企业已有300多家在中国落户。中国入世后,根据中美关于中国加入世贸组织的双边协议,美国将结束对华正常贸易关系地位的年度审议,确立对华永久性正常贸易关系地位,这将消除长期以来阻挠中美关系改善和中美经贸发展的重大障碍,是中美关系中具有历史性意义的事件,为中美经贸关系的健康发展奠定了坚实基础。

问:目前中美两国经贸关系发展上还存在哪些问题,怎么解决?

答:随着双边贸易投资规模的扩大及经济技术合作的加强,中美经贸关系发展过程中难免会出现一些问题。长期以来,中美双边贸易摩擦与纠纷往往导致单边贸易报复或经济制裁,这严重影响了中美经贸关系的发展,成为发展与扩大双边贸易合作的制约因素。中国入世后,中美两国可以将双边贸易纠纷诉诸世贸组织的争端解决机制,这为双边贸易纠纷增添了一条建立在国际公认法律基础上的较为公平公正的解决途径。

同时我们也注意到,美国国会在通过对华永久正常贸易关系法案时仍附带了一些与贸易无关的条款,为中美经贸关系的发展蒙上了阴影。现在美国仍对中国实施极为严格的技术出口管制,使得中美之间正常的技术贸易面临重重障碍。美国还一直歧视性地视中国为"非市场经济国家",在对华反倾销调查中选用第三国的同类产品来确定中国产品的价值,造成中方企业无端败诉。我们希望美方能从中美经贸关系的大局出发,排除消极影响,为中美经贸关系的健康、稳定和持续发展创造良好的环境。

维护中美关系特别是中美经贸关系的健康发展对中美两国都很重要,符合两国人民和企业界的共同利益,同时也有利于世界的和平与发展。回顾历史,中美经贸关系取得今天的成就来之不易,非常值得珍视。两国由于社会制度、理念、历史文化和习惯有所不同,在处理两国关系时难免会出现这样或那样的问题,但只要两国政府和企业界能从两国人民的根本利益出发,把握两国关系发展的大局,相信中美经贸关系一定会稳定、健康地向前发展。

问:中美贸易中相互出口的商品构成如何?

答:中国对美国出口产品主要包括鞋类、服装、玩具、自动数据处理设备、机械设备、电器电子产品等。近年来,机电产品、高新技术产品出口比重不断增加。中国从美国进口产品主要是飞机、化肥、电站、电子、化工和机械设备等。在不断开放的中国市场中,美国将获得更大的市场准入机会。

问:近年来中美高层领导、经贸官员和工商界交往情况怎么样,对两国经贸关系发展带来了什么影响?

答:两国最高领导人站在战略高度,把握大局,正确决策,维护了中美关系的稳定发展,为中美经贸关系的健康发展创造了有利的环境。近十几年来,中美高层进行了史无前例的、频繁的交流。1997年和1998年,中国国家主席江泽民和美国总统克林顿成功地进行了互访；1999年，中国国务院总理朱镕基应邀赴美访问；2001年10月，APEC领导人非正式会议期间，江主席与布什总统在上海举行双边会谈；2002年2月，布什总统将应邀正式访华。中美两国高层的访问与会谈，对双方加深了解、增进友谊、扩大共识、发展包括中美经贸关系在内的两国合作产生积极的影响。

2001年6月，中美贸易部部长在上海APEC贸易部长会议期间会晤，就中国加入世贸组织多边谈判中的遗留问题达成一致，为随后中国顺利加入世贸组织铺平了道路，同年还召开了中美经济联合委员会第十四次会议，中美商贸联委会第十四次会议也将在近期召开。这种高层交往与对话必将促进中美两国经贸关系的健康发展。

企业界的大力推动是中美经贸关系蓬勃发展和显示活力的重要源泉。经过20多年的探索和实践，双方企业通过日益密切的交流合作，不仅获得良好的经济效益，而且积累了丰富的经验，为今后的发展夯实了基石。

2月15日

中共中央政治局候补委员曾庆红在重庆湖北就“三个代表”学习教育情况调研

2月15日至20日，中共中央政治局候补委员、书记处书记、中组部部长、全国农村“三个代表”重要思想学习教育活动联系会议领导小组组长曾庆红，在重庆、湖北就农村村级“三个代表”重要思想学习教育活动情况进行调研时指出，目前全国农村村级“学教”活动大多数单位已进入整改提高阶段，各级党委要按照“三个代表”的要求和中央的部署，做到思想不松，精力不散，力度不减，善始善终地抓好这一活动，决不能虎头蛇尾。同时，要注意总结和运用好这次“学教”活动的经验和成果，坚持用“三个代表”重要思想统揽农村工作全局，巩固和扩大学习教育活动的成果，努力形成让干部经常受教育、农民长期得实惠的机制，推动农村经济发展和社会全面进步。

重庆市在村级“学教”活动中，注意把中央的要求与本地的实际相结合，创造性地开展工作，以领导干部的新作风落实中央的新部署，以村干部作风的转变带动农村突出问题的解决，以“学教”活动促进农村党支部创造力、凝聚力、战斗力的提高，用“学教”活动推动农村各项工作的开展。曾庆红在听取重庆市委汇报后说，市委高度重视，真正把这项工作摆上了重要位置，准备充分，措施有力，成效明显，干部群众精神状态很好。他赞扬重庆市在“学教”活动中创造了一些新的经验，为加强农村基层组织建设和思想政治工作，推进党的建设新的伟大工程，提供了有益的借鉴。曾庆红在看望库区移民和贫困农户时强调，各级领导干部一定要从实践“三个代表”重要思想和推进改革发展稳定全局的战略高度，充分认识做好扶贫帮困工作的极端重要性，真心实意地帮那些最需要帮助的困难群众解决生产生活中的实际困难，帮助他们发展生产，增加收入，脱贫致富。这要作为“学教”活动的一项重要内容。

湖北省在村级“学教”活动中重点抓了“建班子、强素质、明路子、促发展”，特别是围绕“切实转变作风，真心服务群众”开展工作。通过“学教”活动，干部受到了深刻教育，手脚变勤了，工作扎实了，办事公道了，为群众办了一大批“便民”、“利民”、“安民”的实事、好事，受到了群众的热烈欢迎。曾庆红在宜昌市猇亭区红港村召开了有市、区、乡、村干部参加的“学教”活动座谈会，听取了省委的汇报，并看望了农户。曾庆红对湖北省的村级“学教”活动给予了充分肯定。他指出，省委对“学教”活动高度重视，指导思想明确，安排部署周密，领导责任制落实得较好，督查指导工作得力，取得了明显成效，特别是把乡镇站所的学习教育作为一个单独层次来抓，确保了“学教”活动的质量。希望再接再厉，继续把村级“学教”活动抓紧抓实抓好，务求取得更大成效。

曾庆红在重庆、湖北调研期间指出，自去年10月下旬全国村级“三个代表”重要思想学习教育工作电视电话会议以来，各地按照中央的部署和要求，精心组织，加强督查，狠抓落实，保证了村级“学教”活动的顺利开展。目前，全国村级 c“学教”活动发展态势很好，下一步的工作重点是要按照江泽民总书记关于搞好“学教”活动的重要指示，以发展农村经济、增加农民收入、保持农村稳定为主题，以改进村和乡镇站所干部作风为重点，以干部受到教育、农民得到实惠为基本要求，善始善终地抓好村级学习教育活动。一是要加强对春节后开展学习教育活动的村和站所的领导和指导。不能因为“学教”单位数量少而放松指导，更不能盲目赶进度、草率收场。二是要切实抓好整改措施的落实。整改方案和整改措施的制定，要坚持实事求是，充分听取群众的意见，有针对性和可操作性。三是要认真搞好督查和回访复查。继续采取明察与“暗访”相结合的方式，加强对村和乡镇站所“学教”活动的督促检查。对于“学教”活动告一段落的地方，要适时开展回访复查，凡多数群众不满意的要重新搞。同时，对乡镇和县(市)部门也要再进行一次回访复查，着重复查整改措施的落实情况。四是把“学教”活动的经验制度化，研究把“学教”活动与“三级联创”有机结合起来的办法，健全农村基层组织建设常抓不懈的机制。

曾庆红在调研中反复强调,"学教"活动作为集中一段时间进行的重要工作,总要告一段落,但"三个代表"重要思想的学习、实践是一项长期任务,需要坚持不懈,持之以恒。各地要进一步深化"学教"活动的主题,突出"学教"活动的重点,落实"学教"活动的基本要求,研究和解决农村基层组织建设中的深层次问题。对这次学习教育活动创造的好经验好做法,要进行认真的总结和深入的理性思考,切实把这场8亿多农民关心、1500多万基层干部参与的"学教"活动总结好,把"学教"成果巩固发展好,使之成为推动农村各项工作、推进农村全面建设小康社会的宝贵财富。

调研期间,曾庆红还在三峡总公司领导的陪同下,到正在建设中的三峡工程工地,亲切看望了技术人员和工人,并向他们致以节日的问候。

全国农村"三个代表"重要思想学习教育活动联系会议领导小组副组长马忠臣、李景田,重庆市、湖北省领导贺国强、包叙定、俞正声等陪同进行了调研。

2月16日

全国人大常委会委员长李鹏在澳门考察访问

考察期间,李鹏会见了澳门特区政府主要官员和立法、司法机构负责人,出席了何厚铧举行的欢迎宴会。在宴会欢乐的气氛中,澳门行政长官何厚铧和李鹏委员长先后发表热情洋溢的讲话。

李鹏对澳门回归两年多来贯彻"一国两制"、"澳人治澳"、高度自治方针的情况表示满意,对以何厚铧为首的澳门特别行政区政府的工作给予了高度评价。

李鹏在澳门文化中心会见了澳门地区全国人大代表、全国政协委员和社会各界知名人士。随后,在新竹苑宾馆接见了中央政府驻澳门联络办公室、外交部驻澳门特派员公署、中国人民解放军驻澳部队和驻澳主要中资机构的负责人。

在上述会见中,李鹏说,"一国两制"在澳门的实践是成功的。澳门特区政府确定的经济和社会发展规划符合澳门当地的实际情况,对此,中央是支持的。他表示相信,有澳门特区政府和各界人士的共同努力,澳门的前景一定会更加美好。

李鹏要求中央驻澳机构的人员严格遵守基本法和澳门特区法律,积极支持以何厚铧为首的特区政府的工作,为澳门的发展作出应有的贡献。李鹏强调,江泽民总书记在建党80周年庆祝大会上阐述了"三个代表"的重要思想,驻澳各机构的工作人员都要认真学习和领会,并以此作为我们各项工作的指导方针。李鹏还向大家介绍了祖国内地的形势。他说,今年是我们党和国家历史上具有重要意义的一年,我们将召开党的第十六次全国代表大会,希望大家以新的优异成绩迎接十六大的召开。

陪同考察访问的有李鹏委员长的夫人朱琳、国务院港澳事务办公室主任廖晖、全国人大常委会副秘书长吕聪敏、李鹏委员长办公室主任吴文昌。

中国选手杨扬在美国盐湖城举行的第十九届冬奥会短道速滑女子500米比赛中夺得冠军

这是中国获得的第一枚冬奥会金牌,实现了历史的突破。

2月17日

国务院副总理李岚清致电祝贺中国体育代表团夺取首枚冬奥会金牌

国家体育总局中华全国体育总会中国奥委会电贺中国体育代表团夺取首枚冬奥会金牌

2月18日

海关总署公布数字显示中美建交23年贸易增长32倍

新华社报道:2001年中美之间的双边贸易额达到805亿美元,是1979年两国建交时7的32.8倍;从1979年到2001年,中美双边贸易额累计近6000亿美元。

据了解,近20多年来,迅速发展的中美经贸关系已经成为两国关系的重要支柱。作为世界上最大的发展中国家和世界上最大的发达国家,中美两国经济互补性很强,双方互为重要的贸易伙伴。美国是中国的第二大贸易伙伴,同时也是中国最大的出口市场。而中国则是美国的第四大贸易伙伴。两国贸易年均增长达18%以上。美国是中国出口增长最快的市场之一,中国也是美国出口增长最快的市场之一。

从1990年至2000年,美国对华出口额,双方统计都是年均增长16%以上,大大高于同期美国出口增长速度,居美国对各国出口增速的前列。近年来,中国对美出口产品在传统的鞋类、服装、玩具的基础上,自动数据处理设备、机械设备、电器电子产品等机电产品和高新技术产品等比重不断增加。与此同时,美国的飞机、化肥、电站设备、电子、化工和机械设备等也大量出口到中国,其农产品对华出口近年来也大幅增加,成为中国农产品进口的最大来源国。

2月19日

国家主席江泽民和阿根廷总统爱德华多·阿尔韦托·杜阿尔德就中阿建交30周年互致贺电

《人民日报》发表署名闻严的文章《光辉的文献 伟大的理论——重温南方谈话 学习“七一”重要讲话》

2月20日

九届全国人大常委会第五十四次委员长会议在人民大会堂举行

李鹏委员长主持会议。会议决定，九届全国人大常委会第二十六次会议于2月27日至28日举行。

会议听取了全国人大常委会秘书长何椿霖就九届全国人大常委会第二十六次会议议程草案和日程安排，九届全国人大五次会议议程草案和日程草案、主席团和秘书长名单草案、列席人员名单草案所作的汇报。

会议还分别听取了全国人大常委会副秘书长周成奎关于全国人大常委会工作报告稿起草和修改情况的汇报，全国人大常委会副秘书长于友民关于九届全国人大常委会2002年立法计划草案的汇报等，并进行了讨论，提出修改意见。

根据委员长会议建议，第二十六次常委会会议的主要议程有：审议国务院关于提请审议进出口商品检验法修正案草案的议案；审议九届全国人大五次会议主席团和秘书长名单草案、列席人员名单草案；审议全国人大常委会工作报告稿；审议九届全国人大常委会代表资格审查委员会关于选举、补选代表的代表资格的审查报告等。

全国人大常委会副委员长田纪云、姜春云、邹家华、王光英、布赫、铁木尔·达瓦买提、吴阶平、彭珮云、何鲁丽、周光召、曹志、成思危、许嘉璐、蒋正华出席会议。

国务院第四次廉政工作会议在北京召开

中共中央政治局常委、国务院总理朱镕基强调，各级政府要认真贯彻党的十五届六中全会、中纪委第七次全会和江泽民总书记重要讲话精神，坚持深化改革，加大治本力度，扎扎实实工作，务求廉政建设和反腐败斗争取得新的进展。

中共中央政治局常委、中央纪委书记尉健行应邀出席会议。

朱镕基指出，去年国务院各部门和地方各级政府，按照党中央的部署，在加强廉政建设和反腐败斗争方面做了大量工作，取得了明显成绩。主要是，认真组织学习江泽民总书记“七一”重要讲话，贯彻党的十五届六中全会决定，政府工作人员的廉洁自律意识进一步增强。各级政府加强了对公务员廉洁从政的管理和监督。加大了查办案件力度，严肃查处了一批大案要案。全面开展了整顿和规范市场经济秩序工作，取得了阶段性成果，有力地推动了廉政建设和反腐败工作。大力纠正部门和行业不正之风，治理公路“三乱”和整顿垄断性行业不正之风等工作进一步加强。朱镕基说，我们也要清醒地看到，廉政建设和反腐败工作还存在不少问题。领导干部和机关工作人员以权谋私、权钱交易、贪污受贿等违纪违法案件时有发生；一些政府和执法机关工作人员中有法不依、执法不公、贪赃枉法的问题仍然存在；一些政府机关和工作人员弄虚作假、虚报浮夸、欺上瞒下、奢侈浪费还相当突出。我们必须按照党中央的部署和要求，坚持不懈地抓好廉政建设和反腐败工作。

朱镕基强调，今年是我们党和国家发展史上具有重要意义的一年，深入开展廉政建设和反腐败斗争，对于巩固和发展“十五”开局的良好势头，维护改革、发展、稳定的大局，至关重要。为了做好今年廉政建设和反腐败的各项工作，朱镕基明确提出了三项要求。一是继续转变政府职能。坚持从严治政、依法行政，建设“廉洁、勤政、务实、高效”政府。要按照发展社会主义市场经济的要求，把不应该由政府管的事坚决放给企业和市场，而应该由政府管理的事要真正管好。二是进一步加强法制建设。解决廉政建设和反腐败问题，从根本上说要靠法制。要针对容易滋生腐败问题的漏洞和薄弱环节，进一步健全法规，还要完善行政处罚和刑事追究相衔接的规定，加重对违法犯罪的惩治。三是充分发挥监督部门的作用。监察、审计等政府监督部门在廉政建设和反腐败斗争中发挥了重要作用，今后要继续认真履行监督职能，切实发挥监督作用。政府其他各部门也都要认真行使对行业的监督职能。

朱镕基围绕坚持清正廉洁、反对以权谋私、规范权力运行的问题，就如何深化改革，加大治本力度，从源头上预防和治理腐败，提出今年的廉政建设要抓好以下三个重点：

第一，切实实行“收支两条线”。必须下更大决心、采取更有力的措施，把深化“收支两条线”的改革真正推向前进。要加快推进综合财政预算和部门预算管理改革，从制度上、源头上治理腐败，加强党风政风建设。为此，一是将各部门的预算外收入全部纳入财政专户管理，有条件的纳入预算管理。任何部门不能“坐收”、

"坐支"。二是部门预算要全面反映部门及所属单位预算内外资金收支状况。三是要根据新的情况,修订、完善有关法规和规章制度,使"收支两条线"管理工作法制化、制度化、规范化。今年,首先要对行政执法部门真正实行"收支两条线"。预算外收入要全部上缴国库,财政部门要确保这些部门所需的经费。暂时保留预算外收入的其他部门,也要实行"收支脱钩"和收缴分离管理,建立专户记账,做到收支透明。加快推进财政国库管理制度改革,对各项财政资金逐步实行国库集中收付。继续清理整顿行政事业单位银行账户,对设立"小金库"、账外账、违规开设银行账户的,必须坚决予以查处。审计部门今年要把"收支两条线"管理作为审计工作重点。

第二,加快行政审批制度改革。这是进一步转变政府职能的重要突破口,也是加强廉政建设和反腐败斗争的一项根本性措施。各级政府、各部门要进一步全面清理行政审批事项,不做表面文章。对不符合政企分开和政事分开原则、妨碍公平竞争,以及实际上难以发挥有效作用的行政审批,坚决予以取消;可以用市场机制代替的行政审批,通过市场机制运作。对确需保留的行政审批项目,要规范操作、简化程序、公开透明、明确责任,制定严密的内部监督制约措施,建立规范的运行机制。要建立行政审批责任追究制度,明确审批者应负的责任。这项改革要从国务院各部门抓起。各省、自治区、直辖市也要按照国务院的部署,认真抓好本地区行政审批制度改革。要认真检查前一阶段的工作情况,查找存在问题和不足,针对薄弱环节,切实采取改进措施。要加强对行政审批制度改革工作的监督检查,决不能走过场。要加快投融资体制改革的步伐。

第三,严格规范和执行招投标制度。大量事实证明,经营性土地使用权出让、工程项目建设、政府采购和产权交易这几个方面,容易滋生腐败行为,也是发生恶性腐败案件较多的领域。今年,各地区、各部门都要实行经营性土地使用权出让招标拍卖、建设工程项目公开招标投标、政府采购、产权交易进入市场四项制度。有形建筑市场必须与政府管理部门彻底脱钩,实现人员、职能分离。政府采购管理机构必须与执行机构分开设立,形成制约机制。要坚决制止规避招标和招标投标中弄虚作假、权钱交易等行为,严肃查处领导干部干预和插手招标投标等违纪违法行为。

朱镕基强调,各级政府要努力完成今年改革开放和现代化建设的各项任务,做好廉政建设和反腐败工作,以新的成绩迎接党的十六大召开。

会议由国务委员兼国务院秘书长王忠禹主持。国务院各部委、各直属机构、办事机构、直属事业单位,以及其他有关单位的主要负责同志出席了会议。会上,监察部、财政部、交通部、卫生部和审计署的负责同志分别作了发言。

中共中央有关部门、中央纪委、全国人大常委会办公厅、全国政协办公厅、中央军委办公厅和武警总部、最高人民法院、最高人民检察院的负责人,各人民团体、各民主党派中央、全国工商联的负责人和无党派人士应邀出席了会议。

国务院召开第55次常务会议

朱镕基总理主持会议,审议并原则通过了《医疗事故处理条例(草案)》。

会议认为,医疗事故的处理涉及保护患者和医疗机构及其医务人员双方的合法权益,社会各界都很关注。为了完善处理医疗事故的法律制度,在总结1987年国务院发布的《医疗事故处理办法》实施经验的基础上,制定《医疗事故处理条例(草案)》是非常必要的。

会议确定,这一草案经进一步修改后,由国务院公布实施。

《人民日报》发表全国人大常委会副委员长民进中央主席许嘉璐题为《互相监督——中国政党制度的特色和优点》的文章

外交部部长唐家璇和阿根廷外交部长卡洛斯·费德里科·鲁考夫就中阿建交30周年互致贺电

国家自然科学基金委员会副主任李主其就从制度上遏制"学术腐败"接受《人民日报》记者采访

记者:随着一些"学术腐败"问题相继被揭露,"学术腐败"给人的感觉是"无处不在",这也影响了整个科技工作者在人们心目中的形象,"清除学术腐败"的呼声也越来越强烈。那么,您怎么评价当前的"学术腐败"问题?您对我国科技工作者整体队伍作何评价?

李主其:"学术腐败"不是中国所特有的,而是全世界科技界所共同面临的问题。基金委面对的科技工作者,只是科技队伍的一部分。相比较而言,我认为我国科技工作者的整体队伍是较廉洁的。因为我国科技工作者的传统品格就是淡泊名利,新中国更是有许许多多的科技工作者为了祖国的富强、民族的振兴日夜辛劳地工作,还有许多海外学者放弃国外优厚的待遇,回国效力。但是,科技工作者也是社会中的人,不可避免地打上当今社会的烙印。因此,在科技工作者队伍中出现违法违纪现象并不奇怪。

记者:"学术腐败"涉及面很广,请您结合基金委

工作实际，介绍一下“学术腐败”有哪些表现形式？

李主其：主要有三种：一是违法，如行贿受贿，为了获得项目的资助去向专家或者管理人员行贿、专家和管理人员受贿。二是违纪，如抄袭、剽窃他人成果；评审科学家私下透露评审结果或者串联起来多投票和少投票等。三是违反科学道德，如人为编造实验结果，如有的评选专家对基金评审进行暗示、诱导以达到个人的目的等。

记者：自从上次基金委通报几起违纪违规事件以来，人们对自然科学基金领域的“学术腐败”问题比较关注，作为基金委的负责人，您能否介绍一下这方面情况？

李主其：基金委成立15年来，共资助过约24万人次，聘请的评审专家大约有3万人。去年一年收到的来信投诉有86件，其中涉及科学家评审不公的有23件，重复申请的10件，抄袭、剽窃别人成果的10件，滥用基金经费的7件，冒名申请的4件，弄虚作假的有11件。这86件指的是举报的数据，但是真正通过我们调查核实下来的不超过10件。这与24万、3万相比是微乎其微的。

记者：基金委对违纪违规问题将做何处理？在处理上主要坚持了什么原则？

李主其：尽管这些问题所占的比例很小，但并不意味着可以忽视这些问题。对违纪违规问题的处理，基金委制定了一整套措施，其中包括批评教育、取消资助、取消连续几年申请项目的资格、建议所在单位给予党纪、政纪处分，对于更严重的违法行为建议司法解决。同时，还应该加大对申请者的宣传力度。

但是，在对违纪违规事件的处理上要“以人为本”，大力弘扬中华民族优秀的为国为民从事科学研究的精神。打击科技界的不正之风，主要靠科技工作者自律，同时辅之以监督，其中包括舆论监督。

一个人的信用水平是素质高低的最主要标志之一。作为科技工作者，如果出现了不正之风甚至腐败，在信用上当然是要受到影响。我们的监督工作最后形成的结论，会影响到某一个或者某一组科技工作者的信誉。现在大家都很珍视自己的信用，因此在查处上遇到了一些阻力，个人会有些辩解，有的单位也有“护短”现象。因此，我们做起来十分认真细心，不会冤枉好的科技工作者，也不放过有问题的人。

学术腐败不同于海关缉私和工商打假，很难用数量衡量成果，查处起到的主要是警示作用，目的是提醒更多的人严格要求自己，这对我们资助的科技工作者弘扬正气、遵守科学道德有很好的促进作用。

记者：“学术腐败”的直接后果之一就是破坏了公平、公正原则，如何从源头上铲除“学术腐败”得以生存的土壤是人们最为关心的问题。基金委在这方面有哪些动作？

李主其：基金委的钱是国家的钱，必须做到公开、公平、公正。为此，我们制定了一套完整的制度，用16个字来概括就是“自由申请、同行评议、平等竞争、择优资助”，同时，为了进一步保证基金的合理使用，基金委还设立了监督委员会。它是党组领导下的一个独立的机构，成员有基金委的人，但更多的是聘请委外德高望重的科学家。

去年监督委员会有两项重要措施出台。一个是“异议期制度”，从2001年8月30日开始，将国家杰出青年科学基金的候选人名单在报纸和互联网上公布。另一个就是对科学基金的重大项目、重点项目进行抽样审计。在一个月的异议期内，共收到有关国家杰出青年科学基金候选者的举报3件。其中，某教授因剽窃他人学术论文已被从2001年度国家杰出青年基金候选人中除名；而另一候选人抄袭他人学术论文的问题，有关学部已请5位专家进行鉴别，目前正在继续调查之中。去年基金委委托会计师事务所对北京地区和东北地区12个单位、85个重大、重点项目的使用情况进行了专项审计，从审计的结果来看，基金的使用是不错的。

此外，我们还认真执行评审专家定期轮换制度，正加紧制定一个科学的基础研究评价体系，并对基金委工作人员有严格的规定。

大型画册《中美关系30年》在全国发行

画册由国务院新闻办公室主编，共收入100余幅珍贵图片，真实地记录了中美关系30年发展的三个历史阶段。画册分为“打破坚冰”、“正式建交”和“向前发展”三部分，反映了毛泽东、邓小平、江泽民等中国三代领导人与美国政府首脑为改善、发展两国关系所做的贡献。

2月21日

国家主席江泽民在人民大会堂与美国总统布什举行会谈

江泽民首先对布什访华表示热烈欢迎。他说，4个月前我们在上海进行了很好的会晤，今天重逢格外高兴。我们在上海会晤时达成一个重要共识，这就是中美共同努力发展建设性合作关系。4个月来，双方在各个领域的对话与合作有了新的进展，两国关系的发展势头是好的。对此，中美两国人民高兴，世界人民也高兴。

江泽民说，总统先生是在中美关系处于继往开来的重要时刻访华的。30年前的今天，尼克松总统访华，中美两国领导人共同结束了两国相互隔绝的历史，开始了交流与合作的进程。他们的远见卓识和所迈出的步子已为历史所验证。30年后的今天，国际形势发生了深刻变化，但中美之间的共同利益和对世界和平肩负的共同责任不是减少了，而是增加了；中美关系的重要性不是下降了，而是上升了。世界期待中美两国在维护世界和平与稳定方面发挥应有的积极作用。

江泽民说，30年中美关系正反两方面的经验给人们的启示是：发展中美关系时，双方应着眼大局，立足长远；增进了解，发展互信；承认和尊重差异，寻求和扩大共同点；恪守中美三个联合公报。他说，站在新世纪的起点，中美双方应以史为鉴，面向未来，共同推动两国关系在今后的岁月里取得更大的发展。

江泽民就双方维护和发展两国关系的积极势头、充实建设性合作关系提出以下四点意见：第一，双方应进一步加强高层战略对话以及各级别、各部门之间的接触，增进了解和信任；第二，双方应加深在各领域的交流与合作，以造福于两国人民；第三，双方应在相互尊重、求同存异的基础上妥善处理彼此间分歧，特别是台湾问题；第四，双方应当把中美关系放在世界范围内来考虑，在共同维护世界和平、促进人类文明进步方面应经常沟通，加强合作。

江泽民就台湾问题同布什深入交换了看法，阐述了中国政府解决台湾问题的"和平统一、一国两制"的基本方针，强调坚持一个中国政策、遵守中美三个联合公报的重要性。

布什总统邀请江泽民主席在今年亚太经合组织领导人非正式会议之前访问美国。江泽民主席对此表示感谢并愉快地接受了邀请。应切尼副总统的邀请，国家副主席胡锦涛将于近期访问美国。两国将积极开展经贸、能源、科技、环保、艾滋病防治、执法等领域的交流与合作，并于年内举行经济、商贸和科技三个联委会会议。双方还同意，在不影响各自对《联合国气候变化框架公约》和《京都议定书》立场的前提下，成立中美环保和气候变化问题的联合工作组。

江泽民主席与布什总统还深入讨论了国际反恐斗争的形势。双方同意继续在双向、互利基础上加强磋商与合作，充实两国中长期反恐交流与合作机制。

两国元首还讨论了两国间存在的一些问题。江泽民主席表示，中美两国国情不同，存在一些分歧是正常的。只要双方本着相互尊重、平等相待、求同存异的精神，就能不断缩小分歧，扩大共识，推进两国的合作。布什表示赞同。

参加会谈的中方人员有国务院副总理钱其琛、外交部长唐家璇、中国驻美大使杨洁篪等。美方参加会谈的有美国驻华大使雷德、国务卿鲍威尔、白宫办公厅主任卡德、总统国家安全事务助理赖斯等。

国家主席江泽民 美国总统布什共同会见中外记者

江泽民首先代表中国政府和人民，对布什总统来华访问表示欢迎。他说，在今天的会谈中，双方回顾了中美关系30年来的历程，深入讨论了双边关系和当前国际形势，达成了许多重要共识，取得了多方面的积极成果。双方一致认为，在当前复杂多变的国际形势下，中美作为对世界有重要影响的两个国家，应当加强对话与合作，妥善处理分歧，共同推动中美建设性合作关系进一步向前发展。

江泽民说，他和布什总统同意加强高层战略对话以及各级别、各部门之间的接触，以利增进了解和互信；同意积极开展经贸、能源、科技、环保、艾滋病防治、执法等领域的交流与合作，就地区经济金融问题进行战略对话，并于年内举行经济、商贸和科技三个联委会会议。他说，两国元首在会谈中还深入讨论了国际反恐斗争的形势，同意在双向、互利基础上加强磋商与合作，充实两国中长期反恐交流与合作机制。双方还就一系列重大国际及地区问题交换了看法，并决定加强沟通与协调。

江泽民强调，妥善处理台湾问题是保证中美关系稳定发展的关键。他在会谈中阐述了中国政府在解决台湾问题上"和平统一、一国两制"的基本方针，布什总统强调美国政府坚持一个中国政策、遵守中美三个联合公报。

江泽民说，中美两国国情不同，存在一些分歧是正常的。只要双方本着相互尊重、平等相待、求同存异的精神，就能不断缩小分歧，扩大共识，推进两国的合作。江泽民表示希望并相信，这次会晤对中美关系的改善和发展将产生积极的影响。

关于中美关系，江泽民主席说，今年是中美上海公报发表30周年。30年前，中美两国领导人的接触开始了两国走向交流与合作的道路。这些年来，中美关系的发展给两国人民带来了实实在在的利益，为维护亚洲及世界的和平发挥了重要作用。尽管国际形势发生了深刻的变化，但中美之间的共同利益和对世界和平肩负的重要责任不是减少了，而是增加了；中美关系的重要性不是下降了，而是上升了。中美关系的发展符合我们两国的愿望。只要中美双方加强交流，恪守中美三个联合公报的原则，中美关系就能取得进一步发展。

江泽民说，中美两国国情不同，存在一些分歧，但是双方应当从更广泛、更重要的角度考虑处理这些分歧。改革开放以来，中国经济发展很快，文化方面发展也比较快。中国有近13亿人口,要基本实现现代化,都过上好生活还有很长一段路要走。集中力量发展经济,改善人民生活是我们长期的目标。中国“入世”后,即使将来发达,也不会对其他国家构成威胁。事实已经证明并将继续证明,中国是维护世界和地区和平的坚定力量。

关于宗教问题,江泽民说,中国宪法明确规定,公民有宗教信仰自由。他说,中国有很多公民信教。我不信教,但我对宗教很感兴趣,曾经阅读过《圣经》、《古兰经》、《金刚经》等宗教经典,也经常与国内宗教界领袖一起交谈。他说,在中国,无论信仰何种宗教,教徒都必须遵守国家的法律。如果说有人被扣押,那是因为他触犯了法律,并非因为他信仰某种宗教。作为国家主席,我也无权干涉司法独立。

关于国际反恐斗争,江泽民说,反对一切形式的恐怖主义是中国政府的一贯立场。我在去年举行的亚太经合组织领导人非正式会议上与布什总统第一次会面时,就表达了这一立场。中国将坚决反对恐怖主义。他说,中方高兴地看到阿富汗已开始和平建设的进程,衷心希望几经灾难的阿富汗人民能过上和平美好的生活,相互团结,把国家建设好。

在谈到伊拉克问题时,江泽民说,在处理国际关系时,我们始终坚持以平等相待的态度,共同讨论,通过和平的方式解决问题。在伊拉克问题上也应遵循这一原则,中国主张“和为贵”。

关于朝鲜半岛问题,江泽民说,我们始终希望朝鲜半岛保持和平与稳定。布什表示,美国愿意与朝鲜接触和对话。

国务院副总理钱其琛、美国国务卿鲍威尔等中美双方人员参加了两国元首共同会见记者的活动。

350多名中外记者出席了这一活动。

国务院总理朱镕基在中南海会见德国黑森州总理罗兰·科赫及其率领的代表团

国务院总理朱镕基在中南海会见香港特别行政区政府政务司司长曾荫权

曾荫权向朱镕基汇报了香港当前的经济形势和特区政府近期的工作情况。朱镕基表示,香港特区在过去几年里抗御亚洲金融风波所造成的困难取得很大的成绩,尽管当前还有一些困难,但香港的优势依然存在。他希望特区政府和广大市民在董建华先生的领导下,增强战胜困难的信心,团结一致,香港的前景是光明的。他还表示,中央政府将会继续采取积极措施,支持香港的经济和社会发展。

朱镕基还向曾荫权介绍了有关内地的发展情况。

国务院港澳事务办公室副主任徐泽会见时在座。

中共中央在中央党校举办省部级主要领导干部国际形势与世贸组织研究班

中共中央政治局常委、书记处书记、中央党校校长胡锦涛在开班式上强调,各级领导干部要以邓小平理论和“三个代表”重要思想为指导,深入研究当前国际形势和我国加入世贸组织后面临的机遇与挑战,全面理解和准确把握中央的重大决策部署,进一步推动各地区、各部门做好入世后的各项应对工作。

胡锦涛在讲话中指出,中央决定举办这次研究班,是为适应我国对外开放进入新阶段的新形势所采取的又一重要举措。进入新世纪,国际局势跌宕起伏,复杂多变,新情况新问题不断涌现。但国际形势的总体走向并没有发生根本性改变,世界多极化和经济全球化仍然在曲折中发展,和平与发展依然是当今时代的主题。我们必须把思想统一到中央作出的基本判断和重大政策上来,深入分析国际局势出现的新变化,沉着应对,趋利避害,争取主动,努力保持一个有利于我们集中精力进行现代化建设的和平国际环境。

胡锦涛强调,加入世贸组织符合我国的根本利益和长远利益,不仅有利于我们在更广的范围和更深的程度上参与国际经济合作与竞争,平等地与其他国家和地区进行经贸交往,而且有利于促进我国的经济体制改革,推动经济结构的战略性调整和技术进步,提高国民经济的整体素质和竞争力。我们必须认清机遇,抓住机遇,用好机遇。同时,要充分估计、积极应对入世带来的严峻挑战,既要着力解决近期某些竞争力不强的行业、企业面临的紧迫问题,又要深入研究解决影响长远发展的深层次问题。要进一步增强紧迫感和责任感,把握入世后对外开放的特点和规律,着力把我们自己的工作做好,谋求和维护我国的利益。

胡锦涛说,经过这些年的学习和实践,各级领导干部领导现代化建设的能力和水平不断提高。但应该看到,现在形势发展变化很快,领导干部也有一个重新学习、不断学习的问题。特别是如何做好加入世贸组织后的各项应对工作还是一个崭新的课题。各级领导干部首先是高级干部要带头搞好学习,带头深入研究问题,努力提高思想理论水平和处理复杂矛盾的能力,结合本地区、本部门的实际,积极、主动、正确地做好我国入世后各方面的应对工作,以更好地担负起党和人民赋予的重任,带领广大干部群众战胜前进道路上的各种困难和风险,不断夺取改革开放和现代化建设的新胜利。

胡锦涛还对如何办好这次研究班提出了明确要求。

中共中央政治局候补委员、书记处书记曾庆红主持了开班式。他说,胡锦涛同志的讲话全面分析了当前国际形势和我国加入WTO后面临的机遇与挑战,深刻阐述了举办这次研究班的重要性和必要性,并对学员们提出了明确要求。他希望大家按照胡锦涛同志的要求,坚持理论联系实际的马克思主义学风,以饱满的热情、刻苦的精神、科学的方法,共同努力把这次学习研讨搞好,真正使参加研究班的过程成为提高认识、统一思想的过程,成为开阔视野、增长知识的过程,成为理清思路、谋划对策的过程。

中共中央政治局委员李长春、吴官正、贾庆林、黄菊参加了研究班,中共中央政治局候补委员、国务委员吴仪,国务委员王忠禹出席了研究班开班式。

各省、自治区、直辖市党委书记、省长(主席、市长),中央、国家机关各部委和军队各大单位主要负责同志参加了研究班。

国务院副总理钱其琛在中南海会见香港特别行政区政府政务司司长曾荫权

2月22日

国家主席江泽民分别与俄罗斯总统普京和巴基斯坦总统穆沙拉夫通电话

江泽民通报了美国总统布什访华的情况,并就双边关系和共同关心的国际问题与两国领导人交换了意见。

国务院总理朱镕基在钓鱼台国宾馆会见美国总统布什

国家副主席胡锦涛陪同美国总统布什在清华大学发表演讲

演讲前,胡锦涛致辞对布什总统访华和到清华大学演讲表示欢迎。

胡锦涛说,今天我很高兴回到母校,同清华大学的师生们一起欢迎来自大洋彼岸的贵宾——布什总统。布什总统的来访恰逢尼克松总统访华和中美上海公报发表30周年。30年在人类历史上只是短暂的一瞬,但它给中美关系带来的巨大变化将永远载入史册。

胡锦涛指出,江泽民主席同布什总统就中美关系和国际形势深入交换了意见,达成了许多重要共识,取得了积极成果。中美两国最高领导人的成功会晤必将对推动中美建设性合作关系的进一步发展产生深远的影响。

布什在演讲中首先回顾了中美关系的发展历程,指出30年前两国领导人的会见结束了双方几十年的隔绝,奠定了双方交往合作的基础。他说,与1975年我首次访华相比,中国发生了天翻地覆的变化,中国正在成为世界上最富活力、创造力的国家之一。中国正在崛起,美国欢迎中国强大、繁荣。布什还介绍了美国立法、司法和行政机构间的关系,并谈及了他本人对家庭、宗教信仰、移民、打击恐怖主义等问题的看法。布什希望进一步加强美中两国之间的教育、文化交流与合作,希望清华大学同美国院校扩大交流与合作。

随后,布什还回答了清华学生的提问。

清华大学校长王大中主持了今天的演讲会,清华大学400多名师生出席。

政协第九届全国委员会第三十七次主席会议在北京举行

中共中央政治局常委、全国政协主席李瑞环主持会议。

会议先后听取了全国政协副主席、中共中央统战部部长王兆国关于政协第九届全国委员会增补委员名单草案的说明、关于撤销四名九届全国政协委员资格决定草案的说明;全国政协秘书长郑万通关于政协第九届全国委员会第五次会议筹备工作情况的汇报、关于政协第九届全国委员会任免名单草案的说明;全国政协副秘书长王巨禄关于政协第九届全国委员会第五次会议全体会议执行主席和主持人名单草案的说明。

会议审议通过了关于政协第九届全国委员会增补委员名单草案、关于撤销四名九届全国政协委员资格的决定草案、关于政协第九届全国委员会任免名单草案,决定将这三个草案提交政协九届常委会第十六次会议审议。会议还审议通过了关于政协九届五次会议全体会议执行主席和主持人名单。

全国政协副主席叶选平、杨汝岱、阿沛·阿旺晋美、任建新、宋健、李贵鲜、陈俊生、钱正英、孙孚凌、朱光亚、万国权、胡启立、陈锦华、赵南起、毛致用、白立忱、经叔平、张克辉、周铁农、王文元出席了会议。

国务院行政审批制度改革工作领导小组第三次会议在北京召开

国务院副总理、国务院行政审批制度改革工作领导小组组长李岚清在会上强调,加快行政审批制度改革是进一步转变政府职能的重要突破口,也是加强廉政建设和反腐败斗争的一项根本性措施。各地区、各部门要讲政治、顾大局、守纪律,提高思想认识,按照国务院的要求,进一步加大行政审批制度改革力度,更加扎实有效地推进这项工作。

李岚清指出,去年国务院召开行政审批制度改革工作电视电话会议以来，各部门按照改革的原则和要求，对涉及本部门的行政审批项目进行了认真清理，工作比较扎实，改革进展顺利。今年，各部门要加大改革力度。一要对行政审批项目进行全面清理，不做表面文章，不留死角、不掺“水分”。二要按照“合法、合理、效能、责任、监督”的原则，切实减少行政审批项目并改革审批管理方式。各部门要按照国务院的要求，进一步对审批项目逐项进行分析，严格把关，下决心把不必要的审批项目减下来。对不符合政企分开和政事分开原则、妨碍市场开放和公平竞争以及实际上难以发挥有效作用的行政审批，坚决予以取消；对可以用市场机制代替的行政审批，要通过市场机制来运作；对确需保留的审批项目，要规范操作，简化程序，公开透明，明确责任，制定严密的内部监督制约措施，建立规范的运行机制；对需要改变管理方式的审批项目，也要制定有效的管理办法，规范操作。

李岚清强调，各部门、各地区要增强责任感，切实解决个别领导认识不到位的问题，深化行政管理体制改革，促进政府职能转变，从源头上预防和治理腐败。要把行政审批制度改革作为应对“入世”挑战的一项重要工作来抓。要坚持局部利益服从整体利益，眼前利益服从长远利益，站在国家和人民利益的立场上考虑问题，避免和克服各种错误思想的干扰。要加强组织领导，决不能敷衍塞责、消极应付，也不能找借口、打折扣，搞数字游戏。国务院各部门要率先转变观念，先走一步，认真搞好，为地方行政审批制度改革作出榜样。各省、自治区、直辖市也要按照国务院的部署，切实抓好本地区行政审批制度改革。

李岚清要求，行政审批制度改革，既是一项紧迫的任务，也是一项长期的工作，既要坚持原则，又要实事求是。要注意具体部门的特点，研究新情况，发现新问题，解决新矛盾。不该保留的项目要坚决取消，不搞迁就照顾；关系国计民生、社会稳定和安全生产的项目，在处理时要慎之又慎，避免出现管理失控和混乱现象。行政审批制度改革的效果如何，不仅要看减少了多少审批项目，更重要的是看是否通过改革实现了政府职能转变和制度创新，是否建立起与社会主义市场经济体制相适应的行政审批工作制度，形成科学合理的管理机制、规范高效的运行机制、严密的监督制约机制和责任追究制度，为建设廉洁、勤政、务实、高效政府作出贡献。

会议由国务委员兼国务院秘书长、领导小组副组长王忠禹主持，领导小组成员出席了会议。会议听取了领导小组副组长兼办公室主任、监察部部长何勇关于国务院各部门行政审批制度改革进展情况的汇报。

国务院副总理温家宝在河南省信阳农村考察春耕生产慰问灾区群众

去年，信阳地区遭受了历史罕见的干旱，给群众生产生活带来较大困难。党中央、国务院非常关心灾区群众，各级党委和政府采取有力措施，带领广大群众抗旱救灾，灾区群众生活得到妥善安置，社会安定。

2月22日至24日，温家宝到息县和罗山县了解灾情和群众生活情况。在息县孙庙乡、八里岔乡和罗山县周党镇、莽张乡等地，温家宝走村串户，向干部群众详细询问救济粮款发放、开仓借粮和税费减免情况。他对随行的地方干部反复叮咛，扶贫济困是一项艰苦细致的工作，是关系农村稳定的大事，要从讲政治的高度把这项工作扎扎实实地做好，把中央关于扶贫济困的各项措施真正落实到每个村、每个户、每个人，决不能让一户农民缺粮。

23日上午，温家宝来到受灾最重的许店乡。在农民家中，温家宝与当地干部群众进行了长时间座谈。群众反映这里主要种植水稻，去年的干旱使水稻基本绝收。温家宝说，各级干部灾后要认真反思，总结教训，积极调整农业结构，改变种植结构单一的状况，同时加强以水利为重点的农田基本建设，改善生产条件，增强抗灾能力。在村口，正遇上要外出打工的几个农民，温家宝同他们攀谈起来，问他们在什么地方打工、是否容易找到工作、能否及时足额拿到工资。他对当地干部说，政府对农民外出务工要提供信息，加强组织和引导，积极搞好服务。各地要重视解决拖欠民工工资的问题。

春耕在即，温家宝非常关心备耕工作，每到一地，他都向群众详细了解种子、化肥等农用物资准备情况。他指出，广大干部要以“三个代表”学习教育活动为动力，扎扎实实搞好春耕生产。一要抗旱保春播，把有限的水源用在春耕生产上；二要组织好农用物资的生产和供应，防止假冒伪劣产品流入农资市场；三要搞好信贷服务，主动为农民提供急需的生产资金。各级党委和政府要切实加强对春耕生产的组织和领导，有关部门要搞好指导和服务，力争今年农业有个好收成。

随同考察的有关方面负责人有杨衍银、鄂竟平、范小建、李成玉、王明义等。

中共中央政治局委员姜春云在新华社考察

在新华社总编辑南振中、副社长何东君的陪同下，姜春云参观了总编辑室、国内新闻第二编辑中心、新闻文字编辑发稿中心、新闻摄影编辑发稿中心，并听取了有关情况介绍。在为新闻报道提供通讯技术保障的主机房，他询问了新华社技术发展情况，通过大屏幕了解国家重点网站新华网和新华社主办报刊的情况，观看了新投入运行的多媒体数据库演示。姜春云对新华社各方面所取得的显著成绩予以充分肯定，称赞新华社工作出色，技术设备先进，新闻处理效率高。他说，新华社作为党和国家的耳目喉舌，是国家非常重要的信息中心，通过新闻信息尤其参考资料为领导决策提供了重要的参考依据，同时充分发挥舆论宣传和监督作用，促进了中央方针、政策的贯彻实施。他还向春节期间坚守岗位、加班加点的工作人员表示慰问和感谢，勉励新华社的全体编辑记者和工作人员继续开拓进取，创造新的业绩，谱写新的篇章。

随后，姜春云出席了新华通讯社与国务院扶贫开发领导小组办公室共同举办的中国法律资源网倾情西部活动。中国法律资源网简称“大法官”法律、法规全库，完整地收集了新中国成立以来全国人大及其常委会、国务院、最高人民法院、最高人民检察院、国务院各部委办、地方人大和政府发布的法律、法规、规章和司法解释的全文。

2月23日

国家主席江泽民应约与法国总统希拉克通电话

江泽民通报了美国总统布什访华的情况，并与希拉克就双边关系和共同关心的国际问题交换了意见。

中央军委主席江泽民在中南海会见全军军事留学工作会议代表

江泽民强调，培养和造就大批高素质的新型军事人才，是加强我军质量建设的紧迫需要，是全面提高我军战斗力的关键所在。

中共中央政治局常委、国家副主席、中央军委副主席胡锦涛，中共中央政治局委员、书记处书记、中央军委副主席张万年，中共中央政治局委员、中央军委副主席、国务委员兼国防部长迟浩田，中央军委委员傅全有、于永波、王克、王瑞林、曹刚川等参加了会见。

江泽民说，向国外派遣军事留学生，是中央军委着眼于世界军事发展和我军现代化建设的要求，作出的一项重要决策。学习外国外军的先进技术和管理经验，是我党我军的一个优良传统。军事留学的经历，对领导干部开阔眼界、增长学识很有好处。从1996年起，我军先后向20多个国家派出军事留学生。这些同志学到了新的军事理论知识和新型武器装备知识，提高了自身素质，在部队建设和军事斗争准备中发挥了重要作用。开展军事留学工作，增进了我军与外军的相互了解，推动了我国与有关国家的交流，扩大了我军影响。实践证明，军事留学工作成效显著，意义重大。

江泽民指出，随着高新技术广泛应用于军事领域，世界范围内的军事变革迅速发展，战争形态、作战手段和作战样式等都发生了深刻变化。知识日益成为战斗力的主导因素，战争较量更突出地表现为人才较量。派遣军事留学生是加强军事人才培养的重要途径。希望大家解放思想，抓住机遇，努力把军事留学工作提高到一个新的水平。

江泽民强调，总部及有关部门要加强领导，把军事留学工作纳入军队人才建设的总体规划，精心筹划，精心组织，抓好落实。要积极探索军事留学工作的特点和规律，坚持以我为主，学我所需，为我所用，进一步提高军事留学工作的质量和效益。要坚持高标准，选拔那些政治合格、素质全面、发展潜力大、适应能力强的干部出国留学。要加强对军事留学生的管理教育工作。要制定相关的政策制度，采取必要的措施，把学成回国人员安排好、使用好，充分发挥他们的作用。国家有关部门，对军事留学工作要给予大力支持和积极配合。

全军军事留学工作会议于2月22日在京召开。会议的主要任务是总结1996年以来的军事留学工作经验，汇报、展示军事留学工作的部分成果，研究部署下一步工作任务，进一步推进军事留学工作的持续深入发展。

参加会见的还有解放军四总部和军委办公厅的领导。

杨扬在美国盐湖城举行的第十九届冬奥会短道速滑女子1000米比赛中获得金牌

2月24日

《人民日报》发表中央党校副校长王伟光题为《紧紧抓住作风建设的核心问题》的文章

中央军委副主席迟浩田在北京与科特迪瓦国防和国民保护国务部长莫伊兹·利达·夸西举行会谈

2月25日

中共中央举办的省部级主要领导干部“国际形势与世贸组织”专题研究班结业

中共中央总书记、国家主席、中央军委主席江泽民在与省部级主要领导干部“国际形势与世贸组织”专题研究班学员座谈时发表重要讲话。

共中央举办的省部级主要领导干部“国际形势与世贸组织”专题研究班经过5天的学习，今天结业并举行座谈会。座谈会由中共中央政治局常委李鹏主持。中共中央政治局常委朱镕基、李瑞环、胡锦涛、尉健行、李岚清出席了座谈会。

座谈会上，8位学员代表先后发言，畅谈了参加研究班的学习心得和体会。他们表示，通过几天的学习和讨论，对当前我们面临的国际形势有了更加清醒的认识，对中央作出加入世贸组织的重大决策有了更加深刻的理解，对做好加入世贸组织后的各项工作有了更加充分的理解。要按照中央的要求，进一步解放思想，实事求是，进一步统一认识、增强信心，切实加强学习，切实做好工作，与时俱进，开拓创新，把改革开放和现代化建设的各项工作做得更好。

在认真听取了大家的发言后，江泽民发表了重要讲话。他首先总结了我国加入世贸组织的历程，指出，对15年来我们围绕加入世贸组织开展工作取得的经验，要认真总结，从中汲取有益启示。任何时代的国际竞争，都是以实力为基础的。我国加入世贸组织的谈判之所以能取得成功，说到底，就是因为改革开放20多年来我国的综合国力不断增强，国际地位日益提高。坚持以经济建设为中心，坚持改革开放，艰苦奋斗，埋头苦干，不断增强我国的经济实力、国防实力和民族凝聚力，是做好对外工作的坚强保证。发展是硬道理。这是我们必须始终牢记的重要历史经验。

江泽民强调，当今世界是开放的世界。加强国际经济技术交流与合作，对各国经济的发展越来越重要。我们搞现代化建设，必须对外开放。实行对外开放，进行经济技术交流与合作，关键的问题是我们必须形成一个有效的体制和机制，创造一个有利于开放的经济和社会环境。我国社会主义市场经济的发展，全方位对外开放格局的形成，再加上巨大的潜在市场，这是我国加入世贸组织最重要的推动力量。要在经济全球化的条件下坚持实行对外开放，实施好“引进来”与“走出去”相结合的开放战略，不断增强我国经济的国际竞争力和对国外企业的吸引力，必须通过改革建立并不断完善社会主义市场经济体制，不断形成有利于对外开放的体制和环境。

江泽民强调，从21世纪国际竞争日趋激烈的大环境看，我们搞现代化建设，必须到国际市场的大海中去游泳，并且要奋力地去游，力争上游，不断提高我们搏风击浪的本领。这对提高我国的国际竞争力、在国际综合国力的较量中掌握主动有利。对加入世贸组织后的利和弊、机遇和挑战，要科学分析和全面认识，对于有利的一面，要抓住机遇，积极加以运用；对不利的一面，要抓紧工作，努力规避风险。

在谈到做好加入世贸组织后的各项工作时，江泽民说，要采取切实有效的措施，推动我国产业和企业不断提高竞争力。要大力加强对产业的结构调整和技术改造，提高科技创新能力和市场竞争力，使它们能够在国内外市场的激烈竞争中站住脚跟，并发展壮大。要使我们的弱势产业变强、优势产业更强。企业要进一步深化改革，尽快建立适应发展社会化大生产和市场经济要求的现代企业制度，增强市场竞争能力、技术创新能力和抵御风险的能力。从长远看，要更有力地开展国际竞争，我们必须形成一批有国际竞争能力的大型企业和跨国公司。要在加入世贸组织后的新形势下抓住一切机遇，努力形成和发展壮大一批中国式的跨国公司。这是我们扩大对外开放，增强经济实力和国际竞争力，经受住经济全球化的各种挑战和考验，使我国真正成为经济强国的迫切需要。同时，我们要发展一批技术水平高、有市场竞争能力的中小企业，特别是要发展“专、精、特、新”的科技型企业，同大企业建立密切的协作关系，提高生产的社会化水平。要大力支持和推动连锁经营、集中配送等现代流通方式，推动经济发展，提高竞争力。

在谈到进一步深化改革，不断完善社会主义市场经济体制时，江泽民说，加入世贸组织，要求我们各级政府管理经济的方式和办法有一个大的改进。要按市场经济的一般规律，进一步调整和完善合乎社会主义市场经济要求的行为规范和法律体系。要进一步转变政府职能，推进政企分开、政事分开，减少对微观经济活动的直接干预，充分发挥市场配置资源的基础性作用，强化企业的市场主体地位。要把按照世贸组织规则要求规范市场经济秩序，正确引导社会主义市场经济发展，培育和壮大我国经济的国际竞争力，作为政府调控和管理经济的主要任务。要整顿和规范市场经济秩序，建立和健全法制、诚信和公平竞争的市场环境。总之，要通过深化改革，进一步消除影响生产力发展的体制性障碍。这样才能有力地推动我国的经济发展，而且这也是我们应对加入世贸组织后各种挑战的一个根本途径。

江泽民强调，做好加入世贸组织后的各项应对工作，人才是关键。要进一步落实科教兴国战略，大力培养各方面的高素质人才。在普遍提高国民教育文化水平的同时，加强专业人才的培养，特别是要抓紧培养精通世贸组织规则的专业人才。培养专门人才的工作，一定要紧迫地抓起来。

江泽民指出，加入世贸组织后，我国将在更大范围和更深程度上参与国际经济竞争与合作，对外开放必须进一步扩大。同时，我国将在国际经贸规则下参与国际经济竞争与合作，对外开放的要求更高了。我们各项工作面临着新的环境，最重要的变化就是国际市场的竞争将更加深入地与国内市场的竞争结合在一起，国际市场竞争的一些重要因素将成为国内市场竞争的组成部分。我们要尽快适应新形势新要求，更加积极地拓展对外贸易增长空间，参与国际区域经济合作，合理有效地利用外资，引进先进技术和管理经验，更好地利用经济全球化带来的有利于生产力发展的因素，发挥我们的比较优势，加快我国经济的发展。在对外开放的全过程中，我们要始终注意正确处理好对外开放、发展国际经济合作与维护国家利益和安全的关系，十分注意并切实维护国家的利益和安全。

江泽民强调，在新的条件下扩大对外开放，必须更好地实施"引进来"和"走出去"同时并举、相互促进的开放战略，努力在"走出去"方面取得明显进展。实施"走出去"战略，是把对外开放推向新阶段的重大举措，是更好地利用国内外两个市场、两种资源的必然选择。

江泽民最后说，在加入世贸组织的新形势下继续推进改革开放和社会主义现代化建设，对我们全党来说，是一次新的学习，也是一场新的考试。这是对我们的学习能力、应对能力、竞争能力、决策能力、创新能力很实际很具体的检验。全党都要加紧学习，加强研究。领导干部要努力掌握在开放条件下管理和驾驭经济发展全局的本领，在工作中要全面考虑国内和国外两种因素，善于利用好国内外两个市场、两种资源，善于把国际市场可能给我们带来的风险降低到最小的程度，更好地促进我国现代化建设。只要全党同志共同努力，就一定能够运用好加入世贸组织带来的各种机遇，把改革开放和现代化建设更好地推向前进。

李鹏在主持座谈会时说，江泽民同志的讲话深刻总结了15年来我们在谈判中取得的重要经验，阐明了我国加入世贸组织后面临的机遇和挑战，指出了做好应对工作的努力方向。江泽民同志的讲话，对我们进一步认清形势，统一思想，坚定信心，做好我国加入世贸组织后的各项工作，进一步推进改革开放和现代化建设，具有重要的指导意义。大家要认真学习，深刻领会，认真贯彻。

李鹏说，加入世贸组织，既给我们带来了机遇，也给我们带来了挑战，总体上机遇大于挑战，符合我国发展的根本利益。关键是我们要善于抓住机遇，把改革开放和现代化建设继续推向前进，这是我们应对各项挑战的根本性措施。同时，对我们面临的挑战，各地区、各部门都要结合自己的实际，全面地、具体地进行分析和研究，制定切实可行的政策和措施，扎扎实实地做好各方面的应对工作。各级党委和政府要坚定不移地按照中央的要求做好工作，解放思想，实事求是，坚定信心，开拓前进，不断开创改革开放和现代化建设的新局面。

研究班举行期间，中共中央政治局常委、国务院总理朱镕基就进一步做好加入世贸组织后的工作作了重要讲话。朱镕基说，党中央、国务院对举办这次研究班非常重视，在春节刚过，各方面工作都很繁忙的情况下，下决心把各地区、各部门和军队有关单位的主要领导同志集中起来，就当前国际形势和加入世贸组织问题进行系统学习和专题研讨，这是十分必要和非常及时的。

朱镕基指出，要全面、深刻地分析和认识加入世贸组织为我们带来的机遇和挑战。我国加入世贸组织，是面对经济全球化趋势作出的战略决策，有利于促进我国改革开放和社会主义现代化建设。我们要充分利用加入世贸组织这一历史机遇，积极应对新的挑战，着力提高竞争力，加快发展和壮大自己。要大力实施"走出去"战略，进一步实施市场多元化，积极主动地开拓国际市场。开拓市场要以质取胜，关键是我们的产品质量一定要有明显提高。要把质量看成是企业的生命，只有产品质量提高了，才能持续稳固地占领和拓展国际市场。

朱镕基说，当前世界经济增速放缓，发展前景还有许多不确定因素，我们宁可把困难估计得充分一些。要注意严格控制不必要的支出，发扬勤俭节约的精神。要关心群众生活，尤其是低收入群体的生活。各地区、各部门要团结一致、扎实工作，促进国民经济持续快速健康发展。

中共中央政治局委员、国务院副总理钱其琛到研究班就国际形势和外交工作作了报告。

出席座谈会的中央领导同志还有丁关根、田纪云、李长春、李铁映、吴邦国、吴官正、迟浩田、张万年、罗干、姜春云、贾庆林、钱其琛、黄菊、温家宝、曾庆红、吴仪、王忠禹。

中央军委委员傅全有、于永波、王克、王瑞林、曹刚川等，中央党政军群各部门主要负责同志参加了座谈会。

全国人大常委会委员长李鹏在人民大会堂会见乌克兰最高苏维埃主席普柳希

李鹏首先对普柳希主席率团访华表示热烈欢迎。他说，中乌两国有着传统的友好关系。一九九二年建交后，两国高层互访频繁，成功地实现了两国国家元首、中国全国人大和乌最高苏维埃以及两国政府主要领导人的互访，双边关系有了长足发展。二〇〇一年七月，江泽民主席在访乌期间同库奇马总统签署了《中华人民共和国和乌克兰关于在二十一世纪加强全面友好合作关系的联合声明》。这是两国关系的指导性文件。在双方共同努力下，中乌两国在政治上互相信任，经济上互利合作，国际事务中相互支持，民间及地方的交流活跃，两国经贸关系在已有的基础上向更广、更深的方向发展。李鹏表示，希望通过普柳希主席的来访，双方能够增进了解和友谊，加强互利合作。

李鹏指出，中国全国人大重视发展同乌克兰最高苏维埃的关系，愿意积极开展包括议会领导人、各对口委员会、友好小组间多渠道的交流，以促进两国友好合作关系不断取得实质性成果。

李鹏对随同普柳希来访的乌企业家表示欢迎，他高度评价乌企业界发展对华经贸关系的积极态度，希望他们同中国企业界广泛接触，讨论双方合作的具体领域。李鹏还简要介绍了即将召开的九届全国人大五次会议的有关情况以及当前中国的政治经济形势。

参加会见的有：全国人大常委会副委员长姜春云，全国人大常委会委员、全国人大华侨委员会主任委员、全国人大中国乌克兰友好小组主席甘子玉，全国人大常委会副秘书长吕聪敏，李鹏委员长办公室主任吴文昌，外交部部长助理刘古昌，全国人大代表、南开大学校长侯自新，乌克兰驻华大使列兹尼克和乌克兰最高苏维埃代表团全体成员。

中国教科文卫工会第一届全委会第一次会议在北京召开

全国人大常委会委员长李鹏为会议题词。中华全国总工会主席尉健行，国务院副总理李岚清致信祝贺。

尉健行在贺信中，希望中国教科文卫体系统的各级工会组织和广大工会干部，深入学习贯彻江泽民同志“七一”重要讲话和党的十五届六中全会精神，按照“三个代表”的要求，解放思想，开拓创新，依法坚决履行维护职工合法权益的基本职责，进一步保护、调动、发挥好广大职工的积极性、创造性，为我国教科文卫体事业的繁荣，为发展面向现代化、面向世界、面向未来的，民族的科学的大众的社会主义文化，促进全民族思想道德素质和科学文化素质的不断提高，把建设有中国特色社会主义伟大事业不断推向前进，作出新的更大的贡献。

李岚清在致信中，希望新组建的中国教科文卫工会各级组织团结动员广大知识分子和职工，努力实践“三个代表”的思想，开拓进取，扎实工作，为我国教育、科学、文化、卫生和体育事业的繁荣，为中华民族的伟大复兴作出贡献。

全国人大常委会副委员长彭珮云也为会议题词。全国人大常委会副委员长周光召出席会议并讲话。全国政协副主席万国权出席会议。中华全国总工会副主席、书记处第一书记张俊九出席开幕式并宣读中央领导同志的题词、贺信和致信。中华全国总工会党组副书记、副主席、书记处书记孙宝树代表中华全国总工会在开幕式上讲话。教育部、科学技术部、文化部、卫生部、国家体育总局的领导同志出席会议并讲话。

中国教科文卫工会是在全国总工会机关机构改革中以原中国教育工会为基础新组建的。

最高人民检察院在北京召开新闻发布会

会上公布了《最高人民检察院关于废止部分司法解释和规范性文件的决定》，宣布对最高人民检察院在新中国成立以来单独制发或者与有关部门联合制发的140件司法解释和规范性文件予以废止。

最高人民检察院副检察长张穹表示，这次集中清理司法解释，是最高人民检察院为了适应我国加入WTO进程，保证国家法律的统一正确实施，按照“三个代表”要求，进一步做好新形势下的检察工作，努力实施依法治国方略而采取的一项重要举措。

张穹说，此次集中清理共涉及最高人民检察院新中国成立以来单独制发或者与有关部门联合制发的司法解释和规范性文件781件，在决定废止的140件中，包括该院单独发文98件、与有关部门联合会签文件29件，以及该院有关文件中明确规定废止的13件。此次清理工作历时近4个月，这期间，广泛进行了调查研究，征求了地方检察机关和中央有关部门及专家学者的意见。张穹指出，清理司法解释是一项长期的基础性工作，高检院今后还将经常进行清理，并陆续公布清理结果，同时根据工作需要，及时制定新的司法解释和规范性文件。

中国人民对外友好协会 中国美国人民友好协会和中国友好和平发展基金会在北京举行中美上海公报发表30周年纪念会

国务院副总理钱其琛在纪念会上致辞。他说，30年前，美国总统尼克松在中美尚未建交的情况下来到中国访问，寻求中美两国的和解。双方于1972年2月28日在上海发表联合公报，中美长达22年的相互隔绝宣告结束。30年来，中美关系在各个领域取得了长足发展，官方和民间往来达到前所未有的规模。

他同时指出，中美关系的发展并非一帆风顺。但令人欣慰的是，困难总能得到克服，危机也能得到化解。中美关系的改善和发展不仅给两国人民带来了实际利益，也促进了亚太乃至世界的和平、稳定与繁荣。事实表明，中美关系是世界上最重要的双边关系之一。我们应当从国际形势的全局、用长远的战略观点来看待和处理两国关系。

钱其琛表示，中美两国的社会制度、文化传统、意识形态和价值观念不同，两国之间存在这样那样的问题和分歧是正常的，这应当成为双方加强对话和交流的动力，而不应成为发展中美关系的障碍。不同文明之间应当相互借鉴，而不应相互排斥。对于中美文化和体制上的差异，我们主张通过坦诚对话以增进相互理解，允许多元共存，不必强求一致。在处理两国关系时，我们主张既着眼于未来，同时也尊重对方的利益，平等互利，协商解决彼此的分歧。

第十九届冬奥会中国体育代表团以 2 金 2 银 4 铜位列奖牌榜第十三位

78 个国家和地区的 2531 名运动员参赛，15 个大项、78 个小项的设立，创下了冬季奥运会的规模之最；17 天角逐催生 10 项世界新纪录，表明了冰天雪地同样是弘扬奥林匹克精神的广阔天地；30 亿人次的电视收视率，更使世界冬季运动的发展跃上了一个新的台阶。

第七次参加冬奥会的中国代表团实现了冬奥会金牌"零"的突破，并以 2 金、2 银、4 铜的成绩在奖牌榜上排到了历史上最高的第十三位。

2 月 26 日

党和国家领导人江泽民 李鹏 朱镕基 李瑞环 胡锦涛 尉健行 李岚清等出席元宵节联欢晚会

联欢晚会由中共中央政治局常委、国家副主席胡锦涛主持。他首先代表中共中央，向在座的各位，并向全国知识界的同志们、朋友们，致以亲切的问候和良好的祝愿。

胡锦涛说，过去的一年，是我国实施"十五"计划和现代化建设第三步战略部署取得良好开局的一年。全党和全国各族人民团结奋斗，开拓进取，在全球经济增长明显减缓的情况下实现了我国国民经济的持续快速健康发展，在世界很不安宁的情况下保持了我国社会政治大局的稳定，建设有中国特色社会主义的各项事业都取得了新的进展。特别是我们隆重庆祝中国共产党成立 80 周年，正式加入世界贸易组织，赢得 2008 年奥运会主办权，成功举办亚太经合组织第九次领导人非正式会议，这一切都极大振奋了党心军心民心，进一步增强了海内外中华儿女的民族自豪感和凝聚力。在这些新成就中，也包含着知识界同志们、朋友们所作出的突出贡献。

胡锦涛说，今年是我们党和国家历史上具有重大意义的一年，改革发展稳定的任务十分繁重。知识界是推动我们事业发展的一支重要力量，在新的形势下肩负着光荣而艰巨的使命。让我们更加紧密地团结在以江泽民同志为核心的党中央周围，以邓小平理论和"三个代表"重要思想为指导，深入贯彻落实党的十五届五中、六中全会精神，同心同德，艰苦奋斗，以优异的成绩迎接党的十六大召开。

出席联欢晚会的领导同志还有丁关根、田纪云、李铁映、吴邦国、迟浩田、张万年、罗干、姜春云、贾庆林、钱其琛、温家宝、曾庆红、吴仪、周光召、蒋正华、司马义·艾买提、王忠禹、王兆国、宋健、朱光亚、万国权、赵南起。

中央军委委员傅全有、于永波、王瑞林、曹刚川等，以及有关部门的负责同志也出席了联欢晚会。

国家主席江泽民在中南海会见乌克兰最高苏维埃主席普柳希

江泽民首先对普柳希一行来访表示欢迎。他说，去年 7 月我成功地访问了乌克兰，受到库奇马总统、乌克兰政府和人民的热情友好的接待。作为乌克兰人民的真诚朋友，中国人民始终关注乌克兰的发展。相信普柳希主席这次重要访问必将为两国关系在新世纪更好地发展注入新的活力。

江泽民说，中乌建交 10 年来，两国关系不断加强，相互理解和信任不断加深，合作领域逐渐扩大。去年两国签署的《联合声明》明确提出将发展长期稳定、高度信任和相互协作的中乌全面友好合作关系，这是两国关系在新世纪发展的方向。我坚信，在我们双方的不懈努力下，中乌关系前景会越来越好。

江泽民说，中国一贯重视发展同乌克兰的关系，视乌克兰为中国的重要朋友和伙伴，愿意看到乌克兰在地区和国际事务中发挥建设性作用。中乌在一系列重大国际问题上有着相同或相似的看法，都是维护世界和平的重要力量。两国在国际舞台上密切合作，相互支持，就可以为促进世界稳定与发展作出贡献。

参加会见的有：全国人大常委会副委员长姜春云，全国人大常委会委员、全国人大中乌友好小组主席甘子玉，外交部副部长王毅以及乌克兰驻华大使列兹尼克等。

全国政协九届常委会举行第十六次会议

本次会议主要是为召开政协九届五次会议做准备。中共中央政治局常委、全国政协主席李瑞环出席会议。

上午的会议由全国政协副主席叶选平主持。会议首先审议通过了本次常委会议的议程和关于召开政协九届五次会议的决定。会议先后听取了全国政协秘书长郑万通关于政协九届常委会工作报告起草情况的说明，全国政协提案委员会主任何光远关于政协九届四次会议以来提案工作情况报告起草情况的说明，全国政协副秘书长王巨禄关于政协九届五次会议议程和日程草案的说明，全国政协副主席、中共中央统战部部长王兆国关于政协九届全国委员会增补委员名单草案和关于撤销四名政协九届全国委员会委员资格决定草案的说明。

本次常委会议为期三天，将审议政协九届五次会议议程草案和日程、政协九届常委会工作报告和报告人、政协九届常委会关于政协九届四次会议以来提案工作情况的报告和报告人、政协九届全国委员会增补委员名单、关于撤销四名政协九届全国委员会委员资格的决定、政协九届全国委员会专门委员会副主任增补名单和人事任免事项，还将审议全国政协办公厅2001年度委员视察工作总结和有关视察报告，审议李瑞环主席访问斐济、巴布亚新几内亚和新加坡情况的报告以及其他外事出访报告。

会议开始时，与会人士对十五次常委会议后因病去世的却西常委表示深切悼念。

在下午举行的第二次全体会议上，常委会组成人员听取了全国政协各专门委员会主任关于本委员会2001年度工作情况的汇报。全国政协经济委员会副主任桂世镛、人口资源环境委员会主任陈邦柱、教科文卫体委员会主任刘忠德、社会和法制委员会主任王森浩、民族和宗教委员会主任金鉴、文史资料委员会主任朱作霖、港澳台侨委员会主任朱训、外事委员会主任田曾佩先后在会上作了汇报。全国政协副主席张克辉主持会议。

据了解，政协九届四次会议以来，政协委员、各民主党派和有关人民团体，认真履行人民政协职能，围绕我国经济和社会发展的重大问题以及人民群众关注的热点问题，运用提案形式积极建言献策，共提出提案3737件，经审查立案3566件。其中，八个民主党派和全国工商联58件，政协专门委员会1件，界别小组33件。提出提案的委员1845人，占委员总人数的79.8%。截至2002年2月20日，已办复提案3527件，占全部立案提案的98.9%，所提意见和建议被采纳后，有关问题得到解决或列入计划解决的3174件，占90.94%。

据介绍，一年来全国政协各专门委员会围绕国家中心工作，把促进“十五”计划的顺利实施作为参政议政的中心内容，开展了30多项重点课题的调查研究，提交了一批有较高质量的调研报告，受到中共中央和国务院以及有关部门的重视，为领导机关决策提供了重要参考。比如，提案委员会关于退耕还林还草的建议、经济委员会关于继续实行积极财政政策的建议、人口资源环境委员会关于南水北调中线工程采用管道输水方式的建议、教科文卫体委员会关于发展文化产业的建议、社会和法制委员会关于城市贫困人口解困问题的建议、民族和宗教委员会关于加快发展民族地区旅游产业的建议、港澳台侨委员会关于改进合作兴办高等教育的建议、文史资料委员会关于加强人文史迹保护与开发的建议、外事委员会关于加强边境管理的建议等，都比较深入地反映了当前社会存在的实际问题，提出了切实可行的解决办法。

全国政协副主席杨汝岱、阿沛·阿旺晋美、钱伟长、任建新、宋健、李贵鲜、陈俊生、张思卿、钱正英、孙孚凌、霍英东、马万祺、朱光亚、万国权、胡启立、陈锦华、赵南起、毛致用、白立忱、经叔平、周铁农、王文元出席会议。

会议决定：中国人民政治协商会议第九届全国委员会第五次会议于2002年3月3日在北京召开。建议会议的主要议程是：听取和审议中国人民政治协商会议第九届全国委员会常务委员会工作报告和政协九届四次会议以来提案工作情况的报告；列席中华人民共和国第九届全国人民代表大会第五次会议。

全国政协主席李瑞环在人民大会堂会见由全国书记文森特·奥布拉福尔率领的尼日利亚人民民主党代表团

李瑞环对奥布拉福尔一行来访表示欢迎。他说，尼日利亚是非洲大国，中国政府和人民非常珍惜和重视中尼在诸多领域的友好合作。他相信奥布拉福尔这次访问对两党和两国友好关系的发展将起到积极推动作用。

李瑞环说，中国共产党从长期执政的历史中深切体验到，执政党要赢得人民的衷心拥护，就必须集中精力发展经济，使人民群众物质的、精神的生活水平得到不断提高。我们党在这方面既有成功的经验，也有走弯路、受挫折的教训。

李瑞环还应客人要求介绍了中国发展的有关方针政策及中国共产党领导的多党合作和政治协商制度。

中联部部长戴秉国、副部长马文普、尼日利亚驻华大使奥拉贡朱·阿德萨金等会见时在座。

全国人大农业与农村委员会举行第二十八次全体会议

会上分别听取农业部关于加入WTO后我国农业面临的形势与任务和水利部关于《南水北调工程总体规划》方案的汇报。委员们在发言中对我国加入WTO后的农业工作和南水北调问题提出了意见和建议。

全国人大常委会副委员长布赫在听取农业部汇报后说，加入WTO后，我国的农业发展进入了一个新的历史阶段，面临着各种机遇，应当发挥优势，争取主动，同时也有一系列的问题需要解决。第一，要制定出具有可行性的应对措施，切实提高我国农产品的国际竞争力；第二，要对农业的产品结构、产业结构、产业政策等进行调整，提高农业产业化经营水平；第三，要进一步加强农业立法工作，使农业立法与WTO的有关规则相衔接，同时注意立法工作的前瞻性；第四，为了缩小目前我国与世界发达国家之间农业水平的差距，还必须大力提高广大农民的文化水平，从长远看，这是一个根本性问题。布赫在听取水利部汇报后的讲话中说，南水北调对于我国的经济建设和社会发展具有巨大作用，听了刚才的汇报很受鼓舞，希望在广泛征求各方意见后，抓紧时间实施。在南水北调的过程中，尤其要注重生态环境的保护，注重通过改善生态环境来解决水问题。

最高人民检察院检察长韩杼滨接受《人民日报》记者采访

记者：人民代表大会制度是我国的根本政治制度，您怎样认识检察机关产生于人民代表大会并受人大监督？

韩杼滨：我国宪法明确规定，检察机关由人民代表大会产生并对其负责。全国人民代表大会是我国最高权力机关。作为国家权力重要组成部分的检察权的行使，必须以体现和保护最广大人民的根本利益为准则。检察机关接受人民代表大会的监督，这是我国社会主义民主与法制建设的一条基本原则。人民通过人民代表大会可以有效地监督检察机关的活动。检察机关自觉接受人民代表大会的监督，可以更好地巩固成绩，克服不足，不断改进和加强检察工作，促进公正执法，更好地为党和国家的工作大局，为维护社会稳定、促进改革开放和经济建设服务。

记者：检察机关在接受人大监督方面有哪些做法？

韩杼滨：检察机关主要通过以下几种形式接受人民代表大会的监督：一是各级人民代表大会召开全体会议时，同级检察院向大会报告工作，接受审议。二是在各级人民代表大会闭会期间，同级检察院就检察工作中的重大问题和重要事项向其常务委员会进行专题报告，不定期地向同级人大常委会汇报一个时期以来的阶段性工作。三是认真接受各级人大常委会组织的各项执法检查活动。四是认真办理并及时反馈各级人民代表大会及其常务委员会、各专门委员会交办的事项。去年，高检院及时办结全国人大常委会办公厅交办的全国人大代表建议四十七件。

记者：近年来检察机关是如何密切同人大代表联系，改进和加强检察工作的？

韩杼滨：近几年来，检察机关进一步增强接受人大监督的意识，采取有力措施，密切同人大代表联系，认真听取他们的意见、建议，不断改进和加强检察工作。一是设立专门机构，配备专职工作人员负责此项工作。二是结合实际，建章立制，使得与代表的联系工作制度化、规范化、经常化。高检院一九九八年下发了《关于进一步加强同全国人民代表大会代表联系接受监督的通知》，二〇〇〇年又制定下发了《关于加强同全国人民代表大会代表联系的若干意见》。省、市级检察院也就加强同本级人大代表联系，接受监督制定了规范性文件。三是依法及时办理和反馈人大代表交办的案件，做到件件有回音。二〇〇一年度高检院办理全国人大代表交办案件二百七十六件，并将办理情况向代表作了反馈。四是邀请人大代表视察检察工作，向人大代表当面汇报检察工作的主要情况。五是积极开展与代表座谈、走访代表活动。高检院每年都要召开人大代表座谈会，或派出工作组走访人大代表，征求对检察工作和检察队伍建设的意见和建议，切实按照代表的意见、建议改进工作，促进了检察工作的发展。

展望新一年的检察工作，韩杼滨检察长满怀信心地说，在新形势下，检察机关要在以江泽民同志为核心的党中央正确领导下，高举邓小平理论伟大旗帜，以“三个代表”重要思想为指导，在各级人大的监督和支持下，解放思想，开拓创新，认真履行职责，以新的优异成绩迎接党的十六大的胜利召开。

中央军委副主席胡锦涛在人民大会堂会见科特迪瓦国防和国民保护国务部长莫伊兹·利达·夸西

胡锦涛对利达率团访华表示欢迎。他说，自1983年中科建交以来，两国关系发展顺利。双方在众多领域进行了卓有成效的合作，在国际事务中相互理解、相互支持。我们对科特迪瓦政府坚持一个中国的立场和在人权等问题上给予中国的宝贵支持表示赞赏和感谢。胡锦涛说，中国政府重视中科友好关系，愿与科方一道，在相互尊重、平等互利的原则基础上，进一步把新世纪两国两军真诚友好的合作关系推向更高的水平。

中央军委副主席、国务委员兼国防部长迟浩田，中国人民解放军副总参谋长吴铨叙，国防部外事办公室主任詹懋海，科特迪瓦驻华大使科南·克拉莫等会见时在座。

外交部发言人孔泉就中美关系发表谈话

有记者问：美国总统布什访华期间强调美将坚持一个中国政策、遵守中美三个联合公报，但同时表示将继续履行《与台湾关系法》。请问你对此有何评论？

孔泉答：中国政府在台湾问题上的立场是一贯的、明确的。台湾是中国领土不可分割的一部分。台湾问题纯属中国内政，任何外国无权干涉。

他说，中美三个联合公报为中美双方处理台湾问题确立了指导原则，构成了两国关系的政治基础。自尼克松政府以来的美国历届两党政府均表示奉行一个中国政策，遵守中美三个联合公报。布什总统访华期间也向中方强调，美国政府在台湾问题上的政策是长期一贯的，没有改变；美国政府坚持一个中国政策，遵守中美三个联合公报。

他说，对于你提到的所谓《与台湾关系法》，中国政府从一开始就坚决反对。美方理应遵守中美之间的三个联合公报，妥善处理台湾问题，以利于中美关系健康、稳定地发展。

2月27日

国家主席江泽民对越南进行为期3天的正式友好访问

访问期间，江泽民同越共中央总书记农德孟、越南国家主席陈德良在主席府举行会谈。

江泽民说，近十几年来，中越关系呈现全面发展的良好势头。特别是自一九九九年双方共同确定“长期稳定、面向未来、睦邻友好、全面合作”的十六字指导方针以来，中越关系进入了新的发展阶段。两国相继签署了陆地边界条约、北部湾划界协定和渔业合作协定。在加强经贸合作、治党治国经验交流以及青少年交往等方面也取得了一系列显著成果。两党、两国的相互了解、信任、友谊与合作达到了一个新的水平。去年农德孟总书记访华时，我们着重讨论了十六字指导方针的丰富内涵，一致同意要用中越世代友好的精神教育两国人民，继承和发扬传统友谊。特别重要的是，双方一定要加深相互信任。这是两党、两国关系长期稳定发展的基础。为此，要多做扎扎实实的工作，在新世纪里把两党、两国全面友好合作关系搞得更好、更密切并代代相传。

江泽民就继续推动中越关系全面发展提出了五点建议：一是要继续发扬两党、两国高层交往的良好传统，保持双方领导人的经常接触和会晤，随时就共同关心的问题坦诚、深入地交换意见。二是要不断扩大和加深中越经贸合作，增强两国友好关系的物质基础，不断提高合作的效益和质量，扎扎实实地将两国经贸合作提升到一个新的水平。三是要以长期友好的精神教育两国人民，特别是青少年。进一步加强青少年之间形式多样的交流，培养造就千百万中越友好事业的接班人。四是要继续加强两国在边界问题上的合作，加快陆地边界和北部湾划界各项后续工作进程，把中越边界建设成为一条长期和平、稳定和友好的边界。五是要深化中越两党、两国在治党治国经验方面的交流，加强两国在国际问题上的磋商、合作与配合，以利各自国家的建设和发展。江泽民表示相信，在双方的精心培育下，中越友谊之花必将在新世纪里绽放得更加绚丽。

江泽民高度评价越南在革新事业和社会主义建设中取得的重大成就。他说，越南始终不渝地坚持社会主义道路，坚持马列主义、胡志明思想和共产党的领导，国内政治稳定，经济保持较高的发展速度，人民生活水平不断改善，国际地位日益提高。2001年4月，越共“九大”继续强调以“经济建设为重心，党的建设为关键”，注重总结实践经验，大胆探索社会主义理论并取得许多新的成果，提出了符合国情的发展战略目标。我们相信，在越共中央的领导下，越南举国上下团结一致，奋发图强，一定能胜利实现“九大”制定的宏伟目标，把越南建设成为“民富国强，社会公平、民主、文明”的社会主义工业化国家。

在谈到当前的国际形势时，江泽民说，进入新世纪以来，国际局势正在发生冷战结束以来最为深刻的变化。但是，和平与发展作为时代主题没有改变，世界多极化和经济全球化发展的趋势并未改变。总体和平、局部战争，总体缓和、局部紧张，总体稳定、局部动荡，仍是当前和今后一个时期国际形势发展的基本态势。我们面临的国际环境依然是机遇大于挑战。在过去的一年里，中国正确把握和沉着应对复杂多变的国际政治经济形势，在世界经济明显放缓的情况下，经过努力，保持了经济的较快增长。中国正式加入世贸组织，标志着中国的对外开放进入了新的发展阶段。中国的发展有利于促进本地区和世界的繁荣与发展。

江泽民与农德孟和陈德良还就其他共同关心的国内、国际和地区问题深入交换了意见。

会谈结束后，双方领导人共同出席了《中华人民共和国政府和越南社会主义共和国政府关于中国向越南提供优惠贷款的框架协议》和《中华人民共和国政府和越南社会主义共和国政府经济技术合作协定》的签字仪式。

中共中央政治局委员、国务院副总理钱其琛，中共中央政治局候补委员、书记处书记曾庆红以及王刚、戴秉国、刘华秋、滕文生、齐建国、由喜贵、王家瑞、王毅、安民、王沪宁、尹庆民等参加了会谈并出席了签字仪式。

全国人大常委会委员长李鹏在人民大会堂会见香港特别行政区政府律政司司长梁爱诗

梁爱诗向李鹏汇报了香港特区政府在法律方面所做的工作。李鹏表示，香港回归近5年来，特区政府在落实“一国两制”方针，执行基本法方面做了积极的努力，从而维护了香港的繁荣稳定，保障了广大香港同胞的根本利益，中央对此是满意的。李鹏还指出，在“一国两制”的实践中，会不断遇到新情况、新问题，只有始终用基本法的精神和原则去处理社会生活中的各种问题，“一国两制”事业才能朝着正确的方向不断发展。

李鹏还向梁爱诗介绍了有关内地的发展情况。

国务院港澳事务办公室副主任徐泽会见时在座。

国务院总理朱镕基在中南海会见欧洲中央银行行长德伊森贝赫

全国人大常委会举行第二十六次会议

全国人大常委会委员长李鹏主持会议。这次常委会会议主要是为即将召开的九届全国人大五次会议做准备。

在上午的会议上，受国务院委托，国家质量监督检验检疫总局局长李长江就国务院关于提请审议进出口商品检验法修正案草案的议案作了说明。会议审议了九届全国人大五次会议议程草案、主席团和秘书长名单草案、全国人大常委会工作报告稿和列席人员名单草案。会议还审议了代表资格审查委员会主任委员王维澄所作的关于选举、补选代表的代表资格的审查报告，以及最高人民法院、最高人民检察院和驻外大使的任免事项等。

全国人大常委会副委员长田纪云、姜春云、邹家华、王光英、布赫、铁木尔·达瓦买提、吴阶平、彭珮云、何鲁丽、周光召、曹志、丁石孙、成思危、许嘉璐、蒋正华，秘书长何椿霖出席会议，国务委员吴仪、最高人民法院院长肖扬、最高人民检察院检察长韩杼滨列席会议。

下午，常委会分组审议了全国人大常委会工作报告稿。

国家科技教育领导小组在中南海举办科技知识讲座

国务院总理、国家科技教育领导小组组长朱镕基在讲话中强调，信息化是当今世界经济和社会发展的大趋势。推进电子政务建设，对于提高国民经济总体素质，提高现代化管理水平，加强政府监管，提高行政效率，开展反腐倡廉等，都具有重要意义。中央各部门和各级政府都要高度重视这项工作。领导干部要加强信息化知识的学习，充分利用信息化手段加强政府有效管理，促进政府职能转变，提高政府办事效率和管理水平，促进政务公开和廉政建设。

中共中央政治局常委、国务院副总理、国家科技教育领导小组副组长李岚清出席听课并讲了话。

应国家科技教育领导小组的邀请，国家信息化专家咨询委员会副主任、联合国经济和社会事务部高级顾问周宏仁博士作了题为《电子政务全球透视与我国电子政务的发展》报告。他分别从国内外电子政务发展的现状、电子政务的业务模型、电子政务与数字化的基础设施建设、国家信息系统建设、电子政务安全等方面作了介绍。讲课中，国务院领导不时提问，周宏仁博士一一解答。

讲座结束时，朱镕基讲了话。他说，随着信息技术在世界范围内的迅猛发展，特别是互联网技术的普及应用，电子政务的发展正在成为当代信息化的最重要的领域之一。为了适应国际形势和我国经济建设与社会发展的需要，我国必须加快电子政务的发展。实行电子政务政府要先行，中央各部门要做好本部门的规划与实施步骤。发展电子政务要与转变政府职能相结合，要加快行政审批制度改革，为实行电子政务创造条件。实现由传统政务到电子政务的转变，是一个复杂的系统工程，我们必须积极、认真对待，做好规划，逐步实施。要强调利用信息化手段加强政府的有效管理，使政府的各项监管工作更加严密、有效，服务更加便捷、高效，把各级政府建设成为廉洁、勤政、务实、高效的政府。

出席讲座的国务院领导同志还有吴邦国、温家宝、迟浩田、罗干、吴仪、司马义·艾买提、王忠禹。国务院各部门的负责同志和国务院办公厅、国家信访局的部分工作人员也听了报告。

全国经贸委外经贸工作会议在北京召开

国家经贸委主任李荣融在会议上指出，要抓住加入世贸组织的机遇，积极应对挑战，当前最重要的任务是采取切实措施，尽快提高我国产业和企业的国际竞争力。

李荣融说，提出切实措施的前提是要分析入世对我国产业造成的不同影响。第一类是我们有比较优势的行业，大约占到60%，包括纺织、轻工、煤炭、建材、有色金属等，这些行业生产能力位居世界前列，有一批优势企业和名牌产品，具有明显劳动力成本和资源优势。对这类行业要进一步扩大竞争优势，提高其国际竞争力。第二类是具有较好物质技术基础，但与国际先进水平尚有一定差距的行业，主要是冶金、机械和石化行业。对这类行业要进一步加大调整力度，优化结构，实现产业升级。第三类是缺乏竞争力、需做重大调整的产业，主要是汽车工业。要加快企业联合重组，加强与国外技术合作和联合开发，调整零部件的生产布局,健全营销和服务体系。

李荣融要求各级经贸委尽快转变职能,把工作重点由国有企业转向各类所有制企业,大力支持中小企业发展;工作要具有前瞻性,加强对经济运行监测分析,及时发现倾向性问题;要认真学习世贸规则,借鉴其运作方式,用世贸规则来规范市场行为,尽快实现国内市场与国际市场的对接;要取消不必要的行政审批,必须保留的审批事项,要做到公开透明、公正公平,建立监督约束机制。

2月28日

国家主席江泽民在越南河内国家大学发表题为《共创中越关系的美好未来》的演讲

尊敬的陶仲诗校长同志,同学们,老师们,朋友们:

今天,我有机会来到具有百年历史和久负盛名的河内国家大学,同大家见面,感到十分高兴。同学们青春洋溢,朝气蓬勃,来到你们中间,我不禁回忆起青年时代的峥嵘岁月,觉得自己也年轻了许多。首先,我向你们和越南广大青年,致以诚挚的问候!

今天在座的还有许多曾与中国人民并肩战斗和工作过的老朋友。我向你们,并通过你们向一切关心和致力于中越友好事业的同志们和朋友们,致以崇高的敬意!

一九九四年十一月,我访问了你们美丽的国家。越南共产党的坚强团结,越南人民的勤劳智慧,越南革新事业的勃勃生机,给我留下了深刻而美好的印象。昨天,我再次踏上这片美丽的土地,越南人民的真挚情谊,让我们沉浸在中越友好的热烈气氛之中。

"远亲不如近邻"。中越两国地域毗连。正像中越两国人民都熟悉的《越南—中国》这一歌曲中唱的那样:"越南—中国,山连山,江连江","共泳一江水,早相见,晚相望,清晨共听雄鸡唱。"中越两国历史上都遭受过帝国主义的侵略压迫,都为争取民族独立和人民解放进行过长期浴血奋斗。两国人民有着久远的友好相处的传统友谊,有着在社会主义革命和建设事业中相互支持、并肩战斗结下的同志情谊。中越两国人民的友谊,不仅有着深厚的历史渊源,而且有着广泛的现实基础。正如胡志明主席所说的那样,我们是"兄弟之邦",是"同志加兄弟"。毛泽东主席和胡志明主席共同培育的中越友谊之树,今天已枝繁叶茂,郁郁葱葱。这种友谊是我们两党、两国和两国人民的宝贵财富。

我们两国关系也经历过一段曲折,但两国人民之间始终怀有深厚的友好感情。一九九一年十一月,中越两党、两国领导人根据国际形势的发展变化,从两国人民的根本利益和共同愿望出发,实现了两国关系正常化。实践证明,我们两党、两国领导人作出的这个战略抉择是完全正确的。十多年来,中越友好合作关系取得了长足进展。两国在政治、经济、科技、军事、文化等各个领域的交往与合作日益加强。两国的经贸额在这些年中从三千多万美元增长到近三十亿美元,两国合作的建设项目已经并将继续给两国和两国人民带来巨大的利益。我们两党、两国领导人像走亲戚一样进行互访,经常就国内、国际和双边关系中的重大问题坦诚深入地交换意见,推动了两国关系的不断发展,促成了边界领土等历史遗留问题的公正合理解决。我们确立了"长期稳定、面向未来、睦邻友好、全面合作"这一新世纪发展两党、两国关系的十六字指导方针。三个月前,农德孟总书记对中国进行了成功的访问。昨天,我又同农德孟总书记、陈德良主席进行了富有成效的会谈。双方一致同意,要在新世纪把两国的友好合作推入新的发展阶段。

回顾我们两党、两国关系的发展史,可以得出一个明确的结论:中越人民理想相同、利益相关,只有坚定不移地沿着友好合作的道路走下去,加强团结,增进互信,发展友谊,扩大合作,谋求共同的发展繁荣,才是符合两国和两国人民根本利益的正确选择。

实现中越两国关系在新世纪的不断发展,必须坚持"长期稳定、面向未来、睦邻友好、全面合作"的指导方针。这既是历史经验的深刻总结,又是我们两国关系发展的方向。

——长期稳定,就是中越友好符合两党、两国、两国人民的根本利益,任何时候、任何情况下双方都要从友好的大局出发,保持友好合作关系稳固健康发展,使两国和两国人民世世代代友好下去。

——面向未来,就是我们双方要站得高、看得远,立足当前,着眼长远,继承传统,开创中越关系更加美好的未来。

——睦邻友好,就是要永做好邻居、好朋友、好同志、好伙伴,始终以睦邻友好精神教育两国人民和处理两国关系中的一切问题,互相信任,互帮互助,互谅互让,共同发展。

——全面合作,就是要不断巩固和扩大两党两国在各个领域、各个层次的交流与合作,以造福于两国人民,并为维护和促进地区与世界的和平、稳定、发展作出贡献。

归结起来就是,发展中越关系,互相信任是基础,长期稳定是前提,睦邻友好是保障,全面合作是纽带,共同发展繁荣是目标。

同学们,老师们,朋友们!

中国有着几千年的文明历史和灿烂文化,中华民族以勤劳勇敢著称于世。近代以来,中国落后了,备受帝国主义的蹂躏。中国共产党成立后,团结和带领中国人民进行了艰苦卓绝的斗争,赢得了民族独立和人民解放,建立起新中国,走上了社会主义的道路。在中国共产党的领导下,中国人民艰苦奋斗,发奋图强,努力建设自己的国家,五十多年来特别是改革开放二十多年来,中国的面貌发生了巨大而深刻的变化,有中国特色社会主义事业正在生机勃勃地向前推进。实践证明,坚持把马克思主义的基本原理同本国的具体实践相结合,走自己的路,解放思想,实事求是,与时俱进,开拓创新,社会主义就会显示出强劲的生命力和显著的优越性。

中国人民的奋斗目标是,到本世纪中叶,基本实现现代化,建成富强民主文明的社会主义国家,实现中华民族的伟大复兴。经过二十多年的努力,我们已经实现了邓小平同志提出的中国现代化建设的前两步战略目标,人民生活水平总体上达到了小康水平。进入新世纪,中国进入了全面建设小康社会,加快推进社会主义现代化的新的发展阶段,开始实施现代化建设的第三步战略部署。我们坚持以发展为主题,以结构调整为主线,以改革开放和科技进步为动力,以提高人民生活水平为根本出发点,继续推进改革开放和现代化建设。中国共产党人正在按照代表中国先进生产力的发展要求、代表中国先进文化的前进方向、代表中国最广大人民的根本利益的要求而奋发工作。

中国取得了现代化建设的显著成就,但仍然是一个发展中国家。中国有十二亿多人口,底子薄,经济文化发展很不平衡,实现全体人民的共同富裕,还需要进行长期的艰苦努力。中国需要和平安宁的周边和国际环境。我们将坚持奉行独立自主的和平外交政策,与世界各国特别是我们的邻居们在和平共处五项原则的基础上和睦相处,互利合作。这是我们始终不渝的方针。即使将来中国富强起来了,我们也将永远坚持这一方针。

我们高兴地看到,在越南共产党的领导下,越南人民团结奋斗,社会主义建设不断前进。越南共产党是久经考验、经验丰富、不断创新的党,越南人民是勤劳智慧的人民。我们深信,越南共产党和越南人民艰苦奋斗,一定能胜利实现越共“九大”提出的战略目标,把越南建设成一个民富国强,社会公平、民主、文明的社会主义工业化国家。我们将一如既往地支持越南的振兴、繁荣和发展,真诚地祝愿越南人民的生活越来越美好。

同学们,老师们,朋友们!

当今世界,国际局势正在发生冷战结束以来最深刻的变化。世界多极化和经济全球化深入发展,科技进步突飞猛进,为人类社会进步提供了新的推动力量。世界的生产力不断发展,人们的创造力不断发挥,各国之间的合作与交流不断加强,世界更加丰富多彩。同时,我们也要看到,人类仍然面临着许多矛盾和挑战,南北贫富差距进一步拉大,不公正、不合理的国际政治经济秩序还没有得到改变,因民族、宗教等问题引发的冲突此起彼伏。发展中国家维护国家主权、安全和利益的任务仍然十分艰巨。广大发展中国家既面临着实现更大发展的机遇,也面临着必须认真对待的挑战。

尽管国际局势风云变幻,但人类社会发展的历史大趋势没有也不会改变。世界要和平,人民要合作,国家要发展,社会要进步,是当今时代的潮流。促进人类和平与发展的崇高事业,是各国人民共同关心的关系人类前途命运的重大问题。各国人民应加强团结,共同致力于建立公正合理的国际政治经济新秩序,努力推动国际关系的民主化,探讨和开拓合作的新途径新方式,充分发挥各自优势,互助互补,相互促进。发展中国家尤其要抓住机遇,在充分利用自然资源和人力资源优势的基础上,推动科技创新,加快经济发展,增强自我发展能力。

我相信,只要各国人民携起手来,共同奋斗,世界的未来必将更美好,人类的前途必将更光明。

同学们,老师们,朋友们!

美好的未来要青年去创造。未来是属于青年人的。这里,我愿向中越两国的青年朋友们说几句话。

五十多年前,我也是一名大学生。经过了世事的风雨和人生的体验,我深刻体会到,一个人要在一生中有所作为,成为一个对自己祖国和人民有所贡献的人,最重要的就是要从青年时代起坚定地树立热爱祖国、热爱人民、志存高远、胸怀宽广的信念,并勇于在任何艰难困苦面前保持自己的初衷,坚持在人民的伟大实践中发挥自己的聪明才智,展现自己的人生价值。

青年的成长始终同自己的国家、民族的前途命运紧密相连。没有发展繁荣的祖国作后盾,任何个人都不会有自身发展的深厚根基。而任何一个国家的发展繁荣,都必须由这个国家一代又一代的青年去辛勤建设。青年应把个人的理想追求同国家的前途命运紧密地联系在一起,担负起推动国家发展、民族振兴、社会进步的历史使命。中越两国青年都生活在社会主义制度下。社会主义这种进步的社会制度为青年们提供了学习、生活和创造的广阔天地。现在,我们两国的经济还不发达,人民的生活水平还不高,社会主义制度还需要不断发展和完善。中越两国青年应继承和发扬先辈们的革命精神,坚定理想,勤奋学习,为社会主义事业的不断发展、为祖国的繁荣富强而不懈奋斗。

青年要茁壮成长,就应培养自己的世界眼光,把握世界发展的大势，努力提高自己的认识水平和实践能力。当今时代，新知识层出不穷，人类认识自然、社会和自身的能力大大提高。近一百年全世界所创造的生产力比以往一切世代创造的生产力还要多。世界生产力快速发展的一个根本原因，在于科学技术日新月异的发展。在上个世纪的一百年中，人类在科技方面取得的新发现新发明，以及由它们催生出来的新产业新产品层出不穷。特别是上个世纪中叶以来，原子能技术、空间技术、微电子与信息技术、生物工程技术、新材料研究等的重大进展，极大地推动了生产力的发展。当前，人类正在经历一场全球性的科学技术革命。物质科学、生物工程技术、信息技术、宇宙科学、地球科学等都在迅速发展，科技知识空前快速地生产、传播和转化。二十一世纪，世界科学技术和生产力必将发生新的革命性突破。科技领域的革命性变革，不仅推动了生产力的发展，而且深刻影响着世界政治、经济、文化的发展进程。生活在这样一个时代里，我们应深入了解世界发展的历史，以更好地把握现在和未来；应全面地了解当今世界的状况，以正确地认识世界和创造生活；应认真学习一切新知识，以提高自己的素质和本领。中越两国青年应同各国人民和青年一道，为创造人类美好的未来作出贡献。

当人类迈入二十一世纪的时候，我们迎来了中越关系发展的历史新时期。友谊之树需要不断培育和浇灌，友好合作需要不断加强和扩大。开创二十一世纪中越关系更加美好的未来，离不开两国青年的共同努力。希望两国青年继承和发扬两国老一辈领导人和革命家共同培育的中越传统友谊，加强交流，相互学习，增进了解，切实承担起发展中越关系的历史责任。中国党和政府支持两国青年开展友好交流，并希望这种交流长期坚持和广泛发展下去，把更多的青年吸引到两国友好的事业中来。我相信，中越两国青年一定能接过两国人民友好的接力棒，把中越全面友好合作关系一代一代传下去，更好地造福于两国和两国人民，造福于亚洲和世界的和平与发展事业。

谢谢各位。

国家主席江泽民继续在越南访问

国家主席江泽民向胡志明主席陵墓献了花圈，并瞻仰了胡志明主席的遗容。

国家主席江泽民在越南主席府分别会见了越南总理潘文凯、前越共中央总书记杜梅、前越共中央总书记黎可漂，宾主在亲切、友好的气氛中进行了交谈。

国家主席江泽民下午乘专机离开河内前往越南中部继续进行正式友好访问。

国家主席江泽民和美国总统布什为纪念中美上海公报发表30周年互致函电表示祝贺

九届全国人大常委会第二十六次会议在人民大会堂闭幕

全国人大常委会委员长李鹏主持会议。

会议经过表决，决定将九届全国人大五次会议议程草案提请九届全国人大五次会议预备会议审议，将九届全国人大五次会议主席团和秘书长名单草案提请九届全国人大五次会议预备会议选举。

常委会组成人员在本次会议上对全国人大常委会工作报告稿进行了分组审议，原则同意这个报告稿，同时提出了一些修改意见。今天的会议原则通过全国人大常委会工作报告稿，会后将根据委员们提出的意见进行修改后，提请九届全国人大五次会议审议。委员长会议建议，由李鹏委员长向九届全国人大五次会议作这个报告。

会议表决通过全国人大常委会代表资格审查委员会关于选举、补选代表的代表资格的审查报告。现在九届全国人大有代表2987名。会议还分别通过了九届全国人大五次会议列席人员名单和其他任免名单。

在完成各项议程后，李鹏委员长发表讲话。他说，会议审议了九届全国人大五次会议议程草案、主席团和秘书长名单草案、常委会工作报告稿和列席人员名单草案等，为九届全国人大五次会议的召开作了必要的准备工作。他说，再过几天，九届全国人大五次会议就要召开了。这次会议很重要，中央对开好大会很重视，广大人民群众也对大会抱着热切的期望。我们不仅要模范地遵守会议的各项制度，集中精力审议好各项议案，同时还要认真听取代表们对常委会工作提出的批评、意见和建议，自觉接受监督，与全体代表一道，把这次大会开成一个民主团结、求真务实的会议。

全国人大常委会副委员长田纪云、姜春云、邹家华、王光英、布赫、铁木尔·达瓦买提、吴阶平、彭珮云、何鲁丽、周光召、曹志、丁石孙、成思危、许嘉璐、蒋正华和秘书长何椿霖出席会议，国务委员迟浩田、最高人民法院院长肖扬、最高人民检察院检察长韩杼滨列席会议。

全国人民代表大会常务委员会公告

全国人民代表大会常务委员会第二十四次会议以来，北京等9个省、市的人民代表大会、人大常委会分别共选举、补选了9名第九届全国人民代表大会代表：于均波（北京）、石忠信（黑龙江，回族）、张高丽（山东）、俞正声（湖北）、白克明（海南）、徐荣凯（云南）、范肖梅（陕西，女）、宋照肃（甘肃）、苏荣（青海）。全国人民代表大会常务委员会同意代表资格审查委员会的审查报告，确认于均波等9人代表资格有效。

最近，第九届全国人民代表大会代表逝世3名：孙维刚(北京)、徐家基(江苏)、李慎典(湖南)。辞职1名：曹广亮(黑龙江)。

现在，第九届全国人民代表大会实有代表2987名。

特此公告。

全国人民代表大会常务委员会

2002年2月28日

全国人民代表大会常务委员会任免名单

(2002年2月28日第九届全国人民代表大会常务委员会第二十六次会议通过)

任命黄尔梅为最高人民法院立案庭庭长，免去其审判监督庭副庭长职务。

任命熊选国为最高人民法院刑事审判第二庭庭长。

任命杨万明为最高人民法院刑事审判第二庭副庭长。

任命孙华璞为最高人民法院民事审判第一庭副庭长，免去其民事审判第二庭副庭长职务。

任命宋晓明为最高人民法院民事审判第二庭副庭长。

任命俞灵雨为最高人民法院民事审判第四庭庭长。

任命孔祥俊为最高人民法院行政审判庭副庭长。

免去张德利的最高人民检察院检察员职务。

全国人大常委会举办第二十五次法制讲座

九届全国人大常委会在第二十六次会议闭幕后举办了第二十五次法制讲座，由全国人大内务司法委员会委员、国家行政学院教授应松年讲授行政许可与行政强制法律制度。李鹏委员长主持讲座并发表讲话。

应松年说，行政许可与行政强制是任何国家都需要的极为重要的两项行政法律制度。改革开放以来，我们国家这两项制度迅速发展，在实践中既有成效，也有问题，亟须立法加以规范，有关部门正在起草法案。

在听取讲座后李鹏发表了讲话。他说，依法治国、建设社会主义法治国家，就是要按照宪法和法律的规定来治理国家，管理社会事务。依法行政作为依法治国的重要方面，要求各级国家行政机关根据"公开、公平、公正"的原则，依照法定的权限和程序履行职责。这也是我国建立和完善社会主义市场经济体制，加入世界贸易组织，进一步转变政府职能，继续推进行政体制改革的迫切要求。

李鹏指出，建立和形成较完备的行政法律制度是依法行政的前提和条件。十多年来，我们在行政法制建设方面取得了一定的进展，全国人大常委会先后制定了《行政诉讼法》、《国家赔偿法》、《行政处罚法》、《行政复议法》等法律。《行政许可法》和《行政强制法》已列入今年的立法计划，正在加紧制定。科学完备的行政许可法和行政强制法，对于规范政府部门行政许可和行政强制行为，保护行政相对人的合法权益，确保行政行为的公正与效率，具有重要作用。有关部门要开展深入、细致的调查研究，对实践中存在的矛盾和问题进行科学论证；要充分发扬民主，认真听取法律专家和广大人民群众的意见；要借鉴和吸收国外相关立法的有益经验，制定出符合实际、切实可行的具有中国特色的《行政许可法》和《行政强制法》。

全国人大常委会副委员长田纪云、姜春云、邹家华、王光英、布赫、铁木尔·达瓦买提、吴阶平、彭珮云、何鲁丽、周光召、曹志、丁石孙、成思危、许嘉璐、蒋正华，秘书长何椿霖听取了讲座。

政协第九届全国委员会常务委员会第十六次会议闭幕

中共中央政治局常委、全国政协主席李瑞环主持会议并讲话。他说，即将召开的政协九届五次会议，是本届全国政协的最后一次全体会议，是在我国加入世界贸易组织之后的第一次全体会议，是中共十六大召开之前的一次重要会议。会议任务繁重，影响深远，开好这次会议意义重大。我们要精心组织好这次会议，振奋精神，团结合作，尽职尽责，把会议开得既生动活跃又平稳有序，开成一个民主、求实、团结、鼓劲的大会。

会议听取了全国政协秘书长郑万通关于小组讨论情况的综合汇报。他说，常委们对政协九届四次会议以来常委会工作取得的进展给予充分肯定，认为专题调研、建言立论、提案督办、组织视察、界别活动、反映社情民意等各有侧重，密切配合，贴近实际，贴近群众，形成了富有政协特色的、活跃有序的工作局面。常委们还就加强和改进政协工作提出了一些意见和建议。

会议经过逐项表决，通过了政协九届五次会议议程草案和日程；通过了政协九届常委会工作报告，决定叶选平副主席为政协九届常委会工作报告的报告人；通过了政协九届四次会议以来提案工作情况的报告，决定罗豪才副主席为提案工作情况报告的报告人；通过了政协九届全国委员会增补委员名单，决定增补石万鹏等19人为政协九届全国委员会委员；通过了政协九届全国委员会专门委员会副主任增补名单，决定增补杨振杰为提案委员会副主任；通过了人事任免事项，任命张梅颖为政协九届全国委员会副秘书长，张宝文因工作调动，不再兼任政协九届全国委员会副秘书长。

鉴于王美岳、白尚显、靳树增、刘德远在经济等方面严重违法违纪，根据《中国人民政治协商会议章程》第二十九条的规定，会议通过了关于撤销他们政协九届全国委员会委员资格的决定。

全国政协副主席叶选平、杨汝岱、王兆国、阿沛·阿旺晋美、钱伟长、任建新、宋健、李贵鲜、陈俊生、张思卿、钱正英、孙孚凌、马万祺、朱光亚、万国权、胡启立、陈锦华、赵南起、毛致用、白立忱、经叔平、张克辉、周铁农、王文元出席会议。

中国人民政治协商会议第九届全国委员会增补委员名单

（2002年2月28日政协第九届全国委员会常务委员会第十六次会议通过）

（按姓氏笔画为序）

石万鹏、刘剑峰、那仓向巴昂翁·丹曲成来(藏族)、何志尧、陈章立、陈耀邦、林兴(京族)、郑凡、郑必坚、赵龙、贺旻(女)、贾军、夏培度、黄信阳、梁荣欣、彭图治(土家族)、韩忠朝、程安东、傅家祥。

香港特别行政区第二任行政长官选举结束

竞选连任的现任行政长官董建华成为唯一获得有效提名的候选人而自动当选为香港特区第二任行政长官候任人。

国务院副总理李岚清在辽宁省阜新市考察工作

2月28日至3月1日，李岚清在辽宁省委、省政府主要领导的陪同下，到辽宁阜新露天煤矿和沉陷区、下岗职工再就业培训基地以及安置下岗职工的现代农业基地进行实地考察，看望了下岗职工，听取了辽宁省和阜新市关于阜新经济转型问题的工作汇报，并就如何搞好阜新市的经济转型发表了讲话。

李岚清指出，新中国成立以来，阜新市的广大职工为全国的能源供应作出了很大的贡献。近年来，由于煤炭资源枯竭，部分煤矿破产和采煤区沉陷，职工下岗，生产和生活出现困难。为解决这些问题，除了做好社会保障工作、安排好职工基本生活以外，还需要进行经济转型，帮助职工二次创业。要实现这一目标，必须牢固树立自力更生、艰苦奋斗、发奋图强、从实际出发、用市场机制运作的指导思想。地方党政领导和下岗职工一定要抓住机遇、迎接挑战，既要继承和发扬优良传统，更要与时俱进、开拓创新；既要把国家的政策、资金用足用好，更要立足自力更生，依靠自己和社会力量艰苦创业；既要抓紧解决沉陷区职工搬迁、下岗职工再就业等当前的突出问题，又要做好长期奋斗的思想准备，走出一条资源枯竭型城市经济转型的路子。

李岚清强调，做好经济转型工作，必须确立正确的发展目标和思路。根据阜新实际，经济转型的重点是城市和矿区，要集中力量搞好失业和下岗职工再就业工作。在发展思路上，一是要调整产业结构，把发展现代农业作为重点，利用破产关闭矿区的闲置土地，根据市场需要，大力发展高科技农业、特色农业、设施农业、生态农业、订单农业、出口农业以及与现代农业相适应的农产品加工业，积极推广公司+农户的形式，尽快培育一批龙头企业，推进农业产业化经营，提高农产品的附加值；要重视第三产业在经济转型中的作用，大力发展现代服务业；同时，要根据资源条件，适当发展一些适合本地特点、产品对路、有市场需求的工业项目，但对此要特别慎重，防止重复建设，又背上新的包袱。二是要采用社会主义市场经济的方式，发挥市场在经济转型中的基础性作用，采取政府扶持、企业和个人融资、招商引资等多种方式筹措资金，发挥农产品加工、营销等骨干企业的龙头作用。要进一步转变政府职能，提高行政效率，改善服务机制，创造良好的投资环境。三是要充分发挥科技、教育在经济转型中的先导作用，充分利用现有大专院校的科技、知识优势，对下岗职工进行农业科技知识和技能的培训，提高再就业能力，加快培养经济转型所急需的管理、技术等方面的专门人才。要支持科技研究部门的转制改革，把科研成果转化为现实生产力，带动下岗职工就业。四是要加强生态建设和环境保护，把经济发展、结构调整与生态建设、环境保护紧密结合起来，加强水利、林业、环保等基础设施建设，大力推广节水灌溉技术，发展有中国特色的节水型产业。五是要创造新的就业机会，把实现下岗职工再就业、改善群众生活作为全部工作的出发点和落脚点，加快实施沉陷区居民搬迁和综合治理工作，集中力量解决煤炭资源枯竭矿区职工的生活和就业问题，做好两个“确保”和“低保”工作，保持社会稳定。

李岚清最后强调，资源枯竭型城市的经济转型工作，没有现成的经验可以借鉴，各级领导和有关部门，一定要加强组织领导，搞好整体规划，及时总结经验，确保阜新市经济转型工作的顺利进行。

陪同考察的国务院有关部门负责同志有：徐冠华、高强、姜伟新、谢旭人、张佑才、张基尧、张宝文、李育材等。

全国整顿和规范市场经济秩序电视电话会议在北京召开

国务院副总理、全国整顿和规范市场经济秩序领导小组组长李岚清主持会议并强调，要以“三个代表”重要思想为指导，以对人民高度负责的精神，发扬连续作战的作风，对不法行为继续加大打击力度，突出重点，标本兼治，努力争取整顿和规范市场经济秩序工作的更好成绩，迎接党的十六大胜利召开。

国务院副总理、全国整顿和规范市场经济秩序领导小组副组长吴邦国，国务委员、全国整顿和规范市场经济秩序领导小组副组长吴仪出席了会议。吴仪代表全国整顿和规范市场经济秩序领导小组在会上作了工作报告。

李岚清指出，经过一年来全国范围内的集中整顿和打击，严重破坏市场经济秩序违法犯罪活动蔓延的势头得到明显遏制，大案要案得到揭露和处理，犯罪分子依法受到严厉惩处，有关法律、法规和制度进一步完善，执法队伍和执法力度得到加强，人民群众对市场经济秩序的满意程度明显提高。可以说，基本实现了预期阶段性目标。

李岚清强调，要完成今年整顿和规范市场经济秩序工作的繁重任务，必须做到"三个坚持"。第一，坚持用"三个代表"重要思想指导整顿和规范市场经济秩序工作。通过深入开展专项整治工作，为先进生产力的发展扫除障碍，在全社会树立诚实守信的社会主义先进文化理念，创造公平竞争的环境，维护广大人民群众的切身利益，适应中国加入世界贸易组织后新形势的需要，进一步促进我国经济持续快速健康发展。第二，坚持树立长期作战的思想，克服各种形式的麻痹松劲厌战情绪。整顿和规范市场经济秩序，既是着眼于解决当前市场经济中存在突出问题的重大举措，也是贯穿于整个社会主义初级阶段的长期任务。一方面，要有强烈的使命感和紧迫感，抓紧工作；另一方面，决不能轻言"大功告成"，草率"收兵"。各地区、各部门要经常分析市场经济秩序方面存在的问题，研究符合实际、切实有效的整治措施，及时进行部署并认真检查落实情况，以促使我国社会主义市场经济的建立和完善。第三，坚持严厉打击不法行为，标本兼治，要把整顿与规范有机结合起来，对经济秩序混乱现象的成因进行深入剖析，从法制上、体制上、机制上探索解决问题的办法和途径。要严把市场准入关，对各类市场主体的资质要严格审查，健全市场准入和退出机制。健全法制，既要有法可依，更要做到违法必究、执法必严，以促进法制健全、诚实守信、公平竞争的市场秩序的形成。

吴仪在工作报告中充分肯定了一年来整顿和规范市场经济秩序工作所取得的成绩，明确了今年的主要任务和工作重点，对如何做好今年的工作，特别是近期开展的集贸市场和加油站专项整治工作提出了要求。

吴仪说，去年4月全国整顿和规范市场经济秩序工作会议以来，各地区、各部门按照国务院的统一部署，认真落实"全国统一领导、地方政府负责、部门指导协调、各方联合行动"的工作要求，集中力量在全国范围内开展了打击制售假冒伪劣商品、整顿和规范文化市场秩序、严厉打击传销、整顿和规范建筑市场、强化税收征管等专项整治斗争，取得了阶段性成果。同时，安全生产管理、整顿和规范金融秩序、严肃财经纪律、打击走私、整顿外汇市场、治理价格及收费秩序等工作，也取得了初步成效。公安机关、检察机关、法院系统和纪检监察机关严厉打击破坏市场经济秩序的违法犯罪行为，产生了较大的震慑作用，在一定程度上遏制了经济犯罪高发的势头。新闻宣传单位紧密配合，发挥了很好的舆论监督作用。

吴仪指出，今年是我们党和国家发展历程中重要的一年，做好今年的整顿和规范市场经济秩序工作意义重大。各地区、各部门要认真实践"三个代表"的重要思想，贯彻落实中央经济工作会议精神，按照全国整顿和规范市场经济秩序领导小组第四次全体会议确定的任务和工作重点，周密部署，狠抓落实。要统筹安排好各项整治工作。对整顿和规范市场经济秩序活动中涉及的地方保护、行业垄断等问题，要从法制上、体制上研究解决。

吴仪说，针对当前集贸市场管理松弛、假冒伪劣充斥市场和加油站过多过滥、盲目建设以及这两个领域偷漏税款严重等突出问题，国务院决定，从现在起，用半年左右的时间，在全国范围内集中力量开展集贸市场和加油站的专项整治工作。她要求各地区、各部门迅速行动起来，突出重点，明确任务，加强领导，落实责任，务求实效。在下大力整治的同时，大力发展连锁经营、物流配送、电子商务等现代流通方式，加快建立现代流通体制。

全国整顿和规范市场经济秩序领导小组各成员单位的负责同志出席了会议。国务院副秘书长尤权宣读了《国务院办公厅关于开展集贸市场专项整治工作的通知》和《国务院办公厅关于开展加油站专项整治工作的通知》。各省、自治区、直辖市整顿和规范市场经济秩序领导小组成员，各市(地)、县政府主要负责人和有关部门负责人在各分会场参加了会议。

国家统计局发表《中华人民共和国2001年国民经济和社会发展统计公报》

国家统计局局长朱之鑫说，2001年，我国各族人民在党中央、国务院的正确领导下，认真贯彻"三个代表"重要思想，坚持扩大内需的方针，继续实施积极的财政政策和稳健的货币政策，国民经济保持持续健康发展，实现了"十五"计划的良好开局。去年国民经济各项指标如下：

全年国内生产总值为95933亿元，按可比价格计算,比上年增长7.3%。其中第一产业增加值14610亿元,增长2.8%;第二产业增加值49069亿元,增长8.7%;第三产业增加值32254亿元,增长7.4%。全年全社会固定资产投资36898亿元,比上年增长12.1%,增速加快1.8个百分点。全年社会消费品零售总额37595亿元,比上年增长10.1%,增速加快0.4个百分点。全年进出口总额5098亿美元,比上年增长7.5%。其中出口总额2662亿美元,增长6.8%;进口总额2436亿美元,增长8.2%。全年对外贸易顺差225亿美元,比上年减少16亿美元。全年实际使用外商直接投资468亿美元,比上年增长14.9%。年末国家外汇储备达到2122亿美元,比上年末增加466亿美元。人民币汇率保持稳定,年末汇率1美元兑8.2766元人民币,人民币比上年末升值15个基本点。全年居民消费价格总水平比上年上涨0.7%。全年城镇居民人均可支配收入6860元,比上年实际增长8.5%。农村居民人均纯收入2366元,实际增长4.2%,其中人均现金纯收入1748元,实际增长5.7%。城乡居民家庭恩格尔系数分别为37.9%和47.8%,均比上年降低1.3个百分点。

外交部发言人孔泉就中俄双方互换《中俄睦邻友好合作条约》批准书发表谈话

外交部部长助理刘古昌和俄罗斯副外长亚历山大·洛休科夫在北京互换了江泽民主席和弗拉基米尔·普京总统日前分别签署的《中俄睦邻友好合作条约》批准书。

《中俄睦邻友好合作条约》是两国元首2001年7月16日在莫斯科签署的。在不到半年的时间内,中国全国人大常委会和俄罗斯议会上下两院先后顺利审议并批准条约,这表明两国人民热烈拥护和支持这个条约,反映了中俄人民发展彼此睦邻友好与互利合作的真诚愿望。双方互换批准书,标志着两国已完成各自国内全部法律程序,条约正式生效。

条约集中体现了中俄在发展双边关系和国际事务中广泛的共同利益。它将两国和两国人民"世代友好、永不为敌"的和平思想用法律形式固定下来,核心思想是在不结盟、不对抗、不针对第三国的基础上,发展中俄长期稳定的睦邻友好与互利合作关系。条约不仅是指导中俄关系发展的纲领性文件,同时也为建立区别于"冷战"时期的新型国家关系树立了范例,有利于建立国际新秩序。中俄元首签署这样的条约,是一项功在当代、利在千秋的伟业。

落实条约将是今后一个时期中俄关系发展的主线。现在,双方在条约原则和精神的指导下,正采取积极有力的步骤,深化政治互信,拓展务实合作,加强战略协作,不断推动两国关系迈向新水平,为世界的和平与发展作出贡献。

国务院副总理温家宝在中南海会见法国政府议会关系部长让-雅克·凯拉纳

全国人大常委会副委员长何鲁丽在北京会见以南斯拉夫联盟黑山社会民主党前主席 南联盟黑山共和国副总理扎尔科·拉科切维奇为团长的黑山社民党代表团

33个单位成为第二批国家地质公园

国土资源部在北京为安徽黄山、黄河壶口、四川海螺沟等33个单位举行了国家地质公园授匾仪式。这些单位被国家有关部门确定为第二批国家地质公园。至此,已有44个单位成为国家地质公园。

由国土资源部等多个部门的管理专家和学者组成的国家地质遗迹评审委员会,经过严格评审后批准了第二批国家地质公园。

3月1日

中央党校举行春季开学典礼

中共中央政治局常委、书记处书记、中央党校校长胡锦涛今天在中央党校春季开学典礼上发表重要讲话。

胡锦涛深刻阐述了“三个代表”重要思想的重大理论意义和实践意义。他指出,“三个代表”重要思想,集中反映了当今世界和当代中国的发展变化对中国共产党人的新要求,充分体现了我们党与时俱进的精神状态和思想理论上的先进性。先进性问题,从来就是马克思主义政党存在和发展的根本前提,是党得到最广大人民群众信任和拥护的根本条件。党的先进性来自和体现在多个方面,首先是在思想理论方面。“三个代表”重要思想,正是立足于国内外形势的新变化,主动顺应时代发展的潮流,在总结我们党和世界社会主义正反两方面经验的基础上,从我们事业进一步发展的高度作出的战略思考和理论概括。它从根本上回答了在新的国内外条件下,在充满挑战和希望的21世纪,把我们党建设成为一个什么样的党和怎样建设党的问题,是马克思主义理论创新的最新成果,是新世纪中国共产党继往开来、与时俱进的新的理论武器。他强调,要继续深入学习江泽民同志“七一”重要讲话,进一步用“三个代表”重要思想武装头脑,在解放思想中统一思想,为十六大的胜利召开奠定良好的思想基础。

胡锦涛指出,当今世界和我们所处的时代已经和正在发生巨大而深刻的变化,无论是从国际还是从国内看,都面临许多新情况、新问题。这就要求我们以马克思主义为指导,以改革开放、现代化建设和我们正在做的事情为中心,站在时代前列和实践前沿,深入研究和回答现实生活中提出的重大理论和实际问题,不断深化对共产党执政规律、对社会主义建设规律、对人类社会发展规律的认识,努力开拓马克思主义理论发展的新境界。他希望各级领导干部结合自己的工作实际,脑子里经常装上几个大的问题,反复思考,深入研究,相互切磋,集思广益,不断提高运用理论解决实际问题的能力。

胡锦涛指出,江泽民同志在中央纪委第七次全体会议上的重要讲话,深刻阐述了领导干部牢固树立正确的权力观问题,对于我们加强党的建设和政权建设具有重要的指导意义,各级领导干部都要深入学习领会、坚决贯彻落实。他强调,领导干部树立正确的权力观,必须加强党性锻炼,坚持立党为公、执政为民,始终保持同人民群众的血肉联系。领导干部手中的权力是人民赋予的,只能用来为国家和人民谋利益,而决不允许以权谋私。在新的历史条件下,领导干部遇到的诱惑和考验很多,无论什么情况下都要自重、自省、自警、自励,都要把握住自己,洁身自好,清廉自守,为人民掌好权、用好权。要摆正同人民群众的关系,增强公仆意识,时刻把群众的安危冷暖放在心上,真正把群众呼声当作第一信号,把群众需要当作第一选择,把群众利益当作第一考虑,把群众满意当作第一标准,自觉地把精力最大限度地用来为人民幸福和国家富强勤奋工作,努力成为人民群众爱戴的好干部。

胡锦涛说,领导干部要坚持正确的权力观,要抵御各种腐朽思想的侵袭和各种物欲的诱惑,既需要加强自身党性修养,不断提高精神境界,又需要党组织的严格要求、严格教育、严格管理、严格监督。各级党组织要经常注意掌握和分析干部的状况,对他们可能出现的问题要及时打招呼、提要求;一旦发现有不良苗头,要及时提醒,严肃批评,加以制止。还要积极探索对领导干部实施有效监督的途径和办法,建立、健全权力制约机制。这样才是对干部最好的爱护,才有利于干部的成长和进步。

中央党校常务副校长郑必坚主持开学典礼。中央有关部门负责同志何勇、刘云山、令计划、赵洪祝、何毅亭和中央党校副校长虞云耀、张志新、王伟光、李君如、石泰峰及校委委员、新学员、在校学员共1700多人参加了开学典礼。

国务院召开全国春耕抗旱和安排好灾区群众生产生活电视电话会议

国务院副总理温家宝在会议上强调,搞好春耕生产,安排好灾区群众生产生活是夺取全年农业丰收、保持农村社会稳定的基础。各地、各部门一定要从讲政治的高度,紧急行动起来,采取有力措施,把春耕生产作为当前农村工作的中心任务,扎扎实实地做好,切实解决好群众生产生活中的突出问题。

温家宝说,去年冬以来,全国大部分地区特别是北方地区雨雪稀少,气温持续偏高,旱情急剧发展。据气象部门预测,今春北方大部分地区降水仍是偏少趋势,抗旱形势依然十分严峻。各级党委和政府、各有关部门,必须高度重视并采取有力措施,确保春耕生产顺利进行。当前,要重点做好四项工作:

一要抗旱保春耕。动员一切力量,千方百计广辟抗旱水源。抓紧灌溉设施的维修、配套和改造,新建一批抗旱应急设施,有条件的要适时开展人工增雨。要利用一切灌溉工程,开动一切灌溉设备,努力扩大灌溉面积,把有限的水资源优先用于保春播、保苗情。没有灌溉条件的地区,要大力推广旱作节水技术。连年干旱地区，要积极引导农民合理调整农业结构，改变结构单一的状况，压缩耗水量大的品种，扩大节水型作物。夏季粮油主产区，要搞好田间管理，做好防倒春寒的准备工作，力争夏季粮油有个好收成。

二要保证春耕生产资金。各级政府用于春耕生产的各项专项资金，必须及早下拨，专款专用。人民银行增加安排再贷款260亿元，专门解决中西部地区农村信用社支农资金不足的问题，首先保春耕和灾区恢复生产的资金需要。农业银行和农村信用社要主动为春耕生产服务，简化贷款手续，改善服务质量，及时发放贷款，使农民贷得到，用得好，还得上。

三要搞好春耕农资供应。有关部门要及早做好调剂、调运工作，尽快下拨到位，确保及时到户。对种子短缺的重灾区，要及时调运国家救灾备荒储备种子。要大力整顿农资市场，严厉打击制售假冒伪劣农资的行为，保护农民利益。

四要做好病虫害和疫病防治工作。有关部门要切实加强虫情、病情、疫情和火情的监测和预报，及早制订预案，落实资金、物资和技术等措施，建立快速扑灭机制，努力减轻灾害损失。

温家宝指出，由于连年受灾，部分地区群众生产生活面临很大困难。要妥善安排好困难群众生活，保持农村社会稳定。

第一，保证群众的基本口粮。必须做到情况明、工作细、措施实，真正把救灾和扶贫济困的各项措施落实到每个村、每个户、每个人，确保受灾群众每人每天1斤基本口粮。去年年底已下拨的冬令救济款要尽快全部落实到户。今年将增加春夏荒救济补助资金并提前预拨到灾区。救灾款物的发放要坚持群众评议，张榜公布，优先保证最困难的农户，不能平均分配。要继续组织灾区群众互助互济，生产自救。受灾严重地区要开仓借粮。

第二，解决农村人畜饮水困难。各地要加快农村小型人畜饮水项目的建设进度，抓紧维修、配套现有的供水设施和水源工程。要统一管理和调度好各种水源，千方百计增加供水能力。要发挥抗旱服务组织的作用，做好为重旱区群众拉水、送水服务工作。必要时组织动员机关、工矿企业、解放军和武警部队为农村饮水困难群众送水。要维护用水秩序，协调安排群众用水。对一些地方可能出现的垄断水源、哄抬水价的现象，要及时采取措施坚决制止。

第三，组织好农村劳务输出。灾区政府要认真组织好劳务输出，加强引导和服务，提供就业信息，搞好就业技能培训，取消不合理收费，促进劳动力有序流动。各级劳动保障、经贸、建设等部门要采取措施，对拖欠、克扣民工工资的问题开展专项治理，在此基础上建立民工工资支付监控制度，依法保护农民的合法权益。

第四，继续减轻农民负担。中央和省级财政都要做好转移支付工作，规范农业税收的征管，落实灾歉减免和贫困减免政策。进行农村税费改革试点的地区，不得在改革前突击收费和集中清欠，不得人为抬高收费基数，加重农民负担。没有进行农村税费改革试点的地区，要继续坚持“一项制度，八个禁止”，农民上交的提留统筹费，一律不得超过农民上年人均纯收入的5%和1997年的预算额，也不得改变提留统筹费的比例结构。要对当前农民反映强烈的农村中小学乱收费、报刊摊派、农村用电乱收费、农民建房乱收费等进行专项治理，进一步加大对违法违纪案件的查处力度，坚决把不合理的农民负担减下来。

温家宝强调，搞好春耕生产，妥善解决困难群众的生产生活问题，对于做好全年的农业和农村工作，保持农村社会稳定，具有重要意义。各级党委和政府要加强领导，有关部门要搞好指导服务，农村广大干部群众要以“三个代表”重要思想学习教育活动为动力，扎扎实实做好春耕生产的各项工作，为全年农业生产打下好的基础。

国务院副秘书长马凯主持了会议。吉林、河北、四川、安徽省的负责同志在会上介绍了春耕生产和安排好灾区群众生产生活的情况。中央、国务院有关部门负责同志，各省、自治区、直辖市人民政府主管农业和农村工作的副省长、副主席、副市长及计划、农业、水利、民政、财政、金融等有关部门的负责同志，新疆生产建设兵团的负责同志，部分市(地)、县(市)的有关负责同志参加了会议。

中国电子科技集团公司成立

中共中央政治局委员李铁映出席成立大会并讲话，他希望集团公司为国民经济信息化建设和信息产业的发展作出更大贡献。中共中央政治局委员、国务院副总理吴邦国为集团公司的成立致信。

《人民日报》发表财政部部长项怀诚题为《贯彻落实科教兴国战略 积极支持教育事业发展》的文章

中国杰出志愿者 杰出志愿服务集体评比在北京揭晓

获“中国杰出志愿者”称号的10位志愿者是：开展心理咨询和治疗服务、创办心语志愿者协会的吉林长春残疾青年于海波，志愿法律咨询服务的黑龙江大庆石化总厂青年志愿者协会法律义务咨询所主任刘江，影响和带动社会各界积极参加“小红帽”青年志愿者队伍的辽宁抚顺石化二厂团委书记李强，创办“免费学校”、服务农村教育的山东济南商河县展家乡褚集村残疾青年李玉亭，积极开展法律援助工作的广东珠海市青年志愿者协会副会长余淑玲，深入革命老区卫生扶贫的安徽合肥市青年卫生志愿者服务队队长金晓平，赴安徽贫困乡村义务支教的上海武宁百货公司退休职工查文红，让困难群众免费乘车的贵州遵义市个体出租车“雷锋司机”徐国强，自愿赴西部支教的天津英业达集团员工彭海纳，赴四川甘孜康定中学支教的成都14中学教师谭宗俊。北京志愿者协会第二十一届世界大学生运动会志愿服务总团等10个单位获“中国杰出志愿服务集体”称号。

此外，张晓悦等100人获“中国优秀志愿者”称号，北京燕化公司志愿者协会等100个集体获“中国优秀志愿服务集体”称号。中国2001国际志愿者年委员会执行主席、团中央书记处第一书记周强出席颁奖仪式并讲话。

颁奖仪式上，中国杰出志愿者余淑玲代表获奖集体和个人宣读了致全国志愿者和社会各界的倡议书。

3月2日

全国政协九届五次会议在人民大会堂举行新闻发布会

会议新闻发言人齐怀远向中外记者介绍了本次大会的有关情况：政协九届五次会议将于3月3日下午3时在人民大会堂开幕，3月13日下午闭幕，会期10天半。目前，会议的各项准备工作已全部就绪。

齐怀远介绍这次会议的主要议程是，听取和审议叶选平副主席所作的政协第九届全国委员会常务委员会工作报告；听取和审议罗豪才副主席所作的政协第九届全国委员会常务委员会关于政协九届四次会议以来提案工作情况的报告；列席第九届全国人民代表大会第五次会议，听取并讨论朱镕基总理所作的《政府工作报告》以及其他报告；审议和通过政协第九届全国委员会第五次会议政治决议和关于常务委员会工作报告的决议、关于政协九届四次会议以来提案工作情况报告的决议、关于政协九届五次会议提案审查情况的报告。大会闭幕时，李瑞环主席将发表讲话。

齐怀远说，这次会议是本届全国政协最后一次全体会议，会议将深入贯彻中共十五大和十五届六中全会精神，高举邓小平理论伟大旗帜，按照“三个代表”重要思想的要求，动员参加人民政协的各党派、团体和各族各界人士，紧密团结在以江泽民同志为核心的中共中央周围，围绕国家改革发展稳定的大局，认真履行政治协商、民主监督、参政议政职能，为加快推进社会主义现代化进程，夺取建设有中国特色社会主义事业的更大胜利作出贡献。他表示相信，这次会议一定能够开成一个民主、求实、团结、鼓劲的大会。

有记者问，全国政协围绕“十五”计划的实施做了哪些重要工作？

齐怀远回答说，全国政协把促进“十五”计划的顺利实施，作为组织政协委员参政议政的中心内容，选定了10多项关系改革和建设全局的具有宏观性、战略性、前瞻性的课题，组织政协委员先后到20多个省、自治区、直辖市视察考察深入调研，为国家实施“十五”计划提出了许多建设性的意见和建议，为领导机关决策提供了重要参考。他举例说，全国政协组织委员中的专家学者进行调研，提出了继续实行积极财政政策的同时，应逐步把国债投资重点放在提高我国优势产业的国际竞争力、提高国债项目的经济效益和还贷能力上来，在能够增强产业竞争力、经济实力和发展后劲的项目上逐渐增加投资比例等建议。围绕我国能源战略问题，组成3个调研组，从分析我国能源资源形势入手，提出了多项建议。此外，全国政协还就促进电信、电视、计算机三个网络的融合、调整农业产业结构、规范市场经济秩序、改革国有资产管理体制、完善“南水北调”工程实施方案、振兴装备制造业等问题，向中共中央和国务院提交了一批质量较高的调研报告。

有记者问，去年全国政协在维护群众利益方面做了不少工作，社会反响较大。请问政协在这方面提出了哪些建议？

齐怀远回答说，全国政协十分关注各界委员和群众反映强烈的热点和难点问题，强调要把履行职能、建言献策的出发点和落脚点更多地放在维护人民群众的根本利益上，努力在协调关系、促进团结、维护稳定等方面发挥作用、多做工作。他举例说，农村税费改革涉及亿万农民的切身利益，全国政协组织常委视察团到率先试点的安徽农村进行调研，提出了改进试点工作、延长试点期限、扩大试点范围等10点建议，受到国务院领导的重视。就如何保证县乡干部工资按时足额发放问题，从要确保足够的财政转移支付、纠正不切实际的达标升级活动、适当调整财政分灶吃饭体制等方面两次提出建议。再如，就城镇贫困群体的解困问题进行调研，集中反映了当前解困工作面临的问题，并从开辟就业渠道、加大社会保障力度、建立城乡统一的扶贫解困工作机制等方面提出了建议。此外，全国政协还就城镇医疗卫生体制改革、城市居民最低生活保障、县乡政府依法行政、保护妇女劳动就业和人身权益等问题提出了不少重要建议。

反映社情民意是政协一项很有特色的工作。在回答反映社情民意工作有哪些新进展时，齐怀远说，全国政协非常重视这项工作，近年来收集和反映了大量信息，使党和政府了解到通过其他渠道不易掌握的社情和民意。去年全国政协召开常委会议，专门研究了新形势下加强和深化反映社情民意工作的若干问题，强调要真实地反映群众中和社会上有代表性、倾向性的突出问题，使政协成为中央了解真实情况、获得可靠信息、听取中肯意见的重要途径。会后制定了《政协全国委员会关于进一步加强反映社情民意工作的若干意见》的试行文件，使这项工作进一步规范化。一年来，全国政协共收到政协委员提供的各类信息5000多条，办公厅经过认真整理，通过各种形式报送了1500多条。这项工作促进了群众关注的一些问题的解决。

有记者问，去年全国政协曾就有关法律、法规的制定提出了不少好的意见和建议，您能否介绍一下这方面的情况？

齐怀远回答说，就国家的重要法律草案进行协商，是《政协全国委员会关于政治协商、民主监督、参政议政的规定》中的一项内容。去年，全国政协各专门委员会围绕有关法律、法规的制定开展了研究或协商。比如，对全国人大有关专委会送来的《投资基金法》、《科普法》、《文物保护法》、《清洁生产法》、《防沙治沙法》、《中华人民共和国归侨侨眷保护法》等法律的草案和修订案草案，认真组织委员中的有关专家学者和代表人士进行研讨，提出了意见和建议。对国务院有关部门送交的《国旗升挂使用规定》等征求意见稿，分别组织委员进行座谈讨论，并将意见及时反馈。这些工作体现了重要问题"决策之前在政协进行协商"的精神，对国家有关法律、法规的制定、完善发挥了积极作用。

齐怀远还就民主监督、农业发展、祖国统一、政协界别设置等问题回答了记者的提问。

国办转发《关于进一步深化普通高等学校毕业生就业制度改革有关问题的意见》

各省、自治区、直辖市人民政府，国务院各部委、各直属机构：

教育部、公安部、人事部、劳动保障部《关于进一步深化普通高等学校毕业生就业制度改革有关问题的意见》已经国务院同意，现转发给你们，请认真贯彻执行。

国务院办公厅

2002年3月2日

关于进一步深化普通高等学校毕业生就业制度改革有关问题的意见

培养与社会主义市场经济要求相适应的大量劳动者和各方面专门人才，不断提高劳动者的素质，关系21世纪我国社会主义事业的全局。普通高等学校（以下简称高校）毕业生是宝贵的人才资源，合理使用高校毕业生人才资源是落实科教兴国战略的重要措施之一。党中央、国务院高度重视高校毕业生就业工作，采取一系列措施，为高校毕业生施展才华创造条件。为切实做好这项工作，现就进一步深化高校毕业生就业制度改革有关问题提出如下意见。

一、认清形势，深化改革。高校扩大招生后，高校毕业生数量将迅速增加。由于思想观念、体制和工作等原因，高校毕业生就业产生了一些新的问题，一些地方高校毕业生就业出现困难。从总体来说，目前高校毕业生数量与各行各业的需求量相比还远远不足，高校毕业生在地区的分布和结构上也不平衡，就业困难只是结构性的。解决这一问题，需要进一步解放思想、转变观念，深化高校毕业生就业制度和社会用人制度等方面的改革。高校毕业生就业工作要以"三个代表"重要思想为指导，紧紧围绕促进国家经济发展和社会稳定的大局，采取积极有效的措施，进一步转变高校毕业生就业观念，建立市场导向、政府调控、学校推荐、学生与用人单位双向选择的就业机制，努力实现高校毕业生的充分就业。

二、进一步完善高校毕业生就业工作管理体制。在国务院领导下，教育部、人事部、国家计委、财政部、劳动保障部、公安部等有关部门密切配合，共同做好高校毕业生就业工作。省（自治区、直辖市）人民政府可成立由政府主管领导牵头，有关部门参加的领导协调机构，统筹做好高校毕业生就业工作。要抓紧调查研究，认真研究分析未来几年高校毕业生的就业形势，把高校毕业生就业工作纳入当地经济和社会发展的整体规划，提出深化改革、妥善解决高校毕业生就业问题的具体措施。

三、加快调整人才培养结构。高校要根据国家"十五"计划提出的经济、社会发展的需要和科学技术发展的趋势，加快调整高校学科专业结构和人才培养结构，提高教学质量，使高校培养的人才更好地适应实际需要。要进一步加大社会急需专业的招生数量，控制长线专业的发展规模，对教学质量不高、专业

设置不合理而导致高校毕业生就业率过低的学校和专业，要减少招生数量，直至停止招生。

为了适应就业需要，要加强对高等专科学生的职业技能培训，鼓励取得相应的职业资格证书。深化用人制度改革，逐步在全社会实行学业证书、职业资格证书并重的制度。劳动保障、教育和人事部门要积极研究探索推行职业资格证书制度的具体办法。

四、拓宽高校毕业生到基层就业的渠道。引导高校毕业生到基层、到中小企业就业是解决高校毕业生就业问题的主要途径。各级人民政府要抓住西部大开

发、小城镇建设和城市社区建设的有利时机，积极创造条件、拓宽渠道，引导并吸纳高校毕业生到基层和中小企业就业。

1. 要根据国家有关规定，做好农村中小学教师的定编和教师资格的认定工作，坚决清退不合格的教师和代课教师，空出岗位吸纳高校毕业生到农村中小学任教，提高农村义务教育的质量。

2. 继续贯彻《国务院办公厅转发教育部等部门关于进一步做好1999年普通高等学校毕业生就业工作意见的通知》（国办发〔1999〕50号）精神，鼓励和支持高校毕业生到农村基层支教、支农、支医、扶贫等工作，经过两三年锻炼，根据工作需要从中选拔优秀人员到县、乡（镇）机关和学校或企业事业单位担任领导工作，或充实到基层金融、工商、税务、审计、公安、司法、质检等部门。上述部门、单位的领导和专业工作岗位，原则上都应由具备大学学历以上并具有相关专业证书的人员担任。

3. 鼓励高校毕业生到西部地区工作。对原籍在中、东部地区的毕业生到西部地区工作的，实行来去自由的政策，根据本人意愿，户口可迁到工作地区，也可迁回原籍，由政府主管部门所属的人才交流机构提供免费人事代理服务；到西部贫困边远地区工作的高校毕业生，可提前定级，并根据实际情况适当高定工资标准。

4. 录用到各级政府机关工作的应届高校毕业生，要安排到基层支教、支农、扶贫或到企业锻炼一至二年。中央国家机关各部门从高校应届毕业生中考试录用的公务员，要安排到西部地区基层单位锻炼一至二年。

五、切实解决非公有制单位聘用高校毕业生的有关问题。到非公有制单位就业的高校毕业生，公安机关要积极放宽建立集体户口的审批条件，及时、便捷地办理落户手续。用人单位要按照国家有关规定与所聘高校毕业生签订劳动合同，为其办理社会保险手续，缴纳社会保险费，保障其合法权益。从事个体经营和自由职业的高校毕业生要按当地政府的规定，到社会保险经办机构办理社会保险登记，交纳社会保险费。鼓励和支持高校毕业生自主创业，工商和税收部门要简化审批手续，积极给予支持。上述人员的档案管理，按国家现行有关规定执行。

六、制定鼓励人才合理流动的政策。

1. 落实企业用人自主权的规定，鼓励用人单位根据实际需要多招聘高校毕业生。

2. 取消对接收高校毕业生收取的城市增容费、出省（自治区、直辖市）费、出系统费和其他不合法、不合理的收费政策。

3. 省会及省会以下城市放开对吸收高校毕业生落户的限制。省会以上城市也要根据需要，积极放宽高校毕业生就业落户规定，简化有关手续。公安部门对应届毕业生凭用人单位与毕业生签订的《就业协议书》和高校毕业生所持的《普通高等学校毕业证书》、《全国普通高等学校毕业生就业报到证》办理其落户手续；对非应届毕业生凭用人单位录（聘）用手续、劳动合同和《普通高等学校毕业证书》办理其落户手续。

七、完善未就业高校毕业生的有关政策。对毕业离校时未落实工作单位的高校毕业生，档案管理机构对保管其档案免收服务费用。学校可根据本人意愿，将其户口转至入学前户籍所在地或两年内继续保留在原就读的高校，待落实工作单位后，将户口迁至工作单位所在地。超过两年仍未落实工作单位的高校毕业生，学校和档案管理机构将其在校户口及档案迁回其入学前户籍所在地。

八、进一步整顿和规范高校毕业生就业市场秩序。应届高校毕业生就业招聘会应主要在高校内举办。跨省（自治区、直辖市）举办的高校毕业生就业招聘会，须经当地省级人民政府主管部门批准，并接受其监督。要采取措施实现高校毕业生就业市场、人才市场和劳动力市场相互贯通，实现网上信息资源共享，更好地为高校毕业生和用人单位服务。

九、进一步加强对高校毕业生的思想教育和就业指导。加强对高校毕业生进行正确的世界观、人生观、价值观和择业观教育，使高校毕业生树立交费上学、自主择业、勤奋创业、终身学习的观念，树立根据社会需要就业，到基层建功立业的思想，主动到祖国需要的地方干一番事业。政府有关部门要切实做好高校毕业生就业工作，以提高就业率为中心，加强就业指导，全面提高服务水平。新闻媒体要加强高校毕业生就业工作的宣传报道，提高用人单位对这项工作的认识，引导高校毕业生树立正确的择业观，宣传在基层作出突出贡献的高校毕业生的典型事迹，在全社会营造有利于高校毕业生就业，特别是到基层就业的良好社会氛围。

教育部国家计委财政部发出通知要求2002年国家扶贫开发工作重点县农村义务教育阶段均要试行“一费制”

3月3日

全国政协九届五次会议在人民大会堂开幕

全国政协九届五次会议应出席委员2267人，实到2082人，符合法定人数。

全国政协主席李瑞环主持会议。

全国政协副主席叶选平、杨汝岱、王兆国、阿沛·阿旺晋美、钱伟长、任建新、宋健、李贵鲜、陈俊生、张思卿、钱正英、丁光训、孙孚凌、霍英东、马万祺、朱光亚、万国权、胡启立、陈锦华、赵南起、毛致用、白立忱、经叔平、罗豪才、张克辉、周铁农、王文元,秘书长郑万通在主席台前排就座。

党和国家领导人江泽民、李鹏、朱镕基、胡锦涛、尉健行、李岚清等在主席台就座,祝贺大会召开。

大会审议通过了政协第九届全国委员会第五次会议议程。

全国政协副主席叶选平受常务委员会委托,在会上作了全国政协九届常委会工作报告。

全国政协副主席罗豪才受常委会委托,向大会作全国政协九届常委会关于政协九届四次会议以来提案工作情况的报告。

在主席台就座的还有丁关根、田纪云、李长春、李铁映、吴邦国、吴官正、迟浩田、张万年、罗干、姜春云、贾庆林、钱其琛、黄菊、温家宝、曾庆红、吴仪、乔石、刘华清、荣毅仁、邹家华、帕巴拉·格列朗杰、王光英、布赫、铁木尔·达瓦买提、吴阶平、彭珮云、何鲁丽、周光召、曹志、丁石孙、成思危、许嘉璐、蒋正华、司马义·艾买提、王忠禹、肖扬、韩杼滨以及王刚、何椿霖等。

中共中央、国务院有关部门负责人应邀列席今天的开幕大会。各国驻华使节应邀旁听了开幕大会。开幕会议结束后,全国政协主席李瑞环,副主席叶选平、杨汝岱、王兆国、陈俊生、张克辉,秘书长郑万通,会见了新增补的九届全国政协委员。

中国人民政治协商会议第九届全国委员会第五次会议议程

(2002年3月3日政协第九届全国委员会第五次会议通过)

一、听取和审议政协第九届全国委员会常务委员会工作报告

二、听取和审议政协第九届全国委员会常务委员会关于政协九届四次会议以来提案工作情况的报告

三、列席第九届全国人民代表大会第五次会议,听取并讨论政府工作报告及其他报告

四、审议通过政协第九届全国委员会第五次会议政治决议

五、审议通过政协第九届全国委员会第五次会议关于常务委员会工作报告的决议

六、审议通过政协第九届全国委员会第五次会议关于政协九届四次会议以来提案工作情况报告的决议

七、审议通过政协第九届全国委员会提案委员会关于政协九届五次会议提案审查情况的报告

全国政协副主席叶选平在全国政协九届五次会议上作《中国人民政治协商会议第九届全国委员会常务委员会工作报告》

各位委员:

我受中国人民政治协商会议第九届全国委员会常务委员会的委托,向大会作工作报告,请予审议。

一

过去的一年,是新世纪的起始之年。在以江泽民同志为核心的中共中央领导下,我国"十五"计划开局良好,改革开放和社会主义现代化建设成就显著。全国各地隆重庆祝中国共产党成立80周年,广泛开展学习、宣传、贯彻江泽民同志"七一"重要讲话和"三个代表"重要思想的活动。中共十五届六中全会作出关于加强和改进党的作风建设的决定,全面推进党的建设新的伟大工程。在全球经济增长明显减缓的情况下,我国国民经济持续快速健康发展。正式加入世界贸易组织,我国对外开放进入新的阶段。北京赢得2008年奥运会举办权,极大地激发了海内外中华儿女的爱国热情。成功举办亚太经合组织第九次领导人非正式会议等重要活动,进一步扩大了我国的国际影响。教育、科技、文化、体育、卫生等各项事业蓬勃发展,社会主义精神文明和民主法制建设取得了新的成就。

在国家各项工作不断推进的形势下,人民政协工作取得了新的进展。一年来,政协全国委员会常务委员会围绕国家中心工作,把握团结、民主两大主题,切实履行政治协商、民主监督、参政议政职能,组织落实政协九届四次会议确定的各项任务。深入学习"七一"讲话和"三个代表"重要思想,认真学习贯彻中共十五届六中全会精神;深化和加强反映社情民意工作,制定《政协全国委员会关于进一步加强反映社情民意工作的若干意见(试行)》;召开全国地方政协工作经验座谈会,加强对地方政协工作的联系与指导;隆重举行纪念辛亥革命90周年等活动,弘扬爱国、团结、振兴中华的光荣传统;就国家大政方针和人民群众关注的重要问题组织委员视察和专题调研,提交了一批有较高质量的调研报告;提出提案3737件,立案3566件,已办复3527件;近3亿字的库存文史资料的清理、筛选、编审工作基本完成,为存史、资政、团结、育人提供了珍贵史料;加强与港澳台侨界人士的联谊,促进海内外中华儿女的团结和祖国的和平统一;举办两次"21世纪论坛"专题性国际研讨会,活跃了人民政协的对外交往;机关建设得到加强,为各党派、团体和委员开展活动服务的工作有很大改进。常委会在履行职能的各项工作中,发挥了各党派团体和各族各界人士的积极作用。广大委员认真履行章程规定的权利和义务,珍惜政协委员的荣誉,以高度的政治责任感在本职岗位和政协组织

中努力工作，为促进国家的改革、发展和稳定，作出了应有的贡献。

一年来，常委会主要做了以下工作。

(一)学习贯彻“七一”讲话和中共十五届六中全会精神

江泽民同志在庆祝中国共产党成立80周年大会上发表重要讲话后，人民政协各参加单位和广大委员反响热烈。主席会议对学习活动进行了研究和部署，要求各级政协把学习“七一”讲话作为今后一个时期的重要任务，认真贯彻“三个代表”的重要思想，努力把政协工作提高到一个新水平。参加政协的各党派团体、政协各专门委员会和全国政协机关，都举行了庆祝“七一”活动，开展学习和讨论，认为“七一”讲话是新世纪全面推进建设有中国特色社会主义事业的纲领性文献，也给人民政协事业的发展指明了方向。通过深入学习，进一步加深了对中国共产党基本理论、基本路线、基本纲领的认识，提高了坚持共产党领导的多党合作和政治协商制度的自觉性。

中共十五届六中全会召开之后，常委会召开第15次会议进行传达学习。会议认为，《中共中央关于加强和改进党的作风建设的决定》显示了中共中央从严治党的决心和魄力，表达了全国人民的愿望，标志着党的建设进入了新的阶段。常委们围绕如何贯彻落实《决定》进行讨论，希望当前能够把加强制度建设、发挥领导机关和领导干部的带头作用、切实端正学风、大力解决弄虚作假等问题摆在突出位置，以好的作风落实《决定》精神。常委们还联系政协实际，就政协工作中如何进一步解放思想、开拓创新、密切联系群众、克服形式主义、切实履行民主监督职能等问题提出了许多建议。

常委会针对国内外形势的变化和重大方针政策的出台，结合重点视察和调研课题，举办各种专题报告会和座谈会，邀请国家有关部委负责人和专家学者作报告，以帮助委员知情明政、提高认识、参政议政。

(二)围绕实施“十五”计划建言立论

去年是实施“十五”计划的开局之年。常委会把促进“十五”计划顺利实施作为组织委员参政议政的中心内容，通过召开常委会议、常委专题座谈会、主席会议及其他形式进行协商讨论，组织委员议政建言，通过多种途径反映委员的意见、建议和批评。召开专委会主任联席会议，选定10多项关系改革和建设全局的宏观性、战略性、前瞻性课题，先后组织委员到20多个省、自治区、直辖市，深入基层视察和调研(有些视察和调研活动由副主席率领)，取得了一批影响较大的成果。比如，就继续实施积极财政政策问题，与有关部委和地方进行座谈研讨，提出在继续实施积极财政政策的同时，逐步把国债投资重点放到提高我国优势产业的国际竞争力、提高国债项目的经济效益和还贷能力上来，在能够增强产业竞争力、经济实力和发展后劲的项目上逐渐增加投资比例等建议。围绕我国能源战略问题，组成煤炭、石油天然气、水电及新能源三个调研组，从分析我国能源资源形势入手，对加强能源工作的宏观调控、制定长期能源发展战略及各种能源协调发展政策、重视和加强节能工作及能源安全工作等提出了多项建议。为促进电信、电视、计算机“三网融合”，推动我国信息产业跨越式发展，经过专题研讨，提出尽快排除体制障碍、开放和盘活国有基础网络资源、加强新一代互联网技术研究、支持信息内容产品的开发和信息服务业的发展、加快电信立法等建议。此外，还组织委员进行了多方面的视察和调研，包括调整农业产业结构、建设农业高新技术产业示范区、改革国有资产管理体制、推进西部大开发、完善“南水北调”工程实施方案、建立社会信用制度、振兴装备制造业、加入世贸组织后的道路运输立法、依靠科技发展少数民族地区经济、发展少数民族地区旅游产业、发展我国文化产业、加强人文史迹的保护与开发、建立中国中医药博物馆、制定和完善体育彩票的政策与法规、促进西北地区人口与环境协调发展、动员全社会力量造林绿化、加强湿地保护、综合治理渭河流域、发展远洋渔业等方面，提交了一批质量较高的调研报告，为领导机关决策提供了重要参考。不少调研成果还反映在政协会议发言和提案中，有些被精选编入《国是建言》，产生了广泛积极的影响。

围绕有关法律、法规和政策的制定开展研讨或协商，也是各专委会工作的一项重要内容。对全国人大有关专委会送来的《投资基金法》、《科普法》、《文物保护法》、《清洁生产法》、《防沙治沙法》、《中华人民共和国归侨侨眷保护法》等法律的草案和修订案草案，认真组织委员中的有关专家学者和代表人士进行研讨，提出了意见和建议。对国务院有关部门送交的《国旗升挂使用规定》、《专业技术人员执业资格管理暂行条例》、《关于促进社会投资的若干意见》等征求意见稿，分别组织委员进行座谈讨论，并将意见及时反馈。这些工作体现了重要问题“决策之前在政协进行协商”的精神，对国家有关法律、法规和政策的制定、完善发挥了政协的作用。

(三)为维护群众利益和社会稳定献计献策

常委会重视委员和群众反映强烈的热点和难点问题，努力在协调关系、化解矛盾、促进团结、维护稳定等方面发挥作用、多做工作。比如，就农村税费改革试点问题组织常委视察团到安徽调查研究，提出了改进试点工作、延长试点期限、扩大试点范围等10点建议。

就如何保证县乡干部工资按时足额发放问题，与地方政协协作，在全国范围进行了历时9个月的调查研究，从确保足够的财政转移支付、纠正不切实际的达标升级活动、适当调整财政分灶吃饭体制等方面两次提出建议。就城镇贫困群体的解困问题，举办由29个省级政协参加的专题研讨会，集中反映当前解困工作面临的问题，从开辟就业渠道、加大社会保障力度、规范收入分配秩序、建立城乡统一的扶贫解困工作机制和面向家庭的社会救助体系、制定政策要充分考虑群众实际承受能力等方面提出了建议。

为了活跃政协履行职能的工作，去年在发挥政协组织的界别优势方面作了一些尝试。比如，就科技工作者关注的科研院所体制改革问题，组织科技界委员到若干单位进行深入考察，从解决中央科研机构应当享受所在地同等待遇、吸引和留住人才、调动科技人员积极性、创设非营利的公共"生产力服务中心"等方面，反映了科技界人士的意见。就关系广大群众健康的城镇医疗卫生体制改革问题，组织医卫界委员进行视察，从政府经费投入、卫生资源合理配置、社区卫生服务、医疗机构的财政补偿和分类管理、卫生监督和疾病预防控制、药品生产流通、城镇职工基本医疗保险等方面提出了改革和改进的建议。举办宗教界知名人士的"宗教反邪、去伪匡正"大型座谈会，倡议全国宗教界人士和广大信教群众团结起来，坚决支持政府依法取缔"法轮功"邪教组织的举措，共同反对邪教。此外，还就城市居民最低生活保障、县乡政府依法行政、保护妇女劳动就业和人身权益、维护宗教界合法权益、发挥宗教界在维护团结稳定中的作用、加强散杂居民族工作等问题，提出了一系列重要建议。委员们提出的带有界别特点的意见，有些是对制定政策的积极建议，有些是对存在问题包括消极腐败现象的批评监督，通过提案、调研报告、视察报告、大会发言和小组讨论等形式反映后，受到中央领导和有关部门的高度重视，不少问题得到及时处理。

(四)深化反映社情民意工作

常委会把反映社情民意作为履行职能的重要基础，召开第十四次常委会议进行专题研究。会议贯彻中共中央关于做好反映社情民意工作的要求，系统总结了以往几年探索的经验，研究了新形势下加强和深化这项工作的若干问题，就充分发挥委员的积极性，保护委员的民主权利，体现政协的界别特点和优势，保证信息反映的真实、快捷，注意反映社情民意与专题调研相结合，加强信息工作机构、队伍和网络建设等方面，进行了充分讨论。在这次会议的基础上，制定了《政协全国委员会关于进一步加强反映社情民意工作的若干意见(试行)》，使这项工作进一步规范化。一年来，各级政协委员、各民主党派和工商联成员、无党派人士反映社情民意的积极性进一步增强，通过《政协信息》、《参政议政动态》等形式，报送各种信息1500多条，受理群众来信来访14500多件次。反映社情民意工作发挥了民主监督的作用，促使群众广泛关注、社会反映强烈的一些问题，如工资拖欠、住房拆迁、干部作风、社会治安、生态环境以及医疗保健等得到重视或解决，受到中央领导同志的肯定和人民群众的好评。

(五)加强与港澳台侨人士的团结联谊

常委会认真贯彻"和平统一、一国两制"基本方针，从政协是统一战线组织的性质和特点出发，加强同港澳台侨人士的团结联谊工作，扩大同一切拥护祖国统一、希望振兴中华的爱国者的联系，协助和促进国家有关政策的落实。举办纪念辛亥革命90周年系列活动，江泽民主席在纪念大会上发表重要讲话，号召海内外中华儿女继承孙中山等革命先辈"振兴中华"的遗志，为早日完成祖国统一大业、实现中华民族的伟大复兴而努力奋斗。密切与港澳地区全国政协委员的联系，及时向他们传达有关会议精神，通报重要情况。努力为港澳台侨各界人士在内地的经济、文化等活动提供帮助，组织到内地视察，就他们在捐资和合作兴办高等教育、参与实施科教兴国战略中遇到的问题进行调研，从政策、体制、法规、管理等方面提出了改进建议。

与有关部门联合召开"纪念江泽民主席《为促进祖国统一大业的完成而继续奋斗》重要讲话发表7周年座谈会"，努力促进海峡两岸经济文化交流和人员往来，同台湾主张一个中国的党派团体和各界人士的交往日益增多。应邀派代表赴日本和澳大利亚参加"全球华侨华人推动中国和平统一大会"，并与有关团体联合组团赴中南美洲四国看望侨胞，广泛宣传一个中国原则和改革开放的大好形势，推动促统反独统一战线的发展壮大。

(六)开展多层次的对外友好交往活动

根据国家外交总体部署，有重点地开展对外交往活动。李瑞环主席对毛里求斯、南非、摩洛哥、土耳其、斐济、巴布亚新几内亚和新加坡进行了正式友好访问，多位副主席先后率团出访或出席国际会议。民族和宗教委员会与"中国宗教界和平委员会"应邀访问日本，开展了宗教方面的民间对外友好交往。应本会邀请，柬埔寨、也门、越南、利比亚、朝鲜、蒙古等国有关领导人和世贸中心协会等国际组织的负责人先后访问我国。一年来，本会共组织21个团组出访36个国家，邀请接待23个团组来访。到目前为止，本会已同87个国家的147个机构和6个国际性、地区性组织建立友好联系。通过这些活动宣传了共产党领导的多党合作和政治协商制度，增进了国际社会对中国的了解，为营造有利于我国社会主义现代化建设的国际环境产生了积极影响。

本会“21世纪论坛”选择中国和世界共同关注的问题，组织了两次专题研讨会。一是举办“绿色与环保’2001”国际研讨会。10多个国际组织和国家的高级官员、专家，国内有关方面代表和政协委员100多人与会，就21世纪森林的环境效应、能源与环境、环境保护与市场等问题开展了研讨，对我国生态环境保护与建设的目标模式、发展战略等方面提出了许多宝贵意见。二是举办“不同文明对话2001年研讨会”。以联合国“不同文明对话年”为契机，邀请联合国驻华机构代表和17个国家的50多位驻华使节、学者，国内有关专家和政协委员，就不同文明交流对人类历史发展的推动作用、不同文明对话对国际关系发展的影响、联合国在推动不同文明对话中的作用等议题，进行深入讨论，取得了广泛的共识。

本会成立了中国经济社会研究会，并在经济社会理事会和类似组织国际协会第七次会议上成为正式会员和管理委员会成员。这是本会首次组织民间团体参与国际非政府组织的多边交往，对于开展国内经济社会重大问题的研究讨论，深化和拓展人民政协的对外交往，将会发挥重要作用。

(七)通过总结经验推动工作

总结和交流经验是政协推动工作的有效途径，也是联系和指导地方政协的重要形式。根据九届四次会议的工作安排，全国政协召开了全国地方政协工作经验座谈会，交流了近年来各级地方政协履行职能的新进展、新做法。比如，各地党委定期召开政协工作会议，加强对政协工作的领导，建立政协与人大、政府、纪检、司法机关以及一些重要职能部门联系和沟通信息的制度，形成了党委重视、各方支持、政协主动的格局。围绕经济与社会发展中的战略性问题集中力量议大事、搞调研，对重大问题的正确决策起到了积极的促进作用。举办“界别讨论会”、“政情交流会”、“意见听取会”、“工作情况通报会”，活跃协商讨论的民主氛围。开展“行风评议”活动、组织“民主监督小组”、政协委员应邀担任“特约监督员”，拓展民主监督的渠道。建立“委员活动小组”、“委员走访制度”、“委员约谈日”，充分发挥委员的主观能动作用，等等。这些经验反映了在各级党委领导下地方政协工作积极、稳步、活跃、有序发展的新局面，对各地政协互相借鉴、取长补短、共同进步具有重要意义。座谈会认真贯彻中共十五届六中全会精神，提倡求真务实，发言开门见山，力求树立良好的会风、文风，受到各方面的好评。

一年来，常委会工作取得了很大成绩，但也存在不足之处。比如，有些视察和专题调研深入实际不够，有些提案和会议发言的质量有待提高，开展有界别特点的活动不够活跃，发挥京外委员作用不够充分，关于政治协商、民主监督、参政议政职能的有些规定没有落实到位，从宏观性、战略性、前瞻性高度发挥优势、建言立论的许多方面还有差距。我们要更加努力，认真研究，不断改进，使政协工作扎扎实实地向前推进。

各位委员，九届全国政协组成以来，在履行职能的各项工作中，得到了中央各部门和各地党委、人大、政府、政协的大力帮助，得到了各民主党派中央、全国工商联、无党派人士及社会各界的广泛支持。在此，我代表政协第九届全国委员会表示衷心的感谢!

二

2002年是我国发展历史上非常重要的一年。中国共产党将召开第十六次全国代表大会，这对于我们在新世纪继往开来、与时俱进，全面推进建设有中国特色社会主义事业，开创我国改革开放和现代化建设的新局面，具有重大而深远的意义。我国开始面对加入世贸组织后新的机遇和挑战，在更大范围和更深程度上参与国际经济合作和竞争。国际局势跌宕起伏，复杂多变。新的形势和任务对政协工作提出了更高的要求，我们应当增强忧患意识、大局意识和责任意识，更加切实有效地推进政协工作，不辜负人民的厚望与重托。在新的一年里，常委会要进一步组织和动员参加人民政协的各党派团体和各族各界人士，在以江泽民同志为核心的中共中央领导下，以邓小平理论为指导，按照“三个代表”的要求，继续深入贯彻中共十五届五中、六中全会精神，坚持和完善共产党领导的多党合作和政治协商制度，牢牢把握团结和民主两大主题，自觉服从和服务于改革、发展、稳定的大局，切实履行政治协商、民主监督、参政议政职能，努力调动一切积极因素，化消极因素为积极因素，团结一切可以团结的力量，为实现国民经济和社会发展的目标，维护团结稳定的政治局面，促进祖国和平统一大业，作出新的贡献。

——深入开展学习活动。继续深入学习贯彻江泽民同志“七一”讲话，深刻领会和实践“三个代表”重要思想，认真总结政协工作的过去，思考政协工作的未来，进一步增强各参加单位和广大委员的共识，巩固团结合作的政治基础。举办各种报告会、座谈会、研讨会，开展内容丰富、形式多样的理论学习和研讨活动，帮助委员知情、议政、立论。立足于当前的实践，加强对重大现实问题的研究，不断提高履行职能的水平。

——自觉服从和服务于国家的中心工作。根据“十五”计划、中共中央对今年工作的总体部署和“稳定、安全、灵活、多元”的经济工作思路，结合政协特点和优势，选择一些重要课题开展调查研究，立论建言，为经济建设这个中心服务。密切关注加入世贸组织对我国经济、社会等多方面的深刻影响,认真探讨抓住机遇、应对挑战、趋利避害的举措,分析总结“引进来”与“走出去”相结合的新情况、新经验。深入研究扩大国内需求、继续实行和完善积极财政政策与稳健货币政策、调整经济结构、加快西部开发、发展农业和农村经济、增加农民收入、深化国有企业改革、扩大就业和再就业、完善社会保障体系、矿业矿山矿工矿城等重要问题。认真贯彻科教兴国战略,促进教育优先发展和人才战略的实施,推动科技进步和创新以及文化、医疗、卫生、体育等领域的改革与发展。高度重视计划生育和提高人口素质、资源保护与合理利用、生态环境的建设和治理等问题,促进经济和社会的可持续发展。各参加单位和广大委员都要围绕关系国家、地区长远发展和人民根本利益的重大问题,开展深入视察和专题调研,认真讨论协商,积极出谋献策,开展民主监督,为重大决策的形成和实施提供高质量的信息、建议和意见,并对一些重要意见和建议的落实情况进行跟踪研究。

——努力维护社会的安定团结。充分发挥各党派团体和各族各界委员在参政议政中的作用,广泛开展有利于团结合作、协调关系、化解矛盾的工作,丰富有界别特点的活动内容,努力把各方面的力量凝聚到实现共同的大目标上来。继续关注下岗和困难企业职工、城市贫困人群、贫困地区群众和其他社会弱势群体,关注生产安全和食品安全问题。认真研究完善分配制度、整顿和规范市场经济秩序、建立社会信用体系等问题,把协商讨论、建言献策、建议批评的出发点和落脚点更多地放在维护人民群众的切身利益上。进一步落实《政协全国委员会关于进一步加强反映社情民意工作的若干意见(试行)》,深入反映群众中和社会上有代表性、倾向性的突出问题,使政协成为中央了解真实情况、获得可靠信息、听取中肯意见的重要途径。积极贯彻依法治国和以德治国相结合的要求,协助国家机关加强监督和改进作风,促进《公民道德建设实施纲要》的落实,大力推动社会主义精神文明建设和民主法制建设。宣传和贯彻我国民族和宗教方面的政策与法律,巩固和发展全国各族人民的大团结,引导宗教与社会主义社会相适应。旗帜鲜明地反对民族分裂分子、宗教极端分子、暴力恐怖分子和“法轮功”邪教组织的破坏活动。

——积极促进祖国和平统一。继续坚持“和平统一、一国两制”基本方针,全面贯彻江泽民同志关于现阶段发展两岸关系、推进祖国和平统一进程的八项主张,发挥政协联系广泛的优势,团结港澳同胞、台湾同胞和海外侨胞,促进两岸经济合作及各个领域的相互交流,推动两岸关系向着和平统一的方向发展。采取多种形式向台湾同胞和海外华侨华人介绍祖国大陆改革开放的成就,听取和反映台湾各界人士对密切两岸关系的意见,促进两岸同胞的交往与了解。坚决维护一个中国原则,反对一切形式的“台独”分裂行径,反对任何外部势力对中国和平统一的干涉和阻挠,为消除两岸关系发展的障碍、促进祖国统一发挥积极作用。

——继续扩大对外友好交往。根据人民政协自身的长处和特点,开展多渠道的对外交流活动,拓展对外合作的领域和范围。做好主席、副主席同有关国家高层人士的互访工作,发挥民主党派、人民团体和各族各界人士在人民政协对外交往中的重要作用。就国际国内广泛关注的问题举办国际性专题研讨会,开展经济与社会发展重大课题的研究与交流活动。改进和加强人民政协的对外宣传,增进国际社会对我国共产党领导的多党合作和政治协商制度的了解。

——切实加强自身建设。按照中共十五届六中全会《决定》精神,在加强政协自身的作风建设上下功夫。坚持解放思想、实事求是、与时俱进、开拓创新,发扬密切联系群众和艰苦奋斗的作风,把中央的方针政策、政协的优良传统与不断变化的实际情况结合起来,努力落实政协履行职能的各项制度规定,稳步推进政协工作的规范化制度化建设。大兴调查研究之风,努力改进学风、文风、会风和机关工作作风,改进视察和专题调研的组织工作,推动各项工作更加求实、求真、求深、求精,不断提高工作的质量、水平和实效。拓展发挥委员作用的渠道,丰富委员活动的内容和形式,探索组织京外委员开展活动的路子。密切与地方政协的联系与协作,总结交流地方政协工作的经验,加强对地方政协工作的指导。深入研究改革开放以来我国社会结构的变化及其对统一战线和人民政协的影响,提出合理设置政协界别和委员构成的建议,改进工作机制和工作方法,进一步巩固新形势下的大团结、大联合。

——认真总结工作经验。在认真做好各项工作的同时,把总结九届政协的工作经验当作本年度的一件大事,摆在突出位置,切实抓紧抓好。以对历史负责的精神,对政协工作的成绩和缺憾进行认真思考,为今后工作提供有益的借鉴。

按照中共中央的总体要求,做好政协全国委员会第十届一次会议的筹备工作。

各位委员:

这次会议是九届政协的最后一次大会,本年度是第九届全国政协五年任期的最后一年。我们要尽职尽责地履行职能,圆满完成本届政协的各项任务。让我们更加紧密地团结在以江泽民同志为核心的中共中央周围,高举邓小平理论伟大旗帜,按照“三个代表”的要求,振奋精神,扎实工作,开拓创新,以优异的成绩迎接中国共产党第十六次全国代表大会的召开，为继续推进社会主义现代化建设和祖国统一大业，作出新的贡献！

全国政协副主席罗豪才作《中国人民政治协商会议第九届全国委员会常务委员会关于政协九届四次会议以来提案工作情况的报告》

各位委员：

我受常务委员会的委托，向大会报告政协九届四次会议以来的提案工作情况，请审议。

一

政协九届四次会议以来，政协委员、各民主党派和有关人民团体，认真履行人民政协职能，围绕我国经济和社会发展的重大问题和社会关注的热点问题，运用提案形式积极建言献策，共提出提案3737件。根据《中国人民政治协商会议全国委员会提案工作条例》的有关规定，提案委员会对这些提案进行了审查，共立案3566件，其中，八个民主党派和全国工商联58件，政协专门委员会1件，界别小组33件。未予立案的有171件，已转作委员来信处理。提出提案的委员1845人，占委员总人数的79.8%。

政协九届四次会议闭幕后，全国政协办公厅召开了提案交办会，叶选平副主席作了重要讲话，对提案办理工作提出了要求。立案的提案，分别送交中共中央、全国人大常委会、国务院、全国政协、中央军委所属有关部门，最高人民法院、最高人民检察院办公厅，各省、自治区、直辖市党委和人民政府，以及有关人民团体等共151个单位办理。政协提案得到了各承办单位的重视，他们从坚持和完善中国共产党领导的多党合作和政治协商制度出发，把办理提案同政策研究，改进和推动本部门工作结合起来，加大办理力度，许多部门的领导亲自部署或作出批示，有的还亲自参与重要提案的办理。截至2002年2月20日，已办复提案3527件，占全部提案的98.9%。所提意见和建议被采纳后，有关问题得到解决或列入计划解决的3174件，占90.94%。对因条件限制等原因一时难以解决的问题，承办单位也如实作了说明。委员对办理情况感到不满意的，有的承办单位或进行重新办理，或向委员沟通情况，争取理解。

二

政协九届四次会议以来的提案，内容涉及我国改革开放、经济建设和社会发展各个方面。其中，关于"十五"计划的实施，农业、农民和农村工作，西部大开发，精神文明和民主法制建设，生态环境保护和治理，反腐倡廉，维护社会稳定，是比较集中的问题。提案经承办单位的认真办理，在我国经济和社会生活中发挥了积极的作用，有些意见还为有关部门的决策提供了重要参考。

有关经济建设方面的提案1685件，占提案总数的47.3%。许多意见和建议具有较强的针对性，例如关于我国加入世界贸易组织以后，如何转变政府职能并采取对应措施，如何加强投资软环境建设等方面的提案，外经贸部认为非常重要，也是政府正在研究的问题，已基本采纳。关于西部大开发问题的许多提案，得到了有关部门的高度重视，国家计委和西部开发办公室还派员专程赴四川、云南等地走访提案人，并进一步进行调研，将在起草西部开发法的框架和主要内容中吸收提案的一些建议。生态环境建设特别是沙漠化的防治问题已成为国家和全社会关注的大事，许多委员提出提案，要求加强这方面的工作力度，主管部门进行了认真办理，例如《关于退耕还林还草的几点建议案》、《关于将新疆两大沙漠防沙治沙工程列入全国重点建设项目的提案》，有关部门将在起草《退耕还林还草管理条例》等文件时予以采纳。农产品质量安全关系着人民的生活和健康，许多委员提案要求加大农产品质量安全监督力度，为落实这些提案，全国政协由孙孚凌副主席带队，部分政协委员参加，会同农业部、国家计委、财政部、国务院法制办，进行了专题调研，并向中共中央、国务院报送了调研报告，温家宝副总理作了重要批示，认为"符合实际，值得重视"，要求有关部门认真研究，提出具体落实意见报国务院。目前有关部委已联合加大了针对农产品质量安全问题的专项工作力度。对《将渭河干流综合整治工程列入国家重点工程案》，全国政协邀请中国工程院的数位院士、有关方面的几十位专家和部分政协委员，会同国家计委、水利部、建设部等有关部门，由钱正英副主席带队进行了调研，并向中共中央、国务院报送了调研报告，李瑞环主席、温家宝副总理作了重要批示。对减轻农民负担和农村电网改造方面的提案，国家计委就有关提案的建议进行了调研，根据存在的问题，采取了一系列措施。关于国有土地资产管理问题的提案，国土资源部将办理提案和制定政策相结合，组织专门调研后，向国务院呈报了政策意见，国务院已印发了专门文件。

有关科教文卫体方面的提案970件，占提案总数的27.2%。科教事业一直是委员们关注的热点，有关提案受到承办单位的重视。《关于大力开发、利用我国生物资源的建议案》，科技部认为建议非常及时，将在攻关计划中作为重点内容给予安排。《关于东西部开展科技合作的思路与对策案》，科技部认为抓住了西部开发的一个很关键的问题，对于加快西部地区经济、社会的协调发展，实现东西部优势互补、共同发展具有十分重要的意义，采纳了所提的建议。《关于加强生命科学教育》的提案，教育部正积极采取措施加强生物教育人才的培养。委员们对互联网建设和管理问题，特别是网吧存在的混乱现象，提出了许多提案，有关部门非常重视，在网络管理上采取了一系列措施，并在全国开展了对网吧的集中整顿。关于建立中医药博物馆的建议案，全国政协邀请有关部门进行了专题调研和协商座谈，并向中共中央、国务院报送了调研报告。杨汝岱副主席参加了协商座谈。李岚清副总理对调研报告作了批示。

有关法制建设、社会保障等方面的提案911件，占提案总数的25.5%。委员们非常拥护“依法治国”的方针，在法制建设上提出许多建议，这些提案受到有关方面的重视。例如《关于尽快出台道路运输管理法建议案》，全国政协由万国权副主席带队，会同交通部和部分提案人进行了专题调研，向中共中央、国务院报送了调研报告，吴邦国副总理作了批示。城市居民最低生活保障问题关系着人民的生活疾苦，关系着社会的稳定，委员们提出不少提案，要求加大解决力度，对此，全国政协由李贵鲜副主席带队，会同民政部、财政部等部门和提案人进行了专题调研，向中共中央、国务院报送了调研报告，朱镕基总理、司马义·艾买提国务委员作了明确的批示，国务院决定加大资金投入，民政部已采取相应措施加强城市居民最低生活保障制度建设，进一步扩大城市居民最低生活保障的覆盖面。关于将扶持22个人口较少民族的经济和社会发展问题列入国家“十五”计划的提案，国家计委进行了认真研究，已正式下发文件，在基础设施建设、教育、卫生、中央财政支持等方面作出了具体的规定。关于社会治安方面的许多提案，也都得到了有关方面的重视和采纳。

有的提案被采纳后，经过一段时间的落实，产生了明显效果，例如一些委员提出的关于在武汉建立中国光谷基地的提案，在去年落实后，对于武汉地区依托高科技产业加快经济发展发挥了重要作用，武汉市委、市政府对提案人进行了表彰和奖励。张思卿副主席出席了表彰大会。

为了让委员更多地了解办理情况，本报告沿用去年的做法，选摘了5个承办单位办理工作概况作为附件，供委员们参阅。

三

政协九届四次会议以来的提案工作，主要围绕提高提案质量、提案办理质量和服务质量，讲求实际效果进行。

（一）坚持“提高质量、讲求实效”的方针，把提案工作不断推向前进。坚持以提高提案自身质量为基础，依靠全体委员、民主党派、有关人民团体和界别小组的共同努力，使提案在履行政协职能上发挥更大的作用。在办理工作上，协同承办单位，更好地突出重点，强调落实，并以此进一步推动办理工作的规范化、制度化，力求通过提案办理，在国家经济和社会发展中取得更加明显的实际效果。为达到以上目的，还强化了提案工作机构为提案人和承办单位的服务工作，进一步搞好提案人、承办单位和政协机构的三结合，共同促进提案工作质量的提高。

近年来，政协提案工作发展较快，愈来愈受到各方面的重视，在实践中积累了许多经验。遵照李瑞环主席关于用实践经验推动工作的指示精神，去年提案委员会召开了全国政协提案工作研讨会，胡启立副主席出席了会议，并作了重要讲话；为了从不同角度总结经验，还召开了有8个民主党派、全国工商联负责人参加的座谈会和部分承办单位座谈会，通过这些活动，总结交流了经验，而且也提出了一些值得重视和需要进一步探讨的见解和问题，将进一步推动提案工作质量的提高。

为了促进对重点提案的重点办理，提案委员会组织了承办单位与提案人协商座谈、专题调研、跟踪办理，组织了提案人走访承办单位、配合承办单位走访提案人等多种活动。一年来，先后组织了5次协商办理座谈会和7次专题调研，多位副主席先后亲自参与了协商座谈会和专题调研等活动，促进了提案的进一步深化和落实。提案委员会和部分提案人一起在去年年中和年底，先后走访了6个承办单位。此外，还配合科技部、上海市政府分别专程走访了九三学社中央、中国天主教爱国会，就有关提案内容沟通思想，增进共识。

（二）注重发挥政协机构的整体功能，形成合力推动重点提案的落实。政协提案工作，事关政协工作的全局，为办好这件事，政协各个组织机构，都负有相关的责任，都应该发挥相应的作用。政协九届四次会议结束后，提案委员会根据政协各专委会的职能，及时将提案分类送交有关专委会。在全国政协常委会的领导下，为推动重点提案的办理，政协有关部门大力协同，副主席带队调研，使提案工作出现了一些新局面。例如在关于改善深圳出入口岸工作提案的现场办案活动中，由万国权副主席带队，提案委员会与港澳台侨委员会密切配合，邀请国家计委、公安部、海关总署等单位，以及包括香港地区的全国政协委员在内的部分提案人到现场考察，并进行了协商座谈。吴仪国务委员在情况简报上作了批示，有关问题正在逐步解决。为进一步落实已经连续两年重点办理的关于振兴装备制造业的提案，全国政协办公厅与提案委员会联合组织了常委视察团，由陈锦华副主席带队，进行了专题视察，提出了振兴我国重大装备制造业的十点建议，报送给中共中央、国务院。国家经贸委准备在今后工作中落实这些建议。政协提案委员会将进一步跟踪办理,促进这些建议的落实。

(三)分类综合提案内容,充分发挥提案的信息资源作用。政协九届四次会议结束后,提案委员会及时对提案内容进行了分类整理,形成14个方面的综述,送领导和有关部门参阅,并在《人民政协报》上发表。根据政协九届第十四次常委会议关于加强和深化反映社情民意工作的议题,将提案反映的有关热点问题分六个方面进行了整理归纳,印发会议材料供常委们参阅,提案委员会还作了“进一步发挥提案在反映社情民意中的重要作用”的大会发言。日常注意摘编提案中反映的重要社情民意,提供给《政协信息》向上报送。加强同新闻单位和有关部门的协作,通过新闻媒体、政协刊物等多种形式,加大提案工作的宣传力度,扩大提案的社会影响。

(四)加强与地方政协的联系和协作,为提高提案工作质量携手前进。一年来,全国政协大力支持和积极参加地方政协联合召开的提案工作研讨会、经验交流会,这些会议各有特色,对推动提案工作起了很好的作用。在专题调研中,注意吸收地方政协提案工作部门的同志参加;在政协刊物上及时交流地方政协提案工作经验;注意交流信息技术在提案工作中的应用,加快提案办公自动化,提高工作效率。

四

政协九届四次会议以来,提案工作有了新的进展,但与新形势和政协工作的要求,还存在一定差距,提案工作质量还须进一步提高。在新的一年里,要继续坚持“提高质量、讲求实效”的方针,树立以质量求发展的思想,以与时俱进的精神,不断地加强和改进工作。

提案工作要坚持围绕中心,服务大局。要充分发挥政协人才荟萃、界别特点突出的优势,按照“三个代表”的要求,着重就改革、发展、稳定中的重大问题,就人民群众关心的热点问题,通过提案提出具体建议。要注重提案自身质量,精心选题,深入调查研究,知情明政,认真撰写,多出精品。要按照提案工作条例的规定,坚持立案标准,保障提案质量。

提案工作要坚持体察民情,多反映社情民意。要充分发挥提案在反映社情民意中的作用,努力把提案中的重要社情民意真实、快速地向有关领导和部门反映。

按界别活动是政协的重要特色,某一方面的专家、学者聚集一起,为提出有深度的高质量提案创造了条件。在继续发挥政协委员,民主党派和人民团体积极作用的同时,要认真研究,采取适当措施,充分发挥界别在提案工作中的积极作用。

政协要发挥整体功能促进提案工作的发展。政协各专委会和有关部门应更加重视提案工作,按照各自的职责以及联系的领域,进一步加强协作和配合,更多地参与提案工作。

政协要加强提案工作队伍的建设。要不断提高提案工作队伍的理论和业务水平,进一步加强作风建设,为提出提案和办理提案提供高质量的服务。要继续提高提案办公自动化的水平,使工作更加方便,更加高效。

政协要加强和承办单位的协作。要进一步加强联系,加强协商,主动配合,坚持政协、承办单位和提案人三结合的协商办理、专题调研等重点提案的办案方式,共同促进提案办理质量的提高。

要加强提案工作的宣传力度,进一步扩大提案的社会影响。

按照政协全国委员会提案工作条例的要求,准备在今年适当的时候,评选并表彰第九届全国政协优秀提案和先进承办单位。

各位委员,提案是政协履行职能最直接、最有成效的方式,我们要高举邓小平理论的伟大旗帜,认真学习贯彻江泽民同志“七一”讲话精神和中共十五届六中全会精神,以饱满的政治热情和优良的工作作风,齐心协力,进一步提高提案工作质量,把提案工作提高到一个新水平。

《人民日报》发表社论《谋发展大计 创复兴伟业——热烈祝贺全国政协九届五次会议开幕》

《中国能源发展报告》(2001)在北京正式出版发行

该书由国家计委、国家经贸委、国务院研究室等国家有关部门领导担任顾问,众多能源专家、学者编纂而成,对中国能源发展的历史与现状进行了深刻剖析和系统阐述,并提出了新时期我国的能源发展战略。

3月4日

中共中央总书记江泽民 全国政协主席李瑞环看望出席全国政协九届五次会议的委员并听取委员们的意见和建议

中共中央总书记、国家主席江泽民,中共中央政治局常委、全国政协主席李瑞环,看望了出席全国政协九届五次会议的民盟、致公党委员,并参加联组会,听取委员们的意见和建议。江泽民强调,越是在社会发展的重要时期,越是要坚定不移地贯彻同民主党派团结合作的方针;我们的事业越是向前发展,越要更好地坚持和完善中国共产党领导的多党合作和政治协商制度。

江泽民说,中国共产党领导的多党合作和政治协商制度是我国的一项基本政治制度。中国共产党在重大问题上进行民主协商、倾听民主党派的意见，与各民主党派实行互相监督特别是接受民主党派的监督，有利于提高中国共产党的领导水平和执政水平。进入新世纪，我们肩负的历史使命光荣而艰巨，必须凝聚起全国人民的力量，团结各民主党派、各人民团体、各族各界人士共同前进。希望各民主党派继承和发扬与中国共产党亲密合作的光荣传统，坚定不移地围绕国家中心任务和工作大局参政议政，充分发挥人才荟萃、智力密集的特点和优势，深入调查研究，积极建言献策，为改革开放和现代化建设献计出力。

江泽民强调，加入世贸组织，是我国改革开放进程中具有历史意义的一件大事。加入世贸组织后，在当今世界综合国力竞争日益激烈的情况下，我们更要努力工作，积极做好各项应对工作，不断在改革开放和现代化建设的实践中掌握国际竞争的主动权。要采取切实有效的措施，推动我国产业和企业不断提高竞争力，不断完善社会主义市场经济体制，进一步扩大开放，加强人才的培养和吸引工作，抓紧建立、健全社会保障体系。希望各位委员围绕这些重大课题，加强调查研究，提出好的建议和意见。

江泽民强调，做好侨务工作，是我们推进改革开放和社会主义现代化建设的必然要求。广大华侨华人，是我国同世界各国、各地区进行友好交往与合作交流的重要桥梁，是我们扩大对外开放、推进经济建设的重要有利因素。我们要坚持贯彻有关方针政策，不断提高侨务工作的水平。

联组会由全国政协副主席、致公党中央主席罗豪才主持。全国人大常委会副委员长、民盟中央主席丁石孙，全国政协副主席叶选平、王兆国、钱伟长、陈俊生、张克辉，全国政协秘书长郑万通等出席联组会。

九届全国人大五次会议在人民大会堂举行预备会议

全国人大常委会委员长李鹏主持会议。

出席预备会议的全国人大代表二千七百六十三名，符合法定人数。

李鹏在预备会议上指出，九届全国人大五次会议的指导思想是：在党中央领导下，以邓小平理论和党的十五大精神为指导，进一步贯彻落实江泽民同志“七一”重要讲话和党的十五届五中、六中全会精神，按照“三个代表”的要求，认真履行宪法和法律赋予全国人民代表大会的职责，完成好本次会议的各项任务；动员全国各族人民，紧密团结在以江泽民同志为核心的党中央周围，坚定信心、扎实工作，为促进国民经济持续快速健康发展和社会的全面进步，为推进依法治国、建设社会主义法治国家的进程而共同奋斗。

据悉，这次会议在审议各项议案时，全国人大常委会、国务院及其有关部委、最高人民法院、最高人民检察院的负责同志将分别参加各代表团会议，听取代表们的意见。

预备会议选出了本次会议的主席团和秘书长。大会主席团由一百六十六人组成，田纪云为大会秘书长。主席团和秘书长名单草案是九届全国人大常委会第二十六次会议提出的。

预备会议还通过了九届全国人大五次会议议程。

全国人大常委会副委员长田纪云、姜春云、邹家华、帕巴拉·格列朗杰、王光英、布赫、铁木尔·达瓦买提、吴阶平、彭珮云、何鲁丽、周光召、曹志、成思危、许嘉璐、蒋正华，秘书长何椿霖出席会议。

九届全国人大五次会议主席团在人民大会堂举行第一次会议

全国人大常委会委员长李鹏主持会议。

会议推选出九届全国人大五次会议主席团常务主席。主席团常务主席由全国人大常委会委员长、副委员长、秘书长担任。

会议通过了九届全国人大五次会议日程。

经过表决，会议通过了本次大会的执行主席分组名单和会议表决议案办法，决定何椿霖、王忠禹、王维澄、曾建徽、令计划为大会副秘书长。

会议还决定，本次大会代表提议案的截止时间为三月十日下午六时。根据全国人大组织法规定，一个代表团或者三十名以上的代表，可以向大会提出属于全国人民代表大会职权范围的议案。

九届全国人大五次会议主席团常务主席名单

（第九届全国人民代表大会第五次会议主席团第一次会议推定）

李　鹏　田纪云　姜春云　邹家华
帕巴拉·格列朗杰　王光英　程思远　布　赫
铁木尔·达瓦买提　吴阶平　彭珮云　何鲁丽
周光召　曹　志　丁石孙　成思危　许嘉璐　蒋正华
何椿霖

九届全国人大五次会议议程

（2002年3月4日第九届全国人民代表大会第五次会议预备会议通过）

一、听取和审议国务院总理朱镕基关于政府工作的报告

二、听取和审议国家发展计划委员会主任曾培炎关于2001年国民经济和社会发展计划执行情况与2002年国民经济和社会发展计划草案的报告

审查、批准 2001 年国民经济和社会发展计划执行情况的报告及 2002 年国民经济和社会发展计划

三、听取和审议财政部部长项怀诚关于 2001 年中央和地方预算执行情况及 2002 年中央和地方预算草案的报告

审查 2001 年中央和地方预算执行情况的报告及 2002 年中央和地方预算草案

批准 2001 年中央预算执行情况的报告及 2002 年中央预算

四、听取和审议全国人大常委会委员长李鹏关于全国人民代表大会常务委员会工作的报告

五、审议《第九届全国人民代表大会第五次会议关于第十届全国人民代表大会代表名额和选举问题的决定(草案)》

六、审议《中华人民共和国香港特别行政区选举第十届全国人民代表大会代表的办法(草案)》

七、审议《中华人民共和国澳门特别行政区选举第十届全国人民代表大会代表的办法(草案)》

八、听取和审议最高人民法院院长肖扬关于最高人民法院工作的报告

九、听取和审议最高人民检察院检察长韩杼滨关于最高人民检察院工作的报告

十、其他

国务院召开第 8 次全体会议

国务院总理朱镕基主持会议,就任命董建华为香港特别行政区第二任行政长官作出了决定。朱镕基签署了国务院第 347 号令,任命董建华为中华人民共和国香港特别行政区第二任行政长官,于 2002 年 7 月 1 日就职。

会议审议了香港特别行政区上报的关于选举董建华为特别行政区第二任行政长官的报告,并听取了国务院港澳事务办公室主任廖晖关于香港特别行政区第二任行政长官候任人产生过程汇报。

朱镕基在会上作了重要讲话。他指出,香港特别行政区第二任行政长官候任人的产生过程,符合香港特别行政区基本法和有关选举法律的规定,体现了公开、公平、公正的原则,得到了香港社会各界的普遍肯定。董建华先生在第一届行政长官任期内,为"一国两制"方针和基本法在香港的正确贯彻落实做了大量工作。在面对亚洲金融危机的冲击和香港内外经济环境变化的过程中,为维护香港国际金融、贸易、航运等中心的地位,加强香港与内地在经济和其他各个领域的交流与合作,保持香港的社会稳定和经济发展,作出了积极的努力。

朱镕基说,依据《中华人民共和国香港特别行政区基本法》的规定,香港特别行政区第二任行政长官候任人产生后,需要报请中央人民政府任命。今天国务院召开全体会议,决定对香港特别行政区第二任行政长官的任命。我们相信,董建华先生一定会在下一届任期内,带领特区政府和香港各界人士克服目前面临的暂时困难,为促进香港经济的繁荣和各项事业的进步,作出更大的成绩。

国务院副总理李岚清、钱其琛、吴邦国、温家宝,国务委员迟浩田、罗干、吴仪、司马义·艾买提、王忠禹出席了会议。

中共中央政治局常委胡锦涛参加政协社科新闻出版界委员联组讨论

胡锦涛仔细听取大家的发言,同大家一起讨论。他代表中共中央,向各位委员,并向广大社会科学和新闻出版工作者,表示亲切的问候,希望大家进一步增强光荣感、责任感和使命感,更加自觉地服从和服务大局,团结协作,开拓进取,多出成果,多出人才,努力促进全社会形成强大的凝聚力和丰富的创造力。

胡锦涛指出,要把改革开放和现代化建设事业继续推向前进,需要强有力的理论指导、思想保证、精神动力和智力支持。社会科学和新闻出版工作是社会主义精神文明建设的重要组成部分,在揭示社会发展规律、增强人们认识和改造世界能力,在发展先进文化、提高全民族思想道德水平和科学文化素质,在构筑全社会共同理想、激励人民团结奋斗等方面,都具有重要的作用。哲学社会科学的发展水平和繁荣程度同样是体现综合国力的一个重要标志。各级党委和政府要切实把社会科学和新闻出版工作摆上重要议事日程,认真研究和解决工作中的一些重大问题,积极营造用好人才、吸引人才、留住人才的良好环境,充分调动和发挥广大哲学社会科学工作者、新闻出版工作者的积极性和创造性。

胡锦涛说,人类文明的发展史告诉我们,一个民族要兴旺发达,要屹立于世界民族之林,不能没有创新的理论思维。尤其是当今世界发展变化很快。我们要顺应时代发展潮流,跟上时代前进的步伐,更需要大力推进理论创新、制度创新、科技创新和其他方面的创新。这就要求我们坚持以邓小平理论和"三个代表"重要思想为指导,进一步解放思想,实事求是,以与时俱进、开拓创新的精神,正确把握当今时代特征和当代中国实际,深入研究回答现实生活中提出的重大理论和实际问题,努力拿出更多有深度、有分量、有说服力的思想理论成果,更好地为党和政府决策服务,为改革开放和现代化建设实践服务。

胡锦涛要求社会科学和新闻出版战线的同志们,进一

步增强政治意识、大局意识、责任意识，充分发挥各自的特点和优势，在统一思想、凝聚人心上下更大的气力，在反映社情民意上做更多的工作，为繁荣社会科学和新闻出版事业贡献智慧和力量。

全国政协副主席杨汝岱、任建新参加了讨论。

中华全国总工会主席尉健行与政协社会福利界和工会界委员座谈

中共中央政治局常委、中央书记处书记、中华全国总工会主席尉健行，看望了出席全国政协九届五次会议的社会福利界和工会界的委员。在与工会界委员座谈时他强调，各级工会要按照“三个代表”的要求，以贯彻实施新修改的《工会法》为重要契机，一手抓调整劳动关系机制的建设，一手抓为职工群众特别是困难职工群体办实事，更好地维护职工的合法权益，调动和发挥他们的积极性、创造性，以优异的成绩迎接党的十六大的胜利召开。

尉健行在认真听取工会界委员的发言后强调指出，江泽民同志提出的“三个代表”重要思想，归根到底是为了不断满足人民群众日益增长的物质文化生活需要，不断实现中国最广大人民的根本利益。党的十五届六中全会作出加强和改进党的作风建设的决定，其核心是始终保持党同人民群众的血肉联系。新修改颁布的《工会法》，以法律形式进一步明确了工会的权利、义务和职责，使工会维护职工合法权益有更加有力的法律保障。这些都为工会履行维护职工合法权益的基本职责，建立、健全调整劳动关系的机制，努力为职工群众办实事，进一步密切与职工群众的联系，提供了难得的机遇，提出了更高的要求。

尉健行指出，加强调整劳动关系机制的建设，基层工会主要是依据《工会法》、《劳动法》，建立、健全平等协商、集体合同制度和职工代表大会制度。要坚持所有企业都要推行平等协商和集体合同制度，在努力提高建制率的同时，把增强约束力、提高实效性放到突出位置来抓。所有企事业单位都要实行职工民主管理。公有制企事业单位，要通过深入推行厂务公开、民主评议企业领导干部等，不断充实和丰富职代会的内容，完善职代会制度，提高职代会的质量和实效。要集中力量抓好非公有制企事业单位职工民主管理的工作，指导和帮助他们按照《工会法》等法律、法规，大胆探索和积极推行职工代表大会等各种与非公有制企事业单位相适应的民主管理形式，以更好地落实法律赋予职工的权利。工会领导机关主要是在宏观层次建立、健全保证基层有效调整劳动关系的监督制约和保证机制。当前，首先要依法把劳动争议仲裁机制建立、健全起来，及时有效地解决劳动争议尤其是集体劳动争议，防止和减少群体性事件的发生。与此同时，要加强工会与政府召开联席(联系)会议，工会与劳动保障行政部门、企业代表组织进行三方协商的机制，劳动保障监察与工会劳动法律监督相互协调配合等机制的建设。

尉健行说，加强调整劳动关系机制的建设，前提是每个企业必须有工会组织。凡以工资收入为主要生活来源的劳动者，不管户籍是否在本地区，也不论工作时间长短，都有依法参加和组织工会的权利。必须继续抓好新建企业工会组建和改制企业工会的重建、整顿工作，最大限度地把广大职工组织到工会中来。要确保今年工会组建任务的完成，使全国工会会员总数达到1.3亿，并积极发挥已建工会的作用。

尉健行强调，各级工会要努力为职工群众特别是困难职工群体办实事。解决劳动关系矛盾，不能就事论事，必须重视从机制上抓起。但机制建设往往需要一个过程，在这个过程中，对现实发生的劳动关系矛盾和问题首先要及时处理。同时，通过及时处理现实的劳动关系矛盾问题，也有助于我们探索、总结出一些带规律性的做法，充实、丰富有关机制和制度，使机制建设更具实效。工会维护职工合法权益是在为职工说话办事中体现出来的。工会要为职工办的事情很多，当前，重点是为困难职工群体办实事。一要推动下岗职工出“中心”各项政策的落实。在下岗职工出“中心”及基本生活保障向失业保险并轨中，要积极配合政府部门组织开展再就业援助行动，促进下岗职工再就业，接续好社会保险关系，对符合条件的失业人员，要按规定发放失业保险金，保障其基本生活。要督促企业妥善处理经济补偿和债权债务问题，偿还拖欠职工的工资、医疗费等。二要支持和推动各地不折不扣地贯彻落实中央现行的社会保障政策和措施。要继续做好“两个确保”工作，协助政府有关部门，把符合条件的特困职工全部纳入城镇居民最低生活保障范围，努力做到应保尽保。要主动协助有关方面，做好遇到困难的以及离退休的劳动模范的基本生活保障工作。三要协助政府和企事业单位努力解决拖欠、克扣职工工资问题，确保工资按时足额发放，尤其要防止出现新的拖欠。要监督企业认真贯彻执行最低工资保障制度，确保职工工资水平随着企业经济效益的提高和国民经济的发展而不断提高，共享改革发展的成果。四要坚持“安全第一、预防为主、群防群治、依法监督”的原则，开展多种形式的安全生产监督检查活动，积极推动劳动安全卫生监督检查体系的建立、健全，确保职工的劳动安全。对造成重大伤亡事故的，工会不仅要参与事故的调查处理，而且要支持有关部门依法追究有关领导人和事故直接责任者的责任。五要维护职工的人身权利，对侮辱、打骂、体罚等严重侵犯职工人身权利的行为，要依法严肃处理。

尉健行说，调整劳动关系，解决困难职工的问题，实际上需要处理的是大量的利益关系。在这一过程中，必然会有不同的认识和看法。要努力掌握职工队伍的思想状况，注意做好职工的思想政治工作，教育引导他们识大体、顾大局，正确对待改革过程中利益关系的调整。要认真探索和总结新形势下开展劳动竞赛、合理化建议、技术革新、技术协作、发明创造，实施群众性经济技术创新工程的新经验、新办法，把广大职工的积极性、创造性更好地组织和引导到推进改革发展稳定的大局上来，为完成“十五”计划建功立业。

全国政协副主席李贵鲜、毛致用陪同看望。中华全国总工会副主席、书记处第一书记张俊九也陪同看望了工会界委员。

国务院副总理李岚清参加政协教育界联组会

中共中央政治局常委、国务院副总理李岚清看望了出席全国政协九届五次会议的教育界委员，并参加联组会与委员们座谈，听取委员们的意见和建议。

李岚清强调，教育关系社会主义现代化建设全局，一定要把教育放在重要的战略地位，各级政府要继续加大对教育的投入，动员社会各方面力量投资办教育，要抓住加入世贸组织的机遇，推动合作办学，促进教育事业更快地发展。

李岚清要求，要加快高校后勤社会化改革，调整高校学科结构，提高教学质量，培养出更多的高素质人才。要大力发展职业技术教育，有针对性地培养大批高素质的劳动者和实用型人才，满足经济发展的要求。要加强基础教育，进一步深化农村义务教育体制改革，采取切实有效的措施保证教师工资发放。要充分利用现代网络技术开展远程教育，发挥优质教育资源的作用，向中西部地区和广大农村提供优质教育服务。

全国政协副主席张思卿、赵南起、周铁农及有关部门负责人参加了会议。

九届全国人大五次会议举行首次新闻发布会

大会副秘书长、新闻发言人曾建徽向中外记者介绍了本次会议的有关情况。他说，本次会议将于3月5日在人民大会堂开幕。这次会议是九届全国人大任期的最后一次例会。为期10天半的会期中，将审议政府工作报告，全国人大常委会工作报告，最高人民法院工作报告，最高人民检察院工作报告，审查和批准计划报告和预算报告。另外，由于明年全国人大将换届，所以本次会议还将审议关于第十届全国人民代表大会代表名额和选举问题的决定草案，香港和澳门两个特别行政区选举第十届全国人民代表大会代表的办法草案。

曾建徽介绍了九届全国人大及其常委会一年来的工作后表示，在这次会议上，人大代表将认真审议各项议案，代表人民行使当家做主、管理国家事务的权力，这是我国社会主义民主的重要体现。他说，2002年是全面完成本届人大成立之初所确定任务的关键一年。全国人大及其常委会将根据国家改革、发展、稳定的需要，围绕在任期内初步形成有中国特色社会主义法律体系的目标，做好有关法律的制定、修改工作。

曾建徽说，九届全国人大五次会议开幕会、闭幕会和其他3次全体会议将安排中外记者采访，开放部分代表团团组会议。会议期间将邀请朱镕基总理会见中外记者。此外还将举行另外5场记者招待会，分别请外交部、国家发展计划委员会、国家经贸委、对外贸易经济合作部和中国人民银行的主要负责人，介绍我国的外交政策、经济工作形势和任务、国有企业改革、我国加入世界贸易组织和对外经贸工作、金融工作等方面的情况，并回答记者关心的问题。

当记者问及在本届任期内建成有中国特色社会主义法律体系的目标能否如期完成时，曾建徽表示，党的十五大根据依法治国建设社会主义法治国家的要求提出，到2010年要形成有中国特色的社会主义法律体系。根据这个要求，九届全国人大常委会提出，要在本届任期内初步完成这个法律体系的建设。他说，构成这样一个法律体系的基本标志，一是涵盖各个方面的法律部门(也称法律门类)应当齐全。有中国特色社会主义法律体系划分为7个法律部门，即宪法及宪法相关法、民法商法、行政法、经济法、社会法、刑法、诉讼与非诉讼程序法。二是各个法律部门中基本的、主要的法律应制定出来。三是以法律为主干，相应的行政法规、地方性法规、自治条例和单行条例应该制定出来，与之配套。

曾建徽说，从改革开放到九届全国人大前，全国人大及其常委会已经制定了320多件法律和有关法律问题的决定。国务院和地方人大也制定了一大批行政法规和地方性法规等，初步形成了以宪法为核心的有中国特色社会主义法律体系的框架。在九届全国人大以来的4年期间，共制定了83件法律和有关法律问题的决定，其中有一些是建立社会主义市场经济体制迫切需要的重要法律，如合同法、证券法、信托法等。有一些是对推进民主法制建设有重要意义的法律，如立法法、行政复议法、关于加强中央预算审查监督的决定，修改了民族区域自治法、村民委员会组织法等。还有一些是对实现可持续发展战略有重要作用的法律，如修改了土地管理法，制定了人口与计划生育法、防沙治沙法等。为了适应加入世贸组织和进一步扩大对外开放的需要，还修改了一些重要的法律。与此同时，国务院和地方人大又制定了一批行政法规和地方性法规。

曾建徽说,新的一年是本届人大任期的最后一年,将根据改革、发展、稳定的需要,并围绕任期内要初步形成法律体系的目标,做好有关法律的制定、修改工作。今年将抓紧制定、修改20多部法律以及有关法律问题的决定,包括物权法、民法典、行政许可法、行政强制法、中小企业促进法、农村土地承包法等。他相信,经过努力,初步形成有中国特色社会主义法律体系的目标在本届全国人大及其常委会任期内可望如期实现。

有记者问,为适应中国加入世界贸易组织,到目前为止全国人大有哪些法律已经得到修改,并将制定和修改哪些法律时,曾建徽说,中国加入世贸组织以后,将根据权利和义务相一致的原则,严格遵守世贸组织的规则。目前各级立法部门已着手对有关的法律、法规、规章制度等进行全面清理,以建立一个更有利于中外经济合作,更加规范、统一、公正、透明和有可预见性的法律环境。1999年年底以来,我国已经对有关的法律、法规和规章等进行全面清理,还制定了立、改、废工作计划。全国人大及其常委会已先后对中外合作经营企业法、外资企业法、中外合资经营企业法、海关法、专利法、商标法、著作权法等7部法律进行了修改,兑现了加入世贸组织时关于修改法律的承诺。

曾建徽说,在对3个涉外企业法的修改中,取消了对外商投资企业在外汇收支平衡、本地采购、产品出口义务方面的一些与国民待遇原则不符的规定。在对专利法、商标法、著作权法的修改中,加大了对专利、商标、著作权等知识产权的保护力度。在海关法的修改中,为加大通关速度,提高通关效率,确立和完善了一系列海关商品归类、行政裁定、海关事务担保制度,根据世贸组织协议的规定,完善了我国的海关估价制度,同时明确了对知识产权实行海关保护。

曾建徽说,在未来3年过渡期内,还将根据改革开放的需要和履行世贸组织成员的义务,对进出口商品检验法、对外贸易法、进出境动植物检疫法、保险法等多部法律进行修改,并加紧制定反垄断法等法律。根据承诺,国务院需要制定或者修改的行政法规有30件,现已完成25件。国务院还废止了12件行政法规,停止执行了34件有关的政策文件。国务院有关部门废止或者修改的部门规章和其他政策措施有1000多件。各地方也对地方性法规、规章和其他政策措施做了全面清理。

在回答本届人大在推进政治体制改革方面做了哪些工作时,曾建徽表示,坚持和完善人民代表大会制度,是我国政治体制改革中的一个重要方面。20多年来,我们改革了选举制度,把直接选举人大代表的范围由过去的乡镇一级扩大到县一级,实行了普遍的差额选举。扩大了全国人大常委会的职权,县级以上的各级人大设立常委会,从组织制度和法律制度方面更充分保证了人民行使管理国家事务的权力;制定了村民委员会组织法、城市居民委员会组织法,推动了基层民主政治建设,保障人民群众直接行使民主权利,依法管理自己的事务;通过立法建立了"民可以告官"的行政诉讼制度、国家赔偿制度,促进了政府依法行政,保障了公民的合法权益。全国人大在我国政治体制改革中发挥了十分重要的作用。

在回答有关人大监督司法工作的问题时,曾建徽说,在我国,法院和检察院都是由人民代表大会产生的,要对人大负责,受人大监督,这是人民代表大会制度的一个重要特点。人大怎样监督"两院"的工作,宪法和有关法律规定了一些具体的形式,主要是听取和审议"两院"的工作报告,提出询问和质询,组织特定问题调查委员会对违法乱纪的行为进行调查,以及进行执法检查等。同时人大还有罢免同级法院院长、检察院检察长的职权。近年来,许多地方的人大对同级的法院、检察院的工作和它的组成人员开展了代表评议和述职评议,还对重大的违法案件进行监督,并且制定了相关的地方性法规,收到了比较好的效果。人大对"两院"的监督应当坚持依法监督、集体行使职权、不包办代替的原则。在这个原则之下,全国人大常委会鼓励地方人大对监督工作积极进行探索。可以说,现行的法律、法规对人大如何监督司法工作已经形成了一系列的制度,现在的主要问题是各级人大应当严格依法办事,认真履行职责,加大对司法工作的监督力度,进一步促进司法公正。

当有记者问到全国人大常委会如何保障代表的合法权益时,曾建徽说,一些地方确实存在侵害人大代表合法权益、阻挠人大代表依法履行职责的情况,有的甚至严重侵害代表的人身权利。个别地方未经法律规定的程序,就对人大代表采取限制人身自由的措施,对履行职责的代表围攻、殴打或者打击报复等。全国人大常委会十分重视依法保障代表的合法权益,凡是发现上述情况,都对有关事件进行全面了解,督促有关部门依法予以纠正,依法追究有关责任人员的责任。

曾建徽还介绍了刚刚结束的九届全国人大五次会议预备会议、预备会议后的大会主席团第一次会议等方面的情况,并回答了记者提出的其他问题。

九届全国人大五次会议主席团和秘书长名单

主席团(166人,按姓名笔画排列)

丁石孙 丁关根 于永波(满族) 于均波
于淑珍(女) 马开明(彝族) 马 军

马启智(回族) 王云龙 王云坤 王乐泉 王光英
王 刚 王兆虹(女) 王旭东 王 克 王怀远
王宋大 王忠诚 王涛(女)王家福 王维澄
王朝文(苗族) 王瑞林 毛如柏
乌云其木格(女,蒙古族) 亢龙田 尹克升
尹俊(白族) 甘子玉 布赫(蒙古族) 卢功勋
卢克俭(藏族) 叶文玲(女) 叶叔华(女)
田玉科(女,土家族) 田纪云 史来贺
白成亮(哈尼族) 白克明 冯之浚(回族) 冯苏祥
成思危 曲格平 朱开轩 朱清时 朱添华
刘长瑜(女) 刘方仁 刘汉章 刘亦铭 刘志艳
刘 玠 刘明祖 刘 珩 江泽民 许嘉璐 孙鸿烈
严义埙 苏 荣 李长春 李兆焯(壮族) 李伯勇
李明豫(女) 李泽民 李建国 李经纬
李玲蔚(女) 李铁映 李梦九 李淑铮(女)
李登海 李瑞环 李 蒙 李 鹏 杨长槐(侗族)
杨正午(土家族) 杨国庆 杨 忠 吴长淑(朝鲜族)
吴阶平 吴官正 吴康民 吴瑞林 吴德馨(女)
邱健行 何厚铧 何鲁丽(女) 何椿霖 邹家华
汪家镠(女) 沈辛荪 宋德福 张丁华 张万年
张立昌 张帼英(女) 张绪武 张皓若 陆佑楣
阿木冬·尼牙孜(维吾尔族)
阿勒布斯拜·拉合木(哈萨克族) 陈光毅
陈丽龄(女) 陈奎元 陈铁迪(女) 陈难先
陈章良 陈焕友 陈滋英 奉恒高(瑶族) 范敬宜
林永年 林 墉 岩 庄(傣族) 罗尚才(布依族)
帕巴拉·格列朗杰(藏族) 周光召 周 强 孟建柱
孟富林 赵志浩 胡亚芳(女,高山族) 胡光宝
胡锦涛 柳随年 侯宗宾 俞正声 姜春云 姜恩柱
洪绂曾 热 地(藏族) 贾庆林 顾秀莲(女)
顾昂然 顾诵芬 铁木尔·达瓦买提(维吾尔族)
徐有芳 高德占 郭金龙 郭振乾 陶驷驹 黄 菊
曹 志 曹伯纯 常沙娜(女,满族) 尉健行
彭珮云(女) 彭楚政(土家族) 董喜海 蒋正华
蒋洁敏 惠永正 程思远 傅全有 傅铁山 童 傅
曾庆红 曾建徽 曾宪梓 谢世杰 谢铁骊 虞云耀
嘉木样·洛桑久美·图丹却吉尼玛(藏族) 滕 藤
颜龙安
秘书长 田纪云

九届全国人大五次会议副秘书长名单

何椿霖 王忠禹 王维澄 曾建徽 令计划

国务院扶贫开发领导小组下发《国家扶贫开发工作重点县管理办法》

3月5日

九届全国人大五次会议在人民大会堂开幕

会议由大会执行主席、主席团常务主席李鹏主持。2866名代表出席开幕大会。江泽民、李鹏、朱镕基、李瑞环、胡锦涛、尉健行、李岚清等在主席台就座。

大会执行主席、主席团常务主席田纪云、姜春云、邹家华、帕巴拉·格列朗杰、王光英、布赫、铁木尔·达瓦买提、吴阶平、彭珮云、何鲁丽、周光召、曹志、丁石孙、成思危、许嘉璐、蒋正华、何椿霖在主席台前排就座。

朱镕基总理向大会作《政府工作报告》。

在主席台就座的还有:丁关根、李长春、李铁映、吴邦国、吴官正、迟浩田、张万年、罗干、贾庆林、钱其琛、黄菊、温家宝、曾庆红、吴仪、司马义·艾买提、王忠禹、肖扬、韩杼滨、叶选平、杨汝岱、王兆国、阿沛·阿旺晋美、钱伟长、任建新、宋健、李贵鲜、陈俊生、张思卿、钱正英、丁光训、孙孚凌、霍英东、马万祺、朱光亚、万国权、胡启立、陈锦华、赵南起、毛致用、白立忱、经叔平、罗豪才、张克辉、周铁农、王文元。

香港特别行政区行政长官董建华列席会议,同全国人大代表、澳门特别行政区行政长官何厚铧一起在主席台就座。

出席全国政协九届五次会议的政协委员列席今天的大会。

中央党政军群领导机关负责人,各民主党派中央、全国工商联负责人和无党派代表人士列席大会。

各国驻华使节旁听大会。

国务院总理朱镕基作《政府工作报告》

各位代表:

现在,我代表国务院向大会作《政府工作报告》,请予审议,并请全国政协各位委员提出意见。

首先报告2001年的工作。

新世纪第一年,全国各族人民在中国共产党领导下,面对复杂多变的国际形势,克服困难,阔步前进,改革开放和社会主义现代化建设取得了新的重大成就。

国民经济保持良好发展势头。在世界经济增长明显减速的情况下,我们坚持扩大内需的方针,坚定地实施积极的财政政策和稳健的货币政策,实现了经济较快增长。2001年国内生产总值达到95933亿元,比上年增长7.3%。经济结构调整取得积极进展。农业结构有所优化,优质、专用农产品增加。信息、生物等高新技术产业快速发展。传统工业改造和淘汰落后生产能力有较大进展。基础设施建设取得显著成绩,完成

了一批公路、铁路、江河干堤、水利枢纽和农村电网改造等重点项目。西部大开发起步顺利，青藏铁路、西电东送等重大项目相继开工。经济增长质量和效益进一步提高。全年规模以上工业企业实现利润 4657 亿元，增长 8.1%。税收大幅度增长，全国财政收入达到 16371 亿元，按可比口径增加 2400 亿元。金融运行平稳。居民消费价格总水平上升 0.7%。外贸进出口总额突破 5000 亿美元，其中出口 2662 亿美元，增长 6.8%。外商直接投资 468 亿美元，增长 14.9%。国际收支状况良好，年末国家外汇储备达到 2122 亿美元，比上年末增加 466 亿美元。人民币汇率稳定。国民经济沿着持续快速健康发展的轨道前进。

经济体制改革进一步深化。国有企业改革继续推进，现代企业制度建设加快。国家向重点企业派出的监事会作用加强。企业重组、改组工作积极推进。一批资源枯竭的矿山和严重资不抵债、扭亏无望的企业，通过关闭、破产退出市场。粮食、棉花流通体制改革取得成效。完善城镇社会保障体系和农村税费改革试点进展顺利。城镇职工基本医疗保险制度、医疗卫生体制和药品生产流通体制三项改革稳步推进。清理和减少了行政审批事项。整顿和规范市场经济秩序取得阶段性成果，仅对制假售假违法活动立案查处的就达 120 多万起，有力地打击了经济领域的违法犯罪分子。

科技、教育和社会事业全面发展。新的“863”计划、科技攻关计划和重点基础研究计划开始实施。国家创新体系建设继续推进。一批国家高新技术产业化重大项目正式启动。科技体制改革继续深化。基础教育和职业教育进一步加强，素质教育全面推进。全国普通高校招生 268 万人，比上年增加 48 万人。高校管理体制和后勤社会化改革进展顺利。资源保护、环境治理和生态建设明显加强。退耕还林和天然林保护工程建设取得成效。重点流域和区域污染防治得到加强，部分城市环境质量有所改善。社会主义精神文明和民主法制建设继续推进。社会科学、文学艺术、新闻出版、广播影视、医药卫生、计划生育和体育等各项事业取得新成绩。城市社区和农村基层政权建设得到加强。农村“三个代表”学习教育活动深入进行。民族、宗教和侨务工作进一步加强。廉政建设和反腐败斗争力度加大，成绩显著。“严打”整治斗争和社会治安综合治理取得初步成效，依法铲除一批黑恶势力犯罪团伙，惩治了一批严重刑事犯罪分子。国防和军队现代化建设迈出新步伐。

城乡人民生活继续改善。城镇居民人均可支配收入实际增长 8.5%。中央财政和地方财政大幅度增加了社会保障支出。国有企业下岗职工基本生活费和离退休人员基本养老金，基本上做到按时足额发放。城市居民最低生活保障的覆盖人数，由年初的 400 多万人扩大到年末的 1120 多万人。国家提高了机关事业单位职工工资和离退休人员养老金水平，增加了企业离退休人员基本养老金。以上几项，仅中央财政当年就增加支出 621 亿元。农民人均纯收入实际增长 4.2%。通过加快农村电网改造和整顿电价，降低农村用电价格，减轻了农民负担。城乡市场繁荣，居民住、行条件进一步改善。

去年，我们隆重庆祝了中国共产党成立 80 周年，江泽民总书记发表“七一”重要讲话，阐述了“三个代表”思想的科学内涵和重大意义。党的十五届六中全会作出了加强和改进党的作风建设的重要决定。北京赢得了 2008 年奥运会举办权。我国成功举办亚太经合组织第九次领导人非正式会议等重要国际会议。经过长期努力，我国正式加入世界贸易组织。所有这些，对于我们党和国家事业的发展都具有重大而深远的影响，极大地激发了全国各族人民的爱国热情，增强了民族自豪感和凝聚力。

2001 年经济和社会发展的显著成绩，确实来之不易。这是以江泽民同志为核心的党中央统揽全局、审时度势，及时作出正确决策和部署的结果，是全国各族人民锐意进取、团结奋斗的结果。我代表国务院，向辛勤工作在全国各条战线上的广大工人、农民、知识分子、干部、人民解放军指战员、武警部队官兵和公安干警以及各界人士，致以崇高的敬意！向关心与支持祖国建设和统一的香港特别行政区、澳门特别行政区同胞和台湾同胞、海外侨胞，表示诚挚的感谢！

我们也清醒地看到，当前经济和社会生活中还存在不少亟待解决的问题。主要是：农民收入增长缓慢，一些粮食主产区和严重受灾地方农民收入减少，有些地方拖欠工资严重，部分企业生产和职工生活仍有困难，就业压力加大。产业结构不合理和经济体制深层次问题尚未解决，生态环境问题依然相当突出，地方保护主义屡禁不止，市场经济秩序有待继续整顿。一些地方、部门和领导干部中形式主义、官僚主义盛行，弄虚作假、铺张浪费严重，腐败现象还比较突出。有些单位违规挪用财政资金和专项资金。有法不依、执法不严的问题比较普遍。重大安全事故时有发生。有些地方社会治安状况不好。这些问题有的是多年积累下来的，有的同工作中的缺点和错误有关。我们必须高度重视，采取有力措施加以解决。

各位代表！

2002 年是我们党和国家发展史上非常重要的一年。做好今年各项工作，具有十分重要的意义。当前国际形势错综复杂，全球经济和贸易增长仍然缓慢，国际市场竞争更加激烈，贸易保护主义加剧。我国加入世贸组织，总体上有利于改革开放和经济发展，但在近期某些竞争力不强的行业、企业会受到较大冲击。我们面临着新的困难和严峻挑战。同时，也应当看到，做好今年工作具有许多有利条件。我国综合国力显著增强，拥有比较雄厚的物质基础，粮食、外汇等重要储备充足，国内市场潜力巨大，经济发展有较大回旋余地。我国社会政治稳定。特别是以江泽民同志为核心的党中央积累了应对各种复杂局面的丰富经验。我们要增强信心，振奋精神，充分利用一切有利条件，发挥各方面的积极性，努力做好各项工作。

根据党中央部署，今年工作的总体要求是：以邓小平理论和党的十五大精神为指导，进一步贯彻落实江泽民同志“七一”重要讲话和党的十五届五中、六中全会精神，按照“三个代表”要求，正确把握复杂多变的国际政治经济形势，抵御和克服前进道路上的各种风险和困难，以保持经济和社会的稳定。坚持实施扩大国内需求的方针，继续深化改革，扩大开放，加快结构调整，整顿和规范市场经济秩序，提高经济增长质量和效益，促进国民经济持续快速健康发展和社会全面进步。切实加强精神文明建设、民主法制建设和党的建设，转变政府职能，团结奋斗，勤俭建国，以改革开放和现代化建设的新成就迎接党的十六大召开。

按照这个总体要求，今年要着重做好以下八个方面工作。

一、扩大和培育内需，促进经济较快增长

保持国民经济较快增长，是扩大就业、改善人民生活和维护社会稳定的基础，也是推进结构调整和深化改革的重要条件。在当前严峻的国际经济形势下，实现经济较快增长的根本之策，是扩大国内需求，进一步形成消费和投资的双重拉动。要继续实施积极的财政政策和稳健的货币政策，并保持必要的力度，同时采取其他配套的宏观经济政策。

扩大国内需求，首先必须增加城乡居民特别是低收入群体的收入，培育和提高居民的购买力。一是采取更有力的措施，千方百计增加农民收入，切实减轻农民负担。二是进一步完善城镇社会保障体系。当务之急仍然是落实“两个确保”，确保国有企业下岗职工基本生活费和离退休人员基本养老金按时足额发放，任何地方都不得发生新的拖欠。完善失业保险制度。同时，强化城市居民最低生活保障制度建设，使所有符合条件的城市贫困居民都能得到最低生活保障，做到应保尽保。中央财政预算较大幅度地增加了“低保”资金，地方财政预算也必须增加所需资金。对特困行业和企业的职工，还要采取有效措施帮助他们解决困难。继续推进城镇职工基本医疗保险制度、医疗卫生体制和药品生产流通体制改革。进一步搞好在辽宁全省和其他省、自治区部分城市完善社会保障体系的试点工作。努力筹集和管好、用好全国社会保障基金。三是继续适当提高机关事业单位职工基本工资，并相应增加机关事业单位离退休人员离退休金。各类所有制企业也要在提高经济效益的基础上，适当增加职工收入。对一些地方拖欠干部、政法干警、教师工资的问题，有关地方政府务必采取有力措施，尽快加以解决。地方财政首先要保工资发放，对过去拖欠的工资，也应尽快补发。宁可不上新的建设项目，不办或者少办不是急需的事，也要确保工资按时足额发放。在严格定编定员的基础上，对发放工资确有困难的省、自治区、直辖市，中央财政通过转移支付予以补助。市、县级财政有困难的，省级财政也要通过转移支付予以补助。四是积极扩大就业和再就业。这是增加居民收入的重要途径。努力拓宽就业渠道，增加就业岗位。大力发展就业容量大的劳动密集型产业、服务业、中小企业。扩大社区服务就业门路。实行弹性大、灵活性强、多样化的就业形式。发展劳动力市场，完善就业服务体系。认真落实鼓励自谋职业和促进就业的优惠政策措施。对弱势群体给予特殊的就业援助。五是拓宽消费领域，改善消费环境。通过深化改革，调整政策，消除各种限制消费的障碍。鼓励居民扩大住房、旅游、汽车、电信、文化、体育和其他服务性消费，培育新的消费热点。

保持国债投资的必要规模，带动固定资产投资较快增长。根据需要和可能，今年拟发行1500亿元长期建设国债，主要用于在建的国债建设项目、西部开发项目、重点企业技术改造，以及南水北调、京津水资源保护工程、农村基础设施和教育、公检法司等方面设施的建设。1998年以来开工建设的大部分国债项目，要在今年内基本完工。目前，居民储蓄存款增加较多，银行资金比较充裕，利率水平较低，市场价格稳定，国债余额占国内生产总值的比重仍在安全线以内，发行长期建设国债还有一定的空间，不会有大的风险。用国债投资进行重要的和社会急需项目的建设，不仅有利于促进经济增长和培植财源，而且有利于集中力量办大事，充分发挥各方面资金的使用效益。在扩大国债投资的同时，还要采取措施用活用好其他国内资金，引导和鼓励社会投资。要高度重视资金的合理、节约使用，坚决防止无效投入和重复建设。基础设施建设也要合理规划，量力而行，讲求实效，不可过分超前。继续加强对国债资金使用、项目建设和工程质量的监督管理，严厉查处各种截留、挪用国债资金的行为。

努力做好财税工作，保持税制稳定，加强税收征管。严格依法治税，做到应收尽收，堵塞“跑、冒、滴、漏”。认真贯彻“一要吃饭、二要建设”的方针，合理调整财政支出结构，区别轻重缓急，该保的一定要保，该压缩的要坚决压缩。为了进一步规范中央和地方政府之间的分配关系，建立合理的分配机制，支持西部开发，从今年开始，对所得税收入实行中央和地方按比例分享的办法。中央从所得税增量中多分享的收入，全部用于对地方主要是中西部地区的一般性转移支付。

继续实行稳健的货币政策，加强对金融机构的监管。金融机构要在切实防范和化解金融风险的同时，积极支持经济发展，努力改进服务。银行要调整信贷结构，重点支持国债投资项目、农业结构调整、企业技术改造、中小企业特别是科技型中小企业的发展，尽量满足有市场、有效益、有信用的企业流动资金贷款需求，发展个人住房、助学贷款等消费信贷业务。加快建立现代金融制度，深化金融企业改革，健全内部机制，强化经营管理。商业银行从今年开始要全面实行贷款质量五级分类制度，改进信息披露。进一步规范和发展证券市场。继续促进保险业健康发展。加强金融法治和监管。加快信息化建设。密切关注国际金融市场变化，严防国际短期资本对我国金融市场的冲击，确保金融安全。

二、加快农业和农村经济发展，努力增加农民收入

发展农业生产力，提高农民购买力，是扩大和培育内需十分重要的方面，关系国民经济发展和社会稳定全局。要把加强农业和增加农民收入，作为整个经济工作的突出任务；把农民是否增加收入和减轻负担，作为检验农业和农村工作的重要标准。

从根本上说，增加农民收入必须加快农业和农村经济结构调整，大力发展农业产业化经营，积极推动传统农业向现代农业转变。大力推广优良品种和先进适用技术，加快发展优质、专用、无公害农产品。继续调整农业内部结构，积极发展畜牧业和水产养殖业。充分发挥区域比较优势，加快农业布局调整和优化。沿海地区和大中城市郊区要大力发展高效农业。中部粮食主产区要抓住主销区腾出部分粮食市场的机遇，扩大优质粮食生产，提高粮食的综合效益和市场竞争力。西部地区要发展特色农业、旱作农业和生态农业。努力扩大农产品出口。推广“公司加农户”、“订单农业”等方式，逐步形成农产品生产、加工、销售一体化经营。加快培育一批辐射面广、带动力强的龙头企业。深化农业科研和推广体制改革，推进农科教、产学研结合，继续实施“星火计划”，加快农业科技成果的转化与推广应用。调整农业结构，必须坚持以市场需求为导向，从实际出发，充分尊重农民意愿，绝不能搞强迫命令。各级政府要做好规划，增加对农业的科技投入，加强服务，着力抓好农产品质量标准和认证体系、检验检测体系、市场信息体系建设，创造良好的市场环境。

为了使农民收入尽快有较多增长，还必须做好以下工作。

一是扩大退耕还林规模。两年多试点证明，在中西部一些地方实行退耕还林(包括还草、还湖)，既是改善生态环境，促进农业结构调整的重大举措，也是直接增加农民收入的有效途径。目前粮食等农产品供给充足，是加快退耕还林的良好时机。今年要进一步扩大退耕还林规模，推进休牧还草，加快宜林荒山荒地造林步伐。要坚持因地制宜，加强分类指导，认真落实退耕还林的各项政策，完善配套措施，抓紧培育和供应优良种苗，保证退耕还林质量。实施退耕还林和天然林保护工程，都要重视搞好后续产业的开发，以保障群众长期的生活来源和有关地方必要的财政收入。要抓紧研究制定退耕还林的法规。

二是深化农村税费改革和粮棉流通体制改革。农村税费改革是减轻农民负担的治本之策。今年要进一步扩大试点范围，主要放在中部地区的粮食主产省和农业大省，其他省、自治区、直辖市继续在部分县市进行试点。中央财政在预算内安排相应资金予以支持，试点地方的财政也要安排适当资金支持改革。同时，要搞好乡镇机构、农村教育和县乡财政体制等配套改革。农村税费改革，既要明显减轻农民负担，又要保证乡村正常工作和发展的必要经费，特别是保证农村义务教育经费。尚未进行农村税费改革的地方，要严格执行中央有关规定，继续做好减轻农民负担的各项工作。各地要进一步加强对农村教育、电价、建房等方面乱收费的专项治理。全面落实深化粮食流通体制改革的措施，大力推进国有粮食购销企业改革，改进和加强粮食市场管理，推动粮食主销区和主产区建立长期稳定的购销合作关系。继续做好棉花购销市场化改革的各项工作，保持棉花生产和市场稳定。

三是努力拓宽农民增收渠道。以农产品加工业和农村服务业为重点，加快发展农村二、三产业。引导乡镇企业加快结构调整、技术进步和体制创新，提高发展水平。扩大城乡经济往来有利于明显增加农民收入。各地要清理、取消不合理的限制和乱收费，为农民进城务工经商提供方便，切实保障他们的合法权益；同时，要加强管理和引导。积极稳妥地推进城镇化，促进农村劳动力向非农产业转移。

四是加大对农业的支持力度。采取符合世贸组织规则的措施，努力维护农民利益。增加对农业和农村基础设施建设投资，改善生产生活条件和生态环境。重点支持节水灌溉、人畜饮水、农村沼气、农村水电、乡村道路和草场围栏等设施建设。要在农业科研、技术推广、病虫害防治、信息咨询和农民培训等方面加强对农业的支持。特别要加大对粮食主产区的支持力度。改进金融对农业的服务。深化农村信用社改革。进一

步搞好农村扶贫开发,多渠道增加扶贫资金,扩大以工代赈规模。加大对灾区和特困地区的支持,减免农、牧业税,并真正落到实处。积极帮助农村特困户和优抚对象解决实际困难。

三、积极推进经济结构调整和经济体制改革

进一步解决制约经济发展的结构性矛盾和体制性障碍,是促进经济持续增长、提高经济素质和竞争力的根本举措。必须大力推进经济结构调整,坚持不懈地把经济体制改革引向深入。

加快产业结构优化升级。一要采用高新技术和先进适用技术,改造和提升传统产业。支持重点行业和骨干企业进行技术改造,支持承担国家重点任务的大型装备制造企业提高产品开发和技术创新能力。企业技术改造要做好规划,以"质量、品种、效益"为重点,选好项目,不能搞重复建设和单纯扩大生产能力。巩固和扩大纺织、冶金、煤炭等行业淘汰落后生产能力取得的成果,继续推进石化、建材、机械、医药、制糖、烟草等行业压缩过剩、落后生产能力的工作。已淘汰的生产能力,决不能以任何借口和形式恢复生产。继续调整能源结构。推动老工业基地加快调整和改造。支持以资源开采为主的城市和老矿区发展接续和替代产业。二要加快发展信息、生物、新材料等高新技术产业。继续抓好信息网络、新型电子元器件、集成电路、软件、新材料和中药现代化等高新技术产业化重大专项的组织实施。推进国民经济和社会信息化。三要积极发展第三产业特别是现代服务业。加快发展金融、会计、咨询、法律服务等行业。逐步推行连锁经营、物流配送、代理制、电子商务等组织形式和服务方式。大力发展旅游业和文化产业。

继续实施西部大开发战略,促进地区协调发展。加快西部地区基础设施和生态环境建设。着力抓好青藏铁路、西气东输、西电东送等重点工程建设。继续实施退耕还林、天然林保护、"三北"防护林和防沙治沙工程。认真落实西部大开发的各项政策和措施,促进老少边穷地区发展。西部地区要注重发展优势产业和特色产业,不搞重复建设、盲目投资。防止已被淘汰的企业和设备向西部地区转移,避免破坏生态环境。中部地区要充分发挥区位优势和资源优势,积极培育新的经济增长点,国家在安排建设项目时要给予支持,以加快发展步伐。东部地区要优化产业结构,大力发展外向型经济,提高经济素质和竞争力,采取多种方式加强同中西部地区的经济技术合作。

深化以国有企业改革为中心的各项改革。近几年,国有企业改革取得了很大进展,但是任务仍然相当艰巨,必须继续下大气力推进。一是切实加强现代企业制度建设。继续推行规范化的公司制改造,健全法人治理结构,真正转换经营机制。今年要重点检查上市公司建立现代企业制度的情况,找出存在问题,认真加以解决。强化企业内部改革,选择少量中央管理的大型企业和境外上市公司,进行收入分配制度改革试点,建立对企业经营者有效的激励和约束机制。推进企业会计制度与国际会计惯例相衔接。加强和改进企业质量、成本、营销管理。加快企业管理现代化、信息化建设。二是积极推进企业重组改组。尽快形成和发展一批具有国际竞争力的大公司和企业集团。继续采取多种形式放开搞活国有中小企业。在企业重组改组中,必须防止国有资产流失和逃废银行债务。三是继续有步骤地做好企业破产兼并工作。特别要注意按政策安置好职工,维护社会稳定。适当增加银行核销呆坏账准备金,主要用于重点行业和地区的企业破产兼并,特别是用于资源枯竭矿山和军工等特殊困难企业的关闭、破产。继续分离企业办社会的职能。

推进垄断行业改革。通过政企分开和企业重组,打破行业垄断,引入竞争机制。尽快实施电信、电力、民航管理体制改革,抓紧研究制定铁路管理体制改革方案。有关部门要加强对改革工作的指导,保证生产经营正常运行和队伍稳定。

坚持以公有制为主体、多种所有制经济共同发展的基本经济制度。积极探索公有制多种有效实现形式。继续发展混合所有制经济和集体经济,鼓励、支持和引导私营、个体经济健康发展。

其他各项改革,也要按照完善社会主义市场经济体制的要求积极推进。尽快制订投融资体制改革方案,争取早日实施。继续深化收入分配制度和金融、财税、外贸、住房等方面的改革。

四、适应加入世贸组织新形势,全面提高对外开放水平

我国加入世贸组织,标志着对外开放进入一个新阶段。我们要以积极的姿态,在更大范围和更深程度上参与国际经济合作与竞争,切实做好加入世贸组织第一年的各项工作。

为了适应加入世贸组织的要求,近年来特别是近几个月,我国做了大量工作。全国性的相关法规、规章的清理工作已基本完成,废止和修改、制定了一批法律、法规。从2002年1月1日起,我国关税总水平已由15.3%降到12%,涉及5300多个税目。今年要在已有工作基础上,以增强国际竞争力为核心,重点抓好以下几个方面:一是按照法制统一、非歧视、公开透明的原则,抓紧完善既符合世贸组织规则,又符合我国国情的涉外经济法律、法规体系,确保执法公正与效率。二是按照加入世贸组织的承诺,有步骤地扩大对外开放领域。同时,加快制定和修订质量、卫生、防疫、环保、

安全等方面的市场准入标准。三是认真研究、掌握和充分行使我国作为世贸组织成员享有的各项权利，积极推动和参与区域经济合作。四是组织好世贸组织有关知识和规则的学习、宣传，分期分批对国家公务员特别是县(处)级以上领导干部和大中型企业管理人员进行普遍培训。加快培养熟悉世贸组织规则和国际经济贸易的各类专业人才。

认真做好对外贸易工作。继续实施市场多元化战略，力争今年外贸出口有所增长。要力保现有市场，开拓新的市场。调整和优化出口商品结构，提高商品质量和附加值。落实鼓励外贸出口的政策措施。优先保证出口创汇多、信誉好的重点企业及时足额退税。抓紧改革和完善出口退税机制，对生产企业自营或委托外贸企业代理出口的自产商品，全面实行“免、抵、退”税办法。扩大出口信贷和信用保险，加大对出口的支持。海关要深化改革，进一步提高通关效率和监管水平。推动国有外贸企业改革和重组，促进外贸经营主体多元化和出口渠道多样化。继续实施“走出去”战略，鼓励和支持有条件的各类所有制企业，到国外特别是周边国家投资办厂和承包工程，带动国内技术、设备、材料和劳务出口。做好先进技术、关键设备和短缺原材料的进口工作。逐步实现重要战略物资进口市场多元化。

继续积极利用外资，优化外商投资结构。着力引进先进技术、现代化管理经验和专门人才。鼓励和引导外商投资现代农业、高新技术产业、基础设施建设、西部开发和参与国有企业改造、重组。鼓励外商特别是跨国公司在我国境内建立研究开发中心、生产制造基地和地区总部。引进商贸、旅游、会计、审计等方面有信誉的境外大型企业和中介组织，促进我国服务业发展。积极创造条件，吸引境外中小企业投资。继续改善投资环境，健全法制，依法办事，改进服务，提高效率。规范招商引资行为，逐步实行国民待遇。做好我国申办2010年上海世界博览会的工作。

五、继续大力整顿和规范市场经济秩序

大力整顿和规范市场经济秩序，是扩大内需、促进经济良性发展的迫切要求，是加入世贸组织、对外开放迈出新步伐的必然选择，也是完善社会主义市场经济体制的重大举措，直接关系我国现代化事业的成败。要在去年取得阶段性成果的基础上，以更大的决心和更有力的措施，把这项工作深入持久地开展下去。

全面展开，突出重点。紧紧围绕当前的突出问题，着力抓好以下几个方面：一是进一步严厉打击各种制售假冒伪劣商品的违法犯罪活动，特别是狠狠打击严重危害人民生命健康的食品、药品、医疗器械等方面的制假售假行为。二是继续整顿和规范建筑市场、房地产市场、文化市场和财税秩序。坚持不懈地打击各种骗税、偷税、逃汇、骗汇、传销和走私等违法犯罪活动。严厉打击伪造票据、凭证和做假账等违法行为。整顿和规范会计师事务所等中介服务组织。大力整顿旅游市场秩序。三是深入整顿金融秩序。严肃查处银行、证券、保险等金融机构违法违规经营行为，坚决取缔非法金融机构和非法金融活动，依法查处金融欺诈、非法集资、操纵证券市场和内幕交易、恶意逃废债务等行为。四是打破地方保护和行业垄断。依法纠正和查处利用特权，设置关卡，阻碍商品流通，妨碍公平竞争的行为。继续整治成品油市场和各类集贸市场。进一步开展价格和收费专项整治。五是加强生产、交通安全管理，健全安全责任制。切实纠正各种违规违章指挥和操作现象，防止重大安全事故发生。尤其要加强对危险化学品、易燃易爆品生产经营、运输、储存和使用全过程的监督管理。坚决依法关闭产品质量低劣、污染环境、破坏资源、不具备安全生产条件的厂矿。在整顿和规范市场经济秩序中，要集中力量查处大案要案，严惩违法犯罪分子和腐败分子。

标本兼治，重在治本。严格审查各类市场主体的资质，把好市场准入关。各级政府部门必须坚决按规定与企业和中介机构彻底脱钩。进一步采取有力措施，认真落实行政性收费和罚没收入“收支两条线”的规定。实行综合财政预算和部门预算，保证各部门依法行政和严格执法的必要财政开支。强化法治，完善行政处罚和刑事追究衔接的规定，坚决防止和纠正违法不究、以罚代刑的现象，加大对违法犯罪的打击力度。解决多层执法和多头执法问题，严格执法责任和责任追究制。提高执法人员素质和执法水平。切实加强社会信用建设，逐步在全社会形成诚信为本、操守为重的良好风尚。加快建立企业、中介机构和个人的信用档案，使有不良行为记录者付出代价，名誉扫地，直至绳之以法。广泛采用现代化监管手段，综合利用信息网络资源，实现互联互通、信息共享。加快流通体制改革，发展现代流通方式，使假冒伪劣商品难以进入市场。充分发挥行业协会和中介机构的作用，改革和完善其自律机制，重视广大群众和新闻媒体的监督作用。

六、实施科教兴国战略和可持续发展战略，加强精神文明建设

推动科技进步和创新。加快国家创新体系建设。加强基础研究和具有战略意义的高新技术研究，增强自主创新能力。围绕产业升级和提高竞争力，加强关键技术和共性技术的研究开发，加快科技成果产业化和推广应用。建立、健全风险投资机制和科技创新激励机制。进一步改革科技体制，深化应用型科研机构和社会公益型科研机构改革。破除条块分割，合理配

置社会科研资源，形成部门、地方、高校和企业相结合的科技管理体系。加强大中型企业技术开发中心的建设。繁荣发展哲学社会科学，注重研究全局性、前瞻性、战略性的重大课题。强化知识产权保护和管理。加强学术道德建设。

坚持教育优先发展。大力推进素质教育，加强学校思想政治工作，促进学生德智体美全面发展。加强基础教育，巩固扩大农村地区“两基”成果，特别是加快贫困地区和少数民族地区普及九年义务教育步伐。推进农村义务教育以县为主的管理体制改革，保证教师工资按时足额发放。积极发展高中阶段教育。稳步发展普通高等教育，适应新形势，调整学科结构。大力发展中等和高等职业教育。改革课程教材，更新教学内容，提高教育质量。继续推进高校内部管理体制改革和后勤社会化。全面提高教师思想和业务素质。加快教育信息化建设，积极发展现代远程教育。加大政府对教育的投入。鼓励、支持和规范社会力量办学、中外合作办学。

认真实施人才政策。坚持“四化”方针和德才兼备的原则，加快培养和选拔适应改革开放和现代化建设新形势需要的各类人才，特别是高科技人才，精通国际金融、财会、贸易、法律和现代管理的专业人才。深化干部人事制度改革，完善对各类人才的选拔任用、考核评价、激励监督的制度。善于发现和大胆起用年轻优秀的科技人才。充分发挥工程师以及技师和熟练技术工人的作用。落实技术、管理等生产要素参与分配的政策，落实对有突出贡献的科技人员和高层管理人员进行奖励的规定。进一步采取有效措施，吸引和聘用境外高级人才，鼓励留学人员回国创业。

走可持续发展之路。坚持计划生育的基本国策，贯彻《人口与计划生育法》。特别要加强农村和流动人口计划生育工作，稳定低生育水平，促进优生优育。认真落实妇女、儿童发展纲要，保护妇女和未成年人合法权益。加强老龄人口工作。关心和支持残疾人事业。依法保护和合理利用土地、矿产、淡水、海洋、森林、草原和气候资源，实行严格的耕地、林地管理制度，注重节水节能。提高资源综合利用率，健全资源有偿使用制度。继续加大环保投入，加强生态环境保护和污染防治。加快重点治理工程建设，改善重点流域、区域、城市、海域的环境质量，有效控制和降低污染物排放。推行清洁生产，发展环保产业。加强生态示范区建设。大力植树种草。加强湿地保护。建立环境保护和防灾减灾保障体系。发展卫生事业，高度重视公共卫生和农村医疗卫生工作，增加资金投入，积极探索多种形式的农村医疗保障办法，改善农村卫生院医疗条件。大力防治传染病、职业病和地方病等危害人民健康的重大疾病。广泛开展全民健身活动，提高竞技运动水平。认真做好2008年北京奥运会前期准备，把举办奥运会工作与推进首都改革开放和现代化建设结合起来。

加强精神文明建设。坚持不懈地用马列主义、毛泽东思想、邓小平理论和“三个代表”重要思想教育广大干部群众。坚持把依法治国和以德治国结合起来。贯彻落实《公民道德建设实施纲要》，在全社会倡导“爱国守法、明礼诚信、团结友善、勤俭自强、敬业奉献”的基本道德规范。突出抓好爱国主义教育，弘扬振兴中华的民族精神。加强科学知识普及工作，破除愚昧迷信，倡导科学精神和文明健康的生活方式。深入开展群众性精神文明创建活动。加快发展社会科学、文学艺术、新闻出版、广播影视等各项事业，坚持为人民服务、为社会主义服务，坚持正确舆论导向，创作出更多反映时代风貌和人民愿望的优秀作品。加大新闻出版、广播影视业改革的力度。高度重视互联网的作用和管理。加强图书馆、博物馆、文化馆、科技馆、档案馆等公共文化和体育设施建设，做好文物保护工作。完善文化产业政策，鼓励社会力量参与文化事业建设。深入持久地开展“扫黄”、“打非”斗争，严厉打击盗版盗印和光盘走私活动。加强国际文化交流。

七、进一步转变政府职能，加强政风建设

这是适应改革开放的新形势，建设廉洁、勤政、务实、高效政府的要求。要全面贯彻党的十五届六中全会精神，着力抓好三个方面。

加快政府职能转变。政府机构改革和职能转变，取得了很大进展，但还存在不少问题。必须进一步解放思想，彻底摆脱传统计划经济的羁绊，切实把政府职能转到经济调节、市场监管、社会管理和公共服务上来。继续理顺政府部门职能分工，防止有些事情互相推诿和无人负责。认真贯彻依法治国方略，坚持依法行政，从严治政。进一步改革和减少行政审批，必须审批的也要规范操作，简化程序，公开透明，明确责任。对此，国务院已作出了部署，各地区各部门要认真贯彻落实。加快政府管理信息化建设，推广电子政务，提高工作效率和监管有效性。

切实加强政风建设。深入开展反腐败斗争，加强廉政建设。廉洁从政，执政为民，是我们党和政府根本宗旨的要求，也是政府机关每个工作人员必须恪守的基本准则。各级政府和所有干部都必须做到清正廉明，奉公守法。对那些违法乱纪、以权谋私、贪污腐化的人，必须彻底查处。加大治本力度，从源头上预防和治理腐败。要认真落实党中央关于把今年作为转变作风年的要求。坚决克服误国害民的形式主义、官僚主义。要大力精简会议和文件，切实解决当前严重存在的“文山会海”问题。大兴调查研究之风，深入实际，深入基层，了解真实情况。要倾听群众呼声，关心群众疾苦，抓紧解决人民群众反映强烈和不满意的问题。坚决纠正虚报浮夸、欺上瞒下、滥用民力、强迫命令的恶劣作风，做到讲真话、办实事、求实效。

坚决反对奢侈浪费。当前，无论是生产、建设、流通还是消费领域，都存在严重铺张浪费的现象。有的地方热衷于搞华而不实的“形象工程”、“政绩工程”，市政建设盲目追求高档次、高标准；有的地方连工资都不能按时发放，还在乱上建设项目，违反规定兴建楼堂馆所。还有名目繁多的办节、庆典活动，比阔气、讲排场；用公款大吃大喝、进行高档消费娱乐，公费出国旅游。凡此种种，耗费巨额资财，必须坚决刹住这种奢侈浪费之风。一要大张旗鼓地倡导艰苦创业、勤俭建国、勤俭办一切事业。坚决制止各种不切实际、不计效果的错误做法。二要努力节省开支。生产、建设、流通等领域都要大力降低成本和费用。所有机关、企业、事业单位，都要精打细算，禁止各种不必要的开支。今年，各地区、各部门、各单位都要提出杜绝浪费、节省开支的具体目标和措施。三要严肃财经纪律。推行国库集中收付制度，强化各级财政预算、审计监督、财政专户管理。完善超预算收入的管理。严厉查处设立小金库和各种违反规定乱花钱的行为。

各级政府要自觉接受同级人民代表大会及其常委会的监督，主动加强与人民政协的联系，认真听取民主党派、工商联、无党派人士和人民团体的意见。进一步健全民主决策制度，鼓励人民群众对政府机构及其工作人员进行监督，拓宽及时反映社情民意的渠道，使政府工作能够真正体现人民的意愿和利益。

各位代表！

在新的形势下，保障国家安全，维护社会稳定，具有十分重要的意义。要严密防范和依法坚决打击境内外敌对势力的破坏活动，严厉打击恐怖势力、宗教极端势力、民族分裂势力的犯罪活动。继续开展同“法轮功”等邪教组织的斗争。深入开展“严打”整治斗争，依法严厉打击各种刑事犯罪活动和黑恶势力，大力整顿社会治安混乱的地方和场所，使社会治安状况有明显进步。坚持打防结合，预防为主，全面落实综合治理的各项措施，积极构建社会治安防控体系。建立政法公安经费保障机制。加强社区建设和管理，加强农村基层政权建设。正确处理新形势下的人民内部矛盾，把影响社会安定的因素化解在基层，消除在萌芽状态。

加强民族团结，维护祖国统一，是全国各族人民的根本利益所在。坚持和完善民族区域自治制度。全面贯彻党的民族政策，巩固和发展平等、团结、互助的社会主义民族关系。积极支持和帮助少数民族地区加快发展。继续实施“兴边富民行动”。大力培养少数民族干部和各类人才。贯彻党的宗教信仰自由政策，依法加强宗教事务管理，积极引导宗教与社会主义社会相适应。坚持独立自主自办原则，加强爱国宗教力量的建设。认真贯彻侨务政策，做好侨务工作。

加强国防和军队建设，是维护国家安全和社会主义现代化事业顺利发展的重要保证。要按照“政治合格、军事过硬、作风优良、纪律严明、保障有力”的总要求，以新时期积极防御军事战略方针为统揽，坚持科技强军、从严治军、勤俭建军，注重质量建设，提高军队的革命化、现代化、正规化水平，增强高技术条件下的防卫作战能力和应付突发事件的能力。加快国防科技工业调整、改革和发展，提高科研水平和创新能力，推进武器装备建设。深化后勤保障改革，提高军事经济效益和综合保障能力。加强人民武装警察部队建设。完善国防动员体制，加强民兵、预备役部队建设。搞好国防教育，做好拥政爱民、拥军优属工作，巩固和发展军政军民团结。

全面贯彻落实“一国两制”方针和香港、澳门两个基本法。维护香港、澳门长期稳定和繁荣发展，是我们坚定不移的目标。中央政府将继续全力支持香港、澳门两个特别行政区政府和行政长官依法施政，进一步加强内地与香港、澳门的经贸、科技、文化、教育等领域的交流和合作。我们对香港、澳门的前景满怀信心。

在新的一年里，我们将坚持“和平统一、一国两制”的基本方针和江泽民主席关于解决台湾问题的八项主张，努力推动两岸关系朝着和平统一的方向发展。我们重申，世界上只有一个中国，大陆与台湾同属一个中国，中国的主权和领土完整不容分割。一个中国的原则是发展两岸关系、促进祖国和平统一的基础和前提。我们坚持在一个中国原则的基础上恢复两岸对话与谈判，进一步扩大两岸经济、文化交流，推动两岸关系发展，尽早实现直接“三通”。我们将一如既往地与坚持一个中国原则、主张发展两岸关系的台湾各党派、各界人士加强交往和对话。支持海外华侨华人反对“台独”、促进祖国统一的正义行动。我们坚信，祖国的完全统一大业一定能够早日实现。

八、进一步做好外交工作

2001年，国际形势变化起伏。但和平与发展作为时代的主题并未改变，世界多极化发展趋势并未改变，我国面临的国际环境仍然是机遇大于挑战。总体和平、局部战争，总体缓和、局部紧张，总体稳定、局部动荡，将是今后一个时期国际局势的基本态势。

在国际风云变幻的形势下，我国外交工作进一步开创了新局面，国际地位和影响继续提高。我国同广大发展中国家的友好关系继续加强，与周边国家的睦邻友好合作关系全面发展。去年,我国同俄罗斯和中亚四国共同宣布建立“上海合作组织”;在第五次中国—东盟领导人会议上,我国与东盟一致同意今后10年内逐步建立中国—东盟自由贸易区。我国同朝鲜、韩国和南亚各国的关系稳步发展。我国同非洲、拉美国家友好合作取得新的成果,与阿拉伯各国和其他伊斯兰国家的友好关系进一步发展。

我国与美国、俄罗斯、欧盟、日本的关系得到发展和改善。我们积极务实地参与国际政治、经济、文化、社会、裁军等领域的多边外交活动,有力地捍卫了我国的主权、独立、领土完整、国家安全和民族尊严。我国和国际社会一道共同谴责和反对恐怖主义,在国际反恐怖斗争中发挥了建设性作用。

在新的一年,我们要继续奉行独立自主的和平外交政策。在和平共处五项原则的基础上,加强同发展中国家的团结与合作;进一步巩固和深化与周边国家的睦邻友好合作关系;继续改善和发展同发达国家的关系。积极参与联合国和其他国际事务,同世界各国人民一道,致力于和平、发展与进步的事业,反对霸权主义和强权政治,反对一切形式的恐怖主义,推动建立公正合理的国际政治经济新秩序,为维护世界和平,促进共同繁荣作出更大贡献。

各位代表!

今年政府工作的任务相当繁重,我们肩负的责任重大而光荣。让我们更加紧密地团结在以江泽民同志为核心的党中央周围,高举邓小平理论伟大旗帜,按照“三个代表”的要求,以与时俱进、奋发有为的精神风貌,坚定信心,知难而进,扎实工作,为夺取改革开放和现代化建设的新胜利而努力奋斗!

国家主席江泽民分别参加江西 湖北代表团全体会议与代表们一起审议《政府工作报告》

江泽民指出,当前,改革发展稳定的任务十分艰巨。做好今年的工作意义重大。我们要认清形势,坚定信心,转变作风,扎实工作,努力使各级干部的作风有一个大的转变,工作有一个新的气象,党群关系、干群关系有一个新的改善。农业、农村、农民问题是关系改革开放和现代化建设全局的首要问题。农业兴,百业兴;农民富,国家富;农村稳,天下稳。深化农村改革,加快农村发展,维护农村稳定,我们就能赢得全局工作的主动。

在听取江西团代表的发言后,江泽民说,贯彻十五届六中全会精神,落实“三个代表”要求,保持党同人民群众的血肉联系,关键在于转变作风,扎实工作。历史经验告诉我们,只有切实关心和解决群众的具体问题,群众才会围绕在我们周围,热烈地拥护我们。各级干部必须牢固树立全心全意为人民服务的思想,正确行使手中的权力。一事当前,首先要考虑群众利益。即使是为群众办实事、办好事,也要走群众路线,集思广益,民主决策。要在思想上、行动上、作风上,真正做到立党为公、执政为民。

江泽民说,转变作风,既是一项长期的任务,又是一项现实而紧迫的工作。中央提出,今年是转变作风年、调查研究年。我们进行的是一项伟大的创新事业,没有现成的经验可以借鉴,只能在实践中摸索规律,积累经验。各级领导干部要从繁杂的一般性事务中解脱出来,就关系全局的一些重大问题,进行调查研究。调查研究务必要求深、求真、求是。

江泽民指出,要坚持真抓实干,把中央的各项政策真正落到实处。必须摒弃官僚主义、形式主义,坚决克服文山会海,坚决反对弄虚作假、欺上瞒下、追逐名利、脱离群众的歪风。只要全党团结一致,上下齐心协力,真心实意地为人民谋利益,就能把群众的力量和智慧进一步凝聚起来,把各方面的积极性进一步发挥出来,不断推进我们的伟大事业。

江泽民在听取了湖北代表团的发言后说,湖北位置很重要,具有相当的工业基础,农业资源丰富,在全国也有一定的人才优势。希望湖北进一步发挥优势,扎实工作,在稳定中求发展,在发展中保持稳定,在社会主义现代化建设中取得更大成绩。

江泽民说,做好农村工作,首先要落实好党在农村的基本政策。改革以来的实践充分证明,党的农村基本政策是完全正确的。实施承包经营不仅适合于传统农业,也适合于现代农业,具有广泛的适应性和旺盛的生命力;农民有了自主经营的承包地,就有了基本的生活保障,就能保持农村社会稳定。

江泽民指出,努力增加农民收入,切实减轻农民负担,是实现农村稳定的根本保证,也是落实农村基本政策的出发点和归宿。近几年,我们在增加农民收入上采取了不少措施,见到了一定的效果。去年农民收入结束连续几年增幅下滑的局面,实现恢复性增长,是不容易的。新阶段增加农民收入是一个渐进的过程,需要做长期、艰苦的努力。要积极推进农业结构调整,依靠科技提高农业的质量和效益,加大政府对农业的支持力度,实现农民收入较快增长。在目前农民增收困难的情况下,减轻农民负担显得尤为重要。为了减轻农民负担,中央已经采取了一些重大措施,随着国家财力的增强,今后还要采取更多更有力的措施。希望大家共同努力,把减轻农民负担这件事做得更加扎实有效,让农民群众高兴。

江泽民强调,各级党委和政府要高度关注群众反映强烈的热点问题。要形成一套解决社会矛盾的工作机制,做到早发现、早解决。要多办济困解难的实事。各地一定要做好扶贫济困工作,把各项措施真正落实到每个村、每个户,保证他们吃饱穿暖。春耕在即,各地和有关部门要做好备耕工作,保证每一个困难农户都不误农时地种好地。

中共中央政治局候补委员、书记处书记曾庆红,中共中央政治局候补委员、国务委员吴仪分别参加了江西、湖北代表团的审议。

全国人大常委会委员长李鹏参加政协民革民进联组会

李鹏仔细听取了大家的发言,并就一些问题与委员们共同讨论。他说,中国共产党领导的多党合作和政治协商制度是我国政治生活的一大特色,人民政协积极履行政治协商、民主监督、参政议政的职能,在建设有中国特色社会主义事业中作出了积极贡献。在全国人大常委会的副委员长中有一半是民主党派和无党派人士,他们在开展全国人大各项工作中发挥了很好的作用。

李鹏说,依法治国,建设社会主义法治国家已写入我国宪法,要建立起完整的、有中国特色社会主义的法律体系,还有不少工作要做。按照全国人大的立法规划,今年可望初步完成这个法律体系的框架。当然,要做到"有法可依,有法必依,执法必严,违法必究",还需要一个过程。我国各级人大在加强立法工作的同时,也加强了监督工作。他强调,各级人大在司法监督中必须坚持党的领导,遵循依法监督、集体行使职权、不包办代替三条原则。

李鹏说,针对广大人民群众的意见,我国司法系统加大了改革力度,做了许多工作。我国的法官、检察官和司法工作者在工作中要认真实践"三个代表"重要思想的要求,不断提高自身素质,维护司法公正,切实为人民服务。

李鹏指出,我国加入世贸组织,既有机遇,又面临挑战。我们要认清形势,利用加入世贸组织的有利条件,认真学习外国先进技术和管理经验,努力发展我国的经济。同时,我们要根据形势的要求,制定修改有关法律、法规,进一步建立和完善适合中国社会主义市场经济的法律、法规。

对委员提出的要关心进城务工农民的建议,李鹏说,农民进城务工为我国城市的建设和发展作出了积极贡献,要切实维护他们的合法权益,同时要加快城镇化建设,保证农村剩余劳动力有序、合理流动。

李鹏最后说,今天大家积极建言献策,参政议政,对于做好各项工作是一个很好的推动,这也是中国共产党领导的多党合作和政治协商制度成功的具体表现。

全国政协副主席、民革中央常务副主席周铁农主持了联组会。全国人大常委会副委员长、民革中央主席何鲁丽,全国人大常委会副委员长、民进中央主席许嘉璐,全国政协副主席、中共中央统战部部长王兆国,全国政协副主席任建新,以及全国政协秘书长郑万通等出席了联组会。

国务院总理朱镕基与经济农业界全国政协委员座谈

在听取了委员们的发言后,朱镕基说,大家提出了许多宝贵意见和建议,内容很丰富,都经过大量的调查研究和认真思考,国务院和有关部门将认真研究,努力改进工作。他强调,在世界经济低迷和我国加入世贸组织的新形势下,尽管我们面临不少新的困难和挑战,但发展机遇和有利条件很多。只要我们认真贯彻党中央的各项决策和部署,坚定信心,知难而进,扎实工作,就一定能把国民经济发展的良好势头保持下去,夺取改革开放和现代化建设的新胜利。

全国政协副主席叶选平、胡启立、陈锦华、白立忱、经叔平出席了今天的联组会。

全国政协主席李瑞环分别与政协中共界联组和社科界委员一起讨论《政府工作报告》

全国政协副主席杨汝岱、宋健、李贵鲜、张思卿、钱正英、朱光亚、赵南起、毛致用也参加了讨论。

国家副主席胡锦涛与西藏代表团一起审议《政府工作报告》

胡锦涛强调,加快经济发展,推进改革开放,改善人民生活,是新时期西藏工作的中心任务,是解决西藏所有问题的基础,无论对于加强民族团结和保持社会稳定,还是对于巩固西南边防和维护祖国统一,都具有至关重要的意义。这不仅是一个重大经济问题,也是一个重大的政治问题。他希望西藏各级党委和政府,坚持以邓小平理论和江泽民同志"三个代表"重要思想为指导,认真贯彻落实中央第四次西藏工作座谈会精神,抓住有利时机,进一步解放思想,转变观念,艰苦奋斗,开拓进取,把依靠国家支持和坚持自力更生结合起来,把充分利用市场机制和正确发挥政府职能结合起来,把开发优势资源和保护生态环境结合起来,把加快经济发展和改善人民生活结合起来,努力实现西藏的跨越式发展。

全国人大常委会副委员长帕巴拉·格列朗杰参加了审议。

国务院副总理李岚清同江苏团代表一起审议《政府工作报告》

李岚清认真听取了代表们的发言并要求国务院有关部门认真研究代表们的意见和建议。他指出，当前，如何抓住加入世贸组织后的机遇，迎接挑战，是摆在我们各级政府面前的重要课题。加入世贸组织，我国农业面临挑战最大，传统农业必须向现代农业转变，要大力发展高科技农业、特色农业、设施农业等，推广"公司加农户"的经营模式，江苏可利用自身的优势在这方面走在全国的前面。要高度重视发展现代流通业，加快流通体制改革，发展物流配送、连锁经营和现代物流业，带动大规模生产。要采取措施，促进高新技术产业的发展，提高我国企业的竞争力。要将教育摆在优先发展的位置，切实搞好农村义务教育体制改革，确保教师工资的发放。要进一步扩大对外开放，正确处理好引进来与走出去的关系。要转变政府职能，解决好政府职能错位、越位和不到位的问题，提高行政效率，改善服务。

《人民日报》发表社论《毋忘发展重任 不负人民重托——热烈祝贺九届全国人大五次会议开幕》

外交部发言人孔泉评美国2001年度国别人权报告

在外交部例行记者招待会上，有记者问：美国国务院日前发表所谓2001年度国别人权报告。其涉华部分对中国的人权状况进行种种指责。请问你对此有何评论？

孔泉答：美国国务院发表的所谓2001年度国别人权报告，捏造事实，颠倒是非，攻击中国的司法制度、民族政策和人权状况。这是美方利用所谓人权问题干涉中国内政的又一表现。中国政府和人民对此表示强烈不满和坚决反对。

他说，中国政府致力于促进和保护人权与基本自由。中国的人权状况正处于不断改善的最好时期。这是有目共睹的事实。

他说，耐人寻味的是，美国国内存在大量违反人权的情况。美国政府却视而不见，闭口不谈，而专门对别国人权状况肆意歪曲，对他国的内部事务说三道四，这是别有用心的。

他指出，美方在人权、少数民族等问题上搞双重标准，必将继续遭到全世界所有主持正义的人们的蔑视和坚决反对。

孔泉说，中方要求美方尊重国际关系基本准则，纠正错误做法，停止利用所谓人权问题干涉中国内政。

3月6日

九届全国人大五次会议举行第二次大会

大会听取和审议关于2001年国民经济和社会发展计划执行情况与2002年国民经济和社会发展计划草案的报告、关于2001年中央和地方预算执行情况及2002年中央和地方预算草案的报告。

江泽民、李鹏、朱镕基、李瑞环、胡锦涛、尉健行、李岚清等党和国家领导人出席大会。大会由执行主席、主席团常务主席田纪云主持。

受国务院委托，国家发展计划委员会主任曾培炎向大会报告了2001年国民经济和社会发展计划执行情况与2002年国民经济和社会发展计划草案。

受国务院委托，财政部部长项怀诚向大会提出了2001年中央和地方预算执行情况及2002年中央和地方预算草案的报告。

今天大会的其他执行主席帕巴拉·格列朗杰、布赫、何鲁丽、丁石孙、何椿霖、王旭东、王朝文、甘子玉、卢克俭、白克明、刘明祖、李建国、杨国庆、吴康民、何厚铧、张立昌、陈光毅、陈奎元、孟富林、谢世杰在主席台前排就座。

国家发展计划委员会主任曾培炎作《关于2001年国民经济和社会发展计划执行情况与2002年国民经济和社会发展计划草案的报告》

各位代表：

我受国务院委托，向大会报告2001年国民经济和社会发展计划执行情况与2002年国民经济和社会发展计划草案，请予审议，并请全国政协各位委员提出意见。

一、2001年国民经济和社会发展计划执行情况

2001年，全国各族人民在中国共产党的领导下，按照第九届全国人民代表大会第四次会议关于国民经济和社会发展的各项决议，积极推进改革开放和现代化建设事业，国民经济保持了快增长、高效益、低通胀的发展格局。国内生产总值完成95933亿元，比上年增长7.3%。全社会固定资产投资36898亿元，增长12.1%。市场物价稳定，居民消费价格总水平上升0.7%。外贸进出口总额5098亿美元，增长7.5%。财政收入增长较快，财政赤字控制在预算目标之内。金融运行平稳，现金净投放1036亿元。国际收支状况良好，年末国家外汇储备2122亿美元。城镇登记失业率3.6%，人口自然增长率6.95‰。去年，亚太经合组织第九次领导人非正式会议等重要国际会议在我国成功举行，我国正式成为世界贸易组织成员，北京市获得

2008年奥运会主办权，标志着我国国际地位的进一步提高，在国际事务中的影响不断扩大。总的看来，2001年国民经济和社会发展的预期目标基本实现，“十五”计划开局良好。在世界经济和国际贸易增长明显减速的情况下，我国经济发展和各项社会事业取得这样的成绩，确实来之不易。这是以江泽民同志为核心的党中央统揽全局、审时度势、科学决策、正确领导的结果，是各地区、各部门按照“三个代表”要求，尽职尽责、扎实工作的结果，也是全国上下共同努力、团结奋斗的结果。

(一)坚持实施积极的财政政策和稳健的货币政策，充分发挥国债资金对促进经济社会发展的重要作用。经九届全国人大四次会议批准，2001年发行长期建设国债1500亿元，加上1998年到2000年批准发行的，累计5100亿元，有效地带动了地方、部门、企业配套资金和银行贷款以及其他各方面投资的增加，国债项目投资总规模近3万亿元。这对拉动经济增长、优化经济结构、增加就业岗位、改善人民生活、提高银行资产质量，起到了至关重要的作用。特别是集中力量办成了许多事关经济社会发展全局和对长远发展具有重大意义的大事。主要是：加固了大江、大河、大湖堤防3万公里，长江沿岸移民建镇200多万人，增加行蓄洪面积近3000平方公里。加快了“五纵七横”国道主干线和西部开发八条通道建设，累计建成公路通车里程25500公里，其中高速公路8000公里，使全国高速公路达到19000公里，跃居世界第二位。建成铁路新线4000公里，复线1988公里，电气化铁路1063公里。新建、扩建机场37个。建成国家储备粮库仓容700多亿斤。对1895个县进行了农网建设与改造。安排建设高技术产业化、重大装备制造本地化和企业技术改造项目近2000个，城市供水、道路、垃圾和污水处理项目约1000个，各类学校的教学、实验和学生生活设施项目9300多个。各地区、各部门本着对国家、对人民高度负责的态度，加强对国债资金和工程质量的管理，正确把握资金投向，认真选好建设项目，严格履行基建程序，切实做好前期工作，加强重大项目稽察，搞好社会舆论监督，有力地保证了国债资金的合理使用和工程质量。

(二)积极推进产业结构调整，促进了经济增长质量和效益的提高。农业布局不断优化，主要农作物生产逐步向优势产区集中。优质专用小麦和优质早稻面积占总面积的比重，分别达到25%和50%。粮食总产量4526亿公斤。积极推进农业产业化经营。畜牧水产业稳定增长。工业结构调整取得新的进展，高技术产业快速发展，电子信息产品制造业的增长速度达到28%。企业技术改造力度加大，更新改造投资增长15.3%，高于整个投资增速3.2个百分点。冶金、纺织、轻工等行业的高附加值产品比重提高。城市轨道交通设备、500千伏直流输电、环保设备等重大装备的自主开发和制造能力增强。淘汰落后、压缩过剩生产能力取得成效，煤炭行业实现整体扭亏为盈。第三产业发展态势良好，新兴服务业蓬勃发展，移动电话用户总数达1.448亿户，已居世界首位。企业经济效益继续改善。规模以上工业企业实现利润4657亿元，增长8.1%。工业企业经济效益综合指数122.1，提高3.4点。

(三)以国有企业改革为中心的各项改革继续推进，经济和社会发展的体制环境进一步改善。国有企业股份制改革逐步规范，特困企业改革和调整力度加大。垄断行业管理体制改革取得进展，电信、电力、民航改革方案已经完成，并开始组织实施。中小企业为主体的社会化信用制度和担保体系开始建立。社会保障体系建设步伐加快。90%以上国有企业下岗职工的基本生活得到保障，绝大多数国有企业离退休人员按时足额领到基本养老金，社会化发放率达97.8%。辽宁等地完善社会保障体系试点工作进展顺利。东南沿海等粮食主销区放开粮食收购市场和价格，取得了明显成效。中央储备粮垂直管理体系初步建立。棉花放开收购，重点转到规范市场秩序和加强质量监管上来。进一步放开了一批商品和服务价格，积极探索价格决策听证制度等新的价格管理办法。石油价格按国内外市场供求形成的机制不断完善，供水价格和公有住房租金的改革取得新进展。

(四)标本兼治、突出重点，整顿和规范市场经济秩序取得阶段性成果。坚持加强教育与严肃法纪相结合、全面治理与专项整治相结合，努力从源头上整顿和规范市场经济秩序。集中力量开展了打击走私犯罪、制售假冒伪劣商品、骗取出口退税和逃汇骗汇等专项斗争。整治商品市场、金融市场、建筑市场和文化市场，开展药品及医疗服务价格、农村电价和农网改造收费等专项检查，进行重大项目招标投标专项稽察，促进了市场环境的净化。

(五)积极发展开放型经济，经济增长空间不断拓宽。在国际贸易环境不利的情况下，出口总额增长6.8%，进口总额增长8.2%。商品结构继续改善，机电产品出口增长12.8%，高新技术产品出口增长25.4%。国内急需的先进技术、关键设备和短缺原材料进口保持较快增长。吸收外资规模扩大，质量提高。全年实际吸收外商直接投资创历史最高水平，达到468亿美元，增长14.9%。外商投向集成电路、计算机、通信产品等高技术项目增加，跨国公司来华投资的大型项目增多。积极参与国际经济合作，又有一批企业走出去在境外投资创业，对带动技术和设备出口、促进对外劳务合作，起到了积极作用。

（六）加强规划、完善政策，西部大开发迈出新的步伐。制定了西部开发“十五”总体规划和人才开发十年规划，颁布了支持西部大开发政策措施的实施意见。全年用于中西部地区的财政性建设资金超过上年，西部地区和中部地区固定资产投资分别增长19.3%和16.3%，高于东部地区6个百分点和3个百分点。2000年开工的10个重大项目进展顺利。去年又相继开工建设了一批重点工程，包括：青藏铁路、“西电东送”、龙滩水电站、公伯峡水电站、百色和尼尔基水利枢纽、“五纵七横”国道主干线中西部地区重要路段、兰州经成都至重庆输油管道、淮河临淮岗洪水控制工程、万家寨引黄一期工程。中西部地区退耕还林三年累计完成124万公顷，宜林荒山荒地造林109万公顷。设立和实施西部高技术产业化专项，扶持一批优势资源转化项目。对西部每个省（自治区、直辖市）重点支持一所高校建设，实施中小学危房改造、贫困县职业教育中心、贫困县医院、血站、基层文化设施和广播电视覆盖等工程建设，取得了积极成效。

（七）坚定不移地实施科教兴国战略和可持续发展战略，各项社会事业全面发展。基础研究取得重要成果，高技术研究在一些领域获得新的突破。我国科学家提前高质量完成人类基因组计划“中国卷”的绘制工作，独立完成杂交水稻基因组“工作框架图”和数据库，使我国在基因组测序研究领域进入世界先进行列。研制成功超级服务器曙光3000，整体功能达到国际先进水平，机群操作系统达到国际领先水平。又有134个开发类科研院所完成企业化转制。教育事业加快发展，素质教育取得进展，通过“两基”验收的区域进一步扩大，教育投入继续增加。从1999年实行扩招政策以来，普通高校在校生规模翻了一番以上。高校办学条件不断改善，后勤社会化改革迈出实质性步伐。

生态建设和环境保护力度加大。天然林资源保护、重点防护林体系建设、环京津风沙源治理、天然草原恢复与建设等重点生态建设工程进展顺利。三峡库区水污染防治工程全面启动。治理水土流失面积新增530万公顷。工业污染防治成果得到巩固，城市环境综合治理不断加强，农村和矿区环境保护工作积极展开。

文化艺术、新闻出版、广播影视、社会科学、计划生育、卫生、体育和文物保护等各项事业发展加快。广播、电视人口综合覆盖率分别达到92.9%和94.1%，有线电视用户8803万户，增长11%。计划生育工作继续加强。城镇职工基本医疗保险制度、医疗卫生体制和药品生产流通体制改革取得明显进展。社会主义精神文明和民主法制建设进一步加强。体育事业蓬勃发展，在国内外许多重大比赛中取得优异成绩，全民健身活动深入开展。

（八）城乡居民收入继续增加，人民群众生活不断改善。消费需求持续增长，社会消费品零售总额37595亿元，增长10.1%。旅游基础设施建设得到加强，旅游收入达到4995亿元，增长10.5%。个人购房、购车明显增加。城镇居民人均可支配收入和农民人均纯收入的实际增长率分别达到8.5%和4.2%。农村贫困人口减少400万。城镇居民最低生活保障制度的覆盖面明显扩大。

在看到成绩的同时，我们也清醒地认识到，经济和社会生活中还存在着一些不容忽视的矛盾和问题。一是农民收入虽出现恢复性增长，但基础仍不牢固，影响农民增收的一些根本性因素尚未消除，农民增收的难度加大。二是相当一部分国有企业在自身改革、转换机制、技术进步和现代化管理等方面，还存在较大差距。三是就业和社会保障的压力增大。截至去年年底，国有企业下岗职工仍有500多万人没有实现再就业，全国城镇登记失业人员还有681万。四是通货紧缩的趋势仍未完全消除，去年经济增长速度逐季放慢。五是国有企业增加固定资产投资的内在机制还不健全，民间投资的政策环境仍需改善。六是科技教育投入和人才结构还不能适应经济发展的需要，生态环境问题依然相当突出，可持续发展能力有待增强。七是出口增长不确定因素较多。八是市场经济秩序仍较混乱。对这些问题，我们正在积极采取措施，认真加以解决。

二、2002年经济社会发展调控目标和主要任务

2002年是我国历史上具有重大意义的一年，也是把改革开放和现代化建设继续向前推进的重要一年。我们要以邓小平理论和党的十五大精神为指导，进一步贯彻落实江泽民同志“七一”重要讲话和党的十五届五中、六中全会精神，按照“三个代表”要求，正确把握复杂多变的国际政治经济形势，抵御和克服前进道路上的各种风险和困难，以保持经济和社会的稳定。坚持实施扩大国内需求的方针，继续深化改革，扩大开放，加快结构调整，整顿和规范市场经济秩序，提高经济增长质量和效益，促进国民经济持续快速健康发展和社会全面进步。切实加强精神文明建设、民主法制建设和党的建设，转变政府职能，团结奋斗，勤俭建国，以改革开放和现代化建设的新成就迎接党的十六大召开。2002年国民经济和社会发展的主要预期目标是：

——经济增长率7%左右；

——全社会固定资产投资增长10%左右；

——居民消费价格总水平上涨1%—2%；

——外贸进出口总额力争有所增长；

——中央财政赤字控制在3098亿元以内；

——广义货币供应量（M2）和狭义货币供应量

(M1)增长13%左右，现金投放不超过1500亿元；

——城镇登记失业率控制在4.5%左右；

——人口自然增长率控制在8‰以内。

为实现上述目标，要着力抓好以下工作。

(一)加强农业和农村基础设施建设，千方百计为农民增收创造条件。今年力争使农民人均纯收入实际增长4%。要继续增加农业基础设施建设投入，重点支持节水灌溉、人畜饮水、乡村道路、农村水电、沼气和草场围栏等中小型公益设施建设。加大防汛抗旱、病险水库加固的投入力度。将农村税费改革试点范围扩大到三分之一左右省份。继续实行灾区农业税费减免。结合专用农产品基地建设，大力发展优质、专用、无公害农产品，优化农业区域布局，切实保护耕地。采取符合世界贸易组织规则的措施，调整和完善国家对农业的支持保护体系，增加对农业科技的投入，抓紧研究对农业生产者的扶持方式。推进种子工程、畜禽良种工程建设，抓好优良品种的引进、繁育和推广。切实加强农产品质量标准和认证体系、检验检测体系和市场信息体系建设。加快无规定疫病区和畜禽疫病防疫体系建设，促进畜牧业发展。发展农产品加工业，增加附加值。扶优扶强，培育龙头企业，提高农业产业化经营水平。抓好小城镇经济综合开发示范镇建设。坚持开发式扶贫方针，多渠道增加扶贫投入。今年，中央安排财政扶贫资金106亿元。扩大以工代赈规模，加强贫困地区和少数民族地区基础设施建设，增强其自我积累、自我发展能力。对生存环境恶劣和生态脆弱的贫困地区，搞好易地扶贫搬迁试点工程。

(二)继续用好管好长期建设国债，带动经济持续快速增长。昨天，朱镕基总理在政府工作报告中提出，今年坚持实施积极的财政政策和稳健的货币政策，继续发行1500亿元长期建设国债。这对实现国民经济持续稳定增长以及防止通货紧缩趋势，是非常必要的。当前，银行资金充裕，利率水平较低，市场价格稳定，重要产品生产能力较大，发行长期建设国债的条件仍然具备。关键是正确把握投向，注重经济和社会效益，切实把国债资金用好管好。今年国债资金的使用，首先是确保长江中下游干堤加固、农村电网改造、城市基础设施、中央直属储备粮库等在建国债项目尽快建成投入使用，发挥效益。其次，继续向中西部地区倾斜，安排好已开工的西部开发项目，新开工一批必要的项目，包括"西气东输"、涩北气田、格尔木机场、"西电东送"北通道、西部国道主干线和省际公路重要路段等。第三，加快现有企业的技术改造，适当开工建设列入规划的重大项目，加大教育、卫生、文化、公检法司的投入力度。抓紧"南水北调"的前期工作，力争早日开工建设。同时，要通过改进服务、拓展渠道、开放领域，积极鼓励和引导非公有制经济投向基础设施和公益事业。注意搞好项目储备，保持投资增长的连续性和稳定性，使明后年继续保持适当的建设规模，为长远发展打好基础。要安排落实好配套资金，坚持省长负责制，保证重点，不留缺口。搞好项目稽察，加强资金管理，确保工程质量。

(三)扩大就业、增加收入，培育和提高居民消费能力。要把解决好就业问题放到更加重要的位置，多方采取措施，力争使今年的城镇就业人数比去年增加800万左右。一是拓宽就业渠道，扩大市场准入，降低进入门槛，注重发挥非公有制经济和中小企业在增加就业方面的作用。二是扩大就业容量，积极发展具有比较优势的劳动密集型产业，加快发展第三产业，搞好城镇社区服务。三是丰富就业形式，大力推行非全日制、临时性、弹性工作时间等灵活多样的就业形式。四是改善就业服务，培育和规范劳动力中介组织与劳动力市场，完善就业服务体系，加强职业培训，提高劳动者就业和再就业能力。减少对农民进城务工经商的限制。对就业困难的弱势群体，在安排就业岗位时给予必要的照顾。

努力增加城乡居民特别是低收入群体的收入。继续做好"两个确保"工作。切实把符合条件的城市贫困居民全部纳入最低生活保障范围。积极推进城镇职工基本养老保险制度、失业保险制度和基本医疗保险制度改革。完善国有企业收入分配制度，选择少量中央管理的大型企业和境外上市公司，进行收入分配制度改革试点。适当提高机关事业单位职工基本工资，增加机关事业单位离退休人员的离退休金。

完善消费政策，改善消费环境。建立、健全个人信用制度，扩大消费信贷规模，尝试租赁消费等新的消费形式。继续鼓励居民扩大住房、汽车、电信、旅游、教育、文化、体育和医疗保健等消费，培育和发展新的消费热点。

(四)加快"三化两改"步伐，提高工业整体素质。积极推进国民经济和社会信息化。实施电子政务工程。加强公共信息资源库建设。抓紧制定实施电子商务政策框架。加快电子商务认证体系、企业和个人征信体系建设。抓紧建立信息安全体系。

继续加快高技术产业化。组织实施新型电子元器件、集成电路、软件开发、光电子器件、新材料、卫星应用和现代中药等高技术产业化重大专项。抓紧制定数字电视标准体系。启动新一代高速宽带信息网络、第三代数字移动通信系统、新支线飞机、生物技术产业、广播电视直播卫星系统、现代农业等重大高技术工程，以及重大科学工程项目。

努力抓好重大装备制造本地化。依托重大工程，通过有重点地引进关键技术和自主开发创新，提高重大装备的设计、制造和成套水平。重点是：燃气轮机、超高压直流输电装备、600兆瓦超临界机组、大型石化成套设备、大型船舶与船用配套设备、大型施工机械、数控机床关键零部件。

着力改组改造传统工业。以市场需求为导向，积极采用高新技术和先进适用技术，改造一批重点产业和骨干企业，提高制造业集中度，增强产品开发能力。加快建设一批能够带动产业升级的重大项目，包括液化天然气、大型乙烯以及磷钾肥、高效低毒农药等。加快燃料乙醇、煤制油项目的前期工作与建设，建设大型新型干法水泥生产线，提高新型建材比例。积极开发差别化、功能化纤维等高附加值产品，重点提高纺织品印染后整理水平。实施以食品工业为龙头的农副产品深加工专项示范工程。加快造纸林基地建设，推动林纸一体化。继续运用经济和法律手段压缩淘汰过剩和产品质量低劣、浪费资源、污染环境、没有安全设施的生产能力。

(五)深化经济体制改革，为经济和社会发展增添新的动力。规范国有企业股份制改革，完善公司法人治理结构，发展一批具有国际竞争力的大企业和企业集团。采取多种形式放开搞活国有中小企业。加强和改善企业管理，推进企业信息化建设。继续推进垄断行业体制改革，加强指导，精心组织，保证正常生产经营和职工队伍稳定，防止国有资产流失。在搞好国有经济的同时，积极支持、鼓励和引导非公有制经济健康发展。

完善石油天然气、电信、电力、民航等行业的价格形成机制。全面推进城乡居民生活用电同网同价。进一步健全供水价格形成机制和污水处理收费政策，实行城市生活垃圾处理收费制度，促进污水、垃圾处理的产业化。

重视发展现代流通业对生产、消费的促进作用，加快流通体制改革，积极培育物流产业，大力发展连锁经营、物流配送等社会化、专业化的服务体系。继续深化粮食流通体制改革，加快国有粮食购销企业改革步伐。认真落实棉花流通体制改革的各项政策措施。

加快投融资体制改革，尽快建立企业投资的激励和约束机制，对企业出资建设的项目，除重大项目和有特殊规定的外，由企业自主决策、自担风险。完善国有金融企业的经营机制，建立严格的项目投资审贷责任制。积极探索拓宽企业融资渠道的办法。提高政府投资项目决策的科学化、民主化水平，管好用好政府投资。

(六)切实做好外贸外资工作，更加有效地利用两种资源、两个市场。认真分析加入世界贸易组织给我们带来的有利条件和困难，充分利用所享有的权利，履行承诺，积极采取应对措施。千方百计扩大出口。抓紧改革和完善出口退税机制，对生产企业自营出口和委托代理出口全面实行"免、抵、退"；扩大出口信贷规模，完善出口信用保险机制，加大政策性金融对出口的支持力度；简化通关程序，提高通关效率；继续推进出口市场多元化，在巩固和扩大传统市场的同时，大力开拓俄罗斯、东欧、拉美等新兴市场；积极促进外贸经营主体多元化，继续深化外贸体制改革，进一步放宽外贸经营权。积极推动"走出去"战略的实施，鼓励具备条件的国内企业到境外投资开发和承包工程，带动国内设备、材料、劳务出口和我国短缺商品、资源进口。组织好国内急需的关键设备、技术和重要原材料进口。

继续改善投资环境，大力引进先进技术、管理经验和优秀人才，保持利用外资规模稳定增长，努力提高利用外资的质量和水平。鼓励外商投资现代农业、高技术产业、基础设施建设、西部大开发和参与国有企业改组改造。有步骤地推进服务贸易等领域的对外开放。继续用好国外优惠贷款。完善外债管理办法，防范外债风险。

(七)继续实施西部大开发战略，促进地区经济协调发展。加快西部地区的基础设施和生态环境建设，优先发展科技教育，加快发展特色产业，促进资源优势转变为经济优势。要把加强西部农村基础设施建设，进一步改善农民的生产生活条件放在重要的位置，努力做到：一是"油路到县"，对西部地区尚无沥青公路与省会城市连接的三个州和尚无沥青公路与地(州)政府所在地城市连接的281个县(团场)，进行沥青公路建设与改造，建设总规模25000公里，年底基本完成。二是"送电到乡"，着力解决不具备联网条件、尚未通电783个乡的用电问题，采用多种方式，因地制宜发展小水电、太阳能或风能发电。加快实施第二批农网改造，力争用一年左右的时间，基本完成中西部地区各县的农网改造任务。三是"广播电视到村"，继续推进村村通广播电视工程和"西新工程"，在新通电的行政村建设广播电视接收设施，使更多的农民听上广播、看上电视。四是"退耕还林到户"，采取个体承包方式，将任务落实到户，补助政策兑现到户，林草权属下放到户，全面启动退耕还林工程，今年新增退耕还林面积227万公顷，宜林荒山荒地造林面积266万公顷。

贯彻落实西部地区人才开发十年规划和支持西部大开发的各项政策措施，加强中央机关、东部地区与西部地区之间的干部交流，做好培训工作。

中部地区要充分发挥承东启西、纵贯南北的区位优势和综合资源优势，结合产业结构调整和西部开发，积极培育新的经济增长点和经济带。为促进中部地区加快发展,在安排基本建设投资和技术改造资金方面予以支持。东部地区要优化经济结构,进一步发展外向型经济,着力提高国际竞争力,加强与中西部地区的经济技术合作,更好地发挥对中西部地区的辐射带动作用。

(八)调整和优化财政支出结构,发挥金融对经济增长的支持作用。要加强税收征管,大力组织财政收入。认真贯彻“一要吃饭、二要建设”的方针,合理调整和优化财政支出结构,强化支出管理,坚持勤俭建国,节约办一切事情,坚决反对铺张浪费。认真组织实施所得税收入中央和地方按比例分享办法。全国财政预算收入18015亿元,支出21113亿元,中央财政赤字控制在3098亿元以内。

更好地发挥稳健货币政策的作用,进一步加大金融对经济发展的支持力度。国有独资商业银行,要积极推进经营机制改革,强化内部管理。调整和优化信贷结构,大力改善金融服务,保证国债项目配套贷款。完善小型企业贷款担保体系,积极稳妥推行农村小额信用贷款。继续规范和发展证券市场,稳步推进证券市场体系建设,适当扩大企业债券发行规模。进一步发挥利率、公开市场操作、再贴现等多种货币政策工具的作用,灵活调控货币供应量,适应经济发展对资金的合理需要。继续保持人民币汇率稳定。切实加强金融监管,提高金融资产质量,降低不良资产比例,增强竞争和防范风险的能力。

(九)加快科教兴国和可持续发展步伐,积极发展各项社会事业。大力推进科技进步与创新。加大科技投入力度,加强基础研究、应用基础研究和战略高技术研究,提高自主创新能力,搞好国家创新体系建设。抓紧实施超大规模集成电路和软件、功能基因组与生物芯片等重大关键技术攻关与产业化专项。加快科技产业化进程,推动技术标准体系建设。发展核心技术的自主知识产权,并强化知识产权的保护与管理。建立、健全风险投资机制和科技创新激励机制。繁荣发展哲学社会科学。进一步深化科技体制改革,形成部门、地方、高校和企业相结合的科技管理体系。创造良好的工作和生活条件,吸引境外高级人才,鼓励留学人员回国创业。

坚持教育适度超前发展。继续加强基础教育,切实普及义务教育,大力实施素质教育。基本实现农村义务教育管理“以县为主”的新体制,切实保障义务教育投入。调整和优化教育结构,积极发展高中阶段教育,加快培养适应经济社会发展的各类人才。2002年,普通高校招生275万人,研究生计划招生19.6万人。实施好贫困地区义务教育工程二期计划,启动高等教育“211”二期工程。加快高校、普通高中扩招的基础设施和中小学危房改造等项目建设。落实和完善资助家庭困难学生的政策。实施好西部高校信息化工程,推进教育信息化建设。

强化生态建设和环境保护。加强长江三峡库区的水污染和地质灾害防治、南水北调东线工程沿线地区和渤海的污染防治,继续搞好“三河三湖”污染治理。抓紧黄河、松花江水污染防治规划的制定和项目前期工作。积极治理二氧化硫和酸雨污染,搞好矿区污染治理和生态环境恢复工作。加强生态、环境、资源和灾害综合监测体系建设。注重从源头防治污染,促进清洁生产,重视废弃物再生利用,减少资源消耗。认真贯彻防沙治沙法,继续实施以植树种草、水土保持为重点的生态环境建设综合治理工程和天然林资源保护工程,加大环京津风沙源治理投入力度,并抓紧制定防沙治沙规划。加快天然草原恢复与建设步伐。加强重点地区防护林体系、自然保护区建设。

加强精神文明建设,促进文化、卫生、体育、广播影视、新闻出版等事业全面进步。认真贯彻落实《公民道德建设实施纲要》,深入开展群众性精神文明创建活动。继续稳定低生育率水平,提高出生人口素质。加强基层公共文化设施建设。加快国家大剧院建设和中国美术馆改造,做好国家博物馆和国家数字图书馆的前期工作。加强文物保护,支持重点省级博物馆建设。实施“农村卫生基础设施建设”和“中医、专科医院建设”专项规划,努力改善医疗卫生服务条件。健全国民体质监测系统。以申奥成功为契机,促进全民健身活动。

三、适应完善社会主义市场经济体制和加入世界贸易组织新形势的要求,继续改进宏观经济管理

要充分发挥市场在资源配置中的基础性作用,遵循经济规律,考虑国际惯例,转变政府职能,改进宏观调控,为经济发展创造良好环境。

加快法制建设步伐。认真落实全国人大立法计划,组织实施法律草案起草工作。抓紧修订保险法,研究起草反垄断法,提请全国人大审议放射性污染防治法。按照发展社会主义市场经济的要求,根据世界贸易组织规则和我国承诺,抓紧制定和完善有关行政法规、规章,积极推进地方性法规、规章和地方制定的其他规范性文件的清理工作。继续研究制定整顿和规范市场经济秩序的行政法规、规章。自觉坚持依法行政,严格按照法律、法规规定的权限和程序行使职权。

完善宏观经济调控手段。政府要切实把主要精力放到经济调节、市场监管、社会管理和公共服务上来,主要通过政策引导、信息发布等方式对经济实施间接调控,减少对微观经济活动的直接干预。运用世界贸易组织规则允许的手段,调控市场供求。有效实施重

要商品进口配额和关税配额管理,完善反倾销、反补贴及保障措施等手段。借鉴和采用国际标准,搞好健康、安全、卫生、环保等方面的检验检疫和疫情监控。

大幅度减少行政性审批。宏观经济调控部门要加快职能转变,对那些不符合政企分开和政事分开、妨碍市场开放和公平竞争的行政审批,坚决予以取消。对确需保留的行政审批事项,要调整审批权限,减少环节,规范程序,转变作风,提高效率,增强透明度,从源头上防治腐败。

按照市场需求搞好总量平衡。加强对重要商品市场供求的监测,更好地运用经济手段,加强总量调控,实现社会总供给与总需求的基本平衡。利用预算和税收等手段,搞好财政收支平衡;利用利率手段,搞好银行信贷资金平衡;利用价格和物资储备等手段,搞好重要商品供求平衡。

整顿和规范市场经济秩序。加强医药、食品、成品油、危险化学品等重点市场的管理和整顿。取消和禁止对跨地区营销、投资的限制和封锁。进一步严厉打击制售假冒伪劣商品的违法犯罪活动,重点打击严重危害人民群众生命健康的制假售假行为;严厉打击各种偷税、骗税、传销和走私违法犯罪活动;严厉打击伪造票据、凭证和做假账等违法行为。依法查处金融欺诈、非法集资、操纵证券市场和内幕交易、恶意逃废债等行为。继续开展价格和收费的专项整治。以反价格欺诈为重点,制止不正当价格竞争行为。整顿和规范重大建设项目招投标秩序。建立良好的社会信用制度。抓紧重点行业的安全整顿,遏制重大安全事故发生。

各位代表,做好今年经济工作,任务艰巨,意义重大。自觉地接受人民代表大会的监督和指导,认真听取人民政协的意见和建议,是我们做好各项经济工作的重要保证。让我们更加紧密地团结在以江泽民同志为核心的党中央周围,高举邓小平理论伟大旗帜,认真实践“三个代表”重要思想,坚定信心,开拓进取,艰苦奋斗,扎实工作,为完成经济和社会发展的各项任务而努力奋斗!

财政部部长项怀诚作《关于2001年中央和地方预算执行情况及2002年中央和地方预算草案的报告》

各位代表:

受国务院委托,我向大会提出2001年中央和地方预算执行情况及2002年中央和地方预算草案的报告,请予审议,并请全国政协各位委员提出意见。

2001年,在党中央、国务院的正确领导下,各地区、各部门认真贯彻落实中央确定的各项宏观调控政策和九届全国人大四次会议对财政经济工作提出的各项要求,努力扩大和培育国内需求,积极推进各项改革,在世界经济增长明显减速的情况下,我国经济实现了较快增长。在此基础上,财政收入增加较多,支出结构进一步优化,对经济和社会各项事业发展的支持力度明显增强,宏观调控作用得到了较好发挥。

全国财政收支超额完成预算,中央财政赤字控制在预算之内。2001年,全国财政收入完成16371亿元(不含债务收入,下同),比预算增加1611亿元,比上年增加2976亿元,增长22.2%。全国财政支出完成18844亿元,比预算增加1486亿元,比上年增加2957亿元,增长18.6%。收支相抵,支出大于收入2473亿元。

中央财政总收入9171亿元,比预算增加748亿元,比上年增加1583亿元,增长20.9%。其中,中央财政本级收入8578亿元,比预算增加748亿元;地方上解中央收入593亿元,与预算持平。中央财政总支出11769亿元,比预算增加748亿元。其中,中央本级支出5754亿元,比预算减少91亿元;补助地方支出6015亿元,比预算增加839亿元。中央财政收支相抵,赤字2598亿元,与九届全国人大四次会议批准的预算赤字2598亿元持平。

地方财政总收入13808亿元,比预算增加1702亿元,比上年增加2737亿元,增长24.7%。其中,地方财政本级收入7793亿元,比预算增加863亿元;中央补助收入6015亿元,比预算增加839亿元。地方财政总支出13683亿元,比预算增加1577亿元。其中,地方财政本级支出13090亿元,比预算增加1577亿元;上解中央支出593亿元,与预算持平。地方财政收支相抵,收大于支125亿元。

另外,中央财政债务收入4604亿元。其中,用于偿还国内外债务本金1999亿元,弥补当年财政赤字2598亿元,补充中央财政偿债基金7亿元。2001年中央政府性基金收入1053亿元,中央政府性基金支出1053亿元。

上述预算执行数字,在中央和地方决算编制汇总后,还会有些小的变化。

中央和地方增收较多,部分项目支出变化较大。2001年,全国财政收入比上年增长22.2%。除了经济稳步增长,企业效益继续改善,税收征管进一步加强外,特殊性增收因素比较多。其中,车辆购置附加费改为车辆购置税并纳入预算管理,增加收入266亿元;减持国有股收入专项上交财政,增加收入122亿元,其中主要是境外发行减持国有股收入110亿元;人民银行上交以前年度收入188亿元。扣除特殊性增收因素,按可比口径计算,全国财政收入比上年增长17.9%,中央财政收入增长14.5%。

2001年,中央和地方财政均增收较多,分别比预算超收748亿元和863亿元。但由于有些增加的收入是有指定用途的,财政不能用于其他方面的开支。而需要增加开支的重点支出项目又比较多,所以财政收支压力一直比较大。根据《全国人大常委会关于加强中央预算审查监督的决定》中关于"中央预算超收收入可以用于弥补中央财政赤字和其他必要的支出"的规定,以及社会经济发展的实际需要,中央财政超收收入主要用于:增加交通专项支出86亿元(车辆购置税增收部分),补助全国社会保障基金310亿元,增加基本建设支出300亿元,增加机关事业单位职工工资支出52亿元。地方财政超收收入主要用于:解决机关事业单位职工工资拖欠,落实2001年第四季度出台的增加机关事业单位职工工资政策,增加社会保障补助支出,保证教育、科技、农业、生态保护等重点支出以及支持粮食流通体制改革等方面的资金需要。

2001年中央预算执行中,有些项目与预算相比变化较大,主要受两方面因素影响。一是在预算执行中出台和调整了部分政策。例如,为拉动内需,2001年10月份国家再次增加了机关事业单位职工工资;根据农村税费改革试点的情况,国务院对农村税费改革步伐作了调整;为进一步扩大出口,适当增加了出口退税指标等。二是部分原列中央本级的支出,如基本建设支出,地质勘探费,文教、科学、卫生事业费等,在执行中划转到了地方。

积极财政政策得到较好落实,扩大和培育了内需。2001年,按照中央要求,经九届全国人大四次会议批准,国家继续实施积极的财政政策,发行了1500亿元长期建设国债,用于基础设施建设。国债资金的投入,不仅保证了青藏铁路、西电东送等西部开发重大项目的及时启动和建设,而且促进了一批重大在建项目的完成。截至2001年年底,累计完成公路通车里程2.55万公里;建成铁路新线4000公里,复线1988公里,电气化里程1063公里;1895个县完成农村电网改造;国债技改贴息资金安排国有重点企业已开工技术改造项目781个。

连续四年实施积极的财政政策,对抵御亚洲金融危机冲击,遏制通货紧缩趋势,克服世界经济增长减速带来的影响,促进国民经济持续快速健康发展,发挥了重大作用。事实证明,党中央、国务院的决策是完全正确的。虽然中央财政赤字和债务规模有所扩大,但推动了国民经济整体水平的提高和国家财政收入的较快增长。2001年中央财政赤字2598亿元,占国内生产总值的比重为2.7%;债务余额15608亿元,占国内生产总值的比重为16.3%,都在安全线以内。随着我国经济的不断发展,财政承受风险的能力还将进一步增强。同时,我们也一直密切关注各项相关指标的变化,并采取了一些有利于防范财政风险的措施。一是合理调整国债期限结构,降低筹资成本,错开还款期限。二是从2000年起将国债利息支出列入经常性预算,与国债本金分开。三是加强对国债项目资金使用的监督管理,对部分国债项目资金实行国库集中支付,努力提高国债资金使用效益。对一些因历史原因形成并长期积累的潜在财政风险,党中央、国务院十分重视,已经采取了相关措施,正在逐步加以消化。

继续调整收入分配政策,努力解决基层工资拖欠问题。近年来,国家适当调整收入分配政策,逐年增加了机关事业单位职工工资,提高了社会保障对象的保障水平。在调资政策执行过程中,也出现了部分县乡拖欠干部职工工资的现象。据地方上报数字统计,截至2001年年底,各地共拖欠当年国家统一政策规定的工资65亿元,占应发工资总额的1.8%,主要发生在中西部地区的县乡两级。从地方总体财力看,近几年地方财政本级收入增长较快,2001年比上年增收1387亿元,达到7793亿元,但由于地区之间收入增长以及省对下转移支付力度不平衡,加上财政供养人员增长过快,尽管地方财政为解决欠发工资问题作了积极努力,部分县乡财政仍然难以保证工资按时足额发放。几年来,中央财政较大幅度增加了对地方转移支付,1998年至2001年,中央补助地方支出由3321亿元增加到了6015亿元,年均增长21.9%,比中央本级支出年均增长幅度高5.2个百分点。2001年,中央财政在各方面支出压力较大的情况下,仅可用于工资性支出的转移支付资金就安排了892亿元。为了缓解中西部欠发达地区县乡工资发放困难,中央财政负担了这些地区执行1999年以来调整收入分配政策所需大部或全部财政支出。2001年10月出台的增加机关事业单位职工工资政策,除沿海九省(直辖市)外,其余22个省(自治区、直辖市)全部由中央财政负担。与此同时,中央财政每年还专项安排50亿元预算周转资金,用于解决农业大省季节性工资拖欠问题。

在各级政府的共同努力下,2001年县乡工资拖欠问题已经得到一定程度的缓解,有些省除保证当年不发生"新欠"外,还在逐步解决2000年以前的工资"陈欠"问题。2002年,我们将进一步加大工作力度,力争较好地解决所有县乡当年工资欠发问题。

社会保障投入继续增加,社会保障体系逐步完善。近年来,为落实中央决策,中央财政大规模增加了社会保障支出。2001年,中央财政用于社会保障性支出完成982亿元,是1998年的5.18倍。其中,对养老保险基金补贴支出349亿元;国有企业下岗职工基本生活保障补助支出136亿元;城市居民最低生活保障补助支出23亿元;补充全国社会保障基金310亿元;抚恤和社会福利救济费支出84亿元。在加大社会保障投入力度的同时,建立了财政社会保障补助资金专户,保证了资金专款专用,并正在积极稳妥地推进辽宁等地完善社会保障体系改革的试点。据统计,截至2001年底,全国共有4700多万社会保障对象得到国家预算的社会保障资金补助。此外,为淘汰落后和压缩过剩的生产能力,支持依法实施企业关闭破产,确保职工安置和社会稳定,2001年中央财政还安排企业关闭破产补助资金135亿元。

农业投入力度进一步加大,农业基础地位不断巩固。2001年,中央财政通过多种渠道,增加了农业投入。一是为了推进和完善农村税费改革试点工作,从根本上减轻农民负担,中央财政安排支持安徽全省和其他地区106个县农村税费改革试点转移支付资金33亿元。二是认真落实受灾地区农业税灾歉减免政策,全年共减免受灾地区农业税收50亿元,其中中央财政安排补助40亿元。三是加大扶贫投入力度,中央财政安排扶贫支出100亿元,农村贫困人口的生产和生活条件得到进一步改善。四是安排资金42亿元,支持退耕还林和在宜林荒山荒地造林,促进了西部地区生态环境的改善,增加了农民收入。五是进一步增加了对天然林保护工程、农业综合开发、农业科技、农业产业化经营等方面的投入,中央财政用于这方面的支出233亿元。六是落实粮食风险基金包干政策,支持深化粮食流通体制改革,增加粮食主产区和纯农户的收入。中央财政增加粮食主产区粮食风险基金包干支出49亿元,中央对地方的粮食风险基金补助达到173亿元,占包干总额的57%。

科教投入逐步增加,科教兴国战略得到有效贯彻。2001年,中央财政教育支出完成213亿元。其中,按照中央要求,从1998年至2002年,中央财政本级支出中教育经费所占比例按同口径每年增加一个百分点,2001年中央财政本级增加教育经费41亿元;实施第二期“国家贫困地区义务教育工程”,2001年中央财政支出10亿元,又有32个县(市、区)通过了国家“两基”(基本普及九年制义务教育、基本扫除青壮年文盲)验收;实施“全国农村中小学危房改造工程”,专项补助地方26亿元,改造危房1700万平方米。2001年,中央财政科技支出完成373亿元,增长29.5%。其中,专项安排国家自然科学基金16亿元,国家重点基础研究规划专项经费6亿元,国家“863”计划专项经费25亿元,中科院知识创新工程试点经费23亿元。

总的看,2001年预算执行情况是好的。但我们也清醒地注意到,财政运行中还存在一些迫切需要解决的问题。除了财政收入增长不平衡、部分县乡财政还比较困难外,财政管理不规范、财经纪律松弛、财税秩序混乱、资金损失浪费等现象仍然比较严重。这些问题,有的是多年形成的,有的与改革和工作没有到位相关。对此,我们将高度重视,并采取有力措施认真加以解决。

各位代表:2002年是我国政治、经济和社会发展非常重要的一年,做好今年财政工作,完成全年预算任务,具有十分重要的意义。当前,我国政治稳定、社会繁荣,经济发展潜力很大,这些都为今年经济发展提供了有利条件。但是,由于国际形势错综复杂,世界经济和贸易增长继续减缓,我国经济发展面临着新的困难和严峻挑战。加入世界贸易组织总体上有利于我国的经济发展和对外开放,但短期内一些竞争力不强的行业和企业可能会受到一定冲击。针对这种形势,中央决定,2002年要继续坚持扩大内需的方针,实施积极的财政政策,适当扩大财政支出规模,努力促进国民经济持续快速健康发展。

根据上述形势和要求,2002年预算安排和财政工作的指导方针是:深入贯彻落实党的十五届五中、六中全会和去年中央经济工作会议精神,以促进国民经济持续快速健康发展和社会全面进步为目标,以扩大和培育内需为重点,以推进财政改革,加强预算管理为手段,认真落实积极的财政政策,严格收入征管,保证财政收入的稳定增长,调整和优化支出结构,确保重点支出需要,提高财政资金使用效益,为中央各项重大方针政策的落实提供财力保障。

按照上述指导方针,国务院编制了2002年中央预算草案:

2002年中央财政总收入安排10646亿元,比上年增加765亿元,增长7.7%(为便于比较,计算增长率时已按照2002年开始实施的所得税分享改革方案对2001年执行数作了调整,下同),其中,中央本级收入10042亿元,比上年增加754亿元,增长8.1%。中央财政总支出13744亿元,比上年增加1265亿元,增长10.1%,其中,中央本级支出6412亿元,比上年增加658亿元,增长11.4%。中央财政收支相抵,赤字3098亿元,比上年增加500亿元。2002年中央财政需归还到期的国内外债务本金为2581亿元,加上弥补当年赤字3098亿元和中央代地方政府发行250亿元,国债发行总规模为5929亿元。其中,中央财政债务收入为5679亿元。此外,2002年中央政府性基金收入预算安排860亿元,基金支出预算安排860亿元。

2002年代编的地方财政预算总收入15305亿元,比上年执行数增加1497亿元,增长10.8%。其中,地方财政本级收入7973亿元,比上年执行数增加890亿元,增长12.6%;中央补助收入7332亿元,比上年执行数增加606亿元,增长9%。地方财政预算总支出 15305 亿元，比上年执行数增加 1622 亿元，增长 11.9%。其中，地方财政本级支出 14701 亿元，比上年执行数增加 1611 亿元，增长 12.3%；上解中央支出 604 亿元，比上年增加 11 亿元。地方财政收支平衡。

2002 年中央和地方预算汇总，全国财政收入安排 18015 亿元，比上年执行数增加 1644 亿元，增长 10%；全国财政支出安排 21113 亿元，比上年执行数增加 2269 亿元，增长 12%。

根据中央部署和我国政治、经济、社会发展对财政工作的要求，2002 年中央预算安排和财政工作的重点是：

一、稳妥安排财政收入，确保完成预算任务

近几年来，由于特殊性增收因素较多，中央财政收入一直保持较高的增幅。2002 年国民经济将继续快速健康发展，随着结构调整步伐的加快，企业经济效益也将进一步提高，这些都将为今年财政收入的增长打下坚实的基础。但是，也要看到，今年增收的特殊性因素将大大减少，还将出现一些减收因素。例如，履行加入世界贸易组织承诺，关税税率实质性下调，改变进口货物海关审价方法，进口税收收入将会减少；证券交易印花税税率下调对该项税收的影响将在今年进一步显现；金融保险业营业税税率今年将继续下调一个百分点。综合考虑这些因素，2002 年中央财政收入增长按与经济增长大体相当的幅度安排。

在收支盘子安排比较紧、预算执行中还可能出现新的减收增支因素的情况下，必须大力加强收入征管，确保财政收入的稳定增长。我们将按照国务院关于稳定税制、加强征管的要求，严格依法征税，加大稽查力度，坚决打击各种偷税、骗税、抗税及走私犯罪行为；适应加入世界贸易组织的要求，进一步清理和规范税收优惠政策，切实纠正一些地区和部门自行制定的税收先征后返政策和擅自减税、免税、缓税行为，规范税收秩序。

二、认真落实积极财政政策，努力扩大和培育内需

2002 年继续实施积极的财政政策。为加大基础设施建设力度，带动固定资产投资增长，拟发行长期建设国债 1500 亿元，其中 1250 亿元列入中央预算，250 亿元代地方政府发行。主要用于在建国债项目、西部开发项目、重点企业技术改造，以及南水北调、京津水资源保护工程、农村基础设施和教育、公检法司等方面设施的建设。

各级政府和有关部门将进一步加强对国债资金使用的管理和监督，认真选好项目，严格实行国债项目建设招投标制，扩大对建设国债资金财政集中支付范围，坚决防止无效投入、重复建设和超前建设，努力杜绝截留、挤占、挪用和损失浪费国债资金等现象，提高国债资金使用效益。同时，注意把积极财政政策与调整经济结构、深化体制改革、增加就业岗位、改善人民生活和经济可持续发展结合起来，充分发挥增发国债、税收政策、收入分配政策、财政贴息等政策的组合效应，通过多种渠道扩大和培育内需。

三、确保社会保障和工资发放支出需要，维护社会稳定

加快社会保障体系建设，对保障城镇低收入居民基本生活、推进国有企业改革、维护社会稳定具有重大意义，各级财政将进一步加大社会保障的投入力度。2002 年中央财政共安排社会保障性支出 860 亿元（按可比口径比较，比 2001 年增长 28%）。其中，为了解决城市低收入人口的基本生活保障问题，国务院决定，2002 年中央财政进一步增加对城市居民最低生活保障的补助，由去年的 23 亿元增加到 46 亿元；考虑到 2001 年提高企业离休人员基本养老金标准支出翘尾、下岗职工规模等情况，2002 年中央财政将继续安排企业养老金补贴支出和国有企业下岗职工补贴支出 512 亿元；同时，为促进经济结构调整，支持一些国有企业依法实施关闭破产，2002 年中央财政将安排企业关闭破产补助资金 110 亿元；安排抚恤和社会福利救济费支出 96 亿元。各级地方财政要认真落实中央政策，在预算安排中大力提高社会保障支出比重。

确保机关事业单位职工工资按时足额发放是各级政府和财政部门应尽的职责。中央要求，2002 年继续适当提高机关事业单位职工基本工资，并相应增加机关事业单位离退休人员离退休金，中央财政将增加专项支出 118 亿元，其中补助地方支出 95 亿元。为帮助地方解决基层财政困难，中央财政将进一步加大转移支付力度，提高可用于工资性支出的转移支付比例，积极调度资金帮助地方解决基层季节性工资拖欠问题。2002 年中央财政可用于工资性支出的转移支付资金将达 1180 亿元，这些资金应集中用于补助县乡两级。地方财政也要进一步完善财政体制，尤其是加大省对下的转移支付力度，切实帮助困难县乡解决欠发工资问题；基层财政要合理安排预算，财政资金首先用于国家规定工资的发放；继续完善机关公务员工资由财政统发和农村中小学教师工资上划到县统一管理的办法，逐步建立保证工资正常发放的机制。加快县乡政府职能转变，切实精简机构和人员，为从根本上解决县乡财政困难创造条件。

四、增加农业和科教投入，促进重点事业发展

农业是国民经济的基础。促进农村经济发展，增加农民收入，是扩大和培育内需的一项重要内容和长期措施，要进一步加大财政对农业的投入力度。为改善生态环境，2002 年继续实施天然林保护工程，新增

退耕还林面积3400万亩，新增宜林荒山荒地造林种草面积3993万亩，中央财政相应安排支出206亿元(不含用增发国债安排的支出)。为改善农业生产条件，中央财政将从国债投资中分别安排加快农村电网改造支出137亿元，加强水利设施建设支出239亿元。为推进农村税费改革，规范农村收入分配秩序，减轻农民负担，2002年以省为单位进行农村税费改革试点的范围将扩大到三分之一左右的省份，中央财政将增加专项转移支付150亿元。为适应加入世界贸易组织后我国农业发展面临的新形势，增强农业竞争力，2002年中央财政将安排农业综合开发、农业科技、扶贫等支出274亿元。为搞好粮食流通体制改革，增加粮食主产区农民收入，2002年中央财政将继续安排补助地方粮食风险基金173亿元。

实施科教兴国战略，是保证我国在激烈的国际竞争中立于不败之地的重要条件。为了加快推进科技和教育事业发展，提高全民族素质，不断增强国际竞争力，2002年，中央财政将安排教育支出251亿元，安排科技支出408亿元。

此外，为了维护国家主权和领土完整，适应国际形势变化，将适当增加国防支出，提高我军在现代技术特别是高技术条件下的防卫作战能力；适当增加军官、文职干部、士官、在编职工的工资，以及义务兵津贴和离退休军人离退休费。2002年中央财政增加国防支出252亿元，增长17.6%。

五、深化"收支两条线"管理改革，规范财政资金收支行为

深化"收支两条线"管理改革，是构建公共财政框架的重要内容，是整顿和规范财经秩序、推进廉政建设的重大措施，是当前财政改革的关键环节，具有重大而深远的政治、经济和社会意义。2002年深化这项改革的总体要求是：部门的预算外收入全部纳入预算管理或财政专户管理，部门预算全面反映部门及所属各单位预算内外资金收支状况，收支不挂钩，支出要透明；合理核定各部门支出标准，财政部门按标准及时足额供给经费。具体措施：一是将公安部、最高人民法院、海关总署、工商总局、环保总局5个部门按规定收取的预算外资金收入全部纳入预算，全额上缴中央国库，支出由财政部按部门履行职能的需要与部门协商核定，确保经费供给。二是对28个中央部门的预算外资金实行收支脱钩管理，其预算外收入缴入财政专户，各部门按照核定的综合定额标准，统筹安排年度支出，编制综合财政预算。三是改革预算外资金收缴制度，实行收缴分离。取消现行各执收单位开设的预算外资金账户，改由财政部门按执收单位分别开设预算外资金财政汇缴专户，对预算外资金汇缴专户实行零余额管理，单位不得坐收坐支。四是改革收入征管部门经费收支挂钩的做法，实行"预算制"。五是进一步规范和推动地方"收支两条线"管理改革。省级和地(市)级公安、法院、工商、环保、计划生育等部门预算外资金收入，也要全部上缴地方国库，纳入预算管理，支出由财政安排，并保证供给。六是总结经验，完善措施，修订法规制度，使"收支两条线"管理改革不断深化，管理工作逐步法制化、规范化。

六、稳步推进预算改革，强化预算管理

推进预算改革，对规范财政管理，提高财政资金使用效益，规范政府行为，从源头上、制度上预防和治理腐败都具有重要意义。要继续深化部门预算改革，进一步改进和规范预算编制。结合深化"收支两条线"管理改革，中央部门预算编制要全面反映部门预算内外收支状况，实行综合财政预算。支出安排首先要保障基本支出需要，项目支出优先安排急需、可行的项目，并对其实施过程和结果追踪问效。同时，加快地方部门预算改革步伐，扩大省级财政实行部门预算的范围，地(市)级财政也要为扩大部门预算改革做好准备，有条件的地区还可以在县级财政进行部门预算改革试点。加快推进财政国库管理制度改革，减少资金运转环节，从机制上防止截留、挤占和挪用财政资金，提高资金使用效益。2002年中央财政将扩大财政直接支付资金的范围，增加改革试点部门，争取将试点单位从2001年的6个增加到40个左右。同时，试行财政收入收缴制度改革，规范收入收缴办法。积极推行政府采购制度，扩大政府采购范围，强化对政府采购的管理监督，规范政府采购行为。2002年所有中央预算单位都将编制政府采购预算。

七、搞好所得税收入分享改革，促进地区经济协调发展

国务院决定，从今年1月1日起，取消按企业隶属关系划分所得税收入的分配办法，除少数特殊行业的企业外，绝大部分企业所得税和全部个人所得税实行中央与地方按比例分享。改革以2001年为基期，保证地方合理既得利益，基数内的收入全部归地方。2002年所得税增量收入中央与地方按五五比例分享；2003年按六四比例分享；以后年度分享比例，根据实际情况另行确定。改革后中央从所得税增量中多分享的收入，全部用于增加对地方主要是中西部地区的转移支付，中央财政不留一分钱。这次所得税收入分享改革，是继1994年分税制改革后，财政管理体制方面的又一次重大改革，是中央综合考虑我国政治、经济和社会发展全局作出的重要决策，是地区间相互支持、协调发展，实现共同富裕，体现社会主义制度优越性的重大举措。我们将认真落实相关政策；确保改革的顺利实施。同

时,要结合所得税收入分享改革,进一步完善省以下财政体制,加大省对下的转移支付力度,切实解决基层财政困难。

八、依法强化会计工作,严厉打击做假账

加强会计工作,保证会计信息的真实性,是维护社会主义市场经济秩序的重要基础。目前,制作假凭证,编制假报表,出具假报告,提供虚假会计信息等现象十分突出,正常的经济秩序受到严重干扰。为此,必须进一步依法强化会计工作,坚决打击做假账行为。要按照世界贸易组织规则的要求,进一步完善会计制度和法规,使会计工作进一步法制化和规范化;加强财务会计监管,全面深入地贯彻落实《会计法》;加强对会计师事务所的监督和查处力度,对严重违法违规、弄虚作假的事务所,坚决予以取缔;加强财会人员尤其是高级财会人员和企业管理人员的财会知识培训,不断提高财会工作的管理水平;支持和保护财会人员依法理财,对坚持原则、严格执法的财会人员要公开表彰和奖励,对打击报复财会人员的行为和责任人,要依法严肃追究责任。

九、大力发扬艰苦奋斗的作风,勤俭办一切事业

我国经济建设和社会发展正处在关键时期,经济还不够发达,人民生活水平还不高,财政还比较困难,需要办的大事急事还很多。但是,当前无论生产、建设还是消费等领域,都还存在着大量铺张浪费现象。为此,必须大力提倡艰苦创业、厉行节约、勤俭办事的作风,坚决制止各种奢侈浪费行为。财政部门要带头艰苦奋斗,以实际行动作出表率。预算安排要精打细算、科学合理,禁止各种不必要的支出;预算执行要严格把关、追踪问效,使每一笔钱都花在"刀刃"上;要强化财政监督,严厉查处各种违反规定乱花钱行为,最大限度地减少财政资金的损失和浪费。

各位代表:今年的财政预算任务十分艰巨,我们深感责任重大。让我们更加紧密地团结在以江泽民同志为核心的党中央周围,高举邓小平理论的伟大旗帜,按照"三个代表"重要思想的要求,坚定信心,锐意进取,兢兢业业,狠抓落实,以优异成绩迎接党的十六大胜利召开。

国家主席江泽民同上海代表团代表一起审议《政府工作报告》

江泽民指出,今年是我国发展历史上具有重要意义的一年,改革和发展的任务十分艰巨。我们要抓好机遇、用好机遇,保持奋发有为的精神状态。要坚持以发展为主题,用发展的办法解决前进中的问题。这已成为我们推进建设有中国特色社会主义伟大事业的一条基本经验。

江泽民在谈到今年全国的工作任务时说,各级领导干部,必须善于运用马克思主义唯物辩证法的观点来分析和把握形势,既要看到改革和发展中出现的新情况、新问题,又要看到各个方面的有利条件和新的机遇,特别是要在眼前的困难中看到长远的希望,在严峻的挑战中找到新的机遇。既要有迎难而上的勇气,又要有知难而进的办法。努力做到加快发展有新思路,深化改革有新举措,扩大开放有新局面。

江泽民说,社会主义的根本任务是发展生产力。邓小平同志讲"三个有利于",我们党努力实践"三个代表",都把发展生产力放在首要位置。加快发展,关键是发展经济。增加综合国力,改善人民生活,离不开发展;巩固和完善社会主义制度,增强社会主义的凝聚力和生命力,离不开发展;保持社会稳定,实现国家长治久安,离不开发展;提高国际竞争力,在国际较量中掌握主动权,离不开发展;完成祖国统一大业,实现中华民族的伟大复兴,也离不开发展。这些年来,我们解决遇到的种种困难和问题,都是用发展的办法。要发展生产力,就必须坚定不移地深化改革、扩大开放;必须实施科教兴国战略,加快科技创新;必须大力推进社会主义民主法制建设和精神文明建设。我们讲的发展,是讲求质量和效益的发展,是经济同人口、资源、环境相协调的可持续发展。同时,必须处理好改革、发展、稳定三者的关系。要善于把深化改革的睿智和勇气、加快发展的方略和信心,同维护社会政治的稳定密切结合起来,各项工作都必须周密部署,稳步推进。

江泽民说,上海的发展离不开全国的支持。上海只有在为全国提供高质量的服务中,才能加快自身的发展。要适应加入世界贸易组织的新形势,充分发挥区位优势,利用好两个市场、两种资源,为全国开放和发展服务。树立全国一盘棋的思想,进一步扩大对外开放,积极探索与兄弟省区市加强合作的方式,不断拓展优势互补、联动发展的新路子,把中西部地区的资源和市场优势与自身的资金、技术、人才和管理优势结合起来,实现共同发展、共同繁荣。希望上海的同志要继续保持开拓创新的精神,海纳百川的胸怀,讲大局、谋发展、鼓实劲,不断把上海的改革开放和现代化建设提高到新的水平,以更加优异的成绩迎接党的十六大召开。

中共中央政治局委员、上海市委书记黄菊,全国人大常委会副委员长吴阶平,最高人民检察院检察长韩杼滨参加了上海代表团的会议。

全国人大常委会委员长李鹏同北京代表团代表一起审议《政府工作报告》

李鹏委员长作为北京市的全国人大代表发言。他说,改革开放以来特别是近年来,北京市的城市面貌发生了巨大的变化。人民生活得到很大改善,产业结构

得到调整,北京市还注意发挥自身优势,大力发展高科技产业,使经济、社会得到较快发展。但是,摆在北京面前的任务仍很艰巨,环境保护工作仍需进一步加强,要采取有效措施,如加快推广清洁燃料、发展环保型汽车等,使首都环境状况有明显改善。北京作为国际化大城市,在城市管理方面要有新思路,适应新形势的发展。要把如何加强社区工作放在重要位置。

李鹏说,在过去一年中,北京市地方人大做了大量卓有成效的工作,制定了一些符合实际的地方性法规,对推进决策的民主化、科学化,增强市民的法制观念发挥了重要作用。

李鹏说,加入世界贸易组织后,我国有些产业,如农业和汽车业等将会受到较大冲击。我们要勇于实践,善于总结经验,采取积极的应对措施,迎接加入世界贸易组织后带来的机遇和挑战。

李鹏最后指出,今年是重要的一年,我们要认清形势,振奋精神,维护安定团结的政治局面,保持国民经济持续、健康、稳步发展,迎接党的十六大的召开。

中共中央政治局委员、北京市委书记贾庆林参加了今天的会议。

国务院总理朱镕基分别参加湖南和山西代表团全体会议听取代表审议《政府工作报告》的意见和建议

在认真听取代表发言后,朱镕基说,落实政府工作报告的任务,当前特别要做好三件重要的事。一是要切实关心贫困群众的生活。对生活有困难的群众,要采取有力措施扶贫济困。缺粮的地方,要开仓济贫。在城镇,要落实各项社会保障措施,特别要认真做好"两个确保"和城市"低保"工作。所有的地方都不能拖欠公务员和教师工资。二是要切实加强农业和增加农民收入。当前,最直接、最有效的办法,是加快退耕还林。现在全国粮食供过于求,一定要抓住时机。这方面思想要再解放一点,力度要再大一点,工作要再扎实一点。加快退耕还林,可以发展苗木产业,带动农村经济结构调整,合理调整粮食供求和价格,还可以改善生态环境。三是切实转变政府职能,改进干部工作作风。要坚决把不应该由政府管理的事彻底放下去,集中精力为经济发展创造良好的环境。对各种虚报浮夸、滥用民力,热衷于搞"政绩工程"、"形象工程"的错误做法,必须坚决纠正和制止。

全国政协副主席任建新参加了山西代表团的审议。

全国政协主席李瑞环参加天津代表团审议时强调切实做好扶贫济困工作

李瑞环对天津多年来重视解决困难群众生活的做法和经验给予了充分肯定。他说,改革开放以来,我们实行允许一部分人先富起来的政策,促进了社会生产力的发展,使广大群众的生活在一个较短的时间内上了一个大台阶。事实证明,不允许先富结果必然是共同贫困,允许先富是实现共同富裕的捷径。但是,在这个过程中,我们绝对不能忘记帮助那些生活遭遇困难的群众,不能对在市场竞争环境下陷入困境的那部分人弃之不管。因为这件事情不仅关系到一部分群众的基本生活,关系到周围群众的情绪、整个社会的稳定,而且关系到我们的理想、我们的事业、我们的前途。我们的现代化建设是社会主义现代化建设,我们的市场经济是社会主义市场经济,我们所走的道路是有中国特色的社会主义道路。如果我们对困难群众不关心、不重视,不去想法帮助他们克服困难,就等于丢掉了社会主义的要旨,背离了社会主义的初衷。

李瑞环指出,应当看到,经过20多年的改革和发展,我们国家已经积累了较多的物质财富,有了较强的综合国力,保证群众的基本生活需要应该不成问题,关键是我们的心中必须有群众,我们的工作必须做深、做细、做到位。

李瑞环希望天津认真贯彻落实政府工作报告提出的各项要求,把今年的工作做得更好。

全国人大常委会副委员长王光英参加了审议。

国务院副总理李岚清在参加广西代表团审议时强调更新观念抓住机遇加快西部地区发展

李岚清认真听取了代表们的发言并要求国务院有关部门认真研究和考虑代表们的意见和建议。他指出,国家实施的西部大开发战略、我国加入世界贸易组织、面对知识经济时代的新形势,为西部地区提供了良好的发展机遇。西部地区要按照"三个代表"的要求,转变观念,大胆改革,抓住机遇,加快发展。

李岚清强调,我们要适应新形势的需要,与时俱进,实现观念的更新。要切实转变政府职能。政府的主要职能是搞好宏观经济调控、维护国家安全和社会治安、加强社会管理和市场监管以及提供良好的公共服务,为企业和人民群众创造良好的投资环境、工作环境、生活环境。

李岚清指出,广西有丰富的旅游资源和发展现代农业的自然条件,是西南地区的出海大通道,要充分利用这些有利条件,通过调整产业结构,大力发展现代农业、特色农业。要重视科技和教育事业,加强基础教育,发展职业教育和高等教育,利用现代信息技术,发展远程教育,为广西的经济和社会发展培养更多的人才。

中共中央政治局委员、书记处书记、中宣部部长丁关根参加了审议。

外交部部长唐家璇在九届全国人大五次会议记者招待会上就国际形势和我国外交政策答中外记者问

新华社记者问:“9·11”事件以后,国际局势发生了深刻变化。请问您是否认为和平与发展依然是这个时代的主题?在当前的国际形势下,你对2002年中国外交有何展望?

唐家璇答:“9·11”事件突出表明,国际形势中不确定因素增加了,非传统安全问题造成的威胁正在增大,国际安全局势严峻、复杂。但是由于世界力量的对比并没有发生根本的变化,“9·11”事件没有能够改变世界的基本格局和国际形势发展总的趋势。因此,和平与发展仍然是当今时代的主题。就中国而言,我们面临的国际环境仍然是机遇大于挑战。多极化的趋势仍然在曲折中发展。要和平、求合作、促发展仍然是世界各国人民的共同意愿。目前及今后一个时期,整个国际形势的基本态势是总体上和平、缓和、稳定,但是局部的战乱、紧张、动荡会继续存在。

关于去年的外交工作,我想只讲几句话。去年的中国外交是在诸多挑战中,抓住了机遇,克服了困难,开创了新局面,而且取得了不少举世瞩目的成绩。很多国际友人认为,去年的中国外交“有张有弛,成果显著”。

关于今年的中国外交,中国政府将继续坚定不移地奉行独立自主的和平外交政策,坚决捍卫国家主权、领土完整和民族尊严。我们要继续反对霸权主义和强权政治,反对一切形式的恐怖主义。我们将在国际事务中进一步发挥和平、公正、负责任的大国作用,为推进国家的社会主义现代化建设,为完成祖国的和平统一大业,为维护世界和平、促进共同发展而继续作出新的贡献。

印度报业托拉斯记者问:印度外长贾斯特·辛格先生将于本月底访华,请您谈谈印中关系前景、两国边界问题。另外,两国在反恐问题上将进行什么样的合作?

唐家璇答:应我邀请,印度外长贾斯万特·辛格先生将于本月底到北京进行访问。今年1月朱镕基总理对印度的访问非常成功,促使中印关系大步向前发展。我希望双方以此为契机,使中印关系能够进入一个新的发展阶段。的确,中印之间,无论是在反恐、多边的一些重大问题上,还是在双边经贸、科技合作方面,都有着许多重大的共同利益;在不少国际和地区问题上,我们尽管有一些不同见解,甚至存在一些分歧,但是我们有更多的共同点或者说是非常相似、相近的观点,这些是主要的。关于中印边界问题的谈判,今年首次专家组的谈判已经告一段落。通过一系列对话、谈判和磋商,边界问题有了进展,我对中印关系的前景抱乐观态度。

中央电视台记者问:前不久,美国总统布什访华,并邀请中国领导人访美,这说明中美关系已经发展到一个比较良好的阶段。也有媒体认为,布什此次访华并没有取得实质性成果,对此您有何评价?另外,怎样看待中美目前和以后的关系?

唐家璇答:中美两国是世界上具有重要影响的大国。中美发展友好合作,不仅符合两国人民的根本利益,而且对于世界的和平与稳定,都是至关重要的。中美关系在经历了一段波折后,从去年下半年开始逐步得到改善。在这个基础上,去年10月份,江泽民主席同布什总统在上海举行了一次非常重要的会晤,双方确定,要共同致力于发展建设性合作关系,这是一个非常重要的共识。

4个月后,布什总统又来中国进行工作访问。江主席同布什总统在北京的会晤非常成功,而且是建设性的,在许多领域取得了具体成果。这是世界各国报刊、电视的普遍看法。布什总统最近致函江主席祝贺《上海公报》发表30周年时,也充分肯定了这一点,认为他的中国之行与江主席的北京会晤是成功的,富有成果的。

我想强调的是,台湾问题仍然是中美关系中最敏感、最重要的核心问题。自从尼克松总统以来,美国两党的历届总统都作出了坚持“一个中国”政策、遵守中美三个“联合公报”的承诺。布什总统去年以及今年,在上海和北京也都作出了这样的承诺。美国方面应该言行一致,应该恪守自己的严肃承诺,并在实际行动中体现出来。

我认为当前中美关系面临着进一步改善和发展的重要机遇。江泽民主席和胡锦涛副主席应美方邀请,都将在年内访问美国。我们愿意同美方共同努力,在中美三个“联合公报”的基础上,缩小分歧,扩大共识,增加交流,促进合作,推动中美建设性合作关系继续向前发展。

美国有线新闻网记者问:唐外长,正如您刚才所指出的那样,布什总统确实公开讲过,他有意遵守“一个中国”政策。但讲完后他又重申美国对《与台湾关系法》的承诺。您是否认为美方的立场自相矛盾?中方是否能够容忍这样自相矛盾的立场?您是否理解为什么美国要在这个问题上持这样一种模糊的立场?

唐家璇答:对于这个问题,我想回答您两句话。第一句话,《与台湾关系法》是美国单方面的文件。第二句话,中国从一开始就坚决反对所谓《与台湾关系法》。

香港有线电视记者问：香港是国际金融、商贸和航运中心。请问中国加入世贸组织是否会对香港带来冲击？

唐家璇答：我认为中国加入世贸组织有利于香港继续维持金融、商贸、航运三个国际中心的地位。尽管香港在经济上还面临一些问题、困难和挑战，但我认为，中国加入世贸组织后，在香港同胞的共同努力下，在董建华先生的正确领导下，在祖国有力的支持下，这些问题都是能够获得解决的。目前内地和香港正在加紧就建立更加紧密的经贸联系问题进行磋商。我相信这个机制的建立，将会对内地和香港经济发展与共同繁荣产生积极影响。

日本朝日新闻记者问：日本现在考虑把去年年底在东海被击沉的船只打捞上来。我想知道，中方对日方有没有什么具体要求？在这个问题上，请您介绍一下有关情况。

唐家璇答：现在围绕这个问题，有各种各样的说法。为了把这个问题澄清一下，我想稍微多讲几句。事情最早发生在去年12月份，当时日本海上保安厅的船只从日本近海驱赶一艘不明国籍的船只，紧追不放，最后被追赶的船只进入了中国专属经济区海域，而且双方发生交火，不明国籍船只被击沉。事发后，中方向日方多次提出交涉，对于日方在中国专属经济区海域轻率使用武力表示了强烈不满。

根据《海洋法》，尽管专属经济区同领海不一样，但是沿岸国对专属经济区仍然拥有对海洋资源、海洋环境、海底有关自然资源的主权权利和管辖权。因此，我们要求日方必须尊重中方的权利和关切，不要采取可能导致事态继续升级或进一步复杂化的行动。

中国政府将继续采取必要措施，依法维护对本国专属经济区海域内的相关主权权利和管辖权。另外，经我方交涉，日方调查船提前结束调查，并且已经撤回。

台湾电视公司记者问：国务院副总理钱其琛在纪念江泽民主席关于台湾问题八项主张发表七周年座谈会上提出，海峡两岸可以建立经济合作机制。目前台湾和大陆都已加入了世贸组织。台湾方面提出台湾问题可以在世贸组织架构下解决。唐外长对此有何评价？

唐家璇答：我们作为中国的主体，台湾作为中国的一个单独关税区，先后加入了世界贸易组织。海峡两岸的事情，包括经贸合作，都是中国的内部事务。两岸完全可以在一个中国原则的基础上进行磋商，不需要借助包括世贸组织在内的任何国际场所。

远东经济评论记者问：布什访华时在公开场合虽然提到美国支持一个中国的政策，但并没有提到中美“三个联合公报”这几个字，不知他在非公开场合是否提到？有没有说美国会遵守？另外请问您对美国在亚洲扩大它的军事存在有何评论？

唐家璇答：关于第一个问题，我的回答是：请你仔细看看我们发言人发布的内容。关于第二个问题，我认为现在亚洲地区正在形成一种新的安全观念，它的核心就是以增加互信求安全、以促进合作求发展。我想这同时也代表了今后亚洲国家关系的发展方向。我们希望美国的亚洲政策，能够符合亚洲广大人民的需要，同时也能够适应这个地区现在正在发生的各种变化。应该多做有利于本地区和平、稳定、发展和繁荣的事情。

国务院任免国家工作人员

任命魏建国、马秀红(女)为对外贸易经济合作部副部长；

任命项俊波为审计署副审计长；

任命魏迎宁为中国保险监督管理委员会副主席；

免去吕新奎的信息产业部副部长职务；

免去刘成果的农业部副部长职务；

免去孙振宇、张祥的对外贸易经济合作部副部长职务；

免去刘鹤章的审计署副审计长职务。

全国政协副主席李贵鲜在钓鱼台国宾馆会见以渊上贞雄为团长的日本社民党干部代表团

外交部副部长王光亚与俄罗斯联邦副外长马梅多夫在北京举行战略稳定磋商

全国妇联在人民大会堂隆重表彰全国“三八”红旗手和全国“三八”红旗集体

154名优秀妇女和47个先进集体分别被授予全国“三八”红旗手和全国“三八”红旗集体荣誉称号。

中共中央政治局候补委员、国务委员、国务院妇女儿童工作委员会主任吴仪，全国人大常委会副委员长、全国妇联主席彭珮云，全国人大常委会副委员长何鲁丽，全国政协副主席钱正英，全国妇联名誉主席陈慕华等领导同志出席了表彰大会。

全国妇联副主席、书记处第一书记顾秀莲主持了表彰大会。

3月7日

国家主席江泽民在中南海会见香港特别行政区行政长官董建华

江泽民对他当选并获任命为香港特别行政区第二

任行政长官表示衷心的祝贺。

江泽民说，在香港特别行政区第二届行政长官选举中，董建华先生获得90%的选举委员会委员的支持，这表明香港社会各界对董建华先生是支持的。

江泽民称赞董建华在过去5年里为“一国两制”方针和基本法的贯彻实施，为维护香港的社会稳定和经济的长远发展做了大量工作，取得了有目共睹的成绩，表现出高度的历史使命感和责任感。他勉励董建华进一步总结经验，在第二届任期内务实进取，努力促进香港经济的恢复与发展，推进社会各项事业的全面进步，为香港的长期繁荣稳定打下牢固的基础。

江泽民说，中央政府将继续全力支持董建华先生的工作，支持特区政府依法施政。他表示相信，在董建华和特区政府的领导下，香港各界人士齐心协力，香港就一定能克服前进道路上的各种困难，创造出更加美好的未来。

国务院副总理钱其琛、中共中央办公厅主任王刚、国务院港澳事务办公室主任廖晖参加了会见。

国家主席江泽民在中南海会见澳门特别行政区行政长官何厚铧

江泽民听取了何厚铧关于澳门近期情况的介绍。他对何厚铧领导特区政府依法施政，积极稳妥地处理关系澳门社会长远发展的重大问题表示赞赏。江泽民勉励何厚铧再接再厉，领导和团结澳门各界人士，共同开创澳门特区更加美好的未来。

国务院副总理钱其琛、中共中央办公厅主任王刚、国务院港澳事务办公室主任廖晖参加了会见。

全国人大常委会委员长李鹏参加重庆代表团审议

李鹏非常关心重庆市的各项建设，在代表们的发言过程中，不时提问，查阅了重庆市综合交通规划图，询问了重庆大气污染治理、国有企业改造、利用外资、汽车工业等方面的情况。

李鹏说，重庆这几年来发生的巨大变化有目共睹，这些成绩的取得首先是中央决策正确；其次是重庆人民抓住机遇，实干、苦干的结果。同时，还与兄弟省市的大力支持密不可分。

李鹏说，三峡工程成败关键在移民，而移民的关键在重庆。重庆要全力以赴，按时完成三峡工程的移民搬迁任务，保证水库按计划蓄水，电站按时发电。同时，要加强以开发性移民带动重庆所属贫困地区脱贫致富的工作。

李鹏强调，重庆国企改革和下岗职工再就业任务较重，这些老企业曾经为重庆的发展作出过重大贡献，各级政府要从稳定的大局出发，做好下岗职工再就业工作，广开就业门路，认真解决人民群众生活中遇到的困难。要满怀深情地关心困难群体，全面落实城市居民最低生活保障等政策，杜绝脱节现象，维护社会稳定，让人民安居乐业。

李鹏指出，加入世贸组织给中国带来机遇和挑战。重庆要做好准备，积极应对。重庆有很多高校、企业，可以充分利用自身人才等优势，积极推进经济结构调整，加快产业结构升级。同时，也要重视劳动密集型产业的发展，大力创造就业机会。企业改组改造的思路要清晰，真正做到技术先进、产品质量好、市场有销路。汽车工业面临巨大冲击，也要早做准备，采取对策，应对挑战。这些都是关系到重庆今后发展的大课题。重庆的政府机构改革也应走在前面，要进一步加强政府宏观调控职能，减少审批环节，提高工作效率。

李鹏最后说，重庆是历史名城，在很多方面具有独特的优势。看到已取得的成绩，令人鼓舞。但是，作为西南地区的经济中心，与其他大城市相比，重庆也有自己的特殊困难和差距，以后的任务也很艰巨。我相信，广大干部和群众一定会抓住机遇，扎实工作，使重庆经济、社会每年都有较快的发展。

全国人大常委会副委员长许嘉璐参加了今天的审议。

国务院总理朱镕基参加内蒙古代表团审议

在认真听取了代表的发言后，朱镕基说，内蒙古自治区是我国北部地区的重要生态屏障，搞好生态环境的保护和建设，不仅直接关系内蒙古各族人民的生存和发展，而且对全国实施可持续发展战略，具有重大意义。一定要把加快生态环境治理和建设放在突出重要位置，尽快遏制生态环境恶化的势头，全面规划、合理布局、突出重点、注重实效、分步实施，坚持不懈干下去，下定决心使广袤草原重现水丰草茂，使祖国北疆山清水秀。他强调，内蒙古的经济发展一定要发挥畜牧业得天独厚的优势，发展与畜牧业加工相关联的具备国际水平的现代化加工工业，绝不能笼统地讲发展工业，不能再搞重复建设。当然，发展畜牧业，绝不能以牺牲生态环境为代价。要切实解决草原超载放牧的问题，推进休牧还草和划区轮牧，大力改良草场，形成草原生态改善与畜牧业发展、牧民增收的良性循环。

朱镕基说，近两年内蒙古一些地方遭受了严重自然灾害，不少农牧民和职工群众的生产生活遇到很大困难。一定要采取有力措施，切实安排好受灾群众的生产和生活，确保人人无饥寒。现在我们完全有条件做到这一点，关键在于领导要重视，组织要得力，工作要到位。

全国人大常委会副委员长布赫参加了内蒙古代表

团的审议。

全国政协主席李瑞环参加政协文艺界联组讨论

保护民族文化是委员们关注的热点。李瑞环倾听着,不时记下要点,并坦诚地同大家交换意见。他说:“中华民族文化博大精深,源远流长。我们要学习别人的长处,但不要忘了自己的优点。要取诸家之长,走自己的路。”

全国政协副主席叶选平、张思卿、万国权、胡启立,全国政协秘书长郑万通出席了联组会。

国家副主席胡锦涛参加贵州代表团审议

胡锦涛仔细听取了代表们的发言,不时询问有关情况,了解来自基层的意见和呼声。

胡锦涛强调,关心群众生活、在发展生产力的基础上不断改善群众生活,这是坚持党的性质和宗旨、贯彻“三个代表”要求的根本体现;是密切党同人民群众的血肉联系、调动群众积极性和创造性的必然要求;也是当前提高社会购买力、扩大内需、促进经济增长的迫切需要。解决群众的生活问题,根本在经济发展,关键在干部作风。广大干部特别是各级领导干部,要按照“三个代表”要求,牢固树立发展是硬道理的思想,抓住西部大开发的难得机遇,乘势而上,加紧工作,努力推动贵州经济又快又好地发展。要全面落实中央关心群众生活的各项政策措施,以强烈的爱民之心和扎实的工作作风,帮助群众尤其是困难群众解决实际问题,努力使贵州人民的生活水平有明显的提高。

全国人大常委会副委员长曹志参加了审议。

国务院副总理李岚清参加云南团审议

李岚清认真听取了代表们的发言,并要求国务院有关部门认真研究代表们的意见和建议,改进政府的工作。他指出,由于历史和自然条件等原因,西部地区教育和科技发展相对滞后,已经制约着西部地区经济和社会的发展。实施西部大开发,教育是基础,人才是关键。云南有丰富的旅游资源和生物资源,要将自然优势转变为现实的经济优势,根本途径就是发展教育。云南的基础教育要发展得快一些,既要抓普及,也要抓提高,要制定明确的发展目标和规划,认真扎实地抓上十年、八年,把云南的基础教育抓出成效。

李岚清指出,把基础教育搞上去,要做好以下四方面的工作:一是各级政府要加大投入;二是调动全社会的力量,多方支持,多渠道投入,动员社会各界踊跃捐赠,东部支援西部,城市支援农村;三是利用信息技术手段,发展远程教育,把优质教育资源输送到贫困地区,既教授学生、培训教师,又为农民提供现代科技知识服务;四是“三教统筹”,农科教结合,积极发展职业教育,培养贫困地区农民致富的带头人。

中共中央政治局委员、中国社会科学院院长李铁映参加了审议。

国家发展计划委员会主任曾培炎在九届人大五次会议记者招待会上就经济发展西部大开发等问题答中外记者问

中央电视台记者问:今年国际环境比较复杂,长期建设国债规模没有增加,消费需求增幅难以有大的提高,完成7%的经济增长预期目标有没有把握?

曾培炎答:从今年中国经济面临的情况看,要实现7%的目标是有一定难度的。但是我们经过努力是有可能实现7%这个目标的。

当前国际经济环境比较严峻,今年又是我国加入WTO的第一年,部分行业和企业将面临较大的冲击,净出口有可能减少,对保持经济较快增长和扩大就业形成新的压力。目前国民经济发展中存在的通货紧缩的趋势虽然得到基本遏制,但是还没有完全消除,这些都是不利的因素。但是我们也充分分析了有利的条件,比如在投资方面,人大会上我们建议继续发行1500亿的国债,一大批基础设施建设项目将在今年完工,地方配套资金将相应增加,有利于促进投资较快增长;近几年,企业的效益连续好转,企业投资的机会进一步增加;加入WTO以后不少国家对来华投资也看好,从这些因素看今年投资的增长不会低于去年。从消费状况看,这两年城乡居民的收入增加较多,特别是去年农民的收入呈恢复性增长,住房、旅游、教育、汽车等成为新消费热点,我们认为今年的消费能继续保持平稳增长。

今年是出口比较困难的一年,但是加入WTO对我们的出口也会带来一些机会。我们有优势的行业会进一步增加出口,特别是WTO规定了一些非歧视的原则,我们的出口将会得到一个比较稳定的环境。另外从世界的角度讲,生活必需品市场并不会因为当前国际环境不太好而有大的影响。中国的出口商品主要还是满足消费者的需要,从这个角度讲,我们认为今年的出口仍会有一定的增长。

今年一二月份,我们整个经济开局平稳,工业增长、出口增长形势比我们想象的要好,预计一季度可能实现7%左右的增长,我们原先估计今年可能是前低后高,如果一季度能实现7%增长的话,我们今年实现7%增长的目标,问题不会太大。

日本共同社记者问:中国加入了WTO,为了适应WTO的规则和提高国际竞争力,中国在经济方面需要做哪些努力?要解决的问题和需要克服的困难是什么?

曾培炎答:中国加入WTO以后,我们面临的挑战最主要的是部分制造业,比如汽车、制药工业等将面临较大困难;农产品的进口会进一步给我国农产品卖难带来新的压力;服务业可能会竞争更激烈;就业压力可能会进一步加剧,等等。但是我们认为也有很多有利的方面,比如我们能借助WTO提供的最惠国待遇扩大出口;外资进来可能会多一些;我们也能通过参与WTO规则的讨论维护国家利益;有利于企业加快改革提高竞争能力。

关于如何提高企业的竞争能力,我想首先是给政府提出的问题,这就是如何进一步加强和改善宏观调控。这既有政府职能转变的问题,也有清理和健全法律、法规的问题,为企业提供比较好的外部的体制环境和市场环境问题,政府在我们的企业受到不公平竞争时提供必要的保护的问题,等等。

我们要采取一些新的思路、新的办法来支持一些行业特别是农业的发展,以提高竞争能力。当然这要符合WTO规则的规定。我们也要采取一些有利于扩大出口、调节进口的措施,来保持我们国际收支的平衡。

新华社记者问:西部大开发已经进行两年多了,您对西部大开发的进展是否感到满意?今年是加入WTO的第一年,也是西部大开发的关键一年,在这样的背景下对西部大开发我们将作出什么样的具体安排?

曾培炎答:作为国务院西部开发办公室的主任,我认为是满意的。因为西部开发已经从一种战略的构想变成了具体组织实施,通过两年的努力,西部的生态环境、基础设施投资以及经济的发展都有了新的变化。这两年,西部GDP的增长、固定资产投资的增长都比全国平均水平要高,老百姓的生活也有了很大的提高。

美国记者问:国家发展计划委员会参与了中国电力改革计划的制订,请问这个改革计划究竟什么时候出台?

曾培炎答:国家计委参与了这次改革的工作,改革的方案已经初步形成,即将付诸实施。总的来讲,改革的方案是要实现厂网分开、竞价上网,打破垄断,建立电力市场运行规则和政府监管体系,初步建立竞争、开放的区域电力市场,实行新的电价机制等。厂网分开后,所有电厂都要进行竞价上网,谁的发电质量高,谁的环保条件好,谁的价格低,就允许谁先发电。政府要对价格进一步加强监管,要组建一个电力监管委员会来保证这个市场按正常的秩序进行竞争。对合资的电厂电价问题,将采取措施过渡,以保证政策的连续性。

《光明日报》记者问:我昨天在内蒙古代表团采访时,听到这样一个故事:从内蒙古回来的旅游者要投诉旅行社,理由是看不到"风吹草低见牛羊"的景象。现在西部的生态环境问题非常严重,请问政府在治理生态环境上有什么打算?

曾培炎答:环境生态问题涉及中国经济能否实现可持续发展,能否不断改善人民生活质量的问题。我们已经把环境的治理和生态的建设,作为经济建设中非常重要的问题,而且作为一种基本战略——可持续发展战略予以高度重视。我们西部大开发的目标之一,就是为了更好地解决中国西部生态的问题。

中国政府这几年在环境治理和生态建设上,投入了大量的资金是前所未有的。比如在城市,这几年我们启动了大量的污水处理和垃圾处理的工程,建设的污水处理厂有400多座。大家可以感到北京的大气质量有了明显的改变,这是投入了几百个亿得来的。从农村来讲,大量的天然草场、森林、湿地都采取了保护措施。过去长江、黄河两岸的坡堤都用于开垦、播种,现在已经开展了大规模退耕还林。应该说,这几年我们在环保和生态保护方面已经采取了很多的措施,但是由于环保问题历史欠账很多,有些地方在破坏生态和污染环境上仍有我行我素、屡禁不止的问题,加上受自然气候变化影响等原因,环境恶化趋势尚未得到根本遏制。对这些问题需要全社会共同关心。

《解放日报》记者问:信息化带动工业化是我们国家重要的政策,请问目前这方面的情况进展得怎么样?遇到了什么样的问题?现在有一种议论,认为信息化应该是建立在工业化基础之上的,我们国家工业化还没有完成,信息化建设的作用是有限的。您对此有何评论?

曾培炎答:西方国家确实是在完成工业化之后进一步实现信息化。我们正处在工业化的过程中,提出信息化带动工业化,能够实现我们生产力跨越式的发展。国家已经把信息化作为一种非常重要的战略提出来,去年成立了国家信息化领导小组,由朱总理亲自担任组长,同时也专门设立了办公室。

我国信息化的工作初步考虑从这样几个方面推进。首先是从电子政务着手,带动其他领域信息化的工作。电子政务就是建立电子政务的平台,通过电子政务更好地提高政府管理的水平,更好地为公众服务。第二个方面的工作就是要加强企业信息化的工作,用信息技术改造传统产业,利用企业的信息化为进一步发展电子商务打下比较好的基础。此外还有信息资源的开发和建设、相关人员的培训等。当然,在信息化的过程中我们要十分注意网络和信息的安全。

中央人民广播电台记者问:昨天您在报告中提到要着力培育和提高居民的消费能力,请问您说的居民是否包括广大农民?如果包括的话,应该如何提高这个庞大的消费群体的消费能力？

曾培炎答：如何提高广大农民的收入，是我们经济发展中比较重要的问题，也是难点问题。从长远看，要促进农业的产业化经营，加快农业结构的调整，加快城镇化的进程。从近期看，要加大政府对农业的支持，特别是进一步改善农民的生产生活条件，比如农村的电网改造、小型节水灌溉等，政府要尽可能提供支持。我们正在进行的费改税，也是为了减轻农民的负担。对一些受灾地区，要采取免税的措施，进一步减轻农民的负担。要加强对农民发展良种、普及适用农业技术等科技教育方面的支持，这对提高农民生产效率至关重要。只要农民收入有一个比较大的增长，中国的经济必然会上一个新的台阶。

四位民主党派负责人在政协九届五次会议记者招待会上就农业发展农民增收等问题答中外记者问

这4位代表、委员是：全国政协常委、民盟中央副主席、农业部副部长张宝文委员，全国政协常委、民进中央副主席楚庄委员，全国政协常委、民建中央副主席、农业部原副部长路明委员，全国人大常委会委员、九三学社中央委员会副主席、农业部原副部长洪绂曾代表。

在谈到如何从根本上解决我国农业发展和农民增收问题时，张宝文说，必须以增加农民收入为中心工作，加快农业和农村经济结构的调整，大力发展农业产业化经营，积极推动传统农业向现代农业的转变。张宝文指出，近年来调整农业和农村经济结构取得了明显成效，概括起来就是四个优化，一是优化农产品品种和品质结构，全面提高农产品的质量；二是优化农业生产结构，大力发展高效经济作物、畜牧业和水产养殖业；三是优化农业区域布局，促进主要农产品向优势产区集中；四是优化农村产业结构，进一步拓宽农民增收渠道。

有记者问加入世界贸易组织后，我国应该如何提高农产品的竞争力？张宝文说，加入世贸组织对我国农业既有机遇又有挑战。要围绕“一个中心”，即以全面提高我国农业国际竞争力为中心，实施“四大战略”：一是农业结构调整的发展战略。二是“科教兴农”的发展战略。三是发挥比较优势的发展战略。即立足两个市场，利用两种资源，发展优势农产品产业带。四是加强扶持与鼓励竞争并重的发展战略。即合理利用世贸组织规则，尤其是用好用足“绿箱政策”和“黄箱政策”，加大政府对农业的支持保护力度，大力支持有竞争优势的产业和产品发展，鼓励有竞争力的加工贸易企业发展壮大，通过发展农业产业化经营，提高农业效益，参与国际竞争。

在回答如何解决农民收入增幅较低的问题时，洪绂曾代表说，去年，我们在农民收入连续4年增幅下滑的情况下，实现了恢复性增长，但农民增收的基础还不牢固，影响增收的一些长期性、根本性因素尚未消除，农民增收仍然处在一个较为缓慢的时期。他认为，原因主要有四方面：一是农产品供求关系的根本性变化加大了农民增收的难度；二是农产品成本上升较快；三是乡镇企业发展速度放慢；四是农民负担还比较重。洪绂曾认为，增加农民收入要有新思路，需要采取综合措施。要加快农业结构战略性调整；要大力推进农业科技进步和创新，促进科技成果的有效转化；提高农业生产综合水平和效率；要进一步加大对农业和农村的投入；加快农村剩余劳动力的转移；认真落实土地承包等农村政策，搞好税费改革试点工作。

洪绂曾代表在谈到农村税费改革问题时说，现在，税费改革在安徽试点实施以来已经取得了一些成效。它有效地遏制了农村“三乱”，减轻了农民负担；初步规范了税费关系，农业税、特产税交政府，两税附加交集体，其余乱收费均取消；这也完善了程序，促进了农村基层民主建设，推进了村民自治；它还推进了配套改革，带动了乡镇机构、职能及金融等改革，减人、减事、减机构；它还改善了农村干群关系，规范了征税行为，促进了廉政建设，提高了办事效率。总而言之，对农民要采取“多予、少取、放活”，千方百计使农民增收，同时要着力解决农民负担。

在回答食品安全问题时，路明委员认为，生产健康安全食品，必须从“田间到餐桌”全过程实行食品安全生产和管理。当前，亟须建立配套的安全和管理体系。比如，安全食品的生产技术体系、农产品质量安全标准体系、农产品质量安全监督检测体系、农产品质量安全执法体系、农产品质量安全认证体系、农产品质量安全市场体系等等。与此同时，还要积极引进和采用国际标准，以适应国际市场的要求。

有记者问，怎么看待有关媒体呼吁让进城务工的农民工享受“市民待遇”的问题？楚庄委员回答说，目前民工尚不能得到公正、平等的待遇。从根本上说，维护农民工的合法权益，首先要转变观念，加深同农民群众的感情，改变对农民的一些偏见，正确认识他们在经济发展和社会进步中的积极作用；国家有关部门应制定相应的政策和措施，为农民进城务工经商提供方便，切实保障他们的合法权益，同时也要加强管理和引导。楚庄委员在记者招待会上大声呼吁：要关注农民工，善待农民工。

国务院总理朱镕基在人民大会堂会见香港特别行政区行政长官董建华

国家副主席胡锦涛祝贺亚洲经济峰会召开

胡锦涛在贺词中说，当前世界经济既面临机遇，更面临挑战。在这一形势下，亚洲国家加强经济合作，不仅有利于提高亚洲经济整体竞争力，而且对促进世界经济持续、稳定地增长也有十分重要的意义。

他指出，不断加强对外经济合作是中国政府的既定政策。中国经济将在更高层次、更大范围内实行对外开放，这不仅符合中国的根本利益，也将给世界经济、特别是亚洲经济的发展注入新的活力。

中国外经贸部首席谈判代表龙永图应邀与会，并就亚洲经济与投资前景发表了讲话。

国办转发财政部《关于农业综合开发的若干意见》

首批国产克隆牛在北京通过"亲子鉴定"

在第一批"中国制造"的成年体细胞克隆牛安全度过 40 余天之后，中国科学院、国家自然科学基金委和山东省政府联合宣布，经专家鉴定，5 头小牛犊确系"正宗"克隆牛，这一研究成果达到国际同类研究的先进水平，实现了我国成年体细胞克隆牛成活群体零的突破。

此前，我国科学家曾利用动物胚胎细胞、卵母细胞或其他材质克隆出各种动物，体细胞克隆的研究也曾取得不少成果，而完全依靠本国科研力量、在国内成功实施的成年体细胞哺乳动物克隆，这还是第一次。鉴定专家认为，这标志着我国科研人员已完全掌握了世界一流的克隆牛技术，使我国成为继日本、美国、新西兰等国之后掌握体细胞克隆牛关键技术的少数国家之一。

中国科学院院长路甬祥说，克隆研究的意义不在于动物克隆本身，它涉及一系列重大科学问题，这些问题的解决将为最终揭开生命之谜提供帮助。在应用层面，克隆牛研究还将推动畜牧业和制药业的发展。

3 月 8 日

国家主席江泽民参加台湾代表团审议

江泽民指出，早日完成祖国统一大业，实现中华民族的伟大复兴，是全体中华儿女的共同愿望。改革开放 20 多年来，我国现代化建设取得了重大成就，增强了中华儿女的自豪感，也将进一步增强海峡两岸同胞谋求统一的信心。中国政府和人民有决心、有能力早日解决台湾问题，完成祖国统一大业。

在听取了大家的发言后，江泽民说，我们高兴地看到，随着祖国大陆的发展，经过两岸同胞的多年努力，两岸各个领域的交流与合作取得许多新的进展。求和平、求安定、求发展，是台湾社会的主流民意。搞"台独"必然带来灾难，完成祖国统一两岸才能共图发展、共同繁荣，这已经成为两岸同胞的共识。

江泽民指出，世界上只有一个中国，台湾是中国的一部分，这是国际社会普遍承认的事实。为了中华民族的整体利益和两岸同胞的根本利益，我们将始终不渝地坚持"和平统一、一国两制"的基本方针，继续贯彻现阶段发展两岸关系、推进祖国和平统一进程的八项主张。一个中国原则是实现和平统一的基础。我们要求台湾当局承认一个中国原则，就是要承认两岸同属一个国家，承认中国的主权和领土完整不容分割。为实现两岸和平统一，尽快进行两岸谈判，是我们一贯的主张。两年前我就明确地讲过，只要台湾当局承认一个中国原则，就可以重开两岸对话与谈判，我们欢迎他们来大陆谈，同时，我们也可以到台湾去。我们这一原则立场没有改变。

江泽民指出，"合则两利，通则双赢"。大力发展两岸经济交流与合作，实现两岸直接"三通"，有利于两岸经济的共同繁荣，符合两岸同胞的根本利益。面对经济全球化趋势和日益激烈的国际竞争，两岸同胞应携起手来，抓住两岸双方加入世界贸易组织的机遇，共同推进两岸经贸关系的发展，实现两岸直接"三通"。

江泽民指出，台湾同胞具有光荣的爱国主义传统，是发展两岸关系的重要力量。我们充分理解台湾同胞实现当家做主的愿望。我们将继续大力推进两岸人员往来和经济、文化等各个领域的交流，切实维护台湾同胞的切身利益。我们欢迎台湾各党派、各界人士，同我们交换有关两岸关系与和平统一的意见。

中共中央政治局委员、国务院副总理钱其琛参加了台湾团的审议。

国家主席江泽民参加宁夏代表团审议

江泽民指出，西部大开发战略的深入实施，为西部地区加快发展提供了难得的发展机遇。西部地区广大干部群众，要坚持解放思想、实事求是，与时俱进、开拓创新，在改革和发展的实践中走出一条符合自己实际的发展新路，为长远发展打下坚实基础。

江泽民指出，中央正在采取有力措施，推进西部大开发战略的深入实施。这为西部地区加快发展提供了难得的机遇。西部地区要抓住和用好这个机遇，在调整经济结构，培育优势特色产业，加快基础设施建设，加强生态环境建设，扩大对外开放等方面，干成一些实实在在的事。加快西部地区的发展，西部地区广大干部群众要自力更生、艰苦奋斗，中央将继续给予支持和帮助。

江泽民指出，高度重视科技教育事业的发展，加强人才培养，这是改变西部地区面貌的根本大计。要把资源优势转化为经济优势，在国内外竞争中占据有利地位，西部地区迫切需要把科技、教育、人才工作抓好。要坚定不移地实施科教兴国战略。要加强马克思主义民族观、宗教观的教育，坚定不移地贯彻党的民族政策和宗教政策，把各族群众的力量充分凝聚起来，不断巩固民族团结，努力创造团结一心求发展的良好气氛。要按照“三个代表”要求，全面加强党的建设，把各级党组织建设得更加坚强有力，使各级领导干部干实事、求实效，扎扎实实地为各族群众谋利益。

中共中央政治局委员、国务院副总理钱其琛参加了宁夏代表团的会议。

全国人大常委会委员长李鹏参加福建四川代表团审议

李鹏对福建、四川广大干部群众认真贯彻中央的方针政策取得的成绩予以充分肯定。

在福建代表团，李鹏指出，福建的形势很好，经济社会全面发展，人民生活水平提高。希望福建在新的形势下各方面取得更大成绩。李鹏说，特区建设，为全国的改革开放作出过很大贡献。目前特区要适应加入世界贸易组织给我们带来新的机遇和挑战，从改善法制软环境和基本建设硬环境入手，继续保持和发展特区的优势。特区有多年形成的名牌优势，有独特的地缘优势，还有人才和劳动力等优势。加入世贸组织，是新一轮竞争的开始。我们要立足于发展有竞争力的产业和产品，利用劳动力和人才优势。在给予优秀人才优惠政策的同时，还要为他们创造发挥才干的环境，要靠事业吸引人。在发展劳动密集型产业时，要更加重视形成技术密集型产业。要重视对技术工人的培养，以高素质的劳动力形成自己的优势。

李鹏说，福建与台湾相邻，经济往来日益密切。我们要继续加强两岸的经贸往来，实现优势互补，共同发展。同时还要加强两岸文化、教育等方面的交流，增强相互了解，争取早日实现祖国的统一。

在四川代表团，李鹏说，今天是“三八”妇女节，首先向各位女代表，并通过你们向全国妇女致以节日的祝贺。他说，四川的工作一年比一年有进步、有发展。虽然还存在一些困难，但潜力很大，前景很好。特别是实施西部开发后，大量的基础设施上马，资源开发、旅游等获得新的发展机会。四川也是少数民族比较集中的省份，要加强民族团结，使这些地区得到更大的发展。

李鹏最后说，今年是重要的一年，党的十六大即将召开。地方也面临换届，要把坚持“三个代表”，作风好，清正廉洁的干部，选拔到各级领导岗位上来。

全国人大常委会副委员长邹家华参加了四川代表团的审议。

全国人大常委会委员长李鹏参加甘肃云南代表团审议

李鹏认真听取了代表们的发言后，对甘肃、云南的工作给予了充分肯定。

李鹏十分关心贫困地区的人民生活，关切地询问两地群众的脱贫情况。在甘肃代表团，李鹏说，改革开放以来，甘肃的各方面工作有了很大进步。粮食实现了自给自足，基本建设也取得了很大的发展。就连定西这样非常贫困的地区，人民生活也有了一定的改善。甘肃条件艰苦，经济发展受到自然环境和条件的限制，但甘肃在西部大开发中有着独特的区位优势，西气东输、西电东送都与甘肃相关；作为中原联系西北地区的重要枢纽，在经贸等方面大有可为。在机遇面前，要努力争取光明的前景。他说，振兴甘肃经济，要注重规划，找到自己的优势所在。只要坚定信心，鼓足干劲，甘肃就大有希望。

在云南代表团，李鹏说，云南是多民族聚集的重要省份，旅游、生物、水力等资源十分丰富。近年来，作为发展尚不平衡的地区，云南干部群众在经济发展方面做了大量工作，民族团结工作也做得很好。云南是我国的边疆大省，在发展边贸中有着很大的优势。云南目前有较为完善的航空、铁路、公路和水运网络，要结合自己的地缘优势，努力发挥资源优势和旅游优势，促进民族地区各项事业全面发展。他说，要特别注意帮助少数民族脱贫致富，发展科技教育事业，变输血为造血，在更牢固的基础上加强民族团结。

中共中央政治局委员李铁映参加了云南团的审议。

国务院总理朱镕基参加江西浙江代表团审议

在认真听取代表们的发言后，朱镕基说，加入世贸组织后，我们要以更加积极的姿态和有力的措施，用好新机遇，迎接新挑战，实现新发展。各地方都要发挥优势，趋利避害，增强竞争力，更好地发展和壮大自己。

朱镕基说，江西要充分发挥农业生产条件好的优势，加快建设一批优质农产品生产基地，提高农业综合效益和竞争力。今年要全面完成退田还湖、移民建镇任务。要加快经济增长方式转变，不搞重复建设，不搞低水平的一般加工工业，着力建设科技含量高和有一定规模的现代化企业。

朱镕基说，浙江要充分发挥地处沿海、开放程度高的优势，更好地实施对外开放战略。特别是要发扬浙江人民勇于开拓、顽强拼搏的可贵精神，更好地开拓国际市场，积极发展外向型经济。要大力调整产业结构和城乡经济结构，加快实现工业化、现代化步伐。他说，主销区粮食市场化改革是从浙江开始的，其他沿海地区也相继实行。这项改革非常成功。在新的形势下，粮食主销区要加强与粮食主产区的合作，巩固和发展粮食流通体制改革成果。

中共中央政治局候补委员、书记处书记曾庆红，全国人大常委会副委员长彭珮云分别参加了江西代表团、浙江代表团的审议。

国务院总理朱镕基全国政协主席李瑞环参加政协港澳界联组会指出香港澳门前景一定会更加美好

朱镕基李瑞环看望了港澳界全国政协委员，并参加了联组会，与大家一起座谈讨论，听取意见。

在认真听取了委员们的发言后，朱镕基首先感谢他们对国家建设和中央政府工作的支持，高度赞赏他们提出的宝贵意见和建议，并表示政府有关部门一定认真研究，予以吸取。他说，香港特别行政区和澳门特别行政区成立以来，“一国两制”、“港人治港”、“澳人治澳”、高度自治的方针得到贯彻落实，向世人展示了“一国两制”实践的成功。目前港澳的形势总体是好的，中央政府对两个特别行政区的工作是满意的。港澳地区政协委员为港澳的社会稳定和经济发展做了很大贡献，希望继续支持行政长官和特别行政区政府的工作，维护港澳的长期繁荣稳定。

朱镕基指出，近几年来，面对比较严峻的经济形势，以董建华先生为首的香港特别行政区政府，采取了一系列因应措施，维护了香港社会和经济、金融的稳定。现在，董建华先生已被任命为第二任行政长官，相信在他的领导下，香港特别行政区政府的工作一定会越做越好。朱镕基强调，香港目前虽然面临一些困难，但仍有不少独特优势。香港经济基础稳固，市场机制比较成熟。中国加入世贸组织后，香港将以一个更加开放、经济更具活力的内地为依托，与内地的经济联系将更加紧密，这会更有利于香港开辟新的发展空间。中央政府将一如既往地支持行政长官和特别行政区政府依照基本法施政，支持香港的繁荣稳定和发展。香港的前景是无限光明的。

朱镕基指出，澳门回归祖国以来，在以何厚铧先生为首的特别行政区政府领导下，社会保持稳定，治安明显改善，市民安居乐业，经济实现了恢复性增长。最近，特别行政区政府妥善处理了博彩业开放的问题。这些都为澳门实现经济持续发展和社会长治久安，打下了良好基础。在中央政府和全国人民的支持下，特别行政区政府团结广大澳门同胞，共同奋斗，澳门的未来一定会更加美好。

联组会由全国政协副主席马万祺主持。全国政协副主席叶选平、王兆国、霍英东、万国权，秘书长郑万通和有关方面负责人出席了联组会。

国家副主席胡锦涛参加河北代表团审议

在认真听取了代表发言后，胡锦涛说，推动农业和农村经济的持续发展，实现农民收入的较快增长，保持农村社会的基本稳定，对于维护整个改革发展稳定的大局、对于实现我国在新世纪的发展目标，都具有决定性的重大意义。他希望河北各级党委和政府，一定要从全局和战略的高度，充分认识解决农业、农村、农民问题的极端重要性，切实把这项工作作为全省工作重中之重抓紧抓好。要采取新的思路和综合措施，千方百计增加农民收入。从根本上说，要以市场需求为导向，以科技为动力，着力抓好农业和农村经济结构调整。要发挥环绕京津的区位优势，大力发展市场需要的、有本地特色的绿色食品和无公害食品，不断提高农业的综合效益。要大力加强农村基础设施建设，进一步改善农民的生产生活条件。要加快农村富余劳动力转移，进一步拓宽农民增收的渠道。还要切实抓好减轻农民负担的工作。

胡锦涛强调，各级领导干部要认真贯彻党的十五届六中全会精神，进一步转变工作作风，深入农村基层，加强调查研究，多为群众办实事办好事。要进一步巩固和发展农村“三个代表”重要思想学习教育活动的成果，把学教活动的好做法、好作风运用到今后基层组织建设的实践中去，不断提高农村基层党组织的凝聚力、战斗力，不断提高基层干部团结带领农民群众致富奔小康、建设社会主义新农村的能力和水平。

全国人大常委会副委员长成思危参加了审议。

中央纪委书记尉健行参加黑龙江代表团审议时强调坚持用发展的观点看待反腐败形势

在听取代表们的意见和建议后，尉健行就如何看待当前反腐败斗争形势问题发言。他指出，党的十五大以来，党中央进一步加强党风廉政建设和反腐败斗争，相继作出一系列重大决策和部署，不断推动反腐倡廉工作深入开展。通过全党和全社会的共同努力，党风廉政建设和反腐败斗争始终保持了平稳健康、持续向纵深发展的良好态势，取得了显著成绩，党政机关和干部队伍中腐败现象蔓延的势头逐步得到遏制，一些诱发腐败的深层次问题正在逐步解决。不少地方的民意调查表明，人民群众对反腐败工作的满意程度逐步提高。

尉健行指出，反腐败三项工作取得明显成效。领导干部廉洁自律工作进一步深化，党政机关领导干部的从政行为逐步规范，廉洁自律意识不断提高。查办违纪违法案件力度持续加大，一批腐败分子被依法惩处，增强了人民群众反腐败的信心和斗志。纠正部门和行业不正之风取得新成效，解决了群众反映强烈的一些问题。

尉健行指出，近几年我们党查处的违纪违法案件数量比较多，涉及的金额也比较大，特别是突破了一批省(部)级干部的腐败案件，这正是反腐败持续深入，斗争力度不断加大的成果。近几年查办的大案要案，大多数发生在1993年至1997年之间，1998年以后作案的逐步减少。建筑、金融等领域腐败案件多发的势头有所减缓。1999年以来，纪检监察机关收到的群众检举控告信件逐年下降。这些情况表明，那种认为腐败越反越严重的说法是没有根据的。

尉健行强调，近几年从源头上预防和治理腐败的重点工作开始取得成效。党中央、国务院采取了一系列改革体制机制制度的重大措施，逐步消除了一些滋生腐败现象的土壤和条件。军队、武警部队和政法机关与所办经营性企业彻底脱钩；中央党政机关与所办经济实体和管理的直属企业脱钩工作全部完成；全国所有县以上执收执罚部门都认真落实行政事业性收费和罚没收入"收支两条线"的规定，有的地方还推向乡(镇)一级单位，坐收坐支、资金管理混乱的状况有所好转；行政审批制度改革加快推进，审批行为逐步规范；财政制度改革初见成效，财政资金监管得到加强；干部人事制度改革正在加快进行，干部选拔任用工作中民主、公开、竞争的程度在逐步提高。

尉健行指出，深入开展党风廉政建设和反腐败斗争，为全党全国的工作大局提供了必要的政治保证。我们党领导的反腐败斗争，是紧紧围绕经济建设中心，依法有序地进行的。这些年来，各级党委、政府按照中央的决策和部署，坚持"两手抓，两手都要硬"的方针，把反腐倡廉工作与经济工作、业务工作一起部署、一起落实、一起检查、一起考核，使反腐倡廉工作始终沿着正确的方向发展，既惩治了腐败分子，又促进了改革的深化和经济的发展，维护了社会稳定，为实现党的目标和任务发挥了重要作用。

尉健行指出，在充分肯定反腐败成绩的同时，也要看到，滋生腐败的主、客观条件还存在，腐败与反腐败斗争将会有起伏，但总趋势是腐败现象必将一步步地得到遏制。只要我们坚决按照"三个代表"要求，坚持贯彻以江泽民同志为核心的党中央的决策和部署，创造性地开展工作，就一定能够取得反腐倡廉的新成效。

国务院副总理李岚清参加山东代表团审议

李岚清在认真听取代表们的发言后指出，中国有8亿农村人口，解决农业、农村和农民问题，是各级党委、政府的头等大事，要下大力气发展现代农业，实现农业产业化经营，解决农民增收问题。发展现代农业要以市场为导向，以科技为基础，大力扶持龙头企业。龙头企业要按照现代企业制度的要求，依靠科技进步，运用现代营销方式，组织带领千家万户的农民进行大规模生产，进入国际国内市场，使他们更多、更快地增收。他指出，加入世贸组织后，对我国农业的发展既是机遇，也是挑战。当前我们要特别注意抓好农产品质量标准和认证体系建设，提高农产品在国际市场的竞争力。他强调，发展现代农业，解决好农民增收问题是我们党维护人民群众的根本利益、实践"三个代表"要求的重要体现，我们一定要努力做好这项工作。山东省在这方面有许多成功的经验，要继续努力，为全国作出示范。

中共中央政治局委员吴官正参加了审议。

国务院副总理李岚清参加政协科协科技界联组会

李岚清专心地听取委员们的发言，不时记下要点。李岚清在讲话中感谢大家对发展我国科技事业提出忠言良策。他说，我们要进一步解放思想，深化科技体制改革，加大投入，推动我国科技事业的更大发展。要改革科技评价体系，基础科研要以国际先进水平为标准，应用科技要以市场为标准。要制定推动科技发展的人才战略、专利战略、标准战略。大胆起用人才，充分调动科技人员的积极性和创造性。加强知识产权的保护，高度重视专利的申请、注册、保护和使用。要促进科技成果的转化，加快产业化步伐，特别注意以科技为基础，发展现代农业，发挥科技第一生产力的作用。

全国政协副主席宋健、钱正英、朱光亚出席了联组会。

全国政协九届五次会议举行第三次全会

中共中央政治局常委、全国政协主席李瑞环出席会议。

大会的执行主席是杨汝岱、钱伟长、任建新、宋健、张思卿、钱正英、朱光亚、罗豪才、王文元，会议由朱光亚主持。12位委员就发展教育科技文化事业等问题作大会发言。

中共中央政治局委员、书记处书记丁关根，国务委员王忠禹，以及中共中央和国务院有关部门的负责人到会听取发言。

全国政协副主席叶选平、王兆国、李贵鲜、孙孚凌、马万祺、万国权、胡启立、陈锦华、赵南起、毛致用、白立忱、经叔平、张克辉、周铁农，秘书长郑万通出席会议。

国家经贸委主任李荣融在九届人大五次会议中外记者招待会上就国企和社会保障等问题答记者问

《人民日报》记者问：去年您在人大的新闻发布会上提到，2001年国有企业的利润要力争不低于2000年。但根据有关的资料统计显示，实际上去年比2000年下降了1.4%，您认为这种下降到底是什么原因造成的？您刚才提到今年国际环境不宽松，又是我们加入WTO的第一年，您认为今年国有企业的状况会更好，还是会面临更多的困难？

李荣融答：去年在人代会上我说的是预期目标，应该说能够达到这样的水平，我觉得很满意。因为去年全球的贸易下降了12%，全球的投资下降了40%，在这样的情况下，我们国有企业的利润基本保持了原来的水平，很不简单。全球3/4的国家GDP下降，有12个国家经济是衰退的。2001年跟2000年的国有控股企业的利润相差多少呢？就相差62亿元。仅中石油、中石化去年为了提高竞争能力，与他们解除劳动合同的职工近60万人，支付近410亿元。同时，煤矿企业去年盈利情况比较好，提了折旧，加快了安全设施的建设，补发了原来拖欠的工资，还增加了一部分工资，几个部分一共是60亿元。国有企业的利润实际上超过了2000年。国有及国有控股企业还有三个指标希望大家注意：劳动生产率、人均利润和人均税金，这些指标大大超过了2000年。

我们预期今年的利润比去年会略微有所下降。从今年1月份的价格走向看，形势不乐观，但是我们会努力创造比较好的环境，使企业能够作出更大的贡献。

中央电视台记者问：今年是我国加入世界贸易组织后的第一年，国有企业下岗职工和失业人员的数量会有怎样的变化趋势？我们国家现有的基本社会保障政策还将发挥哪些更多的作用？

李荣融答：从最近几个月的情况看，影响还是在可以承受的范围内。到去年年底，下岗人员一共是2550万，其中1700万人实现了再就业，300多万人退休和退养，还有近500万人正在准备再就业。劳动和社会保障部与民政部做了大量的工作，这些人员的生活得到了比较好的保障。

今年要做两方面工作：一方面是政府要从资金加大力度；另一方面还要创造新的就业岗位，今年劳动和社会保障部提出要创造将近800万新的就业岗位。我们还要加快建立下岗人员的培训中心，加快中小企业的发展。

凤凰卫视记者问：现在在海外关于国企改革存在着一些不同的意见，说中国的宏观经济虽然每年高速增长，但从微观角度来讲，企业的盈利或者资本回报率没有得到同步的改善。另外有一些统计数字，国企实现盈利主要是依靠资源性和垄断性的大型企业，其实国企的盈利情况依然不是十分乐观。请问李荣融主任是不是同意这样的看法？

李荣融答：你这个问题很有普遍性。从1998年以来，我国国有和国有控股企业的劳动生产率提高了1.88倍，劳动生产率已经达到了55600元人民币，接近于三资企业的7.1万元人民币。现在工业企业利润的一半是来自于国有和国有控股企业，税收的60%也是来自于国有和国有控股企业。去年盈利增长比较快的不是资源性、垄断性企业，而是机械、冶金等行业。去年全球工业品价格基本上都是下降，国内平均下降1.3个百分点。在这样一个背景下，国有跟国有控股的利润应该说表现很好。所以，我并不认为国有企业的回报率在下降。

新华社记者问：中国政府一直强调加强安全生产，近段时期重大安全事故依然时有发生，并呈上升趋势，请问造成这种状况的原因是什么？政府准备采取哪些措施来制止这种状况？

李荣融答：首先我要纠正一个概念。重大事故也就是一次死亡10个人以上的事故不是上升，而是下降：数量下降了18%，死亡的人数下降了28%。

大家为什么感觉中国好像出的事故多了呢？我觉得要感谢新闻界的朋友，你们做了大量报道。由于你们的工作，地方政府瞒报的现象大大减少，所以去年的统计数字相对比较准确。政府管理安全生产的重点是非国有企业。现在经贸委把有关文件全部上网，使企业能够看到政府的有关信息。此外，我们还要进行安全生产培训，并加强监督检查。

《中国日报》记者问：中国一方面要大力发展中小企业，创造更多的就业机会，同时要关闭“五小”企业，请问这两种观点是否矛盾？

李荣融答：你给了我一个机会来解释关闭“五小”企业的内容，因为社会上有很多误解。并不是所有的中小企业都要关掉，我们关闭的是技术落后、浪费资源、质量低劣、污染环境、不具备安全生产条件的小企业，像小造纸、小电镀、小煤矿等。现在的煤矿安全事故，小煤矿占大部分。死了一个人，就赔3000块钱，这样的煤矿不关，对人民算是负责吗？小电镀、小造纸，把环境污染到没水可喝，作为对人民负责的政府，一定要关掉这些污染严重的小企业。这跟我们鼓励发展中小企业一点都不矛盾。

《中国劳动保障报》记者问：企业养老金和机关养老金相比，差距比较大，对此政府今年将有什么新的举措？本届政府会不会建立农村养老保险体系？

李荣融答：在机关工作比较稳定，但相对来说收入可能比搞商业的、搞贸易的低一点；搞商业搞贸易的人，收入比较高，但是风险也比较大，所以退休的待遇不一样。企业退休人员的待遇取决于企业的效益以及养老金的交纳情况。政府已经注意到这种情况，在提高机关离退休人员待遇的同时，也增加了企业离退休人员的基本养老金。

农村社会保障体系的建立取决于国家财力，现在广东省已经开始试点，这是个很好的信号。

美国记者问：中国政府准备采取哪些政策措施淘汰那些落后的和弱势的小企业？在今年的政府预算当中专门用于企业破产的经费，是否也会用于关闭这些小企业？

李荣融答：我想政府应该做的就是创造公平竞争的环境，做好社会保障工作。至于说企业是开还是关，那是企业自己决定的事。

去年兼并破产的项目完成了460个，核销了银行呆坏账515亿元，安置职工近70万人。今年将安排800亿元人民币用于企业的兼并破产，我们将努力把这项工作做好，同时又保持社会的稳定。

五位政协委员在政协九届五次会议记者招待会上就市场经济与社会信用建设等问题答中外记者问

全国政协所邀请的这五位委员是，全国政协经济委员会副主任、中国社会科学院经济研究所名誉所长董辅礽委员，香港中华总商会前副会长张永珍委员，中国经济体制改革研究会会长高尚全委员，中国人民银行金融研究所名誉所长赵海宽委员，北京大学中国经济研究中心主任林毅夫委员。

在回答如何评价浙江省提出打造“信用浙江”，有媒体提出打造“信用中国”的口号这一问题时，董辅礽说，在当前人们越来越关注信用的时候，浙江省提出了实施“信用浙江”的指导方针，这是很有意义的。浙江省是市场经济比较发达的地区，也是民营经济比较发达的地区。提出实施“信用浙江”的方针，其目的就是要规范各市场主体的行为，特别是民营企业的行为，使它们能遵守市场的规则，尤其是诚实守信的规则，以建设有良好信用的市场秩序。浙江提出实施“信用浙江”的方针，是对其在发展市场经济中的正反两方面的经验和教训进行反思的结果。令人遗憾的是，现在还有不少企业不讲信用，制假贩假、逃账赖账，还有不少地方并没有真正认识到建立和维护市场信用的重要性，采取了各种办法保护和包庇本地方的企业制假、贩假、逃账、赖账等等破坏市场规则的恶行。如果再这样下去，后果是会很严重的。他说，诚实信用对发展市场经济十分重要，这道理不仅仅适用于浙江，也适用于全国，有人提出打造“信用中国”的口号，我认为是有意义的。

有记者请张永珍委员介绍香港在社会信用建设方面有哪些可供内地借鉴的经验。张永珍说，我认为，信用问题的提出，是市场经济发展的必然结果，也是社会进步的表现。没有信用就没有秩序，市场经济就不能健康发展。当然，香港在社会信用方面也存在一些问题，但是我认为，香港的一些经验还是值得内地借鉴的。首先，香港在这方面的法律比较成熟。如，对上市公司的责任、股票交易的行为等等都有明确的法规，甚至对破产企业的老板在日常生活的消费行为也有具体的规定，这样就会促使绝大多数企业都比较注重商业道德。除立法外，香港在宣传教育方面也有不少好的做法，如，经常在电视上播放商业犯罪的警示广告，对广大人民起到了很好的教育。另外，香港的廉政公署在这方面也有不少好的做法。她认为，要使全社会都讲信用，必须做到标本兼治。

有记者问，从加入WTO的角度看，我们应如何提高社会信用程度？高尚全委员说，世界贸易组织规则就是市场经济的规则。市场经济就是信用经济，也是法治经济。加入世界贸易组织，如果没有良好的信用制度做保障，不仅将受到世界贸易组织规则的制约，而且很难在国际市场上开展竞争，很难吸引更多外商来华投资，很难发展我国的对外贸易，最终影响到我国国民经济的发展和国力的增强。要从以下几个方面加快信用制度的建设：第一，要强化信用意识，加强道德教育，树立诚信为本、操守为重的良好风尚。第二，必须加强法制建设，把清法、修法、立法、司法和执法摆在重要地位，清理、废除与世界贸易组织规则相冲突的法律，加快修订我国已有的与之相应的贸易法律，加大对符合世界贸易组织要求的法律、法规的执法力度，维护法律的严肃性和权威性。第三，深化经济体制改革，大力发展各种中介组织，逐步建立社会信用体系，包括信用评价体系、信用担保体系和信用服务体系。第四，实现政企分开，转变政府职能，提高政府信用程度。我国政府是加入世界贸易组织的主体，是享受权利和履行义务的承担者和执行者。因此，政府信用十分重要。

在回答记者提出的现在许多中小企业急需发展资金，但贷款又很困难，而城市居民也很难从银行取得贷款，这是否与缺乏健全的信用体系有关的问题时，赵海宽说：近年来，国家在加强中小企业金融服务、增加中小企业贷款方面做了很多工作，大部分中小企业向银行的借款申请得到了满足。与此同时，银行对城市居民也积极开展了购买房屋、汽车和助学等贷款。有些中小企业和城市居民需要借款而没有得到，反映借款难，原因是多方面的，其中也有信用问题。据统计，在未申请到借款的企业中，23.6%是由于申请企业存在着欠息、逾期贷款、逃债废债和挪用贷款等不守信用的现象；23.5％是没有抵押品或找不到担保人。此外，社会信用体系尚未真正建立，信用中介机构不健全，也是出现中小企业和城市居民借款难的原因之一。

《人民日报》记者问，如何规范社会信用行为，应该采取怎样的措施才能使不守信用者名誉扫地、付出代价？林毅夫委员说，对于加强社会信用制度建设的问题，他有四点建议。第一，要制定《社会信用信息法》，为社会信用中介机构开展企业和个人信用信息的搜索、保存、评级的业务提供基本的法律依据，改变目前社会信用体系的建立缺乏法律基础的状况。第二，综合运用行政的、法律的和商业的手段，依靠先进的信息技术，逐步收集处理完善的企业和个人信用及其他经营行为的记录，建立覆盖全国的信用数据库。第三，建立覆盖全社会的、严格的信用监督、奖惩制度。第四，严格执行相关法规，规范政府部门、银行、上市企业和个人提供的信用信息。

国办转发建设部国家计委监察部《关于健全和规范有形建筑市场的若干意见》的通知

中国人权研究会在北京举行座谈会

与会专家学者用大量事实批驳了美国国务院3月4日发表的《2001年国别人权报告》对中国人权状况的指责。与会者一致认为，维护与促进人权的事业是一项人类共同的、崇高的事业。美国将人权作为政治工具和外交工具，以维护人权为名，行干涉发展中国家内政、向发展中国家施加压力之实，并在人权问题上实行双重标准，理所当然地遭到许多国家的反对。

3月9日

九届全国人大五次会议举行第三次大会

江泽民、朱镕基、李瑞环、胡锦涛、尉健行、李岚清等党和国家领导人出席会议。会议由大会执行主席、主席团常务主席成思危主持。

大会听取了全国人大常委会工作报告，审议关于第十届全国人大代表名额和选举问题的决定草案，听取关于香港特别行政区、澳门特别行政区选举第十届全国人大代表的办法草案的说明。

全国人大常委会委员长李鹏向大会作《全国人民代表大会常务委员会工作报告》。

大会的其他执行主席姜春云、王光英、铁木尔·达瓦买提、彭珮云、蒋正华、于均波、王云龙、王维澄、卢功勋、曲格平、朱开轩、张万年、张帼英、陈焕友、孟建柱、赵志浩、热地、徐有芳、俞正声等在主席台前排就座。

全国人大常委会委员长李鹏作《全国人民代表大会常务委员会工作报告》

各位代表：

现在，我代表全国人民代表大会常务委员会，向大会作工作报告，请予审议。

九届全国人大四次会议以来，全国人大常委会坚持以邓小平理论和党的基本路线为指导，在以江泽民同志为核心的党中央领导下，深入学习和努力实践“三个代表”的要求，认真履行宪法和法律赋予的职责，立法、监督等各项工作都有新的进展。

立法工作取得较好成绩。一年来，常委会按照宪法和立法法的规定，改进和加强立法工作，全年共审议有关法律的议案30件，其中通过法律16件、法律解释1件、关于法律问题的决定3件，为改革、发展、稳定和社会主义现代化建设，进一步提供了法律保障，向初步形成有中国特色社会主义法律体系，又迈进了一步。

根据改革开放和建立社会主义市场经济体制的要求，适时制定、修改有关法律。为规范市场经济体制，整顿市场经济秩序，特别是适应我国加入世界贸易组织的需要，常委会先后制定了信托法，修改了商标法、著作权法，连同先前对专利法和中外合资经营企业法、中外合作经营企业法、外资企业法的修改，基本完成了加入世界贸易组织前对有关法律的修改工作，为今后进一步做好有关法律、法规、规章的清理、修改和制定工作，打下了基础。

把经过各地实践的成功做法和实施地方性法规的经验，上升为法律。人口问题是关系我国改革、发展、稳定的重大问题。这些年来，各地在人口与计划生育方面做了大量艰苦细致的工作，并相继制定了有关法规。常委会在总结各地多年实践和实施地方性法规经验的基础上，制定了人口与计划生育法，把这一基本国策上升为法律，这对于有效控制人口数量，提高出生人口素质，必将产生深远影响。

把修改法律放在与制定法律同等重要的位置上。为使立法工作同变化发展的形势相适应，常委会十分重视法律的修改，全年通过的16件法律中，有10件属于修改法律。特别是通过《工会法》的修改，进一步肯定了工人阶级在我国政治生活和社会生活中的主人翁地位，对完善市场经济体制下的劳动关系，维护广大职工的合法权益，具有重要意义。

注重为经济、社会、环境的协调发展提供法律保障。常委会通过了防沙治沙法和海域使用管理法，并针对毁林开荒、乱占滥用林地犯罪，对刑法的有关规定作了修改和解释。这对于预防土地沙化，合理开发海域，保护生态环境，进一步实施可持续发展战略，具有重要作用。还修改了法官法、检察官法和律师法，这将有利于加强司法队伍建设，促进司法改革，强化司法监督，保证司法公正。为了提高全民的国防意识，建设巩固的国防，制定了国防教育法，通过了关于设立全民国防教育日的决定。为了保护劳动者健康及相关权益，制定了职业病防治法。

发扬民主，走群众路线，不断提高立法质量。涉及千家万户的《婚姻法修正案》，在通过各种形式听取各方面意见，常委会多次审议、包括联组审议以后，去年又全文公布草案、进一步征求人民群众意见。在广泛参与，充分协商，统一认识的基础上，常委会通过了这个修正案。这对于坚持一夫一妻制，维护男女平等、和睦文明的婚姻家庭关系，促进社会主义精神文明建设，将起到积极作用。

一年来，常委会还批准了同外国缔结的条约和我国加入的国际公约10件。中俄睦邻友好合作条约的批准，为我国与俄罗斯之间友好合作关系的长期稳定发展，奠定了法律基础。继批准中越陆地边界条约之后，批准了我国与塔吉克斯坦、吉尔吉斯斯坦国界交界点的协定，进一步加强和巩固了我国与周边国家的睦邻友好合作关系。为反对任何形式的恐怖主义，依法打击分裂国家的活动，维护国家安全及世界和地区的和平与稳定，批准了我国与俄罗斯和中亚4国共同签署的打击恐怖主义、分裂主义和极端主义的上海公约，批准了加入联合国制止恐怖主义爆炸的国际公约，并对刑法的有关规定作了修改。我国加入世界贸易组织，标志着对外开放进入了一个新的阶段，对我国经济发展具有深远影响。常委会适时作出相关决定，顺利完成了我国加入世界贸易组织的批准程序。

监督工作取得新的进展。常委会继续把监督工作放在重要位置，组织了对证券法、村民委员会组织法、农业法、水污染防治法等4部法律实施情况的检查，审议了国务院关于2000年中央决算的报告、2000年中央预算执行情况和其他财政收支情况的审计报告、2001年1月至8月国民经济和社会发展计划执行情况的报告，以及广大人民群众关心的关于加强农业基础地位和增加农民收入、完善社会保障制度、实施货币政策、加强社会治安、打击制售假冒伪劣产品等情况的专题工作报告。各专门委员会也对一些法律的实施情况进行了检查，审议了有关部门的专题工作汇报。

常委会不断改进和加强监督工作，以加大监督力度，增强监督实效。一是对重要法律的实施情况连续进行检查。对农业法实施情况的检查，已连续进行五年，去年再次组织检查，同时还听取和审议了国务院关于加强农业基础地位和增加农民收入情况的专题工作报告，对推动这部法律的正确实施，巩固农业的基础地位，促进农村经济的发展，起了重要作用。二是把监督工作与改进执法结合起来。能否把改进执法的措施落到实处，是检验监督效果的重要标志。为此，常委会要求各有关部门按时反馈审议执法检查报告和专题工作报告后的整改结果，建立起向常委会报告改进执法情况的制度。对执法检查后提出的修改法律的建议，常委会也重视在审议相关法律草案时加以落实。三是把监督工作与落实常委会通过的监督决定结合起来。为了贯彻执行好常委会关于加强对中央预算审查监督的决定，监督财政资金的有效使用，厉行节约，杜绝浪费，遏制腐败，常委会加强了对中央预算的初步审查，开展了对部门预算的审查。去年，国务院向全国人大提交了26个部门的部门预算，各省、自治区、直辖市扩大了省级部门预算的审查范围。对预算外资金，也加大了监督的力度。四是把执法检查与督促有关机关纠正重大违法案件结合起来。对常委会检查刑事诉讼法实施情况时提出的10个案件，督促司法机关逐件进行调查，并将查处情况向常委会作了汇报。五是把执法检查与新闻舆论监督结合起来。为加大对水污染防治法实施情况的监督力度，在执法检查的过程中，新闻单位配合开展了以“保护长江生命河”为主题的采访报道活动，推动了这部法律的实施。

代表工作进一步改进。为广泛听取人民群众对有关议案的意见，扩大了全国人大代表列席常委会会议的范围，并请代表在会前开展调查研究，为常委会提高审议质量，作出更加符合国情和人民群众利益的决策，发挥了积极作用。对代表视察办法也作了改进，本次大会前，安排在京全国人大代表回原选举单位参加视察。为了更好地发挥香港、澳门全国人大代表的作用，常委会组织港澳代表分别到贵州、甘肃、湖北、安徽进行视察，增进港澳代表对中西部地区的了解。台湾省的全国人大代表也到福建进行了视察。九届全国人大四次会议期间代表提出的议案和建议、批评、意见，是本届人大以来历次会议最多的一次。对议案中提出的制定、修改有关法律的建议，有不少已被常委会采纳。全年通过的16件法律中，有15件是根据历年来代表提出的议案制定的。国务院有关部门、最高人民法院、最高人民检察院，也以认真负责的态度，办理代表提出的建议、批评和意见。常委会还认真办理了人民群众的来信来访，对反映的问题，有的组织了专门调查，有的转给有关地方、部门处理。

对换届选举工作给予指导。从去年下半年开始，全国乡级人大的换届选举陆续展开。常委会在调查研究的基础上，提出了搞好这次选举工作的指导性意见，要求坚持党的领导，充分发扬民主，严格依法办事，确保换届选举工作顺利进行。还专门举办了培训班，对选举工作可能遇到的新情况、新问题，研究了相应的解决办法。常委会还分别审议了第十届全国人大代表名额和选举问题的决定草案，以及香港、澳门特别行政区选举第十届全国人大代表办法草案，提请本次大会审议。

与地方人大的联系得到加强。常委会组成人员和各专门委员会的同志到地方进行调查研究时，注意听取地方人大和人大代表的意见。召开了地方人大贯彻立法法工作会议，总结交流了做好地方人大立法工作的经验。各专门委员会、常委会机关，经常与地方人大相关部门共同研究依法履行职责中遇到的问题。常委会机关还先后举办了30多个各种类型的培训班，帮助地方人大加强了干部培训工作。地方人大也帮助全国人大常委会做了许多工作，如协助征求对有关法律草案的意见，配合开展执法检查，及时反映法律实施过程中遇到的新情况、新问题等，推动了全国人大常委会的工作。

积极开展对外交往。一年来，常委会加大了对外工作力度，先后接待了近百个外国议会代表团组来访。通过这些交流，增进了友谊，扩大了共识，加强了合作。一些原来对我国还不了解的议会人士，亲眼看到我国改革开放的巨大进步后，增进了对我国的了解；一些原来对我国有误解的人士，也根据耳闻目睹的事实，消除了一些误解。常委会还通过高层交往、有计划地组团出访和考察、参加国际和地区议会组织举办的会议等多种方式，同各国议会界人士广泛接触、坦诚对话，既宣传了我们自己，也了解了外国法制建设等方面的情况。针对少数西方国家议会审议或通过干涉我国内政的议案，外事委员会及时发表声明和谈话，表明我国的严正立场和态度。常委会还通过与欧美国家议会建立的对话机制，加强相互间的了解，并针对损害我国家尊严和利益的问题，进行了严正的交涉和说理斗争。

常委会自身建设进一步加强。常委会组成人员重视学习和作风建设。先后学习了江泽民同志的“七一”重要讲话和“三个代表”重要思想，学习了党的十五届五中、六中全会决议，并认真贯彻落实到依法履行职责的各项工作中去。为加强常委会组成人员法律制度的学习，举办了知识产权法律制度、现代企业法律制度、证券法律制度、物权法律制度、行政程序法律制度、加入世贸组织与我国法制建设等法制讲座，既使常委会组成人员了解法律制度的发展情况，也为常委会审议相关法律草案作了准备。常委会和专门委员会组成人员还围绕审议的议案，深入实际，开展调查研究，加深了对实际情况的了解，提高了议案审议的质量。常委会机关也进一步加强了学习和作风建设，各方面工作都有改进，为代表大会、常委会、委员长会议和全国人大代表依法履行职责，提供了服务。

一年来，常委会的工作还存在一些问题和不足。立法工作的进展情况，与形势发展的需要和代表们的要求还有距离。主要原因是：有的法律草案，由于在起草阶段对有争议的问题研究论证不够充分，提请常委会审议后不能及时出台；有的法律草案，由于所涉及的体制还处在改革的过程中，对相关问题作出法律规定的条件还不成熟，起草工作未能完成。对监督工作，代表们普遍要求加大力度，常委会也作了努力，但实际效果还不够理想，主要是听取工作报告、开展执法检查，提出改进执法的意见后，对落实情况进行跟踪监督的力度还很不够。对行政法规、地方性法规等规范性文件进行备案审查的工作，需要进一步研究完善备案审查启动程序，把被动审查和主动审查有机结合起来，以维护国家法制的统一。常委会机关的作风建设，还存在深入实际调查研究不够，总结地方人大经验不够等问题。

各位代表：

今年是本届常委会任期的最后一年。常委会将以邓小平理论和党的十五大精神为指导，进一步贯彻落实江泽民同志“七一”重要讲话和党的十五届五中、六中全会精神，按照“三个代表”要求，坚持和完善人民代表大会制度，把发展社会主义民主和健全社会主义法制作为根本任务，转变作风，扎实工作，努力完成本届任期内常委会的各项任务。

（一）加强和改进立法工作

本届人大组成以来的4年中，在党中央领导下，在以往几届人大工作的基础上，又通过宪法修正案1件、法律58件、法律解释4件、关于法律问题的决定20件，以宪法为核心、有中国特色社会主义法律体系的框架，更加完备。但是，我们面临的立法任务仍然十分繁重。在新的一年里，常委会将根据改革、发展、稳定的需要，并围绕在本届人大任期内初步形成有中国特色社会主义法律体系的目标，做好有关法律的制定、修改工作。在宪法及宪法相关法方面，要抓紧制定监督法，修改人民法院组织法和人民检察院组织法。关于监督法的制定，代表们非常关注，常委会对此十分重视，列入了立法计划，组织了专门的起草小组，已形成了监督法初稿，但对其中的一些重要内容，还需进一步调研论证，以便统一认识。我们将继续努力，抓紧完成监督法草案的起草工作，提请审议。在民法、商法方面，要加快物权法的起草和民法典的编纂工作。在行政法方面，要加快行政许可法、行政强制法的制定工作。在经济法方面，要制定政府采购法、中小企业促进法、农村土地承包法，修改农业法。在社会法方面，要制定科学技术普及法、民办教育促进法，完善社会保障等方面的法律。

常委会还将根据我国已经加入世界贸易组织的新形势，制定、修改有关法律。要抓紧修改进出口商品检验法、保险法。对制定反垄断法、修改对外贸易法和进出境动植物检疫法的有关问题，要抓紧研究，及时提请审议。要加强常委会的法律解释工作。行政法规、地方性法规和政府规章，也要根据我国加入世界贸易组织的新情况，继续抓紧清理和修改。对于法律、法规、规章的制定、清理、修改，既要严格遵循世贸组织的规则，又要充分利用世贸组织规则，保护和促进我国的经济发展。

为完成今后一年繁重的立法任务，必须把是否有利于解放和发展生产力，繁荣和弘扬社会主义文化，反映和体现最广大人民群众的根本利益，作为立法工作的根本指导思想。要加强统筹协调。对一些重要的、急需的法律草案的起草工作，要落实进度，及时解决遇到的难点。承担法律草案起草任务的有关部门，要集中精力、集中时间，加强调研论证，保证按时高质量完成起草工作。常委会和有关专门委员会要加强协调，保证重要法律及时出台。立法工作既要加快步伐，又要讲求质量，把提高立法质量放到更加突出的位置上。要继续防止通过立法不适当地维护或扩大部门权力和保护地方利益的倾向。要在立法工作中认真贯彻民主集中制原则，通过座谈会、论证会、听证会、公布法律草案等各种方式，广泛听取人民群众和社会各方面意见。要通过分组审议、联组审议、三审制等审议形式，进一步扩大审议法律草案的民主程度，使常委会制定的法律更加符合实际、更加切实可行。

地方性法规是有中国特色社会主义法律体系的重要组成部分。20多年来，地方人大及其常委会通过了约9000件地方法规，为我国的民主法制建设，为各地经济、社会、文化的发展，作出了重要贡献，也为地方立法积累了宝贵经验。主要做法有：

确保法制统一。在法律规定的权限内进行地方立法，确保制定的地方性法规，不同宪法、法律、行政法规相抵触。

注重地方特色。从本地的具体情况和实际需要出发，需要规定什么就规定什么，使地方性法规有针对性和可操作性，真正对地方的改革、发展、稳定工作起到促进和保障作用。

依法试验探索。除法律规定必须由国家立法的事项外，其他事项国家尚未制定法律或者行政法规的，根据本地具体情况和实际需要，先行制定地方性法规，为制定全国性法律积累经验。

坚持党的领导和群众路线。在制定的法规中，全面贯彻党的路线方针政策，反映人民群众的意志和利益。

我国地域广阔，各地情况千差万别，通过制定地方性法规规范地方事务，是社会主义民主法制建设的客观要求。全国人大常委会要研究、总结地方人大的立法经验，相互学习，共同做好立法工作，以加快依法治国、建设社会主义法治国家的进程。

（二）完善监督机制，增强监督实效

我国实行人民代表大会制度，人民通过人民代表大会行使国家权力。人大行使监督权必须坚持中国共产党的领导，遵循以下原则：第一，依法监督。人大应当依照宪法和法律规定的权限和程序进行监督。第二，集体行使职权。人大实行集体负责制，按照民主集中制原则，集体行使监督职权。第三，不包办代替。人大监督行政、审判、检察机关的工作，但不代行它们的职权，而是督促和支持这些国家机关更好地依法行使职权。

根据实际需要，有计划、有重点地组织执法检查，是监督宪法和法律实施的重要工作，对于维护宪法、法律的尊严，促进宪法、法律的贯彻实施，做到有法必依、执法必严、违法必究，具有重要意义。今年，常委会将对食品卫生法、矿产资源法、种子法、消防法等法律的实施情况进行检查。为了提高执法检查效果，必须使这项工作规范化。提请常委会审议的执法检查报告，应当对法律实施中存在的问题和原因作出分析，提出改进执法、完善法律、法规的建议；常委会审议执法检查报告时，有关部门负责人应当到会听取意见、回答询问；常委会在必要时可以对报告作出决议，或提请代表大会审议；有关部门应当根据常委会的审议意见，在规定期限内将改进执法的情况，向常委会作出书面报告；对执法检查中发现的重大违法事件，可以交有关专门委员会调查、提出报告，也可以要求有关部门限期处理并报告处理结果。对特别重大的违法事件，常委会可以依法组织特定问题调查委员会进行调查。执法检查的情况，发现的重大违法事件的处理结果，必要时可向社会公布，接受人民群众和舆论的监督。此外，这几年对一些重要法律连续检查、上下联动检查，对检查中发现的问题跟踪监督的做法等，也要加以坚持，并继续总结提高。

听取和审议国务院及其部门、最高人民法院、最高人民检察院的专题工作报告，是常委会开展工作监督的一种基本形式。今年，常委会将就广大人民群众和社会关心的问题，听取和审议国务院关于保障妇女权益、林业生态建设、安全生产、医疗卫生体制改革等方面的专题工作报告。为了使常委会对专题工作报告的审议取得更好效果，有关专门委员会应在听取报告前提前介入，做好调查研究工作，并可安排常委会组成人员和全国人大代表，对有关方面的工作进行视察。必要时，常委会可以把审议专题工作报告与对有关方面的工作进行评议结合起来，并对专题工作报告作出决议。

对计划、预算的审查监督，是常委会的一项重要职权。要进一步贯彻预算法、关于加强中央预算审查监督的决定和关于加强经济工作监督的决定，完善对计划和预算的审查监督程序。加强对国债资金使用情况的监督，强化对部门预算和决算的审查监督，加强对预算外资金和预算超收资金使用的监督，逐步建立和完善适合我国国情的计划、预算审查监督制度。

多年来，地方人大常委会根据宪法、法律的规定精神，结合本地实际，对地方人大监督工作进行积极探索，拓宽了监督渠道，加大了监督力度。如对行政机关、审判机关、检察机关依法行政、公正司法的情况进行工作评议；对决定重大事项作出具体规定；对本级国家工作人员开展述职评议；人大代表接受选民监督等。常委会支持地方人大继续进行监督工作的有益探索和实践，并将及时总结经验，在条件成熟时作出法律规定。

(三)做好代表工作和换届选举的有关工作

人大代表是国家权力机关的组成人员。做好代表工作，是做好人大工作的基础。代表法颁布实施10年来，各级人大为贯彻这部法律，在改进代表视察工作、加强代表与选民的联系、发挥代表的作用等方面，做了大量开拓性工作。各级人大代表首先要求自己模范地遵守宪法和法律，严于律己，同时努力听取和反映人民群众的意见和要求，依法行使国家权力，认真履行了代表职责。常委会将和地方人大一起，进一步探索、总结新形势下做好代表工作的办法和措施，使这项工作逐步规范化、制度化。

目前，乡级人大的换届选举正在进行。今年下半年开始，县级以上地方各级人大的换届选举即将展开。全国人大代表的换届选举，也将在明年1月底前完成。换届选举是我国人民政治生活中的一件大事，对于加强国家政权建设，保证我们国家继续沿着建设有中国特色社会主义道路前进，具有重要意义。常委会将依照宪法、法律规定的职责，做好换届选举的有关工作。要在选举工作中把坚持党的领导、充分发扬民主、严格依法办事结合起来，坚决纠正各种违法行为。通过换届选举，把大批忠于宪法、法律，努力实践“三个代表”要求，有较高素质，朝气蓬勃、开拓进取的同志，选进国家政权机关。香港特别行政区、澳门特别行政区居民中的中国公民，选举全国人大代表参加全国人民代表大会的工作，是他们依法参与国家事务管理的重要权利。常委会将依法做好香港、澳门选举第十届全国人大代表的有关工作。

几年来，地方人大要求全国人大常委会加强对地方人大工作的指导，并对进一步坚持和完善人民代表大会制度，改进和加强人大工作，提出了许多好的建议。全国人大常委会将在今年适当的时候召开一次会议，听取和研究大家的意见。

(四)进一步做好外事工作

当前，国际形势错综复杂，但和平与发展仍然是时代的主题，世界多极化与经济全球化趋势继续发展，我国面临的国际环境，依然是机遇大于挑战。常委会将按照国家对外工作的总方针，结合人大特点，进一步加强与外国议会和国际议会组织的交流与合作，继续保持与外国议会领导人及各国议会联盟理事会的交往，积极开展与周边国家议会的交流合作，加强与欧美国家议会和议员的实质性对话，巩固与其他发展中国家议会的合作。今年，亚洲议会和平协会第三届年会和亚洲议员人口与发展论坛第七次会议，都将在我国召开，要精心做好会议的筹备和组织工作，保证会议圆满成功。

(五)大力加强法制宣传教育工作

贯彻依法治国、建设社会主义法治国家的基本方略，必须加强法制宣传教育，在人民群众中，特别是在各级领导干部中，树立法制观念。常委会要督促第四个五年普法教育决议的执行，进一步提高全体公民的法律素质和全社会依法管理的水平。要进一步办好《中国人大》半月刊和中国人大网站，支持《人民日报》办好《民主和法制》周刊和《中国人大新闻》网站，支持各新闻单位宣传我国的民主法制建设，宣传人民代表大会制度和人大的工作。要配合国家的中心任务，结合常委会立法、监督等工作的需要，继续举办法制讲座。

今年是现行宪法颁布实施20周年。宪法以法律形式确认了我国各族人民的奋斗成果，规定了国家的根本制度和根本任务，是党的主张和人民意志的高度统一，是国家的根本法。依法治国首先要依宪治国。常委会将组织一系列纪念活动，广泛深入地宣传宪法，增强全社会的宪法意识。全国各族人民、一切国家机关和国家机关工作人员都要以宪法为根本的活动准则，自觉地维护宪法尊严，保证宪法的实施。

各位代表：

今年是进入新世纪后重要的一年，我们的任务是光荣而艰巨的。常委会全体组成人员，要认真学习、努力实践“三个代表”的要求，按照党的十五届六中全会决定的精神，解放思想，实事求是，与时俱进，密切联系人民群众，认真贯彻民主集中制，艰苦奋斗，清正廉洁，把切实维护和实现最广大人民群众的根本利益，作为工作的出发点和归宿点，全心全意地为人民服务。

让我们紧密团结在以江泽民同志为核心的党中央周围，再接再厉，以改革创新的精神，做好立法、监督等各项工作，为推进依法治国、建设社会主义法治国家的进程，为改革开放和社会主义现代化建设的伟大事业，作出更大贡献！

政协九届五次会议举行第四次全会

全国政协主席李瑞环出席会议。今天大会的执行主席是王兆国、丁光训、孙孚凌、马万祺、万国权、胡启立、毛致用、张克辉。会议由孙孚凌主持。13位委员就社会保障扩大就业和祖国统一等问题作大会发言。

中共中央政治局委员、国务院副总理钱其琛，国务委员司马义·艾买提以及中共中央和国务院有关部门负责人到会听取发言。

全国政协副主席叶选平、杨汝岱、钱伟长、任建新、宋健、李贵鲜、张思卿、钱正英、朱光亚、陈锦华、赵南起、白立忱、经叔平、罗豪才、周铁农、王文元，秘书长郑万通出席会议。

全国人大常委会委员长李鹏参加广东天津代表团全体会议时指出立法要总结实践经验体现人民意愿

李鹏认真听取了大家的发言，对他们提出的意见和建议表示感谢。他首先对广东、天津广大干部群众积极贯彻中央的方针政策所取得的成绩予以充分肯定，对地方各级人大在立法和监督等工作中的开拓精神予以赞扬。

在广东团审议报告时，李鹏指出，实践是检验真理的唯一标准，立法是实践经验的总结。立法条文不是凭空而来的，而是来自于人民群众的实践和地方人大的探索。中国地域辽阔，发展很不平衡，要根据各地的实际情况制定相应的地方法规，以此来对国家法律进行补充。立法要体现人民意愿，代表人民利益。越是经济发达的地区，依法治省、依法治市越是重要。要以法律保障投资环境，以良好的法制环境和完善的规章制度保证现代化建设的顺利进行。要充分利用法律使社会弱势群体的合法权益得到保障，要关心民工、下岗职工等特殊群体，为他们提供必要的法律援助。广东多种经济发展很快，出现了很多新情况、新问题。经济纠纷相对也多了起来，要依靠法律手段来解决这些纠纷。

在天津代表团，李鹏说，天津的工作比较扎实，老百姓安居乐业。天津的发展，要依靠土地资源、交通便利等优势，发展高新技术产业，更多地吸引外资。随着城市的现代化发展，社区建设显得越来越重要，要依法加强社区管理，为人民群众提供生活、文化、医疗等综合服务。天津要发展经济、改善人民生活，必须下大力气解决用水问题，特别是要解决好群众生活用水。要从现实出发，着眼水资源的保护和合理利用。

中共中央政治局委员、广东省委书记李长春，全国人大常委会副委员长王光英，最高人民法院院长肖扬分别参加广东、天津团的会议。

全国人大常委会秘书长何椿霖分别就香港澳门选举第十届全国人大代表办法草案向九届全国人大五次会议作说明

何椿霖说，根据香港基本法和澳门基本法的有关规定，香港特别行政区居民中的中国公民和澳门特别行政区居民中的中国公民，根据全国人民代表大会确定的名额和代表产生办法，分别在香港和澳门选出全国人大代表，参加最高国家权力机关的工作。全国人大和地方各级人大选举法规定，香港特别行政区、澳门特别行政区应选全国人大代表的名额和代表产生办法，由全国人大另行规定。根据以上规定，全国人大常委会办公厅、法制工作委员会会同国务院港澳事务办公室、中央人民政府驻香港特别行政区联络办公室和驻澳门特别行政区联络办公室研究起草了香港特别行政区选举第十届全国人大代表的办法草案和澳门特别行政区选举第十届全国人大代表的办法草案。并召开座谈会，征询香港特别行政区全国人大代表、政协委员和澳门特别行政区全国人大代表、政协委员对草案的意见。九届全国人大常委会第二十四次会议对这两个草案进行了审议，并决定将草案提请九届全国人大五次会议审议。会后，根据常委会组成人员和有关方面的意见，对草案又作了修改。

关于应选代表的名额，何椿霖说，按照选举法的规定，第十届全国人大代表的总名额同第九届全国人大代表不会有大的变化，分配给香港特别行政区和澳门特别行政区选举的全国人大代表名额，仍应维持九届全国人大时的名额。因此，草案规定，香港特别行政区应选全国人大代表的名额为36名。澳门特别行政区应选全国人大代表的名额为12名。

关于选举方式，何椿霖说，选举第十届全国人大代表拟仍沿用成立选举会议的办法。草案规定，香港特别行政区成立第十届全国人大代表选举会议。选举会议由参加过香港特别行政区第九届全国人大代表选举会议的人员，以及不是上述人员的香港居民中的第九届全国政协委员和香港特别行政区第二任行政长官选举委员会委员中的中国公民组成。香港本届选举会议共约1000人，比上届选举会议人数增加了一倍多。澳门的情况与香港有所不同，第二任行政长官选举委员会要待2004年才能成立。草案规定，澳门特别行政区成立第十届全国人大代表选举会议。选举会议由参加过澳门特别行政区第九届全国人大代表选举会议的人员,以及不是上述人员的澳门特别行政区第二届立法会议员中的中国公民组成。第十届全国人大代表选举会议共约200余人。与选举九届全国人大代表时相比较,选举会议成员中增加了第二届立法会议员中的中国公民。另外,选举九届全国人大代表时,有5名代表在澳门回归前由广东省人大选出,澳门回归后又由选举会议选出7名代表,这次澳门特别行政区的12名全国人大代表全部由选举会议在澳门选出。

关于选举的组织工作,何椿霖说,选举法规定,全国人大常委会主持全国人大代表的选举。因此,草案规定,香港特别行政区、澳门特别行政区选举第十届全国人大代表,由全国人大常委会主持。全国人大常委会对选举的主持,主要体现为草案规定的以下几点:

全国人大常委会公布选举会议成员名单;选举会议第一次会议由全国人大常委会召集;选举会议主席团成员人选,由全国人大常委会委员长会议向选举会议提出,由选举会议推选;在选举中发生的投诉,由选举会议主席团转报全国人大常委会代表资格审查委员会处理;选举结束后,全国人大常委会根据代表资格审查委员会提出的报告,确认代表资格,公布代表名单。届时,全国人大常委会还将委派人员赴香港、澳门具体组织选举工作。

选举会议主席团是选举会议的领导机构。草案规定,主席团主持选举会议。主席团常务主席主持主席团会议。主席团的职责主要有:确定选举日期;确定代表候选人的提名时间;公布代表候选人名单;提出总监票人和监票人的人选,由选举会议通过;宣布选举结果;接受与选举代表有关的投诉,转报全国人大常委会代表资格审查委员会处理。

关于选举会议成员的权利和义务,何椿霖说,选举会议成员有权依法联名提出代表候选人,并参加投票选举。为了保障选举的公正和公平,保障选举会议成员依法行使权利,草案规定,选举会议成员以个人身份参加选举会议,并以个人身份履行职责。选举会议成员不得直接或间接地索取或接受参选人和候选人的贿赂或谋取其他任何利益,不得直接或间接地以利益影响他人在选举中对参选人和候选人所持的立场。如果在选举中发生收受贿赂的行为,依照草案的规定,选举会议主席团接受与选举人大代表有关的投诉,并转报全国人大常委会代表资格审查委员会处理。

关于选举程序,何椿霖说,草案对选举程序规定了以下内容:选举会议成员十人以上联名,可以提出代表候选人。年满十八周岁的港澳居民中的中国公民,凡有意参选第十届全国人大代表的,应领取和填写参选人登记表,在提名截止日期以前,送交参选人登记表和十名以上选举会议成员分别填写的候选人提名信。代表的选举采用候选人名额多于应选名额的办法,候选人名额应比应选名额多1/5—1/2,进行差额选举。选举采用无记名投票方式。选举结果由主席团予以宣布,并报全国人大常委会代表资格审查委员会。全国人大常委会根据代表资格审查委员会的报告,确认代表资格,公布代表名单。

何椿霖还就行政长官参加选举会议、代表的辞职和补选等问题作了说明。

3月10日

中央人口资源环境工作座谈会在人民大会堂举行

中共中央总书记主持座谈会并发表重要讲话。他强调,为了实现我国经济和社会的持续发展,为了中华民族的子孙后代始终拥有生存和发展的良好条件,我们一定要按照可持续发展的要求,正确处理经济发展同人口资源环境的关系,促进人和自然的协调与和谐,努力开创生产发展、生活富裕、生态良好的文明发展道路。

党和国家领导人李鹏、朱镕基、李瑞环、胡锦涛、尉健行、李岚清等出席座谈会。

江泽民指出,实现可持续发展,核心的问题是实现经济社会和人口资源环境的协调发展。发展不仅要看经济增长指标,还要看人文指标、资源指标、环境指标。我国已经开始实施现代化建设的第三步战略部署,进一步做好人口资源环境工作,对我们实现既定的发展目标,具有十分重大的意义。我们既要保持经济持续快速健康发展的良好势头,又要抓紧解决人口资源环境工作面临的突出问题,着眼于未来,确保实现可持续发展的目标。

江泽民说,我国人口资源环境工作取得了很大成绩,实现了"十五"人口资源环境工作的良好开局。同时也要看到,我国人口资源环境工作仍然面临不少亟待解决的突出问题,人口资源环境状况与经济社会发展还很不协调。我们必须加紧解决存在的问题,坚定不移地实施可持续发展战略。

江泽民强调,加入世贸组织后,我国人口资源环境工作面临着新的形势和新的要求,最突出的特点是,我们做人口资源环境工作,不仅要把国内因素与国际因素结合起来考虑,而且要更多地考虑国际因素。加入世贸组织,既为我们充分利用国内外两个市场、两种资源,实现经济社会与人口资源环境的协调发展提供了新的机遇,也对我们提高经济和社会的可持续发展能力提出了新的挑战。要充分利用有利因素,努力避免不利影响。各级党委和政府以及有关部门要增强紧迫感和责任感，抓住机遇，应对挑战，开拓创新，趋利避害，把人口资源环境工作提高到一个新水平。

在谈到人口和计划生育工作时，江泽民说，人口问题是制约可持续发展的首要问题，是影响经济和社会发展的关键因素。各级党委和政府，特别是主要领导干部，要从战略和全局的高度，充分认识人口与计划生育工作的重要性、长期性、艰巨性，始终坚持发展经济与控制人口两手抓。人口与计划生育工作的主要任务是稳定低生育水平，提高出生人口素质，同时要高度重视劳动人口就业、人口老龄化、人口流动与迁移、出生人口性别比等问题。要加快人口与计划生育领域的改革创新，建立和完善依法管理、村(居)民自治、优质服务、政策推动、综合治理的工作机制，全面提高人口与计划生育的管理水平和服务水平。人口与计划生育的工作重心，农村要放在村组，城市要放在社区。加强对流动人口计划生育的管理与服务，加快建立以现居住地管理为主的工作机制。进一步建立、健全计划生育的奖励和社会保障制度，确保实行计划生育的家庭在社会上有地位、经济上有实惠、生活上有保障。

在谈到国土资源工作时，江泽民说，国土资源工作，要以提高可持续发展的保障能力为目标，建立政府管理与市场运作相结合的资源优化配置新机制，全面加强资源调查、规划和管理，不断提高对资源的保护与合理利用水平。高度重视国土资源的规划编制工作，做到科学规划，严格实施，不断完善国土资源规划体系。经过科学论证和审批的资源规划必须严格执行，修改已批准的资源规划必须经过法定程序。全面加强地质灾害的监测预防，继续做好三峡库区等重点地区地质灾害防治工作。加强耕地特别是基本农田保护，积极推进土地整理和复垦。继续深化国土资源有偿使用制度改革，推进国土资源市场体系建设，做到产权明晰、规则完善、调控有力、运行规范，依法维护资源所有者和使用者的合法权益。加大对资源保护和合理利用的执法监察力度。全面推进国土资源信息化和网络化建设，加快国土资源工作的现代化步伐。

在谈到环境保护工作时，江泽民说，环境保护工作，是实现经济和社会可持续发展的基础，一定要从全局出发，统筹规划，标本兼治，突出重点，务求实效，进一步控制全国污染物排放总量，改善重点地区环境质量。大力调整产业结构，根治和减少污染严重的企业，用高新技术改造传统产业，大力推进清洁生产，淘汰落后的生产工艺、设备和产品。引入市场机制，加快城市污水和垃圾处理设施建设，并保证正常运行。推广清洁能源，切实改善城市环境质量。加强农业和农村的污染防治，积极推广生态农业和有机农业，保护农村饮用水源地，保证食品安全。继续抓好“三河三湖”，酸雨和二氧化硫控制区、北京市、渤海、三峡库区、南水北调等重点地区和重点项目的污染防治。在长江和黄河源头等地区建设一批生态功能保护区，充分发挥生态环境的自我修复能力。抓好西部大开发中的生态保护工作。积极推行国际通行的环境管理体系认证和环境标志产品认证，促进对外贸易发展。要有针对性地开展湿地保护宣传教育，提高广大干部群众对保护湿地重要性的认识。要严格控制湿地资源开发，在具备条件的地区要采取抢救性措施建立一批湿地保护区，同时要管护好已经建立的湿地保护区。

江泽民强调，水是基础性的自然资源和战略性的经济资源。水资源的可持续利用，是经济和社会可持续发展极为重要的保证。我国是一个水旱灾害十分频繁的国家。除水害、兴水利，历来是治国安邦的大事。水利工作要继续坚持全面规划、统筹兼顾、标本兼治、综合治理，坚持兴利除害结合、开源节流并重、防洪抗旱并举，对水资源进行合理开发、高效利用、优化配置、全面节约、有效保护和综合治理，下大力气解决洪涝灾害、水资源不足和水污染问题。立足于防大汛、抗大旱，加快大江大河大湖治理，抓紧抓好主要江河的堤防建设和控制性工程建设，加快病险水库除险加固。加强水资源的统一管理，提高水的利用效率，建设节水型社会。南水北调工程要按照先节水后调水、先治污后通水、先环保后用水的原则，抓紧做好总体规划，尽快开工建设。通过改革水资源管理体制，促进水资源合理利用，提高水资源利用效率。

江泽民强调，切实做好人口资源环境工作，不仅关系我们能否更好地解放和发展生产力，而且关系我们能否更好地实现、发展、维护最广大人民的根本利益。各级党委和政府要进一步增强抓好人口资源环境工作的责任意识，继续坚持党政一把手亲自抓、负总责。党政领导班子要定期研究本地区人口资源环境工作，每年都要认真解决一、两个影响和制约本地区人口资源环境工作的突出问题，做到责任到位、措施到位、投入到位。要坚持和完善责任制，明确有关部门的职责分工，协调各方面力量齐抓共管，加强督促检查，把任务和措施落到实处。要努力建设一支思想好、作风正、懂业务、会管理、善于做群众工作的人口资源环境工作队伍，推动人口资源环境工作不断取得新进展。

江泽民强调，人口资源环境工作要切实纳入依法治理的轨道。各级领导干部要带头学法、知法、懂法，努力做遵守法律、法规的模范，同时要支持和督促有关部门严格执法，绝不能知法犯法，干扰甚至阻挠有关部门依法行政。有关职能部门要秉公执法，决不允许徇私枉法。加强人口资源环境方面的法制宣传教育，普及有关法律知识，使企事业单位和广大群众自觉守法。

朱镕基在座谈会上就如何学习、贯彻江泽民总书记的讲话精神，切实做好人口资源环境工作讲了话。他强调，各地方、各部门务必把人口资源环境工作放在突出的战略地位。要把实施可持续发展战略，做好人口资源环境工作，摆上重要日程。要切实加强领导，明确责任，狠抓落实，务求实效。

朱镕基在讲话中着重强调了当前做好人口资源环境工作需要着力抓好的几项重点工作。他指出，继续稳定低生育水平，确保实现人口控制目标；强化国土资源管理与合理利用，进一步把国土资源的管理、开发与利用纳入科学化、规范化、法制化的轨道；加大环境保护和生态建设力度，着力抓好重点流域、区域、海域和大中城市的污染治理；加强水利建设和水资源管理。

座谈会上，国家计生委主任张维庆汇报了当前人口形势和计划生育工作情况，国家环保总局局长解振华汇报了当前环境形势和环境保护工作情况，国土资源部部长田凤山汇报了国土资源保护和利用工作情况，水利部部长汪恕诚汇报了水资源保护和利用工作情况。辽宁省委书记闻世震、四川省省长张中伟、甘肃省省长陆浩、湖南省委书记杨正午、北京市市长刘淇先后发言，分别汇报了本地区计划生育、环境保护、国土资源保护和利用、水资源保护和利用等工作情况。

出席座谈会的领导同志还有：丁关根、李长春、吴邦国、吴官正、姜春云、贾庆林、黄菊、温家宝、曾庆红、彭珮云、王忠禹。

各省、自治区、直辖市党委和政府的主要负责同志，中央、国家机关有关部门和解放军、武警部队的有关负责同志等出席了座谈会。

"两会"少数民族代表委员茶话会在北京举行

党和国家领导人江泽民、李鹏、朱镕基、李瑞环、胡锦涛、尉健行、李岚清等出席。

茶话会由全国人大常委会副委员长铁木尔·达瓦买提主持。全国政协副主席、中共中央统战部部长王兆国讲话。他说，九届全国人大、全国政协集中了各民族的优秀代表，56个民族都有自己的代表和委员。全国人大少数民族代表428名，占代表总数的14.36%；全国政协少数民族委员257名，占委员总数的11.7%；都超过了少数民族人口占全国总人口的比例，这充分体现了我们党的民族政策，体现了中华民族的大团结。当前，我国各民族团结友爱、和睦相处，民族地区到处呈现出欣欣向荣的景象。这充分说明，我们党的民族政策是正确的，我们的民族工作是卓有成效的。推进建设有中国特色社会主义的伟大事业，需要全国各族人民的团结奋斗。我们要高举邓小平理论伟大旗帜，努力实践"三个代表"重要思想，紧密团结在以江泽民同志为核心的党中央周围，巩固和发展平等、团结、互助的社会主义民族关系，促进各民族共同发展、共同繁荣。

出席茶话会的还有：丁关根、田纪云、李长春、李铁映、吴邦国、吴官正、迟浩田、张万年、罗干、姜春云、贾庆林、钱其琛、黄菊、温家宝、曾庆红、吴仪、帕巴拉·格列朗杰、布赫、司马义·艾买提、王忠禹、叶选平、杨汝岱、赵南起、白立忱；中央军委委员傅全有、于永波、曹刚川等，中央和国家机关有关方面负责同志，参加"两会"的各省、自治区、直辖市的领导同志，香港特别行政区、澳门特别行政区和台湾代表团的负责人，部分老同志和在京的部分少数民族人士、民族工作者。

国务院副总理李岚清在中南海紫光阁接见第十九届冬奥会中国体育代表团

李岚清指出，中国体育健儿在本届冬奥会上不畏强手、团结拼搏，实现了中国参加冬奥会历史上金牌"零"的突破，并获得了较好的成绩，为祖国和人民赢得了荣誉。他代表党中央、国务院向冰雪健儿们表示祝贺和问候。

参加接见的有获奖运动员杨扬、杨阳、王春露、孙丹丹、李佳军、申雪、赵宏博等，教练员姚滨、辛庆山等。袁伟民、李志坚、高强等陪同接见。

最高人民法院宣布废止第5批16件司法解释

这16件司法解释，内容涉及金融、担保、证券等民商事案件审判和执行中有关具体法律适用问题。

这是人民法院确保审判工作适应加入WTO需要的又一重要步骤。

从2000年开始，最高人民法院根据法制统一原则、公开透明原则和非歧视性原则，按照宪法和法律规定、世贸组织规则和我国的承诺以及我国加入的国际条约，对新中国成立以来颁布的数千件司法解释和司法解释性文件进行了全面清理。截至目前，已分5批废止了106件，并全部向社会公布。

这16件废止的司法解释目录如下：

《最高人民法院关于申请执行仲裁裁决应向何地法院提出的批复》；《最高人民法院关于上级人民法院发现下级人民法院对没有严重妨害民事诉讼行为的当事人采取的强制措施能否纠正的批复》；《最高人民法院关于人民法院对申请强制执行仲裁机构的调解书应如何处理问题的通知》；《最高人民法院关于在审理经济纠纷案件中认真办好外地法院委托事项的通知》；《最高人民法院关于经济纠纷案件复查期间执行问题的批复》；《最高人民法院关于在经济纠纷案件执行过

程中当事人自愿达成和解后一方当事人不履行或者翻悔可否按原生效法律文书执行问题的批复》;《最高人民法院关于被执行人未按民事调解书指定期间给付金钱的义务是否应当支付延期履行的债务利息的复函》;《最高人民法院经济审判庭关于在财产保全时为被申请人提供担保的当事人应否在判决书或调解书中明确其承担的义务及在执行程序中可否直接执行担保人财产的复函》;《最高人民法院关于海事法院诉讼前扣押船舶的规定》;《最高人民法院关于对银行贷款抵押财产执行问题的复函》;《最高人民法院关于信用社非法转移人民法院冻结款项应如何承担法律责任的复函》;《最高人民法院关于企业法人的一个分支机构已无财产法院能否执行该企业法人其他分支机构财产问题的复函》;《最高人民法院关于处理行政机关申请人民法院强制执行案件分工问题的通知》;《最高人民法院关于信用社擅自解冻被执行人存款造成款项流失能否要求该信用社承担相应的偿付责任问题的复函》;《最高人民法院关于不宜冻结证券交易账户的函》;《最高人民法院执行工作办公室关于不宜冻结、划拨证券经营机构在其交易资金结算账户上的存款问题的函》。

以上司法解释自2002年3月10日起不再施行。

3月11日

九届全国人大五次会议举行第四次大会

江泽民、李鹏、朱镕基、李瑞环、胡锦涛、尉健行、李岚清等党和国家领导人出席会议。会议由大会执行主席、主席团常务主席周光召主持。大会听取和审议了最高人民法院、最高人民检察院工作报告。

最高人民法院院长肖扬向大会作《最高人民法院工作报告》。

最高人民检察院检察长韩杼滨向大会作《最高人民检察院工作报告》。

大会的其他执行主席邹家华、吴阶平、曹志、许嘉璐、王云坤、王怀远、毛如柏、尹俊、刘方仁、李泽民、杨正午、宋德福、阿木冬·尼牙孜、陈铁迪、侯宗宾、高德占、曹伯纯、曾建徽在主席台前排就座。

出席全国政协九届五次会议的政协委员列席了今天的大会。

最高人民法院院长肖扬作《最高人民法院工作报告》

各位代表:

现在,我代表最高人民法院向大会作工作报告,请予审议,并请全国政协各位委员提出意见。

2001年,最高人民法院在党中央领导下,以邓小平理论和"三个代表"重要思想为指导,认真贯彻九届全国人大四次会议精神,积极实践"公正与效率"法院工作主题,加强审判工作,推进法院改革,狠抓队伍建设,各项工作取得新进展。

一、全面加强审判工作和执行工作

一年来,最高人民法院从党和国家工作大局出发,发挥审判职能作用,共审结各类案件3047件,制定司法解释34件,处理来信来访152557件(人)次。地方各级人民法院和专门人民法院审结各类案件5927660件,其中刑事案件729958件,占12.31%;民事案件5076694件,占85.64%;行政案件121008件,占2.05%。

(一)依法严惩严重刑事犯罪。为维护国家安全、确保社会稳定,人民法院坚决依法惩处颠覆国家政权、破坏国家统一的犯罪,恐怖犯罪,组织和利用"法轮功"等邪教组织破坏法律实施的犯罪。在"严打"整治斗争中,坚决贯彻依法从重从快方针,重点打击黑社会性质组织犯罪,爆炸、杀人、抢劫、绑架等严重暴力犯罪,盗窃等严重影响群众安全感的多发性犯罪。坚决惩处毒品、淫秽物品等犯罪。全年审结严重刑事犯罪案件340571件,判处五年以上有期徒刑、无期徒刑和死刑的犯罪分子150913人,比上年上升15.07%。

坚决依法严惩黑社会性质组织犯罪。全年共审理此类案件350件1953人,比上年增加了6.3倍和3.8倍。以蒋英库为首的黑社会性质组织,杀害21人,肢解焚尸,手段极其残忍;李捷等37人黑社会性质组织,残害无辜、抢劫财物、绑架勒索,无恶不作。对这些为害一方的犯罪分子依法严惩,伸张社会正义。

坚决依法打击涉枪涉爆犯罪。全年共审结此类案件11045件,判处犯罪分子12005人,比上年上升81.6%。靳如超制造石家庄特大爆炸案,致108人死亡、5人重伤、8人轻伤,犯罪后果极其严重。对这些严重危害人民生命财产安全的犯罪分子依法严惩,维护社会安宁。

坚决依法惩处摧残妇女儿童犯罪。全年共判处此类犯罪分子44387人。人民法院对强奸8名小学生、猥亵幼女27人次的陈兆忠,对拐卖41名儿童的陈其富依法判处死刑,为民除害。

(二)依法严惩严重破坏市场经济秩序犯罪。在整顿和规范市场经济秩序工作中,人民法院突出打击重点,依法严惩制售伪劣商品、走私、金融诈骗、偷税抗税、骗取出口退税、骗汇以及制贩假币等犯罪。依法打击传销犯罪活动。全年共审结严重破坏市场经济秩序犯罪案件14953件,判处犯罪分子19972人,为国家挽回经济损失22.3亿元。最高人民法院组织公布106起大案要案的审判结果,壮大打击经济犯罪的声势。

坚决打击危害金融安全的犯罪。全年共审结此类案件6650件,判处犯罪分子8906人。引起广泛关注的卢弈群等人伪造货币5.6亿元案、曹予飞等人集资诈骗3.2亿元案,主犯被依法严惩,震慑了犯罪。

坚决打击涉及食品、药品、棉花、农资、医疗器械等生产、销售伪劣商品犯罪。全年共审结此类案件764件,判处犯罪分子921人。对疯狂制假售假的犯罪分子依法严惩,顺民心、合民意。

严厉惩处贪污、贿赂等职务犯罪。全年共判处此类犯罪分子20120人,其中省(部)级公务人员5人,地(厅)级89人,县(处)级419人。根据这类犯罪的新特点,人民法院一是重点打击收受贿赂充当黑社会性质组织犯罪的"后台"和"保护伞"。二是重点打击庇护走私和制假售假的公务人员犯罪。三是不论职务高低,只要构成犯罪,一律依法追究刑事责任,不搞法外开恩;对自首或者具有检举、揭发等立功表现的,依法从轻、减轻判处,做到宽严相济。四是加大适用财产刑力度,绝不让犯罪分子在经济上占便宜。五是严惩拉拢、腐蚀国家工作人员的行贿犯罪分子,全年共受理检察机关提起公诉的行贿案件493件539人,审结478件525人,比上年上升了26.1%和24.7%,推动反贪污贿赂斗争的深入开展。

在刑事审判中,人民法院严把案件事实关、证据关、程序关和适用法律关,加大司法领域的人权保障力度,保证无罪的公民不受法律追究,全年共宣告无罪6597人。江苏省徐州市中级人民法院在审理一起可能判处死刑的故意伤害案时,发现被告人身份存有疑点,经认真审查,此人并非真凶,据此依法宣告其无罪,避免了冤案的发生。最高人民法院向全国法院发出通报,再次强调,必须把案件特别是死刑案件办成铁案。

积极参与社会治安综合治理。通过庭审直播、选择典型案件集中报道等形式,进行法制宣传,扩大办案效果。去年,参加旁听审判的群众达9800多万人次。对未成年人犯罪,坚持教育、感化、挽救的方针,完善适合未成年人心理、生理特点的审判方式,全国法院2500多个少年法庭,有7500多名法官专门从事未成年人审判工作。各级法院根据审判中发现的治安隐患和管理漏洞,及时提出司法建议4314份,对预防和减少犯罪起了积极作用。

(三)依法调节经济关系和其他社会关系。依法审理涉及企业改制、购销、借贷、农业和农村经济发展、金融以及海事海商纠纷等案件,有利于市场经济活动健康有序进行和市场信用的建立。全年共审结这几类案件1276601件。针对一些地方借企业破产、改制之机逃废债务问题,人民法院准确适用法律和国家政策,努力防止"假破产、真逃债"。针对证券市场中侵权民事纠纷不断发生的情况,最高人民法院就受理证券市场因虚假陈述引发的民事侵权案件有关问题作出规定,有利于保护广大投资者的合法权益,维护证券市场秩序。

根据修改后的专利法、著作权法和商标法,最高人民法院及时制定相关司法解释,为审理集成电路布图设计、植物新品种等新类型案件提供了具体依据。全年共审结知识产权案件5041件,保护智力成果,推动科技进步和创新。

为正确适用修改后的婚姻法,最高人民法院制定了《关于适用〈中华人民共和国婚姻法〉若干问题的解释(一)》,对婚外同居的认定、探望子女权的行使以及过错方赔偿等问题作出具体规定。在制定这部司法解释中,征求了2000多名全国人大代表的意见,听取了专家学者和社会各界的建议。人民法院审理婚姻家庭案件,坚持有利于保护妇女、老人、儿童和无过错方的合法权益,有利于群众的生产、生活,有利于树立良好道德风尚的原则。全年共审结这类案件1394677件,促进家庭和睦和社会文明进步。

人民法院重视审理劳动争议案件,全年共审结100440件,比上年上升33%,保护劳动者的合法权益,保障有效劳动合同得以履行。

认真审理行政案件,全年结案首次超过10万件,维护当事人的合法权益,保障合法的具体行政行为得到实施。人民法院还依法处理国家赔偿案件6753件,促进依法行政和公正司法。

为加强涉军案件的审判,最高人民法院会同有关部门,发出了《关于重视解决部队官兵涉法问题维护军人及其家属合法权益的通知》,对依法及时妥善处理涉军案件提出明确要求,促进军政军民团结,维护国防利益。

认真落实司法救助制度,对合法权益受到侵害但经济确有困难的当事人,实行诉讼费的减、缓、免,对盲、聋、哑人,还为其聘请辩护人或代理人,使他们的诉讼权利得以保障。全年实施司法救助的案件30多万件,决定减、缓、免交诉讼费8.39亿元。有条件的法院还对申请执行人,不预收执行费。

最高人民法院根据"一国两制"方针和香港、澳门两个基本法,与澳门特别行政区达成了两地法院就民商事案件相互委托送达司法文书和调取证据的安排,推动了两地的司法交流与协助;与香港特别行政区司法协助工作进展顺利。此外,根据《关于人民法院认可台湾地区有关法院民事判决的规定》,人民法院已经开展相关工作。

(四)加强和改进执行工作。去年,全国法院进一步加强执行机构建设,调整充实执行队伍,改进执行方式，加大执行力度，全年共执结案件254万件，执结标的总金额3150亿元。

加强直接关系人民群众切身利益和社会安定的案件的执行。对涉及抚养费、赡养费、养老金、退休金、劳动保险、劳动报酬等案件，优先予以执行。全年共执结6万余件，保证申请执行人基本生活不受影响。对金融、证券、借贷等案件加大执行力度，全年共执结30万余件，维护正常的经济秩序。

针对一些案件执行困难的问题，最高人民法院积极进行执行体制改革，确立高级人民法院统一管理、统一协调执行工作新机制；建立以委托执行为主的执行工作格局，限制和减少跨省区市异地执行。各级法院大力推行集中执行等措施，提高执行效率。健全监督制约机制，对不按照法定程序和裁判内容执行的违法违纪行为，予以严肃查处，全年共处理264人。同时，依法制裁暴力抗法行为，维护法律的严肃性和权威性。

二、积极做好加入世界贸易组织的司法准备工作

我国加入世贸组织对审判工作提出了更高要求，依法独立公正地审理好各类案件，关系党和国家工作大局，关系国家法治形象。最高人民法院深感责任重大，近年来，积极采取措施，全面部署司法准备工作。

(一)转变司法观念，做好思想准备。最高人民法院要求全体法官进一步强化法治观念，所有审判活动都要严格依法进行；强化国家安全和经济安全观念，预防和打击跨国犯罪；强化权利平等观念，坚持在诉讼程序和实体裁判上公平对待本国和外国当事人；强化公开审判观念，做到审判规则公开、庭审过程公开、裁判文书公开；强化法制统一观念，排除各种干扰，正确适用法律；强化改革创新观念，及时研究、妥善解决审判实践中的新情况、新问题。

(二)理顺涉外审判机制，做好组织准备。加强涉外民商事审判组织建设，规范涉外审判程序。为统一司法标准，提高审判质量，实行涉外民商事案件集中管辖，由审判力量相对较强的法院集中受理涉外民商事案件。最高人民法院还开通了中国涉外商事海事审判网站，增强涉外审判的公开性和透明度。

(三)加强世贸组织规则的学习，做好人才准备。举办世贸组织规则知识讲座，邀请参加谈判的官员和专家授课。国家法官学院举办多期以高级法官为对象的世贸组织规则培训班，使从事涉外审判的法官尽快了解和掌握与世贸组织规则相关的司法业务。从全国法院选送200多名优秀中青年法官到国外和香港特别行政区进修深造，目前已有百余人学成归来，并成为涉外审判业务骨干。

(四)清理、制定司法解释，做好审判实务准备。最高人民法院坚持符合宪法和法律，符合世贸组织规则与我国的承诺，符合我国加入的国际公约三条标准，对新中国成立以来本院颁布的2600多件司法解释及司法解释性文件进行了全面清理，废止的177件已向社会公布。同时，抓紧制定、修订一批司法解释，为加入世贸组织后准确适用法律提供依据。

三、继续推进法院改革

紧紧围绕“公正与效率”主题，认真落实《人民法院五年改革纲要》确定的39项改革任务，其中35项已取得明显进展。去年，重点抓了以下四个方面的改革。

(一)以证据制度改革为重点，完善诉讼制度。最高人民法院制定了《关于民事诉讼证据的若干规定》，进一步规范和强化当事人的举证责任，明确当事人的举证时限和审判人员调查取证的范围，更加方便当事人通过诉讼维护自己的合法权益，也有利于法官查明案件事实，公正、高效地审理案件。

(二)以再审制度改革为重点，加强审判监督工作。最高人民法院启动审判监督制度改革，规范刑事再审案件开庭审理程序，确定再审案件立案标准，在确保公民行使申诉权的前提下，维护终审裁判的稳定性，减轻当事人的诉讼负担。对已经生效的判决和裁定，发现确有错误的，及时依法改判。全国法院审结检察机关提出的抗诉案件共21098件，其中抗诉理由成立依法予以改判的4697件，原判正确依法予以维持的7440件，检察机关撤回抗诉的1055件，因有新的证据或原判事实不清而发回重审的1538件，双方当事人自愿作调解、和解等处理的6368件。

(三)以法官制度改革为重点，推进法官职业化建设。根据法官法的规定，人民法院完成了法官等级评定工作，进行了确定法官员额、书记员单独职务序列等改革试点，对法官与法院行政人员实行分类管理，突出法官的职业特点。

(四)以审判组织改革为重点，促进审判机制创新。人民法院机构改革全面铺开。审判长和独任审判员选任工作已经完成，院长、庭长、审判长、独任审判员、书记员的职责更加明确。合议庭的作用得到强化，除重大、复杂、疑难案件提交审判委员会讨论外，其他案件由合议庭自行裁决，真正做到权责一致。这些改革措施已经初见成效，为更深层次的法院改革奠定了基础。

四、努力加强法官队伍建设

实现“公正与效率”主题，关键在于建设一支高素质的法官队伍。一年来，全国法院认真开展法官职业道德教育，整顿领导班子，整顿审判纪律，整顿工作作风，努力提高司法水平。

加大思想政治建设力度。认真学习江泽民同志“七一”重要讲话和“三个代表”重要思想，进一步解

决掌好审判权、用好审判权这一根本问题。通过学习和教育，全国法院涌现了以福建省厦门市中级法院、河北省廊坊市中级法院为代表的一批先进集体。一批先进个人成为人民法官的楷模，如黑龙江省大庆市让胡路区法院法官顾双彦，铁面无私、秉公司法，近年来审理2000多起案件，没有一起错案，没有一件超审限，被群众誉为“铁案法官”；广西上思县法院法官廖威为保护学校师生安全，勇斗歹徒，壮烈牺牲；浙江省温州市瓯海区法院法官张晓东、广东省深圳市中级法院法官陈麟基，勤奋工作，积劳成疾，以身殉职。最高人民法院通过表彰先进典型，努力在全国法院形成积极进取、奋发向上的良好氛围。

加大职业道德建设力度。最高人民法院认真落实《公民道德建设实施纲要》，把职业道德建设作为队伍建设的一项重要内容，制定了《法官职业道德基本准则》，要求法官保障司法公正，提高司法效率，保持清正廉洁，遵守司法礼仪，加强自身修养，约束业外活动。“准则”的颁布，确立了具有中国特色的法官道德自律体系。

加大培训工作力度。最高人民法院举办各类培训班23期，培训法官2000余人，比上年增加一倍。各高级人民法院共培训法官3.5万人，也比上年增加一倍多。法官在职学历、学位教育继续取得进展。在最高人民法院的统一安排下，东、西部地区的法院互派100名法官挂职锻炼，取长补短，共同提高。

加大基层基础建设力度。继续把队伍建设的重点放在基层。深入开展“两满意”活动，整顿审判纪律和作风。最高人民法院和高级人民法院建立基层联系点，以点带面，促进基层法院改善办案条件，提高审判水平。从法官教育培训、专项经费补助等方面，对西部地区基层法院给予倾斜。召开全国法院援藏工作座谈会，认真落实对口援藏任务。经过努力，基层法院的各项工作有所加强。

加大廉政建设力度。坚持审判抓公正，队伍抓廉政。全国法院认真落实回避制度，全年审判人员主动提出回避的共有13391人次。继续执行领导检讨责任制，去年，有3位高级人民法院院长到最高人民法院检讨了责任。严格执行违法违纪审判责任追究办法，禁止法院内部人员替当事人说情、打听案情，对直接或间接利用职务之便牟取不当利益等行为予以严肃查处。去年有995名法官和其他工作人员被追究党纪、政纪责任；有85人被追究刑事责任。沈阳市中级人民法院原院长贾永祥因贪污、受贿、挪用公款被判处无期徒刑。最高人民法院认真开展警示教育，专门发出通报，要求汲取教训，警钟长鸣。

各位代表，去年，最高人民法院进一步改进接受全国人大及其常委会监督工作。认真办理人大代表和政协委员的提案、建议，全国人大常委会办公厅、全国政协办公厅转来提案、建议95件，全部在规定期限办复。对全国人大常委会在检查刑事诉讼法实施情况时提出的有关案件，立即派员调查，及时报告处理结果。坚持重大事项通报制度，向全国人大常委会专题汇报开展“严打”整治斗争情况。健全人大代表联络机构，基本保证了同全国人大代表联络渠道的畅通。完善邀请人大代表视察、检查工作和旁听审判制度。全国法院共邀请各级人大代表旁听审判49000余人次，增进了人大代表和人民群众对审判工作的了解。

过去的一年，人民法院工作取得了一定成绩，这是党的领导和人大及其常委会监督的结果，也是政府、政协以及社会各界大力支持的结果。在此，我代表最高人民法院向关心、爱护、理解、支持法院工作的人大代表和政协委员表示谢意。

各位代表，我们清醒地认识到，人民法院工作离人民群众的要求还有相当差距。主要是：一些法官素质不高，法律适用水平低，驾驭审判活动能力差，不能适应形势发展需要；一些法官审判作风不正，办事拖拉、态度冷漠、工作推诿、脱离群众；一些法院对法官管理不严，违法违纪问题时有发生，极少数法官甚至个别法院领导徇私枉法，贪赃受贿；一些法院民事案件执行困难的问题仍未得到缓解；一些法院制止暴力抗法事件不力，去年全国法院共遭遇暴力抗法事件760余起，800余名法官和其他工作人员被殴打致伤，多名法官被杀害；一些法院审判设施落后，交通通讯装备短缺陈旧，业务经费严重不足，影响审判工作正常开展。这些长期存在的问题尚未得到根本解决，与我们监督不力，指导不够及时，治本力度不大有关。对此，我们将以高度的责任心，认真总结经验教训，分析产生问题的根源，有针对性地采取得力措施，努力加以解决。

五、继续开拓人民法院工作新局面

2002年是党和国家历史上具有重大意义的一年，做好各项工作至关重要。我们要以邓小平理论和党的十五大精神为指导，按照“三个代表”要求，忠实履行宪法和法律赋予的职责，继续依法严厉打击颠覆国家政权、破坏国家统一的犯罪，恐怖犯罪，组织和利用“法轮功”等邪教组织破坏法律实施的犯罪，维护国家安全。继续依法严惩黑社会性质组织等各种严重刑事犯罪，为实现两年内社会治安状况明显进步的目标作出努力。继续依法惩处破坏市场经济秩序犯罪和贪污贿赂犯罪，加强大案要案的审判，为经济发展和社会进步创造良好的法制环境。继续加强民商事、行政案件审判工作和执行工作，保护公民、法人和其他组织的合法权益。继续支持西部地区法院建设，努力为西部大开发战略的顺利实施提供司法保障。继续做好我国加入世贸组织后的司法应对工作，适应新形势对审判工作的要求。为完成上述任务，要着力抓好以下几项工作。

第一，强化职责意识，维护司法公正。要把根据证据认定事实，依据法律作出裁判，保护最广大人民的根本利益，作为司法公正的标准和奋斗目标。在刑事审判中，坚决贯彻罪刑法定原则和罪刑相适应原则，慎审明断，不枉不纵；在民商事审判中，平等保护不同诉讼主体、不同地域当事人的合法权益，中立公正，不偏不倚；在行政审判中，严格履行司法审查职责，保护公民的合法权益，维护行政机关依法行政。

第二，强化审限意识，提高司法效率。依法扩大简易程序审理案件的范围，简化简易案件裁判文书的制作，推行案件流程管理制度，保证案件在法定期限内审结，使当事人尽快解脱纠纷，合法权益得到及时有效的保护。

第三，强化服务意识，弘扬司法文明。在诉讼中，实行各种便民措施，为群众排忧解难。继续推行并完善体现公正和文明的司法救助制度。实行国家赔偿听证程序，确保受到侵害的公民获得司法救济。推广一些地方法院先执行后收费的做法，减轻当事人的经济负担，让打赢官司的当事人最大限度地实现自己的合法权益。

第四，强化创新意识，深化司法改革。法院改革是司法改革的重要组成部分，要在宪法和法律规定的原则范围内，按照审判工作规律，稳步推进。继续开展审判监督制度、证据制度和审判方式等改革。搞好地方法院机构改革。要规范司法秩序，改善司法环境，完善有中国特色的司法制度。

第五，加强队伍建设，确保司法廉洁。严格执行法官法，一律从通过国家司法考试取得任职资格的人员中择优录用法官。加强法官职业培训，尽快造就一大批思想品德端正，法律功底深厚，司法业务娴熟的职业法官。加强对法官的职业道德教育，培养法官忠实于法律，忠实于人民，刚正不阿，清正廉洁的道德素养。贯彻党的十五届六中全会精神，最高人民法院决定把今年作为转变审判作风年，认真解决少数法官审判作风不正的问题。进一步严明法纪，健全监督制约机制，严肃查处利用审判权、执行权贪赃枉法的人和事，构成犯罪的，坚决从严惩处。

各位代表，人民司法事业和全国各项事业一样，正处于全面发展的重要时期。我们要紧密团结在以江泽民同志为核心的党中央周围，继续高举邓小平理论伟大旗帜，深入实践“三个代表”重要思想，坚决贯彻九届全国人大五次会议精神，紧扣“公正与效率”主题，突出重点抓审判，坚定不移抓改革，坚持不懈抓队伍，扎扎实实抓基层，以优异的成绩迎接党的十六大召开，在依法治国，建设社会主义法治国家进程中作出更大的贡献。

最高人民检察院检察长韩杼滨作《最高人民检察院工作报告》

各位代表：

现在，我代表最高人民检察院向大会报告工作，请予审议，并请全国政协各位委员提出意见。

2001年，全国检察机关以邓小平理论和江泽民同志的“三个代表”重要思想为指导，认真贯彻九届全国人大四次会议精神，依法履行法律监督职责，检察工作取得了新的进展。

一、积极投入严打整治斗争，维护社会稳定

去年，检察机关坚决贯彻党中央关于开展严打整治斗争的重大决策，把维护稳定作为首要任务，与公安机关、人民法院等部门通力协作，开展打黑除恶、治爆缉枪等专项斗争，依法严厉打击严重刑事犯罪，集中整治治安混乱地区和突出的治安问题，认真落实综合治理措施，为严打整治斗争取得阶段性成果作出了积极贡献。全年共批准逮捕各类刑事犯罪嫌疑人841845人，提起公诉845306人，比上年分别上升17.6%和19.2%。

坚持依法从重从快方针，突出打击黑恶势力等三类严重刑事犯罪。始终把黑社会性质组织犯罪和流氓恶势力犯罪，爆炸、杀人、抢劫、绑架等严重暴力犯罪，盗窃等严重影响群众安全感的多发性犯罪作为打击重点，特别是把称霸一方、欺压群众、作恶多端的黑恶势力犯罪作为重中之重，依法严厉打击。最高人民检察院加强宏观指导和督促检查，对严打中的适用法律问题及时作出司法解释，直接督办了381件重大黑恶势力犯罪案件。各级检察机关适时介入重大案件的侦查活动，依法从快批捕、从快起诉；坚持重事实、重证据，严格掌握法律政策界限。在严打整治中，共批准逮捕三类重点案件犯罪嫌疑人454587人，提起公诉455942人，有力地打击了犯罪分子的嚣张气焰。

把打黑除恶与反腐败斗争结合起来，深挖黑恶势力后台和“保护伞”。对充当黑恶势力后台和“保护伞”的国家工作人员职务犯罪案件，集中力量，深挖严查，上级检察院直接查办或派员督办。全年立案侦查此类犯罪案件279件345人。这些人员中，有的收受贿赂，包庇、纵容黑恶势力犯罪活动；有的泄露案情，为犯罪分子通风报信、出谋划策；有的为黑恶势力的非法经营活动提供保护；有的本身就是黑社会性质组织的重要成员。对这些腐败分子的查处，推动了严打整治斗争的深入开展。

积极参加整顿和规范市场经济秩序工作，严惩经济领域的犯罪活动。检察机关与有关部门密切配合，依法严厉打击制售假冒伪劣食品、药品等严重危害人民生命健康的犯罪活动，以及偷税骗税、金融诈骗、走私和传销等严重破坏市场经济秩序的犯罪活动。全年共批准逮捕此类犯罪嫌疑人26002人，提起公诉23526人。最高人民检察院会同有关部门制定了经济犯罪案件追诉标准，就办理制售伪劣商品刑事案件等问题作出司法解释，并直接督办了195件重大犯罪案件。为加大打击力度，检察机关加强了与行政执法机关的协调，进一步完善行政处罚与刑事追究相衔接的工作机制，依法查办了397名涉嫌徇私舞弊不移交刑事案件犯罪的行政执法人员，纠正了一批有罪不究、以罚代刑的案件。

严厉打击暴力恐怖犯罪，依法惩治邪教组织犯罪活动。对恐怖势力、宗教极端势力和民族分裂势力组织、策划的爆炸、杀人、纵火等犯罪活动，坚决依法打击，维护国家安全和公共安全。美国“9·11”事件后，最高人民检察院与最高人民法院、公安部发出了严厉打击恐怖犯罪活动的通知；倡议并主办了亚欧国家总检察长会议，促进了打击跨国有组织犯罪的司法协作。依法打击邪教组织犯罪活动，批捕、起诉了一批组织和利用“法轮功”等邪教组织破坏法律实施、危害社会治安的犯罪分子。

二、加大查办和预防职务犯罪的力度促进廉政建设和反腐败斗争

集中力量查办了一批贪污贿赂犯罪大案要案。全年共立案侦查贪污贿赂犯罪案件36447件40195人，为国家挽回直接经济损失41亿多元。在查办的案件中，犯罪数额百万元以上的1319件，涉嫌犯罪的党政领导机关、行政执法机关、司法机关和经济管理部门工作人员9452人，县处级以上干部2670人，李嘉廷等6名省部级干部依法受到追究。查办在国有企业转制、重组过程中私分、侵吞、转移国有资产的贪污贿赂犯罪嫌疑人17920人，促进了国有企业的改革和发展。继续加大对行贿犯罪的打击力度，对为谋取不正当利益，不择手段拉拢腐蚀国家工作人员，情节严重的行贿犯罪，依法严肃查办，全年共立案侦查1906件，比上年上升39.4%。根据近年来贪污贿赂犯罪嫌疑人携款潜逃增多的情况，最高人民检察院与公安部联合部署，开展集中追逃专项行动，采取网上通缉、异地协作、敦促自首等措施，抓获在逃犯罪嫌疑人3046名，追缴赃款6.8亿多元。

严肃查办了一批国家机关工作人员渎职、侵权犯罪案件。针对渎职犯罪危害严重的情况，最高人民检察院制定了重特大渎职案件标准，与有关行政执法机关建立了案件移送制度，加强了对查办渎职犯罪工作的指导。全国检察机关共立案侦查滥用职权、玩忽职守等渎职犯罪案件8819件。加强对公民人身权利、民主权利的司法保障，立案侦查涉嫌非法拘禁、刑讯逼供、暴力取证、报复陷害等犯罪的国家机关工作人员1983人。

预防职务犯罪工作取得明显进展。检察机关认真落实标本兼治、从源头上预防和治理腐败的方针，大力加强预防职务犯罪工作。一是把检察预防融入反腐败斗争和综合治理的总体格局，积极推动建立社会化预防组织1300多个。检察机关在预防网络中充分发挥职能作用，针对办案中发现的漏洞和问题，向发案单位和有关部门提出检察建议28500多件。开展专题调研，研究发案规律和防范措施，有4000多条预防对策建议被当地党委和政府采纳。二是最高人民检察院与中央有关主管部门联合部署，在金融证券、国有企业、海关、建筑、医药等八个行业和领域开展系统预防，协助有关部门和单位完善制度，加强管理，健全监督制约机制。三是在交通、能源、水利等重大建设工程中开展专项预防，帮助建立防范机制，减少了职务犯罪和建设资金流失。西部地区检察机关围绕国家重大基础设施、生态环境工程建设，积极开展预防工作，取得了良好成效。

三、强化诉讼监督，维护司法公正和法制尊严

加强刑事诉讼监督，注意防错防漏，不枉不纵。各级检察机关围绕严打整治斗争加强刑事诉讼监督，坚持打击犯罪与保障人权并重。一方面，以防止打击不力为重点，依法纠正有案不立、以罚代刑、重罪轻判等问题。对侦查机关应当立案而未立案的，依法监督立案18447件；对应当逮捕而未提请批准逮捕的，决定追捕13341人；对应当起诉而未移送起诉的，决定追诉6440人。对确有错误的刑事判决、裁定，提出抗诉3875件。对违反规定不交付执行，以及违法减刑、假释、暂予监外执行的，依法督促纠正8548人次。另一方面，注重保障诉讼参与人的诉讼权利，严把事实关、证据关和适用法律关，纠正刑讯逼供、超期羁押等违法行为。依法决定不批准逮捕93760人，不起诉26373人。对侦查、审判和刑罚执行活动中的违法情况，提出书面纠正意见21278件次。对超期羁押的，依法提出纠正意见66196人，已纠正56389人。

加强民事审判和行政诉讼监督，督促纠正裁判不公问题。针对影响民事审判和行政诉讼监督实效的问题，最高人民检察院制定了《人民检察院民事行政抗诉案件办案规则》。各级检察机关认真审查当事人申诉，注重对判决、裁定严重侵害国家利益、社会公共利益和当事人合法权益的案件，以及因枉法裁判导致司法不公的案件进行监督。据检察系统统计，全年依法提出抗诉16488件，法院已审结10145件，其中改判

5377件，撤销原判发回重审900件。对裁判正确的，耐心细致地做好息诉工作。

严肃查办司法人员贪赃枉法犯罪案件，促进公正司法。检察机关在诉讼监督工作中，注意查办司法不公背后的职务犯罪案件。对司法人员滥用职权、索贿受贿、枉法追诉、枉法裁判、私放在押人员，以及徇私舞弊减刑、假释、暂予监外执行等犯罪案件，坚决依法查处。全年共立案侦查涉嫌此类犯罪的司法人员4342人。

加强控告申诉检察工作，努力解决告状难、申诉难问题。大力开展文明接待活动，为群众解决实际问题，全年共办理群众来信来访656080件次。坚持检察长接待日制度，各级检察长共接待群众来访188116人次，对其中属于检察机关管辖的72346件直接督办，当年办结55336件。认真办理刑事申诉和刑事赔偿案件，对确有错误的777件依法予以纠正，决定给予刑事赔偿。为加快控告申诉问题的解决，减轻当事人的诉讼负担，一些地方检察机关实行控告申诉首办责任制，力求将问题解决在基层，解决在首次办理环节。

四、加强自身建设，提高队伍整体素质和执法水平

开展集中教育整顿，提高队伍政治业务素质。一是加强思想政治教育。组织广大检察人员深入学习江泽民同志的“七一”重要讲话和“三个代表”重要思想。进行理想信念、职业道德和纪律作风教育。开展向生死关头解救人质、制服歹徒的湖南省道县检察长付玲玲，秉公执法、清正廉洁的北京市检察院第一分院副检察长方工等模范检察官学习的活动，大力弘扬公正执法、热情服务的良好风尚。二是开展执法大检查。各地共自查和交叉检查近三年来办理的有关案件55万多件，对发现的违反程序、执行办案纪律不严等问题进行认真整改，对处理错误的案件进行了纠正。针对这些问题，最高人民检察院制定了《检察机关办理案件必须严格执行的六条规定》。对检察机关现任处以上领导干部配偶、子女和检察人员离职、退休后从事律师职业，进行了清理和规范。三是坚持从严治检。严肃查处违法违纪的检察人员406人，其中追究刑事责任56人。沈阳市检察院原检察长刘实贪污、受贿、泄露国家秘密，被判处有期徒刑20年。认真落实党风廉政建设责任制，全年有60名领导干部被追究责任，7个省级检察院的负责人到最高人民检察院检讨责任。四是加强教育培训。组织了全国检察人员基本素质统一考试，促进干警熟练掌握专业知识。全年共培训各级检察长和业务骨干34000多人，组织11000多人参加法律本科或研究生学习，选送一批优秀检察官出国进修，促进了队伍整体素质的提高。

继续开展争创“五好”活动，深入推进基层检察院建设。采取上级检察院挂牌攻坚、集中培训检察长等措施，重点推动467个工作滞后的基层检察院转变面貌。对其中的210个院领导班子和129名检察长，商同地方党委和人大进行了调整。对已经实现“五好”基本要求的检察院进行抽查，实行动态管理，推动建立长效机制。经过努力，检察机关基层基础工作薄弱的状况有了新的改进。最高人民检察院从干部教育培训、专项经费补助等方面，加大了对西部地区检察机关的扶持力度。继续选派检察官到西部巡讲支教，组织东西部地方检察院互派干部挂职锻炼。在拉萨召开了西藏检察工作座谈会，研究加强西藏检察工作，落实对口援藏任务。

深化改革，为检察工作注入生机与活力。最高人民检察院和省级检察院建立了侦查指挥中心，提高了检察机关查办职务犯罪大要案工作的整体效能。推行审查逮捕方式改革，强化对证据的审查，依法引导侦查取证，提高了办案质量和效率。到去年年底，实行主诉检察官办案责任制的检察院达到2729个，择优选任的9022名主诉检察官在严打整治中发挥了骨干作用。27个省级检察院完成了机构改革。在全系统进一步推行竞争上岗、双向选择，对一批检察院领导干部和反贪局长进行了异地交流和内部轮岗。积极推进科技强检。全国检察机关一级专线网已经开通，一些检察院建成了计算机局域网，配备了举报电话自动受理系统和多媒体法庭示证系统，增强了发现、揭露和证实犯罪的能力。

自觉接受监督，切实加强和改进工作。各级检察机关主动向人大汇报工作，加强与人大代表和政协委员的联系，邀请代表和委员视察，听取批评、意见和建议，不断改进工作。去年最高人民检察院收到全国人大代表和政协委员的建议和提案65件，已全部办结。按照全国人大常委会关于改进刑事诉讼执法工作的要求，对检察环节的超期羁押、刑讯逼供等问题进行了检查清理，纠正超期羁押2226人。深化检务公开，认真接受人民群众监督和新闻舆论监督。推行不起诉案件、刑事申诉案件和民事行政抗诉案件公开审查制度，以公开促公正。

一年来，检察工作有了新的进展，但仍然存在不少问题。过去的问题，经过努力，有的有所改进，有的还没有得到解决。主要表现在：一是对司法活动中有法不依、执法不公等问题，监督力度不够。特别是民事审判和行政诉讼监督，缺乏有效的监督办法和手段，仍然是法律监督工作的薄弱环节。二是在执法作风上，少数单位受利益驱动违法违纪办案的现象仍时有发生；有的检察人员为民执法的宗旨意识不强，作风粗暴，特权思想严重，办关系案、人情案，甚至徇私舞弊、贪赃枉法。一些检察院和领导干部存在形式主义、官僚主

义,有的工作部署和管理制度没有落实。三是一些检察人员执法观念陈旧,业务素质和执法水平偏低,证据意识、程序意识不强,办案质量不高,不适应新形势下工作发展的要求。四是经费保障机制不健全,检察工作科技含量低,办案经费紧缺,装备落后,边远贫困地区的基层检察院困难更大,影响了工作开展。最高人民检察院在工作指导上不够深入,对上述问题研究、解决的力度不够,负有领导责任。我们将采取有力措施,进一步强化法律监督,提高队伍素质,深化管理制度改革,努力解决存在的问题,推动检察工作不断发展。

各位代表:

今年是我们党和国家历史上具有重要意义的一年。面对新的形势和任务,检察机关要以邓小平理论和江泽民同志的"三个代表"重要思想为指导,紧紧围绕改革发展稳定的大局,认真履行法律监督职责,继续深入开展严打整治斗争,严厉打击暴力恐怖犯罪、黑社会性质组织犯罪,深挖黑恶势力后台和"保护伞",依法打击邪教组织犯罪活动,积极参加整顿和规范市场经济秩序工作,坚持不懈地打击制假售假、偷税骗税、金融诈骗、走私和传销等严重破坏市场经济秩序的犯罪,为维护国家安全、经济安全和社会稳定作出新贡献;进一步加大查办贪污贿赂、渎职犯罪案件力度,集中力量查办大案要案,继续加强发案单位个案预防、重点行业系统预防和重大工程专项预防,综合运用检察职能,更好地为西部大开发和国有企业改革发展服务,在推进党风廉政建设和反腐败斗争方面取得新成效;大力强化刑事诉讼、民事审判和行政诉讼监督,依法监督纠正诉讼活动中的违法行为,坚决查办司法不公背后的贪赃枉法犯罪,在维护司法公正和法制统一方面取得新进展,努力推进依法治国,为改革开放、经济建设和社会安定创造良好的法治环境。为确保上述任务的完成,我们将重点做好以下工作:

第一,突出"强化监督,公正执法"的主题,推动法律监督工作与时俱进。增强法律监督意识,努力探索加强民事审判和行政诉讼监督以及刑罚执行监督的有效途径和方法,积极提出完善监督程序的立法建议,加大监督力度,提高监督实效,维护法律的统一正确实施。增强公正执法和保障人权意识,严格执行实体法和程序法,保障司法公正,坚决排除通过刑讯逼供等非法手段获取的证据,支持律师依法履行职责,切实保障诉讼参与人的诉讼权利,保障无罪的人不受刑事追究。增强接受监督和制约意识,自觉接受人大、政协和社会各界监督,强化内部制约机制,制定审查批捕、审查起诉案件证据标准和职务犯罪办案质量考评标准,落实错案责任追究制度,规范执法行为,严格办案纪律,切实保证检察权的正确行使,实现法律效果和社会效果的有机统一。

第二,做好应对加入世界贸易组织的检察工作,努力适应改革开放的新要求。认真研究加入世贸组织后检察工作面临的新情况、新问题,按照法制统一、公开透明和非歧视原则,进一步更新执法观念,完善执法机制,加强司法解释工作,增强执法透明度和公信度,依法平等保护各类市场主体的合法权益,维护社会主义市场经济的良好秩序。把握经济领域犯罪的新动向、新特点,依法严厉打击侵犯知识产权、洗钱等犯罪活动,维护国家经济安全。在检察人员中进一步普及世贸组织知识,开展专项培训,培养一批懂法律、懂外语、懂经济的复合型人才。扩大国际交流和司法协作,打击跨国有组织犯罪,做好涉外案件的检察工作,为我国加入世贸组织后进一步扩大对外开放提供司法保障。

第三,深化检察改革,创新管理机制,提高执法水平和工作效率。深化侦查监督和公诉工作改革,建立和规范适时介入侦查、引导侦查取证、强化侦查监督的工作机制,完善主诉、主办检察官办案责任制。改革职务犯罪侦查工作,建成上下一体、反应灵敏的侦查指挥和协作机制,提高突破大要案的整体能力。按照精简、统一、效能的原则,抓紧完成地方检察院机构改革。扩大检察人员分类管理试点,探索建立符合司法规律和检察工作特点的队伍管理机制。大力推进科技强检,加强信息技术在检察工作中的应用,提高办公、办案信息化水平。

第四,以改进执法作风为重点,进一步加强队伍建设。认真贯彻党的十五届六中全会精神,按照中央关于把今年作为转变作风年的要求,着重解决执法作风方面存在的突出问题。加强思想作风建设,牢固树立正确的权力观,增强执法为民的宗旨意识。不断改进控告申诉检察工作,全面推行控告申诉首办责任制,更好地为群众排忧解难。改进领导作风和工作作风,切实克服形式主义和官僚主义,纠正特权思想、霸道作风。按照以德治国的要求,实施《检察官职业道德规范》,强化职业自律,弘扬忠诚、公正、清廉、严明的检察官职业道德。坚持从严治检,严格执行党风廉政建设责任制,严肃查处检察人员违法违纪案件。认真落实修改后的检察官法,从通过国家统一司法考试的人员中择优选任检察官,抓紧组织对现任检察官的教育培训,优化队伍结构,推进检察官队伍的专业化建设。

第五,坚持不懈地推进基层检察院建设。最高人民检察院在总结三年基层检察院建设经验的基础上,制定了《人民检察院基层建设纲要》。我们将以确保公正执法为目标,以规范管理和提高执法水平为重点,继续狠抓基层检察院建设,进一步提高基本素质,加强基础工作,完善基本保障,在新的起点上把基层检察院建设继续向前推进。

各位代表，在新的一年里，检察机关将紧密团结在以江泽民同志为核心的党中央周围，高举邓小平理论伟大旗帜，深入实践“三个代表”重要思想，认真贯彻本次全国人大会议精神，开拓创新，扎实工作，以检察工作的新成绩迎接党的十六大胜利召开！

国家主席江泽民参加辽宁黑龙江代表团全体会议

江泽民指出，今后一个时期，国有企业改革仍然是经济体制改革的中心环节。要紧紧依靠工人阶级，推进国有企业的改革和发展。在农业和农村经济发展的新阶段，要坚持以农民增收为目标，积极探索适合本地区农业发展的路子。

在认真听取辽宁代表团的代表发言后，江泽民说，辽宁是我国重要的工业基地，为社会主义建设作出了重大贡献。近几年，辽宁省委省政府按照中央部署，深化国有企业改革，推进经济结构调整和企业改组改造，探索建立社会保障体系，取得了一定成效。他说，推进企业改革和发展，振兴老工业基地，做好各方面的工作，都必须紧紧依靠工人阶级和广大人民群众，充分发挥他们的主动性、积极性、创造性。职工的劳动应当得到尊重，合法权益必须得到保护。没有广大职工的积极努力和辛勤劳动，任何企业都不可能办好。

江泽民指出，要加快建立社会保障体系，确保社会稳定。要调整财政支出结构，通过多种渠道充实社会保障资金。领导干部要特别注意深入到企业基层、职工群众和社区家庭中去，调查研究，了解实情，把党和国家的各项政策措施落实到千家万户。各级党委和政府要充分认识就业问题的重要性，拓展就业渠道，增加城乡就业。要通过扶持劳动密集型企业，支持中小企业和非公有制企业，发展包括社区服务在内的各类服务业，努力解决就业问题。

江泽民说，党员干部勤政廉洁，不仅直接关系党和国家路线方针政策的落实，也关系人心向背和党的执政地位的巩固。要切实按照德才兼备的标准选人用人，并严格管理和监督。加强党员干部的思想教育，树立正确的权力观，提高拒腐防变的能力。推进制度建设，坚持标本兼治，综合治理，从源头上预防腐败，努力铲除腐败现象滋生的土壤和条件。

在黑龙江代表团的全体会议上，江泽民在听取了代表们的发言后说，黑龙江是农业大省，是全国重要的商品粮基地，多年来为国家作出了重大贡献。近几年，黑龙江省委、省政府按照中央的部署，坚持以农民增收为目标，积极探索适合本地区农业发展的路子，取得了明显成效。

江泽民指出，继续推进农业结构调整，是农业增效、农民增收的根本途径。调整农业结构，要突出特色，避免产业趋同。要发展绿色食品，确保食品安全。要发展农业产业化经营。扶持产业化就是扶持农业，扶持龙头企业就是扶持农民。我们要根据农业发展的需要和世贸组织规则的要求，加大支农力度，转变支农方式。

江泽民指出，改革仍然是新阶段解放和发展农村生产力的强大动力。要尊重农民和基层的首创精神，按照“多予、少取、放活”的原则，积极推进农村各方面的改革，把农民的积极性调动好，保护好，发挥好。不断增强农村经济发展的活力。要在稳定土地承包关系的前提下，按照“依法、自愿、有偿”的原则建立土地使用权流转机制，不得侵害农民的土地承包权、经营自主权和收益分配权。

全国政协副主席李贵鲜代表出席了辽宁代表团的全体会议。

全国人大常委会委员长李鹏参加河北代表团审议

听取代表们发言后，李鹏说，河北近些年来经济取得较快发展，人民生活得到进一步改善。他希望河北在现有的基础上大力发展高新技术产业，用新兴技术改造传统产业，在巩固国有经济的同时，发展民营经济，提供更多的就业机会。

李鹏说，我国实行人民代表大会制度，人民通过各级人大行使管理国家事务的权力。各级党委要重视和加强对人大工作的领导。地方人大近些年来在执法检查、述职评议、重大事项报告制度等方面进行了开拓性的探索，积累了许多成功的经验。全国人大及其常委会要研究、总结地方人大的经验和做法，相互学习，共同做好人大各项工作，加快依法治国、建设社会主义法治国家的进程。

李鹏说，大家反映人民法院和检察院工作有进步，执法水平不断提高。以后要继续加强队伍建设，培养政治思想强、业务素质高、全心全意为人民服务的法官和检察官队伍。全国人大常委会通过的关于修改法官法和检察官法的决定，对于进一步提高司法部门执法水平具有重要意义。全国人大常委会去年开展了《刑事诉讼法》执法检查。审判、检察机关在重视实体法的同时，要注意纠正轻视程序法的倾向。只有依照法定程序办案，接受人民监督，才能真正公正司法。地方各级人大要积极支持法院和检察院的工作。

全国人大常委会副委员长成思危参加了审议。

国务院副总理李岚清参加安徽代表团审议

李岚清对代表们提出的意见和建议表示感谢，并要求国务院有关部门认真研究考虑。他指出，农村税费改革,是党中央、国务院为减轻农民负担、增加农民收入,解决"三农"问题而采取的重大措施,各级领导必须高度重视,抓紧抓好。农村税费改革成败的关键,在于解决好农村义务教育管理体制和投入问题。各级政府要按照"三个代表"的要求,切实承担起发展农村义务教育的责任。要进一步完善农村义务教育以县为主的管理体制,加强对农村义务教育的领导和管理,建立农村义务教育经费的保障机制,确保农村义务教育的投入,确保教师工资的发放。中央、省级政府要加大转移支付的力度,支持中西部地区特别是贫困地区农村义务教育的发展。李岚清说,安徽是我国农村税费改革试点省,在改革农村义务教育体制方面取得了一些经验,要进一步扎实工作,总结完善,为全国作出示范。

国家主席江泽民在中南海会见由国际展览局副主席兼执行委员会主席卡门·塞雯女士率领的国际展览局考察团

江泽民主席首先对国际展览局考察团及国际展览局主席吉尔斯·诺盖斯先生、秘书长比森特·冈萨雷斯·洛斯塞塔莱斯先生的来访考察表示热烈欢迎。他说,很高兴在这里与考察团的各位专家见面。各位都是世界博览会事业的专家,具有丰富的经验和广博的知识。中国是接受考察的第一个国家,百闻不如一见,希望考察团多走走,多看看,把中国申办2010年世博会的热情、信心、条件和能力反映给国际展览局全体成员。

江泽民说,中国是拥有五千年悠久历史和深厚文化底蕴的文明古国,全国人民正在为中华民族的伟大复兴而努力工作。中国政府和人民真诚地希望进一步增进与世界各国的相互了解和友好交往,继续为壮大世界和平与发展的潮流作出自己的贡献。中国全力以赴申办2010年上海世博会,就是我们这种愿望和努力的具体体现。1999年"财富"论坛、2001年亚太经合组织领导人非正式会议等都在上海举办得很成功。如果中国取得2010年世博会举办权,中国政府将认真履行在申办报告中作出的各项承诺。我相信,中国人民完全有能力举办一届最成功、最精彩、最难忘的世界博览会。

陪同江主席会见的还有中国贸促会会长俞晓松、外交部副部长王光亚、财政部副部长金立群、外经贸部副部长魏建国、国际展览局中国首席代表刘福贵等。

国务院总理朱镕基在中南海会见由国际展览局副主席兼执行委员会主席卡门·塞雯女士率领的国际展览局考察团

朱镕基对国际展览局考察团及国际展览局主席吉尔斯·诺盖斯先生、秘书长比森特·冈萨雷斯·洛斯塞塔莱斯先生的来访考察表示热烈欢迎。他说,中国政府和人民非常重视申办2010年上海世博会的工作,对此次国际展览局的考察活动予以高度关注。吴仪国务委员今天率申办委成员单位负责人与考察团进行申办陈述会谈,这些表达了中国政府和人民对于在自己的家园上成功举办一届世界博览会、进一步增进与世界各国人民友好往来的热切愿望。

朱镕基说,他在九届全国人大五次会议上所作的政府工作报告中已表示,中国政府支持在上海举办2010年世博会,受到与会代表的热烈支持。

朱镕基说,中国政府和人民将恪守在2010年上海世博会申办报告中的各项承诺。如果中国取得2010年世博会举办权,中国政府将全力确保认真执行《国际展览公约》的规定,保证在财力上给予2010年上海世博会全力支持并作最终担保,采取一切措施为所有参展人员提供安全保障和入境便利,特别是对发展中国家参展提供优惠。

他说,中国自改革开放以来各项建设成就为世人瞩目,综合国力显著提高,社会稳定,人民安居乐业。现在,中国已经加入世贸组织,对外开放将进一步扩大,各项改革将进一步深化,中国经济发展、社会进步的目标正在逐步实现。

参加会见的还有中国贸促会会长俞晓松、外交部副部长王光亚、财政部副部长金立群、外经贸部副部长魏建国、国际展览局中国首席代表刘福贵等。

国务委员吴仪与国际展览局考察团进行申办陈述会谈

吴仪在陈述会谈时表示,中国有稳定的社会、坚实的经济作后盾,一定能把2010年世博会办成历史上最成功的世博会。

吴仪在陈述报告中代表中国政府郑重承诺:中国政府确保认真执行《国际展览会公约》的各项规定;中国政府保证采取一切措施为所有参展人员及展品提供安全保障和入境便利,并对发展中国家参展提供优惠;中国政府还将保证在财力上给予2010年上海世博会以支持并作最终担保。

她说,中国是拥有5000年悠久历史和深厚文化底蕴的文明古国。中国人民热爱和平,渴望通过举办世博会增进与世界各国人民的友好往来。在中国举办世博会,将进一步密切中国与世界各国的联系,为世界各国提供谋求共同发展和普遍繁荣的论坛,为世界各国开展对华经济贸易合作和科技交流带来良好的机会,有助于扩大世界博览会的影响,提高世博会的地位。

外交部副部长王光亚、财政部副部长金立群也分别在陈述报告中表达了中国举办2010年世博会、为世界繁荣作出新贡献的良好愿望，承诺对世博会所有参与国和地区的人员提供一切必要的礼遇和便利，在财政上全力支持申办2010年上海世博会。他们表示，上海是中国改革开放的标志性城市，今天的中国政治稳定、经济发展、社会进步，中国政府和人民完全有信心、有能力保障2010年上海世博会成功举办。

报告会由中国贸促会会长俞晓松主持。申办委成员单位及相关单位负责人也参加了陈述会谈，并回答了国际展览局考察团提出的有关问题。

中国人民银行行长戴相龙在九届全国人大五次会议记者招待会上就金融方面有关问题回答中外记者提问

《人民日报》记者问：到去年年底，4大国有银行的不良贷款率和金额首次实现了净下降。目前，国有银行不良贷款率为25.37%。有些人怀疑这一数字的真实性，请问您对此有何评价？另外，请问央行今年对资本市场有何支持措施？

戴相龙答：4家国有银行不良贷款率这一数字是基本真实的。第一，前两年央行组织了7万多人对商业银行不良贷款的真实性进行了全面检查；第二，近年来商业银行的行长进行了多次交流，很难隐瞒不良贷款的真实比例；第三，对不良贷款的监测表明，它是连续下降而不是突然降下来的；第四，企业反映贷款比以前难了，说明银行贷款更认真了，审查更严格了。

中央银行应该支持资本市场发展，我希望近8万亿储蓄能更多地投向股市。资本市场发展了，企业的资本金就更多，产权就更明晰，银行贷款的风险也就更小了。11年来企业通过资本市场筹集资金7700亿元，我觉得还应该更多一点才好。降息对资本市场的发展是有好处的，因为它使上市公司增加了利润。但如果认为降息是专门针对股市的，那就错了。此外，中央银行还将允许更多的证券公司到同业拆借市场上拆借资金，最近又批准了五六家。

中央电视台记者问：今年的《政府工作报告》指出，我国将继续实行稳健的货币政策，但也有不少舆论认为现在的货币政策还是偏紧，对此您有何评价？另外，央行今年又下调了利率，如果这第八次降息仍然没有拉动内需，央行将采取什么样的应对措施？

戴相龙答：稳健的货币政策是根据既要防范和化解金融风险，又要加大金融对经济的支持力度这两项基本要求而制定的。它不是保守消极的政策，更不是收缩货币供应。它包括适当增加货币供应、调整信贷结构、保持人民币汇率稳定和疏通货币政策传导机制等一系列积极内容。实践证明，实施稳健的货币政策取得了明显成效，应当继续执行。

去年，广义货币供应量M2增幅比经济增长和物价上涨之和还高出6个百分点，商业银行的超额备付金率达7.6%，企业存款余额增长了16.2%，同业拆借市场的利率因为资金充裕而不断下降，这四个方面说明当前银根并不是很紧。

现在，银行的存款多于贷款，这是国内外商业银行经营的基本特征。存贷比例下降主要是因为银行改变了资产结构，购买了大量的国债，而这些钱最终还是支持了经济的发展。贷款增幅下降，一是因为贷款的基数越来越高；二是因为不良贷款下降，贷款周转速度加快；三是一部分资金从股市进入了生产领域，导致对贷款需求的减少，这和去年股市的调整有一定关系。

前不久中央银行降低了人民币存、贷款利率，这对于工商企业的发展，对于经济保持一定的增长速度肯定会起到作用。我对今年7%的经济增长目标充满信心。

新华社记者问：中国加入WTO以后，关税逐渐下调，受此影响，人民币的汇率走势将如何，是贬值还是升值？

戴相龙答：从长远来看，中国的人民币将是一个购买力比较强的货币。我国从1994年开始实行由市场供求决定的有管理的浮动汇率制。人民币兑美元的名义汇率7年升值了5%左右，但如果包括物价因素，可达30%左右。今年我国经济将继续保持较快的增长速度，外汇储备到2月底就已达到2235亿美元，两个月增加了113亿美元，所以我认为人民币汇率肯定会保持稳定。

有人说目前我国外汇市场供大于求，因此人民币应该升值。这是一个误解。虽然汇率跟一国的购买力平价有关，但是决定汇率的是贸易商品的价值和外汇市场的供求。目前我国外汇市场供大于求的现象，是在现行外汇管理制度下出现的。如果我们放宽用汇需求，就可能改变外汇市场供求状况。

香港凤凰卫视记者问：中国加入世贸组织以后，人民币的自由兑换有可能会提前，请问有没有一个时间表？

戴相龙答：我国在1993年提出，要创造条件使人民币成为可以自由兑换的货币。近年来，由于人民币汇率稳定，其地位不断提高。人民币的自由兑换是有条件的：第一，要有很强的国力；第二，要实现资本项目下可兑换；第三，要有稳健的银行体系。我国现在还不具备这些条件。我们应当循序渐进，稳步推进人民币可兑换。目前，国内银行的外汇存款有相当一部分是存在境外的。可以考虑通过一个金融机构把外汇集中起来投资于香港的股市。这从外汇管理上讲是没问题的，但还应由证监会提出具体的监管办法。中央政府正在和香港的有关部门研究建立更紧密的贸易关系安排。

国家计委国家经贸委和外经贸部公布新的《外商投资产业指导目录》及附件

经国务院批准,国家计委、国家经贸委和外经贸部全文公布了新的《外商投资产业指导目录》及附件(以下简称《目录》),自2002年4月1日起施行。1997年12月29日国务院批准,1997年12月31日国家计委、国家经贸委和外经贸部发布的《外商投资产业指导目录》同时废止。

新《目录》是在我国实施第十个五年计划、加入世贸组织、利用外商投资达到历史最高水平的新形势下适时修订的,是今后一个时期我国利用外商投资的重要导向政策,是指导审批外商投资项目和外商投资企业适用有关政策的依据。新《目录》分为鼓励、允许、限制和禁止四类,共列371个条目。鼓励类由186条增加到262条,限制类由112条减少到75条;放宽外商投资的股比限制,如取消港口共用码头的中方控股要求;将原禁止外商投资的电信和燃气、热力、供排水等城市管网首次列为对外开放领域。新《目录》与我国加入世贸组织的承诺相衔接,按照承诺的地域、数量、经营范围、股比要求和时间表,进一步开放银行、保险、商业、外贸、旅游、电信、运输、会计、审计、法律等服务贸易领域,同时将有关承诺的内容列为《目录》的附件。

根据新《目录》,今后一个时期,我国将主要鼓励外商投资以下领域:一是鼓励外商投资改造传统农业,发展现代农业,促进农业产业化。二是鼓励外商投资交通、能源、原材料等基础设施和基础产业。三是鼓励外商投资电子信息、生物工程、新材料和航空航天等高新技术产业,鼓励外商在华设立研发中心。四是鼓励外商运用先进适用技术改造机械、轻工、纺织等传统工业,实现装备工业的升级换代。五是鼓励外商投资综合利用资源和再生资源、环境保护工程和市政工程。六是配合西部大开发战略,鼓励外商投资西部地区的优势产业。七是鼓励外商投资产品全部出口的允许类项目。

自新《目录》施行之日起,从事《目录》鼓励类的外商投资项目,享受免征进口设备关税和进口环节增值税的优惠政策。

国务委员罗干在人民大会堂会见老挝最高人民法院院长坎米·赛雅冯一行

全军计划生育和环境保护工作会议在北京召开

中央军委副主席张万年在会议上强调,全军部队要从贯彻"三个代表"重要思想的高度,以对国家、对民族、对子孙后代极端负责的精神,进一步把计划生育和环境保护工作抓紧抓好,继续走在全社会的前列。

总政治部主任、全军计划生育领导小组组长于永波,总后勤部部长、全军环保绿化委员会主任王克出席会议。

解放军四总部、全军各大单位、武警部队和军委办公厅的负责同志,以及全军计划生育领导小组成员和环保绿化委员会成员出席了会议。

国务院新闻办公室发表《2001年美国人权纪录》

《2001年美国人权纪录》全文约1万字,分"生命、自由和人身安全缺乏保障"、"司法侵权现象严重"、"贫困、饥饿和无家可归者处境恶劣"、"妇女、儿童状况令人担忧"、"种族歧视根深蒂固"、"粗暴侵犯别国人权"6个部分。

文章用大量例证说明美国本身存在着严重的侵犯人权问题,奉劝美国政府放弃在人权问题上推行双重标准和单边主义的做法,顺应国际人权领域合作与对话的时代潮流,多做有益于人类社会进步与发展的事情。

3月12日

中央军委主席江泽民在解放军代表团全体会议上发表重要讲话

江泽民在讲话中强调,全面推进有中国特色社会主义事业,全面推进党的建设新的伟大工程,最根本的是要在各项工作中全面贯彻"三个代表"要求。我军是党绝对领导下的人民军队,必须坚决贯彻和模范执行党的理论、路线和纲领,在思想上政治上同党中央保持高度一致。这是党对军队最基本的政治要求。各级党委要坚持不懈地用"三个代表"要求教育官兵,带头学习实践"三个代表",不断开创军队建设的新局面。

中共中央政治局常委、国家副主席、中央军委副主席胡锦涛,中共中央政治局委员、书记处书记、中央军委副主席张万年,中共中央政治局委员、中央军委副主席、国务委员兼国防部部长迟浩田出席了全体会议。

江泽民认真听取代表们的发言后发表了重要讲话。他说,过去的一年,在党中央的领导下,全国各族人民团结奋斗,取得了改革开放和现代化建设的新胜利。军队革命化、现代化、正规化建设也迈出了新的步伐。我军思想政治建设进一步加强,军事斗争准备扎实推进,后勤保障改革成效明显,国防科研和武器装备建设取得重要进展。全军官兵经受住了国际、国内复杂形势和严峻斗争的考验,出色完成了各项任务,建立了新的功勋。今年是我们党和国家发展史上具有重大意义的一年。全军官兵要振奋精神，继续推进军队建设，为建设有中国特色社会主义事业作出新的贡献。

江泽民说，全军官兵要认清新的形势和任务，忠实履行人民军队的神圣使命。人民解放军是国家安全、主权和领土完整的忠实捍卫者，是维护社会稳定的重要力量，在新的世纪里肩负着光荣的任务。现在我国进入了全面建设小康社会、加快推进社会主义现代化的新的发展阶段。在前进道路上，我们面临着许多亟待解决的问题。全军官兵要进一步增强忧患意识、责任意识，以强烈的使命感做好各项工作，为改革开放和现代化建设提供坚强有力的安全保证。解决台湾问题，实现祖国的完全统一，是我们党和国家在新世纪的三大任务之一。全军部队要坚决贯彻党中央、中央军委的决策部署，扎扎实实地做好军事斗争准备。要把反恐怖斗争纳入军队的职责范围，搞好针对性训练，协助地方严厉打击各种形式的恐怖活动。要及时解决影响部队安全稳定的问题，确保部队的高度稳定和集中统一。

江泽民强调，“三个代表”要求，是我们党在毛泽东思想、邓小平理论指导下，分析当代世界政治、经济、科技、文化、军事领域的深刻变化，总结新中国成立以来特别是改革开放以来我们党带领人民进行社会主义建设取得的实践经验，就全面推进党和国家工作、加强和改进党的建设提出的根本要求。贯彻“三个代表”要求，首先要在解放思想、实事求是，统一思想、团结奋进上下功夫。解放思想、实事求是，是统一思想、团结奋进的前提和基础。要做到解放思想、实事求是，统一思想、团结奋进，就要用发展的观点对待马克思主义，真正懂得马克思主义的基本原理是放之四海而皆准的真理，要始终不渝地坚持，而马克思主义的生命力就在于它必须与发展着的实践相结合，不断指导实践向前发展。坚持马克思主义，必须坚持马克思主义活的灵魂。军队对“七一”讲话特别是“三个代表”要求的学习抓得是好的，成效也很明显。但理论武装是长期任务，解放思想、统一思想的工作要坚持不懈地抓下去。各级要把学习和贯彻“三个代表”要求作为思想政治建设的首要任务，继续下大气力抓紧抓好。对党中央根据新形势新任务的要求提出的重大思想和重大论断，要深钻细研，全面理解，准确把握其精神实质和科学内涵。要坚持理论联系实际，把“三个代表”要求贯穿于部队党的思想、政治、组织建设的各个方面，落实到以军事斗争准备为龙头的各项工作中去。

江泽民说，要进一步加强和改进军队党的作风建设。要围绕密切党同人民群众血肉联系这个核心问题，切实转变领导作风。各级领导干部要时刻牢记党和人民的重托，自觉弘扬艰苦奋斗的优良传统，坚决反对贪图安逸、追求享乐的不良风气，警惕革命意志衰退和思想蜕化变质，始终保持革命者的蓬勃朝气、昂扬锐气和浩然正气，扎扎实实地干事业、抓落实。要坚持求真务实，坚决防止和纠正形式主义、官僚主义，深入实际，调查研究，多为部队办实事、解难题，不断增强部队的凝聚力和战斗力。

江泽民指出，随着以信息技术为核心的高新技术在军事领域广泛运用，世界军事变革迅猛发展，战争形态正发生着深刻变化。我们要继续密切关注世界军事变革的动向，在更高的起点上谋划和推进我军现代化建设。要以宽阔的视野和前瞻的眼光，积极推进跨越式发展，推动军队现代化水平的提高。我国加入世贸组织后，参与国际经济合作和竞争的程度将进一步加深。要善于抓住机遇，充分利用一切可以利用的资源，积极学习和借鉴外军建设的有益经验，不断发展壮大自己。

江泽民强调，迎接世界军事变革的挑战，提高高技术条件下的防卫作战能力，关键是要培养和造就一大批高素质的新型军事人才。我们必须把人才培养作为军队现代化建设的根本大计，尽快抓出成效。这既是当务之急，又是长治之策，必须抓得紧而又紧。要采取超常措施，大力选拔培养优秀年轻干部，努力造就一大批高素质的复合型指挥人才、智囊型参谋人才和专家型科技人才，为军队现代化建设和军事斗争准备提供可靠的人才保证。

江泽民指出，改革创新是推动军队建设的强大动力。军事、政治、后勤、装备等各项工作，都要贯彻改革创新精神，在改革创新中谋发展、求突破。要抓住影响和制约军队建设发展的突出矛盾和主要问题，继续推进体制编制、政策制度等方面的调整改革。军队改革既要适应发展社会主义市场经济的要求，又要适应军事斗争的要求，一切都要立足于“打得赢”、“不变质”。总之，要通过改革，建立起科学的领导、指挥、管理、保障体制和运行机制，提高我军建设的质量和效益，增强我军的作战能力。

张万年主持会议，并就学习贯彻江主席重要讲话提出了要求。

中央军委委员傅全有、于永波、王克、王瑞林、曹刚川等也出席了今天的全体会议。

九届全国人大五次会议主席团举行第二次会议

主席团常务主席李鹏主持会议。

会议经过表决，首先通过了九届全国人大五次会议关于政府工作报告的决议草案，决定将决议草案印发各代表团审议，提请大会表决。

全国人大财政经济委员会主任委员陈光毅向主席团作了《关于2001年国民经济和社会发展计划执行情况与2002年国民经济和社会发展计划草案的审查报告》。会议表决通过了这个审查报告。会后,这个审查报告将印发全体代表。

会议经过表决,通过了九届全国人大五次会议《关于2001年国民经济和社会发展计划执行情况与2002年国民经济和社会发展计划的决议草案》,决定将决议草案印发各代表团审议,提请大会表决。

全国人大财政经济委员会副主任委员郭振乾作了《关于2001年中央和地方预算执行情况及2002年中央和地方预算草案的审查报告》。会议表决通过了这个审查报告。会后,这个审查报告将印发全体代表。

会议经过表决,通过了九届全国人大五次会议《关于2001年中央和地方预算执行情况及2002年中央和地方预算的决议草案》,决定将决议草案印发各代表团审议,提请大会表决。

主席团常务主席田纪云、姜春云、邹家华、王光英、布赫、铁木尔·达瓦买提、吴阶平、彭珮云、何鲁丽、周光召、曹志、丁石孙、成思危、许嘉璐、何椿霖出席会议。

政协九届常委会举行第十七次会议

全国政协主席李瑞环主持会议。

受全国政协主席会议的委托,全国政协秘书长郑万通在会上作了关于政协九届五次会议情况的综合汇报。

经过逐项表决,会议通过了政协九届五次会议政治决议草案、政协九届五次会议关于常务委员会工作报告的决议草案、政协九届五次会议关于政协九届四次会议以来提案工作情况报告的决议草案、政协第九届全国委员会提案委员会关于政协九届五次会议提案审查情况的报告草案,决定将上述草案提请3月13日举行的全体会议表决。

全国政协副主席叶选平、杨汝岱、王兆国、阿沛·阿旺晋美、钱伟长、任建新、宋健、李贵鲜、陈俊生、张思卿、钱正英、丁光训、孙孚凌、霍英东、马万祺、朱光亚、万国权、胡启立、陈锦华、赵南起、毛致用、白立忱、经叔平、罗豪才、张克辉、周铁农、王文元出席会议。

中央纪委书记尉健行参加浙江代表团审议时强调领导干部要管好自己的配偶和子女

在认真听取代表们的意见和建议后,尉健行就领导干部管好自己的配偶、子女问题发言。他指出,这些年来,一些领导干部包括极少数高级干部,利用职权和职务上的影响,与其配偶、子女一起谋取非法利益,严重败坏了党风,损害了党和政府在人民群众中的形象。

尉健行指出,党中央历来要求领导干部要教育、管好自己的配偶、子女。江泽民同志多次强调,领导干部一定要树立正确的权力观。江泽民深刻指出,"领导干部手中的权力是人民赋予的,只能用来为人民谋利益,绝不能把它当作自己和家庭成员谋取私利的手段。"党的十四大以来,党中央根据发展社会主义市场经济的需要,对领导干部管好自己的配偶、子女作出了一系列规定,提出了明确的纪律要求。早在1993年党中央就规定,领导干部不准利用职权为配偶、子女和亲友经商办企业提供任何优惠条件。近年来又作出省(部)、地(厅)级领导干部的配偶、子女不准在该领导干部管辖的业务范围内个人从事可能与公共利益发生冲突的经商办企业活动的规定。中央和国家机关86个部门结合实际制定了落实中央要求的具体规定。大多数领导干部深刻领会中央规定的重要意义,自觉地、认真地执行规定,正确处理这类问题,赢得了群众的信任。严峻的事实表明,在发展社会主义市场经济新的历史条件下,一些不法分子为牟取非法利益,千方百计拉拢腐蚀领导干部,其中一个重要手段就是企图从领导干部的配偶、子女身上打开缺口。我们的大多数领导干部及其配偶、子女对此保持了高度警觉,自觉抵制了各种诱惑。但也有少数领导干部的配偶、子女,利欲熏心,利用领导干部的职权和职务上的影响违法敛财。对配偶、子女的这些行为,尽管有的领导干部确实不知情,但对造成的严重后果也负有不可推卸的责任。更为严重的是,有的领导干部对其配偶、子女利用其职权或职务上的影响违法敛财,袒护包庇、支持纵容,甚至同流合污、直接参与其中,给党和人民的利益造成严重损害。广大干部群众对此反映强烈。教训十分深刻。

尉健行强调,中央关于领导干部要管好配偶、子女的规定,是从严治党的重要措施,也是立足于教育、着眼于防范,对领导干部的爱护和保护。各级领导干部特别是高中级干部一定要按照"三个代表"的要求,深入贯彻十五届六中全会决定,加强世界观的改造,牢固树立正确的权力观、地位观、利益观,正确运用人民赋予的权力,自觉严格执行党中央关于领导干部管好配偶、子女的各项规定。各级党组织要对领导干部严格要求,加强对领导干部执行有关规定情况的监督检查,对违反规定的,要依纪依法严肃处理。

九届全国人大财经委员会关于2001年国民经济和社会发展计划执行情况与2002年国民经济和社会发展计划草案的审查报告

(2002年3月12日第九届全国人民代表大会第五次会议主席团第二次会议通过)

第九届全国人民代表大会第五次会议听取了国家

发展计划委员会主任曾培炎受国务院委托所作的《关于2001年国民经济和社会发展计划执行情况与2002年国民经济和社会发展计划草案的报告》，各代表团对计划草案和报告进行了审查。全国人民代表大会财政经济委员会根据各代表团和专门委员会的意见，对计划草案和报告进行了审查。现将审查结果报告如下。

一、2001年，国务院和地方各级人民政府认真贯彻党中央确定的方针政策，落实第九届全国人民代表大会第四次会议《关于2000年国民经济和社会发展计划执行情况与2001年国民经济和社会发展计划的决议》，计划执行情况是好的，国民经济和社会发展的预期目标基本实现。在全球经济和贸易增长明显减缓的情况下，我国经济持续较快发展，国内生产总值增长7.3%。经济结构调整取得积极进展，经济增长的质量提高、效益改善。农业布局不断优化，农村经济平稳发展。工业生产持续增长，固定资产投资增长较快，国债项目的建设和管理得到加强，西部开发重点工程进展顺利。消费需求持续增长，人民生活继续改善。对外贸易保持增长，吸收外资规模扩大。财政增收较多，金融保持稳定。社会保障体制改革继续推进，各项社会事业全面进步，社会政治稳定。总的看，2001年我国经济和社会发展实现了"十五"计划的良好开局，成绩来之不易。

在充分肯定成绩的同时，也要看到存在的困难和问题，主要是：国内需求正常增长的基础还不巩固，通货紧缩的趋势尚未完全消除；农民收入和农村需求增长缓慢，城镇低收入群体扩大，就业和社会保障压力加大；国民经济的结构性矛盾仍然突出，社会投资增长乏力，一些行业低水平重复建设现象比较严重；国有企业改革还需进一步深化；科技教育投入和可持续发展能力有待增强；市场经济秩序仍比较混乱，重大安全事故时有发生。对这些矛盾和问题必须高度重视，并采取切实有效的措施加以解决。

二、财经委员会认为，2002年国民经济和社会发展计划草案和报告体现了中央经济工作会议精神，符合实际情况，主要调控目标和措施基本可行。财经委员会建议批准国务院提出的2002年国民经济和社会发展计划草案，批准国家发展计划委员会主任曾培炎受国务院委托所作的《关于2001年国民经济和社会发展计划执行情况与2002年国民经济和社会发展计划草案的报告》。

三、做好2002年的经济和社会发展工作，要以邓小平理论和"三个代表"重要思想为指导，认真落实党中央关于今年经济工作的总体要求和部署。在国际政治经济形势复杂多变的情况下，应当把困难估计得充分一些。要坚持扩大国内需求的方针，继续实施积极的财政政策和稳健的货币政策，加快推进经济结构调整和经济体制改革，进一步扩大开放，努力保持经济发展良好势头，维护稳定，坚定信心，全面完成今年的国民经济和社会发展计划。财经委员会根据代表们的审查意见，提出以下建议。

（一）加快农业和农村经济结构调整，千方百计增加农民收入。把增加农民收入作为农业和农村工作的重点任务，放在整个经济工作的突出位置。稳定粮食生产能力，切实保护好基本农田，确保粮食安全。加快农业生产区域布局和产业结构调整，推动传统农业向现代农业转变。加强农村市场信息、农产品质量标准和检验检测体系建设。扶持龙头企业，推广"公司加农户"、"订单农业"等方式，推进农产品生产、加工、销售一体化，提高农业产业化经营水平。坚持农村扶贫开发，加大对老、少、边、穷地区的支持，扩大以工代赈规模，做好防灾救灾工作，减免灾区和特困地区的农、牧业税，帮助农村特困户和优抚对象解决实际困难。增加农业投入，加大对农村金融的扶持力度，继续抓好基础设施建设，改善农村生产生活条件。切实加强对农业和农村工作的领导，深化农村改革，稳定农村土地承包关系，搞好对土地流转的引导和管理。积极稳步发展小城镇，加强对乡镇企业的扶持和引导，有序推进农村剩余劳动力的转移。

（二）加快经济结构的战略性调整，继续深化国有企业改革。努力发展高技术产业，推进国民经济现代化和社会信息化。加快运用高新技术和先进适用技术改造传统产业，创新产品、降低成本，提高竞争力。按照市场需求，抓好总量调控，提高经济运行的质量和效益。搞好粮食、石油等重要物资的战略储备。落实西部大开发的各项政策措施，加快基础设施和生态环境建设，发展特色产业和优势产业。按照现代企业制度的要求，规范企业股份制改造，完善公司法人治理结构，建立、健全企业内部的激励和约束机制，提高科学管理水平和抗御市场风险的能力。推动国有企业的战略性改组，培育和发展具有国际竞争能力的大公司和企业集团。放开搞活国有中小企业。鼓励、支持和引导私营、个体经济健康发展。完善劣势企业的市场退出机制，防止国有资产流失。切实保障劳动者合法权益，确保社会稳定。加快流通体制改革，发展连锁经营、物流配送等现代流通方式。

（三）扩大城镇就业，增加居民收入，加快社会保障体系建设。当务之急是确保国有企业下岗职工基本生活费和离退休人员养老金按时足额发放，同时使所有符合条件的城市贫困居民都能得到最低生活保障。认真落实扩大就业的各项优惠政策，创造更多的就业岗位，多渠道、多形式促进就业。高度重视收入差距逐渐扩大、一部分群众的生活还存在实际困难的问题，安排好社会保障资金，更好地为低收入群众服务。在经济发展的基础上增加居民收入，提高消费水平。进一步消除对促进居民消费的限制，积极培育和发展新的消费热点。

（四）管好用好长期建设国债，促进全社会固定资产投资的较快增长。确保在建国债项目尽快竣工，安排好已开工的西部开发项目，加强对重点企业、重点产品技术改造的支持，保证资金及时足额到位。基础设施建设要合理规划，量力而行，注重实效。加强资金使用和工程质量的管理，防止重复建设，提高投资效益，狠刹铺张浪费、盲目攀比、追求豪华、搞"形象工程"和"政绩工程"之风。抓紧投融资体制改革，制定有效的政策措施促进社会投资增长。整顿建设项目招投标秩序。

（五）加大金融对经济发展支持的力度，稳定和发展资本市场。继续实施稳健的货币政策，加大对经济增长的支持力度，适当增加货币供应量，消除通货紧缩趋势。调整和优化信贷结构，增加对农业、企业技术改造和中小企业的贷款。深化金融体制改革，加快国有独资商业银行综合改革，积极推进农村信用社体制改革步伐。完善金融监管体制，降低不良资产比重，打击金融犯罪行为，防范和化解金融风险。证券市场要坚持稳定、维护信心、规范发展，加强和改进市场监管。提高上市公司质量，保护投资者特别是中小投资者合法权益。

（六）做好应对加入世界贸易组织的各项工作，提高对外开放水平。认真研究加入世贸组织后面临的机遇和挑战，履行承诺，积极应对，有步骤地扩大对外开放领域。千方百计扩大出口，力争今年出口有新的增长。加紧进行有关政策调整和涉外经济法律、法规的清理、修订工作。进一步加强对进出口产品的质量检验检测，优化出口商品结构，促进出口市场和重要物资进口渠道的多元化。完善出口退税机制，提高通关效率。深化外贸体制改革，促进外贸经营主体的多元化。推进"走出去"战略的实施，支持和鼓励有条件的企业到境外投资办厂和承包工程。加强对进口的宏观调控，健全和完善进口管理体制。改善投资环境，提高利用外资的水平，把吸引外资同产业升级、地区经济协调发展和国有企业改组改造紧密结合起来。

（七）坚持实施科教兴国和可持续发展战略，全面发展各项社会事业。加快国家创新体系建设，建立、健全风险投资机制和科技创新激励机制，加强基础研究和具有战略意义的高新技术研究，加大科研开发资金投入。深化科技体制改革，努力实现科技成果的产业化。繁荣和发展哲学社会科学。根据有关法律规定，保证教育投入。完善农村义务教育体制，切实解决好教师工资拖欠问题。加强基础教育，大力发展职业教育，稳步发展普通高等教育，提高教育质量，鼓励社会力量以多种形式办学。进一步促进广播电视、新闻出版、文化事业的发展，加强文化市场管理，保护文化遗产。推进医疗卫生体制、城镇职工基本医疗保险制度和药品生产流通体制改革，努力改善农村医疗卫生服务条件。坚持计划生育的基本国策，加强对农村和流动人口计划生育的管理，重视人口老龄化问题。广泛开展全民健身活动。实施重点地区水土保持、风沙防治等生态环境的综合治理，搞好城市大气和重点水域的污染防治，加快天然草原保护、恢复与建设步伐。

（八）进一步转变政府职能，继续整顿和规范市场经济秩序。坚持依法行政，从严治政，切实把政府职能转到宏观调控、市场监管、社会管理和公共服务上来。规范政府审批职能，减少行政性审批。进一步加大整顿和规范市场经济秩序的力度，严厉打击破坏市场经济秩序的违法犯罪活动，规范社会中介机构的行为，建立、健全社会信用制度，打破地方保护和部门、行业垄断。坚决扭转安全生产形势依然严峻的局面，切实加强管理，遏制重大安全事故的发生。

以上报告，请予审议。

九届全国人大财经委员会关于2001年中央和地方预算执行情况及2002年中央和地方预算草案的审查报告

（2002年3月12日第九届全国人民代表大会第五次会议主席团第二次会议通过）

第九届全国人民代表大会第五次会议听取了财政部部长项怀诚受国务院委托所作的《关于2001年中央和地方预算执行情况及2002年中央和地方预算草案的审查报告》，各代表团对预算草案和报告进行了审查。全国人民代表大会财政经济委员会根据各代表团和专门委员会的意见，对预算草案和报告进行了审查。现将审查结果报告如下。

一、国务院提出的2001年预算执行数，全国财政收入16371亿元，比预算增加1611亿元，超过10.9%；全国财政支出18844亿元，比预算增加1486亿元，超过8.6%；收支相抵，支出大于收入2473亿元。中央财政收入完成9171亿元，比预算增加748亿元，超过8.9%；中央财政支出11769亿元，比预算增加748亿元，超过6.8%。中央财政赤字2598亿元，地方财政结余125亿元，中央财政共发行国债5004亿元，其中代地方政府举借400亿元，中央财政债务收入4604亿元，均控制在批准的数额内。

2001年，国务院和地方各级人民政府认真落实党中央确定的各项政策和《第九届全国人民代表大会第四次会议关于2000年中央和地方预算执行情况及2001年中央和地方预算的决议》。努力组织财政收入,加强税收征管,财政收入继续保持较快增长;强化支出管理,保证重点支出需要,财政支出结构进一步改善;积极推进预算制度改革,促进依法理财,取得了明显的成效。财政对经济和社会各项事业发展的支持作用增强。

2001年财政工作和预算执行中存在的主要问题是:支出拨付进度还不够及时;部分县乡财政比较困难;财经纪律松弛,损失浪费财政资金的现象仍然严重。对这些问题要高度重视,采取有针对性的措施,认真加以解决。

二、国务院提出的2002年中央和地方预算草案,全国财政收入安排18015亿元,全国财政支出安排21113亿元。中央财政收入安排10646亿元,其中,本级收入10042亿元,地方财政上解中央收入604亿元。中央财政支出安排13744亿元,其中,本级支出6412亿元,补助地方支出7332亿元。收支相抵,赤字3098亿元。今年的预算赤字加上偿还到期的国内外债务本金2581亿元和中央代地方发债250亿元,国债发行总规模为5929亿元,其中中央财政债务收入5679亿元。

财经委员会认为,2002年中央和地方预算贯彻了继续实施积极财政政策的要求,注意保证重点支出,加强预算管理,推进预算制度改革,符合中央确定的方针,国务院提出的预算草案是可行的。财经委员会建议批准国务院提出的2002年中央预算草案,同意财政部部长项怀诚受国务院委托所作的《关于2001年中央和地方预算执行情况及2002年中央和地方预算草案的报告》。地方预算分别由地方各级人民政府编制,提请同级人民代表大会审查批准。

三、为更好地完成2002年的预算任务,做好财政工作,财经委员会根据代表们的审查意见,提出以下建议。

(一)加强税收征管。严格依法治税、依率计征。加大稽查力度,严厉查处各种偷税、骗税、抗税以及擅自减免税和征收过头税等违法行为,进一步规范税收秩序。提高税务队伍素质和执法水平。加强个人所得税的征管,对一些高收入的行业、个人依法加大征管力度。

(二)保证重点支出的需要。按照公共财政的要求,调整和优化财政支出结构。安排使用好社会保障方面的支出,保证国有企业下岗职工基本生活费、企业离退休人员基本养老金、失业救济金、城市贫困居民的最低生活保障金和各种抚恤、救济资金的发放。安排使用好支持农业产业结构调整、农村基础设施建设和教育、科技进步的资金。安排好支持西部开发以及扶持、帮助贫困地区人民群众生产、生活的资金。安排好维护社会安全方面的支出。用好国债资金,提高使用效益,加强国债项目的竣工验收和决算审计,切实防止国债资金的截留挪用和损失浪费。实施积极的财政政策对经济稳定增长发挥了重要作用,同时,要重视和研究国债余额增长较快的问题,注意防范财政风险。

(三)进一步推进预算制度改革。继续提前编制预算、细化预算内容、规范部门预算和改进预算报送内容。逐步做到中央本级预算按部门编列,部门预算按主要工作反映预算支出情况。进一步细化中央补助地方支出预算内容。及时拨付预算资金。改革预算科目体系。深化"收支两条线"改革,加强对预算外资金的管理和监督。推进国库管理制度改革。进一步加强对预算执行情况的审计监督,继续推进部门决算草案审签的试点。

(四)改进和完善财税体制。按照进一步转变政府职能的要求,逐步规范和完善各级政府之间的财政体制,合理划分和调整各级政府之间的财权,使地方各级政府的财力与其承担的事权大体相对应。制定科学合理的收入和支出标准,在此基础上根据中央财力情况调整和改善中央财政转移支付结构,适当增加对地方财政的一般性转移支付比重。严格对中央补助地方支出的管理和监督,加强对中央补助地方支出的审计,并将审计结果向全国人大常委会报告。搞好所得税分享改革,注意解决改革中出现的新问题。

(五)改革农村义务教育投入体制。要切实解决农村义务教育投入不足问题,进一步改革农村义务教育投入体制,各级政府都要增加对农村义务教育的投入,重点扶持边远贫困地区、少数民族地区实施义务教育。

(六)提倡艰苦奋斗、勤俭节约。各级领导干部和政府工作人员要时刻牢记我们国家还是一个发展中国家,并不富裕,要时刻牢记为人民服务的宗旨,艰苦奋斗,勤俭建国,节约各项开支,珍惜使用财政资金。基础设施建设要和国力相适应。坚决制止各种"形象工程"、"政绩工程",狠刹铺张浪费、奢侈挥霍之风。对财政支出要严格管理和监督,对违规使用财政资金要严厉查处,对贪污、腐败分子要严惩不贷。

以上报告,请予审议。

外经贸部部长石广生在九届全国人大五次会议举行记者招待会上就积极发展对外贸易做好加入世贸组织应对工作等答记者问

中央电视台记者问:有最新消息说美联储主席格林斯潘表示美国的经济正在恢复,而我国今年1月份对外贸易也出现了增长,是不是意味着我们今年的外经贸形势没有去年预计的那么糟？我国靠什么保持吸收外资的规模？

石广生答：我也注意到包括格林斯潘的言论在内的一些报道，比较乐观地认为，美国等西方主要经济体有可能复苏或者开始复苏，或者将要复苏等等。我们也希望能够出现复苏，但是，对中国的外经贸发展来说今年仍然是非常困难的一年。我们年初分析今年形势的时候有三句话，第一句话，今年中国面临的外部经济形势非常困难，困难程度要超过亚洲金融危机。第二句话，我们认为今年总的形势还看不准。美国的经济复苏只是一个预测，其他方面也有很多不确定性因素。第三句话，中国的外经贸发展仍然有空间，不论世界经济形势怎么困难，人们的基本需求总是存在的，关键是要提高中国自身的竞争能力。在这种情况下，我们要千方百计扩大出口，力争今年的外贸出口有所增长。

目前，全球直接投资有较大幅度的下降，但中国有自身的优势，首先中国是投资最安全的场所；其次中国有很好的经济、法律和人文环境，有很强的竞争力。我们相信今年的外商直接投资能够继续保持近年来的规模，大约可达450亿美元到500亿美元之间。

香港有线电视台记者问：最近内地跟香港在谈建立更紧密的经贸合作关系，请问将会有哪些地区参与？合作方式如何？有没有时间表？

石广生：去年年底，董建华先生来北京的时候向中央政府提出，可否考虑建立类似自由贸易区的更加紧密的经贸合作关系，国家领导人很快作出积极的回应，并责成外经贸部牵头同香港特区政府具体商谈此事。今年1月25日，两地就建立更紧密的经贸关系的框架、内容、程序进行了磋商，达成了原则意见。本月底，双方还要进行具体的磋商。整个磋商过程是顺利的，我们磋商的主要内容：一是就贸易投资的便利化措施进行研究；二是在货物贸易的关税和非关税措施方面进行研究。但究竟何时建立这种经贸合作关系，没有具体的时间表。双方一致认为应当先易后难，达成一个执行一个。

台湾无线卫星电视台记者问：两岸都加入了世贸组织，江泽民总书记最近提出，两岸要抓住机遇发展经济，促进"三通"。不知道外经贸部有何具体做法？两岸有无建立类似自由贸易区的可能性？对停止向台湾输出渔工一事，您有何评论？对于"八寸晶圆"问题，您又有何评价？

石广生答：中国和中国台北单独关税区先后加入世贸组织以后，为两岸经贸关系的发展提供了契机。我们一直主张两岸应该开展直接、双向的"三通"，只要台湾当局承认一个中国的原则，两岸的事情是一个国家的事情。我们愿意听取各方面关于开展两岸经贸关系的意见。

关于建立类似自由贸易区的问题，我们认为当务之急是要解决"三通"问题，没有"三通"就谈不上自由贸易区问题。在一个中国的原则下实现直接、双向的"三通"，这是问题的关键，也是两岸企业界、两岸同胞盼望已久的事情，是对台湾和祖国大陆经济发展有好处的事情。

近年来，祖国大陆大约向台湾输出了近3万名渔工，但是他们在台湾的正当权益无法得到保障，甚至连人身安全都得不到保障。因此，我们不得不暂停对台湾输出渔工。我们希望双方有关民间组织尽快协商解决此事，大陆渔工的正当权益、人身安全必须得到保障。

至于"八寸晶圆"问题，我认为，企业在哪里投资是企业行为，是按一定的经济规律和它的经营策略来选择的。任何当局的干预都是不可能的。台湾应该注意这样一个现实，台湾的"八寸晶圆"厂不来祖国大陆投资，别处的晶圆厂也会来。

中国国际广播电台记者问：目前世贸组织成员就新一轮多边贸易谈判程序达成了一致，中国将作为世贸组织成员第一次参加谈判。请问中国是如何看待新一轮谈判的？主要关注哪些问题？在世贸组织以往的谈判中，发达成员和发展中成员通常有很多分歧，中国作为世界上最大的发展中国家参加世贸组织谈判将发挥什么样的作用？

石广生答：去年11月，世贸组织第四届部长级会议在多哈举行，启动了新一轮多边贸易谈判。现在世贸组织正在积极组织具体的谈判。中国作为世贸组织成员，将全面、积极地参加新一轮谈判。

中国参加新一轮谈判有自己的立场。第一，新一轮谈判的结果要有利于世界贸易的发展，有利于建立公平、公正的新的贸易秩序。第二，谈判的最终结果一定要有利于发达成员和发展中成员的权利和义务的平衡，而且要更多地关注发展中成员特别是最不发达成员的要求和希望。第三，发达成员和发展中成员一定要平等参与，平等谈判，有平等的权利。中国将和其他世贸组织成员一道在新一轮谈判中发挥积极的、建设性的作用。

《人民日报》发表中共中央统战部副部长刘延东的文章《高度重视党外干部培养选拔工作认真搞好党与党外人士合作共事》

国务院副总理钱其琛在中南海会见朝鲜副外相金永日

全国绿化委员会办公室公布《中国国土绿化状况公报》

公报显示，在新世纪和“十五”计划的开局之年，全国各地全面开展造林绿化，加强森林植被保护，国土绿化呈现良好的发展势头。但我国生态形势仍十分严峻。

公报显示，我国六大林业重点工程建设相继启动。天然林保护工程、退耕还林工程、“三北”和长江中下游地区等重点防护林工程、环北京地区防沙治沙工程、野生动植物保护及自然保护区建设工程、重点地区速生丰产用材林基地建设工程纳入“十五”计划并相继实施，这是我国林业生产力布局的一次重大调整，其投资之巨、建设规模之大、覆盖面之广在国内外都是空前的。一年来，六大工程建设进展顺利，天然林保护工程完成造林绿化和保护面积191.09万公顷，其中，封山育林121.77万公顷，飞播造林41.66万公顷，人工造林27.66万公顷。退耕还林工程试点扩大到20个省、区、市，完成造林绿化88.50万公顷，其中，退耕还林39.89万公顷，宜林荒山荒地造林48.61万公顷。

广西有关法院对南丹特大事故第一批案件作出一审判决

钟烈雄、张栋志等15名被告人因受贿、行贿分别受到法律制裁。

3月13日

九届全国人大五次会议主席团举行第三次会议

主席团常务主席李鹏主持会议。

会议经过表决，原则通过了关于全国人大常委会工作报告的决议草案，决定将决议草案印发各代表团审议，提请大会表决。

会议表决原则通过了关于第十届全国人大代表名额和选举问题的决定草案，这个决定草案将印发各代表团，提请大会表决。

在本次全国人大会议上，代表们审议了香港特别行政区、澳门特别行政区选举第十届全国人大代表的办法草案，认为这两个草案符合有关法律规定，符合香港特别行政区、澳门特别行政区的实际情况，是可行的，建议本次会议予以审议通过。在今天的会议上，全国人大法律委员会主任委员王维澄就这两个草案的审议结果向主席团作了报告。王维澄说，法律委员会根据各代表团的审议意见，对草案进行了审议，同意草案的规定，没有提出修改意见，建议主席团审议决定提请大会审议通过。随后，会议表决通过了这个报告。

会议经过表决，分别通过了香港特别行政区选举第十届全国人大代表的办法草案、澳门特别行政区选举第十届全国人大代表的办法草案。草案将印发各代表团，提请大会表决。

会议经过表决，分别通过了关于最高人民法院工作报告的决议草案、关于最高人民检察院工作报告的决议草案。这两个决议草案将印发各代表团审议，提请大会表决。

九届全国人大五次会议副秘书长何椿霖向主席团报告了代表提出的议案的处理意见。他说，根据九届全国人大五次会议主席团第一次会议通过的议案截止时间，到3月10日18时，大会秘书处共收到代表提出的议案1194件，其中代表团提出的议案27件，30名以上代表联名提出的议案1167件。议案的数量是九届全国人大历次会议最多的一次。经大会秘书处同各专门委员会商议，建议将285件议案交有关专门委员会审议，提出是否列入全国人民代表大会会议或全国人大常委会会议议程的意见，由全国人大常委会审议决定。其余的909件作为建议、批评和意见，连同大会期间收到的代表提出的建议、批评和意见，由全国人大常委会办事机构交由有关机关、组织研究处理，并负责答复代表。

会议通过了这个报告。

主席团常务主席田纪云、姜春云、邹家华、帕巴拉·格列朗杰、王光英、布赫、铁木尔·达瓦买提、吴阶平、彭珮云、何鲁丽、周光召、曹志、丁石孙、许嘉璐出席会议。

全国政协九届五次会议闭幕

党和国家领导人江泽民、李鹏、朱镕基、李瑞环、胡锦涛、尉健行、李岚清出席闭幕大会。

全国政协主席李瑞环在闭幕会上发表了讲话。

会议由全国政协副主席叶选平主持。全国政协副主席杨汝岱、王兆国、阿沛·阿旺晋美、钱伟长、任建新、宋健、李贵鲜、陈俊生、张思卿、钱正英、丁光训、孙孚凌、霍英东、马万祺、朱光亚、万国权、胡启立、陈锦华、赵南起、毛致用、白立忱、经叔平、罗豪才、张克辉、周铁农、王文元，秘书长郑万通在主席台前排就座。

叶选平在大会开始时宣布，政协九届全国委员会第五次会议应出席委员2267人，今天实到1975人，符合法定人数。

会议通过了政协第九届全国委员会第五次会议政治决议、政协九届五次会议关于常委会工作报告的决议、政协九届五次会议关于政协九届四次会议以来提案工作情况报告的决议，以及政协第九届全国委员会提案委员会关于政协九届五次会议提案审查情况的报告。

出席闭幕会的领导同志还有：丁关根、田纪云、李长春、李铁映、吴邦国、吴官正、迟浩田、张万年、罗干、姜春云、贾庆林、钱其琛、黄菊、温家宝、曾庆红、吴仪、乔石、刘华清、邹家华、帕巴拉·格列朗杰、王光英、布赫、铁木尔·达瓦买提、吴阶平、彭珮云、何鲁丽、周光召、曹志、丁石孙、许嘉璐、蒋正华、司马义·艾买提、王忠禹、肖扬、韩杼滨以及王刚、何椿霖等。

中共中央、国务院有关部门负责人列席闭幕会。各国驻华使节应邀旁听闭幕会。

全国政协主席李瑞环在全国政协九届五次会议闭幕会上的讲话

各位委员、各位同志：

中国人民政治协商会议第九届全国委员会第五次会议，经过全体委员的努力，圆满完成了预定的各项议程。会议期间，委员们审议通过了叶选平副主席代表常委会所作的工作报告、罗豪才副主席代表常委会所作的提案工作情况报告，列席了第九届全国人民代表大会第五次会议，听取和讨论了朱镕基总理所作的政府工作报告以及其他重要报告。委员们认为，过去的一年是我国发展历程中不平凡的一年，以江泽民同志为核心的中共中央领导全国各族人民，沉着应对复杂多变的国际形势，努力保持改革发展稳定的良好局面，各方面建设事业取得了新的成就。委员们认为，政府工作报告对一年来工作的总结是实事求是的，对本年度工作的部署是切实可行的。委员们对实现今年的发展目标充满信心，并以高度的责任感，提出了许多很好的意见和建议。这是一次民主、求实、团结、鼓劲的大会。

一

九届全国政协的五年是处于世纪之交的五年。九届一次会议以来，我们始终坚持中国共产党的领导，始终坚持共产党领导的多党合作和政治协商的基本政治制度，始终坚持团结和民主的两大主题，始终坚持服从和服务于改革发展稳定的大局，各项工作取得了扎实的进展。政治协商、民主监督、参政议政稳步推进，反映社情民意、建言立论成果显著，协调关系、化解矛盾的工作日益深入，海外联谊和对外交往广泛开展，会议、视察、调研、提案等各种活动活跃有序，政协机关的思想、组织、作风等各方面建设得到加强。各级政协组织在履行职能的过程中，解放思想、实事求是，不断实践、积极探索，创造了许多具有重要意义的经验。

开展专题调研、建言立论，是政协发挥优势参与国事的重要途径。近些年来，各级政协以专委会为依托，以课题为纽带，联合、组织各行各业的专家学者，围绕党和国家的中心工作，有重点地进行调查研究，形成了许多内容翔实、观点鲜明、论证周密的调研报告，提出了大量切实中肯的意见和建议，对制订和实施“十五”计划、依法治国方略、科教兴国战略、西部大开发战略、可持续发展战略以及文化建设等重大决策，作出了积极贡献。在经济和科技迅速发展、人类社会活动日益复杂的今天，社会咨询、专家论证已经成为领导决策普遍采用的方法。人民政协履行职能的过程，本身就具有咨询论证的意义。人民政协人才荟萃、位置超脱、联系广泛，开展专题调研、建言立论条件很好，大有可为，我们要有组织、有计划地把这项工作引向深入。

了解和反映社情民意，是政治协商、民主监督、参政议政的基础性工作。近些年来，各级政协设立专门机构，畅通联系渠道，完善信息网络，广泛、及时地反映社会的真实情况和群众的意见呼声。九届一次会议以来，仅全国政协专门渠道反映的信息就有五千多条。反映社情民意为各级领导机关把握形势、正确决策提供了重要的依据，推动了一些问题的解决，得到了各级党政领导的高度重视和广大人民群众的充分肯定。人民政协是发扬社会主义民主的重要形式，政协委员是各党派、各团体、各族各界的代表人士，政协的活力就在于同各方面群众保持密切的联系。反映社情民意关系政协工作的根本，我们必须常抓不懈、切实抓好。

重视发挥界别作用，是政协工作的突出特色。近些年来，各级政协组织鼓励委员加强同本界别群众的联系，积极反映界别的利益和要求，注意安排代表界别的会议发言，认真办理党派、团体提出的提案，注重通过界别协调关系、化解矛盾。所有这些具有界别特点的活动，都收到了明显的效果。人们的利益要求、思维观念、价值取向既有地域之间的区别，又有行业、职业带来的差异。随着市场经济的发展，跨越地区的联系、组合日益增多，通过界别渠道了解各方面的情况越来越重要。人民政协集中了各个界别的代表人士，政协的许多工作都离不开界别作用的发挥。我们应当根据政协的界别特点，改进政协工作的方式，拓展政协工作的路子。

营造民主、和谐的氛围，是政协工作的基本条件。近些年来，我们始终注意保持和发扬人民政协的优良传统，努力维护一个能够广开言路、直抒胸臆的民主环境。在政协的各种会议和各项活动中，提倡知无不言、言无不尽，坚持求同存异、体谅包容，鼓励平等、真诚的协商讨论，切实尊重、保护委员的民主权利。凡提交审议的文件，都要充分听取委员的意见，可采纳的都予以采纳，确实不能采纳的说明情况和理由，并允许保留不同意见。人民政协是有广泛代表性和包容性的统一战线组织，在共同政治基础上团结着具有不同利益、不同信仰的各方面人士，政协中存在不同意见、不同声音是正常的现象。发扬社会主义民主是政协工作的条件，也是政协工作的内容，应当贯穿于政协各项工作的全过程。

今年是九届全国政协的最后一年。几年来，广大政协委员做了许多工作，付出了大量心血，应该从中得到一些有益的东西。我们要在继续履行各项职能的同时，把总结经验作为一项重要工作来抓。通过总结，深化认识、掌握规律，使我们的思想更加自觉；通过总结，发扬成绩、克服不足，使我们的工作不断进步；通过总结，使本届政协有一个圆满的结束，为新一届政协做好必要的准备。

二

早在人民政协成立初期，毛主席就明确提出，政协的一项主要任务是调整关系，即协调各民族各党派团体及其他人员间的关系。进入新时期以后，邓小平同志强调，人民政协是发扬人民民主、联系各方面人民群众的一个重要组织，要帮助各方面的人士和群众不断增强团结。在庆祝人民政协成立五十周年大会上，江泽民同志又进一步指出，人民政协作为广泛联系社会各界的重要组织，要在协调关系、化解矛盾方面发挥积极作用。

世界上万事万物都是相互联系、相互影响的，都是在平衡与不平衡、协调与不协调的矛盾运动中变化发展的。在人类社会出现以前，自然界按照自然法则自发地调节、演化和发展。在人类社会出现以后，产生了人与自然、人与人之间的矛盾和冲突，人类为了生存和发展，也就有了自觉的协调活动。历史发展到今天，整个世界呈现出快速多变、复杂多样的特点，不同文明之间相互交融又相互激荡，不同利益之间相互依存又相互摩擦，人对自然的索取越来越多，人与自然的矛盾也越来越突出。和谐共存、协调共进的问题已经成为人类普遍关注的重大问题。在我国，随着改革开放的深入和市场经济的发展，社会经济成分、组织形式、就业方式、利益关系和分配方式日益多样化，人们的职业、身份经常变动，不同群体、不同行业、不同地域间的差异和矛盾错综复杂，协调的任务比以往任何时候都要繁重。应当看到，我国现阶段的各种社会矛盾多属于根本利益一致基础上的人民内部矛盾。解决人民内部矛盾，主要的大量的要靠协调工作。如果不重视协调，不善于协调，不能及时、有效地加以协调，就会影响改革发展稳定的大局。协调的思想在中华民族的文化遗产中占有重要的位置，“和衷共济”、“兼容并包”、“厚德载物”、“天人合一”等许多人所熟知的成语，都有和合、和谐、协调的含义。强调协调的作用，符合事物的客观规律，符合时代的发展潮流，也符合中华民族的优良传统。

各级政协组织要充分认识人民政协在协调关系方面的特点和优势，把发挥协调作用作为工作的一个着力点，认真抓，经常抓，切实抓好。要多做沟通、联谊的工作，在共同的大目标下把各方面人士凝聚起来，促进中华民族的大团结大联合。要积极宣传党的方针政策，及时反映社会各方面的真实情况和呼声，真正成为联系各界群众的纽带和桥梁。要保障各党派、各团体和各位委员充分发表意见的权利，既尊重多数人的共同意愿又照顾少数人的合理要求，使一些社会矛盾和群众情绪得到化解和疏导。要围绕关系国计民生的重大问题深入调研，提出切合实际的意见建议，促使有关政策的出台兼顾到各方面的利益。人民政协要不断适应形势发展的要求，拓展工作内容，提高工作水平，为保持社会的和谐稳定和协调发展发挥积极的作用。

三

江泽民同志指出：“创新是一个民族的灵魂，是一个国家兴旺发达的不竭动力，也是一个政党永葆生机的源泉”；在去年“七一”讲话中又号召全党全国人民“大力发扬求真务实、勇于创新的精神”，“勇于和善于根据实践的要求进行创新”。

人类历史是一个不断创新的过程。人类在改造世界的实践中总会有新的认识，在新的认识指导下改造世界又总会有新的提高，总会“有所发现，有所发明，有所创造，有所前进”。社会实践是不断发展的，人的认识是不断深化的，创新活动是永无止境的。创新是一个相对的概念。创新既有质的飞跃，也有量的变化；既有大的突破，也有小的改进；既有内容的更新，也有形式的改变。创新是继承与发展的辩证统一。创新作为对已有成果的丰富、扩展或扬弃，离不开对前人成就的扎实研究和深刻了解，离不开一点一滴的积累和长期不懈的努力，离不开坚韧不拔的意志和百折不挠的精神。

人民政协工作如同其他各项事业一样，必须按照邓小平理论，按照“三个代表”要求，积极倡导创新。从根本上讲，人民政协组织的创建、共产党领导的多党合作和政治协商制度的确立，就是创新的产物。人民政协历届工作的成果，人民政协五十多年的经验，许多都具有创新的意义。但我们必须看到，政协工作中还有许多不足，还存在一些与新形势新任务不相适应的观念和做法，需要加以改进和创新。近些年来，各地政协组织在党委的领导下开拓进取，创造了许多行之有效的做法。比如，有些地方举办“政情交流”、“专题议政”等活动，党政领导与政协委员直接沟通情况、交换意见，丰富了协商的形式，提高了协商的实效。有些地方对群众广泛关注的问题和行业，开展“民主评议”、成立“民主监督小组”、与新闻媒体联办专题节目，拓宽了民主监督的渠道，促进了政协民主监督与其他方面监督的相互配合。有些地方建立“界别活动”、“委员约谈”、“委员走访”等制度，制定和完善同有关部门联系的办法，健全了各种议事规则和工作程序，推进了规范化制度化建设。当然这些做法还有待于在实践中进一步检验和完善，但这些做法都含有创新的精神，表明了人民政协应该创新也可以创新。只要我们不断增强创新意识，敢于突破陈规旧习，做到与时俱进；只要我们时刻牢记人民群众是创造历史的动力，尊重人民群众的首创精神，经常从人民群众中汲取智慧和力量；只要我们切实遵循实践第一的观点，边实践边总结，用经验推动工作；只要我们始终注意把优良传统与时代特点结合起来，在继承中发展，在开拓中前进，人民政协的事业就一定能够充满生机与活力，就一定能够不断开创新的局面。

各位委员、各位同志：

今年是我国发展史上非常重要的一年。中国共产党将召开第十六次全国代表大会，这对于我们在新世纪继往开来、全面推进建设有中国特色社会主义事业，具有重大而深远的意义。我们要十分珍惜过去的宝贵经验，精心维护今天的大好局面，积极应对未来的各种挑战。让我们紧密团结在以江泽民同志为核心的中共中央周围，高举邓小平理论的伟大旗帜，认真贯彻“三个代表”的要求，振奋精神，扎实工作，同心同德，艰苦奋斗，为促进改革开放和现代化建设，为完成祖国的统一大业，为实现中华民族的伟大复兴，作出新的更大的贡献！

现在我宣布：中国人民政治协商会议第九届全国委员会第五次会议闭幕！

中国人民政治协商会议第九届全国委员会第五次会议关于常务委员会工作报告的决议

（2002 年 3 月 13 日政协第九届全国委员会第五次会议通过）

中国人民政治协商会议第九届全国委员会第五次会议，同意叶选平副主席代表常务委员会所作的工作报告。会议充分肯定过去一年常务委员会的工作，批准报告提出的 2002 年度工作安排，要求常务委员会认真组织实施。

中国人民政治协商会议第九届全国委员会提案委员会关于政协九届五次会议提案审查情况的报告

（2002 年 3 月 13 日政协第九届全国委员会第五次会议通过）

政协第九届全国委员会第五次会议截至 3 月 8 日下午 5 时，共收到提案 3583 件，其中，委员提案 3265 件，参加提出提案的委员 1781 人，占委员总数的 78.56%；各民主党派中央和有关人民团体提出提案 56 件，专门委员会提案 1 件，界别小组提案 46 件。

按照《中国人民政治协商会议全国委员会提案工作条例》的规定，提案委员会对收到的提案进行了审查，共立案 3368 件，占总数的 94%。其中，经济建设方面 1460 件，占 43.35%。科教文卫体方面 889 件，占 26.40%；政法、人事、统战等方面 1019 件，占 30.25%。没有立案的 215 件，作为委员来信转有关部门研究和参考。

参加人民政协的各党派、人民团体和各族各界的政协委员，牢牢把握团结和民主两大主题，以高度的政治责任感，从改革、发展、稳定的高度出发，围绕中心，服务大局，认真履行政治协商、民主监督和参政议政职能，通过提案提出了许多有价值的意见和建议。

提案涉及国家的经济、政治和社会生活的方方面面，主要内容有：扩大内需，保持国民经济较快增长；加快农业和农村经济发展，增加农民收入；深化经济体制改革，推进经济结构调整；提高对外开放水平，适应加入世贸组织的要求；规范市场经济秩序，完善社会主义市场经济体制；坚持科教兴国战略和可持续发展战略，推动科技进步和教育发展；加强民主法制建设和精神文明建设，推动社会进步；深入开展反腐败斗争，加强廉政建设；积极发展两岸关系，促进祖国和平统一；进一步落实民族、宗教政策，保持少数民族地区的稳定和发展等。

本次会议提案反映出，委员们更多地关注增加农民收入、完善社会保障体系，关心困难群体和建立社会信用机制等热点问题。

会议期间，提案委员会就高考改革、素质教育和建立个人和企业社会信用机制方面的提案，召开两次协商办理座谈会，分别邀请教育部、财政部、国家经贸委、公安部、国家工商总局、人民银行等有关单位负责人与提案人座谈，沟通情况，交换意见，共商解决问题的办法和措施。对本次会议中一些急需处理的提案，已及时送交有关部门办理。

大会闭幕后，对已经立案的提案，将于 3 月 18 日召开交办会，分别送中共中央、全国人大常委会、国务院、全国政协、中央军委所属的有关部门，最高人民法院、最高人民检察院办公厅，各省、自治区、直辖市党委和人民政府以及有关人民团体等承办单位办理。

本次大会提案截止日期以后收到的提案，提案委员会将及时审查立案，送交有关单位办理。

中国人民政治协商会议第九届全国委员会第五次会议关于政协九届四次会议以来提案工作情况报告的决议

(2002年3月13日政协第九届全国委员会第五次会议通过)

中国人民政治协商会议第九届全国委员会第五次会议,同意罗豪才副主席代表常务委员会所作的关于政协九届四次会议以来提案工作情况的报告。会议要求提案工作继续贯彻“围绕中心,服务大局,提高质量,讲究实效”的方针,充分发挥提案在履行政协职能中的作用,为我国改革、发展、稳定作出更大的贡献。

中国人民政治协商会议第九届全国委员会第五次会议政治决议

(2002年3月13日政协第九届全国委员会第五次会议通过)

中国人民政治协商会议第九届全国委员会第五次会议赞同朱镕基总理所作的政府工作报告,赞同关于2001年国民经济和社会发展计划执行情况与2002年国民经济和社会发展计划草案的报告、关于2001年中央和地方预算执行情况及2002年中央和地方预算草案的报告,赞同最高人民法院工作报告和最高人民检察院工作报告。

会议认为,过去的一年是我国实施“十五”计划和现代化建设第三步战略部署取得良好开局的一年。以江泽民同志为核心的中共中央总揽全局,审时度势,带领全国各族人民克服困难,开拓前进,在全球经济增长明显减缓、国际形势复杂多变的情况下,实现了国民经济的持续快速健康发展,保持了我国社会政治大局的稳定,建设有中国特色社会主义各项事业取得了新的进展。与会委员对过去一年的成就给予高度评价,对实现新一年的目标充满信心,认为当前的良好局面来之不易,应当百倍珍惜,精心维护,不断发展。委员们对关系改革、发展、稳定的若干重要问题深为关注,就扩大内需,加快农业和农村经济发展、增加农民收入,推进经济结构调整和经济体制改革,扩大就业和再就业,完善收入分配制度和社会保障体系,整顿和规范市场经济秩序,加强社会信用建设和公民道德建设,优先发展教育,推动科技创新,重视社会科学,加强社会治安和公正执法,推进廉政建设和反腐败斗争,确保生产安全和食品药品安全,控制人口增长、治理生态环境和保护资源,做好民族、宗教以及侨务工作等问题,提出了意见和建议。

会议认为,人民群众的意愿和利益始终是我们一切工作的出发点和归宿。当前,要把关心群众生活特别是扶助困难群众的工作放在突出位置,体察群众疾苦,关照弱势群体,倾听群众呼声,努力做好协调利益关系、化解社会矛盾、维护安定团结的工作。要深入贯彻中共十五届六中全会精神,切实转变作风,改善干群关系。坚持艰苦奋斗、勤俭建国。狠刹弄虚作假、奢侈浪费之风。反对形式主义、官僚主义。依法打击各种违法犯罪活动。

会议认为,加入世界贸易组织标志着我国对外开放进入一个新的阶段。我们必须充分认识加入世贸组织对我国各方面带来的深刻影响,抓住机遇,积极主动地应对各种挑战。要进一步解放思想,转变政府职能,修改和完善我国相关的法律、法规,通过深化改革进一步消除体制性障碍,培育和增强我国经济的国际竞争力,切实维护我国的国家安全和根本利益,扎扎实实地把我们自己的工作做好。

会议认为,香港和澳门回归祖国并保持社会繁荣稳定,为实践“一国两制”方针作出了贡献。早日解决台湾问题,实现祖国完全统一,是中国人民坚定不移的决心和神圣使命。要继续坚持“和平统一、一国两制”的基本方针,贯彻江泽民主席关于现阶段发展两岸关系、推进祖国和平统一进程的八项主张,努力推动两岸关系向着和平统一的方向发展。与会委员坚决支持政府为改善两岸关系所采取的各项措施,加强同坚持一个中国原则、主张发展两岸关系的台湾各党派、各界人士的交往和对话,反对一切妄想把台湾从祖国分裂出去的图谋,真诚希望两岸同胞携起手来,为最终实现祖国统一大业和中华民族的伟大复兴作出贡献。

会议号召,人民政协各级组织、参加政协的各党派团体和各族各界人士,更加紧密地团结在以江泽民同志为核心的中共中央周围,高举邓小平理论伟大旗帜,深入学习“三个代表”重要思想,坚持共产党领导的多党合作和政治协商制度,认真履行政治协商、民主监督、参政议政职能,振奋精神,艰苦奋斗,扎实工作,开拓创新,以新的业绩迎接中国共产党第十六次全国代表大会的召开,为夺取改革开放和社会主义现代化建设的新胜利而努力奋斗!

关于九届全国人大五次会议代表提出的议案的处理意见报告

(2002年3月13日第九届全国人民代表大会第五次会议主席团第三次会议通过)

大会主席团:

根据九届全国人大五次会议主席团第一次会议通过的议案截止时间,到3月10日18时,大会秘书处共收到代表提出的议案1194件,其中:代表团提出的议案27件,30名以上代表联名提出的议案1167件。

代表们认真履行宪法和法律赋予的职责，围绕国家改革发展稳定的重大问题和人民群众关注的重要问题，积极提出议案。议案的数量是九届全国人大历次会议最多的一次。这些议案涉及的主要内容有：坚持扩大国内需求的方针，继续实施积极的财政政策和稳健的货币政策；加快农业和农村的发展，确保农民减负增收；推进经济结构调整，促进高新技术产业和现代服务业的发展；加快西部开发的步伐，促进地区协调发展；深化经济体制改革，推进国有企业的现代企业制度建设，促进多种所有制经济共同发展；完善城镇社会保障体系，努力改善城乡人民生活；提高对外开放水平，做好加入世贸组织后的各项工作；整顿和规范市场经济秩序，加强社会信用制度建设；进一步落实科教兴国战略和可持续发展战略，加快人才培养，加强资源的合理开发和利用，保护生态环境和防治污染；发展文化事业，加强精神文明建设；实施依法治国方略，推进民主政治的发展；加大反腐败力度，严惩各类犯罪活动，保障国家安全，维护社会稳定；促进港澳的稳定与发展，推进祖国和平统一等。

按照《全国人民代表大会组织法》第十条和《全国人民代表大会议事规则》第二十一条的规定，大会秘书处在收到代表提交的议案后，及时分送各有关专门委员会提出初步处理意见。经大会秘书处同各专门委员会商议，建议将 1194 件中的 285 件议案交有关专门委员会审议，提出是否列入全国人民代表大会会议或全国人大常委会会议议程的意见，由全国人大常委会审议决定。其中，交民族委员会审议的有 2 件；交法律委员会审议的有 102 件；交内务司法委员会审议的有 46 件；交财政经济委员会审议的有 39 件；交教育科学文化卫生委员会审议的有 40 件；交环境与资源保护委员会审议的有 22 件；交农业与农村委员会审议的有 34 件。其余的 909 件作为建议、批评和意见，连同大会期间收到的代表提出的建议、批评和意见，由全国人大常委会办事机构交由有关机关、组织研究处理，并负责答复代表。

以上报告，请审议。

九届全国人大法律委员会关于香港特别行政区澳门特别行政区选举第十届全国人大代表的办法草案审议结果的报告

（2002 年 3 月 13 日第九届全国人民代表大会第五次会议主席团第三次会议通过）

第九届全国人民代表大会第五次会议主席团：

在本次全国人大会议上，各代表团于 3 月 11 日审议了《中华人民共和国香港特别行政区选举第十届全国人民代表大会代表的办法（草案）》和《中华人民共和国澳门特别行政区选举第十届全国人民代表大会代表的办法（草案）》。代表们认为，这两个草案符合有关法律规定，符合香港特别行政区、澳门特别行政区的实际情况，是可行的，建议本次会议予以审议通过。法律委员会于 3 月 12 日召开会议，根据各代表团的审议意见，对草案进行了审议。法律委员会同意草案的规定，没有提出修改意见。

法律委员会建议主席团审议决定，将这两个法律草案提请大会审议通过。

以上意见是否妥当，请主席团审议。

全国人大法律委员会

2002 年 3 月 12 日

全国人大常委会委员长李鹏与港澳地区代表座谈

全国人大常委会副委员长田纪云、姜春云、邹家华、王光英、何鲁丽、许嘉璐，秘书长何椿霖参加了座谈。

李鹏委员长在吴康民和贺一诚代表发言后说，会议期间，香港特别行政区、澳门特别行政区的全国人大代表同其他代表团的代表一样，认真审议了政府工作报告及其他各项报告和决议草案，畅所欲言，积极进言，提出了许多很好的意见和建议。港澳地区全国人大代表同广大港澳同胞一道，爱国、爱港和爱澳，为香港和澳门回归作出了宝贵的贡献。回归后，“一国两制”方针在香港和澳门得以成功实践，包含着在座各位代表的努力和心血。

李鹏说，九届全国人大一次会议以来，港澳地区全国人大代表认真履行代表职责，无论是在大会期间，还是在平时，都十分关心全国人大的立法、监督及其他各项工作。各位代表还利用在内地视察的机会，积极为国家的经济建设和其他各项事业的发展献计献策。通过多种途径促进和加强港澳地区与内地的经贸、科技、文化、教育等领域的交流与合作。

李鹏指出，这次会议审议的内容之一是香港和澳门选举十届全国人大代表的办法草案。这是一件大事。全国人大常委会为此在去年下半年广泛征求了港澳地区全国人大代表和全国政协委员的意见。在去年 10 月份举行的全国人大常委会会议之后，又继续征求代表的意见。大家提出了不少有益和富有建设性的意见，体现了高度的责任感。全国人大常委会认真听取并吸收代表们提出的建议。最后形成的这个办法草案包含了港澳地区各位代表的智慧和共识。

李鹏表示，港澳地区的全国人大代表在全面贯彻落实“一国两制”方针和香港、澳门两个基本法，维护香港和澳门的长期稳定和繁荣，支持香港、澳门两个特别行政区政府和行政长官依法施政，加强港澳地区和内地在各方面的交流与合作，反映港澳居民对内地各项工作的意见和建议等方面,不仅负有责任,也是一种义务。希望大家在本届全国人大任期的最后一年,一如既往,把全国人大代表的职责履行得更好。

中央政府驻香港特区联络办主任姜恩柱、中央政府驻澳门特区联络办主任白志健等也参加了座谈。

国务院召开第56次常务会议

会议审议并原则通过了《人工影响天气管理条例(草案)》。

会议确定,《人工影响天气管理条例(草案)》经修改后,由国务院公布施行。

国防部部长迟浩田在八一大楼会见法国空军参谋长让—皮埃尔·若博一行

对外友协在北京举行招待会庆祝中国与英国建立大使级外交关系30周年

3月14日

全国人大常委会委员长李鹏参加新疆代表团审议

李鹏听取了代表们对全国人大常委会工作报告的意见和建议,与代表们一起审议最高人民法院、最高人民检察院的工作报告。

听完代表们的发言,李鹏说,九届全国人大期间,新疆各族代表情绪饱满,认真履行宪法和法律赋予的职责,积极行使管理国家事务的权力,积极参加对各项议案的审议讨论,提出议案和建议,批评和意见,对九届全国人大的工作作出了贡献。近些年来,新疆各族人民在党的领导下,团结奋斗,使新疆出现了民族团结、社会稳定、经济发展的可喜局面,各项事业都取得了显著进步。实施西部大开发战略,必将给新疆带来新的发展机遇。他说,新疆地域辽阔,资源丰富,要注意把资源优势适时转变成经济优势,同时也要注意科技兴农,加强生态环境保护,为子孙后代造福。新疆要进一步加强同其他省区市的交流,引进先进的技术和管理经验,既要向发达地区开放,也要向周边地区开放,做到优势互补,加快发展。

李鹏指出,新疆要继续发展,必须认真贯彻落实民族区域自治法。首先,在政治上要维护民族团结,反对民族分裂主义;在经济上要实行优惠政策,支持民族地区发展;在文化上,要在继承和发扬新疆各族人民的优秀传统文化的基础上,注意学习和吸取世界各民族的先进文化遗产,提高各族人民的素质。

全国人大常委会副委员长铁木尔·达瓦买提和秘书长何椿霖参加了审议。

《人民日报》发表社论《同心协力再创辉煌——祝贺全国政协九届五次会议胜利闭幕》

3月15日

九届全国人大五次会议闭幕

第九届全国人民代表大会第五次会议在圆满完成各项议程后,在人民大会堂闭幕。

大会执行主席、主席团常务主席李鹏主持闭幕大会。

党和国家领导人江泽民、朱镕基、李瑞环、胡锦涛、尉健行、李岚清,大会执行主席、主席团常务主席田纪云、姜春云、邹家华、帕巴拉·格列朗杰、王光英、布赫、铁木尔·达瓦买提、吴阶平、彭珮云、何鲁丽、周光召、曹志、丁石孙、许嘉璐、蒋正华、何椿霖出席会议并在主席台就座。

本次会议期间,代表们对政府工作报告进行了认真审议,全国政协九届五次会议对报告进行了讨论。根据人大代表审议和政协委员讨论时提出的意见和建议,国务院对报告进行了修改。朱镕基总理向大会主席团提交了关于政府工作报告修改情况的说明。

2813名代表到会。大会表决通过了关于政府工作报告的决议。决议说,报告对去年政府工作的回顾是实事求是的,提出今年政府工作的主要任务和措施是积极、务实的。会议决定批准这个报告。

会议经过表决,通过了关于2001年国民经济和社会发展计划执行情况与2002年国民经济和社会发展计划的决议,决定批准国务院提出的2002年国民经济和社会发展计划,批准国家发展计划委员会主任曾培炎受国务院委托所作的关于2001年国民经济和社会发展计划执行情况与2002年国民经济和社会发展计划草案的报告;通过了关于2001年中央和地方预算执行情况及2002年中央和地方预算的决议,决定批准国务院提出的2002年中央预算,同意财政部部长项怀诚受国务院委托所作的关于2001年中央和地方预算执行情况及2002年中央和地方预算草案的报告。

会议表决通过了关于全国人大常委会工作报告的决议,同意报告对过去一年工作的总结和对今后一年工作的安排,决定批准这个报告。

会议经过表决,通过了关于第十届全国人民代表大会代表名额和选举问题的决定。根据决定,第十届全国人大代表的名额不超过3000人,第十届全国人大代表应在2003年1月底以前选出。会议还分别通过了《中华人民共和国香港特别行政区选举第十届全国人民代表大会代表的办法》、《中华人民共和国澳门特别行政区选举第十届全国人民代表大会代表的办法》。这两个办法各为23条,规定了香港特别行政区、澳门特别行政区选举第十届全国人大代表由全国人大常委会主持。

会议分别表决通过了关于最高人民法院工作报告的决议、关于最高人民检察院工作报告的决议。

在大会各项议程完成后,李鹏发表了讲话。

丁关根、李长春、李铁映、吴邦国、吴官正、迟浩田、张万年、罗干、贾庆林、钱其琛、黄菊、温家宝、曾庆红、吴仪、司马义·艾买提、王忠禹、肖扬、韩杼滨、叶选平、杨汝岱、王兆国、阿沛·阿旺晋美、钱伟长、任建新、宋健、李贵鲜、陈俊生、张思卿、钱正英、孙孚凌、朱光亚、万国权、胡启立、陈锦华、赵南起、毛致用、白立忱、经叔平、罗豪才、张克辉、周铁农、王文元等和主席团成员在主席台就座。

中央党政军群负责人,各民主党派中央、全国工商联和无党派代表人士列席了今天的闭幕大会。

各国驻华使节旁听了大会。

全国人大常委会委员长李鹏在九届全国人大五次会议闭幕会上的讲话

各位代表:

第九届全国人民代表大会第五次会议的各项议程已进行完毕。会议期间,各位代表本着对国家、对人民高度负责的精神,畅所欲言,共商国是。会议审议和批准了政府工作报告,审查和批准了今年的国民经济和社会发展计划和中央预算,审议和批准了全国人大常委会、最高人民法院、最高人民检察院工作报告,通过了第十届全国人大代表名额和选举问题的决定,通过了香港、澳门特别行政区选举第十届全国人大代表的办法。会议取得了圆满成功。这是一次民主团结、求真务实、鼓舞人心、催人奋进的大会。

2002年的工作任务是繁重而光荣的。做好今年的工作,关键在于解放思想,实事求是,与时俱进,转变作风。要脚踏实地,扎实工作,勤俭节约,艰苦奋斗。各级国家机关要通过树立好的作风,保持同广大人民群众的密切联系,把全国各族人民团结起来,把各方面的力量凝聚起来,投身到建设有中国特色社会主义的伟大事业中。

各位代表!九届全国人大的任期还有一年,我们要牢记人民的重托,始终保持蓬勃的朝气和昂扬的锐气,尽心尽职地履行宪法和法律赋予的职责,圆满地完成好本届人大的各项任务。希望各位代表回到各自的工作岗位后,积极宣传这次大会的精神,带头贯彻这次大会的各项决议,团结广大干部、群众,以新的精神风貌和优异的工作成绩,迎接中国共产党第十六次代表大会的胜利召开。

让我们在以江泽民同志为核心的党中央领导下,以邓小平理论和党的基本路线为指导,按照“三个代表”的要求,同心同德,开拓进取,为把我国建设成为富强、民主、文明的社会主义现代化国家而奋斗!

国务院总理朱镕基在九届全国人大五次会议记者招待会上答中外记者问

中央电视台记者:在世界经济低迷的情况下,今年中国经济增长率预测目标7%。请问总理,能否达到这个目标?主要措施是什么?

朱镕基:今年国民经济增长的预测目标为7%,是经过我们周密考虑的,考虑了各方面的不利因素,包括世界经济增长速度减缓等因素提出的。我想是可以实现的。那么具体的措施呢?已经在我的政府工作报告中作了简述,我就不再重复了。根据今年一季度的情况来看,比我们所预想的要好。

根据国家统计局的预测,今年第一季度的GDP比去年同期增长7.5%。因此,我对此更有信心,也就是说,达到7%,有信心。

新华社记者:今年我国财政赤字3098亿元,占国内生产总值比重达3%。请问总理,如何看待我国的财政风险,这对下届政府有没有影响?

朱镕基:前天我看到香港有一份报纸,送给我一个荣誉称号叫“赤字总理”。我从来不接受荣誉称号或者荣誉学位,因此,对这个问题我需要解释几句。我查了手头的资料,我只查了24个国家。2000年,19个国家都有赤字,包括一些发达的大国。因此,问题不在于你的财政有没有赤字,而是这个赤字的水平是否在承受能力以内,特别是这个赤字是用在什么地方。

中国今年预算的赤字3098亿元人民币,相当于当年国内生产总值的3%左右。国债余额总计18700亿元,占国内生产总值的18%左右。这两个数字都在公认的警戒线以内。至关重要的是,我国这个赤字不是用在弥补经常性的预算方面,没有把它吃掉,而是用在基础设施建设等方面。

本届政府已发行的5100亿元国债,带动了银行资金和其他资金,一共完成了2万亿元的工程。包括建成公路25500公里,其中高速公路8000公里;铁路新线4000公里,加上复线、电气化铁路在7000公里以上;改造了农村的电网;中国的移动电话和固定电话已经达到3.2亿户。这些都是实实在在地摆在那里的。

因此,留给下届政府的不只是债务,而是2.5万多亿元的优质资产,这些在未来中国的经济发展中将长期发挥巨大的经济效益和社会效益。更为重要的是,这几年5100亿元的国债加上银行配套的贷款，带动了整个国民经济快速发展，财政的收入每年都大幅度地增加，这才使我们有可能大力改善人民的生活。最近几年，公务员的工资差不多增加了一倍，还使我们构筑了一个比较健全的社会保障体系，也使我们有大量的资金投入教育和科技战线。

与此同时，人民群众的银行储蓄存款在最近几年里，不断地增加，保持每年增加7000亿元到8000亿元人民币的水平。也就是说，如果我们不是采取积极的财政政策和稳健的货币政策，中国经济也许垮了。因此，从这里可以看出来，积极的财政政策的力度，也是恰到好处的。你看1998年以来这四年，物价不涨，掉得也不是很多，在1%上下浮动，恰到好处，足见中国的"功夫"是不错的。所以对不起，我不能接受"赤字总理"这个荣誉称号，奉送回去。我为我们国家能够实行积极的财政政策，不但克服了亚洲金融危机带给我们的影响，而且利用这段时间大大发展了中国的国民经济感到自豪。

韩国《朝鲜日报》记者：昨天有20多个朝鲜人进入西班牙驻华使馆，请问中方怎么处理这件事？

朱镕基：中国的外交部门已经跟有关的大使馆进行了协商，达成了协议，将按照法律予以解决。

日本共同社记者：我想问两个问题，第一个是日中关系问题，今年是日中邦交正常化30周年，日中两国的高层往来比较多。我听说中方已通过外交渠道表示希望日本皇太子和太子妃来中国访问。您认为如果他们来的话，能够推动日中关系的发展吗？另外，他们会受中国老百姓的欢迎吗？第二个是内政问题，我认为中国现在的社会阶层两极分化比较严重，有一些专家也认为，要改善这个现象，培育和扩大中产阶层是必要的，你同不同意这样的看法？如果同意，应该采取什么样的措施来培育这样的中产阶层？

朱镕基：今年是中日邦交正常化30周年。前年中日双方就把今年确定为中日友好年，双方将举行一系列纪念活动，包括加强沟通和往来，在中国举行日本文化年，在日本举行中国文化年等等。关于邀请皇太子和太子妃访问中国的问题，我们早就予以推动，我们当然希望他们能够接受邀请，我相信他们一定会在中国受到热烈的欢迎。

关于你提出的中国存在着贫富差距加大的这种现象，我认为是存在的。我想你也大概记得邓小平先生讲过让一部分人先富起来，那么必然有一部分人现在还没有富起来。因此，贫富差距的扩大在一定的历史时期里，也许是不可避免的。

但是，我们在执行让一部分人先富起来政策的同时，也在不断地扶持低收入的群体。比如说，增加农民收入的问题占了政府工作报告的很大一部分，可以说成为我们的一个中心的工作。又如，对建立社会保障体系的重视，扶持下岗的、失业的、离退休的职工，都是我们工作的重点。除了政府通过财政预算来缩小这种贫富差距以外，最重要的手段就是税收。我们通过税收政策来扶持这一部分还没有富起来的人民群众。我相信，在一个时期以后，这种贫富差距扩大的现象最终会得到解决。

香港《经济日报》记者：现在香港跟内地正在商谈类似自由贸易区的更紧密的经贸关系。我想问一下，中央有什么政策来继续巩固香港的亚洲金融中心的地位？

朱镕基：香港特区政府成立以来，由于亚洲金融危机的影响，香港碰到了暂时的经济困难。但是，我始终认为香港具有不可替代的优势地位。它的国民生产总值相当于广东省。没有任何一个大城市在近期以内能够超过香港。我相信香港一定能够克服当前面临的暂时经济困难，对此我们是有信心的。

至于中央政府对香港能够提供什么样的帮助和合作，中央政府和香港特区政府的官员正在进行紧密的协商。只要对香港有实惠和好处的事情，而且是可行的，中央政府一定会全力以赴。我相信香港完全能够保持它的亚洲金融中心地位，特别是在中国参加了世贸组织以后，机遇会更大。

俄通塔斯社记者：您今年要和俄罗斯总理再次举行会晤，请您评述一下中俄关系现状，包括两国经贸合作关系的发展前景。

朱镕基：中俄的战略合作伙伴关系，最近几年发展得非常好，特别是去年江泽民主席和普京总统签订了《中俄睦邻友好合作条约》，更加巩固了这种友好合作关系。在经济领域也产生了实际效果。去年中俄两国之间的贸易额比前年增加了1/3，这个贸易统计是不完全的，因为有很多边境贸易没有统计进去，就公布的贸易额来讲，这个发展是非常大的。

去年中俄两国总理在圣彼得堡举行定期会晤，我们商定在经济贸易和各个领域进一步加强合作，我预期在2—3年内，我们可以把现在的中俄贸易合作水平提高一倍。

今年两国总理定期会晤将在上海举行，我们将进一步共同努力推进中俄两国友好合作包括经济贸易合作迅速发展。

美国有线新闻网记者：跟1998年您第一次举行记者招待会的时候相比，现在看起来，您虽然同样的帅，但是略显疲劳。我的问题是，操持一个有13亿人口国家的大事，我难以想象是一个什么样的情景？您能否谈一下，在您管理国家大事的时候，最让您头痛，最让您难以入睡的问题是什么？在您担任总理以来，取得了很大的成绩，但是也有一些事情，可能现在还没有完成。您能否讲一下哪方面是否做得还不够？

朱镕基：我比1998年是不是显得疲劳，我不知道在座各位作何评论。不过我想时间已经过去4年了，人总是要老的嘛。但是，这4年以来，我始终丝毫不知疲倦地在进行我所担负的政府的工作。

我想这4年本届政府做成了很多事情，特别是刚才讲的克服了亚洲金融危机对我国的影响，而且在这几年里不断发展了我们自己。当然，我还有很多事情没有完成。令我最感头痛的是什么？我想在目前来讲，主要是增加农民的收入。因为这4年里，国家的公务员差不多增加了一倍的工资，而物价没有涨。大多数大中型国有亏损企业在3年里面已经基本脱困，很多企业职工的工资也有很大的提高。离退休职工由于社会保障体系的完善，也增加了收入。我想他们都是很高兴的。但是，比较起来，就是农民的收入增加得不快，个别地方还有所下降。对这个问题，这几年中国政府做了巨大的努力，在我的政府工作报告中，也用了大量的篇幅，但是要解决这个问题是不容易的。最根本的措施，是要靠农业种植结构和农村产业结构的调整。因为中国现在的粮食供过于求，农产品越来越多，种什么什么多。价格上不去，农民的收入也就增加不起来。特别是中国加入WTO以后，美国的农产品还要大量地在中国登陆，国内农产品价格还要下降，农民不是很困难吗！这就是我很头痛的事情呀。

你知不知道，近年来美国出口到中国的大豆已经相当于中国大豆年产量——1500万吨。当我们想采取转基因农产品管理办法的时候，这也是国际上很多国家实行的办法，你们美国的领导人就来跟我们谈大豆的问题：说影响美国10亿美元的出口，你们要慎重一点儿。但是美国对中国出口的钢铁产品，却宣布要加税8%—30%，这样就影响中国3.5亿美元的钢材没法向美国出口。因此，我可不可以像美国领导人关心大豆一样也关心我们的钢材，我也把大豆加税30%行不行呀？

我再回到头痛的问题，我想虽然头痛，它还是会得到解决的。因为现在全国粮食库存有5000亿斤，我们可以开仓济贫，实行退耕还林、退耕还草、退耕还湖的政策，使农民的收入直接或间接地得到增加，同时我们也在实行农村费改税的政策，以减轻农民的负担。因此，我相信这些措施能够缓解目前农民困难的局面。再经过一段时间以后，农业的产业结构调整取得成效，农民的收入会增加起来。当然，这需要一定的时间。

《人民日报》记者：本届政府开始时提出的目标是“一个确保、三个到位、五项改革”。请问总理在本届政府任期内这些目标能否全部实现？

朱镕基：我想我在1998年本届政府开始的时候，所提出的“一个确保、三个到位、五项改革”，在这4年里面就已经基本完成。“一个确保”，我是说1998年确保8%的速度，人民币不贬值。人民币没有贬值，当年的速度7.8%，比8%少了一点，原因大家也知道，1998年中国遭受了严重的水灾，加上亚洲金融危机的影响，稍微差一点。

“三个到位”，第一个指大多数国有大中型亏损企业在3年里实现扭亏为盈，这个目标已经基本完成。如果没有这些国有企业交税的话，中国的财政收入状况不可能这么好，不可能每年以超过国内生产总值增长速度一倍的增幅在增加。

至于金融改革，我们已经对商业银行进行了很大的改革，我们借鉴美国RTC(重组信托公司)的经验，把不良贷款分离出来，成立金融资产管理公司，使商业银行的经营状况有很大转变。光去年一年，不良贷款的比例就下降了3个百分点。

至于精简国务院的机构，在当年就已经完成了，减少了一半的人员。现在精简机构已经推进到省、市、县政府。

“五项改革”，包括粮食流通体制改革、投融资体制改革、住房制度改革、医疗体制改革，以及财税体制改革。这五项改革，有的已经完成，有的正在进行，我对于改革的进展还是满意的。

因此，我认为本届政府实现了对全国人民、全国人民代表大会所作出的承诺，可以说我们问心无愧，但是还有很多工作没有做好，我们要继续做好。

台湾《联合报》记者：在您今年的政府工作报告中有关台湾的部分，我们注意到你并没有提到以前常用的一些词语，例如“绝不承诺放弃对台湾使用武力”，也没有使用最近常听到的“渐进式台独”这样的词，请问您是出于什么考虑？是不是反映大陆对台湾有一些新的思路？

朱镕基：中国关于解决台湾问题的政策没有任何改变，我们始终坚持“和平统一、一国两制”的方针和江泽民主席所提出的“八项主张”。我没有强调的问题不等于我们的政策就改变了。“不承诺放弃使用武力”，主要是针对那些坚持“台独”的顽固势力所讲的，这个政策没有变，但是也不需要我天天讲、月月讲。

布卢姆伯格经济新闻社记者：在几个月以前，我们看到中国银行的一些海外分行有一些腐败现象被揭露出来。它们有一些违规的贷款等等。我想问的是，在中国的银行界是否还存在这样的问题？这种问题有多严重？中国正在采取什么办法解决这样的问题？另外，既然已经有了这些报道，这是否影响你过去一直提倡的一种做法,就是你鼓励中国的金融机构,包括银行、保险公司要到海外上市。现在出了这些问题,有了这些报道,是否影响这方面的考虑?

朱镕基:中国四大国有银行有十几万亿人民币的资产。在个别的分支机构发生违规事件,我想这不是什么太奇怪的问题。你们美国不是也出现了"安然事件"了吗?由于你们在认真地处理安然事件,中国的报纸、杂志、舆论界没有大肆渲染这件事情。同样,中国银行的个别分支机构发生一些违规事件,也不值得大肆渲染。

我们对这种事件的态度是非常严肃的,是依法处理的。我想个别的银行分支机构发生这种违规事件,不会影响中国银行、中国金融界的信誉,也不会影响中国银行将要在国内或者在国外上市的目标。

法新社记者:朱总理,我们想请问,无论下一届总理是谁,你觉得他应该有什么优点呢?你觉得他在哪个方面应该向你学习?在哪个方面不应该向你学习?

朱镕基:我是很佩服你们新闻记者的执着和毅力的,总是要把这个问题追个水落石出。

关于我本人,除了我确实是在埋头苦干以外,我没有什么优点,我不希望别人学习我,特别是某家香港报纸说我的本事就是拍桌子、捶板凳、瞪眼睛,那就更不要学习我。

但是这家报纸说得不对,桌子是拍过,眼睛也瞪过,不瞪眼睛不就是植物人了嘛,板凳绝对没有捶过,那捶起来是很疼的。

至于说我这样做是为了吓唬老百姓,我想没有一个人相信他这种说法。我从来不吓唬老百姓,只吓唬那些贪官污吏。

香港亚视记者:我想请问一下,刚才你提到香港比起内地的其他城市有一定的优势,但是我们也看到一个事实,就是现在内地很多大城市发展得很快,也追赶得很快。尤其是它们在国家整个经济的战略发展中找到了自己的定位。但是香港在这方面还不是太确切自己应该扮演一个怎样的角色?请教一下总理,能不能具体跟我们讲一下,您觉得香港在未来可以扮演一个什么样的角色?因为我们都很担心,像过去20多年引入外资的角色可能要失去了。

朱镕基:香港具有亚洲金融中心地位的作用,同时,也是一个文明的国际城市。我想这种优势香港并没有丧失。特别是在七八十年代的时候,香港对于中国的改革开放所作出的贡献是第一位的。今后随着世界经济的发展,我想香港的经济结构应该做一些调整。所有香港的精英都在为这个问题进行探讨。我们也愿意和香港特区政府,和香港人民一起来探讨这个问题。但是,我始终坚信,香港的优势还没有完全发挥,它将来的地位是不可限量的。我刚才已经说过,没有任何一个内地的城市可以在近期代替香港。我们都应该有信心,我们的目标一定能够达到。

第九届全国人民代表大会第五次会议决议

(2002年3月15日通过)

关于全国人大常委会工作报告的决议

第九届全国人民代表大会第五次会议审议了李鹏委员长代表全国人民代表大会常务委员会所作的工作报告。会议认为,一年来,全国人民代表大会常务委员会认真履行宪法和法律赋予的职责,立法、监督,以及代表工作、对外交往、自身建设等各方面工作都取得了新的进展。会议同意报告对过去一年工作的总结和对今后一年工作的安排,决定批准这个报告。

会议要求,全国人大常委会要以邓小平理论和党的基本路线为指导,按照"三个代表"的要求,做好各方面的工作。要进一步加强和改进立法工作,提高立法质量,努力实现在本届任期内初步形成有中国特色社会主义法律体系的目标。要着眼于增强监督实效,组织好执法检查、听取专题工作报告等工作,进依法行政和公正司法。要加强对行政法规、地方法规的备案审查,维护国家法制的统一。要进一步发挥全国人大代表的作用,密切同人民群众和地方人大的联系,继续支持地方人大就立法和监督工作在制定地方性法规和开展代表评议、述职评议等方面进行的探索和实践。要按照本次会议通过的有关决定和办法,做好换届选举的有关工作。要继续加强常委会的自身建设,以奋发进取的精神,完成好本届常委会任期最后一年的各项任务,为依法治国、建设社会主义法治国家,推进有中国特色社会主义事业,作出新的贡献。

关于政府工作报告的决议

第九届全国人民代表大会第五次会议,审议了朱镕基总理代表国务院所作的《政府工作报告》。会议认为,2001年,全国各族人民在中国共产党领导下,面对复杂多变的国际形势,团结奋斗,克服困难,取得了改革开放和社会主义现代化建设新的重大成就。报告对去年政府工作的回顾是实事求是的,提出今年政府工作的主要任务和措施是积极、务实的。会议决定批准这个报告。

会议指出,2002年是党和国家发展历程中非常重要的一年。国务院和地方各级人民政府,要坚决贯彻落实党中央关于改革发展稳定的各项部署,促进国民经济持续快速健康发展和社会全面进步。

会议强调,要坚持扩大国内需求的方针,继续实施积极的财政政策和稳健的货币政策,实现经济较快增长。采取有效措施，扩大就业，增加城乡居民特别是低收入群体的收入。加快农业和农村经济发展，大力发展农业产业化经营，深化农村各项改革，切实减轻农民负担，增加农民收入。进一步完善城镇社会保障体系，确保国有企业下岗职工基本生活费和离退休人员基本养老金按时足额发放，确保所有符合条件的城市贫困居民得到最低生活保障。要积极推进经济结构调整，促进产业结构优化升级，加快发展高新技术产业和现代服务业。积极落实西部开发的各项政策和措施，充分发挥中部地区区位优势，加强东部地区同中西部地区经济技术合作，促进地区协调发展。继续深化国有企业改革，促进多种所有制经济共同发展。要做好加入世贸组织后的各项工作，全面提高对外开放水平。继续实施市场多元化战略，加快外贸体制改革，努力开拓新的市场，促进外贸出口渠道多样化。积极利用外资，着力引进先进技术、现代化管理经验和专门人才。要大力整顿和规范市场经济秩序，切实加强社会信用建设，健全安全责任制。

会议强调，要继续实施科教兴国战略和可持续发展战略。推进科技进步和创新，坚持教育优先发展，认真实施人才政策。坚持计划生育基本国策，加强资源管理和合理利用，加大生态环境保护和污染防治力度。要不断完善和发展社会主义民主政治，积极推进依法治国、建设社会主义法治国家的进程。加强精神文明建设，坚持把依法治国和以德治国结合起来。要尽快转变政府职能，切实加强政风建设，深入开展反腐败斗争，坚决克服形式主义、官僚主义，纠正虚报浮夸、强迫命令的恶劣作风，反对奢侈浪费，严肃财经纪律。

会议强调，要保障国家安全，维护社会稳定。加强社会治安综合治理，依法惩治各种危害社会的犯罪活动。加强国防和军队现代化建设。加强民族团结，做好宗教和侨务工作。要维护香港、澳门长期稳定和繁荣发展。坚持"和平统一、一国两制"的基本方针和江泽民主席关于解决台湾问题的八项主张，促进祖国和平统一。

会议指出，要继续奉行独立自主的和平外交政策，反对霸权主义和强权政治，反对一切形式的恐怖主义，推动建立公正合理的国际政治经济新秩序。

会议号召，全国各族人民紧密团结在以江泽民同志为核心的党中央周围，高举邓小平理论伟大旗帜，按照"三个代表"的要求，与时俱进、扎实工作，夺取建设有中国特色社会主义事业的更大胜利。

关于2001年国民经济和社会发展计划执行情况与2002年国民经济和社会发展计划的决议

第九届全国人民代表大会第五次会议经过审查并根据全国人民代表大会财政经济委员会的审查报告，决定批准国务院提出的2002年国民经济和社会发展计划，批准国家发展计划委员会主任曾培炎受国务院委托所作的《关于2001年国民经济和社会发展计划执行情况与2002年国民经济和社会发展计划草案的报告》。

会议同意全国人民代表大会财政经济委员会在审查报告中为完成2002年国民经济和社会发展计划提出的各项建议。会议要求国务院和地方各级人民政府落实党中央关于今年经济工作的总体要求和部署，坚持扩大国内需求的方针，继续实施积极的财政政策和稳健的货币政策，保持经济发展良好势头。

要加快农业和农村经济结构调整。把增加农民收入作为农业和农村工作的重点任务，放在整个经济工作的突出位置。努力推进国民经济现代化和社会信息化，运用高新技术和先进适用技术改造传统产业。继续深化国有企业改革，推进国有企业的战略性改组，加快现代企业制度建设。采取多种形式放开搞活国有中小企业。鼓励、支持和引导私营、个体经济健康发展。扩大城镇就业，增加居民收入，加快社会保障体系建设。抓紧投融资体制改革，管好用好长期建设国债，加强资金使用和工程质量的管理，讲求实效，促进全社会固定资产投资的较快增长。加大金融对经济发展的支持力度，稳定和发展资本市场。完善金融监管体制，防范和化解金融风险。继续大力整顿和规范市场经济秩序，打破地方保护和部门、行业垄断。坚决扭转安全生产形势依然严峻的局面。做好应对加入世界贸易组织的各项工作，积极地有步骤地扩大对外开放领域。深化外贸体制改革，千方百计扩大出口，努力提高利用外资水平。坚持实施科教兴国和可持续发展战略，全面发展各项社会事业。为更好地完成2002年国民经济和社会发展计划而努力。

关于2001年中央和地方预算执行情况及2002年中央和地方预算的决议

第九届全国人民代表大会第五次会议经过审查并根据全国人民代表大会财政经济委员会的审查报告，决定批准国务院提出的2002年中央预算，同意财政部部长项怀诚受国务院委托所作的《关于2001年中央和地方预算执行情况及2002年中央和地方预算草案的报告》。

会议同意全国人民代表大会财政经济委员会在审查报告中为完成2002年中央和地方预算提出的各项建议。会议要求国务院和地方各级人民政府严格按人民代表大会批准的预算执行，全面完成2002年的预算任务。

要继续实施积极的财政政策。在预算执行中，要加强税收征管，坚持依法治税，规范税收秩序；保证重点支出，安排使用好社会保障、农业、教育、科技、国债建设和支持西部开发以及维护社会安全等方面的资金，并注意防范财政风险；积极推进农村义务教育投入体制改革，切实解决农村义务教育经费投入不足的问题；进一步推进预算制度改革，改进和完善财税体制；深化“收支两条线”改革，加强对预算外资金的管理和监督；加大审计监督力度，严肃财经纪律；发扬艰苦奋斗、勤俭节约的优良传统，狠刹铺张浪费、奢侈挥霍之风。各级人民代表大会及其常务委员会要加强对预算执行和预算外资金管理的监督。

关于最高人民法院工作报告的决议

第九届全国人民代表大会第五次会议审议了最高人民法院院长肖扬所作的《最高人民法院工作报告》。会议认为，2001 年，最高人民法院认真贯彻第九届全国人民代表大会第四次会议精神和对审判工作的要求，各项工作取得了新的进展，在维护改革发展稳定的大局中发挥了重要作用。会议决定批准这个报告。

会议要求，在新的一年里，最高人民法院要按照依法治国、建设社会主义法治国家的要求，依法履行审判机关职能，进一步做好各项审判工作和执行工作，公正司法，深化法院改革，改进作风，提高效率，自觉接受人民群众的监督，努力提高队伍素质，切实加强廉政建设，为社会主义现代化建设和社会稳定提供有力的司法保障。

关于最高人民检察院工作报告的决议

第九届全国人民代表大会第五次会议审议了最高人民检察院检察长韩杼滨所作的《最高人民检察院工作报告》。会议认为，2001 年，最高人民检察院认真贯彻第九届全国人民代表大会第四次会议精神和对检察工作的要求，各项工作取得了新的进展，在维护改革发展稳定的大局中发挥了重要作用。会议决定批准这个报告。

会议要求，在新的一年里，最高人民检察院要按照依法治国、建设社会主义法治国家的要求，依法履行检察机关职能，进一步做好各项检察工作，公正司法，深化检察改革，改进作风，提高效率，自觉接受人民群众的监督，努力提高队伍素质，切实加强廉政建设，为社会主义现代化建设和社会稳定提供有力的司法保障。

关于第十届全国人大代表名额和选举问题的决定

(2002 年 3 月 15 日九届全国人大五次会议通过)

根据《中华人民共和国宪法》和《中华人民共和国全国人民代表大会和地方各级人民代表大会选举法》的有关规定，第九届全国人民代表大会第五次会议关于第十届全国人民代表大会代表名额和选举问题决定如下：

一、第十届全国人民代表大会代表的名额不超过 3000 人。

二、各省、自治区、直辖市应选的第十届全国人民代表大会代表的名额，农村按人口每 96 万人选代表 1 人城市按人口每 24 万人选代表 1 人。

人口特少的省、自治区，代表名额不得少于 15 人。

三、香港特别行政区应选全国人民代表大会代表 36 人，澳门特别行政区应选全国人民代表大会代表 12 人。根据选举法的规定，代表产生办法由全国人民代表大会另行规定。

四、台湾省暂时选举代表 13 人，由在各省、自治区、直辖市和中国人民解放军的台湾省籍同胞中选出，其余依法应选的名额予以保留。

五、中国人民解放军应选全国人民代表大会代表 265 人。

六、全国人民代表大会代表中，少数民族代表的名额，应占全国人民代表大会代表总名额的 12%左右。

人口特少的民族，至少应有全国人民代表大会代表 1 人。

七、全国人民代表大会代表中，应选归国华侨代表 35 人。

八、全国人民代表大会代表中，妇女代表的比例应高于九届的比例。

九、为了保证人口特少的地区、人口特少的民族和各方面代表人士比较集中的地区都有适当的代表名额，在全国人民代表大会代表总名额中，应有一定的名额由全国人民代表大会常务委员会根据情况分配给有关的省、自治区、直辖市进行选举。

十、第十届全国人民代表大会代表，应在 2003 年 1 月底以前选出。

香港特别行政区选举第十届全国人大代表的办法

(2002 年 3 月 15 日九届全国人大五次会议通过)

第一条　根据中华人民共和国宪法、中华人民共和国香港特别行政区基本法以及中华人民共和国全国人民代表大会和地方各级人民代表大会选举法第十五条第三款的规定，结合香港特别行政区的实际情况，制定本办法。

第二条　香港特别行政区选举第十届全国人民代表大会代表由全国人民代表大会常务委员会主持。

第三条　香港特别行政区应选第十届全国人民代表大会代表的名额为三十六名。

第四条　香港特别行政区选举的全国人民代表大会代表必须是年满十八周岁的香港特别行政区居民中的中国公民。

第五条　香港特别行政区成立第十届全国人民代

表大会代表选举会议。选举会议由参加过香港特别行政区第九届全国人民代表大会代表选举会议的人员，以及不是上述人员的香港特别行政区居民中的中国人民政治协商会议第九届全国委员会委员和香港特别行政区第二任行政长官选举委员会委员中的中国公民组成。但本人提出不愿参加的除外。

香港特别行政区行政长官为香港特别行政区第十届全国人民代表大会代表选举会议的成员。

选举会议成员名单由全国人民代表大会常务委员会公布。

第六条 选举会议第一次会议由全国人民代表大会常务委员会召集，根据全国人民代表大会常务委员会委员长会议的提名，推选十五名选举会议成员组成主席团。主席团从其成员中推选常务主席一人。

主席团主持选举会议。主席团常务主席主持主席团会议。

第七条 选举会议举行全体会议，须有过半数成员出席。

第八条 选举会议成员以个人身份参加选举会议，并以个人身份履行职责。

选举会议成员应出席选举会议，如有特殊原因不能出席，应事先向主席团请假。

选举会议成员不得直接或间接地索取或接受参选人和候选人的贿赂或谋取其他任何利益，不得直接或间接地以利益影响他人在选举中对参选人和候选人所持的立场。

第九条 选举日期由选举会议主席团确定。

第十条 全国人民代表大会代表候选人由选举会议成员十人以上联名提出。每名选举会议成员参加联名提出的代表候选人不得超过三十六名。

选举会议成员提名他人为代表候选人，应填写《中华人民共和国香港特别行政区第十届全国人民代表大会代表候选人提名信》。

第十一条 年满十八周岁的香港特别行政区居民中的中国公民，凡有意参选第十届全国人民代表大会代表的，应领取和填写《中华人民共和国香港特别行政区第十届全国人民代表大会代表参选人登记表》。参选人须对所填事项的真实性负责；在提名截止日期以前，送交参选人登记表和十名以上选举会议成员分别填写的候选人提名信。

选举会议成员本人登记为参选人的，需要由其他十名以上选举会议成员为其填写候选人提名信。

第十二条 代表候选人的提名时间由选举会议主席团确定。

第十三条 选举会议主席团公布第十届全国人民代表大会代表候选人名单和简介，并印发给选举会议全体成员。

主席团公布代表候选人名单后，选举会议成员可以查阅代表候选人的提名情况。

第十四条 选举会议选举第十届全国人民代表大会代表的候选人应比应选名额多五分之一至二分之一（候选人应为四十四名至五十四名），进行差额选举。

如果到代表候选人提名截止时间，提名的代表候选人名额不足四十四名，由主席团决定，延长代表候选人提名时间。

第十五条 提名的代表候选人名额如果没有超过应选名额二分之一的差额比例，直接进行投票选举。提名的代表候选人名额如果超过应选名额二分之一差额比例，由选举会议对所有的代表候选人进行预选，依照候选人得票多少的顺序，确定得票较多的前五十四名候选人为正式代表候选人；如遇有候选人得票数相等使正式代表候选人超过五十四名时，该票数相等的候选人可以都列为正式代表候选人。

每一选举会议成员所选人数不得超过三十六人。

第十六条 选举会议选举第十届全国人民代表大会代表采用无记名投票的方式。

选举会议进行选举时，所投的票数多于投票人数的无效，等于或者少于投票人数的有效。

每一选票所选的人数，等于应选代表名额的有效，多于或者少于应选代表名额的作废。

第十七条 代表候选人获得参加投票的选举会议成员过半数的选票时，始得当选。

获得过半数选票的代表候选人的人数超过应选代表名额时，以得票多的当选。如遇票数相等不能确定当选人时，应当就票数相等的候选人再次投票，以得票多的当选。

获得过半数选票的当选代表的人数少于应选代表的名额时，不足的名额另行选举。另行选举时，根据在第一次投票时得票多少的顺序，按照候选人比应选名额多五分之一至二分之一的差额比例，由主席团确定候选人名单；如果只选一人，候选人应为二人。另行选举时，代表候选人获得参加投票的选举会议成员过半数的选票，始得当选。

第十八条 选举会议设总监票人一人、监票人若干人，由选举会议主席团在不是代表候选人的选举会议成员中提名，选举会议通过。总监票人和监票人对发票、投票、计票工作进行监督。

第十九条 会场按座区设投票箱，选举会议成员按座区分别到指定的票箱投票。

投票时，首先由总监票人、监票人投票，然后主席团成员和选举会议其他成员按顺序投票。

选举会议成员不得委托他人投票。

第二十条 计票完毕,总监票人向主席团报告计票结果。选举结果由主席团予以宣布,并报全国人民代表大会常务委员会代表资格审查委员会。

全国人民代表大会常务委员会根据代表资格审查委员会提出的报告,确认代表资格,公布代表名单。

第二十一条 选举会议主席团接受与选举第十届全国人民代表大会代表有关的投诉,并转报全国人民代表大会常务委员会代表资格审查委员会处理。

第二十二条 香港特别行政区第十届全国人民代表大会代表可以向全国人民代表大会常务委员会提出辞职,由全国人民代表大会常务委员会决定接受辞职后予以公告。

第二十三条 香港特别行政区第十届全国人民代表大会代表因故出缺,由选举香港特别行政区第十届全国人民代表大会代表时未当选的代表候选人,按得票多少顺序依次递补,但是被递补为全国人民代表大会代表的候选人的得票数不得少于选票的三分之一。

选举第十届全国人民代表大会代表时,在未当选的代表候选人中,如遇票数相等不能确定代表出缺时的递补顺序,由主席团决定就票数相等的候选人再次投票,按得票多少确定递补顺序。

澳门特别行政区选举第十届全国人大代表的办法

(2002 年 3 月 15 日九届全国人大五次会议通过)

第一条 根据中华人民共和国宪法、中华人民共和国澳门特别行政区基本法以及中华人民共和国全国人民代表大会和地方各级人民代表大会选举法第十五条第三款的规定,结合澳门特别行政区的实际情况,制定本办法。

第二条 澳门特别行政区选举第十届全国人民代表大会代表由全国人民代表大会常务委员会主持。

第三条 澳门特别行政区应选第十届全国人民代表大会代表的名额为十二名。

第四条 澳门特别行政区选举的全国人民代表大会代表必须是年满十八周岁的澳门特别行政区居民中的中国公民。

第五条 澳门特别行政区成立第十届全国人民代表大会代表选举会议。选举会议由参加过澳门特别行政区第九届全国人民代表大会代表选举会议的人员,以及不是上述人员的澳门特别行政区第二届立法会议员中的中国公民组成。但本人提出不愿参加的除外。

澳门特别行政区行政长官为澳门特别行政区第十届全国人民代表大会代表选举会议的成员。

选举会议成员名单由全国人民代表大会常务委员会公布。

第六条 选举会议第一次会议由全国人民代表大会常务委员会召集,根据全国人民代表大会常务委员会委员长会议的提名,推选九名选举会议成员组成主席团。主席团从其成员中推选常务主席一人。

主席团主持选举会议。主席团常务主席主持主席团会议。

第七条 选举会议举行全体会议,须有过半数成员出席。

第八条 选举会议成员以个人身份参加选举会议,并以个人身份履行职责。

选举会议成员应出席选举会议,如有特殊原因不能出席,应事先向主席团请假。

选举会议成员不得直接或间接地索取或接受参选人和候选人的贿赂或谋取其他任何利益,不得直接或间接地以利益影响他人在选举中对参选人和候选人所持的立场。

第九条 选举日期由选举会议主席团确定。

第十条 全国人民代表大会代表候选人由选举会议成员十人以上联名提出。每名选举会议成员参加联名提出的代表候选人不得超过十二名。

选举会议成员提名他人为代表候选人,应填写《中华人民共和国澳门特别行政区第十届全国人民代表大会代表候选人提名信》。

第十一条 年满十八周岁的澳门特别行政区居民中的中国公民,凡有意参选第十届全国人民代表大会代表的,应领取和填写《中华人民共和国澳门特别行政区第十届全国人民代表大会代表参选人登记表》。参选人须对所填事项的真实性负责;在提名截止日期以前,送交参选人登记表和十名以上选举会议成员分别填写的候选人提名信。

选举会议成员本人登记为参选人的,需要由其他十名以上选举会议成员为其填写候选人提名信。

第十二条 代表候选人的提名时间由选举会议主席团确定。

第十三条 选举会议主席团公布第十届全国人民代表大会代表候选人名单和简介,并印发给选举会议全体成员。

主席团公布代表候选人名单后,选举会议成员可以查阅代表候选人的提名情况。

第十四条 选举会议选举第十届全国人民代表大会代表的候选人应比应选名额多五分之一至二分之一(候选人应为十五名至十八名),进行差额选举。

如果到代表候选人提名截止时间,提名的代表候选人名额不足十五名,由主席团决定,延长代表候选人提名时间。

第十五条 提名的代表候选人名额如果没有超过应选名额二分之一的差额比例,直接进行投票选举。

提名的代表候选人名额如果超过应选名额二分之一差额比例，由选举会议对所有的代表候选人进行预选，依照候选人得票多少的顺序，确定得票较多的前十八名候选人为正式代表候选人；如遇有候选人得票数相等使正式代表候选人超过十八名时，该票数相等的候选人可以都列为正式代表候选人。

每一选举会议成员所选人数不得超过十二人。

第十六条　选举会议选举第十届全国人民代表大会代表采用无记名投票的方式。

选举会议进行选举时，所投的票数多于投票人数的无效，等于或者少于投票人数的有效。

每一选票所选的人数，等于应选代表名额的有效，多于或者少于应选代表名额的作废。

第十七条　代表候选人获得参加投票的选举会议成员过半数的选票时，始得当选。

获得过半数选票的代表候选人的人数超过应选代表名额时，以得票多的当选。如遇票数相等不能确定当选人时，应当就票数相等的候选人再次投票，以得票多的当选。

获得过半数选票的当选代表的人数少于应选代表的名额时，不足的名额另行选举。另行选举时，根据在第一次投票时得票多少的顺序，按照候选人比应选名额多五分之一至二分之一的差额比例，由主席团确定候选人名单；如果只选一人，候选人应为二人。另行选举时，代表候选人获得参加投票的选举会议成员过半数的选票，始得当选。

第十八条　选举会议设总监票人一人、监票人若干人，由选举会议主席团在不是代表候选人的选举会议成员中提名，选举会议通过。总监票人和监票人对发票、投票、计票工作进行监督。

第十九条　投票时，首先由总监票人、监票人投票，然后主席团成员和选举会议其他成员按顺序投票。

选举会议成员不得委托他人投票。

第二十条　计票完毕，总监票人向主席团报告计票结果。选举结果由主席团予以宣布，并报全国人民代表大会常务委员会代表资格审查委员会。

全国人民代表大会常务委员会根据代表资格审查委员会提出的报告，确认代表资格，公布代表名单。

第二十一条　选举会议主席团接受与选举第十届全国人民代表大会代表有关的投诉，并转报全国人民代表大会常务委员会代表资格审查委员会处理。

第二十二条　澳门特别行政区第十届全国人民代表大会代表可以向全国人民代表大会常务委员会提出辞职，由全国人民代表大会常务委员会决定接受辞职后予以公告。

第二十三条　澳门特别行政区第十届全国人民代表大会代表因故出缺，由选举澳门特别行政区第十届全国人民代表大会代表时未当选的代表候选人，按得票多少顺序依次递补，但是被递补为全国人民代表大会代表的候选人的得票数不得少于选票的三分之一。

选举第十届全国人民代表大会代表时，在未当选的代表候选人中，如遇票数相等不能确定代表出缺时的递补顺序，由主席团决定就票数相等的候选人再次投票，按得票多少确定递补顺序。

国务院总理朱镕基在中南海会见出席国际金融高层研讨会的知名人士

国务院副总理吴邦国在钓鱼台国宾馆会见瑞典国家电信集团公司总裁兼首席执行官玛丽安娜·妮沃特女士一行

3月16日

《人民日报》发表社论《满怀信心夺取新胜利——热烈祝贺九届全国人大五次会议胜利闭幕》

国务委员吴仪离开北京对伊朗黎巴嫩阿曼阿联酋巴林沙特阿拉伯进行访问

外交部副部长李肇星召见美国驻华大使雷德就汤曜明访美等问题提出严正交涉

李肇星说，美国政府日前允许台湾所谓“国防部长”汤曜明赴美开会。美国防部常务副部长等官员居然煞有介事地会见汤，还与他讨论什么台海局势等问题。据报道，美方又在酝酿让台湾军方某官员和臭名昭著的“麻烦制造者”李登辉于近期去美活动。此外，美国防部不久前向国会提交的所谓“核态势评估报告”公然声称，美国准备在台海发生战事时使用核武器。在短短的一个多月里，美方做了一连串践踏《联合国宪章》精神和中美三个联合公报原则、干涉中国内政和伤害中国人民民族感情的坏事。中国政府和中国人民对此表示强烈愤慨和坚决反对。

李肇星指出，台湾问题事关中国的主权和领土完整，是中美关系中最重要、最敏感的核心问题；美方必须恪守在中美三个联合公报中向中国政府和人民作出的明确承诺。美方却一意孤行，继续售台先进武器，纵容李登辉之流，提升美台关系，助长“台独”势力的气焰。人们不禁要问：美方要把中美关系引向何方？你们口口声声讲希望两岸和平解决问题，难道这样做是在推动和平吗？你们再三说要奉行一个中国政策，遵守中美三个联合公报，可你们的上述所作所为，哪一件符合三个联合公报？中国一贯主张全面禁止和彻底销毁核武器，核武器国家应无条件地承诺不首先使用核武器和不对无核国家、无核武器区使用或威胁使用核武器。中美还曾就核武器“互不瞄准”达成了协议。美方也多次表示无意威胁中国。现在为何要向中国人民炫耀核武力？

李肇星强调，台湾自古就是中国领土不可分割的一部分。实现祖国统一，是包括台湾同胞在内的全体中国人的共同心愿，是大势所趋，不可阻挡。纵容和支持“台独”必将遭到全体中国人民的坚决反对，是注定要失败的。台湾问题这个包袱美国已经背了半个多世纪，继续背下去没什么好处，还可能落得个搬起石头砸自己脚的下场。美方最好认清历史大势，放弃把台湾作为“不沉的航空母舰”的政策，停止利用台湾问题干涉中国内政。这样，才有利于中美建设性合作关系的发展，才有利于世界的和平与稳定。

李肇星说，中国人民热爱和平，真诚希望与世界各国人民和平相处，平等相待。中国不对任何国家构成威胁，从未干涉过美国内政，从未做过对不起美国人民的事。同时，必须明确告诉少数政治偏执狂：中国人民永远不会屈服于任何外来威胁，包括核讹诈。中国人民受欺负的时代已经一去不复返。在今日之世界，做一个中国人是非常自豪的。如果说，搞威胁还有什么用处的话，那就是只能进一步提高中国人民对某些人的警惕，更加坚定中国人民捍卫祖国主权、领土完整和民族尊严的决心！

李肇星指出，中美恢复交往30年来，在风风雨雨中发展经贸、政治、反恐等各领域的友好合作也不是偶然的。西方人喜欢说“没有免费的午餐”，这有道理。历史和现实都表明，中美关系从来就是双向、互利的，而不是任何一方对另一方的赠予或恩赐；只有恪守中美三个联合公报，妥善处理台湾问题，中美关系才能稳定和发展。三个联合公报是中美关系的政治基础，而美国政府在三个联合公报中是作了严肃承诺的。东方人常讲“人无信而不立”。这同样有道理。人尚且如此，一个国家如果言而无信，又如何立足于世界民族之林！

李肇星强调，勤劳、智慧的中国人民决不会容忍自己国家的内政受到干涉，而让美国少数死守“冷战”思维、颠倒是非、认友为敌的人从中渔利。务实、聪明的美国人民相信也不会允许那些伪善、愚昧的所谓“鹰派”一味蛮干下去，损害美国人民的名声和切身利益。美国一些有识之士不是正在谴责“核无赖”和某些人的傲慢吗？伟大的中美两国人民不会任由那些人给中美关系制造麻烦，将世界引向动荡。

李肇星说，中方高度评价布什总统访华的积极成果，珍视布什总统成功访华后两国关系出现的良好机遇。我们期待美方与中方一道，落实两国元首北京会晤精神，把中美建设性合作关系推向前进。但“一个巴掌拍不响”，这需要双方共同努力。机遇可以变成现实，也可能被断送。现在关键要看美方的态度。为维护中美关系大局，使两国人民的利益不受损害，美方应立即纠正上述错误，遵守中美三个联合公报，不做害人害己的事，多做有利于加强中美互信和合作的事。希望美方作出明智的选择。

2002年第6期《求是》杂志发表署名秋石的重要理论文章《坚持不懈地发展先进生产力》

3月17日

国务委员吴仪访问伊朗

3月17日至18日，吴仪在德黑兰会见了伊朗总统哈塔米、伊朗第一副总统阿雷夫，并同伊朗副总统兼伊中经贸科技联委会伊方主席塞塔里法尔主持召开了两国经贸联委会第十一次会议。吴仪还出席了中国承建的德黑兰地铁新一段线路开通典礼。

国家环保总局公布2002年全国生态保护工作要点

全面推进重要生态功能区的抢救性保护、重点资源开发区的强制性保护和生态环境良好区的积极保护，成为重中之重。

据介绍，今年生态保护工作重点包括：加快生态功能保护区建设步伐，尽快开展生态功能保护区申报、评审和立项工作；优先抓好三峡库区，太湖、巢湖湖滨地区，南水北调东线和中线源头区，京津风沙源区，中小城镇水资源保护区等生态功能保护区的规划和立项申报工作都将优先抓好；切实提升自然保护区的管护能力，分级抓好一批示范性自然保护区，从根本上扭转当前一些自然保护区“批而不建，建而不管，管理不严”的被动局面；严格自然保护区内资源开发利用和建设项目的监管，严肃查处一批影响大、社会反映强烈的乱批乱建、过度开发的典型案件，对当前一些无序开发的自然保护区，应会同有关部门联合执法，及时整改；要深化生态示范区建设，进一步发挥生态示范区的辐射带动作用；努力推动农村环境保护，力求在重点领域、重点区域取得突破；加强自然资源开发的生态环境监管，努力减少新的人为生态破坏。各地要在去年专项打击行动的基础上，继续开展生态破坏案件的查处活动。

国家环保总局命名表彰了第二批49个国家级生态示范区，至此国家级生态示范区已经达到82个。自

1995年全国生态示范区建设试点正式启动以来，国家环保总局分六批批准建立了215个生态示范区建设试点，其中生态省3个(海南、吉林、黑龙江)，生态市(地、盟、州)36个，生态县(市、区、旗)169个，其他10个。

3月18日

全国总工会主席尉健行在人民大会堂会见以槙枝元文理事长为团长的日本日中技能者交流中心访华团

尉健行向日本客人介绍了中国刚刚闭幕的“两会”和当前政治经济形势以及工会工作情况。尉健行说，去年召开的九届全国人大常委会第二十四次会议重新修订颁布了《工会法》，为工会工作提供了有力的法律保障。

他说我们将按照“三个代表”的要求，以贯彻实施《工会法》为重要契机，依法坚决履行维护职工合法权益的基本职责，一手抓调整劳动关系机制的建设，一手抓为职工特别是困难职工群体办实事，最大限度地保护、调动和发挥广大职工的积极性、创造性，并把这种积极性、创造性组织和引导到为实现中国“十五”计划建功立业上来。

尉健行说，今年是实现中日邦交正常化30周年，希望进一步加强两国工人和工会间的友好交流，促进两国人民之间的友好交流事业的不断健康发展。

中华全国总工会副主席、书记处第一书记张俊九，全国总工会副主席、中国职工对外交流中心会长徐锡澄，中国职工对外交流中心副会长李永海，日本驻华大使阿南惟茂等会见时在座。

国防部部长迟浩田离开北京对德国希腊克罗地亚挪威进行正式友好访问

外交部副部长王毅与日本外务省外务审议官高野纪元在东京举行中日第八次安全磋商

这是中日两国首次举行副部级安全磋商，中国国防部和日本防卫厅官员参加了会议。

《人民日报》发表评论员文章《谎话岂能掩盖事实》

故宫开始大规模维修

这次维修将历时7年，最终将使故宫博物院由目前以展示宫廷史迹、藏品为重点，改造为集中展示清朝宫廷原状；对外开放的面积由现在的40万平方米扩大至50万平方米，以向广大观众提供更多的历史文化信息。

原福建省委原副书记石兆彬因受贿罪一审被判有期徒刑13年

福建省三明市中级人民法院依法对原中共福建省委副书记石兆彬一案作出一审判决。

三明市中级人民法院审理认为：被告人石兆彬在担任中共厦门市委书记期间，利用职务便利为他人谋利，于1994年7月至1999年8月间，非法收受厦门市石油公司原总经理陈燕新等4人送给的款物折合人民币599897元，其行为已构成受贿罪。据此，三明市中级人民法院依法作出一审判决，以受贿罪判处石兆彬有期徒刑13年，并处没收个人财产人民币20万元；对受贿赃物予以追缴。

3月19日

国务院总理朱镕基在中南海会见以日本关西经济联合会会长秋山喜久大阪商工会议所会头田代和为共同团长的2002年日本关西财界代表团主要成员

朱镕基对日本关西地区第五次组派大型经济代表团访华表示欢迎，对日本关西地区经济界多年来为增进双方了解和推动两国经贸合作关系发展作出的努力和贡献表示赞赏。

朱镕基指出，今年是中日邦交正常化30周年，希望双方在《中日联合声明》等三个文件的基础上创造一个良好的政治环境，促进中日友好和两国经贸关系长期稳定健康地发展，这符合中日两国的共同利益，也有利于亚太地区乃至世界经济的发展。

国家经济贸易委员会主任李荣融、国家发展计划委员会副主任王春正、外交部副部长乔宗淮、对外贸易经济合作部副部长安民和中国国际贸易促进委员会副会长万季飞等会见时在座。

国务院总理朱镕基签署第348号令公布《人工影响天气管理条例》

《人工影响天气管理条例》已经2002年3月13日国务院第56次常务会议讨论通过，现予公布，自2002年5月1日起施行。

总　理　朱镕基

2002年3月19日

人工影响天气管理条例

第一条　为了加强对人工影响天气工作的管理，防御和减轻气象灾害，根据《中华人民共和国气象法》的有关规定，制定本条例。

第二条　在中华人民共和国领域内从事人工影响天气活动，应当遵守本条例。

第三条　本条例所称人工影响天气，是指为避免或者减轻气象灾害，合理利用气候资源，在适当条件下通过科技手段对局部大气的物理、化学过程进行人工影响，实现增雨雪、防雹、消雨、消雾、防霜等目的的活动。

第四条　人工影响天气工作按照作业规模和影响范围，在作业地县级以上地方人民政府的领导和协调下，由气象主管机构组织实施和指导管理。

第五条　开展人工影响天气工作，应当制订人工影响天气工作计划。人工影响天气工作计划由有关地方气象主管机构商同级有关部门编制，报本级人民政府批准后实施。

按照有关人民政府批准的人工影响天气工作计划开展的人工影响天气工作属于公益性事业，所需经费列入该级人民政府的财政预算。

第六条　组织实施人工影响天气作业，应当具备适宜的天气气候条件，充分考虑当地防灾减灾的需要和作业效果。

第七条　国家鼓励和支持人工影响天气科学技术研究，推广使用先进技术。

县级以上地方人民政府应当组织专家对人工影响天气作业的效果进行评估，并根据评估结果，对提供决策依据的有关单位给予奖惩。

第八条　人工影响天气的作业地点，由省、自治区、直辖市气象主管机构根据当地气候特点、地理条件，依照《中华人民共和国民用航空法》、《中华人民共和国飞行基本规则》的有关规定，会同有关飞行管制部门确定。

第九条　从事人工影响天气作业的单位，应当符合省、自治区、直辖市气象主管机构规定的条件。

第十条　从事人工影响天气作业的人员，经省、自治区、直辖市气象主管机构培训、考核合格后，方可实施人工影响天气作业。

利用高射炮、火箭发射装置从事人工影响天气作业的人员名单，由所在地的气象主管机构抄送当地公安机关备案。

第十一条　利用高射炮、火箭发射装置实施人工影响天气作业，由作业地的县级以上地方气象主管机构向有关飞行管制部门申请空域和作业时限。

利用飞机实施人工影响天气作业，由省、自治区、直辖市气象主管机构向有关飞行管制部门申请空域和作业时限；所需飞机由军队或者民航部门按照供需双方协商确定的方式提供；机场管理机构及有关单位应当根据人工影响天气工作计划做好保障工作。

有关飞行管制部门接到申请后，应当及时作出决定并通知申请人。

第十二条　实施人工影响天气作业，必须在批准的空域和作业时限内，严格按照国务院气象主管机构规定的作业规范和操作规程进行，并接受县级以上地方气象主管机构的指挥、管理和监督，确保作业安全。

实施人工影响天气作业，作业地的气象主管机构应当根据具体情况提前公告，并通知当地公安机关做好安全保卫工作。

第十三条　作业地气象台站应当及时无偿提供实施人工影响天气作业所需的气象探测资料、情报、预报。

农业、水利、林业等有关部门应当及时无偿提供实施人工影响天气作业所需的灾情、水文、火情等资料。

第十四条　需要跨省、自治区、直辖市实施人工影响天气作业的，由有关省、自治区、直辖市人民政府协商确定；协商不成的，由国务院气象主管机构商有关省、自治区、直辖市人民政府确定。

第十五条　实施人工影响天气作业使用的火箭发射装置、炮弹、火箭弹，由国务院气象主管机构和有关部门共同指定的企业按照国家有关强制性技术标准和要求组织生产。

因作业需要采购前款规定设备的，由省、自治区、直辖市气象主管机构按照国家有关政府采购的规定组织采购。

第十六条　运输、存储人工影响天气作业使用的高射炮、火箭发射装置、炮弹、火箭弹，应当遵守国家有关武器装备、爆炸物品管理的法律、法规。实施人工影响天气作业使用的炮弹、火箭弹，由军队、当地人民武装部协助存储；需要调运的，由有关部门依照国家有关武器装备、爆炸物品管理的法律、法规的规定办理手续。

第十七条　实施人工影响天气作业使用的高射炮、火箭发射装置，由省、自治区、直辖市气象主管机构组织年检；年检不合格的，应当立即进行检修，经检修仍达不到规定的技术标准和要求的，予以报废。

第十八条　禁止下列行为：

（一）将人工影响天气作业设备转让给非人工影响天气作业单位或者个人；

（二）将人工影响天气作业设备用于与人工影响天气无关的活动；

（三）使用年检不合格、超过有效期或者报废的人工影响天气作业设备。

人工影响天气作业单位之间需要转让人工影响天气作业设备的，应当报经有关省、自治区、直辖市气象主管机构批准。

第十九条　违反本条例规定，有下列行为之一，造成严重后果的，依照刑法关于危险物品肇事罪、重大责任事故罪或者其他罪的规定，依法追究刑事责任；尚不够刑事处罚的,由有关气象主管机构按照管理权限责令改正,给予警告;情节严重的,取消作业资格;造成损失的,依法承担赔偿责任:

(一)违反人工影响天气作业规范或者操作规程的;

(二)未按照批准的空域和作业时限实施人工影响天气作业的;

(三)将人工影响天气作业设备转让给非人工影响天气作业单位或者个人的;

(四)未经批准,人工影响天气作业单位之间转让人工影响天气作业设备的;

(五)将人工影响天气作业设备用于与人工影响天气无关的活动的。

第二十条 违反本条例规定,组织实施人工影响天气作业,造成特大安全事故的,对有关主管机构的负责人、直接负责的主管人员和其他直接责任人员,依照《国务院关于特大安全事故行政责任追究的规定》处理。

第二十一条 为军事目的从事人工影响天气活动的具体管理办法,由中央军事委员会制定。

第二十二条 本条例自2002年5月1日起施行。

国务院总理朱镕基签署第349号令公布《地质资料管理条例》

现公布《地质资料管理条例》,自2002年7月1日起施行。

总 理 朱镕基

2002年3月19日

地质资料管理条例

第一章 总 则

第一条 为加强对地质资料的管理,充分发挥地质资料的作用,保护地质资料汇交人的合法权益,制定本条例。

第二条 地质资料的汇交、保管和利用,适用本条例。

本条例所称地质资料,是指在地质工作中形成的文字、图表、声像、电磁介质等形式的原始地质资料、成果地质资料和岩矿芯、各类标本、光薄片、样品等实物地质资料。

第三条 国务院地质矿产主管部门负责全国地质资料汇交、保管、利用的监督管理。

省、自治区、直辖市人民政府地质矿产主管部门负责本行政区域内地质资料汇交、保管、利用的监督管理。

第四条 国务院地质矿产主管部门和省、自治区、直辖市人民政府地质矿产主管部门的地质资料馆(以下简称地质资料馆)以及受国务院地质矿产主管部门委托的地质资料保管单位(以下简称地质资料保管单位)承担地质资料的保管和提供利用工作。

第五条 国家建立地质资料信息系统。

第六条 在地质资料管理工作中作出突出贡献的单位和个人,由国务院地质矿产主管部门或者省、自治区、直辖市人民政府地质矿产主管部门给予奖励。

第二章 地质资料的汇交

第七条 在中华人民共和国领域及管辖的其他海域从事矿产资源勘查开发的探矿权人或者采矿权人,为地质资料汇交人。

在中华人民共和国领域及管辖的其他海域从事前款规定以外地质工作项目的,其出资人为地质资料汇交人;但是,由国家出资的,承担有关地质工作项目的单位为地质资料汇交人。

第八条 国家对地质资料实行统一汇交制度。

地质资料汇交人应当按照本条例附件规定的范围汇交地质资料。

除成果地质资料、国家规定需要汇交的原始地质资料和实物地质资料外,其他的原始地质资料和实物地质资料只需汇交目录。国家规定需要汇交的原始地质资料和实物地质资料细目,由国务院地质矿产主管部门商国务院有关部门制定。

第九条 本条例附件规定的下列地质资料,由地质资料汇交人向国务院地质矿产主管部门汇交:

(一)石油、天然气、煤层气和放射性矿产的地质资料;

(二)海洋地质资料;

(三)国务院地质矿产主管部门规定应当向其汇交的其他地质资料。

前款规定以外的地质资料,由地质资料汇交人向地质工作项目所在地的省、自治区、直辖市人民政府地质矿产主管部门汇交。

第十条 地质资料汇交人应当按照下列规定的期限汇交地质资料:

(一)探矿权人应当在勘查许可证有效期届满的30日前汇交;

(二)除下列情形外,采矿权人应当在采矿许可证有效期届满的90日前汇交:

1.属于阶段性关闭矿井的,自关闭之日起180日内汇交;

2.采矿权人开发矿产资源时,发现新矿体、新矿种或者矿产资源储量发生重大变化的,自开发勘探工作结束之日起180日内汇交;

(三)因违反探矿权、采矿权管理规定,被吊销勘查许可证或者采矿许可证的,自处罚决定生效之日起15

日内汇交；

（四）工程建设项目地质资料，自该项目竣工验收之日起180日内汇交；

（五）其他的地质资料，自地质工作项目结束之日起180日内汇交。

第十一条　因不可抗力，地质资料汇交人不能按照本条例第十条规定的期限汇交地质资料的，应当向负责接收地质资料的地质矿产主管部门提出延期汇交申请，经批准后，方可延期汇交。延长期限最长不得超过180日。

第十二条　汇交的地质资料，应当符合国务院地质矿产主管部门的有关规定及国家有关技术标准。

任何单位和个人不得伪造地质资料，不得在地质资料汇交中弄虚作假。

第十三条　汇交的地质资料，经验收合格后，由负责接收地质资料的地质矿产主管部门出具地质资料汇交凭证，并按照国务院地质矿产主管部门的规定及时移交地质资料馆或者地质资料保管单位。

第三章　地质资料的保管和利用

第十四条　地质资料馆和地质资料保管单位，应当建立地质资料的整理、保管制度，配置保存、防护、安全等必要设施，配备专业技术人员，保障地质资料的完整和安全。

第十五条　探矿权人、采矿权人汇交的地质资料，自勘查许可证、采矿许可证有效期届满之日起30日内，由地质资料馆或者地质资料保管单位予以公开；勘查许可证、采矿许可证获准延期的，自延续期届满之日起30日内，由地质资料馆或者地质资料保管单位予以公开。

前款规定以外的地质资料，自汇交之日起90日内，由地质资料馆或者地质资料保管单位予以公开。需要保护的，由汇交人在汇交地质资料时到负责接收地质资料的地质矿产主管部门办理保护登记手续，自办理保护登记手续之日起计算，保护期不得超过5年；需要延期保护的，汇交人应当在保护期届满前的30日内，到原登记机关办理延期保护登记手续，延长期限不得超过5年。地质资料自保护期届满之日起30日内，由地质资料馆或者地质资料保管单位予以公开。

第十六条　涉及国家秘密或者著作权的地质资料的保护、公开和利用，按照保守国家秘密法、著作权法的有关规定执行。

第十七条　保护期内的地质资料，只公开资料目录。但是，汇交人书面同意提前公开其汇交的地质资料的，自其同意之日起，由地质资料馆或者地质资料保管单位予以公开。

第十八条　保护期内的地质资料可以有偿利用，具体方式由利用人与地质资料汇交人协商确定。但是，利用保护期内国家出资勘查、开发取得的地质资料的，按照国务院地质矿产主管部门的规定执行。

因救灾等公共利益需要，政府及其有关部门可以无偿利用保护期内的地质资料。

第十九条　地质资料的利用人应当按照规定利用地质资料，不得损毁、散失地质资料。

地质资料馆和地质资料保管单位应当按照规定管理地质资料，不得非法披露、提供利用保护期内的地质资料或者封锁公开的地质资料。

第四章　法律责任

第二十条　未依照本条例规定的期限汇交地质资料的，由负责接收地质资料的地质矿产主管部门责令限期汇交；逾期不汇交的，处1万元以上5万元以下罚款，并予以通报，自发布通报之日起至逾期未汇交的资料全部汇交之日止，该汇交人不得申请新的探矿权、采矿权，不得承担国家出资的地质工作项目。

第二十一条　伪造地质资料或者在地质资料汇交中弄虚作假的，由负责接收地质资料的地质矿产主管部门没收、销毁地质资料，责令限期改正，处10万元罚款；逾期不改正的，通知原发证机关吊销其勘查许可证、采矿许可证或者取消其承担该地质工作项目的资格，自处罚决定生效之日起2年内，该汇交人不得申请新的探矿权、采矿权，不得承担国家出资的地质工作项目。

第二十二条　地质矿产主管部门、地质资料馆、地质资料保管单位违反本条例规定，有下列情形之一的，对直接负责的主管人员和其他直接责任人员依法给予行政处分；造成损失的，依法予以赔偿：

（一）非法披露、提供利用保护期内的地质资料的；

（二）封锁地质资料，限制他人查阅、利用公开的地质资料的；

（三）不按照规定管理地质资料，造成地质资料损毁、散失的。

地质资料利用人损毁、散失地质资料的，依法予以赔偿。

第二十三条　非法披露、提供利用保密的地质资料的，依照保守国家秘密法的规定予以处罚。

第五章　附　则

第二十四条　本条例施行前，汇交人按照规定应当汇交而没有汇交的地质资料，由国务院地质矿产主管部门组织清查后，按照本条例汇交、保管和提供利用。

第二十五条　由国家出资在中华人民共和国领域及管辖的其他海域以外从事地质工作所取得的地质资料的汇交，参照本条例执行。

第二十六条　本条例自2002年7月1日起施行。1988年5月20日国务院批准、原地质矿产部发布的《全国地质资料汇交管理办法》同时废止。

附件

地质资料汇交范围

一、区域地质调查资料，包括：各种比例尺的区域地质调查地质资料。

二、矿产地质资料，包括：矿产勘查和矿山开发勘探及关闭矿井地质资料。

三、石油、天然气、煤层气地质资料，包括：石油、天然气、煤层气资源评价、地质勘查以及开发阶段的地质资料。

四、海洋地质资料，包括：海洋（含远洋）地质矿产调查、地形地貌调查、海底地质调查、水文地质、工程地质、环境地质调查、地球物理、地球化学调查及海洋钻井（完井）地质资料。

五、水文地质、工程地质资料，包括：

（一）区域的或者国土整治、国土规划区的水文地质、工程地质调查地质资料和地下水资源评价、地下水动态监测的地质资料。

（二）大中型城市、重要能源和工业基地、县（旗）以上农田（牧区）的重要供水水源地的地质勘察资料。

（三）地质情况复杂的铁路干线，大中型水库、水坝，大型水电站、火电站、核电站、抽水蓄能电站，重点工程的地下储库、洞（硐）室，主要江河的铁路、公路特大桥，地下铁道、6公里以上的长隧道，大中型港口码头、通航建筑物工程等国家重要工程建设项目的水文地质、工程地质勘察地质资料。

（四）单独编写的矿区水文地质、工程地质资料，地下热水、矿泉水等专门性水文地质资料以及岩溶地质资料。

（五）重要的小型水文地质、工程地质勘察资料。

六、环境地质、灾害地质资料，包括：

（一）地下水污染区域、地下水人工补给、地下水环境背景值、地方病区等水文地质调查资料。

（二）地面沉降、地面塌陷、地面开裂及滑坡崩塌、泥石流等地质灾害调查资料。

（三）建设工程引起的地质环境变化的专题调查资料，重大工程和经济区的环境地质调查评价资料等。

（四）地质环境监测资料。

（五）地质灾害防治工程勘查资料。

七、地震地质资料，包括：自然地震地质调查、宏观地震考察、地震烈度考察地质资料。

八、物探、化探和遥感地质资料，包括：区域物探、区域化探地质资料；物探、化探普查、详查地质资料；遥感地质资料及与重要经济建设区、重点工程项目和与大中城市的水文、工程、环境地质工作有关的物探、化探地质资料。

九、地质、矿产科学研究成果及综合分析资料，包括：

（一）经国家和省一级成果登记的各类地质、矿产科研成果资料及各种区域性图件。

（二）矿产产地资料汇编、矿产储量表、成矿远景区划、矿产资源总量预测、矿产资源分析以及地质志、矿产志等综合资料。

十、专项研究地质资料，包括：旅游地质、农业地质、天体地质、深部地质、火山地质、第四纪地质、新构造运动、冰川地质、黄土地质、冻土地质以及土壤、沼泽调查、极地地质等地质资料。

《人民日报》发表全国人大常委会副委员长田纪云的文章《放手发展民营经济走富民强国之路》

监察部部长何勇就推进行政审批制度改革答记者问

记者：请您谈一下推进行政审批制度改革的重大意义，为什么说是势在必行？

何勇（监察部部长、国务院行政审批制度改革工作领导小组副组长兼办公室主任）：行政审批是政府实施行政管理的一个重要手段，曾发挥了重要作用。但是，随着改革的深化和市场经济的不断发展，现行审批制度的弊端日益明显。江泽民总书记在中央纪委第五次全会上强调指出，改革行政审批制度势在必行。党的十五届六中全会决定明确提出，要建立结构合理、配置科学、程序严密、制约有效的权力运行机制，保证权力沿着制度化和法制化的轨道运行。改革行政审批制度是建立社会主义市场经济体制的必然要求；是进一步转变政府职能的重要突破口；是从源头上预防和解决腐败问题的根本性措施。去年9月，国务院成立了由李岚清副总理任组长的国务院行政审批制度改革工作领导小组，并在监察部设立了负责日常工作的办公室。去年10月24日，国务院召开了电视电话会议，对在全国范围内推行行政审批制度改革工作做了统一部署。

记者：改革行政审批制度应贯彻怎样的指导思想？

何勇：去年10月18日，国务院批转的监察部、国务院法制办、国务院体改办和中央编办《关于行政审批制度改革工作的实施意见》（以下简称《实施意见》）指出：改革行政审批制度要以党的十五大，十五届五中、六中全会精神为指导，按照江泽民同志“七一”重要讲话和“三个代表”重要思想的要求，解放思想，实事求是，以充分发挥市场在资源配置中的基础性作用为基点，把制度创新摆在突出位置，努力突破影响生产力发展的体制性障碍,加强和改善宏观调控,规范行政行为,提高行政效率,促进经济发展,推进政府机关的廉政勤政建设。

记者:改革行政审批制度要遵循哪些原则?

何勇:为规范行政审批制度改革,结合近年来一些地方的实践,《实施意见》提出了必须遵循的合法、合理、效能、责任和监督五项原则。合法原则是指,设定行政审批应当遵循我国的立法体制和依法行政的要求,符合法定权限和法定程序。合理原则是指,设定行政审批要符合社会主义市场经济发展的要求,有利于政府实施有效管理,体现政企分开、政事分开的原则,充分发挥市场机制在资源配置和结构调整中的基础性作用,符合行政审批自身的规律和要求。效能原则是指,要针对现行行政审批繁琐复杂,周期长,效率低下等问题,合理划分和调整部门之间的行政审批职能,简化程序、减少环节,加强并改善管理,强化服务。责任原则,是指要按照"谁审批、谁负责"的原则,在赋予行政机关行政审批权时,规定其相应的责任。监督原则是指,要按照公开、公平、公正的原则,明确行政审批的条件、程序,并建立便于公民、法人和其他组织监督的制度。

记者:请您谈一谈改革行政审批制度的总体要求和工作重点。

何勇:行政审批制度改革总体要求是:不符合政企分开和政事分开原则、妨碍市场开放和公平竞争以及实际上难以发挥有效作用的行政审批,坚决予以取消;可以用市场机制代替的行政审批,通过市场机制运作。对于确需保留的行政审批,要建立、健全监督制约机制,做到审批程序严密、审批环节减少、审批效率明显提高,行政审批责任追究制得到严格执行。行政审批制度改革的效果如何,不仅要看清理减少了多少审批项目,更重要的是看是否通过改革实现了制度创新,这是根本的问题。可以说,不建立起与社会主义市场经济相适应的行政审批制度,改革就没有达到目标。推行行政审批制度改革要把总体要求与阶段性目标结合起来,既要坚持整体推进,又要注意突出重点。一方面要以有关经济管理事务的行政审批改革为重点,兼顾其他方面;一方面要突出抓好国务院各部门及各省、自治区、直辖市人民政府的工作落实。

记者:行政审批制度改革工作将分几个步骤进行?

何勇:首先要抓好国务院各部门的行政审批制度改革工作:第一步是全面清理审批项目。目前,这一阶段工作已基本完成。第二步是研究确定审批项目的处理意见。第三步是公布审批项目处理决定。第四步是做好行政审批制度改革的后续工作。各省、自治区、直辖市行政审批制度改革工作应该实行分类指导。一是行政审批项目已经进行了初步清理和处理的,要对前一段的工作进行认真回顾和分析,查找问题和不足,针对薄弱环节,采取改进措施。二是正在进行清理和处理的,要严格审核把关,认真组织实施。三是无论是改革起步早的还是工作启动晚的,都要根据《实施意见》确定的原则,结合本地区实际,扎实有效地做好审批项目的清理和处理工作,如存在该清理的未作清理、应取消的没有取消等问题,要坚决予以纠正。

记者:推进行政审批制度改革需要注意哪些问题?

何勇:第一,要积极稳妥地推进。第二,要处理好合法原则和合理原则的关系。第三,要把取消审批事项与规范管理结合起来。第四,要搞好工作衔接。

记者:行政审批制度改革工作取得了哪些新的进展?

何勇:在党中央、国务院的领导下,行政审批制度改革工作开局良好,正在健康有序地向前推进,取得了初步成效。截至目前,31个省、自治区、直辖市都相继开展了行政审批制度改革,绝大多数省(区、市)对省一级政府部门审批项目初步进行了清理和处理,一些地方已经着手进行第二轮和第三轮改革。大多数省、自治区、直辖市对审批项目作了较大幅度的削减。有些地方还对地方性法规和政府规章进行了清理。国务院各部门行政审批制度改革工作取得明显进展。截至今年1月底,65个有行政审批职能的部门和单位,全部报送了清理工作情况,审批项目的清理基本完成。据初步统计,各部门共清理出审批项目4000多项。其中,经济管理事务和社会管理事务各约占一半。在认真清理的基础上,各部门和单位都对审批项目提出了初步处理意见。目前,领导小组办公室正在按照既定的工作步骤,依据行政审批制度改革工作的原则和标准,集中时间和精力,全力以赴地做好各部门行政审批项目处理意见的审核工作。

记者:下一步需要重点做好的工作有哪些?

何勇:最近召开的国务院行政审批制度改革工作领导小组第三次会议,对下一步工作进行了研究和安排。总的要求是,各地区、各部门要适应形势发展的需要,进一步加大行政审批制度改革的力度,更加扎实有效地推进这项工作。一是要进一步提高对行政审批制度改革重要性和必要性的认识;二是要着力抓好审批项目的审核工作;三是要加强政策研究;四是要加强督促检查。

外交部部长唐家璇在澳大利亚访问

唐家璇在堪培拉分别会见了澳总督霍林沃思、代总理安德森,与他们就双边关系等问题进行了友好交谈。唐家璇还会见了澳大利亚工党领袖克林等,并同澳大利亚外长唐纳举行了会谈。双方就双边关系及共同关心的国际和地区问题广泛深入地交换了意见,取得了积极的成果。

2001年全国十佳运动员评选揭晓

荣获2001年全国十佳运动员荣誉称号的是:田亮(跳水)、王楠(乒乓球)、郝海东(足球)、龚智超(羽毛球)、郭晶晶(跳水)、李小鹏(体操)、罗雪娟(游泳)、王励勤(乒乓球)、杨扬(短道速滑)、袁华(柔道)。

京津风沙源治理工程全面启动

《京津风沙源治理工程规划》获国务院批准。全国六大林业重点工程之一的京津风沙源治理工程,在历经两年试点的基础上全面启动实施。

该工程计划用10年时间,通过采取多种生物措施和工程措施,增加森林覆盖率,治理沙化土地,减少风沙和沙尘天气危害,最终使京津及周边地区生态有明显的改观,从总体上遏制土地沙化的扩展趋势。

京津风沙源治理工程建设范围西起内蒙古的达茂旗,东至内蒙古的阿鲁科尔沁旗,南起山西的代县,北至内蒙古的东乌珠穆沁旗,东西横跨近700公里,南北纵跨近600公里,涉及北京、天津、河北、山西、内蒙古五省(区、直辖市)的75个县(旗、市、区),总面积为45.8万平方公里。

3月20日

国家主席江泽民在人民大会堂与厄瓜多尔共和国总统诺沃亚举行会谈

江泽民表示,自1980年中厄建交以来,两国友好合作关系顺利发展。近年来,双方高层往来不断,相互了解加深;经贸、技术合作发展较快;文教交流不断加强;在国际事务中,双方保持良好合作。他对两国关系的发展表示满意。

关于两国经贸关系和技术合作,江泽民表示,在两国政府和企业界的共同努力下,近年来双边贸易持续增长,经济合作初见成效,高新技术领域的合作已经起步。中国政府重视发展同厄瓜多尔的经贸关系,对加强双边互利合作持积极态度。希望双方共同努力,扎实工作,使两国在经贸、技术领域的合作取得新的进展。

江泽民对厄瓜多尔政府坚持一个中国的政策表示赞赏。

关于中国和拉美的关系,江泽民说,近年来,中拉政治关系加强,经贸合作扩大。中拉有着相同的发展目标、良好的合作基础和巨大的合作潜力。中国愿进一步加强同拉美国家的合作,共同为建立新世纪中拉长期稳定、平等互利的全面合作关系继续努力。

会谈后,中厄双方签署了《中华人民共和国政府和厄瓜多尔共和国政府经济技术合作协定》、《中国国际经济贸易仲裁委员会与厄瓜多尔—中国商会合作协议》和《中华人民共和国外交学院和厄瓜多尔共和国安东尼奥·J.克维多外交学院合作协议》。江泽民主席和诺沃亚总统出席了签字仪式。

国家主席江泽民应约与俄罗斯总统普京通电话

全国防震减灾宣传工作会议于在北京召开

会议提出了当前和今后一个时期防震减灾宣传工作的总要求:认真贯彻"主动、慎重、科学、有效"的防震减灾宣传工作方针,以震灾预防为重点,适度、稳妥地开展好防震减灾宣传工作,增强全社会防震减灾意识和法制观念,使社会公众积极参与防震减灾行动,以保障经济建设和社会发展。

中共中央政治局常委尉健行在人民大会堂会见由总书记依德活赫腾率领的蒙古人民革命党代表团

尉健行对依德活赫腾率团访华表示热烈欢迎。他说,中蒙两国是近邻,有着4000多公里的共同边界,两国人民有着深厚的传统友谊。中国一贯重视发展中蒙友好关系,始终坚持中蒙睦邻友好政策。近年来,在双方的共同努力下,中蒙两国在政治、经济、文化、教育等各个领域的友好交往与合作不断扩大和发展。中国共产党和蒙古人民革命党都是执政党,加强两党之间的友好交往,发展新型的党际交流与合作关系,不仅有利于推动各自党的建设,而且会推动中蒙关系长期、稳定和健康地向前发展。

尉健行还向客人介绍了中国国内形势以及九届全国人大五次会议和全国政协九届五次会议的主要情况。

中联部部长戴秉国、蒙古驻华大使达·查希勒冈等会见时在座。

国务院副总理李岚清在中南海会见美国华盛顿大学校长兼首席执行官马克·韦顿和诺贝尔经济学奖获得者道格拉斯·诺思等一行

国务委员吴仪和黎巴嫩总理哈里里在贝鲁特举行会谈

国防部部长迟浩田在柏林会见德国联邦参议院议长沃韦赖特

外交部部长唐家璇在惠灵顿与新西兰外交部长戈夫举行会谈

中国选手申雪赵宏博在日本长野进行的世界花样滑冰锦标赛上获得双人滑金牌

这也是中国和亚洲选手在双人滑项目上首次获得世界冠军。

3 月 21 日

中共中央总书记江泽民在人民大会堂会见我国首批大法官大检察官并发表重要讲话

江泽民指出,新形势新任务,要求我们必须进一步加强司法工作,大力加强法官和检察官队伍建设,使这支队伍具备很高的思想政治素质和业务素质,讲学习、讲政治、讲正气,顾大局,守纪律,努力实践"三个代表"要求,谙熟法律,知识广博,刚正不阿,执法如山。建设起这样一支高素质的法官和检察官队伍,我国司法工作的水平就能不断得到提高。

党和国家领导人李鹏、朱镕基、李瑞环、胡锦涛、尉健行、李岚清一同参加了会见。

84位身穿崭新法官袍和检察官制服的首席、一级、二级大法官和大检察官,用热烈的掌声向党和国家领导人致意。

江泽民说,大法官和大检察官等级的评定,标志着人民法官和人民检察官队伍建设取得了新的成绩。修改后的法官法和检察官法于今年1月1日起正式施行。这是实施依法治国方略的一件大事。法官法、检察官法确立了法官和检察官的职务序列,这一制度的实行体现了党和国家对法制建设与司法改革的高度重视,必将有力地促进法官和检察官队伍的建设,有利于人民法院审判工作和人民检察工作的全面发展。

江泽民强调,加强司法队伍建设是一项重要而长期的任务。各级党委、人大和司法机关要坚持不懈地抓好这项战略性的任务。要建立、健全制度和机制,保证把政治坚定、精通业务、作风过硬的优秀人才选到法官和检察官队伍中来。要大力加强干部培训工作,更新知识,提高能力,全面提高队伍的政治素质和业务素质;要增强创新意识,推进司法体制改革,完善司法保障机制和监督机制,从制度上保证人民法院和人民检察院依法独立公正地行使审判权和检察权。全国广大法官和检察官要进一步增强政治意识、大局意识和责任意识,忠于事实、忠于法律、忠于人民,为我国社会主义现代化建设事业,作出新的更大的贡献。

参加会见的中央领导同志还有罗干、姜春云、曾庆红。

最高人民法院院长、首席大法官肖扬,最高人民检察院检察长、首席大检察官韩杼滨也参加了会见。

首批大法官大检察官颁证仪式在人民大会堂举行

最高人民法院院长、首席大法官肖扬向41位大法官颁发了大法官证书。

最高人民检察院检察长、中华人民共和国首席大检察官韩杼滨向41名大检察官颁发了大检察官等级证书。

中华人民共和国首席大法官和大法官名单

首席大法官:肖扬

一级大法官:祝铭山

二级大法官:刘家琛、李国光、姜兴长、沈德咏、曹建明、万鄂湘、张军、苏泽林、丁世发、尹忠显、巴士杰(蒙古族)、王发荣、白钊(藏族)、买买提·肉孜(维吾尔族)、吕伯涛、吴家友、吴振汉、张轩(女)、张启楣、张林春、张柏峰、张树兰、李玉成、李玉臻、李佩佑、李修源、李道民、陈旭、赵仕杰、赵祥娃、徐衍东、秦正安、钱应学、敬瑞祥、曾浩荣、覃日飞(壮族)、韩云萍(女)、黑俊英(女,回族)、蔡彰、滕一龙。

中华人民共和国首席大检察官和大检察官名单

首席大检察官:韩杼滨

一级大检察官:梁国庆

二级大检察官:胡克惠(女)、赵登举、赵虹(满族)、张穹、邱学强、王克、王振川、许海峰、李宝金、侯磊、陈大豪、王尚罗、杨业勤、索维东、徐发、吴光裕、俞云波、张品华、葛圣平、宋孝贤、鲍绍坤、丁鑫发、国家森、李学斌、靳军、李志辉、张学军、郭永运、秦醒民、秦信联、韩忠信、王安新、李春林、土登才旺(藏族)、张文宣、李德奎(藏族)、刘晓、师梦雄、买买提·玉素甫(维吾尔族)、李桂茂。

全国人大常委会委员长李鹏在人民大会堂会见厄瓜多尔总统诺沃亚

全国人大常委会委员长李鹏在人民大会堂会见日本众议员前外相田中真纪子和她的丈夫参议员田中直纪

李鹏说,今年是中日邦交正常化30周年,两国将分别在对方国家举办"中国文化年"和"日本文化年"活动,希望两国在坚持中日联合声明等3个政治文件的基础上,推动两国关系在下一个30年,在新的世纪里取得进一步发展。

李鹏对田中真纪子多年来为发展中日友好所作出的积极努力表示赞赏,表示希望田中真纪子继续为推动中日关系的健康发展作出积极努力和贡献。

对外友协会长陈昊苏、外交部副部长王毅、中日友协副会长王效贤、日本驻华大使阿南惟茂等会见时在座。

国务院总理朱镕基在人民大会堂会见厄瓜多尔总统诺沃亚

中共中央政治局常委尉健行在广东省考察

中共中央政治局常委、中央书记处书记尉健行于3月21日至27日到广东省广州、深圳、中山和佛山市考察时强调,各级纪检监察机关要以“三个代表”重要思想为指导,与时俱进,开拓创新,把纪检监察工作提高到一个新的水平。

尉健行指出,近几年来,广东省委、省政府按照党中央、国务院的决策和部署,不断深化行政审批制度改革,对可以用市场机制替代行政审批的项目,用市场的办法来处理,大幅度减少了审批事项。广东省一些城市全面实行了经营性土地使用权出让招标拍卖、建设工程项目公开招标投标、政府采购和产权交易进入市场等四项制度。深圳等城市在巩固四项改革成果的同时,主动拓宽源头治理的范围,将逐步把一些社会公共服务项目,如城市道路养护、污水处理、园林绿化等向社会公开招标,交由社会机构经营管理,扩大从源头上预防和治理腐败的效果。尤其是这些城市在深化改革的过程中,重视制度创新,把改革的成功经验和做法上升为法规、制度,使各项改革纳入法制化轨道;制定考核、检查的具体办法,使开展执法监察和效能监察有明确的标准和依据,保证各项法规、制度落到实处;强化对各项改革的法规、制度执行情况的监督检查,严明纪律,维护法规、制度的严肃性。对保留的行政审批项目,严格规范审批行为,科学分解审批权力,形成严密的内部监督制约机制;提高审批的透明度,扩大群众的知情权和监督权,防止“暗箱操作”。广东省在改革行政审批制度方面的这些做法,体现了标本兼治,综合治理,加大治本力度,从源头上预防和解决腐败问题的方针,体现了江泽民同志提出的党的各项工作都要与时俱进,开拓创新的要求。

尉健行指出,江泽民同志在中央纪委第七次全会上的重要讲话,贯穿了“三个代表”的要求,是指导新时期党的建设的纲领性文件。江泽民同志在讲话中强调党的纪律检查工作必须适应形势和任务的发展,与时俱进,开拓创新,要求纪检干部坚持解放思想、实事求是,加强学习、加强实践,不断提高素质。江泽民同志的讲话为我们加强和改进纪检监察工作指明了方向。各级纪检监察干部特别是领导干部要深入学习江泽民同志的重要讲话,深刻认识纪检监察工作必须与时俱进的重要性,坚决贯彻落实讲话精神。广东和其他一些地方的党委、政府及纪检监察机关的实践充分表明,凡是在反腐败斗争以及纪检监察工作中坚持与时俱进,就能够拓宽视野,开创工作的新局面。

尉健行强调,纪检监察工作要与时俱进,开拓创新,关键是纪检监察干部特别是领导干部要坚持解放思想、实事求是的思想路线,把继承党的优良传统和作风与改革创新有机地统一起来,使思想方法和思想观念更加符合社会主义市场经济的要求。要进一步转变思想作风和工作作风,改革工作方法和工作机制,紧紧围绕经济建设这个中心,主动深入到市场经济新的领域创造性地开展纪检监察工作。要改善纪检监察干部队伍的知识结构,增强干部的市场经济意识、法制观念和科技素养,提高纪检监察队伍素质,把纪检监察工作提高到新的更高的水平。

在谈到工会工作时,尉健行强调,各级工会一定要按照“三个代表”的要求,以贯彻实施《工会法》为重要契机,依法坚决履行维护职工合法权益的基本职责,一手抓调整劳动关系机制的建设,一手抓为职工特别是困难职工群体办实事,最大限度地保护、调动和发挥广大职工的积极性、创造性,并把这种积极性、创造性组织和引导到为完成党和政府提出的各项任务建功立业上来。要完成这项任务,前提是无论职工是来自本地还是外地的,也无论职工工作在什么性质的企事业单位和其工作时间的长短,都必须坚持哪里有职工哪里就要建立工会组织的原则,依法最大限度地把广大职工吸引和组织到工会中来,当前尤其要加强乡镇、街道、社区直至村工会组织的建设,通过他们去推动新建企业工会的组建,大胆探索非公有制企事业单位职工的民主管理工作,维护包括人身权利、劳动安全在内的职工各项合法权益不受侵犯。

尉健行在听取了广东省委的工作汇报后,对广东省委、省政府、省纪委监察厅以及省总工会结合实际实践“三个代表”重要思想,在推进改革开放、经济建设和社会发展,开展党风廉政建设和反腐败斗争,维护职工合法权益等方面取得的成绩,给予了充分肯定。分别陪同尉健行考察的有中共中央政治局委员、广东省委书记李长春,省长卢瑞华,全国总工会书记处第一书记、副主席张俊九,省委副书记黄华华、黄丽满等。

全国地方人口与计划生育立法工作座谈会在北京召开

全国人大常委会副委员长姜春云在座谈会上强

调,要从全局和战略高度充分认识人口与计划生育法颁布实施的重大意义,下大力气做好宣传普及工作,抓紧搞好地方人口与计划生育相关法规的修订,把人口与计划生育法制建设提高到一个新的水平。

姜春云说,人口与计划生育法体现了“三个代表”重要思想,体现了国家利益和群众利益的高度统一,是做好新时期人口与计划生育工作、实现经济和社会可持续发展的重要保障,也是依法治国、建设社会主义法治国家的必然要求。实施好这部法律,关键在于做好宣传普及工作,让人口与计划生育法家喻户晓,人人明白,把人们的思想和行动统一到基本国策和这部法律上来。

姜春云指出,修订或制定地方法规,是贯彻人口与计划生育法的重要基础性工作。当前,各地要把修订或制定地方人口与计划生育法规作为一项重要任务纳入议事日程,加紧工作,力争在今年9月1日前完成,以保证人口与计划生育法的顺利实施。在地方立法工作中,要注意把握好这样几点:一是坚持稳定现行生育政策,严格控制人口过快增长。二是建立、健全各项制度措施,提高计划生育工作水平。三是进一步明确职责,发挥各部门齐抓共管的作用。四是正确处理公民权利与义务相一致、政府权力与责任相统一的关系。

座谈会由全国人大教科文卫委、全国人大常委会法工委、国务院法制办和国家计生委联合召开。张维庆、朱开轩、乔晓阳、张春生、徐玉麟等出席会议。

国务院总理朱镕基和英国首相布莱尔分别为英国著名杂志《名流》出版的中国特刊致辞

该刊是为了纪念中英两国建立大使级外交关系30周年,祝贺中国加入世界贸易组织而出版的。

国务院副总理吴邦国访问巴基斯坦

3月21日至24日,国务院副总理吴邦国率中国政府代表团对访问巴基斯坦进行了友好访问。

21日,吴邦国会见了巴交通和铁道部部长阿什拉夫。

吴邦国表示,中巴两国在交通领域一向有着十分密切的合作。3月22日,象征着21世纪中巴友谊的又一个标志性工程——瓜达尔港口项目将正式开工。该项目在两国领导人的直接关心下,从倡议、设计、融资到开工仅用了短短10个月时间,充分体现了中巴特殊的友好合作关系。吴邦国表示,中方有关部门和企业一定会全力以赴,优质、高效、如期地完成这一重要项目。

3月22日,国务院副总理吴邦国与巴基斯坦总统穆沙拉夫共同主持了中国援建的巴瓜达尔港口项目一期工程开工典礼。

3月22日晚,巴基斯坦总统穆沙拉夫会见了国务院副总理吴邦国。

吴邦国表示,经贸合作是中巴友好关系的重要组成部分。去年,朱镕基总理访巴和穆沙拉夫总统访华极大地推动了两国友好合作关系的发展。双方签署的一系列合作项目正在逐步落实之中。吴邦国说,他此次访巴的一个重要内容就是出席瓜达尔港口的开工典礼。这个项目是穆沙拉夫总统亲自倡议的,也是象征21世纪中巴友谊的标志性工程。

吴邦国表示,为了表达中国政府和人民对巴基斯坦政府和人民的友好情感,中国政府决定今年再向巴基斯坦政府提供3000万元人民币的无偿援助,用于双方商定的项目。

会见后,穆沙拉夫和吴邦国共同出席了关于《中巴两国政府经济技术合作协定》和《杜达铅锌矿谅解备忘录》的签字仪式。

陪同吴副总理访问的有交通部部长黄镇东、国务院副秘书长尤权、外经贸部副部长马秀红、外交部部长助理周文重等。

国防部部长迟浩田在柏林会见德国总理施罗德

迟浩田说,中国政府一贯重视发展同德国的友好合作关系,因为这不仅符合双方的根本利益,也有利于地区乃至世界的和平、稳定与繁荣。他说,在新的世纪,我们愿同德国军队加强交往,相互学习,进一步发展多层次、多领域的友好合作关系。

2002年全国教师教育工作会议在厦门闭幕

会议提出“十五”期间教师教育事业改革与发展的主要任务是,初步形成以现有师范院校为主体、其他高等学校共同参与、培养和培训相衔接的开放的教师教育体系,基本形成适应全面推进素质教育需要的基础教育教师队伍。

3月22日

国家主席江泽民在人民大会堂与刚果民主共和国总统约瑟夫·卡比拉举行会谈

江泽民说,中刚都是发展中国家,在捍卫国家主权,维护国内稳定,发展经济,改善人民生活等方面有许多共同关切;在一些重大国际问题上,两国有着广泛的共同利益。

关于两国经贸合作,江泽民说,中刚经贸合作总体上发展顺利,双方本着平等互利、共同发展的原则开展了形式多样的合作,取得了令人满意的成果。近年来,两国经贸合作的领域和方式不断拓宽，特别是企业互利合作取得了较大进展。

他说，中国政府支持刚果民主共和国政府为重建国家经济所作的努力，愿进一步鼓励有实力、有信誉的中国企业赴刚果民主共和国投资。

江泽民赞赏卡比拉致力于发展中刚两国友好合作关系，坚持一个中国，支持中国统一大业的立场。江泽民积极评价卡比拉任总统以来对内致力于维护国家主权和领土完整，大力促进民族和解，推动和平进程，对外积极改善与周边国家及世界各国的关系。

会谈结束后，中刚双方签署了《中华人民共和国政府和刚果民主共和国政府经济技术合作协定》等三个文件。江泽民主席和卡比拉总统出席了签字仪式。

国家主席江泽民在中南海会见文莱达鲁萨兰国王储穆赫塔迪·比拉

江泽民说：2000年，我应邀对文莱进行国事访问，受到贵国王室、政府和人民的盛情款待，留下了深刻印象。中、文自古就是好邻居，两国友好交往有悠久的历史。建交以来，两国关系全面发展，我们对此感到满意。中国一贯奉行独立自主的和平外交政策，主张大小国家一律平等，都应相互尊重。发展与文莱的睦邻友好合作关系是中国政府的既定政策，中方愿与文方共同努力，推动两国关系不断向前发展。

外交部副部长王毅、中国驻文莱大使瞿文明，文莱卡威王子、驻华大使阿斯马里、首相署常秘叶海亚、外交部常秘林玉成等会见时在座。

国家主席江泽民在中南海会见美国花旗集团董事长兼首席执行官桑福德·威尔和花旗集团联席主席罗伯特·鲁宾及其他董事会成员一行

首次中国大法官会议在北京闭幕

最高人民法院院长、首席大法官肖扬在会议上强调，公正与效率是人民法院的工作主题，公正是法官永远的座右铭。我们要认真学习贯彻江泽民主席接见大法官时的重要讲话精神，争当“三个代表”重要思想的积极实践者，严格执法，不辱使命，让党放心，让人民满意。

面对与会的首批中国大法官，肖扬提出要求：身为大法官，首要的是尽职尽责，正确行使大法官的权力，认真履行大法官的责任。我们应当忠诚于祖国和人民，全心全意为人民服务；应当在思想品质、法学涵养、断案经验等方面，成为全体法官的楷模；应当遵守审判纪律，恪守职业道德，做清正廉洁的模范；应当认认真真审判、清清白白做人，努力带出一支无愧于党、无愧于人民、无愧于宪法和法律的法官队伍。

肖扬说，在法治时代，国家和人民对人民法院和人民法官的要求越来越高。这是我们努力工作的不竭动力和源泉。在新的形势和任务面前，我们必须抓住机遇，积极应对，为党和人民的利益奋斗不息。

全国人大常委会副委员长姜春云在人民大会堂会见以韩国国会法制司法委员会委员长朴宪基为团长的韩国国会法制司法委员会代表团一行

国务委员吴仪在贝鲁特分别会见黎巴嫩总统拉胡德和黎巴嫩总理哈里里

外交部部长唐家璇在奥克兰会见新西兰总理海伦·克拉克

上海正式向国际特奥委提出申办2007年世界特奥会

上海已正式向国际特奥委提出申办2007年世界特殊奥林匹克运动会。如果上海申办成功，2007年特奥会将是第一次在亚洲地区、在发展中国家举办的世界特奥会。

据悉，国际特奥委将于下周派考察团专程前来上海，就比赛场馆、开闭幕式安排、接待设施、交通计划及财政支持等内容进行实地考察。4月下旬，上海市领导将率团前往英国伦敦，在国际特奥春季董事会上作申办2007年夏季特奥会的陈述。

世界特奥会创始于1968年，每两年举办一届(夏季、冬季特奥会交替举行)，迄今已分别举办了10届夏季特奥会和7届冬季特奥会。第十一届夏季特奥会明年将在爱尔兰首都都柏林举行。

上海是我国开展特奥运动较早的城市，目前的水平在国内居领先地位。1996年11月，上海成功地承办了首届亚太地区特奥运动会，共有15个国家以及我国各省市区、港澳台地区40多个代表团、500多名特奥运动员参加了各项比赛，为亚太地区特奥运动的开展起到了积极的推动作用。2001年11月，上海又承办了亚太地区特奥乒乓球比赛。

3月23日

最高人民法院院长肖扬率最高人民法院代表团开始对希腊进行友好访问

国务委员吴仪对阿曼进行友好访问

3月23日至24日，吴仪在分别会见了阿曼苏丹卡布斯和阿曼内阁事务副首相法赫德。

吴仪赞赏阿曼立足本国国情建设国家所取得的成就及奉行中立、不结盟和睦邻友好的外交政策。她积极评价中阿两国友好关系的发展，并指出，阿曼是中国重要的原油供应国，双边合作潜力巨大。她还强调中方愿与阿方探讨进一步加强双边合作、尤其是经贸和石油领域合作的途径。

吴仪还与阿曼工商大臣马克布勒举行会谈，着重讨论了如何加强和拓宽两国在经贸领域的合作问题。

会谈结束后，吴仪参加了中阿两国石油领域合作备忘录和两个直接购油合同的签字仪式。

3月24日

国家主席江泽民在人民大会堂与印度尼西亚总统梅加瓦蒂举行会谈

为深化两国在各领域的友好交流，江泽民主席提出了发展中印尼双边关系的四点建议：一、继续保持两国高层交往与接触，加强两国各层次的交流合作。二、扩大两国经贸合作，进一步巩固两国关系的基础。三、加强两国文化、教育、旅游等领域的交流与合作，促进两国人民之间的了解和友谊。四、加强国际和地区事务合作，共同维护发展中国家的正当权益。

江泽民还宣布，中方将向印尼提供4亿美元的优惠信贷，以促进中印尼之间的互利合作，支持印尼的经济建设。

江泽民说，印尼和中国都是多民族国家，民族和睦事关国家的稳定和发展。近年来，阁下和印尼政府为改善华人处境作出了不少积极努力，我们对此表示赞赏。中国真诚希望印尼各民族和睦相处，广大华人更好地融入当地社会，继续为印尼的经济繁荣和社会进步作出贡献。

国务院副总理钱其琛、外交部部长唐家璇、农业部长杜青林、国家计委副主任王春正、中国驻印尼大使陈士球、外交部副部长王毅、外经贸部副部长安民等参加了会谈。

会谈结束后，江泽民主席和梅加瓦蒂总统共同出席了中印尼关于印尼在广州、上海设立总领事馆的协议、中印尼关于成立能源论坛的谅解备忘录、中印尼经济技术合作谅解备忘录、中印尼关于桥梁、公路和其他基础设施建设项目开展经济技术合作的谅解备忘录及中国石油天然气国际有限公司和印尼国家石油公司合作协议的谅解备忘录等5个文件的换文和签字仪式。

全国人大常委会委员长李鹏在人民大会堂会见刚果民主共和国总统约瑟夫·卡比拉

国务院总理朱镕基在中南海会见刚果民主共和国总统约瑟夫·卡比拉

国务院总理朱镕基签署第350号令公布《住房公积金管理条例》

现公布《国务院关于修改〈住房公积金管理条例〉的决定》，自公布之日起施行。

总　理　朱镕基

2002年3月24日

住房公积金管理条例

（1999年4月3日中华人民共和国国务院令第262号发布根据2002年3月24日《国务院关于修改〈住房公积金管理条例〉的决定》修订）

第一章　总　则

第一条　为了加强对住房公积金的管理，维护住房公积金所有者的合法权益，促进城镇住房建设，提高城镇居民的居住水平，制定本条例。

第二条　本条例适用于中华人民共和国境内住房公积金的缴存、提取、使用、管理和监督。

本条例所称住房公积金，是指国家机关、国有企业、城镇集体企业、外商投资企业、城镇私营企业及其他城镇企业、事业单位、民办非企业单位、社会团体（以下统称单位）及其在职职工缴存的长期住房储金。

第三条　职工个人缴存的住房公积金和职工所在单位为职工缴存的住房公积金，属于职工个人所有。

第四条　住房公积金的管理实行住房公积金管理委员会决策、住房公积金管理中心运作、银行专户存储、财政监督的原则。

第五条　住房公积金应当用于职工购买、建造、翻建、大修自住住房，任何单位和个人不得挪作他用。

第六条　住房公积金的存、贷利率由中国人民银行提出，经征求国务院建设行政主管部门的意见后，报国务院批准。

第七条　国务院建设行政主管部门会同国务院财政部门、中国人民银行拟定住房公积金政策，并监督执行。

省、自治区人民政府建设行政主管部门会同同级财政部门以及中国人民银行分支机构，负责本行政区域内住房公积金管理法规、政策执行情况的监督。

第二章　机构及其职责

第八条　直辖市和省、自治区人民政府所在地的市以及其他设区的市（地、州、盟），应当设立住房公积金管理委员会，作为住房公积金管理的决策机构。住房公积金管理委员会的成员中，人民政府负责人和建设、财政、人民银行等有关部门负责人以及有关专家占1/3，工会代表和职工代表占1/3，单位代表占1/3。

住房公积金管理委员会主任应当由具有社会公信力的人士担任。

第九条 住房公积金管理委员会在住房公积金管理方面履行下列职责：

(一)依据有关法律、法规和政策，制定和调整住房公积金的具体管理措施，并监督实施；

(二)根据本条例第十八条的规定，拟订住房公积金的具体缴存比例；

(三)确定住房公积金的最高贷款额度；

(四)审批住房公积金归集、使用计划；

(五)审议住房公积金增值收益分配方案；

(六)审批住房公积金归集、使用计划执行情况的报告。

第十条 直辖市和省、自治区人民政府所在地的市以及其他设区的市(地、州、盟)应当按照精简、效能的原则，设立一个住房公积金管理中心，负责住房公积金的管理运作。县(市)不设立住房公积金管理中心。

前款规定的住房公积金管理中心可以在有条件的县(市)设立分支机构。住房公积金管理中心与其分支机构应当实行统一的规章制度，进行统一核算。

住房公积金管理中心是直属城市人民政府的不以营利为目的的独立的事业单位。

第十一条 住房公积金管理中心履行下列职责：

(一)编制、执行住房公积金的归集、使用计划；

(二)负责记载职工住房公积金的缴存、提取、使用等情况；

(三)负责住房公积金的核算；

(四)审批住房公积金的提取、使用；

(五)负责住房公积金的保值和归还；

(六)编制住房公积金归集、使用计划执行情况的报告；

(七)承办住房公积金管理委员会决定的其他事项。

第十二条 住房公积金管理委员会应当按照中国人民银行的有关规定，指定受委托办理住房公积金金融业务的商业银行(以下简称受委托银行)；住房公积金管理中心应当委托受委托银行办理住房公积金贷款、结算等金融业务和住房公积金账户的设立、缴存、归还等手续。

住房公积金管理中心应当与受委托银行签订委托合同。

第三章 缴 存

第十三条 住房公积金管理中心应当在受委托银行设立住房公积金专户。

单位应当到住房公积金管理中心办理住房公积金缴存登记，经住房公积金管理中心审核后，到受委托银行为本单位职工办理住房公积金账户设立手续。每个职工只能有一个住房公积金账户。

住房公积金管理中心应当建立职工住房公积金明细账，记载职工个人住房公积金的缴存、提取等情况。

第十四条 新设立的单位应当自设立之日起30日内到住房公积金管理中心办理住房公积金缴存登记，并自登记之日起20日内持住房公积金管理中心的审核文件，到受委托银行为本单位职工办理住房公积金账户设立手续。

单位合并、分立、撤销、解散或者破产的，应当自发生上述情况之日起30日内由原单位或者清算组织到住房公积金管理中心办理变更登记或者注销登记，并自办妥变更登记或者注销登记之日起20日内持住房公积金管理中心的审核文件，到受委托银行为本单位职工办理住房公积金账户转移或者封存手续。

第十五条 单位录用职工的，应当自录用之日起30日内到住房公积金管理中心办理缴存登记，并持住房公积金管理中心的审核文件，到受委托银行办理职工住房公积金账户的设立或者转移手续。

单位与职工终止劳动关系的，单位应当自劳动关系终止之日起30日内到住房公积金管理中心办理变更登记，并持住房公积金管理中心的审核文件，到受委托银行办理职工住房公积金账户转移或者封存手续。

第十六条 职工住房公积金的月缴存额为职工本人上一年度月平均工资乘以职工住房公积金缴存比例。

单位为职工缴存的住房公积金的月缴存额为职工本人上一年度月平均工资乘以单位住房公积金缴存比例。

第十七条 新参加工作的职工从参加工作的第二个月开始缴存住房公积金，月缴存额为职工本人当月工资乘以职工住房公积金缴存比例。

单位新调入的职工从调入单位发放工资之日起缴存住房公积金，月缴存额为职工本人当月工资乘以职工住房公积金缴存比例。

第十八条 职工和单位住房公积金的缴存比例均不得低于职工上一年度月平均工资的5%；有条件的城市，可以适当提高缴存比例。具体缴存比例由住房公积金管理委员会拟订，经本级人民政府审核后，报省、自治区、直辖市人民政府批准。

第十九条 职工个人缴存的住房公积金，由所在单位每月从其工资中代扣代缴。

单位应当于每月发放职工工资之日起5日内将单位缴存的和为职工代缴的住房公积金汇缴到住房公积金专户内，由受委托银行计入职工住房公积金账户。

第二十条 单位应当按时、足额缴存住房公积金，不得逾期缴存或者少缴。

对缴存住房公积金确有困难的单位，经本单位职工代表大会或者工会讨论通过，并经住房公积金管理中心审核，报住房公积金管理委员会批准后，可以降低缴存比例或者缓缴；待单位经济效益好转后，再提高缴存比例或者补缴缓缴。

第二十一条　住房公积金自存入职工住房公积金账户之日起按照国家规定的利率计息。

第二十二条　住房公积金管理中心应当为缴存住房公积金的职工发放缴存住房公积金的有效凭证。

第二十三条　单位为职工缴存的住房公积金，按照下列规定列支：

（一）机关在预算中列支；

（二）事业单位由财政部门核定收支后，在预算或者费用中列支；

（三）企业在成本中列支。

第四章　提取和使用

第二十四条　职工有下列情形之一的，可以提取职工住房公积金账户内的存储余额：

（一）购买、建造、翻建、大修自住住房的；

（二）离休、退休的；

（三）完全丧失劳动能力，并与单位终止劳动关系的；

（四）出境定居的；

（五）偿还购房贷款本息的；

（六）房租超出家庭工资收入的规定比例的。

依照前款第（二）、（三）、（四）项规定，提取职工住房公积金的，应当同时注销职工住房公积金账户。

职工死亡或者被宣告死亡的，职工的继承人、受遗赠人可以提取职工住房公积金账户内的存储余额；无继承人也无受遗赠人的，职工住房公积金账户内的存储余额纳入住房公积金的增值收益。

第二十五条　职工提取住房公积金账户内的存储余额的，所在单位应当予以核实，并出具提取证明。

职工应当持提取证明向住房公积金管理中心申请提取住房公积金。住房公积金管理中心应当自受理申请之日起3日内作出准予提取或者不准提取的决定，并通知申请人；准予提取的，由受委托银行办理支付手续。

第二十六条　缴存住房公积金的职工，在购买、建造、翻建、大修自住住房时，可以向住房公积金管理中心申请住房公积金贷款。

住房公积金管理中心应当自受理申请之日起15日内作出准予贷款或者不准贷款的决定，并通知申请人；准予贷款的，由受委托银行办理贷款手续。

住房公积金贷款的风险，由住房公积金管理中心承担。

第二十七条　申请人申请住房公积金贷款的，应当提供担保。

第二十八条　住房公积金管理中心在保证住房公积金提取和贷款的前提下，经住房公积金管理委员会批准，可以将住房公积金用于购买国债。

住房公积金管理中心不得向他人提供担保。

第二十九条　住房公积金的增值收益应当存入住房公积金管理中心在受委托银行开立的住房公积金增值收益专户，用于建立住房公积金贷款风险准备金、住房公积金管理中心的管理费用和建设城市廉租住房的补充资金。

第三十条　住房公积金管理中心的管理费用，由住房公积金管理中心按照规定的标准编制全年预算支出总额，报本级人民政府财政部门批准后，从住房公积金增值收益中上交本级财政，由本级财政拨付。

住房公积金管理中心的管理费用标准，由省、自治区、直辖市人民政府建设行政主管部门会同同级财政部门按照略高于国家规定的事业单位费用标准制定。

第五章　监　督

第三十一条　地方有关人民政府财政部门应当加强对本行政区域内住房公积金归集、提取和使用情况的监督，并向本级人民政府的住房公积金管理委员会通报。

住房公积金管理中心在编制住房公积金归集、使用计划时，应当征求财政部门的意见。

住房公积金管理委员会在审批住房公积金归集、使用计划和计划执行情况的报告时，必须有财政部门参加。

第三十二条　住房公积金管理中心编制的住房公积金年度预算、决算，应当经财政部门审核后，提交住房公积金管理委员会审议。

住房公积金管理中心应当每年定期向财政部门和住房公积金管理委员会报送财务报告，并将财务报告向社会公布。

第三十三条　住房公积金管理中心应当依法接受审计部门的审计监督。

第三十四条　住房公积金管理中心和职工有权督促单位按时履行下列义务：

（一）住房公积金的缴存登记或者变更、注销登记；

（二）住房公积金账户的设立、转移或者封存；

（三）足额缴存住房公积金。

第三十五条　住房公积金管理中心应当督促受委托银行及时办理委托合同约定的业务。

受委托银行应当按照委托合同的约定，定期向住房公积金管理中心提供有关的业务资料。

第三十六条　职工、单位有权查询本人、本单位住房公积金的缴存、提取情况,住房公积金管理中心、受委托银行不得拒绝。

职工、单位对住房公积金账户内的存储余额有异议的,可以申请受委托银行复核;对复核结果有异议的,可以申请住房公积金管理中心重新复核。受委托银行、住房公积金管理中心应当自收到申请之日起5日内给予书面答复。

职工有权揭发、检举、控告挪用住房公积金的行为。

第六章 罚 则

第三十七条 违反本条例的规定,单位不办理住房公积金缴存登记或者不为本单位职工办理住房公积金账户设立手续的,由住房公积金管理中心责令限期办理;逾期不办理的,处1万元以上5万元以下的罚款。

第三十八条 违反本条例的规定,单位逾期不缴或者少缴住房公积金的,由住房公积金管理中心责令限期缴存;逾期仍不缴存的,可以申请人民法院强制执行。

第三十九条 住房公积金管理委员会违反本条例规定审批住房公积金使用计划的,由国务院建设行政主管部门会同国务院财政部门或者由省、自治区人民政府建设行政主管部门会同同级财政部门,依据管理职权责令限期改正。

第四十条 住房公积金管理中心违反本条例规定,有下列行为之一的,由国务院建设行政主管部门或者省、自治区人民政府建设行政主管部门依据管理职权,责令限期改正;对负有责任的主管人员和其他直接责任人员,依法给予行政处分:

(一)未按照规定设立住房公积金专户的;

(二)未按照规定审批职工提取、使用住房公积金的;

(三)未按照规定使用住房公积金增值收益的;

(四)委托住房公积金管理委员会指定的银行以外的机构办理住房公积金金融业务的;

(五)未建立职工住房公积金明细账的;

(六)未为缴存住房公积金的职工发放缴存住房公积金的有效凭证的;

(七)未按照规定用住房公积金购买国债的。

第四十一条 违反本条例规定,挪用住房公积金的,由国务院建设行政主管部门或者省、自治区人民政府建设行政主管部门依据管理职权,追回挪用的住房公积金,没收违法所得;对挪用或者批准挪用住房公积金的人民政府负责人和政府有关部门负责人以及住房公积金管理中心负有责任的主管人员和其他直接责任人员,依照刑法关于挪用公款罪或者其他罪的规定,依法追究刑事责任;尚不够刑事处罚的,给予降级或者撤职的行政处分。

第四十二条 住房公积金管理中心违反财政法规的,由财政部门依法给予行政处罚。

第四十三条 违反本条例规定,住房公积金管理中心向他人提供担保的,对直接负责的主管人员和其他直接责任人员依法给予行政处分。

第四十四条 国家机关工作人员在住房公积金监督管理工作中滥用职权、玩忽职守、徇私舞弊,构成犯罪的,依法追究刑事责任;尚不构成犯罪的,依法给予行政处分。

第七章 附 则

第四十五条 住房公积金财务管理和会计核算的办法,由国务院财政部门商国务院建设行政主管部门制定。

第四十六条 本条例施行前尚未办理住房公积金缴存登记和职工住房公积金账户设立手续的单位,应当自本条例施行之日起60日内到住房公积金管理中心办理缴存登记,并到受委托银行办理职工住房公积金账户设立手续。

第四十七条 本条例自发布之日起施行。

“中国发展高层论坛”年会在北京开幕

国务院副总理温家宝出席开幕式并致辞。

国务院发展研究中心主任王梦奎致开幕词。他介绍了为期两天的论坛所讨论的6个专题:消除地方保护,确保法制统一,促进国内市场一体化;财政政策的调整和完善宏观调控机制;中国资本市场的开放与体制改革;大型国有企业的治理结构与政府对国有企业的管理;对外贸易和外商投资政策的调整;农产品市场的开放和农业结构的调整。国务院发展研究中心副主任陈清泰作了主题发言。

与会的外方代表有来自经济合作与发展组织、世界贸易组织的高级官员,还有跨国公司的董事长、总裁及著名经济学家。中方代表有来自国家计委、国家经贸委、财政部、中国人民银行等政府部门的部长级官员,以及中国著名经济学者和大型企业的企业家。在“中国发展高层论坛”正式会议结束以后,国务院发展研究中心、经济合作与发展组织还将举行“加入WTO之后中国经济政策的调整”的专题研讨会。

国务院副总理温家宝在中国发展高层论坛开幕式上致辞

各位来宾、各位朋友:

值此“中国发展高层论坛”2002年年会开幕之际,我谨向与会的全体代表和来宾表示热烈的欢迎,对本次论坛的举办致以衷心的祝贺!在中国成为世界贸易组织成员的第一个春天,国内外有识之士共聚一堂,就中国加入世界贸易组织后的经济改革与发展问题进行讨论,是一件很有意义的事情。

经济全球化是当今世界经济发展的重要趋势。近20多年来,中国坚定不移地推进改革开放,国民经济持续快速健康发展,对外贸易大幅度增长,外贸总额从世界第32位提高到第7位,吸收外国投资已连续9年居发展中国家首位。现在,中国初步建立了社会主义市场经济体制,形成全方位、多层次、宽领域的对外开放格局。中国已经由改革开放前的封闭、半封闭型经济,发展成为面向世界的开放型经济。

加入世界贸易组织,是中国进一步适应经济全球化趋势,加快现代化建设步伐的战略决策。这标志着中国对外开放进入新的阶段,也标志着中国经济体制改革进入新的阶段。我们面临着难得的发展机遇,同时面临着严峻的挑战。中国将把加入世界贸易组织作为新的起点,用好新机遇,迎接新挑战,以更加积极的姿态参与国际经济合作与竞争,加快经济改革和发展的步伐。我们要按照世界贸易组织的规则和中国的国情,进一步完善社会主义市场经济体制和与之相适应的法律体系,转变政府职能,规范市场秩序,建立有利于公平竞争的国内统一市场。要适应发展开放型经济的要求,改进宏观经济调控机制,灵活运用宏观管理手段,提高国民经济运行的质量和效率。要大力调整产业结构,充分发挥中国劳动力等生产要素价格低廉、产业体系比较完整、国内市场广阔的优势,引进外国资本、技术、先进管理经验与人才,发展新兴产业,改造传统产业,促进产业结构优化升级。要深化国有企业改革为中心的各项经济体制改革,继续推进国有经济的战略性重组,积极探索公有制多种有效实现形式,鼓励、支持和引导个体、私营经济健康发展,通过改革和加强管理,努力提高各类企业的国际竞争力。要千方百计扩大就业,完善社会保障体系,为经济社会发展创造稳定的环境。我深信,随着改革的深入、对外开放的扩大和经济结构的优化,中国经济必将焕发出新的活力。

中国的发展离不开世界,世界的发展也离不开中国。中国经济的发展与繁荣,将为世界各国提供广阔的市场和合作机遇。在未来的5年里,中国货物市场的开放将为贸易伙伴提供至少15000亿美元的市场机会。服务贸易市场的进一步开放,将为世界各国的投资者提供新的发展领域。中国是守信用、重承诺的国家。在刚刚闭幕的九届全国人大第五次会议上,中国政府明确宣告,要按照加入世界贸易组织的承诺,有步骤地扩大对外开放领域。从今年1月1日起,中国的平均关税水平由15.3%降低到12%,大量的非关税壁垒已经取消。为确保执法公正与效率,中国正在抓紧完善涉外经济法律、法规,几十部法律的修订工作已经完成,另有上百部法律和上千部法规的修订工作将在近期完成。服务贸易市场的对外开放进展加快,已经有相当数量的外国银行、保险公司、专业服务机构和流通企业获得批准,在中国开展业务。对世界贸易组织有关知识和规则的学习、宣传与培训工作正在大规模展开。与加入世界贸易组织有关的各项工作都在有条不紊地顺利进行。

求和平、谋发展是全世界各国人民的共同愿望。中国是发展中国家,还要经过几十年时间的艰苦努力才能基本实现现代化。加入世界贸易组织有利于中国经济的发展。中国在国际经济技术合作与交流中一贯奉行平等互利原则。中国的发展必将为世界经济的繁荣与稳定作出更大的贡献,而绝不会对其他国家和地区构成威胁。无论现在还是将来,中国始终是维护世界和平与促进共同发展的重要力量。

中国政府在领导改革开放和经济发展的各项工作中,一向重视专家学者和中外各界朋友的意见和建议。中国加入世界贸易组织之后,更需要吸取世界各国的经验与教训。希望各位与会代表畅所欲言,为中国的发展,也为世界的发展,发表自己的真知灼见。同时,也希望这次论坛进一步增进与会各位代表的交流、理解和友谊。

外交部部长唐家璇在钓鱼台国宾馆会见日本众议员前外相田中真纪子和她的丈夫参议员田中直纪

3月25日

中共中央总书记江泽民在酒泉载人航天发射场观看“神舟”三号飞船发射成功并发表重要讲话

北京时间晚上10时15分,我国研制的“神舟”三号飞船在酒泉卫星发射中心发射升空并成功进入预定轨道。中共中央总书记、国家主席、中央军委主席江泽民来到载人航天发射场观看飞船发射,并发表了重要讲话。他指出,“神舟”三号飞船的发射成功,是我国航天事业发展史上一座新的里程碑,充分体现了中华民族自强不息的精神,充分反映了社会主义制度集中力量办大事的优越性,充分证明了中国人民有志气、有能力屹立于世界民族之林。“神舟”三号飞船发射成功,必将极大地激发全国各族人民的自豪感和凝聚力,进一步坚定我们把建设有中国特色社会主义的伟大事业继续推向前进的信心。

中共中央政治局委员、国务院副总理吴邦国,中共中央政治局候补委员、书记处书记曾庆红以及中央军委委员、总政治部主任于永波,中央军委委员、总装备部部长、载人航天工程总指挥曹刚川陪同观看发射。

江泽民在飞船发射成功后发表了讲话，他首先代表党中央、国务院和中央军委向全体参加研制、建设、试验的科技人员和解放军指战员表示热烈祝贺。他指出，实施载人航天工程，是党中央根据世界科技发展大形势、着眼我国科技事业和现代化建设的发展大局作出的重大战略决策。10年来，参加研制、建设、试验的全体同志，牢记党和人民的历史重托，满怀为国争光的雄心壮志，发扬“两弹一星”精神，独立自主，自力更生，团结协作，勇于创新，拼搏进取，攻克了载人航天工程的一系列关键技术，实现了工程建设的重大突破，具有中国特色的载人航天体系初步形成，研制成功了先进的“神舟”号飞船和运载火箭，建立了体现我国尖端和前沿科技集成的飞船应用系统，建成了现代化的航天发射场、航天测控网和飞船着陆场系统，组建训练了航天员队伍，特别是成功发射了“神舟”一号、二号、三号飞船，使我国载人航天技术达到了新的水平。这一切，对我们抢占世界高新科技的制高点，促进经济发展、科技进步和国防现代化建设，都具有十分重大的意义。江泽民说，航天科技队伍是一支特别能吃苦、特别能战斗、特别能攻关、特别能奉献的队伍。广大科技人员和解放军指战员在发展载人航天工程中作出的突出贡献，祖国和人民永远不会忘记。

江泽民强调，当今世界，科技进步日新月异，科学技术越来越显示出第一生产力的巨大作用，越来越成为一个国家综合国力的主要标志。我们要抓住机遇，迎接挑战，加快发展，努力把我国的科学技术和综合国力提高到一个新的更高的水平。

这次发射的“神舟”三号是一艘正样无人飞船，飞船技术状态与载人状态完全一致。这次发射试验，运载火箭、飞船和测控发射系统进一步完善，提高了载人航天的安全性和可靠性。飞船上装有人体代谢模拟装置、拟人生理信号设备以及形体假人，能够定量模拟航天员在太空中的重要生理活动参数。这次发射，逃逸救生系统也进行了工作。这个系统是在应急情况下确保航天员安全的主要措施。

“神舟”三号飞船由轨道舱、返回舱、推进舱和附加段组成。飞船进入太空后，将持续绕地球飞行若干天，进行一系列项目的科学试验。中国科学院将在飞船上进行多种空间应用试验。之后，飞船返回舱将返回地面，轨道舱继续留在太空飞行，直至完成预定的后续科学试验任务。

飞船在轨运行期间，在北京航天飞行控制中心的统一计划和调度下，西安卫星测控中心及有关测控站和“远望号”远洋航天测量船，将对“神舟”三号飞船进行持续跟踪、测量和控制。

“神舟”三号飞船由中国航天科技集团公司所属的中国空间技术研究院和上海航天技术研究院为主研制，“长征二号F”运载火箭由中国运载火箭技术研究院为主研制。这次发射是长征系列运载火箭第66次飞行。自1996年10月以来，我国运载火箭发射已经连续24次获得成功。中国科学院和信息产业部等有关单位为这次发射研制了对地遥感、生命科学、空间科学等船载仪器和地面测控设备。

中央和国家机关有关部门负责同志也参加了观看飞船发射的活动。

国家主席江泽民根据全国人大常委会的决定任免驻外大使

一、免去邓绍勤的中华人民共和国驻苏丹共和国特命全权大使职务；

任命张栋为中华人民共和国驻苏丹共和国特命全权大使。

二、免去张序江的中华人民共和国驻乌干达共和国特命全权大使职务；

任命李强民为中华人民共和国驻乌干达共和国特命全权大使。

三、免去冀敬义的中华人民共和国驻尼日尔共和国特命全权大使职务；

任命孙兆通为中华人民共和国驻尼日尔共和国特命全权大使。

四、免去关恒广的中华人民共和国驻立陶宛共和国特命全权大使职务；

任命陈育明为中华人民共和国驻立陶宛共和国特命全权大使。

五、免去吴筱秋(女)的中华人民共和国驻白俄罗斯共和国特命全权大使职务；

任命于振起为中华人民共和国驻白俄罗斯共和国特命全权大使。

六、免去张国强的中华人民共和国驻阿塞拜疆共和国特命全权大使职务；

任命张喜云为中华人民共和国驻阿塞拜疆共和国特命全权大使。

七、免去朱兆顺的中华人民共和国驻亚美尼亚共和国特命全权大使职务；

任命左学良为中华人民共和国驻亚美尼亚共和国特命全权大使。

八、免去张咏荃的中华人民共和国驻格鲁吉亚特命全权大使职务；

任命徐建国为中华人民共和国驻格鲁吉亚特命全权大使。

九、免去吕新华的中华人民共和国驻芬兰共和国特命全权大使职务；

任命张直鑑为中华人民共和国驻芬兰共和国特命全权大使。

十、免去王新元的中华人民共和国驻萨摩亚独立国特命全权大使职务；

任命顾思聪为中华人民共和国驻萨摩亚独立国特命全权大使。

十一、免去张滨华的中华人民共和国驻汤加王国特命全权大使职务；

任命高善海为中华人民共和国驻汤加王国特命全权大使。

十二、免去梁健明的中华人民共和国驻圣卢西亚特命全权大使职务；

任命古华明为中华人民共和国驻圣卢西亚特命全权大使。

十三、免去吴正龙的中华人民共和国驻圭亚那合作共和国特命全权大使职务；

任命宋涛为中华人民共和国驻圭亚那合作共和国特命全权大使。

十四、免去沈国放的中华人民共和国常驻联合国副代表、特命全权大使职务；

任命张义山为中华人民共和国常驻联合国副代表、特命全权大使。

十五、免去张义山的中华人民共和国常驻联合国维也纳办事处和其他国际组织代表、特命全权大使职务；

任命张炎为中华人民共和国常驻联合国维也纳办事处和其他国际组织代表、特命全权大使。

国家主席江泽民在中南海会见英荷壳牌集团董事长伍梓培一行

江泽民积极评价壳牌集团与中方的合作，向客人们介绍了当前中国经济形势和中国加入世界贸易组织以后的情况，并希望壳牌集团能进一步积极拓展与中国能源企业的交流与合作。

国家计委主任曾培炎会见时在座。

全国人大常委会委员长李鹏在人民大会堂会见印度尼西亚总统梅加瓦蒂

国务院总理朱镕基在中南海会见印度尼西亚总统梅加瓦蒂

国务院总理朱镕基在中南海会见俄罗斯联邦审计院院长斯捷帕申及其率领的俄罗斯联邦审计代表团一行

国务院总理朱镕基和瓦努阿图共和国总理爱德华·纳塔佩互致贺电庆祝两国建交20周年

国务院总理朱镕基在中南海会见出席中国发展高层论坛2002年年会的外方代表

宾主就加入世贸组织后中国改革和发展问题以及对当前世界经济形势的看法充分交换了意见。

朱镕基首先代表中国政府对有关国际组织负责人、著名跨国公司领导人和国际知名专家和学者们前来参加“中国发展高层论坛”年会表示欢迎，表示中国政府十分重视他们在论坛上发表的观点以及对中国经济发展和改革开放提出的建设性意见，并希望他们今后继续参加这个年会，促进中国经济与世界经济的交流与发展。

在听取论坛外方主席、汇丰集团董事长庞约翰和其他外方代表的发言后，朱镕基说，中国加入世贸组织后，虽然国际经济形势发生新的变化，中国政府仍将严格履行加入世贸组织时的一切承诺，包括在金融、保险领域继续对外开放。中国加入世贸组织有利有弊，相信从长远看，利大于弊。

朱镕基还向客人介绍了当前中国经济建设情况。

“中国发展高层论坛”是由国务院发展研究中心主办的，此次年会的主题是“作为世贸组织成员的中国”。

全国深入开展“严打”整治斗争电视电话会议在北京召开

中共中央政治局委员、国务委员、中央政法委书记罗干发表讲话。会议进一步贯彻落实江泽民总书记关于社会治安工作的重要讲话和全国社会治安工作会议精神，以“三个代表”重要思想为指导，总结去年以来全国“严打”整治斗争的情况，分析当前形势，对“严打”整治斗争进行再动员、再部署，要求努力实现社会治安明显进步，为改革发展和党的十六大的胜利召开创造良好的治安环境。

罗干说，自去年4月以来，各级党委、政府和政法部门按照中央的部署，开展集中打击整治行动，依法从重从快严惩了一批严重刑事犯罪分子，打掉了一批作恶多端的黑恶势力，从严惩处了一批经济犯罪分子。刑事案件大幅度上升的势头得到初步遏制，一些地方的刑事发案有所下降，一些治安混乱地区的面貌得到改观，人民群众的安全感有所增强，“严打”整治斗争取得了阶段性成果。

罗干指出，当前滋生和诱发犯罪的因素仍然大量存在，治安形势不容乐观。各级党委、政府和政法部门要增强紧迫感，正确分析和准确把握当前社会治安形势,对本地本部门的“严打”整治斗争进行再动员、再部署,以更大的决心和更有力的措施,深入推进“严打”整治斗争。

罗干强调,要进一步突出重点,加大打击力度,增强实效。深化“严打”整治斗争,关键要在突出重点,增强针对性、实效性上,在破大案、追逃犯上,在进一步发动群众、深挖犯罪分子上,在充分发挥政策法律威力上下功夫,坚决打掉犯罪分子的嚣张气焰,遏制刑事发案上升的势头,切实增强人民群众的安全感。要继续把“打黑除恶”作为这场斗争的重点,采取有效方式严厉打击爆炸、杀人、抢劫、绑架、投毒、敲诈勒索等严重暴力犯罪和盗窃等严重影响人民群众安全感的多发性犯罪。要结合“严打”整治斗争,严密防范、严厉打击恐怖势力、民族分裂势力、宗教极端势力、境内外敌对势力和“法轮功”邪教组织的渗透破坏活动,维护社会稳定。

罗干说,要集中整治治安乱点,大力开展治安防范,落实综合治理的各项措施。各地要在巩固前段“严打”整治成果的基础上,继续加大排查整治的力度,对治安乱点,党委、政府要明确责任,统一领导,组织精干力量进行整治;各部门各司其职,协调配合,下功夫抓好各项防范措施的落实,尽快改变治安面貌。

罗干强调,要深入做好宣传工作,放手发动群众,进一步营造“严打”整治的舆论攻势。各级党委、政府要加强对舆论宣传工作的领导和协调,各级政法部门要与宣传部门密切配合,进一步增强宣传工作的实效,为“严打”整治斗争创造良好的舆论氛围。

罗干指出,要结合“严打”整治斗争,进一步锻炼、考验、整顿政法队伍,提高整体素质。广大政法干警要进一步发扬连续作战、不怕疲劳、艰苦奋斗的作风,振奋精神,扎实工作,为“严打”整治斗争作出新的贡献。

会议要求,各级党委、政府要进一步加强对“严打”整治斗争的组织领导,切实担负起“保一方平安”的政治责任,进一步加大在人力、物力、财力等方面的支持力度,为破案、追逃等工作提供必要的条件,为斗争的顺利进行提供有力的物质保障。各级党委政法委要加强对“严打”整治斗争的指导,加强对重大疑难案件的督办和协调,当好党委的参谋和助手。上级政法部门要加强业务指导,保证各个执法环节严肃公正执法,使犯罪分子依法受到严惩。

中央政法委员会委员韩杼滨、贾春旺、许永跃、张福森、王胜俊出席会议。最高人民法院、最高人民检察院、公安部、司法部的负责同志在会上发言。中央社会治安综合治理委员会部分委员也出席了会议。

国家副主席胡锦涛在人民大会堂会见印度尼西亚总统梅加瓦蒂

中央军委副主席迟浩田在布加勒斯特会见罗马尼亚总统伊利埃斯库

国务院副总理钱其琛在中南海会见以美国众议员芭芭拉·李为名誉团长奥克兰市副市长张明德为团长的美国加州奥克兰市文化商务交流代表团

外交部部长唐家璇在北京与以色列副总理兼外长西蒙·佩雷斯举行会谈

双方就双边关系和其他共同关心的重大国际和地区问题深入交换了意见。

外交部部长唐家璇在北京会见摩洛哥国王穆罕默德六世特使摩洛哥领土管理 城建 住房与环境大臣穆罕默德·亚兹吉

全国人大常委会副委员长田纪云在渥太华会见加拿大参议院议长丹尼尔·海斯

3月26日

中共中央总书记江泽民考察酒泉卫星发射中心

江泽民勉励航天战线的同志们大力弘扬“两弹一星”精神,发扬航天战线的优良传统和作风,坚持艰苦奋斗,顽强拼搏,不怕困难,开拓创新,坚持质量第一,严肃认真,科学求实,一丝不苟,坚持团结协作,严密组织,精心指挥,万众一心,不断夺取载人航天工程建设的新胜利,夺取整个航天事业和国防科技发展的新胜利。

江泽民和随行的中共中央政治局委员、国务院副总理吴邦国,中共中央政治局候补委员、书记处书记曾庆红及中央军委委员、总政治部主任于永波,中央军委委员、总装备部部长、载人航天工程总指挥曹刚川,亲切会见了参加载人航天工程试验的某基地团以上干部,中科院、航天科技集团公司等单位的代表。

上午10时15分,当江泽民一行来到指挥控制中心楼前广场时,参加研制试验的科技人员和解放军指战员代表长时间热烈鼓掌,江泽民和大家亲切握手,合影留念,并发表了重要讲话。江泽民说,这次“神舟”三号飞船发射成功,举国振奋,大长了中国人民和中华民族的志气。突破载人航天技术,是我国高新科技水平显著提高的重要标志,也是我国综合国力显著提高的重要体现。这次试验飞船的发射成功,标志着我国在载人航天技术领域又迈出了坚实的一步,实现了新的突破。这进一步表明,中国人民完全有能力依靠自主创新攻克尖端技术,在世界高科技领域占有一席之地。

江泽民说,酒泉卫星发射中心是我国航天事业的发祥地,也是向世界展示我国经济实力、国防实力和民族凝聚力的一个重要窗口。就是在这里,1960年9月10日,首次成功发射了近程弹道导弹;1970年4月24日,成功发射了第一颗人造地球卫星"东方红一号";1999年11月20日,成功发射了第一艘"神舟"试验飞船。这些成就的取得,是在党中央的领导下,充分发挥社会主义集中力量办大事的优势的成果,是全国各个方面大力协同、全体研制人员不懈奋斗的成果。战斗生活在这里的同志们,为我国的航天事业和国防、军队现代化建设付出了艰辛努力,作出了重要贡献。你们的功绩将载入史册,祖国和人民永远不会忘记。

江泽民指出,我国的载人航天事业刚刚起步,虽然取得了很大成绩,但今后还要搞空间实验室和长期有人照料的空间站,任重而道远。航天战线的同志们要认真贯彻科教兴国、科技强军战略,继续瞄准世界科技发展的前沿,抓住机遇,开拓进取,加快我国航天事业发展步伐。要不断提高自主创新能力,造就一支高素质的、勇于创新的航天科技队伍,集中力量攻克重大关键技术,掌握核心技术,形成自主知识产权,走出一条投入少效益高、有中国特色的航天发展道路。

江泽民还参观了酒泉卫星发射中心历史展览馆、东风小学,会见了空军某基地团以上干部。

中共中央总书记江泽民在陕西考察

3月26日至4月2日,江泽民和随行的中共中央政治局候补委员、书记处书记曾庆红,在陕西省委书记李建国、省长程安东,兰州军区政委刘冬冬的陪同下,着重就西部大开发和党的建设进行调研。他先后到榆林、延安、西安、杨凌等地,深入厂矿学校、科研院所、乡村农户,看望干部群众,向老区人民表示慰问。

考察期间,江泽民听取了陕西省委、省政府的工作汇报。他指出,近年来,特别是党的十五大和实施西部大开发战略以来,陕西省委、省政府坚持以邓小平理论和党的基本路线为指导,坚决贯彻中央的路线方针政策和工作部署,紧密结合自己的实际,带领广大干部群众解放思想,开拓进取,全省出现了团结稳定、加快发展的局面,两个文明建设、党的建设和民主法制建设都取得了新的成绩。他希望陕西广大干部群众团结一心、艰苦奋斗,与时俱进、扎实工作,把改革开放和现代化建设不断推向前进。

党的建设,是江泽民这次考察的一个重点。3月29日上午,江泽民来到延安,再次参观了七大会址和延安革命纪念馆,会见延安老党员。下午,他在延安主持召开农村基层党组织建设工作座谈会,听取市、县、乡、村党组织负责人的汇报。他对延安市农村基层党组织建设取得的成绩给予充分肯定。江泽民指出,我们党在延安时期的活动,在党的历史和中国革命的历史上都占有极为重要的地位。在延安时期,我们党的思想建设、组织建设、作风建设取得巨大的成就。特别是在中国革命面临新的重大转变的关键时刻召开的党的七大,为我们党的事业的发展指明了方向,为争取抗日战争的胜利和新民主主义革命在全国的胜利提供了政治和思想基础。今年下半年,我们党将召开十六大。我们一定要坚持以马列主义、毛泽东思想、邓小平理论和党的基本路线为指导,认真总结我们在贯彻党的基本理论、基本路线和基本纲领的实践中取得的基本经验,认真研究贯彻落实"三个代表"需要明确的基本要求,认真研究继续推进改革开放和现代化建设需要解决的重大课题,认真研究进一步改善人民生活需要采取的重大政策措施,认真研究加强和改进党的建设需要从理论和实践上回答的突出问题。全党同志要同心同德,开拓进取,以党的建设的优异成绩迎接十六大的召开。

江泽民十分关心西部大开发的进展情况,他先后考察了陕北煤电一体化项目的前期准备情况、神华煤田大柳塔矿的生产情况。在西安高新技术产业开发区,他考察了创业服务中心、软件产业园、通锐新能源有限责任公司、电子社区。在杨凌农业高新技术产业示范区,江泽民考察了秦川节水灌溉设备工程有限责任公司、杨凌金坤生物工程股份有限公司,听取了示范区规划情况的汇报。他还考察了中国船舶重工集团公司第705研究所和中国兵器工业第203研究所。江泽民还来到西安交通大学,考察了科技馆、学生综合服务楼,与教师和青年学生们亲切见面。

陕北地处毛乌素沙漠和黄土高原过渡带,水土流失、风沙危害严重。1997年8月,江泽民在对有关调查报告的批示中发出号召:"再造一个山川秀美的西北地区。"几年来,陕北广大干部群众积极进行生态环境建设,取得了明显成绩。3月27日,江泽民来到榆林市七里沙考察造林治沙情况,会见了二十八年如一日的补浪河乡治沙女民兵连和治沙劳模牛玉琴、石光银。得知女民兵连已治理荒漠4200多亩时,江泽民表示赞赏。3月28日,江泽民考察了位于榆林的陕西治沙研究所沙地植物园,听取了关于品种试验和飞播造林情况的汇报。江泽民与这里的工作人员一一握手,对长期在这里工作的专家们说:"你们对西北沙漠的治理作出了贡献!"在延安,他察看了延安绿化造林的情况,并听取了有关延安生态环境建设情况的汇报。江泽民还来到西北农林科技大学，考察了黄土高原土壤侵蚀与旱地农业国家重点实验室。他说，生态环境建设不仅关系到西部地区的发展和人民生活的改善，也关系到整个中华民族的生存和发展环境，一定要坚持不懈地抓好。只要一代一代人坚持不懈地努力，西部的生态环境一定能够得到根本改善。

陕北是革命老区，近几年连续遭灾，去年又遭受大旱，江泽民惦念着这里群众的生产生活。3月27日，他来到神木县瑶镇乡黄土庙村。这个村连年遭受旱灾，群众的生产和生活遇到了很大的困难。村党支部一班人带领群众开展生产自救，增强了大家克服困难、继续发展的信心。在村民李治田家，江泽民仔细察看屋里的陈设，询问储粮情况。他还考察了村里的初级小学，询问教师的工作情况，勉励教师做好教书育人工作。

3月31日，江泽民在听取陕西省委、省政府工作汇报后，发表了重要讲话。江泽民指出，要认真贯彻发展是硬道理的思想，在西部大开发中加快经济发展。解决西部问题的根本途径在于加快发展。中央作出实施西部大开发的战略决策，就是为了支持西部地区加快发展，帮助西部地区群众脱贫致富，缩小东西部地区的发展差距，保证全国现代化的成功实现。西部大开发是一项世纪伟业，需要我们进行长期艰苦努力，必须始终坚持以发展为主题、以改善人民生活为目标，紧紧抓住经济建设这个中心，并全面推进两个文明建设，坚持用发展的办法，解决社会前进中的困难和问题。要高度重视并切实抓好基础设施建设和生态环境建设，为经济和社会的长远发展打下坚实的基础。要注意从实际出发，发扬优势，扬长避短，发展特色经济。要始终高度重视农业、农村和农民问题，加快农业产业化经营，千方百计增加农民收入。要认真搞好天然林保护、防沙治沙和退耕还林等重点生态工程。要正确处理经济发展与人口资源环境的关系，实现可持续发展。

江泽民说，中央将继续加大对西部地区的扶持力度，已经制定并将继续制定支持西部地区加快发展的政策措施。西部地区的广大干部群众要运用好这些政策措施，同时要坚持自力更生、艰苦奋斗，树立长期作战的思想，保持奋发有为的精神状态，充分发挥主观能动性，坚韧不拔地做好西部大开发的各项工作。

江泽民强调，解放思想、实事求是，与时俱进、开拓创新，是马克思主义活的灵魂，也是我们认识新事物、适应新形势、完成新任务的根本思想武器。全党同志特别是领导干部都要勤于思考，深入实际，继续研究和努力回答推进改革开放和现代化建设面临的重大理论和实际问题，对新的实践、新的发展及时作出新的理论概括和理论指导。实施西部大开发战略、推进改革开放，必须进一步解放思想，努力破除过去实行计划经济体制时形成的那些已经过时的思想观念和传统做法的束缚，克服因循守旧、不思进取、小富即安、封闭保守等观念，使我们的思想观念适应新形势新任务的发展要求，使我们的思维方式、工作方式以及生活方式能随着时代的发展而发展。要把树立开放意识、市场意识和创新意识作为解放思想的一个重要任务，努力扩大视野，开阔胸襟，敏锐观察世界大势，正确把握时代要求，谋求经济的跨越式发展。

江泽民说，维护好、实现好、发展好广大人民群众的利益，是我们党一切工作的出发点和落脚点，也是正确处理改革、发展、稳定关系的结合点。我们必须从全局和战略的高度，充分认识解决好城乡困难群众生产和生活问题的重要性。要把增加农民收入特别是贫困地区群众的收入作为保持农村稳定的重要任务。现在，一些地方老区群众的生活条件仍然比较差，要加大对贫困和受灾地方的扶持力度，把革命老区建设好，使老区群众的生活不断得到改善。要高度重视和认真做好维护社会稳定的工作，认真解决人民群众反映的热点难点问题，努力把各种不稳定因素解决在基层、解决在萌芽状态。

江泽民指出，伟大的延安精神是我们党的优良传统和宝贵财富，过去是、今天仍然是我们战胜困难、取得胜利的法宝。坚定正确的政治方向，解放思想、实事求是的思想路线，全心全意为人民服务的根本宗旨，自力更生、艰苦奋斗的创业精神，是延安精神的主要内容。在新的历史条件下，我们巩固党的执政地位，提高党的执政水平，必须大力发扬延安精神，始终保持同人民群众的血肉联系。各级党委要全面落实党的十五届六中全会精神，以党的建设的新成绩推动改革开放和现代化建设不断前进。

考察期间，江泽民还看望了驻陕西的人民解放军官兵，勉励他们不断推进军队的革命化、现代化、正规化建设，同时要搞好军政军民团结，积极支援西部大开发。

陪同江泽民考察的有中央军委委员、总政治部主任于永波，中央和国家机关有关部门负责人王刚、滕文生、曾培炎、华建敏、胡富国、由喜贵、王沪宁、李子彬、楼继伟、周生贤、贾廷安等。

全国人大常委会委员长李鹏在人民大会堂会见美国参议员丹尼尔·井上和特德·史蒂文斯一行

李鹏重申了中国政府在台湾问题上的原则立场。他指出，中美重新交往30年来，在风风雨雨中开展了经贸、文化、教育和反恐等诸多领域的互利合作。国际形势的发展一再证明，中美之间存在一些分歧，但更拥有广泛和重要的共同利益。中美两国应该进一步加强交流与合作。中方真诚希望在中美三个联合公报原则的基础上与美方发展友好合作，这符合两国人民和全世界人民的利益。

全国人大常委、外事委员会主任委员曾建徽，外交部副部长李肇星，全国人大常委、外事委员会委员于振武，委员长办公室主任吴文昌以及美国驻华大使雷德等会见时在座。

国务院总理朱镕基在人民大会堂与比利时首相伏思达举行会谈

朱镕基说：第一，我们都希望保持双方高层互访和各个级别的交往势头。第二，我们都主张加强中比在国际事务中的磋商与合作。第三，我们当时讨论了进一步扩大中比经贸合作问题。去年中比贸易额又增长15.3%，更加表明中比经贸合作确实潜力很大，前景广阔。第四，我去年曾提出，两国要更多地开展文化交流与合作。最近中国中央电视台与比方合作拍摄了一部16集的电视连续剧，为中比文化交流与合作开创了良好的开端。相信两国文化机构和团体还会通过各种形式开展更加丰富多彩的文化交流活动。

朱镕基表示，中方十分重视与比利时和欧盟的友好合作关系，希望双方加强磋商，增进了解，推动合作。他希望中比双方再接再厉，继续深化和扩大中比在双边领域和国际事务中的合作，造福于两国人民，并为世界和平、稳定与繁荣作出更多贡献。

朱镕基还介绍了中国正在实施的西部大开发战略，并欢迎比利时企业家参与中国中西部的建设。他说，比利时不仅工业科技力量雄厚，而且在环保、土地整治方面有优势，这正符合中国西部建设的需要，比利时企业家在那里可以大有作为。

朱镕基希望这次随伏思达访华的比利时经贸代表团在中国西部考察访问期间能抓住商机，不虚此行，相信他们与中国西部的合作将为进一步增进中比友好合作关系发挥积极作用。

会谈结束后，双方签署了中比环境合作谅解备忘录等两个文件。

国务院总理朱镕基在中南海紫光阁会见以色列副总理兼外交部部长希蒙·佩雷斯

国务院总理朱镕基在中南海紫光阁会见美国参议员丹尼尔·井上和特德·史蒂文斯一行

全国人大常委会副委员长田纪云在渥太华会见加拿大总理克雷蒂安

最高人民法院院长肖扬在雅典会见希腊议长卡克拉马尼斯

国务院学位委员会在北京举行第十九次会议

国务院副总理、国务院学位委员会主任委员李岚清出席会议并讲话。他强调，要深化学位工作的改革，继续完善学位制度，建立有中国特色的学位管理体制，推动学科建设，提高教学质量，为国家培养更多的高素质人才。

国务院学位委员会常务副主任委员、教育部部长陈至立汇报了近期学位与研究生教育的工作情况及今后改革与发展的一些设想。巴德年、白春礼、李学勤、杨芙清、郑南宁、温熙森等委员分别就加强学科建设、调整学科结构、发展高新技术学科、培养高层次创造性人才，加强学术道德建设等问题发表了意见。

李岚清在听取汇报和发言后指出，面对当前国内外新形势和我国加入WTO带来的机遇与挑战，必须大力实施“科教兴国”战略，提高我国科技和教育水平，加快高素质人才培养；要进一步解放思想，深化改革，推动学位与研究生教育的发展，加快学科建设步伐，实行多学科渗透和融合；通过高水平的国际合作与交流，积极引进国外先进教育资源，并根据我国经济建设和社会发展需要，继续改革和完善学位制度，为学位授予单位提高自身竞争力和拓展发展空间提供更有利的制度保障。学位工作要认真研究社会对高层次人才的需求，科学规划，适度超前发展，做好高层次专门人才的储备。要积极配合国家西部大开发和支援不发达地区教育扶贫工程，鼓励发达地区高水平大学通过多种形式的合作，帮助不发达地区提高教学、科研水平。学位授予单位要努力构建健康运行的新机制与良好的学术环境，培养具有高尚情操和创新品质的高素质人才。

李岚清强调，培养高素质人才，首先要培养学生树立优良的思想品德，加强学术道德教育。同时，要加强师德师风建设，造就高素质导师队伍，确保学位授予质量。学位授予质量是我国学位工作的生命线，它不仅关系到我国高层次人才培养的质量，也直接影响我国的声誉。高水平的大学应具有优良的师德师风传统，优秀的研究生导师应具有高度的社会责任感、严谨治学的学风。所有学位授予单位既要提高教学、科研水平，更要注重思想道德的建设。

国务院学位委员会第十九次会议还审议了关于开展第九批学位授权审核工作的意见、关于调整《授予博士、硕士学位和培养研究生的学科、专业目录》工作报告、关于国务院学位委员会学科评议组组成及工作方式调研情况的报告、国务院学位委员会2002年工作要点、军事硕士专业学位设置方案，并讨论了《中国学位与研究生教育发展战略报告》。

国务院任免国家工作人员

任命黄淑和、欧新黔(女)为国家经济贸易委员会副主任；

任命步正发、刘永富为劳动和社会保障部副部长；

任命苟仲文为信息产业部副部长；

任命吕福源、龙永图为对外贸易经济合作部副部长；

任命张炎为常驻联合国工业发展组织代表、常驻国际原子能机构代表。

免去于珍、石万鹏的国家经济贸易委员会副主任职务；

免去吕福源的教育部副部长职务；

免去林用三、王建伦(女)的劳动和社会保障部副部长职务；

免去曲维枝(女)的信息产业部副部长职务；

免去孙广相的对外贸易经济合作部副部长职务；

免去龙永图的对外贸易经济合作部首席谈判代表职务；

免去张炎的亚太经济合作组织中国高官职务；

免去张义山的常驻联合国工业发展组织代表、常驻国际原子能机构代表职务。

政协山东省第八届委员会五次会议选举吴爱英为省政协主席

国务院副总理钱其琛在钓鱼台国宾馆会见以色列副总理兼外长希蒙·佩雷斯

3月27日

国务院总理朱镕基就阿富汗发生强烈地震致电阿富汗临时政府主席卡尔扎伊向阿富汗临时政府和灾区人民表示慰问

国务院总理朱镕基在中南海会见美国民主党众议员亚当·史密斯夫妇

国务院总理朱镕基在中南海会见澳大利亚前总理保罗·基廷

国务院副总理李岚清在贵州考察

3月27日至4月1日，李岚清在贵州省委书记钱运录、省长石秀诗同志的陪同下，考察了贵阳地区的高等院校、科研机构和高新技术企业；深入到安顺、毕节山区农村考察了中学、小学和乡镇卫生院，详细了解了农村基础教育和农村卫生工作情况；考察了正在建设中的“西电东送”工程；听取了贵州省委、省政府的工作汇报。

李岚清对贵州省在改革开放和现代化建设方面取得的成绩给予了充分肯定。他指出，近年来，面对不断变化的国内外经济形势，贵州省委、省政府认真实施党中央、国务院关于西部大开发的一系列工作部署，解放思想，更新观念，团结一致，真抓实干，视困难为动力，变挑战为机遇，基础设施建设、生态环境建设进度较快，经济和科技、教育事业有了很大发展。特别是省委、省政府高度重视农村义务教育和人民生活，在财政困难、财力拮据的情况下，大力调整财政支出结构，坚持财力分配向基层、向农村倾斜，确保全省行政事业人员和教师工资不拖欠，为全国树立了榜样。

李岚清指出，中央实施西部大开发战略，为西部各省区市实现经济和科教事业的跨越式发展带来了难得的历史机遇。贵州是西部地区的一个重要省份，既有交通不便、可耕地少等不利的自然条件，也有山清水秀、旅游资源丰富等有利条件，一定要按照中央的要求，坚持扩大内需的方针，从实际出发，扬长避短，突出重点，高起点发展特色经济。一是要重点加强能源、交通和信息产业建设，高质量建设“西电东送”工程，这是改变经济落后面貌的物质基础。二是在深化国有企业改革工作中，要特别注意关心职工利益，既要做好社会保障工作，做到“两个确保”和最低生活保障，更要发挥政府、企业、社会和职工个人的作用，广辟就业门路，创造新的就业机会。三是要加快生态环境建设，坚持走可持续发展之路，大力发展现代化农业。西部地区要把退耕还林还草、改善生态环境和帮助农民增加收入脱贫致富结合起来，加强生态建设，在贵州境内构筑“两江”上游牢固的生态屏障。要大力推广“科技+公司+农户”的发展模式，以市场为导向，以科技为基础，以企业为纽带，引导和组织农民进入大市场，实现传统农业向现代农业的转变，发展高科技农业、订单农业和效益农业，提高农民收入水平。四是要大力发展旅游业和第三产业，把资源优势转化为经济优势。贵州有得天独厚自然风光和优质旅游资源，要加强保护，科学管理，合理开发利用，加快旅游业基础设施建设，提高旅游从业人员素质，增加当地群众的就业渠道和经济收入。

李岚清指出，西部地区要实现跨越式发展，关键在于大力实施科教兴国战略，加强科技教育和人才培养。人才培养要从中、小学抓起，全面贯彻农村义务教育以县为主的管理体制，确保农村中小学教师工资按时足额发放，保证经费投入，促进农村义务教育持续健康发展。要加快教育信息化建设，积极发展现代远程教育，在西部地区乡镇中心学校建设计算机网络和电化教学点，使贫困地区能够利用优质的教育资源，提高农村基础教育质量。同时利用教学网络配合乡镇开展电子政务，为农民提供市场和科技信息服务。高等学校和科研院所要继续深化改革，大力发展社会需要的新学科和交叉学科，推动"产学研"紧密结合，加速科技成果转化，努力为本地区经济和社会事业实现跨越式发展服务。要大力开展各种形式助学活动，搞好高校贫困学生助学贷款工作，保证每一个贫困学生都能正常就读完成学业。要进一步扩大开放，大胆从国外和国内东、中部地区吸引人才，鼓励他们在西部艰苦创业。要高度重视农村医疗卫生工作，积极改善农村卫生院医疗条件，认真探索农民医疗保障的有效途径和办法，解决农民因病致贫、因病返贫问题。贵州中医药资源丰富，要充分利用高科技手段，研究和开发中医、中药，加快我国医疗卫生事业的发展。

李岚清强调，今年的改革和发展的任务很重，各级党委和政府要认真贯彻十五届六中全会精神，转变作风，转变职能，更新观念，依法行政，改革和减少行政审批，提高服务质量和效率。要进一步整顿和规范市场经济秩序，积极推行"收支两条线"等财政管理制度改革，大力推动社会主义精神文明建设、思想道德建设和民主法制建设，精心维护政治安定、社会稳定的良好局面，以优异成绩迎接党的十六大的胜利召开。

国务院有关部门负责人高强、于广洲、张保庆、吴宗泽、张佑才、廖晓淇等陪同考察。

中韩经济研讨会在人民大会堂举行

国务院总理朱镕基、韩国总理李汉东分别发来贺词。中韩经济界、新闻界等各界人士共350多人出席了会议。

这次会议的主题是：中国加入WTO与中韩经济合作。会上宣读了中国国务院总理朱镕基和韩国总理李汉东为研讨会发来的贺词。朱镕基总理在贺词中说，在经济全球化深入发展，科技进步日新月异，全球经济面临新挑战的形势下，两国经济界和新闻界人士聚集一堂，就中国加入世界贸易组织及中韩经济合作等问题，深入探讨，交换意见，对加深相互了解，促进两国经贸关系，把两国业已建立的合作伙伴关系推向全面发展的新阶段具有重要意义。今年是中韩建交10周年。10年来两国关系良好，发展迅速。两国经济具有很强的互补性，在贸易、投资、金融等领域的合作潜力巨大。中韩两国在全球经济增长放缓的背景下，进一步拓展和深化在各个领域的合作，符合两国人民的根本利益，也有利于亚洲和世界的和平与发展。韩国总理李汉东在贺词中说，目前，两国间的合作不仅在贸易、投资领域，而且已扩大到信息通信、建设、海洋水产等多领域。两国已经站在了在业已合作领域的基础上，向新的经济合作领域开拓发展的关键阶段。他坚信，两国人民只要在相互信赖和互惠的基础上，不断努力发展两国关系，就一定会实现共同繁荣。

中韩经济研讨会是由《人民日报》和韩国朝鲜日报共同主办、中国驻韩国大使馆和韩国驻华大使馆协办的。

国办发布《国务院办公厅关于做好2002年扩大农村税费改革试点工作的通知》

国家副主席胡锦涛在人民大会堂会见比利时首相伏思达

国防部部长迟浩田在雅典会见希腊总统斯特凡诺普洛斯

《求是》杂志发表署名秋石的文章《努力繁荣中国当代先进文化》

3月28日

国务院总理朱镕基在中南海会见韩国外交通商部长官崔成泓一行

朱镕基首先对崔成泓的来访表示欢迎。他说，今年是中韩建交10周年。在双方共同努力下，10年来，中韩两国在各个领域的互利合作都取得了迅速进展，这在国与国关系中是不多见的。1998年，江泽民主席与金大中总统共同宣布中韩建立21世纪的合作伙伴关系；之后，双方又一致同意将这一关系推向全面合作的新阶段。当前中韩关系正处在一个新的发展时期，希望双方再接再厉，共同努力，为开创中韩关系的新局面作出贡献。朱镕基说，中韩经贸合作是两国关系的重要组成部分，中国加入世界贸易组织后，双方的互利合作有着更为广阔的前景。同时，我们也希望本着友好的精神，通过协商妥善处理好可能出现的问题，为两国经济关系的健康发展创造更为有利的条件。

国务院总理朱镕基在中南海紫光阁会见出席中韩经济研讨会的中韩双方主要代表

国务院总理朱镕基在中南海会见以韩国文化观光

部长官南宫镇为团长的韩国政府文化代表团

山东省第九届人民代表大会第五次会议补选张高丽为山东省省长

外交部部长唐家璇在北京同韩国外交通商部长官崔成泓举行会谈

国务委员吴仪对阿拉伯联合酋长国进行访问

吴仪视察了中国铁路工程总公司(中铁)承建的迪拜棕榈树岛填海项目,还考察了迪拜杰拜勒阿里自由区,参观了设在区内的“江苏汇丰迪拜羊绒衫厂”和迪拜杜巴尔海水淡化厂。

国务院批准成立国家体育竞赛监察委员会

国家体育竞赛监察委员会的主要职责是,指导和协调全国体育竞赛的监督检查工作;负责组织查处体育竞赛中发生的严重问题;指导体育道德建设工作;研究体育竞赛中出现的新情况、新问题,对完善体育竞赛相关法规提出建议。

该委员会由国家体育总局局长袁伟民任主任,监察部副部长黄树贤任副主任,科技部副部长李学勇、中纪委驻司法部纪检组组长岳宣义、卫生部副部长王陇德、国家广电总局副局长胡占凡、国务院法制办副主任徐玉麟和中纪委驻国家体育总局纪检组组长王宝良任委员。委员会在国家体育总局设立办公室,承办委员会日常工作和交办事项,办公室主任由王宝良兼任。

中国青年志愿者海外服务计划启动

由团中央、中国青年志愿者协会组织实施的中国青年志愿者海外服务计划正式启动,该计划的第一个项目即日起面向全国公开招募志愿者赴老挝服务。

中国青年志愿者海外服务计划的启动,标志着中国志愿者组织第一次向国外派遣志愿者开展服务。这一计划的实施,有利于促进派往国家和地区经济社会发展、增进我国和派往国人民的友好往来,有利于加强志愿服务国际交流、扩大中国志愿服务事业的国际影响。

3月29日

全国人大在人民大会堂举行座谈会纪念《中华人民共和国全国人民代表大会和地方各级人民代表大会代表法》颁布实施10周年

全国人大常委会委员长李鹏出席并就深入贯彻实施代表法作重要讲话。他指出,要以“三个代表”重要思想为指导,与时俱进,不断进行积极探索,进一步推动代表法的贯彻实施,把代表工作提高到一个新的水平。

代表法自1992年4月3日七届全国人大五次会议通过并颁布实施10年来,在宣传人民代表大会制度,保障代表依法履行职责,充分发挥人大代表作用,推进民主法制建设进程等方面,发挥了重要作用。今天举行座谈会,就是通过总结交流代表法贯彻实施的经验,探索新形势下加强和改进代表工作的方式方法,促进代表工作的深入开展,并进一步推进代表法的学习、宣传和贯彻实施。

李鹏说,代表法对人大代表的权利、责任、工作方式、执行职务的保障等,都作了明确规定,为保障和规范人大代表依法参加行使国家权力,加强和完善人民代表大会制度,实现人民当家做主,提供了法律依据。10年来,由于各级人大和各方面的努力和支持,使这部法律得到了较好的贯彻和实施。

李鹏指出,各级人大代表要更加密切与人民群众的联系,充分发挥人民代表大会制度的优越性。目前,全国人大代表有近3000名,地方各级人大代表320多万人。人大代表来自各个民族,分布在各个地方,工作在各行各业,具有广泛的代表性;他们大多不是专职从事人大日常工作的,而是生活在人民群众之中,与人民群众有着天然的密切联系。各级人大代表既是各级国家权力机关的组成人员,又是各级国家机关联系人民群众的重要纽带,这就能保证国家政权始终不脱离人民,就能保证党和国家作出的决策,能够代表最广大人民群众的根本利益。320多万各级人大代表扎根于人民群众之中,是我国人民代表大会制度的一大特点,也是一大政治优势。

李鹏说,10年来,各地人大根据代表法的规定,就如何加强人大代表与人民群众的联系,进行了积极探索与实践,如建立代表小组,规定代表接待日,公布同代表联系办法等。全国人大常委会支持和鼓励地方各级人大继续在这方面开展探索和实践,以便更加充分地发挥人大制度的优势。希望各级人大代表自觉地按照代表法的规定,通过各种方式,加强与人民群众的联系。特别是由选民直接选举产生的人大代表,与选区选民直接生活在一起,更要充分利用这一有利条件,与选区选民保持更为紧密的联系;由间接选举产生的人大代表,也要在与原选举单位保持密切联系的同时,每年抽出一定时间,直接接触选民,同人民群众保持联系。

李鹏指出,各级人大代表要模范地遵守宪法和法律,严于律己,依法履行代表职责。要从“三个代表”的高度出发,铭记手中的权力的来源,处理好代表谁的问题。人大代表依法履行职责,要处理好眼前利益与长远利益、局部利益与整体利益、少数人的利益与全体人民的利益的关系,真正为最大多数人谋利益。

李鹏说,人民代表依法履行职责,必须认真贯彻民主集中制原则。要建立、健全各项民主审议制度,保障代表切实享有法定的选举提名权、对各项议案的审议权、询问权、质询权、批评和建议权等各项权利,创造让代表畅所欲言的民主气氛,使他们敢于提出不同看法,真正把人民群众要求什么、反对什么,真实全面地反映到国家权力机关中来,使我们作出的决策、制定的法律更有坚实的民意基础。

李鹏指出,人大代表不只是一种荣誉,更是一种国家职务,承担着宪法和法律赋予的重大职责。各级人大常委会一方面要与代表保持密切的联系,经常听取代表的意见和要求,自觉接受代表的监督;另一方面要为代表履行职责创造条件,特别是要在闭会期间为代表开展活动提供保障,对侵犯代表权益的事件,要严肃依法查处。同时要与时俱进,以改革创新的精神不断拓宽工作思路,探索新的形式,改进代表工作方式、方法,支持和保障代表依法行使各项权利,履行各项职责,以便更好地发挥代表的作用。

李鹏最后强调,要以纪念代表法颁布10周年为契机,结合"四五"普法,通过广播、电视、报刊、互联网等多种途径,采取座谈会、研讨会、学习班、法制讲座等多种形式,在全社会开展代表法的学习、宣传和教育活动。要让全社会都认识代表法、了解代表法,创造良好的社会氛围支持代表法的贯彻实施。

全国人大常委会委员、全国人大常委会法工委主任顾昂然,全国人大代表、广州市法制办公室主任李力,全国人大常委会委员、国防大学原副校长黄玉章,全国人大代表、安徽省人大常委会主任孟富林,从不同侧面,就代表法及其实施的意义、代表履行职责发挥作用、省级人大常委会如何做好代表工作等谈了各自的体会。

全国人大常委会副委员长姜春云、邹家华、王光英、布赫、何鲁丽出席座谈会,会议由秘书长何椿霖主持。出席今天座谈会的还有全国人大常委会、国务院、最高人民法院、最高人民检察院以及解放军总政治部等有关负责同志,部分全国人大代表以及部分省级人大常委会负责人。

国务院总理朱镕基在山西考察

3月29日至4月2日,朱镕基在山西省省委、省政府主要负责同志的陪同下,风尘仆仆,驱车近千公里,先后到太原、晋中、临汾等地考察。他在山西省农村税费改革试点县之一的太谷县,深入农户,走访学校,详细了解税费改革后农民减负和义务教育保障的情况。他深入吕梁山腹地的临汾市吉县,实地察看天然林保护和退耕还林试点工程。他还考察了太原钢铁集团有限公司不锈冷轧厂和太原市市政建设等。

考察期间,朱镕基听取了山西省委、省政府的工作汇报,对山西近年来各方面工作取得的成绩予以充分肯定。

朱镕基指出,当前农业处于薄弱环节,农民收入增长缓慢,是制约我国经济进一步发展的突出问题。这个问题解决不好,就会影响改革发展稳定的大局,特别在加入世贸组织后,近期内我国农业发展面临新的挑战,农民增收也会遇到新的困难。党中央、国务院高度重视加强农业和增加农民收入问题,已经和正在采取一系列重要措施,包括加快农业和农村经济结构调整,深化粮棉流通体制改革,拓宽农民增收渠道,加大对农业支持力度。各地区、各部门必须以高度的责任感,把中央的各项政策措施落到实处,努力开创农业和农村发展的新局面。

朱镕基强调,加快退耕还林步伐,是调整农业结构、加强生态建设的重大举措,也是当前增加农民收入最直接、最有效的办法,更是贫困山区脱贫致富的根本途径。从两年多来试点的实践看,退耕还林确实是一举多得。退耕还林,国家无偿给农民提供粮食,实际上是开仓济贫;退一亩地,还给50元种苗费、20元生活补助费。同时,大量退耕还林,还可以创造一个很大的苗木市场,把苗木业发展起来,带动农民增收和农业结构调整。实践证明,党中央、国务院关于退耕还林的决策和政策措施是完全正确的,深得广大干部和群众的拥护。经过试点,已经探索和积累了许多经验,现在加快退耕还林的条件具备,时机有利,各有关方面要进一步解放思想,加大工作力度。山西省地处黄河中游地区,全省坡耕地占耕地面积近一半,水土流失严重,是全国生态环境最为脆弱的地区之一,尤其要把退耕还林作为一项突出的重要任务,下大决心、用大气力抓紧抓好。所有实施天然林保护工程的地方,必须切实做到封山育林、封山禁牧。

朱镕基指出,加快退耕还林步伐,要认真总结各地试点经验,进一步完善政策,落实配套措施,妥善解决新问题。从山西和其他地方的实践来看,实施退耕还林的基本经验,概括起来说,"林权是核心,给粮是关键,种苗要先行,干部是保证"。这四句话都做到了,退耕还林就一定能够成功。"林权是核心",就是在确定土地所有权和使用权的基础上,实行"谁退耕、谁造林、谁经营、谁受益"的政策。农民承包的耕地和宜林荒山造林以后,林权长期不变,允许依法继承、转让。"给粮是关键",就是国家向退耕还林的农户无偿提供粮食，必须按国家规定组织发放好补助粮，及时兑现到户，确保退耕农民有粮食吃。对退耕农户供应的粮食品种，由省级政府根据当地口粮消费习惯和种植习惯，以及当地粮食库存情况合理确定。补助粮必须达到国家规定的质量标准。“种苗要先行”，就是优质和足够的种苗是加快退耕还林的必要条件，退耕还林地区必须提前做好种苗的培育。林业主管部门要切实做好种苗建设规划，抓好种苗和采种基地建设，充分发挥国有、集体苗圃和农户育苗的积极性，扩大种苗生产和供应能力。“干部是保证”，就是各级干部特别是基层干部必须不折不扣地贯彻落实国家有关退耕还林的政策，要切实转变作风，深入基层，组织群众做好退耕还林的各项工作，加强督促检查，务必注重实效，反对形式主义，及时发现和纠正存在的问题。朱镕基指出，在做好各项准备、确保种树质量前提下，要尽可能扩大退耕还林的规模，在需要退耕还林的地方，能退多少就退多少。但绝对不能搞浮夸，不能为了多拿补助粮款而虚报退耕面积。同时，要落实退耕还林的各项配套措施，妥善解决农民的生活燃料和农村能源，以及长远生计发展问题，把退耕还林同农牧业结构调整结合起来，真正实现“退得下、造得上、稳得住、不反弹”。各地要认真搞好科学规划，突出重点，因地制宜，防止一哄而起。

朱镕基说，农村税费改革是减轻农民负担的治本之策。近两年来，在安徽全省和其他省区市一些地方进行的试点，取得了明显成效，为进一步扩大改革试点积累了经验。今年，要按照“积极稳妥、量力而行、稳步实施”的原则，扩大农村税费改革试点的范围。目前，各地对推进这项改革的积极性很高，但必须看到这项工作的复杂性和艰巨性。各地要从实际出发，精心组织，周密部署。在税费改革中，必须努力做到“三个确保”：即确保农民负担明显减轻、不反弹；确保乡镇机构和村级组织正常运转；确保农村义务教育经费正常需要。这些是衡量农村税费改革是否成功的重要标志。各地在制定和实施改革方案过程中，必须全面贯彻中央有关农村税费改革的各项政策。要扎实推进各项配套改革，包括相应推进乡镇机构改革、农村教育改革和政府公共支出改革等。要精简乡镇机构，合理控制人员编制，压缩乡村干部，优化教师队伍，努力节减开支。要加强干部教育和培训工作，切实改进工作作风，关心群众疾苦，严格执行政策，把中央的各项改革政策不折不扣地落实到基层农户。朱镕基说，今年尚未进行全省改革试点的省份，要进一步抓好局部试点工作，注意总结试点经验，完善有关政策，为全面推进改革做好准备。要继续严格执行国家农村税费政策和减轻农民负担的各项规定。

朱镕基指出，山西发展潜力很大，要使经济再上新台阶，必须更新观念，明确发展思路。当务之急，一定要在改善生态环境和投资环境上下大功夫。只有加快退耕还林，搞好生态建设和环境保护，才能更好地吸引国内外投资者，才能带来山西经济的全面振兴和发展。也只有这样，才能使三晋大地山清水秀。要加大产业结构调整的力度，农业结构要调整，工业结构也要调整。山西是全国重要的煤炭生产基地，要正确认识和发挥煤炭资源的优势，特别要着力发挥拥有现代化设备技术的大型煤矿的作用，推动煤炭产业由数量型向质量效益型转变，由生产初级产品向综合开发利用转变，不断提高煤炭产业的技术和管理水平。他强调，小煤矿、小炼焦浪费资源、破坏生态、污染环境、事故不断，必须继续依法进行整顿、关闭。在这方面，态度要坚决，责任要落实，措施要得力，工作要到位，绝不能明关暗不关。朱镕基说，山西是中华民族发祥地之一，历史悠久，人文荟萃，有驰名中外的旅游品牌，具有发展旅游业的独特优势，一定要把旅游业作为振兴山西经济的重要支柱产业。大力发展旅游业既可以扩大就业，较多增加群众收入，还可以带动相关产业发展，促进产业结构优化升级。

陪同朱镕基考察的有关部门负责人有：李荣融、项怀诚、张左己、杜青林、王春正、马凯、王岐山、魏礼群、段应碧、史纪良、张宝明、李育才、吕飞杰、陈耀先、李伟等。

中共中央政治局常委胡锦涛在广西考察

3月29日至4月3日，胡锦涛在广西壮族自治区党委书记曹伯纯、自治区政府主席李兆焯等陪同下，先后到北海、钦州、防城港、百色、南宁等地考察工作。胡锦涛深入田间地头、企业车间、港口码头、边贸口岸和城乡居民家中，同各族干部群众亲切交谈，共商改革发展稳定之计。

在考察中，胡锦涛反复强调，广西要抓住机遇加快发展，必须从自身的实际出发，以国内外市场需求为导向，以改革开放为动力，以科技进步与创新为支撑，做好经济结构调整这篇大文章，因地制宜发展特色经济，真正把资源优势转化为经济优势。胡锦涛看到近年来广西基础设施建设取得很大成绩，十分高兴。他说，广西要继续把加强基础设施建设作为大开发的突破口，尤其要加快水电、交通等重大基础设施建设，为今后的发展奠定坚实的基础。

胡锦涛来到广西鸿雁食品有限公司、田东县万亩芒果园、广西现代农业展示中心等处，考察了解农村经济结构调整和农业产业化的情况。他指出，我国是一个农业大国，巩固和加强农业是推动经济发展和保持社会稳定的基础。随着国内外经济环境的发展变化，我国农业和农村经济的发展既面临着难得的机遇，又面临着严峻的挑战。广西农业的比重比较大，发展前景也很广阔，要把加强农业和增加农民收入作为整个经济工作的突出任务来抓。要着眼于发挥区域比较优势，合理调整农业区域布局和农产品结构，切实推进农业产业化经营，提高农业的综合效益。

胡锦涛十分关心广西各族群众的生产、生活。在田东县祥周镇沙东灾民新村，他走家串户，察看灾民安置情况。在田阳县那坡镇义安村、尚兴村等地，胡锦涛考察了扶贫工作。他说，各级党委、政府要继续加大扶贫开发的工作力度，走开发、开放式扶贫的路子，广开增收门路，尽快解决剩余贫困人口的温饱问题。胡锦涛反复强调，一定要做好下岗职工和城市贫困群体的扶贫帮困工作，不折不扣地落实“两个确保”、“一个低保”，真正把党和政府的关怀送到千家万户。

加强和改进新形势下的基层党组织建设，是胡锦涛考察的一个重要内容。在田阳县头塘镇，胡锦涛就农村“三个代表”重要思想学习教育活动同基层干部进行了座谈。他指出，在学习教育活动已基本告一段落的地方，目前各级党委要扎扎实实做好两件事：一是要认真开展回访复查，进一步完善和落实整改措施，认真兑现对群众的承诺，确保学习教育活动善始善终、取得实效。二是要认真总结这次学习教育活动创造和积累的好经验、好做法，切实运用到农村基层组织建设的经常性工作中去，积极探索使干部经常受教育、让群众长期得实惠的有效途径和工作机制。考察中，胡锦涛强调，在深化改革和调整经济结构过程中，企业党的工作要紧紧跟上，切实加强。当前尤其要高度重视关闭、破产、困难企业党的建设，切实做好下岗职工、解除劳动合同职工、离退休职工中党员的工作，充分发挥企业党组织的政治核心作用和党员的先锋模范作用。

胡锦涛在听取自治区党委、政府的工作汇报后，作了重要讲话。他充分肯定了广西改革开放和现代化建设取得的成绩，希望各级党委、政府再接再厉，乘势前进，努力把改革发展稳定各方面工作做得更好。他强调，要把广西各项事业不断推向前进，关键在于以“三个代表”重要思想为指导，加强和改善党的领导，加强和改进党的建设。要积极倡导和大力弘扬求真务实、勇于创新、与时俱进的精神，进一步形成解放思想、实事求是的生动局面。要加强各级领导班子和干部队伍建设，坚持正确的用人标准，建立科学的用人机制，真正把人选准选好，避免用人失察。领导干部一定要自重、自省、自警、自励，无论什么情况下都要把握住自己，洁身自好，清廉自守，为人民掌好权、用好权。要积极创造有利于各类人才健康成长、脱颖而出、施展才干的良好社会环境，真正形成人才引得进、留得住、用得好的有效机制，为广西的改革和发展提供人才保证。

全国人大常委会副委员长姜春云在浙江就渔业发展和渔业法的执行情况进行调研

姜春云说：我国是一个渔业大国，渔业是国民经济的一个大产业。改革开放以来，我国渔业快速发展，总产量从1989年起跃居世界首位，为国家建设和人民生活改善作出了重要贡献，这得益于国家政策的引导和社会主义市场经济体制的推动，得益于国家法律对渔业发展的促进和保障。

姜春云指出，如同整个农业一样，目前我国渔业的发展进入了新的阶段。如何抓住机遇，应对挑战，加快渔业经济升级换代，由主要扩大数量向提高质量效益转变，由传统渔业向现代渔业转变，实现跨越式发展，有效提高我国水产品在国内外市场的竞争力，是亟待研究解决的重大问题。2000年全国人大常委会对渔业法进行了修订，为渔业发展提供了有力的法律保障，各地各部门要认真贯彻实施好渔业法，依法大力发展渔业经济。

“神舟”三号飞船首次轨道维持成功

在北京航天指挥控制中心的统一指挥调度下，“神舟”三号飞船首次启动船载小动量发动机，成功进行了高精度的轨道维持。

国务院副总理钱其琛在中南海紫光阁会见印度外长贾斯万特·辛格

外交部部长唐家璇在钓鱼台国宾馆同印度外长贾斯万特·辛格举行会谈

唐家璇说，近年来，中印关系保持了良好的发展势头，今年1月朱镕基总理成功访印，有力地促进了两国关系的深入发展。唐家璇表示，中方欢迎印度总理瓦杰帕伊在今年内正式访华。唐家璇说，中印作为世界上两个最大的发展中国家，在推动世界多极化、维护发展中国家合法权益以及建立国际新秩序等方面存在广泛共同利益，两国有必要加强协调与合作。为推动双边关系不断发展，唐家璇提出，双方应保持高层互访势头，加强经贸领域的互利合作，进一步扩大人员往来，增进相互理解，同时积极务实地推进谈判解决边界领土问题的进程。

唐家璇还宣布，中国政府已批准开放印度为中国公民自费出国旅游目的地国。

中央军委主席江泽民签署命令发布施行新的《中国人民解放军内务条令》《中国人民解放军纪律条令》

我军的《内务条令》、《纪律条令》和《队列条令》统称为共同条令。这次对其中的两个条令进行了修改。这是江泽民主席主持军委工作以来,第三次修改共同条令。近几年来,国家和军队进行了一系列重大改革,相继出台了许多新的政策法规,特别是兵役制度、士官制度的改革,军队体制编制的调整改革,以及科学技术的发展对社会生活产生的深刻影响,部队管理又出现一些新情况、新问题,《内务条令》和《纪律条令》的一些内容已不适应客观实际的需要。这次修改的两个条令,分别对军队内务建设和纪律建设面临的新问题作出了规范,以适应国家和军队改革的新情况、新要求。

这次重新发布的《内务条令》和《纪律条令》,突出体现了江主席“三个代表”的重要思想和“治军一定要严”的指示精神,强调坚持人民军队的性质和宗旨,坚持以提高战斗力为根本标准,坚持政治工作生命线地位,坚持依法治军、从严治军,坚持继承我军优良传统。主要修改了与现行政策、制度、编制不适应的地方,其中《内务条令》修改了27条,《纪律条令》修改了13条。

这次修改增加的内容,主要是近几年随着社会的变革,部队管理教育中遇到的新情况、新问题,把部队解决这些新课题成功的经验转化为法规。《内务条令》对军人活动场所作了限制,明确规定“严禁军人涉足不健康场所”。条令还对官兵使用移动电话、寻呼机作出了规定:“除工作需要并经师(旅)以上单位首长批准外,军人不得使用移动电话、寻呼机等通信工具。”“经批准持有移动电话、寻呼机的军人,严禁将移动电话带入作战室、情报室、机要室、通信枢纽、涉密会场、军用飞机和舰船、重要仓库、导弹发射阵地等场所;在设有有线通信工具的场所工作时,不得使用移动电话办理公务。严禁使用移动电话、寻呼机谈论、传送涉密信息。军队开设的寻呼台不得发送涉密信息。”

新修改的条令还按照国家和中央军委有关新的政策,制定了相应的规定。根据《国务院关于实行公民身份号码制度的决定》和中央军委的有关决定,今后军人可以公民身份参加社会生活。为此,《内务条令》增加了“军人使用公民身份证件时,应当严格遵守国家和军队的有关规定”的内容;还作出了军人(包括士兵)非因公外出应当着便服的规定。

国家海洋局发布《2001年中国海洋灾害公报》和《2001年中国海洋环境质量公报》

《2001年中国海洋灾害公报》显示,2001年我国海洋灾害属中等偏重年份。全年共发生风暴潮灾害6次,赤潮77次,死亡、失踪人数共计401人,总经济损失约100.1亿元,受灾人口1400多万人。

《2001年中国海洋环境质量公报》指出,虽然我国管辖的大部分海域环境质量基本保持良好状态,但我国海洋环境质量恶化的趋势仍未得到遏制。《2001年中国海洋环境质量公报》指出,全国未达到清洁海域水质标准的海域面积约17.3万平方公里;近岸海域污染仍然较重,严重污染海域面积比上年扩大了约4000平方公里,主要分布在人口密度大、工业区集中的大中城市沿海近岸海域,全海域海水中的主要污染物是无机氮和磷酸盐。

各海区中,渤海和东海污染程度较重。大连湾、锦州湾等局部海域海洋沉积物受到较大程度污染,兴城、深圳湾等个别地点贝类体内仍残留镉、石油烃、砷等污染物。

2001年,全国海域共发现赤潮77次,比上年增加49次,累计面积达1.5万平方公里,增加面积约5000平方公里,造成经济损失约10亿元。2001年,各级海洋行政主管部门强化海洋功能区环境质量监测,取得了显著成效。各类海洋保护区总数从前年的69个增加到去年的71个,总面积达到2.38万平方公里。

3月30日

全国人大常委会委员长李鹏在人民大会堂会见加拿大众议长米利肯一行

李鹏首先代表中国全国人大常委会,并以他个人的名义,对米利肯众议长率领加拿大议会代表团来华访问表示热烈欢迎。他说,中加两国自1970年建交以来,关系发展顺利。特别是近年来,在双方的共同努力下,两国关系进一步发展。两国领导人多次互访,双方在国际问题上的合作与磋商得到加强,两国间的经济联系不断加深,双边经贸关系已从单一的贸易发展为全方位、跨领域、多元化的经贸和技术合作。

李鹏说,中加两国没有历史积怨和根本的利害冲突,发展两国友好合作关系有着坚实的基础和条件。中方非常重视发展与加拿大的友好合作关系。我们相信,中加关系在新的世纪里一定会取得更大发展。

李鹏说,中国全国人大和加拿大议会之间的关系,近年来发展较快,两国立法机构的交流与合作,促进了两国关系的发展。田纪云副委员长正在访加。中国全国人大愿与加拿大议会一道,继续加强和发展这种交流与合作。中国全国人大欢迎更多的加拿大参众两院议员来华访问,增进了解,发展友谊。

李鹏还简要地向客人介绍了中国政治、经济形势,人民代表大会制度以及中国在加强社会主义民主法制建设方面所取得的成果和经验。

全国人大常委会副委员长王光英,全国人大常委会委员、全国人大中加友好协会主席蒋心雄,外交部副部长李肇星,全国人大常委会副秘书长吕聪敏,李鹏委员长办公室主任吴文昌等参加了会见。

国务院总理朱镕基在太原会见印度外长贾斯万特·辛格一行

朱镕基说,中印两国是世界上两个最大的发展中国家,两国发展友好关系,不仅对本地区,对整个世界也具有积极意义。中印又都是人口大国,我们之间开展互利合作,对人类社会的进步与繁荣也十分重要。发展同印度长期、稳定、健康的睦邻友好关系是中国政府的一贯政策。

朱镕基指出,当然,两国之间仍然存在一些分歧和问题,两国关系也出现过曲折,但是只要双方都能从两国关系大局出发,遵循"互谅互让、相互调整"的精神,任何问题都是可以通过协商加以解决的。

山西省省长刘振华、外交部副部长王毅、朱镕基总理办公室主任李伟、印度驻华大使梅农等会见时在座。

国务委员吴仪对巴林进行访问

国务委员吴仪会见了巴林代理国王萨勒曼王储。

此前,吴仪还与巴林财经大臣赛义夫举行了正式会谈。会谈结束后,中巴双方签署了中国银行与巴林货币局谅解备忘录、中巴政府劳务合作与劳务合作职业培训合作协议、中国政府向巴林王国派遣3名农渔专家项目的换文和中巴经贸混合委员会第三届会议纪要。

中国男队在美国西艾利斯夺得世界短道速滑团体锦标赛男团冠军杯

3月31日

新税收征管法颁布一周年暨诚信纳税利国利民高层研讨会在人民大会堂举行

全国人大常委会副委员长布赫、全国政协副主席张思卿、国家税务总局局长金人庆、《人民日报》总编辑王晨和有关部门负责人、财税界专家及纳税人代表等近百人参加了研讨会。研讨会的召开,拉开了从4月1日开始的第十一个税收宣传月的序幕。

全国人大常委会副委员长布赫在研讨会上讲话时指出,随着社会主义市场经济的逐步建立完善,税收在国民经济发展中的地位和作用越来越重要。一年前,九届全国人大常委会第二十一次会议审议通过的新修订的《中华人民共和国税收征收管理法》,基本适应了社会主义市场经济的发展要求,初步建立起一个以法律、法规为主体,规章制度和其他规范性文件相配套,实体与程序并重的税法框架,既解决了税收工作面临的一些难题,也有力地支持了新时期税收工作的顺利开展。要通过全社会的共同努力,不断促进税收法制建设,创造良好的依法治税环境,加快推进依法治国进程,为推动我国社会经济的持续快速健康发展,作出新贡献。

国务委员吴仪在沙特访问

沙特阿拉伯国王法赫德在吉达王宫会见了吴仪。

吴仪首先转达了江泽民主席对法赫德国王的亲切问候和良好祝愿,赞赏他重视发展对华关系,并对近年来双边友好合作关系的迅速发展表示满意。她还说,中沙在许多领域有着共同利益,双方合作潜力巨大,中方愿在相互尊重、平等互利的基础上不断深化两国的友好合作关系。吴仪积极评价沙特提出的中东和平新建议。

科技部正式公布21个社会力量设立的科学技术奖项

科技部有关负责人说,社会力量设奖是我国科学技术奖励工作的组成部分,《国家科学技术奖励条例》明确规定:"社会力量设立面向社会的科学技术奖,应当在科学技术行政部门办理登记手续。具体办法由国务院科学技术行政部门规定。"依据规定,国家科学技术奖励工作办公室从2000年2月开始受理面向全国的社会力量设奖,去年首批准予登记的有26项。除了已批准登记的这47项社会力量设奖,其他申办的奖项也在审理进程中,凡符合《国家科学技术奖励条例》规定的,科技部将及时审定、发布。

社会力量设奖是指国(境)内外企业事业组织、社会团体及其他社会组织和个人利用非国家财政性经费或自筹资金,面向社会设立的经常性科学技术奖,用来奖励在科学研究、技术创新与开发、实现高新技术产业化和科技成果推广应用等方面取得优秀成果或者作出突出贡献的个人和组织。

台湾发生强烈有感地震

台湾地区下午2时52分发生强烈有感地震。据当地地震台网报告,此次地震震中在花莲外海,其他地区均发生明显有感地震。

台北市震感明显,并造成4人死亡,200余人受伤。街上许多建筑物均发生了不同程度的损坏,台北市金融大厦工地发生了塔吊倒塌事故，造成重大人员伤亡；还有许多地方水管破裂、楼房倒塌、房屋着火；高速公路和捷运（地铁）的桥梁接口处出现断裂。

据悉，这次地震是继1999年台湾集集“9·21”大地震之后，最强烈的一次地震，有专家表示，其强度甚至超过了“9·21”地震。

海峡两岸关系协会致函台湾海峡交流基金会，向台湾地震受灾同胞表达诚挚慰问。

中国红十字会已通过台湾红十字组织向台湾受灾同胞表示慰问，并密切关注灾情，就有关救灾情况与台湾红十字组织保持联系。

4月1日

中共中央总书记江泽民在西安主持召开六省区西部大开发工作座谈会

江泽民在会上强调指出：面对新的形势和任务，全党和全国要进一步提高对西部大开发重大意义的认识，坚持以邓小平理论和党的基本路线为指导，全面贯彻“三个代表”要求，统一思想、坚定信心，与时俱进、开拓创新，抓住机遇、推进发展，打好基础、提高水平，不断开创西部大开发工作的新局面。

江泽民指出，两年多来，在实施西部大开发战略的推动下，西部地区经济社会发展呈现出生机勃勃的新气象。这些成绩来之不易，是全党和全国上下共同奋斗的成果。事实证明，中央作出西部大开发的战略决策是完全正确的。西部大开发工作的顺利推进，标志着我们实施现代化建设第三步战略部署开局良好。

实施西部大开发，是中央总览全局，在分析国内外形势发展变化的基础上，为进一步推进我国现代化建设而作出的重大战略决策。1999年3月，江泽民提出要研究实施西部大开发战略，加快中西部地区的发展。6月，江泽民在西安主持召开西北五省区国有企业改革和发展座谈会上的讲话中提出，加快开发西部地区，是全国发展的一个大战略、大思路，要把开发西部地区作为党和国家的一项重大战略任务，摆到更加突出的位置。2000年1月，党中央、国务院对实施西部大开发战略提出了明确要求，国务院成立了西部地区开发领导小组，实施西部大开发战略拉开了帷幕。

这次座谈会，主要是对两年多来实施西部大开发的情况进行总结，并确定下一步工作的方向。

中共中央政治局委员、书记处书记、国务院副总理温家宝，中共中央政治局候补委员、书记处书记、中央组织部部长曾庆红出席座谈会。

座谈会上，甘肃省委书记宋照肃、宁夏回族自治区党委书记陈建国、新疆维吾尔自治区党委书记王乐泉、内蒙古自治区党委书记储波、陕西省委书记李建国等先后介绍了本省区实施西部大开发战略的情况，国家发展计划委员会主任曾培炎介绍了西部大开发的总体情况。他们还就进一步搞好西部大开发工作提出了意见和建议。

在听取大家的发言后，江泽民发表了重要讲话。他指出，两年多来，中央确定了进行西部大开发的指导思想、奋斗目标、方针政策和重点任务，各有关部门制定规划、加强指导，西部各地区广大干部群众团结一心、开拓奋进，西部大开发有了一个良好开端。西部地区投资和经济快速增长，重点建设投资力度加大，基础设施建设迈出实质性步伐，经济结构调整取得新的进展，对外开放进一步扩大，生态环境保护和建设显著加强，精神文明建设和各项社会事业发展势头良好。西部大开发，为东部地区经济再上台阶开辟了新的市场空间，也带动和促进了中部地区更好地发挥承东启西的重要作用。我国经济社会发展整体格局发生的这种可喜变化，将为我们最终实现东中西部地区协调发展和共同富裕打开新的局面。

江泽民强调，通过西部大开发的实施，全党和全国上下提高了对这项世纪工程重大意义的认识，增强了加快西部发展的信心，也向全社会和世界表明，我们党和国家有决心有能力实施好西部大开发战略。西部地区许多年来一直想办而没有办成的大事，在西部大开发的推动下正在或将要变成现实。人民群众直接享受到西部大开发带来的实惠和好处。各族群众对未来充满希望，决心更加坚定地走建设有中国特色社会主义的道路。

谈到西部大开发取得的重要经验时，江泽民说，概括起来主要有以下几条：一是要坚持推进发展。西部大开发的根本任务是发展生产力，必须坚持以发展为主题，用发展的眼光、发展的思路、发展的办法来解决前进中的问题。二是要坚持改革创新。发展离不开改革创新，发展要有新思路。要实现发展的目标，不仅需要制定正确的方针政策，集中必要的人力物力财力，而且需要按照发展社会主义市场经济的要求形成能够有力推动发展的充满活力的体制和机制。三是要坚持为民谋利。坚持党的群众路线，保持党同人民群众的血肉联系，是我们事业成功的关键。要把推进西部大开发与不断提高人民群众的生活水平紧密结合起来，使各族群众得到真正的实惠，更加自觉地投身西部大开发。四是要坚持大局观点。只有树立大局意识、全局观念，想大事、议大事、抓大事，才能在错综复杂的经济社会问题中抓住主要矛盾和矛盾的主要方面，集中力量解决全局性、战略性、关键性的问题，从而有力地带动其他各方面工作。

江泽民强调，实施西部大开发战略，加快中西部地区发展，对实现我国现代化建设的目标，实现中华民族的伟大复兴，具有十分重大而深远的意义。西部大开发是在680万平方公里的辽阔地区进行的，涉及3.5亿多人口，自然条件和经济社会发展基础较差，难度很大，必须进行坚忍不拔的努力。对面临的困难和问题，既要有紧迫感，又要有长期艰苦奋斗的准备。要遵循自然规律，认真研究，科学论证，制定对策，能够尽快解决的要抓紧解决，一时不能解决的要创造条件逐步解决，不断为西部大开发创造更好的条件和基础。

在谈到进一步推进西部大开发工作时，江泽民说，实施西部大开发战略是在发展社会主义市场经济和对外开放的环境下进行的，必须进一步解放思想，继续推进改革开放，按市场规律办事，积极推进经济体制和经济增长方式的两个根本转变，努力提高西部开发的资源利用效率、资金使用效率和经济增长质量。要下大决心推进制度创新，下大力气改善投资环境，加快国有企业的改革、改组和改造，积极发展多种所有制经济，发展特色经济和优势产业。要勇于开拓，勇于创新，通过深化改革和扩大开放为西部大开发提供强大动力。

江泽民强调，推进西部大开发，要加强基础设施建设，搞好水资源开发利用，积极推进农村发展，加强生态环境建设，加快科技教育发展，抓紧产业结构调整，加强文化建设，促进社会事业发展。要继续加快水利、交通、能源、通信、市政等基础设施建设，抓紧建设青藏铁路、西气东输、西电东送、公路国道主干线、江河上游水利枢纽等具有全局意义的战略性工程。力争用5到10年的时间，使西部地区基础设施和生态环境建设取得突破性进展。要把水资源的开发利用和节约保护放在基础设施建设的首位，加强节水工程和大型水利设施的建设和管理，对全流域水资源实行统筹保护和合理配置，推进水资源的综合开发和利用。要认真搞好天然林保护、防沙治沙和退耕还林等重点工程，注意把退耕还林还草与农田基本建设、农村能源建设、生态移民、农牧业结构调整结合起来。要坚定不移地实施科教兴国战略，真正做到优先发展教育，实施人才发展战略，大力培养和吸引人才，激励各类人才特别是中青年人才到西部地区建功立业。西部地区产业结构调整，要以市场为导向，以企业为主体，以科技为支撑，以优势资源为依托，加强规划指导和政策引导，加快把资源优势转化为经济优势，努力发展具有西部地区特色并在国内外市场上有竞争力、有效益的产品和产业，逐步提高西部地区的自我发展能力。要大力加强社会主义精神文明建设，不断提高广大干部群众的思想道德素质和科学文化素质，为西部大开发提供强大的精神动力和智力支持。要千方百计地扩大就业，注意把发展技术密集型产业与发展劳动密集型产业结合起来，在生产发展的基础上增加城乡居民收入，切实安排好困难群众的生产和生活。

江泽民强调，搞好西部大开发，关键在领导。各级党委要按照中央的要求，高度重视并切实抓好党的建设的各项工作，努力提高领导水平和执政水平，改进领导方式和执政方式。要大力转变机关作风，增强服务意识，提高办事效率，做扎实细致的工作，努力解决关系群众切身利益的问题。要从我国社会主义初级阶段的基本国情和西部地区的客观实际出发，把勇于开拓创新和遵循客观规律结合起来，把尽力而为和量力而行结合起来，扎扎实实地推进西部大开发。中央各部门要继续加大对西部大开发的政策支持，东部、中部地区要积极支持和参与西部大开发。西部地区条件较为艰苦，领导干部要自觉讲奉献、比贡献，身先士卒，以身作则，推动各项工作不断迈上新的台阶。

江泽民强调，全党同志必须清醒地认识到，我国仍处在并将长期处在社会主义初级阶段，要完成我们党肩负的历史使命，完成现代化建设的宏伟目标，使全体人民都过上富裕的生活，还需要进行长期的艰苦努力。在建设有中国特色社会主义的全过程中，我们始终都要发扬自力更生、艰苦奋斗的创业精神，始终都要坚持全心全意为人民服务的宗旨。全党同志和全国人民要众志成城、奋发图强，为把我国建设成为富强民主文明的社会主义现代化国家而不懈奋斗。

出席座谈会的还有中央军委委员、总政治部主任于永波，中央有关方面负责人王刚、滕文生、华建敏、胡富国、由喜贵、王沪宁、李子彬、楼继伟、周生贤、贾廷安。兰州军区政委刘冬冬和六省区负责人乌云其木格、程安东、陆浩、赵乐际、马启智、阿不来提·阿不都热西提等也出席了座谈会。

中央军委主席江泽民祝贺“神舟”三号飞船圆满返回

中央军委主席江泽民得知“神舟”三号飞船圆满返回的消息后，给中央军委委员、总装备部部长、载人航天工程总指挥曹刚川打来电话，对“神舟”三号飞船的成功发射、正常运转、圆满返回表示祝贺。

江泽民还询问了“神舟”三号飞船的落点情况，当得知飞船的落点精度很高后，他勉励所有参试人员再接再厉，锐意进取，总结经验，严格要求，确保质量，保证“神舟”四号飞船及后续试验任务的圆满完成。

“神舟”三号飞船准确返回地面

“神舟”三号飞船在完成空间科学和技术试验任务后，于北京时间16时51分，在内蒙古中部预定区域准确降落，我国载人航天工程第三次飞行试验获得圆满成功。

“神舟”三号飞船于3月25日22时15分，在酒泉卫星发射中心由“长征二号F”大推力运载火箭发射升空。飞船按照预定轨道，环绕地球飞行了108圈。

中国载人航天工程有关负责人指出，“神舟”三号飞船的成功发射和返回，表明我国载人航天工程技术日臻成熟，为最终实现载人飞行打下了坚实基础；同时也表明我国利用飞船开展空间科学研究和空间资源开发进入了新的发展阶段，对促进我国科学技术发展和国民经济建设有着重要的意义。

中共中央政治局委员 中国社会科学院院长李铁映在新华社考察工作

李铁映出席了"半月谈思想政治工作创新奖"表彰颁奖会,并考察了新华社网络信息化的建设。

表彰颁奖会开始前,李铁映在新华社社长田聪明、总编辑南振中等同志的陪同下参观了新华社总编辑室、国内部、对外部、国际部、摄影部、技术局、新华网等部门,听取工作人员汇报,并详细询问了有关情况。在新华社计算机控制机房,李铁映观看了多媒体数据库新华社园区网、国内和国际综合业务网、全球卫星数据广播网的大屏幕演示,对新华社信息化、网络化建设给予高度评价。他说,网络与信息的高速发展成为21世纪的重要标志,中央高度重视信息和网络的建设。我们一定要增强危机感、紧迫感,抓住有利时机,充分利用网络化和信息化,为加快社会主义现代化建设,促进物质文明和精神文明的更大发展作出更大努力。

随后,李铁映出席了新华社"半月谈思想政治工作创新奖"表彰颁奖会。他说,思想政治工作是我们党的工作的特点、优势和传统,要长期坚持和发扬。做好思想政治工作,特别是舆论宣传工作是现代社会的一个重要方面,与党和人民的利益息息相关。在信息化社会,这项工作尤其重要,要充分发挥作用,引导群众正确观察和认识社会。他指出,新华社作为党和国家的耳目喉舌,在引导社会舆论、服务发展大局方面作出了重要贡献。作为中宣部委托新华社主办的重要党刊,《半月谈》要为思想政治工作创新、为探索贴近生活和人民群众的思想政治工作的路子继续努力。党刊只有和人民息息相关,满足人民需要,才能得到欢迎,才能成为党的各级组织和干部的得力助手,才能成为人民群众的良师益友。

中宣部副部长高俊良、新华社副社长何平、北京市委副书记龙新民等有关部门负责人出席颁奖会。

外交部部长唐家璇在北京同保加利亚外交部长所罗门·帕西举行会谈

劳动和社会保障部宣布"十五"期间我国将加快建立公共就业服务制度

该制度的建立,将形成集职业介绍、职业指导、职业培训、劳务派遣、创业指导、劳动保障事务代理等多项功能为一体的就业服务体系。

全国水资源综合规划编制工作会议在北京召开

水利部主持召开了会议。会上透露,国家决定用3年左右时间摸清水资源家底,完成水资源综合规划的编制工作,为今后一段时期水资源建设与管理提供依据,以实现水资源的科学配置、永续利用。

水资源是国家发展的基础性自然资源和战略性经济资源。自20世纪80年代开展全国第一次水资源评价和水资源利用规划工作以来,我国水资源的外部环境和内部条件发生了很大变化。据初步统计,目前全国年均缺水量达400亿立方米,全国668座城市中有400多座城市存在不同程度的缺水,其中136座城市缺水严重。水资源短缺和水环境恶化问题严重制约着我国经济社会的可持续发展。

水利部副部长张基尧指出,全国水资源综合规划是为贯彻落实国家新时期的治水方针,针对我国经济社会发展对水资源的迫切需要,进一步查清水资源数量、质量及其时空分布,着力解决水资源的开发、利用、配置、节约、保护和治理等重大问题而开展的一项重大水利规划。它是继全国防洪规划之后,为建立水利规划体系的总体格局而进行的一项核心工作。通过开展这项规划工作,将对我国水资源的状况重新作出评价,科学预测近期和远期需水趋势,在节水和水资源保护的基础上,对水资源进行优化配置,为今后一段时期水资源建设与管理提供依据,以缓解我国水资源的供需矛盾,促进人口、资源、环境和经济的协调发展。

水利部副部长索丽生指出,此次开展全国水资源综合规划,还将确定不同地区的用水指标和不同行业的用水定额,协调生活、生产和生态用水的关系,为水资源工程布局和水资源的有效管理提供规划基础和依据。全国水资源综合规划将分长江、黄河、淮河、海河、珠江、松花江、辽河、太湖、东南诸河、西南诸河、西北诸河等区域开展工作。

4月2日

国家主席江泽民和阿塞拜疆总统阿利耶夫就中国和阿塞拜疆建交10周年互致贺电

全国人大常委会委员长李鹏出席在东京举行的"中国文化年"和"日本文化年"开幕招待会

李鹏委员长正式宣布"中国文化年"开幕。日本首相小泉纯一郎和日本各界人士1500多人出席了招待会。

为庆祝中日邦交正常化30周年,中国和日本政府决定分别在对方举办"日本文化年"和"中国文化年"庆祝活动。

李鹏委员长在致辞时说,中日两国一衣带水,共同的文化渊源,一直是增进两国人民友好感情的独特纽带。在中日关系恢复和发展的历程中,文化交流发挥了重要作用。

李鹏说，值此中日邦交正常化30周年之际，举办“中国文化年”和“日本文化年”活动，具有特殊的意义。他希望通过上述活动，进一步增进两国人民尤其是年轻一代的相互理解与友好感情，使中日友好世代相传。

中国文化部部长、中方组委会主任孙家正和日方组委会委员长出井伸之也发表了讲话。

组委会有关人士介绍，中日双方在“中国文化年”、“日本文化年”期间，将组织书法、音乐、武术、杂技、文物等演出和展示活动以及经贸交流等。

国务院副总理钱其琛在中南海紫光阁会见保加利亚外交部长所罗门·帕西一行

全国人大常委会副委员长田纪云在委内瑞拉访问

在总统府观花宫，田纪云会见了委内瑞拉总统查韦斯。

田纪云在议会大厦同委内瑞拉全国代表大会(议会)主席威廉·拉腊进行了会晤，双方就共同关心的问题坦率地交换了意见。

田纪云还同委中议会友好小组的委方议员举行了短暂会晤，并在议会发表了精彩的演讲。

外交部部长唐家璇在北京同欧盟委员会对外关系委员彭定康举行会谈

4月3日

国家主席江泽民在中南海会见俄罗斯联邦政府前总理叶·马·普里马科夫

江泽民说，普里马科夫是中国人民的老朋友，为中俄战略协作伙伴关系的建立与发展、为增进两国和两国人民之间的信任与友谊做了大量工作。他对普里马科夫继续关注两国关系发展表示赞赏。江泽民说，近年来中俄战略协作伙伴关系发展顺利，成果显著。《中俄睦邻友好合作条约》是指导新世纪中俄关系发展的纲领性文件，为双边关系的深入发展注入了新的动力。

中国人民解放军副总参谋长、国际战略学会会长熊光楷，外交部副部长李肇星，俄罗斯驻华大使罗高寿等会见时在座。

国家主席江泽民在中南海会见欧盟委员会对外关系委员彭定康

国家主席江泽民在中南海分别会见德国《明镜》周刊总编奥斯特和《世界报》总编伽姆斯

全国人大常委会委员长李鹏在东京与日本众议院议长绵贯民辅和参议院议长井上裕分别举行会谈

双方就新世纪中日关系的发展和共同关心的问题深入、坦诚地交换了意见。

李鹏强调，当前中日关系处于承前启后、继往开来的重要时期。回顾两国关系30年来走过的历程，一条重要的经验，就是要严格遵循《中日联合声明》、《中日和平友好条约》和《中日联合宣言》的原则。要本着“以史为鉴、面向未来”的精神，坚持和维护两国关系友好合作的大方向。这对我们发展今后的中日关系具有重要的指导意义。

李鹏说，刚才有的朋友提及教科书问题，我认为，中方之所以重视这个问题，其根本出发点是，我们应该如何教育我们的年轻一代，使他们树立起正确的历史观，真正做到“以史为鉴”。年轻人肩负着中日关系未来发展的重任。以史为鉴，才能面向未来。

李鹏指出，面向21世纪，中日两国关系应如何发展，这是两国政治家和各界人士都在认真思考的重大问题。新世纪的中日关系面临很多发展机遇。我们愿意同日方一道，为寻求和扩大双方的共同利益作出更大的努力。我们两国已经同意建设致力于和平与发展的友好合作伙伴关系。今后我们应着力不断充实这一伙伴关系的内涵，使其在各个领域都能取得实质性成果。

他说，议会交往是两国关系的重要组成部分。日本众参两院在日本政治生活中发挥着重要作用。中国全国人大十分重视与日本众参两院的友好交流与合作。多年来，我们双方已建立起交流的机制，专门委员会和友好小组开展了不定期对话。我们强调，在新的形势下，加强两国政治家，特别是年轻政治家之间的交流，包括加强双方中青年议员之间的交往，具有重要的意义。

李鹏说，随着中国加入世贸组织，我们将进一步扩大开放，与亚洲和世界各国的联系也会更加紧密。当前，亚洲的区域合作正在迅速发展。中日两国同为亚洲重要国家，又是近邻，经济上互补性强，合作既有良好的基础，又有广阔的前景。我们愿意与日方共同努力，积极促进本地区各国平等互利的合作，推动亚洲的振兴与繁荣。

李鹏委员长还介绍了九届全国人大五次会议的情况及中国的发展近况，并回答了众、参两院议员提出的问题。

全国人大常委会委员长李鹏在东京分别会见日本

外相川口顺子和日本自民党干事长山崎拓

全国政协主席李瑞环在人民大会堂会见保加利亚外交部长所罗门·帕西

全国政协主席李瑞环在人民大会堂会见以陈永栽为总领队 蔡友铁为团长的菲律宾中国和平统一促进会访问团

国防部部长迟浩田在克罗地亚访问

访问期间,迟浩田会见了克罗地亚总统梅西奇并与克罗地亚国防部长拉多什举行正式会谈,就双边关系和共同感兴趣的问题交换了意见。

外经贸部部长石广生在北京与欧盟委员会对外关系委员彭定康签署《中欧能源和环境合作项目协议》和《中欧欧洲研究中心项目协议》

"神舟"三号飞船科学实验取得重要成果

据中国科学院空间与应用总体部披露,成功返回地面的"神舟"三号试验飞船上的科学实验仪器运行完全正常,为我国从事空间科学与应用技术研究的科学家们带回了一批具有重要价值的科研样品。初步研究表明,我国在空间生命与空间材料科学领域的研究取得了重要进展。

"神舟"三号飞船是3月25日在酒泉卫星发射中心发射升空的。经过7天的飞行试验,装载有科学技术实验仪器和设备的返回舱于4月1日返回地面。中国科学院的研究人员发现,在空间环境独特的微重力条件下,此次重点进行的空间生命与空间材料科学领域的相关实验,获得了地面环境条件下无法取得的重要结果。

在"神舟"三号飞船上进行的空间生命科学研究,包括蛋白质和其他大分子的空间晶体生长实验以及生物细胞培养实验。飞船上装载有我国自行研制的第二代空间蛋白质结晶装置,具有两种不同的蛋白质结晶方法和双温控特点,所选用的16种蛋白质大部分是利用我国现有的生物资源制备得到的。经过飞行实验,研究人员在空间微重力环境中获得了结构完整的蛋白质晶体样品,这将有利于研究蛋白质结构与其特殊功能信息的关系。这些研究成果对于获取以至生产高纯、高效的生物制品和进行生物药品研制具有重要意义。

在生物细胞培养实验方面,专家们对具有制药前景的动植物细胞的空间培养方法,以及微重力对细胞生长增殖代谢合成和分泌生物活性物质等方面进行了研究。用于本次实验的4个细胞样品中有两个样品可产生抗天花粉蛋白抗体和抗衣原体类性病的抗体。

此外,专家们还进行了多种材料的空间晶体生长和制备以及工艺方法的探索研究。如用于制造微波器件、微波集成电路和超高速集成电路关键电子材料的锑化镓晶体;用于制造红外探测器基底材料的碲锌镉晶体;用于光信息存储功能材料的氧化物激光晶体硅酸铋,以及其他在航空、航天领域具有重要应用前景的新型合金材料。对于这些空间材料的研究,有助于加深对材料制备过程物理本质的认识,指导和改进地面材料的制备工艺,具有潜在的重大经济效益。

目前,"神舟"三号飞船轨道舱仍然在轨飞行。轨道舱上装载的我国第一台中分辨率成像光谱仪,将进行大范围的海洋、陆地和大气的多光谱遥感实验,还有太阳紫外光谱仪、太阳常数监测器、地球辐射收支仪等地球环境监测仪器试验和空间环境高层大气监测等。这些仪器将随飞船轨道舱进行约半年的在轨实验和应用研究。

"神舟"三号飞船拟人载荷试验效果良好

据中国载人航天工程航天员系统有关专家披露,在"神舟"三号飞船上进行的拟人载荷试验取得良好效果。试验期间,拟人载荷系统提供的生理信号和代谢指标正常,验证了与载人航天直接相关的座舱内环境控制和生命保障系统,完全能满足载人的医学要求。

这套拟人载荷系统主要包括人体代谢模拟装置、拟人生理信号设备和形体假人。人体代谢模拟装置分别安装在飞船的返回舱和轨道舱,它能模拟真人的耗氧速率和耗氧量,消耗座舱内的氧气,同时能够模拟真人的产热率,向座舱内辐射热量,通过环控生保系统动态地把座舱内的氧分压和温度控制在医学要求的范围内;拟人生理信号设备能够生成心电、呼吸、体温以及血压4类拟人生理信号,这类信号作为舱载医监设备主机的数据源,使得医学监督系统在飞船无人飞行试验中得到充分考核,从而保证在载人飞行时对航天员生理信号的正确采集、处理和传输;形体假人包括头、躯干、四肢等14个部分,每一部分的重量、形状与真人基本一致,并且整个假人的质心与真人也基本一致,同时形体假人还能够满足航天服的穿脱,当安装在飞船座椅上时,其姿态以及质心能够与载人姿态保持一致,满足飞船飞行试验的需要。

4月4日

国家主席江泽民在人民大会堂分别接受老挝 爱沙尼亚 英国 马其顿4国新任驻华大使递交的国书

这四国新任驻华大使是:老挝驻华大使通赛·普

提山，爱沙尼亚驻华大使梅特·马汀森，英国驻华大使韩魁发和马其顿驻华大使盖奥尔吉·埃夫雷莫夫。

全国人大常委会委员长李鹏同日本首相小泉纯一郎举行会谈

李鹏表示，能和小泉首相会见十分高兴。他说，此次有机会应众参两院议长的邀请访问日本，最主要的目的就是要与朝野各界共同探讨在新世纪如何把中日关系发展得更好。这两天我广泛接触了各界人士，就这一问题与他们交换意见，得到了热烈而积极的响应，进一步发展中日关系是双方的共识。我对中日关系发展的前景持乐观态度，对21世纪的中日友好充满信心。

李鹏强调，中国一贯奉行独立自主的和平外交政策，十分重视与周边国家的睦邻友好关系。日本是亚洲的大国，又是中国一衣带水的近邻，因此我们也高度重视与日本的友好合作关系。当今世界，多极化进程继续发展，经济全球化已成为时代潮流，区域合作进展很快。在这种形势下，中日加强各个领域的友好合作，不仅符合两国的根本利益，也将为亚洲的振兴与繁荣作出贡献。希望这能成为中日关系今后发展的一个重要努力方向。

他还向小泉介绍了中国国内的经济形势和法制建设，特别是中国加入世贸组织后进一步深化改革、扩大开放的情况。李鹏说，目前，日本也正面临着全面深刻的改革，中方表示理解和支持，希望日本经济早日复苏。

同日，李鹏还会见了日本前首相桥本龙太郎和夫人桥本久美子、日本民主党代表鸠山由纪夫和日本前首相羽田孜等民主党领导人、日本公明党代表神崎武法和保守党党首野田毅，同他们进行了亲切友好的交谈。

国务院总理朱镕基在人民大会堂与卢森堡首相容克举行会谈

朱镕基首先热烈欢迎容克首相访华。他愉快地回忆起2000年访问卢森堡的情景，对容克首相及卢森堡政府给予他的热情接待表示感谢，并对在北京与容克再次会面感到高兴。

朱镕基对两国关系的发展表示高兴和满意。他说，今年是中卢建交30周年，回顾30年来两国关系走过的历程，可以看到，中卢关系在各个方面都取得了长足发展。首先，双方各个级别的交往越来越密切，高层往来日趋频繁，为双方增进了解和互信、推动两国关系的发展起到了重要的作用。第二，中卢经贸合作富有成果，为两国政治关系的发展奠定了良好的经济基础。两国贸易额从建交初期的9万多美元已发展到去年的9700多万美元。第三，双方在文化、教育领域的交流日益活跃，对于加深两国人民之间的了解和友谊具有重要意义。第四，中卢在国际事务中的合作不断加强。

朱镕基表示，中卢两国在双边各领域的合作还有很大潜力，希望双方以建交30周年为新的起点，进一步加大合作力度。朱镕基欢迎卢森堡企业家抓住机遇，更踊跃地参与中国的经济建设，积极参与中国西部大开发，争取取得更多合作成果，继续推进两国关系，造福于两国人民。朱镕基说，中国政府重视发展与卢森堡的关系，愿继续加强与卢森堡在联合国等多边机构中的相互支持，在重大国际问题上加强磋商与协调，共同维护世界的和平与稳定。朱镕基表示相信，在双方的共同努力下，中卢关系一定会不断达到更高水平。

关于中国与欧盟的关系，朱镕基说，中欧经贸合作富有成果，双方在科技、教育、能源、环境等领域的合作不断取得新的进展。当然，中欧在经贸合作中也有一些分歧和摩擦。中国重视发展与欧盟的关系，愿在相互尊重的基础上，通过平等对话，妥善处理双方的分歧和摩擦，推动中欧关系进一步发展。

国务院总理朱镕基在人民大会堂会见乌干达第三副总理兼外长詹姆斯·瓦帕卡布洛

国务院总理朱镕基签署第344号令公布《医疗事故处理条例》

《医疗事故处理条例》已经2002年2月20日国务院第55次常务会议通过，现予公布，自2002年9月1日起施行。

总　理　朱镕基

2002年4月4日

医疗事故处理条例

第一章　总　则

第一条　为了正确处理医疗事故，保护患者和医疗机构及其医务人员的合法权益，维护医疗秩序，保障医疗安全，促进医学科学的发展，制定本条例。

第二条　本条例所称医疗事故，是指医疗机构及其医务人员在医疗活动中，违反医疗卫生管理法律、行政法规、部门规章和诊疗护理规范、常规，过失造成患者人身损害的事故。

第三条　处理医疗事故，应当遵循公开、公平、公正、及时、便民的原则，坚持实事求是的科学态度，做到事实清楚、定性准确、责任明确、处理恰当。

第四条　根据对患者人身造成的损害程度，医疗事故分为四级：

一级医疗事故：造成患者死亡、重度残疾的；

二级医疗事故：造成患者中度残疾、器官组织损伤导致严重功能障碍的；

三级医疗事故：造成患者轻度残疾、器官组织损伤导致一般功能障碍的；

四级医疗事故：造成患者明显人身损害的其他后果的。

具体分级标准由国务院卫生行政部门制定。

第二章 医疗事故的预防与处置

第五条 医疗机构及其医务人员在医疗活动中，必须严格遵守医疗卫生管理法律、行政法规、部门规章和诊疗护理规范、常规，恪守医疗服务职业道德。

第六条 医疗机构应当对其医务人员进行医疗卫生管理法律、行政法规、部门规章和诊疗护理规范、常规的培训和医疗服务职业道德教育。

第七条 医疗机构应当设置医疗服务质量监控部门或者配备专(兼)职人员，具体负责监督本医疗机构的医务人员的医疗服务工作，检查医务人员执业情况，接受患者对医疗服务的投诉，向其提供咨询服务。

第八条 医疗机构应当按照国务院卫生行政部门规定的要求，书写并妥善保管病历资料。

因抢救急危患者，未能及时书写病历的，有关医务人员应当在抢救结束后6小时内据实补记，并加以注明。

第九条 严禁涂改、伪造、隐匿、销毁或者抢夺病历资料。

第十条 患者有权复印或者复制其门诊病历、住院志、体温单、医嘱单、化验单(检验报告)、医学影像检查资料、特殊检查同意书、手术同意书、手术及麻醉记录单、病理资料、护理记录以及国务院卫生行政部门规定的其他病历资料。

患者依照前款规定要求复印或者复制病历资料的，医疗机构应当提供复印或者复制服务并在复印或者复制的病历资料上加盖证明印记。复印或者复制病历资料时，应当有患者在场。

医疗机构应患者的要求，为其复印或者复制病历资料，可以按照规定收取工本费。具体收费标准由省、自治区、直辖市人民政府价格主管部门会同同级卫生行政部门规定。

第十一条 在医疗活动中，医疗机构及其医务人员应当将患者的病情、医疗措施、医疗风险等如实告知患者，及时解答其咨询；但是，应当避免对患者产生不利后果。

第十二条 医疗机构应当制定防范、处理医疗事故的预案，预防医疗事故的发生，减轻医疗事故的损害。

第十三条 医务人员在医疗活动中发生或者发现医疗事故、可能引起医疗事故的医疗过失行为或者发生医疗事故争议的，应当立即向所在科室负责人报告，科室负责人应当及时向本医疗机构负责医疗服务质量监控的部门或者专(兼)职人员报告；负责医疗服务质量监控的部门或者专(兼)职人员接到报告后，应当立即进行调查、核实，将有关情况如实向本医疗机构的负责人报告，并向患者通报、解释。

第十四条 发生医疗事故的，医疗机构应当按照规定向所在地卫生行政部门报告。

发生下列重大医疗过失行为的，医疗机构应当在12小时内向所在地卫生行政部门报告：

(一)导致患者死亡或者可能为二级以上的医疗事故；

(二)导致3人以上人身损害后果；

(三)国务院卫生行政部门和省、自治区、直辖市人民政府卫生行政部门规定的其他情形。

第十五条 发生或者发现医疗过失行为，医疗机构及其医务人员应当立即采取有效措施，避免或者减轻对患者身体健康的损害，防止损害扩大。

第十六条 发生医疗事故争议时，死亡病例讨论记录、疑难病例讨论记录、上级医师查房记录、会诊意见、病程记录应当在医患双方在场的情况下封存和启封。封存的病历资料可以是复印件，由医疗机构保管。

第十七条 疑似输液、输血、注射、药物等引起不良后果的，医患双方应当共同对现场实物进行封存和启封，封存的现场实物由医疗机构保管；需要检验的，应当由双方共同指定的、依法具有检验资格的检验机构进行检验；双方无法共同指定时，由卫生行政部门指定。

疑似输血引起不良后果，需要对血液进行封存保留的，医疗机构应当通知提供该血液的采供血机构派员到场。

第十八条 患者死亡，医患双方当事人不能确定死因或者对死因有异议的，应当在患者死亡后48小时内进行尸检；具备尸体冻存条件的，可以延长至7日。尸检应当经死者近亲属同意并签字。

尸检应当由按照国家有关规定取得相应资格的机构和病理解剖专业技术人员进行。承担尸检任务的机构和病理解剖专业技术人员有进行尸检的义务。

医疗事故争议双方当事人可以请法医病理学人员参加尸检，也可以委派代表观察尸检过程。拒绝或者拖延尸检，超过规定时间，影响对死因判定的，由拒绝或者拖延的一方承担责任。

第十九条 患者在医疗机构内死亡的，尸体应当立即移放太平间。死者尸体存放时间一般不得超过2周。逾期不处理的尸体，经医疗机构所在地卫生行政部门批准，并报经同级公安部门备案后，由医疗机构按照规定进行处理。

第三章　医疗事故的技术鉴定

第二十条　卫生行政部门接到医疗机构关于重大医疗过失行为的报告或者医疗事故争议当事人要求处理医疗事故争议的申请后，对需要进行医疗事故技术鉴定的，应当交由负责医疗事故技术鉴定工作的医学会组织鉴定；医患双方协商解决医疗事故争议，需要进行医疗事故技术鉴定的，由双方当事人共同委托负责医疗事故技术鉴定工作的医学会组织鉴定。

第二十一条　设区的市级地方医学会和省、自治区、直辖市直接管辖的县(市)地方医学会负责组织首次医疗事故技术鉴定工作。省、自治区、直辖市地方医学会负责组织再次鉴定工作。

必要时，中华医学会可以组织疑难、复杂并在全国有重大影响的医疗事故争议的技术鉴定工作。

第二十二条　当事人对首次医疗事故技术鉴定结论不服的，可以自收到首次鉴定结论之日起 15 日内向医疗机构所在地卫生行政部门提出再次鉴定的申请。

第二十三条　负责组织医疗事故技术鉴定工作的医学会应当建立专家库。

专家库由具备下列条件的医疗卫生专业技术人员组成：

(一)有良好的业务素质和执业品德；

(二)受聘于医疗卫生机构或者医学教学、科研机构并担任相应专业高级技术职务 3 年以上。

符合前款第(一)项规定条件并具备高级技术任职资格的法医可以受聘进入专家库。

负责组织医疗事故技术鉴定工作的医学会依照本条例规定聘请医疗卫生专业技术人员和法医进入专家库，可以不受行政区域的限制。

第二十四条　医疗事故技术鉴定，由负责组织医疗事故技术鉴定工作的医学会组织专家鉴定组进行。

参加医疗事故技术鉴定的相关专业的专家，由医患双方在医学会主持下从专家库中随机抽取。在特殊情况下，医学会根据医疗事故技术鉴定工作的需要，可以组织医患双方在其他医学会建立的专家库中随机抽取相关专业的专家参加鉴定或者函件咨询。

符合本条例第二十三条规定条件的医疗卫生专业技术人员和法医有义务受聘进入专家库，并承担医疗事故技术鉴定工作。

第二十五条　专家鉴定组进行医疗事故技术鉴定，实行合议制。专家鉴定组人数为单数，涉及的主要学科的专家一般不得少于鉴定组成员的二分之一；涉及死因、伤残等级鉴定的，并应当从专家库中随机抽取法医参加专家鉴定组。

第二十六条　专家鉴定组成员有下列情形之一的，应当回避，当事人也可以以口头或者书面的方式申请其回避：

(一)是医疗事故争议当事人或者当事人的近亲属的；

(二)与医疗事故争议有利害关系的；

(三)与医疗事故争议当事人有其他关系，可能影响公正鉴定的。

第二十七条　专家鉴定组依照医疗卫生管理法律、行政法规、部门规章和诊疗护理规范、常规，运用医学科学原理和专业知识，独立进行医疗事故技术鉴定，对医疗事故进行鉴别和判定，为处理医疗事故争议提供医学依据。

任何单位或者个人不得干扰医疗事故技术鉴定工作，不得威胁、利诱、辱骂、殴打专家鉴定组成员。

专家鉴定组成员不得接受双方当事人的财物或者其他利益。

第二十八条　负责组织医疗事故技术鉴定工作的医学会应当自受理医疗事故技术鉴定之日起 5 日内通知医疗事故争议双方当事人提交进行医疗事故技术鉴定所需的材料。

当事人应当自收到医学会的通知之日起 10 日内提交有关医疗事故技术鉴定的材料、书面陈述及答辩。医疗机构提交的有关医疗事故技术鉴定的材料应当包括下列内容：

(一)住院患者的病程记录、死亡病例讨论记录、疑难病例讨论记录、会诊意见、上级医师查房记录等病历资料原件；

(二)住院患者的住院志、体温单、医嘱单、化验单(检验报告)、医学影像检查资料、特殊检查同意书、手术同意书、手术及麻醉记录单、病理资料、护理记录等病历资料原件；

(三)抢救急危患者，在规定时间内补记的病历资料原件；

(四)封存保留的输液、注射用物品和血液、药物等实物，或者依法具有检验资格的检验机构对这些物品、实物作出的检验报告；

(五)与医疗事故技术鉴定有关的其他材料。

在医疗机构建有病历档案的门诊、急诊患者，其病历资料由医疗机构提供；没有在医疗机构建立病历档案的，由患者提供。

医患双方应当依照本条例的规定提交相关材料。医疗机构无正当理由未依照本条例的规定如实提供相关材料，导致医疗事故技术鉴定不能进行的，应当承担责任。

第二十九条　负责组织医疗事故技术鉴定工作的

医学会应当自接到当事人提交的有关医疗事故技术鉴定的材料、书面陈述及答辩之日起45日内组织鉴定并出具医疗事故技术鉴定书。

负责组织医疗事故技术鉴定工作的医学会可以向双方当事人调查取证。

第三十条　专家鉴定组应当认真审查双方当事人提交的材料，听取双方当事人的陈述及答辩并进行核实。

双方当事人应当按照本条例的规定如实提交进行医疗事故技术鉴定所需要的材料，并积极配合调查。当事人任何一方不予配合，影响医疗事故技术鉴定的，由不予配合的一方承担责任。

第三十一条　专家鉴定组应当在事实清楚、证据确凿的基础上，综合分析患者的病情和个体差异，作出鉴定结论，并制作医疗事故技术鉴定书。鉴定结论以专家鉴定组成员的过半数通过。鉴定过程应当如实记载。

医疗事故技术鉴定书应当包括下列主要内容：

(一)双方当事人的基本情况及要求；

(二)当事人提交的材料和负责组织医疗事故技术鉴定工作的医学会的调查材料；

(三)对鉴定过程的说明；

(四)医疗行为是否违反医疗卫生管理法律、行政法规、部门规章和诊疗护理规范、常规；

(五)医疗过失行为与人身损害后果之间是否存在因果关系；

(六)医疗过失行为在医疗事故损害后果中的责任程度；

(七)医疗事故等级；

(八)对医疗事故患者的医疗护理医学建议。

第三十二条　医疗事故技术鉴定办法由国务院卫生行政部门制定。

第三十三条　有下列情形之一的，不属于医疗事故：

(一)在紧急情况下为抢救垂危患者生命而采取紧急医学措施造成不良后果的；

(二)在医疗活动中由于患者病情异常或者患者体质特殊而发生医疗意外的；

(三)在现有医学科学技术条件下，发生无法预料或者不能防范的不良后果的；

(四)无过错输血感染造成不良后果的；

(五)因患方原因延误诊疗导致不良后果的；

(六)因不可抗力造成不良后果的。

第三十四条　医疗事故技术鉴定，可以收取鉴定费用。经鉴定，属于医疗事故的，鉴定费用由医疗机构支付；不属于医疗事故的，鉴定费用由提出医疗事故处理申请的一方支付。鉴定费用标准由省、自治区、直辖市人民政府价格主管部门会同同级财政部门、卫生行政部门规定。

第四章　医疗事故的行政处理与监督

第三十五条　卫生行政部门应当依照本条例和有关法律、行政法规、部门规章的规定，对发生医疗事故的医疗机构和医务人员作出行政处理。

第三十六条　卫生行政部门接到医疗机构关于重大医疗过失行为的报告后，除责令医疗机构及时采取必要的医疗救治措施，防止损害后果扩大外，应当组织调查，判定是否属于医疗事故；对不能判定是否属于医疗事故的，应当依照本条例的有关规定交由负责医疗事故技术鉴定工作的医学会组织鉴定。

第三十七条　发生医疗事故争议，当事人申请卫生行政部门处理的，应当提出书面申请。申请书应当载明申请人的基本情况、有关事实、具体请求及理由等。

当事人自知道或者应当知道其身体健康受到损害之日起1年内，可以向卫生行政部门提出医疗事故争议处理申请。

第三十八条　发生医疗事故争议，当事人申请卫生行政部门处理的，由医疗机构所在地的县级人民政府卫生行政部门受理。医疗机构所在地是直辖市的，由医疗机构所在地的区、县人民政府卫生行政部门受理。

有下列情形之一的，县级人民政府卫生行政部门应当自接到医疗机构的报告或者当事人提出医疗事故争议处理申请之日起7日内移送上一级人民政府卫生行政部门处理：

(一)患者死亡；

(二)可能为二级以上的医疗事故；

(三)国务院卫生行政部门和省、自治区、直辖市人民政府卫生行政部门规定的其他情形。

第三十九条　卫生行政部门应当自收到医疗事故争议处理申请之日起10日内进行审查，作出是否受理的决定。对符合本条例规定，予以受理，需要进行医疗事故技术鉴定的，应当自作出受理决定之日起5日内将有关材料交由负责医疗事故技术鉴定工作的医学会组织鉴定并书面通知申请人；对不符合本条例规定，不予受理的，应当书面通知申请人并说明理由。

当事人对首次医疗事故技术鉴定结论有异议，申请再次鉴定的，卫生行政部门应当自收到申请之日起7日内交由省、自治区、直辖市地方医学会组织再次鉴定。

第四十条　当事人既向卫生行政部门提出医疗事故争议处理申请，又向人民法院提起诉讼的，卫生行政部门不予受理；卫生行政部门已经受理的，应当终止处理。

第四十一条 卫生行政部门收到负责组织医疗事故技术鉴定工作的医学会出具的医疗事故技术鉴定书后，应当对参加鉴定的人员资格和专业类别、鉴定程序进行审核；必要时，可以组织调查，听取医疗事故争议双方当事人的意见。

第四十二条 卫生行政部门经审核，对符合本条例规定作出的医疗事故技术鉴定结论，应当作为对发生医疗事故的医疗机构和医务人员作出行政处理以及进行医疗事故赔偿调解的依据；经审核，发现医疗事故技术鉴定不符合本条例规定的，应当要求重新鉴定。

第四十三条 医疗事故争议由双方当事人自行协商解决的，医疗机构应当自协商解决之日起7日内向所在地卫生行政部门作出书面报告，并附具协议书。

第四十四条 医疗事故争议经人民法院调解或者判决解决的，医疗机构应当自收到生效的人民法院的调解书或者判决书之日起7日内向所在地卫生行政部门作出书面报告，并附具调解书或者判决书。

第四十五条 县级以上地方人民政府卫生行政部门应当按照规定逐级将当地发生的医疗事故以及依法对发生医疗事故的医疗机构和医务人员作出行政处理的情况，上报国务院卫生行政部门。

第五章 医疗事故的赔偿

第四十六条 发生医疗事故的赔偿等民事责任争议，医患双方可以协商解决；不愿意协商或者协商不成的，当事人可以向卫生行政部门提出调解申请，也可以直接向人民法院提起民事诉讼。

第四十七条 双方当事人协商解决医疗事故的赔偿等民事责任争议的，应当制作协议书。协议书应当载明双方当事人的基本情况和医疗事故的原因、双方当事人共同认定的医疗事故等级以及协商确定的赔偿数额等，并由双方当事人在协议书上签名。

第四十八条 已确定为医疗事故的，卫生行政部门应医疗事故争议双方当事人请求，可以进行医疗事故赔偿调解。调解时，应当遵循当事人双方自愿原则，并应当依据本条例的规定计算赔偿数额。

经调解，双方当事人就赔偿数额达成协议的，制作调解书，双方当事人应当履行；调解不成或者经调解达成协议后一方反悔的，卫生行政部门不再调解。

第四十九条 医疗事故赔偿，应当考虑下列因素，确定具体赔偿数额：

(一)医疗事故等级；

(二)医疗过失行为在医疗事故损害后果中的责任程度；

(三)医疗事故损害后果与患者原有疾病状况之间的关系。

不属于医疗事故的，医疗机构不承担赔偿责任。

第五十条 医疗事故赔偿，按照下列项目和标准计算：

(一)医疗费：按照医疗事故对患者造成的人身损害进行治疗所发生的医疗费用计算，凭据支付，但不包括原发病医疗费用。结案后确实需要继续治疗的，按照基本医疗费用支付。

(二)误工费：患者有固定收入的，按照本人因误工减少的固定收入计算，对收入高于医疗事故发生地上一年度职工年平均工资3倍以上的，按照3倍计算；无固定收入的，按照医疗事故发生地上一年度职工年平均工资计算。

(三)住院伙食补助费：按照医疗事故发生地国家机关一般工作人员的出差伙食补助标准计算。

(四)陪护费：患者住院期间需要专人陪护的，按照医疗事故发生地上一年度职工年平均工资计算。

(五)残疾生活补助费：根据伤残等级，按照医疗事故发生地居民年平均生活费计算，自定残之月起最长赔偿30年；但是，60周岁以上的，不超过15年；70周岁以上的，不超过5年。

(六)残疾用具费：因残疾需要配置补偿功能器具的，凭医疗机构证明，按照普及型器具的费用计算。

(七)丧葬费：按照医疗事故发生地规定的丧葬费补助标准计算。

(八)被扶养人生活费：以死者生前或者残疾者丧失劳动能力前实际扶养且没有劳动能力的人为限，按照其户籍所在地或者居所地居民最低生活保障标准计算。对不满16周岁的，扶养到16周岁。对年满16周岁但无劳动能力的，扶养20年；但是，60周岁以上的，不超过15年；70周岁以上的，不超过5年。

(九)交通费：按照患者实际必需的交通费用计算，凭据支付。

(十)住宿费：按照医疗事故发生地国家机关一般工作人员的出差住宿补助标准计算，凭据支付。

(十一)精神损害抚慰金：按照医疗事故发生地居民年平均生活费计算。造成患者死亡的，赔偿年限最长不超过6年；造成患者残疾的，赔偿年限最长不超过3年。

第五十一条 参加医疗事故处理的患者近亲属所需交通费、误工费、住宿费，参照本条例第五十条的有关规定计算，计算费用的人数不超过2人。

医疗事故造成患者死亡的，参加丧葬活动的患者的配偶和直系亲属所需交通费、误工费、住宿费，参照本条例第五十条的有关规定计算，计算费用的人数不超过2人。

第五十二条　医疗事故赔偿费用，实行一次性结算，由承担医疗事故责任的医疗机构支付。

第六章　罚　则

第五十三条　卫生行政部门的工作人员在处理医疗事故过程中违反本条例的规定，利用职务上的便利收受他人财物或者其他利益，滥用职权，玩忽职守，或者发现违法行为不予查处，造成严重后果的，依照刑法关于受贿罪、滥用职权罪、玩忽职守罪或者其他有关罪的规定，依法追究刑事责任；尚不够刑事处罚的，依法给予降级或者撤职的行政处分。

第五十四条　卫生行政部门违反本条例的规定，有下列情形之一的，由上级卫生行政部门给予警告并责令限期改正；情节严重的，对负有责任的主管人员和其他直接责任人员依法给予行政处分：

（一）接到医疗机构关于重大医疗过失行为的报告后，未及时组织调查的；

（二）接到医疗事故争议处理申请后，未在规定时间内审查或者移送上一级人民政府卫生行政部门处理的；

（三）未将应当进行医疗事故技术鉴定的重大医疗过失行为或者医疗事故争议移交医学会组织鉴定的；

（四）未按照规定逐级将当地发生的医疗事故以及依法对发生医疗事故的医疗机构和医务人员的行政处理情况上报的；

（五）未依照本条例规定审核医疗事故技术鉴定书的。

第五十五条　医疗机构发生医疗事故的，由卫生行政部门根据医疗事故等级和情节，给予警告；情节严重的，责令限期停业整顿直至由原发证部门吊销执业许可证，对负有责任的医务人员依照刑法关于医疗事故罪的规定，依法追究刑事责任；尚不够刑事处罚的，依法给予行政处分或者纪律处分。

对发生医疗事故的有关医务人员，除依照前款处罚外，卫生行政部门并可以责令暂停6个月以上1年以下执业活动；情节严重的，吊销其执业证书。

第五十六条　医疗机构违反本条例的规定，有下列情形之一的，由卫生行政部门责令改正；情节严重的，对负有责任的主管人员和其他直接责任人员依法给予行政处分或者纪律处分：

（一）未如实告知患者病情、医疗措施和医疗风险的；

（二）没有正当理由，拒绝为患者提供复印或者复制病历资料服务的；

（三）未按照国务院卫生行政部门规定的要求书写和妥善保管病历资料的；

（四）未在规定时间内补记抢救工作病历内容的；

（五）未按照本条例的规定封存、保管和启封病历资料和实物的；

（六）未设置医疗服务质量监控部门或者配备专（兼）职人员的；

（七）未制定有关医疗事故防范和处理预案的；

（八）未在规定时间内向卫生行政部门报告重大医疗过失行为的；

（九）未按照本条例的规定向卫生行政部门报告医疗事故的；

（十）未按照规定进行尸检和保存、处理尸体的。

第五十七条　参加医疗事故技术鉴定工作的人员违反本条例的规定，接受申请鉴定双方或者一方当事人的财物或者其他利益，出具虚假医疗事故技术鉴定书，造成严重后果的，依照刑法关于受贿罪的规定，依法追究刑事责任；尚不够刑事处罚的，由原发证部门吊销其执业证书或者资格证书。

第五十八条　医疗机构或者其他有关机构违反本条例的规定，有下列情形之一的，由卫生行政部门责令改正，给予警告；对负有责任的主管人员和其他直接责任人员依法给予行政处分或者纪律处分；情节严重的，由原发证部门吊销其执业证书或者资格证书：

（一）承担尸检任务的机构没有正当理由，拒绝进行尸检的；

（二）涂改、伪造、隐匿、销毁病历资料的。

第五十九条　以医疗事故为由，寻衅滋事、抢夺病历资料，扰乱医疗机构正常医疗秩序和医疗事故技术鉴定工作，依照刑法关于扰乱社会秩序罪的规定，依法追究刑事责任；尚不够刑事处罚的，依法给予治安管理处罚。

第七章　附　则

第六十条　本条例所称医疗机构，是指依照《医疗机构管理条例》的规定取得《医疗机构执业许可证》的机构。

县级以上城市从事计划生育技术服务的机构依照《计划生育技术服务管理条例》的规定开展与计划生育有关的临床医疗服务，发生的计划生育技术服务事故，依照本条例的有关规定处理；但是，其中不属于医疗机构的县级以上城市从事计划生育技术服务的机构发生的计划生育技术服务事故，由计划生育行政部门行使依照本条例有关规定由卫生行政部门承担的受理、交由负责医疗事故技术鉴定工作的医学会组织鉴定和赔偿调解的职能；对发生计划生育技术服务事故的该机构及其有关责任人员，依法进行处理。

第六十一条　非法行医，造成患者人身损害，不属于医疗事故，触犯刑律的，依法追究刑事责任；有关赔偿，由受害人直接向人民法院提起诉讼。

第六十二条　军队医疗机构的医疗事故处理办法，由中国人民解放军卫生主管部门会同国务院卫生行政部门依据本条例制定。

第六十三条　本条例自2002年9月1日起施行。1987年6月29日国务院发布的《医疗事故处理办法》同时废止。本条例施行前已经处理结案的医疗事故争议，不再重新处理。

全国人大常委会副委员长布赫在山西考察

4月4日至12日，布赫先后到太原、晋中、临汾、运城等地考察。他指出，要坚持不懈地提高农产品质量，创立优质品牌；要加强对市场的研究，充分掌握市场信息，利用各种信息资源，特别是现代化信息技术手段，发展电子商务和各种贸易形式，建立各种必要的研究、咨询机构和中介服务组织，加大对市场开拓的投入。

布赫强调指出，要大力促进科技兴农。抓好优良品种的培育、引进和推广；抓好生产技术的推广和应用；抓好对农民的教育和培训，不断提高广大农民的素质；提高农产品的加工、包装、储存和运输的科学技术应用水平；建立和健全各种农业技术标准体系，完善农产品的检验检疫措施。

布赫在谈到退耕还林还草工作时说，要把退耕与治水结合起来，充分认识林草对保持水土、涵养水源的巨大作用，使生态环境得到改善的同时，经济效益、生态效益以及社会效益都得到改善。

布赫在考察了晋祠、平遥古城等文物古迹后指出，要充分发挥历史文化遗产多的优势，发展旅游业。关键是要搞好各景点的建设、服务和宣传，通过旅游业扩大就业，了解信息，带动经济建设，增加农民收入。这些文物也是很好的社会教材，特别对青少年是进行历史唯物主义、爱国主义和社会主义教育的很好基地。

全国总工会主席尉健行在人民大会堂会见米歇尔·博维主席率领的世界劳联产业行动联合访华团

尉健行向代表团介绍了我国当前的政治经济和工会工作情况。他说，改革开放和发展社会主义市场经济以来，我国工人阶级队伍日益发展壮大，其经济、政治、文化权益的实现程度有了很大提高。与此同时，我国经济关系、劳动关系也发生了深刻的变化，工会参与调整劳动关系、维护职工合法权益的任务更加繁重。

他说，新修改的《工会法》明确规定维护职工合法权益是工会基本职责，为工会履行职责提供了有力的法律保障。各级工会正在依法一手抓调整劳动关系机制的建设，一手抓为职工特别是困难职工群体办实事，确保国有企业下岗职工和离退休人员的基本生活，努力维护职工的合法权益，维护职工队伍的稳定，维护工会组织的团结统一。

尉健行表示，中国工会愿在“独立、平等、互相尊重、互不干涉内部事务”的原则基础上，继续加强和发展同世界劳联和世界各国工会及国际工会组织之间的友好合作关系，为维护工人权益，促进世界的和平与发展，作出不懈的努力。

中华全国总工会副主席、书记处第一书记张俊九等参加了会见。

《中华人民共和国与德意志联邦共和国社会保险协定》正式生效

这是中华人民共和国成立以来我国政府与外国政府签署的第一部社会保险方面的双边协定。

2002年中国国内旅游交易会在南京国际展览中心开幕

中国国内旅交会是我国旅游界一年一度的宣传促销盛会，迄今已举办十届。本届旅交会共有全国各地35个交易团参加，占用2103个展位，5000多家旅游及相关企业的上万名代表参展。本届旅交会规模空前，参展企业推出的旅游产品集旅游发展近10年的精华，约80%的展位进行了特装，接近国际旅游展销会先进水平。旅交会还首次专设旅游教育展台并同时举办“中国旅游教育发展论坛”，首次举办“全国旅游纪念品设计大赛”，首次举办“中国旅游区(点)发展论坛”。江苏省代表团作为东道主共设展台692个，成为历届旅交会展台数量最多的代表团。

作为2002年中国国内旅交会的一个亮点，第二批国家4A级旅游区(点)授牌仪式在南京正式举行。

自去年初产生首批187家国家4A级旅游区(点)以来，国家旅游局按照《旅游区(点)质量等级的划分与评定》这一国家标准，深入推进创A工作，创A工作本身也成为培育旅游精品的有效途径。

此次喜获4A级证书和标牌的有北京香山公园、杭州西湖风景名胜区等83家旅游区(点)。授牌仪式后举行了首届中国旅游区(点)发展论坛。

4月5日

国家主席江泽民在中南海会见卢森堡首相让—克洛德·容克

江泽民说，今年是中卢建交30周年。经过30年的发展，中卢关系已今非昔比。双边交往日益密切，彼此了解和互信不断加深，双方经贸合作，特别是在冶金、金融等领域的合作成果显著，两国还在文化、教育及国际事务中积极开展交流与合作。30年来，中卢关系的发展令人鼓舞，我们对今后两国友好合作的不断扩大和深化充满信心。江泽民强调指出，中卢两国在维护和平、促进发展方面有着共同利益，在许多重大国际问题上有相同或相近的看法，两国经济优势互补，合作前景广阔，希望两国以建交30周年为契机，继续加强在双边领域和国际事务中的合作，使中卢关系更上一层楼。

江泽民还向容克介绍了中国西部大开发的进展及西部省区经济社会发展情况。他说，三年前，我们根据中国经济和社会发展状况，提出了西部大开发的战略。3年来，中国西部省区在基础设施建设、文化等各方面都发生了翻天覆地的变化，宗教也得到充分发展。江泽民欢迎容克到中国西部省份去访问，以增进卢森堡对中国的全面了解。

国家经贸委主任李荣融、中国驻卢森堡大使丁宝华、外交部副部长乔宗淮以及卢森堡经济和交通大臣格雷唐、劳工和就业大臣比尔特根、驻华大使舒梅等会见时在座。

国家主席江泽民在中南海会见法国前总统现任欧洲制宪委员会主席吉斯卡尔·德斯坦及其率领的法国企业家代表团

江泽民首先对德斯坦率领法国企业界人士来华参加第八届中法经济研讨会表示欢迎。他说，中国重视同法国的关系，在当前复杂多变的国际形势下，中法应进一步加强合作，共同致力于世界的和平、稳定与繁荣。

江泽民对德斯坦为促进两国经贸合作所做的贡献表示赞赏，并指出，中法经贸合作富有成果，两国经济互补性强，合作还有很大潜力。希望在新世纪里，双方继续努力，将两国经贸合作提高到一个新的水平。

中国贸促会会长俞晓松、外交部副部长乔宗淮等会见时在座。

全国人大常委会委员长李鹏继续对日本进行正式友好访问

李鹏委员长下午自东京抵达富山。富山市位于日本本州中部日本海沿岸，是富山县县政府的所在地，也是为中日关系发展作出杰出贡献的已故松村谦三先生的老家。富山县水利电力资源丰富，工业发达，其制药业在日本占有重要地位，铝制品、铜及铜合金铸件等产量在日本名列前茅。该县与中国辽宁省已结为友好省县。

访问期间，李鹏委员长将会见富山县知事中冲丰，参观松村谦三纪念馆和出席日本众议院议长绵贯民辅主持的富山县友好团体为李鹏访问富山举行的午餐会。

国务院总理朱镕基在中南海会见土耳其国务部长通贾·托斯卡伊一行

国务院在北京召开全国服务业工作电视电话会议

国务院副总理温家宝在会上讲话强调，大力发展服务业，是推动经济增长的重要力量，是解决就业的主渠道，也是我国经济发展的重大战略问题。各级领导要充分认识加快发展服务业的重要意义，自觉把这项工作摆到更加重要的位置上来。

温家宝说，改革开放以来，随着我国国民经济的快速发展，经济结构发生了很大变化，服务业在国民经济中的地位和作用日益提高。服务业的发展，对于增加就业岗位，改善产业结构，提高人民生活水平，促进国民经济增长，保持社会稳定发挥了十分重要的作用。当前，我国进入全面建设小康社会，加快推进社会主义现代化的新的发展阶段，发展服务业的任务更加重要和紧迫。

温家宝指出，要加快发展服务业，促进扩大内需，实现经济持续快速健康发展。目前我国经济体制和环境发生了很大的变化，主要工农业产品大多相对供过于求，在这种情况下，扩大消费在一定程度上对经济发展起决定性作用。人民生活水平提高后，对服务业的需求日益增加，发展服务业对促进消费的作用越来越大。他说，大力发展服务业，是经济结构调整的重要任务。今后相当长的一个时期，要把扩大总量、优化结构作为发展服务业的首要任务。按照“十五”计划要求，服务业增加值年均增长速度要适当快于国民经济的增长速度，争取达到7.5%左右，占国内生产总值的比重由2000年的33.2%提高到36%。

温家宝强调，要深化改革，突出重点，把扩大就业作为当前加快发展服务业的重要任务。我国有近13亿人口，又是农业大国，城乡就业都面临很大压力。因此，必须大力发展劳动密集型的产业，特别是劳动密集型的服务业，这是今后解决就业的主渠道，也是我国经济发展的重大战略问题。

第一，把发展服务业作为近期扩大就业的主攻方向。“十五”时期服务业从业人员年均增长要在4%以上，新增从业人员争取达到4500万人，占全社会从业人员的比重由2000年的27.5%提高到33%。要鼓励社区服务、餐饮、商贸流通、旅游等行业的发展，使这些创业和就业成本较低、增长潜力大的行业尽可能多地增加就业岗位，帮助企业下岗人员和待业人员实现就业。各级政府和有关部门要对困难群体给予特殊的就业援助。

第二，把发展小城镇服务业作为转移农村劳动力的重要载体。要把加快发展服务业与积极稳妥地推进城镇化结合起来，健全小城镇居住服务、公共服务和社区服务功能，加快发展农产品运输、仓储、贸易、信息和技术推广等生产性服务。

第三，认真落实促进服务业扩大就业的各项政策。要积极发展多种所有制的服务业，支持、鼓励和引导私营、个体企业兴办服务业，充分发挥他们在活跃市场、增加就业方面的作用。要取消对非国有经济在经营范围、从业条件、资金融通、税费征收等方面的不合理限制。对下岗职工从事社区服务业的，要简化工商登记手续，免征营业税、个人所得税以及行政性收费。各地在制定就业政策时，要为进城务工农民创造条件，保护他们的合法权益，严禁采取歧视性政策。

第四，加快服务业市场化步伐。要推进部分由政府配置资源为主的服务行业向市场为主转变。要加快垄断行业管理体制改革，实行政企分开，放宽准入领域。要深化国有服务业企业改革，使其真正成为市场竞争主体。要创造平等的市场竞争环境，积极鼓励非国有经济在更广泛的领域参与服务业发展。要有步骤地扩大服务市场的对外开放，使外资更多地参与服务业特别是现代服务业的发展。要推进后勤服务由自我服务为主向社会服务为主转变。有条件的企事业单位和机关，其后勤服务设施要面向社会开放，鼓励各种所有制经济兴办面向机关和企事业单位的后勤服务。

温家宝要求，要加强领导，规范管理，促进服务业健康发展。各地区、各部门，首先是主要负责同志，要认真贯彻“三个代表”的重要思想，以“三个有利于”为标准，转变观念，提高认识，把服务业摆到经济工作的重要位置。要加强市场体系建设，规范市场管理，使服务业在规范中发展，在发展中规范。要多渠道增加投入。国家和各地区要适当安排一定数量的引导资金，重点加强对服务业基础设施建设的支持。银行要积极向符合贷款条件的服务企业及建设项目发放贷款。要鼓励符合条件的企业进入资本市场融资。各部门要各司其职、各负其责、相互配合、通力协作，做好服务业规划、政策制定与协调指导工作。

在北京主会场参加会议的有：党中央、国务院有关部门的负责同志。在全国各分会场参加会议的有：各省、自治区、直辖市和计划单列市人民政府，各市(地)、县(市)人民政府分管服务业工作的负责人和有关部门的负责人。

中央政法委书记罗干在安徽考察

中央政法委书记罗干4月5日至8日在安徽考察时强调：突出重点，进一步增强“严打”整治斗争的针对性和实效性；强化治安防范，全面落实社会治安综合治理措施，努力实现中央确定的社会治安有新的明显进步的目标，为党的十六大胜利召开创造良好的社会治安环境。

按照中央统一部署，安徽各地正在开展新一轮“严打”整治斗争。各地“严打”中依法从重从快打击黑社会性质犯罪组织和团伙犯罪，取得了明显成效。罗干在基层政法单位调研了解情况后，充分肯定了安徽省取得的成绩和做法，强调“严打”斗争要按照中央的统一部署，结合本地实际，突出重点，注重实效。要在深入调查的基础上，研究“严打”整治斗争面临的新情况、新特点。要认真分析斗争的形势，什么犯罪突出，就集中力量重点打击什么犯罪；什么治安问题人民群众反映强烈，就解决什么问题；哪个地方治安混乱，就集中整治哪里。

罗干在听取了安徽省委、省政府以及省有关部门关于社会治安综合治理情况的汇报后指出，要深入贯彻中央关于进一步加强社会治安综合治理工作的意见，全面落实社会治安综合治理的各项措施。搞好社会治安，教育和管理是基础，抓好综合治理是关键，只有这样，才能巩固“严打”整治斗争的成果，切实维护社会稳定。各级党委、政府，要一手抓“严打”，一手抓整治、防范和综合治理，努力探索建设完善治安防范的长效机制。要加强以党支部为核心的基层组织建设，尤其要加强基层政法单位、综合治理组织建设，完善新形势下的群防群治工作，深入开展基层安全创建活动。

在合肥、巢湖等地，罗干考察了基层监狱工作。要求监狱要完善监管体制，提高执法水平与监管改造质量，为维护社会稳定作出应有的贡献。

罗干特别强调：今年我们党将召开十六大，各级党委、政府和政法部门，一定要以对党和人民高度负责的精神，全力以赴做好各方面的工作，特别是做好维护稳定的工作，要严密防范和严厉打击恐怖势力、民族分裂势力、宗教极端势力、境内外敌对势力和“法轮功”邪教组织的渗透破坏活动。要加强矛盾纠纷排查调处工作，正确、妥善地处理新形势下的人民内部矛盾，把矛盾和问题解决在基层，化解在萌芽状态，确保社会稳定。

在安徽考察期间，罗干亲切看望了在“严打”斗争中牺牲的公安干警家属，基层派出所、交警队。

中共安徽省委书记王太华、省长许仲林等陪同考察。

国务院副总理温家宝在中南海会见联合国秘书长可持续发展世界首脑会议特使荷兰住房空间计划和环境大臣普龙克一行

全国人大常委会副委员长姜春云在人民大会堂会见由副总协调员沃尔玛·格瓦拉·德拉米里奥斯率领的萨尔瓦多法拉本多·马蒂民族解放阵线代表团

全国人大常委会副委员长田纪云在基多分别会见厄瓜多尔副总统佩德罗·平托和厄瓜多尔议长何塞·科尔德罗

国防部部长迟浩田对挪威进行正式友好访问

访问期间,迟浩田分别会见了挪威国王哈拉尔五世、挪威议会议长科斯莫和挪威议会国防委员会主席玛·尼巴克。

迟浩田与挪威国防大臣克丽斯廷·克龙·德沃尔举行了正式会谈,双方就国际关系、反恐、反毒品等共同关心的问题交换了意见。双方还通报了各自国家军队建设情况。

国家气候委员会在北京召开首届中国气候大会

全国人大常委会委员长李鹏给大会发来了贺信,对中国气候大会隆重召开表示热烈祝贺。

全国政协副主席胡启立出席了会议并讲话。他指出,气候工作要围绕国家防灾减灾、环境保护和资源开发等重大决策的需要,要围绕诸如华北水资源、西部生态环境等社会公众关心的重大问题,提高气候预测、气候评价、气候诊断的水平,为保护环境、改善气候作出更大贡献。

国家气候委员会主任委员、中国气象局局长秦大河作了主题报告。他说,21世纪的第一个10年,我国气候工作的主要任务是:加强气候观测系统建设,促进气候系统观测资料共享;加强气候研究,努力提高短期气候预测准确率;加强我国气候变化研究工作;推进气候影响评估与响应对策研究;大力拓展气候应用服务领域;促进气候资源的合理开发利用和保护。

为期两天的大会过了《关于加强我国气候工作的建议》,同时还审议了《中国国家气候计划纲要(2001—2010年)(草案)》和《中国气候系统观测计划(草案)》。

中国气象局副局长李黄说,本次气候大会是我国气候领域的一次重要会议,得到了国务院有关部门及专家学者的高度重视和空前关注。科技部、中国气象局等17个国务院有关部门的领导莅临会议并作讲话。包括24位两院院士在内的100余位气象、气候、海洋、水文等领域的专家学者出席会议。

会议建议各级政府部门高度重视气候工作,在制定社会经济发展规划,部署重大工程建设,确立环境外交方针政策时,充分考虑气候与气候变化的影响,并将气候工作纳入国民经济和社会发展规划和计划。

我国第一条中低速磁悬浮列车实验线在长沙建成通车并通过中试验收评审

国防科技大学正式宣布:由国防科技大学领衔研究建造的我国第一条中低速磁悬浮列车实验线,在长沙建成通车并通过中试验收评审。这条完全具有自主知识产权的中低速磁悬浮列车实验线的建成通车,标志着我国已经基本掌握了中低速磁悬浮列车的各项关键技术,我国磁悬浮列车技术及工程化水平已经跻身当今国际先进行列,成为世界上为数很少的几个能研制和开发磁悬浮列车及营运线路的国家之一。

据专家介绍,磁悬浮列车与普通轮轨列车相比,具有低噪声、低能耗、无污染、安全舒适、转弯半径小、爬坡能力强、高速高效等优势和特点。

这条实验线由北京控股磁悬浮技术发展有限公司投资,国防科技大学负责系统设计和集成,国内10多家科研单位和企业密切合作历时3年建成,设计时速为150公里。

国际著名杂志《科学》刊登我国水稻基因组测序研究成果

中国水稻田成为国际著名杂志《科学》的封面,该杂志将以14页篇幅发表科学专论——《水稻(籼稻)基因组的工作框架序列图》。该期杂志为此还将发表社论。

水稻(籼稻)基因工作框架图是继人类基因组之后完成测定的最大基因组,也是迄今测定的最大植物基因组。该项研究是由北京、杭州华大基因研究中心暨中国科学院基因组信息学中心、中国科学院遗传与发育生物学研究所、中国杂交水稻研发中心等12个单位合作完成的。该论文报道的工作框架图序列已基本覆盖了水稻的整个基因组、92%以上的水稻基因。这样,水稻基因组的总体特点已经清晰,人类第一次对水稻有了全基因层次的了解。迄今为止,北京、杭州华大基因研究中心已把杂交水稻的父本与母本基因组测定了近10次,完成总测序量近50亿对碱基。直接测序成本仅1亿元人民币,而同类项目在国外则需要1亿美元以上。

据了解,水稻基因组序列蕴藏着水稻所有性状的遗传信息,解析水稻基因组序列,是改进水稻品质、提高水稻产量必不可少的前提和基础。

中国选手杨扬在蒙特利尔举行的世界短道速滑锦标赛中获得女子1500米项目的金牌

4月6日

党和国家领导人江泽民 朱镕基 李瑞环 胡锦涛 尉健行 李岚清在北京朝来森林公园参加首都全民义务植树活动

国家主席江泽民和亚美尼亚共和国总统科恰良就中国和亚美尼亚建交10周年互致贺电

全国人大常委会委员长李鹏对日本富山县进行友好访问

正在日本进行友好访问的全国人大常委会委员长李鹏和夫人朱琳一行，来到富山市砺波郡福光町，参观了为中日邦交正常化作出重大贡献的松村谦三的纪念会馆，为会馆植树题词，并接受了北日本新闻社记者的简短采访。

在结束参观之际，李鹏委员长和夫人朱琳向松村谦三纪念会馆赠送了两幅周总理会见松村先生的镶框照片和李鹏委员长的亲笔题词条幅："松村谦三先生是中日人民友好使者"。

中午，李鹏委员长一行出席了日本众议院议长绵贯民辅主持的富山县各界友好团体联合欢迎午宴。

李鹏下午抵达位于日本九州的宫崎县，继续对日本进行正式友好访问。

4月7日

全国人大常委会委员长李鹏在日本宫崎县举行的欢迎晚宴上致辞

李鹏首先对主人的盛情接待表示由衷的感谢。他说，虽然我们到这里才一天多的时间，但宫崎县人民的热情友好使我和我的陪同人员深受感动。他说，宫崎在自然资源方面得天独厚，森林覆盖率高达70%，这在世界上是少有的。它还有漫长的海岸线，拥有丰富的渔业资源。这里雨量充沛，空气新鲜，是适合人们居住和发展旅游的好地方。今天，我们在县内参观了生产具有世界先进水平的等离子显示器工厂、工艺玻璃制品和造酒作坊以及具有世界一流水平的音乐厅，并在那里观看了孩子们的表演。所有这一切，都给我们留下了深刻的印象。

他说，这是我第一次到日本南国九州的宫崎县访问。这样，日本的四大岛我都到过了，这使我加深了对日本的了解。日本和中国同为东亚的两个大国，不仅有两千多年友好交往的历史，而且在经济上有着很强的互补性，中日两国友好相处不仅有利于双方，而且直接关系到亚洲和世界的和平与稳定。

李鹏说，我希望通过我们的这次访问，能够进一步加深两国人民的友好感情，促进两国友好合作关系的发展。同时，希望宫崎县各界有更多的人士去中国访问、旅游，开展地方与地方之间的交流与合作，这是中日两国人民友好关系的重要方面。

国务院副总理李岚清发表致全国儿童青少年的公开信

在世界卫生日到来之际，李岚清发表了致全国儿童青少年的公开信，号召他们积极参加体育运动。

李岚清在信中说，随着经济和社会的迅速发展，人类的身体健康已经成为世界各国普遍关注的重大问题。今年世界卫生日以"体育锻炼"为主题，提出"运动有益健康"的口号。我国政府根据全国儿童青少年体质和健康状况，将我国世界卫生日的对象确定为儿童青少年，并在全国开展改善儿童青少年体质的系列活动，这充分体现了党和政府对儿童青少年的关心和爱护，希望你们积极参加到这项活动中来。

李岚清说，你们是祖国的未来和民族的希望，肩负着中华民族伟大复兴的历史重任，现在正处于长身体、长知识的关键时期，加强体育锻炼，不但可以练就强健的体魄，而且可以锤炼顽强的意志，培养集体主义和乐观主义的精神。希望你们自觉参加体育活动，增强身体素质，养成积极健康的生活方式，为更好地完成学习任务打下坚实基础，做到德智体美全面发展，努力成为社会主义事业的合格建设者和接班人。

部分省区市党委宣传部长座谈会在北京召开

中宣部部长丁关根强调，宣传思想战线的首要任务，就是要把学习宣传贯彻"三个代表"向深度和广度推进，增强说服力，提高影响力，为党的十六大营造团结奋进、昂扬向上、开拓创新的良好氛围。

会议认为，今年宣传思想工作开局很好。元旦、春节，认真贯彻中央政治局常委会关于进一步安排好困难群众生产和生活的精神，广泛开展送温暖、献爱心、"三下乡"等活动，着力为群众办实事办好事，营造了欢乐喜庆祥和的节日气氛。全国人大、政协"两会"，突出宣传过去一年我国各条战线取得的重大成就，突出宣传今年经济建设和改革开放的重大举措，生动展示代表、委员各抒已见、畅所欲言、群策群力、共商国是、民主团结的气氛。"三个代表"宣传和改革开放成就宣传紧密结合，成就宣传充分体现"三个代表"。

会议要求,加大力度,加强深度,进一步兴起学习宣传贯彻“三个代表”的热潮。要深入群众,深入实际,把理论宣传同形势教育、党风建设结合起来,把回答重大问题同解决群众实际问题结合起来,把方针政策教育同热点引导结合起来,把兴起学习宣传贯彻“三个代表”热潮同兴起宣传改革开放和党的建设光辉成就热潮结合起来,向深度和广度推进。

会议强调,深入学习宣传贯彻“三个代表”,必须在解放思想、实事求是,统一思想、团结奋进上下功夫。解放思想、实事求是,就是要按照实践是检验真理的唯一标准,在党的基本理论指导下,一切从实际出发,自觉地把思想认识从那些不合时宜的观念、做法和体制的束缚中解放出来,从对马克思主义的错误的和教条式的理解中解放出来,从主观主义和形而上学的桎梏中解放出来,使我们的思想和行动更加符合实际,与时俱进,开拓创新。统一思想、团结奋进,就是要紧密联系我国改革开放和现代化建设的实际,紧密联系干部群众关心的重大理论和现实问题,引导人们把思想统一到邓小平理论和“三个代表”重要思想上来,统一到中央应对复杂国际局势作出的重要判断和重大决策上来,统一到中央关于今年工作的总体要求和部署上来。在解放思想中统一思想,在统一思想中形成团结奋进的强大精神力量。

丁关根指出,宣传思想战线要高举邓小平理论伟大旗帜,以“三个代表”重要思想为指导,坚定自觉地同以江泽民同志为核心的党中央保持一致。所有工作都要按照“三个代表”的要求,紧紧围绕党的十六大,唱响主旋律、打好主动仗,统一思想、凝聚力量、振奋精神、坚定信心,促进改革发展,维护社会稳定。

丁关根要求,宣传思想战线要增强政治意识、大局意识、责任意识,改进作风,提高素质。要坚持党的基本路线,坚持团结稳定鼓劲、正面宣传为主的方针,牢牢把握正确导向。要提高分析形势、着眼全局的水平,提高与时俱进、开拓创新的水平,提高加强引导、把握好度的水平,提高宏观调控、健全机制的水平,提高总结经验、探索规律的水平。要牢记全心全意为人民服务的宗旨,树立正确的世界观、人生观、价值观,增强事业心和责任感,多学习少应酬,多实干少空谈,多奉献少计较,廉洁奉公,艰苦奋斗,淡泊名利,甘当苦力。饱含对党和人民的忠诚,饱含对宣传思想工作的热爱,一切从群众利益出发,一切为群众着想,千方百计为群众办实事办好事,坚决防止官僚主义和形式主义。要以共产党人的蓬勃朝气、昂扬锐气、浩然正气,尽心尽力尽责,真干苦干实干,更好地为人民服务,为社会主义服务,为全党全国工作大局服务。

中宣部常务副部长刘云山主持座谈会,中央主要新闻单位负责人参加了会议。

《人民日报》发表评论员文章《驱除邪恶获新生》

“神光二号”巨型激光器在中科院上海光机所研制成功

在十亿分之一秒的瞬间可发射出相当于全球电网数倍的强大能量,类似物理条件在自然界中只有在核爆炸中心、恒星内部或是黑洞边缘才能找到,而今在上海一个足球场大小的激光器内就能实现。这是日前研制成功的我国“神光二号”巨型激光装置显示的威力。

建在中科院上海光机所的“神光二号”,成百台光学设备集成在一个足球场大小的空间内。当8束强激光通过空间立体排布的放大链聚集到一个小小的燃料靶球时,在十亿分之一秒的超短瞬间内可发射出相当于全球电网电力总和数倍的强大能量,从而释放出极端压力和高温,引发聚变反应。

“神光二号”可用作科学实验,释放的巨大能量在实验中产生的极端物理条件,对基础科学研究、高技术应用和确保国家安全的新技术的推出,均有重大意义。“神光二号”的未来前景诱人。据专家介绍,核聚变是未来清洁能源的希望所在,估计到本世纪中叶,科学家可利用激光聚变技术,把海水中丰富的同位素氘、氚转化为巨大的、取之不尽的能源。“神光二号”的建成,为我国科学家从海水中获得能源迈出了可喜的一步。

“神光二号”的问世,标志我国高功率激光科研和激光核聚变研究已进入世界先进行列。目前,如此精密的巨型激光器只有美国、日本等少数国家能建造。“神光二号”的总体技术性能已进入世界前5位。

中国选手杨扬在蒙特利尔举行的世界短道速滑锦标赛中获得在女子1000米项目的金牌

4月8日

国家主席江泽民开始对德国进行国事访问

国家主席江泽民乘专机抵达德国首都柏林,开始对德国进行为期6天的国事访问。

江泽民在机场发表的书面讲话中表示,很高兴应约翰内斯·劳总统的邀请,在中德建交30周年之际对德国进行国事访问,并代表中国政府和中国人民向德国政府和人民转达最亲切的问候和最良好的祝愿。

江泽民说,中华民族和德意志民族都是世界上伟大的民族。两国和两国人民之间的传统友谊源远流长。1972年10月11日两国建交,中德关系进入一个新的发展时期。30 年来，尤其是近年来，中德两国友好合作关系在深度和广度上都取得了富有成果的发展，我们对此感到高兴和满意。

江泽民说，访问期间，我将同劳总统、施罗德总理以及德国各界人士进行会谈和会见，就双边关系和共同关心的问题深入和广泛地交换意见。当前，国际形势正在发生重大而深刻的变化，中德两国是各自地区和世界上有重要影响的国家，全面加强两国在各领域的合作，不仅符合两国和两国人民的根本利益，也有利于世界的和平、稳定与发展。他表示希望通过这次访问进一步增进双方的了解和信任，促进两国的互利合作，推动中德关系的发展进入一个新的阶段。

江主席的主要陪同人员国务院副总理钱其琛等也同机抵达。

全国人大常委会委员长李鹏继续对日本进行访问

全国人大常委会委员长李鹏下午乘专机抵达日本九州南部的鹿儿岛市，继续对日本进行正式友好访问。

鹿儿岛是李鹏此次对日本为期一周访问的最后一站。访问期间，他将会见须贺龙郎知事等当地政府和议会官员，参观当地有名的中川草莓种植园和会见当地华侨和留学生代表。

李鹏委员长的陪同人员王光英副委员长等也同机抵达。

国家副主席胡锦涛在人民大会堂会见希腊外长帕潘德里欧

胡锦涛对帕潘德里欧再次访华表示欢迎。他说，中希两国都是文明古国，两国人民相互间一向怀有友好的感情。建交 30 年来，两国关系发展顺利。特别是近年来，两国高层领导人互访不断，各个领域的合作日益扩大；双方在许多重大国际问题上有着相同或相似的看法并进行了良好的合作。我们赞赏和感谢希腊在台湾、人权等问题上对中国的理解和支持以及在欧盟内为推动中欧关系发展所作出的努力。

胡锦涛说，中希之间没有根本的利害冲突，也没有历史遗留问题，进一步发展两国关系有着良好的基础和广阔的前景。中方愿与希方共同努力，不断开辟两国合作的新领域、新途径，推动两国关系在新世纪取得更大的发展。

外交部部长助理张业遂，希腊驻华大使塞奥法诺波洛斯等会见时在座。

中共中央政治局常委尉健行在人民大会堂会见以总书记费伦查克为团长的克罗地亚人民党代表团

尉健行首先对费伦查克率团访华表示热烈欢迎。他说，中克两国人民之间存在着深厚的传统友谊，1992 年两国建交以来，双方交往和接触日益增多，合作领域不断扩大，两国关系发展顺利。谈到党际关系时，尉健行说，中国共产党高度重视党际交往，愿意在党际交往四原则的基础上积极发展与克罗地亚各政党之间的友好关系。人民党是克罗地亚政坛上的一支重要力量，我们很高兴同人民党发展多种形式的友好合作关系。相信通过双方的共同努力，两党友好关系在新形势下必将得到新的发展，也一定能够为推动两国和两国人民之间的友谊作出新的贡献。尉健行还向客人介绍了中国国内的有关情况。

中联部部长戴秉国、副部长蔡武，克罗地亚驻华大使热利科·基林契奇等会见时在座。

外交部发言人章启月就美国支持台湾“参与”世界卫生组织的做法发表谈话

外交部发言人章启月在回答记者提问时说，中国坚决反对美国支持台湾“参与”世界卫生组织的做法，并已向美国方面提出了严正交涉。

有记者问：据报道，美国国会不久前通过了关于支持台湾成为世界卫生组织“观察员”的法案，近日已由美国总统签署成法。你对此有何评论？

章启月回答说，世界卫生组织是只有主权国家才能参加的联合国专门机构，台湾作为中国的一部分，根本没有资格参与该组织。

章启月说，中国中央政府一直非常关心台湾同胞的健康福祉，并积极促进两岸在卫生领域的交流与合作。台湾同胞获得卫生信息的渠道是畅通的。台湾当局企图挤入世界卫生组织的真正目的，是要在世界上制造“两个中国”或“一中一台”。

章启月指出，美方支持台湾“参与”世界卫生组织的做法，违反了美方自己承诺的一个中国政策和中美三个联合公报的原则，是对中国内政的干涉。中方对此坚决反对，并已向美方提出了严正交涉。中方要求美方立即纠正错误，停止对台湾当局分裂中国活动的纵容和支持，以免损害中美关系。

全国卫生部门整顿和规范市场经济秩序电视电话会议在北京召开

会议确定，今年卫生部门整顿和规范市场经济秩序的重点是食品打假专项斗争和整顿医疗服务市场。

今年食品打假专项斗争的主要对象包括集贸市场、中小型食品企业、食品添加剂生产企业、综合食品零售单位和食品包装材料生产企业。整顿医疗服务市场的主要内容有：清理整顿“药店行医”，重点整顿检查在药店内设置“坐堂医”或以“义诊”、“医疗咨询”

等名义非法开展的医疗活动；规范义诊活动，加强对义诊活动的备案、审查和监管；清理整顿非法医疗美容服务市场，凡未取得《医疗机构执业许可证》并未经登记机关核准开展医疗美容诊疗科目的单位和个人，均不得开展医疗美容服务；清理整顿非法性病、皮肤病防治机构，重点审核从事性病、皮肤病防治工作的机构和人员的行医资格，对于非医疗机构或非临床类别执业医师及没有法定执业资格开展性病诊疗活动的，要坚决予以取缔。

卫生部部长张文康强调，要充分认识整顿和规范市场经济秩序工作的艰巨性、复杂性，树立长期作战的思想，强化日常卫生监督，突出工作重点，加大对大案要案的查处力度。全国整顿和规范市场经济秩序领导小组办公室、国务院体改办等有关部门负责人出席了会议。

4月9日

国家主席江泽民在柏林总统府与德意志联邦共和国总统约翰内斯·劳举行会谈

江泽民指出，中国一贯重视同德国的关系。两国建交30年来，人民之间的了解和友谊不断加深，双方的合作领域日益广泛，我们已成为可以互相依赖的合作伙伴。中国一直支持德国统一，德国也一贯支持一个中国政策。这是中德两国相互信任的坚实基础。在新世纪之初，在中德两国都处于重要发展时期之际，进一步加强中德友好合作关系不仅是双方的共同愿望，也是两国和两国人民的根本利益所在。目前，两国在扩大政治、经济关系的同时，也开辟了文化、教育、法律及环保方面新的合作领域。我们对中德关系的健康发展感到高兴，并对今后两国关系的发展前景充满信心。

江泽民向劳介绍了中国经济发展和西部大开发的情况。他强调指出，在世界经济增长明显减速的情况下，中国政府坚持扩大内需的方针，坚定地实施积极的财政政策和稳健的货币政策，使国民经济继续保持了良好的发展势头。我们有信心使今年的中国经济继续保持稳定增长。

江泽民说，实施西部大开发是中国进行经济结构调整，实现地区协调发展，为中国经济发展开拓广阔空间的重大战略举措，也是逐步缩小地区差距，最终实现共同富裕的必然要求。我们欢迎外国投资者关注并参与中国的西部大开发。

双方还就当前的国际形势交换了看法。

会谈结束后，两国元首共同出席了签字仪式。教育部部长陈至立、外交部副部长乔宗淮与德国国务秘书福尔默分别代表两国政府签署了《中德关于互相承认高等学历等值的协定》和《中德关于互设文化中心的会谈纪要》两个文件。

国家主席江泽民在柏林与德国总理施罗德在总理府举行会谈

江泽民指出，今年是中德建交30周年，在这30年中，世界格局和中德各自的国内形势都发生了深刻的变化，但中德两国发展和加强友好合作关系这一点始终未变。双方互访频繁，相互理解，彼此信任。两国各部门之间建立了多层次的协调与合作机制，双边经贸合作不断扩大。

江泽民说，中德两国都是世界上和各自地区有重要影响的国家。我们在一系列重大国际问题上有许多相同看法和共同利益。中国重视德国日益重要的地位和影响，愿意看到德国在欧洲和国际事务中发挥更积极的作用。我们两国建立长期稳定的全面友好合作关系，符合两国和两国人民的根本利益。为在新世纪将中德关系提高到新水平，中方提出四点建议：第一，应继续保持高层接触和互访，加深了解与信任，切实落实双方达成的共识；第二，要着眼未来，扩大合作，在发展政治、经济、文化等合作的同时，开辟更为广阔的合作领域与渠道，加强双方人员尤其是青年人之间的交流与往来；第三，应密切磋商，加强协调，进一步密切就国际和地区问题的磋商及在联合国及其他国际组织中的合作；第四，要相互尊重，增进了解，双方在社会制度、文化传统、价值观念和经济发展水平的差异不应成为合作的障碍，而应是交流的动力。双方应从战略高度和两国长远利益出发，在相互尊重、平等协商的基础上，增进信任，扩大共识。

全国人大常委会委员长李鹏接受日本记者采访

在结束为期一周的正式友好访问前，李鹏接受了日本著名报纸《朝日新闻》和有广泛影响的朝日电视台记者的联合采访。

关于中日两国关系在21世纪的发展方向的问题，李鹏说：我这次就是带着这个问题来访的。中日邦交正常化30年来，两国关系虽经历了风风雨雨，但总的来说是不断发展的。中日关系发展到今天是来之不易的，在今后的前进道路上还会遇到各种各样的问题，但我们始终认为，只要双方站得高、看得远，恪守中日双方签署的指导两国关系的三个重要文件的原则，从两国关系发展的大局出发，认真对待，两国关系就能健康稳定地发展下去。

在谈到日本某些人认为中国经济发展对日本构成“威胁”的问题时，李鹏说，中国改革开放以来，经济确实取得了很大发展。事实证明，中国的发展不仅没有对日本造成"威胁",恰恰相反,日本目前是中国的第一大贸易伙伴,中国的发展给日本企业界同中国发展合作提供了很多机遇和广阔的空间。日本经济现在还处在暂时低迷状态,中方希望日本经济更快地实现复苏,这也有利于两国经贸合作的进一步发展。

李鹏还就中国的国内情况、国际形势、中美关系、朝鲜半岛局势等问题回答了记者的提问。

国务院总理朱镕基在海南考察

4月9日至13日,朱镕基在海南省委书记白克明、省长汪啸风陪同下,先后来到海口、琼中、五指山、万宁、琼海等市县考察。4月的琼州大地,满目葱绿,鲜花盛开。在考察中,朱镕基深入山区村寨和林果生产基地,走访黎族农家,与干部群众亲切交谈。在五指山市,他实地考察了阿驼岭、水满乡天然林保护区和南圣镇毛祥村人工林基地。这期间,他还考察了正在建设中的琼州大桥和海口防洪工程。

考察期间,朱镕基听取了海南省委、省政府的工作汇报,对海南省近年来各方面工作所取得的成绩给予了充分肯定。

朱镕基非常关心海南热带高效农业的发展和农民增收的情况。4月10日上午,他到琼中黎族苗族自治县岭湾水果生产基地考察,在听取了当地负责人有关水果生产、销售和农民收入情况介绍后,肯定了他们采取"公司加农户"模式带动农民增收的做法。下午,朱镕基又深入到地处五指山脚下的水满乡水满上村。在村民王育琴家的庭院里,他同乡村干部和村民,就农民增收减负和发展种养业等进行座谈。他指出,要进一步推进农业和农村经济结构调整,加快新阶段的农业发展,努力增加农民收入。海南要积极探索热带高效农业发展的路子,充分发挥热带资源丰富的优势,根据市场需求,大力发展季节差、名优特和无公害农产品,加快培育和推广优良品种,生产更多的优质冬季瓜菜和热带水果。要加强农产品市场体系建设,搞好信息、技术和销售服务,大力开拓农产品市场。要进一步落实减轻农民负担的政策和措施,严禁各种乱收费、乱罚款,真正把农民负担减下来。他强调,增加农民收入,广大农村基层干部是关键。基层干部一定要认真执行党在农村的各项政策,关心农民疾苦,多办实事,为农民增收创造条件,帮助农民广开致富门路。

在谈到发展旅游业等支柱产业时,朱镕基指出,海南拥有热带海滨景观、原始雨林、地热温泉和浓郁的民族风情等丰富的旅游资源,旅游业发展前景十分广阔,大有可为。海南要把旅游业作为经济的支柱产业,进一步加快发展。要采取有效措施,大力开拓国内外客源市场,积极开发海洋旅游和生态旅游。同时,要围绕旅游业,加快发展第三产业,特别是发展现代服务业,大力改善旅游服务水平,努力提高旅游业整体效益。要加强对旅游资源开发利用的规划和管理,不能为了贪图眼前利益,破坏自然景观和人文景观。他强调,海南要进一步加强交通、通讯等基础设施建设,当务之急是尽快实施海南中线公路改造工程,提高路面等级,保证游客旅行安全、舒适、便捷,推动海南中部旅游带发展,同时带动沿线经济发展和农民致富。要加强旅游景区的管理,搞好公路沿线景观整治,提高相应的配套服务设施水平。此外,还要大力整顿和规范市场经济秩序,尤其要综合整治建设市场,继续抓紧处置积压房地产。

朱镕基十分重视海南岛的生态环境保护和建设。他说,保护生态环境是我国的一项基本国策,是可持续发展战略的重要内容。保护和改善环境,就是保护和发展生产力,必须把生态环境保护放在更加突出的位置。海南良好的自然生态环境,既是海南的优势所在,也是发展特色经济的重要基础,必须倍加珍惜,加强保护,绝不能再犯以牺牲生态环境为代价发展经济的错误。新上工业项目务必保证要符合国际先进的环保标准,绝不允许破坏森林资源和污染环境。环保部门要切实负起责任,加大项目环保标准审查力度,严格把关。在考察五指山天然林保护区时,朱镕基强调,一定要抓好天然林、海防林和其他生态公益林的建设与保护。坚决制止破坏热带雨林、红树林、珊瑚礁等生态环境和资源的行为。在封山育林、严禁采伐的同时,要积极营造经济价值高、成长周期短的人工林,以解决用材需要。他说,海南也要加大退耕还林力度。这既是当前直接增加山区农民收入的有效办法,又是加强生态环境保护和建设的重要措施。今后海南的城市建设和道路建设,要加强规划,防止乱占滥用林地,要格外注重城市周边的绿化带建设。

陪同朱镕基考察的有关部门负责人有:汪光焘、戴相龙、尤权、姜伟新、肖捷、焦焕成、尹成杰、李伟等。

全国农村青年工作会议在北京召开

会议由共青团中央和农业部联合举办。国务院副总理温家宝在会上寄语农村青年,认清形势,以高度的历史责任感和使命感,自觉肩负起建设社会主义新农村的重任,在新阶段为农业和农村经济的发展建功立业。

温家宝首先代表党中央、国务院向大会的召开表示祝贺,向广大农村青年和青年工作者表示亲切的问候。他说,青年是国家的未来和民族的希望,在社会主义革命和建设的各个时期,都发挥着生力军和突击队作用。农村青年占全国青年的大多数,是农村改革、发展和稳定的一支重要力量。改革开放以来，广大农村青年听从党的召唤，紧跟时代步伐，拥护党的农村政策，积极投身农村两个文明建设，为农村经济发展和社会进步作出了重要贡献。实践证明，我国广大农村青年是有理想、有抱负的一代，是大有作为的一代，是建设社会主义新农村的希望所在。

温家宝指出，当前和今后一个时期，农业和农村工作面临的主要任务是，大力推进农业和农村经济结构的战略性调整，千方百计增加农民收入，逐步实现农业和农村现代化。这一光荣而艰巨的任务，历史地落在当代中国农村青年身上。他向广大农村青年提出了几点希望。

第一，要热爱农业，建设农村，树立改变农村面貌的雄心壮志。农村青年生长在农村，劳动在农村。热爱家乡，建设家乡，是每个农村青年义不容辞的责任。目前我国大部分农村地区还比较落后，农民的生活还比较困难，农村各方面的条件还比较差。在这种情况下，扎根农村，建设农村，就必须有改变农村面貌的雄心壮志和远大理想，必须有为农村的改革和发展奉献青春的奋斗精神。我们相信，只要艰苦奋斗，苦干实干，一代一代不懈努力，农村的面貌一定会逐步得到改变。全国农村青年都要向涌现出的优秀青年学习，用自己的智慧和力量，在农村这个广阔天地里创造出辉煌的业绩。

第二，要刻苦学习，不断进取，增强勤劳致富的本领。要学习先进的农业科学知识，掌握先进实用技术，争当推广农业新技术新成果的带头人；要积极参加各种职业技能培训，努力掌握新的劳动技能，拓宽致富门路；要学习市场经济知识，增强市场观念，不仅会生产，而且善经营；要学习法律知识，自觉遵纪守法，用法律武器维护自己的合法权益。广大农村青年要有紧迫感，不断学习新知识，善于接受新事物，跟上时代步伐，努力成为有理想、有文化的社会主义新型农民。

第三，要解放思想，勇于创新，为农村经济发展增添新的活力。广大农村青年要发挥最少保守思想、最具创造活力的优势，进一步解放思想，增强创新意识。广大农村青年要开阔视野，改变传统的思维方式；要积极参与农村改革，探索进一步解放和发展农村生产力的新路子；要带头推广先进实用技术，改变传统的生产方式；要敢于涉足新的生产经营领域，开拓新的致富门路，在农村改革和发展中发挥生力军作用。

第四，要弘扬正气，树立新风，推动农村社会全面进步。农村青年要开风气之先，成为现代文明的热情实践者和传播者，在农村先进文化建设中发挥先锋作用。要发扬中华民族的优良传统，增强社会责任感，自觉实践社会公德、职业道德和家庭美德，助人为乐，扶贫济困。要倡导科学健康的生活方式，破除陈规陋习，反对封建迷信活动。要积极参与村镇文化建设，绿化美化环境，在群众性精神文明创建活动中发挥带头作用。要弘扬正气，对社会上的各种不良倾向、不文明行为和社会丑恶现象，进行坚决的抵制和斗争。

温家宝希望各级团组织和广大团干部，以“三个代表”重要思想为指导，紧紧围绕党的中心任务，进一步活跃农村青年工作。要切实加强思想政治教育，引导农村青年健康成长。为农村青年做好技术、信息等方面的服务工作，增强他们的致富本领，帮助他们发展生产，增加收入。加强基层文化建设，不断丰富农村青年的精神文化生活。维护农村青年的合法权益，团结引导农村青年共同奋斗。农村青年干部要热爱农民，全心全意为农民谋利益。各级党委、政府，特别是涉农部门，都要从农村发展和整个现代化建设全局的战略高度，重视、关心农村青年工作。要支持共青团组织根据农村青年的特点和要求，创造性地开展工作。

温家宝最后强调，农村的未来看青年，中国的未来看青年。当代农村青年一定要不辱使命，在党的路线方针政策指引下，坚定地走在发展农村先进生产力和先进文化的最前列，走在推动农村改革发展稳定的最前列，为建设社会主义新农村，为实现中华民族的伟大复兴，贡献自己的青春、智慧和力量。

会议由团中央书记处第一书记周强主持。农业部部长杜青林和中央、国务院有关部委的领导出席了会议。会议表彰了第六届“中国杰出青年农民”和2001年度“全国农村青年创业致富带头人”。

国务院副总理吴邦国在重庆进行再就业工作专题调研

4月9日至11日，吴邦国在重庆市委书记贺国强、市长包叙定的陪同下，就下岗职工再就业工作进行专题调研，考察了劳动力市场以及街道、社区和企业的再就业工作，听取了再就业工作情况汇报，分别召开了下岗再就业职工代表和市有关部门座谈会。他对重庆市再就业工作取得的成绩给予了充分肯定。

吴邦国指出，几年来，我们在建立和完善社会保障体系方面做了大量工作，确立了“三条保障线”，基本实现了“两个确保”，为国有企业改革脱困、经济结构调整、维护社会稳定提供了有力的保障。但同时也要看到，下岗职工和失业人员的生活还十分困难，有劳动能力的下岗职工只有尽快实现再就业才是最根本、最可靠的保障。

吴邦国说，再就业工作关系到职工群众的切身利益，关系到改革发展稳定大局。这不仅是一个经济问题，也是一个政治问题。他强调，各地区、各部门要以江泽民总书记“三个代表”重要思想为指导，不断完善社会保障体系，在继续做好“两个确保”、“三条保障线”的衔接和“低保”工作的前提下，把工作重点转移到促进下岗职工再就业上来。要广开就业门路，制定鼓励政策，加强职业培训，改善就业服务，鼓励和引导下岗职工自谋职业，支持接纳下岗职工的企业，为下岗职工再就业创造良好的条件。要动员社会各方面的力量，为下岗职工再就业做贡献。要教育和引导广大下岗职工转变观念，增强信心，努力实现再就业。

吴邦国在与下岗再就业职工代表座谈时高度赞扬了他们不畏艰难、奋发有为的精神。他说，你们的事迹十分感人，虽然经历了许多酸甜苦辣，但最终还是依靠自己的不懈努力，实现了再就业，不仅解决了自己的生产和生活出路，还为其他下岗职工提供就业岗位，成为自强不息的榜样。

陪同吴邦国调研的有关部门负责人有张左己、张俊九、蒋黔贵、史纪良、廖晓军等。

全国认证认可工作会议在北京召开

国务委员吴仪在会上要求，国家认监委要切实杜绝虚假认证、买证卖证、认证咨询服务一条龙等违法违规行为，鼓励和正确引导认证机构开展有序竞争。

吴仪首先肯定了国家认监委组建以来所做的工作和取得的成绩。吴仪说，认监委组建半年多来，按照党中央、国务院的要求，及时组建起新机构，清理、修改和制定了一系列认证认可规章文件，加强认证认可工作协调，建立了部际联席会议制度。但是，由于受计划经济体制的影响，认证认可工作存在着政出多门、多重标准、重复收费、监督不力等问题。

吴仪指出，当前认证认可工作一定要突出重点，不断开创新局面，要狠抓国家认证认可体系的建设，加快认可体系、实验室认可评价体系、强制认证体系、自愿性认证体系建设，争取早日出台《认证认可监督管理条例》，使这项工作尽快纳入法制化、规范化的轨道；大力整顿和规范认证市场秩序，要严格审核认证机构资质条件，建立认证机构档案，并尽快设立认证机构查询举报电话，加大对认证机构违法违规行为的监督处罚力度；加强认证认可队伍建设，对那些不具备从事认证认可工作基本素质而又不按规矩办事，甚至违法违规的个别人员，要坚决清理出认证认可队伍。

中共中央企业工作委员会中共中央组织部联合制定下发《关于中央企业领导人员廉洁自律若干规定的实施办法(试行)》

《办法》以中央纪委2000年的四次全会提出的国有企业领导人员廉洁自律五项规定为主要依据，结合中央纪委2001年五次全会提出的党员领导干部六条从政准则和中央纪委1995年五次全会提出的国有企业领导人员廉洁自律四条规定，以及中央纪委2002年七次全会对国有企业领导人员的新的要求，提出了具体实施措施。《办法》确定了从严治党与自我约束、建立、健全纪检监察监督机制与加强企业管理、德治与法制相结合三项原则。

《办法》重点规范企业领导人员对“三重一大”的决策方面的不规范行为和中央纪委反复强调的企业领导人员的家属、亲友经商办企业严重侵害国企利益的行为。同时，还就企业领导人员离职、离(退)休后的从业行为，作出具体规定。

该《办法》不仅对中央企业领导人员的从业、重大决策、经营管理等行为作出了廉政规范，提出了具有可操作性的要求，而且制定了相应的实施与监督措施，采取了建立职位禁入制度、建立廉政档案、加强述职考核和签订从业承诺书等办法。

中国出版集团成立大会在人民大会堂举行

中宣部部长丁关根对中国出版集团的成立表示祝贺，向辛勤工作在出版战线的同志们表示亲切问候。

中国出版集团是党中央、国务院批准组建，由中宣部领导，国家新闻出版总署实施行业管理。组建中国出版集团是适应新形势要求，深化出版改革，加快出版业发展的一项重大举措。当前，我国出版业改革与发展进入前所未有的关键时期。面对全面建设小康社会，人民群众精神文化需求的日益增长，面对加入世贸组织后机遇与挑战并存的形势，出版部门承担着建设先进文化的历史使命。必须跟上时代步伐，适应新的形势，通过体制和机制创新，整合力量，调整结构，加快发展，壮大实力，增强活力，提高竞争力，使我国从出版大国向出版强国迈进。中国出版集团的成立，标志着出版改革迈出了新的步伐，出版业发展进入了新的阶段。作为国家级大型出版集团，中国出版集团是宣传思想工作的重要阵地，是我国精品出版物的重要生产基地，是对外文化交流的重要窗口。组建后，将在坚持党和国家方针政策，自觉遵守法律、法规，倡导、建设和传播先进文化，促进出版事业发展和加强队伍建设等各方面发挥示范和带动作用。

中国出版集团成员包括人民出版社、人民文学出版社、商务印书馆、中华书局、中国大百科全书出版社、中国美术出版总社、人民音乐出版社、生活·读书·新知三联书店、东方出版中心、中国对外翻译出版公司和新华书店总店、中国出版对外贸易总公司、中国图书进出口(集团)总公司等13家大型企事业单位，现有员工5000多人，总资产约50亿元人民币，2001年销售收人约25亿元人民币。集团成立后，将在两到三年时间内完成内部资源整合，结构调整和业务重组，形成有效的资本积累和规模经营，力争早日建成主业突出、实力雄厚、管理科学、效益一流的大型出版集团。

改革开放以来，我国出版业在党中央、国务院的正确领导下，经过全体出版工作者的努力，取得了显著成绩。为了加快出版产业结构调整，目前，有关部门正在积极制定集团化发展战略和相关措施，以迅速提高出版业的生产力和国际竞争力，推进有中国特色社会主义出版业繁荣健康发展。

中宣部常务副部长刘云山、新闻出版总署署长石宗源出席大会并讲话。中国出版集团管委会主任杨牧之介绍了集团有关情况。党中央、国务院有关部门和部分新闻出版单位负责同志出席了挂牌仪式。

中国政府代表团团长国务委员兼全国老龄工作委员会常务副主任司马义·艾买提在马德里举行的联合国第二届世界老龄大会上发言阐述了中国政府在老龄问题上的立场

司马义·艾买提在发言中指出，中国政府赞同大会将要通过的《政治宣言》及《老龄问题国际行动计划》等重要文件所阐述的原则和目标。为了实现这些目标，中国政府提出如下主张：一、各国应根据本国国情将老龄问题纳入经济和社会发展计划，使老年人与其他社会成员一起共享人类进步发展的成果，这是各国政府的重要责任，也是全球社会的责任；二、各国特别是发展中国家，应该重视并积极推进经济建设和社会的全面进步，将消除贫困、健全医疗社会保障作为优先目标，不断提高老年人的生活水平，改善老年人的健康状况；三、各国应根据“相互借鉴、平等互利”的原则加强老龄问题国际合作。他说，世界80%的老年人口生活在发展中国家，我们呼吁国际社会和经济发达国家从人类进步的共同利益出发，在资金和技术等方面帮助发展中国家解决好老龄问题。

司马义·艾买提说：中国是世界老年人口最多的发展中国家，全球60岁以上老年人口的1/5生活在中国，目前已达到1.32亿。中国政府始终高度重视老龄问题。中国从中央到地方各级建立了老龄工作协调机构；确立了政府主导、社会参与、全民关怀的老龄事业发展方针，以及“老有所养、老有所医、老有所教、老有所学、老有所为、老有所乐”的长期目标；颁布实施了《中华人民共和国老年人权益保障法》和地方老年法规，运用法律、行政和教育的措施消除对老年人的各种歧视，保护老年人的合法权益；制定了老龄事业发展规划，陆续出台了一系列发展老龄事业的重大政策或措施；逐步建立了社会养老保障制度；特别重视老年妇女群体的困难和问题；大力推进社区老年福利服务、卫生保健、文化体育等各项事业发展；继续弘扬中华民族敬老、养老、助老传统美德，发挥家庭的积极作用；系统地进行老龄问题调查研究和科学研究活动，积极开展老龄问题的国际合作与交流。

他指出：实践证明，中国采取的老龄事业发展方针、政策和行动，是符合中国国情的，是保护亿万老年人基本人权的正确选择。

国务院副总理钱其琛在柏林会见德国政府副总理兼外长菲舍尔

双方主要就双边关系交换了看法并一致认为，江泽民主席正在进行的国事访问将有力推动中德全面合作关系的发展。

4月10日

国家主席江泽民在德国外交政策协会发表题为《共同创造一个和平繁荣的新世纪》的演讲

主席先生，女士们，先生们：

今天，我有机会同在座的新朋老友见面，并就共同促进世界和平与发展这个主题交流看法，感到十分高兴。

7年前，我到贵国访问时，曾应邀到你们这个协会来做过演讲。那时，大家就已在十分关切地讨论一个重大课题，即人类在21世纪中将面临怎样的状况，将如何安排自己的命运。我在那次演讲中提到，怎样使新世纪成为和平、稳定、发展、繁荣的世纪，是一个需要各国人民共同努力加以解决的重大课题。现在，人类已经进入了充满希望的21世纪，世界和平与发展事业正面临新的进步，但未来的不确定性仍然是各国人民的关注点。今天，我愿意着重就这个问题再谈谈我的看法。

进入新世纪，和平与发展仍然是时代的主题。世界要和平，人民要合作，国家要发展，社会要进步，是时代的潮流。上个世纪，人类经历了两次世界大战的浩劫，也经历了冷战对峙的磨难，付出了巨大代价。各国人民都不愿看到世界上任何地区再发生新的热战、冷战和动乱，都渴望世界持久和平，渴望促进共同发展，渴望过上稳定安宁的生活，共创人类美好的未来。

进入新世纪，世界多极化和经济全球化的趋势继续发展，以信息技术和生物技术为核心的现代科技突飞猛进，各国的经贸联系日益密切，世界生产力迅速发展，人类认识自然、利用自然和创造生活的能力大大增强。同时也要看到，世界的发展并不平衡，不合理不公正的国际政治经济旧秩序还没有根本改变，南北贫富差距进一步拉大，由民族、宗教、领土、资源等问题引发的争端和冲突此起彼伏，恐怖主义、贫困、环境恶化、毒品等非传统安全问题更趋突出。特别是进入新世纪以来，国际上发生的一系列突发事件，标志着国际局势正在发生"冷战结束"以后最为深刻的变化，需要各国人民冷静思考、认真应对。

进入新世纪，人类面临着难得的发展机遇，也面临着严峻的挑战，如何抓住机遇、迎接挑战，继续推进世界和平与发展的崇高事业，是摆在各国政府和人民面前的一个重大课题。

我们认为，维护世界和平、促进共同发展的正确途径是：顺应时代潮流和各国人民的意愿，因势利导，积极推动建立公正合理的国际政治经济新秩序。各国政府和人民应该在以下方面共同作出努力。

——积极推动世界走向多极化，尊重各国和各国人民的意愿与利益。这是促进世界和平与发展的重要基础。致力于建立一个多极世界，符合世界发展的客观规律，有利于体现各国和各国人民的共同意愿与利益，有利于推动建立公正合理的国际政治经济新秩序，有利于促进世界政治经济文化的协调平衡发展。多极化并非针对特定国家，而是世界各种力量在平等互利的基础上，加强协调和对话，不搞对抗，共同维护世界的和平、稳定与发展。

——推进国际关系民主化，凝聚各国人民的力量解决面临的突出问题。历史已反复证明，全球性的问题需要各国共同解决，全球性的挑战需要各国合作应对。任何一个国家和一种力量，都不可能也没有能力来独自完成这个任务。国家不分大小、贫富和强弱，都是国际社会的平等一员。各国的事情要由各国人民做主，国际上的事情要由各国平等协商。在事关世界和地区和平的重大问题上，应该按照联合国宪章的宗旨和原则以及公认的国际关系基本准则，坚持通过协商谈判和平解决争端。

——尊重世界的多样性，保证各国和睦相处、相互尊重。各国人民在自身的发展进程中创造了丰富多彩的文明。各种文明相互交流和借鉴，是人类进步的动力。各种文明和社会制度应该而且可以长期共存，在竞争比较中取长补短，在求同存异中共同发展。世界是丰富多彩的，不可能也不应该只有一种模式。一个和平相处、共同发展的世界，只能是一个各种文明相互交汇、相互借鉴，所有国家平等相待、彼此尊重，充满活力而又绚丽多彩的世界。

——正确引导经济全球化，促进各国实现共同发展。经济全球化是一种客观趋势，有利于促进资金、技术等生产要素在国际社会的流动和优化配置，有利于推动世界生产力的发展。不容忽视的是，在目前的经济全球化进程中，发达国家是主要受益者，而发展中国家获益甚少，有的甚至有被边缘化的危险。国际社会应共同努力，趋利避害，实现共赢共存，使经济全球化朝着有利于世界经济平衡、稳定和可持续发展的方向前进，以缩小南北差距，防止"贫者愈贫，富者愈富"现象继续发展。这不仅是实现各国共同发展的需要，也是维护世界和平与稳定的要求。

——树立以互信、互利、平等、协作为核心的新安全观，努力营造长期稳定的国际和平环境。各国在安全上的相互依存不断加深，共同点在增多，任何国家都难以单独实现其安全目标。只有加强国际合作，才能有效应对全球安全挑战，实现普遍和持久的安全。各国应以互信求安全，以互利求合作，从根本上减少不安全因素，维护全球战略平衡和稳定。

"9·11"恐怖袭击事件，受到了各国人民的共同谴责。这一事件的发生再次表明，恐怖主义严重威胁着世界的和平与稳定，是国际社会的一大公害。中国政府和人民坚定不移地谴责和反对一切形式的恐怖主义。国际社会应加强对话和磋商，开展合作，共同打击国际恐怖活动。打击恐怖主义要遵守《联合国宪章》的宗旨和原则及公认的国际法准则，充分发挥联合国和安理会的作用，一切行动应有利于维护地区及世界和平的长远利益。不能将恐怖主义与特定的民族或宗教混为一谈。不能对打击恐怖主义采取双重标准。不能借反恐怖主义推行影响世界和地区稳定与发展的别的政治意图。无论恐怖主义发生在何时何地、针对何人、以何种方式出现，国际社会都应共同努力，坚决予以谴责和打击。

中华民族是爱好和平的民族。中国对外政策的宗旨就是维护世界和平、促进共同发展。中国古代思想家提出的"亲仁善邻，国之宝也"的思想，"己所不欲，勿施于人"、"己欲立而立人，己欲达而达人"的古训，反映了中国人民爱好和平、渴望同各国人民友好相处的良好愿望和深厚文化底蕴。近代以后，在外来殖民和列强势力的侵略下，中国曾成为半殖民地半封建社会，中国人民饱经战乱和穷困之苦。中国人民经过长期奋斗，付出了高昂的代价，才赢得了民族独立和人民解放，终于得以在和平的环境中建设自己的国家。中国人民从自己的悲惨遭遇中深刻体会到，和平是十分珍贵的，和平是中国发展繁荣最根本的前提。中国政府和中国人民将始终不渝地维护世界和平。

新中国成立以来的事实向世人昭示，中国始终是维护地区和世界和平的坚定力量。中国早就提出相互尊重主权与领土完整、互不侵犯、互不干涉内政、平等互利、和平共处五项原则，恪守不参加军事集团、不谋求势力范围、永远不称霸等庄严承诺，为促进地区和世界的和平与安全作出了自己的积极贡献。

新中国成立以后特别是改革开放以来,中国社会发生了伟大的历史变革,中国的发展取得了令人瞩目的成就。今日之中国,政治稳定,经济发展,民族团结,社会进步。社会主义市场经济体制初步建立,民主法制的建设在进一步完善,人民生活总体上达到了小康水平。进入新世纪,中国人民将继续坚持以经济建设为中心,抓住一切发展机遇,不断推进有中国特色社会主义事业,为建设一个争取对人类进步作出更大贡献的富强民主文明的现代化国家而不懈奋斗。

中国有12亿多人口,底子薄,经济文化发展很不平衡,与发达国家相比生产力的发展水平还比较落后,是世界上最大的发展中国家。要实现现代化的目标,还需要进行长期的艰苦努力。集中精力搞好现代化建设,是中国今后长期的根本任务。中国需要一个持久的和平国际环境和良好的周边环境,需要同世界各国进行友好交流与合作。中国将坚定不移地奉行独立自主的和平外交政策,在和平共处五项原则基础上,同世界上一切国家友好交往、平等相待、互利合作,推动人类进步事业不断前进。

实现21世纪的和平与发展,欧洲可以而且应该发挥重要作用。欧洲有着灿烂的文化和悠久的历史,欧盟是世界上最大的、一体化程度最高的区域性联合体。中国一贯支持欧洲国家为维护世界和平、促进共同发展发挥重要作用。

中欧关系在中国对外关系中占有十分重要的位置。近年来,中欧合作内容日益充实,各个级别的政治对话和磋商取得积极成果,在国际和地区事务中的共同点不断增加,在经贸、科技、文化、教育等诸多领域的交往进一步深入。我们对中欧关系的发展感到满意。

展望未来,中欧关系发展前景广阔,双方加强友好合作条件有利。中国和欧洲国家同是世界舞台上的重要力量,在维护世界和平、促进共同发展等方面有着广泛的共同利益。中国正在致力于改革开放和现代化建设,西欧正在努力推进一体化建设,这为双方加强友好交流与合作提供了新的推动。中国有着丰富的人力资源和广阔的市场,西欧拥有雄厚的资金和先进技术,双方在经贸、科技等领域的合作具有很强的互补性。中国和西欧都有自己的悠久历史和灿烂文化,都曾为人类文明进步作出过重大贡献,双方在自然科学、社会科学和文化艺术等领域也可以相互借鉴,共同提高。

中国与欧洲国家走过了不同的历史进程,相互之间在社会制度、经济水平、文化传统和价值观念等方面存在差异,对一些问题有不同看法,这并不奇怪。只要双方按照相互尊重、平等对待、求同存异、协商一致的原则,积极开展政治对话,就可以增进了解、减少分歧、增加信任、扩大共识,寻求共同利益的交汇点,从而使双方的平等互利合作在新世纪结出更加丰硕的果实。

女士们,先生们:

中国和德国虽然相距遥远,但早在700年前就开始交往。400年前就开始进行通商和文化交流,两国人民的友谊源远流长。1972年,两国正式建立外交关系,揭开了中德关系新的一页。今年是中德两国建交30周年。我们高兴地看到,中德建交以来,两国在各个领域的友好合作关系经受住了时间和国际风云变幻的考验,发展的速度、深度和广度都是前所未有的。两国高层互访频繁,领导人保持着密切的联系和接触,政府各部门建立了多层次的协调与合作机制。两国经贸合作不断扩大,德国企业在华直接投资迅速增长,德国作为中国在欧洲最大贸易伙伴的地位进一步增强。两国文化、教育、科技、环保、司法等领域的交流日趋活跃,已形成多层次、多领域、多形式交流的格局。两国互谅互信,在彼此关切的问题上相互理解和支持。中德关系建立了广泛而牢固的基础,中德友好深入人心,中德合作前景广阔。

德国人民是伟大、勤劳、智慧的人民,对人类文明进步作出了重要贡献。第二次世界大战后,德国人民坚持走和平发展的道路,在国家建设中创造了举世瞩目的业绩,在国际事务中发挥着越来越大的作用。中国十分重视德国在欧洲和国际事务中的重要地位与作用,把德国视为自己在欧洲最重要的合作伙伴之一。德国也把中国置于其亚洲政策的核心地位。在当前复杂多变的国际形势下,中德两国进一步加强磋商、交流与合作,不仅将造福于两国人民,也有利于世界的和平、稳定与发展。

让我们两国人民携起手来,为推进世界和平与发展的崇高事业而共同努力!

谢谢大家!

国务院副总理温家宝在安徽考察

4月10日至13日,温家宝在安徽省委书记王太华、省长许仲林等陪同下,先后到蚌埠、滁州地区的乡村考察农村税费改革试点进展情况。每到一地,他走访农户,与干部群众座谈,听取他们的意见和建议。

温家宝指出,农村税费改革试点进展顺利,取得明显成效,得到了广大农村干部群众的衷心拥护。实践证明,中央的决策是正确的,制定的改革措施是符合实际的。今年要继续按照"积极稳妥、量力而行、分步实施"的原则,坚定不移地把这项改革向前推进。各地要不断总结经验,完善政策,加强领导,扎实工作,确保改革取得成功。

2000年,中央决定在安徽全省开展农村税费改革试点,去年江苏全省也进行了这项改革,全国其他省(自治区、直辖市)的102个县(市)也开展了试点工作。从各地情况看,试点工作达到了预期目的。一是农村分配关系进一步规范,新的农村税赋制度框架初步确立。二是改革农村教育管理体制,确保了农村义务教育投入。三是精简乡镇机构和人员,确保了乡村组织正常运转。改革从根本上减轻了农民负担。

温家宝对安徽农村税费改革试点的进展情况十分关心。从2000年中央决定在安徽全省进行农村税费改革试点工作以来,他先后三次来到安徽检查指导。这次他重点到淮北地区,深入农村基层,在田间地头、农家小院,与乡村干部和农民群众围坐一起、促膝交谈,仔细翻看农户的纳税通知书、负担监督卡,了解农民缴纳税费、乡村撤并、教师工资发放和学生费用负担等方面的情况。当看到税费改革后农民负担确实明显减轻,干群关系显著改善,基层组织运转和农村义务教育经费基本得到保障后,温家宝十分高兴。他说,农村税费改革取得了新的进展,积累了新的经验。改革的方向是完全正确的,必须坚定不移地向前推进。安徽的经验表明,要使改革顺利、健康地进行,必须把握以下几点:

第一,把减轻农民负担作为第一位的目标。农村税费改革有没有意义,能不能成功,最根本的要看这一条。农民负担过重已成为影响农民积极性、制约农业结构调整、阻碍农村生产力发展的一大障碍。一些地方农民生产积极性不高,一个重要原因就是负担太重,农业成本太高,农民种地无利可图。从税费改革入手,抓住了问题的症结,从根本上减轻农民负担,就能够进一步解放和发展农村生产力。

第二,改革必须整体推进,配套进行。农村税费改革不仅调整国家、集体与农民之间的分配关系,直接减轻和规范农民负担;而且通过乡镇机构改革,转变政府职能,农村教育管理体制改革等配套措施,使农村生产关系和上层建筑更加适应生产力发展的要求,为最终调整国民收入分配结构,彻底取消农民的不合理负担奠定基础。要稳步推进各项配套改革,防止农民负担反弹,巩固改革成果。

第三,不断总结经验,完善政策。农村税费改革是一项新的事业,没有现成的模式和成熟的经验可以遵循。各地要在中央确定的总的原则下,从当地实际出发,制定更加具体、更具操作性的实施办法。农村税费改革是广大农民群众的事业,经验出在基层,智慧来自群众,要尊重农民群众的首创精神,充分发挥他们的积极性和创造性。

考察期间,温家宝听取了安徽省委、省政府的工作汇报,并先后召开多次座谈会,与各级干部、农民群众、中小学教师等一起研究深入推进税费改革需要进一步解决的问题。他指出,按照党中央、国务院的总体部署,今年农村税费改革试点的范围进一步扩大。这主要是基于以下考虑:一是国民经济继续保持较快增长,全国财政收入稳步增加,为扩大改革试点创造了有利的外部环境。二是安徽等地试点工作进展顺利,并取得初步成效,为扩大试点积累了经验。三是去年以来,各地政府和有关部门为全面实施改革做了大量准备工作,农民也迫切希望通过税费改革尽快把过重的负担减下来,扩大改革范围具备比较坚实的工作基础和广泛的群众基础。四是推进农村税费改革,从根本上减轻农民负担,改善农村干群关系,维护农村社会稳定,是目前农村工作的紧迫任务,也是实践“三个代表”重要思想的具体行动。对这项关系农村工作全局的重大改革,各地要高度重视,切实加强领导,认真组织实施。

一要精心制定改革试点方案。扩大试点的地方党委和政府,必须组织足够的力量,在充分调查研究和听取群众意见的基础上,认真制订改革方案和实施步骤,并随时总结经验,不断加以完善。要充分估计改革中的困难,尽量把工作做得细致一些,确保改革健康顺利地进行。

二要努力做到“三个确保”。确保农民负担明显减轻、不反弹,确保乡镇机构和村级组织正常运转,确保农村义务教育的必要经费。这是推进农村税费改革的基本要求,也是近两年农村税费改革试点得出的一条重要经验。确保农民负担得到明显减轻,必须全面贯彻中央有关农村税费改革的各项政策,坚持“减轻、规范、稳定”的原则,切实把减轻农民负担放在首位。确保乡镇机构和村级组织正常运转,就要保障他们履行职能所需要的正常支出。原则上要把农业税新增收入全部留给乡镇政府,农业税、农业特产税附加收入全部用于村级开支,不得截留挪用。村级开支确有困难的,乡镇财政要给予适当补助。确保农村义务教育不断得到加强,就要在安排上级转移支付资金时,切实保证农村义务教育经费正常需要。县级财政要按规定标准安排农村中小学教师工资和公用经费。

三要坚决执行农村税费改革的各项政策。合理确定农业税计税要素,防止出现农业税计税土地面积不实,计税常产和计税价格偏高等问题。规范农业税的征收管理,加强监督检查,对一些地方出现的按土地、人头平摊农业特产税等问题,要认真调查研究,坚决纠正。村级进行“一事一议”筹资筹劳,要严格按程序进行,按制度办事,防止成为新的乱收费口子。

四要正确处理改革中出现的新问题。加强调查研究，大胆探索，不断完善改革方案和配套政策，努力把改革推向深入。要研究对农民实行直接收入补贴的办法，把税费改革与粮食流通体制改革和政府对农业补贴方式的转变结合起来。

温家宝强调，搞好农村税费改革，干部是关键。各级党组织和从事农村工作的广大干部必须按照"三个代表"的要求，切实改进作风，认真执行党的农村政策和税费改革的各项规定，以对党和人民高度负责的态度和扎实的工作，把农村税费改革推向前进。

随同温家宝考察的有关部门负责人还有项怀诚、杜青林、段应碧等。

全国干部培训教材编审指导委员会第四次会议在北京召开

在党中央的亲切关怀下，全国首批12本干部培训教材即将同广大干部见面。江泽民总书记亲自为这套教材作了序言。

中共中央政治局候补委员、书记处书记、中组部部长曾庆红在今天召开的全国干部培训教材编审指导委员会第四次会议上指出，党中央高度重视干部培训教材工作。江泽民总书记从适应新形势、应对新挑战，建设一支高素质干部队伍的战略高度，多次强调全党要重视学习、加强学习，要求我们切实做好干部培训教材工作。首批干部培训教材，就是按照中央要求编写的一套比较系统、比较权威的干部基本知识学习读本。这套教材涵盖了政治理论、市场经济、公共行政、工商管理、法制、科技、历史、文学、语言文字、艺术等方面，体现了"三个代表"的重要思想，具有较强的思想性；注重了整体布局和结构的合理，具有较强的科学性；适应了干部学习的实际需要，具有较强的针对性。这套教材的出版，标志着干部培训教材建设取得了实质性进展，迈上了一个新的台阶。

曾庆红要求，这套教材出版以后，要着力抓好学习和运用，充分发挥教材的作用，推动干部教育培训和人才培养工作的深入开展，努力提高干部队伍的整体素质。各级党委及其组织人事部门要采取多种形式，扎扎实实地组织好这套教材的学习。县处级以上党政领导班子要通过中心组学习等形式，有计划地组织班子成员学习这套教材。国有大中型企业和事业单位要结合实际，有针对性地组织领导人员进行学习。各级党校、行政学院和其他各类干部院校，都要把这套教材作为干部脱产培训的基本教材，采取切实有效的措施组织好学习。要积极支持和鼓励干部通过在职自学，学好用好这套教材。

全国干部培训教材编审指导委员会成员和五个专业教材编审委员会的负责同志出席了会议。

外交部发言人章启月就日本修改历史教科书问题答记者问

外交部发言人章启月在回答记者提问时说，中方已留意到日本最近对"新编日本史"这一高中历史教科书作了进一步修改，中方将继续了解有关情况，保留进一步反应的权利。

有记者问：日本政府最近审定通过了2003年度高中历史教科书，其中包括1986年引起第二次教科书事件的"新编日本史"，请问你对此有何评论？

章启月答：这本日本右翼学者编纂的历史教科书在1986年出笼时，遭到中、韩等亚洲邻国政府和人民的强烈谴责，被迫作出过大幅度修改。此后，该书曾于1991年和1996年被审定通过。我们注意到日方最近对该书内容又做了进一步修改，将继续了解有关情况，保留作出进一步反应的权利。

日本历史教科书问题的实质，是日方能否真正正确认识和对待过去那段侵略历史。我们要求日本政府采取对历史和未来负责的态度，履行迄今在历史问题上作出的表态和承诺，切实妥善处理有关问题。我们相信日本人民是有良知和鉴别力的，歪曲历史是不得人心的。

我国切实履行加入世贸组织承诺货物贸易等五领域均有较大动作

外经贸部表示：我国加入世贸组织以来，为切实履行承诺做了大量工作，在货物贸易、服务贸易、知识产权、投资和透明度等5个领域都采取了扩大开放的积极姿态。

在货物贸易领域，根据承诺，我国于今年1月1日大幅下调了5000多种商品的进口关税，关税总水平由15.3%降低到12%。工业品的平均税率由14.7%降低到11.3%，农产品(不包括水产品)的平均税率由18.8%降低到15.8%。同日取消了粮食、羊毛、棉花、腈纶、涤纶、聚酯切片、化肥、部分轮胎等产品的配额许可证管理。另外，已修改和废止一批与WTO规则不符的法律、法规。同时，一批新的法律、法规相继出台。其中《中华人民共和国反倾销条例》、《中华人民共和国反补贴条例》、《中华人民共和国保障措施条例》已施行，相关的配套措施也相继出台。

在服务贸易领域，中国政府根据承诺在一些重要的服务贸易部门颁布了新的审批外资进入中国的法规和条例，包括《外国律师事务所驻华代表机构管理条例》、《外商投资电信企业管理规定》、《中华人民共和国外资金融机构管理条例》、《外资保险公司管理条例》、《中华人民共和国国际海运条例》、《中外合作音像制品分销企业管理办法》、《国务院关于修改〈旅行社管理条例〉的决定》等。对于以上法规,中国政府各部门还将根据需要制定实施细则,以便使这些法规更具操作性。《外商投资商业企业管理暂行办法》、《中外合资证券公司审批规则》等正在积极制定中。

在知识产权领域,我国完成对《专利法》、《专利法实施细则》、《商标法》、《著作权法》、《计算机软件保护条例》等法规的修改,制定了《集成电路布图设计保护条例》,《商标法实施细则》、《著作权法实施细则》、《药品管理法实施办法》的修改工作也将于近期完成。这些法规修改完成后,我国的知识产权保护在立法方面可望完全符合 TRIPS 协议的要求。

在投资领域,中国立法机构已对《中外合资企业法》、《中外合作企业法》和《外资企业法》等 3 个关于外商直接投资的基本法律及实施细则进行了修订,修订内容包括外汇平衡条款、"当地含量"条款、出口业绩要求和企业生产计划备案条款。通过税制改革也已统一了内外资企业的流转税制;取消了对外商投资企业的高收费;废除了对外籍人员的一些双重收费标准。新的《外商投资产业指导目录》和汽车产业政策已经公布。

在透明度领域,根据承诺,外经贸部通报咨询局自我国成为 WTO 成员之日起,即正式开展工作。今年 1 月,中国政府 WTO 咨询点正式开始向各界提供咨询服务,内容涵盖我国所有有关或影响货物贸易、服务贸易和与贸易有关的知识产权或外汇管制的法律、法规和其他措施的信息。为了保证咨询工作的准确性和权威性,成立了中国政府 WTO 通报咨询局咨询专家组。此外,为了更好地履行承诺,中国政府 WTO 咨询网站已开始筹建,以提高 WTO 咨询的效率和质量。

4 月 11 日

国家主席江泽民在出席德国经济亚太委员会举行的宴会上发表讲话

江泽民在讲话中说,经过 20 多年的改革开放和现代化建设,中国实现了人均国内生产总值比 1980 年翻两番的目标,中国的面貌发生巨大变化,社会生产力、综合国力和人民生活水平显著提高。社会主义市场经济体制初步形成,市场机制在资源配置中日益明显地发挥基础性的作用。全方位对外开放格局基本形成,开放型经济迅速发展。在过去的 5 年中,中国国内生产总值年均增长 7.8%。2001 年,在世界经济增长明显减缓的情况下,中国经济保持了良好的发展势头,外贸进出口总额突破 5000 亿美元。进入新世纪,中国开始实施现代化建设的第三步战略部署。今后 5 至 10 年,我们将把发展作为主题,把结构调整作为主线,把改革开放和科技进步作为动力,把提高人民生活水平作为根本出发点,继续推动中国经济持续快速健康发展。我们的计划是,到 2010 年,使中国国内生产总值比 2000 年再翻一番。当然,实现这个目标,需要付出艰苦的努力,也会遇到各种困难和不测因素,但我们完全有条件、有信心实现这一目标。

在谈到中国加入世贸组织时,江泽民说,加入世贸组织后,中国对外开放将提高到一个新水平,将在更大的范围、更广的领域、更高的层次上参与国际经济技术合作。这不仅有利于中国的发展,也有利于世界的发展。中国将遵守自己作出的承诺。我们在享受应有权利的同时,将严格履行承诺的各项义务,在金融、保险、电信、贸易以及中介服务等领域逐渐扩大对外开放。我们将按照法制统一、非歧视、公开透明的原则,抓紧按照世贸组织规则完善中国的经济法律、法规体系,确保执法公正和效率,同时加快制定各方面的市场准入标准,改善中国的贸易投资环境。我们将积极推动和参与区域经济合作。中国是世界上最大的发展中国家,具有丰富的人力资源和巨大的潜在市场。我们欢迎各国企业家到中国开展多种形式的经济技术合作。我们期待的是一个双赢的结果。

江泽民说,德国是中国在欧洲最大的贸易和技术合作伙伴。中国是德国在亚洲最重要的经贸伙伴之一。中德经济技术合作的发展给双方都带来了实实在在的利益。在新的世纪里,我们两国的经贸关系要进一步发展。今后中国将优先发展农业、交通、通信、能源等基础设施和基础产业,这些领域德国具有优势。中国实施现代化建设第三步战略部署,推进西部大开发战略,将为加强与包括德国在内的各国开展经济技术合作带来新的机遇。希望德国企业和金融界更加积极地同中国开展合作,发挥自身的技术优势,在产品价格、技术转让、融资条件等方面进一步提高竞争力。只要着眼未来,坚持互利互惠,两国的经济技术合作就一定会进一步发展。

他强调,加强中德友好合作关系,是中德两国人民的共同愿望。中德有相互信任的政治关系和良好的经贸关系,双方合作潜力巨大,前景广阔。让我们共同努力,在新的世纪里把中德经济技术合作关系提高到一个新的水平。

国务院副总理钱其琛出席了宴会。德国经济亚太委员会成立于 1993 年,其宗旨是为了鼓励德国企业家加强与亚太地区的经济联系。

国务院总理朱镕基在海南省博鳌会见出席博鳌亚洲论坛首届年会的各国前政要

他们是:菲律宾前总统拉莫斯、巴基斯坦前总统莱加里、澳大利亚前总理霍克和哈萨克斯坦前总理捷列先科等。

朱镕基说，各位是博鳌亚洲论坛的发起人，对论坛的成长倾注了不少心力。我在这里还要对拉莫斯先生当选为博鳌亚洲论坛理事长表示热烈的祝贺。他说，论坛自去年成立以来，发展较快，首次年会就邀请来了30多个国家的1000多名代表，年会讨论的议题也备受各方关注。这充分说明了你们当时的创意是富有远见的。

朱镕基表示，博鳌亚洲论坛是大家共同拥有的论坛。我相信在有关各方努力下，论坛将越办越好，成为亚洲和关心亚洲的各界人士加强了解、增进友谊和扩大合作的纽带。中国政府积极支持和参与亚洲的区域经济合作。作为东道国，中国政府将继续对论坛给予支持。

全国政协副主席陈锦华、外交部长唐家璇等会见时在座。

国务院发出《关于进一步完善退耕还林政策措施的若干意见》

各省、自治区、直辖市人民政府，国务院各部委、各直属机构：

两年多来，按照党中央、国务院的部署，长江上游、黄河上中游等地区认真开展了退耕还林的试点工作。各级党委、政府高度重视，组织得力，退耕还林试点工作进展良好，取得了一定经验。实践证明，党中央关于退耕还林的决策和“退耕还林、封山绿化、以粮代赈、个体承包”政策措施是完全正确的，深得广大干部和群众的拥护，是加强西部地区生态环境建设和保护的重要举措，也是贫困山区农民脱贫致富的有效途径。为了加强对退耕还林试点工作的指导，国务院下发了《关于进一步做好退耕还林还草工作的若干意见》(国发〔2000〕24号)，对确保退耕还林的顺利实施和健康发展起到了重要保证作用。但是，在试点期间也出现了一些需要研究和解决的问题，有些政策措施也要进一步完善。为把退耕还林工作扎实、稳妥、健康地向前推进，现就进一步完善退耕还林政策措施作出如下规定：

一、退耕还林必须遵循的原则

(一)退耕还林要坚持生态效益优先，兼顾农民吃饭、增收以及地方经济发展；坚持生态建设与生态保护并重，采取综合措施，制止边治理边破坏问题；坚持政策引导和农民自愿相结合，充分尊重农民的意愿；坚持尊重自然规律，科学选择树种；坚持因地制宜，统筹规划，突出重点，注重实效。

(二)实施退耕还林要认真落实“退耕还林、封山绿化、以粮代赈、个体承包”的政策措施，坚持个体承包的机制，实行责权利相结合。必须切实把握“林权是核心，给粮是关键，种苗要先行，干部是保证”这几个主要环节，确保退耕还林取得成功。

二、科学制定规划，加快退耕还林进度

(三)进一步明确退耕还林的范围。凡是水土流失严重和粮食产量低而不稳的坡耕地和沙化耕地，应按国家批准的规划实施退耕还林。对需要退耕还林的地方，只要条件具备，应扩大退耕还林规模，能退多少退多少。对生产条件较好，粮食产量较高，又不会造成水土流失的耕地，农民不愿退耕的，不得强迫退耕。

(四)因地制宜，科学制订规划。各省(自治区、直辖市，下同)要依据国家退耕还林工程规划编制省级退耕还林工程规划，明确工程建设的目标任务、建设重点和政策措施。

要根据不同气候水文条件和土地类型进行科学规划，做到因地制宜，乔灌草合理配置，农林牧相互结合。在干旱、半干旱地区，重点发展耐旱灌木，恢复原生植被。在雨量充沛，生物生长量高的缓坡地区，可大力发展竹林、速生丰产林。

各地在确保地表植被完整，减少水土流失的前提下，可采取林果间作、林竹间作、林药间作、林草间作、灌草间作等多种合理模式还林，立体经营，实现生态效益与经济效益的有效结合。退耕后禁止林粮间作。

(五)及时下达退耕还林任务。为了抓住造林最佳季节，保证工程建设质量，从今年起，国家将根据退耕还林总体规划在10月31日前下达下一年度计划任务。各省要根据国家下达的年度任务，对水土流失严重的坡耕地、沙化耕地优先安排退耕还林，并按照轻重缓急的原则确定实施退耕还林的工程县(市、区、旗，下同)，在接到计划一个月内将年度任务分解下达到各县。要组织编制县级退耕还林工程实施方案，特别是要做好乡镇作业设计，把工程任务落实到山头地块，落实到农户。

根据气候条件，在确保完成整地的条件下，允许国家退耕还林年度任务实行滚动安排。

(六)退耕还林要以营造生态林为主，营造的生态林比例以县为核算单位，不得低于80%。对超过规定比例多种的经济林，只给种苗和造林补助费，不补助粮食和现金。

三、认真落实林权，调动和保护农民退耕还林的积极性

(七)实施退耕还林后，必须确保退耕农户享有在退耕土地和荒山荒地上种植的林木所有权，并依法履行土地用途变更手续，由县级以上人民政府发放权属所有证明。

（八）在确定土地所有权和使用权的基础上，实行“谁退耕、谁造林、谁经营、谁受益”的政策。农民承包的耕地和宜林荒山荒地造林以后，承包期一律延长到50年，允许依法继承、转让，到期后可按有关法律和法规继续承包。

（九）采取多种形式推进退耕还林。有条件的地区可本着协商、自愿的原则，由农村造林专业户、社会团体、企事业单位等租赁、承包退耕还林，其利益分配等问题由双方协商解决。鼓励在有条件的地区实行集中连片造林，鼓励个人兴办家庭林场，实行多种经营。

四、切实抓好粮食补助兑现，确保农民口粮供应

（十）国家无偿向退耕户提供粮食、现金补助。粮食和现金补助标准为：长江流域及南方地区，每亩退耕地每年补助粮食（原粮）150 公斤；黄河流域及北方地区，每亩退耕地每年补助粮食（原粮）100 公斤。每亩退耕地每年补助现金 20 元。粮食和现金补助年限，还草补助按 2 年计算；还经济林补助按 5 年计算；还生态林补助暂按 8 年计算。补助粮食（原粮）的价款按每公斤 1.4 元折价计算。补助粮食（原粮）的价款和现金由中央财政承担。

在粮食和现金补助期间，退耕农户在完成现有耕地退耕还林后，必须继续在宜林荒山荒地造林，由县或乡镇统一组织。

（十一）国家在下达年度计划的同时，核定各省的粮食补助总量，并下达到各省。对退耕农户只能供应粮食实物，不得以任何形式将补助粮食折算成现金或者代金券发放。

（十二）退耕还林补助粮食的调运组织由省级政府负责，原则上以地方国有粮食购销企业的商品周转粮为主，必要时可动用地方储备粮或申请动用中央储备粮。粮源缺口较大时，由国家根据实际情况帮助协调解决。当地政府要统一组织粮食的供应，就近调运，组织到乡，兑现到户，减少供应环节，降低供应成本。

（十三）粮食购销企业按顺价销售、不发生新亏损的原则供应粮食。农业发展银行据实收回贷款后，应适当返还粮食企业合理费用。粮食调运等有关费用，由地方政府承担，纳入地方财政预算，不得转嫁到供应粮食的企业和退耕农户。

（十四）对退耕农户供应的粮食品种，由省级政府根据当地口粮消费习惯和种植习惯以及当地粮食库存实际情况合理确定。各地可根据退耕户需要供应成品粮。对供应给退耕还林农户的粮食必须进行认真检验，补助粮食必须达到国家规定的质量标准。凡不符合口粮标准的，不得供应给退耕农户。

（十五）按报账制办法发放补助粮食。退耕还林第一年，粮食补助可分两次兑付。第一次在完成整地并经县级人民政府指定的主管部门检查验收后，可以预先兑付部分补助粮；第二次待退耕还林成活率验收合格后再兑现补助粮余额。每次兑现补助粮的数量由地方政府确定。以后每年要及时对退耕农户的幼林抚育、管护进行验收，验收合格的要及时发放验收卡，农户凭验收卡到粮食供应点领粮。承担粮食供应任务的企业要根据县级人民政府指定的主管部门的检查验收凭证，按国家确定的补助标准，向退耕户发放粮食。有关补助费用的结算办法，由省级财政部门会同粮食部门和农业发展银行进一步修改完善。

五、必须做到种苗先行，保障种苗供给

（十六）国家向退耕户提供种苗和造林费补助。退耕还林、宜林荒山荒地造林的种苗和造林费补助款由国家提供，国家计委在年度计划中安排。种苗和造林费补助标准按退耕地和宜林荒山荒地造林每亩 50 元计算。尚未承包到户及休耕的坡耕地，不纳入退耕还林兑现钱粮补助政策的范围，但可作宜林荒山荒地造林，按每亩 50 元标准给予种苗和造林费补助。干旱、半干旱地区若遇连年干旱等特大自然灾害确需补植或重新造林的，经国家林业局核实后，国家酌情给予补助。

退耕还林种苗和造林补助费发放方式，由各省根据实际情况确定。在尊重退耕农户意愿的前提下，退耕农户与种苗供应方签订书面合同，并在造林验收后，由种苗供应单位与退耕农户结算种苗补助费。任何单位和个人不得为退耕农户指定种苗供应商。种苗和造林补助费，只能用于种苗、造林补助和封育管护等支出，不得挪作他用。

（十七）种苗的数量充足、质量优良、品种对路，是实施退耕还林的必要前提和基础条件，必须先行建设，超前准备。各地区和各有关部门都要提前做好种苗的生产培育，组织好种苗的供应。

（十八）林业主管部门负责做好种苗建设规划，切实抓好种苗和采种基地建设。种苗生产供应要从实际出发，采取多种形式，走产业化经营的路子，积极鼓励农户育苗，促进农业结构调整和农民增收。要发挥国有苗圃龙头企业作用，组织和带动农民发展苗木产业，扩大种苗生产能力。

（十九）林业主管部门要负责提供种苗调运、栽培管理方面的技术指导和技术服务，加强种苗质量和疫病检验检测工作，确保种苗供应单位和育苗专业户按规定的树种、数量、质量提供退耕还林所需的合格种苗。

（二十）有关部门要加强种苗市场、价格的规范管理和监督检查。对生产、销售的种苗必须有林业部门出具的标签、质量检验证和检疫证，凡是不具备“一签

两证”的种苗，不准进入市场。坚决制止垄断经营种苗和哄抬种苗价格的行为，严厉打击种苗销售中的不法行为，维护农民合法权益。

六、落实退耕还林各项配套措施，巩固退耕还林建设成果

(二十一)关于退耕地还林的农业税征收减免政策。凡退耕地属于农业税计税土地，自退耕之年起，对补助粮达到原常年产量的，国家扣除农业税部分后再将补助粮发放给农民；补助粮食标准未达到常年产量的，相应调减农业税，合理减少扣除数量。退耕之前的常年产量，按土地退耕前五年的常年产量平均计算。补助给农民的现金不计入补助粮食标准。退耕地原来不是农业税计税土地的，无论原来产量多少，都不得从补助粮食中扣除农业税。

农业税征收机关要按照退耕的农业税计税土地常年产量和当地补助粮食标准确定退耕土地应征收的农业税税额，并通知补助粮食发放单位从补助粮食中代扣农业税。退耕地的农业税只能从补助粮食中扣除，不得向农民征收。在停止粮食补助的年度，同时停止扣除农业税。

实施退耕还林的县，其农业税收入减收部分，由中央财政以转移支付的方式给予适当补助。

(二十二)为了加强生态保护和建设，要结合退耕还林工程开展生态移民、封山绿化。对居住在生态地位重要、生态环境脆弱、已丧失基本生存条件地区的人口实行生态移民。对迁出区内的耕地全部退耕、草地全部封育，实行封山育林育草，恢复林草植被。中央对生态移民生产生活设施建设给予补助。地方政府要搞好迁入地的生产生活设施建设，对生态移民的农户给予妥善安置，解决好他们的生计问题。有条件的地方，要把生态移民与小城镇建设结合起来。

(二十三)为保护好现有林草植被，巩固生态环境建设成果，各地区要结合退耕还林及天然林资源保护工程的实施，积极开展农村能源建设，从各地实际出发，大力发展沼气、小水电、太阳能、风能以及营造薪炭林等。沼气池建设要逐步标准化、规范化，走产业化发展道路。中央对农村能源建设给予适当补助。

(二十四)退耕还林后必须实行封山禁牧、舍饲圈养。退耕还林的农户，要保证造林的成活率、保存率，管护好林地和草地不受破坏。要彻底改变牲畜饲养方式，实行舍饲圈养，严禁牲畜对林草植被的破坏。要根据当地实际情况，制定切实可行的管理办法，加大执法力度。禁止采集发菜、滥挖甘草等人为破坏林草植被行为。

(二十五)加强川地、缓坡耕地的农田基本建设，提高粮食单产，解除农民退耕后吃粮的后顾之忧，扩大陡坡耕地的退耕空间，切实做到“树上山，粮下川”。实施退耕还林的地区，要将扶贫开发、农业综合开发、水土保持、生态环境综合治理等不同渠道的资金统筹安排，综合使用。

(二十六)退耕还林的地区，要结合生态建设，大力调整农村产业结构，发展龙头企业和支柱产业，开辟新的生产门路。要制定优惠政策吸引企业及社会各界参与生态环境建设，积极推广“公司加农户”，“工厂加基地”等做法，为农产品建立稳定的市场渠道，努力增加农民收入。

七、加强组织领导和监督检查，确保退耕还林工作顺利进行

(二十七)退耕还林是一项十分复杂的系统工程，广大干部特别是基层干部必须切实转变作风，深入基层，不折不扣地贯彻落实国家有关退耕还林的政策，组织群众做好退耕还林工作，要加强监督检查，务必注重实效，反对形式主义，及时发现和解决存在的问题。

(二十八)要进一步提高认识，统一思想。各级领导干部要进一步提高对退耕还林重大意义的认识，本着实事求是、因地制宜的原则，正确处理好生态效益与经济效益的关系，当前与长远的关系，真正把退耕还林这项“功在当代，利在千秋”的大事抓紧抓好。

(二十九)退耕还林实行“目标、任务、资金、粮食、责任”五到省，省级政府对工程负总责。各省级政府须确定一位省级领导同志具体负责，并认真组织实施好退耕还林工作。各级政府要切实把退耕还林工作列入重要议事日程，加强领导，及时研究解决实施中的重大问题。各省级政府要层层落实工程建设的目标和责任，层层签订责任状，并认真进行检查和考核。

(三十)各省西部开发办和计划、财政、林业、粮食等部门，要在本级政府的统一领导下，按照各自的职能分工，各司其职、各负其责，密切配合，充分发挥部门优势，共同做好工作。

(三十一)退耕还林工程的规划、作业设计等前期工作费用和科技支撑费用，国家给予适当补助，由国家计委根据工程建设情况在年度计划中安排。前期工作费用和科技支撑费用的有关管理办法，由国务院有关部门另行制定。

退耕还林地方所需检查验收、兑现等费用由地方承担，国家有关部门的核查经费由中央承担。

(三十二)各省级政府、各县级政府要认真组织好县级自查、省级抽查工作，县级验收结果作为补助政策兑现的直接依据。有关部门要加强对退耕还林补助资金拨付、使用情况的监督检查，特别是要充分发挥审计等监督部门的作用。退耕还林粮食、现金补助兑现情况，要纳入乡村政务公开的内容，张榜公布，接受群众

监督，防止冒领，杜绝贪污。要建立退耕还林举报制度，公布举报电话、设立举报箱，接受社会监督。对违法违纪现象，一经核实，要按照有关规定对责任人作出处罚，并奖励举报有功人员。

（三十三）本意见所称退耕还林，包括退耕地还林、还草、还湖和相应的宜林荒山荒地造林。本意见由国务院西部地区开发领导小组办公室负责解释。国务院有关部门按照职能分工，在本部门主管范围内，根据实际需要进一步制定具体实施意见。

国务院

2002年4月11日

中央纪委书记尉健行在福建考察

尉健行4月11日至18日在福建省考察工作时强调，各级纪检监察机关要适应改革发展新形势的需要，进一步发挥行政监察职能。

尉健行指出，按照中央的决定，纪检监察机关实行合署办公的体制后，同时履行党的纪律检查和行政监察两项职能。监察机关是政府行使监察职能的专门机关，依法对国家行政机关及其公务员的行政行为实施监察。行政监察的主要手段是执法监察，包括廉政监察和效能监察两个方面，它们是互相联系、互相促进的。从当前党风廉政建设的实际出发，在坚持以廉政监察为重点的同时，又要运用效能监察的手段，促进勤政建设，并注意从中发现和处理廉政方面的问题。

尉健行说，作为政府内设的监督部门，行政监察与政府各项业务的联系密切，与经济工作贴得比较紧，便于对政府机关及其公务员的施政行为进行了解和监督。监察机关要善于利用这个有利条件，主动深入到政府机关的行政管理活动中，加强事前、事中监督，做到关口前移、防范在先。尤其是随着改革的不断深化，社会主义市场经济体制的逐步健全，反腐败斗争向纵深发展，越来越多地触及到体制、机制、制度和管理等深层次的问题，这些都要求纪检监察机关进一步发挥行政监察职能。

尉健行强调，当前，各级监察机关要注意围绕改革和发展的重大问题，着重在推进行政审批制度改革、进一步落实“收支两条线”规定、整顿和规范市场经济秩序，以及保证国债资金、社会保障资金的合理有效使用等工作中，积极发挥行政监察职能作用。各级纪检监察机关要在机构设置、人员配备和任务安排上为行政监察工作创造必要条件。

尉健行指出，近年来福建省从效能监察入手，在乡镇以上各级机关全面开展效能建设，建立、健全有关的机制和制度，并且认真贯彻党的十五届六中全会精神，把效能建设与作风建设结合起来，进一步推进这项工作，探索和总结了一些有效的做法和经验，取得了较好的成效。福建的这一做法，注意把廉政与勤政统一起来抓，贯彻了标本兼治、综合治理的方针，较好地处理了管理与服务以及在政务公开中搞好便民服务与接受群众监督的关系，促进了依法行政、从严治政。

尉健行要求，各级纪检监察干部特别是领导干部，要深入学习贯彻江泽民同志在中央纪委第七次全会上的重要讲话精神，按照“三个代表”的要求，解放思想，实事求是，与时俱进，开拓创新，不断探索新形势下行政监察工作的特点和规律，充分发挥行政监察职能，更好地为改革发展稳定的大局服务。

尉健行在福建期间，先后到龙岩、漳州、厦门、泉州和福州等地考察，看望并同纪检监察干部和工会干部座谈，听取了省委、省政府的工作汇报。他对福建省委、省政府结合当地的实际，在推进改革发展和加强党风廉政建设方面取得的成绩，给予了充分肯定。

全国粮食局长会议在北京召开

国务院副总理温家宝对会议作出批示。温家宝指出：深化国有粮食购销企业改革，是推进整个粮食流通体制改革的重要环节。愈是放开粮食市场，愈需加强和改善宏观调控，发挥国有粮食企业的主渠道作用和储备调节作用。国有粮食企业要通过改革、改组和改造，提高经营效益和市场竞争力。这是粮食部门面临的一项紧迫而艰巨的任务。

国家计委副主任王春正在会上说，去年以来，各级粮食部门广大干部职工按照党中央、国务院的要求，在积极推进粮食流通体制改革、开展粮食清仓查库、加强粮食宏观调控和搞好国家粮库建设等方面做了大量工作，取得了明显成效。今年是粮食流通体制改革关键的一年，粮食工作面临新的形势，任务相当繁重。要全面落实深化粮食流通体制改革的措施，扎扎实实推进粮食购销市场化改革，加大国有粮食企业改革力度，加强粮食宏观调控，搞好中央储备粮的管理和轮换，建立促进粮食推陈储新的机制，推动粮食产销区建立长期稳定的购销合作关系，按期完成国家粮库建设任务，以优异成绩迎接党的十六大召开。中国储备粮管理总公司总经理林军在会上就地方粮食部门支持和配合搞好中央储备粮管理和轮换，储备库的合理调整和管理等工作作了讲话。

国家粮食局局长聂振邦对当前粮食流通工作作出安排，要求各地粮食部门按照国务院的部署，积极稳妥地推进粮食流通体制改革。

2002年第8期《求是》杂志发表署名秋石的文章《怎样维护最广大人民的根本利益》

全国社科规划重点项目《中国民族人口》在北京出版发行

全国人大常委会副委员长、中国人口学会会长彭珮云为该书题词并作序。

《中国民族人口》是全国社科规划重点项目,由著名人口学家、中国社会科学院学术委员田雪原研究员担任主编。该书由中国人口出版社出版,分6集,约1000万字,以翔实的资料、深入浅出的分析,分别论述了我国56个民族的起源与变迁、规模与分布、身体与文化素质、婚姻与家庭、生育与死亡、人口与发展等方面的内容,为新时期民族人口研究打下了坚实的基础。

4月12日

国家主席江泽民在德国下萨克森州进行访问

江泽民主席从萨克森州首府德累斯顿抵达沃尔夫斯堡市,对下萨克森州进行访问。

江泽民主席抵达后,在下萨克森州州长加布里尔的陪同下来到大众汽车公司参观。在加布里尔和皮舍茨里德的陪同下,江泽民主席饶有兴致地参观了大众公司的冲压、车身和组装车间,对这里的汽车生产过程作了全面的考察。

参观结束前,江泽民出席了《德国大众公司和上海汽车工业公司修订和延长合资协议》的签字仪式。

此前,江泽民访问了萨克森州,并在萨克森州首府德累斯顿会见了萨克森州州长比登科普夫。

国务院总理朱镕基出席博鳌亚洲论坛首届年会并回答与会代表提问

国务院总理朱镕基出席年会并发表致辞和主旨演讲。会议云集了来自中国、日本、韩国、泰国等48个国家和地区的政府官员、专家学者和企业界人士等共2000人。

演讲结束后,朱镕基总理还回答了与会代表的提问。

在回答关于中国环保政策的问题时,朱镕基说,中国最近几年对环境保护和可持续发展战略的重视和投入是历史上空前的。退耕还林是其中最大的工程。关于减少二氧化碳排放,中国信守《京都议定书》的规定,煤炭产量由过去的13亿吨减少到现在的9亿吨。今后中国将继续减少二氧化碳的排放量。中国不但对自己负责,也对世界负责。

在谈到区域经济合作时,朱镕基说,中国不但支持和参与东亚地区的合作,也非常赞成和支持亚洲其他地区的合作。最近对印度等南亚地区的访问使我看到,本地区各种合作都有着非常美好的前景。都会得到迅速发展。

关于中国与东盟的合作,朱镕基说,中国与东盟各国都是发展中国家,双方的合作有互补性,在农产品等领域可开展互利合作。他说,相信中国与东盟建立自由贸易区,一定会推动中国和东盟各国的经济发展。

关于亚洲国家的合作模式及与欧盟的合作,朱镕基说,区域合作的模式很多。亚洲地区的合作仅仅是开始,我们可以借鉴欧洲、北美和其他地区的经验,来创造出我们亚洲合作的独特模式。亚洲国家与欧盟合作良好,相信欧盟会支持亚洲地区合作,希望今后亚洲地区国家加强自身合作的同时,与欧盟各国的合作也能够继续得到加强。

出席年会的有论坛中方首席代表、全国政协副主席陈锦华和菲律宾、澳大利亚、蒙古、巴基斯坦、尼泊尔、韩国、哈萨克斯坦等国的前总统或前总理,联合国亚太经社会执行秘书,亚洲开发银行行长,香港和澳门特区行政长官等。韩国三星集团、日本丰田汽车公司、通用电气公司、微软公司等100多家全球知名公司的代表参加了本届年会。周光召、经叔平、唐家璇、李荣融、吴基传、戴相龙、金人庆、王梦奎、赵启正、白克明、汪啸风等也出席了年会。

在为期两天的年会上,与会人士将以区域合作、行业发展和国别经济分析为主线,就亚洲区域内贸易投资自由化和便利化的前景、亚洲货币金融合作、亚洲次区域合作、能源、电信、制造业和出口竞争力、可持续发展、媒体的全球化和产业化等议题进行讨论。

下午,朱镕基总理在博鳌镇还会见了泰国总理他信、日本首相小泉纯一郎、韩国总理李汉东和中外企业家代表。

国务院总理朱镕基在博鳌亚洲论坛首届年会上致辞

各位来宾,各位朋友,女士们,先生们:

中国大地,春暖花开,海角天涯,风景如画。亚洲和世界一些国家的政界、企业界、学术界的朋友聚集海南,举行博鳌亚洲论坛首届年会。我谨代表中国政府,向与会的各界人士表示热烈的欢迎。

去年2月,博鳌亚洲论坛在这里正式成立。一年来,国际政治、经济形势发生了很大变化。本次年会以"新世纪、新挑战、新亚洲"为主题,鲜明地体现了论坛立足亚洲、面向世界、共商发展的创办宗旨,充分反映了亚洲国家加强对话、互利合作、促进繁荣的共同愿望。

博鳌亚洲论坛是一个非官方、非盈利性、定期、定址的国际组织。论坛的成立,为亚洲合作增添了新的活力,对区域合作提供了有益补充。我相信,在我们共同努力下,论坛前景十分光明。

作为东道国,中国愿意继续为论坛的健康发展提供力所能及的支持,愿意与亚洲和关心亚洲的各国、各界人士一道,致力于建设欣欣向荣的新亚洲!

预祝年会取得圆满成功!祝各位来宾在博鳌度过愉快的时光!

国务院总理朱镕基在博鳌亚洲论坛首届年会上发表题为《携手共创新世纪亚洲美好未来》的演讲

各位来宾,各位朋友,女士们,先生们:

我很高兴参加博鳌亚洲论坛首届年会。我愿意与大家共同探讨新世纪亚洲区域合作与发展的问题。

亚洲是地球上最大的洲,聚居着世界60%的人口。资源十分丰富,历史源远流长,文化博大精深。上个世纪中,亚洲的巨变和崛起,谱写了亚洲发展的辉煌篇章,也成为人类社会进步的显著标志。展望新世纪,曾经拥有光辉灿烂历史的亚洲,必将创造出更加绚丽多彩的文明。

近年来,在亚洲国家共同努力下,包容、平等和渐进的地区合作意识日益增强,开放、健康和互利的合作局面正在形成。亚太经合组织不断发展,东亚区域合作方兴未艾,"上海合作组织"顺利运转。去年11月,我国与东盟国家一致同意今后10年内逐步建立中国—东盟自由贸易区,有关方面正就启动谈判进行接触。这些将为亚洲国家和地区扩大交流、深化合作,提供重要渠道和机制。但是,与欧洲和北美区域合作相比,亚洲区域合作相对落后。一段时间以来,许多方面对亚洲区域合作的发展方向提出不少独到见解。这里,我谈几点看法:

第一,以经济合作为重点,逐步拓展全方位合作。发展经济是亚洲各国的首要任务。从实际需要和实践看,可以把贸易、交通、农业、信息、能源作为优先合作领域,并逐步向其他领域扩展。

第二,立足现有合作渠道,不断扩大合作范围。东亚、南亚、西亚和中亚地理上相对独立,经济发展各有特色。从便利性和有效性看,应首先加强次区域合作,在此基础上,积极探索泛亚合作的途径。

第三,进一步拓展双边合作,增强区域合作的基础。加强双边合作,有利于推动地区合作的顺利发展。区域合作也有利于为双边合作开辟更广阔的空间。两者可以形成良性互动。

第四,实行开放式地区合作。开放是亚洲文化的传统,合作不可能自我封闭,更不应形成排他性集团。亚洲国家应通过APEC、亚欧会议和东亚—拉美合作论坛等渠道,进一步加强与各大洲国家的合作。

中国是亚洲的一员。20多年来,中国坚定不移地推进改革开放,加速国民经济发展,促进人民生活改善。随着新世纪的到来,中国现代化建设进入了新的阶段,国民经济将以每年增长7%以上的速度持续向前发展。中国改革开放和现代化建设的新跨越,不仅将给中国人民带来巨大福祉,也必将提供无限商机,为亚洲和世界经济合作开辟新的广阔空间。

加入世贸组织,是中国对外开放的新起点。我们将在更大范围和更深程度上参与国际经济合作与竞争。中国将进一步向亚洲和世界开放,向各国的企业家、投资者开放。我们将恪守入世承诺,有步骤地扩大对外开放领域,降低关税水平,取消非关税壁垒。我们也将不断完善法治,创造更加公平、透明和可预见的市场环境。同时,我们还将大力实施"走出去"战略,鼓励中国各种所有制企业走向世界。

中国人民热爱和平,中国的发展需要和平。中国经济的发展,不会对任何国家和地区构成威胁。无论现在还是将来,中国始终是维护世界和平、促进共同发展的重要力量。

亚洲人民勤劳智慧,自强不息,这是亚洲过去取得辉煌成就和创造灿烂明天的重要法宝。中国人民愿与亚洲各国人民一道,携手共创新世纪亚洲的美好未来。

国务院副总理吴邦国在四川进行再就业工作调研

4月12日至13日,吴邦国在四川省委省政府主要负责人的陪同下,考察了成都社区和企业的再就业工作,听取了四川省的汇报,分别召开了省有关部门负责人和下岗再就业职工代表座谈会,直接听取对再就业工作意见。他对四川省再就业工作取得的成绩给予了肯定。

吴邦国说,深化国有企业改革、调整经济结构、建立优胜劣汰机制,使劣势企业有序退出市场。优势企业增强市场竞争力,必然带来劳动力结构的调整,部分下岗职工会遇到暂时困难。为此,这些年在推进国有企业改革脱困的同时,我们花了很大精力,加强社会保障体系建设,实施"两个确保"和"低保"政策,基本保障了下岗职工的基本生活,这对实现国有企业改革脱困三年目标功不可没,也为深化国有企业改革、加快国有企业发展创造了条件。他指出,当前和今后一个时期,就业及再就业压力越来越大,已成为经济生活中的一个突出问题。他强调,各地区、各有关部门要在继续做好社会保障工作的前提下,将工作重点逐步转到促进下岗职工再就业上来。要把促进下岗职工再就业作为贯彻落实江总书记"三个代表"重要思想的具体行动,要设身处地为下岗职工着想,进一步拓宽再就业工作的思路,想方设法开辟再就业岗位,实实在在提供再就业帮助,完善落实鼓励再就业政策,真正使更多的有劳动能力的人自食其力。

吴邦国指出，各级政府和社会各方面要进一步解放思想，拓宽思路，千方百计开辟就业门路，充分挖掘就业潜力，为下岗职工实现再就业创造条件。一要大力发展第三产业，特别是社区服务业，这方面的潜力很大；二要通过发展个体私营经济，吸纳更多的下岗职工；三要积极鼓励自谋职业；四要开辟公益性的就业岗位；五是优势企业通过主辅分离、安排富余人员等渠道使更多的下岗职工通过各种渠道和方式尽快实现再就业。他说，许多下岗职工再就业的经历说明，只要转变观念，树立信心，自强不息，是可以找到适合自己的再就业岗位的。

吴邦国强调，落实和完善鼓励再就业的各项政策措施，对于促进再就业至关重要。近几年来，从中央到地方都制定了不少鼓励再就业的政策，对推动再就业发挥了积极作用。但从调研情况看，政策措施还不够配套，落实情况还不够好，支持力度还不够大。他要求，各地区和有关部门要从维护最广大人民群众的根本利益出发，站在全局的高度，紧紧围绕促进再就业这一目标，结合实际，针对存在的突出问题，从工商登记、税费减免、场地安排、资金信贷等方面进一步完善政策措施。同时，要进一步转变作风，改进服务，加大监督检查力度，使各项政策措施落到实处。

陪同吴邦国调研的有关部门负责人有张左己、张俊九、蒋黔贵、史纪良、廖晓军等。

国务院副总理李岚清在中南海紫光阁会见英国剑桥大学校长亚历克·布罗厄斯一行

国务院副总理李岚清在中南海会见来华参加上海合作组织成员国文化部长会晤的外方代表

他们是俄罗斯、哈萨克斯坦、塔吉克斯坦、乌兹别克斯坦四国文化部长和吉尔吉斯共和国教育文化部副部长。

上海合作组织成员国六国文化部长在北京会晤

会晤于4月11日至12日在北京举行。六个成员国的文化部长就未来开展文化交流与合作的基本原则、方向和相应的工作机制等方面签署了《上海合作组织成员国文化部长联合声明》。

中国文化部部长孙家正，俄罗斯联邦文化部长米哈伊尔·什维德科伊，哈萨克斯坦共和国文化、新闻和社会合协部长穆赫塔尔·库尔—穆罕默德，塔吉克斯坦共和国文化和新闻部长卡·奥利莫夫，乌兹别克斯坦共和国文化部长哈·朱拉耶夫，吉尔吉斯共和国教育文化部副部长勃·奥斯莫诺夫分别在会上作了发言。

孙家正说，2001年6月15日上海合作组织的成立顺应世界和平与发展的潮流，有利于促进六国在新世纪长期睦邻友好合作，维护地区和平与稳定，推动建立公正合理的国际政治经济新秩序。

六国开展文化合作具有得天独厚的条件：六国有着传统的睦邻友好关系，对进一步加强在上海合作组织框架内的文化交流与合作有高度的共识；六国各自的民族文化是东、西方优秀文化的重要组成部分，在世界民族文化之林中具有鲜明的特色和独特的代表性；六国山水相连，地缘相近，文化资源丰富，便于开展形式多样的多边和双边文化交流活动；上海合作组织框架内的政治、安全、外交和经济等领域的密切合作为开展文化交流与合作奠定了坚实的基础。

各方一致表示，将在上海合作组织成员国元首会晤时共同确立的“互信、互利、平等、协商、尊重多样文明、谋求共同发展”原则（“上海精神”）的基础上，进一步加强在上海合作组织框架内的双边和多边文化交流与合作。

中美海上军事安全磋商机制2002年年度会晤在上海结束

会上，双方本着相互尊重、求同存异的精神，以坦诚、合作的态度就中美海上军事安全有关问题交换了意见，并同意继续就共同关心的问题进行磋商，为妥善解决中美海上军事安全问题作出努力。

这是中美1998年建立海上军事安全磋商机制以来举行的第三次年度会晤。中国人民解放军海军副参谋长周伯荣和美军太平洋总部战略计划与政策局局长威廉·沙利文分别率中华人民共和国国防部代表团和美利坚合众国国防部代表团参加了会晤。

《中华人民共和国进出境动植物检疫法》实施10周年座谈会在北京召开

全国人大常委会副委员长姜春云在座谈会上要求，检疫人员要忠于职守，严格把关，努力开创动植物检疫工作新局面。

姜春云指出，近年来，国际动植物疫情异常复杂，世界上一些国家设置技术壁垒，给我国进出境动植物检疫工作带来了一系列新的问题，动植物检疫工作要适应新形势，强化法制建设，完善配套法规，健全技术法规体系；要从源头抓检疫工作，将关口前移；大力推进农业生产标准化。各级质检部门要忠于职守、秉公执法，进一步提高动植物检疫执法水平。国务院各部门、地方各级政府要重视和支持动植物检疫工作，为质检部门依法执行公务、公正执法创造良好的环境条件；

各级人大要加强对《中华人民共和国进出境动植物检疫法》实施情况的检查和监督，切实做到有法必依、执法必严、违法必究。

国家质检总局局长李长江说，10年来，检验检疫机构共检疫进出境动植物及其产品约1520万批，货值约2500亿美元。针对国外发生疯牛病、口蹄疫、禽流感等重大疫情，质检部门已建立了出入境动植物检疫风险预警和快速反应机制。今后，质检部门将更好地运用世贸规则，保护我国农业生产安全和人民的身体健康：严格动植物产品入境审批制度，把好检疫的第一关；严格口岸查验，对不符合规定的动植物及其产品，依法作出除害处理、退回或销毁处理；及时发布预警通报，严防有害生物传入和扩散；严厉打击非法进口动植物及其产品的行为，维护贸易和经济秩序。

中国科学院院士刘东生获泰勒环境奖

中国科学院院士、中国科学院地质与地球物理研究所研究员刘东生与美国哥伦比亚大学教授华莱士·布洛克一道，在美国洛杉矶被授予2002年度“泰勒环境奖”，成为获此殊荣的首位中国大陆科学家。

“泰勒环境奖”是环境科学领域的最高奖，有“环境科学的诺贝尔奖”之称。刘东生在接受新华社记者采访时说，获得“泰勒环境奖”是很高的个人荣誉，但这项大奖应归功于进行中国黄土研究的所有科学工作者。

1954年刘东生开始从事黄土研究，从黄土—古土壤序列250万年磁化率曲线与深海沉积氧同位素曲线的比较研究中，提出古气候多旋回学说，肯定了大陆沉积与海洋和冰盖环境变化记录的可比性，对全球变化研究作出了重要贡献，被认为是中国黄土研究的先驱。

20世纪70年代以来，随着环境和气候变化引人注目，世界各国的环境科学家动用大量人力、物力，研究过去数百万年中的气候变化，试图发现气候变化的规律和趋势。一般认为，古环境变化的信息在深海沉积物中保存最好，极地冰层也能够系统反映气候变化，只是覆盖的年代跨度不如深海沉积物。而同人类生存空间最为密切的陆相沉积物，因其连续性差、易受风化等特性而长期不受重视。以刘东生为首的中国科学家，独具慧眼，选取中国黄土沉积物作为研究对象，取得了突破性成果。

第十九届中国戏剧梅花奖评选在北京揭晓

来自全国戏剧艺术院团的41名演员榜上有名。上海京剧院演员尚长荣获得戏剧界的第一个“梅花大奖”；山东淄博五音戏剧院的霍俊萍、上海昆剧团的张静娴、北京人民艺术剧院的濮存昕、河北石家庄评剧院的刘秀荣、广州军区战士话剧团的张腾、广东深圳粤剧团的冯刚毅等6位演员获得中国戏剧梅花奖“二度梅”殊荣。

4月13日

国家主席江泽民与利比亚领导人卡扎菲在的黎波里举行会谈

江泽民对卡扎菲表示，中国与利比亚建立外交关系已有24年，两国的友好合作关系不断发展。我们都是发展中国家，在历史上曾有过共同的遭遇，今天又都面临着共同的发展任务。中国和利比亚同为发展中国家，我们之间存在着共同的语言和利益。我们都十分珍视并坚决捍卫自己国家的主权和领土完整，彼此尊重各自的社会制度和所选择的发展道路；我们在国际事务中相互理解，相互支持，为维护自身和广大发展中国家的合法权益，两国保持了良好的协调与配合。利比亚是非洲和阿拉伯世界的重要国家，在地区事务中发挥着重要作用，加强与贵国在各领域的友好合作关系是我们的既定方针。我们愿与你们共同努力，推动两国在各领域的友好合作进一步深化。

在谈及国际局势和中国的外交政策时，江泽民强调指出，当前的国际形势错综复杂，但总的格局和发展趋势没有改变。和平与发展仍是当今时代的主题。要和平、求合作、促发展仍是各国人民的共同意愿。中国奉行独立自主的和平外交政策，坚决维护国家的主权独立、领土完整和民族尊严，反对各种形式的霸权主义。中国愿在和平共处五项原则的基础上与世界各国建立和发展友好关系。我们一贯主张，国家间的争端，应通过谈判、协商解决，不应诉诸武力或以武力相威胁；国家不分大小、贫富、强弱，都是国际社会平等的一员，都有参与世界事务的权利；各国有权根据本国的国情，独立自主地选择自己的社会制度和发展道路。

江泽民还重申了中国反对任何形式恐怖主义的立场。他强调指出，打击恐怖主义必须做到目标明确，证据确凿，避免伤及无辜。同时，反对恐怖主义还应着力消除滋生恐怖主义的根源，反对将恐怖主义与特定的民族或宗教挂钩。

江泽民说，中国政府和人民对中东局势持续紧张深感忧虑。中东问题的久拖不决对中东地区稳定构成重大威胁，对世界的和平与发展产生严重消极影响。中国作为安理会常任理事国，一贯支持在联合国安理会有关决议和“土地换和平”原则基础上解决中东问题，并为此作出了自己的努力。中国愿同包括利比亚在内的阿拉伯国家保持经常性的沟通和磋商，继续为推动中东问题的早日解决作出贡献。

会谈后，两国领导人出席了中利两国关于投资合作谅解备忘录、中国石油天然气集团公司与利比亚国家石油公司开展合作的协议、中利关于铁路合作合同实施协议3个文件的签字仪式。

两国领导人会谈结束后，陪同江主席访利的国务院副总理钱其琛还同利比亚对外联络和国际合作秘书（外长）沙勒格姆就共同关心的问题交换了意见。

国务院总理朱镕基在博鳌分别会见香港特别行政区行政长官董建华 澳门特别行政区行政长官何厚铧以及港澳工商界人士

朱镕基说，香港和澳门是我国的特别行政区，也是在亚洲具有重要影响的城市。长期以来，港澳工商界人士在我国的改革开放和现代化建设进程中作出了重大贡献，并为促进我国与亚洲和世界的联系发挥了独特的作用。他希望港澳工商界人士把握祖国内地经济和社会发展的机遇，顺应世界经济形势的发展变化，努力探索自身发展的路子，不断增强国际竞争力。他还希望港澳工商界人士积极支持行政长官领导下的特区政府依法行政，为香港和澳门在"一国两制"下取得更大的发展作出新的贡献。

参加会见的有全国政协副主席、博鳌亚洲论坛中方首席代表陈锦华，国务院港澳事务办公室主任廖晖，海南省委书记白克明、省长汪啸风，外交部驻港特派员公署特派员吉佩定，外交部副部长王毅等。

国务院总理朱镕基在博鳌会见越南副总理阮孟琴

朱镕基欢迎阮孟琴再度来海南并出席博鳌亚洲论坛首届年会。他说，近年来，在两党总书记确定的"长期稳定、面向未来、睦邻友好、全面合作"方针指导下，中越关系发展势头良好。今年初江泽民主席对越南的访问十分成功。两国领导人保持频繁接触，两国在各领域的友好交往与合作日益得到加强。我们愿与越方一道，共同推动中越关系在新世纪不断向前发展。

双方还就两国间一些重要经贸合作项目交换了意见。

中共天津市第八届委员会第一次全体会议选举张立昌为天津市委书记

国家副主席胡锦涛在人民大会堂会见美国前国务卿基辛格一行

胡锦涛对基辛格一行来华参加中美《上海公报》发表30周年纪念活动表示欢迎。他高度评价了尼克松访华和中美《上海公报》发表对中美关系发展具有的划时代意义，赞扬基辛格为此作出了特殊贡献。他说，今天重温这段历史，总结有益经验和启示，对于推动中美关系的进一步发展，是很有意义的。

胡锦涛说，中美关系30年的发展历程证明，什么时候中美三个联合公报得到了遵守，中美关系就顺利发展；什么时候违反了，中美关系就停滞，甚至倒退。胡锦涛希望基辛格和美各界有识之士继续发挥积极影响，为排除干扰，推动中美关系的改善和发展作出新的贡献。

中国对外友协会长陈昊苏、外交部副部长李肇星、中国对外友协副会长李小林等会见时在座。

国务院副总理李岚清和美国前国务卿基辛格在人民大会堂共同出席由对外友协举行的尼克松总统访华暨中美《上海公报》发表30周年纪念活动

国务院副总理李岚清在人民大会堂会见欧盟委员会主管信息社会和企业的委员利卡宁

2001年度全国十大考古新发现揭晓

这十大考古新发现是：山西吉县柿子滩旧石器时代遗址、浙江萧山跨湖桥新石器时代遗址、青海民和喇家齐家文化遗址、深圳屋背岭商代遗址、四川成都金沙商周遗址、贵州赫章可乐遗址墓葬、浙江杭州雷峰塔遗址、河南禹州神垕镇钧窑遗址、浙江杭州老虎洞南宋窑址和浙江杭州南宋恭圣仁烈皇后宅遗址。

4月14日

国家主席江泽民对尼日利亚进行国事访问

中国和利比亚发表新闻公报

应大阿拉伯利比亚人民社会主义民众国"九·一"革命领导人穆阿迈尔·卡扎菲上校阁下的邀请，中华人民共和国主席江泽民阁下于2002年4月13日至14日率高级代表团对利比亚进行了国事访问。

访问期间，江泽民主席阁下与卡扎菲上校阁下举行了正式会谈。双方在诚挚友好的气氛中就加强双边关系及共同关心的国际和地区问题深入交换了看法。

双方回顾了两国在各个领域的友好合作关系，并对这一关系业已达到的水平表示满意，决心继续推动这一关系的发展。认为建立在平等互利基础上的两国经贸与技术合作具有广阔的发展前景，两国将继续支持和鼓励双方有关部门和企业在石油、投资、基础设施建设、旅游等领域开展合作，并不断拓展合作的新方式和新途径。访问期间，双方签署了数项协议。

利比亚重申现在和将来都坚持一个中国的立场，

支持中国在地区和国际上为此所进行的努力。中华人民共和国强调,应早日彻底解除对利比亚的制裁。

双方认为,中利在国际和地区问题上有着共同或相近的看法。主张尊重国家主权,不干涉别国内政,通过和平方式解决国家间争端,在国际关系中不使用武力或威胁使用武力。高度评价两国在国际事务中业已存在的良好合作,并表示将巩固和加强这一磋商与合作关系。

双方认为,国际政治多极化有利于维护世界的平衡、稳定、和平与安全。

双方认为,全球化应符合全世界人民的利益,应有利于实现经济和社会的发展。主张发达国家应注意保障发展中国家的经济安全,帮助其提高发展能力和水平,从而逐步缩小发达国家与发展中国家的差距。强调发展中国家应在这一形势下加强联合,努力维护自身权益。表示愿同国际社会一道,为建立公正、合理的国际政治、经济新秩序和一个和平与发展的新时代而共同努力。

双方认为,谋求和平、稳定和发展是非洲大陆的首要任务。积极评价非洲联盟的启动。指出这对增强非洲国家联合自强,应对经济全球化的挑战,实现非洲大陆的发展与繁荣具有重要意义。中方高度赞赏卡扎菲上校阁下为促进非洲的稳定、团结与发展所作出的积极贡献。

双方强调应反对和谴责任何形式的恐怖主义。强调反恐行动应符合《联合国宪章》的宗旨和原则及公认的国际法准则。

双方对中东地区局势严重升级深感担忧。呼吁尊重安理会有关要求以色列立即撤军的决议,以使巴勒斯坦人民实现民族自决,恢复合法权利。

双方认为,中华人民共和国主席江泽民阁下对大阿拉伯利比亚人民社会主义民众国的访问取得了圆满成功。这是中利关系中具有历史意义的一件大事,必将推动两国友好合作关系在新世纪继续向前发展。

中方对江泽民主席阁下及代表团在利比亚逗留期间所受到的热烈欢迎和盛情款待深表谢意。

为了进一步加强两国的友好合作关系并保持双方的高层往来,中华人民共和国主席江泽民阁下邀请大阿拉伯利比亚人民社会主义民众国"九·一"革命领导人穆阿迈尔·卡扎菲上校阁下在方便的时候访华。卡扎菲上校阁下表示感谢并愉快地接受了邀请。访问时间将通过外交途径商定。

全国人大常委会委员长李鹏在人民大会堂会见孟加拉国国民议会议长贾米尔丁·西卡尔

李鹏对西卡尔率团前来参加亚洲议会和平协会第三届年会表示热烈欢迎,并对孟加拉国对协会的创建和发展所作的努力表示赞赏。他希望加强两国在亚洲议会和平协会框架内的合作,期待孟加拉国议会代表团为本届年会的成功作出贡献。

全国人大常委会副委员长布赫、全国人大外事委员会副主任委员徐敦信、全国人大常委会副秘书长刘镇、李鹏委员长办公室主任吴文昌、外交部部长助理刘古昌等会见时在座。

全国人大常委会委员长李鹏在人民大会堂会见阿塞拜疆国民议会主席穆尔图兹·阿列斯克罗夫

李鹏首先对阿列斯克罗夫主席一行访华表示热烈欢迎。他说:主席阁下此次来访,并参加亚洲议会和平协会第三届年会,还将出席中阿双方举办的庆祝建交10周年活动,这是中阿两国和中国全国人大与阿国民议会关系中的一件大事。

李鹏说,近年来,中阿两国经贸合作不断发展,在文化、教育、卫生、石油等领域的合作也逐步展开,我们对此感到满意。相信通过双方共同努力,建立在相互尊重、平等互利基础上的中阿关系将进一步得到巩固和加强。

全国人大常委会副委员长布赫,全国人大中阿友好小组主席郭振乾,全国人大常委会副秘书长刘镇,全国人大中阿友好小组副主席柳斌,李鹏委员长办公室主任吴文昌,外交部部长助理刘古昌参加了会见。

国务院总理朱镕基在人民大会堂会见美国前国务卿基辛格

国家副主席胡锦涛在人民大会堂会见参加中日青年环保合作论坛的日本客人

胡锦涛会见的客人包括:日本自民党前干事长野中广务、古贺诚,公明党代理干事长太田昭宏,保守党干事长二阶俊博,以及日本已故前首相小渊惠三的夫人小渊千鹤子、女儿小渊优子等。

胡锦涛首先代表中国政府对"中日青年环保合作论坛"的举办表示热烈祝贺,对前来参加论坛的日本各界朋友表示诚挚欢迎。他说,在中日邦交正常化30周年之际,中日两国青年及各界友人聚集一堂,共商环境保护的重要课题,深化两国青年的交流合作,是一件非常有意义的事。中日青年环保合作是在两国领导人的共同倡导下开展起来的,这是一项功在当代,利在千秋,造福于两国人民的事业。

胡锦涛说,中日友好的未来在青年。青年交流是两国关系的重要组成部分,事关两国关系长远发展大计。中日青年环保合作的成功,为两国青年深化交流合作提供了有益的启示。他希望中日两国年轻一代弘扬两国民间友好的传统，以史为鉴，面向未来，加强交流合作，勇于开拓进取，把中日友好事业一代一代传下去。

团中央书记处第一书记周强、国家林业局局长周生贤等参加了会见。

国办转发科技部财政部《关于国家科研计划项目研究成果知识产权管理若干规定》并发出通知

各省、自治区、直辖市人民政府，国务院各部委、各直属机构：

科技部、财政部《关于国家科研计划项目研究成果知识产权管理的若干规定》已经国务院同意，现转发给你们，请认真贯彻执行。

国务院办公厅

2002 年 4 月 14 日

关于国家科研计划项目研究成果知识产权管理的若干规定

为贯彻落实《中共中央、国务院关于加强技术创新，发展高科技，实现产业化的决定》(中发〔1999〕14号)精神，促进我国自主知识产权总量的增加，加速科技成果转化，保障国家、单位和个人的合法权益，对以财政资金资助为主的国家科研计划项目(包括科研专项项目，以下简称科研项目)研究成果的知识产权管理，作出如下规定。

一、科研项目研究成果及其形成的知识产权，除涉及国家安全、国家利益和重大社会公共利益的以外，国家授予科研项目承担单位(以下简称项目承担单位)。项目承担单位可以依法自主决定实施、许可他人实施、转让、作价入股等，并取得相应的收益。同时，在特定情况下，国家根据需要保留无偿使用、开发、使之有效利用和获取收益的权利。

二、单位申请承担科研项目时，须提交该项目的知识产权可行性分析报告。项目执行过程中，项目承担单位须根据相关领域知识产权的发展动态，及时调整研究策略和措施。

三、项目承担单位须建立规范有效的知识产权管理制度，对项目执行过程中产生的研究成果及时采取知识产权保护措施，依法取得相关知识产权，并予以有效管理和充分使用。

四、科研计划归口管理部门要将知识产权管理制度是否健全作为确定项目承担单位的重要条件。在科研项目合同中须明确约定项目承担单位管理、保护研究成果知识产权的义务，并依据合同对履行义务情况组织检查和验收。对不履行义务或履行不当、造成重大损失的，依法追究项目承担单位和主要责任人的责任。

科研计划归口管理部门对涉及国家安全、国家利益和重大社会公共利益的科研项目，须在立项或验收时予以确认，明确项目成果知识产权管理方式，拟订成果转化和应用方案。

五、科研项目研究成果取得相关知识产权的申请费用、维持费用等知识产权事务费用，一般由项目承担单位负担。经财政部门批准，在国家有关科研计划经费中可以开支知识产权事务费，用于补助负担上述费用确有困难的项目承担单位。

六、国务院有关部门和省、自治区、直辖市人民政府可以根据国家需要，报请国务院批准，决定科研项目研究成果在一定的范围内推广应用，允许指定的单位实施，并区别不同情况，决定实施单位或无偿使用，或由实施单位按照国家有关规定向项目承担单位支付知识产权使用费。

七、项目承担单位应当建立科技成果转化机制，采取有效措施，积极促进科研项目研究成果的转化。项目承担单位转让科研项目研究成果知识产权时，成果完成人享有同等条件下优先受让的权利。

八、项目承担单位要按照《中华人民共和国促进科技成果转化法》、《中华人民共和国专利法》和《国务院办公厅转发科技部等部门关于促进科技成果转化若干规定的通知》(国办发〔1999〕29号)等有关规定，对科研项目研究成果完成人和为成果转化作出贡献的人员给予奖励和报酬。

九、科技部、财政部会同有关部门，根据本规定修订和完善各项科研计划管理制度，明确知识产权管理办法，制定科研项目合同知识产权标准条款，并负责组织实施和监督检查。

4 月 15 日

国家主席江泽民在尼日利亚总统府与奥巴桑乔总统举行会谈

江泽民说，中国是世界上人口最多的发展中国家，尼日利亚是非洲人口最多的发展中国家，中尼两国相似之处很多，应从两国和两国人民的利益出发，从促进世界和地区的和平与发展出发，进一步加强双方在各个领域的合作。中国政府和人民十分珍视中尼传统友谊，愿与尼方共同努力，把长期稳定、全面合作的中尼友好关系推向一个新阶段。

江泽民对尼日利亚在人权等问题上给予中国的宝贵支持表示感谢，希望两国继续在国际领域加强磋商与协调，更好地维护发展中国家的合法权益。

两国领导人对中尼经贸合作表示满意，对今后进一步开拓新的合作领域进行了深入探讨。江主席说，近年来，在双方的共同努力下，中尼经贸合作取得丰硕成果，尼日利亚已成为中国在非洲最重要的经贸伙伴之一。去年双方签署的两国政府合作谅解备忘录等一系列重要文件，为进一步扩大经贸合作领域创造了良好条件。中国企业界对与尼方开展互利合作有着很高的积极性，两国经贸合作发展前景良好。为表达中国人民对尼日利亚人民的友好情谊，中国政府决定向尼日利亚政府提供援助，用于双方商定的项目。

江泽民强调，中国政府一贯重视非洲，加强和发展同非洲国家的友好合作关系始终是中国独立自主和平外交政策的重要组成部分。中国将本着真诚友好、平等相待、团结合作、共同发展、面向未来的原则与非洲建立长期稳定、全面合作关系。

会谈后，中尼双方举行签字仪式，签订了中尼政府经济技术合作协定、中尼水利合作的谅解备忘录、中尼避免双重征税和防止偷漏税的协定、中尼卫生和医学科学领域合作谅解备忘录、中尼领事协定等5个文件。

国家主席江泽民在奥巴桑乔总统举行的欢迎宴会上发表讲话

尊敬的奥巴桑乔总统和夫人，女士们，先生们：

应奥巴桑乔总统的邀请，我怀着十分愉快的心情对贵国进行国事访问。一踏上这片美丽的土地，我们就感受到尼日利亚人民的真挚友情，我们深深沉浸在热烈友好的气氛之中。现在，奥巴桑乔总统和夫人又为我们举行盛大的欢迎宴会。借此机会，请允许我代表我的夫人和同事们，并以我个人的名义，向总统阁下和夫人表示诚挚的谢意！向尼日利亚人民致以良好的祝愿！

尼日利亚历史悠久，人民勤劳智慧。早在两千多年前，这里就诞生了著名的诺克文化。诺克文化是迄今所发现的撒哈拉以南非洲最古老的文化，尼日利亚也因此成为非洲文化的发祥地之一，在人类文明史上谱写了辉煌的篇章。丰厚的历史文化遗产成为当代尼日利亚人民自信心和民族凝聚力的重要源泉。今天，我们很高兴地看到，在总统阁下的领导下，贵国政府和人民正积极致力于民族团结，维护国内稳定，促进经济增长，大力推动非洲区域合作和一体化建设，在地区和国际事务中发挥着独特的重要作用。我们衷心希望尼日利亚人民在建设国家、促进人类进步的伟大事业中，不断取得新的成就！

历史的车轮已经进入21世纪，和平与发展仍是当今世界两大主题，同时也是摆在广大发展中国家面前的紧迫任务。非洲大陆有过遭受殖民奴役和掠夺的苦难经历，也经历过冲突和战乱的痛苦磨难，谋和平、求稳定、促发展已成为非洲各国人民的共同心声。近年来，广大非洲国家和人民正以前所未有的历史责任感和时代紧迫感，顺应历史潮流，重振泛非精神，坚持联合自强，积极探索振兴之路。我们对非洲大陆的发展前景充满信心。我们相信，非洲的未来一定会更加美好！

中国人民和非洲人民的友谊源远流长。上个世纪，中国和非洲国家在打破殖民统治枷锁、争取民族解放的斗争中同呼吸，共命运，结下了深厚的友谊。在新世纪里，中非双方在维护世界和平、推动南南合作、促进共同发展的事业中，存在着广泛的共同利益和广阔的合作前景。2000年10月，在中国政府倡议召开的中非合作论坛部长级会议上，中非双方共同为新世纪中非关系的发展构筑了新的框架。我愿借此机会重申，中国政府将一如既往地支持非洲实现和平与发展的崇高目标，愿与广大非洲国家携手共进，为创造一个持久和平、相互尊重、团结合作、普遍繁荣的新世界而共同努力。

中国有句古话："人之相识，贵在相知；人之相知，贵在知心。"中国和尼日利亚就是这样的知心朋友。我们两国虽远隔万水千山，但在长期的相互理解和支持中结下了兄弟般的友谊。去年8月总统阁下访华时，我们共同确立了真诚友好、相互信任，互利互惠、共同发展，加强磋商、相互支持，面向未来、登高望远四点共识，指明了新世纪中尼关系的发展方向。我们完全有理由相信，经过双方的共同努力，中国和尼日利亚的友好合作关系必将不断巩固和发展，中尼友谊之花必将更加绚丽多彩！

中国和尼日利亚发表联合公报

应尼日利亚联邦共和国总统奥卢塞贡·奥巴桑乔的邀请，中华人民共和国主席江泽民于2002年4月14日至16日对尼日利亚进行了国事访问。

访问期间，两国领导人就进一步发展双边关系及共同关心的地区和国际问题等广泛的问题交换了意见。双方对访问成果感到满意。

一、双方对建交31年来两国友好合作关系在和平共处五项原则基础上取得的进展表示满意。双方重申，2001年8月奥巴桑乔总统访华时两国元首共同确立的真诚友好、相互信任，互利互惠、共同发展，加强磋商、相互支持，面向未来、登高望远四点共识，是新世纪指导中尼关系的基本原则。双方决心继往开来、携手共进，将业已存在的友好关系推向一个新阶段。

二、双方一致认为，中尼经贸合作有着巨大的潜力，已成为推动中尼关系发展的强大动力。双方决心共同努力，进一步拓展经贸合作领域。两国政府保证要认真落实已签订的经贸合作协定,继续鼓励双方公司、企业加强往来,扩大合作,并为促进双方的贸易和投资创造条件,提供便利。双方强调,两国在石油天然气领域的合作意义重大,表示愿鼓励并支持中国企业积极参与尼日利亚的能源开发项目。

三、双方表示愿意推动企业加强两国间在包括铁路在内的基础设施发展领域的合作。

四、双方一致表示愿意为中尼两国在国防科技工业领域的合作提供便利。

五、关于农业,中方重申愿帮助尼日利亚开发其巨大的农业发展潜力,特别是在水稻和其他谷物的生产方面。

六、关于国际事务,双方一致认为,中尼在维护世界和平、推动建立公正合理的国际政治经济新秩序、加强南南合作、促进世界普遍繁荣的事业中存在广泛的共同利益,可以发挥重要作用。双方愿继续加强在国际事务中的磋商与合作。

七、双方表示坚决支持对方为维护本国独立、主权和领土完整所作的努力。中方重视并赞赏尼日利亚作为非洲人口最多的国家在地区和非洲大陆事务中的作用。尼方重申一个中国政策,即世界上只有一个中国,中华人民共和国政府是代表全中国的唯一合法政府,台湾是中国领土不可分割的一部分,尼日利亚将只与台湾保持非官方的贸易和商业关系。

八、双方对全球化给广大发展中国家带来新的挑战表示关注,敦促国际社会采取积极措施保障发展中国家的经济安全,帮助其提高发展能力。

九、双方强调,联合国在维护国际和平与安全及促进世界经济和社会发展方面具有重要作用,是其他国际组织所不可替代的。双方赞成对联合国进行改革,以满足成员国对实现国际关系民主化的要求,使其更有效地履行《联合国宪章》所赋予的使命。在此方面,中国支持扩大非洲国家在联合国安理会的代表性。

十、双方一致谴责任何形式的恐怖主义,并坚决支持国际社会采取一切合法手段消除这一祸根,主张反恐要标本兼治,要加强国际合作,应进一步加强联合国和安理会的主导作用。

十一、双方认为,谋求和平、稳定和发展,解决地区冲突和消除贫困是非洲国家面临的亟待解决的问题。中国政府支持非洲联盟和非洲其他次区域组织,并相信他们可为实现非洲的和平与稳定、推进一体化进程发挥作用。中方支持"非洲发展新伙伴计划",表示愿与国际社会一道,采取切实有效措施帮助非洲大陆实现经济可持续发展。

十二、关于中非合作,特别是中非合作论坛机制,双方表示愿加强磋商,密切配合,认真落实论坛后续工作,为建立中非长期稳定、平等互利的新型伙伴关系作出贡献。

国家主席江泽民和毛里求斯总统卡尔·奥古斯特·奥夫曼就中毛建交30周年互致贺电

全国人大常委会委员长李鹏在人民大会堂会见越南国会主席阮文安一行

李鹏说,在两党总书记1999年确定的"长期稳定、面向未来、睦邻友好、全面合作"16字方针指引下,中越两党两国关系取得了新的重要进展。特别是今年江泽民总书记应邀访越,同越南党和国家领导人就中越关系在新世纪的进一步发展以及共同关心的重大国际问题深入交换了意见,取得了广泛的共识,进一步明确了指导新世纪两国关系发展的重大方针、政策。两国经贸合作也取得了突破性进展。两国在地区和国际事务中保持着密切的协调与配合。我们对中越关系的稳定健康发展感到高兴。

李鹏说,中国全国人大重视发展与越南国会之间的交流与合作,这种密切交往是增进两国人民相互了解与友谊的重要桥梁。我相信,通过主席同志的访问和参加本届年会,双方的友好合作关系将会迈入一个新的发展阶段。

全国人大常委会副委员长周光召以及有关方面负责人尹克升、王云龙、徐敦信、姜云宝、王毅和越南驻华大使裴鸿福及夫人参加了会见。

全国人大常委会委员长李鹏在人民大会堂分别会见马来西亚下院议长扎西尔和基里巴斯众议长塔穆埃拉

李鹏对前来出席亚洲议会和平协会第三届年会的扎西尔议长和塔穆埃拉众议长表示欢迎,并表示希望通过此次访问,进一步加强中国与两国在亚洲议会和平协会框架内的合作,开展中国与两国议会间的友好交往。

九届全国人大常委会举行第五十六次委员长会议

李鹏委员长主持会议。会议决定,九届全国人大常委会第二十七次会议于4月24日至28日举行。

全国人大常委会秘书长何椿霖汇报了第二十七次常委会会议议程草案和日程安排意见及第十届全国人大少数民族代表名额分配方案草案、台湾省出席第十届全国人大代表协商选举方案草案,以及省、自治区、直辖市人大代表名额问题。何椿霖还就全国人大常委会今年的执法检查计划(稿)、听取和审议国务院工作报告的安排意见(稿)等分别作了汇报。根据全国人大常委会2002年执法检查计划，今年全国人大常委会将对消防法、食品卫生法、矿产资源法、种子法进行执法检查。

会议还听取了全国人大法律委员会主任委员王维澄关于进出口商品检验法修正案草案等5个法律草案主要问题修改意见的汇报，全国人大教育科学文化卫生委员会主任委员朱开轩关于科学技术普及法草案起草情况的汇报，全国人大环境与资源保护委员会主任委员曲格平关于清洁生产促进法草案起草和协调情况的汇报，全国人大常委会法制工作委员会副主任胡康生关于刑法第二百九十四条、第三百八十四条的解释草案的汇报。根据委员长会议建议，第二十七次常委会会议审议的法律草案主要有进出口商品检验法修正案草案，文物保护法修订草案，中小企业促进法草案，安全生产法草案，水法修订草案，刑法第二百九十四条、第三百八十四条的解释草案，科学技术普及法草案，清洁生产促进法草案等。

全国人大常委会副委员长田纪云、姜春云、邹家华、王光英、布赫、铁木尔·达瓦买提、吴阶平、彭珮云、何鲁丽、周光召、丁石孙、成思危、许嘉璐、蒋正华出席会议。

国务院总理朱镕基对土耳其进行正式访问

国务院总理朱镕基和毛里求斯总理阿内罗德·贾格纳特就中毛建交30周年互致贺电

纪念谭震林同志诞辰100周年座谈会在人民大会堂举行

中共中央政治局常委、国家副主席、中央军委副主席胡锦涛出席座谈会并发表重要讲话。

座谈会由中共中央政治局委员、国务院副总理温家宝主持。全国人大常委会副委员长布赫，全国政协副主席任建新和张劲夫、彭冲、张震出席了座谈会。

座谈会由中央党史研究室、农业部、国家林业局共同举办。中央党史研究室主任孙英、农业部部长杜青林、国家林业局局长周生贤、浙江省委书记张德江、解放军总政治部主任助理孙忠同、湖南省委副书记周伯华先后发言。

出席今天座谈会的还有中央和国家机关、军队有关部门及湖南省、浙江省的负责同志，老同志代表，谭震林同志的亲属以及生前友好等。

中共中央政治局常委胡锦涛在纪念谭震林同志诞辰100周年座谈会上发表讲话

同志们：

在谭震林同志诞辰100周年之际，我们相聚一堂，缅怀他的革命历史，追思他的卓越功勋，学习他的优秀品质，这对于大力弘扬老一辈无产阶级革命家的崇高精神，坚定不移地推进建设有中国特色社会主义伟大事业，是很有意义的。

谭震林同志是中国共产党的优秀党员、久经考验的共产主义战士、杰出的无产阶级革命家。他1925年参加革命，1926年加入中国共产党。他是毛泽东同志开辟“井冈山道路”的坚定拥护者和忠诚实践者，是皖南、苏南、淮南等抗日根据地的创建者和领导人之一，是党领导的人民军队的重要指挥员，是抗日战争和解放战争许多重大战役战斗的组织者和指挥者，为推翻“三座大山”、创建新中国进行了长期的斗争。新中国成立后，谭震林同志长期担任党和国家的重要领导职务。他为探索中国社会主义发展道路付出了艰辛努力，为新中国农林水利事业的发展进行了不懈奋斗，为20世纪60年代初中国国民经济的恢复和发展倾注了大量心血，为推动新时期真理标准的讨论发挥了重要作用。

谭震林同志在半个多世纪的革命岁月中，为中国人民革命武装力量的发展和壮大，为中国人民革命事业的胜利，为社会主义革命和社会主义建设事业的发展，为伟大祖国的繁荣富强，作出了重大的贡献。

我们缅怀谭震林同志，要学习他对共产主义的坚定信念和对党的事业的无限忠诚。谭震林同志经历了长期革命斗争的严峻考验。无论是领导开展艰苦卓绝的南方三年游击战争，还是统领大军与敌进行战略决战；无论是在革命的高潮时期，还是在党的事业遭受挫折的时候；无论是身居高位，还是身处逆境，他都始终坚信马克思列宁主义、毛泽东思想的真理，坚信共产主义事业必定胜利，始终保持着旺盛的斗志和革命的乐观主义精神。即使在“文化大革命”中受到林彪、“四人帮”的残酷迫害时，他也多次说过：“一定要相信党，相信历史；党是伟大的，历史是公正的！”他的所作所为，表现了一个无产阶级革命家坚定而崇高的信仰。

我们缅怀谭震林同志，要学习他善于学习、勇于开拓、苦干实干的优秀品质。谭震林同志12岁当学徒，原有文化水平不高，但他在担负繁重的领导工作中，仍能以惊人的毅力刻苦学习文化知识，学习马克思列宁主义、毛泽东思想，始终保持与时俱进、追求真理的满腔热忱。他坚持用马克思主义的立场、观点、方法，研究和解决中国革命、建设实践中的重大问题；坚持一切从实际出发，在实践中深化认识、摸索规律、增强才干、开拓前进。他富于创新精神，能够创造性地开展工作，善于打开工作局面，出色完成任务。1927年冬，他作为井冈山革命根据地的第一个县级红色政权的主要领导人，为革命根据地的政权建设摸索了重要经验。1932年，他任福建军区司令员，为中央红军输送了大量兵员。1940年夏，他主持江苏东路地区党政军工作，使当地抗战局面焕然一新。1949年4月，在渡江战役中，他指挥的部队首先突破国民党军队的长江防线。杭州解放后，他担任浙江省的主要领导，为新解放区经济的恢复发展和人民生活的改善作出了重要贡献。

我们缅怀谭震林同志，要学习他敢于坚持真理、勇于修正错误的高风亮节。谭震林同志襟怀坦荡，肝胆照人，勇于批评和自我批评，始终把人民的利益放在第一位，从不计较个人得失。20世纪五六十年代，他分管农村工作时，为制定我国农业的长远规划，发展农林、农机和水利建设，进行了卓有成效的工作。他从不居功自傲，总是把全部成就归功于党和人民。相反，对自己在农业指导方面存在的缺点和失误却毫不隐讳，多次主动检讨，勇敢承担责任。他说："我们共产党人对于自己所犯错误的态度历来是明确的：公开承认，坚决改正。"在十年内乱期间，面对林彪、"四人帮"的倒行逆施，他疾恶如仇，刚正不阿，进行了针锋相对的斗争，充分显示了一个共产党人坚持原则、无私无畏的铮铮铁骨。

我们缅怀谭震林同志，要学习他谦虚诚恳，艰苦奋斗，密切联系群众的优良作风。谭震林同志是工人出身的革命家，他始终保持共产党人的革命本色，关心群众的疾苦，善于听取群众意见，始终与人民群众同呼吸共命运。谭震林同志一生担任过党、政、军许多重要领导职务，他严于律己，艰苦朴素，清正廉洁，从不以权谋私。他对不正之风深恶痛绝，坚决抵制。他对同志既严格要求，又热情关心；他用人不分亲疏，看德量才，一切以事业和工作为重。

同志们，我们纪念谭震林同志，是为了追思先辈，激励今人，以励来者。从新世纪开始，我国进入了全面建设小康社会、加快推进社会主义现代化的新的发展阶段，我们的任务伟大而艰巨。让我们高举邓小平理论伟大旗帜，以江泽民同志"三个代表"重要思想为指导，与时俱进、开拓创新，把老一辈无产阶级革命家开创的、一代又一代共产党人为之奋斗的社会主义事业不断推向前进，为把我国建设成为富强、民主、文明的社会主义现代化国家，为实现中华民族的伟大复兴而努力奋斗！

国务院副总理李岚清在浙江考察

4月15日至19日，李岚清在浙江省委书记张德江的陪同下，先后到杭州、嘉兴等地城市和农村，召开市场整治与发展座谈会、高校改革与发展座谈会，实地考察了基层文化建设、老年活动中心和社区卫生事业发展情况，并听取了浙江省委、省政府的工作汇报。李岚清对浙江省经济持续快速发展，财政收入连年大幅增长，科技教育实现跨越式发展，经济结构调整效果明显，社会保障和再就业工作充分、有力，两个文明建设取得的显著成绩给予了充分肯定，并对整顿和规范市场经济秩序、大力发展科技教育事业发表了意见。

李岚清指出，目前在全国范围内开展的整顿和规范市场经济秩序工作，是完善我国社会主义市场经济体制、促进经济健康发展的重要举措。浙江省委、省政府认真贯彻党中央、国务院一系列指示，抓住与广大人民群众切身利益密切相关的重大问题，积极开展了声势浩大的专项斗争，去年取得了重大阶段性成果，今年对集贸市场的专项治理又取得明显进展。他指出，集贸市场从本质上说是小生产和小农经济的产物，不适应现代化大生产的需要。发展社会主义市场经济，必须改变这种落后的流通方式，在对集贸市场进行专项整治的同时，大力发展现代化流通企业。要一手抓整顿，一手抓发展，在严厉打击假冒伪劣和偷税逃税的同时，努力探索深化流通改革、发展现代流通的新路子。

李岚清强调，对集贸市场进行专项整治，重点是各类出租摊位的"商城"、"商厦"。首先要建立商品质量监管责任制。不但"商城"、"商厦"内摆摊、设点的经营者要对其出售的商品质量负责，出租摊位的企业更要对市场内销售商品质量负责，并成为第一责任人。通过建立责任机制，增强市场开办者的责任意识和风险意识，防止假冒伪劣商品进入市场。国家工商总局等部门要研究制定相关规章并狠抓落实。税务部门要采取有效措施严厉打击集贸市场偷税逃税行为。市场内的所有经营者，要一律建账建制、如实申报纳税，并规范发票管理，对违规经营者要课以重税并依法予以惩罚；税务征管要严格按照税法规定，坚持依法征税，以率计征，改变定额征税等不规范做法，严禁任何名义的减免税；要抓紧创造条件，把市场内的经营者纳入税控网络管理，加强税源监控。

李岚清指出，实践证明，整顿和规范市场经济秩序，不仅不会影响生产和流通，还为发展现代化大流通创造了条件。要积极探索有效方式，鼓励名优厂家到集贸市场开设连锁店和专卖店，打造优良品牌，发展现代物流配送企业等，把集贸市场引入新的经营方式，这是我国集贸市场今后的发展方向。李岚清要求各级政府进一步转变职能，解决多层执法、多头执法和"管、办不分"的问题，认真落实行政性收费和罚没收入"收支两条线"的规定，进一步加强法制建设和社会信用建设，提高企业和个体经营者的法制和诚信意识，创造公平的竞争环境。

李岚清在考察中，充分肯定了近几年浙江省高等教育和科技事业发展取得的成绩。他要求各级党委和政府，进一步认识发展教育对经济发展和社会进步的推动作用。发展教育是财富,不是包袱,今日的教育资源,明日就成为经济发展的强大动力,哪里注重科技教育事业和人才培养,哪里经济的发展就快、就稳、就好。要保持经济发展后劲,必须大力发展义务教育、高等教育、职业技术教育。要改革管理体制,调整布局结构,加快师资培养,提高教学质量。学校要发挥各自的优势,办出特色,不能“千校一面”。要运用现代信息技术大力发展远程教育,让更多的人享受优质教育资源。要继续推进高校后勤社会化改革,加强大学生公寓的管理,把党团工作、思想政治工作做到学生公寓。

李岚清对农村基层文化建设和卫生事业非常关注。在嘉兴秀洲区象贤社区的卫生服务站,他仔细询问了农民医疗保健及收费情况;在红山农场文化中心和萧山老年颐乐园,他饶有兴趣地观看职工挥毫泼墨,引吭高歌。他强调,党和政府的各级领导都要做实践“三个代表”的模范,扎扎实实地解决好人民群众迫切需要解决的问题,不断满足广大人民群众物质生活和文化生活需求。

陪同考察的国务院有关方面负责同志有:高强、谢旭人、袁贵仁、李学勇、周和平、马晓伟、郝昭成、杨树德、廖晓淇等。

国务院副总理李岚清在中南海会见越共中央政治局委员越南国会主席阮文安一行

国防部部长迟浩田在北京与丹麦王国国防大臣斯文·奥格·延斯比会谈

国航一客机在韩国坠毁

中国民航总局确认:上午10时40分(当地时间11时40分)左右,中国国际航空公司一架波音767—200客机在韩国金海市池内洞附近的神鱼山坠毁。

据介绍,这架客机的编号为B2552,4月15日早8时37分执行北京—釜山航班任务(CA129),从北京首都国际机场起飞,预计飞行2小时后到达釜山机场。当时釜山机场大雾,能见度低。约10时40分左右,这架飞机在金海市坠毁。机上飞行员3人,乘务员8人,旅客155人,其中有中国旅客19名,韩国旅客135人,乌兹别克斯坦旅客1人。部分人员生还。飞机失事的具体原因正在调查中。

事故发生后,民航总局刘剑锋局长立即赶往中国国际航空公司指挥事故调查。民航总局同时发出紧急通知,要求民航各单位确保飞行安全。

空难发生不久,中国国际航空公司启动了应急处理程序。由中国民航总局和国航有关人员组成的工作组首批人员已于今天18时飞赴韩国,协助韩国方面进行事故调查。中国国际航空公司目前运行正常。记者今天在首都国际机场候机楼看到,在候机楼里等待乘机的乘客们情绪正常,值机人员有条不紊地办理乘机手续。

波音中国公司今天下午发表声明,表示随时准备为事故调查提供帮助。据了解,这架波音767—200延程型客机于1985年交付使用,已累计飞行了39541小时,完成了14308个起降。目前,中国民航有4家航空公司运营着6架这种型号的飞机。

这次空难也是中国国际航空公司47年来首次飞机失事。总部在北京的中国国际航空公司是我国目前资产最多、运输量最大的航空运输企业,注册资本为15亿元人民币,资产总额359亿元人民币,国航飞行总队有飞行员1000多人、机长400多人。

4月16日

国家主席江泽民致亚洲议会和平协会第三届年会的贺信

值此亚洲议会和平协会第三届年会在中国召开之际,我代表中国政府和人民,并以我个人的名义,向前来与会的各国议会领导人和议员表示热烈的欢迎!对本届年会的隆重召开致以诚挚的祝贺!

亚洲各国人民是勤劳、勇敢、伟大的人民。在二十世纪的百年历程中,亚洲各国人民为争取国家独立和民族复兴,实现本地区的和平、发展与繁荣,进行了长期不懈的努力,取得了举世瞩目的成就。亚洲地区已成为当今世界上最具活力和发展潜力的地区。当前,国际局势正在发生着深刻而巨大的变化,和平与发展仍然是时代的主题,世界多极化和经济全球化的趋势继续发展。和平、合作、发展、进步是各国人民的共同愿望。在新的世纪,亚洲各国既面临着许多新的挑战,也面临着争取更大发展的历史机遇。中国愿与亚洲及世界各国人民一道,为共同建设一个和平、发展、进步和繁荣的美好世界而努力。

今天,来自亚洲各国的议会领导人和议员们会聚中国,围绕“和平与发展”这一主题,进行深入讨论,增进相互了解,扩大共识,具有重要意义。我相信,本届年会的成功举办,将为亚洲和世界的和平与发展作出新的贡献。

我衷心祝愿亚洲议会和平协会第三届年会取得圆满成功!

国家主席江泽民与突尼斯共和国总统本·阿里在突尼斯总统府举行会谈

江泽民高度评价中国与突尼斯的良好合作关系。

他说，我们两国建立外交关系以来的38年间，无论国际风云如何变幻，双方始终彼此尊重、相互支持、真诚合作、共同发展，在政治、经济、文化、卫生等双边关系的各个领域都取得了丰硕的成果。我们两国同属发展中国家，在重大国际和地区问题上，有着广泛共识，并进行了良好的合作。突尼斯人民是中国人民的真诚朋友，全面加强中突友好合作是中国政府的既定政策。当前世界多极化和经济全球化深入发展，我认为在这一形势下，我们应该进一步加强合作。为使两国关系在新世纪有新的发展，我们建议：第一，我们应该加强两国各个层次的友好交往，特别是高层交往，以增进彼此了解。我邀请总统先生于明年方便的时候访问中国。第二，我们应该不断开拓两国经贸合作的新领域，探索两国合作的新形式，以充实双边关系的内涵。第三，我们应该进一步加强在国际领域的磋商和协调，共同维护双方及广大发展中国家的正当权益。

在谈到两国经贸合作关系时，江泽民说，双方合作的领域正在逐步拓宽，我们将继续共同努力，探索合作的新领域和新形式。

本·阿里总统说，多年来，中国为突尼斯的经济发展作出了积极贡献，在农业、基础设施等方面的援助项目使突尼斯偏远地区的生活条件和经济状况都有所改善和加强，突尼斯对此深表感谢。突尼斯方面完全赞同江主席就加强双边关系、特别是经贸合作提出的建议，愿与中方共同努力，使突中经贸合作的规模和水平更好地与两国间良好的政治关系相符合。

双方介绍了各自的国内政治经济形势。

会谈后，中突双方签署了7个文件：中国向突尼斯提供无息贷款的经济技术合作协定，中突经济技术合作协定，中突海运协定，中突民用航空运输协定，中突关于避免双重征税和防止偷漏税的协定，中突文化合作协定2002年、2003年、2004年执行计划，中突关于中国派遣医疗队赴突尼斯工作议定书。江泽民和本·阿里总统出席了签字仪式。

国家主席江泽民致电委内瑞拉总统查韦斯祝贺他重新履行总统职责

亚洲议会和平协会第三届年会在人民大会堂开幕

来自亚洲39个国家的400多名代表出席会议。

全国人大常委会委员长李鹏，国家副主席胡锦涛，亚洲议会和平协会主席、柬埔寨国民议会主席拉那烈亲王，各国议会联盟理事会主席赫普图拉出席开幕式。

李鹏首先致辞，胡锦涛向会议宣读了江泽民主席的贺信，拉那烈亲王和赫普图拉先后致辞。

全国人大常委会副委员长田纪云主持开幕式。全国人大常委会副委员长姜春云、邹家华、王光英、布赫、铁木尔·达瓦买提、吴阶平、彭珮云、何鲁丽、周光召、丁石孙、成思危、许嘉璐、蒋正华和秘书长何椿霖，全国人大常委会副秘书长，部分全国人大常委会委员，全国人大各专门委员会、各双边友好协会或小组的负责人，出席本届年会的中国全国人大代表团成员和顾问及与会各国代表等出席了开幕式。

亚洲议会和平协会今天上午在北京召开第一次执行理事会会议，决定本届年会的议程和日程提交第一次全体会议通过，听取协会秘书长、柬埔寨国民议会秘书长高平作的协会年度报告，提议选举李鹏委员长为协会新任主席，提议选举出席会议的各国议长为本届年会副主席，全国人大常委会副委员长、中国全国人大代表团团长周光召向会议介绍了本届年会的议程和日程。会议还进行了其他事项。

全国人大常委会委员长李鹏在亚洲议会和平协会第三届年会开幕式上发表讲话

尊敬的拉那烈主席，尊敬的赫普图拉主席，女士们、先生们、朋友们：

在这春暖花开的美好季节，我们能有机会与来自亚洲近四十个国家的议会领导人和议员欢聚一堂，共商亚洲和世界大事，感到十分高兴。我代表中国全国人大和中国人民，对各位来宾表示热烈的欢迎。

女士们、先生们、朋友们：

刚刚过去的20世纪，人类历史取得了巨大进步，但也经历了两次世界大战的浩劫和长期冷战的磨难，沉痛的教训使各国人民渴望过上安宁的生活，渴望21世纪成为和平、安全、合作、发展的新世纪。我们将本次年会的主题确定为“和平与发展”，意义重大而深远。

当前，国际局势总体保持和平、缓和、稳定。世界多极化在曲折中发展，经济全球化不断深入推进，现代科学技术日新月异。谋和平、求合作、促发展，依然是时代潮流的总趋势。

但是，国际关系的基本矛盾并未解决，人类的和平与发展仍面临不少挑战。不仅领土、资源、利益冲突等引发的各种传统安全问题还未解决，恐怖主义等各种非传统安全问题也日趋严峻。局部地区出现了战争、紧张和动荡，天下还不太平。经济全球化对发展中国家既带来发展机遇，也造成巨大冲击，南北贫富差距日益扩大。因此，为维护世界和平，实现共同发展，还需要作出不懈的努力。

女士们、先生们、朋友们：

和平与发展相辅相成。和平是促进发展的前提条件，发展则是维护和平的重要基础。一个国家如果经济得不到发展，稳定就难以得到保障，人民也就难以安居乐业。

中国一贯主张，国家不分大小、贫富，都是国际社会平等的一员。国际社会应按照《联合国宪章》的宗旨和原则以及和平共处五项原则，建立和发展国家关系，坚持通过协商谈判解决争端。我们的世界丰富多彩，不可能只有一种模式存在。世界各国的政治制度不同，历史、文化和传统也有差异。应提倡国际关系的民主化，承认各国人民有权自主选择各自的社会制度和发展道路，在继承和发展本民族文明的基础上，也应注意提倡吸取其他文明的精华，按照自己的意志创造并享受美好的生活。

国际社会应积极致力于解决发展问题，逐步改变不公正不合理的国际经济秩序，缩小贫富差距。发达国家应履行在贸易、债务等方面对发展中国家的承诺，与发展中国家一道共同应对经济全球化带来的挑战，实现在平等基础上的共同繁荣。发展中国家要通过自身努力和加强合作，争取实现经济的复兴和发展。只有这样，才能促进世界经济的可持续发展，才能有助于从根本上消除世界上包括恐怖主义在内的许多不安定因素，才能实现世界的持久和平。

女士们、先生们、朋友们：

近些年来，亚洲各国经济发展，社会进步，区域合作步伐加快，取得举世瞩目的成就。亚洲国家在国际和地区事务中发挥着越来越重要的作用。亚洲地区的稳定与繁荣，为世界的和平、稳定与发展作出了重要贡献。

亚洲前进的道路不会平坦。受各种因素的影响，亚洲国家目前在政治、经济方面，还面临着不同程度的困难。但亚洲地域广阔，资源丰富，市场潜力巨大。亚洲人民素以勤劳智慧著称于世。亚洲依然是世界上最具活力的地区。我相信，只要充分发挥自己的优势，继续弘扬东方文明的优秀传统，同时加强合作，互相帮助，亚洲国家就一定能赢得新的更大的发展和进步。

女士们、先生们、朋友们：

议会是国家政治体制的重要组成部分，是联结人民和政府的纽带。议会不仅参与讨论和制定本国的重要内外政策，监督政策的执行，而且在国际舞台上正发挥着日益重要的作用。在当前复杂多变的国际形势下，议会和议员应当在维护国际和地区和平与发展方面承担更多的责任，发挥更加积极的影响。

为此，我建议：

一、加强亚洲各国议会在民主法制建设方面的交流，相互借鉴，促进本国的法治和经济发展。

二、加强亚洲各国议会在国际和地区事务中的合作，求同存异、扩大共识，推动国际和地区问题的公正合理解决。

三、加强亚洲各国议会领导人的接触，增进了解，减少分歧，加深友谊，促进各国间政治、经济、科技和文化关系的进一步发展。

亚洲议会和平协会的建立，是亚洲国家为加强本地区议会之间的合作与交流作出的重要努力。协会正在成为各国议会和议员相互交流、增进友谊的论坛。自协会成立以来，中国全国人民代表大会积极参与协会的各项活动。我们真诚地希望，协会将吸引更多的亚洲国家议会的参与，不断壮大，成为维护亚洲和世界和平与发展的一支重要力量，中国全国人大愿为此作出自己的贡献。

女士们、先生们、朋友们：

中国改革开放20多年来，国民经济持续快速增长，政治稳定，民族团结，社会进步。人民享有广泛的权利，民主和法制建设不断加强。但我们也清醒地看到，中国是一个人口众多的发展中国家，地区发展不平衡，要在本世纪中叶基本实现现代化，建成富强民主文明的社会主义国家，还需要长期不懈的努力。

回顾中国的发展历程，我们深刻地体会到，只有在国家主权得到维护、社会保持稳定的前提下，才能够集中力量从事经济建设，不断增强国力和改善人民生活。只要坚持改革开放，与时俱进，积极应对国内外政治经济领域出现的问题，就能使国民经济的发展充满生机和活力。

中国是亚洲大家庭中的一员。中国的发展不仅造福于中国人民，而且有利于促进本地区和世界的繁荣与发展。中国正在实施西部大开发战略和产业结构调整，这些都为亚洲各国提供更多的商机。中国加入世贸组织后，改革将进一步深化，对外开放将进一步扩大，为中国与亚洲各国乃至世界各国的经贸合作展示广阔的前景。

我深信，在各国议会代表团的共同努力下，亚洲议会和平协会第三届年会一定会取得成功。让我们携手合作，努力营造一个有利于各国人民共享安宁与繁荣的国际和地区环境，推动亚洲和世界走向更加光辉灿烂的明天。

谢谢大家。

全国人大常委会委员长李鹏 国家副主席胡锦涛在人民大会堂会见出席亚洲议会和平协会第三届年会的各国代表团团长

全国人大常委会委员长李鹏在人民大会堂会见各国议会联盟理事会主席纳杰马·赫普图拉女士

全国人大常委会委员长李鹏在人民大会堂会见亚洲议会和平协会主席柬埔寨国民议会主席诺罗敦·拉那烈亲王

全国人大常委会委员长李鹏在人民大会堂分别会见泰国国会主席乌泰·屏猜春和蒙古国家大呼拉尔主席图木尔奥其尔

国务院总理朱镕基在土耳其总理府与土耳其总理埃杰维特进行会谈

朱镕基表示,中土两国人民有着传统友谊。很久以前,我们的祖先就通过"丝绸之路"进行了友好交往。1971年两国建交后,双方在政治、经济、文化等领域进行了富有成果的合作,双边友好合作关系不断深入发展。2000年4月,江泽民主席访问土耳其时,两国元首签署了联合公报,确定两国在新世纪建立更加密切的伙伴关系。我们高兴地看到,两年来,双方采取了一系列积极措施,努力落实联合公报有关内容,并取得显著成果。政治上,两国保持了高层交往的良好势头;经贸上,两国双边贸易额连年增加,其他经济合作也正在逐步展开。我们对两国友好合作关系发展的良好势头表示满意。

朱镕基说,中土两国作为位于亚洲东西两端的重要国家,对维护本地区的和平与稳定负有重要责任。中国政府十分重视发展同土耳其的关系,赞赏土耳其历届政府对发展中土关系所持的积极态度和为此所作的不懈努力。中方愿与土方一道,把两国间业已存在的友好合作关系全面提高到一个新的水平。

朱镕基还对土耳其政府坚持一个中国的立场表示赞赏。

关于两国经贸关系,朱镕基表示:近几年来,中土双边贸易总体发展顺利,贸易额连年上升,双方在工程项目承包方面的合作已逐步展开。中方非常重视两国贸易中存在的土方逆差问题,并在积极努力,采取各种措施扩大从土进口,并鼓励中国企业到土耳其投资。我们相信,通过两国有关部门的友好协商,中土双边经贸合作将会继续健康顺利地发展。

关于"东突"问题,朱镕基表示,我们注意到土耳其政府近年来一再强调新疆是中国领土的一部分,并采取了一些具体措施限制在土"东突"分子的反华分裂活动,我们对此表示赞赏。目前"东突"分子仍在顽固地从事反华分裂活动,一些在阿富汗进行反华恐怖暴力活动的"东突"恐怖势力正在寻找新的基地,土耳其是其重要的转移方向。中土两国作为地区重要国家,在打击国际恐怖主义、维护地区和平与稳定方面负有重要责任,共同打击"东突"恐怖分子,符合两国维护安全与稳定的根本利益。我们希望中土双方更密切地合作,共同防止"东突"恐怖分子给中土关系造成损害。

关于中东问题,朱镕基表示:以色列同巴勒斯坦冲突迄今持续不断,中东和平进程久陷僵局,中国政府对此深表关切和忧虑。我们认为,以色列对巴勒斯坦的军事打击、经济封锁和围困阿拉法特总统等行径无助于问题的解决,只能进一步加剧局势的恶化。我们反对并谴责以色列对巴勒斯坦的野蛮侵犯,要求以色列从巴勒斯坦地区全部撤军。我们也谴责一切针对无辜平民的暴力活动。中国为缓和当前急剧恶化的以巴紧张局势作出了积极努力,并采取了一系列外交行动,敦促以色列尽快撤军,确保阿拉法特总统的人身安全。土耳其在中东地区具有独特作用,并利用与以色列和阿拉伯国家均保持的良好关系,积极做双方的促和工作,我们对此表示赞赏。中国作为安理会常任理事国愿同包括土耳其在内的国际社会一道,继续为缓和以巴紧张局势及推动中东问题的早日解决作出自己的贡献。

会谈后,中土双方签署了《中华人民共和国政府和土耳其共和国政府关于海关事务的合作互助协定》《中华人民共和国农业部与土耳其共和国农村事务部农业合作谅解备忘录》《中华人民共和国信息产业部与土耳其共和国交通部关于在信息技术领域合作谅解备忘录》和《中国五金矿产进出口总公司购买土耳其汽车合同》。朱镕基总理和埃杰维特总理出席了签字仪式。

国务院总理朱镕基在土耳其总统府会见土耳其代总统大国民议会议长伊兹吉

4月17日

国家主席江泽民应约与俄罗斯总统普京通电话

双方就世界和平与安全、联合国的作用和上海合作组织圣彼得堡峰会等共同关心的重要问题交换了看法。

国家主席江泽民分别在国民议会和下榻的国宾馆会见突尼斯国民议会议长迈巴扎和总理加努希

亚洲议会和平协会第三届年会在重庆举行第一次全会

亚洲议会和平协会第三届年会在北京开幕后,移师重庆市继续举行会议。在下午举行的第一次全体会议上,中国全国人大常委会委员长李鹏当选亚洲议会和平协会新任主席。

李鹏当选后表示，随着世界多极化和经济全球化的不断发展，国与国之间加强交流与合作已是大势所趋。亚洲各国议会在集思广益、求同存异、友好协商、扩大共识的基础上进行交流与对话，不仅有利于促进议会间的关系，也有利于国家关系的发展，进而有利于世界和地区的和平与稳定。

李鹏在讲话中对协会前任主席、柬埔寨国民议会主席拉那烈过去一年富有成效的领导工作表示赞赏，并感谢各成员国及非成员国议会对协会的发展作出的贡献。他表示相信，经过各成员国的共同努力，将使亚洲议会和平协会的机制更加完善，活动内容也将更加丰富。本届年会愿为此目标作出努力。

大会分两个阶段进行。第一阶段由拉那烈主持，协会秘书长高平作了协会和执行理事会年度工作报告。会议决定接纳塞浦路斯、沙特阿拉伯、土耳其、朝鲜、菲律宾、塔吉克斯坦、不丹为协会新成员。七个新成员国的议长和代表团团长表示，他们将为协会的进一步发展作出自己的贡献。随后，进行了协会新主席的选举。

李鹏在当选协会新任主席后主持了第二阶段的会议。会议首先通过了本届年会的议程和总体安排。根据亚洲议会和平协会章程的规定，李鹏委任中国全国人大常委会秘书长何椿霖为亚洲议会和平协会秘书长，全权负责本届年会和有关本协会的一切事务。根据年会执行理事会第一次会议的建议，由李鹏提议并通过大会选举，与会各国议长当选为本届年会副主席。

年会特邀嘉宾、重庆市委书记贺国强向会议致辞。他代表重庆3000万各族人民，对本次年会的召开表示热烈祝贺，向李鹏委员长和应邀前来参加会议的各国议会领导人表示热烈欢迎。大会随后就亚洲政治经济社会形势进行一般性辩论。与会的部分国家代表团团长和中国代表团团长周光召分别在会上发言。

全国人大常委会委员长李鹏在重庆会见朝鲜最高人民会议代表团团长金秀学

全国人大常委会委员长李鹏在重庆分别会见不丹议长乌颜·多尔吉和密克罗尼西亚参议长杰克·弗里茨

全国人大代表团在亚洲议会和平协会第三届年会上就亚洲和平与发展问题提出四项主张

全国人大代表团团长、全国人大常委会副委员长周光召今天在亚洲议会和平协会第三届年会第一次全体会议大会发言中说，在新的世纪，如何确保亚洲和平稳定，实现共同发展，开创本地区美好繁荣的未来，是摆在亚洲各国面前的重大课题。为实现这一目标，中国全国人大代表团提出四项主张。

这四项主张是：

一、共同珍惜和维护亚洲地区来之不易的和平稳定局面。历史和现实经验都证明，一个和平稳定的区域周边环境，是各国发展繁荣、长治久安的重要前提。各国都应当从长远和战略利益出发，为维护这一局面作出自己的努力。

二、坚持和平共处五项原则，相互尊重，平等相待。应尊重亚洲的多样性现实，发挥多样性优势，谋求多样化发展，共同创造一个多种文明、多元文化共存共赢的美好亚洲。

三、进一步加强亚洲多层次、多形式的经济合作。应本着互惠互利、共同发展的原则，相互借鉴，取长补短，进一步提升各国以及亚洲整体的经济实力，增强应对经济全球化挑战的能力。

四、积极推广以互信互利、平等协作为核心的新型安全观。应通过协商谈判，解决双方分歧和争端。通过加强合作，扩大共同利益，增进安全。应加强非传统安全领域的合作，共同打击恐怖主义、走私、贩毒、海盗、非法移民等国际犯罪活动。

周光召说，中国与亚洲国家有着长期的睦邻友好关系。近年来，中国积极发展与亚洲周边国家作为好邻居、好伙伴的友好合作，相互理解与信任不断加深。目前，中国已与多数亚洲国家建立了跨世纪的睦邻友好合作关系框架，在经贸、科技和文化等各领域的交流与合作不断深化。中国与俄罗斯、哈萨克斯坦、吉尔吉斯斯坦、塔吉克斯坦、乌兹别克斯坦等国建立了“上海合作组织”，积极参与东盟地区论坛，推动朝鲜半岛对话，支持中东和南亚地区有关国家和平解决争端，支持阿富汗重建，体现了中国对维护世界和地区和平与发展的良好意愿。

周光召指出，中国改革开放20多年来，经济快速发展，综合国力显著增强，人民生活水平不断提高。我们在新世纪制定的三大任务是：一、继续推进现代化建设，到2010年国内生产总值比2000年增加一倍。在继续加快沿海地区发展的同时，实施西部大开发战略。采取切实措施，逐步实现共同富裕。加强环境保护，实现可持续发展。二、按照“和平统一、一国两制”的方针继续推进祖国的统一大业；三、维护世界和平、促进共同发展。中国的发展离不开亚洲各国人民的支持，一个稳定、发展、强盛的中国不论在任何时候，都不会对别国构成威胁。相反，中国的发展只会对世界和亚洲的和平与发展作出更大的贡献。中国反对霸权主义，自己也永远不称霸。

周光召说，议会是国家政权的重要组成部分，在增进各国人民之间的相互了解与友谊,推动国家关系的发展方面发挥着日益重要的作用。在新形势下,各国议会应进一步加强交流与合作,更多地承担起在地区和国际事务中的责任。

国务院副总理吴邦国在湖北进行再就业工作专题调研

4月17日至19日,吴邦国在湖北省委书记俞正声、省长张国光的陪同下,专题就下岗职工再就业工作进行调研,考察了武汉市劳动力市场和社区、企业的再就业工作,听取了省政府关于再就业工作情况的汇报,召开了下岗再就业职工代表座谈会,分专题与有关地区、部门和企业负责人进行座谈。他对湖北省再就业工作取得的成绩给予了肯定。

吴邦国指出,国有企业下岗职工曾为我国经济建设和企业发展作出过贡献。近些年来,部分职工的下岗,有力地支持了国有企业改革发展,为实现国企改革脱困三年目标作出了贡献。他们中的一些人积极转变择业观念,克服种种困难,自强自立,通过艰苦不懈的努力,实现了再就业或自主创业,不仅起到了示范作用,而且为其他下岗职工创造了新的就业岗位,为促进经济发展和社会稳定又作出了新的贡献。他说,同时应当看到,相当一部分下岗职工还没有实现再就业,生活还十分困难,迫切需要政府和有关方面给予更多的帮助、支持,尽快实现再就业。

吴邦国强调,针对我国就业和再就业压力越来越大的状况,各级政府和有关部门要把下岗职工再就业工作摆上重要议事日程,作为重要任务来抓。一是广开就业门路,努力扩大就业空间,积极调整就业结构。要从本地区的实际出发,进一步完善产业政策,把促进经济持续快速发展与实现充分就业有机结合起来。要大力发展第三产业、劳动密集型企业、社区服务业,要支持非公有制企业吸纳下岗职工。二是尽快制定和完善促进就业和再就业的政策。要鼓励自谋职业、自主创业,在工商管理、税收和信贷等方面要给予积极的支持。要根据企业吸纳再就业人员比例,完善相关的鼓励优惠政策。三是要完善加强就业培训和就业服务政策,鼓励社会各界多渠道兴办再就业服务机构,为下岗职工实现再就业提供更便捷、更周到的服务。四是要针对当前再就业工作中存在的突出问题,狠抓落实。要建立劳动社会保障和再就业监督检查制度和责任追究制度,要充分发挥工会、妇联等社团组织的作用,充分发挥群众监督和舆论监督的作用,把再就业岗位、再就业政策和再就业服务真正落到每个下岗职工身上。与此同时,要进一步研究完善企业兼并破产、改组改制、主辅分离的政策,最大限度地保护下岗职工的合法权益。

陪同吴邦国调研的有关部门负责人有张左己、张俊九、尤权、蒋黔贵、肖捷、史纪良、侯云春等。

国务院副总理钱其琛在突尼斯会见突尼斯外交部长本·叶海亚

4月18日

国家主席江泽民抵达伊朗南部法尔斯省省会设拉子开始对伊朗进行国事访问

亚洲议会和平协会第三届年会在重庆举行第二次全会

全国人大常委会副委员长姜春云在内蒙古自治区赤峰市调研

4月18日至21日,姜春云深入到赤峰市松山区、宁城县、翁牛特旗、巴林右旗,考察了龙潭、城子乡、凤凰岭等9个生态建设项目示范工程,与基层干部和工程技术人员亲切交谈,并听取了自治区、赤峰市防沙治沙工作汇报,了解了依法防沙治沙的最新进展。姜春云对赤峰市几十年坚持不懈治理荒沙、建设生态的成功经验和显著效果给予了充分肯定。姜春云认为,沙漠化既是严峻的,又是可防可治的,关键在于领导的决心、群众的积极性和按照自然、经济规律寻求科学的路子和对策。防治沙化事关沙区人民的生存和发展,是最重要的任务。在沙区不重视生态的干部不能当干部,抓不好生态的干部就不是好干部,决不能仅把GDP的增长速度作为衡量干部政绩的标准。沙区各级领导必须把生态建设作为头等大事抓紧抓好,坚持一任接着一任干,一张蓝图绘到底。

姜春云指出,各地都要按照防沙治沙法的要求,从当地实际出发,尽快制定和修改防沙治沙规划,做到层层有切实可行的目标任务、治理步骤、路子对策,并纳入国民经济和社会发展计划。制定规划要实行领导、专家、群众相结合,坚持走群众路线,集思广益,群策群力。要把制定规划的过程变成为发动干部群众,统一思想认识,推进防沙治沙活动的过程。规划一经法定机关批准,必须坚决执行,规划是有约束力的。要设立和实行有利于加快防沙治沙和生态建设的好机制,运用优惠扶持政策最大限度地调动广大群众和社会各方面参与防治沙化的积极性。赤峰和内蒙古其他一些地区对沙化土地和草原实行家庭承包,对生态建设项目坚持谁投资、谁建设、谁受益的原则,招标、拍卖或划归农牧户进行治理,并积极探索股份合作开发建设方式,均收到了良好的效果。实践证明,在一个流域或山系实行统一规划、统一治理、统一管护、分户经营、分户受益,效率高,效益好,生态见效快,群众受益也快,是一种很好的治理模式。要按照邓小平同志“三个有利于”的原则,鼓励不同行业、不同所有制企业和个人等投入主体投资防沙治沙,对生态建设作出突出贡献的单位和个人给予重奖。

姜春云提出,要有效防治沙漠化、恢复沙区生态,必须根本改变广种薄收、超载放牧那种掠夺式经营方式,积极实施退耕还林、退牧还草、精种精养集约经营方式。在牧区,要逐步推行草场封育、禁牧、轮牧,实行舍饲圈养。这是迅速恢复沙化草原植被的最佳选择。在沙化严重、基本失去生存条件的区域,实行生态移民。坚持以草定畜,实现数量型畜牧业向生态型、效益型畜牧业的转变。同时,要积极发展草库伦,培育人工草场,为牧民解决封、禁之后的生产生活问题。还要大力发展林草产业,实行产业化经营,把资源优势转变为经济优势。这是巩固防沙治沙成果,使农牧民尽快富起来的有效途径。姜春云说,要尊重自然规律,坚持预防为主,防治结合,综合治理的方针,切实加大生态的保护力度。退耕还林还草和水土保持工作要以当地的降雨、水资源等生态条件为前提,宜乔则乔,宜灌则灌,宜草则草,宜“禁”则“禁”,宜治则治,将生物措施和工程措施结合起来,将乔、灌、草结合起来,将“绿起来”和“富起来”结合起来,使沙漠化土地和草原得到休养生息。要加大对水资源的保护力度,合理开发利用,坚决制止对水资源的掠夺性开采。

姜春云强调,防沙治沙法为防治沙化提供了强有力的法律保障。各地要深入开展防沙治沙法的学习宣传活动,把各级、各行各业和广大干部群众的思想统一到这部法律的规定上来,抓紧完善防沙治沙管理体制,把防沙治沙责任制落到实处。执法机关和人员要严格依法行政,切实做到有法必依,执法必严,违法必究。各级人大要加强法律实施的监督检查,确保有关规定的全面落实。

内蒙古自治区党委书记储波、内蒙古自治区人大常委会主任刘明祖、全国人大环境与资源保护委员会主任委员曲格平等也一同参加了调查研究。

外交部部长唐家璇在伊斯坦布尔会见土耳其外长杰姆

全国人大外委会负责人就欧洲议会通过对华关系决议发表谈话(摘要)

4 月 11 日,欧洲议会通过了“欧洲议会关于欧盟委员会对华战略文件的决议”。决议对近年来中欧关系的发展和中国在国际事务上所做贡献以及在国内各方面所取得的成就给予了积极评价,强调发展中欧合作伙伴关系的重要意义,并为双方今后在多个领域进一步加强对话,扩大交流与合作提出了一些建设性建议。对此,我们表示欢迎和肯定。但是,决议在台湾、西藏、人权等一些重大问题上,仍然不顾事实,采取了错误的立场。我们不能不对此表示遗憾。

在台湾问题上,决议称欧盟坚持的一个中国政策是同“台湾问题和平解决”、“不能接受中国保留使用武力的权利”联系在一起的。这是对中国内政的干涉。

台湾自古以来就是中国的领土。这是国际法所确认、国际社会所公认的事实。台湾问题纯属中国内政,任何人不得干涉。早日实现祖国的和平统一是包括2300 万台湾同胞在内的全体中国人民的共同愿望和坚强意志。中国政府解决台湾问题的基本方针是“和平统一,一国两制”。海峡两岸都是中国人,血浓于水,世界上没有任何人比中国政府更希望用和平的方式解决台湾问题。同时,我们也决不承诺放弃使用武力,这不是针对台湾同胞,而是针对少数图谋把台湾从中国分裂出去的“台独”分子的。我们有最大诚意并坚持不懈地争取祖国的和平统一,同时也有坚定的决心和足够的能力阻止“台独”势力的分裂活动。台湾当局至今仍然拒不承认一个中国原则,不断大量购买先进武器,企图“以武拒和”、“以武拒统”,在坚持“台独”的分裂立场上越走越远。中国政府不承诺放弃使用武力正是考虑到两岸人民的福祉和意愿,为了达到台湾问题最终能和平解决的目的。欧洲议会的决议硬说中国不承诺放弃使用武力就是什么“武力威胁”,这完全是对中国政府和平统一既定方针的歪曲,只能助长“台独”势力的嚣张气焰。

欧洲议会的决议还提出要台湾参加亚欧会议,要求欧盟国家允许陈水扁一类台湾政要访问欧盟,这些都与欧盟和欧盟国家坚持的一个中国政策背道而驰。我们坚决反对。

欧洲议会的决议还根据一些别有用心的人制造的谎言指责中国的人权状况,诬蔑西藏“政治形势日益恶化”、“人权状况每况愈下”。事实上,关于中国的人权、西藏等情况,包括西藏人民在内的全体中国人民对近年来的巨大进步表示满意,众多的外国人士来中国亲眼看到发生的变化,也都表示钦佩。现在中国人权状况处在历史上最好的时期。西藏自 1965 年实行民族区域自治,特别是改革开放以来发生的翻天覆地的变化,在政治、经济、文化、人权等各个领域取得的空前成就,西藏人民享有充分的宗教信仰自由等,这些都是有目共睹的事实。

决议要求中国政府与达赖进行谈判,说达赖只是要求什么"真正的西藏自治"。事实上,中央政府与达赖接触的渠道始终是畅通的。自1979年以来,中央政府曾10多次同达赖的私人代表进行过接触,仅他的哥哥嘉乐顿珠就先后12次回国。中央政府与达赖接触商谈的政策是一贯的,即:达赖必须真正放弃"西藏独立"的主张,停止一切分裂祖国的活动,公开声明西藏是中国不可分割的一部分,台湾是中国的一个省,中华人民共和国政府是代表全中国的唯一合法政府。对这种合情合理的要求,达赖却始终加以拒绝。事实证明,达赖对接触商谈并没有诚意,只是利用这个问题在国际上搞宣传、说假话,蒙骗国际社会。当国际形势对他不利时,他提出要商谈;当他错误判断国际形势对他有利时,就不再商谈。至今双方接触商谈没有进展,责任完全在达赖方面。至于达赖所谓的"真正的西藏自治"则是企图否定西藏人民早已依法享有民族区域自治权利的事实,为把西藏从中国分裂出去制造舆论。这充分证明达赖并没有停止和放弃从事分裂中国的政治活动。

前不久中国西藏自治区人大代表团访欧,对西藏情况作了全面介绍,增进了许多欧洲人士对西藏现实情况的了解。而欧洲议会的决议不顾事实,只能伤害中国人民的感情和中欧友好关系的发展。

社会要发展,人类要进步,这是历史的必然。改革开放以来,中国的人权事业取得了举世瞩目的成就,中国人民的人权状况得到了根本性的改善。促进和保护人权是一个历史的过程,所有国家都处在这个过程之中,任何国家都不应认为自己的人权状况十全十美。同所有的国家一样,中国在人权方面还有不尽如人意的地方,中国将继续致力于提高本国人民享受人权的水平。

当前中欧关系友好发展的势头是来之不易的,是双方多年来不懈努力的结果,符合中欧以及世界和平与发展的根本利益。我们希望欧洲议会的议员们遵守欧盟的有关承诺,不做干涉中国内政、有损中欧合作的事。我们欢迎对中国情况缺乏真实了解的人士,能以公正和客观的态度加强对话,了解事实,更欢迎他们到中国来实地观察,亲眼看一看中国的现状,以免人云亦云,作出错误判断,影响中欧友好关系的正常发展。

4月19日

亚洲议会和平协会第三届年会在重庆闭幕

中国全国人大常委会委员长、亚洲议会和平协会主席李鹏主持闭幕式,并发表讲话。

会议期间,与会各国议会领导人和议员,本着协会的宗旨和这次年会的主题,就多极化与世界和平,全球化与发展中国家,加强国际合作、建立国际政治经济新秩序等议题广泛而深入地交换了意见,达成了一系列重要共识。

李鹏委员长以协会主席和中国全国人大常委会委员长的双重身份,最后发表了总结讲话。他说,会议期间,与会各国议会领导人和议员在平等、友好的气氛中,围绕"和平与发展"这一主题进行了深入磋商和广泛交流。通过本届年会,亚洲各国议会之间的共同点增多了,关系加强了,合作密切了。本届年会取得了丰硕成果,必将作为亚洲各国议会合作的一个重要里程碑载入史册。

李鹏说,本届年会达到了加强了解、扩大共识、发展友谊的目的,推动了亚洲各国及议会间的相互团结和共同进步,促进了各国议会间的相互学习和借鉴。他强调,各国议会是国家政权机构的重要组成部分,在当前国际形势下,努力促进各国议会间的合作,对世界和地区的和平与发展至关重要。他表示相信,与会各国一定会在本届年会成果的基础上,继续开展多渠道和多层次的交流与合作,以增进各国政府、议会和人民之间的相互了解与信任,促进国家间关系的发展,推动地区和国际合作。

李鹏说,中国坚持奉行独立自主的和平外交政策。在和平共处五项原则的基础上,加强同世界各国的友好合作,是我国的一项基本政策。中国将继续致力于巩固和深化与亚洲各国的睦邻友好合作关系。中国将继续积极参与各国议会联盟和亚洲议会和平协会等国际和地区议会组织的活动,同亚洲和世界各国人民一道,为推动建立公正合理的国际政治经济新秩序,为维护世界和平,促进共同繁荣,作出自己的贡献。

亚洲议会和平协会重庆宣言

1.我们,来自39个国家的议会领导人和议员,应中华人民共和国全国人民代表大会常务委员会委员长李鹏阁下的邀请,于2002年4月16日至19日相聚北京和重庆,出席了亚洲议会和平协会第三届年会。这是亚洲各国议会界的一次盛会。中华人民共和国主席江泽民阁下向会议发来了贺信。会议选举李鹏委员长为本届亚洲议会和平协会主席,李鹏阁下主持了本届年会。中华人民共和国副主席胡锦涛阁下出席了会议开幕式。

2.我们充分肯定在孟加拉人民共和国和柬埔寨王国举办的前两届年会所取得的成果。感谢上届协会主席拉那烈阁下和柬埔寨国会一年多来为协会的发展所做的努力。感谢各国议会联盟理事会对本协会的支持。积极评价各国议会联盟"千年议长大会宣言"。本次会议期间,我们本着协会的宗旨,就多极化与世界和平、全球化与发展中国家、加强国际合作、建立国际政治经济新秩序等问题深入交换意见，达成了广泛共识。

3. 和平与发展是时代的主题。我们认为，世界和平是促进各国共同和可持续发展的前提条件，各国的共同和可持续发展则是维护世界和平的重要基础。和平与发展密切关联，相辅相成。

4. 我们注意到，进入新世纪，世界多极化和经济全球化两大趋势继续发展，科技进步日新月异，区域合作方兴未艾。加强对话合作、维护世界和平、促进共同和可持续发展，已经成为越来越多国家的利益所在和共同选择。这不仅为各国自身发展带来了机遇，而且为共同建设一个美好的世界创造了条件。

5. 我们注意到，世界形势仍面临严峻挑战，天下还很不太平，不确定因素还很多。全球经济增长放缓，南北差距扩大，局部战争和冲突仍时有发生，国际关系民主化远未实现，不公正、不合理的国际经济秩序没有明显改观。

6. 我们认识到，亚洲的和平与发展同世界的和平与繁荣息息相关。冷战结束后的十多年，经过各国共同努力，亚洲在克服冷战阴影，实现经济发展，推动社会进步以及提高人民生活水平等方面，都取得了巨大成就。但是，我们也清醒地看到，目前亚洲仍然面临许多困难和挑战。

7. 亚洲富有多样性。各国社会制度不同，经济发展水平各异，价值观念也存在差别。这种多样性为亚洲各国相互借鉴、取长补短创造了有利条件。我们应充分尊重多样性的现实，谋求多样化发展，在区域合作、团结互助的道路上迈出更加坚实的步伐。

8. 议会是国家政权和民主制度的重要组成部分，是国家稳定和发展的重要保证。议会由人民选举产生，代表人民的意愿，体现人民的利益和权利。各国议会的名称、体制、宪法地位以及所发挥的作用不尽相同。我们尊重各国人民的政治选择，尊重各国议会的特点及其所依赖的政治文化和社会环境。

9. 议会在国际交往中发挥着独特的作用。我们呼吁各成员国议会及其议员进一步加强合作，通过各种方式，经常开展交流，更多地承担起在地区和国际事务中的责任。

10. 我们主张，各国应遵循《联合国宪章》的宗旨和原则、和平共处五项原则以及其他公认的国际关系准则，处理国与国之间的关系，坚持通过协商谈判，和平公正地解决国家间争端，不应诉诸武力或以武力相威胁。

11. 我们对近来中东局势不断恶化表示严重关切，支持联合国关于阿以冲突的有关决议，特别是第 194 号、242 号、338 号和 425 号决议；欢迎最近在黎巴嫩召开的阿拉伯首脑会议一致通过的沙特王储提出的“土地换和平”倡议，以解决这个危险的冲突；呼吁以色列立即从 1967 年以来占领的所有阿拉伯领土撤军；呼吁停止一切暴力行为，为和谈创造条件；呼吁国际社会加大对阿以冲突的关注和促和力度，使该问题早日得到公正合理的解决。

12. 国际关系民主化是实现世界和平的重要保证。我们主张，国家不分大小、贫富、强弱，都是国际社会平等一员。各国内部事务应由本国人民决定，国际事务应由各国人民平等协商解决。

13. 我们认识到，联合国作为最具普遍性和代表性的政府间组织，在国际事务中的主导作用是其他国家集团或组织难以替代的。我们强烈反对单边主义。我们承诺将致力于加强联合国在世界和平与发展方面的重要作用，并敦促各国政府为此作出努力。

14. 我们对当前全球经济发展放缓对本地区的影响表示关注，敦促各国共同采取措施，促进经济增长，实现可持续发展。

15. 在经济全球化进程中，不同国家面临不同的利弊得失。我们呼吁国际社会共同努力，缩小发展中国家与发达国家之间的差距，减少贫困人口。使世界上所有国家均衡受益。各国对本国自然资源的权利应得到充分尊重。

16. 世界各国应加强互利合作，促进共同和可持续发展。发达国家要履行在开放市场、提供官方发展援助、技术转让、减免债务等问题上的承诺。发展中国家应平等参与世界经济规则的讨论和决策。我们呼吁发展中国家通过自身努力加强合作，抓住机遇，应对挑战，争取实现经济的复兴和发展。

17. 当今世界安全问题引起各国人民的广泛关注。各国在安全上的相互依存不断加深，共同点在增多。我们呼吁，国际社会应根据《联合国宪章》的宗旨和原则，努力树立以互信、互利、平等、协作为核心的新型安全观，以互信求安全，以互利求合作，共同解决国际社会面临的紧迫问题，从根本上减少不安全因素，有效维护全球安全。

18. 我们关切地注意到，国际恐怖主义、民族分裂主义、跨国犯罪以及环境、艾滋病、贩毒、难民等问题已严重妨碍了各国经济和社会的发展，对人类生存和可持续发展构成新的威胁。我们呼吁各国政府与联合国一起，制定切实可行的行动计划，在相互尊重、平等互利的基础上积极开展国际合作，采取协调一致的立场和措施，共同应对人类面临的挑战。

19. 我们重申，坚决反对一切形式的恐怖主义，并强调不应以任何借口为恐怖行为开脱。我们主张，打击国际恐怖活动应加强国际合作，发挥联合国的主导作用，遵循《联合国宪章》的宗旨与原则及其他公认的国际关系准则。不应将恐怖主义与任何民族和宗教相联系,打击恐怖活动,不应针对特定的民族和宗教。

20.《世界人权宣言》、《发展权宣言》、《维也纳宣言和行动纲领》等国际文书对于促进和保护人权具有普遍和重要意义。各国都有义务促进和保护本国公民的人权与基本自由。我们认为,经济、社会和文化权利及发展权对发展中国家具有特别重要的现实意义。我们决心发挥各国议会作用,实现各项人权和基本自由。

21.世界是丰富多彩的。各国社会制度、历史背景和文化传统不同,有权根据本国国情,并参照上述国际人权文书,制定并实施促进和保护人权的具体政策和措施。我们呼吁各国加强国际合作,在友好平等和相互尊重的基础上开展人权对话与交流。

22.我们承诺,在《联合国宪章》的宗旨与原则及其他公认的国际关系准则基础上,为建立公正、合理的国际政治、经济新秩序作出不懈努力。

23.亚洲议会和平协会是亚洲各国议会和议员交流的重要讲坛,是增进亚洲各国人民之间的了解、交流、信任和合作的一个重要渠道。我们相信,在有关各国议会的共同努力下,协会将不断得到发展,为实现亚洲和世界的和平与稳定,为实现各国和地区的可持续发展,作出更大的贡献。

亚洲议会和平协会执行理事会在重庆举行第二次会议

中国全国人大常委会委员长、亚洲议会和平协会主席李鹏主持会议。

《重庆宣言》起草委员会报告人、中国全国人大代表团成员徐敦信向执行理事会报告了宣言的起草情况和主要内容。

本届年会筹备小组副组长、中国全国人大常委会副秘书长吕聪敏在会上介绍了有关第四届年会主办国的情况。

全国人大常委会委员长李鹏在重庆分别会见尼泊尔议会下议院议长塔拉纳特·拉纳巴特和土库曼斯坦大国民议会议长塔刚杜尔德·哈雷耶夫

国务院总理朱镕基在土耳其工商界人士午餐会上发表讲话

朱镕基在讲话中首先介绍了中国当前的经济情况和发展前景。他说,改革开放二十多年来,中国取得了举世公认的巨大成就,社会主义市场经济体制初步建立,市场在资源配置中发挥着基础性的重要作用,经济建设和社会发展不断迈出新的步伐,全方位对外开放格局基本形成。去年12月中国加入世贸组织后,经济体制改革和对外开放步伐进一步加快,经济运行机制、经济法律、法规和管理方式,愈益同国际经济通行规则相衔接。中国将恪守加入世贸组织的承诺,在享受应有权利的同时,严格履行各项义务。中国将更加向世界各国开放,也将更加积极地实施"走出去"战略。

在谈到中土两国经贸关系时,朱镕基说:中国和土耳其都是亚洲的重要发展中国家,两国经贸合作潜力巨大,前景广阔。我们高兴地看到,近年来,在双方的共同努力下,两国经贸关系取得了长足发展。2000年双边贸易额超过12亿美元,创历史最高水平。虽然去年贸易额略有下降,但两国贸易不平衡的局面有了明显改观。

为了使中土经贸合作在新世纪实现新的发展,朱镕基建议:

一、努力培育新的贸易增长点。今后,双方既要继续发展传统产品贸易,又要努力增加新的贸易品种。土耳其的矿产品、化工原料、羊毛、皮革等产品具有一定的出口优势。中国的高新技术产业已取得长足发展,特别是信息工业产品和家电产品在国际上具有较强的竞争力,双方可进一步扩大这些产品的贸易。

二、积极拓宽合作领域。双方要继续加强在水利建设、农业科技、农产品加工技术、旅游方面的合作。从今年五月起,土耳其将成为中国公民旅游目的地国,这不仅有利于土耳其旅游业的发展,也将进一步密切两国人民的友好往来。

三、鼓励企业界相互投资与合作。土耳其地理位置优越,并已加入欧洲关税同盟。中国企业界可以在土耳其扩大投资,生产家电、纺织等产品,向周边国家和地区出口。中方也欢迎土耳其企业家到中国投资兴业,并愿意提供必要的便利和帮助。近年来,双方举办了多种形式的经贸研讨会和企业洽谈会。今后,双方要继续开辟多种渠道,加强信息交流。

朱镕基说,中土两国进一步发展友谊,离不开经贸合作这个大舞台。他表示相信,在双方的共同努力下,新世纪的中土经贸合作必将迎来更加美好的未来。

4月20日

国家主席江泽民与伊朗总统哈塔米在德黑兰举行会谈

江泽民表示,中伊两国同属文明古国,两国人民早在两千多年前就通过"丝绸之路"开始了交往,为世界文明的进步作出了贡献。建交30年来,两国在政治、经贸、文化等各个领域的友好合作关系不断巩固和发展。中国和伊朗同属发展中国家,在许多重大国际和地区问题上有一致或相似的看法。进一步加强两国双边关系和在地区、国际事务中的协调与合作，符合两国的根本利益，有利于维护地区及世界的稳定与和平。

在谈到两国经贸关系时，江泽民指出，近年来，中伊经贸关系取得了长足发展，贸易额逐年增加，经济技术合作规模不断扩大。中国政府高度重视同伊朗的经贸关系，支持中国企业在平等互利的基础上与伊方开展形式多样的经贸合作。中伊经济互补性强，今后，我们愿与伊方共同努力，把两国经贸关系推向更高水平。

在谈到当前的国际形势和中国外交政策时，江泽民强调指出，国际形势错综复杂，但和平与发展的时代主题并未改变，世界多极化趋势继续在曲折中发展。中国奉行独立自主的和平外交政策，维护国家的主权独立、领土完整和民族尊严，反对各种形式的霸权主义，反对一切形式的恐怖主义，维护世界和平，促进共同发展。我们主张国家不分大小、强弱，都是国际社会平等的一员，国际争端应通过谈判和平解决，反对诉诸武力或以武力相威胁。中国愿加强同广大发展中国家的团结与合作，维护发展中国家共同的合法利益。中国坚持全方位的对外开放政策，愿在平等互利的基础上发展同世界各国的经贸、科技、文化以及其他各领域的交流与合作，促进共同发展。

江泽民指出，包括对伊拉克制裁问题在内的海湾战争遗留问题长期得不到解决，严重影响了海湾地区的安全和发展。这不符合海湾地区国家的根本利益，也不利于世界的和平与稳定。近年来，这一地区有关国家致力于改善彼此关系，并取得明显进展。我们希望这一势头继续保持下去，希望海湾战争遗留问题在安理会有关决议基础上早日得到妥善解决。

关于伊拉克问题，江泽民指出，我们主张伊拉克应该严格履行安理会有关决议，恢复同联合国合作，并以实际行动实现睦邻友好；同时，伊拉克的主权、领土完整和政治独立应得到尊重；安理会应对伊拉克履行决议的情况作出客观评价，并据此尽早解除制裁，以缓解伊人民的苦难。中国作为安理会常任理事国，将继续为该问题的解决发挥积极作用。

会谈结束后，江泽民主席和哈塔米总统出席了中伊6个合作文件的签字仪式。这6个文件是：油气领域合作框架协议；避免双重征税协定；邮政、通信与信息技术合作谅解备忘录；海运协定；2003—2005年文化交流执行计划和建立双边商务理事会合作协议。

国家主席江泽民在德黑兰分别会见伊朗确定国家利益委员会主席拉夫桑贾尼和议长卡鲁比

重庆直辖与西部大开发研讨会在重庆召开

正在重庆考察工作的全国人大常委会委员长李鹏出席开幕式并发表重要讲话。李鹏提出，要认真实践"三个代表"，深入实施西部大开发，以重庆直辖5周年为起点，努力把重庆的改革建设发展推向新阶段。

李鹏说，重庆面临着三峡工程建设、重庆直辖和西部大开发的三大机遇，也面临着解决好百万移民、贫困人口和下岗困难职工三大问题中遇到的各种挑战。重庆市要抓住机遇，迎接挑战，变不利因素为有利因素，努力把山城建设成长江上游的现代化经济中心城市。

李鹏指出，三峡工程成败在移民。重庆移民占三峡工程移民的85%，这对重庆来说是挑战更是发展机遇。由于国家实行开发性移民政策，逐步把移民区建设成繁荣的新兴经济带，就可以使移民过上小康甚至更富裕的生活，从而彻底改变川东沿江地区长期落后的面貌。5年来，各移民新区搬迁城市拔地而起，广大农村盖起了新房，一批新的有竞争力的企业应运而生，交通、电力等基础设施建设不断发展，一个欣欣向荣的库区新面貌初步显现。他同时指出，全部完成搬迁任务仍很艰巨。现在距明年135米水线蓄水只有一年多了，时不我待，要齐心协力，分秒必争，抓紧对危害水库安全的地质灾害进行治理，切实搞好生态环境保护和整治，加快移民工作进度，全力以赴完成首期135米高程蓄水前的移民搬迁任务。

李鹏说，重庆是一座历史名城，由中央直辖，有利于发挥区位优势，把重庆建成长江上游的经济中心；有利于移民工作的顺利完成，确保三峡工程建设；有利于促进经济发展，提高人民生活水平。5年来，重庆的改革和发展取得了显著成绩，经济社会发生了深刻变化，国民经济整体迈上新台阶。国内生产总值从1996年的1179亿元增加到2001年的1750亿元，地方财政收入、城镇居民和农民收入也都有一定提高。以交通工程为重点的基础设施建设取得重大进展，城乡面貌发生了巨大变化。实践证明，中央的决策是十分正确的，全国人大批准设立重庆直辖市的决定是十分正确的。

李鹏指出，实施西部大开发战略为重庆发展带来了新的机遇。现在重庆的基础设施建设已初具规模，要进一步加大基础设施建设力度，彻底改善交通运输条件，促进城市更快发展；要发挥自身优势，通过利用、改造、发展原有的工业基础，开发当地天然气等自然资源，建立拳头产品生产基地，把拳头产品做大做强；发挥重庆高校、科研机构较多的有利条件，把发展高新技术产业作为重庆实施西部大开发战略的一个重点；大力发展旅游业，开发旅游资源，提高旅游管理水平。

李鹏要求重庆市把正确处理改革发展稳定的关系作为一项重要任务切实抓紧抓好。他说，没有稳定的政治社会环境，就难以保证改革开放的深入进行，就难以保持发展的好势头。当然，如果经济得不到良好发展,社会稳定也难以长期保持。保持稳定与促进发展、深化改革有着密切关系。重庆作为一个中心城市,一定要按照"三个代表"的要求,扎扎实实做好国有企业改革和技术改造,同时,更要注意做好下岗职工基本生活保障制度、失业保险制度和城市最低生活保障制度的实施工作,以确保困难群众的基本生活。在发展国有经济的同时,要大力发展私营经济、个体经济、社区经济,创造更多的就业机会。

在研讨会上,全国人大常委会副委员长周光召就发展高技术产业和以高技术改造传统产业是应对加入世贸组织挑战、提高国际竞争力的一项重要举措的问题,作了专题报告。

中共重庆市委书记贺国强在发言中介绍了重庆直辖5年来经济社会发展的情况,他说,5年前,中央作出了设立重庆直辖市的重大决策,赋予重庆光荣艰巨的历史使命,开启了重庆改革和发展的新航程。5年来,在中央的正确领导下,在国家各部委和各兄弟省、市、区的大力支持下,重庆市全市上下负重自强,开拓奋进,经济社会发展取得了令人瞩目的成就。2001年全市GDP达到1750亿元,与直辖前的1996年相比,年均增长8.9%。一期移民任务圆满完成,二期移民工作正顺利推进;结束了重庆工业长达4年、国有企业长达6年高额亏损的被动局面;原有20个贫困区、县已全部成建制整体越温达标,建卡贫困人口由直辖前的366万人减至51万人;三峡库区"青山绿水工程"和主城区"山水园林工程"顺利推进,全市生态环境状况有了较大改善。

贺国强说,重庆直辖市走过了5年不平凡的历程,目前已迈进了全面推进富民兴渝,加快建设长江上游经济中心的新的发展阶段。重庆市将坚持以实施西部大开发战略统揽经济社会发展全局,以新思路、大手笔推进西部大开发。在稳步推进的前提下,"十五"期间力争在基础设施建设、经济结构调整、生态环境保护和建设、加快城镇化进程等方面实现重点突破。同时坚持以办实事推进西部大开发,通过每年抓好"十件实事"来具体实施和推进西部大开发,使人民群众不断得到更多的实惠和利益。

国务院西部开发领导小组办公室副主任李子彬、国务院发展研究中心研究员吴敬琏、全国人大财经委员会副主任委员周正庆、人民日报社副总编辑张研农、国务院研究室副主任李德水、财政部副部长张佑才、国家经贸委经济研究中心主任王忠明也在研讨会上发了言。

研讨会由国务院西部开发领导小组办公室、国务院发展研究中心、人民日报社和重庆市委、重庆市人民政府共同主办,中央及国务院有关部委、重庆市有关单位的领导和专家学者140多人参加了研讨会。

全国人大常委会委员长李鹏在重庆考察

4月20日至22日,李鹏在主持亚洲议会和平协会第三届年会后,在重庆市委书记贺国强、市长包叙定、市人大常委会主任王云龙的陪同下,先后考察了重庆的市政建设、基础设施建设、环境保护等情况,并在重庆南山植物园植树。他还来到重庆北部新区,了解了新区的规划和建设情况。李鹏希望重庆市继续加大基础设施建设、生态环境保护等工作力度,大力实施可持续发展战略,为重庆的长远发展增添后劲。

李鹏还考察了重庆的企业。在长安福特汽车公司,他详细询问了长安福特项目建设的进展情况,了解主要车型的设计和市场前景。李鹏嘱咐当地领导,要认真研究我国加入世界贸易组织后的新形势,进一步扩大对内对外开放,大力调整经济结构,着力发展高新技术产业,积极推进体制创新,不断提高产品的国际竞争力。考察期间,李鹏听取了重庆市负责人的工作汇报,对重庆直辖五年来的变化给予充分肯定,认为重庆物质文明建设和精神文明建设取得了显著成绩,经济社会发生了深刻变化。他说,重庆有着悠久的历史和优越的地理环境,是行政辖区最大、人口最多的直辖市。新的重庆要肩负起新的历史使命。要以重庆直辖五周年为新的起点,紧紧抓住三峡工程建设、重庆直辖和西部大开发的历史性机遇,解放思想,实事求是,振奋精神,加快发展,把山城重庆建设得更加繁荣、美丽,建成长江上游发达的经济中心,力争率先实现国家提出的"经济繁荣、社会进步、政治稳定、民族团结、山河秀美"的西部大开发战略目标,实现重庆新的振兴。

国务院总理朱镕基在埃及开罗总理府与埃及总理奥贝德举行会谈

朱镕基表示,中国重视发展同埃及全方位的互利合作关系,并始终把埃及视为"全天候朋友"。埃及是中国在中东、非洲地区最重要的合作伙伴之一,1999年我们建立了战略合作关系。中埃在重大国际和地区问题上有着广泛共识,并始终保持良好合作。中国政府高度赞赏并感谢埃及政府一贯坚持一个中国的立场,感谢贵国在中国加入WTO和人权等问题上给予我们的宝贵支持。中埃加强协调与合作,不仅符合两国人民的根本利益和共同愿望,也有利于世界的和平与稳定。我相信通过双方的共同努力,两国战略合作关系的内涵必将得到进一步充实。

关于两国经贸合作,朱镕基表示,经贸合作是中埃战略合作关系的重要内容。中国政府一向对与埃及在经贸、投资等领域开展合作持积极态度。中方有关部门正在加紧落实中埃双方已签署的协议。中国企业家近来同埃及企业界人士进行了广泛接触,共同探讨合作机会。两国企业界加强交流与合作对推动双边经贸关系的发展十分有益。中埃经贸合作潜力很大,前景广阔,只要我们扎实工作,两国经贸关系就会稳步向前发展。

会谈后,中埃双方签署了《中华人民共和国政府与阿拉伯埃及共和国政府经济技术合作协定》、《中华人民共和国政府与阿拉伯埃及共和国政府关于动物检疫及动物卫生的合作协定》和《中国援建埃及中文学校项目考察换文》,朱镕基总理和奥贝德总理出席了签字仪式。

国务院总理朱镕基在埃及开罗总统府会见埃及总统穆巴拉克

京剧音配像工作座谈会在北京召开

全国政协主席李瑞环在京剧音配像工作座谈会上希望大家再接再厉,争分夺秒,咬紧牙关,奋战100天,夺取京剧音配像的全面胜利。

京剧音配像,就是搜集著名老艺术家当年演唱的录音,组织他们的亲传弟子或后代,在曾经参加过或观看过他们演出的老艺术家具体指导下,为录音配上图像。京剧音配像于1985年提出、研究、试录,1994年正式成批录制,至今已搜集整理了342部名家名剧的录音,录制了312部,基本上包括了20世纪40年代以来的京剧艺术名家的全部录音或代表作。此外,还录制了北方鼓曲名家曲目音配像110个,中国评剧音配像11部。配像的录音许多都经过多种版本反复比较,并进行补漏降噪、数字化处理,是同人同戏的最佳录音。参加配像的主要演员大多为老艺术家各流派的优秀传人、当代名家,来自北京、上海、天津、南京、山东、西安以及台湾、香港等地。参与传授、指导的,几乎都是当年演过、见过这些剧目的老艺术家。录制的成品尽量做到原汁原味,原模原样,同时在制作上运用了高科技的手段。京剧音配像是音和像美的结合,是忠于原作的再创作。

参加座谈会的京剧艺术家、京剧票友和音配像工作人员踊跃发言,畅谈体会和打算。李瑞环在认真听取大家发言后作了讲话。他说,音配像工程是特定历史条件下振兴京剧的一项重要举措,是功在当代、惠及子孙的一件实事、好事,也是在特殊情况下采取特殊方式进行的一项工作,先后有文化部、广电总局、中央电视台等20多个单位、一万五千多人次参加了这项工作,是大团结大协作的硕果。现在,音配像形势很好,目标具体,重点明确,方法对头。只要我们顾全大局、讲究奉献、团结奋斗,只要我们精心、再精心地做好组织协调工作,只要我们不动摇、不泄气、再加一把劲,一句话,只要我们保持和发扬音配像工作十几年来形成的优良传统和作风,就一定能够夺取音配像的全面胜利。

全国人大常委会副委员长蒋正华、全国政协副主席杨汝岱和全国政协秘书长郑万通、文化部部长孙家正、人民日报社总编辑王晨等以及部分京剧音配像工作者出席了座谈会。

国务院副总理吴邦国在湖南就再就业工作进行调研

4月20日至23日,吴邦国又在湖南省委书记杨正午、省长张云川的陪同下,继续在湖南就下岗职工再就业工作进行调研。他考察了长沙市职业介绍中心、芙蓉区五里牌社区、力元新材料股份有限公司、LG曙光电子有限公司和岳阳石化总厂、岳阳造纸总厂的再就业工作,听取了省委、省政府的工作汇报。在湘期间,他与下岗再就业职工代表亲切座谈,直接听取下岗职工对再就业工作的意见,了解他们艰辛的创业经历,勉励他们自强不息,再接再厉。他还主持召开了拓宽再就业渠道、完善再就业政策、改进再就业服务的专题座谈会,与有关地区、部门和企业的负责人进行了深入的研究探讨。他对湖南省经济和社会发展及再就业工作取得的成绩给予了充分肯定。

吴邦国指出,促进下岗职工再就业,是全社会的共同任务,是一项"德政工程"。各地党委、政府要从实践江总书记"三个代表"重要思想的高度,从关心群众疾苦、密切党与人民群众血肉联系的高度,从维护稳定、促进改革和加快发展的高度来认识做好再就业工作的重大意义,加强领导,明确责任,把促进再就业的各项优惠政策和工作措施全面落到实处。他说,各级政府是促进再就业工作的责任主体,"一把手"是第一责任人,要把促进再就业、降低失业率作为政绩考核的一项重要内容。各级政府要加大对再就业工作的投入,通过引导和示范,带动全社会都来关心下岗职工,支持再就业工作。他要求各部门都要为搞好这项工作尽力量,做贡献,要认真研究本部门应该为下岗职工再就业做些什么,哪些工作还没落实,如何尽快落实。要带着对下岗职工的深厚感情去做工作,把党和政府的关心和温暖送到每个下岗职工身上。

吴邦国说,一些下岗职工寻找就业岗位面临许多困难,各级政府和有关部门要为他们提供便捷周到的再就业服务和培训。一是要加强劳动力市场和社区建设,发挥社区作用,规范职业中介活动,健全就业服务网络,及时搜集和提供各种就业信息。二是要跟踪劳动力市场的需求,有针对性地开展职业技能培训,不断提高下岗职工的技能。三是要创造条件,简化手续,减免收费,为下岗职工自谋职业、自主创业提供"一站式"服务,为下岗职工求职登记、档案管理、社会保障关系接续提供"一站式"服务。

陪同吴邦国调研的有关部门负责人有张左己、张俊九、尤权、蒋黔贵、肖捷、史纪良、吴晓灵、侯云春等。

4月21日

国家主席江泽民在德黑兰会见伊朗宗教领袖哈梅内伊

哈梅内伊对江泽民说,非常欢迎你来伊朗进行国事访问。伊中同为文明古国,相互交往历史久远,无论是过去还是现在,伊朗人民始终把中国人民视为自己的朋友。1989年,我访华时曾见到邓小平先生,他的睿智令人敬佩。当前我们两国关系发展迅速,合作领域不断扩大。伊中两国人民都十分珍视自己的国家独立和民族尊严,我们都愿意向世界其他国家学习先进的东西,但不是一切照抄照搬。积极加强与中国的友好合作是伊朗领导人的共识。我们愿与中方共同努力,不断开拓新的领域,使伊中友好合作长期稳定发展。

江泽民对伊朗政府和人民给予的热情欢迎和周到安排表示感谢。他说,哈梅内伊是中国人民的老朋友,1989年访华取得成功,促进了两国关系的发展。双方加强互访,特别是领导人面对面直接交流对推动双边关系是十分有益的。中伊两国人民的友谊源远流长,古老的"丝绸之路"是中伊两个古老而伟大的民族友好交往的历史见证。建交30年来,在双方领导人的共同关心和推动下,中伊传统友谊有了新的发展。中伊都是亚洲的重要国家,在地区和国际事务中发挥着重要作用。我们同为发展中国家,在许多国际和地区事务上有着相同或相似的看法。这是两国关系持续发展的重要基础。这两天我与伊朗领导人进行了内容丰富的会谈,增进了相互了解。我深信,在相互尊重、平等互利的基础上,通过双方共同努力,两国在各个领域的友好合作关系一定会在新世纪里达到新水平。

双方还就共同关心的国际问题交换了意见。

中组部中宣部联合发出《关于认真贯彻江泽民同志〈序言〉精神 组织广大干部学习首批全国干部培训教材的通知》

由中央组织部、中央宣传部、中央党校、国家经济贸易委员会、科学技术部、司法部、财政部、人事部、农业部、新闻出版总署、中国社会科学院、国家行政学院、解放军总政治部13个部门、单位共同组成的全国干部培训教材编审指导委员会组织编写的首批全国干部培训教材已经由人民出版社出版发行。中共中央总书记江泽民为教材作了《序言》。

《通知》指出,江泽民同志作的《序言》,站在历史和时代的高度,精辟概括了我们党重视学习的历史经验,深刻论述了新形势下加强学习的重要性和紧迫性,进一步强调了学习的重点和要求,向全党发出了"坚持学习,加强学习,改善学习"的号召。《序言》对于推进广大干部的学习,建设高素质的干部队伍具有重要的指导意义。

《通知》指出,首批全国干部培训教材,是根据中央关于加强干部教育培训工作的指示精神和干部学习的实际需要,组织数百位著名专家学者和领导干部,历时两年多编写而成的。这套教材着眼于提高干部的理论素养、知识水平、业务本领和领导能力,系统介绍了政治理论、市场经济、公共行政、工商管理、法制、科技、历史、文学、语言文字、艺术等领域的基本知识,反映了改革开放和现代化建设的新实践、新探索和新经验,具有较强的思想性、科学性和针对性。读者对象主要是县处级以上领导干部,也可供其他读者学习使用。

《通知》强调,出版首批全国干部培训教材,是中央面向新世纪,为全面提高干部队伍素质采取的一项重要举措。各地区、各部门、各单位党委(党组)及其组织人事、宣传部门要认真学习贯彻江泽民同志《序言》精神,采取多种形式,扎扎实实地组织好这套教材的学习。要针对干部队伍的状况和工作实际,结合贯彻中央《2001—2005年全国干部教育培训规划》,制订具体的学习计划,提出明确的学习要求,统筹安排,加强指导。各地各部门的主要负责同志要带头学,亲自抓。各级党校、行政学院和其他各类干部院校,要把这套教材作为干部脱产培训的基本教材,采取切实有效的措施组织好学习。县处级以上党政领导班子要结合中心组学习等形式,紧密联系实际,认真学习这套教材。国有大中型企业和事业单位要结合实际,有针对性地组织领导人员进行学习。要积极支持和鼓励干部通过在职自学,学好用好这套教材。今后在进行公开选拔领导干部、机关干部竞争上岗考试时,也可把这套教材作为参考书。

《通知》要求,各级领导干部要按照江泽民同志《序言》的要求,发扬理论联系实际的学风,紧密联系自己的思想实际和工作实际,循序渐进,持之以恒,努力学习好这套教材。教材的使用要与学习领会马克思主义经典作家的原著结合起来,与学习实践邓小平理论和"三个代表"重要思想结合起来,与学习贯彻党和国家的政策法规和重要文件结合起来,努力做到学以立德、学以增智、学以致用。

首批全国干部培训教材包括《马克思列宁主义基

本问题》《毛泽东思想基本问题》《邓小平理论基本问题》《社会主义市场经济概论》《公共行政概论》《工商管理概论》《社会主义法制理论读本》《21世纪干部科技修养必备》《从文明起源到现代化——中国历史25讲》《古今文学名篇》《汉语语言文字基本知识读本》《中国艺术》12本。

国务院总理朱镕基在埃及工商界人士午餐会上发表讲话

朱镕基在讲话中介绍了中国经济的发展情况,并就扩大双方的经贸合作提出了具体建议。

朱镕基说,改革开放20多年来,中国的综合国力和人民生活水平都上了一个大台阶。近几年来,在复杂多变的国际经济环境下,既成功地抵御了亚洲金融危机的冲击,又克服了世界经济增长明显减速的影响,国民经济继续保持着良好发展势头。

朱镕基表示,埃及是第一个同新中国建交的非洲和阿拉伯国家。中埃两国都在国际和地区事务中发挥着重要作用。在江泽民主席和穆巴拉克总统的亲自关怀下,两国于1999年建立了战略合作关系,经贸合作是一个重要组成部分。中埃两国处于基本相同的发展阶段,经贸合作潜力巨大,前景广阔。

为使新世纪的中埃经贸合作提高到一个新水平,朱镕基建议:

一、扩大贸易规模,优化贸易结构。中国的信息产品和家电工业等许多方面已达到或接近国际先进水平,又有一定的价格优势。埃及的原油、建材、棉花等产品,中国也很需要,中国将以多种形式扩大从埃及的进口。

二、发挥比较优势,促进双向投资。双方应充分发挥各自优势,深化投资领域合作。相信埃及优越的地理位置,会吸引更多中国企业家来埃及投资兴业。中方也欢迎埃及企业家到中国投资,并愿意提供必要的便利和帮助。

三、进一步拓宽合作领域。今年1月,两国签署了和平利用原子能、石油合作、旅游等方面的协议,双方要抓紧落实。从下月起,埃及将成为中国公民旅游目的地国。这不仅有助于发展双方旅游合作,而且将进一步密切两国人民的交往。今年1月,中埃联合商务理事会正式成立,希望理事会能成为密切两国企业界合作的友好纽带,为中埃经贸关系发展注入新的活力。

朱镕基说,中国和埃及同为世界文明古国。两国人民友好交往源远流长。加强双方互利合作,符合两国和两国人民的根本利益。只要两国政府和工商界共同努力,在新世纪就一定能够开创双方经贸合作的新局面。朱镕基祝愿中埃友谊和经贸合作如同长江和尼罗河水,滔滔向前,奔流不息。

《人民日报》发表评论员文章《领导干部要做勤于学习善于学习的典范》

外交部副部长李肇星就日本首相参拜靖国神社向日方提出严正交涉

国土资源部发布《2001年中国国土资源公报》

一、土地资源

根据土地利用变更调查,2001年全国主要地类面积为:耕地12761.58万公顷(19.14亿亩),林地22919.06万公顷(34.38亿亩),园地1064.01万公顷(1.60亿亩),牧草地26384.59万公顷(39.58亿亩),水面2202.35万公顷(3.30亿亩),城镇村及独立工矿区用地2487.58万公顷(3.73亿亩),交通用地580.76万公顷(0.87亿亩),水利设施用地572.96万公顷(0.86亿亩),其余为未利用地。

全国可耕种的耕地面积为12761.58万公顷(19.14亿亩),继续呈递减态势。全国生态退耕59.07万公顷(886.0万亩)。全国农业结构调整减少耕地4.5万公顷(67.5万亩)。全国土地整理复垦开发增加耕地20.26万公顷(303.9万亩),其中复垦增加2.45万公顷(36.68万亩),占耕地增加总数的12%,整理增加4.36万公顷(65.42万亩),占耕地增加总数的22%,开发增加13.45万公顷(201.82万亩),占耕地增加总数的66%。全国划定基本农田10880.0万公顷(16.32亿亩),达到了土地利用总体规划确定10853.3万公顷(16.28亿亩)、保护率83.5%的要求。全国31个省、自治区、直辖市总体上全部实现建设占用耕地当年占补平衡。2001年建设占用耕地16.37万公顷(245.5万亩),与上年16.33万公顷(244.9万亩)基本持平,建设占用耕地的规模继续得到控制。

土地资产管理制度建设取得重大进展:1142个市县建立了信息发布制度,1515个市县建立了土地登记信息可查询制度;1216个市县制定了协议出让最低标准,1087个市县建立了土地有形市场;1604个市县建立了土地资产管理重大事项集体决策制度;1002个市县建立了土地收购储备制度。

全国已有30个省(区、市)开展了招标拍卖出让工作,累计开展的市县数达1435个,招标拍卖出让土地23847宗,面积6609公顷,价款492亿元(不含协议出让收益),分别比2000年增长52%、138%和42%。土地执法监察力度进一步加大,全年共处理案件12.5万件,罚没款6.16亿元。

二、矿产资源

截至2001年,全国有探明储量的矿产共156种,其中,能源矿产9种,金属矿产54种,非金属矿产90

种，其他水气矿产 3 种。45 种主要矿产中大多数保有储量减少，其中有 26 种矿产保有储量有不同程度的减少，占 57.78%。

全国矿业总产值约 4790 亿元。主要矿产品产量有所增加，原煤产量由上年的 8.8 亿吨上升到 9.64 亿吨，原油由 1.63 亿吨上升到 1.65 亿吨，10 种有色金属由 760 万吨增加到 856 万吨，磷矿石由 1937 万吨增加到 2100 万吨，水泥产量由 5.8 亿吨增加到 6.3 亿吨。全国矿产资源勘查新发现大中型矿产地 106 处，比去年少 25 处。新查明矿产资源储量煤 16.42 亿吨，石油 7.27 亿吨，天然气 4302 亿立方米，铁 1.37 亿吨，铜 127 金属万吨，铝 13811 矿石万吨，铅 60.35 金属万吨，锌 73.51 金属万吨，金 271 金属吨，硫 1043 矿石万吨，地下水 97 万立方米。

全国各方面投入地质勘查工作费用 227.39 亿元，其中国家投入地质勘探费 9.57 亿元，与去年相比投入地质勘查费用增加 4.47%。全国探矿权转让收入 1.95 亿元，采矿权转让收入 15.95 亿元。与上年相比，探矿权转让收入却减少了 1.56 亿元；采矿权转让收入增加 3.62 亿元。

共处理地矿违法案件 16300 件，其中本年发生案件 13029 件，吊销采矿许可证 2685 件，收缴罚款 2886 万元。

全国矿产品进出口总额突破 1000 亿美元，贸易逆差进一步扩大。在全国进出口贸易中，矿产品的进出口总额一直保持在 18%左右。2001 年除原油进口量稍有下降，铬铁矿基本持平外，其他大宗短缺矿产品的进口量都有不同程度增加，其中，原油进口量 6025 万吨，铁矿石进口量 8404 万吨，铜矿石进口 226 万吨，钾肥进口量 543 万吨，进口矿产品供应多元化趋势进一步加大，提高了进口安全保障程度。

我国矿产品进口关税进一步下调，平均降至 9.03%，促进了短缺矿产品及相关原材料的进口，保障了国内需求。

矿产资源开发利用“引进来”继续推进。中国海洋石油总公司先后与 18 个国家和地区的 70 家石油公司签订了 149 个石油合同和协议，目前正在执行的有 34 个，直接利用外资 60 多亿美元。中国石油天然气集团公司和中国石油化工集团公司与外国石油公司合作，积极开展风险勘探开发和提高采收率等项目，累计引资 10 多亿美元。2001 年批准外商勘查许可证 80 件，采矿许可证 48 件。油气“走出去”已具一定规模，但海外石油份额仍然较小；固体矿产“走出去”已开始步入正轨。中国石油天然气集团公司获石油份额可采储量约 4.46 亿吨，在海外已建成近 1400 万吨的原油生产能力，8 亿立方米天然气生产能力。获得海外份额油产量 500 多万吨，占石油净进口量的 10%。

三、海洋资源

2000 年全国的海洋产业总产值达到 4133.5 亿元，比 1999 年增长 13.2%。全国主要海洋产业总产值的增加值达 2297 亿元，占国内生产总值的 2.6%。海洋产业结构调整发生积极变化。海洋三次产业结构由 1996 年的 48∶14∶38 调整为 50∶17∶33。一些海洋产业内部结构不断优化，如海洋渔业生产，其捕捞和养殖比例由 1996 年的 62∶38 调整为 58∶42，生产结构日趋合理。某些技术含量高的海洋产业，如海洋石油、海水养殖、水产品加工等，都有较快发展。传统海洋产业与新兴海洋产业的比例，由 1996 年的 73∶27 变为 70∶30。

全国已形成包括海洋水产业、海洋交通运输业、滨海旅游业、海洋油气业、沿海造船业、海洋盐业、海滨砂矿业等七个主要海洋产业。2000 年，七大海洋产业产值占我国主要海洋产业总产值的比例分别为：海洋水产业占 50.43%、海洋交通运输业占 17.36%、滨海旅游业占 15.43%、海洋油气业占 9.28%、沿海造船业占 5.42%、海洋盐业占 2.01%、海滨砂矿业占 0.07%。

2000 年，海洋油气业总产值达 383 亿元，成为我国海洋支柱产业之一。全国海洋石油产量达 2080.36 万吨，海洋天然气产量达 46.01 亿立方米，海洋盐业产量达 2364.4 万吨，海水养殖产量达 1061.28 万吨，海滨砂矿产量达 130.33 万吨。

2001 年 10 月 27 日，《中华人民共和国海域使用管理法》通过，是我国海洋事业发展历程中一座具有标志性意义的里程碑。海域使用管理法确立了三项基本制度，即海域权属管理制度、海洋功能区划制度和海域有偿使用制度。各级政府部门加强了海洋功能区划工作的组织领导和对成果的审批。目前，天津、河北、江苏、上海、广东等 7 个沿海省(区、市)政府已批准海洋功能区划，作为海洋管理执法依据。

四、地质环境

在地质灾害多发区开展县市地质灾害调查和群测群防成效明显。已累计安排 247 个县市调查，群测群防有效减少地质灾害。据不完全统计，2001 年成功预报地质灾害 231 次，避免人员伤亡 4200 余人，避免直接经济损失 8600 多万元。2001 年治理滑坡、泥石流面积 25700 多公顷。

全国共发生地质灾害约 6000 次，造成 788 人死亡。

为了查清全国地质灾害的发育情况，从 1999 年至 2005 年，国土资源部将对全国受地质灾害威胁严重的 700 个县(市)，部署和开展县(市)地质灾害调查与区划工作。据不完全统计，截至 2001 年年底已完成了 266 个县(市)的调查与区划工作，面积达 49 万平方公里，查出地质灾害隐患点4万多处。

批准新建33个国家级地质公园。全国已建立地质遗迹自然保护区390处,其中地质构造、剖面和形迹40处、古生物化石25处、地质地貌景观325处,保护区面积206万公顷。

我国矿山生态环境破坏和污染十分严重,累计毁坏面积近400万公顷。《国民经济和社会发展第十个五年计划纲要》明确要求加大投入力度,加快矿山生态环境恢复治理。国家"十五"生态建设和环境保护重点专项规划将矿山生态环境恢复治理列为重点工程内容,正在抓紧作前期各项准备工作。

国务院批准《三峡库区地质灾害防治总体规划》,三峡库区地质灾害防治总体规划按防治对象和类型,形成若干分项规划,主要是:三峡库区崩滑地质灾害防治规划、三峡库区塌岸防护规划、三峡库区地质灾害监测预警规划、三峡库区高切坡防护和深基础处理规划。受135米水位影响的957处崩塌滑坡体防治和塌岸防护是防治规划的重点。三峡库区一期重点治理197处滑坡。

五、国土资源大调查

国土资源大调查取得重大成果:

我国海域天然气水合物调查研究获重要成果。模拟海底条件,已成功合成天然气水合物存在的地球物理标志。我国第一个自行设计、建造并拥有完全自主知识产权的天然气水合物模拟实验室日前在青岛建成。豫西南地区银多金属矿评价取得重大进展。已探获铅锌资源量300余万吨,银资源量近6000吨,远景资源量有望大幅增加。

西藏冈底斯地区发现特大型铜矿富集带。在西藏冈底斯成矿带,发现化探异常80余处、矿点30余处、矿床10余处,有望成为我国又一具有规模的铜矿带。

以农业环境为主的多目标地球化学调查取得丰硕成果。首次开展我国经济发达和人口密集区以农业环境为主的多目标地球化学调查试点工作,完成6万多平方公里52种元素的大信息量地球化学调查,勾画出测区宏观地球化学轮廓,为生态环境、土壤质量评价、基础地质及资源潜力预测提供了重要资料。

地下水调查获得重大进展。首都地区地下水与环境地质调查,应急水源地寻找地下水获得重要进展,查明怀柔地区具应急供水能力年达1.2亿立方米的应急水源地。在西部干旱地区,查明鄂尔多斯盆地周边岩溶水年总补给量14.1亿立方米。

在其他人畜饮水严重困难地区已成井460余口,缓解了当地严重缺水问题。青藏高原区域地质调查全面加速。对青藏高原空白区的1:25万区域地质调查进行全面加速,发现一批具有重要地质意义的地质体、构造带和古生物化石及找矿线索。

完成43个大城市中的351个县区市土地利用动态监测。基本完成省会城市、计划单列市等37个城市土地价格调查,初步建立起城市地价动态监测体系。

查清中西部14个重点省(区、市)耕地后备资源共546万公顷(8190万亩)。

六、科技与信息化

全面实施了国土资源部科技创新计划,形成了国家科技计划、部门科技计划与国土资源大调查相互呼应和互为补充的国土资源科技工作新体系。执行的国家级项目包括国家重大工程1项,国家重大基础研究发展规划项目4项,国家高技术应用部门发展项目4项,国家科技基础性项目14项。

中国大陆科学钻探工程正式开钻,至2001年12月31日钻达1268.48米。

地球早期生命演化研究取得新进展。积极发展高新技术,加速成果转化。新型中空玻璃专用分子筛生产新工艺,打破国外产品在国内市场的垄断,已占国内市场40%。

全国国土资源信息化建设工作取得重大进展。完成1:50万土地利用数据库系统;探矿权、采矿权管理信息系统在全国推广;1:50万数字地质图全面推广应用;建成了国家级土地利用规划管理信息系统;研制了计算机辅助区域地质调查系统(RGMAP)。建立了信息服务系统运行平台,包括内部网站、外部网站和二邮系统网站;建立了国家级数据中心数据库运行系统平台和信息服务平台;确定了全国国土资源主干网总体方案。初步形成信息化标准体系框架。

七、西部大开发

西部地区12个省(区、市)土地总面积占全国的71.05%,其中牧草地占全国97.88%,未利用地占86.70%。在西部土地总面积中,牧草地占38.23%,林地占17.79%,耕地只占总面积的7.10%。2001年,中西部14个国家重点生态退耕省(区、市)共退耕51.85万公顷(777.7万亩),占全国的87.8%。其中,内蒙古、宁夏、陕西和四川的退耕面积最大,分别为15.72万公顷(235.8万亩)、13.83万公顷(207.4万亩)、9.72万公顷(145.8万亩)和4.73万公顷(71.0万亩),分别占全国生态退耕总面积的26.6%、23.4%、16.5%和8.0%。

西部地区矿业产值占工业总产值的11.3%,占GDP的6.6%,分别高出全国平均水平6.0和1.6个百分点。

重点加强"十大"矿产资源集中区的矿产资源勘查与开发利用:塔里木能源资源集中区;黄河中游能源资源集中区;东天山北祁连有色贵金属及能源资源集中区;柴达木能源化工矿产资源集中区;秦岭中西

段地区有色贵金属资源集中区；西南“三江”中南段有色贵金属资源集中区；攀西黔中矿产资源集中区；四川盆地天然气资源集中区；红水河右江有色贵金属资源集中区；西藏“一江两河”有色贵金属资源集中区。

（本公报中涉及的全国性统计数据，除国土面积外，均未包括香港特别行政区、澳门特别行政区和台湾省）

4月22日

《人民日报》发表中共中央总书记江泽民为全国干部培训教材写的《序言》

中央组织部组织有关部门编写的干部培训教材陆续出版了。这是推动广大干部深入学习、提高干部队伍素质的一项基础性工作，很有意义。

我们党历来重视全党的学习。在革命、建设、改革的重大转折关头，在面临新形势新任务的重要时刻，党总是把加强学习和教育干部的问题突出地提到全党面前。实践证明，党的事业的发展，党的建设的进步，党的干部队伍素质的提高，都同我们党重视学习、善于学习密不可分。这是我们党在八十年奋斗历程中取得的一条重要经验，必须始终加以坚持。

当前，国际局势正在发生深刻变化，政治多极化和经济全球化在曲折中发展，科技进步突飞猛进，综合国力竞争日趋激烈。我国已经进入全面建设小康社会、加快推进社会主义现代化的新的发展阶段，各方面的任务繁重而艰巨。面对国内外的新形势，我们党要始终代表中国先进生产力的发展要求，代表中国先进文化的前进方向，代表中国最广大人民的根本利益，带领全国各族人民实现继续推进现代化建设、完成祖国统一大业、维护世界和平与促进共同发展的历史任务，就必须全面提高各级领导干部的理论素养、知识水平、业务本领和领导能力。因此，切实抓好全党特别是领导干部的学习，比以往任何时候都更为重要、更为迫切了。全党同志必须自觉地坚持学习，加强学习，改善学习，做到学习、学习、再学习，实践、实践、再实践。

我曾经多次讲过，学习是全面的、系统的。最根本的是学习马克思列宁主义、毛泽东思想、邓小平理论。马克思主义的理论素养是领导干部素质的核心。学习马克思主义理论，要从总体上领会基本理论、基本观点和基本方法，并紧密结合实际进行钻研和理解，以增强工作的原则性、系统性、预见性、创造性，更好地贯彻党的理论路线和方针政策。同时，要努力学习哲学、政治学、经济学、法学、历史学、文学艺术和科学技术，学习反映当代世界的新知识，使我们的思想水平和知识水平适应时代前进的需要。学习的目的全在于应用。学习要紧密联系国际局势的新变化、我国改革开放和现代化建设的新进展以及党的建设面临的新情况，特别要注重研究那些带有全局性、战略性、前瞻性的重大问题，不断提高解决实际问题、做好本职工作的能力。

领导干部要努力成为勤于学习、善于学习的典范。学习非一朝一夕之事，不可能毕其功于一役。要树立终身学习的观念，养成勤读书、勤思考的习惯。领导干部还要努力成为勇于创新、善于创新的典范。创新，是一个国家不断发展、在国际竞争中取得主动地位的重要决定因素。我们必须树立强烈的创新精神，在学习前人创造的优秀文明成果的基础上，扬弃旧义，探求新知，不断推动理论创新、制度创新和科技创新。这样，学习就能收到更好的成效。

编写好的学习教材，对于推动干部的学习非常重要。我们要适应新形势新任务的要求，针对干部学习和工作的实际需要，统一规划，总结经验，加以完善，努力把教材的编写工作做得更好。

全国政协主席李瑞环在人民大会堂分别会见罗马尼亚参议长沃克罗尤 俄罗斯副总理赫里斯坚科 保加利亚共和国副总理兼经济部长尼古拉·瓦西列夫

国务院副总理李岚清出席全国基层文化工作会议并与代表座谈

国务院副总理李岚清在与会议代表座谈时强调，要从实践江泽民同志“三个代表”重要思想、提高全民族整体素质、维护改革发展稳定大局的高度，充分认识加强基层文化建设的重要性和紧迫性，统一思想，真抓实干，努力开创基层文化工作的新局面。

李岚清指出，基层工作是党和政府一切工作的基础。江泽民总书记用“基础不牢，地动山摇”深刻阐述了基层工作的重要性。党中央、国务院历来把加强基层文化建设放在突出位置，特别是党的十五大提出建设有中国特色社会主义经济、政治、文化的基本纲领以来，各地区、各有关部门大力加强基层文化工作，城乡基础文化设施有了较大改善，群众文化生活进一步丰富，有力地促进了基层两个文明建设的协调发展。但是，目前我国基层文化建设，特别是农村文化建设，总体上仍是个薄弱环节，严重滞后于经济和社会发展。切实加强基层文化建设已经成为当前一项重要而紧迫的任务。

李岚清强调，加强基层文化建设，是实践“三个代表”重要思想的内在要求，是落实“科教兴国”战略和“依法治国”、“以德治国”方略的基础工程，是维护改革、发展、稳定大局的重要举措。基层文化阵地是社会主义精神文明建设的重要阵地，必须加强，不能削弱。

在发展社会主义市场经济的新形势下，基层文化建设的根本任务是，以邓小平理论和江泽民同志“三个代表”重要思想为指导，以城市社区和农村乡镇为重点，以培养一代又一代有理想、有道德、有文化、有纪律的公民为目标，大力发展有中国特色社会主义文化，不断满足人民群众日益增长的文化需求，努力提高全民族的文化素质，促进我国的经济发展和社会全面进步。

李岚清指出，加强基层文化建设要注意坚持以下基本原则：第一，坚持正确方向，确保基层文化建设健康发展。方向问题是文化工作的首要问题。坚持正确方向就要按照“三个代表”重要思想要求，一手抓繁荣与发展有中国特色社会主义文化，唱响主旋律，以健康向上、丰富多彩的社会主义文化占领基层文化阵地；一手抓抵制和打击腐朽文化对人们的侵蚀。第二，坚持重在落实，切实加快基层文化建设发展。加强基层文化建设要扎扎实实做工作，真抓实干求发展，实实在在为群众办几件实事。政府要加大对基层文化设施的投入，加快基层文化设施建设，力争到2005年实现全国县县有文化馆、图书馆，每个社区和乡镇都有宣传文化活动站的目标。

加强基层文化建设，重点要抓好基层文化设施建设和文化工作队伍建设，切实加强对基层文化设施的建设和管理，充分发挥图书馆、文化馆、博物馆、艺术馆、科技馆、影剧院、青少年宫以及老年大学、社区教育等基层文化机构在培育“四有”公民、丰富群众精神文化生活、传播社会主义精神文明中的重要作用，坚决纠正和清理利用文化设施搞不健康经营活动的行为。要利用高科技手段，建设网上阅览室、网上博物馆、网上剧场和远程职业技术教育网，使广大群众受到优质文化教育。同时，要加强网络管理，防范和遏制有害信息的危害。要建立一支专兼职结合的群众文化工作队伍，特别要抓紧培养一批扎根群众、乐于奉献的文化骨干，充分发挥他们在基层文化建设中的主力军作用。要立足基层群众的生产和生活实际，在基层文化活动的内容、方式和手段等方面大胆创新，不断满足城乡基层人民群众日益增长的精神文化需求。

加强基层文化建设，关键在领导，重在抓落实。各级党委和政府要切实承担起基层文化建设的领导责任，把这项工作列入重要议事日程，纳入本地经济和社会发展规划。有关部门要密切配合，认真研究解决基层文化建设中存在的困难和问题，努力建立适应社会主义市场经济体制要求、充满生机和活力的基层文化事业管理和运行机制。要加大政府投入，保证基层文化设施建设和文化活动所需经费，落实和完善文化经济政策，鼓励社会力量兴办文化事业，形成国家、社会、个人多渠道投资基层文化事业的新格局。要切实加强基层文化队伍建设，解决好基层综合文化机构的人员编制问题，改善基层文化工作者的知识结构和工作条件。要广泛动员和组织群众参与基层文化建设，不断扩大基层文化建设的群众基础，保护和发挥人民群众开展文化活动的积极性，提高基层文化建设的水平，努力把我国城市社区和广大农村乡镇，建设成为社会主义文化繁荣昌盛、两个文明协调发展的重要阵地。

全国社会治安综合治理工作会议在上海召开

国务委员、中央社会治安综合治理委员会主任罗干在会议上发表讲话。

罗干说，自去年4月以来，各地区、各有关部门按照中央的要求，开展了声势浩大的“严打”整治斗争，取得了阶段性成果，刑事案件大幅度上升的势头初步得到遏制，一些治安混乱的地区得到整治，一批刑事犯罪分子受到严惩，人民群众的安全感有所增强。

罗干指出，这次“严打”整治斗争的一个突出特点，就是把严厉打击各种刑事犯罪活动与整治治安混乱地区、落实社会治安综合治理各项措施紧密结合起来。但是，对“严打”整治斗争取得的成绩不能估计过高，要清醒地看到当前社会治安存在的突出问题，认真分析查找工作中存在的薄弱环节，积极探索适应新形势要求的有效办法，把治安防范工作提高到一个新的水平。

罗干要求，各部门要密切配合，齐抓共管，落实治安防范措施。公安机关要进一步加强治安管理工作，特别是针对改革开放过程中治安管理方面出现的新情况新问题，迅速采取措施，强化管理，把各项防范措施落到实处。各级检察院、法院要结合批捕、起诉和审判工作，发现治安防范工作的漏洞，及时发出司法建议和检察建议，督促有关单位完善防范工作机制。教育部门要加强对在校学生的思想品德和法制教育，大力开展创建安全文明校园活动，健全学校治安保卫组织，落实治安防范措施。信息产业部门要加强邮政、电信通信的安全保卫工作，配合有关部门做好计算机网络的管理工作。文化和新闻出版部门要加大“扫黄打非”的力度，净化社会文化环境，减少诱发违法犯罪的因素。工商行政管理部门要加强对各种市场的管理，督促工商户做好治安防范工作，配合有关部门维护好市场治安秩序。铁道、交通、民航等部门要加强对车站、码头、机场和交通运输线路的治安管理，完善治安防范机制，防止和减少交通安全事故，确保交通运输秩序良好。宣传部门要加大对治安防范工作的宣传力度，宣传先进事迹和先进典型，增强全体公民的治安防范意识。工会、共青团、妇联等组织要充分发挥各自的优势，积极参与治安防范工作。各个部门都要积极参与治安防范，真正做到管好自己的人，看好自己的门，办好自己的事。

罗干强调，要继续深入广泛、扎实有效地开展基层安全创建活动，强化社会治安综合治理基层组织，尤其要加强基层党支部建设，充分发挥其战斗堡垒的作用。要大力加强居（村）委会、治保会、调委会建设，完善工作机制。大力推进城市社区建设，加强社区的治安防范工作。要继续抓好矛盾纠纷排查调处工作，切实加强民间纠纷调解工作，把问题解决在萌芽状态，尽可能防止和减少“民转刑”案件。

罗干强调，各级党委、政府要高度重视流动人口管理工作，采取有效措施，切实解决流动人口管理工作经费，加强基层流动人口管理队伍建设，增强管理工作的实效。要进一步加强刑满释放、解除劳教人员的安置帮教工作，因地制宜地做好闲散青少年的教育、管理、服务工作，大力开展创建“无毒社区”和让青少年远离毒品的活动，进一步加强扫除“黄赌毒”的工作力度。

罗干强调，对治安防范工作要严格实行社会治安综合治理领导责任制，进一步加强督查和责任查究工作。各地区、各部门要按照这次会议的部署和要求，积极行动起来，努力做好治安防范工作，巩固“严打”整治斗争成果，以优异成绩迎接党的十六大胜利召开。

中共中央政治局委员、上海市委书记黄菊出席会议，中央综治委副主任、最高人民法院院长肖扬，最高人民检察院检察长韩杼滨出席并主持会议。公安部、司法部、民政部、建设部、劳动和社会保障部、中国人民银行、共青团中央的负责同志在会上发言，上海等12个省、区、市在会上介绍了经验。中央综治委部分委员和各省、自治区、直辖市、新疆生产建设兵团、计划单列市、省会市综治委负责人，以及省、区、市公安厅（局）长出席了会议。

中共甘肃省第十届委员会第一次全体会议选举宋照肃为甘肃省委书记

4月23日

国家主席江泽民在中南海会见美国商务部长埃文斯一行

江泽民说：中美都是对世界有重要影响的大国。两国在维护世界和平与稳定、促进全球经济增长与繁荣以及反恐等重大问题上肩负着共同的责任，拥有广泛的共同利益。今年2月，我和布什总统在北京举行了很好的会晤。这段时间来，双方在经贸、反恐、科技等领域的合作取得新的进展，并就重大国际和地区问题保持着密切的磋商。但是，两国关系也受到了不应有的干扰。希望美方重视中方的立场，恪守一个中国政策和中美三个联合公报，为中美关系和两国经贸合作创造良好条件。

江泽民说：中国把发展经济、改善人民生活作为长期的根本任务。我们愿与美国发展友好合作，包括经贸合作。我们高度重视中美商贸联委会这个机制。希望双方经贸部门经常沟通，加强合作，共同促进两国经贸合作的发展。

外经贸部部长石广生、外交部部长助理周文重等会见时在座。

中央国家机关定点扶贫工作会议在北京召开

国务院副总理温家宝出席会议并讲话。他指出，扶贫开发是一项长期的任务，需要几代人的艰苦奋斗，需要全党、全社会作出不懈努力。党政机关定点扶贫是我国扶贫开发战略部署的重要组成部分，是新阶段扶贫开发的一项重大举措，是实践“三个代表”重要思想的具体行动，要长期坚持下去。中央、国家机关要总结经验，提高认识，加强领导，扎实工作，把定点扶贫工作提高到一个新的水平，以优异成绩迎接党的十六大召开。

在党中央、国务院的高度重视和有关部门的精心组织下，中央和国家机关各单位、各民主党派和人民团体、中央大型企事业单位、人民解放军和武警部队积极参与了定点扶贫工作，取得了很大成绩。实施“八七扶贫攻坚计划”期间，有138个中央和国家机关定点联系了325个贫困县，有1.7万人次干部到贫困地区调查研究，共派出3298名干部蹲点扶贫，开展帮扶工作。中央和国家机关定点扶贫工作，直接推动了贫困地区经济社会的发展，为完成“八七扶贫攻坚计划”作出了重要贡献，积累了丰富的经验。

温家宝强调，中央和国家机关定点扶贫，体现了党和政府对扶贫开发工作的高度重视，激励了贫困地区人民自力更生、艰苦奋斗，改变面貌的信心和决心，推动了在全社会形成扶贫济困的良好风尚。机关干部参加扶贫工作，以实际行动实践党的全心全意为人民服务的宗旨，有利于全面地认识我国的基本国情，自觉地贯彻执行党的路线、方针和政策；有利于从人民群众中汲取政治营养，增强与人民群众的感情，提高做群众工作的本领和解决实际问题的能力。

温家宝指出，去年党中央、国务院制定并公布了《中国农村扶贫开发纲要》，对新世纪初的扶贫开发作了部署。为了实现《纲要》确定的目标，做好新阶段的扶贫开发工作，中央和国家机关各部门、各单位要从政治的、全局的高度进一步认识定点扶贫工作的重要性，以更高的热情、更积极的态度、更切实的措施做好定点扶贫工作。

第一,加强领导,高度重视。各单位要真正把定点扶贫工作作为一件大事来抓,按照新一轮定点扶贫工作的部署和安排,尽快制定本单位的定点扶贫规划,研究落实具体措施,选派优秀干部参加扶贫工作。要明确分管领导和分管部门,使这项工作经常化、制度化。

第二,明确任务,落实责任。新阶段扶贫开发的基本任务是继续解决剩余贫困群众的温饱问题,巩固扶贫成果,为实现小康创造条件。要坚持开发式扶贫方针,帮助贫困地区改善生产条件和生态环境,调整农业结构,千方百计增加农民收入。要发挥中央和国家机关的智力和信息优势,加强对农民的技术培训,提高农民的科学文化水平。要按照"三个代表"的要求,围绕扶贫抓党建,抓好党建促扶贫,帮助贫困乡、村搞好班子建设,培养脱贫致富的带头人,提高基层党组织的战斗力和凝聚力。

第三,积极探索,勇于创新。新阶段的扶贫开发是在国家实施西部大开发战略和加入世界贸易组织的新形势下进行的,有许多新的特点。各部门、各单位要创造性地开展工作,探索新的扶贫开发形式,努力提高定点扶贫的效果。

这次会议是由国务院扶贫开发领导小组、中央组织部、中直工委、中央国家机关工委、中央金融工委和中央企业工委联合召开的。会议的主题是,贯彻中央扶贫开发工作会议精神,总结中央和国家机关定点扶贫工作的经验,对下一阶段的工作作出部署。

会议宣布:新一轮中央、国家机关定点扶贫工作已经全面启动,来自中央和国家机关以及有关方面的272家单位将定点帮扶481个贫困县。

新一轮定点扶贫工作由国务院扶贫开发领导小组、中央组织部、中央直属机关工委、中央国家机关工委、中央金融工委、中央企业工委共同指导协调、组织实施和督促检查,国务院扶贫办具体负责日常工作。

国务院扶贫开发领导小组副组长、扶贫办公室主任吕飞杰说,今年早些时候,国务院扶贫开发领导小组确定了新阶段扶贫开发工作重点县,总计592个。中央、国家机关定点扶贫只在上述重点县中安排,并在一定时期内保持稳定。参与定点扶贫的单位,要及时将本单位帮扶重点县的情况,包括年度总结、统计报表和工作安排等情况,报送国务院扶贫开发领导小组、中央组织部及本单位党的关系所属工委。

会议由国务院扶贫开发领导小组副组长胡富国主持。中宣部、卫生部、民革中央、中国银行、中国石油天然气集团公司等单位负责同志以口头或书面形式作了发言,介绍了本单位定点扶贫工作的经验。党中央各部门,全国人大、政协机关,国务院各部委、各直属机构,各民主党派和群众团体,中央直属企事业单位,解放军总政治部和武警总部等单位负责同志,各单位联系定点扶贫工作的负责同志及蹲点扶贫干部代表出席了会议。

中美商贸联委会第十四次会议在北京举行

外经贸部部长石广生和美国商务部部长唐纳德·埃文斯共同主持了会议。双方就发展中美双边经贸关系进行了积极和建设性会谈,确立了中美今后开展合作的领域。

中美双方在本次会议上商定,在商贸联委会框架内建立两国新的双边交流与磋商机制,其中包括部长电话联络机制、副部长级磋商机制和司局级专家磋商机制,以进一步加强合作,及早妥善处理双边经贸关系中出现的新问题。双方还就继续开展世贸组织知识培训、法律及贸易交流与合作等方面达成了共识,并拟订了工作计划。会议期间,双方就美放宽对华高新技术出口管制、美"201"钢铁保障措施案、美对华反倾销、知识产权保护等各自关心的经贸问题进行了交流和磋商,达成了广泛共识。双方代表强调,将共同致力于促进中美双边经贸关系的发展。双方相信,此次商贸联委会会议将为中美经贸关系的健康稳定发展发挥重要作用。

中美商贸联委会始于1983年,是中美两国之间最高层次的双边经贸磋商机制,轮流在两国首都举行。本次会议是中国加入世贸组织后中美之间的第一次商贸联委会会议。中国代表团由外经贸部、外交部、国家计委、国家经贸委、信息产业部等部门的23人组成。美方代表团由美国商务部和美驻华使馆的18名官员组成。会后双方签署了4个贸易发展合作项目协议。

我国开始普遍实施志愿者注册制度

共青团中央、中国青年志愿者协会颁布了《中国青年志愿者注册管理办法(试行)》(以下简称《办法》),标志着志愿者注册制度在去年成功试点的基础上,开始在全国普遍实施。

《办法》对注册志愿者的定义、基本条件、权利、义务、注册机构、注册程序、注册号、志愿服务证、管理和培训、激励表彰、权益保障、组织保障等作了明确规定。《办法》指出,注册志愿者是指按照一定程序在团组织、志愿者组织注册登记、参加服务活动的志愿者。其基本条件包括:年满14周岁,具有奉献精神,具备与所参加的志愿服务项目及活动相适应的基本素质,根据自身愿望和条件至少选择一个志愿服务项目并从事一定时间的志愿服务工作，遵纪守法。注册程序包括：申请人提出注册申请，填写全国统一格式的注册登记表和服务项目登记表；团组织、志愿者组织对申请人情况进行审核；审核合格，申请人参加团组织、志愿者组织开展的志愿服务活动项目，宣誓，领取带有全国统一注册号的“中国注册志愿者志愿服务证”、“中国志愿者胸章”。

4月24日

国家主席江泽民在人民大会堂与科特迪瓦总统洛朗·巴博举行会谈

江泽民说，中科虽相距遥远，但建交近20年来，两国一直保持着密切友好的往来，中科关系始终健康、稳定地向前发展，双方在各个领域的合作卓有成效，在国际事务中相互支持，密切配合。江泽民对巴博总统奉行对华友好政策，重视发展两国关系表示赞赏，对科方坚持一个中国政策，支持中国统一大业及在人权等重大问题上给予中国的宝贵支持表示感谢。江泽民重申，中方重视中科友谊，愿与科方共同努力，把中科友好关系不断推向新的高度。

在谈到两国经贸关系时，江泽民表示，中科两国本着平等互利、共同发展的原则，在经贸领域内开展了真诚友好、富有成果的合作，中方对此感到满意。去年12月成立的两国经贸混委会，已成为两国经贸关系发展的新动力。中国政府将继续在力所能及的范围内向科方提供帮助，并积极支持和鼓励有实力、有信誉的中国企业赴科开展多种形式的互利合作，推动两国经贸关系不断迈上新的台阶。

江泽民还向巴博介绍了中国对非洲形势的看法及中非合作论坛会议后续行动情况。他说，目前，论坛各项后续行动进展顺利，中国已与包括科特迪瓦在内的30多个非洲国家签署了减免部分到期债务的协议，在人力资源开发领域的合作得到加强，在旅游、环保、金融等新领域的合作逐步启动。目前，中非双方正就将于今、明两年在埃塞俄比亚召开的下届高官会和部长级会议保持密切磋商。

会谈结束后，江泽民和巴博共同出席了《中华人民共和国政府向科特迪瓦共和国政府提供贷款的协定》和《中华人民共和国教育部与科特迪瓦共和国高等教育和科学研究部高等教育和科学研究合作协议》两个文件的签字仪式。

九届全国人大常委会举行第二十七次会议

会议由全国人大常委会委员长李鹏主持。

会议通过了第二十七次常委会会议议程和日程安排意见。全国人大法律委员会副主任委员胡光宝、周克玉、张绪武分别就进出口商品检验法修正案草案、文物保护法修订草案、中小企业促进法草案此前的审议结果、修改情况作了汇报。

受委员长会议委托，全国人大常委会法制工作委员会副主任胡康生就委员长会议关于提请审议刑法第二百九十四条、第三百八十四条的解释草案的议案作了说明。会议对以上法律草案进行了审议。会议审议了委员长会议关于提请审议十届全国人大少数民族代表名额分配方案草案的议案、台湾省出席十届全国人大代表协商选举方案草案的议案。会议还审议了国务院关于提请审议批准《儿童权利公约》关于买卖儿童、儿童卖淫和儿童色情制品问题的任择议定书的议案，关于提请审议批准中国和乌克兰关于移管被判刑人的条约的议案。受国务院委托，外交部副部长王光亚就这两个议案作了说明。

全国人大常委会副委员长田纪云、姜春云、王光英、布赫、铁木尔·达瓦买提、吴阶平、彭珮云、何鲁丽、周光召、丁石孙、成思危、许嘉璐、蒋正华，秘书长何椿霖出席会议。国务院副总理钱其琛、最高人民法院院长肖扬、最高人民检察院检察长韩杼滨列席会议。

国务院总理朱镕基与肯尼亚总统莫伊在肯尼亚国家宫举行会谈

朱镕基表示，中国和肯尼亚有着悠久的传统友谊。1963年建交后，特别是莫伊总统1978年执政以来，在两国最高领导人的直接关怀和大力推动下，中肯友好合作关系不断巩固和发展。两国政治交往频繁，各个领域的合作不断扩大，在国际事务中也一直相互配合、密切合作。中方赞赏肯尼亚政府长期坚持一个中国政策，在人权问题上支持中国的正义立场。中方相信双方今后在国际事务中将继续保持良好合作。中国政府和人民愿进一步巩固和加强两国在各领域的友好合作。

朱镕基表示，经贸关系是两国关系的重要组成部分。长期以来，两国在经济技术合作领域开展了富有成效的合作。中方过去为肯尼亚基础设施建设提供了帮助，是两国经贸合作的重要内容。今后，中方愿与肯方进一步开展在电讯、公路建设和人员培训等领域的合作。中方非常重视两国贸易中存在的肯方逆差问题，并将采取措施扩大从肯进口。

朱镕基表示，中国政府一贯重视发展同非洲国家的友好合作关系，一直在认真落实2000年中非合作论坛部长级会议所作的承诺，将在减债、人员培训和鼓励投资方面进一步作出努力。

会谈后，双方签署了《中华人民共和国农业部与肯尼亚共和国农业和农村发展部农业合作谅解备忘录》和《中华人民共和国和肯尼亚共和国政府经济合作协定》等文件。朱镕基总理和莫伊总统出席了签字仪式。

跨国零售集团国际采购会在南京召开

国务委员吴仪在会上指出，举办跨国零售集团国际采购会，为中外不同企业间建立并保持良好的长期合作关系，提供了一种新的思路和方式，表明了中国加入WTO后的市场是进一步开放的，这个开放不仅表现在商品贸易领域，也表现在服务贸易领域。

吴仪饶有兴趣地听取了美国沃尔玛、法国家乐福、德国麦德龙三大跨国零售集团的采购说明后，发表了讲话。

吴仪指出，随着信息技术突飞猛进的发展和资金、技术的快速流动与转让，经济全球化从根本上改变了企业的活动范围。跨国公司是经济全球化的推动力量。跨国零售集团通过全球性的市场营销，不仅实现了其规模效益，而且提高了市场应变能力。跨国零售集团的发展与各个国家和地区的企业的发展是相辅相成的，跨国销售网络是建立在各个国家和地区的企业发展的基础上的。这已经被在中国投资的跨国零售集团的发展实践所证明。

吴仪希望跨国零售集团多采购中国的商品，扩大销售网络，也希望跨国零售集团在中国发现更多的好企业、好产品。她说，中国政府正在下大力气整顿和规范市场经济秩序，希望跨国零售集团与中国企业合作时选择好的合作伙伴，中国产品完全有能力让广大消费者放心，让跨国零售集团放心。

吴仪还对中国的企业和企业家们提出三点希望和要求：一要进一步提高产品质量。经过这些年的努力，中国的企业完全有能力生产高质量的产品，参加采购会的国内企业基本上都是优秀的。关键是要不断强化质量意识，任何时候、任何情况下都不能搞假冒伪劣。国内企业一定要依照标准组织设计和生产。质量不仅包括产品质量，还包括服务质量。只有高质量的产品、完善的服务才能赢得顾客的信任。二要加强具有自主知识产权产品的开发和研制，要坚决杜绝侵犯他人知识产权。这次采购会上一些企业展出了具有自主知识产权的发明创造，产品设计很有新意，虽然有的还不尽成熟，但这种探索和尝试值得鼓励。三要主动与跨国零售集团接触，建立长期稳定的合作渠道。

吴仪指出，10年来，中国商业领域利用外资发展迅速，成效显著。但也曾一度出现了地方越权违规审批的混乱现象。这使我们在扩大开放的同时，不得不对违规设立的外商投资企业进行清理整顿。目前这项工作已基本结束。为进一步扩大商业领域的对外开放，国家经贸委、外经贸部、国家工商总局三部门将公布《外商投资商业企业管理暂行办法》。中国已成为世贸组织成员，中国人说话从来都是算数的，中国一定会履行加入世贸组织的承诺。中国将按照世贸规则的要求，不断完善中国的法制环境，继续整顿和规范流通领域的秩序，为国外企业投资创造更加公平、透明和可预见的市场环境。

吴仪说，中国对外开放给跨国商业集团提供了更多的商机，中国商业的投资前景更加广阔，市场潜力巨大，希望跨国零售集团依照中国的法律、法规，加大对中国的投资，为中国经济的健康发展、为繁荣和发展国际消费市场作出更大的贡献。

此次采购会由国家经贸委和江苏省人民政府联合举办。国家经贸委副主任张志刚、江苏省省长季允石等出席了今天的会议。

国家副主席胡锦涛在吉隆坡会见马来西亚最高元首西拉杰丁

国家副主席胡锦涛在吉隆坡会见马来西亚总理马哈蒂尔

国家副主席胡锦涛在马来西亚发表题为《共同谱写亚洲和平与发展的新篇章》的演讲

胡锦涛应邀出席了马来西亚亚洲战略与领导研究所举办的演讲会，并就中国和亚洲的发展问题作了题为《共同谱写亚洲和平与发展的新篇章》的演讲。

胡锦涛在演讲中介绍了中国改革开放以来的发展变化。他说，20多年前，邓小平先生作出了以经济建设为中心、实行改革开放的战略决策，开辟了建设有中国特色的社会主义道路。以江泽民总书记为核心的第三代中央领导集体坚持以邓小平理论为指导，不断把中国的现代化建设事业推向前进。中国在过去20多年发生的巨大变化是历史上任何时期都无法比拟的。事实证明，我们走的是一条符合中国国情的成功之路，是中国人民的幸福之路。

在谈到中国的发展给亚洲带来的影响时，胡锦涛指出，中国的发展有利于亚洲的繁荣。这些年，中国经济快速发展，与亚洲各国的贸易也快速增长。中国加入世贸组织后，必将给亚洲提供更广阔的市场、更多的商机。中国就开放市场所作的承诺充分考虑到了亚洲国家的需要。随着加快实施“走出去”战略，中国也会进一步增加对亚洲国家的投资。

胡锦涛说，近年来亚洲一些国家的经济发展遇到了一些困难。这同世界经济不景气的大环境密切相关。

中国作为一个负责任的国家，在自己也有困难的情况下仍力所能及地为邻国提供了一些帮助。在亚洲金融危机期间，中国坚持人民币不贬值，为亚洲国家克服危机作出了贡献。去年以来，我们面对世界经济低迷、出口增幅锐减的巨大压力，继续保持人民币币值稳定，为促进亚洲经济复苏起到了重要作用。

胡锦涛说，在经济全球化进程中，国际经济竞争会进一步加剧。由于历史和现实的原因，发展中国家在竞争中总体上处于不利地位。中国和其他亚洲发展中国家一样，都面临竞争的压力。对我们发展中国家来说，重要的不是相互竞争，而是如何扩大相互合作，以更好地应对挑战。

胡锦涛还指出，中国的发展也有利于维护亚洲的稳定。他说，现在，中国正在致力于建设一个富强、民主、文明的现代化国家。我们需要一个长期的国际和平环境，期望与世界各国特别是周边国家友好相处。这不是权宜之计，而是顺应时代要求，从中国和各国人民长远利益出发作出的必然选择。我们坚持奉行独立自主的和平外交政策，在和平共处五项原则的基础上发展同世界各国的友好合作关系。加强同周边国家的睦邻友好合作是中国对外关系的重要组成部分。

胡锦涛强调，中国的发展离不开亚洲，亚洲的繁荣也离不开中国。历史已经并将继续证明，中国是推动亚洲发展的积极力量，也是维护亚洲稳定的积极力量。

在谈到亚洲的发展时，胡锦涛指出，亚洲是我们共同的家园。我们为亚洲走过的坎坷历程感慨万千，也为亚洲今天的成就欢欣鼓舞。

他说，亚洲的发展也伴随着艰难和曲折。许多国家面临着经济结构调整和消除贫困的艰巨任务。一些国家还没有完全摆脱亚洲金融危机的影响。但是，亚洲在过去半个世纪所取得的成就，使我们有理由对未来充满信心。我们有能力在全球化的浪潮中赢得主动，站住脚跟。

胡锦涛强调，对亚洲国家来说，最重要的是加强团结合作，保持自身持续、稳定的发展；应从现实出发，共同营造一个尊重多样性、富有包容性、更具开放性的发展环境。

胡锦涛说，马哈蒂尔总理在90年代初期首先提出"东亚经济论坛"倡议。现在，"10 + 3"合作已成为区域合作的一大亮点。去年，中国与东盟就在10年内建立自由贸易区达成了共识，湄公河流域开发合作也取得积极进展。亚洲各国应继续本着协商一致、循序渐进、互惠互利的原则，开展双边和区域合作，实现共同繁荣。我们希望东盟在亚洲区域合作中发挥更加重要的作用。

胡锦涛说，树立以互利、互信、平等、协作为核心的新安全观，通过对话合作寻求共同安全，这符合世界的进步潮流和各国人民的共同意愿。多年来，亚洲各国为此作出了许多努力。东盟地区论坛、上海合作组织等多边安全对话机制与许多双边对话机制相辅相成，为维护地区稳定发挥着重要作用。我们要继续坚持以对话和协商的方式解决矛盾和问题，避免产生新的对立和对抗，使亚洲成为一个安宁、祥和的地区。

胡锦涛指出，亚洲是世界上主要大国都有利益的地区。一个和平、和谐、合作的大国关系框架是亚洲各国所期待的。大国应尊重亚洲地区中小国家的利益，与他们平等相待，为亚洲的稳定与发展发挥建设性的作用。

胡锦涛最后说，江泽民主席1999年会见马哈蒂尔总理时表示，希望双方共同努力，把一个更深、更广、更加美好的中马关系带入21世纪。我们高兴地看到，近年来两国关系已步入全面发展的新阶段。我们将遵循1999年两国签署的关于未来双边合作《联合声明》的精神，保持两国领导人以及各层次间的密切往来，增进相互了解与信任，推进两国经贸、科技、文化等各领域的全面合作，努力谱写中马友好合作的新篇章。

演讲会由马来西亚亚洲战略与领导研究所主席米占·马哈蒂尔主持。

随后，胡锦涛副主席出席了中国国际贸易促进会与马来西亚亚洲战略与领导研究所关于成立中马商业理事会协议的签字仪式。

国务院副总理李岚清在中南海会见希腊教育和宗教事务部部长彼得罗斯·埃夫西米乌率领的希腊教育代表团一行

国务院副总理李岚清在中南海会见乌克兰文化部部长尤里·彼特罗维奇·博古茨基一行

国台办发言人李维一就近期两岸关系的有关问题答中外记者问

有记者问，今年是"汪辜会谈"9周年，请问对两会恢复商谈有何期许？对此，李维一指出，1993年4月27日至29日在新加坡举行的"汪辜会谈"，迈出了两岸关系发展的历史性重要一步。因为李登辉1999年7月抛出"两国论"，导致两会商谈被迫中断。台湾当局领导人迄今不接受"一个中国原则"、不承认"九二共识"，使得两岸政治僵局一直无法打破。值此"汪辜会谈"9周年前夕，我们希望台湾当局尊重两会既有协商基础，在承认各自以口头方式表述"海峡两岸均坚持一个中国原则"的"九二共识"的基础上重开对话与谈判，为打破两岸政治僵局，改善两岸关系作出积极实际的努力。

在回答有关两岸金融交流与合作的有关问题时，李维一说，加强两岸金融交流与合作有助于密切两岸经贸关系，方便两岸人员往来。自去年以来，台湾岛内有8家银行前来申请设立代表处，目前祖国大陆有关部门已批准了两家，其余6家正按有关规定和程序办理。关于台湾保险公司在祖国大陆设立代表处，我有关部门也正按有关规定办理。我们对台资银行、保险、证券等来祖国大陆设立机构一直持欢迎的态度。祖国大陆的许多银行、保险、证券公司也希望赴台湾岛内设立代表处和分支机构，我们希望台湾当局也能本着“公正平等、互利互惠”的原则受理。

有记者问，目前台湾的航空公司和海运公司均已在大陆设有办事处，大陆的航空公司和海运公司是否准备到台湾设立办事处？李维一说，实现两岸直接“三通”是我们的一贯主张。为促进两岸空运与海运业的交流与合作，我有关部门已批准台湾4家航空公司及多家海运公司在祖国大陆设立代表处或办事处。随着两岸双方已先后加入世界贸易组织以及两岸经贸关系、人员往来的扩大，祖国大陆航空公司与海运公司早已表示到台湾设立相关机构的意愿。我们希望台湾方面认真考虑大陆业界的要求，本着“公正平等、互利互惠”的原则，采取相关措施，允许大陆航空公司和海运公司赴台湾设立代表处或办事处等相应机构。

4月25日

国家主席江泽民在北京展览馆剧场会见古巴国家芭蕾舞团艺术总监阿丽西娅·阿隆索女士并观看古巴国家芭蕾舞团演出的古典芭蕾舞剧《堂吉诃德》

全国人大常委会委员长李鹏在人民大会堂会见科特迪瓦总统洛朗·巴博

九届全国人大常委会第二十七次会议举行分组会议

会议审议了文物保护法修订草案等。李鹏委员长参加了审议。

常委会组成人员在审议时指出，文物保护工作要深入细致地研究，处理好三个方面的关系：首先是保护和利用的关系，不利用，也难以保护好文物；而利用开发过头，又反过来损害文物保护。其次是重点和一般的关系，如果这个关系处理不好，重点的珍贵文物就得不到保护，应对这两者之间的界限作严格的区分。再次是国家和民间的关系，如今民间的概念与过去相比有很大不同，其中包括一些大的企业和基金会。要充分调动他们保护文物的积极性，当然国家也要随着经济的发展而增加文物保护方面的投入。

常委会组成人员在审议中对一些问题的意见也不尽一致。一些委员认为，经过常委会两次审议和修改，草案已渐趋成熟，涉及文物保护的许多重大问题都有了比较明确、统一的意见，建议早日通过，以利文物的依法保护。有的委员说，审议中对文物保护法修订草案的立法思想还有较大分歧，建议这次不予通过。现在有的地方对不可移动的文物进行掠夺性利用，对地下文物进行建设性破坏，有的地方博物馆管理不善，如果放开就有文物流失的可能。对文物大省应从经济、政策上给予倾斜，各级政府有责任采取措施加强文物保护。有的委员则提出，管严和搞活并不矛盾，关键是对各种文物要作出科学分类。有的委员对草案中关于历史文化名城保护条款提出修改意见，认为草案新增“历史文化街区、村镇”的条款作为“历史文化名城”的延伸和补充，非常必要和及时，但草案对此表述不够准确，并提出了具体修改意见。

常委会组成人员今天还分组审议了中小企业促进法草案、刑法有关条款的解释草案以及国际条约等。

全国总工会主席尉健行在人民大会堂会见马齐涅主席率领的莫桑比克中央工会代表团

尉健行向代表团介绍了我国当前的经济、政治形势和工会工作情况。他说，“和平、发展和维护工人权益”是当今世界各国工会面临的共同课题。中国工会主张各国工会都有权根据本国国情和广大职工的意愿选择自己的发展道路和确定自己的方针任务。各国工会不论大小，都有权平等参与协商解决国际劳工领域的重大问题。任何一个国家的工会或国际工会组织，都不能以任何借口干涉别国工会的内部事务，垄断国际工会运动。中国工会愿在“独立、平等、互相尊重、互不干涉内部事务”的原则基础上，继续加强和发展同世界各国工会组织，特别是同包括莫中央工会在内的广大发展中国家工会之间的友好合作关系，为维护工人权益，促进世界的和平与发展，作出不懈的努力。

外交部部长唐家璇在莫斯科与俄罗斯外长伊万诺夫举行会谈

双方就中俄关系和共同关心的国际问题深入地交换了意见，并签署了《中华人民共和国和俄罗斯联邦领事条约》。

辽宁省凌源市新发现攀援始祖兽化石

国土资源部副部长寿嘉华在北京宣布：我国辽宁省凌源市新发现的攀援始祖兽化石，最近被确认是世界最早的有胎盘类哺乳动物化石。这为真兽类（有胎盘）哺乳动物的起源和最早期演化提供了新的化石证据。

寿嘉华介绍，这一新发现是中国地质科学院地质研究所和美国匹兹堡卡内基自然历史博物馆的科学家共同完成的。据估计，化石的地质年代至少早于1.3亿年。这个新的哺乳动物被研究人员命名为攀援始祖兽，意思是这个哺乳动物化石在真兽——有胎盘类哺乳动物的演化系统上处于最原始的位置，并具有可以灵活攀援的肢骨特征。

据介绍，新发现的始祖兽骨架完整，保存精美。骨骼周围有哺乳动物皮毛精致的印痕及炭化的软组织痕迹。始祖兽身体长约14厘米，估计体重在200克至250克之间。始祖兽的牙齿具有真兽动物的许多最典型的定义性特征，牙齿特征表明它是食虫性动物。始祖兽的肩带、肢骨和四足有许多现代的善于攀援或树栖哺乳动物特有性状。这些特征表明，始祖兽是善于在崎岖地面攀爬和灌木树丛中活动的小型哺乳动物，生活在河湖岸边的矮小树丛中。

据项目首席科学家季强介绍，与新发现的始祖兽共生的其他哺乳动物还有张和兽、热河兽和爬哺兽。产出始祖兽的著名辽西热河生物群还有多种精美的长羽毛的恐龙和原始鸟类、两栖动物、爬行动物、鱼类及大量植物化石。1996年的“中华龙鸟”就是在这个地区发现的。

中美古生物学家对新发现始祖兽的研究及其在哺乳动物系统树上的定位，填充了最早的原始真兽类哺乳动物演化史上的重要空白，表明早白垩纪的真兽类哺乳动物的分化不但远远早于以前估测的年代，也超出了以前所知、有限的早期分化的幅度。它的发现，为研究有胎盘哺乳动物的分子演变速度和形态功能演化比较研究提供了重要依据。

英国《自然》科学杂志上发表了这一研究成果。

4月26日

国家主席江泽民在中南海会见美国总统助理白宫科学和技术政策办公室主任约翰·马伯格博士一行

江泽民主席对马伯格博士来华参加中美科技合作第十次联委会表示欢迎。江主席说，近来，中美关系发展势头总的是好的，双方在经贸、反恐、科技等领域的合作取得新的进展，并就重大国际和地区问题加强了磋商。但两国关系也受到了不应有的干扰。希望美方恪守一个中国政策和中美三个联合公报的原则，妥善处理台湾问题，与中方一道，推动中美关系健康、稳定地向前发展。

国家主席江泽民在中南海会见罗马尼亚参议长沃克罗尤

九届全国人大常委会第二十七次会议举行全体会议

全国人大常委会委员长李鹏出席会议。

全国人大常委会副委员长彭珮云主持了今天上午的会议。

安全生产法草案、水法修订草案再次提请常委会会议审议，全国人大法律委员会副主任委员李伯勇、乔晓阳分别就这两个草案的修改情况作了汇报。

在全体会议上，全国人大教科文卫委员会副主任委员朱丽兰作全国人大教科文卫委员会关于提请审议科学技术普及法草案的议案的说明，环境与资源保护委员会副主任委员李蒙作全国人大环境与资源保护委员会关于提请审议清洁生产促进法草案的议案的说明。这两部法律草案均为首次提请常委会会议审议。

会议听取了全国人大常委会代表资格审查委员会主任委员王维澄所作的代表资格审查委员会关于个别代表的代表资格终止的报告，并对报告进行了审议。

会议还审议了李鹏委员长访问日本情况的书面报告，全国人大代表团访问加拿大、委内瑞拉和厄瓜多尔三国情况的书面报告，全国人大代表团出席各国议会联盟第一百零七届大会情况的书面工作报告，关于承办亚洲议会和平协会第三届年会和全国人大代表团出席会议情况的书面报告。

全国人大常委会副委员长田纪云、姜春云、布赫、铁木尔·达瓦买提、吴阶平、何鲁丽、周光召、丁石孙、成思危、许嘉璐、蒋正华和秘书长何椿霖出席会议，国务院副总理吴邦国、最高人民法院院长肖扬列席会议。

国家副主席胡锦涛在新加坡与新加坡总理吴作栋举行会谈

胡锦涛说，近年来，中新关系发展顺利。两国各个层次的交往频繁。新加坡是中国第一大海外劳务市场，对华贸易和投资均居东盟国家首位。尤其是在中新苏州工业园区项目上的成功合作，给双方带来了切实利益。两国在科技、文化、教育、人才培训等领域也取得显著进展。

胡锦涛表示，在新形势下，中新合作面临新的发展机遇。双方应根据形势的发展变化，积极拓展新的合作领域，大力培育两国合作新的增长点。他提议双方在以下几个方面作出努力：

第一，拓展高科技领域合作。中新双方在高科技的研究、开发和市场化等方面各具优势，应积极开展信息技术、生命科学、新材料、微电子等领域的互利合作。

第二，加强在中国西部地区的合作。新方拥有资金、管理、招商、对华合作经验等方面的优势和语言上的便利，欢迎新方积极参与中国的西部开发。

第三，就中国实施"走出去"战略探讨合作。近年来，已有不少中国企业到新加坡发展。这是一个良好的开端。希望在这方面得到新方的支持。

第四，加强人才领域的双向交流与合作。近年来，中新人才交流与培训合作取得很大进展。双方应继续在这方面开展交流与合作。

双方还就区域合作等问题交换了意见。胡锦涛说，东亚合作发展势头良好，"10+3"合作已成为东亚合作的一个主渠道。我们主张应根据各国经济发展的互补性和发展的现实需要，加强在经贸、金融、社会发展等领域的合作，促进地区经济的进一步融合，提高东亚各国和地区的整体竞争力。

胡锦涛指出，本着对地区经济发展负责任的态度，中国提出了10年内建立中国—东盟自由贸易区的建议。这将会是一个互利双赢的机制。中方赞赏新方为推动东亚合作所作的积极努力，愿与新方共同推动东亚合作取得更大的发展。

国家副主席胡锦涛在新加坡会见新加坡内阁资政李光耀

完善农村义务教育管理体制电视电话会议在北京召开

国务院办公厅召开完善农村义务教育管理体制电视电话会议，对贯彻落实国务院《关于基础教育改革与发展的决定》和国务院办公厅《关于完善农村义务教育管理体制的通知》精神，调整和完善农村义务教育管理体制进行部署。国务院副总理李岚清发表讲话强调，各级政府要从实践江泽民同志"三个代表"重要思想，维护农村改革发展稳定大局的高度，充分认识调整和完善农村义务教育管理体制，促进农村义务教育健康发展的重要意义，确保年内所有地区农村义务教育都按照"以县为主"的管理体制运行。

李岚清指出，调整和完善农村义务教育管理体制，促进农村义务教育发展，是实践"三个代表"思想的重要内容；是实施科教兴国战略，保证农村义务教育健康发展的治本之策；是减轻农民负担，推动农村经济和社会持续发展的重大举措；也是转变政府职能，完善社会主义市场经济体制的必然要求。去年国务院作出决定，农村义务教育"实行在国务院领导下，由地方政府负责、分级管理、以县为主的管理体制"。这是党中央、国务院在认真总结我国农村义务教育发展实践，科学分析农村经济和社会发展形势，针对农村义务教育发展中存在的困难和问题而作出的一项重大决策。各级党委和政府认真贯彻落实国务院的决定，积极调整农村义务教育管理体制，取得了很大成效。但也有些地方的领导重视不够，存在畏难情绪，工作进展缓慢，至今没有将农村中小学管理体制上收到县；各级政府对发展义务教育的职责划分不清，难以落实责任；农村义务教育投入不足、拖欠教师工资问题仍没有从根本上解决。对此，各级政府必须高度重视，切实把思想统一到中央的决策上来，以对党和人民高度负责的精神，抓紧对农村义务教育管理体制进行调整和完善。

李岚清强调，调整和完善农村义务教育管理体制，关键是要实现两个重大转变，即把农村义务教育的责任从主要由农民承担转到主要由政府承担，把政府对农村义务教育的责任从以乡镇为主转到以县为主。县级政府要承担起发展农村义务教育的主要责任，统筹规划农村义务教育的发展，逐步调整农村中小学布局，保证义务教育阶段适龄儿童、少年按时入学；建立规范、稳定的经费投入保障机制，确保中小学教职工工资、正常运转经费和危房改造所需资金；核定中小学学校的教职工编制，负责农村中小学校长、教职工管理，全面实施素质教育，提高教育质量。但是，这一管理体制上的调整其他各级政府（包括中央政府）的责任并没有减轻。中央政府负责制定农村义务教育的方针政策和发展规划，指导开展教师培训工作，加大对困难地区财政转移支付力度，促进各地区农村义务教育协调发展。省级政府要在发展农村义务教育中发挥关键性作用。随着地方财力不断增强和中央转移支付不断扩大，省级政府统筹发展义务教育的作用和能力进一步增强，要通过调整财政支出结构，加大省级转移支付力度，合理使用中央财政的转移支付资金等措施，重点支持财政困难县发展农村义务教育。地级市政府要统筹协调所辖县（市）农村义务教育的发展，对财力不足、发放财政供养人员工资确有困难的县，给予转移支付，对农村中小学危房改造给予补助。乡镇政府要继续发挥积极作用，发展农村义务教育。今后，要由乡镇长直接负责乡镇教育工作，帮助改善办学条件和教师生活条件，乡镇中心学校校长负责中小学的教学业务管理。

李岚清强调，进一步完善农村义务教育管理体制，重点要抓好以下几项工作：一是建立稳定有效的农村义务教育经费投入保障机制，做到"三个确保"，即确保按时足额、统一发放教职工工资，确保农村义务教育学校公用经费，确保农村中小学危房改造经费。二是加大监管力度，建立公示制度、举报制度和责任追究制度，保障农村义务教育经费落实到位和有效使用。对挤占、挪用农村中小学教育经费，拖欠农村中小学教职工工资，以及不及时修缮危房造成重大安全事故的，要追究领导和直接管理者的责任。三是进行税费改革的地方，要采取有力措施，切实保证农村义务教育经费高于改革前的水平,并努力做到"三个增长"。四是帮助贫困地区积极发展现代远程教育和电化教育,享受到优质教育资源,实现义务教育的跨越式发展。五是加强教育对口支援工作,大力开展经常性的助学活动,资助家庭经济困难的学生完成学业。

教育部部长陈至立、财政部副部长楼继伟就完善农村义务教育管理体制、建立经费投入保障机制等问题作了工作部署。河北省省长钮茂生、贵州省省长石秀诗介绍了克服财政困难,加大农村义务教育投入的情况和做法。各省、自治区、直辖市政府的负责同志和各地(市)、各县(市)人民政府的主要负责同志在分会场出席了会议。会议由国务院副秘书长高强主持。

中国亚太经合组织(APEC)研究院成立大会在人民大会堂举行

国务院副总理钱其琛出席大会并讲话。外交部、教育部、国家经贸委、外经贸部、人事部、国家新闻出版总署、国务院体改办、中国贸促会和国家版权局等有关部门的领导以及天津市领导、南开大学和 APEC 中国企业联席会议的代表、APEC 成员驻华使节及代表也参加了成立大会。

钱其琛在讲话中高度评价了 APEC 在促进区域经济发展中所发挥的积极作用,表明了中国继续积极参与亚太区域经济合作的决心。他说,加强官学商三方合作是落实 2001 年上海 APEC 会议成果的一项重要举措,对促进 APEC 人力资源开发乃至经济技术合作进程具有重要意义。他期望中国 APEC 研究院在未来的工作中,发挥高校师资和科研资源的优势,同时充分考虑政府工作和企业经营的实际需要,为我国的社会经济发展提供服务。

中国 APEC 研究院是南开大学与政府有关部门以及 APEC 中国企业联席会议合作创立的。其宗旨是以南开大学现有的师资、学科、信息和其他相关资源为依托,通过与国家有关部委、大型企业、兄弟院校与科研机构的有机结合,积极开展与其他 APEC 成员研究机构的学术交流,努力建设成为学术研究、人才培养、咨询服务以及信息资料建设的示范基地。

4月27日

国家主席江泽民在人民大会堂与马其顿总统特拉伊科夫斯基举行会谈

江泽民首先积极评价两国关系现状。江泽民说,中马两国和两国人民有着传统友谊。建交后,两国关系发展顺利。由于台湾当局的破坏,中马关系一度出现曲折。台湾当局的图谋遭到马有识之士和广大人民的抵制和反对。特别是特拉伊科夫斯基总统坚决反对马与台建立所谓的"外交关系",积极致力于与中国关系正常化。马方恪守《中马关于实现关系正常化的联合公报》及《谅解备忘录》的各项原则,不同台湾发展官方关系或进行官方往来。中方对此表示高度赞赏。

江泽民表示,两国关系正常化后,双方政治对话不断,经济等具体领域的合作迅速恢复,地方交往开始起步,中马关系呈现良好的发展势头。

江泽民说,为进一步加强两国关系,中方建议现阶段重点做好以下工作:

第一,保持各级别的政治对话,加强理解与信任;

第二,推动两国经贸关系不断发展,做好中国政府对马经济援助的落实工作;

第三,拓展文化、教育、科技、卫生等领域的互利合作,丰富双边关系的内容。

江泽民还表示,中国政府一贯尊重马的主权和领土完整,理解并支持马为维护国家主权和领土完整所做的努力。江泽民积极评价马政府对内致力于稳定政局,恢复经济,对外加强国际合作,睦邻修边并取得显著成果。

会谈结束后,江泽民主席和特拉伊科夫斯基总统签署了《中华人民共和国和马其顿共和国关于巩固和促进友好合作关系的联合声明》。

两国有关部门负责人还签署了《中华人民共和国政府和马其顿共和国政府卫生和医学科学合作协定》《中华人民共和国政府和马其顿共和国政府关于植物检疫的合作协定》和《中华人民共和国政府和马其顿共和国政府关于动物检疫及动物卫生的合作协定》《中华人民共和国政府和马其顿共和国政府经济技术合作协定》《中华人民共和国文化部和马其顿共和国文化部 2002—2004 年文化合作执行计划》,以及《中华人民共和国大连市和马其顿共和国奥赫里德市建立友好合作关系的协议书》。

中国与马其顿共同发表关于巩固和促进友好合作关系的联合声明

应中华人民共和国主席江泽民的邀请,马其顿共和国总统鲍里斯·特拉伊科夫斯基于 2002 年 4 月 25 日至 30 日对中华人民共和国进行国事访问。江泽民主席与鲍里斯·特拉伊科夫斯基总统在热情友好的气氛中就双边关系、地区形势和共同关心的国际问题深入交换了意见,达成了广泛共识。

一、双方珍视两国和两国人民之间的深厚友谊。自 2001 年 6 月实现外交关系正常化以来,两国在各领域的互利合作关系得到迅速恢复和发展。双方对此感到满意。

双方认为在相互尊重主权和领土完整、互不侵犯、互不干涉内政、平等互利、和平共处原则的基础上，推动两国关系长期、稳定、全面发展符合两国和两国人民的根本和长远利益。双方重申恪守《中华人民共和国和马其顿共和国建交联合公报》和《中华人民共和国和马其顿共和国关于实现关系正常化的联合公报》等有关文件确定的各项原则，共创两国关系的美好未来。

二、双方愿意加强各级别的政治对话，鼓励和支持两国政府、议会及其他官方机构、地方政府和社会团体开展交流与合作，增进相互理解与信任。

三、双方认为加强两国的经贸合作具有重要意义。双方愿意在市场经济条件下，鼓励和支持两国企业加强接触，加深了解，开展多种形式的合作，推动两国经贸关系不断发展。两国将为对方企业和人员参与本国经济建设提供便利。

中方愿继续为马恢复和发展经济提供力所能及的帮助。马方对此表示感谢。

双方将继续采取积极措施，进一步促进两国科技、文化、教育和卫生等领域的合作与交流。

四、马方重申，世界上只有一个中国，中华人民共和国政府是代表全中国的唯一合法政府，台湾是中国领土不可分割的一部分。马方确认不与台湾建立任何形式的官方关系或进行任何官方性质的往来，不支持台湾加入只有主权国家才能参加的国际组织。马方强调台湾问题纯属中国内政，尊重和支持中国为维护国家统一所做的努力，希望中国早日实现国家统一。

中方高度赞赏马方在台湾问题上的明确立场。

五、中方重申支持马其顿共和国的独立、主权和领土完整，支持马为维护国家独立、主权和领土完整所做的积极努力。中方理解马方认为维护国家单一制性质对马的稳定具有重要意义的立场。中方希望马社会稳定，民族和睦，经济发展，并为维护和促进东南欧地区的稳定与繁荣作出积极贡献。中方理解并尊重马成为欧洲一体化进程的一部分的选择与努力，并高度评价马的睦邻友好政策。作为联合国安理会常任理事国，中国将继续为实现马其顿和整个东南欧地区的持久和平作出自己的努力。

马方重视中国在国际事务中发挥的重要作用，高度评价中国作为联合国安理会常任理事国在维护世界和平、促进东南欧地区及马其顿国内稳定等方面作出的积极贡献。

六、双方认为，国际关系民主化符合时代进步的要求和国际社会绝大多数国家和人民的愿望。国家不分大小、贫富、强弱，都是国际社会的平等一员，都有参与国际事务的平等权利。各国有权根据本国国情，独立自主地选择自己的社会制度和发展道路。双方愿与国际社会一道共同致力于建立公正、合理的国际政治、经济新秩序。

七、双方强调，联合国是由主权国家组成的最具普遍性的政府间国际组织，其在维护世界和平与稳定及解决其他国际问题等方面的权威性和重要作用是无法取代的。双方重申恪守《联合国宪章》的宗旨和原则，主张维护和加强联合国及其安理会在国际事务中的主导作用。双方对两国在联合国等国际组织中的合作表示满意，并愿进一步加强协作。中方理解马希望其宪法国名在联合国系统内得到使用的强烈愿望，支持马为解决这一问题所做的积极努力。

八、双方认为恐怖主义是对人类文明的严重挑战，对国际和平与安全构成威胁。双方支持打击全球恐怖主义，并呼吁预防和制止任何形式的恐怖行为。双方强调，在打击恐怖主义问题上不能搞双重标准。双方主张，在打击国际恐怖主义问题上，应进一步加强国际合作与团结。充分发挥联合国及其安理会的主导作用，彻底消除恐怖主义产生的根源。

本声明于2002年4月27日在北京签署。

中华人民共和国主席　马其顿共和国总统

江泽民　　里斯·特拉伊科夫斯基

全国人大常委会委员长李鹏在人民大会堂会见罗马尼亚参议长沃克罗尤

国家副主席胡锦涛在新加坡会见新加坡副总理李显龙

胡锦涛说：我此次来访就中新关系的进一步发展和一些重大地区和国际问题与新方领导人深入交换了意见。访问时间虽短，但取得了实质性成果。通过此次访问，我对两国未来合作前景更加充满信心。

双方就加强中新科技和人才领域的交流与合作交换了意见。胡锦涛说，当今世界科学技术正在发生革命性突破。一个国家只有与时俱进，抓住机遇，大力推进科技进步和创新，才能保持生机和活力。科技是中新合作最具潜力的领域之一。希望双方加强交流与合作，发挥互补优势，共同推动两国的科技进步和创新。胡锦涛强调，要实现科技进步和创新，关键在人才。中国愿进一步加强与新加坡在人才领域的交流与合作。

国家副主席胡锦涛抵达夏威夷对美国进行正式访问

国务院副总理钱其琛在重庆 湖北考察工作

4月27日至5月4日，钱其琛在重庆市市委书记贺国强、市长包叙定,湖北省省长张国光等陪同下,先后考察了重庆市的北部新区、大足、丰都、万州、奉节和巫山,湖北省的神农架、宜昌等地,着重了解当地旅游市场开发和经济发展情况,并到库区移民家中看望。考察期间,钱其琛先后听取了重庆市和湖北省的工作汇报,对两省市近年来在经济建设和改革开放等方面所取得的成绩给予了充分肯定。

钱其琛说,重庆是我国西南地区的重镇,成立直辖市5年来发生了很大变化,交通建设进展很快,经济结构调整初见成效。湖北省近年来经济保持良好发展势头,在旅游方面,狠抓峡区、武当山、神农架等重点旅游景区、景点的开发,旅游产业规模不断扩大。他对重庆、湖北把旅游业作为支柱产业发展表示赞赏。

钱其琛指出,长江三峡工程的兴建,不仅将在防洪、发电、航运等方面产生巨大效益,也将为三峡地区旅游业的发展带来新的机遇。随着蓄水成库和航运条件的改善,移民新城镇的建成,游览将会更加便捷,三峡大坝和600多公里长的库区将成为长江上新的壮丽景观。两省市要抓住机遇,搞好旅游、交通等规划,加强与周边地区的协作,实现点、线、面的有机结合,发挥三峡旅游对经济发展的带动作用。

钱其琛强调,各地在进行旅游开发的同时,必须把保护资源和生态环境放在突出位置。要坚持严格保护、合理开发和永续利用相结合的原则。只有保护好生态环境,才能有利于开发旅游资源,通过旅游开发促进生态环境的治理。发展旅游业要同社会主义精神文明建设结合起来,要大力整顿旅游市场秩序,改善服务质量,培养优秀的导游人员,同时健全投诉机制,依法保护旅游者的合法权益。

陪同考察的有关部门负责人有崔占福、何光暐等。

我国第一头地方优质中国黄牛克隆成功

在国家"十五"高技术研究发展计划资助下,中国农业大学与北京基因达科技有限公司和河北芦台农场合作,通过体细胞克隆技术成功地克隆了我国第一头地方优质黄牛——红系冀南牛。这是我国在动物体细胞克隆领域取得的又一重大进展,为利用克隆技术保护我国优良动物遗传资源提供了技术保障。

这头名叫"波娃"的体细胞克隆中国黄牛于今年4月27日降生在河北芦台农场。本研究使用的核供体细胞来自于一头不足6月龄的冀南牛纯种小母牛的卵巢和耳朵皮肤组织,而使用的卵母细胞取自于屠宰场宰杀后母牛的卵巢。在首次克隆中,共将98枚冀南牛供体细胞与98枚卵母细胞进行融合,获得重构胚64枚,其中25枚发育至囊胚阶段。10枚克隆鲜胚和8枚克隆冻胚分别移植给了7头荷斯坦奶牛受体,共有3头怀孕,其中2头妊娠母牛流产,夭折3月龄克隆胎儿1头和5月龄双胞胎克隆胎儿2头,只有1头妊娠母牛在怀孕282天时通过剖腹产手术成功产下了一头健康的克隆小母牛——"波娃"。

克隆牛"波娃"的DNA指纹鉴定工作是由公安部二所和公安部物证鉴定中心完成的,通过对28个遗传标记座位的国际标准化分析,鉴定结果表明"波娃"与供体细胞的遗传物质完全相同;而"波娃"与其代孕母亲在28标记座位中有18个不同,遗传上分属不同来源。经中国农业科学院国家科技文献信息中心查询表明,本次体细胞克隆中国优质黄牛成功为国际首次。

目前,中国农业大学李宁教授研究组已经进行了5个批次的体细胞克隆实验,在技术上取得了一些突破性进展,克隆胚妊娠率(40%—50%)、细胞的融合率、卵裂率等都达到了国际前沿水平。从2002年6月11日始,还将有20余头体细胞克隆牛相继出生。

冀南牛是我国特有的优良地方黄牛品种,分布在我国河北大名、魏县等地,主要特点是耐寒、抗结核和焦虫病、体躯健壮、肌腱发达、肉多脂少、色红鲜嫩、肉质较好。目前红系冀南牛纯种已经有濒临灭绝的危险,亟须保护。专家们认为,此次克隆成功使利用荷斯坦奶牛怀孕挽救我国濒临灭绝的优良黄牛品种成为可能。

4月28日

国家主席江泽民签署第67号令公布《中华人民共和国进出口商品检验法》

《全国人民代表大会常务委员会关于修改〈中华人民共和国进出口商品检验法〉的决定》已由中华人民共和国第九届全国人民代表大会常务委员会第二十七次会议于2002年4月28日通过,现予公布,自2002年10月1日起施行。

中华人民共和国主席　江泽民

2002年4月28日

中华人民共和国进出口商品检验法

第一章　总　则

第一条　为了加强进出口商品检验工作,规范进出口商品检验行为,维护社会公共利益和进出口贸易有关各方的合法权益,促进对外经济贸易关系的顺利发展,制定本法。

第二条　国务院设立进出口商品检验部门(以下简称国家商检部门),主管全国进出口商品检验工作。国家商检部门设在各地的进出口商品检验机构(以下简称商检机构)管理所辖地区的进出口商品检验工作。

第三条　商检机构和经国家商检部门许可的检验

机构,依法对进出口商品实施检验。

第四条　进出口商品检验应当根据保护人类健康和安全、保护动物或者植物的生命和健康、保护环境、防止欺诈行为、维护国家安全的原则,由国家商检部门制定、调整必须实施检验的进出口商品目录(以下简称目录)并公布实施。

第五条　列入目录的进出口商品,由商检机构实施检验。

前款规定的进口商品未经检验的,不准销售、使用;前款规定的出口商品未经检验合格的,不准出口。

本条第一款规定的进出口商品,其中符合国家规定的免予检验条件的,由收货人或者发货人申请,经国家商检部门审查批准,可以免予检验。

第六条　必须实施的进出口商品检验,是指确定列入目录的进出口商品是否符合国家技术规范的强制性要求的合格评定活动。

合格评定程序包括:抽样、检验和检查;评估、验证和合格保证;注册、认可和批准以及各项的组合。

第七条　列入目录的进出口商品,按照国家技术规范的强制性要求进行检验;尚未制定国家技术规范的强制性要求的,应当依法及时制定,未制定之前,可以参照国家商检部门指定的国外有关标准进行检验。

第八条　经国家商检部门许可的检验机构,可以接受对外贸易关系人或者外国检验机构的委托,办理进出口商品检验鉴定业务。

第九条　法律、行政法规规定由其他检验机构实施检验的进出口商品或者检验项目,依照有关法律、行政法规的规定办理。

第十条　国家商检部门和商检机构应当及时收集和向有关方面提供进出口商品检验方面的信息。

国家商检部门和商检机构的工作人员在履行进出口商品检验的职责中,对所知悉的商业秘密负有保密义务。

第二章　进口商品的检验

第十一条　本法规定必须经商检机构检验的进口商品的收货人或者其代理人,应当向报关地的商检机构报检。海关凭商检机构签发的货物通关证明验放。

第十二条　本法规定必须经商检机构检验的进口商品的收货人或者其代理人,应当在商检机构规定的地点和期限内,接受商检机构对进口商品的检验。商检机构应当在国家商检部门统一规定的期限内检验完毕,并出具检验证单。

第十三条　本法规定必须经商检机构检验的进口商品以外的进口商品的收货人,发现进口商品质量不合格或者残损短缺,需要由商检机构出证索赔的,应当向商检机构申请检验出证。

第十四条　对重要的进口商品和大型的成套设备,收货人应当依据对外贸易合同约定在出口国装运前进行预检验、监造或者监装,主管部门应当加强监督;商检机构根据需要可以派出检验人员参加。

第三章　出口商品的检验

第十五条　本法规定必须经商检机构检验的出口商品的发货人或者其代理人,应当在商检机构规定的地点和期限内,向商检机构报检。商检机构应当在国家商检部门统一规定的期限内检验完毕,并出具检验证单。

对本法规定必须实施检验的出口商品,海关凭商检机构签发的货物通关证明验放。

第十六条　经商检机构检验合格发给检验证单的出口商品,应当在商检机构规定的期限内报关出口;超过期限的,应当重新报检。

第十七条　为出口危险货物生产包装容器的企业,必须申请商检机构进行包装容器的性能鉴定。生产出口危险货物的企业,必须申请商检机构进行包装容器的使用鉴定。使用未经鉴定合格的包装容器的危险货物,不准出口。

第十八条　对装运出口易腐烂变质食品的船舱和集装箱,承运人或者装箱单位必须在装货前申请检验。未经检验合格的,不准装运。

第四章　监督管理

第十九条　商检机构对本法规定必须经商检机构检验的进出口商品以外的进出口商品,根据国家规定实施抽查检验。

国家商检部门可以公布抽查检验结果或者向有关部门通报抽查检验情况。

第二十条　商检机构根据便利对外贸易的需要,可以按照国家规定对列入目录的出口商品进行出厂前的质量监督管理和检验。

第二十一条　为进出口货物的收发货人办理报检手续的代理人应当在商检机构进行注册登记;办理报检手续时应当向商检机构提交授权委托书。

第二十二条　国家商检部门可以按照国家有关规定,通过考核,许可符合条件的国内外检验机构承担委托的进出口商品检验鉴定业务。

第二十三条　国家商检部门和商检机构依法对经国家商检部门许可的检验机构的进出口商品检验鉴定业务活动进行监督,可以对其检验的商品抽查检验。

第二十四条　国家商检部门根据国家统一的认证制度,对有关的进出口商品实施认证管理。

第二十五条　商检机构可以根据国家商检部门同外国有关机构签订的协议或者接受外国有关机构的委托进行进出口商品质量认证工作,准许在认证合格的进出口商品上使用质量认证标志。

第二十六条　商检机构依照本法对实施许可制度的进出口商品实行验证管理，查验单证，核对证货是否相符。

第二十七条　商检机构根据需要，对检验合格的进出口商品，可以加施商检标志或者封识。

第二十八条　进出口商品的报检人对商检机构作出的检验结果有异议的，可以向原商检机构或者其上级商检机构以至国家商检部门申请复验，由受理复验的商检机构或者国家商检部门及时作出复验结论。

第二十九条　当事人对商检机构、国家商检部门作出的复验结论不服或者对商检机构作出的处罚决定不服的，可以依法申请行政复议，也可以依法向人民法院提起诉讼。

第三十条　国家商检部门和商检机构履行职责，必须遵守法律，维护国家利益，依照法定职权和法定程序严格执法，接受监督。

国家商检部门和商检机构应当根据依法履行职责的需要，加强队伍建设，使商检工作人员具有良好的政治、业务素质。商检工作人员应当定期接受业务培训和考核，经考核合格，方可上岗执行职务。

商检工作人员必须忠于职守，文明服务，遵守职业道德，不得滥用职权，谋取私利。

第三十一条　国家商检部门和商检机构应当建立、健全内部监督制度，对其工作人员的执法活动进行监督检查。

商检机构内部负责受理报检、检验、出证放行等主要岗位的职责权限应当明确，并相互分离、相互制约。

第三十二条　任何单位和个人均有权对国家商检部门、商检机构及其工作人员的违法、违纪行为进行控告、检举。收到控告、检举的机关应当依法按照职责分工及时查处，并为控告人、检举人保密。

第五章　法律责任

第三十三条　违反本法规定，将必须经商检机构检验的进口商品未报经检验而擅自销售或者使用的，或者将必须经商检机构检验的出口商品未报经检验合格而擅自出口的，由商检机构没收违法所得，并处货值金额百分之五以上百分之二十以下的罚款；构成犯罪的，依法追究刑事责任。

第三十四条　违反本法规定，未经国家商检部门许可，擅自从事进出口商品检验鉴定业务的，由商检机构责令停止非法经营，没收违法所得，并处违法所得一倍以上三倍以下的罚款。

第三十五条　进口或者出口属于掺杂掺假、以假充真、以次充好的商品或者以不合格进出口商品冒充合格进出口商品的，由商检机构责令停止进口或者出口，没收违法所得，并处货值金额百分之五十以上三倍以下的罚款；构成犯罪的，依法追究刑事责任。

第三十六条　伪造、变造、买卖或者盗窃商检单证、印章、标志、封识、质量认证标志的，依法追究刑事责任；尚不够刑事处罚的，由商检机构责令改正，没收违法所得，并处货值金额等值以下的罚款。

第三十七条　国家商检部门、商检机构的工作人员违反本法规定，泄露所知悉的商业秘密的，依法给予行政处分，有违法所得的，没收违法所得；构成犯罪的，依法追究刑事责任。

第三十八条　国家商检部门、商检机构的工作人员滥用职权，故意刁难的，徇私舞弊，伪造检验结果的，或者玩忽职守，延误检验出证的，依法给予行政处分；构成犯罪的，依法追究刑事责任。

第六章　附　则

第三十九条　商检机构和其他检验机构依照本法的规定实施检验和办理检验鉴定业务，依照国家有关规定收取费用。

第四十条　国务院根据本法制定实施条例。

第四十一条　本法自1989年8月1日起施行。

中共中央总书记江泽民在中国人民大学考察

在五四青年节即将到来之际，中共中央总书记江泽民来到这所以人文社会科学为主的重点大学考察工作，亲切看望学校的师生员工。

中共中央政治局常委、国务院副总理李岚清，中共中央政治局委员、北京市委书记贾庆林随同考察。

江泽民在学校党委书记程天权、校长纪宝成等的陪同下，先后参观了中国人民大学65年成就展、文史阅览室、电子阅览室，还同师生们亲切交谈，详细了解了学校的科研、教学和学生的学习情况。他饶有兴趣地观看了图书馆的特色藏品，包括毛泽东同志读过的《资本论》和陕甘宁等解放区的出版物。江泽民在吴玉章先生的雕像前驻足，与大家一同回顾了这位首任校长、杰出教育家的办学业绩。他还兴趣盎然地观看了学生艺术团民族乐团的排练，对他们的精彩演奏表示赞赏。

随后，江泽民与中国人民大学的师生代表进行座谈。在听取了师生们的发言后，江泽民作了重要讲话。他首先代表党中央、国务院，向中国人民大学的全体师生员工，向全国高等院校的师生员工和广大教育工作者致以诚挚的问候。他衷心祝愿中国人民大学在新世纪创造新的成就，为祖国、为人民、为社会主义现代化建设作出更大的贡献，成为以人文社会科学为主的世界知名的一流大学。

江泽民说，去年8月，他在北戴河与国防科技和社会科学专家座谈时强调了哲学社会科学的重要性，指出哲学社会科学与自然科学同样重要，培养高水平的哲学社会科学家与培养高水平的自然科学家同样重要，提高全民族的哲学社会科学素质与提高全民族的自然科学素质同样重要，任用好哲学社会科学人才并充分发挥他们的作用与任用好自然科学人才并充分发挥他们的作用同样重要。对这“四个同样重要”，大家都很认同，现在的关键在于落实。

江泽民说，哲学社会科学，主要是帮助人们解决世界观、人生观、价值观，解决理论认识和科学思维，解决对社会发展、社会管理规律的认识和运用的科学。掌握必备的哲学社会科学知识，对于人们正确认识纷繁复杂的社会现象，提高道德素养和精神境界是十分重要的，对于领导干部特别是高级干部学会讲政治、懂全局，驾驭复杂形势、研究战略策略、提高领导水平更是十分重要的。各级党委和政府要关心哲学社会科学的发展，积极创造支持科学探索、鼓励学术创新的社会环境和学术氛围。

江泽民在讲话中对我国广大哲学社会科学工作者提出五点希望：

希望大家增强创新意识，在推动理论创新、制度创新、科技创新方面不断取得新的成绩。与时俱进是马克思主义的理论品质，也是我国哲学社会科学保持蓬勃活力的重要保证。哲学社会科学工作者应适应变化着的时代条件，积极进行创造性的理论探索，努力为推动理论和实践的发展作出自己的贡献。

希望大家深入改革开放和现代化建设的实践，努力对全局性、战略性、前瞻性的重大课题作出科学的理论回答。尤其要注重对人民群众创造的新鲜经验进行科学总结和理论概括，不断深化对当代中国经济社会发展规律的认识，为党和政府的决策服务，为改革开放和现代化建设服务。

希望大家既立足中国又面向世界，努力继承和弘扬中华民族的优秀文化，积极学习借鉴各国人民创造的有益文化成果。中华文化博大精深，为人类文明进步作出了不朽的贡献，我们应结合时代精神加以继承和发展。同时，我们要拓展眼光，积极吸取人类文明的一切优秀成果。只有这样，我们才能更好地建设有中国特色社会主义文化。

希望大家坚持严谨治学、实事求是、民主求实的学风。要甘于寂寞，淡泊名利，力戒浮躁，潜心钻研；要认真读书，多思慎思，关注现实世界，注重学术积累；要厚积薄发，出精品，出上品；要加强团结、和谐合作，在学术研究中相互切磋，共同进步。要不断研究和提高教学质量，特别要加强基础课程和重点学科的建设。古人说：“经师易遇，人师难遭。”大学的老师要做传授知识的“经师”，更要做善于育人的“人师”，以自己良好的思想和道德风范去影响和培养学生。

希望大家坚持用马克思主义的立场、观点和方法来指导哲学社会科学的发展。是否体现了中国先进生产力的发展要求、中国先进文化的前进方向和中国最广大人民的根本利益，是衡量我国哲学社会科学性质、方向和水平的根本尺度。广大哲学社会科学工作者要不断增强贯彻“三个代表”要求的自觉性和坚定性。江泽民最后说，我们正处在社会主义改革开放和现代化建设的伟大时代。在这样一个时代，哲学社会科学是大有作为的。全国哲学社会科学战线的广大同志们，要肩负起历史重任，勤奋工作，与时俱进，为我国哲学社会科学的发展和繁荣，为中华民族的伟大复兴谱写新的篇章。

随同江泽民考察的还有中共中央办公厅主任王刚，中共中央政策研究室主任滕文生，教育部部长陈至立等。

九届全国人大常委会第二十七次会议在人民大会堂闭幕

全国人大常委会委员长李鹏主持会议并讲话。

会议首先表决通过了全国人大常委会关于修改进出口商品检验法的决定，并于今年10月1日起施行，国家主席江泽民签署第67号主席令公布了这一决定。

会议分别表决通过了全国人大常委会关于《刑法》第二百九十四条第一款和第三百八十四条第一款的解释。会议还表决通过了十届全国人大少数民族代表名额分配方案，台湾省出席十届全国人大代表协商选举方案，全国人大常委会关于批准中国和乌克兰关于移管被判刑人的条约的决定，全国人大常委会代表资格审查委员会关于个别代表的代表资格终止的审查报告，以及人事任免名单。

在各项议程进行完毕后，李鹏发表讲话。他首先强调，要加强法律解释工作。他说，这次会议审议通过了有关刑法的两个法律解释，对“挪用公款归个人使用”和“黑社会性质的组织”作了明确的法律界定，这将有利于刑法的正确适用。法律解释是宪法赋予全国人大常委会的一项重要职权，是立法的重要补充形式，它与法律具有同等效力。我国法制建设的实践证明，根据实际情况、特别是根据司法实践中遇到的问题，对法律条文本身需要明确界限的地方，由立法机关及时作出立法解释，是健全社会主义法制，保证法律正确实施的一项重要工作。早在1981年，全国人大常委会就通过了加强法律解释工作的决定，但是由于在实际工作中，常委会作出的法律解释不多，难以适应司法实践提出的要求。九届全国人大常委会在2000年和今年的常委会工作报告中，都提出了加强法律解释工作的任务，立法法还专设一章，对法律解释作出了规定。对此，我们一定要根据实际需要，在制定新的法律的同时，切实把法律解释作为立法的重要补充形式，积极开展起来。

李鹏指出，要进一步做好对外交往工作。他说，这次会议审议了四个对外交往工作的书面报告。应当肯定，全国人大常委会对同外国议会和议会国际组织的交往，是重视的、有成效的。这个月我们承办了亚洲议会和平协会第三届年会，达到了增进了解、扩大共识、发展友谊、加强合作的预期目的。会上发表的《重庆宣言》，突出“和平与发展”这一主题，全面反映了我国和与会各国在世界多极化与世界和平，经济全球化与发展中国家，加强国际合作、推动建立公正合理的国际政治秩序等问题上的主张和共识，在国际上，特别是在亚洲，都产生了积极影响，是一次成功的国际议会活动。全国人大常委会的领导同志还分别率团出访日本，以及加拿大、委内瑞拉和厄瓜多尔，出席各国议联第一百零七届大会等。这些活动都取得了很好的效果。全国人大的对外工作，是国家整体外交的重要组成部分。我们对外交往的对象，是外国议会和议会国际组织，是各国的议员，这是在世界上和在每个国家有广泛影响的群体。加强同他们的交往，对于增进我国和世界各国的友好合作关系，具有积极的作用。在这方面，全国人大可以而且应当发挥自己的作用，这对于在当前复杂多变的国际形势下，为我国创造一个对改革开放和现代化建设更为有利的国际环境，确保我国的国家安全、社会稳定，是十分重要的。我们应当继续加强和不断改进这方面的工作。

李鹏最后强调，人大的工作要更加关注人民群众的切身利益。他说，这次会议印发了今年听取国务院工作报告的计划和执法检查计划。这两个计划是委员长会议通过的，内容涉及保障妇女权益、安全生产、医疗卫生体制改革、解决特殊困难群体的就业情况、食品卫生、消防工作等等，这些都与人民群众的切身利益息息相关，都是人民群众十分关注的问题。

他说，改革开放以来，我国的经济有很大发展，人民的生活水平不断提高。但随着改革的深入，也出现了不少新的困难与矛盾。一些群众的生活还很困难，就业和再就业的问题也比较突出，还出现了体制转轨过程中的其他一些难点。对这些问题，各级人大及其常委会必须给予更多的关注。人大是人民选出来的，是代表人民行使国家权力的机关，人大的工作必须同人民群众心心相印，切实反映他们的意志，代表他们的利益，特别需要关注社会上特殊困难群体的利益。因此，我们希望通过今年常委会听取工作报告和执法检查，推动各级政府和社会的各个方面，共同关注人民群众的切身利益问题，为妥善解决这些困难问题进一步作出努力。

全国人大常委会副委员长田纪云、姜春云、王光英、布赫、铁木尔·达瓦买提、彭珮云、何鲁丽、周光召、丁石孙、成思危、许嘉璐、蒋正华和秘书长何椿霖出席会议，国务院副总理温家宝、最高人民法院院长肖扬、最高人民检察院检察长韩杼滨列席会议。

全国人大常委会委员长李鹏在人大常委会消防法执法检查组第一次全会上强调全面加强消防工作创造消防安全环境

全国人大常委会执法检查组将于5月上中旬对消防法进行执法检查。中共中央政治局常委、全国人大常委会委员长李鹏在会议上强调指出，要从实践“三个代表”重要思想、维护人民群众根本利益的高度出发，切实依照消防法全面加强消防工作，为我国经济发展、社会稳定和人民群众安居乐业创造更好的消防安全环境。

全国人大常委会执法检查的对象是国务院及其部门、最高人民法院和最高人民检察院，这次执法检查主要是督促国务院及其有关部门解决消防法实施中存在的问题。以全国人大常委会副委员长曹志为组长的执法检查组将赴天津、辽宁、广东、河南、江西、安徽，并委托黑龙江、河北、四川、陕西、福建、广西6省、自治区人大常委会对实施消防法的情况进行检查。公安部部长贾春旺在会议上汇报了关于贯彻实施消防法的情况。

在听取汇报后，李鹏说，消防工作事关国家和人民群众的人身和财产安全，忽视不得，放松不得。党和国家历来重视消防工作，全国人大常委会1998年通过消防法，使我国的消防工作走上了法制化轨道。三年多来，消防法的实施，促进了我国消防事业的发展，保护了国家和人民群众的人身、财产安全。但存在的问题还不少，火灾的形势仍然比较严峻，消防工作面临的任务仍然很重。

李鹏指出，贯彻消防法，政府要负首要责任。各级政府要按照消防法的规定，把消防工作纳入国民经济和社会发展计划，使消防工作与经济建设和社会发展相适应。消防工作是需要一定投入的，既需要领导精力的投入，也需要经费和物质的投入。目前公共消防设施“欠账”不少，离国家标准还有较大差距，要依法改进，不可拖延。要认真研究和解决城市消防规划编制、公共消防设施建设等基础工作中存在的问题，该投入的要舍得投入，不要心存侥幸。政府有关部门要督促所属单位及行业制定和执行消防安全责任制，要抓落实，不要走过场，不要做表面文章。

李鹏说，要研究消防工作面临的新情况、新问题，坚持"消""防"并举、"专""群"结合的方针。改革开放以来,我国经济生活和社会生活的许多方面都发生了深刻变化,如应用于日常生活和建筑工程的新材料、新产品不断出现,一些单位片面追求经济效益而严重忽视消防安全等,客观上对消防工作提出新的挑战。我们要有强烈的责任意识,研究客观条件发生的变化,善于掌握和运用客观规律,在做好火灾防范工作的同时,做好灭火救援的各项准备工作。要把对火灾的预防作为消防工作的重中之重,重视火灾隐患,把隐患消灭在火灾发生之前。要积极发展地方和民间消防力量,督促和指导消防重点单位建立专职消防队伍,鼓励和推动城乡建立专职兼职并存的群众性义务消防组织和志愿消防队伍,促进消防体制的社会化。要从我国的国情出发,努力促进专业化与社会化相结合,使以现役公安消防部队为主体、多种形式消防队伍为补充的消防体制进一步健全和完善。

李鹏指出,从公安部门对公众聚集场所消防安全工作检查的情况看,当前火灾隐患的比例仍然很大。公安消防部门要认真履行法律赋予的职责,进一步健全和落实执法责任制,加大执法力度,做到有法必依、执法必严、违法必究。各级政府要支持公安消防部门的执法工作,各级人大要加强对消防法实施情况的监督。要通过社会各个方面的共同努力,营造一个良好的消防执法环境。

李鹏说,要加强消防宣传教育和培训,不断提高全民的消防安全意识。各有关部门、新闻单位要担起责任,推动消防宣传教育进学校、进社区、进家庭,上电视、上报纸、上书刊。公安消防部门定期向社会开放消防站的做法也要坚持下去。对企业、事业单位法定代表消防安全负责人以及易燃易爆、消防设施操作控制等特殊岗位工种人员,要进行必要的培训,增加消防宣传教育的针对性、实用性。

李鹏最后指出,这次执法检查重点是检查发现消防部门实施法律中存在的问题,而不是具体个案的调查。要通过执法检查促进法律的实施,督促各级政府重视消防工作,帮助公安消防部门加强消防队伍、消防设施建设。

今天的会议由全国人大内务司法委员会主任委员侯宗宾主持。执法检查组成员以及国务院及其有关部门、全国人大常委会办公厅和全国人大内务司法委员会的有关负责人参加了会议。

全国人大常委会举办第二十六次法制讲座

全国人大常委会委员长李鹏主持讲座并发表讲话。他强调,为适应新的形势和任务的要求,必须进一步完善我国的农业法律制度。全国人大常委会将抓紧有关农业、农村和农民问题的重要法律的制定和修改。

李鹏指出,我国是农业大国,农业是国民经济的基础,农业、农村和农民问题是关系我国改革开放和现代化建设的带有战略性全局性的根本问题。十一届三中全会以来,党和国家制定了一系列有关农业的方针、政策和措施,逐步完善了以家庭联产承包为基础、统分结合的双层经营体制,深化了农村经济体制改革,保障和促进了我国农业和农村经济的健康发展。根据形势发展的要求,党中央于1998年召开十五届三中全会,专门研究了我国的农业、农村和农民问题,通过了《关于农业和农村工作若干重大问题的决定》。

李鹏说,在出台一系列有关农业的方针、政策和措施的同时,党和国家还高度重视依法保障和促进农业与农村经济的发展。在立法方面,全国人大常委会先后制定和修改了农业法、农业技术推广法、土地管理法、种子法、水法、水土保持法、防洪法、水污染防治法、防沙治沙法、气象法、村民委员会组织法、乡镇企业法等专门法律,还在其他相关法律中对有关农业问题作了规定,基本形成了保护农民利益、促进我国农业发展的法律体系框架。在执法监督方面,全国人大及其常委会连续多年对农业法的实施情况进行了检查。

李鹏说,应该看到,农业仍然是我国的弱势产业,农民收入增长缓慢仍然是关系国计民生的难点。加入世界贸易组织后,我国农业的发展又面临新的更大的挑战。适应新的形势和任务的要求,必须进一步完善我国的农业法律制度。

法制讲座的题目是《关于我国农业法制建设的几个问题》,主讲人为国务院法制办副主任曹康泰。他介绍了我国农业法制建设的基本情况,并阐述了对加强农业法制建设的几点认识和体会,以及为适应加入世贸组织的新形势、新任务,进一步加强农业法制建设需要研究处理好的几个问题。

全国人大常委会副委员长田纪云、姜春云、布赫、铁木尔·达瓦买提、彭珮云、何鲁丽、周光召、丁石孙、成思危、蒋正华和秘书长何椿霖等听取了讲座。

全国人民代表大会常务委员会公告

最近,江苏省、河南省、广西壮族自治区人大常委会分别罢免了薛守琴(女)、李福乾、莫军(壮族)的第九届全国人民代表大会代表职务。根据代表法的有关规定,薛守琴(女)、李福乾、莫军(壮族)的代表资格终止。

特此公告。

全国人民代表大会常务委员会

2002年4月28日

全国人大常委会任免名单

(2002 年 4 月 28 日第九届全国人民代表大会常务委员会第二十七次会议通过)

一、任命刘明祖为第九届全国人民代表大会民族委员会副主任委员。

二、任命王茂林为第九届全国人民代表大会法律委员会副主任委员。

三、任命毛如柏为第九届全国人民代表大会环境与资源保护委员会副主任委员。

四、任命刘方仁为第九届全国人民代表大会农业与农村委员会副主任委员。

全国人大常委会任免名单

(2002 年 4 月 28 日第九届全国人民代表大会常务委员会第二十七次会议通过)

一、任命俞灵雨、黄尔梅(女)、熊选国为最高人民法院审判委员会委员。

二、任命吴宪光、金剑锋、徐静(女)、梁国海、曹巍(女)为最高人民法院审判员。

三、免去王文芳(女)、张永平、雷旭辉的最高人民法院审判员职务。

全国人大常委会批准任免的名单

(2002 年 4 月 28 日第九届全国人民代表大会常务委员会第二十七次会议通过)

批准免去韩忠信的四川省人民检察院检察长职务;

批准任命陈文清为四川省人民检察院检察长。

全国人大常委会关于《刑法》第二百九十四条第一款的解释

(2002 年 4 月 28 日第九届全国人民代表大会常务委员会第二十七次会议通过)

全国人民代表大会常务委员会讨论了《刑法》第二百九十四条第一款规定的“黑社会性质的组织”的含义问题,解释如下:

《刑法》第二百九十四条第一款规定的“黑社会性质的组织”应当同时具备以下特征:

(一)形成较稳定的犯罪组织,人数较多,有明确的组织者、领导者,骨干成员基本固定;

(二)有组织地通过违法犯罪活动或者其他手段获取经济利益,具有一定的经济实力,以支持该组织的活动;

(三)以暴力、威胁或者其他手段,有组织地多次进行违法犯罪活动,为非作恶,欺压、残害群众;

(四)通过实施违法犯罪活动,或者利用国家工作人员的包庇或者纵容,称霸一方,在一定区域或者行业内,形成非法控制或者重大影响,严重破坏经济、社会生活秩序。

现予公告。

全国人大常委会关于《刑法》第三百八十四条第一款的解释

(2002 年 4 月 28 日第九届全国人民代表大会常务委员会第二十七次会议通过)

全国人民代表大会常务委员会讨论了《刑法》第三百八十四条第一款规定的国家工作人员利用职务上的便利,挪用公款“归个人使用”的含义问题,解释如下:

有下列情形之一的,属于挪用公款“归个人使用”:

(一)将公款供本人、亲友或者其他自然人使用的;

(二)以个人名义将公款供其他单位使用的;

(三)个人决定以单位名义将公款供其他单位使用,谋取个人利益的。

现予公告。

全国人民代表大会常务委员会关于批准《中华人民共和国和乌克兰关于移管被判刑人的条约》的决定

(2002 年 4 月 28 日通过)

第九届全国人民代表大会常务委员会第二十七次会议决定:批准外交部副部长张德广代表中华人民共和国于 2001 年 7 月 21 日在基辅签署的《中华人民共和国和乌克兰关于移管被判刑人的条约》。

台湾省出席第十届全国人民代表大会代表协商选举方案

(2002 年 4 月 28 日第九届全国人民代表大会常务委员会第二十七次会议通过)

根据第九届全国人民代表大会第五次会议关于第十届全国人民代表大会代表名额和选举问题的决定,“台湾省暂时选举代表 13 人,由在各省、自治区、直辖市和中国人民解放军的台湾省籍同胞中选出”。选举办法是,由在各省、自治区、直辖市和中国人民解放军的台湾省籍同胞派代表到北京协商选举产生。

全国 31 个省、自治区、直辖市和中央党政军机关中,现有台湾省籍同胞 36000 多人。参加协商选举会议的代表确定为 122 人。根据台湾省籍同胞(包括各地驻军中的台湾省籍同胞)分布情况确定的分配名额,由各省、自治区、直辖市人大常委会负责组织协商选定。选定工作应于 2002 年 12 月底以前完成。

协商选举会议定于 2003 年 1 月在北京召开,会期约一周。

协商选举台湾省出席第十届全国人民代表大会代表，要充分发扬民主，酝酿代表候选人时要考虑各方面的代表人士，同时要注意到中青年、妇女、少数民族等方面的人选。

按照《中华人民共和国全国人民代表大会和地方各级人民代表大会选举法》的有关规定，选举采用差额选举办法和无记名投票的方式。

协商选举会议由全国人大常委会委员杨国庆、刘亦铭负责召集。

附：台湾省出席第十届全国人民代表大会代表协商选举会议代表分配方案（略）

第十届全国人民代表大会少数民族代表名额分配方案

（2002年4月28日第九届全国人民代表大会常务委员会第二十七次会议通过）

根据第九届全国人民代表大会第五次会议关于第十届全国人民代表大会代表名额和选举问题的决定，提出第十届全国人民代表大会少数民族代表名额分配方案。

一、按照“全国人民代表大会中，少数民族代表的名额，应占全国人民代表大会代表总名额的12％左右”的规定，我国55个少数民族，应选代表360人左右。

二、对民族比较多、人口比较少的辽宁、广西、贵州、云南、新疆等省、自治区共增加35个代表名额；对人口特少的33个少数民族各分配1个代表名额，保证了全国每个少数民族至少有1名代表。

三、直接分配到各省、自治区、直辖市的少数民族代表为320名，加上分配给中央机关提名的26名少数民族代表候选人和分配给中国人民解放军的14名少数民族代表名额，共360名。

四、第十届全国人民代表大会少数民族代表名额分配如下（略）。

国务院总理朱镕基在人民大会堂与黎巴嫩总理哈里里举行会谈

朱镕基积极评价两国关系，他说，自总理阁下上次访华后，中黎关系进入了一个新的发展阶段。两国高层互访明显增多，合作领域不断扩大。双边经贸合作也取得了长足发展。中方对中黎关系的发展现状感到满意。

朱镕基指出，中黎两国之间没有利害冲突，双方对许多重大国际和地区问题持有相同或相似的看法。朱镕基对黎方长期坚持一个中国、不与台湾发生官方关系的原则立场表示赞赏。他说，中方同样也坚定支持黎巴嫩为维护国家主权和领土完整所进行的正义斗争。这种相互同情和支持为双边关系的持续发展奠定了更加牢固的基础。他强调，中国政府一贯高度重视中黎传统友谊，并愿在和平共处五项原则基础上发展与黎巴嫩全方位的友好合作关系。中方将与黎方共同努力，推动中黎友好合作再上一个新台阶。

在谈到经贸合作时，朱镕基说，经贸合作是中黎友好合作关系的重要内容。中国政府一向对同黎巴嫩在经贸、投资等领域开展互利合作持积极态度。今年3月吴仪国务委员访问黎巴嫩时，同阁下和黎巴嫩其他领导人及工商界人士着重讨论了经贸合作的具体问题。中方有关部门正与黎方加紧协调，落实有关合作内容。阁下此次访华期间，中黎经贸混委会首届会议同时召开。相信通过双方的共同努力，两国经贸合作的潜力将会进一步得到发掘。当前中国经济正在稳步发展，并于去年年底加入世贸组织，黎方目前又有许多大型基础设施的重建项目正待上马，中方在许多领域的技术具有很强竞争力。中国政府支持中国企业去黎巴嫩投资办厂。双方企业界和商界人士可充分利用各自优势，把握机遇，进一步拓宽中黎互利合作领域，两国政府应对此积极鼓励。

会谈结束后，两国有关部门签署了中黎两国政府经济技术和贸易合作混合委员会第一次会议纪要及两国政府文化协定2002年至2005年执行计划。朱镕基和哈里里出席了签字仪式。

外交部部长唐家璇、文化部部长孙家正、中国驻黎巴嫩大使刘振堂等会谈时在座。

中共海南省第四届委员会第一次全体会议选举白克明为省委书记

中共贵州省第九届委员会第一次全体会议选举钱运录为省委书记

水利部国家计委联合颁布《建设项目水资源论证管理办法》

4月29日

国家主席江泽民在中南海会见黎巴嫩总理哈里里

江泽民说，黎巴嫩是一个历史悠久的国家，腓尼基古老文明可以追溯到4000年以前。在现代史上，黎巴嫩曾以中东贸易、金融、旅游中心享誉世界。近年来，黎巴嫩人民在维护国家主权和领土完整、促进民族和解、重建国家经济等方面取得了巨大的成就。我们相信，总理阁下领导的黎巴嫩政府一定能带领勤劳智慧的黎巴嫩人民再创辉煌。

江泽民说，中黎两国虽远隔万里，但两国间的传统友谊却源远流长。古代的丝绸之路把我们两国人民紧密地联系在一起。著名黎裔医学专家马海德博士为中国人民的卫生健康事业贡献出毕生的精力，我们一直铭记在心。去年我们共同庆祝了中黎建交30周年。我们高兴地看到，30年来，中黎友好合作关系经受住了国际风云变幻的考验，不断丰富、深化。特别是近几年，两国高层互访频繁，在各个领域、各个层次的交流也日益增多，在国际事务中保持着良好的合作。我们深信，经过双方的共同努力，中黎友谊必将在新世纪得到进一步发展。

在谈到中东问题时，哈里里介绍了中东局势。江泽民阐述了中国政府对中东问题的原则立场，谴责以色列拒不执行联合国决议并侵占巴勒斯坦控制区，限制阿拉法特总统的自由。他说，阿拉法特是中国人民的老朋友，中国政府和人民一贯坚决支持巴勒斯坦和阿拉伯人民的正义事业。作为联合国安理会常任理事国，中国将为实现中东地区的公正、持久和平继续作出努力。

九三学社中央副主席陈抗甫、外交部副部长杨文昌、中国驻黎巴嫩大使刘振堂等会见时在座。

国家主席江泽民在中南海会见以党代表神崎武法为团长的日本公明党代表团

江泽民说，30年来，中日两国关系总体发展顺利。历史和现实告诉我们："以史为鉴，面向未来"，是中日关系发展历程中最为宝贵的经验；坚持中日友好是大势所趋，人心所向；发展中日友好有利于双方，是双赢的合作关系；繁荣、稳定的中国和走和平发展道路的日本加强友好互利合作，对两国、本地区乃至世界具有非常重要的意义。

谈到中日关系的未来发展时，江泽民说，中日两国领导人、政党和政治家应该以两国人民的根本愿望和利益为重，认真总结两国关系发展历程中的经验和教训，始终以正确的历史观教育人民，以友好的精神妥善处理两国关系发展中出现的问题，积极构筑一个更为良好、稳定、合作的中日关系，实现中日两国人民的世代友好。

江泽民指出，令我们遗憾的是，日本领导人在两国邦交正常化30周年这一重要时刻再次参拜靖国神社，严重伤害了中国人民和亚洲人民的感情，不能不引起中国人民和亚洲人民的严重关切和强烈不满。

中联部部长戴秉国、副部长王家瑞会见时在座。

全国人大常委会委员长李鹏在人民大会堂会见黎巴嫩总理哈里里

全国人大常委会委员长李鹏在人民大会堂会见马其顿总统特拉伊科夫斯基

全国人大常委会委员长李鹏在人民大会堂会见印度尼西亚人民协商会议主席阿米安·赖斯一行

国务院总理朱镕基在中南海会见马其顿总统特拉伊科夫斯基

国务院总理朱镕基在中南海会见科特迪瓦总统洛朗·巴博

全国政协主席李瑞环在人民大会堂会见印度尼西亚人民协商会议主席阿米安·赖斯一行

庆祝五一国际劳动节大会在人民大会堂召开

中华全国总工会主席尉健行在会上发表重要讲话，强调要按照"三个代表"的要求，坚持全心全意依靠工人阶级的根本指导方针，越是在改革开放和发展社会主义市场经济的条件下，越要毫不动摇地贯彻落实党的这一根本指导方针，尊重工人阶级的主人翁地位和首创精神，充分发挥他们的主力军作用。

中共中央政治局委员、国务院副总理吴邦国主持大会。全国人大常委会副委员长成思危、全国政协副主席杨汝岱等出席了大会。

尉健行在讲话中高度评价了我国工人阶级的伟大历史地位和作用。他指出，实践充分证明，中国工人阶级始终是先进社会生产力和生产关系的代表，始终是推动经济发展、社会进步和历史前进的基本力量，始终是社会主义物质文明和精神文明建设的主力军。在新的形势和任务面前，我国工人阶级和广大劳动群众一定要充分发挥主动性、积极性和创造性，把思想和认识进一步统一到中央的部署上来，把智慧和力量进一步凝聚到实现党和国家确定的目标任务上来；一定要积极支持党和国家为发展社会主义市场经济而采取的各项政策措施，积极参与改革，正确对待和处理改革过程中的利益关系调整，为推进改革和发展作出不懈努力；一定要进一步增强政治意识、责任意识、大局意识和主人翁意识，在思想上、政治上、行动上同党中央保持高度一致，不断巩固和加强工人阶级队伍的团结统一，坚决同一切危害祖国和人民利益的行为作斗争，自觉维护安定团结的社会政治局面；一定要继承和发扬工人阶级的优良传统，不断提高自身的思想道德和科学文化技术素质，努力成为有理想、有道德、有文化、有纪律的社会主义劳动者。

尉健行说，江泽民同志反复强调，全心全意依靠工人阶级，是我们党和国家的政治优势，也是我们从胜利走向胜利的重要保证。全心全意依靠工人阶级是我们党的根本指导方针。在发展社会主义市场经济的新形势下，我国工人阶级在推动经济发展和社会进步的同时，自身也在不断发展壮大，不仅数量大幅度增加，思想道德和科学文化技术素质日益提高，而且其先进性也在与时俱进、不断发展，党的阶级基础不断增强，群众基础不断扩大。工人阶级在国家和社会的领导地位和主人翁地位没有变也不会变，任何时候任何情况下对此都不能有丝毫的含糊和动摇。

尉健行强调，工会是党领导的工人阶级群众组织，是党联系职工群众的桥梁和纽带。各级工会组织和广大工会干部要站在讲政治的高度，充分认识履行维护职工合法权益的基本职责，是党和广大职工群众对工会组织的要求，也是工会服从服务于党和国家工作大局的主要手段。维护职工的合法权益，各级工会当前要一手抓调整劳动关系机制的建设，一手抓为职工特别是困难职工群体办实事。加强调整劳动关系机制的建设，主要是依据《工会法》、《劳动法》，建立、健全平等协商、集体合同制度及职工代表大会等与企业、事业单位相适应的民主管理制度，推动建立、健全劳动争议仲裁机制、工会与政府召开联席(联系)会议和政府、企业代表组织、工会三方协商的机制。工会要为职工办的实事很多，当前最紧要的是协助政府做好下岗职工、特困职工的再就业和基本生活保障工作。同时，还要协助政府和用人单位努力解决拖欠、克扣职工工资问题，确保工资按时足额发放；搞好劳动保障监察与工会劳动法律监督的协调配合，开展多种形式的安全生产和职业安全卫生监督检查活动，积极推动监督检查体系的建立、健全，确保职工的劳动安全和职业健康；支持有关部门依法严肃处理严重侵犯职工合法权益的行为。

会上，中华全国总工会副主席、书记处第一书记张俊九宣读了中华全国总工会关于颁发2002年全国“五一”劳动奖状、奖章的决定，决定对300个先进集体和997名先进个人予以表彰。

全国劳动模范和全国“五一”劳动奖状、奖章获得者代表，中央和国家机关各部门、中国人民解放军总政治部、中华全国总工会、北京市总工会的负责同志，首都各行各业职工等，共800多人参加了庆祝大会。香港特别行政区和澳门特别行政区工会界的朋友也应邀参加了大会。

国办转发公安部外交部等部门《关于为外国籍高层次人才和投资者提供入境及居留便利规定》并发出通知

各省、自治区、直辖市人民政府，国务院各部委、各直属机构：

吸引外国籍高层次人才和投资者来中国服务和投资是我国一项长期而重要的政策。近年来，国务院有关部门在为外国籍高层次人才和投资者提供入境及居留便利方面制定了一些政策，这对吸引他们来中国服务和投资，促进我国与有关国家的关系，发挥了重要作用。为进一步明确和规范有关政策，经国务院批准，公安部、外交部、教育部、科技部、人事部、劳动保障部、外经贸部、国务院侨办、国家外国专家局联合制定了《关于为外国籍高层次人才和投资者提供入境及居留便利的规定》，请各地区、各部门认真贯彻执行。

各地区、各部门要站在战略高度，从国家大局出发，进一步解放思想，转变观念，加大吸引外国籍高层次人才和投资者来我国服务和投资工作的力度。各有关部门要密切配合，增强服务意识，改进工作方式，简化工作程序，提高工作效率，切实把有关政策落到实处。

国务院办公厅

2002年4月29日

关于为外国籍高层次人才和投资者提供入境及居留便利的规定

为更好地吸引外国籍高层次人才和投资者来我国服务和投资，依据《中华人民共和国外国人入境出境管理法》及有关规定，现就进一步为外国籍高层次人才和投资者提供入境及居留便利问题作如下规定：

一、提供入境及居留便利的对象

凡符合下列条件之一的外国籍人士，可以为其提供入境及居留便利。

(一)省(部)级国家机关邀(聘)请的高级顾问以及执行中央或地方政府与外国签署的国家级和省(部)级科技合作项目、重点工程协议、人才交流项目的高科技、高层次管理人员；

(二)对国家及社会等有重大或突出贡献的人员以及执行政府间无偿援助协议的人员；

(三)国家和省(部)级科研机构、重点高等院校聘用的学术、科研带头人以及有关单位聘用的具有副教授、副研究员以上职称或享受同等待遇的学术、科研骨干；

(四)在企业、事业单位中担任副总经理以上职务或享受同等待遇的高级管理人员和重要专业技术人员；

(五)在西部地区或中部地区国家扶贫开发工作重点县投资100万美元以上，在其他地区投资300万美元以上的人员以及符合上述条件的外国企业或其他经济组织派遣来中国的管理人员和专业技术人员；

(六)国际重要科学奖项的外国籍华人获得者和其他杰出、重要外国籍华人；

上述人员的配偶和不满18周岁的子女。

二、提供入境及居留便利的措施

(一)对需多次临时入境的外国籍人士,可办理2—5年多次入境有效、每次停留不超过1年的F字(访问类)签证(以下简称"长期多次F字签证")。

(二)对需在中国工作并长期居留的外国籍人士,可办理2—5年有效的外国人居留证件以及相同期限的多次返回Z字(工作类)签证。

(三)持L字(旅游类)签证、F字签证以及X字(学习类)签证入境的外国籍人士,可根据实际需要将所持签证变更为Z字签证,办理2—5年有效的外国人居留证件以及相同期限的多次返回Z字签证;持L、X字签证入境的外国籍人士,可将所持签证变更为长期多次F字签证。

三、办理入境及居留便利事宜的程序

(一)符合办理长期多次F字签证的外国籍人士可在境外径向中国驻外使领馆申请办理,或入境后,向中国公安出入境管理部门申请办理。中国国内有关单位也可代外国籍人士申请办理。

各驻外使领馆收到外国籍人士办理长期多次F字签证的申请后,要及时进行审核,并根据情况报国内相关部门(单位)或省级人民政府的外事管理部门等一类被授权单位(以下简称一类被授权单位)审批。一类被授权单位要及时将审批意见函告外交部,由外交部函告我驻外使领馆。经审批同意的,我驻外使领馆即为申请人颁发签证。中国国内单位代外国籍人士办理长期多次F字签证的,由中国国内单位报相关的一类被授权单位审批。一类被授权单位要及时将审批意见函告外交部,由外交部通知我驻外使领馆为申请人颁发签证。

持L、X字签证入境的外国籍人士办理长期多次F字签证的,可由本人或中国有关单位持一类被授权单位出具的公函或外商投资企业批准证书、营业执照等有关证明文件,向所在地公安出入境管理部门申请。

(二)符合办理2—5年有效的外国人居留证件以及相同期限的多次返回Z字签证的外国籍人士,可在入境后由本人或中国有关单位向中国公安出入境管理部门申请办理。

持Z字签证入境的外国籍人士,可由本人或中国有关单位持一类被授权单位出具的公函以及《外国专家证》或《外国人就业证》等有关证明文件,向居住地公安出入境管理部门申请。

持L、F、X字签证入境的外国籍人士,可由本人或中国有关单位持一类被授权单位出具的公函以及《外国专家证》或《外国人就业证》等有关证明文件,外国投资者可持外商投资企业批准证书、营业执照等有关证明文件,向居住地公安出入境管理部门申请。

四、其他事项

(一)对重要友好华人社团的主要负责人及随其来华的配偶、不满18周岁的子女,可以按照前述规定为其提供入境、居留便利。驻外使领馆可根据有关规定自行审批此类签证申请。

(二)长期多次签证费按一年多次签证费标准收取,免收加急费。

国家副主席胡锦涛在纽约会见联合国秘书长安南

胡锦涛说,联合国成立以来,为解决地区冲突,促进世界和平、合作与发展,做了许多有益的工作,发挥着不可替代的作用。在当前复杂多变的国际形势下,联合国肩负的任务更加艰巨,其作用只能加强,不能削弱;其权威只能维护,不能损害。他强调,中国作为安理会常任理事国,将继续积极参与联合国事务,支持和配合秘书长的工作。

胡锦涛还会见了美国前国务卿基辛格博士,双方就中美关系等问题交换了意见。

国家副主席胡锦涛在纽约分别会见纽约市市长布隆伯格·纽约州州长帕塔基和新泽西州州长麦克格里维

国务院副总理李岚清在中南海会见国际奥委会协调委员会主席维尔布鲁根及其一行

外交部部长唐家璇在北京会见日本公明党党代表神崎武法

唐家璇高度评价公明党多年来为恢复和发展中日关系所做的宝贵贡献。

他指出,中日之间有《中日联合声明》、《中日和平友好条约》和《中日联合宣言》三个重要政治文件,明确了指导两国关系发展的基本原则。其核心之一,就是要正确对待和妥善处理历史问题。日本领导人最近再次参拜靖国神社,严重伤害了中国和亚洲各国人民的感情,与上述三个文件的基本原则和精神是背道而驰的。唐家璇指出,靖国神社问题的实质,是日本政府和领导人能否正确对待日本军国主义对外侵略的历史。中方坚决反对日本领导人以任何形式、在任何时间参拜靖国神社。唐家璇说,江泽民主席多次强调,要"以史为鉴,面向未来",这对保持中日关系的健康发展至关重要。只有正确认识历史,才能更好地开辟两国关系的未来。

中共黑龙江省第九届委员会第一次全体会议选举徐有芳为省委书记

宁夏回族自治区第八届人民代表大会第六次会议选举陈建国为宁夏回族自治区人大常委会主任

国新办发表《中国的劳动和社会保障状况》白皮书

前言

劳动和社会保障权利是公民的基本权利，关系广大公民的切身利益。中国是世界上最大的发展中国家，人口众多，经济发展水平不高，发展劳动和社会保障事业的任务十分艰巨。

中国政府从本国国情出发，依据《中华人民共和国宪法》和《中华人民共和国劳动法》，保障公民的劳动和社会保障权利，努力提高劳动和社会保障管理服务水平，取得了巨大成就。

中华人民共和国成立初期，中国政府采取一系列有效措施，解决了旧中国遗留下来的严重失业问题，保障了人民的基本生活。在计划经济体制下，中国实行高度集中统一的就业、工资和劳动保险制度，对统筹安排当时的就业、保障职工生活、促进经济建设和社会安定发挥了积极作用。但随着历史的发展，旧的劳动和社会保障体制已不能适应经济和社会发展的要求。

1978年以来，中国坚持以经济建设为中心，实行改革开放政策，逐步走上建立社会主义市场经济体制的道路，劳动和社会保障事业发展迅速。中国政府合理调整就业结构，努力促进就业总量的增加，建立市场导向的就业机制，保持了就业形势的基本稳定；致力于维护和谐稳定的劳动关系，改革工资收入分配制度，逐步完善劳动标准体系，使新型劳动关系基本形成；改革和完善社会保障制度，使社会保险制度覆盖了大多数城镇从业人员和退休人员，并在城市普遍建立了居民最低生活保障制度，在农村也积极推进社会保障制度建设。经过多年的探索和努力，与社会主义市场经济体制相适应的劳动和社会保障制度已初步建立。

中国政府根据相互尊重、平等互利的原则，积极参加国际劳工事务。在劳动和社会保障领域，中国与国际劳工组织、联合国开发计划署、世界银行、亚洲开发银行等众多国际机构以及许多国家进行了卓有成效的交流与合作，为促进就业、消除贫困和维护劳动者合法权益发挥了积极作用。

进入21世纪，中国开始了全面建设小康社会、加快推进现代化的新的发展阶段。积极促进就业、维护职工权益、协调劳动关系、增加居民收入、完善社会保障，是新世纪之初中国劳动和社会保障事业的主要奋斗目标。

一、就业形势总体保持稳定

由于人口众多、劳动力资源丰富和经济结构调整等原因，中国面临巨大的就业压力。中国政府始终将促进就业作为国民经济和社会发展的战略性任务，将控制失业率列入国民经济宏观调控的主要目标，合理调整就业结构，建立市场导向的就业机制，大力促进就业总量的增加，总体上保持了就业形势的基本稳定。到2001年年底，全国人口总数为127627万人（不含香港、澳门特别行政区和台湾省），从业人员为73025万人，劳动力参与率为77.03%；城镇从业人员占从业人员总数的32.8%，乡村从业人员占从业人员总数的67.2%；城镇登记失业率为3.6%。

实施积极促进就业的政策

中国政府坚持以经济建设为中心，通过经济增长带动就业增长，实行积极的就业政策，采取各种有效措施，大力促进就业。

合理调整就业结构。适应产业结构的调整，引导有利于增加就业机会的产业和企业的发展。在增加基本建设投资，积极扩大内需，保持国民经济快速发展的同时，通过产业政策的调整，重视发展具有比较优势和市场潜力的劳动密集型企业，特别是就业容量比较大的服务性企业和中小企业。积极发展集体、私营、个体等多种所有制经济，实行灵活多样的就业形式，增加就业岗位，拓宽就业渠道。

建立市场导向的就业机制。中国政府实行“劳动者自主就业、市场调节就业、政府促进就业”的就业方针，鼓励劳动者通过公平竞争获得就业岗位，支持用人单位自主决定用人的数量和质量，并采取各种措施促进市场导向就业机制的形成。劳动力市场信息网络已开始发挥作用，促进了劳动力供求信息的交流，帮助劳动者通过劳动力市场实现就业和再就业。为建立机制健全、运行规范、服务周到、监督有力的劳动力市场，中国政府在100个城市进行了劳动力市场科学化、规范化和现代化建设试点。近年来，中国政府开始探索建立劳动力市场价格形成机制，发挥市场机制在劳动力资源配置、工资形成和劳动力流动中的基础性调节作用。

提高劳动者素质。为提高劳动者文化素质和职业技能，中国政府通过多种途径，积极发展各类教育事业，实行学历证书和职业资格证书并重的制度。目前，普及九年义务教育人口覆盖率达到85%，青年壮年文盲率下降到5%；有普通高等学校1225所，在校学生719万人；成人高等学校686所，在校生456万人；普通中等学校80400所，在校生7919万人。国家还通过发展高等职业技术学校、中等职业技术学校、中等专业技术学校、技术工人学校、就业训练中心、民办职业培训机构、企业职工培训中心等职业培训形式，努力形成全方位、多层次的职业技术教育和培训体系，加强对新生劳动力、在职职工及下岗失业人员的培训。针对未能升学的初高中毕业生等新生劳动力，全面实行一至三年劳动预备制培训；对技工学校、就业训练中心进行调整和重组，建立综合性培训基地；推动"市场引导培训、培训促进就业"机制的形成；全面推行职业资格证书制度，并建立了从初级工到高级技师的职业资格体系。目前中国城镇80%以上的新就业人员达到高中水平以上或者经过职业技能培训，已有近3500万人取得了相应的职业资格证书。

发展就业服务体系。中国从20世纪80年代开始，建立并不断完善包含职业介绍、就业训练、失业保险和劳动就业服务企业等内容的就业服务体系。通过就业服务体系为劳动者求职和企业用人提供指导、咨询与介绍服务，对初次求职者进行就业前训练，对失业人员进行转业训练，并提供失业保险，为就业困难群体提供就业岗位。政府鼓励民办职业介绍机构的发展，推动就业服务向社区延伸，形成多层次的就业服务网络。

统筹兼顾城乡就业。中国农村劳动力资源丰富，不充分就业问题严重。中国政府高度重视农村劳动力的就业问题，结合"城镇化"和"西部大开发"等战略的实施，努力探索城乡统筹就业的新途径，形成了两方面的基本政策。一是促进农村劳动力在当地就业。充分利用农村本地资源优势，积极调整农业和农村经济结构，发展效益农业和劳动密集型农业，发展农村非农产业，引导乡镇企业发展与小城镇建设相结合，扩大农村水利、交通运输、农村电网等基础设施建设规模，发展农村基础教育和职业技能培训。二是引导农村劳动力跨地区流动就业。农村改革的成功极大地提高了农业生产率，农业富余劳动力开始从农村流向城镇，从西部内地流向东部沿海地区。中国政府积极引导农村劳动力跨地区合理流动，通过加强信息网络建设和职业中介服务，开展农村劳动力输出前培训，组织农村劳动力有序流动，提高外出劳动力就业率，并建立农村劳动力外出就业和返乡创业双向流动就业机制。目前，已在全国100个县市建立了1000个农村劳动力流动就业监测点，分析农村劳动力的流动和需求状况，及时发布信息，引导农村劳动力合理流动。

就业规模扩大、结构优化

经过政府和社会各方面的共同努力，中国的就业总量明显增加。1978年以来，城乡从业人员共增加了32873万人，其中城镇增加了14426万人。

就业结构发生很大变化。2000年，第一、二、三产业从业人员的就业结构比重分别为50%、22.5%和27.5%。与过去相比，第一产业就业比重明显下降，第二、三产业就业比重增长较大，特别是第三产业的就业比重增长速度高于第二产业的增长速度。国有和集体单位的从业人数占城镇从业人员的比重从1978年的99.8%下降到2001年的37.3%，私营企业、个体和外商投资企业的从业人员明显增加。在农村，农业就业虽仍以家庭为主，但随着城镇化战略的实施和非农产业的发展，非农就业和农村劳动力转移迅速发展。到2000年年底，乡镇企业从业人员达12819.5万人，其中，乡镇集体企业从业人员3832.8万人，乡镇私营企业从业人员3252.5万人，乡镇个体企业从业人员5734.2万人。20世纪90年代以来农村转移到城镇就业的劳动力达8000多万人。

促进下岗职工和失业人员再就业

随着经济结构调整的加速，长期积累的企业经营机制等矛盾日益显露，出现了企业大量富余人员下岗的情况。国有企业下岗职工多为年龄相对较大、文化素质较低和职业技能单一的人员，实现再就业比较困难。为解决下岗职工和失业人员的问题，中国政府在保障他们基本生活的同时，制定了一系列再就业政策并采取了多方面措施。

采取积极主动的就业服务措施。在有下岗职工的国有企业普遍建立再就业服务中心，下岗职工进中心后，政府公共就业服务机构每半年为他们提供一次职业指导、三次就业信息和一次免费的职业培训机会。从1998年开始，政府实施第一期"三年千万"(三年内累计培训下岗职工和失业人员1000万人)再就业培训计划，通过动员社会培训力量，实行政府购买培训成果等有效措施，推动下岗职工和失业人员参加再就业培训。1998年至2000年的三年间，全国各地共组织了1300多万名下岗职工和失业人员参加培训，接受培训半年后的就业率达到60%。从2001年起，政府开始实施第二期"三年千万"再就业培训计划。目前已在30个城市实施了"创业培训"计划，对有志于开办小企业的下岗职工和失业人员进行创业培训，在培训结束后帮助他们进行工商登记、获得小额贷款，通过发展小企业以吸纳更多的下岗职工和失业人员再就业。

完善和落实再就业优惠政策。通过简化工商登记、安排场地、减免税费、提供信贷等措施，帮助下岗职工和失业人员举办生产自救型经济实体或劳动组织、自谋职业或组织起来就业。把社区就业作为下岗职工和失业人员再就业的主要方向，积极发展吸纳就业能力比较强的小企业和劳动就业服务企业。

开展"再就业援助行动"。为妥善解决下岗职工出中心后面临的实际困难,政府组织开展了"再就业援助行动",通过各项援助措施,使下岗职工出中心后均能在基本生活保障、再就业和社会保险接续等方面得到及时有效的服务。

1998年至2001年,中国国有企业下岗职工累计有2550多万人,其中1680多万人实现了再就业。

保障妇女就业权利

妇女就业在中国得到特别关注。《中华人民共和国宪法》、《中华人民共和国劳动法》、《中华人民共和国妇女权益保障法》对保障妇女就业权利均有专门规定。国家保护妇女享有与男子平等的劳动权利,实行男女同工同酬,并保障妇女在经期、孕期、产期和哺乳期受到特殊保护。中国政府和社会各界积极开展妇女的职业技能培训,开发和拓展适合妇女就业的领域和行业,实行更加灵活的就业形式,为不同就业需求的妇女提供就业机会。

帮助残疾人等特殊群体就业

残疾人参加社会劳动和就业的权利得到政府的高度重视。中国采取集中与分散相结合和鼓励自谋职业的方针促进残疾人就业。福利企业是集中安置残疾人就业的重要形式,政府通过给予税收减免等优惠政策,鼓励发展福利企业,以吸纳更多的残疾人就业。同时,还实行残疾人按比例就业的政策,所有用人单位都要按照一定比例安排残疾人就业,达不到比例的企业和单位要缴纳促进残疾人就业保障金。1996年至2000年的五年间,社会各方面利用政府拨款和残疾人就业保障金培训残疾人110多万人,安置就业110多万人,残疾人就业率由70%提高到80.7%。

针对城市贫困无业人员、大龄下岗职工及失业人员的就业困难,政府建立就业服务制度,通过出资扶植社区公益性就业组织,开展环境保洁、社区保安、社区服务等项目,安置特困人员就业,以及组织开展免费就业服务,取得了较好的效果。

二、新型劳动关系基本形成

在建立和完善社会主义市场经济体制过程中,中国的劳动关系日趋复杂多样。中国致力于维护和谐稳定的劳动关系,初步形成了以《中华人民共和国劳动法》为主体的调整劳动关系的法律、法规体系,建立了劳动合同和集体合同制度、三方协调机制、劳动标准体系、劳动争议处理体制和劳动保障监察制度,与社会主义市场经济相适应的新型劳动关系基本形成。

实行劳动合同制度

中国的劳动合同制度从20世纪80年代中期开始试点,在90年代得到大力推行,至今已在城镇各类企业中广泛实施。中国的法律规定,用人单位与劳动者依法建立劳动关系,应该书面订立有固定期限、无固定期限或以完成一定的工作为期限的劳动合同;在订立劳动合同过程中,劳动关系双方必须遵循平等自愿、协商一致的原则。实行劳动合同制度,明确了劳动者与用人单位双方的权利和义务,保障了劳动者择业自主权和用人单位的用人自主权。

建立集体合同制度

中国政府鼓励企业不断加强职工代表大会和工会的职能,完善职工民主参与制度。为形成企业劳动关系自我协调机制,中国开始探索通过平等协商建立集体合同制度,并加以推广。中国的法律、法规规定,企业职工可以就劳动报酬、工作时间、休息休假和劳动安全卫生、保险福利等事项,由工会代表或直接推荐职工代表与企业开展平等协商,签订集体合同。平等协商形式多样,集体合同内容丰富。多数企业采取由本单位工会与企业协商签订集体合同的形式。

近年来,集体合同制度不仅在非国有企业推广,而且在国有企业的改革过程中也得到逐步推行。截至2001年年底,全国企业签订并报送劳动和社会保障行政部门备案的集体合同已达27万份。

建立三方协调机制

中国积极建立符合本国国情的政府、工会和企业三方协调机制。这种协调机制,由各级政府劳动和社会保障部门、工会组织、企业组织派出代表,组成协调机构,对涉及劳动关系的重大问题进行沟通和协商,对拟定有关劳动和社会保障法规以及涉及三方利益调整的重大改革方案和政策措施提出建议。

2001年8月,中国劳动和社会保障部同中华全国总工会、中国企业联合会建立了国家协调劳动关系三方会议制度,并召开了第一次国家级协调劳动关系三方会议,使中国的劳动关系协调工作有了一个较为规范和稳定的工作机制。目前,北京、天津、河北、山西、江苏等十多个省、直辖市以及深圳、大连等城市已建立了地区性劳动关系三方协调机制。其中,山西、江苏等省还在省、地(市)、县(区)三个层次建立了三方协调机制。

完善劳动标准体系

中国政府重视合理确定、依法公布、适时调整劳动标准,保障劳动者合法权益,促进经济和社会发展。目前,中国已初步形成了以《中华人民共和国劳动法》为核心,内容涉及工时、休息休假、工资、禁止使用童工、女职工和未成年工特殊劳动保护、劳动定额、职业安全卫生等方面的劳动标准体系,并根据经济和社会的发展不断调整和完善。

为保证劳动者享有正常工作和休息休假的权益,中国目前实行劳动者每日工作时间不超过8小时、平均每周工作时间不超过40小时的工时制度。用人单位延长工作时间时,必须与工会和劳动者协商,一般每日不得超过1小时,特殊原因每日不得超过3小时,每月不得超过36小时。在休息休假方面,劳动者依法享有法定节假日及每周至少休息1日的权利。

国家禁止未满16周岁的未成年人就业,严格查处非法使用童工的行为。对于女职工和未成年工(年满16周岁,未满18周岁),国家禁止用人单位安排他们从事国家明确规定禁忌从事的劳动。中国在职业安全卫生方面制定了国家标准、行业标准和地方标准。为了完善职业安全卫生管理制度,中国政府于1999年公布了职业安全卫生管理体系标准,并开展了认证工作。目前,中国已制定国家和行业劳动定额定员标准200多项,公布了职业分类标准和职业技能标准等其他劳动标准。

为保证劳动标准的科学性和合理性,并使其得到顺利实施,中国在制定、公布和调整劳动标准过程中,都要向工会组织、企业组织以及专家学者广泛征求意见。中国政府一贯主张劳动标准必须与本国经济和社会发展水平相协调,保障基本人权,促进国民经济发展和社会进步,并在此基础上逐步提高水平。中国重视国际社会关于制定和实施劳动标准的经验,并结合本国经济和社会发展的实际,适时加入有关国际劳工公约。

健全劳动争议处理体制

中国政府主张及时依法处理劳动纠纷,维护当事人双方的合法权益,提倡和支持劳动争议双方采取自行协商的方式解决争议。中国有关法律、法规明确规定了依法解决劳动争议的程序和机构。按照规定,劳动者与企业发生劳动争议后,当事人一方可向企业内部劳动争议调解委员会申请调解,调解不成或当事人不愿意进行调解时,也可向当地劳动争议仲裁委员会申请仲裁;当事人对仲裁机构的仲裁裁决不服,可向人民法院提起诉讼。

截至2001年年底,全国已建立县级以上(含县级)劳动争议仲裁委员会3192个,专职和兼职劳动仲裁员近2万人。从1993年8月1日《中华人民共和国企业劳动争议处理条例》公布至2001年年底,全国各级劳动争议仲裁委员会共立案受理劳动争议案件68.8万件,涉及劳动者236.8万人,结案率始终保持在90%以上。此外,各级劳动争议仲裁委员会还以非立案方式处理劳动争议50.3万件。

建立劳动保障监察制度

自1993年以来,中国逐步建立了劳动保障监察制度。《中华人民共和国劳动法》《中华人民共和国行政处罚法》等法律、法规规定了劳动保障监察机构的职责和工作程序。劳动和社会保障行政部门依法对用人单位遵守劳动和社会保障法律、法规的情况进行监督检查,对违反劳动和社会保障法律、法规的行为有权制止、责令改正,并可依法给予警告、罚款等行政处罚。任何组织和个人对于违反劳动和社会保障法律、法规的行为都有权检举和控告;当事人认为劳动和社会保障行政部门在实施监察执法时侵犯了其合法权益,可以提起行政复议或行政诉讼。

中国各级劳动和社会保障部门按照依法行政、严格执法的原则,不断加强劳动和社会保障行政执法力度,建立、健全劳动保障监察组织。截止到2001年年底,全国共建立劳动保障监察机构3174个,配备劳动保障监察员4万人。

改革工资收入分配制度

中国政府坚持以按劳分配为主体、多种分配方式并存的制度,体现效率优先、兼顾公平的原则。通过改革工资制度,发挥市场机制对工资收入的调节作用,使劳动者的工资收入水平随着经济发展和企业效益的增长相应提高。《中华人民共和国劳动法》和《企业最低工资规定》《工资支付暂行规定》等法律、法规,对规范工资分配行为作出了明确规定。中国政府依法制定和适时调整最低工资标准,规范工资支付办法,定期向社会发布工资指导线、劳动力市场工资指导价位和人工成本信息,鼓励企业试行工资集体协商制度,引导企业采用灵活多样的工资制度和分配形式,维护企业的工资分配自主权和劳动者依法获得劳动报酬的权利。目前,全国基本建立了最低工资制度,有1万多户企业开展工资集体协商试点,26个省、自治区、直辖市发布了工资指导线,88个城市发布了劳动力市场工资指导价位。

改革开放以来,随着经济的快速发展,城镇职工工资收入不断增长。到2001年年底,中国城镇职工平均货币工资达到10870元,是1978年的16.3倍,扣除物价因素后,职工实际平均工资水平年平均递增5.5%。

三、社会保障体系初步建立

为促进经济发展和社会稳定,逐步提高广大人民群众的生活水平和社会保障待遇,中国政府致力于建设一个与社会主义市场经济体制相适应的健全的社会保障体系。经过多年的探索和实践,以社会保险、社会救济、社会福利、优抚安置和社会互助为主要内容,多渠道筹集保障资金、管理服务逐步社会化的社会保障体系已初步建立起来。

社会保障制度改革

自20世纪80年代初开始,中国政府对社会保障制度进行了一系列的改革。改革的目标是:建立独立于企业事业单位之外、资金来源多元化、保障制度规范化、管理服务社会化的社会保障体系。其主要特征是:

基本保障，广泛覆盖，多个层次，逐步统一。与经济发展水平相适应，国家强制建立的基本保障主要满足人们的基本生活需要；社会保障逐步覆盖全体公民；在基本保障之外，国家积极推动其他保障形式的发展，力争形成多层次的社会保障体系；通过改革与发展，逐步实行全国统一的社会保障制度。经过十几年的努力，目前，社会保险制度的基本政策已经制定并陆续颁布和实施，覆盖了大多数城镇职工和离退休人员，部分地区还把流动到城市就业的农民工也纳入进来；在城市普遍建立了居民最低生活保障制度。2001年，中国政府开始在辽宁省开展完善城镇社会保障体系的综合试点。

20世纪90年代中期以来，为加强各项社会保障制度的统一规划和社会保障基金的管理、监督，中国政府对社会保障管理体制进行了一系列改革。把过去由多个行政部门分别管理的社会保险转变为由劳动和社会保障行政部门统一管理，各级劳动和社会保障行政部门也建立了相应的社会保险经办机构，承担社会保险具体事务的管理工作。过去由企业承担的社会保险事务逐步转变为由社会机构管理，即社会保险待遇实行社会化发放，社会保险对象实行社区管理。中国政府加强了对社会保险基金的行政管理和社会监督工作。社会保险基金被纳入财政专户，实行收支两条线管理，专款专用。各级劳动和社会保障行政部门专门设立了社会保险基金监督机构，负责对社会保险基金的征缴、管理和支付进行检查、监督，对违法、违规问题进行查处。此外，中国政府还通过强化基金征缴和提高社会保障支出占财政支出的比重等一系列措施，努力拓宽社会保障资金的来源。仅2001年一年，中央财政用于社会保障支出的资金就达982亿元，是1998年的5.18倍。中国政府专门成立了全国社会保障基金理事会，负责通过减持国有股所获资金、中央财政投入的资金及其他各种方式筹集的社会保障资金的运营和管理。

1998年以来，中国政府采取了“两个确保”措施。一是确保国有企业下岗职工的基本生活，在国有企业普遍建立下岗职工再就业服务中心，由再就业服务中心为下岗职工发放基本生活费，并为他们缴纳社会保险费，所需资金由政府财政、企业和社会(主要是失业保险基金)三方面共同筹集。同时，组织下岗职工参加职业指导和再就业培训，引导和帮助他们实现再就业。二是确保离退休人员的基本生活，保证按时足额发放基本养老金。为保证“两个确保”的实施，中国政府提出与“两个确保”相衔接的“三条保障线”政策：国有企业下岗职工在再就业服务中心最长可领取三年的基本生活费；三年期满仍未实现再就业的，可继续领取失业保险金，领取时间最长为两年；享受失业保险金期满仍未就业的，可申请领取城市居民最低生活保障金。到2001年，绝大多数国有企业下岗职工领到基本生活费，离退休人员养老金基本实现按时足额发放。“两个确保”的实施，为维护下岗职工、离退休人员的合法权益和社会稳定发挥了重大作用。

养老保险制度

1984年，中国各地进行养老保险制度改革。1997年，中国政府制定了《关于建立统一的企业职工基本养老保险制度的决定》，开始在全国建立统一的城镇企业职工基本养老保险制度。

中国的基本养老保险制度实行社会统筹与个人账户相结合的模式。基本养老保险覆盖城镇各类企业的职工；城镇所有企业及其职工必须履行缴纳基本养老保险费的义务。目前，企业的缴费比例为工资总额的20%左右，个人缴费比例为本人工资的8%。企业缴纳的基本养老保险费一部分用于建立统筹基金，一部分划入个人账户；个人缴纳的基本养老保险费计入个人账户。基本养老金由基础养老金和个人账户养老金组成，基础养老金由社会统筹基金支付，月基础养老金为职工社会平均工资的20%，月个人账户养老金为个人账户基金积累额的1/120。个人账户养老金可以继承。对于新制度实施前参加工作、实施后退休的职工，还要加发过渡性养老金。

经过几年的推进，基本养老保险的参保职工已由1997年年末的8671万人增加到2001年年末的10802万人；领取基本养老金人数由2533万人增加到3381万人，平均月基本养老金也由430元增加到556元。为确保基本养老金的按时足额发放，近年来中国政府努力提高基本养老保险基金的统筹层次，逐步实行省级统筹，不断加大对基本养老保险基金的财政投入。1998年至2001年，仅中央财政对基本养老保险补贴支出就达861亿元。目前，基本实现了基本养老金由社会服务机构(如银行、邮局)发放，2001年基本养老金社会化发放率达到98%。此外，机关事业单位职工和退休人员仍实行原有的养老保障制度。

1991年，中国部分农村地区开始进行养老保险制度试点。农村养老保险制度以“个人缴费为主、集体补助为辅、政府给予政策扶持”为基本原则，实行基金积累的个人账户模式。

医疗保险制度

1988年，中国政府开始对机关事业单位的公费医疗制度和国有企业的劳保医疗制度进行改革。1998年，中国政府颁布了《关于建立城镇职工基本医疗保险制度的决定》，开始在全国建立城镇职工基本医疗保险制度。

中国的基本医疗保险制度实行社会统筹与个人账户相结合的模式。基本医疗保险基金原则上实行地市级统筹。基本医疗保险覆盖城镇所有用人单位及其职工;所有企业、国家行政机关、事业单位和其他单位及其职工必须履行缴纳基本医疗保险费的义务。目前,用人单位的缴费比例为工资总额的6%左右,个人缴费比例为本人工资的2%。单位缴纳的基本医疗保险费一部分用于建立统筹基金,一部分划入个人账户;个人缴纳的基本医疗保险费计入个人账户。统筹基金和个人账户分别承担不同的医疗费用支付责任。统筹基金主要用于支付住院和部分慢性病门诊治疗的费用,统筹基金设有起付标准、最高支付限额;个人账户主要用于支付一般门诊费用。

为保障参保职工享有基本的医疗服务并有效控制医疗费用的过快增长,中国政府加强了对医疗服务的管理,制定了基本医疗保险药品目录、诊疗项目和医疗服务设施标准,对提供基本医疗保险服务的医疗机构、药店进行资格认定并允许参保职工进行选择。为配合基本医疗保险制度改革,国家同时推动医疗机构和药品生产流通体制的改革。通过建立医疗机构之间的竞争机制和药品生产流通的市场运行机制,努力实现“用比较低廉的费用提供比较优质的医疗服务”的目标。

在基本医疗保险之外,各地还普遍建立了大额医疗费用互助制度,以解决社会统筹基金最高支付限额之上的医疗费用。国家为公务员建立了医疗补助制度。有条件的企业可以为职工建立企业补充医疗保险。国家还将逐步建立社会医疗救助制度,为贫困人口提供基本医疗保障。

中国的基本医疗保险制度改革正稳步推进,基本医疗保险的覆盖范围不断扩大。到2001年年底,全国97%的地市启动了基本医疗保险改革,参加基本医疗保险的职工达7629万人。此外,公费医疗和其他形式的医疗保障制度还覆盖了一亿多的城镇人口,中国政府正在将这些人口逐步纳入到基本医疗保险制度中。

失业保险制度

在中华人民共和国成立初期,曾实行过短暂的失业救济制度。此后,在计划经济体制下,由于实行统包统配的就业制度,失业救济制度逐步被取消。实行改革开放政策后,为适应国有企业经营机制的转换和劳动制度的重大改革,自1986年开始,中国政府逐步建立起失业保险制度,为职工失业后的基本生活提供保障。

1999年,中国政府颁布《失业保险条例》,把失业保险制度建设推进到一个新的发展阶段。失业保险覆盖城镇所有企业、事业单位及其职工;所有企业、事业单位及其职工必须缴纳失业保险费。单位的缴费比例为工资总额的2%,个人缴费比例为本人工资的1%。享受失业保险待遇需要满足三方面的条件:缴纳失业保险费满一年;非因本人意愿中断就业;已经办理失业登记并有求职要求。失业保险待遇主要是失业保险金。失业保险金按月发放,标准低于最低工资标准、高于城市居民最低生活保障标准。领取失业保险金的期限根据缴费年限确定,最长为24个月。失业者在领取失业保险金期间患病,还可领取医疗补助金;失业者在领取失业保险金期间死亡,其遗属可领取丧葬补助金和遗属抚恤金。此外,失业者在领取失业保险金期间还可接受职业培训和享受职业介绍补贴。

近年来,失业保险的覆盖面不断扩大,保障对象不断增加。从1998年到2001年,失业保险参保人数由7928万人扩大到10355万人。2001年年末领取失业保险金的人数为312万人。随着失业保险制度的完善,国有企业下岗职工基本生活保障制度正逐步纳入失业保险。

工伤保险制度

20世纪80年代末,中国政府开始对工伤保险进行改革。1996年,中国政府有关部门出台了《企业职工工伤保险试行办法》,开始在部分地区建立工伤保险制度。同年,中国政府有关部门还制定了《职工工伤和职业病致残程度鉴定标准》,为鉴定工伤和职业病致残程度提供了依据。

《企业职工工伤保险试行办法》规定:工伤保险费由企业缴纳,职工个人不缴费。工伤保险缴费实行行业差别费率和企业浮动费率。根据不同行业的工伤事故风险和职业危害程度确定不同的行业费率;在行业费率的基础上,根据企业上一年实际的工伤事故风险和工伤保险基金支出情况确定每个企业当年的具体费率。

工伤保险基金支付的待遇主要包括:工伤医疗期发生的医疗费用;工伤医疗期结束后根据劳动能力丧失程度确定的伤残补助金、抚恤金、伤残护理费等。2001年年底,全国平均工伤保险费率为1%左右,参加工伤保险的职工达4345万人。没有参加工伤保险的单位,仍由该单位承担支付工伤待遇的责任。

生育保险制度

1988年以来,中国的一些地区开始进行企业生育保险制度的改革。1994年,在总结各地经验的基础上,中国政府有关部门制定了《企业职工生育保险试行办法》,其中规定,生育保险费由企业缴纳,职工个人不缴费。生育保险支付待遇主要包括:因生育发生的医疗费用和产假期间按月发放的生育津贴等。2001年底,全国平均生育保险费率为0.7%,参加生育保险的职工达3455万人。没有参加生育保险的单位,仍由该单位承担支付生育待遇的责任。

最低生活保障制度

早在中华人民共和国成立初期,中国政府就建立了针对城乡贫困居民的社会救济制度。1993年,中国政府开始对城市社会救济制度进行改革,尝试建立最低生活保障制度。到1999年,全国所有城市和有建制镇的县城均建立了最低生活保障制度。同年,中国政府正式颁布了《城市居民最低生活保障条例》,为城市所有居民提供最基本的生活保障。

城市居民最低生活保障资金由地方人民政府列入财政预算。地方政府根据当地维持城市居民基本生活所必需的费用来确定最低生活保障标准。家庭人均收入低于最低生活保障标准的城市居民均可申请领取最低生活保障待遇。城市居民领取最低生活保障待遇需要经过家庭收入调查,领取的待遇水平为家庭人均收入与最低生活保障标准的差额部分。

2001年,全国领取城市最低生活保障金的人数达1170.7万人,中央财政投入用于发放最低生活保障待遇的资金为23.01亿元。近年来,部分农村地区也开始建立了最低生活保障制度。

社会福利制度

中国社会福利制度是指政府出资为那些生活困难的老人、孤儿和残疾人等特殊困难群体提供生活保障而建立的制度。为保障特殊困难群体的生活权益,国家颁布了《中华人民共和国老年人权益保障法》、《中华人民共和国残疾人保障法》和《农村五保供养工作条例》等法律、法规。有关法律、法规规定:对城市孤寡老人、符合供养条件的残疾人和孤儿实行集中供养,对农村孤寡老人、符合供养条件的残疾人和孤儿实行集中供养与分散供养相结合;集中供养一般通过举办社会福利院、敬老院、疗养院、儿童福利院等福利机构进行;对于残疾人,通过政府的优惠政策来兴办多种形式的社会福利企业,帮助适合参加劳动的残疾人获得就业机会。

中国的社会福利事业取得了很大的成就。截至2001年年底,全国有政府举办的社会福利机构3327个,收养了19.1万人;集体举办的社会福利机构3.5万个,收养66.8万人;民办社会福利机构934家,收养3.4万人;社会福利企业3.8万家,安置残疾职工69.9万人。此外,中国还通过发行社会福利彩票募集资金支持社会福利事业。2001年,福利事业共募集资金42亿元。

优抚安置制度

优抚安置制度是指对国家和社会有功劳的特殊社会群体给予补偿和褒扬的一种制度。目前,中国有3800多万优抚安置对象。为保障优抚安置对象的权益,国家陆续颁布了《革命烈士褒扬条例》、《军人抚恤优待条例》和《城镇退役士兵安置条例》等法规。这些法规规定:对于牺牲军人家属、革命伤残军人、老复员军人等重点优抚对象实行定期定量补助;对义务兵家属普遍发放优待金;对革命伤残军人等重点优抚对象实行医疗费用减免;城镇退役士兵可享受政府一次性就业安置,对自谋职业的安置对象发给一次性经济补助。1996年至2001年,国家各级财政累计投入抚恤资金为292亿元。

灾害救助制度

中国是一个自然灾害频繁的国家,大的水灾、旱灾、风灾、冰雹灾等自然灾害不断,严重影响了人民生活。为做好灾民的救助工作,中国建立了针对突发性自然灾害的社会救助制度。在中国,各级政府每年都在财政预算中安排救灾支出,用于安置和救济灾民。1996年至2001年,全国各级财政救灾支出达到212.6亿元,向3.9亿人次的灾民提供粮食、衣被等救助。灾害救助制度有力地保障了灾区人民的基本生活。

社会互助制度

邻里互助是中华民族的优良传统。1999年颁布的《中华人民共和国公益事业捐赠法》,对社会捐赠活动的经常化、制度化进行了立法规范和鼓励。2001年民政部门接收的社会捐赠(含捐赠物资折款)金额为15.9亿元。中国政府还积极倡导机关、企事业单位、社会团体有组织地帮助和扶持贫困户脱贫致富。基层政府通过兴办社区服务业,为贫困对象提供照顾和服务。自1994年起,全国各级工会组织每年开展对困难职工家庭的"送温暖"活动。几年来,共筹集慰问款104.4亿元,走访慰问了3975万户次困难职工、劳动模范、离退休职工和伤病残职工家庭。

四、21世纪初期的发展

中国于2001年开始执行国民经济和社会发展第十个五年(2001—2005)计划,劳动和社会保障事业的发展进入了新阶段。新世纪初期,发展中国劳动和社会保障事业既存在需要解决的问题,又面临新的发展机遇。改革开放和现代化建设的全面推进,为解决就业和社会保障问题创造了有利条件;国民经济的进一步发展和经济实力的增强,为扩大就业和发展社会保障事业提供了较为坚实的物质基础;已初步建立的市场导向的就业机制和社会保障体系,为进一步推动劳动和社会保障事业的发展奠定了良好基础。同时,中国政府也清醒地看到,在今后较长一个时期,城乡就业矛盾依然突出,结构性失业更加严峻,劳动关系趋于复杂化,人口老龄化和失业人员的增加对社会保障的压力将进一步增强,发展农村社会保障事业任重道远。

目标任务

21世纪初期,中国劳动和社会保障事业的发展目标是:基本建立起适应中国生产力发展水平、符合社会主义市场经济要求的、比较完善的劳动和社会保障制度,使广大劳动者得到较为充分的就业和基本的社会保障,维护劳动者和用人单位的合法权益,提高城乡居民的物质和文化生活水平,促进经济发展和社会稳定。主要任务是:不断提高劳动者素质和改善就业结构,基本形成市场导向的就业机制,努力促进就业增长,规范和完善失业率统计,城镇登记失业率控制在5%以内;积极协调劳动关系,保持劳动关系的和谐稳定;完善收入分配宏观调控体系,保持合理的收入分配关系,城镇居民人均可支配收入和农村居民人均纯收入年均增长5%左右;加快城镇社会保障制度建设,改进筹资方式和运营机制,推进社会保障管理和服务的社会化;在农村,以多种形式的农民养老保障和健康保障为先导,积极探索与社会主义市场经济体制和经济发展水平相适应的基本保障体系,建立帮助困难群体生活和工作的制度。

政策措施

——实行积极的促进就业政策,千方百计扩大就业规模。继续保持经济较快增长,扩大国内需求,最大限度地创造新的就业机会,增加就业总量。改善劳动力就业结构,大力发展劳动密集型产业和企业,将第三产业、中小企业和非公有制经济作为扩大就业的主要渠道。进一步落实优惠政策,促进下岗失业人员再就业。

——建立统一、规范的劳动力市场,统筹城乡就业,完善就业服务体系。深化劳动人事和户籍管理制度改革,引导劳动力在城乡之间、地区之间的有序流动,促进农业剩余劳动力转移。改善公共职业介绍机构的服务,推动民营职业介绍机构的健康发展。

——全面提高劳动者素质,实行灵活的就业形式。推行劳动预备制度和就业准入制度,强化职业教育、继续教育和再就业培训,推行职业资格证书制度。重视对农村劳动力的职业技术培训,逐步形成完善的农村职业培训体系。采取灵活的就业形式,提倡自主就业。

——巩固和完善劳动合同制度,大力推进集体合同制度,促进劳动关系三方协调机制的建立。积极开展国家基本劳动标准的制订定修订工作,完善适合中国国情的劳动标准体系。进一步完善劳动争议处理制度,不断提高预防和处理劳动争议的综合能力。

——推进工资收入分配制度改革,建立收入分配的激励和约束机制。健全最低工资制度,全面推行工资指导线和劳动力市场工资指导价位制度。继续试行工资集体协商制度,规范工资支付行为,保障职工的劳动报酬权益。

——深化社会保障体制改革,加快社会保障体系建设,积极进行完善社会保障体系试点。建立可靠稳定的社会保障基金筹资机制,调整财政支出结构,增加必要投入,充实保障基金,合理调整缴费率和替代水平,提高社会保障基金运营效率和投资收益率。健全社会保障宏观调控和监督体制,提高管理水平和工作效率,促进社会保障体系稳定、健康和有序运行。

——健全基本养老保险和基本医疗保险制度,鼓励有条件的用人单位为职工建立企业年金和补充医疗保险。进一步完善失业保险制度,将国有企业下岗职工基本生活保障制度纳入失业保险。加快推进工伤保险与生育保险制度建设。完善机关事业单位职工基本养老保险制度。规范城市居民最低生活保障制度。加快社区建设,推进社会保障社会化。探索多种保障形式,推进农村基本保障体系建设。完善社会救济、社会互助、优抚安置和社会福利政策,维护妇女、未成年人、老年人和残疾人的合法权益。

——建立行政监督、社会监督和机构内部控制相结合的社会保障基金监管体系。在建立和完善社会保障制度的同时,探索投资管理的途径,根据不同保障项目资金的管理原则,建立与基金管理体制相配套的基金监督管理制度,努力实现基金保值增值,化解社会保障基金的运行风险,维护社会的安全与稳定。

——加快劳动和社会保障法制建设,完善劳动和社会保障监察制度,不断提高监察执法人员的综合素质,开展多种形式的监察活动,推进劳动保障监察执法与社会各方面实行法律监督的有机结合。加强劳动保障管理信息系统建设和科学研究成果推广工作,提高劳动和社会保障管理的科学化、规范化、法制化、信息化水平。继续积极参与国际劳动和社会保障领域的活动,广泛开展对外合作与交流,进一步发挥中国在国际劳工事务中的促进作用,适应加入世界贸易组织的新形势,努力推动劳动和社会保障事业不断取得新的发展。

《人民日报》发表署名仲祖文的文章《牢固树立正确的权力观 地位观 利益观》

4月30日

全国人大常委会食品卫生法执法检查组全会在北京召开

全国人大常委会将从5月上旬开始进行食品卫生法执法检查。全国人大常委会委员长李鹏在今天举行的执法检查组第一次全体会议上强调,民以食为天,食品卫生法关系到人民群众的切身利益,要切实贯彻实施这部法律，保证人民群众吃到放心的食品。

按照全国人大常委会今年执法检查计划，这次执法检查主要是了解掌握法律实施的真实情况和存在的问题。执法检查组将分赴上海、江苏、广东、河北、河南5省（直辖市），并委托北京、山东、安徽、广西、辽宁、陕西、甘肃、四川、海南9省（自治区、直辖市）人大常委会对贯彻食品卫生法的情况进行检查。

李鹏指出，食品卫生法是一部与人民群众生活密切相关的重要法律，它能否全面、正确地得到贯彻实施，直接关系到人民群众的身体健康和生活质量。我们各级国家机关的活动准则，是全心全意为人民服务，贯彻好食品卫生法，就是全心全意为人民服务的重要体现；我们要实践“三个代表”重要思想，要代表最广大人民群众的根本利益，贯彻好食品卫生法，保证人民群众吃到放心食品，就是代表人民群众利益的重要体现。

李鹏说，实施食品卫生法，全社会的重视是基础，加强执法监管是关键。食品卫生法颁布实施已经6年多了，法律执行情况总体是比较好的，执法监管工作也取得了很大成绩，保护了人民群众的饮食安全和身体健康。但是，食品卫生法实施中仍然存在一些问题，食品生产经营行业的整体卫生条件和管理水平还比较低，食品卫生监督管理工作还存在薄弱环节，因食品生产中掺杂使假以及其他因素污染食品，造成群众生命健康受损的事件时有发生。我国的食品卫生形势仍然比较严峻。国务院相关部门和各级地方人民政府是执法的主体，责任重大，要认真履行法律赋予的职责，依法管理好食品生产、流通、消费的各个环节，保证人民群众吃上放心食品。要继续开展食品打假专项斗争，依法严厉打击食品卫生方面的违法犯罪活动。有关部门应当组织食品卫生宣传教育活动，向社会宣传食品卫生知识，普及食品卫生法律、法规，发动群众参与对食品卫生的社会监督，认真受理群众举报的违法案件。同时，各级人大也要加强对法律实施的监督工作。

李鹏在讲话中还对这次执法检查提出了具体要求。他说，要通过执法检查，发现和研究问题，提出解决问题的建设性意见。执法检查要深入实际、讲求实效，深入到与食品卫生有关的各个环节中去，多听、多看，把法律实施中存在的问题摸清吃透。在检查过程中，除了认真听取政府执法部门、企事业组织、专家等意见外，尤其要多听听普通群众的意见和呼声。当前，随着我国经济体制改革的不断深入，食品卫生经营活动日趋活跃，希望执法检查组特别注意发现和研究食品安全卫生方面出现的新情况、新问题，提出改进执法的建议，并提出修改法律、法规，或者制定新的法律、法规的建议。

李鹏最后强调，要改进执法检查工作。希望这次食品卫生法执法检查，能了解法律实施的真实情况；要走群众路线，想办法让群众参与进来，与群众直接见面听取意见。

全国人大常委会副委员长、执法检查组组长彭珮云就执法检查的意义、具体安排和注意事项等讲了话。她说，党和政府一直高度重视食品卫生工作，1964年国务院颁布了食品卫生管理试行条例，开始了食品卫生法制管理的历程；1983年全国人大常委会通过食品卫生法（试行），经过12年的实践，1995年颁布实施食品卫生法。现已初步形成了以食品卫生法为核心的食品安全卫生法律体系，建立了食品卫生监督、监测机构和队伍，标志着我国食品卫生管理已迈入法制化管理的轨道。这次执法检查主要是督促法律实施主管机关切实改进和加强执法工作，以保障广大人民群众的食品卫生安全和身体健康。检查内容包括食品卫生法制建设情况，国务院及有关部门执行食品卫生法的情况，以及食品卫生的监督管理，并听取有关专家对建设我国食品安全卫生体系的意见。

卫生部部长张文康、农业部部长杜青林、国家质检总局局长李长江、国家工商总局局长王众孚也分别就贯彻实施食品卫生法情况作了汇报。

全国人大常委会副委员长何鲁丽和执法检查组其他成员，全国人大常委会办公厅、全国人大教科文卫委员会、国务院及其有关部门的负责人出席了今天的会议，会议由全国人大教科文卫委员会副主任委员张怀西主持。

国务院召开第57次常务会议

会议审议并原则通过了《使用有毒物品作业场所劳动保护条例（草案）》。

会议认为，为了保证作业场所安全使用有毒物品，预防、控制和消除职业中毒危害，保护劳动者的生命安全、身体健康及其相关权益，根据职业病防治法和其他有关法律、行政法规的规定，制定《使用有毒物品作业场所劳动保护条例（草案）》是十分必要的。

会议决定，《使用有毒物品作业场所劳动保护条例（草案）》经进一步修改后，由国务院公布施行。

国家副主席胡锦涛在华盛顿分别会见美国参议院和众议院领导人

双方在就中国加入世贸组织、反恐、台湾、防扩散等问题深入交换了意见。双方都认为会见是有益的。

参议院的会见由多数党领袖达施勒和少数党领袖洛特共同主持，外委会主席拜登等议员出席。胡锦涛致辞后回答了议员们的提问。

胡锦涛说，今年是尼克松总统访华和中美《上海公报》发表30周年。尽管国际形势发生了深刻变化，但中美两国的共同利益不是减少了，而是增多了。和30年前相比，今天中美两国有更加充分的理由进一步加强各领域的合作。我们重视美国国会在发展中美关系方面的重要作用，希望美国国会成为发展中美关系的促进者。

在谈到台湾问题时，胡锦涛强调，台湾问题是中美关系中最重要、最敏感的核心问题。中美关系健康、稳定发展的关键是要妥善处理好台湾问题。中国政府坚持按照"和平统一、一国两制"的基本方针和江泽民主席的八项主张解决台湾问题。实现中国的和平统一对各方都有利。我们希望美方恪守一个中国政策和中美三个联合公报原则，切实为中国实现和平统一发挥建设性作用。

在谈到防扩散问题时，胡锦涛说，中国一向反对大规模杀伤性武器的扩散，在出口控制方面采取负责任的态度。中美在防扩散方面的目标是一致的。

在谈到人权问题时，胡锦涛说，中美国情不同，在人权问题上存在一些不同看法是正常的。我们主张在平等和相互尊重的基础上开展对话与交流，遵守不干涉别国内政的原则。

胡锦涛应要求介绍了中国加入世贸组织后的情况。他说，加入世贸组织标志着中国改革开放进入了一个新阶段，也将为包括美国在内的各国企业提供更多商机和更好的投资环境。中国政府履行加入世贸组织承诺的决心是坚定的。

国家副主席胡锦涛在华盛顿会见美国国务卿鲍威尔

全国总工会在北京召开庆祝"五一"国际劳动节劳模座谈会

中华全国总工会主席尉健行在会上发表重要讲话，强调要推动全社会进一步形成关心先进、尊重先进、崇尚先进、学赶先进的良好风尚，使劳动模范的优秀品质和时代精神进一步发扬光大，代代相传。

尉健行指出，在改革开放和发展社会主义市场经济的整个历史进程中，劳动模范对我们的党、对我们的祖国无限忠诚，在平凡的工作岗位上作出了不平凡的业绩，充分显示了工人阶级的高贵品格和伟大时代精神，为全社会树立了光辉的榜样，在社会主义物质文明和精神文明建设中充分发挥了骨干带头作用和先锋模范作用。从"孟泰"精神到"铁人"精神，再到"两弹一星"精神，劳动模范与时俱进的先进思想和模范事迹，不仅得到党和政府的充分肯定，而且得到全国人民的高度赞扬和全社会的广泛尊敬，昭示着我们这个时代的前进方向。面对新的形势任务，更加需要包括工人阶级在内的全国各族人民，以先进模范人物为榜样，认真学习和大力弘扬他们身上所表现出来的胸怀全局、目标远大，爱岗敬业、艰苦奋斗，刻苦学习、勇于创新，严于律己、弘扬正气的先进思想和优良作风，同心协力，扎实工作，不断推进社会主义物质文明和精神文明建设。

尉健行强调，学习劳模就要关心劳模、爱护劳模、尊重劳模。当前，有的劳模特别是离退休的老劳模，在工作和生活中遇到了一些暂时困难和问题，需要全社会的关心和帮助。各级工会要在党委的领导和政府(行政)的支持下，把关心、爱护、尊重劳模，作为履行维护职工合法权益基本职责的重要任务来抓。对劳模特别是遇到各种困难的劳模切实承担起"第一责任人"的职责，努力为劳模多办实事好事，为他们充分发挥作用创造更好的条件。全国总工会要进一步把全国劳模的档案建立、健全起来，实施动态管理，推动有关方面落实各项劳模政策，使他们有一个良好的工作和生活环境，对生活上遇到特殊困难的全国劳模特别是老劳模，要千方百计地为他们排忧解难，确保基本生活。各全国产业工会和地方工会要把产业和地方的劳模管理好、服务好。

全国"五一"劳动奖章获得者代表海南南田农场场长彭隆荣、铁道部第一勘察设计院地质路基处处长王申平、北京市人民检察院第一分院副检察长方工、上海航天八〇〇所高级技师唐建平、南京市江浦县行知小学校长杨瑞清、周光裕烈士的爱人王福琴等在座谈会上发言。

5月1日

全国政协主席李瑞环在人民大会堂会见贝宁经社理事会主席拉菲尤·图库鲁一行

国务院副总理李岚清在山东考察

5月1日至3日，李岚清在中共中央政治局委员、山东省省委书记吴官正和省长张高丽的陪同下，在潍坊、威海、烟台等地先后考察了昌乐尧沟、寿光、洛城的果菜种植基地、农业产业化高科技示范园区、果菜批发市场，以及部分高校、中学和职业技术学校。李岚清对山东省推行以公司为龙头，以高科技为手段，带动广大农户进入市场，推动传统农业向产业化、现代化、标准化农业转变给予高度评价。他指出，山东省委、省政府通过实施经济国际化、高新技术产业化、农村建设城镇化和发展多种所有制经济四项战略措施，着力解决农民增收、扩大就业和增加财政收入三个突出问题，思路对头，效果显著。山东省调整农村经济结构、推进农业产业化、现代化、标准化的实践，使我们看到了我国农业发展的美好前景。

李岚清指出，农业、农村和农民问题是关系改革开放和现代化建设全局的重大问题。各级党委、政府必须从全局和战略的高度充分认识"三农"问题的重要性。在激烈的国内外市场竞争中，农业要发展，农民要增收，就必须对农业和农村经济结构进行战略性调整，推动传统农业向现代农业转变；必须遵循市场经济规律，多形式、多渠道培植壮大龙头企业，扩大农产品加工，通过兴办农产品科研基地、生产基地、加工基地、销售基地等，带动千家万户农民走向国际国内市场。

在寿光市农产品质量检测中心，李岚清仔细地询问了对进入市场的果菜进行药物残留等检测的情况。他说，质量安全问题是农产品竞争的核心，没有质量安全就没有市场，就没有效益。当前，要特别加强农产品质量标准和检测体系建设，确保农产品安全卫生和质量。这是拓宽国内市场，扩大农产品出口的重要环节。

李岚清强调，发展现代农业需要科技进步作支撑，农业发展的根本出路在于科技创新，提高科技含量和水平。要从信息、技术、资金、政策等方面支持科研单位和龙头企业，联合广大农户，引进、培植和推广新品种、新技术，组织实施良种产业化、农业标准化等一系列科技兴农工程，引导农民发展适销对路的名优特产品、无公害产品、绿色食品。要采取多种形式加强对农民的科技教育培训，不断提高农民的科技文化素质和致富本领。

李岚清对烟台、威海推行全面素质教育取得的新进展给予充分肯定。在考察烟台长岛中学和威海一中时，他指出，要十分重视基础教育特别是义务教育的发展，没有良好的基础教育，就不可能有良好的高等教育，不可能培养优秀的高水平人才。各级政府特别是县级政府要把发展义务教育作为一项主要责任，务必做到教师工资、教学经费、中小学危房改造资金等"三个确保"，促进义务教育持续健康发展。在山东大学威海分校考察时，李岚清指出，实行高校与地方共建，对于改善办学条件，扩大招生规模，密切高校与地方联系，发挥了重要作用。各地的高校首先要立足于为本地区经济社会发展服务，要适应本地区经济社会发展的需要，提高办学质量，为本地区发展特色经济培养人才。只有贡献，才有"共建"。高校的思想政治工作一刻也不能放松，辅导员要进学生宿舍，把学生的管理和思想政治工作做到宿舍中去。要坚持不懈地抓好党的建设，保持高校稳定，促进高校改革与发展。当他了解烟台汽车工业学校培养的高级技工供不应求时指出，职业学校的专业必须适应社会的需要，提高培养质量。只有这样，才能越办越好。

国家副主席胡锦涛在美国发表题为《增进了解与互信 努力发展中美建设性合作关系》的演讲

胡锦涛在演讲中首先感谢美中关系全国委员会等团体多年来为增进中美两国人民相互了解、促进中美关系发展作出的不懈努力。

胡锦涛在简要介绍了中国改革开放和现代化建设情况及对外政策后，着重就中美关系的发展发表了看法。他说，今年是尼克松总统访华和中美上海公报发表30周年。30年来，中美关系走过的道路并不平坦，但总的趋势是向前发展的，两国关系在广泛的领域内取得了历史性成就。

胡锦涛说，30年前，中美几乎没有官方接触。今天，两国高层交往频繁，双方在政治、经济、文化、教育等众多领域已有30多个官方合作协议；30年前，两国人民很少往来。今天，在美学习的中国留学生有6万多人，在华求学的美国学生超过5000人，两国人员往来与日俱增，仅去年到中国的美国游客就有近百万；30年前，中美双边贸易微乎其微。今天，中国已成为美国的第四大贸易伙伴，美国已成为中国的第二大贸易伙伴和第一大外国直接投资来源国，2001年双边贸易额超过800亿美元，美国在华实际投资累计已达350多亿美元。

胡锦涛强调，历史和现实都告诉我们，中美两国合作则两利，对抗则俱伤。一个稳定、健康和不断发展的中美关系，符合两国人民和世界人民的根本利益，符合人类进步的历史潮流。中美作为联合国安理会常任理事国，对人类命运负有重大责任，在维护地区和世界的和平与稳定、促进地区和世界的发展方面，具有广泛的共同利益和现实的合作需要。

胡锦涛指出，江泽民主席和布什总统于去年10月和今年2月两次会晤，就发展中美建设性合作关系达成了重要共识，体现了两国领导人的战略远见，为新世纪中美关系的发展指明了前进的方向。中美双方应认真落实两国元首达成的重要共识，积极推动两国关系健康发展。为此，双方应加强高层战略对话以及各级别、各部门之间的交往；双方应加强在各领域的交流与合作；双方应在事关世界和平与安全等重大问题上加强对话与合作；双方应在相互尊重、求同存异的基础上处理分歧。

胡锦涛强调，台湾问题始终是中美关系中最重要、最敏感的核心问题，妥善处理这一问题是推进中美建设性合作关系的关键。只要在台湾问题上出现麻烦，中美关系就难以向前发展，甚至会出现倒退。台湾问题是中国的内政，应由两岸的中国人自己解决。自尼克松总统执政以来，美国共和、民主两党历届政府都承诺奉行一个中国政策，遵守三个联合公报。这符合中美两国的利益，是有政治远见的明智之举。向台湾出售先进武器、提升美台关系不符合上述承诺，不利于台海地区的和平与稳定，也有损中美关系和两国的共同利益。我们希望美方严格履行向中方作出的承诺，为中国实现和平统一发挥建设性作用。

胡锦涛最后说，中美关系历经坎坷，才有了今天这样的成就，值得我们倍加珍惜。中美关系今后还会遇到一些风风雨雨，但中美两国人民一定能够凭借自己的真诚和智慧，排除干扰，克服困难，谱写两国关系发展的新篇章。

国家副主席胡锦涛在白宫会见美国总统布什

胡锦涛说，我这次访美，目的是为了与美方共同落实江泽民主席和布什总统北京会晤达成的共识，进一步推动中美关系健康、稳定地向前发展。中国政府和中国领导人一贯重视发展中美关系，认为中美拥有的广泛共同利益和合作基础远大于彼此间的分歧，一个良好的中美关系符合两国人民的愿望，也有利于世界的和平、稳定与发展。

胡锦涛强调，台湾问题事关中国的主权和领土完整，是中美关系中最重要、最敏感的核心问题。台湾问题如处理不好，将会影响两国关系的稳定和发展。中方希望美方认真恪守一个中国政策和中美三个联合公报原则，为中国实现和平统一发挥建设性的作用。

双方还就反恐、经贸及其他共同关心的问题交换了意见。

当天下午，胡锦涛还会见了美国总统国家安全事务助理赖斯。

国家副主席胡锦涛在白宫与美国副总统切尼举行会谈

胡锦涛强调，台湾问题是中方最为关切的问题，这直接关系到中国的主权和领土完整，也关系到中美关系的稳定和发展。中国政府一贯坚持"和平统一、一国两制"的基本方针和江泽民主席关于解决台湾问题的八项主张。我们主张，在一个中国的原则基础上两岸尽快恢复对话与谈判，并尽快实现直接"三通"。海峡两岸都是中国人，我们比任何人都更希望以和平方式解决台湾问题。但我们不能容忍"台湾独立"，不能容忍对中国主权和领土完整的损害。

胡锦涛指出，"台独"势力是和平解决台湾问题的最大障碍，"台独"势力的分裂活动是对台海地区和平的最大威胁。如任其发展，后果将是灾难性的，对两岸不利，最终也将损害美方的利益。希望美方恪守一个中国政策和中美三个联合公报原则，不要向"台独"势力发出错误信号，应从维护台海和平与稳定和中美关系大局出发，为中国实现和平统一发挥建设性作用。

双方还就加强在反恐、防扩散和经贸等领域的互利合作问题深入交换了意见。

国家副主席胡锦涛在五角大楼会见美国国防部部长拉姆斯菲尔德

双方就中美关系，特别是两军交往问题，达成了一些共识。双方商定，将采取措施恢复和加强两军交往。

中央军委主席江泽民签署命令颁布施行《中国人民解放军边防会谈会晤条例》

这是我军第一次颁布施行这样的条例，标志着军队边防会谈会晤工作开始走上规范化、法制化轨道。

据解放军总参谋部有关部门负责人介绍，我国陆地与15个国家接壤，边界线长2.2万多公里。在漫长的边界线上，我军有数十个边防会谈会晤站负责处理与相邻国家的边境涉外事务。长期以来，我军的边防会谈会晤工作主要是依据国家和军队有关规定组织实施的。随着边境形势的发展变化和国家、军队的各项工作逐步走上法制化轨道，制定一部有关边防会谈会晤工作的条例十分必要。

由中央军委主席江泽民签署命令颁布的《中国人民解放军边防会谈会晤条例》，是依据《中华人民共和国国防法》和国务院、中央军委有关边防政策规定，从维护国家领土主权、利益和保持边境稳定出发制定的，是指导、规范全军边防会谈会晤工作的法规。这部条例共分10章52条,明确了适用对象,边防会谈会晤的基本任务、地位、实施程序和要求等内容。规定了主管部门、边界代表、边防会谈会晤站的职责及边防会谈会晤的工作制度。明确了会谈会晤的时机、参加人员、联络方式、出入境办法、会谈会晤步骤、会谈会晤后的工作等。针对边防会谈会晤所涉及的各类问题,明确了交涉处理相关问题的审批权限和边防会谈会晤人员的基本条件、选调、任用以及必须遵守的涉外纪律。对边防会谈会晤所需的通信、交通、经费、营房等保障和奖惩问题,也分别作出了明确规定。

2002年第9期《求是》杂志发表署名秋石的文章《中国共产党执政的基本经验》

5月2日

2002东北亚经济论坛在山东省威海市开幕

国务院副总理李岚清在开幕式上致辞。他希望与会朋友围绕"中国加入世贸组织与21世纪的东北亚经济"这个主题,深入探讨,广泛交流,通过论坛增进了解,促进合作,共同建设一个繁荣稳定的东北亚。

中共中央政治局委员、山东省省委书记吴官正,全国政协副主席王兆国、宋健、经叔平等出席了今天的开幕式。

李岚清在致辞中说,当今世界,经济全球化和经济区域化进程加快,国际经济竞争日趋激烈,科学技术进步日新月异。世界经济既充满发展活力,也存在一些不确定因素。这给世界各国包括东北亚国家的发展带来了新的机遇,也带来了新的挑战。推进和加强东北亚地区经济合作,有利于各国发挥比较优势,在更大范围内有效配置资源,增强抵御风险的能力,促进本地区的发展与繁荣。

李岚清说,东北亚是世界上一个充满勃勃生机的地区,东北亚国家经济互补性强,合作基础良好,前景广阔。我们应本着相互信任、协商、平等互利的原则,进一步扩大贸易往来,加强经济技术交流,把本地区合作提高到一个新的水平。

李岚清向与会人士介绍了中国当前经济和社会发展形势后表示,中国政府一贯重视并积极参与同东北亚各国的经济技术合作。加入世贸组织后,中国将进一步向世界开放,更加注重发展与东北亚各国的经贸关系。各国之间的合作,应以经贸合作为重点,逐步向科技、教育、文化等方面合作发展,不断拓宽合作领域,推动区域性经济繁荣和社会进步。他表示,中国愿为新世纪东北亚地区的合作与发展,作出更大努力和新的贡献。

会前,李岚清在威海会见了前来参加这次论坛的日本国前首相海部俊树、韩国前国务总理李洪九、蒙古国前总理林钦·阿玛尔扎尔格勒和部分外国客人。他对客人的到来表示欢迎。会后,李岚清、吴官正、王兆国、宋健、经叔平等还和外国友人一起参加了共植友好林活动。

2002东北亚经济论坛是经国务院批准,由中华全国工商业联合会、中国国际贸易促进会、山东省人民政府等共同主办的。山东省省长张高丽主持了今天的开幕式。

蔡若虹逝世

新中国美术奠基人之一、著名美术家、社会活动家蔡若虹同志因病于5月2日凌晨去世,享年92岁。

蔡若虹1910年1月26日生于江西九江市,原名蔡雍。他受"五四"运动的影响,1926年就开始在共产党人主办的《火炬画报》上绘制反帝反封建的宣传画,1931年加入上海左翼美术家联盟,并发表大量揭露黑暗、宣传抗日救国的诗歌、美术作品。1938年,他奔赴延安,1940年8月加入中国共产党。1942年,他参加了延安文艺座谈会,聆听了毛泽东同志《在延安文艺座谈会上的讲话》。作为抗日根据地和解放区美术活动的重要组织者之一,他为推动革命美术运动的发展作出了重要贡献。

新中国成立后,蔡若虹先后在文化部和中国美术家协会工作,担任过中国美协副主席、党组书记、顾问等职务,是第三、五、六届全国人大代表。在长达几十年的美术创作、研究、教育和领导美术界工作的生涯中,蔡若虹贯彻执行党的文艺路线方针政策,尊重艺术规律,并在美术创作、美术评论和其他文艺创作中取得独到成就。他为中国人民的革命事业,为中华民族美术的发展和社会主义美术事业呕心沥血,尽心尽责。

5月3日

"中国青年五四奖章"在人民大会堂颁发

11名优秀青年获得中国青年的最高荣誉——"中国青年五四奖章"。

他们是:铁道第一勘察设计院青藏铁路指挥部副总指挥、青藏线项目设计总工程师李金城,中国航天科技集团第五研究院副院长、"神舟"号飞船系统总指挥袁家军,中国科学院院士、中国军事医学科学院放射医学研究所所长贺福初,内蒙古呼和浩特市"心灵之旅"热线创办人寒星,广东省珠海市格力电器股份有限公司筛选分厂机修班班长张树源,黑龙江省大庆市让胡路区人民法院经济审判庭庭长顾双彦,四川蔬菜研究所所长刘光基，天津市宁河县潘庄镇团委书记刘旭清，中国人民解放军68312部队63分队班长赵彪，甘肃省金川集团公司第一冶炼厂闪速炉车间主任王智，中国科学院古脊椎动物与古人类研究所所长朱敏。

“中国青年五四奖章”至今已颁发了6届，共有63位青年获此殊荣。

5月4日

中共中央总书记江泽民为全国青少年广泛开展的保护母亲河行动题词

在全国青年欢度青年节、纪念中国共产主义青年团成立80周年和“五四”运动83周年之际，中共中央总书记、国家主席、中央军委主席江泽民为全国青少年广泛开展的保护母亲河行动亲笔题词：“保护母亲河”，对全国广大团员青年寄予了殷切的希望。

1999年年初，共青团中央、全国绿化委员会、全国人大环境资源保护委员会、全国政协人口资源环境委员会、水利部、农业部、国家环境保护总局、国家林业局等单位积极响应江泽民总书记“再造秀美山川”的伟大号召，发起了旨在动员广大青少年和社会公众保护与改善生态环境的大型社会公益活动——保护母亲河行动。3年多来，共建设保护母亲河工程197个，植树造林面积达212万亩；通过“母亲河，我与你同行”、“清洁江河水，保护母亲河”、“小事做起来，保护母亲河”等载体，动员了5000多万青少年和社会公众参与保护母亲河活动；通过“绿色承诺”、“天天环保”、“生态监护”等实践活动对广大青少年进行了生动有效的生态环境道德教育，增强了广大青少年保护母亲河、保护生态环境的意识。保护母亲河行动已经成为广大青少年和社会公众参与生态环境建设的一个重要渠道，成为对青少年进行爱国主义教育和生态环境教育的一个新的有效载体。

共青团中央号召各级团组织和广大团员青年认真学习贯彻江泽民总书记题词精神，以“三个代表”重要思想为指导，大力兴建保护母亲河绿色示范工程，积极进行生态环境保护实践，广泛开展天天环保、保护水资源等活动，全面参与国家生态重点工程建设，把保护母亲河行动不断引向深入，在实施可持续发展战略中充分发挥生力军作用，在全面建设小康社会和加快推进现代化进程中作出积极的贡献。

全国人大常委会委员长李鹏在湖北考察工作

5月4日至7日，李鹏委员长在湖北省委省政府主要负责人陪同下，冒雨考察了革命老区麻城、红安和武汉等地。李鹏深入到当地城乡的企业、学校、科研院所和农户家中，与干部群众交谈，实地了解社会、经济发展和群众生产、生活情况，并向大家致以节日的问候。

李鹏首先来到地处大别山区的麻城、红安两地，看望革命老区的老红军、老战士和广大干部群众。这一地区是著名的“黄麻起义”诞生地，也是鄂豫皖革命根据地的中心。在缔造人民共和国的峥嵘岁月中，麻城、红安两地就有30余万人献出宝贵的生命。李鹏来到麻城的光荣院，亲切慰问在这里安度晚年的老红军、老战士和军烈属。

他嘱咐当地政府要好好照顾这些为建立新中国立下不朽功勋的老人，为他们创造良好的生活环境，让他们安度晚年。随后，李鹏一行还专程来到红安烈士陵园，向黄麻起义和鄂豫皖革命根据地烈士纪念碑和董必武、李先念纪念馆敬献了花圈。

在麻城、红安，李鹏考察了作为扶贫开发重点产业的蚕桑基地并走访了农户。在农民家中，李鹏关切地询问当地蚕茧收购价格、农民收入，以及农民养蚕、村办企业集中烘干蚕茧、乡集中收购、县企业缫丝和织绸、印染、后整理等的一条龙生产销售方式，还向他们详细了解村委会等的基层建设和农村税费改革等情况。他还来到红安一中，勉励学生们好好学习，掌握更多的科学知识，努力成为建设有中国特色社会主义的栋梁之材。在与当地领导座谈时，李鹏指出，老区的发展取得了令人可喜的变化，广大干部群众要继承和发扬光荣革命传统，要根据当地实际情况调整农村产业结构，注意发展特色经济。他说，要依靠公司加农户的方式，发展深加工产业，增加农民收入。要巩固扶贫工作取得的成果，采取有效措施让已经脱贫的农民不再返贫。各级干部要有长远目光，想方设法保证教师工资的发放，特别要稳定好农村的教师队伍，巩固“普九”义务教育的成果。

李鹏在武汉期间，重点考察了高科技企业和科研院所。在以光电子信息产业为主的东湖新技术开发区，李鹏来到武汉邮电科学院、长飞光纤光缆有限公司、楚天激光公司，他仔细地察看无尘车间里光电产品的生产，与技术人员一起探讨加快光纤激光新科技的研发、不断开拓市场的问题。他期望科技人员要刻苦钻研，攻克光纤原料棒技术难关，拿出更多具有自主知识产权的高科技产品。此后，李鹏还考察了武汉的市政建设和武汉重点防汛工程——位于长江和汉江交汇处的龙王庙工程。他要求各级干部要提高警惕，高度重视防汛工作，保证在发生特大洪水时能安然度过汛期。

在听取湖北省委、省政府的汇报后，李鹏发表了讲话。他说，湖北是我国中部一个重要的省份，九省通衢的地理位置十分有利，科技教育水平也比较高，有着良好的发展条件。改革开放以来，在历届省委、省政府的领导下，全省上下共同努力，在两个文明建设中取得了很大成就。他说，三峡工程的建设和长江干堤加固，为江汉平原和武汉市的防洪奠定了良好基础。湖北要利用好这一有利时机，加紧规划，积极工作，保护好生态环境，加快发展步伐。当前，要保证完成三峡工程二次截流前的各项准备，尽心尽力做好移民工作。

李鹏指出，湖北是个农业大省，农村经济的发展、农民生活水平的提高对湖北今后的发展至关重要。要根据自身的条件找准发展的方向和重点，选择适合自己发展的道路。特别是要积极发展县域经济，发挥区位和劳动力的优势，发展农副产品深加工业。在农村税费改革中，要切实减轻农民负担，为农村经济发展和增加农民收入创造有利条件，同时，确保义务教育、乡村政权正常运转的必要经费，确保农村的稳定。

李鹏强调，要在大力推进各项改革的同时，妥善处理好改革、发展和稳定之间的关系。加快发展，离不开大力发展高新技术产业，拥有先进的科技水平。与此同时，我们也要考虑到中国人口众多的国情，大力发展劳动密集型产业。各级党委、政府要把创造更多的就业机会作为一项重要任务来抓，增强做好这项工作的责任心和使命感。要关心生活困难的群众，确保社保工作的“三条保障线”，特别要关注未能达到城镇最低生活保障线的特困群体。要做好这项工作，不要满足于看报表，听汇报，要进行深入调查，真正做到该保必保无一遗漏。这也是检验我们是否真正实践“三个代表”的重要标准。

李鹏指出，地方各级人大及其常委会要认真履行职责，开展深入的调查研究，做好立法工作，依法进行监督，增强人大监督的实效。近年来，湖北省人大及其常委会普遍开展的述职评议等工作，取得了较好效果，要在实践中加以总结、提高，使之更加规范。要在“三个代表”的指导下，不断开拓创新，做好新时期的人大工作，进一步推进我国的社会主义民主法制建设。

陪同李鹏委员长考察的有关部门负责人有：陈光毅、傅志寰、贾志杰、蒋祝平、杨永良、姜云宝、吴文昌等。

《人民日报》发表社论《永远跟党走——纪念中国共产主义青年团建团80周年》

5月5日

中国政法大学建校50周年庆典暨法治与法学教育国际研讨会开幕式在人民大会堂举行

中共中央总书记、国家主席江泽民，中共中央政治局常委、全国人大常委会委员长李鹏分别题词祝贺。江泽民的题词是：“弘扬法治精神，培育法学新人”。李鹏的题词是：“培养优秀政法人才，建设社会主义法治国家”。

中共中央政治局委员、全国人大常委会副委员长姜春云出席大会并讲话。他向中国政法大学全体师生员工和海内外校友致贺，对政法大学在培养人才、教学科研、参与国家立法、开展国际交流与合作等方面取得的丰硕成果给予充分肯定。他对政法大学提出希望：要始终坚持以江泽民同志“三个代表”重要思想指导法学的建设和发展，以是否体现了中国先进生产力的发展要求、中国先进文化的前进方向和中国最广大人民的根本利益，作为衡量法学教育、科研方向和水平的根本尺度；要按照党中央提出的“依法治国”与“以德治国”相结合的思想，创立先进的人才培养模式；要建设一支既了解中国法制实际，又能借鉴国外先进经验、具有高学术水平的专家队伍；要在学科的整合与创新方面有所突破，与时俱进。

中国政法大学是一所以法科为主体和特色的多学科全国重点大学。1952年，为适应新中国法制建设初创的需要，党中央将已有48年历史的北京大学法律系及清华、燕京、辅仁大学的政治学、社会学等学科合并，组成中国政法大学的前身——北京政法学院。50年来，中国政法大学为国家培养了10万余名不同层次的政法专门人才，大部分已成为国家公安、检察、审判、司法行政及党政机关、企事业单位的骨干力量。据不完全统计，全国具有高等学历的司法工作者中，约有1/10毕业于中国政法大学。学校教师中先后有1000多人次直接参加了国家的立法工作。

作为我国法学教育的最高学府，中国政法大学50年来共完成科研项目上万项，填补了我国法学领域的许多空白，大量科研成果转化为国家立法内容，为更新法学内容、指导立法和司法实践、推动国家“依法治国，建设社会主义法治国家”方略的实施作出了重要贡献。在学科建设上，政法大学的法学、政治学、行政管理学等均为国内首创。在绝大部分法学的二级学科中，政法大学都发挥了奠基者和开创者的作用。

在经历了20世纪50年代、70年代末的两个快速发展时期后，中国政法大学目前正在用20年左右的时间，力争把学校建设成为多科性、研究型、开放性、特色鲜明的世界知名高水平大学，努力成为中国法学教育、法学研究、法学信息资料及国家立法与决策咨询服务中心。

出席大会的还有全国政协副主席任建新、罗豪才等以及师生代表、各界校友约6000人。教育部、北京市等有关部门发来贺信表示祝贺。

5月6日

国家主席江泽民致电法国总统希拉克祝贺他再次当选法国总统

5月7日

江泽民等中央领导指示全力组织抢救中国北方航空公司6136航班失事飞机乘客和机组人员

中国北方航空公司6136航班于21时24分失事后,江泽民、朱镕基、胡锦涛、李岚清等中央领导同志立即指示国家经贸委、交通部、民航总局全力组织抢救,并指示军队支持救援工作。

根据江泽民总书记等中央领导同志的指示,交通部、民航总局、海军立即启动救援程序,实施紧急救援。按照朱镕基总理的指示,国务委员兼国务院秘书长王忠禹立即组织由国务院副秘书长尤权带领国家经贸委、公安部、交通部、民航总局等单位负责人于当晚赶赴大连,全力组织救援和事故调查工作。

20时37分,北方航空公司的一架MD82飞机B2138号执行6136次航班任务,从北京起飞,飞往大连。飞机21时24分与空管部门失去联系。据地面人员报告,飞机在大连机场东侧约20公里海面失事。机上共有乘客103人,机组人员9人。有关部门立即启动了搜寻救援程序,正在多方进行救护。

国家主席江泽民在上海会见美国前总统布什一行

江泽民说,布什总统执政以来,中美关系总体上是向前发展的。去年10月和今年2月,我们两度会晤,就发展中美建设性合作关系达成重要共识。胡锦涛副主席刚刚对美国进行了一次很好的访问。他和美方就落实我和布什总统在上海和北京两次会晤达成的共识作了很大的努力。我很高兴,布什总统和他的主要助手均重申坚持一个中国立场和恪守中美三个联合公报原则。两国近来在反恐、经贸等领域的合作也有新进展,双方在共同关心的重大国际和地区问题上保持了密切磋商。

江泽民在回顾中美关系的历史后说,不难发现,中美之间有分歧,但更拥有广泛而重要的共同利益,双方对世界的和平和人类的命运负有共同责任。这是中美能够发展建设性合作关系的基础。

江泽民强调,台湾问题是中美关系中最重要、最敏感的核心问题。早日解决台湾问题,实现中国的和平统一,有利于中美关系的发展,也有利于亚太地区的和平与稳定。

江泽民表示,我们要尽一切可能以"和平统一,一国两制"的方式来和平解决台湾问题。我多次讲过,只要台湾当局接受一个中国原则,两岸就可以恢复谈判和对话,而且什么问题都可以谈。但如果有人要搞"台独",中国人民是不会答应的。

外交部副部长李肇星、中国人民对外友好协会副会长李小林等参加了会见。

中办 国办印发《2002—2005年全国人才队伍建设规划纲要》并发出通知

各省、自治区、直辖市党委和人民政府,中央和国家机关各部委,军委总政治部,各人民团体:

《2002—2005年全国人才队伍建设规划纲要》(以下简称《纲要》)已经党中央、国务院同意,现印发给你们,请认真贯彻落实。

《纲要》是我国第一个综合性的人才队伍建设规划,是今后几年全国人才工作的指导性文件。加强人才队伍建设,对于做好我国加入世界贸易组织后的各项应对工作,实现"十五"规划确定的宏伟目标,把建设有中国特色社会主义事业不断推向前进,具有十分重要的意义。各地区、各部门要以"三个代表"重要思想为指导,从战略和全局的高度,深刻认识人才在经济和社会发展中的基础性、战略性、决定性作用,深刻认识实施"人才强国"战略,做好人才工作的极端重要性和紧迫性,把人才队伍建设工作摆上重要日程,切实加强领导。要按照《纲要》的要求,结合本地区、本部门实际,研究制定具体政策措施,把这项工作切实抓紧抓好,抓出成效。

中共中央办公厅
国务院办公厅
2002年5月7日

2002—2005年全国人才队伍建设规划纲要

为建设一支宏大的高素质人才队伍,适应我国加入世界贸易组织后的新形势,适应当今和未来激烈的国际竞争,保证建设有中国特色社会主义事业健康发展,根据《中华人民共和国国民经济和社会发展第十个五年计划纲要》,制定本纲要。

一、人才队伍建设的成绩和面临的形势

(一)新中国成立以来,特别是改革开放以来,以毛泽东、邓小平、江泽民同志为核心的三代中央领导集体高度重视人才工作,提出"尊重知识、尊重人才",实施人才战略,开发人才资源,大批优秀人才脱颖而出、健康成长,在改革开放和现代化建设中发挥了重要作用,人才队伍建设取得显著成绩。我国人才素质不断提高,结构得到改善。到2000年年底,我国具有中专及以上学历或专业技术职称的各类人员达到6360万,其中党政干部585.7万,企业经营管理人员780.1万,专业技术人员4100万,其他人员894.2万。干部人事制度改革取得重大进展,市场配置人才资源的格局正在形成,人才环境逐步优化。

(二)进入新世纪,国际形势正在发生深刻变化。随着经济全球化的发展,人才全球化趋势进一步增强。我国加入世界贸易组织后,面临的人才问题更加突出。发达国家利用各种手段吸引我国人才,人才竞争日益激烈;全球范围内的经济结构调整对人才素质提出了更高要求;综合国力的竞争更加倚重于科技进步和人才开发。今后5—10年,是我国经济和社会发展的重要时期,做好加入世界贸易组织后的各项应对工作,实现"十五"规划确定的宏伟目标,把建设有中国特色社会主义事业不断推向前进,人才是关键。抓住机遇,迎接挑战,走人才强国之路,是增强我国综合国力和国际竞争力,实现中华民族伟大复兴的战略选择。

我国人才队伍现状同新形势、新任务的要求还不相适应。主要是:人才总量相对不足,结构不够合理,创新能力亟待提高;人才工作的制度和机制不够健全,人才的积极性、主动性、创造性还没有得到充分发挥。必须大力开发人才资源,加强人才队伍建设,把这项重大战略任务抓紧抓好。

二、人才队伍建设的指导方针和目标

(三)以马列主义、毛泽东思想、邓小平理论为指导,按照"三个代表"的要求,全面贯彻干部队伍"四化"方针和德才兼备原则,着眼于各项事业的长远发展和人才的总体需求,树立发展新理念,实施"人才强国"战略,开发利用国际国内两个人才市场、两种人才资源,紧紧抓住培养人才、吸引人才、用好人才三个环节,着力建设党政人才、企业经营管理人才、专业技术人才三支队伍,为改革开放和现代化建设提供坚强的人才保证。2002—2005年,人才队伍建设工作要突出贯彻以下指导方针:

1. 坚持以人才资源能力建设为主题。从促进经济和社会发展及人才自身发展的需要出发,通过多种方法和途径,重点培养人才的创新精神,开发人才的创新能力。

2. 坚持以调整和优化人才结构为主线。适应经济结构战略性调整的需要,充分发挥市场在人才资源配置中的基础性作用,加强党和政府的宏观调控,建立人才结构调整与经济结构调整相协调的动态机制。

3. 坚持以培养和选拔党政领导干部、企业家、学科带头人为重点。按照分类管理的原则,实行重点带动、整体推进,推动人才队伍建设全面发展。

4. 坚持以改革创新为动力。继续深化干部人事制度和人才管理体制改革,大力推进人才工作的理论和体制创新,将改革创新贯穿于人才队伍建设的全过程。

5. 坚持以为经济和社会发展提供人才支持为根本出发点。把人才工作纳入经济和社会发展的总体规划和布局之中,加强人才队伍建设,在促进人的全面发展的同时,推动经济和社会的可持续发展。

(四)2002—2005年,人才队伍建设的总体目标是:人才总量有较大增加,人才结构与经济结构基本适应,人才队伍的整体素质明显提高。干部人事制度和人才管理体制改革取得新进展,有利于优秀人才脱颖而出、人尽其才的有效机制逐步建立,人才市场体系和人才管理法规日趋完善,人才成长的环境进一步优化。

扩大人才队伍总量的主要预期目标是:到2005年,具有中专及以上学历或专业技术职称的各类人员达到8350万以上,其中专业技术人员达到5400万以上。各类人才占社会总人口比例达到6.3%左右。

调整和优化人才队伍结构的主要预期目标是:人才在产业、地区、城乡间的分布趋于合理,人才的专业、年龄结构和高、中、初级专业技术人才的比例趋于合理。

提高人才队伍整体素质的主要预期目标是:在提高思想政治素质、加强职业道德建设的同时,使人才的知识水平和能力素质有较大提高。到2005年,在各类人才中具有大学以上学历的达到58.8%左右,每10万人口中具有大学以上学历的达到3700人以上,从事研究和实验发展活动的科学家与工程师全时人员达到90万人年以上。各类人才人均年脱产学习时间累计达到12天以上。

三、党政人才队伍建设

(五)重点加强党政领导人才队伍建设。体现时代要求,赋予干部队伍"四化"方针和德才兼备原则以新的内容。把忠实实践"三个代表"的要求作为党政领导干部的首要条件,注重工作实绩和群众公认。围绕科学决策能力、驾驭全局能力、开拓创新能力,构建党政领导干部核心能力框架。研究制定不同层次党政领导干部的具体标准。

加强理论和业务培训。以高级干部、各级党政干部正职和年轻干部为重点,组织他们学习马克思主义基本理论,学习现代科学文化和管理知识特别是各种新知识。有计划地选派一批骨干到国外、境外学习研修。坚持在实践中、在艰苦的环境中培养锻炼干部。抓好中央、国家机关与地方之间,东、中部地区与西部地区之间,党政机关与企事业单位之间的干部交流。大力加强各级领导班子思想、组织和作风建设,促进党政领导干部整体素质的提高。

根据选任制干部和委任制干部的不同特点,完善

民主推荐、民意测验、民主评议制度。建立以工作实绩为主要内容的党政领导干部考核评价指标体系。加快建立开放型的党政领导干部选拔任用新机制。疏通从国有企业、高等院校、科研院所和其他社会机构中选拔党政领导干部的渠道。进一步改进和完善公开选拔领导干部工作。研究制定具体标准和程序,对特别优秀的干部予以破格提拔。大力培养选拔优秀年轻干部,重视培养选拔女干部、少数民族干部和非中共党员干部。坚持后备干部制度,加强和改进后备干部工作。通过多种渠道,加强对党政领导干部特别是主要领导干部、年轻干部的监督和管理,保证他们健康成长。

(六)努力建设高素质的党政机关人才队伍。坚持考试录用制度,完善选调制度,注意选拔年轻干部、高知识层次干部以及具有基层工作经验的干部充实党政机关。坚持选调应届优秀大学毕业生到基层工作锻炼制度。

加强对党政机关干部的培养,推行机关中层干部竞争上岗,完善党政机关干部年度考核制度,建立和完善党政机关干部退出和淘汰机制。

按照廉洁、勤政、务实、高效的要求,加强公务员队伍建设。加快公务员立法进程,完善具有中国特色的公务员制度,加强公务员的作风建设和能力建设,增强党政机关干部队伍的生机与活力。

四、企业经营管理人才队伍建设

(七)重点培养造就优秀企业家。围绕发展具有国际竞争力的大型企业集团,加快培养造就一批职业化、现代化、国际化的优秀企业家。以创新精神、创业能力和经营管理水平为核心,大力提高企业家素质。研究企业家成长规律,创造有利于企业家成长的环境。

(八)努力建设高素质、职业化的企业经营管理人才队伍。按照德才兼备原则,培养一批政治上强、能够忠实代表和维护国家利益、实现国有资产保值增值的国有企业产权代表。实行产权代表委任制。研究制定国有企业产权代表管理办法。

建设一支职业经理人队伍。逐步实行职业资格制度,加紧研究制定资质认证标准和市场准入规则。参照国际惯例,探索建立符合中国企业实际的首席执行官制度。

建设一支精通国际经济和法律的复合型管理人员队伍。有计划、有重点地选派他们参加国内外培训,选送他们到国外大公司学习、锻炼,提高他们按照国际通行规则办事的能力。

从中国企业实际出发,建设一支坚持社会主义方向,能够维护国家、企业和职工利益,善于围绕企业的生产经营活动开展思想政治工作、发挥先锋模范作用的党务工作者队伍。

(九)形成有利于企业经营管理人才成长的新机制。理顺和改善国有企业管理体制,深化企业人事制度改革,改进企业经营管理者的管理方式。加快现代企业制度建设,完善法人治理结构。全面实行企业经营管理者聘任制,加速企业经营管理者的市场化配置。实行企业经营管理者任期制和任期目标责任制,建立符合企业特点的考核评价制度,健全有效的监督约束机制。完善企业后备人才制度,建立企业经营管理者人才库。努力建设各具特色的企业文化。

五、专业技术人才队伍建设

(十)重点培养造就优秀学科带头人。采取切实措施,培养造就一批具有世界前沿水平的学科带头人。统筹规划学科带头人培养工作。依托国家重点实验室和重大科研项目,聚集和培养人才。继续实施"新世纪百千万人才工程"、"长江学者计划"等人才培养计划,不断探索培养学科带头人的新途径。加大科研经费投入,完善知识产权保护的法律、法规,鼓励创新创业,营造有利于学科带头人成长的良好环境和氛围。按照培养哲学社会科学人才与培养自然科学人才并重的要求,造就一批马克思主义理论功底扎实,坚持理论联系实际,勇于开拓创新的哲学社会科学带头人。建立学术休假制度。建立国家重要人才安全管理工作体制,制定管理办法。建立和完善领导干部联系专家制度。

(十一)努力建设高素质、社会化的专业技术人才队伍。全面提高专业技术人才的科学素养和创新能力。重点培养一批急需的金融、财会、外贸、法律以及信息、生物等高新技术方面的专门人才,特别是要抓紧培养精通世界贸易组织规则的专业人才。注意培养一支具有较高技术素质的技术工人队伍、农业产业化经营和农业科技队伍。重视培养一批思想政治素质较高、服务意识较强、善于组织重大科研项目、掌握科技发展和科技人才成长规律的科技管理专家。

大力培养青年科技人才。进一步破除项目课题管理和专业技术职务聘任中的论资排辈现象。建设好博士后科研流动站、工作站。以青年科学基金、国家杰出青年科学基金、国家基础科学人才培养基金为主,构建完整的青年科技人才培养基金体系,努力形成优秀青年科学家群体和技术专家群体。继续发挥好老科学家和技术专家的传、帮、带作用。

继续推进专业技术人才管理制度改革。建立社会化的专业技术人才评价机制。完善专业技术职务聘任制度,落实用人单位聘任权。全面推进职业资格证书制度,加强职业资格的统一管理。构建专业技术人才执业资格制度体系。鼓励企业建立研究开发机构,加大技术创新和人才开发投入,使企业真正成为技术创新和吸纳人才的主体。注意发挥科学技术群众团体在专业技术人才队伍建设中的作用。

六、西部地区人才的开发和引进

(十二)稳定现有人才。树立“西部大开发,人才是关键”的观念,大力改善各类人才特别是专业技术人才的工作、生活条件。建立有利于留住人才、吸引人才的收入分配机制,加大对西部地区工资政策的倾斜力度,逐步提高西部地区各类人才的工资水平。

培养急需人才。围绕西部地区基础设施建设、生态环境保护、资源开发利用和发展高新技术产业的需要,培养一批重大项目、重点工程急需的高层次人才。通过实施“西部千名学科带头人工程”和“西部之光”人才培养计划,培养一批学科带头人和科研骨干。通过委托代培、联合办厂、对口帮扶等形式,培养一批西部地区特色产业人才。实施“西部地区百万农村基层党员干部培训工程”。充分利用军工企业人才资源,充实壮大西部地区人才队伍。

开发民族人才。加强马克思主义祖国观、民族观和宗教观教育。建立若干培训基地,培养较高层次的少数民族党政领导干部、企业经营管理人才和专业技术人才。继续做好选派少数民族干部到中央、国家机关和经济相对发达地区挂职锻炼工作。切实加强西藏、新疆等西部民族地区干部队伍建设。

中央、国家机关和东、中部地区要以各种方式积极帮助西部地区培养人才。

(十三)积极引进人才。有计划地从中央、国家机关和经济相对发达地区选派优秀年轻干部到西部地区任职或挂职锻炼,从高等院校选调应届优秀毕业生到西部地区工作锻炼。依托重点项目和工程,为西部地区输送所需的专业技术人才。继续做好为西藏、新疆选派干部工作。

落实税收、土地使用和矿产资源开发等优惠政策,吸引海内外人才参与西部大开发。通过人才市场,面向社会,公开招聘西部大开发急需的专门人才。继续选派“博士服务团”,组织“西部专家行”和“留学人员西部咨询服务”等活动,为西部地区提供人才和智力支持。

七、海外和留学人才的吸引与使用

(十四)鼓励留学人员回国工作或以其他方式为国服务。积极倡导留学人员长期或短期回国工作,鼓励他们通过项目合作、兼职、考察讲学、学术休假、担任业务顾问等多种形式为国服务。进一步加强和改进留学人员创业园区建设工作,为留学人员回国工作或为国服务提供发展空间。

按照充分信任、放手使用的原则,抓紧研究制定选拔优秀留学回国人员担任领导职务的具体办法,将符合条件的留学回国人员选拔到各级领导岗位,特别优秀的,可以破格任用。选拔德才素质好、有发展潜力的留学回国人员列入后备干部名单,进行重点培养。

完善住房、医疗、社会保险、子女入学和家属就业政策,研究制定薪酬、户籍、投资创业政策,尽快形成有利于留学人员回国工作的政策环境。

(十五)吸引和聘用海外高级人才。制定和实施国家紧缺人才引进计划,重点引进信息技术、生物技术、新材料技术、先进制造技术、航空航天技术等方面具有世界一流水平的专家,以及金融、法律、国际贸易和科技管理方面的高级专门人才。通过给予优厚的薪酬、提供重点实验室和科研基地等措施,吸引海外高级人才。建立海外高级人才信息网络,研究制定聘用海外高级人才从事公务工作的具体办法。发展和规范引进海外高级人才中介组织。对引进的外国高级专门人才实行在华长期居留或永久居留制度。加强与旅居海外的华人华侨专家的联系,研究制定鼓励和吸引他们回国工作或为国服务的政策。对吸引和聘用海外高级人才工作,国家给予专项资金支持。修改完善有关法律、法规,研究制定投资移民和技术移民法,为吸引和聘用海外高级人才提供法律保证。

八、加强教育培训

(十六)构建终身教育体系。在加快普通教育发展的同时,大力发展成人教育、社区教育,推进教育培训的社会化。开辟教育培训新途径,加快发展远程教育,建立覆盖全国的教育培训信息网,形成终身化、网络化、开放化、自主化的终身教育体系。

加强对终身教育的规划和协调。完善有关法律、法规。加大继续教育力度,形成国家、单位、个人三方负担的继续教育投入机制。开展创建“学习型组织”、“学习型社区”、“学习型城市”活动,促进学习型社会的形成。

强化用人单位在人才教育培训中的主体地位,把人才的教育培训纳入单位发展规划,建立带薪学习制度和经费保障制度。建立、健全教育培训的激励约束机制,推行公开选拔、竞争上岗和职务聘任制度,增强人才的职业竞争意识和风险意识,激发终身学习需求。

(十七)着力培养人才的创新能力。在提高各类人才思想政治素质和履行岗位职责能力的基础上,重点培养人才的创新精神,开发人才的创新能力。围绕创新能力建设,改革教育培训的内容、方法和机制,培养大批创新型人才。

以人才的全面发展和可持续发展为目标,根据各类人才的不同特点,研究提出人才资源能力建设标准框架,有针对性地进行教育培训。

(十八)优化整合各种教育培训资源。发挥好现有教育培训资源的作用。根据高等院校、党校、行政学院和各类培训机构的职能,统一规划,合理分工,建立优势互补的教育培训机构体系。改善教育培训基础设施,集中力量建设一批重点基地。加强师资队伍和教材建设,努力提高教育培训质量。推进联合办学,利用好国外培训资源。

制定科学、规范的教育培训质量评估和监督办法,发展质量评估和监督的社会中介机构。切实加强对学历、学位和各种培训证书的管理。

九、建立、健全人才激励机制

(十九)完善收入分配制度。改革完善党政机关职级工资制度。建立党政机关工作人员工资与经济发展、物价水平相联系的动态增长机制,逐步提高党政机关工作人员工资水平。归并简化现行工资结构,适当拉开不同职务的工资差距。研究建立地区附加津贴制度。建立和完善符合党政机关工作性质和特点的奖金制度。

建立体现不同事业单位特点的工资分类管理制度。进一步扩大事业单位内部分配自主权。重实绩、重贡献,向优秀人才和关键岗位倾斜。积极探索知识、技术、管理等生产要素参与分配的实现形式。改进和完善政府特殊津贴制度。

建立与现代企业制度相适应的企业经营管理人员薪酬制度。构建以经营业绩为核心的多元分配体系,使企业经营管理人员的收入与企业效益密切挂钩。试行企业高层管理人员年薪制,试行股权制和期权制。

(二十)完善奖励制度。建立人才的国家级功勋奖励制度。对有突出贡献的科技人员和高层管理人员实行重奖。设立海外留学人员回国工作或为国服务成就奖、西部大开发杰出人才奖。继续鼓励并规范境内外社会组织和个人设立专门奖励项目。

(二十一)完善福利制度。保证各类人才的福利待遇水平随着经济发展不断提高。福利项目和待遇要逐步实现规范化、制度化、货币化。建立重要人才国家投保制度。

十、引导人才合理流动

(二十二)调整和优化人才结构。建立人才结构调整与经济结构调整相协调的动态机制,根据经济结构调整的需要,调整人才结构。国家建立人才统计指标体系,定期发布人才需求预测白皮书。

2002—2005年,我国人才流动的基本导向是:引导人才向第三产业流动,提高第三产业人才比重;引导大城市人才向中小城市流动,逐步解决大城市人才积压、浪费和中小城市人才缺乏的矛盾;引导人才向西部地区流动,实现东、中、西部地区人才的合理分布。鼓励党政机关和企事业单位之间人才的流动,推动科技人才向企业转移,改变企业人才和技术力量薄弱状况;鼓励科研院所人才向本行业内人才相对匮乏的单位流动,充分发挥他们的作用;鼓励有农业技术专长的人才到农村开发创业,对以各种形式到农村工作的专业技术人才,在政策上予以支持。

(二十三)建立和完善人才市场体系。进一步办好基础性人才市场,健全专业性人才市场,完善区域性人才市场,发展农村人才市场,培育企业经营管理人才市场和高新技术人才市场。加快人才供求信息网络枢纽和高级人才数据库建设,提高人才市场的信息化水平,形成机制健全、运行规范、服务周到、指导监督有力的人才市场体系。

提高人才市场的社会化服务水平。发展人事代理和人才中介机构,建立人事争议仲裁制度,促进用人单位和人才两个市场主体到位,切实保障和维护人才市场供求主体的合法权益。加强人才市场法制化管理。健全人才市场监管机构,建立和完善人才市场许可证制度和年审制度。完善人才中介机构准入制度,规范涉及人才出入境的中介活动,促进政府所属人才流动服务机构向市场竞争主体转变。

(二十四)建立和完善促进人才流动的有关制度。进一步消除人才流动的体制性障碍,打破人才身份、所有制等限制,改革户籍管理制度,探索多种人才流动形式,加快建立和完善养老保险、失业保险、工伤保险和医疗保险制度。

十一、加强领导,保证人才队伍建设规划的顺利实施

(二十五)各级党委、政府要从战略高度认识人才工作的极端重要性,列入议事日程,摆上突出位置。加强对规划实施的监督检查,及时研究解决出现的新情况、新问题。把贯彻本纲要、实施人才战略纳入当地经济和社会发展总体规划,并依据本纲要,制定本地区、本行业人才规划。中央成立人才工作协调机构,统一指导全国人才队伍建设工作,各地区、各部门也应采取相应措施。各级组织、人事部门要充分发挥职能作用,与有关方面密切配合,共同抓好落实。继续深化干部人事制度和人才管理体制改革,推动人才工作的创新。面向社会,面向群众,广泛宣传本纲要,努力形成尊重知识、尊重人才、鼓励创业的社会氛围。

(二十六)加大对人才资源开发的投入。树立人才资源开发投入是收益最大的投入的观念,逐步提高发展性投入中用于人才资源开发的比例,特别是要加大对西部地区人才开发的投入。党政机关和企事业单位要把人才培养经费列入年度预算。鼓励境内外社会组织和个人以各种形式支持人才开发事业。

5月8日

国务院召开第58次常务会议

国务院总理朱镕基主持会议。他强调,当前交通、生产安全形势相当严峻,各地区、各部门、各企业都要切实树立安全第一的观念,高度重视和集中精力抓安全生产,坚决采取有力措施,防止各类重大安全事故发生。

5月7日晚上,中国北方航空公司一架由北京飞往大连的客机,在大连机场附近海面坠毁。事故发生后,江泽民总书记等党中央和国务院领导同志非常重视,立即指示国家经贸委、交通部、民航总局、海军全力组织抢救,并指示海军支持救援工作。国务院组织的"5·7"空难事故处理小组,已于今天凌晨2时10分乘飞机赶赴大连。救援和事故调查工作正在抓紧进行。

朱镕基强调,要按照江泽民总书记指示精神,全力做好搜寻、打捞等各项救援工作,做好遇难人员家属的慰问和安抚工作,抓紧查清事故原因。辽宁省、大连市和国务院有关部门,要密切配合,协调行动。要根据国际公约和国际惯例,做好外籍遇难人员的善后工作。

最近,除民航发生两起重大事故外,公路运输、煤矿生产等安全事故也较多。鉴于当前安全生产形势比较严峻,朱镕基要求各地区、各部门和各单位都要认真抓好安全生产工作,特别是要抓好以下三个方面:

第一,切实树立安全第一的观念。安全生产事关人民群众生命和财产安全,事关社会稳定。一定要从实践"三个代表"的高度,从改革发展稳定的大局出发,真正警醒起来,集中力量抓安全生产,坚持安全第一。民航、铁路、交通、矿山和各类生产企业,都要认真吸取教训,举一反三,引以为戒,绝不能存有任何侥幸心理。现在,虽然"五一"长假结束,客运高峰已过,但决不能有丝毫松懈麻痹思想。必须继续做好安全运输工作,节日后的安全生产工作更要抓紧。

第二,立即在全国各个领域全面开展一次安全生产大检查,认真查找隐患,堵塞漏洞,坚决防止重大事故的发生。要继续深入开展国务院已经确定的民用爆破器材和烟花爆竹、道路和水上交通运输、煤矿安全、化学危险品储运、公众聚集场合消防五项安全专项整治工作,该关闭的坚决依法关闭,该停产整顿的坚决停产整顿。重大安全事故的发生,大都与管理不严、安全措施不落实有关,安全生产管理工作必须加强。要严格落实各项规章制度和操作规程,加强日常安全生产的检查工作,坚决纠正各种违规违章指挥和作业现象,做到有章必循,违章必究,决不能姑息迁就。

第三,严格执行安全生产责任制。安全生产责任重于泰山。各地方政府一把手,要对本地区安全生产工作负总责。各职能部门要按照各自职责分工,切实负起责任。各企业主要负责人要对安全生产负责任。要认真贯彻落实国务院《关于特大安全事故行政责任追究的规定》,发生特大安全事故,要追究有关领导干部的行政责任,构成犯罪的还要依法追究刑事责任。中央各部门要严格执行这方面规定,地方各级政府也要切实贯彻执行,严厉查处各种安全事故,严肃追究有关领导者和直接责任者的责任。

国务院副总理钱其琛、吴邦国,国务委员罗干、司马义·艾买提、王忠禹参加会议并作了讲话。

党中央、国务院有关部门负责人参加了会议。

国务院副总理李岚清出席2002天津·《商业周刊》论坛并发表演讲

2002天津·《商业周刊》论坛在天津开幕。国务院副总理李岚清出席论坛,并发表了题为《新世纪的中国将更加繁荣与开放》的演讲。

李岚清说,本次论坛的主题是"新世纪,新视野:中国加入世界贸易组织后的商机"。中外来宾围绕这个主题深入进行探讨很有意义。这表明世界越来越关注中国,也反映了各国的企业界加强合作,谋求发展的共同愿望。

李岚清在向与会人士介绍了中国改革开放20多年来的发展成就后说,展望未来,尽管世界经济存在诸多不确定因素,中国在前进道路上也面临一些困难和问题,但我们有信心、有能力保持国民经济持续快速增长,中国经济发展的前景是光明的。

关于中国加入世贸组织后的前景,李岚清指出,加入世贸组织,是中国顺应经济全球化发展趋势作出的主动选择,标志着中国的改革开放进入了新的阶段。我们将以更加积极的姿态,在更大范围和更深程度上参与国际合作与竞争,向世界各国和投资者进一步开放。中国是守信用、负责任的国家。与加入世贸组织有关的各项工作都在有条不紊地顺利进行。

李岚清指出,在经济全球化趋势日益发展和科学技术突飞猛进的新世纪,要保持世界经济的稳定发展,必须共同营造和平稳定的国际环境。这个环境的支柱是政治多极化、文化多元化和经济发展的平衡。国与国之间经济发展的差异存在着互补空间,使国际竞争与合作能够共融,我们应当谋求双赢的局面。中国的繁荣离不开世界,世界的发展也离不开中国。中国更加开放的新格局和经济发展的新跨越,不仅给中国人民带来福祉,也将给世界各国的投资者创造巨大的商机,为国际经济合作与发展开拓新的空间。我们热忱欢迎外商来华合作,投资现代农业、高新技术产业、西部开发,参与国有企业改造、重组,促进中国企业提高管理水平。

李岚清最后强调,中国人民热爱和平,中国的发展需要长期的国际和平环境。展望新世纪的中国,必将更加繁荣与开放。开放的中国愿与各国一道,着眼未来,开阔视野,抓住机遇,共创人类更加灿烂辉煌的明天。

2002天津·《商业周刊》论坛是由天津市政府和美国《商业周刊》共同主办的。会前,李岚清分别会见了前来出席论坛的美国前总统布什、澳大利亚前总理霍克、世界贸易组织候任总干事素帕猜。天津市委书记张立昌、市长李盛霖,国务院副秘书长高强等参加了会见并出席了论坛。

国务院副总理李岚清在天津考察

5月8日至9日,李岚清在天津市市委书记张立昌、市长李盛霖的陪同下,先后考察了天津市第七中学、北京师范大学天津附属中学、南开中学、第二南开中学等学校,与部分中学校长进行了座谈,并听取了市委、市政府的工作汇报。他对天津市在经济发展、城市基础设施建设、市场繁荣、社会稳定和改造危旧房、吸引外资等方面取得的显著成绩给予了充分肯定;对天津坚持“政府投入为主,盘活和利用社会资源”方针,建设一批高水平高中的做法给予了高度评价。他指出,当前,我国城市特别是大中城市正处于高中入学的高峰期,随着“普九”任务的基本完成和高校的扩招,城市高中阶段教育已成为整个教育发展的“瓶颈”。大力发展优质高中,不仅可以满足当前广大青少年日益增长的教育需求,也为今后向高校输送大批优秀生源打下坚实的基础。天津市委、市政府适应这种形势变化,提出要从落实“三个代表”的高度,“善解民意,善待百姓”,把广大人民群众迫切需要的高中教育发展放在非常突出的地位,通过加大政府投入、置换学校土地、撤并薄弱学校、新建规范学校等一系列措施,整合高中教育资源,建设了一大批优质高中。天津的实践证明,党和政府只要抓住广大人民群众关心的问题,找准切入点,统一思想,埋头苦干,发动群众,共同努力,就一定能在不长的时间收到明显效果。

李岚清指出,21世纪的国际竞争,归根到底是人才的竞争。只有培养和造就千百万高素质的建设人才,我国的社会主义现代化建设事业才能持续、稳定、健康发展,中华民族伟大复兴的目标才能实现,中国才能永远立于不败之地。党中央、国务院对发展教育事业十分重视,邓小平、江泽民同志为此做过一系列重要的指示。现在的关键是狠抓落实。各地要按照“积极进取,实事求是,分区规划,分类指导”的原则,着力解决影响教育发展的“瓶颈”问题,加快发展优质高中。要坚持因地制宜,通过布局调整、资源重组、高初中分离、改建扩建等方式扩大现有优质高中的招生规模;要鼓励有条件的地方新建优质高中;要采取有力措施提高普通高中的教育质量和整体办学水平,不断扩大优质高中教育资源;要鼓励和引导社会力量兴办高中,使民办高中成为一支有生力量;要加大对高中教育的投入,适度利用银行贷款、政府贴息、适当收费入学等办法,加快高中教育的发展。

李岚清强调,加快高中发展不是简单地扩大规模,更要注重强化学校管理,提高教育质量和教学水平。要进一步深化教学改革,充分运用现代化教学手段,改进教学方法,改革课程设置和考试评价制度。要加强对校长和教师的培训,提高他们的管理和专业水平。要通过人事制度改革,建立公平竞争、有序流动、有效激励的运行机制。要大力发展远程教育和电化教育,将优质教育资源送到农村和偏远地区。有条件的地区和学校要提倡双语教学,首先要搞好汉语教学,使学生了解祖国的优秀传统文化,提高人文素质,又要努力提高学生的外语水平,满足现代化建设对外语人才的需求。要把网络技术手段充分运用在学校图书馆建设中,使师生能够共享更多的图书信息资源。要根据各地的条件,在学校兴建必要的体育设施,既为学生锻炼身体提供条件,也可为社区居民健身服务。

李岚清还考察了天津大学科技园区,参观了南开大学泰达学院,对他们科研成果的开发应用和开展远程教育的实践给予充分的肯定。

陪同考察的国务院有关方面负责同志有:陈至立、高强、廖晓淇等。

国务院副总理温家宝在南水北调中线考察

继去年9月考察南水北调东线后,5月8日至11日,温家宝又考察了南水北调中线,察看了丹江口水利枢纽、陶岔渠首闸、穿越黄河工程、百泉灌区、石津干渠古运河枢纽、瀑河水库、永定河倒虹吸工程等中线调水的一些关键性工程项目,看望了丹江口库区移民,到沿线农村进行了调查,听取湖北、河南、河北、天津、北京等沿线省市和有关部门的汇报,了解各方面的意见和建议。

温家宝指出,实施南水北调,必须制定科学的规划。南水北调是千年大计,一定要以严谨、科学和实事求是的态度进行充分可靠的论证,经得起历史的检验,对子孙后代负责。要贯彻江泽民总书记提出的从长计议、统筹考虑、科学选比、周密计划的指导思想,以及朱镕基总理提出的先节水后调水、先治污后通水、先环保后用水的原则。调水要综合考虑各方面的因素,不仅要有一个好的工程规划，还要有好的节水规划、经济结构调整规划、污染治理规划、生态保护规划、水价形成机制规划。

温家宝强调，要切实解决好调水工程的突出问题。一是生态问题。南水北调必须把生态建设与环境保护摆在突出位置。调水既要使北方干旱地区受益，也要保证水源地区生态不受大的影响，实现调水区和受水区经济、社会、生态的协调发展。水源地区要大力实施退耕还林、封山育林，严格控制污染物排放，确保水源永远是一库清水。调水沿线要搞好污染防治、绿化建设，努力使调水渠道成为清水走廊、绿色长廊。二是移民问题。要高度重视库区移民工作，重点解决好移民的生计问题，切实把移民安置好、稳定住，并帮助他们脱贫致富。三是节水问题。解决北方地区水资源短缺，必须把立足点放在节水上。要调整经济结构，发展节水型工业、节水型农业，建设节水型城市、节水型社会。

温家宝指出，实施南水北调，要建立良好的筹资、管理、运营机制。要改革水价形成机制，实行定额用水、差别水价、累进加价，提高全民节水意识，运用价值规律促进节水，努力提高水资源的利用效率。

随同温家宝考察的有关省市和中央有关部门负责人有俞正声、陈奎元、李克强、王旭东、李盛霖、刘淇、汪恕诚、刘江、马凯、张佑才、汪纪戎、张基尧等。

中国政府代表团团长 国务委员吴仪在儿童问题特别联大会议上发言

吴仪说，关注儿童，就是关注人类的明天。保护儿童，就是保护我们的未来。国际社会迫切需要在国家、区域和全球采取决定性和协调一致的行动，以有效地应对新问题和新挑战，为儿童缔造更加美好的未来。

吴仪说，儿童优先是儿童发展的基本原则。在任何时候，都要把儿童的利益放在第一位。各国政府都应拿出对子孙后代负责的远见卓识，将儿童发展进一步纳入各国的经济和社会发展战略，并根据本国国情，确定儿童发展指标和行动纲领。要加强对儿童合法权益的保护，不断完善法律、法规，为儿童健康成长创造良好的环境。

吴仪说，消除贫困是儿童发展的必要前提。要从根本上解决儿童发展问题，必须从消除贫困入手。为此，各国政府和国际社会要采取一切措施，减少贫困现象，为投资于儿童提供更多的资源。此外，要实现共同和平衡发展，缩小地区和国家间的差异，使所有儿童得益于经济全球化和技术进步，实现社会的公正和公平。

她说，突出重点是儿童发展的当务之急。中国政府支持本次特别联大制定切实可行的儿童发展目标，并根据全球、各地区和各国儿童发展领域的突出问题，进一步采取有针对性的措施。中国政府认为，应该将妇幼保健、基础教育、控制艾滋病、保护儿童的合法权益作为今后工作的重点领域予以更多的关注和重视，并加大人力、物力和财力的投入。

她说，国际合作是儿童发展的重要保障。解决世界儿童问题，离不开有效的国际合作。发达国家有责任和义务为发展中国家提供资金、转让对儿童保护和发展有益的技术，特别是防范疾病的低成本技术，加强发展中国家在儿童发展领域的能力建设。更为重要的是，发达国家要在资金、技术、债务和贸易等方面履行承诺，为发展中国家创造良好的外部发展环境，缩小南北差距，使发展中国家有能力把更多的资源用于儿童的生存、保护和发展。

她说，坚持儿童优先原则，充分保障儿童的生存、发展、受保护和参与权利是中国政府的一贯政策。在过去10年中，中国政通人和，经济以10.1%的速度持续增长，为儿童生存环境的改善和发展打下了良好的基础。世界儿童首脑会议后，中国政府积极履行承诺，认真改善儿童生存发展状况，维护儿童合法权益，为推动儿童发展作出了不懈努力。到目前为止，中国基本实现了世界儿童首脑会议提出的全球目标。

吴仪最后说："我们也清楚地意识到，中国人口众多、地域辽阔，受经济和社会发展水平的制约，儿童发展依然面临诸多困难和问题。为此，我们在对我国3.5亿儿童的情况进行分析的基础上，制定了《中国儿童发展纲要(2001—2010年)》，并颁布实施，旨在进一步将中国儿童事业纳入良性发展轨道。"她表示相信，作为世界儿童人口大国，中国儿童事业的发展将对全世界儿童事业发展作出重要贡献。

《人民日报》发表署名光明的文章《困兽犹斗 自掘坟场——评李洪志最新歪理邪说〈北美巡回讲法〉》

吕东逝世

我国工业经济战线的杰出领导干部，原中共中央顾问委员会委员、中央财经领导小组顾问，原冶金工业部部长、第三机械工业部部长、国务院机械工业委员会第一副主任，原国家经济委员会主任、党组书记，原国家计委顾问吕东同志，因病医治无效，于5月8日在北京逝世，享年87岁。

吕东是辽宁海城人，1935年考入东北大学史地系，次年转入北京大学历史系，参加了"一二·九"学生运动，1937年6月在太行区八路军第一游击纵队从事民运工作，同年10月加入中国共产党。1938年，吕东受命组建晋察冀行政委员会财政处印刷局，并任局长和兼任晋察冀边区银行监督，1940年后调任晋察冀边区第一行政督察专员公署专员、党团书记，冀察行署秘书长。抗日战争胜利后，吕东先后任沈阳市委书记，辽宁省政府秘书长，辽东分局财委副书记，东北行政委员会辽东办事处秘书长，辽东财经办事处主任、党组书记，南满分局财委副书记等职。1948年11月，调任东北工业部第一副部长。

1952年8月，吕东被中央人民政府任命为重工业部副部长，主持日常工作。1956年5月起，他先后任冶金工业部常务副部长、部长、党组书记。“文化大革命”期间，他遭受林彪和“四人帮”的诬陷、迫害，被投入监狱4年之久。林彪反革命集团覆灭后，吕东得到彻底平反，之后担任华北协作区筹备组主要负责人。1977年调任第三机械工业部（后改名为航空工业部）部长、党组书记。1980年，任国务院机械工业委员会第一副主任，主持日常工作。1982年1月，新的国家经济委员会成立，吕东任常务副主任、党组副书记；1984年9月后任主任、党组书记。1988年4月后，任中央财经领导小组顾问，中国工业经济协会会长。

吕东是中共十二大、十三大代表，十四大特邀代表；第四届全国政协委员，第五、六届全国政协常委。

5月9日

国务院总理朱镕基在北京会见美国前总统布什

国务院总理朱镕基在人民大会堂会见15个国家的离到任驻华大使

朱镕基对即将离任的大使在任期内为发展中国与有关国家间的双边关系和友好合作所做的努力表示赞赏，对新到任的大使表示欢迎，希望他们在任期内促进中国与这些国家间的友好合作关系，并表示中国政府将对他们在华期间的工作给予方便和支持。

参加会见的离任驻华大使是：法国大使毛磊和苏丹大使阿卜丁；到任驻华大使是：美国大使雷德、荷兰大使贺飞烈、加拿大大使柯傑、丹麦大使龙博深、苏里南大使王伦兴、哈萨克斯坦大使卡里布扎诺夫、亚美尼亚大使瓦西里、哥伦比亚大使坎波、秘鲁大使托莱多、老挝大使普提山、英国大使韩魁发、爱沙尼亚大使马汀森和马其顿大使埃夫雷莫夫。

国务院副总理吴邦国察看“5·7”空难现场

国务院副总理吴邦国于5月9日至10十日专程到大连察看了“5·7”空难现场，并代表江泽民总书记、朱镕基总理向遇难者亲属和参加搜寻打捞、善后工作的全体人员表示慰问。他强调，各有关方面要坚决按照党中央、国务院、中央军委领导同志的指示精神，以对党和人民高度负责的态度，发扬不怕困难、连续作战的作风，全力以赴，协同配合，继续做好搜寻打捞遇难者遗体和善后处理工作，尽快查清事故原因，认真吸取教训，切实防止重特大安全事故发生。

5月9日下午，吴邦国乘飞机到大连后，立即察看了已经打捞出来的部分“5·7”失事飞机残骸，并于当晚听取了国务院“5·7”空难事故处理领导小组和辽宁省、大连市等有关方面关于遇难者遗体打捞、善后工作和事故调查情况的汇报。他在听取汇报后指出，“5·7”空难给国家和人民的生命财产造成了严重损失，党中央、国务院、中央军委对此高度重视，江泽民总书记、朱镕基总理作了重要指示，国务院立即派出事故调查处理小组，组织协调军地有关方面，迅速进行事故救援、遇难者遗体打捞及善后工作。几天来，辽宁省、大连市和国务院有关部门，军队、武警部队等有关方面，坚决贯彻中央领导同志指示精神，团结协作，密切配合，调集各方面力量，千方百计搜寻、打捞遇难者遗体，迅速展开事故原因调查及善后处理工作。在各方面的共同努力下，事故处理工作总体上进展顺利。

吴邦国强调，要以对人民高度负责的态度，带着深厚的感情，克服昼夜奋战的疲劳，发扬连续作战的作风，齐心协力，进一步做好各项工作。他对做好下一步工作提出了四点要求：一要克服困难，进一步加大搜寻力度，扩大搜寻范围，加强组织协调，军地协同动作，尽最大努力搜寻打捞遇难者遗体，同时要确保潜水员等打捞人员的人身安全。二要认真细致地做好善后工作，要像对待自己亲人那样接待好遇难者亲属。遇难者所在单位及当地政府要切实负起责任，积极配合有关部门做好遇难者亲属的抚慰工作，通过细致的工作，把党和政府的关怀、社会的温暖送到遇难者亲属心中。三要抓紧调查事故原因。要尽快找到失事飞机黑匣子，继续搜寻打捞飞机残骸，组织有关方面专家分析论证，作出经得起历史检验的结论。四要认真贯彻落实国务院第58次常务扩大会议精神，牢固树立安全第一的思想。吸取深刻教训，举一反三，全面落实安全生产各项措施，切实防止安全生产重特大事故发生。

5月10日，吴邦国看望了部分遇难者亲属，转达了江泽民总书记和朱镕基总理的亲切慰问，关切询问了他们的生活情况，希望他们节哀保重，嘱咐有关工作人员，做好接待服务工作。吴邦国说，事故发生后，大家的心情都很沉痛，他要求有关方面要抱着极端负责的态度，努力把善后工作做好。他对遇难者亲属积极配合有关部门的工作表示感谢，并希望他们继续给予配合。吴邦国还到殡仪馆向遇难者表示了沉痛哀悼，并对负责接待亲属的工作人员和医务人员的辛勤工作表示感谢。

吴邦国乘船察看了飞机失事海域现场，进一步详细了解了飞机失事和搜寻打捞工作情况，亲切慰问了奋战在第一线的搜寻打捞人员、海军指战员、武警官兵和公安干警，勉励他们再接再厉，善始善终，继续做好搜寻打捞工作。

随同吴邦国察看“5·7”空难现场和慰问遇难者亲属的有关方面负责人有：李荣融、刘剑锋、尤权、洪善祥、张宝明、闪淳昌、杨元元、徐德、赵新良、李永金等。

国务委员吴仪在纽约联合国总部分别会见联合国秘书长安南和儿童问题特别联大主席韩升洙

吴仪首先向安南转达了江泽民主席的亲切问候。吴仪说，当前的世界仍不太平，和平与发展仍面临巨大挑战，各国都对联合国抱有期待，希望联合国发挥更大的作用。求和平、谋发展是当今世界的主题，今年联合国在发展领域召开的一系列会议，是有效推进全球经济与社会发展的重要举措。目前，各国的发展还很不平衡，希望联合国深入研究所面临的问题，特别是经济全球化带来的挑战，开阔思路，在新的世纪里为世界的和平与发展作出更大贡献。安南感谢江泽民主席和中国政府对他本人及联合国工作的支持。他说，包括儿童问题特别联大在内的一系列会议十分重要，都是努力实现联合国《千年宣言》制定的发展目标的重要组成部分。中国一贯认真执行联合国的各项重大决议和决定，并将其纳入国家发展计划，在落实和实施方面取得了显著成果。联合国系统有关部门正在认真研究中国的经验，以便在更大的范围内推广。

在会见韩升洙时，吴仪表示，联合国在当前形势下召开儿童问题，特别联大意义深远。吴仪向韩升洙介绍了中国在儿童发展领域所做的工作及取得的成就。她说，作为儿童人口最多的国家，中国高度重视儿童发展问题，愿意利用此次会议的机会，与各国领导人共商未来儿童事业发展的大计。韩升洙感谢中国政府为筹备和参加本次特别联大所作出的努力，盛赞中国在儿童领域的可喜成就。双方还就其他有关问题交换了意见。

《续修四库全书》出版座谈会在北京举行

历时8年，在大批专家学者倾心竭力遴选编辑和各界人士鼎力协助下，国家重点出版工程《续修四库全书》全部1800册的编纂出版工作终告完成。中共中央政治局常委、全国政协主席李瑞环出席出版座谈会时将此称之为“功在当代，泽及后世”的盛举。

李瑞环对《续修四库全书》的出版表示热烈祝贺，对参与这项工作的专家、学者和出版工作者表示崇高的敬意和衷心的感谢。他说，《续修四库全书》和《四库全书》相配套，构筑起一座中华传统文化的大型书库。这是一项了不起的工程，对保存、研究和弘扬中华民族的传统文化，必将产生重大影响。

李瑞环希望大家认真总结《续修四库全书》工作取得的经验，为保护、挖掘、整理文化遗产，为弘扬优秀传统文化作出更大贡献。

《续修四库全书》作为迄今为止我国最大型丛书《四库全书》的续编，其收录范围包括《四库全书》成书前传世图书的补选和《四库全书》成书后著述的续选。补选之书目主要是被《四库全书》遗漏、摒弃、禁毁，或列入“存目”而确有学术价值的图书，以及《四库全书》虽收录但版本残劣，有善本足可替代的书籍；续选书目尽可能选收了乾隆中期以后至辛亥革命以前，各学术门类和流派的代表性著作等。《续修四库全书》共收书5213种，比《四库全书》增加了51%。

《续修四库全书》工作委员会主任宋木文及著名学者任继愈、戴逸、杨义等在会上发言，侯仁之作了书面发言。他们认为，《续修四库全书》是继18世纪编修《四库全书》以来，又一次在全国范围内对中国古典文献进行大规模清理与汇集，两者配套，中国古代的重要典籍可以说大致齐备。

全国人大常委会副委员长许嘉璐出席座谈会。座谈会由新闻出版总署署长石宗源主持，有关部门负责人及学术界、出版界知名人士等200余人参加了会议。

5月10日

亚洲开发银行理事会第三十五届年会在上海国际会议中心开幕

国家主席江泽民出席开幕式，并发表了题为《加强亚洲团结合作，促进世界和平发展》的讲话。

开幕式由亚行本届理事会主席、中国财政部部长项怀诚主持。亚行各成员的政府要员、主要国际金融组织和中外商业金融机构的高层管理人员以及学术界知名人士等约3000人出席了开幕式。

本届年会理事会主席项怀诚、亚行行长千野忠男也在开幕式上先后讲话，分别介绍了中国与亚行的合作、亚行董事会2001年年报、亚行的发展和机构改革、亚太经济发展状况和区域合作等方面的情况。

中共中央政治局委员、上海市市委书记黄菊，外交部副部长王光亚，财政部副部长金立群、肖捷，以及三位亚行副行长申明浩、约翰·林杰、约瑟夫·艾肯博格等出席了今天的开幕式。参加开幕式的还有联合国和世界贸易组织等国际机构的负责人。

这是中国第二次承办亚行年会。1989年，中国曾在北京承办了第二十二届亚行年会。本次为期三天的会议将讨论亚太地区经济金融形势、发展前景及本地区发展所面临的问题。同时还将对亚行的业务状况进行审议,并通过亚行2001年度报告、财务报告、外部审计报告、净收入分配报告和2002年度预算报告等。年会期间还将举行一系列多边、双边会议。

国家主席江泽民在亚洲开发银行理事会第三十五届年会开幕式上发表讲话《加强亚洲团结合作 促进世界和平发展》

各位代表,女士们,先生们:

五月的上海,鲜花簇拥,和风送暖,亚洲开发银行理事会第三十五届年会在这里隆重开幕。首先,我代表中国政府和人民,并以我个人的名义,对会议的召开表示热烈祝贺!对各位来宾表示诚挚欢迎!

十三年前,亚洲开发银行理事会第二十二届年会曾在北京举行。十三年来,中国和世界都发生了深刻的变化。进入新世纪,缔造一个持久和平与普遍繁荣的世界越来越成为各国人民的共同心愿。在这个历史时刻,中国再次主办此项盛会,我感到十分高兴。

亚洲开发银行年会是探讨亚洲发展问题的会议。我愿借此机会谈谈我对亚洲及世界发展前景的一些看法。

当今世界,国际局势正处于深刻的变动之中。和平与发展仍是当今时代的主题。要和平稳定,不要战争动乱,要繁荣进步,不要贫穷落后,是各国人民的共同心愿。世界多极化和经济全球化继续发展,以信息科技和生命科技为核心的现代科学技术突飞猛进。各国人民渴望实现持久和平与普遍繁荣,这是时代进步的强大动力。人类和平与发展的崇高事业,展现出光明的前景。

然而,不公正、不合理的国际政治经济旧秩序尚未根本改变。局部的战乱、紧张、动荡此起彼伏,恐怖主义等非传统安全问题更趋突出。国际经济的发展还很不平衡,特别是不少发展中国家遇到了严重困难,南北差距进一步扩大。国际局势的不确定因素有所增加。人类和平与发展的崇高事业,也面临着不容忽视的挑战。

在这样一个关键时刻,各国政府和人民应顺应时代潮流,加强交流与合作,认真规划和坚持世界发展的正确方向,共同创造一个和平繁荣的新世纪。

为了实现这个共同的历史任务,我们必须

——积极推动世界多极化和国际关系民主化。推动世界多极化,不是要重演历史上大国争霸和瓜分势力范围的旧剧,而是要推动世界各国各地区平等竞争、互利合作、和平相处、共同繁荣。国际关系民主化,就是各国的事情要由各国人民做主,国际上的事情要由各国平等协商,全球性的挑战要由各国合作应对。这样做,有利于体现各国人民的意愿和利益,有利于促进世界的平衡发展。

——努力建立适应各国发展水平和要求的国际经济新秩序。当今全球发展不平衡的根本原因,在于未能建立一个公平合理的国际经济秩序。应改革不合理的国际金融和贸易体制,鼓励各种经济要素合理有序流动,保障所有国家特别是发展中国家在经济全球化条件下平等发展的权利。应增加对发展中国家的援助,加强国际开发机构的资源转移职能,促进经济全球化收益的合理分配,实现发展成果的合理分享。

——充分尊重各国文明发展的多样性。多样性是世界存在的本质特征。人类社会的共同进步追求只能通过不同的文明来表达,各国人民的美好生活理想可以通过不同的发展道路来实现。各种文明和各种发展道路应和谐共存,在竞争比较中取长补短,在求同存异中共同进步。各国的发展必然要遵循各自的历史轨迹。处于不同发展阶段的国家应在相互尊重的基础上平等交流、友好合作。

女士们、先生们:

亚洲是世界上最大的洲,地域面积占全球陆地近三分之一,人口约占世界总人口的五分之三,经济规模占世界经济总量的四分之一。亚洲各国人民有着自尊自信、勤劳勇敢、艰苦奋斗的可贵精神,创造了悠久的历史和灿烂的文化。近代以来,亚洲各国人民为争独立、求解放、谋发展经历了无数的困难和挫折,更取得了举世瞩目的成就。

在漫长的历史进程中,亚洲人民为人类文明发展作出了伟大的贡献。在充满希望的二十一世纪,亚洲应该也能够为人类文明的进步作出更大的贡献。

目前,亚洲的发展面临着新的机遇,也面临着新的挑战。亚洲总体上保持着和平稳定的态势,具有巨大的发展潜力和优势,依然是当今世界最具经济活力和发展潜力的地区。经济全球化的深入发展和科学技术的迅猛进步,有利于亚洲各国利用国际资本,引进先进技术,开拓国际市场,推动本国经济的发展。但是,亚洲某些地区的安全形势仍不容乐观,反对恐怖主义的斗争尚待深入。经济全球化在带来发展机遇的同时,也增加了国际经济环境的不确定性,增加了本地区内发展中经济体结构调整的难度和遭遇外部冲击的风险。

为了抓住机遇、迎接挑战、加快发展,亚洲各国要加强自身的努力,同时要深化具有亚洲特色的区域合作。亚洲各国国情各异、发展水平不一、文化多样,这不仅不会成为亚洲区域合作的障碍,反而更增加了亚洲加强合作的现实意义。加强亚洲区域合作,有利于亚洲各国更广泛地开拓市场和利用资源，有利于推动世界多极化和经济全球化健康发展，有利于促进世界的和平与繁荣。

令人高兴的是，近年来，在亚洲国家的共同努力下，亚洲区域合作日益加强，亚太经合组织、东亚区域合作、上海合作组织等各种合作机制初步建立，一个互利、健康、开放的合作局面正在形成。

在此，我想就进一步加强亚洲区域合作提几点建议。第一，从亚洲发展的大局出发，共同培育相互理解、和睦相处的政治环境。第二，贯彻平等协商、互惠互利的原则，充分体现参与各方的平等权利和共同利益。第三，坚持形式多样、循序渐进的原则，立足现有合作机制，不断探索新的合作形式，首先加强次区域合作，并在此基础上积极探索亚洲合作的有效途径。第四，坚持开放的地区主义，使亚洲合作在开拓本地区发展潜力的同时，也为世界其他地区提供新的发展机会。

亚洲开发银行作为本地区最大的多边开发机构，多年来为推动亚洲经济发展作出了重要贡献。中国赞赏亚洲开发银行在推动本地区扶贫工作中所作出的巨大努力，在促进亚洲次区域经济合作方面取得的重要成果。在此，我也对为亚洲发展作出贡献的亚洲开发银行区外成员表示感谢。

中国重视亚洲开发银行为中国现代化建设所发挥的积极作用，愿意进一步深化同亚洲开发银行的合作。希望亚洲开发银行进一步加大向其发展中成员提供优惠资金的力度，在消除贫困和提高各成员生产力方面取得更大进展；继续积极支持亚洲区域和次区域经济合作，促进各成员建立更加紧密的合作伙伴关系；坚持公正客观的发展理念和发展政策，为建立亚洲及世界经济新秩序作出更加积极的贡献。

女士们、先生们：

中国人民爱好和平，向往美好生活。中国的发展，是亚洲和世界和平与发展事业的重要组成部分。中华人民共和国成立以来特别是改革开放以来，中国社会发生了伟大的历史变革，中国的发展取得了举世公认的成就。中国已经实现了现代化建设的第一、第二步战略目标，中国人民的生活总体上达到了小康水平。这次会议在上海召开，上海就是中国改革开放和现代化建设蓬勃前进的一个缩影。与世界先进国家相比，中国的生产力和科技水平还比较落后，经济文化发展很不平衡。基本实现现代化，使全体中国人民的生活水平和质量不断提高，还要进行长期的艰苦努力。在新的世纪里，中国人民将坚持以经济建设为中心，抓住机遇，深化改革，扩大开放，保持稳定，为实现中国现代化建设的第三步战略目标而不懈奋斗。

总结中国改革和发展的历程，我们有一个非常深刻的体会，这就是，中国这样一个有十几亿人口的发展中大国要发展起来，必须坚定不移地走适合自己国情的发展道路，始终保持社会的安定团结，始终以不断提高人民生活水平为发展的目标。在未来的前进道路上，不论遇到什么样的困难和风险，中国人民都将坚持走自己选择的道路。

中国加入世界贸易组织，标志着中国的对外开放进入了新阶段。中国将在更大范围和更深程度上参与国际经济合作与竞争，进一步向亚洲和世界开放。中国将恪守承诺，有步骤地扩大对外开放，不断完善法制，创造更加公平透明的市场环境。中国加入世界贸易组织，将为中国和亚洲以及世界经济的发展注入新的活力，中国人民将从中受益，亚洲和世界各国人民也将从中受益。

中国的发展，有利于亚洲和世界和平与进步力量的增长。不论国际风云如何变幻，中国永远是亚洲国家的好邻居、好朋友、好伙伴，永远是维护世界和平、促进共同发展的坚定力量。

我相信，亚洲和世界的发展前景必然是光明的。让我们携起手来，加强亚洲国家的团结合作，加强亚洲各国人民与世界各国人民的团结合作，为开创人类社会更加美好的未来而共同努力！

祝年会取得圆满成功。

谢谢大家。

全国人大常委会委员长李鹏在人民大会堂会见老挝建国战线主席西沙瓦·乔本潘一行

全国人大常委会委员长李鹏在人民大会堂会见哥伦比亚前总统洛佩斯

国务院总理朱镕基在中南海会见哈萨克斯坦国务秘书兼外长托卡耶夫

全国政协主席李瑞环在人民大会堂会见老挝建国战线主席西沙瓦·乔本潘一行

全国政协举行第四十次主席会议

全国政协主席李瑞环主持会议。

会议决定政协九届常委会第十八次会议于2002年6月25日至28日在北京召开，建议这次常委会议的主要议题是研究讨论我国生态建设和社会发展中的若干问题，重点是防治土地沙化、实施九年制义务教育、解决城市困难群众生活、关注资源枯竭型矿城问题，并提出相应的对策和建议。

会议听取了全国政协秘书长郑万通关于召开政协

九届常委会第十八次会议议程、日程草案的说明。

全国政协副主席叶选平、杨汝岱、王兆国、钱伟长、任建新、宋健、李贵鲜、陈俊生、张思卿、钱正英、孙孚凌、朱光亚、万国权、赵南起、毛致用、白立忱、罗豪才、张克辉、周铁农、王文元出席会议。

第四届高等教育国家级教学成果奖暨第三届教育部高校青年教师奖颁奖会在北京人民大会堂举行

国务院副总理李岚清出席会议，为获奖者颁奖并发表重要讲话。他强调，高等学校要以江泽民同志“三个代表”重要思想为指导，继续深入贯彻落实科教兴国战略，把高等教育改革引向深入，促进高等教育事业健康发展，以实际行动迎接党的十六大胜利召开。

李岚清指出，在党中央、国务院的领导下，科教兴国战略深入人心。教育是推动经济发展和社会进步的重要力量，高等院校是宝贵的资源和财富，已成为全社会的共识。经过各方面努力，我国高等教育事业取得了很大成绩。高等教育管理体制改革有了重大进展，教育资源得到优化配置，整体质量和效益得到提高。高校后勤社会化改革取得重大突破，办学条件明显改善。与社会主义市场经济相适应的国家助学体系逐步建立和完善，保证了高校学生不因家庭经济困难而辍学。高校教职工待遇明显提高，工作和生活条件显著改善。教学改革稳步推进，教师整体素质不断提高。高校科研实力迅速增强，科技成果产业化成效显著。同时也要看到，高等教育领域的改革和发展任务还十分繁重，对此，我们要有清醒的认识。

李岚清强调，下一阶段，我们要坚持与时俱进，按照“巩固、深化、提高、发展”的要求，把高等教育改革引向深入。一是加强学科建设，提高教学质量。要充分运用高校前一段改革的成果和形成的有利条件，全面进行学科专业结构的调整，促进学科交叉、融合，创建多学科、跨学科的研究中心，发展新兴学科和交叉学科，加强基础课教学，提高教学质量。二是提高科技创新能力，加快科技成果产业化步伐。要按照“有所为，有所不为”的方针，加强基础研究和应用研究，增强原始创新能力，为人类的科学事业作出应有的贡献。在应用科技的研究开发方面，要继续办好孵化器和科技园区，搞好产、学、研结合，使更多的科技成果实现产业化。三是大力实施人才发展战略，努力培养和吸引优秀人才。要抓紧培养和造就一大批与国家经济、科技和社会发展相适应的高级专门人才，力争在“十五”期间建设一支宏大的高素质的教师队伍，吸引更多的海外优秀学者回国到高校从事科技研究开发和教学工作。四是继续努力为当地经济建设和社会发展服务。不管是中央为主管理的高校还是地方为主管理的高校，都要为地方培养输送各类优秀人才，发展高科技产业，用高科技成果改造有生命力的传统产业，创造更多的就业机会，支持地方经济结构调整和经济发展，为地方领导科学决策当好参谋助手。五是加快高等教育信息化建设，大力发展现代远程教育和电化教育。要加强网络基础设施建设，利用信息网络发展多媒体教学和现代远程教育，广泛推行电化教育，充分发挥优质教育资源的作用。六是继续深化高校后勤社会化改革，不断改善办学条件。七是切实做好国家助学贷款工作，确保家庭经济困难学生顺利完成学业。要进一步完善国家助学体系，尽快建立和健全学生学历查询网，增加“信用档案”的条目，加强对学生的诚信意识的教育。八是认真搞好对西部地区高校的对口支援，促进高等教育事业相对均衡发展，鼓励和引导东部地区高校毕业生到中西部地区建功立业。九是扩大高等教育领域的对外开放，积极稳妥地开展对外合作办学。与国外高校合作办学要坚持以我为主，与名校合作，有组织、有领导地进行，按有关法规和程序办事。

李岚清强调，高校党的建设、思想政治工作和稳定工作是高校各项事业健康发展的重要保证，一定要始终放在高校工作的重要位置来抓。高校党委要以邓小平理论和“三个代表”重要思想为指导，全面加强和改进党的思想建设、组织建设和作风建设，不断增强高校党组织的创造力、凝聚力和战斗力。要积极推动“三个代表”重要思想进课堂、进教材、进学生头脑的工作，在实践中认真落实。要适应教学改革和后勤社会化改革后的新形势，切实加强和改进高校思想政治工作。不仅班级的党团工作、思想政治工作、社团活动要继续搞好，而且要落实到学生宿舍和学生公寓。辅导员要进驻学生宿舍，把思想政治工作落实到每个学生。要采取切实有效措施，确保高校稳定。

第四届高等教育国家级教学成果奖暨第三届教育部高校青年教师奖，共评出国家级教学成果奖495项、高校青年教师奖获奖者115名。北京大学张继平教授、湖南大学庾建设教授代表获奖者先后在会上发言。全国人大常委会副委员长许嘉璐和中央国家机关有关部门负责同志出席颁奖会。颁奖会由教育部部长陈至立主持。

全国人大常委会副委员长田纪云在福建考察工作

5月10日至20日，田纪云在福建省省委书记宋德福、省长习近平、省委副书记黄瑞霖等陪同下，先后到厦门、泉州、福州等地考察了高新技术企业、民营企业、城市基础设施建设，出席福州招商会，并同福建省及福厦泉的领导进行了座谈。他说，改革开放23年来，福建发生了翻天覆地的变化：经济实力大大增强，经济结构发生了重大变化，工业化水平居全国前列，形成了多层次的对外开放格局，在经济快速发展的同时，人民群众的生活水平显著改善。相信福建人民在中央和省委领导下，一定能开辟新天地，攀登新高峰。

田纪云指出，福建的发展变化是全国改革开放伟大实践的一个缩影。党的十一届三中全会以来，我国的改革开放已经进行了23年。这是伟大的23年，是祖国山河巨变、旧貌换新颜的23年，是改写中国历史、谱写新篇章的23年。只要我们在以江泽民同志为核心的党中央正确领导下，高举邓小平理论伟大旗帜，认真贯彻实践“三个代表”重要思想，奋发图强，埋头苦干，我们就一定能克服前进中的种种困难，取得建设有中国特色社会主义事业的更大胜利。

田纪云对福建省今后的工作提出了四点要求：第一，大力优化产业、产品结构。农业方面要提高优质农产品的比重，逐步淘汰没有销路、效益差的产品；工业方面要千方百计提高高科技产品的比重，提高产品的科技含量。企业要以质量拓市场，以市场带规模，以规模求效益。第二，下功夫多利用一些外资。第三，放手发展各种形式的民营企业，个体的、私营的、各种股份合作制的、混合所有制的，都可以大力发展。第四，更多地发展旅游业。

随同田纪云考察的有关部门的负责同志有：胡光宝、于友民、刘政、程湘清、张春生等。

外交部发言人孔泉就5月8日发生的不明身份者闯入日本驻沈阳总领馆事件发表谈话

一、对5月8日发生的不明身份者闯入日本驻沈阳总领馆事件，中方进行了认真的调查核实，结果如下：当日下午，5名不明身份者欲从正门强行冲进日领馆。我执勤武警对其采取了阻止措施，仍有2人闯入领馆。我武警战士在得到该馆一位副领事的同意后，入馆将2人带出。其后，该馆一位领事向中方了解情况，同意中国公安人员将上述5人带走，并对武警战士表示感谢。

二、根据《维也纳领事关系公约》，中方有义务采取必要措施保证领馆的安全。5人未履行正常手续，身份不明，强行闯馆，有可能危害领馆及其人员的安全。我武警的上述措施纯出于责任感，且符合该公约有关规定。中方擅自进入日领馆的说法是不成立的。日方应冷静行事，善意理解中方举措，不使事态升级。

三、中方一贯重视中日关系，并冷静慎重处理两国间的一些偶发事件。1998年5月，日本多名警察擅自进入中国驻日使馆主楼，强行带走不明身份人员。中方就是按照上述精神加以对待和处理的。

国防部部长迟浩田考察山东河南民兵预备役部队

迟浩田对山东、河南两省针对高技术条件下局部战争面临的一些新课题进行探索取得的成果，以及民兵、预备役部队过硬的军事素质和良好的精神风貌，给予了充分肯定。

迟浩田强调，江主席主持中央和军委工作以来，继承、丰富和发展了毛泽东军事思想和邓小平军队建设思想，对新时期国防后备力量建设作出了一系列精辟论述，是加强国防后备力量建设的根本依据和行动指南。我们要在认真学习、领会其精神实质的基础上，弘扬与时俱进精神，在改革创新中推进国防后备力量建设向前发展。要解放思想，用新观念谋求新发展。各级都要从自身做起，在转变作风上下真功夫、实功夫，扎扎实实地干工作，求实效。

解放军副总参谋长钱树根，济南军区司令员陈炳德、政委张文台陪同考察。

全军院校教学成果表彰大会在北京召开

中央军委副主席张万年在会见大会代表时，代表江泽民主席和中央军委，向在教学工作中取得成果的同志表示热烈的祝贺，向全军院校的同志致以亲切的问候。

张万年说，近年来，全军院校以“三个代表”重要思想为指导，围绕“打得赢”、“不变质”深化教育改革，提高人才培养质量，取得了很大成绩。这次获奖的教学成果，是对全军院校建设成果的一次检阅，是院校全体同志辛勤劳动、团结奋斗的结果，可喜可贺。

张万年对军队院校教育工作提出了四点希望：一是要抓根本，牢固确立“三个代表”重要思想在院校建设中的指导地位，不断用“三个代表”重要思想武装官兵头脑。二是要抓质量，采取有力措施，多出高质量的人才，以适应军队现代化建设和军事斗争准备的需要。三是要抓创新，解放思想，与时俱进，积极推进院校建设与改革。四是要抓落实，认真贯彻六中全会决定，转变作风，狠抓落实，以优异成绩迎接党的十六大召开。

中央军委委员傅全有、于永波、王克、王瑞林、曹刚川等参加了会见。

在随后召开的全军院校教学成果表彰大会上，傅全有讲话指出，军队院校建设要牢固确立“三个代表”的指导地位，始终坚持坚定正确的办学方向；要自觉强化“人才是推动社会进步”的“第一资源”的思想观念，大力培养高素质新型军事人才；要深入贯彻科技强军的发展战略，着力增强教学科研创新能力；要积极探索办校治学的特点规律，不断提高院校全面建设的整体水平。

在第四届全国和全军教学成果奖评审中，全军院校共有398项成果获得军队级奖,29项获国家级奖,其中1项获国家级特等奖,3项获国家级一等奖,获奖数量和获奖等级都取得了历史性突破。

副总参谋长吴铨叙、总政治部副主任袁守芳、总后勤部副部长温光春、总装备部副部长楚鸿彦和驻京部队各大单位的领导,教育部副部长袁贵仁,以及获得2001年军队级教学成果一等奖并获得国家级奖励的代表等,出席了表彰大会。

《毛泽东文艺论集》出版发行

中共中央文献研究室编辑的《毛泽东文艺论集》,由中央文献出版社出版发行。

毛泽东十分重视文学艺术,领导和指导了各个时期的文艺运动,留下了大量关于文学艺术的文稿。《毛泽东文艺论集》汇集了毛泽东从1936年到1976年的文稿101篇,包括毛泽东在各个时期关于文艺问题的文章、讲话、批示、书信、题词以及阅读古代文学作品的批语等。部分文稿是第一次公开发表。这些文稿比较全面地反映了毛泽东的文艺思想,书中收入的新中国成立后毛泽东有关文艺问题的论述,反映了毛泽东文艺思想在新的历史条件下的发展。《毛泽东文艺论集》的出版,对于深入学习和研究毛泽东的文艺思想,了解20世纪30年代到70年代中国文艺运动和党的文艺方针、政策,总结和借鉴我国革命文艺和社会主义文艺发展的历史经验,具有重要价值。

5月11日

国家主席江泽民和斯洛文尼亚共和国总统库昌就中国和斯洛文尼亚建交10周年相互致贺

全国人大常委会委员长李鹏和斯洛文尼亚共和国国民议会议长帕霍尔就中国和斯洛文尼亚建交10周年相互致贺

《人民日报》发表署名甲士吾的文章《李洪志的新卖国邪说》

5月12日

国家主席江泽民和克罗地亚共和国总统梅西奇就中国和克罗地亚建交10周年互致贺电

全国人大常委会委员长李鹏和克罗地亚共和国议长托姆契奇就中国和克罗地亚建交10周年互致贺电

国务院总理朱镕基签署第352号令公布《使用有毒物品作业场所劳动保护条例》

《使用有毒物品作业场所劳动保护条例》已经2002年4月30日国务院第57次常务会议通过,现予公布,自公布之日起施行。

总　理　朱镕基

2002年5月12日

使用有毒物品作业场所劳动保护条例

第一章　总　则

第一条　为了保证作业场所安全使用有毒物品,预防、控制和消除职业中毒危害,保护劳动者的生命安全、身体健康及其相关权益,根据职业病防治法和其他有关法律、行政法规的规定,制定本条例。

第二条　作业场所使用有毒物品可能产生职业中毒危害的劳动保护,适用本条例。

第三条　按照有毒物品产生的职业中毒危害程度,有毒物品分为一般有毒物品和高毒物品。国家对作业场所使用高毒物品实行特殊管理。

一般有毒物品目录、高毒物品目录由国务院卫生行政部门会同有关部门依据国家标准制定、调整并公布。

第四条　从事使用有毒物品作业的用人单位(以下简称用人单位)应当使用符合国家标准的有毒物品,不得在作业场所使用国家明令禁止使用的有毒物品或者使用不符合国家标准的有毒物品。

用人单位应当尽可能使用无毒物品;需要使用有毒物品的,应当优先选择使用低毒物品。

第五条　用人单位应当依照本条例和其他有关法律、行政法规的规定,采取有效的防护措施,预防职业中毒事故的发生,依法参加工伤保险,保障劳动者的生命安全和身体健康。

第六条　国家鼓励研制、开发、推广、应用有利于预防、控制、消除职业中毒危害和保护劳动者健康的新技术、新工艺、新材料;限制使用或者淘汰有关职业中毒危害严重的技术、工艺、材料;加强对有关职业病的机理和发生规律的基础研究,提高有关职业病防治科学技术水平。

第七条　禁止使用童工。

用人单位不得安排未成年人和孕期、哺乳期的女职工从事使用有毒物品的作业。

第八条　工会组织应当督促并协助用人单位开展职业卫生宣传教育和培训,对用人单位的职业卫生工作提出意见和建议,与用人单位就劳动者反映的职业病防治问题进行协调并督促解决。

工会组织对用人单位违反法律、法规,侵犯劳动者合法权益的行为,有权要求纠正;产生严重职业中毒危害时,有权要求用人单位采取防护措施,或者向政府有关部门建议采取强制性措施;发生职业中毒事故时,有权参与事故调查处理;发现危及劳动者生命、健康的情形时,有权建议用人单位组织劳动者撤离危险现场,用人单位应当立即作出处理。

第九条 县级以上人民政府卫生行政部门及其他有关行政部门应当依据各自的职责,监督用人单位严格遵守本条例和其他有关法律、法规的规定,加强作业场所使用有毒物品的劳动保护,防止职业中毒事故发生,确保劳动者依法享有的权利。

第十条 各级人民政府应当加强对使用有毒物品作业场所职业卫生安全及相关劳动保护工作的领导,督促、支持卫生行政部门及其他有关行政部门依法履行监督检查职责,及时协调、解决有关重大问题;在发生职业中毒事故时,应当采取有效措施,控制事故危害的蔓延并消除事故危害,并妥善处理有关善后工作。

第二章 作业场所的预防措施

第十一条 用人单位的设立,应当符合有关法律、行政法规规定的设立条件,并依法办理有关手续,取得营业执照。

用人单位的使用有毒物品作业场所,除应当符合职业病防治法规定的职业卫生要求外,还必须符合下列要求:

(一)作业场所与生活场所分开,作业场所不得住人;

(二)有害作业与无害作业分开,高毒作业场所与其他作业场所隔离;

(三)设置有效的通风装置;可能突然泄漏大量有毒物品或者易造成急性中毒的作业场所,设置自动报警装置和事故通风设施;

(四)高毒作业场所设置应急撤离通道和必要的泄险区。用人单位及其作业场所符合前两款规定的,由卫生行政部门发给职业卫生安全许可证,方可从事使用有毒物品的作业。

第十二条 使用有毒物品作业场所应当设置黄色区域警示线、警示标识和中文警示说明。警示说明应当载明产生职业中毒危害的种类、后果、预防以及应急救治措施等内容。高毒作业场所应当设置红色区域警示线、警示标识和中文警示说明,并设置通信报警设备。

第十三条 新建、扩建、改建的建设项目和技术改造、技术引进项目(以下统称建设项目),可能产生职业中毒危害的,应当依照职业病防治法的规定进行职业中毒危害预评价,并经卫生行政部门审核同意;可能产生职业中毒危害的建设项目的职业中毒危害防护设施应当与主体工程同时设计,同时施工,同时投入生产和使用;建设项目竣工,应当进行职业中毒危害控制效果评价,并经卫生行政部门验收合格。

存在高毒作业的建设项目的职业中毒危害防护设施设计,应当经卫生行政部门进行卫生审查;经审查,符合国家职业卫生标准和卫生要求的,方可施工。

第十四条 用人单位应当按照国务院卫生行政部门的规定,向卫生行政部门及时、如实申报存在职业中毒危害项目。

从事使用高毒物品作业的用人单位,在申报使用高毒物品作业项目时,应当向卫生行政部门提交下列有关资料:

(一)职业中毒危害控制效果评价报告;

(二)职业卫生管理制度和操作规程等材料;

(三)职业中毒事故应急救援预案。从事使用高毒物品作业的用人单位变更所使用的高毒物品品种的,应当依照前款规定向原受理申报的卫生行政部门重新申报。

第十五条 用人单位变更名称、法定代表人或者负责人的,应当向原受理申报的卫生行政部门备案。

第十六条 从事使用高毒物品作业的用人单位,应当配备应急救援人员和必要的应急救援器材、设备,制定事故应急救援预案,并根据实际情况变化对应急救援预案适时进行修订,定期组织演练。事故应急救援预案和演练记录应当报当地卫生行政部门、安全生产监督管理部门和公安部门备案。

第三章 劳动过程的防护

第十七条 用人单位应当依照职业病防治法的有关规定,采取有效的职业卫生防护管理措施,加强劳动过程中的防护与管理。

从事使用高毒物品作业的用人单位,应当配备专职的或者兼职的职业卫生医师和护士;不具备配备专职的或者兼职的职业卫生医师和护士条件的,应当与依法取得资质认证的职业卫生技术服务机构签订合同,由其提供职业卫生服务。

第十八条 用人单位应当与劳动者订立劳动合同,将工作过程中可能产生的职业中毒危害及其后果、职业中毒危害防护措施和待遇等如实告知劳动者,并在劳动合同中写明,不得隐瞒或者欺骗。

劳动者在已订立劳动合同期间因工作岗位或者工作内容变更,从事劳动合同中未告知的存在职业中毒危害的作业时,用人单位应当依照前款规定,如实告知劳动者,并协商变更原劳动合同有关条款。

用人单位违反前两款规定的,劳动者有权拒绝从事存在职业中毒危害的作业,用人单位不得因此单方面解除或者终止与劳动者所订立的劳动合同。

第十九条 用人单位有关管理人员应当熟悉有关

职业病防治的法律、法规以及确保劳动者安全使用有毒物品作业的知识。

用人单位应当对劳动者进行上岗前的职业卫生培训和在岗期间的定期职业卫生培训，普及有关职业卫生知识，督促劳动者遵守有关法律、法规和操作规程，指导劳动者正确使用职业中毒危害防护设备和个人使用的职业中毒危害防护用品。

劳动者经培训考核合格，方可上岗作业。

第二十条　用人单位应当确保职业中毒危害防护设备、应急救援设施、通信报警装置处于正常适用状态，不得擅自拆除或者停止运行。

用人单位应当对前款所列设施进行经常性的维护、检修，定期检测其性能和效果，确保其处于良好运行状态。

职业中毒危害防护设备、应急救援设施和通信报警装置处于不正常状态时，用人单位应当立即停止使用有毒物品作业；恢复正常状态后，方可重新作业。

第二十一条　用人单位应当为从事使用有毒物品作业的劳动者提供符合国家职业卫生标准的防护用品，并确保劳动者正确使用。

第二十二条　有毒物品必须附具说明书，如实载明产品特性、主要成分、存在的职业中毒危害因素、可能产生的危害后果、安全使用注意事项、职业中毒危害防护以及应急救治措施等内容；没有说明书或者说明书不符合要求的，不得向用人单位销售。

用人单位有权向生产、经营有毒物品的单位索取说明书。

第二十三条　有毒物品的包装应当符合国家标准，并以易于劳动者理解的方式加贴或者拴挂有毒物品安全标签。有毒物品的包装必须有醒目的警示标识和中文警示说明。

经营、使用有毒物品的单位，不得经营、使用没有安全标签、警示标识和中文警示说明的有毒物品。

第二十四条　用人单位维护、检修存在高毒物品的生产装置，必须事先制订维护、检修方案，明确职业中毒危害防护措施，确保维护、检修人员的生命安全和身体健康。

维护、检修存在高毒物品的生产装置，必须严格按照维护、检修方案和操作规程进行。维护、检修现场应当有专人监护，并设置警示标识。

第二十五条　需要进入存在高毒物品的设备、容器或者狭窄封闭场所作业时，用人单位应当事先采取下列措施：

（一）保持作业场所良好的通风状态，确保作业场所职业中毒危害因素浓度符合国家职业卫生标准；

（二）为劳动者配备符合国家职业卫生标准的防护用品；

（三）设置现场监护人员和现场救援设备。

未采取前款规定措施或者采取的措施不符合要求的，用人单位不得安排劳动者进入存在高毒物品的设备、容器或者狭窄封闭场所作业。

第二十六条　用人单位应当按照国务院卫生行政部门的规定，定期对使用有毒物品作业场所职业中毒危害因素进行检测、评价。检测、评价结果存入用人单位职业卫生档案，定期向所在地卫生行政部门报告并向劳动者公布。

从事使用高毒物品作业的用人单位应当至少每一个月对高毒作业场所进行一次职业中毒危害因素检测；至少每半年进行一次职业中毒危害控制效果评价。

高毒作业场所职业中毒危害因素不符合国家职业卫生标准和卫生要求时，用人单位必须立即停止高毒作业，并采取相应的治理措施；经治理，职业中毒危害因素符合国家职业卫生标准和卫生要求的，方可重新作业。

第二十七条　从事使用高毒物品作业的用人单位应当设置淋浴间和更衣室，并设置清洗、存放或者处理从事使用高毒物品作业劳动者的工作服、工作鞋帽等物品的专用间。

劳动者结束作业时，其使用的工作服、工作鞋帽等物品必须存放在高毒作业区域内，不得穿戴到非高毒作业区域。

第二十八条　用人单位应当按照规定对从事使用高毒物品作业的劳动者进行岗位轮换。

用人单位应当为从事使用高毒物品作业的劳动者提供岗位津贴。

第二十九条　用人单位转产、停产、停业或者解散、破产的，应当采取有效措施，妥善处理留存或者残留有毒物品的设备、包装物和容器。

第三十条　用人单位应当对本单位执行本条例规定的情况进行经常性的监督检查；发现问题，应当及时依照本条例规定的要求进行处理。

第四章　职业健康监护

第三十一条　用人单位应当组织从事使用有毒物品作业的劳动者进行上岗前职业健康检查。

用人单位不得安排未经上岗前职业健康检查的劳动者从事使用有毒物品的作业，不得安排有职业禁忌的劳动者从事其所禁忌的作业。

第三十二条　用人单位应当对从事使用有毒物品作业的劳动者进行定期职业健康检查。

用人单位发现有职业禁忌或者有与所从事职业相关的健康损害的劳动者，应当将其及时调离原工作岗位，并妥善安置。

用人单位对需要复查和医学观察的劳动者，应当按照体检机构的要求安排其复查和医学观察。

第三十三条　用人单位应当对从事使用有毒物品作业的劳动者进行离岗时的职业健康检查；对离岗时未进行职业健康检查的劳动者，不得解除或者终止与其订立的劳动合同。

用人单位发生分立、合并、解散、破产等情形的，应当对从事使用有毒物品作业的劳动者进行健康检查，并按照国家有关规定妥善安置职业病病人。

第三十四条　用人单位对受到或者可能受到急性职业中毒危害的劳动者，应当及时组织进行健康检查和医学观察。

第三十五条　劳动者职业健康检查和医学观察的费用，由用人单位承担。

第三十六条　用人单位应当建立职业健康监护档案。

职业健康监护档案应当包括下列内容：

(一)劳动者的职业史和职业中毒危害接触史；

(二)相应作业场所职业中毒危害因素监测结果；

(三)职业健康检查结果及处理情况；

(四)职业病诊疗等劳动者健康资料。

第五章　劳动者的权利与义务

第三十七条　从事使用有毒物品作业的劳动者在存在威胁生命安全或者身体健康危险的情况下，有权通知用人单位并从使用有毒物品造成的危险现场撤离。

用人单位不得因劳动者依据前款规定行使权利，而取消或者减少劳动者在正常工作时享有的工资、福利待遇。

第三十八条　劳动者享有下列职业卫生保护权利：

(一)获得职业卫生教育、培训；

(二)获得职业健康检查、职业病诊疗、康复等职业病防治服务；

(三)了解工作场所产生或者可能产生的职业中毒危害因素、危害后果和应当采取的职业中毒危害防护措施；

(四)要求用人单位提供符合防治职业病要求的职业中毒危害防护设施和个人使用的职业中毒危害防护用品，改善工作条件；

(五)对违反职业病防治法律、法规，危及生命、健康的行为提出批评、检举和控告；

(六)拒绝违章指挥和强令进行没有职业中毒危害防护措施的作业；

(七)参与用人单位职业卫生工作的民主管理，对职业病防治工作提出意见和建议。

用人单位应当保障劳动者行使前款所列权利。禁止因劳动者依法行使正当权利而降低其工资、福利等待遇或者解除、终止与其订立的劳动合同。

第三十九条　劳动者有权在正式上岗前从用人单位获得下列资料：

(一)作业场所使用的有毒物品的特性、有害成分、预防措施、教育和培训资料；

(二)有毒物品的标签、标识及有关资料；

(三)有毒物品安全使用说明书；

(四)可能影响安全使用有毒物品的其他有关资料。

第四十条　劳动者有权查阅、复印其本人职业健康监护档案。

劳动者离开用人单位时，有权索取本人健康监护档案复印件；用人单位应当如实、无偿提供，并在所提供的复印件上签章。

第四十一条　用人单位按照国家规定参加工伤保险的，患职业病的劳动者有权按照国家有关工伤保险的规定，享受下列工伤保险待遇：

(一)医疗费：因患职业病进行诊疗所需费用，由工伤保险基金按照规定标准支付；

(二)住院伙食补助费：由用人单位按照当地因公出差伙食标准的一定比例支付；

(三)康复费：由工伤保险基金按照规定标准支付；

(四)残疾用具费：因残疾需要配置辅助器具的，所需费用由工伤保险基金按照普及型辅助器具标准支付；

(五)停工留薪期待遇：原工资、福利待遇不变，由用人单位支付；

(六)生活护理补助费：经评残并确认需要生活护理的，生活护理补助费由工伤保险基金按照规定标准支付；

(七)一次性伤残补助金：经鉴定为十级至一级伤残的，按照伤残等级享受相当于6个月至24个月的本人工资的一次性伤残补助金，由工伤保险基金支付；

(八)伤残津贴：经鉴定为四级至一级伤残的，按照规定享受相当于本人工资75%至90%的伤残津贴，由工伤保险基金支付；

(九)死亡补助金：因职业中毒死亡的，由工伤保险基金按照不低于48个月的统筹地区上年度职工月平均工资的标准一次支付；

(十)丧葬补助金：因职业中毒死亡的，由工伤保险基金按照6个月的统筹地区上年度职工月平均工资的标准一次支付；

(十一)供养亲属抚恤金：因职业中毒死亡的，对由死者生前提供主要生活来源的亲属由工伤保险基金支付抚恤金：对其配偶每月按照统筹地区上年度职工月平均工资的40%发给，对其生前供养的直系亲属每人每月按照统筹地区上年度职工月平均工资的30%发给；

(十二)国家规定的其他工伤保险待遇。本条例施行后，国家对工伤保险待遇的项目和标准作出调整时，从其规定。

第四十二条　用人单位未参加工伤保险的，其劳动者从事有毒物品作业患职业病的，用人单位应当按照国家有关工伤保险规定的项目和标准，保证劳动者享受工伤待遇。

第四十三条　用人单位无营业执照以及被依法吊销营业执照，其劳动者从事使用有毒物品作业患职业病的，应当按照国家有关工伤保险规定的项目和标准，给予劳动者一次性赔偿。

第四十四条　用人单位分立、合并的，承继单位应当承担由原用人单位对患职业病的劳动者承担的补偿责任。

用人单位解散、破产的，应当依法从其清算财产中优先支付患职业病的劳动者的补偿费用。

第四十五条　劳动者除依法享有工伤保险外，依照有关民事法律的规定，尚有获得赔偿的权利的，有权向用人单位提出赔偿要求。

第四十六条　劳动者应当学习和掌握相关职业卫生知识，遵守有关劳动保护的法律、法规和操作规程，正确使用和维护职业中毒危害防护设施及其用品；发现职业中毒事故隐患时，应当及时报告。

作业场所出现使用有毒物品产生的危险时，劳动者应当采取必要措施，按照规定正确使用防护设施，将危险加以消除或者减少到最低限度。

第六章　监督管理

第四十七条　县级以上人民政府卫生行政部门应当依照本条例的规定和国家有关职业卫生要求，依据职责划分，对作业场所使用有毒物品作业及职业中毒危害检测、评价活动进行监督检查。

卫生行政部门实施监督检查，不得收取费用，不得接受用人单位的财物或者其他利益。

第四十八条　卫生行政部门应当建立、健全监督制度，核查反映用人单位有关劳动保护的材料，履行监督责任。

用人单位应当向卫生行政部门如实、具体提供反映有关劳动保护的材料；必要时，卫生行政部门可以查阅或者要求用人单位报送有关材料。

第四十九条　卫生行政部门应当监督用人单位严格执行有关职业卫生规范。

卫生行政部门应当依照本条例的规定对使用有毒物品作业场所的职业卫生防护设备、设施的防护性能进行定期检验和不定期的抽查；发现职业卫生防护设备、设施存在隐患时，应当责令用人单位立即消除隐患；消除隐患期间，应当责令其停止作业。

第五十条　卫生行政部门应当采取措施，鼓励对用人单位的违法行为进行举报、投诉、检举和控告。卫生行政部门对举报、投诉、检举和控告应当及时核实，依法作出处理，并将处理结果予以公布。

卫生行政部门对举报人、投诉人、检举人和控告人负有保密的义务。

第五十一条　卫生行政部门执法人员依法执行职务时，应当出示执法证件。

卫生行政部门执法人员应当忠于职守，秉公执法；涉及用人单位秘密的，应当为其保密。

第五十二条　卫生行政部门依法实施罚款的行政处罚，应当依照有关法律、行政法规的规定，实施罚款决定与罚款收缴分离；收缴的罚款以及依法没收的经营所得，必须全部上缴国库。

第五十三条　卫生行政部门履行监督检查职责时，有权采取下列措施：

(一)进入用人单位和使用有毒物品作业场所现场，了解情况，调查取证，进行抽样检查、检测、检验，进行实地检查；

(二)查阅或者复制与违反本条例行为有关的资料，采集样品；

(三)责令违反本条例规定的单位和个人停止违法行为。

第五十四条　发生职业中毒事故或者有证据证明职业中毒危害状态可能导致事故发生时，卫生行政部门有权采取下列临时控制措施：

(一)责令暂停导致职业中毒事故的作业；

(二)封存造成职业中毒事故或者可能导致事故发生的物品；

(三)组织控制职业中毒事故现场。在职业中毒事故或者危害状态得到有效控制后，卫生行政部门应当及时解除控制措施。

第五十五条　卫生行政部门执法人员依法执行职务时，被检查单位应当接受检查并予以支持、配合，不得拒绝和阻碍。

第五十六条　卫生行政部门应当加强队伍建设，提高执法人员的政治、业务素质，依照本条例的规定，建立、健全内部监督制度，对执法人员执行法律、法规和遵守纪律的情况进行监督检查。

第七章　罚　则

第五十七条　卫生行政部门的工作人员有下列行为之一，导致职业中毒事故发生的，依照刑法关于滥用职权罪、玩忽职守罪或者其他罪的规定,依法追究刑事责任;造成职业中毒危害但尚未导致职业中毒事故发生,不够刑事处罚的,根据不同情节,依法给予降级、撤职或者开除的行政处分:

(一)对不符合本条例规定条件的涉及使用有毒物品作业事项,予以批准的;

(二)发现用人单位擅自从事使用有毒物品作业,不予取缔的;

(三)对依法取得批准的用人单位不履行监督检查职责,发现其不再具备本条例规定的条件而不撤销原批准或者发现违反本条例的其他行为不予查处的;

(四)发现用人单位存在职业中毒危害,可能造成职业中毒事故,不及时依法采取控制措施的。

第五十八条 用人单位违反本条例的规定,有下列情形之一的,由卫生行政部门给予警告,责令限期改正,处10万元以上50万元以下的罚款;逾期不改正的,提请有关人民政府按照国务院规定的权限责令停建、予以关闭;造成严重职业中毒危害或者导致职业中毒事故发生的,对负有责任的主管人员和其他直接责任人员依照刑法关于重大劳动安全事故罪或者其他罪的规定,依法追究刑事责任:

(一)可能产生职业中毒危害的建设项目,未依照职业病防治法的规定进行职业中毒危害预评价,或者预评价未经卫生行政部门审核同意,擅自开工的;

(二)职业卫生防护设施未与主体工程同时设计,同时施工,同时投入生产和使用的;

(三)建设项目竣工,未进行职业中毒危害控制效果评价,或者未经卫生行政部门验收或者验收不合格,擅自投入使用的;

(四)存在高毒作业的建设项目的防护设施设计未经卫生行政部门审查同意,擅自施工的。

第五十九条 用人单位违反本条例的规定,有下列情形之一的,由卫生行政部门给予警告,责令限期改正,处5万元以上20万元以下的罚款;逾期不改正的,提请有关人民政府按照国务院规定的权限予以关闭;造成严重职业中毒危害或者导致职业中毒事故发生的,对负有责任的主管人员和其他直接责任人员依照刑法关于重大劳动安全事故罪或者其他罪的规定,依法追究刑事责任:

(一)使用有毒物品作业场所未按照规定设置警示标识和中文警示说明的;

(二)未对职业卫生防护设备、应急救援设施、通讯报警装置进行维护、检修和定期检测,导致上述设施处于不正常状态的;

(三)未依照本条例的规定进行职业中毒危害因素检测和职业中毒危害控制效果评价的;

(四)高毒作业场所未按照规定设置撤离通道和泄险区的;

(五)高毒作业场所未按照规定设置警示线的;

(六)未向从事使用有毒物品作业的劳动者提供符合国家职业卫生标准的防护用品,或者未保证劳动者正确使用的。

第六十条 用人单位违反本条例的规定,有下列情形之一的,由卫生行政部门给予警告,责令限期改正,处5万元以上30万元以下的罚款;逾期不改正的,提请有关人民政府按照国务院规定的权限予以关闭;造成严重职业中毒危害或者导致职业中毒事故发生的,对负有责任的主管人员和其他直接责任人员依照刑法关于重大责任事故罪、重大劳动安全事故罪或者其他罪的规定,依法追究刑事责任:

(一)使用有毒物品作业场所未设置有效通风装置的,或者可能突然泄漏大量有毒物品或者易造成急性中毒的作业场所未设置自动报警装置或者事故通风设施的;

(二)职业卫生防护设备、应急救援设施、通讯报警装置处于不正常状态而不停止作业,或者擅自拆除或者停止运行职业卫生防护设备、应急救援设施、通讯报警装置的。

第六十一条 从事使用高毒物品作业的用人单位违反本条例的规定,有下列行为之一的,由卫生行政部门给予警告,责令限期改正,处5万元以上20万元以下的罚款;逾期不改正的,提请有关人民政府按照国务院规定的权限予以关闭;造成严重职业中毒危害或者导致职业中毒事故发生的,对负有责任的主管人员和其他直接责任人员依照刑法关于重大责任事故罪或者其他罪的规定,依法追究刑事责任:

(一)作业场所职业中毒危害因素不符合国家职业卫生标准和卫生要求而不立即停止高毒作业并采取相应的治理措施的,或者职业中毒危害因素治理不符合国家职业卫生标准和卫生要求重新作业的;

(二)未依照本条例的规定维护、检修存在高毒物品的生产装置的;

(三)未采取本条例规定的措施,安排劳动者进入存在高毒物品的设备、容器或者狭窄封闭场所作业的。

第六十二条 在作业场所使用国家明令禁止使用的有毒物品或者使用不符合国家标准的有毒物品的,由卫生行政部门责令立即停止使用,处5万元以上30万元以下的罚款;情节严重的,责令停止使用有毒物品作业,或者提请有关人民政府按照国务院规定的权限予以关闭;造成严重职业中毒危害或者导致职业中毒事故发生的,对负有责任的主管人员和其他直接责任人员依照刑法关于危险物品肇事罪、重大责任事故罪或者其他罪的规定,依法追究刑事责任。

第六十三条　用人单位违反本条例的规定,有下列行为之一的,由卫生行政部门给予警告,责令限期改正;逾期不改正的,处5万元以上30万元以下的罚款;造成严重职业中毒危害或者导致职业中毒事故发生的,对负有责任的主管人员和其他直接责任人员依照刑法关于重大责任事故罪或者其他罪的规定,依法追究刑事责任:

(一)使用未经培训考核合格的劳动者从事高毒作业的;

(二)安排有职业禁忌的劳动者从事所禁忌的作业的;

(三)发现有职业禁忌或者有与所从事职业相关的健康损害的劳动者,未及时调离原工作岗位,并妥善安置的;

(四)安排未成年人或者孕期、哺乳期的女职工从事使用有毒物品作业的;

(五)使用童工的。

第六十四条　违反本条例的规定,未经许可,擅自从事使用有毒物品作业的,由工商行政管理部门、卫生行政部门依据各自职权予以取缔;造成职业中毒事故的,依照刑法关于危险物品肇事罪或者其他罪的规定,依法追究刑事责任;尚不够刑事处罚的,由卫生行政部门没收经营所得,并处经营所得3倍以上5倍以下的罚款;对劳动者造成人身伤害的,依法承担赔偿责任。

第六十五条　从事使用有毒物品作业的用人单位违反本条例的规定,在转产、停产、停业或者解散、破产时未采取有效措施,妥善处理留存或者残留高毒物品的设备、包装物和容器的,由卫生行政部门责令改正,处2万元以上10万元以下的罚款;触犯刑律的,对负有责任的主管人员和其他直接责任人员依照刑法关于重大环境污染事故罪、危险物品肇事罪或者其他罪的规定,依法追究刑事责任。

第六十六条　用人单位违反本条例的规定,有下列情形之一的,由卫生行政部门给予警告,责令限期改正,处5000元以上2万元以下的罚款;逾期不改正的,责令停止使用有毒物品作业,或者提请有关人民政府按照国务院规定的权限予以关闭;造成严重职业中毒危害或者导致职业中毒事故发生的,对负有责任的主管人员和其他直接责任人员依照刑法关于重大劳动安全事故罪、危险物品肇事罪或者其他罪的规定,依法追究刑事责任:

(一)使用有毒物品作业场所未与生活场所分开或者在作业场所住人的;

(二)未将有害作业与无害作业分开的;

(三)高毒作业场所未与其他作业场所有效隔离的;

(四)从事高毒作业未按照规定配备应急救援设施或者制定事故应急救援预案的。

第六十七条　用人单位违反本条例的规定,有下列情形之一的,由卫生行政部门给予警告,责令限期改正,处2万元以上5万元以下的罚款;逾期不改正的,提请有关人民政府按照国务院规定的权限予以关闭:

(一)未按照规定向卫生行政部门申报高毒作业项目的;

(二)变更使用高毒物品品种,未按照规定向原受理申报的卫生行政部门重新申报,或者申报不及时、有虚假的。

第六十八条　用人单位违反本条例的规定,有下列行为之一的,由卫生行政部门给予警告,责令限期改正,处2万元以上5万元以下的罚款;逾期不改正的,责令停止使用有毒物品作业,或者提请有关人民政府按照国务院规定的权限予以关闭:

(一)未组织从事使用有毒物品作业的劳动者进行上岗前职业健康检查,安排未经上岗前职业健康检查的劳动者从事使用有毒物品作业的;

(二)未组织从事使用有毒物品作业的劳动者进行定期职业健康检查的;

(三)未组织从事使用有毒物品作业的劳动者进行离岗职业健康检查的;

(四)对未进行离岗职业健康检查的劳动者,解除或者终止与其订立的劳动合同的;

(五)发生分立、合并、解散、破产情形,未对从事使用有毒物品作业的劳动者进行健康检查,并按照国家有关规定妥善安置职业病病人的;

(六)对受到或者可能受到急性职业中毒危害的劳动者,未及时组织进行健康检查和医学观察的;

(七)未建立职业健康监护档案的;

(八)劳动者离开用人单位时,用人单位未如实、无偿提供职业健康监护档案的;

(九)未依照职业病防治法和本条例的规定将工作过程中可能产生的职业中毒危害及其后果、有关职业卫生防护措施和待遇等如实告知劳动者并在劳动合同中写明的;

(十)劳动者在存在威胁生命、健康危险的情况下,从危险现场中撤离,而被取消或者减少应当享有的待遇的。

第六十九条　用人单位违反本条例的规定,有下列行为之一的,由卫生行政部门给予警告,责令限期改正,处5000元以上2万元以下的罚款;逾期不改正的,责令停止使用有毒物品作业,或者提请有关人民政府按照国务院规定的权限予以关闭：

(一)未按照规定配备或者聘请职业卫生医师和护士的；

(二)未为从事使用高毒物品作业的劳动者设置淋浴间、更衣室或者未设置清洗、存放和处理工作服、工作鞋帽等物品的专用间，或者不能正常使用的；

(三)未安排从事使用高毒物品作业一定年限的劳动者进行岗位轮换的。

第八章　附　则

第七十条　涉及作业场所使用有毒物品可能产生职业中毒危害的劳动保护的有关事项，本条例未作规定的，依照职业病防治法和其他有关法律、行政法规的规定执行。有毒物品的生产、经营、储存、运输、使用和废弃处置的安全管理，依照危险化学品安全管理条例执行。

第七十一条　本条例自公布之日起施行。

内江—昆明铁路全线开通运营

铁道部和云、贵、川 3 省在贵州省六盘水南编组站举行内昆(内江—昆明)铁路全线开通仪式。上午 9 时 45 分，28016 次列车缓缓驶出车站，标志着这条大干线全线开通运营。

修建内昆铁路是党中央和国务院的重大决策。这条铁路北起四川内江，南到云南昆明，北接成渝铁路，连通襄渝、成昆、宝成等铁路，南接贵昆、水柏铁路，连通湘黔、南昆铁路，是沟通云、贵、川、渝 3 省 1 市的又一条主要干线，成为西南地区南下出海的便捷通道。内昆铁路的建成对改善沿线交通状况，完善西南路网布局，实施西部大开发战略，促进西南地区经济和社会发展，加快沿线人民脱贫致富，增进民族团结具有重要意义。

内昆铁路全长 872 公里，其中北段四川内江至安边、南段梅花山至昆明于 20 世纪 60 年代建成。这次新修建的中段起点为云南水富站，终点为贵州梅花山站，全长 358 公里，途经四川、云南、贵州 3 省的宜宾、昭通、毕节、六盘水 4 地市的 10 个县。同时，宜宾至水富段进行了电气化改造，扩建了六盘水铁路枢纽。

这条铁路从四川盆地攀至云贵高原，山高谷深，地质复杂，气候多变，工程浩大，任务艰巨，仅新建隧道达 148.86 公里、桥梁 41.8 公里，桥隧总长占线路总长的 53.9%。新建线路一次实现电气化，设计最大区段货流量密度为每年 1400 万吨，客车每日 8 对，总投资为 120 亿元，1998 年 6 月开始兴建，2001 年 9 月全线铺通。

5月13日

国家主席江泽民在中南海会见哈佛大学校长萨默斯博士一行

会见中，江泽民愉快地回忆了 1997 年访问哈佛大学的情景，对哈佛大学为增进中美两国人民的相互了解作出的有益贡献给予积极评价。

江泽民向客人介绍了近年来中国教育改革与发展所取得的成就和面临的挑战，并指出中美教育交流还有很大的潜力，中美教育界应该加强交流，积极推动中美关系向前发展。萨默斯感谢江泽民的会见。他说，哈佛大学同中国有着良好的合作，而且这种合作正在不断发展之中。他说，教育能帮助中国在未来取得更大的发展，他希望哈佛大学能为此继续作出努力。

会见时教育部部长陈至立在座。

国务院总理朱镕基签署第 353 号令公布《行政区域界线管理条例》

现公布《行政区域界线管理条例》，自 2002 年 7 月 1 日起施行。

总　理　朱镕基

2002 年 5 月 13 日

行政区域界线管理条例

第一条　为了巩固行政区域界线勘定成果，加强行政区域界线管理，维护行政区域界线附近地区稳定，制定本条例。

第二条　本条例所称行政区域界线，是指国务院或者省、自治区、直辖市人民政府批准的行政区域毗邻的各有关人民政府行使行政区域管辖权的分界线。

地方各级人民政府必须严格执行行政区域界线批准文件和行政区域界线协议书的各项规定，维护行政区域界线的严肃性、稳定性。任何组织或者个人不得擅自变更行政区域界线。

第三条　国务院民政部门负责全国行政区域界线管理工作。县级以上地方各级人民政府民政部门负责本行政区域界线管理工作。

第四条　行政区域界线勘定后，应当以通告和行政区域界线详图予以公布。

省、自治区、直辖市之间的行政区域界线由国务院民政部门公布，由毗邻的省、自治区、直辖市人民政府共同管理。省、自治区、直辖市范围内的行政区域界线由省、自治区、直辖市人民政府公布，由毗邻的自治州、县(自治县)、市、市辖区人民政府共同管理。

第五条　行政区域界线的实地位置，以界桩以及作为行政区域界线标志的河流、沟渠、道路等线状地物和行政区域界线协议书中明确规定作为指示行政区域界线走向的其他标志物标定。

第六条　任何组织或者个人不得擅自移动或者损坏界桩。非法移动界桩的，其行为无效。

行政区域界线毗邻的各有关人民政府应当按照行政区域界线协议书的规定，对界桩进行分工管理。对损坏的界桩，由分工管理该界桩的一方在毗邻方在场的情况下修复。

因建设、开发等原因需要移动或者增设界桩的，行政区域界线毗邻的各有关人民政府应当协商一致，共同测绘，增补档案资料，并报该行政区域界线的批准机关备案。

第七条　行政区域界线毗邻的任何一方不得擅自改变作为行政区域界线标志的河流、沟渠、道路等线状地物；因自然原因或者其他原因改变的，应当保持行政区域界线协议书划定的界线位置不变，行政区域界线协议书中另有约定的除外。

第八条　行政区域界线协议书中明确规定作为指示行政区域界线走向的其他标志物，应当维持原貌。因自然原因或者其他原因使标志物发生变化的，有关县级以上人民政府民政部门应当组织修测，确定新的标志物，并报该行政区域界线的批准机关备案。

第九条　依照《国务院关于行政区划管理的规定》经批准变更行政区域界线的，毗邻的各有关人民政府应当按照勘界测绘技术规范进行测绘，埋设界桩，签订协议书，并将协议书报批准变更该行政区域界线的机关备案。

第十条　生产、建设用地需要横跨行政区域界线的，应当事先征得毗邻的各有关人民政府同意，分别办理审批手续，并报该行政区域界线的批准机关备案。

第十一条　行政区域界线勘定确认属于某一行政区域但不与该行政区域相连的地域或者由一方使用管理但位于毗邻行政区域内的地域，其使用管理按照各有关人民政府签订的行政区域界线协议书有关规定或者该行政区域界线的批准机关的决定执行。

第十二条　行政区域界线毗邻的县级以上地方各级人民政府应当建立行政区域界线联合检查制度，每5年联合检查一次。遇有影响行政区域界线实地走向的自然灾害、河流改道、道路变化等特殊情况，由行政区域界线毗邻的各有关人民政府共同对行政区域界线的特定地段随时安排联合检查。联合检查的结果，由参加检查的各地方人民政府共同报送该行政区域界线的批准机关备案。

第十三条　勘定行政区域界线以及行政区域界线管理中形成的协议书、工作图、界线标志记录、备案材料、批准文件以及其他与勘界记录有关的材料，应当按照有关档案管理的法律、行政法规的规定立卷归档，妥善保管。

第十四条　行政区域界线详图是反映县级以上行政区域界线标准画法的国家专题地图。任何涉及行政区域界线的地图，其行政区域界线画法一律以行政区域界线详图为准绘制。

国务院民政部门负责编制省、自治区、直辖市行政区域界线详图；省、自治区、直辖市人民政府民政部门负责编制本行政区域内的行政区域界线详图。

第十五条　因对行政区域界线实地位置认定不一致引发的争议，由该行政区域界线的批准机关依照该行政区域界线协议书的有关规定处理。

第十六条　违反本条例的规定，有关国家机关工作人员在行政区域界线管理中有下列行为之一的，根据不同情节，依法给予记大过、降级或者撤职的行政处分；致使公共财产、国家和人民利益遭受重大损失的，依照刑法关于滥用职权罪、玩忽职守罪的规定，依法追究刑事责任：(一)不履行行政区域界线批准文件和行政区域界线协议书规定的义务，或者不执行行政区域界线的批准机关的决定的；(二)不依法公布批准的行政区域界线的；(三)擅自移动、改变行政区域界线标志，或者命令、指使他人擅自移动、改变行政区域界线标志，或者发现他人擅自移动、改变行政区域界线标志不予制止的；(四)毗邻方未在场时，擅自维修行政区域界线标志的。

第十七条　违反本条例的规定，故意损毁或者擅自移动界桩或者其他行政区域界线标志物的，应当支付修复标志物的费用，并由所在地负责管理该行政区域界线标志的人民政府民政部门处1000元以下的罚款；构成违反治安管理行为的，并依法给予治安管理处罚。

第十八条　违反本条例的规定，擅自编制行政区域界线详图，或者绘制的地图的行政区域界线的画法与行政区域界线详图的画法不一致的，由有关人民政府民政部门责令停止违法行为，没收违法编制的行政区域界线详图和违法所得，并处1万元以下的罚款。

第十九条　乡、民族乡、镇行政区域界线的管理，参照本条例的有关规定执行。

第二十条　本条例自2002年7月1日起施行。

全国人大外委会负责人就美国会众参两院通过含有加强美台军事合作条款的法案发表谈话

全文如下：

美国国会众议院日前通过了一项含有加强美台军事合作条款的《2003财年国防授权法》,悍然要求美军方"执行一项对台湾军队进行联合作战训练和实现美台军方高层互访的全面的计划"。与此同时,美国参议院通过一项含有加强美对台军售条款的《2003财年国务院授权法》,要求美总统向台出售4艘"基德"级驱逐舰。众参两院接连通过的涉台法案是对中国主权的严重侵犯和对中国内政的粗暴干涉,我们坚决反对,并强烈谴责。

美国众议院通过的法案声称他们要求实行加强美台军方合作的计划是为了提高台湾的所谓"防御能力"和美台军队"联合作战的能力",这实质上是要建立美台准军事同盟,并使美台关系朝军事同盟方向发展。美国众议院2000年曾通过《加强台湾安全法》,遭到中国的强烈反对和谴责,后来在参议院被搁置。现在少数议员不愿意善罢甘休,置中国的严正交涉于不顾,重新提出干涉中国内政的主张,性质十分严重,如果最终成法,后果危险。美国众议院的涉台法案条款毋庸置疑是为了给"台独"势力撑腰和打气,助长其"以武拒和"、"以武拒统"的气焰,从而阻挠中国的和平统一大业,同时也是对中美关系的严重破坏,中国人民十分愤慨,决不能接受。

台湾问题始终是中美关系中最重要、最敏感的核心问题。美国共和、民主两党历届政府都承诺奉行一个中国政策,遵守三个联合公报,这是中美之间建立正常关系的基础。然而长期以来,美国总有那么一些人,千方百计地利用台湾问题阻挠和破坏中美关系的发展,一再炮制违背三个联合公报特别是"八·一七"公报精神的议案。目前出笼的众参两院法案和最近美方在台湾问题上的其他一些举动就是突出的例证。

中美关系历经风风雨雨发展到今天,需要中美双方共同来珍惜和维护,这是符合两国的根本利益的,而加强美台军事合作,提高对台军售,势必加剧台海地区的紧张局势,危害亚太地区的和平与稳定,这不仅损害中国的利益,也违背美国的利益,动摇中美关系的基础。历史已经反复证明,什么时候美国在台湾问题上严格遵守了三个联合公报的原则,什么时候中美关系就会顺利发展;反之,中美关系就会出现波折,甚至倒退。

我们希望美国的议员们能以中美关系的大局为重,正确地对待台湾问题,多做促进中美关系的事,少做损害中美关系的事。希望美国政府严格遵守中美三个联合公报的原则和美方的有关承诺,采取措施阻止上述法案成为法律,以使中美关系能够继续健康稳定地发展。

5月14日

国务院总理朱镕基观看中国残疾人艺术团公演并就"全国助残日"发表讲话

朱镕基在讲话中强调,残疾人是一个特殊而困难的群体,始终给予他们温暖和关爱是国家和社会的责任。在党和政府的关心下,我国残疾人事业取得了举世瞩目的成就。只要我们按照江泽民总书记的指示精神,发扬社会主义制度优越性,坚持为人民服务的宗旨,热情关心和支持残疾人事业,不断改善残疾人的工作和生活条件,随着改革开放和社会主义现代化事业的向前推进,我国广大残疾人必定拥有更加美好的明天。他要求,各级政府要重视和支持残疾人事业,希望全社会更加理解、尊重、关心、帮助残疾人,鼓励残疾人自尊、自信、自强、自立,为社会作出更大的贡献。

国家防汛抗旱总指挥部在北京召开2002年第一次全体会议

国务院副总理、国家防汛抗旱总指挥温家宝在会上强调,要坚持防汛抗旱两手抓,充分估计可能出现的各种困难和复杂情况,切实做好今年防汛抗旱的各项工作,保障经济发展和社会稳定,迎接党的十六大胜利召开。

温家宝指出,今年防汛抗旱工作面临的形势严峻。北方大部分地区仍可能连续干旱,同时,汛期部分地区降雨可能偏多,易出现洪涝,大江大河有发生大洪水的可能。由于连续干旱,许多同志对防汛抗洪容易产生麻痹思想。虽然近几年国家下大力对大江大河干堤进行了加固,但目前防洪工程体系仍不完善,许多江河和重要城市的防洪标准不高,还存在不少隐患。各地、各部门对此要有充分的认识,既要做好长期抗旱的准备,又要警惕洪涝灾害的发生。宁可把问题估计得多一些,把可能遇到的不利因素估计得充分些,做到有备无患。

温家宝指出,今年防汛抗旱的主要任务:一是做好防汛抗洪工作,确保大江大河、大型水库和重要城市、交通干线的安全,确保人民生命安全和社会稳定;二是抗御可能出现的连续干旱,保证农业生产形势的稳定;三是加强水资源的统一管理和调度,保证城市供水安全,解决农村人畜饮水困难,保护生态环境。重点要做好以下工作:

第一,抓紧大江大河防洪工程建设。有关地区和部门要采取有力措施,在确保施工质量的前提下,年底之前基本完成长江干流堤防加固任务。工程建设必须把质量放在第一位。对建成的工程要组织检查,发现问题要及时处理,不合格的要坚决返工。今年长江底水比较高，许多新堤没有挡过水，防汛工作不可掉以轻心。必须加强巡堤查险，不能放过任何一处隐患。其他江河堤防加固也要抓紧进行。

第二，落实防汛工作行政首长负责制。国家防总要公布大江大河、重要水库和城市的防汛责任人名单。各地主要领导和分管防汛抗旱工作的领导要尽快熟悉情况，把防汛抗旱工作摆上重要的议事日程。要重视气象预报工作，落实防洪预案，加强防汛抢险队伍建设，补充防汛抢险物资。各地要组织汛前检查，对薄弱环节要重点检查，做到领导、队伍、预案、物资四落实。一旦发生险情，各级领导要靠前指挥，各部门要密切配合，军民联合作战，夺取抗洪的胜利。

第三，突出抓好水库安全度汛工作。各地要开展对水库安全的自查和重点检查，检查出的问题要限期处理。各类水库一定要有通讯设施，做到遇险能够及时通知下游群众转移，避免人员伤亡。汛期要加强大坝监测和巡坝查险，发现险情要及时处理。尤其要警惕局部大暴雨等突发因素对水库带来的危害。今年汛前要完成关系重大的病险水库除险加固任务，争取3年至5年基本完成全国143座大型和543座重点中型病险水库的除险加固任务。

第四，加强台风和山地灾害的防御工作。台风和山地灾害突发性强，危害性大，造成伤亡人数多。各地要特别重视预防工作，对可能发生危险的重点地区要进行检查，落实避险措施。

第五，大力抓好农村抗旱和城市供水工作。各地要认真落实国务院召开的全国抗旱保春耕电视电话会议精神，继续做好抗旱的各项工作。要开源节流并举，一方面在有条件的地方搞好各类水源建设；一方面要大力抓好节水。要制定供水总量控制指标和用水定额指标，搞好供水调度。要加强抗旱服务组织建设，努力提高抗旱工作水平。要采取得力措施，用3年左右时间基本解决人畜饮水困难。缺水城市要有应急供水预案，确保城市供水安全。

第六，要加大执法力度。各级领导要认真贯彻《防洪法》，自觉维护法律的权威，作执法、守法的表率。对于在河道内违规设障、违法采砂、违法建筑和破坏水利工程设施等违法行为，要采取坚决措施，依法严肃处理。巩固河道治理成果，保持江河正常流态。

温家宝最后强调，当前南方已进入汛期，部分地区旱情还在发展。各地各部门要认真贯彻“三个代表”的要求，抓紧抓好防汛抗旱工作，切实保护广大人民群众的利益，促进经济社会发展。

全国安全生产电视电话会议在北京召开

国务院副总理吴邦国在会议上强调，各地区、各部门、各单位一定要以江泽民总书记“三个代表”重要思想为指导，认真贯彻落实国务院第58次常务扩大会议精神，以对党对人民高度负责的精神，从改革发展稳定的大局出发，牢固树立安全第一的思想，把安全生产作为当前和今后一个时期工作的重中之重，认清形势，集中精力，尽职尽责，扎实工作，采取强有力措施，坚决防止重特大安全事故的发生。

吴邦国指出，党中央、国务院历来高度重视安全生产工作，江泽民总书记、朱镕基总理等中央领导同志反复强调，一定要牢固树立安全第一的思想。这两年，国务院先后采取了一系列措施，完善有关法律、法规，制定特大安全事故行政责任追究制度，多次部署安全生产专项整治并取得阶段性成果。特大事故发生起数和死亡人数，去年比前年分别下降18%和27%，今年一季度比去年同期分别下降12.5%和17.6%。但是，安全生产形势很不稳定。突出表现在两个方面：一是进入4月份以来，重特大事故接连发生，特大事故发生起数和死亡人数，比去年同期分别上升6.3%和33.9%。二是发生了“4·15”和“5·7”两起严重空难事故，伤亡惨重，影响恶劣，给国家和人民群众生命财产造成重大损失。安全生产形势相当严峻。他指出，当前安全生产工作中存在的突出问题，主要是工作落实不下去，管理严不起来。一些地方和单位安全生产工作，没有真正落实到基层、落实到人，没有实实在在地抓到底，只停留在一般性的工作布置上。安全生产责任制和各项规章制度没有严格执行，要求不严，管理不严，对“三违”现象熟视无睹，监督检查流于形式，对事故责任的追究查处不严厉、不彻底，大事化小，小事化了。他强调指出，造成这种状况的根本原因，说到底是思想认识上有差距，重生产、轻安全，没有真正把安全生产摆到第一的位置。

吴邦国在讲话中，对加强安全生产工作提出了三点要求。一要牢固树立安全第一的思想，集中精力抓安全、保稳定。他强调，抓安全生产，一定要从解决思想认识问题入手。各级领导都要充分认识安全生产的极端重要性。他说，安全生产关系到国家和人民群众生命财产安全，关系到人民群众的切身利益，关系到改革开放、经济发展和社会稳定的大局。他要求，各级领导一定要站在实践江总书记“三个代表”重要思想的高度，以对党对人民高度负责的精神，从改革发展稳定的大局出发，牢固树立安全第一的思想，增强责任感、紧迫感，正确处理安全、稳定和经济发展的关系，抓安全、保稳定、促发展，把安全生产作为当前和今后一个时期重中之重的工作，集中精力，突出重点，狠抓落实，采取强硬措施，强化监督，严格管理，坚决遏制重特大事故上升的势头。

针对当前安全生产形势，他指出，一是各级领导干部特别是一把手是安全生产的第一责任人，要对本地区、本单位的安全生产负总责。要全面落实安全生产领导责任制。必须做到守土有责，确保一方平安。要带头严起来，带头抓落实，一级抓一级，逐级负责，把安全生产的各项政策措施真正落到实处。二是要坚决克服麻痹、松懈和厌战情绪。他说，安全生产工作涉及各行各业、各个地区、各个部门，哪个单位都有安全生产的问题。各地区、各部门、各单位对安全生产工作都必须常抓不懈，警钟长鸣，安全生产这根弦，一时一刻也不能放松。他强调，民航、铁路、交通、石油石化、电力、军工等行业，是安全事故防范的重点领域，一旦出事就是大事，必须引起各方面的高度重视。越是改革发展任务重，越要狠抓安全生产。

二要继续深入开展安全生产专项整治工作。吴邦国指出，开展专项整治仍然是今年安全生产工作的中心任务。他要求，各地区、各部门、各单位要切实负起责任，做扎实的工作，按照安全生产专项整治工作的总体要求和具体实施方案，继续深入开展危险化学品安全管理、煤矿安全整治、民爆物品和烟花爆竹、道路交通、公众聚集场所消防安全等安全生产专项整治工作，务必实现专项整治的目标。

吴邦国强调，针对安全生产出现的新情况和新问题，民航、铁路、水上交通、石油石化、电力、军工等行业必须高度重视和狠抓安全生产工作，要针对本行业突出问题，抓住薄弱环节，进行专项整治。要采取强有力措施，进一步健全制度，明确责任，严格管理，严肃纪律，强化监督检查，狠抓落实，坚决消除事故隐患，切实防止特大事故的发生。特别是民航系统一定要以两次空难事故为戒，把安全生产放在头等重要的位置，要采取一些硬措施，坚决防止类似空难事故的发生。

三要在全国范围立即开展安全生产大检查。吴邦国要求，各地区、各部门、各单位要按照《国务院办公厅关于立即组织开展全国安全生产大检查的紧急通知》的要求，结合专项整治工作，深入进行安全生产大检查。他强调，检查一定要做到全面彻底，不留死角，务求实效，力戒形式主义。要把自查与抽查、检查与整改、检查与责任追究结合起来。对检查出来的突出问题，要按照国务院《关于特大安全事故行政责任追究的规定》，厉行责任追究，绝不手软，该是哪一级领导负责的，就要追究哪一级领导的责任。对检查中发现早应依法关闭的小厂小矿至今还没有关闭的，一定要严厉追究业主的刑事责任，还要追究所在地区县乡领导的行政责任。对安全生产事故和重大隐患负有责任的地方各级政府和中央企业负责人，国务院安全生产检查组有权提出行政处分的建议。做到有责必究，有罪必罚。

会议由国务院副秘书长尤权主持。国家经贸委主任李荣融通报了今年以来的全国安全生产情况。党中央、国务院有关部门和单位以及在京中央管理企业的主要负责同志在主会场参加了会议，各省、自治区、直辖市人民政府及其有关部门和京外中央企业的主要负责同志在各分会场参加了会议。

国家主席江泽民根据全国人大常委会的决定任免驻外大使

一、任命孙玉玺为中华人民共和国驻阿富汗特命全权大使。

二、免去陆树林的中华人民共和国驻巴基斯坦伊斯兰共和国特命全权大使职务。

任命张春祥为中华人民共和国驻巴基斯坦伊斯兰共和国特命全权大使。

三、免去郑阿全的中华人民共和国驻阿尔及利亚民主人民共和国特命全权大使职务。

任命王旺生为中华人民共和国驻阿尔及利亚民主人民共和国特命全权大使。

四、免去许军的中华人民共和国驻密克罗尼西亚联邦特命全权大使职务。

任命张滨华为中华人民共和国驻密克罗尼西亚联邦特命全权大使。

国务院副总理李岚清在中南海会见萨摩亚副总理兼财政部部长米萨·特莱福尼·雷茨拉夫

第三次中国—东盟经济高官会发表联合新闻公报

一、第三次中国—东盟经济高官会于2002年5月14日在中国北京举行。中国对外贸易经济合作部龙永图副部长出席了会议并致开幕词。会议由东盟经济高官主席黄积福和中国对外贸易经济合作部国际司司长易小准共同主持。会议就落实中国—东盟领导人会议指示，加强双方在新世纪经济合作的后续行动交换了意见。

审议中国和东盟在五个重点领域的经济合作

二、高官们审议了双方在农业、信息技术、人力资源开发、投资和湄公河开发五个重点领域开展的活动。高官们注意到中国对湄公河开发作出的贡献，以及去年双方在人力资源开发领域利用中国—东盟合作基金实施的9个合作项目。中国代表团向会议通报了将于2002年6月6—7日在云南省昆明市举办的中国—东盟贸易、投资和发展合作研讨会的情况，并希望东盟的部长和官员参加这一研讨会。研讨会将就双方在领导人确定的五个重点领域开展合作,以及加强中国南部省份与东盟的合作进行探讨。

三、东盟对中国在人力资源开发领域给予东盟成员的援助表示赞赏,并希望中国在东盟一体化倡议(IAI)的实施中进一步作出积极贡献,帮助柬埔寨、老挝、缅甸和越南缩小发展差距。

四、高官们强调有必要加强协调机制,以使双方的合作项目富有成效。

中国—东盟经济合作框架协议

五、高官们重视中国—东盟经济合作框架协议,认为框架协议是未来中国和东盟开展经济合作的法律依据。框架协议将涵盖货物、服务、投资及其他相关领域等广泛领域的合作。框架协议将确定自由贸易区及其早期收获的方针和原则、模式和范围,以及考虑到中国和东盟不同的发展水平,给予的特殊差别优惠待遇及灵活性。

六、高官们认为,双方领导人作出的决定是中国—东盟经济合作中具有历史意义的里程碑。为此,高官们决定成立中国—东盟贸易谈判委员会(TNC),就框架协议着手进行深入讨论,以便于2002年年底前,由在柬埔寨召开的中国—东盟领导人会议就框架协议达成一致。

七、高官们认识到,中国—东盟自由贸易区不仅将加强双方业已存在的经济合作,也将有助于扩大双方的贸易和投资,意义十分重大。中国和东盟建立自由贸易区,体现了双方领导人为实现本地区和平、稳定和繁荣,致力于区域经济合作和经济全球化而作出的强有力的承诺。

“视觉第一中国行动”二期项目正式启动

中国政府有关部门与国际狮子会在北京共同宣布,鉴于“视觉第一中国行动”第一期项目圆满完成,为期5年的该行动第二期项目正式启动。预计全国250万名白内障患者将得到治疗,有望重新见到光明。全国人大常委会副委员长吴阶平、中国残联主席邓朴方、国际狮子会国际会长弗兰克·摩尔先生出席活动的签字仪式。

据了解,国际狮子会是全球最大的国际性服务组织,致力于关怀及服务失明和视力受损人士。“视觉第一中国行动”的第一期项目于1993年展开,全国31个省市自治区200万名眼疾患者得到治疗重见光明。在今天的活动中,由港澳狮子总会推荐、赞助成立的首批两个中国内地狮子会宣布在深圳、广东成立,它们将提供防盲、教育、青少年服务、救灾、环保和人道救援等服务。

5月15日

纪念中国共产主义青年团成立80周年大会在人民大会堂举行

中共中央总书记江泽民在大会上发表重要讲话。

中共中央政治局常委、全国人大常委会委员长李鹏,中共中央政治局常委、国务院总理朱镕基,中共中央政治局常委、全国政协主席李瑞环,中共中央政治局常委、书记处书记尉健行,中共中央政治局常委、国务院副总理李岚清出席纪念大会。大会由中共中央政治局常委、国家副主席胡锦涛主持。

胡锦涛在主持会议时说,中国共青团的成立,是中国革命史和中国青年运动史上的一件大事。80年来,共青团作为党领导的先进青年的群众组织,紧紧围绕党在各个时期的中心任务,团结带领广大团员青年英勇奋斗,为我国的革命、建设和改革事业作出了重大贡献。我们纪念中国共青团成立80周年,就是要进一步动员全国广大团员青年,继承光荣的革命传统,发扬伟大的五四精神,继续沿着党指引的正确方向奋勇前进。

胡锦涛说,江泽民同志代表党中央、国务院发表了重要讲话。讲话充分肯定了80年来中国青年在党的领导下为我国革命、建设和改革事业所建立的卓越功勋,全面总结了80年来中国青年运动的伟大实践和历史经验,对广大团员青年提出了殷切期望,对新形势下的共青团工作和青年工作提出了明确要求。讲话高屋建瓴,内涵丰富,语重心长,精辟深刻,为青年一代的健康成长指明了方向,对做好新时期共青团工作和青年工作具有极为重要的指导意义。各级团组织一定要认真学习、宣传和贯彻江泽民同志的重要讲话,用讲话精神统一团员青年的思想和行动,指导团的工作和建设,推动共青团工作和青年工作不断开创新的局面。

胡锦涛指出,当前,我国进入了全面建设小康社会,加快推进社会主义现代化的新的发展阶段。新的形势和任务赋予当代青年新的历史使命。他希望广大团员青年积极响应江泽民总书记的号召,牢记党和人民的重托,按照“四个统一”的要求,努力成长为有理想、有道德、有文化、有纪律的一代新人,在改革开放和现代化建设中充分发挥生力军和突击队作用。让我们紧密团结在以江泽民同志为核心的党中央周围,高举邓小平理论伟大旗帜,以“三个代表”重要思想为指导,与时俱进,开拓创新,为全面推进建设有中国特色社会主义的伟大事业,为实现中华民族的伟大复兴而不懈奋斗。

共青团中央书记处第一书记周强,群众团体代表、全国总工会副主席、书记处第一书记张俊九,团员青年代表、上海宝钢集团公司宝钢股份公司团支部书记王雯在大会上发言。

纪念大会开始前，江泽民、李鹏、朱镕基、李瑞环、胡锦涛、尉健行、李岚清等会见了先进青年典型、先进团员、基层先进团组织代表。

出席今天纪念大会的中央领导同志还有：张万年、罗干、温家宝、曾庆红、王兆国，中央军委委员于永波也出席了大会。

中央党政军群有关部门和北京市负责同志，先进青年以及各界青年代表5000多人出席了纪念大会。

中共中央总书记江泽民在纪念中国共产主义青年团成立80周年大会上发表讲话

共青团员们，青年朋友们，同志们：

青年是祖国的未来，是民族的希望。在任何一个时代中，青年都是社会上最富有朝气、最富有创造性、最富有生命力的群体。党和人民对全国各族青年寄予殷切期望，希望你们在改革开放和社会主义现代化建设的伟大实践中，以自己的青春活力和满腔热血，为祖国和人民建立杰出的功绩！

今天，我们在这里隆重集会，纪念中国共产主义青年团成立80周年。这是全国亿万团员青年的盛大节日。此时此刻，我们这些为祖国和人民奋斗了几十年的老共产党员和老共青团员们，也同你们一样，感到非常高兴。我代表党中央、国务院，向全国各族团员青年和各级共青团组织、团干部致以热烈的祝贺和诚挚的问候！

80年前，在中国革命汹涌澎湃的伟大洪流中，在中国共产党的直接关怀和领导下，中国共产主义青年团宣告成立。这是20世纪中国革命史和青年运动史上的一件大事，也是中国人民革命不断深入和中国青年运动蓬勃发展的必然结果。

20世纪初，由于帝国主义的侵略欺凌和封建专制政府的腐败无能，中国大地风雨如磐，中华民族灾难深重。成千上万的热血青年为救亡图存、振兴中华而奔走呼号，积极探索救国救民的真理和道路。

伟大的五四运动，标志着中国人民的反抗斗争达到了一个新的起点，也标志着中国青年成为中国人民反帝反封建斗争的急先锋。五四运动之后，在马克思列宁主义同中国工人运动的结合中，中国共产党诞生了。1922年，中国共产主义青年团的前身中国社会主义青年团成立。从此，团组织团结和带领一代又一代青年，沿着党指引的正确方向，开始了波澜壮阔的奋斗征程。

在新民主主义革命时期，满怀革命理想的共青团员和革命青年，在党领导的争取民族独立和人民解放的伟大斗争中冲锋陷阵，抛洒热血，英勇奋斗，为中国革命的胜利建立了卓越的功勋。新中国的成立，为中国青年和中国青年运动开辟了广阔的新天地，广大团员青年响应党的号召，提出把青春奉献给祖国的响亮口号，在建设社会主义的伟大实践中忘我劳动，艰苦创业，竭诚奉献，为保卫和建设新中国建立了卓越的功勋。党的十一届三中全会以后，我们党实行改革开放和现代化建设的新政策，广大团员青年积极投身改革和建设的实践，以实现祖国的繁荣富强为己任，发出团结起来、振兴中华的时代强音，在各条战线上团结奋斗，勤勉工作，开拓进取，为建设有中国特色社会主义伟大事业建立了卓越的功勋。

80年来，在中国共产党的领导下，一代又一代青年站在时代的前列，不屈不挠地奋斗，历尽艰辛地求索，创造了令世人赞叹的业绩，涌现了一大批可歌可泣的先进模范人物和先进模范群体。如临危不惧、舍身炸碉堡的全国战斗英雄董存瑞，面对敌人的铡刀坚贞不屈、视死如归的刘胡兰，把有限的生命投入到无限的为人民服务之中的伟大的共产主义战士雷锋，身残志坚、在逆境之中拼搏进取的女青年张海迪，在与滔滔洪水殊死搏斗中英勇牺牲的新时期英雄战士李向群，扎根基层、拼搏奉献的当代青年榜样秦文贵等。在我国青年运动的长期发展中，这样的先进人物数不胜数，他们是我国有志青年的典型代表，他们身上闪烁着中华民族伟大奋斗精神的光彩。一切为中国革命、建设、改革作出贡献的青年，他们的奋斗精神和光荣业绩将永远铭记在人民共和国的史册上。

80年来，中国共青团始终围绕党在各个历史时期的中心任务，团结和带领广大团员青年在革命、建设、改革的广阔舞台上为祖国和人民积极贡献力量；始终按照党的要求培养和教育青年，使一代又一代青年在人民群众奋斗的洪流中锻炼成长；始终把最广大青年紧密团结在党的周围，使我们不断发展的事业有了强大的有生力量。历史充分证明，中国共青团不愧为党的忠实助手和后备军，不愧为党联系青年的牢固桥梁和纽带。

五四运动以来的中国青年运动史，是中国社会伟大变革的历史篇章中一部绚丽的青春史诗，是中华民族伟大复兴的交响乐中一部雄浑的青春乐章。这是中国青年可以引以为自豪的光荣历史，也是鞭策中国青年在新世纪再创佳绩的巨大动力。

中国青年运动80年的生动实践告诉我们，一切有理想有抱负的中国青年，只有在中国共产党的领导下，同人民紧密结合，为祖国奉献青春，才能大有作为。这是总结中国青年运动得出的必然结论，也是当代中国青年运动必须坚持的正确方向。

爱国主义，始终是中国青年运动的旗帜。五四运动以来，中国青年运动奏响的主旋律，就是鲜明强烈的爱国主义。中国青年在自己的探索和实践中，努力学习和继承中华民族的优良传统，努力吸取和传播人类社会的优秀文明成果，从而不断丰富和发展了爱国主义精神的内涵。这种爱国主义，坚持马克思主义科学理论的指导，融入了体现时代进步的民主精神和科学精神，使中华民族的发展有了正确的思想指引。这种爱国主义，与社会主义紧密结合，推动中华民族伟大复兴的事业走上了正确的道路。这种爱国主义，把中国的前途和命运放在世界格局中观察，把中国社会的发展与整个人类社会的进步紧紧联系在一起。有了这样的爱国主义精神，中国青年运动就有了正确的前进方向和强大的精神动力。当代中国青年，一定要高举爱国主义旗帜，沿着党指引的道路继续奋勇前进。

新中国成立以来特别是改革开放以来，中国共产党领导全国各族人民艰苦奋斗，发愤图强，我国社会主义建设取得了举世瞩目的成就。中华民族永远告别了积贫积弱的历史旧貌和任人宰割的悲惨命运，以崭新的姿态屹立在世界的东方。放眼今日之中国，到处是欣欣向荣的蓬勃景象。有着五千多年文明史的古老的中华民族，焕发出新的青春异彩。

现在，我国进入了全面建设小康社会，加快推进社会主义现代化的新的发展阶段，全国各族人民正在为实现现代化建设的第三步战略目标而努力奋斗。到本世纪中叶，基本实现现代化，把我国建设成为富强民主文明的社会主义国家，实现中华民族的伟大复兴，这是全国各族人民的奋斗目标，也是当代青年的历史使命和当代青年运动的主题。

我们正在从事的事业是十分光荣的事业，也是十分艰巨的事业。必须清醒地看到，我国现代化建设取得了伟大的成就，但我国仍然处在社会主义初级阶段，与世界先进水平相比，我国的生产力和科技教育水平还不高，经济文化发展还不平衡，要使一个12亿多人口的发展中大国摆脱不发达状态，基本实现现代化，还需要我们进行持之以恒的努力。当代中国的一切有志青年，都应该积极投身到实现中国现代化的伟大事业中来，以此为自己的神圣职责，以此为自己的人生理想，以此为自己的最大光荣。

社会主义现代化需要青年去建设，中华民族的伟大复兴需要青年去奋斗。青年一代要承担起这个历史责任，就要坚持学习科学文化与加强思想修养的统一，坚持学习书本知识与投身社会实践的统一，坚持实现自身价值与服务祖国人民的统一，坚持树立远大理想与进行艰苦奋斗的统一，努力成长为有理想、有道德、有文化、有纪律的人，成长为对党和国家、对人民有所建树的人。

希望青年们树立远大理想。青年富有理想，而真正远大的理想，必须与祖国的命运和人民的意愿紧密结合。当代青年应该具有的远大理想，就是把我国建设成为富强民主文明的社会主义现代化国家，实现中华民族伟大复兴。只有在为远大理想的奋斗中，青年的人生抱负才能真正实现。人的一生只能享受一次青春，当一个人在年轻时就把自己的人生与人民的事业紧密相连，他所创造的就是永恒的青春。一个人在青年时代就应树立远大志向，并且要为实现这个志向而顽强努力，不论遇到什么困难和挫折，都不改初衷，矢志不渝。

希望青年们坚持发奋学习。当今时代，信息交流日益广泛，知识更新大大加快。形势逼人自强、催人奋进。青年要跟上时代和社会前进的步伐，就必须学习学习再学习，打下坚实的知识功底。学习应该是全面的广泛的，既要认真学习掌握与做好本职工作紧密相关的知识，又要努力学习理论知识、文化知识、科学知识、社会知识、历史知识等等，特别要善于学习各种新知识，以求知识的常新。知识只有付诸实践，才能焕发出无穷的威力。青年要善于创新，善于实践，善于把所学的知识运用到改造客观世界和主观世界的活动中去，在实践中继续求得真知，增长才干。

希望青年们注重锤炼品德。优良品德的养成对人的一生至关重要。青年时期可塑性大，是人生的起步阶段，是品德养成的关键时期。青年要树立正确的世界观、人生观、价值观，树立正确的名利观，努力培养良好的品德，提高自身素质，完善人格品质，做有益于祖国和人民的人。青年应该成为引领社会风气之先的力量，尤其要在推动我国先进生产力和先进文化的发展中发挥积极作用，从自己做起，努力做中华民族传统美德的传承者，做体现时代进步要求的新道德规范的实践者，做新型人际关系和良好社会风尚的倡导者。

希望青年们不断开阔视野。当今世界发展很快，变化很大。青年要承担起建设现代化的历史使命，为人类社会进步作出贡献，必须了解世界发展变化的大势。要把目光投向世界、投向未来，而不能闭目塞听、坐井观天。只有全面了解中国和世界发展的历史、现状和趋势，才能更好地把握现在和未来。只有用人类创造的一切文明成果努力充实自己，才能具备与世界上任何一个民族的青年相媲美的素质。海纳百川，所以成其大。21世纪的中国青年，应以放眼全球的宽广视野，以赶超先进的雄心壮志，以中华民族自尊自强的豪迈气概，昂首阔步地走向世界。

希望青年们勇于进取创新。创新是推动人类历史前进的必然要求。长江后浪推前浪，世上新人换旧人。

这是历史发展的规律。只有后人超过前人,一代胜过一代,事业才能发展,社会才能进步。青年最少保守思想,最具有创新的潜能。许多杰出人物都是在风华正茂的青年时代就创造出一番了不起的业绩。要实现我国经济和技术的跨越式发展,实现我国社会的全面进步,建设我国富有生机的各个方面的制度和体制,就必须努力创新。发展的希望在创新,创新的希望在青年。青年要立足岗位,锐意创新,敢于超越前人。千百万青年的创新实践,必将汇聚成推动我国先进生产力和先进文化发展的奔涌洪流。

希望青年们始终艰苦奋斗。彻底改变我国历史上遗留下来的贫穷落后的面貌,巩固和发展社会主义制度,需要几代人、十几代人甚至几十代人进行艰苦的努力。只有长期艰苦奋斗,民族复兴的伟大目标才能实现。艰苦能磨炼人,创业能造就人。青年只有顺应社会发展的潮流,把个人的前途和命运与国家、民族的前途和命运紧紧地联系在一起,并为之奋斗不息,才能创造无悔的青春和取得毕生的成功。畏惧劳苦,贪图安逸,坐享其成,最终只能虚度年华。青年要时刻铭记最广大人民的根本利益,大力发扬甘于奉献和自我牺牲的崇高精神,自觉到祖国和人民最需要的地方去,到艰苦的环境中去,经历风雨,经受锻炼,努力为祖国和人民建功立业。

中国共产党总结80年的奋斗历程和基本经验,展望新世纪的艰巨任务和光明前途,提出了"三个代表"要求,这是中国共产党的立党之本、执政之基、力量之源,也是我们党和国家一切工作的根本指针。广大青年要坚持以马克思列宁主义、毛泽东思想、邓小平理论为指导,认真学习"三个代表"要求,充分认识中国共产党是代表中国先进生产力的发展要求、中国先进文化的前进方向和中国最广大人民的根本利益的马克思主义政党,是与时俱进、开拓创新的党,坚定不移地跟党走。广大团员青年要在各行各业的本职工作中,在共青团组织开展的具有自身特点的各项活动中,努力为我国先进生产力和先进文化的发展作出自己的贡献,努力为最广大人民谋利益。

共青团是党领导的先进青年的群众组织,是党的青年工作的重要力量。当代青年是在改革开放中成长起来的一代,改革开放带来了经济的快速发展和社会的巨大进步,也引起包括青年在内的广大群众思想观念的深刻变化。在新的历史条件下,共青团要贯彻落实"三个代表"要求,坚持与时俱进,不断开创青年工作的新局面。共青团要进一步发挥好党的助手和后备军的作用,引导青年支持改革、促进发展、维护稳定。进一步发挥好党联系青年的桥梁和纽带作用,积极协助政府搞好对青年事务的管理。密切联系群众,竭诚服务青年,更好地代表和维护青年的具体利益,为青年排忧解难,做好暖人心、稳人心的工作。还要进一步加强对少先队的领导,更好地履行全团带队的光荣职责。各级团组织都要加强自身建设,不断研究新情况和解决新问题,积极探索社会主义市场经济条件下新的运行机制,改进工作方式和工作作风,密切同团员青年的联系,努力扩大团组织的覆盖面,增强团组织的吸引力、凝聚力和战斗力,把最广大青年紧密团结在党的周围。各级团干部都要按照党的要求,刻苦学习、勤奋工作、勇于创造、自觉奉献,努力做党放心、青年满意的干部。共青团员是青年中的先进分子,要在广大青年中发挥模范带头作用,做到无愧于共青团员的光荣称号。

中国共产党与中国共青团有着特殊的政治关系。共青团的事业是党的事业的重要组成部分,青年工作是党的群众工作的重要内容。发挥好共青团的作用,对于做好党的青年工作尤为重要。各级党组织要加强对共青团工作的领导,支持共青团依照法律和自己的章程创造性地开展工作。要坚持党建带团建,把团的建设纳入党的建设总体规划之中。要热情关心团员和团干部,帮助和引导他们茁壮成长。

马克思主义的政党只有赢得青年,才能赢得未来。中国共产党从诞生之日起,就同广大青年紧密联系。党的事业离不开青年,青年的成长更离不开党。我们党要赢得青年,就必须用先进的理论引导青年,用光辉的事业凝聚青年,用良好的作风吸引青年。各级党委和政府都要从党和国家事业兴旺发达的战略高度,认真实施科教兴国战略,加强对青少年的教育培养,相信和重视青年,关心和爱护青年,推动大批青年人才不断脱颖而出。各级领导干部要学会用新观念、新视角去看待青年,善于发现青年人才,大力培养青年人才,千方百计为青年人才成长创造条件、提供舞台,引导和帮助他们在工作实践中经受磨炼,增长才干和胆识。要放手使用青年人才,识其之长,用其所长,使他们各显其能、竞展才华。要真心爱护青年人才,采取更加有效的政策措施,为他们的学习、工作和生活创造良好条件。

青年兴则国家兴,青年强则国家强。青年的茁壮成长决定着我们民族和国家的未来。当代中国青年是值得信赖、大有希望的一代。青年有自己的优点和长处,也有他们的弱点和不足,这与青年社会阅历不丰富、经受的人生锻炼不多有关。由于青年人正在成长,更需要引导、鼓励和支持。首先要看到青年的优点,满腔热情地支持他们发挥自己的长处,鼓励他们在学习和实践中丰富自己、完善自己。同时要客观地看待青年身上存在的不足和缺点,加强教育和引导。青年的成长与他们生活的社会环境密切相关,社会对青年的成长具有极大的作用。为了青年一代的健康成长,必须在全社会形成爱护青年、关心青年、支持青年的良好氛围。各地各部门都要认真研究在改革开放条件下成长起来新一代青年的特点,把握新的历史条件下做好青年工作的规律。要尊重青年的思想和性格特点,尊重青年个性的健康发挥,促进青年思想和身心的健康发展。全社会都来关心青年,祖国的年青一代不断健康成长,我们的民族和国家就能永葆前进的生机和活力。

全国的共青团员、青年朋友们:实现中华民族的伟大复兴,需要你们去奋斗。希望你们珍惜大好年华,牢记党和人民的厚望,矢志奋斗,不懈进取,在建设有中国特色社会主义事业的伟大征程中谱写出更加壮美的青春之歌! 向着祖国更加美好的明天,前进!

国务院总理朱镕基在人民大会堂会见由会长弗兰克·摩尔率领的国际狮子会代表团

朱镕基对国际狮子会代表团再度访华表示欢迎,对其作为最有影响力的国际非政府组织在全球开展服务工作表示赞赏。

朱镕基感谢国际狮子会自1997年与中国合作开展为期五年的"视觉第一中国行动"项目,称之为"造福人类的义举"。他对中国与国际狮子会"视觉第一中国行动"二期合作协议的签订及中国广东狮子会、中国深圳狮子会加入国际狮子会表示祝贺。

他说,中国政府将继续支持"视觉第一中国行动"二期合作的开展,支持广东狮子会、深圳狮子会依法开展各项服务活动,为国际狮子会的全球服务工作,作出自己应有的贡献。

国际狮子会代表团是应中国残疾人联合会邀请专程来京出席"视觉第一中国行动"二期合作项目签字仪式及向中国广东狮子会、深圳狮子会授证仪式的。

中国残联主席邓朴方、国台办主任陈云林、外交部副部长王光亚、卫生部副部长朱庆生等参加了会见。

国办发出紧急通知要求立即开展安全生产大检查

通知指出,进入4月份以来,全国连续发生多起重特大安全生产事故,安全生产形势相当严峻。特别是"4·15"和"5·7"两起空难,人员伤亡惨重,影响恶劣,使国家和人民生命财产蒙受重大损失。针对当前安全生产出现的新情况、新问题,国务院决定立即在全国范围内开展安全生产大检查,坚决遏制重特大事故多发势头。

通知指出,这次检查要围绕国务院安全生产工作总体部署,以及《国务院关于特大安全事故行政责任追究的规定》贯彻执行情况,主要检查安全生产责任制、规章制度的建立、健全和执行情况;事故隐患监控和整改情况;安全生产监督管理力量配备和职责履行情况;事故调查处理和行政责任追究规定执行情况;不具备基本安全生产条件的小矿、小厂关闭整顿和对非公有制企业安全生产监管情况。

通知说,检查的重点领域除国务院已经确定的煤矿、危险化学品、民爆器材和烟花爆竹、道路交通运输、公众聚集场所消防安全五个专项整治重点领域外,还将民航、铁路、水上交通、石油石化、电力、军工等行业,作为本次大检查的重点领域。民航系统主要检查航空公司飞机安检和机械维护情况,机组空中防范措施落实情况,机场控制区安全管理情况,空中管制情况,地面旅客安全检查措施落实情况等。铁路系统主要检查铁道、桥梁、隧道、道口、机车车辆、通信信号等设备的养护维修和保护情况,劳动纪律和作业纪律执行情况,指挥调度情况,车站和旅客管理情况,易燃、易爆和危险化学品的检查情况,铁路沿线治安综合治理情况。水上交通主要检查渤海湾、舟山水域、琼州海峡、西南山区河流和长江干线等"四区一线"重点水域安全措施落实情况,客渡船、客滚船、高速客轮、旅游船和危险化学品运输船等"四客一危"重点船舶安全管理和主要设备保养情况,航运市场秩序和通航秩序的整治情况。石油石化行业主要检查钻井队、采油区、炼油厂、化工厂、油气管线、油库、加油站等重要装置是否存在安全隐患和漏洞,整改措施是否落实。电力系统主要检查电厂、电站、电网的安全运行管理和电网的统一调度情况,日常安全检查和维护情况,操作规程和调度纪律执行情况。军工行业主要检查枪支弹药、爆炸物品的管理情况,特别是准备关闭破产的军工企业的原材料、半成品、产成品的管理情况,检查管理是否到位,各项措施是否落实。

通知指出,在检查方式上要做到,第一,检查与自查相结合。在各地、各行业、各单位进行自查的同时,国务院责成国家经贸委组织若干个检查组,对省级政府、国务院有关部门和中央大型企业进行检查。同时,结合"安全生产万里行"活动,组织新闻单位进行明察暗访,对发现的问题及时揭露和曝光。

第二,检查与整改相结合。坚持边检查边整改,以检查促整改。各单位要针对查找出来的突出问题,指定专人负责,采取有效措施,限期整改,及时消除事故隐患。该停业整顿的一律停业整顿,该停运的一律停运,该关闭的一律关闭。

第三,检查与责任追究相结合。对检查出来的突出问题,要按照《国务院关于特大安全事故行政责任追究的规定》,厉行责任追究。对检查中发现早应依法关闭的各类小矿、小厂至今还没有关闭的,一定要严厉追究业主的刑事责任,还要追究所在地区政府领导的行政责任。该降级的降级,该撤职的撤职,该开除的开除,该法办的法办。为加大这次大检查的工作力度,对安全生产事故和重大隐患负有责任的地方各级政府和中央企业负责人,国务院安全生产检查组有权提出行政处分的建议,做到有责必究,有罪必罚。

通知说,这次检查由国家经贸委牵头,会同国务院安全生产委员会成员单位和有关部门,组成国务院安全生产检查组,负责本次全国安全生产大检查工作。各地也要参照国务院安全生产检查组的组成,组织地方安全生产检查组,对本地区安全生产情况进行检查。

通知强调,各地区、各部门、各单位要充分认识安全生产的极端重要性,以对党对人民高度负责的精神,从改革发展稳定的大局出发,增强责任感、紧迫感,加强对安全生产大检查的组织领导,抓安全、保稳定、促发展。主要负责同志要亲自组织并参加这次安全生产大检查,要按照本通知的要求,结合安全生产的专项整治工作,深入进行安全生产大检查。检查要做到全面彻底,不留死角。在大检查中,要务求实效,力戒形式主义。要把安全生产大检查与日常的监督管理工作结合起来,集中精力,突出重点,狠抓落实,采取强硬措施,切实防止重特大事故的发生。

全国刑事检察工作会议在北京召开

最高人民检察院检察长韩杼滨会议上要求,各级检察机关要认真贯彻中央最近召开的有关会议精神,突出重点,加大力度,把“严打”整治斗争继续推向深入,为实现中央提出的两年内社会治安取得新的明显进步的目标作出更大贡献,为党的十六大的胜利召开创造良好治安环境。

韩杼滨强调,推进“严打”整治斗争,关键要在深入上狠下功夫。通过深入“严打”和深入整治,坚决打掉犯罪分子的嚣张气焰,遏制刑事案件发案上升的势头,切实增强人民群众的安全感。一是要把打击的重点始终对准三类重点案件,特别是要把“打黑除恶”作为重中之重,除恶务尽,不留后患。全国人大常委会最近通过了关于“黑社会性质组织犯罪”的立法解释。要充分运用这一有力法律武器,深入推进“打黑除恶”专项斗争。高检院和各省级院要继续挂牌督办重大涉黑涉恶案件,逐一跟踪监督,逐件落实责任。统一部署开展“打黑除恶”立案监督专项行动。把“严打”整治与整顿和规范市场经济秩序结合起来,依法严厉打击生产销售伪劣商品、偷税骗税、金融诈骗、走私和传销等严重破坏市场经济秩序的犯罪。对经济犯罪以罚代刑、打击不力的问题,要依法加强监督。对行政执法人员徇私舞弊,依法应当移交刑事案件而不移交,情节严重构成犯罪的,要依法追究。进一步加强与公安、法院等部门的配合,增强打击合力,提高诉讼效率和办案质量,坚持依法从重从快,确保“稳、准、狠”地打击犯罪。二是要把“打黑除恶”与反腐败斗争结合起来,在深挖黑恶势力后台和“保护伞”上进一步深入。对于充当黑恶势力后台和“保护伞”的职务犯罪案件,要集中力量,深挖严查,不管涉及什么人,都要依法一查到底。三是要在依法严厉打击境内外敌对势力、“三股势力”和“法轮功”邪教组织的渗透破坏活动上进一步深入。增强政治敏感性和国家安全意识,密切关注敌对势力的渗透破坏活动,对构成犯罪的破坏活动,要坚决依法严厉打击。充分运用法律武器,坚持不懈地开展同“法轮功”等邪教组织的斗争。四是要大力加强检察环节的社会治安综合治理工作,在集中整治上进一步深入。

中共中央书记处书记尉健行在人民大会堂会见以中央执委 中央执行书记议员团主席斯泰帕纽克为团长的摩尔多瓦共产党人党代表团

外交部部长唐家璇在喀布尔会见阿富汗临时政府主席卡尔扎伊

外交部部长唐家璇在喀布尔与阿富汗临时政府外长阿卜杜拉举行会谈

双方就中阿关系、阿富汗局势和重建工作以及其他共同关心的国际和地区问题充分交换了意见,在许多重大问题上取得广泛共识。

唐家璇指出,国际社会应确保将对阿的援助承诺落到实处。他说,中国不仅关心阿和平进程,也重视参与阿战后重建。目前中方允诺向阿提供的100万美元现汇和3000万元人民币的紧急物资援助均已落实到位。中方就下一步参与阿重建作出以下承诺:一、将尽快派考察组对喀布尔共和国医院的维修工程进行考察;二、只要安全条件有保障,中方愿派团对帕尔旺水利工程和坎大哈医院进行考察;三、尽快落实阿方提出的提供警服和8万人份办公用品的需求。唐家璇表示,中方还将认真研究阿方的其他要求。中方企业界愿同阿方开展多渠道、多层次的经济技术合作。为尽快积极落实中方为阿重建所做的承诺,此次访问期间,中阿双方将签署3000万美元无偿援助的经济技术合作协定,同时应阿方要求,中国驻阿使馆将尽快逐步恢复领事签证业务,以促进两国之间的人员交流。

唐家璇向阿卜杜拉介绍了中国的亚洲政策。他强调,中国在亚洲的重点是拓展同亚洲国家的睦邻友好,维护亚洲的安全与稳定,促进亚洲的发展与合作。中国的南亚政策同样以和平与合作为目标。

会谈结束后,两国外长共同出席了《中华人民共和国政府和阿富汗临时政府经济技术合作协定》等3个文件的签字仪式。

外交部部长唐家璇在拉瓦尔品第会见巴基斯坦总统穆沙拉夫

国防部部长迟浩田出席上海合作组织成员国国防部部长在莫斯科的会晤

与会各方并就如何落实各国元首达成的共识,国际和地区形势,打击恐怖主义、分裂主义和极端主义,进一步加强上海合作组织成员国在军事领域的合作等问题充分交换了意见,达成了广泛共识。

会晤中,与会成员国国防部部长对上海合作组织成立以来各方之间的合作进行了总结并展望今后的工作;决定继续保持成员国国防部部长和军队总参谋部代表定期会晤机制,成立由成员国国防部有关人员组成的高官委员会,以进一步巩固和发展各方在安全和防务等领域的建设性合作。同时,与会国防部部长们还商定成立上海合作组织成员国国防部联合专家小组,以磋商有关举行联合反恐怖演习的问题。会晤结束后,上述5国国防部部长签署了《联合公报》并回答了记者提问。

外交部发言人孔泉就日本驻沈阳总领馆事件发表谈话

昨天下午,日本外相就驻沈阳总领馆事件发表了调查结果。日方的所谓"调查结果"在一系列关键环节上明显不符合事实,结论是站不住脚的。中方不能接受。

他指出,在有关这一事实真相已十分清楚的情况下,日方仍坚持难以自圆其说的说法,我们对此感到不满。

今天上午,中国外交部领事司司长罗田广应约会见了日本外务省领事移住部部长小野正昭。日方通报了对5月8日不明身份者闯入日驻沈阳总领馆事件的最新调查结果,认为在整个过程中,日方官员没有同意中国武警进入领馆、将闯入的2名男子带出并将5人带离武警值班室。

罗田广司长指出,日方调查结果与中方所做的调查事实存在较大争议,中方认为有必要将更多的细节通报日方。

罗田广司长说,2002年5月8日13时55分,担负日本驻沈阳总领馆警卫勤务的武警辽宁总队沈阳市支队八中队执勤哨兵张兆文、领班员孙永涛发现5名身份不明的人(两男两女及一女童)沿美、日领馆南侧围墙外人行道由西向东走来,行至日领馆正门约1米处警戒线时,哨兵拦阻并让其出示证件。此时,其中一名男子突然转身强行冲闯日领馆大门东侧角门(此时正是签证期间,大门留有2米宽的通道),与此同时,随行的两名女子上前撕扯并抓挠执勤哨兵。当另一名男子继续冲闯时,执勤人员从背后将其抱住,该男子用肘部猛击哨兵面部(哨兵孙永涛鼻子被打伤流血)后挣脱,也从角门闯入日领馆。哨兵迅速报警,大队长尹国辉、副大队长金晓东、八中队指导员吴明宇、副中队长王冶迅速赶到签证处。此时,日领馆副领事宫下谦带领3名中国雇员也在现场。宫下问:"是不是办签证的?"武警说:"不是,什么证件都没有,就想往里闯。还有两个人进去了。"大队长尹国辉问宫下谦副领事:"我们是否可以进入馆内,将闯入馆内的两名男子带出?"宫下谦边点头边做了可以进入的手势,并讲了一句日语,经翻译(翁铁军,男,中国雇员)转述告之:"你们可以进入将人带出。"并转身往里进。于是,尹带领4名执勤人员跟着往里进。在领馆签证大厅,宫下看见有两人坐在沙发上,便问保安怎么回事。保安答"可能是朝鲜人"。这时大队长等来到两名男子前。大队长问:"你们是干什么的?"两人未做任何回答。尹又问宫下谦:"这两人是否可以带出?"宫下弯腰点头以示同意,并用汉语说了句"可以"。尔后,我武警将那两名男子强行架出,带到武警警卫室。宫下跟在后面。在宫下打电话后约15分钟,马木秀治副领事来到了警卫室,用中文问:"从哪里来?"一男子用中文回答:"是北朝鲜人,我们是一家的。"并递给马木一封信,马木看了一下,又交还给该男子。这时,武警大队长开始打110报警。马木开始打电话。约5分钟后,110警车抵达,警察欲将5人带走,马木说"等一等"。又打电话。过了一会儿,警察再次欲将人带走,马木又说"等一等",过了一会儿,马木说"可以带走了"。警察将人带走。马木对执勤官员鞠躬,用汉语连声说"谢谢"。

孔泉说,针对日方最新调查结果中的一些说法,罗田广司长以事实为依据,提出反驳:

一、日方称,宫下谦副领事在大门口了解情况后,转身便往馆内的签证大厅走去,不知道身后跟了五六个武警。中方认为,从大门口到签证大厅有一段距离,而宫下谦副领事竟然声称"未觉察到自己身后跟了五六个武警",这种说法令人难解,不能成立。

二、日方称,即使日领馆一位副领事通过点头、手势等行为表示同意武警进入,该副领事亦不能代表领馆馆长,中方不能据此认为获得了《维也纳领事公约》所规定的领馆馆长的同意。罗田广司长表示,发生2

名不明身份男子在使用暴力手段闯入领馆的紧急情况下，到领馆门口与武警交谈的领馆官员的言行是代表领馆的，是许可武警进入领馆的表现。在整个过程中，宫下谦副领事亦未采取任何阻止行为。

罗田广司长强调，武警战士在保护外国驻华使领馆安全的过程中，一直是认真执行国际条约和有关规定的。许多外国驻华使馆对武警加强警备、防止不明身份者闯入使馆的做法表示感谢。在此次突发事件中，武警战士的做法不仅符合《维也纳领事公约》规定，而且完全是出于保卫日领馆及其人员安全的责任感。日方应正确理解武警的善意，更不应该曲解。罗田广司长表示，事件发生后，中方非常重视，并希望通过两国领事部门的合作，认真妥善予以处理。

我国进行“一箭双星”发射基本建立长期稳定运行卫星对地观测体系

5月15日9时50分，我国自行研制的“长征四号乙”运载火箭在太原卫星发射中心顺利升空，将气象卫星“风云一号D”和我国第一颗海洋探测卫星“海洋一号”一同送入太空预定轨道。

“风云一号D”卫星是一颗太阳同步轨道应用气象卫星，主要用于天气预报、气候预测、自然灾害和生态环境监测服务等。另外，我国还有两颗地球同步轨道气象卫星“风云二号”在天上运行。我国已成为世界上第三个有两种气象卫星同时在太空运行的国家。

“海洋一号”卫星是我国第一颗用于海洋水色探测的试验型业务卫星，卫星轨道为太阳同步近圆轨道。发射这颗卫星的主要目的是通过观测海水光学特征、叶绿素浓度、海表温度等要素，掌握海洋初级生产力分布、海洋渔业及养殖业资源状况和环境质量，了解重点河口港湾的悬浮泥沙分布规律，为海洋生物资源合理开发利用等提供科学依据和基础数据。“海洋一号”卫星的发射成功，结束了我国没有海洋探测卫星的历史，标志着我国在海洋卫星遥感领域迈入了世界先进国家的行列。

这次发射是“长征”系列运载火箭第六十七次飞行。自1996年10月以来，我国运载火箭发射已经连续25次获得成功。

卫星发射升空后，西安卫星测控中心组织所属测控站进行了实时跟踪测控，并及时计算出卫星入轨参数。两颗卫星均运行正常。

“风云一号D”和“海洋一号”卫星的发射升空，标志着我国已基本建成由气象卫星、资源卫星和海洋卫星共同组成的长期稳定运行的卫星对地观测体系，这对于加速我国气象现代化，提高灾害性天气预报水平，增强海洋资源监测、调查和开发能力，促进国民经济发展具有重要意义。

5月16日

国家主席江泽民在人民大会堂与克罗地亚总统斯捷潘·梅西奇举行会谈

江泽民首先欢迎梅西奇总统于中克两国建交10周年之际率团访华。他说，建交10年来，中克关系发展顺利。双方高层交往不断，政治互信增强；经济、科技、文化、教育和旅游等领域的合作日趋密切；两国在国际组织中相互配合，彼此支持。我们已成为平等、互信、互利合作的好伙伴。

江泽民表示，中克关系得以顺利发展的原因很多，但最重要的是双方始终坚持相互尊重主权和领土完整，支持对方为维护国家主权和领土完整所做的努力；相互尊重对方人民对发展道路的选择，不干涉对方内政。克罗地亚政府始终坚持一个中国的原则，中方对此表示赞赏。

江泽民强调，中方重视发展对克关系，认为在和平共处五项原则基础上，保持和促进两国关系长期、稳定、全面发展符合两国和两国人民的共同愿望和根本利益。中方愿本着《中克关于深化互利合作关系的联合声明》的各项原则，以建交10周年为新起点，推动两国关系在现有基础上更上一层楼。

江泽民就新世纪两国关系的发展提出几点建议：

第一，加强各级别的政治对话，提高政治互信水平，在关系到两国切身利益的重大问题上继续互相理解和支持；

第二，积极拓展经贸合作，加强企业界的直接联系，扩大合作规模，丰富合作形式，提升合作水平；

第三，深化两国在文化、教育、科技、卫生等领域的互利合作，探讨在财政等领域的合作可能性，加快开放中国公民赴克旅游具体问题的落实工作；

第四，扩大地方和民间交往，加强对对方文化、历史和社会的了解，增进传统友谊。

会谈后，中克双方还签署了《中克关于深化互利合作关系的联合声明》(全文另发)、《中国工程院和克罗地亚科学艺术院科学合作协议》和《中国辽宁省和克罗地亚海山省建立友好经贸合作伙伴关系的协议》3个文件。

国家主席江泽民致信祝贺第四届世界贸促机构大会在北京召开

江泽民主席在贺信中指出，贸促机构是推动国际经济贸易的重要力量。在经济全球化深入发展的形势下，各国各地区的贸促机构进一步加强交流与合作，积极发挥作用，有利于促进国际经济贸易的发展，有利于推动世界经济发展中存在问题的解决。江泽民主席希望中国贸促会加强同各国各地区贸促机构的交流与合作，共同促进世界经济的发展繁荣。

全国人大常委会矿产资源法执法检查组在北京举行第一次全体会议

全国人大常委会委员长李鹏强调，要从维护国家经济安全、实现国民经济和社会发展第三步战略目标的高度出发，深入贯彻实施矿产资源法，切实加强矿产资源保护和合理利用，推动可持续性发展战略的实施。

在听取国务院有关部门关于贯彻实施矿产资源法情况汇报后，李鹏指出，矿产资源是经济社会发展的基础。我国矿产资源的开发利用，有力地支持了经济建设和社会发展。从总体上看，我国是世界上矿产种类齐全、总量丰富的矿产资源大国之一，矿产开发的总规模居世界第三位。但我国矿产资源人均占有量只有世界平均水平的一半左右。我国矿产资源可持续发展面临着比较严峻的形势，这已引起社会各界的广泛关注。中央对资源问题也高度重视，从1999年起，在每年“两会”期间中央召开的座谈会上，增加了资源的内容。每年人大代表的建议中，有关矿产资源的内容逐年增加。我们要从维护国家经济安全、实现国民经济和社会发展第三步战略目标的高度出发，深入贯彻实施矿产资源法，使人们对我国矿产资源的现状有一个清醒的认识，唤起人们的危机感，切实加强矿产资源保护和合理利用，并建立起矿产资源的法律体系，做到有法可依，有法必依，执法必严，违法必究。

李鹏说，矿产资源法颁布实施16年来，国务院及其有关部门、地方各级人大和政府，为贯彻实施这部法律做了大量的工作，取得了显著的成效。但是，在实施矿产资源法中还存在一些薄弱环节；矿产资源保护和合理利用水平有待进一步提高；矿山环境保护需要进一步加强等。希望通过这次执法检查，掌握法律实施的情况，深入分析存在的问题，以利于改进工作，完善法律。

李鹏指出，深入贯彻实施矿产资源法，关键是树立全社会珍惜和合理利用矿产资源的观念，切实保障矿产资源国家所有权益，培育规范的矿业权市场，提高矿产资源开发利用技术水平。实施矿产资源法，需要各方面的共同努力。要从全局和用可持续发展的高度来认识矿产资源工作的重要性，特别是要正确处理好中央与地方，国家、集体和个人，当前与长远的利益关系，切实保障矿产资源法在各地的全面顺利实施。

李鹏说，我国已进入全面建设小康社会、加快推进社会主义现代化的新的发展阶段，去年我国成功加入了世界贸易组织。新形势既为我们充分利用国内外两个市场、两种资源提供了新的机遇，也对矿产资源开发、保护和合理利用工作提出了新的更高的要求。

李鹏对这次执法检查提出要求，一是要突出重点；二是要深入实际；三是要务求实效。

邹家华副委员长就这次执法检查工作作了具体部署。他指出，这次矿产资源法执法检查，是矿产资源法颁布以来，由全国人大常委会组织的第二次全国性大检查，是全国人大常委会按照“三个代表”重要思想的要求，认真贯彻近年来中央人口资源环境工作座谈会精神的一项重要部署。通过检查，主要是为了督促国务院有关部门以及地方各级人民政府贯彻实施矿产资源法的各项规定。这次执法检查的重点，一是探矿权采矿权管理；二是矿产资源保护；三是矿山环境保护；四是矿产资源补偿费和资源税的征收管理，五是法制建设。

这次矿产资源法执法检查由邹家华任组长，全国人大环资委主任委员曲格平任副组长，分为四个小组，于5月下旬分赴江西、云南、辽宁、内蒙古四省(区)进行执法检查，并委托黑龙江、河北、浙江、湖南、四川、陕西、新疆七省(区)人大常委会对本省(区)贯彻实施矿产资源法的情况进行检查。

今天的会议由曲格平主持。国土资源部、国家计委、国家经贸委、财政部、国家安全生产监督管理局在会议上作了汇报。

国务院总理朱镕基在人民大会堂与巴林首相哈利法举行会谈

朱镕基表示，中巴自1989年建交以来，两国在政治、经贸、文化等各领域的友好合作不断发展。首相殿下高度重视发展对华关系并为此作出了积极努力，我们对此表示赞赏。中国一贯主张国与国之间遵循和平共处五项原则，国家不论大小、强弱、贫富，一律平等。中巴同属发展中国家，在许多重大国际和地区问题上有相同或相似的看法。我们珍视同巴方的友谊，愿在相互尊重、平等互利的基础上与巴方共同努力，不断探索符合两国国情的合作方式，进一步扩大两国合作领域与规模，推动中巴友好合作再上一个新台阶。

关于两国经贸关系，朱镕基表示，近年来，经过中巴双方的共同努力，两国经贸合作发展顺利。巴林在银行、金融等领域享有盛誉。中国经济正在稳步发展，我们双方开展合作大有潜力。两国政府和企业界人士可充分利用各自优势，把握机遇，进一步拓宽和深化两国在双向投资、贸易、金融、工程承包、劳务等各领域合作。

会谈后，中巴双方签署了5个合作协定。朱镕基总理和哈利法首相出席了签字仪式。

国务院总理朱镕基出席第四届世界贸促机构大会并发表演讲

由中国贸促会和联合国国际贸易中心共同主办的第四届世界贸促机构大会在北京开幕。本次会议的主题为"风云变幻中的世界贸易促进机构"。来自50多个国家和地区的贸易促进机构、商协会和企业的300多名代表参加了会议。国务院总理朱镕基出席大会并发表了题为"共同促进世界贸易的新发展"的演讲。

朱镕基在演讲中说，当今世界，科技革命突飞猛进，经济全球化深入发展，对世界经济发展和结构调整产生着巨大而深刻的影响。国际贸易规模持续扩大，各国经济贸易联系更加紧密，国际贸易和投资日益融合，贸易方式和手段不断创新。但是，当前国际经济秩序仍不合理，南北差距继续扩大，各种贸易壁垒依然存在，贸易保护主义有所抬头，阻碍着国际贸易的健康发展。

朱镕基强调，各国和各类国际经济组织应共同努力，加强协商与合作，完善国际贸易规则和机制，消除国际贸易发展的障碍。要进一步致力于建立公正合理的国际经济新秩序，尤其要帮助发展中国家发展经济、提高国际竞争力、增加对外贸易。广大发展中国家也应积极利用国际贸易扩大带来的机遇，提高出口产品技术含量和改善出口结构，促进经济发展。

朱镕基说，中国加入世贸组织后，将进一步扩大对外开放。中国是负责任、守信用的国家，按照加入世贸组织的承诺，已经做了大量工作，并将继续认真履行义务和权利。从今年1月1日起，中国关税总水平已从15.3%降到12%；取消了部分进口产品的配额、许可证和特定招标管理等非关税措施。全国共清理涉外法律、法规2200多件，废止和修订了一批法律、法规。改革和减少了行政性审批事项。服务领域的开放加快，已经有相当数量的外国银行、保险公司、专业服务机构和流通企业获得市场准入许可，在中国开展业务。

他说，中国将继续有步骤地扩大金融、保险、电信、贸易、旅游等服务领域的对外开放。按照法制统一、非歧视性、公开透明的原则，规范政府行为，为国内外企业创造更加公平、透明和可预见的市场环境。中国正在建立符合国际通行规则的对外经济贸易体制与运行机制，完善出口信贷、信用保险等金融支持手段，建立支持各类企业开拓国际市场的促进体系，有力地实施"走出去"战略。

朱镕基指出，中国经济更加开放和繁荣，不仅将为十几亿中国人民带来福祉，而且会为世界提供巨大商机，给国际贸易发展与投资合作开拓广阔空间。中国热诚欢迎各国企业家、投资者来中国兴办企业、开展贸易。中国具有稳定的社会局面和宏观经济环境、美好的经济发展前景和潜力无限的广大市场，各国工商界朋友都可以在这里大展宏图。

朱镕基高度评价各类国际经济组织和贸易促进机构在推动国际贸易发展方面所发挥的重要作用以及中国贸促会在促进中外经济交流与合作中作出的重要贡献，他希望中国贸促会继续努力，与各国、各地区的贸促机构发展互利合作关系，共同促进世界经济和贸易的发展。

全国住房公积金工作会议在北京召开

5月16日至18日，国务院在京召开全国住房公积金工作会议。国务院副总理温家宝在会议上强调，实行住房公积金制度是深化城镇住房制度改革的重要步骤和措施，要进一步完善住房公积金制度，加强住房公积金监督管理，促进经济发展和人民群众住房条件不断改善。

温家宝说，住房公积金制度建立十多年来，取得很大成绩，推动了以居民住宅建设为主的房地产业的发展，促进了以物业管理为主要内容的社区服务业的发展。各地利用住房公积金，建设了一批"安居工程"和经济适用住房，并向城镇居民发放住房公积金贷款，解决了部分城镇中低收入家庭的住房问题。实践证明，实行住房公积金制度，是在社会主义市场经济条件下改善城镇居民住房条件的正确途径，应当坚持下去。但也要看到，目前住房公积金管理还存在不少问题。一些地方住房委员会制度不健全，房委会决策流于形式；住房公积金管理机构设置不规范；挤占、挪用住房公积金现象严重，住房公积金的风险隐患加大。对此，必须高度重视，采取有力措施，尽快予以解决。

温家宝强调，各级领导和有关部门要进一步统一思想，充分认识加强住房公积金管理工作的重要性和紧迫性。加强公积金管理，是防范公积金风险的有效措施。只有完善体制，强化监管，堵塞漏洞，才能化解和消除潜在风险隐患，确保公积金安全运行。加强公积金管理，是继续深化房改工作的重要基础。实行住房公积金制度的出发点，就是解决城镇居民买房、建房资金短缺问题，让普通职工特别是中低收入家庭买得起房、住得上房。只有切实管好用好公积金，使公积金得到不断积累和充分运用，广大职工才能更多地使用公积金购买住房，巩固和发展住房制度改革的成果。加强公积金管理，是提高公积金使用效益的根本保证。只有努力提高公积金的管理和服务水平，确保资金安全，搞好资金运用，才能不断提高资金使用效果，充分发挥公积金制度的作用，加快解决中低收入城镇居民的住房问题。

温家宝指出，住房公积金管理的基本原则是，“住房公积金管理委员会决策，住房公积金管理中心运作，银行专户储存，财政监督”。这是我国住房公积金管理实践经验的科学总结。在新的形势下，完善住房公积金制度，进一步加强公积金管理，必须以这个基本原则为指导。总的要求是：健全决策体制，调整管理机构，强化监督工作，规范发展业务，努力把住房公积金管理工作提高到一个新水平。第一，健全决策体制，就是要建立统一的住房公积金使用和管理的决策机构，规范决策机构人员的组成，形成科学、民主的决策机制。管委会的人员组成，要严格按照规定的要求选聘，以保证管委会能够充分代表住房公积金所有人意志，切实维护群众利益，确保公积金安全运行。管委会要抓紧制定章程，建立严格的规章制度和工作规程，在决策时贯彻少数服从多数的原则，实行表决制度和责任追究制度。对管委会依法作出的决策，城市政府及有关部门要给予积极支持，决不能干预。第二，调整管理机构，就是各地区要在所有地级以上城市，建立统一高效、运作规范的住房公积金管理中心。住房公积金管理中心直接隶属城市人民政府，是非营利性的独立的事业单位，不得挂靠任何部门和单位，也不得投资、参股或者兴办各类经济实体。第三，强化监督工作，就是要健全监督机制，明确监督责任，加大监督力度，确保公积金使用、管理的安全有效。完善同级监督，加强自上而下的监督，形成监督体系。建立、健全各项监督制度和责任追究制度。改进和强化专职机构的监督手段，充分发挥社会监督的作用，提高监督水平。对住房公积金使用和管理中的违法违规行为，必须依法严肃查处。对随意干预造成公积金损失的，必须依法追究有关负责人和直接责任人员的责任。第四，规范发展业务，就是要依法运用公积金，改进服务方式，提高服务水平，积极发展个人住房贷款业务。要转变观念，改进服务，认真解决贷款条件过高、手续繁杂、审批时间长等问题。充分考虑城镇中低收入居民的实际承受能力，完善公积金贷款的具体办法。公积金个人贷款应严格执行国务院和人民银行的有关规定，加强管理。

温家宝强调，做好公积金管理工作，必须切实加强领导，精心组织。一要统一思想，做好管理机构撤并调整工作，重点抓好县(市)住房公积金管理机构的撤并调整工作。二要清产核资，认真做好移交工作，防止资产流失。对违规资金和逾期贷款，要坚决清理回收。三要严肃纪律，做到“四个不准”，即在改革体制和调整机构过程中，必须认真执行各项政策，做到令行禁止，不准任何单位和个人借机私分财物，不准突击提干，不准擅自扩充编制，不准滥发奖金和实物。对违纪违法行为，必须严肃查处。四要精心组织，稳步推进。城市人民政府要抓紧制订工作方案。各级建设、财政、人民银行、审计、监察、房改、房地产管理等部门要加强协作，保证公积金的归集、提取和贷款发放等工作正常进行。

国务院副秘书长马凯主持了会议，建设部部长汪光焘就住房公积金管理的有关问题作了说明。各省、自治区、直辖市人民政府和新疆生产建设兵团负责人，中央和国家机关有关部门负责人，计划单列市、省会城市人民政府负责人，各省(区、市)建设、财政等部门负责人，人民银行各分行负责人参加了会议。

全国增收节支电视电话会议在北京召开

这次会议的主要任务是分析当前财税形势，部署增收节支具体措施，确保完成今年的财政预算。

国务院副总理李岚清在会议上讲话。他指出，今年以来，国民经济运行总体比较平稳，但经济生活中存在一些亟待解决的问题，突出的是财政收入增长缓慢，同时财政支出增长过快。今年财政减收因素较多，既有税收政策调整因素，也有企业效益等方面的原因。必须高度重视这个问题，大力加强财政增收节支工作。他说，实施积极的财政政策，要有必要的财力作保证。如果财政收入不能稳定增长，扩大和培育内需的措施就难以落实，经济也就难以保持较快发展。今年是我们党和国家发展史上非常重要的一年，将召开党的十六大，必须做好各项工作，保持良好的经济和社会环境。各地区、各部门要以对党和人民高度负责的精神，把增收节支和保证财政健康运行，作为关系国民经济和社会发展全局的大事，切实抓紧抓好。

李岚清强调，从根本上说保持财政收入稳定增长要靠发展经济，当务之急要加强税收征管，这是确保完成今年财政增收目标的重点和关键。各地区、各部门要进一步提高对税收征管工作的认识，做到三个“必须”。第一，必须坚决维护税法的严肃性，决不允许越权制定税收政策，越权减免税收，破坏国家的税收秩序。不论什么地方出现这类问题，都要坚决纠正、严肃查处。第二，必须坚持公平税赋的原则，决不允许在国家制定的税收政策之外搞地方性的减免税收、给某些企业吃“偏饭”的做法，靠减免税收办法发展地方经济。这实际上是破坏公平竞争，保护落后、鞭打快牛，危害很大，不利于增强本地企业的竞争力，也往往滋生腐败，破坏市场经济秩序，影响地方经济长期稳定健康发展。要坚决清理和取消违背国家税法的税收减免，为公平竞争营造良好环境。第三，必须坚持依法征税，决不能徇情枉法。既不收“过头税”，又要坚决做到应征尽征。各级税收执法部门要牢固树立依法治税的观念和依法征税的责任感,讲法不徇情,执法如山,恪尽职守,把依法应征的税统统征上来。

李岚清强调,要加强税收征管,确保财政收入稳定增长。我国的税收工作虽然取得了显著的成绩,但目前税收征管还存在不少薄弱环节,税收“跑冒滴漏”仍很严重,国家税款大量流失。各地区、各部门要切实加强税收征管工作。坚决贯彻“加强征管,堵塞漏洞,惩治腐败,清缴欠税”的工作方针,进一步深化税收征管制度的改革,整顿税收秩序,改进征管方式,强化税收征管,采取各种有效措施,确保完成全年的税收任务。当前,特别要抓好以下几项工作:一是加强对各类所有制企业的税收征管工作。各类企业都必须守法经营、依法纳税。无论哪类企业偷逃税收,都要依法查处。要鼓励和支持非公有制经济的发展,同时也要加强对私营、个体企业的税收征管。二是加强对各类商贸城、集贸市场等经营活动的税收征管,切实抓好已经部署的专项整治工作,全面加强这类市场的管理,坚决制止各种乱收费、乱摊派、乱罚款,防止以费挤税。三是进一步加强海关税收征管,加大打击走私力度,完善对加工贸易的监管,保证海关税收稳定增长。四是适应我国加入世贸组织的新形势,逐步完善涉外税收政策,以实现公平税负、平等竞争。五是要加大税务稽查力度,做到应征尽征。要加强发票管理和现金管理,进一步完善出口退税机制,大力清缴欠税,控制新欠,严格依法治税。要加快税收管理网络建设和信息化的步伐,加强执法队伍建设,提高税收征管水平。

李岚清指出,要大力强化监督,节省财政开支。这是执行好今年财政预算的重要保证。当前要着力抓好以下几个方面:第一,各级财政要严格预算执行,大力压缩一般性支出。特别是要把会议费、招待费、差旅费等支出真正减下来。今年除对救灾等少数急需的特殊支出外,不再追加新的支出项目。第二,各地财政要坚决贯彻“一要吃饭,二要建设”的方针,区别轻重缓急,做好资金调度,保证重点支出。要认真落实“两个确保”和城市“低保”资金,保证教师和机关事业单位人员工资按时足额发放,不能再发生新的工资拖欠。第三,要勤俭办一切事业,坚决刹住铺张浪费之风。各地区、各部门要大力转变作风,切实纠正花钱大手大脚的错误做法。对用公款大吃大喝、进行高档娱乐消费和境内外游山玩水的,要严肃查处。各单位要严格执行财经纪律,认真清理“小金库”,坚决遏制滥发钱物的问题。第四,要进一步深化财政改革,提高财政资金的使用效率。要按照国务院部署,深化“收支两条线”管理的改革,加强对“收支两条线”管理的监督检查,真正做到“收支脱钩、收缴分离”。加快预算管理制度改革,建立完善的预算管理体系,对各项财政支出实施有效的控制和监督。要扩大推行政府采购招标制度,加强对政府采购招标的检查和监督。第五,各级审计部门要突出重点,进一步加大对财政收支的审计监督力度,促进财政增收节支。他要求,各有关部门要各司其职,密切配合,同心协力,狠挖潜力,加强征管,圆满完成今年财政预算的各项任务。

会议由国务院副秘书长尤权主持。财政部项怀诚、税务总局金人庆和海关总署牟新生在会议上作了发言,山东省张高丽、贵州省石秀诗分别介绍了本省增收节支的经验。党中央、国务院有关部门和单位的负责同志在主会场参加了会议,各省、自治区、直辖市、新疆生产建设兵团、计划单列市及其有关部门和单位的负责同志在各分会场参加了会议。

中国和克罗地亚发表联合声明

应中华人民共和国主席江泽民阁下的邀请,克罗地亚共和国总统斯捷潘·梅西奇阁下于2002年5月13日至19日对中华人民共和国进行国事访问。

两国元首在坦诚、友好和建设性的气氛中全面回顾了两国建交十年来中克关系的发展,探讨了两国未来进一步加强和发展双边关系的可能,并就地区形势和国际问题深入交换了意见。双方满意地指出,在谈及的所有问题上观点相似或极为相近。

双方致力于世界和平事业,深知消除发达国家与发展中国家及不发达国家间鸿沟的必要性,认为全球恐怖主义对世界各国具有同等危险,因此应寻求全球性的解决办法。为进一步发展双边互利关系,促进世界和平与进步,双方声明如下:

一、双方对两国建交十年来中克各领域友好合作关系的不断发展和取得的丰硕成果表示满意。双方认为,进一步深化两国友好关系和互利合作符合中华人民共和国和克罗地亚共和国及两国公民的共同愿望和根本利益。双方愿在相互尊重主权和领土完整、互不侵犯、互不干涉内政、平等互利、和平共处五项原则基础上,同时遵守其他公认的国际关系准则,发展双边及两国与其他国家的关系。

二、双方表示愿继续加强两国在各个级别上的对话,包括政府、议会、政党和非政府机构间的接触和联系,就双边关系、改革、发展经验和国际形势及其他共同关心的问题交换意见,以增进相互理解、信任和友谊,促进世界稳定与和平。

三、双方对两国经济合作和贸易的持续增长表示满意,愿意并准备按照市场经济原则,利用现有的并探索新的可能性,进一步发展和加强互利合作。

四、双方欢迎并完全支持进一步扩大两国在科技、文化、教育、卫生、旅游、体育及其他领域的交流与合作。同时,双方认为媒体是增进两国和两国人民更好地了解的重要桥梁,支持两国媒体之间进行更密切的合作。

五、克罗地亚共和国确认并强调恪守《中克建交公报》关于台湾问题的原则,坚定奉行并将继续奉行一个中国政策及其所涵盖的所有相关立场,认为台湾问题的解决纯属中华人民共和国的内部事务。中华人民共和国理解和尊重克罗地亚共和国为加入欧洲一体化进程所做的努力,认为克罗地亚共和国奉行睦邻和平政策,努力通过对话解决地区争端,是维护地区稳定的积极因素。

六、双方赞同,国际关系民主化符合国际社会大多数国家和人民的愿望。国家不论大小、人口多少、贫富和强弱,都是国际社会的平等一员,都拥有参与国际事务的同等权利。各国有权在不受任何外来干涉的情况下,根据本国国情选择自己的社会制度和发展道路。中华人民共和国和克罗地亚共和国愿同国际社会合作,推动建立公正、合理的国际新秩序,创造一个持久和平与普遍繁荣的新世界。

七、双方强调联合国作为最重要的政府间国际组织的重要性,其权威性是其他任何国际或地区组织以任何方式都无法替代的,表示愿加强联合国在全球关系中的主导作用,确认两国忠实于《联合国宪章》的宗旨和原则,表示中华人民共和国和克罗地亚共和国愿意并准备在联合国及其他国际组织中继续加强合作。

八、双方认为,全球恐怖主义是对人类文明的严重威胁,完全支持打击来自任何方面和任何形式的恐怖主义,赞同打击恐怖主义不得采用双重标准,必须协调和加强国际合作,联合国及其安理会无论在全球反恐,还是在消除世界恐怖主义根源方面的作用均应得到确认。

本声明于2002年5月16日在北京签署。

中华人民共和国主席　克罗地亚共和国总统
江泽民　斯捷潘·梅西奇

第四届世界贸促机构大会开幕晚宴暨中国贸促会成立50周年纪念会在北京举行

国务委员吴仪出席并致辞。

吴仪首先代表中国政府对参加第四届世界贸促机构大会开幕暨中国贸促会成立50周年纪念会的海外来宾表示热烈的欢迎,对中国贸促会成立50周年表示诚挚的祝贺。吴仪表示,联合国国际贸易中心和各国代表相聚北京,讨论世界贸易发展的未来趋势,共商国际贸易发展大计,顺应了当前世界经济形势的需要。她说,加强国际间的经济技术交流与合作是各国共同的迫切愿望,贸促机构曾为增进各国之间的经贸交往,促进世界经济的发展,发挥了积极的重要作用。她希望今后进一步密切关系,加强合作,为推动各国以及世界经济的发展与繁荣,作出更大的贡献。

吴仪指出,50年来,中国贸促会积极开展对外交往,增进中国与世界各国人民之间的了解与友谊,促进中外经贸交流与合作,发挥了中介组织应有的作用,为我国的改革开放和经济发展作出了重要贡献。我国已经加入世界贸易组织,对外开放将进一步扩大,中国经济与世界经济的关系将更加密切,这为中外企业界提供了更多的商业机会,同时为中国贸促会的发展提供了更为广阔的空间,也对中国贸促会提出了更高的要求。吴仪对长期以来一直支持中国改革开放和经济建设的海外朋友们表示深切的感谢,并期望中国贸促会在新形势下再接再厉,为中外企业提供更好的服务,为促进经济的发展作出更大的贡献。

全国人大常委会副委员长王光英、全国政协副主席万国权以及来自世界98个国家和地区的贸促机构、工商会的领导人等2000人出席了晚宴和纪念会。

中国电信中国网通在北京成立

经国务院批准,颇受社会关注的中国电信集团公司与中国网络通信集团公司经重组后在北京正式宣布成立。国务院副总理吴邦国致信表示祝贺。

吴邦国在信中说,党的十一届三中全会以来,我国电信业取得了令人瞩目的成就,对经济和社会的发展起到了有力的推动作用。他指出,组建中国电信集团公司和中国网络通信集团公司,是深化电信体制改革、进一步引入竞争机制、促进我国电信事业发展的一项重大举措,对于完善社会主义市场经济体制、推进国民经济和社会信息化具有深远意义。

吴邦国希望两集团公司以此次重组为契机,抓住国家实施“以信息化带动工业化”战略的历史机遇,加快建立现代企业制度,提高企业管理水平和运营效率,努力为广大人民群众提供优质、高效的信息通信服务,为国民经济和社会主义现代化建设作出新的更大的贡献。

新组建的中国电信集团公司是根据国家电信改革方案,由原中国电信南方21省区市的电信公司组成,注册资本1580亿元,拥有全国光纤数和通信信道量的70%。新组建的中国网通集团公司是由原中国电信北方10省区市电信公司和原中国网通公司、中国吉通公司组成,注册资金600亿元,拥有全国光纤数和通信信道量的30%。这样,双方均拥有覆盖全国的完整的长途干线传输网,从而形成全国有两个全覆盖的干线传输网。而且,由于两公司都拥有所属地区的本地电话网,都有本地电话、长途电话、国际电话和国际互联网业务经营权，而且两公司都可以在全国范围开展业务，因此有利于形成有效竞争局面。

这次重组后，我国电信领域格局出现了新的变化，形成了中国电信、中国网通、中国移动、中国联通、中国卫星和中国铁通六家基础电信企业和4000多家增值电信、无线寻呼企业相互竞争的格局。而六大公司的比重也发生了明显变化。原来占绝对优势的中国电信业务收入比重由过去的50%以上下降到33.8%，退居第二，中国移动以36.6%跃居首位。

5月17日

国家主席江泽民在北京与塔吉克斯坦总统拉赫莫诺夫举行会谈

江泽民对拉赫莫诺夫在中塔建交10周年之际再次访华表示欢迎，并高度赞赏他为发展和深化中塔关系所作的不懈努力和重要贡献。江泽民说，在双方共同推动下，中塔睦邻友好关系始终保持健康稳定发展的良好势头。《中塔国界补充协定》的签署，标志着中塔两国边界问题画上了一个圆满的句号，它符合两国和两国人民的根本利益，是一件功在当代、利在千秋的大事。

江泽民对中塔关系的未来发展提出以下建议：

(一)进一步加强两国间的政治互信，继续在涉及双方主权、领土完整和重大国家利益问题上互相支持。

(二)进一步充实两国关系的物质基础，努力提高双边合作水平、扩大合作规模。

(三)积极推动两国政府、议会、民间团体之间的交往与接触，深化两国在文化、教育、艺术等领域的交往，加深相互了解，增进友谊，巩固两国关系的社会基础。

在谈及打击"三股势力"问题时，江泽民指出，"9·11"事件表明，恐怖主义已成为国际社会的公害。大量事实证明，"东突"恐怖势力是国际恐怖势力的组成部分，必须予以坚决打击。在打击包括"东突"在内的"三股势力"问题上，中塔立场相同，利益一致，合作良好。中方愿意继续加强与塔方在该领域的合作，共同维护本地区的安全与稳定。

关于上海合作组织，江泽民指出，上海合作组织成立一年来，在机制化建设和加强各领域合作方面取得积极进展，显示出巨大潜力和广阔的发展前景。同时也应看到，上海合作组织还处于起步阶段，自身建设任重而道远，当前国际和地区形势也给新组织提出诸多挑战。中方愿与塔方一道共同努力，推动上海合作组织不断向前发展。

会谈后，江泽民主席和拉赫莫诺夫总统签署了《中华人民共和国和塔吉克斯坦共和国关于中塔国界的补充协定》及附图和《中华人民共和国和塔吉克斯坦共和国联合声明》。

两国有关部门负责人签署了《中华人民共和国政府和塔吉克斯坦共和国政府关于能源领域合作的协定》和《中华人民共和国政府向塔吉克斯坦共和国政府提供无偿援助的换文》。

国务院副总理钱其琛、国家计委主任曾培炎、外交部副部长王光亚、外经贸部副部长周可仁等参加了会谈。

国家主席江泽民在人民大会堂会见巴林首相哈利法

江泽民说，巴林政府和人民在哈马德国王的领导下，积极稳妥地推进政治、经济改革，致力于发展多元化经济，提高人民生活水平，取得了显著成就；对外奉行睦邻友好政策，为促进海湾地区的和平与稳定发挥着积极作用。我们对此表示高度赞赏，并祝愿贵国在今后发展的道路上不断取得新的成就。

农工民主党中央副主席陈建生、中国驻巴林大使杨洪林、外交部副部长杨文昌等会见时在座。

全国人大常委会委员长李鹏在人民大会堂分别会见塔吉克斯坦总统拉赫莫诺夫 克罗地亚总统梅西奇 巴林首相哈利法

国务院总理朱镕基在中南海分别会见克罗地亚总统梅西奇 塔吉克斯坦总统拉赫莫诺夫

全国政协主席李瑞环在索非亚会见保加利亚总统格奥尔基·珀尔瓦诺夫

纪念罗亦农同志诞辰100周年座谈会在人民大会堂举行

中共中央组织部、中共中央党史研究室、中共上海市委、中共湖南省委在人民大会堂举行纪念罗亦农同志诞辰100周年座谈会。中共中央政治局常委、全国人大常委会委员长李鹏，中共中央政治局常委、国家副主席胡锦涛出席并发表讲话。

李鹏说，今天我们在这里举行座谈会，纪念罗亦农同志诞辰100周年，就是要缅怀他为中国人民解放事业和党的建设作出的卓越贡献，学习、继承和发扬他的革命精神。

座谈会由中共中央政治局候补委员、书记处书记、中央组织部部长曾庆红主持。他说，李鹏、胡锦涛同志的讲话，全面评价了罗亦农同志在中国共产党初创时期，传播马克思主义，加强党的建设，领导革命斗争，组织工人运动，建立农村革命根据地，以及为党的工作重点转变和探索中国革命正确道路等方面作出的重要贡献,要求大家努力学习罗亦农同志坚定的革命信念、高尚的革命品质和大无畏的献身精神,牢记历史重托,肩负时代责任,把老一辈无产阶级革命家开创的社会主义伟大事业不断推向前进。希望同志们深刻领会和认真贯彻。

曾庆红指出,当前,我国已经进入全面建设小康社会、加快推进社会主义现代化的新的发展阶段。面对新的形势和任务,我们一定要以马克思列宁主义、毛泽东思想、邓小平理论和江泽民同志"三个代表"重要思想为指导,继承和发扬革命先辈的光荣传统和革命精神,与时俱进,扎实工作,以优异的成绩迎接党的十六大胜利召开。

宋平、邹家华、李贵鲜和马文瑞、李锡铭等同志出席了今天的座谈会。中共中央组织部副部长黄晴宜、中共中央党史研究室主任孙英、中共上海市委副书记罗世谦、中共湖南省委书记杨正午先后在座谈会上发言,表达了对罗亦农同志的深切怀念和敬仰之情。

出席座谈会的还有中央和国家机关有关部门及上海市、湖南省的负责同志,老同志代表,罗亦农同志的亲属等。

中共中央政治局常委胡锦涛在纪念罗亦农同志诞辰100周年座谈会上发表讲话

同志们:

今天,我们怀着崇敬的心情,在这里举行座谈会,纪念罗亦农同志诞辰100周年,缅怀这位为民族独立和人民解放事业作出杰出贡献的革命先驱。

罗亦农同志是中国共产党早期的重要领导人之一,是杰出的无产阶级革命家、著名的工人运动领袖。他的一生虽然短暂,但他的英名永载中国共产党和中国革命的史册。

罗亦农同志于1902年5月18日出生在湖南省湘潭县。1919年,他在五四运动和进步思想感召下,到上海求学,1920年8月参加社会主义青年团。1921年,罗亦农同志和刘少奇、任弼时等同志一起赴苏俄,进入莫斯科东方劳动者共产主义大学学习,同年冬转为中国共产党党员。在莫斯科期间,他担任中共旅莫支部书记,大力抓党的建设,为培养和向国内输送大批领导骨干,作出了杰出贡献。1925年回国后,他担任中共江浙区委书记等职,为上海等地的党组织和工人运动的发展做了大量工作。他参与组织领导的上海三次工人武装起义,在中国工人运动史上写下了光辉的一页。在1927年党的五大上,他当选为中共中央委员。会后,调任中共江西省委书记。

1927年大革命失败后,罗亦农同志先后担任中共湖北省委书记、中共中央长江局书记、中共中央组织局主任,并在党的"八七会议"和"十一月扩大会议"上分别当选为中共中央临时政治局委员、政治局常委,成为党的重要领导人之一。1928年4月15日,罗亦农同志不幸被捕,21日在上海龙华英勇就义。他把满腔热血献给了中国人民革命事业,牺牲时年仅26岁。

罗亦农同志的一生,是革命的一生、战斗的一生,他给我们留下了宝贵的精神财富。罗亦农同志毕生追求真理,共产主义理想十分坚定。他坚信中国革命一定会胜利,从不灰心,从不消沉,即使在生死关头,革命的理想信念也毫不动摇,鲜明地体现了共产党人为党和人民的事业而献身的革命精神。罗亦农同志是早期共产党人中坚持实事求是、勇于创新的楷模。他大力提倡理论联系实际的优良学风,努力运用马克思主义的立场、观点、方法观察和分析中国社会、中国革命的现状,研究和解决实践中出现的各种新情况、新问题。他在党的建设、统战工作、群众工作,以及实行工农武装割据等方面,创造性地提出了许多符合实际的思想观点,为探索中国革命的正确道路作出了重要贡献。罗亦农同志始终保持着知难而进、奋力开拓的精神状态。他在革命生涯中,几次担负独当一面的工作。无论党把他派到哪里,他都能以高昂的热情和求实的态度,克服困难,忘我工作,开创新的工作局面。在大革命失败后的严重白色恐怖面前,他并没有因为早已公开共产党员的身份而退缩,始终以过人的胆识,战斗在敌人的心脏地区,表现出共产党人百折不挠、不怕牺牲的革命斗志。罗亦农同志从不计较个人得失,始终把为人民谋幸福当作自己的责任,立场坚定,爱憎分明,关心劳苦大众的疾苦,同群众共患难、心连心。他不顾体弱多病,不顾个人安危,忠心耿耿地为党工作,为革命、为人民无私地奉献出自己的一切。罗亦农同志坚定的革命信念、高尚的革命品质和大无畏的献身精神,是永远值得我们共产党人学习的。

同志们! 20世纪是中华民族奋起抗争、中国发生翻天覆地变化的一个世纪。中国共产党团结和带领中国人民推翻了"三座大山",实现了民族独立、人民解放,在中国大地确立了社会主义制度,找到了建设有中国特色社会主义的正确道路,取得了改革开放和现代化建设举世瞩目的伟大成就。随着新世纪的到来,我国已进入了全面建设小康社会、加快推进社会主义现代化的新的发展阶段。实现中华民族的伟大复兴展现出前所未有的美好前景。今天我们纪念罗亦农同志,就是要大力弘扬革命先烈的崇高精神,继往开来,与时俱进,把老一辈无产阶级革命家开创的社会主义伟大事业不断推向前进。让我们紧密团结在以江泽民同志为核心的党中央周围,高举邓小平理论伟大旗帜,认真贯彻“三个代表”重要思想，勇于开拓，不断进取，为把我国建设成为富强、民主、文明的社会主义现代化国家而努力奋斗！

中华人民共和国和塔吉克斯坦共和国发表联合声明

应中华人民共和国主席江泽民的邀请，塔吉克斯坦共和国总统埃莫马利·拉赫莫诺夫于 2002 年 5 月 16 日至 19 日访问了中华人民共和国。访问期间，中华人民共和国主席江泽民、全国人民代表大会常务委员会委员长李鹏和国务院总理朱镕基分别与埃莫马利·拉赫莫诺夫总统在友好的气氛中进行了会谈和会见。双方就双边关系、地区形势及共同关心的国际问题交换了意见，达成广泛共识。

双方签署了《中华人民共和国和塔吉克斯坦共和国关于中塔国界的补充协定》及其他双边合作文件。

中华人民共和国和塔吉克斯坦共和国(以下简称双方)，基于进一步巩固和发展两国间业已存在的睦邻友好与互利合作关系的共同愿望，重申恪守双方十年来签署和发表的政治文件所确立的各项原则，决心不断推动两国政治、经贸等各领域合作关系，根据中塔北京最高级会晤结果，声明如下：

一、双方满意地指出，中塔建交十年来，两国在发展政治、经济、文化等领域关系以及解决历史遗留的边界问题方面取得积极成果，重申发展两国长期稳定的睦邻友好与互利合作关系符合双方的根本利益，有利于巩固地区乃至世界的和平、安全与稳定。

二、双方对签署《中华人民共和国和塔吉克斯坦共和国关于中塔国界的补充协定》予以高度评价，认为这体现了双方本着平等协商、互谅互让精神和平解决争议问题的良好意愿，标志着中塔历史遗留的边界问题获得全面解决，将为中塔关系在新世纪的发展开辟更为广阔的前景。

三、双方强调指出在互利基础上开展经贸合作的重要性，重申将加强两国政府间经贸合作委员会的工作，为两国经贸合作创造有利的条件，并提供必要的支持。双方将共同努力，尽早开通经阔勒买山口的中塔公路。

四、塔吉克斯坦共和国重申继续奉行一个中国的政策，支持中国的统一大业，不接受关于台湾海峡两岸关系是“国与国之间关系”的论调，反对任何制造“两个中国”或“一中一台”的企图，反对台湾独立，反对台湾加入任何必须由主权国家参加的国际组织，不与台湾建立官方关系和进行官方往来。

五、中华人民共和国支持塔吉克斯坦共和国及其领导人为捍卫国家独立和主权、维护国家稳定以及解决战后重建时期社会经济问题所作的努力，并愿提供力所能及的援助。

六、双方主张在国际事务中遵循相互尊重主权和领土完整、平等、互不干涉内政、通过友好协商解决分歧和争端的原则；支持联合国在解决国际和地区问题上发挥主导作用。

七、双方一致认为，上海合作组织的成立是为维护本地区安全与稳定、发展睦邻互信友好合作关系而采取的重要和及时的步骤，支持在该组织内建立能够应对各种时代挑战的有效机制，表示将为尽快通过上海合作组织宪章和成立比什凯克反恐怖机构共同作出努力。

八、双方认为，国际恐怖主义、民族分裂主义和宗教极端主义仍是本地区安全和稳定的主要威胁。双方决心在双边和多边基础上开展合作，共同打击上述“三股势力”。

九、双方认为，国际恐怖主义已成为当今世界的一大公害。双方坚决反对和谴责一切形式的恐怖主义，强调在打击恐怖主义问题上不能搞双重标准。双方决心进一步采取措施，打击恐怖主义，维护本地区和两国的和平与稳定。

十、双方对阿富汗发生的积极变化以及阿富汗临时政府为建立国内和平所作的努力表示支持，希望紧急“支格尔”大会能顺利举行，选举出一个基础广泛、能代表阿富汗各民族利益的过渡政府，以实现阿富汗的持久和平。

塔吉克斯坦共和国总统埃莫马利·拉赫莫诺夫邀请中华人民共和国主席江泽民对塔吉克斯坦进行正式友好访问。江泽民主席愉快地接受了邀请。访问时间通过外交途径协商。

中华人民共和国代表　塔吉克斯坦共和国代表
江泽民　埃莫马利·拉赫莫诺夫

2002 年 5 月 17 日于北京

外交部部长唐家璇在雅加达与印度尼西亚外长哈桑举行会谈

双方就两国关系及共同关心的国际和地区问题深入交换了意见并达成广泛共识。

抢救和保护中国口头和非物质遗产工程启动

5 月 18 日是中国昆曲艺术被联合国教科文组织宣布为世界首批“人类口头和非物质遗产代表作”1 周年的日子。中国艺术研究院召开抢救和保护中国口头和非物质遗产座谈会，并正式启动“中国口头和非物质遗产的认证、抢救、保护、开发和利用工程”。

中国有极其丰富的口头和非物质遗产，但能像昆曲这样被列入世界“人类口头和非物质遗产代表作”

的只是一部分。抢救、保护和研究中国优秀民族艺术遗产，弘扬中华民族优秀文化，一直是中国艺术研究院的工作重点之一，经典民族乐曲《二泉映月》等一大批优秀艺术遗产由于该院专家的抢救才得以流传于世。由联合国教科文组织亚太中心认定的中国5家传统与民间表演艺术研究保护机构，都在中国艺术研究院。

中国艺术研究院将用5年时间，组织院内外各学科专家和社会各界专家学者完成这一系列工程。该工程将建立和逐步完善"中国口头和非物质遗产等级认证体系"、"中国口头和非物质遗产适用开发等级标准"；编撰出版《中国口头和非物质遗产代表作名录》、《中国口头和非物质遗产代表作图典》、《中国传统文化艺术构造及传承关系研究》、《中国口头和非物质遗产未来文化走向研究》丛书等；建立"中国口头和非物质遗产代表作资料馆"、"中国口头和非物质遗产资源数据库"及"亚太口头和非物质遗产中国信息网站"等。

5月18日

中共中央总书记江泽民在四川进行调研

5月18日至21日，江泽民和随行的中共中央政治局候补委员、书记处书记、中组部部长曾庆红，在四川省省长张中伟、成都军区司令员廖锡龙等人的陪同下，先后在成都市、雅安市、阿坝藏族羌族自治州考察了科研院所、高等院校、企业农村、水利工程、文化设施、高新技术开发、生态环境保护和建设。生机勃勃的成都平原，山青水碧的川西老区，给江泽民总书记留下深刻的印象。

江泽民十分关心农村基层党组织建设。2000年12月，全国农村"三个代表"重要思想学习教育工作会议在成都召开，对全国农村开展这项活动作出了部署。一年多来，按照中央的要求，全国农村"三个代表"重要思想学习教育活动全面展开，取得了丰硕的成果。5月20日上午，江泽民来到阿坝藏族羌族自治州汶川县水磨镇白果坪村。作为全省少数民族地区开展"三个代表"学教活动的试点村，全村党员在村支部的带领下，提出"科技兴村、民主管村、依法治村"，努力实践"三个代表"要求，带头和带领致富的能力得到明显提高，使白果坪村成为远近闻名的富裕村。在村头，村民们以民族传统礼节欢迎总书记的到来，江泽民频频挥手向村民们问好。他走进村委会活动室，仔细了解村里党建工作和村务公开的情况，对他们在"三个代表"学教活动中的做法予以肯定。他还走进藏族村民张永仲的新居，与全家6口人亲切攀谈、促膝谈心，询问、关心他们的生产、生活状况。当天下午，江泽民在成都主持召开了农村"三个代表"学习教育活动座谈会。座谈会气氛十分活跃，来自四川各地的省市县乡村的7位代表结合实际，汇报了开展"三个代表"学教活动的做法和体会。来自基层、来自身边的话语既生动形象、说服力强，又真实地反映了学教活动"让干部受教育、使群众得实惠"的重大意义。来自雅安市天全县仁义乡程家村的村民程培贤在发言结束后，按捺不住激动的心情，用乡音乡语唱起了新编的山歌《"三个代表"记心间》："大田栽秧行对行，'三个代表'学习忙。一心为了抓发展，脱贫致富奔小康……"发自内心的歌声，博得全场热烈的掌声。

江泽民对农村"三个代表"学教活动取得的成绩给予了充分肯定。他说，各级领导干部一定要牢记全心全意为人民服务的宗旨，树立强烈的公仆意识，深怀爱民之心，恪守为民之责，善谋富民之策，多办利民之事。西部一些地方农村贫困人口多，贫困程度深，城市下岗职工多，待业人员多，关心好群众生活尤为重要和迫切。要随着经济发展，不断提高城乡居民收入水平，使人民共享经济繁荣成果。各级领导干部要深入工厂农村，深入街道学校，把那些与群众生产和生活息息相关的突出问题找出来，逐一进行梳理和排查，采取有针对性的措施，切切实实地帮助群众解决困难。要把少数民族地区和革命老区作为扶贫重点，加大扶贫开发力度，加快脱贫致富进程。

江泽民强调，加强和改进党的作风建设，是党的建设一项极为重要的任务。党的十五届六中全会就加强和改进党的作风建设提出了全面的要求，各地各部门都要紧密结合自己的实际加以贯彻落实。加强和改进党的作风建设，核心的问题是保持党同人民群众的血肉联系。各级领导干部都要时时刻刻心系人民群众，都要沉下去，倾听群众呼声，关心群众疾苦。深入群众、关心群众，关键是要解决群众在生产和生活中遇到的实际问题，带领群众战胜困难，使他们能不断提高生活水平。只要做到了这一点，群众就会真心实意地拥护我们。这是农村"三个代表"学习教育活动取得的最重要经验。

江泽民还重点考察了四川实施西部大开发的进展情况。他先后考察了西南电子设备研究所、四川丰田汽车有限公司、紫坪铺水利枢纽工程建设工地、成都温江易园苗木基地、际天时股份有限公司、地奥集团、成都高新技术产业开发区(南区)留学生创业园、国腾通讯公司。江泽民指出，实施西部大开发，是全国发展的一个大战略，对于推进全国的改革和建设，保持国家的长治久安，不仅具有重大的经济意义，而且具有重大的政治意义。西部地区为了缩小与经济发达地区的差距，必须继续解放思想，勇于创新，在保证经济运行质量和效益的前提下，加快发展。要发挥后发优势，利用自身的有利条件和已经积累起来的基础，积极引进先进技术和管理成果，学习国内外有关加快发展的成功经验。中央将从多方面对西部地区加快发展给予支持。西部地区广大干部群众要团结一心，思干思进，扎扎实实地为实现提出的奋斗目标而努力。

江泽民强调，发展才是硬道理。发展必须有新思路。要进一步加快经济结构的战略性调整，把结构调整真正摆到主线的位置，增强经济整体竞争力。要以农民增收为中心，加大农业和农村经济结构调整的力度，大力推进农业产业化经营。要积极推进工业结构优化升级，特别要加大企业技术改造的力度，用高新技术和先进适用技术改造提升传统产业，增强企业竞争力，不断提高工业化水平。加强基础设施建设，抓好交通、通信、能源、水利建设。要进一步扩大开放，提高对外开放水平。要搞好生态环境保护和建设，重点抓好天然林资源保护和退耕还林还草工程。在实施西部大开发战略的进程中，各级领导干部要有识才的慧眼，用才的气魄，爱才的感情，聚才的方法，善于用事业来吸引和凝聚人才，努力为各类人才发挥作用、施展才华创造条件。

江泽民说，加快民族地区发展，促进各民族的共同繁荣，是实施西部大开发战略的一个重要着眼点和出发点。要发挥水能、森林、草地等资源丰富和自然景观优美、民族风情独特等优势，大力发展水电业、生态产业和旅游业。要切实抓好民族地区的教育事业，教育扶贫是根本的扶贫。要认真贯彻党的民族政策，巩固和发展平等、团结、互助的社会主义民族关系。

5 月 19 日，江泽民专程来到位于雅安的四川农业大学，实地了解这所以生物技术为特色、以农业科技为优势、多学科协调发展的大学在教学和科研方面开展的工作。他来到大学生们中间，向他们挥手致意。宁静的大学校园里一片欢声笑语，大学生们围拢在总书记身边，以热烈的掌声迎接着总书记的到来。江泽民对广大师生在教学和科研方面取得成绩表示赞赏，充分肯定了学校结合新的形势积极开展思想政治工作取得的成效。

考察中，江泽民就加强和改进党的建设发表了重要讲话。他指出，在新的历史条件下，必须坚持解放思想、实事求是的思想路线，做到与时俱进、开拓进取。要坚持好马克思主义，必须根据实践的发展不断丰富和发展马克思主义。这是总结我们党 80 多年奋斗历程得出的一条基本经验，也是当今世界和当代中国的发展对我们提出的根本要求。现在，世界生产力和科学技术的发展日新月异，我国改革开放和现代化建设正在深入，各条战线、各个部门、各个地方都面临着许多新情况、新问题。推进改革也好，促进发展也好，维护稳定也好，都需要我们在坚持马克思主义基本原理的基础上，深入总结实践经验，发展新的思想理论观念，找到新的方式方法，掌握新的领导本领。理论发展是在实践发展的基础上实现的，而我们取得的新认识、新思想、新观点，一定要落实到更好地指导实践上来，落实到发展中国的先进生产力、先进文化，实现和维护中国最广大人民的根本利益上来。我们推进理论创新，就是为了要通过理论创新来推动制度创新、科技创新以及其他各个方面的创新，最终是为了使我们的理论能够更好地指导和推动建设有中国特色社会主义的伟大实践。全党同志要加强学习、加强实践，不断在实践中丰富和发展我们的思想理论，不断打开改革发展稳定各项工作的新局面。

江泽民强调，加强和改进党的建设，最重要的是要加强领导班子和干部队伍建设。没有坚强的领导班子，没有坚强的干部队伍，不仅工作很难做好，而且也谈不上打开新的工作局面。要坚持“四化”方针和德才兼备原则，适应新形势、新任务的需要，选拔好各级领导干部，特别要注意选好一把手。要大胆使用那些政治清醒、信念坚定、善于学习、求真务实、一身正气的人。要形成正确的用人导向，坚决反对用人上的不正之风。

江泽民强调，党的基层组织是党的全部工作和战斗力的基础。要努力把党的基层组织建设成为联系群众、宣传群众、组织群众、团结群众、带领群众的坚强战斗堡垒。要适应经济社会发展的要求，加大对非公有制经济组织、街道社区、社团和中介组织党的建设的工作力度，不断拓宽党的工作的覆盖面。

考察期间，江泽民听取了四川省委、省政府的工作汇报，对四川近年来在改革开放、现代化建设和党的建设等方面取得的成绩予以充分肯定。他指出，改革开放以来，特别是党的十五大和实施西部大开发战略以来，四川坚持以邓小平理论和党的基本路线为指导，认真贯彻“三个代表”要求，坚决贯彻中央的路线方针政策和工作部署，紧密结合自己的实际，开拓创新、团结奋进，全省出现了干部群众团结思进、经济社会发展加快的局面。他希望四川省委、省政府带领全省广大干部群众坚持解放思想、实事求是，迎难而上、开拓进取，继续推进改革和发展。

考察期间，江泽民还接见了驻川部队干部的代表，勉励他们适应新形势的要求，进一步加强文化知识、科技知识特别是军事科技知识的学习，全面提高广大指战员的综合素质，不断推进军队的革命化、现代化、正规化建设。

陪同江泽民总书记考察的有中央军委委员、总后勤部部长王克，中央有关部门负责人王刚、滕文生、曾培炎、华建敏、项怀诚、由喜贵、张柏林、王沪宁、李子彬、贾廷安等。

国务院副总理李岚清对希腊进行正式访问

李岚清在克里特岛机场发表书面讲话说，访问期间，他期待着同希腊政府领导人就进一步发展双边关系，特别是两国在文化、科教领域的合作以及其他共同关心的问题广泛交换意见。

李岚清说，中希两国人民的交往历史悠久，友谊源远流长。近年来，在双方的共同努力下，两国在各个领域的友好合作关系取得了很大进展。双方政治交往密切，经济和贸易合作富有成果，科技、文化等方面的交流也日趋活跃。中希两国之间没有根本的利害冲突，在维护世界和平、促进人类共同发展方面，两国有广泛的共同利益。

晚上，李岚清会见了克里特伊拉克林省省长戈里法拉基斯和其他地方官员

李岚清说，在人类历史的长卷中，克里特文明在希腊文明中占有十分显著的地位。而希腊文明又为人类文明的发展作出了重要的贡献。中希两国是友好国家。中国同克里特岛的关系也十分密切。两国科学家在贵岛进行了多项科研合作，并取得很大的成功。克里特岛是旅游胜地，双方可以在旅游领域深入开展交流与合作。相信今后中国同克里特岛的友好合作将会有更大的发展。

中国和巴林发表新闻公报

应中华人民共和国国务院总理朱镕基的邀请，巴林王国首相哈利法·本·萨勒曼·阿勒哈利法殿下于2002年5月16日至18日对中华人民共和国进行正式访问。

访问期间，中国国家主席江泽民、全国人民代表大会常务委员会委员长李鹏分别会见了哈利法首相殿下。朱镕基总理同哈利法首相殿下举行了会谈。双方在友好的气氛中就加强中巴在各个领域的合作和共同关心的国际与地区问题交换了意见。哈利法首相向江泽民主席和其他中国领导人转达了巴林王国国王哈马德·本·伊萨·阿勒哈利法陛下的问候。江泽民主席和其他中国领导人也请哈利法首相转达对哈马德国王陛下的问候。两国有关部门签署了《中华人民共和国政府和巴林王国政府关于对所得避免双重征税和防止偷漏税的协定》、《中华人民共和国政府和巴林王国政府关于劳务合作及培训领域的合作协定》、《中华人民共和国政府和巴林王国政府2002—2004年文化合作执行计划》、《建立中国—巴林联合商务理事会合作协议》、《中华人民共和国政府和巴林王国政府关于在巴林设立中国投资与经济服务中心的谅解备忘录》。

双方对建交13年来两国友好合作关系的发展表示满意，强调进一步扩大和深化两国之间的友好合作，不仅是两国政府和人民的共同愿望，也符合两国的共同利益；表示愿继续巩固和加强两国在各领域的合作。

关于共同关心的政治问题，双方强调，在国际关系中，各国应坚持和平共处、和平解决争端和不干涉别国内政等国际公认的国际关系准则，认为这对地区乃至世界的安全与稳定十分重要。

巴方重申，中华人民共和国政府是代表全中国人民的唯一合法政府，台湾是中国领土不可分割的一部分。中方对巴方重申这一立场表示赞赏。

双方一致强调维护海湾地区安全与稳定的重要性，重申在联合国安理会有关决议框架内，通过政治谈判公正、合理地解决包括伊拉克问题在内的所有海湾战争遗留问题，以实现该地区的长治久安。

双方对中东局势的恶化深表忧虑，对以色列对巴勒斯坦滥用武力予以谴责，强调包括建立独立国家在内的巴勒斯坦人民合法民族权利应得到保障。双方呼吁有关各方尽早恢复谈判，并敦促国际社会进一步承担起促和责任。双方强调支持中东和平进程，并将继续推动中东问题在联合国安理会第242号和第338号等有关决议及"土地换和平"原则基础上实现公正、全面和持久的解决。

双方对巴林首相哈利法殿下访华并与中国领导人会见所取得的良好成果表示满意，上述成果将有力推动和加强友好的两国在各个领域的友好合作关系，双方强调通过互访落实这些成果十分重要。

巴林首相哈利法殿下对此次访问深表高兴，对他及代表团受到的盛情款待深表谢意，并正式邀请中国总理朱镕基访问巴林，朱镕基总理表示感谢并接受邀请。

外交部部长唐家璇在帝力与东帝汶过渡内阁外长霍塔举行会谈

唐家璇首先代表中国政府对东帝汶独立表示热烈祝贺和良好祝愿。他说，东帝汶的独立标志着东帝汶人民从此掌握了自己的命运。唐家璇高度赞赏过渡政府致力于民族和解、经济重建和睦邻友好的内外政策，相信在新政府领导下，东帝汶将继续在国家建设中取得更大成就。

唐家璇说，东帝汶独立之际，中国和东帝汶两国将正式建立外交关系，为双方发展睦邻关系奠定重要政治基础。为发展中国和东帝汶全面友好合作关系，唐家璇建议：一、推进两国高层交往并加强两国外交部及议会、军警、政党等各个层次的交流。二、加强两国在

国际和地区事务中的协调与合作。中国支持东帝汶在国际和地区舞台上发挥积极作用。三、认真落实中方对东帝汶的经济技术援助,包括东帝汶外交部办公楼、向东帝汶提供农机维修技术服务及派遣医疗队等项目。四、加强两国在经贸等领域的合作。中方鼓励中国企业参与东帝汶经济建设。

2002年科技活动周在北京开幕

以“科技创造未来”为主题的2002年科技活动周开幕式在北京中华世纪坛举行,这标志着本届科技活动周在全国全面展开。国务院副总理温家宝出席开幕式并讲话。

温家宝首先代表党中央、国务院向科技活动周的开幕表示祝贺。他说,这是我国群众性科技活动的一次盛会,广大科技工作者将与公众一起,共同参与丰富多彩的科技活动,展示科技发展的新成就,在全社会弘扬科学精神,传播科学思想,倡导科学文明的生活方式。

温家宝指出,科学技术是推动社会发展的革命性力量。科学技术的每一次重大进步,都创造出了新的生产力,丰富了先进文化的宝库,给人类带来了切身利益。在全社会广泛深入地宣传科学精神,增强公众的科技意识,提高国民的科技素质,引导公众自觉运用先进科学思想和科学方法,是发展科学技术事业的一项重要的基础性工作。

温家宝强调,未来的时代,是一个科技革命的时代,一个富于创新的时代,一个人才辈出的时代。谁掌握了先进的科学技术,谁就代表了先进的生产力;谁走在科学技术的前沿,谁就代表了文明进步的方向。让我们认真实践“三个代表”重要思想,积极投身于科教兴国的伟大事业,满怀信心地迎接科技发展的新时代,用智慧和汗水创造中华民族更加美好的未来。

在5月18日至24日的2002年科技活动周期间,科技部、中宣部、中国科协将联合有关部门在全国各地共同组织实施400多项内容丰富、形式多样的群众性科学技术普及活动,包括“科技创造未来”大型主题展览、科技游园会、科技报告会、科技下乡等。主办者以独特的创意把“科技创造未来”的理念融入各项活动之中,并辅以高科技手段,使群众“近距离”感受科技的力量。

全国人大常委会副委员长周光召、全国政协副主席宋健,有关部门负责人及首都各界群众代表共2500多人参加开幕式。

中国羽毛球女队在广州获得尤伯杯

中国队实现了尤伯杯三连冠,也是中国队第八次捧得尤伯杯。

5月19日

国家主席江泽民致信东帝汶总统古斯芒对东帝汶独立表示祝贺

国务委员全国双拥工作领导小组组长司马义·艾买提在安徽考察调研

5月19日至23日,在民政部和安徽省政府有关部门领导同志的陪同下,司马义·艾买提一行先后深入安徽亳州、阜阳、合肥等市(县)、乡(镇)和村进行视察调研,走访了革命伤残军人、烈军属、老复员军人、五保户和城市“低保”户,查看了城市社区和农村敬老院,听取了安徽省委、省政府的工作汇报,对安徽省开展农村税费改革试点,并在试点中妥善做好农村抚恤优待、五保供养工作给予了肯定。

司马义·艾买提强调,农村改革关系到亿万农民的切身利益,关系到千百万为创建和保卫共和国作出重要贡献的优抚对象的合法利益,关系到城乡困难群体的生活保障,也关系到社会稳定和改革的成败。各级党委、政府务必高度重视农村抚恤优待、五保供养和城市“低保”工作,从思想认识上把这项工作真正摆上位置,完善政策,落实措施,做到事事处处为人民群众的利益着想,为困难群体着想,妥善解决并安排好农村优抚对象、五保户和城市“低保”户的生产生活问题。

他要求,各级政府要进一步调整财政支出结构,加大财政转移支付力度,确保优抚对象的优待标准和五保户救济标准达到国家有关规定;要切实将家庭人均收入低于当地最低生活保障标准的居民全部纳入保障范围,把符合“低保”条件的中央、省属企业困难职工作为保障重点;要采取有效措施,抓好有关各项法律、法规和政策在基层的贯彻落实。与此同时,要制定相关的优惠政策,认真解决好优抚对象的就医和农村敬老院的危房改造;要继续弘扬中华民族传统美德,大力倡导互助互济、尊老爱老、扶弱济贫的社会风尚。

司马义·艾买提指出,党中央、国务院对做好新形势下的民政工作高度重视。各级党委和政府要以对党对人民高度负责的态度,不断研究新情况,采取新措施,关心和解决好城乡特困群众的生活;要注意督促各地落实农村税改后抚恤优待、五保供养对象享受的各种优惠政策;同时要严格各项监督制度,堵塞各种漏洞,确保各项救济和“低保”资金及时发放。

5月20日

全国人大常委会委员长李鹏在人民大会堂会见葡萄牙总检察长若泽·德莫拉一行

李鹏说,中国的民主法制建设取得重大进展,以宪法为基础的具有中国特色的社会主义法律体系基本形成。为有效遏制腐败,规范现代经济的运行,中国制定了有关适应社会主义市场经济体制需要的法律,还陆续颁布了一系列有关规范公共官员行为,预防和惩处贪污、贿赂、徇私舞弊等职务犯罪行为的法律、法规。这些法律、法规的颁布实施,对保障国家建设的顺利进行和社会主义市场经济体制的建立、完善,保障依法行政,防止权力滥用发挥了重要作用。

李鹏说,中国的检察机关由同级人民代表大会选举产生,对人大负责,受人大监督。检察机关是中国的法律监督机关,又是中国惩治腐败犯罪的职能部门之一,在中国推进依法治国的进程中,检察机关正在发挥着重要的作用。

李鹏说,中葡社会制度不同,但司法领域有不少可以相互借鉴的地方,两国检察机关建立了长期合作的友好关系,希望进一步加强。

最高人民检察院检察长韩杼滨、全国人大常委会副秘书长吕聪敏等会见时在座。

全国人大常委会委员长李鹏在人民大会堂会见以理事长李仁浩为团长的韩国国际交流财团代表团

李鹏说,1992年8月中韩建交以来,两国关系在政治、经济、文化方面取得了迅速发展,我们对此感到高兴和满意。近年来,两国领导人高层互访频繁,这种高层领导人之间的互访,加深了两国之间的相互了解,促进了两国友好合作关系的发展。

李鹏对韩国国际交流财团为促进中韩民间交流作出的贡献给予积极评价。他说,今年是中韩建交10周年,韩国国际交流财团与中国人民外交学会共同举办"中韩未来论坛"第九次会议,两国知名人士、专家、学者就共同关心的国际、地区和双边关系等问题进行了深入的探讨和交流,有利于增进两国人民之间的相互了解,有益于两国关系进一步发展,希望"中韩未来论坛"持之以恒地继续举办下去,为21世纪中韩关系的进一步发展作出贡献。

李鹏说,这次论坛在中国新疆维吾尔自治区召开很有意义。新疆是中国实施西部大开发战略的重点地区,地域辽阔、资源丰富、民族团结、政治稳定,具有许多有利条件。欢迎韩国企业家积极参与中国的西部大开发,以进一步促进两国经贸合作,谋求共同繁荣和发展。

外交学会会长梅兆荣、外交部副部长李肇星等参加了会见。

全国人大常委会委员长李鹏致电东帝汶国民议会议长弗朗西斯科·古特雷斯·卢奥洛对东帝汶民主共和国独立表示祝贺

国务院总理朱镕基致电东帝汶总理马里·阿尔卡蒂里对东帝汶民主共和国独立表示祝贺

全国政协主席李瑞环在卢布尔雅那会见斯洛文尼亚国民协商会主席托内·赫罗瓦特

李瑞环说,中斯建交10年来,两国领导人保持经常接触,两国在政治、经济、科技、教育和文化等领域的合作不断扩大,在联合国等国际组织中也相互支持。我们对中斯关系的发展表示满意。

李瑞环说,中斯关系之所以能够顺利发展,一个重要原因就是我们始终做到了平等相待、互相尊重,尊重对方的主权和领土完整,尊重对方的人民意愿和制度选择,尊重对方的文化传统和生活习惯,尊重对方平等自主参与世界事务的正当权利。

他强调,互相尊重是人类社会的美好追求,是处理双边关系的基本准则。人人都希望得到别人的尊重,而要真正获得别人的尊重,首先要尊重别人,"敬人者,人恒敬之"。人心换人心,真诚换真诚,只有真诚地尊重别人,才能得到别人的真诚尊重,批评别人对自己不真诚,首先要反省自己对别人是否有虚假。在现实生活中,强者、富者、大者处于优势地位,弱者、穷者、小者处于不利地位,讲尊重应特别提倡强的尊重弱的,富的尊重穷的,大的尊重小的。这是一种道德、一种品格、一种文明。

他指出,中国政府一贯把互相尊重作为外交政策的重要内容,真诚地希望与包括斯洛文尼亚在内的世界各国本着互相尊重的原则,发展双边友好合作关系,并为建立公正合理的国际政治经济新秩序而不懈努力。

李瑞环还会见了卢布尔雅那市副市长安东·乔拉里奇。

国务院副总理李岚清在雅典与希腊发展部部长措哈佐普洛斯举行会谈

双方就双边关系和其他共同关心的问题深入交换了意见,并取得广泛一致。

李岚清说,中希建交30年来,两国在各领域的友好合作关系一直发展得很顺利,双方不存在困难问题。

两国领导人保持了经常性的往来和接触，这对增进相互了解、促进互利合作发挥了重要的推动作用。中希经贸合作不断深化，双边贸易额去年再创历史新高。两国在文化、教育、科技等领域的交流也日趋活跃。双方科学家在一些高科技项目的成功合作，展现了两国科技交流的光明前景。中国政府已正式把希腊作为中国公民出国旅游目的地，相信这一举措将会有力促进两国的旅游合作。

李岚清说，中国政府非常重视发展同希腊的关系，愿与希方共同努力，推动两国在经贸、科技、文化、教育、卫生、奥运等领域的友好合作。在两国间已有的经贸混委会和科技混委会的基础上，愿与希方探讨成立文化和发展合作混委会的可能性，拓展两国交流与合作的新领域，使两国友好关系再上新台阶。

国务院副总理温家宝在钓鱼台国宾馆与英国副首相兼内阁首席大臣普雷斯科特举行会谈

双方积极评价中英关系的发展。温家宝说，今年是中英建立大使级外交关系30周年。30年来，在双方的共同努力下，中英关系不断向前发展。特别是近年来，两国领导人互访和接触频繁，对进一步增进双方相互了解，推动两国互利合作具有重要意义。双方在许多重大问题上有着共同看法和共同利益。

温家宝说，中英两国经贸互补性强，合作潜力大。中国加入了世贸组织，正在实施西部大开发战略，2008年奥运会筹备工作也业已展开，这些都为扩大双方合作带来新的契机。双方应本着“平等、互信、友好、合作”的原则，面向未来，发展长期稳定的友好合作关系，加强双方在政治、经济、文化等各个领域的合作。

双方还就可持续发展世界首脑会议等共同关心的问题深入交换了意见，一致表示非常重视可持续发展世界首脑会议，愿加强在此问题上的协调与合作。

外交部副部长李肇星、国家发展计划委员会副主任王春正、国家环保总局局长解振华等参加了会见。

中国与东帝汶建交

应邀前来出席东帝汶独立庆典的中国外交部部长唐家璇与东帝汶民主共和国外交部部长奥尔塔共同签署了《中华人民共和国与东帝汶民主共和国关于建立外交关系的联合公报》。

随后，唐家璇外长主持了中国驻东帝汶大使馆的开馆仪式。唐家璇在仪式上致辞说，中国驻帝力代表处自2000年9月建立以来，为发展中国与东帝汶的交流与合作发挥了重要作用。今天，代表处完成了历史使命，中国大使馆正式开馆。中国大使馆在东帝汶独立日当天开馆，表明中国政府对东帝汶的未来和前景充满信心。唐家璇强调，中国与东帝汶正式建立外交关系，为双方建立和发展各个领域的合作关系奠定了坚实基础，中国政府愿与东帝汶政府共同努力，将两国关系稳步推向前进。

唐家璇还与奥尔塔共同签署了《中华人民共和国与东帝汶民主共和国经济技术合作协定》。

中国与东帝汶发表建交联合公报

中华人民共和国政府和东帝汶民主共和国政府关于建立外交关系的联合公报

一、中华人民共和国政府和东帝汶民主共和国政府根据两国人民的利益和愿望，决定自2002年5月20日起建立大使级外交关系。

二、中华人民共和国政府和东帝汶民主共和国政府愿意在互相尊重主权和领土完整、互不侵犯、互不干涉内政、平等互利、和平共处的原则基础上并根据《联合国宪章》的原则，发展两国之间的友好合作关系，积极拓展各个领域的合作，特别是经贸领域的交往与合作。

三、中华人民共和国政府尊重东帝汶民主共和国的独立、主权和领土完整。东帝汶民主共和国政府承认世界上只有一个中国，中华人民共和国政府是代表全中国的唯一合法政府，台湾是中国领土不可分割的一部分，承诺不与台湾建立任何形式的官方关系或发生任何官方往来。

四、中华人民共和国政府自建交之日起将中华人民共和国驻帝力代表处升格为中华人民共和国驻东帝汶民主共和国大使馆。东帝汶民主共和国政府决定尽早向中华人民共和国派驻大使。双方将根据平等互利的原则和国际惯例，互相为对方建立使馆和履行公务提供一切必要的协助。

中华人民共和国	东帝汶民主共和国
政府代表	政府代表
外交部部长	外交部部长
唐家璇	若泽·拉莫斯·奥尔塔

2002年5月20日于帝力

第五次全国律师代表大会中国公证员协会第四次会员代表大会在北京开幕

国务委员、中央政法委书记罗干出席会议并讲话。他强调，广大律师、公证员要切实按照“三个代表”要求，增强政治意识、大局意识、责任意识，积极投身到实践“三个代表”、建设有中国特色社会主义的伟大事业中去，为改革发展稳定提供有力的法律服务。

罗干在讲话中强调，全国广大律师、公证员要认真学习贯彻江泽民总书记“三个代表”重要思想，努力做好新形势下的法律服务工作。他说,江总书记"三个代表"的重要思想,是新时期我们党和国家各项工作的指针。律师、公证工作作为我国社会主义法律制度的重要组成部分,在实践"三个代表"、建设社会主义法治国家的伟大进程中肩负着重要的责任。律师、公证工作围绕改革开放和经济建设这一中心任务,为建立、健全社会主义市场经济体制和发展经济提供法律服务,能够有力地促进先进生产力的发展;律师、公证制度作为社会进步的产物和法制建设的一部分,有利于推动中国先进文化的前进;律师、公证服务是维护公民、法人合法权益,保障人民民主权利的有效手段,有利于维护最广大人民的根本利益。

罗干要求,要充分发挥律师协会、公证员协会在加强对律师、公证员管理,加强职业道德建设、促进行业自律,维护律师、公证员合法权益等方面的作用,促进律师、公证工作健康发展。各级司法行政机关要切实负起责任,认真贯彻落实《律师法》和有关法律、法规,建立、健全各项规章制度,不断促进律师、公证工作规范化。要按照国家统一司法考试的要求,建立严格规范的制度程序,严把律师、公证行业"入口关",严格执业申请和授予条件,确保律师、公证员队伍的纯洁性。要严格执法执纪,进一步完善投诉、调查、听证和处罚机制,加大对律师、公证人员管理的力度和对违法违纪人员的处罚力度。要大力加强律师、公证员队伍建设,帮助广大律师、公证员牢固树立正确的世界观、人生观、价值观,努力提高政治、思想、业务水平,促使律师、公证人员做到清正廉洁,依法公正执业,树立良好的执业形象。

罗干强调,各级党委政府要加强对律师、公证工作的领导,充分发挥其在推进依法治国、维护社会稳定和为经济社会发展服务等方面的重要作用。要协调各有关部门进一步关心和支持律师、公证工作,及时研究解决律师、公证工作改革发展中的重大问题,积极为律师、公证员执业创造良好的政策和法制环境。

最高人民检察院检察长韩杼滨、公安部部长贾春旺、司法部部长张福森以及有关部门负责人出席了会议。

本次大会将总结近年来的律师和公证工作,研究制定促进律师和公证事业发展的措施,同时选举律师协会、公证员协会新一届领导班子,修改协会章程。

5月21日

中共中央总书记江泽民在重庆围绕党建和西部大开发进行调研

5月21日至24日,江泽民和随行的中共中央政治局候补委员、书记处书记、中组部部长曾庆红,在重庆市市委书记贺国强、市长包叙定、成都军区政委杨德清的陪同下,先后考察了重庆市的交通基础设施建设、城市建设,考察了西南铝业集团有限责任公司、皇田农业股份有限公司、重庆海扶技术有限公司等企业,并深入居民小区看望了群众。

1998年,在重庆设立直辖市1周年时,江泽民提出,重庆要集中精力办好按期完成移民任务、振兴老工业基地、加快农村经济发展、加强生态环境保护和建设这四件大事。4年过去了,从工厂到农村,从企业到社区,看到良好的发展势头和干部群众振奋的精神状态,江泽民很高兴。

江泽民指出,西部地区要紧紧抓住西部大开发的机遇,加快经济发展步伐。西部一些地区具有工业基础较好、科技力量较雄厚、教育较发达、商业较繁荣等综合优势,应该充分利用自己的优势条件,抢占先机,有所作为。加快工业经济的发展,是推进经济发展的一项重要任务。应该积极借鉴国内外的先进科学技术,大力提高技术水平和产品质量,带动其他制造业的发展。要进一步加快以交通、通信为重点的基础设施建设,推进经济结构的战略调整,着力改善和优化发展环境,不断提高对外开放水平。

江泽民十分关心农村经济发展特别是农业结构调整的问题。他来到重庆市郊,考察了从事高档花卉生产、苗种繁殖的皇田公司。这家公司采取公司加农户加基地的经营模式,发挥了农业产业化经营的龙头作用。江泽民说,要高度重视"三农"问题,推进农业和农村经济全面发展。农业是国民经济的基础。尤其是在我们这样一个农村人口比重很高的农业大国,农民的收入和生活水平如何,农业和农村经济状况如何,在很大程度上决定和影响着我国改革发展的进程,决定和影响着我国社会稳定的全局。在任何时候和任何情况下,我们都不能放松农业、农村和农民工作。对农业、农村和农民问题可能带来的全局性影响不能低估,对农业、农村和农民工作中的一些突出矛盾和问题不能低估,对做好新阶段农业、农村和农民工作的难度不能低估。必须坚持党在农村的基本政策不动摇,切实加强农业的基础设施建设,大力推进农业农村经济结构调整,积极发展农业产业化经营,打好扶贫攻坚战。要进一步深化农村改革,当前要重点搞好农村税费改革。要按照中央的要求,确保农民负担明显减轻,确保基层政权正常运转,确保必要的义务教育投入。

江泽民强调,在西部大开发中,要坚持不懈地搞好生态环境保护和建设,实现经济社会的可持续发展。当前,西部地区生态环境恶化的趋势初步得到遏制,生态环境状况有所好转。但面临的问题仍然十分突出。

必须进一步加大生态环境保护和建设的力度，加强污染防治，搞好退耕还林还草。要统筹考虑和正确处理经济发展与人口、资源、环境的关系，树立正确的发展观，把控制人口、节约资源和保护环境放在重要位置，使经济社会发展始终建立在人口、资源、环境良性循环的基础之上，为今后的长远发展创造条件。

在重庆期间，江泽民深入基层、来到群众中间，了解他们的工作和生活情况。他先后来到位于江北区的龙湖小区和位于渝中区的人民广场，与普通市民亲切交谈，走访退休职工家庭，察看了社区的生活设施特别是文化体育娱乐设施的建设情况，观看了市民们表演的文艺节目。社区里、广场上，自发的文化体育活动，丰富了生活，陶冶了情操。江泽民对群众开展这些健康向上的文化体育活动表示赞赏。江泽民指出，经济社会协调发展，两个文明共同进步，是社会主义现代化建设的本质要求。在新的历史时期，必须始终坚持"两手抓，两手都要硬"的方针，促进经济建设和文化建设良性互动。越是在改革和发展的重要时期，越是要大力加强社会主义精神文明建设，努力实现经济社会协调发展和两个文明共同进步，不断满足群众的物质文化需求。要坚持不懈地用邓小平理论武装和教育广大干部群众，加强党的基本路线和"三个代表"要求的学习教育，努力在广大干部群众中形成建设有中国特色社会主义的共同理想和精神支柱，努力塑造爱国奉献、自信自尊、艰苦奋斗、与时俱进、勇于创新的时代精神。

5月23日，江泽民听取了重庆市委、市政府的工作汇报并就党的建设和西部大开发发表重要讲话。

在谈到加强和改进党的建设时，他指出，新世纪新形势，给我们加快发展带来了新机遇，也对我们做好工作提出了新挑战，必须全面推进党的建设新的伟大工程，不断提高领导水平和执政水平。要以创新的精神研究和解决党和国家各方面工作面临的重大理论和现实问题，作出符合实际情况和时代要求的科学回答，从而更好地指导实践。我们必须适应实践和时代的发展，坚持解放思想、实事求是的思想路线，全面贯彻"三个代表"要求，用新的思想观念、新的思维方式和新的行为方式，不断推进理论创新、制度创新和科技创新。始终坚持与时俱进，在实践中努力积累经验，以利不断创新，在创新中获得新的动力，求得不断发展。

江泽民指出，风雨如磐的革命斗争岁月，培育和形成了伟大的红岩精神。红岩精神充分体现了老一辈无产阶级革命家、共产党人和革命志士的崇高思想境界、坚定理想理念、巨大人格力量和浩然革命正气。红岩精神同井冈山精神、长征精神、延安精神一样，都是中国共产党人和中华民族的宝贵精神财富。在新的历史条件下，全党全社会要大力弘扬红岩精神，使之成为我们在新世纪继续推进建设有中国特色社会主义事业的强大精神力量。

江泽民强调，艰苦奋斗是我们党的光荣传统和政治本色。在任何时候和任何情况下，艰苦奋斗的作风都不能丢。要坚持勤俭办一切事业，以共产党人的高风亮节和人格力量影响和带动广大人民群众，实现我们确定的奋斗目标。

江泽民对重庆近年来在改革开放、现代化建设和党的建设等方面取得的成绩予以充分肯定。他指出，重庆设立直辖市5年来，坚持以邓小平理论和党的基本路线为指导，坚决贯彻中央的路线方针政策和工作部署，紧密结合自己的实际，解放思想，开拓进取，抓住机遇，各项工作都取得了新的成绩。重庆的发展变化证明，中央设立重庆直辖市的决策是正确的。他希望重庆市委、市政府紧紧抓住发展这个主题，坚持解放思想、实事求是，振奋精神、扎实工作，深化改革、扩大开放，努力在西部大开发中早日把重庆建设成为长江上游的经济中心。

考察期间，江泽民还接见了驻渝部队师以上干部。

陪同江泽民总书记考察的有中央军委委员、总后勤部部长王克，中央有关部门负责人王刚、滕文生、曾培炎、华建敏、项怀诚、由喜贵、张柏林、王沪宁、李子彬、贾廷安等。

全国人大常委会委员长李鹏在人民大会堂会见塞浦路斯共和国议会议长赫里斯托菲亚斯

李鹏对塞浦路斯贵宾表示热烈欢迎。他说，议长是中国人民的老朋友，为发展中塞友好关系作出了重要贡献。中塞建交30年来，在双方的共同努力下，两国友好合作关系不断发展。特别是近年来，两国高层互访频繁，双方在政治、经贸、文化等各个领域的友好交流不断加强，取得了积极的成果。中塞两国虽然在历史传统、文化背景等方面有许多差异，但两国一贯相互尊重、相互支持、平等相待、互利合作。

他说，中国重视发展同塞浦路斯的友好关系，愿意在和平共处五项原则的基础上，与塞浦路斯开展更加广泛深入的合作。李鹏感谢塞浦路斯在台湾和人权问题上对中国的支持，赞赏塞议会在"法轮功"问题上所持的正确立场。

李鹏说，中国全国人大和塞浦路斯议会之间有着良好的交往与合作，塞浦路斯议会已有两位议长访华，中国全国人大常委会也有三位副委员长先后访问了塞浦路斯。这些友好访问增进了两国人民间的相互了解和友谊，促进了两国及两国议会友好合作关系的发展。

李鹏还向客人介绍了人民代表大会制度以及中国改革开放政策和社会经济发展情况。

全国人大常委会副委员长王光英、全国人大财经委员会副主任委员葛洪升、全国人大常委会副秘书长吕聪敏、外交部副部长杨文昌、李鹏委员长办公室主任吴文昌等参加了今天的会见。

全国人大常委会委员长李鹏在人民大会堂会见澳大利亚总理霍华德

国务院总理朱镕基在中南海会见世界知识产权组织总干事伊德里斯

朱镕基欢迎伊德里斯再次访问中国。他说,中国重视知识产权工作,最近几年在这方面取得了一些成绩,但我们还有很多工作要做。中国愿意同世界知识产权组织加强在知识产权领域的合作。

全国政协副主席、世界知识产权组织政策咨询委员会委员宋健,国家知识产权局局长王景川,国家工商行政管理总局局长王众孚,国家版权局局长石宗源,外交部副部长李肇星,中国驻日内瓦外交使团大使沙祖康参加了会见。

全国政协主席李瑞环在卢布尔雅那会见斯洛文尼亚总统米兰·库昌

中非知识产权论坛在北京开幕

本次论坛由国家知识产权局和世界知识产权组织等联合举办。国务院副总理温家宝出席开幕式并讲话。

温家宝首先代表中国政府对本次论坛的成功举办表示祝贺。他说,这是中国和广大非洲国家在新世纪加强知识产权保护领域交流与合作的一项重要行动,它表明了中国和非洲各国积极营造鼓励知识创新和保护知识产权环境,共创美好未来的强烈愿望和坚定信心。

温家宝指出,当今世界,科学技术突飞猛进,知识经济方兴未艾,经济全球化加快发展,所有这些,无不以知识产权的强大实力为后盾。知识产权对促进国家经济发展和社会进步,增强综合国力和提高国际竞争力,日益发挥着重要作用。鼓励创新,重视知识产权保护,加强知识产权领域合作,已成为世界各国的共识。温家宝说,作为人类古老文明的发祥地,中国和非洲国家都以其博大精深的传统文化,为世界文明的发展作出过不可磨灭的贡献。中国是当今世界上最大的发展中国家,非洲是发展中国家最集中的大陆。中国政府十分重视知识产权的保护,特别是经过改革开放20多年的努力,已经形成了比较完备的知识产权法律制度,建立了司法和行政执法相结合的知识产权保护体系,在知识产权保护方面做了大量工作。温家宝说,我们欣喜地注意到,在世界知识产权组织总干事的积极倡导下,世界知识产权组织为帮助发展中国家利用知识产权制度,推动本国的科技和经济发展,采取了一系列措施,向发展中国家提供立法准备、人员培训等技术援助,并启动了中小企业知识产权项目,帮助发展中国家从建立和利用知识产权制度中获益。对此,中国政府表示赞赏和支持。

世界知识产权组织总干事伊德里斯博士在讲话中对中国政府对世界知识产权组织的一贯支持表示感谢。国家知识产权局局长王景川、国家工商行政管理总局局长王众孚、新闻出版总署署长石宗源以及来自非洲十多个国家的部长和代表出席开幕式。

本次论坛共确定了四个议题,即知识产权与经济发展,知识产权和信息技术,21世纪知识产权制度面临的挑战以及新兴的知识产权问题。本次论坛的目的在于积极推动知识产权领域的南南合作、南北合作,积极进取,平等参与国际知识产权事务。

在论坛开幕后,还举行了《中华人民共和国国家知识产权局与世界知识产权组织合作框架协议》签字仪式。

国台办主任陈云林就向台湾地区供水和尽快实现两岸直接"三通"等问题答记者问

关于向台湾地区供水问题,陈云林表示:"4月25日,我曾就此发表谈话。5月4日,福建省福州市已向马祖运送2300吨自来水,为马祖同胞缓解了燃眉之急。近日,台湾地区虽然有少量降雨,但旱情并未根本缓解,台湾同胞正常的生产生活用水仍然严重短缺。天旱无情人有情,我们对台湾地区的持续旱情十分忧心,愿意尽一切努力帮助台湾同胞渡过难关。我再次重申,尽管福建部分地区也面临严重干旱缺水的情况,但福建方面仍然愿意克服困难,随时可以向金门、马祖、澎湖运水,可以供应原水,也可以供应自来水。台方来船可以,祖国大陆派船送水也行。只要台湾当局同意,福建省可以和金门、马祖、澎湖地区技术人员协商长期供水的方案,以便从根本上解决这一地区的缺水问题。"

近来不少台湾工商界具有影响力的人士要求台湾当局尽快开放两岸直接"三通",对此,陈云林说:"我们多年来一直主张两岸直接'三通',为此所做的努力两岸同胞有目共睹。我们对实现两岸'三通'的基本立场已公开反复说明。两岸'三通'至今不能实现,完全是台湾当局的阻挠所致。两岸先后加入WTO后,市场将逐渐开放,如果仍然不能'三通',不仅对两岸经济发展不利,还会直接加大台商在大陆的生产、经营成本,降低他们的竞争力,对航运业者的不利影响尤甚,两岸航运市场照此下去将被外国资本挤占。

尽快实现两岸直接‘三通’不仅是台湾工商界的强烈愿望，也是两岸同胞的共同要求，台湾当局没有任何理由继续拖延。我们注意到，近日不少台湾工商界具有影响力的人士再三呼吁，要求台湾当局早日开放两岸直接‘三通’，并愿意接受当局的委托，同大陆进行沟通协商。我们对高清愿、王永庆先生以及所有台湾工商、航运业者为促进两岸早日实现直接‘三通’所做的努力表示赞赏，欢迎他们尽快受到当局的委托，前来就两岸‘三通’进行协商，争取尽快通起来。”

陈云林表示，实现两岸直接“三通”已获得大多数台湾民众的赞同和拥护。台湾当局领导人也明确表示了支持的态度。我们希望台湾当局这一次不再是那种说一套做一套的“选举招数”。言而无信，有违政治人物的诚信原则；反复无常，怎能取信于人？我们已为两岸“三通”做好各方面的准备，台湾当局是真心诚意还是做表面文章，两岸同胞正拭目以待。

中央企业系统党代表会议在北京召开

5月21日至22日，中央企业系统党代表会议在京召开，会议选举产生了中央企业系统出席党的十六大代表。中共中央政治局委员、国务院副总理、中央企业工委书记吴邦国出席会议并讲话。

中央企业系统单独组团参加党的全国代表大会，还是第一次。按照中央的要求，今年2月，中央企业工委在中央企业范围内部署了十六大代表的推荐工作。各中央企业党组织对此十分重视，及时安排，动员和组织基层党组织和广大党员积极参与推荐活动。在推荐过程中，各单位按照中央提出的代表条件和推荐程序，采取自下而上的方法进行推荐提名，坚持上下结合、反复酝酿、逐级遴选，注意把好推荐人选的思想政治素质关，做到好中选优。

出席中央企业系统党代表会议的代表，经过充分酝酿讨论，以无记名投票方式差额选举产生了中央企业系统出席党的十六大代表。会议自始至终充分发扬了党内民主。选出的代表中，既有党员领导干部，又有工作和生产一线的党员，还有一定数量的女党员。当选代表覆盖了石油石化、建材、冶金、化工、机械、电子、电力、煤炭、建筑、交通运输、通信、商贸、科研设计和农林水等行业。他们是中央企业系统共产党员中的优秀分子，具有广泛的代表性。

吴邦国在讲话中指出，党的十六大是进入新世纪后我党召开的第一次全国代表大会，也是我国进入全面建设小康社会、加快推进社会主义现代化建设的新的发展阶段召开的一次重要会议，对于党和国家在新世纪的发展将具有重大而深远的影响，是我党政治生活中的一件大事。他强调，中央企业系统单独组团参加党的全国代表大会，充分体现了党中央对中央企业的高度重视和亲切关怀，这对中央企业系统全面加强党的建设将产生巨大的推动作用。他要求，中央企业以此项工作为契机，切实把企业党的建设的各项工作推向新水平，开创中央企业党建工作的新局面。

吴邦国说，当前中央企业各项工作千头万绪，关键要突出把握三点：一是要用江总书记“七一”重要讲话和“三个代表”重要思想统一中央企业广大党员的思想，为迎接党的十六大召开做好思想准备。要把江总书记“七一”重要讲话和“三个代表”重要思想的学习不断引向深入，把贯彻落实“三个代表”重要思想与解决国有企业在改革、发展、稳定中面临的突出问题结合起来，用解决实际问题的成效来实践“三个代表”重要思想，从而把中央企业各项工作提高到一个新水平。二是全面加强和改进中央企业党的作风建设，加强党同人民群众的血肉联系。要认真贯彻十五届六中全会精神，按照“八个坚持、八个反对”的要求，全面推进中央企业党的作风建设。要牢固树立全心全意依靠职工群众办企业的思想，尊重职工群众的主人翁地位，维护好职工群众的切身利益。要深入职工群众，深入基层一线，搞好调查研究，实实在在地解决好职工群众生产生活中的问题，克服形式主义和官僚主义，进一步密切党群干群关系。三是要正确处理改革、发展、稳定的关系，扎实推进中央企业改革发展，维护安定团结的政治局面，为党的十六大的召开创造良好的政治环境。

国务院副总理李岚清在雅典会见希腊总统斯特凡诺普洛斯

李岚清说，他此次访问希腊的目的，就是要进一步落实江泽民主席访问希腊时两国领导人就在新世纪加强双边关系达成的原则和共识，推动两国关系深入、全面发展。目前两国已有经贸和科技混委会两个机制。经双方协商，现决定进一步探讨建立两国文化和发展混委会的可能性。这将为两国的互利合作拓展新的领域。

2002年全国社会科学院院长联席会议在南京召开

中国社会科学院院长李铁映在会议开幕式上指出，哲学社会科学界要认真学习江泽民总书记“三个代表”重要思想、“八七讲话”和“四二八讲话”精神，加快哲学社会科学改革发展。

李铁映说，江总书记在不到一年的时间内，两次就哲学社会科学发展发表重要讲话，充分体现了党中央对哲学社会科学发展的高度重视。总书记的讲话是对我国改革开放20多年、新中国哲学社会科学发展50

多年的经验总结,阐述了哲学社会科学发展的指导思想,开辟了哲学社会科学发展新阶段,对我国哲学社会科学界提出了新要求,也是向各级党组织发出的重视加强对哲学社会科学领导的号召。讲话提出的"四个同样重要",充分肯定了社会科学、自然科学在认识、改造世界和中国现代化建设中具有同等重要的地位和作用。哲学社会科学的发展,关系到国家兴旺发达、民族前途命运。不重视哲学社会科学,必然会造成认识和改造世界的极大困难。

他说,全社会都要高度重视哲学社会科学的发展。江总书记在"四二八讲话"中,提出了"五个高度重视"和对哲学社会科学发展的"五点希望"。各级党政部门要按照总书记"五个高度重视"的要求,真正把哲学社会科学发展提上议事日程,当作社会主义现代化建设的重大事业来办。要认真研究哲学社会科学问题,配齐领导班子,充实研究力量,改善工作条件,努力培养年青一代研究人员,促进哲学社会科学的繁荣发展。哲学社会科学战线的全体同志,要按照总书记"五点希望"的要求,加快哲学社会科学界队伍建设和体制改革,努力提高自身素质,改进学风,适应社会发展要求,回答社会提出的重大现实问题。

中国社会科学院副院长江蓝生、秘书长朱锦昌,江苏省省委副书记王寿亭,江苏省省委常委、宣传部部长王国生等出席了今天的会议。江苏省社会科学院主办了本次会议。

国家环保总局宣布我国建立自然保护区1500多个

国家环保总局有关负责人在纪念国际生物多样性日新闻发布会上宣布:截至2001年年底,我国已建立森林、草原、湿地等各种类型和不同级别的自然保护区1551个(不包括港澳台),面积12989万公顷,陆地保护区的面积约占陆地国土面积的12.9%。

据统计,我国共有国家级自然保护区171个、省级自然保护区526个、地市级自然保护区269个、县级自然保护区585个。我国的自然保护区已初步形成了类型比较齐全、布局比较合理、功能比较健全的网络,70%的陆地生态系统、80%的野生动物和60%的高等植物,特别是绝大多数国家重点保护的珍稀濒危动植物,在自然保护区里得到了较好保护。一些具有国际重要意义的自然保护区相继被有关国际组织列入全球或区域性保护区网络和国际重要生态系统名录。如内蒙古锡林郭勒、吉林长白山、浙江天目山、福建武夷山等21个自然保护区加入世界生物圈保护区网络;吉林向海、黑龙江扎龙、江西鄱阳湖、湖南东洞庭湖、海南东寨港、青海青海湖鸟岛和香港米浦等21个湿地类自然保护区列入国际重要湿地名录;四川九寨沟等3处自然保护区被纳入世界自然遗产。此外,我国与蒙古、俄罗斯等国交界地区分别建立了国际自然保护区,加强了与周边国家在保护生态区域和迁徙物种方面的合作与交流。

目前,从面积上看,我国自然保护区主要集中在西藏、青海、新疆、内蒙古、甘肃、四川等西部省区,仅以上6个省区的自然保护区面积就占自然保护区总面积的80.48%。从数量上看,自然保护区主要分布在广东、云南、黑龙江、内蒙古、四川等省区,仅以上5个省区自然保护区的数量就占全国总数的43.2%。从自然保护区面积占国土面积的比例来看,达10%以上的有西藏、青海、甘肃、四川、新疆、天津、吉林、辽宁8个省区市,未达到1%的仅有山西、河北两个省,北京、上海、天津、重庆4个直辖市自然保护区面积占国土面积的比例均达到5%以上。

5月22日

国务院总理朱镕基在人民大会堂与澳大利亚总理霍华德举行会谈

朱镕基欢迎霍华德总理第三次访华。他对霍华德一贯推动中澳友好合作,对澳大利亚政府坚持"一个中国"的政策、支持中国加入世贸组织表示赞赏,对双方在国际与地区事务中的有效合作表示满意。他强调,中方一贯重视中澳关系,愿以建交30周年为契机,与澳方共同努力,在和平共处五项原则基础上扩大合作,推动两国关系稳定发展。

在谈到两国经贸关系时,朱镕基说,近年来,两国经济与贸易快速增长。2001年,双边贸易额为90亿美元,是建交时的100多倍。澳商在华直接投资项目4000多个,实际投入资金24亿美元。中方在澳大利亚投资项目也很多。

为进一步加强中澳经贸合作,指导和规划今后一段时间两国经贸合作的方向和重点,双方还同意就商签"中澳经贸关系促进框架"进行商谈。

外交部副部长李肇星、中国驻澳大利亚大使武韬、国家发展计划委员会副主任张国宝、对外贸易经济合作部副部长马秀红等参加了会谈。

国务院召开第59次常务会议

朱镕基总理主持了会议。会议讨论并原则通过了《中华人民共和国测绘法(修订草案)》和《中华人民共和国保险法修正案(草案)》。

会议认为,《中华人民共和国测绘法》自1993年7月实施以来,对于规范和完善我国测绘管理工作,保障测绘事业顺利发展,促进测绘事业为国家经济建设、国防建设和社会发展服务，发挥了积极作用。但是，随着我国改革的深化和社会主义市场经济的发展，现行测绘法的一些规定已经不能适应需要，在实践中出现了一些亟待解决的问题。因此，对测绘法进行全面修订是迫切需要的。

会议认为，1995年10月起实施的《中华人民共和国保险法》，对于规范保险活动，保护保险活动当事人的合法权益，加强对保险业的监督管理，促进保险事业的健康发展，发挥了重要作用。但是，7年来，保险业内部结构和外部环境都发生了很大变化，特别是我国加入世界贸易组织后，保险业面临进一步对外开放的新形势，现行保险法的一些内容已经不适应实际情况和需要。因此，对现行保险法作适当修改是必要的。

会议决定，《中华人民共和国测绘法（修订草案）》和《中华人民共和国保险法修正案（草案）》经修改后，由国务院提请全国人大常委会审议。

全国政协主席李瑞环对乌克兰进行访问

李瑞环会见了乌克兰最高苏维埃主席团全体负责人。

李瑞环说：中乌建交10年来，两国关系始终健康稳步发展，乌克兰最高苏维埃为此做了大量的工作，我们表示赞赏。我们愿继续保持和加强同乌最高苏维埃及各界朋友的往来，为巩固和发展两国传统友好关系作出自己的贡献。

在介绍中国人民政协情况时，李瑞环说，人民政协是中国政治体制的重要组成部分，是中国政治生活中发扬民主的重要渠道。在履行政治协商、民主监督、参政议政职能的过程中，人民政协始终高举大团结、大联合的旗帜，致力于把拥护我们事业的人搞得多多的，以团结大多数、调动积极性作为工作的出发点。

亚洲监察专员协会第七次会议在北京开幕

国家副主席胡锦涛出席开幕式并致开幕词。国务委员兼国务院秘书长王忠禹、国际监察专员学会主席艾尔伍德、亚洲监察专员协会主席萨西布扎德出席开幕式。

胡锦涛首先代表中国政府和人民，对会议的召开致以衷心的祝贺，向与会的各国、各地区嘉宾表示热烈的欢迎。胡锦涛说，这次会议以“实施有效监督，促进廉政勤政”为主题，有着十分重要的意义。推动经济发展、改善人民生活，是各国、各地区政府面临的共同任务；对国家行政机关及其公务员实施有效监督，促进廉政勤政，建设廉洁高效的政府，是各国人民在实现经济发展和社会进步过程中的必然选择。正因为如此，搞好政府的廉政勤政建设，已成为各国、各地区普遍关心的共同课题。

胡锦涛指出，中国政府在致力于改革开放、发展经济的同时，始终把反腐倡廉作为一项战略任务，摆在重要位置来抓。根据中国现阶段的国情和发展社会主义市场经济的要求，我们在反腐倡廉中采取了一系列有力的措施。我们坚持把推进廉政建设同维护稳定、促进发展结合起来，旗帜鲜明、坚定不移地开展反腐败斗争；坚持领导干部廉洁自律、查办违纪违法案件、纠正部门和行业不正之风三项工作一起抓的工作格局，依法行政，从严治政；坚持标本兼治，综合治理，努力建立思想道德和纪律法规两道防线；坚持把发展民主与健全法制结合起来，把群众监督与法律监督结合起来，加强廉政立法，开展守法教育和执法检查，把廉政建设纳入法制轨道。同时，我们坚持从体制、机制和制度上进行改革，努力建立确保依法行使权力的制约机制，健全施政过程的管理机制，完善反腐倡廉的领导体制和工作机制，加大从源头上预防和治理腐败的力度。经过多年的努力，我国的廉政建设和反腐败斗争不断向纵深发展，取得了明显成效，有力地保障了我国的经济发展和社会稳定。

胡锦涛强调，当前，中国已进入全面建设小康社会、加快推进社会主义现代化建设的新的发展阶段。我们将在继续推进改革开放和现代化建设的过程中，坚持不懈地把反腐倡廉工作引向深入。我们对反腐倡廉工作的长期性、艰巨性和复杂性有着清醒的认识。我们要通过加强监督监察，保证政令畅通，维护行政纪律，改善行政管理，提高行政效能，努力建设廉洁、勤政、务实、高效的政府机关，确保我国现代化建设目标的顺利实现。

胡锦涛说，和平与发展依然是当今世界的两大主题。世界要和平，人民要合作，国家要发展，社会要进步，是时代的潮流，是历史发展的必然趋势。面对新世纪的新形势，加强政府的廉政勤政建设，有利于充分利用宝贵的机遇，有效应对面临的挑战；有利于促进经济的振兴与发展；有利于实现社会的稳定与进步。我们高兴地看到，亚洲各国、各地区政府从自己的实际出发，不断推进廉政勤政建设，积累了许多有益的经验。亚洲监察专员协会自成立以来，在各有关国家和地区及监督监察机关的支持下，稳步发展，影响日益扩大，有力地推动了各国、各地区的监督监察工作。我们相信，通过这次会议，大家互相交流和借鉴经验，共同探讨加强政府廉政勤政建设的对策，将对促进亚洲各国、各地区的发展，增进各个国家、地区和人民之间的友谊与合作，起到积极的作用。

监察部部长何勇在会上作了题为《全面履行行政监察职能，推进政府廉政勤政建设》的主旨发言，国际监察专员学会主席艾尔伍德在会上也作了发言。

开幕式由监察部副部长李至伦主持。中央有关部门和北京市的负责同志,监察部领导及各省、自治区、直辖市监察机关的负责同志,来自19个国家和地区的150名代表参加了会议。

亚洲监察专员协会是区域性的专业组织,其宗旨是加强亚洲各国监督监察机构之间的交流与合作,促进各国监督监察工作的开展。亚洲监察专员协会自1996年成立以来,在亚洲地区的影响日益扩大,目前已有20多个国家和地区的监督监察机关加入该协会。

中共中央政治局常委胡锦涛在青海考察

5月22日至27日,胡锦涛在青海省省委、省政府主要负责同志的陪同下,先后到西宁、海北、海南、格尔木等地进行考察。胡锦涛一行翻越崇山峻岭,深入草原牧场、田间地头、建设工地、企业车间和城乡居民家中,同各族干部群众亲切交谈,调查了解当地实施西部大开发战略和党的建设情况。

胡锦涛十分关心青海农牧区的发展和农牧民的生产生活。在考察海晏县牧区建设、治沙种草项目和西宁市郊花卉种植基地时,胡锦涛了解到农牧民通过调整农业结构,发展了经济,增加了收入,非常高兴。他说,青海要依托独特的高原生态气候条件,大力发展具有本地特色的种植、养殖业,加快推进农业产业化经营,不断提高农牧业的专业化、规模化、商品化水平。胡锦涛叮嘱当地干部,在发展生产的过程中,要特别注意保护和改善生态环境。要搞好退耕还林还草和防沙治沙工作,同时因地制宜地进行后续产业开发,使群众从生态建设中得到实实在在的利益。

在贵德县河阴镇大史家村一个农家庭院里,胡锦涛与基层干部群众就农村"三个代表"重要思想学习教育活动进行了座谈。大家纷纷反映这次活动给当地带来了新气象。胡锦涛听了大家发言后指出,学习实践"三个代表"重要思想是一项长期的任务,必须坚持不懈地抓下去。要认真总结这次学教活动的好做法、好经验,并切实运用到今后农村基层组织建设的经常性工作中去,积极探索使干部经常受教育、让群众长期得实惠的有效途径和工作机制。广大农村基层干部要身体力行"三个代表"重要思想,不断提高自身素质和本领,努力成为带领群众加快经济发展的"领头雁",成为群众信得过的贴心人。

乘西部大开发的东风,青海一批重点基础设施项目正在加紧建设。胡锦涛来到青藏铁路南山口施工段,尼那水电站工地和西湟一级公路建设现场,亲切慰问正在辛勤劳动的一线职工。他勉励大家,要牢固树立"百年大计、质量第一"的思想,加强管理和监督,提高工程质量,切实把项目建设好,使国家投入的资金发挥更大的效益。

在中国铝业青海分公司、青海晶珠藏药公司考察时,胡锦涛分别就增强国有企业的活力和竞争力,加强和改进企业党的建设,以及鼓励、支持和引导非公有制企业健康发展问题与基层干部群众交换意见。

胡锦涛在西宁市城东区考察了社区建设和社会保障工作,看望了困难群众家庭。他说,我们想问题、做决策、办事情都要首先考虑群众的利益,时刻把群众的安危冷暖挂在心上,真心诚意地帮助群众特别是困难群众解决实际问题。当前,要加快建立和完善社会保障体系,认真落实"两个确保"和"一个低保",千方百计扩大就业,帮助下岗失业人员尽快实现再就业。

考察期间,胡锦涛听取了青海省委、省政府的工作汇报,并做了重要讲话。他充分肯定了青海各项工作取得的成绩,希望青海的同志抓住西部大开发的历史机遇,推动青海经济又快又好地发展,努力开创各项事业发展的新局面。胡锦涛指出,维护社会稳定是顺利推进改革开放和现代化建设的重要前提,是各族人民的根本利益所在。要牢固树立全心全意为人民服务的宗旨,尽心竭力为群众办实事、办好事;充分发挥我们党的政治优势,做好思想政治工作;认真执行党的民族、宗教政策,充分调动各族群众的积极性,把各方面力量凝聚到维护青海稳定、加快青海发展上来。胡锦涛强调,青海要实现"富民强省"的发展目标,关键在于以"三个代表"重要思想为指导,全面推进党的建设,不断增强各级党组织的创造力、凝聚力和战斗力。当前,尤其要把作风建设摆在突出位置来抓。广大党员干部一定要坚持解放思想、与时俱进,进一步增强改革意识、开放意识、机遇意识、创新意识,努力使思想观念、体制机制随着时代的进步和实践的深化而不断发展。一定要坚持求真务实、真抓实干,不做表面文章,不搞花架子,力戒形式主义、官僚主义,加强调查研究,解决实际问题,真正把中央的精神贯彻落实到基层、转化为广大干部群众的实际行动。一定要坚持艰苦奋斗、清正廉洁,树立正确的权力观,无论在什么情况下都把握住自己,洁身自好,清廉自守,为人民掌好权、用好权。

中央党校常务副校长虞云耀、中央政策研究室副主任何毅亭陪同考察。铁道部部长傅志寰在格尔木陪同考察青藏铁路建设。

中共北京市第九届委员会第一次全体会议选举贾庆林为市委书记

提高口岸工作效率现场会在上海召开

吴仪在22日至23日召开的提高口岸工作效率现

场会上，认真听取了上海市推行口岸“大通关”的经验介绍和有关地区及部门的专题发言，并实地考察了上海空港“大通关”现场。她对近年来上海市和各地、各部门建立协调配合机制，运用信息网络等先进技术与管理方法，创新口岸通关作业流程和业务管理模式，积极探索“大通关”运作机制所取得的成绩给予充分肯定。她指出，适应我国加入世贸组织和经济发展的新形势，进一步提高口岸工作效率，对于我国参与全球经济合作与竞争，增强企业国际竞争力，营造良好的贸易投资环境，发展现代物流业，支持扩大出口都具有重要作用。

吴仪强调，各地、各部门要以本次会议为契机，统一认识，思想先行，树立“大通关”观念。要进一步加强领导，密切协作，建立协调配合机制和相应的协调机构，切实提高口岸工作效率。要加快“口岸电子执法系统”的推广应用，积极稳妥地做好无纸通关试点工作，推进口岸管理信息化。各地、各有关部门要积极创造条件，尽快在“电子口岸”的大平台上实现联网，形成管理合力。要进一步深化口岸管理制度改革，积极采用风险管理等先进管理技术，增强服务意识，提高服务质量。要抓紧建立企业诚信系统和信誉评估体系，对守法企业给予便利通关，对有违法违规行为的企业要从严监管。要加强口岸建设规划，实行分类管理。通过建设枢纽口岸，真正发挥大口岸辐射带动作用，构建大物流格局。

吴仪最后强调，各地建设“大通关”工作一定要从实际出发，切不可简单模仿，特别要正确处理好局部利益与整体利益的关系，处理好提高效率与严密监管的关系。口岸发展定位要准确，要突出重点，量力而行。

提高口岸工作效率现场会议是经国务院批准，海关总署、公安部、铁道部、交通部、外经贸部、质检总局、民航总局及中编办8部门在上海联合召开的。党中央、国务院有关部门和单位，有关省、自治区、直辖市和计划单列市的负责同志参加了会议。此次会议的主要任务是推广上海“大通关”工作的经验，交流各地、各部门“大通关”工作做法，进一步明确下一步“大通关”工作要求，全面落实国务院关于实行“大通关”制度、提高口岸工作效率的一系列指示精神。

国务院副总理李岚清在罗马会见意大利总统钱皮

李岚清说，当前国际形势正在发生复杂而深刻的变化，中意作为世界上和各自地区有影响并负有重要责任的国家，应该在维护世界和平，促进共同发展方面发挥积极的作用。中意建交30多年来，两国关系发展顺利，双方高层互访频繁，两国在许多重大问题上有着相同或相似的看法，在经贸、科技、文化、教育等领域也开展了很好的合作。意大利是中国改革开放后同中国进行经贸合作较早、也是较成功的西欧国家之一。两国在经贸、科技等领域的合作仍有很大的潜力可挖。中国有巨大的市场和良好的投资环境，意大利在资金、技术、管理等方面具有很大的优势。两国政府应鼓励和支持双方企业界之间的交往，进一步探讨拓宽合作的领域和途径。

双方还就共同关心的国际和地区问题交换了意见。

外交部发言人孔泉就日本驻沈阳总领馆事件涉案人员的处理发表谈话

孔泉说，中方根据国内法、国际惯例并从人道角度出发，已对冲闯日本驻沈阳总领馆事件的五名涉案人员作出了妥善处理。

纪念《在延安文艺座谈会上的讲话》发表60周年座谈会在北京召开

中宣部、文化部、广电总局、中国文联、中国作协、解放军总政治部等单位联合召开座谈会，隆重纪念毛泽东同志的光辉历史文献《在延安文艺座谈会上的讲话》(以下简称《讲话》)发表60周年。中共中央政治局委员、书记处书记、中宣部部长丁关根出席会议，强调要在以江泽民同志为核心的党中央领导下，高举邓小平理论伟大旗帜，按照“三个代表”要求，继承《讲话》精神，发展面向现代化、面向世界、面向未来的，民族的科学的大众的社会主义先进文化，用更多、更好的精神食粮丰富人民群众的文化生活。

座谈会上，大家重温了《讲话》精神，深情回顾了《讲话》发表60年来，革命文艺发展的光辉历程和巨大成就。一致认为，60年前，在中国抗日战争的艰苦岁月，毛泽东同志发表《在延安文艺座谈会上的讲话》，总结了新文化运动以来的经验，指明了革命文艺的发展方向，要求革命文艺工作者提高认识，统一思想，振奋精神，加强团结，坚持正确的创作思想，为完成民族解放任务作出积极贡献。在《讲话》精神指引下，我国文艺事业穿越历史风雨，紧跟时代步伐，抒发人民心声，造就了一部辉煌壮丽的当代中国文艺发展史，产生了一大批传之久远、激奋人心的优秀作品。《讲话》发表的60年，是党的文艺队伍不断壮大的60年，是当代中国文艺事业不断繁荣发展的60年。

曾亲历延安文艺座谈会和延安时期的老文艺家欧阳山尊、华君武、于敏、曾克、朱寨、雷加、徐肖冰、李琦、于蓝，有关方面负责人周巍峙、徐光春、李树文以及著名的老艺术家和文艺工作者130余人参加了会议。金炳华、陈晓光、秦怀保、王昆、牧兰等在会上发言。座谈会由中宣部常务副部长刘云山主持。

中国基督教第七次全国代表会议在北京召开

会议期间，国务委员司马义·艾买提，全国政协副主席、中共中央统战部部长王兆国在人民大会堂接见出席会议的全体代表。

司马义·艾买提在接见时说，在去年召开的全国宗教工作会议上，江泽民总书记和朱镕基总理作了重要讲话，为做好新世纪初的宗教工作指明了方向。江泽民总书记充分肯定了宗教界人士和广大信教群众在我国社会主义现代化建设中的积极作用，明确指出广大信教群众也是建设有中国特色社会主义的积极力量，极大地激发了广大信教群众投身于社会主义两个文明建设的积极性。

司马义·艾买提指出，近年来，中国基督教三自爱国运动委员会、中国基督教协会积极协助党和政府贯彻宗教信仰自由政策，在积极推进神学思想建设、按三自原则办好教会、抵御境外宗教渗透、反对"法轮功"邪教等方面，做了大量工作，作出了积极贡献。他说，希望中国基督教"两会"按照会议提出的新世纪初的各项任务，扎实开展工作。特别要抓好继续推进神学思想建设、按三自原则办好教会、加强基督教自身建设这三件大事。

本次会议总结了中国基督教第六次全国代表会议以来的工作，提出了新世纪初的工作任务和目标。会议修改并通过中国基督教三自爱国运动委员会和中国基督教协会章程，通过了《关于反对邪教、抵制异端邪说的决议》。会议推举丁光训主教为中国基督教三自爱国运动委员会名誉主席、中国基督教协会名誉会长；选举季剑虹为中国基督教三自爱国运动委员会主席，曹圣洁为中国基督教协会会长。

来自全国30个省(自治区、直辖市)的300名代表参加了这次会议。

西藏和平解放纪念碑揭幕仪式在拉萨举行

中共中央总书记江泽民题写的"西藏和平解放纪念碑"9个大字，在阳光的照耀下熠熠生辉。

全国人大常委会副委员长帕巴拉·格列朗杰和西藏自治区党委常务副书记、自治区人大常委会主任热地为纪念碑揭幕。

纪念碑的造型是抽象化的珠穆朗玛峰，碑高37米，主体呈灰白色。纪念碑碑体南面雕刻铭文，前方设计有两组青铜浮雕，以翻身农奴得解放、解放军筑路赞等为主题。

纪念碑碑身顶部设计有按国旗上排列的五星图案，象征国家主权和西藏和平解放，象征各民族团结在党中央周围，走社会主义道路，才有今天的繁荣发展和美好未来，使纪念碑的政治内涵更为突出。

纪念碑由中国科学院院士、东南大学教授齐康设计，位于世界海拔最高的城市广场——布达拉宫广场的南端，南以远山绿树为背景，北与巍峨壮丽的布达拉宫相距350米，将成为西藏又一处爱国主义教育基地。

热地在揭幕仪式上说，为了牢记历史、缅怀先烈、激励当代、昭示未来，表达西藏各族人民的共同愿望，经中央批准，西藏自治区党委、政府决定建立西藏和平解放纪念碑，以此作为西藏和平解放50年来的历史见证，作为半个世纪西藏发展进步的历史丰碑。

西藏自治区党委、政府、解放西藏的老十八军以及各族各界代表共2000多人参加了今天的揭幕仪式。

5月23日

中共中央总书记江泽民在重庆主持召开六省区市西部大开发工作座谈会

江泽民5月23日下午、24日上午主持召开了座谈会。他强调：面对深刻变化的国际形势，适应社会主义市场经济的发展和我国加入世界贸易组织的新形势，实施西部大开发，必须要有创新的思维、创新的方法、创新的机制，必须进一步深化改革，扩大开放，走出一条西部大开发的新路子。

江泽民指出，加快发展，是解决西部地区一切问题的根本途径。要抓住和用好西部大开发的历史机遇，紧紧把握住发展这个主题，坚持用发展的眼光、发展的思路、发展的办法来解决前进中遇到的各种问题。发展要有新思路。要积极推进经济体制和经济增长方式的两个根本性转变，努力提高西部地区的资源利用效率、资金使用效率和经济增长质量，正确处理经济建设与资源节约、环境保护、社会进步和人的全面发展之间的关系，努力实现社会经济的可持续发展。

今年4月1日，江泽民在西安主持召开了西北地区和内蒙古自治区六省区西部大开发工作座谈会。这次，江泽民又主持召开了西南五省区市和广西壮族自治区西部大开发工作座谈会。召开这两次座谈会的目的是总结和交流实施西部大开发的情况，明确下一步工作的方向，加强对西部大开发工作的领导，动员西部地区广大干部群众进一步统一思想、坚定信心，与时俱进、开拓创新，抓住机遇、加快发展，打好基础、提高水平，努力开创西部大开发工作的新局面。

中共中央政治局委员、书记处书记、国务院副总理温家宝，中共中央政治局候补委员、书记处书记、中央组织部部长曾庆红出席座谈会。

座谈会上，广西壮族自治区党委书记曹伯纯、贵州省省委书记钱运录、西藏自治区党委书记郭金龙、重庆市市委书记贺国强等先后介绍了本地区实施西部大开发战略的情况，中央组织部副部长张柏林介绍了西部大开发人才工作的情况，国家发展计划委员会主任、国务院西部开发办公室主任曾培炎介绍了西部大开发的总体情况。他们还就进一步搞好西部大开发工作提出了意见和建议。

在听取大家的发言后，江泽民发表了重要讲话。他指出，实施西部大开发战略，是中央总览全局，在分析国内外形势发展的基础上，为进一步推进我国现代化建设而作出的重大战略决策。两年多来，各地各部门特别是西部地区广大干部群众，认真贯彻中央的决策和部署，积极实施西部大开发战略，取得了明显的成绩。中央作出西部大开发的战略决策，符合党心民心，调动了全社会的积极性、主动性、创造性。西部地区各族群众直接享受到西部大开发带来的实惠和好处，增强了开拓奋进、加快发展的信心，坚定了走建设有中国特色社会主义道路的决心。

江泽民强调，解放思想，实事求是，与时俱进，开拓创新，是马克思主义活的灵魂，也是我们适应新形势、认识新事物、完成新任务的根本思想武器。在西部大开发中，各级党委和政府以及各级领导干部要进一步解放思想、实事求是，勤于思考、勇于创新，善于运用马克思主义唯物辩证法来分析和把握形势，认真研究并努力回答西部大开发面临的重大理论和实际问题，使我们的思想观念适应新的发展要求。要努力破除过去计划经济时期形成的一些不适应改革开放要求的传统思维方式，树立开放意识、市场意识、创新意识，以思想观念的更新推动改革和发展，以理论创新带动制度创新和科技创新，促进西部地区改革开放和现代化建设不断迈出新步伐。

江泽民强调，加快西部地区生产力的发展，离不开生产关系的合理调整，离不开深化改革和制度创新。要始终把推进改革作为发展的动力，不断解放和发展西部地区的生产力。西部地区各级党委和政府要把大力改善投资环境摆在重要的工作日程上，进一步转变职能，善于运用经济和法律手段管理经济，加强和改善宏观调控，充分发挥市场配置资源的基础性作用。要切实保护生产经营和投资者的合法权益，塑造公平竞争和诚实守信的社会环境。要按照建立现代企业制度的要求，加快国有企业改革、改组、改造步伐，不断提高国有企业的科技开发能力、市场竞争能力和抗御风险能力，同时要积极发展非公有制经济。要坚持扩大开放，更好地利用国内外两个市场、两种资源，把“引进来”与“走出去”结合起来，全方位地发展开放型经济。

江泽民强调，要始终把保持稳定作为推进改革、加快发展的重要前提，并在深化改革和持续发展中实现长期稳定。要坚持党的群众路线，全心全意为人民服务，保持同人民群众的血肉联系，把实现群众的利益作为正确处理改革发展稳定三者关系的重要结合点，把实施西部大开发同不断改善群众的生活结合起来。要千方百计地增加农民收入，加快解决贫困地区、少数民族地区、边疆地区群众的温饱问题。抓紧落实西部老工业基地、国有企业职工群众的生产、生活和社会保障措施。通过西部大开发努力扩大社会就业。要把群众的力量和智慧进一步凝聚起来，把各方面的积极性进一步发挥出来。

在谈到推进西部大开发必须抓好的工作时，江泽民说，西部大开发是一项规模宏大的系统工程，也是一项艰巨的历史任务，必须有长期艰苦奋斗的思想和知难而进的勇气，必须有只争朝夕的紧迫感和开拓创新的办法。要明确奋斗的目标，弘扬奋发有为的精神，围绕中央提出的重点任务，结合各地的不同特点，集中力量办成一些对西部地区发展全局有重要影响的大事，办好一些对改善人民生活有切实作用的实事，不断为西部大开发打下坚实的基础。第一，要突出开发重点，进一步加强基础设施建设。第二，要加快改善生态环境，巩固和加强农业基础。第三，要抓紧经济结构调整，促进重点区域开发。第四，要优先发展科技教育，加强法制建设和政策支持。

江泽民强调，推进西部大开发，必须加强法制建设。西部地区在经济、社会、文化、民族、宗教、教育、生态等方面有自身的具体情况，需要从实际出发，并借鉴国际上运用法律手段促进欠发达地区开发的有益经验，加快西部开发的法制建设。通过加强法制建设，使中央关于西部开发的指导思想、方针、目标、政策、措施保持稳定性和连续性，把各项工作纳入法制化的轨道，为西部大开发战略的实施提供法制保障，把广大人民群众积极性引导好、保护好、发挥好。

在谈到加快少数民族地区的发展时，江泽民说，西部地区是我国少数民族的主要聚居地。在实施西部大开发的进程中，要注重加快少数民族地区经济和社会全面发展，进一步增强民族团结，维护社会稳定。中央将进一步加大对少数民族地区公共投资和财政转移支付的力度，并继续组织有条件的地区对口支援少数民族地区。要按照中央第四次西藏工作座谈会的要求，继续对西藏实行优惠政策，全国支援西藏，进一步加快西藏的发展，增强西藏自我发展的实力和后劲。

江泽民强调，各级党委和政府要加强对实施西部大开发的组织领导，充分调动西部地区广大干部群众开发建设的首创精神。西部大开发工作涉及政治、经济、法制、文化、科技、生态等各个方面，要十分注意工作的方式和方法，讲求领导艺术，提高领导水平。落实中央的方针政策，开展各项工作，一定要从国情和西部地区的实际出发，认真研究不同地区的社会发展状况，考虑当地的经济、社会、民族和宗教特点以及自然条件。要把党的方针政策与不同地区的具体实际结合起来，因地制宜，因时制宜，创造性地开展工作。要坚持解放思想和实事求是的结合，既勇于开拓，又善于按客观规律和科学规律办事。

江泽民强调，转变作风是提高西部大开发工作水平的当务之急。领导干部一定要深入群众，深入实际，就关系西部大开发全局的重大问题，深入调查研究。通过调查研究，及时发现新情况，提出新思路，解决新问题。要改变机关工作方式，增强服务意识，提高办事效率。西部地区自然和社会条件较差，领导干部尤其要大力弘扬特别能吃苦、特别能忍耐、特别能战斗的精神，发扬不畏艰难、奋发拼搏、克己奉公的精神，自觉地讲奉献、比贡献。

西部地区广大干部群众要团结奋进，不断增强自我发展能力，逐步形成自我发展的良好机制。

江泽民在讲话中特别强调了做好西部大开发人才开发工作的重要性。他说，西部大开发，人才是关键。实施西部大开发战略以来，中央高度重视西部地区的人才开发，提出了一系列政策措施，西部地区也在人才开发上做了大量富有成效的工作。要进一步调动西部地区现有人才的积极性和创造性，充分发挥现有人才的作用。要建立与西部地区经济社会发展相协调、人才队伍发展相适应的人才引进机制和自主用人机制，完善人才政策体系，形成一整套人才工作的制度，加强人才法规建设，选拔一大批包括党政领导人才、科技人才和企业经营管理人才在内的各类优秀人才，吸引和鼓励国内外各类优秀人才到西部地区创业。要加大领导干部交流的力度，增加干部队伍的活力。要建立有效的人才投资机制，把人才开发的投入放到优先位置，保证人才资源开发的资金。要完善人才市场体系，运用市场导向和政策导向，引导人才合理流动，保障人才自主择业，努力实现人才资源效益最大化。要进一步加强人才培训工作，努力提高西部地区人才队伍的素质。

江泽民指出，今后五到十年，是实施西部大开发的关键时期。全党和全国上下要进一步贯彻中央关于西部大开发的方针政策和工作部署，切实加强各地区、各部门的协调配合，抓好“十五”计划和西部开发规划的实施，保证西部大开发重点任务和阶段性目标的实现。中央已经明确，国家实行重点支持西部大开发的政策措施，各地区、各部门要认真检查落实的情况。中央有关部门要适应加入世界贸易组织的新要求，抓紧研究支持西部地区深化改革和扩大开放的政策措施，切实支持西部大开发战略的实施。

江泽民最后说，只要全党和全国各族人民同心同德、顽强奋斗，通过几代人的努力，西部大开发的宏伟目标一定能达到，我们一定能够建成一个经济繁荣、社会进步、民族团结、山川秀美、人民幸福的新西部。

出席座谈会的还有中央军委委员、总后勤部部长王克，中央有关方面负责人王刚、滕文生、华建敏、项怀诚、由喜贵、王沪宁、李子彬、贾廷安。成都军区政委杨德清和六省区市负责人李兆焯、包叙定、张中伟、石秀诗、徐荣凯、列确等也出席了座谈会。

国家主席江泽民在重庆会见澳大利亚总理霍华德

双方就南亚、中东局势、大国关系等交换了意见。江泽民强调，世界是丰富多彩的，各国的情况有所不同。只有尊重世界的多样性和各国人民的利益，推动国际关系民主化，才有利于建立公正、合理的国际政治经济新秩序。

江泽民还向客人介绍了近来中国经济社会发展、特别是西部大开发战略的实施情况。

国家计委主任曾培炎、外交部副部长李肇星、重庆市市委书记贺国强、中国驻澳大利亚大使武韬等参加了会见。

《人民日报》发表评论员文章《深情抒写人民的历史——纪念毛泽东同志〈在延安文艺座谈会上的讲话〉发表六十周年》

第五届中国北京国际科技产业博览会在人民大会堂开幕

国务院总理朱镕基在开幕式上作了题为《大力推进新世纪的国际科技交流与合作》的主题报告，强调加强国际间的科技、经济合作与交流，是当今世界科技迅猛发展和经济全球化的必然趋势。中国不仅将在更大范围和更深程度上参与世界经济的合作与竞争，而且也必将在更多领域和更高层次上开展国际科技交流与合作。

朱镕基着重就加强国际科技交流与合作谈了四点看法：第一，深化国际交流与合作的共识。科技革命创造了新的技术和经济体系。随着世界产业结构调整的加快，科技、经济越来越趋于全球化。任何国家都不可能只靠自己的力量，在封闭的状态下加速科技进步，实现现代化。同时，为了解决人类共同面临的人口、环境、资源、灾害等全球性问题，也必须加强国际间科技合作与交流。

第二，进一步扩展合作领域。近十年来，国际间环境领域科技合作比较活跃，卓有成效。面对人类共同关心的问题，需要进一步推进生命科学、地球与空间科学、高能物理、微电子材料与工程科学等高科技领域的国际合作，并不断向纵深发展。

第三，积极拓宽合作渠道。国际科技交流与合作的渠道很多，举办综合性科技贸易展示活动是一种有效的方式。同时，还可以充分利用政府间交往、民间机构交流等，开展双边、多边多种形式的交流活动，促进国家和地区间的科技合作。

第四，加强人才交流和培养。科技人才的交流是加强国际科技合作与交流的重要方面。我们将进一步采取有效措施，吸引外国专家和学者来华进行科研项目合作或进行讲学活动。支持跨国公司在中国设立研究开发机构，并积极鼓励留学人员回国创业。同时，我们将继续选派优秀科技人才到海外学习和进行科研合作。

朱镕基说，每年5月，在北京举办的国际科技产业博览会暨高新技术产业国际周，为中国和世界各国、各地区提供了一个在科技、资金、人才、信息等方面交流与合作的大舞台，欢迎各国各地区的朋友通过博览会和国际周这个“窗口”，更加了解中国的科技特别是高新技术产业的进展，发展多边和双边经济技术合作。同时，也真诚祝愿各位朋友在博览会、国际周上取得丰硕成果。

朱镕基最后说，在新世纪里，中国政府将本着平等互利、成果共享、保护知识产权、尊重国际惯例的原则，积极促进国际科技交流与合作，为世界科技、经济的发展和人类文明的不断进步作出积极贡献。

对外贸易经济合作部部长石广生主持开幕式，科博会组委会主席、北京市市长刘淇致开幕词。科博会组委会主席、科技部部长徐冠华作了题为《中国高新技术产业化的发展与展望》专题演讲。

中共中央政治局委员、北京市市委书记贾庆林，全国人大常委会副委员长铁木尔·达瓦买提、周光召，全国政协副主席孙孚凌和有关部门、有关省市区负责人以及近千名国外来宾和国内各界人士数千人参加了开幕式和主题报告会。

自本届起，已连续举办4届的“中国北京高新技术产业国际周”正式更名为“中国北京国际科技产业博览会”。由科技部、外经贸部、教育部、信息产业部、中国贸促会、国家知识产权局和北京市政府共同主办的本届大会，与前4届相比，国际化参与提高，科技创新成果突出，汇聚的商机更多。

来自68个国家和地区的70多个外国政府、企业代表团数千名来宾参加本届活动，其中有政界人士、科学家、世界500强企业首脑和世界著名金融投资、证券机构的金融家、城市市长、大学校长、国外驻华使节等。全国30多个省、自治区、直辖市和计划单列市派代表团参加科博会活动。

国务院总理朱镕基和巴哈马总理佩里·克里斯蒂就中巴建交5周年互致贺电

全国政协主席李瑞环在基辅会见乌克兰总统列昂尼德·库奇马

李瑞环指出，在快速多变、复杂多样的形势面前，必须放眼世界、放眼未来，必须提倡思考、提倡探索，做到与时俱进。

李瑞环说，中乌建交以来，两国高层互访频繁，各个方面的交往日益增多，特别是库奇马总统和江泽民主席保持经常接触，为两国关系发展发挥了重大作用。中乌两国已经成为政治上相互信赖、经济上互利合作、国际事务中相互支持的好朋友、好伙伴。我们对中乌关系发展的良好状况表示满意。

李瑞环说，库奇马总统的著作《乌克兰：政治、经济和外交》在治国方略和具体政策方面进行了一系列思考，在中国出版后引起了广泛的关注。当今时代，科学技术发展迅猛，各个国家联系紧密，新情况、新事物层出不穷，各种问题错综复杂，所有这些都动摇着一些固有的信条，挑战着许多权威的理论，冲击着不少既定的政策。任何个人、任何政党、任何国家，要想赢得主动、有所作为，都必须放眼世界、放眼未来，都必须提倡思考、提倡探索，做到与时俱进。要具体地思考、深入地思考、连贯系统地思考，思考现在、过去和未来，思考自己、他人和整个世界，思考实践、理论和理论与实践相结合。当前，许多政治家、学者都在积极进行思考和探索。这些思考和探索尽管背景、依据不同，出发点、目的不同，得出的结论也不一定正确，但这种思考和探索精神值得提倡。历史证明，人类社会一切伟大的成果都是经过反复思考、探索、实践而完成的。

李瑞环指出，中乌两国在国际事务中都具有重要影响，我们愿意同乌方加强协商、加强交流、加强合作，为世界的和平与发展作出应有的贡献。

中央纪委书记尉健行在北京会见出席亚洲监察专员协会第七次会议的国际监察专员学会主席艾尔伍德和各国各地区代表团团长

尉健行指出，中国政府十分重视与亚洲监察专员协会之间的合作。这次会议为亚洲各国、各地区的监督监察机构加强交流与合作提供了很好的机会。中国监察机关要注意向其他国家和地区的监督监察机构学习，借鉴其有益的经验和做法。我们希望亚洲监察专员协会按照章程确定的原则，为促进亚洲各国、各地区政府的廉政勤政建设，加强亚洲各国、各地区人民的友谊与合作发挥更积极的作用。

尉健行还向客人们介绍了中国开展廉政建设和反腐败工作的有关情况。

中央纪委副书记曹庆泽、何勇、夏赞忠、刘锡荣、傅杰、李至伦、张惠新等参加会见并观看了演出。

全国省级计生协会长座谈会在赣州召开

全国人大常委会副委员长、中国计生协会长姜春云在座谈会上强调指出，各级计划生育协会要以"三个代表"重要思想为指导，与时俱进，开拓创新，总结新经验，实现新发展，更好地为落实基本国策、帮助群众增收致富、提高群众生殖健康水平服务。

姜春云充分肯定了近年来各级计生协会的工作。他说，计生协工作的新发展、新创造，对我国稳定低生育水平、提高出生人口素质发挥了不可替代的作用，为促进两个文明建设作出了重要贡献。各级计生协把开展计划生育和带领群众增收致富、建设文明幸福家庭紧密结合起来，做到少生优生与增收致富互相促进，越来越受到广大群众的拥护和称赞。

姜春云指出，做好新形势下的计生协会工作，对于实现国家人口与计划生育的目标任务，促进城乡的改革、发展、稳定有十分重要的意义和作用。姜春云强调，要总结推广各地的成功经验，把协会工作提高到新的水平。为此需要紧紧抓住抓好八个环节。要适应新的形势任务要求，不断解放思想，更新观念，创造新经验，实现新发展；要结合城乡体制改革，狠抓村组和社区基层协会组织的整建工作，对基层协会的组织形式和组织结构进行调整、充实、完善；要千方百计拓宽服务领域，群众需要什么服务就提供什么服务，真心实意为群众谋利益；要开展多种形式的活动，丰富活动内容，充分发挥基层协会、小组和会员在计划生育和两个文明建设中的积极作用；要依法参与村(居)民自治，组织群众参与计划生育管理与监督；要下大力气抓好培训工作，提高协会人员的素质水平；要总结推广典型经验，提高协会工作的整体水平；要坚持会长抓、抓会长，充分发挥各级会长的作用。

《人民日报》发表署名光明的文章《疯狂的妄语徒劳的挣扎——评李洪志〈北美巡回讲法〉中神化自我的歪理邪说》

5月24日

中央军委主席江泽民对军转安置工作作出指示

经国务院、中央军委批准，全国军队转业干部安置工作会议在北京召开。会前，中共中央总书记、国家主席、中央军委主席江泽民对军转安置工作作出重要指示。江泽民强调，要动员各方面的力量，千方百计地把军队转业干部接收好、安置好、培训好、使用好、管理好。

江泽民指出，军队干部转业到地方工作，是我们党和军队的一项重要制度。做好军队转业干部的安置工作，直接关系军队的稳定和建设，关系整个社会的稳定和现代化建设。这些年，地方和军队紧密配合，圆满完成了军转安置工作，顺利推进了军转安置制度改革。从事这项工作的同志，付出了辛勤劳动，作出了重要贡献。希望大家发扬成绩，再接再厉，克服困难，进一步做好这项关系大局的工作。

江泽民强调，妥善安置军队转业干部，是各级党委和政府的重要职责，是全社会的共同义务。各级领导尤其要增强政治意识和大局观念，深刻认识并切实承担起安置好军队转业干部的政治责任。军转安置工作要与时俱进，积极适应社会主义市场经济发展的要求，不断改革创新。

江泽民强调指出，军队转业干部是社会主义现代化建设的宝贵人才资源和重要力量。军队干部在人民解放军这个大熔炉里受党的长期教育，有许多特有的优势。他们转业到地方后，将会给改革和建设增添新的活力。要动员各方面的力量，千方百计地把他们接收好、安置好、培训好、使用好、管理好，努力使他们能够人尽其才，各得其所。广大转业干部要牢记党和人民的嘱托，弘扬人民军队的优良传统和革命精神，自觉体谅地方的困难，勇于迎接新的挑战，服从改革发展稳定的大局，努力为党和人民作出新的贡献。

会议上传达学习了江泽民同志的重要指示，并对今年的军转安置工作进行了部署。

会议要求，各级党委和政府，各地区、各部门要认真学习领会江泽民同志的重要指示精神，深入贯彻《军队转业干部安置暂行办法》，增强政治意识和大局观念，把军转干部接收好、安置好、培训好、使用好、管理好，军转安置工作要不断改革创新，努力建立有中国特色的军官转业安置制度。

会议指出，做好今年的军转安置工作，具有特别重要的意义。2002年全军和武警部队将有3.8万多名干部退出现役转业地方工作，其中有1.1万多名干部选择自主择业。今年的军转安置工作，要按照江泽民同志的重要指示和中央的统一部署，认真落实《军队转业干部安置暂行办法》及其配套文件的政策规定，把安置军转干部作为一项重要的政治任务，认真完成好计划分配的转业干部安置工作，继续做好自主择业的转业干部管理服务工作，推进军转安置工作改革深入发展。

国务委员兼国务院秘书长王忠禹出席会议并讲话。他要求各地区、各部门要认真学习领会江泽民同志的重要指示,统一思想,提高认识,进一步增强做好军转安置工作的政治责任感。要严肃认真地落实各项安置政策,建立和完善“一把手”负总责的军转安置工作领导责任制,加强督促检查,采取切实有效措施,妥善解决军转安置工作改革和发展中的矛盾和问题。王忠禹说,今年的军转安置工作任务艰巨,要进一步发挥政治优势,加强思想政治工作,转变作风,深入实际,调查研究,搞好协调配合,确保军转安置制度改革顺利推进,确保安置任务圆满完成。

中央军委委员、总政治部主任于永波在讲话时指出,军队各级组织要认真学习贯彻江泽民同志的重要指示,从军队的稳定和建设的高度,深刻认识做好军转安置工作的重要意义。军队各级干部转业工作部门,要积极主动地和地方加强协作,配合有关部门落实好安置政策,完成各项安置任务。要大力抓好转业干部的思想教育工作,帮助他们解决转业安置期间遇到的各种实际问题。要引导广大转业干部发扬我军优良传统,认真践行“三个代表”重要思想,服从改革发展稳定的大局,为社会主义现代化建设再立新功。

国务院军队转业干部安置工作小组组长、人事部部长张学忠在会议上作了工作报告。各省、自治区、直辖市组织、人事部门的负责同志和军转办主任,军队各大单位干部部门和省军区负责同志及转业办主任参加了会议。

全国人大常委会委员长李鹏在中国革命博物馆观看大型展览《毛泽东与文艺》

展览大厅里,一幅幅历史图片,一件件珍贵的实物,展示了毛泽东从五四时期到20世纪70年代重要的文艺活动和新时期党的文艺思想与文艺路线、方针、政策,以及毛泽东文艺思想的形成和发展过程,反映了中国革命文艺运动和社会主义文艺事业发展的历史轨迹,形象地说明了中国共产党在80多年的历史中始终坚持和代表着中国先进文化的前进方向。

李鹏对展览生动地反映了毛泽东《在延安文艺座谈会上的讲话》精神和毛泽东文艺思想的形成和发展予以充分肯定。李鹏说,《讲话》举起的“民族的科学的大众的文化”的旗帜,深刻影响了中国文化发展的方向。我们的文艺事业,是中国先进文化的一个重要组成部分,在中国革命和建设史上发挥了不可替代的作用。以邓小平同志为核心的第二代中央领导集体和以江泽民同志为核心的第三代中央领导集体,继承和发展了毛泽东文艺思想,把文艺事业和先进文化建设推向新的阶段。伟大的时代呼唤伟大的作品,希望广大文艺工作者继续坚持先进文化的前进方向,坚持文艺“二为”方向和“双百”方针,深入群众、深入生活,用多姿多彩的笔墨描绘人民奋斗的业绩,用昂扬激越的音符奏响人民奋进的乐章,迎接党的十六大,迎接中华民族的伟大复兴。

大型展览《毛泽东与文艺》由文化部和中央文献研究室主办,整个展览分为“创造民族的科学的大众的新文艺”、“为了繁荣社会主义文艺”、“文坛知音”、“诗书合璧”、“阅读、欣赏、品评”、“高举中国先进文化前进的旗帜”6个部分,展出历史图片、文物、艺术作品等800余件。

中共中央政治局委员、书记处书记、中宣部部长丁关根也参观了展览。中宣部、中央文献研究室、文化部等有关部门负责人陪同参观了展览。

全国人大常委会委员长李鹏在人民大会堂会见由党主席卡米洛·埃斯卡洛纳率领的智利社会党代表团

国务院副总理李岚清在罗马与意大利副总理菲尼举行会谈

双方就双边关系和共同感兴趣的国际和地区问题深入交换了意见。

李岚清说,中国政府高度重视发展中意在各领域的友好合作关系,重视意大利在欧洲和国际事务中的重要影响。中意双方没有根本的利害冲突,政治关系稳固,经济互补性较强,在其他各领域也各有优势,可以扬长避短,相互促进。两国应继续加强高层往来和各层次人员的交流与接触,进一步促进双方经贸合作深入发展,特别是鼓励两国中小企业的合作,并积极开展两国在文化、教育、科技等领域的交流与合作。他说,中意两国历史文化背景和经济发展水平的差异,不应成为两国合作的障碍,希望双方从战略高度和以长远眼光,在相互尊重、平等协商的基础上,增进了解,求同存异,推动中意关系再上一个新台阶。

中共吉林省第八届委员会第一次全体会议选举王云坤为省委书记

习仲勋逝世

中国共产党的优秀党员,伟大的共产主义战士,杰出的无产阶级革命家,我党、我军卓越的政治工作领导人,陕甘边区革命根据地的主要创建者和领导者之一,国务院原副总理,中国共产党第十一届中央委员会书记处书记,第十二届中央政治局委员、书记处书记,第五、第七届全国人民代表大会常务委员会副委员长习仲勋同志，因病医治无效，于5月24日5时34分在北京逝世，享年89岁。

习仲勋同志，1913年10月15日出生于陕西省富平县一个农民家庭，早年接受革命思想，参加进步学生团体。1926年5月加入中国共产主义青年团。1928年春参加爱国学生运动，遭国民党当局关押，在狱中转为中国共产党党员。1930年年初，受党组织委派到国民党西北军杨虎城部做兵运工作，任中共营委书记。1932年3月，组织发动了“两当兵变”，任中国工农红军陕甘游击队第五支队队委书记。同年9月，进入渭北革命根据地，任渭北游击队第二支队政治指导员。1933年2月，任共青团三原中心县委书记，从事武装斗争、农民运动和青年工作。同年3月后，与刘志丹等同志创建照金陕甘边区革命根据地，进行了艰苦卓绝的斗争。历任中共陕甘边区特委委员，军委书记和共青团特委书记，游击队总指挥部政治委员，革命委员会副主席、主席等职务。1934年11月，当选为陕甘边区苏维埃政府主席。他参与领导苏区的游击战争，粉碎了国民党军多次“围剿”，出生入死，浴血奋战，在不断排除内部“左”的和右的思想干扰中，壮大了红军武装，巩固和发展了革命根据地。他以极大精力领导党的建设和政权建设，为土地革命战争年代红色政权的巩固和经济的发展，做了许多探索性、开创性的工作。1935年春，陕北、陕甘边两块革命根据地在反“围剿”战争中连成一片，合并成立西北革命根据地，习仲勋同志为中共西北工委领导成员，并继续担任陕甘边区苏维埃政府主席。1935年9月，他和刘志丹等一大批领导干部在错误肃反中被王明路线的执行者关押。党中央和毛泽东同志到达陕北后，他们才得以释放平反，从而挽救了这块在全国“硕果仅存”的革命根据地，使之成为党中央和中央红军长征的落脚点和抗日战争的出发点。

1936年1月，习仲勋同志任关中特区苏维埃政府副主席、党团书记。同年6月，随红军西征，先后任中共曲环工委书记、环县县委书记。8月，又受中共中央委派赴关中，守卫陕甘宁边区南大门，长达6年时间。先后担任中共关中分委书记、分区专员、分区保安司令部政治委员、中共陕甘宁边区委员会执委、西北局党校校长。他组织领导分区军民同国民党顽固派进行军事、政治和经济斗争，贯彻执行党的抗日民族统一战线政策，赢得了党和人民群众的信赖和拥戴。1943年1月，毛泽东同志亲笔为他书写“党的利益在第一位”题词，予以表彰。同年2月，他调任中共绥德地委书记兼警备司令部政治委员。他深入农村，调查研究，培养典型，总结经验，领导大生产运动，增强了当地的经济实力，为巩固和发展“三三制”政权作出了很大成绩。在整风审干和“抢救运动”中，抵制和纠正“左”的偏向，保护了干部和群众。1945年6月，在党的第七次全国代表大会上当选为候补中央委员，同年8月，任中共中央组织部副部长，其间，曾担任爷台山自卫反击战临时指挥部政治委员，领导了著名的爷台山自卫反击战，取得了反顽斗争的重大胜利。

抗日战争胜利后，习仲勋同志历任中共中央西北局书记、陕甘宁晋绥联防军政治委员、陕甘宁野战集团军政治委员、西北野战军副政治委员。他受毛泽东同志指示，组织策动了国民党陕北保安团队起义，接应王震同志率三五九旅中原突围返回延安，参与指挥了西华池战斗。1947年3月中旬后，按照中共中央的战略部署，协同彭德怀同志指挥了保卫党中央、毛主席和陕甘宁边区的战役，相继取得青化砭、羊马河、蟠龙镇“三战三捷”和陇东、三边战斗的胜利。他作为优秀的政治工作领导者，在整个解放战争期间，和彭德怀、贺龙同志，或转战西北战场，或开展新式整军运动等军队政治工作，或组织后方支前，战胜了十倍于我的国民党军队，为解放大西北，解放全中国，作出了卓越的贡献。

习仲勋同志在主持西北局工作中，和林伯渠同志一起，为建设陕甘宁边区呕心沥血，付出了巨大努力。尤其是在陕甘宁边区土改中，他提出的区别老区、半老区、新区不同情况制定政策和纠正“左”的偏向的意见，得到党中央和毛泽东同志的肯定，并转发全国各解放区。

新中国成立后，习仲勋同志任中央人民政府委员，中国人民革命军事委员会委员，中共中央西北局第二书记，西北军政委员会副主席、代主席，西北行政委员会副主席，第一野战军暨西北军区政治委员，长期主持西北党、政、军全面工作。他坚持党的正确路线，从实际出发，正确地、积极稳妥地领导了西北地区5省的城市接管、剿匪反霸、土地改革、镇反和“三反”、“五反”及抗美援朝等重要工作。他把原则性和灵活性相结合，大胆而妥当地解决了复杂的民族宗教问题，团结争取了一批少数民族宗教界上层人士，为巩固新生政权，建立新的社会秩序，恢复战争创伤，进行大规模的经济建设，奠定了良好基础。

1952年9月，习仲勋同志调任中共中央宣传部部长兼政务院文化教育委员会副主任、党组书记。他主持制定“整顿提高、重点发展、提高质量、稳步前进”的16字方针，指导了新中国成立初期的文教工作。1953年9月后，历任政务院秘书长、国务院秘书长。1956年9月，在党的第八次全国代表大会上当选为中央委员。1959年4月任国务院副总理兼秘书长，负责国务院常务工作。在周恩来总理的直接领导下，参与国家重大方针、政策、法规的研究和制定，以及重要的国务活动和外交活动。他主持制定了一系列的规章、制度、条例,为规范国家机关活动做了大量细致的工作。他厉行节约,勤俭办事,树立了为人民当家理财的优良作风。他在国务院协助周恩来总理工作长达10年,兢兢业业,尽职尽责,受到周恩来总理的高度称赞。

1962年9月,在中共八届十中全会上,习仲勋同志因所谓"《刘志丹》小说问题",遭康生诬陷,在"文化大革命"中又受到残酷迫害,被审查、关押、监护前后长达16年之久。他始终保持坚定的共产主义信念。党的十一届三中全会后,得到彻底平反。

1978年4月后,习仲勋同志历任中共广东省委第二书记、第一书记,广东省省长,广州军区第一政委、党委第一书记。在党的十一届三中全会上被增选为中央委员。他坚决支持"实践是检验真理的唯一标准"的讨论,拥护党中央关于解放思想、实事求是的思想路线,大刀阔斧地拨乱反正,全力平反冤假错案,妥善解决历史遗留问题,落实各项政策,增强了团结,稳定了局势。他团结省委"一班人",坚决贯彻执行党中央关于把工作重点转移到经济建设上来的重大决策,率先向党中央提出充分利用国内外的有利形势,发挥广东的特点和人文地缘优势,让广东在改革开放中先走一步的请求,得到了邓小平同志的赞同。1979年7月,党中央、国务院正式批准广东在改革开放中实行特殊政策、灵活措施和创办经济特区,为广东的改革开放奠定了基础,使广东成为中国改革开放的窗口、综合改革的试验区和"排头兵",为国家实行对外开放政策提供了宝贵经验。习仲勋同志在这个历史进程中,表现出了解放思想、实事求是、开拓创新的革命胆略,为广东的改革开放事业和经济特区建设作出了重大贡献。

1980年9月,习仲勋同志被补选为第五届全国人民代表大会常务委员会副委员长,后又兼任法制委员会主任,主持讨论了许多法律草案。1981年3月,他参加中共中央书记处工作。同年6月,在党的十一届六中全会上被增选为中央书记处书记。1982年9月,在党的十二届一中全会上当选为中央政治局委员、书记处书记,负责中央书记处的日常工作。他参与了一系列重大决策的研究、制定,处理了许多重大和复杂疑难问题。在拨乱反正,推动组织、干部、人事制度改革,实现干部的新老交替,精简机构,加强领导班子建设等方面,倾注了大量心血。他长期致力于统一战线和民族宗教工作的探索和实践,为坚持和完善中国共产党领导的多党合作和政治协商制度,巩固和扩大爱国统一战线,正确、全面贯彻党的民族、宗教政策以及加强工、青、妇群众组织的建设,作出了卓越贡献。他重视调查研究,密切联系群众,认真批办和接待人民群众来信来访。他还在实现祖国统一、反对分裂祖国图谋,加强港、澳、台、侨工作等方面,投入了许多精力。

1988年4月,习仲勋同志当选为第七届全国人民代表大会常务委员会副委员长兼内务司法委员会主任委员。他亲自主持多部法律、条例的审议,参加了全国人大与外国议会间的交往活动,为坚持和完善人民代表大会制度,加强我国民主法制建设作出了积极贡献。

5月25日

全国政协主席李瑞环继续在乌克兰访问

李瑞环从基辅抵达克里米亚。李瑞环在辛菲罗波尔机场会见了克里米亚自治共和国最高苏维埃主席杰伊奇和政府总理库尼岑。

李瑞环还参观了雅尔塔会议旧址。

我国科技工作者在内蒙古发现世界级大气田

我国石油勘探开发技术取得重大突破。通过连续4个五年计划的科技攻关,我国科技工作者终于发现了我国迄今规模最大的天然气田——苏里格大气田。到目前为止,该气田天然气探明地质储量达到6025.27亿立方米,相当于一个储量6亿吨的特大油田,这是我国第一个世界级储量的大气田。

苏里格大型气田行政区划属内蒙古自治区伊克昭盟,位于鄂尔多斯盆地长庆靖边下古生界气田西侧的苏里格庙地区,为伊陕斜坡构造单元的西北部,勘探范围2万平方千米。

台湾一客机在澎湖坠毁

台湾"中华航空公司"一架从台北飞往香港的波音747—200型客机,今天下午坠落在澎湖马公外海,机上206名乘客和19名机组人员生死未卜,台湾有关方面正在紧急搜寻。据悉,这架客机15时08分从桃园机场起飞,15时30分左右突然从雷达屏幕上消失。来自"中华航空公司"的消息说,乘客中初步确定有14名港澳和大陆人士,1名新加坡人和1名瑞士人。

5月26日

中共中央总书记江泽民在中国革命博物馆观看大型展览《毛泽东与文艺》

江泽民充分肯定了这个展览,称赞这个展览办得好,富有深刻的现实教育意义。他指出,60年前,毛泽东发表《在延安文艺座谈会上的讲话》(以下简称《讲话》),总结了新文化运动以来革命文艺发展的经验,指明了革命文艺的发展方向。在《讲话》精神指引下,我国文艺事业紧跟时代步伐,抒发人民心声,产生了一大批激奋人心的优秀作品。《讲话》发表以来的60年,是党的文艺队伍不断壮大的60年,是党的文艺理论不断发展的60年,是党的文艺事业不断繁荣的60年。

江泽民强调,文艺事业,是我们党和国家事业的重要组成部分。大力推进文艺的发展繁荣,是发展我国先进文化的必然要求。努力建设我国的先进文化,与努力发展我国的先进生产力,都是我们实现社会主义现代化的战略任务。只有建设面向现代化、面向世界、面向未来的,民族的、科学的、大众的社会主义先进文化,才能满足人民日益增长的精神文化生活的需要,也才能为发展经济、发展先进生产力指引正确的方向,提供强大的思想保证和智力支持。

江泽民指出,文艺是民族精神的火炬,是人民奋进的号角。我国广大文艺工作者,一定要坚持先进文化的前进方向,坚持"二为"方向和"双百"方针,自觉投身改革开放和现代化建设的伟大实践,努力创作出弘扬中华民族的民族精神和我们时代的进步精神的作品,创作出无愧于我们时代、无愧于社会主义祖国和人民的优秀作品来,用于教育人、鼓舞人和鞭策人。

由文化部和中央文献研究室主办的大型展览《毛泽东与文艺》,共分为"创造民族的科学的大众的新文艺"、"为了繁荣社会主义文艺"、"文坛知音"、"诗书合璧"、"阅读、欣赏、品评"、"高举中国先进文化前进的旗帜"6个部分,展出历史图片、文物、艺术作品等800余件。

中共中央办公厅主任王刚、中央文献研究室主任逄先知,以及有关部门负责人陪同参观了展览。

中共广东省第九届委员会第一次全体会议选举李长春为省委书记

亚太经合组织金融与发展项目2002年度论坛在北京举行

温家宝出席论坛并发表讲话。

温家宝在简要回顾了金融与发展项目的发起历程后说,中国政府倡议建立"APEC金融与发展项目",目的是通过开展专题研讨和人员培训,提高APEC成员,特别是发展中成员金融与发展领域的人员素质,加强机构建设,增强应对经济和金融全球化挑战的能力。

他说,当今世界,经济全球化深入发展,金融市场瞬息万变,国际金融运行的不确定性和风险增加,一些国家和地区金融危机时有发生。在这种情况下,正确制定金融发展战略,健全现代金融体系,保持金融安全、高效、稳健运行,是各经济体特别是发展中经济体面临的重要而紧迫的任务。

他强调,建立、健全现代金融体系,实现金融健康发展,必须加强金融法制建设,完善金融市场,加强金融监管,特别要大力加强人才培养。加强和普及金融教育,强化金融从业人员培训,加强国际金融人力资源开发和能力建设的合作,从来没有像今天这样重要和迫切。

他说,中国作为发展中国家,金融业发展历史较短,金融人才比较缺乏。为适应中国经济、金融快速发展的需要,中国实施了金融人才战略,采取了大力发展金融教育事业,加强金融从业人员培训,积极引进境外金融人才,加强金融领域国际合作,改革金融人力资源管理制度等措施。他表示,中国政府将持续推进金融人才战略,加强金融人才资源开发和能力建设,以适应国际经济金融发展和中国现代化的要求。

他表示相信,在APEC各成员的共同努力下,金融与发展项目一定会达到预期的目的,为亚太地区金融稳定和经济发展作出积极的贡献。

论坛由中国财政部部长项怀诚主持。

国务院有关部委和北京市负责人、亚太地区各经济体高级官员、学者以及工商界人士数百人出席了本次为期一天的论坛。与会人士围绕"深化金融改革,共创经济繁荣"的主题,以资本市场发展、中小企业融资、跨境融资与经济增长为重点进行活动。项目由中国政府牵头和出资,并得到了世界银行的支持。

《人民日报》发表国务委员吴仪的文章《用好新机遇 迎接新挑战 实现新发展》

第二届全国体育大会在绵阳举行

由国家体育总局、中华全国体育总会主办的第二届全国体育大会于5月25日至6月3日在四川绵阳举行,全国30个省、直辖市、自治区和14个行业体协、5所体育院校以及深圳、厦门、宁波和东道主绵阳共组成45个代表团参加本届非奥运会项目的全国体育大会,香港、台湾地区和部分体育俱乐部也派出运动员参加部分比赛项目。

本届大会共设技巧、蹼泳、航空模型、航海模型、中国式摔跤、健美操、门球、滑水、跳伞、围棋、国际象棋、中国象棋、桥牌、攀岩、保龄球、台球、舞龙舞狮、龙舟、健美等22个项目,共277个竞赛小项。为增加群众参与性,本届大会除技巧、蹼泳、航海模型、航空模型、跳伞、滑水6个项目由专业组进行比赛外,其余项目设立专业组和大众组的比赛。

5月27日

中共中央总书记江泽民在人民大会堂会见参加第十一次全国民政会议的代表

江泽民强调,民政工作要更好地为人民服务,为最需要帮助的困难群众服务，为改革发展稳定的大局服务。

中共中央政治局常委、国务院总理朱镕基参加了会见。

江泽民指出，1994年第十次全国民政会议以来，民政工作取得了很大的成绩，为国家改革发展稳定的大局作出了积极贡献。民政工作是党和国家的重要工作。做好民政工作，对于保障人民群众尤其是困难群众的基本生活权益，发展社会主义民主政治，支持国防和军队现代化建设，促进社会公平，维护社会稳定，具有十分重要的意义。各级民政部门和民政系统的干部职工，要继续发扬我们党的优良传统，发扬"孺子牛"精神，深怀爱民之心，恪守为民之责，更好地为广大人民群众服务，为最需要帮助的困难群众服务，为改革发展稳定的大局服务。

江泽民要求，各级党委和政府要把民政工作放在更加重要的位置，完善政府主导、部门协作、社会参与的工作机制，推进民政事业不断发展，为把我国建设成为富强民主文明的社会主义现代化国家作出更大贡献。

今天参加会见的中央领导同志还有张万年、曾庆红、司马义·艾买提、王忠禹等。

全国人大常委会委员长李鹏在人民大会堂会见秘鲁外长迭戈·加西亚·萨扬一行

国务院总理朱镕基在人民大会堂与斐济总理莱塞尼亚·恩加拉塞举行会谈

朱镕基积极评价两国关系。他说，斐济是南太岛国中最早与中国建交的国家之一，在双方共同努力下，中斐关系呈现出良好的发展势头。两国在经贸、军事、文化、教育等领域的交流与合作富有成效，在国际和地区事务中相互配合与支持。中斐关系发展的历史表明，只要双方遵循国际关系准则和建交公报原则，两国关系就富有生命力，就能不断改善和发展。

在谈到中斐经贸关系时，朱镕基说，中斐经贸合作发展迅速。新形势下，中斐进一步加强合作有许多有利条件。中斐经济互补性强，合作潜力大，中国加入世贸组织，也为中斐经贸合作提供了新的机遇。中国愿在相互尊重、平等相待、增进了解和加深信任的基础上，与斐方着眼未来，密切合作，积极开拓两国关系发展的新领域和新途径，使两国经贸合作的内容不断充实和丰富，以推动两国友好合作关系长期、稳定、健康地向前发展。

会谈结束后，朱镕基总理和恩加拉塞总理共同签署了《中华人民共和国政府和斐济群岛共和国政府关于巩固和促进友好合作关系的联合声明》，并出席了《中华人民共和国与斐济群岛共和国经济技术合作协定》及中斐渔业、教育、卫生合作等其他4个文件的签字仪式。

国务院总理朱镕基在第十一次全国民政会议全体会上发表讲话

朱镕基在讲话中指出，加强和做好新形势下的民政工作，是维护改革、发展和稳定大局的迫切需要，是实践"三个代表"要求、落实我党全心全意为人民服务根本宗旨的具体体现，是发挥社会主义制度优越性的重要方面。各级政府和各有关部门一定要站在全局的和讲政治的高度，统一思想，提高认识，增强做好新形势下民政工作的自觉性，把民政工作提高到一个新水平。

朱镕基说，新中国成立以后，党和政府历来高度重视民政工作，把发展民政事业放在十分重要的地位。今天江泽民同志会见与会代表时所做的重要指示，进一步指明了民政工作的意义和方向，是今后民政工作的重要指导思想，大家一定要认真学习和贯彻落实。

朱镕基指出，1994年第十次全国民政会议以来，在改革开放和现代化建设取得显著进展的同时，民政工作也取得了很大成绩，在促进改革、发展和稳定方面发挥了重要作用。跨入新世纪，民政工作面临着新的形势和任务，工作内容越来越丰富，任务越来越繁重。当前需要着力抓好以下几项工作：

第一，切实加强城市居民最低生活保障。这是民政部门近几年来的一项新职能，也是当前民政工作突出的重要任务。目前，确有部分群众生活相当困难，中央已对此采取了多方面的社会保障措施。"低保"是我国社会保障安全网的最后一道防线，要真正起到兜底作用，有力地保证人民基本生活和社会稳定。各级政府一定要提高认识，狠抓落实，尽快做到应保尽保。中央已经并将继续加大对"低保"的财政投入，各地特别是省级财政也要大力增加这方面支出。有关部门要深入各地，督促检查资金落实情况。要把申请、审批、发放等"低保"工作做实做细。要把社会救助信息网络作为电子政务的重要内容加快建设。进一步完善有关法规政策，提高"低保"工作的规范化和制度化水平。

第二，健全灾民紧急救援工作体系，提高救灾能力。加快建立和完善救灾工作分级负责、救灾资金分级负担的救灾工作管理体制。加大中央财政和地方财政对救灾工作的投入，确保救灾款物真正送到灾民手中。继续开展经常性社会捐助活动。要加大宣传力度，完善经常性捐助管理体制和运行机制，使捐助活动进一步规范化、制度化，使这项活动在全社会蔚然成风。

第三，加强社会事务行政管理。要坚持培育发展和管理监督并重的方针。把培育发展的重点放在真正按照市场经济要求建立的行业中介组织、社会公益和服务性的民间组织上来。切实做好管理监督工作，坚持依法严格审批，搞好登记管理。对非法活动组织，坚决依法取缔。要大力加强社区建设，健全社区组织，强化社区功能，增加社区就业岗位，改进和拓展社区服务。要搞好村民自治，加强农村基层民主政治建设，保障农民的合法权益。

第四，继续做好拥军优抚安置。解决好部分重点优抚对象生活难、住房难、医疗难等问题，努力保障优抚对象在政治、经济、社会生活中享有适当优厚的待遇。认真落实现行政策，积极探索新的途径和办法，切实有效地安置城镇退役士兵。同时，继续做好社会福利、区划地名、福利彩票、老龄、婚姻、殡葬、收容遣送和收养等方面的工作。

朱镕基要求，各级政府要进一步转变职能，切实加强对民政工作的领导，把民政工作列入政府工作的重要议事日程。加快民政工作的法制化、信息化。加强民政干部队伍的作风建设。有关部门要认真履行职责，相互支持和配合，完善政府主导、部门协作、社会参与的工作机制，共同把民政事业推向前进。

朱镕基最后说，新世纪的民政工作艰巨而光荣，让我们更加紧密地团结在以江泽民同志为核心的党中央周围，高举邓小平理论伟大旗帜，按照“三个代表”的要求，积极进取，团结奋斗，努力开创民政工作的新局面。

国务院总理朱镕基签署第354号令公布《中国公民出国旅游管理办法》

《中国公民出国旅游管理办法》已经2001年12月12日国务院第50次常务会议通过，现予公布，自2002年7月1日起施行。

总　理　朱镕基

2002年5月27日

中国公民出国旅游管理办法

第一条　为了规范旅行社组织中国公民出国旅游活动，保障出国旅游者和出国旅游经营者的合法权益，制定本办法。

第二条　出国旅游的目的地国家，由国务院旅游行政部门会同国务院有关部门提出，报国务院批准后，由国务院旅游行政部门公布。

任何单位和个人不得组织中国公民到国务院旅游行政部门公布的出国旅游的目的地国家以外的国家旅游；组织中国公民到国务院旅游行政部门公布的出国旅游的目的地国家以外的国家进行涉及体育活动、文化活动等临时性专项旅游的，须经国务院旅游行政部门批准。

第三条　旅行社经营出国旅游业务，应当具备下列条件：

（一）取得国际旅行社资格满1年；

（二）经营入境旅游业务有突出业绩；

（三）经营期间无重大违法行为和重大服务质量问题。

第四条　申请经营出国旅游业务的旅行社，应当向省、自治区、直辖市旅游行政部门提出申请。省、自治区、直辖市旅游行政部门应当自受理申请之日起30个工作日内，依据本办法第三条规定的条件对申请审查完毕，经审查同意的，报国务院旅游行政部门批准；经审查不同意的，应当书面通知申请人并说明理由。

国务院旅游行政部门批准旅行社经营出国旅游业务，应当符合旅游业发展规划及合理布局的要求。

未经国务院旅游行政部门批准取得出国旅游业务经营资格的，任何单位和个人不得擅自经营或者以商务、考察、培训等方式变相经营出国旅游业务。

第五条　国务院旅游行政部门应当将取得出国旅游业务经营资格的旅行社（以下简称组团社）名单予以公布，并通报国务院有关部门。

第六条　国务院旅游行政部门根据上年度全国入境旅游的业绩、出国旅游目的地的增加情况和出国旅游的发展趋势，在每年的2月底以前确定本年度组织出国旅游的人数安排总量，并下达省、自治区、直辖市旅游行政部门。

省、自治区、直辖市旅游行政部门根据本行政区域内各组团社上年度经营入境旅游的业绩、经营能力、服务质量，按照公平、公正、公开的原则，在每年的3月底以前核定各组团社本年度组织出国旅游的人数安排。

国务院旅游行政部门应当对省、自治区、直辖市旅游行政部门核定组团社年度出国旅游人数安排及组团社组织公民出国旅游的情况进行监督。

第七条　国务院旅游行政部门统一印制《中国公民出国旅游团队名单表》（以下简称《名单表》），在下达本年度出国旅游人数安排时编号发放给省、自治区、直辖市旅游行政部门，由省、自治区、直辖市旅游行政部门核发给组团社。

组团社应当按照核定的出国旅游人数安排组织出国旅游团队，填写《名单表》。旅游者及领队首次出境或者再次出境，均应当填写在《名单表》中，经审核后的《名单表》不得增添人员。

第八条　《名单表》一式四联，分为：出境边防检查专用联、入境边防检查专用联、旅游行政部门审验专用联、旅行社自留专用联。

组团社应当按照有关规定，在旅游团队出境、入境时及旅游团队入境后，将《名单表》分别交有关部门查验、留存。

出国旅游兑换外汇，由旅游者个人按照国家有关规定办理。

第九条　旅游者持有有效普通护照的，可以直接到组团社办理出国旅游手续；没有有效普通护照的，应当依照《中华人民共和国公民出境入境管理法》的有关规定办理护照后再办理出国旅游手续。

组团社应当为旅游者办理前往国签证等出境手续。

第十条　组团社应当为旅游团队安排专职领队。

领队应当经省、自治区、直辖市旅游行政部门考核合格，取得领队证。

领队在带团时，应当佩戴领队证，并遵守本办法及国务院旅游行政部门的有关规定。

第十一条　旅游团队应当从国家开放口岸整团出入境。

旅游团队出入境时，应当接受边防检查站对护照、签证、《名单表》的查验。经国务院有关部门批准，旅游团队可以到旅游目的地国家按照该国有关规定办理签证或者免签证。

旅游团队出境前已确定分团入境的，组团社应当事先向出入境边防检查总站或者省级公安边防部门备案。

旅游团队出境后因不可抗力或者其他特殊原因确需分团入境的，领队应当及时通知组团社，组团社应当立即向有关出入境边防检查总站或者省级公安边防部门备案。

第十二条　组团社应当维护旅游者的合法权益。

组团社向旅游者提供的出国旅游服务信息必须真实可靠，不得作虚假宣传，报价不得低于成本。

第十三条　组团社经营出国旅游业务，应当与旅游者订立书面旅游合同。

旅游合同应当包括旅游起止时间、行程路线、价格、食宿、交通以及违约责任等内容。旅游合同由组团社和旅游者各持一份。

第十四条　组团社应当按照旅游合同约定的条件，为旅游者提供服务。

组团社应当保证所提供的服务符合保障旅游者人身、财产安全的要求；对可能危及旅游者人身安全的情况，应当向旅游者作出真实说明和明确警示，并采取有效措施，防止危害的发生。

第十五条　组团社组织旅游者出国旅游，应当选择在目的地国家依法设立并具有良好信誉的旅行社（以下简称境外接待社），并与之订立书面合同后，方可委托其承担接待工作。

第十六条　组团社及其旅游团队领队应当要求境外接待社按照约定的团队活动计划安排旅游活动，并要求其不得组织旅游者参与涉及色情、赌博、毒品内容的活动或者危险性活动，不得擅自改变行程、减少旅游项目，不得强迫或者变相强迫旅游者参加额外付费项目。

境外接待社违反组团社及其旅游团队领队根据前款规定提出的要求时，组团社及其旅游团队领队应当予以制止。

第十七条　旅游团队领队应当向旅游者介绍旅游目的地国家的相关法律、风俗习惯以及其他有关注意事项，并尊重旅游者的人格尊严、宗教信仰、民族风俗和生活习惯。

第十八条　旅游团队领队在带领旅游者旅行、游览过程中，应当就可能危及旅游者人身安全的情况，向旅游者作出真实说明和明确警示，并按照组团社的要求采取有效措施，防止危害的发生。

第十九条　旅游团队在境外遇到特殊困难和安全问题时，领队应当及时向组团社和中国驻所在国家使领馆报告；组团社应当及时向旅游行政部门和公安机关报告。

第二十条　旅游团队领队不得与境外接待社、导游及为旅游者提供商品或者服务的其他经营者串通欺骗、胁迫旅游者消费，不得向境外接待社、导游及其他为旅游者提供商品或者服务的经营者索要回扣、提成或者收受其财物。

第二十一条　旅游者应当遵守旅游目的地国家的法律，尊重当地的风俗习惯，并服从旅游团队领队的统一管理。

第二十二条　严禁旅游者在境外滞留不归。

旅游者在境外滞留不归的，旅游团队领队应当及时向组团社和中国驻所在国家使领馆报告，组团社应当及时向公安机关和旅游行政部门报告。有关部门处理有关事项时，组团社有义务予以协助。

第二十三条　旅游者对组团社或者旅游团队领队违反本办法规定的行为，有权向旅游行政部门投诉。

第二十四条　因组团社或者其委托的境外接待社违约，使旅游者合法权益受到损害的，组团社应当依法对旅游者承担赔偿责任。

第二十五条　组团社有下列情形之一的，旅游行政部门可以暂停其经营出国旅游业务；情节严重的，取消其出国旅游业务经营资格：

（一）入境旅游业绩下降的；

（二）因自身原因，在1年内未能正常开展出国旅游业务的；

(三)因出国旅游服务质量问题被投诉并经查实的；

(四)有逃汇、非法套汇行为的；

(五)以旅游名义弄虚作假，骗取护照、签证等出入境证件或者送他人出境的；

(六)国务院旅游行政部门认定的影响中国公民出国旅游秩序的其他行为。

第二十六条　任何单位和个人违反本办法第四条的规定，未经批准擅自经营或者以商务、考察、培训等方式变相经营出国旅游业务的，由旅游行政部门责令停止非法经营，没收违法所得，并处违法所得2倍以上5倍以下的罚款。

第二十七条　组团社违反本办法第十条的规定，不为旅游团队安排专职领队的，由旅游行政部门责令改正，并处5000元以上2万元以下的罚款，可以暂停其出国旅游业务经营资格；多次不安排专职领队的，并取消其出国旅游业务经营资格。

第二十八条　组团社违反本办法第十二条的规定，向旅游者提供虚假服务信息或者低于成本报价的，由工商行政管理部门依照《中华人民共和国消费者权益保护法》、《中华人民共和国反不正当竞争法》的有关规定给予处罚。

第二十九条　组团社或者旅游团队领队违反本办法第十四条第二款、第十八条的规定，对可能危及人身安全的情况未向旅游者作出真实说明和明确警示，或者未采取防止危害发生的措施的，由旅游行政部门责令改正，给予警告；情节严重的，对组团社暂停其出国旅游业务经营资格，并处5000元以上2万元以下的罚款，对旅游团队领队可以暂扣直至吊销其领队证；造成人身伤亡事故的，依法追究刑事责任，并承担赔偿责任。

第三十条　组团社或者旅游团队领队违反本办法第十六条的规定，未要求境外接待社不得组织旅游者参与涉及色情、赌博、毒品内容的活动或者危险性活动，未要求其不得擅自改变行程、减少旅游项目、强迫或者变相强迫旅游者参加额外付费项目，或者在境外接待社违反前述要求时未制止的，由旅游行政部门对组团社处组织该旅游团队所收取费用2倍以上5倍以下的罚款，并暂停其出国旅游业务经营资格，对旅游团队领队暂扣其领队证；造成恶劣影响的，对组团社取消其出国旅游业务经营资格，对旅游团队领队吊销其领队证。

第三十一条　旅游团队领队违反本办法第二十条的规定，与境外接待社、导游及为旅游者提供商品或者服务的其他经营者串通欺骗、胁迫旅游者消费或者向境外接待社、导游和其他为旅游者提供商品或者服务的经营者索要回扣、提成或者收受其财物的，由旅游行政部门责令改正，没收索要的回扣、提成或者收受的财物，并处索要的回扣、提成或者收受的财物价值2倍以上5倍以下的罚款；情节严重的，并吊销其领队证。

第三十二条　违反本办法第二十二条的规定，旅游者在境外滞留不归，旅游团队领队不及时向组团社和中国驻所在国家使领馆报告，或者组团社不及时向有关部门报告的，由旅游行政部门给予警告，对旅游团队领队可以暂扣其领队证，对组团社可以暂停其出国旅游业务经营资格。

旅游者因滞留不归被遣返回国的，由公安机关吊销其护照。

第三十三条　本办法自2002年7月1日起施行。国务院1997年3月17日批准，国家旅游局、公安部1997年7月1日发布的《中国公民自费出国旅游管理暂行办法》同时废止。

全国政协主席李瑞环在伦敦会见英国首相布莱尔

全国政协主席李瑞环在伦敦与英国上议院议长兼大法官欧文勋爵举行会谈

第十二届国际水土保持大会在北京开幕

国务院副总理温家宝在开幕式上表示，通过加大投入、依靠科技、依法治理水土流失，到21世纪中叶中国一定能够实现“山川秀美”宏伟目标，使青山常在、绿水长流。

温家宝说，中国政府十分重视水土保持。通过以小流域为单元，山水林路统一规划，工程措施、生物措施、蓄水保土耕作措施相结合，开展大规模水土流失治理，并在重点流域实施水土保持生态建设，中国坚持依靠科技、依法治理水土流失并取得显著成效。但是由于特殊的自然地理和社会经济条件，中国水土流失依然十分严重。水土流失造成大量泥沙下泄，淤塞江河湖库，土地退化，影响人民生产生活和生存环境，对中国经济和社会发展产生了十分不利的影响。

温家宝说，水是生命之源，土是生存之本，洁净的淡水和可耕作的土壤，已经成为21世纪人类最为重要的战略资源。新世纪里中国将继续坚定不移地实施可持续发展战略，在水土保持和生态建设方面作出更大努力。认真实施《中国21世纪议程》、《全国生态建设规划》和《全国生态环境保护纲要》，把水土保持作为生态建设和环境保护的重要任务切实抓好，促进人口、资源、环境和经济社会协调发展。坚持预防为主、综合防治方针，继续大规模推进生态环境建设。进一步加强长江、黄河中上游、环京津地区以及草原地区水土流失防治，搞好天然林保护，加大退耕还林力度，合理调配和利用水资源，协调生产、生活和生态用水。多渠道、多形式增加投入。进一步增加对水土保持生态建设的财政支出，确保重点治理工程的需要，加大综合治理力度。同时鼓励支持社会各界通过多种方式参与水土保持和生态建设。高度重视水土保持科技进步，积极开展国际合作交流。继续加强水土保持科学研究，学习和借鉴世界各国先进技术和经验，提高中国水土保持科技水平。

温家宝说，改善生态环境，实现可持续发展，是各国政府和人民的共同责任。中国政府将积极履行已签署的有关环境保护的国际公约，在水土保持和生态建设中与各国政府一道共同努力，为人类文明与发展作出更大的贡献。

国际水土保持大会基本每两年举办一届。本届大会是首次在我国举办的国际水土保持盛会，温家宝担任大会名誉主席。水利部部长汪恕诚任大会组委会主席。本届大会主题是“全球水土资源保护与可持续发展”。来自70多个国家和国际组织的800多位专家、学者出席会议。

建设部等7部门发出《关于整顿和规范房地产市场秩序的通知》

建设部、国家计委、国家经贸委、财政部、国土资源部、国家工商行政管理总局和监察部联合发出《关于整顿和规范房地产市场秩序的通知》，要求各地区、各部门要针对当前房地产市场存在的主要问题，突出工作重点、加大查处力度。对影响恶劣、后果严重的大案、要案，要依法从严惩处，维护社会稳定。

通知提出，加强房地产开发项目管理，依法查处违法、违规开发建设行为。对未取得施工许可证或者开工报告未经批准擅自施工的，建设行政主管部门应当责令其停止施工，限期改正，并处工程合同价款1%以上2%以下的罚款。对未取得预售许可证明擅自预售商品房的，房地产管理部门应责令其停止违法行为，没收违法所得，可以并处收取的预付款1%以下的罚款；对于擅自挪用预售款项的，应责令限期纠正，并处以违法所得3倍以下但不超过3万元的罚款；构成犯罪的，依法追究刑事责任。

通知还指出，要规范商品房面积计算标准和办法，依法查处面积“短斤缺两”行为。要积极推行按套或套内建筑面积销售商品房的计价方式。按建筑面积计价的，房地产开发企业应当向消费者明示套内建筑面积及分摊的共有建筑面积。已纳入分摊面积的共用部位的产权，属业主共有，房地产开发企业不得擅自另行出租、出售。

中共中央书记处书记尉健行在人民大会堂会见以副主席伊尔卡·苏奥米宁为团长的欧洲议会人民党党团代表团

中国与斐济发表联合声明

中华人民共和国政府和斐济群岛共和国政府关于巩固和促进友好合作关系的联合声明：

应中华人民共和国国务院总理朱镕基的邀请，斐济群岛共和国总理莱塞尼亚·恩加拉塞于2002年5月27日至6月1日对中华人民共和国进行正式访问。朱镕基总理与莱塞尼亚·恩加拉塞总理在热情友好的气氛中就双边关系、地区形势和共同关心的国际问题深入交换了意见，达成了广泛共识。

一、双方珍视两国的深厚友谊和在各领域的互利合作关系。

双方认为在互相尊重主权和领土完整、互不侵犯、互不干涉内政、平等互利、和平共处原则的基础上，推动两国关系长期、稳定、全面发展符合两国的根本和长远利益。双方重申恪守《中华人民共和国政府和斐济政府关于中、斐两国建立外交关系的联合公报》。

二、双方愿意加强各级别的政治对话，鼓励和支持两国政府、议会及其他官方机构、地方政府和社会团体开展交流与合作，增进相互理解与信任。

三、双方认为应加强两国经贸合作。双方愿意在市场经济条件下，鼓励和支持两国企业加强接触，加深了解，开展多种形式的互利合作，推动两国经贸关系不断发展。两国将为对方企业和人员参与本国经济建设提供便利。

中方愿继续为斐发展经济提供力所能及的帮助。斐方对此表示感谢。

双方将继续采取积极措施，进一步促进两国科技、文化、教育和卫生等领域的合作与交流。

四、斐方重申支持中华人民共和国政府的立场，即世界上只有一个中国，中华人民共和国政府是代表全中国的唯一合法政府，台湾是中国领土不可分割的一部分。

斐方同意，台湾问题纯属中国内政，斐方尊重和支持中国为维护国家统一所做的努力，希望中国早日实现统一。

据此，斐方再次向中华人民共和国政府保证，斐济与台湾关系严格限于推动经济和商业关系的目的，斐济不会以任何形式与台湾进行有悖于中华人民共和国一个中国立场的接触。

中方高度赞赏斐方在台湾问题上的明确立场。

五、中方重申，支持斐济群岛共和国的独立、主权和领土完整，支持斐为维护国家独立、主权和领土完整所做的积极努力。中方希望斐社会稳定，民族和睦，经济发展，并为维护和促进南太地区的稳定与繁荣作出积极贡献。

斐方重视中国在国际事务中发挥的重要作用，高度评价中国作为联合国安理会常任理事国为维护世界和平作出的积极贡献，并期待中方继续发挥作用。

六、双方认为，国际关系民主化符合并反映国际社会绝大多数国家和人民的要求和愿望。国家不分大小、贫富、强弱，都是国际社会的平等一员，都有参与国际事务的平等权利。各国有权根据本国国情，独立自主地选择自己的社会制度和发展道路。双方愿在联合国等国际组织中加强协作，并与国际社会一道共同致力于建立公正、合理、平等的国际政治、经济新秩序。

七、双方认为恐怖主义是对人类文明的严重挑战，对国际和平与安全构成威胁。双方支持打击一切形式的恐怖主义，并呼吁预防和制止任何形式的恐怖行为。双方强调，在打击恐怖主义问题上不能搞双重标准，要彻底消除恐怖主义产生的根源。双方主张，在打击国际恐怖主义问题上，应进一步加强国际合作与团结，充分发挥联合国及其安理会的主导作用。

本声明于2002年5月27日在北京签署。

中华人民共和国　斐济群岛共和国
国务院总理　　　　总理
朱镕基　　莱塞尼亚·恩加拉塞

国务院副总理钱其琛在钓鱼台国宾馆与土耳其副总理兼国务部部长德夫莱特·巴赫切利举行会谈

国防部部长迟浩田在北京与莫桑比克国防部部长托比亚斯·达伊进行了会谈

外交部部长唐家璇在北京与秘鲁外交部部长迭戈·加西亚·萨扬举行会谈

5月28日

中国科学院第十一次院士大会中国工程院第六次院士大会在人民大会堂开幕

中共中央总书记江泽民在会上发表重要讲话。

约1200位两院院士出席大会，共商我国科技发展大计。大会的中心任务是全面动员和组织两院院士，团结全国科技工作者，积极实践“三个代表”重要思想，全力推进科教兴国战略的实施，为我国科技事业和经济发展作出新的更大的贡献。

李鹏、朱镕基、胡锦涛、尉健行出席大会。

出席今天大会的中央领导同志还有：丁关根、李铁映、吴邦国、张万年、罗干、钱其琛、温家宝、曾庆红、吴阶平、成思危、钱正英、朱光亚。中央和国家机关有关部门负责人也出席了今天的大会。

全国政协副主席、中国工程院院长宋健致开幕词，大会由中国科学院院长路甬祥主持。

中共中央总书记江泽民在在中国科学院第十一次院士大会和中国工程院第六次院士大会上发表讲话《全面贯彻“三个代表”要求大力推进科学技术创新》

各位院士，同志们，朋友们：

中国科学院第十一次院士大会和中国二程院第六次院士大会，是新世纪我国科技界最高学术团体的第一次盛会。各位院士聚集一堂，共商新世纪我国科技事业的发展大计。我代表党中央、国务院，向大会表示热烈的祝贺！向各位院士和广大科技工作者，致以崇高的敬意！

长期以来，我国广大科技人员辛勤耕耘，顽强拼搏，以自己的艰苦劳动和发明创造，为我国科学技术和工程事业的蓬勃发展，为我国综合国力的不断增强，为我国人民生活水平和质量的日益提高，作出了卓越的贡献。在这里，我代表党中央、国务院，向各位院士和广大科技工作者，表示衷心的感谢！

我国已进入了全面建设小康社会，加快推进社会主义现代化的新的发展阶段。面对复杂多变的国际形势，面对突飞猛进的世界科技进步和日益激烈的国际竞争，我们要实现社会主义现代化建设的第三步战略目标，实现中华民族的伟大复兴，必须坚持发展是硬道理的战略思想，不断增强我国的经济实力、国防实力和民族凝聚力。

面对新世纪新发展，我国科技界的使命是：全面贯彻“三个代表”要求，坚持实施科教兴国战略，大力推进科技创新，努力为我国先进生产力和先进文化的发展，为维护和实现我国最广大人民的根本利益不断贡献智慧和力量。

科技进步的历程表明，科技工作的出发点和落脚点是在认识自然和社会的基础上，推动经济和社会的发展，促进物质文明和精神文明的进步，提高人民的生活水平和质量。

科学技术是人类认识和运用自然规律、社会规律能力的集中反映。自古以来，人类社会经济和文化的每一次重大发展，都依赖于科学的重大发现和技术的重大发明，以及由此形成的技术科学和工程技术的发展和应用。科学发现是人类探索自然和社会奥秘的结晶，它为技术发明和工程技术进步源源不断地提供新知识、新概念、新理论、新方法。技术创新和工程技术进步则是科学发现与产业革命之间的桥梁和纽带。历次重大科学发现所引起的技术突破，都引发了生产力的巨大进步和社会的深刻变革。科技进步和创新是生产力发展的关键因素，也是文化发展的重要因素。大力推进我国的科技进步和创新，是我们发展先进生产力和先进文化的必然要求，也是我们维护和实现最广大人民根本利益的必然要求。

恩格斯曾经指出："在马克思看来，科学是一种在历史上起推动作用的、革命的力量。"在马克思、恩格斯写作《共产党宣言》的时代，科学技术水平还很低，电机、电话、电灯都还没有发明出来。但是，马克思、恩格斯敏锐地看到了科技进步所创造的巨大能动力量，准确把握了科技进步对社会变革和发展的巨大推动作用，充分肯定了科技进步在人们正确认识自然和社会发展规律中的重要地位。

18世纪下半叶，在经典力学的指导下，发生了以蒸汽机为代表的第一次产业革命，开创了大机器工业时代，从而也就全面开创了以社会化大生产为基础的近代工业文明，这种文明大大领先于以往人类社会的以小生产为基础的农业文明和手工业文明，极大地改变了人类的生产方式和生活方式，推动了欧美资本主义社会和整个世界生产力的空前发展。马克思曾经指出，资产阶级在它的不到100年的阶级统治中所创造的生产力，比过去一切世代创造的全部生产力还要多，还要大。

19世纪后期到20世纪中叶的第二次产业革命，从化工、电力和内燃机等工程技术的突破开始，使人类进入了电气化、原子能和航空航天时代，现代化的大生产普遍发展。20世纪下半叶，以信息技术为代表的第三次产业革命迅猛发展，使社会生产和消费从传统的机械化、工业化向自动化、智能化转变。科技转化为生产力的能力加强、速度加快，成百上千倍地提高了社会生产力和劳动生产率。可以说，这100多年来，全世界所创造的生产力比以往一切世代所创造的全部生产力的总和还要多，还要大。

近代以来人类文明进步取得的丰硕成果，主要得益于科学发现、技术创新和工程技术的不断进步，得益于科学技术应用于生产实践中形成的先进生产力。当今世界，科学技术日益渗透到经济发展、社会进步和人类生活的各个领域，成为生产力中最活跃的因素。未来科学技术的发展，必将对人类社会的发展产生更加深刻的影响。发达国家积极运用科学发现和科技进步的成果，成为它们的经济不断获得发展活力的重要原因。我们必须把发挥我国社会主义制度的优越性同推进改革开放和发展先进的科学技术结合起来，这是实现我国生产力快速发展和社会全面进步的必然要求。

在新世纪的征程上，我们一定要深刻认识科学技术是第一生产力的基本事实，深刻认识创新对推动我国科技事业发展的重大意义，深刻认识科学技术对推动经济发展和社会进步的巨大作用，充分发挥科学技术对发展我国先进生产力和先进文化、对维护和发展我国最广大人民根本利益的重要作用。

这里，我提几点希望。

第一，要树立雄心壮志，弘扬创造精神。世间的一切事物都是运动的。运动是自然界和社会界的普遍规律。运动就是变化和发展。科学技术是不断发展的，一切科学的东西都在发展和进步之中，否则就会消亡。推动我国的科技进步和创新，必须紧跟世界科技发展的潮流，紧密结合我国现代化建设的现实需要，勇于开拓创新、与时俱进。

中华民族是具有伟大创造精神的民族。历史上，中华民族曾经创造了世界最先进的生产力和最辉煌的科技成就，并将这种领先地位一直保持到15世纪。早在2300多年前，我国古代思想家墨子的《墨经》中就包含了丰富的关于力学、光学、几何学、工程技术知识和现代物理学、数学的基本要素。几千年来，中华民族以自己的伟大创造精神和伟大创造成果，为人类文明进步作出了不可磨灭的贡献。这种伟大创造精神，是中华民族生生不息、发展壮大的强大精神力量。

在当代世界科技发展的史册上，我国科技工作者也书写了光辉的篇章。

我国科技工作者在基础科学研究方面取得了一系列令人瞩目的重大成果。我国在世界上首次人工合成牛胰岛素，最近又完成了人类基因组百分之一的测序研究工作，率先公布了水稻基因框架图。反西格马负超子的发现，证实了存在反粒子的理论。在数学领域创立的多复变函数的调和分析，有限元方法和辛几何算法，示性类及示嵌类的研究和数学机械化与证明理论，关于哥德巴赫猜想的研究，以及在半导体超晶格理论方面提出的"黄—朱模型"，在国际上都引起了强烈反响。我国科学家首次公布的钇钡铜氧高温超导材料的组成，标志着我国超导研究进入世界先进行列。我国科学家发现的最古老的动物化石群和最早的被子植物，为探讨早期生物进化和解释寒武纪生命大爆发再次提供了新的证据。黄土研究开拓了测量地质气候变化的新方法。陆相生油理论为我国石油工业的形成和发展奠定了重要基础。

在技术创新和工程技术领域，我国科技工作者也取得了辉煌的成就。我国科技工作者先后攻克了原子弹、氢弹、卫星、宇宙飞船及其运载工具和地面发射支持系统等尖端技术，极大地增强了我国的国防实力，提高了我国的国际地位。我国自行研制的杂交水稻技术的大规模推广运用，为解决12亿多人的吃饭问题作出了重大贡献。程控交换机的研制成功,使我国电话交换技术取得重大突破。汉字激光照排技术使我国出版业迎来了光和电的时代。我国已经能够自行研制大部分高清晰度数字电视系统设备,成为世界广播和电视机生产大国。钢铁工业通过技术改造和先进技术的引进消化吸收,钢产量从解放初期的92万吨提高到2001年的1.5亿多吨,位居世界第一。我国科技人员还在铁路、船舶、机械化、计算机、无机化工、稀有金属和先进材料的开发应用、电气化、地质勘查工程、采煤工程、大江大河治理和开发、城市化、公路、农作物增产技术、畜禽水产养殖技术、轻工纺织、传染病防治、外科诊疗以及计划生育等方面,取得了可喜的成就。

经过广大科技工作者的长期努力,我国科技事业不断发展,形成了学科门类比较齐全的科学研究和技术创新体系。我国整体科技发展水平已位居发展中国家的前列。

这些事实雄辩地说明,中华民族和中国人民是富有创造精神的伟大民族和人民,是勇于和善于进行创新的,是能够通过自己的不懈努力赶上世界先进水平的。科技创新能力,已越来越成为国际综合国力竞争的决定性因素,越来越成为一个民族兴旺发达的决定性因素。在激烈的国际科技竞争面前,我们只有坚持创新才能不断前进,只有不断前进才能始终掌握主动。一切怯懦的观点,无所作为的观点,都是没有根据的。我们一定要弘扬我国科技工作者敢于创新、善于创新的优良传统,树立雄心壮志,勇攀科技高峰,奋力追赶世界科技的先进水平。要坚定不移地实施科教兴国战略和可持续发展战略,抓紧国家创新体系建设,大力推进科技创新和知识创新。要敢于通过自己的努力达到世界先进水平,更要敢于做别人没有做过的事情,实现我国科学技术的跨越式发展。

第二,要根据国家发展需求,大力推动科技进步。科技进步必须面向国家经济建设的主战场,为增强我国的经济实力、科技实力和国防实力作出贡献。只有这样,科学技术才能获得持续发展的源头活水,也才能充分发挥第一生产力的巨大作用。要从我国的国情出发,紧紧围绕国家经济、文化、国防和社会发展具有战略性、基础性、前瞻性的重大课题,加强科技研究和创新,力争取得突破性的进展。比如,我国人口众多,地少水少,人均资源不足,如何提高现有各种资源的利用效率,不断开发新的资源,保证我国经济社会可持续发展的需求,就是一个需要加紧研究的重大课题。再比如,如何更加有效地提高农业生产的质量和效益,推进农业结构调整,提高我国农业的国际竞争力,也是我们面临的一个紧迫任务。又比如,如何提高我国工业的科技水平,增加产品的科技含量,使我国企业在国际市场上具有竞争力和开拓能力,也是一个亟待解决的重大课题,如此等等。总之,在加强基础科学研究的同时,要面向国家现代化建设、面向市场经济发展、面向广大人民需求,确定科技攻关的方向和重点项目,加速科技进步和创新,加快技术成果向现实生产力的转化。

要实现这个目标,关键是要深化科技体制改革,把推动我国先进生产力和先进文化的发展、满足人民群众不断增长的物质文化需求,作为深化科技体制改革的基准和方向,进一步建立和完善能够有利于促进科技创新、有力推动科技成果向现实生产力转化的充满活力的体制和机制。改革开放以来,我们采取多种措施,促进科技和经济的结合,取得了明显的成绩。但与国家现代化建设和社会主义市场经济发展的要求相比,这方面的工作还有相当的差距,必须进一步努力。现在,我们的许多科技成果不能很快转化为现实生产力,这里面有体制不完善等方面的原因,但一些科研机构和科技工作者的思想观念还不能适应社会主义市场经济发展的要求,也是重要的原因之一。要适应发展社会主义市场经济的要求,转变观念,改革体制,充分发挥市场导向和市场机制的作用,加强科技与经济发展和社会进步的联系,努力使科技成果能及时转化为现实生产力,更好地为促进我国先进生产力和先进文化的发展服务,为实现国家的繁荣富强和人民的共同富裕服务。

第三,要努力传播科学知识,积极弘扬先进文化。实现物质文明和精神文明的协调发展,实现社会主义社会人的全面发展,是社会主义现代化建设的本质要求。大力普及科学知识,在全社会弘扬科学精神,不断提高全民族的科学文化素质,是我国科技工作者肩负的庄严使命。科学的发展不断揭示了自然和社会的发展规律,使人类得以科学地解释自然现象和社会现象,能动地驾驭自然和社会,创造出日益丰富的物质文明和精神文明。一切自然科学和社会科学的进步成果,都是先进文化的重要组成部分。科技工作者应该成为传播先进科学文化的先锋队。

知识就是力量。科学技术是战胜愚昧落后的强大力量,是反对迷信和邪教的锐利武器。在科学技术快速发展的今天,一个国家科技知识的普及程度,从根本上决定着这个国家生产力和文化的发展水平与这个民族的创造能力。科技的贫困会导致物质的贫困,也会导致精神的贫困。精神的贫困是一切愚昧和迷信产生的重要原因。我们必须大力加强科学教育和科学普及工作,努力传播科学知识、科学精神、科学思想、科学方法,提高群众的科学素养,引导群众形成健康文明的生活方式,增强自觉抵制各种愚昧、迷信和歪理邪说的能力。要通过坚持不懈的努力,使我国人民的科学文化素质不断提高起来。

科学精神的精髓是实事求是。科技工作者应该率先垂范，坚持实事求是的科学精神，加强科学道德建设，克服急于事功的浮躁心态，反对一切弄虚作假行为，努力成为先进文化的实践者。

第四，要全面创造条件，大力培养科技人才。人才竞争，是我国面临的一个十分严峻的挑战。人是生产力中最活跃的因素，人力资源是第一资源。我国人力资源丰富，但是人才资源并不丰富，结构不尽合理，创新能力还亟待提高。我国正处在科技人才新老交替的关键时期。当务之急是要抓紧实施人才战略，加强人才队伍建设，特别是要下大力气培养优秀的年轻科技人才，提携和培育他们茁壮成长，使他们担负起我国科技事业继往开来的历史重任。

1998年和2000年，我到两院院士大会讲话，都强调了抓紧培养年轻科技人才的问题。今天，我还要再一次加以强调，因为这个问题实在太重要了，直接关系到我们党和国家的事业是否后继有人，关系到能否顺利完成现代化建设的第三步战略目标。

建设有中国特色社会主义是一项长期的事业，需要一代又一代人坚持不懈地为之奋斗献身才能成功。我国科技事业的发展，也需要一代又一代人持续奋斗。青年是国家的未来，是民族的希望。在任何一个时代中，青年都是社会上最富有朝气、最富有创造性、最富有开拓精神的群体。"自古英雄出少年"，这确实是个规律。这个规律，适用于政治、经济、文化、军事等各个领域，当然也适用于科学技术领域。人类科技进步的历史表明，许多重大科学技术成果都是青年科学家和技术专家创造的。推动科学发现和科技创新，最需要青年人的朝气和锐气，最需要为青年人发挥聪明才智创造有利的社会氛围。各级党委和政府都要着眼于党和国家事业的长远发展和人才的总体需要，紧紧抓住培养人才、吸引人才、用好人才三个环节，大力实施人才战略，特别要重点培养和造就优秀的学科带头人和工程技术的帅才，全面提高专业技术人才的科学素质和创新能力，为改革开放和现代化建设提供强大的人才保证。

各位院士为祖国的科技事业发展作出了重要贡献。大家不仅要继续在科研领域中拼搏，而且更要承担起培养年轻科技人才的历史性任务。希望你们把自己的宝贵知识传授给他们，把创新精神和敢为天下先的雄心壮志传授给他们，把实事求是、脚踏实地的科学精神传授给他们，把热爱祖国、热爱人民的高尚精神传授给他们。大家都要把培养优秀年轻人才作为己任，把培养出优秀人才、培养出能够超过自己的人才作为最大光荣。全社会共同努力，我们就一定能培养和造就出一大批合格的、能够担当起推进我国科技事业在新世纪蓬勃发展、建设社会主义现代化的历史重任的年轻人才。

各位院士，同志们！

科技工作者从事的事业是崇高的事业。崇高的事业需要崇高的精神。广大科技工作者要团结奋斗，顽强拼搏，奋力登攀，勇于创新，为把我们伟大的祖国建设成为一个富强民主文明的社会主义现代化国家，为实现中华民族的伟大复兴，不断作出新的贡献！

国家主席江泽民在中南海会见斐济总理莱塞尼亚·恩加拉塞

江泽民指出，中国一贯主张国家不分大小、贫富、强弱，都是国际社会的平等成员，应和睦相处，平等相待。中国和斐济都是发展中国家，都致力于振兴国民经济和提高人民生活水平；两国同处亚太地区，在维护地区稳定与繁荣方面有着广泛的共同利益；两国经贸合作大有可为。发展两国友好合作符合两国人民的根本利益。江泽民说：我们高兴地看到，在过去一年里，中斐友好合作关系又迈上了一个新台阶。中方重视发展与斐济的友好关系，尊重斐济选择的发展道路，愿与斐方共同努力，把建立在和平共处五项原则基础上的中斐友好合作关系推向新的高度。

关于台湾问题，江泽民对斐济政府奉行一个中国政策表示赞赏，希望斐济继续恪守一个中国原则，妥善处理涉台问题，以确保中斐友好关系顺利发展。

九三学社中央副主席洪绂曾、外交部副部长李肇星、中国驻斐济大使章均赛等会见时在座。

国家主席江泽民在中南海会见世界银行行长沃尔芬森一行

国务院总理朱镕基在钓鱼台国宾馆会见土耳其副总理巴赫切利

国务院总理朱镕基在钓鱼台国宾馆会见世界银行行长沃尔芬森

全国政协主席李瑞环在英中贸易协会举行的欢迎午宴上发表题为《和睦相处和谐共进》的演讲

我这次来访，适逢中英两国建立大使级外交关系30周年。我们欣喜地看到，30年来，中英关系有了长足的发展，两国经贸合作保持了良好的势头。英国在华投资项目已达3110个，实际使用金额接近100亿美元，英对华投资居欧盟之首；双边贸易额逐年递增，2001年达到103亿美元，英国是中国在欧盟的第二大贸易伙伴。贵国的许多人士，包括在座的英中贸易协会的朋友们，为促进中英贸易发展发挥了重要作用。在此，我谨代表中国政府和中国人民，对长期以来为增进中英友好作出不懈努力的各位朋友，对所有为中英合作作出贡献的各友好团体和人士，表示诚挚的感谢和崇高的敬意！

中国是最大的发展中国家，英国是西方工业七强之一，两国经济互补性很强，经贸合作的空间很大。中国有着近13亿人口的巨大市场，目前正在进行大规模的经济建设，正在实施西部大开发战略，需要大量引进境外资金、技术和管理经验。据初步估算，在未来的5年里，中国将进口总额约1.5万亿美元的设备、技术和产品。特别是中国已加入世贸组织，对外开放的领域将进一步扩大，投资环境也将进一步改善，两国合作的前景更加广阔。我们热切欢迎英国企业界的朋友们到中国来开展合作、进行交流，到中国来投资经营、寻求发展。

为了促进双方的合作，必须加强彼此的了解。了解是友谊的前提，了解是合作的基础，了解包括对现状的了解也包括对历史的了解，包括对经济的了解也包括对政治的了解、文化的了解，特别是对传统文化的了解。因为传统文化是一个民族劳动、智慧的结晶，是构成一个民族自身特色的重要内容，是维系一个民族生生不息的精神纽带。中国是一个历史悠久的文明古国，在中华民族漫长的历史发展进程中，创造了独具特色的传统文化，在博大精深的中国传统文化中，“和”的思想占有十分突出的位置。早在3000多年前，中国的甲骨文和金文中就有了“和”字。西周时期，周太史史伯提出“和实生物，同则不继”的观点。到了春秋战国时期，诸子百家更是经常运用“和”的概念来阐发他们的哲学思想和文化理念：管子提出“畜之以道，则民和”；老子提出“知和曰常，知常曰明”；孔子的《论语》提出“礼之用，和为贵”；孟子提出“天时不如地利，地利不如人和”；荀子提出“万物各得其和以生”；《中庸》提出“和也者，天下之达道也”。“和”不是盲从附和，不是不分是非，不是无原则的苟同，而是“和而不同”。“和”的思想，强调世界万事万物都是由不同方面、不同要素构成的统一整体。在这个统一体中，不同方面、不同要素相互依存、相互影响，相异相合、相反相成。由于“和”的思想反映了事物的普遍规律，因而它能够随着时代的变化而不断变化，随着社会的发展而不断丰富其内容。现在，我们所说的“和”，包括了和谐、和睦、和平、和善、祥和、中和等含义，蕴含着和以处众、和衷共济、政通人和、内和外顺等深刻的处世哲学和人生理念。

“和”的思想作为中华民族普遍具有的价值观念和理想追求，对中国人民的生活、工作、交往、处世乃至内政和外交等各个方面都产生了深刻的影响。表现在人与自然的关系上，强调“天人调谐”，人是大自然和谐整体的一部分，又是一个能动的主体，人必须改造自然又顺应自然，与自然圆融无间、共生共荣；表现在人与人的关系上，要求“和睦相处”，待人诚恳、宽厚，互相关心、理解，与人为善、推己及人，建立团结、互助、友爱的人际关系；表现在人与社会的关系上，崇尚“合群济众”，社会由个人所组成，个人离不开社会，应当尊重个性、鼓励个人的追求和创造，又必须融入集体、把个人的目标同社会的需要结合起来；表现在各个国家的关系上，倡导“协和万邦”，国家间应当亲仁善邻、讲信修睦、礼尚往来，不能以大欺小、以强凌弱、以富压贫，国际争端要通过协商和平解决，各国之间应在平等相待、互相尊重的基础上发展友好合作关系；表现在各种文明的关系上，主张“善解能容”，各种文明都是人类文明的组成部分，都对人类文明作出了贡献，不应当相互排斥，而应当彼此尊重、相互学习、保持特色、共同进步。在座的各位多是经商的，是从事经济贸易的，做生意要讲发财、讲发展。怎么样发财、发展呢？“和”的思想认为“和气生财”，只有通过商量沟通工作，营造出合作共事的良好氛围与环境，才容易把生意做成、做好。“君子聚财取之有道”，合作是以对方的存在为前提，坑害对方就等于破坏合作，应以互惠互利为目的，谋取双赢。做生意要着眼整体、看到长远，即使一时达不成协议，也不能伤了和气，“买卖不成仁义在”，如此等等。“和”的思想，也是经商之道、发财之道、发展之道。

中国的“和”的思想传播到世界特别是欧洲后，受到了许多思想家的重视和推崇。早在17世纪初，英国学者罗伯特·勃顿就在其著作中称赞中国人“和平而安静”。20世纪30年代英国著名哲学家罗素在他的《中国问题》一书中写道：“中国至高无上的伦理品质中的一些东西，现代世界极为需要。这些品质中我认为和气是第一位的。”这种品质“若能够被全世界采纳，地球上肯定会比现在有更多的欢乐祥和。”类似的看法还有很多，比如在德国学者莱布尼茨的《中国新事萃编》、法国学者伏尔泰的《风俗论》以及当代英国学者汤因比的《历史研究》等著作里，都有这方面的阐述。由于科学技术和经济全球化的迅猛发展，当今时代各个国家和地区的联系更趋紧密，世界的面貌更加快速多变、复杂多样，不同文明之间相互交融又相互激荡，不同利益之间相互依存又相互摩擦，人对自然的索取越来越多，人与自然的矛盾也越来越尖锐。人类从来没有像今天这样面临着如此众多的共同问题和挑战，也从来没有像今天这样凝聚了越来越多的共识。

在这种情况下，保持和谐共存、协调共进更加受到全人类的普遍关注。如何努力克服工业社会发展带来的种种社会弊端，创造健康有益的生活方式；如何妥善处置经济与社会、人口与生态、资源与发展的关系，实现人类社会的可持续发展；如何有效化解各个国家、各种文明间错综复杂的矛盾和冲突，保持世界的和谐与安宁；如何以人类的共同利益为价值取向，解决各种全球性问题，这些已经成为世界各国必须深入思考、认真对待的现实课题。了解中国的"和"的思想，可以为思索解答这些课题提供有益的启示。

改革开放以来，中国积极提倡学习、借鉴、吸收包括英国在内的世界各国先进的科学技术、管理经验和优秀文化成果，以促进自己的现代化建设进程。中国一贯重视英国在欧洲及世界的地位和作用，中英都是联合国安理会常任理事国，在维护世界和平、促进共同发展方面肩负着重大责任，也存在广泛的共同利益，需要而且必须加强合作。我们是站在战略高度，并以长远眼光来看待中英关系的，希望双方多往来、多了解、多协商、多合作。我们愿意与英国共同努力，为建设一个更加繁荣、更加美好、更加和谐的世界，为整个人类社会的文明进步，作出积极的努力！

全国政协主席李瑞环与英国上议院议长兼大法官欧文勋爵举行会谈

国家副主席胡锦涛在人民大会堂会见对外友协第八届全国理事会理事和与会代表并发表讲话

胡锦涛充分肯定了对外友协长期以来认真贯彻中央关于外交工作的方针政策，充分发挥自身的特点和优势，为增进中国人民与世界各国人民的了解和友谊，推动中国与各国友好关系的发展所做的大量工作。他说，以毛泽东、邓小平、江泽民同志为核心的党的三代中央领导集体历来高度重视民间外交工作。他们还身体力行，结交了一批又一批外国友人，为做好民间外交工作树立了光辉的典范。在他们的亲切关怀和指导下，中国的民间外交立足于人民，着眼于人民，寄希望于人民，为不断开创中国对外工作的新局面作出了历史性贡献。

胡锦涛指出，在新的形势下，民间外交要以江泽民同志"三个代表"重要思想为指导，紧紧围绕新世纪三大任务，按照中央对外工作的一系列重要方针政策的要求，进一步做好相关工作，为努力营造更为有利的和平国际环境和良好的周边环境，为推进改革开放和社会主义现代化建设事业作出新的贡献。

胡锦涛殷切勉励从事民间外交工作的同志们认真学习邓小平外交理论和江泽民同志关于外交工作的一系列重要论述，在大力发扬优良传统的基础上，坚持与时俱进，开拓创新，不断丰富工作内容，拓宽工作领域，创新工作方式，努力把民间外交工作提高到一个新的水平。

中共中央政治局候补委员、书记处书记曾庆红，全国人大常委会副委员长王光英、铁木尔·达瓦买提、蒋正华，国务委员司马义·艾买提，全国政协副主席王文元等参加了会见。

全国检察机关职务犯罪侦查工作会议在北京召开

最高人民检察院检察长韩杼滨在会上强调，要深化侦查改革，规范侦查活动，提高侦查水平，加大力度，突出重点，取得查办职务犯罪工作新成效，为深入推进党风廉政建设和反腐败斗争作出积极贡献。

韩杼滨指出，要突出办案重点，集中精力查办大案要案，坚决查办发生在"三机关一部门"(即党政机关、行政执法机关、司法机关及经济管理部门)中的职务犯罪和县处级以上领导干部犯罪案件，查办发生在国有企业和银行、证券、保险等金融领域的贪污、受贿、侵吞国有资产的案件；要配合"严打"整治斗争和整顿规范市场经济秩序工作，深挖黑恶势力后台和"保护伞"，以及与破坏市场经济秩序犯罪有牵连的职务犯罪；严肃查办重大安全事故背后隐藏的职务犯罪；严肃查办司法人员贪赃枉法、徇私舞弊等职务犯罪案件。要大力加强职务犯罪侦查工作建设，进一步更新执法观念，创新侦查机制，规范办案活动，增加科技含量，提高队伍素质，推动职务犯罪侦查工作与时俱进。要加强侦查工作的规范化建设，切实建立以质量为核心的侦查工作考核评价标准，使所办案件既有利于改革发展稳定，又经得起历史检验，实现法律效果与政治效果、社会效果的有机统一。

中共上海市第八届委员会第一次全体会议选举黄菊为市委书记

中央军委副主席胡锦涛在人民大会堂会见莫桑比克国防部部长托比亚斯·达伊一行

中共中央书记处书记尉健行在人民大会堂分别会见非洲四国大使

他们是：科特迪瓦驻华大使科南·克拉莫、加蓬驻华大使约瑟夫·奥比昂－恩图图姆、博茨瓦纳驻华大使艾尔弗雷德·杜贝和津巴布韦驻华代办依曼努欧·津牛凯。

尉健行对即将应科特迪瓦人民阵线、加蓬民主党、博茨瓦纳民主党和津巴布韦非洲民族联盟(爱国阵线)

的邀请,前往非洲国家进行访问。他说,中国与科特迪瓦、加蓬、博茨瓦纳和津巴布韦虽相距遥远,但友好情谊深厚,合作前景十分广阔。他表示相信,这次访问必将进一步增进中国与非洲国家的相互了解和友谊,推动中国与非洲国家友好合作关系在新世纪健康、稳定、全面、持久地向前发展。

国务院副总理李岚清在新加坡会见新加坡总理吴作栋

李岚清说,新加坡在资金、管理、服务业和转口贸易等方面拥有较大优势,中方欢迎新方加强对华经贸合作,愿与新方一道积极探讨扩大合作的领域,特别是加强双方在高科技、中国西部开发、中国企业"走出去"和人才交流等方面的互利合作。李岚清说,中方愿与新方积极开展各层次的人员交流,特别是青年组织和学生的交流和互访,增进青年一代的相互了解和友谊,为中新世代友好培养接班人。

国务院副总理李岚清在新加坡会见新加坡内阁资政李光耀

5月29日

国家主席江泽民在中南海会见美国众议院军事委员会军事采购小组委员会主席威尔顿率领的美国众议员代表团

双方就中美关系和共同关心的国际及地区问题交换了意见。

江主席说,中美发展健康、稳定的关系符合两国人民的利益,也有利于亚太地区和世界的和平、稳定与发展。近来,中美关系的发展势头是好的。双方在反恐、经贸等领域的交流与合作取得新的进展。世界是丰富多彩的,有不同的发展模式。中美两国当然存在着分歧,但共同利益大于分歧。双方应本着互相尊重、平等相待、求同存异的精神,扩大共同点,妥善处理分歧,推动中美关系向前发展。

江泽民说,台湾问题始终是中美关系中最重要、最敏感的核心问题。希望美方恪守一个中国政策,遵守中美三个联合公报原则,以利中美关系健康发展。

外交部副部长李肇星、外交学会会长梅兆荣等会见时在座。威尔顿一行是应外交学会邀请访华的。

国务院总理朱镕基在中国科学院第十一次院士大会和中国工程院第六次院士大会上作报告

朱镕基着重阐述了大家关心的经济形势问题。他强调,各方面要认真贯彻中央的决策和部署,扎扎实实做好各项工作,以优异成绩迎接党的十六大召开。

朱镕基说,中国科学院和中国工程院聚集了我国科学技术领域的优秀人才,"两院"院士是我国科技界的杰出代表,具有很高的学术造诣和丰富的实践经验。在新的形势下,"两院"和"两院"院士肩负着重大而光荣的使命。他希望"两院"和院士们认真实践江泽民同志"三个代表"重要思想,为经济建设和科技发展的重大工程、重要决策积极提供咨询服务;在推进国家创新体系建设、提升我国科技创新能力和加快科技成果产业化等方面,发挥重要的作用;在实施国家人才战略、培养科技人才后备力量方面,作出新的贡献。朱镕基希望广大科技工作者敢于探索、大胆实践、勇攀高峰,力求有所发现、有所发明、有所创新,不辜负党、国家和人民的重托。

会议由全国政协副主席、中国工程院院长宋健主持。全国政协副主席钱正英、朱光亚和有关部门负责人路甬祥、徐匡迪等出席了会议。

中央党校选调生培训班学员座谈在北京举行

中央组织部部长曾庆红在座谈时强调,各级领导干部特别是年轻干部,一定要牢固树立正确的权力观,始终坚持立党为公、执政为民,进一步增强为人民掌好权用好权的使命感和责任感,自觉地为党分忧、为国竭力、为民尽责,清正廉洁,严格自律,努力做学习和实践"三个代表"的模范,实现好、维护好和发展好人民群众的根本利益。

曾庆红指出,1980年以来,各省区市党委及其组织人事部门,按照党中央关于抓紧培养和选拔优秀年轻干部的要求,有计划地从高等院校选调品学兼优的应届大学毕业生到基层培养锻炼。20多年来,这项工作取得了显著成绩,为我们探索领导人才成长规律、更好地培养选拔年轻干部,积累了有益经验。实践证明,选调优秀大学毕业生到基层培养锻炼,有利于他们了解国情、贴近群众,在改革和建设的第一线,经风雨、见世面、增长才干,成为德才兼备的领导人才;把他们及时选拔到各级领导岗位,有利于改善各级领导班子的年龄和文化知识结构,增强干部队伍的活力。各级党委及其组织部门要从确保党的事业兴旺发达和国家长治久安的高度,深刻认识做好选调生工作的重要性,以与时俱进、开拓创新的精神,研究新情况、解决新问题,进一步完善有关制度和办法,努力把选调生工作提高到一个新水平。

曾庆红强调指出,未来20年是我们全面建设小康社会、加快推进社会主义现代化建设的重要时期,也是年轻干部为党和人民建功立业、大有作为的时期。年轻干部能否健康成长,一个重要问题是如何对待和运用手中的权力。希望年轻干部深入学习贯彻江泽民总书记在中央纪委第七次全会上的重要讲话精神，努力为人民掌好权用好权。一要牢固树立正确的权力观，增强为人民掌好权用好权的自觉性。要紧紧抓住“立党为公、执政为民”这个最为重要的问题，把国家利益、人民利益摆在首位，任何时候、任何情况下都不能动摇，确保手中的权力始终用来为国家和人民谋利益。二要加强理论学习和党性修养，打牢为人民掌好权用好权的思想基础。要把学习作为一种政治责任和精神追求，自觉学好马列主义、毛泽东思想、邓小平理论，特别是要花大气力、下苦功夫学好“三个代表”重要思想，牢固树立马克思主义的世界观、人生观、价值观，坚定走建设有中国特色社会主义道路的理想信念。同时，要不断加强党性锻炼和党性修养，在权力关面前一定要头脑清醒，警钟长鸣，防微杜渐，自觉做到自重、自省、自警、自励，坚持做到“慎权”、“慎欲”、“慎情”、“慎独”，在任何情况下，都能稳得住心神、管得住身手、抗得住诱惑，以高尚的情操和人格力量，保证人民赋予的权力始终为人民服务。三要密切同群众的血肉联系，培养为人民掌好权用好权的过硬作风。为人民掌好权用好权，最根本的是要解决好始终保持党同人民群众的血肉联系的问题。要认真贯彻六中全会的精神，牢固树立群众观点，自觉坚持群众路线，坚决克服“浮、粗、骄、逸”等不良现象，把群众的呼声当作第一信号，把群众的需要当作第一选择，把群众的利益当作第一考虑，把群众的满意当作第一标准，模范执行密切联系群众的各项制度，深入基层、深入群众、深入实际，诚心诚意为人民办实事办好事，用良好的作风保证把党的各项方针政策落到实处，保证为人民掌好权用好权。同时要主动接受群众的监督，确保权力的行使不越界、不跨线、不离谱、不出格。四要坚持在实践中磨炼，提高为人民掌好权用好权的本领。要自觉把个人的前途命运与国家、民族的前途命运紧密地联系在一起，积极投身改革和建设的实践，勇于在“急、难、险、苦”的环境中磨炼，不断提高履行岗位职责的管理能力和业务水平，提高宏观决策能力、统揽全局能力、组织协调能力、处理突发事件能力和抵御各种风险的能力，使自己真正成为能够担当重任、经得起各种风浪考验的栋梁之材。曾庆红希望培训班学员以这次学习培训为新的起点，自觉把学习的成果运用于工作实践，以优异的成绩迎接党的十六大召开，为推进建设有中国特色社会主义伟大事业、推进党的建设新的伟大工程建功立业。

这期培训班历时3个月，主要学习了党的基本理论，“三基本”“五当代”以及管理科学、世界贸易组织知识等有关课程。学员都在基层经过10多年到20年的实践锻炼，目前大都担任地厅级或大型国有重要骨干企业的领导职务。

参加今天座谈会的还有中组部、中央党校的有关负责同志。

最高人民法院宣布废止第六批14件司法解释

内容涉及民商事案件审判和有关诉讼程序的具体适用问题。这是人民法院确保审判工作适应加入WTO需要的最新举措。

这些司法解释包括：1989年《最高人民法院关于保险货物发生损失引起运输合同赔偿纠纷如何适用法律问题的批复》、1990年《最高人民法院民事审判庭关于民事制裁复议程序几个问题的复函》、1994年《最高人民法院关于海事法院诉讼前扣押船舶的规定》、1996年《最高人民法院关于逾期付款违约金应当依据何种标准计算问题的批复》等。

亚太经合组织(APEC)第五次电信信息部长会议在上海召开

国务院副总理吴邦国出席开幕式并讲话。他希望这次会议在亚太区域经济合作的总体框架下，加强信息通信领域的沟通、交流与磋商，并以此为新的起点，抓住数字机遇，推动更深层次、更广范围、更富有成效的合作，实现共同发展。

上海市市委书记黄菊出席会议。

吴邦国在讲话中说，信息化是当今世界经济和社会发展的大趋势。电信业、电子产品制造业和软件业是信息化发展的重要基础，也是推动信息化发展的强大动力，已成为新的经济增长点，在经济和社会发展中发挥着日益重要的作用，必将焕发出勃勃生机和活力。

吴邦国指出，中国作为发展中国家，一直高度重视发展电信业、电子产品制造业和软件业，并取得了举世瞩目的成绩，已由制约国民经济发展的瓶颈，成长为带动国民经济增长的支柱产业，实现了历史性的跨越。目前，中国的固定电话和移动电话用户总数已达到3.6亿户，互联网用户达3850多万户，网络数字化水平已进入世界先进行列，电子产品制造业已成为中国第一大产业，信息技术自主开发能力和技术装备国产化比重都明显提高。他说，近几年，为打破垄断，引入竞争，中国政府加大了电信业改革重组的力度，在基础电信领域组建了中国电信、中国网通、中国移动、中国联通、中国卫通和铁通六大集团公司，优化了资源配置，初步形成了有效竞争的格局，为进一步促进电信业健康发展和国民经济信息化创造了条件。

吴邦国指出，面对信息技术革命带来的机遇和挑战，中国将大力推进国民经济和社会信息化。进一步发展具有比较优势的信息技术，加强信息基础设施建设和信息资源的开发利用，大力发展信息产业。同时，充分发挥信息产业在国民经济发展中的先导作用，以信息技术改造传统产业，推动工业优化升级和持续发展，以信息化带动工业化，发挥后发优势，实现社会生产力的跨越式发展。

吴邦国说，改革开放以来，中国的电子信息产品制造业与国际跨国公司之间已经有了很好的合作，并将继续扩大和发展。中国加入世界贸易组织后，加快了电信服务贸易市场对外开放的步伐，中国政府作出了分年限、分地区、分领域逐步扩大对外开放的承诺，发布了《外商投资电信企业管理规定》，废止了与加入世贸组织承诺不一致的政策规定。中国将认真遵守和切实履行承诺，按照世贸规则办事，依法规范和维护电信市场秩序，依法保护外商的合法权益。

吴邦国说，中国电信市场具有巨大潜力和广阔前景。中国真诚地欢迎亚太地区各成员及世界各国、各地区的企业家来华投资、合作和发展。在扩大对外开放的同时，中国政府将鼓励中国的企业，创造条件，积极开展国际合作，加大对国外的投资。

吴邦国指出，世界的发展并不平衡，贫富差距仍然存在，"数字鸿沟"正在加深。解决这一问题有赖于各方共同努力。他呼吁，发达国家真正行动起来，帮助和支持发展中国家加快信息基础设施的建设和信息产业的发展，缩小"数字鸿沟"。当务之急，是要采取有效措施，扩展合作渠道，完善合作机制，提高合作效率，进一步建立良好的国际合作环境。中国愿为此作出积极不懈的努力。

会议由信息产业部部长吴基传主持。

全国人大常委会副委员长姜春云在江西考察工作

姜春云指出，经济欠发达地区加快发展，首要的是解放思想，更新观念。经济发展快与慢有多种因素，但关键的是思想观念、精神境界的差异，要把解放思想、转变思维方式作为关键、要害来抓，真正做到与时俱进，不断创新。

姜春云强调，经济欠发达地区加快发展，缩小与发达地区的差距，必须正确定位，按照发挥优势、扬长避短的原则实施最佳发展战略，把优势产业做大做强，对劣势产业则要甘当配角，借助外力发展。江西具有区位优势、资源优势、低成本优势和革命传统优势。江西实事求是确定了自己的发展战略，即把江西建成沿海发达地区产业梯度转移基地、优质农副产品加工供应基地、劳务输出基地和旅游休闲"后花园"，加强与沿海省市全方位的交流与合作，积极招商引资，发展高新技术产业，这必将大大加快江西的发展进程。

姜春云指出，江西是农业大省，农业资源、特色产品丰富，应当把资源优势尽快转化为经济优势，要积极调整结构，大力推进农业产业化经营，发展优势、主导、特色产业，增强市场竞争力，提高农民收入水平。

姜春云还强调，创造良好的投资环境是加快发展的又一个决定性因素。投资环境既包括法制的、政策的、社会的环境，还包括基础设施、服务水平、生态环境等。目前我国招商引资的法律规定比较完善，投资的法制环境越来越好。全国人大正在抓紧制定行政许可法。各地要按照市场经济的要求，依法整顿市场经济秩序，坚决打击假冒伪劣、坑害诈骗行为，为经济实体和投资者创造更为宽松的环境。

在考察人大工作时，姜春云要求地方人大常委会在立法、监督等工作实践中创造性地开展工作，为保障改革、发展、稳定，促进民主法制建设作出应有的贡献。

中共中央书记处书记尉健行在人民大会堂会见以几内亚比绍社会革新党总书记萨尼亚为团长的非洲国家政党考察团

尉健行首先对参加考察团的各位非洲朋友表示热烈欢迎。他说，中国和非洲虽然相距遥远，但双方的友谊源远流长。中国人民和非洲人民在争取国家独立和发展各自经济的过程中，互相同情，互相支持，结下了深厚的情谊。中国和非洲还在国际事务中一贯相互协调，密切配合。中国对非洲国家在台湾、人权等问题上给予中国的宝贵支持表示赞赏和感谢，并希望双方在国际领域加强磋商与协调，更好地维护发展中国家的合法权益。

尉健行还表示，加强和发展同非洲国家及其政党的友好合作关系是我们坚定不移的政策。今年4月江泽民主席和朱镕基总理相继访问了非洲国家，充分表明中国高度重视加强和发展中非友好合作关系。我们愿意与非洲国家在新世纪里共同努力，把长期稳定、全面合作的中非关系推向一个新阶段。

非洲国家政党考察团是由几内亚比绍、喀麦隆、佛得角、中非、刚果(布)、加蓬、几内亚、赤道几内亚、马里、尼日尔、卢旺达、多哥12个非洲国家执政党的代表共同组成的，代表团来华主要是就加强执政党的建设与中国共产党进行交流。

中联部部长戴秉国、副部长马文普，有关非洲国家的驻华使节等会见时在座。

国务院副总理李岚清在新加坡会见新加坡总统纳丹

李岚清说，他此次访问新加坡的一个主要目的，是同新方领导人就双边合作的重点领域及合作机制等问题进行磋商，以推动双边关系的全面发展。他说，中国同包括新加坡在内的东盟国家有着良好的政治关系，愿积极推动建立中国—东盟自由贸易区。他还说，中国经济的发展将为亚太地区国家的发展提供新的机遇，中国愿在通信、公路等基础设施方面同东盟国家进行广泛的合作。

李岚清介绍了中新苏州工业园区的发展情况，并指出，园区所取得的良好成绩证明两国的合作是成功的，给双方带来了实际利益。他表示，中方愿与新方一道，为促进各自国家经济和社会发展作出更大贡献。

李岚清还出席了新加坡中国工商联会举行的演讲会，发表了题为《共同开创中新友好合作新纪元》的演讲，并参观了新加坡科技研究局和新加坡国立大学。

国务院副总理钱其琛在中南海会见以欧洲议会人民党党团副主席苏奥米宁和范费尔岑为联合团长的欧洲议会人民党党团代表团

外交部部长唐家璇在北京与斯洛文尼亚共和国外交部部长迪米特里·鲁佩尔举行会谈

5月30日

国务院总理朱镕基在中南海会见美国联邦众议员吉姆·特纳一行

朱镕基说，多年来，中美两国在许多领域开展了富有成效的合作，这符合两国人民的根本利益。但两国关系也不时受到一些不应有的干扰。朱镕基详细介绍了中国政府“和平统一、一国两制”的基本方针和江泽民主席关于解决台湾问题的八项主张。希望美国恪守一个中国政策和中美三个联合公报的原则，不要向台湾当局发出任何错误信号，而应明确支持中国实现和平统一。

对外友协会长陈昊苏、外交部副部长李肇星等参加了会见。

国务院总理朱镕基和巴巴多斯总理欧文·阿瑟就中巴建交25周年互致贺电

全国政协主席李瑞环在苏格兰首府爱丁堡会见英国下院领袖兼枢密院院长库克

中央政法委在北京举行“严打”整治斗争调查汇报会

中央政法委员会书记罗干出席会议并讲话，他强调，各级党委、政府和政法部门要全面贯彻江泽民总书记“三个代表”重要思想，深化认识，加强领导，加大力度，坚决按照中央的部署把“严打”整治斗争推向深入，为实现社会治安两年内取得新的明显进步而努力奋斗，以优异的成绩迎接党的十六大召开。

罗干在听取了7个调查组对7个省、自治区的“严打”整治斗争调查的情况汇报后指出，“严打”整治斗争开展以来，各级党委、政府和政法部门加强领导，周密部署，依法从重从快严厉打击了黑恶势力犯罪和严重刑事犯罪，有效整治了一批治安乱点，“严打”整治斗争取得了阶段性成果。同时也要看到，当前滋生犯罪的各种因素还大量存在，治安形势仍不稳固，打击整治和治安防范的措施还需要进一步落实。要采取有效措施，确保“严打”整治斗争达到预期效果。

对下一步“严打”整治斗争，罗干指出，各级党委、政府的高度重视和坚强领导，是深入推进“严打”整治斗争的根本保证。各级党政和政法部门的领导要以“三个代表”重要思想为指导，深刻领会江泽民总书记关于社会治安工作的一系列指示精神，切实加强领导，广泛发动群众，进一步推进“严打”整治斗争。要按照六中全会的要求，大力改进领导作风和领导方法，扎实有效地组织、部署好当地的“严打”整治斗争。领导干部要深入一线主动研究解决斗争中的困难和问题。要从人力、物力、财力等各方面继续大力支持“严打”整治斗争，为破案、追逃、深挖黑恶势力及“保护伞”等提供必要的工作条件。中央政法各部门要加强对重大案件的督办和指导，保证各个执法环节严肃公正执法，使犯罪分子受到法律的严惩。要继续加大宣传力度，充分调动人民群众参加“严打”整治斗争的积极性。

罗干要求，要进一步突出重点，以更大的决心、更大的力度，依法严惩黑恶势力及其后台、“保护伞”。各级党委、政府的领导同志要旗帜鲜明地坚决支持政法部门“打黑除恶”，政法各部门要进一步统一执法指导思想，对于构成黑社会性质组织犯罪的，坚决严厉打击，依法定罪，并彻底铲除其后台和“保护伞”。要把“打黑除恶”，深挖其后台和“保护伞”同反腐败斗争紧密结合起来。对黑恶势力的后台和“保护伞”，不管是什么人，也不管在什么岗位上，都要坚决查个水落石出，依照党纪政纪和国家法律予以严惩。

罗干指出，要深入排查整治治安乱点和突出治安问题，严密防范和严厉打击入室盗窃、抢劫抢夺等侵财性犯罪活动，尽快改变一些地方的治安混乱状况，切实增强人民群众的安全感。对于已经整治又出现反复或新产生的治安乱点和突出治安问题，要及时排查出来，迅速组织整治，做到滚动排查，滚动整治。同时，对经过整治尚未改变治安面貌的地方，要摸清问题，找准原因，加大整治力度，限期改变治安面貌。

罗干强调，各级党委、政府要深入贯彻《中共中央、国务院关于进一步加强社会治安综合治理的意见》和今年4月在上海召开的社会治安综合治理工作会议精神，认真落实“打防结合，预防为主”的方针，把建立完善治安防范长效机制的工作作为“严打”整治斗争的重要组成部分，下功夫抓紧抓好。各地要结合实际，抓住当地防范工作中最薄弱的环节和问题，采取相应措施，认真加以解决。

罗干强调，要在“严打”整治斗争中锻炼队伍，进一步提高政法队伍的整体素质。在“严打”整治尤其是“打黑除恶”斗争中，广大公安政法干警不负党和人民的重托，发扬不怕牺牲、不怕疲劳、连续作战的作风，严厉打击各种刑事犯罪分子，经受了考验，得到了锻炼，作出了突出贡献。各级党委、政府一定要继续关心、爱护这支队伍，抓住“严打”整治斗争的机遇，把政法队伍锻炼好，建设好。

中央政法委员会委员、秘书长王胜俊主持会议，中央政法委员会委员肖扬、韩杼滨、许永跃、张福森，中央政法委员会副秘书长陈冀平、张耕，以及中央办公厅、国务院办公厅、公安部、解放军总政治部、武警总部的有关负责同志出席会议。

中共重庆市第二届委员会第一次全体会议选举贺国强为市委书记

中国工程院第六次院士大会选举产生中国工程院新一届领导班子

徐匡迪当选为中国工程院院长，王淀佐、邬贺铨、刘德培、杜祥琬、沈国舫被选举为副院长。

“全国双十佳”表彰大会在北京召开

第四届“全国十佳春蕾园丁”、“全国十佳春蕾女童”、“全国百名优秀春蕾女童”表彰大会暨“中国儿童慈善活动日”捐赠仪式在人民大会堂举行。全国政协副主席王文元，全国妇联名誉主席、中国儿童少年基金会会长陈慕华等有关领导出席了捐赠仪式。

由中国儿童少年基金会组织实施的“春蕾计划”实施10多年来，全国已资助失学女童115万多人次，被资助女童范围从小学、中学到大学。“春蕾计划”被列入《2000年中国人权事业的进展》白皮书，作为中国人权发展的一项重要成就公诸于世。国务院在《中国儿童发展纲要(2001—2010年)》中把“春蕾计划”和“国家贫困地区义务教育工程”等作为儿童与教育的策略措施之一。为继续推动“春蕾计划”的实施，促进女童教育事业的进一步发展，经各级妇联、儿基会的认真评选、推荐，并经中国儿童少年基金会和全国妇联儿童工作部评审，汪雅飞等10名同志、焦陆等10名同学、陈静等100名同学被分别授予第四届“全国十佳春蕾园丁”、“全国十佳春蕾女童”、“全国百名优秀春蕾女童”荣誉称号。

5月31日

中共中央总书记江泽民出席中央党校省部级干部进修班毕业典礼并发表讲话

江泽民强调指出，在我国进入全面建设小康社会，加快推进社会主义现代化的新的发展阶段，全党同志和全国上下一定要高举邓小平理论伟大旗帜，全面贯彻“三个代表”要求，努力开创建设有中国特色社会主义事业新局面。

出席典礼的有中共中央政治局常委李鹏、朱镕基、尉健行、李岚清。典礼由中共中央政治局常委、中央党校校长胡锦涛主持。

江泽民指出，进入新世纪，我国进入了全面建设小康社会，加快推进社会主义现代化的新的发展阶段。国际局势正在发生深刻的变化。世界多极化和经济全球化的趋势在曲折中发展，科技进步日新月异，综合国力竞争日趋激烈。形势逼人，不进则退。我们党要坚定地站在时代潮流的前头，团结和带领全国各族人民，实现推进现代化建设、完成祖国统一、维护世界和平与促进共同发展的历史任务，在建设有中国特色社会主义的道路上实现中华民族的伟大复兴。这是历史和时代赋予我们党的庄严使命。

江泽民指出，开创建设有中国特色社会主义事业新局面，必须高举邓小平理论伟大旗帜，全面贯彻“三个代表”要求。“三个代表”同马克思列宁主义、毛泽东思想和邓小平理论一脉相承，反映了当代世界和中国的发展变化对党和国家工作的新要求。“三个代表”是我们党的立党之本、执政之基、力量之源，是加强和改进党的建设、推进我国社会主义制度自我完善和发展的强大理论武器。联系党成立以来的全部历史经验，总结我们党带领人民建设有中国特色社会主义事业必须坚持的基本经验，归结起来就是，我们党必须始终代表中国先进生产力的发展要求，代表中国先进文化的前进方向，代表中国最广大人民的根本利益。

江泽民强调，贯彻“三个代表”要求，关键在坚持与时俱进，核心在保持党的先进性，本质在坚持执政为民。全党同志要牢牢把握这个根本要求，不断增强贯彻“三个代表”要求的自觉性和坚定性。贯彻好“三个代表”要求，必须使全党始终保持与时俱进的精神状态，不断开拓马克思主义理论发展的新境界；必须把发展作为党执政兴国的第一要务，不断开创现代化建设的新局面；必须最广泛、最充分地调动一切积极因素，不断为中华民族伟大复兴增添新力量；必须以改革的精神推进党的建设，不断为党的肌体注入新活力。

江泽民强调，坚持解放思想、实事求是的思想路线，弘扬与时俱进的精神，是党在长期执政条件下保持先进性和创造力的决定性因素。我们党能否始终做到这一点，决定着中国的发展前途和命运。坚持与时俱进，就一定要看到《共产党宣言》发表150多年来世界政治、经济、文化、科技等发生的重大变化，一定要看到我国社会主义建设发生的重大变化，一定要看到广大党员干部和人民群众工作、生活条件和社会环境发生的重大变化，一定要充分估计这些变化对我们党执政提出的严峻挑战和崭新课题。要使党和国家的事业不停顿，首先理论上不能停顿。否认马克思主义的科学性，丢掉老祖宗，是错误的、有害的；教条式地对待马克思主义，也是错误的、有害的。我们一定要适应实践的发展，以实践来检验一切，用发展着的马克思主义指导新的实践。

江泽民强调，马克思主义执政党必须高度重视解放和发展生产力。党的先进性是具体的历史的，必须放到推动当代中国先进生产力和先进文化的发展中去考察，放到维护和实现最广大人民的根本利益的奋斗中去考察，归根到底要看党在推动历史前进中的实际作用。我们党要承担起推动中国社会发展的历史使命，必须始终紧紧抓住发展这个执政兴国的第一要务，把保持党的先进性和发挥社会主义制度的优越性，落实到发展先进生产力、发展先进文化、维护和实现最广大人民的根本利益上来。把握住这一点，就从根本上把握了人民的愿望，把握了社会主义现代化建设的本质。

在谈到党和国家新世纪的奋斗目标时，江泽民说：经过全党和全国各族人民二十多年的艰苦努力，我们胜利实现了现代化建设“三步走”战略的第一、第二步目标。一个十二亿多人口的发展中大国，人民生活总体上达到小康水平，这是改革开放和现代化建设的丰硕成果，是中华民族发展史上一个新的里程碑。纵观全局，二十一世纪头一二十年，对我国来说，是必须紧紧抓住并且可以大有作为的重要战略机遇期。党的十五届五中全会提出，从新世纪开始，我国进入了全面建设小康社会，加快推进社会主义现代化的新的发展阶段。全党和全国上下要抓住机遇，坚持深化改革、扩大开放、促进发展、保持稳定，团结和带领全国各族人民坚定不移地实现我们的奋斗目标。

在谈到经济建设和经济体制改革时，江泽民指出：在新世纪新阶段，发展要有新思路，改革要有新突破，开放要有新局面。要集中力量解决好关系经济建设和改革全局的重大问题，使经济总量、综合国力和人民生活再上一个新台阶。要以完善社会主义市场经济体制为目标，继续推进市场取向的改革，从根本上消除束缚生产力发展的体制性障碍，为经济发展注入新的活力。要从根本上改变粗放型经济发展方式，以提高经济效益为中心，注重依靠科技进步和加强管理，提高经济增长质量；注重实施可持续发展战略，节约和合理使用资源，加强环境生态保护和建设；注重地区、城乡协调发展和社会全面进步。要适应经济全球化和我国加入世贸组织的新形势，在更大范围、更广领域、更高层次上参与国际经济技术合作和竞争，拓展经济发展空间，全面提高对外开放水平。

江泽民强调，公有制为主体、多种所有制经济共同发展，是我国社会主义初级阶段的一项基本经济制度。通过实行这个基本经济制度，逐步消除由于所有制结构不合理对生产力发展造成的羁绊，大大解放和发展了生产力。实行这样的基本经济制度，是我们党对建设社会主义的长期实践的总结，必须坚定不移地加以坚持。要根据解放和发展生产力的要求，进一步深化对公有制为主体、多种所有制经济共同发展这一基本经济制度含义的认识，在实践中不断完善这一制度。

在谈到发展社会主义民主政治时，江泽民指出，发展社会主义民主政治，建设社会主义政治文明，是社会主义现代化建设的重要目标。必须适应经济发展和社会全面进步的要求，在坚持四项基本原则的前提下，继续积极稳妥地推进政治体制改革，发展有中国特色社会主义民主政治，巩固民主团结、生动活泼、安定和谐的政治局面。党的领导、人民当家做主和依法治国的统一性，是社会主义民主政治的重要优势。发展社会主义民主政治，最根本的是要坚持党的领导、人民当家做主和依法治国的有机结合和辩证统一。推进政治体制改革，要从我国国情出发，坚定不移地走自己的政治发展道路，坚持社会主义政治制度的自我完善和发展。我们要发展的是有中国特色社会主义民主政治，决不照搬西方政治制度模式。要着重加强社会主义民主政治制度建设，实现社会主义民主政治的制度化、规范化、程序化。

江泽民指出，我们必须在发展社会主义经济、政治的同时，加强社会主义精神文明建设，大力发展面向现代化、面向世界、面向未来的，民族的科学的大众的社会主义文化，不断丰富人们的精神世界，不断增强人们的精神力量。要坚持先进文化的前进方向，全面建设和繁荣我国的文化事业。要坚持和巩固马克思列宁主义、毛泽东思想、邓小平理论在意识形态领域的指导地位，用“三个代表”要求统领社会主义文化建设。要立足于改革开放和现代化建设实践，着眼于世界科学文化发展前沿，积极进行文化创新，不断增强有中国特色社会主义文化的吸引力和感召力。要把培育和弘扬民族精神作为文化建设的一个极为重要的任务，使广大人民在建设有中国特色社会主义的征途上，始终保持奋发有为、昂扬向上的精神状态。

在谈到党的建设时，江泽民强调：努力开创建设有中国特色社会主义事业新局面，必须毫不动摇地坚持和改善党的领导，全面推进党的建设新的伟大工程。在新的历史条件下，加强和改进党的建设，一定要高举邓小平理论伟大旗帜，认真贯彻“三个代表”要求，保证党的路线方针政策全面反映人民的利益和时代发展的要求；一定要坚持党要管党、从严治党方针，进一步解决提高党的领导水平和执政水平、提高拒腐防变和抵御风险能力这两大历史性课题，始终保持党同人民群众的血肉联系；一定要准确地把握当代中国社会前进的脉搏，改革和完善党的领导方式和执政方式、领导体制和工作制度，使党的工作充满活力；一定要把思想建设、组织建设、作风建设有机结合起来，把制度建设贯穿其中，既立足于经常性工作，又抓紧解决存在的突出问题。通过锲而不舍的努力，保证我们党始终是中国工人阶级的先锋队，同时是中国人民和中华民族的先锋队，始终是中国先进生产力的发展要求、中国先进文化的前进方向和中国最广大人民根本利益的忠实代表，始终是建设有中国特色社会主义事业的领导核心。

江泽民指出，加强和改进新形势下党的群众工作，对于巩固党的执政基础具有决定性的意义。我们党的最大政治优势是善于组织群众、宣传群众、联系群众，党执政后的最大危险是脱离群众。在任何时候任何情况下，都必须坚持党的群众工作路线，把实现人民群众的利益作为我们一切工作的出发点和归宿。共产党员首先是党的干部都要学习和掌握新形势下做好群众工作的本领和方法，团结和带领群众不断前进。全党同志始终保持共产党人的蓬勃朝气、昂扬锐气、浩然正气，永远与人民群众心连心，我们党的执政基础就坚如磐石。

最后，江泽民特别强调要维护和增强团结。他号召全党同志坚持讲大局、讲团结、讲稳定，紧密团结在党中央周围，切实做好改革发展稳定各方面的工作，以优异的成绩迎接党的十六大召开。

胡锦涛在主持会议时指出，江泽民总书记的讲话十分重要。讲话高屋建瓴，内涵丰富，思想深刻，论述精辟，对于更好地团结和动员全党高举邓小平理论伟大旗帜，全面贯彻“三个代表”要求，为实现历史和时代赋予我们党的庄严使命而努力奋斗，具有十分重要的指导意义。希望同志们认真学习和深刻领会江泽民总书记的重要讲话精神，坚持讲大局、讲团结、讲稳定，扎扎实实地做好各项工作。

出席毕业典礼的还有丁关根、田纪云、李长春、李铁映、吴邦国、吴官正、迟浩田、张万年、罗干、姜春云、贾庆林、钱其琛、黄菊、温家宝、曾庆红、吴仪、司马义·艾买提、王忠禹、肖扬、韩杼滨、王兆国、宋健、白立忱，中央军委委员于永波、王克、王瑞林、曹刚川等。

各省、自治区、直辖市和计划单列市、新疆生产建设兵团的主要负责同志，中央和国家机关有关部门的主要负责同志，军队各大单位和武警部队的主要负责同志，中央党校省部级干部进修班学员出席了会议。

中央军委主席江泽民在中南海会见俄罗斯国防部部长谢尔盖·伊万诺夫

国务院总理朱镕基在中南海会见俄罗斯国防部部长谢尔盖·伊万诺夫

江泽民 李鹏 朱镕基 胡锦涛 尉健行 李岚清等党和国家领导人出席庆祝“六一”国际儿童节联欢晚会

江泽民 李鹏 李瑞环等党和国家领导人分别为东南大学百年校庆题词

中央党校召开学位与研究生教育20周年纪念大会

中央党校校长胡锦涛向大会致信表示祝贺，中央党校常务副校长虞云耀出席会议并讲话。

虞云耀高度评价了20年来中央党校学位与研究生教育所取得的可喜成绩。他说，中央党校学位与研究生教育经过20年的发展，建立了较为完整的马克思主义学科体系、研究生课程体系和教材体系，建设了一支政治和业务素质都比较高的研究生导师队伍，健全了研究生的管理机构和规章制度，形成了具有鲜明特色的研究生培养模式，逐步走上了科学化、规范化和制度化的轨道，为党和国家培养了一大批水平较高的马克思主义理论骨干和领导人才，他们在各自的工作岗位上作出了突出成绩，展现了中央党校毕业研究生的风采。他强调要把邓小平理论和江泽民“三个代表”重要思想作为办学的根本指导思想；要坚持注重质量和积极稳妥发展的方针；要不断深化教学内容和教学方法的改革；要大力提高导师队伍的整体素质。

中央党校研究生院院长张伯里在发言中概括了20年来中央党校学位与研究生教育的基本经验。他表示，中央党校学位与研究生教育将根据我国社会发展和现代化建设对高层次人才的需要，结合自身优势，适度扩大规模，优化结构，深化改革，努力为党和国家培养更多高素质的理论骨干和领导人才，为我国哲学和社会科学的繁荣作出新的贡献。

20年来中央党校本着大力提高培养质量,稳步扩大培养规模的原则,先后招收学位研究生1872人,其中博士生388人,硕士生1484人。目前已毕业博士生217人,硕士生1124人,在校学位研究生近600人。

会议由中央党校副校长石泰峰主持。来自中央党校、国务院学位办、北京市教委、有关院校和8所省(市)委党校的领导及毕业和在校研究生代表200多人参加了会议。

国家环保总局发布《2001年中国环境状况公报》

公报表明,2001年全国环境质量总体变化不大,基本维持在2000年度水平,但全国环境形势依然不容乐观。

国家环保总局负责人指出,2001年全国污染物排放总量进一步得到控制,部分总量控制指标有所削减;工业污染源达标排放成果巩固,防止了污染反弹;重点环境治理工程成效明显,在径流量明显低于常年均值的情况下,"三河三湖"水质基本稳定;部分城市环境质量有所改善;生态建设取得较大进展,生态保护力度加大。

但从总体上看,全国环境形势依然不容乐观。七大江河水系均受到不同程度的污染,一半以上的监测断面属于五类和劣五类水质,城市及其附近河段污染严重;滇池、太湖和巢湖富营养化问题依然突出;东海和渤海近岸海域污染较重;城市空气质量基本稳定,颗粒物污染范围较广,城市空气质量满足国家二级标准、三级标准和超过三级标准的城市比例各占1/3;酸雨区范围和污染程度稳定,南方地区酸雨污染较重,酸雨控制区内90%以上的城市出现了酸雨;多数城市受到轻度噪声污染。

公报表明,2001年七大水系污染由重到轻的顺序依次是:海河、辽河、淮河、黄河、松花江、长江和珠江。全国工业废水排放达标率为85.6%。全国186个主要地下水位监测城市和地区中,有63个城市和地区地下水位有所回升,但地下水位总的发展趋势仍以下降为主,下降区比例高达62%。全国大部分城市和地区地下水水质总体较好,局部受到一定程度的污染。

我国森林面积、蓄积量继续保持双增长,90%的可利用天然草原不同程度地退化,其中退化、沙化、碱化草原面积13500万公顷,并以每年200万公顷的速度增加。北方天然草原产草量下降了30%—50%。

6月1日

中共中央总书记江泽民为小公民道德建设计划题词

“六一”期间，江泽民总书记欣然挥毫，写下了“加强小公民道德建设，促进儿童的健康成长”的题词。这充分体现了以江泽民同志为核心的党中央对全国儿童的亲切关怀和殷切期望，必将极大地激励和鼓舞广大儿童积极投身到小公民道德建设中去，努力成长为有理想、有道德、有文化、有纪律的一代社会主义新人。

“中国小公民道德建设计划”，是2002年2月由全国妇联联合中宣部、团中央、教育部、国家环保总局、国家广电总局共同发起的。考虑到提高全民族道德素质必须从娃娃抓起，六部门结合儿童成长特点和发展规律，针对国内和国外一些消极因素给我国儿童成长带来的一些负面影响，推出了“中国小公民道德建设计划”。这是在儿童中贯彻中央《公民道德建设实施纲要》的一项具体举措，是我国儿童健康成长的人生奠基工程。实施这项计划，要在3—18岁儿童中，长期以“我做合格小公民”为主题，以“五小”行动为抓手，由儿童自主自觉地参与道德实践。通过参加这一活动，儿童们将养成良好的道德行为习惯，并与成人的道德建设相互促进。

国务院副总理李岚清在中国科学院第十一次院士大会中国工程院第六次院士大会上作题为《深入贯彻实施科教兴国战略 加快科技事业的改革与发展》的报告

李岚清首先回顾了我国科技事业所取得的重大成就。他指出，1995年，以江泽民同志为核心的党中央，根据邓小平科技教育理论，深刻分析世界科技革命发展进程和我国社会主义现代化建设实际，作出了实施“科教兴国”战略的重大决策。各级党委、政府和广大科技工作者，认真贯彻落实党中央、国务院的部署，大力实施科教兴国战略，我国科技事业的改革与发展取得了巨大的成就。科技投入逐年加大，科技工作的基础环境和广大科技工作者的工作、生活条件明显改善；科技体制改革取得显著成效，科技与经济和社会发展的结合更加紧密；国家创新体系建设进程加快，科技创新能力增强；科技发展取得丰硕成果，一些关键领域有了重大突破；科技成果产业化步伐加快，高新技术产业迅猛发展，我国的科技事业呈现出欣欣向荣的崭新局面。

李岚清强调，世界历史发展证明，国家经济的崛起与科技创新和应用密切相关，经济后进国家只要能抓住机遇，选择适当发展战略，依靠科技跨越，完全可能实现经济跨越式发展。他指出，今后我国科技事业改革与发展的主要任务，一是加强原始性创新，努力实现科学技术的跨越式发展。科技工作者要立足世界科学发展前沿，紧密结合国家需求开展基础研究，力争在基因组学、信息科学、纳米科学、地球科学等领域寻求原始性创新，占领世界科技竞争制高点；同时支持高技术和产业技术领域的发明创造，鼓励企业和个人掌握具有自主知识产权的核心技术和关键技术。二是坚持“有所为，有所不为”的方针，力争在具有重要战略意义的科技领域取得突破。要把有限的人力、物力、财力集中起来，优先解决那些对经济和社会发展能够产生重大带动作用的关键性战略技术。三是大力发展高新技术产业，加速科技成果向现实生产力的转化。要在技术开发、产业政策、创新服务、投融资、人才信息交流等方面采取切实有效措施，支持高新技术产业的发展；要抓紧研究构建与科技型中小企业发展相适应的创业资本市场体系，支持科技型中小企业和民营科技企业的发展；要积极运用高新技术，大力改造和提升传统产业，使之焕发出新的生命力。四是深化科技体制改革，促进全社会科技资源的优化配置。已经实行企业化转制的应用型科研院所要进一步规范和完善；公益类科研院所要加快改革步伐，建立为经济和社会发展提供优质高效服务的新型科研体制和机制，激发科研人员进行科技创新和成果转化的动力与活力。五是积极实施人才、专利、技术标准三大战略，努力扩大科技领域对外开放。要适应加入世界贸易组织的新形势，在更多领域和更高层次上参与国际科技交流与合作。要把培养、吸引和用好人才特别是青年尖子人才作为第一战略任务，建立和完善适应社会主义市场经济要求的人才管理体制和奖励激励机制，千方百计地引进急需的高级专门人才；要尽快建立科技创新的利益激励机制，加强专利保护，充分发挥知识产权在科技管理中的导向作用；要加快技术标准建设，尽快建立、健全国家技术标准体系。六是各级党委和政府要进一步加强对科技事业的领导和支持，认真研究制定本地区科技发展规划，增加对科技事业的投入，解决科技发展中存在的问题和困难。

李岚清最后强调，“两院”院士代表着我国科技发展的最高水平，是推动我国先进生产力发展和先进文化前进的重要力量。希望“两院”院士要立足本职岗位，搞好科研工作，促进我国科技进步与创新，积极为经济和社会发展服务，努力成为党和政府领导决策的智囊，成为发现和培养优秀青年科技人才的伯乐，成为弘扬科学精神和科学道德的楷模，为科教兴国战略的实施作出新的贡献。

全国政协副主席宋健、钱正英、朱光亚和中国科学院院长路甬祥等出席了今天的报告会。大会由中国工程院院长徐匡迪主持。

国防部部长迟浩田在北京与俄罗斯国防部长谢尔盖·伊万诺夫举行会谈

中国科学院第十一次院士大会中国工程院第六次院士大会在北京闭幕

大会期间,中国科学院和中国工程院分别听取了各自院长和各学部的工作报告,并向去年新当选的院士颁发院士证书,选举产生了各学部领导机构。中国工程院选举产生了新一届主席团成员、院长和副院长,颁发了光华工程科技奖,中国科学院选举产生了7名外籍院士。中国科学院和中国工程院分别以"科学与中国"和"面向21世纪的工程技术"为主题,举行了面向社会的大型学术活动。

经中国科学院第十一次院士大会全体院士投票选举,中国科学院产生了第五批外籍院士。他们是:科顿(美)、傅睿思(丹麦)、霍西金斯(英)、黄煦涛(美)、库什(印度)、潘诺夫斯基(美)和吴耀祖(美)。至此,中国科学院的外籍院士总数达到41人。

第四届光华工程科技奖颁奖仪式在人民大会堂举行

水利及水电工程专家、"两院"院士张光斗获得第四届光华工程科技奖成就奖,奖励金额为100万元人民币。除张光斗获得成就奖外,柳百成等13人获第四届光华工程科技奖,谢咏山等5人获第四届光华工程科技奖青年奖,分别获得15万元和10万元的奖金。与前三届不同的是,成就奖和青年奖是在原来奖项基础上首次设立的。

"光华工程科技奖"是由台湾实业家尹衍樑、陈由豪、杜俊元和全国政协副主席朱光亚共同捐资,经国家科技奖励办公室批准设立的,旨在对工程科技及管理领域取得突出成绩和作出重要贡献的中国工程师、科学家给予奖励,激励其从事工程科技研究、发展、应用的积极性和创造性,促进其工作顺利开展,以取得更大成果。光华工程科技奖由中国工程院管理、承办,自1996年首届颁奖,至今已是第四届,共有55位工程师、科学家获此殊荣。

全国政协副主席宋健、钱正英、朱光亚为获奖者颁奖。

6月2日

中央军委在中南海举行晋升上将军衔晋衔仪式

中央军委主席江泽民向晋升上将军衔的高级军官颁发命令状。

上午9时,晋衔仪式在庄严的国歌声中开始,中央军委副主席胡锦涛宣读了中央军委主席江泽民签署的晋升上将军衔的命令。晋衔仪式由中央军委副主席张万年主持,中央军委副主席迟浩田,中央军委委员于永波、王克、王瑞林、曹刚川等出席。

这次晋升上将军衔的高级军官是:空军司令员乔清晨、军事科学院政治委员温宗仁、沈阳军区司令员钱国梁、沈阳军区政治委员姜福堂、济南军区司令员陈炳德、南京军区司令员梁光烈、广州军区政治委员刘书田。

出席晋衔仪式的还有解放军四总部、驻京各大单位、武警部队和军委办公厅的领导同志等。

中共中央总书记江泽民为《领导干部宏观经济管理知识读本》题写书名

《领导干部宏观经济管理知识读本》以邓小平建设有中国特色的社会主义理论和江泽民总书记"三个代表"重要思想为指导,总结了改革开放以来特别是20世纪90年代以来,在逐步推进经济体制和经济增长方式两个根本性转变过程中,加强和改善宏观调控的实践经验,比较系统和深入浅出地阐述了社会主义市场经济的宏观经济管理的基本理论和基本知识,涵盖了总供给与总需求、经济增长、价格总水平与价格管理、消费、投资、国际收支、经济结构、收入分配、人口与就业、宏观经济管理的组织机构与依托力量、宏观调控体系与政策,以及宏观经济管理的科学化、民主化、法制化等内容,理论性、知识性、应用性相结合,通俗易懂,是一本适合各级党政领导干部特别是经济管理部门的领导干部和企业管理人员学习的知识读本。

《领导干部宏观经济管理知识读本》共分12章,由国家发展计划委员会组织编写,曾培炎主编,人民出版社出版。

6月3日

国家主席江泽民在人民大会堂会见希腊总理康斯坦丁·西米蒂斯

江泽民主席对中希建交30年来双边关系的发展表示满意。他说,30年来,中希两国在各领域的友好合作不断取得新的成果,经贸合作发展很快,双方在文化、科技等领域的合作与交流与日俱增,两国关系发展有着良好的政治基础。

江泽民赞赏希腊政府在台湾、人权等问题上对中方的理解与支持,重申中国政府重视中希友谊。他说,中国与希腊作为东西方两个文明古国,都具有悠久的历史和灿烂的文化，为人类发展进步作出过卓越的贡献，因此我们能够从战略的高度，用长远的眼光去观察世界和处理问题。无论国际风云如何变幻，我们两国都能相互理解，以诚相待，共同努力，求和平，谋稳定，促发展。现在人类已进入新世纪，中方愿同希方共同努力，加强两国在各领域的交流和往来，促进两国人民的相互了解，推动两国关系更好、更快地向前发展。

致公党中央副主席杜宜瑾等会见时在座。

国务院总理朱镕基在人民大会堂与希腊总理康斯坦丁·西米蒂斯举行会谈

双方在热情友好的气氛中，就双边关系和共同关心的国际和地区问题坦诚深入地交换了意见。

朱镕基建议：一、两国继续保持双边交往的良好势头，进一步增进相互了解。二、加强合作，促进双边经贸关系平衡、健康发展。三、官民并举，扩大两国旅游、科技和文体交流，加强双方在可再生资源、生物技术和信息通信等高新技术领域的合作。四、加强两国在举办奥运会方面的合作，将奥运会办成一个文化的奥运。

会谈结束后，朱镕基总理和西米蒂斯总理共同出席了《中华人民共和国政府和希腊共和国政府关于对所得避免双重征税和防止偷漏税的协定》等3个文件的签字仪式。

国务院总理朱镕基在人民大会堂会见以吉里贾·普拉萨德·柯伊拉腊主席为团长的尼泊尔大会党代表团

全国政协主席李瑞环在人民大会堂会见中国基督教新一届全国性团体负责人

李瑞环代表党中央、国务院对基督教第七次全国代表会议的圆满成功表示祝贺，向当选新一届基督教全国性团体领导成员和全国基督教的朋友们表示问候。

李瑞环指出，50多年来，中国基督教高举爱国主义、社会主义旗帜，坚持按“三自”原则办好教会不动摇，积极投身国家经济、文化建设事业，取得了可喜的成绩。他希望中国基督教三自爱国运动委员会、中国基督教协会新一届领导班子，认真学习和领会全国宗教工作会议精神，继续团结带领广大基督教信徒，继承发扬我国基督教多年来形成的优良传统，认真贯彻执行宗教信仰自由和独立自主自办教会的方针政策，引导基督教与社会主义社会相适应，为建设有中国特色社会主义作出新的贡献。

国务委员司马义·艾买提，全国政协副主席、中共中央统战部部长王兆国，全国政协副主席、中国基督教三自爱国运动委员会名誉主席、中国基督教协会名誉会长丁光训，以及刘延东、李德洙等有关部门负责同志参加了会见。

中共中央书记处书记尉健行在阿比让会见科特迪瓦总统巴博

中办 国办发出《关于在国有企业、集体企业及其控股企业深入实行厂务公开制度的通知》

各省、自治区、直辖市党委和人民政府，中央和国家机关各部委，军委总政治部，各人民团体：

党的十五大以来，不少地方和企业在推行厂务公开方面积极实践，取得了明显成效和成功经验。为了更好地扩大基层民主、保证人民群众直接行使民主权利，实践江泽民同志“三个代表”重要思想，落实全心全意依靠工人阶级的指导方针，巩固、深化和规范厂务公开工作，促进企业的改革、发展和稳定，经党中央、国务院领导同志同意，现就在全国国有企业、集体企业及其控股企业深入实行厂务公开制度的有关问题通知如下：

一、厂务公开的重要意义、指导原则和总体要求

广大职工依照有关法律和规定参与企业的民主决策、民主管理、民主监督，是我国企业管理的重要特色和优势。党的十五大特别是十五届四中全会以来，一批企业通过实行厂务公开，加强了企业的管理和改革，完善了职工代表大会制度，促进了基层民主政治建设，提高了企业经济效益。实践证明，实行厂务公开是实践“三个代表”重要思想的具体体现，是进一步落实党的全心全意依靠工人阶级指导方针的有效途径；是加强企业管理，建立现代企业制度，依靠职工办好企业的内在要求；是搞好群众监督，促进党风廉政建设，加强企业党组织建设、领导班子建设的有力手段。实行厂务公开，对于推进基层民主政治建设，保障和落实职工当家做主的民主权利；维护职工合法权益，建立企业稳定协调的劳动关系；密切党与企业职工群众的关系，巩固党的阶级基础和执政地位；保护、调动和发挥广大职工的主人翁积极性，增强其责任感，促进企业的改革、发展和稳定，具有重要的意义和作用。

实行厂务公开的指导原则是：

——必须坚持以邓小平理论为指导，按照“三个代表”的要求，认真贯彻党的十五大和十五届四中、五中、六中全会精神，坚定不移地贯彻落实党的全心全意依靠工人阶级的指导方针。

——必须遵循国家法律、法规和党的方针政策，实事求是、注重实效、有利于改革发展稳定和保护商业秘密。

——必须坚持党委统一领导，党政共同负责，有关方面齐抓共管，动员职工广泛参与。

——必须与企业党的建设、领导班子建设、职工队伍建设结合起来，与建立现代企业制度结合起来。

实行厂务公开的总体要求是：

1. 国有企业、集体企业及其控股的企业都要实行厂务公开。目前还没有实行的单位应尽快实行；已经实行的，要进一步深化，逐步使其内容、程序、形式规范化、制度化。特别是生产经营困难的企业更应当实行厂务公开，动员和依靠职工群众与经营者共同把企业搞好。

2. 在厂务公开工作中，要切实做好企业领导人员和职工的思想工作。企业领导人员要提高认识，自觉地把厂务公开摆到重要工作位置，纳入现代企业管理的体制、机制和制度之中。要鼓励职工积极参与厂务公开活动，支持和监督企业经营者依法行使职权，认真行使当家做主的民主权利。要加强对职工代表的培训，不断提高他们参与民主决策、民主管理和民主监督的意识和能力。

3. 在厂务公开工作中，必须坚决防止和克服形式主义，保证公开的真实性，务求工作实效。要切实做到企业重大决策必须通过厂务公开听取职工意见，并提交职代会审议，未经职代会审议的不应实施；涉及职工切身利益的重大事项，更应向职工公开，职代会按照法律、法规规定具有决定权和否决权，既未公开又未经职代会通过的有关决定视为无效；在国有和国有控股企业，经职代会民主评议和民主测评，大多数职工不拥护的企业领导人员，其上级管理部门应采取相应的组织措施；企业领导人员违反职代会决议和厂务公开的有关规定，导致矛盾激化，影响企业和社会稳定的，要实行责任追究。

二、厂务公开的主要内容

1. 企业重大决策问题。主要包括企业中长期发展规划，投资和生产经营重大决策方案，企业改革、改制方案，兼并、破产方案，重大技术改造方案，职工裁员、分流、安置方案等重大事项。

2. 企业生产经营管理方面的重要问题。主要包括年度生产经营目标及完成情况，财务预决算，企业担保，大额资金使用，工程建设项目的招投标，大宗物资采购供应，产品销售和盈亏情况，承包租赁合同执行情况，企业内部经济责任制落实情况，重要规章制度的制定等。

3. 涉及职工切身利益方面的问题。主要包括劳动法律、法规的执行情况，集体合同、劳动合同的签订和履行，职工提薪晋级、工资奖金分配、奖罚与福利，职工养老、医疗、工伤、失业、生育等社会保障基金缴纳情况，职工招聘，专业技术职称的评聘，评优选先的条件、数量和结果，职工购房、售房的政策和住房公积金管理以及企业公积金和公益金的使用方案，安全生产和劳动保护措施，职工培训计划等。

4. 与企业领导班子建设和党风廉政建设密切相关的问题。主要包括民主评议企业领导人员情况，企业中层领导人员、重要岗位人员的选聘和任用情况，干部廉洁自律规定执行情况，企业业务招待费使用情况，企业领导人员工资(年薪)、奖金、兼职、补贴、住房、用车、通讯工具使用情况，以及出国出境费用支出情况等。

厂务公开的内容应根据企业的实际情况有所侧重。既要公开有关政策依据和本单位的有关规定，又要公开具体内容、标准和承办部门；既要公开办事结果，又要公开办事程序；既要公开职工的意见和建议，又要公开职工意见和建议的处理情况，使厂务公开始终在职工的广泛参与和监督下进行。要密切结合企业改革和发展的实际，及时引导厂务公开不断向企业生产经营管理的深度和广度延伸，推动企业不断健全和完善管理制度、党风廉政建设制度和职工民主管理制度。

三、厂务公开的实现形式

厂务公开的主要载体是职工代表大会。要按照有关规定，认真落实职代会的各项职权。要通过实行厂务公开，进一步完善职代会民主评议企业领导人员制度，坚持集体合同草案提交职代会讨论通过，企业业务招待费使用情况、企业领导人员廉洁自律情况、集体合同履行情况等企业重要事项向职代会报告制度，国有及国有控股的公司制企业由职代会选举职工董事、职工监事制度等，不断充实和丰富职代会的内容，提高职代会的质量和实效，落实好职工群众的知情权、审议权、通过权、决定权和评议监督权，建立符合现代企业制度要求的民主管理制度。

在职代会闭会期间，要发挥职工代表团(组)长联席会议的作用。车间、班组的内部事务也要实行公开。应依照厂务公开的规定，制定车间、班组内部事务公开的实施办法。

厂务公开的日常形式还应包括厂务公开栏、厂情发布会、党政工联席会和企业内部信息网络、广播、电视、厂报、墙报等，并可根据实际情况不断创新。同时，在公开后应注意通过意见箱、接待日、职工座谈会、举报电话等形式，了解职工的反映，不断改进工作。

四、厂务公开的组织领导

各级党委、政府及有关部门和工会组织，要充分认识实行厂务公开的重要意义，切实把这项工作摆上重要议事日程，明确目标，落实责任，有组织、有计划、有步骤地推动厂务公开工作深入健康发展。各级纪检监察机关要加强对推行厂务公开工作的监督检查，对在厂务公开中暴露出来的违法违纪问题要严肃查处。各级党委组织部门要把推行厂务公开作为企业党建工作的重要内容，将实施情况作为考核企业领导班子和领导人员的重要依据，并与奖惩任免挂钩。各级经贸委要把推行厂务公开与加强企业管理和建立现代企业制度有机结合起来，切实加以推进。各级地方工会要积极主动地承担起推行厂务公开的日常工作，并以此促进企业民主管理和工会工作。

企业实行厂务公开要在企业党委领导下进行。企业行政是实行厂务公开的主体。企业要建立由党委、行政、纪委、工会负责人组成的厂务公开领导小组，负责制定厂务公开的实施意见，审定重大公开事项，指导协调有关部门研究解决实施中的问题，做好督导考核工作，建立责任制和责任追究制度。企业工会是厂务公开领导小组的工作机构，负责日常工作。

企业应成立由纪检、工会有关人员和职工代表组成的监督小组，负责监督检查厂务公开内容是否真实、全面，公开是否及时，程序是否符合规定，职工反映的意见是否得到落实，并组织职工对厂务公开工作进行评议和监督。要制定厂务公开的监督检查办法，形成制约和激励机制。

国有、集体及其控股企业以外的其他企业，可依照法律规定，采取与本单位相适应的形式实行厂务公开，推进民主管理工作。

本通知原则上适用于教育、科技、文化、卫生、体育等事业单位。

各地区、各单位要根据本通知的要求，结合各自的实际情况，制定具体的实施意见和办法。

中共中央办公厅

国务院办公厅

2002年6月3日

6月4日

国家主席江泽民在阿拉木图出席亚洲相互协作与信任措施会议领导人会议

江主席在会上发表了题为《加强对话与合作，促进和平与安全》的讲话。江泽民强调，中国将一如既往地积极遵循“亚信”关于加强信任协作、增进地区安全的宗旨和原则，与“亚信”成员国开展建设性的友好合作。

来自阿富汗、阿塞拜疆、中国、埃及、印度、伊朗、以色列、哈萨克斯坦、蒙古、俄罗斯、吉尔吉斯斯坦、巴基斯坦、巴勒斯坦、塔吉克斯坦、土耳其、乌兹别克斯坦等16个“亚信”成员国的国家元首、政府首脑或代表出席了这次领导人会议。部分“亚信”观察员也出席了会议。

随后，与会各成员国领导人签署并通过了旨在增进亚洲和平、安全与稳定的多边措施的《阿拉木图文件》和《关于消除恐怖主义和促进文明对话的宣言》。

出席本次会议的中国代表团成员有国务院副总理钱其琛、国务委员兼国防部长迟浩田、外交部长唐家璇、中国驻哈萨克斯坦大使姚培生和外交部部长助理刘古昌。

国家主席江泽民在亚洲相互协作与信任措施会议领导人会议上发表讲话《加强对话与合作，促进和平与安全》

尊敬的纳扎尔巴耶夫总统，各位总统、各位代表，女士们、先生们：

今天，亚洲相互协作与信任措施会议成员国首次领导人会议，在美丽的城市阿拉木图隆重举行。我代表中国政府，并以我个人的名义，对会议的召开致以热烈的祝贺！向为会议的举行作出周到安排的东道国哈萨克斯坦政府和人民，表示诚挚的感谢！

10年前，哈萨克斯坦共和国刚刚诞生，纳扎尔巴耶夫总统就提出了建立“亚信”的倡议。这充分体现了总统先生及哈萨克斯坦政府致力于促进地区和平与安全的坚定理想和政治热情。

10年来，在哈方的大力推动和各成员国的共同努力下，“亚信”逐步发展成为探讨亚洲安全与合作问题的独特而有益的论坛。此次会议的举行，标志着“亚信”进程取得了重要成果。

“亚信”的出现和发展，从一个侧面反映了冷战结束后亚洲地区各国人民渴望保持和平与维护安全的共同心愿。本次会议将要通过的《阿拉木图文件》和《关于消除恐怖主义和促进文明对话的宣言》，将再一次向国际社会表明，“亚信”成员国坚定不移地倡导和实践以互信求安全的新型安全观。

中国作为亚洲大家庭的一员和哈萨克斯坦的友好邻邦，始终关注“亚信”的进程，积极参与“亚信”的各项活动。今后，中国将一如既往地积极遵循“亚信”关于加强信任协作、增进地区安全的宗旨和原则，与“亚信”成员国开展建设性的友好合作。

女士们，先生们：

当前，世界多极化和经济全球化进程继续发展，科技进步日新月异，世界各国人民希望实现持久和平与普遍繁荣。人类拥有更多的有利条件去创造更加美好的未来。但是也应看到，天下仍不太平，人类面临着层出不穷的新问题，和平与发展的事业任重而道远。

对亚洲这块各种古老文明的发源地、今天又充满着振兴活力的大陆来说,也是机遇和挑战并存。

新世纪之初的亚洲,总体上保持和平稳定,并日益显示出巨大的发展潜力和优势。但亚洲也有不少地区的形势不容乐观,特别是在安全领域,反恐怖主义的任务依然艰巨,一些局部冲突还在激化,极端势力活动尚未得到有效遏制。

办好亚洲的事情,要靠亚洲人自己,靠亚洲各国人民的团结与合作。亚洲是一块政治、经济、文化充满多样性的大陆,这一现实不仅不会妨碍亚洲各国开展广泛的交流与合作,反而使亚洲各国人民的交流与合作更加丰富多彩,更增添了相互取长补短和兼容并蓄的优势。

我们高兴地看到,近年来,在亚洲各国的共同努力下,一个平等、互利、渐进、开放,多领域、多层次的区域合作局面正在形成。

我们真诚地希望,亚洲一些地区有关冲突的当事各方,从本国和地区和平与安全的根本利益出发,从世界和平与发展的大局出发,尽快和平解决争端,携手共建美好家园。

我们完全相信,有着悠久历史和灿烂文明的亚洲人民有智慧、有能力把亚洲的事越办越好,努力建设一个持久和平和普遍繁荣的新亚洲。

中国以自己的实际行动已经并将继续证明,中国是维护地区和世界和平,促进地区和世界发展的坚定力量。

中华民族自古以来就形成了"和为贵"、"亲仁善邻"的文化传统。近代中国饱受外国列强的侵略和凌辱。中国人民热爱和平,珍惜和平,将坚定地致力于维护地区和世界的和平。

中国始终奉行独立自主的和平外交政策,推动和促进亚洲地区的和平与稳定,恪守永远不称霸、不参加军事集团、不谋求势力范围的庄严承诺,一贯倡导并实践和平共处五项原则和以互信、互利、平等、协作为核心的新安全观。

中国与所有亚洲国家建立和发展友好合作关系,积极参加和促进亚洲区域内的多边合作,包括与有关国家一道创立了"上海合作组织",参与"东盟"框架内的对话与合作,并为解决地区冲突作出了不懈努力。

事实表明,中国的外交政策和实践对亚洲和平、稳定、安全作出了贡献。经过20多年的改革开放和现代化建设,中国经济不断发展,12亿人民的生活不断改善。一个稳定、发展和繁荣的中国,对世界的和平与发展有益,对亚洲的和平与发展有益。

女士们,先生们:

当前,恐怖主义的危害十分突出,亚洲地区的恐怖主义活动尤为猖獗。不少"亚信"成员国对此有切肤之痛。反对恐怖主义既是世界各国关注的焦点,也是我们这次会议的一个主要议题。

我愿在此重申,中国坚决谴责和反对一切形式的恐怖主义,积极参与国际社会反对恐怖主义的努力和行动,与有关国家及组织开展了卓有成效的合作。早在"9·11"事件发生前,中国就与上海合作组织其他成员国一道缔结了《打击恐怖主义、分裂主义和极端主义上海公约》,并正在抓紧筹建地区反恐怖主义机构。

我想强调指出的是,中国也深受恐怖主义之害。"东突厥斯坦"分裂势力是地地道道的恐怖主义势力。"东突"恐怖势力不仅在中国,而且还在其他一些国家制造了血腥的恐怖活动。打击这股恶势力是国际反恐斗争不可分割的组成部分,符合地区各国的共同利益。借此机会,我对有关国家在打击"东突"恐怖势力方面所给予的理解、支持和协助,表示衷心感谢。

纳扎尔巴耶夫总统,女士们,先生们:

历史上,举世闻名的"丝绸之路"曾经把"亚信"成员国人民紧密地联系在一起。今天,时代再一次召唤我们加强团结,继续谱写和平、友好、合作的历史新篇章。

谢谢大家!

国家主席江泽民在阿拉木图分别会见巴基斯坦总统穆沙拉夫 印度总理瓦杰帕伊

全国人大常委会委员长李鹏在人民大会堂会见希腊总理康斯坦丁·西米蒂斯

国务院总理朱镕基考察湖北 湖南 江西 安徽防汛准备工作

6月4日至13日,国务院总理朱镕基考察了湖北、湖南、江西、安徽四省的防汛准备工作和堤防建设情况。他指出,长江即将进入主汛期,沿江各地要认真贯彻落实党中央、国务院关于防汛工作的指示精神,坚决克服麻痹思想和侥幸心理,立足于防大汛、抗大洪,全力以赴做好各项准备工作,确保今年长江安全度汛。

6月4日,他一抵达湖北荆州,就在省委书记俞正声、省长张国光的陪同下,直奔荆江大堤。1998年长江大洪水时,朱镕基曾到过这里指挥抗洪抢险。看到堤身已经加固,堤顶公路畅通,他十分高兴,反复叮嘱当地干部:"大堤安危,事关重大,务必提高警惕,准备迎战比1998年更大的洪水,千万不能大意失荆州。"随后他又察看了洪湖监利大堤和武汉江堤。7日至8日,在湖南省委书记杨正午、省长张云川的陪同下,朱镕基检查岳阳长江干堤和常德市防洪工程,并考察洞庭湖区平垸行洪、移民建镇情况。在汉寿县围堤湖乡,他走进移民新居，详细询问他们的生产生活情况。闻讯赶来的群众向他鼓掌致意，感谢党中央、国务院的好政策使他们过上了安稳日子。在洞庭湖边，朱镕基还观看了防汛抢险新技术和新设备的演示。9日至10日，在江西省委书记孟建柱、省长黄智权的陪同下，朱镕基检查了九江大堤加固工程和鄱阳湖重点圩堤整治工程，看望了移民群众。九江城防堤4—5号闸口曾在1998年大洪水时决口，朱镕基始终关心着这段堤防的建设情况。在新修复的高标准防洪大堤上，他要求大家再接再厉，加强汛期防守，确保万无一失。11日至13日，在安徽省委书记王太华、省长许仲林的陪同下，朱镕基又先后考察了安庆、池州、铜陵、芜湖等地长江大堤。池州黄湓圩是1999年大洪水时受灾较重的村，朱镕基曾来这里慰问住在大堤上的受灾群众和在帐篷里上课的孩子。这次他又来到这里，看望一直惦记着的群众，看到移民新村建起来了，群众生活明显改善，十分欣慰。他还来到新建的学校，与师生亲切交谈，勉励教师为培养下一代作出新的贡献。

在考察沿途，朱镕基反复强调，长江安危，事关全局，做好长江防汛工作，对于迎接党的十六大的召开，保障经济发展和社会稳定，具有十分重要的意义。1998年长江大洪水后，党中央、国务院作出了全面加固长江堤防的决策，国家投入巨资加固长江干堤，取得明显成效，防洪能力有了较大提高。这为做好防汛抗洪工作奠定了坚实基础。但决不能麻痹大意，高枕无忧。4月份以来，长江流域气候异常，大部分地区降雨偏多，长江干流来水量增加，武汉等部分重要水文站出现历史同期最高水位。长江有的河段发生崩岸，洞庭湖、鄱阳湖部分围堤出现滑坡等险情。长江干堤加固工程还有少部分没有完成，新建工程尚未经受过大洪水考验。一些水库存在着病险隐患。部分地区防汛抢险物资不足。朱镕基强调，各级领导干部对当前的长江防汛形势一定要保持清醒的头脑，决不可掉以轻心，必须做好防大汛、抗大洪的准备，确保长江大堤、重要城市和交通干线安全，确保人民生命财产安全。

就做好今年长江防汛抗洪工作，朱镕基提出五个方面的要求。第一，抓紧进行长江干堤工程建设。要采取有力措施，加快工程进度，能在汛前完工的要抓紧时间抢建。堤防工程质量事关人民生命财产安全，责任重于泰山。要选择技术装备先进的专业化施工队伍承建，严把质量关，决不能出现"豆腐渣"工程。第二，切实做好防汛的各项准备工作。要按防大汛要求，抓紧完善防洪预案。尽快补充备足抢险物料，尤其是险工险段附近更要有足够的储备，有关方面对所需资金要予以保证。组织和落实防汛抢险队伍。加强气象预报和洪水预报。第三，加强检查，排除隐患。沿江各地要立即对防洪工程和防汛准备工作再进行全面检查，对存在的问题尽快加以解决。汛期要昼夜巡堤查险，及时消除险情。依法加强河道管理，坚决惩处在河道内违规设障、违法建筑、非法采砂等行为。第四，认真搞好病险水库的除险加固，落实各项措施，确保水库安全度汛。第五，进一步落实防汛工作行政首长负责制。各级地方政府要以对国家和人民高度负责的精神，切实担负起抗洪救灾的全面责任。各有关部门要各司其职，密切协作，急事急办，特事特办，决不能推诿扯皮，贻误时机。凡发生重大责任事故、造成重大损失的，要严肃追究有关领导和当事人的责任。

朱镕基强调，要继续搞好平垸行洪、退田还湖、移民建镇。自1998年这项工作开展以来，已取得初步成效。洞庭湖、鄱阳湖水面扩大，行洪蓄洪能力明显提高，湖区生态环境得到改善，搬迁出的群众摆脱了没顶之忧。今后要全面落实中央的有关政策措施，努力完成平垸行洪、移民建镇任务。尚未完工的移民建镇工程，要抓紧施工，搞好配套设施建设。加强监督检查，杜绝挪用、截留、克扣移民款现象。要把平垸行洪、退田还湖、移民建镇与调整农业结构、加强生态建设结合起来，发挥当地资源优势，开辟多种致富门路。在移民已迁出的圩垸内，要大力进行植树造林。这既可改善生态环境，又为木材工业、造纸工业提供原料，也能更快增加农民收入。在我国粮食供大于求的情况下，各地政府要着眼长远，顺应自然规律和经济规律，调整湖区发展思路，做好环湖地区发展规划，有计划、有重点地建设一些中小城市，加快湖区城镇化步伐。要依托湖区得天独厚的自然风光和人文景观，发展旅游业和各类服务业，提供更多的就业机会，为湖区群众从圩垸中转移出来创造条件。当然这是一项长期艰巨的任务，但只要我们坚持不懈地进行下去，就可以逐步使洞庭湖、鄱阳湖重现昔日"浩浩汤汤，横无际涯"的迷人景象，使环湖地区成为风景秀美、经济繁荣的旅游胜地。

在考察期间，朱镕基还听取了湖北、湖南、江西、安徽省委、省政府的工作汇报，对四省取得的成绩予以充分肯定。他指出，当前我国经济形势总体上是好的，突出的问题是财政收入增幅减缓，就业压力加大。

朱镕基强调，做好下岗职工再就业工作，是维护社会稳定，促进国民经济持续快速健康发展的重要保证。各地要按照江泽民总书记关于"三个代表"重要思想的要求，从维护改革发展稳定大局出发，切实把这项工作抓紧抓好。中央确定的"鼓励兼并、规范破产、下岗分流、减员增效、实施再就业工程"和建立国有企业下岗职工基本生活保障制度、失业保险制度、城镇居民最低生活保障制度三条社会保障线等政策措施，是一个完整的体系，实践证明是完全正确的，必须继续全面贯彻执行。当前要更加重视做好再就业工作,结合经济发展和结构调整,千方百计扩大就业。要积极发展就业容量大的劳动密集型产业、服务业、中小企业,发展社区服务业,努力拓宽就业渠道,增加就业岗位。要完善就业服务体系,强化再就业服务工作,积极扶持再就业中介服务机构,大力开展就业培训,搞好职业介绍和咨询。对为吸收下岗职工新办的服务型企业,要给予优惠政策;对下岗失业人员从事个体商业、服务性经营,在一定时期内减免有关税费。要引导下岗职工和失业人员更新择业观念,鼓励自谋职业。朱镕基强调,要继续完善城镇社会保障体系,切实落实"两个确保",任何地方不得发生新的拖欠。完善失业保险制度。强化城市居民最低生活保障制度建设,使所有符合条件的城市贫困居民都能得到最低生活保障,做到应保尽保。今年中央财政用于"低保"的资金已有较多增加,地方财政也必须增加所需资金。

陪同朱镕基考察的有关部门负责人有:项怀诚、汪光焘、汪恕诚、马凯、孙文盛、段应碧、姜伟新、张基尧、尹成杰、李伟、鄂竞平、蔡其华等。

中共中央书记处书记尉健行在阿比让会见科特迪瓦人民阵线总书记米阿卡

国务院副总理李岚清在中南海会见美国爱达荷州州长德克·肯普索恩一行

国务院副总理李岚清在中南海会见以科特迪瓦外交部秘书长迪亚巴特·达乌达为首的第七期非洲高级外交官访华团

6月5日

国家主席江泽民在阿拉木图会见阿富汗临时政府主席卡尔扎伊

国家主席江泽民和希腊共和国总统科斯蒂斯·斯特凡诺普洛斯就中希建交 30 周年互致贺电

全国人大常委会委员长李鹏在山西考察工作

6 月 5 日至 7 日,李鹏在山西省省长刘振华、省人大常委会主任卢功勋等的陪同下,在山西城乡就经济发展、市政建设、保护环境和发展旅游等方面进行了考察,并在山西省人大常委会主持召开的座谈会上,着重听取了关于开展监督工作的情况介绍,与大家一起就如何做好新时期的人大监督工作进行了深入探讨。

在听取发言后,李鹏指出,在发展社会主义市场经济的同时,我们也在积极推进有中国特色的政治体制改革。其中,民主法制建设就是这一改革的重要内容。没有健全的民主法制,就不会有经济的健康发展。江泽民总书记 5 月 31 日在中央党校的重要讲话高度强调民主法制建设的重要,我们要认真学习,齐心协力完成历史赋予我们的重大职责。

李鹏指出,依法行使监督权,是人大工作的重要内容。多年来,各级人大及其常委会在监督工作方面进行了不少有益的探索,积累了许多好的经验和做法,应该认真地进行总结,把行之有效的做法上升为法律。各级人大及其常委会对"一府两院"的执法监督和工作监督,要遵循坚持党的领导,依法监督,集体行使职权,不包办代替等原则。监督要根据实际情况,采取多种形式,包括听取"一府两院"的工作报告,进行执法检查,选取典型的热点、难点进行审议,提出解决办法等等。现在,随着经济的发展,经济纠纷、民事案件等明显增多,情况十分复杂。因此,人大的司法监督主要是针对疑难案件,启动司法机关的内部程序,向人大常委会报告,而不要由个人介入,以免影响司法公正。他说,人大监督主要起警示作用,要督促被查部门积极整改,认真落实整改意见,真正见到实效。

李鹏指出,大家都非常关注监督法的制定,全国人大常委会对这项工作也给予了高度重视,现在条件已基本成熟,监督法的初稿已起草完毕,争取早日将监督法草案提请人大常委会审议。制定监督法这样重要的法律,必须认真总结地方人大行使监督权的经验,同时要广泛听取各方面的意见和建议,坚持从群众中来、到群众中去的工作方法,使我们制定的法律既体现党和国家的意志,又符合广大人民群众的利益。

在听取山西省委、省政府的工作汇报后,李鹏充分肯定了山西在两个文明建设中取得的成绩。他说,近年来,山西的工农业发展较快,经济结构调整取得较大进展,人民生活有了很大提高。但是,山西经济发展极不平衡,有些地区自然条件不够好,还有相当多的人口尚未脱贫,在城市也有一批困难职工,因此保持山西经济健康稳定发展的任务仍然是十分艰巨的。山西要认真贯彻"三个代表"重要思想,把发展经济放在首位,在学习其他省市成功做法的同时,一定要根据山西自身的特点,大力发展优势产业,形成拳头产品。

李鹏在分析山西的资源优势和产业结构后着重提出以下意见:一、煤是山西的优势,就要在煤上大做文章,用高新技术改造传统产业。山西每年生产原煤 3 亿吨,有 2.6 亿吨输出外省和出口,为全国能源供应作出极大贡献。经过结构调整,山西大型煤矿已组成若干现代化企业集团,其产量已达全省总产量的一半,在效率和安全生产方面都有很大的进步。今后煤炭工业要进一步提高洗精煤的比重，建设大型坑口电站，实行煤电联营，变输煤为输电。山西有丰富的铝矿资源，发展煤电铝联合企业是一项很有发展前途的产业。汽油中掺甲醇已有成熟的经验，应大力推广。二、开发不锈钢产品，山西也有较大的优势。太原钢厂经过改造，不但产量可以大幅度提高，而且生产不锈钢薄板在全国将有广阔的市场。三、山西有丰富的中药材资源，应注意保护与开发，结合生物工程，发展山西药品产业。四、山西有丰富的旅游资源，晋北、晋中和晋南名胜古迹各有特色，是众多中外游客向往的旅游热点。一定要采用现代化方式经营和发展旅游业，以形成山西一大经济支柱。

李鹏强调，山西是农业大省，一定要注重农业结构调整，想方设法提高农民收入。要保障农村义务教育，提高农村的教育水平。要加强对外开放，采取多元化经济形式，提高经济的竞争力。各级政府要从维护社会稳定的大局出发，关心低收入群体，不折不扣地落实好“两个确保”。

陪同李鹏考察的有关方面负责人有范敬宜、孙永福、吴文昌等。

21世纪的物理学和中国的发展——中美联合培养物理类研究生计划学者研讨会在北京大学举行

国务院副总理李岚清出席研讨会时强调，要积极营造良好的环境，鼓励和支持海外学人为国服务，回国创业，为实现中华民族的伟大复兴贡献智慧和力量。

李岚清亲切会见了与会的诺贝尔物理学奖获得者、北京大学名誉教授李政道及中美联合培养物理类研究生计划学者代表，并与他们进行了座谈。李岚清高度评价中美联合培养物理类研究生计划学者为祖国的经济建设和科学、教育事业作出的贡献。他指出，留学人员是我国人才资源的重要组成部分，是中华民族的宝贵财富。我国政府将继续贯彻“支持留学，鼓励回国，来去自由”的留学工作方针，吸引更多的海外优秀人才回国工作和创业。我们将不断拓宽留学人员为国服务的领域，鼓励海外留学人员采取各种形式，在各个领域为祖国的发展服务。李岚清还向与会学者介绍了我国当前经济与社会发展情况。

中美联合培养物理类研究生计划是李政道教授倡导与帮助，邓小平等老一辈领导人积极支持，我国政府从1981年开始实施的一项中美教育交流项目。这次研讨会是为纪念中美联合培养物理类研究生计划实施20周年举办的。研讨会期间，来自海内外的学者将围绕“物理学与现代科学”、“高技术与工程”、“金融、经济与管理”等方面展开讨论。

全国人大常委会副委员长丁石孙，全国政协副主席、中共中央统战部部长王兆国，全国政协副主席朱光亚以及有关部门负责人陈至立、徐冠华、张学忠、路甬祥等出席了开幕式并参加座谈。

部分省区市再就业工作座谈会在石家庄举行

6月5日至6日，国务院副总理吴邦国在石家庄主持召开了部分省区市再就业工作座谈会，就研究制定促进下岗失业人员再就业政策措施，征求了部分省区市和有关部门的意见。

与会代表一致认为，当前就业和再就业的问题，已成为经济生活中一个突出矛盾，及时研究制定切实有效的政策措施，大力促进下岗失业人员再就业工作，是适时的、必要的，充分体现了“三个代表”的要求，对维护改革发展稳定大局具有重要意义。座谈会上，地方的负责同志结合本地实际，畅所欲言，提出了许多好的意见和建议。吴邦国认真听取了意见，并就有关问题与大家进行了深入探讨。

吴邦国指出，近几年在党中央、国务院的正确领导下，经过各方面的共同努力，下岗失业人员社会保障和再就业工作取得了很大成绩，有力保证了国有企业改革脱困三年目标的基本实现，为维护改革发展稳定大局，发挥了重要作用。同时也要看到，当前就业和再就业工作压力越来越大，部分下岗失业人员生活还十分困难。这个问题必须引起各级党委、政府的高度重视。要在继续做好“两个确保”、“三条保障线”等社会保障工作的前提下，把工作重点由对下岗失业人员的基本生活保障转到就业保障上来，力争通过三年左右时间的不懈努力，基本解决下岗失业人员的再就业问题。

吴邦国强调，切实做好下岗失业人员再就业工作，是深化国有企业改革、完善社会保障体系、加快经济结构调整的必然要求，是维护社会稳定的重要前提，也是缓解就业压力、解决当前突出矛盾的当务之急。他说，国有企业改革仍然处在攻坚阶段，经济结构调整进入关键时期。就业结构的调整是国有企业改革和经济结构调整的内在要求和重要内容。没有就业结构的调整，国企改革难以深化，经济结构调整难于进行。只有切实解决好下岗失业人员的再就业问题，才能巩固已有的改革和调整成果，并把改革和结构调整继续推向深入。

他指出，社会保障从根本上讲，是建立在就业基础上的。如果有劳动能力的下岗失业人员长期靠社保生活，一方面他们熬不下去，另一方面社会保障基金难以支撑。大力促进下岗失业人员再就业，既可以使下岗失业人员生活得到根本保障，安居乐业，增强安全感和社会归属感，也有利于完善社会保障体系，减轻社会保障基金的支付压力。

吴邦国强调，帮助下岗失业人员实现再就业，是得民心、顺民意、解民忧、纾民困的“德政”工程。我们要带着深厚的感情去工作，设身处地地为下岗失业人员着想，像关心自己的家人那样去关心和帮助他们，多尽一份心、多出一份力。各地区、各部门、各企业要认真研究应该为下岗失业人员再就业做些什么，真正把促进、支持再就业的各项政策措施落到实处。他说，下岗失业人员要切实转变择业观念，自立自强，积极寻找就业机会，为深化国企改革和经济结构调整作出新贡献。

吴邦国指出，今年“两个确保”工作面临一些新的情况，任务十分艰巨。各地要按照既定的工作部署和政策措施，确保国有企业下岗职工基本生活费和离退休人员基本养老金的按时足额发放，做好城市居民最低生活保障工作，确保企业和社会的稳定。

全国11个省区市政府及其经贸、财政、劳动保障、工会等方面负责同志，国务院有关部门和全国总工会的负责同志共80多人出席了座谈会。

南丹“7·17”矿难一批责任人被一审判决

广西南宁市中级人民法院对南丹“7·17”矿难事故有关责任人依法作出一审判决：原南丹县委书记万瑞忠犯受贿罪、滥用职权罪，决定执行死刑，剥夺政治权利终身，并处没收个人财产人民币50万元；原南丹县县长唐毓盛犯受贿罪、挪用公款罪，决定执行有期徒刑20年，剥夺政治权利3年，并处没收财产人民币20万元；原南丹县委副书记莫壮龙犯受贿罪、滥用职权罪，决定执行有期徒刑10年，并处没收财产人民币3万元；原南丹县副县长韦学光犯受贿罪、滥用职权罪，决定执行有期徒刑13年，并处没收财产人民币4万元。

6月6日

国家主席江泽民在圣彼得堡与俄罗斯总统普京举行双边会晤

关于双边关系，江泽民说，中俄战略协作伙伴关系建立以来，经受住了国际风云变幻的考验，一直稳固向前发展。双方高层交往日益频繁。今年下半年两国元首还有两次会面。两国最高领导人的密切接触始终是推动两国关系不断向前发展的动力。中俄发展和深化睦邻友好与互利合作符合两国共同利益，顺应历史潮流。中俄两国当前的首要任务是落实《中俄睦邻友好合作条约》，在进一步加强政治互信的同时，积极开展经贸等各领域的合作。

在谈到上海合作组织时，江泽民说，发起成立上海合作组织是中俄等6国审时度势作出的重大决定。一年来国际和地区形势的发展充分证明，当初这个决定是正确和有远见的。上海合作组织的成立符合成员国利益，符合本地区现实需要，它是有生命力的。我对上海合作组织的前途充满信心。

会见中，江泽民还与普京就当前地区和国际形势交换了意见。

国家副主席胡锦涛在人民大会堂会见越南共产党中央书记处书记中央内政部部长张永仲一行

胡锦涛说，中越两党都是执政党，都坚持走社会主义道路，坚持改革开放或革新开放。两国都面临着深化改革、加快发展、改善人民生活和保持社会稳定的重要任务。在新的形势下，两党经常就面临的一些新情况、新问题进行探讨交流，相互借鉴学习，对于各自国家建设和党的建设以及社会主义事业的健康发展，都具有重要意义。希望中越双方进一步落实两党总书记达成的一系列重要共识，把两党两国在各领域、各方面的友好交流和全面合作提高到更高的水平。

胡锦涛还介绍了中共“三个代表”重要思想以及全面加强和改进党的建设的有关情况。

中联部副部长王家瑞等会见时在座。

中共中央书记处书记尉健行在利伯维尔会见加蓬民主党总书记芒泽拉

国务院副总理李岚清在中南海会见以歌田胜弘为团长的日本生物技术考察交流访华团

国务院在北京召开全国职业卫生工作电视电话会议

国务院副总理李岚清在讲话中强调，各级党委、政府和有关部门要充分认识当前职业病防治工作面临的严峻形势，从实践“三个代表”重要思想的高度，以对人民极端负责的精神，切实加强职业卫生工作，坚决遏制职业病危害蔓延的势头，维护和保障劳动者的身体健康和合法权益。

李岚清指出，职业病是危害劳动者身体健康和生命安全的严重疾病，职业病防治工作是社会主义医疗卫生事业的重要组成部分。新中国成立以来，党和政府始终高度重视职业病防治工作，我国的职业卫生工作取得了显著成绩，为保护劳动者健康、促进经济和社会发展提供了有力保证。但是，应当看到，随着企业生产经营模式、劳动用工制度的变化，职业卫生工作出现了许多新情况、新问题。当前，一些地方职业病危害十分严重，农民工、临时工遭受的职业病危害尤为突出。有些企业和个人目无法纪，见利忘义，草菅人命，在职业病防治、安全生产等方面存在的问题相当严重。有的地方片面追求经济速度,忽视职业病防治工作。这些问题不仅危害了劳动者的健康和生命安全,而且造成恶劣的社会影响。我们一定要从实践“三个代表”重要思想的高度,从维护改革发展稳定的大局出发,把职业病防治工作抓紧抓好。

李岚清强调,做好职业病防治工作,必须坚持“预防为主,防治结合”的方针,标本兼治,真抓实干。一是要认真贯彻落实《职业病防治法》,切实保障劳动者的健康。企业是落实《职业病防治法》的主体。各类企业都要依法完善职业病防治的各项规章制度,改善劳动条件。监督管理的责任在政府。新建项目要严格执行职业危害评价制度,老企业的职业病危害要限期治理。要严格劳动用工管理,决不容许雇用童工。二是要贯彻落实《使用有毒物品作业场所劳动保护条例》,加大职业危害专项整治力度。对未经批准、擅自从事有毒有害化学品、放射性物质等危险品作业的单位和个人,要依法严惩;对职业危害严重、不具备基本防护条件的,要限期停业整改,经整改仍达不到要求的,要坚决予以关闭;对损害劳动者权益的,要责令立即改正,并依法责令企业给予赔偿;对遭受健康损害的劳动者,要积极组织救治,并依法责令企业给予抚恤费、医疗费等各项待遇,切实保障劳动者的权益。三是要利用法制手段,加大职业卫生监管力度。各级卫生行政部门要建立和完善与社会主义市场经济体制相适应的职业病预防控制体系和职业卫生监督服务体系,加强卫生执法队伍建设,保证职业卫生监督管理工作的有效开展。四是要依靠科技进步控制职业病危害。采用高新技术和先进适用技术改造和提升传统产业,大力推进健康生产,限制使用或淘汰危害劳动者健康的落后技术、工艺和材料,积极开发、推广和应用有利于职业病防治的新技术、新工艺、新材料。

李岚清强调,预防、控制和消除职业病危害,是全社会的共同职责。各级政府要切实加强领导,进一步建立、健全职业病防治责任制,科学制定职业病防治规划并认真组织实施,加大对职业病防治工作的投入。卫生、经贸、劳动保障和工商等有关部门都要明确职责、密切配合,确保职业病防治工作有效开展。要广泛深入地开展职业病防治宣传活动,提高全社会的职业卫生法律意识,把政府管理、行业自律和群众监督有机结合起来,促进职业病防治工作健康发展。

会上,卫生部部长张文康、全国总工会副主席周玉清、国家经贸委副主任欧新黔、劳动和社会保障部副部长步正发,对加强职业病防治工作做了具体部署。中央和国家机关有关部门的负责同志在北京主会场出席了会议,各省、自治区、直辖市人民政府和有关单位的负责同志在各地分会场出席了会议。会议由国务院副秘书长高强主持。

解振华 江泽慧获2002年度“全球环境领导奖”

全球环境基金在印度尼西亚巴厘岛举行仪式,将2002年度全球环境领导奖授予中国国家环境保护总局局长解振华和国家林业局领导成员、中国林业科学研究院院长江泽慧。

全球环境基金是1991年设立的一个多边财政机构,主要向气候变化、生物多样性保护、国家水域和臭氧层保护等全球环境领域的活动提供资金支持。“全球环境领导奖”是该基金1998年设立的,用于表彰在保护全球环境的国内或国际行动中发挥持续领导作用的个人、团体或组织。

6月7日

国家主席江泽民出席上海合作组织圣彼得堡峰会

上海合作组织成员国元首第二次峰会在俄罗斯圣彼得堡市举行,国家主席江泽民出席峰会,并在会上发表了题为《弘扬“上海精神” 促进世界和平》的重要讲话。

会上,哈萨克斯坦、吉尔吉斯斯坦、中国、俄罗斯、塔吉克斯坦、乌兹别克斯坦6国元首签署了《上海合作组织宪章》、《关于地区反恐怖机构的协定》、《上海合作组织成员国元首宣言》3个政治、法律文件。

江泽民主席的陪同人员国务院副总理钱其琛、国务委员兼国防部长迟浩田、外交部长唐家璇等也出席了会晤。

峰会期间,6国外长进行了会晤,就上海合作组织建设及当前国际和地区热点问题交换了意见。

国家主席江泽民在上海合作组织圣彼得堡峰会上发表题为《弘扬“上海精神” 促进世界和平》的讲话

一年前,我们在黄浦江畔,宣告上海合作组织的诞生。今天我们又相聚在涅瓦河畔,举行上海合作组织成员国第二次元首会晤,继续推进我们共同开创的事业。普京总统在他的故乡圣彼得堡安排举行这一会晤,充分体现了俄罗斯对这次会晤的高度重视和热情好客。我对此表示衷心的感谢!

这次会晤的主要任务是,回顾总结上海合作组织一年来的工作,并从战略高度规划这个新组织未来建设和发展的大计。我们即将签署的《上海合作组织宪章》是一个重要的国际法律文献,将为上海合作组织奠定稳固的法律基础。我们还要签署《关于地区反恐怖机构的协定》和发表《上海合作组织成员国元首宣言》。这将再一次向国际社会显示我们决心加强区域合作、维护和促进世界和平与发展事业的坚定信念。我相信,这次圣彼得堡会晤,必将掀开上海合作组织发展的新的一页。

成立上海合作组织,是我们登高望远、审时度势,共同作出的重大战略决策。上海合作组织已显示出深厚的发展潜力,引起了国际社会的广泛关注。上海合作组织的宗旨和目标得到了越来越多国家的认同和肯定。形势的发展有力地证明,我们共同作出的这一决策是正确的、富有远见的。上海合作组织的诞生,符合六国人民的根本利益和共同愿望,也顺应了和平与发展这一时代潮流。

上海合作组织作为新生事物,目前尚处在起步阶段,推进它的健康发展任重而道远。"9·11"事件以来国际局势的变化表明,促进本地区和平与发展的任务依然十分艰巨。维护中亚地区的安全和稳定,直接关系我们六国的切身利益,同时也有利于国际形势的和平发展。我们要根据这次峰会确定的指导思想,把上海合作组织的事业积极向前推进。

一要加快机制建设。这次要签署组织宪章,接下来要制定宪章派生文件,认真筹建组织秘书处和地区反恐怖机构。

二要加强团结协作。上海合作进程启动七年来,不断迈上新台阶,主要原因就在于我们始终坚持团结协作的精神。坚持这一精神,是确保上海合作组织充满活力,不断向前发展的关键。加强我们各成员国的团结协作,并不意味着对其他国家和组织的封闭。我们一贯主张恪守不结盟、不针对第三国的开放原则,在符合六国的根本利益、有利于本地区稳定和发展的前提下,积极稳妥地与其他国家和组织开展多种形式的对话、交流与合作。

三要加大合作力度。鉴于我们所在地区安全隐患犹存的形势,我们签署的《关于地区反恐怖机构协定》具有重大意义。当前和今后一个时期,要继续深化六国在安全领域的合作,加大打击"三股势力"的力度,以确保我们这个地区有一个和平、稳定的大环境。同时,要本着积极稳妥、循序渐进的原则,加强经贸合作,充分挖掘六国地缘相近、资源丰富、优势互补等潜力,在经贸合作领域真正做几件实事。

安全与经贸合作相辅相成、相互促进,是推动区域合作与上海合作组织发展的两个轮子。要抓住这两个合作重点,促进和带动其他领域的友好合作逐步展开。

进入新世纪以来,尽管国际局势风云变幻,但和平与发展这个时代主题没有变,世界多极化和经济全球化的发展趋势没有变,人类面临着难得的发展机遇也没有变。当然,也应该看到,世界仍很不太平。不少地方的民族和宗教等矛盾还在激化,一些地区的冲突仍在升级,恐怖主义活动远未消除,环境、贫困、贩毒、难民等全球性问题还在进一步加剧。

致力于维护世界和平、促进各国共同发展的崇高事业,造福世界各国人民,这是各国有见识和负责任的政治家都应认真思考的重大课题。总结历史和现实的经验,最根本的是必须抛弃"冷战思维",树立新型安全观,努力建立公正合理的国际新秩序。这是解决当前世界和平与发展这两个最重大课题的正确途径。我们六国在实践中探索形成的互信、互利、平等、协作,尊重多样文明,谋求共同发展的"上海精神",可以提供重要和有益的启示。

"上海精神"要求我们以互信为安全之本。互信就是以诚相待,言而有信,就是必须遵守应尽的国际条约和义务,遵循公认的国际法准则。互信意味着以合作求安全,通过友好协商和平解决争端。各国的安全是相互依存的,再强大的国家,离开国际合作也难以有真正的安全。

"上海精神"要求我们承认并尊重世界的多样性。文明背景不同的国家和民族可以而且应该和睦相处。

"上海精神"要求我们坚持大小国家一律平等。在国际关系中应该充分发扬民主,处理事关世界与地区和平的重大问题,应该遵循平等协商、求同存异的原则。在经济全球化加快发展的背景下,各国更需要按照平等互利的原则共同探讨有效解决全球性问题的途径。

"上海精神"要求我们加强相互协作、谋求共同发展。南北差距扩大、贫富悬殊的问题不解决,世界就得不到具有牢靠基础的安宁和稳定。

此时此刻,我们大家都有一个共同的心愿,祝愿上海合作组织的明天更加美好,祝愿世界和平与发展的崇高事业不断发展。让我们为此而共同努力。

谢谢大家!

国家主席江泽民在圣彼得堡分别会见塔吉克斯坦总统拉赫莫诺夫 哈萨克斯坦总统纳扎尔巴耶夫 吉尔吉斯斯坦总统阿卡耶夫和乌兹别克斯坦总统卡里莫夫

上海合作组织成员国元首第二次会晤结束

在会后举行的记者见面会上,国家主席江泽民对本次会议的成果给予了积极评价。

江泽民说,本次会议取得了预期的成果。他把会晤的特点概括为三个"重要",即时机重要、内容重要、意义重要。

江泽民说,本次会晤是在上海合作组织成立届满周年、国际和地区形势发生很大变化、组织自身机制化建设进入关键阶段这一重要时刻召开的，不仅十分必要，而且非常及时。会议期间，六国元首认真总结了上海合作组织成立一年来的工作；对组织下一步的发展建设做了重要规划；就当前重大国际和地区问题广泛深入地交换了意见，协调了立场；签署了《上海合作组织宪章》、《关于地区反恐怖机构的协定》和《上海合作组织成员国元首宣言》三个重要法律、政治文件。可以说，这次会晤内容丰富，成果显著。

江泽民说，通过此次峰会，各成员国进一步明确和坚定了上海合作组织今后的发展方向和指导方针，在机制化、法律化建设和重大领域合作方面迈进了一大步。《宪章》中明确规定了组织的宗旨原则、机构设置和运行规则，为组织的建设奠定了坚实的法律基础。《关于地区反恐怖机构的协定》是各方启动安全领域实质合作的法律依据。它的签署表明本组织成员国将在维护地区安全稳定，打击恐怖主义、分裂主义和极端主义"三股势力"方面采取更加坚决有力的行动。

上海合作组织成员国在圣彼得堡签署《上海合作组织成员国元首宣言》

今天，我们哈萨克斯坦共和国、中华人民共和国、吉尔吉斯共和国、俄罗斯联邦、塔吉克斯坦共和国和乌兹别克斯坦共和国元首隆重签署了上海合作组织（以下简称"本组织"或"组织"）的基本章程性文件——《宪章》。这一事件意味着2001年6月我们在上海宣布成立的崭新国际组织的法律基础的建立。

我们认为，上海合作组织的成立符合地区和世界的现状，符合六国人民的根本利益。

一

本组织是"上海五国"事业的继承者。"上海五国"是在亚洲大陆关于军事领域信任和裁减武装力量这两个开拓性协定的基础上诞生的。

建立本组织的目的是加强成员国间的相互信任和睦邻友好，加强多领域协作，以维护和巩固地区的和平、安全与稳定，共同应对新的挑战和威胁，鼓励不同领域开展有效的互利合作，促进组织成员国的经济、社会和文化发展。

本组织建立于下列原则基础上，即：相互尊重主权、独立、领土完整及边界不可破坏，不干涉内政，不使用武力或以武力相威胁，所有成员国一律平等。

二

尽快完成本组织宪章和本组织地区反恐怖机构协定的批准程序，将有助于尽快启动本组织的所有机制，以保障组织有效运作。

我们授权本组织国家协调员，在为本组织宪章生效所需的所有国内程序完成之前，开始进行确定本组织各机构工作方式及其他方面的一整套条约文件的准备工作。

在本组织框架内将采取切实步骤，落实《打击恐怖主义、分裂主义和极端主义上海公约》，制定关于多边合作打击非法贩卖毒品、武器和其他形式的跨国犯罪活动以及非法移民等相关文件。

在包括联合国在内的各国际组织和国际论坛框架内，就共同关心的国际问题相互通报信息和寻求共识具有迫切意义。

我们满意地指出，在解决组织建设问题的同时，成员国间各领域具体协作的发展和制度化进程也在推进。我们高度评价2001年9月14日本组织各国政府首脑阿拉木图首次会晤和2002年1月7日外长北京会议及4月26日外长莫斯科会议的成果，支持国防、外交、边防、执法安全"比什凯克小组"、文化、紧急救灾部门和其他政府机构间开展交流。我们商定继续不断拓展本组织成员国间在其他领域的合作。

我们认为，发展经济关系是本组织工作中非常重要的任务。为此将根据2001年9月14日签署的本组织成员国政府间备忘录加快建立贸易和投资便利化及制定多边经贸合作长期纲要的谈判进程。在近期内确定在交通和能源设施建设、水利、能源开采和运输以及其他共同感兴趣的领域开展具体协作的优先项目。

三

本组织成员国是在逐步形成的国际关系多极化体系框架内建立起彼此关系，认为21世纪的国际秩序应以重大问题集体解决机制为依托，视法律至高无上，使国际关系不断民主化。

本组织成员国将恪守《联合国宪章》和国际法准则，努力防止并和平调解因族际、不同信仰、领土、政治和其他矛盾而引发的国际冲突。

本组织成员国希望加强内部及同别国的合作，探索驾驭全球化进程，化解全球化进程中的负面因素和可能的风险，保持经济、社会、文化领域发展的多样化形式。全球化和各国的国家利益不是相互排斥，而是正在发展的世界格局中的相互补充的因素。国际社会需建立以互信、互利、平等和相互协作为基础的新型安全观。这有利于彻底消除安全破坏因素和新威胁的根源。

本组织成员国决心积极合作，打击恐怖主义、分裂主义、极端主义、有组织犯罪、非法走私毒品、麻醉品和贩卖武器，视其为跨国危害，国际社会只有共同努力，才能有效应对。

本组织成员国坚决反对一切恐怖主义行为、方法和活动。打击恐怖主义应在国际法准则和原则基础上进行，不能混同于反对某种宗教、个别国家和民族，不能有倾向性，不能搞“双重标准”。

本组织成员国认为有必要在联合国和安理会的核心协调作用下建立应对新威胁和挑战的全球体系，包括建立早期预报、防止可能的威胁并对其作出坚决一致反应的有关多边协作机制。为就此采取行动，在联合国框架内制定反恐原则，奠定明确的、各方都必须遵守的国际法律基础尤为重要，以免产生双重解释，并被用作干涉他国内政和侵犯别国主权的借口。

2001 年 6 月 15 日签署的《打击恐怖主义、分裂主义和极端主义上海公约》和 2002 年 6 月 7 日签署的《上海合作组织成员国关于地区反恐怖机构的协定》为上述努力作出了重大贡献，同时也为我们打击恐怖主义、分裂主义和极端主义务实合作制定了明确的法律框架。

本组织成员国坚信，消除滋生恐怖主义的社会基础，包括消除贫困、失业、愚昧和种族、民族、宗教歧视是全球反恐斗争的一个重要方向。

本组织成员国支持彼此为肃清恐怖主义、分裂主义和极端主义所作的努力，以及国际社会切断恐怖活动融资渠道的努力，并将加大自己本国的打击力度，不允许在本国境内培训恐怖分子、给恐怖活动提供资助，拒绝向恐怖分子提供庇护所。

本组织成员国重申愿全力支持加强联合国在国际事务中的作用，进一步提高在维护国际和平与安全方面负主要使命的联合国安理会的权威和效能。

本组织成员国认为，遵守国际核不扩散制度是保障亚洲及全球和平与安全的最重要因素之一。让所有尚未加入《不扩散核武器条约》或签署与批准《全面禁止核试验条约》的国家尽快履行上述程序，将有利于加强各层次的战略稳定。

本组织成员国支持建立无核武器区，包括支持乌兹别克斯坦共和国关于在中亚建立无核武器区的倡议。

本组织成员国强调尊重和支持蒙古的无核地位。

本组织成员国欢迎俄美就进一步大幅度削减进攻性战略武器签署的新条约，认为这是对核裁军作出的一个积极贡献。

本组织成员国呼吁尽早开始多边谈判，以制定关于不在外空部署武器，不针对外空使用武力或以武力相威胁的全面协议。

本组织成员国本着遵循《联合国宪章》宗旨和原则之义务，确认所有人权的普遍性、不可分割性、相互依存性和相互关联性，重申本国均有义务尊重人权和人的基本自由。本组织成员国认为，和平与发展是促进和保障人权的基本保证，反对在人权问题上采取双重标准和以人权为由干涉他国内政。

四

本组织成员国在自主选择保障本国安全的方式和方法，包括与其他国家进行合作方面有不可剥夺的权利，避免给地区稳定与安全带来消极后果。

本组织成员国认为，中亚安全与阿富汗和平进程的前景紧密相连。为此将加强相互合作，促进阿富汗战后政治经济的重建。

本组织成员国欢迎建立一个没有恐怖、战争、毒品和贫穷的新的、稳定的阿富汗，尊重阿各族人民的文化和传统，愿促进建立一个具有广泛代表性、符合阿全体人民利益的政府。

本组织成员国希望亚太地区成为一个和平、稳定和共同繁荣的地区，愿与所有国家及本地区组织开展建设性合作，以在亚太地区建立一个在《联合国宪章》和国际法框架内运作、平等兼顾各参与国利益和立场的全地区集体安全体系。加强东盟地区论坛及其他业已形成的多边合作机制将有助于建立这样一个体系。

本组织成员国认为，中华人民共和国政府是代表全中国的唯一合法政府，台湾是中国领土不可分割的一部分。

本组织成员国支持朝韩两国本着 2000 年 6 月南北首脑会晤精神，努力发展和扩大对话合作，并认为朝鲜民主主义人民共和国与美国等西方国家为实现朝鲜半岛牢固的和平与稳定而开展对话与建设性合作是有益的。

本组织成员国呼吁印度和巴基斯坦恢复政治对话，以消除紧张，发展两国合作。

本组织成员国对中东持续冲突局势深表忧虑，认为这一局势给地区和世界安全与稳定带来消极影响。本组织成员国呼吁以色列和巴勒斯坦尽快执行联合国安理会有关决议，积极响应国际社会促和努力，回到寻求以和平方式解决争端上来。

本组织成员国愿与国际社会一道，为保证全面执行联合国安理会关于伊拉克问题的所有相关决议，继续进行政治外交努力。

本组织成员国高度评价哈萨克斯坦共和国关于“亚洲相互协作与信任措施会议”的倡议，认为该论坛与亚洲现有机构和机制一起，在提高亚洲国家相互信任水平和发展多边合作方面发挥重要作用。

五

我们重申，本组织并非集团或封闭性联盟，不针对个别国家或国家集团，基于彼此利益，从解决地区和世界性问题的共同立场出发，将根据《联合国宪章》的宗旨与原则及国际法准则，与其他国家和国际组织开展广泛合作。

哈萨克斯坦共和国总统　努尔苏丹·纳扎尔巴耶夫
中华人民共和国主席　江泽民
吉尔吉斯共和国总统　阿斯卡尔·阿卡耶夫
俄罗斯联邦总统　弗拉基米尔·普京
塔吉克斯坦共和国总统　埃莫马利·拉赫莫诺夫
乌兹别克斯坦共和国总统　伊斯兰·卡里莫夫
2002年6月7日于圣彼得堡

上海合作组织成员国在圣彼得堡签署《上海合作组织宪章》

在宪章中，6国一致同意以各国人民历史形成的联系为基础，力求进一步深化全面合作，并表示希望在政治多极化、经济及信息全球化进程发展的背景下，共同努力为维护和平、保障地区安全与稳定作出贡献。

6国坚信上海合作组织的成立可以更有效地共同把握机遇，应对新的挑战和威胁，同时认为上海合作组织框架内的协作有助于各国和各国人民发掘睦邻、团结、合作的巨大潜力。

本着2001年在上海会晤时确认的"互信、互利、平等、协商、尊重多样文明、谋求共同发展"的精神，6国元首指出，各成员国遵守1996年4月26日签署的《中华人民共和国和俄罗斯联邦、哈萨克斯坦共和国、吉尔吉斯共和国、塔吉克斯坦共和国关于在边境地区加强军事领域信任的协定》和1997年4月24日签署的《中华人民共和国和俄罗斯联邦、哈萨克斯坦共和国、吉尔吉斯共和国、塔吉克斯坦共和国关于在边境地区相互裁减军事力量的协定》，以及哈萨克斯坦共和国、中华人民共和国、吉尔吉斯共和国、俄罗斯联邦、塔吉克斯坦共和国和乌兹别克斯坦共和国元首1998年至2001年峰会期间签署文件的原则，为维护地区及世界的和平、安全与稳定作出了重大贡献。

6国还重申将恪守《联合国宪章》的宗旨和原则，以及其他有关维护国际和平、安全及发展国家间睦邻友好关系与合作的公认的国际法原则和准则，同时，遵循2001年6月15日《上海合作组织成立宣言》的各项规定。

根据《上海合作组织宪章》，上海合作组织的基本宗旨和任务是加强成员国间的相互信任和睦邻友好；发展多领域合作，维护和加强地区和平、安全与稳定，推动建立民主、公正、合理的国际政治经济新秩序；共同打击一切形式的恐怖主义、分裂主义和极端主义，打击非法贩卖毒品、武器和其他跨国犯罪活动，以及非法移民；鼓励开展政治、经贸、国防、执法、环保、文化、科技、教育、能源、交通、金融信贷及其他共同感兴趣领域的有效区域合作。

此外，该组织的宗旨和任务还包括在平等伙伴关系基础上，通过联合行动，促进地区经济、社会、文化的全面均衡发展，不断提高各成员国人民的生活水平，改善生活条件；在参与世界经济的进程中协调立场；根据成员国的国际义务及国内法，促进保障人权及基本自由；保持和发展与其他国家和国际组织的关系；在防止和和平解决国际冲突中相互协助；以及共同寻求21世纪出现的问题的解决办法。

宪章规定上海合作组织成员国须坚持以下原则：相互尊重国家主权、独立、领土完整及国家边界不可破坏，互不侵犯，不干涉内政，在国际关系中不使用武力或以武力相威胁，不谋求在毗邻地区的单方面军事优势；所有成员国一律平等，在相互理解及尊重每一个成员国意见的基础上寻求共识；在利益一致的领域逐步采取联合行动；和平解决成员国间的分歧；上海合作组织不针对其他国家和国际组织；不采取有悖该组织利益的任何违法行为；认真履行在宪章及该组织框架内通过的其他文件中所承担的义务。

上海合作组织框架内合作的基本方向是：维护地区和平，加强地区安全与信任；就共同关心的国际问题，包括在国际组织和国际论坛上寻求共识；研究并采取措施，共同打击恐怖主义、分裂主义和极端主义，打击非法贩卖毒品、武器和其他跨国犯罪活动，以及非法移民；就裁军和军控问题进行协调；支持和鼓励各种形式的区域经济合作，推动贸易和投资便利化，以逐步实现商品、资本、服务和技术的自由流通。

其他合作方向包括有效使用交通运输领域内的现有基础设施，完善成员国的过境潜力，发展能源体系；保障合理利用自然资源，包括利用地区水资源，实施共同保护自然的专门计划和方案；相互提供援助以预防自然和人为的紧急状态并消除其后果；为发展上海合作组织框架内的合作，相互交换司法信息；扩大在科技、教育、卫生、文化、体育及旅游领域的相互协作；各成员国还可通过相互协商扩大合作领域。

为落实宪章宗旨和任务，上海合作组织框架内的机构包括：国家元首会议、政府首脑(总理)会议、外交部长会议、各部门领导人会议、国家协调员理事会、地区反恐怖机构和秘书处。秘书处是上海合作组织的常设行政机构，承担该组织框架内开展活动的组织技术保障工作。上海合作组织秘书处设在北京市。

上海合作组织成员国在圣彼得堡签署《关于地区反恐怖机构的协定》

协定说，上海合作组织成员国，即2001年6月15日《打击恐怖主义、分裂主义和极端主义上海公约》各方遵循联合国有关维护国际和平与安全，鼓励国家间睦邻友好关系及相互合作的宗旨和原则，认识到恐怖主义、分裂主义、极端主义对国际和平与安全，发展国家间友好关系，以及实现人的基本权利和自由构成威胁，确信必须采取协调一致行动以保障各方领土完整、安全和稳定，包括通过加强合作打击恐怖主义、分裂主义和极端主义。

因此，各成员国根据2001年6月15日《上海合作组织成立宣言》、2001年6月15日《打击恐怖主义、分裂主义和极端主义上海公约》和2002年6月7日《上海合作组织宪章》，决定建立上海合作组织地区反恐怖机构，地区反恐怖机构总部设在吉尔吉斯共和国比什凯克市。

协定还规定，上海合作组织成员国元首会议在必要时可在各方境内设立地区反恐怖机构的分部。

地区反恐怖机构是上海合作组织的常设机构，其目的是促进成员国各方主管机关在打击公约确定的恐怖主义、分裂主义和极端主义行为中进行协调与相互协作。

国务院副总理李岚清在北京会见清华大学经济管理学院顾问委员会部分委员

李岚清说，不断提高高等教育水平，大力培养人才是中国政府的一项重大战略任务。中国政府十分重视经济管理科学的研究和教育对中国经济发展的重要作用，希望在这一领域加强国际合作，吸取世界先进成果。

李岚清认真听取了客人们关于中国经济管理科学的教育、人才培养和企业经营管理等问题的意见。

有关方面负责人陈至立、周小川、陈希、高强、廖晓淇、王大中等参加了会见。

清华大学经济管理学院顾问委员会由30多位世界著名跨国企业的总裁和董事长，中国企业和机构的负责人，以及美国麻省理工学院斯隆管理学院院长和哈佛大学商学院院长组成。委员会旨在加强清华大学与世界著名企业领导和学者的联系，听取他们的意见和建议，促进经济管理学院的教学与科研。

国务院副总理吴邦国在河北考察

6月7日至8日，吴邦国在河北省委书记王旭东、省长钮茂生等陪同下，考察了石药集团、三鹿集团、宝石电子集团、天威集团和风帆股份公司等企业。他对河北省认真贯彻中央各项方针政策，在经济和社会发展方面取得的成绩给予了充分肯定。

吴邦国指出，国有企业改革仍然是整个经济体制改革的中心环节，是我们面临的一项重要而紧迫的任务。各地区、各部门要继续坚定不移地全面贯彻党的十五大和十五届四中全会精神，坚持国有企业改革的方向不动摇，把国有企业改革的各项工作扎扎实实地向前推进。他说，要形成和发展一批具有国际竞争力的大公司大集团，这是参与市场竞争、深化经济体制改革和加快结构调整的需要，也是一个地区经济发展的客观要求。大公司大集团要加快企业制度创新、技术创新和管理创新的步伐，在形成自主知识产权、增强核心竞争力方面狠下功夫。只有这样，大公司大集团才能保持持久的市场竞争能力，更好地发挥带动和辐射作用。吴邦国指出，要建立和完善劣势企业退出市场的机制。优胜劣汰是市场经济的规律，对资不抵债、扭亏无望企业的关闭破产工作，要积极稳妥地推进，最为重要的是，要安置好关闭破产企业职工，并得到职工的理解和支持，以确保企业的稳定。要进一步淘汰落后生产能力，关闭浪费资源、污染环境、不具备安全生产条件的小厂小矿。这是经济结构调整的重要内容，也是地区经济社会可持续发展的重要条件，这方面工作决不能放松。

吴邦国强调，今年改革发展的任务很重，维护稳定的任务也很重，一定要处理好改革发展稳定的关系，要在确保稳定的前提下，积极推进改革发展。要认真贯彻国务院关于安全生产工作的总体部署，加强安全生产工作，做到警钟长鸣，常抓不懈，坚决消除事故隐患，切实落实安全生产责任制，坚决防止重特大事故发生。

陪同考察的有关方面负责同志有张左己、蒋黔贵、肖捷、肖钢、侯云春、董力等。

中共山东省八届一次会议选举吴官正为省委书记

中共中央书记处书记尉健行在利伯维尔会见加蓬总统邦戈

国务院副总理李岚清在钓鱼台国宾馆会见由韩国大韩商工会议所朴容晟会长率领的韩—中民间经济协议会代表团

6月8日

国家主席江泽民对俄罗斯南部城市索契进行访问

陕西省南部地区发生暴雨灾害

6月8日至10日，陕西南部出现强降雨过程，发生严重山洪泥石流灾害。党中央、国务院领导同志十分关注陕西省灾情，对救灾工作立即作了重要批示，要求有关部门要全力帮助陕西省做好抢险救灾工作。

6月8日至10日8时陕西省出现一次全省范围的强降水过程，佛坪县降水量最大，8日降雨量达到489毫米。受降水影响，全省共有18条江河涨水，汉江支流子午河和旬河的洪峰流量都超过历史实测的最大流量。

由于降水范围集中，降水强度大，造成部分县区灾情十分严重。截至6月11日，暴雨洪水共造成30多个县、300多个乡镇受灾，农作物受灾面积250多万亩，倒塌损毁房屋8万余间，损毁输电线路214公里、通讯线路526公里，5条国道、9条省道共有路基30余公里、桥梁13座被冲毁，陇海铁路一度中断。截至11日已发现150人死亡。

灾情发生后，陕西省委、省政府全力以赴组织抗洪救灾，省委书记李建国已于6月10日深入安康等重灾现场，代省长贾治邦也已于6月11日中午带领有关部门乘空军直升机飞往佛坪灾区，指挥抢险救灾。一批救灾物资已陆续运往灾区。

遵国务院领导指示，民政部党组副书记、副部长杨衍银带领工作组于6月10日赶赴陕西省灾区，国家防总、水利部等部门也派出工作组，协助地方搞好救灾工作。

6月9日

国家主席江泽民在索契会见俄罗斯总统驻南方联邦区全权代表

江泽民表示，刚刚在圣彼得堡举行的上海合作组织峰会取得圆满成功，期间我与普京总统就进一步发展我们两国关系和共同关心的重大国际问题深入交换了意见。当前中俄关系以《中俄睦邻友好合作条约》为基础，得到了全面的发展并取得了可喜的成果。今年是这个条约签署一周年，我们将在已经取得的成就的基础上，进一步加强合作和交流，继续把中俄友好合作关系推向前进。地方的交往与合作是我们两国友好关系的重要组成部分。我们希望两国能够不断增进地方间的交往和相互了解，扩大友好互利合作，使中俄关系具有更坚实的基础，更加充满活力。

国家主席江泽民和格鲁吉亚总统谢瓦尔德纳泽就两国建交十周年互致贺电

中华民族团结进步协会在北京成立

全国人大常委会副委员长王光英、布赫、铁木尔·达瓦买提，全国政协副主席阿沛·阿旺晋美、赵南起、白立忱，全国人大常委会原副委员长费孝通任协会名誉会长，国家民委副主任江家福任协会会长。

据协会负责人介绍，协会将广泛动员海内外各界人士和团体，积极投入到西部大开发和兴边富民行动中去，努力扶持人口较少的少数民族的发展，促进各民族的共同发展和共同繁荣；利用各种途径和形式，积极促进少数民族的思想道德素质和科学文化素质的不断提高，为加快少数民族和民族地区的发展提供智力支持；组织有关力量，对事关民族工作大局的重大理论和现实问题进行研究，及时提出对策建议，为做好新时期的民族工作建言献策。

北京市戏曲艺术学校举行建校50周年庆祝大会

全国政协主席李瑞环和中共中央书记处书记尉健行为北京戏校题词、写信祝贺。

李瑞环的题词为："耕耘五十年桃李满天下。"尉健行在贺信中写道："五十年来，北京戏校遵循党的文艺工作方针，坚持教戏育人，培养了一批德艺双馨的优秀人才，为我国社会主义文艺舞台增添了光彩。希望你们认真学习并努力实践江泽民总书记提出的'三个代表'的重要思想，再接再厉，为坚持先进文化方向，繁荣社会主义文艺事业作出新的贡献。"

为北京戏校题词或写信祝贺的还有中共中央政治局委员、中央书记处书记、中宣部部长丁关根，中共中央政治局委员、北京市市委书记贾庆林等。

北京戏校建校50年来，为全国培养出京剧、评剧、梆子、话剧、影视、歌舞、音乐、曲剧、曲艺、芭蕾舞、杂技、木偶和电脑音乐制作等各种专业人才近5000名。

北京戏校是50年前由梅兰芳、郝寿臣、马连良等艺术家建立起来的，50年来培养出18名中国戏剧梅花奖获得者和众多文华奖、"梅兰芳金奖"、"五个一工程奖"等获奖者，他们主演的京剧《雏凤凌空》、《三打陶三春》、《杜鹃山》，评剧《杨三姐告状》，曲剧《烟壶》等和各种流派经典剧目都在观众中产生了广泛影响。

近10年来，北京戏校新建了芭蕾舞、民族舞、现代舞、国标舞和声乐、器乐以及电脑音乐制作等新学科，恢复了高等教育课程，建立了北师大表演艺术学院。

6月10日

国家主席江泽民与拉脱维亚总统瓦伊拉·维基耶—弗赖贝加在里加举行会谈

江泽民对中拉关系的发展给予了积极评价。他指出，中国是最早承认拉脱维亚恢复独立并与之建立外交关系的国家之一。建交以来，双方高层保持了积极接触，各部门交往不断，经贸、文化、教育等领域的友好合作进展顺利。中拉相距遥远，但双方能够相互尊重对方的社会制度、文化传统和价值观念的差异，本着相互尊重、求同存异的精神，发展和深化友好合作关系。这是中拉关系顺利发展的关键所在，符合两国和两国人民的根本利益。中国重视中拉关系，愿继续在相互尊重、互不干涉内政、平等互利、和平共处基础上发展中拉长期稳定的友好合作关系。

江泽民说，高层接触对增进相互了解与信任，推动国家关系发展有重要意义。两国应加强高层往来，促进相互了解。在谈到两国经贸关系时，江泽民表示，拉脱维亚是欧亚大陆桥的主要通道之一，我们对同拉脱维亚开展经贸和运输领域合作持积极态度。中拉在世界贸易组织框架内的合作也有广阔前景。

江泽民向维基耶—弗赖贝加介绍了中国在台湾等问题上的原则立场。维基耶—弗赖贝加表示，拉方认识到台湾问题的敏感性，重申拉脱维亚政府奉行一个中国的政策，理解和支持中国人民早日解决台湾问题的愿望。

中共中央政治局常委胡锦涛在辽宁考察

6月10日至17日，胡锦涛在辽宁省委负责人陪同下，先后到大连、营口、鞍山、沈阳等地考察工作。在企业车间、海港码头和街道社区，胡锦涛与基层干部群众亲切交谈，实地了解当地国有企业改革和发展、社区建设、党的建设情况。

胡锦涛十分关心辽宁国有企业的改革和发展。在鞍山钢铁集团公司、沈阳飞机工业集团公司、大连造船重工集团公司和新船重工集团公司、沈阳黎明航空发动机集团公司、东北钢琴集团公司、东北制药集团公司等企业，胡锦涛详细询问企业的生产经营情况。他指出，国有企业是我国国民经济的支柱，是我们参与国际经济竞争的"国家队"。搞好国有企业特别是大中型骨干企业，对于坚持以公有制为主体、多种所有制经济共同发展的基本经济制度具有十分重要的意义。辽宁要主动适应发展社会主义市场经济和我国加入世贸组织的新形势，加快建立和完善现代企业制度，积极推进国有企业战略性改组和结构调整，大力推动企业技术进步与创新，切实加强企业内部管理，不断增强国有企业的市场竞争能力，进一步焕发老工业基地的生机和活力。他特别强调，越是深化国有企业改革，越要加强和改进企业党的建设，越要坚持全心全意依靠职工办好企业。

胡锦涛还来到营口盼盼集团等非公有制企业考察，他说，非公有制经济是我国社会主义市场经济的重要组成部分，在搞好国有企业的同时，一定要采取切实有效措施，鼓励和支持非公有制经济健康发展，充分发挥它们在促进经济发展、扩大就业、满足群众多样化需求等方面的重要作用。

城市社区建设和社会保障、再就业工作也是胡锦涛这次考察的重点。在大连市明泽街道、香炉礁街道和沈阳市永丰社区，胡锦涛听取了社区建设情况介绍，还看望了困难群众家庭。他在与社区干部座谈时强调，社区建设是新形势下城市工作的重要基础。要把搞好社区服务作为社区工作的主题，把做好"低保"工作作为社区的重要任务，千方百计帮助居民排忧解难，竭诚为他们办实事、办好事。胡锦涛来到大连市戚秀玉职业介绍所、鞍山市中心劳动力市场和"小铅笔"编织社、沈阳市大东区再就业培训中心，当他听说一些下岗失业人员自强不息、艰苦创业，不仅自己实现了再就业，而且帮助更多的群众解决了就业问题时，感到十分高兴。胡锦涛说，扩大就业是解决困难群众生活问题的根本性措施，一定要把这项工作放到突出位置来抓。要想方设法开辟就业门路，进一步落实和完善再就业扶持政策，大力发展和规范就业中介服务，广泛开展职业培训，努力帮助下岗失业人员走上新的工作岗位。

在大连、沈阳等地的经济技术开发区，胡锦涛考察了一些外商投资企业，并同当地干部共商对外开放大计。胡锦涛希望辽宁省充分发挥区位优势，坚持"引进来"与"走出去"双向并举的战略，进一步扩大对外开放，努力拓展经济发展空间。他强调，要积极探索和开辟利用外资的新领域、新方式，不仅要吸引外商投资一般加工业，更重要的是要鼓励外商投资现代农业、高新技术产业、基础设施建设和现代服务业，参与国有企业改组改造，并把引进资金同引进技术、管理、人才结合起来，不断提高利用外资的质量和水平。

辽宁科研院所、大专院校比较多，科技教育力量比较雄厚。在中科院大连化学物理研究所、大连理工大学、沈阳东软集团有限公司、沈阳发动机研究所，胡锦涛勉励广大科技教育工作者瞄准世界科技发展前沿，发扬创新精神，勇攀科技高峰，多出成果，多出人才，为实施科教兴国战略作出更大的贡献。

考察结束时，胡锦涛听取了辽宁省委、省政府的工作汇报，并作了重要讲话。他充分肯定了辽宁各项工作取得的成绩，并就推动经济发展、维护社会稳定、加强党的建设等方面提出了明确要求。胡锦涛特别强调，江泽民总书记"5·31"重要讲话，科学分析了当前我们面临的新形势、新任务和新挑战，全面阐述了贯彻"三个代表"重要思想的根本要求，深刻回答了党和国家未来发展的一系列重大理论和实践问题，是一篇马克思主义的重要文献。这个讲话不仅为党的十六大召开作了重要的政治、思想和理论准备，而且对于更好地团结和动员全党为实现历史和时代赋予我们党的庄严使命而不懈奋斗，具有十分重大而深远的意义。各级党委和政府一定要把学习贯彻江泽民总书记"5·31"重要讲话精神作为当前的一项重要政治任务，切实抓紧抓好。要把学习这一重要讲话与学习邓小平理论结合起来,与学习江泽民总书记“七一”重要讲话和关于“三个代表”的一系列重要论述结合起来,深入领会精神实质,切实做到融会贯通,真正把广大党员干部的思想认识统一到中央的决策和部署上来。要大力发扬理论联系实际的马克思主义学风,紧密结合本地区、本部门的实际,深入研究一些关系全局的重大现实问题,进一步提高解决实际问题的能力和水平,增强工作的原则性、系统性、预见性和创造性。要坚持学以致用,努力把讲话精神贯彻落实到改革开放和现代化建设的实践中去,贯彻落实到党的建设的实践中去,扎扎实实地做好改革发展稳定的各项工作,为党的十六大胜利召开营造昂扬向上、团结奋进、开拓创新的良好氛围。

考察期间,胡锦涛还会见了驻沈阳部队副军级以上干部。

中共宁夏回族自治区第九届委员会第一次全体会议选举陈建国为自治区党委书记

国务院副总理温家宝在罗马举行的世界粮食首脑会议五年回顾会议上发表讲话

主席先生,各位阁下,女士们,先生们,朋友们:

在世界粮食首脑会议召开五年后的今天,各国领导人和代表相聚罗马,回顾首脑会议行动计划的执行情况,共商新世纪世界粮食安全大计,具有重大而深远的意义。我代表中国政府对会议的召开表示热烈的祝贺,对联合国粮农组织卓有成效的工作表示赞赏,对意大利政府为会议召开所作的努力表示衷心的感谢。

粮食是人类生存和发展的基础,粮食安全关系国家安定和世界和平。1996年世界粮食首脑会议以来,各国政府和国际社会按照会议行动计划,为战胜饥饿和营养不良做了大量工作,取得一定的成效。同时,也不能不看到,行动计划取得的进展还十分有限,一些长期困扰世界粮食安全的深层次问题依然存在,饥饿和贫困依然在许多发展中国家肆虐,全球营养不良人口仍高达7亿多。实现世界粮食首脑会议确定的目标,仍需各国政府继续作出努力。

中国是世界上人口最多、粮食消费量最大的国家。中国政府始终把加强农业、解决人民吃饭问题作为首要任务。经过半个世纪特别是改革开放20多年的努力,中国粮食生产能力得到很大提高,实现了粮食等农产品供给由长期短缺到总量基本平衡、丰年有余的历史性转变,创造了依靠自己力量使近13亿人民丰衣足食的奇迹。最近20年,我们解决了2亿多农村贫困人口的吃饭问题。目前,我国粮食人均占有量、每人每天的热能和蛋白质摄取量达到世界平均水平。我国用不到世界10%的耕地养活占世界22%的人口,保障了全体中国人民最基本的人权——生存权,这是对世界和平与发展的巨大贡献。

中国解决粮食安全问题,主要采取了以下措施:一是任何时候都把农业摆在发展国民经济的首位,建立和完善对农业的支持和保护体系,不断增加对农业的投入,始终不放松粮食生产。二是推进农村改革,坚持和完善家庭承包经营制度,赋予农民长期而有保障的土地使用权和经营自主权,充分调动和保护农民的积极性。三是加强农业基础设施和生态环境建设,不断改善农业生产条件,提高抗御自然灾害的能力。四是推广应用农业先进技术和优良品种,提高广大农民科学文化水平,大力推进传统农业向现代农业转变。五是完善粮食购销市场体系,搞好市场服务,增强农民抵御市场风险的能力。六是坚持开发式扶贫,着力改善贫困地区的生产和生活条件,帮助农民发展生产,解决温饱问题,摆脱贫困状况。

主席先生,

世界粮食首脑会议召开以来,中国政府认真履行有关承诺,进一步加强和巩固农业基础地位,粮食生产又迈上一个新的台阶,使中国粮食安全达到新的水平。我们将继续努力,按照首脑会议制定的行动计划,采取有效措施,切实保护粮食生产能力,为经济发展和社会进步奠定良好基础。

粮食安全是全球性的问题,世界各国和国际社会都有责任努力消除饥饿和贫困,保障生活在我们这个地球上的每一个人获得充足食物和免于饥饿的基本权利。在此,我愿阐明中国政府关于解决粮食安全问题的原则立场和主张:

一、维护世界和平与稳定,是根除饥饿、保障粮食安全的基本前提。但是,我们不能不遗憾地看到,当今世界并不太平,局部战争、内乱、地区冲突和各种形式的恐怖活动时有发生。这不仅极大地破坏生产力,而且造成数以千万计的人流离失所,面临饥饿和死亡的威胁。没有和平与稳定就不可能有发展,就没有粮食生产的基本条件,也就不能消除饥饿和贫困。我们呼吁世界各国遵守《联合国宪章》的宗旨和原则以及公认的国际关系基本准则,共同推动建立公正合理的国际政治经济新秩序,维护世界和平与地区稳定,为世界粮食安全和人类社会发展创造一个良好的环境。中国是负责任的国家,中国人民热爱和平,我们将继续为世界和平与稳定作出积极的努力。

二、解决粮食安全问题是各国政府的基本职责。一个国家只有首先解决本国人民生存的基本问题,社会才能稳定,其他各项事业才有发展的基础。目前,许多发展中国家面临国内粮食生产不足和缺乏粮食进口能力的双重制约。解决粮食供给问题,归根到底要靠发展经济。各国政府首先要立足国内,制定有利于粮食和农业生产的发展战略,努力提高粮食生产能力。同时,充分发挥本国的资源优势,积极发展特色产业,增强国际竞争力,提高经济发展水平和国际支付能力。

三、发展粮食生产必须重视合理开发利用资源和保护环境。当前,一些地区荒漠化扩大,耕地资源减少,水资源短缺,生态环境质量下降,自然灾害频繁,粮食和农业生产赖以发展的基础遭到破坏,对人类生存和发展构成严重威胁。发展粮食生产要遵循自然规律,不能以牺牲环境为代价。要重视合理开发利用土地和淡水等自然资源,保护生态环境,研究和推广有利于环境和资源保护的生产技术,实现粮食和农业的可持续发展。要控制人口过快增长,努力实现人与自然的和谐。

四、确保全球粮食安全需要加强国际合作。许多发展中国家由于众所周知的历史原因和其他客观条件的制约,经济发展缓慢,长期贫困落后,这是导致饥饿和营养不良的重要根源之一。在经济全球化趋势深入发展的今天,这些国家处在十分不利的地位。国际社会特别是发达国家,应更多地关注这些国家的困难,向他们提供更多的官方发展援助,进一步减免债务,加快技术转让,摒弃贸易保护主义,向发展中国家开放市场,促进发展中国家经济发展。在推进农产品贸易自由化的进程中,应进行广泛的协商,充分考虑发展中国家的实际情况和合理要求,切实照顾广大发展中国家的利益。只有发展中国家特别是最贫困国家的经济得到发展,在全球范围内消除饥饿和营养不良的目标才能真正实现。

主席先生,

长期以来,中国积极参与粮农领域的国际交流与合作。中国与联合国粮农组织、世界粮食计划署等国际组织和机构建立了良好的合作关系。我们不会忘记,在中国遭受自然灾害、粮食生产受到严重损失的时候,曾得到许多国家和国际组织的援助。在此,我代表中国政府和人民表示衷心的感谢。多年来,我们也通过各种渠道和方式,对一些发展中国家提供了力所能及的帮助。总体而言,中国是发展中国家,要达到中等发达国家的水平,还需要经过几十年的艰苦努力。随着中国经济的进一步发展和国力的逐步增强,我们将继续为世界粮食安全特别是发展中国家粮食安全作出应有的贡献。我相信,只要国际社会和世界各国积极行动起来,加强合作,共同努力,实现世界粮食首脑会议确定的目标,是大有希望的。中国政府和人民愿同各国政府和人民一道,为实现这些目标作出不懈的努力。

谢谢大家。

国务院副总理温家宝在罗马会见联合国秘书长安南

温家宝说,这次在罗马召开的粮食问题会议是一次重要的会议。从本质上讲,粮食问题就是发展问题,必须置于全球发展的总体框架内加以解决。历史的经验证明,没有粮食安全,就没有经济和社会的发展。当然,没有经济和社会的发展为依托,粮食安全也无法实现。联合国在促进各国经济和社会的发展方面大有作为。

温家宝还介绍了中国在解决粮食问题上的经验和体会。

中共中央书记处书记尉健行在哈博罗内会见博茨瓦纳副总统卡马

国务院副总理李岚清在人民大会堂会见以泰国泰爱泰党顾问委员会主席政府总理顾问团主席沙诺·天通为团长的泰爱泰党代表团

农业部和国家环保总局联合发布2001年度《中国渔业生态环境状况公报》

公报显示:2001年,中国渔业水域生态环境总体状况良好,部分水域受到一定程度的污染,局部水域污染较严重,渔业资源和渔业生产受到一定程度的影响。

2001年度,我国渔业生态环境所面临的形势仍然十分严峻。在所监测的近海及内陆渔业水域中,有半数以上受到不同程度的污染。与2000年相比,环境状况未能得到改善,某些污染指标与2000年相比虽有所减轻,但近岸及内陆主要河流渔业水域的总体环境有加重污染的趋势,渔业水域富营养化的程度日趋严重。2001年度我国发生的渔业污染事故数量比2000年明显增加,虽然损失金额有所下降,但环境污染造成渔业资源的损失与2000年大体相同。环境污染、工程建设及自然灾害等使渔业资源增殖和渔业水域生态环境恢复的难度不断增大。

公报说,离岸较远的海水鱼虾类产卵场、稚幼鱼索饵场、越冬场及内陆一些重要河流上游等渔业水域水质良好,基本没有受到污染,适合鱼类的繁殖和生长。栖息在这些水域的鱼类品质优良。近岸海域、河口及内湾部分渔业水域受到一定程度污染。与2000年相比,所监测的近岸鱼虾类产卵场和稚幼鱼索饵场中,无机氮、铜和化学需氧量的超标范围有所扩大;海水鱼、虾、贝、藻类养殖区污染比较严重,无机氮超标范围增幅较大。江河、湖泊鱼类产卵场、稚幼鱼索饵场及洄游通道等渔业水域污染仍较严重。

国家体育总局和中华全国体育总会在北京举行座

谈会纪念毛泽东同志“发展体育运动 增强人民体质”题词发表50周年

国务院副总理李岚清出席会议并发表讲话强调，要深入领会毛泽东同志的题词精神，全面贯彻“三个代表”重要思想，与时俱进、开拓创新，大力发展体育事业，不断提高广大人民群众的身体素质，促进我国先进生产力和先进文化发展，满足人民群众日益增长的精神文化需求。

李岚清指出，体育是关系人民健康和国家富强的重要事业。新中国成立50多年来，我国体育事业取得了举世瞩目的成就。群众体育活动蓬勃开展，人民体质不断增强，竞技体育确立了在亚洲体坛的领先地位，我国已跻身于世界体育强国之列。中国人民以强健的体魄和崭新的形象屹立在世界东方。我国体育事业的巨大成就，得益于党的三代领导集体对体育工作始终如一的重视和关怀，得益于全国人民和社会各界的广泛参与和支持，是一代又一代体育工作者特别是教练员、运动员辛勤工作、顽强拼搏的结果。

李岚清指出，从新世纪开始，我国进入了全面建设小康社会，加快推进社会主义现代化的新的发展阶段。我们要全面贯彻“三个代表”重要思想，面向世界，面向未来，推动我国体育事业不断前进。一是要大力开展全民健身活动，努力提高人民群众的健康水平。1995年，党中央、国务院决定实施“全民健身计划”。各级人民政府要把开展全民健身活动作为提高人民群众生活质量的一个重要方面，以学校、城市社区、农村乡镇为重点，切实加强组织领导，加大财政对体育的投入，研究制定相应的产业政策，鼓励社会投资体育健身领域，大力支持全民健身计划的实施。

体育部门和有关方面要认真部署，周密规划，分步实施，进一步加大宣传工作力度，增强公民的健康意识，切实保障公民参与体育活动的基本权利。要做好国民体质监测工作，高度重视不同人群的健康状况，培养和壮大群众体育骨干队伍，有计划地组织小型多样的体育比赛，带动群众性体育健身活动的广泛开展，使全民健身计划真正成为全民参与、全民受益的“民心工程”。二是要进一步提高竞技体育水平，努力在世界体坛上创造新的成绩。要认真做好2008年北京奥运会的各项筹备工作，特别是要及早着手进行参赛运动员队伍的选拔培训工作，充分利用现代科技成果，进行严格科学的训练，提高运动技术水平。要积极筹办好在我国举办的重大国际单项体育比赛，为承办奥运会积累经验，努力把北京奥运会办成一届最出色的奥运会。三是要大力弘扬中华体育精神，推动社会主义精神文明建设。体育工作要着眼于改革开放和现代化建设的全局，充分发挥体育在社会主义精神文明建设中的独特作用，大力弘扬爱国主义、集体主义、社会主义的精神，在全社会树立顽强拼搏、公平竞争、团结合作的风尚，为推动经济发展和社会进步提供强大的精神动力。要加强教练员、裁判员、运动员的思想道德建设，提倡公平竞争，反对弄虚作假，确保我国体育事业健康发展。

国家体育总局局长袁伟民，中华全国体育总会顾问荣高棠，全国妇联副主席、书记处书记华福周，总政宣传部部长秦怀保，运动员代表王楠，教练员代表许海峰先后发了言。中央、国家机关和解放军有关部门负责人、体育界代表100多人出席了会议。座谈会由国家体育总局副局长张发强主持。

《人民日报》发表评论员文章《发展体育运动 增强人民体质——纪念毛泽东同志题词50周年》

卫生部等7部委联合印发《中国农村初级卫生保健发展纲要(2001—2010年)》

《纲要》为我国农村初级卫生保健提出了又一个10年发展规划。

我国农村初级卫生保健10年内的总目标是，通过深化改革，健全农村卫生服务体系，完善服务功能，实行多种形式的农民医疗保障制度，解决农民基本医疗和预防保健问题，努力控制危害严重的传染病、地方病，使广大农村居民享受到与经济社会发展相适应的基本卫生保健服务，不断提高农民的健康水平和生活质量。到2010年，孕产妇死亡率、婴儿死亡率以2000年为基数分别下降1/4和1/5，平均期望寿命在2000年基础上增加1—2岁。

6月11日

国家主席江泽民在里加会见拉脱维亚政府总理安德里斯·贝尔津什

国务委员司马义·艾买提在内蒙古自治区通辽市兴安盟考察

6月11日至17日，司马义·艾买提在内蒙古自治区通辽市、兴安盟进行考察。他深入学校、企业、乡村，走进农牧民家庭，看望并慰问困难群众，深入了解他们的生产和生活情况。考察期间，司马义·艾买提指出，内蒙古自治区要认真贯彻党的民族政策，抓住西部开发和贯彻实施修改后的民族区域自治法的历史性机遇，进一步解放思想，转变观念，开拓创新，实现地区经济的快速发展。要进一步扩大开放，不仅要重视向外资开放，还要重视向国内其他地区开放。要以市场为导向，充分发挥自身优势，加大产业结构调整的力度，努力将资源优势、产业优势转化为经济优势。要进一步转变政府职能，改进政府的工作，为经济和社会发展创造良好的环境。要进一步关心群众的生活，加大扶贫工作力度。在实地考察退耕还林还草和治沙工作情况后，他指出，要认真落实中央有关政策，把生态环境的保护和建设放在特殊重要的位置，下更大的气力植树种草，防沙固沙。

司马义·艾买提指出，做好民族地区的工作，必须全面贯彻落实党的民族政策，认真贯彻实施民族区域自治法，民族区域自治法是我国实行民族区域自治制度的实践经验的科学总结，是一项关于民族问题的基本法律，要广泛深入地开展学习和宣传，并在实践中认真遵守和执行。要坚持不懈地开展党的民族政策的宣传教育，继续发扬光荣传统，维护民族团结、社会稳定和祖国统一，促进各民族共同繁荣进步。

司马义·艾买提强调，当前要认真学习贯彻江泽民同志不久前在中央党校省部级干部进修班毕业典礼上的重要讲话精神，按照党中央和国务院的要求和部署，认真做好经济工作，搞好财政增收节支，加强安全生产，维护社会和企业的稳定，以优异的成绩迎接党的十六大的召开。

《人民日报》发表国家发展计划委员会主任曾培炎的文章《抓住机遇 迎接挑战》

《人民日报》发表国务院经济体制改革办公室主任王岐山的文章《因势利导 大力推进体制创新》

北京人民艺术剧院50周年华诞庆典活动举行

北京人民艺术剧院几代艺术工作者和首都各界人士会在北京饭店举行纪念北京人民艺术剧院50周年华诞庆典活动。国务院副总理李岚清，北京市委书记贾庆林，国务委员吴仪等致信祝贺。

北京人民艺术剧院成立于1952年6月12日，著名戏剧家曹禺是第一任院长，老一辈艺术家为北京人艺奠定了特有的戏剧风格。50年来，北京人艺坚持现实主义和民族特色，创作演出了大量脍炙人口的优秀剧目，迄今为止，剧院共上演过不同形式、不同风格的剧目近300部，演出12570余场。在20世纪五六十年代，剧院以演出郭沫若、老舍、曹禺、田汉的剧作而闻名全国，代表剧目有《虎符》、《蔡文姬》、《龙须沟》、《茶馆》、《雷雨》、《日出》等。改革开放以来，剧院在继承传统的基础上，又有了新的开拓和发展。近20多年来，剧院上演了80余部新剧目，如《丹心谱》、《狗儿爷涅槃》、《天下第一楼》、《旮旯胡同》、《阮玲玉》、《北京大爷》等，其中有多部获得过“文华奖”和“五个一工程奖”。北京人艺还上演了外国经典剧目《推销员之死》、《哈姆雷特》等，并开创了中国话剧走出国门的先河，1980年起话剧《茶馆》先后出访了多个国家获得巨大成功。同时，半个世纪以来，北京人艺还培养出一大批优秀的艺术家，为中国的话剧艺术事业作出了可喜的贡献。

在庆祝会上，北京人民艺术剧院院长刘锦云表示，北京人艺将以江总书记“三个代表”重要思想为指导，坚决贯彻执行党的文艺“二为”方向和“双百”方针，以建院50周年为契机，与时俱进、不断创新，为发展面向现代化、面向世界、面向未来的社会主义文化事业而不懈努力，为繁荣我国的话剧事业作出新的更大的贡献。

6月12日

国家主席江泽民在塔林与爱沙尼亚共和国总统阿诺尔德·吕特尔举行正式会谈

江泽民高度评价了中国和爱沙尼亚建交10年来两国关系的顺利发展。他强调指出，中爱两国高层交往密切，双方相互理解与信任不断加深，经贸、文化、教育等各个领域合作成果显著，对重大国际问题的共识日益扩大。尽管我们两国国情不同，历史文化传统也存在差异，但我们一直坚持在相互尊重、平等互利等原则的基础上友好合作，这是中爱关系发展顺利的关键所在。发展同爱沙尼亚的全面友好合作关系是中国政府的既定方针。我们愿同爱沙尼亚一起努力，保持中爱关系发展的积极势头，不断把中爱合作提高到新的水平。

在谈到中爱经贸合作时，江泽民表示，随着我们两国经贸关系的迅速发展，爱沙尼亚已成为中国在波罗的海三国中最大的贸易伙伴。交通运输、信息产业、渔业、木材加工等是双方最具前景的合作领域。中爱都有一批实力雄厚的名牌企业，我们鼓励他们建立直接联系，开展合作，相互投资。

双方还就地区形势和重大国际问题交换了意见。在谈到中国对当前国际形势的看法和中国对外政策的基本主张时，江泽民强调，中国奉行独立自主的和平外交政策，主要目标是维护世界和平，促进共同发展。中国重视同波罗的海三国发展平等互利合作关系，以实现共同繁荣。我们也愿同波罗的海三国携手合作，为维护世界的和平与稳定作出自己的贡献。

会谈后，两国元首出席了《中华人民共和国和爱沙尼亚共和国关于刑事司法协助的条约》签字仪式并共同会见了记者。

《人民日报》发表社论《大力实施人才强国战略》

全国农村“三个代表”重要思想学习教育活动联系会议第八次会议在北京召开

中央组织部部长、全国农村“三个代表”重要思想学习教育活动联系会议领导小组组长曾庆红出席会议并发表讲话。

在听取联系会议办公室关于一年多来学习教育活动情况的汇报后，曾庆红说，一年多来，在中央和中央党建工作领导小组的领导下，全国农村学习教育活动联系会议，及时了解掌握各地“学教”活动的进展情况，切实加强对“学教”活动具体指导；及时派出督查组和调查组，采取明察与“暗访”相结合的方式，对各省区市“学教”活动进行督促检查；及时总结经验，注意运用典型指导和推动面上工作，做了大量卓有成效的工作。全国农村学习教育活动联系会议成员单位，积极参与，主动配合，为“学教”活动顺利开展作出了贡献。中央和国家机关有关部门按照中央的要求，坚持上下联动，配合地方解决了不少存在的突出问题。目前，全国大部分地区“学教”活动已接近尾声，但这项工作还没有完全结束。各级党委和“学教”活动领导小组，特别是全国“学教”活动联系会议领导小组，一定要做到思想不松、工作不停，认认真真、扎扎实实地抓好这次集中学习教育活动结束前的各项工作。

曾庆红强调，深入学习和贯彻江泽民总书记“5·31”讲话精神，是全国一项十分重要而紧迫的任务。各级党委和学习教育活动领导小组要把学习“5·31”讲话，作为事关农村改革、发展、稳定的一件大事来抓。各级领导干部要带头学习，深刻领会，为基层干部作出榜样。各学习教育单位，无论是乡镇、县(市)部门，还是村和乡镇站所，都要专门安排时间，组织本单位党员和干部，认真学习，深刻领会讲话的精神实质，把广大基层干部的思想和行动统一到讲话精神上来，进一步增强学习实践“三个代表”重要思想的自觉性。

曾庆红指出，各级党委特别是县(市)委要坚持不懈地抓好整改措施的落实，以实际效果取信于民。要落实整改责任制，明确责任单位、责任人和整改时限。人员有变动的，要及时衔接、补位，不能“断档”、“空档”。对需要上下联动整改的问题，要协调各方，逐项加以解决。凡是向群众承诺整改的问题，要坚决兑现。联系会议成员单位和中央、国家有关部门对于表现在基层，根子在上面的问题，要带头整改，以深入整改的实际行动，带动和推动本系统基层单位整改措施的落实。要积极配合地方党委，加强对本系统基层单位整改情况的督促检查，整改措施的落实情况，要采取适当方式及时向群众通报，接受群众监督。

曾庆红指出，要把学习教育活动的好经验、好做法更好地运用到农村基层组织建设的经常性工作中去，建立、健全“让干部经常受教育、使农民长期得实惠”的工作机制。一是建立、健全农村基层干部定期培训制度，形成干部经常受教育的学习机制。同时要建立、健全干部理论学习的激励机制，把干部的学习同年终考核、评比结合起来。二是努力扩大党的群众工作的覆盖面，建立、健全干部密切联系群众的机制。要借鉴学习教育活动的经验，把领导干部联系点、部门包村、党员干部结对帮扶困难户，特别是机关干部驻村蹲点、基层干部进村入户征求群众意见，以及方便群众办事等一系列联系群众、服务群众的做法，加以制度化。三是推进农村基层民主政治建设，建立、健全党组织领导下的村民自治运行机制。对各地在加强以党组织为核心的村级组织建设、推进农村基层民主建设等方面的好制度好办法，要进一步规范并长期坚持，同时要总结推广乡镇和县(市)部门政务公开的经验。四是以开展“三级联创”活动为载体，形成农村基层组织建设常抓不懈的工作机制。要以“三个代表”重要思想指导“三级联创”的开展，提升“三级联创”的标准；用学习教育活动的经验，改进“三级联创”的方法，完善“三级联创”的措施，建立、健全农村基层组织建设常抓不懈的工作机制，进一步形成县、乡、村三级联创，省、市、县、乡、村五级联动，一级抓一级、层层抓落实的工作格局。

全国农村“三个代表”重要思想学习教育活动联系会议领导小组成员出席了会议。

国务院任免国家工作人员

任命周济为教育部副部长；

任命杨元元为中国民用航空总局局长；

任命柳斌杰为新闻出版总署副署长；

任命侯云春为国务院研究室副主任；

任命徐匡迪为中国工程院院长；

王淀佐、邬贺铨、刘德培、杜祥琬、沈国舫为中国工程院副院长(按姓氏笔画为序)；

任命王显政为国家安全生产监督管理局(国家煤矿安全监察局)局长；

免去奚国华的信息产业部副部长职务；

免去刘剑锋的中国民用航空总局局长职务；

免去李德水的国务院研究室副主任职务；

免去张宝明的国家安全生产监督管理局(国家煤矿安全监察局)局长职务。

劳动和社会保障部 国家统计局发布2001年度劳

动和社会保障统计公报

公报显示，2001年我国确保了国有企业下岗职工基本生活，确保了企业离退休人员养老金按时足额发放，实施了社会保障体系试点方案，深化医疗保险制度改革，劳动和社会保障事业取得了新的进展。

2001年，全国就业总量继续增长，就业结构进一步改善。到年底，全国城乡共有就业人员73025万人，与上年同比增加940万人。城镇就业人员为23940万人，与上年同比增加789万人。其中，城镇单位就业人员11166万人，比上年减少447万人。在城镇单位就业人员中，在岗职工人数10792万人，比上年减少467万人。到年底，全国城镇登记失业率为3.6%。

国有企业下岗职工基本生活保障工作成绩继续得到巩固。到年底，国有企业(含国有联营企业、国有独资公司)下岗职工515万人，比上年底减少142万人。90%以上国有企业下岗职工的基本生活得到保障。全年共有227万国有企业下岗职工实现再就业，再就业率为30.6%。

城镇基本养老保险的覆盖面继续扩大。到年底，全国有10802万职工和3381万离退休人员参加了基本养老保险，分别比上年增长3.39%和6.65%。全年全国基本养老保险基金总收入2489亿元(含征缴收入和中央财政、地方财政补助)，总支出2321亿元。到年底，全国基本养老保险基金滚存结余1054亿元。

医疗保险制度改革步伐加快。到年底，全国349个地级以上统筹地区中，有339个统筹地区组织实施了基本医疗保险制度改革，登记参保人数达7630万人。到年底，全国基本医疗保险基金滚存结余253亿元。

在工资分配方面，2001年城镇在岗职工工资总额达11831亿元，比上年增长11%。全国城镇在岗职工平均工资为10870元，比上年增长16%，扣除价格因素，实际增长15.2%。

中共中央书记处书记尉健行在哈拉雷会见津巴布韦副总统非洲民族联盟(爱国阵线)副总裁兼第二书记姆西卡

双方在亲切友好的气氛中相互通报了各自的国内形势，并就发展两党两国关系以及其他共同关心的问题交换了意见。

中央军委副主席迟浩田在青海 宁夏 陕西考察

6月12日至24日，迟浩田先后深入青海、宁夏、陕西一些地区，就部队建设、国防动员工作、维护社会稳定和边防安全等问题进行调研。

迟浩田指出，江总书记“5·31”讲话深刻揭示了确立“三个代表”重要思想在我们党的指导地位和用发展的马克思主义指导社会主义建设新实践的极端重要性，为我们加强和改进军队党的建设，实施科技强军战略，推进军队现代化建设跨越式发展提供了科学指南，是我军履行“打得赢”、“不变质”历史使命的重要思想和理论保证。各级党委、领导要在带头学习的同时，认真抓好部队的学习，切实把广大官兵的思想统一到讲话精神上来。要在思想上、政治上、行动上与以江泽民同志为核心的党中央保持高度一致，确保我军始终置于党的绝对领导之下，在任何时候、任何情况下都坚决听从党中央、江主席的指挥。要坚持“三个代表”重要思想在军队建设中的指导地位，把“三个代表”的要求落到实处，不断开创国防和军队建设的新局面。

迟浩田强调，要着眼维护西北地区的安全稳定，切实加强国防动员建设，在提高后备力量科技参战支前和处置突发事件能力、战略物资保障能力、主要目标综合防护能力、交通通信保障能力上下功夫，全面提高国防动员建设的质量和效益。

迟浩田说，要进一步加强民族团结和军政军民团结，打牢西北安全稳定的政治基础。要广泛宣传马克思主义民族理论和党的民族政策，增强军民维护民族团结的观念，自觉同民族分裂主义作斗争。要从政治上看待和处理军政军民关系问题，进一步营造军爱民、民拥军的浓厚氛围，加强军地相互支持与配合，促进经济社会发展和部队建设。各级党委、政府要一如既往地关心和支持部队建设，为驻军部队做好军事斗争准备、提高“打赢”能力创造条件。

钱树根、李乾元、赵乐际、陈建国、马启智、李建国、贾治邦先后陪同考察。

童第周诞辰100周年纪念座谈会在北京举行

我国卓越的科学家、教育家、社会活动家童第周诞辰100周年纪念座谈会今天在北京全国政协礼堂举行。中共中央政治局常委、全国政协主席李瑞环出席座谈会。

全国政协副主席、中共中央统战部部长王兆国在座谈会上讲话。他代表全国政协和中共中央统战部，对童第周先生表示深切的怀念，向童第周先生的亲属表示诚挚的问候。他说，童第周热爱中国共产党，热爱社会主义祖国，努力学习马列主义、毛泽东思想，积极参加社会主义革命和社会主义建设，把全部精力都贡献给了祖国的科学和教育事业。在将近50年的科学生涯中，他一直从事发育生物学的研究，是我国实验胚胎学的主要开创人。他发表了大量科学论文和专著，所领导的研究工作也居于国际同类研究的先进行列。他还和我国其他老一辈海洋科学家一起，开创了我国海洋科学研究，取得了丰硕成果。粉碎"四人帮"后，他在古稀之年加入了中国共产党，从一个爱国知识分子，成为一名无产阶级先锋战士。从此，他更加精神振奋、不知疲倦地进行科学研究，直至生命的最后一刻，实现了他"有生之年，为国家，为人民多做工作"的入党誓言。

童第周1902年生于浙江省鄞县，早年曾在比利时、法国留学，获得博士学位。新中国成立后，他历任山东大学教授、副校长，中国科学院实验生物研究所副所长，海洋研究所、动物研究所所长，中国科学院生物地学部副主任和生物学部主任，中国科学院副院长等职。他曾任民盟中央常委，当选为第一、二、三、四届全国人大代表，第三、四届全国人大常委会委员，第五届全国政协副主席。童第周作为我国生物学界的一代宗师，在他77年的人生历程中，用自己辛勤的努力和对科学事业的奉献精神，为国家的富强和社会的进步，作出了卓越的贡献。

座谈会由全国政协副主席朱光亚主持。民盟中央副主席张梅颖代表全国人大常委会副委员长、民盟中央主席丁石孙，中国科学院院长路甬祥，童第周生前友好代表曾呈奎，青年科学家代表孙青原，童第周之子童孚中也在座谈会上先后发言。

民盟中央名誉主席费孝通、全国政协秘书长郑万通、中共中央统战部常务副部长刘延东，有关单位负责同志以及童第周先生的亲属和生前友好出席了座谈会。

6月13日

国家主席江泽民在塔林会见爱沙尼亚总理西姆·卡拉斯

《人民日报》发表中国社会科学院邓小平理论研究中心的文章《形成团结奋进的强大精神力量》

亚太地区城市信息化论坛在上海开幕

来自亚洲、欧洲、美洲和非洲的800多名代表会集上海，集中探讨各国政府及其城市、企业共同关心的话题："消除数字鸿沟——电子政务与城市信息化"。国务院副总理吴邦国向大会发来了书面贺词，全国政协副主席胡启立出席开幕式并致辞。

吴邦国在书面致辞中说，在经济全球化和全球信息化浪潮的推动下，世界各国对加快电子政务建设给予了极大的关注，并采取强有力的措施加以推动。本次论坛以"消除数字鸿沟——电子政务与城市信息化"为主题，共同探讨电子政务的发展途径与技术对策，对加强国际城市之间的交流与合作具有深远的意义。他说，中国政府高度重视信息化，并将信息化发展作为覆盖现代化建设全局的战略举措加以推动。当前，为进一步完善市场经济体制，履行世贸组织成员义务，中国政府正在加快转变职能，通过电子政务建设使政府工作更好地适应经济和社会发展的现实需要。

吴邦国指出，电子政务建设是一个世界性的课题，需要在国际范围内加强广泛的交流与合作。中国政府在积极探索适合本国国情的电子政务发展模式时，需要积极借鉴世界各国的发展经验，通过电子政务建设，继续加快国民经济和社会信息化的发展。通过论坛提供的这一合作与交流平台，与会者都能够得到有益的启迪和收获，为加强信息化的国际合作与交流作出新的贡献。

本次论坛由联合国经济与社会事务部、联合国开发计划署和中国国务院信息办、科技部、信息产业部、外经贸部、中科院和上海市政府共同举办。

全国人大常委会副委员长铁木尔·达瓦买提在第比利斯会见格鲁吉亚总统谢瓦尔德纳泽

6月14日

《人民日报》发表评论员文章《全面贯彻"三个代表"重要思想》

国家主席江泽民在冰岛总统官邸与冰岛总统奥拉维尔·格里姆松举行会谈

双方就中冰双边关系等问题交换了意见。

江泽民对格里姆松说，首先我感谢冰岛政府和人民为我们来访所做的工作。希望通过这次访问，我们能够就共同关心的问题交换看法，同时我也很高兴与贵国各界人士广泛接触，增进相互了解。

关于双边关系，江泽民指出，中冰建交30多年来，友好关系持续发展。特别是近年来双方保持高层互访势头，推动了两国在各个领域的合作。中冰两国在一些方面存在差异，但我们双方没有根本的利害冲突。在当前复杂多变的国际局势下，两国对重大国际问题有相同或相似的看法，有着广泛的共同利益。中冰在许多方面各有特色，可以相互学习和借鉴。双方应继续加强交往，包括高层互访和各个层次的交流，以进一步加深相互了解。我们应本着互惠互利、着眼长远的原则，不断扩大两国在经贸、科技领域的合作。

国家主席江泽民在雷克雅未克民族文化大厦与冰

岛政府总理达维兹·奥德松举行会谈

江泽民对奥德松表示：你1994年访华时，我们进行了很好的交谈，今天很高兴再次见到你。我们两国关系近年来发展良好，双方在渔业等领域的合作继续深化，冰岛已成为中国在北欧的重要水产品贸易伙伴，同时我们还开辟了造船等新的合作领域。目前两国有关部门正在就加强旅游和扩大地热利用等领域的合作进行探讨。

江泽民说，中国一贯重视同冰岛发展各个领域的友好合作关系。我们两国在维护世界和平、促进共同发展方面有着广泛的共同利益，在经济和文化上也各有特长。双方可以加强各个层次的交往和沟通，扩大经贸、科技领域的互利合作，继续鼓励和支持两国有关部门和民间开展丰富多彩的文化交流活动。希望双方一起努力，推动两国友好合作取得更大的成果。

中央金融系统党代表会议在北京召开

会议选举产生了中央金融系统出席党的第十六次全国代表大会代表。中共中央政治局委员、书记处书记、国务院副总理、中央金融工委书记温家宝出席会议并讲话。

中央金融系统单独组团参加党的全国代表大会是第一次。按照中央要求，从年初开始中央金融工委就在中央金融系统范围内部署了党的十六大代表推荐工作。

温家宝在会议结束时发表讲话，他说，党的十六大是新世纪我们党召开的第一次全国代表大会，将对我国在新世纪的发展产生重要而深远的影响。前不久，江泽民同志在中央党校省部级干部进修班毕业典礼上发表了重要讲话，站在历史的高度和时代的前列，以马克思主义的科学创新精神，进一步阐述了“三个代表”的深刻内涵，指明了党和国家新世纪的奋斗目标，提出了新时期党的建设的任务和要求。江泽民同志的重要讲话，对开创建设有中国特色社会主义事业的新局面，做好新时期党的各项工作具有十分重要的指导意义，为党的十六大胜利召开奠定了重要的思想理论基础。金融系统各级党委要认真学习和领会讲话精神，努力做好金融系统的各项工作。第一，以“三个代表”重要思想为指导，全面加强党的建设，保证金融改革和发展顺利进行。金融系统要按照江泽民同志讲话中提出的“四个一定要”的要求，重点抓好领导班子建设、基层组织建设和党风廉政建设，形成奋发有为、朝气蓬勃的领导班子，形成具有凝聚力、号召力的坚强战斗集体，形成政治过硬、业务优良、作风清正、纪律严明的党员职工队伍。第二，认真落实全国金融工作会议精神，深化金融改革，促进金融业健康发展。金融系统学习江泽民同志重要讲话精神，深入实践“三个代表”要求，最终要体现在促进金融工作上。要积极推进国有独资金融企业改革，加快建立现代金融企业制度，全面增强我国金融业的竞争力。加强内部管理，健全内控机制，努力降低不良资产比例，提高金融企业的经营效益。改革和完善金融监管体制，加大监管力度。加强社会信用制度建设，营造社会信用的良好环境。第三，做好维护金融和社会稳定的工作。要处理好改革发展稳定的关系，在积极推进金融改革和发展的同时，把防范金融风险摆到重要位置。在努力降低不良资产比例的基础上，积极为经济和社会发展提供金融服务。认真做好处置金融风险的工作，保持社会稳定。密切关注和分析世界政治、经济和金融形势的变化，防范国际金融风险对我国经济金融秩序的冲击。

6月15日

2002年第12期《求是》杂志发表评论员文章《以“三个代表”重要思想统领我们的工作——学习江泽民同志“5·31”重要讲话》

2002年第12期《求是》杂志发表署名秋石的文章《论在思想上建党》

国家主席江泽民电贺卡尔扎伊当选阿富汗过渡政府总统

中共湖北省第八届委员会第一次全体会议选举俞正声为省委书记

国务委员吴仪在哈尔滨会见应邀前来参加第十三届哈尔滨经济贸易洽谈会的俄罗斯副总理赫里斯坚科

吴仪说，两国元首共同签署的《中俄睦邻友好合作条约》将中俄战略协作伙伴关系以法律形式固定下来。两国加强在经贸、科技等各领域的合作符合两国的利益。关于双边经贸关系，吴仪说，中俄双边贸易去年突破100亿美元，创历史最高纪录。两国总理定期会晤机制的形式和中俄总理定期会晤委员会的工作推动了两国经贸合作的进一步发展。她表示期待着年内再度与赫里斯坚科会晤，共商两国经贸合作的发展。

6月16日

国家主席江泽民对立陶宛共和国进行国事访问

全国人大常委会副委员长姜春云在河南考察工作

姜春云强调，要充分认识诚信对经济发展和社会稳定的极端重要性，切实加强对市场信用制度建设的领导，依法整顿规范市场经济秩序，大力表彰讲信用的经营者，严肃处理违法经营者，强化道德规范教育，加强以诚信为主要内容的职业道德建设，标本兼治，建立、健全有效的诚信保障体系和机制，以促进市场经济持续快速健康发展。

姜春云指出，法制和诚信是市场经济的两大支柱，诚信是市场经济的基础。我们各行各业、所有经营者和广大干部、群众都要充分认识诚信对经济发展和社会稳定的极端重要性，把整顿规范市场秩序、加强市场信用制度建设上升到实践“三个代表”的高度，作为发展先进生产力的重要举措，传播先进文化的重要内容，广大人民群众根本利益的重要体现，作为一件大事要事，坚定不移、坚持不懈地抓下去。要依法扶正祛邪，赏罚分明，弘扬正气，打击邪气。严厉惩治不讲诚信、违反商业道德、破坏市场经济秩序的企业和经营者，让他们付出代价；同时大力表彰依法经营、靠诚信起家的企业和经营者，并采取具体措施，让诚信者得到好处，以形成“守信光荣、失信可耻”的良好社会风尚。要强化道德规范教育，把诚信教育作为精神文明教育的重要内容，采取有效措施，贯彻落实《公民道德建设实施纲要》，倡导“爱国守法、明礼诚信、团结友善、勤俭自强、敬业奉献”的基本道德规范。

姜春云说，建立诚信制度体系，除了道德自律外，还必须依靠法律保障。我国已经把诚实信用作为市场经济活动的一个重要原则在多部法律中作出明确规定，但从实践来看，仅有这些法律规定还不够，还须制定信用制度方面的专门法律、法规制度，加强诚信建设，建立企业、组织和个人的信用档案，在全社会建立诚实信用受益、失信者受损、违法者受惩的机制，保障市场经济秩序的运行。各级人大和政府应从实际需要出发，制定信用方面的法律、法规和规章，并严格依法办事，切实保证法律的规定得到落实。

姜春云强调，整顿和规范市场经济秩序要标本兼治，重在治本。必须大力加强信用制度建设，尽快建立、健全有效的诚信保障体系和机制。首先，在全社会范围内广泛开展创建文明诚信活动。在此基础上，积极探索建立企业和个人的信用制度和与之适应的失信追究制度，构建信用体系。要结合机构改革，转变政府职能，充分发挥行业协会的自查、自纠、自管的自我约束功能。政府及其职能部门要为市场经济主体提供公开、公平、公正的竞争环境，做到“令行禁止”，有法必依。要运用信息网络等现代科技手段，对市场主体进行有效的服务、监督和管理。司法机关要公正执法，为建立诚信制度提供有力保障。同时，要充分发挥新闻和社会监督的作用，形成强大的、广泛的监督力量，从而推动诚信制度的建立。

中共浙江省第十一届委员会第一次全体会议选举张德江为省委书记

吴冷西逝世

原广播电视部部长、党组书记，中华全国新闻工作者协会名誉主席和中国广播电视学会名誉会长吴冷西同志，因病医治无效，于6月16日在北京逝世，享年83岁。

吴冷西原名吴仕占，广东新会人。“九一八”事变之后，他积极参加抗日救亡活动。1937年离开广州奔赴延安，进入抗日军政大学学习，加入中华民族解放先锋队。1938年4月加入中国共产党。1938年6月进入延安马列学院，任马列主义研究室研究员。1939年9月调入中共中央宣传部，任编审科科员和党中央机关刊物《解放》编辑。1940年调毛主席身边编辑《时事丛书》。1941年9月调中共中央机关报《解放日报》，先后任国际版编辑、主编、国际部主任。1946年负责新华社国际部的工作。1947年任新华社总社编委会秘书并主持总编室工作。1948年任新华社总社编辑部主任、编委会委员。1949年2月任新华社总社副总编辑。

新中国成立后，1949年10月吴冷西任新华社总编辑。1951年12月任新华社社长。1957年6月任《人民日报》总编辑兼新华社社长。1964年7月又兼任中共中央宣传部副部长。在“文化大革命”期间，他数度遭受“四人帮”的残酷迫害。1972年恢复在《人民日报》的工作。1975年成为毛泽东选集材料组的领导成员，并担任国务院政治研究室的领导成员。

粉碎“四人帮”后，1976年10月吴冷西参加负责筹建毛泽东著作编辑出版委员会的临时领导小组工作，1977年3月任中共中央毛泽东主席著作编辑出版委员会办公室副主任、党委副书记。1980年4月任广东省省委书记，1980年5月至1982年4月间还兼任中央文献研究室副主任。1982年4月任广播电视部部长、党组书记。他曾任中华全国新闻工作者协会主席团主席和第二、三、四届理事会主席，中国广播电视学会会长。1998年离休后任中华全国新闻工作者协会名誉主席和中国广播电视学会名誉会长。他是中共第十一届、第十二届中央委员会候补委员，第三、四、五届全国人大常委会委员，全国政协第七、八届常委会委员。

6月17日

国家主席江泽民在维尔纽斯与立陶宛总统阿达姆库斯举行会谈

两国元首就进一步扩大两国互利合作进行了深入商谈。江泽民表示，中国愿与立陶宛共同努力，将两国合作推向更高的水平。我们建议双方政府支持和鼓励两国企业建立直接联系；支持尽早就签订两国《民用航空运输协定》、《海关合作协定》、《旅游合作协定》进行谈判，进一步完善双边关系法律基础；扩大双方在教育、文化、新闻等领域的交往，加深人民的相互了解和友谊；加强两国在国际事务中的磋商。阿达姆库斯对此表示赞同。

江泽民向阿达姆库斯介绍了中国国内的经济社会发展情况，以及中国在发展经济的同时为加强环境保护而采取的政策和措施。阿达姆库斯表示，中国实施的政策是正确的，已经取得令世人瞩目的巨大成功。双方还就国际和地区局势交换了意见。

会谈结束后，两国元首出席了《中华人民共和国和立陶宛共和国引渡条约》的签字仪式并共同会见了记者。

国家主席江泽民在维尔纽斯会见立陶宛总理布拉藻斯卡斯

中共中央总书记江泽民致电希萨诺在莫桑比克解放阵线党第八次全国代表大会上再次当选该党主席

国务院总理朱镕基致电法国总理拉法兰祝贺他就任法国总理

国务院副总理李岚清在中南海会见世界著名科学家

李岚清首先对各位科学家来华参加关于前沿科学的国际研讨会表示欢迎。李岚清说，在座的客人，有许多是学术界最高奖诺贝尔奖和费尔兹奖的获得者、重大科学成果的发现者、新的学术领域的开拓者，为世界的科学发展作出了重要贡献。交流与研讨是科学思想、科学发现的重要源泉，这么多科学家云集北京是中国科学与世界科学交流的一件盛事，对中国基础科学研究水平的提高将起到重要的推动作用。

李岚清说，中华民族正面临着历史上前所未有的最好的发展机遇。科学发展的竞争，说到底是人才的竞争。一个拥有最新科学知识、具有科学思维和创新能力的民族，才能跟上世界发展的潮流。他表示，中国政府将继续深入贯彻实施科教兴国战略，对前沿科学的研究给予大力支持，把培养人才、吸引人才、用好人才作为一项战略任务来抓。他相信，中国科学家一定会努力学习世界先进科学技术，能与世界各国科学家并肩奋斗，在攀登科学高峰过程中，不断有所发现、有所创新。他希望各位科学家继续以各种方式积极参与中国科学和教育事业的发展，继续为促进世界各国人民的友谊和合作贡献力量。

李岚清就中国基础科学研究和高等教育等问题与科学家们交换了意见。夸克理论创议人格尔曼，激光发明人汤斯，理论物理学家韦尔特曼、杨振宁等诺贝尔奖获得者发表了意见。

“前沿科学国际研讨会”是清华大学为促进学术交流和基础科学的发展而举办的。有14位诺贝尔奖获得者、1位费尔兹奖获得者出席了研讨会。

有关方面负责人陈至立、廖晓淇、王大中、陈希等参加了会见。

国务院副总理国家防汛抗旱总指挥温家宝主持召开国家防汛抗旱总指挥部紧急会议

会议指出，最近一段时间部分地区暴雨成灾，党中央、国务院十分关心受灾地区群众和抗洪救灾工作，各地和各有关部门要认真贯彻落实中央的指示精神，紧急动员起来，带领广大干部群众全力以赴做好抗洪救灾工作，采取有力措施，保护人民生命安全，努力降低灾害损失。

会议分析了当前的汛情。6月份以来，全国出现了较大范围的降雨过程。西南、西北、华南地区普降大到暴雨，局部特大暴雨，部分地区发生了山洪、山体滑坡、泥石流等灾害，造成较为严重的人员伤亡和财产损失。党中央、国务院高度重视抢险救灾工作，中央领导同志多次作出批示。国家防总、水利部、民政部等部委及时派出工作组赴灾区，协助地方抢险救灾。受灾地区各级党委、政府加强对抗洪救灾工作的领导，灾区广大军民团结奋战，顽强拼搏，取得了很大的成绩。

会议指出，未来一段时间江南总体降雨将明显增加，天气变化剧烈，强对流天气随时可能发生，东南沿海的台风也进入多发期。近几天部分地区仍将有强降雨过程，局部暴雨引发的山洪、山体滑坡、泥石流灾害很可能还会发生。

会议强调，当前的防汛抗洪形势比较严峻，各地各部门要紧急行动起来，切实做好以下几项工作：

第一，进一步落实防汛抗洪工作行政首长负责制。受灾地区的各级党委、政府要把抗洪抢险救灾工作作为当前头等大事。思想要高度重视，不能有丝毫放松。主要领导要对抗洪抢险工作负总责，切实按照防汛责任制的要求，深入第一线，及时解决问题，检查督促各项措施的落实。国家防总近日再派出四个工作组分赴福建、广东和广西、云南和贵州、四川和重庆等地协助地方做好抗洪救灾工作。

第二，密切监视汛情的发展，认真做好洪水调度工作。要加强气象水文监测预报工作，及时作出滚动预报，努力提高预报水平。要进一步落实和完善洪水调度方案和超标准洪水调度方案，严格按照批准的调度运用计划执行，确保万无一失。

第三，落实防洪预案，及时转移危险地区的群众。各地要按照防洪预案，把保证人民生命安全放在首位，对居住在河道滩地、山洪泥石流易发区的居民，要进行一次排查，及时转移受洪水威胁的群众，努力避免人员伤亡，确保人民群众的生命安全。

第四，确保水库度汛安全。要落实水库特别是病险水库安全度汛的各项措施，特别要警惕局部大暴雨对水库带来的危害。要保证通讯畅通，一旦出险必须及时通知下游群众转移，避免人员伤亡。加强大坝观测和巡坝查险，出现险情要及时处理，消除隐患。

第五，加大查险力度，排除隐患。巡堤查险要昼夜不断，发现险情要立即报告，及时处理。坚持领导和技术人员值班，加强抢险的技术指导，做到准确判断险情，采用正确的方法排除险情。查险要特别注意行政区划责任段的结合部，穿堤建筑物及其与大堤的结合部，水塘与沟渠，近堤的工矿企业、村庄、住宅区等。

第六，准备充足的防汛抢险物料，落实抢险队伍。重要堤段和薄弱堤段，要做到堤上备、车上装、船上储，保证足够的抢险物料。沙石等物料要装袋，做到随要、随到、随用，保证抢险需要。要组织专门班子，落实抢险的应急措施和预案，落实抢险所需的器具、物料和抢险队伍。

第七，认真做好救灾工作。妥善安置好受灾群众的生活，保证他们有饭吃、有水喝，有住处。尽快修复水毁工程，使灾区尽快通电、通水、通路、通邮，特别是要保证交通和通讯主干线的畅通。做好灾区卫生防疫工作。各级卫生部门要准备好必需的药品，组织医务人员，迅速奔赴灾区第一线防病治病，防止疫病流行。切实加强灾区的社会治安，严厉打击各种犯罪活动，保持社会稳定。

第八，各地各部门共同协作，密切配合。铁路、交通、民航等部门，要保证抗洪抢险物资的运输畅通。电力部门要保证抗洪救灾用电。农业部门要针对洪涝灾害对农作物的影响，及时采取补救措施。计划、财政部门要及时下拨抗洪抢险救灾资金。国土资源部门要做好山地灾害防御工作。要充分发挥解放军、武警部队和公安干警在抗洪抢险救灾中的突击队作用。铁路、交通、矿山等部门要对本系统的防汛抗洪工作进行检查，落实自身的保安措施。

会议要求，各地各部门要在党中央、国务院领导下，认真落实“三个代表”的要求，进一步动员和组织广大军民，发扬伟大的抗洪精神，顽强拼搏，团结奋斗，夺取抗洪救灾的新胜利。

全国人大常委会副委员长田纪云在贵州考察

6月17日至22日，田纪云在贵州省委书记钱运录、省长石秀诗等领导陪同下，在贵阳市考察了新区开发、城市基础设施建设、大型国有企业、民族文化保护和旅游开发等方面的工作，并与省人大常委会负责人进行了座谈。他在听取了贵州省委、省政府的工作汇报后说，改革开放23年来，贵州在发展、在变化、在前进，已今非昔比，旧貌换新颜。贵阳市开拓进取意识很强，新区开发和基础设施建设有气势，城市面貌焕然一新，经济实力大大增强，在西部开发中将发挥重要的带动作用。

田纪云对贵州今后的经济工作提出了五点建议：一是抓住西部大开发的机遇，用足用好中央优惠政策，开阔思路，做好西部开发这篇大文章。二是不论工业还是农业都要根据市场需求，不断优化和调整产业和产品结构，提高产品的科技含量。工业上要重点抓几个名牌，以名牌拓市场，以市场带规模，以规模求效益。农业要走优质高效的路子，逐步淘汰没有销路的劣质产品。三是要千方百计多利用一些外资。外资可以带来人才、先进的技术、科学的管理、营销网络和新的思想观念。贵州要在这方面多下功夫。四是要放手发展民营经济，充分调动人民群众自己办经济的积极性，大力发展个体、私营、各种股份制和股份合作制、混合所有制的经济。五是要努力抓好旅游业，在培植旅游景点方面多下功夫，再上一个新的台阶。

田纪云指出，贵州的巨大变化是全国改革开放伟大实践的一个缩影。没有党的十一届三中全会和在实践中逐步丰富发展的邓小平理论，就没有我们国家的今天。十一届三中全会和邓小平理论的伟大历史功绩主要在于，确立了一条解放思想，实事求是，一切从实际出发的思想路线；一条以经济建设为中心的政治路线；一条对外实行开放、对内实行改革的富民强国之路；一条发展社会主义市场经济的康庄大道和一条健全社会主义法制，依法治国的基本国策。江泽民同志提出的“三个代表”重要思想与邓小平理论是一脉相承的，精神是完全一致的。我们相信，在以江泽民同志为核心的党中央领导下，坚持以邓小平理论为指导，切实贯彻“三个代表”的要求，奋发图强，埋头苦干，贵州一定会步入一个新的发展阶段。

外交部长唐家璇就江泽民主席欧亚之行接受随行记者联合采访

国家主席江泽民6月3日至17日先后出席了在哈萨克斯坦阿拉木图市举行的"亚洲相互协作与信任措施会议"领导人首次会议和在俄罗斯圣彼得堡市举行的上海合作组织成员国元首第二次会晤,并应邀对拉脱维亚、爱沙尼亚、冰岛、立陶宛进行了国事访问。

外交部部长唐家璇就江泽民主席这次欧亚之行在接受随行记者联合采访时说,在当前国际和地区局势发生深刻变化的背景下,江主席此行是我国今年对欧亚地区开展的一次十分重要的外交活动。江主席此行达到了增进了解、加强合作的预期目的,取得了圆满成功。

唐家璇说,江主席首先出席了"亚洲相互协作与信任措施会议"首次领导人会议。"亚信"是一个旨在促进地区安全对话和交流的区域性论坛,对促进地区安全和稳定具有积极作用。中国从一开始就积极参加了"亚信"进程的各项活动。江主席在峰会上发表了题为《加强对话与合作,促进和平与安全》的重要演讲,指出在世界多极化和经济全球化趋势继续发展的情况下,亚洲各国应该而且必须相互取长补短、团结协作、共同努力,在新世纪把亚洲建设成亚洲各国人民的美好家园;强调中国作为维护世界和平、促进共同发展的力量,为亚洲的和平和稳定作出了重要贡献。江主席重申了中国政府对打击恐怖主义、分裂主义和极端主义"三股势力"的原则立场。在这次会议上,各国领导人签署和发表了《阿拉木图文件》和《关于消除恐怖主义和促进文明对话的宣言》,向国际社会显示了"亚信"成员国致力于维护亚洲地区和平、安全与稳定的坚定信念。

会议期间,江主席与哈萨克斯坦、巴基斯坦、印度、阿富汗等国领导人举行了双边会晤。在分别与印、巴两国领导人会晤时,江主席呼吁当事双方从本国和地区和平与发展的根本利益出发,通过对话和谈判,和平解决争端。江主席在会见阿富汗领导人时,重申中国政府支持阿富汗重建进程,希望阿国内各派和睦团结,共同促成支尔格大会的圆满成功。这些重要的双边会晤,为缓解当前有关地区的紧张局势,促进地区和平与稳定发挥了建设性作用。

唐家璇说,江主席出席上海合作组织圣彼得堡峰会,是此行的重点。在峰会上,6国元首就推动上海合作组织的机制建设、加强多边合作、当前国际和地区形势的重大问题深入交换了意见,达成了广泛共识。江主席在会上发表了题为《弘扬"上海精神"促进世界和平》的重要讲话。他充分肯定了上海合作组织一年来的发展成果,并提出了加快机制建设、加强团结协作、加大合作力度的三点主张。江主席阐述了在当前国际局势下弘扬互信、互利、平等、协作、尊重多样文明、谋求共同发展的"上海精神"的重要性和必要性。6国元首签署了《上海合作组织宪章》、《关于地区反恐怖机构的协定》和《上海合作组织成员国元首宣言》3个政治、法律文件。江主席还分别与俄、哈、吉、塔、乌5国总统举行双边会晤,就双边关系和共同关心的国际和地区问题交换意见。

唐家璇说,此次圣彼得堡峰会,是在上海合作组织自身建设进入关键阶段之际召开的一次重要会议,取得了意义重大的成果。第一,进一步明确了上海合作组织未来的发展方向和指导方针,加强了团结协作。第二,有力地推动了上海合作组织的机制建设。第三,在安全领域的合作方面迈出了实质性步伐。6国元首签署地区反恐机构协定,并商定尽快在比什凯克建立反恐机构。此举表明6国将在打击恐怖主义、分裂主义、极端主义"三股势力"、维护地区安全和稳定方面采取更加坚决有力的行动。第四,进一步协调了各方在重大国际和地区问题上的立场。第五,江主席与俄罗斯和中亚各国元首的双边会晤将有力地促进中国同上述各国的睦邻友好合作关系,共同促进世界和地区的和平与发展。

江主席对拉脱维亚、爱沙尼亚、冰岛、立陶宛的国事访问是中国国家元首对4国的首次访问。4国政府对江主席到访高度重视,给予最高规格礼遇,充分体现了4国政府发展对华关系的积极态度和4国人民对中国人民的友好情谊。访问期间,江主席分别与4国国家元首举行会谈,并会见了4国政府和议会领导人以及各界人士,访问取得了重要成果。

第一,增进了相互了解和信任,巩固了双边关系的政治基础。江主席强调,尊重各国社会制度、文化传统、价值观念等的差异,本着相互尊重、平等互利、求同存异的精神发展友好合作关系,是中国同4国关系顺利发展的关键所在。江主席强调,中国一贯主张,国家不分大小、贫富、强弱,都是国际社会平等成员,都有平等参与国际事务的权利。中国政府将坚定不移地坚持这一原则立场。4国领导人高度评价这一主张和观点。江主席还向4国领导人阐述了我在台湾、达赖、人权等问题上的原则立场。中国和4国领导人重申愿继续在相互尊重主权和领土完整、互不干涉内政、平等互利、和平共处原则的基础上不断扩大和深化友好合作关系。4国领导人重申恪守一个中国的立场。

第二,增添了中国与4国各领域互利合作深入发展的新动力。访问期间,江主席与4国领导人就加强合作,进一步开拓合作新领域,探索新途径深入交换了意见,为双边合作的发展指明了方向。4国殷切希望进一步发展与中国的互利经贸合作,提出了一系列具体建议,江主席对此作出了积极回应。

第三,加强了与4国在重大国际问题上的沟通与协调。江主席与4国领导人就当前国际和地区局势等问题交换看法,进一步扩大了共识。江主席指出,当今世界,和平与发展仍是时代主题,但也面临新的挑战。国际恐怖主义、跨国犯罪、生态恶化等全球性问题日益突出。解决这些问题需要各国团结协作、共同努力。4国领导人对此完全赞同,认为中国是维护世界和平与稳定的重要力量,希望中国在国际事务中发挥更大的作用。

唐家璇最后说,江主席此次欧亚之行,对于增进中国与欧亚地区国家的友好关系和人民的相互了解与传统友谊,促进亚洲地区的和平、安全与稳定,加快上海合作组织的建设和发展,推动建立公正合理的国际政治经济新秩序,都具有十分重要的现实意义和深远的历史影响。

《大公报》创刊100周年纪念会在钓鱼台国宾馆举行

全国人大常委会副委员长何鲁丽、全国政协副主席经叔平和社会各界知名人士出席纪念会。

《大公报》于1902年6月17日创刊天津。100年来,《大公报》经历了各个历史时期的风云变幻,记录了众多影响深远的历史事件。

6月18日

九届全国人大常委会举行第五十九次委员长会议

会议决定,九届全国人大常委会第二十八次会议6月24日至29日在北京举行。

李鹏委员长主持会议。

委员长会议建议本次常委会会议审议的法律草案有:政府采购法草案、中小企业促进法草案、安全生产法草案、水法修订草案、科学技术普及法草案、清洁生产促进法草案、农村土地承包法草案、民办教育促进法草案、农业法修订草案、测绘法修订草案、保险法修正案草案等。

委员长会议建议这次常委会会议的议程还有:审议关于第一任全国人大常委会香港基本法委员会成员继续履行职责的决定草案,审议关于香港十届全国人大代表选举会议组成的补充规定草案,审议关于澳门十届全国人大代表选举会议组成的补充规定草案,听取和审议国务院关于2001年中央决算的报告、审查和批准2001年中央决算,听取和审议国务院关于2001年中央预算执行和其他财政收支的审计工作报告,听取全国人大常委会执法检查组关于检查消防法实施情况的报告,审议九届全国人大常委会代表资格审查委员会关于个别代表的代表资格终止的报告等。

在今天的委员长会议上,秘书长何椿霖作了关于九届全国人大常委会第二十八次会议议程草案和日程安排意见的汇报,关于第一任香港基本法委员会成员继续履行职责的决定草案和关于香港、澳门十届全国人大代表选举会议组成的补充规定草案的汇报。全国人大法律委员会主任委员王维澄汇报了政府采购法草案等7个法律草案主要问题修改意见等。

副委员长姜春云、邹家华、王光英、布赫、吴阶平、彭珮云、何鲁丽、曹志、成思危、蒋正华出席会议。

政协第九届全国委员会举行第四十一次主席会议

全国政协主席李瑞环主持会议并讲话。

会议听取了全国政协秘书长郑万通关于政协九届常委会第十八次会议筹备情况的说明,听取了4个专题组组长陈邦柱、王明达、王大明、朱训关于防治土地沙化、实施九年制义务教育、解决城市困难群众生活、关注资源枯竭型矿城问题调研报告起草情况的汇报,并进行了充分的讨论。

李瑞环在会上指出,这次常委会的议题是今年“两会”委员们讨论比较集中的几个问题,也是社会各界比较关注的问题。4个专题组围绕议题作了深入的调查研究,提出了一些思路和建议。这次常委会要认真学习贯彻江泽民总书记“5·31”重要讲话精神,按照“三个代表”的要求,深入研究问题,畅所欲言,集思广益,力求提出更加切实可行的意见,取得更好的成果。

全国政协副主席叶选平、杨汝岱、王兆国、阿沛·阿旺晋美、李贵鲜、张思卿、孙孚凌、朱光亚、万国权、胡启立、陈锦华、赵南起、经叔平、罗豪才、张克辉、王文元出席会议。

全国农村妇女科技致富工作会议在北京举行

国务院副总理温家宝出席会议,他希望广大农村妇女进一步提高自身素质,致力科技致富,为我国农村改革和经济、社会发展贡献力量。

温家宝说,农村是大有作为的,广大农村妇女一定要再接再厉,以更大的热情和更加奋发有为的精神状态投身于建设社会主义新农村的火热实践中去,为农业和农村经济发展再立新功。广大农村妇女要发扬“自尊、自信、自立、自强”的精神,进一步解放思想,树立新观念、接受新事物,学习新知识,开拓进取,艰苦创业,为促进农业和农村经济的发展贡献自己的聪明才智。要勤劳致富,勤俭持家,积极参与扶贫济困,促进农村经济发展和社会全面进步。要弘扬正气,树立新风,为农村社会主义精神文明建设作出贡献。

温家宝指出,各级妇联组织要以“三个代表”重要思想为指导,更加紧密地围绕农村改革发展稳定的大局,更加主动地适应农村妇女求知求富的需要,推动“双学双比”活动不断深化,把“巾帼科技致富工程”提高到新水平,不断提高农村妇女的科学文化水平,大力培养农村妇女科技致富带头人。他最后强调,各级党委和政府要从农村发展和现代化建设全局的战略高度,充分认识做好农村妇女工作的重要性。要认真研究和制定有利于妇女进步和发展的政策措施,从法律和制度上保障妇女的合法权益。各级党委要重视发挥各级妇联组织在农村经济和社会发展中的重要作用,加强对农村妇女工作的领导。

会议表彰了全国“十大农民女状元”、“十大绿化女状元”、“双学双比”先进女能手、“优秀科技服务工作者、先进集体”、“三八绿色奖章”获得者和“三八绿色优质工程”。全国妇联授予韩书琴等全国“三八红旗手”荣誉称号。据了解,三年来,全国有五百三十七万名农村妇女脱盲,六千三百万名妇女参加农业新技术培训;一百六十二点五万名妇女获绿色证书,累计植树七点五亿多株;新建以妇女为主体的龙头项目一点七万个和集示范、培训、服务、创收于一体的农林科技示范基地十六点三万个;组织发放小额信贷扶贫资金七点二亿元,帮助四百六十万名农村妇女摆脱了贫困。

全国人大常委会副委员长、全国妇联主席彭珮云,以及全国妇联名誉主席陈慕华等出席会议。会议由全国妇联副主席、书记处第一书记顾秀莲主持。

国务院副总理李岚清在中南海会见以马耳他文化教育部长路易斯·加莱亚为团长的马耳他政府文化代表团

6月19日

国家主席江泽民在中南海会见突尼斯国民议会议长福阿德·迈巴扎

江泽民积极评价中突友好合作关系。他说,近年来中突两国人民交往日益增多,双方合作领域不断拓宽,两国包括议会在内的各个层面的友好合作关系得到进一步发展。江泽民愉快地回忆起今年4月对突尼斯的国事访问,并表示在当前政治多极化与经济全球化发展的新形势下,中方愿与突方加强在双边和国际事务中的协调与合作。江泽民还高度赞扬突尼斯坚持走符合自己国情的发展道路,并祝愿突尼斯人民在本·阿里总统领导下不断取得新的成就。

全国人大常委会副委员长成思危,全国人大法律委员会副主任委员、全国人大中突友好小组主席张绪武,外交部副部长王毅和突尼斯驻华大使哈姆迪等会见时在座。

国家主席江泽民在中南海会见美国埃克森美孚公司董事长兼首席执行官雷蒙德一行

江泽民积极评价埃克森美孚公司与中方的合作。他说,中国加入世界贸易组织为中美经贸合作的发展提供了新的契机,希望埃克森美孚公司进一步拓展与中国能源企业的交流与合作。

外交部副部长李肇星、国家计委副主任张国宝等会见时在座。

全国人大常委会委员长李鹏在人民大会堂会见以下议院军事委员会主席洛·维帕普米巴帖为团长的泰国国会议员代表团

全国人大常委会委员长李鹏在人民大会堂会见突尼斯国民议会议长福阿德·迈巴扎

全国人大常委会委员长李鹏在人民大会堂会见希腊司法代表团一行

国务院召开第60次常务会议

朱镕基总理主持会议,讨论并原则通过了《中华人民共和国行政许可法(草案)》,审议并原则通过了《中华人民共和国内河交通安全管理条例(修订草案)》。

会议认为,行政许可是行政机关依法对社会、经济事务实行事前监督管理的一种重要手段。制定行政许可法,对于巩固行政审批制度改革成果,履行我国对外承诺,进一步推进行政管理体制改革,从源头上预防和治理腐败,都有重要意义。

会议认为,国务院1986年发布施行的《中华人民共和国内河交通安全管理条例》,对于保障我国内河交通安全,减少水上交通事故,维护人民群众的生命、财产安全,促进经济建设的健康发展,发挥了积极作用。近几年来,随着内河交通运输事业的快速发展,水上交通安全管理出现了一些新的情况和问题,有必要对现行条例进行修订,形成《中华人民共和国内河交通安全管理条例(修订草案)》。

会议决定,《中华人民共和国行政许可法(草案)》经进一步修改后,由国务院提请全国人大常委会审议;《中华人民共和国内河交通安全管理条例(修订草案)》,经修改后由国务院公布实施。

全国编办主任会议暨全国机构编制系统先进集体和先进工作者表彰大会在北京召开

国务院总理、中央编委主任朱镕基，国家副主席、中央编委副主任胡锦涛在人民大会堂会见了出席全国编办主任会议暨全国机构编制系统先进集体和先进工作者表彰大会的代表。

朱镕基对几年来机构改革和机构编制工作的成绩给予了充分肯定，对今后一个时期的机构编制工作提出了明确要求。他说，机构改革是党的十五大提出的一项重要任务，九届全国人大一次会议审议通过的政府工作报告也向全国人民做过承诺。这几年，在党中央、国务院的正确领导下，机构改革从上到下，稳步推进，取得了明显的成效。国务院的组成部门由40个减为29个，人数减了一半；省一级机构也大幅度精简，政府人数也减了一半；市县乡政府人数精简20%，减少89万人。这次机构改革，全国加起来一共精简行政编制115万名。应该说达到了预期目的。机构编制部门的同志恪尽职守，克服困难，无私奉献，为机构改革的顺利进行作出了重要贡献。全国机构编制系统这支队伍是有战斗力的，是坚强的、高效率的，是真正能干事的。他对大家几年来的辛勤工作表示感谢，向整个机构编制系统的同志们表示亲切慰问，向荣获全国机构编制系统先进集体和先进工作者的单位和个人表示祝贺。

朱镕基强调，目前机构改革虽已基本完成，但还有很多工作要做。进一步转变政府职能，改革行政审批制度的任务还很艰巨，少数市县乡的机构改革还没有完成，防止机构编制反弹的任务也很重。希望大家毫不松懈，再接再厉，锲而不舍地把这些工作继续一抓到底，圆满完成机构改革任务，给人民群众一个满意的答卷。机构编制工作很重要，也是一项得罪人的工作，大家肩上的担子很重。希望机构编制部门的同志继续以对党和人民高度负责的态度，从大局出发，坚持原则，秉公办事。相信各级党委和政府都会给予支持，当好后盾。

朱镕基说，让我们紧密地团结在以江泽民同志为核心的党中央周围，高举邓小平理论的伟大旗帜，按照“三个代表”的要求，与时俱进，开拓进取，努力工作，为确保党的十五大提出的机构改革战略任务的全面完成，为开创机构编制工作的新局面而不懈努力。

中央组织部部长曾庆红，国务院秘书长王忠禹以及党中央、国务院有关部门负责同志参加了会见。

各省、自治区、直辖市、新疆生产建设兵团、副省级市编办主任，受表彰的全国机构编制系统先进集体代表及先进工作者，党中央、国务院有关部门负责机构编制工作的同志等170多人参加了会议。在这次会议上，有20个先进集体和32名先进工作者受到人事部和中央编办的表彰；有12个先进集体受到中央编办的表彰。

王昆仑诞辰100周年纪念座谈会在人民大会堂举行

民革中央今天在人民大会堂举行王昆仑同志诞辰100周年纪念座谈会。全国政协主席李瑞环出席座谈会。

王昆仑是我国忠诚的爱国民主战士、著名的政治活动家、中国国民党革命委员会卓越领导人。他1922年参加国民党，曾参加北伐战争，积极投身民主革命。“四·一二”事变后，参加爱国民主斗争。1933年加入中国共产党，从事民主运动和统一战线工作。抗日战争时期，先后发起组织了中国民主革命同盟和三民主义同志联合会。1949年9月，他出席中国人民政治协商会议第一届全体会议，新中国成立后，历任政务院政务委员、北京市副市长、第五届民革中央副主席、第六届中央主席。他还是第一届全国政协常委，第三、四届全国政协委员，第五、六届全国政协副主席，第一、二、三、四届全国人大常委会委员。

全国政协副主席、中共中央统战部部长王兆国在座谈会上强调，我们纪念王昆仑同志，是为了追思先辈，激励今人。我们要学习王昆仑热爱祖国、忠于党、忠于人民的崇高信念；学习他刚正不阿、坚忍不拔、敢于斗争的革命精神；学习他追求真理、实事求是、与时俱进的科学态度；学习他谦虚谨慎、联系群众、鞠躬尽瘁的优秀品德。从新世纪开始，我国已进入了全面建设小康社会、加快推进社会主义现代化的新的发展阶段，改革开放和现代化建设任务伟大而艰巨，实现祖国完全统一、民族全面振兴的使命光荣而艰巨。让我们紧密团结在以江泽民同志为核心的中共中央周围，认真学习邓小平理论和“三个代表”重要思想，高举爱国主义和社会主义的伟大旗帜，不断坚持和完善中国共产党领导的多党合作和政治协商制度，巩固和壮大最广泛的爱国统一战线，为把我国建设成为富强、民主、文明的社会主义现代化国家而努力奋斗。

全国人大常委会副委员长、民革中央主席何鲁丽在讲话中代表民革中央表达了对王昆仑同志深切的怀念和崇高的敬意。座谈会由民革中央副主席李赣骝主持。王昆仑生前友好代表民革中央名誉副主席贾亦斌、王昆仑之女王金陵等也在座谈会上发了言。

全国政协副主席孙孚凌、胡启立，郑天翔及中央统战部常务副部长刘延东等中央和北京市有关方面负责同志，各民主党派中央和全国工商联负责人以及王昆仑同志的亲属、生前友好等出席了今天的座谈会。

国务院副总理李岚清在钓鱼台国宾馆会见意大利生产活动部部长安东尼奥·马尔扎诺一行

外交部部长唐家璇在泰国昌安会见泰国总理他信

外交部部长唐家璇在泰国昌安会见日本外相川口顺子

北京友谊医院举行大会庆祝建院50周年

全国人大常委会委员长李鹏为北京友谊医院院庆题词"仁爱博精五十华诞"。

北京市委书记贾庆林,全国人大常委会副委员长邹家华、吴阶平等领导为友谊医院题词、致信祝贺。全国人大常委会副委员长何鲁丽题词并出席了北京友谊医院举行的庆祝大会。

北京友谊医院是在毛泽东、周恩来、刘少奇、朱德等老一辈领导人的亲切关怀下建立起来的。经过50年的发展,友谊医院现已成为一所科室齐全、设备先进、服务优良、中西医结合,在首都卫生系统有重要影响的三级甲等综合性医院。医院现有病床1000张,设有临床及医技科室42个,承担着43万医保定点参保人员、15000多名司局级以上干部和1万余人的地区防病及其他来华观光旅游外宾的医疗保健任务。

50年来,北京友谊医院以"仁爱博精"的友谊精神,精心打造"病人第一、质量第一、社会效益第一"的品牌。友谊医院在中国医学界创造了多项"第一",成功完成了第一例亲属肾移植手术、第一例动力性心肌成型术等;在国际上首先提出并证明了早期肝硬化的可逆性,同时研制出中药制剂;在感染急救、器官移植领域的医疗技术达到国际先进水平;在消化疾病、慢性肝病、心血管疾病的诊断治疗方面处于国内领先水平。

近20年,友谊医院先后获国家级、部级、市级、局级科研成果奖400余项。麻风病防治专家李桓英作为全国控制和基本消灭麻风病的策略、防治技术、措施研究项目的第一完成人,获得了2001年度国家科技进步一等奖。近年来,医院不仅在北京市率先推行"一站式"服务,使急诊患者化验、检查、诊断、抢救基本不出科,而且还对急性心肌梗死、多脏器功能衰竭等重症患者的救治开设绿色通道。

友谊医院如今拥有一支老中青结合的医术精湛、医德高尚的专家队伍。医院不仅设立了人才培养基金,每年出资100万元资助中青年科技骨干出国深造,而且制定了院内研究生和新星培养计划,目前培养的硕士、博士、博士后已近200人。

6月20日

国务院副总理温家宝在陕西洪涝灾区慰问灾区干部群众

受江泽民总书记、朱镕基总理委托,国务院副总理、国家防汛抗旱总指挥温家宝6月20日至22日到陕西省洪涝灾区,代表党中央、国务院慰问灾区干部群众。他强调,当前灾区各级党委、政府要把抗洪救灾工作摆到首要位置,贯彻"三个代表"的要求,带领和团结广大干部群众奋力抗灾、恢复生产、重建家园。

6月上旬,陕西省遭暴雨袭击,部分地区山洪暴发,引发山体滑坡、泥石流等多种自然灾害,人民生命财产受到严重损失。其中损失最重的佛坪县死亡132人,失踪105人。灾情发生后,党中央、国务院十分关心,中央领导同志多次作出重要指示,有关部门及时派出工作组到灾区协助抗灾救灾。陕西省各级党委、政府带领广大干部群众和驻陕部队、武警官兵、公安干警团结奋战,取得了抗洪救灾的初步胜利。目前,灾区群众生活基本得到安置,社会秩序稳定。

6月21日,温家宝一行沿着水毁严重、刚刚抢通便道的108国道,翻越秦岭,到达受灾最重的佛坪县。在长角坝乡沙坝村和西岔河乡三教殿村,温家宝走进农家小屋、救灾帐篷,关切地询问群众伤亡和财产损失情况,看望了在洪水中失去亲人的孤儿。他拉着受灾群众的手动情地说:"遭受这样的灾难,我们和大家一样难过、悲痛。党中央、国务院非常关心灾区群众,江泽民总书记、朱镕基总理派我来看望大家。有党和政府的支持,大家齐心协力、团结互助,一定能渡过难关,重建家园。"温家宝反复叮嘱当地干部,要妥善安排好灾区群众生活,确保他们有饭吃、喝净水、有衣穿、有住处。做好救灾工作是落实"三个代表"的最好的检验,各级干部和党员要深入灾区的每一个乡、村,真正摸清灾情,不漏掉一家困难户、一个困难群众。

在这次突发洪灾中,大量基础设施受到严重损坏,道路被冲毁,桥梁垮塌,电力、通讯、供水中断。在佛坪县灾区,温家宝仔细察看公路、河堤、水厂的毁坏情况,慰问正在奋力抢修公路的筑路工人。他指出,道路是救灾工作的基础,是生命线工程,要确保畅通无阻,同时要尽快修复中断的电力、通讯、供水设施,为救灾工作顺利进行和解决群众生活困难创造条件。6月22日上午,温家宝前往被洪水冲毁的陇海线灞河铁路桥考察。灞河铁路桥垮塌后,经过有关部门艰苦奋战,陇海铁路在中断13个小时后临时恢复通车。在抢修现场,温家宝详细询问施工进展情况,要求大家加快进度,保证安全、质量、高效,尽快恢复东西大动脉的畅通。

温家宝十分关心灾区卫生防疫工作,慰问了正在灾区进行防疫工作的医务人员。他说,现在正值夏季,气候炎热,要高度重视疫病防治,做好消毒灭菌,送医送药到村到户,确保大灾之后无大疫。温家宝还到灾区学校看望了师生。沙坝村小学被洪水冲毁,孩子们搬到临时教学点上课。温家宝走进教室,与坚持上课的师生亲切交谈。教室里的小黑板上写着:“我是中国人,我爱中国。我要克服重重困难,为重建我的家园而努力。”温家宝领着孩子们一起大声朗读。他希望老师认真搞好教学,鼓励孩子们好好学习,将来为建设美好家乡出力。他还特别嘱咐当地干部抓紧修复加固水毁校舍,确保师生安全。

考察期间,温家宝听取了陕西省抗洪救灾、恢复重建工作汇报。他强调,今年汛期刚刚开始,近期降雨还会增加。灾区各级领导要坚持两手抓,一手抓救灾,一手抓防汛,准备迎战可能发生的洪水。要做好防洪的预案,把保证人民生命安全放在第一位。恢复重建要尊重自然规律,认真论证,科学规划,逐步建设。要把灾后重建与扶贫开发结合起来,大力推进退耕还林,抓紧基本农田建设,不断改善基础设施条件,努力调整经济结构,促进灾区经济社会的持续健康发展。

温家宝还看望了武警部队官兵。他高度赞扬了解放军、武警官兵和公安干警在抗洪救灾中发挥的突击队作用,勉励他们继续发扬不畏艰险、不怕牺牲的精神,在抗洪救灾和恢复重建中再立新功。同温家宝一起到灾区慰问的陕西省和中央有关部门负责人有:李建国、贾治邦、汪恕诚、刘江、马凯、杨衍银、寿嘉华、马晓伟、鄂竟平、廖晓军等。

国务院西部开发办宣布到2002年5月上旬我国累计完成退耕还林3500多万亩

退耕还林工程不仅有效改善了西部地区的生态环境,而且对于农业结构调整和农民增收起到了积极的作用,被广大人民群众称为“德政工程”。

1999年率先启动的四川、陕西和甘肃三省累计退耕还林595.3万亩,宜林荒山荒地造林105.1万亩;2000年,全部试点地区核实退耕还林642万亩,宜林荒山荒地造林685万亩;2001年核实退耕还林630万亩,宜林荒山荒地造林845万亩。造林成活率达到国家规定的标准,粮食、现金补助基本兑现到户。2002年在总结试点经验的基础上,全面启动了退耕还林工程。据初步统计,到5月上旬,已完成退耕还林1710万亩,占计划的50%;宜林荒山荒地造林1425万亩,占计划的36%。

《现代汉语词典》推出2002年增补本

《现代汉语词典》由商务印书馆出版。这本影响深广的词典出版20多年来,首次采用这样的形式面世,增补新词新义1200余条,及时地反映了汉语词汇的发展。

近些年来,随着社会的发展,反映社会生活和科技发展的新词语大量出现,汉语中一些原有的词语也产生了新的意义和用途。为及时反映这种变化,《现代汉语词典》的编撰者、中国社会科学院语言研究所词典编辑室借鉴国际惯例,在《现代汉语词典》5至10年修订一次的空当中,推出增补本。

黑龙江省鸡西矿务局城子河煤矿西二采区发生特大瓦斯爆炸事故

爆炸事故涉及的139人中,已确认115人死亡,24人被抢救出来并已脱离生命危险。

矿难发生后,国家安全生产监督管理局和全国总工会书记处的负责同志以及黑龙江省委书记徐有芳、省长宋法棠等及时赶到现场组织开展救援和调查工作。在听取了简单的情况汇报后,国家有关部门及黑龙江省主要领导表示,要按照中央领导批示精神,全力进行救援工作,保证救援工作中不发生事故。在深入开展安全生产大检查基础上,把煤矿安全生产作为重点进行整顿;全力以赴调动各方面力量做好抢险救灾、善后处理工作。

有关部门已成立了“6·20”事故抢救领导小组,黑龙江省省长宋法棠任组长。

6月21日

国务院任命香港特区第二届政府主要官员

依照香港特别行政区基本法的有关规定,根据香港特别行政区行政长官董建华的提名和建议,国务院任命了香港特别行政区第二届政府主要官员,同时免去一批现任主要官员的职务。任免情况如下:

任命:曾荫权为政务司司长;

梁锦松为财政司司长;

梁爱诗为律政司司长;

唐英年为工商及科技局局长;

孙明扬为房屋及规划地政局局长;

李国章为教育统筹局局长;

杨永强为卫生福利及食物局局长;

王永平为公务员事务局局长;

何志平为民政事务局局长;

叶刘淑仪为保安局局长;

叶澍堃为经济发展及劳工局局长;

廖秀冬为环境运输及工务局局长；
马时亨为财政事务及库务局局长；
林瑞麟为政制事务局局长；
曾荫培为警务处处长；
李少光为廉政专员；
陈彦达为审计署署长；
黄鸿超为海关关长；
黎栋国为入境事务处处长；
免去：周德熙的工商局局长职务；
林焕光的民政事务局局长职务；
李淑仪的经济局局长职务；
罗范椒芬的教育统筹局局长职务；
任关佩英的环境食物局局长职务；
俞宗怡的库务局局长职务；
黄星华的房屋局局长职务；
尤曾家丽的资讯科技及广播局局长职务；
曾俊华的规划地政局局长职务；
吴荣奎的运输局局长职务；
李承仕的工务局局长职务；
黎年的廉政专员职务；
李少光的入境事务处处长职务。

6月22日

国家主席江泽民就伊朗西北部地区发生强烈地震致电伊朗总统哈塔米表示慰问

国务院副总理温家宝到福建灾区慰问

6月22日至23日，国务院副总理、国家防汛抗旱总指挥部总指挥温家宝来到福建灾区看望受灾群众，转达党中央、国务院对灾区人民的深切关怀和江泽民总书记、朱镕基总理的亲切问候，勉励灾区广大干部群众发扬革命老区的光荣传统，团结奋战，全力以赴做好抗灾救灾和恢复重建工作。

6月中旬，福建部分地区突降暴雨，引发洪水灾害，人民生命财产受到重大损失。其中地处闽西北革命老区的建宁县损失最重。6月22日晚，温家宝在福建省委书记宋德福、省长习近平的陪同下，沿着刚刚修复的山区公路长途跋涉，赶到建宁县，连夜召开会议听取灾情汇报，部署下一步救灾和重建工作。

温家宝说，党中央、国务院十分惦记灾区人民。建宁县是革命老区，老区人民为中国革命作出了巨大贡献，现在他们受了灾，我们要怀着深厚的感情，尽全力给予最大的帮助，这也是实践“三个代表”的具体体现。他强调，当务之急是要解决好受灾群众的衣、食、住、医。天气越来越热，防疫工作非常重要。灾区地处山区，群众看病难，要派医疗队下乡下村，给群众检查身体，医治疾病。

温家宝指出，要抓紧开展生产自救，组织群众排水清淤、修复农田，整修水利工程；要引导农民调整结构，抢种、补种适宜作物，努力减轻灾害损失。恢复生产、重建家园要与生态保护结合起来。闽西北地区森林茂密，碧水蓝天，在抗灾救灾、发展经济的同时，要注意把这片青山绿水保护好。

温家宝还看望了防汛办、气象局、水文站的干部职工，对他们及时预报雨情、汛情，为防灾减灾作出贡献给予充分肯定。他说，在暴雨洪水来临的时候，预报早发出一小时、一分钟，都能挽救许多群众的生命。一定要以高度负责的精神，做好灾情的预警预报，保证防汛信息畅通，最大限度地减少人员伤亡和财产损失。

随同慰问的国务院有关部门负责人有：汪恕诚、刘江、马凯、杨衍银、寿嘉华、马晓伟、鄂竟平、廖晓军等。

首届“中国儿童慈善活动日”总结表彰大会在人民大会堂举行

由中国儿童少年基金会和中华慈善总会联合主办的该项活动，以“关注未来，救助失学儿童”为主题，自今年2月启动以来引起了社会各界的广泛响应，通过各种形式的“儿童慈善一日捐”活动，至今有近亿人参与，募集到善款1.3亿元和价值4300多万元的物资，为救助更多的贫困儿童提供了有力保障。

国务委员、国务院妇女儿童工作委员会主任吴仪出席会议并致辞。她说，扶贫济困、乐善好施是中华民族的优良传统。开展经常性社会捐助活动，对于解决贫困群众的生活困难具有重要作用，对此党中央、国务院十分重视和关心，并号召全社会支持这项工作。这次“中国儿童慈善活动日”通过搭建表达爱心、救助贫困儿童的公益平台，把募集的资金用于资助贫困家庭学生完成学业，对于促进儿童事业的发展，推动社会进步都十分有意义，是一个很好的社会公益活动。

大会对在活动中有突出贡献者进行了表彰，授予人民日报社等113家单位“公益明星(爱心)单位”等称号，授予福建南平市等42个城市和杨卓舒等72名个人“公益明星(爱心)城市”、“中国儿童慈善家”、“中国儿童慈善大使”等称号。

中国儿童慈善活动日组委会在会上宣布，将坚持资助透明、尊重捐赠者意愿和最贫困儿童优先的原则，从本次活动募集所得中划拨8961万元的款项以及价值4130万元的物资，主要用于资助西部贫困地区兴办基础教育事业，帮助西部贫困失学儿童和城市下岗职工等贫困家庭子女完成学业。为此，已初步安排了资助西部省份开办242个春蕾班、资助西部孤儿入学、援助唇腭裂儿童的“微笑工程”等12个大的项目。

全国人大常委会副委员长、全国妇联主席彭珮云，全国政协副主席杨汝岱、赵南起，中国儿童少年基金会会长陈慕华，中华慈善总会会长范宝俊等也出席了表彰大会。

6月23日

全国人大农业与农村委员会在北京召开全体会议

会议听取农业部关于农业产业化和农民专业合作经济组织发展情况的汇报。全国人大常委会副委员长布赫出席会议并强调指出：要大力扶持农业产业化，精心培育农民专业经营合作组织。

布赫强调，实现农业产业化和培育农民专业合作组织，是推进我国农业产业结构调整，提高农业竞争力，增加农民收入的重要举措，也是适应我国加入世贸组织形势的客观需要，是实现农业现代化的必然要求。大家要充分认识发展农业产业化经营和培育农民专业合作组织的重要意义。在实际推进过程中，要加大政策扶持和引导的力度，鼓励发展农民专业合作经济组织，一定要尊重农民的意愿，不能强迫农民搞农业产业化经营和专业合作经济组织。各地要以“三个代表”重要思想为指导，与时俱进，在认真总结经验的基础上，要突出重点，因地制宜，发挥优势，大力推动农业产业化经营和农民专业合作经济组织的发展。

农业部副部长张宝文就农业产业化和农民专业合作经济组织发展情况作了汇报。会议由全国人大农业与农村委员会主任委员高德占主持。

国务院决定我国停止通过国内证券市场减持国有股

国务院决定，除企业海外发行上市外，对国内上市公司停止执行《减持国有股筹集社会保障资金管理暂行办法》中关于利用证券市场减持国有股的规定，并不再出台具体实施办法。

财政部和证监会发言人指出，国有股减持是一项重要的改革举措，方向是正确的，符合国有经济结构调整的基本原则，有利于进一步完善现代企业制度，促进社会保障体系的建立。但国有股减持是一项探索性工作，是一个复杂的系统工程，在相当长的时间内，难以制定出系统性的、市场广泛接受的国有股减持的实施方案。同时，国家设立的全国社会保障基金通过国家财政拨款和海外上市时的上缴等形式目前已达到相当规模，近期社会保障资金基本平衡，每年需补充的现金量不大，没有必要通过国内证券市场减持套现来筹集资金。鉴于上述原因，国务院作出了停止通过国内证券市场减持国有股的决定。

财政部和证监会发言人进一步指出，从我国实际国情出发，逐步建立起资金雄厚的全国社会保障基金是一项稳定社会、促进改革、功在当代、利在千秋的重要工作。停止通过国内证券市场减持国有股后，为了增强全国社会保障基金实力，除继续采取国家财政增加拨款等方式外，有关部门将进一步研究，把部分国有股划拨给全国社会保障基金，这部分划拨的国有股不在证券市场上减持套现。全国社会保障基金可以在需要时，通过分红、向战略投资者协议转让等形式来充实社保资金。

中国证监会就停止通过国内证券市场减持国有股有关问题答新华社记者问

国务院决定停止通过国内证券市场减持国有股。为此，新华社记者采访了中国证监会，中国证监会从证监会工作的角度对市场特别关心的几个问题回答了记者的提问。

问：能否说明一下此决定出台的背景？

答：从证监会的角度来看，国有股减持是一项重要的改革举措，方向是正确的，有利于进一步完善现代企业制度，促进社会保障体系的建立。但国有股减持是一项探索性工作，是一个复杂的系统工程，涉及很多方面，触及到很多改革深层次的问题，会对市场产生重大的影响。

这些问题需要创造较好条件，用较长时间方能解决，相关政策的把握需要很高的艺术，减持工作的实际操作难度超过了原来的预想。在相当长的时间内，难以制订出系统性的、市场广泛接受的国有股减持的实施方案。同时，国家设立的全国社会保障基金通过国家财政拨款和海外上市时的上缴等形式目前已达到相当规模，近期社会保障资金基本平衡，每年需要补充的现金量不大，没有必要通过国内证券市场减持套现来筹集现金。所以，国务院决定，除企业海外发行上市外，对国内上市公司停止执行《减持国有股筹集社会保障资金管理暂行办法》中关于利用证券市场减持国有股的规定，并不再出台具体实施办法。

问：为什么企业海外发行上市仍然要按原《减持国有股筹集社会保障资金管理暂行办法》第五条的规定，按融资额的10%出售国有股？

答：在海外成熟市场上，没有法人股不可流通的认知惯性。法人股流通是其持有者天经地义的权利，公司股票价格的形成已经考虑了法人股可随时进入市场流通的预期，因此减持不存在重大障碍，不需要停止。

问：划拨给社保基金的股份不能在证券市场上套现，社保基金如何满足其支出需要呢？

答：可将部分国有股划拨给社保基金，但社保基金持有的这些股份与其他国有股一样，不通过证券市场进行减持套现。据我们的了解，近期社保基金每年只需要相对小额的现金，可以通过分红、国家财政拨款和海外上市时的上缴等形式满足日常支出需要。从国内外养老金的特性来看，它需要的是可产生收益的资产而不是大量现金。从其自身的利益出发，社保基金也需要将其手中的各类证券资产长期持有，而不是抛售变现。因此与国外的退休基金一样，社保基金一定会成为证券市场上最重要的长期投资者之一。社保基金的参与有利于改善上市公司治理，有利于证券市场规范发展。同时，通过"划拨"可以用较优良的资产充实社保基金，让现在和未来的退休人员和养老金领取者放心，为社会稳定及经济改革的大局奠定基础。总之，通过划拨可以充实社保基金，不会对证券市场带来冲击，长远来讲还会对证券市场的规范发展带来有利的影响。

问：在法人股不能流通的情况下，国有股是否还可以转让？

答：在法人股仍不能流通的情况下，国有股的转让可以通过协议转让渠道进行。上市公司资产重组是改进上市公司质量，给证券市场引入新鲜血液的重要渠道，因此保留正常的协议转让渠道是必要的。根据我们了解的情况，为配合国有股减持工作，自2000年8月以来暂停了国有股向非国有股单位协议转让的审核工作。现在，经联席会议讨论，继续正常进行法人股协议转让工作。

国防部部长迟浩田在西安会见来访的哥伦比亚武装力量总司令塔皮亚斯

会见后，塔皮亚斯代表哥伦比亚总统帕斯特拉纳授予迟浩田哥武装力量最高勋章"安东尼奥·纳里尼奥大十字勋章"。

6月24日

国家主席江泽民在人民大会堂与吉尔吉斯斯坦总统阿斯卡尔·阿卡耶夫举行会谈

江泽民主席对继本月上旬上海合作组织圣彼得堡峰会后再次与阿卡耶夫总统见面感到非常高兴，对阿卡耶夫本人为巩固和深化中吉关系所做的不懈努力和重要贡献表示高度赞赏。他说，不久前，阁下正式签署命令批准中吉边界有关协定，标志着中吉边界问题得到全面解决，掀开了两国关系史上新的一页，将对中吉睦邻友好合作关系的发展产生深远影响。

江泽民说，今年是中吉建交10周年。10年来，中吉关系取得了长足发展，两国之间不存在根本的利害冲突，也不再有悬而未决的问题。两国在打击"三股势力"等事关国际和地区安全与稳定的重大问题上立场相同，利益一致，合作密切，效果良好。江泽民表示，中国把吉尔吉斯斯坦当作自己的好邻居、好朋友、好伙伴，积极发展中吉关系是中国的既定方针。他说，会谈后我们将共同签署中吉睦邻友好合作条约，将两国和两国人民世代友好的真诚愿望以法律的形式固定下来。条约将成为新世纪中吉友好关系发展的纲领性文件。

为进一步推动中吉双边关系，江泽民建议：一、从战略高度出发，继续保持两国间高层接触与对话，增强互信，深化友谊，为两国关系进一步深入发展创造良好的政治氛围和条件。二、进一步促进两国公安、安全、国防等强力部门的密切合作，建立稳定的合作机制，共同维护两国及地区安全与稳定，为双方开展合作营造一个和平稳定的大环境。三、充分利用中吉地理相邻、经济互补的优势，不断挖掘两国经济合作潜力，采取切实措施，提高经贸合作水平。四、继承传统，面向未来，继续扩大和深化两国在文化、教育、体育等领域的交流与合作，努力构筑中吉世代友好的坚实基础。

江泽民表示，上海合作组织成立一年来，在机制和法制建设方面不断取得进展，显示出良好的发展势头。中方愿在该组织框架内密切与吉方的合作，共同维护和促进本地区的安全、稳定和发展。

双方还就共同打击"三股势力"、中亚地区形势、阿富汗局势等共同关心的问题交换了意见。

会谈结束后，江泽民主席和阿卡耶夫总统共同签署了《中华人民共和国和吉尔吉斯共和国睦邻友好合作条约》，并出席了《中华人民共和国政府和吉尔吉斯共和国政府关于公民相互往来的协定》等其他7个文件的签字仪式。

全国人大常委会举行第二十八次会议

李鹏委员长主持会议。这次会议为期6天，议程21项，民办教育促进法草案首次被提请审议。

全体会议首先通过了委员长会议建议的本次常委会会议的议程。在上午的会议上，政府采购法草案、中小企业促进法草案、安全生产法草案、水法修订草案进入三审，全国人大法律委员会副主任委员张绪武、李伯勇、乔晓阳分别报告了这四部法律草案的审议结果。

在本次会议进入二审的法律草案有科学技术普及法草案、清洁生产促进法草案、农村土地承包法草案，全国人大法律委员会副主任委员胡光宝、王茂林、顾昂然分别就这三部法律草案的审议结果和修改情况作了报告。

会议还审议了委员长会议关于提请审议关于第一任全国人大常委会香港特区基本法委员会成员继续履行职责的决定草案的议案、关于香港特区第十届全国人大代表选举会议组成的补充规定草案的议案、关于澳门特区第十届全国人大代表选举会议组成的补充规定草案的议案。

提请本次会议初步审议的法律草案有四部，全国人大教科文卫委员会副主任委员汪家镠作民办教育促进法草案说明，农业与农村委员会主任委员高德占作农业法修订草案说明，国土资源部部长田凤山作测绘法修订草案说明，中国保险监督管理委员会主席马永伟作保险法修正案草案说明。会议还听取了劳动和社会保障部部长张左己就国务院关于提请审议批准《禁止和立即行动消除最恶劣形式的童工劳动公约》的议案所作的说明。

全国人大常委会副委员长田纪云、姜春云、邹家华、帕巴拉·格列朗杰、王光英、布赫、铁木尔·达瓦买提、吴阶平、彭珮云、何鲁丽、曹志、成思危、蒋正华，秘书长何椿霖出席会议，国务委员罗干、最高人民法院院长肖扬、最高人民检察院检察长韩杼滨列席会议。

纪念联合国人类环境会议30周年及联合国环境与发展大会10周年座谈会在人民大会堂举行

全国人大常委会委员长李鹏出席座谈会并强调，依法治国是推动我国社会发展的根本大计，也是实现可持续发展战略的根本保证。

李鹏说，自1992年里约环发大会以来，我国政府采取了一系列重大措施，制定和实施了中国可持续发展战略。通过10年的艰苦努力，我国可持续发展战略已经贯穿于社会和经济工作的所有领域，有力地保证和推进了经济、社会与人口、资源、环境的持续协调发展，取得了极其丰硕的成果，为在本世纪中叶我国基本实现现代化奠定了坚实的基础。

李鹏说，10年来的实践经验表明，实施可持续发展战略适合于我国人口众多、人均资源少、生态环境脆弱的国情，是一项有利于中华民族长远发展的根本性战略措施。我们强调的发展是环境与经济的协调发展，是国民经济持续、快速、健康的发展。

李鹏说，为了推进可持续发展战略的实施，全国人大及各级地方人大加强了相关的法制建设，初步形成了可持续发展法律体系。截止到2001年年底，我国已经制定和完善了人口与计划生育法律1部，环境保护法律6部，自然资源管理法律13部，防灾减灾法律30部。此外，国务院还制定了人口、资源、环境、灾害方面的行政规章100余件，为法律的实施提供了一系列切实可行的制度。全国人大常委会在不断加快立法进程，提高立法质量的同时，继续加强可持续发展相关法律、法规的宣传教育和实施监督，督促、推动了各级政府和有关部门加大可持续发展法律的实施力度。

李鹏说，实施可持续发展战略，是关系到广大公众切身利益的重大问题。实现这一目标，必须走群众路线，必须依靠广大公众、企业和社会团体的支持和参与。必须继续加强全社会的可持续发展战略的宣传、教育，普及有关的知识、政策和法律，使广大群众树立良好的可持续发展法律意识和道德观念。要通过多种形式，发挥群众对可持续发展法律实施的监督作用，把法律监督和群众监督很好地结合起来，保证可持续发展法律的贯彻实施。全国人大环境与资源保护委员会会同政府有关部门组织开展的“中华环保世纪行”活动历时9年，进行了一系列污染防治和资源保护方面的宣传报道，造成了广泛影响，提高了社会各界环境和资源保护的意识，推动了各级地方政府的环境和资源保护工作。这是一项开创性的工作，应该坚持和发展。

李鹏说，中国作为最大的发展中国家和环境大国，是国际环境合作中的一支活跃力量。我们始终以建设性的态度促进国际环境合作，树立了良好的国际形象。环发大会以来，我国以高度负责的态度，立足国情，认真执行《21世纪议程》，坚决实施可持续发展战略，同时积极参与国际环境合作，可持续发展已经成为我国加强与世界各国合作的一条纽带。

李鹏说，在国际合作中，我们始终认为要坚持里约精神与原则，履行对大会的庄严承诺。环境保护应当与经济发展水平相适应；处理环境问题应当兼顾各国现实的实际利益和世界的长远利益。实现可持续发展离不开和平稳定的环境。

李鹏说，展望未来，在通向可持续发展的道路上，我们还会遇到许多困难和问题，但是，只要我们坚定信心，扎实工作，付出艰苦的努力，相信我国的可持续发展战略一定会顺利实施，我国经济、社会与人口、资源、环境的持续协调发展的战略目标一定能够实现，我国与世界各国在可持续发展领域内的国际合作一定会取得更加丰硕的成果。

1972年在斯德哥尔摩召开的联合国人类环境会议和1992年在里约热内卢召开的联合国环境与发展大会，是人类发展历史上的重要里程碑。这两次会议在反思以往人类社会经济发展模式的基础上，提出并肯定了可持续发展的发展观，对人类社会的发展产生了深远的影响。

全国人大常委会副委员长邹家华、布赫、彭珮云出席座谈会。座谈会由全国人大环资委主任委员曲格平主持。国家计委主任曾培炎、外交部副部长王光亚、国家环保总局局长解振华、科技部副部长邓楠、国家计生委主任张维庆、国家林业局局长周生贤在座谈会上先后发言,对我国的污染防治、生态环境建设和实施可持续发展战略提出了意见和建议。

国务院总理朱镕基在中南海主持经济工作座谈会

座谈会上,与会专家学者就今年以来我国经济运行情况和下半年经济走势发表了意见,重点就"三农"、财税、金融、进出口、国有企业改革、就业和社会保障以及收入分配等问题发表了看法,提出了政策建议。

参加座谈会的专家学者有:王洛林、吴敬琏、吴树青、黄达、谢平、胡鞍钢、林毅夫、樊纲、陈东琪、吕政、贾康、马晓河。

国务委员兼国务院秘书长王忠禹,国务院有关部门负责同志参加了座谈会。还邀请了中共中央办公厅、全国人大常委会办公厅、全国政协办公厅的负责同志参加了座谈会。

国务院总理朱镕基在中南海会见墨西哥外长豪尔赫·卡斯塔涅达一行

朱镕基积极评价中墨两国关系的发展。他说,建交30年来,两国在政治、经贸、文化、科技等各个领域的互利合作发展顺利。近年来,两国领导人经常接触,有力地推动了双边关系向纵深发展。两国经贸合作也取得了丰硕成果,相互投资不断增多,墨西哥已成为中国在拉美的最大贸易伙伴之一。中国加入世界贸易组织后,市场将更加开放,这为两国扩大经贸合作提供了新的机遇。他表示相信,在双方共同努力下,两国经贸合作前景将十分广阔。

朱镕基对墨西哥在台湾问题上坚持一个中国的立场表示高度赞赏。他说,中国政府一贯重视同墨西哥的关系。中方愿同墨政府一道,加强两国在各个领域的合作,把双边关系推向一个更高的水平。

外交部部长助理周文重、中国驻墨大使李金章、墨西哥驻华大使李子文等参加了会见。

全国农村"三个代表"重要思想学习教育活动总结表彰会议在杭州举行

按照中央的部署,从2000年12月开始,全国农村"三个代表"重要思想学习教育活动在各地陆续展开,到今年5月已基本结束。这次会议的主要任务是,深入学习贯彻江泽民同志"5·31"重要讲话精神,总结交流全国农村"三个代表"重要思想学习教育活动的经验,表彰学习教育活动先进集体和全国农村学习实践"三个代表"重要思想基层干部标兵,对进一步贯彻落实"三个代表"重要思想、加强农村基层组织建设工作作出部署。

中共中央政治局常委胡锦涛、国务院副总理温家宝出席了会议并发表讲话。会议由中共中央政治局候补委员、中央书记处书记曾庆红主持。

会上,曾庆红宣读了关于表彰全国农村"三个代表"重要思想学习教育活动先进集体和全国农村学习实践"三个代表"重要思想基层干部标兵的决定。胡锦涛、温家宝、曾庆红等为受到表彰的先进集体代表和标兵颁奖。

各省、自治区、直辖市和副省级城市、新疆生产建设兵团有关负责同志,中央、国家机关有关部门负责同志,全国农村"三个代表"重要思想学习教育活动联系会议领导小组成员等出席了这次会议。

全国整顿和规范市场经济秩序领导小组在北京举行第五次全体会议

会议总结了上半年整顿和规范市场经济秩序工作,研究部署下半年的工作。国务院副总理、全国整顿和规范市场经济秩序领导小组组长李岚清主持会议并发表讲话强调,整顿和规范市场经济秩序是经济领域贯彻落实"三个代表"重要思想的具体行动,要以对党和人民高度负责的态度,认真总结经验,继续加大整治力度,标本兼治,狠抓落实,把整顿和规范市场经济秩序工作深入持久地开展下去。

国务院副总理、全国整顿和规范市场经济秩序领导小组副组长吴邦国出席会议并讲话,国务委员、全国整顿和规范市场经济秩序领导小组副组长吴仪出席会议。

李岚清指出,今年上半年,各地区、各部门认真贯彻落实全国整顿和规范市场经济秩序电视电话会议精神,开展了集贸市场和加油站专项整治,取得了阶段性成果。重点打击了集贸市场生产销售假冒伪劣食品、药品等制假售假行为,取缔非法经营,查补税款;侦破了一批涉及黑恶势力的治安、刑事案件;加油站乱批滥建、布局不合理的问题得到遏制。但是,我们必须清醒地看到,由于一些同志对整顿和规范市场经济秩序的重要性认识不足,有的地方保护主义严重,整顿工作力度不够,个别地方甚至走了过场;一些地方取得的成果不巩固,集中整治后出现反弹;一些地方和领域市场经济秩序混乱的现象仍然十分严重。这些问题要引起我们的高度重视。各地区、各部门领导同志一定要充分认识到整顿和规范市场经济秩序工作的长期性、艰巨性和复杂性,克服麻痹松懈情绪,统一思想,要有紧迫感,要乘势而上,努力扩大整顿和规范市场经济秩序工作的成果。

李岚清指出，下半年整顿和规范市场经济秩序，要重点抓好以下三个方面的工作：一是要加大对非法经营的打击力度。特别要严厉打击制售假冒伪劣食品、药品、农资等的不法行为和经营中的欺诈行为，保障人民群众生命财产安全和切身利益。要严格税收征管，加大惩治偷税、逃税的力度，保证财政收入，保障国民经济健康发展。对已部署开展的文化市场、建筑市场、传销、集贸市场性质的“商城”、“商厦”、加油站、印刷业等专项整治工作，要按照既定的工作部署，严字当头，加大依法打击、查处和整治力度，务求取得实效。有关部门要与公安、司法等部门密切配合，把打击非法经营与扫黑除恶、社会治安综合治理结合起来，打掉非法经营的保护伞。当前，非法经营“网吧”的情况十分突出，要坚决取缔，决不能手软。二是针对存在的问题，着力研究治本之策，解决导致市场经济秩序混乱的深层次问题。要坚持边打、边整、边改。对已经开展的各项专项整治要进行“回头看”，找出问题，及时整改，巩固整顿成果。各地区、各部门要在开展专项整治工作的基础上，认真总结治本方面的成功经验，进一步转变政府职能，建立责任制和责任追究制，深化行政审批制度改革，严格实行“收支两条线”管理，推进综合执法，改进工作作风，狠抓落实，要充分运用信息网络等高技术手段，提高执法的有效性。三是各级领导要进一步提高认识，加强对整顿和规范市场经济秩序工作的领导。各地主要领导要亲自抓，并有机构负责具体工作。宣传媒体要积极配合，抓住典型案例予以曝光。在继续做好以上各项工作的同时，今年下半年还要集中开展旅游市场打假打非专项整治。重点打击“黑社”、“黑车”、“野导”等无证经营行为，以及形形色色的非法“陪游”、“伴游”活动和欺客宰客、胁迫消费等违法违规现象，进一步净化旅游市场秩序，促进旅游产业的规范和健康发展。

吴邦国在讲话中指出，整顿和规范市场经济秩序是一项艰巨的任务，一定要有长期作战的思想准备，要坚持边整顿治理、边发现问题、边建章立制，逐步规范和完善社会主义市场经济秩序。对非法经营的企业必须依法予以狠狠打击。安全生产管理要警钟长鸣，常抓不懈。

国家工商总局局长王众孚、国家经贸委副主任张志刚、国家税务总局局长金人庆先后汇报了集贸市场、加油站及其税收专项整治工作的进展情况。会议原则同意全国整顿和规范市场经济秩序领导小组办公室提出的下半年开展专项整治工作的建议。全国整顿和规范市场经济秩序领导小组各成员单位的负责同志出席了会议。

6月25日

全国人大常委会委员长李鹏在人民大会堂会见吉尔吉斯斯坦总统阿斯卡尔·阿卡耶夫

国务院总理朱镕基在中南海会见吉尔吉斯斯坦总统阿斯卡尔·阿卡耶夫

政协九届全国委员会常务委员会第十八次会议在北京全国政协会议中心举行

全国政协主席李瑞环出席会议。

这次会议的主要议题是研究我国生态建设和社会发展的若干问题，重点是讨论防治土地沙化、实施九年义务教育、解决城市困难群众生活、关注资源枯竭型矿城等问题，并提出相应的对策和建议。

国家经贸委主任李荣融、教育部部长陈至立、民政部部长多吉才让、国家林业局局长周生贤，在开幕会上分别作了《关于促进矿山企业下岗职工再就业，支持资源枯竭型矿城经济转型情况的通报》、《关于实施九年义务教育情况的通报》、《关于城市居民最低生活保障工作情况的通报》、《关于我国防沙治沙工作情况的通报》。

李荣融介绍了资源枯竭型矿业城市经济结构调整工作后指出，资源枯竭型矿城的可持续发展是我国经济工作在新世纪初的一项重要任务。国家经贸委将根据国务院的统一部署，认真吸收和借鉴国外经验，抓紧制定我国资源枯竭型矿城经济结构调整的整体规划，提出进一步转型思路和相关政策。近期国家经贸委将在四个方面继续开展工作：一是继续稳妥地搞好资源枯竭矿山关闭破产工作；二是进一步落实好“两个确保”和“一个‘低保’”；三是下更大的力气做好下岗职工再就业工作；四是进一步推进矿业城市的结构调整。

陈至立结合我国普及九年义务教育的基本情况，分析了实施九年义务教育中存在的主要问题。她说，保障义务教育持续健康发展要实施以下政策措施：坚持将普及九年义务教育和扫除青壮年文盲作为教育工作的重中之重，努力扩大义务教育的普及程度；完善农村义务教育管理体制；建立农村义务教育经费保障机制；大力支持贫困地区“两基”攻坚工作；加大对家庭经济困难学生的扶持力度；重视解决流动人口中适龄儿童少年入学问题；抓住关键环节全面推进素质教育；加快中小学普及信息技术教育的步伐；坚决制止一些地方办学中出现的不良倾向和行业不正之风。

多吉才让就全国城市“低保”工作基本情况、存在的困难和问题、今后工作的重点和措施作了介绍。他说，当前城市“低保”工作正处于全面落实和规范完善的关键时期，民政部将继续把这项工作当作民政工作的重中之重，以在中共十六大召开之前实现应保尽保为工作目标，集中力量抓好“低保”对象的全面覆盖和“低保”资金的落实，加快规范化管理和信息化建设步伐，全面推进城市“低保”工作。

周生贤介绍了我国防沙治沙工作面临的形势及对策措施。他说，我国防沙治沙工作必须坚持“预防为主、防治结合、综合治理”的方针，在实际工作中要贯彻“分类指导，因情施策”的原则，要认真组织实施好京津风沙源治理工程和“三北”防护林四期工程，还要完善有关政策措施，强化科技支撑，明确责任主体，切实贯彻防沙治沙法。

这次会议还将审议通过人事任免事项；审议全国政协常委赴吉林省、全国政协委员赴江苏省视察情况的书面报告；审议李瑞环主席访问欧洲四国情况的书面报告，以及宋健副主席出席国际行动理事会第二十届年会情况的书面报告。

开幕会由全国政协副主席叶选平主持。全国政协副主席杨汝岱、王兆国、阿沛·阿旺晋美、钱伟长、任建新、宋健、李贵鲜、张思卿、钱正英、孙孚凌、霍英东、马万祺、朱光亚、万国权、胡启立、赵南起、毛致用、经叔平、罗豪才、张克辉、王文元，秘书长郑万通出席会议。

中共中央和国务院有关部门负责人以及全总负责人应邀出席会议。

政协九届常委会第十八次会议在全国政协会议中心举行第二次全会

会议听取了四个专门委员会负责人作防治土地沙化、九年制义务教育、解决城市困难群众生活、资源枯竭型矿城问题调研报告。中共中央政治局常委、全国政协主席李瑞环出席会议。

中共中央政治局委员、国务院副总理吴邦国到会听取了调研报告。会议由全国政协副主席杨汝岱主持。

全国政协人口资源环境委员会主任陈邦柱在会上作了关于防治土地沙化问题的调研报告。报告认为，土地沙化加剧，制约经济持续发展，危害人民生产生活，威胁社会安定团结，已成为我国继水、旱灾害之后最大的自然灾害。陈邦柱在报告中就此提出了七项建议：遵循客观规律，坚持“预防为主、防治结合、综合治理”；实施分类治理措施，扭转沙化扩展趋势；加强京津风沙源治理工程建设，提升首都国际形象；开源节流，合理开发利用水资源；发挥科技先导作用，推动科技治沙；帮助农牧民脱贫致富，巩固防沙治沙成果；加强领导，同心协力打好总体战。

全国政协教科文卫体委员会主任刘忠德在关于实施九年制义务教育问题的调研报告中，分析了我国实施九年制义务教育中存在的几个突出问题，并就加快推进贫困地区义务教育发展、切实解决税费改革后农村义务教育出现的新问题、重视大中城市义务教育阶段薄弱学校的改造、大力改善进城暂住流动人口子女的义务教育等问题提出了意见和建议。

全国政协社会和法制委员会主任王森浩作了关于解决城市困难群众生活问题的调研报告，提出要充分认识解决城市困难群众生活问题的严峻性、紧迫性、复杂性和长期性。为此他提出四项建议：抓紧落实好城市最低生活保障工作，这是稳定大局的关键；将就业优先的发展战略落实为全社会的共同行动，千方百计为困难群众开辟就业岗位；加快立法工作，尽快建立规范的社会保障机制，进一步完善社会保障体系；要加强国务院各部门的综合协调，切实落实有关政策措施。

关注资源枯竭型矿城专题组负责人朱训作了关于解决“四矿”问题的调研报告。报告分析了“四矿”（矿业、矿山、矿工、矿城）面临的主要困难和突出问题，以及“四矿”问题产生的深层次原因，并提出了实施特别救助计划、确立我国矿业的基础产业地位、设置统一管理矿业的政府部门、制定矿业统一发展战略、切实加强矿产地质勘察工作、深化矿业体制改革、建立新型的矿城关系等建议。

全国政协副主席叶选平、王兆国、钱伟长、任建新、宋健、李贵鲜、张思卿、钱正英、孙孚凌、马万祺、朱光亚、万国权、胡启立、赵南起、毛致用、经叔平、罗豪才、张克辉、王文元，秘书长郑万通出席会议。

中共中央和国务院有关部门负责人以及全国总工会负责人应邀出席会议。

国务院行政审批制度改革工作会议在北京召开

国务院副总理、国务院行政审批制度改革工作领导小组组长李岚清强调，国务院各部门负责同志特别是主要负责同志要进一步提高对行政审批制度改革重要性和紧迫性的认识，牢固树立政治意识和大局意识，进一步统一思想，转变政府职能和工作作风，切实把行政审批制度改革抓紧抓好。

李岚清指出，自 2001 年 10 月国务院行政审批制度改革工作电视电话会议召开以来，国务院各部门按照国务院的部署和要求，以高度的政治责任感和工作紧迫性，狠抓工作落实。国务院 65 个有行政审批职能的部门和单位将本部门、本单位的行政审批项目及其设定依据进行了认真梳理和分析，并按照改革的原则和标准提出了初步处理意见，国务院行政审批制度改革工作领导小组办公室正在对各部门上报的审批项目及处理意见进行认真审核，行政审批制度改革正在扎实有效地向前推进，已取得了阶段性成果。但当前也存在一些问题：一些部门对行政审批制度改革的重要性和必要性认识不足，工作不力，措施不具体，等待观望、畏首不前等，影响了改革的进程，必须认真加以解决。

李岚清强调，各部门、各单位要从维护国家的整体利益和推进改革发展的大局出发，以对党和人民高度负责的态度，迎难而上，扎实工作，把行政审批制度改革进一步推向深入。一是要进一步提高对改革重要性的认识，特别是各部门主要负责同志必须从实践“三个代表”重要思想要求的高度来认识这项工作，要从建立和完善社会主义市场经济体制的大局出发，自觉冲破传统观念和习惯的束缚，把政府应当管的事认真管好，坚决摆脱政府不该管也管不好的事，认真转变政府职能，把政府的主要工作精力真正转到加强宏观调控、调查研究、制定市场规则、依法行政和有效的监管工作中来，坚决纠正那些利用权力为本部门和本系统谋取局部利益的行为。二是要认真贯彻执行改革的各项政策规定，处理好行政审批制度改革中合法原则与合理原则的关系，处理好长远发展与立足现实的关系，把改革的总体要求与阶段性目标结合起来。要维护国家的整体利益，同时注意兼顾部门的特点；既要坚持原则，又要实事求是，从经济、社会发展和行政管理的实际出发研究行政审批项目的去留。对关系国计民生、社会稳定和安全生产的审批项目，处理时要慎之又慎，避免出现管理失控和混乱现象。决不允许各部门搞“上有政策，下有对策”，搞变通，打折扣，更不能囿于局部，片面强调特殊。三是要紧紧抓住重点和难点问题。当前改革的着力点是减少行政审批事项，规范权力的行使。对不符合政企分开和政事分开原则，妨碍市场开放和公平竞争以及实际上难以有效发挥作用的行政审批，要坚决予以取消；对可以用市场机制代替的行政审批，要通过市场机制运作，尤其是有关经营性土地使用权出让拍卖、建设工程项目招投标、政府采购和国有企业产权交易等事项，必须通过市场来运作，对违反规定的要追究责任；对能够由社会中介组织承担的事项，要逐步转到社会中介组织。要切实解决部门之间的职能交叉问题，提高管理水平和管理效率。要按照一件事情由一个部门为主负责的原则，明确主要负责的部门。要加强改革后续工作的研究和落实，对拟取消的审批项目，要制定替代管理的措施，防止管理脱节；对拟改变管理方式的项目，要规范操作，加强管理；对拟保留的审批项目，要研究制定监督制约的办法，特别是要建立严格的责任追究制度，明确审批部门和审批人应负的责任。不仅要追究批而不管出现问题的责任，也要追究虽没有进行审批但疏于管理而出现问题的责任。

李岚清强调，各部门要进一步加强对行政审批制度改革的领导。各部门主要负责同志要切实承担起领导责任，把行政审批制度改革摆到重要位置，协调解决问题，抓好工作落实。要针对改革中遇到的新情况和新问题，加强政策研究，积极探索，勇于创新。要进一步加强督促检查，对工作不落实、行动迟缓、改革成效不明显的单位，要促其认真整改。各省、自治区、直辖市人民政府，也要按照国务院的统一部署和会议的要求，结合当地实际情况，扎扎实实地抓好改革工作。

国务委员兼国务院秘书长、国务院行政审批制度改革工作领导小组副组长王忠禹主持会议，他要求各部门和各单位认真贯彻落实这次会议精神，集中力量，抓住重点，加强政策研究和工作指导。借鉴有关部门工作经验，搞好协调配合，加快工作进度，切实推进行政审批制度改革。监察部部长、国务院行政审批制度改革工作领导小组副组长何勇，国家经贸委主任李荣融、公安部部长贾春旺、国家工商总局局长王众孚、财政部副部长楼继伟在会上发了言。国务院65个有行政审批职能的部门(单位)负责同志出席了会议。

中央军委主席江泽民签署命令颁布实施《中国人民解放军装备维修工作条例》

《中国人民解放军装备维修工作条例》是我军装备管理体制调整后，中央军委制定和颁布的规范我军装备维修工作的第一部基本法规，是我军装备维修工作的基本依据。条例以新时期军事战略方针为依据，以提高部队战斗力为标准，按照装备全系统、全寿命管理的要求，坚持以可靠性为中心，贯彻预防为主、科学维修、质量第一、注重效益的方针，遵循统一领导、整体筹划、突出重点、依法管理、平战结合、军民结合的原则，加强装备维修保障现代化建设，提高现代技术特别是高技术条件下局部战争装备维修综合保障能力和总体水平。

《中国人民解放军装备维修工作条例》共设13章76条，覆盖了我军装备维修工作各个方面、各个环节的活动，充分体现了新体制下我军装备维修工作的新情况、新特点和新要求。它的颁布和施行，对于科学规范我军装备维修工作，尽快建立整体协调、办事高效、运转顺畅、行为规范的装备维修工作运行机制，建立和完善具有我军特色的装备维修保障法规体系，提高我军装备建设效能和部队整体战斗力，具有重要的意义。

6月26日

国家主席江泽民在人民大会堂会见以党首鸠山由纪夫为团长的日本民主党代表团

江泽民对民主党代表团在中日邦交正常化30周年之际访华表示欢迎。他说，30年来，中日两国在政治、经济、文化等各领域的交流与合作全面发展，取得了丰硕成果。双方签署了指导中日关系发展的政府间文件，共同确立了致力于和平与发展的友好合作伙伴关系，民间友好基础不断扩大。这是几代人共同努力的结果，来之不易，值得两国人民特别是两国政治家共同珍惜。

江泽民指出：我经常说，要"以史为鉴，面向未来"。回顾历史，放眼未来，双方应更加珍视中日友好及其为双方带来的利益，始终坚持指导中日关系发展的基本原则，悉心维护共同确立的友好合作伙伴关系，继续加强各个领域的友好交往，广泛、充分地调动一切有利于中日友好的积极力量和积极因素，推动中日友好关系持续、稳定、健康发展。

江泽民最后说：历史经验还证明，日本坚持走和平发展的道路最符合日本民族的利益，也为亚洲各国和人民所欢迎。我们愿意看到日本继续与国际社会合作，克服经济困难，取得新的发展；也愿意看到日本继续沿着和平发展的道路走下去，与亚洲各国和睦相处。

江泽民还向客人介绍了"三个代表"重要思想。

中联部部长戴秉国、副部长王家瑞等会见时在座。

九届全国人大常委会第二十八次会议举行全体会议

会议审议2001年中央决算报告等。李鹏委员长出席会议。

会议由副委员长铁木尔·达瓦买提主持。

会议首先听取财政部部长项怀诚受国务院委托所作的关于2001年中央决算的报告。他说，2001年，全国财政收入16386.04亿元，完成预算的111%；全国财政支出18902.58亿元，完成预算的108.9%；全国财政收支相抵，支出大于收入2516.54亿元。他还简要报告了今年前5个月的全国财政收支情况，并提出完成全年预算需进一步抓好的几项工作：实施好积极财政政策；严格控制税收优惠；依法加强税收征管；严格控制财政支出；勤俭办一切事业；积极推进各项财政改革等。

受国务院委托，审计署审计长李金华作关于2001年度中央预算执行和其他财政收支的审计工作报告。他说，国务院及其各部门对去年审计查出的问题非常重视，按照全国人大常委会的要求，结合整顿和规范市场经济秩序，积极采取措施，认真进行整改，纠正情况是好的。据统计，截至2001年年底，已追回各类被挪用的财政资金105亿元，上缴财政各项税金和罚款106亿元，调整会计账目960亿元，移交有关部门立案查处的案件195起，已有397人受到党纪政纪处分或被追究刑事责任。

今年"五一"节后，全国人大常委会组织6个执法检查组，分赴江西等6省、市，对消防法的实施情况进行了检查，并委托黑龙江等6省、自治区人大常委会进行了自查。在今天的会议上，全国人大内务司法委员会副主任委员束怀德汇报了这次执法检查的情况。他说，各级党委和政府采取各种措施，保证消防法顺利实施，使我国的消防事业有了较大的发展。各级人大常委会通过制定地方性法规、加强对法律、法规实施情况的监督检查等方式，推进了消防法的贯彻实施。但是，火灾总体上仍然呈上升态势，形势依然严峻。他还指出了妨碍消防法实施的一些主要问题，以及推进实施消防法的几点建议。

会议还听取了全国人大常委会代表资格审查委员会主任委员王维澄所作的九届全国人大常委会代表资格审查委员会关于个别代表的代表资格终止的报告。会议还审议了全国人大代表团访问阿尔巴尼亚、亚美尼亚、格鲁吉亚和阿塞拜疆四国情况的书面报告。

全国人大常委会副委员长田纪云、姜春云、邹家华、帕巴拉·格列朗杰、王光英、布赫、彭珮云、何鲁丽、曹志、成思危、蒋正华，秘书长何椿霖出席会议，国务委员司马义·艾买提、最高人民法院院长肖扬、最高人民检察院检察长韩杼滨列席会议。

《人民日报》发表评论员文章《弘扬与时俱进的精神》

国台办举行新闻发布会

国台办新闻发言人李维一在回答中外记者提问时指出，我们认为，目前两岸直接"三通"已不存在任何技术问题，只要能按一个国家内部事务处理两岸直接"三通"相关事宜，在平等互利的基础上，通过民间、行业或公司间协商的办法，完全可以达成共识，尽快地通起来。实现两岸直接"三通"不仅对稳定和发展两岸关系有利，对台湾的经济发展更有好处。

有记者问，台湾方面认为，目前两岸"三通"已经实现通邮、通商，只有直接通航尚未实现，大陆方面有何看法？李维一表示，20多年来，在两岸同胞的共同努力下，两岸"三通"取得了一些进展，但由于台湾当局的政策限制，两岸直接通邮、通航、通商迄今尚未实现。在两岸通邮方面，目前台湾当局仍不允许两岸邮政部门开办邮寄小包、包裹、汇兑、特快专递和保价信函等项业务，也不委托相关的行业团体就扩大两岸邮政业务进行协商。在两岸通商方面，今年台湾当局开放台商直接来大陆投资，两岸企业可以直接签订贸易合同，但是台湾当局仍对大陆企业到台湾投资、对大陆商品进口设限。由此可见，两岸除不能直接通航外，通邮和通商也未做到。

有记者问,台湾方面提出将尽快在澎湖实施“小三通”,并提出高雄将是“三通”后第一个开放港口,是否表明台湾当局已展现诚意?而台湾在野党联合提出修正“两岸关系条例”以期加快“三通”进程,却未获通过,是否说明台湾方面没有做好“三通”准备,也欠缺决心?对此,李维一回答说,台湾当局准备近期专案核准澎湖信众直航福建向妈祖祖庙进香,这是澎湖民众长期推动台湾当局开放两岸直航的结果。福州、厦门与高雄试点直航已有5年,从未发生安全问题和商务纠纷,事实证明两岸直航并不会给台湾带来所谓的安全问题。尽快实现两岸直接“三通”已是大势所趋,人心所向。我们注意到近期台湾当局对两岸“三通”作出的表示,希望台湾当局言必信,行必果,不要让台湾同胞的期望变成失望。

在回答台湾有关方面提出希望大陆渔船继续协助打捞“华航”遇难者遗体的问题时,李维一表示,据向主管部门了解,从6月份开始,各沿海地区的大陆渔船均进入休渔期。在前段时期,福建渔民在协助打捞“华航”空难遇难者遗体和飞机残骸等方面已经尽了最大努力。虽然进入休渔期,但是大陆的搜救中心一直有船在协助打捞,我渔业系统的所属船舶也在协助打捞。如发现遇难者遗体或飞机残骸,大陆方面会通过适当渠道与台湾方面联系。

6月27日

国家主席江泽民和圭亚那总统巴拉特·贾格迪奥就两国建交30周年互致贺电

国务院总理朱镕基在人民大会堂与罗马尼亚总理纳斯塔塞举行会谈

双方就双边关系和共同关心的重大国际及地区问题深入交换了意见,取得了广泛共识。

在谈到发展双边经贸合作时,朱镕基说,中国政府十分重视发展两国经贸关系。近年来,双边贸易额有增长,但总体水平仍不高,且不平衡。为挖掘两国合作潜力,进一步拉动双边经贸关系,朱镕基表示:

第一,两国应根据各自经济发展的需要并按照市场经济规律,开拓创新,扩大经贸合作,以做到优势互补,使两国和两国人民都能实实在在地受益。

第二,充分发挥两国政府主管部门和中罗经贸混委会的作用,规划好合作重点,为双方企业在新时期加强合作予以宏观指导。

第三,根据市场经济的原则,鼓励两国企业直接开展合作,两国政府应积极支持,并为它们牵线搭桥。

第四,双方应更有效地为企业间合作提供信息指导和支持,在双边或多边范围内组织和参与商品展销、贸易洽谈和经济研讨等活动。

会谈结束后,朱镕基和纳斯塔塞出席了签字仪式,两国有关部门签署了教育合作协议等5个文件。

外交部部长唐家璇、教育部长陈至立、国家计委副主任王春正、中国驻罗马尼亚大使陈德来、外经贸部副部长周可仁、卫生部副部长朱庆生等出席了会谈。

《人民日报》发表中央纪委研究室的文章《正确认识反腐败斗争形势》

反对腐败是关系党和国家生死存亡的严重政治斗争。

近些年来,随着反腐败斗争的不断深入,特别是一些大案要案的相继查处,反腐败问题越来越为人们所关注,各种说法和议论很多。正确认识反腐败斗争的形势,对于统一思想,坚定信心,全面贯彻“三个代表”要求,认真落实党中央制定的反腐败决策和部署,不断取得反腐败斗争的新胜利,具有重要意义。

正确认识反腐败斗争形势是一个重大的政治问题,是深入开展反腐败斗争的基础和前提

反腐败斗争的性质,决定了正确认识反腐败斗争形势的重要性。十一届三中全会决定把党和国家的工作重点转移到社会主义现代化建设上来,作出了实行改革开放的战略决策。以邓小平同志为核心的党的第二代中央领导集体,清醒地认识到在改革开放尤其是经济体制转换的历史条件下,可能出现腐败易发多发的严峻形势,及时地作出了“执政党的党风问题是有关党的生死存亡的问题”的论断,告诫全党,“如果我们党不严重注意,不坚决刹住这股风,那么,我们的党和国家确实要发生会不会‘改变面貌’的问题。”并要求全党“要足够估计到这样的形势”。以江泽民同志为核心的党的第三代中央领导集体高度重视反腐败斗争,十四大以来,江泽民同志每年都在中央纪委全会上作重要讲话,每次讲话都从党和国家的大局出发,分析形势,指明反腐败斗争的方向。他指出,如何正确认识反腐败斗争的形势,“是一个很重要的政治问题”。

对反腐败斗争形势的分析和判断有时同政治斗争交织在一起,成为政治斗争的一个焦点。如何看待反腐败斗争的形势,对于广大干部群众来说,主要是认识问题、方法问题;但在特定条件下,它又与政治斗争紧密联系。20世纪80年代末90年代初发生的苏联解体和东欧剧变,具有复杂的、多方面的原因。其中对腐败状况的看法,是这些国家政治斗争的一个焦点。敌对势力对腐败状况夸大其词,把这些国家的干部队伍说得一无是处。他们诬称腐败“是共产党和社会主义制度带来的”,断言“共产党解决不了自身的腐败问

题”；要真正解决腐败问题，只有实行西方的政治制度。这种舆论动摇了一些干部群众对社会主义制度和共产党领导的信心，成为导致剧变发生的原因之一。苏联解体、东欧剧变之后，西方敌对势力故伎重演，妄图借此动摇干部群众对我们党领导反腐败斗争的信心。很明显，如果按照他们的主张去“反腐败”，那么反掉的不是腐败，而是共产党的领导，是社会主义制度。对于这一点，我们必须保持清醒的头脑。

正确认识形势，是深入开展反腐败斗争的基础和前提。形势是一种客观存在。正确认识形势，具有两方面的意义：第一，有利于制定正确的方针政策和工作部署。改革开放特别是十四大以来，我们党之所以能够制定一系列正确的方针政策和战略部署，领导反腐败斗争健康发展，一个基本原因是正确地分析了每一时期的形势并据以制定出正确的方针政策和战略部署。第二，有利于统一认识、统一思想，增强广大干部群众的信心。反腐败是复杂的政治斗争，如果人们的认识反差很大，就难以形成反腐败斗争的合力。只有对形势的认识正确了，才能理解我们党为什么作出这样而不是那样的决策和部署，从而同心协力地深入开展反腐败斗争。

十四大以来，反腐败斗争一直保持着平稳健康、不断向纵深发展的良好态势

江泽民同志在中央纪委第七次全会上的讲话中，对反腐败形势作了科学的判断。从总体上看，这几年党政机关和干部队伍中腐败现象蔓延的势头正在逐步得到遏制，一些诱发腐败的深层次问题正在得到解决，反腐败斗争一直保持着平稳健康、不断向纵深发展的良好态势。

从反腐败斗争的发展态势看，反腐败斗争正在逐步从侧重遏制走上标本兼治、注重治本的轨道。“急则治标，缓则治本。”如果说十五大之前反腐败斗争以治标为主，那么十五大以后，随着社会主义市场经济体制的初步建立，市场在资源配置方面的基础性作用得到增强，行政行为、市场行为和企业行为逐步规范，为反腐败斗争从侧重遏制转到标本兼治、注重治本的轨道创造了有利条件。按照党中央的部署，军队、武警部队和政法机关与所办经营性企业彻底脱钩，中央党政机关与所办经济实体和管理的直属企业脱钩工作全部完成；全国县以上执收执罚部门认真落实行政事业性收费和罚没收入“收支两条线”的规定，有的地方还推向乡（镇）一级单位，坐收坐支、资金管理混乱的状况有所好转；行政审批制度改革加快推进，财政制度改革初见成效，干部人事制度改革正在进行。全国广泛推行了村务公开、厂务公开、政务公开。许多地（市）以上城市实行了经营性土地使用权出让招标拍卖、建筑工程项目公开招标投标、政府采购公开招标投标、产权交易进入市场等制度。这些措施的实施收到了釜底抽薪的反腐效果。从源头上预防和治理腐败的核心内容，就是通过对体制、机制和制度的改革，逐步减少和消除腐败现象赖以生存的土壤和条件。

从反腐败斗争的社会影响和作用看，反腐败斗争为维护和促进改革、发展、稳定的大局提供了必要条件和重要保证。评价反腐败斗争的效果，分析反腐败斗争的形势，不能孤立地看，必须把它放在全国发展的大局之中。改革开放20多年来，我们不断推进经济体制、政治体制和其他方面的改革，极大地解放和发展了生产力，推动了社会全面进步。我国的经济实力、国防实力、科技实力明显增强，社会稳定，民族团结，国际地位和国际影响与日俱增。这种大好局面，离不开反腐败斗争的深入开展。正如江泽民同志所说，“反腐倡廉工作不断取得阶段性成果，为维护改革、发展、稳定的大局创造了有利条件。”可以肯定地说，这些年来如果我们不是按照党中央的部署开展反腐败斗争，腐败现象滋生蔓延的程度将比现在严重得多，也决不可能有当前改革、发展、稳定的大好局面。古今中外的经验表明，当腐败之风蔓延开来以后，执政者不反腐败，社会要乱，自己非垮台不可；而不顾实际情况、不讲斗争策略地乱反一气，也会招致失败。我们查处了那么多大案要案，处理了那么多违纪违法的领导干部，并没有出现反复，引起社会动荡，而是促进了经济和社会的健康发展。

从对反腐败斗争的领导状况看，我们党是坚强有力的，实行了正确的方针政策和战略部署，探索出一条适合我国现阶段基本国情的有效开展反腐倡廉的新路子。十三届四中全会以来，以江泽民同志为核心的党中央科学总结了当今世界一些执政党兴衰的历史经验，对社会主义市场经济条件下的党风廉政建设和反腐败斗争进行了探索，创造性地提出了“三个代表”重要思想，成功地开展了以“讲学习、讲政治、讲正气”为主要内容的党性党风党纪教育，提高了党员干部廉洁自律的自觉性，推进了反腐倡廉工作。随着改革的深入，涉及行政行为方面的问题增多，国务院每年都召开反腐败工作会议，总结检查，提出要求。各级党委、政府结合本地实际，创造性地贯彻党中央、国务院的决策和部署，齐抓共管，做了大量工作。经过多年的实践和总结，我们党初步探索出一条在发展社会主义市场经济条件下，紧紧围绕经济建设这个中心，把反腐败和改革、发展、稳定有机结合起来，依靠党的领导和人民群众的广泛参与，有效开展反腐败斗争的路子。这条路子包括反腐败斗争的指导思想、基本原则、领导体制和工作机制、工作格局等方面。我们党在反腐败的实践中，始终牢牢地驾驭全局，不断把斗争引向深入。

党政机关和领导干部中腐败现象蔓延的趋势逐步得到遏制，并不是“越反越严重”

这个判断主要依据以下两点：

其一，腐败现象蔓延与体制、机制和制度不健全密切相连；十五大以来社会主义市场经济体制逐步建立，廉政法律制度建设不断加强，腐败现象赖以生存的土壤和条件正在逐步减少。

制度问题带有根本性，这在反腐败领域同样得到了印证。改革开放以来，我国的腐败现象之所以蔓延起来，从根本上说，是因为沿用多年的计划经济体制已经打破，社会主义市场经济体制尚未完善，新旧体制转换中的缝隙和漏洞为腐败现象的蔓延留下了空间。例如，20世纪80年代，国家推行价格体制改革，生产资料价格实行双轨制，这就产生了大量寻租性腐败机会，通过“走后门”、“批条子”而争相“寻租”的行贿受贿、投机诈骗、倒买倒卖和“官倒”等腐败行为一度猖獗起来。90年代以后，随着价格双轨制的逐步取消，与此相联系的腐败现象也跟着消退下去。再如，1992年至1996年间，市场取向的经济改革向深层次推进。由于缺少监督制约方面的制度和机制，以贷款谋私利，以贿赂手段求“上市”，贪污或挪用公款从事炒房、炒地、炒股、搞期货交易等十分严重。1997年以后，党和政府通过改革和建章立制，大力整顿金融、证券、股票、房地产市场。随着市场行为的逐步规范，这些领域腐败现象蔓延的势头逐渐趋于缓解。

改革开放以来的实践证明，经济体制转换的过程，实际上伴随着一个体制性障碍逐步消除的过程。适应社会主义市场经济发展需要的新体制的建立和完善，减少了滋生腐败的机会。特别是十五大以来，随着社会主义市场经济体制的建立和完善，腐败现象蔓延的土壤和机会正在逐步减少，因此腐败现象蔓延的趋势也就必然有所收敛。

其二，对腐败现象蔓延的遏制与反腐败工作力度相关；十五大以来我们不断加大反腐败工作力度，有效地震慑了腐败分子。

在一定的制度基础上，腐败现象蔓延的状况还取决于反腐败工作的力度。十五大以来，各级党委坚持从严治党的方针，以查办党政领导机关、行政执法机关、司法机关、经济管理部门和县(处)级以上领导干部的违纪违法案件为重点，着重查办了金融、证券、建筑、海关、人事、司法等领域的案件，贪污贿赂、徇私枉法、买官卖官、严重失职渎职的案件，破坏社会主义市场经济秩序的案件，特别是查处了一批省部级以上领导干部违纪违法案件。这些案件的查处，对腐败分子产生了极大的震慑作用，对广大党员干部也起到了有效的警示作用。

5年来，纪检监察机关查处违纪违法案件的力度不断加大，在媒体上曝光的案件也比较多。有些同志由此认为“腐败越反越严重”。这种说法的错误在于缺乏科学的分析。假设在一定时期内腐败分子的总数不变，那么查处的越多，隐藏下来的就越少，查处数与“黑数”成反比例的关系。相反，如果工作力度减弱，查处的案件少了，那么隐藏下来的腐败分子肯定就多了。腐败是不是越反越严重，关键要看发案率的趋势和顶风作案的数量。据统计，近几年查办的大案要案，较多地集中在金融、建筑、海关等领域。1998年以后，随着反腐败斗争力度的加大和一些诱发腐败的深层次问题的解决，上述领域案件多发势头明显减缓，顶风作案的逐步减少。由于我们工作力度的加大和一系列制度的建立与完善，反腐败的震慑力增强了，反腐败的态势是很好的。

反腐败斗争成效如何，人民群众从切身感受中有一个客观公正的评价。近年来，中央纪委会同有关部门每年在不同的10个省(区、市)进行万人随机抽样调查，结果表明，2002年，有74%的群众对反腐败工作表示认可，比1996年提高了12个百分点；69%的群众认为腐败现象在一定范围内得到了遏制，比1996年提高了13个百分点；68%的群众对反腐败斗争有信心，比1996年提高了10个百分点。事实表明，广大干部群众对反腐败斗争的成效是认可的，满意程度在不断提高，对反腐败斗争的前途也越来越有信心。

正确认识反腐败斗争形势，必须掌握科学的方法论

我们既要看到反腐败工作取得的显著成绩，又要看到在一些地方和部门腐败现象还比较严重，甚至有的领域还在滋生蔓延。从总体上说，反腐败的任务是长期的、艰巨的，有时还会出现曲折和反复。要正确分析和判断反腐败斗争形势，必须解决好看形势的基本方法问题。

要有正确的出发点。看形势要客观、公正，首先必须摆正看问题的出发点，也就是通常所说的“立场”。我们要站在人民的立场上看问题。韩国查处前总统全斗焕、卢泰愚的腐败问题，有人说“体现了法治精神”；我们处决了胡长清、成克杰等腐败分子，有人却说“共产党连高官都腐败了”。这种“双重标准”是不对的。在反腐败问题上，国内外敌对势力把我们的反腐败斗争形势描绘得一团漆黑，是因为他们要在政治上搞垮我们的党和政府，立场是和我们对立的。有些同志对腐败问题深恶痛绝，但缺乏科学的分析，只从个人的好恶情感出发，这就容易偏离正确的立场，难以对形势作出正确的判断。

要有历史的眼光。按照马克思主义的唯物史观，腐败作为社会不发达、不文明的沉渣，是伴随社会从愚昧走向文明的进程而产生的。一个国家处在社会转型、经济快速增长的变革阶段，往往是腐败现象的高发期。我国正处于并将长期处于社会主义初级阶段，正在从传统社会走向现代社会、从计划经济走向社会主义市场经济，这一历史特点决定了我们要在比较短的时间内彻底根除腐败现象是不可能的。随着反腐败主客观条件的变化，腐败现象会呈现出起伏和反复的特点。这就要求我们在反腐败形势的评价标准上不能过于理想化，必须从实际出发，克服“速胜论”和“悲观论”，不因工作的成绩而盲目乐观，也不因工作的难度而悲观失望。必须看到，随着社会主义市场经济体制的逐步完善，腐败现象滋生的空间越来越小，这是不可改变的总趋势。同时，要正确确立反腐败的“参照系”，也就是说在衡量标准上，不能脱离特定的历史环境，不能简单地与新中国成立初期的情况相比。有了正确的历史定位，才能对现阶段的反腐败形势作出正确的判断。

要善于多视角地看。对反腐败斗争形势要全面地、多视角地看，把“从下往上看”与“从上往下看”结合起来，把自己的感受同党和政府的判断以及社会舆论、专家评价综合起来分析，这样才能避免片面性。面对此消彼长、曲折发展和不断变化的形势，既要看到腐败分子在强大的反腐败斗争压力下收敛的一面，又要看到其变换花样、变本加厉的一面；既要看到反腐败斗争的成效给人们以鼓舞和增强信心的一面，也要看到它容易带来轻敌麻痹、掩盖问题的一面；既要看到反腐败工作搞得好的地方和部门腐败现象蔓延的势头得到遏制的一面，也要看到工作不到位的地方和部门腐败现象仍然比较严重的一面。如果以不变的眼光去看万变的事物，那就永远跟不上形势。

通过以上分析，我们要理直气壮地肯定我们党反腐败的指导思想、方针政策以及取得的明显成效；理直气壮地阐明我国现阶段出现的腐败决不是根本制度性的腐败；理直气壮地肯定我们党和干部队伍的主流是好的，我们党完全有能力解决腐败问题。可以相信，在党中央的领导下，经过全党全国人民的努力，腐败现象一定会被遏制到最低限度。

国务院在北京召开全国整顿和规范市场经济秩序电视电话会议

会议通报了今年上半年集贸市场和加油站及其税收专项整治工作进展情况，部署下半年整顿和规范市场经济秩序的重点工作。中共中央政治局候补委员、国务委员、全国整顿和规范市场经济秩序领导小组副组长吴仪出席会议并作重要讲话。她强调，要以“三个代表”重要思想为指导，深刻认识整顿和规范市场经济秩序的艰巨性和复杂性，牢固树立长期作战的思想，再接再厉，突出重点，扎实工作，不断巩固和扩大整顿和规范市场经济秩序的成果。

吴仪充分肯定了上半年全国整顿和规范市场经济秩序工作特别是集贸市场和加油站及其税收专项整治工作所取得的成绩。她说，由于部门之间加强协调，形成合力，地方政府切实落实责任制，集中力量，突出重点，综合执法，提高监管效率，整治工作取得了阶段性成果。全国共清理各类集贸市场 48520 个，取缔销售假冒伪劣商品摊位 36424 个，取缔无照经营户 63594 个，查补税款、罚款及加收滞纳金共 5.73 亿元。大部分地区加油站建设规划已经完成，乱批滥建加油站现象得到初步遏制，一批在油品质量、计量、安全、税收方面存在问题的加油站受到查处。

吴仪指出，全国的整顿和规范市场经济秩序工作虽然在总体上取得了阶段性成果，但发展不平衡，某些地区和领域的秩序仍然十分混乱，整治成果还不够巩固。为此，下半年要继续深入开展已经部署的专项斗争，进一步加大打击非法经营和标本兼治的力度，同时扩大整顿和规范市场经济秩序的范围。要对已经开展的各项专项整治进行“回头看”，找出问题，及时整改，严防“反弹”、“回潮”。把“网吧”、“注水肉”、传销和变相传销作为重点进行认真检查，确保不留死角。要认真总结并推广前一阶段各地“标本兼治、重点治本”方面的经验，积极推进综合执法。

吴仪说，从夏季开始，将进入旅游旺季，为了进一步树立我国安全有序的世界旅游胜地形象，要把打击严重影响旅游秩序和各种违法违规经营行为作为全国集中整治工作的重点。要坚决打击非法经营旅行社业务，严厉查处海外驻华机构非法从事旅游经营活动，坚决查处违法违规从事旅游客运行为，大力净化旅游景区的游览环境，严厉打击旅游购物中的欺诈行为和非法从事导游活动等。要力争通过半年左右时间的集中专项整治，使旅游市场秩序有明显好转。

会议由国务院副秘书长尤权主持，国务院有关部门负责人李荣融、王众孚、金人庆就如何进一步做好集贸市场、加油站及其税收整治工作作了发言。全国整顿和规范市场经济秩序领导小组各成员单位的负责同志出席了会议。各省、自治区、直辖市整顿和规范市场经济秩序领导小组成员，各市(地)、县政府主要负责人和有关部门负责人在各分会场参加了会议。

国家旅游局宣布我国际旅游收入跃居全球第五位

2001 年我国国际旅游收入首次超过德国和英国，从近几年的世界第七位跃升到第五位，仅次于美国、西班牙、法国和意大利;过夜旅游者人数仍居世界第五位,列法国、西班牙、美国、意大利之后。

据国家旅游局有关负责人介绍,2001年由于受"9·11"事件和全球性经济衰退的影响,全球国际旅游总收入下降了2.6%,一些世界旅游强国发展缓慢甚至出现下滑,而中国旅游业却实现了持续、快速、健康发展。世界旅游组织此次公布的结果显示,当年我国国际旅游收入178亿美元,比上年增长9.7%,占全球市场份额的3.8%;接待入境过夜旅游者人数为3320万人次,比上年增长6.2%,占全球市场份额的4.8%。与位居国际旅游收入前四位的美国、西班牙、法国和意大利相比,我国去年国际旅游收入已分别相当于其24.6%、54.1%、60.1%和68.7%。

中央军委主席江泽民发布通令给一批在军事科研和军队医疗科研领域作出突出贡献的单位和个人记功

给空军某研究室记一等功

空军某研究室自1995年以来,先后有33项科研成果获奖,其中获国家科技进步一等奖1项、二等奖7项,军队科技进步一等奖8项、二等奖7项。

给马伟明记一等功

马伟明,海军工程大学电气工程系教授、中国工程院院士,多年来致力于科学研究,获得国家科技进步一等奖。

给王景全记一等功

王景全,解放军理工大学工程兵工程学院教授,几十年来先后主持完成重大科研课题26项,获国家、军队科技进步奖18项,其中国家科技进步二等奖2项、军队科技进步一等奖3项、国家发明专利3项。

给陈海平记二等功

陈海平,防化指挥工程学院教授,几十年来致力于我军防化技术研究,先后获得军队科技进步二等奖2项、三等奖3项。

给赖仪一记三等功

赖仪一,总参某研究所研究员,在军事通信研究等方面取得突出成绩,获军队科技进步二等奖。

给陈萍记三等功

陈萍(女),沈阳军区总医院呼吸内科主任,多年来在呼吸内科研究领域刻苦攻关,取得了突出成绩。她主持完成的《霉菌过敏哮喘免疫学发病机理和抗炎治疗研究》获军队科技进步二等奖。

给黄世林记三等功

黄世林,沈阳军区第二〇一医院中医血液科主任,多年来在中医血液研究领域取得了突出成绩。他主持完成的《雄黄与青黛抗白血病作用的中医基础实验研究》获军队科技进步二等奖。

6月28日

国家主席江泽民在中南海会见罗马尼亚总理讷斯塔塞

江泽民说,中罗两国一贯相互支持,密切合作,坦诚相待,是真正的朋友和可信赖的伙伴。他指出,中罗关系能稳步发展有三点非常重要的因素:一是彼此都十分重视发展两国关系,一直视对方为挚友并将中罗友好合作关系置于各自对外战略中十分重要的位置。二是相互尊重,平等相待。两国相互尊重主权和领土完整,相互尊重各自选择的发展道路和内外方针,不干涉对方内政。三是共同珍视传统友谊。这是我们共同的宝贵资源和财富。我们要用新世纪的眼光和从长远的战略高度来审视中罗关系,把握方向,将中罗传统友谊一代代地传下去,共创两国关系的美好未来。

江泽民说,中罗两国都面临着振兴经济、提高人民生活水平的共同任务。和平与发展仍是当今时代的两大主题,同时,人类也面临着不少挑战,为此迫切需要更加广泛和切实的国际合作。中罗加强在国际领域的合作对于两国共同应对挑战,搞好自身建设意义重大。我们愿与包括罗马尼亚在内的世界各国加强协调与合作,为实现世界持久和平与普遍繁荣,为建立公正、合理的国际新秩序而积极努力。

外交部副部长王光亚、外经贸部副部长周可仁、罗马尼亚驻华大使敦卡会见时在座。

国务院总理朱镕基签署第355号令公布《中华人民共和国内河交通安全管理条例》

《中华人民共和国内河交通安全管理条例》已经2002年6月19日国务院第60次常务会议通过,现予公布,自2002年8月1日起施行。

总　理　朱镕基

2002年6月28日

中华人民共和国内河交通安全管理条例

第一章　总　则

第一条　为了加强内河交通安全管理,维护内河交通秩序,保障人民群众生命、财产安全,制定本条例。

第二条　在中华人民共和国内河通航水域从事航行、停泊和作业以及与内河交通安全有关的活动,必须遵守本条例。

第三条　内河交通安全管理遵循安全第一、预防为主、方便群众、依法管理的原则,保障内河交通安全、有序、畅通。

第四条　国务院交通主管部门主管全国内河交通安全管理工作。国家海事管理机构在国务院交通主管部门的领导下,负责全国内河交通安全监督管理工作。

国务院交通主管部门在中央管理水域设立的海事管理机构和省、自治区、直辖市人民政府在中央管理水域以外的其他水域设立的海事管理机构(以下统称海事管理机构)依据各自的职责权限,对所辖内河通航水域实施水上交通安全监督管理。

第五条　县级以上地方各级人民政府应当加强本行政区域内的内河交通安全管理工作,建立、健全内河交通安全管理责任制。

乡(镇)人民政府对本行政区域内的内河交通安全管理履行下列职责:

(一)建立、健全行政村和船主的船舶安全责任制;

(二)落实渡口船舶、船员、旅客定额的安全管理责任制;

(三)落实船舶水上交通安全管理的专门人员;

(四)督促船舶所有人、经营人和船员遵守有关内河交通安全的法律、法规和规章。

第二章　船舶、浮动设施和船员

第六条　船舶具备下列条件,方可航行:

(一)经海事管理机构认可的船舶检验机构依法检验并持有合格的船舶检验证书;

(二)经海事管理机构依法登记并持有船舶登记证书;

(三)配备符合国务院交通主管部门规定的船员;

(四)配备必要的航行资料。

第七条　浮动设施具备下列条件,方可从事有关活动:

(一)经海事管理机构认可的船舶检验机构依法检验并持有合格的检验证书;

(二)经海事管理机构依法登记并持有登记证书;

(三)配备符合国务院交通主管部门规定的掌握水上交通安全技能的船员。

第八条　船舶、浮动设施应当保持适于安全航行、停泊或者从事有关活动的状态。

船舶、浮动设施的配载和系固应当符合国家安全技术规范。

第九条　船员经水上交通安全专业培训,其中客船和载运危险货物船舶的船员还应当经相应的特殊培训,并经海事管理机构考试合格,取得相应的适任证书或者其他适任证件,方可担任船员职务。严禁未取得适任证书或者其他适任证件的船员上岗。

船员应当遵守职业道德,提高业务素质,严格依法履行职责。

第十条　船舶、浮动设施的所有人或者经营人,应当加强对船舶、浮动设施的安全管理,建立、健全相应的交通安全管理制度,并对船舶、浮动设施的交通安全负责;不得聘用无适任证书或者其他适任证件的人员担任船员;不得指使、强令船员违章操作。

第十一条　船舶、浮动设施的所有人或者经营人,应当根据船舶、浮动设施的技术性能、船员状况、水域和水文气象条件,合理调度船舶或者使用浮动设施。

第十二条　按照国家规定必须取得船舶污染损害责任、沉船打捞责任的保险文书或者财务保证书的船舶,其所有人或者经营人必须取得相应的保险文书或者财务担保证明,并随船携带其副本。

第十三条　禁止伪造、变造、买卖、租借、冒用船舶检验证书、船舶登记证书、船员适任证书或者其他适任证件。

第三章　航行、停泊和作业

第十四条　船舶在内河航行,应当悬挂国旗,标明船名、船籍港、载重线。

按照国家规定应当报废的船舶、浮动设施,不得航行或者作业。

第十五条　船舶在内河航行,应当保持瞭望,注意观察,并采用安全航速航行。船舶安全航速应当根据能见度、通航密度、船舶操纵性能和风、浪、水流、航路状况以及周围环境等主要因素决定。使用雷达的船舶,还应当考虑雷达设备的特性、效率和局限性。

船舶在限制航速的区域和汛期高水位期间,应当按照海事管理机构规定的航速航行。

第十六条　船舶在内河航行时,上行船舶应当沿缓流或者航路一侧航行,下行船舶应当沿主流或者航路中间航行;在潮流河段、湖泊、水库、平流区域,应当尽可能沿本船右舷一侧航路航行。

第十七条　船舶在内河航行时,应当谨慎驾驶,保障安全;对来船动态不明、声号不统一或者遇有紧迫情况时,应当减速、停车或者倒车,防止碰撞。

船舶相遇,各方应当注意避让。按照船舶航行规则应当让路的船舶,必须主动避让被让路船舶;被让路船舶应当注意让路船舶的行动,并适时采取措施,协助避让。

船舶避让时,各方避让意图经统一后,任何一方不得擅自改变避让行动。

船舶航行、避让和信号显示的具体规则,由国务院交通主管部门制定。

第十八条　船舶进出内河港口,应当向海事管理机构办理船舶进出港签证手续。

第十九条　下列船舶在内河航行,应当向引航机构申请引航:

(一)外国籍船舶;

(二)1000总吨以上的海上机动船舶,但船长驾驶同一类型的海上机动船舶在同一内河通航水域航行与上一航次间隔2个月以内的除外；

（三）通航条件受限制的船舶；

（四）国务院交通主管部门规定应当申请引航的客船、载运危险货物的船舶。

第二十条　船舶进出港口和通过交通管制区、通航密集区或者航行条件受限制的区域，应当遵守海事管理机构发布的有关通航规定。

任何船舶不得擅自进入或者穿越海事管理机构公布的禁航区。

第二十一条　从事货物或者旅客运输的船舶，必须符合船舶强度、稳性、吃水、消防和救生等安全技术要求和国务院交通主管部门规定的载货或者载客条件。

任何船舶不得超载运输货物或者旅客。

第二十二条　船舶在内河通航水域载运或者拖带超重、超长、超高、超宽、半潜的物体，必须在装船或者拖带前24小时报海事管理机构核定拟航行的航路、时间，并采取必要的安全措施，保障船舶载运或者拖带安全。船舶需要护航的，应当向海事管理机构申请护航。

第二十三条　遇有下列情形之一时，海事管理机构可以根据情况采取限时航行、单航、封航等临时性限制、疏导交通的措施，并予公告：

（一）恶劣天气；

（二）大范围水上施工作业；

（三）影响航行的水上交通事故；

（四）水上大型群众性活动或者体育比赛；

（五）对航行安全影响较大的其他情形。

第二十四条　船舶应当在码头、泊位或者依法公布的锚地、停泊区、作业区停泊；遇有紧急情况，需要在其他水域停泊的，应当向海事管理机构报告。

船舶停泊，应当按照规定显示信号，不得妨碍或者危及其他船舶航行、停泊或者作业的安全。

船舶停泊，应当留有足以保证船舶安全的船员值班。

第二十五条　在内河通航水域或者岸线上进行下列可能影响通航安全的作业或者活动的，应当在进行作业或者活动前报海事管理机构批准：

（一）勘探、采掘、爆破；

（二）构筑、设置、维修、拆除水上水下构筑物或者设施；

（三）架设桥梁、索道；

（四）铺设、检修、拆除水上水下电缆或者管道；

（五）设置系船浮筒、浮趸、缆桩等设施；

（六）航道建设，航道、码头前沿水域疏浚；

（七）举行大型群众性活动、体育比赛。

进行前款所列作业或者活动，需要进行可行性研究的，在进行可行性研究时应当征求海事管理机构的意见；依照法律、行政法规的规定，需经其他有关部门审批的，还应当依法办理有关审批手续。

第二十六条　海事管理机构审批本条例第二十五条规定的作业或者活动，应当自收到申请之日起30日内作出批准或者不批准的决定，并书面通知申请人。

遇有紧急情况，需要对航道进行修复或者对航道、码头前沿水域进行疏浚的，作业人可以边申请边施工。

第二十七条　航道内不得养殖、种植植物、水生物和设置永久性固定设施。

划定航道，涉及水产养殖区的，航道主管部门应当征求渔业行政主管部门的意见；设置水产养殖区，涉及航道的，渔业行政主管部门应当征求航道主管部门和海事管理机构的意见。

第二十八条　在内河通航水域进行下列可能影响通航安全的作业，应当在进行作业前向海事管理机构备案：

（一）气象观测、测量、地质调查；

（二）航道日常养护；

（三）大面积清除水面垃圾；

（四）可能影响内河通航水域交通安全的其他行为。

第二十九条　进行本条例第二十五条、第二十八条规定的作业或者活动时，应当在作业或者活动区域设置标志和显示信号，并按照海事管理机构的规定，采取相应的安全措施，保障通航安全。

前款作业或者活动完成后，不得遗留任何妨碍航行的物体。

第四章　危险货物监管

第三十条　从事危险货物装卸的码头、泊位，必须符合国家有关安全规范要求，并征求海事管理机构的意见，经验收合格后，方可投入使用。

禁止在内河运输法律、行政法规以及国务院交通主管部门规定禁止运输的危险货物。

第三十一条　载运危险货物的船舶，必须持有经海事管理机构认可的船舶检验机构依法检验并颁发的危险货物适装证书，并按照国家有关危险货物运输的规定和安全技术规范进行配载和运输。

第三十二条　船舶装卸、过驳危险货物或者载运危险货物进出港口，应当将危险货物的名称、特性、包装、装卸或者过驳的时间、地点以及进出港时间等事项，事先报告海事管理机构和港口管理机构，经其同意后，方可进行装卸、过驳作业或者进出港口；但是，定船、定线、定货的船舶可以定期报告。

第三十三条　载运危险货物的船舶，在航行、装卸或者停泊时，应当按照规定显示信号；其他船舶应当避让。

第三十四条　从事危险货物装卸的码头、泊位和载运危险货物的船舶,必须编制危险货物事故应急预案,并配备相应的应急救援设备和器材。

第五章　渡口管理

第三十五条　设置或者撤销渡口,应当经渡口所在地的县级人民政府审批;县级人民政府审批前,应当征求当地海事管理机构的意见。

第三十六条　渡口的设置应当具备下列条件:

(一)选址应当在水流平缓、水深足够、坡岸稳定、视野开阔、适宜船舶停靠的地点,并远离危险物品生产、堆放场所;

(二)具备货物装卸、旅客上下的安全设施;

(三)配备必要的救生设备和专门管理人员。

第三十七条　渡口经营者应当在渡口设置明显的标志,维护渡运秩序,保障渡运安全。

渡口所在地县级人民政府应当建立、健全渡口安全管理责任制,指定有关部门负责对渡口和渡运安全实施监督检查。

第三十八条　渡口工作人员应当经培训、考试合格,并取得渡口所在地县级人民政府指定的部门颁发的合格证书。

渡口船舶应当持有合格的船舶检验证书和船舶登记证书。

第三十九条　渡口载客船舶应当有符合国家规定的识别标志,并在明显位置标明载客定额、安全注意事项。

渡口船舶应当按照渡口所在地的县级人民政府核定的路线渡运,并不得超载;渡运时,应当注意避让过往船舶,不得抢航或者强行横越。

遇有洪水或者大风、大雾、大雪等恶劣天气,渡口应当停止渡运。

第六章　通航保障

第四十条　内河通航水域的航道、航标和其他标志的规划、建设、设置、维护,应当符合国家规定的通航安全要求。

第四十一条　内河航道发生变迁,水深、宽度发生变化,或者航标发生位移、损坏、灭失,影响通航安全的,航道、航标主管部门必须及时采取措施,使航道、航标保持正常状态。

第四十二条　内河通航水域内可能影响航行安全的沉没物、漂流物、搁浅物,其所有人和经营人,必须按照国家有关规定设置标志,向海事管理机构报告,并在海事管理机构限定的时间内打捞清除;没有所有人或者经营人的,由海事管理机构打捞清除或者采取其他相应措施,保障通航安全。

第四十三条　在内河通航水域中拖放竹、木等物体,应当在拖放前24小时报经海事管理机构同意,按照核定的时间、路线拖放,并采取必要的安全措施,保障拖放安全。

第四十四条　任何单位和个人发现下列情况,应当迅速向海事管理机构报告:

(一)航道变迁,航道水深、宽度发生变化;

(二)妨碍通航安全的物体;

(三)航标发生位移、损坏、灭失;

(四)妨碍通航安全的其他情况。海事管理机构接到报告后,应当根据情况发布航行通告或者航行警告,并通知航道、航标主管部门。

第四十五条　海事管理机构划定或者调整禁航区、交通管制区、港区外锚地、停泊区和安全作业区,以及对进行本条例第二十五条、第二十八条规定的作业或者活动,需要发布航行通告、航行警告的,应当及时发布。

第七章　救　助

第四十六条　船舶、浮动设施遇险,应当采取一切有效措施进行自救。

船舶、浮动设施发生碰撞等事故,任何一方应当在不危及自身安全的情况下,积极救助遇险的他方,不得逃逸。

船舶、浮动设施遇险,必须迅速将遇险的时间、地点、遇险状况、遇险原因、救助要求,向遇险地海事管理机构以及船舶、浮动设施所有人、经营人报告。

第四十七条　船员、浮动设施上的工作人员或者其他人员发现其他船舶、浮动设施遇险,或者收到求救信号后,必须尽力救助遇险人员,并将有关情况及时向遇险地海事管理机构报告。

第四十八条　海事管理机构收到船舶、浮动设施遇险求救信号或者报告后,必须立即组织力量救助遇险人员,同时向遇险地县级以上地方人民政府和上级海事管理机构报告。

遇险地县级以上地方人民政府收到海事管理机构的报告后,应当对救助工作进行领导和协调,动员各方力量积极参与救助。

第四十九条　船舶、浮动设施遇险时,有关部门和人员必须积极协助海事管理机构做好救助工作。

遇险现场和附近的船舶、人员,必须服从海事管理机构的统一调度和指挥。

第八章　事故调查处理

第五十条　船舶、浮动设施发生交通事故,其所有人或者经营人必须立即向交通事故发生地海事管理机构报告,并做好现场保护工作。

第五十一条　海事管理机构接到内河交通事故报

告后，必须立即派员前往现场，进行调查和取证。

海事管理机构进行内河交通事故调查和取证，应当全面、客观、公正。

第五十二条　接受海事管理机构调查、取证的有关人员，应当如实提供有关情况和证据，不得谎报或者隐匿、毁灭证据。

第五十三条　海事管理机构应当在内河交通事故调查、取证结束后30日内，依据调查事实和证据作出调查结论，并书面告知内河交通事故当事人。

第五十四条　海事管理机构在调查处理内河交通事故过程中，应当采取有效措施，保证航路畅通，防止发生其他事故。

第五十五条　地方人民政府应当依照国家有关规定积极做好内河交通事故的善后工作。

第五十六条　特大内河交通事故的报告、调查和处理，按照国务院有关规定执行。

第九章　监督检查

第五十七条　在旅游、交通运输繁忙的湖泊、水库，在气候恶劣的季节，在法定或者传统节日、重大集会、集市、农忙、学生放学放假等交通高峰期间，县级以上地方各级人民政府应当加强对维护内河交通安全的组织、协调工作。

第五十八条　海事管理机构必须建立、健全内河交通安全监督检查制度，并组织落实。

第五十九条　海事管理机构必须依法履行职责，加强对船舶、浮动设施、船员和通航安全环境的监督检查。发现内河交通安全隐患时，应当责令有关单位和个人立即消除或者限期消除；有关单位和个人不立即消除或者逾期不消除的，海事管理机构必须采取责令其临时停航、停止作业，禁止进港、离港等强制性措施。

第六十条　对内河交通密集区域、多发事故水域以及货物装卸、乘客上下比较集中的港口，对客渡船、滚装客船、高速客轮、旅游船和载运危险货物的船舶，海事管理机构必须加强安全巡查。

第六十一条　海事管理机构依照本条例实施监督检查时，可以根据情况对违反本条例有关规定的船舶，采取责令临时停航、驶向指定地点，禁止进港、离港，强制卸载、拆除动力装置、暂扣船舶等保障通航安全的措施。

第六十二条　海事管理机构的工作人员依法在内河通航水域对船舶、浮动设施进行内河交通安全监督检查，任何单位和个人不得拒绝或者阻挠。

有关单位或者个人应当接受海事管理机构依法实施的安全监督检查，并为其提供方便。

海事管理机构的工作人员依照本条例实施监督检查时，应当出示执法证件，表明身份。

第十章　法律责任

第六十三条　违反本条例的规定，应当报废的船舶、浮动设施在内河航行或者作业的，由海事管理机构责令停航或者停止作业，并对船舶、浮动设施予以没收。

第六十四条　违反本条例的规定，船舶、浮动设施未持有合格的检验证书、登记证书或者船舶未持有必要的航行资料，擅自航行或者作业的，由海事管理机构责令停止航行或者作业；拒不停止的，暂扣船舶、浮动设施；情节严重的，予以没收。

第六十五条　违反本条例的规定，船舶未按照国务院交通主管部门的规定配备船员擅自航行，或者浮动设施未按照国务院交通主管部门的规定配备掌握水上交通安全技能的船员擅自作业的，由海事管理机构责令限期改正，对船舶、浮动设施所有人或者经营人处1万元以上10万元以下的罚款；逾期不改正的，责令停航或者停止作业。

第六十六条　违反本条例的规定，未经考试合格并取得适任证书或者其他适任证件的人员擅自从事船舶航行的，由海事管理机构责令其立即离岗，对直接责任人员处2000元以上2万元以下的罚款，并对聘用单位处1万元以上10万元以下的罚款。

第六十七条　违反本条例的规定，按照国家规定必须取得船舶污染损害责任、沉船打捞责任的保险文书或者财务保证书的船舶的所有人或者经营人，未取得船舶污染损害责任、沉船打捞责任保险文书或者财务担保证明的，由海事管理机构责令限期改正；逾期不改正的，责令停航，并处1万元以上10万元以下的罚款。

第六十八条　违反本条例的规定，船舶在内河航行时，有下列情形之一的，由海事管理机构责令改正，处5000元以上5万元以下的罚款；情节严重的，禁止船舶进出港口或者责令停航，并可以对责任船员给予暂扣适任证书或者其他适任证件3个月至6个月的处罚：

(一)未按照规定悬挂国旗，标明船名、船籍港、载重线的；

(二)未向海事管理机构办理船舶进出港签证手续的；

(三)未按照规定申请引航的；

(四)擅自进出内河港口，强行通过交通管制区、通航密集区、航行条件受限制区域或者禁航区的；

(五)载运或者拖带超重、超长、超高、超宽、半潜的物体，未申请或者未按照核定的航路、时间航行的。

第六十九条　违反本条例的规定，船舶未在码头、泊位或者依法公布的锚地、停泊区、作业区停泊的，由海事管理机构责令改正；拒不改正的，予以强行拖离，因拖离发生的费用由船舶所有人或者经营人承担。

第七十条　违反本条例的规定，在内河通航水域或者岸线上进行有关作业或者活动未经批准或者备案，或者未设置标志、显示信号的，由海事管理机构责令改正，处5000元以上5万元以下的罚款。

第七十一条　违反本条例的规定，从事危险货物作业，有下列情形之一的，由海事管理机构责令停止作业或者航行，对负有责任的主管人员或者其他直接责任人员处2万元以上10万元以下的罚款；属于船员的，并给予暂扣适任证书或者其他适任证件6个月以上直至吊销适任证书或者其他适任证件的处罚：

(一)从事危险货物运输的船舶，未编制危险货物事故应急预案或者未配备相应的应急救援设备和器材的；

(二)船舶装卸、过驳危险货物或者载运危险货物进出港口未经海事管理机构、港口管理机构同意的。

未持有危险货物适装证书擅自载运危险货物或者未按照安全技术规范进行配载和运输的，依照《危险化学品安全管理条例》的规定处罚。

第七十二条　违反本条例的规定，未经批准擅自设置或者撤销渡口的，由渡口所在地县级人民政府指定的部门责令限期改正；逾期不改正的，予以强制拆除或者恢复，因强制拆除或者恢复发生的费用分别由设置人、撤销人承担。

第七十三条　违反本条例的规定，渡口船舶未标明识别标志、载客定额、安全注意事项的，由渡口所在地县级人民政府指定的部门责令改正，处2000元以上1万元以下的罚款；逾期不改正的，责令停航。

第七十四条　违反本条例的规定，在内河通航水域的航道内养殖、种植植物、水生物或者设置永久性固定设施的，由海事管理机构责令限期改正；逾期不改正的，予以强制清除，因清除发生的费用由其所有人或者经营人承担。

第七十五条　违反本条例的规定，内河通航水域中的沉没物、漂流物、搁浅物的所有人或者经营人，未按照国家有关规定设置标志或者未在规定的时间内打捞清除的，由海事管理机构责令限期改正；逾期不改正的，海事管理机构强制设置标志或者组织打捞清除；需要立即组织打捞清除的，海事管理机构应当及时组织打捞清除。海事管理机构因设置标志或者打捞清除发生的费用，由沉没物、漂流物、搁浅物的所有人或者经营人承担。

第七十六条　违反本条例的规定，船舶、浮动设施遇险后未履行报告义务或者不积极施救的，由海事管理机构给予警告，并可以对责任船员给予暂扣适任证书或者其他适任证件3个月至6个月直至吊销适任证书或者其他适任证件的处罚。

第七十七条　违反本条例的规定，船舶、浮动设施发生内河交通事故的，除依法承担相应的法律责任外，由海事管理机构根据调查结论，对责任船员给予暂扣适任证书或者其他适任证件6个月以上直至吊销适任证书或者其他适任证件的处罚。

第七十八条　违反本条例的规定，遇险现场和附近的船舶、船员不服从海事管理机构的统一调度和指挥的，由海事管理机构给予警告，并可以对责任船员给予暂扣适任证书或者其他适任证件3个月至6个月直至吊销适任证书或者其他适任证件的处罚。

第七十九条　违反本条例的规定，伪造、变造、买卖、转借、冒用船舶检验证书、船舶登记证书、船员适任证书或者其他适任证件的，由海事管理机构没收有关的证书或者证件；有违法所得的，没收违法所得，并处违法所得2倍以上5倍以下的罚款；没有违法所得或者违法所得不足2万元的，处1万元以上5万元以下的罚款；触犯刑律的，依照刑法关于伪造、变造、买卖国家机关公文、证件罪或者其他罪的规定，依法追究刑事责任。

第八十条　违反本条例的规定，船舶、浮动设施的所有人或者经营人指使、强令船员违章操作的，由海事管理机构给予警告，处1万元以上5万元以下的罚款，并可以责令停航或者停止作业；造成重大伤亡事故或者严重后果的，依照刑法关于重大责任事故罪或者其他罪的规定，依法追究刑事责任。

第八十一条　违反本条例的规定，船舶在内河航行、停泊或者作业，不遵守航行、避让和信号显示规则的，由海事管理机构责令改正，处1000元以上1万元以下的罚款；情节严重的，对责任船员给予暂扣适任证书或者其他适任证件3个月至6个月直至吊销适任证书或者其他适任证件的处罚；造成重大内河交通事故的，依照刑法关于交通肇事罪或者其他罪的规定，依法追究刑事责任。

第八十二条　违反本条例的规定，船舶不具备安全技术条件从事货物、旅客运输，或者超载运输货物、旅客的，由海事管理机构责令改正，处2万元以上10万元以下的罚款，可以对责任船员给予暂扣适任证书或者其他适任证件6个月以上直至吊销适任证书或者其他适任证件的处罚，并对超载运输的船舶强制卸载，因卸载而发生的卸货费、存货费、旅客安置费和船舶监管费由船舶所有人或者经营人承担；发生重大伤亡事故或者造成其他严重后果的，依照刑法关于重大劳动安全事故罪或者其他罪的规定，依法追究刑事责任。

第八十三条　违反本条例的规定，船舶、浮动设施发生内河交通事故后逃逸的，由海事管理机构对责任船员给予吊销适任证书或者其他适任证件的处罚；证书或者证件吊销后，5年内不得重新从业；触犯刑律的，依照刑法关于交通肇事罪或者其他罪的规定，依法追究刑事责任。

第八十四条　违反本条例的规定，阻碍、妨碍内河交通事故调查取证，或者谎报、隐匿、毁灭证据的，由海事管理机构给予警告，并对直接责任人员处1000元以上1万元以下的罚款；属于船员的，并给予暂扣适任证书或者其他适任证件12个月以上直至吊销适任证书或者其他适任证件的处罚；以暴力、威胁方法阻碍内河交通事故调查取证的，依照刑法关于妨害公务罪的规定，依法追究刑事责任。

第八十五条　违反本条例的规定，海事管理机构不依据法定的安全条件进行审批、许可的，对负有责任的主管人员和其他直接责任人员根据不同情节，给予降级或者撤职的行政处分；造成重大内河交通事故或者致使公共财产、国家和人民利益遭受重大损失的，依照刑法关于滥用职权罪、玩忽职守罪或者其他罪的规定，依法追究刑事责任。

第八十六条　违反本条例的规定，海事管理机构对审批、许可的安全事项不实施监督检查的，对负有责任的主管人员和其他直接责任人员根据不同情节，给予记大过、降级或者撤职的行政处分；造成重大内河交通事故或者致使公共财产、国家和人民利益遭受重大损失的，依照刑法关于滥用职权罪、玩忽职守罪或者其他罪的规定，依法追究刑事责任。

第八十七条　违反本条例的规定，海事管理机构发现船舶、浮动设施不再具备安全航行、停泊、作业条件而不及时撤销批准或者许可并予以处理的，对负有责任的主管人员和其他直接责任人员根据不同情节，给予记大过、降级或者撤职的行政处分；造成重大内河交通事故或者致使公共财产、国家和人民利益遭受重大损失的，依照刑法关于滥用职权罪、玩忽职守罪或者其他罪的规定，依法追究刑事责任。

第八十八条　违反本条例的规定，海事管理机构对未经审批、许可擅自从事旅客、危险货物运输的船舶不实施监督检查，或者发现内河交通安全隐患不及时依法处理，或者对违法行为不依法予以处罚的，对负有责任的主管人员和其他直接责任人员根据不同情节，给予降级或者撤职的行政处分；造成重大内河交通事故或者致使公共财产、国家和人民利益遭受重大损失的，依照刑法关于滥用职权罪、玩忽职守罪或者其他罪的规定，依法追究刑事责任。

第八十九条　违反本条例的规定，渡口所在地县级人民政府指定的部门，有下列情形之一的，根据不同情节，对负有责任的主管人员和其他直接责任人员，给予降级或者撤职的行政处分；造成重大内河交通事故或者致使公共财产、国家和人民利益遭受重大损失的，依照刑法关于滥用职权罪、玩忽职守罪或者其他罪的规定，依法追究刑事责任：

（一）对县级人民政府批准的渡口不依法实施监督检查的；

（二）对未经县级人民政府批准擅自设立的渡口不予以查处的；

（三）对渡船超载、人与大牲畜混载、人与爆炸品、压缩气体和液化气体、易燃液体、易燃固体、自燃物品和遇湿易燃物品、氧化剂和有机过氧化物、有毒品和腐蚀品等危险品混载以及其他危及安全的行为不及时纠正并依法处理的。

第九十条　违反本条例的规定，触犯《中华人民共和国治安管理处罚条例》，构成违反治安管理行为的，由公安机关给予治安管理处罚。

第十一章　附　则

第九十一条　本条例下列用语的含义：

（一）内河通航水域，是指由海事管理机构认定的可供船舶航行的江、河、湖泊、水库、运河等水域。

（二）船舶，是指各类排水或者非排水的船、艇、筏、水上飞行器、潜水器、移动式平台以及其他水上移动装置。

（三）浮动设施，是指采用缆绳或者锚链等非刚性固定方式系固并漂浮或者潜于水中的建筑、装置。

（四）交通事故，是指船舶、浮动设施在内河通航水域发生的碰撞、触碰、触礁、浪损、搁浅、火灾、爆炸、沉没等引起人身伤亡和财产损失的事件。

第九十二条　军事船舶在内河通航水域航行，应当遵守内河航行、避让和信号显示规则。军事船舶的检验、登记和船员的考试、发证等管理办法，按照国家有关规定执行。

第九十三条　渔船的检验、登记以及进出渔港签证，渔船船员的考试、发证，渔船之间交通事故的调查处理，以及渔港水域内渔船的交通安全管理办法，由国务院渔业行政主管部门依据本条例另行规定。

第九十四条　城市园林水域水上交通安全管理的具体办法，由省、自治区、直辖市人民政府制定；但是，有关船舶检验、登记和船员管理，依照国家有关规定执行。

第九十五条　本条例自2002年8月1日起施行。1986年12月16日国务院发布的《中华人民共和国内河交通安全管理条例》同时废止。

国务院总理朱镕基在海关总署考察工作

6月28日下午,朱镕基一行来到海关总署,看望海关系统干部职工,并与海关总署机关各部门和直属海关主要负责人等进行座谈。在听取海关总署工作汇报和海关信息化建设汇报演示后,朱镕基发表了讲话。他首先代表党中央、国务院向全国海关系统广大干部职工表示亲切问候。朱镕基说,近年来,海关总署认真贯彻党中央、国务院一系列重要决策,努力实践"三个代表"要求,在打击走私,加强税收征管,推进信息化,加强队伍建设等方面,取得了显著成绩,为实施积极财政政策和保持国民经济持续快速健康发展,作出了突出贡献。他希望海关系统广大干部职工一定要充分认识自己在新形势下肩负的重任,再接再厉,扎实工作,再创新高。

朱镕基指出,今年是我国加入世贸组织的第一年。从前几月的情况看,我国经济形势总体是好的,突出的问题是财政收入增幅减缓。由于从今年起关税税率大幅度下降,海关税收任务艰巨,这是加入世贸组织后的一个严峻挑战。他要求,海关要积极采取措施,强化税收征管,做到应收尽收,努力完成今年税收任务。要从加强海关审价、归类、原产地认定等方面加强征管,开展反价格瞒骗联合行动;加强对加工贸易进出口货物监管,堵塞合同核销中税收"跑、冒、滴、漏";加强与税务、工商等部门的配合,有效打击走私和商业瞒骗,坚决打击骗取出口退税。

朱镕基强调,必须始终保持打击走私的高压态势,绝对不能松懈。这两年,大规模走私活动得到了有效遏制,但走私活动出现了一些新特点、新动向。我国加入世贸组织后,走私活动没有因关税降低而减少,行为变得更加隐蔽,手法变得更加狡诈。海关要采取更加有力的措施,与有关方面密切配合,努力形成全方位协同作战的反走私机制。坚决打击"蚂蚁搬家"、"瞒天过海"、价格瞒骗等各种形式的走私犯罪活动。海关缉私警察要全面开展打击走私的各项执法活动,严厉打击一切走私违法犯罪分子。

朱镕基说,要认真贯彻不久前在上海召开的"提高口岸工作效率现场会"(大通关)的精神,抓好通关作业制度改革。近年来,围绕提高口岸通关效率,海关、检验检疫等部门改变过去集中在口岸办理货物通关手续的方式,实行"提前报检,提前报关,实货放行"的通关模式,大大地提高了货物通关效率。要按照严密监管和有效运作高度统一的要求,进一步完善通关制度改革,积极推行"快速通关"、"便捷通关"等新型通关模式,不断提高通关效率。海关、外贸、质检、税务、银行、外汇管理和运输等部门要密切配合,共同做好"大通关"工作。地方政府要组织协调好当地口岸通关工作。

朱镕基十分关心海关的信息化建设。他说,海关信息化建设动手比较早,从建立"电子海关"到建立"电子口岸",再到建立"电子总署",信息化水平不断提高,海关在率先实行电子政务方面取得很大成绩。海关信息系统在打击走私、逃套汇、骗退税、实行"大通关"制度、提高口岸管理效率方面,发挥了重要作用。要不断提高信息化应用水平,全面推进"金关工程"建设。"金税"、"金卡"等工程等也要急起直追。海关总署等各有关部门之间要尽快进行进出口业务联网运行和整合,实现报关、结售汇、网上缴税、出口退税、外贸企业管理、加工贸易管理、出口加工区管理等业务的网络化。朱镕基还指出,加快政府管理信息化建设意义重大,但是,要坚持从实际出发,根据工作需要发展电子政务。政府管理信息化建设是一项复杂的系统工程,需要搞好整体规划,统一技术标准,加强统筹协调,切实打好基础,有步骤地推进。

朱镕基要求,要坚持从严治关,切实加强海关领导班子和干部队伍建设。海关岗位风险大,加强队伍建设尤其重要。首先要抓好各级领导班子建设,继续做好领导班子和领导干部调整、交流工作。通过一级抓一级、一级带一级,建好基层,带好队伍。要继续狠抓廉政建设,从源头上做好反腐倡廉工作,强化监督机制,堵住各种漏洞,坚决惩治腐败,切实做到"管住自己的人,把好国家的门"。要加快人才培养,有针对性地分层次、分对象地开展教育培训工作,全面提高海关队伍思想的政治水平和业务素质,确保海关队伍的纯洁性和战斗力。

李岚清、罗干、吴仪也在座谈会上讲了话。

座谈会由王忠禹主持。

海关总署署长牟新生作了工作汇报,副署长李克农就海关信息化建设作了专题汇报。

陪同考察的有关部门负责人有张志坚、项怀诚、张学忠、吴基传、马凯、金人庆、王众孚、李长江、魏礼群、徐绍史、尤权、赵永吉、马秀红、郭树清、曲维枝、徐永清、李伟等。

政协九届常委会第十八次会议闭幕

全国政协主席李瑞环出席闭幕会。

全国政协副主席宋健主持闭幕会。全国政协副主席叶选平讲话,他说,本次常委会议以江泽民总书记"5·31"讲话精神和"三个代表"重要思想为指导,就防治土地沙化、实施九年制义务教育、解决城市困难群众生活和关注资源枯竭型矿城问题进行了深入的研究讨论,做到了畅所欲言、集思广益。与会同志在四个专题调研报告的基础上反映了许多真实情况,提出了不少很好的意见和建议。这四个问题与我国实施可持续发展战略、科教兴国战略、西部大开发战略以及维护改革、发展、稳定的大局密切相关，是当前我们在现代化建设进程中无法回避、解决起来难度又很大的问题。

本次常委会议将对其中一些突出的问题提出建议报告，以期引起各方面的进一步重视，促进这些问题的解决。

会议听取了四个专题组负责人王东、王明达、王森浩、张治关于本专题讨论情况的汇报。会议还通过了人事任免事项：决定任命傅志煌、范西成为政协九届全国委员会副秘书长；张道诚不再担任政协九届全国委员会副秘书长职务。

全国政协副主席杨汝岱、王兆国、阿沛·阿旺晋美、任建新、李贵鲜、张思卿、钱正英、孙孚凌、马万祺、朱光亚、万国权、胡启立、赵南起、毛致用、经叔平、罗豪才、张克辉、周铁农、王文元，秘书长郑万通出席闭幕会。

中共中央和国务院有关部门负责人以及全国总工会负责人应邀出席闭幕会。

全国重点省市科技兴贸和机电产品出口工作座谈会在北京召开

国务委员吴仪与会议代表座谈时指出，实施科技兴贸战略4年来，机电产品和高新技术产品出口一直保持较快的增长，在出口总额中的比重逐年提高，为我国外贸出口的稳定增长和经济结构的调整作出了积极贡献。各地区、各部门要以江总书记"5·31"重要讲话为指导，认真回顾4年来的工作，进一步认识新的开放形势下实施科技兴贸战略的重要意义，争取这项工作年年有新的举措，新的进展。

吴仪强调，当前国际经济形势错综复杂，国际竞争日益激烈。国际市场上科技含量低的资源型产品市场份额相对萎缩，而科技含量高的技术密集型产品市场空间广阔，增长潜力很大。只有加快实施科技兴贸战略，大力提高我国机电产品和高新技术产品出口的国际竞争力，才能冲破一些国家设置的技术性贸易壁垒，在国际合作和竞争中占据主动。

吴仪要求各地区、各部门把实施科技兴贸战略的重点放在企业，下大力气支持一批有开拓国际市场能力的企业。她说，引进国外先进技术一定要注重吸收、提高和创新，特别是要在创新上下功夫。要努力开发具有自主知识产权的产品。各有关部门要加强协作，形成合力。要认真落实好各项支持政策措施，帮助企业用足用好政策。充分发挥国家级经济技术开发区和高新技术开发区的作用，提倡产学研贸相结合，加快高新技术成果的推广应用。

这次座谈会是由外经贸部、科技部、国家经贸委和信息产业部联合召开的。部分省市和有关部门的代表在会上介绍了实施科技兴贸战略、扩大机电产品和高新技术产品出口的情况，并就进一步做好工作提出了建议和意见。

6月29日

国家主席江泽民签署第68号令公布《中华人民共和国政府采购法》

《中华人民共和国政府采购法》已由中华人民共和国第九届全国人民代表大会常务委员会第二十八次会议于2002年6月29日通过，现予公布，自2003年1月1日起施行。

中华人民共和国主席　江泽民

2002年6月29日

中华人民共和国政府采购法

第一章　总　则

第一条　为了规范政府采购行为，提高政府采购资金的使用效益，维护国家利益和社会公共利益，保护政府采购当事人的合法权益，促进廉政建设，制定本法。

第二条　在中华人民共和国境内进行的政府采购适用本法。

本法所称政府采购，是指各级国家机关、事业单位和团体组织，使用财政性资金采购依法制定的集中采购目录以内的或者采购限额标准以上的货物、工程和服务的行为。

政府集中采购目录和采购限额标准依照本法规定的权限制定。

本法所称采购，是指以合同方式有偿取得货物、工程和服务的行为，包括购买、租赁、委托、雇用等。

本法所称货物，是指各种形态和种类的物品，包括原材料、燃料、设备、产品等。

本法所称工程，是指建设工程，包括建筑物和构筑物的新建、改建、扩建、装修、拆除、修缮等。

本法所称服务，是指除货物和工程以外的其他政府采购对象。

第三条　政府采购应当遵循公开透明原则、公平竞争原则、公正原则和诚实信用原则。

第四条　政府采购工程进行招标投标的，适用招标投标法。

第五条　任何单位和个人不得采用任何方式，阻挠和限制供应商自由进入本地区和本行业的政府采购市场。

第六条　政府采购应当严格按照批准的预算执行。

第七条 政府采购实行集中采购和分散采购相结合。集中采购的范围由省级以上人民政府公布的集中采购目录确定。

属于中央预算的政府采购项目,其集中采购目录由国务院确定并公布;属于地方预算的政府采购项目,其集中采购目录由省、自治区、直辖市人民政府或者其授权的机构确定并公布。

纳入集中采购目录的政府采购项目,应当实行集中采购。

第八条 政府采购限额标准,属于中央预算的政府采购项目,由国务院确定并公布;属于地方预算的政府采购项目,由省、自治区、直辖市人民政府或者其授权的机构确定并公布。

第九条 政府采购应当有助于实现国家的经济和社会发展政策目标,包括保护环境,扶持不发达地区和少数民族地区,促进中小企业发展等。

第十条 政府采购应当采购本国货物、工程和服务。但有下列情形之一的除外:

(一)需要采购的货物、工程或者服务在中国境内无法获取或者无法以合理的商业条件获取的;

(二)为在中国境外使用而进行采购的;

(三)其他法律、行政法规另有规定的。

前款所称本国货物、工程和服务的界定,依照国务院有关规定执行。

第十一条 政府采购的信息应当在政府采购监督管理部门指定的媒体上及时向社会公开发布,但涉及商业秘密的除外。

第十二条 在政府采购活动中,采购人员及相关人员与供应商有利害关系的,必须回避。供应商认为采购人员及相关人员与其他供应商有利害关系的,可以申请其回避。

前款所称相关人员,包括招标采购中评标委员会的组成人员,竞争性谈判采购中谈判小组的组成人员,询价采购中询价小组的组成人员等。

第十三条 各级人民政府财政部门是负责政府采购监督管理的部门,依法履行对政府采购活动的监督管理职责。

各级人民政府其他有关部门依法履行与政府采购活动有关的监督管理职责。

第二章 政府采购当事人

第十四条 政府采购当事人是指在政府采购活动中享有权利和承担义务的各类主体,包括采购人、供应商和采购代理机构等。

第十五条 采购人是指依法进行政府采购的国家机关、事业单位、团体组织。

第十六条 集中采购机构为采购代理机构。设区的市、自治州以上人民政府根据本级政府采购项目组织集中采购的需要设立集中采购机构。

集中采购机构是非营利事业法人,根据采购人的委托办理采购事宜。

第十七条 集中采购机构进行政府采购活动,应当符合采购价格低于市场平均价格、采购效率更高、采购质量优良和服务良好的要求。

第十八条 采购人采购纳入集中采购目录的政府采购项目,必须委托集中采购机构代理采购;采购未纳入集中采购目录的政府采购项目,可以自行采购,也可以委托集中采购机构在委托的范围内代理采购。

纳入集中采购目录属于通用的政府采购项目的,应当委托集中采购机构代理采购;属于本部门、本系统有特殊要求的项目,应当实行部门集中采购;属于本单位有特殊要求的项目,经省级以上人民政府批准,可以自行采购。

第十九条 采购人可以委托经国务院有关部门或者省级人民政府有关部门认定资格的采购代理机构,在委托的范围内办理政府采购事宜。

采购人有权自行选择采购代理机构,任何单位和个人不得以任何方式为采购人指定采购代理机构。

第二十条 采购人依法委托采购代理机构办理采购事宜的,应当由采购人与采购代理机构签订委托代理协议,依法确定委托代理的事项,约定双方的权利义务。

第二十一条 供应商是指向采购人提供货物、工程或者服务的法人、其他组织或者自然人。

第二十二条 供应商参加政府采购活动应当具备下列条件:

(一)具有独立承担民事责任的能力;

(二)具有良好的商业信誉和健全的财务会计制度;

(三)具有履行合同所必需的设备和专业技术能力;

(四)有依法缴纳税收和社会保障资金的良好记录;

(五)参加政府采购活动前三年内,在经营活动中没有重大违法记录;

(六)法律、行政法规规定的其他条件。

采购人可以根据采购项目的特殊要求,规定供应商的特定条件,但不得以不合理的条件对供应商实行差别待遇或者歧视待遇。

第二十三条 采购人可以要求参加政府采购的供应商提供有关资质证明文件和业绩情况,并根据本法规定的供应商条件和采购项目对供应商的特定要求,对供应商的资格进行审查。

第二十四条　两个以上的自然人、法人或者其他组织可以组成一个联合体，以一个供应商的身份共同参加政府采购。

以联合体形式进行政府采购的，参加联合体的供应商均应当具备本法第二十二条规定的条件，并应当向采购人提交联合协议，载明联合体各方承担的工作和义务。联合体各方应当共同与采购人签订采购合同，就采购合同约定的事项对采购人承担连带责任。

第二十五条　政府采购当事人不得相互串通损害国家利益、社会公共利益和其他当事人的合法权益；不得以任何手段排斥其他供应商参与竞争。

供应商不得以向采购人、采购代理机构、评标委员会的组成人员、竞争性谈判小组的组成人员、询价小组的组成人员行贿或者采取其他不正当手段谋取中标或者成交。

采购代理机构不得以向采购人行贿或者采取其他不正当手段谋取非法利益。

第三章　政府采购方式

第二十六条　政府采购采用以下方式：

(一)公开招标；

(二)邀请招标；

(三)竞争性谈判；

(四)单一来源采购；

(五)询价；

(六)国务院政府采购监督管理部门认定的其他采购方式。

公开招标应作为政府采购的主要采购方式。

第二十七条　采购人采购货物或者服务应当采用公开招标方式的，其具体数额标准，属于中央预算的政府采购项目，由国务院规定；属于地方预算的政府采购项目，由省、自治区、直辖市人民政府规定；因特殊情况需要采用公开招标以外的采购方式的，应当在采购活动开始前获得设区的市、自治州以上人民政府采购监督管理部门的批准。

第二十八条　采购人不得将应当以公开招标方式采购的货物或者服务化整为零或者以其他任何方式规避公开招标采购。

第二十九条　符合下列情形之一的货物或者服务，可以依照本法采用邀请招标方式采购：

(一)具有特殊性，只能从有限范围的供应商处采购的；

(二)采用公开招标方式的费用占政府采购项目总价值的比例过大的。

第三十条　符合下列情形之一的货物或者服务，可以依照本法采用竞争性谈判方式采购：

(一)招标后没有供应商投标或者没有合格标的或者重新招标未能成立的；

(二)技术复杂或者性质特殊，不能确定详细规格或者具体要求的；

(三)采用招标所需时间不能满足用户紧急需要的；

(四)不能事先计算出价格总额的。

第三十一条　符合下列情形之一的货物或者服务，可以依照本法采用单一来源方式采购：

(一)只能从唯一供应商处采购的；

(二)发生了不可预见的紧急情况不能从其他供应商处采购的；

(三)必须保证原有采购项目一致性或者服务配套的要求，需要继续从原供应商处添购，且添购资金总额不超过原合同采购金额百分之十的。

第三十二条　采购的货物规格、标准统一、现货货源充足且价格变化幅度小的政府采购项目，可以依照本法采用询价方式采购。

第四章　政府采购程序

第三十三条　负有编制部门预算职责的部门在编制下一财政年度部门预算时，应当将该财政年度政府采购的项目及资金预算列出，报本级财政部门汇总。部门预算的审批，按预算管理权限和程序进行。

第三十四条　货物或者服务项目采取邀请招标方式采购的，采购人应当从符合相应资格条件的供应商中，通过随机方式选择三家以上的供应商，并向其发出投标邀请书。

第三十五条　货物和服务项目实行招标方式采购的，自招标文件开始发出之日起至投标人提交投标文件截止之日止，不得少于二十日。

第三十六条　在招标采购中，出现下列情形之一的，应予废标：

(一)符合专业条件的供应商或者对招标文件作实质响应的供应商不足三家的；

(二)出现影响采购公正的违法、违规行为的；

(三)投标人的报价均超过了采购预算，采购人不能支付的；

(四)因重大变故，采购任务取消的。

废标后，采购人应当将废标理由通知所有投标人。

第三十七条　废标后，除采购任务取消情形外，应当重新组织招标；需要采取其他方式采购的，应当在采购活动开始前获得设区的市、自治州以上人民政府采购监督管理部门或者政府有关部门批准。

第三十八条　采用竞争性谈判方式采购的，应当遵循下列程序：

(一)成立谈判小组。谈判小组由采购人的代表和有关专家共三人以上的单数组成，其中专家的人数不得少于成员总数的三分之二。

(二)制定谈判文件。谈判文件应当明确谈判程序、谈判内容、合同草案的条款以及评定成交的标准等事项。

(三)确定邀请参加谈判的供应商名单。谈判小组从符合相应资格条件的供应商名单中确定不少于三家的供应商参加谈判,并向其提供谈判文件。

(四)谈判。谈判小组所有成员集中与单一供应商分别进行谈判。在谈判中,谈判的任何一方不得透露与谈判有关的其他供应商的技术资料、价格和其他信息。谈判文件有实质性变动的,谈判小组应当以书面形式通知所有参加谈判的供应商。

(五)确定成交供应商。谈判结束后,谈判小组应当要求所有参加谈判的供应商在规定时间内进行最后报价,采购人从谈判小组提出的成交候选人中根据符合采购需求、质量和服务相等且报价最低的原则确定成交供应商,并将结果通知所有参加谈判的未成交的供应商。

第三十九条　采取单一来源方式采购的,采购人与供应商应当遵循本法规定的原则,在保证采购项目质量和双方商定合理价格的基础上进行采购。

第四十条　采取询价方式采购的,应当遵循下列程序:

(一)成立询价小组。询价小组由采购人的代表和有关专家共三人以上的单数组成,其中专家的人数不得少于成员总数的三分之二。询价小组应当对采购项目的价格构成和评定成交的标准等事项作出规定。

(二)确定被询价的供应商名单。询价小组根据采购需求,从符合相应资格条件的供应商名单中确定不少于三家的供应商,并向其发出询价通知书让其报价。

(三)询价。询价小组要求被询价的供应商一次报出不得更改的价格。

(四)确定成交供应商。采购人根据符合采购需求、质量和服务相等且报价最低的原则确定成交供应商,并将结果通知所有被询价的未成交的供应商。

第四十一条　采购人或者其委托的采购代理机构应当组织对供应商履约的验收。大型或者复杂的政府采购项目,应当邀请国家认可的质量检测机构参加验收工作。验收方成员应当在验收书上签字,并承担相应的法律责任。

第四十二条　采购人、采购代理机构对政府采购项目每项采购活动的采购文件应当妥善保存,不得伪造、变造、隐匿或者销毁。采购文件的保存期限为从采购结束之日起至少保存十五年。

采购文件包括采购活动记录、采购预算、招标文件、投标文件、评标标准、评估报告、定标文件、合同文本、验收证明、质疑答复、投诉处理决定及其他有关文件、资料。

采购活动记录至少应当包括下列内容:

(一)采购项目类别、名称;

(二)采购项目预算、资金构成和合同价格;

(三)采购方式,采用公开招标以外的采购方式的,应当载明原因;

(四)邀请和选择供应商的条件及原因;

(五)评标标准及确定中标人的原因;

(六)废标的原因;

(七)采用招标以外采购方式的相应记载。

第五章　政府采购合同

第四十三条　政府采购合同适用合同法。采购人和供应商之间的权利和义务,应当按照平等、自愿的原则以合同方式约定。

采购人可以委托采购代理机构代表其与供应商签订政府采购合同。由采购代理机构以采购人名义签订合同的,应当提交采购人的授权委托书,作为合同附件。

第四十四条　政府采购合同应当采用书面形式。

第四十五条　国务院政府采购监督管理部门应当会同国务院有关部门,规定政府采购合同必须具备的条款。

第四十六条　采购人与中标、成交供应商应当在中标、成交通知书发出之日起三十日内,按照采购文件确定的事项签订政府采购合同。

中标、成交通知书对采购人和中标、成交供应商均具有法律效力。中标、成交通知书发出后,采购人改变中标、成交结果的,或者中标、成交供应商放弃中标、成交项目的,应当依法承担法律责任。

第四十七条　政府采购项目的采购合同自签订之日起七个工作日内,采购人应当将合同副本报同级政府采购监督管理部门和有关部门备案。

第四十八条　经采购人同意,中标、成交供应商可以依法采取分包方式履行合同。

政府采购合同分包履行的,中标、成交供应商就采购项目和分包项目向采购人负责,分包供应商就分包项目承担责任。

第四十九条　政府采购合同履行中,采购人需追加与合同标的相同的货物、工程或者服务的,在不改变合同其他条款的前提下,可以与供应商协商签订补充合同,但所有补充合同的采购金额不得超过原合同采购金额的百分之十。

第五十条　政府采购合同的双方当事人不得擅自变更、中止或者终止合同。

政府采购合同继续履行将损害国家利益和社会公

共利益的，双方当事人应当变更、中止或者终止合同。有过错的一方应当承担赔偿责任，双方都有过错的，各自承担相应的责任。

第六章 质疑与投诉

第五十一条 供应商对政府采购活动事项有疑问的，可以向采购人提出询问，采购人应当及时作出答复，但答复的内容不得涉及商业秘密。

第五十二条 供应商认为采购文件、采购过程和中标、成交结果使自己的权益受到损害的，可以在知道或者应知其权益受到损害之日起七个工作日内，以书面形式向采购人提出质疑。

第五十三条 采购人应当在收到供应商的书面质疑后七个工作日内作出答复，并以书面形式通知质疑供应商和其他有关供应商，但答复的内容不得涉及商业秘密。

第五十四条 采购人委托采购代理机构采购的，供应商可以向采购代理机构提出询问或者质疑，采购代理机构应当依照本法第五十一条、第五十三条的规定就采购人委托授权范围内的事项作出答复。

第五十五条 质疑供应商对采购人、采购代理机构的答复不满意或者采购人、采购代理机构未在规定的时间内作出答复的，可以在答复期满后十五个工作日内向同级政府采购监督管理部门投诉。

第五十六条 政府采购监督管理部门应当在收到投诉后三十个工作日内，对投诉事项作出处理决定，并以书面形式通知投诉人和与投诉事项有关的当事人。

第五十七条 政府采购监督管理部门在处理投诉事项期间，可以视具体情况书面通知采购人暂停采购活动，但暂停时间最长不得超过三十日。

第五十八条 投诉人对政府采购监督管理部门的投诉处理决定不服或者政府采购监督管理部门逾期未作处理的，可以依法申请行政复议或者向人民法院提起行政诉讼。

第七章 监督检查

第五十九条 政府采购监督管理部门应当加强对政府采购活动及集中采购机构的监督检查。

监督检查的主要内容是：

(一)有关政府采购的法律、行政法规和规章的执行情况；

(二)采购范围、采购方式和采购程序的执行情况；

(三)政府采购人员的职业素质和专业技能。

第六十条 政府采购监督管理部门不得设置集中采购机构，不得参与政府采购项目的采购活动。

采购代理机构与行政机关不得存在隶属关系或者其他利益关系。

第六十一条 集中采购机构应当建立、健全内部监督管理制度。采购活动的决策和执行程序应当明确，并相互监督、相互制约。经办采购的人员与负责采购合同审核、验收人员的职责权限应当明确，并相互分离。

第六十二条 集中采购机构的采购人员应当具有相关职业素质和专业技能，符合政府采购监督管理部门规定的专业岗位任职要求。

集中采购机构对其工作人员应当加强教育和培训；对采购人员的专业水平、工作实绩和职业道德状况定期进行考核。采购人员经考核不合格的，不得继续任职。

第六十三条 政府采购项目的采购标准应当公开。

采用本法规定的采购方式的，采购人在采购活动完成后，应当将采购结果予以公布。

第六十四条 采购人必须按照本法规定的采购方式和采购程序进行采购。

任何单位和个人不得违反本法规定，要求采购人或者采购工作人员向其指定的供应商进行采购。

第六十五条 政府采购监督管理部门应当对政府采购项目的采购活动进行检查，政府采购当事人应当如实反映情况，提供有关材料。

第六十六条 政府采购监督管理部门应当对集中采购机构的采购价格、节约资金效果、服务质量、信誉状况、有无违法行为等事项进行考核，并定期如实公布考核结果。

第六十七条 依照法律、行政法规的规定对政府采购负有行政监督职责的政府有关部门，应当按照其职责分工，加强对政府采购活动的监督。

第六十八条 审计机关应当对政府采购进行审计监督。政府采购监督管理部门、政府采购各当事人有关政府采购活动，应当接受审计机关的审计监督。

第六十九条 监察机关应当加强对参与政府采购活动的国家机关、国家公务员和国家行政机关任命的其他人员实施监察。

第七十条 任何单位和个人对政府采购活动中的违法行为，有权控告和检举，有关部门、机关应当依照各自职责及时处理。

第八章 法律责任

第七十一条 采购人、采购代理机构有下列情形之一的，责令限期改正，给予警告，可以并处罚款，对直接负责的主管人员和其他直接责任人员，由其行政主管部门或者有关机关给予处分，并予通报：

(一)应当采用公开招标方式而擅自采用其他方式采购的；

(二)擅自提高采购标准的；

(三)委托不具备政府采购业务代理资格的机构办理采购事务的；

(四)以不合理的条件对供应商实行差别待遇或者歧视待遇的；

(五)在招标采购过程中与投标人进行协商谈判的；

(六)中标、成交通知书发出后不与中标、成交供应商签订采购合同的；

(七)拒绝有关部门依法实施监督检查的。

第七十二条 采购人、采购代理机构及其工作人员有下列情形之一，构成犯罪的，依法追究刑事责任；尚不构成犯罪的，处以罚款，有违法所得的，并处没收违法所得，属于国家机关工作人员的，依法给予行政处分：

(一)与供应商或者采购代理机构恶意串通的；

(二)在采购过程中接受贿赂或者获取其他不正当利益的；

(三)在有关部门依法实施的监督检查中提供虚假情况的；

(四)开标前泄露标底的。

第七十三条 有前两条违法行为之一影响中标、成交结果或者可能影响中标、成交结果的，按下列情况分别处理：

(一)未确定中标、成交供应商的，终止采购活动；

(二)中标、成交供应商已经确定但采购合同尚未履行的，撤销合同，从合格的中标、成交候选人中另行确定中标、成交供应商；

(三)采购合同已经履行的，给采购人、供应商造成损失的，由责任人承担赔偿责任。

第七十四条 采购人对应当实行集中采购的政府采购项目，不委托集中采购机构实行集中采购的，由政府采购监督管理部门责令改正；拒不改正的，停止按预算向其支付资金，由其上级行政主管部门或者有关机关依法给予其直接负责的主管人员和其他直接责任人员处分。

第七十五条 采购人未依法公布政府采购项目的采购标准和采购结果的，责令改正，对直接负责的主管人员依法给予处分。

第七十六条 采购人、采购代理机构违反本法规定隐匿、销毁应当保存的采购文件或者伪造、变造采购文件的，由政府采购监督管理部门处以二万元以上十万元以下的罚款，对其直接负责的主管人员和其他直接责任人员依法给予处分；构成犯罪的，依法追究刑事责任。

第七十七条 供应商有下列情形之一的，处以采购金额千分之五以上千分之十以下的罚款，列入不良行为记录名单，在一至三年内禁止参加政府采购活动，有违法所得的，并处没收违法所得，情节严重的，由工商行政管理机关吊销营业执照；构成犯罪的，依法追究刑事责任：

(一)提供虚假材料谋取中标、成交的；

(二)采取不正当手段诋毁、排挤其他供应商的；

(三)与采购人、其他供应商或者采购代理机构恶意串通的；

(四)向采购人、采购代理机构行贿或者提供其他不正当利益的；

(五)在招标采购过程中与采购人进行协商谈判的；

(六)拒绝有关部门监督检查或者提供虚假情况的。供应商有前款第(一)至(五)项情形之一的，中标、成交无效。

第七十八条 采购代理机构在代理政府采购业务中有违法行为的，按照有关法律规定处以罚款，可以依法取消其进行相关业务的资格，构成犯罪的，依法追究刑事责任。

第七十九条 政府采购当事人有本法第七十一条、第七十二条、第七十七条违法行为之一，给他人造成损失的，并应依照有关民事法律规定承担民事责任。

第八十条 政府采购监督管理部门的工作人员在实施监督检查中违反本法规定滥用职权，玩忽职守，徇私舞弊的，依法给予行政处分；构成犯罪的，依法追究刑事责任。

第八十一条 政府采购监督管理部门对供应商的投诉逾期未作处理的，给予直接负责的主管人员和其他直接责任人员行政处分。

第八十二条 政府采购监督管理部门对集中采购机构业绩的考核，有虚假陈述，隐瞒真实情况的，或者不作定期考核和公布考核结果的，应当及时纠正，由其上级机关或者监察机关对其负责人进行通报，并对直接负责的人员依法给予行政处分。集中采购机构在政府采购监督管理部门考核中，虚报业绩，隐瞒真实情况的，处以二万元以上二十万元以下的罚款，并予以通报；情节严重的，取消其代理采购的资格。

第八十三条 任何单位或者个人阻挠和限制供应商进入本地区或者本行业政府采购市场的，责令限期改正；拒不改正的，由该单位、个人的上级行政主管部门或者有关机关给予单位责任人或者个人处分。

第九章 附 则

第八十四条 使用国际组织和外国政府贷款进行的政府采购，贷款方、资金提供方与中方达成的协议对采购的具体条件另有规定的，可以适用其规定，但不得损害国家利益和社会公共利益。

第八十五条　对因严重自然灾害和其他不可抗力事件所实施的紧急采购和涉及国家安全和秘密的采购，不适用本法。

第八十六条　军事采购法规由中央军事委员会另行制定。

第八十七条　本法实施的具体步骤和办法由国务院规定。

第八十八条　本法自 2003 年 1 月 1 日起施行。

国家主席江泽民签署第 69 号令公布《中华人民共和国中小企业促进法》

《中华人民共和国中小企业促进法》已由中华人民共和国第九届全国人民代表大会常务委员会第二十八次会议于 2002 年 6 月 29 日通过，现予公布，自 2003 年 1 月 1 日起施行。

中华人民共和国主席　江泽民

2002 年 6 月 29 日

中华人民共和国中小企业促进法

第一章　总　则

第一条　为了改善中小企业经营环境，促进中小企业健康发展，扩大城乡就业，发挥中小企业在国民经济和社会发展中的重要作用，制定本法。

第二条　本法所称中小企业，是指在中华人民共和国境内依法设立的有利于满足社会需要，增加就业，符合国家产业政策，生产经营规模属于中小型的各种所有制和各种形式的企业。

中小企业的划分标准由国务院负责企业工作的部门根据企业职工人数、销售额、资产总额等指标，结合行业特点制定，报国务院批准。

第三条　国家对中小企业实行积极扶持、加强引导、完善服务、依法规范、保障权益的方针，为中小企业创立和发展创造有利的环境。

第四条　国务院负责制定中小企业政策，对全国中小企业的发展进行统筹规划。

国务院负责企业工作的部门组织实施国家中小企业政策和规划，对全国中小企业工作进行综合协调、指导和服务。

国务院有关部门根据国家中小企业政策和统筹规划，在各自职责范围内对中小企业工作进行指导和服务。

县级以上地方各级人民政府及其所属的负责企业工作的部门和其他有关部门在各自职责范围内对本行政区域内的中小企业进行指导和服务。

第五条　国务院负责企业工作的部门根据国家产业政策，结合中小企业特点和发展状况，以制定中小企业发展产业指导目录等方式，确定扶持重点，引导鼓励中小企业发展。

第六条　国家保护中小企业及其出资人的合法投资，及因投资取得的合法收益。任何单位和个人不得侵犯中小企业财产及其合法收益。

任何单位不得违反法律、法规向中小企业收费和罚款，不得向中小企业摊派财物。中小企业对违反上述规定的行为有权拒绝和有权举报、控告。

第七条　行政管理部门应当维护中小企业的合法权益，保护其依法参与公平竞争与公平交易的权利，不得歧视，不得附加不平等的交易条件。

第八条　中小企业必须遵守国家劳动安全、职业卫生、社会保障、资源环保、质量、财政税收、金融等方面的法律、法规，依法经营管理，不得侵害职工合法权益，不得损害社会公共利益。

第九条　中小企业应当遵守职业道德，恪守诚实信用原则，努力提高业务水平，增强自我发展能力。

第二章　资金支持

第十条　中央财政预算应当设立中小企业科目，安排扶持中小企业发展专项资金。

地方人民政府应当根据实际情况为中小企业提供财政支持。

第十一条　国家扶持中小企业发展专项资金用于促进中小企业服务体系建设，开展支持中小企业的工作，补充中小企业发展基金和扶持中小企业发展的其他事项。

第十二条　国家设立中小企业发展基金。中小企业发展基金由下列资金组成：

(一)中央财政预算安排的扶持中小企业发展专项资金；

(二)基金收益；

(三)捐赠；

(四)其他资金。

国家通过税收政策，鼓励对中小企业发展基金的捐赠。

第十三条　国家中小企业发展基金用于下列扶持中小企业的事项：

(一)创业辅导和服务；

(二)支持建立中小企业信用担保体系；

(三)支持技术创新；

(四)鼓励专业化发展以及与大企业的协作配套；

(五)支持中小企业服务机构开展人员培训、信息咨询等项工作；

(六)支持中小企业开拓国际市场；

(七)支持中小企业实施清洁生产；

(八)其他事项。

中小企业发展基金的设立和使用管理办法由国务

院另行规定。

第十四条 中国人民银行应当加强信贷政策指导，改善中小企业融资环境。

中国人民银行应当加强对中小金融机构的支持力度，鼓励商业银行调整信贷结构，加大对中小企业的信贷支持。

第十五条 各金融机构应当对中小企业提供金融支持，努力改进金融服务，转变服务作风，增强服务意识，提高服务质量。

各商业银行和信用社应当改善信贷管理，扩展服务领域，开发适应中小企业发展的金融产品，调整信贷结构，为中小企业提供信贷、结算、财务咨询、投资管理等方面的服务。

国家政策性金融机构应当在其业务经营范围内，采取多种形式，为中小企业提供金融服务。

第十六条 国家采取措施拓宽中小企业的直接融资渠道，积极引导中小企业创造条件，通过法律、行政法规允许的各种方式直接融资。

第十七条 国家通过税收政策鼓励各类依法设立的风险投资机构增加对中小企业的投资。

第十八条 国家推进中小企业信用制度建设，建立信用信息征集与评价体系，实现中小企业信用信息查询、交流和共享的社会化。

第十九条 县级以上人民政府和有关部门应当推进和组织建立中小企业信用担保体系，推动对中小企业的信用担保，为中小企业融资创造条件。

中小企业信用担保管理办法由国务院另行规定。

第二十条 国家鼓励各种担保机构为中小企业提供信用担保。

第二十一条 国家鼓励中小企业依法开展多种形式的互助性融资担保。

第三章 创业扶持

第二十二条 政府有关部门应当积极创造条件，提供必要的、相应的信息和咨询服务，在城乡建设规划中根据中小企业发展的需要，合理安排必要的场地和设施，支持创办中小企业。

失业人员、残疾人员创办中小企业的，所在地政府应当积极扶持，提供便利，加强指导。

政府有关部门应当采取措施，拓宽渠道，引导中小企业吸纳大中专学校毕业生就业。

第二十三条 国家在有关税收政策上支持和鼓励中小企业的创立和发展。

第二十四条 国家对失业人员创立的中小企业和当年吸纳失业人员达到国家规定比例的中小企业，符合国家支持和鼓励发展政策的高新技术中小企业，在少数民族地区、贫困地区创办的中小企业，安置残疾人员达到国家规定比例的中小企业，在一定期限内减征、免征所得税，实行税收优惠。

第二十五条 地方人民政府应当根据实际情况，为创业人员提供工商、财税、融资、劳动用工、社会保障等方面的政策咨询和信息服务。

第二十六条 企业登记机关应当依法定条件和法定程序办理中小企业设立登记手续，提高工作效率，方便登记者。不得在法律、行政法规规定之外设置企业登记的前置条件；不得在法律、行政法规规定的收费项目和收费标准之外，收取其他费用。

第二十七条 国家鼓励中小企业根据国家利用外资政策，引进国外资金、先进技术和管理经验，创办中外合资经营、中外合作经营企业。

第二十八条 国家鼓励个人或者法人依法以工业产权或者非专利技术等投资参与创办中小企业。

第四章 技术创新

第二十九条 国家制定政策，鼓励中小企业按照市场需要，开发新产品，采用先进的技术、生产工艺和设备，提高产品质量，实现技术进步。

中小企业技术创新项目以及为大企业产品配套的技术改造项目，可以享受贷款贴息政策。

第三十条 政府有关部门应当在规划、用地、财政等方面提供政策支持，推进建立各类技术服务机构，建立生产力促进中心和科技企业孵化基地，为中小企业提供技术信息、技术咨询和技术转让服务，为中小企业产品研制、技术开发提供服务，促进科技成果转化，实现企业技术、产品升级。

第三十一条 国家鼓励中小企业与研究机构、大专院校开展技术合作、开发与交流，促进科技成果产业化，积极发展科技型中小企业。

第五章 市场开拓

第三十二条 国家鼓励和支持大企业与中小企业建立以市场配置资源为基础的、稳定的原材料供应、生产、销售、技术开发和技术改造等方面的协作关系，带动和促进中小企业发展。

第三十三条 国家引导、推动并规范中小企业通过合并、收购等方式，进行资产重组，优化资源配置。

第三十四条 政府采购应当优先安排向中小企业购买商品或者服务。

第三十五条 政府有关部门和机构应当为中小企业提供指导和帮助，促进中小企业产品出口，推动对外经济技术合作与交流。

国家有关政策性金融机构应当通过开展进出口信贷、出口信用保险等业务，支持中小企业开拓国外市场。

第三十六条 国家制定政策，鼓励符合条件的中小企业到境外投资，参与国际贸易，开拓国际市场。

第三十七条　国家鼓励中小企业服务机构举办中小企业产品展览展销和信息咨询活动。

第六章　社会服务

第三十八条　国家鼓励社会各方面力量，建立、健全中小企业服务体系，为中小企业提供服务。

第三十九条　政府根据实际需要扶持建立的中小企业服务机构，应当为中小企业提供优质服务。

中小企业服务机构应当充分利用计算机网络等先进技术手段，逐步建立、健全向全社会开放的信息服务系统。

中小企业服务机构联系和引导各类社会中介机构为中小企业提供服务。

第四十条　国家鼓励各类社会中介机构为中小企业提供创业辅导、企业诊断、信息咨询、市场营销、投资融资、贷款担保、产权交易、技术支持、人才引进、人员培训、对外合作、展览展销和法律咨询等服务。

第四十一条　国家鼓励有关机构、大专院校培训中小企业经营管理及生产技术等方面的人员，提高中小企业营销、管理和技术水平。

第四十二条　行业的自律性组织应当积极为中小企业服务。

第四十三条　中小企业自我约束、自我服务的自律性组织，应当维护中小企业的合法权益，反映中小企业的建议和要求，为中小企业开拓市场、提高经营管理能力提供服务。

第七章　附　则

第四十四条　省、自治区、直辖市可以根据本地区中小企业的情况，制定有关的实施办法。

第四十五条　本法自2003年1月1日起施行。

国家主席江泽民签署第70号令公布《中华人民共和国安全生产法》

《中华人民共和国安全生产法》已由中华人民共和国第九届全国人民代表大会常务委员会第二十八次会议于2002年6月29日通过，现予公布，自2002年11月1日起施行。

中华人民共和国主席　江泽民

2002年6月29日

中华人民共和国安全生产法

第一章　总　则

第一条　为了加强安全生产监督管理，防止和减少生产安全事故，保障人民群众生命和财产安全，促进经济发展，制定本法。

第二条　在中华人民共和国领域内从事生产经营活动的单位（以下统称生产经营单位）的安全生产，适用本法；有关法律、行政法规对消防安全和道路交通安全、铁路交通安全、水上交通安全、民用航空安全另有规定的，适用其规定。

第三条　安全生产管理，坚持安全第一、预防为主的方针。

第四条　生产经营单位必须遵守本法和其他有关安全生产的法律、法规，加强安全生产管理，建立、健全安全生产责任制度，完善安全生产条件，确保安全生产。

第五条　生产经营单位的主要负责人对本单位的安全生产工作全面负责。

第六条　生产经营单位的从业人员有依法获得安全生产保障的权利，并应当依法履行安全生产方面的义务。

第七条　工会依法组织职工参加本单位安全生产工作的民主管理和民主监督，维护职工在安全生产方面的合法权益。

第八条　国务院和地方各级人民政府应当加强对安全生产工作的领导，支持、督促各有关部门依法履行安全生产监督管理职责。

县级以上人民政府对安全生产监督管理中存在的重大问题应当及时予以协调、解决。

第九条　国务院负责安全生产监督管理的部门依照本法，对全国安全生产工作实施综合监督管理；县级以上地方各级人民政府负责安全生产监督管理的部门依照本法，对本行政区域内安全生产工作实施综合监督管理。

国务院有关部门依照本法和其他有关法律、行政法规的规定，在各自的职责范围内对有关的安全生产工作实施监督管理；县级以上地方各级人民政府有关部门依照本法和其他有关法律、法规的规定，在各自的职责范围内对有关的安全生产工作实施监督管理。

第十条　国务院有关部门应当按照保障安全生产的要求，依法及时制定有关的国家标准或者行业标准，并根据科技进步和经济发展适时修订。

生产经营单位必须执行依法制定的保障安全生产的国家标准或者行业标准。

第十一条　各级人民政府及其有关部门应当采取多种形式，加强对有关安全生产的法律、法规和安全生产知识的宣传，提高职工的安全生产意识。

第十二条　依法设立的为安全生产提供技术服务的中介机构，依照法律、行政法规和执业准则，接受生产经营单位的委托为其安全生产工作提供技术服务。

第十三条　国家实行生产安全事故责任追究制度，依照本法和有关法律、法规的规定，追究生产安全事故责任人员的法律责任。

第十四条 国家鼓励和支持安全生产科学技术研究和安全生产先进技术的推广应用，提高安全生产水平。

第十五条 国家对在改善安全生产条件、防止生产安全事故、参加抢险救护等方面取得显著成绩的单位和个人，给予奖励。

第二章 生产经营单位的安全生产保障

第十六条 生产经营单位应当具备本法和有关法律、行政法规和国家标准或者行业标准规定的安全生产条件；不具备安全生产条件的，不得从事生产经营活动。

第十七条 生产经营单位的主要负责人对本单位安全生产工作负有下列职责：

(一)建立、健全本单位安全生产责任制；

(二)组织制定本单位安全生产规章制度和操作规程；

(三)保证本单位安全生产投入的有效实施；

(四)督促、检查本单位的安全生产工作，及时消除生产安全事故隐患；

(五)组织制定并实施本单位的生产安全事故应急救援预案；

(六)及时、如实报告生产安全事故。

第十八条 生产经营单位应当具备的安全生产条件所必需的资金投入，由生产经营单位的决策机构、主要负责人或者个人经营的投资人予以保证，并对由于安全生产所必需的资金投入不足导致的后果承担责任。

第十九条 矿山、建筑施工单位和危险物品的生产、经营、储存单位，应当设置安全生产管理机构或者配备专职安全生产管理人员。

前款规定以外的其他生产经营单位，从业人员超过三百人的，应当设置安全生产管理机构或者配备专职安全生产管理人员；从业人员在三百人以下的，应当配备专职或者兼职的安全生产管理人员，或者委托具有国家规定的相关专业技术资格的工程技术人员提供安全生产管理服务。

生产经营单位依照前款规定委托工程技术人员提供安全生产管理服务的，保证安全生产的责任仍由本单位负责。

第二十条 生产经营单位的主要负责人和安全生产管理人员必须具备与本单位所从事的生产经营活动相应的安全生产知识和管理能力。

危险物品的生产、经营、储存单位以及矿山、建筑施工单位的主要负责人和安全生产管理人员，应当由有关主管部门对其安全生产知识和管理能力考核合格后方可任职。考核不得收费。

第二十一条 生产经营单位应当对从业人员进行安全生产教育和培训，保证从业人员具备必要的安全生产知识，熟悉有关的安全生产规章制度和安全操作规程，掌握本岗位的安全操作技能。未经安全生产教育和培训合格的从业人员，不得上岗作业。

第二十二条 生产经营单位采用新工艺、新技术、新材料或者使用新设备，必须了解、掌握其安全技术特性，采取有效的安全防护措施，并对从业人员进行专门的安全生产教育和培训。

第二十三条 生产经营单位的特种作业人员必须按照国家有关规定经专门的安全作业培训，取得特种作业操作资格证书，方可上岗作业。

特种作业人员的范围由国务院负责安全生产监督管理的部门会同国务院有关部门确定。

第二十四条 生产经营单位新建、改建、扩建工程项目(以下统称建设项目)的安全设施，必须与主体工程同时设计、同时施工、同时投入生产和使用。安全设施投资应当纳入建设项目概算。

第二十五条 矿山建设项目和用于生产、储存危险物品的建设项目，应当分别按照国家有关规定进行安全条件论证和安全评价。

第二十六条 建设项目安全设施的设计人、设计单位应当对安全设施设计负责。

矿山建设项目和用于生产、储存危险物品的建设项目的安全设施设计应当按照国家有关规定报经有关部门审查，审查部门及其负责审查的人员对审查结果负责。

第二十七条 矿山建设项目和用于生产、储存危险物品的建设项目的施工单位必须按照批准的安全设施设计施工，并对安全设施的工程质量负责。

矿山建设项目和用于生产、储存危险物品的建设项目竣工投入生产或者使用前，必须依照有关法律、行政法规的规定对安全设施进行验收；验收合格后，方可投入生产和使用。验收部门及其验收人员对验收结果负责。

第二十八条 生产经营单位应当在有较大危险因素的生产经营场所和有关设施、设备上，设置明显的安全警示标志。

第二十九条 安全设备的设计、制造、安装、使用、检测、维修、改造和报废，应当符合国家标准或者行业标准。

生产经营单位必须对安全设备进行经常性维护、保养，并定期检测，保证正常运转。维护、保养、检测应当做好记录，并由有关人员签字。

第三十条 生产经营单位使用的涉及生命安全、危险性较大的特种设备，以及危险物品的容器、运输工具,必须按照国家有关规定,由专业生产单位生产,并经取得专业资质的检测、检验机构检测、检验合格,取得安全使用证或者安全标志,方可投入使用。检测、检验机构对检测、检验结果负责。

涉及生命安全、危险性较大的特种设备的目录由国务院负责特种设备安全监督管理的部门制定,报国务院批准后执行。

第三十一条　国家对严重危及生产安全的工艺、设备实行淘汰制度。

生产经营单位不得使用国家明令淘汰、禁止使用的危及生产安全的工艺、设备。

第三十二条　生产、经营、运输、储存、使用危险物品或者处置废弃危险物品的,由有关主管部门依照有关法律、法规的规定和国家标准或者行业标准审批并实施监督管理。

生产经营单位生产、经营、运输、储存、使用危险物品或者处置废弃危险物品,必须执行有关法律、法规和国家标准或者行业标准,建立专门的安全管理制度,采取可靠的安全措施,接受有关主管部门依法实施的监督管理。

第三十三条　生产经营单位对重大危险源应当登记建档,进行定期检测、评估、监控,并制定应急预案,告知从业人员和相关人员在紧急情况下应当采取的应急措施。

生产经营单位应当按照国家有关规定将本单位重大危险源及有关安全措施、应急措施报有关地方人民政府负责安全生产监督管理的部门和有关部门备案。

第三十四条　生产、经营、储存、使用危险物品的车间、商店、仓库不得与员工宿舍在同一座建筑物内,并应当与员工宿舍保持安全距离。

生产经营场所和员工宿舍应当设有符合紧急疏散要求、标志明显、保持畅通的出口。禁止封闭、堵塞生产经营场所或者员工宿舍的出口。

第三十五条　生产经营单位进行爆破、吊装等危险作业,应当安排专门人员进行现场安全管理,确保操作规程的遵守和安全措施的落实。

第三十六条　生产经营单位应当教育和督促从业人员严格执行本单位的安全生产规章制度和安全操作规程;并向从业人员如实告知作业场所和工作岗位存在的危险因素、防范措施以及事故应急措施。

第三十七条　生产经营单位必须为从业人员提供符合国家标准或者行业标准的劳动防护用品,并监督、教育从业人员按照使用规则佩戴、使用。

第三十八条　生产经营单位的安全生产管理人员应当根据本单位的生产经营特点,对安全生产状况进行经常性检查;对检查中发现的安全问题,应当立即处理;不能处理的,应当及时报告本单位有关负责人。检查及处理情况应当记录在案。

第三十九条　生产经营单位应当安排用于配备劳动防护用品、进行安全生产培训的经费。

第四十条　两个以上生产经营单位在同一作业区域内进行生产经营活动,可能危及对方生产安全的,应当签订安全生产管理协议,明确各自的安全生产管理职责和应当采取的安全措施,并指定专职安全生产管理人员进行安全检查与协调。

第四十一条　生产经营单位不得将生产经营项目、场所、设备发包或者出租给不具备安全生产条件或者相应资质的单位或者个人。

生产经营项目、场所有多个承包单位、承租单位的,生产经营单位应当与承包单位、承租单位签订专门的安全生产管理协议,或者在承包合同、租赁合同中约定各自的安全生产管理职责;生产经营单位对承包单位、承租单位的安全生产工作统一协调、管理。

第四十二条　生产经营单位发生重大生产安全事故时,单位的主要负责人应当立即组织抢救,并不得在事故调查处理期间擅离职守。

第四十三条　生产经营单位必须依法参加工伤社会保险,为从业人员缴纳保险费。

第三章　从业人员的权利和义务

第四十四条　生产经营单位与从业人员订立的劳动合同,应当载明有关保障从业人员劳动安全、防止职业危害的事项,以及依法为从业人员办理工伤社会保险的事项。

生产经营单位不得以任何形式与从业人员订立协议,免除或者减轻其对从业人员因生产安全事故伤亡依法应承担的责任。

第四十五条　生产经营单位的从业人员有权了解其作业场所和工作岗位存在的危险因素、防范措施及事故应急措施,有权对本单位的安全生产工作提出建议。

第四十六条　从业人员有权对本单位安全生产工作中存在的问题提出批评、检举、控告;有权拒绝违章指挥和强令冒险作业。

生产经营单位不得因从业人员对本单位安全生产工作提出批评、检举、控告或者拒绝违章指挥、强令冒险作业而降低其工资、福利等待遇或者解除与其订立的劳动合同。

第四十七条　从业人员发现直接危及人身安全的紧急情况时,有权停止作业或者在采取可能的应急措施后撤离作业场所。

生产经营单位不得因从业人员在前款紧急情况下停止作业或者采取紧急撤离措施而降低其工资、福利等待遇或者解除与其订立的劳动合同。

第四十八条　因生产安全事故受到损害的从业人员，除依法享有工伤社会保险外，依照有关民事法律尚有获得赔偿的权利的，有权向本单位提出赔偿要求。

第四十九条　从业人员在作业过程中，应当严格遵守本单位的安全生产规章制度和操作规程，服从管理，正确佩戴和使用劳动防护用品。

第五十条　从业人员应当接受安全生产教育和培训，掌握本职工作所需的安全生产知识，提高安全生产技能，增强事故预防和应急处理能力。

第五十一条　从业人员发现事故隐患或者其他不安全因素，应当立即向现场安全生产管理人员或者本单位负责人报告；接到报告的人员应当及时予以处理。

第五十二条　工会有权对建设项目的安全设施与主体工程同时设计、同时施工、同时投入生产和使用进行监督，提出意见。

工会对生产经营单位违反安全生产法律、法规，侵犯从业人员合法权益的行为，有权要求纠正；发现生产经营单位违章指挥、强令冒险作业或者发现事故隐患时，有权提出解决的建议，生产经营单位应当及时研究答复；发现危及从业人员生命安全的情况时，有权向生产经营单位建议组织从业人员撤离危险场所，生产经营单位必须立即作出处理。

工会有权依法参加事故调查，向有关部门提出处理意见，并要求追究有关人员的责任。

第四章　安全生产的监督管理

第五十三条　县级以上地方各级人民政府应当根据本行政区域内的安全生产状况，组织有关部门按照职责分工，对本行政区域内容易发生重大生产安全事故的生产经营单位进行严格检查；发现事故隐患，应当及时处理。

第五十四条　依照本法第九条规定对安全生产负有监督管理职责的部门（以下统称负有安全生产监督管理职责的部门）依照有关法律、法规的规定，对涉及安全生产的事项需要审查批准（包括批准、核准、许可、注册、认证、颁发证照等，下同）或者验收的，必须严格依照有关法律、法规和国家标准或者行业标准规定的安全生产条件和程序进行审查；不符合有关法律、法规和国家标准或者行业标准规定的安全生产条件的，不得批准或者验收通过。对未依法取得批准或者验收合格的单位擅自从事有关活动的，负责行政审批的部门发现或者接到举报后应当立即予以取缔，并依法予以处理。对已经依法取得批准的单位，负责行政审批的部门发现其不再具备安全生产条件的，应当撤销原批准。

第五十五条　负有安全生产监督管理职责的部门对涉及安全生产的事项进行审查、验收，不得收取费用；不得要求接受审查、验收的单位购买其指定品牌或者指定生产、销售单位的安全设备、器材或者其他产品。

第五十六条　负有安全生产监督管理职责的部门依法对生产经营单位执行有关安全生产的法律、法规和国家标准或者行业标准的情况进行监督检查，行使以下职权：

（一）进入生产经营单位进行检查，调阅有关资料，向有关单位和人员了解情况。

（二）对检查中发现的安全生产违法行为，当场予以纠正或者要求限期改正；对依法应当给予行政处罚的行为，依照本法和其他有关法律、行政法规的规定作出行政处罚决定。

（三）对检查中发现的事故隐患，应当责令立即排除；重大事故隐患排除前或者排除过程中无法保证安全的，应当责令从危险区域内撤出作业人员，责令暂时停产停业或者停止使用；重大事故隐患排除后，经审查同意，方可恢复生产经营和使用。

（四）对有根据认为不符合保障安全生产的国家标准或者行业标准的设施、设备、器材予以查封或者扣押，并应当在十五日内依法作出处理决定。

监督检查不得影响被检查单位的正常生产经营活动。

第五十七条　生产经营单位对负有安全生产监督管理职责的部门的监督检查人员（以下统称安全生产监督检查人员）依法履行监督检查职责，应当予以配合，不得拒绝、阻挠。

第五十八条　安全生产监督检查人员应当忠于职守，坚持原则，秉公执法。

安全生产监督检查人员执行监督检查任务时，必须出示有效的监督执法证件；对涉及被检查单位的技术秘密和业务秘密，应当为其保密。

第五十九条　安全生产监督检查人员应当将检查的时间、地点、内容、发现的问题及其处理情况，作出书面记录，并由检查人员和被检查单位的负责人签字；被检查单位的负责人拒绝签字的，检查人员应当将情况记录在案，并向负有安全生产监督管理职责的部门报告。

第六十条　负有安全生产监督管理职责的部门在监督检查中，应当互相配合，实行联合检查；确需分别进行检查的，应当互通情况，发现存在的安全问题应当由其他有关部门进行处理的，应当及时移送其他有关部门并形成记录备查，接受移送的部门应当及时进行处理。

第六十一条　监察机关依照行政监察法的规定，

对负有安全生产监督管理职责的部门及其工作人员履行安全生产监督管理职责实施监察。

第六十二条　承担安全评价、认证、检测、检验的机构应当具备国家规定的资质条件，并对其作出的安全评价、认证、检测、检验的结果负责。

第六十三条　负有安全生产监督管理职责的部门应当建立举报制度，公开举报电话、信箱或者电子邮件地址，受理有关安全生产的举报；受理的举报事项经调查核实后，应当形成书面材料；需要落实整改措施的，报经有关负责人签字并督促落实。

第六十四条　任何单位或者个人对事故隐患或者安全生产违法行为，均有权向负有安全生产监督管理职责的部门报告或者举报。

第六十五条　居民委员会、村民委员会发现其所在区域内的生产经营单位存在事故隐患或者安全生产违法行为时，应当向当地人民政府或者有关部门报告。

第六十六条　县级以上各级人民政府及其有关部门对报告重大事故隐患或者举报安全生产违法行为的有功人员，给予奖励。具体奖励办法由国务院负责安全生产监督管理的部门会同国务院财政部门制定。

第六十七条　新闻、出版、广播、电影、电视等单位有进行安全生产宣传教育的义务，有对违反安全生产法律、法规的行为进行舆论监督的权利。

第五章　生产安全事故的应急救援与调查处理

第六十八条　县级以上地方各级人民政府应当组织有关部门制定本行政区域内特大生产安全事故应急救援预案，建立应急救援体系。

第六十九条　危险物品的生产、经营、储存单位以及矿山、建筑施工单位应当建立应急救援组织；生产经营规模较小，可以不建立应急救援组织的，应当指定兼职的应急救援人员。

危险物品的生产、经营、储存单位以及矿山、建筑施工单位应当配备必要的应急救援器材、设备，并进行经常性维护、保养，保证正常运转。

第七十条　生产经营单位发生生产安全事故后，事故现场有关人员应当立即报告本单位负责人。

单位负责人接到事故报告后，应当迅速采取有效措施，组织抢救，防止事故扩大，减少人员伤亡和财产损失，并按照国家有关规定立即如实报告当地负有安全生产监督管理职责的部门，不得隐瞒不报、谎报或者拖延不报，不得故意破坏事故现场、毁灭有关证据。

第七十一条　负有安全生产监督管理职责的部门接到事故报告后，应当立即按照国家有关规定上报事故情况。负有安全生产监督管理职责的部门和有关地方人民政府对事故情况不得隐瞒不报、谎报或者拖延不报。

第七十二条　有关地方人民政府和负有安全生产监督管理职责的部门的负责人接到重大生产安全事故报告后，应当立即赶到事故现场，组织事故抢救。

任何单位和个人都应当支持、配合事故抢救，并提供一切便利条件。

第七十三条　事故调查处理应当按照实事求是、尊重科学的原则，及时、准确地查清事故原因，查明事故性质和责任，总结事故教训，提出整改措施，并对事故责任者提出处理意见。事故调查和处理的具体办法由国务院制定。

第七十四条　生产经营单位发生生产安全事故，经调查确定为责任事故的，除了应当查明事故单位的责任并依法予以追究外，还应当查明对安全生产的有关事项负有审查批准和监督职责的行政部门的责任，对有失职、渎职行为的，依照本法第七十七条的规定追究法律责任。

第七十五条　任何单位和个人不得阻挠和干涉对事故的依法调查处理。

第七十六条　县级以上地方各级人民政府负责安全生产监督管理的部门应当定期统计分析本行政区域内发生生产安全事故的情况，并定期向社会公布。

第六章　法律责任

第七十七条　负有安全生产监督管理职责的部门的工作人员，有下列行为之一的，给予降级或者撤职的行政处分；构成犯罪的，依照刑法有关规定追究刑事责任：

（一）对不符合法定安全生产条件的涉及安全生产的事项予以批准或者验收通过的；

（二）发现未依法取得批准、验收的单位擅自从事有关活动或者接到举报后不予取缔或者不依法予以处理的；

（三）对已经依法取得批准的单位不履行监督管理职责，发现其不再具备安全生产条件而不撤销原批准或者发现安全生产违法行为不予查处的。

第七十八条　负有安全生产监督管理职责的部门，要求被审查、验收的单位购买其指定的安全设备、器材或者其他产品的，在对安全生产事项的审查、验收中收取费用的，由其上级机关或者监察机关责令改正，责令退还收取的费用；情节严重的，对直接负责的主管人员和其他直接责任人员依法给予行政处分。

第七十九条　承担安全评价、认证、检测、检验工作的机构，出具虚假证明，构成犯罪的，依照刑法有关规定追究刑事责任；尚不够刑事处罚的，没收违法所得，违法所得在五千元以上的，并处违法所得二倍以上五倍以下的罚款，没有违法所得或者违法所得不足五千元的，单处或者并处五千元以上二万元以下的罚款,对其直接负责的主管人员和其他直接责任人员处五千元以上五万元以下的罚款;给他人造成损害的,与生产经营单位承担连带赔偿责任。

对有前款违法行为的机构,撤销其相应资格。

第八十条　生产经营单位的决策机构、主要负责人、个人经营的投资人不依照本法规定保证安全生产所必需的资金投入,致使生产经营单位不具备安全生产条件的,责令限期改正,提供必需的资金;逾期未改正的,责令生产经营单位停产停业整顿。

有前款违法行为,导致发生生产安全事故,构成犯罪的,依照刑法有关规定追究刑事责任;尚不够刑事处罚的,对生产经营单位的主要负责人给予撤职处分,对个人经营的投资人处二万元以上二十万元以下的罚款。

第八十一条　生产经营单位的主要负责人未履行本法规定的安全生产管理职责的,责令限期改正;逾期未改正的,责令生产经营单位停产停业整顿。

生产经营单位的主要负责人有前款违法行为,导致发生生产安全事故,构成犯罪的,依照刑法有关规定追究刑事责任;尚不够刑事处罚的,给予撤职处分或者处二万元以上二十万元以下的罚款。

生产经营单位的主要负责人依照前款规定受刑事处罚或者撤职处分的,自刑罚执行完毕或者受处分之日起,五年内不得担任任何生产经营单位的主要负责人。

第八十二条　生产经营单位有下列行为之一的,责令限期改正;逾期未改正的,责令停产停业整顿,可以并处二万元以下的罚款:

(一)未按照规定设立安全生产管理机构或者配备安全生产管理人员的;

(二)危险物品的生产、经营、储存单位以及矿山、建筑施工单位的主要负责人和安全生产管理人员未按照规定经考核合格的;

(三)未按照本法第二十一条、第二十二条的规定对从业人员进行安全生产教育和培训,或者未按照本法第三十六条的规定如实告知从业人员有关的安全生产事项的;

(四)特种作业人员未按照规定经专门的安全作业培训并取得特种作业操作资格证书,上岗作业的。

第八十三条　生产经营单位有下列行为之一的,责令限期改正;逾期未改正的,责令停止建设或者停产停业整顿,可以并处五万元以下的罚款;造成严重后果,构成犯罪的,依照刑法有关规定追究刑事责任:

(一)矿山建设项目或者用于生产、储存危险物品的建设项目没有安全设施设计或者安全设施设计未按照规定报经有关部门审查同意的;

(二)矿山建设项目或者用于生产、储存危险物品的建设项目的施工单位未按照批准的安全设施设计施工的;

(三)矿山建设项目或者用于生产、储存危险物品的建设项目竣工投入生产或者使用前,安全设施未经验收合格的;

(四)未在有较大危险因素的生产经营场所和有关设施、设备上设置明显的安全警示标志的;

(五)安全设备的安装、使用、检测、改造和报废不符合国家标准或者行业标准的;

(六)未对安全设备进行经常性维护、保养和定期检测的;

(七)未为从业人员提供符合国家标准或者行业标准的劳动防护用品的;

(八)特种设备以及危险物品的容器、运输工具未经取得专业资质的机构检测、检验合格,取得安全使用证或者安全标志,投入使用的;

(九)使用国家明令淘汰、禁止使用的危及生产安全的工艺、设备的。

第八十四条　未经依法批准,擅自生产、经营、储存危险物品的,责令停止违法行为或者予以关闭,没收违法所得,违法所得十万元以上的,并处违法所得一倍以上五倍以下的罚款,没有违法所得或者违法所得不足十万元的,单处或者并处二万元以上十万元以下的罚款;造成严重后果,构成犯罪的,依照刑法有关规定追究刑事责任。

第八十五条　生产经营单位有下列行为之一的,责令限期改正;逾期未改正的,责令停产停业整顿,可以并处二万元以上十万元以下的罚款;造成严重后果,构成犯罪的,依照刑法有关规定追究刑事责任:

(一)生产、经营、储存、使用危险物品,未建立专门安全管理制度、未采取可靠的安全措施或者不接受有关主管部门依法实施的监督管理的;

(二)对重大危险源未登记建档,或者未进行评估、监控,或者未制定应急预案的;

(三)进行爆破、吊装等危险作业,未安排专门管理人员进行现场安全管理的。

第八十六条　生产经营单位将生产经营项目、场所、设备发包或者出租给不具备安全生产条件或者相应资质的单位或者个人的,责令限期改正,没收违法所得;违法所得五万元以上的,并处违法所得一倍以上五倍以下的罚款;没有违法所得或者违法所得不足五万元的,单处或者并处一万元以上五万元以下的罚款;导致发生生产安全事故给他人造成损害的,与承包方、承租方承担连带赔偿责任。

生产经营单位未与承包单位、承租单位签订专门的安全生产管理协议或者未在承包合同、租赁合同中明确各自的安全生产管理职责，或者未对承包单位、承租单位的安全生产统一协调、管理的，责令限期改正；逾期未改正的，责令停产停业整顿。

第八十七条 两个以上生产经营单位在同一作业区域内进行可能危及对方安全生产的生产经营活动，未签订安全生产管理协议或者未指定专职安全生产管理人员进行安全检查与协调的，责令限期改正；逾期未改正的，责令停产停业。

第八十八条 生产经营单位有下列行为之一的，责令限期改正；逾期未改正的，责令停产停业整顿；造成严重后果，构成犯罪的，依照刑法有关规定追究刑事责任：

(一)生产、经营、储存、使用危险物品的车间、商店、仓库与员工宿舍在同一座建筑内，或者与员工宿舍的距离不符合安全要求的；

(二)生产经营场所和员工宿舍未设有符合紧急疏散需要、标志明显、保持畅通的出口，或者

封闭、堵塞生产经营场所或者员工宿舍出口的。

第八十九条 生产经营单位与从业人员订立协议，免除或者减轻其对从业人员因生产安全事故伤亡依法应承担的责任的，该协议无效；对生产经营单位的主要负责人、个人经营的投资人处二万元以上十万元以下的罚款。

第九十条 生产经营单位的从业人员不服从管理，违反安全生产规章制度或者操作规程的，由生产经营单位给予批评教育，依照有关规章制度给予处分；造成重大事故，构成犯罪的，依照刑法有关规定追究刑事责任。

第九十一条 生产经营单位主要负责人在本单位发生重大生产安全事故时，不立即组织抢救或者在事故调查处理期间擅离职守或者逃匿的，给予降职、撤职的处分，对逃匿的处十五日以下拘留；构成犯罪的，依照刑法有关规定追究刑事责任。

生产经营单位主要负责人对生产安全事故隐瞒不报、谎报或者拖延不报的，依照前款规定处罚。

第九十二条 有关地方人民政府、负有安全生产监督管理职责的部门，对生产安全事故隐瞒不报、谎报或者拖延不报的，对直接负责的主管人员和其他直接责任人员依法给予行政处分；构成犯罪的，依照刑法有关规定追究刑事责任。

第九十三条 生产经营单位不具备本法和其他有关法律、行政法规和国家标准或者行业标准规定的安全生产条件，经停产停业整顿仍不具备安全生产条件的，予以关闭；有关部门应当依法吊销其有关证照。

第九十四条 本法规定的行政处罚，由负责安全生产监督管理的部门决定；予以关闭的行政处罚由负责安全生产监督管理的部门报请县级以上人民政府按照国务院规定的权限决定；给予拘留的行政处罚由公安机关依照治安管理处罚条例的规定决定。有关法律、行政法规对行政处罚的决定机关另有规定的，依照其规定。

第九十五条 生产经营单位发生生产安全事故造成人员伤亡、他人财产损失的，应当依法承担赔偿责任；拒不承担或者其负责人逃匿的，由人民法院依法强制执行。

生产安全事故的责任人未依法承担赔偿责任，经人民法院依法采取执行措施后，仍不能对受害人给予足额赔偿的，应当继续履行赔偿义务；受害人发现责任人有其他财产的，可以随时请求人民法院执行。

第七章 附 则

第九十六条 本法下列用语的含义：危险物品，是指易燃易爆物品、危险化学品、放射性物品等能够危及人身安全和财产安全的物品。

重大危险源，是指长期地或者临时地生产、搬运、使用或者储存危险物品，且危险物品的数量等于或者超过临界量的单元(包括场所和设施)。

第九十七条 本法自2002年11月1日起施行。

国家主席江泽民签署第71号令公布《中华人民共和国科学技术普及法》

《中华人民共和国科学技术普及法》已由中华人民共和国第九届全国人民代表大会常务委员会第二十八次会议于2002年6月29日通过，现予公布，自公布之日起施行。

中华人民共和国主席 江泽民

2002年6月29日

中华人民共和国科学技术普及法

第一章 总 则

第一条 为了实施科教兴国战略和可持续发展战略，加强科学技术普及工作，提高公民的科学文化素质，推动经济发展和社会进步，根据宪法和有关法律，制定本法。

第二条 本法适用于国家和社会普及科学技术知识、倡导科学方法、传播科学思想、弘扬科学精神的活动。

开展科学技术普及(以下称科普)，应当采取公众易于理解、接受、参与的方式。

第三条 国家机关、武装力量、社会团体、企业事业单位、农村基层组织及其他组织应当开展科普工作。

公民有参与科普活动的权利。

第四条 科普是公益事业，是社会主义物质文明

和精神文明建设的重要内容。发展科普事业是国家的长期任务。

国家扶持少数民族地区、边远贫困地区的科普工作。

第五条 国家保护科普组织和科普工作者的合法权益,鼓励科普组织和科普工作者自主开展科普活动,依法兴办科普事业。

第六条 国家支持社会力量兴办科普事业。社会力量兴办科普事业可以按照市场机制运行。

第七条 科普工作应当坚持群众性、社会性和经常性,结合实际,因地制宜,采取多种形式。

第八条 科普工作应当坚持科学精神,反对和抵制伪科学。任何单位和个人不得以科普为名从事有损社会公共利益的活动。

第九条 国家支持和促进科普工作对外合作与交流。

第二章 组织管理

第十条 各级人民政府领导科普工作,应将科普工作纳入国民经济和社会发展计划,为开展科普工作创造良好的环境和条件。

县级以上人民政府应当建立科普工作协调制度。

第十一条 国务院科学技术行政部门负责制定全国科普工作规划,实行政策引导,进行督促检查,推动科普工作发展。

国务院其他行政部门按照各自的职责范围,负责有关的科普工作。

县级以上地方人民政府科学技术行政部门及其他行政部门在同级人民政府领导下按照各自的职责范围,负责本地区有关的科普工作。

第十二条 科学技术协会是科普工作的主要社会力量。科学技术协会组织开展群众性、社会性、经常性的科普活动,支持有关社会组织和企业事业单位开展科普活动,协助政府制定科普工作规划,为政府科普工作决策提供建议。

第三章 社会责任

第十三条 科普是全社会的共同任务。社会各界都应当组织参加各类科普活动。

第十四条 各类学校及其他教育机构,应当把科普作为素质教育的重要内容,组织学生开展多种形式的科普活动。

科技馆(站)、科技活动中心和其他科普教育基地,应当组织开展青少年校外科普教育活动。

第十五条 科学研究和技术开发机构、高等院校、自然科学和社会科学类社会团体,应当组织和支持科学技术工作者和教师开展科普活动,鼓励其结合本职工作进行科普宣传;有条件的,应当向公众开放实验室、陈列室和其他场地、设施,举办讲座和提供咨询。

科学技术工作者和教师应当发挥自身优势和专长,积极参与和支持科普活动。

第十六条 新闻出版、广播影视、文化等机构和团体应当发挥各自优势做好科普宣传工作。

综合类报纸、期刊应当开设科普专栏、专版;广播电台、电视台应当开设科普栏目或者转播科普节目;影视生产、发行和放映机构应当加强科普影视作品的制作、发行和放映;书刊出版、发行机构应当扶持科普书刊的出版、发行;综合性互联网站应当开设科普网页;科技馆(站)、图书馆、博物馆、文化馆等文化场所应当发挥科普教育的作用。

第十七条 医疗卫生、计划生育、环境保护、国土资源、体育、气象、地震、文物、旅游等国家机关、事业单位,应当结合各自的工作开展科普活动。

第十八条 工会、共产主义青年团、妇女联合会等社会团体应当结合各自工作对象的特点组织开展科普活动。

第十九条 企业应当结合技术创新和职工技能培训开展科普活动,有条件的可以设立向公众开放的科普场馆和设施。

第二十条 国家加强农村的科普工作。农村基层组织应当根据当地经济与社会发展的需要,围绕科学生产、文明生活,发挥乡镇科普组织、农村学校的作用,开展科普工作。

各类农村经济组织、农业技术推广机构和农村专业技术协会,应当结合推广先进适用技术向农民普及科学技术知识。

第二十一条 城镇基层组织及社区应当利用所在地的科技、教育、文化、卫生、旅游等资源,结合居民的生活、学习、健康娱乐等需要开展科普活动。

第二十二条 公园、商场、机场、车站、码头等各类公共场所的经营管理单位,应当在所辖范围内加强科普宣传。

第四章 保障措施

第二十三条 各级人民政府应当将科普经费列入同级财政预算,逐步提高科普投入水平,保障科普工作顺利开展。

各级人民政府有关部门应当安排一定的经费用于科普工作。

第二十四条 省、自治区、直辖市人民政府和其他有条件的地方人民政府,应当将科普场馆、设施建设纳入城乡建设规划和基本建设计划;对现有科普场馆、设施应当加强利用、维修和改造。

以政府财政投资建设的科普场馆,应当配备必要的专职人员,常年向公众开放,对青少年实行优惠,并不得擅自改作他用；经费困难的，同级财政应当予以补贴，使其正常运行。

尚无条件建立科普场馆的地方，可以利用现有的科技、教育、文化等设施开展科普活动，并设立科普画廊、橱窗等。

第二十五条　国家支持科普工作，依法对科普事业实行税收优惠。

科普组织开展科普活动、兴办科普事业，可以依法获得资助和捐赠。

第二十六条　国家鼓励境内外的社会组织和个人设立科普基金，用于资助科普事业。

第二十七条　国家鼓励境内外的社会组织和个人捐赠财产资助科普事业；对捐赠财产用于科普事业或者投资建设科普场馆、设施的，依法给予优惠。

第二十八条　科普经费和社会组织、个人资助科普事业的财产，必须用于科普事业，任何单位或者个人不得克扣、截留、挪用。

第二十九条　各级人民政府、科学技术协会和有关单位都应当支持科普工作者开展科普工作，对在科普工作中作出重要贡献的组织和个人，予以表彰和奖励。

第五章　法律责任

第三十条　以科普为名进行有损社会公共利益的活动，扰乱社会秩序或者骗取财物，由有关主管部门给予批评教育，并予以制止；违反治安管理规定的，由公安机关依法给予治安管理处罚；构成犯罪的，依法追究刑事责任。

第三十一条　违反本法规定，克扣、截留、挪用科普财政经费或者贪污、挪用捐赠款物的，由有关主管部门责令限期归还；对负有责任的主管人员和其他直接责任人员依法给予行政处分；构成犯罪的，依法追究刑事责任。

第三十二条　擅自将政府财政投资建设的科普场馆改为他用的，由有关主管部门责令限期改正；情节严重的，对负有责任的主管人员和其他直接责任人员依法给予行政处分。

扰乱科普场馆秩序或者毁损科普场馆、设施的，依法责令其停止侵害、恢复原状或者赔偿损失；构成犯罪的，依法追究刑事责任。

第三十三条　国家工作人员在科普工作中滥用职权、玩忽职守、徇私舞弊的，依法给予行政处分；构成犯罪的，依法追究刑事责任。

第六章　附　则

第三十四条　本法自公布之日起施行。

国家主席江泽民签署第72号令公布《中华人民共和国清洁生产促进法》

《中华人民共和国清洁生产促进法》已由中华人民共和国第九届全国人民代表大会常务委员会第二十八次会议于2002年6月29日通过，现予公布，自2003年1月1日起施行。

中华人民共和国主席　江泽民

2002年6月29日

中华人民共和国清洁生产促进法

第一章　总　则

第一条　为了促进清洁生产，提高资源利用效率，减少和避免污染物的产生，保护和改善环境，保障人体健康，促进经济与社会可持续发展，制定本法。

第二条　本法所称清洁生产，是指不断采取改进设计、使用清洁的能源和原料、采用先进的工艺技术与设备、改善管理、综合利用等措施，从源头削减污染，提高资源利用效率，减少或者避免生产、服务和产品使用过程中污染物的产生和排放，以减轻或者消除对人类健康和环境的危害。

第三条　在中华人民共和国领域内，从事生产和服务活动的单位以及从事相关管理活动的部门依照本法规定，组织、实施清洁生产。

第四条　国家鼓励和促进清洁生产。国务院和县级以上地方人民政府，应当将清洁生产纳入国民经济和社会发展计划以及环境保护、资源利用、产业发展、区域开发等规划。

第五条　国务院经济贸易行政主管部门负责组织、协调全国的清洁生产促进工作。国务院环境保护、计划、科学技术、农业、建设、水利和质量技术监督等行政主管部门，按照各自的职责，负责有关的清洁生产促进工作。

县级以上地方人民政府负责领导本行政区域内的清洁生产促进工作。县级以上地方人民政府经济贸易行政主管部门负责组织、协调本行政区域内的清洁生产促进工作。县级以上地方人民政府环境保护、计划、科学技术、农业、建设、水利和质量技术监督等行政主管部门，按照各自的职责，负责有关的清洁生产促进工作。

第六条　国家鼓励开展有关清洁生产的科学研究、技术开发和国际合作，组织宣传、普及清洁生产知识，推广清洁生产技术。

国家鼓励社会团体和公众参与清洁生产的宣传、教育、推广、实施及监督。

第二章　清洁生产的推行

第七条　国务院应当制定有利于实施清洁生产的财政税收政策。

国务院及其有关行政主管部门和省、自治区、直辖市人民政府，应当制定有利于实施清洁生产的产业政策、技术开发和推广政策。

第八条　县级以上人民政府经济贸易行政主管部门，应当会同环境保护、计划、科学技术、农业、建设、水利等有关行政主管部门制定清洁生产的推行规划。

第九条　县级以上地方人民政府应当合理规划本行政区域的经济布局，调整产业结构，发展循环经济，促进企业在资源和废物综合利用等领域进行合作，实现资源的高效利用和循环使用。

第十条　国务院和省、自治区、直辖市人民政府的经济贸易、环境保护、计划、科学技术、农业等有关行政主管部门，应当组织和支持建立清洁生产信息系统和技术咨询服务体系，向社会提供有关清洁生产方法和技术、可再生利用的废物供求以及清洁生产政策等方面的信息和服务。

第十一条　国务院经济贸易行政主管部门会同国务院有关行政主管部门定期发布清洁生产技术、工艺、设备和产品导向目录。

国务院和省、自治区、直辖市人民政府的经济贸易行政主管部门和环境保护、农业、建设等有关行政主管部门组织编制有关行业或者地区的清洁生产指南和技术手册，指导实施清洁生产。

第十二条　国家对浪费资源和严重污染环境的落后生产技术、工艺、设备和产品实行限期淘汰制度。国务院经济贸易行政主管部门会同国务院有关行政主管部门制定并发布限期淘汰的生产技术、工艺、设备以及产品的名录。

第十三条　国务院有关行政主管部门可以根据需要批准设立节能、节水、废物再生利用等环境与资源保护方面的产品标志，并按照国家规定制定相应标准。

第十四条　县级以上人民政府科学技术行政主管部门和其他有关行政主管部门，应当指导和支持清洁生产技术和有利于环境与资源保护的产品的研究、开发以及清洁生产技术的示范和推广工作。

第十五条　国务院教育行政主管部门，应当将清洁生产技术和管理课程纳入有关高等教育、职业教育和技术培训体系。

县级以上人民政府有关行政主管部门组织开展清洁生产的宣传和培训，提高国家工作人员、企业经营管理者和公众的清洁生产意识，培养清洁生产管理和技术人员。

新闻出版、广播影视、文化等单位和有关社会团体，应当发挥各自优势做好清洁生产宣传工作。

第十六条　各级人民政府应当优先采购节能、节水、废物再生利用等有利于环境与资源保护的产品。

各级人民政府应当通过宣传、教育等措施，鼓励公众购买和使用节能、节水、废物再生利用等有利于环境与资源保护的产品。

第十七条　省、自治区、直辖市人民政府环境保护行政主管部门，应当加强对清洁生产实施的监督；可以按照促进清洁生产的需要，根据企业污染物的排放情况，在当地主要媒体上定期公布污染物超标排放或者污染物排放总量超过规定限额的污染严重企业的名单，为公众监督企业实施清洁生产提供依据。

第三章　清洁生产的实施

第十八条　新建、改建和扩建项目应当进行环境影响评价，对原料使用、资源消耗、资源综合利用以及污染物产生与处置等进行分析论证，优先采用资源利用率高以及污染物产生量少的清洁生产技术、工艺和设备。

第十九条　企业在进行技术改造过程中，应当采取以下清洁生产措施：

（一）采用无毒、无害或者低毒、低害的原料，替代毒性大、危害严重的原料；

（二）采用资源利用率高、污染物产生量少的工艺和设备，替代资源利用率低、污染物产生量多的工艺和设备；

（三）对生产过程中产生的废物、废水和余热等进行综合利用或者循环使用；

（四）采用能够达到国家或者地方规定的污染物排放标准和污染物排放总量控制指标的污染防治技术。

第二十条　产品和包装物的设计，应当考虑其在生命周期中对人类健康和环境的影响，优先选择无毒、无害、易于降解或者便于回收利用的方案。

企业应当对产品进行合理包装，减少包装材料的过度使用和包装性废物的产生。

第二十一条　生产大型机电设备、机动运输工具以及国务院经济贸易行政主管部门指定的其他产品的企业，应当按照国务院标准化行政主管部门或者其授权机构制定的技术规范，在产品的主体构件上注明材料成分的标准牌号。

第二十二条　农业生产者应当科学地使用化肥、农药、农用薄膜和饲料添加剂，改进种植和养殖技术，实现农产品的优质、无害和农业生产废物的资源化，防止农业环境污染。

禁止将有毒、有害废物用作肥料或者用于造田。

第二十三条　餐饮、娱乐、宾馆等服务性企业，应当采用节能、节水和其他有利于环境保护的技术和设备，减少使用或者不使用浪费资源、污染环境的消费品。

第二十四条　建筑工程应当采用节能、节水等有利于环境与资源保护的建筑设计方案、建筑和装修材料、建筑构配件及设备。

建筑和装修材料必须符合国家标准。禁止生产、销售和使用有毒、有害物质超过国家标准的建筑和装修材料。

第二十五条　矿产资源的勘查、开采，应当采用有利于合理利用资源、保护环境和防止污染的勘查、开采方法和工艺技术，提高资源利用水平。

第二十六条　企业应当在经济技术可行的条件下对生产和服务过程中产生的废物、余热等自行回收利用或者转让给有条件的其他企业和个人利用。

第二十七条　生产、销售被列入强制回收目录的产品和包装物的企业，必须在产品报废和包装物使用后对该产品和包装物进行回收。强制回收的产品和包装物的目录和具体回收办法，由国务院经济贸易行政主管部门制定。

国家对列入强制回收目录的产品和包装物，实行有利于回收利用的经济措施；县级以上地方人民政府经济贸易行政主管部门应当定期检查强制回收产品和包装物的实施情况，并及时向社会公布检查结果。具体办法由国务院经济贸易行政主管部门制定。

第二十八条　企业应当对生产和服务过程中的资源消耗以及废物的产生情况进行监测，并根据需要对生产和服务实施清洁生产审核。

污染物排放超过国家和地方规定的排放标准或者超过经有关地方人民政府核定的污染物排放总量控制指标的企业，应当实施清洁生产审核。

使用有毒、有害原料进行生产或者在生产中排放有毒、有害物质的企业，应当定期实施清洁生产审核，并将审核结果报告所在地的县级以上地方人民政府环境保护行政主管部门和经济贸易行政主管部门。

清洁生产审核办法，由国务院经济贸易行政主管部门会同国务院环境保护行政主管部门制定。

第二十九条　企业在污染物排放达到国家和地方规定的排放标准的基础上，可以自愿与有管辖权的经济贸易行政主管部门和环境保护行政主管部门签订进一步节约资源、削减污染物排放量的协议。该经济贸易行政主管部门和环境保护行政主管部门应当在当地主要媒体上公布该企业的名称以及节约资源、防治污染的成果。

第三十条　企业可以根据自愿原则，按照国家有关环境管理体系认证的规定，向国家认证认可监督管理部门授权的认证机构提出认证申请，通过环境管理体系认证，提高清洁生产水平。

第三十一条　根据本法第十七条规定，列入污染严重企业名单的企业，应当按照国务院环境保护行政主管部门的规定公布主要污染物的排放情况，接受公众监督。

第四章　鼓励措施

第三十二条　国家建立清洁生产表彰奖励制度。对在清洁生产工作中作出显著成绩的单位和个人，由人民政府给予表彰和奖励。

第三十三条　对从事清洁生产研究、示范和培训，实施国家清洁生产重点技术改造项目和本法第二十九条规定的自愿削减污染物排放协议中载明的技术改造项目，列入国务院和县级以上地方人民政府同级财政安排的有关技术进步专项资金的扶持范围。

第三十四条　在依照国家规定设立的中小企业发展基金中，应当根据需要安排适当数额用于支持中小企业实施清洁生产。

第三十五条　对利用废物生产产品的和从废物中回收原料的，税务机关按照国家有关规定，减征或者免征增值税。

第三十六条　企业用于清洁生产审核和培训的费用，可以列入企业经营成本。

第五章　法律责任

第三十七条　违反本法第二十一条规定，未标注产品材料的成分或者不如实标注的，由县级以上地方人民政府质量技术监督行政主管部门责令限期改正；拒不改正的，处以五万元以下的罚款。

第三十八条　违反本法第二十四条第二款规定，生产、销售有毒、有害物质超过国家标准的建筑和装修材料的，依照产品质量法和有关民事、刑事法律的规定，追究行政、民事、刑事法律责任。

第三十九条　违反本法第二十七条第一款规定，不履行产品或者包装物回收义务的，由县级以上地方人民政府经济贸易行政主管部门责令限期改正；拒不改正的，处以十万元以下的罚款。

第四十条　违反本法第二十八条第三款规定，不实施清洁生产审核或者虽经审核但不如实报告审核结果的，由县级以上地方人民政府环境保护行政主管部门责令限期改正；拒不改正的，处以十万元以下的罚款。

第四十一条　违反本法第三十一条规定，不公布或者未按规定要求公布污染物排放情况的，由县级以上地方人民政府环境保护行政主管部门公布，可以并处十万元以下的罚款。

第六章　附　则

第四十二条　本法自2003年1月1日起施行。

全国人大常委会委员长李鹏在人民大会堂会见由日本社民党党首土井多贺子率领的日本超党派议员代表团

李鹏说，今年是中日邦交正常化三十周年，是两国关系承前启后、继往开来的重要年份。三十年来，中日关系虽历经风雨，但总的趋势是不断向前发展。友好合作始终是两国关系发展的主流，双方在政治、经济、文化、科技等领域的合作取得了长足的进展。这些成就凝聚了几代人的心血和努力，的确得来不易，我们应该倍加珍惜。

李鹏说，进入二十一世纪，两国政治家和各界人士都在认真思考中日关系如何发展这一重大问题。有一条重要经验值得注意：那就是要严格按照双方间业已确定的指导两国关系发展的基本原则，始终坚持和维护中日友好的大方向；本着“以史为鉴，面向未来”的精神，始终从战略高度和长期友好的大局出发来处理两国间的事务。只要我们坚持这条基本经验，就一定能够推动两国致力于和平与发展的友好关系不断发展。

中国国际交流协会副会长朱良、全国人大常委会副秘书长吕聪敏、中联部副部长马文普、中国国际交流协会副会长李成仁以及日本驻华大使阿南惟茂会见时在座。

全国人大常委会第二十八次会议闭幕

全国人大常委会委员长李鹏主持了下午的全体会议并发表讲话。会议表决通过政府采购法等 5 部法律。

会议分别表决通过政府采购法、中小企业促进法、清洁生产促进法，江泽民主席签署第 68、69、72 号主席令予以公布，并于 2003 年 1 月 1 日起施行。

会议表决通过安全生产法，江泽民主席签署第 70 号主席令予以公布，并于 2002 年 11 月 1 日起施行。

会议表决通过科学技术普及法，江泽民主席签署第 71 号主席令予以公布，并于公布之日起施行。

会议表决通过关于第一任全国人大常委会香港基本法委员会成员继续履行职责的决定、关于香港第十届全国人大代表选举会议组成的补充规定、关于澳门第十届全国人大代表选举会议组成的补充规定、全国人大常委会关于批准禁止和立即行动消除最恶劣形式的童工劳动公约的决定、全国人大常委会关于批准 2001 年中央决算的决议、全国人大常委会代表资格审查委员会关于个别代表的代表资格终止的报告，以及任免名单。

在各项议程进行完毕后，李鹏发表了讲话。他说，随着社会主义市场经济的不断发展，我国过去对公共资金的一些管理使用方法，已经不相适应。本次会议通过的政府采购法，从法律制度上确立了新的公共资金管理使用制度，有利于提高公共资金使用效率，节省开支，避免浪费。但有了一个专门机构负责集中采购后，确实要防止产生新的腐败。现在的法律已经为此作了许多规定，各级政府、部门和单位一定要严格执行，切实贯彻公开、公平、透明的原则，并加强对采购活动的监督。

李鹏说，本次会议通过了安全生产法，审议了全国人大常委会关于消防法实施情况的检查报告。安全生产事关人民群众的生命财产安全，事关国民经济的健康发展。一个时期以来，重大事故时有发生，国家和人民生命财产蒙受巨大损失。各级政府一定要从实践“三个代表”重要思想、维护人民群众根本利益的高度，切实把安全生产法和消防法贯彻好。切不可只重生产、不顾安全。有关部门要充分认识安全生产的重要性，明确责任，加强对安全生产各个环节的监管，防患于未然。对安全生产法和消防法，都要深入进行宣传教育，在全社会树立安全第一的观念，监督法律的贯彻执行，严格法律责任，做到有责必究，有罪必罚。

李鹏指出，我国是人口众多的发展中国家，就业是我们面临的突出问题，而发展中小企业是解决就业问题的重要渠道之一。本次会议通过了中小企业促进法，规定要加强对中小企业的扶持。这些规定与乡镇企业法等有关法律的规定一起，必将为我国中小企业的发展，开创更加广阔的天地。本次会议通过的清洁生产促进法，是加强环境保护的又一部重要法律，对我国经济与社会的可持续发展具有重要意义。

李鹏强调，普及科学知识既是实施科教兴国战略的重要任务，也是精神文明建设的重要内容。愚昧是建设不了有中国特色的社会主义现代化国家的。一段时间以来，一些地方忽视科普教育，迷信盛行，部分群众甚至受到邪教的毒害，这些教训充分说明了弘扬科学精神、传播科学思想、提高全体人民科学文化素质的重要性和紧迫性。因此，对本次会议通过的科学技术普及法，要广泛宣传、认真贯彻，努力使广大人民群众掌握基本的科学知识，促进人的素质的提高，以推动经济发展和社会进步。

李鹏说，本次会议还听取和审议了 2001 年中央决算报告，听取和审议了 2001 年中央预算执行和其他财政收支的审计工作报告。总的来看，去年的中央预算执行和其他财政收支情况是好的，但仍然存在不少问题。全国人大常委会要继续加大对经济工作的监督力度，既要加强对预算的审查，还要加强对预算执行情况的监督。审计法实施以来，国务院审计部门认真履行法律赋予的职责，通过依法审议发现了不少问题，挽回了国家损失，推动了反腐倡廉工作。建议国务院督促有关部门进一步整顿财经纪律，把存在的问题整改好，并向全国人大常委会及时作出反馈。

全国人大常委会副委员长田纪云、姜春云、邹家华、帕巴拉·格列朗杰、王光英、布赫、铁木尔·达瓦买提、彭珮云、何鲁丽、曹志、成思危、蒋正华，秘书长何椿霖出席会议,国务委员王忠禹、最高人民法院院长肖扬、最高人民检察院检察长韩杼滨列席会议。

全国人民代表大会常务委员会关于批准《禁止和立即行动消除最恶劣形式的童工劳动公约》的决定

(2002年6月29日通过)

第九届全国人民代表大会常务委员会第二十八次会议决定:批准于1999年6月17日经第八十七届国际劳工大会通过、2000年11月19日生效的《禁止和立即行动消除最恶劣形式的童工劳动公约》。

全国人民代表大会常务委员会关于第一任全国人民代表大会常务委员会香港特别行政区基本法委员会成员继续履行职责的决定

(2002年6月29日第九届全国人民代表大会常务委员会第二十八次会议通过)

第九届全国人民代表大会常务委员会第二十八次会议决定:第一任全国人民代表大会常务委员会香港特别行政区基本法委员会成员,在第十届全国人民代表大会常务委员会第一次会议任命第二任全国人民代表大会常务委员会香港特别行政区基本法委员会成员之前,继续履行职责。

全国人民代表大会常务委员会关于香港特别行政区第十届全国人民代表大会代表选举会议组成的补充规定

(2002年6月29日第九届全国人民代表大会常务委员会第二十八次会议通过)

第九届全国人民代表大会常务委员会第二十八次会议决定,对《中华人民共和国香港特别行政区选举第十届全国人民代表大会代表的办法》第五条作如下补充规定:

没有参加过香港特别行政区第九届全国人民代表大会代表选举会议的香港特别行政区第九届全国人民代表大会代表,为香港特别行政区第十届全国人民代表大会代表选举会议的成员。

全国人民代表大会常务委员会关于澳门特别行政区第十届全国人民代表大会代表选举会议组成的补充规定

(2002年6月29日第九届全国人民代表大会常务委员会第二十八次会议通过)

第九届全国人民代表大会常务委员会第二十八次会议决定,对《中华人民共和国澳门特别行政区选举第十届全国人民代表大会代表的办法》第五条作如下补充规定:

没有参加过澳门特别行政区第九届全国人民代表大会代表选举会议的澳门特别行政区第九届全国人民代表大会代表,为澳门特别行政区第十届全国人民代表大会代表选举会议的成员。

全国人民代表大会常务委员会任免名单

(2002年6月29日第九届全国人民代表大会常务委员会第28次会议通过)

任命钱锋、杜万华为最高人民法院审判员。

免去刘长春、柴庆生的最高人民检察院检察员职务。

全国人民代表大会常务委员会公告

最近,贵州省人大常委会依法罢免了卢万里的第九届全国人民代表大会代表职务。根据代表法的有关规定,卢万里的全国人民代表大会代表资格终止。

特此公告。

全国人民代表大会常务委员会

2002年6月29日

全国人民代表大会常务委员会关于批准2001年中央决算的决议

(2002年6月29日通过)

第九届全国人民代表大会常务委员会第二十八次会议结合审计署审计长李金华受国务院委托所作的《关于2001年度中央预算执行和其他财政收支的审计工作报告》,对国务院提出的《2001年中央决算(草案)》和财政部部长项怀诚受国务院委托所作的《关于2001年中央决算的报告》进行了审查,根据全国人民代表大会财政经济委员会的审查报告,决定:批准《2001年中央决算(草案)》和《关于2001年中央决算的报告》。

会议同意全国人民代表大会财政经济委员会提出的《关于2001年中央决算的审查报告》。会议要求国务院及有关部门继续落实《第九届全国人民代表大会第五次会议关于2001年中央和地方预算执行情况及2002年中央和地方预算的决议》,并按照审查报告中提出的各项建议的要求,进一步强化税收征管,加强预算支出管理,坚决制止各种形式的铺张浪费,深化预算制度改革,改进和规范中央财政转移支付预算的编制和执行,切实用好国债项目资金,继续加大审计监督力度,为更好地实现2002年预算而努力。

全国人大常委会举办第二十七次法制讲座

全国人大常委会委员长李鹏主持法制讲座并讲话。

法制讲座的题目是反垄断法律制度，主讲人王晓晔为中国社会科学院法学研究所研究员、博士生导师。她首先从三个方面阐述了反垄断法对社会主义市场经济的建立和完善的必要性，并介绍了世界各国反垄断立法的情况以及反垄断法的任务，并就完善我国反垄断立法提出了具体的建议。

在听取讲座后，李鹏发表讲话指出，市场经济是一种竞争性的经济。社会主义市场经济的特点是在国家宏观调控条件下通过市场实现资源优化配置。促进和维护有序、有效的市场竞争，遏制各种限制市场竞争的行为，是市场经济国家立法的重要内容。而垄断作为一种限制、阻碍、破坏和排除市场有效竞争的行为，成为法律规范的重要对象。反垄断法作为反对垄断和保护竞争的法律制度，在市场经济国家法律体系中占有重要的地位，是我国有中国特色社会主义法律体系的重要组成部分。制定反垄断法对于消除垄断，建立和完善社会主义市场经济体制，具有十分重要的作用。

李鹏说，改革开放以来，虽然我们通过转变政府职能、实行政企分开、整顿和规范市场经济秩序等措施，通过制定反不正当竞争法和价格法等法律，在排除垄断、促进和保护市场竞争方面取得了一定的进展，但行业、地方保护为特征的垄断仍然存在。随着国内企业的进一步发展和跨国公司的进入，在国内市场，以滥用市场优势地位为特征的垄断也会增多。这些垄断行为，阻碍市场竞争的有效开展，影响经济的健康发展，也损害消费者的利益。因此，要从根本上实现市场的有序、有效竞争，建立适应社会主义市场经济要求的市场竞争秩序，必须抓紧制定包括反垄断法在内的各种规范市场竞争秩序的法律。需要指出，我国坚持公有制为主体、多种所有制经济共同发展的基本经济制度，国有经济必须控制国民经济命脉，使国家具有宏观调控的手段。这与反垄断法所规范的垄断是不同的。当然，国有经济本身也要参与竞争。

李鹏强调，反垄断法的制定已经列入九届全国人大常委会的立法规划，有关部门正在进行调研和起草工作。要在借鉴国外立法有益经验和广泛征求各方面意见的基础上，争取制定出一部既符合国际惯例，特别是世贸规则，又适合我国社会主义市场经济发展需要的反垄断法。

副委员长田纪云、姜春云、邹家华、帕巴拉·格列朗杰、王光英、布赫、铁木尔·达瓦买提、彭珮云、何鲁丽、曹志、成思危、蒋正华，秘书长何椿霖听取了讲座。

中国和罗马尼亚发表新闻公报

应中华人民共和国国务院总理朱镕基的邀请，罗马尼亚总理阿德里安·讷斯塔塞于 2002 年 6 月 25 日至 29 日对中华人民共和国进行工作访问。

访问期间，两国总理举行了会谈，中华人民共和国国家主席江泽民、国务院副总理钱其琛会见了罗马尼亚总理讷斯塔塞。

双方在诚挚、亲切的气氛中就双边关系的现状和前景以及共同关心的国际问题深入交换了意见，并就所谈问题达成广泛共识。

访问期间，双方签署了《中华人民共和国政府和罗马尼亚政府关于清理 1949 年至 1989 年间签订的两国及两国政府间条约的议定书》、《中华人民共和国政府向罗马尼亚政府提供无偿援助的换文》、《中华人民共和国教育部和罗马尼亚教育与研究部 2002 年至 2004 年教育合作协议》、《中国证券监督管理委员会与罗马尼亚国家证券委员会证券期货监管合作谅解备忘录》和《中国工商银行与罗马尼亚商业银行业务合作意向书》等文件。

两国总理对中罗传统友好合作关系的积极发展表示满意，并重申中罗两国政府决心继续致力于深化两国互利合作关系。这既符合中罗两国人民的愿望和长远利益，也有利于促进地区和世界的和平与发展。双方愿在相互尊重、平等互利、互不干涉内政等原则及其他公认的国际法准则基础上，进一步发展双边关系。

双方愿继续加强高层政治对话，扩大两国政府、议会、地方和民间组织之间的接触，推动彼此感兴趣的各领域的友好交流与合作。

双方强调，愿在市场经济条件下加强两国经贸关系，鼓励和支持两国公司、企业和商贸人士直接交流，在双方共同感兴趣的诸如电讯、信息技术、机械、汽车和农机制造、化工、医药、家具生产、木材加工、纺织等领域积极开展合作，并鼓励本国有实力的公司、企业在对方国家基础建设、能源、民用建筑、公路、水泥、石油运输、天然气管道等领域进行投资，包括在第三国市场开展合作。

两国总理积极评价两国政府间经贸混委会的工作，重申有必要提高混委会的效率，尤其要提高商会和其他经济协会的效率，推动地方行政和经济部门的直接联系。

双方一致同意，充分利用中罗政府间经贸混委会框架下现有的秘书长定期磋商机制，并吸收有关企业和专家参加，共同探讨加强双边合作的有效途径和项目。

罗方重申恪守一个中国的原则立场，赞赏中华人民共和国为促进亚洲乃至世界和平、合作和稳定所发挥的巨大作用和所做的重要贡献。中方表示理解和尊重罗马尼亚为加入欧洲和欧洲—大西洋一体化所做的努力,强调罗马尼亚在维护地区及世界和平与稳定、巩固安全方面所发挥的重要作用。

双方主张,国际关系民主化是国际社会绝大多数国家和人民的愿望。国家不论大小、贫富、强弱,都是国际社会平等的一员,都有参与国际事务的平等权利。双方愿在国际领域扩大合作,共同应对全球化带来的挑战。

双方同时强调,一切形式的恐怖主义都是对人类文明和世界和平的严重威胁和挑战。双方重申愿就国际反恐问题加强交流与合作,支持国际社会在联合国安理会主导下为此而进行的努力。

讷斯塔塞总理邀请朱镕基总理访罗,朱镕基总理愉快地接受了邀请。

除北京外,讷斯塔塞总理一行还于6月25日至26日访问了香港,香港特别行政区行政长官董建华会见了讷斯塔塞总理。

外交部部长唐家璇在北京会见巴基斯坦外交国务部长伊纳姆·哈克

青藏铁路铺轨仪式在青海省格尔木市南山口铺轨基地举行

国务院副总理吴邦国致信祝贺。

青藏铁路于2001年6月29日开工建设,它北起格尔木,南至拉萨,全长1142公里。途经海拔4000米以上的地段960多公里,海拔最高点为5072米,连续多年冻土地段550公里以上,计划工期为6年。

6月30日

国家主席江泽民抵达香港出席庆祝香港回归祖国五周年大会暨香港特别行政区第二届政府就职典礼活动

国家主席江泽民在香港君悦酒店会见香港特别行政区行政长官董建华

江泽民对香港回归祖国五年来成功落实“一国两制”的情况表示满意。他表示,中央政府将会始终按照“一国两制”的方针,全力支持和帮助香港保持繁荣稳定。他勉励董建华和香港特别行政区政府在第二届任内再接再厉,把各项工作做得更好。

董建华对江泽民主席一直以来对香港的关心和对香港同胞的亲切关怀表示感谢,并表示有信心带领特别行政区政府和广大港人迎接挑战,开创香港经济发展的新局面。

国务院副总理钱其琛、中共中央办公厅主任王刚、国务院港澳事务办公室主任廖晖参加了会见。

北魏宫城正门被发掘出土

一座1400多年前的北魏宫城正门——阊阖门,经过中国社科院考古研究所洛阳汉魏故城队6个月的考古发掘,重见天日。该城门是目前我国都城考古发掘出的最早宫城正门。

汉魏洛阳故城位于今洛阳市区东约15公里,曾是我国古代东周、东汉、曹魏、西晋和北魏的王都或国都,城址最大时面积近100平方公里,是全国重点文物保护单位。中科院考古所洛阳汉魏队于2001年11月起至今年5月底,对汉魏洛阳故城宫城南墙上的一处城门遗址进行了发掘,发掘总面积近9000平方米,确定这座门址就是北魏宫城的正南门——阊阖门遗址。有关专家介绍说,这座城门是目前都城考古发掘出的最早的宫城正门遗址,它为古代都城考古学研究提供了重要的实物资料。

这座门址正对大城南北轴线大街铜驼街,主体后坐于宫城南墙,城门两侧前方夹建有两个规模巨大的大型土阙,阙台分为东阙和西阙,阙台东西对称分布,单个阙体长度接近30米,两个阙台之间间距40余米,气势雄伟,巍峨壮观。

通过对遗址各现象的仔细清理和解剖确定,这座门址目前展露的城门与阙台建筑平面形制,是在北魏时期修补改建前代的城门建筑而形成,到后代北周还曾修复重建。而更为重要的发现,是这座城门台基与门前双阙的总体平面布局、基本规模早在魏晋时期就已形成。

7月1日

国家主席江泽民在庆祝香港回归祖国五周年大会暨香港特别行政区第二届政府就职典礼上发表讲话

同胞们,朋友们:

五年前的今天,我代表中央政府,在这里宣告中国政府恢复对香港行使主权,中华人民共和国香港特别行政区正式成立。今天,我们再次聚会,隆重庆祝香港回归祖国五周年。我代表中央政府和全国各族人民,向香港各界人士致以亲切的问候!向新就任的香港特别行政区第二任行政长官董建华先生和第二届政府主要官员、行政会议成员,表示衷心的祝贺!

香港回归祖国以来的五年,是“一国两制”由科学构想变为生动现实的五年,也是董建华先生领导特别行政区政府团结香港各界人士不断克服困难、奋力前进的五年。香港回归后不久,就遇到了亚洲金融危机的严重冲击和国际经济环境变化的不利影响。在中央政府的有力支持下,特别行政区政府沉着应对,香港各界人士携手努力,妥善处理了一系列社会和经济问题,保持了香港大局的稳定。今天的香港,“一国两制”、“港人治港”、高度自治方针得到全面落实,原有的资本主义制度保持不变,广大居民继续以自己习惯的方式生活。香港仍然保持着自由港的特色和国际贸易、金融、航运中心的地位,继续被公认为亚洲乃至全球最具发展活力的地区之一。事实充分证明,“一国两制”是完全行得通的,董建华先生及其领导的特别行政区政府是具有驾驭复杂局势的智慧和能力的,香港人是完全能够治理好香港的。

香港回归祖国以来的五年,也是我们在贯彻“一国两制”方针的实践中不断积累经验的五年。“一国两制”是一项全新的事业,需要中央政府、特别行政区政府和广大香港同胞一道实践和探索。五年来我们所获得的经验和体会,归结起来,就是在任何情况下都必须全面正确地贯彻“一国两制”方针和香港特别行政区基本法,全力支持行政长官和特别行政区政府依法施政,切实加强香港各界人士在爱国爱港旗帜下的广泛团结,努力保持社会的稳定和谐与经济的繁荣发展。只要坚持这样做,我们就一定能够不断克服前进道路上的各种困难,“一国两制”事业就一定能够取得更大成功。

从“一国两制”构想的提出,到这一构想在香港成功地付诸实践,经历了一个不平凡的过程。邓小平先生是“一国两制”事业的奠基人,他以伟大政治家的智慧和胆略,创造性地提出了“一国两制”的科学构想,为完成祖国和平统一大业打开了切实可行的道路。解决香港问题的中英谈判,具有开创意义的香港特别行政区基本法的起草,都是在他的直接关心和指导下完成的。香港进入后过渡期,国际局势发生了重大变化,但我们始终坚持“一国两制”方针不动摇,有条不紊地完成了恢复对香港行使主权的各项工作,实现了香港的平稳过渡。回顾这段历程,我们深感香港今天的局面来之不易。祖国的日益发展强大,是香港顺利回归和回归后成功贯彻“一国两制”方针的根本保障,也是保持香港社会和经济长期稳定繁荣的坚强后盾。

现在,世界多极化和经济全球化趋势深入发展,科技进步日新月异,综合国力竞争日趋激烈,国际局势正在发生深刻的变化。我们必须适应这种新的形势,更好地推进我国的发展。经过二十多年的改革开放和现代化建设,我们国家的综合国力大幅度增强,人民生活总体上达到小康水平。进入新世纪,祖国内地进入了全面建设小康社会、加快推进社会主义现代化的新的发展阶段,正在实施现代化建设的第三步战略目标。我们要紧紧抓住新世纪初的战略机遇期,与时俱进,开拓创新,继续把改革开放和现代化建设不断推向前进。今后五到十年,也是香港经济和社会发展的关键时期。香港特别行政区政府和各界人士同样要以与时俱进的精神,积极进取,努力创造香港更加美好的未来。这里,我想提出三点希望。

第一,希望香港各界人士更好地适应香港回归后的发展形势,当好香港和我们伟大祖国的主人。香港回归一周年庆典时,我曾经说过,香港的回归是香港历史的一个重大转折,每个香港人,都在经受这一历史转折所带来的时代变化的检验。只有顺应这一历史转折,真正认识当家做主的责任,才能以主人翁的姿态去认真谋划香港的发展和未来。广大香港同胞不仅是香港特别行政区的主人,也是国家的主人,应该不断增强国家观念和民族意识,自觉维护祖国的安全和统一,维护祖国和民族的整体利益。实现中华民族的伟大复兴,最终完成祖国统一大业,是全体中华儿女的共同心愿。包括香港同胞在内的所有中国人,都应该自豪地投身这一伟大事业,努力作出无愧于祖国、无愧于民族、无愧于时代的贡献。

第二,希望香港特别行政区行政、立法、司法机关不断提高施政和执法水平,更好地为社会为公众服务。要进一步落实行政主导体制,行政、立法、司法机关要按照香港特别行政区基本法的规定,各司其职,各负其责,要顺应社会进步和经济发展的要求,更好地保障香港公众的整体利益,共同造福社会。各级公务员尤其是高层官员,都应该自觉服从和维护行政长官的领导,同心同德,进取有为。社会各界人士应该在爱国爱港的旗帜下加强团结,支持行政长官和特别行政区政府依法施政，集中力量解决好一些关系香港未来社会和经济发展的重大问题。我相信，只要特别行政区政府同广大香港居民和衷共济，发挥各阶层之智慧，凝聚全社会之力量，就一定能够把香港的事情办好。

第三，希望香港特别行政区政府和社会各界人士坚定信心，自强不息，努力开创香港经济发展的新局面。要始终高度重视香港的经济发展。香港经济过去的发展，都是香港同胞把握机遇，因应外部环境，发挥自身优势，自我调整和创新的结果。香港未来的经济发展，也仍然要靠特别行政区政府和社会各界人士不懈探索，奋力开拓。在当前情况下，既要正视香港经济存在的困难和问题，更要看到香港仍然拥有的许多优势。香港具有较强的经济实力和国际竞争力，高度自由开放的经济体制和比较完备的法律制度，以及良好的营商环境和广泛的国际市场联系。尤其重要的是，香港有一支素质较高的公务员队伍，有一大批成功的企业家和各行各业的优秀人才。这些都有利于香港在未来的竞争中赢得成功。祖国广阔的腹地、快速发展的经济和日益提高的国际地位，也必将为香港的发展提供得天独厚的有利条件。中央政府将继续支持和帮助香港恢复和发展经济。我相信，只要香港同胞发扬长期以来艰苦创业、勇于拼搏的优良传统，香港经济就一定能够不断焕发出新的生机和活力，就始终有着光明的发展前景。

香港回归以来，我每一次来香港，每一次与香港各界人士接触，都感到非常亲切。香港永远是祖国的一颗璀璨明珠。我衷心希望香港发展得更好，衷心祝愿这块土地上的所有居民生活得更加幸福美满！

谢谢大家。

庆祝香港回归祖国五周年大会暨香港特别行政区第二届政府就职典礼在香港会议展览中心举行

中共中央总书记、国家主席、中央军委主席江泽民出席大会并发表重要讲话。他说，香港回归祖国以来的5年，是“一国两制”由科学构想变为生动现实的5年。事实充分证明，“一国两制”是完全行得通的，董建华先生及其领导的特别行政区政府是具有驾驭复杂局势的能力的，香港人是完全能够治理好香港的。今后5到10年，是香港经济和社会发展的关键时期。香港特别行政区政府和各界人士同样要以与时俱进的精神，积极进取，努力创造香港更加美好的未来。

9时整，大会在雄壮的国歌声中开始。董建华第一个上台宣誓就职。江泽民监誓。面对国旗和香港特区区旗，董建华举起右手庄严宣誓：“本人就任中华人民共和国香港特别行政区行政长官，定当拥护中华人民共和国香港特别行政区基本法，效忠中华人民共和国香港特别行政区，尽忠职守，遵守法律，廉洁奉公，为香港特别行政区服务，对中华人民共和国中央人民政府和香港特别行政区负责。”

宣誓毕，江泽民主席和董建华先生紧紧握手，全场掌声如潮。

接着，香港特别行政区第二届政府的19名主要官员由董建华先生带领上台宣誓就职。江泽民监誓。

随后，香港特别行政区行政会议的19名成员宣誓就职。董建华监誓。

在热烈的掌声中，江泽民代表中央人民政府和全国各族人民，向香港各界人士致以亲切的问候，向新就任的香港特别行政区第二任行政长官董建华先生和第二届政府主要官员、行政会议成员，表示衷心的祝贺。

董建华在致辞中回顾了过去5年香港走过的历程和当前面临的境况后说，香港的发展方向相当明确，必须要背靠内地，面向世界，巩固和发展其国际金融中心、商业服务、信息及物流中心和旅游中心的地位，运用新知识、新技术，提供高增值的服务，推动新的增长。

董建华说，如同香港经历过无数的艰难险阻，我们又一次来到了转折关头。过去，在每一次转折关头，身经百战的香港人，都能够转危为机，屡战屡胜。我们依靠的是什么呢？是一股旺盛的香港精神。香港精神表现在香港人自强不息、能屈能伸、勇猛进取、灵活应变、刻苦耐劳、永不言败的个性特点上。

他说，摆在我们面前的是一条充满艰辛，也充满光明和希望的道路。世界的变化，催逼着我们；国家的发展，激励着我们；“一国两制”的成功经验和中央政府的大力支持，鼓舞着我们。我们现在最需要的，就是要在奋斗目标上精诚团结，在坚定信念、共同承担上万众一心，彻底清除前进路上的一切障碍，将香港经济发展起来，将“一国两制”的伟大事业成功向前推进。

中共中央政治局委员、国务院副总理钱其琛，中央军委委员、中国人民解放军总后勤部部长王克，中共中央办公厅主任王刚，中央政策研究室主任滕文生，国务院港澳事务办公室主任廖晖出席了大会。

出席大会的还有，全国政协副主席霍英东，澳门特别行政区行政长官何厚铧，中央人民政府驻港联络办主任姜恩柱，外交部驻港特派员吉佩定，中国人民解放军驻港部队司令员熊自仁和政委王玉发，以及香港各界代表、特邀嘉宾2000多人。

国家主席江泽民在香港会见澳门特别行政区行政长官何厚铧等

江泽民表示，“一国两制”在香港和澳门的成功实践，充分显示了这一科学构想的强大生命力。他希望以何厚铧为首的澳门特区政府继续努力，在维护澳门的稳定繁荣方面作出更大成绩。

中共中央政治局委员、国务院副总理钱其琛，香港特别行政区行政长官董建华，中共中央办公厅主任王刚，国务院港澳事务办公室主任廖晖等会见时在座。

国家主席江泽民致电祝贺阿尔弗雷德·莫伊休当选阿尔巴尼亚共和国总统

《人民日报》发表社论《以贯彻“三个代表”的新成就迎接十六大——庆祝中国共产党成立八十一周年》

国务院总理朱镕基在人民大会堂与毛里求斯总理阿内罗德·贾格纳特举行会谈

朱镕基对建交以来两国关系的稳步发展表示满意。他说，中毛在国际事务中相互信任，相互支持，合作良好。在政治、经济、文化等双边领域内的合作成果显著，特别是中毛经贸关系发展总体顺利，互利合作领域和规模不断扩大。中国政府向毛里求斯提供了一些经济援助，为毛里求斯经济和社会发展作出了一定贡献，中国公司也在毛里求斯开展工程承包并进行投资，直接参与了毛里求斯的经济建设。

朱镕基表示，中毛同属发展中国家，进一步加强双方的团结与合作符合两国和两国人民的根本利益。中方赞赏毛里求斯政府坚持一个中国的政策，不与台湾发展官方关系。中方愿一如既往地与毛方共同努力，加强交流，推动两国在各个领域的友好合作不断向前发展。

朱镕基还向贾格纳特介绍了中非合作论坛的有关情况。他说，目前论坛各项后续工作进展顺利。中国已与31个非洲国家签署了减免部分到期债务的协议，中方有关承诺已基本落实。中非双方在人力资源开发领域的合作得到加强，在旅游、环保、金融等新领域的合作逐步启动。中方愿与非洲国家继续共同努力，使论坛机制长期、有效地推动中非友好合作关系在新世纪迈上新台阶。

会谈后，朱镕基和贾格纳特共同出席了《中华人民共和国政府和毛里求斯共和国政府经济技术合作协定》、《中华人民共和国最高人民检察院和毛里求斯共和国司法和人权部合作谅解备忘录》和《中华人民共和国教育部与毛里求斯共和国教育和科研部教育合作协议》的签字仪式。

教育部部长陈至立、外交部副部长杨文昌、中国驻毛大使王富元、外经贸部副部长魏建国、中国进出口银行行长羊子林、总理办公室主任李伟，毛里求斯经济发展、金融服务和法人团体部长库希拉姆、毛里求斯驻华大使林德超等参加了会谈。

国务委员吴仪在巴黎会见国际展览局主席诺盖斯和秘书长洛斯塞塔莱斯

吴仪说，我此次受中国政府委托专程来法国出席国际展览局第131次全体代表大会。中国与世界博览会有着很深的渊源，自世博会创始之初便参与其活动。随着中国经济的发展，中国与国际展览局的合作更为密切。如果2010年世博会能在上海举办，那将不但促进中国的对外开放和改革，使上海和中国其他地区与世界各国的交流进一步扩大，也会促进国际展览局事业的发展。

吴仪强调，中国政府经过深思熟虑决定支持上海申办2010年世博会。因为中国政治社会稳定，经济持续发展，财力雄厚，政策连续性强，对举办世博会的公众支持率高，上海又具备举办大型国际活动的经验，这是对世博会圆满成功的有力保障。中国政府有信心和能力把2010年上海世博会办成一次世博会历史上参观人数最多、影响最大的盛会。

外交部长唐家璇、中国贸促会会长俞晓松、中国驻法国大使吴建民、外经贸部副部长周可仁等会见时在座。

7月2日

国家主席江泽民在中南海会见毛里求斯总理阿内罗德·贾格纳特

江泽民说，中毛两国虽相距遥远，社会制度和国情不同，但双方长期友好，相互尊重，平等相待。两国高层互访不断，各领域人员交往频繁，在经贸、文化等众多领域的合作富有成果，在国际事务中的磋商与合作不断加强，中毛关系稳步发展。中方愿与毛方一道，积极拓展双边合作的新领域、新渠道，确保中毛关系继续健康顺利地向前发展。江主席说，中国政府一贯鼓励华人华侨遵守当地法律和民族习惯，积极参与当地的经济发展，为所在国经济发展发挥积极作用。

国家主席江泽民在中南海会见美国前总统国家安全事务助理斯考克罗夫特

岭澳核电站一号机组投产庆祝大会在深圳举行

全国人大常委会委员长李鹏出席庆祝大会，并为一号机组投入商业运行剪彩。

李鹏在会见岭澳核电站中外参建单位的代表时，对核电站一号机组投产表示热烈祝贺，向为大亚湾和岭澳核电站作出贡献的建设者、管理者和中外技术人员表示诚挚的感谢。

李鹏说,我国有丰富的煤炭、水力资源,但分布很不平衡。我们的能源政策是在发展水电、火电等的同时,适当发展核电。为了解决东南沿海经济发达地区的用电,国家实施西电东送工程,这是完全正确的。但像广东这样的地区,除了外部送电之外,还需要有一定比例的本地电源,才能保证电网的安全性和供电的可靠性。因此,我国核电事业还有一定的发展空间。岭澳核电站一期工程投产以后,二期工程应该继续加紧建设。这样做可以充分利用一期的建设经验和公用设施,以达到缩短工期、降低投资的效益。

李鹏指出,大亚湾核电站的建成本身就是改革开放的产物。我国改革开放的总设计师邓小平同志曾经亲自关心大亚湾核电站的建设,在工程建设最困难的时候给予了强有力的支持。大亚湾核电站是利用外资,利用外国先进技术建设的大型项目,实行了中外资本合作的新模式,法国、英国政府和两国企业给予了积极的协作。此后,又建设了岭澳核电站。事实证明,通过引进国外的资金和先进技术,提高我国的核电制造能力,是一条正确的道路。

李鹏说,岭澳核电站比大亚湾核电站更前进了一步,建设得更好,周期更短,造价更低。通过学习国内外经验,在搞好安全生产、工程建设上都取得了新的成绩,实现了工程管理自主化、建筑安装自主化、生产准备自主化和部分设计自主化、部分设备制造国产化,岭澳核电站设备国内自主化比例将由20%逐步提高到30%。

李鹏说,负责大亚湾核电站和岭澳核电站建设、管理的中国广东核电集团在投资上实现了多元化,核电站在建设过程中实行招投标制度、监理制度,在管理上实行现代企业管理模式。大亚湾核电站建成投产后,无论是经济效益还是安全生产在世界上核电站的排名中都名列前茅。岭澳核电站的建设进展也很顺利。大亚湾核电站和岭澳核电站的建设、发展和运行的实践充分说明,只要按照现代企业制度进行建设和经营,中国的国有企业就可以办好,也一定能够办好。那种对中国国有企业前途持悲观态度的做法,是站不住脚的。

广东省省委书记李长春,全国人大和国务院有关部门负责同志,广东省、深圳市及有关省市负责人,中央人民政府驻香港特别行政区联络办公室负责人,金融界、保险界代表,法国驻华使领馆、英国驻华使领馆代表,香港中华电力公司、香港大亚湾核电站和岭澳核电站核安全咨询委员会代表,中外参与岭澳核电站工程管理、工程设计、设备制造、技术服务、建筑安装等单位的代表出席了庆祝大会。

全国政协主席李瑞环在人民大会堂会见毛里求斯总理阿内罗德·贾格纳特

《人民日报》发表国防大学邓小平理论研究中心的文章《解放思想 与时俱进的光辉典范——写在“七一”重要讲话发表一周年之际》

国家副主席胡锦涛在人民大会堂与尼日利亚副总统阿提库·阿布巴卡尔举行会谈

胡锦涛积极评价两国经贸合作。他说,近年来,在两国政府的积极推动下,双方在互利互惠的基础上开展了多种形式的合作,取得了显著成果。双边贸易额逐年递增,尼已成为中国在非洲最重要的经贸合作伙伴之一。中尼两国经济互补性强,合作前景广阔。中国政府愿本着平等互利、共同发展的原则,与尼方一道,充分挖掘两国经贸合作的巨大潜力,推动双边经贸合作向更深入、更广阔的领域发展。

胡锦涛强调,中国政府将一如既往地致力于巩固和加强中非友好合作关系,促进非洲的和平与发展;将继续与包括非洲国家在内的广大发展中国家一道,为推动建立公正合理的国际政治经济新秩序,实现世界的持久和平与共同发展而努力。

会谈结束后,举行了签字仪式,胡锦涛副主席和阿提库副总统出席签字仪式。中尼双方签署了关于《中华人民共和国政府和尼日利亚联邦共和国政府领事协定》《中华人民共和国政府与尼日利亚联邦共和国政府加强麻醉药品、精神药物和易制毒化学品管制的合作协议》《关于中华人民共和国政府向尼日利亚联邦共和国政府提供一般物资的换文》和《中华人民共和国政府与尼日利亚联邦共和国政府旅游合作协定》等4个文件。

中国代表团就申办2010年世博会在巴黎国际展览局第131次全体代表大会上陈述

以国务委员吴仪为团长的中国政府代表团出席了国际展览局第131次全体代表大会,并就中国上海申办2010年世博会作了陈述。

吴仪在陈述发言中首先表示,她受江泽民主席和朱镕基总理的委托再次重申:中国政府坚定地支持上海申办2010年世界博览会。她说,未来几十年,中国的经济和社会将保持过去20多年世人瞩目的发展势头。巨大的商机非常适宜世博会的交流与合作,所有参展方都将从中受益,共赢共荣。

吴仪指出,公众的广泛支持和参与是世博会成功的重要条件。13亿中国人民强烈希望在上海举办世博会,上海世博会将会有世界最高的公众支持率。她说，在最大的发展中国家举办一次世博会，本身就是对国际展览事业的杰出贡献，可以更好地体现国际展览局一贯倡导的普遍性原则。上海已为成功举办这届世博会做好了充分准备。

外交部长唐家璇在陈述中指出：当今的中国，已是世界的中国。我们已形成全方位、多层次、宽领域开放的新格局，并致力于在平等互利的基础上与所有国家发展政治、经济、文化等各领域的友好合作关系。我们期待着与世界其他国家一道拓展合作空间，同辉煌、共发展。

唐家璇郑重承诺：一、中国政府保证在财力上给予上海世博会充分的支持；二、为使世博会的参与更具普遍性，中国愿为广大发展中国家的参展提供总金额为1亿美元的专项基金；三、中国将严格执行《国际展览公约》的有关规定，对所有参展国家和地区的人员和货物提供一切必要的礼遇和便利。

中国国际贸易促进会会长俞晓松在发言中表示，中国工商界全力支持和协助中国政府申办2010年上海世博会。他指出，中国进出口总额已居世界第六位，180多个国家和地区在中国投资建立了约40万家企业。上海是中国最大的国际商业都市，在上海举办2010年世博会，将为各参展国家和地区提供进入中国市场、开展经贸合作的广泛机会。

中国驻法国大使吴建民也在会上介绍了有关情况。中国代表团每位代表的发言都赢得了全场的热烈掌声。

国展局第131次全体代表大会于有来自91个成员国的200多名代表出席了会议。国展局将于2002年12月举行的大会上投票决定2010年世博会的主办城市。

7月3日

中共中央总书记江泽民致信祝贺西气东输工程全线开工

西气东输沿线各省区市党委和政府，参与工程建设的部门和单位：

西气东输是一项举世瞩目的宏大工程，是实施西部大开发战略的重要举措。我代表党中央、国务院，对工程的全面开工建设表示热烈的祝贺！向广大工程建设者表示亲切的慰问！

这项工程的建设，对加快西部地区的发展步伐，对提高新疆及沿线各族人民的生活水平，对推进沿线特别是长江三角洲地区能源结构和产业结构的调整，具有重大的意义。希望沿线各省区市党委和政府、参与工程建设的全体员工，大力弘扬艰苦奋斗的精神，精心组织，加强协作，群策群力，科学施工，认真借鉴国外先进技术和管理经验，把西气东输工程建成一流工程，为社会主义现代化建设作出新的贡献。

江泽民

2002年7月3日

国家主席江泽民在人民大会堂与基里巴斯总统斯托举行会谈

江泽民欢迎斯托总统再次访华，并积极评价中基双边关系。江泽民说，斯托总统1996年访华以来，中基友好关系不断取得新进展。两国领导人和政府官员经常往来。两国在经贸、教育、医疗卫生和航天等领域的交流与合作富有成效，在国际事务中相互支持。

江泽民表示，扩大中基互利合作符合两国人民的利益，也有利于促进本地区的共同发展。中方愿同基方共同努力，在和平共处五项原则基础上，使两国友好合作关系更上一层楼。中基经济有互补性。基里巴斯拥有得天独厚的海洋等资源，而中国的纺织、轻工和机电等产品物美价廉，适合基里巴斯市场需要。中国政府鼓励有实力的企业赴基里巴斯开展业务，同时欢迎基里巴斯工商界人士来华合作。中国加入世界贸易组织为中基加强经贸合作提供了新的机遇。相信两国经贸合作会不断取得新成果。江泽民还表示，长期以来，中国政府向基方提供了一些力所能及的经济援助，他很高兴这些援助为基方的社会和经济发展发挥了积极作用。

在谈到中国与太平洋岛国论坛的合作关系时，江泽民说，中国同建交的论坛成员国的友好关系不断加强，经贸、文教、卫生等领域的合作富有成果，在国际事务中也进行了很好的协调。中国支持南太国家加强区域合作、促进地区和平、发展地区经济，支持南太国家建立南太无核区、保护渔业资源的合理要求。

会谈后，两国元首出席了中基双方有关经济合作协议的签字仪式。

国务院副总理钱其琛、外交部副部长李肇星、中国驻基里巴斯大使马书学、外经贸部副部长马秀红等参加了会谈。

国家主席江泽民在人民大会堂会见尼日利亚副总统阿提库·阿布巴卡尔

国务院召开第61次常务会议

朱镕基总理主持召开会议，讨论并原则通过了《中华人民共和国草原法(修订草案)》。

会议认为，我国是一个草原资源大国，保护、建设和合理利用草原，对国民经济和社会发展具有十分重要的战略意义。随着改革的深化和社会主义市场经济的发展，1985年制定的《中华人民共和国草原法》已经不能适应新形势下草原保护管理的需要，实践中出现了一些亟待解决的问题。认真总结现行草原法颁布实施16年来的实践经验，进一步健全和完善对草原保护、建设和合理利用等方面的法律制度，对实现草原的永续利用和畜牧业的可持续发展是十分必要的。

会议决定，《中华人民共和国草原法(修订草案)》经进一步修改后，由国务院提请全国人大常委会审议。

国务院总理国家信息化领导小组组长朱镕基在北京主持召开国家信息化领导小组第二次会议

会议讨论通过了《国民经济和社会信息化专项规划》、《关于我国电子政务建设的指导意见》，讨论了振兴软件产业的问题。朱镕基指出，要适应时代进步和世界发展的新形势，从我国现代化建设全局和战略高度出发，大力推进国民经济和社会信息化，要发挥我国智力资源优势，加快发展软件产业，要抓好电子政务，推动其他领域的信息化。他强调，加快信息化建设，必须以规划为指导，加强统筹协调，突出发展重点，务必注重实效，防止重复建设，切实打好基础，努力走出一条有中国特色的信息化道路。

国家副主席、国家信息化领导小组副组长胡锦涛，国务院副总理、国家信息化领导小组副组长李岚清，中宣部部长、国家信息化领导小组副组长丁关根，国务院副总理、国家信息化领导小组副组长吴邦国出席会议。

会议听取了国家发展计划委员会主任、国家信息化领导小组副组长兼国务院信息化工作办公室主任曾培炎关于国民经济和社会信息化专项规划、电子政务建设指导意见和发展软件产业问题的汇报。

会议认为，大力推进国民经济和社会信息化，是党的十五届五中全会作出的重要决策，是覆盖我国现代化建设全局的战略举措，是贯彻“三个代表”重要思想的要求。会议通过的信息化专项规划，是我国第一个信息化发展规划。各部门、各地区都要从全局和战略高度增强实施规划的自觉性，把实施规划与推进工业化、促进产业结构升级密切结合起来，与扩大内需、促进经济持续增长密切结合起来，与应对加入WTO新形势和深化体制改革密切结合起来，与全面建设小康社会、加快现代化建设步伐密切结合起来，努力实现规划提出的各项目标和任务。

会议指出，推进信息化，必须坚持统筹规划、资源共享，应用主导、面向市场，安全可靠、务求实效的方针。要在国民经济和社会发展的各个领域，积极应用信息技术；要加强现代信息基础设施建设，充分利用现有网络资源和社会资金，建成结构合理、安全可靠、面向未来的国家信息网络；要加快发展电子信息产品制造业，实现开放式、全方位、跨越式发展。为保证上述任务的完成，要在政府引导下，充分调动社会力量，发挥市场机制作用，着力抓好信息资源开发、信息基础设施、信息化应用和信息产品等四个方面的重大工程。会议强调，推进信息化必须做到基础工作先行，特别是要加快信息化法律、法规建设，制定国家信息技术标准体系，加强信息化知识普及和人才培养。

会议要求，在实施规划中，一要加强统筹协调，各部门、各地区要按照规划的目标和任务，明确分工，准确定位，互相配合，不能各行其是。二要突出重点，抓好先行，着重抓好电子政务、电子商务和企业信息化。三要积极而稳步推进。在现代信息基础设施和信息产业发展中都要讲求实效，不能一哄而起，务必防止盲目重复建设。四要勇于创新，大力发展自主知识产权，提高我国信息产业竞争能力。五要广泛吸收国外先进技术、人才和管理经验。

会议指出，在新的形势下，推进电子政务，有利于转变政府职能依法行政、加强有效监管、提高工作效率、提供优质服务，对于转变政府职能、改进管理方式和工作方法，密切政府与人民群众的联系，建设廉洁、勤政、务实、高效政府具有重大意义。发展电子政务，还有利于推动国内信息产业发展，带动整个国民经济和社会信息化进程。我们必须顺应形势发展要求，扎实有效地推进电子政务建设。

会议提出，“十五”期间我国电子政务建设的目标是，初步建成标准统一、功能完善、安全可靠的政务信息网络平台；重点业务系统建设，基础性、战略性政务信息库建设取得实质性成效，信息资源共享程度有较大提高；初步形成电子政务安全保障体系，人员培训工作得到加强，与电子政务相关法规和标准的制定取得重要进展。会议强调，发展电子政务，要按照统一规划和标准，明确目标，分类指导，分层推进，分步实施。要从实际出发，需求主导，突出重点，不搞“花架子”，绝不能“刮风”。同时，发展电子政务，还要体现改革精神，要有前瞻性，充分考虑建立和完善社会主义市场经济体制的要求。

会议指出，必须高度重视加快软件产业的发展。我国加快发展软件产业既有必要，又有可能。发展软件产业要根据我国国情，发挥后发优势。一是要鼓励应用，内需拉动，把培育市场作为发展软件产业的切入点，充分发挥国内市场潜力巨大的优势。二是要坚持开放，扩大出口，积极参与国际合作与竞争。三是要创造工程化的环境，促进国产软件标准和质量与国际接轨，保护知识产权，打击走私盗版活动，改善市场环境。四是要深化改革，鼓励竞争，加快形成一批具有行业特色和优势的软件骨干企业。五是要大力培养和广纳高层次的市场开发、经营管理、系统设计等方面人才，充分发挥海外华人和留学生的作用。

会议强调，要高度重视信息安全体系建设。坚持一手抓信息化，一手抓网络信息安全。要改进技术手段，全面强化管理，建立、健全信息安全保障体系和防范机制。

国家信息化领导小组成员出席了会议，有关部门负责同志列席了会议。

国务委员吴仪对全国银贸协作电视电话会议作出批示

外经贸部和中国人民银行联合召开了全国银贸协作电视电话会议，国务委员吴仪专门作出批示。

吴仪在批示中指出，当前世界经济发展的不确定因素很多，外经贸形势不容乐观。加入世贸组织后，我国外经贸和金融面临新的发展机遇，也面临巨大挑战。在这种形势下，吴仪要求会议要认真总结近年来银贸协作的经验，研究采取切实有效的措施，在加强金融监管的同时，促进外经贸发展，努力提高我国外经贸企业和商业银行的国际竞争力。为力争全年出口多增长，要改进包括政策性金融支持在内的各种金融服务，不断完善外汇管理政策，支持各项外经贸发展战略的深入实施。外经贸企业要进一步改革经营机制，大力实施市场多元化战略，努力提高经济效益。吴仪希望，外经贸和金融工作能够取得更好的成绩，迎接党的十六大的胜利召开。

7月4日

西气东输工程开工典礼在北京举行

中共中央总书记、国家主席江泽民专门发来贺信。国务院总理朱镕基亲切会见参加开工典礼的外国企业家。国务院副总理吴邦国出席开工典礼、宣布开工并讲话。朱镕基十分重视和关心西气东输工程的进展情况，指出这项工程不仅能够发挥新疆资源优势，加快新疆经济发展，造福新疆各族人民，而且将有力地带动东、中、西部地区共同发展。西气东输工程要全面对外开放，无论是资源勘探、开发，还是管道建设和用气配套建设，都可以利用外资。在会见参加开工典礼的外国企业家时，朱镕基表示，欢迎外商参加西气东输工程建设，希望中外双方加强合作，共同努力，完成这项跨世纪的宏伟工程。

吴邦国在讲话中要求，各参建设计、施工单位要周密部署、统筹安排、科学设计、精心施工，确保工程质量。工程沿线各级人民政府和国家有关部门要大力支持，为工程建设提供便利条件和有力保障；要认真搞好上游配套开发，确保供气需求；要加快下游市场开拓和管网建设，使西气东输工程成为推动经济发展、带动东中西部共同繁荣的能源大动脉。

经对外招商，由英荷壳牌、埃克森美孚、俄罗斯天然气工业股份公司等组成的投资集团和中国石油天然气股份有限公司等共同投资建设西气东输工程，中方控股。工程西起新疆轮南，途经 10 个省、自治区、直辖市，全长 4000 公里，设计年输气量 120 亿立方米，管道工程投资 400 多亿元，上、中、下游投资总额约 1400 多亿元。管道工程经过戈壁沙漠、黄土高原、太行山脉，穿过黄河、淮河、长江，是我国目前距离最长、投资最多、输气量最大、施工条件最复杂的输气管道。自 2000 年 8 月国务院批准西气东输工程立项以来，有关方面在西气东输工程建设领导小组的组织协调下，做了大量深入细致的工作，圆满完成了各项前期准备。它的开工建设，标志着西部大开发和能源结构调整又迈出了重大步伐。

西气东输工程今天在塔里木气田、新疆库尔勒、陕西延川黄土塬、江苏无锡新区和上海白鹤镇等五个施工工地同时开工。中央和国家机关有关部委及直属单位，工程沿线省、自治区、直辖市人民政府的负责人，外方合作公司及有关国家驻华使馆的有关人员参加了今天的开工典礼。

全国人大常委会委员长李鹏在人民大会堂会见基里巴斯总统斯托

国务院总理朱镕基在人民大会堂会见基里巴斯总统斯托

国务院总理朱镕基在人民大会堂会见出席西气东输工程签字仪式和开工典礼外方代表

朱镕基说，西气东输工程实行全线对外开放，全面对外合作，是中国加入世贸组织后更加向世界开放的象征，希望中、外各方密切合作，把工程建设好。

朱镕基说，实施西部大开发是中国政府作出的一项重大决策，有利于消除东西部差距，扶持贫困地区和少数民族经济发展。西气东输工程是实施西部大开发战略的重要举措。该工程实行全线对外开放，全面对外合作，是中国改革开放以来最大的中外合作项目，也是中国加入世贸组织后更加向世界开放的象征，将对改善能源结构，减少污染物的大气排放发挥十分重要的作用。英荷壳牌、埃克森美孚和俄罗斯天然气股份公司是世界著名油气公司，希望中、外方密切合作、共同努力，把这一举世瞩目的项目建成世界一流的天然气管道工程。

参加会见的外方公司代表有：英荷皇家壳牌公司、俄罗斯天然气工业股份公司、美国埃克森美孚公司、香港中华煤气公司和俄罗斯天然气建设与输送公司有关负责人。

国家计委主任曾培炎、副主任张国宝，中国石油天然气集团公司，中国石油化工股份有限公司和中国石油天然气股份公司的负责人会见时在座。

国务院总理朱镕基在北京人民大会堂会见出席“21世纪中日政企学合作发展北京论坛”的中日双方主要代表

朱镕基表示，在中日邦交正常化30周年之际，来自两国的政府官员、企业家和专家学者聚会北京，共同探讨政府、企业和高校的交流与合作，对于进一步增进两国的相互了解，促进双方经济技术合作具有积极意义。朱镕基希望两国关系能够根据中日联合声明所确立的原则，在新世纪得到健康、顺畅的发展。

参加会见的中日双方与会代表表示，中日邦交正常化30年来，双方友好合作已有长足的发展。今后，应在总结经验教训的基础上，开拓中日友好交流的新方式、新领域，为亚洲和世界的和平与发展作出新的努力。

“21世纪中日政企学合作发展北京论坛”是为了纪念中日邦交正常化30周年，由人民日报社和日本新兴高新技术企业协会共同主办，中国驻日本大使馆和日本驻中国大使馆协办的。

黄河首次调水调沙试验开始

这是迄今为止世界水利史上最大规模的一次人工原型试验。

这次试验，是通过小浪底水库调控水沙，变水沙不平衡为水沙平衡，形成有利于河床冲刷的水势，为小浪底水库今后长期运用和下游河道减淤提供科学的数据，从而实现“河床不抬高”的治黄目标。

黄河流经黄土高原，每年进入黄河下游的泥沙多达16亿吨，其中有4亿吨沉积在河床，致使下游河段平均每年以10厘米的速率淤积抬升，黄河下游形成地上悬河。减少泥沙淤积，一直是历代治黄专家孜孜以求的目标。多年的研究表明，黄河下游洪水在大于2500立方米每秒时，加上其他相关因素，能够对下游河床起到冲刷作用，从而减少黄河淤积甚至达到冲淤平衡，由此可从根本上遏止河床抬升。

黄河调水调沙是一项极为复杂的系统工程，要充分预测水库蓄水、河道来水、未来天气预报等水情，还要考虑从小浪底坝下至入海口近千公里河床冲刷、淤积、工程出险等工情，对于在调水调沙过程中，两岸引水、蒸发、漫滩以及冲刷淤积等等因素，均需要进行大量科学的分析计算和各方的积极配合。为此，关于此次调水调沙试验的流量与含沙量控制指标，经科研工作者多年研究，确定为花园口断面为2600立方米每秒、艾山断面2300立方米每秒，含沙量不超过每立方米20千克。据介绍，按照这一指标，经过10天的试验，从下游铁谢至入海口的利津河段可以冲刷泥沙约0.244亿吨。

为做好黄河调水调沙试验，水利部黄河水利委员会进行了全面部署和安排，通过科学调度，在不影响两岸用水的情况下，使小浪底水库蓄水达43亿立方米，为试验提供了可靠的保证。本次试验范围包括自小浪底水库至山东入海口的900多公里河段，在900多公里的河道上设立固定淤积测验断面161个。山东、河南两省为此关闭了所有引黄闸门，避免水量损失；组织了数千名堤防职工，做好料物、抢险等准备工作，以应付突发险情。山东还拆除了河道上40多座浮桥，以保证水流畅通和测量数据的准确。黄河水利委员会主任、此次试验的总指挥李国英告诉记者：调水调沙试验在治黄史上是一个转折点，通过应用自然规律，我们从被动治理到主动调控黄河水沙，这是由传统治黄走向现代治黄的里程碑。其试验结果，将对治黄产生重要而深远的影响。

国务委员吴仪访问捷克并就两国经贸关系举行会谈

在与捷克政府总理泽曼会见时，吴仪强调，中国政府重视与捷克发展经贸合作关系，认为两国合作潜力很大。她表示，中方愿采取相应措施使双边贸易在发展中达到积极平衡。中方支持和鼓励两国企业家进行广泛接触，开展直接合作，希望捷企业家到中国开拓市场，参与中国的西部建设。

吴仪还同捷副总理兼工业和贸易部长格雷格尔就进一步发展两国经贸关系进行了会谈，并提出了五项建议：一、加强两国政府部门间的沟通和交流，及时通报各自国家经济信息，并向本国企业介绍，起到牵线搭桥的作用；二、推动双方企业到对方国家进行访问，举办展览、研讨会、洽谈会，进行商务考察等经贸促销活动，积极宣传自己的产品，增加相互交流与了解；三、推动双方企业积极开展相互投资等多层次、多形式的经贸合作，使双边合作从简单的贸易交换向更高的层次发展；四、推动双方拓展高新技术领域的合作，如电讯、计算机、环保等领域；五、加强政府在双边和多边领域的交流和磋商，及时解决有关问题，为企业提供良好的商务合作环境。

会谈结束后，吴仪和格雷格尔共同出席了中国从捷克进口700辆小轿车合同及售后服务协议的签字仪式。

代表团主要陪同人员中国工商总局局长王众孚、中国驻捷克大使唐国强、国家计委副主任于广州、外经贸部副部长周可仁出席了上述会见和会谈。

外交部部长唐家璇与法国外交部长德维尔潘在法国外交部举行会谈

唐家璇积极评价中法关系近年来的发展,他说,中法建交近40年来,在双方的共同努力下,两国关系不断向前发展。特别是1997年,根据江泽民主席和希拉克总统的共同决定,中法建立了面向21世纪的全面伙伴关系,这成为两国关系史上的一个新的里程碑。这些年来,两国高层互访不断,政府部门、社会各界、地方省市之间的交往也越来越多,这对促进双方在各个领域的友好合作起到了重要作用。在经贸方面,中法贸易额连年增长,法对华投资不断扩大,法国一些知名大企业在华取得良好业绩。在文化、科技、教育等领域,两国间的合作与交流也富有成效。

《毛泽东 邓小平 江泽民论工人阶级和工会工作》出版

由中华全国总工会和中共中央文献研究室合作编辑的《毛泽东 邓小平 江泽民论工人阶级和工会工作》一书,由中央文献出版社出版。

这本书收入毛泽东、邓小平、江泽民同志有关工人阶级和工会工作的重要论述共75篇。这些论述,是从他们许多报告、讲话、谈话、文章、书信、批示和题词中选编出来的,有的论述是第一次公开发表。该书的出版,对进一步贯彻落实党的全心全意依靠工人阶级这一根本指导方针,更好地发挥工人阶级在推进改革、促进发展、维护稳定中的主力军作用;进一步加强和改善党对工会工作的领导,履行好工会维护职工群众合法权益的基本职责,具有重要的现实意义。

7月5日

全国人大信息化建设工作会议在北京召开

全国人大常委会委员长李鹏在人民大会堂会见了出席全国人大信息化建设工作会议的全体代表,强调各级人大要通过信息化建设,保持与广大人民群众的密切联系,听取他们的意见,促进立法的民主化、科学化。

李鹏说,人类已经进入信息社会。大力发展信息产业、推进国家信息化,是保持我国经济持续、快速、健康发展,实现中华民族伟大复兴的重大战略举措。正如江泽民同志所说,“四个现代化,哪一化也离不开信息化”。国家“十五”计划提出,要以信息化带动工业化。我们要通过信息化建设,发挥后发优势,实现社会生产力的跨越式发展。

李鹏说,人大的信息化建设工作十分重要。人大的工作是推进依法治国,建设社会主义法治国家。人大的主要任务是立法和监督。我们要提高立法质量,使制定的法律符合国家和人民的根本利益,就必须了解和掌握大量的立法信息。通过信息化建设,各级人大可以与广大人民群众保持密切联系,听取他们的意见,促进立法的民主化、科学化。一些比较重要的法律草案,我们已经在报纸上公布,今后也可以通过网络这种快速、便捷的手段公布这些草案,广泛征求人民群众的意见。通过网络,我们还可以了解和掌握法律实施的具体情况。在人大机关的日常工作中,包括办理代表议案、建议,处理人民群众来信来访等,也应实现信息化管理。这方面,已经做了不少工作,很有意义,希望继续做下去,做得更好。

李鹏说,面对信息化迅速发展的形势,信息化建设的立法工作显得非常重要。我们要关注、研究国家信息化建设的发展情况,抓紧信息化安全保障体系的法制建设,把国家的信息化建设纳入法制化的管理机制之中。

全国人大常委会副委员长姜春云、邹家华,全国人大常委会秘书长何椿霖也参加了会见。

本次会议由全国人大常委会办公厅主办,主要议程是讨论和制定《全国人大信息化建设规划纲要》,来自全国人大机关各部门及各省、市、区人大常委会机关的180多名代表出席了会议。十年来,我国人大系统的信息化建设从简单的文字处理,到建立完善的信息网络系统,取得了长足进展,促进了立法、监督等各项工作的开展。

国家科技教育领导小组在中南海举办科技知识讲座

中国气象局气候变化特别顾问丁一汇教授作“气候变化问题”的报告。国务院总理朱镕基,国务院副总理李岚清等出席听课。

以气候变暖为主要特征的气候变化对全球自然生态、经济发展和人民生活的影响,是国际社会和各国政府共同关心的问题。多年来,我国政府对气候变化问题及其影响一直十分重视,切实加强了科学研究、政策规划和国际合作,在环境保护、生态建设、抗灾减灾救灾等方面,制定推行了一系列法律、法规和政策措施,并收到了良好的效果。

在讲座中,丁一汇教授详细介绍了全球气候变化的历史和现状,对未来变化作了预测,就气候变化对全球的影响做了深入分析,并对我国加强宏观研究和政策规划提出建议。

钱其琛、吴邦国、温家宝、罗干、王忠禹等国务院领导同志和国务院各部门的负责同志出席了讲座。

国务院副总理吴邦国听取全国安全生产大检查情况汇报并作出指示

吴邦国在听取汇报时强调，各地区、各部门、各单位一定要从实践江总书记"三个代表"重要思想的高度，以对党对人民高度负责的精神，从维护改革发展稳定大局出发，坚决贯彻"安全第一、预防为主"方针，在安全生产大检查的基础上，针对本地区、本部门、本行业和本单位在安全生产方面存在的突出问题，采取强有力的措施，严格管理，把安全生产各项措施落到实处，坚决防止重特大事故发生。

根据国务院的统一部署，国家经贸委组织了14个检查组，对国务院有关部门、7个省、6个行业及系统安全生产工作进行了重点抽查。据检查组汇报，各省、自治区、直辖市和国务院有关部门对安全生产重视程度普遍提高，贯彻落实国务院的统一要求和部署是认真的，基本建立了安全生产责任制，认真开展了安全生产专项整治和安全生产大检查，坚持边检查边整改，以检查促整改，对查找出来的突出问题，采取了整改措施，及时消除了一批事故隐患。但是，检查中也查出了安全生产工作中一些带有普遍性和倾向性的问题。一是安全生产责任制流于形式。各级干部的安全生产责任意识和抓安全的积极性，从上到下呈现层层衰减、逐级弱化趋势。特别是县乡两级对安全生产重视程度很不够。二是一些地方、部门和单位，对安全生产工作只停留在一般工作布置上，管理、监督和责任也只停留在口头上、纸面上，工作落实不下去、管理严不起来的问题仍然相当突出。三是一些地方和部门对重大安全隐患的监控和整改措施不落实，在事故调查处理和行政责任追究方面，还存在大事化小、小事化了的问题。四是有的地方、部门和单位在监督检查中存在严重的形式主义，甚至弄虚作假，敷衍了事。

吴邦国在听取了检查组情况汇报后指出，从检查情况看，虽然各地区、各部门在加强安全生产方面做了大量工作，取得了一定成效，但必须清醒地认识到，安全生产工作中还存在着许多亟待解决的深层次问题，安全生产形势仍相当严峻，要有长期作战的思想准备。他强调，安全生产必须常抓不懈，警钟长鸣。要在严格管理、狠抓落实上下真功夫。对下一步安全生产工作，吴邦国提出四点要求：

第一，各级领导干部都要充分认识安全生产的重要性。安全生产关系到国家和人民群众生命财产安全，关系到人民群众的切身利益，关系到改革开放、经济发展和社会稳定的大局。各级领导干部一定要从实践江总书记"三个代表"重要思想的高度，以对党对人民高度负责的精神，从维护改革发展稳定大局出发，牢固树立安全第一的思想，增强责任感和紧迫感，坚决克服麻痹、松懈和厌战情绪，正确处理安全生产、稳定和经济发展的关系，把安全生产作为当前和今后一个时期重点工作，集中精力，抓紧抓实抓好。

第二，继续深入开展安全生产专项整治工作。实践证明，以重特大安全生产事故和公共安全事故多发、人民群众普遍关注的行业和领域为重点，集中开展专项整治，是解决安全生产薄弱环节和主要问题的有效措施。各地区、各部门要按照国务院的统一部署，结合本地区、本部门实际，继续深入开展以煤矿等矿山企业、道路交通为重点的五项专项整治工作。一要坚决关闭整顿小煤矿等小矿。对应当关闭的，必须炸毁井筒，填平场地，严防死灰复燃。那些明停暗开、时停时开的小煤矿，是很大的事故隐患，各地必须立即依法关闭、查处，并从严追究有关政府领导责任。二要彻底排查国有大中型煤矿安全隐患。对存在安全隐患的大中型煤矿，必须责令停产整顿，未经省级人民政府验收合格的，一律不准复产。鉴于煤矿安全生产设施欠账较多，一定要加快安全生产技术改造，尽快完善安全生产设施，切实搞好"一通三防"，确保安全生产。煤矿安全监察部门，要切实负起安全监察责任，把煤矿安全监察的关口前移，派专人盯守，督促整改。

第三，严格安全生产事故行政责任追究。一要对已经发生的安全生产事故，按照"四不放过"(事故原因不查清不放过，事故责任者没有处理不放过，广大干部职工没有受到教育不放过，防范措施没有落实不放过)原则，一查到底，严厉追究有关人员的责任，决不手软。要改变一些管理部门只争权而不负责的状况，使有关责任人受到应有的惩处。二要加大对县乡领导安全生产行政责任追究的力度。县乡处在安全生产工作最前沿，也是目前安全生产工作最薄弱的环节，必须把落实县乡领导责任作为落实安全生产责任的重中之重，抓紧抓好。对非法小厂、小矿泛滥的县乡，要先解决领导班子问题，否则没有安全可言。三要将安全生产的责任追究与打黑除恶、惩治腐败、社会治安综合治理紧密结合起来，深挖一些事故背后的"恶根"，坚决打掉"保护伞"。四要加强安全生产的舆论监督和群众监督，对一切忽视安全生产、违反安全生产法律、法规的行为，要大胆揭露，公开曝光，把安全生产工作置于人民群众和社会舆论的监督之下。

第四，要把安全生产作为一项日常工作，常抓不懈。安全生产状况的好坏，综合反映了一个地区、部门和单位的管理水平，涉及方方面面和各个环节，哪一方面、哪一环节出了问题，都可能酿成大祸。安全生产状况的稳定好转，不能靠临时查一查、突击抓一抓，需要长期持久、扎实不懈的工作，才能取得成效。一要真正建立安全生产责任制。各级领导干部特别是一把手是安全生产的第一责任人，必须对本地区、本单位的安全生产负总责，做到守土有责，确保一方平安。领导要带头严起来，一级抓一级，逐级负责，把安全生产的各项责任落实到基层，落实到人。二要健全规章制度，加强事故防范，改变那种责任不清、纪律松弛、管理不严、有章不循的状况。要加强日常的监督检查，发现隐患，及时整改，坚决制止和纠正违章指挥、违章作业、违反劳动纪律的"三违"现象，把安全生产的各项措施和要求落到实处。三要加大企业在安全生产方面资金投入力度，还清企业安全生产欠账，完善各项安全生产监测和防范设施，提高安全生产综合防御能力，切实防止重特大事故发生。

最高人民法院在北京召开全国法院队伍建设工作会议

中央书记处书记、中央政法委书记罗干在出席全国法院队伍建设工作会议时强调，认真学习贯彻江泽民总书记"三个代表"的重要思想，是加强法官队伍建设的首要任务。要以"三个代表"重要思想作为衡量法院工作的标准，积极探索新形势下法官管理工作的新路子、新办法，建立和完善严格科学的队伍管理机制，在党的领导下，努力开创人民法院队伍建设的新局面。

罗干在讲话中对全国法院加强队伍建设所取得的成绩给予充分肯定。他说，目前，我国已经进入全面建设小康社会，加快推进社会主义现代化的新的发展阶段。这对人民法官队伍的素质提出了新的更高的要求。人民法院要圆满完成党和国家赋予的神圣职责，要在各种考验和挑战中立于不败之地，要在复杂的环境和压力中不断发展，就必须大力加强法官队伍建设，使这支队伍具备很高的思想政治素质和业务素质，不断提高我国的司法工作水平。

罗干强调指出，加强队伍建设首先必须抓好队伍的思想政治建设。要坚持用马列主义、毛泽东思想特别是邓小平理论和江总书记"三个代表"重要思想武装广大法官的头脑，认真学习贯彻江总书记"5·31"重要讲话精神，坚持讲学习、讲政治、讲正气，增强政治敏锐性和政治鉴别力，牢固树立马克思主义的世界观、人生观、价值观，不断增强实践"三个代表"重要思想的自觉性和坚定性，始终保持一种蓬勃朝气、昂扬锐气和浩然正气。

罗干强调，加强作风建设，是当前队伍建设的一项重要内容。在作风建设中，领导干部要以身作则，起模范带头作用，以自己的实际行动带领队伍形成良好的风气。要把作风建设的重点放在基层，切实加强和改进基层法院和法官的作风。要教育广大法官和其他工作人员继续解决好"为谁掌权，为谁执法，为谁服务"这一根本问题，做到严格执法与热情服务的统一。

罗干说，加强队伍建设，必须进一步推进法院自身的廉政工作，保持司法廉洁。要深刻认识党风廉政建设和反腐败斗争的长期性、艰巨性和复杂性，既要树立持久作战的思想，坚定信心，坚决把反腐败斗争进行到底，又要抓紧抓好当前反腐倡廉的各项工作，以党风廉政建设和反腐败斗争的实际成果取信于民。要重点查处利用审判权和执行权贪赃枉法的人和事。积极探索建立科学的审判权力运行监督机制，真正做到审判权行使到哪里，监督就跟踪到哪里，逐步铲除滋生腐败现象的条件和土壤。

罗干指出，各级人民法院要采取多种形式加强对法官的教育培训，不断提高队伍的业务素质。各级党委要加强对法院工作的领导，大力支持人民法院法官职业化建设，严把法官队伍的"进口"，疏通"出口"，进一步优化法官队伍。要加强对法官履行职务的保障，坚决支持法官依法独立公正行使审判权。各级人民法院要进一步增强党的领导观念，认真贯彻党中央对政法干部队伍建设的部署和决策，认真做好审判工作、执行工作和其他各项工作，切实加强法院队伍建设，以优异的成绩迎接党的十六大的召开。

最高人民法院院长肖扬主持今天的会议。他在讲话中要求各级法院按照"三个代表"重要思想的要求，进一步加强法官队伍职业化建设，大兴培养人才、使用人才之风，为实现"公正与效率"世纪主题而努力奋斗。

中央和国家机关有关部门，各省、自治区、直辖市高级人民法院的负责同志出席了会议。

中央军委副主席胡锦涛在人民大会堂会见贝宁国防国务部长皮埃尔·奥绍一行

胡锦涛说，中贝复交以来，两国关系发展顺利。双方在各个领域的交流与合作卓有成效，在国际事务中相互同情、相互支持。我们赞赏贝宁政府和人民在克雷库总统领导下，致力于民族团结，促进经济发展，努力探索适合本国国情的发展道路；积极参与地区事务，推动区域经济一体化进程。感谢贝宁政府坚持一个中国的立场，在台湾、人权等问题上给予中国的宝贵支持。

胡锦涛说，中贝两国都是发展中国家，都面临着维护国家主权、保持稳定、发展经济和改善人民生活的任务。进一步加强和深化双边互利合作,有利于各自国家的建设以及地区的和平、稳定与发展。中国愿与贝宁共同努力,推动新世纪两国两军友好合作关系不断迈上新的台阶。

中央军委副主席、国务委员兼国防部长迟浩田上将、中国人民解放军副总参谋长熊光楷上将,贝宁驻华大使皮埃尔·多苏·阿戈等参加了会见。

国防部长迟浩田在北京会见土库曼斯坦国防部第一副部长武装力量总参谋长兼空军防空军司令恰雷雅罗夫

外交部部长唐家璇在巴黎会见法国总理拉法兰

7月6日

中央军委副主席张万年在陕西驻军考察

张万年时强调,深入学习贯彻江泽民总书记“5·31”重要讲话是当前思想政治建设的头等大事,是全军第一位的重要政治任务。全军官兵一定要把思想和行动统一到讲话的精神上来,坚定不移地高举旗帜,维护核心,一切行动听从党中央、江主席的指挥。

张万年要求各级党委一定要从政治和战略的高度,充分认识学习贯彻“5·31”讲话的重要性和紧迫性,全面、准确、系统地把握讲话的新思想、新观点和新论断,真正把全军的意志和力量凝聚到党的最新理论成果的旗帜下。他说,学习贯彻讲话精神,各级干部特别是高级领导干部要带好头。

张万年指出,我军是党绝对领导下的人民军队,牢固确立“三个代表”重要思想在军队建设中的指导地位,是事关新时期军队建设方向和成败的重大政治问题,是永葆人民军队性质、本色和作风的根本政治要求。我们一定要把“三个代表”的要求贯彻到军队党的建设的各个方面,落实到以军事斗争准备为龙头的军队现代化建设的各个领域。确立“三个代表”在军队建设中的指导地位,一是要紧紧把握与时俱进这个关键,解放思想,更新观念,结合军队实际大胆进行理论、体制、科技和工作方式、方法的创新,不断增强军队建设的生机与活力。二是要紧紧把握保持党的先进性这个核心,在各项建设和工作中坚持高标准、严要求,不断提高部队全面建设水平和高技术条件下的整体作战能力。三是要紧紧把握执政为民这个本质。各级领导和机关要铭记我军的性质和宗旨,坚持面向基层、服务士兵的方向,努力为部队排忧解难,把部队建设的基础打牢。

张万年强调指出,我军是人民民主专政的坚强柱石,一定要以强烈的政治责任感,精心做好维护大局、维护团结、维护稳定的工作,一切行动听从党中央、江主席的指挥。在这个重大政治原则问题上,我们务必特别清醒、特别坚定、特别过硬,决不允许有丝毫的含糊和动摇。要进一步增强政治意识和政治敏锐性,确保部队的纯洁和巩固,以做好各项工作的优异成绩,迎接党的十六大胜利召开。

曹刚川、李继耐、石云生、乔清晨、李乾元、刘冬冬、李安东、谭悦新等陪同考察。

7月7日

国家主席江泽民致电尼泊尔国王贾南德拉祝贺尼泊尔国庆

国务院总理朱镕基发出贺函祝贺第三十八届非统组织暨首届非洲联盟首脑会议召开

国务院作出《关于深化改革加快发展民族教育的决定》

各省、自治区、直辖市人民政府,国务院各部委、各直属机构:

新中国成立50多年来,特别是改革开放以来,我国民族教育取得了巨大成就,初步形成包括幼儿教育、基础教育、职业技术教育、成人教育和高等教育在内的民族教育体系,为提高我国少数民族的科学文化素质、促进少数民族地区经济发展和社会进步、加强民族团结、保持民族地区社会稳定和维护国家统一作出了重大贡献。由于历史、社会、自然条件,特别是经济发展水平等多种原因,我国民族教育还面临着一些特殊的困难和问题:教育观念相对滞后,教育改革进程缓慢;教育基础薄弱,普及义务教育和发展其他各类教育相对迟缓;教师队伍数量不足、质量不高;教育投入不足,办学条件难以改善,学生上学困难问题较为突出,教师待遇需要进一步改善。近年来,国际斗争风云变幻,国外敌对势力、周边国家宗教极端势力与国内的民族分裂主义分子相互勾结,在我国一些民族地区制造事端,进行民族分裂活动,妄图向我国教育领域渗透,培植民族分裂势力,与我争夺青少年一代。为落实中央民族工作会议、第三次全国教育工作会议和全国基础教育工作会议精神,深化改革,加快发展民族教育,特作如下决定:

一、民族教育工作的指导思想和目标任务

(一)新时期民族教育工作的指导思想。高举邓小平理论伟大旗帜,以江泽民同志“三个代表”重要思想为指导,全面贯彻党的教育方针和民族政策,解放思想，转变观念，发挥教育在西部大开发和民族地区经济社会发展、增强民族团结、维护国家统一中的作用；根据"因地制宜，分区规划，分类指导，突出重点"的原则，确定民族教育改革发展的目标和政策措施；确立基本普及九年义务教育、基本扫除青壮年文盲（以下简称"两基"）在整个民族教育中"重中之重"的地位，促进各类教育健康、协调发展；坚持以地方自力更生为主，国家大力扶持，发达地区和有关高等学校大力支援相结合；坚持规模、结构、质量和效益相统一。

（二）"十五"期间及至2010年民族教育发展的目标任务。"十五"期间，民族自治地方要在巩固"两基"基础上，把实现"两基"的县级行政区划单位从2001年的51%提高到70%以上，在95%的地区基本普及小学阶段义务教育；确保少数民族散杂居地区民族教育优先或与当地教育同步发展；确保高中阶段在校生有显著增长。到2010年，民族地区全面实现"两基"，办学条件进一步改善，形成具有中国特色、适应21世纪信息化和现代化建设需要、充满生机活力、较为完善的民族教育体系。

二、新时期民族教育工作的基本方针和原则

（一）民族教育的改革与发展要坚持实事求是、从实际出发，在发展规划、改革步骤、目标要求、办学形式、教学用语、课程设置、学制安排等方面因民族、因地区制宜；要坚持观念创新、体制创新和机制创新，不断扩大民族间和地区间的开放和交流，大胆吸收和借鉴不同民族、不同地区和人类社会的优秀文明成果，使我国民族教育既保持自身特色，又具有鲜明的时代特点。

（二）坚持宗教与国民教育相分离的原则。认真执行《中华人民共和国宪法》、《中华人民共和国民族区域自治法》等法律规定，任何组织和个人不得利用宗教干预国民教育，不得以任何形式在学校宣扬宗教；鼓励宗教界爱国人士在信教群众中宣传党的教育方针和科教兴国战略，动员适龄儿童入学，调动信教群众支持办好国民教育方面的积极性。同时，对各族师生进一步加强无神论和唯物主义的教育，弘扬科学精神、传播科学思想、倡导科学方法、普及科学知识、树立科学世界观，不断增强各族师生自觉抵御封建迷信和邪教影响的能力。

（三）以民族地区自力更生为主，与国家扶持及发达地区、有关高等学校开展教育对口支援相结合，共同推进民族地区教育事业的发展。民族地区要高度重视教育工作，发扬自力更生、艰苦奋斗的精神，大力发展教育事业。沿海发达地区和有关高等学校要进一步增强大局意识，按要求把教育对口支援工作抓紧、抓实、抓好，为民族地区的全面振兴和西部大开发作出更大的贡献。

（四）统筹兼顾，突出重点。为使民族地区教育与东、中部地区教育实现协调发展，今后一个时期内，在民族地区加强民族教育工作的同时，要把中央财政扶持教育的重点向民族工作的重点地区、边远农牧区、高寒山区、边境地区以及发展落后的人口较少民族聚居地区倾斜。大力支持少数民族和西部地区发展现代远程教育，提高这些地区对优质教育资源的共享能力，实现民族教育的跨越式发展。

三、深化改革，加快发展民族教育的政策措施

（一）深化教育改革，增强办学活力。进一步深化办学体制改革，改变民族教育办学主体单一、办学体制不活的局面。鼓励和支持社会力量办学，支持东、中部地区社会力量在少数民族和西部地区办学，或者面向少数民族和西部地区在东、中部地区办学；鼓励和引导民族地区群众自费送子女到东、中部地区求学就读。合理调整各级各类教育的布局结构，促进教育资源的优化配置，不断提高教育投入的规模效益；加快校内管理体制改革步伐，提高学校管理水平。

（二）加快"两基"步伐，促进各级各类教育的协调发展。认真实行"在国务院领导下，由地方政府负责、分级管理、以县为主"的农村义务教育管理体制。突出"两基"重中之重的地位，加大投入，集中社会各方面的力量，加快推进"两基"进程，力争实现"十五"期间的奋斗目标。要特别重视人口较少民族教育事业的发展。努力改善寄宿制中小学办学和生活条件。扶持少数民族和西部地区办好示范高中，发展高中教育。要努力办好民族地区高等学校和民族高等学校，加快民族地区高等学校布局结构调整、专业结构调整、人事制度改革和后勤社会化改革步伐。要重视和加强幼儿教育、职业教育、成人教育、特殊教育，使各类教育协调发展。

（三）进一步增强对民族教育的扶持力度。做好高校民族班和民族预科班的招生工作，以上学年招生规模为基数，并按上学年全国普通高等学校本科招生平均增长比例，确定当年国家部委及东中部地区所属高等学校民族班和民族预科班的招生规模；预科生的经费按本科生标准和当年实际招生数，分别由中央和地方财政核拨；加强民族预科教育基地建设，深化预科教学改革，提高教育质量。实施培养少数民族高层次骨干人才计划，从2003年开始，选择若干所重点高等学校面向少数民族和西部地区，采取特殊措施培养少数民族的博士、硕士人才。对民族地区高等学校和民族院校学位授权点的建设和研究生招生规模等给予特殊的政策扶持。资助西部各省（自治区、直辖市）重点建设一所起骨干示范作用的高等学校，重点支持办好中央民族大学。国家公派留学人员工作也要向少数民

族和西部地区倾斜。

（四）加大对民族教育的投入。“十五”期间及至2010年，“国家贫困地区义务教育工程”、“国家扶贫教育工程”、“西部职业教育开发工程”、“高等职业技术教育工程”、“教育信息化工程”、“全国中小学危房改造工程”、中小学贫困学生助学金专款、青少年校外活动场所建设项目等要向少数民族和西部地区倾斜；对未普及初等义务教育的国家扶贫开发工作重点县，向农牧区中小学生免费提供教科书，推广使用经济适用型教材；采取减免杂费、书本费、寄宿费、生活费等特殊措施确保家庭困难学生就学；中央财政通过综合转移支付对农牧区、山区和边疆地区寄宿制中小学校学生生活费给予一定资助；少数民族和西部地区各级财政也要相应设立寄宿制中小学校学生生活补助专项资金。在同等条件下，高等学校少数民族贫困生优先享受国家资助政策，确保每一个大学生不因经济困难而停止学业。少数民族散杂居地区的各级政府要设立民族教育专项资金，制定和落实有关优惠政策，扶持散杂居地区民族教育的发展；少数民族和西部地区地方本级财政教育经费的支出要切实做到“三个增长”；国际组织教育贷款、海外和港澳台教育捐款的分配，重点向少数民族和西部地区倾斜；鼓励社会力量办学，支持和调动社会力量参与教育“帮困济贫”行动，对纳税人向少数民族和西部地区农牧区义务教育的捐赠，在应纳税所得额中全额扣除；少数民族和西部地区新建、扩建学校包括民办公益性学校，以划拨方式提供土地，并减免城乡建设等相关税费；对勤工俭学、

校办产业以及为学校提供生活服务的相关产业，继续实行税收优惠政策；同时，适度运用财政、金融等手段支持少数民族和西部地区教育事业的发展。

（五）进一步加强对民族教育的支援工作。按照《中央办公厅、国务院办公厅关于推动东西部地区学校对口支援工作的通知》（厅字〔2000〕13号）的要求，认真组织实施“东部地区学校对口支援西部贫困地区学校工程”和“西部地区大中城市学校对口支援本省（自治区、直辖市）贫困地区学校工程”，使少数民族和西部贫困地区在资金、设备、师资、教学经验等方面得到帮助。教育对口支援实行目标责任制，确保目标如期实现，提高对口支援的效益。教育对口支援工作要帮助西藏、新疆加强双语师资特别是汉语教师的培

养和支教工作。进一步加强内地西藏班（校）和新疆高中班的工作，完善内地西藏班（校）、内地新疆高中班管理、评估和升学分流办法；加大投入，提高教育教学质量，使其办学综合条件和管理水平达到当地省一级同类学校的标准；调整内地西藏班（校）招生结构，适度扩大高中和师范招生比例。

（六）大力加强教师队伍建设。要把教师队伍建设作为民族教育发展的重点，教育投入要保证教师队伍建设的需要。少数民族和西部地区教师队伍建设要把培养、培训“双语”教师作为重点，建设一支合格的“双语型”教师队伍。进一步深化教师教育制度改革，提高师范院校教师队伍的教学和科研水平，加强县级教师培训基地的建设。同时，采用远程教育等现代化手段，提高继续教育的质量和效益。加强校长培训，提高民族地区学校的管理水平。拓宽教师来源渠道，鼓励非师范院校毕业生和东、中部地区高校毕业生到少数民族和西部地区任教。采取定向招生等特殊措施，加强培养在农牧区、高寒地区、山区和边疆地区能“下得去、留得住”的各级各类学校教师。加强教师培训，鼓励教师参加各类业务学习，提高教师学历学位层次。要在全社会营造尊师重教的良好风尚，切实保证和不断提高教师的待遇。

（七）大力推进民族中小学“双语”教学。正确处理使用少数民族语授课和汉语教学的关系，部署民族中小学“双语”教学工作。在民族中小学逐步形成少数民族语和汉语教学的课程体系，有条件的地区应开设一门外语课。要把“双语”教学教材建设列入当地教育发展规划，予以重点保障。按照新的《全日制民族中小学汉语教学大纲》，编写少数民族学生适用的汉语教材。要积极创造条件，在使用民族语授课的民族中小学逐步从小学一年级开设汉语课程。国家对“双语”教学的研究、教材开发和出版给予重点扶持。

要尊重和保障少数民族使用本民族语文接受教育的权利，加强民族文字教材建设；编译具有当地特色的民族文字教材，不断提高教材的编译质量。要把民族文字教材建设所需经费列入教育经费预算，资助民族文字教材的编译、审定和出版，确保民族文字教材的足额供应。

（八）积极推进民族教育手段现代化进程。重点支持以现代远程教育网络建设，建立县级远程教育教学点和乡级电视、数据收视点，有条件的地区和学校启动校园网络或局域网建设，培养培训教师和管理人员；成立专门机构，努力开发少数民族语的数理化课程、学校管理和汉语教学课件库、素材库。要加强民族中小学语言教学室或计算机室的建设，加快普及信息技术教育的步伐。

（九）大力加强民族团结教育和学校德育工作。我国是由多民族组成的社会主义国家，增强民族团结、维护祖国统一、反对民族分裂，是我国各族人民的共同责任。要高举民族团结进步的伟大旗帜，在各级各类学校教育中，有重点、分层次、有针对性地加强民族团结教育。要把维护发展平等、团结、互助的新型社会主

义民族关系的教育作为爱国主义教育、公民道德教育和素质教育的重要内容,加强马克思主义民族宗教观和党的民族宗教政策的教育,加强我国各族人民为中华民族统一多民族国家的形成浴血奋斗历史的教育,加强各族人民在中国共产党领导下建立和建设社会主义伟大祖国历史的教育,进一步增强各族师生“三个离不开”(汉族离不开少数民族;少数民族离不开汉族;少数民族之间也互相离不开)的观念;牢固树立自觉维护国家统一、反对民族分裂的思想意识,增强学生的社会主义法制观念、道德观念,提高科学、文化素质,为确保我国各民族的团结进步和国家的长治久安作出贡献。

四、加强对民族教育工作的领导

各级人民政府要切实加强对民族教育工作的领导。把民族教育列入政府工作的重要议事日程。要加快民族教育立法工作,把民族教育工作纳入法制化轨道。

各级人民政府要把重视民族教育,确保民族教育投入,为民族教育办实事等,列入各级领导干部的任期目标责任制和考核政绩的重要内容。教育行政部门要指定专门机构和人员具体负责民族教育工作。在各级民族教育行政部门中,要重视选拔和使用少数民族干部。加强民族的科学研究,组织开展民族教育工作的经验交流,促进民族教育的国际合作、交流与对外开放。对在民族教育的改革发展、科学研究、教育对口支援、培养少数民族人才以及捐资助学等方面成绩显著、贡献突出的机构、高等学校、社会团体和个人要给予大力表彰和宣传。

国务院

2002年7月7日

外经贸部部长石广生就加入WTO半年接受《人民日报》记者的采访

记者:我国加入WTO已半年,虽然“利弊之争”告一段落,但对于入世的短期效应和长期效应依然看法不一,有人觉得变化较大,也有人认为没什么变化。您怎么看这段时间加入WTO给我国经济带来的实际影响?

石广生:总的来说,这半年来我国的经济运行平稳,外经贸形势比我们预想得要好。

加入WTO只是影响我国经济的一个因素,还要看到大的国际背景以及我们国内宏观经济政策的作用。过去半年,世界经济持续低迷,贸易量徘徊不前,国际投资减少,贸易保护主义盛行,尽管美国经济出现了复苏迹象,但其前景仍存在很大的不确定性,并不令人乐观。在这种情况下,中央采取了有力的宏观调控措施,继续实行积极的财政政策和稳健的货币政策,按照WTO规则和我国国情改革涉外经济管理体制,使我国国民经济保持了一定的增长速度,前5月经济增幅逾7%,外贸出口增长13.2%,实际利用外资增长12.4%,明显好于其他国家和地区,贸易顺差和税收收入等也都有不同程度的增长。

半年来经济发展状况和外经贸走势说明,加入WTO对我国经济的总体影响是积极的,变化是可喜的。就全年而言,我国外经贸能够保持稳定增长,甚至有可能与GDP增长同步。

记者:目前,国外一些人对中国能否切实履行WTO协议表示疑虑,国内一些人则担心中国如果认真履行协议会增加对国内社会经济发展的压力,请问这半年协议执行的情况如何?能否像原来所说的那样在履行承诺中实现双赢、多赢?在加入WTO之前,您多次讲到,成为WTO成员有助于社会主义市场经济体制的建立和完善,有助于我国参与经济全球化进程等等。现在,我们是否适应了这种由“观察员”到“成员”的角色转化,并真正享受到了加入WTO带来的好处?

石广生:半年来我们一直在认真履行义务。至今中国政府已基本完成有关法律、法规的清理和修订工作,从法律上保证了承诺的履行。比如,根据承诺,在一些重要的服务贸易领域颁布了新的允许外资进入中国的法规和条例,还有一些法规正在积极地制定中。我国的知识产权保护在立法方面可望完全符合TRIPS协议的要求。我们修订了《中外合资企业法》等3个关于外商直接投资的基本法律及实施细则,使之符合WTO规定。国务院近30个部门共清理相关法律文件约2300件,其中拟废止的830件,拟修订的325件。再比如,我们根据WTO的要求,减少了受配额、许可证管理的商品范围。还有,我们建立了WTO贸易政策咨询点,对WTO成员、中外企业提出的有关外经贸政策的几百个问题作出答复,同时还认真履行了向WTO通报义务。

所以说,任何人都不应怀疑中国政府履行承诺的诚意和能力。履行承诺意味着中国将按照国际通行的规则来管理经济,入世后国内在政策上的调整已为外向型经济发展提供了契机,进出口贸易愈趋活跃,跨国公司在华掀起了新一轮投资热,这将有利于我们在国际竞争中居于主动,顺应全球生产结构调整潮流,从长远看完全可以取得双赢、多赢结果。

作为WTO的一员,也应充分享受权利。这半年来,我们全面、积极、建设性地参与了WTO各项活动。过去别人制定规则我们遵守,现在我们获得了平等制定规则的权利,这对维护中国和广大发展中国家的权益非常重要。不久前,我们在WTO新一轮农业谈判中提出了我国的方案,要求发达国家取消出口补贴,降低高关税,得到了很多WTO成员支持。我们已经开始根据WTO规则和规定,处理中外经贸纠纷,维护了我国的合法权益。至于角色转化,有一个典型例子:我们过去15年作为申请加入国与别国谈判,如今我们正作为WTO成员与其他申请加入WTO的国家如俄罗斯、越南等谈判。为什么要和它们谈判?就是要使我们同这些国家的经贸关系都建立在WTO法律框架基础上,为我国企业开展贸易和“走出去”创造条件。

当然,必须承认,WTO的规则和运作机制很复杂。只能说我们现在初步地适应了WTO成员角色,还需要花更多的时间,更大的气力,学懂、弄通、会用WTO规则,充分享受我们的权利,维护我们的利益。

记者:近几个月来,钢铁、尿素、食糖等产品进口量激增,今年一季度仅钢材进口就增长了近18%,这种情况是否正常?有人把现阶段国内生产能力过剩矛盾加剧,居民消费价格总体水平下降,一些企业经营更加困难以及再就业率仍在下降等一系列现象,统统归咎为入世后进口增加带来的冲击,您是否同意这种看法?

石广生:我国正在履行加入世贸组织所作的市场准入承诺,但决定进口增长的关键因素仍是市场需求。以前可能我们惯于用关税和非关税措施来调控进口,今后要更多地通过调节市场需求来管理进口。很多人担心,今年年初我国降低关税和取消部分非关税措施可能诱发进口的激增,但1—5月海关统计表明并没有出现进口急剧增长的局面,进口的增长低于预期。钢材进口幅度上升较快,与美国、欧盟实施特别保障措施和临时保障措施有一定的关系。原木进口增加,这与我国生态保护、贸易结构优化是相适应的。从进口的发展趋势上看,今年取消限制较多的个别产品(如汽车、化肥等)的进口有可能增长较快,但预计也不会对进口的大“盘子”产生大的影响。总体上看,我国前5个月的进口是正常而平稳的。

当前,我国面对严峻的国际经济环境和激烈的国际市场竞争,国内扩大内需和产业结构调整的任务十分繁重,经济体制深层次问题尚未解决,部分企业生产和职工生活仍有困难,就业和社保压力加大,市场经济秩序仍较混乱。但这些问题不是因为加入世贸组织带来的,而是在我国经济体制由计划经济向市场经济转化过程中产生的,是前进中所遇到的难题,它们也将伴随着改革的深化、经济结构的调整、国民经济的发展逐步得到解决。

记者:加入世贸组织的重要目的之一就是利用WTO这个舞台,进一步改善我国的外部环境,为对外开放扩展新空间。但是,从去年以来,我国遭遇国外贸易壁垒似乎愈趋频繁,从发达国家到发展中国家都在运用各种非关税措施对我设限,钢铁201条款、欧盟CR法规、动物源性食品案等等,还有诸如特保条款、非市场经济待遇等,给人感觉是中国在国际市场开始四面楚歌。还有人提出,我们才刚刚“学规则”,而WTO不少成员早已到了“玩规则”的地步,在国际经贸争端中我们只能越来越被动,被人牵着鼻子走。对这类问题您怎么看?

石广生:的确,加入世贸组织以来,我们同贸易伙伴的贸易摩擦有所增加,特别是欧盟多次实施针对我产品的限制性政策,美国在钢铁和农产品贸易方面也采取了背离WTO规则的一些做法。同时,经济区域化趋势不断加强,贸易保护主义日益加剧。据WTO统计,目前世界上存在约160多个自由贸易区和双边自由贸易协定,协定成员对区外需求大大降低。这些都对我国发展外经贸的外部环境造成了一定影响。但目前国际贸易保护主义盛行,归根到底是由于世界经济出现困难,特别是亚洲金融危机和近两年西方主要经济体衰退而引起的。这与中国加入WTO没有必然的因果关系。不管我们是不是WTO成员,国际贸易保护主义加剧的趋势客观存在,我们都要面对这一现实。

庆幸的是,在此形势下,我们加入了WTO。这样,我们在同形形色色的贸易保护主义进行斗争时,有了判断是非的标准和进行斗争的规则手段。比如,根据WTO规则,我们可以成员的身份同有关成员进行双边磋商,还可以在多边场合按WTO规则起诉有关成员。如果中国至今还不是WTO成员,局面就要比现在被动得多,因为没有有利于我的多边斗争环境,我们只好单凭经济实力进行斗争,这对我们是非常不利的。

不过,也应认识到,由于中国已是排名全球第六位的贸易大国,特别是出口发展很快,贸易摩擦不可避免地会增多。这也不足为怪,世界贸易大国都是如此。对此,我们应有充分的思想准备。

记者:我国承诺到2005年将平均关税降至10%,这对外国投资者绝对是个利好消息,入世后,我国关税大幅下调,外商来华投资踊跃。但另一个事实是,前4个月海关税收一改近几年连续大幅增收之势,同比减少62亿多元,降幅7.7%,这会不会影响到整体税收收入?

石广生:为了进一步扩大对外开放,适应经济全球化的形势,我国政府早在1993年就宣布,到2005年将平均关税水平降至10%左右。因此,我们在加入世贸组织时作出了具体承诺。从今年1月1日起,中国5332个税目的进口税率进行了不同程度的降低。降税后,中国关税总水平下降12%。今年以来我国海关税收与去年同比减少,引起各方关注,这是很自然的。

但是,应该看到,在经济全球化和贸易便利化加速、关税壁垒减少的形势下,目前发达国家的关税水平已降到4%,并还要逐步降低;发展中国家目前的平均关税水平已达10%左右。我国目前的关税水平是同发展中国家水平相一致的。发展中国家也将进一步降低关税水平,这是国际贸易发展的大趋势。既然我们要参与经济全球化,加入了WTO,就同样要适应这一趋势。

另外,消除关税和非关税壁垒是当前实现贸易投资便利化的重要手段。虽然降低关税水平,会使一些国家特别是发展中国家海关税收有所减少,但这从根本上有利于世界贸易的发展,进而有利于世界经济的发展。我们必须看到这个趋势。

在财政收入中关税的比重下降,这也是一个世界性的趋势。降低关税可以促进贸易和投资的发展,相应地会带来其他税收和财政收入的增长。

我们既要履行加入WTO的承诺,适应新形势,同时在关税水平降低的情况下,还要通过发展贸易、加强征管、打击走私等手段保持税收稳定增长。这也是我们当前必须大力加强的工作。

记者:入世一定意义上是"政府入世",您觉得这半年国内在"政府入世"方面有无起色?有人提出,以往国内经济出现波动时,宏观上采取一些办法和调控措施,对引导和改善经济运行状况效果明显,但入世后外部因素增多,不确定性加大,过去一些行之有效的做法好像不那么灵了。据此认为,入世影响了政府的宏观调控能力,长此下去会造成宏观上的失控。对上述观点您作何评价?

石广生:我想,中国加入世贸组织不会影响政府的宏观调控,更不会造成宏观上的失控。问题的关键在于我们一定要认识到政府应该用什么手段和怎样进行调控。

以前相当长的时期,政府主要运用行政的、计划的手段来对经济进行调控。在计划经济条件下,这样做是很有效的。但是,在中国建立市场经济体制的条件下,政府仍然用行政和计划的手段来调控经济,确实不那么有效了。由于WTO规则的基础就是市场经济,我们必须学会用经济手段,掌握市场经济规律,用市场经济机制和健全的法律体系来调控宏观经济。只要我们政府熟悉世贸组织规则,运用好市场经济手段,建立有效的法律体系,对市场经济下的宏观经济调控仍然会是有效的。事实证明,许多国家在加入WTO后,既开放了市场,同时又用市场经济手段进行调节,结果并没有影响政府对经济的宏观调控。中国政府同样有能力做到这一点。中国加入WTO后,政府依然对重要敏感领域加强开放与监管。只要我们用好经济手段,政府对经济的宏观调控将会更加有效。

记者:入世后,各地掀起一股WTO热潮,许多人特别是企业界人士反映,通过学习、培训,基本规则是听懂了,但回去一对照,实际工作千差万别、千头万绪,心里又没底了,普遍缺乏操作层面的应对之策,面对新形势不知该从哪儿入手。如果这一状况持续下去,将来会不会影响到入世的正面效应?

石广生:这半年来,社会各界组织了很多相关的培训活动,对大家熟悉和了解WTO很有帮助。但我认为更重要的是,要在实践中去学习和研究这些规则,尤其是企业。这就好像是学外语,规则就像单词,法律文件就像字典。我们要通过实践把单词变成对方听得懂的语言,至于遇到不懂的词可以查字典。所以现在的问题就是如何在实践中去学习和掌握规则。

政府和中介组织要加强对规则的研究和运用,我们的企业也应当尽快行动起来,除了有针对性地培训WTO专业人才外,首先,应了解我国政府为适应新形势而采取的一系列措施,包括清理修订后的法律、法规情况、经过转变后的政府职能、规范和整顿市场经济秩序后的市场状况等。其次,随着我国开放步伐加快,政策更趋透明、更有预见性,企业应当利用这个机会,认真研究有关政策,积极适应我国对外贸易体制的变化,力求将企业的发展纳入到我国乃至全球经济贸易发展的范畴中去。最后,企业面对国际贸易争端时,应当保持冷静,一方面要尽快掌握相关知识,积极应对;另一方面也应利用规则尽量避免争端;同时,应把来自于外界的压力转化为企业提高自身竞争力的动力。

记者:前段时间我采访WTO总干事穆尔,他说现在看来,入世后中国最缺的不是资金、技术和人才,而是整个社会的规则意识;还有我们的体制完全不对路,所以,即使是过渡期结束了,我们还是不能适应WTO。对此您怎么看?

石广生:规则意识是市场经济发展的内在要求,缺乏这种意识的直接表现就是我国市场经济秩序的混乱。加入WTO对我们提出的要求就是在全社会形成自觉遵守规则的意识。在这方面,政府部门要率先垂范,因为政府不仅是规则的制定者,也受到规则的约束。要以改革行政审批制度为突破口加快政府职能转换,严格依法行政。同时,包括企业在内的社会各界要自觉地遵守各项法律、法规,消费者也要拒绝各种扰乱市场秩序的行为。只有让规则意识成为我们的道德标尺,诚信成为我们经济行为的准则,才能彻底建立起符合市场经济要求的社会经济秩序。

记者:您认为接下来我们要在哪些方面进一步抓紧做好工作?

石广生:江总书记在"5·31"重要讲话中指出,在新的阶段,"发展要有新思路,改革要有新突破,开放要有新局面",这实际上就是我们今后工作的一个指南。据此,我们要在认真履行承诺的基础上做好以下几方面的工作:

一是要积极参加 WTO 多边贸易谈判,参与制定多边贸易规则。WTO 新一轮谈判将要讨论的重要议题,都与我国的实际经济利益密切相关,特别是有关乌拉圭回合协议实施问题的谈判更直接涉及我国和发展中国家的利益。二是要认真研究 WTO 规则,学会用这些规则来管理经济和保护自己的利益,在激烈的国际竞争中掌握主动。三是要加强培训,一方面培养一批高水平的专业人才,以便处理好加入 WTO 后大量和复杂的涉外经贸事务。另一方面也要向不同层次、不同领域、不同地区的政府公务员和企业家普及 WTO 知识。

中国刚刚加入 WTO,今后,在参与多边贸易体制和经济全球化时仍将会面对更复杂的情况,任务还很艰巨。但我坚信,有邓小平理论和江泽民同志"三个代表"重要思想指引,有改革开放的丰富经验、经济建设成就和不断增强的综合国力,只要我们紧紧抓住机遇,主动应对挑战,就一定会迎来中国对外开放和经济快速发展的崭新未来。

7月8日

国家主席江泽民在人民大会堂接受四国新任驻华大使递交的国书

这4位大使是塔吉克斯坦大使博哈德尔·纳日米季诺维奇·阿卜杜拉耶夫,毛里求斯大使林德超,波黑大使博里斯拉夫·马里奇,法国大使蓝峰。

全国人大常委会委员长李鹏在人民大会堂会见哥伦比亚共和国参议长卡洛斯·加西亚

李鹏说,中哥建交以来,双边关系稳步发展。两国虽然相距遥远,但同属第三世界,在许多问题上有着相同或相似的立场和观点。近年来中哥两国贸易增长较快,中国愿意同哥伦比亚共同努力,促进两国关系进一步发展。

李鹏说,拉丁美洲地域辽阔,资源丰富,有着巨大的发展潜力。近年来,地区一体化不断扩大,为维护自身利益和世界的和平与发展作出了积极贡献,对此我们给予高度评价。中国愿意在和平共处五项原则的基础上,进一步加强同包括哥伦比亚在内的拉美国家的互利合作,促进共同发展。

李鹏说,中国全国人大愿意加强同哥伦比亚议会之间的交流与合作,相信参议长的这次访问有助于增进两国人民的相互了解和友谊。他对哥伦比亚新一届议会即将组成表示祝贺。

会见结束时,加西亚代表哥伦比亚国会为李鹏委员长授勋。

全国人大常委会委员、全国人大中哥友好小组主席滕藤,外交部副部长李肇星,全国人大常委会副秘书长吕聪敏,李鹏委员长办公室主任吴文昌等参加了会见。

全国人大常委会委员长李鹏在人民大会堂会见以普罗伊夫人为团长的欧洲议会对华关系代表团

李鹏说,近年来,中国与欧盟关系的发展势头良好,双方领导人之间互访与接触频繁,不同级别的政治磋商和对话进一步加强,经贸、科技及文化等领域的合作与交流不断扩大。欧盟是中国对外开放的主要对象之一,双方贸易稳步增长,中欧贸易合作潜力巨大,前景广阔。欧盟是世界多极格局中重要的一极,中国重视同欧盟的关系,重视欧盟在国际事务中的地位和作用。中国与欧盟关系的稳步发展,符合双方的根本利益,也符合人类和平与发展的需要,是国际形势演变的必然结果。当然,由于政治制度、经济水平、文化历史背景的差异,双方在一些问题上存在分歧,这是不足为怪的,也是世界多样性的客观反映。我们主张在相互尊重、平等相待、互不干涉内政的基础上,通过对话与合作来加深相互之间的了解,以达到求同存异、扩大共识、加强合作的目的。

李鹏说:中国全国人大愿与欧洲议会加强交往与合作。我也高兴地看到,双方定期会晤机制进展良好,最近欧洲议会各主要党团陆续派团访问了中国,欧洲议会中主张发展欧中关系的人士多了。我希望欧洲议会对华关系代表团在促进双方关系的改善和发展方面发挥更大作用。

李鹏还简要介绍了中国当前国内政治经济形势和中国政府在西藏问题上的原则立场。他说,有句谚语叫"百闻不如一见",我希望你们这次对西藏的参观取得成果,加深对西藏真实情况和中国的民族政策的了解。

全国人大常委会副委员长蒋正华,全国人大外事委员会副主任委员、全国人大中欧友好小组主席李淑铮,全国人大常委会副秘书长吕聪敏,外交部部长助理赵进军参加了会见。

国务院总理朱镕基在中南海主持召开国家科教领导小组会议

国务院总理、国家科技教育领导小组组长朱镕基在中南海主持召开国家科技教育领导小组第十一次会议,听取教育部关于职业教育工作和实施现代远程教育工程的汇报。

国务院副总理、国家科技教育领导小组副组长李岚清，国务院副总理吴邦国、全国政协副主席宋健出席会议并讲话。

朱镕基总理在听取汇报后指出，改革开放以来，我国职业教育事业有了很大的发展，各级各类职业学校教育和职业培训为社会主义现代化建设培养了大量高素质劳动者和实用人才。当前，面对新形势，职业教育要按照面向市场、适应需要、地方为主、企业参与的原则，进一步深化改革，取得更大的发展。

朱镕基指出，职业教育要面向市场，建立结构合理、灵活开放、特色鲜明、自主发展的现代职业教育体系，与劳动就业紧密结合，提高劳动者的素质和技能，为促进就业和再就业服务。在工业发展中，不能长期靠低成本的劳动力和低廉的价格维持自己的竞争优势，必须靠技术创新，必须培养大量技术娴熟、手艺高超的一线操作人员，才能生产出高质量的产品，创出中国自己的名牌。在广大农村，要运用多种教育培训方式，提高农民的生产技术水平，加大农业的科技含量，不断提高农产品质量和竞争力，为农业结构调整和农业发展服务。

朱镕基强调，在发展职业教育中，特别要注意发挥地方和企业的作用。各级政府特别是地级市政府，要增强统筹规划、整合教育资源、协调职业教育发展、规范教育管理的职能，充分认识发展职业教育对促进本地区经济和社会发展的重要作用，充分调动企业和社会力量参与办学的积极性，有效运用市场机制促进职业教育发展；要采取政策引导，逐步实施职业教育与就业资格相联系的准入制度，提高群众接受职业教育和技术培训的积极性和自觉性，促进职业教育与劳动就业和再就业的紧密结合。发展职业教育要鼓励企业积极参与，充分考虑企业的实际需要，发挥各自的优势，有针对性地设置专业课程，深化办学、教学改革；要十分注重职业道德教育，不断改善办学条件，不断提高教育质量，促进职业教育的健康发展。

朱镕基指出，教育信息化是国家信息化的重要组成部分。我国教育的重点和难点在农村，广大农村特别是中西部地区农村，师资不足和师资素质不高的问题相当突出。我们必须大力实施现代远程教育工程，运用信息化特别是音像录放手段，把最优秀的教育资源送到偏远农村、山区学校，有效提高教学质量，推进中西部农村教育的跨越式发展。

会议审议并原则同意教育部关于推进职业教育改革与发展和实施现代远程教育工程的意见。

国家科技教育领导小组成员出席了会议。国务院有关部门负责同志列席会议。

国家副主席胡锦涛 国务院副总理李岚清在人民大会堂会见全国“杰出专业技术人才”表彰暨专业技术人才队伍建设工作会议代表

胡锦涛代表党中央、国务院，向受到表彰的50位全国“杰出专业技术人才”表示热烈的祝贺，向工作在各条战线的广大专业技术人员，表示崇高的敬意和亲切的问候。

胡锦涛在讲话中充分肯定了全国“杰出专业技术人才”为促进我国科技创新、经济发展和社会进步作出的突出贡献，希望大家再接再厉，不断开拓进取，发挥好表率作用。也希望全国广大专业技术人员以“杰出专业技术人才”为榜样，全面实践“三个代表”的要求，继续弘扬爱国奉献、求实创新、顽强拼搏、勇攀高峰的精神，努力为我国先进生产力和先进文化的发展，为实现中华民族的伟大复兴，贡献自己的智慧和力量。

胡锦涛指出，我们党以毛泽东、邓小平、江泽民同志为核心的三代中央领导集体，历来高度重视人才工作，反复强调要把建设一支德才兼备、规模宏大的高素质人才队伍，作为关系党的事业发展、关系中华民族振兴的重大战略问题来抓。现在，我国已进入全面建设小康社会、加快推进社会主义现代化的新的发展阶段。这对人才队伍建设提出了新的更高的要求。尤其是在知识经济兴起、经济全球化趋势继续发展和我国加入世贸组织的新形势下，我国面临的人才竞争问题更为突出。抓住机遇，迎接挑战，实施科教兴国战略、走人才强国之路，是贯彻“三个代表”重要思想的必然要求，是增强我国综合国力和国际竞争力、实现中华民族伟大复兴的战略选择。

胡锦涛强调，各级党委和政府一定要深刻认识人才在经济和社会发展中的基础性、战略性、决定性作用，牢固树立“科学技术是第一生产力”、“人才资源是第一资源”的观念，增强做好人才工作的责任感和紧迫感。要坚持解放思想、与时俱进，以改革的精神推进人才队伍建设。既坚持和发扬我国人才工作的优良传统，又吸收和借鉴国外人才资源开发的有益经验。要进一步形成尊重知识、尊重人才，促进优秀人才脱颖而出的社会氛围，加快建立有利于人尽其才的管理和激励机制，努力开创人才队伍建设的新局面。

杰出专业技术人才表彰大会在人民大会堂举行

会议由中组部、中宣部、人事部、科技部在人民大会堂联合举行。中组部常务副部长李铁林主持会议。中宣部副部长胡振民宣读了《关于授予李桓英等50名同志“杰出专业技术人才”荣誉称号的决定》。国务委员、国务院秘书长王忠禹等领导同志向50位“杰出专业技术人才”荣誉称号获得者颁发了奖章和证书。

获“杰出专业技术人才”荣誉称号人员名单：

李桓英　北京友谊医院热带医学研究所研究员

张伯礼　天津中医学院副院长、教授

曹谊林　上海市第九人民医院副院长、教授

张洪松　重庆市农业技术推广站推广研究员

王顺道　河北省邢台市人民医院副院长、主任医师

谢克昌　太原理工大学校长、教授

旭日干　内蒙古大学校长、工程院院士

安静娴　东北制药总厂高级工程师、工程院院士

杜丽华　吉林远东药业集团股份有限公司董事长、高级经济师

孙海军　黑龙江省伊春市双丰林业局高级工程师

欧阳平凯　南京工业大学校长、工程院院士

叶宏明　浙江省轻工业公司高级工程师

吴华夏　安徽国家特种显示工程技术研究中心主任、研究员

赖爱光　福建省光学技术研究所所长、高级工程师

江风益　南昌大学教授

孙丕恕　山东浪潮集团有限公司总裁、研究员

王纪年　河南许继集团有限公司总裁、研究员

傅廷栋　华中农业大学教授、工程院院士

刘　筠　湖南师范大学教授、工程院院士

黄小池　广东科龙电器股份有限公司高级工程师

陈保善　广西大学教授

黄润秋　成都理工大学副校长、教授

吴大华　贵州民族学院院长、教授

朱有勇　云南农业大学教授

多　吉　西藏地质矿产勘查开发局高级工程师、工程院院士

舒德干　西北大学教授

樊锦诗　敦煌研究院院长、研究馆员

杜德志　青海省农林科学院研究员

何季麟　宁夏东方钽业股份有限公司董事长、工程院院士

夏训诚　中国科学院新疆生态与地理研究所研究员

迟福林　海南省中国(海南)改革发展研究院研究员

陈炳忠　中国人民解放军总装备部研究员

郭予元　中国农业科学院研究员、工程院院士

肖培根　中国协和医科大学研究员、工程院院士

郑绵平　中国地质科学院研究员、工程院院士

李小文　北京师范大学教授、科学院院士

方滨兴　国家计算机与信息安全管理中心副主任、教授

于魁智　中国京剧院一级演员

罗　京　中央电视台播音指导

彭镇华　中国林业科学研究院研究员

董立清　国家气象中心中央气象台高级工程师

王天然　中国科学院沈阳自动化研究所所长、研究员

李学勤　中国社会科学院历史研究所研究员、欧亚科学院院士

贾承造　中国石油天然气股份有限公司总地质师、高级工程师

刘蕴博　中国第一汽车集团公司高级工程师

范英俊　新兴铸管集团有限公司董事长、高级工程师

康红普　煤炭科学研究总院研究员

陈定昌　中国航天科工集团公司研究员

石　屏　中国第二航空工业集团公司高级工程师

朱英富　中国船舶重工集团公司研究员

中央社会治安综合治理委员会在北京召开全体会议

国务委员、中央综治委主任罗干在会上强调，各级党委、政府和政法部门一定要以高度的政治责任感，深入推进“严打”整治斗争，切实加强治安防范，全力维护社会稳定，为党的十六大的胜利召开创造良好的社会治安环境。

罗干说，自2001年全国社会治安工作会议以来，各级党委、政府和有关部门迅速开展“严打”整治斗争，依法严惩了黑恶势力犯罪和严重刑事犯罪，刑事案件大幅度上升的势头得到遏制；一些治安混乱地区和突出治安问题得到有效整治。

罗干指出，虽然“严打”整治取得了阶段性成果，全国社会治安状况得到了改善，但是，社会治安工作的基础还比较脆弱，稍有松懈，就可能出现反弹。因此，要清醒地认识当前的社会治安形势，下更大的决心和气力，深入推进“严打”整治斗争，大力加强治安防范，确保社会治安明显进步的目标得到实现。

罗干强调，江泽民总书记5月31日在中央党校省部级干部进修班毕业典礼上的重要讲话，对开创建设有中国特色社会主义事业的新局面，做好新时期党和国家的各项工作，具有十分重要的指导意义，是做好新形势下的政法、综治工作的重要指导思想和行动指南。各级党委政府和政法部门一定要认真学习，深刻领会，全面把握精神实质，按照“三个代表”的要求，扎扎实实地做好社会治安综合治理工作。

罗干要求，继续深入推进“严打”整治斗争。要进一步加强组织领导，突出重点，加大“打黑除恶”的力度，破大案，追逃犯，打团伙，深挖黑恶势力及其后台和“保护伞”，加快案件的消化处理工作。

罗干还要求做好深入排查整治治安混乱地区和突出治安问题工作。要针对突出治安问题，适时组织区

域性的集中整治统一行动,对大中型国有企业周边、学校校园周边地区和大型集贸市场以及文化娱乐服务场所,要继续加强专项整治工作。要坚持标本兼治、重在治本,整建并重,探索建立社会治安综合治理的长效机制。

罗干强调,要大力加强以基层党支部为核心的基层组织建设,充分发挥村(居)委会、治保会、调委会的作用。要深入开展基层安全创建活动,认真做好流动人口管理、刑释解教人员安置帮教和预防青少年违法犯罪等各项基础性工作。要加强基层矛盾纠纷排查调处工作,重点抓好群防群治工作,加快建立和完善新形势下群防群治的组织形式、工作机制和保障机制。

会上,中央综治委赴北京检查组组长、中央政策研究室国际局副局长倪健民,中央综治委赴云南组组长、中组部组织局调研员仲兆军就检查情况作了汇报发言。中央综治办主任陈冀平汇报了各地贯彻“上海会议”情况和检查九省区市社会治安综合治理工作情况。中央综治委副主任、最高人民法院院长肖扬、最高人民检察院检察长韩杼滨和中央综治委委员出席了会议。

国务委员吴仪在波兰访问

国务委员吴仪在华沙会见了波兰总理米莱尔。在谈到两国经贸关系时,吴仪说,经过双方的共同努力,双边贸易额不断提高,去年达到了历史最高水平,但也存在贸易不平衡问题。为此中方采取了一系列措施,增加从波进口。吴仪说,两国企业目前还缺乏了解和信任,要增加彼此的往来和交流,取长补短,使两国贸易达到积极平衡。

吴仪还同波兰副总理兼基础设施部部长波尔举行了会谈,着重讨论了加强和拓宽两国经贸领域的合作等问题。

吴仪说,多年来,波兰一直是中国在中东欧地区最大的贸易伙伴。近几年两国贸易中高新技术产品贸易出现快速增长势头,两国企业在经济技术和相互投资方面的合作也在逐步扩大。吴仪表示,中波经贸合作具有很大的潜力,中方鼓励和支持双方企业直接接触,加强了解,开展合作,推动双边经贸关系稳步发展。吴仪强调,两国政府应积极为双方企业的直接接触与合作牵线搭桥,提供便利条件。

会见后,吴仪和波尔共同出席了中国从波兰进口1200辆小轿车合同、电解铜长期购售协议和中方利用波政府优惠贷款进口波环保设备的银行间转贷协议的签字仪式。中国国家工商行政管理总局局长王众孚、中国驻波兰大使周晓沛等代表团全体陪同人员参加了上述会见和会谈。

信息产业部无线电管理局发表声明谴责境外“法轮功”邪教组织非法信号攻击鑫诺卫星的严正声明

声明全文如下:

6月23日到6月30日,境外“法轮功”邪教组织在李洪志的操纵和指挥下,非法发射无线电信号,攻击我鑫诺卫星。该卫星转发器上传输的“村村通”广播电视工程中的中央电视台9套节目和10个省级电视台节目受到严重干扰,部分农村和边远山区群众无法正常收看新闻、气象、汛情预报、世界杯足球决赛和其他节目。这是一起由李洪志操纵和指挥境外“法轮功”邪教组织实施的,干扰我广播电视节目正常播出和卫星正常使用的严重违法活动,违反了有关国际公约和民用通信的基本准则,危及国家安全,侵犯了公众权益。这一违法活动扰乱了空中无线电波的正常秩序,对无线电安全业务造成严重威胁。我们对境外“法轮功”邪教组织践踏国际法则和公共道德的卑劣行径给予严厉谴责。

无线电已广泛应用于通信、广播电视、导航、定位、气象、射电天文等社会生活各个方面,无线电信号的发射必须像地面交通一样按照规定的秩序进行,否则,将会造成相互干扰,不仅正常无线电业务无法进行,甚至航空水上通信导航、紧急遇险救助等事关公众生命安全的重要无线电业务也无法进行,后果不堪设想。因此,世界各国及国际组织对无线电信号发射都有严格明确的规定。“法轮功”邪教组织竟冒天下之大不韪,公然蓄意攻击我鑫诺卫星,这是对无线电通信秩序的恣意破坏,是对人类文明的挑战。

我们正告“法轮功”邪教组织,必须立即停止干扰正常通信的非法行为。我们呼吁国际社会对这种卑劣行径予以谴责,共同采取措施制止这种恶劣行径。

7月9日

中共中央印发《党政领导干部选拔任用工作条例》并发出通知

各省、自治区、直辖市党委,各大军区党委,中央各部委,国家机关各部委党组(党委),军委各总部、各军兵种党委,各人民团体党组:

现将《党政领导干部选拔任用工作条例》(以下简称《干部任用条例》)印发给你们,请结合本地区、本部门的实际,认真遵照执行。

1995年颁布的《党政领导干部选拔任用工作暂行条例》,在规范干部选拔任用工作,防止和纠正用人上的不正之风,建设高素质党政领导干部队伍等方面发挥了重要作用。在《党政领导干部选拔任用工作暂行条例》的基础上修订的《干部任用条例》,体现了“三个代表”重要思想，贯彻了中央对干部选拔任用工作的新要求，吸收了干部人事制度改革的新成果，是我们党关于党政领导干部选拔任用工作必须遵循的基本规章，也是从源头上预防和治理用人上不正之风的有力武器。《干部任用条例》的颁布和实施，对于建立、健全科学的干部选拔任用机制和监督管理机制，推进干部工作的科学化、民主化、制度化，对于形成朝气蓬勃、奋发有为的领导集体，保证党的基本路线的贯彻执行，保证党的事业的兴旺发达和国家的长治久安，具有十分重大的意义。

各级党委(党组)及其组织(人事)部门一定要坚决贯彻执行党的干部路线方针政策，认真学习《干部任用条例》，大力宣传《干部任用条例》，严格遵守《干部任用条例》。选拔任用干部必须按照《干部任用条例》的规定办事，严格把关。对本级管理的干部任用，不符合《干部任用条例》规定的不上会；对上级管理的干部任用，不符合《干部任用条例》规定的不上报；对下级报来的干部任用，不符合《干部任用条例》规定的不审批。要加强思想教育，做好思想政治工作，以坚强的党性、良好的作风保证《干部任用条例》的贯彻执行。各级党政主要领导同志要增强政治观念、组织观念、法纪观念，带头严格执行《干部任用条例》，按照民主集中制原则办事，不允许个人说了算。组织(人事)部门要切实加强自身建设，充分发挥职能作用，坚持照章办事，严格履行程序。要自觉抵制来自各方面不正之风的干扰，做到坚持原则不动摇，执行标准不走样，履行程序不变通，遵守纪律不放松。

要切实加强对《干部任用条例》贯彻执行情况的监督检查，加大对违反《干部任用条例》行为的查处力度。要把党委(党组)和领导干部执行《干部任用条例》的情况作为领导班子民主生活会的重要内容，认真检查，发现问题，及时纠正。要认真落实群众对干部选拔任用工作的知情权、参与权、选择权和监督权，建立、健全干部选拔任用工作的民主监督制度。要实行干部选拔任用工作责任追究制度，对用人失察失误造成严重后果的，要追究主要责任人以及其他直接责任人的责任。对违反《干部任用条例》规定的原则、条件、程序和纪律选拔任用干部的，要严肃查处，问题严重的要给予党纪政纪处分。

各级党委(党组)及其组织(人事)部门要结合实际制定具体的贯彻实施意见，不断推进干部选拔任用制度改革，进一步完善选贤任能的科学机制，为优秀人才脱颖而出、健康成长、施展才干创造条件。

各地区、各部门在执行《干部任用条例》中有何问题和建议，请及时报告。

中共中央

2002年7月9日

党政领导干部选拔任用工作条例

第一章　总　则

第一条　为认真贯彻执行党的干部路线、方针、政策，建立科学规范的党政领导干部选拔任用制度，形成富有生机与活力、有利于优秀人才脱颖而出的选人用人机制，推进干部队伍的革命化、年轻化、知识化、专业化，建设一支高举马克思列宁主义、毛泽东思想、邓小平理论伟大旗帜，认真实践“三个代表”重要思想的高素质的党政领导干部队伍，保证党的基本路线的全面贯彻执行和建设有中国特色社会主义事业的顺利发展，根据《中国共产党章程》和有关法律、法规，制定本条例。

第二条　选拔任用党政领导干部，必须坚持下列原则：

(一)党管干部原则；

(二)任人唯贤、德才兼备原则；

(三)群众公认、注重实绩原则；

(四)公开、平等、竞争、择优原则；

(五)民主集中制原则；

(六)依法办事原则。

第三条　选拔任用党政领导干部，必须符合把领导班子建设成为坚持党的基本理论、基本路线和基本纲领，全心全意为人民服务，具有领导社会主义现代化建设能力，结构合理、团结坚强的领导集体的要求。

应当注重选拔任用优秀年轻干部。

第四条　本条例适用于选拔任用中共中央、全国人大常委会、国务院、全国政协、中央纪律检查委员会的工作部门或者机关内设机构的领导成员，最高人民法院、最高人民检察院的领导成员(不含正职)和内设机构的领导成员；县级以上地方各级党委、人大常委会、政府、政协、纪委、人民法院、人民检察院及其工作部门或者机关内设机构的领导成员；上列工作部门的内设机构的领导成员。

县级以上党委、政府直属事业单位和工会、共青团、妇联等人民团体的领导成员的选拔任用，参照本条例执行。

选拔任用非中共党员领导干部，参照本条例执行。

选拔任用处级以上非领导职务，参照本条例执行。

第五条　党委(党组)及其组织(人事)部门，按照干部管理权限履行选拔任用党政领导干部的职责，负责本条例的组织实施。

第二章　选拔任用条件

第六条　党政领导干部应当具备下列基本条件：

(一)具有履行职责所需要的马克思列宁主义、毛泽东思想、邓小平理论的水平，认真实践“三个代表”重要思想，努力用马克思主义的立场、观点、方法分析和解决实际问题，坚持讲学习、讲政治、讲正气，经得起各种风浪的考验。

（二）具有共产主义远大理想和中国特色社会主义坚定信念，坚决执行党的基本路线和各项方针、政策，立志改革开放，献身现代化事业，在社会主义建设中艰苦创业，作出实绩。

（三）坚持解放思想，实事求是，与时俱进，开拓创新，认真调查研究，能够把党的方针、政策同本地区、本部门的实际相结合，卓有成效地开展工作，讲实话，办实事，求实效，反对形式主义。

（四）有强烈的革命事业心和政治责任感，有实践经验，有胜任领导工作的组织能力、文化水平和专业知识。

（五）正确行使人民赋予的权力，依法办事，清正廉洁，勤政为民，以身作则，艰苦朴素，密切联系群众，坚持党的群众路线，自觉接受党和群众的批评和监督，做到自重、自省、自警、自励，反对官僚主义，反对任何滥用职权、谋求私利的不正之风。

（六）坚持和维护党的民主集中制，有民主作风，有全局观念，善于集中正确意见，善于团结同志，包括团结同自己有不同意见的同志一道工作。

省部级党政领导干部，还应当努力达到中央对高级干部提出的各项要求。

第七条　提拔担任党政领导职务的，应当具备下列资格：

（一）提任县（处）级领导职务的，应当具有五年以上工龄和两年以上基层工作经历。

（二）提任县（处）级以上领导职务的，一般应当具有在下一级两个以上职位任职的经历。

（三）提任县（处）级以上领导职务，由副职提任正职的，应当在副职岗位工作两年以上，由下级正职提任上级副职的，应当在下级正职岗位工作三年以上。

（四）一般应当具有大学专科以上文化程度，其中地（厅）、司（局）级以上领导干部一般应当具有大学本科以上文化程度。

（五）应当经过党校、行政院校或者组织（人事）部门认可的其他培训机构五年内累计三个月以上的培训，确因特殊情况在提任前未达到培训要求的，应当在提任后一年内完成培训。

（六）身体健康。

（七）提任党的领导职务的，应当符合《中国共产党章程》规定的党龄要求。

特别优秀的年轻干部或者工作特殊需要的，可以破格提拔。破格提拔程序另行规定。

第八条　党政领导干部应当逐级提拔。越级提拔的，应当报经上级组织（人事）部门同意。

第九条　党政领导干部可以从党政机关选拔任用，也可以从党政机关以外选拔任用。

党政领导班子成员一般应当从后备干部中选拔。

第三章　民主推荐

第十条　选拔任用党政领导干部，必须经过民主推荐提出考察对象。民主推荐包括会议投票推荐和个别谈话推荐。民主推荐的结果在一年内有效。

第十一条　领导班子换届，民主推荐按照领导班子职位的设置全额定向推荐；个别提拔任职，按照拟任职位推荐。

第十二条　领导班子换届，民主推荐由下列人员参加：

（一）党委成员；

（二）人大常委会、政府、政协的党组成员或者全体领导成员；

（三）纪委领导成员；

（四）人民法院、人民检察院、党委工作部门、政府工作部门、人民团体的主要领导成员；

（五）下一级党委和政府的主要领导成员；

（六）其他需要参加的人员。

推荐人大常委会、政府、政协领导成员人选，应当有民主党派、工商联的主要领导成员和无党派人士中的代表人物参加。

第十三条　领导班子换届，民主推荐由上级党委组织部门主持，应当经过下列程序：

（一）召开推荐会，公布推荐职务、任职条件、推荐范围，提供干部名册，提出有关要求；

（二）填写推荐票，进行个别谈话；

（三）对不同职务层次人员的推荐票分别统计，综合分析；

（四）向上级党委汇报推荐情况。

第十四条　个别提拔任职，参加民主推荐的人员和民主推荐的程序，参照本条例第十二条和第十三条的规定执行。

第十五条　民主推荐工作部门领导成员人选，由本部门的领导成员、内设机构领导成员、直属单位主要领导成员和其他需要参加的人员参加；本部门人数较少的，可以由全体人员参加。

民主推荐内设机构领导成员人选，参照上列范围执行。

第十六条　领导班子换届，由本级党委书记办公会根据上级党委组织部门反馈的民主推荐情况，对考察对象人选进行酝酿，本级党委常委会研究提出考察对象建议名单，经与上级党委组织部门沟通后，确定考察对象。对拟新进党政领导班子的人选考察对象，在本条例第十二条所列人员范围内进行公示。

个别提拔任职，由党委(党组)或者组织(人事)部门在民主推荐的基础上，集体研究确定考察对象。

考察对象人数一般应当多于拟任职务人数。

第十七条　确定考察对象时，应当把民主推荐的结果作为重要依据之一，同时防止简单地以票取人。

第十八条　个人向党组织推荐领导干部人选，必须负责地写出推荐材料并署名。经组织(人事)部门审核后，按照规定程序进行民主推荐。所推荐人选不是所在单位多数群众拥护的，不得列为考察对象。

第十九条　党委、政府及其工作部门个别特殊需要的领导成员人选，可以由组织推荐提名，作为考察对象。

第四章　考　察

第二十条　对确定的考察对象，由组织(人事)部门按照干部管理权限，进行严格考察。

部门与地方双重管理干部的考察工作，由主管方负责，会同协管方进行。

第二十一条　考察党政领导职务拟任人选，必须依据干部选拔任用条件和不同领导职务的职责要求，全面考察其德、能、勤、绩、廉，注重考察工作实绩。

各级党委(党组)根据不同领导职务的职责要求，制定具体考察标准。

第二十二条　考察党政领导职务拟任人选，应当经过下列程序：

(一)组织考察组，制订考察工作方案；

(二)同考察对象呈报单位或者所在单位的党委(党组)主要领导成员就考察工作方案沟通情况，征求意见；

(三)根据考察对象的不同情况，通过适当方式在一定范围内发布干部考察预告；

(四)采取个别谈话、发放征求意见表、民主测评、实地考察、查阅资料、专项调查、同考察对象面谈等方法，广泛深入地了解情况；

(五)综合分析考察情况，同考察对象呈报单位或者所在单位的党委(党组)主要领导成员交换意见；

(六)考察组根据考察情况，研究提出领导班子调整的初步方案，向派出考察组的组织(人事)部门汇报，经组织(人事)部门集体研究提出任用建议方案，向本级党委(党组)报告。

第二十三条　考察地方党政领导班子成员拟任人选，个别谈话和征求意见的范围一般为：

(一)党委、政府领导成员，人大常委会、政协、纪委、人民法院、人民检察院主要领导成员；

(二)考察对象所在单位领导成员；

(三)考察对象所在单位有关工作部门或者内设机构和直属单位主要领导成员；

(四)其他有关人员。

第二十四条　考察工作部门领导班子成员拟任人选，个别谈话和征求意见的范围一般为：

(一)考察对象上级领导机关有关领导成员；

(二)考察对象所在单位领导成员；

(三)考察对象所在单位内设机构和直属单位主要领导成员；

(四)其他有关人员。

考察内设机构领导职务拟任人选，个别谈话和征求意见的范围参照上列规定执行。

第二十五条　考察党政领导职务拟任人选，应当听取考察对象所在单位组织(人事)部门、纪检机关(监察部门)和机关党组织的意见。对需要进行经济责任审计的考察对象，应当委托审计部门按照有关规定进行审计。

第二十六条　考察党政领导职务拟任人选，必须形成书面考察材料，建立考察文书档案。已经提拔任职的，考察材料归入本人档案。考察材料必须写实，全面、准确、清楚地反映考察对象的情况，包括下列内容：

(一)德、能、勤、绩、廉方面的主要表现和主要特长；

(二)主要缺点和不足；

(三)民主推荐、民主测评情况。

第二十七条　党委(党组)或者组织(人事)部门派出的考察组由两名以上成员组成。考察人员应当具有较高素质和相应资格。考察组负责人应当由思想政治素质好、有较丰富工作经验并熟悉干部工作的人员担任。

实行干部考察工作责任制。考察组必须坚持原则，公道正派，深入细致，如实反映考察情况和意见，并对考察材料负责。

第二十八条　考察中了解到的考察对象的表现情况，一般由考察组向党委(党组)主要领导成员和本人反馈。

第五章　酝　酿

第二十九条　党政领导职务拟任人选，在考察前，讨论决定或者决定呈报前，应当充分酝酿。

第三十条　酝酿应当根据党政领导职位和拟任人选的不同情况，分别在党委(党组)、人大常委会、政府、政协等有关领导成员中进行。

工作部门领导成员人选，应当征求上级分管领导成员的意见。

非中共党员拟任人选，应当征求党委统战部门和民主党派、工商联主要领导成员、无党派人士中代表人物的意见。

第三十一条　部门与地方双重管理干部的任免，

主管方应当事先征求协管方的意见，进行酝酿。征求意见一般采用书面形式进行。协管方自收到主管方意见之日起一个月内未予答复的，视为同意。双方意见不一致时，正职的任免报上级党委组织部门协调，副职的任免由主管方决定。

第六章 讨论决定

第三十二条 选拔任用党政领导干部，应当按照干部管理权限由党委(党组)集体讨论作出任免决定，或者决定提出推荐、提名的意见。属于上级党委(党组)管理的，本级党委(党组)可以提出选拔任用建议。

第三十三条 市(地)、县(市)党委、政府领导班子正职的拟任人选和推荐人选，由上级党委常委会提名，党的委员会全体会议审议，进行无记名投票表决；党的委员会全体会议闭会期间，由党委常委会作出决定，决定前应当征求全委会成员的意见。

第三十四条 党委(党组)讨论决定干部任免事项，必须有三分之二以上的成员到会，并保证与会成员有足够的时间听取情况介绍、充分发表意见。与会成员对任免事项，应当发表同意、不同意或者缓议等明确意见。在充分讨论的基础上，采取口头表决、举手表决或者无记名投票等方式进行表决。对意见分歧较大或者有重大问题不清楚的，应当暂缓表决。对影响作出决定的问题，会后应当及时查清，避免久拖不决。

党委(党组)有关干部任免的决定，需要复议的，应当经党委(党组)超过半数成员同意后方可进行。

第三十五条 党委(党组)讨论决定干部任免事项，应当按照下列程序进行：

(一)党委(党组)分管干部工作的领导成员或者组织(人事)部门负责人，逐个介绍领导职务拟任人选的提名、推荐、考察和任免理由等情况；

(二)参加会议人员进行讨论；

(三)进行表决，以党委(党组)应到会成员超过半数同意形成决定。

第三十六条 需要报上级党委(党组)审批的拟提拔任职的干部，必须呈报党委(党组)的请示并附干部任免审批表、干部考察材料、本人档案和党委(党组)会议纪要、讨论记录、民主推荐材料。上级组织(人事)部门对呈报的材料应当严格审查。

第三十七条 需要报上级备案的干部，应当按照规定及时向上级组织(人事)部门备案。

第七章 任 职

第三十八条 实行党政领导干部任职前公示制度。

提拔担任地(厅)、司(局)级以下领导职务的，除特殊岗位和在换届考察时已进行过公示的人选外，在党委(党组)讨论决定后、下发任职通知前，应当在一定范围内进行公示。公示期一般为七天至十五天。公示结果不影响任职的，办理任职手续。

第三十九条 实行党政领导干部任职试用期制度。

提拔担任下列非选举产生的地(厅)、司(局)级以下领导职务的，试用期为一年：

(一)党委、人大常委会、政府、政协工作部门的副职和内设机构的领导职务；

(二)纪委内设机构的领导职务；

(三)人民法院、人民检察院内设机构的非国家权力机关依法任命的领导职务。

试用期满后，经考核胜任现职的，正式任职；不胜任的，免去试任职务，一般按试任前职级安排工作。

第四十条 党政机关部分专业性较强的领导职务实行聘任制。聘任制领导职务的每一个聘任期不超过五年，可以连续聘任。聘任程序另行规定。

第四十一条 对决定任用的干部，由党委(党组)指定专人同本人谈话。

第四十二条 党政领导职务的任职时间，按照下列时间计算：

(一)由党委(党组)决定任职的，自党委(党组)决定之日起计算；

(二)由党的代表大会、党的委员会全体会议、党的纪律检查委员会全体会议、人民代表大会、政协全体会议选举、任命的，自当选、任命之日起计算；

(三)由人大常委会或者政协常委会任命或者决定任命的，自人大常委会、政协常委会任命或者决定任命之日起计算；

(四)由党委向政府提名由政府任命的，自政府任命之日起计算。

第八章 依法推荐、提名和民主协商

第四十三条 党委向人民代表大会或者人大常委会推荐需要由人民代表大会或者人大常委会选举、任命、决定任命的领导干部人选，应当事先向人民代表大会临时党组织或者人大常委会党组和人大常委会组成人员中的党员介绍党委的推荐意见。人民代表大会的临时党组织、人大常委会党组和人大常委会组成人员及人大代表中的党员，应当认真贯彻党委推荐意见，带头依法办事，正确履行职责。

第四十四条 党委向人民代表大会推荐由人民代表大会选举、任命的领导干部人选，应当以本级党委名义向人民代表大会主席团提交推荐书，介绍所推荐人选的有关情况，说明推荐理由。

党委向人大常委会推荐由人大常委会任命、决定任命的领导干部人选，应当在人大常委会审议前，按照规定的程序提出，介绍所推荐人选的有关情况。

第四十五条　党委向政府提名由政府任命的政府工作部门和机构的领导成员人选，在党委讨论决定后，由政府任命。

第四十六条　领导班子换届，党委推荐人大常委会、政府、政协的领导成员人选和人民法院、人民检察院的主要领导成员人选，应当事先向民主党派、工商联主要领导成员和无党派人士中代表人物通报有关情况，进行民主协商。

第四十七条　党委推荐的领导干部人选，在人民代表大会选举、任命或者人大常委会任命、决定任命前，如果人大代表或者人大常委会组成人员对所推荐人选提出不同意见，党委应当认真研究，并作出必要的解释或者说明。如果发现有事实依据、足以影响选举或者任命的问题，党委可以建议人民代表大会或者人大常委会按照规定的程序暂缓选举、任命、决定任命，也可以重新推荐人选。

第四十八条　党委推荐、由人民代表大会选举、任命的领导干部人选落选后，根据工作需要和本人条件，可以推荐为其他职务人选，也可以在下一次人民代表大会上再次推荐为同一职务人选。

党委推荐、由人大常委会任命、决定任命的领导干部人选在人大常委会未获通过，根据工作需要和本人条件，通过进一步酝酿，可以在另一次人大常委会上继续推荐。两次未获通过的，不得再推荐为本地同一职务人选。

政协领导成员候选人的推荐和协商提名，按照政协章程和有关规定办理。

第九章　公开选拔和竞争上岗

第四十九条　公开选拔、竞争上岗是党政领导干部选拔任用的方式之一。

公开选拔、竞争上岗主要适用于选拔任用地方党委、政府工作部门的领导成员或者其人选，党政机关内设机构的领导成员或者其人选，以及其他适于公开选拔、竞争上岗的领导职务。公开选拔面向社会进行，竞争上岗在本单位或者本系统内部进行。

第五十条　报名参加公开选拔、竞争上岗人员的基本条件和资格，应当符合本条例第六条和第七条的规定。

第五十一条　公开选拔、竞争上岗工作在党委(党组)领导下进行，由组织(人事)部门组织实施，应当经过下列程序：

(一)公布职位、报考人员的资格条件、基本程序和方法等；

(二)报名与资格审查；

(三)统一考试(竞争上岗须进行民主测评)；

(四)组织考察，研究提出人选方案；

(五)党委(党组)讨论决定。

第十章　交流、回避

第五十二条　实行党政领导干部交流制度。

(一)交流的对象主要是：因工作需要交流的；需要通过交流锻炼提高领导能力的；在一个地方或者部门工作时间较长的；按照规定需要回避的；因其他原因需要交流的。

交流的重点是县级以上地方党委、政府的领导成员，纪委、人民法院、人民检察院和党委、政府部分工作部门的主要领导成员。

(二)地方党委、政府领导成员在同一职位上任职满十年的，必须交流。民族区域自治地方另行规定。

同一地方(部门)的党政正职一般不同时易地交流。

(三)党政机关内设机构处级以上领导干部在同一职位上任职时间较长的，应当进行交流或者轮岗。

(四)干部交流可以在地区之间、部门之间、地方与部门之间、党政机关与国有企事业单位及其他社会组织之间进行。

(五)交流的干部接到任职通知后，应当在党委(党组)或者组织(人事)部门限定的时间内到任。

(六)地方党委、政府领导成员原则上应当任满一届。

第五十三条　实行党政领导干部任职回避制度。

党政领导干部任职回避的亲属关系为：夫妻关系、直系血亲关系、三代以内旁系血亲以及近姻亲关系。有上列亲属关系的，不得在同一机关担任双方直接隶属于同一领导人员的职务或者有直接上下级领导关系的职务，也不得在其中一方担任领导职务的机关从事组织(人事)、纪检(监察)、审计、财务工作。

担任县(市)委书记、县(市)长职务以及县(市)纪检机关、组织部门、人民法院、人民检察院和公安部门主要领导职务的，一般不得在本人成长地任职。民族自治县另行规定。

第五十四条　实行党政领导干部选拔任用工作回避制度。

党委(党组)及其组织(人事)部门讨论干部任免，涉及与会人员本人及其亲属的，本人必须回避。

干部考察组成员在干部考察工作中涉及其亲属的，本人必须回避。

第十一章　免职、辞职、降职

第五十五条　党政领导干部有下列情形之一的，一般应当免去现职：

(一)达到任职年龄界限或者退休年龄界限的；

(二)在年度考核、干部考察中，民主测评不称职票超过三分之一、经组织考核认定为不称职的；

(三)因工作需要或者其他原因,应当免去现职的。

第五十六条 实行党政领导干部辞职制度。

辞职包括因公辞职、自愿辞职、引咎辞职和责令辞职。

辞职手续依照法律或者有关规定程序办理。

第五十七条 因公辞职,是指领导干部因工作需要变动职务,依照法律或者政协章程的规定,向本级人民代表大会、人大常委会或者政协提出辞去现任领导职务。

第五十八条 自愿辞职,是指党政领导干部因个人或者其他原因,自行提出辞去现任领导职务。

自愿辞职,必须写出书面申请,按照干部管理权限报任免机关审批。任免机关应当自收到申请书之日起三个月内予以答复。未经批准,不得擅离职守;擅自离职的,给予纪律处分。

党政领导干部有下列情形之一的,不得提出辞职:

(一)在涉及国家安全、重要机密等特殊职位任职且不满解密期限的;

(二)重要公务尚未处理完毕,须由本人继续处理的;

(三)有其他特殊原因的。

第五十九条 引咎辞职,是指党政领导干部因工作严重失误、失职造成重大损失或者恶劣影响,或者对重大事故负有重要领导责任,不宜再担任现职,由本人主动提出辞去现任领导职务。

第六十条 责令辞职,是指党委(党组)及其组织(人事)部门根据党政领导干部任职期间的表现,认定其已不再适合担任现职,通过一定程序责令其辞去现任领导职务。拒不辞职的,应当免去现职。

第六十一条 实行党政领导干部降职制度。

因工作能力较弱或者其他原因,不适宜担任现职的,应当降职使用。降职使用的干部,其待遇按照新任职务的标准执行。

第六十二条 引咎辞职、责令辞职、降职的干部,在新的岗位工作一年以上,实绩突出,符合提拔任用条件的,可以按照有关规定,重新担任或者提拔担任领导职务。

第十二章 纪律和监督

第六十三条 选拔任用党政领导干部,必须严格执行本条例的各项规定,并遵守下列纪律:

(一)不准超职数配备领导干部,或者违反规定提高干部的职级待遇;

(二)不准以书记办公会、领导圈阅等形式,代替党委(党组)会集体讨论决定干部任免;

(三)不准临时动议决定干部任免;

(四)不准个人决定干部任免,个人不能改变党委(党组)会集体作出的干部任免决定;

(五)不准拒不执行上级调动、交流领导干部的决定;

(六)不准要求提拔本人的配偶、子女及其他亲属,或者指令提拔秘书等身边工作人员;

(七)不准在机构变动和主要领导成员工作调动时,突击提拔调整干部,或者干部在调离后,干预原任职单位的干部选拔任用;

(八)不准在选举中进行违反党的纪律、法律规定和有关章程的活动;

(九)不准在干部考察工作中隐瞒、歪曲事实真相,或者泄露酝酿、讨论干部任免的情况;

(十)不准在干部选拔任用工作中任人唯亲,封官许愿,营私舞弊,搞团团伙伙,或者打击报复。

第六十四条 对违反本条例规定的干部任免事项,不予批准;已经作出的干部任免决定一律无效,由党委(党组)或者组织(人事)部门按照干部管理权限予以纠正,并按照规定对主要责任人以及其他直接责任人作出组织处理或者纪律处分。

对无正当理由拒不服从组织调动或者交流决定的,依照法律及有关规定就地免职或者降职使用。

第六十五条 实行党政领导干部选拔任用工作责任追究制度。用人失察失误造成严重后果的,应当根据具体情况,追究主要责任人以及其他直接责任人的责任。

第六十六条 党委(党组)及其组织(人事)部门对干部选拔任用工作和贯彻执行本条例的情况进行监督检查,受理有关干部选拔任用工作的举报、申诉,制止、纠正违反本条例的行为,并对有关责任人提出处理意见或者处理建议。

纪检机关(监察部门)按照有关规定,对干部选拔任用工作进行监督检查。

第六十七条 建立组织(人事)部门与纪检机关(监察部门)等有关单位联席会议制度,就加强对干部选拔任用工作的监督,沟通信息,交流情况,提出意见和建议。联席会议由组织(人事)部门召集。

第六十八条 实行党政领导干部选拔任用工作监督责任制。凡本地区、本部门用人上的不正之风严重、干部群众反映强烈以及对违反组织人事纪律的行为查处不力的,应当追究党委(党组)主要领导成员和分管领导成员的责任。

第六十九条 党委(党组)及其组织(人事)部门在干部选拔任用工作中,必须严格执行本条例,自觉接受组织监督和群众监督。下级机关和党员、干部、群众对干部选拔任用工作中的违纪违规行为,有权向上级党委(党组)及其组织(人事)部门、纪检机关(监察部门)

举报、申诉,受理部门和机关应当按照有关规定核实处理。

第十三章 附 则

第七十条 本条例对工作部门的规定,同时适用于办事机构、派出机构以及其他直属机构。

第七十一条 选拔任用乡(镇、街道)的党政领导干部,由省、自治区、直辖市党委根据本条例制定相应的实施办法。

第七十二条 中国人民解放军和中国人民武装警察部队领导干部的选拔任用办法,由中央军委根据本条例的原则规定。

第七十三条 本条例由中共中央组织部负责解释。

第七十四条 本条例自发布之日起施行。《党政领导干部选拔任用工作暂行条例》同时废止。

全国人大常委会委员长李鹏在人民大会堂会见由巴拿马议会第二副议长苏珊娜·里恰·德托里霍斯率领的巴拿马立法议会代表团

全国人大常委会委员长李鹏在人民大会堂会见由越南国会常委会委员民族委员会主任居和韵率领的越南国会民族委员会代表团

国务委员吴仪继续在波兰访问

吴仪在总统府会见了波兰总统克瓦希涅夫斯基。

吴仪在谈到两国经贸关系时强调,目前两国政府所面临的任务是积极为两国企业创造良好条件,为它们牵线搭桥。她说,企业是两国经贸合作的主体,现在两国关系中存在的问题是两国企业之间缺乏相互了解,迫切需要重新认识对方,尤其是希望波方更多地了解近年来中国发生的变化。她说,她访问的目的就是为了促进两国关系全面发展,特别是经贸关系的发展。中波双方这次签署的三项合作协议,即是缓解两国贸易中波方逆差的实例。吴仪欢迎更多的波兰企业家到中国参与西部大开发。

吴仪还出席了中波企业家洽谈会并发表了演讲。吴仪在演讲中强调,在市场经济条件下,两国企业应更加积极主动地开拓对方市场,积极探讨高新技术领域的合作和其他多种形式的合作,努力提高本国产品的竞争力。波尔也表示,要充分挖掘两国经贸合作的潜力,扩大对华出口,将双边经贸关系提高到新的水平。洽谈会自始至终洋溢着热烈友好的气氛,演讲得到了中波两国企业家的热烈反响。

吴仪还会见了波兰议会波中议员友好小组主席团成员。

《人民日报》发表中国社会科学院经济研究所收入分配课题组的文章《我国居民收入分配趋势与对策》

中国反邪教协会发表声明强烈谴责“法轮功”攻击我国鑫诺卫星新罪行

境外“法轮功”邪教组织利用非法电视信号干扰和破坏我广播电视节目正常播出和鑫诺卫星正常使用是严重违法活动。这是“法轮功”邪教组织粗暴践踏有关国际公约和民用通信基本准则,危及公共安全,侵犯公众权益所犯下的又一新罪行。它再次暴露了“法轮功”邪教组织反人类、反科学、反社会的邪教本质。对此中国反邪教协会表示极大的愤慨和强烈谴责。

这一严重事件是“法轮功”邪教组织一系列违法犯罪活动的又一升级,不仅给中国的和平与发展造成极大的破坏,也给世界和平带来严重危害。我们呼吁国际社会对这种卑劣行径予以谴责,共同采取措施来制止这种罪恶行径。

中国反邪教协会成立以来一直致力于与“法轮功”邪教组织进行坚决、不懈的斗争。境外“法轮功”邪教组织利用非法电视信号干扰和破坏我广播电视节目正常播出和鑫诺卫星正常使用的严重违法活动,再一次表明,反邪教斗争的长期性、复杂性、尖锐性。我们坚决拥护政府依法处理和解决“法轮功”邪教问题的方针政策,团结和联络社会各界人士,为维护社会稳定和人民生命财产安全,坚决与“法轮功”邪教组织斗争到底。

7月10日

国家主席江泽民在人民大会堂会见尼泊尔国王贾南德拉·比尔·比克拉姆·沙阿·德瓦

江泽民就进一步发展中尼睦邻友好关系提出了建议,并指出:尼泊尔是中国的重要邻国,两国之间有不少差异,但我们始终平等相待,互相支持;中国是尼泊尔可以信赖的好朋友。

江泽民表示同意贾南德拉对两国关系所作的积极评价。江泽民说,我们两国之间没有历史遗留问题,也没有现实纠纷。我们的共同任务是如何使中尼关系在新时期发展得更快、更好。

江泽民指出,两国关系的顺利发展是与尼泊尔王室特别是比兰德拉前国王的重视和努力分不开的。1996年访尼期间,江泽民主席与比兰德拉国王共同商定,要建立中尼世代友好的睦邻伙伴关系。江泽民说,我们永远缅怀比兰德拉国王为中尼友好所作的贡献。我们也愿以贾南德拉国王此次访问为契机,推动中尼睦邻友好关系再上一个新台阶。

江泽民就进一步发展中尼睦邻友好合作关系提出以下几点建议：

第一，积极开展各领域、多层次的往来和交流，除保持两国高层互访的传统外，两国议会、政党、工商界、新闻界和各民间机构也应多交流、多往来，以增进相互了解和信任。最近，中尼友协正式成立，为加强民间交流提供了一个新渠道。

第二，大力拓展中尼经贸合作。中尼经济各有特点，相互补充，加强互利合作符合两国的共同利益。希望这种合作越来越广泛，越来越深入。

第三，积极促进中国西藏自治区与尼泊尔之间的交流与合作。西藏自治区与尼泊尔接壤，发展互利合作得天独厚。今天，我们两国将签署中国西藏自治区和尼泊尔之间的通商和其他有关问题的协定，这将有力地促进双方的往来与合作。

第四，不断加强在地区和国际事务中的沟通、协调与合作。我们真诚感谢尼泊尔政府多年来在西藏、台湾、人权等问题上给予中国的宝贵支持，希望两国继续加强在国际事务中的良好配合。

会见结束后，两国元首出席了两国有关合作协定的签字仪式。两国有关部门负责人签署了《中华人民共和国政府与尼泊尔国王陛下政府经济技术合作协定》和《中华人民共和国政府与尼泊尔国王陛下政府关于中国西藏自治区和尼泊尔之间的通商和其他有关问题的协定》。

国务院副总理钱其琛、外经贸部部长石广生、外交部副部长王毅、驻尼泊尔大使吴从勇等参加会见和签字仪式。

国家主席江泽民在人民大会堂会见三位诺贝尔化学奖获得者

这三位科学家分别是来自于美国的艾伦·黑格、艾伦·马克迪尔米德和日本的白川英树，他们因为对“导电聚合物的发现和发展”作出了杰出贡献而被授予二〇〇〇年度诺贝尔化学奖。

江泽民对他们来北京参加新世纪第一次世界高分子大会表示欢迎。

江泽民对他们获得二〇〇〇年诺贝尔化学奖表示祝贺，指出，三位学者发现了导电高分子，这不仅更新了人们对高分子不导电的旧观念，而且也开拓了一个全新的研究领域，使得导电高分子的研究成为高分子研究领域中的一个热点。江泽民介绍了中国在高分子科学研究及高分子材料工业方面的发展情况，并表示中国政府非常重视和支持技术和基础研究方面的国际合作。

世界高分子大会是当今世界上最高级别的系列性高分子学术会议。来自四十五个国家和地区的一千多名科学家前来参加本次大会。

中国科学院院长路甬祥、科技部部长徐冠华、中国科协副主席张玉台、世界高分子大会主席王佛松、国家自然科学基金委员会主任陈佳洱等参加了会见。

全国人大常委会委员长李鹏在人民大会堂会见参加中共全国人大常委会机关第三次党员代表大会的代表

李鹏发表讲话指出，要进一步坚持党的领导，全面推进人大机关党的建设，继续做好新形势下人大的各项工作。

李鹏说，新中国成立50多年来的历史经验证明，社会主义各项事业的蓬勃发展离不开中国共产党的坚强领导。人民代表大会制度是我国的根本政治制度。人大的工作就是使党的主张通过法定程序，成为国家意志，成为法律、法规，成为全社会和全体人民的行为规范。九届全国人大常委会成立以来，在依法治国，加强社会主义民主法制建设方面取得了一定的成绩。本届任期内将初步形成有中国特色的社会主义法律体系，人大监督工作也进一步得到加强。这些成绩的取得，与全国人大常委会机关各级党组织和机关广大党员干部的努力是分不开的。

李鹏说，当前全党和全国各族人民正以饱满的热情努力创造优异的成绩，迎接党的十六大的召开。江泽民同志今年5月31日的讲话，进一步丰富和深化了“三个代表”重要思想，提出了发展有中国特色社会主义民主政治、建设社会主义政治文明的重要历史任务，这对今后人大工作提出了新的更高的要求。我们要从发展我国社会主义民主政治的高度，深刻认识人民代表大会制度是最适合我国国情的根本政治制度，坚持和完善这一制度是发展有中国特色社会主义民主政治、建设社会主义政治文明的主要内容。要从我国的国情出发，坚定不移地走自己的政治发展道路，决不照搬西方政治制度模式。全国人大机关的各项工作必须坚持党的领导、人民当家做主和依法办事的辩证统一。全国人大常委会机关党委要进一步加强机关党的建设，充分发挥基层党组织的作用，率领全体党员为完成全国人大常委会机关的各项工作提供思想和政治保证。

李鹏在谈到对新一届机关党委的希望时强调指出，新的机关党委班子成员要进一步加强学习，在全国人大常委会机关形成一个人人努力学习的良好风气。首先要加强政治学习，要学好邓小平理论、江泽民同志“三个代表”重要思想，以此来指导我们的工作。同时，还要加强业务学习，学习宪法和各种法律知识。党委一班人和各级党组织负责人，要努力做到德才兼备，既要有较高的政治素养，又要有较强的业务能力。

为期两天的中共全国人大常委会机关第三次党员代表大会，以邓小平理论和“三个代表”重要思想为指导，全面回顾总结了五年来机关党的建设，明确提出了今后一个时期的主要任务，选举产生了新一届党委和纪委。中央国家机关工委常务副书记张德邻，全国人大常委会秘书长、全国人大常委会机关党组书记何椿霖在闭幕会上讲了话。

科技部在北京召开生产力促进中心建立10周年座谈会

国务院副总理李岚清对生产力促进中心工作作出批示。

李岚清在批示中说，希望从事生产力促进事业的广大科技工作者，按照江泽民同志对科技界提出的期望和要求，认真实践“三个代表”重要思想，与时俱进，开拓进取，以观念创新为先导，以体制创新为保证，以机制创新为动力，进一步推动科技与经济的结合，切实为科技企业特别是中小企业提高技术创新能力和市场竞争力做好服务，为实施科教兴国战略，实现国民经济发展的第三步战略目标作出新的贡献。

生产力促进中心是市场经济条件下扶助中小企业技术创新的科技服务机构，是深化科技体制改革、促进科技与经济结合的新事物。从1992年我国建立第一个生产力促进中心开始，在各级政府的大力支持下，经过10年的发展，我国生产力促进中心从无到有、由小到大，初步形成遍布全国的生产力促进服务体系，目前全国31个省、自治区、直辖市以及主要行业均建立了生产力促进中心，总数已达700多家，拥有各类科技人员近万名。

科技部已研究提出了下一步生产力促进中心的发展目标：到“十五”末期，生产力促进中心的数量达到1000家，从业人员达到2万人；为中小企业提供服务的能力和水平明显提高，实现组织网络化、功能社会化、服务产业化，成为我国科技中介服务体系的中坚力量和国家技术创新体系的重要组成部分。

外交部部长唐家璇在维也纳分别会见奥地利总统克莱斯蒂尔总理许塞尔和国民议会议长菲舍尔

外交部副部长王毅和尼泊尔外交部秘书马杜·拉曼·阿查里雅在北京签署《中华人民共和国政府与尼泊尔国王陛下政府关于中国西藏自治区和尼泊尔之间的通商和其他有关问题的协定》

7月11日

全国人大常委会委员长李鹏在人民大会堂会见尼泊尔国王贾南德拉·比尔·比克拉姆·沙阿·德瓦

国务院总理朱镕基在中南海会见尼泊尔国王贾南德拉·比尔·比克拉姆·沙阿·德瓦

国家副主席胡锦涛在人民大会堂会见尼泊尔国王贾南德拉·比尔·比克拉姆·沙阿·德瓦

国务院副总理李岚清在里斯本与葡萄牙总理巴罗佐举行会晤

李岚清说，中葡关系有着坚实的政治基础。葡萄牙在许多重大国际问题上同中方有着相同或相近的看法，在台湾、西藏等问题上一直理解和支持中方的立场。1999年，两国领导人发挥政治智慧，按照“一国两制”的原则顺利解决了澳门回归问题，为国际上通过和平谈判解决历史遗留问题树立了榜样。两年多来，澳门经济发展，社会安定，“一国两制”取得了很好效果。

李岚清说，中葡两国有着长期的合作，未来发展潜力很大，希望双方加强接触和了解，广开思路，共同探索开展双边和国际合作的新领域、新途径。在文化、科技、教育领域，中方愿进一步与葡方加强交流，密切合作，以造福于两国和两国人民。

国务院副总理李岚清在里斯本与葡萄牙外交和侨务部部长达克鲁斯举行会谈

李岚清对中葡多年来双边关系的良好发展感到满意。他说，自1999年澳门回归以来，两国政治上的接触与往来不断，相互了解与信任加深，在联合国等国际机构内进行了良好合作。双方经贸关系发展势头喜人，在科技、文化、教育等领域的交流与合作日趋活跃。

李岚清表示，中国政府赞赏葡萄牙长期坚持一个中国的政策，不与台湾进行官方往来。中国重视发展同葡萄牙的关系，愿与葡方在现有基础上进一步扩大和深化在各领域，特别是科技、文化、教育等方面的交流与合作，使中葡关系在新世纪达到更高水平。

李岚清说，中国支持世界多极化和文化多元化的发展趋势，赞成在经济全球化过程中，中葡加强合作，共同支持不发达国家发展自身经济，为世界和平、稳定和共同发展作出贡献。

国务委员吴仪在地拉那会见阿尔巴尼亚总统迈达尼

《李先念建国初期文稿选集》在武汉首发

由中共湖北省委组织编辑、中共中央文献研究室审定的《李先念建国初期文稿选集》一书，由中央文献出版社出版。湖北省委举行了该书首发式暨座谈会。

李先念同志在新中国成立初期，曾担任湖北省、武汉市的党政主要领导，并参与中南局、中南军政委员会的领导工作。在这段时间里，他留下了大量著作、讲话、信函、批示等文稿。《李先念建国初期文稿选集》是从多方面收集到的700多篇文稿中精选190篇编辑而成的，其中178篇为首次公开发表。这些文稿比较集中地记录了李先念同志新中国成立初期的思想观点和他实事求是、全心全意为人民服务的奋进精神。同时，该书从一个重要侧面再现了湖北人民艰苦奋斗的创业史，为学习和研究党在新中国成立初期的历史提供了弥足珍贵的文献资料。

孙犁逝世

中国作家协会名誉副主席、中国文联名誉委员、天津市作家协会和天津市文联名誉主席、中国当代文学大师孙犁因病于7月11日晨6时逝世，享年90岁。

孙犁于1938年投身冀中人民的抗日斗争，1942年加入中国共产党，历任冀中人民武装自卫会宣传部副部长，冀中抗战学院、华北联合大学、延安鲁迅文学艺术学院教员，晋察冀通讯社、《晋察冀日报》记者编辑，晋察冀边区文联常委，河北省深县县委宣传部副部长。1949年以后在《天津日报》工作，历任副刊科副科长、编委、顾问。

孙犁于1927年开始文学创作，1945年在延安《解放日报》发表著名的短篇小说《荷花淀》。他从事文学创作75年来，著有长篇小说《风云初记》，小说、散文集《白洋淀纪事》，中篇小说《铁木前传》、《村歌》，文学评论集《文学短论》等，另有《孙犁文集》正续编8册和《晚华集》等10种散文集传世。他是中国解放区文艺的代表性作家之一。他的作品描绘了抗日战争、解放战争的一幅幅壮丽、清新的文学画卷。全国解放后，孙犁文学创作继续取得长足的进展，成为新中国文学史上的小说、散文大家，著名文学流派“荷花淀派”的创立者。在改革开放的新时期，孙犁文学创作迎来了第二个高峰，以其思想的深湛、文体的创新、艺术风格的鲜明和表现手段的炉火纯青，在国内外产生广泛影响。

孙犁长期从事党报文艺副刊编辑工作，几十年来为天津和全国文坛培养了一批批知名作家和业余创作骨干，是我国报刊史上一代编辑典范。

孙犁是我国革命文学的一面旗帜，他始终不渝地遵循党的文艺方针，身体力行发扬并丰富了我国革命文学的现实主义传统。他对中国革命文学的卓越贡献，他崇高的文品、人品，深深地影响了一代又一代人。

7月12日

中共中央党校举行2002年夏季毕业典礼

中共中央政治局常委、书记处书记、中央党校校长胡锦涛出席毕业典礼并为学员颁发毕业证书。

中共中央政治局候补委员、书记处书记、中央组织部部长曾庆红出席毕业典礼。

本期毕业学员共885人。另有中直机关分校、中央国家机关分校、部队分校和中央金融工委分校的2600余名学员同期毕业。

中央党校常务副校长虞云耀在毕业典礼上讲话说，今年5月31日，江泽民总书记在第三十二期省部级干部进修班毕业典礼上的重要讲话，站在全局和战略的高度，科学地分析了当前我们面临的新形势、新任务和新挑战，全面阐述了贯彻“三个代表”重要思想的根本要求，深刻回答了党和国家未来发展的一系列重大理论和实践问题。这篇讲话是又一篇马克思主义重要文献，为党的十六大做了重要的政治、思想和理论准备，对于更好地团结和动员全党高举邓小平理论伟大旗帜，全面贯彻“三个代表”要求，为实现历史和时代赋予我们党的庄严使命而不懈奋斗，具有十分重大而深远的意义。

虞云耀指出，中央党校担负着培训轮训党的中高级领导干部的重要责任，是党的重要思想理论阵地。下一步我们的全部工作，要以深入学习领会江总书记“5·31”重要讲话，迎接党的十六大，学习、宣传和贯彻十六大为中心，推动全校各项工作上新水平。中央党校副校长张志新主持了毕业典礼。

中央有关部门负责同志傅杰、王刚、刘云山、赵洪祝、何毅亭，中央党校副校长王伟光、李君如、石泰峰以及校委委员出席了毕业典礼。

全国总工会主席尉健行在人民大会堂会见由迪纳总书记率领的毛里塔尼亚劳动者联合会访华团

国务委员吴仪继续访问阿尔巴尼亚

吴仪会见了阿尔巴尼亚当选总统莫伊休。吴仪表示，阿尔巴尼亚是最早与中国建交的国家之一。多年来，两国人民一贯相互支持，相互帮助。近年来，中阿关系稳步发展，高层交往增多，双方在政治、经济等领域的合作不断加强。两国关系的发展实践证明，社会制度、意识形态和价值观念的差异并不影响国家关系的发展，只要双方遵循相互尊重、平等互利、互不干涉内政等原则，中阿关系就能顺利发展。中方愿与阿方一道在和平共处五项原则的基础上推动两国友好合作关系在新世纪全面健康地向前发展。

吴仪说，中阿两国经贸合作历史悠久。近年来，双边贸易虽持续增长，但贸易额不大，仍有很大潜力可挖。希望阿方为外国企业营造更好的投资环境。中方重视发展与阿尔巴尼亚的经贸合作，积极鼓励和支持中国企业与阿开展各种形式的经贸合作，同时欢迎阿企业参与中国的市场竞争，扩大对华出口。

吴仪还会见了阿尔巴尼亚总理马伊科。

吴仪还与阿尔巴尼亚副总理吉努希举行了会谈，双方在诚挚友好的气氛中就进一步发展中阿两国关系特别是经贸合作坦率、深入地交换了意见，取得广泛共识。

会谈结束后，吴仪和吉努希共同出席了《中华人民共和国政府向阿尔巴尼亚共和国政府提供无偿援助的换文》的签字仪式。

7月13日

2002年第13期《求是》杂志发表评论员文章《用发展着的马克思主义指导新的实践——纪念中国共产党成立81周年》

《百年奥运　中华圆梦》系列出版物首发式和纪念北京申办2008年奥运会成功一周年座谈会在人民大会堂举行

2002年3月19日，江泽民总书记亲笔为纪念申奥成功系列出版物题词："百年奥运　中华圆梦"。

北京市委书记贾庆林出席座谈会并讲话说，要认真学习、全面贯彻江总书记"5·31"重要讲话精神，用"三个代表"重要思想统领2008年奥运会的筹办工作，以举办一届最出色的奥运会为目标，高标准、高水平、高质量地推进各项筹备工作。

北京奥组委主席、北京市市长刘淇说，北京奥组委近期将重点做好四个方面的工作：抓紧落实《北京奥运行动规划》规定的各项任务；继续加强与国际奥委会及其协调委员会的沟通和合作；完善奥运会场馆建设规划设计方案，加快土地一级开发的步伐；进一步加强筹办队伍建设。

北京奥组委执行主席、国家体育总局局长袁伟民说，国家体育总局、中国奥委会将继续加强与国际奥委会、国际单项体育组织间的联系，为北京奥运会营造良好的外部环境；将进一步加强体育后备队伍的培养；要认真规划好2008年奥运会的赛事组织工作；要配合奥组委搞好市场开发。

会议由北京奥组委常务副主席、北京市副市长刘敬民主持。北京奥组委副主席李志坚、段世杰、蒋效愚、张茅，以及中央有关部委、北京市领导和各界人士及专家近200人出席了座谈会。

由北京奥申委编辑的《百年奥运　中华圆梦》系列出版物包括大型画册、文件汇编和DVD光盘。

国务院副总理李岚清在里斯本会见葡萄牙总统桑帕约

7月14日

中办 国办发出《关于进一步做好村民委员会换届选举工作的通知》

各省、自治区、直辖市党委和人民政府，中央和国家机关各部委，军委总政治部，各人民团体：

村民委员会制度是社会主义民主在农村最广泛的实践形式之一，村民委员会换届选举是其中的一个重要环节。近年来，各地深入贯彻党的十五届三中全会精神和《中华人民共和国村民委员会组织法》(以下简称村民委员会组织法)，认真组织开展村民委员会换届选举工作，选举制度日益完善，选举活动不断规范，农民群众的民主法制意识显著增强，有中国特色的社会主义民主政治建设得到较大发展，为维护改革发展稳定大局作出了贡献。2002年，全国农村许多地方正在或将要进行新一轮村民委员会换届选举，从目前情况看，选举工作总体上是健康有序的，但也有一些地方程度不同地存在着思想认识不足、依法办事不力、发扬民主不够等问题，个别地方甚至引发了群体性事件，影响了农村社会稳定。为进一步做好当前和今后一段时间的村民委员会换届选举工作，依法维护农民群众的民主权利，为党的十六大召开创造良好的环境，经党中央、国务院同意，现就有关事项通知如下：

一、按照"三个代表"要求，切实提高对村民委员会换届选举重要性的认识

搞好村民委员会换届选举，实行村民自治，扩大农村基层民主，是党领导亿万农民建设有中国特色社会主义民主政治的伟大创造，是贯彻落实江泽民同志"三个代表"重要思想的体现。做好这项工作，有利于把村民公认的、真心实意为群众服务的人选进村民委员会；有利于调动广大农民群众当家做主的积极性、主动性，增强自主意识、竞争意识、民主法制意识，促进农村先进文化的发展；有利于坚持党的全心全意为人民服务的根本宗旨，密切党同农民群众的血肉联系，巩固党在农村的执政基础，更好地实现最广大人民群众的根本利益。

各地区、各有关部门要从战略和全局的高度,按照“三个代表”重要思想的要求,进一步提高对做好村民委员会换届选举工作重要性的认识,认真贯彻执行村民委员会组织法,研究解决选举工作中存在的问题,把村民委员会换届选举这一关系亿万农民群众切身利益的大事办好。

二、着眼于增强农村干部群众的民主法制观念,扎实有效地做好宣传教育工作

地方各级党委和政府、各有关部门要按照中共中央、国务院转发的《中央宣传部、司法部关于在公民中开展法制宣传教育的第四个五年规划》的要求,广泛深入地宣传与村民委员会选举有关的法律、法规、方针政策、程序步骤,做到经常性宣传和阶段性宣传相结合,正面宣传和典型教育相结合,一般性宣传和疑难问题解答相结合,不断增强干部群众的法制观念,把干部群众的思想认识真正统一到村民委员会组织法上来,统一到党的方针政策上来,保证村民委员会选举沿着健康有序的轨道进行。

要增强宣传教育工作的科学性和时效性。在选举前,当地党委、政府要组织宣传、民政、司法行政等部门认真制定宣传教育工作方案,大力宣传有关法律、法规和政策,使农村干部群众了解村民委员会换届选举的重要性,熟悉选举工作的原则、方法和步骤;在选举期间,要重点宣传村民选举委员会成员推选程序、村民委员会成员候选人条件、提名方式、正式候选人确定办法以及具体投票程序;在选举后,要做好落选人员的思想工作,教育当选人树立正确的权力观,教育、引导村民特别是党员积极支持、配合村民委员会开展工作。

要增强宣传教育工作的多样性和针对性。对农村基层干部,要采取分级分批培训等方式,消除其模糊认识,增强认真贯彻村民委员会组织法等有关法律、法规的自觉性,提高组织指导换届选举工作的能力和水平。对农民群众,可利用广播、电视、报刊、宣传手册、宣传画、黑板报、村务公开栏等进行宣传,帮助他们消除家族、宗族、派别等的不良影响,熟悉选举的程序和要求,掌握必要的投票方法,按照自己的真实意愿投票,真正把那些公道正派,能依法办事,带头实干,热心为群众服务的人选进村民委员会。

三、充分尊重农民群众的意愿,保证村民委员会直接选举制度落到实处

由村民直接选举村民委员会,是法律赋予村民的一项基本民主权利,是基层民主的重要体现。搞好村民委员会换届选举,必须充分发扬民主,切实保障广大村民在选举各环节中的权利,使村民委员会选举真正体现农民群众的意愿。

在村民委员会选举中,要特别注意做好以下关键环节的工作:一是要做到由村民会议或各村民小组民主推选产生村民选举委员会,保证村民的推选权。村党支部领导班子成员按照规定的推选程序担任村民选举委员会成员,不能硬性规定或由组织指定、委派。村民选举委员会成员被依法确定为村民委员会成员候选人的,即失去其在村民选举委员会中的任职资格,村民选举委员会所缺名额从上次推选结果中依次递补。二是要做好选民登记工作,不能错登、重登、漏登,保证村民的选举权。要认真研究城镇化、户籍制度改革、人口流动等给选民登记工作带来的新情况、新问题,保证广大村民群众都能依法行使自己的选举权利。有选举权和被选举权的村民名单,应当在选举日的20日以前张榜公布,接受群众的监督。三是要做到由村民直接提名确定村民委员会成员候选人,不能用组织提名代替村民提名,保证村民的直接提名权。正式候选人的名额应多于应选名额,并通过预选或按村民提名得票数多少确定,不能由少数人甚至个别人说了算。在提名候选人时,各地要做好引导工作,真正把思想好、作风正、有文化、有本领,真心实意为群众办事,受到群众拥护的人提名为候选人。候选人确定后必须张榜公布。有条件的地方,村民选举委员会应组织正式候选人与村民见面,介绍治村设想,回答村民提出的问题。四是要做好选举日的投票工作,保证村民的投票权。要坚持“选举村民委员会,有选举权的村民的过半数投票,选举有效;候选人获得参加投票的村民的过半数的选票,始得当选”的原则,积极动员、组织群众亲自投票。选举时,要设立秘密写票处,实行无记名投票、公开计票,选举结果应当场公布。要严格控制流动票箱的使用,依法办理委托投票手续。五是要完善罢免程序,保证村民的罢免权。对不称职的村民委员会成员,要按照法律、法规的规定,依法进行罢免,任何组织或者个人不得直接撤换村民委员会成员,不得以“停职诫免”、“离岗教育”等方式变相撤换村委会成员。

四、严格依法办事,坚决纠正和查处村民委员会选举中的违法行为

村民委员会组织法和各地颁布的地方性法规是开展村民委员会换届选举工作的基本依据,各地要严格遵守,做到法定的程序不能变,规定的步骤不能少,不能怕麻烦、图省事,更不能走过场。在村民委员会选举中,任何组织或个人都必须依法办事。各地制定的有关村民委员会换届选举工作的方案、意见、规则等,凡与村民委员会组织法和有关地方性法规不一致的,必须尽快修改或废止,以维护社会主义法制的统一。

要坚决依法查处侵犯村民民主权利的违法行为。未经县(市、区)委批准,无故不组织或拖延村民委员会换届选举的,要追究乡(镇)党委、政府和村党支部、村

委会主要负责人的责任。对在推选村民选举委员会成员、提名确定村民委员会成员候选人、组织投票选举、罢免村民委员会成员过程中，有违法行为的单位或个人，当地党委、政府要及时责令改正，并对有关责任人给予党纪、政纪处分。对以暴力、威胁、欺骗、贿赂、伪造选票等违法手段破坏选举或者妨碍选民依法行使选举权和被选举权的，以及对控告、检举选举违法行为的人进行压制、迫害的，要根据情节轻重分别给予查处：情节较轻的，由乡(镇)人民政府或县(市、区)民政部门进行批评教育；构成违反治安管理行为的，由公安机关依法处理；构成犯罪的，由司法机关依法追究刑事责任。对假借选举活动，打着宗教旗号从事非法活动、民族分裂活动和刑事犯罪活动的，要坚决依法予以打击。要建立、健全重大事件报告制度，及时上报由选举引发的重大事件。

五、从维护农村社会稳定大局出发，认真做好群众来信来访工作

认真做好村民委员会选举方面的群众来信来访工作，是党和政府体察民情、了解民意、改进工作的重要渠道，也是化解农村社会矛盾、保障村民民主权利的重要环节。各地、各有关部门特别是信访、民政、司法行政部门一定要尊重农民群众的申诉权、信访权，高度重视并正确对待群众的来信来访，切实有效地解决农民群众反映的问题，依法维护农民群众的民主权利。

要坚持及时、就地依法解决问题和思想教育疏导相结合的原则。对群众反映属实，确实存在违法、违纪行为的，应及时对有关单位和人员予以查处；对群众反映与实际情况有出入的，要向群众说明情况，澄清事实，消除误解；对群众反映的问题一时解决不了的，要耐心解释，说明原因，争取群众的谅解。对群众来信来访，不能上推下卸，敷衍了事，更不能简单地采取强制措施，人为激化矛盾。

要建立、健全来信来访登记和复信回访制度，把来信来访内容摘要登记，并把调查处理结果告知当事人。要建立信访工作责任追究制度，对因处理群众来信来访不及时或敷衍塞责、压制打击造成不良影响的，要通报批评；造成严重后果的，要依法追究有关单位和人员的责任。县(市、区)、乡(镇)党委、政府及有关部门要帮助那些村情复杂、管理薄弱的"难点村"、"重点村"，制定有针对性的选举工作方案，派出得力干部包村入户，帮助化解矛盾，保障选举工作顺利进行。

六、恪守为民之责，切实加强对村民委员会换届选举工作的组织领导

村民委员会换届选举是农村的一项基础性工作，涉及方方面面，必须切实加强领导和指导。

各地在开展换届选举工作时，要层层建立强有力的选举工作领导机构，形成党委领导、人大监督、政府实施、各有关部门密切配合的工作体制和运行机制，并按规定保证换届选举工作的经费。要把村民委员会换届选举与加强党在农村的工作结合起来，通过换届选举，全面推进农村基层组织建设，提高村级干部整体素质，促进农村各项事业发展。

地方各级人大和县级以上地方各级人大常委会在本行政区域内要切实保证村民委员会组织法的实施，保障村民依法行使选举权利。要认真研究村民委员会选举中出现的带有普遍性的问题，如选民资格、候选人资格、罢免程序等，不断完善有关法规制度。要加强监督检查工作，及时制止和纠正不符合法律、法规规定的做法。

县(市、区)、乡(镇)党委和政府要切实加强领导，建立、健全党政领导工作责任制。县(市)党委组织部门对搞好村委会换届选举担负重要责任，要按照县(市)委的统一部署，切实加强指导。尚未开展选举的地方，要精心部署，做好选举前的宣传教育、骨干培训、村级财务清理审计等准备工作，加强对撤并村村民委员会选举工作的指导。已经完成村民委员会换届选举的地方，要认真检查验收，监督新老班子及时进行公章、财务等交接，及时建立人民调解、治安保卫、公共卫生等委员会，保障新班子依法履行职责，巩固选举成果。要注意研究新情况、新问题，制定和完善乡(镇)人民政府指导村民委员会开展工作的具体规则。

党在农村的基层组织要充分发挥领导核心作用。选举前要做好宣传动员工作；选举中要把握正确的方向，充分发挥党员的先锋模范作用，带领广大村民正确行使权利，自觉抵制各种违法行为；选举后主动支持、保障新一届村民委员会依法开展工作。要保证妇女在村民委员会选举中的合法权益，使女性在村民委员会成员中占有适当名额。提倡把村党支部领导班子成员按照规定程序推选为村民委员会成员候选人，通过选举兼任村民委员会成员。提倡党员通过法定程序当选村民小组长、村民代表。提倡拟推荐的村党支部书记人选，先参加村委会的选举，获得群众承认以后，再推荐为党支部书记人选；如果选不上村委会主任，就不再推荐为党支部书记人选。提倡村民委员会中的党员成员通过党内选举，兼任村党支部委员成员。要注重在优秀村民委员会成员和村民小组长、村民代表中吸收发展党员，不断为农村基层党组织注入新生力量。

民政部门是负责村民委员会选举工作的职能部门，要在各级党委、政府的领导下，认真进行调查研究，精心制订工作方案，当好党委、政府的参谋和助手。要配合人大及其有关部门搞好村民委员会换届选举的检查监督工作，保证选举质量。要全面掌握选举动态，及

时纠正违法行为。要有计划地培训新一届村民委员会成员，提高他们的整体素质。选举工作结束后，要及时统计、汇总、上报选举结果，建立、健全村民委员会选举工作档案，使选举工作逐步走上制度化、规范化的轨道。

中共中央办公厅
国务院办公厅
2002年7月14日

国务院发出关于《黄河近期重点治理开发规划》的批复

国务院副总理温家宝在中南海会见泰国副总理兼财政部部长颂吉·乍杜西比达一行

温家宝说，中泰两国各方面的关系都保持良好，当前主要是要进一步加深友谊，扩大合作。

会见时，温家宝对泰方决定向中国受灾地区提供援助表示感谢。他说，这不仅表明泰方重视同中国的关系，而且也表明了泰国人民对中国人民的深情厚谊。中泰两国友好合作关系历史悠久，中泰两国各领域人员应该像走亲戚一样经常往来。

外交部发言人孔泉就中美关系答记者问

孔泉在回答记者提问时说，中国从不参与军备竞赛，希望美国政府切实遵守中美三个联合公报的原则，不向"台独"势力发出错误信号。

有记者问：美国国防部日前发表关于中国军事力量的年度报告，声称中方在增加对台湾的军事部署。请问中方对此有何评论？

孔泉答：中国是一个爱好和平的国家，实行防御性的国防政策，从不参与军备竞赛，国防费用在所有大国中是最低的。中国的发展和进步，给中国人民带来了幸福，也有力地促进了亚太地区乃至世界的和平与发展。

他说，中国政府在台湾问题上的政策是一贯和明确的。我们坚持"和平统一、一国两制"的基本方针和江泽民主席关于解决台湾问题的八项主张。

他说，希望美国政府切实遵守中美三个联合公报的原则，不向"台独"势力发出错误信号，为中国实现和平统一发挥建设性的作用。

第十九届中国戏剧梅花奖在宁波颁奖

中国戏剧梅花奖是我国戏剧表演领域的最高奖，从1984年起已举办了19届，先后有全国各剧种的454名中青年演员获得梅花奖、23人荣获"二度梅"奖。本届共有42位演员获奖，其中肖雄等35名演员荣获第十九届中国戏剧梅花奖，濮存昕等6名演员获第十九届中国戏剧梅花奖"二度梅"殊荣，京剧表演艺术家尚长荣荣获中国戏剧"梅花大奖"，即"三度梅"奖，成为中国戏剧梅花大奖第一人，此奖是从本届起才设立的。

7月15日

国家主席江泽民在中南海会见英国外交大臣斯特劳

江泽民说：今年我们双方隆重庆祝了两国建立大使级外交关系30周年。30年来，中英关系走过了不同寻常的道路，不断克服困难，向前发展。特别是香港问题顺利解决后，两国关系走上了全面改善和发展的轨道。两国在政治上加强磋商，增强了互信。经贸合作方面，特别是在对华投资方面，英国走在了欧盟国家的前列。双方人员往来也日益增多。今天的中英关系无论在深度还是广度上均超过了以往任何时期，我们对此感到满意。

江泽民说：我们一向从战略高度重视同英国的关系。中英作为联合国安理会常任理事国，有必要进一步加强对话与合作，这对维护世界和地区的和平与稳定是非常重要的。我们双方应站得更高，从长远发展的角度看待和处理中英关系，共同致力于中英全面伙伴关系的发展。

江泽民积极评价两国将签署互设文化中心的备忘录。江泽民说，今天在中国的对外交往中，文化交流日益活跃，正成为加强中国人民与各国人民友好合作的重要纽带。中英两国都拥有悠久的历史和灿烂的文化，都曾为人类文明进步作出过杰出贡献，加强中英文化交流非常必要。希望两国有关部门抓紧落实互设文化中心的事宜，使它们尽早落成，尽早发挥作用。

九届全国人大财经委员会在人民大会堂举行第104次全体会议

全国人大常委会委员长李鹏出席会议并讲话。他强调，今年上半年经济运行总体情况是好的，要再接再厉，进一步做好下半年的经济工作，努力完成今年国民经济和社会发展的目标和任务。

会议听取了国家计委主任曾培炎、国家经贸委主任李荣融、财政部副部长金立群、中国人民银行行长戴相龙、国家税务总局局长金人庆和国家统计局局长朱之鑫关于今年上半年经济形势的汇报，并进行了讨论。

李鹏在听取汇报后讲了话。他说，总的来看，国内生产总值增长速度好于年初的预计。今年以来，各地区、各部门认真贯彻"三个代表"重要思想，经济工作立足于抓早、抓实,对上半年经济增长起到了关键性作用。现在看,全年经济增长7%的预期目标经过努力是可以实现的。

李鹏指出,在肯定工作成绩的同时,我们也要重视所面临的问题。主要是:市场价格水平持续走低;财政收入增幅下降;企业效益还不理想;就业再就业压力加大;市场经济秩序、安全生产问题仍然突出。世界经济发展的不确定因素依然存在。

针对这些问题,李鹏指出,要继续坚持扩大国内需求的战略方针,实施积极的财政政策和稳健的货币政策。他说,去年下半年以来,市场价格水平连续下降。要重视物价持续走低的不利后续影响,在宏观调控上要更有效地扩大国内需求。要继续做好国债项目的各项工作,确保在建国债项目的建成收尾。同时,要把扩大内需的重点放在扩大消费需求上。要切实采取措施,开拓消费领域,培育消费热点,大力发展服务业。尤其要千方百计增加农民收入,改善农民的生产生活条件和消费环境。要加大金融对经济发展的支持力度,适度增加货币供应,增加对农业、企业技术改造和中小企业的贷款,发展城乡消费信贷和农村小额贷款。

李鹏说,要继续认真做好加入世贸组织应对工作,努力保持对外贸易较快发展。面对加入世贸组织的挑战,要努力化解潜在的风险,保证国民经济的稳定发展。要善于运用世贸组织规则管理经济工作,趋利避害。要稳定现行有效的外贸政策措施,保持今年进出口较快增长的势头。

李鹏指出,要切实搞好就业和再就业,做好社会保障工作。要千方百计实现今年增加城镇就业人数的目标。要抓紧落实下岗职工再就业的一些优惠政策,继续做好“两个确保”和“低保”工作。

李鹏说,要认真防范各类自然灾害和生产安全事故,维护社会稳定。入夏以来降雨量偏多,部分地区洪涝灾害已经造成重大的损失。当前正值雨季,要立足于防大汛、抗大洪,继续做好防汛抗洪和抢险救灾工作。要进一步抓好安全生产,坚决扭转重大、特大安全事故不断发生的局面。对前一阶段大检查中查出的隐患和问题,要抓紧整改、抓好落实。

李鹏强调,经济工作监督是人大监督的一项重要内容。九届全国人大常委会先后通过了加强中央预算审查监督和经济工作监督的两个决定,对推进人大监督工作有重要意义,也为制定监督法积累了经验。全国人大财经委每个季度召开的经济形势分析会,就是对经济工作开展经常性监督的一项重要活动。从这几年开展监督的情况看,取得了好的效果。人大要不断改进经济监督工作,增强监督实效,提高监督水平。

李鹏最后指出,今年下半年的经济工作,任务还很繁重。我们要认真学习、贯彻、落实江泽民总书记“5·31”重要讲话的精神,再接再厉,扎实工作,以优异的成绩迎接党的十六大胜利召开。

全国人大财经委主任委员陈光毅主持会议。黑龙江、山西和福建省人大财经委员会的同志列席了会议。

国务院总理朱镕基在甘肃 陕西 河南 山东考察黄河防汛工作并主持召开黄河中下游四省防汛座谈会

朱镕基指出,黄河安澜事关全局,防汛责任重于泰山。目前黄河已进入主汛期,沿黄各省和有关部门要按照江泽民总书记“三个代表”重要思想的要求,进一步动员和组织广大干部群众,立足于防大汛、抢大险,积极准备,严阵以待,确保今年黄河安全度汛。朱镕基强调,治理黄河历来是安民兴邦的大事,必须站在战略和全局的高度,大力实施可持续发展战略,加强黄河上中游水土保持,改善生态环境,统筹规划,标本兼治,进一步把黄河的事情办好。

国务院副总理、国家防汛抗旱总指挥部总指挥温家宝随同考察并出席黄河中下游四省防汛工作座谈会。

今年入夏以来,我国气候异常、复杂多变,部分地区出现集中强降雨过程,发生了严重的洪涝灾害。党中央、国务院高度重视今年的防汛工作,尤其是长江、黄河的防汛工作。6月上旬,朱镕基总理考察了长江防汛准备工作和堤防建设情况,部署了长江安全度汛工作。7月15日至19日,朱镕基一行冒着高温酷暑,先到黄河上游的兰州,然后赴黄河中游地区的延安,再到黄河下游的郑州、济南,最后来到地处黄河入海口的东营市,详细考察黄河各段的防汛工作。15日下午,朱镕基在甘肃省委书记宋照肃、省长陆浩的陪同下,先后考察兰州市实施黄河两岸植树造林工程的皋兰山和黄河干流兰州城区河段的堤防工程。他还在兰州军区司令员李乾元、政委刘冬冬陪同下考察了兰州军区大砂沟绿化基地。兰州降水稀少,十年九旱,生态环境脆弱,水土流失严重。1999年10月,朱镕基在甘肃考察时要求集中两三年时间绿化兰州南北两山,治理水土流失。两年多来,兰州人民奋力拼搏,在南北两山新增造林绿化面积33万多亩,市区两山森林覆盖率从1999年的21%提高到目前的74.7%。朱镕基充分肯定了兰州人民利用“三水”(收集雨水、覆膜保水、根部注水)造林的有益探索和取得的成绩,要求甘肃省进一步宣传和落实政策,加大退耕还林和荒山造林工作的力度。

地处黄河中游陕北黄土高原沟壑区的延安市,是黄河流域水土流失最为严重的地区之一,每年流入黄河的泥沙占陕西省入黄泥沙量的1/3。1999年8月,朱镕基在延安考察时提出了"退耕还林、封山绿化、以粮代赈、个体承包"的措施，随后国家有关部门把延安13个县区全部列为退耕还林试点。三年来，延安退耕还林341万亩，水土流失加剧的势头得到遏制。7月16日下午，朱镕基在陕西省委书记李建国、代省长贾治邦的陪同下来到延安市，沿着崎岖的山路，实地考察了宝塔区党庄和燕沟流域的退耕还林、封山育林工作。3年前，朱镕基在燕沟考察时语重心长地叮嘱当地干部要退耕还林。以往光秃秃的山坡峁头如今被茂盛的小树和青草覆盖。朱镕基高兴地说，3年来延安的绿化有了很大的进步，生态环境改善初见成效，事实说明中央关于退耕还林政策是完全正确的。他指出，延安的生态环境还比较脆弱，绝不能满足于已取得的成绩，要继续坚持不懈地退耕还林、封山绿化，起码要奋斗10年，才会大见成效。

黄河东出潼关，进入中原腹地河南。郑州花园口河段是黄河下游悬河的开端，花园口堤防是黄河下游防洪的起始堤段。7月17日上午，朱镕基在河南省委书记陈奎元、省长李克强的陪同下，前往郑州北郊的花园口，考察了花园口黄河大堤、花园口"数字化"水文站。朱镕基询问了花园口水流变化和堤防建设情况，察看了水文站计算机网络、水位遥测和信息处理系统，要求尽快建成黄河现代化的洪水预警预报系统，将洪水预报从8个小时提前到30个小时。在黄河第一座水质自动监测站，朱镕基详细了解了监测站的功能，要求抓紧建成其他河段的水质自动监测站，促进黄河水资源的可持续利用。

山东黄河段长628公里，河床普遍高于两岸地面3至5米，河道狭窄，排洪能力小，防汛任务艰巨。7月18日至19日，朱镕基在中共中央政治局委员、山东省委书记吴官正，省长张高丽的陪同下，考察了济南黄河二桥附近的黄河堤防、黄河标准化堤防建设现场、黄河泺口险工、防汛抢险物资储备仓库。他充分肯定了黄河标准化堤防建设中"抽沙降河、淤背固堤"的做法，要求加快施工进度，早日建成黄河下游标准化堤防。朱镕基还考察了黄河口湿地自然保护区。

7月17日下午，朱镕基在郑州主持召开黄河中下游陕西、山西、河南、山东4省防汛工作座谈会并作了重要讲话。温家宝在座谈会上也讲了话。

会议分析了当前黄河防汛形势，部署黄河防汛抗洪和治理工作。会议指出，今年是我国历史发展进程中极为重要的一年，确保黄河安全度汛，对于迎接党的十六大的召开，保障经济发展和社会稳定，具有十分重要的意义。新中国成立以来，在党和政府的领导下，经过广大干部群众长期奋斗，确保了黄河50多年伏秋大汛岁岁安澜。但黄河是世界上最难治理的大河，中上游的泥沙尚未得到有效控制，下游河床仍继续淤积增高，"地上悬河"之势愈加险峻，安澜之中潜伏着危机。黄河堤防工程存在着不少隐患。新修的堤防工程和河道控导工程没有经过洪水考验。黄河洪水来得快，预见期短，堤防的险情突发性强，抢险难度大。会议强调，沿黄各地领导干部一定要认清当前黄河防汛的形势，把汛情估计得更充分一些，把困难考虑得更大一些，把工作做得更扎实一些，充分做好防大汛的准备，未雨绸缪，防患于未然。

会议指出，黄河防汛已进入关键时期，要随时准备迎战可能来的洪水。当前要着力做好以下五方面的工作：一是要进一步落实行政首长防汛责任制。要切实做到思想到位、责任到位、工作到位、指挥到位。要明确职责分工，确保大堤安全，确保人民生命财产安全。凡是发生重大责任事故、造成重大损失的，都要严肃追究有关领导和当事人的责任。二是切实做好防汛的各项准备工作。要按照防大汛的要求，制定和落实各项防洪预案。要组织好防汛抢险队伍，备足抢险物料。三是加强防守，排除隐患。沿黄各地要立即对防汛准备工作和防洪工程再进行全面检查，对检查中发现的问题，必须及时补救。要落实水库安全度汛的各项措施。依法加强河道管理，坚决拆除在河道内的违章建筑，保证河道正常行洪。四是密切监视汛情发展变化，加强气象和水文预报测报，确保通信畅通。五是坚持防汛和抗旱两手抓。北方地区前一段时间尽管降雨偏多，但水利工程蓄水仍然不足。要及时落实各项抗旱措施，确保城市供水安全，保证国民经济的正常运行。

会议认为，治理好黄河水患，建设好黄河生态环境，利用好黄河水资源，对于实现我国现代化建设的第三步战略目标，具有十分重大的意义。必须采取更加有力的措施，切实解决好黄河洪水威胁、水资源短缺、水土流失及水质污染等突出问题。要着力抓好以下三个环节：一是加强水土保持，防治水土流失。要着力搞好天然林保护、防沙治沙、草原保护和建设等，改善生态环境。当前最重要的，是切实抓紧退耕还林工作。这既是防治水土流失、从源头上治理黄河的根本之策，也是改善黄土高原地区生态环境、实现再造"秀美山川"的战略举措，还是增加农民收入最直接、最有效的办法。关键是将中央关于退耕还林政策落实到基层，深入到人心，变成广大农民的自觉行动。最近，国务院发布了《关于进一步完善退耕还林政策措施的若干意见》，各地要全面贯彻执行。对需要退耕还林的地方，在搞好规划的前提下，只要条件具备，应扩大退耕还林规模，能退多少退多少，但要确保造林质量，提高成活率。要落实退耕还林的各项配套措施，大力调整农业和农村产业结构，妥善解决农村能源和农民的长远生计问题,实行封山禁牧,舍饲养畜,巩固退耕还林还草成果。二是进一步加强防洪工程建设。1998年以来,国家投资100亿元对黄河下游进行了治理,投资额是1950年至1997年48年投资总额的2.5倍,修建和加固了一大批防洪工程。但黄河堤防工程还不适应防大汛、抗大洪的要求。各级政府应进一步加大对黄河的投资力度。继续加固黄河干堤,建设下游标准化堤防。加强河道整治,建设河势控导工程。加快河口地区的治理,保持顺畅的排洪和排沙通道。三是合理利用和严格保护黄河水资源。进一步做好黄河水资源的统一调度工作。要统筹兼顾上中下游之间,城乡生活、生态环境保护及国民经济发展之间对水资源的需求,综合运用经济、技术和行政手段,在全流域内统一规划、统一管理、统一调度黄河水资源,确保黄河不断流。要大力抓好节水工作,教育广大干部群众牢固树立节水意识。运用价格杠杆,建立合理的水价机制,全面推行各种节水技术和节水措施,发展节水型工业、节水型农业,建设节水型社会。要进一步采取有力措施,防治水污染,保护有限的黄河水资源。严格禁止企业向河道内超标排放污水,坚决关停那些污染严重的小造纸、小选矿、小炼焦、小炼油等企业。加大沿黄城市生活污水处理厂建设力度。

会议认为,治理黄河是一项伟大而艰巨的长期任务,是一个宏大的系统工程,必须坚持科学规划,综合治理,统筹兼顾;必须统一领导,分工负责,密切配合,团结协作,充分调动各方面的积极性;必须坚持长期奋斗,一代接一代不懈努力。中国人民一定能把黄河的事情办好,让黄河千秋安澜,为中华民族造福。

座谈会上,陕西、山西、河南、山东4省和水利部黄河水利委员会的负责人分别就黄河防汛和治理开发情况作了汇报。4省分管水利工作的省领导及计划、财政、水利部门负责人出席了座谈会。

陪同朱镕基考察并参加4省防汛工作座谈会的有关部门负责人有:曾培炎、汪恕诚、马凯、王岐山、魏礼群、段应碧、李子彬、楼继伟、韩长赋、周生贤、李伟、李国英等。

中共中央政治局常委胡锦涛在云南考察

7月15日至20日,胡锦涛在云南省省委、省政府主要负责同志的陪同下,先后到昭通、曲靖、昆明等地,就实施西部大开发战略、开展扶贫助困工作和加强党的建设进行调查研究。

胡锦涛十分关心云南实施西部大开发战略的进展情况。在曲靖电厂、渔洞水库,胡锦涛仔细了解项目的建设和运营情况。他强调,基础设施落后是制约云南经济社会发展的突出矛盾。在实施西部大开发中,云南要把握有利时机,统筹兼顾,合理布局,优先安排一些交通、能源、水利、通信等事关发展全局的重大建设项目,特别要建设好“西电东送”骨干工程。在开发建设中,不仅要用好国家的投入,而且要充分运用市场机制,多渠道吸引社会资金参与云南的开发建设。在实地考察昆明高新技术产业开发区、云南白药集团、曲靖卷烟厂和呈贡县花卉种植基地时,胡锦涛指出,云南要从自身实际出发,以本地优势资源为依托,面向国内外市场,依靠科技进步,壮大特色经济,真正使资源优势转化为经济优势。

扶贫开发工作是胡锦涛这次考察的一个重点。他专程来到昭通市贫困山区的少数民族村寨,看望各族群众。在靖安乡五星村,胡锦涛深入到特困群众家中,关切地询问他们粮食够不够吃、有没有钱花、孩子上没上学。在永丰镇三甲村,胡锦涛同当地干部群众进行座谈,共商脱贫致富大计。胡锦涛强调,搞好扶贫开发是全面贯彻“三个代表”要求的重要体现,是全面建设小康社会、实现第三步战略目标的必然要求,也是加强民族团结、巩固祖国边疆、保持社会稳定的重要基础。各级党委和政府一定要把这项工作摆到重要位置来抓,坚持开发式扶贫的方针,积极探索新阶段扶贫开发的新路子。要把帮助贫困群众增加收入放在首位,大力推进农业和农村经济结构调整;要重点安排一些周期短、见效快、覆盖面广、能够让群众直接受益的小型基础设施建设项目,进一步改善群众的生产生活条件;要把扶贫开发与生态建设结合起来,加大退耕还林、封山育林的力度;要大力发展科技和教育事业,认真搞好计划生育;要加大对贫困地区的支持力度,切实减轻农民负担。

在“八一”建军节即将到来之际,胡锦涛特地到昆明九九彩印公司,与各条战线的转业复员退伍军人代表座谈。胡锦涛指出,转业复员退伍军人是党和国家的宝贵财富,是建设有中国特色社会主义事业的一支重要力量。实现在新世纪的发展目标,需要全国各族人民的团结奋斗,广大转业复员退伍军人也肩负着义不容辞的光荣职责。他亲切勉励广大转业复员退伍军人,继续发扬人民军队的优良传统,始终保持革命军人的本色。要注重学习、增强本领,不断提高在发展社会主义市场经济条件下的适应能力和竞争能力;要自强不息、艰苦创业,努力开辟事业发展的新天地;要顾全大局、为国分忧,以实际行动维护来之不易的安定团结局面。胡锦涛要求各级党委和政府高度重视转业复员退伍军人工作,广泛开展走访慰问转业复员退伍军人的活动,大力宣传和表彰他们中的先进典型,认真解决他们工作和生活中面临的实际困难,深入细致地做好他们的思想政治工作,进一步把他们的积极性引导好、保护好、发挥好。

胡锦涛在听取云南省委、省政府工作汇报后，作了重要讲话。他充分肯定了这些年来云南各项工作取得的成绩。胡锦涛指出，面对新世纪、新阶段的新形势，云南要抓住机遇，迎接挑战，实现新的发展。从根本上说，必须坚持以邓小平理论和"三个代表"重要思想为指导，以与时俱进的精神，认真做好改革发展稳定的各项工作。

在谈到党的建设工作时，胡锦涛特别强调了作风建设问题。他要求广大干部特别是各级领导干部，要始终保持良好的精神状态，形成扎实的工作作风。一是要解放思想，与时俱进，进一步增强改革意识、开放意识、机遇意识、创新意识，自觉用发展着的马克思主义指导新的实践，不断研究新情况，探索新思路，解决新问题。二是要埋头苦干，狠抓落实，坚持重实际、鼓实劲、干实事，扎扎实实地推进本地区、本单位的各项工作。三是要顾全大局，加强团结，认真贯彻民主集中制原则，真正形成团结一致干事业的整体合力。四是要清正廉洁，执政为民，牢固树立正确的权力观、地位观、利益观，在任何情况下都经得起诱惑，把握住自己，始终为人民掌好权、用好权。

考察期间，胡锦涛还会见了驻滇部队师以上干部。

《毛泽东邓小平江泽民论工人阶级和工会工作》出版座谈会在人民大会堂举行

中共中央政治局常委、中央书记处书记、中华全国总工会主席尉健行在讲话中强调，认真学习党的三代领导核心关于工人阶级和工会工作的重要思想，深刻领会其基本观点和精神实质，对于我们进一步认识20世纪中国共产党领导的我国工人运动和工会工作的发展历程，更好地把握21世纪的前进方向，更好地贯彻落实党的全心全意依靠工人阶级的根本指导方针和履行工会维护职工合法权益的基本职责，更好地保护、调动和发挥广大职工投身改革和建设的积极性、创造性，把建设有中国特色社会主义伟大事业不断推向前进，具有重大的现实意义和深远的历史意义。

尉健行说，工人阶级是我们党的阶级基础，是社会主义国家的领导阶级，是我国先进生产力和生产关系的代表。我们党和国家的性质、我国工人阶级的历史地位和作用，决定了我们必须始终不渝地坚持全心全意依靠工人阶级的根本指导方针。党的三代领导集体始终关注中国工人阶级的前途和命运，高度重视工会工作。党的三代领导核心关于工人阶级和工会工作的重要思想，一脉相承，与时俱进，不断发展。

尉健行强调，当前，我国进入全面建设小康社会、加快推进社会主义现代化的新的发展阶段。在推动经济发展和社会进步的同时，工人阶级自身也在不断发展壮大，不仅数量上有了大幅度增长，而且在内部结构、学历与经历、文化技术素质、思想观念、劳动方式等方面也发生了深刻变化。但这些变化，都没有改变中国工人阶级的历史地位和先进性，没有改变中国工人阶级作为国家和企业的主人翁地位。我们必须适应形势的发展，坚持以马克思列宁主义、毛泽东思想、邓小平理论为指导，全面贯彻"三个代表"重要思想，以党的三代领导核心关于工人阶级和工会工作重要思想为强大思想理论武器，以改革创新、与时俱进的精神，深入基层和职工群众之中，加强调查研究和理论思考，深入研究职工队伍和工会工作面临的新情况新变化，努力解决理论和实践中遇到的新问题，全面落实党的全心全意依靠工人阶级的根本指导方针，切实履行好工会维护职工合法权益的基本职责，一手抓调整劳动关系机制的建设，一手抓为职工群众特别是困难职工群体办实事，不断增强工会组织的吸引力和凝聚力，努力推动我国工运事业的新发展，更好地发挥工会组织作为党联系职工群众的桥梁纽带作用、国家政权的重要社会支柱作用和职工利益代表者维护者的作用。

尉健行希望，各级党政领导同志和广大工会干部，一定要把学习宣传党的三代领导核心的工人阶级和工会工作思想，同学习贯彻江泽民同志"三个代表"重要思想结合起来，同学习贯彻江泽民同志"七一"和"5·31"重要讲话精神结合起来，同学习贯彻即将召开的党的十六大精神结合起来，同各自工作的实际结合起来，指导我们新的实践，切实做好改革发展稳定各方面的工作。各级工会要把《毛泽东邓小平江泽民论工人阶级和工会工作》作为培训干部的重要教材，帮助大家努力掌握其基本观点和精神实质，自觉地坚持用科学的理论武装头脑。

中共中央政治局委员、中央书记处书记、中宣部部长丁关根，中共中央政治局候补委员、中央书记处书记、中组部部长曾庆红和倪志福同志等出席座谈会。

座谈会由中华全国总工会和中共中央文献研究室共同召开。中华全国总工会副主席、书记处第一书记张俊九主持座谈会。中华全国总工会副主席、书记处书记孙宝树，中共中央文献研究室主任逄先知，中宣部常务副部长刘云山等先后在会上发言。中央和国家机关有关部门负责人等共100多人参加了座谈会。

国务委员罗干在江西考察

中共中央政治局委员、国务委员、中央政法委员会书记罗干7月15日至19日在江西考察工作时强调，各级党委、政府和政法部门要以高度的政治责任感，深入推进"严打"整治斗争，全面落实社会治安综合治理各项措施，确保中央确定的社会治安有新的明显进步的目标实现,为党的十六大胜利召开创造良好的社会治安环境。

罗干对江西省在"严打"整治斗争中取得的成绩给予充分肯定。他指出,"严打"整治斗争是政法战线的一项长期任务。当前社会治安状况虽然有一定好转,但基础还不巩固,稍有松懈,犯罪案件反弹的情况还可能出现。他要求,各地政法部门要从认真学习贯彻江总书记"5·31"重要讲话精神、实践"三个代表"的高度,对"严打"整治斗争的重要意义进行再认识,对中央关于开展"严打"整治斗争的方针政策进行再理解,对前段工作进行再回顾。认真查找思想上和工作中的差距,统一思想,正确分析形势,针对前一阶段存在的问题和薄弱环节,有针对性地将"严打"斗争推向深入。

罗干强调,要深入贯彻中央关于进一步加强社会治安综合治理工作的意见,全面落实社会治安综合治理的各项措施。要坚持"打防结合,以防为主"的方针,巩固"严打"整治斗争取得的成果。社会治安综合治理要结合实际、突出重点,什么犯罪突出就防范什么;什么治安问题人民群众不满意就解决什么问题;哪个地方治安混乱就集中整治哪里。要加强政法基层组织建设,突出对基层矛盾纠纷的排查、调处、化解工作,加强对流动人口、青少年等犯罪多发群体的教育和预防工作。

罗干强调,要按照江总书记"三个代表"要求,坚持不懈地抓好政法队伍建设,加强教育,严格管理,不断提高整体素质。同时,要满腔热情地关心、支持和爱护这支队伍,使之始终保持旺盛的战斗力,更好地完成维护稳定的各项任务。

罗干特别强调,党的十六大下半年将召开,各级党委、政府和政法部门一定要以对党和人民高度负责的精神,全力以赴做好各方面的工作,特别是做好维护社会稳定的工作,要严密防范和严厉打击境内外敌对势力和"法轮功"邪教组织的渗透破坏活动。要加强矛盾纠纷排查调处工作,积极预防和妥善处置各种群体事件和突发事件,为党的十六大的胜利召开创造良好的社会治安环境。

罗干还在南昌考察了江西省豫章监狱、女子监狱和少年管教所。他在与江西监狱系统领导干部座谈时强调,要认真贯彻"惩罚与改造相结合,以改造人为宗旨"的监狱工作方针,加强监管改造工作,正确处理改造与生产的关系,全面提高监管改造水平,确保监所安全稳定。

在江西考察期间,罗干亲切看望了在办案途中与歹徒搏斗英勇牺牲的公安民警夏霆烈士的家属,走访了基层派出所、消防大队、看守所,接见了江西省政法系统基层先进模范及见义勇为先进分子。

中共江西省委书记孟建柱、省长黄智权等陪同考察。

全国人大常委会副委员长何鲁丽等在黑龙江调研

全国人大常委会副委员长、民革中央主席何鲁丽,全国政协副主席、民革中央常务副主席周铁农,近日率民革中央调研组就矿业可持续发展问题到黑龙江省调研考察。

7月15日至21日,何鲁丽、周铁农一行在哈尔滨听取了黑龙江省委、省政府及大庆市在矿业可持续发展方面工作情况的介绍,并先后深入到七台河、双鸭山两市进行实地调研考察。何鲁丽说,经过几代人的艰苦努力,黑龙江省矿业的发展成绩显著,尤其是原油、原煤的产量,在全国占有十分重要的地位,为国家及兄弟省市的经济建设和社会发展,为国家的经济安全,作出了突出的贡献;黑龙江省着力在矿产品的精深加工、延长产业链、发展以高新技术为重点的非矿替代产业上下功夫,已取得了初步成效;同时,黑龙江省把生态环境建设与经济的可持续发展、与替代产业的兴办、与高科技现代化城市的建设联系起来,取得了较大的成效。

何鲁丽指出,矿业问题不仅关系到国家经济、社会的可持续发展,而且也是事关国家经济安全的一个大问题。国内外的发展历史都证明,没有矿业的可持续发展,没有矿产资源的合理开发利用与最佳配置,就可能影响整个国家经济、社会的可持续发展。要进一步提高对矿业在国民经济中的战略地位和矿业在区域经济发展中重要性的认识,解决好矿业的发展与本地区其他门类经济发展不完全协调的问题。

何鲁丽指出,统筹安排、全面规划、科学管理,是矿业可持续发展的关键和前提,要在此基础上大力加强勘探工作,规范地去对有限的矿产资源进行合理开发和利用;要努力研究矿业体制改革的新思路、新办法,加快矿业企业的改革步伐;要积极采取"走出去"的战略,充分利用自身的经验和技术,向国外发展。

外交部部长唐家璇与英国外交大臣杰克·斯特劳举行会谈

唐家璇积极评价中英关系现状。唐家璇说,当前,中英关系发展势头很好,主要表现在:两国高层接触频繁,相互沟通,这对增进了解和互信、推动两国在各领域的合作起到了很大作用;两国经贸合作稳步上升,去年双边贸易额首次突破百亿美元大关,英对华投资继续稳居欧盟榜首,这些都显示出中英贸易的雄厚基础和巨大潜力;双方文化交流得到加强,就互设文化中心事达成共识；两国外交部之间的磋商也得到加强，双方就国际和地区问题在不同层次上进行了磋商。唐家璇说，中方愿与英方共同努力，推动中英关系长期稳定地向前发展。

关于台湾问题，斯特劳表示，英国政府在台湾问题上的立场是一贯的，即不承认台湾是一个“独立的国家”，承认台湾是中国的一个省，中华人民共和国政府是代表全中国的唯一合法政府，英国不会与台湾建立正式的关系，不会与台湾进行官方往来。

唐家璇对斯特劳在台湾问题上的表态表示赞赏，希望英方恪守承诺，对台湾当局通过“出访外交”、“过境外交”等各种手法在国际上从事分裂中国活动的图谋保持警惕，从中英关系的大局出发，妥善处理涉台问题。

国务委员吴仪在索非亚会见保加利亚总理西美昂

国际第二十七届南极研究科学委员会会议和第十四届国家南极局局长理事会会议在上海召开

这是中国参与南极事务以来，首次举办国际南极科学界最高层次国际性会议。400多名中外科学家和政府官员汇聚一堂，共同探讨南极科考及南极事务。

中国国务院副总理温家宝为这个规模盛大的南极领域科学考察会议发来了贺信。他在信中指出，科学发现的大量事实证明，南极洲并不是游离于人类文明之外孤立的冰雪世界，而是与全球气候、生态环境以及人类社会未来发展等一系列重大问题密切相关，目前，对南极的探索已经引起国际社会的广泛关注。国际南极研究科学委员会和国际南极局局长理事会，多年来在国际研究计划的制订、启动、推进、协调和后勤支援中发挥了极其重要的作用，为南极科学考察事业的健康发展作出了积极的贡献。

温家宝副总理还高度评价了中国的南极考察事业，他指出，20世纪80年代以来，中国科学家一直为揭开南极大陆的奥秘而辛勤工作，作出了自己的贡献。中国已成功地组织了18次南极考察，获得了大量宝贵的数据、资料和样品，取得了一批世界一流的科研成果，初步形成了一支素质优良的极地考察和科研队伍。

温家宝副总理同时指出，希望通过这次会议，进一步加强从事南极考察的国家之间的交流，增进了解，互相学习。中国愿同各国一道，高举和平、合作、友好的旗帜，共同促进南极科学考察事业的发展，为人类和平利用南极作出新的贡献。

承办会议的国家海洋局是我国极地管理的政府部门。国家海洋局局长王曙光在致辞中指出，中国先后在南极建立了两个科学考察站，有约3000人次赴南极考察。中国踊跃参与国际南极事务，1983年加入《南极条约》，1986年被接纳为南极研究科学委员会正式成员国，在其中发挥了积极作用。

会议为期两周，将举行37个分组会议和国家代表会议。在此期间，还将举行南极研究科学委员会主席、副主席的改选，酝酿多年的机构改革也将进行。本次会议将为南极在新世纪的未来定下新的基调。

国际权威刊物《自然遗传学》杂志公布我国科学家的研究成果

由中山大学肿瘤防治中心曾益新教授领导的课题组将导致人类发生鼻咽癌的易感基因定位在人类第四条染色体上一个很小的区域里。

鼻咽癌是一种多基因的遗传疾病，全世界大约80%的鼻咽癌都发生在中国。在广东、广西、湖南、福建、江西等几个省区，每年新发病的人数达到1.5万人。研究人员发现，鼻咽癌的发病有明显的家族聚集现象，与遗传因素有密切关系，同时与其他环境因素如病毒感染、进食咸鱼等也有一定的联系。据介绍，鼻咽癌患者越早发现病情，治疗效果越好，早期患者的5年生存率可以达到60%—90%，而晚期的鼻咽癌患者5年生存率只有20%—40%。

如果能找到并克隆出鼻咽癌的易感基因，不仅有利于深入理解鼻咽癌的发病机理，从而建立高危人群的预测和早期诊断方法，而且对鼻咽癌的早期发现、治疗方法改进和新型药物设计都有重要作用。

为此，中山大学肿瘤防治中心与国家人类基因组南方中心等单位合作，在陈竺院士、黄薇教授等的帮助下，对收集到的126个鼻咽癌家系基因样本进行微卫星全基因组扫描、分型和连锁分析。经过4年努力，终于将鼻咽癌的易感基因定位在人类4号染色体的4p15.1—4q12区域。

《自然遗传学》杂志的编辑认为：“课题组的科研人员在鼻咽癌的研究中，第一次提供了强有力的证据，证明了鼻咽癌的遗传易感性。”

7月16日

中共中央总书记江泽民到中国社科院考察

江泽民强调，建设有中国特色社会主义，需要在实践和理论上不懈进行探索，不断在实践的基础上提出创新的理论，用发展着的理论指导实践。在这个实践和理论的双重探索中，哲学社会科学具有不可替代的重要作用，哲学社会科学工作者是一支不可替代的重要力量。我们必须始终重视哲学社会科学，加快发展哲学社会科学。

江泽民强调，建设有中国特色社会主义，应是我国经济、政治、文化全面发展的进程，是我国物质文明、政治文明、精神文明全面建设的进程。哲学社会科学建设，是社会主义精神文明建设的重要组成部分，又是为推进社会主义社会的物质文明、政治文明、精神文明建设服务的。我们不仅要大力发展自然科学，而且要大力发展哲学社会科学，并用这些方面的知识来全面提高全体人民的思想道德素质和科学文化素质。

江泽民和随行的中共中央政治局委员、中宣部部长丁关根，中共中央政治局委员、国务院副总理温家宝来到中国社会科学院，受到专家学者和职工的热烈欢迎。在中共中央政治局委员、中国社会科学院院长李铁映的陪同下，江泽民首先参观了中国社会科学院建院25周年成果展。江泽民一边听取情况介绍，一边详细了解中国社会科学院的建设、科研和教学情况。随后，江泽民参观了该院图书馆馆藏古籍善本和电子阅览室，察看了多媒体计算机的操作演示。江泽民还观看了该院老干部合唱团的排练。

随后，江泽民来到第一学术报告厅，与专家学者们座谈。座谈会上，李铁映汇报了中国社会科学院的发展情况和学科建设情况。陈筠泉、李学勤、汪同三、夏勇、袁靖、邢广程、郎樱、卓新平、马大正、沈家煊、张卓元等同志，先后就按照“三个代表”要求进行理论创新，全面贯彻“双百”方针繁荣历史科学，加强宏观经济预测为经济发展服务，加强法学研究为建设社会主义法治国家服务，文理结合加强重点学科和重点研究室建设，在研究重大问题中锻炼成长，献身哲学社会科学研究事业，处理好基础研究、应用研究和对策研究，组织跨学科力量加强边疆问题研究，端正学风促进社会科学健康发展，紧密联系实际研究经济发展与改革等问题发言。

在认真听取大家的发言后，江泽民发表了重要讲话。江泽民首先代表党中央、国务院，向中国社会科学院全体同志，向全国哲学社会科学工作者，表示诚挚的问候。

江泽民强调，建设有中国特色社会主义这项前无古人的伟大事业，要求我们必须建设一支强大的哲学社会科学队伍，中央也需要掌握一支从事哲学社会科学研究的专门队伍。中国社会科学院是中央直接领导的国家哲学社会科学研究机构，在哲学社会科学研究方面肩负着重要职责。面对新世纪的新形势和新任务，我们一定要办好中国社会科学院。

江泽民指出，要推进改革开放和现代化建设，要把建设有中国特色社会主义事业不断推向前进，就必须深入了解社会，不仅要深入了解中国社会，还要全面了解世界这个大社会；不仅要了解社会发展的历史，而且更重要的是要研究当今社会发展的现实问题。这就需要我们加强理论研究和理论创新，加强哲学、经济学、政治学、国际政治和经济、法学、历史学、民族学、新闻学、人口学、社会学、文学、语言学、考古学等各学科的研究。要大力加强对各门传统学科的研究，大力加强对各门新兴学科和交叉学科的研究，大力加强各门学科的理论和体系的建设，大力加强各门学科的方法和手段的建设。在科学技术迅速发展的今天，哲学社会科学尤其要加强对信息技术等先进手段的运用。要努力使我国哲学社会科学的发展成为我们正确认识世界和改造世界，推动理论创新和先进文化发展，促进党和国家决策的科学化民主化，推进改革开放和现代化建设的重要力量。我国哲学社会科学界要努力担负起认识世界、传承文明、创新理论、咨政育人、服务社会的职责。

江泽民对加强哲学社会科学建设提出了五点要求。第一，要坚持以马克思主义为指导。这是我国哲学社会科学沿着正确方向健康发展的根本保证。坚持以马克思主义为指导，最重要的是要善于把马克思主义的基本原理同中国的实际相结合，不断推进马克思主义的中国化，在实践中丰富和发展马克思主义。第二，要坚持解放思想、实事求是。只有坚持解放思想，实事求是，与时俱进，我国哲学社会科学才能蓬勃发展、充满活力。要加强对全局性、前瞻性、战略性重大理论和实践问题的研究，在研究和解决重大课题的过程中推动哲学社会科学各学科的发展。要深入实践，深入群众，既立足中国实际，又放眼世界大势，努力从人民群众广阔而丰富的实践中提炼研究题材，汲取思想养分，提出真知灼见，创造学术精品，为国家发展和民族振兴服务。第三，要坚持“二为”方向和“双百”方针。哲学社会科学研究应坚持为人民服务、为社会主义服务的方向，坚持“百花齐放，百家争鸣”的方针，提倡理论创新和知识创新，鼓励大胆探索，在实践中不断认识真理、服从真理、发展真理，努力建设具有中国特色、中国风格、中国气派的哲学社会科学。第四，要坚持优良的学风。要坚持严谨而不保守，活跃而不轻浮，锐意创新而不哗众取宠，追求真理而不追逐名利。做人、做事、做学问相统一，是中华民族的优良传统。只有坚持老老实实地做人，踏踏实实地做事，扎扎实实地做学问，才能成为一名对祖国和人民有贡献的学问家。第五，要坚持和改善党对哲学社会科学事业的领导。各级党委和政府都要加强对哲学社会科学研究工作的领导，加大支持力度，同时要认真研究和把握哲学社会科学研究工作的规律，改进领导方式，不断提高领导水平。要全面落实党的知识分子政策，尊重知识、尊重人才，充分调动广大哲学社会科学工作者的积极性、主动性和创造性，认真听取他们的意见和建议，重视他们的研究成果，关心他们的学习、工作和生活，做他们的知心朋友，为加快发展哲学社会科学多办实事。

江泽民强调，当今世界的人才竞争是全方位的，不仅包括领导人才、科技人才、管理人才的竞争，也包括文化人才的竞争，当然也就包括哲学社会科学人才的竞争。各级党委和政府，各组织人事部门、宣传部门、教育部门和各哲学社会科学研究机构、高等院校、党校等等，要共同努力，进一步形成哲学社会科学人才培养、激励、选拔和任用的良好机制，促进哲学社会科学优秀人才茁壮成长。各级领导干部尤其是主要负责同志，既要具有比较丰富的自然科学知识，又要具有比较丰富的社会科学知识，这样才能够善于讲政治，善于驾驭复杂局势，从宏观上把握社会主义现代化建设的规律，不断提高决策和领导水平。

江泽民最后指出，在推进社会主义现代化建设和实现中华民族的伟大复兴的历史进程中，我国哲学社会科学任重道远，大有可为。希望全国哲学社会科学界的同志们团结奋斗，开拓创新，为加快发展我国的哲学社会科学，为建设有中国特色社会主义事业不断作出新的贡献。

成立于1977年的中国社会科学院，前身是中国科学院哲学社会科学部。建院以来，社科院培养了一大批高水平的研究人才和优秀管理人才，全院共完成学术著作6600余部、论文77000余篇、研究报告11000余份，为改革开放和社会主义现代化建设、为繁荣我国的哲学社会科学发挥了重要作用。

陪同考察的还有中共中央办公厅主任王刚，中共中央政策研究室主任滕文生等。

国家主席江泽民主席与俄罗斯普京总统就《中俄睦邻友好合作条约》签署一周年互致贺电

国务院副总理吴邦国在吉林考察

7月16日至20日，吴邦国在吉林省委书记王云坤、省长洪虎等陪同下，先后考察了中国第一汽车集团公司、长春客车厂和长春轨道客车股份有限公司、吉林化纤集团有限责任公司、吉林石化公司、延吉卷烟厂、吉林敖东药业集团延吉股份有限公司、汇源饮料食品集团延边有限公司等企业，听取了有关情况汇报。吴邦国对吉林省认真贯彻落实党中央、国务院的各项方针政策，在深化国有企业改革、建立现代企业制度、加快技术进步、做好劳动社会保障和再就业工作等方面所取得的成绩，给予了充分肯定。

吴邦国指出，今年以来，面对国内国际经济出现的一些新情况、新问题，在各方面特别是国有企业广大干部职工的共同努力下，国有企业改革发展态势良好，国有及国有控股工业企业实现利润逐月好转，全年预计仍可保持在历史较高水平，结构调整和产业优化升级成效明显，一批大企业大集团市场竞争能力、技术创新能力和抵御风险能力有所增强，为国民经济发展形势总体好于预期发挥了应有的作用。

吴邦国指出，深化经济体制改革，加快经济结构调整，应对加入世贸组织的挑战，大力增强国有企业特别是像一汽集团、中国石油这类大公司大集团的市场竞争能力显得尤为重要。大公司大集团要在技术创新、体制创新和管理创新上狠下功夫。要瞄准本行业发展的前沿，加大科技投入，加快技术进步，把开发和引进结合起来，把技术进步和机制创新结合起来，努力增强企业的核心竞争能力。各地区、各部门要支持大公司大集团的发展，鼓励它们走在改革和发展的前沿，充分发挥大公司大集团在结构调整和地区经济发展中的重要作用。

吴邦国在考察中反复强调，要妥善处理好改革发展稳定的关系，重视企业稳定和安全生产工作。要切实把“两个确保”和“低保”政策落到实处，做到应保尽保，千方百计扩大就业门路，大力促进职工下岗再就业。

陪同吴邦国考察的有关部门负责人有郑斯林、李荣融、张左已、侯云春等。

国务院副总理吴邦国对西部通县公路建设现场交流会作出批示

吴邦国指出，西部地区交通建设是西部大开发第一要务。西部地区通县公路工程，是党中央、国务院实施西部大开发战略的重要举措，体现了党和政府对西部贫困地区、边远地区和少数民族地区的关怀，表明了党和国家兴边富民、实现共同富裕的决心，是一项德政工程，民心工程。他要求交通系统干部职工继续深入学习领会江泽民同志“三个代表”的重要思想，牢固树立一切为了人民群众、一切依靠人民群众的根本观点，切实抓好工程建设管理，妥善处理好交通建设与环境保护的关系，力争按时优质地完成通县公路建设任务，向党和人民交一份满意的答卷。

西部地区通县公路建设范围包括西部地区12个省市区和新疆生产建设兵团，以及湖北恩施、湖南湘西、吉林延边3个自治州和黑龙江大兴安岭地区，建设范围共涉及133个地区、1099个县市。

西部通县公路建设工程是今年我国交通基础设施建设的重中之重。国家今年下达通县公路项目251个，建设总规模达25766公里，总投资346.4亿元。截至今年6月底，通县公路建设累计完成投资132.15亿元，路基工程已完成总量的68%,路面工程已完成总量的19.7%。贵州的荔波至独山、石阡至过江屯,广西的天等至隆安等10条通县公路已经建成。

国务院副总理李岚清在俄罗斯鞑靼斯坦共和国首府喀山会见鞑靼斯坦共和国总统沙伊米耶夫

李岚清说,中俄两国毗邻而居,互为最大邻国,发展长期睦邻友好与互利合作关系,符合两国和两国人民的根本利益,也有利于地区及世界的和平与稳定。他说,一年前的今天,江泽民主席和普京总统共同签署了《中俄睦邻友好合作条约》。目前,中俄双方正在积极落实条约,各领域合作顺利发展。他表示相信,在双方的共同努力下,中俄传统友好合作关系一定会越来越密切。

李岚清说,中国政府支持鞑靼斯坦选择与中国相应省市建立和发展友好合作关系的设想,中俄地方之间在经贸、文化、教育等领域开展务实有效的合作,将使中俄两国之间的友好合作更加富有活力。

全国人大常委会副委员长姜春云在吉隆坡分别会见马来西亚议会上议院议长曾永森和下议院议长穆罕默德·查西尔

国务委员吴仪在索菲亚会见保加利亚总统珀尔瓦诺夫

中央军委主席江泽民签署命令给海军工程大学电气工程系电力电子技术应用研究室教授马伟明记一等功

海军在武汉海军工程大学举行中央军委给马伟明记一等功庆功大会,会上宣读了中央军委的命令,海军政治委员杨怀庆为马伟明颁发军功章。

马伟明多年来致力于舰船电力系统研究,创建并发展了十二相发电机整流供电系统的理论体系,研制出具有自主知识产权、达到国际先进水平的十二相整流发电机,发明了世界上第一台能同时发出交直流电的双流发电机。他先后获得国家科技进步一等奖1项,军队科技进步一、二等奖6项,国家发明奖2项,国家发明专利4项。他的数十项发明成果,使我国舰船、飞机、移动通信等领域的供电方式实现了质的飞跃,在国防现代化建设和国民经济建设中产生了巨大的军事、经济效益。

近5年来,马伟明在教学科研中,培养出40多名电气工程学科专家型人才。1996年他被评为国家中青年有突出贡献专家,1999年获国家十大"杰出专业技术人才"奖。2001年,41岁的马伟明当选为中国工程院最年轻的院士。中国工程院为马伟明发来了贺电。

2001年度中国国际科学技术合作奖颁奖仪式在北京举行

科技部部长徐冠华院士代表中国政府,向其中两位获奖者——美籍农业专家杨又迪、加拿大籍电化学家毛焕宇颁发了获奖证书。其他4位不能来京出席颁奖仪式的科学家将分别由我国驻外使领馆官员或科技部派代表前往其驻地颁奖。

其他4位科学家分别是德国科学家米夏埃尔·佩策特;瑞典科学家诺登斯强姆;日本科学家黑田吉益和巴西科学家若则·依斯拉尔·瓦加斯。

中华人民共和国国际科学技术合作奖设立于1994年,是国务院设立的国家级科技奖励,1995年正式授奖,至今已奖励了26名外籍专家。

7月17日

国务院副总理李岚清在莫斯科与俄罗斯联邦政府总理卡西亚诺夫进行会晤

李岚清说,昨天是《中俄睦邻友好合作条约》签订一周年纪念日,江泽民主席和普京总统已经相互致电对这一重要日子表示了祝贺。条约的签署为两国关系深入发展注入了强大动力。目前,中俄两国高层交往十分密切并已形成非常有效的双边合作机制,这一机制对中俄战略协作伙伴关系的不断深入发展正发挥着重要作用。李岚清表示,我此次访俄将与马特维延科副总理共同主持中俄教文卫体合作委员会第三次会议,就是为落实两国元首、总理就发展双边关系达成的一系列重要共识,并为两国总理第七次定期会晤做准备。委员会将高效务实地工作,为中俄长期睦邻友好合作不懈努力。

全国人大常委会副委员长姜春云在吉隆坡会见马来西亚总理马哈蒂尔

国务委员吴仪就中东欧4国访问接受新华社记者采访

吴仪表示,中国与4国之间存在着深厚的传统友谊,双方政治关系良好,经贸合作具有潜力,前景广阔。

吴仪是应捷克、波兰、阿尔巴尼亚和保加利亚政府的邀请率中国政府代表团于7月4日至17日访问上述四国的。40多名企业家随访。

吴仪说,访问期间,她同4国总统、总理、副总理等领导人进行了会见和会谈,同他们就双边关系,特别是经贸关系,以及共同关心的国际和地区问题广泛深入地交换了意见，在许多重要问题上达成了共识，签署了一些双边合作协定和合同，还同4国工商界人士进行了广泛接触，出席了双方企业家洽谈会，反响积极，收到了良好效果。陪同访问的各部门和地方负责人分别与4国相应的负责人举行了对口会谈，商讨了加强相互之间的合作。访问达到了加深彼此了解和信任，增进友谊，扩大合作，推动双边关系，特别是经贸关系在新世纪进一步发展的目的。

吴仪说，中国同上述各国之间既无悬而未决的问题，也无根本的利害冲突。实践证明，社会制度、意识形态和价值观念的不同，并不影响国家关系的发展。中国政府一贯重视发展与4国的友好合作关系，愿在相互尊重、平等互利、互不干涉内政、求同存异等原则基础上继续推动双边关系健康、稳定地向前发展。4国领导人均表示，4国将融入欧洲一体化作为其外交重点，同时重视发展同中国的关系，视中国为战略伙伴，看重中国的国际地位；赞叹和钦佩中国在改革开放中取得的巨大成就，看好中国的巨大市场；愿积极发展对华关系，尤其是经贸合作，努力使双边经贸合作在现有基础上得到进一步发展。4国政府均明确重申坚持一个中国的原则立场，承认中华人民共和国是代表全中国的唯一合法政府，支持中国政府根据"一国两制"的方针实现国家统一，强调巩固和发展双边友好合作关系不仅符合中国和4国人民的利益，也有利于本地区和世界的和平与稳定。

吴仪说，经贸关系是国家关系的重要组成部分。中国政府重视与4国的经贸合作，愿与4国共同努力，使双边贸易在不断增加的同时达到积极平衡。中国加入世界贸易组织后，双边合作前景更加广阔，中方愿在平等、互利、互惠的原则基础上，根据需要和可能，同4国共同探讨在新形势下进一步开展经贸合作的新渠道、新方法。

吴仪指出，4国对有实力的企业家随团访问予以高度评价，认为这是中国积极发展与4国经贸关系的具体体现。通过广泛接触与交流，4国企业界加深了对中国的了解，看到了中国企业实力雄厚，中国市场巨大，发展前景广阔；进一步认识到市场经济条件下企业作为经贸合作主体的作用，感到加强双方企业界的交流与合作十分必要。双方除签署一些合作协议或达成部分合作意向外，还相互发现了优势互补的合作潜力。可以看出，有实力的中国企业大胆"走出去"，在国际市场上寻求合作伙伴，共谋发展，大有作为。相信中国企业一定能在上述4国逐步扩大互利合作，并取得良好效益。双方经贸主管部门应充分发挥桥梁作用，尽可能地为企业扩大合作提供便利，创造条件。双方企业也要进行直接接触，加强交流，拓展合作。只要双方共同努力，积极挖掘潜力，双边经贸关系一定会在现有的基础上得到新的发展。

外交部部长唐家璇在钓鱼台与俄罗斯联邦安全会议秘书鲁沙伊洛举行会谈

7月18日

国家主席江泽民在中南海会见俄罗斯联邦安全会议秘书鲁沙伊洛

江泽民说，你的来访正值中俄睦邻友好合作条约签署一周年。这个条约签署后在国际上引起积极的反响，这说明我们的这个行动符合当今时代和世界发展的大趋势，符合各国人民求稳定、求和平、求发展的总体愿望。

江泽民说，一年来，中俄双方都积极、认真地落实条约的各项条款。这表明，条约代表了中俄两国和两国人民的长远战略利益，反映了两国人民的共同愿望。双方应在条约精神的指导下，不断深化和扩大两国在各个领域的友好合作。

国务院任免国家工作人员

任命焦焕成为国务院副秘书长；

姜成康为国家烟草专卖局局长；

白志健为中央人民政府驻澳门特别行政区联络办公室主任；

李勇武、刘名启、柯小刚、王今翔为中央人民政府驻澳门特别行政区联络办公室副主任。

免去韦钰(女)的教育部副部长职务；

倪益瑾的国家烟草专卖局局长职务。

中共中央书记处书记尉健行在人民大会堂会见英国保守党上院议员英国铁行集团公司董事长斯特灵勋爵

中俄教文卫体合作委员会第三次会议在马科斯举行

国务院副总理兼中俄教文卫体合作委员会中方主席李岚清和俄罗斯联邦政府副总理兼该委员会俄方主席马特维延科共同主持了会议。

在对中俄教文卫体合作委员会第二次会议以来的工作进展简要总结后，李岚清指出，此次会议召开的时机很好。一是恰逢《中俄睦邻友好合作条约》签署一周年，条约为新世纪中俄合作指明了方向；二是江泽民主席和普京总统不久前在上海合作组织圣彼得堡峰会期间就进一步发展中俄关系达成了许多共识。李岚清称赞中俄教文卫体合作委员会成立两年来做了大量工作，两国在人文领域的交往日趋活跃，建议双方着眼未来，本着友好务实的精神，对下一阶段工作作出进一步规划，以充分发挥委员会在深化和巩固中俄战略协作伙伴关系中的积极作用。

李岚清和马特维延科还共同宣布：在委员会框架内成立中俄广播电视电影合作工作小组和中俄媒体合作工作小组。中国教育部部长、中俄教文卫体合作委员会中方秘书长陈至立，俄联邦教育部部长、俄中教文卫体合作委员会俄方秘书长菲利波夫分别介绍了一年来双方的工作情况，就双方在教育、文化、卫生、体育、旅游等领域的一些具体合作项目深入交换了意见，达成广泛共识。

会议结束后，李岚清与马特维延科共同签署了《中俄教文卫体合作委员会第三次会议纪要》，并出席了《中华人民共和国教育部长和俄罗斯联邦教育部长会谈备忘录》以及《中华人民共和国国家旅游局和俄罗斯联邦经济发展与贸易部关于组织中国公民赴俄罗斯旅游实施方案的谅解备忘录》的签字仪式。签字仪式后，李岚清与马特维延科共同简短会见了中外记者，就中俄关系及本次会议的有关问题回答了记者的提问。

中央军委主席江泽民签署通令给解放军理工大学工程兵工程学院教授王景全记一等功

作为我军著名的渡河工程专家，王景全将自己的全部心血都倾注在了国防科研事业和人才培养上，先后主持完成重大科研课题26项，其中18项成果分获国家、军队科技进步奖等奖励，3项成果获国家发明专利，并创造了4项渡河工程的奇迹，为我军克服江河湖海障碍作出了贡献。他因此获得了中国人民解放军重大科技贡献奖。

庆功大会上，副总参谋长张黎宣读了中央军委为王景全记功的通令，并为王景全颁发了一等功证章和证书。解放军理工大学党委作出了关于开展向王景全学习的决定。

藏族英雄史诗《格萨尔》千年纪念大会在北京举行

中国社科院、国家民委、文化部、国家广电总局、中国文联等联合举行《格萨尔》千年纪念大会，中共中央政治局委员、中国社科院院长李铁映将此称为当代中国文化事业的一件盛事，也是各民族团结共进、万方乐奏的喜庆节日。

李铁映在纪念大会上作了《文化的创新与创新的文化》主题发言。他说，我们纪念这一伟大诗篇，不仅要重温她深刻博大的思想内涵，分享她历久弥新的艺术魅力，更重要的是要思考一下如何看待中华民族传统文化，思考中华民族传统文化如何与时俱进，开拓创新。

对于这个在建设中国特色社会主义文化中面临的重要课题，李铁映从"文化的民族性和开放性"、"文化的人民性和先进性"、"文化的继承性和创新性"三方面阐述了自己的看法。他指出，历史上的一切文明成就，都应得到充分承认和尊重。中华各民族文化历来就是和而不同，讲求尊重多样性的，正因为如此，才形成源远流长、海纳百川的大国气象，才能长期屹立于世界民族之林。他说，不同文化之间的和平共存、相互渗透乃至交融互变，才是文明发展的常态现象和主流。他重申大众是文化的创造者，同时他强调，文化的人民性必须和文化的先进性相结合，才能把社会主义现代化建设和文化建设不断推向前进。全球化浪潮是我们面临的一个新挑战，因而创新精神、创新文化显得格外紧迫。李铁映说，继承性和累积性是文化发展的重要规律之一，我们要充分发掘、学习、借鉴我们民族文化中蕴含的独特而珍贵的精神价值，只有这样，文化创新才不是无源之水、无本之木。对既有文化的继承和借鉴，只是前提手段，文化创新才是目的。他说，我们当前最主要的任务，是在继承文化遗产的基础上，立足于改革开放和现代化建设的实践和时代要求，结合人民群众精神生活需求，积极推进文化创新，发展和创造出新的精神产品。

李铁映最后说，党和国家一向关注民族文化的保护、发掘和弘扬，多年来投入了大量人力、物力，积极开展对各民族文化资源的保护、整理和利用。今后，也将进一步加大对包括《格萨尔》在内的一切民族优秀文化的整理、研究和宣传工作，让这些文化遗产的珍贵价值为更多的人所了解和分享。

《格萨尔》是目前世界上最长的史诗，约有百余部50万行，记录了藏族英雄格萨尔一生的业绩和功勋。首都各民族格萨尔研究者和学术界、文化界人士以及部分外国驻华使节等参加了纪念大会。联合国教科文组织驻京代表青岛泰之、国家民委副主任李晋有、文化部副部长潘震宙、西藏社科院院长次旺俊美等也在会上发了言。

7月19日

全国年中出口工作会议在苏州举行

国务委员吴仪给会议发来书面指示。吴仪在给会议的指示中说，今年是中国经济发展和政治生活十分重要的一年，做好进出口工作，特别是保持出口稳定增长，具有重要意义。当前世界经济初现复苏迹象，但不确定因素很多。她希望各地外经贸部门进一步认清形势，既要抓住国际经济环境趋于好转的机遇，又要充分考虑到可能出现的困难和问题；既要保持政策的稳定性和连续性，又要及时研究解决出口中遇到的新情况和新问题，特别是要学会运用世贸组织规则和争端机制，打破日益加剧的国际贸易保护主义。综合运用各种措施，力争今年出口多增长，为国民经济发展多做贡献，以优异的成绩迎接党的十六大的召开。

外经贸部部长石广生回顾了上半年我国外经贸形势的发展。上半年我国外贸出口和利用外资增长均好于预期，其中出口1420.6亿美元，增长14.1%；实际利用外资增长18.69%，达到245.79亿美元。上述外经贸形势的良好发展，是我国国民经济持续稳定发展，各项外经贸政策的稳定落实，我国加入世贸组织的综合效应，党中央、国务院对外经贸工作的重视、关心，各级政府对外经贸工作的支持和从事外经贸工作的同志积极努力等多方面因素的综合结果。

石广生说，下半年我国外经贸发展仍面临许多不确定因素。美、日、欧等经济虽然有所好转，但仍然面临许多问题。当前国际贸易保护主义盛行对世界贸易发展的影响不可忽视。同时，一些国有外经贸企业改革滞后，已经影响到外经贸的发展；出口企业在资金等方面也还存在一些困难等。我国加入世贸组织半年来，总体影响是积极的。它推动了我国对外经贸的平稳发展，对促进我国的改革与发展发挥了越来越明显的作用。我国在履行加入世贸组织承诺和义务的同时，也开始享受加入世贸组织的权利。他说，在处理应对我国加入世贸组织的机遇和挑战时，要做到义务与权利相结合，学习规则与运用规则相结合，开放市场与合理保护相结合，扩大对外开放与维护国家安全相结合。

石广生说，在出口商品上，一方面要发展高新技术产品出口，但同时也要发展劳动密集型商品出口。在扩大传统出口商品的同时，也要注重创新；在发展工业品出口的同时，也要发展农产品出口。在出口市场上，除传统的出口市场外，当前应大力开拓俄罗斯、印度、中东等潜力巨大的市场。在经营主体上，在积极推动国有外贸企业改革的同时，也要推动生产型企业以及民营企业从事外贸进出口，降低外贸经营权的门槛。在贸易方式上，要积极利用电子商务等新型贸易方式。各地外经贸部门要按照“三个代表”重要思想的要求，把江泽民总书记“5·31”讲话精神全面贯彻到扩大出口的具体工作中去，精心组织，真抓实干，为今年出口多增长不懈奋斗，以优异的成绩迎接党的十六大召开。

7月20日

国办转发水利部《关于加强海河流域近期防洪建设的若干意见》

国务院副总理李岚清在符拉迪沃斯托克会见俄罗斯滨海边疆区行政长官达尔金

李岚清说，当前中俄关系发展十分顺利，这为两国地区间加强合作开辟了广阔前景。滨海边疆区与中国的东北地区山水相连，开展两地区之间经济、文化、教育、卫生、体育、旅游等领域的合作潜力很大，有着天时、地利、人和的优势。李岚清说，他此次访俄期间，与马特维延科副总理已达成共识，双方在加强中央一级在人文领域合作的同时，将支持和鼓励两国地方间建立与发展互利合作关系，我们希望滨海边疆区成为发展中俄两国地区间友好合作的先驱者，为中俄两国人民世世代代友好下去作出贡献。

7月21日

中国和瑙鲁在香港签署两国建立外交关系的联合公报

中华人民共和国政府和瑙鲁共和国政府根据两国人民的利益和共同愿望，决定两国自2002年7月21日起相互承认并建立大使级外交关系。

两国政府同意，在相互尊重主权和领土完整、互不侵犯、互不干涉内政、平等互利、和平共处的原则基础上，发展两国之间的友好关系。

中华人民共和国政府支持瑙鲁共和国政府为维护国家独立、主权和领土完整以及发展民族经济所作的努力。

瑙鲁共和国政府承认世界上只有一个中国，中华人民共和国政府是代表全中国的唯一合法政府，台湾是中国领土不可分割的一部分。瑙鲁共和国政府决定于2002年7月21日起断绝同台湾的“外交关系”，废除与台湾签署的所有“国家”间、“政府”间和其他官方协议，并在一个月内互相关闭驻对方的“使馆”或“领事馆”及其他官方机构，撤走“使馆人员”或“领事人员”及其他官方人员。瑙鲁共和国政府承诺在瑙鲁共和国和中华人民共和国建立外交关系后，瑙鲁共和国将不再与台湾发生任何形式的官方关系。

中华人民共和国政府和瑙鲁共和国政府商定，将根据1961年《维也纳外交关系公约》的规定和国际惯例，并在对等基础上在各自首都为对方使馆的建立和履行职务提供一切必要的协助。

中华人民共和国政府代表

瑙鲁共和国政府代表

2002年7月21日于香港

7月22日

国务院总理朱镕基在辽宁考察

朱镕基在考察时强调，加快完善城镇社会保障体系，积极做好就业和再就业工作，事关改革发展稳定大局，我们一定要按照江泽民同志“三个代表”重要思想的要求，知难而进，扎实工作。朱镕基指出，实践证明，中央确定在辽宁全省进行完善城镇社会保障体系试点的决策，是完全正确的，一年多来试点工作取得了重要进展，要坚定不移地推进，务求取得成功，为在全国完善城镇社会保障体系积累和探索完整的经验。

国务院副总理吴邦国一起参加了考察。

辽宁是党中央、国务院于2001年确定的完善城镇社会保障体系的试点省。朱镕基总理一直关心试点工作进展情况，先后4次听取辽宁试点工作汇报，并于去年6月主持召开国务院总理办公会议，讨论通过了辽宁省试点实施方案。这是两年来他第三次专程赴辽宁考察社会保障体系建设和再就业工作。7月22日至24日，朱镕基和吴邦国在辽宁省委负责人的陪同下，先后到沈阳、抚顺等地考察。在沈阳市，朱镕基一行先后来到沈河区二经街道办事处永环社区、大东区职业技术培训中心，考察了社区幼儿园、医疗服务站，并与社区负责同志座谈。在抚顺市，考察了望花区建设街道、抚顺特殊钢(集团)有限公司、抚顺铝厂电解铝环保改造工程，察看了采煤沉陷区。23日下午，朱镕基在抚顺召开社会保障工作座谈会，辽宁省有关部门和沈阳、大连等14个城市负责人，部分企业、街道和社区代表参加座谈会。考察期间，朱镕基听取了辽宁省委、省政府的工作汇报，对辽宁各方面工作取得的进步给予充分肯定，对全省上下积极推进社保试点和下岗职工再就业取得的成绩给予高度评价。

朱镕基指出，党中央、国务院确定的“鼓励兼并、规范破产、下岗分流、减员增效和实施再就业工程”的方针，以及建立国有企业下岗职工基本生活保障制度、养老保险和失业保险制度、城市居民最低生活保障制度，实践证明是完全正确的，为深化国有企业改革、促进结构调整、维护社会稳定，发挥了重要作用，必须继续全面贯彻执行。在辽宁进行的以完善城镇企业职工基本养老保险制度、推动国有企业下岗职工基本生活保障向失业保险和最低生活保障制度并轨为主要内容的试点工作，也是完全正确的，必须毫不动摇地坚持下去。辽宁省各级党委、政府高度重视，周密部署，按照建立完整的社会保障体系的要求，扎扎实实地推进各项试点工作。经过一年来坚持不懈的努力，“两个确保”进一步落实，城市“低保”基本做到应保尽保，70多万国有企业下岗职工解除了与企业的劳动合同关系，实现了由基本生活保障向失业保险和“低保”并轨，许多下岗失业人员实现了再就业，这是了不起的成绩。他说，辽宁省是老工业基地，城镇人口多，企业改革和产业结构调整任务重、工作难度大，辽宁的试点成功了，对在全国推广有着十分重要的意义。

朱镕基指出，建立有中国特色的社会保障体系是一项长期、艰巨而复杂的工程，必须持之以恒地努力，关键是要把中央确定的政策措施真正落到实处。当前首先还是要全面落实“两个确保”和城市居民最低生活保障制度。要千方百计确保国有企业下岗职工基本生活费和离退休人员养老金按时足额发放，任何地方都不能发生新的拖欠。要加大困难行业和困难企业“两个确保”的工作力度。同时，对已出中心，解除劳动关系的下岗职工，要按照规定及时办理各项社会保险的接续工作。要采取更加有力的措施，强化城市居民最低生活保障制度建设。要按照属地管理原则核定“低保”对象，不分隶属关系、不分企业所有制性质、不分行业，只要符合条件都要纳入“低保”范围。要根据当地的经济发展水平，确定适当的最低生活保障标准。标准太高，国家负担不起，也不利于促进就业；标准太低，难以保障困难群众的基本生活。中央和地方各级财政，都要逐年增加用于“低保”的资金，并切实做到专款专用，防止挪用和挤占。朱镕基说，近几年，中央财政已大幅度地增加了社保支出，地方财政也要努力增加社保资金。要尽量节省其他方面开支，宁可不搞或少搞建设项目，也要保证社保资金的需要。

朱镕基说，党中央、国务院已经制定了社会保障的一系列政策措施。目前群众对“两个确保”和城市“低保”工作总体上是满意的，但是有少数地方和单位还有“死角”，这主要是由于工作不到位，政策不落实，要加强监督和检查。国务院决定，今年下半年要在全国范围内开展一次社会保障政策落实情况的大检查，重点检查“两个确保”是否存在“死角”；各项社会保险覆盖面和社会保险费收缴率是否达到规定要求；城市“低保”对象是否都已建立档案和账户，做到了应保尽保；社保资金是否专款专用等。各级社保、民政、财政部门要密切配合，深入基层，了解真实情况，及时解决问题，务必把各项社会保障政策措施真正落到实处。

朱镕基指出，妥善解决就业和再就业问题，对我们一个近13亿人口的大国来说，既是当前突出而迫切的社会问题，也是一项长期而艰巨的重大历史任务，各级党委和政府必须以高度的自觉性和更大的工作力度，千方百计做好就业和再就业工作。要创新工作思路，扩展就业空间。大力发展就业容量大的服务业，进一步发展有市场、有效益的劳动密集型产业，鼓励发展集体、个体和私营等多种所有制经济，以吸纳更多的劳动力就业。有条件的国有大中型企业，要通过主辅分离，发展多种经营等渠道，尽可能多地安置富余人员。资源枯竭矿区，要发展非矿经济，及早进行产业接续和替代，加快经济转型和劳动力战略转移。要采取有力措施，鼓励和支持下岗失业人员自谋职业、自主创业和组织起来就业。要积极发展小时工、临时工等灵活多样的就业方式。只要转变观念、措施有力、工作到位，扩大就业就会有广阔的空间。朱镕基指出，开展职业培训，是全面提高劳动者素质，发展先进生产力的必然要求，也是拓宽就业渠道，增加劳动者就业机会，促进劳动就业的重要举措。要根据劳动力市场变化和产业结构调整的需要，大力加强职业教育和再就业培训。同时，要加快就业服务信息化建设，通过提供信息咨询、择业指导、职业介绍等办法，为促进就业创造良好的环境。

朱镕基强调，要充分发挥社区在社会保障和促进劳动就业中的重要作用。社区组织联系千家万户，了解社情民意，是城市工作的重要基础。随着社会保障体系的不断完善，社区不仅要做好“低保”工作，还要做好下岗失业人员的再就业和退休人员的社会化服务工作。社区工作的重要性越来越突出，任务越来越重。近几年，社区工作有了很大的发展，社区工作人员的思想和业务素质有了普遍明显的提高，实践证明，社区把城市“低保”工作做深、做细、做实，为群众提供就业和其他多方面服务、广辟就业门路，就能够有力地维护社会稳定。要进一步加强社区组织建设、制度建设和基础设施建设，提高社区工作人员素质，以适应新形势要求。

陪同朱镕基考察的国务院有关部门负责人有多吉才让、项怀诚、张左己、戴相龙、王众孚、王岐山、魏礼群、刘仲藜、张俊九、尤权、于广洲、蒋黔贵、李伟等。

全国学习贯彻《党政领导干部选拔任用工作条例》电视电话会议在北京召开

中共中央政治局常委、中央书记处书记胡锦涛今天在全国学习贯彻《党政领导干部选拔任用工作条例》(以下简称《条例》)电视电话会议上发表重要讲话指出，《条例》的颁布实施，是党的干部工作更好地贯彻落实“三个代表”重要思想的需要，是适应新形势、新任务的要求建设高素质干部队伍的需要，是总结和推广近年来干部人事工作的新经验、新成果，进一步提高干部选拔任用工作水平的需要。各级党委一定要认真学习和坚决贯彻这个《条例》，不断提高干部选拔任用工作水平，为全面开创建设有中国特色社会主义事业新局面提供坚强的组织保证。

中共中央政治局常委、中央书记处书记、中央纪委书记尉健行出席了今天的会议。会议由中共中央政治局候补委员、中央书记处书记、中央组织部部长曾庆红主持。

胡锦涛在讲话中深刻阐述了颁布实施《条例》的必要性和重要性。他指出，中央颁布的《条例》，坚持以马克思列宁主义、毛泽东思想、邓小平理论为指导，全面贯彻“三个代表”的要求，科学总结了长期以来特别是改革开放以来党的干部工作的实践经验，吸收了近年来干部人事制度改革的重要成果，是我们党关于党政领导干部选拔任用工作的基本规章，也是从源头上预防和治理用人上不正之风的有力武器。《条例》的颁布和实施，表明我们党在建立、健全选贤任能的科学机制方面迈出了重要的一步，对于推进干部工作的科学化、民主化、制度化，对于形成朝气蓬勃、奋发有为的领导集体，保证党的基本路线的贯彻执行，保证党的事业的兴旺发达和国家的长治久安，具有重大的意义。

胡锦涛强调，各级党委及其组织部门要全面把握和贯彻《条例》的基本精神，进一步提高党政领导干部选拔任用工作的水平。他指出，颁布这个《条例》，说到底就是要解决好“选什么人，怎样选人”的问题。在新世纪新阶段，坚持德才兼备标准，就是要把坚持和实践“三个代表”重要思想作为选拔任用干部最重要、最根本的要求，把那些身体力行“三个代表”重要思想的优秀干部选拔上来。一要注重看干部的思想政治素质。要坚持《条例》规定的条件，把政治标准放在首位，注重对干部思想政治素质的考察，坚决防止和纠正重才轻德的现象。尤其要看关键时刻的表现，要看能不能经受名、利、权、色的考验，能不能做到把党和人民的利益摆在高于一切的位置上。二要注重看干部的作风。要按照党的十五届六中全会关于“八个坚持、八个反对”的要求，注意考察干部思想作风、学风、工作作风、领导作风和生活作风等方面的情况。衡量一个干部的作风，不仅要看他嘴上说得怎么样，更重要的是要看他做得怎么样。三要注重看干部的政绩。干部的政绩是使用干部的基本依据。识别和评价干部的政绩，要做到全面、客观、真实、科学，防止片面性和简单化。既要看当前工作的成绩，又要看在基础性、长效性工作中的成果；既要看工作成绩的大小，又要看取得这些成绩的工作环境和条件；既要看日常工作的成效，又要看在重要时期、重要工作、重大事件中的决策能力和工作成效；既要看抓物质文明的成效，又要看抓精神文明的成效。四要注重看干部的群众公认程度。在正常情况下，多数群众不拥护的干部，不能提拔。

胡锦涛指出，贯彻执行《条例》必须坚持党管干部的原则，用科学的制度、民主的方法、严密的程序、严格的纪律，把干部选准用好，把各级领导班子建设好。《条例》对于干部选拔任用的推荐提名、考核考察、酝酿讨论、任免、监督等各个环节，作出了更加规范的程序性规定，形成了干部选拔任用工作的完整要求，要严格遵照执行。选拔任用党政领导干部，必须经过民主推荐提出考察对象。要切实把好考察关，不断改进考察方法，防止考察失真、失实。党委(党组)讨论决定干部，一定要按照民主集中制原则办事，坚持会议讨论决定，坚持少数服从多数，决不允许搞个人或者少数人说了算。

在谈到坚持干部工作中的群众路线时，胡锦涛指出，扩大干部工作中的民主，是干部人事制度改革的基本方向，也是减少和避免用人上的失误、防止和纠正用人上不正之风的有效措施。要认真落实《条例》的有关规定，进一步增强干部选拔任用工作的公开性和透明度，落实好群众对干部选拔任用的知情权、参与权、选择权和监督权。尤其要认真把握民主推荐、考察和任前公示等关键环节，广泛听取各方面特别是基层群众的意见。

在谈到加强干部监督工作时，胡锦涛强调，加强干部监督工作，重点是加强对领导干部的监督和干部选拔任用工作的监督。要抓紧建立并完善干部推荐责任制、干部考察工作责任制、干部选拔任用工作责任追究制、干部选拔任用工作监督责任制。对选拔任用干部不按规定办事造成失误的，要严肃追究责任。要增强主动监督的意识，强化事前监督、事中监督，把对执行《条例》情况监督的关口前移。

胡锦涛指出，《条例》是干部人事制度改革的一个重大成果，同时又为进一步深化干部人事制度改革指明了方向。各级党委要以贯彻执行《条例》为契机，继续认真落实中央下发的《深化干部人事制度改革纲要》，加快干部人事制度改革步伐，总结经验，探索规律，努力推进干部工作的科学化、民主化、制度化，进一步完善选贤任能的科学机制，为优秀人才脱颖而出、健康成长、施展才干创造良好环境。

胡锦涛还就加强对贯彻执行《条例》的领导，提出了明确要求。

曾庆红在主持会议时说，胡锦涛同志代表中央所作的重要讲话，从全局和战略的高度，分析了干部队伍建设面临的新形势、新任务，阐述了颁布实施《条例》的重要意义，对各级党委全面把握《条例》的基本精神，认真抓好《条例》的贯彻落实，进一步做好新时期党政领导干部选拔任用工作作出了总体部署，提出了明确要求。胡锦涛同志的讲话，主题鲜明，论述深刻，充分体现了“三个代表”重要思想和中央关于干部选拔任用工作的新要求，具有很强的针对性和指导性。各级党委及其组织人事部门，一定要认真学习领会，并在工作中加以贯彻落实。曾庆红强调，中央颁布的《党政领导干部选拔任用工作条例》，是我们党关于党政领导干部选拔任用工作的基本规章。这一《条例》的颁布，是党的建设特别是干部工作中的一件大事。各级党委一定要把学习贯彻《条例》列入重要议事日程，切实抓紧抓好。学习贯彻《条例》，要以江泽民总书记“三个代表”重要思想和“5·31”重要讲话精神为指导，与贯彻中央关于干部工作的一系列方针政策结合起来，与加强领导班子和干部队伍建设、推进干部人事制度改革结合起来，与严肃干部人事工作纪律、从源头上预防和治理用人上的不正之风结合起来，不断提高新时期领导班子和干部队伍建设的水平。各级组织人事部门要带头学习、认真贯彻、坚决执行《条例》，充分发挥职能作用，当好党委的参谋助手，把《条例》的各项规定真正落到实处。今年下半年将召开党的十六大，这是我国进入全面建设小康社会、加快推进社会主义现代化的新的发展阶段召开的一次极为重要的会议，是全党和全国各族人民政治生活中的一件大事。我们一定要按照中央的要求，开拓进取，扎实工作，以优异成绩迎接党的十六大胜利召开。

出席北京主会场会议的有，中央党的建设工作领导小组成员，中央和国家机关各部委、人民团体的有关负责同志，以及在北京参加中组部《条例》培训班的各省(自治区、直辖市)、副省级城市、新疆生产建设兵团党委组织部长，中央和国家机关各部委的干部(人事)司(局)长，解放军总政治部和武警总部的有关负责同志。各省(自治区、直辖市)、副省级城市及市(地)、县(市)党委书记和分管组织工作的副书记等，分别在当地分会场出席了会议。

《人民日报》发表评论员文章《彻底砸碎邪教的精神枷锁》

《人民日报》发表国家经贸委研究室的文章《积极稳步地推进国有企业改革和经济结构调整》

中办 国办转发教育部等十二部门《关于“十五”期间扫除文盲工作的意见》并发出通知

各省、自治区、直辖市党委和人民政府，各大军区党委，中央和国家机关各部委，军委各总部、各军兵种党委，各人民团体：

教育部、中央宣传部、国家民族事务委员会、财政部、农业部、文化部、国家广播电影电视总局、国家林业局、军委总政治部、共青团中央、全国妇联、中国科协《关于“十五”期间扫除文盲工作的意见》已经党中央、国务院同意,现转发给你们,请认真贯彻执行。

中共中央办公厅

国务院办公厅

2002年7月22日

关于"十五"期间扫除文盲工作的意见

扫除文盲是宪法规定的基本政策,进一步做好这项工作,对于提高我国全民文化素质,促进社会主义物质文明和精神文明建设,具有重要作用。为推动"十五"期间我国的扫盲工作,巩固提高扫盲成果,根据党中央、国务院有关文件精神,现提出以下意见。

一、指导思想

深入贯彻落实《国务院关于基础教育改革与发展的决定》(国发〔2001〕21号)和《扫除文盲工作条例》,把普及九年义务教育和扫除青壮年文盲作为教育工作的"重中之重",坚持杜绝新生文盲、扫除现有文盲与使脱盲人员接受继续教育相结合的方针,巩固和扩大扫盲工作成果,重点推进贫困地区、少数民族和妇女的扫盲教育。大力开展扫盲课程和教学改革,建立以满足扫盲对象基本学习需求为导向的扫盲教育机制,提高扫盲工作的质量和效益。

二、工作目标

扫盲工作的主要对象为15—50周岁的青壮年文盲。鼓励50周岁以上的文盲接受扫盲教育。

各省、自治区、直辖市要按照积极进取、实事求是、分类指导、全面推进的原则,结合本地区实际,制定和实施"十五"期间扫盲和扫盲后继续教育工作规划。

西部地区尚未实现基本扫除青壮年文盲目标的县(市、区),特别是已经普及初等义务教育的县(市、区),要在普及初等义务教育后的5年内,基本扫除青壮年文盲,将青壮年非文盲率提高到95%以上。内蒙古、贵州、云南、甘肃、宁夏、青海等省(自治区)要将青壮年非文盲率提高到90%以上。西藏自治区要大力推进普及义务教育工作,减少新生文盲,积极扫除青壮年文盲。

已经实现基本扫除青壮年文盲的县(市、区),要以乡(镇)为单位,全面扫除有学习能力的青年(15—24周岁)文盲,使青壮年脱盲人员普遍接受继续教育。控制复盲现象,在巩固扫除文盲成果的基础上将青壮年非文盲率保持或提高到95%以上。

城市和经济发达地区要巩固提高扫盲工作成果,全面扫除有学习能力的青年文盲,积极探索功能性扫盲教育和多种形式的继续教育的途径和方法,使青壮年脱盲人员普遍接受继续教育,把扫盲教育与建立学习型社区工作结合起来。

三、主要任务

(一)核清底数,健全档案。各地要根据全国第五次人口普查的有关数据,以行政村或居委会为单位,核清文盲底数。对新生文盲、复盲、迁移性文盲等要加强监测,完善扫盲工作档案,建立扫盲工作动态管理机制,为制定扫盲工作规划奠定基础。

(二)广泛开展杜绝新生文盲和扫盲后的巩固提高工作。采取特殊政策和措施,控制义务教育阶段在校生辍学,杜绝新生文盲。对15周岁以下的文盲,由当地中小学校负责进行补偿教育,使其接受国家规定的义务教育,或达到个人脱盲标准;对15—24周岁有学习能力的青年文盲,要保证有一个脱盲一个。要使脱盲人员普遍接受继续教育,充分发挥农村中小学校和成人学校的作用,制定具体措施,在青壮年脱盲学员中开展各种形式的阅读训练、适用技术培训及各类专项教育活动,定期进行检查督促,切实巩固、扩大扫盲工作成果。

(三)重点推进贫困地区、少数民族和妇女的扫盲教育。尚未实现基本扫除青壮年文盲的省(自治区)需设立贫困地区扫盲项目;在22个人口较少民族中,要设立民族扫盲项目;已经实现基本扫除青壮年文盲目标的省(自治区、直辖市)要设立妇女扫盲项目,重点扫除妇女文盲。

(四)大力开展扫盲课程与教学改革。要转变扫盲教育观念,建立以满足扫盲对象基本学习需求为导向的扫盲教育机制,提高扫盲教育的质量和效益。改革扫盲教育的评估方法,重视扫盲教育的过程评估。将以识字量为主的结果评估方法,逐步转变为考核学员实际能力的过程评估。探索多种形式的功能性扫盲的途径和方法,适应经济发展、社会进步和群众生活的需要。

(五)农村中小学校和成人学校要积极承担扫盲工作。有扫盲任务的地方,农村中小学校和成人学校要把设置扫盲课程和承担扫盲教学工作作为一项重要任务和职责,建立和完善扫盲教学网络。教师参加扫盲工作要记入工作量,对超过工作量的给予课时补贴。要把教师参加扫盲工作的成绩作为职称评定、考核晋级、评选先进的依据,把在校学生参加扫盲活动作为学生的社会实践活动之一,纳入学校计划。各地要制定有关政策,为农村中小学校和成人学校承担扫盲教学工作提供支持。

四、加强领导,保障扫盲工作的顺利实施

(一)各级党委、政府要进一步加强对扫盲工作的领导。扫除文盲是各级党委、政府的职责和任务,是实践"三个代表"要求的重要体现。要按照《扫除文盲工作条例》的要求,把扫盲工作作为衡量本地区社会和经济发展的重要指标,列入社会和经济发展规划。要制订和完善扫盲与扫盲后巩固提高工作的规划、政策和措施，切实加以推进。要继续实行地方人民政府、教育行政部门“双线”承包责任制，把扫盲任务列为县、乡两级人民政府和企业、事业单位行政负责人的职责，作为考核工作成绩的一项重要内容。要充分发挥村民委员会的作用，把扫盲任务落实到人。

(二)建立、健全各级党委、政府扫盲工作领导协调机构，动员社会各方面力量参与扫盲，指导、推动这项工作健康深入地发展。各级教育行政部门要明确扫盲工作的机构和人员。扫盲任务重的地方，要有专门人员负责扫盲教育工作，并加强对管理人员和教师的培训，不断提高工作的质量和水平。各级农业、林业行政部门负责组织动员本系统的干部和专业技术人员参与扫盲和继续教育活动，并为结合扫盲开办的农业、林业适用技术培训提供师资和教材；各级新闻宣传部门要积极做好扫除文盲的舆论宣传工作，搞好对扫盲工作成效和经验的报道；出版部门要积极配合，加大普及读物的出版力度；文化管理部门要充分利用基层文化设施，为扫盲工作提供场所和各种图书、报刊、读物；共青团、妇联要充分发挥基层组织的作用，积极动员青壮年文盲，特别是妇女文盲参加学习，凡有扫盲任务的地方，青年、妇女组织都要积极参与举办扫盲班(组)或开展包教保学活动；各级科协及所属学会、协会、研究会等，要结合当地青壮年文盲的特点，举办各种适用技术培训，为脱盲学员提供各种科普读物；人民解放军和武警部队要配合当地政府，将扫盲工作纳入军民共建活动中，促进驻地精神文明建设。

(三)多渠道解决扫盲工作经费。继续按照《扫除文盲工作条例》的规定保证扫盲工作经费。中央财政继续安排扫盲工作奖励专项经费，并根据各地扫盲项目的进展情况给予奖励。地方各级人民政府视自身财力状况设立扫盲工作专项经费，用于扫盲项目及其表彰奖励。二期“国家贫困地区义务教育工程”师资培训经费也可用于培训扫盲教师。

(四)各级教育科研机构要重视和加强扫盲教育理论与实践的研究工作。特别是加强对新形势下扫盲工作的组织动员方法、以满足扫盲对象基本学习需求为导向的扫盲教育机制、扫盲教材编写模式及贫困地区、少数民族和妇女扫盲工作的有效途径等方面的研究与探索。以科学的理论指导扫盲教育，以科学的方法提高扫盲工作的针对性和实用性。

(五)坚持对扫盲工作的督导评估制度。地方各级教育督导机构要加强对扫盲工作的督导评估。坚持未普及初等义务教育，不能验收扫盲工作；未基本扫除青壮年文盲，不能验收普及九年义务教育工作。各地要建立扫盲工作复查制度，以全国第五次人口普查数据为依据，对已验收的县(市、区)进行复查。复查中发现主要指标下滑的，要采取切实措施限期整改。国家教育督导团要继续加强对扫盲工作的过程性督导，对由省(自治区)人民政府申报实现基本扫除青壮年文盲任务的县(市、区)，经抽查后予以认定。

(六)建立扫盲工作的报告与通报制度。各省、自治区、直辖市人民政府每年年初要向教育部报送扫盲工作的进展情况及年度计划。教育部对各地扫盲工作进行不定期的调查研究和检查，并对各地的情况进行通报。

中共中央国务院发出《关于进一步加强和改进新时期体育工作的意见》

1984年，党中央在总结新中国成立以来特别是改革开放后我国体育工作基本经验的基础上，发出了《关于进一步发展体育运动的通知》(中发〔1984〕20号)，提出了加快我国体育事业发展的指导思想、主要任务和工作措施。近20年来，各级党委、政府和体育系统在《通知》精神指导下，大力开展全民健身活动，推行“奥运争光计划”，群众体育蓬勃开展，人民体质普遍增强。竞技体育全面登上世界体育舞台，在国际赛场上屡创佳绩。我国的体育事业取得了举世瞩目的成就，对促进经济发展和社会进步起到了重要作用。但是也应该看到，目前我国人均体育场地、人均体育消费和经常参加体育活动的人数，与世界发达或较发达国家相比，仍处在较低水平；地区之间、城乡之间体育发展程度差距较大；竞技体育优势项目不多，后备力量不足。全面客观地分析当前的体育形势，并研究采取相应的对策，是加快体育事业发展的前提。随着新世纪的到来，我国已进入全面建设小康社会、加快推进社会主义现代化的新的发展阶段。2001年，北京成功赢得2008年奥运会举办权，这充分反映了我国改革开放的丰硕成果，对推动新世纪我国经济和社会发展，形成全方位、多层次、宽领域对外开放格局，提高我国的国际地位，都将产生深远的影响。

筹备和举办2008年奥运会及残疾人奥运会，既是北京市和体育界的大事，也是全国人民的盛事；既是难得的历史机遇，也面临新的挑战。抓住机遇，迎接挑战，努力把2008年奥运会和残疾人奥运会办成历史上最出色的一届奥运会，加快我国体育事业的全面发展，满足广大人民群众日益增长的体育文化需求，并借此推动我国社会主义物质文明建设和精神文明建设的发展，是全党、各级政府和全国各族人民的一项共同任务。各级党委、政府要以此为契机，进一步加强和改进新时期体育工作。现对此提出以下意见。

一、充分认识体育在经济、社会发展中的重要地位和作用

(一)体育是社会发展与人类文明进步的一个标志,体育事业发展水平是一个国家综合国力和社会文明程度的重要体现。在现代化建设的进程中,体育伴随着经济、社会的发展而发展。我国社会主义现代化建设的根本目的是满足广大人民群众日益增长的物质文化需要。

经济越发展,社会越进步,人们强身健体的意识就越强烈,体育的地位就越重要,作用就越显著。

(二)体育作为一种群众广泛参与的社会活动,不仅可以增强人民体质,也有助于培养人们勇敢顽强的性格、超越自我的品质、迎接挑战的意志和承担风险的能力,有助于培养人们的竞争意识、协作精神和公平观念。高水平竞技体育对丰富人们的文化生活,弘扬集体主义、爱国主义精神,增强国家和民族的向心力、凝聚力,都有着不可缺少的作用。我国体育健儿在奥运会和世界性大赛中表现出来的拼搏精神,激发了我国人民的爱国热情和民族自豪感,鼓舞了我国人民战胜困难,奋发向上。

(三)体育是促进友谊、增强团结的重要手段。通过体育活动,能够扩大人们的情感交流,增进人与人之间的相互了解,改善人际关系,建立健康、合理的生活方式,创造文明、和谐的社会环境。国际间的体育交往,能够促进国家与国家之间、人民与人民之间的相互理解,有益于人类社会的"团结、友谊、进步"。

(四)当今世界,体育产业的发展明显加快,已经成为国民经济新的增长点。作为第三产业的组成部分,加快体育产业的发展是建立社会主义市场经济体制的需要,符合我国经济结构战略性调整的要求,对于扩大内需、拉动经济增长,实现现代化建设发展目标,有着明显的推动作用。

二、新时期发展体育事业的指导思想、工作方针和总体要求

(五)高举邓小平理论伟大旗帜,全面贯彻党在社会主义初级阶段的基本路线和基本纲领,认真实践江泽民同志"三个代表"重要思想,以举办2008年奥运会为契机,以满足广大人民群众日益增长的体育文化需求为出发点,把增强人民体质、提高全民族整体素质作为根本目标,积极开创体育工作新局面,为实现新世纪我国经济、社会发展的战略目标和中华民族的伟大复兴作出应有的贡献。

(六)坚持体育为人民服务、为社会主义现代化建设服务的方针,坚持普及与提高相结合,实现群众体育与竞技体育的协调发展和相互促进;坚持以改革促发展,强化体育制度创新,努力推进体育体制改革和运行机制转变,增强体育发展的活力和后劲;坚持依法行政,加强体育工作的法制建设,依靠科技力量,保障体育事业持续、健康发展。

(七)从我国国情出发,坚持体育事业与经济、社会协调发展。群众体育以全民健身为目标,广泛开展体育活动,不断提高全民族的健康水平;竞技体育以重大国际比赛,特别是奥运会取得优异成绩为目标,合理布局,提高水平;平衡区域体育发展格局,在鼓励经济发达地区率先实现体育现代化的同时,抓住西部大开发的有利时机,继续实施援建全民健身设施的"雪炭工程",积极扶持中西部地区和少数民族地区发展体育事业,发挥多民族人才资源优势,努力促进区域体育的共同发展;增加政府对体育事业投入,充分发挥社会力量,积极发展体育产业,做好体育彩票发行销售和使用管理;注重无形资产开发和新运动项目开拓,为发展体育产业注入新的活力。

三、大力推进全民健身计划,构建多元化体育服务体系

(八)继续实施《全民健身计划纲要》。开展全民健身活动,增强人民体质,是体育工作的根本任务,是利国利民、功在当代、利在千秋的事业。体育工作一定要把提高全民族的身体素质摆在突出位置。

(九)努力构建群众性的多元化体育服务体系。随着国民经济的发展和人民物质文化生活水平的提高,要逐步改善群众性体育运动条件,为广大人民群众提供必要的体育设施和体育服务;根据不同区域、不同人群的不同需求,坚持体育服务的多元化,适应各方面的体育健身需要,保障广大人民群众享有基本的体育服务;注重区域体育、城乡体育共同发展,加大对中西部地区和农村体育事业发展的支持力度。

(十)构建群众性体育服务体系,着重抓好三个环节:一是建设好群众健身场地,方便群众就地就近参加体育活动;二是健全群众体育活动组织,建立社会体育指导工作队伍和社会化的群众体育网络,完善国民体质监测系统;三是举办经常性群众体育活动,丰富群众文化生活。群众体育工作应努力做到亲民、便民、利民。

(十一)构建群众性体育服务体系,要抓住四个重点:青少年体育以学校为重点,农村体育以乡镇为重点,城市体育以社区为重点,军队体育以连队为重点。各地区、各有关部门应各司其职,采取切实有效的措施,充分发挥学校、社区、乡镇和连队的聚集效应、辐射功能和带动作用,增加体育锻炼的吸引力和凝聚力,推动全民健身活动的普遍开展。各类学校要培养学生德、智、体、美全面发展,提高体育教学质量,确保学生体育课程和课余活动时间,把具有健康体魄作为青少年将来报效祖国和人民的基础条件。各行业、机关、企事业单位和乡镇、社区要把组织群众开展体育活动纳入工作范围,充分利用文化体育设施的综合服务功能,在组

织网络、活动内容和服务方式上积极探索符合时代要求的基层体育发展模式。

（十二）构建群众性体育服务体系，要坚持政府支持与社会兴办相结合。政府重点支持公益性体育设施建设，群众性体育组织和体育活动以社会兴办为主，鼓励、支持企事业单位和个人兴办面向大众的体育服务经营实体，积极引导群众的体育消费，大力培育体育市场，加强规范管理，逐步形成有利于体育产业发展的社会氛围。

四、全面实施竞技体育发展战略，进一步提升我国竞技运动水平

（十三）举办2008年奥运会是一个系统工程。各有关地区、部门和有关方面要密切配合，开拓创新，把筹备和举办奥运会作为推动我国经济、社会发展的难得机遇，作为提高我国竞技运动水平和国际大型赛事组织能力的大舞台，作为学习国际体育事务、掌握现代体育运作方式的大学校，作为锤炼体育队伍思想、业务素质的大熔炉，进一步提高我国在国际体坛的地位和声望。同时，要重视和支持残疾人运动员的选拔、集训、组团、参赛等工作，按照国际惯例，确保2008年残疾人奥运会的圆满成功。

（十四）制订新时期奥运争光计划。以新世纪我国在奥运会等重大国际比赛中取得优异成绩为目标，进一步发挥社会主义制度的优越性，坚持和完善举国体制，明确中央和地方发展竞技体育的责任，充分调动中央和地方以及社会各方面的积极性，在充分发挥竞争机制的基础上，把全国的体育资源更好地整合起来。重视体育科学技术研究工作，不断提高体育运动训练的科学化程度和体育决策的科学化水平，全面提升我国在国际体坛的竞争实力，发挥竞技体育的多元功能。

（十五）密切跟踪世界竞技体育新动向，结合我国实际，科学部署竞技体育发展战略。巩固原有的优势项目，拓展新的优势项目，争取在田径、游泳项目中有较明显突破，不断提高球类等集体项目的竞技水平。要坚持从实际出发，调整项目结构，完善项目布局，努力提高成功率。

（十六）举办好全国运动会和国内其他赛事。全国运动会是推动我国竞技体育发展的重要环节，要全面、科学安排国内各项赛事，改革完善竞赛制度，充分发挥竞赛的功能和效益，为实现“奥运战略”目标服务。举办赛事要弘扬中华体育精神，有利于出成绩、出人才，有利于促进社会稳定和民族团结。

（十七）加强高水平运动队建设。要把提高运动技术水平与培养有理想、有道德、有文化、有纪律的新一代体育队伍结合起来，深入、持久地开展爱国主义、集体主义和革命英雄主义教育，反对极端个人主义、享乐主义、拜金主义和各种歪风邪气。努力抓好运动训练和文化教育，开拓培养高水平运动员、教练员的新途径，为优秀运动员、教练员升学深造创造条件，提高运动队伍的科学文化素质。体育后备人才培养关系到竞技体育的持续发展，要认真抓好业余运动队伍训练，注意发现和培养新的人才。体育、财政、人事、劳动保障等部门要研究制定非职业化运动队优秀运动员退役就业安置的政策措施，尽快建立对优秀运动员的激励机制和伤残保险制度，解除运动员的后顾之忧。

五、继续深化体育体制改革，促进运行机制转换

（十八）为适应社会主义市场经济的发展，深化我国体育管理体制改革势在必行。要明确政府和社会的事权划分，实行管办分离，把不应由政府行使的职能转移给事业单位、社会团体和中介组织。体育行政部门要把工作重点转移到贯彻国家方针、政策，研究制定体育行业政策和发展规划，依法加强行业管理和提供服务上来。

（十九）利用筹备2008年奥运会的有利时机，充分发挥国家体育总局、中华全国体育总会和中国奥委会的作用。要根据我国的国情，汲取国外的成功经验，逐步理顺各级体育组织之间的关系，分工合作，形成新时期有利于体育事业发展的组织架构和适应社会主义市场经济要求的运作方式。

（二十）深化运动项目管理体制改革，提高规范化管理水平。要按照责权利统一的原则，进一步明确各级体育管理部门的职责，处理好相互之间的工作关系。各运动项目管理单位要加强自身建设，建立、健全科学的工作机制和合理的规章制度，分期分批进行单项协会实体化改革。

（二十一）社会各界对体育事业的赞助，对拓宽资金投入渠道、活跃体育活动起了积极作用，符合市场经济的要求和国际惯例。要研究、制定有关政策措施，鼓励社会力量对体育赛事、公益性体育机构和公共体育设施建设的支持。要加强对赞助活动的管理和监督，充分调动企事业单位和个人的积极性，保障和维护其正当权益。

（二十二）积极推进体育工作运行机制的转换。要深入实际，研究新情况，解决新问题，加快体育的制度创新、管理创新，建立有利于竞争协作和灵活高效的运行机制。要努力开发体育无形资产，加强对商业性赛事的管理，大力发展体育产业，积极培育体育市场，不断增强体育发展的动力和后劲。

六、切实加强对体育工作的组织领导

（二十三）体育事业是社会主义物质文明建设和精神文明建设事业的重要组成部分，必须加强党的建设，坚持以邓小平理论和“三个代表”重要思想为指导，不

断增强党在体育领域的号召力和凝聚力，确保党的路线、方针、政策的贯彻落实，确保体育事业沿着中国先进文化的前进方向持续发展。

（二十四）各级党委、政府要把发展体育事业作为促进人民身体健康，提高全民族整体素质，维护社会稳定，推动经济、社会可持续发展的大事，纳入国民经济和社会发展规划。在机构改革进程中，体育机构只能加强，不能削弱。要深入进行调查研究，通过统筹规划、政策引导、组织协调、提供服务，建立灵活高效的调控机制，充分发挥各级工会、共青团、妇联、各行业和社会各界办体育的积极性。

（二十五）各级政府要增加对体育事业的投入。群众性体育事业属于公益性事业，县级以上人民政府要按照《中华人民共和国体育法》的规定，将体育事业经费、基本建设资金列入本级财政预算和基本建设投资计划，并随着国民经济的发展逐步增加对体育事业的投入，确保体育事业经费随着财政收入的增长逐步增加。

（二十六）各级政府要重视体育设施建设，加强城乡公共体育设施规划。新建的非营利性体育设施，地方政府可以采用划拨方式提供用地。新建居民小区、经济开发区和学校必须配套建设相应的体育设施。公共体育设施要向社会开放，正确处理好公益性和经营性的关系。收费标准要充分考虑人民群众的经济承受能力。学校、机关、企事业单位的体育设施也要努力实现社会共享。严禁侵占、破坏体育设施。要将体育场馆建设成为健康、科学、文明的阵地。

（二十七）加强法制建设，将体育工作纳入法制化轨道。要按照有关法律、法规的规定，参照国际上的成功经验，结合我国国情，抓紧研究制定加强违禁药物管理、规范俱乐部制竞赛等方面的法规，并严格执行。

（二十八）加强体育队伍的作风建设，切实纠正不正之风，清除腐败行为。体育队伍的作风建设，关系到我国体育事业的健康、持续发展，是代表先进文化前进方向的重要标志。某些地方存在的不遵守竞赛规则、扰乱赛场秩序和其他各种腐败行为，是对“公平、公正、公开”竞赛原则的背离，与公民道德建设背道而驰。体育界和全社会要切实加强对体育队伍的思想道德教育和监督管理，坚决反对使用违禁药物和训练、竞赛中的一切不轨举动，坚决与体育领域各种不正之风和腐败行为作斗争，切实维护体育竞赛的公正性和纯洁性。

（二十九）进一步加强体育宣传报道工作。新闻舆论对促进体育事业的繁荣发展具有重要作用。要坚持正确的舆论导向，弘扬中华体育精神，普及体育科学知识，倡导健康、科学、文明的生活方式，维护社会稳定，为推动体育事业健康发展营造良好的舆论环境。

7月23日

国务院总理朱镕基致电祝贺鲍肯内德就任荷兰王国政府首相

国务院副总理温家宝在全国“菜篮子”工作会议上发表讲话

在我国农业和农村经济发展进入新阶段和加入世贸组织的新形势下，国务院召开这次“菜篮子”工作会议，主要目的是总结交流“菜篮子”工作的成绩和经验，分析当前面临的新情况、新问题，研究制定今后一个时期的工作任务和政策措施。这次提交会议讨论的《国务院关于加强新阶段“菜篮子”工作的通知（征求意见稿）》，请大家认真修改，会后由国务院批准下发执行。下面，我讲几点意见。

一、“菜篮子”工作取得的成就和基本经验

做好“菜篮子”工作，事关广大人民群众的切身利益，党中央、国务院历来十分重视。江泽民总书记曾明确指出：“如果‘米袋子’、‘菜篮子’抓不上去，农民收入不能增加，工业速度发展再快，城市建得再漂亮，也不能算是合格的领导”。朱镕基总理就提高“菜篮子”质量卫生安全问题多次作出批示。在党中央、国务院的正确领导下，各地方、各部门密切配合，共同努力，“菜篮子”工作取得了显著成绩，实现了“菜篮子”产品由长期短缺、品种单调，到供求基本平衡、品种丰富多样的历史性转折。

第一，产品总量大幅度增长，品种日益丰富。2001年，我国肉类、水产品、禽蛋、水果的总产量，分别比1990年增长1.2、2.5、1.9和2.6倍，质量也有所提高。现在，大多数“菜篮子”产品的人均消费量都超过了世界平均水平，较好地满足了城乡居民的生活需要。特别是在我国经济结构调整的关键时期，“菜篮子”对稳定物价、保障下岗职工和城市低收入居民生活、维护社会稳定，都发挥了重要的作用。

第二，促进了农业结构调整，带动了农民增收。随着“菜篮子”生产的迅速发展，蔬菜、水果、畜产品、水产品等在农业中的比重明显上升，促进了农业结构的调整和优化，成为农民收入新的增长点。目前，“菜篮子”产品收入在农民收入中的贡献份额占到1/3左右，很多农民靠发展“菜篮子”脱贫致富。

第三，出口量增加，创汇能力增强。我国“菜篮子”产品及其加工品的成本较低，具有较强的国际竞争优势。近年来，“菜篮子”产品出口数量逐年增加，结构不断优化，名特优新品种和加工制成品出口比重逐步提高，去年，水产品、畜产品、蔬菜、水果出口额达到100亿美元，已成为农业出口创汇的重要支柱。

第四，市场体系不断完善，加工、流通能力增强。通过深化流通体制改革，初步形成了以批发市场为中心，以城乡集贸市场、连锁超市及各类零售商店为网络的市场体系。“菜篮子”产品的加工、运销等基础设施不断改善，均衡供给能力得到提高。国家建立和完善了重要商品的储备制度，增强了应付突发性灾害、平抑供求波动的能力。

在“菜篮子”工程建设的实践中，各级政府和有关部门认真贯彻执行中央的方针政策，从本地实际出发，大胆探索，不断创新，积累了丰富的经验。一是坚持市场取向的产销体制改革。这是推动“菜篮子”生产迅速发展的重要力量。随着改革的不断深入，“菜篮子”产品的购销和价格完全放开，市场机制在资源配置中发挥了基础性作用，调动了农民面向市场发展生产的积极性。二是加强生产基地建设。这是保障货源稳定的基础。各地不断增加投入，改善生产条件，发展设施农业，推广优良品种和先进实用技术，提高规模化和集约化程度，有效地促进了“菜篮子”生产的增长。“菜篮子”产品质量标准和检验检测工作开始受到重视，产品质量安全水平有所提高。三是推进农业产业化经营。各地在积极发展“公司＋农户”的基础上，逐步向“公司＋基地”、规模化、标准化的模式发展，实现多种形式的农业产业化经营，培育各种流通中介组织，以流通带动生产，初步形成了生产、加工、销售有机结合和相互促进的经营机制。四是实行市长负责制。各级政府切实加强领导，把“菜篮子”工作放到重要位置，落实责任，为搞好“菜篮子”工作提供了有力的组织保证。同时，通过增加投入、合理储备、区域调剂和市场调控等措施，加强和改善对“菜篮子”产品产销的引导和服务。

二、“菜篮子”工作面临的形势和任务

经过20多年的改革开放，我国人民生活总体上达到小康水平，正在向全面建设小康社会迈进。当前农业和农村经济发展进入新的阶段，“菜篮子”工作也面临新的形势。

一是供求关系发生新的变化。需求层次多样。随着人民生活水平的提高和“菜篮子”产品供给的充裕，以及人们环保、健康意识的增强，更加注重“菜篮子”产品的多样性、优质化、卫生和安全。这就要求“菜篮子”工作在保证供给的基础上，要突出抓好产品质量，确保卫生和安全。供给范围拓展。过去“菜篮子”的供给对象主要是大中城市居民，现在已扩展为全国城乡居民。这就要求“菜篮子”工作既要重视城市，也要关注农村。生产空间扩大。在粮食等主要农产品出现阶段性供大于求之后，可用于“菜篮子”生产的资源有了较大的增加。这既为发展“菜篮子”生产提供了有利条件，也对保持“菜篮子”产品总量和品种的供求平衡，防止区域结构趋同、低水平重复，提出了更高的要求。

二是对质量管理提出了新的要求。过去我国“菜篮子”产品流通范围小、渠道单一，质量卫生安全等问题比较容易控制。随着市场放开和全国统一市场的形成，“菜篮子”产品的生产和流通突破了区域界限，生产主体和流通渠道多元化。这一方面有利于保证“菜篮子”产品的供给；另一方面也增加了质量卫生安全管理的难度。使用农药、兽药、化肥等投入品，一方面大大提高了“菜篮子”产品产量；另一方面也会因不合理使用导致产品质量和卫生安全问题。这就要求我们加强管理，科学指导，趋利避害。

三是面临新的国际竞争环境。我国对外开放不断扩大，尤其是加入世贸组织后，“菜篮子”产品生产既面临机遇，又面临挑战。总体上说，我国有得天独厚的气候、物种资源优势，“菜篮子”产品是我国比较具有优势的农产品，但由于质量安全问题比较突出，国外市场又大量设置技术性贸易壁垒，我们的优势在国际竞争中还没有发挥出来。如何利用国内、国际“两个市场”、“两种资源”，把我们的优势产品打出去，真正在国际市场占有一席之地，同时加强进口管理，防止国外农产品冲击国内生产，是我们面临的十分紧迫而艰巨的任务。

面对新的形势，目前，“菜篮子”工作还不能完全适应国内外市场对农产品质量、品种等方面提出的多样化、精细化的新要求，生产、流通等领域存在着一些亟待解决的问题。一是质量卫生安全问题突出。近几年，农兽药残留事件、“瘦肉精”事件、食品中毒事件不断发生，假冒伪劣食品屡禁不止，危害消费者健康，在社会上造成不良影响。出现这些问题的原因是多方面的。在种植和养殖过程中，由于农药、兽药、化肥等投入品的不合理使用，加上工业和生活“三废”污染，造成一些农产品的药物残留及有害物质超标。在加工过程中，由于一些经营者违法违规使用禁用品，致使有的产品中含有有毒有害物质。在流通过程中，由于包装、储藏、运输等物流设施落后和管理不善，有的造成“二次污染”。二是市场秩序混乱。一些地区地方保护主义盛行，市场监管不力，掺杂使假猖獗，欺行霸市，乱收费、乱罚款，影响了“菜篮子”产品的正常流通。三是产品结构不合理。品种和质量不能适应多样化、优质化的消费需求，“大路货”和初级产品生产过剩，优质特色产品、精深加工产品供给不足。四是流通基础设施落后。市场发育不够，营销方式落后，特别是中西部批发市场建设严重滞后,基础设施简陋,检验检测手段缺乏,服务功能不全,交易成本过高。

解决"菜篮子"工作中存在的问题,进一步把"菜篮子"生产提高到一个新水平,是贯彻江泽民总书记"三个代表"重要思想要求,维护广大人民群众利益的具体行动。当前"菜篮子"产品质量安全问题突出,从根本上解决这一问题,保护广大消费者的合法权益,是各级政府义不容辞的职责。解决"菜篮子"产品质量卫生安全问题,有利于促进农业结构调整,增加农民收入;有利于提高"菜篮子"产品质量,发挥我国的比较优势,扩大农产品出口;有利于改善生态环境,促进农业的可持续发展。各级党委和政府要从全局和战略的高度,切实重视"菜篮子"产品的生产,建立稳定供给的机制,调动各方面的积极性,保持"菜篮子"生产的持续稳定发展。

根据新形势的要求和当前存在的突出问题,新阶段"菜篮子"工作的任务是:以保障长期稳定供给为目标,以提高"菜篮子"产品质量卫生安全水平为核心,加快实现由比较注重数量,向更加注重质量、保证卫生和安全转变,让城乡居民真正吃上"放心菜"、"放心肉";逐步实现由阶段性供求平衡,向建立长期稳定供给机制转变,让城乡居民长期吃上"放心菜"、"放心肉",促进农业增效、农民增收。

三、努力做好新阶段的"菜篮子"工作

完成新阶段"菜篮子"工作任务,要有新的思路。当前和今后一个时期,"菜篮子"工作要以实现"两个转变"为目标,完善质量标准,强化源头管理,健全市场机制,加快科技进步,发展产业化经营。

——完善质量标准,就是要加快质量标准和检验检测体系建设。要根据我国实际情况,参照国际标准,抓紧建立、健全"菜篮子"产品质量卫生安全的强制性标准,完善产地环境、加工包装、运输储藏保鲜和动植物检疫等标准以及相关技术规范,使"菜篮子"产品在生产、加工、流通等各个环节都有标准可依。同时,要加大检验检测工作力度,引导生产者、经营者自觉地遵循质量标准。要建立"菜篮子"产品认证认可和产品标识制度,规范对"绿色食品"、"有机食品"及"无公害农产品"的认证和标识,加强对农业转基因生物、转基因食品的安全评价、标识和监管。

——强化源头治理,就是要加大生产环节治理力度,从源头上保证产品质量卫生安全。重点抓好以下几个环节:一是加强产地环境保护。建立和完善"菜篮子"产品的产地环境监测网络,严格控制各类污染物的排放,保证产地环境符合"菜篮子"产品质量卫生安全要求。二是加强农业投入品监管。严格种子、化肥、农药、兽药、饲料及饲料添加剂等市场准入条件,尽快淘汰威胁食品安全的农资品种,严肃查处生产、经营和使用国家明令禁止的农资品种行为。三是加强生产过程管理。搞好技术培训,使农民掌握并遵循安全生产的技术规程,减少有毒有害物质的残留。四是加强食品加工业的监管。要从企业保证食品质量卫生安全的必备条件抓起,采取生产许可、出厂强制检验等监管措施,从食品加工源头上确保不合格的食品不能出厂销售,并加大执法监督和打假力度。五是强化动植物病虫害防治。健全动植物病虫害测报预警与防治机构,尽快形成高效运转、快速反应的动植物病虫害综合防治体系。加强检疫工作,严防国外动植物病虫害侵入。

——健全市场机制,就是要加强市场建设,整顿和规范市场秩序。根据统筹规划、合理布局的原则,重点加强中西部地区批发市场建设,完善城市骨干批发市场服务功能。有条件的批发市场应积极采用新的交易方式和手段。要引入现代营销方式和流通组织形式,提高流通效率,降低交易成本。大中城市和经济发达地区,要发展"菜篮子"产品的配送和连锁经营,建设跨区域、中继性物流中心。要严把市场入口关。各地要在试点基础上,逐步建立"菜篮子"产品质量卫生安全强制检验检疫制度。突出抓好市场秩序的整顿和规范工作,加大执法力度,严厉打击不法经营活动,确保"菜篮子"产品正常流通。

——加快科技进步,就是要充分运用现代科学技术,提高产品质量和档次。要围绕提高"菜篮子"产品质量卫生安全水平,调整科研方向和重点。加速优质专用农作物和畜禽水产新品种的选育、引进和推广,加强高效、低毒、低残留农业投入品的研发,加快绿色、有机食品等生产综合配套技术的推广应用。加强加工、储藏、保鲜、包装、运输技术的研究与开发,提高产品质量与流通效率。加强检验检测技术手段研发,提供简便经济、快速高效的检验检疫技术与设备。

——发展产业化经营,就是要转变生产方式,建立有利于保证产品质量卫生安全的产销体制。目前我国"菜篮子"产品基本由农户分散生产,产品质量卫生安全难以控制。解决这个问题的一条有效途径,就是发展产业化经营,由龙头企业通过"订单农业"、建立原料基地等方式,带动农户按照标准化、专业化、区域化的要求,进行"菜篮子"产品生产、加工和销售,以确保产品质量卫生安全。要落实扶持政策,为龙头企业的成长壮大创造良好条件。积极培育和发展各类农民专业合作组织、运销组织,特别是中介服务组织,充分发挥它们的作用。

保证"菜篮子"产品的质量卫生安全,把"菜篮子"产品生产提高到一个新的水平,任务非常艰巨。各地区、各部门要加强领导,明确分工,落实责任,精心组织。要认真做好“菜篮子”发展规划,进一步完善市长负责制。市长与主产区行政首长要共同担负起确保“菜篮子”产品供给和质量卫生安全的责任。对产品卫生安全出现重大问题并导致严重后果的,要追究领导责任。要落实扶持政策,加大投入力度。重点支持保障食品安全的“三绿工程”和“无公害食品行动计划”,加强流通基础设施技术改造和市场监测、信息服务体系建设。国务院有关部门要按照这次会议确定的分工和要求,各司其职,各负其责,认真做好工作。为加强“菜篮子”工作的协调和配合,经国务院同意,已建立了由农业部和国家经贸委牵头的部际联席会议制度。联席会议要健全工作机制,建立相互协商和协调制度,加强对全国“菜篮子”工作的检查和指导,为国务院进行“菜篮子”工作的决策提供建议。

同志们,抓好新阶段“菜篮子”工作,既是一项重要的经济工作,也是一项严肃的政治任务。让我们在以江泽民同志为核心的党中央领导下,以“三个代表”重要思想为指导,真抓实干,团结奋斗,为进一步丰富和繁荣城乡“菜篮子”市场,促进农村经济发展作出新的贡献!

国务院副总理李岚清在中南海会见来京参加“中外大学校长论坛”的世界著名大学校长

李岚清就高等教育的改革和发展与来宾交换了意见。

教育部部长陈至立、副部长章新胜、周济等会见时在座。

由教育部举办的首届“中外大学校长论坛”于7月22日至8月1日在京举行。论坛希望借鉴国外大学成功的管理经验,进一步提升中国大学校长的战略思维、创新意识和管理能力。教育部邀请了17位海外著名大学校长、专家与会讲演,其中包括哈佛大学、牛津大学、剑桥大学、斯坦福大学、东京大学、巴黎高等师范学校等世界著名大学校长。北京大学、清华大学等中方80名大学校长参加了论坛。

中宣部在北京召开理论界座谈会

中宣部召开理论界学习江泽民总书记“5·31”重要讲话和7月16日在中国社会科学院重要讲话座谈会,强调哲学社会科学界要把思想统一到“5·31”讲话精神上来,用“三个代表”重要思想统领哲学社会科学工作,坚持“二为”方向,贯彻“双百”方针,多出优秀人才,多出优秀成果,推动理论研究的深化和活跃,推动哲学社会科学的繁荣和发展,为党的十六大营造昂扬向上、团结奋进、开拓创新的良好氛围。

中宣部常务副部长刘云山在讲话中指出,要坚持马列主义、毛泽东思想、邓小平理论在意识形态领域的指导地位,用“三个代表”重要思想统领哲学社会科学。要把“三个代表”重要思想贯穿于全部哲学社会科学工作中去,把是否体现“三个代表”要求作为衡量哲学社会科学工作的根本尺度。要按照“三个代表”要求,观察新的形势,分析新的情况,研究新的问题。哲学社会科学工作者要从理论和实际的结合上,深入宣传“三个代表”重要思想的科学内涵和重大意义,深入宣传“三个代表”重要思想同马列主义、毛泽东思想和邓小平理论一脉相承的统一关系,深入宣传贯彻“三个代表”的根本要求,进一步兴起学习宣传贯彻“三个代表”重要思想的热潮,不断增强实践“三个代表”重要思想的自觉性和坚定性。

中央编译局局长韦建桦、中央文献研究室副主任冷溶、中央党史研究室副主任石仲泉、《人民日报》副总编辑张研农、中国社会科学院原副院长汝信、中国人民大学校长纪宝成、国防大学原副校长侯树栋、《求是》杂志副总编辑张晓林、中央党校校委委员李忠杰、全国社科规划办主任董京泉等专家学者在座谈会上发了言。会议由中宣部副部长雒树刚主持。

7月24日

全国人大常委会委员长李鹏和在北戴河会见马耳他众议院议长安东·塔伯恩以及马议会代表团

国务院总理朱镕基在吉林 黑龙江考察防汛工作

朱镕基在考察时指出,嫩江、松花江已进入主汛期,要认真贯彻党中央、国务院关于今年防汛工作的部署,克服麻痹思想,做好各项准备,确保安全度汛。他强调,要立足当前,着眼长远,标本兼治,进一步加强抗洪工程建设,提高防大汛、抗大洪能力;切实加大生态环境保护和建设力度,从根本上防范和治理水患。

6月上旬和7月中旬,朱镕基总理分别考察了长江、黄河的防汛工作。7月24日至27日,他又来到1998年曾经遭受特大洪涝灾害的嫩江、松花江流域,实地考察防汛准备工作和堤防建设情况。7月25日上午,朱镕基在吉林省委书记王云坤、省长洪虎的陪同下,考察了位于吉林市第二松花江中上游的丰满电厂大坝和吉林市松花江防护大堤。当地负责人介绍,丰满电厂大坝从各方面做好了防大汛、抗大洪的准备,汛前完成了溢流闸门改造工程和溢流闸墩加固工程;城区松花江防护大堤与城市建设相结合,既美化了城区,又达到了百年一遇的防洪标准。朱镕基十分高兴,语重心长地说,这几年已经为防汛抗洪打好了基础,但是决不能松懈。7月25日下午至27日,朱镕基在黑龙江省委书记徐有芳、省长宋法棠的陪同下，分别考察了扎龙湿地自然保护区，齐齐哈尔市城防南堤险工，哈尔滨市外贸堤工程，老头湾堤段护坡、护岸工程，以及高谊泵站水毁修复工程和哈尔滨水文站等。

朱镕基指出，党中央、国务院对今年的防汛工作已经作出具体部署，各地一定要认真贯彻执行，立足抗洪抢险，确保安全度汛。他说，我国地域辽阔，气候复杂多变，一年当中先旱后涝、旱涝交替、旱涝急转的情况经常发生。目前，嫩江、松花江主汛期已经来临，各级党委和政府要坚决贯彻“安全第一，常备不懈，以防为主，全力抢险”的方针，不可麻痹大意。务必在防汛指挥系统、各项防洪预案、抗洪抢险队伍、防汛救灾物资、通讯交通保障等方面，做好充分准备，以战胜可能发生的洪涝灾害。

朱镕基强调，必须着眼长远加强防洪工程建设。他说，一九九八年以来，国家投入大量资金，对嫩江、松花江等大江大河防洪工程进行了大规模建设，一大批堤防工程已加高培厚，很多隐患得到治理，防洪能力显著提高，重要堤段具备了抗御一九九八年那样特大洪水的能力。这是很大的成绩。但要清醒地看到，目前仍然存在防洪安全的隐患，必须进一步加强防洪工程建设，构筑防范水患的安全屏障。特别要进一步加强重点城市防洪工程建设，尽快达到防洪规划要求的防洪标准。嫩江、松花江堤防砂基砂堤较多，河道宽，风浪大，要因地制宜采用防渗、防冲和防风浪措施。要抓紧修建骨干枢纽工程和蓄洪、滞洪区工程，提高调蓄洪能力；加大清淤疏浚力度，增强江道河道行洪能力。同时，还要加强非工程措施建设，全面开展防汛指挥系统和水文基础设施建设，逐步建立现代化的防洪体系。

朱镕基指出，实现大江大河长治久安，必须标本兼治，既要加强防洪工程建设，也要强化生物措施。切实搞好水土保持和生态环境建设，对于减少江河湖泊泥沙淤积，提高江河防洪能力具有重要作用，是科学防汛、科学治水的重要方面。各地一定要下更大的决心，从实施可持续发展战略的高度，加快产业结构调整，合理保护和利用自然资源，加强生态保护和建设，形成良好的生态系统。朱镕基说，近几年，吉林、黑龙江同全国其他地方一样，在防治水土流失和改善生态环境方面，做了大量工作，初见成效，但这只是一个开端。必须不断加大工作力度，坚持不懈地抓紧抓好。特别要充分利用当前有利时机，积极退耕还林，对需要退耕还林的地方，只要具备条件，应扩大退耕还林规模，能退多少退多少。要坚持搞好天然林保护，加速建设林业生态体系，通过人工造林、封山育林和公益林建设，提高森林覆盖率。城市建设要高度重视绿化，多种树，种大树。大力开展防沙治沙，遏制土地荒漠化。加强草原保护和建设，严禁开垦草原、超载放牧。湿地是“地球之肾”，在净化水质、调蓄水资源和实现生物多样性等方面有着不可替代的作用，要切实加强湿地保护和管理。吉林、黑龙江都是国家批准的生态建设试点省，要认真制定和实施生态建设规划，大力推进生态省建设，在生态环境保护和建设方面走在全国前面。

考察期间，朱镕基还分别听取了吉林、黑龙江省委、省政府工作汇报，对两省近年来各方面工作取得的成绩给予充分肯定。据了解，吉林、黑龙江两省按照党中央、国务院的部署，积极做好社会保障和再就业工作，基本上确保了国有企业下岗职工基本生活费和离退休人员养老金按时足额发放，城市居民最低生活保障和下岗失业人员再就业工作方面也取得了明显进展。目前，吉林、黑龙江进入“低保”的城市居民为144万人和153万人，分别比去年年底增加84万人和44万人，初步实现了应保尽保。朱镕基说，做好社会保障和再就业工作，事关改革发展稳定大局和人民群众的切身利益，各地要坚决贯彻落实中央的有关政策，进一步采取有力措施，加快完善社会保障体系建设，特别要全力做好城市“低保”工作，构筑“社会安全网”，千方百计做好就业和再就业工作，保证改革开放和现代化建设向新的目标顺利前进。

陪同朱镕基考察的有关部门负责人有项怀诚、汪恕诚、杜青林、马凯、王岐山、魏礼群、段应碧、于广洲、周生贤、李伟等。

国务院副总理李岚清在北京考察工作

7月24日至25日，李岚清在北京市委书记贾庆林和市长刘淇的陪同下，到中关村科技园区考察了高新技术成果展示厅、生命科学园、永丰产业基地、软件园、清华大学科技园，察看了新扩建的圆明园东路以及清华大学、北京大学校园周边环境整治情况，中关村西区建设和中科院科学城改造工程进展情况，听取了中关村科技园区建设的汇报，并发表了讲话。

李岚清在讲话中充分肯定了中关村科技园区建设以来所取得的成绩。他指出，经过三年的艰苦创业，中关村科技园区在基础设施建设、企业技术创新、人才集聚、环境整治和改善等方面都取得了很大成绩，全面实现了“三年大变样”的预定目标，知识经济在园区初见端倪，“中关村”已经逐步成为中国高新技术产业的品牌，引起了世界的关注，这些成绩的取得来之不易。

李岚清强调，中关村科技园区汇聚了北大、清华等全国著名高校以及中科院等一批高水平的科研机构，是全国乃至世界科技人才、智力资源最密集的地区之一，是全国重要的技术创新基地。园区内各单位要牢固树立全局观念，发挥各自优势，共同建设好中关村科技园区。政府主管部门要善于运用行政和经济手段，引导和推动企业进行技术集成，解决我国经济和社会发展中的一些重大科技问题。要根据市场和社会的需求，加快科技成果特别是创新的科技成果产业化，把丰富的智力资源转化为现实的先进生产力。园区内各企业不仅要注重创新产品的研发与制造，更要注重这些商品的销售和市场的开拓，要重视培养一批掌握科技知识、熟悉现代流通的营销人才，通过发展现代营销把科技企业做大做强。北京市政府和国务院有关部门要进一步加大对中关村科技园区建设的支持力度，切实落实国家对高新技术产业制订的各项优惠政策，加快科技园区的建设步伐，努力使中关村科技园区在科技创新、高新技术产业发展和生态环境等方面尽快达到世界先进水平。

李岚清还到北京国际会议中心，参观了奥林匹克公园和五棵松文化体育中心设计方案展，听取了奥组委有关工作情况的汇报。李岚清对北京奥组委的工作表示满意。他强调，各有关部门和单位要认真研究和借鉴其他国家举办奥运会的经验，精心规划、精心设计，明确职责、密切配合，扎实做好2008年奥运会的场馆建设和各项筹备工作。

中央国家有关部门负责人张志坚、徐冠华、田凤山、汪光焘、袁伟民、高强、汪洋、姜伟新、赵沁平、楼继伟、张佑才、娄勤俭、魏建国、吴晓灵、汪纪戎、陈宜瑜、陈佳洱、廖晓淇、曲维枝等分别参加考察。

中组部负责人就颁布实施《党政领导干部选拔任用工作条例》答记者问

问：请您简要介绍一下为什么要修订颁布《干部任用条例》？

答：中央最近颁布的《干部任用条例》是在《党政领导干部选拔任用工作暂行条例》(以下简称《暂行条例》)的基础上修订而成的。1995年中央颁布实施的《暂行条例》，对于规范干部选拔任用工作程序，提高干部选拔任用工作质量，加强领导班子建设，遏制用人上的不正之风和腐败现象，发挥了重要作用。各级党委(党组)坚决贯彻中央关于干部工作的一系列方针、政策和要求，认真执行《暂行条例》，选拔了大批坚持党的基本路线，德才兼备、群众公认、政绩突出的干部进入各级领导班子，增强了各级党政领导班子的凝聚力、战斗力，保证了改革开放和社会主义现代化建设的顺利进行。《暂行条例》颁布7年来，形势发生了很大变化。中央对党政领导干部选拔任用工作提出了一系列新的要求；干部人事制度改革取得了新的进展，积累了一些成功经验；党的建设及干部工作的理论研究，也取得了一批新的成果。今年将召开党的十六大，地方各级党政领导班子陆续换届，党的干部队伍正处在一个整体性新老交替的重要时期，干部选拔任用工作的任务十分繁重。同时，一些地方和部门存在的用人上的不正之风，是广大干部群众反映比较多的热点问题之一，也是我们必须认真解决的重点问题之一。面对干部选拔任用工作中出现的大量新情况、新问题，《暂行条例》在内容和形式上已不能完全适应工作的需要。根据新形势、新任务的要求，本着与时俱进的精神，中央决定重新修订并颁布《干部任用条例》。《干部任用条例》是党政领导干部选拔任用工作必须遵循的基本规章，也是从源头上预防和治理用人上不正之风的有力武器。它的颁布实施，对于建立、健全科学的干部选拔任用机制和监督管理机制，推进干部工作科学化、民主化、制度化，对于形成朝气蓬勃、奋发有为的领导集体，保证党的基本路线的贯彻执行，保证党的事业的兴旺发达和国家的长治久安，具有十分重大而深远的意义。

问：《干部任用条例》的颁布和实施确实具有重大的意义，请您再介绍一下它的主要内容和特点？

答：《干部任用条例》，共13章，74条。从明确干部选拔任用工作的指导思想、基本原则和选拔任用条件开始，通过规范民主推荐，考察，酝酿，讨论决定，任职，依法推荐、提名和民主协商，公开选拔和竞争上岗，交流、回避，免职、辞职、降职，纪律和监督等一系列环节，对党政领导干部选拔任用工作作出了全方位的实体性和程序性规定，各章之间相互衔接，形成了干部选拔任用工作的完整体系。其中，总则、选拔任用条件、民主推荐、考察、讨论决定、纪律和监督，是《干部任用条例》的关键环节和重点内容。

这次重新修订的《干部任用条例》有以下几个鲜明特点：一是坚持与时俱进，赋予了干部选拔任用的原则、标准、程序、方法和纪律等方面的内容以新的时代内涵，充分体现了“三个代表”重要思想和中央对干部选拔任用工作的新要求；二是坚持扩大民主的基本方向，在发展党内民主、落实群众对干部选拔任用的知情权、参与权、选择权和监督权方面有新举措；三是坚持完善程序，对选拔任用干部的各个环节作出了更为明确具体的规定，在推进干部选拔任用工作科学化、规范化方面有新进展；四是坚持制度创新，纳入了干部公开选拔、竞争上岗、任前公示、试用期制度，完善了任职、免职、辞职和降职等制度，在促进优秀人才脱颖而出和疏通干部能上能下渠道方面有新突破；五是坚持有效监督，确立了干部考察工作责任制、干部选拔任用工作责任追究制和干部选拔任用工作监督责任制，在建立科学的监督管理机制方面迈出了新步伐。

问：《干部任用条例》规定了党政领导干部应当具

备的六项基本条件，请问在实际工作中应如何把握？

答：我们党一贯坚持德才兼备的用人原则，并根据党所面临的形势和任务的变化，不断赋予其以新的时代内涵。在新的历史条件下，坚持德才兼备原则，就是要把能否坚持和实践"三个代表"重要思想，作为选拔任用干部的最重要、最根本的要求。

《干部任用条例》规定的六项基本条件，是一个有机的整体，必须全面理解、正确把握。在具体工作中，要坚持用这六项基本条件，全面、客观、准确地衡量干部的思想政治素质和作风、领导能力和业务素质、创新意识和创新能力、工作实绩和群众公认程度，以及廉洁自律情况等。同时，也要注意到，干部的职务类别不同、层次不同，具体条件要求也应有所不同。在选拔任用干部时，我们要坚持用《干部任用条例》规定的六项基本条件全面衡量干部，真正把那些政治上靠得住、工作上有本事的干部选拔上来，形成正确的用人导向，引导广大干部把心思和精力放在工作上，放在学习上，不断提高自身素质，增强为人民服务的本领，为党和人民的事业多做贡献。

问：近几年，中央一再强调要扩大干部工作中的民主，落实群众对干部选拔任用的知情权、参与权、选择权和监督权。《干部任用条例》在哪些方面体现了这一要求？

答：《干部任用条例》在干部选拔任用的推荐、考察、讨论决定、监督等主要环节上，体现了扩大民主、落实"四权"的要求。一是扩大了干部推荐中的民主。《干部任用条例》规定，选拔任用干部必须经过民主推荐。除个别特殊情况可由组织推荐外，凡是没有经过民主推荐程序的，不能列为考察对象。二是扩大了干部考察中的民主。实行考察预告制度，在考察干部时广泛听取各方面的意见。三是扩大了干部讨论决定中的民主。党委讨论决定干部任免，必须保证与会人员有足够的时间听取情况介绍，并在充分讨论的基础上，采取口头、举手或者无记名投票等方式进行表决，由集体作出决定。四是扩大了干部监督中的民主。对提拔担任厅局级以下领导职务的人选，实行任职前公示制度，接受群众监督，充分尊重民意。党委(党组)及其组织(人事)部门在干部选拔任用工作中，必须自觉接受群众监督。下级机关和党员、干部、群众对干部选拔任用工作中的违纪违规行为，有权向上级党委(党组)及其组织(人事)部门、纪检机关(监察部门)举报、申诉，受理部门和机关应当按照有关规定认真负责地核实处理。

问：目前，一些地方和部门在干部选拔任用工作中还存在着个人或少数人说了算的现象，请问《干部任用条例》针对这个问题做了哪些规定？

答：解决个人或少数人说了算的问题，关键在于坚持贯彻执行民主集中制原则。《干部任用条例》在这方面作了一系列规定：首先，在干部的推荐上，《干部任用条例》规定，个人向党组织推荐领导干部人选，必须负责地写出推荐材料并署名。经组织(人事)部门审核后，按照规定程序进行民主推荐。所推荐人选不是所在单位多数群众拥护的，不得列为考察对象。其次，在考察对象的确定上，《干部任用条例》规定，无论是领导班子换届还是个别提拔任职，考察对象都要由党委(党组)或者组织(人事)部门在民主推荐的基础上集体研究确定，领导干部个人不能确定干部考察对象。最后，《干部任用条例》规定，在党委讨论决定干部任免时，必须有2/3以上的成员到会，以党委应到会成员超过半数同意形成决定，不能由个人或少数人说了算。《干部任用条例》还规定，市(地)、县(市)党委、政府领导班子正职的拟任人选和推荐人选，由上级党委常委会提名，党的委员会全体会议审议，进行无记名投票表决；党的委员会全体会议闭会期间，由党委常委会作出决定，决定前应当征求全委会成员的意见。

问：干部考察的准确性一直是广大干部群众比较关心的问题，《干部任用条例》在防止考察失真失实方面做了哪些规定？

答：为了防止干部考察失真失实，《干部任用条例》作出了比较严密的规定。在考察内容上，要求考察人员必须依据干部选拔任用条件和不同职务的职责要求，对考察人选的德、能、勤、绩、廉进行全面考察，并要注重考察工作实绩。在考察范围上，对民主推荐和个别谈话的范围都作了明确规定，有利于考察工作充分走群众路线，在更大的范围内倾听群众的意见和呼声。在考察方法上，要求通过个别谈话、发放征求意见表、民主测评、实地考察、查阅资料、专项调查、同考察对象面谈等方法，广泛深入地了解情况。要根据考察对象的不同情况，通过适当方式在一定范围内发布干部考察预告。在考察纪律上，规定必须坚持原则，公道正派，深入细致，如实反映考察情况和意见，不准在干部考察工作中隐瞒、歪曲事实真相等。《干部任用条例》还对参与干部考察的人员提出了严格要求，规定考察人员应当具有较高素质和相应资格，考察组负责人应当由思想政治素质好、有较丰富工作经验并熟悉干部工作的人员担任。《干部任用条例》同时规定要实行干部考察工作责任制。

问：近些年来，中央高度重视培养选拔优秀年轻干部工作，请问《干部任用条例》在促使优秀年轻干部脱颖而出方面做了哪些规定？

答：培养选拔优秀年轻干部一直是我们党十分重视的重大战略问题。为了促使优秀年轻干部脱颖而出，

《干部任用条例》在总则中明确要求，应当注重选拔任用优秀年轻干部。在规定了提拔担任党政领导职务应当具备的资格后，同时规定，特别优秀的年轻干部可以破格提拔，体现了“讲台阶而不抠台阶，论资历而不唯资历”的精神。并规定，党政领导班子成员一般应当从后备干部中选拔。《干部任用条例》还增设了“公开选拔和竞争上岗”一章，这在客观上有利于拓宽选用年轻干部的视野，为优秀年轻干部脱颖而出创造了有利条件。

问：目前，干部能上不能下的问题仍然比较突出，《干部任用条例》对解决这一问题采取了哪些措施？

答：在这方面，《干部任用条例》规定，要实行干部免职制度、辞职制度、降职制度、聘任制度和试用期制度，为解决干部“下”的问题疏通了“出口”。对达到任职年龄界限或者退休年龄界限，或在年度考核、干部考察中民主测评不称职票超过1/3，经组织考核认定为不称职的，应当免去现职。《干部任用条例》规定，实行党政领导干部辞职制度，辞职包括因公辞职、自愿辞职、引咎辞职和责令辞职。实行党政领导干部降职制度，因工作能力较弱或其他原因不适宜担任现职的，应当降职使用。对部分专业性较强的领导职务实行聘任制，更加有利于干部能上能下、能进能出。《干部任用条例》还规定，对提拔担任非选举产生的地(厅)、司(局)级以下领导职务的，实行试用期制度，试用期为一年，试用期满，经考核胜任的正式任职，不胜任的免去试任职务。

问：一些地方和部门用人上的不正之风，是当前广大干部群众反映比较多的热点问题之一，请问《干部任用条例》对解决这方面的问题，有哪些规定？

答：当前在一些地方和部门，用人上的不正之风的确存在，有的还相当严重，突出表现在违反规定的原则、标准和程序选拔任用干部，“跑官要官”之风屡禁不止，“买官卖官”案件和拉票、贿选的现象时有发生。这些不良风气和腐败现象，严重干扰党的干部路线方针政策的贯彻执行，败坏党的风气，损害党的形象，人民群众深恶痛绝。对这方面的问题，必须坚决纠正，严肃查处。深化改革，完善制度，健全机制，则是治本之策。为此，《干部任用条例》从以下几方面采取了一系列措施：

一是扩大干部工作中的民主。民主是形成科学用人决策的重要保证，也是制约和监督权力的有效手段。扩大民主，有利于从源头上预防和治理用人上的不正之风。二是加强了对干部工作的监督。监督是防范问题、发现问题、堵塞漏洞的关键措施。《干部任用条例》健全和完善了对领导干部和干部选拔任用工作自上而下和自下而上的监督体系，规定各级党委(党组)及其组织(人事)部门、各级纪检机关(监察部门)对干部选拔任用工作都承担有监督的责任。组织(人事)部门既要加强对干部选拔任用工作和贯彻执行《干部任用条例》的情况进行监督检查，又要自觉接受组织监督和群众监督。下级机关和党员、干部、群众对干部选拔任用工作中的违纪违规行为，有权向上级党委(党组)及其组织(人事)部门、纪检机关(监察部门)举报、申诉，受理部门和机关应当按照有关规定核实处理。《干部任用条例》还提出建立组织(人事)部门与纪检机关(监察部门)等有关单位联席会议制度，实行党政领导干部选拔任用工作责任追究制度等。三是严密了干部选拔任用工作的程序。程序是实现民主和监督的必要载体，是规范用人行为的基本依据。《干部任用条例》对干部的推荐、提名、考察、酝酿、讨论决定、交流回避、辞职降职、纪律监督等各个环节，从程序上作出了严密的规定，对防止和纠正用人上的不正之风具有很强的现实针对性。四是严明了干部人事工作纪律。《干部任用条例》在干部工作的纪律和处罚方面，作出了更加完备、更加全面的规定，充实了“十不准”要求的内容，要求各级党委(党组)及其组织(人事)部门按照干部管理权限，对违反规定的干部任免事项不予批准，并要坚决予以纠正，还要按规定对主要责任人以及其他直接责任人作出组织处理或者纪律处分。同时规定，对用人失察失误造成严重后果的，要追究主要责任人以及其他直接责任人的责任；对本地区、本部门用人上的不正之风严重、干部群众反映强烈以及对违反组织人事纪律的行为查处不力的，要追究党委主要领导和分管领导的责任。只要我们严格按照《干部任用条例》的这些规定办事，敢于坚持原则，敢于动真碰硬，就能有效地预防和治理用人上的不正之风。

问：最后，请您谈谈中组部对贯彻《干部任用条例》有什么具体部署？

答：制定规章固然重要，执行规章更为重要。以“三个代表”重要思想和江泽民总书记“5·31”重要讲话精神为指导，抓好《干部任用条例》的学习和贯彻执行，是当前和今后一个时期摆在各级党委(党组)及其组织(人事)部门面前的一项重要而紧迫的任务。中央对学习贯彻《干部任用条例》十分重视，7月22日中央专门召开了全国电视电话会议。中共中央政治局常委、书记处书记胡锦涛同志在会上发表了重要讲话，对学习贯彻《干部任用条例》进行了动员部署，提出了明确要求，我们要认真贯彻落实。中组部近日已发出通知，要求各级组织(人事)部门认真贯彻胡锦涛同志在全国电视电话会议上的讲话精神，带头学习、大力宣传、坚决执行《干部任用条例》。当前，要在党委(党组)的统一领导下，集中一段时间，认真组织好对《干部任用条例》的学习,使各级领导干部熟悉《干部任用条例》,组织人事干部精通《干部任用条例》,广大干部群众了解《干部任用条例》。要紧密结合本地本部门干部工作实际,对照《干部任用条例》,认真查找和解决工作中存在的突出问题,做到学以致用。各级组织(人事)部门要把执行《干部任用条例》摆上重要议程,抓紧贯彻落实到干部工作的各个环节之中,加强监督检查。组织(人事)部门领导干部要身体力行,率先垂范。要求下级做到的,领导干部和上级机关要首先做到,一级带一级,一级抓一级,确保取得实效。要认真执行干部选拔任用工作责任追究制度,对用人失察失误导致严重后果的,要追究主要责任人以及其他直接责任人的责任。对违反本条例规定的干部任免事项,不予批准;已经作出的干部任免决定一律无效。

我们相信,只要各级党组织坚决贯彻中央要求,严格按照《干部任用条例》办事,党政领导干部选拔任用工作一定会提高到一个新的水平。

全国人大常委会副委员长姜春云在河内分别会见越南国会主席阮文安和越南政府总理潘文凯

7月25日

国家主席江泽民致电阿卜杜勒·卡拉姆祝贺他就任印度共和国总统

全国人大常委会委员长李鹏在北戴河会见澳大利亚众议长尼尔·安德鲁

全国人大常委会副委员长许嘉璐在江苏 安徽调研

7月25日至8月8日,许嘉璐率领民进中央考察团,在江苏、安徽两省就长江下游环境保护与修复对我国可持续发展的影响和对策问题进行专题调研。这次调研是今年中共中央统战部组织各民主党派就可持续发展问题进行的重大调研活动的组成部分,由民进中央具体组织实施。调研期间,考察团听取了两省各级政府的情况介绍,并实地察看了长江下游水质、土壤污染及修复情况。

许嘉璐说,近年来,民进中央先后开展了对长江上游水土流失的保护,长江中游地区湿地资源保护等问题的专题调研。提出的应对措施受到中共中央的高度重视,有的被采纳并被写入了政府工作报告。这次选择的长江下游的水质污染和修复课题,是整个调研活动的延续。加入世界贸易组织后,我国农业面临的一个非常紧迫的问题是,如何发展有机农业,这既是关系到我国农业出路的问题,也是当前迫切需要解决的问题。所以水体和土质的修复迫在眉睫,这样才能发挥我国农业优势,应对加入世贸组织后的挑战。

许嘉璐强调,环境保护工作要走群众路线,政府及相关部门要加强宣传教育,进一步增强群众的环保参与意识。要应用市场经济杠杆,调动社会各方面参与环保工作的积极性,加快改革,锐意进取,降低环保成本,提高环保效益,抓住当前的"战略机遇期",抓紧制定并完善环保规章和法规,转变政府职能,开启环保新思路,开创环保工作新局面。

最高人民法院公布《最高人民法院关于行政诉讼证据若干问题的规定》

该规定从举证责任分配和举证期限、提供证据的要求、调取和保全证据、证据的对质辨认和核实、证据的审核认定等方面对行政诉讼的证据问题作了明确规定。

关于行政诉讼举证责任的分配与举证期限,根据规定,被告行政机关对其作出的具体行政行为负有举证责任,应当在收到起诉状副本之日起十日内,提供据以作出被诉具体行政行为的全部证据和依据的规范性文件;被告行政机关不提供或者无正当理由逾期提供证据的,视为被诉具体行政行为没有相应的证据,可能会因此输掉官司。规定指出:被告及其诉讼代理人不得自行向原告和证人收集证据。原告向人民法院起诉时,应当提供证明其符合起诉条件的相应的证据材料;在起诉被告不作为的案件中,应当提供其在行政程序中曾经提出申请的证据材料;在行政赔偿诉讼中,应当对被诉具体行政行为造成损害的事实提供证据。原告或者第三人应当在开庭审理前或者人民法院指定的交换证据之日提供证据。原告因正当事由申请延期提供证据的,经人民法院准许,可以在法庭调查中提供。

在质证方面,规定指出:对行政程序中或者庭前交换证据中没有争议的证据,当事人同意不再在庭审中质证的,人民法院可以直接认定。经合法传唤,因被告无正当理由拒不到庭而需要依法缺席判决的,被告提供的证据不能作为定案根据,但在庭前交换证据中没有争议的证据除外。对涉及国家秘密、商业秘密和个人隐私或者法律规定的其他应当保密的证据,不得在开庭时公开质证。根据规定,在行政诉讼中,如果原告或者第三人有证据或者有正当理由表明被告据以认定案件事实的鉴定结论可能有错误,则可在举证期限内以书面形式向法院申请重新鉴定。

关于认证规则,规定明确指出:"人民法院裁判行政案件,应当以证据证明的案件事实为依据。"确立了人民法院根据法律规定的诉讼程序查明的事实实质上是一种法律上的真实的证明标准。

规定全文共80条,自2002年10月1日起施行。

全国人大外委会负责人 全国政协外委会负责人 外交部发言人分别发表谈话谴责美众院通过有关“法轮功”决议案

全国人大外事委员会负责人的谈话指出,7月24日,美国国会众议院不顾中国多次严正交涉,通过了由极少数反华议员提出的决议案,要求中方停止对“法轮功”的所谓“迫害”。此决议案无视事实,公然纵容邪教“法轮功”,对中国政府恶意诬蔑。我们对此表示强烈谴责和坚决反对。

“法轮功”究竟是一个什么样的组织已由其诸多的犯罪事实所确定。它的头目李洪志以“强身健体”为诱饵,欺骗一些人加入“法轮功”,然后用“世界末日”、“升天圆满”邪说对练习者实行精神控制,并且规定生病不许看病吃药,造成1700多人因练习“法轮功”而死亡。

种种事实表明,“法轮功”是一个地地道道的邪教组织。对这样一个危害社会、戕害生命的邪教组织,任何一个负责任的政府都绝不能视而不见、任其胡为。

美国国会众议院的决议却说什么“中国政府禁止‘法轮功’练习者修炼是违反了自己的宪法、违反了《公民权利和政治权利国际公约》”,这完全是别有用心,恶意攻击。

中国政府根据中国宪法、刑法以及全国人大常委会通过的《关于取缔邪教组织、防范和惩治邪教活动的决定》于1999年依法取缔和处理了“法轮功”,维护了广大人民的人权,得到了全国人民的坚决拥护。中国政府取缔“法轮功”也完全符合《公民权利和政治权利国际公约》关于“人人固有的生命权……应受法律保护。不得任意剥夺任何人的生命”等规定。

中国政府依法取缔“法轮功”,这正是维护了广大人民群众的基本人权和自由,是对人权的充分尊重和坚决保护。美国国会少数人不顾上述事实,为“法轮功”撑腰打气,对中国政府肆意诽谤,究竟是何居心?

邪教是人类的公害,各国应共同打击。我们奉劝美国国会少数人认清“法轮功”的邪教本质,认清“法轮功”破坏中美关系和两国人民友谊的政治图谋,停止对“法轮功”的支持与纵容,停止利用“法轮功”问题干涉中国内政,否则他们只会受到包括中美两国人民在内的全世界主持正义人们的反对。

全国政协外事委员会负责人的谈话指出,美国会众议院的这一行径是对中国内政的粗暴干涉。

这位负责人说,美国国会众议院不顾中国政府的多次交涉和反对,7月24日通过了由极少数反华议员提出的为“法轮功”邪教组织撑腰打气的决议案。中国人民政治协商会议全国委员会外事委员会对这一无视事实、粗暴干涉中国内政的行径感到强烈愤慨。

他说,中国政府为了保护公民的基本人权和自由,维护宪法和法律的尊严,依法取缔“法轮功”组织,得到了中国各党派团体、各族各界人士的坚决支持和拥护。

他说,美国国会少数人口口声声崇尚所谓“人道”、“法制”,却打着所谓“人权”的幌子,无视邪教“法轮功”给许多善良的中国人带来的深重灾难,粗暴干涉中国内政,通过了有关“法轮功”的决议案。这完全是颠倒黑白,是公然为“法轮功”邪教张目,必将遭到包括中美两国人民在内的全世界主持正义人们的反对。

这位负责人最后说,我们奉劝美国国会少数人认真了解一下“法轮功”的邪教本质,停止对“法轮功”的支持与纵容。利用“法轮功”问题干涉中国内政,只会损害他们的自身形象,搬起石头砸自己的脚。

外交部发言人孔泉在回答记者有关提问时说,中国对美国国会众议院通过的“法轮功”决议案表示强烈愤慨并坚决反对。

有记者问:据报道,美国国会众议院近日通过了罗丝—莱蒂南提出的有关“法轮功”邪教组织的决议案,为“法轮功”撑腰打气。请问,你对此有何评论?

孔泉答:近日,美国国会众议院不顾中方的坚决反对,通过了由极少数反华议员提出要求中国政府停止对“法轮功”练习者的所谓“迫害”的决议案。该决议案无视事实,公然纵容邪教“法轮功”,诬蔑中国政府和中方驻美外交人员。我们对美国会众议院通过上述决议案表示强烈愤慨。

事实已经表明,“法轮功”是一个反人类、反社会、反科学的邪教组织,残害生命,罪恶累累。中国政府依法取缔“法轮功”,对极少数犯罪分子绳之以法,对大多数“法轮功”练习者进行教育,这正是为了保护公民的基本人权和自由,维护宪法和法律的尊严,受到全中国人民的坚决拥护。美国国会少数人不顾上述事实,为“法轮功”邪教组织撑腰打气,对中国政府肆意诽谤,用心十分险恶。

邪教是人类的公害,各国应共同打击。采取双重标准对待邪教,只能是为虎作伥,会受到全世界主持正义人们的反对。

我们已多次奉劝美国国会少数人认清“法轮功”的邪教本质和它破坏中美关系和两国人民友谊的政治图谋,不要干涉中国内政。同时我们已经向美国政府进行严正交涉,表明我坚决反对罗丝—莱蒂南提案。

全国人大常委会副委员长姜春云在河内会见越南共产党中央总书记农德孟

中央军委主席江泽民签署命令颁布施行《中国人民解放军后勤装备条例》

后勤装备条例强调，后勤装备工作要以新时期军事战略方针为依据，以提高后勤保障能力为标准，坚持质量第一、注重效益、量力而行、协调发展、平战结合、军民结合的方针，努力适应军事斗争准备对后勤装备工作的需求。后勤装备工作的基本任务是，建立系统配套、精干高效的后勤装备体系，合理调配后勤装备，保持后勤装备经常处于良好的技术状态，保障军队执行作战、训练和其他任务的需要。

条例根据军队后勤装备体制和后勤装备管理的特殊性，对各级后勤(联勤)机关、后勤系统内部的职责分工以及总参谋部、总政治部、总装备部分管有关后勤装备的部门在后勤装备工作中的职责分工都作了具体规定，以形成统一管理、按级分专业负责的管理体系，做到了后勤装备工作既与各级后勤职责任务相统一，又与各专业勤务保障相一致。

条例针对后勤装备体制编制工作的复杂性和统一性，对装备体制与装备建设中长期计划、科研、采购、日常管理以及奖励与处分等各个环节和主要方面进行了规范，是后勤装备工作的基本依据，适用于全军所有单位。

条例要求各级加强对后勤装备工作的领导，督促、指导后勤机关和所属部队认真履行职责，管好用好装备。从事后勤装备工作的人员，应当热爱本职，精通业务，恪尽职守。

赵毅敏逝世

原中共中央顾问委员会委员、中共中央纪律检查委员会原副书记赵毅敏同志，因病医治无效，于7月25日在北京逝世，享年99岁。

赵毅敏是河南滑县人。他1924年赴法国勤工俭学，1925年9月加入中国共产主义青年团，翌年7月转入中国共产党，曾在哈尔滨、上海、奉天等地从事革命工作，先后任满洲省委常委兼宣传部部长、组织部部长、驻东北抗日联军第三军代表兼政委，莫斯科东方大学第八分校校长，延安鲁迅艺术学院副院长，中共中央党报委员会秘书长，解放日报社秘书长，中共中央宣传部教育科科长、秘书长兼延安大学副校长，冀察热辽中央分局常委兼组织部部长、宣传部部长，冀察热辽联合大学校长，北平市委宣传部部长。新中国成立后，他历任中南局常委兼宣传部部长，中共中央国际活动指导委员会常务副主任委员，中联部副部长兼国务院外事办公室副主任，中国人民对外文化友好协会副会长。赵毅敏是党的第七次全国代表大会代表，中共第八届候补中央委员，第三届全国人大常委会委员，第二届全国政协委员，第五届全国政协常委，党的第十三、十四、十五次全国代表大会特邀代表。

7月26日

第五次全国民族教育工作会议在北京召开

国务院副总理李岚清与出席会议的代表座谈并发表讲话，他强调，要从贯彻落实江泽民同志“三个代表”重要思想的高度和促进经济与社会发展、巩固民族团结、维护国家统一的全局出发，充分认识发展民族教育事业的重大意义，大力推进民族教育事业的改革与发展，促进各民族团结进步与共同繁荣。

李岚清指出，新中国成立以来特别是改革开放以来，在党中央、国务院的正确领导下，经过各级党委、政府、广大教育工作者、民族工作者和社会各界的共同努力，我国民族教育事业取得了伟大成就，已初步建立起比较完整的民族教育体系。

但是，由于社会历史、自然条件等多方面的原因，当前我国民族教育的整体水平还不高，与民族地区经济和社会发展的需求相比还有较大差距，民族教育发展还面临一些困难和问题。加快民族教育发展是实践“三个代表”重要思想的必然要求，是落实科教兴国战略的重要举措，是促进民族地区繁荣稳定的客观需要，是实施西部大开发战略的基础工程。我们要进一步增强责任感和紧迫感，加快民族教育事业发展。

李岚清指出，发展民族教育、促进各民族共同繁荣，是一项长期而艰巨的历史任务。我们必须坚持以发展为主题，加大对教育的投入，积极深化教育改革，努力开创民族教育事业的新局面。一是以实现“两基”为重点，促进少数民族地区各级各类教育协调发展。“十五”期间，在巩固提高“两基”成果的基础上，确保少数民族地区实现“两基”的县达到70%以上；到2010年，要使少数民族地区基本普及九年义务教育和基本扫除青壮年文盲，形成具有中国特色、适应21世纪现代化建设需要、充满生机活力的社会主义民族教育体系。二是各级政府要加大对民族教育的投入，深化教育改革，形成以政府投入为主，社会多方投资办学的局面，促进民族教育发展。要从实际出发，深化农村义务教育管理体制改革，合理调整中小学校布局，改革办学体制，增强办学活力，保证民族教育持续健康发展。三是切实加强和改进民族地区学校的德育工作。要高举民族团结进步的旗帜，认真贯彻党的教育方针，把民族团结教育作为学校德育工作的重点，对广大师生加强马克思主义民族观、宗教观和党的民族、宗教政策的教育，加强我国各民族团结奋斗光荣传统以及优秀文化传统的教育，使各民族广大群众进一步增强“汉族离不开少数民族、少数民族离不开汉族、各少数民族之间也互相离不开”的观念，牢固树立自觉维护国家统一、反对民族分裂的思想意识，不断巩固和发展平等、团结、互助的社会主义民族关系。四是搞好双语教学。要在认真做好学校教育中民族语文授课有关工作的同时，抓紧研究并采取有力措施加强和改进汉语教学，提高汉语教学质量，搞好少数民族学生的外语教学，使民族教育更加适应经济与社会发展的需要。

李岚清强调，实施西部大开发战略，教育科技要先行。各级政府要切实加强对民族教育工作的领导，认真研究制定民族教育发展规划，有计划、有步骤地实施。中央和地方各有关部门要明确职责，密切配合，共同关心和支持民族教育的改革与发展。要通过转移支付、专项资金、生活补助、对口支援等措施，切实加大对民族教育的投入。民族地区的各级领导干部要团结带领各族群众，发扬自力更生、艰苦奋斗的精神，开拓进取，扎实工作，依靠自身努力发展民族教育事业，彻底改变少数民族地区教育落后的面貌。

座谈会由国务委员司马义·艾买提主持。各省、自治区、直辖市和有关部门负责同志参加了会议。内蒙古、广西、贵州、西藏、宁夏、新疆六省区负责同志先后发了言。中央和国务院有关部门负责同志出席了座谈会。

教育部部长陈至立在会议报告中提出：“十五”期间，民族地区中实现“两基”的县所占比例要从2001年的51%提高到70%以上，95%的民族地区基本普及小学阶段义务教育，到2010年，我国民族地区将基本普及九年义务教育和基本扫除青壮年文盲。

陈至立强调要采取措施，加快民族教育事业的发展：首先要大力加快“两基”步伐，促进各级各类教育健康、协调发展。已实现“两基”的地区，要巩固“普九”成果、提高“普九”水平；未实现“两基”的地区，则要加快普及小学阶段教育。为协调发展，学前教育要“积极发展”，普通高中教育要“稳步发展”，职业技术教育则“大力发展”；要大力加强教师队伍建设，着力建设一支数量适应需要、质量符合要求的“双语型”教师队伍，同时鼓励非师范院校和内地高校毕业生到民族、西部地区任教；要大力推进民族中小学“双语”教学工作，在民族中小学逐步形成民族语和汉语教学的课程体系，条件成熟的地区应开设一门外语课；要大力开发推广使用适合民族地区需要的教学光盘，有重点地发展现代远程教育，建立县级远程教育教学中心和乡级教育电视收视点；非义务教育阶段要实行多元化投入，以各级政府办学为主、多渠道办学，鼓励、支持社会力量和多种形式办学，支持沿海和内地社会力量到民族和西部地区办学，或者面向民族和西部地区在沿海和内地办学。

陈至立强调，要继续推动东西部地区学校对口支援和西部地区学校对口支援本地区学校“两个工程”的实施，启动少数民族高层次骨干人才培养计划，在内地若干所重点高校培养少数民族硕士、博士；对民族地区高校和民族院校学位点的建设和研究生招生指标等给予扶持与倾斜；要加大对民族教育的投入，“十五”时期，中央财政设立的“国家贫困地区义务教育工程”等工程专款将重点投向民族和西部地区。

全国民族教育工作会议是由国家民委和教育部联合召开的。

全国信息化工作电视电话会议在北京召开

国务院副总理兼国家信息化领导小组副组长吴邦国在会议上强调，各地区、各部门一定要以江泽民总书记“三个代表”重要思想和“5·31”重要讲话精神为指导，认真贯彻落实中央关于加快推进信息化的战略部署，抓住发展机遇，利用技术成果，大力推进国民经济和社会信息化，用务实的精神，做扎实的工作，努力开创信息化工作的新局面。

吴邦国说，党中央、国务院一贯高度重视信息化工作。江泽民总书记多次强调，“四个现代化，哪一化也离不开信息化。”推进国民经济和社会信息化，事关现代化建设的全局和第三步战略目标的实现，体现了“三个代表”的要求，是党中央高瞻远瞩，总揽全局，面向新世纪作出的重要战略决策。第一，推进信息化是覆盖现代化建设全局的战略举措。推进国民经济和社会信息化，无论从经济发展的战略需要来看，还是从解决当前经济运行中存在的问题来看，国民经济和社会信息化都是必须解决的重大课题。无论是实施科教兴国、可持续发展和西部大开发战略，还是加快经济结构调整，扩大对外开放，促进国有企业改革发展、增强国际竞争力和改善人民生活，都离不开信息化。第二，推进信息化是抓住机遇、实现社会生产力跨越式发展的重要措施。不失时机地大力推进国民经济和社会信息化，带动经济和社会的发展，就是抓住一次重要战略机遇，把信息化和工业化结合起来，以信息化带动工业化，必将发挥后发优势，实现社会生产力跨越式发展。第三，推进信息化是提高政府监管能力、工作效率和公共服务水平的迫切要求。电子政务建设是国民经济和社会信息化的重要内容。加强电子政务建设，有利于促进政府职能转变，有利于增强管理手段的科学性和有效性，有利于提高办事效率，有利于加强勤政廉政建设。第四,推进信息化是提高我国经济国际竞争力的必然选择。完成"十五"期间经济结构调整的各项任务,优化产业结构,全面提高农业、工业、服务业的水平和效益,合理调整生产力布局,促进地区经济协调发展,都需要大力推进信息化。要高度重视和加快推进企业信息化。企业信息化是解决企业管理中突出问题的有效措施,是促进企业"三改一加强"和管理创新、体制创新的重要途径,是带动企业各项工作上水平的重要突破口,也是发展电子商务的基础。

吴邦国强调,推进国民经济和社会信息化,关键在应用,重点在落实,成败在领导。一要高度重视,加强领导。要建立、健全强有力的领导机构,加大对信息化工作的组织协调力度。从一定意义上讲信息化是"一把手工程"。各地区、各部门要把信息化工作摆到突出位置,主要负责同志要切实承担起领导责任,及时了解和掌握工作情况,指导协调解决问题,抓好落实。二要以需求为导向,务求实效。能否取得实效,是衡量信息化是否成功的关键,也是检验信息化工作的最终标准。各个领域的信息化不仅要有明确的目的,而且要取得实实在在的效果。要切实防止为信息化而信息化的问题,决不能搞"花架子",不能"刮风",坚决杜绝借机搞"形象工程"和"政绩工程"。三要统筹规划,突出重点,防止重复建设。对信息化的各个方面,要统筹安排,分类指导,分层推进,分步实施,协调发展。对"硬件"建设和"软件"开发,信息网络基础设施和信息资源开发,以及各个业务系统建设都要有总体规划,使信息化建设健康有序地发展。四要重视基础建设。要根据发展的需要,加快立法进程,制定和完善电信、广播电视、互联网、软件、信息安全、电子商务交易、公共信息资源管理和电子签名等方面的法律、法规,使信息化建设有法可依,有章可循。要加快建立国家信息化技术标准体系,鼓励发展具有自主知识产权的信息技术标准和系统。要重视和加强领导干部信息化知识培训工作,加快培养和造就一批信息化建设的复合型人才。五要高度重视网络与信息安全,采取技术手段,加强日常管理,严厉打击各类信息网络违法犯罪活动,切实保障信息内容与网络安全。

国家信息化领导小组副组长兼国务院信息化办公室主任、国家计委主任曾培炎就组织实施国民经济和社会信息化专项规划、推进电子政务建设、加快振兴软件产业,进行了具体部署。他提出,根据《国民经济和社会信息化重点专项规划》,到2005年,我国电信运营业和电子信息产品制造业的增加值达到国内生产总值的7%以上,电话普及率超过40%,有线电视用户达到1.5亿户以上,互联网用户普及率超过8%。按照"十五"期间全国电子政务建设指导意见,将进一步加快建设政务平台,整合信息资源,统一平台,统一标准,建立人口、法人单位、空间地理和自然资源、宏观经济等4个基础数据库,重点推进办公业务资源系统等12个业务系统,初步形成我国电子政务的基础框架。曾培炎还对发展我国软件产业的指导思想、发展目标、工作重点和政策措施作了说明。

会议是以国家信息化领导小组名义召开的。党中央、国务院有关部门和单位负责同志,军队有关方面负责同志在主会场参加了会议,各省、自治区、直辖市党委、政府有关负责同志在各分会场参加了会议。

全国采用国际标准工作会议在北京召开

国务委员吴仪到会并作重要讲话,她强调要认真学习贯彻江泽民总书记"5·31"重要讲话精神,站在实践"三个代表"重要思想和促进国民经济发展的高度,进一步提高新形势下推进采用国际标准和国外先进标准工作重要性和紧迫性的认识,切实贯彻"政府推动,市场引导,企业为主,分类指导,国际接轨"的工作方针,大力推进采标工作。

吴仪充分肯定了国家标准化管理委员会自去年10月份成立以来所做的工作。她指出,随着我国生产力的发展和人民群众生活水平的不断提高,特别是面对经济全球化和我国加入世贸组织的新形势,加快推进采用国际标准和国外先进标准的步伐,既是满足广大人民群众日益增长的物质文化生活需要,也是发展对外经济贸易、积极参与国际合作与竞争的需要。

吴仪强调,鼓励企业采标并提供良好的服务,是各级政府特别是各行业主管部门义不容辞的责任,要在人力、物力和财力上给予支持。涉及标准研究、基础标准、方法标准以及保证国家安全、保障公共健康和维护民族产业等一些重要标准方面,把国际标准转化为国家标准的工作,该政府出钱的一定要舍得投入。企业也要以市场为导向,自觉运用国际标准来组织安排生产经营活动,千方百计把资金用于实施标准改造工艺流程和技术装备方面。同时,要注意开辟多种经费筹集渠道,广泛吸收社会资金,用于采标工作。

吴仪对质检总局、国家计委、经贸委、科技部、财政部、外经贸部、国家标准委7部门联手推进采标工作的做法表示赞赏,要求在今后制定、修订国家标准时坚持统一计划、统一审查、统一编号和统一批准发布的原则。尽快建立部门间协商的工作机制,抓紧修订完善标准化的法律、法规。要积极参加标准化工作的国际交流与合作,在不断把国际标准和国外先进标准引进来的同时,还要努力"走出去",把我国的标准更多地推荐和上升为国际标准。要加强对与我国经济发展密切相关的国内外技术法规、国际标准和国外先进标准等信息资源的收集、加工和整理工作，加强标准化信息工作的社会服务功能，使广大企业和社会各界查得到、找得准、用得上。要有计划、有步骤地培养一批国际标准化人才，特别是紧缺行业和新兴行业的采标人才。

这次全国采标工作会议由质检总局、国家标准委联合召开，质检总局党组书记、副局长李传卿主持了会议，质检总局局长李长江、国家标准委主任李忠海对“十五”期间的采标工作做了具体部署。

外交部部长唐家璇在北京与斯里兰卡总理特使卡鲁·贾亚苏里亚举行会谈

7月27日

中共中央总书记江泽民向恩齐曼德致贺电祝贺他再次当选南非共产党总书记

国务院总理朱镕基签署第356号令公布《专职守护押运人员枪支使用管理条例》

现公布《专职守护押运人员枪支使用管理条例》，自公布之日起施行。

总　理　朱镕基

2002年7月27日

专职守护押运人员枪支使用管理条例

第一条　为了加强对守护、押运公务用枪的管理，保障专职守护、押运人员正确使用枪支，根据《中华人民共和国枪支管理法》(以下简称枪支管理法)，并参照《中华人民共和国人民警察使用警械和武器条例》，制定本条例。

第二条　本条例所称专职守护、押运人员，是指依法配备公务用枪的军工、金融、国家重要仓储、大型水利、电力、通信工程、机要交通系统的专职守护、押运人员以及经省、自治区、直辖市人民政府公安机关批准从事武装守护、押运服务的保安服务公司的专职守护、押运人员。

第三条　配备公务用枪的专职守护、押运人员必须符合下列条件：

(一)年满20周岁的中国公民，身心健康，品行良好；

(二)没有精神病等不能控制自己行为能力的疾病病史；

(三)没有行政拘留、收容教育、强制戒毒、收容教养、劳动教养和刑事处罚记录；

(四)经过专业培训，熟悉有关枪支使用、管理法律、法规和规章的规定；

(五)熟练掌握枪支使用、保养技能。

配备公务用枪的专职守护、押运人员，必须严格依照前款规定的条件，由所在单位审查后，报所在地设区的市级人民政府公安机关审查、考核；审查、考核合格的，依照枪支管理法的规定，报省、自治区、直辖市人民政府公安机关审查批准，由省、自治区、直辖市人民政府公安机关发给持枪证件。

第四条　专职守护、押运人员执行守护、押运任务时，方可依照本条例的规定携带、使用枪支。

专职守护、押运人员依法携带、使用枪支的行为，受法律保护；违法携带、使用枪支的，依法承担法律责任。

第五条　专职守护、押运人员执行守护、押运任务时，能够以其他手段保护守护目标、押运物品安全的，不得使用枪支；确有必要使用枪支的，应当以保护守护目标、押运物品不被侵害为目的，并尽量避免或者减少人员伤亡、财产损失。

第六条　专职守护、押运人员执行守护、押运任务时，遇有下列紧急情形之一，不使用枪支不足以制止暴力犯罪行为的，可以使用枪支：

(一)守护目标、押运物品受到暴力袭击或者有受到暴力袭击的紧迫危险的；

(二)专职守护、押运人员受到暴力袭击危及生命安全或者所携带的枪支弹药受到抢夺、抢劫的。

第七条　专职守护、押运人员在存放大量易燃、易爆、剧毒、放射性等危险物品的场所，不得使用枪支；但是，不使用枪支制止犯罪行为将会直接导致严重危害后果发生的除外。

第八条　专职守护、押运人员遇有下列情形之一的，应当立即停止使用枪支：

(一)有关行为人停止实施暴力犯罪行为的；

(二)有关行为人失去继续实施暴力犯罪行为能力的。

第九条　专职守护、押运人员使用枪支后，应当立即向所在单位和案发地公安机关报告；所在单位和案发地公安机关接到报告后，应当立即派人抵达现场。

专职守护、押运人员的所在单位接到专职守护、押运人员使用枪支的报告后，应当立即报告所在地公安机关，并在事后向所在地公安机关报送枪支使用情况的书面报告。

第十条　依法配备守护、押运公务用枪的单位，应当建立、健全持枪人员管理责任制度，枪支弹药保管、领用制度和枪支安全责任制度；对依照本条例第三条的规定批准的持枪人员加强法制和安全教育，定期组织培训，经常检查枪支的保管和使用情况。

第十一条　依法配备守护、押运公务用枪的单位应当设立专门的枪支保管库(室)或者使用专用保险柜,将配备的枪支、弹药集中统一保管。枪支与弹药必须分开存放,实行双人双锁,并且24小时有人值班。存放枪支、弹药的库(室)门窗必须坚固并安装防盗报警设施。

第十二条 专职守护、押运人员执行任务携带枪支、弹药,必须妥善保管,严防丢失、被盗、被抢或者发生其他事故;任务执行完毕,必须立即将枪支、弹药交还。

严禁非执行守护、押运任务时携带枪支、弹药,严禁携带枪支、弹药饮酒或者酒后携带枪支、弹药。

第十三条 公安机关应当对其管辖范围内依法配备守护、押运公务用枪的单位建立、执行枪支管理制度的情况,定期进行检查、监督。

第十四条 专职守护、押运人员有下列情形之一的,所在单位应当停止其执行武装守护、押运任务,收回其持枪证件,并及时将持枪证件上缴公安机关:

(一)拟调离专职守护、押运工作岗位的;

(二)理论和实弹射击考核不合格的;

(三)因刑事案件或者其他违法违纪案件被立案侦查、调查的;

(四)擅自改动枪支、更换枪支零部件的;

(五)违反规定携带、使用枪支或者将枪支交给他人,对枪支失去控制的;

(六)丢失枪支或者在枪支被盗、被抢事故中负有责任的。

专职守护、押运人员有前款第(四)项、第(五)项、第(六)项行为,造成严重后果的,依照刑法关于非法持有私藏枪支弹药罪、非法携带枪支弹药危及公共安全罪、非法出租出借枪支罪或者丢失枪支不报罪的规定,依法追究刑事责任;尚不够刑事处罚的,依照枪支管理法的规定,给予行政处罚。

第十五条 依法配备守护、押运公务用枪的单位违反枪支管理规定,有下列情形之一的,对直接负责的主管人员和其他直接责任人员依法给予记大过、降级或者撤职的行政处分或者相应的纪律处分;造成严重后果的,依照刑法关于玩忽职守罪、滥用职权罪、丢失枪支不报罪或者其他罪的规定,依法追究刑事责任:

(一)未建立或者未能有效执行持枪人员管理责任制度的;

(二)将不符合法定条件的专职守护、押运人员报送公安机关审批或者允许没有持枪证件的人员携带、使用枪支的;

(三)使用枪支后,不报告公安机关的;

(四)未建立或者未能有效执行枪支、弹药管理制度,造成枪支、弹药被盗、被抢或者丢失的;

(五)枪支、弹药被盗、被抢或者丢失,未及时报告公安机关的;

(六)不按照规定审验枪支的;

(七)不上缴报废枪支的;

(八)发生其他涉枪违法违纪案件的。

第十六条 专职守护、押运人员依照本条例的规定使用枪支,造成无辜人员伤亡或者财产损失的,由其所在单位依法补偿受害人的损失。

专职守护、押运人员违反本条例的规定使用枪支,造成人员伤亡或者财产损失的,除依法受到刑事处罚或者行政处罚外,还应当依法承担赔偿责任。

第十七条 公安机关有下列行为之一,造成严重后果的,对直接负责的主管人员和其他直接责任人员依照刑法关于滥用职权罪、玩忽职守罪的规定,依法追究刑事责任;尚不够刑事处罚的,依法给予记大过、降级或者撤职的行政处分:

(一)超出法定范围批准有关单位配备守护、押运公务用枪的;

(二)为不符合法定条件的人员发放守护、押运公务用枪持枪证件的;

(三)不履行本条例规定的监督管理职责,造成后果的。

第十八条 本条例自公布之日起施行。

全国人大常委会副委员长铁木尔·达瓦买提在青海考察工作

铁木尔·达瓦买提在考察时指出,西部大开发战略为我国西部地区尤其是西部少数民族地区的社会经济发展带来了一个难得的发展机遇,各地应认真贯彻民族区域自治法,增进各民族之间的团结,以此促进西部大开发战略的顺利实施。

7月27日至31日,铁木尔·达瓦买提一行先后深入到龙羊峡水库、青海湖地区、互助土族自治县等青海农村牧区,就当地学习、贯彻民族区域自治法的情况和西部大开发有关项目的进展情况进行了为期5天的考察。

铁木尔·达瓦买提指出,青海是一个多民族省份,民族自治地方占全省总面积的98%以上,全省523万人口中的近一半是少数民族。采取多种形式,认真学习和宣传修改后的民族区域自治法十分重要。

铁木尔·达瓦买提指出,一批西部大开发重点工程项目在青海省实施以及一大批省级重点工程纷纷上马,对加快青海省尤其是省内民族地区的经济社会发展起到了巨大的推动作用。他说,在西部大开发中,要进一步做好民族工作,巩固和加强民族团结,积极培养和选拔少数民族干部,充分发挥他们在参与西部大开发中的作用。

7月28日

全国职业教育工作会议在北京召开

国务院副总理李岚清主持会议并发表讲话。他强调,各级党委、政府要以“三个代表”重要思想为指导,高度重视职业教育在我国经济和社会发展中的重要地位和作用,采取切实有效措施,大力推进职业教育的改革与发展,培养大批高素质劳动者和实用技术人才,努力开创职业教育工作的新局面。

国务院副总理吴邦国出席会议并讲话。

李岚清在讲话中指出,在党中央、国务院的正确领导下,经过各级党委、政府、职业教育系统和社会各界的共同努力,我国职业教育工作取得了显著成绩,为提高广大劳动者的素质作出了重要贡献。但是,面对经济和社会发展的新形势,职业教育还存在着办学模式单一,筹资渠道不畅,课程设置、教学内容、教学方式改革滞后,与市场需求不相适应等问题,必须通过深化改革切实加以解决。大力推进职业教育的改革与发展,统一认识是当务之急,深化改革是重点,狠抓落实是关键。加快职业教育发展是实施科教兴国战略、促进经济和社会可持续发展的重要途径,是加快人力资源开发、全面提高企业竞争力的必然要求,是提高劳动者就业能力、促进劳动者就业和再就业的重要举措,也是推进农业产业化经营、实现农业现代化的根本措施。我们要从实践“三个代表”重要思想的高度和推进社会主义现代化建设的大局出发,统一思想,提高认识,大力推进职业教育的改革与发展。

李岚清指出,当前和今后一个时期,我国职业教育要重点推进以下五项改革:一是推进职业教育管理体制改革,逐步建立“在国务院领导下,分级管理、地方为主、政府统筹、社会参与”的新的职业教育管理体制。各级政府要从统筹规划、统一政策、规范办学、整合资源等方面加强对职业教育的管理。进一步强化市(地)级政府在统筹职业教育发展方面的责任。二是深化职业教育办学体制改革,形成政府主导,行业、企业和社会力量积极参与的多元办学格局。三是深化职业学校教育教学改革,促进职业教育与经济和社会发展紧密结合。要注重培养受教育者的职业道德、专业技能、创新精神和创业能力,加强技术工人尤其是高级技工和技师的培训,加强对广大农民进行科普知识和现代农业技能的培训,积极开发和编写出反映现代科技成就并具有职业教育特色的课程和教材。解决好中等职业教育与高等职业教育,职业教育与普通教育、成人教育的衔接问题,构筑人才成长的“立交桥”。四是深化职业学校人事制度改革,建立高素质的教师队伍。推行教师全员聘任制和教育管理人员公开选拔、竞争上岗和职务聘任制度,积极开展以骨干教师为重点的全员培训,广泛吸引和鼓励企事业单位工程技术人员、管理人员和有特殊技能的人员到职业学校担任专、兼职教师。五是深化劳动就业制度改革,实施严格的就业准入制度和职业资格证书制度。凡用人单位招收录用职工,必须从取得相应职业学校毕业证书或职业培训合格证书并获得相应职业资格证书的人员中录用或优先录用;从事个体工商经营的,也必须接受必要的职业教育和培训。

李岚清强调,各级党委、政府要把发展职业教育作为落实科教兴国战略、促进经济和社会发展的一项重要工作,列入科教领导小组议事日程。国务院将建立职业教育工作联席会议制度,主要负责研究制定切实可行的政策措施,推动职业教育健康发展。中央和地方各有关部门要明确职责,密切配合,形成合力,共同为职业教育的改革与发展创造良好环境。各级政府要依法增加对职业教育的投入,确保用于职业教育的财政性经费和生均事业费逐年增长,确保公办职业学校教师工资按时足额发放。要抓紧制定或完善有关法律、法规,规范职业教育管理。要加强宣传报道,动员全社会关心、支持职业教育的发展。

吴邦国在讲话中指出,加强职业教育和培训,是加快产业结构调整、提高企业竞争力、促进就业和再就业的迫切需要。这不仅是教育问题,也与经济工作有着直接而密切的联系。关于新形势下职业教育和培训的任务,吴邦国强调,一要大力开展在职职工和新增劳动力的技能培训,坚持先培训后就业;二要切实加强特殊行业和工种的培训,对特殊行业和工种严格执行就业准入制度,没有取得相应职业资格证书的不能上岗;三要高度重视技术工人特别是高级技工的培训;四要进一步加强下岗失业人员的再就业培训,促进下岗职工再就业;五要积极开展创业培训,提高下岗失业人员的自主创业本领。职业教育和培训要坚持市场导向,突出培训的针对性和实用性,根据企业实际需要设置课程,整合培训资源,实现优化配置和有效利用。企业拥有的职业学校和培训机构是重要的培训资源,要充分发挥应有作用,加强对职工特别是一线职工的培训。各级政府要加强组织领导,落实必要的经费投入,积极促进职业教育和培训的健康发展。

会议期间,李岚清、吴邦国还向全国职业教育工作先进单位和先进个人颁奖。各省、自治区、直辖市和有关部门负责同志,计划单列市和有关部门负责同志,中央、国家机关有关部门、单位的负责同志,全国人大、全国政协、民盟中央、民进中央有关部门负责同志,军委总参谋部、总政治部、总后勤部和武警部队的负责同志参加了会议。会议由教育部部长陈至立主持,劳动和社会保障部部长张左己宣读了三部委关于表彰全国职业教育工作先进单位和先进个人的决定。

这次全国职业教育工作会议是由国务院召开的。教育部、劳动和社会保障部、国家经贸委、国家计委、财政部等部门的负责同志在会议开幕时分别作了报告。

国务委员司马义·艾买提在天津考察拥军优抚安置工作

7月28日至29日,国务委员、全国双拥工作领导小组组长司马义·艾买提在天津蓟县和宝坻区走访慰问了烈军属、革命伤残军人、转业复员退伍军人、军队离退休干部,与他们的代表进行了座谈,了解他们的生活状况,检查优抚安置政策落实情况,与天津市的党政领导一起研究有关工作的落实问题,转达国务院、全国双拥工作领导小组对烈军属、革命伤残军人、转业复员退伍军人、军队离退休干部的亲切慰问,并向中国人民解放军和武警部队全体官兵致以节日的问候。

司马义·艾买提指出,烈军属、革命伤残军人、转业复员退伍军人、军队离退休干部是党和国家的宝贵财富,为社会主义革命和建设作出了积极贡献,党和人民是永远不会忘记的。

司马义·艾买提强调,拥军优属、拥政爱民,是我党我军我国各族人民的优良传统和我们特有的政治优势。长期以来,中央和地方各级政府紧紧围绕维护国家改革发展稳定,促进国防和军队现代化建设的大局,努力做好拥军优抚安置工作。在财力并不充裕的情况下,国家先后11次提高在乡伤残人员的伤残抚恤金标准,10次提高在职伤残人员的伤残保健金标准,14次提高烈属、牺牲病故军人家属的定期抚恤金标准和在乡退伍红军老战士、西路军红军老战士、红军失散人员的生活补助标准,4次提高在乡复员军人的生活补助标准。各级财政用于抚恤补助的经费显著增加,由1979年的3.5亿元,增加到2002年的69亿元,使重点优抚对象的基本生活得到保障。军队退役人员的安置力度逐年加大,一大批转业干部、随军家属得到妥善安置,退役士兵安置改革不断深化,军队离退休干部的政治和生活待遇得到较好落实。与此同时,全国各地创建双拥模范城(县)活动广泛开展,有力地促进了优抚安置政策的落实,巩固和发展了"同呼吸、共命运、心连心"的新型军政军民关系,为改革开放和社会主义现代化建设创造了良好的社会政治环境。

司马义·艾买提指出,地方各级政府要全面贯彻落实江泽民同志"三个代表"重要思想,自觉站在讲政治的高度,充分认识做好拥军优抚安置工作的重要性,以高度的政治责任感和紧迫感,切实做好这一工作。要落实好各项优抚安置政策,抓好重点、难点问题的解决。要与时俱进,深化改革,不断开创优抚安置工作新局面。要通过深化改革,探索新的思路和办法,增强优抚安置工作活力。要组织力量深入调查研究,进一步完善抚恤优待制度,努力解决优抚对象生活难、住房难、医疗难问题。要逐步建立抚恤补助标准与人民生活水平同步提高的增长机制,切实保障重点优抚对象的生活达到或略高于当地群众的平均生活水平。要积极稳妥地推进退役士兵安置改革,拓宽安置渠道,改进安置方式,保障退役士兵的合法权益。

司马义·艾买提要求,在建军75周年纪念日即将到来之际,各地要扎扎实实地开展走访慰问转业复员退伍军人活动,从政治上、生活上关心他们,认真解决他们的实际困难,做好深入细致的思想政治工作,大力表彰和宣传转业退伍军人中的先进典型,按照中央的要求,切实加强对转业复员退伍军人工作的领导,扎扎实实地做好转业复员退伍军人工作,继续保持和巩固安定团结的大好局面,为党的十六大顺利召开营造良好的社会政治氛围。

司马义·艾买提强调,要实现新时期的奋斗目标,需要全国各族人民的团结奋斗,广大烈军属、革命伤残军人、转业复员退伍军人、军队离退休干部也肩负着义不容辞的光荣职责,希望继续发扬我党我军的光荣传统,始终保持革命军人的本色,珍惜荣誉,顾全大局,体谅国家的困难,正确对待改革中遇到的各种问题,处理好个人利益与国家利益、集体利益的关系,把党和政府的关怀、社会的优待作为自强不息、奋发进取的动力,积极关心、支持、参与社会主义现代化建设事业,以实际行动维护安定团结的政治局面,为中华民族的伟大复兴作出新的更大的贡献。

民政部部长多吉才让、天津市委书记张立昌、市长李盛霖等陪同走访慰问。

7月29日

国务院总理朱镕基在中南海会见斯里兰卡总理特使卡鲁·贾亚苏里亚

《人民日报》发表新华社特约评论员文章《用好的制度选人》

《人民日报》发表国家经贸委主任李荣融的文章《依法促进中小企业健康发展》

7月30日

全国人大常委会委员长李鹏在北戴河会见澳大利亚前总理高夫·惠特拉姆

李鹏首先对惠特拉姆在中国和澳大利亚建交30周年之际再次访华表示热烈欢迎。他高度赞赏惠特拉姆30年前在就任澳大利亚总理后不久即作出与中国建立外交关系的决策,并感谢他过去30年来为推动两国关系发展作出的重要贡献。

李鹏说,惠特拉姆先生致力于中澳关系的建立和发展,表现出政治家的远见卓识和胆略,对此中国人民将永远铭记。希望中澳双方抓住建交30周年的机遇,在政府和民间人士的共同努力下,把中澳两国的全面合作关系推向更高的水平。

全国人大常委会副委员长布赫、对外友协会长陈昊苏、外交部副部长李肇星、全国人大常委会副秘书长吕聪敏等会见时在座。

国务院副总理李岚清在中南海会见美国维亚康姆公司董事长兼首席执行官雷石东

外交部部长唐家璇出席在文莱斯里巴加湾市举行的东盟与中国 日本和韩国(10+3)外长会议

科技部宣布启动实施12个重大科技专项

去年科技部经过调查研究论证并经国家科教领导小组批准同意,确定了在"十五"期间组织实施超大规模集成电路和软件、电动汽车、创新药物与中药现代化、奶业发展、节水农业等12个重大科技专项。这12个重大科技专项与我国加入世贸组织面临的竞争以及国民经济结构战略性调整所要解决的问题关系密切,是"十五"科技工作的重中之重。

在12个专项中,有些是要解决对国家建设和发展具有战略性影响,而且必须要由国家给予支持和推动的科技问题,如"超大规模集成电路和软件"等专项。有些专项是解决国计民生和人民健康的瓶颈问题,如"主要农产品深加工"、"食品安全"等专项,就是为了集中攻克一批制约我国国民经济和社会可持续发展的关键技术问题,促进农业等产业结构的调整,增加农民收入,保障人民生命健康和安全。还有些专项是为了推动科技创新支撑平台的建设,加速提升国家竞争力,如"信息安全和电子政务"、"创新药物和中药现代化"等专项,旨在建立起我国的新兴产业和优势产业的支撑平台,使得我国信息基础设施建设、医药产业的发展等,能够在统一、规范、标准与世界接轨的技术平台上进行,推动创新成果迅速形成规模和产业化,提高我国整体的创新水平和综合实力。

实施12个重大科技专项将涉及19个部门和22个省市,在"十五"期间预计总投入近200亿元,其中国家财政将拨款60多亿元,部门、地方和企业配套近140亿元。

7月31日

国防部在人民大会堂举行招待会庆祝中国人民解放军建军七十五周年

江泽民、李鹏、朱镕基、李瑞环、胡锦涛、尉健行、李岚清等党和国家领导人出席招待会。

中央军委副主席、国务委员兼国防部部长迟浩田上将致祝酒词。他首先代表党中央、国务院和中央军委向战斗在保卫和建设祖国的各个岗位上的人民解放军、武装警察部队全体指战员、预备役军人和广大民兵,致以节日的祝贺;向辛勤工作在国防科技工业战线的同志们,致以诚挚的问候;向为我军建设作出重要贡献的军队离退休老同志、复转军人、伤残军人以及烈军属,表示亲切的慰问;向关心、支持军队建设的各级党政机关、社会团体和全国各族人民,表示衷心的感谢;向出席今天招待会的各国驻华使节、武官和夫人及各位来宾,表示热烈的欢迎。

出席招待会的有:丁关根、田纪云、李长春、李铁映、吴邦国、吴官正、张万年、罗干、姜春云、贾庆林、钱其琛、黄菊、温家宝、曾庆红、吴仪、刘华清、邹家华、司马义·艾买提、王忠禹、肖扬、韩杼滨、宋健、朱光亚、赵南起、张震等。

中央军委委员傅全有、于永波、王克、王瑞林、曹刚川等出席了招待会。

迟浩田在致辞中说,75年前的"八一"南昌起义,标志着中国共产党创建的人民军队在战火中诞生,揭开了中国革命的新篇章。从此,这支新型的人民军队就始终坚定地站在民族独立和人民解放斗争的最前列。毛泽东同志是人民军队的主要缔造者,他提出了建设人民军队的一整套方针和原则,创造了进行中国革命战争的一系列灵活机动的战略战术。在以毛泽东同志为主要代表的中国共产党的正确领导下,我军同全国人民一道,前赴后继,浴血奋战,历经22年艰苦卓绝的斗争,打败了国内外异常强大的敌人,为推翻帝国主义、封建主义和官僚资本主义"三座大山",建立新中国,立下了不朽功勋。

迟浩田说,新中国成立后,中国人民解放军保持、发扬革命战争年代的光荣传统和优良作风,逐步实现由单一军种向诸军兵种的发展,现代化水平和防卫作战能力日益提高,成为一支强大的国防力量,在保卫社会主义政权、捍卫国家主权和领土完整的斗争中作出了重要贡献。

迟浩田说,在改革开放的新的历史时期,邓小平同志继承和发展毛泽东军事思想,形成了关于新时期军队建设的思想,确立了建设一支强大的现代化、正规化革命军队的总目标。中国人民解放军的建设指导思想实行了战略性转变,走上了有中国特色的精兵之路,革命化、现代化、正规化建设取得了巨大成就,为改革开放和现代化建设提供了坚强有力的安全保证。

迟浩田说,党的十三届四中全会以来,江泽民同志把毛泽东军事思想和邓小平新时期军队建设思想与新的实践结合起来,对新形势下的军队建设作出了一系列重要的科学论述。中国人民解放军按照"政治合格、军事过硬、作风优良、纪律严明、保障有力"的总要求,紧紧围绕"打得赢"、"不变质"两大历史性课题,积极推进军事、政治、后勤和装备工作,部队的全面建设进入了新的历史阶段。全军官兵经受住了国际国内复杂形势和严峻斗争的考验,出色地完成了党和人民赋予的各项任务。

迟浩田强调,75年的光辉历史证明,中国人民解放军无坚不摧、战无不胜,永远是忠于党、忠于祖国、忠于人民、忠于社会主义的"钢铁长城"。75年的光辉历史证明,党的绝对领导,是中国人民解放军发展壮大、从胜利走向胜利的根本保证;正确的思想理论,是中国人民解放军永远保持坚定正确政治方向的科学指南;全国人民的大力支持,是中国人民解放军克服艰难困苦、战胜强大敌人的力量源泉。

迟浩田指出,当前,国际局势正在发生复杂而深刻的变化,世界多极化和经济全球化两大趋势在曲折中发展,科技进步日新月异,综合国力的竞争日趋激烈。要和平,求合作,促发展,是世界各国人民的共同愿望,也是不可阻挡的历史潮流。同时,也应看到,世界很不太平,各种不稳定因素有所增加,和平与发展的事业任重道远。经过20多年的艰苦努力,我国的改革开放和现代化建设成就辉煌、举世瞩目。从新世纪开始,我国进入了全面建设小康社会、加快推进社会主义现代化的新的发展阶段。纵观全局,未来一二十年,是我国社会主义建设发展的重要战略机遇期。

迟浩田强调,全军要坚持"三个代表"重要思想在军队建设中的指导地位不动摇。江泽民同志高瞻远瞩,深刻总结历史经验,着眼于时代发展,创造性地提出了"三个代表"重要思想。这是继毛泽东思想、邓小平理论之后,中国共产党对马克思主义发展的又一次重大理论贡献。江泽民同志今年5月31日发表的重要讲话,进一步丰富和深化了"三个代表"重要思想,全面阐述了贯彻"三个代表"要求的一系列重大理论和实际问题,对党的建设和社会主义现代化事业,对国防和军队建设,具有极为重要的指导意义。我们要坚持用党的基本理论、基本路线统一思想,用"三个代表"统领和指导军队建设,在实际工作中贯彻党的先进性要求,以与时俱进的精神推进各项工作的创新发展,开创我军革命化、现代化、正规化建设的新局面。

迟浩田说,全军要坚持把思想政治建设摆在军队各项建设的首位不动摇。我军是体现党和国家政治优势的重要力量,必须以党的旗帜为旗帜,以党的方向为方向,坚持党对军队的绝对领导,自觉维护以江泽民同志为核心的党中央的领导权威,坚决听从党中央、中央军委指挥,确保党从思想上政治上牢牢掌握部队。要按照"三个代表"要求,大力加强军队党的思想、政治、组织、作风和纪律建设,增强各级党组织的凝聚力和战斗力。要讲大局、讲团结、讲稳定,扎扎实实抓基层、打基础,确保部队的高度稳定和集中统一。要深入开展"双拥共建"活动,巩固和发展军政军民团结的大好局面。

迟浩田说,全军要坚持把军事斗争准备作为中心工作不动摇。认真贯彻新时期军事战略方针,推进科技强军、依法治军,注重质量建设,沿着有中国特色的精兵之路继续前进。要坚持科技兴训,深化科技练兵,提高高技术条件下的防卫作战能力。加强武器装备和后勤保障建设,打牢军事斗争准备的物质技术基础。加强人才培养,努力造就大批高素质新型军事人才。进一步完善国防动员体制,加强全民国防教育,提高国防后备力量建设的质量和效益。

在谈到台湾问题时,迟浩田强调,解决台湾问题,实现祖国的完全统一,是海内外中华儿女的共同心愿。我们将继续贯彻"和平统一、一国两制"的基本方针和江泽民主席提出的现阶段发展两岸关系、推进祖国和平统一进程的八项主张,尽最大的努力争取实现和平统一,但决不承诺放弃使用武力。我们有决心、有能力捍卫国家主权和领土完整。任何形式的"台独"分裂图谋都是不可能得逞的。祖国统一,大势所趋。我们坚信,经过全体中华儿女的共同努力,祖国的完全统一就一定能够早日实现!

迟浩田指出,中国人民和中国人民解放军热爱和平,是维护世界和平的坚定力量。我们一贯奉行独立自主的和平外交政策,愿意在和平共处五项原则的基础上,同世界各国人民和军队加强交流,发展友好合作关系,与世界上一切爱好和平的国家和人民一道,为世界的和平、稳定与发展而共同努力。

迟浩田说,在新的世纪,继续推进现代化建设,完成祖国统一大业,维护世界和平与促进共同发展,是我们党肩负的重大历史任务。让我们在以江泽民同志为核心的党中央的领导下,高举邓小平理论伟大旗帜,全面落实"三个代表"要求,团结一致,开拓进取,为完成新的伟大历史任务而不懈奋斗!

出席招待会的还有解放军四总部、驻京各大单位、武警总部、军委办公厅和有关部门的负责人以及中纪委,中共中央、全国人大、国务院、全国政协有关部门,北京市,对外友协,全国总工会,共青团中央,全国妇联负责人。

在京的部分军队离休老干部,部队英模,有突出贡献的军队科技人员代表,首都民兵、军烈属和双拥模范代表,原国民党起义人员代表;外国驻华使节和夫人,国际组织驻京机构代表和夫人,外国驻华大使馆武官、副武官和夫人等也应邀出席招待会。

中央军委主席江泽民出席观看大型交响合唱音乐会《军魂颂》

中共中央总书记、国家主席、中央军委主席江泽民出席观看大型交响合唱音乐会《军魂颂》,与驻京部队官兵欢聚一堂,庆祝中国人民解放军建军75周年。

中共中央政治局常委、国家副主席、中央军委副主席胡锦涛,中共中央政治局委员、书记处书记、中央军委副主席张万年,中共中央政治局委员、中央军委副主席、国务委员兼国防部部长迟浩田一同出席观看演出,中央军委委员傅全有、于永波、王克、王瑞林、曹刚川等陪同观看。

国家主席江泽民在中南海会见美国维亚康母公司董事长兼首席执行官雷石东

江泽民欢迎雷石东再次访华,对近年来维亚康母公司积极同中国传媒开展交流与合作表示赞赏。

他说,世界各国之间最重要的事情是增进相互了解。有了相互了解,世界上的事情就好办得多。当前中美两国保持着经常性的高层往来。双方在诸多领域的交流与合作不断取得进展,在共同关心的重大国际和地区问题上保持着密切磋商。这符合中美两国的共同利益,也有利于亚太地区和世界的和平、稳定与发展。

江泽民说,近30年来,中美两国人民之间的相互交流与了解逐步加深,但还不够。中国需要进一步了解美国,美国也需要进一步了解中国。维亚康母公司是全球最大的传媒集团之一,希望你们发挥影响,为增进中美两国人民的相互了解作出积极贡献。

国家广电总局局长徐光春、外交部副部长李肇星会见时在座。

维亚康母公司是全球最大的传媒娱乐集团,涉足电影、电视、出版及娱乐业,拥有派拉蒙电影公司、MTV全球电视网、哥伦比亚广播公司等子公司。

全国人大常委会委员长李鹏在人民大会堂会见以理事长李荣郇先生为团长的菲律宾晋江同乡总会访华团

李鹏说,中菲两国友好合作关系取得全面发展,这是我们双方都感到满意的事情。他赞赏菲律宾华侨华人长期以来为菲律宾经济繁荣作出的重要贡献,感谢他们为促进中菲友谊、支持中国经济建设、推动中国和平统一事业所作出的不懈努力,希望大家一如既往继续为此作出新的贡献。

李鹏说,朋友们非常关心中国的发展,在这里我高兴地告诉大家,中国现在政局稳定,各项事业都在发展,今年上半年经济仍然呈现良好的势头。科教兴国战略、可持续发展战略和西部大开发战略都在不断推进。同时,我们正在认真应对加入世贸组织后面临的机遇和挑战,我们对发展前景是充满信心的。

国务院侨办主任郭东坡、全国人大常委会副秘书长吕聪敏、中国驻菲律宾大使王春贵参加了会见。

菲律宾晋江同乡总会成立于1994年,是菲律宾规模最大、最有影响的同乡会。多年来,该会在促进中菲友谊、推动当地华文教育等方面做了大量有益的工作。此次该会是应国务院侨办的邀请来华访问的。

国务院总理朱镕基在中南海会见第十一世班禅额尔德尼·确吉杰布

朱镕基总理对第十一世班禅在西藏圆满完成13岁寿典的佛事活动表示热烈的祝贺,同时为他六年来在佛学和文化知识方面所取得的成绩和进步表示祝贺。第十一世班禅向朱镕基总理敬献了哈达。

第十一世班禅首先汇报了自国务院批准坐床以来健康成长的历程,对党中央、国务院的亲切关怀,有关部门和西藏自治区的关心指导致以衷心的感谢,表示一定要继承第十世班禅大师的光荣传统,按照江泽民主席提出的爱国爱教、护国利民的要求,为维护祖国统一、民族团结作出更大的贡献。第十一世班禅特别谈到今年在西藏为他举行的13岁寿典活动得到了党中央、国务院的热情关心,得到了西藏自治区党委、政府的大力支持,得到了广大僧俗群众的衷心拥戴,各级领导非常满意、信教群众非常满意、寺庙和他本人非常满意。

朱镕基总理在认真地听取第十一世班禅和西藏扎什伦布寺民主管理委员会主任喇嘛次仁的汇报后,作了讲话。他说,党中央、国务院对第十一世班禅的成长一向十分关心和重视。第十一世班禅坐床盛典之际,国务院颁发金印、金册,就希望第十一世班禅"继续发扬爱国爱教的历史传统,广结善缘,以利西藏发展进步,人民富裕幸福,国家繁荣昌盛”。今天看到第十一世班禅身体健康、学业优秀,越来越受到藏族群众的爱戴,说明培养教育工作是卓有成效的。他对为第十一世班禅的培养教育和健康成长付出辛勤劳动的同志们和朋友们表示衷心的感谢和慰问。

朱镕基说,我国是一个多民族国家,西藏是中国不可分割的一部分。党中央、国务院和全国各族人民一直关心西藏人民,以各种方式支援西藏建设。去年中央召开了第四次西藏工作座谈会,为促进西藏的跨越式发展和长治久安制定了一系列重大措施和优惠政策,充分体现了社会主义的优越性,凝聚了全国各族人民对西藏人民的深情厚谊。目前西藏经济发展,社会稳定,人民生活幸福,形势很好。

朱镕基说,中国共产党一贯重视民族、宗教工作,将马列主义的基本原理与中国的具体实际相结合,走出了一条具有中国特色的解决民族、宗教问题的道路。现在汉族离不开少数民族,少数民族离不开汉族,各少数民族之间也相互离不开的观念已经深入人心。信仰宗教的人和不信仰宗教的人,信这种宗教的人和信那种宗教的人,团结合作,互相尊重,共同为中华民族的团结和进步贡献力量。历史和现实表明,中国共产党的民族、宗教政策是正确的,解决民族、宗教问题的实践是成功的,是经得起考验的。

朱镕基说,中国共产党十分重视发挥民族、宗教界爱国人士在建设有中国特色社会主义伟大事业中的重要作用。希望第十一世班禅继承和发扬历世班禅的爱国主义精神,在宗教学识上勤学精进,在科学文化知识学习上更加努力,做一个有深厚的佛教造诣、爱国爱教的宗教领袖,为维护祖国统一,为促进西藏的跨越式发展和长治久安,为西藏各族人民的幸福作出自己的贡献。

朱镕基说,中国共产党即将召开的第十六次代表大会,是新世纪第一次党的全国代表大会。我国已进入全面建设小康社会、加快推进社会主义现代化新的发展阶段,一切爱国的各族各界人士,都要团结在以江泽民同志为核心的党中央周围,为维护中华民族的大团结,为我们国家在21世纪的发展、繁荣和富强,为中华民族的伟大复兴而努力奋斗!

会见结束时,朱镕基总理与第十一世班禅一行合影留念。

全国政协副主席、中央统战部部长王兆国,国务院办公厅、国家民委、公安部、卫生部、国务院宗教局、国管局等部门负责人参加了会见。

第十一世班禅额尔德尼·确吉杰布于1995年11月29日经金瓶掣签认定,报国务院批准继任。同年12月8日,在日喀则扎什伦布寺举行了坐床典礼。

《人民日报》发表新华社特约评论员文章《努力扩大干部选拔任用工作中的民主》

中华全国总工会主席尉健行在人民大会堂会见由弗朗西斯·艾特沃里总书记率领的肯尼亚中央工会组织代表团

尉健行应邀向客人介绍了中国当前的经济、政治和工会工作情况。尉健行说,改革开放和发展社会主义市场经济以来,中国工人阶级队伍日益发展壮大,其经济、政治、文化权益的实现程度有了很大提高。与此同时,中国的经济关系、劳动关系也发生了深刻的变化,中国工会维护职工合法权益的任务,比以往任何时候都更加突出和繁重。面对新的形势和任务,这些年来,我们提出和实施了努力推动全心全意依靠工人阶级根本指导方针的贯彻落实,进一步突出和履行工会维护职工合法权益的工作路数,取得了较好的效果。当前,各级工会正在抓住贯彻实施新修订的《工会法》的重要契机,一手抓调整劳动关系机制的建设,一手抓为职工特别是困难职工群体办实事,保护、调动和发挥好广大职工的积极性、创造性,并把这种积极性、创造性组织和引导到为实现“十五”计划建功立业上来。

中华全国总工会副主席、书记处第一书记张俊九等参加了会见。

8月1日

《人民日报》发表社论《党的绝对领导是永远不变的军魂——纪念中国人民解放军建军75周年》

国家副主席胡锦涛在人民大会堂会见香港青少年学生

暑假期间，香港十一个青少年制服团体首次联合组织近六百名香港青少年学生赴祖国内地参观考察交流。中共中央政治局常委、国家副主席胡锦涛在人民大会堂亲切会见了香港青少年制服团体“同心同根万里行”交流团全体成员，并作了讲话。

胡锦涛对香港青少年朋友们的到来表示热烈欢迎！他说，香港青少年制服团体联合组织的这次活动，是一项很有意义的活动。通过对祖国内地的参观访问和实地考察，可以帮助香港青少年熟悉祖国悠久的历史、灿烂的文化，了解先辈们为民族独立和国家富强矢志奋斗的感人业绩，亲身感受祖国改革开放和现代化建设取得的巨大成就。进一步增强国家观念和民族自豪感，进一步激发自己的爱国热忱和报国之志，为今后更好地建设香港、报效祖国发奋努力。

胡锦涛指出，祖国的建设和香港的发展都需要大批优秀人才。青少年是国家的未来、民族的希望。今天在座的青少年，再过一二十年，就要肩负起建设香港、报效祖国的重任。

希望寄托在你们身上。他勉励香港青少年要从小树立远大理想，胸怀祖国，情系中华，增强社会责任感，立志为香港繁荣、国家富强、民族振兴贡献智慧和力量。要勤奋学习，打好基础，掌握过硬的知识和本领，炼就健康的体魄，努力把自己塑造成能担当建港治港重任的合格人才。要加强同祖国内地、澳门以及台湾青少年的交流，增进了解，发展友谊，为实现祖国统一大业携手前进。

胡锦涛还称赞香港社会各界和各制服团体的领袖及义工们为香港青少年的健康成长所做的工作，希望他们再接再厉，进一步推动香港青少年事业的健康发展，为实现中华民族的伟大复兴作出新的贡献。

共青团中央书记处第一书记周强、国务院港澳办副主任陈佐洱等有关方面负责人参加了今天的会见。

外交部部长唐家璇出席在斯里巴加湾市举行的中国与东盟外长对话会议并发表讲话

总投资规模达718亿元的重点地区丰产用材林基地建设工程启动

这标志着中国历史上规模最大、范围最广、时间最长的速生丰产林基地建设工程正式拉开帷幕，也标志着经国务院批准的新时期六大林业重点工程全面驶入快车道。

建设速生丰产林，不仅可以减轻现有森林资源特别是天然林保护的压力，还是立足国内解决木材供需矛盾的根本途径。工程建设的总体目标是：到2015年，新造和低产林改造1333万公顷，提供国内生产用材需求量的40%，加上现有森林资源的合理采伐利用，国内木材供需基本趋于平衡。

国家林业局局长周生贤说，新中国成立以来，我国林业建设取得了重大成就，但是也存在不少问题，主要是生态的建设与保护跟不上发展的需要。1997年8月5日，江泽民总书记发出了再造秀美山川的伟大号召，全国上下再度掀起生态建设的高潮。国家林业局根据新时期林业发展面临的形势和任务，确立了以实施六大工程为重点，带动林业跨越式发展的战略。这六大工程已经国务院批准，并列入“十五”计划，成为国家和人民的意志。

包括天然林资源保护工程、退耕还林工程、京津风沙源治理工程、“三北”和长江中下游地区等重点防护林建设工程、野生动植物保护及自然保护区建设工程、重点地区速生丰产用材林基地建设工程在内的六大工程，范围覆盖了全国97%以上的县，规划造林任务超过11亿亩，工程建设范围之广、规模之大、投资之巨为历史所罕见，其中四项工程的规模超过了苏联改造大自然计划、美国大草原林业工程和北非五国的绿色坝工程，成为世界生态工程之最，也成为我国新世纪再造秀美山川的壮举，在国内外产生了巨大反响。为了建设好六大工程，国家林业局提出了“严管林、慎用钱、质为先”的要求，全面加强了资源保护、资金管理和造林质量管理，切实抓好检查验收工作，建立监测预警机制。同时国家加快建规立法工作，《防沙治沙法》已颁布实施，《野生动物保护法》《退耕还林条例》等林业法规在进一步修订和制定之中，使工程建设尽快走向法制轨道。这些措施，对保障工程的顺利实施发挥了重要作用。

六大工程的全面启动，进一步激发了社会各界和广大人民群众参与林业建设的积极性，林业跨越式发展迈出了实质性步伐。全国很多地方现在一年完成的造林任务都是过去一年的两三倍甚至更多。山东省今年计划造林160万亩，上半年就完成了260万亩。陕西省延安市从2000年开始，每年仅完成的退耕还林任务就超过以往一年全部的造林面积。

国家林业局公布2001年六大林业重点工程统计

公报

2001年，是“十五”计划的第一年。在全国范围内，经过系统整合后的六大林业重点工程陆续启动，标志着林业建设进入了一个崭新的发展阶段。

2001年，六大林业重点工程共完成造林面积317.95万公顷，其中人工造林238.22万公顷，飞播造林79.73万公顷。年末实有封山育林面积达到824.94万公顷，其中本年新封173.88万公顷；森林管护面积10145.60万公顷，建立良种基地3.08万公顷。全年完成各类投资166.44亿元，其中国家投资完成134.52亿元。

一、天然林资源保护工程

天然林资源保护工程(以下简称天保工程)于2000年10月24日经国务院正式批准实施。该工程包括长江上游、黄河上中游地区天然林资源保护工程和东北、内蒙古等重点国有林区天然林资源保护工程两部分。长江上游、黄河上中游地区天然林资源保护工程实施范围为长江上游地区(以三峡库区为界)的云南、四川、贵州、重庆、湖北和西藏6省(自治区、直辖市)和黄河上中游地区(以小浪底库区为界)的陕西、甘肃、青海、宁夏、内蒙古、山西、河南7省(自治区)，总共13个省(自治区、直辖市)。2000—2005年为第一期，以停止天然林采伐，大力建设生态公益林，分流和安置下岗职工为主要内容。2006—2010年为第二期，以保护天然林资源、恢复林草植被为主要内容。工程需投资533亿元。东北、内蒙古等重点国有林区天然林资源保护工程实施范围包括内蒙古、吉林、黑龙江(含大兴安岭)、海南、新疆5个省(自治区)及新疆生产建设兵团的86个国有重点森工企业、16个地方森工企业、23个县、12个县级林业局(场)。2000—2003年为第一期，以调减木材产量，加大森林资源保护力度，妥善分流安置富余职工为主要内容。2004—2010年为第二期，以保护天然林资源、恢复森林植被，促进经济和社会可持续发展为主要目标。工程需投资429亿元。两项工程共需投资962亿元。

截至2001年年底，天保工程经过四年(1998年和1999年为试点阶段，2000年和2001年为正式实施阶段)的建设，已取得显著成效。累计完成造林面积219.47万公顷，其中人工造林137.65万公顷，飞播造林81.82万公顷；年末实有封山育林面积达到188.36万公顷，年均森林管护面积9000万公顷，累计育苗面积17.16万公顷。

2001年完成造林面积94.81万公顷，人工造林29.11万公顷，飞播造林65.70万公顷；完成封山育林面积39.55万公顷；育苗面积6万公顷。

四年来妥善安置和分流了富余职工51.18万人，占规划应安置人数的69.16%，其中2001年安置和分流了22.44万人。工程区内森林管护人员由1998年的5.5万人增加到2001年的15万人，管护力量大大加强。长江上游、黄河上中游地区13个省(自治区、直辖市)在工程区内已全面停止了天然林的商品性采伐；东北、内蒙古等重点国有林区木材产量由1997年的1853万立方米调减到2001年的1160万立方米，调减了37.40%，完成规划调减任务的92.28%。

中央已累计投入天保工程各类资金318.9亿元，其中中央国债资金96.3亿元，中央财政专项资金177.1亿元，中央财政转移支付资金45.5亿元。2001年国家投入中央资金106.9亿元，其中中央国债资金19亿元，中央财政专项资金71.5亿元，中央财政转移支付资金16.4亿元。全年完成投资94.93亿元。

天保工程实施后，重点国有林区停伐限伐，在保护好天然林资源的基础上，开始转向林区多种自然资源的开发利用，特别是森林旅游、种植、养殖、加工等非林非木产业迅速发展，多业并举，综合开发，增强了企业的经济实力。2001年天保工程区国有木材采运业产值比重为51%，比1998年下降了15.4个百分点，年均下降3.85个百分点，林区经济结构单一的局面正在得到改变。

二、退耕还林工程

退耕还林工程是我国林业建设史上涉及面最广、政策性最强、群众参与度最高的生态环境建设工程。工程实施范围包括除上海、江苏、浙江、福建、山东、广东以外全国25个省(自治区、直辖市)及新疆生产建设兵团。初步规划工程建设期为2001—2010年，分两个阶段进行：第一阶段2001—2005年，退耕地还林667万公顷，宜林荒山荒地造林867万公顷；第二阶段2006—2010年，退耕地还林800万公顷，宜林荒山荒地造林867万公顷。截至2001年年底，工程已顺利进行了3年的试点示范，累计完成退耕地造林面积101.36万公顷，荒山荒地造林87.85万公顷。

2001年完成退耕地造林种草面积48.91万公顷，其中造林面积40.54万公顷；荒山荒地造林种草面积54.53万公顷，其中造林面积48.49万公顷，退耕地、荒山荒地造林种草面积分别完成年度计划任务的116.45%和96.80%；本年粮食预付数量4.00亿公斤。全年完成投资32.14亿元，其中粮食折资20.36亿元，种苗费补助7.37亿元，现金补助3.5亿元，科技支撑及其他费用9100万元。

退耕还林工程的实施，在确保生态目标的前提下，因地制宜发展经济林、竹林、速生丰产林，为培植绿色产业，发展生态经济、特色经济奠定了基础；实行树上山、粮下川、羊进圈，促进了农村产业结构的合理调整，为农民增收和区域经济的发展开辟了有效途径。

三、"三北"及长江流域等防护林体系建设工程

"三北"及长江流域防护林体系建设工程是由"三北"防护林体系建设四期和长防、沿海、珠江、太行山和平原绿化二期6个单项防护林工程组成。"九五"末期顺利完成了"三北"三期和其他五项工程一期的规划建设任务。从2001年起,"三北"防护林工程进入四期建设,其他五项工程进入二期建设,建设期为10年。

(一)"三北"防护林体系建设四期工程

"三北"防护林建设工程自1978年以来,经过了长达23年的三期工程建设,有效地改善了"三北"地区的生态环境,促进了三北地区的经济发展。

2001年7月,"三北"防护林体系建设四期工程规划正式批复。工程建设范围包括东北西部、华北北部和西北大部分地区的北京、天津、河北、山西、内蒙古、辽宁、吉林、黑龙江、陕西、甘肃、青海、宁夏、新疆13个省(自治区、直辖市)的590个县(旗、市、区)和新疆生产建设兵团,规划造林756万公顷,封山育林194万公顷。2001年,"三北"四期工程共完成造林54.17万公顷,其中人工造林50.78万公顷,飞播造林3.39万公顷;年末实有封山育林面积319.18万公顷,其中本年新封山育林面积55.93万公顷;低效防护林改造面积5379公顷,森林管护面积518.69万公顷,育苗面积7.35万公顷,其中本年新育面积4.02万公顷,建设良种基地面积1.89万公顷。全年投入资金10.49亿元,其中国家预算内资金5.79亿元,在国家预算内资金中国债资金4.28亿元,国家预算内资金占全部资金来源的55.25%,国债资金占40.77%。群众投工投劳折合资金7.93亿元。

(二)长江流域等防护林体系建设工程

系统整合后的长江流域等防护林体系建设工程包括原一期工程建设的长防、沿海、珠江、太行山和平原绿化5个工程。规划造林578万公顷,封山育林598万公顷,低效防护林改造743万公顷。

2001年共完成造林49.32万公顷,其中长防16.27万公顷、沿海9.09万公顷、珠江2.71万公顷、太行山14.13万公顷,平原绿化7.12万公顷。在全部造林面积中,人工造林43.18万公顷,飞播造林6.14万公顷,营造混交林的比例超过70%。全年封山育林307.65万公顷,其中本年新封76.45万公顷。低效防护林改造8.79万公顷。育苗面积8.20万公顷,其中本年新育苗面积5.26万公顷,新建良种基地面积1.19万公顷。

2001年,5项防护林工程全年实际完成投资20.06亿元,其中长防5.34亿元、沿海4.00亿元、珠江1.07亿元、太行山1.62亿元,平原绿化8.03亿元,所占比重分别为26.62%、19.94%、5.34%、8.08%和40.03%。在总投资中,国家投资8.96亿元,所占比重44.66%,是实施长防林等工程建设以来投入标准最高的一年。群众投工投劳折合资金9.87亿元。

四、京津风沙源治理工程

京津风沙源治理工程区西起内蒙古的达尔罕茂明安联合旗,东至内蒙古的阿鲁科尔沁旗,南起山西的代县,北至内蒙古的东乌珠穆沁旗。范围涉及北京、天津、河北、山西及内蒙古5省(自治区、直辖市)的75个县(旗、市、区),总面积45.8万平方公里。工程建设期10年,分两个阶段进行,2001—2005年为第一阶段,2006—2010年为第二阶段。

工程建设区域划分为四个类型区,即北部干旱草原沙化治理区、浑善达克沙地治理区、农牧交错地带沙化土地治理区、燕山丘陵山地水源保护区。工程建设内容分为造林营林、退耕还林、草地治理、水利配套设施建设和小流域综合治理。到2010年,规划营造林总面积757.26万公顷;恢复和治理草地面积1032.8万公顷,工程区植被覆盖度明显增加。

2001年,完成草地治理面积27万公顷,小流域综合治理7万公顷,水利配套工程完成2491处。全年完成荒山荒沙荒地营造林21.73万公顷,其中人工造林17.23万公顷,飞播造林4.50万公顷;封山封沙育林(草)9.75万公顷;新建林木种苗基地687公顷;建设草种基地5160公顷。

全年营造林实际完成总投资4.50亿元,其中国家投资4.19亿元,国家投资占完成总投资的93.11%。

五、野生动植物保护及自然保护区建设工程

2001年6月,国家计委批准《全国野生动植物保护和自然保护区建设工程总体规划》。工程建设的目标是拯救一批国家重点保护的野生动植物,扩大、完善和新建一批国家级自然保护区、禁猎区和种源基地及珍稀植物培育基地,恢复和发展珍稀物种资源,形成一个以自然保护区、重要湿地为主体,布局合理、类型齐全、设施先进、管理高效、具有国际重要影响的自然保护网络。工程建设分三个阶段:近期为2001—2010年,自然保护区面积将达到1.55亿公顷,占国土面积的16.14%;中期为2011—2030年,自然保护区面积占国土面积的16.8%;远期为2031—2050年,自然保护区面积占国土面积的18%。

2001年,全国新建各类自然保护区249个,其中国家级12个、省级72个、地县级165个,新增面积5842.16万公顷。全国自然保护区总数已达到1551个,总面积1.45亿公顷,占国土面积的14.4%,其中,林业系统建立和管理的自然保护区1156个,总面积1.16亿公顷,占国土面积的12.09%。在林业系统建立的各

类自然保护区中，野生动植物类型自然保护区458个，森林生态系统类型544个，荒漠生态系统类型29个，湿地生态系统类型125个。新建自然保护小区1040个，面积257.33万公顷，自然保护小区总数已达9244个，面积3638.97万公顷；新建野生动植物抢救繁育中心6处。

2001年，经国务院批准，内蒙古遗鸥、乌拉特梭梭林，浙江古田山，江西桃红岭，福建虎伯寮，河南董寨，湖南小溪，重庆缙云山，贵州雷公山，云南金平分水岭、大围山，新疆甘家湖12个自然保护区晋升为国家级保护区；内蒙古鄂尔多斯、塞罕乌拉、达赉湖等国家级自然保护区由环保系统划归林业系统管理。河南宝天曼、内蒙古塞罕乌拉两个国家级自然保护区被联合国教科文组织批准为“世界生物圈保护区”，我国加入“国际生物圈保护网络”的自然保护区达到21处。

全年完成投资20917万元，其中国家投资12109万元，占57.89%，国债投资6575万元，占国家投资的55.30%。

六、重点地区速生丰产用材林基地建设工程

根据森林分类区划的原则，在现有速生丰产用材林基地建设的基础上，在400毫米等雨量线以东的粤桂琼闽地区、长江中下游地区、黄河中下游地区(含淮河、海河流域)和东北、内蒙古地区，选择自然条件优越，立地条件好(原则上立地指数在14以上)，地势较平缓，不易造成水土流失的区域，大力发展速生丰产林。规划范围涉及河北、内蒙古、辽宁、吉林、黑龙江、江苏、浙江、安徽、福建、江西、山东、河南、湖南、湖北、广东、广西、海南、云南18个省(自治区)886个县(市、区)、114个林业局(场)。工程建设的总体目标是：到2015年，新造和低产林改造1333万公顷，提供国内生产用材需求量的40%，加上现有森林资源的合理采伐利用，国内木材供需基本趋于平衡。

2001年，共营造速生丰产用材林88870公顷，其中纸浆原料林21372公顷，人造板原料林21468公顷，大径级用材林15637公顷，其他工业原料林30393公顷。树种包括桉树、相思树、马尾松、国外松、杉木、柳杉、杨树、泡桐、落叶松、柚木、楠木及竹类等；建设林木种苗基地333个，面积4663公顷。工程完成投资24675万元。

部分造纸、人造板等企业，开始建立自己的原料林基地，林纸结合、林板结合的发展趋势已经展现。该工程的实施，对加快由以采伐天然林为主向以采伐人工林为主的转变具有重要意义。

六大林业重点工程实施总体进展顺利。国家林业局提出了“严管林、慎用钱、质为先”的要求，全面加强了资源保护、资金管理和造林质量管理，对保障工程的顺利实施发挥了重要作用。

8月2日

国家主席江泽民在中南海会见巴基斯坦总统穆沙拉夫

国务院总理朱镕基签署第357号令公布《社会抚养费征收管理办法》

现公布《社会抚养费征收管理办法》，自2002年9月1日起施行。

总　理　朱镕基

2002年8月2日

社会抚养费征收管理办法

第一条　为了规范社会抚养费的征收管理，维护计划生育基本国策，保护公民的合法权益，实现人口与经济、社会、资源、环境的协调发展，根据《中华人民共和国人口与计划生育法》(以下简称人口与计划生育法)，制定本办法。

第二条　公民享有依法生育的权利，同时应当依法履行计划生育的义务，其生育行为应当符合人口与计划生育法的规定。

地方各级人民政府和县级以上各级人民政府计划生育行政部门应当采取综合措施，做好计划生育宣传教育、避孕节育服务等经常性工作，使本行政区域内公民的生育行为符合人口与计划生育法的规定。

第三条　不符合人口与计划生育法第十八条的规定生育子女的公民，应当依照本办法的规定缴纳社会抚养费。

社会抚养费的征收标准，分别以当地城镇居民年人均可支配收入和农村居民年人均纯收入为计征的参考基本标准，结合当事人的实际收入水平和不符合法律、法规规定生育子女的情节，确定征收数额。社会抚养费的具体征收标准由省、自治区、直辖市规定。

任何单位和个人不得违反法律、法规的规定擅自增设与计划生育有关的收费项目，提高社会抚养费征收标准。

第四条　社会抚养费的征收，由县级人民政府计划生育行政部门作出书面征收决定；县级人民政府计划生育行政部门可以委托乡(镇)人民政府或者街道办事处作出书面征收决定。

第五条　不符合人口与计划生育法第十八条规定生育子女的流动人口的社会抚养费的征收，按照下列规定办理：

(一)当事人的生育行为发生在其现居住地的，由现居住地县级人民政府计划生育行政部门按照现居住地的征收标准作出征收决定；

（二）当事人的生育行为发生在其户籍所在地的，由户籍所在地县级人民政府计划生育行政部门按照户籍所在地的征收标准作出征收决定；

（三）当事人的生育行为发生时，其现居住地或者户籍所在地县级人民政府计划生育行政部门均未发现的，此后由首先发现其生育行为的县级人民政府计划生育行政部门按照当地的征收标准作出征收决定。

当事人在一地已经被征收社会抚养费的，在另一地不因同一事实再次被征收社会抚养费。

第六条　社会抚养费的征收决定，自送达当事人之日起生效。当事人应当自收到征收决定之日起30日内一次性缴纳社会抚养费。

当事人一次性缴纳社会抚养费确有实际困难的，应当自收到征收决定之日起30日内向作出征收决定的县级人民政府计划生育行政部门提出分期缴纳的书面申请，并提供有关证明材料。县级人民政府计划生育行政部门应当自收到当事人的申请之日起30日内作出批准或者不批准分期缴纳的决定，并书面通知当事人。

征收社会抚养费，应当向当事人出具由省、自治区、直辖市人民政府财政部门统一印制的社会抚养费收据。

第七条　社会抚养费的具体征收、缴纳方式，由省、自治区、直辖市根据当地实际情况规定。

第八条　当事人未在规定的期限内缴纳社会抚养费的，自欠缴之日起每月加收欠缴社会抚养费的千分之二的滞纳金；仍不缴纳的，由作出征收决定的计划生育行政部门依法申请人民法院强制执行。

第九条　当事人对征收决定不服的，可以依法申请行政复议或者提起行政诉讼。

行政复议或者行政诉讼期间，征收决定不停止执行；但是，行政复议法、行政诉讼法另有规定的除外。

第十条　社会抚养费及滞纳金应当全部上缴国库，按照国务院财政部门的规定纳入地方财政预算管理；任何单位和个人不得截留、挪用、贪污、私分。

计划生育工作必要的经费，由各级人民政府财政予以保障。

第十一条　县级以上人民政府计划生育、财政、计划（物价）、审计、监察等部门，应当加强对社会抚养费征收管理工作的监督、检查。

第十二条　当事人所在单位或者村民委员会、城市居民委员会，应当依法配合做好社会抚养费的征收工作。

第十三条　违反法律、法规的规定，擅自增设与计划生育有关的收费项目或者擅自提高社会抚养费征收标准的，依照《违反行政事业性收费和罚没收入收支两条线管理规定行政处分暂行规定》处理。

第十四条　截留、挪用、贪污、私分社会抚养费的，依照刑法关于贪污罪、挪用公款罪、私分国有资产罪的规定，依法追究刑事责任；尚不够刑事处罚的，对直接负责的主管人员和其他直接责任人员依法给予降级、撤职或者开除的行政处分。

第十五条　本办法自2002年9月1日起施行。

国务院总理朱镕基签署第359号令公布《中华人民共和国著作权法实施条例》

现公布《中华人民共和国著作权法实施条例》，自2002年9月15日起施行。

总　理　朱镕基

2002年8月2日

中华人民共和国著作权法实施条例

第一条　根据《中华人民共和国著作权法》（以下简称著作权法），制定本条例。

第二条　著作权法所称作品，是指文学、艺术和科学领域内具有独创性并能以某种有形形式复制的智力成果。

第三条　著作权法所称创作，是指直接产生文学、艺术和科学作品的智力活动。

为他人创作进行组织工作，提供咨询意见、物质条件，或者进行其他辅助工作，均不视为创作。

第四条　著作权法和本条例中下列作品的含义：

（一）文字作品，是指小说、诗词、散文、论文等以文字形式表现的作品；

（二）口述作品，是指即兴的演说、授课、法庭辩论等以口头语言形式表现的作品；

（三）音乐作品，是指歌曲、交响乐等能够演唱或者演奏的带词或者不带词的作品；

（四）戏剧作品，是指话剧、歌剧、地方戏等供舞台演出的作品；

（五）曲艺作品，是指相声、快书、大鼓、评书等以说唱为主要形式表演的作品；

（六）舞蹈作品，是指通过连续的动作、姿势、表情等表现思想情感的作品；

（七）杂技艺术作品，是指杂技、魔术、马戏等通过形体动作和技巧表现的作品；

（八）美术作品，是指绘画、书法、雕塑等以线条、色彩或者其他方式构成的有审美意义的平面或者立体的造型艺术作品；

（九）建筑作品，是指以建筑物或者构筑物形式表现的有审美意义的作品；

（十）摄影作品，是指借助器械在感光材料或者其他介质上记录客观物体形象的艺术作品；

（十一）电影作品和以类似摄制电影的方法创作的作品，是指摄制在一定介质上，由一系列有伴音或者无伴音的画面组成，并且借助适当装置放映或者以其他方式传播的作品；

（十二）图形作品，是指为施工、生产绘制的工程设计图、产品设计图，以及反映地理现象、说明事物原理或者结构的地图、示意图等作品；

（十三）模型作品，是指为展示、试验或者观测等用途，根据物体的形状和结构，按照一定比例制成的立体作品。

第五条　著作权法和本条例中下列用语的含义：

（一）时事新闻，是指通过报纸、期刊、广播电台、电视台等媒体报道的单纯事实消息；

（二）录音制品，是指任何对表演的声音和其他声音的录制品；

（三）录像制品，是指电影作品和以类似摄制电影的方法创作的作品以外的任何有伴音或者无伴音的连续相关形象、图像的录制品；

（四）录音制作者，是指录音制品的首次制作人；

（五）录像制作者，是指录像制品的首次制作人；

（六）表演者，是指演员、演出单位或者其他表演文学、艺术作品的人。

第六条　著作权自作品创作完成之日起产生。

第七条　著作权法第二条第三款规定的首先在中国境内出版的外国人、无国籍人的作品，其著作权自首次出版之日起受保护。

第八条　外国人、无国籍人的作品在中国境外首先出版后，30日内在中国境内出版的，视为该作品同时在中国境内出版。

第九条　合作作品不可以分割使用的，其著作权由各合作作者共同享有，通过协商一致行使；不能协商一致，又无正当理由的，任何一方不得阻止他方行使除转让以外的其他权利，但是所得收益应当合理分配给所有合作作者。

第十条　著作权人许可他人将其作品摄制成电影作品和以类似摄制电影的方法创作的作品的，视为已同意对其作品进行必要的改动，但是这种改动不得歪曲篡改原作品。

第十一条　著作权法第十六条第一款关于职务作品的规定中的“工作任务”，是指公民在该法人或者该组织中应当履行的职责。

著作权法第十六条第二款关于职务作品的规定中的“物质技术条件”，是指该法人或者该组织为公民完成创作专门提供的资金、设备或者资料。

第十二条　职务作品完成两年内，经单位同意，作者许可第三人以与单位使用的相同方式使用作品所获报酬，由作者与单位按约定的比例分配。

作品完成两年的期限，自作者向单位交付作品之日起计算。

第十三条　作者身份不明的作品，由作品原件的所有人行使除署名权以外的著作权。作者身份确定后，由作者或者其继承人行使著作权。

第十四条　合作作者之一死亡后，其对合作作品享有的著作权法第十条第一款第（五）项至第（十七）项规定的权利无人继承又无人受遗赠的，由其他合作作者享有。

第十五条　作者死亡后，其著作权中的署名权、修改权和保护作品完整权由作者的继承人或者受遗赠人保护。

著作权无人继承又无人受遗赠的，其署名权、修改权和保护作品完整权由著作权行政管理部门保护。

第十六条　国家享有著作权的作品的使用，由国务院著作权行政管理部门管理。

第十七条　作者生前未发表的作品，如果作者未明确表示不发表，作者死亡后50年内，其发表权可由继承人或者受遗赠人行使；没有继承人又无人受遗赠的，由作品原件的所有人行使。

第十八条　作者身份不明的作品，其著作权法第十条第一款第（五）项至第（十七）项规定的权利的保护期截止于作品首次发表后第50年的12月31日。作者身份确定后，适用著作权法第二十一条的规定。

第十九条　使用他人作品的，应当指明作者姓名、作品名称；但是，当事人另有约定或者由于作品使用方式的特性无法指明的除外。

第二十条　著作权法所称已经发表的作品，是指著作权人自行或者许可他人公之于众的作品。

第二十一条　依照著作权法有关规定，使用可以不经著作权人许可的已经发表的作品的，不得影响该作品的正常使用，也不得不合理地损害著作权人的合法利益。

第二十二条　依照著作权法第二十三条、第三十二条第二款、第三十九条第三款的规定使用作品的付酬标准，由国务院著作权行政管理部门会同国务院价格主管部门制定、公布。

第二十三条　使用他人作品应当同著作权人订立许可使用合同，许可使用的权利是专有使用权的，应当采取书面形式，但是报社、期刊社刊登作品除外。

第二十四条　著作权法第二十四条规定的专有使用权的内容由合同约定，合同没有约定或者约定不明的，视为被许可人有权排除包括著作权人在内的任何人以同样的方式使用作品；除合同另有约定外，被许可人许可第三人行使同一权利，必须取得著作权人的许可。

第二十五条 与著作权人订立专有许可使用合同、转让合同的,可以向著作权行政管理部门备案。

第二十六条 著作权法和本条例所称与著作权有关的权益,是指出版者对其出版的图书和期刊的版式设计享有的权利,表演者对其表演享有的权利,录音录像制作者对其制作的录音录像制品享有的权利,广播电台、电视台对其播放的广播、电视节目享有的权利。

第二十七条 出版者、表演者、录音录像制作者、广播电台、电视台行使权利,不得损害被使用作品和原作品著作权人的权利。

第二十八条 图书出版合同中约定图书出版者享有专有出版权但没有明确其具体内容的,视为图书出版者享有在合同有效期限内和在合同约定的地域范围内以同种文字的原版、修订版出版图书的专有权利。

第二十九条 著作权人寄给图书出版者的两份订单在6个月内未能得到履行,视为著作权法第三十一条所称图书脱销。

第三十条 著作权人依照著作权法第三十二条第二款声明不得转载、摘编其作品的,应当在报纸、期刊刊登该作品时附带声明。

第三十一条 著作权人依照著作权法第三十九条第三款声明不得对其作品制作录音制品的,应当在该作品合法录制为录音制品时声明。

第三十二条 依照著作权法第二十三条、第三十二条第二款、第三十九条第三款的规定,使用他人作品的,应当自使用该作品之日起2个月内向著作权人支付报酬。

第三十三条 外国人、无国籍人在中国境内的表演,受著作权法保护。

外国人、无国籍人根据中国参加的国际条约对其表演享有的权利,受著作权法保护。

第三十四条 外国人、无国籍人在中国境内制作、发行的录音制品,受著作权法保护。

外国人、无国籍人根据中国参加的国际条约对其制作、发行的录音制品享有的权利,受著作权法保护。

第三十五条 外国的广播电台、电视台根据中国参加的国际条约对其播放的广播、电视节目享有的权利,受著作权法保护。

第三十六条 有著作权法第四十七条所列侵权行为,同时损害社会公共利益的,著作权行政管理部门可以处非法经营额3倍以下的罚款;非法经营额难以计算的,可以处10万元以下的罚款。

第三十七条 有著作权法第四十七条所列侵权行为,同时损害社会公共利益的,由地方人民政府著作权行政管理部门负责查处。

国务院著作权行政管理部门可以查处在全国有重大影响的侵权行为。

第三十八条 本条例自2002年9月15日起施行。1991年5月24日国务院批准、1991年5月30日国家版权局发布的《中华人民共和国著作权法实施条例》同时废止。

《人民日报》发表新华社特约评论员文章《坚决防止和纠正用人上的不正之风》

中央颁布的《党政领导干部选拔任用工作条例》,针对近年来干部选拔任用工作中不正之风的主要表现,追根溯源,标本兼治,作出了从源头上预防和治理的具体规定。《干部任用条例》既是选拔任用党政领导干部必须遵循的基本规章,也是防止和纠正用人上不正之风的有力武器。

选人用人历来关乎人心向背、社稷安危。历史上因吏治腐败导致"人亡政息"的不乏其例,殷鉴未远。我们党总结历史经验,确定了任人唯贤的干部路线,坚决反对任人唯亲和用人上的不正之风。近年来,各级党委按照中央的要求,在严肃查处干部工作中违纪违规现象的同时,注意从源头抓起,不断加大干部人事制度改革的力度,取得明显成效。但也应清醒地看到,当前在一些地方和部门,选人用人上的不正之风仍时有发生,有的还相当严重。有的任用干部不讲党的原则,搞封官许愿;有的热衷于拉关系、跑门子、找靠山,不择手段跑官要官;有的搞非组织活动,拉选票,甚至搞贿选;有的搞权权交易、权钱交易,买官卖官,等等。这些不良风气和腐败现象,严重干扰党的干部路线方针政策的贯彻执行,败坏了党的作风,损害了党的形象,人民群众对此深恶痛绝。我们要以《干部任用条例》的颁布实施为契机,充分运用《干部任用条例》这个有力武器,坚决防止和纠正用人上的不正之风。

防止和纠正用人上的不正之风,必须扩大干部工作中的民主。民主是科学决策的重要保证,也是制约和监督权力运行的有效手段。要坚持民主集中制原则,充分发扬党内民主,拓宽党内民主渠道,健全党委讨论干部任用的集体决策制度。要进一步落实群众对干部选拔任用的知情权、参与权、选择权和监督权,把评价干部的标准和衡量干部选拔任用工作的尺度交给干部群众,努力形成群众积极参与、认真监督,各级党委及组织人事部门坚持原则、依法办事的良好氛围,遏制用人上不正之风的滋生和蔓延。

防止和纠正用人上的不正之风,必须加强对干部选拔任用工作的监督。监督是防范问题、发现问题、堵塞漏洞的关键措施。要增强主动监督的意识,把监督的关口前移,强化事前监督、事中监督,使监督贯穿于干部选拔任用工作的全过程。《干部任用条例》总结了我们党的干部监督工作，特别是对《党政领导干部选拔任用工作暂行条例》执行情况监督检查工作的经验，进一步完善了监督制度，强化了监督措施，严肃了工作纪律，为进一步加强对干部选拔任用工作的监督提供了有力武器。要按照《干部任用条例》的要求，进一步健全和完善各项制度，抓紧建立并完善干部选拔任用工作责任制和责任追究制度。要努力健全监督体系，做到党内监督与法律监督、群众监督、舆论监督相结合，形成监督合力。要重点加强对领导干部和干部选拔任用工作的监督，特别是对“一把手”用人上的监督。以《干部任用条例》为基本依据，形成科学规范的有效监督机制。

防止和纠正用人上的不正之风，必须严格遵循干部选拔任用工作的程序。程序是实现民主和监督的必要手段，是规范用人行为的必要形式。《干部任用条例》对干部的推荐、考察、酝酿、讨论决定、交流回避、辞职降职、纪律监督等各个环节，从程序上作出了严格的规定，对防止和纠正用人上的不正之风具有很强的现实针对性。各级党委及其组织人事部门，要坚持照章办事，严格履行程序，做到坚持原则不动摇，执行标准不走样，履行程序不变通，遵守纪律不放松。防止和纠正用人上的不正之风，必须严肃干部人事工作纪律。《干部任用条例》在干部工作的纪律和处罚方面，作出了更加完备、更加严格的规定，充实了“十不准”的要求，具有高度权威性、严肃性和约束力。要坚决克服和纠正有章不循、执纪不严的现象，对违反《干部任用条例》的行为，不管涉及什么单位、什么人，都要严肃查处，决不姑息迁就。凡本地区、本部门用人上的不正之风严重、干部群众反映强烈以及对违反组织人事纪律的行为查处不力的，要追究党委（党组）主要领导成员和分管领导成员的责任。

防止和纠正用人上的不正之风，各级党委和领导干部负有重要责任。领导干部特别是主要领导干部要带头贯彻执行《干部任用条例》的各项规定，坚决同选人用人上的不正之风作斗争。各级组织人事部门要敢于坚持原则，公道正派，勇于抵制不正之风，切实履行好职责。要以与时俱进的精神，不断探索干部监督工作的新途径、新方法，健全和完善各项制度。我们相信，只要认真贯彻执行《干部任用条例》，就一定会形成大批符合“三个代表”要求的优秀人才脱颖而出、健康成长，充分施展才干的良好局面。

国防部部长迟浩田在北京会见以森尼沃德陆军上将（退役）为团长的美国国防大学将官班代表团

迟浩田说，当前中美两国在反恐、经贸等各个领域以及重大国际和地区问题上的磋商与合作取得了重大进展。中美两国之间存在的分歧不应阻碍双方的接触与合作。他说，中国重视发展中美两军关系，愿意和美方共同努力，积极落实中美两国元首达成的有关共识，采取积极措施，推动两军的交往。

迟浩田严正指出美国有人鼓吹“中国威胁论”、支持“法轮功”、扩大与台湾实质性军事交流的危害性，认为这些都将损害中美关系的健康发展。

外交部部长唐家璇在汉城与韩国外交通商部长官崔成泓举行会谈

双方高度评价了中韩两国关系。唐家璇说，韩国是中国周边睦邻外交的重要环节，中国高度重视与韩国的关系。中国政府对韩政策的着眼点是促进政治互信和经济互利，共同维护朝鲜半岛和平与稳定。

唐家璇说，10年前，中韩两国领导人高瞻远瞩，决策建交，揭开了中韩关系的新篇章。10年来，中韩关系的深入发展给两国和两国人民都带来了实际的利益，促进了两国的经济发展。实践证明，中韩建交和两国关系的不断发展符合两国和两国人民的根本利益，为维护地区的和平与稳定、促进世界的繁荣与发展作出了贡献。中方将继续坚持对韩睦邻友好政策，推动两国合作伙伴关系全面发展。

双方还就以下事宜达成共识：一、共同举办丰富多彩的活动，纪念建交10周年，并以此为契机，进一步促进两国人民的了解，推动双边关系深入发展；二、为进一步扩大中韩两国经贸、文化、旅游等关系，中方同意韩国驻华使馆沈阳领事办公室升格为总领事馆；三、为保持和加强两国的协调和沟通，双方同意年内启动中韩外交安全磋商机制；四、本着相互尊重、互谅互让、充分协商的精神，妥善处理两国间出现的问题，维护两国友好大局。同时充分发挥新闻媒体的作用，使之成为两国人民相互了解和友谊的桥梁。

双方还就共同关心的其他问题交换了意见。唐家璇阐述了中方在朝鲜半岛问题上的立场。

科技部发出印发《可持续发展科技纲要（2001—2010年）》并发出通知

各省、自治区、直辖市、计划单列市科技厅（科委、科技局），新疆生产建设兵团科委，国务院各有关部门科技司：

为进一步依靠科技进步促进我国可持续发展战略的实施，指导全国可持续发展科技工作，充分调动和发挥各部门、各地方的积极性，针对未来十年我国可持续发展面临的人口、资源、环境等重大问题，科技部在深入调研的基础上，制定了《可持续发展科技纲要

(2001—2010年)》。现印发给你们,请遵照执行。

科技部

2002年8月2日

可持续发展科技纲要(2001—2010年)

为了促进科教兴国和可持续发展战略的实施,保障我国第三步战略目标的顺利实现,根据《国民经济和社会发展第十个五年计划纲要》和《国民经济和社会发展第十个五年计划科技教育发展专项规划(科技发展规划)》,以及未来十年我国可持续发展面临的人口、资源、环境等重大问题,特制定《可持续发展科技纲要(2001—2002年)》(以下简称《纲要》)。

本《纲要》是一个指导性的纲领文件,指导全国范围内可持续发展科技工作。

一、背景

(一)科学技术已成为推动各国可持续发展的强大动力

自1992年联合国制定《21世纪议程》以来,世界各国都在采取行动,促进可持续发展战略的实施,实现可持续发展已成为世界各国共同追求的目标。2002年8月联合国将召开"可持续发展世界首脑会议",进一步探讨促进全球可持续发展的行动和措施,充分表明了国际社会和各国政府对可持续发展的强烈关注。为了保证人与自然的协调发展,维护生态平衡,改善人类生存环境,缓解人口增长的压力,提高人民的生活质量,满足21世纪经济、社会发展的需求,世界各国都把发展科学技术作为实现可持续发展的重大措施。

科学技术的迅猛发展,极大地推动了各国可持续发展战略的实施,特别是信息技术、生物技术、新材料技术、新能源和再生能源技术、先进制造技术、航天航空技术、海洋技术以及环保技术的发展为缓解资源短缺、抑制环境恶化、改善人类健康状况、实现社会经济和环境的协调发展提供了有效的技术途径。

1994年我国在世界上率先制定了《中国21世纪议程——中国人口、环境与发展白皮书》,在推动《中国21世纪议程》和可持续发展战略的实施中,科技发挥了巨大作用。围绕人口、资源、环境等可持续发展领域的一些重大问题开展了前瞻性、战略性研究,为各级政府战略决策提供了科学依据;通过一系列技术政策的制订,提高了政府宏观管理的能力;在一批影响我国可持续发展的重大关键技术方面取得重要突破,解决了一些可持续发展的重大问题;科技成果转化工作得到大大加强,促进了可持续发展相关产业的迅速发展,并成为国民经济新的增长点;形成了各具特色的区域可持续发展模式;初步形成了一支可持续发展科研队伍,为我国可持续发展科技工作奠定了基础。

(二)我国可持续发展需要更加有力的科技支持和保证

未来10年,我国可持续发展将面临一系列的严峻挑战,既要处理好人口、资源、环境等领域长期积累的问题,又要解决在发展过程中出现的新问题。如何更好地发挥科学技术的作用,为推动我国可持续发展提供更加有力的支撑和保证,是科技工作面临的中心任务。

(1)庞大的人口数量、资源短缺、生态环境恶化仍然制约可持续发展的实施

影响我国可持续发展的诸多矛盾并没有得到根本性的缓解,人口、资源和环境等领域面临的各种重大问题和挑战依然存在。人口数量、老龄化问题以及各种重大疾病严重威胁着人民的健康和生活质量。油气等战略性矿产资源短缺将直接影响到国家的安全,水资源危机将直接威胁到中华民族的未来生存;而资源开发利用中存在的综合利用率低、生产效率低、能耗高以及资源的不合理利用等问题依然存在。生态环境的透支日益严重,水土流失和土地荒漠化面积不断扩大,水污染、大气污染和固体废弃物污染日益严重,生物多样性锐减,自然灾害频繁发生。

进入新的世纪,我国顺利实现了第二步战略目标,全面进入小康社会,社会主义市场经济体制不断发展和完善,我国的社会、经济结构和社会形态发生了巨大的变化,我国的可持续发展将遇到一系列新问题和新矛盾,解决这些新问题和新矛盾需要依靠科技进步。

(2)经济全球化和全球环境问题使我国面临新的挑战

经济全球化的趋势明显加强,我国加入WTO后将更深地融入一体化的全球经济中,这既为我国的战略性经济结构调整和技术进步提供了难得的机遇,也使我国的传统产业面临巨大的竞争压力,使我国的环境保护面临新的挑战。环境问题的国际影响日益显著,环境问题越来越多地与全球政治、经济、贸易、外交等问题交织在一起,逐步成为影响一个国家长期发展的重要因素,同样将对我国的可持续发展产生重大而深远的影响。经济全球化和全球环境问题构成了新世纪我国可持续发展事业十分重要的国际背景,意味着我国可持续发展战略的实施将面临比以往更加复杂的外部环境和外部约束,只有大力推动科技进步,才能有效克服这些外部约束,保证我国可持续发展的顺利实施。

(3)技术创新不足、创新体系不健全已制约可持续发展的实施

当今世界各国之间的竞争归根到底是科学技术的竞争,创新能力则是科学技术竞争的核心。我国科学技术创新能力尤其是原始创新能力不足的状况日益突出和尖锐,已经成为影响我国科学技术发展乃至可持

续发展的重大问题。因此,加强技术创新,推进国家可持续发展技术创新体系的建设,是促进我国可持续发展战略实施的当务之急。

二、指导方针和发展目标

人口、资源、环境工作关系到我国经济和社会的安全,关系到我国人民生活质量的提高,关系到中华民族的生存和发展。人口众多、资源相对短缺和生态环境脆弱的现实国情,决定了我国实施可持续发展战略是一项长期、艰巨的任务,必须依靠科技进步,把经济发展与人口、资源、环境工作紧密结合,统筹安排,协调推进。

(一)指导方针

可持续发展科技工作要以"三个代表"重要思想为指导,以解决人口、资源、环境重大问题为出发点,以提高人民的生活质量为主线,以科技创新和体制创新为动力,为可持续发展提供强有力科学技术支撑,全面推进经济、社会与环境的协调发展(简称"创新、协调发展"方针)。

(二)原则

遵照"创新、协调发展"指导方针,可持续发展科技工作根据自身的特点,必须遵循如下原则:

(1)国家目标与市场需求相结合

可持续发展科技工作要从国家目标出发,解决可持续发展中的重大科技问题,以政府投入为主体,加强宏观调控,充分发挥政府的主导作用;同时要调动社会各界的积极性,运用市场机制,围绕市场需求开发先进适用的技术,推动产业发展。

(2)总体规划与分类指导相结合

根据我国不同地区的发展特点,在总体规划的基础上,实行分类指导,各地要选准切入点,积极开展符合区域特点的可持续发展科技工作,促进区域经济、社会与环境的协调发展。

(3)关键技术突破与技术集成相结合

要围绕制约发展的重大关键技术,集中力量重点突破,实现技术跨越;在此基础上,加强高技术与适用技术的有效集成,提高解决问题的技术能力。

(4)自主创新与国际合作相结合

要大力提高可持续发展科技的自主创新能力,充分利用国际社会对可持续发展重视的有利时机,积极引进、消化、吸收国外先进技术,加强国际科技合作。

(三)发展目标

我国可持续发展科技工作到2005年目标是:突破一批人口、资源、环境领域的重大关键技术,初步具备以自主创新为主解决可持续发展重大问题的科技能力;建立一批可持续发展技术示范基地、示范区和可持续发展实验区;培育与可持续发展相关的新兴产业;初步建成与可持续发展相适应的可持续发展科技创新体系,提高我国可持续发展的科技创新能力;培育一支高素质、结构合理的科研和管理队伍,全面提高我国可持续发展决策的科技水平与决策能力。

我国可持续发展科技工作到2010的总目标是:建成与可持续发展相适应的科技创新体系;具备以自主创新为主解决可持续发展重大问题的科技能力;建立和完善与可持续发展相关的技术标准与产业技术体系;形成高素质、结构合理的科研和管理队伍;全面推动我国可持续发展战略的实施,为我国第三步战略目标的实现提供技术支撑。

三、重点任务与领域

根据当前以及未来十年我国经济与社会发展的现状和发展目标以及我国可持续发展战略实施的要求,可持续发展科技工作重点围绕提高人民生活质量和自身素质、合理开发和利用资源、建设和保护生态环境以及促进相关产业发展,开展科学研究、技术开发和相关科技活动,以全面推动我国经济、社会与人口、资源、环境的协调发展。

(一)重点任务

(1)加强可持续发展战略研究,为国家可持续发展决策服务

围绕未来十年我国可持续发展面临的人口、资源、环境等重大问题,开展前瞻性、战略性研究,为党中央、国务院和各级政府部门决策提供科学依据。重点开展可持续发展相关法律、法规、政策以及指标体系研究;国家和区域资源开发、环境保护、人口与健康等发展战略研究;水资源、矿产资源和粮食安全保障研究;全球环境问题及对策研究。

(2)集中研究开发一批对可持续发展有重大影响的关键技术,提高可持续发展技术水平和能力

围绕对人口、资源、环境等方面发展有重大影响的关键技术,集中力量开展研究,形成具有自主知识产权的技术系列和技术系统,提高我国可持续发展的技术支撑能力,参与国际竞争。重点开展生殖健康与节育、重大疾病控制、环境与健康、食品安全等技术;水资源合理开发利用与保护、矿产资源勘探开发及综合利用、新能源和清洁能源等技术;海洋监测与预报、海洋资源开发与保护等技术;环境污染监测与控制、清洁生产、生态环境整治等技术;灾害监测、预报和防灾减灾技术;小城镇建设等研究。

(3)加强可持续发展领域的科技示范工作,探索不同的发展模式

科技示范工作主要从区域发展、社区发展和科技综合示范三个层次展开。选择不同生态环境和资源赋存类型的区域,进行合理开发资源和保护生态环境的

示范，提高区域可持续发展能力，引导当地群众脱贫致富；选择一批具有典型性、代表性的城镇，办好国家和地方两级可持续发展实验区，探索推进地方可持续发展的模式；抓住经济增长方式转变和产业结构调整带来的机遇，实施综合示范工程，通过先进实用技术优化组合和综合集成，建立一批可持续发展相关技术综合示范点和产业化基地。

(4)加强基础研究和基础性工作，提高可持续发展科技能力建设

围绕人口、资源、环境等领域的重大科学问题，开展多学科交叉的综合性研究；加强可持续发展学科建设；加强人口与健康、资源与环境、社会安全、城镇建设等科学数据的收集积累、监测网络、数据库和有关可持续发展相关信息系统建设，实现信息共享和有效利用；做好有关种质资源、科学标本的收集、整理、保存工作；积极开展可持续发展领域的技术政策和标准研究，补充完善可持续发展领域相关的国家标准；建立可持续发展科技相关工程技术研究中心、重点实验室、研究开发基地等。

(5)加速可持续发展科技成果的产业化，推动相关产业的发展

以科技为先导推动医药卫生、资源、环保、海洋等领域产业结构调整，加大科技成果的推广应用力度，用高技术和先进适用技术改造提升传统产业，由原来注重数量向注重质量和效益方向转变；重点推动中医药产业、创新药物产业化、环保设备国产化、生态产业、资源综合利用产业、海洋产业的发展；培育一批新兴产业的发展。

(6)深化科技体制改革，建立可持续发展创新体系

进一步加强科学研究体系、技术开发体系、科技服务体系建设，加强产学研联合，形成以科研机构、高校、中介服务机构、企业和政府相互连动的可持续发展创新体系和运行机制。推动可持续发展领域科研体制改革，按照分类改革原则，整合现有科技资源，创造有利于发展的环境。

(二)重点领域

(1)人口数量控制

积极开展人口与计划生育领域的科研和技术创新，以适合广大农村人口的节育技术为突破口，加强新型避孕节育方法研究，提高节育新技术的应用率和效果；研究开发高水平、系列化的计划生育药具和技术以及节育技术不良反应监测技术；研究出生缺陷的产前筛选和诊断技术以及提高儿童生活质量的优育技术等。

(2)健康与重大疾病的防治

开展心脑血管病、恶性肿瘤、糖尿病、传染性疾病等重大疾病的综合防治技术研究；开展制药关键技术、新剂型及相关标准研究，建设创新药物研究开发技术平台，加快自主知识产权的创新药物的开发；提高中药质量控制水平，加快中医药现代化、国际化进程；结合重大疾病的综合防治研究，开发常用、重大医疗设备及介入治疗器具；积极开展环境内分泌干扰物的污染现状以及与健康影响的研究；研究长期低浓度接触有机物对健康的影响，开发有害有机污染物综合治理新技术；室内空气有毒物质污染及防治对策研究等。

(3)食品安全

开展食品监测和评估研究，研究制定适应WTO规则的对策；开展农药和兽药残留检测方法和技术、生物毒素和中毒控制常见毒物快速测定技术等急需的快速筛检方法研究；研究建立我国主要化学污染物和致病微生物的食品安全标准体系和进出口食品安全检测与管理预警系统；研究建立适合我国国情的HACCP实施指南；开展综合示范研究，以初步建立我国食品安全技术保障体系。

(4)水资源安全保障

重点开展水资源的合理配置、保护、调控及管理体系研究；重大调水工程的战略和关键技术研究；开发安全饮用水保障供给技术、工业和农业节水技术、空中水资源人工调控技术、污水资源化利用技术、雨洪利用技术、受污染水体修复技术等，为我国水安全保障提供强有力的技术支撑。

(5)油气资源安全保障

重点开展油气资源评价研究；开发高精度综合评价和复杂油田评价技术、隐蔽油气藏综合识别技术、非均质复杂油气藏的测井技术、优质高效钻井技术、大型油田稳产技术、稠油油藏和低渗透油藏开发技术；天然气开发技术和煤层气开发技术，提高我国油气资源的探明程度和油气采收率，为我国油气安全保障提供有力技术支撑。

(6)战略矿产资源安全保障

重点开展固体矿产资源保障程度分析研究；开发矿产资源综合勘查与评价技术；深部和复杂矿采矿技术与装备；低品位与难选冶矿有效利用技术与装备；大型矿产资源基地和我国优势矿产资源综合利用技术；低污染、低能耗、短流程强化冶炼技术；高附加值产品制备技术；矿山固体废弃物资源化利用技术和环境保护技术；非金属矿的高效利用技术；煤的高效生产和选煤技术与装备；盐湖资源的综合利用和深加工技术；提高我国矿产资源对国民经济的保障程度和资源的综合利用水平。

(7)海洋监测与资源开发利用

重点开展海洋环境监测技术、海洋环境预报技术、

海洋信息技术、海洋生物技术、海水养殖技术、海洋活性物质开发利用技术、海水淡化、海水直接利用以及海水化学资源利用技术、海洋滩涂开发技术、海洋油气高效勘探开发技术、深海资源勘探开发技术、河口海岸带治理与开发技术、海洋工程技术、海洋设施监测与修复技术以及海洋环境保护技术,提高海洋资源的开发水平和对海洋环境的保护能力,促进海洋经济的发展。

(8)清洁能源与再生能源

围绕煤炭清洁利用,开发先进适用技术;研究燃料电池技术;开发农村小水电利用技术,加速农村生物质能利用技术的更新换代;发展沼气技术,太阳能利用技术、风能利用技术,地热直接利用和发电技术,潮汐能发电技术的试验和研究;加快氢能制取、贮存和利用装置的开发步伐,取得技术上的突破。

(9)环境污染控制与生态综合治理

重点发展和完善主要环境污染物监测技术和设备;特殊污染物的监测技术和设备;烟气脱硫技术与设备,机动车污染控制技术;城市污水处理成套技术与装备;开展城市生活垃圾处理处置及资源化利用技术与装备;特殊危险废物以及废旧家电的处理处置技术;低能耗高性能环境友好材料开发技术;化工、冶金、轻工等行业清洁生产工艺技术;生态环境监测技术研究,开展生态系统的评估研究;开发水土保持技术、防沙治沙技术、受污染土壤修复技术、脆弱生态地区的综合整治技术以及矿山复垦技术研究;加强生物入侵防治技术研究;为改善环境质量提供技术保障,促进环保产业的发展。

(10)减灾防灾

重点开展自然灾害监测新技术和监测仪器设备研究,加强高技术在灾害监测领域的应用,进一步完善自然灾害监测系统;发展新一代预报技术,提高灾害预报的准确率、预报时效;发展自然灾害应急管理技术,建立信息决策支持系统;研究城市及基础设施的安全、风险评价和检测方法;针对火灾、危险品的化学泄漏、重大中毒、工业事故等人为灾害的特点,研究应急处置和救援技术;重大危险源检测与监控技术、治理技术以及城市"生命线工程"的安全技术研究;研究开发成套的救灾技术与装备,提高我国抗灾救灾的技术水平;研究建立综合性的风险评估技术体系,初步建立灾害快速评估和应急管理技术系统;加强综合减灾的科技示范。

(11)城市与小城镇建设

研究开发城市基础设施建设所需的关键技术;开发小城镇建设中所需的关键技术;开发市政设施优化运营管理技术、市政设施的服务与管理信息化技术、小城镇基础设施优化管理技术。

(12)全球环境问题

重点分析全球气候变化、生物多样性、臭氧层保护等国际公约对我国国民经济与社会发展相关领域的影响,开展有关重大科学问题研究,加强相关的基础性工作,研究提出履约的技术措施和对策,研究制定我国相关领域发展方向、产业布局与应采取的调整措施和对策。

四、支撑条件与措施

(一)加强领导,强化《纲要》的落实,共同推动可持续发展科技工作

(1)各地区、各部门要进一步提高对可持续发展以及科技促进可持续发展的认识,切实将可持续发展科技工作作为政府的一项非常重要的工作来抓。要加强对《纲要》实施的落实,要明确本地区、本部门可持续发展科技工作的归口管理机构,加强综合协调,提高服务水平。要尝试建立可持续发展科技工作的考核指标,逐步建立对各级领导干部可持续发展方面的考核机制。

(2)为了促进《纲要》的实施,科技部将制定相应的科技计划,实施一批重大科技行动;要各地区要根据本纲要的基本原则与目标,结合当地具体情况和问题,制订地方可持续发展科技计划,并将其纳入地方科技计划以及本地区国民经济和社会发展计划、规划加以实施。各部门要根据行业特点,制定行业可持续发展的科技发展规划和计划,推动行业的科技进步。

(3)各地区、各部门要建立不同层次的可持续发展专家咨询机制。对当地国民经济和社会发展计划、规划的制订以及重大工程建设等,积极开展跨学科、跨领域、跨部门的专家咨询;对于新技术研究开发、引进技术的推广应用,要针对当地环境资源条件,开展多学科专家咨询。努力形成各行各业的可持续发展科学、综合决策机制。

(二)建立有效的保障机制,增加对可持续发展科技的投入

(1)政府的投入是可持续发展科技工作的主要投入渠道,尤其对于影响到当地长远发展的可持续发展科技项目,政府要全力投入。各级政府要在增加科技投入的同时,加大可持续发展科技投入在科技投入中所占的比重。各级政府应积极创造条件,设立专项资金,用于支持可持续发展科技事业。

(2)加强科技与金融及资本市场的结合。各级政府科技计划项目的实施要注重和资本市场的有机结合,吸引资本市场向相关的科技产业化项目倾斜。尽快建立和完善科技风险投资机制,适时建立风险投资基金。

(3)积极尝试新的运行机制,多渠道、多层次筹措资金,积极吸引社会各界和企业参与可持续发展科技

事业。

(三)营造良好环境,加强不同层次的人才培养和队伍建设

(1)创造公平、宽松的学术环境,建立人才激励、合作竞争的有效机制,培养学科、结构合理的人才队伍。要通过重大科研项目实施带动科技人才培养,使优秀人才特别是青年优秀人才脱颖而出。重点建设好技术创新、科学研究、科技企业家、科技管理、科技中介服务等队伍。

(2)按照“支持留学、鼓励回国、来去自由”的方针,积极采取切实措施,以多种形式鼓励与吸引海外优秀人才回国工作或以其他形式为祖国建设服务。

(3)充分利用现有的教育系统和大众宣传媒介,建立形式多样的培训中心,持续地开展教育、培训和科普活动,以提高公众的可持续发展意识。

(四)深化科研体制改革,建立可持续发展科技创新体系

要根据国家科技体制改革大的方针和总体部署,积极稳妥地推进可持续发展相关科研机构的体制改革,逐步形成一支适应市场经济和可持续发展科技工作特点,高效和有创新能力的科研机构和人才队伍。“十五”期间,要加快对公益类科研院所改革的进程,加大投入力度,在现有改革试点的基础上,扩大改革的范围;加强对可持续领域工程技术研究中心、重点实验室、监测站网等基础性工作的建设和管理;要大力发展可持续发展科技咨询服务机构,形成新的产业。

(五)建立高效、协调的可持续发展科技管理体系与监督制度

(1)要充分发挥部门、地方积极性,加强部门、行业、地方间的集成与联合、协调与配合,使研究开发与技术推广、企业技术改造、重点工程建设、重大技术引进消化吸收等有机地结合起来,形成国家、部门、地方与企业四个层次相互联系、各有侧重的科技管理体系。

(2)建立“开放、流动、竞争、协作”的运行机制。坚持“公开、公正、公平”的原则,实行重大科技项目招投标制;改革国家计划项目的经费管理制度,全面实行课题制;建立科学的科技评估制度,积极扶持独立的中介科技评估机构,逐步建立科研项目承担单位的信用制度,以推进可持续发展科技管理工作的科学化、制度化和法制化。

(六)扩大对外开放,加强国际合作

(1)可持续发展已成为国际社会普遍关注的重大事业,已成为国际合作的热点。要充分利用这一有利的时机,通过广泛宣传,拓宽国际合作渠道,争取国际援助,广泛吸引外资,推动可持续发展科技工作。

(2)积极参与全球性、区域性资源环境等科学领域的国际合作计划,使我国在这些领域前沿占有一席之地。

8月3日

国务院总理朱镕基签署第358号令公布《中华人民共和国商标法实施条例》

现公布《中华人民共和国商标法实施条例》,自2002年9月15日起施行。

总　理　朱镕基

2002年8月3日

中华人民共和国商标法实施条例

第一章　总　则

第一条　根据《中华人民共和国商标法》(以下简称商标法),制定本条例。

第二条　本条例有关商品商标的规定,适用于服务商标。

第三条　商标法和本条例所称商标的使用,包括将商标用于商品、商品包装或者容器以及商品交易文书上,或者将商标用于广告宣传、展览以及其他商业活动中。

第四条　商标法第六条所称国家规定必须使用注册商标的商品,是指法律、行政法规规定的必须使用注册商标的商品。

第五条　依照商标法和本条例的规定,在商标注册、商标评审过程中产生争议时,有关当事人认为其商标构成驰名商标的,可以相应向商标局或者商标评审委员会请求认定驰名商标,驳回违反商标法第十三条规定的商标注册申请或者撤销违反商标法第十三条规定的商标注册。有关当事人提出申请时,应当提交其商标构成驰名商标的证据材料。

商标局、商标评审委员会根据当事人的请求,在查明事实的基础上,依照商标法第十四条的规定,认定其商标是否构成驰名商标。

第六条　商标法第十六条规定的地理标志,可以依照商标法和本条例的规定,作为证明商标或者集体商标申请注册。

以地理标志作为证明商标注册的,其商品符合使用该地理标志条件的自然人、法人或者其他组织可以要求使用该证明商标,控制该证明商标的组织应当允许。以地理标志作为集体商标注册的,其商品符合使用该地理标志条件的自然人、法人或者其他组织,可以要求参加以该地理标志作为集体商标注册的团体、协会或者其他组织,该团体、协会或者其他组织应当依据其章程接纳为会员;不要求参加以该地理标志作为集体商标注册的团体、协会或者其他组织的,也可以正

当使用该地理标志,该团体、协会或者其他组织无权禁止。

第七条 当事人委托商标代理组织申请商标注册或者办理其他商标事宜,应当提交代理委托书。代理委托书应当载明代理内容及权限;外国人或者外国企业的代理委托书还应当载明委托人的国籍。

外国人或者外国企业的代理委托书及与其有关的证明文件的公证、认证手续,按照对等原则办理。

商标法第十八条所称外国人或者外国企业,是指在中国没有经常居所或者营业所的外国人或者外国企业。

第八条 申请商标注册或者办理其他商标事宜,应当使用中文。

依照商标法和本条例规定提交的各种证件、证明文件和证据材料是外文的,应当附送中文译文;未附送的,视为未提交该证件、证明文件或者证据材料。

第九条 商标局、商标评审委员会工作人员有下列情形之一的,应当回避,当事人或者利害关系人可以要求其回避:

(一)是当事人或者当事人、代理人的近亲属的;

(二)与当事人、代理人有其他关系,可能影响公正的;

(三)与申请商标注册或者办理其他商标事宜有利害关系的。

第十条 除本条例另有规定的外,当事人向商标局或者商标评审委员会提交文件或者材料的日期,直接递交的,以递交日为准;邮寄的,以寄出的邮戳日为准;邮戳日不清晰或者没有邮戳的,以商标局或者商标评审委员会实际收到日为准,但是当事人能够提出实际邮戳日证据的除外。

第十一条 商标局或者商标评审委员会的各种文件,可以通过邮寄、直接递交或者其他方式送达当事人。当事人委托商标代理组织的,文件送达商标代理组织视为送达当事人。

商标局或者商标评审委员会向当事人送达各种文件的日期,邮寄的,以当事人收到的邮戳日为准;邮戳日不清晰或者没有邮戳的,自文件发出之日起满15日,视为送达当事人;直接递交的,以递交日为准。文件无法邮寄或者无法直接递交的,可以通过公告方式送达当事人,自公告发布之日起满30日,该文件视为已经送达。

第十二条 商标国际注册依照我国加入的有关国际条约办理。具体办法由国务院工商行政管理部门规定。

第二章 商标注册的申请

第十三条 申请商标注册,应当按照公布的商品和服务分类表按类申请。每一件商标注册申请应当向商标局提交《商标注册申请书》1份、商标图样5份;指定颜色的,并应当提交着色图样5份、黑白稿1份。

商标图样必须清晰、便于粘贴,用光洁耐用的纸张印制或者用照片代替,长或者宽应当不大于10厘米,不小于5厘米。

以三维标志申请注册商标的,应当在申请书中予以声明,并提交能够确定三维形状的图样。

以颜色组合申请注册商标的,应当在申请书中予以声明,并提交文字说明。

申请注册集体商标、证明商标的,应当在申请书中予以声明,并提交主体资格证明文件和使用管理规则。

商标为外文或者包含外文的,应当说明含义。

第十四条 申请商标注册的,申请人应当提交能够证明其身份的有效证件的复印件。商标注册申请人的名义应当与所提交的证件相一致。

第十五条 商品名称或者服务项目应当按照商品和服务分类表填写;商品名称或者服务项目未列入商品和服务分类表的,应当附送对该商品或者服务的说明。

商标注册申请等有关文件,应当打字或者印刷。

第十六条 共同申请注册同一商标的,应当在申请书中指定一个代表人;没有指定代表人的,以申请书中顺序排列的第一人为代表人。

第十七条 申请人变更其名义、地址、代理人,或者删减指定的商品的,可以向商标局办理变更手续。

申请人转让其商标注册申请的,应当向商标局办理转让手续。

第十八条 商标注册的申请日期,以商标局收到申请文件的日期为准。申请手续齐备并按照规定填写申请文件的,商标局予以受理并书面通知申请人;申请手续不齐备或者未按照规定填写申请文件的,商标局不予受理,书面通知申请人并说明理由。

申请手续基本齐备或者申请文件基本符合规定,但是需要补正的,商标局通知申请人予以补正,限其自收到通知之日起30日内,按照指定内容补正并交回商标局。在规定期限内补正并交回商标局的,保留申请日期;期满未补正的,视为放弃申请,商标局应当书面通知申请人。

第十九条 两个或者两个以上的申请人,在同一种商品或者类似商品上,分别以相同或者近似的商标在同一天申请注册的,各申请人应当自收到商标局通知之日起30日内提交其申请注册前在先使用该商标的证据。同日使用或者均未使用的,各申请人可以自收到商标局通知之日起30日内自行协商,并将书面协议报送商标局;不愿协商或者协商不成的,商标局通知各申请人以抽签的方式确定一个申请人,驳回其他人的注册申请。商标局已经通知但申请人未参加抽签的，视为放弃申请，商标局应当书面通知未参加抽签的申请人。

第二十条　依照商标法第二十四条规定要求优先权的，申请人提交的第一次提出商标注册申请文件的副本应当经受理该申请的商标主管机关证明，并注明申请日期和申请号。

依照商标法第二十五条规定要求优先权的，申请人提交的证明文件应当经国务院工商行政管理部门规定的机构认证；展出其商品的国际展览会是在中国境内举办的除外。

第三章　商标注册申请的审查

第二十一条　商标局对受理的商标注册申请，依照商标法及本条例的有关规定进行审查，对符合规定的或者在部分指定商品上使用商标的注册申请符合规定的，予以初步审定，并予以公告；对不符合规定或者在部分指定商品上使用商标的注册申请不符合规定的，予以驳回或者驳回在部分指定商品上使用商标的注册申请，书面通知申请人并说明理由。

商标局对在部分指定商品上使用商标的注册申请予以初步审定的，申请人可以在异议期满之日前，申请放弃在部分指定商品上使用商标的注册申请；申请人放弃在部分指定商品上使用商标的注册申请的，商标局应当撤回原初步审定，终止审查程序，并重新公告。

第二十二条　对商标局初步审定予以公告的商标提出异议的，异议人应当向商标局提交商标异议书一式两份。商标异议书应当写明被异议商标刊登《商标公告》的期号及初步审定号。商标异议书应当有明确的请求和事实依据，并附送有关证据材料。

商标局应当将商标异议书副本及时送交被异议人，限其自收到商标异议书副本之日起30日内答辩。被异议人不答辩的，不影响商标局的异议裁定。

当事人需要在提出异议申请或者答辩后补充有关证据材料的，应当在申请书或者答辩书中声明，并自提交申请书或者答辩书之日起3个月内提交；期满未提交的，视为当事人放弃补充有关证据材料。

第二十三条　商标法第三十四条第二款所称异议成立，包括在部分指定商品上成立。异议在部分指定商品上成立的，在该部分指定商品上的商标注册申请不予核准。

被异议商标在异议裁定生效前已经刊发注册公告的，撤销原注册公告，经异议裁定核准注册的商标重新公告。

经异议裁定核准注册的商标，自该商标异议期满之日起至异议裁定生效前，对他人在同一种或者类似商品上使用与该商标相同或者近似的标志的行为不具有追溯力；但是，因该使用人的恶意给商标注册人造成的损失，应当给予赔偿。

经异议裁定核准注册的商标，对其提出评审申请的期限自该商标异议裁定公告之日起计算。

第四章　注册商标的变更、转让、续展

第二十四条　变更商标注册人名义、地址或者其他注册事项的，应当向商标局提交变更申请书。商标局核准后，发给商标注册人相应证明，并予以公告；不予核准的，应当书面通知申请人并说明理由。

变更商标注册人名义的，还应当提交有关登记机关出具的变更证明文件。未提交变更证明文件的，可以自提出申请之日起30日内补交；期满不提交的，视为放弃变更申请，商标局应当书面通知申请人。

变更商标注册人名义或者地址的，商标注册人应当将其全部注册商标一并变更；未一并变更的，视为放弃变更申请，商标局应当书面通知申请人。

第二十五条　转让注册商标的，转让人和受让人应当向商标局提交转让注册商标申请书。转让注册商标申请手续由受让人办理。商标局核准转让注册商标申请后，发给受让人相应证明，并予以公告。

转让注册商标的，商标注册人对其在同一种或者类似商品上注册的相同或者近似的商标，应当一并转让；未一并转让的，由商标局通知其限期改正；期满不改正的，视为放弃转让该注册商标的申请，商标局应当书面通知申请人。

对可能产生误认、混淆或者其他不良影响的转让注册商标申请，商标局不予核准，书面通知申请人并说明理由。

第二十六条　注册商标专用权因转让以外的其他事由发生移转的，接受该注册商标专用权移转的当事人应当凭有关证明文件或者法律文书到商标局办理注册商标专用权移转手续。

注册商标专用权移转的，注册商标专用权人在同一种或者类似商品上注册的相同或者近似的商标，应当一并移转；未一并移转的，由商标局通知其限期改正；期满不改正的，视为放弃该移转注册商标的申请，商标局应当书面通知申请人。

第二十七条　注册商标需要续展注册的，应当向商标局提交商标续展注册申请书。商标局核准商标注册续展申请后，发给相应证明，并予以公告。

续展注册商标有效期自该商标上一届有效期满次日起计算。

第五章　商标评审

第二十八条　商标评审委员会受理依据商标法第三十二条、第三十三条、第四十一条、第四十九条的规定提出的商标评审申请。商标评审委员会根据事实，依法进行评审。

第二十九条　商标法第四十一条第三款所称对已经注册的商标有争议，是指在先申请注册的商标注册人认为他人在后申请注册的商标与其在同一种或者类似商品上的注册商标相同或者近似。

第三十条　申请商标评审，应当向商标评审委员会提交申请书，并按照对方当事人的数量提交相应份数的副本；基于商标局的决定书或者裁定书申请复审的，还应当同时附送商标局的决定书或者裁定书副本。

商标评审委员会收到申请书后，经审查，符合受理条件的，予以受理；不符合受理条件的，不予受理，书面通知申请人并说明理由；需要补正的，通知申请人自收到通知之日起30日内补正。经补正仍不符合规定的，商标评审委员会不予受理，书面通知申请人并说明理由；期满未补正的，视为撤回申请，商标评审委员会应当书面通知申请人。

商标评审委员会受理商标评审申请后，发现不符合受理条件的，予以驳回，书面通知申请人并说明理由。

第三十一条　商标评审委员会受理商标评审申请后，应当及时将申请书副本送交对方当事人，限其自收到申请书副本之日起30日内答辩；期满未答辩的，不影响商标评审委员会的评审。

第三十二条　当事人需要在提出评审申请或者答辩后补充有关证据材料的，应当在申请书或者答辩书中声明，并自提交申请书或者答辩书之日起3个月内提交；期满未提交的，视为放弃补充有关证据材料。

第三十三条　商标评审委员会根据当事人的请求或者实际需要，可以决定对评审申请进行公开评审。

商标评审委员会决定对评审申请进行公开评审的，应当在公开评审前15日书面通知当事人，告知公开评审的日期、地点和评审人员。当事人应当在通知书指定的期限内作出答复。

申请人不答复也不参加公开评审的，其评审申请视为撤回，商标评审委员会应当书面通知申请人；被申请人不答复也不参加公开评审的，商标评审委员会可以缺席评审。

第三十四条　申请人在商标评审委员会作出决定、裁定前，要求撤回申请的，经书面向商标评审委员会说明理由，可以撤回；撤回申请的，评审程序终止。

第三十五条　申请人撤回商标评审申请的，不得以相同的事实和理由再次提出评审申请；商标评审委员会对商标评审申请已经作出裁定或者决定的，任何人不得以相同的事实和理由再次提出评审申请。

第三十六条　依照商标法第四十一条的规定撤销的注册商标，其商标专用权视为自始即不存在。有关撤销注册商标的决定或者裁定，对在撤销前人民法院作出并已执行的商标侵权案件的判决、裁定，工商行政管理部门作出并已执行的商标侵权案件的处理决定，以及已经履行的商标转让或者使用许可合同，不具有追溯力；但是，因商标注册人恶意给他人造成的损失，应当给予赔偿。

第六章　商标使用的管理

第三十七条　使用注册商标，可以在商品、商品包装、说明书或者其他附着物上标明“注册商标”或者注册标记。

注册标记包括(注外加○)和(R外加○)。使用注册标记，应当标注在商标的右上角或者右下角。

第三十八条　《商标注册证》遗失或者破损的，应当向商标局申请补发。《商标注册证》遗失的，应当在《商标公告》上刊登遗失声明。破损的《商标注册证》，应当在提交补发申请时交回商标局。

伪造或者变造《商标注册证》的，依照刑法关于伪造、变造国家机关证件罪或者其他罪的规定，依法追究刑事责任。

第三十九条　有商标法第四十四条第(一)项、第(二)项、第(三)项行为之一的，由工商行政管理部门责令商标注册人限期改正；拒不改正的，报请商标局撤销其注册商标。

有商标法第四十四条第(四)项行为的，任何人可以向商标局申请撤销该注册商标，并说明有关情况。商标局应当通知商标注册人，限其自收到通知之日起2个月内提交该商标在撤销申请提出前使用的证据材料或者说明不使用的正当理由；期满不提供使用的证据材料或者证据材料无效并没有正当理由的，由商标局撤销其注册商标。

前款所称使用的证据材料，包括商标注册人使用注册商标的证据材料和商标注册人许可他人使用注册商标的证据材料。

第四十条　依照商标法第四十四条、第四十五条的规定被撤销的注册商标，由商标局予以公告；该注册商标专用权自商标局的撤销决定作出之日起终止。

第四十一条　商标局、商标评审委员会撤销注册商标，撤销理由仅及于部分指定商品的，撤销在该部分指定商品上使用的商标注册。

第四十二条　依照商标法第四十五条、第四十八条的规定处以罚款的数额为非法经营额20%以下或者非法获利2倍以下。

依照商标法第四十七条的规定处以罚款的数额为非法经营额10%以下。

第四十三条　许可他人使用其注册商标的，许可人应当自商标使用许可合同签订之日起3个月内将合同副本报送商标局备案。

第四十四条 违反商标法第四十条第二款规定的,由工商行政管理部门责令限期改正;逾期不改正的,收缴其商标标识;商标标识与商品难以分离的,一并收缴、销毁。

第四十五条 使用商标违反商标法第十三条规定的,有关当事人可以请求工商行政管理部门禁止使用。当事人提出申请时,应当提交其商标构成驰名商标的证据材料。经商标局依照商标法第十四条的规定认定为驰名商标的,由工商行政管理部门责令侵权人停止违反商标法第十三条规定使用该驰名商标的行为,收缴、销毁其商标标识;商标标识与商品难以分离的,一并收缴、销毁。

第四十六条 商标注册人申请注销其注册商标或者注销其商标在部分指定商品上的注册的,应当向商标局提交商标注销申请书,并交回原《商标注册证》。

商标注册人申请注销其注册商标或者注销其商标在部分指定商品上的注册的,该注册商标专用权或者该注册商标专用权在该部分指定商品上的效力自商标局收到其注销申请之日起终止。

第四十七条 商标注册人死亡或者终止,自死亡或者终止之日起1年期满,该注册商标没有办理移转手续的,任何人可以向商标局申请注销该注册商标。提出注销申请的,应当提交有关该商标注册人死亡或者终止的证据。

注册商标因商标注册人死亡或者终止而被注销的,该注册商标专用权自商标注册人死亡或者终止之日起终止。

第四十八条 注册商标被撤销或者依照本条例第四十六条、第四十七条的规定被注销的,原《商标注册证》作废;撤销该商标在部分指定商品上的注册的,或者商标注册人申请注销其商标在部分指定商品上的注册的,由商标局在原《商标注册证》上加注发还,或者重新核发《商标注册证》,并予公告。

第七章 注册商标专用权的保护

第四十九条 注册商标中含有的本商品的通用名称、图形、型号,或者直接表示商品的质量、主要原料、功能、用途、重量、数量及其他特点,或者含有地名,注册商标专用权人无权禁止他人正当使用。

第五十条 有下列行为之一的,属于商标法第五十二条第(五)项所称侵犯注册商标专用权的行为:(一)在同一种或者类似商品上,将与他人注册商标相同或者近似的标志作为商品名称或者商品装潢使用,误导公众的;(二)故意为侵犯他人注册商标专用权行为提供仓储、运输、邮寄、隐匿等便利条件的。

第五十一条 对侵犯注册商标专用权的行为,任何人可以向工商行政管理部门投诉或者举报。

第五十二条 对侵犯注册商标专用权的行为,罚款数额为非法经营额3倍以下;非法经营额无法计算的,罚款数额为10万元以下。

第五十三条 商标所有人认为他人将其驰名商标作为企业名称登记,可能欺骗公众或者对公众造成误解的,可以向企业名称登记主管机关申请撤销该企业名称登记。企业名称登记主管机关应当依照《企业名称登记管理规定》处理。

第八章 附 则

第五十四条 连续使用至1993年7月1日的服务商标,与他人在相同或者类似的服务上已注册的服务商标相同或者近似的,可以继续使用;但是,1993年7月1日后中断使用3年以上的,不得继续使用。

第五十五条 商标代理的具体管理办法由国务院另行规定。

第五十六条 商标注册用商品和服务分类表,由国务院工商行政管理部门制定并公布。

申请商标注册或者办理其他商标事宜的文件格式,由国务院工商行政管理部门制定并公布。

商标评审委员会的评审规则由国务院工商行政管理部门制定并公布。

第五十七条 商标局设置《商标注册簿》,记载注册商标及有关注册事项。

商标局编印发行《商标公告》,刊登商标注册及其他有关事项。

第五十八条 申请商标注册或者办理其他商标事宜,应当缴纳费用。缴纳费用的项目和标准,由国务院工商行政管理部门会同国务院价格主管部门规定并公布。

第五十九条 本条例自2002年9月15日起施行。1983年3月10日国务院发布、1988年1月3日国务院批准第一次修订、1993年7月15日国务院批准第二次修订的《中华人民共和国商标法实施细则》和1995年4月23日《国务院关于办理商标注册附送证件问题的批复》同时废止。

国务院发出《关于加强新阶段“菜篮子”工作的通知》

各省、自治区、直辖市人民政府,国务院各部委、各直属机构:

为确保“菜篮子”产品长期稳定供给,提高“菜篮子”产品的质量卫生安全水平,保障人民群众身体健康,促进农业结构调整、农民增收和农业可持续发展,现就新阶段“菜篮子”工作有关问题通知如下:

一、新阶段“菜篮子”工作面临的形势和任务自20世纪90年代以来,在党中央、国务院的领导下,我国"菜篮子"工程建设取得了巨大成就,基本结束了"菜篮子"产品长期短缺的历史,产品丰富,市场购销两旺。但目前"菜篮子"产品的质量卫生安全问题比较突出:种植和养殖过程中农业投入品的不合理使用,产地环境污染,致使一些"菜篮子"产品的药物残留及有害物质超标;在加工和流通过程中,由于包装、储藏、运输等设施落后和管理不善,造成有的"菜篮子"产品"污染";一些地区存在地方保护主义,对市场监管不力,市场秩序混乱;"菜篮子"产品结构不合理,品种和质量不能适应多样化、优质化的消费需求;流通基础设施薄弱,市场交易和运行方式原始,检验检测手段落后。随着农业发展进入新阶段,人民生活水平不断提高,对外开放不断扩大,"菜篮子"工作面临新情况和新任务,要求突出抓好产品质量卫生安全,确保人民群众身体健康。

新阶段"菜篮子"工作的任务是:以保障长期稳定供给为目标,以提高"菜篮子"产品质量卫生安全水平为核心,加快实现由比较注重数量向更加注重质量、保证卫生和安全转变,让城乡居民真正吃上"放心菜"、"放心肉";逐步实现由阶段性供求平衡向建立长期稳定供给机制转变,让城乡居民长期吃上"放心菜"、"放心肉",促进农业增效、农民增收。

二、新阶段"菜篮子"工作的主要措施

完成新阶段"菜篮子"工作任务,实现"两个转变",必须对"菜篮子"产品质量卫生安全实行"从农田到餐桌"的全过程管理。当前和今后一个时期,要重点抓好以下工作:

(一)加快"菜篮子"产品质量卫生安全标准和检验检测体系的建设

1. 抓紧制(修)订与"菜篮子"产品相关的质量卫生安全标准。有关部门要根据我国实际情况,参照国际标准,尽快完善"菜篮子"产品质量卫生安全的强制性标准,相应地建立和完善"菜篮子"产品产地环境标准、产品加工包装标准、产品运输储藏(保鲜)标准、动植物检疫标准、检验检测方法标准以及相关的技术规范,使"菜篮子"产品在生产、加工、流通的各个环节都有统一的标准和技术规范。当前,要抓紧蔬菜、瓜果、茶叶、奶类、水产品、畜禽及其制品等"菜篮子"产品的质量卫生安全标准,尤其是农药、兽药、鱼药、重金属、饲料添加剂等残留限量标准和检验检测方法标准的制(修)订。

2. 加大"菜篮子"产品检验检测工作力度。加快建立"菜篮子"产品生产经营企业严格自检、社会中介检验检测机构接受委托检验和执法机关监督抽检相结合的检验检测体系。具有一定规模的生产经营企业应采用先进的检验检测手段、技术和设备,保证生产和经营的"菜篮子"产品合格。依法设立的社会中介检验检测机构,主要接受没有自检能力的生产经营者的委托检验,出具客观、科学、准确、公正的检测数据,并对检验报告负责。执法机关的检验检测机构,要加强业务培训和队伍建设,提高检测能力和技术水平,保证执法的公正性。要尽快建成一批在人才、技术、设备和管理方面与国际接轨的国家级、省级质量卫生安全检验中心。国务院有关部门要加强指导,地方各级人民政府要统筹规划、分步实施,逐步建立和完善"菜篮子"产品质量卫生安全强制检验检测制度。

3. 建立"菜篮子"产品质量卫生安全追溯制度。从"菜篮子"产品生产、加工、包装、运输、储藏(保鲜)到市场销售的各个环节,都应有产品质量卫生安全的检验检测指标及合格证明,发现不符合卫生安全标准或质量不合格的产品,要及时、有效地追溯发生问题的环节和责任。

4. 建立与"菜篮子"产品有关的认证认可和产品标识制度。规范"绿色食品"、"有机食品"及"无公害农产品"等认证认可和认证标识。加强农业转基因生物、转基因食品的安全评价和标识,以及农业转基因生物、转基因食品的监管。国家认证认可监督管理委员会要加强对与"菜篮子"产品有关的认证认可工作的统一管理、监督和综合协调,加强对相关认证认可机构的监督检查。

5. 对卫生安全不合格的"菜篮子"产品实行无害化处理或予以销毁。地方各级人民政府及有关行政执法机关,要及时对卫生安全不合格的"菜篮子"产品进行无害化处理;不能作无害化处理的,应予以销毁。对造成危害或严重后果的,应依法予以处罚。

(二)加大"菜篮子"产品生产环节监管力度,从源头上保证产品安全卫生

1. 加强农业生产环境监测与保护。要进一步完善国家、省、地、县四级农业生产环境监测网络,加强对"菜篮子"产品产地环境的监测,及时、有效地防治农业生产环境污染。采取坚决措施,严格禁止向"菜篮子"产品产地排放重金属废液、放射性废水、未经处理的含病原体的污水、有害气体及其他有毒有害物质,或者倾倒废弃物和生活垃圾。要制定水源保护规划,加强"菜篮子"产品供水水质管理,合理施用肥料、农药,严格控制面源污染。对污染农业生产环境的行为,环保部门要加大监督检查和处罚力度。

2. 加强农业投入品监管。要严格种子、种畜禽、农药、兽药、鱼药、肥料、饲料及饲料添加剂等农业投入品的生产和经营准入条件,依法加强监管。对"菜篮子"产品安全构成威胁的农药、兽药、鱼药,应尽快予以淘

汰,严格执行已公布的停产、禁用和限用的品种目录和范围。有关执法部门对生产、经营和使用国家明令禁止农业投入品的行为,要依法严肃查处。加强农业投入品的标准制订工作,加紧开发高效、低毒、低残留的农药、兽药等农业投入品。搞好技术培训,使农民掌握并遵循安全生产技术规程,科学合理地使用农药、兽药、鱼药、肥料、饲料及饲料添加剂,提倡科学地交替、轮换使用农药和兽药。

3. 加强对"菜篮子"产品加工业的监管。从企业保证"菜篮子"产品质量卫生安全的必备条件抓起,采取生产许可、出厂强制检验等监督措施,在加工源头确保不合格产品不出厂销售,并加大执法监督和打击制造假冒伪劣产品行为的力度。

4. 强化动植物病虫害防治。要建立高效运转、快速反应、安全无害的动植物病虫害综合防治体系。健全动植物病虫害测报预警与防治机构和队伍。加强种植业、畜牧业、渔业生产中的疫病净化和环境消毒工作。强化猪、牛、羊等畜禽的免疫、检疫和疫病监测,加快无规定疫病示范区建设。要充分发挥植保、兽医等基层技术队伍及各类农业技术协会的作用,加强对农牧民的技术培训,提高食用动植物病虫害的防治水平。

(三)建立安全的"菜篮子"产品产销经营体制,整顿和规范市场秩序

1. 建立安全的"菜篮子"产品产销经营体制。严格"菜篮子"产品生产经营企业的条件,建立行业管理和企业自律机制。生产经营企业(包括各类市场)要严格按有关标准和技术规范进行生产、加工、包装、运输、储藏(保鲜),确保"菜篮子"产品质量卫生安全。各地应支持农业产业化龙头企业到农村建立"菜篮子"产品生产基地,发展订单农业,按照标准化、规模化、专业化的要求进行"菜篮子"产品生产、加工和销售。

2. 加快"菜篮子"产品市场基础设施建设。统筹规划,合理布局,重点加强主产区和中西部地区"菜篮子"产品市场建设;通过改扩建,完善城市"菜篮子"产品骨干批发市场的服务功能。

3. 积极推进现代营销方式和流通组织形式。大中城市和经济发达地区,要扶持并鼓励"菜篮子"产品的配送和连锁经营,建设跨区域、中继性的物流中心。鼓励有条件的批发市场积极探索经纪人代理、竞价拍卖、电子统一结算和网上交易等现代营销方式。

4. 严把批发市场和零售市场入口关。要重点对各级市场上的蔬菜、瓜果、畜禽产品、水产品等各类"菜篮子"产品的药物残留进行监测。对有毒有害物质超限量标准的不合格产品不准销售,并由有关部门依法进行查处和源头追溯治理。严禁销售病害病死畜禽产品、水产品以及注水肉、含"瘦肉精"的猪肉。进入市场销售的"菜篮子"产品,应有质量卫生检验或检疫证明;不能证明是卫生安全产品的,有关生产经营者应主动送检。进入市场销售的"菜篮子"加工产品,还应具有能够说明产品真实情况的信息,如产品生产企业(地址)、生产日期、储存条件、保质期、产品成分和技术指标,包括农用药物残留限量所依据的标准等。

5. 规范批发市场和农贸市场秩序。各类经营"菜篮子"产品的批发市场、食品零售店应建立进货检验制度,禁止经销不符合质量卫生安全要求的产品。要解决市场管理多头收费、重复收费的问题。地方各级人民政府要坚决制止各种形式的地区封锁,撤销一切不合理的关卡,杜绝乱收费、乱罚款,严格执行行政事业性收费和执法罚没收入收支两条线,保证"菜篮子"产品正常流通。

(四)加强"菜篮子"产品进出口质量卫生安全管理,促进出口

充分利用"两种资源"和"两个市场",采用国际标准组织生产,努力扩大优质、特色和符合质量卫生安全标准的"菜篮子"产品出口,提高农业的国际竞争力。"菜篮子"产品出口生产基地,要严格按有关进口国标准和技术规范生产经营;同时,做好对"菜篮子"产品出口生产经营企业和产品质量卫生安全的认证工作,并对出口产品实施有效检验检疫。完善进口"菜篮子"产品的检验检疫的风险评估,加强对进口产品生产、加工、仓储企业的注册登记,严格检验检疫工作,严防境外动植物病虫害侵入,确保我国生物安全和人民群众身体健康。

(五)加强科学技术研究、引进与推广

围绕提高"菜篮子"产品质量卫生安全水平,充分利用我国丰富的种质遗传资源,加速优质、专用、抗逆、高产农作物和畜禽(水产)等新品种选育及良种扩繁。鼓励开发、推广生物农药、生物肥料及高效施药、施肥新机械。积极推动高效疫苗、疫病诊断技术、安全饲料添加剂、新型兽药的研究与开发,加强饲料质量安全检测技术、养殖场疾病综合防治及环境卫生控制技术的开发与应用。加快开发果蔬、肉类、奶类等"菜篮子"产品加工、包装、运输和储藏(保鲜)技术设备,发展专储、专运技术,防止"二次污染"。加强简便、准确、经济的检验、检测、检疫技术和设备的开发,加强专业人才培养,提高检验检测技术水平。

(六)完善扶持政策,加强宏观调控

1. 完善和落实各项扶持政策。在促进"菜篮子"产品健康发展方面,各有关部门和各地已有的一些行之有效的政策措施要继续坚持。同时,根据新阶段进一步提高"菜篮子"产品质量卫生安全水平的任务,结合本地实际,制定新的鼓励和扶持政策。

2.加大投入力度。国务院有关部门和地方各级人民政府,要支持"三绿工程"和"无公害食品行动计划",积极开展"菜篮子"产品标准化、专业化生产,完善检验检测和市场流通基础设施。重点支持"菜篮子"产品标准体系和检验检测体系建设。国有商业银行要继续支持"菜篮子"产品市场流通设施建设。

3.建立市场信息服务体系。抓紧建立和完善覆盖面宽、时效性强的农产品市场信息网络,并加快向乡镇、批发市场、农业产业化龙头企业、中介组织、经营大户延伸。农业和经贸部门要建立"菜篮子"产品供求信息网络,搞好产品供求预测、预报和预警工作,指导区域间产销衔接,引导生产结构调整。地方各级人民政府有关部门要依法定期对生产、加工和流通环节的"菜篮子"产品进行抽检,抽检和查处结果逐级向国务院"菜篮子"食品管理部际联席会议报告,由国务院农业和质检行政主管部门,按照分工整理"菜篮子"产品质量安全信息并向社会发布;卫生行政主管部门整理"菜篮子"产品卫生安全信息并向社会发布。

4.完善重要"菜篮子"产品储备制度。为应对突发性灾害和稳定市场,要完善重要"菜篮子"产品中央与地方分级储备制度,有关部门要制定储备商品使用和管理办法,加强重要"菜篮子"商品的宏观调控。

三、切实加强对新阶段"菜篮子"工作的领导

"菜篮子"工作是一项系统工程,必须加强领导,明确分工,落实责任,精心组织,确保新阶段各项工作的顺利进行。

(一)统筹规划,统一部署

各地区、各有关部门要按照国民经济和社会发展"十五"计划的要求,结合本地区、本部门实际,制订促进"菜篮子"发展的规划,明确下一步工作的目标、任务、工作重点和政策措施。要突出抓好"菜篮子"产品相关标准的制(修)订工作,健全"菜篮子"产品检验检测体系,完善市场基础设施。各地区、各有关部门要通过实施"无公害食品行动计划"、"三绿工程"和质量认证等,促进"菜篮子"产品质量卫生安全水平的不断提高。

(二)完善"菜篮子"市长(行政领导)负责制

新阶段"菜篮子"工作,要把保证供给和保障产品的质量卫生安全作为市长和主产区(省、地、县)行政领导的责任目标,切实履行职责。各地区、各有关部门要转变政府职能,抓好协调和监督,加大宣传教育力度,努力提高农民的"菜篮子"产品质量卫生安全意识。让消费者了解和识别卫生安全食品,提高自我保护能力。

(三)依法保障"菜篮子"产品质量卫生安全

在认真调查研究的基础上,抓紧制定和完善与"菜篮子"产品质量卫生安全有关的法律、法规,做到有法必依。当前要加强对禁用、限用农业投入品生产和经营的监督,加大对生产、销售有毒有害物质超标"菜篮子"产品行为的查处力度。

(四)明确分工、落实责任,加强配合

农业部门是"菜篮子"产品种植、养殖生产过程的质量安全主管部门,要严格监管农药、兽药、鱼药、饲料及饲料添加剂、肥料等农业投入品的使用,加强对动植物"菜篮子"产品的检验检疫,会同经贸部门牵头协调"菜篮子"发展的政策措施。经贸部门要加强对"菜篮子"产品加工、流通业的行业指导和管理,加强"菜篮子"产品加工、流通业的技术改造,对重要"菜篮子"产品供求进行宏观调控。卫生部门要完善"菜篮子"产品卫生标准,牵头起草有关"菜篮子"产品卫生监管的法律、法规,审核发放"菜篮子"产品加工、经营企业卫生许可证,对市场上销售的"菜篮子"产品进行卫生安全抽查和执法。质检部门要参照国际标准,组织与"菜篮子"产品有关的国家标准制定和修订工作,加强对"菜篮子"产品加工中质量卫生安全的抽查、监管和对进出口产品检验检疫,进一步规范与"菜篮子"产品认证认可有关的监管工作。工商行政管理部门负责组织实施市场交易秩序的规范管理和监督,查处假冒伪劣"菜篮子"产品,无证、无照加工和经营"菜篮子"产品等违法行为。环保部门会同农业部门负责制定"菜篮子"产品种植、养殖生产环境安全标准和监管办法,对影响产品质量的生产环境及污染源进行监督管理。水利部门要加强水源基础设施建设,重视"菜篮子"产品供水源的检测与监督管理,保证"菜篮子"产品生产的供水质量。计划部门要加强对"菜篮子"产品生产、流通、检验检测、产品信息等基础设施建设的扶持。财政部门要加大生产、流通投入,保证执法经费,加强行政事业性收费和罚没收入收支两条线的监督管理。金融、财税部门要完善支持"菜篮子"产品生产、流通、进出口的政策措施。

国务院

2002年8月3日

外交部部长唐家璇在汉城拜会韩国总统金大中

唐家璇说,他与韩国外交通商部长官崔成泓进行了诚挚友好、富有成果的会谈。双方一致认为,中韩建交10年来,两国关系进入了一个快速发展的新时期,政治关系很好,合作伙伴关系全面发展。双方同意以建交10周年和国民交流年纪念活动为契机,进一步加强两国在各个领域的友好合作与交流。

他说,近年来中韩关系迅速发展,是与金大中总统阁下的关心和支持分不开的,中方高度评价金大中总

统为中韩关系发展作出的贡献。中国十分重视同韩国的关系,愿与韩方共同努力,不断推动两国睦邻友好关系在新世纪取得新的成就。

唐家璇表示,中方认为半岛问题的核心是保持和平与稳定。金大中总统和韩国政府奉行的缓和政策已经取得明显成效,中方对此表示赞赏。半岛南北双方和解与合作是人心所向,大势所趋。中国支持南北双方通过对话、合作解决彼此间存在的问题,最终实现自主和平统一。国际社会应为此创造良好的环境和条件。目前国际上对此问题的共识在扩大,各国都希望南北关系保持缓和的势头。中国将继续为维护半岛和平与稳定发挥建设性作用。

唐家璇还分别会见了韩国国会议长朴宽用、大国家党总统候选人李会昌、民主党总统候选人卢武铉,并举行了早餐会,与韩国政界、工商界、新闻界人士就发展中韩关系广泛交换了意见。

全国人大外事委员会负责人就美国《2002 财年补充拨款法》发表谈话

近日,美国会此前通过的《2002 财年补充拨款法》被美国总统签署成法。该法案含有多项涉台内容,竟然将台湾与美国的北约、非北约盟国并列,将台军政人员视为美"盟国"人员,甚至要求授权美总统在台有关人员受到国际刑事法院拘留或关押时采取措施予以保护。美方不顾中国方面多次严正交涉,采取这一违背中美三个联合公报、利用台湾问题干涉中国内政的行径,对此我们表示强烈愤慨和坚决反对。

众所周知,台湾自古以来就是中国的领土,这不仅是为国际法所确认、为国际社会所公认的无可争辩的事实,而且是 30 年前中美双方恢复接触以及 23 年前两国建立正常外交关系的政治基础。自中美两国建交以来,美国历届政府都公开承诺奉行一个中国的政策,遵守中美三个联合公报,明确承认台湾是中国的一部分。

然而,上述法案的涉台内容公然要求提升美台关系。这一行动是对国际法基本准则的践踏,是对中美三个联合公报原则的严重违反,也是对中国内政的粗暴干涉。这是中国人民决不能接受的。

台湾问题是中国的内政,这早已是国际公认的事实。遗憾的是,美国国会总有少数人千方百计地企图利用台湾问题对中国实行遏制,一再炮制违背中美三个联合公报原则的议案,为"台独"势力撑腰、打气,妄图阻挠中国的和平统一,阻挠中美关系的改善和发展。

需要指出的是,维护中美两国关系的稳定、健康发展符合两国的根本利益,而中美关系的健康发展则需要中美双方共同来珍惜。如果《2002 财年补充拨款法》中的涉台内容成了美国政府的政策,不仅会损害中国的利益,也必然要损害美国的利益。这是中美两国人民所不愿看到的。

我们敦促美国行政当局恪守中美三个联合公报的原则,妥善处理台湾问题,停止利用台湾问题干涉中国内政,并采取有效措施消除这一法案的消极影响,以免对中美关系造成新的严重损害。

外交部发言人孔泉就美国《2002 财年补充拨款法》答记者问

记者问:近日,美国会日前通过的《2002 财年补充拨款法》已被签署成法,其中仍保留中方反对的涉台内容。请问你对此有何评论?

孔泉答:近日,美国会日前通过的含有涉台内容的《2002 财年补充拨款法》被签署。该法案的"美军人员保护法"条款居然将台湾与美国的北约及非北约盟国相提并论,将台军政人员视为美盟国人员,并要求保护台人员不受国际刑事法院管辖。这严重违反中美三个联合公报的原则,违背美国政府一再重申的一个中国政策,粗暴干涉中国内政,是中方决不能接受的。中方已就此向美国政府提出多次严正交涉。美政府虽表示反对有关条款,但未采取有效措施阻止该法案通过。我们对此表示强烈不满和坚决反对。

台湾是中国的一部分,绝非任何外国的"保护地"。美国国内少数人死抱"冷战"思维不放,蓄意推动提升美台关系,企图阻挠中国统一大业,给中美关系制造麻烦,其目的是决不能得逞的。我们敦促美国政府认清上述涉台条款的危害性,恪守中美三个联合公报的原则,明确反对有关涉台条款,采取有效措施消除其恶劣影响,以免给中美关系造成严重损害。

军事科学院完成 12 项重大现实问题研究的科研成果

近年来,军事科研体系研究得到不断深入和发展,研究领域扩展到 14 个一级学科,若干二级学科;军事思想、战略学、战役学等一批传统主干学科进一步发展和完善;军事指挥学、军事战役学、武器装备学、军事运筹学等一批新兴学科得到进一步发展;信息战、军事文化等边缘、交叉学科成为学科建设的新生长点。同时,创立了新军事革命理论、高技术局部战争理论、信息战理论等一批新的理论学说。出版了《中国军事通史》、《第二次世界大战史》、《战略学》、《军事训练学》、《军制学》等一系列著作。军事科研基础理论研究更加完善。

军事科学院紧紧围绕"打得赢"、"不变质"两大历史性课题,狠抓应用科学的研究。组织协调全军科研力量,先后完成了《中国人民解放军新一代作战条令》、《中国人民解放军共同条令》、《中国人民解放军司令部建设纲要》、《新时期军事训练中政治工作》、《社会主义市场经济条件下军队思想政治建设研究》、《关于加强军事法制建设,推进我军正规化建设研究》等重要理论成果,对国防和军队建设具有服务和先导作用。

8月4日

国务院总理朱镕基签署第360号令公布《中华人民共和国药品管理法实施条例》

现公布《中华人民共和国药品管理法实施条例》,自2002年9月15日起施行。

总 理 朱镕基

2002年8月4日

中华人民共和国药品管理法实施条例

第一章 总 则

第一条 根据《中华人民共和国药品管理法》(以下简称《药品管理法》),制定本条例。

第二条 国务院药品监督管理部门设置国家药品检验机构。

省、自治区、直辖市人民政府药品监督管理部门可以在本行政区域内设置药品检验机构。地方药品检验机构的设置规划由省、自治区、直辖市人民政府药品监督管理部门提出,报省、自治区、直辖市人民政府批准。

国务院和省、自治区、直辖市人民政府的药品监督管理部门可以根据需要,确定符合药品检验条件的检验机构承担药品检验工作。

第二章 药品生产企业管理

第三条 开办药品生产企业,应当按照下列规定办理《药品生产许可证》:

(一)申办人应当向拟办企业所在地省、自治区、直辖市人民政府药品监督管理部门提出申请。省、自治区、直辖市人民政府药品监督管理部门应当自收到申请之日起30个工作日内,按照国家发布的药品行业发展规划和产业政策进行审查,并作出是否同意筹建的决定。

(二)申办人完成拟办企业筹建后,应当向原审批部门申请验收。原审批部门应当自收到申请之日起30个工作日内,依据《药品管理法》第八条规定的开办条件组织验收;验收合格的,发给《药品生产许可证》。申办人凭《药品生产许可证》到工商行政管理部门依法办理登记注册。

第四条 药品生产企业变更《药品生产许可证》许可事项的,应当在许可事项发生变更30日前,向原发证机关申请《药品生产许可证》变更登记;未经批准,不得变更许可事项。原发证机关应当自收到申请之日起15个工作日内作出决定。申请人凭变更后的《药品生产许可证》到工商行政管理部门依法办理变更登记手续。

第五条 省级以上人民政府药品监督管理部门应当按照《药品生产质量管理规范》和国务院药品监督管理部门规定的实施办法和实施步骤,组织对药品生产企业的认证工作;符合《药品生产质量管理规范》的,发给认证证书。其中,生产注射剂、放射性药品和国务院药品监督管理部门规定的生物制品的药品生产企业的认证工作,由国务院药品监督管理部门负责。

《药品生产质量管理规范》认证证书的格式由国务院药品监督管理部门统一规定。

第六条 新开办药品生产企业、药品生产企业新建药品生产车间或者新增生产剂型的,应当自取得药品生产证明文件或者经批准正式生产之日起30日内,按照规定向药品监督管理部门申请《药品生产质量管理规范》认证。受理申请的药品监督管理部门应当自收到企业申请之日起6个月内,组织对申请企业是否符合《药品生产质量管理规范》进行认证;认证合格的,发给认证证书。

第七条 国务院药品监督管理部门应当设立《药品生产质量管理规范》认证检查员库。《药品生产质量管理规范》认证检查员必须符合国务院药品监督管理部门规定的条件。进行《药品生产质量管理规范》认证,必须按照国务院药品监督管理部门的规定,从《药品生产质量管理规范》认证检查员库中随机抽取认证检查员组成认证检查组进行认证检查。

第八条 《药品生产许可证》有效期为5年。有效期届满,需要继续生产药品的,持证企业应当在许可证有效期届满前6个月,按照国务院药品监督管理部门的规定申请换发《药品生产许可证》。

药品生产企业终止生产药品或者关闭的,《药品生产许可证》由原发证部门缴销。

第九条 药品生产企业生产药品所使用的原料药,必须具有国务院药品监督管理部门核发的药品批准文号或者进口药品注册证书、医药产品注册证书;但是,未实施批准文号管理的中药材、中药饮片除外。

第十条 依据《药品管理法》第十三条规定,接受委托生产药品的,受托方必须是持有与其受托生产的药品相适应的《药品生产质量管理规范》认证证书的药品生产企业。

疫苗、血液制品和国务院药品监督管理部门规定的其他药品,不得委托生产。

第三章 药品经营企业管理

第十一条 开办药品批发企业,申办人应当向拟办企业所在地省、自治区、直辖市人民政府药品监督管理部门提出申请。省、自治区、直辖市人民政府药品监督管理部门应当自收到申请之日起30个工作日内,依据国务院药品监督管理部门规定的设置标准作出是否同意筹建的决定。申办人完成拟办企业筹建后,应当向原审批部门申请验收。原审批部门应当自收到申请之日起30个工作日内,依据《药品管理法》第十五条规定的开办条件组织验收;符合条件的,发给《药品经营许可证》。申办人凭《药品经营许可证》到工商行政管理部门依法办理登记注册。

第十二条　开办药品零售企业,申办人应当向拟办企业所在地设区的市级药品监督管理机构或者省、自治区、直辖市人民政府药品监督管理部门直接设置的县级药品监督管理机构提出申请。受理申请的药品监督管理机构应当自收到申请之日起30个工作日内,依据国务院药品监督管理部门的规定,结合当地常住人口数量、地域、交通状况和实际需要进行审查,作出是否同意筹建的决定。申办人完成拟办企业筹建后,应当向原审批机构申请验收。原审批机构应当自收到申请之日起15个工作日内,依据《药品管理法》第十五条规定的开办条件组织验收;符合条件的,发给《药品经营许可证》。申办人凭《药品经营许可证》到工商行政管理部门依法办理登记注册。

第十三条　省、自治区、直辖市人民政府药品监督管理部门负责组织药品经营企业的认证工作。药品经营企业应当按照国务院药品监督管理部门规定的实施办法和实施步骤,通过省、自治区、直辖市人民政府药品监督管理部门组织的《药品经营质量管理规范》的认证,取得认证证书。《药品经营质量管理规范》认证证书的格式由国务院药品监督管理部门统一规定。

新开办药品批发企业和药品零售企业,应当自取得《药品经营许可证》之日起30日内,向发给其《药品经营许可证》的药品监督管理部门或者药品监督管理机构申请《药品经营质量管理规范》认证。受理药品零售企业认证申请的药品监督管理机构应当自收到申请之日起7个工作日内,将申请移送负责组织药品经营企业认证工作的省、自治区、直辖市人民政府药品监督管理部门。省、自治区、直辖市人民政府药品监督管理部门应当自收到认证申请之日起3个月内,按照国务院药品监督管理部门的规定,组织对申请认证的药品批发企业或者药品零售企业是否符合《药品经营质量管理规范》进行认证;认证合格的,发给认证证书。

第十四条　省、自治区、直辖市人民政府药品监督管理部门应当设立《药品经营质量管理规范》认证检查员库。《药品经营质量管理规范》认证检查员必须符合国务院药品监督管理部门规定的条件。进行《药品经营质量管理规范》认证,必须按照国务院药品监督管理部门的规定,从《药品经营质量管理规范》认证检查员库中随机抽取认证检查员组成认证检查组进行认证检查。

第十五条　国家实行处方药和非处方药分类管理制度。国家根据非处方药品的安全性,将非处方药分为甲类非处方药和乙类非处方药。

经营处方药、甲类非处方药的药品零售企业,应当配备执业药师或者其他依法经资格认定的药学技术人员。经营乙类非处方药的药品零售企业,应当配备经设区的市级药品监督管理机构或者省、自治区、直辖市人民政府药品监督管理部门直接设置的县级药品监督管理机构组织考核合格的业务人员。

第十六条　药品经营企业变更《药品经营许可证》许可事项的,应当在许可事项发生变更30日前,向原发证机关申请《药品经营许可证》变更登记;未经批准,不得变更许可事项。原发证机关应当自收到企业申请之日起15个工作日内作出决定。申请人凭变更后的《药品经营许可证》到工商行政管理部门依法办理变更登记手续。

第十七条　《药品经营许可证》有效期为5年。有效期届满,需要继续经营药品的,持证企业应当在许可证有效期届满前6个月,按照国务院药品监督管理部门的规定申请换发《药品经营许可证》。

药品经营企业终止经营药品或者关闭的,《药品经营许可证》由原发证机关缴销。

第十八条　交通不便的边远地区城乡集市贸易市场没有药品零售企业的,当地药品零售企业经所在地县(市)药品监督管理机构批准并到工商行政管理部门办理登记注册后,可以在该城乡集市贸易市场内设点并在批准经营的药品范围内销售非处方药品。

第十九条　通过互联网进行药品交易的药品生产企业、药品经营企业、医疗机构及其交易的药品,必须符合《药品管理法》和本条例的规定。互联网药品交易服务的管理办法,由国务院药品监督管理部门会同国务院有关部门制定。

第四章　医疗机构的药剂管理

第二十条　医疗机构设立制剂室,应当向所在地省、自治区、直辖市人民政府卫生行政部门提出申请,经审核同意后,报同级人民政府药品监督管理部门审批;省、自治区、直辖市人民政府药品监督管理部门验收合格的,予以批准,发给《医疗机构制剂许可证》。

省、自治区、直辖市人民政府卫生行政部门和药品监督管理部门应当在各自收到申请之日起30个工作日内,作出是否同意或者批准的决定。

第二十一条　医疗机构变更《医疗机构制剂许可证》许可事项的，应当在许可事项发生变更30日前，依照本条例第二十条的规定向原审核、批准机关申请《医疗机构制剂许可证》变更登记；未经批准，不得变更许可事项。原审核、批准机关应当在各自收到申请之日起15个工作日内作出决定。

医疗机构新增配制剂型或者改变配制场所的，应当经所在地省、自治区、直辖市人民政府药品监督管理部门验收合格后，依照前款规定办理《医疗机构制剂许可证》变更登记。

第二十二条　《医疗机构制剂许可证》有效期为5年。有效期届满，需要继续配制制剂的，医疗机构应当在许可证有效期届满前6个月，按照国务院药品监督管理部门的规定申请换发《医疗机构制剂许可证》。

医疗机构终止配制制剂或者关闭的，《医疗机构制剂许可证》由原发证机关缴销。

第二十三条　医疗机构配制制剂，必须按照国务院药品监督管理部门的规定报送有关资料和样品，经所在地省、自治区、直辖市人民政府药品监督管理部门批准，并发给制剂批准文号后，方可配制。

第二十四条　医疗机构配制的制剂不得在市场上销售或者变相销售，不得发布医疗机构制剂广告。

发生灾情、疫情、突发事件或者临床急需而市场没有供应时，经国务院或者省、自治区、直辖市人民政府的药品监督管理部门批准，在规定期限内，医疗机构配制的制剂可以在指定的医疗机构之间调剂使用。

国务院药品监督管理部门规定的特殊制剂的调剂使用以及省、自治区、直辖市之间医疗机构制剂的调剂使用，必须经国务院药品监督管理部门批准。

第二十五条　医疗机构审核和调配处方的药剂人员必须是依法经资格认定的药学技术人员。

第二十六条　医疗机构购进药品，必须有真实、完整的药品购进记录。药品购进记录必须注明药品的通用名称、剂型、规格、批号、有效期、生产厂商、供货单位、购货数量、购进价格、购货日期以及国务院药品监督管理部门规定的其他内容。

第二十七条　医疗机构向患者提供的药品应当与诊疗范围相适应，并凭执业医师或者执业助理医师的处方调配。

计划生育技术服务机构采购和向患者提供药品，其范围应当与经批准的服务范围相一致，并凭执业医师或者执业助理医师的处方调配。

个人设置的门诊部、诊所等医疗机构不得配备常用药品和急救药品以外的其他药品。常用药品和急救药品的范围和品种，由所在地的省、自治区、直辖市人民政府卫生行政部门会同同级人民政府药品监督管理部门规定。

第五章　药品管理

第二十八条　药物非临床安全性评价研究机构必须执行《药物非临床研究质量管理规范》，药物临床试验机构必须执行《药物临床试验质量管理规范》。《药物非临床研究质量管理规范》、《药物临床试验质量管理规范》由国务院药品监督管理部门分别商国务院科学技术行政部门和国务院卫生行政部门制定。

第二十九条　药物临床试验、生产药品和进口药品，应当符合《药品管理法》及本条例的规定，经国务院药品监督管理部门审查批准；国务院药品监督管理部门可以委托省、自治区、直辖市人民政府药品监督管理部门对申报药物的研制情况及条件进行审查，对申报资料进行形式审查，并对试制的样品进行检验。具体办法由国务院药品监督管理部门制定。

第三十条　研制新药，需要进行临床试验的，应当依照《药品管理法》第二十九条的规定，经国务院药品监督管理部门批准。

药物临床试验申请经国务院药品监督管理部门批准后，申报人应当在经依法认定的具有药物临床试验资格的机构中选择承担药物临床试验的机构，并将该临床试验机构报国务院药品监督管理部门和国务院卫生行政部门备案。

药物临床试验机构进行药物临床试验，应当事先告知受试者或者其监护人真实情况，并取得其书面同意。

第三十一条　生产已有国家标准的药品，应当按照国务院药品监督管理部门的规定，向省、自治区、直辖市人民政府药品监督管理部门或者国务院药品监督管理部门提出申请，报送有关技术资料并提供相关证明文件。省、自治区、直辖市人民政府药品监督管理部门应当自受理申请之日起30个工作日内进行审查，提出意见后报送国务院药品监督管理部门审核，并同时将审查意见通知申报方。国务院药品监督管理部门经审核符合规定的，发给药品批准文号。

第三十二条　生产有试行期标准的药品，应当按照国务院药品监督管理部门的规定，在试行期满前3个月，提出转正申请；国务院药品监督管理部门应当自试行期满之日起12个月内对该试行期标准进行审查，对符合国务院药品监督管理部门规定的转正要求的，转为正式标准；对试行标准期满未按照规定提出转正申请或者原试行标准不符合转正要求的，国务院药品监督管理部门应当撤销该试行标准和依据该试行标准生产药品的批准文号。

第三十三条　变更研制新药、生产药品和进口药品已获批准证明文件及其附件中载明事项的，应当向国务院药品监督管理部门提出补充申请；国务院药品监督管理部门经审核符合规定的，应当予以批准。

第三十四条 国务院药品监督管理部门根据保护公众健康的要求，可以对药品生产企业生产的新药品种设立不超过5年的监测期；在监测期内，不得批准其他企业生产和进口。

第三十五条 国家对获得生产或者销售含有新型化学成分药品许可的生产者或者销售者提交的自行取得且未披露的试验数据和其他数据实施保护，任何人不得对该未披露的试验数据和其他数据进行不正当的商业利用。

自药品生产者或者销售者获得生产、销售新型化学成分药品的许可证明文件之日起6年内，对其他申请人未经已获得许可的申请人同意，使用前款数据申请生产、销售新型化学成分药品许可的，药品监督管理部门不予许可；但是，其他申请人提交自行取得数据的除外。

除下列情形外，药品监督管理部门不得披露本条第一款规定的数据：

(一)公共利益需要；

(二)已采取措施确保该类数据不会被不正当地进行商业利用。

第三十六条 申请进口的药品，应当是在生产国家或者地区获得上市许可的药品；未在生产国家或者地区获得上市许可的，经国务院药品监督管理部门确认该药品品种安全、有效而且临床需要的，可以依照《药品管理法》及本条例的规定批准进口。

进口药品，应当按照国务院药品监督管理部门的规定申请注册。国外企业生产的药品取得《进口药品注册证》，中国香港、澳门和台湾地区企业生产的药品取得《医药产品注册证》后，方可进口。

第三十七条 医疗机构因临床急需进口少量药品的，应当持《医疗机构执业许可证》向国务院药品监督管理部门提出申请；经批准后，方可进口。进口的药品应当在指定医疗机构内用于特定医疗目的。

第三十八条 进口药品到岸后，进口单位应当持《进口药品注册证》或者《医药产品注册证》以及产地证明原件、购货合同副本、装箱单、运单、货运发票、出厂检验报告书、说明书等材料，向口岸所在地药品监督管理部门备案。口岸所在地药品监督管理部门经审查，提交的材料符合要求的，发给《进口药品通关单》。进口单位凭《进口药品通关单》向海关办理报关验放手续。

口岸所在地药品监督管理部门应当通知药品检验机构对进口药品逐批进行抽查检验；但是，有《药品管理法》第四十一条规定情形的除外。

第三十九条 疫苗类制品、血液制品、用于血源筛查的体外诊断试剂以及国务院药品监督管理部门规定的其他生物制品在销售前或者进口时，应当按照国务院药品监督管理部门的规定进行检验或者审核批准；检验不合格或者未获批准的，不得销售或者进口。

第四十条 国家鼓励培育中药材。对集中规模化栽培养殖、质量可以控制并符合国务院药品监督管理部门规定条件的中药材品种，实行批准文号管理。

第四十一条 国务院药品监督管理部门对已批准生产、销售的药品进行再评价，根据药品再评价结果，可以采取责令修改药品说明书，暂停生产、销售和使用的措施；对不良反应大或者其他原因危害人体健康的药品，应当撤销该药品批准证明文件。

第四十二条 国务院药品监督管理部门核发的药品批准文号、《进口药品注册证》《医药产品注册证》的有效期为5年。有效期届满，需要继续生产或者进口的，应当在有效期届满前6个月申请再注册。药品再注册时，应当按照国务院药品监督管理部门的规定报送相关资料。有效期届满，未申请再注册或者经审查不符合国务院药品监督管理部门关于再注册的规定的，注销其药品批准文号、《进口药品注册证》或者《医药产品注册证》。

第四十三条 非药品不得在其包装、标签、说明书及有关宣传资料上进行含有预防、治疗、诊断人体疾病等有关内容的宣传；但是，法律、行政法规另有规定的除外。

第六章 药品包装的管理

第四十四条 药品生产企业使用的直接接触药品的包装材料和容器，必须符合药用要求和保障人体健康、安全的标准，并经国务院药品监督管理部门批准注册。

直接接触药品的包装材料和容器的管理办法、产品目录和药用要求与标准，由国务院药品监督管理部门组织制定并公布。

第四十五条 生产中药饮片，应当选用与药品性质相适应的包装材料和容器；包装不符合规定的中药饮片，不得销售。中药饮片包装必须印有或者贴有标签。

中药饮片的标签必须注明品名、规格、产地、生产企业、产品批号、生产日期，实施批准文号管理的中药饮片还必须注明药品批准文号。

第四十六条 药品包装、标签、说明书必须依照《药品管理法》第五十四条和国务院药品监督管理部门的规定印制。

药品商品名称应当符合国务院药品监督管理部门的规定。

第四十七条 医疗机构配制制剂所使用的直接接触药品的包装材料和容器、制剂的标签和说明书应当符合《药品管理法》第六章和本条例的有关规定,并经省、自治区、直辖市人民政府药品监督管理部门批准。

第七章 药品价格和广告的管理

第四十八条 国家对药品价格实行政府定价、政府指导价或者市场调节价。

列入国家基本医疗保险药品目录的药品以及国家基本医疗保险药品目录以外具有垄断性生产、经营的药品,实行政府定价或者政府指导价;对其他药品,实行市场调节价。

第四十九条 依法实行政府定价、政府指导价的药品,由政府价格主管部门依照《药品管理法》第五十五条规定的原则,制定和调整价格;其中,制定和调整药品销售价格时,应当体现对药品社会平均销售费用率、销售利润率和流通差率的控制。具体定价办法由国务院价格主管部门依照《中华人民共和国价格法》(以下简称《价格法》)的有关规定制定。

第五十条 依法实行政府定价和政府指导价的药品价格制定后,由政府价格主管部门依照《价格法》第二十四条的规定,在指定的刊物上公布并明确该价格施行的日期。

第五十一条 实行政府定价和政府指导价的药品价格,政府价格主管部门制定和调整药品价格时,应当组织药学、医学、经济学等方面专家进行评审和论证;必要时,应当听取药品生产企业、药品经营企业、医疗机构、公民以及其他有关单位及人员的意见。

第五十二条 政府价格主管部门依照《价格法》第二十八条的规定实行药品价格监测时,为掌握、分析药品价格变动和趋势,可以指定部分药品生产企业、药品经营企业和医疗机构作为价格监测定点单位;定点单位应当给予配合、支持,如实提供有关信息资料。

第五十三条 发布药品广告,应当向药品生产企业所在地省、自治区、直辖市人民政府药品监督管理部门报送有关材料。省、自治区、直辖市人民政府药品监督管理部门应当自收到有关材料之日起10个工作日内作出是否核发药品广告批准文号的决定;核发药品广告批准文号的,应当同时报国务院药品监督管理部门备案。具体办法由国务院药品监督管理部门制定。

发布进口药品广告,应当依照前款规定向进口药品代理机构所在地省、自治区、直辖市人民政府药品监督管理部门申请药品广告批准文号。

在药品生产企业所在地和进口药品代理机构所在地以外的省、自治区、直辖市发布药品广告的,发布广告的企业应当在发布前向发布地省、自治区、直辖市人民政府药品监督管理部门备案。接受备案的省、自治区、直辖市人民政府药品监督管理部门发现药品广告批准内容不符合药品广告管理规定的,应当交由原核发部门处理。

第五十四条 经国务院或者省、自治区、直辖市人民政府的药品监督管理部门决定,责令暂停生产、销售和使用的药品,在暂停期间不得发布该品种药品广告;已经发布广告的,必须立即停止。

第五十五条 未经省、自治区、直辖市人民政府药品监督管理部门批准的药品广告,使用伪造、冒用、失效的药品广告批准文号的广告,或者因其他广告违法活动被撤销药品广告批准文号的广告,发布广告的企业、广告经营者、广告发布者必须立即停止该药品广告的发布。

对违法发布药品广告,情节严重的,省、自治区、直辖市人民政府药品监督管理部门可以予以公告。

第八章 药品监督

第五十六条 药品监督管理部门(含省级人民政府药品监督管理部门依法设立的药品监督管理机构,下同)依法对药品的研制、生产、经营、使用实施监督检查。

第五十七条 药品抽样必须由两名以上药品监督检查人员实施,并按照国务院药品监督管理部门的规定进行抽样;被抽检方应当提供抽检样品,不得拒绝。

药品被抽检单位没有正当理由,拒绝抽查检验的,国务院药品监督管理部门和被抽检单位所在地省、自治区、直辖市人民政府药品监督管理部门可以宣布停止该单位拒绝抽检的药品上市销售和使用。

第五十八条 对有掺杂、掺假嫌疑的药品,在国家药品标准规定的检验方法和检验项目不能检验时,药品检验机构可以补充检验方法和检验项目进行药品检验;经国务院药品监督管理部门批准后,使用补充检验方法和检验项目所得出的检验结果,可以作为药品监督管理部门认定药品质量的依据。

第五十九条 国务院和省、自治区、直辖市人民政府的药品监督管理部门应当根据药品质量抽查检验结果,定期发布药品质量公告。药品质量公告应当包括抽验药品的品名、检品来源、生产企业、生产批号、药品规格、检验机构、检验依据、检验结果、不合格项目等内容。药品质量公告不当的,发布部门应当自确认公告不当之日起5日内,在原公告范围内予以更正。

当事人对药品检验机构的检验结果有异议,申请复验的,应当向负责复验的药品检验机构提交书面申请、原药品检验报告书。复验的样品从原药品检验机构留样中抽取。

第六十条 药品监督管理部门依法对有证据证明可能危害人体健康的药品及其有关证据材料采取查

封、扣押的行政强制措施的，应当自采取行政强制措施之日起7日内作出是否立案的决定；需要检验的，应当自检验报告书发出之日起15日内作出是否立案的决定；不符合立案条件的，应当解除行政强制措施；需要暂停销售和使用的，应当由国务院或者省、自治区、直辖市人民政府的药品监督管理部门作出决定。

第六十一条　药品抽查检验，不得收取任何费用。

当事人对药品检验结果有异议，申请复验的，应当按照国务院有关部门或者省、自治区、直辖市人民政府有关部门的规定，向复验机构预先支付药品检验费用。复验结论与原检验结论不一致的，复验检验费用由原药品检验机构承担。

第六十二条　依据《药品管理法》和本条例的规定核发证书、进行药品注册、药品认证和实施药品审批检验及其强制性检验，可以收取费用。具体收费标准由国务院财政部门、国务院价格主管部门制定。

第九章　法律责任

第六十三条　药品生产企业、药品经营企业有下列情形之一的，由药品监督管理部门依照《药品管理法》第七十九条的规定给予处罚：(一)开办药品生产企业、药品生产企业新建药品生产车间、新增生产剂型，在国务院药品监督管理部门规定的时间内未通过《药品生产质量管理规范》认证，仍进行药品生产的；(二)开办药品经营企业，在国务院药品监督管理部门规定的时间内未通过《药品经营质量管理规范》认证，仍进行药品经营的。

第六十四条　违反《药品管理法》第十三条的规定，擅自委托或者接受委托生产药品的，对委托方和受托方均依照《药品管理法》第七十四条的规定给予处罚。

第六十五条　未经批准，擅自在城乡集市贸易市场设点销售药品或者在城乡集市贸易市场设点销售的药品超出批准经营的药品范围的，依照《药品管理法》第七十三条的规定给予处罚。

第六十六条　未经批准，医疗机构擅自使用其他医疗机构配制的制剂的，依照《药品管理法》第八十条的规定给予处罚。

第六十七条　个人设置的门诊部、诊所等医疗机构向患者提供的药品超出规定的范围和品种的，依照《药品管理法》第七十三条的规定给予处罚。

第六十八条　医疗机构使用假药、劣药的，依照《药品管理法》第七十四条、第七十五条的规定给予处罚。

第六十九条　违反《药品管理法》第二十九条的规定，擅自进行临床试验的，对承担药物临床试验的机构，依照《药品管理法》第七十九条的规定给予处罚。

第七十条　药品申报者在申报临床试验时，报送虚假研制方法、质量标准、药理及毒理试验结果等有关资料和样品的，国务院药品监督管理部门对该申报药品的临床试验不予批准，对药品申报者给予警告；情节严重的，3年内不受理该药品申报者申报该品种的临床试验申请。

第七十一条　生产没有国家药品标准的中药饮片，不符合省、自治区、直辖市人民政府药品监督管理部门制定的炮制规范的；医疗机构不按照省、自治区、直辖市人民政府药品监督管理部门批准的标准配制制剂的，依照《药品管理法》第七十五条的规定给予处罚。

第七十二条　药品监督管理部门及其工作人员违反规定，泄露生产者、销售者为获得生产、销售含有新型化学成分药品许可而提交的未披露试验数据或者其他数据，造成申请人损失的，由药品监督管理部门依法承担赔偿责任；药品监督管理部门赔偿损失后，应当责令故意或者有重大过失的工作人员承担部分或者全部赔偿费用，并对直接责任人员依法给予行政处分。

第七十三条　药品生产企业、药品经营企业生产、经营的药品及医疗机构配制的制剂，其包装、标签、说明书违反《药品管理法》及本条例规定的，依照《药品管理法》第八十六条的规定给予处罚。

第七十四条　药品生产企业、药品经营企业和医疗机构变更药品生产经营许可事项，应当办理变更登记手续而未办理的，由原发证部门给予警告，责令限期补办变更登记手续；逾期不补办的，宣布其《药品生产许可证》、《药品经营许可证》和《医疗机构制剂许可证》无效；仍从事药品生产经营活动的，依照《药品管理法》第七十三条的规定给予处罚。

第七十五条　违反本条例第四十八条、第四十九条、第五十条、第五十一条、第五十二条关于药品价格管理的规定的，依照《价格法》的有关规定给予处罚。

第七十六条　篡改经批准的药品广告内容的，由药品监督管理部门责令广告主立即停止该药品广告的发布，并由原审批的药品监督管理部门依照《药品管理法》第九十二条的规定给予处罚。

药品监督管理部门撤销药品广告批准文号后，应当自作出行政处理决定之日起5个工作日内通知广告监督管理机关。广告监督管理机关应当自收到药品监督管理部门通知之日起15个工作日内，依照《中华人民共和国广告法》的有关规定作出行政处理决定。

第七十七条　发布药品广告的企业在药品生产企业所在地或者进口药品代理机构所在地以外的省、自治区、直辖市发布药品广告，未按照规定向发布地省、自治区、直辖市人民政府药品监督管理部门备案的，由发布地的药品监督管理部门责令限期改正；逾期不改正的，停止该药品品种在发布地的广告发布活动。

第七十八条 未经省、自治区、直辖市人民政府药品监督管理部门批准，擅自发布药品广告的，药品监督管理部门发现后，应当通知广告监督管理部门依法查处。

第七十九条 违反《药品管理法》和本条例的规定，有下列行为之一的，由药品监督管理部门在《药品管理法》和本条例规定的处罚幅度内从重处罚：(一)以麻醉药品、精神药品、医疗用毒性药品、放射性药品冒充其他药品，或者以其他药品冒充上述药品的；(二)生产、销售以孕产妇、婴幼儿及儿童为主要使用对象的假药、劣药的；(三)生产、销售的生物制品、血液制品属于假药、劣药的；(四)生产、销售、使用假药、劣药，造成人员伤害后果的；(五)生产、销售、使用假药、劣药，经处理后重犯的；(六)拒绝、逃避监督检查，或者伪造、销毁、隐匿有关证据材料的，或者擅自动用查封、扣押物品的。

第八十条 药品监督管理部门设置的派出机构，有权作出《药品管理法》和本条例规定的警告、罚款、没收违法生产、销售的药品和违法所得的行政处罚。

第八十一条 药品经营企业、医疗机构未违反《药品管理法》和本条例的有关规定，并有充分证据证明其不知道所销售或者使用的药品是假药、劣药的，应当没收其销售或者使用的假药、劣药和违法所得；但是，可以免除其他行政处罚。

第八十二条 依照《药品管理法》和本条例的规定没收的物品，由药品监督管理部门按照规定监督处理。

第十章 附 则

第八十三条 本条例下列用语的含义：药品合格证明和其他标识，是指药品生产批准证明文件、药品检验报告书、药品的包装、标签和说明书。

新药，是指未曾在中国境内上市销售的药品。

处方药，是指凭执业医师和执业助理医师处方方可购买、调配和使用的药品。

非处方药，是指由国务院药品监督管理部门公布的，不需要凭执业医师和执业助理医师处方，消费者可以自行判断、购买和使用的药品。

医疗机构制剂，是指医疗机构根据本单位临床需要经批准而配制、自用的固定处方制剂。

药品认证，是指药品监督管理部门对药品研制、生产、经营、使用单位实施相应质量管理规范进行检查、评价并决定是否发给相应认证证书的过程。

药品经营方式，是指药品批发和药品零售。

药品经营范围，是指经药品监督管理部门核准经营药品的品种类别。

药品批发企业，是指将购进的药品销售给药品生产企业、药品经营企业、医疗机构的药品经营企业。

药品零售企业，是指将购进的药品直接销售给消费者的药品经营企业。

第八十四条 《药品管理法》第四十一条中“首次在中国销售的药品”，是指国内或者国外药品生产企业第一次在中国销售的药品，包括不同药品生产企业生产的相同品种。

第八十五条 《药品管理法》第五十九条第二款“禁止药品的生产企业、经营企业或者其代理人以任何名义给予使用其药品的医疗机构的负责人、药品采购人员、医师等有关人员以财物或者其他利益”中的“财物或者其他利益”，是指药品的生产企业、经营企业或者其代理人向医疗机构的负责人、药品采购人员、医师等有关人员提供的目的在于影响其药品采购或者药品处方行为的不正当利益。

第八十六条 本条例自2002年9月15日起施行。

全国总工会主席尉健行在北戴河看望全国劳动模范和先进工作者

尉健行首先向参加疗休养的劳动模范和先进工作者表示诚挚的问候和崇高的敬意。他指出，新中国成立50多年来，特别是改革开放和发展社会主义市场经济以来，劳动模范对我们的党、对我们的祖国、对建设有中国特色社会主义的伟大事业无限忠诚，在各自平凡的工作岗位上作出了不平凡的业绩，充分显示了工人阶级的高贵品格和与时俱进的伟大时代精神，在社会主义物质文明和精神文明建设中充分发挥了骨干带头作用和先锋模范作用，为全社会树立了光辉的榜样。

尉健行强调，党和政府高度重视劳模的工作和生活。劳动模范为我国的改革、发展和稳定作出了不可磨灭的重大贡献，他们的崇高思想和模范事迹教育和激励着一代又一代人。要进一步加大对劳动模范先进思想和模范事迹的宣传力度。各级工会要在党委的领导和政府(行政)的支持下，把关心、爱护、尊重劳模，作为贯彻落实“三个代表”要求，履行维护职工合法权益基本职责的重要任务来抓。要怀着深厚的感情，对劳模特别是遇到各种困难的劳模切实承担起“第一责任人”的职责，积极协助党政，努力为他们多办实事好事，推动有关方面落实各项劳模政策，使他们有一个良好的工作和生活环境，为他们充分发挥作用创造更好的条件。

尉健行希望劳动模范一定要深入学习贯彻江泽民总书记“5·31”重要讲话精神，不断加深对“三个代表”重要思想的认识和理解，把思想和行动进一步统一到讲话精神上来,努力提高实践“三个代表”的自觉性和坚定性。要继续保持和发扬工人阶级与时俱进的伟大时代精神,团结和带领广大职工和各族劳动群众,为深化改革,促进发展,维护稳定,创造新的业绩,建立新的功勋。

劳动模范许宏纲、黄旭华、郝晓玲、王志霞、黄光成、徐晓琴在座谈会上发了言。参加北戴河疗休养的全国劳模都是在基层生产、教育、科研第一线作出突出贡献、具有一定社会影响的先进模范人物,来自31个省、自治区、直辖市以及铁路、民航、金融系统。

8月5日

中台办 国台办新闻发言人就陈水扁鼓吹“台独”发表谈话

据台湾媒体报道,陈水扁8月3日向在日本东京举行的“世界台湾同乡联合会第二十九届年会”发表讲话,公然声称“台湾跟对岸中国一边一国”,鼓吹要用“公民投票”方式决定“台湾的前途、命运和现状”。中共中央台湾工作办公室、国务院台湾事务办公室新闻发言人就此发表谈话。全文如下:

近日来,陈水扁多次发表谈话,公然声称“要走台湾自己的路”,两岸是“一边一国”,准备用“公民投票”方式“在有需要的时候”决定“台湾的前途、命运和现状”。这些言论与李登辉“两国论”如出一辙,充分暴露了他顽固坚持“台独”立场的真面目,是对包括台湾同胞在内的全体中国人民的公然挑衅,也是对国际社会公认的一个中国原则的公然挑衅,必将对两岸关系造成严重的破坏,影响亚太地区的稳定与和平。

陈水扁鼓吹两岸“一边一国”,充分证明他所表白的“四不一没有”,只不过是欺骗台湾民众、蒙骗国际舆论的权宜之计。求和平、求发展、求安定,希望改善和发展两岸关系,是台湾的主流民意。陈水扁罔顾民意,鼓吹“台独”,把极少数顽固“台独”分子的图谋强加给广大台湾人民,受到影响的是台湾经济,受到损害的是台湾同胞的切身利益,是将台湾引向灾难。

世界上只有一个中国,大陆和台湾同属一个中国,中国的主权和领土完整不容分割。反对“台独”分裂,实现国家统一,是我们坚定不移的立场,决不允许任何人以任何方式把台湾从中国分裂出去。我们严正警告台湾分裂势力,不要错判形势,立即悬崖勒马,停止一切分裂活动。

中国儿童中心成立20周年庆祝大会在北京举行

全国人大常委会委员长李鹏致信表示热烈祝贺。李鹏在贺信中向全国少年儿童工作者表示亲切问候。他说,20年来,中国儿童中心坚持全面贯彻党的教育方针,充分发挥少年儿童教育实践基地的作用,为培养少年儿童的创新精神和实践能力,使其成为“有理想、有道德、有文化、有纪律”的新世纪合格小公民作出了积极的探索,并积累了宝贵的经验,为我国校外教育事业的健康发展作出了自己的贡献。

李鹏指出,我国有3亿多儿童,他们是祖国的未来和民族的希望。中国儿童中心作为国家的公益型教育事业单位,要继续努力,把中国儿童中心办成具有实验性、指导性和示范性的儿童教育基地和少年儿童喜爱的活动乐园,为促进少年儿童的健康成长,作出更多的成绩。

全国妇联副主席、书记处第一书记顾秀莲在庆祝大会上致辞,她高度评价了中国儿童中心在全国儿童工作中起到的重要作用,并向中心提出了更高要求。她希望儿童中心在继承优良传统的基础上,增强危机感和紧迫感,树立创新和改革意识,开阔思路,面向未来,面向世界,面向现代化,潜心研究新形势下儿童成长的特点和规律,不断拓展儿童中心的发展空间,全面提高科研、活动、培训和管理水平,使儿童中心的建设与发展与时俱进,具有前瞻性、示范性和竞争力,真正成为全国儿童事业的龙头和对外交流的窗口。

全国人大常委会副委员长、全国妇联主席彭珮云出席庆祝活动。中国儿童中心主任赵顺义介绍了中心的发展情况。

8月6日

全国改善外商投资软环境电视电话会议在北京召开

国务委员吴仪在给会议的书面指示中,强调了改善外商投资软环境的重要性,要求各地、各部门通过不懈努力,使我国整体投资环境有一个新的转变和提高,促进更多更好地利用外资,以优异成绩迎接党的十六大召开。

吴仪说,今年上半年,我国吸收外商直接投资继续保持增长,合同外资金额和实际使用外资金额同比分别增长了31%和19%,外商投资企业效益显著,对国民经济持续快速健康发展作出了贡献。在国际直接投资规模萎缩的情况下,这一成绩来之不易。

吴仪指出,在新世纪、新阶段,吸收外商投资是一项长期政策。当前,各国吸收外商投资的竞争日趋激烈,国际资本的流动出现一些新特点。我们能不能发挥比较优势,提高吸收外资的质量和水平,非常重要的就是能不能为外商投资创造良好的环境,特别是软环境。目前,外商投资企业要求改变投资环境的愿望还比较强烈;国际资本流动的新特点赋予投资环境全新和更加广泛的内涵，特别是随着IT、IC产业的大量进入，外商迫切希望提高现代物流速度，这对投资环境提出了新的更高的要求。

吴仪要求各地、各部门认真研究、很好运用世贸组织规则，继续做好有关法律、法规的修订工作，坚持依法行政，完善法制环境；保持吸收外资政策的稳定性、连续性，完善政策环境；严厉打击走私、骗税、骗汇等违法活动，打破地方保护和部门垄断，完善市场环境；建立统一规范公开的外商投资准入制度，进一步简化外商投资的审批程序，提高审批工作效率，改进对外商投资企业的服务，加强管理，完善行政管理环境；积极推广上海等地的做法，部门之间加强协调，进一步提高大通关效率，改善通关环境。

外经贸部部长石广生在电视电话会议上指出，改革开放20多年来，我国投资硬环境建设取得显著成就。但是，由于思想观念跟不上新形势，政府服务意识和行政效率还不高，市场环境还存在许多不完善的地方，社会服务功能尚不健全等现象和问题的存在，影响了外商投资的信心，给我国吸收外资带来了一定的负面影响。

石广生强调，各地、各部门要以江泽民同志"三个代表"重要思想和"5·31"重要讲话精神为指导，在改善外商投资软环境上下硬功夫，认真克服只重视改善投资硬环境，不重视改善投资软环境的陈旧观念，树立开放意识和创第一流投资软环境的思想；继续保持吸收外资政策的连续性和稳定性，进一步转变政府职能，提高行政效率；力戒形式主义，防止恶性竞争；进一步发挥中介组织在投资软环境建设方面的重要作用；增创综合投资环境新优势，大力提高吸收外资的质量和水平，为国民经济持续快速健康发展作出更大贡献。

全国军事硕士专业学位教育指导委员会在北京成立

总参谋长傅全有在成立大会上讲话强调，要认真贯彻落实江泽民主席关于培养高素质新型军事人才的重要指示，开展军事硕士专业学位教育，造就善于组织训练、管理部队，能够驾驭现代化战争，精于指挥作战的高层次应用型军事指挥人才。

傅全有要求新成立的全国军事硕士专业学位教育指导委员会要认清肩负的使命，牢固树立"质量第一"的观念，加强学习，深入研究，敢于创新，真正做到领导得力、指导有力。机关、部队和院校要密切配合，创造条件，完善政策，为高层次军事指挥人才的培养提供强有力的保障。

目前全军拥有213个博士点，693个硕士点，培养了2.6万名博士、硕士，其中有100多名博士、硕士走上师团领导岗位。

四总部领导吴铨叙、唐天标、温光春、胡世祥和教育部副部长周济参加了会议。

8月7日

海协负责人发表谈话严厉批驳陈水扁"台独"行径

海协负责人表示，7月下旬以来，陈水扁发表了一系列"台独"分裂言论，公然鼓吹"台湾是一个主权独立的国家"，"台湾跟对岸中国一边一国"、要用"公民投票"方式决定"台湾的前途、命运和现状"，"要认真思考公民投票立法的重要性和迫切性"，在世人面前自我戳穿了他两年两个月来所谓"善意"的伪装，彻底暴露了他顽固坚持"台独"立场的真面目。

这位负责人指出，陈水扁上台后，虽然口头上表白"四不一没有"，但实际行动上却完全继承了李登辉"两国论"的衣钵。他拒不接受一个中国原则，否认海协与台湾海基会达成的各自以口头方式表述"海峡两岸均坚持一个中国原则"的共识，致使两岸对话与谈判难以恢复；他顽固坚持"台湾是主权独立国家"的分裂立场，支持、策划"渐进式台独"活动，不断给两岸关系制造危机。而今，陈水扁错估形势，自我膨胀，撕下伪装，公然把两岸关系歪曲为"一边一国"，声称通过"公投立法"实现"台独"分裂，重演与当年李登辉"两国论"一样的分裂闹剧，势必再次把两岸关系带入紧张冲突之中。今天，两岸同胞和国际社会可以更清楚地看到，陈水扁的所作所为，证明他上台以来一直无心谈判，一心对抗；无意缓和，执意分裂。陈水扁赤裸裸的"台独"分裂行径说明，"台独"势力的分裂活动是两岸关系和平稳定的最大威胁，也是亚太地区和平与稳定的破坏因素。

陈水扁在8月6日的"五点表示"中，为其"一边一国"的谬论进行狡辩，继续宣称"台湾是一个主权独立的国家"，实质上仍然是在鼓吹"台独"分裂主张。

这位负责人最后表示，反对"台独"分裂，实现国家统一，是祖国大陆方面坚定不移的立场。我们绝不坐视与姑息任何"台独"挑衅。如果台湾分裂势力进一步采取"台独"分裂动作，只能把台湾引向灾难。我们相信，在海内外中华儿女捍卫中国主权和领土完整的坚定意志面前，在台湾同胞求和平、求安定、求发展的主流民意面前，在国际社会奉行一个中国政策的格局面前，李登辉的"两国论"没有得逞，陈水扁的"一边一国"也同样不会得逞。海协愿与一切反对"台独"的台湾各党派、团体、人士和广大台湾同胞共同努力，坚定地维护一个中国原则，坚决遏制"台独"分裂活动。

《人民日报》发表新华社评论员文章《危险的挑衅——评陈水扁的分裂言论》

国务院副总理温家宝要求广大统计工作者努力提高统计数据的质量

温家宝在为新中国政府统计机构走过50年光辉历程而致的贺信中说，50年来，在党和政府的领导下，各级统计部门和广大统计工作者辛勤工作，开拓创新，统计工作取得了辉煌的业绩，为社会主义建设事业作出了应有的贡献。特别是改革开放以来，统计部门坚持解放思想、实事求是，积极推进统计改革和建设，不断提高统计的科学性和准确性，圆满完成了各项统计调查任务，为各级领导机关和宏观管理部门提供了大量的统计信息和咨询建议，在各级政府决策和管理中发挥了重要作用。

温家宝指出，统计工作是国家实行科学决策和管理的一项重要基础工作，统计信息是认识国情、研究问题、制定政策的重要依据。随着社会主义市场经济不断发展和对外开放的扩大，统计工作的地位和作用越来越重要；同时，统计工作的难度也越来越大，任务越来越艰巨。各级统计部门和广大统计工作者，要以邓小平理论和"三个代表"重要思想为指导，努力适应形势发展的要求，继续推进统计改革，建立和完善既具有中国特点又符合国际一般规则的统计体系、统计制度、统计方法和统计手段。按照"快、精、准"的要求，努力提高统计数据的质量，为各级领导机关提供及时准确的决策依据，为社会各方面研究分析问题提供翔实的数据信息。严格执行统计法，坚决反对和制止统计上的弄虚作假行为，维护统计的严肃性。加强以培养人才和信息化为重点的统计基础建设，提高统计工作现代化水平。

国家统计局局长朱之鑫回顾说，50年统计工作的经验集中于一点，就是必须坚定不移地服从和服务于党的基本路线，按照"科学、准确、及时、全面"的要求，充分发挥信息、咨询、监督的整体功能，为党政领导和社会公众提供优质的服务。

国家统计局向从事统计工作25年及以上人员颁发了荣誉证书，奖励了一批全国统计科研优秀成果和优秀统计师生。

8月8日

陈俊生逝世

中国人民政治协商会议第九届全国委员会副主席陈俊生同志，因病医治无效，于8月8日1时27分在北京逝世，享年75岁。

陈俊生同志1927年5月11日出生于黑龙江省桦南县一个贫苦农民的家庭。他早年受进步思想影响，追求革命真理，于1946年8月参加革命，1947年4月加入中国共产党，树立了为实现共产主义理想奋斗终生的目标。他先后担任合江省依东县二区委组织委员，桦南县五道岗区委书记，桦南县委宣传部副部长，合江省委组织部、宣传部干事。

从1949年5月起，陈俊生同志相继担任黑龙江省三位省委书记的秘书，尽职尽责地完成领导同志交办的各项任务，成为省委领导同志的得力助手和参谋。1950年至1957年，他历任绥化县委常委、宣传部部长，富裕县委副书记、代理书记，克山县委书记。1964年后，历任黑龙江省委宣传部副部长，省委常委、副秘书长，省委政策研究室副主任，省委办公厅副主任、主任。在"文化大革命"期间，他受到冲击和诬陷，仍坚持党性原则，尽心尽力做好所担负的工作。

从1978年8月起，陈俊生同志先后担任黑龙江省委常委、秘书长，省委书记(当时有省委第一书记)，省委副书记。其间，兼任齐齐哈尔市委书记。

1984年8月，陈俊生同志调任中华全国总工会副主席、书记处书记、党组副书记。1985年9月起，陈俊生同志历任中央书记处农村政策研究室副主任，国务院机关党组书记、国务院秘书长。1988年4月任国务委员。他还先后兼任中央国家机关党委书记、中央国家机关工委书记、全国"双拥"工作领导小组组长、国家防汛抗旱总指挥部总指挥、国务院贫困地区经济开发领导小组(后改为国务院扶贫开发领导小组)组长、中华全国供销合作总社理事会主任。1998年3月，陈俊生同志当选为中国人民政治协商会议第九届全国委员会副主席，任中共全国政协党组副书记。

陈俊生同志是中共第十三届、十四届中央委员。

8月9日

国务院总理朱镕基向内蒙古北部林区雷击火灾全体扑火参战人员表示慰问

朱镕基通过内蒙古自治区党委、政府和国家林业局，向参加扑火的全体职工和武警森林部队官兵表示慰问，并要求再接再厉，取得灭火全胜。

国家林业局和内蒙古自治区党委、政府接到朱镕基总理的重要批示后，立即作出紧急部署，要求在原有措施的基础上，进一步抓好火场清理和看守工作，严防死灰复燃。

入夏以来，我国内蒙古北部林区天气持续高温干旱，7月21日至8月7日，降水总量仅为13毫米，比历年同期减少八成。平均气温比历年同期增高2摄氏度,最高气温突破历年同期极高值,干雷暴活动异常活跃,7月28日相继发现多起雷击火点并引发森林火灾。火情一发生,内蒙古森工集团立即组织扑救。国务院领导高度重视,朱镕基总理、温家宝副总理先后作出重要批示。国家林业局紧急部署,并派出工作组协助当地组织扑救。内蒙古自治区党委、政府成立了"前线指挥部"。武警森林指挥部调动武警森林部队迅速投入灭火行动。解放军总参谋部和民航部门抽调4架直升机、2架运五飞机和1架增雨机赶赴火场支援扑救。

《工会干部培训教程》出版

这本教材是全总按照中央关于加强干部培训、搞好教材建设的指示精神,专门组织力量编写的全国工会干部培训的统一教程。

中华全国总工会主席尉健行高度重视教程的编写工作,专门作了题为《依法坚决履行维护职工合法权益的基本职责》的长篇序言。

外交部副部长王毅与日本外务省审议官高野纪元在东京举行中日外交当局定期磋商

双方回顾了中日邦交正常化30年来两国关系取得的长足发展,一致同意要总结经验,汲取教训,本着"以史为鉴、面向未来"的精神,妥善处理两国间存在的问题,推动中日友好关系在新世纪健康稳定地向前发展。

双方表示,要搞好邦交正常化30周年的各项纪念活动,充分发扬两国友好传统,开展全方位友好合作。

在磋商中,王毅全面阐述了中方对靖国神社问题的原则立场,希望不要再出现伤害中国人民感情的事态。日方表示将正视历史,在此基础上巩固和发展日中关系。日方还重申坚持一个中国的立场,表示日方在台湾问题上的立场没有任何改变,不赞成"两个中国"或"一中一台",不参与和支持"台独"。

双方还就两国关系中其他问题及国际和地区局势广泛地交换了意见。

外交部发言人孔泉就台湾"参与"联合国提案问题发表谈话

孔泉说,纽约时间8月7日,在台湾当局的唆使下,冈比亚等极少数国家致函联合国秘书长,要求第五十七届联大审议所谓"台湾在联合国的代表权"问题。这严重违反《联合国宪章》的宗旨和原则,侵犯中国主权和领土完整,干涉中国内政。我们对此表示强烈愤慨和坚决反对。

他说,世界上只有一个中国,台湾是中国领土不可分割的一部分。联合国是由主权国家组成的政府间国际机构,台湾作为中国的一个省,根本没有资格以任何名义或方式加入联合国及其专门机构。1971年第二十六届联大通过的第2758号决议,承认中华人民共和国政府是代表全中国人民的唯一合法政府,早已从政治、法律和程序上彻底解决了中国在联合国的代表权问题。

孔泉说,1993年以来,联大总务委员会已连续9年拒绝将所谓台湾"参与"联合国问题列入联大议程。这充分说明中国政府在此问题上的立场得到国际社会的广泛理解和支持。

孔泉说,实现祖国统一是两岸中国人民的共同心愿,是大势所趋。但台湾当局仍拒绝一个中国原则,甚至宣称"一边一国",并继续在联合国制造"两个中国"、"一中一台",鼓吹台湾是"主权国家",公然挑战联大第2758号决议。台湾当局的做法是逆历史潮流而动,不得人心,也难逃再次失败的命运。

2002年第16期《求是》杂志发表评论员文章《迎接哲学社会科学事业发展的春天》

8月10日

中国社科院2002年暑期工作会议在北京召开

中共中央政治局委员、中国社科院院长李铁映出席会议并讲话。

李铁映指出,江泽民总书记"7·16"重要讲话,阐明了一系列加快发展我国哲学社会科学、办好中国社科院的指导思想,对中国社科院提出了具体的要求和殷切的希望。江总书记在"7·16"重要讲话中进一步明确了中国社科院的地位和作用。作为中国社科院的专家学者,关键在"有为"。只有办好社科院,我们才能对繁荣和发展哲学社会科学作出应有的贡献,才能更好地为人民服务,才能不辜负社会科学界广大学者的期望。

李铁映说,要结合中国社科院的具体实际,贯彻落实江泽民总书记"7·16"讲话精神。要把在政治上与党中央保持一致作为社会科学研究工作的指导思想,在马克思主义指导下进行理论创新,努力建设具有中国特色、中国风格、中国气派的哲学社会科学。要发挥各个层次、每个人的积极性,提倡热爱社科院,热爱社科界,热爱社会科学,树立"院兴我荣,院衰我耻"的观念。办好社科院,关键在于办好研究所,使每个学者学有所长,业有所精。要坚持不懈地抓好学风建设和人才工程。同时,加快我院数字化、信息化建设步伐。

在谈到中国社科院今后的目标和任务时,李铁映强调,中国社科院应当成为一个马克思主义理论创新的重要基地，成为基础理论研究的基地，成为研究重大时代性课题的基地，成为学科建设和发展的基地，成为高水平的人才培养基地。同时中国社科院还要成为我国社会科学界对外学术交流与合作的主要平台和国家人文社会科学的信息中心。

中国社会科学院领导王洛林、李慎明、江蓝生、陈佳贵、朱佳木、高全立、林文肯、朱锦昌以及院属54个单位的80多名代表出席了会议。

8月11日

中国选手江永华在昆明举行的世界杯场地自行车总决赛女子500米计时赛中以34秒的成绩夺冠并打破了这个项目的世界纪录

8月12日

国务院副总理温家宝到湖南慰问灾区群众

8月12日至13日，国务院副总理、国家防汛抗旱总指挥部总指挥温家宝到刚刚遭受暴雨山洪袭击的湖南省郴州山区考察抗洪救灾工作，代表党中央、国务院慰问灾区干部群众。温家宝要求灾区各级党委、政府切实贯彻“三个代表”的重要思想，把抗洪救灾工作摆到当前的首要位置，带领广大干部群众自力更生，艰苦奋斗，恢复生产，重建家园。

今年4月以来，湖南省部分地区连续五次发生暴雨洪水灾害。特别是8月7日至8日，受12号强热带风暴和南下冷空气影响，湖南省郴州、衡阳等市遭受暴雨和特大暴雨袭击，造成局部山洪暴发，山体滑坡，因灾死亡108人。

8月12日，温家宝在湖南省委书记杨正午、省长张云川的陪同下，冒着滂沱大雨赶往受灾最重的郴州市北湖区月峰乡。在一座被洪水冲毁的桥上，温家宝向当地群众仔细询问受灾情况。他抱起一个在洪水中失去父母的孤儿，拉着孩子的姐姐，对他们的叔叔说：“孩子就拜托你了，有困难就找政府，我们会帮助你们的。”月峰乡介木村5户瑶族群众的房屋被洪水冲垮，10人死亡。温家宝沿着羊肠小道爬到半山上的废墟旁察看现场，他反复安慰死者家属，“政府一定会帮你们解决困难，把房子修好，把孩子照顾好。”在行车路上，温家宝见到一些背救济粮的群众，特意停车与他们交谈。当得知南溪乡由于乡干部及时通知群众转移，没有造成人员伤亡，他非常高兴。

他说：“只要有人在，有党和政府的支持，就能生产自救。房子倒了，精神不能倒。”一位老农紧紧握住温家宝的手说：“感谢党和政府的关怀，我们一定能生产自救。”

在马头岭乡段家村和钟家村，温家宝与当地群众拉家常，仔细询问受灾情况，生活、生产、上缴税费情况。他对同行的地方干部说，当前最紧迫的任务是安排好群众的生活。一定要让每个受灾群众有饭吃，有衣穿，有干净的水喝，有医疗，有避风雨的住所。同时，要组织群众恢复生产，抓紧抢种补种，调整农业结构，发展第三产业，引导农民外出打工，千方百计增加农民收入。要帮助农民重建家园，组织有关部门搞好地质勘查和选址规划，新建房屋要避开洪水和山体滑坡的危险地段。

8月13日，温家宝来到地处郴州市上游的四清水库，慰问正在参加水库抢险的解放军、武警官兵和民兵，高度赞扬他们在抗洪救灾中发挥的突击队作用。温家宝听取了水利专家介绍水库险情和抢险情况。他强调，今年的主汛期还没有过去，防汛抗洪的工作一刻也不能放松。要抓紧修复水毁工程，尤其要重视对病险水库进行除险加固，做好各项准备，迎战可能发生的洪水。他特别指出，局部地区暴雨山洪、泥石流、山体滑坡等地质灾害对群众的生命安全造成很大威胁，各地一定要高度重视预防工作，要加强预测预报，完善避险方案，健全防范体系，落实工作措施，千方百计减少人员伤亡。

随同温家宝考察的国务院有关部门负责人有马凯、姜伟新、杨衍银、廖晓军、鄂竟平等。

全国城乡规划工作会议在北京召开

建设部副部长仇保兴在会上表示，缺乏有效的监督制约机制，没有对行政行为的监督和行政责任的追究，是一些地方政府及其规划部门领导不认真执行城乡规划法定程序的重要内在原因。建设部、中央编办、国家计委、财政部、监察部、国土资源部、文化部、国家旅游局、国家文物局等九部门联合下发通知，明确提出要求加强城乡规划监督管理，建立行政纠正和行政责任追究制度。这是我国城乡规划工作体制的一项重大改革。

加强对城乡规划行政行为的监督和责任追究的主要内容包括：按干部管理权限对直接责任人给予处分；追究有关领导的责任，直至撤职；规划人员受处分的，取消执业资格；地方政府承担经济赔偿责任；取消相关的名号，等等。目前，我国城乡规划工作中主要存在8个问题：一是劳民伤财的形象工程，不少城市盲目兴建大广场、大草坪、超标准政府大楼，而城市供排水等基础设施却处于短缺；二是急功近利的规划调整，一些城市一任领导一张规划图，盲目扩大规模，提高标准；三是寅吃卯粮的圈地运动，用光子孙钱，使大量国有资产流入少数人的腰包；四是破坏资源的过度开发，使不可再生的历史文化和风景旅游资源受到严重破坏；五是基础设施盲目布局，追求大而全、小而全；六是城郊用地混乱无章；七是城乡规划被任意肢解；八是违法建筑屡禁不止，有的城市违法建筑总量已达总建筑面积的1/3。

建设部提出，当前加强城乡规划监督管理工作的重点将放在城乡规划实施的监管上。一方面要建立、健全各项责任制度，强化城乡规划的综合调控作用，提高城乡规划的权威性和严肃性；另一方面要加强城乡规划执法监督，及时纠正建设活动中各种违反城乡规划管理的行为，特别是纠正地方政府和城乡规划管理部门随意修改经批准的城乡规划和风景名胜区规划的行为，以及查处规划管理部门和管理人员对规划实施监管不力，对违法违规行为失察、失职的渎职行为。

建设部在会上还明确提出，风景名胜区管理机构必须实行政企分开，管理机构的职责是保护资源，执行规划，不得将景区规划管理和监督的责任交由企业承担。

建设部要求各地抓紧完成规划编制工作。尚未完成历史文化名城和历史文化保护区保护规划编制的、国家重点风景名胜区尚未完成规划编制的，必须在今年年底前完成。1990年年底以前编制的国家重点风景名胜区总体规划，要根据《国务院关于加强城乡规划监督管理的通知》要求组织重新修编。国务院今年公布的第四批国家重点风景名胜区，2003年6月底前要完成总体规划编制工作。

建设部要求，批准历史文化保护区内的建设活动，必须进行论证，其中涉及拆除旧建筑和建设新建筑的，必须公示，听取公众意见后，按程序审批，报历史文化名城批准机关备案。国家重点风景名胜区内的重大建设项目由省（区）城乡规划部门审批，报建设部备案；总体规划中未作明确规定的重大建设项目，必须报国务院批准；核心保护区内严格禁止与资源保护无关的各种工程建设。国家重点风景名胜区尚未完成总体规划编制审批的，暂停区内各项工程建设，对未经批准擅自新开工建设的项目要责令停工并依法拆除。

此外，建设部还要求，城市规划区与风景名胜区重叠地区，各项建设项目的审批，必须符合风景名胜区和城市总体规划管理的有关规定，征求城市园林部门意见，由城乡规划部门会同有关部门统一管理。

我常驻联合国代表王英凡致函联合国秘书长安南重申一个中国原则

中国常驻联合国代表王英凡就冈比亚等极少数国家7日提出所谓"中华民国（台湾）在联合国代表权问题"提案一事，约见联合国副秘书长兼联合国秘书长办公室主任伊克巴勒·里扎，向他递交了致联合国秘书长安南的一封信，重申了中国政府的原则立场。

王英凡在信中指出，冈比亚等极少数国家今年再次向联合国大会提出所谓"中华民国（台湾）在联合国代表权问题"的提案，更加露骨地企图在联合国内制造"两个中国"、"一中一台"。这种错误做法不仅公开违背了《联合国宪章》的宗旨和原则，严重歪曲了联合国组织的性质，也是对国际社会公认的一个中国原则的公然挑衅，严重损害了中国的主权和领土完整，粗暴干涉了中国的内政。中国政府对此表示强烈谴责和坚决反对，要求这些国家立即停止其破坏中国主权和领土完整的非法行径。

王英凡说，世界上只有一个中国，台湾自古以来就是中国的领土。1943年的《开罗宣言》和1945年的《波茨坦公告》均在国际法上再次明确无误地确认了中国对台湾的主权。迄今为止，世界上已经有160多个国家与中国建立了外交关系，它们均承认一个中国的原则，这是任何人、任何势力都无法抗拒的历史潮流。世界上只有一个中国，台湾是中国领土不可分割的一部分，中华人民共和国政府是代表全中国的唯一合法政府，这是国际社会公认的无可争辩的客观和法律事实。

王英凡说，1971年，第二十六届联大以压倒多数通过的具有历史意义的第2758号决议，在政治、法律和程序上彻底解决了中国在联合国的代表权问题。这一决议决定恢复中华人民共和国在联合国的一切权利，承认中华人民共和国政府代表是中国在联合国组织的唯一合法代表，驱逐以"中华民国"名义非法占据联合国席位的蒋介石代表。这一决议的精髓正在于国际社会所公认的一个中国原则。冈比亚等国的提案无视事实，声称第2758号决议没有确定台湾是中华人民共和国的一部分，肆意歪曲第2758号决议，公然挑战一个中国原则，再次充分暴露出台湾当局分裂祖国的险恶用心。因此，根本就不存在所谓"台湾在联合国代表权"问题，这完全是少数"台独"分子一手炮制的。自中华人民共和国恢复在联合国的合法权利之日起，中华人民共和国政府高度重视并保证全体人民充分参与并受益于联合国活动，这自然包括台湾同胞在内，所谓"台湾人民被剥夺参与联合国活动"的说法是完全站不住脚的。

王英凡说，联合国是由主权国家组成的政府间组织。台湾作为中国的一部分，根本没有资格以任何名义和借口参与联合国系统及其专门机构的工作和活动。自1993年以来，历届联合国大会总务委员会均明确拒绝将所谓台湾"参与"联合国问题列入联大议程。

这充分表明,以任何形式提出“台湾在联合国代表权”问题都是严重违反《联合国宪章》关于“不得侵害任何会员国之领土完整”的宗旨和原则以及联大第2758号决议的行为。极少数国家今年抛出的提案妄图歪曲第2758号决议,颠倒历史,为陈水扁鼓吹“台湾独立”、分裂中国的活动张目,它们的倒行逆施注定改变不了失败的下场。

王英凡指出:台湾问题纯属中国内政,是中国人民自己的事,不容任何外来干涉。事实上,世界上没有任何人比中国政府和人民更关心2300万台湾同胞的前途和利益。为了实现祖国统一大业,邓小平先生创造性地提出了“和平统一、一国两制”的基本方针,江泽民主席也提出了发展两岸关系、推进祖国和平统一进程的八项主张。这些方针和主张既考虑到国家发展的最高利益和全体中国人民的长远利益,也充分照顾和维护了台湾同胞的切身利益和台湾发展的需要,受到包括台湾同胞在内的全体中国人民的热烈拥护,并获得了国际社会的广泛好评。香港和澳门的顺利回归,是“一国两制”方针的巨大成功。我们坚信,根据“和平统一、一国两制”的方针,台湾问题终将得到妥善解决。

王英凡说:早日解决台湾问题,实现祖国统一,符合包括台湾同胞在内的全体中国人民的根本利益,是全体中国人民的共同愿望。一个中国的原则是两岸关系和平稳定发展的基础。中国政府一贯主张在一个中国原则的基础上通过两岸平等对话,实现祖国和平统一。我们愿同一切赞同一个中国原则的台湾各党派、各团体和各界人士就中国统一问题进行对话,完全可以通过协商找到和平解决双方政治分歧的办法。但是,我们不得不遗憾地指出,台湾当局至今仍拒不接受一个中国原则,为两岸经贸、文化交流和人员往来设置人为障碍,同时采取一系列卑劣手段推动“渐进式台独”。更有甚者,陈水扁最近公然声称海峡两岸“一边一国”,准备用“公民投票”方式在“需要的时候”决定“台湾的前途、命运和现状”。这充分暴露了他顽固坚持“台独”立场的真面目,是对包括台湾同胞在内的全体中国人民的公然挑衅。极少数“台独”分子的分裂行径加剧了海峡两岸关系的紧张,将对两岸关系造成严重的破坏,并危害亚太地区的稳定与和平。上述极少数国家的提案只会助长台湾当局的分裂活动,破坏中国的统一大业,危害亚太地区和世界的和平与安全。中国政府对此坚决反对。

王英凡最后强调说:中国重视同联合国所有会员国的关系,始终坚持在相互尊重主权和领土完整、互不侵犯、互不干涉内政、平等互利、和平共处的原则基础上发展与世界各国的友好关系。中国从未做过任何伤害提案国的事,但是上述提案国却在台湾问题上一再损害中国的国家利益,伤害中国人民的感情。我们希望这些国家顺应历史潮流,遵守《联合国宪章》和联大第2758号等有关决议,采取与绝大多数会员国相一致的立场,认清台湾当局进行分裂活动的实质,不要再被其所蒙蔽和利用。我们赞赏广大会员国坚持一个中国原则、反对“台独”、反对“两个中国”、反对“一中一台”、反对台湾参与只有主权国家才能参加的国际组织的立场。我们坚信,在维护自己国家主权和领土完整的正义事业中,中国政府和人民将会继续得到联合国广大会员国政府和人民的理解和支持。

《人民日报》发表司法部部长张福森的文章《充分发挥律师公证在诚信建设中的作用》

第二十三届国际鸟类学大会在北京国际会议中心举行

来自中国、美国、英国、日本等数十个国家的近1000位学者参加会议。据悉,这是国际鸟类学大会首次在亚洲国家举办。

创办于1884年的国际鸟类学大会是最高级别的世界鸟类学学术会议,每四年一届。100多年来,历届国际鸟类学大会都由欧美国家承办,直到第二十二届才开始走出欧美在南非召开。我国能够成功申请举办国际鸟类学大会,既是综合国力和国际地位提高的体现,也是我国鸟类学研究水平日益进步和国际交流日益广泛的体现。

本次大会将举行10个学术报告大会和40个学术报告分会,以及国际鹤类学术研讨会等3个卫星会议。提交大会的800多篇报告和论文展示了国际鸟类学研究的最新成果。

中科院古脊椎动物研究所周忠和博士代表中国科学家首次在国际鸟类学大会上作了学术报告,其报告主题是“中生代鸟类起源的研究”。当晚,还举行了冠名“中国日”的学术报告活动。

8月13日

中央纪委书记尉健行在新疆考察

8月13日至20日,尉健行在新疆维吾尔自治区党委书记王乐泉、自治区主席阿不来提·阿不都热西提、中央纪委副书记刘锡荣等陪同下,先后到库尔勒、阿勒泰、昌吉、石河子、乌鲁木齐等地考察,看望了纪检监察干部、工会干部、新疆生产建设兵团干部和石油职工。他在听取了自治区党委、政府,纪委、监察厅,自治区总工会和新疆生产建设兵团的工作汇报后,充分肯定了新疆在改革开放、经济发展、民族团结，以及党风廉政建设和反腐败工作等方面取得的明显成就。

尉健行在考察时强调，各级纪委要全面贯彻“三个代表”要求，坚持不懈地严格执行党的政治纪律，为维护改革发展稳定的良好局面提供坚强的政治保证。

尉健行指出，党的纪律是贯彻党的路线、维护党的团结统一、完成党的任务的重要保证。只有全党纪律严明，我们的事业才能无往而不胜。党的各项纪律中，政治纪律是最重要的纪律。这些年来，各级纪委在着重抓好党风廉政建设和反腐败工作的同时，始终把维护和严格执行党的政治纪律放在各项工作的首位，对各级党组织和党员领导干部执行党的路线、方针、政策以及执行民主集中制情况加强监督检查，维护了中央的权威，保证了政令畅通。在加快推进社会主义现代化建设的新的发展阶段，改革越深入，经济越发展，各种矛盾错综复杂，各种思潮相互激荡。在这种情况下，更加需要严格党的政治纪律。尉健行要求，各级党委要把维护党的政治纪律作为从严治党的重要任务认真抓好。党的各级组织、每个共产党员特别是党员领导干部都必须自觉遵守和维护党的纪律，自觉同以江泽民同志为核心的党中央保持高度一致，同一切违反党的政治纪律的行为作坚决斗争。

尉健行充分肯定了新疆维吾尔自治区党委在严格执行党的政治纪律方面取得的成功经验。他说，自治区党委从新疆的实际出发，通过各种形式大力开展民族团结教育，引导党员干部认识遵守政治纪律的极端重要性，增强政治纪律观念；制定专门规定，要求党员特别是党员领导干部自觉遵守和执行反对民族分裂、维护祖国统一的政治纪律；各级纪委把维护政治纪律作为第一位的监督任务，不断加强对党员干部在遵守政治纪律、执行民主集中制，以及维护民族团结情况的监督检查，并逐级实行严格的责任制，取得了很好的效果。这些做法对于加强新疆各民族团结、维护社会政治稳定，开创新疆改革和发展的新局面，起到了重要的政治保证作用。

在谈到党风廉政建设和反腐败工作时，尉健行指出，今年以来，各地区、各部门认真学习贯彻江泽民同志在中央纪委第七次全会上的重要讲话精神，组织实施第七次全会按照中央要求部署的党风廉政建设和反腐败各项任务，取得了新的成绩。但是也要看到，有的任务落实不够好，工作进展不平衡。尉健行要求各级党委、政府和纪检监察机关，要深入学习江泽民同志“七一”和“5·31”重要讲话精神，深刻领会“三个代表”重要思想的精神实质，用“三个代表”重要思想统领和推进党风廉政建设和反腐败斗争。当前，要抓紧落实今年反腐倡廉的各项任务，尤其要认真落实领导干部不准收受与自己行使职权有关系的单位、个人和外商、私营企业主的礼金、有价证券的规定，领导干部配偶、子女从业的有关规定；抓紧突破一批大案要案；深化行政审批、财政管理、干部人事制度三项改革，完成好今年党风廉政建设和反腐败的各项任务，以新的实际成果迎接党的十六大的召开。

全国税务系统信息化建设工作会议在北京召开

国务院副总理李岚清在听取了国家税务总局局长和代表们发言后指出，今年以来，全国税务系统广大干部职工积极开拓，奋力进取，在实施金税工程、整顿和规范税收秩序、加强干部队伍建设等方面取得了显著成绩。今年1—7月份，全国税收收入累计完成9965亿元，比上年同期增收975亿元，增长10.8%，为改革、发展、稳定和增强国家的宏观调控能力提供了财力保障。同时，我们也应当看到，我国社会主义市场经济体制尚不完善，偷税、逃税、骗取出口退税等违法现象仍不断出现，加强税收征管的任务仍然很重。

李岚清充分肯定了税收信息化建设已取得的成绩。他说，税务部门按照党中央、国务院关于大力推进国民经济和社会信息化的要求，以信息化建设为依托，提出“科技加管理”的工作思路，信息化建设已取得重要进展。金税二期建设成效显著，增值税征管工作逐步实现了科学化和规范化，为堵塞征管漏洞、加强税收征管、促进税收收入稳定增长发挥了积极作用。

李岚清强调，税收信息化是加强税收征管、实现依法治税的重要措施。要在巩固、完善金税二期工程的基础上，抓紧金税三期的立项和建设。要利用当今世界先进技术，加快建设速度，把金税工程建成世界一流的税收管理信息系统。税收信息化建设要讲求实效，重在有效适用，不能搞没有实效的“形象工程”；要加强管理，搞好监控，不只是管理、监控纳税人，而是要管理、监控整个社会征纳税活动；要改善服务，提高工作效率，更好地为纳税人，为基层服务；要加强培训，努力提高整个税务干部队伍和纳税人的信息技术水平，以便顺利地推进税收信息化。

李岚清指出，要加大整顿和规范税收秩序工作力度，把加油站和集贸市场税收专项整治工作引向深入。要抓紧做好按照税控装置信息征税的工作，深入开展对各类商贸城、集贸市场的税收专项整治工作。同时，要选择一些偷逃税的典型案件进行曝光，以起到震慑犯罪分子、教育广大纳税人的作用。要进一步强化个人所得税特别是高收入人群个人所得税的征管，完善制度，促进社会公平分配，加快税务银行联网以强化监管。

李岚清要求，税务部门要继续深入贯彻“加强征管、堵塞漏洞、惩治腐败、清缴欠税”的工作方针，大力强化税收征管，堵塞漏洞，把该收的税都收上来。要坚决制止越权减免税，各地区、各部门无权超越税法的规定擅自制定税收政策。各级党政机关、各部门要大力支持税务部门依法治税。要落实好所得税收入分享改革和出口退税管理机制改革，保证重点出口企业的退税，继续严厉打击骗取出口退税违法犯罪活动，促进出口增长。他指出，今年是我们党和国家历史上非常重要的一年，改革、发展、稳定对税收工作提出了更高的要求，税务系统广大干部职工要全面贯彻“三个代表”要求，开拓创新，扎实工作，出色地完成今年的税收任务，向党的十六大献礼。

参加座谈会的有国务院办公厅、国家计委、国家经贸委、财政部、海关总署、信息办的有关负责同志，各省、自治区、直辖市的国税局和地税局局长。

中国航天科技集团公司在北京召开第二次工作会议

会议提出把全力铸造国际一流宇航公司作为集团公司未来3年的发展目标。中共中央政治局委员、国务院副总理吴邦国致信中国航天科技集团公司，对公司成立3年来的工作给予充分肯定，并希望他们在今后的工作中切实加强科研生产，积极推进体制机制创新，为我国国防事业和航天事业的发展作出新的贡献。信中说，3年来，航天科技集团广大干部职工认真贯彻落实党中央、国务院方针政策，弘扬“两弹一星”精神，各项工作取得了很大成绩，应当充分肯定。

吴邦国希望集团公司干部职工认真学习贯彻江总书记“七一”讲话和“5·31”重要讲话精神，按照“三个代表”要求，切实加强科研生产，确保重点工程按时保质完成，积极推进体制机制创新，促进集团的发展壮大，发挥航天技术和人才优势，大力推进信息化建设，全面提高企业的经济效益，为我国国防事业和航天事业的发展作出新的贡献。

中国航天科技集团公司总经理张庆伟说，中国航天科技集团公司制定了《2002—2005年发展与建设纲要》，加快向国际一流宇航公司迈进的步伐。中国航天科技集团公司将在未来3年时间里，以“发展航天，强大集团，改革创新，铸造一流”为方针，坚持专业化、产业化、集团化、国际化的建设方略，围绕导弹武器系统、宇航技术与产品、主导民品3个主业，在体制创新、机制创新、技术创新、管理创新4个方面实现突破。

张庆伟说，在从1992年到2002年的10年时间里，中国航天科技集团公司攻克了载人航天工程的一系列关键技术，研制成功了先进的“神舟”飞船和“长征二号F”新型运载火箭，初步形成了具有中国特色的载人航天体系。中国航天科技集团公司还将突破以飞船交会对接、空间实验室、卫星组网、深空探测等为代表的一批关键技术。

8月14日

国务院召开第62次常务会议

国务院总理朱镕基主持召开了会议，审议并原则通过了《互联网上网服务营业场所管理条例(草案)》。

会议认为，近年来，“网吧”等互联网上网服务营业场所过多过滥，一些地方监督管理不力，违法经营现象比较普遍，经营秩序混乱，安全隐患突出，对广大人民群众特别是青少年的身心健康以至生命安全造成严重危害。因此，制定《互联网上网服务营业场所管理条例(草案)》，通过法律手段切实加强对“网吧”等互联网上网服务营业场所的管理，符合广大人民群众的迫切需要。

会议确定，《互联网上网服务营业场所管理条例(草案)》经修改后，由国务院公布实施。

国际数学家大会“对策论及其应用”卫星会议在青岛开幕

会议由中国数学会主办、青岛大学承办。来自30多个国家和地区的150余名国内外著名专家学者出席了会议。

国际数学家大会(ICM)是全球数学界最高层次、最具权威性的学术研究论坛，每4年举行一次，迄今已有百余年历史，本次大会是第二十四届会议。ICM被誉为“国际数学奥林匹克”盛会，这是首次在我国举行，也是首次在发展中国家举行。

本次“对策论及其应用”卫星会议将历时4天，会议共提交130余篇博弈论领域的最新科研论文，包括两位诺贝尔奖得主在内的12位国际博弈论泰斗将在会议期间作特邀专题报告。

8月15日

中共中央 国务院 中央军委下发《关于加强和改进城市民兵工作的意见》

《关于加强和改进城市民兵工作的意见》(以下简称《意见》)强调，城市民兵建设是国防后备力量建设的重点，是国防现代化建设的重要方面。没有强大的城市民兵，就没有强大的国防后备力量，就没有强大的国防。必须把加强城市民兵建设作为全党全军的一项长期的战略任务，切实抓紧抓好，努力开创新世纪我国城市民兵建设的新局面。

《意见》从国家改革发展稳定的大局和国防现代化建设战略全局的高度，对新形势下城市民兵建设作出了部署。《意见》共分五个部分：一、充分认识城市民兵的战略地位和作用；二、城市民兵建设的指导思想和原则；三、深化城市民兵工作改革；四、完善城市民兵工作管理体制；五、加强对城市民兵工作的领导。

《意见》指出，城市民兵建设必须以毛泽东军事思想、邓小平新时期军队建设思想、江泽民同志“三个代表”重要思想和关于国防与军队建设的一系列重要论述为指导，以党中央、国务院、中央军委关于国防后备力量建设的方针、原则为依据，遵循党管武装、坚持和完善民兵制度、平战结合、改革创新、依法建设的原则。城市民兵工作改革，要从民兵战时担负的任务着眼，充分考虑各城市所处的战略位置和经济发展等情况，调整民兵组织，强化政治工作，加强军事训练，改善武器装备，改进经费保障办法，努力建设一支政治可靠、组织健全、训练有素、装备良好、保障有力的城市民兵队伍，确保执行任务时能够靠得住、拉得出、用得上。要根据城市管理体制改革发展情况和军事斗争准备的要求，适应建立现代企业制度和发展企业集团的新形势，完善企业人民武装工作领导体制，改进企业民兵工作管理办法，强化军分区(警备区)和市辖区(市)、街道(乡、镇)人民武装部的职能，建立、健全城市民兵工作属地管理机制。

《意见》强调，做好城市民兵工作，加强国防后备力量建设，是各级党委、政府和军事机关的共同任务要进一步处理好经济建设和国防建设的关系，做到统筹兼顾，相互促进，协调发展，在集中精力发展经济的同时，加强国防现代化建设，切实把城市民兵工作摆到战略位置。地方各级党委、政府要把民兵工作作为一项重要任务，列入议事日程，纳入当地经济和社会发展规划，与政治、经济体制改革同步考虑。要坚持和落实党委议军等制度，认真贯彻落实党中央、国务院、中央军委关于国防后备力量建设的方针、政策和指示，及时研究决定本地区民兵建设的重大问题。要健全市、市辖区(市)党的人民武装委员会，设立街道党的人民武装委员会，主任由街道党(工)委书记兼任；各级人民武装委员会要加强对民兵工作的领导，积极协调有关部门，及时解决民兵建设中的重要问题，保证城市民兵工作的顺利开展。兼任军分区(警备区)、市辖区(市)人民武装部党委第一书记的市、市辖区(市)委书记每年要向上级党委军事部进行“党管武装工作述职”并形成制度；各级党委组织部门在考察下一级党政分管民兵工作负责同志的工作实绩时，应当听取当地军事领导指挥机关的意见。党委、政府有关部门和行业管理系统要重视、支持民兵工作，积极创造条件，促进本系统、本单位民兵工作的落实；企事业单位党委要有一名领导同志分工负责人民武装工作，组织抓好本单位的民兵工作。要加强各级干部特别是领导干部的国防教育，增强其国防观念；重视抓好企业的国防教育，增强企业履行国防义务和民兵工作职责的自觉性。要加强民兵工作地方性法规建设，积极推进民兵工作法制化进程。各级军事机关要把加强城市民兵建设作为贯彻落实新时期军事战略方针的重要工作，切实抓紧抓好。

《意见》强调，要充分发挥城市民兵在两个文明建设中的作用，积极组织民兵参加企业改革、重点工程建设、维护社会治安和精神文明创建等活动，实现用兵练兵强兵的有机结合，为改革开放和社会主义现代化建设贡献力量。

《人民日报》发表中共中央党校邓小平理论研究中心的文章《保持稳定：改革发展的重要保证》

全国监所网络化管理和动态监督现场会在廊坊结束

最高人民检察院检察长韩杼滨在会上强调，进一步加强检察机关与公安、司法行政等部门的合作，推动监管工作和监所检察工作的创新发展，提高监管工作执法水平。

韩杼滨说，加强监管工作和监所检察工作是落实“三个代表”重要思想，自觉适应时代发展和现代法治潮流，切实防止和纠正群众反映强烈的执法不严、执法违法问题，促进监管改造机关依法、文明和科学管理，推进依法治国进程，树立和维护国家法治形象的必然要求；是保证刑事诉讼活动顺利进行，保证刑事判决、裁定正确执行，保证国家刑罚目的实现和刑事诉讼任务完成，保障国家法律统一正确实施的客观要求；也是贯彻惩罚与教育、改造相结合原则，提高监管改造质量，预防和减少重新犯罪，巩固“严打”整治斗争成果，维护社会治安稳定，保障改革开放和现代化建设的迫切需要。

韩杼滨要求，各级检察机关要把推广网络化管理和动态监督经验与开展各项诉讼监督专项行动结合起来，把科技强检与深化改革结合起来，通过观念更新带动机制创新和工作创新，为推动“严打”整治斗争深入开展，维护社会稳定，推进依法治国发挥更加积极的作用，为党的十六大胜利召开创造良好法治环境。

会议由最高人民检察院副检察长梁国庆主持。司法部部长张福森、河北省委书记王旭东出席会议。中央政法委副秘书长陈冀平在会上作了讲话，最高人民检察院副检察长赵登举、公安部副部长白景富、司法部副部长范方平分别代表检察、公安和司法行政机关对如何加快实行网络化管理和动态监督工作以及各自在监管活动中的工作做了部署。

8月16日

全国人大常委会委员长李鹏在人民大会堂会见加纳议会议长彼得·阿拉·阿杰蒂

李鹏说,加纳是撒哈拉以南非洲最早独立、最早同中国建交的国家之一,两国友好关系经历了时间的考验,有着非常坚实的基础。建交多年来,两国在维护各自国家独立和主权、发展国民经济的事业中始终相互支持、相互帮助,高层往来频繁。中方愿与加方共同努力,进一步巩固和加强两国传统友谊,拓展在经贸等各个领域的合作,这符合两国人民的根本和长远利益。他对加纳多年来坚持一个中国的原则立场,在国际事务中给予中国宝贵支持表示赞赏和感谢。

李鹏说,作为加纳人民的朋友,中国一贯重视加纳的发展,并注重加强和包括加纳在内的非洲国家的团结与合作,这是中国独立自主和平外交政策的重要组成部分。他强调,中国坚持和平共处五项原则,始终站在发展中国家一边。中国支持非洲国家独立自主地选择适合各自国情的政治制度与发展道路;支持非洲国家维护和促进相互间的团结,平等参与国际事务。中国愿与非洲国家本着平等互利原则开展形式多样的经贸合作,谋求共同发展。

李鹏说,加强议会间的友好交流与合作,对积极促进两国关系的发展具有重要意义。中国全国人大希望加强与加纳议会间的合作,共同推进中加关系和中加人民之间友谊的深入发展。

李鹏还向客人介绍了我国当前经济发展的情况和中国的人民代表大会制度。

全国人大常委会副委员长许嘉璐、全国人大常委会委员谢安山、外交部副部长王毅、李鹏委员长办公室主任吴文昌等参加了会见。

九届全国人大常委会举行第六十二次委员长会议

全国人大常委会委员长李鹏主持会议。会议决定,九届全国人大常委会第二十九次会议8月23日至29日在北京举行。

会议首先听取了全国人大常委会秘书长何椿霖关于第二十九次常委会会议议程草案和日程安排意见的汇报。委员长会议建议常委会会议审议的法律草案有:农村土地承包法草案、水法修订草案、测绘法修订草案、环境影响评价法草案、道路交通安全法草案、民办教育促进法草案、保险法修正案草案、全国人大和地方各级人大监督法草案、《刑法》第三百一十三条的解释草案、证券投资基金法草案、行政许可法草案、草原法修订草案等。委员长会议建议列入常委会会议的议程还有:听取和审议国务院关于今年以来国民经济和社会发展计划执行情况的报告;听取和审议国务院关于保障妇女权益工作情况的报告;听取全国人大常委会执法检查组关于检查食品卫生法实施情况的报告等。

会上,全国人大法律委员会主任委员王维澄汇报了农村土地承包法草案等7部法律草案主要问题的修改意见、全国人大和地方各级人大监督法草案的主要问题。全国人大常委会法制工作委员会副主任胡康生作了关于《刑法》第三百一十三条的解释草案的汇报。全国人大财经委员会主任委员陈光毅汇报了证券投资基金法草案的有关问题。全国人大外事委员会副主任委员李淑铮作了关于批准《〈儿童权利公约〉关于买卖儿童、儿童卖淫和儿童色情制品问题的任择议定书》的决定草案的汇报。何椿霖还汇报了香港、澳门十届全国人大代表选举会议成员名单草案,香港、澳门十届全国人大代表选举会议主席团人选的建议名单。

全国人大常委会副委员长田纪云、姜春云、邹家华、王光英、布赫、铁木尔·达瓦买提、吴阶平、彭珮云、何鲁丽、周光召、曹志、丁石孙、许嘉璐、蒋正华出席会议。

国务院妇女儿童工作委员会三届五次全会在北京召开

国务委员、国务院妇女儿童工作委员会主任吴仪在会上强调,要进一步提高认识,明确职责,加大工作力度,认真做好妇女儿童工作。

吴仪指出,国务院妇女儿童工作委员会三届四次全会以来,各成员单位认真履行职责,狠抓工作落实,为保障妇女儿童权益、促进妇女儿童发展做了大量工作,取得了新的成绩。今年要召开党的十六大,适逢《妇女权益保障法》颁布十周年,做好今年的妇女儿童工作十分重要,必须认清形势,强化责任,确保完成各项工作任务。

吴仪强调,要进一步加大工作力度,全面推进《中国妇女发展纲要(2001—2010)》和《中国儿童发展纲要(2001—2010)》的贯彻实施。一是各成员单位要按照目标任务和职责分工,抓紧完成妇女儿童事业发展实施方案的制订工作,各省、自治区、直辖市的妇女儿童发展规划已经制定,要督促检查地(市)、县(市)按计划完成规划的制定。二是要认真做好纲要实施的监测评估工作。要把妇女儿童的发展状况纳入国家统计制度,抓紧建立分性别统计指标和分性别数据库,及时收集、整理、反馈、交流有关信息,完善监测数据和有关报告制度。三是要继续推动重点难点问题的解决。当前要进一步采取措施,促进下岗女职工再就业,努力创造男女平等就业的环境,纠正用人单位各种侵害女职工合法权益的行为;要严厉打击强奸、拐卖妇女儿童以及卖淫嫖娼等各种违法犯罪活动;要维护妇女在婚姻家庭中的合法权益,加强流动人口中妇女儿童权益的保障工作。要继续加大投入,抓好农村特别是西部农村妇女儿童的教育和卫生保健工作。

吴仪要求,各地区、各有关部门要进一步增强大局意识和责任意识,把妇女儿童工作摆上重要议事日程,不断研究新情况,解决新问题。要加强协调配合,强化督促检查,更好地承担起促进妇女儿童事业发展的职责。要进一步发挥各级妇女儿童工作委员会办公室的作用,加强思想建设、组织建设和作风建设,不断强化工作职能。

会议听取了国务院妇女儿童工作委员会副主任、全国妇联副主席顾秀莲的工作报告,国务院妇女儿童工作委员会成员出席了会议。

外交部发言人孔泉谈小泉反省侵华战争

外交部发言人孔泉就日本首相小泉纯一郎对侵华战争表示深刻反省一事发表评论,希望日方以实际行动反省侵略历史。

有记者问:日本首相小泉8月15日表示,日本在那场战争中给许多国家,特别是亚洲各国人民带来了重大伤害,他代表日本国民,再次表示深刻反省,并对死难者表示哀悼。小泉还表示将坚持不再战的誓言,进一步发展与周边各国的友好关系。请问中方对此有何评价?

孔泉答:我们注意到小泉首相的这一表态,希望日方以实际行动反省侵略历史,汲取深刻教训,继续走和平发展道路。

8月17日

第十四届国际数学联盟成员国代表大会在上海国际会议中心开幕

来自加拿大、中国、法国、德国、以色列、意大利、日本、英国、美国等49个国家和地区的127位代表出席了会议。

国际数学联盟是在1950年创立的,旨在促进数学方面的国际交流和颁发数学界的最高奖,即费尔兹奖。国际数学联盟的成员国代表大会,是国际数学联盟的最高权力机构,一切重大问题要投票决定。按惯例,在国际数学家大会前召开,每四年一次。本届国际数学联盟成员国代表大会的主要议程包括选举产生新一届主席、修改章程、执委会改组和吸收新的成员国,它是国际数学家大会的前奏。

管桦逝世

著名作家、北京市文联主席、《小英雄雨来》的作者管桦同志因心脏病突然发作,于8月17日在河北唐山家乡病逝,享年81岁。

管桦原名鲍化普,1940年参加革命工作。1942年毕业于华北联合大学文学系。是全国第五、六、七、八届政协委员,曾任北京市文联副主席、主席,北京老舍文艺基金会会长,北京老舍研究会会长,一级作家。

管桦1942年开始发表作品,有长篇小说《将军河》《深渊》,作品集《管桦中短篇小说集》《管桦文集》等。他创作的中篇小说《小英雄雨来》及同作曲家合作的歌曲《快乐的节日》《我们的田野》《听妈妈讲那过去的事情》等有广泛的影响。

8月18日

天津科技馆数学厅落成并对外开放

天津科技馆数学厅是由国际数学大师、天津科技馆名誉馆长陈省身先生倡导建立的。

这是目前国内科技馆中第一个数学展厅,也是规模最大的一个。它占地1100平方米,包括数学史长廊、现代数学、经典数学、趣味数学、计算机与数学的应用等部分,较为系统地介绍了中外数学大事记、著名数学奖和50位中外数学家的生平。

第八届全国中学生运动会在南京举行

8月18日至23日,来自全国31个省、市、自治区和香港、澳门特别行政区共33个代表团的2000多名运动员参加了田径、游泳、篮球、排球、足球、羽毛球、乒乓球和毽球8个项目的比赛。

第八届全国中学生运动会由教育部、国家体育总局、共青团中央主办,江苏省人民政府承办,是历次全国中运会中规模最大、参赛人数最多的一次。

8月19日

中共中央 国务院 中央军委向内蒙古大兴安岭北部林区雷击火扑火前线指挥部发出慰问电

国家主席江泽民在中南海会见参加北京国际弦理论会议的斯蒂芬·霍金教授等国际知名科学家

江泽民首先向霍金及在座的国际知名科学家表示热烈的欢迎。江泽民高度称赞霍金倾毕生精力,为科学为人类所作出的巨大贡献。他同时强调:中国政府十分尊重科学家独特的敏感和创新精神，鼓励他们开展探索性的科学研究；科学规律的发现将对社会生产力的发展起到巨大的推动作用。江泽民祝北京国际弦理论会议取得成功。

霍金说，非常高兴在1985年访华后再次来到中国，中国在过去17年取得的巨大进步给他留下深刻印象。他说，中国在未来的发展中要保持和发展重视基础科学的传统，因为激励年轻人投身科学研究要靠基础科学。他表示相信，再过50年，中国有望成为领导世界科学的国家。

中国科学院特邀顾问、全国人大常委会副委员长周光召，中国科学院院长路甬祥，中国科学院副院长白春礼等会见时在座。

参加国际弦理论会议和国际数学家大会的外国专家丘成桐、爱德华·威滕、大卫·格罗斯和安德鲁·斯特罗明格等也参加了会见。

国务院副总理李岚清在南京听取关于行政审批制度改革和城市管理综合执法改革试点情况的汇报并讲话

在听取听取南京市委、市政府的汇报后，李岚清对南京市在行政审批制度改革和综合执法改革试点工作中取得的成绩给予充分肯定。他指出，近年来，南京市委、市政府在江苏省委、省政府的领导下，按照党中央、国务院关于建立“廉洁、勤政、务实、高效”政府的要求，解放思想，真抓实干，积极推进行政审批制度改革、城市管理综合执法改革，取得了初步成效，市场经济秩序明显好转，投资环境进一步改善，经济和社会事业快速发展。希望江苏省、南京市在试点的基础上进一步加快行政审批制度改革，扩大综合执法范围，将目前的城市管理综合执法，逐步扩展到市场经济管理、文化市场管理等领域，加快政府职能转变，适应经济和社会发展的新要求。

李岚清指出，根据党中央、国务院的部署和要求，各地行政审批制度改革工作正在扎实有效地进行，并已取得了阶段性成果。但必须看到这项改革的任务还远没有完成。由于各项审批制度改革涉及调整部门职能、法律、法规修改等重大问题，难度会越来越大。我们要迎难而上，扎实工作，采取得力措施，集中精力攻坚，努力实现行政审批制度改革的目标，从根本上解决行政审批过多过滥、环节繁多、权责分离、监督乏力等弊端，建立有利于市场经济发展的行政管理体制。对不符合政企分开和政事分开原则、妨碍市场开放和公平竞争以及实际上难以有效发挥作用的行政审批，要坚决予以取消；凡是可以用市场机制代替的行政审批事项，都要通过市场机制运作。政府必须认真管好自己应当管的事，对政府不该管也管不好的事，要运用市场机制来解决，把政府的主要精力投入到宏观调控、完善法制、依法行政和有效监管上来。要加大监督检查力度，建立行政审批责任追究制度，保证行政审批制度改革的成果落到实处。

李岚清指出，当前我国行政执法部门过多，权力分散、多头执法、多层执法、重复执法、权责脱节等问题比较突出，有些行政执法部门有权无责，个别的甚至搞权钱交易。解决这些问题的一个重要措施，是适当集中行政执法权限，尽可能地实行综合执法。这是建立和完善社会主义市场经济体制的必然要求，是促进生产力发展的有效措施，也是巩固行政审批制度改革成果的有效手段。目前一些城市实行综合执法，取得了良好成效。不仅执法水平和执法效率大大提高，而且执法队伍建设和执法经费也有了基本保证。综合执法实行监督处罚权与罚没收款权分离，既加强了对执收执罚的监督，又有利于实施“收支两条线”管理，减少腐败，受到了广大人民群众的欢迎和支持。要认真总结试点城市的经验，使之进一步规范完善，逐步扩大试点范围和内容。试点城市要进一步加强综合执法队伍的管理和培训，提高行政执法人员素质。强化对执法队伍的监督，优化执法环境。要充分运用信息网络等高新技术手段，推进综合执法工作的信息化建设，降低执法成本，提高执法效果。要积极探索建立适合于经济、文化管理领域的综合执法体制和运作机制，保证综合执法试点工作健康有效地进行。试点起步较早、试点城市较多的地区，应认真总结试点工作经验，尽快在全省(区、市)范围内推行。

有关方面负责人回良玉、季允石、高强、廖晓淇出席了座谈会，李源潮、罗志军在座谈会上作了汇报。

《人民日报》发表评论员文章《坚定不移地推进农村基层民主》

中俄总理定期会晤委员会第六次会议在上海召开

国务委员、中俄总理定期会晤委员会中方主席吴仪和俄罗斯联邦副总理、中俄总理定期会晤委员会俄方主席赫里斯坚科共同主持召开了中俄总理定期会晤委员会第六次会议，为即将举行的中俄总理第七次定期会晤做准备。两国总理第七次会晤将于8月22日在上海举行。

会议在务实和友好的气氛中进行。双方回顾了一年来各领域合作取得的成果，检查了中俄总理第六次定期会晤和委员会第五次会议期间达成协议的落实情况，高度评价中俄经贸合作取得的进展。双方指出，中俄经贸合作已进入稳定、快速的发展时期，达到了前所未有的广度和深度。去年双边贸易额首次突破100亿美元大关，达到106.7亿美元，今年1至7月，继续保持快速增长，有望再创新高。两国在各领域的经济技术合作发展顺利，特别是涉及国计民生的大项目稳步推进，经贸合作呈现多样化格局。

双方就两国在各领域的重大合作项目及其具体实施措施深入交换了意见，并达成广泛共识。双方一致认为：目前双方的主要任务是要采取切实措施，使中俄石油管道项目、天然气开发、在莫斯科建立中国贸易中心、在俄罗斯建立中国科技园和中俄通信技术研究中心等项目尽快实施。

双方指出，经贸合作是两国关系的物质基础，是保持两国战略协作伙伴关系旺盛生命力的重要保障，要在不断推动现有项目发展的同时，积极探讨新的合作方向和领域，并制定双方在各领域的长远合作规划，以确保中俄合作长期、稳定、健康发展，为两国战略协作伙伴关系水平的不断提升作出贡献。双方还商定了中俄总理第七次定期会晤期间将签署的一系列重要的双边经贸合作文件。

中方参加会议的主要人员有：国家计委主任曾培炎、国防科工委主任刘积斌、铁道部部长傅志寰、信息产业部部长吴基传、中国驻俄罗斯大使张德广、外交部副部长刘古昌、科技部副部长马颂德、国家航天局局长栾恩杰、外经贸部副部长周可仁等。

国务院副总理钱其琛在钓鱼台国宾馆会见联合国人权事务高级专员鲁滨逊夫人

中国选手谭雪在里斯本举行的世界击剑锦标赛中获得女子佩剑个人冠军实现中国击剑世锦赛金牌零的突破

8月20日

第二十四届国际数学家大会开幕式在人民大会堂举行

国家主席江泽民出席开幕式，并应国际数学联盟主席帕利斯的邀请，为本届菲尔茨奖获得者颁奖。

洛朗·拉佛阁和弗拉基米尔·沃沃斯基两位数学家荣获菲尔茨奖。迈度·苏丹荣获内万林纳奖。

这是100多年来中国第一次主办国际数学家大会，也是发展中国家第一次主办这一大会。

来自100多个国家和地区的2000多位外国数学家和1000多位中国数学家出席了这一国际盛会。

江泽民在会议开幕前会见了参加会议的国际数学联盟主席帕利斯等11位中外著名的数学家。国务院副总理李岚清、温家宝等参加了会见。

李岚清在开幕式上代表中国政府致辞时说，在过去一个世纪里，科学技术经历了前人无法想象的巨大发展。太空探索、核能、计算机信息技术，当然还有生物工程，这一切都标志着人类进入了一个崭新的知识时代。社会的进步依赖于科学的创新，而数学对于科学的发展则具有根本的意义。在今天，数学已成为高科技的基础，并且在一定意义上可以说是现代文明的标志。

他说，作为发展中国家，中国正在现代化建设的道路上迈进。科教兴国是中国人民正在奋力追求的目标。在过去的20多年里，这一历史过程在改革开放方针的指引下获得了加速发展。年轻人才和有造诣的专家大量涌现并活跃于国际科技舞台。中国政府全力支持一切有利于这一发展的努力，制定了一系列促进包括数学在内的基础科学研究的国家计划和规划。

李岚清说，我们清楚地认识到，中国的科学技术要达到世界先进水平还要经过长期的努力。科学是没有国界的，科学的发展需要和平、稳定与合作。在这方面，已有百年传统的国际数学家大会为我们树立了一个榜样。本次大会为中国科学家带来了向国际同行学习并在更广泛的规模上展开合作的机遇。他希望本次大会将成为中国数学与科学发展的一个新的起点，并为全世界的科学界开辟一个国际合作的崭新时代。

国际数学家大会是最高水平的全球性数学科学学术会议，被誉为国际数学界的“奥林匹克”，每四年召开一次。大会颁发的菲尔茨奖，被誉为“数学领域的诺贝尔奖”。

本次大会将持续到8月28日。在此期间，将有20位数学家作大会一小时报告，174人作45分钟报告。在本届大会上，将有11位中国数学家作45分钟报告。著名青年数学家、美国麻省理工学院教授、北京大学特聘教授田刚等3位华人数学家将作大会1小时报告。

为使公众更好地理解数学，加强数学与社会的联系，大会还组织了公众报告。中国首届最高科技奖获得者吴文俊、诺贝尔经济学奖获得者美国普林斯顿大学教授纳什等，将以数学的作用和对其他科学乃至社会的影响为题作公众报告。大会组委会还与中国少年科学院、中国数学会、中国教育学会共同主办“走进美妙的数学花园”少年数学论坛。中国数学会还主办了与大会相关的数学夏令营。

在大会开幕式上，帕利斯致大会开幕词，全国人大常委会副委员长、中国科协主席周光召代表中国科技界致贺词，北京市市长刘淇代表东道主城市致欢迎词，本届大会名誉主席、著名数学家陈省身和本次大会主席吴文俊在大会上发言。

国务院副总理温家宝，全国人大常委会副委员长丁石孙,全国政协副主席宋健、朱光亚,国际数学联盟领导人鲍尔、芒福德、格里菲斯和往届菲尔茨奖获得者等出席了开幕式。开幕式由大会组委会主席、中国数学会理事长马志明主持。

全国人大常委会委员长李鹏在北戴河会见泰国公主朱拉蓬一行

国家主席江泽民根据全国人大常委会的决定任免驻外大使

一、任命邵关福为中华人民共和国驻东帝汶民主共和国特命全权大使。

二、免去周秀华(女)的中华人民共和国驻卡塔尔国特命全权大使职务;

任命赵会民为中华人民共和国驻卡塔尔国特命全权大使。

三、免去时延春的中华人民共和国驻阿拉伯叙利亚共和国特命全权大使职务;

任命周秀华(女)为中华人民共和国驻阿拉伯叙利亚共和国特命全权大使。

四、免去周国斌的中华人民共和国驻也门共和国特命全权大使职务;

任命高育生为中华人民共和国驻也门共和国特命全权大使。

五、免去尹玉标的中华人民共和国驻多哥共和国特命全权大使职务;

任命张史贤为中华人民共和国驻多哥共和国特命全权大使。

六、免去马振岗的中华人民共和国驻大不列颠及北爱尔兰联合王国特命全权大使职务;

任命查培新为中华人民共和国驻大不列颠及北爱尔兰联合王国特命全权大使。

七、免去张小康(女)的中华人民共和国驻爱尔兰特命全权大使职务;

任命沙海林为中华人民共和国驻爱尔兰特命全权大使。

八、免去丁宝华的中华人民共和国驻卢森堡大公国特命全权大使职务;

任命孙荣民为中华人民共和国驻卢森堡大公国特命全权大使。

九、免去甄建国的中华人民共和国驻希腊共和国特命全权大使职务;

任命唐振琪为中华人民共和国驻希腊共和国特命全权大使。

十、免去王其良的中华人民共和国驻丹麦王国特命全权大使职务;

任命甄建国为中华人民共和国驻丹麦王国特命全权大使。

中国合格评定国家认可中心在北京正式揭牌

这是我国加入世界贸易组织后,按照国际规则建立我国认可工作新体制的又一重大成果,表明我国集中统一的认可体系基本框架正式建立。

此前,我国存在多套认可体系。截至2002年7月底,在认证机构认可方面,我国认可机构共认可了质量管理体系认证机构65个、环境管理体系认证机构21个、职业健康安全管理体系认证机构18个、产品认证机构27个。但是,多套认可体系并存导致的认证认可工作政出多门、多重标准、重复收费、监督不力等问题越来越突出,已经成为我国认证认可事业发展的制约因素,已不能适应形势的发展和我国加入世贸组织的需要。

从今年4月开始,国家质检总局和国家认监委已将原有相关机构调整整合为中国认证机构国家认可委员会、中国实验室国家认可委员会和中国认证人员与培训机构国家认可委员会,中国合格评定国家认可中心将承担这三个国家认可委员会秘书处的工作。今后,各类质量管理体系认证机构的认可工作和强制性产品认证、自愿性产品认证以及农产品、食品认证等各类认证机构的认可工作,都将统一归口到三个国家认可委员会的认可工作中。

各类质量管理体系包括质量管理体系(ISO9000)、环境管理体系(ISO14000)、职业健康安全管理体系(OHSMS)、通讯业质量管理体系(TL9000)、汽车行业质量管理体系(QS—9000)、航空航天业质量管理体系(AS9000)、食品卫生安全管理体系(HACCP)、医疗器械生产企业质量管理体系(ISO13485)、信息安全管理体系和软件成熟度能力评估等。

这些认可机构合并后,将启用新的统一的认可证书和认可标志。已经被原各个认可机构认可的认证机构,在年度监督审核合格后将换发新的认可证书。

8月21日

《人民日报》发表中国社会科学院党组理论学习中心组的文章《指导我国哲学社会科学发展的纲领性文献——学习江泽民同志关于哲学社会科学的重要论述》

国务院副总理温家宝在中国国际农产品深加工食品工业发展研讨会上发表讲话

温家宝指出,目前,中国已经进入全面建设小康社会、加快社会主义现代化的新的发展阶段。中国食品工业发展面临新的形势和任务。要充分发挥中国农产品资源丰富、消费市场广阔的优势,积极实施农产品加工和食品工业发展战略。

温家宝说,中国有近13亿人口,应当成为食品工业大国。发展食品工业是我国经济社会发展的一大战略。中国政府历来高度重视食品工业的发展。改革开放以来,中国食品工业发展加快,产品种类不断丰富、质量不断提高,为促进经济增长、提高人民生活水平发挥了重要作用。但是,目前中国食品工业总体发展水平还比较低,农产品的加工率不高,产品结构不合理,生产水平有待继续提高。

温家宝强调,要不断提高食品工业素质和发展水平,向广大人民群众提供数量充足、品种齐全、质量可靠的食品,提高人民生活水平。要把食品工业发展成为一个大的产业,带动机械制造、包装、运输和餐饮等多个行业,促进产业结构调整和经济发展。要发展农产品深加工特别是食品工业,实现农产品多层次、多环节的转化增值,带动农村种植业、养殖业和其他产业的发展,开拓农产品市场,扩大农产品消费,提高农业综合效益,增加农民收入。要大力发展农产品深加工和食品工业,拓展就业领域,加快农业劳动力转移。

温家宝指出,当前,中国食品工业发展处在一个关键时期。必须根据国内外食品工业发展和食品消费结构变化的趋势,坚持市场导向,把食品工业发展同调整地区生产布局、推动农业产业化经营和扩大内需紧密结合起来,统筹规划,合理布局,整体推进,重点突破。要注重依靠科技进步与创新,提高食品工业整体素质。要加强原料基地建设,满足食品工业发展需要。要加快食品工业改组改造,优化企业组织结构。要建立、健全食品工业质量安全监督检测体系,确保食品安全。要加强和改善宏观调控,形成促进食品工业快速、健康发展的合力,努力把食品工业提高到一个新水平。

温家宝说,食品工业是中国实行对外开放政策最早的领域之一。20多年来,境外企业对中国食品工业的投资规模逐步扩大,投资领域不断拓展。中国将继续认真履行加入世贸组织承诺,进一步扩大对外开放,不断改善投资环境,欢迎和支持各国企业家来中国投资兴业。

为期3天的中国国际农产品深加工——食品工业发展战略研讨会由国家计委、国家经贸委、农业部、科技部联合主办。本次研讨会将从国家及地方政府、企业和食品界不同层面研讨我国和国际农产品深加工——食品工业的战略重点、新技术、管理模式、相关政策等。

国家副主席胡锦涛在人民大会堂与坦桑尼亚联合共和国桑给巴尔总统阿马尼·阿贝德·卡鲁姆举行会谈

关于两国经贸合作,胡锦涛说,双方经贸合作非常活跃,深具发展潜力。近年来,双方根据形势的发展变化,积极拓宽合作领域,努力探索合作的新形式、新途径,并取得一定成效。中国十分重视发展同坦桑尼亚的经贸关系,支持中方企业赴坦桑投资办厂或开展其他形式的互利合作,鼓励中方企业积极参与坦桑的经济建设。我们相信,在双方的共同努力下,两国的经贸合作一定会取得更加丰硕的成果。

会谈中,宾主双方介绍了各自国内情况。胡锦涛积极评价坦桑尼亚政府和人民在保持国家政治稳定,维护民族团结,促进经济发展和改善人民生活等方面所取得的成绩,赞赏坦桑尼亚倡导非洲团结,推动区域经济合作,是非洲大陆维护和平、促进发展的重要力量,在地区事务中发挥着重要作用。

在谈到中非关系时,胡锦涛对非洲联盟首届首脑会议的成功召开和非盟正式启动表示祝贺,并强调指出,中国将一如既往支持非洲国家联合自强的努力,支持非盟建设和"非洲发展新伙伴计划"的实施,并愿与非盟和广大非洲国家一道,为建立中非长期稳定、平等互利的新型伙伴关系而共同努力。

会谈结束后,胡锦涛副主席和卡鲁姆总统出席了《中华人民共和国政府和坦桑尼亚联合共和国桑给巴尔革命政府经济技术合作协定》的签字仪式。

参加会谈和签字仪式的还有外交部副部长王光亚、外经贸部副部长魏建国、中国驻坦桑尼亚大使王永秋等。

8月22日

国家主席江泽民在人民大会堂会见坦桑尼亚联合共和国桑给巴尔总统阿马尼·阿贝德·卡鲁姆

江泽民说,中国和坦桑尼亚是长期亲密友好的朋友,双边友谊是两国几代领导人倾注很大心血共同缔造和培育的。建交38年来,两国友好合作关系全面发展,在政治、经贸、文教、卫生等各领域的交流与合作取得丰硕成果,人民之间的相互了解和友谊不断加深,我们对此感到满意。

江泽民对坦桑尼亚始终坚持一个中国的政策表示赞赏和感谢。他说,中国政府十分珍视两国传统友好关系,愿继续与坦桑尼亚政府共同努力,巩固和发展两国长期保持的平等互利的团结合作关系。

江泽民还积极评价坦桑尼亚近年来在维护国家稳定、促进经济发展方面所取得的成就,赞赏坦桑尼亚倡导非洲团结及其在推动地区合作和一体化进程中发挥的重要作用。

外交部副部长王光亚、中国驻坦桑尼亚大使王永秋等会见时在座。

国家主席江泽民在人民大会堂接受四国新任驻华大使递交的国书

这四位大使是孟加拉国大使伊夫提卡鲁尔·卡利姆、卢旺达大使约瑟夫·博内萨、塞浦路斯大使彼得罗斯·凯斯托拉斯和加纳大使阿法雷·阿皮杜·唐科。

国务院总理朱镕基签署第361号令公布《中华人民共和国导弹及相关物项和技术出口管制条例》

现公布《中华人民共和国导弹及相关物项和技术出口管制条例》,自公布之日起施行。

总　理　朱镕基

2002年8月22日

中华人民共和国导弹及相关物项和技术出口管制条例

第一条　为了加强对导弹及相关物项和技术出口的管制,维护国家安全和社会公共利益,制定本条例。

第二条　本条例所称导弹及相关物项和技术出口,是指本条例附件《导弹及相关物项和技术出口管制清单》(以下简称《管制清单》)所列的导弹及相关设备、材料、技术的贸易性出口以及对外赠送、展览、科技合作、援助、服务和以其他方式进行的技术转移。

第三条　国家对导弹及相关物项和技术出口实行严格管制,防止《管制清单》所列的可被用于运载大规模杀伤性武器的导弹及其他运载系统的扩散。

第四条　国家对导弹及相关物项和技术出口实行许可证件管理制度。未经许可,任何单位或者个人不得出口导弹及相关物项和技术。

第五条　出口《管制清单》第一部分所列的物项和技术,依照《中华人民共和国军品出口管理条例》及其他有关规定办理。

出口《管制清单》第二部分所列的物项和技术(以下简称导弹相关物项和技术),应当依照本条例第七条至第十三条的规定履行审批手续;但是,出口用于军事目的的导弹相关物项和技术,应当依照前款规定办理。

第六条　导弹相关物项和技术出口的接受方应当保证,未经中国政府允许,不将中国供应的导弹相关物项和技术用于申明的最终用途以外的其他用途,不将中国供应的导弹相关物项和技术向申明的最终用户以外的第三方转让。

第七条　从事导弹相关物项和技术出口的经营者,须经国务院对外经济贸易主管部门(以下简称国务院外经贸主管部门)登记。未经登记,任何单位或者个人不得经营导弹相关物项和技术出口。具体登记办法由国务院外经贸主管部门规定。

第八条　出口导弹相关物项和技术,应当向国务院外经贸主管部门提出申请,填写导弹相关物项和技术出口申请表(以下简称出口申请表),并提交下列文件:

(一)申请人的法定代表人、主要经营管理人以及经办人的身份证明;

(二)合同或者协议的副本;

(三)导弹相关物项和技术的技术说明;

(四)最终用户证明和最终用途证明;

(五)本条例第六条规定的保证文书;

(六)国务院外经贸主管部门规定提交的其他文件。

第九条　申请人应当如实填写出口申请表。

出口申请表由国务院外经贸主管部门统一印制。

第十条　国务院外经贸主管部门应当自收到出口申请表和本条例第八条规定的文件之日起进行审查,或者会同国务院有关部门、中央军事委员会有关部门进行审查,并在45个工作日内作出许可或者不许可的决定。

第十一条　对国家安全、社会公共利益有重大影响的导弹相关物项和技术出口,国务院外经贸主管部门应当会同有关部门报国务院、中央军事委员会批准。

导弹相关物项和技术出口报国务院、中央军事委员会批准的,不受本条例第十条规定时限的限制。

第十二条　导弹相关物项和技术出口申请经审查许可的,由国务院外经贸主管部门颁发导弹相关物项和技术出口许可证件(以下简称出口许可证件),并书面通知海关。

第十三条　出口许可证件持有人改变原申请的导弹相关物项和技术出口的,应当交回原出口许可证件,并依照本条例的有关规定,重新申请、领取出口许可证件。

第十四条　导弹相关物项和技术出口时,出口经营者应当向海关出具出口许可证件,依照海关法的规定办理海关手续,并接受海关监管。

第十五条　接受方违反其依照本条例第六条规定作出的保证,或者出现《管制清单》所列的可被用于运载大规模杀伤性武器的导弹及其他运载系统扩散的危险时,国务院外经贸主管部门应当对已经颁发的出口许可证件予以中止或者撤销,并书面通知海关。

第十六条　出口经营者知道或者应当知道所出口的导弹相关物项和技术将被接受方直接用于《管制清单》所列的可被用于运载大规模杀伤性武器的导弹及其他运载系统的发展计划的,即使该物项和技术未列入《管制清单》,也应当依照本条例的规定执行。

第十七条 经国务院、中央军事委员会批准,国务院外经贸主管部门会同有关部门,可以临时决定对《管制清单》以外的特定物项和技术的出口依照本条例实施管制。

第十八条 未经许可擅自出口导弹相关物项和技术的,或者擅自超出许可的范围出口导弹相关物项和技术的,依照刑法关于走私罪、非法经营罪、泄露国家秘密罪或者其他罪的规定,依法追究刑事责任;尚不够刑事处罚的,区别不同情况,依照海关法的有关规定处罚,或者由国务院外经贸主管部门给予警告,没收违法所得,处违法所得1倍以上5倍以下的罚款;国务院外经贸主管部门并可以暂停直至撤销其对外贸易经营许可。

第十九条 伪造、变造或者买卖导弹相关物项和技术出口许可证件的,依照刑法关于非法经营罪或者伪造、变造、买卖国家机关公文、证件、印章罪的规定,依法追究刑事责任;尚不够刑事处罚的,依照海关法的有关规定处罚;国务院外经贸主管部门并可以撤销其对外贸易经营许可。

第二十条 以欺骗或者其他不正当手段获取导弹相关物项和技术出口许可证件的,由国务院外经贸主管部门收缴其出口许可证件,没收违法所得,处违法所得等值以下的罚款,暂停直至撤销其对外贸易经营许可。

第二十一条 违反本条例第七条规定,未经登记擅自经营导弹相关物项和技术出口的,由国务院外经贸主管部门依法取缔其非法活动,并由国家有关主管部门依照有关法律和行政法规的规定给予处罚。

第二十二条 对导弹相关物项和技术出口实施管制的国家工作人员滥用职权、玩忽职守或者利用职务上的便利索取、收受他人财物的,依照刑法关于滥用职权罪、玩忽职守罪、受贿罪或者其他罪的规定,依法追究刑事责任;尚不够刑事处罚的,依法给予行政处分。

第二十三条 国务院外经贸主管部门会同有关部门,可以根据实际情况对《管制清单》进行调整,报国务院、中央军事委员会批准后执行。

第二十四条 本条例自公布之日起施行。

国务院总理朱镕基在上海与俄罗斯联邦政府总理卡西亚诺夫举行中俄总理第七次定期会晤

双方就积极落实《中俄睦邻友好合作条约》,扩大两国在政治、经贸、科技和人文等各领域的全面互利合作深入交换了意见,并达成一系列重要共识。

双方高度评价中俄战略协作伙伴关系。朱镕基说,江泽民主席和普京总统签署《中俄睦邻友好合作条约》一年以来,两国关系出现了大好的发展局面。双方高层交往日益密切,政治互信进一步加深,务实合作不断扩大,在国际事务中的磋商与协作富有成效。中方愿与俄方共同努力,积极落实条约的各项条款,不断扩大和深化中俄战略协作伙伴关系,造福于两国人民。

两国总理对双边经贸关系的发展及本次定期会晤取得的成果表示满意,对双边合作前景感到乐观。朱镕基说,中俄双边经贸合作已驶入快车道,双边经贸关系进入与政治关系平衡发展的新时期。去年两国总理在圣彼得堡举行的第六次总理定期会晤,签署了铺设原油管道及在莫斯科建立"中国贸易中心"等一系列大项目合作协议,取得了比以往历次会晤更多更大的成果。一年来,这些合作项目绝大部分得到落实或取得重要进展,双边经贸合作中不存在大的困难和障碍,双方在各领域的合作日益扩大和深化。此次会晤前,吴仪国务委员和赫里斯坚科副总理在4个月内进行3次会晤,及时研究了双边经贸合作中的新情况,解决了新问题,为总理会晤做了大量工作和充分准备。总理会晤期间,双方重点就拓展对两国战略协作伙伴关系具有重要意义的能源、核电、航天、通信等项目进行了务实的和建设性的会谈,决定共同采取措施,积极推进这些重大项目加快实施。朱镕基指出,近年来,两国经济都保持着持续、快速、稳定的发展势头,为双方不断扩展双边经贸合作提供了非常有利的条件。本次会晤又取得了比去年会晤更大的成果,相信双方有关部门将会进一步挖掘合作潜力,使两国经贸合作在现有良好基础上再创新高。

两国总理一致认为,中俄在教文卫体领域的合作取得了实实在在的成果,对加深两国人民之间的相互了解和感情发挥了重要作用。李岚清副总理与马特维延科副总理不久前在莫斯科举行的中俄教文卫体合作委员会第三次会议上,进一步拓展了双方在人文领域的合作。双方将继续高效务实地工作,认真落实各项合作协议,把人文领域的交流提高到一个新高度。

双方还就反恐等国际和地区问题交换了意见,一致认为中俄两国在推动世界多极化进程、维护全球战略稳定、人权、反恐等重大国际和地区问题上有着良好的合作,有力地推动了建立国际新秩序的进程,促进了世界和平与稳定。

会晤后,朱镕基总理和卡西亚诺夫总理共同签署了《中俄总理第七次定期会晤联合公报》,并出席了《中俄总理定期会晤委员会第六次会议纪要》、《中国人民银行与俄罗斯联邦中央银行关于边境地区贸易的银行结算协定》和《中国工商银行向俄罗斯对外贸易银行提供2亿美元出口买方信贷框架协议》等其他三个文件的签字仪式。

中俄总理在上海签署第七次定期会晤联合公报

应中华人民共和国国务院总理朱镕基的邀请,俄罗斯联邦政府总理米·米·卡西亚诺夫于2002年8月21日至23日对中华人民共和国进行正式访问,其间于2002年8月22日在上海举行了中俄总理第七次定期会晤。

中华人民共和国主席江泽民和国务院总理朱镕基分别与卡西亚诺夫总理举行会见和会谈,双方就落实《中华人民共和国和俄罗斯联邦睦邻友好合作条约》,扩大两国在政治、经贸、科技和人文各领域互利合作,以及迫切的国际问题深入交换意见,达成广泛共识。

中华人民共和国国务院总理朱镕基和俄罗斯联邦政府总理卡西亚诺夫高度评价中华人民共和国主席江泽民和俄罗斯联邦总统普京2001年7月16日签署的《中俄睦邻友好合作条约》对推动两国关系持续稳定发展的重要战略意义,一致表示,将共同落实条约各项条款,促进全面务实合作和战略协作不断取得新的成果。

双方对中俄总理第六次定期会晤(2001年9月8日)以来两国在经贸和人文领域合作方面取得的巨大进展和丰硕成果表示满意。

双方重申决心继续支持对方为维护各自国家主权、独立和领土完整所作的努力。俄方重申支持中方在台湾、西藏问题上的原则立场和打击"东突"恐怖分裂势力的努力。中方支持俄方打击车臣恐怖和分裂势力的努力。

两国总理一致认为,《中俄睦邻友好合作条约》的签署为两国进一步拓展经贸合作作出了重要贡献。

在双方共同努力下,中俄贸易额连续三年保持增长,2001年达到创纪录的106.7亿美元。2002年上半年双边贸易额54.5亿美元,同比增长达18.7%。

中俄经贸合作日益多元化,在高科技、能源、自然资源开发、核能、金融、运输、航空航天、生态、通信和信息技术等领域的相互协作在扩大和深化。

双方一致认为,《中俄睦邻友好合作条约》为两国进一步开展人文领域的合作奠定了坚实的基础。该合作成为中俄双边关系的重要组成部分,对两国睦邻友好关系的进一步深入和发展具有重大意义。2002年7月在莫斯科举行的中俄教文卫体合作委员会第三次会议取得丰硕成果。双方决定在现有的教育、文化、卫生、体育四个合作分委会基础上,将旅游合作小组提升为旅游合作分委会,并增设电影合作和媒体合作两个工作小组。

中华人民共和国国务院总理和俄罗斯联邦政府总理积极评价中俄总理定期会晤机制框架内所有委员会和分委会自第六次定期会晤以来所做的工作。

双方同意《中俄总理定期会晤委员会第六次会议纪要》和《中俄教文卫体合作委员会第三次会议纪要》。

双方在中俄总理第七次定期会晤期间签署了以下文件:

——《中俄总理第七次定期会晤联合公报》

——《中俄总理定期会晤委员会第六次会议纪要》

——《中国人民银行与俄罗斯联邦中央银行关于边境地区贸易的银行结算协定》

——《中国工商银行向俄罗斯对外贸易银行提供2亿美元出口买方信贷框架协议》

中俄总理指出,今后一段时期应着重解决以下经贸合作问题:

(一)在为传统商品贸易保障良好条件的同时,通过提高其中高科技、机电产品及其他高附加值商品的份额改善商品贸易结构,发展先进形式的经济联系,以保障其长期稳定的基础,加大经济技术和投资合作力度,包括建立合资企业、生产合作、转让技术等,完善贸易服务体系,加强有关使贸易制度符合国际规范的法律、行政、管理等工作。

(二)考虑到俄罗斯联邦西伯利亚和远东地区巨大的能源潜力,以及中国对能源日益增长的需求,双方将致力于发展能源领域的互利合作。为此,为保障油气供应的长期性和稳定性,双方将协调实施有前景的能源项目。

为及时落实中俄石油管道项目,双方认为国家主管机构必须加快对项目进行审批,以便经批准后根据项目可研总协议将该项目转入初步设计阶段。双方将为实施中俄石油管道项目创造有利条件。

双方全面支持两国公司实施对开展中俄天然气工业领域合作具有战略意义的西气东输管道项目的合作。

(三)继续积极推进和平利用核能领域的相互协作,包括开展核电站和核燃料循环方面的合作,开展和深化核技术、核安全及其他方向上的合作。

(四)在平等互利的基础上,加强双方铁路、公路、航空、水运、口岸管理等部门的协调,继续深化两国运输领域的合作。

(五)积极开展两国在科技领域的合作,促进两国科研机构的接触和伙伴关系。鉴于高新技术成果的开发及其产业化是经济技术合作中有前景的方向,双方将大力协助联合技术创新机构(科技园区)的建立和发展。双方认为,向科技和创新合作伙伴提供法律支持具有重要意义,将继续完善有关法律、法规基础。

(六)双方赞扬航天分委会所发挥的作用、为促进中俄航天合作所做的工作,以及签署的2002—2003

年度合作计划的有关技术任务书和合同。双方将共同努力,落实已确定的优先合作项目,尽快完成已签署的合同的内部审批程序,开始研究未来新的合作项目,并在财政、技术和商务方面提供便利和支持,以加快合作进程。

(七)扩大两国央行之间和商业银行之间的业务交流与合作,为双方对外经济联系各领域的合作开展金融服务。

(八)在平等互利、对等开放的原则下,为两国信息通信领域的合作创造良好条件,并为俄移动通讯运营商进入中国电信服务市场提供支持。

(九)在中国国防科学技术工业委员会与俄航空航天局2002年4月17日签署的协定框架内,开始着手编制《在制造、生产和提供有前景的航空技术领域的合作大纲》。

双方一致认为,应按以下基本方向进一步开展人文领域合作:

(一)提高中俄教文卫体合作委员会的作用和效率,积极开展符合两国和两国人民根本利益的合作,将中俄人文领域的交流提高到一个新的高度。

(二)进一步加强中俄教育合作,加快建立联合教学机构工作,促进两国高校、学者、教师和学生之间的密切交往与联系。

(三)加快制订关于相互设立文化中心的政府间协议;定期在对方国家举办文化节。中方将积极参加圣彼得堡市建城300周年庆祝活动。

(四)积极开展卫生领域的合作,包括地区间合作;推动在对方国家推广各自在医药(包括传统医药)领域的成果,完成有关建立中医在俄行医许可机制的工作;在俄举办中医中药展,在华举办俄现代医疗技术展。

(五)扩大体育合作,保障全面落实有关协商一致的计划。

(六)积极开展旅游合作,推动双方旅游业有关协议的签署和落实。

(七)有效加强媒体和影视领域的合作,促进扩大两国人民之间的相互理解与沟通。

双方指出,由于恐怖主义活动前所未有地猖獗,以及2001年"9·11"事件后国际社会转入共同打击国际恐怖主义的斗争,全球安全体系发生了重大变化。在产生新的危险和不确定因素的同时,出现了建立更为完善的国际关系架构、积极发展经济全球化进程和加强多极化的新前景。双方呼吁各国超越利己、狭隘民族主义和单方面立场,树立以遵守国际法、互信、平等和谐作为基础的新安全观。

两国总理一致认为,维护全球战略稳定,加强国际裁军、军控及不扩散体系的条约法律基础以及完善体系本身符合各国的根本利益。双方指出,确保外空非武器化十分迫切,并呼吁国际社会尽快谈判缔结有关国际法律文书。

两国总理指出,恐怖主义是整个国际社会面临的共同威胁,强调在打击这一公害的过程中,应以国际法为基础,严格遵循《联合国宪章》,加强国际合作。反恐不应采取双重标准,不应将恐怖主义与特定的民族或宗教挂钩。联合国和安理会应在国际反恐行动中发挥中心协调作用。

双方表示将进一步加强中俄在国际领域的战略协作,共同为建立以持久和平和普遍发展为特点的公正、合理的国际新秩序而努力。

两国总理认为,上海合作组织在促进成员国间睦邻互信和互利合作、维护和加强本地区安全与稳定方面发挥着日益重要的作用。双方高度评价上海合作组织成员国首次总理会晤所取得的积极成果,并强调将与其他成员国一道共同努力,落实前不久成功举行的圣彼得堡峰会的有关指示,加快建立组织秘书处和地区反恐怖机构,推动成员国之间的区域经济合作进程,并不断深化和发展该组织框架内其他方向上的合作。

双方就加强相互协作,缓和热点地区紧张局势广泛深入地交换了意见。双方表示将共同努力推动国际社会以政治手段,通过对话与协商解决争端,使冲突各方在公平公正的基础上实现持久和平。

总理第七次定期会晤是本着战略协作的精神,在中俄关系特有的友好与合作气氛中进行的。双方对其成果表示满意。

双方商定将于2003年在俄罗斯举行中俄总理第八次定期会晤。具体时间将通过外交途径另行商定。

本联合公报于2002年8月22日在上海签订,一式两份,分别用中俄文写成,两种文本同等作准。

中华人民共和国国务院总理 俄罗斯联邦政府总理
朱镕基 米·米·卡西亚诺夫
2002年8月22日于上海

全国政协主席李瑞环在人民大会堂会见坦桑尼亚联合共和国桑给巴尔总统阿马尼·阿贝德·卡鲁姆

《人民日报》发表评论员文章《努力开创新时期体育工作新局面》

8月23日

中共中央总书记江泽民在北京接见全国体育工作会议代表并发表讲话

中共中央政治局常委李鹏、朱镕基、李瑞环、胡锦涛、尉健行、李岚清参加了接见。

江泽民首先代表党中央、国务院，向与会代表及全国体育工作者致以诚挚的问候。

江泽民说，党中央、国务院对体育工作是十分关心和高度重视的。这次会议，是新中国成立以来首次以国务院名义召开的全国体育工作会议，对推动进入新世纪我国体育事业的发展具有十分重要的意义。今天，中央政治局常委全体同志和中央其他几位领导同志一起来看望大家，就是来给大家鼓劲的。

江泽民指出，我国已进入了全面建设小康社会、加快推进社会主义现代化的新的发展阶段，经济发展和社会进步对我国体育工作提出了更高的要求。最近下发了《中共中央、国务院关于进一步加强和改进新时期体育工作的意见》，希望各级党委和政府认真贯彻文件精神，落实中央对体育工作的各项要求和部署，不断加强和改进体育工作。

江泽民强调，第一，要贯彻全心全意为人民服务的宗旨。体育是关系人民健康的大事，体育水平是一个民族文明进步的重要标志。保证和提高广大人民群众的健康水平和体能素质，始终是体育工作的立足点和归宿。体育工作要为群众多办实事、办好事，努力建立亲民、便民、利民的体育服务体系。

第二，要坚持社会主义先进文化的前进方向。体育对群众的思想和生活影响很大。广大体育工作者要努力成为社会主义先进文化的建设者和传播者。无论是群众体育还是竞技体育，都要坚持正确的政治方向，促进人们形成健康、科学、文明的生活方式，培养高尚的情趣，提高生活质量。体育队伍要大力弘扬爱国主义、集体主义精神，发扬中华体育精神，努力创造优异的成绩，为祖国和人民争光。

第三，要精心组织和科学筹备奥运会。举办2008年奥运会，不仅关系到我们对国际社会的承诺，也关系到祖国的荣誉。希望各有关部门大力协作，开拓创新，充分调动各方面的积极因素，切实把奥运会办好。要通过筹备和举办奥运会，进一步推动我国体育事业的全面发展，出成果，出人才，为改革开放和现代化建设作出更大的贡献。

陪同接见的中央领导同志还有：丁关根、张万年、罗干、贾庆林、温家宝、曾庆红、王忠禹。

部分在京优秀运动员和教练员的代表也参加了今天的接见。

在党中央、国务院的亲切关怀下，全国体育工作会议于8月22日在北京召开，各地区、各有关部门和单位及体育系统的代表260余人参加了会议。体育总局、国家计委、教育部、科技部、全国妇联的负责同志在会上作了工作报告。与会代表就学习贯彻《中共中央、国务院关于进一步加强和改进新时期体育工作的意见》、筹备2008年北京奥运会、开展全民健身活动、加强体育道德建设等问题进行了讨论，提出了做好下一步工作的意见和建议。

国家主席江泽民在人民大会堂会见俄罗斯总理卡西亚诺夫

江泽民说，去年他和普京总统共同签署了《中俄睦邻友好合作条约》，一年来条约中的许多内容得到了落实，中俄关系得到更大发展。目前两国关系处于一个非常良好的时期，中俄两国领导人之间已建立起牢固的信任和合作关系，高层交往十分密切，在维护各自国家主权独立和领土完整方面相互支持，在重大国际事务中进行密切磋商与配合。

江泽民指出，两国总理定期会晤机制建立以来运转良好，对发展两国各领域的务实合作起着重要的促进作用。江泽民说，发展和扩大经贸合作，符合两国经济发展的客观需要，希望双方再接再厉，深挖两国经贸合作的潜力，提高经贸合作水平，不断充实中俄战略协作伙伴关系的内涵，以造福于两国和两国人民，并为世界的和平与发展作出贡献。

九届全国人大常委会第二十九次会议在人民大会堂举行

李鹏委员长主持了上午的全体会议。本次常委会会议的议程共24项，全国人大和地方各级人大监督法草案等5部法律草案首次提请审议。

上午的会议审议了农村土地承包法草案、水法修订草案、测绘法修订草案、环境影响评价法草案、道路交通安全法草案、民办教育促进法草案、保险法修正案草案，全国人大法律委员会副主任委员顾昂然、乔晓阳、张绪武、李伯勇、胡光宝、周克玉分别就以上法律草案作审议结果的报告或修改情况的汇报。

全国人大和地方各级人大监督法草案等5部法律草案、法律修订草案、法律解释草案首次提请常委会会议审议，全国人大法律委员会主任委员王维澄受委员长会议委托在会上就监督法草案作说明，全国人大常委会法制工作委员会副主任胡康生受委员长会议委托作关于刑法第三百一十三条的解释草案的说明，全国人大财政经济委员会副主任委员厉以宁作证券投资基金法草案的说明，国务院法制办主任杨景宇受国务院委托作行政许可法草案的说明，农业部部长杜青林受国务院委托作草原法修订草案的说明。

会议还听取了外交部副部长王光亚受国务院委托所作的国务院关于提请审议批准中国和老挝引渡条约的议案、国务院关于提请审议批准上海合作组织宪章的议案的说明，并进行了审议。

会议还审议了关于批准《〈儿童权利公约〉关于买卖儿童、儿童卖淫和儿童色情制品问题的任择议定书》的决定草案，委员长会议关于提请审议香港、澳门十届全国人大代表选举会议成员名单草案的议案。

全国人大常委会副委员长田纪云、姜春云、邹家华、王光英、布赫、铁木尔·达瓦买提、吴阶平、彭珮云、何鲁丽、周光召、曹志、丁石孙、成思危、许嘉璐、蒋正华，秘书长何椿霖出席会议，国务院副总理钱其琛、最高人民法院院长肖扬、最高人民检察院检察长韩杼滨列席会议。

国务院副总理李岚清与全国体育工作会议代表座谈

李岚清在座谈时强调，要认真学习贯彻江泽民总书记在接见会议代表时所作的重要指示，以"三个代表"重要思想为指导，坚持体育为人民服务、为社会主义现代化建设服务的方针，努力做好新时期的体育工作，健民强国，为促进中华民族的伟大复兴而奋斗。

李岚清指出，在党中央、国务院的领导下，经过几代体育工作者的艰苦奋斗、顽强拼搏，我国体育事业取得了举世瞩目的成绩。群众体育蓬勃发展，人民体质普遍增强，竞技体育成绩斐然，我国在国际体坛上的地位显著提高。体育事业的兴旺发达是国家繁荣昌盛的重要标志。我国综合实力的增强离不开国民体质的增强，国民整体素质的提高离不开国民身体素质的提高，全面建设小康社会离不开广大群众身体的健康。我们一定要从实践"三个代表"重要思想的高度，从我国经济和社会全面发展的大局出发，充分认识做好新时期体育工作的重要意义，充分发挥体育在增强人民体质、促进精神文明建设、拉动经济增长、增进国际交流等多方面的作用，为社会主义现代化建设作出更大贡献。

李岚清指出，各级党委和政府要认真贯彻《中共中央、国务院关于进一步加强和改进新时期体育工作的意见》，抓住机遇，深化改革，全面推进体育事业的发展。一是坚持普及和提高相结合，实现群众体育和竞技体育协调发展。要认真贯彻体育事业为人民服务的指导思想，促进社会主义先进文化的发展。群众体育要以全民健身为目标，以学校、乡镇、社区、连队为重点，建好群众健身场地，健全群众体育活动组织，建立社会体育指导工作队伍和社会化的群众体育网络，努力构建群众性体育服务体系，努力抓好体育进社区的工作。要全面实施竞技体育发展战略，确定科学合理的奋斗目标，制定具体可行的实施方案，进一步提高我国竞技体育水平。二是深化体育管理体制改革和运动项目管理体制改革，提高体育科研水平，逐步建立和完善适应社会主义市场经济体制、符合现代体育运动发展规律的体育管理体制和运行机制，增强体育事业发展的活力和后劲，提高竞技体育的整体水平。三是提倡先进的体育文化，加强体育法制和体育道德建设。各级政府、各级体育组织要从讲政治、讲正气、讲大局的高度，重视体育战线的精神文明建设，全面落实《体育法》和其他体育方面的法律、法规，依法保障公民参与体育运动的权利，严肃查处体育活动和体育工作中的违法违纪行为；加强体育队伍思想道德作风建设，加强包括观众在内的赛场作风、纪律建设，坚决制止体育运动中的不正之风，形成先进体育文化的氛围，促进体育事业健康发展。

李岚清强调，筹备和举办2008年奥运会及残疾人奥运会，是北京乃至全国的一件大事。我们要按照中央的要求，精心组织，周密部署，抓紧进行奥运设施和环境建设，认真实施奥运争光计划，扎实做好奥运会的竞赛组织筹备工作和参赛运动员的选拔培养工作，充分发挥奥运会的多元功能和带动作用，推动我国经济的快速发展和社会的全面进步，努力把2008年北京奥运会办成历史上最出色的一届奥运会。

李岚清要求，各级党委、政府要把体育工作摆上重要位置，加强领导，统筹安排，明确责任，狠抓落实。要从本地区经济和社会发展的实际出发，做好体育基本公共服务，逐步改善人民群众参加体育活动的条件。要加强体育管理机构建设，把体育事业经费和体育基本建设资金列入本级政府的财政预算和基本建设投资计划，确保政府对体育的投入随着财政收入的增长而增加。要加大对西部体育事业的扶持力度，促进区域体育协调发展。工会、共青团、妇联、残联和行业体协等群众团体，要结合自身特点和优势，做好群众体育的组织、指导工作。新闻媒体要坚持正确的舆论导向，做好体育宣传工作，为体育事业的发展创造良好的舆论环境，形成全民热爱体育、重视体育的强大社会氛围。

座谈会由国务院副秘书长高强主持。北京、辽宁、黑龙江、上海、江苏、湖南、陕西等省市的负责同志在会上发了言。

国家税务总局有关部门负责人就个人所得税征收管理问题答《人民日报》记者问

问："富人纳税少"是当前社会上一大热门话题，怎样看待这个问题？税务机关将采取哪些应对措施？

答：我们注意到，近一段时期以来各种媒体对高收入者即所谓富人缴纳个人所得税的问题报道较多。我认为，看待这个问题要坚持实事求是的原则，一分为二地辩证分析。

第一，改革开放以来，党和国家实行了允许一部分人先富起来、先富带动后富、最终实现共同富裕的政策，许多人依靠自己的能力和技术勤劳致富或依靠资本等要素参与分配而成为高收入者，并且能够依法经营、照章纳税，但是也确实存在一部分高收入者违规违法、偷逃税收的问题。

第二，依法纳税是每个公民应尽的义务。税法面前人人平等，任何人都应当依法照章诚信纳税，高收入者也不能例外。税务机关要继续在保护合法收入，取缔非法收入，整顿不合理收入，调节过高收入和规范收入分配方面发挥应有的作用。有人担心，高收入群体中非公有制经济的投资者占了相当大的比重，加强对高收入者的个人所得税征管会不会影响非公有制经济的正常发展？这种担心是没有必要的。众所周知，非公有制经济是我国社会主义市场经济的重要组成部分。党和国家鼓励、引导非公有制经济的健康发展。依法查处违法经营、偷逃税收的不法高收入者，正是为了保护合法经营、照章纳税的纳税人包括高收入者，形成公平竞争的良好投资经营环境，促进我国包括非公有制经济在内的各种所有制经济健康发展。

第三，收入分配不公的问题是历史形成的，成因非常复杂，其根源主要是初次分配秩序混乱、缺乏有效制约，因此只有在理顺收入初次分配、规范初次分配秩序的基础上，采用包括税收在内的法律、经济、行政等手段来进行综合治理。

第四，对高收入者征收个人所得税、调节其收入水平，是我国个人所得税的一项重要职能，多年来全国各级税务机关在实现这一职能方面做了大量工作，取得了明显成效。但是，个人所得税调节收入的作用范围和力度都是有限的，特别是在当前应有的社会配套条件没有跟上的情况下，个人所得税调节收入的作用尚不能得到充分发挥。

加强对高收入者的税收调节，是个人所得税工作的重点。新税制实施以来，各级税务机关每年都根据当年社会收入情况的变化和税收工作的总体部署，采取许多措施突出对高收入行业和个人的征收管理。去年国家税务总局又专门下发了进一步加强对高收入者个人所得税征收管理的通知，列举了9类高收入行业(单位)和9类高收入个人作为征收管理的重点，并提出了一些加强征管的措施。针对一些高收入者税收征管存在漏洞的问题，今年我们要制定堵塞漏洞的措施，以进一步加强个人所得税对收入分配的调节力度。

问：来自工薪所得项目的收入占到个人所得税收入的40%左右，这一现象是否正常？

答：有的人觉得这个比例偏高。我认为，对这个问题应做实事求是的具体分析。

第一，我国的个人所得税主要来自城镇居民，而目前工资性收入是我国城镇居民收入的主要来源，靠工薪为主要收入的群体是社会组成的重要成分(在国外包括发达国家也是如此)，构成了个人所得税的最大税源。据有关部门统计分析，近几年我国国内生产总值中的劳动者报酬50%左右用于职工工资分配，工资收入占城镇居民家庭可支配收入的比重达80.4%。

第二，近年来职工工资收入增长较快，纳税人数不断增加，个人所得税收入水涨船高。据统计分析，1994年以来，随着职工工资收入不断提高，工薪所得的纳税人数已由1994年的956.5万人次上升到2000年的6000多万人次。尤其是东部沿海地区经济较发达，其工薪所得项目收入比重较高，抬高了全国的工薪所得收入比例，如上海、北京、深圳、厦门等地工资、薪金所得项目收入近几年都占个人所得税收入的60%以上。

第三，工薪所得项目的收入很大一部分来自高收入者，据对北京、上海、广东、江苏、湖北、四川、陕西7个地区抽样调查，来自工薪所得的个人所得税收入中，适用15%及以上税率的(即年收入3.6万元以上的)超过一半，达到57.2%。所以我国个人所得税收入中工薪所得占40%左右，是与我国经济发展水平、居民收入结构状况和税收征管能力等实际情况相匹配的。但同时也要看到，工薪所得项目的个人所得税征管还存在许多漏洞，按照依法治税、应收尽收的原则，对工薪所得也需要进一步加强税收征收管理。

问：据说个人所得税已经成为我国的第四大税种，我国征收个人所得税的现状如何？

答：我国个人所得税是适应改革开放形势的需要，于1980年9月开征的，至今已有23个年头了。经过多年来的不懈努力，该税征收管理得到不断改进，对高收入者的调节不断加强。特别是1994年实施新税制至2001年的8年间，各级税务机关以强化对高收入者调节为重点，不断改进和加强个人所得税的征收管理，从而推动了个人所得税收入连年高速增长，从1993年的46.82亿元增加到2001年的996亿元，年平均增幅高达47.5%，年均增收118亿元，大大高于同时期经济增长速度和税收收入增长速度，是同一时期收入增长最快的税种。在一些省市，个人所得税收入已经成为除营业税收入之外的第二大地方收入。

近几年我国个人所得税收入保持了持续、稳定和较快增长，显示出其巨大的潜力。这是我国国民经济保持较快发展、居民收入水平稳步提高、税收征管不断加强和有关政策调整等多方面合力的结果。

问：纳税人最关心个人所得税的"起征点"，目前每月800元的费用扣除标准是否偏低？是否会有变化？

答：费用扣除标准是个人所得税制的一个核心问题，也是当前社会各界比较关注的热点和敏感问题。

据我们了解，目前社会各界对费用扣除标准问题的认识是不一致的，主要有三种观点：一种观点认为，个人所得税的费用扣除标准应该低一些，同时扩大低税率的适用范围，目的不在于征多少税，而是要培养公民的自觉纳税观念，提高全民纳税意识；另一种观点认为，个人所得税主要是调节个人收入分配的差距，防止贫富分化过分悬殊，故应确定一个较高费用扣除标准，使个人所得税的调节作用更有针对性；还有一种观点认为，现有费用扣除标准对中国公民而言是不低的，而且还有一些减免税优惠政策，在此基础上缴纳一点税是应该的，因此应维持现有水平。

这些观点都有一定道理。目前工资薪金所得的费用扣除标准是1994年税制改革时根据当时的国民经济发展情况和个人收入水平，并考虑一定的前瞻性来确定的。此后，随着经济发展和各项改革不断深化，财政部和国家税务总局规定，个人缴纳的养老保险、失业保险、医疗保险和住房公积金等费用也允许从收入中扣除。所以，目前个人所得税费用扣除的范围、项目和标准都发生了很大变化，事实上已经大大超过了800元。相对于8年前，我国经济情况发生了很大变化，个人收入水平有了显著提高，支出的范围、形式和内容也有很大不同，因此，对于个人所得税费用扣除的形式、范围和标准，确实需要根据发展变化了的新情况进行认真研究。但是，由于个人所得税费用扣除问题涉及纳税人的切身利益，也关系到国家利益与纳税人利益的调整，仅仅调整个人所得税费用扣除标准，尚不能解决加强个人所得税征管和发挥其调节作用的问题，因此应慎重对待，需要在深入调查研究、广泛听取意见的基础上，对个人所得税法作进一步改革，按照规定的立法程序进行。

问：我国个人所得税税率在国际上处于什么样的水平？

答：在设计税率时，各国的指导思想和原则是有所不同的。我国征收个人所得税的指导思想是以调节个人收入为主，同时兼顾组织财政收入，并根据我国的国情，采取了分类(项)税制模式，各类所得的适用税率也有所不同，有的实行累进税率，有的实行比例税率，最高税率分别为45%(工资、薪金所得)、40%(劳务报酬所得)、35%(个体工商户的生产、经营所得等)和20%(利息、股息等所得)，因而税率形式较为复杂，税负差别较大。而世界各国大多实行的是综合税制，税率有高有低，德国(48.5%)、荷兰(53%)、澳大利亚(47%)、韩国和日本(50%)等国家税率较高，均超过45%；美国(33%)、英国、匈牙利、埃及、墨西哥(均为40%)、泰国(37%)、印尼、阿根廷(35%)最高税率多在35%—40%，个别国家或地区的税率在30%以下。从中不难看出，我国个人所得税的最高边际税率在世界各国中处于中等略高的水平，但由于我们征管水平所限，实际征收到的个人所得税负担率比法定税率要低。

问：我国的个人所得税款流失较为严重，如何进一步改进和强化征收管理？

答：目前，我国个人所得税工作中存在的突出问题主要是：对个人收入不能实施充分有效监控；对高收入个人的税收调节力度不足；个人所得税款流失较为严重。

为了全面加强个人所得税征收管理，发挥个人所得税的职能作用，应采取标本兼治对策进行综合治理。从较长时期看，应主要采取以下措施：

第一，应进一步深化分配体制改革，理顺收入分配关系，规范初次分配秩序。

第二，要完善相关配套条件。如尽早实现个人收入的规范化和透明化；尽快发展和完善信用制度，加强现金管理；进一步提升和完善储蓄存款实名制度，尽快实现各银行间和各地区之间的联网；严禁企事业单位和个体工商户在银行多头开户。

第三，加强部门之间的协作配合，通过立法推行税务机关与银行、证券、公安、工商、文化、出版、土地管理、房屋产权登记等部门计算机联网，以及向税务机关报告高收入者经济活动情况的制度。

第四，进一步完善个人所得税法，实行综合与分类相结合的个人所得税制模式，适当调整税负，扩大自行申报纳税的范围，强化扣缴义务人的法律责任。

第五，加强法制建设和个人所得税法宣传，创造良好的依法治税环境。

近期应主要抓好以下几项工作：研究制定有效的征管措施，严格执法，进一步堵塞个人投资者的个人所得税征管漏洞。加快建立个人所得税重点纳税人的监控体系，在全国范围内建立针对高收入重点纳税人的档案管理系统，对其实施重点追踪管理。强化重点所得项目和重点行业的征管，进一步加强对演出和广告市场演职人员的征收管理力度，对影视、演出等文艺团体的个人所得税代扣代缴情况进行全面检查，推行劳务报酬所得预扣预缴办法。在强化高收入者个人所得税征管的同时，也要对其投资企业的流转税、企业所得税和其他各税严加管理，形成各税对高收入者加强征管的合力。进一步加强对高收入者的税收检查工作，在部署每年的税收专项检查时，要始终把对高收入者的个人所得税缴纳情况作为检查重点。加快个人所得税征管的信息化建设步伐，实行支付单位向税务机关申报个人收入明细表制度，在高收入行业推行全员申报制度，税务机关征收社会保险费的地区要积极试行与个人所得税应税工资薪金收入全员申报挂钩的做法，同时，税务机关的个人所得税监控系统应尽快与政府其他公共部门实行网络对接，以充分利用政府各部门与纳税人有关的公共资料和数据。加大打击偷逃个人所得税的力度，并对典型案例及时给予曝光。

问：近几年，我国个人所得税收入年增幅高达40%以上，原因何在？

答：一方面，经济增长和居民收入水平提高。近几年来，我国国民经济保持了较快发展的势头，“九五”期间，GDP年均增长幅度为8.26%。伴随着经济发展的良好势头，居民收入水平也水涨船高，从“八五”期间到“九五”期间，城镇居民家庭人均可支配收入从年均2816.8元提高到5511.7元，农村居民家庭人均纯收入从年均1042.6元提高到2128元，2001年这两项收入又分别提高到6860元和2366元，为个人所得税提供了丰富的税源。

另一方面，各级税务机关按照党中央和国务院领导的要求，长期不懈地改进和加强个人所得税的征收管理，整顿和规范个人所得税秩序，取得了明显效果。多年来，各级税务机关不断堵塞税收漏洞，摸索出了一些征管的路子和经验，使个人所得税的征收管理每年都迈上新的台阶。特别是在去年开展的整顿和规范市场经济秩序工作中，将整顿和规范个人所得税征管秩序作为一个重要内容来抓，个人所得税收入（不含储蓄存款利息所得税）年增收额达到了205.6亿元的历史新纪录。

此外，由于对储蓄存款利息征收的个人所得税随着恢复征税的时间延长，计税利息有较大增长，去年也带来了130亿元的增收。

问：个人所得税在支持社会保障方面有哪些优惠措施？

答：近几年来，根据我国宏观经济发展和社会政策目标的总体要求，个人所得税相继在个人住房、医疗、养老、失业、下岗职工再就业等方面采取了诸多优惠措施，一定程度上减轻了国家和个人的负担，有力地支持了社会保障制度的建立。

财政部和国家税务总局规定，企业和个人按照国家和地方政府规定的比例提取并向指定的金融机构实际缴付的住房公积金、医疗保险金、养老保险金、失业保险金免征个人所得税；个人领取原提存的住房公积金、医疗保险金、养老保险金、失业保险金，免征个人所得税。此外还作出了上述各项基金存入银行个人账户产生的利息免征个人所得税的规定。

1999年，国家恢复对储蓄存款利息征收个人所得税，并通过财政的转移支付，将这部分资金专门用于解决低收入者和下岗职工的生活保障问题和补发离、退休人员的养老金，为社会保障制度的建立和完善提供了有力的财力支持。

问：我国现行个人所得税对工资、薪金所得项目采用“定额扣除法”，为何采取这种方法？

答：个人所得税费用扣除采取“定额扣除法”，具有透明度高、便于税款计算和征管的特点，因而被世界大部分国家所采用，并不是我国所特有的。所不同的是由于各国个人所得税制不同，其相应的扣除项目和标准有所不同。我国个人所得税制不同于世界大多数国家普遍实行的综合税制，征管手段相对还比较落后，因此对工资、薪金所得项目采用的是定额综合扣除费用的办法，而不是区别纳税人的不同情况确定其基本扣除、单项扣除以及其他扣除。定额综合扣除费用的办法虽然简单明了，但是存在照顾不到纳税人具体情况的弊端。随着经济发展、社会进步和生活水平提高，对定额综合扣除费用的办法需要作进一步评估，以便为完善个人所得税法做好必要的准备。

问：我国个人所得税制度采用的是分类税制，如何处理分类税制导致的处于同一收入水平的纳税人税负不等的问题？今后个人所得税制将朝着什么方向改革？

答：目前，世界各国的个人所得税制模式有所不同，主要是采用综合税制模式，此外还有分类税制以及综合与分类相结合的税制两种模式。一个国家采用哪种模式，与其经济发展和税收征管水平有直接关系。综合税制相对于分类税制更为公平合理，但必须具备较高的征收管理水平，尤其是需要普遍采用计算机对个人收入进行监控和征收管理。1994年实施新税制时，我国还不具备采用综合税制的相关条件，因此采用了简单、透明的分类税制。但是这一税制模式在公平性方面存在明显缺陷，不利于调节作用的发挥。今后个人所得税制的改革，应根据调节高收入的要求和现实的征收管理水平，结合综合税制和分类税制模式的优点，向综合与分类相结合的税制模式方向发展。

8月24日

国务院印发《关于大力推进职业教育改革与发展的决定》

各省、自治区、直辖市人民政府，国务院各部委、各直属机构：

改革开放以来，我国职业教育事业有了很大发展，各级各类职业学校教育和职业培训取得显著成绩，为社会主义现代化建设培养了大量高素质劳动者和实用人才。但是，职业教育的改革与发展也面临一些问题，一些地方对发展职业教育的重要性缺乏足够的认识；投入不足，基础薄弱，办学条件较差；管理体制、办学体制、教育教学质量不适应经济建设和社会发展的需要；就业准入制度没有得到有效执行，影响了受教育者的积极性；地区之间、城乡之间发展不平衡。为了进一步贯彻落实《中华人民共和国职业教育法》和《中华人民共和国劳动法》，实施科教兴国战略，大力推进职业教育的改革与发展，特作如下决定：

一、深刻认识职业教育在社会主义现代化建设中的重要地位，明确“十五”期间职业教育改革与发展的目标

1.职业教育为初、高中毕业生和城乡新增劳动者、下岗失业人员、在职人员、农村劳动者及其他社会成员提供多种形式、多种层次的职业学校教育和职业培训，是我国教育体系的重要组成部分，是国民经济和社会发展的重要基础。推进职业教育的改革与发展是实施科教兴国战略、促进经济和社会可持续发展、提高国际竞争力的重要途径，是调整经济结构、提高劳动者素质、加快人力资源开发的必然要求，是拓宽就业渠道、促进劳动就业和再就业的重要举措。在我国加入世界贸易组织和经济全球化迅速发展的新形势下，要狠抓职业教育，抓出成效。

2.大力推进职业教育的改革与发展，要以邓小平理论和江泽民同志“三个代表”重要思想为指导，坚持体制创新、制度创新和深化教育教学改革，为经济结构调整和技术进步服务，为促进就业和再就业服务，为农业、农村和农民服务，为推进西部大开发服务，力争在“十五”期间初步建立起适应社会主义市场经济体制，与市场需求和劳动就业紧密结合，结构合理、灵活开放、特色鲜明、自主发展的现代职业教育体系。

要以中等职业教育为重点，保持中等职业教育与普通高中教育的比例大体相当，扩大高等职业教育的规模。职业学校和职业培训机构要进一步适应经济和社会发展以及劳动力市场需求，增强自主发展能力，改善办学条件，全面提高教育质量和效益。“十五”期间，职业教育要为社会输送2200多万名中等职业学校毕业生，800多万名高等职业学校毕业生。

要广泛开展各级各类职业培训，“十五”期间每年培训城镇职工5000万人次，培训农村劳动力1.5亿人次；积极实施国家再就业培训计划，每年为300多万名下岗失业人员提供再就业培训。

从实际出发，因地制宜，分区规划，分类指导，把农村和西部地区作为工作重点。“十五”期末，中等职业学校面向农村的年招生规模要达到350万人，面向西部地区的年招生规模要达到120万人，为农村和西部地区培养留得住、用得上的实用人才。大中城市和经济发达地区要在继续发展中等职业教育和职业培训的同时，积极发展高等职业教育，有条件的市(地)可以举办综合性、社区性的职业技术学院。

二、推进管理体制和办学体制改革，促进职业教育与经济建设、社会发展紧密结合

3.推进职业教育管理体制改革，建立并逐步完善在国务院领导下，分级管理、地方为主、政府统筹、社会参与的职业教育管理体制。

在国务院领导下，建立职业教育工作部际联席会议制度，研究解决职业教育工作中的重大问题。国务院教育行政部门负责职业教育工作的统筹规划、综合协调、宏观管理，劳动保障部门和其他有关部门在各自职责范围内，负责职业教育的有关工作。

发展职业教育的主要责任在地方。县级以上地方各级人民政府要加强对本行政区域内职业教育工作的领导和统筹协调，结合当地经济建设和社会发展实际，制定促进职业教育发展的政策和措施，研究解决工作中的实际问题；各级教育行政部门会同劳动保障等有关部门管理本行政区域内各有关职业学校的教育业务工作。要依法严格审批程序，规范职业学校和培训机构的办学行为。

4.强化市(地)级人民政府在统筹职业教育发展方面的责任。市(地)级人民政府要统筹规划，促进本行政区域内职业教育与其他各类教育协调发展，建立多渠道筹措职业教育经费的机制，组织动员社会力量举办职业教育；要整合和充分利用现有各种职业教育资源，打破部门界限和学校类型界限，积极发挥市场机制的作用，提高办学效益，优化职业学校布局结构，防止职业教育资源流失。省(自治区、直辖市)所属中等和高等职业学校可以由省级有关部门与职业学校所在市(地)联合共建、共管，增强其为区域经济服务的功能。

5.深化职业教育办学体制改革，形成政府主导、依靠企业、充分发挥行业作用、社会力量积极参与的多元办学格局。

县级以上地方各级人民政府要在发展职业教育中发挥主导作用，重点办好起骨干和示范作用的职业学校和职业培训机构，组织、指导并支持企业、行业和社会力量举办职业学校和职业培训机构。要规范中等和高等职业学校的名称，并体现职业特点。实施高中阶段学历教育的各类职业学校统一规范为“××职业技术学校”，高等专科学校和成人高等学校要逐步统一规范为“××职业技术学院”。

要充分依靠企业举办职业教育。企业要根据实际需要举办职业学校和职业培训机构，强化自主培训功能，加强对职工特别是一线职工、转岗职工的教育和培训，形成职工在岗和轮岗培训的制度，实行培训、考核、使用、待遇相统一的政策。企业要和职业学校加强合作，实行多种形式联合办学，开展“订单”培训，并积极

为职业学校提供兼职教师、实习场所和设备，也可在职业学校建立研究开发机构和实验中心。有条件的大型企业可以单独举办或与高等学校联合举办职业技术学院。中小企业应依托职业学校和职业培训机构进行职工培训和后备职工培养。企业举办的职业学校和职业培训机构应积极面向社会开展职业教育和培训。

行业主管部门要对行业职业教育进行协调和业务指导，继续办好职业学校和培训机构。行业组织受政府主管部门委托，开展行业人力资源预测、制定行业职业教育和培训规划、指导行业职业教育、职工培训和职业技能鉴定、参与相关专业的课程教材建设和教师培训等工作，也可以举办职业学校或职业培训机构。

鼓励和支持民办职业教育的发展。非营利性的民办职业学校，享受举办社会公益事业的有关优惠政策。地方人民政府和其他单位，可以采取出租闲置的国有、集体资产等措施，对民办职业学校予以扶持。民办职业学校教师、学生享有与公办职业学校教师、学生同等义务与权利。对举办民办职业教育有突出贡献的单位和个人予以表彰奖励。鼓励公办学校引入民办机制。

积极引进国(境)外优质职业教育资源。鼓励国(境)外组织和个人依照我国法律和办学资格要求，同我国境内职业教育机构和其他社会组织，合作举办高水平的职业学校或职业培训机构。努力拓展职业学校毕业生国(境)外就业市场。

6. 扩大职业学校的办学自主权，增强其自主办学和自主发展的能力。要依法保障职业学校在专业设置、招生规模确定、学籍管理、教师聘用及经费使用等方面享有充分的自主权。有条件的职业学校可以跨区域招生，可以与本地、异地职业学校联合办学。职业学校要建立由企业、行业等社会各界人士参加的咨询委员会或理事会，为学校重大问题提供咨询或参与决策。

三、深化教育教学改革，适应社会和企业需求

7. 认真贯彻党的教育方针，全面实施素质教育。要加强“爱岗敬业、诚实守信、办事公道、服务群众、奉献社会”的职业道德教育，加强文化基础教育、职业能力教育和身心健康教育，注重培养受教育者的专业技能、钻研精神、务实精神、创新精神和创业能力，培养一大批生产、服务第一线的高素质劳动者和实用人才。

8. 职业学校和职业培训机构要适应经济结构调整、技术进步和劳动力市场变化，及时调整专业设置，积极发展面向新兴产业和现代服务业的专业，增强专业适应性，努力办出特色。要大力加强技术工人尤其是高级技术工人和技师的培养和培训。积极推进课程和教材改革，开发和编写反映新知识、新技术、新工艺和新方法、具有职业教育特色的课程和教材。加强职业学校与企业、行业等用人单位的联系，建立职业学校与劳动力市场密切联系的机制。

9. 加强实践教学，提高受教育者的职业能力。职业学校要把教学活动与生产实践、社会服务、技术推广及技术开发紧密结合起来，把职业能力培养与职业道德培养紧密结合起来，保证实践教学时间，严格要求，培养学生的实践能力、专业技能、敬业精神和严谨求实作风。改善教学条件，加强校内外实验实习基地建设。职业学校要加强与相关企事业单位的共建和合作，利用其设施、设备等条件开展实践教学。职业学校相对集中的地区应建设一批可共享的实验和训练基地。加强职业教育信息化建设，推进现代信息技术在教育教学中的应用。积极发展现代远程职业教育，开发职业教育资源库和多媒体教育软件，为职业学校和学生提供优质教育资源。

10. 加强职业教育教师队伍建设。要积极开展以骨干教师为重点的全员培训，提高教师的职业道德、实践能力和教学水平，培养一批高水平的骨干教师和专业带头人。鼓励职业学校教师在职攻读相关专业学位、提高学历层次。要有计划地安排教师到企事业单位进行专业实践和考察，提高教师的专业水平。广泛吸引和鼓励企事业单位工程技术人员、管理人员和有特殊技能的人员到职业学校担任专、兼职教师，提高具有相关专业技术职务资格教师的比例。深化职业学校人事制度改革，在职业学校推行教师全员聘任制和管理人员公开选拔、竞争上岗和职务聘任制度，建立、健全激励和约束机制。职业学校教师职务资格评审要突出职业教育特点，改进评审办法。重视职业学校校长培训工作，逐步实行校长持证上岗的制度。加强职业教育师资培养培训基地建设，逐步完善职业教育师资培养培训网络。

11. 坚持学历教育与职业培训并重，实行灵活的办学模式和学习制度。职业学校要实行学历教育与职业培训相结合、全日制与部分时间制相结合、职前教育与职后教育相结合，努力办成面向社会的、开放的、多功能的教育和培训中心。要根据不同专业、不同教育培训项目和学习者的实际需要，实行灵活的学制和学习方式，推行学分制等弹性学习制度，为学生半工半读、工学交替、分阶段完成学业等创造条件。

12. 加强中等职业教育与高等职业教育，职业教育与普通教育、成人教育的衔接与沟通，建立人才成长“立交桥”。扩大中等职业学校毕业生进入高等学校尤其是进入高等职业学校继续学习的比例，适当增加高等职业教育专科毕业生接受本科教育的比例。适度发展初中后五年制高等职业教育；在高中阶段开展职业教育与普通教育相沟通的综合课程教育试验，建立中等职业教育与高等职业教育相衔接的课程体系；高等

职业学校可单独组织对口招生考试，优先招收中等职业学校优秀毕业生；注重专业知识、职业技能的考核，对取得相应中级职业资格证书的中等职业学校毕业生，可以免除技能考核。

四、采取切实措施，加快农村和西部地区职业教育发展

13. 农村和西部地区职业教育是今后一段时期职业教育发展的重点。要根据现代农业发展和经济结构调整的需要，继续推进农科教结合和基础教育、职业教育、成人教育的"三教统筹"。农村职业学校要加强与企业、农业科研和科技推广单位的合作，发挥专业优势，实行学校、公司、农户相结合，推动农业产业化发展。推行"绿色证书"教育，培养一大批科技示范户和致富带头人。国家采取措施，扶持农村地区、西部地区、少数民族地区和贫困地区职业教育的发展，办好一批骨干职业学校。建立县、乡、村三级实用型、开放型的农民文化科技教育培训体系，把职业学校和成人学校办成人力资源开发、技术培训与推广、劳动力转移培训和扶贫开发服务的基地。

14. 加强东部地区和西部地区、大中城市和农村的学校对口支援工作。东部地区和大中城市要为西部地区和农村的职业学校培养培训骨干教师，帮助改善办学条件。推动东部地区与西部地区、大中城市与农村开展合作办学，鼓励东部地区和大中城市职业学校的校长和教师到西部地区和农村职业学校任职和办学。东部地区和中西部地区大中城市要面向西部地区和农村招生，对家庭经济困难学生应适当减免学费。现代远程教育和培训以及自学考试等要积极向广大农村和西部地区延伸。

五、严格实施就业准入制度，加强职业教育与劳动就业的联系

15. 大力推行劳动预备制度，严格执行就业准入制度。用人单位招收、录用职工，属于国家规定实行就业准入控制的职业（工种），必须从取得相应学历证书或职业培训合格证书并获得相应职业资格证书的人员中录用；属于一般职业（工种），必须从取得相应的职业学校学历证书、职业培训合格证书的人员中优先录用。从事个体工商经营的，也必须接受职业教育和培训。劳动保障、人事等部门要加大对就业准入制度执行情况的监察力度，加强监督管理，对违反规定，随意招收未经职业教育或培训人员就业的要责其纠正并给予处罚。

16. 完善学历证书、培训证书和职业资格证书制度。职业学校毕业生申请与所学专业相关的中级以下（含中级）职业技能鉴定时，只进行操作技能考核。部分教学质量高、社会声誉好的中等职业学校和高等职业学校开设的主体专业，经劳动保障和教育行政部门认定，其毕业生在获得学历证书的同时，可视同职业技能鉴定合格，取得相应的职业资格证书。经人事、教育行政和相关行业主管部门认定的职业学校相关专业的毕业生，不受工作年限的限制，可直接申请参加专业技术从业资格考试，并免试部分科目。各地劳动保障、人事或相关部门要统筹规划，注意发挥和利用职业学校的优势，优先在具备条件的职业学校设立职业技能鉴定站（所）或职业资格考试机构。

17. 加强职业指导和就业服务，拓宽毕业生就业渠道。职业学校要加强职业指导工作，引导学生转变就业观念，开展创业教育，鼓励毕业生到中小企业、小城镇、农村就业或自主创业。地方人民政府要利用社会就业服务体系或建立职业学校毕业生就业服务机构，为职业学校毕业生在本地或异地就业提供信息、咨询服务和便利条件。工商、税务部门要研究制定优惠政策，适当减免有关税费，支持职业学校毕业生自主创业或从事个体经营，金融机构要为符合贷款条件的提供贷款。对外经济贸易部门、劳动保障部门、教育行政部门要创造条件，积极协助符合条件的职业学校毕业生到国（境）外就业。

六、多渠道筹集资金，增加职业教育经费投入

18. 各级人民政府要加大对职业教育的经费投入。省级人民政府要制定本地区职业学校生均经费标准，并依法督促各类职业学校举办者足额拨付职业教育经费。县级以上地方各级人民政府和国务院有关部门用于举办职业学校和职业培训机构的财政性经费应当逐步增长，确保公办职业学校教师工资按时足额发放，并监督民办职业教育机构按时足额发放教师工资。城市教育费附加安排用于职业教育的比例不低于15%，已经普及九年义务教育的地区不低于20%，主要用于职业学校实验实习设备的更新和办学条件的改善。各级人民政府在安排使用农村科技开发经费、技术推广经费和扶贫资金时，要安排一部分农村劳动力培训经费；安排农业基础设施建设投资时，要安排一部分农村职业学校和成人学校的建设经费。

中央财政增加职业教育专项经费，重点用于补助农村和中西部地区加强职业教育师资培训、课程教材开发和多媒体教育资源建设以及骨干和示范职业学校建设。地方人民政府也要增加职业教育专项经费。

19. 各类企业要按《中华人民共和国职业教育法》的规定实施职业教育和职工培训，承担相应的费用。一般企业按照职工工资总额的1.5%足额提取教育培训经费，从业人员技术素质要求高、培训任务重、经济效益较好的企业可按2.5%提取，列入成本开支。要保证经费专项用于职工特别是一线职工的教育和培训，

严禁挪作他用。企业技术改造和项目引进，都应按规定比例安排资金用于职工技术培训。对不按规定实施职工职业教育和培训，经责令改正而拒不改正的企业，县级以上地方各级人民政府可以收取其应当承担的职业教育经费，用于本地区的职业教育。

20. 利用金融、税收以及社会捐助等手段支持职业教育的发展。县级以上各级人民政府应支持企事业单位、社会团体、其他社会组织及公民个人按照国家有关规定设立职业教育奖学金，奖励学习成绩优秀的学生，资助经济困难的学生。金融机构要为家庭经济困难学生接受职业教育提供助学贷款，优先为符合贷款条件的农村职业学校毕业生开展生产经营提供小额贷款。认真执行国家对教育的税收优惠政策，支持职业学校办好实习基地、发展校办产业和开展社会服务。鼓励社会各界及公民个人对职业教育提供资助和捐赠，企业和个人通过政府部门或社会中介机构对职业教育的资助和捐赠，可在应纳税所得额中全额扣除。

21. 加强职业教育经费管理。省级教育行政部门、劳动保障部门要会同价格主管部门合理确定职业学校和职业培训机构的学费标准，并向社会公布。职业学校按规定收取的学费实行收支两条线管理，地方各级财政部门要确保全额返还职业学校，不得冲抵财政拨款，任何部门不得截留或挪作他用。严禁向职业学校乱收费。要严格执行财务管理和审计制度，提高职业教育经费的使用效益。

七、加强领导，推动职业教育持续健康发展

22. 各级人民政府要加强对职业教育工作的领导，把职业教育工作纳入当地经济和社会发展的总体规划，列入政府重要议事日程，帮助职业学校和职业培训机构解决实际困难和问题。调动和保护社会各个方面兴办职业教育的积极性，充分发挥行业、企业、社会中介组织和人民团体在发展职业教育中的作用。加强职业教育理论研究和政策研究，健全科学研究和教学研究机构，为职业教育宏观决策和职业学校改革与发展服务。

23. 依法治教、依法办学、依法管理。各级人民政府和有关部门要认真贯彻《中华人民共和国职业教育法》和《中华人民共和国劳动法》等有关法律、法规，加强职业教育和就业准入的法制建设，完善执法监督机制，加大执法力度，提高依法治教的水平。要加强对职业教育的督导检查，各级人民政府的教育督导部门要把职业教育作为教育督导的重要内容。加强和改进对职业教育的评估，积极探索发挥市场作用和社会参与的职业教育评估方式。

24. 营造有利于职业教育改革与发展的社会氛围。要大力宣传职业教育和高素质劳动者在社会主义现代化建设中的重要作用，在全社会弘扬“三百六十行，行行出状元”的风尚。企业要根据经济效益情况逐步提高生产、服务一线高素质劳动者特别是高级技工和技师的经济收入。要积极开展各种职业技能、技术竞赛活动，表彰职业教育的先进单位和个人，在全社会形成重视、支持职业教育的浓厚氛围。

国务院

2002年8月24日

国家主席江泽民和韩国总统金大中互致贺电祝贺两国建交10周年

九届全国人大常委会第二十九次会议举行分组会议

会议审议了环境影响评价法草案和民办教育促进法草案等。李鹏委员长参加了分组审议。环境影响评价法草案于九届全国人大常委会第十九次会议上进行了初审。会后经多方征求意见，法律委员会对草案进行了逐条审议，经修改提出二审稿。

国家体育总局局长袁伟民就进一步推动体育事业全面发展接受《人民日报》记者采访

《中共中央、国务院关于进一步加强和改进新时期体育工作的意见》（以下简称《意见》）发布后，在社会各界尤其是体育界引起强烈反响。如何全面领会、深刻认识《意见》的精神实质和重要意义？怎样进一步规划和加快发展新时期体育工作？我国竞技体育实施“奥运战略”的目标是什么，将采取哪些措施？就广大读者关心的一些问题，刚刚参加完全国体育工作会议的国家体育总局局长袁伟民接受了《人民日报》记者的采访。

“《意见》是党中央国务院加快发展新时期体育事业的动员令，是指导21世纪我国体育事业改革与发展的纲领性文件”，袁伟民局长开门见山。他说，改革开放以来，我国体育事业取得了举世瞩目的成就。北京赢得2008年奥运会的主办权，为进一步规划和加快发展我国体育事业创造了新的机遇。在这样的背景下，《意见》的颁发具有极其重要的历史意义。《意见》全面、深刻地阐明了体育在社会发展、经济建设中的重要地位和作用；科学分析了体育工作面临的形势和任务；明确提出了新时期发展体育事业的指导思想、工作方针和总体要求；用与时俱进的精神，对继续实施全民健身计划、构建群众性的多元化的体育服务体系，对筹备和举办2008年奥运会、进一步提升我国竞技运动水平、切实加强体育领域思想道德作风建设等，作出了高瞻远瞩又切实可行的战略部署，为体育工作改革指明了方向和途径,并在人力、物力、财力等方面为体育工作提供了有力的政策支持。

袁伟民加重语气说,尤其令人激动的是,全国体育工作会议召开期间,江泽民总书记等党和国家领导人亲切接见了与会代表和运动员代表,并对新时期体育工作提出了殷切希望和新的更高的要求。党中央、国务院对体育事业和体育工作的高度重视,必将有力地促进我国体育事业登上新的台阶。

袁伟民说,当前和今后一个时期,体育工作将坚持普及和提高相结合的原则,实现群众体育和竞技体育协调发展。要以满足人民群众日益增长的体育需求为出发点,努力构建亲民、便民、利民的多元化体育服务体系。一是在逐步加大政府引导资金投入的同时,放宽体育服务业的市场准入条件,通过政策引导,鼓励、支持企事业单位和个人兴办面向大众的体育服务经营实体,加快发展体育服务业。二是继续实施"全民健身工程"和"雪炭工程",加快公共体育场地和设施建设,加大对西部地区体育工作的支持力度,促进区域体育事业共同发展。三是和"四进社区"活动结合起来,采取多种形式,组织开展具有社区特色、丰富多彩的群众性体育活动。四是坚持完善国家体育锻炼标准制度、国民体质监测制度和社会体育指导员制度,指导群众进行科学锻炼,增强锻炼效果。五是加强调查研究,认真总结这些年来大众体育活动的成功经验,借鉴国外的成功做法,在组织网络、活动内容和服务方式上积极探索符合时代要求的基层体育发展模式,逐步在全国推广。

谈到"奥运战略"的具体目标和准备工作,袁伟民说,2008年以前,我国竞技体育的中心任务是参加2004年夏季奥运会和举办2008年夏季奥运会。2004年夏季奥运会中国代表团要争取有若干个大项目和小项目具有进入前8名的实力,争取若干个大项目和小项目具有争夺奖牌的实力,继续保持金牌数排名前列,为2008年夏季奥运会打好基础。2008年夏季奥运会要充分发挥东道主优势,争取参加所有大项目和更多小项目的比赛,力争保持金牌总数排名第三位。同时,争取2006年冬季奥运会取得好成绩。

袁伟民介绍说,为实现上述目标,计划采取以下措施:一是抓紧制订、实施奥运行动计划,成立专门的领导机构。领导机构由领导小组、项目领导小组和项目执行小组三级组成。在项目领导小组之下,单项目或多项目的执行小组具体负责计划实施。二是调整项目结构,完善项目布局。将28个夏季奥运会项目划分为优势项目、潜优势项目、金牌较多的大项、球类集体项目和目前落后的项目五大类,分别给予支持,重点保证争夺金牌和奖牌的项目。三是适度扩大国家队编制,增设部分项目的国家二队。拟增加706个一线国家队队员编制和1200个二线国家队队员编制,同时在20个奥运会优势项目、潜优势项目和球类集体等项目中建立国家二队。四是改革竞赛制度,进一步发挥竞赛的杠杆作用。与2008年夏季奥运会相衔接,调整第五届全国城运会和第十届全运会的项目设置、参赛年龄。五是制定、落实退役运动员就业安置和运动员伤残保险等制度,调整国家队运动员训练补助和教练员岗位津贴,适当提高奖金标准,鼓励运动队伍为国争光。此外,要加强运动队伍的思想政治工作,加快培养和选拔竞赛组织管理人才,加大培养后备人才的力度。

袁伟民最后强调,体育队伍的思想道德作风建设,关系到我国体育事业的健康、持续发展。当前,体育界应当充分看到不正之风的危害性,旗帜鲜明地与体育赛场内外的腐败现象以及使用违禁药物等行为作斗争。

全国体育工作会议表彰颁奖会在北京举行

2001年7月13日在国际奥委会第112次全会上,北京市赢得了2008年奥运会的主办权。为表彰刘淇等7位同志为北京申办奥运会成功作出的特殊贡献,决定授予刘淇、刘敬民、魏纪中、楼大鹏、屠铭德、王伟、吕圣荣7位同志"体育工作荣誉奖章"。国家体育总局局长袁伟民宣读了国家体育总局关于授予刘淇等7位同志"体育工作荣誉奖章"的决定,并同国家体育总局其他领导一起为获奖者颁奖。

国家体育总局还宣布授予徐寅生、刘吉等同志"体育工作荣誉奖章"的决定。国家体育总局党组书记李志坚宣读了授奖决定。他介绍说,这些同志近年来为发展我国的体育事业作出了重大贡献,根据原国家体委关于授予"体育工作荣誉奖章"的规定,国家体育总局作出了这次授奖决定。获得"体育工作荣誉奖章"的有徐寅生、刘吉、吴寿章、朱章苓、吴重远、郝克强、刘秀政、鲁光、朱德禄、龚立人、杨天乐、陆绍中、王汝英、杨福鹿、王世安、易厚高、万进庆、马贵田、何玉成、刘海云、金永昌、林祥国、金霖俊、迟美林、李茂勋、于文海。

2001年我国运动员共取得90个世界冠军,8人2队12次创10项世界纪录。为了鼓励2001年为我国体育事业作出突出贡献的单位,根据各单位在2001年度为国家队输送运动员人数,以及运动员打破世界纪录和亚洲纪录、在世界和亚洲大赛中取得的优异成绩,国家体育总局决定对吉林省体育局、上海市体育局、黑龙江省体育局、辽宁省体育局、广东省体育局、中国人民解放军、江苏省体育局、北京市体育局、陕西省体育局、浙江省体育局10个单位予以表彰。

为表彰在2001年取得优异成绩的运动员和教练

员,国家体育总局根据《授予优秀运动员、教练员体育运动奖章暂行办法》,决定授予杨阳等94名运动员、辛庆山等69名教练员体育运动荣誉奖章。

8月25日

中共中央政治局全体会议建议中国共产党第十六次全国代表大会11月8日召开

中共中央政治局全体会议作出决定,将向党的十五届七中全会建议,中国共产党第十六次全国代表大会于2002年11月8日在北京召开。目前,大会的各项准备工作进展顺利。

中国共产党第十六次全国代表大会,是我们党在新世纪召开的第一次代表大会,也是在我国进入全面建设小康社会、加快推进社会主义现代化的新的发展阶段召开的一次十分重要的代表大会。大会将高举邓小平理论伟大旗帜,全面贯彻"三个代表"重要思想,认真总结党的十五大以来五年的工作,总结改革开放以来特别是党的十三届四中全会以来党团结和带领全国各族人民在建设有中国特色社会主义的伟大实践中取得的基本经验,对新世纪新阶段全面推进我国的改革开放和社会主义现代化建设、全面推进党的建设新的伟大工程作出战略部署,进一步动员全党和全国各族人民,解放思想,实事求是,与时俱进,开拓创新,为开创建设有中国特色社会主义事业新局面而团结奋斗。

大会将选举产生新一届中央委员会和中央纪律检查委员会。

外交部发言人孔泉就中国政府颁布《中华人民共和国导弹及相关物项和技术出口管制条例》发表谈话

日前,中国政府颁布了《中华人民共和国导弹及相关物项和技术出口管制条例》和与之配套的《管制清单》,进一步明确规定了导弹相关敏感物项和技术的出口管理办法。《条例》和《清单》自颁布之日起生效。这是中国政府根据防扩散政策采取的又一项重要举措。

中国高度重视防扩散问题,反对扩散大规模杀伤性武器及其运载工具。作为一系列防扩散国际条约的缔约国,中国政府严格履行有关国际义务。在导弹及相关双用途物项和技术的出口方面,我们一贯采取慎重和负责的态度,严格按照本国防扩散政策和有关国际承诺行事。

多年来,中国根据国际和国内形势,在总结和分析本国出口控制实践、借鉴他国经验的基础上,不断完善有关出口控制机制,已相继颁布了一系列旨在加强敏感物项出口管理的法规。此次导弹出口管制条例和清单的颁布,标志着中国出口管理制度法制化建设迈出了新的一步。

中国将继续积极参加防扩散领域的国际合作,愿与各方进行深入的交流与磋商,并积极参与防扩散领域的有关多边讨论和合作。我们愿与各方一道共同努力,推动在普遍参与和非歧视性的基础上巩固和加强国际防扩散机制。

外经贸部新闻发言人高燕就中国政府颁布《中华人民共和国导弹及相关物项和技术出口管制条例》和与之配套的《管制清单》发表谈话

高燕说,日前,中国政府颁布了《中华人民共和国导弹及相关物项和技术出口管制条例》和与之配套的《管制清单》。这是中国政府为加强出口管理、完善出口管制制度采取的又一项重要举措。多年以来,中国根据本国的防扩散政策和出口管制实践,并参照其他国家的做法,不断完善有关出口管制机制,加强出口管制的立法工作。1994年颁布施行的《中华人民共和国对外贸易法》明确规定国家禁止或限制危害国家安全或社会公共利益的货物和技术的出口。此后,国家又相继颁布施行了一系列关于敏感物项的出口管制法规,其中包括:《中华人民共和国监控化学品管理条例》、《中华人民共和国核出口管制条例》、《中华人民共和国核两用品及相关技术出口管制条例》和《中华人民共和国军品出口管理条例》。这些法规的颁布和实施对于规范我国有关出口管理、落实国家防扩散政策、维护国家安全和社会公共利益、履行有关国际义务起到了积极的作用。

高燕指出,此次导弹及相关物项和技术出口管制条例和清单的颁布,标志着中国出口管理制度的进一步完善。我们今后将本着依法治国的精神,继续推进出口管理的法制化进程。

这位发言人还表示,根据《导弹及相关物项和技术出口管制条例》的规定,外经贸部作为中国出口管制的主管部门,负责导弹相关物项和技术的出口管理工作。我们将会同国家有关部门,采取有效措施,确保条例得以严格实施。

8月26日

全国人大常委会委员长李鹏在人民大会堂会见摩尔多瓦议长欧金尼亚·奥斯塔普丘克女士

全国人大常委会委员长李鹏在人民大会堂会见奥地利联邦议会议长路德维希·比林格一行

全国人大常委会委员长李鹏在人民大会堂会见巴西联邦最高法院院长马尔科·奥雷利奥·门德斯·法里亚斯·梅洛一行

国务院总理朱镕基在阿尔及尔会见阿尔及利亚总统布特弗利卡

双方就中阿关系和国际问题广泛交换了意见。

朱镕基说,中国有句名言,叫做"患难见真情",这已在中阿长期交往中得到了最好的印证。不管是在阿尔及利亚争取民族独立斗争时期,还是在两国建交后近半个世纪的变迁中,中阿两国始终相互信任,相互支持,中阿友谊已深深扎根于两国人民心中。中国感谢阿尔及利亚,特别是布特弗利卡总统本人为恢复中国在联合国的合法席位作出的突出贡献以及在台湾和人权等重大问题上给予的坚定支持。在新的国际形势下,中阿双方应继续加强在国际事务中的磋商、协调与合作,为维护广大发展中国家的权益而共同努力。

朱镕基积极评价阿尔及利亚的内外政策。他说,作为阿尔及利亚的真诚朋友,中国为阿近年来在恢复社会稳定、发展国民经济、改善人民生活方面所取得的成就感到高兴。阿尔及利亚在非洲、阿拉伯和发展中国家中具有重要影响。布特弗利卡总统是资深的国务活动家和外交家,为非洲的发展与复兴、推动南北对话和南南合作作出了重要贡献。我们衷心祝愿阿尔及利亚在布特弗利卡总统的领导下,在建设国家的道路上不断取得新成就。

双方就当前国际形势交换了看法。朱镕基表示,当前,国际形势正处于深刻的变动之中。和平与发展仍是当今时代的主题,世界多极化和经济全球化在曲折中发展。加强对话合作,维护地区稳定,促进共同发展是大多数国家政策的主要取向。经济全球化也造成了南北差距进一步拉大,一些发展中国家正面临着被"边缘化"的危险。各国应共同努力,以实现各国各地区平等竞争、互利合作、和平相处、共同繁荣。

在谈到反恐问题时,朱镕基表示,中国坚决反对一切形式的恐怖主义,主张反恐要证据确凿,标本兼治,不应针对特定的民族、国家或地区,不应采用双重标准。中国支持国际社会加强团结协作,共同应对包括恐怖主义在内的全球性挑战。

国务院总理朱镕基与阿尔及利亚总理阿里·本·弗利斯在阿尔及尔举行会谈

朱镕基表示,中国和阿尔及利亚有着传统的友好关系。中阿友谊是建立在相互理解、相互信任的基础上的。中国始终不会忘记阿尔及利亚政府为恢复中国在联合国的合法席位作出的重要贡献,感谢阿尔及利亚在台湾、人权等重大问题上给予中国的坚定支持。我们对国际重大问题有着广泛的共识。长期以来,双方在国际事务中相互支持、密切配合,为维护自身及广大发展中国家的合法权益,为推动建立公正、合理的国际政治、经济新秩序作出了不懈努力。

朱镕基说,1999年和2000年,江泽民主席同布特弗利卡总统实现了互访,为两国关系在新世纪的发展确定了方向。我此次访问阿尔及利亚的目的就是要与本·弗利斯总理一道更好地落实两国元首达成的各项共识,进一步促进中阿友好合作关系的发展。

在谈到双边经贸合作关系时,朱镕基表示,在过去的几十年中,中阿经贸合作取得了丰硕的成果。中方对进一步拓展双方合作领域、发掘合作潜力持积极的态度。两国除了应继续加强在传统领域的合作外,还可以探讨在新领域的合作。我高兴地看到,目前已经有一些有一定实力、经验丰富的中国企业在阿尔及利亚进行实地考察,拓展业务。这是中阿双方在继续巩固政府间合作的同时,积极鼓励两国企业开展直接交往与合作所取得的可喜成果。这一合作大大丰富了两国经贸互利合作的内容,具有广阔的发展前景。

双方在会谈中就两国在一些具体领域的合作深入交换了意见。

会谈结束后,中阿两国举行了签字仪式,双方签署了《中华人民共和国政府和阿尔及利亚民主人民共和国政府经济技术合作协定》,《中华人民共和国政府和阿尔及利亚民主人民共和国政府文化协定执行计划》,"盖尔玛陶瓷厂改建项目交接证书"和《中华人民共和国政府和阿尔及利亚民主人民共和国政府关于派遣医疗队赴阿尔及利亚工作的议定书》。

全国政协主席李瑞环在人民大会堂会见摩尔多瓦议长奥斯塔普丘克

全国政协主席李瑞环在人民大会堂会见阿尔及利亚全国经社理事会主席蒙杜里一行

全国宣传部长会议在北京召开

中宣部8月26日至28日在京召开全国宣传部长会议,研究部署迎接党的十六大的宣传工作。中共中央政治局委员、书记处书记、中宣部部长丁关根在讲话中强调,党的十六大举国关注、举世瞩目,为党的十六大营造团结奋进、昂扬向上、开拓创新的良好氛围,是当前宣传思想工作的头等大事。一定要高举邓小平理论伟大旗帜,全面贯彻"三个代表"重要思想,以江泽民总书记"五三一"重要讲话精神为指导,认真学习贯彻江泽民总书记在会见全国宣传部长会议和全国组织工作座谈会与会同志时的重要讲话，唱响主旋律、打好主动仗，兴起学习宣传贯彻“三个代表”重要思想的热潮，兴起宣传改革开放和党的建设辉煌成就的热潮，统一思想，凝聚力量，坚定信心，振奋精神，促进改革发展，维护社会稳定，以优异成绩迎接党的十六大。

《人民日报》发表社论《以优异成绩迎接党的十六大》

国家副主席胡锦涛在人民大会堂会见美国国务院常务副国务卿阿米蒂奇

胡锦涛对阿米蒂奇来华参加中美副外长级政治磋商表示欢迎。他说，江泽民主席即将对美国进行的访问，对推动中美建设性合作关系进一步发展具有重要意义，希望中美双方共同努力，精心做好准备工作，确保访问成功。

胡锦涛指出，近来，中美双方在反恐、经贸等领域开展了良好的合作，在国际及地区问题上保持着密切的磋商，并取得了积极成果。中美之间尽管存在一些差异和分歧，但拥有广泛的共同利益。希望双方都从战略高度和长远角度看待和处理两国关系，推动两国建设性合作关系不断向前发展。

在谈到台湾问题时，胡锦涛阐述了我对台湾问题的一贯方针和原则立场。他强调，“台独”势力的分裂活动是台海地区和平稳定的最大威胁，是亚太地区和平稳定的破坏因素。中国政府坚持“和平统一、一国两制”的基本方针和江泽民主席关于解决台湾问题的八项主张，致力于实现两岸的和平统一。但我们绝不允许搞“台独”，绝不容忍“台独”势力对中国主权和领土完整的损害。希望美方切实恪守一个中国政策和中美三个联合公报的原则，为台海地区的和平稳定和中国的和平统一发挥建设性的作用。

外交部副部长李肇星、中国驻美国大使杨洁篪等会见时在座。

国防部部长迟浩田在北京会见波兰军队总参谋长切斯瓦夫·皮昂塔斯一行

国务院副总理钱其琛在中南海会见由团长高木毅率领的日本议员团

国务院副总理钱其琛在中南海会见美国国务院常务副国务卿阿米蒂

外交部部长唐家璇在北京会见美国国务院常务副国务卿阿米蒂奇

唐家璇说，近来中美关系取得进展，发展势头是好的。江泽民主席将于今秋访美，与布什总统举行第三次会晤。这对中美进一步发展建设性合作关系意义重大。中方愿与美方一道，抓紧做好有关准备工作，确保访问取得积极成果，推动两国关系不断取得新的进展。

唐家璇指出，慎重处理台湾问题对中美关系稳定发展十分重要。“台独”意味着灾难。希望美方认清“台独”分子的真面目，停止售台先进武器和提升美台关系，不再向“台独”势力发出错误信号，为台海地区的稳定与中美关系的健康发展做实事。

唐家璇表示，中方赞赏美方决定将有关“东突”组织列入恐怖主义组织名单，希望双方在双向、互利的基础上加强反恐合作。中国政府一贯反对大规模杀伤性武器的扩散。中方刚刚颁布有关导弹及其相关物项和技术出口管制的条例及清单，这再次表明中国政府对防扩散的态度是认真的。希望中美双方在平等和信任的基础上，加强防扩散领域的合作。

上午，外交部副部长李肇星与阿米蒂奇举行了中美副外长级政治磋商，双方就江主席访美准备工作、反恐、防扩散、经贸、南亚、中亚、朝鲜半岛、中东及其他共同关心的问题广泛、深入地交换了意见。

刘英逝世

原中央纪委委员，第五届全国政协常委刘英同志，因病医治无效，于8月26日23时45分在北京逝世，享年97岁。

刘英原名郑杰，1905年10月出生于湖南长沙。1924年进入长沙女子师范学校，1925年在校加入中国共产党，担任该校党支部书记。“五卅”运动期间，她积极投身党领导的工人运动，参加反帝爱国斗争。1927年2月，党组织派她到湖南全省总工会工作，担任职工运动委员会秘书、干事。1927年11月，她被选为湖南省委候补委员兼妇女部长。1929年春，中央派她赴苏联莫斯科共产主义劳动大学和国际无线电学校学习。1932年年底回国，在江西瑞金中央苏区任少共中央组织部秘书，中央苏区少共福建省委书记、福建省委常委，少共中央局宣传部长，后改任组织部长。1934年，中央派她到于都县两次担任扩红突击队长，受到军委动员部的嘉奖。

1934年10月，刘英参加红军长征。她先后担任红军三纵队巡视员，三梯队政治部主任，中央地方工作部科长。遵义会议后，她被调到毛泽东、周恩来、王稼祥等中央领导同志所在的中央队任秘书长。1935年11月，她任陕北少共中央局宣传部长、组织部长。

抗日战争爆发后，她调党中央机关工作，曾任延安中央秘书处处长兼张闻天机要、政治秘书，高级干部学习组分组长、中央办公厅行政处学委会副主任。1945年10月，刘英随张闻天赴东北开拓根据地，任宁安县委副书记。1946年5月，任合江省委常委、组织部长。1948年5月，任哈尔滨市委常委、组织部长、妇委书记。1949年5月，任辽东省委常委、组织部长。

新中国成立不久，1950年2月，刘英随张闻天离开东北到北京，参加中国驻联合国代表团的筹备工作，任经济社会理事会副代表。1951年4月至1954年11月，她在中国驻苏联大使馆工作，任使馆参赞、特委副书记、党总支书记。1954年12月至1959年，她先后任外交部部长助理，机关党委委员、常委，监委书记，人事司司长等职。1956年8月任中央国家机关党委委员、常委。

1959年"反右倾"运动中，刘英被错误地撤销党内外职务。"文化大革命"中，她和张闻天一起遭到林彪、"四人帮"的迫害，被"监护"达10年之久，但她始终没有动摇对党的领导和共产主义的信念。1978年后，刘英先后当选全国政协委员、常委，中央纪委委员。她是中共七大、八大、十四大、十五大代表，第二届全国人大代表。

8月27日

《江泽民论有中国特色社会主义》(专题摘编)出版

由中共中央文献研究室编辑的《江泽民论有中国特色社会主义》(专题摘编)一书，已由中央文献出版社出版，在全国发行。

《江泽民论有中国特色社会主义》(专题摘编)一书，内容十分丰富，涉及经济、政治、文化、军事、外交和党的建设等各个方面。全书分为25个专题、119个小题，计1300多段论述，约56万字。这些重要论述，是从1989年6月党的十三届四中全会到2002年6月期间，江泽民同志所作的报告、讲话、文章、书信、批示等370多篇重要文献中摘录的。其中不少论述是第一次公开发表。

党的十三届四中全会以来，以江泽民同志为核心的第三代中央领导集体，高举邓小平理论伟大旗帜，坚持解放思想、实事求是的思想路线，弘扬与时俱进、开拓创新的精神，坚持党的基本路线和基本纲领，团结和带领全国各族人民，在实现推进现代化建设、完成祖国统一、维护世界和平与促进共同发展的历史任务的过程中，正确应对前进道路上遇到的困难和挑战，妥善处理国际国内的复杂问题，把建设有中国特色社会主义的伟大事业全面推向前进。在这期间，江泽民同志发表了许多重要著作，全面系统地论述了关于建设有中国特色社会主义的一系列重大问题。

《江泽民论有中国特色社会主义》(专题摘编)一书，汇集了江泽民同志运用马克思主义基本原理，科学分析国际国内形势发生的重大变化，深刻总结我们党和人民在推进改革开放和现代化建设的实践中取得的丰富经验，集中全党全国人民的智慧，正确回答建设有中国特色社会主义实践中迫切需要解决的重大问题，提出并阐明的新思想、新观点、新论断，反映了我们党在建设有中国特色社会主义的新的实践中所形成的新的理论成果。这些新的理论成果，特别是"三个代表"重要思想，是同马克思列宁主义、毛泽东思想、邓小平理论一脉相承的，是对建设有中国特色社会主义理论的丰富和发展，对于我国在新世纪全面建设小康社会、加快推进社会主义现代化，在建设有中国特色社会主义道路上实现中华民族的伟大复兴，具有十分重要的指导意义。

中办转发《中共中央组织部中共中央宣传部关于学习〈江泽民论有中国特色社会主义〉(专题摘编)的通知》

各省、自治区、直辖市党委，各大军区党委，中央各部委，国家机关各部委党组(党委)，军委各总部、各军兵种党委，各人民团体党组：

《中共中央组织部、中共中央宣传部关于学习〈江泽民论有中国特色社会主义〉(专题摘编)的通知》，已经中央领导同志同意，现转发给你们。各级党委要根据《通知》精神，切实加强对学习的领导，并结合实际认真贯彻落实。

中共中央办公厅

2002年8月27日

中共中央组织部 中共中央宣传部关于学习《江泽民论有中国特色社会主义》(专题摘编)的通知

为了把全党对建设有中国特色社会主义理论和"三个代表"重要思想的学习不断引向深入，迎接党的十六大胜利召开，由中共中央文献研究室编辑的《江泽民论有中国特色社会主义》(专题摘编)一书，近日已出版发行。各级党委组织、宣传部门要采取多种形式，组织好广大党员干部的学习活动。

《江泽民论有中国特色社会主义》(专题摘编)一书的内容，摘自1989年6月至2002年6月间江泽民同志所作的报告、讲话、文章、书信、批示等370多篇重要文献，分为25个专题、119个小题，汇集了江泽民同志关于建设有中国特色社会主义的一系列重要论述。这些重要论述，集中反映了江泽民同志科学分析国际国内形势发生的重大变化，深刻总结我国改革开放和社会主义现代化建设丰富经验，提出并阐明的新思想、新观点、新论断。

党的十三届四中全会以来，以江泽民同志为核心的第三代中央领导集体，高举邓小平理论伟大旗帜，坚持解放思想、实事求是的思想路线，弘扬与时俱进、开拓创新的精神，坚持党的基本路线和基本纲领，团结和带领全国各族人民，在实现推进现代化建设、完成祖国统一、维护世界和平与促进共同发展的历史任务过程中，正确应对前进道路上遇到的困难和挑战，妥善处理国际国内的复杂问题，把建设有中国特色社会主义的伟大事业全面推向前进。在这期间，江泽民同志发表的一系列重要论述，运用马克思主义立场、观点、方法，结合当今中国实际和时代特征，集中全党全国人民的智慧，正确回答建设有中国特色社会主义实践中迫切需要解决的重大问题，形成了新的理论成果。这些理论成果，特别是“三个代表”重要思想，是同马克思列宁主义、毛泽东思想、邓小平理论一脉相承的，是对建设有中国特色社会主义理论的丰富和发展，对于我国在新世纪全面建设小康社会、加快推进现代化事业，在建设有中国特色社会主义道路上实现中华民族的伟大复兴，具有十分重要的指导意义。

《江泽民论有中国特色社会主义》(专题摘编)内容十分丰富，涉及经济、政治、文化、军事、外交和党的建设等各个方面，为广大干部群众全面系统地学习江泽民同志关于建设有中国特色社会主义的一系列重要论述，提供了一部重要教材。广大党员特别是各级领导干部要紧密结合我国改革开放和现代化建设的实践，紧密结合国内外形势发生的深刻变化和进入新世纪我们面临的三大历史任务，着重学习江泽民同志关于高举邓小平理论伟大旗帜，解放思想、实事求是，与时俱进、开拓创新的论述；关于正确认识我国基本国情，坚持党的基本路线和基本纲领不动摇，建设有中国特色社会主义经济、政治、文化的论述；关于不断推进改革开放，建立和完善适应生产力发展要求的经济制度和社会主义市场经济体制的论述；关于把发展作为执政兴国的第一要务，正确处理改革、发展、稳定的关系，保持国民经济持续快速健康发展，全面建设小康社会、加快推进社会主义现代化的论述；关于实施科教兴国战略，充分发挥科学技术对发展我国先进生产力和先进文化、对维护和发展我国最广大人民根本利益的重要作用的论述；关于发展社会主义民主政治，坚持依法治国和以德治国相结合，建设社会主义政治文明，建设社会主义法治国家的论述；关于执政为民，把实现人民群众的利益作为我们一切工作出发点和归宿的论述；关于把物质文明建设和精神文明建设作为统一的奋斗目标，提高全民族的思想道德和科学文化素质，弘扬民族精神、增强民族凝聚力的论述；关于巩固和发展平等、团结、互助的社会主义民族关系，推动各民族发展进步和共同繁荣，积极引导宗教与社会主义社会相适应的论述；关于坚持党对军队的绝对领导，立足于打赢现代技术特别是高技术条件下的局部战争，全面加强军队和国防建设的论述；关于坚持“一国两制”方针，保持香港、澳门繁荣稳定，发展两岸关系，实现祖国完全统一的论述；关于正确把握世界多极化和经济全球化的发展趋势，坚持独立自主的和平外交政策，维护我国的独立、主权和安全，促进世界和平与发展的论述；关于治国必先治党，治党务必从严，全面推进党的建设新的伟大工程的论述，等等。特别是要着重学习和深刻领会江泽民同志“三个代表”重要思想，把“三个代表”重要思想作为加强和改进党的建设，推进我国社会主义制度自我完善和发展，不断夺取建设有中国特色社会主义事业新胜利的强大理论武器。

各级党委的组织、宣传部门，要组织广大党员干部特别是县(处)以上领导干部认真研读《江泽民论有中国特色社会主义》(专题摘编)，以提高认识，统一思想，改进工作，更加坚定地高举邓小平理论伟大旗帜，全面贯彻“三个代表”要求，与时俱进，努力开创建设有中国特色社会主义事业新局面。

国家主席江泽民在中南海会见摩尔多瓦议长奥斯塔普丘克

谈到两国关系时，江泽民说，今年是中摩建交10周年。这些年来，经过双方的共同努力，两国关系发展得越来越好。特别是沃罗宁总统就任以来，两国政治互信不断加强，双方高层交往不断，互利合作逐步扩大，在国际事务中相互支持。

江泽民强调，发展中摩友好关系，符合两国人民的根本利益。中国政府愿继续在和平共处五项原则的基础上，与摩尔多瓦扩大合作，共同发展。我对中摩关系的美好未来充满信心。中国全国人大与政协均与摩尔多瓦议会有着良好的合作关系，希望中国全国人大和政协与摩尔多瓦议会更多地开展交流，增进友谊。

全国政协副主席孙孚凌、秘书长郑万通，外交部副部长李肇星，全国政协副秘书长张国祥等会见时在座。

国务院总理朱镕基与摩洛哥首相优素非在拉巴特举行会谈

双方就中摩关系和其他共同关心的问题广泛交换了意见。

朱镕基表示，中摩友好交往源远流长，两国人民历来相互尊重。中摩两国在争取民族独立和解放的斗争中始终相互同情和支持。建交44年来，在和平共处五项原则指导下，两国政治关系发展顺利，经贸、文教、卫生等诸多领域的友好合作不断取得可喜成果。特别是

1999年10月和今年2月江泽民主席与穆罕默德六世国王的互访为两国关系的进一步发展指明了方向。中国政府感谢摩洛哥在台湾、人权等重大问题上对中国的一贯支持,感谢摩洛哥政府支持中国申办2010年世博会。加强政治往来,深化经贸合作,已成为我们的共同愿望;推动南南合作、建立更加合理的国际政治、经济新秩序,已成为我们共同的奋斗目标。

会谈中,双方重点探讨了加强经贸关系问题。朱镕基说,近年来,两国经贸合作不断深入发展。比如渔业合作就是两国互利合作中的成功范例,为双方均带来了良好的经济和社会效益。中摩两国均已是世贸组织成员,这为进一步扩大两国合作提供了更广阔的空间。中国政府积极鼓励和推动两国企业界人士的直接交往与合作。通过两国企业界的直接交流,双方可以共同寻找感兴趣、效益好的合作项目,逐步在双边经贸合作中发挥主体作用。

在谈到中非关系时,朱镕基强调,中国和广大非洲国家有着深厚的传统友谊和良好的合作关系,双方在国际事务中一贯相互同情、相互支持。自2000年10月召开首次中非合作论坛部长级会议以来,中非合作进入了一个新阶段。中国政府已对非洲减免债务100亿元人民币。中国将积极探索在平等互利基础上进一步开拓中非经贸合作的新方式、新途径和新领域。

会谈结束后,中摩两国举行了签字仪式,双方签署了《中华人民共和国政府和摩洛哥王国政府经济技术合作协定》,"关于中华人民共和国政府向摩洛哥王国政府提供无偿援助的换文",《中华人民共和国政府和摩洛哥王国政府关于对所得避免双重征税和防止偷漏税的协定》,"关于摩洛哥地球化学填图项目的换文"和《中华人民共和国建设部与摩洛哥王国领土整治、城建、住房与环境部合作协议书》。

九届全国人大常委会第二十九次会议举行全体会议

会议听取和审议国务院关于妇女权益保障工作情况等报告。李鹏委员长出席会议。

国务委员吴仪代表国务院,向常委会报告了妇女权益保障法颁布十年来特别是本届政府组成以来妇女权益保障工作的情况。

受国务院委托,国家发展计划委员会副主任王春正向常委会报告了今年以来国民经济和社会发展计划执行情况。

根据今年的全国人大常委会执法检查计划,全国人大常委会于4月至6月间对食品卫生法的实施情况进行了检查。全国人大常委会副委员长彭珮云向大会报告了检查情况。

会议还听取全国人大常委会代表资格审查委员会主任委员王维澄所作的关于个别代表的代表资格终止的报告,审议了全国人大代表团访问马来西亚和越南情况以及全国人大代表团访问厄立特里亚、吉布提、埃塞俄比亚、赤道几内亚和佛得角五国情况两个书面报告。

全国人大常委会副委员长吴阶平主持会议。副委员长田纪云、姜春云、邹家华、王光英、布赫、铁木尔·达瓦买提、周光召、曹志、丁石孙、成思危、许嘉璐、蒋正华和秘书长何椿霖出席会议,最高人民法院院长肖扬、最高人民检察院检察长韩杼滨列席会议。

国务院妇女儿童工作委员会主任吴仪代表国务院向全国人大常委会第二十九次会议报告妇女权益保障情况

吴仪说,在妇女权益保障上,我国重点推进了六个方面的工作:提高妇女参与国家和社会事务管理及决策的程度;保障妇女劳动就业和获得经济资源的平等权利;大力发展妇女教育;提高妇女的卫生保健水平;严厉打击对妇女的暴力侵害和卖淫嫖娼活动,保护妇女人身权利;倡导建立平等、文明、和睦和稳定的家庭关系,保障妇女在婚姻家庭中的合法权益。目前,这六个方面的妇女权益保障工作取得了显著成效。妇女参政比例不断提高。全国省(自治区、直辖市)党委领导班子和绝大多数政府领导班子中实现了有女干部的目标,2000年全国女干部占干部队伍总数的36.2%;妇女就业人数增加。城乡妇女从业人数从1990年的2.88亿人增长到2000年的3.3亿人,约占全国从业人员总数的46%;妇女受教育水平明显提高。2000年妇女人均受教育年限为7.07年。从1995—2000年,全国共扫除妇女青壮年文盲1340万人;妇女卫生保障状况得到改善。孕产妇死亡率由1995年的61.9/10万降低到2000年的53/10万,孕产妇住院分娩率由1990年的51%提高到2000年的75.98%;妇女人身权利得到保障。

吴仪说,当前妇女权益保障工作面临的主要问题是,妇女参与国家和社会事务管理及决策的程度还不够高;妇女就业和再就业压力增大,就业市场上存在一定程度的性别歧视;一些企业侵害女职工劳动权益的现象比较严重;经济不发达地区妇女贫困问题比较突出;强奸、拐卖妇女等严重侵害妇女人身权利的违法犯罪活动在一些地区比较严重;妇女在婚姻家庭领域受侵害问题和流动人口中妇女的权益保障问题日益突出。此外,妇女艾滋病问题、妇女土地承包权益问题、新生儿性别比失调问题都应引起全社会的关注和重视。

吴仪说,保障妇女权益、促进妇女发展是一项系统工程和长期任务,需要全社会重视、支持和配合。以经济建设为中心,加快发展,是解决妇女权益保障和妇女发展问题的关键。与此同时,必须针对妇女的特殊情况,采取特殊的政策措施。这既是社会全面进步的客观需要,也是经济发展的内在要求。面对新的形势和新的情况,一方面,要立足我国国情,把保障妇女权益和促进妇女发展全面融入国家经济社会发展的大环境和大格局之中,与经济社会发展同步推进;另一方面,要以更加宽阔的视野,把这项工作放到全球发展背景中来观察、分析和把握。我们必须解放思想,与时俱进,深入研究社会主义市场经济条件下妇女权益保障工作的特点和规律,调整工作思路,采用新的工作手段,创新工作方法。

吴仪说,今后要进一步加强普法宣传和教育,在全社会营造维护妇女权益、促进妇女发展的良好环境。要认真贯彻执行有关法律、法规,依法行政,努力消除对妇女一切形式的歧视;要加快建立适应新形势要求的工作机制,运用法律、行政和经济手段,加大保障妇女权益的工作力度;要突出重点,加大投入,着力推动重点难点问题的解决。要加大对农村妇女脱贫的工作力度,重点提高农村妇女的教育、卫生保障水平,尤其要尽快提高中西部农村地区妇女的卫生保健水平。加大对农村教育事业的投入,重点解决女童失、辍学问题。继续在中西部地区实施降低孕产妇死亡率和消除新生儿破伤风项目。规范医疗机构和计划生育机构的服务。要实施积极的就业政策,重视开发适合妇女的就业岗位。加大执法监察力度,努力消除就业中的性别歧视。要坚持不懈地严厉打击强奸、拐卖妇女等严重侵害妇女人身权利的违法犯罪活动。要加大培养选拔女干部工作力度。保障妇女的土地承包权益。维护流动人口中妇女的合法权益。进一步完善有关保障妇女权益的法律、法规。

全国人大常委会副委员长彭珮云向全国人大常委会第二十九次会议报告关于检查食品卫生法实施的情况

根据今年全国人大常委会执法检查计划,全国人大常委会组成执法检查组,于4月至6月间对食品卫生法的实施情况进行了检查。

彭珮云说,食品卫生法实施以来,经过各级人大和政府的不懈努力,这部法律的贯彻实施取得了明显成效。食品卫生抽检合格率逐步提高,食物中毒发生次数和人数呈下降趋势,危害我国人民生命安全的霍乱、伤寒、痢疾等食源性传染病已得到有效控制,食品卫生的总体状况在向好的方向发展。

谈到食品卫生方面存在的问题时,彭珮云指出,由于受主客观多种因素的影响,食品卫生监管工作还存在不少亟待解决的问题。从整体上看,我国食品行业现代化程度不高,食用农产品的生产以分散的农户为主,在广大农村地区和城乡结合部,小型集贸市场、个体摊贩仍是食品流通的主要方式,卫生条件和管理水平低,食品卫生保障能力差。

针对上述问题,检查组提出了改进建议。彭珮云在谈到理顺食品卫生监督管理体制时说,鉴于食品卫生涉及的部门多,问题复杂,建议各级政府建立食品卫生工作领导小组或联席会议制度,统筹规划、及时协调各有关部门解决食品卫生监督管理工作中的重大问题。要加大地方各级政府的责任,由地方政府对辖区内的食品安全卫生的监管负总责,在政府的统一领导下,建立一个部门主管,各有关部门密切配合的管理体制。依据食品卫生法的规定,既要明确卫生行政部门是执法主体,也要明确相关部门的职责分工,使各部门各司其职、各尽其责,避免多头执法、交叉执法和执法不到位现象的发生。

检查组还提出以下改进建议:进一步提高对实施食品卫生法重要意义的认识,有针对性地加强普法工作;加大执法力度,抓住薄弱环节,认真解决食品安全卫生的重点、热点问题;加强全过程管理,从源头上保证食品安全卫生;进一步完善食品卫生法律和卫生标准体系;加大投入,依靠科技进步,提高监督、监测队伍的素质,强化食品卫生监督管理。

国家计委副主任王春正受国务院委托向全国人大常委会第二十九次会议报告国民经济和社会发展计划执行情况

王春正说,今年以来各地区、各部门坚持扩大内需的方针,继续实施积极的财政政策和稳健的货币政策,大力推进经济结构调整,稳步实施各项改革,进一步扩大对外开放,国民经济保持良好发展势头。上半年,国内生产总值完成45536亿元,同比增长7.8%。各项社会事业取得新的进步,社会保持稳定。

他说,今年以来农村经济平稳发展,农业结构调整取得新进展。上半年农业增加值完成4633亿元,同比增长2.6%。国家继续增加对生态环境建设和农业基础设施的投入,上半年共完成退耕造林面积2319万亩,宜林荒山荒地造林2136万亩,分别为全年计划的68%和53%。

王春正说,今年以来工业生产较快增长,企业经济效益逐步改善。前7个月,全国规模以上工业完成增加值17028亿元,同比增长11.8%,增速加快1.1个百分点。工业企业经济效益状况逐步好转,上半年实现利润2278亿元,同比增长5.1%,扭转了前4个月下降的局面。

王春正说，今年以来国债项目建设进展顺利，固定资产投资大幅度增长。前7个月，固定资产投资（不含集体和个人投资）完成13794亿元，同比增长24.1%。国家重大项目建设取得新进展。上半年，76个重点项目共完成投资624亿元，占全年投资计划的40%。

城乡居民收入继续增加，消费持续稳定增长。上半年城镇居民人均可支配收入3942元，同比实际增长17.5%，明显高于去年同期。前7个月实现社会消费品零售总额22545亿元，同比增长8.6%，扣除价格下降因素，实际增长10.3%。

王春正说，今年以来外贸进出口增长较快，吸收外资规模显著扩大。前7个月，外贸出口总值达到1712亿美元，同比增长16.2%。外贸进口总值1556亿美元，增长13.2%。外贸进出口相抵，累计实现贸易顺差156亿美元，同比增加56亿美元。外商直接投资合同金额544亿美元，增长34.9%。实际利用外商直接投资295亿美元，增长22%。截至7月末，国家外汇储备达到2465亿美元，比年年初增加343亿美元。

金融运行平稳，贷款逐步增加。7月末，广义货币（M2）同比增长14.4%，狭义货币（M1）增长17%，前7个月累计净回笼现金331亿元，比去年同期少回笼250亿元。金融机构存贷款继续增加。前7个月金融机构人民币各项存款同比多增加5426亿元。贷款结构继续改善，工业流动资金贷款、农业贷款和中长期贷款分别多增加1359亿元、425亿元和470亿元。

国务院副总理吴邦国在新疆青海考察

吴邦国在考察时强调，要以江总书记"三个代表"重要思想为指导，积极实施西部大开发战略，围绕西气东输、青藏铁路、西电东送等重点工程的全面推进，加强西部地区交通等基础设施和生态环境建设，将资源优势转化为经济优势，增进民族团结，维护边疆稳定，促进西部地区经济和社会全面发展。

8月27日至9月4日，吴邦国分别在新疆维吾尔自治区党委书记王乐泉、主席阿不来提·阿不都热西提和青海省委、省政府主要负责同志的陪同下，先后考察了西气东输莲花湖工地、东秋8井、牙哈凝析油气田、霍尔果斯口岸、青海100万吨钾肥工程以及被誉为青藏铁路第一高桥的三岔河大桥和铁路铺轨现场，还考察了中基红色产业工业园、新疆美克国际家具股份有限公司、新疆啤酒花股份有限公司、青海明诺胶囊有限公司、青海明杏生物工程有限公司等企业。考察期间，吴邦国分别听取了新疆维吾尔自治区和青海省党委、政府以及新疆生产建设兵团的工作汇报，对两省（区）认真贯彻党中央、国务院的方针政策，实施西部大开发战略，加决经济发展，促进民族团结，保持社会稳定等方面所取得的成绩，给予了充分肯定。

吴邦国强调，实施西部大开发，是党中央、国务院为促进西部地区经济跨越式发展和经济实力快速增长，实现我国现代化建设第三步宏伟目标，作出的重大战略决策。江总书记对西部大开发工作极为重视，每年到西部地区进行调研和召开座谈会，并多次发表重要讲话，深刻阐明了西部大开发的重大意义，明确了目标任务和方针政策，为做好西部大开发工作指明了方向。我们要认真学习、深刻领会江总书记讲话精神，以"三个代表"重要思想为指导，加紧西部大开发战略的实施。吴邦国指出，近几年来，各地区、各部门特别是西部地区广大干部群众，认真贯彻中央的决策和部署，西部大开发各项工作成效显著，尤其是西气东输、青藏铁路、西电东送等重点工程的全面开工，标志着西部大开发已经进入一个新的重要阶段。

西气东输和青藏铁路建设是吴邦国这次考察的重点。他先后来到位于塔里木盆地的西气东输莲花湖工地、东秋8井和牙哈凝析油气田，看望和慰问了顶着戈壁沙漠灼人热浪进行输气管道焊接和钻井施工的一线干部职工，详细了解了地质勘探、工程设计及施工的有关情况。目前，西气东输管道建设工程进展顺利，3900公里长的管道已焊接铺设991公里。塔里木油田探明加控制的天然气储量已超过7200亿立方米，西气东输年输 送120亿立方米稳产30年的资源已基本落实。在青海考察期间，吴邦国专程赶到位于海拔3800米的青藏铁路三岔河大桥工地和铁路铺轨现场，听取工程建设汇报，关切询问了建设者们的生活、工作和劳动保护情况，向青藏铁路各参建单位和全体建设者表示亲切的慰问。有青藏铁路第一高桥之称的三岔河大桥，经过中铁十四局集团三公司的全力奋战，仅用11个月就完成主体工程，施工速度之快，创造了世界高寒地区桥梁施工的奇迹。吴邦国指出，西气东输和青藏铁路工程的实施，有利于把西部资源优势转化为经济优势，促进西部地区经济社会发展和增强民族团结，功在当代，利在千秋。通过这些重点工程的实施，也锻炼了队伍，提高了勘探、设计、施工能力和技术装备制造水平。他强调要牢固树立"百年大计、质量第一"的思想，精心设计施工，攻克冻土等施工难关，重视生态环境保护，保障建设者身体健康，再接再厉，发扬不怕艰难、团结奋斗的连续作战精神，全力以赴打好攻坚战，把西气东输和青藏铁路建成世界一流水平的工程。

吴邦国指出，近年来，在实施西部大开发战略的推动下，新疆、青海经济保持持续增长，基础设施得到较大改善，民族团结，社会稳定，经济和社会发展呈现出生机勃勃的新气象。但同时也应清醒地认识到，新疆、青海的经济基础相对薄弱，西部大开发的任务十分繁重，要树立长期艰苦奋斗的思想。要紧紧抓住西部大开发的机遇，以西部大开发重点工程的全面实施为契机，充分发挥本地区能源、矿产、森林、草地等资源丰富和自然景观优美、民族风情独特的优势，与时俱进，开拓创新，集中力量办成一些对西部地区发展全局有重要影响的大事，办好一些对改善人民生活有切实作用的实事。进一步加强公路、铁路、航空、通信等基础设施建设，搞好生态环境保护，积极调整产业结构，加大企业改组改造的力度，发展具有西部地区特色并在国内外市场有竞争力、有效益的产品和产业，进一步增强民族团结，维护边疆安宁和社会稳定，为全国的经济发展和社会稳定作出新的贡献。

陪同吴邦国考察的有关方面负责人有李荣融、傅志寰、张国宝、刘永富、侯云春、马富才等。

外交部部长唐家璇在北京与伊拉克外长萨布里举行会谈

国防部部长迟浩田在北京会见韩国国防部次官权永孝一行

外交部发言人孔泉发表谈话表示中方对美国政府将“东突伊斯兰运动”列入恐怖组织名单表示赞赏

有记者问：美国国务院常务副国务卿阿米蒂奇昨日宣布美国政府已将“东突伊斯兰运动”列入恐怖组织名单，请问你对此有何看法？

孔泉说，美方已正式向中方通报了有关决定。中方对此表示赞赏。

他说，中美两国在反恐领域具有广泛的共同利益。我们愿同美方共同努力，加强相互磋商，深化双方合作。

他说，长期以来，“东突伊斯兰运动”及其他“东突”组织与国际恐怖势力相互勾结，在中国境内外制造了大量暴力恐怖事件，对地区安全与稳定构成了严重威胁。事实证明，“东突”组织是国际恐怖势力的一部分，是国际社会的公害，各国应共同打击。

8月28日

中共中央总书记江泽民在人民大会堂会见出席全国宣传部长会议和全国组织工作座谈会的全体同志并发表重要讲话

江泽民强调，再过两个多月，党的十六大就要召开，这是我们党在新世纪召开的第一次全国代表大会，也是在我国进入全面建设小康社会、加快推进社会主义现代化的新的发展阶段召开的一次十分重要的会议。宣传思想战线和组织战线要高举邓小平理论伟大旗帜，认真贯彻“三个代表”要求，按照中央的部署，进一步做好各项工作，以优异成绩迎接党的十六大的召开。

中共中央政治局常委、国家副主席胡锦涛，中共中央政治局常委、中央书记处书记尉健行，中共中央政治局常委、国务院副总理李岚清参加了会见。

江泽民说，这次全国宣传部长会议和全国组织工作座谈会，专题部署迎接党的十六大的有关工作，会议十分重要，开得很及时、很好。他代表党中央，向与会同志，并通过他们向全国宣传思想战线和组织战线的同志们，表示诚挚的问候。

江泽民指出，强有力的宣传思想工作和组织工作，历来是我们党的工作的重要特色，也是我们党的重要政治优势。党中央对宣传思想工作和组织工作始终是高度重视的。今年以来，全国宣传思想战线和组织战线按照中央的部署，紧紧围绕贯彻“三个代表”要求和迎接党的十六大，做了大量工作。宣传思想领域总体态势积极主动，舆论氛围健康向上，在推动解放思想的进程中保持思想上的统一，与时俱进的观念和奋发有为的风貌成为当今我国社会精神的主流，广大人民群众爱国热情高涨，民族自豪感增强。组织战线的工作做得积极主动，全面加强党的基层组织建设、领导班子建设和干部队伍建设。农村“三个代表”学习教育活动取得了重要成果。干部人事制度改革积极稳步推进，各地各部门正在努力贯彻落实《党政领导干部选拔任用工作条例》。省级党委换届工作圆满完成。总之，同志们工作都很努力、很辛苦、很有成效。

江泽民强调，为党的十六大营造良好氛围，意义十分重大，是当前宣传思想工作的头等大事。要紧紧围绕党的十六大，唱响共产党好、社会主义好、改革开放好的主旋律，用生动的充分的事实来说明，中国共产党是伟大、光荣、正确的党，是始终代表中国先进生产力的发展要求、中国先进文化的前进方向和中国最广大人民的根本利益的马克思主义政党。要大力宣传改革开放和现代化建设、党的建设取得的辉煌成就，大力宣传广大党员和干部解放思想、实事求是、与时俱进、开拓创新的时代风采，大力宣传我国经济社会发展的美好前景，充分反映全党和全国各族人民以优异成绩迎接党的十六大的实际行动，以利全党和全国人民进一步统一思想、凝聚力量、振奋精神、坚定信心，不断在改革和建设中开拓前进。

江泽民强调，要继续做好新形势下的组织工作，全面推进党的建设新的伟大工程，进一步搞好党的思想建设、组织建设、作风建设和制度建设。要继续加强党的基层组织建设和党员队伍建设，加强各级领导班子建设，不断提高各级领导班子和领导干部的素质，改进作风，增强活力，真正把各级领导班子建设成为坚持走有中国特色社会主义道路、具有领导现代化建设能力，奋发有为、朝气蓬勃的领导集体，为完成即将召开的十六大提出的各项任务提供坚强的组织保证。

中共中央政治局委员、中央宣传部部长丁关根，中共中央政治局候补委员、中央组织部部长曾庆红等参加了会见。

中共中央总书记江泽民在中南海会见日本共产党中央主席不破哲三

江泽民说，作为一个亲身经历并见证两国关系发展历程的人，我对中日关系所取得的成果感到高兴。30年来的经验充分说明：中日睦邻友好符合两国人民的根本利益，是双方唯一正确的选择，必须对此坚信不移；历史问题和台湾问题是两国关系中的大是大非问题，需要严肃对待，正确处理；发展互惠双赢的经济合作，是中日关系的物质基础和重要动力，有利于本地区乃至世界的繁荣和发展，应当积极推动。

江泽民说，展望未来，为了维护中日友好大局，切实推动中日关系长期、健康、稳定发展，双方应该努力做到：高瞻远瞩，顺应和平与发展的时代潮流；以史为鉴，确保两国人民的世代友好；以诚相待，拓展交流与合作的领域和渠道；立足双赢，促进共同发展与繁荣。

谈到党际交往时，江泽民说，中国共产党将继续在党际交往四项原则的基础上，致力于加强和深化同包括共产党在内的日本各政党的交流，为增进两国人民的友谊、促进中日睦邻友好事业作出积极贡献。

不破哲三对日中两党实现关系正常化4年来第三次与江泽民总书记会晤表示高兴。他说，这几年国际形势发生了很大的变化，中国在国际和地区事务中的影响在扩大。稳定和发展日中关系，对实现21世纪亚洲地区的和平和稳定具有重要意义。日本共产党愿与中方积极合作，开展多方面的交流，为促进日中两国关系的稳定发展和本地区的和平与稳定作出努力。

江泽民还就当前的国际和地区形势与客人交换了看法。

中联部部长戴秉国等会见时在座。

国家主席江泽民在中南海会见以凯·福岛为团长的国际狮子会代表团

江泽民对国际狮子会代表团访华表示欢迎，对国际狮子会与中国合作开展的“视觉第一中国行动”一期项目的成功实施和二期合作的正式启动表示祝贺。他说，国际狮子会在华服务项目选择了残疾人这个最困难的群体是十分有意义的，为残疾人带来了实实在在的利益。

江泽民对“国际狮子会”在一个中国原则下，妥善解决台湾的狮子会称谓问题并吸收中国广东、深圳狮子会加入国际狮子会表示赞赏，希望看到国际狮子会与中国业已建立的良好合作关系得到不断发展。

国际狮子会代表团是应中国残疾人联合会邀请，专程来京出席“视觉第一中国行动”一期项目总结及二期合作动员会的。

国务委员、国务院残疾人工作协调委员会主任司马义·艾买提等有关负责人参加了会见。

国务院总理朱镕基在拉巴特会见摩洛哥国王穆罕默德六世

朱镕基说，中摩都是有着悠久历史的国家。建交44年来，两国在各个领域的友好合作发展顺利，成果显著。双方在重大国际问题上有着广泛共识，并进行了良好合作。1999年10月和今年2月江泽民主席与国王陛下的互访使中摩关系进入了一个新阶段。

朱镕基表示，摩洛哥是最早加入世贸组织的发展中国家之一，中国也于去年加入了该组织。这为中摩两国加强互利合作提供了非常有利的条件。昨天，我与优素菲首相进行了富有成果的会谈，签署了几个协议，并就进一步加强两国关系提出了切实可行的措施。中国政府将积极鼓励中国企业与摩方开展合作。我相信中摩关系将会在新世纪取得更大发展。

会见结束后，朱镕基总理离开首都拉巴特，前往摩洛哥最大的城市、全国工商和金融中心卡萨布兰卡继续进行访问。

纪念周培源百年诞辰座谈会在人民大会堂举行

全国政协主席李瑞环出席座谈会。

全国政协副主席、中共中央统战部部长王兆国代表全国政协和中央统战部在会上讲话。王兆国回顾了周培源同志光辉的一生，追思了他献身科学、为祖国繁荣富强奋斗终生的崇高品质，高度评价了他为我国科技、教育事业的发展和社会文明进步作出的重大贡献。王兆国说，周培源同志是我国理论物理与力学领域的重要创始人之一，他建立了我国独特的湍流理论体系，是世界公认的湍流模式理论的奠基人；他呕心沥血，勤奋耕耘，桃李满天下，培养了几代科学人才；他运用自身的智慧和影响，在拓展国际科学合作交流，制定我国科学技术发展规划，促进科学文化事业发展等方面发挥了积极的作用；他具有高尚的品格和学识，在科学、教育和社会各界享有崇高威望；他长期担任全国政协和九三学社的领导工作，为坚持和完善中国共产党领导的多党合作和政治协商制度，为巩固和发展中国共产党领导的爱国统一战线，为社会主义民主政治建设作出了不可磨灭的贡献。

王兆国指出，周培源同志的一生是追求真理的一生，是献身科学教育事业的一生，是为国家和人民的事业奋斗不息的一生。我们缅怀周培源同志，就要学习他坚定的政治立场，更加自觉地接受中国共产党的领导，从我国国情出发，加强社会主义民主政治建设，实现社会主义政治文明的自我完善和发展，坚持和完善中国共产党领导的多党合作和政治协商制度，决不照搬西方政治制度模式；就要深刻认识国际竞争归根到底是科技和人才的竞争，全力实施科教兴国战略，推动科技创新，大力发展科学文化教育事业，积极培养科技人才，努力提高全民族的科学文化素质。

全国人大常委会副委员长、九三学社中央主席吴阶平在讲话中说，九三学社全体同仁正在认真学习"三个代表"重要思想、深入领会江泽民总书记"五三一"重要讲话的深刻内涵，决心在中国共产党的领导下，同心同德，为实现21世纪我国的三大历史性任务而团结奋斗。崇高的事业需要崇高的精神，崇高精神的发扬，需要榜样的力量。今天，我们更加怀念为中华民族的崛起、富强、进步奋斗了一生的周培源同志。

全国人大常委会副委员长、中国科协主席周光召在讲话中说，周培源同志不仅对发展科学和教育事业、建设科技工作者群众团体贡献卓著，而且具有高尚情操和人格魅力，是我国科技工作者精神文明和职业道德建设的一面光辉旗帜。他是广大科技工作者的良师益友，他的精神风范值得我们认真学习。

座谈会由全国政协副主席、九三学社中央常务副主席王文元主持。全国政协副主席宋健、朱光亚，民盟中央名誉主席费孝通，中央统战部常务副部长刘延东出席了座谈会。著名科学家、美国国家科学院院士林家翘先生以及周培源同志亲属代表周如雁也在座谈会上发了言。

全国政协、中央统战部、九三学社中央、各民主党派中央和全国工商联、中国科协、国家自然科学基金委员会、中国国际科技促进会、中国人民争取和平与裁军协会、中国物理学会、中国力学会、北京大学、清华大学、周培源基金会等单位和无锡市、宜兴市的代表，周培源的亲属以及生前友好150余人参加了座谈会。

国务院副总理温家宝在青海甘肃考察

8月28日至9月2日，温家宝在青海省海北州、海南州、西宁市和甘肃省酒泉地区重点考察了农业结构调整、退耕还林、草原保护、生态环境建设，同干部群众一起研究进一步落实江泽民总书记指示，建设秀美山川，坚持可持续发展的措施。

温家宝在了解到共和县铁盖乡七台村严重缺水时说，干旱地区一定要推行节水灌溉技术，发展节水农业、旱作农业。他对随行的各级干部说，当干部的要一天到晚想着老百姓，群众无小事。要关心农民的生活，搞好扶贫开发工作。

温家宝非常重视青海的生态环境建设。在考察青海湖北岸、海南州塔拉滩草原沙漠化治理后，他强调，要加大生态环境保护和建设的力度。一是搞好三江源的保护工作，这是关系全国三大水系的大事，应该作为全国生态保护的重点。二是重视青海湖的生态问题，努力恢复周围的草地，退耕还草，涵养水源，这应作为全国湿地保护的一个重点。三是搞好草原的保护和建设工作，严禁垦荒种地，环青海湖地区和生态脆弱的草原实施退耕还牧，大力提倡围栏、舍饲养殖，分区域、有计划地实施封山禁牧，完善草原承包，加强草原基础设施建设。

温家宝在甘肃省酒泉地区，先后考察了黑河流域调水、金塔县防风固沙工程，看望当地农民群众。

在位于祁连山下的酒泉市丰乐乡，温家宝了解到农民发挥当地光热资源的优势，发展制种增加收入时，他指出，发展种子业既是调整结构、增加收入的好门路，也是科技兴农的一项大措施，要把制种发展成一个大产业。农业结构调整，一定要从本地实际出发，面向国际国内两个市场，发展特色农业和高效农业。

黑河是河西走廊的一条最大内陆河，为了挽救下游的生态，国家实施黑河调水计划已经3年。温家宝在鼎新考察了黑河调水情况后指出，调水要解决四个问题，第一是节水，第二是生态保护，第三是调整工业、农业结构，第四是形成合理的水价和工程投入机制。中央作出黑河调水的决策完全正确，成果也是显著的，这也是党的领导和社会主义优越性的体现。

温家宝要求各级干部，认真贯彻落实党在农村的各项方针政策，推进农业结构调整，搞好农村税费改革，减轻农民负担，增加农民收入，维护农村社会稳定，以实际行动迎接党的十六大的召开。

随同考察的有关方面负责人有赵乐际、陈学亨、贠小苏、韩长赋、吕飞杰等。

国务院副总理李岚清在中南海会见美国俄克拉荷马州州长基廷一行

国务院副总理钱其琛在中南海会见伊拉克外交部长萨布里

8月29日

国家主席江泽民签署第73号令公布《中华人民

共和国农村土地承包法》

《中华人民共和国农村土地承包法》已由中华人民共和国第九届全国人民代表大会常务委员会第二十九次会议于2002年8月29日通过,现予公布,自2003年3月1日起施行。

中华人民共和国主席 江泽民

2002年8月29日

中华人民共和国农村土地承包法

第一章 总 则

第一条 为稳定和完善以家庭承包经营为基础、统分结合的双层经营体制,赋予农民长期而有保障的土地使用权,维护农村土地承包当事人的合法权益,促进农业、农村经济发展和农村社会稳定,根据宪法,制定本法。

第二条 本法所称农村土地,是指农民集体所有和国家所有依法由农民集体使用的耕地、林地、草地,以及其他依法用于农业的土地。

第三条 国家实行农村土地承包经营制度。

农村土地承包采取农村集体经济组织内部的家庭承包方式,不宜采取家庭承包方式的荒山、荒沟、荒丘、荒滩等农村土地,可以采取招标、拍卖、公开协商等方式承包。

第四条 国家依法保护农村土地承包关系的长期稳定。

农村土地承包后,土地的所有权性质不变。承包地不得买卖。

第五条 农村集体经济组织成员有权依法承包由本集体经济组织发包的农村土地。

任何组织和个人不得剥夺和非法限制农村集体经济组织成员承包土地的权利。

第六条 农村土地承包,妇女与男子享有平等的权利。承包中应当保护妇女的合法权益,任何组织和个人不得剥夺、侵害妇女应当享有的土地承包经营权。

第七条 农村土地承包应当坚持公开、公平、公正的原则,正确处理国家、集体、个人三者的利益关系。

第八条 农村土地承包应当遵守法律、法规,保护土地资源的合理开发和可持续利用。未经依法批准不得将承包地用于非农建设。

国家鼓励农民和农村集体经济组织增加对土地的投入,培肥地力,提高农业生产能力。

第九条 国家保护集体土地所有者的合法权益,保护承包方的土地承包经营权,任何组织和个人不得侵犯。

第十条 国家保护承包方依法、自愿、有偿地进行土地承包经营权流转。

第十一条 国务院农业、林业行政主管部门分别依照国务院规定的职责负责全国农村土地承包及承包合同管理的指导。县级以上地方人民政府农业、林业等行政主管部门分别依照各自职责,负责本行政区域内农村土地承包及承包合同管理。乡(镇)人民政府负责本行政区域内农村土地承包及承包合同管理。

第二章 家庭承包

第一节 发包方和承包方的权利和义务

第十二条 农民集体所有的土地依法属于村农民集体所有的,由村集体经济组织或者村民委员会发包;已经分别属于村内两个以上农村集体经济组织的农民集体所有的,由村内各该农村集体经济组织或者村民小组发包。村集体经济组织或者村民委员会发包的,不得改变村内各集体经济组织农民集体所有的土地的所有权。

国家所有依法由农民集体使用的农村土地,由使用该土地的农村集体经济组织、村民委员会或者村民小组发包。

第十三条 发包方享有下列权利:

(一)发包本集体所有的或者国家所有依法由本集体使用的农村土地;

(二)监督承包方依照承包合同约定的用途合理利用和保护土地;

(三)制止承包方损害承包地和农业资源的行为;

(四)法律、行政法规规定的其他权利。

第十四条 发包方承担下列义务:

(一)维护承包方的土地承包经营权,不得非法变更、解除承包合同;

(二)尊重承包方的生产经营自主权,不得干涉承包方依法进行正常的生产经营活动;

(三)依照承包合同约定为承包方提供生产、技术、信息等服务;

(四)执行县、乡(镇)土地利用总体规划,组织本集体经济组织内的农业基础设施建设;

(五)法律、行政法规规定的其他义务。

第十五条 家庭承包的承包方是本集体经济组织的农户。

第十六条 承包方享有下列权利:

(一)依法享有承包地使用、收益和土地承包经营权流转的权利,有权自主组织生产经营和处置产品;

(二)承包地被依法征用、占用的,有权依法获得相应的补偿;

(三)法律、行政法规规定的其他权利。

第十七条 承包方承担下列义务:

(一)维持土地的农业用途,不得用于非农建设;

(二)依法保护和合理利用土地,不得给土地造成永久性损害;

(三)法律、行政法规规定的其他义务。

第二节　承包的原则和程序

第十八条　土地承包应当遵循以下原则:

(一)按照规定统一组织承包时,本集体经济组织成员依法平等地行使承包土地的权利,也可以自愿放弃承包土地的权利;

(二)民主协商,公平合理;

(三)承包方案应当按照本法第十二条的规定,依法经本集体经济组织成员的村民会议三分之二以上成员或者三分之二以上村民代表的同意;

(四)承包程序合法。

第十九条　土地承包应当按照以下程序进行:

(一)本集体经济组织成员的村民会议选举产生承包工作小组;

(二)承包工作小组依照法律、法规的规定拟订并公布承包方案;

(三)依法召开本集体经济组织成员的村民会议,讨论通过承包方案;

(四)公开组织实施承包方案;

(五)签订承包合同。

第三节　承包期限和承包合同

第二十条　耕地的承包期为三十年。草地的承包期为三十年至五十年。林地的承包期为三十年至七十年;特殊林木的林地承包期,经国务院林业行政主管部门批准可以延长。

第二十一条　发包方应当与承包方签订书面承包合同。

承包合同一般包括以下条款:

(一)发包方、承包方的名称,发包方负责人和承包方代表的姓名、住所;

(二)承包土地的名称、坐落、面积、质量等级;

(三)承包期限和起止日期;

(四)承包土地的用途;

(五)发包方和承包方的权利和义务;

(六)违约责任。

第二十二条　承包合同自成立之日起生效。承包方自承包合同生效时取得土地承包经营权。

第二十三条　县级以上地方人民政府应当向承包方颁发土地承包经营权证或者林权证等证书,并登记造册,确认土地承包经营权。

颁发土地承包经营权证或者林权证等证书,除按规定收取证书工本费外,不得收取其他费用。

第二十四条　承包合同生效后,发包方不得因承办人或者负责人的变动而变更或者解除,也不得因集体经济组织的分立或者合并而变更或者解除。

第二十五条　国家机关及其工作人员不得利用职权干涉农村土地承包或者变更、解除承包合同。

第四节　土地承包经营权的保护

第二十六条　承包期内,发包方不得收回承包地。

承包期内,承包方全家迁入小城镇落户的,应当按照承包方的意愿,保留其土地承包经营权或者允许其依法进行土地承包经营权流转。

承包期内,承包方全家迁入设区的市,转为非农业户口的,应当将承包的耕地和草地交回发包方。承包方不交回的,发包方可以收回承包的耕地和草地。

承包期内,承包方交回承包地或者发包方依法收回承包地时,承包方对其在承包地上投入而提高土地生产能力的,有权获得相应的补偿。

第二十七条　承包期内,发包方不得调整承包地。

承包期内,因自然灾害严重毁损承包地等特殊情形对个别农户之间承包的耕地和草地需要适当调整的,必须经本集体经济组织成员的村民会议三分之二以上成员或者三分之二以上村民代表的同意,并报乡(镇)人民政府和县级人民政府农业等行政主管部门批准。承包合同中约定不得调整的,按照其约定。

第二十八条　下列土地应当用于调整承包土地或者承包给新增人口:

(一)集体经济组织依法预留的机动地;

(二)通过依法开垦等方式增加的;

(三)承包方依法、自愿交回的。

第二十九条　承包期内,承包方可以自愿将承包地交回发包方。承包方自愿交回承包地的,应当提前半年以书面形式通知发包方。承包方在承包期内交回承包地的,在承包期内不得再要求承包土地。

第三十条　承包期内,妇女结婚,在新居住地未取得承包地的,发包方不得收回其原承包地;妇女离婚或者丧偶,仍在原居住地生活或者不在原居住地生活但在新居住地未取得承包地的,发包方不得收回其原承包地。

第三十一条　承包人应得的承包收益,依照继承法的规定继承。

林地承包的承包人死亡,其继承人可以在承包期内继续承包。

第五节　土地承包经营权的流转

第三十二条　通过家庭承包取得的土地承包经营权可以依法采取转包、出租、互换、转让或者其他方式流转。

第三十三条　土地承包经营权流转应当遵循以下原则:

(一)平等协商、自愿、有偿,任何组织和个人不得强迫或者阻碍承包方进行土地承包经营权流转;

(二)不得改变土地所有权的性质和土地的农业

用途；

(三)流转的期限不得超过承包期的剩余期限；

(四)受让方须有农业经营能力；

(五)在同等条件下，本集体经济组织成员享有优先权。

第三十四条 土地承包经营权流转的主体是承包方。承包方有权依法自主决定土地承包经营权是否流转和流转的方式。

第三十五条 承包期内，发包方不得单方面解除承包合同，不得假借少数服从多数强迫承包方放弃或者变更土地承包经营权，不得以划分“口粮田”和“责任田”等为由收回承包地搞招标承包，不得将承包地收回抵顶欠款。

第三十六条 土地承包经营权流转的转包费、租金、转让费等，应当由当事人双方协商确定。流转的收益归承包方所有，任何组织和个人不得擅自截留、扣缴。

第三十七条 土地承包经营权采取转包、出租、互换、转让或者其他方式流转，当事人双方应当签订书面合同。采取转让方式流转的，应当经发包方同意；采取转包、出租、互换或者其他方式流转的，应当报发包方备案。

土地承包经营权流转合同一般包括以下条款：

(一)双方当事人的姓名、住所；

(二)流转土地的名称、坐落、面积、质量等级；

(三)流转的期限和起止日期；

(四)流转土地的用途；

(五)双方当事人的权利和义务；

(六)流转价款及支付方式；

(七)违约责任。

第三十八条 土地承包经营权采取互换、转让方式流转，当事人要求登记的，应当向县级以上地方人民政府申请登记。未经登记，不得对抗善意第三人。

第三十九条 承包方可以在一定期限内将部分或者全部土地承包经营权转包或者出租给第三方，承包方与发包方的承包关系不变。

承包方将土地交由他人代耕不超过一年的，可以不签订书面合同。

第四十条 承包方之间为方便耕种或者各自需要，可以对属于同一集体经济组织的土地的土地承包经营权进行互换。

第四十一条 承包方有稳定的非农职业或者有稳定的收入来源的，经发包方同意，可以将全部或者部分土地承包经营权转让给其他从事农业生产经营的农户，由该农户同发包方确立新的承包关系，原承包方与发包方在该土地上的承包关系即行终止。

第四十二条 承包方之间为发展农业经济，可以自愿联合将土地承包经营权入股，从事农业合作生产。

第四十三条 承包方对其在承包地上投入而提高土地生产能力的，土地承包经营权依法流转时有权获得相应的补偿。

第三章 其他方式的承包

第四十四条 不宜采取家庭承包方式的荒山、荒沟、荒丘、荒滩等农村土地，通过招标、拍卖、公开协商等方式承包的，适用本章规定。

第四十五条 以其他方式承包农村土地的，应当签订承包合同。当事人的权利和义务、承包期限等，由双方协商确定。以招标、拍卖方式承包的，承包费通过公开竞标、竞价确定；以公开协商等方式承包的，承包费由双方议定。

第四十六条 荒山、荒沟、荒丘、荒滩等可以直接通过招标、拍卖、公开协商等方式实行承包经营，也可以将土地承包经营权折股分给本集体经济组织成员后，再实行承包经营或者股份合作经营。

承包荒山、荒沟、荒丘、荒滩的，应当遵守有关法律、行政法规的规定，防止水土流失，保护生态环境。

第四十七条 以其他方式承包农村土地，在同等条件下，本集体经济组织成员享有优先承包权。

第四十八条 发包方将农村土地发包给本集体经济组织以外的单位或者个人承包，应当事先经本集体经济组织成员的村民会议三分之二以上成员或者三分之二以上村民代表的同意，并报乡(镇)人民政府批准。

由本集体经济组织以外的单位或者个人承包的，应当对承包方的资信情况和经营能力进行审查后，再签订承包合同。

第四十九条 通过招标、拍卖、公开协商等方式承包农村土地，经依法登记取得土地承包经营权证或者林权证等证书的，其土地承包经营权可以依法采取转让、出租、入股、抵押或者其他方式流转。

第五十条 土地承包经营权通过招标、拍卖、公开协商等方式取得的，该承包人死亡，其应得的承包收益，依照继承法的规定继承；在承包期内，其继承人可以继续承包。

第四章 争议的解决和法律责任

第五十一条 因土地承包经营发生纠纷的，双方当事人可以通过协商解决，也可以请求村民委员会、乡(镇)人民政府等调解解决。

当事人不愿协商、调解或者协商、调解不成的，可以向农村土地承包仲裁机构申请仲裁，也可以直接向人民法院起诉。

第五十二条 当事人对农村土地承包仲裁机构的仲裁裁决不服的，可以在收到裁决书之日起三十日内向人民法院起诉。逾期不起诉的,裁决书即发生法律效力。

第五十三条　任何组织和个人侵害承包方的土地承包经营权的,应当承担民事责任。

第五十四条　发包方有下列行为之一的,应当承担停止侵害、返还原物、恢复原状、排除妨害、消除危险、赔偿损失等民事责任:

(一)干涉承包方依法享有的生产经营自主权;

(二)违反本法规定收回、调整承包地;

(三)强迫或者阻碍承包方进行土地承包经营权流转;

(四)假借少数服从多数强迫承包方放弃或者变更土地承包经营权而进行土地承包经营权流转;

(五)以划分"口粮田"和"责任田"等为由收回承包地搞招标承包;

(六)将承包地收回抵顶欠款;

(七)剥夺、侵害妇女依法享有的土地承包经营权;

(八)其他侵害土地承包经营权的行为。

第五十五条　承包合同中违背承包方意愿或者违反法律、行政法规有关不得收回、调整承包地等强制性规定的约定无效。

第五十六条　当事人一方不履行合同义务或者履行义务不符合约定的,应当依照《中华人民共和国合同法》的规定承担违约责任。

第五十七条　任何组织和个人强迫承包方进行土地承包经营权流转的,该流转无效。

第五十八条　任何组织和个人擅自截留、扣缴土地承包经营权流转收益的,应当退还。

第五十九条　违反土地管理法规,非法征用、占用土地或者贪污、挪用土地征用补偿费用,构成犯罪的,依法追究刑事责任;造成他人损害的,应当承担损害赔偿等责任。

第六十条　承包方违法将承包地用于非农建设的,由县级以上地方人民政府有关行政主管部门依法予以处罚。

承包方给承包地造成永久性损害的,发包方有权制止,并有权要求承包方赔偿由此造成的损失。

第六十一条　国家机关及其工作人员有利用职权干涉农村土地承包,变更、解除承包合同,干涉承包方依法享有的生产经营自主权,或者强迫、阻碍承包方进行土地承包经营权流转等侵害土地承包经营权的行为,给承包方造成损失的,应当承担损害赔偿等责任;情节严重的,由上级机关或者所在单位给予直接责任人员行政处分;构成犯罪的,依法追究刑事责任。

第五章　附　则

第六十二条　本法实施前已经按照国家有关农村土地承包的规定承包,包括承包期限长于本法规定的,本法实施后继续有效,不得重新承包土地。未向承包方颁发土地承包经营权证或者林权证等证书的,应当补发证书。

第六十三条　本法实施前已经预留机动地的,机动地面积不得超过本集体经济组织耕地总面积的百分之五。不足百分之五的,不得再增加机动地。

本法实施前未留机动地的,本法实施后不得再留机动地。

第六十四条　各省、自治区、直辖市人民代表大会常务委员会可以根据本法,结合本行政区域的实际情况,制定实施办法。

第六十五条　本法自2003年3月1日起施行。

国家主席江泽民签署第74号令公布《中华人民共和国水法》

《中华人民共和国水法》已由中华人民共和国第九届全国人民代表大会常务委员会第二十九次会议于2002年8月29日修订通过,现将修订后的《中华人民共和国水法》公布,自2002年10月1日起施行。

中华人民共和国主席　江泽民

2002年8月29日

中华人民共和国水法

第一章　总　则

第一条　为了合理开发、利用、节约和保护水资源,防治水害,实现水资源的可持续利用,适应国民经济和社会发展的需要,制定本法。

第二条　在中华人民共和国领域内开发、利用、节约、保护、管理水资源,防治水害,适用本法。

本法所称水资源,包括地表水和地下水。

第三条　水资源属于国家所有。水资源的所有权由国务院代表国家行使。农村集体经济组织的水塘和由农村集体经济组织修建管理的水库中的水,归各该农村集体经济组织使用。

第四条　开发、利用、节约、保护水资源和防治水害,应当全面规划、统筹兼顾、标本兼治、综合利用、讲求效益,发挥水资源的多种功能,协调好生活、生产经营和生态环境用水。

第五条　县级以上人民政府应当加强水利基础设施建设,并将其纳入本级国民经济和社会发展计划。

第六条　国家鼓励单位和个人依法开发、利用水资源,并保护其合法权益。开发、利用水资源的单位和个人有依法保护水资源的义务。

第七条　国家对水资源依法实行取水许可制度和有偿使用制度。但是,农村集体经济组织及其成员使用本集体经济组织的水塘、水库中的水的除外。国务院水行政主管部门负责全国取水许可制度和水资源有偿使用制度的组织实施。

第八条 国家厉行节约用水，大力推行节约用水措施，推广节约用水新技术、新工艺，发展节水型工业、农业和服务业，建立节水型社会。

各级人民政府应当采取措施，加强对节约用水的管理，建立节约用水技术开发推广体系，培育和发展节约用水产业。

单位和个人有节约用水的义务。

第九条 国家保护水资源，采取有效措施，保护植被，植树种草，涵养水源，防治水土流失和水体污染，改善生态环境。

第十条 国家鼓励和支持开发、利用、节约、保护、管理水资源和防治水害的先进科学技术的研究、推广和应用。

第十一条 在开发、利用、节约、保护、管理水资源和防治水害等方面成绩显著的单位和个人，由人民政府给予奖励。

第十二条 国家对水资源实行流域管理与行政区域管理相结合的管理体制。

国务院水行政主管部门负责全国水资源的统一管理和监督工作。

国务院水行政主管部门在国家确定的重要江河、湖泊设立的流域管理机构(以下简称流域管理机构)，在所管辖的范围内行使法律、行政法规规定的和国务院水行政主管部门授予的水资源管理和监督职责。

县级以上地方人民政府水行政主管部门按照规定的权限，负责本行政区域内水资源的统一管理和监督工作。

第十三条 国务院有关部门按照职责分工，负责水资源开发、利用、节约和保护的有关工作。

县级以上地方人民政府有关部门按照职责分工，负责本行政区域内水资源开发、利用、节约和保护的有关工作。

第二章 水资源规划

第十四条 国家制定全国水资源战略规划。

开发、利用、节约、保护水资源和防治水害，应当按照流域、区域统一制定规划。规划分为流域规划和区域规划。流域规划包括流域综合规划和流域专业规划；区域规划包括区域综合规划和区域专业规划。

前款所称综合规划，是指根据经济社会发展需要和水资源开发利用现状编制的开发、利用、节约、保护水资源和防治水害的总体部署。前款所称专业规划，是指防洪、治涝、灌溉、航运、供水、水力发电、竹木流放、渔业、水资源保护、水土保持、防沙治沙、节约用水等规划。

第十五条 流域范围内的区域规划应当服从流域规划，专业规划应当服从综合规划。

流域综合规划和区域综合规划以及与土地利用关系密切的专业规划，应当与国民经济和社会发展规划以及土地利用总体规划、城市总体规划和环境保护规划相协调，兼顾各地区、各行业的需要。

第十六条 制定规划，必须进行水资源综合科学考察和调查评价。水资源综合科学考察和调查评价，由县级以上人民政府水行政主管部门会同同级有关部门组织进行。

县级以上人民政府应当加强水文、水资源信息系统建设。县级以上人民政府水行政主管部门和流域管理机构应当加强对水资源的动态监测。

基本水文资料应当按照国家有关规定予以公开。

第十七条 国家确定的重要江河、湖泊的流域综合规划，由国务院水行政主管部门会同国务院有关部门和有关省、自治区、直辖市人民政府编制，报国务院批准。跨省、自治区、直辖市的其他江河、湖泊的流域综合规划和区域综合规划，由有关流域管理机构会同江河、湖泊所在地的省、自治区、直辖市人民政府水行政主管部门和有关部门编制，分别经有关省、自治区、直辖市人民政府审查提出意见后，报国务院水行政主管部门审核；国务院水行政主管部门征求国务院有关部门意见后，报国务院或者其授权的部门批准。

前款规定以外的其他江河、湖泊的流域综合规划和区域综合规划，由县级以上地方人民政府水行政主管部门会同同级有关部门和有关地方人民政府编制，报本级人民政府或者其授权的部门批准，并报上一级水行政主管部门备案。

专业规划由县级以上人民政府有关部门编制，征求同级其他有关部门意见后，报本级人民政府批准。其中，防洪规划、水土保持规划的编制、批准，依照防洪法、水土保持法的有关规定执行。

第十八条 规划一经批准，必须严格执行。

经批准的规划需要修改时，必须按照规划编制程序经原批准机关批准。

第十九条 建设水工程，必须符合流域综合规划。在国家确定的重要江河、湖泊和跨省、自治区、直辖市的江河、湖泊上建设水工程，其工程可行性研究报告报请批准前，有关流域管理机构应当对水工程的建设是否符合流域综合规划进行审查并签署意见；在其他江河、湖泊上建设水工程，其工程可行性研究报告报请批准前，县级以上地方人民政府水行政主管部门应当按照管理权限对水工程的建设是否符合流域综合规划进行审查并签署意见。水工程建设涉及防洪的，依照防洪法的有关规定执行；涉及其他地区和行业的，建设单位应当事先征求有关地区和部门的意见。

第三章　水资源开发利用

第二十条　开发、利用水资源，应当坚持兴利与除害相结合，兼顾上下游、左右岸和有关地区之间的利益，充分发挥水资源的综合效益，并服从防洪的总体安排。

第二十一条　开发、利用水资源，应当首先满足城乡居民生活用水，并兼顾农业、工业、生态环境用水以及航运等需要。

在干旱和半干旱地区开发、利用水资源，应当充分考虑生态环境用水需要。

第二十二条　跨流域调水，应当进行全面规划和科学论证，统筹兼顾调出和调入流域的用水需要，防止对生态环境造成破坏。

第二十三条　地方各级人民政府应当结合本地区水资源的实际情况，按照地表水与地下水统一调度开发、开源与节流相结合、节流优先和污水处理再利用的原则，合理组织开发、综合利用水资源。

国民经济和社会发展规划以及城市总体规划的编制、重大建设项目的布局，应当与当地水资源条件和防洪要求相适应，并进行科学论证；在水资源不足的地区，应当对城市规模和建设耗水量大的工业、农业和服务业项目加以限制。

第二十四条　在水资源短缺的地区，国家鼓励对雨水和微咸水的收集、开发、利用和对海水的利用、淡化。

第二十五条　地方各级人民政府应当加强对灌溉、排涝、水土保持工作的领导，促进农业生产发展；在容易发生盐碱化和渍害的地区，应当采取措施，控制和降低地下水的水位。

农村集体经济组织或者其成员依法在本集体经济组织所有的集体土地或者承包土地上投资兴建水工程设施的，按照谁投资建设谁管理和谁受益的原则，对水工程设施及其蓄水进行管理和合理使用。

农村集体经济组织修建水库应当经县级以上地方人民政府水行政主管部门批准。

第二十六条　国家鼓励开发、利用水能资源。在水能丰富的河流，应当有计划地进行多目标梯级开发。

建设水力发电站，应当保护生态环境，兼顾防洪、供水、灌溉、航运、竹木流放和渔业等方面的需要。

第二十七条　国家鼓励开发、利用水运资源。在水生生物洄游通道、通航或者竹木流放的河流上修建永久性拦河闸坝，建设单位应当同时修建过鱼、过船、过木设施，或者经国务院授权的部门批准采取其他补救措施，并妥善安排施工和蓄水期间的水生生物保护、航运和竹木流放，所需费用由建设单位承担。

在不通航的河流或者人工水道上修建闸坝后可以通航的，闸坝建设单位应当同时修建过船设施或者预留过船设施位置。

第二十八条　任何单位和个人引水、截(蓄)水、排水，不得损害公共利益和他人的合法权益。

第二十九条　国家对水工程建设移民实行开发性移民的方针，按照前期补偿、补助与后期扶持相结合的原则，妥善安排移民的生产和生活，保护移民的合法权益。

移民安置应当与工程建设同步进行。建设单位应当根据安置地区的环境容量和可持续发展的原则，因地制宜，编制移民安置规划，经依法批准后，由有关地方人民政府组织实施。所需移民经费列入工程建设投资计划。

第四章　水资源、水域和水工程的保护

第三十条　县级以上人民政府水行政主管部门、流域管理机构以及其他有关部门在制定水资源开发、利用规划和调度水资源时，应当注意维持江河的合理流量和湖泊、水库以及地下水的合理水位，维护水体的自然净化能力。

第三十一条　从事水资源开发、利用、节约、保护和防治水害等水事活动，应当遵守经批准的规划；因违反规划造成江河和湖泊水域使用功能降低、地下水超采、地面沉降、水体污染的，应当承担治理责任。

开采矿藏或者建设地下工程，因疏干排水导致地下水水位下降、水源枯竭或者地面塌陷，采矿单位或者建设单位应当采取补救措施；对他人生活和生产造成损失的，依法给予补偿。

第三十二条　国务院水行政主管部门会同国务院环境保护行政主管部门、有关部门和有关省、自治区、直辖市人民政府，按照流域综合规划、水资源保护规划和经济社会发展要求，拟定国家确定的重要江河、湖泊的水功能区划，报国务院批准。跨省、自治区、直辖市的其他江河、湖泊的水功能区划，由有关流域管理机构会同江河、湖泊所在地的省、自治区、直辖市人民政府水行政主管部门、环境保护行政主管部门和其他有关部门拟定，分别经有关省、自治区、直辖市人民政府审查提出意见后，由国务院水行政主管部门会同国务院环境保护行政主管部门审核，报国务院或者其授权的部门批准。

前款规定以外的其他江河、湖泊的水功能区划，由县级以上地方人民政府水行政主管部门会同同级人民政府环境保护行政主管部门和有关部门拟定，报同级人民政府或者其授权的部门批准，并报上一级水行政主管部门和环境保护行政主管部门备案。

县级以上人民政府水行政主管部门或者流域管理机构应当按照水功能区对水质的要求和水体的自然净

化能力，核定该水域的纳污能力，向环境保护行政主管部门提出该水域的限制排污总量意见。

县级以上地方人民政府水行政主管部门和流域管理机构应当对水功能区的水质状况进行监测，发现重点污染物排放总量超过控制指标的，或者水功能区的水质未达到水域使用功能对水质的要求的，应当及时报告有关人民政府采取治理措施，并向环境保护行政主管部门通报。

第三十三条　国家建立饮用水水源保护区制度。省、自治区、直辖市人民政府应当划定饮用水水源保护区，并采取措施，防止水源枯竭和水体污染，保证城乡居民饮用水安全。

第三十四条　禁止在饮用水水源保护区内设置排污口。

在江河、湖泊新建、改建或者扩大排污口，应当经过有管辖权的水行政主管部门或者流域管理机构同意，由环境保护行政主管部门负责对该建设项目的环境影响报告书进行审批。

第三十五条　从事工程建设，占用农业灌溉水源、灌排工程设施，或者对原有灌溉用水、供水水源有不利影响的，建设单位应当采取相应的补救措施；造成损失的，依法给予补偿。

第三十六条　在地下水超采地区，县级以上地方人民政府应当采取措施，严格控制开采地下水。在地下水严重超采地区，经省、自治区、直辖市人民政府批准，可以划定地下水禁止开采或者限制开采区。在沿海地区开采地下水，应当经过科学论证，并采取措施，防止地面沉降和海水入侵。

第三十七条　禁止在江河、湖泊、水库、运河、渠道内弃置、堆放阻碍行洪的物体和种植阻碍行洪的林木及高秆作物。

禁止在河道管理范围内建设妨碍行洪的建筑物、构筑物以及从事影响河势稳定、危害河岸堤防安全和其他妨碍河道行洪的活动。

第三十八条　在河道管理范围内建设桥梁、码头和其他拦河、跨河、临河建筑物、构筑物，铺设跨河管道、电缆，应当符合国家规定的防洪标准和其他有关的技术要求，工程建设方案应当依照防洪法的有关规定报经有关水行政主管部门审查同意。

因建设前款工程设施，需要扩建、改建、拆除或者损坏原有水工程设施的，建设单位应当负担扩建、改建的费用和损失补偿。但是，原有工程设施属于违法工程的除外。

第三十九条　国家实行河道采砂许可制度。河道采砂许可制度实施办法，由国务院规定。

在河道管理范围内采砂，影响河势稳定或者危及堤防安全的，有关县级以上人民政府水行政主管部门应当划定禁采区和规定禁采期，并予以公告。

第四十条　禁止围湖造地。已经围垦的，应当按照国家规定的防洪标准有计划地退地还湖。

禁止围垦河道。确需围垦的，应当经过科学论证，经省、自治区、直辖市人民政府水行政主管部门或者国务院水行政主管部门同意后，报本级人民政府批准。

第四十一条　单位和个人有保护水工程的义务，不得侵占、毁坏堤防、护岸、防汛、水文监测、水文地质监测等工程设施。

第四十二条　县级以上地方人民政府应当采取措施，保障本行政区域内水工程，特别是水坝和堤防的安全，限期消除险情。水行政主管部门应当加强对水工程安全的监督管理。

第四十三条　国家对水工程实施保护。国家所有的水工程应当按照国务院的规定划定工程管理和保护范围。

国务院水行政主管部门或者流域管理机构管理的水工程，由主管部门或者流域管理机构商有关省、自治区、直辖市人民政府划定工程管理和保护范围。

前款规定以外的其他水工程，应当按照省、自治区、直辖市人民政府的规定，划定工程保护范围和保护职责。

在水工程保护范围内，禁止从事影响水工程运行和危害水工程安全的爆破、打井、采石、取土等活动。

第五章　水资源配置和节约使用

第四十四条　国务院发展计划主管部门和国务院水行政主管部门负责全国水资源的宏观调配。全国的和跨省、自治区、直辖市的水中长期供求规划，由国务院水行政主管部门会同有关部门制订，经国务院发展计划主管部门审查批准后执行。地方的水中长期供求规划，由县级以上地方人民政府水行政主管部门会同同级有关部门依据上一级水中长期供求规划和本地区的实际情况制订，经本级人民政府发展计划主管部门审查批准后执行。

水中长期供求规划应当依据水的供求现状、国民经济和社会发展规划、流域规划、区域规划，按照水资源供需协调、综合平衡、保护生态、厉行节约、合理开源的原则制定。

第四十五条　调蓄径流和分配水量，应当依据流域规划和水中长期供求规划，以流域为单元制订水量分配方案。

跨省、自治区、直辖市的水量分配方案和旱情紧急情况下的水量调度预案，由流域管理机构商有关省、自治区、直辖市人民政府制订，报国务院或者其授权的部门批准后执行。其他跨行政区域的水量分配方案和旱情紧急情况下的水量调度预案，由共同的上一级人民政府水行政主管部门商有关地方人民政府制订，报本级人民政府批准后执行。

水量分配方案和旱情紧急情况下的水量调度预案经批准后，有关地方人民政府必须执行。

在不同行政区域之间的边界河流上建设水资源开发、利用项目，应当符合该流域经批准的水量分配方案，由有关县级以上地方人民政府报共同的上一级人民政府水行政主管部门或者有关流域管理机构批准。

第四十六条　县级以上地方人民政府水行政主管部门或者流域管理机构应当根据批准的水量分配方案和年度预测来水量，制订年度水量分配方案和调度计划，实施水量统一调度；有关地方人民政府必须服从。

国家确定的重要江河、湖泊的年度水量分配方案，应当纳入国家的国民经济和社会发展年度计划。

第四十七条　国家对用水实行总量控制和定额管理相结合的制度。

省、自治区、直辖市人民政府有关行业主管部门应当制订本行政区域内行业用水定额，报同级水行政主管部门和质量监督检验行政主管部门审核同意后，由省、自治区、直辖市人民政府公布，并报国务院水行政主管部门和国务院质量监督检验行政主管部门备案。

县级以上地方人民政府发展计划主管部门会同同级水行政主管部门，根据用水定额、经济技术条件以及水量分配方案确定的可供本行政区域使用的水量，制订年度用水计划，对本行政区域内的年度用水实行总量控制。

第四十八条　直接从江河、湖泊或者地下取用水资源的单位和个人，应当按照国家取水许可制度和水资源有偿使用制度的规定，向水行政主管部门或者流域管理机构申请领取取水许可证，并缴纳水资源费，取得取水权。但是，家庭生活和零星散养、圈养畜禽饮用等少量取水的除外。

实施取水许可制度和征收管理水资源费的具体办法，由国务院规定。

第四十九条　用水应当计量，并按照批准的用水计划用水。

用水实行计量收费和超定额累进加价制度。

第五十条　各级人民政府应当推行节水灌溉方式和节水技术，对农业蓄水、输水工程采取必要的防渗漏措施，提高农业用水效率。

第五十一条　工业用水应当采用先进技术、工艺和设备，增加循环用水次数，提高水的重复利用率。

国家逐步淘汰落后的、耗水量高的工艺、设备和产品，具体名录由国务院经济综合主管部门会同国务院水行政主管部门和有关部门制定并公布。生产者、销售者或者生产经营中的使用者应当在规定的时间内停止生产、销售或者使用列入名录的工艺、设备和产品。

第五十二条　城市人民政府应当因地制宜采取有效措施，推广节水型生活用水器具，降低城市供水管网漏失率，提高生活用水效率；加强城市污水集中处理，鼓励使用再生水，提高污水再生利用率。

第五十三条　新建、扩建、改建建设项目，应当制订节水措施方案，配套建设节水设施。节水设施应当与主体工程同时设计、同时施工、同时投产。

供水企业和自建供水设施的单位应当加强供水设施的维护管理，减少水的漏失。

第五十四条　各级人民政府应当积极采取措施，改善城乡居民的饮用水条件。

第五十五条　使用水工程供应的水，应当按照国家规定向供水单位缴纳水费。供水价格应当按照补偿成本、合理收益、优质优价、公平负担的原则确定。具体办法由省级以上人民政府价格主管部门会同同级水行政主管部门或者其他供水行政主管部门依据职权制定。

第六章　水事纠纷处理与执法监督检查

第五十六条　不同行政区域之间发生水事纠纷的，应当协商处理；协商不成的，由上一级人民政府裁决，有关各方必须遵照执行。在水事纠纷解决前，未经各方达成协议或者共同的上一级人民政府批准，在行政区域交界线两侧一定范围内，任何一方不得修建排水、阻水、取水和截（蓄）水工程，不得单方面改变水的现状。

第五十七条　单位之间、个人之间、单位与个人之间发生的水事纠纷，应当协商解决；当事人不愿协商或者协商不成的，可以申请县级以上地方人民政府或者其授权的部门调解，也可以直接向人民法院提起民事诉讼。县级以上地方人民政府或者其授权的部门调解不成的，当事人可以向人民法院提起民事诉讼。

在水事纠纷解决前，当事人不得单方面改变现状。

第五十八条　县级以上人民政府或者其授权的部门在处理水事纠纷时，有权采取临时处置措施，有关各方或者当事人必须服从。

第五十九条　县级以上人民政府水行政主管部门和流域管理机构应当对违反本法的行为加强监督检查并依法进行查处。

水政监督检查人员应当忠于职守，秉公执法。

第六十条　县级以上人民政府水行政主管部门、流域管理机构及其水政监督检查人员履行本法规定的监督检查职责时，有权采取下列措施：

（一）要求被检查单位提供有关文件、证照、资料；

（二）要求被检查单位就执行本法的有关问题作出

说明；

（三）进入被检查单位的生产场所进行调查；

（四）责令被检查单位停止违反本法的行为，履行法定义务。

第六十一条　有关单位或者个人对水政监督检查人员的监督检查工作应当给予配合，不得拒绝或者阻碍水政监督检查人员依法执行职务。

第六十二条　水政监督检查人员在履行监督检查职责时，应当向被检查单位或者个人出示执法证件。

第六十三条　县级以上人民政府或者上级水行政主管部门发现本级或者下级水行政主管部门在监督检查工作中有违法或者失职行为的，应当责令其限期改正。

第七章　法律责任

第六十四条　水行政主管部门或者其他有关部门以及水工程管理单位及其工作人员，利用职务上的便利收取他人财物、其他好处或者玩忽职守，对不符合法定条件的单位或者个人核发许可证、签署审查同意意见，不按照水量分配方案分配水量，不按照国家有关规定收取水资源费，不履行监督职责，或者发现违法行为不予查处，造成严重后果，构成犯罪的，对负有责任的主管人员和其他直接责任人员依照刑法的有关规定追究刑事责任；尚不够刑事处罚的，依法给予行政处分。

第六十五条　在河道管理范围内建设妨碍行洪的建筑物、构筑物，或者从事影响河势稳定、危害河岸堤防安全和其他妨碍河道行洪的活动的，由县级以上人民政府水行政主管部门或者流域管理机构依据职权，责令停止违法行为，限期拆除违法建筑物、构筑物，恢复原状；逾期不拆除、不恢复原状的，强行拆除，所需费用由违法单位或者个人负担，并处一万元以上十万元以下的罚款。

未经水行政主管部门或者流域管理机构同意，擅自修建水工程，或者建设桥梁、码头和其他拦河、跨河、临河建筑物、构筑物，铺设跨河管道、电缆，且防洪法未作规定的，由县级以上人民政府水行政主管部门或者流域管理机构依据职权，责令停止违法行为，限期补办有关手续；逾期不补办或者补办未被批准的，责令限期拆除违法建筑物、构筑物；逾期不拆除的，强行拆除，所需费用由违法单位或者个人负担，并处一万元以上十万元以下的罚款。

虽经水行政主管部门或者流域管理机构同意，但未按照要求修建前款所列工程设施的，由县级以上人民政府水行政主管部门或者流域管理机构依据职权，责令限期改正，按照情节轻重，处一万元以上十万元以下的罚款。

第六十六条　有下列行为之一，且防洪法未作规定的，由县级以上人民政府水行政主管部门或者流域管理机构依据职权，责令停止违法行为，限期清除障碍或者采取其他补救措施，处一万元以上五万元以下的罚款：

（一）在江河、湖泊、水库、运河、渠道内弃置、堆放阻碍行洪的物体和种植阻碍行洪的林木及高秆作物的；

（二）围湖造地或者未经批准围垦河道的。

第六十七条　在饮用水水源保护区内设置排污口的，由县级以上地方人民政府责令限期拆除、恢复原状；逾期不拆除、不恢复原状的，强行拆除、恢复原状，并处五万元以上十万元以下的罚款。

未经水行政主管部门或者流域管理机构审查同意，擅自在江河、湖泊新建、改建或者扩大排污口的，由县级以上人民政府水行政主管部门或者流域管理机构依据职权，责令停止违法行为，限期恢复原状，处五万元以上十万元以下的罚款。

第六十八条　生产、销售或者在生产经营中使用国家明令淘汰的落后的、耗水量高的工艺、设备和产品的，由县级以上地方人民政府经济综合主管部门责令停止生产、销售或者使用，处二万元以上十万元以下的罚款。

第六十九条　有下列行为之一的，由县级以上人民政府水行政主管部门或者流域管理机构依据职权，责令停止违法行为，限期采取补救措施，处二万元以上十万元以下的罚款；情节严重的，吊销其取水许可证：

（一）未经批准擅自取水的；

（二）未依照批准的取水许可规定条件取水的。

第七十条　拒不缴纳、拖延缴纳或者拖欠水资源费的，由县级以上人民政府水行政主管部门或者流域管理机构依据职权，责令限期缴纳；逾期不缴纳的，从滞纳之日起按日加收滞纳部分千分之二的滞纳金，并处应缴或者补缴水资源费一倍以上五倍以下的罚款。

第七十一条　建设项目的节水设施没有建成或者没有达到国家规定的要求，擅自投入使用的，由县级以上人民政府有关部门或者流域管理机构依据职权，责令停止使用，限期改正，处五万元以上十万元以下的罚款。

第七十二条　有下列行为之一，构成犯罪的，依照刑法的有关规定追究刑事责任；尚不够刑事处罚，且防洪法未作规定的，由县级以上地方人民政府水行政主管部门或者流域管理机构依据职权，责令停止违法行为，采取补救措施，处一万元以上五万元以下的罚款；违反治安管理处罚条例的，由公安机关依法给予治安管理处罚；给他人造成损失的，依法承担赔偿责任：

（一）侵占、毁坏水工程及堤防、护岸等有关设施，毁坏防汛、水文监测、水文地质监测设施的；

(二)在水工程保护范围内，从事影响水工程运行和危害水工程安全的爆破、打井、采石、取土等活动的。

第七十三条　侵占、盗窃或者抢夺防汛物资，防洪排涝、农田水利、水文监测和测量以及其他水工程设备和器材，贪污或者挪用国家救灾、抢险、防汛、移民安置和补偿及其他水利建设款物，构成犯罪的，依照刑法的有关规定追究刑事责任。

第七十四条　在水事纠纷发生及其处理过程中煽动闹事、结伙斗殴、抢夺或者损坏公私财物、非法限制他人人身自由，构成犯罪的，依照刑法的有关规定追究刑事责任；尚不够刑事处罚的，由公安机关依法给予治安管理处罚。

第七十五条　不同行政区域之间发生水事纠纷，有下列行为之一的，对负有责任的主管人员和其他直接责任人员依法给予行政处分：

(一)拒不执行水量分配方案和水量调度预案的；

(二)拒不服从水量统一调度的；

(三)拒不执行上一级人民政府的裁决的；

(四)在水事纠纷解决前，未经各方达成协议或者上一级人民政府批准，单方面违反本法规定改变水的现状的。

第七十六条　引水、截(蓄)水、排水，损害公共利益或者他人合法权益的，依法承担民事责任。

第七十七条　对违反本法第三十九条有关河道采砂许可制度规定的行政处罚，由国务院规定。

第八章　附　则

第七十八条　中华人民共和国缔结或者参加的与国际或者国境边界河流、湖泊有关的国际条约、协定与中华人民共和国法律有不同规定的，适用国际条约、协定的规定。但是，中华人民共和国声明保留的条款除外。

第七十九条　本法所称水工程，是指在江河、湖泊和地下水源上开发、利用、控制、调配和保护水资源的各类工程。

第八十条　海水的开发、利用、保护和管理，依照有关法律的规定执行。

第八十一条　从事防洪活动，依照防洪法的规定执行。

水污染防治，依照水污染防治法的规定执行。

第八十二条　本法自2002年10月1日起施行。

国家主席江泽民签署第75号令公布《中华人民共和国测绘法》

《中华人民共和国测绘法》已由中华人民共和国第九届全国人民代表大会常务委员会第二十九次会议于2002年8月29日修订通过，现将修订后的《中华人民共和国测绘法》公布，自2002年12月1日起施行。

中华人民共和国主席　江泽民

2002年8月29日

中华人民共和国测绘法

第一章　总　则

第一条　为了加强测绘管理，促进测绘事业发展，保障测绘事业为国家经济建设、国防建设和社会发展服务，制定本法。

第二条　在中华人民共和国领域和管辖的其他海域从事测绘活动，应当遵守本法。

本法所称测绘，是指对自然地理要素或者地表人工设施的形状、大小、空间位置及其属性等进行测定、采集、表述以及对获取的数据、信息、成果进行处理和提供的活动。

第三条　测绘事业是经济建设、国防建设、社会发展的基础性事业。各级人民政府应当加强对测绘工作的领导。

第四条　国务院测绘行政主管部门负责全国测绘工作的统一监督管理。国务院其他有关部门按照国务院规定的职责分工，负责本部门有关的测绘工作。

县级以上地方人民政府负责管理测绘工作的行政部门(以下简称测绘行政主管部门)负责本行政区域测绘工作的统一监督管理。县级以上地方人民政府其他有关部门按照本级人民政府规定的职责分工，负责本部门有关的测绘工作。

军队测绘主管部门负责管理军事部门的测绘工作，并按照国务院、中央军事委员会规定的职责分工负责管理海洋基础测绘工作。

第五条　从事测绘活动，应当使用国家规定的测绘基准和测绘系统，执行国家规定的测绘技术规范和标准。

第六条　国家鼓励测绘科学技术的创新和进步，采用先进的技术和设备，提高测绘水平。

对在测绘科学技术进步中作出重要贡献的单位和个人，按照国家有关规定给予奖励。

第七条　外国的组织或者个人在中华人民共和国领域和管辖的其他海域从事测绘活动，必须经国务院测绘行政主管部门会同军队测绘主管部门批准，并遵守中华人民共和国的有关法律、行政法规的规定。

外国的组织或者个人在中华人民共和国领域从事测绘活动，必须与中华人民共和国有关部门或者单位依法采取合资、合作的形式进行，并不得涉及国家秘密和危害国家安全。

第二章　测绘基准和测绘系统

第八条　国家设立和采用全国统一的大地基准、

高程基准、深度基准和重力基准,其数据由国务院测绘行政主管部门审核,并与国务院其他有关部门、军队测绘主管部门会商后,报国务院批准。

第九条 国家建立全国统一的大地坐标系统、平面坐标系统、高程系统、地心坐标系统和重力测量系统,确定国家大地测量等级和精度以及国家基本比例尺地图的系列和基本精度。具体规范和要求由国务院测绘行政主管部门会同国务院其他有关部门、军队测绘主管部门制定。

在不妨碍国家安全的情况下,确有必要采用国际坐标系统的,必须经国务院测绘行政主管部门会同军队测绘主管部门批准。

第十条 因建设、城市规划和科学研究的需要,大城市和国家重大工程项目确需建立相对独立的平面坐标系统的,由国务院测绘行政主管部门批准;其他确需建立相对独立的平面坐标系统的,由省、自治区、直辖市人民政府测绘行政主管部门批准。

建立相对独立的平面坐标系统,应当与国家坐标系统相联系。

第三章 基础测绘

第十一条 基础测绘是公益性事业。国家对基础测绘实行分级管理。

本法所称基础测绘,是指建立全国统一的测绘基准和测绘系统,进行基础航空摄影,获取基础地理信息的遥感资料,测制和更新国家基本比例尺地图、影像图和数字化产品,建立、更新基础地理信息系统。

第十二条 国务院测绘行政主管部门会同国务院其他有关部门、军队测绘主管部门组织编制全国基础测绘规划,报国务院批准后组织实施。

县级以上地方人民政府测绘行政主管部门会同本级人民政府其他有关部门根据国家和上一级人民政府的基础测绘规划和本行政区域内的实际情况,组织编制本行政区域的基础测绘规划,报本级人民政府批准,并报上一级测绘行政主管部门备案后组织实施。

第十三条 军队测绘主管部门负责编制军事测绘规划,按照国务院、中央军事委员会规定的职责分工负责编制海洋基础测绘规划,并组织实施。

第十四条 县级以上人民政府应当将基础测绘纳入本级国民经济和社会发展年度计划及财政预算。

国务院发展计划主管部门会同国务院测绘行政主管部门,根据全国基础测绘规划,编制全国基础测绘年度计划。

县级以上地方人民政府发展计划主管部门会同同级测绘行政主管部门,根据本行政区域的基础测绘规划,编制本行政区域的基础测绘年度计划,并分别报上一级主管部门备案。

国家对边远地区、少数民族地区的基础测绘给予财政支持。

第十五条 基础测绘成果应当定期进行更新,国民经济、国防建设和社会发展急需的基础测绘成果应当及时更新。

基础测绘成果的更新周期根据不同地区国民经济和社会发展的需要确定。

第四章 界线测绘和其他测绘

第十六条 中华人民共和国国界线的测绘,按照中华人民共和国与相邻国家缔结的边界条约或者协定执行。中华人民共和国地图的国界线标准样图,由外交部和国务院测绘行政主管部门拟订,报国务院批准后公布。

第十七条 行政区域界线的测绘,按照国务院有关规定执行。省、自治区、直辖市和自治州、县、自治县、市行政区域界线的标准画法图,由国务院民政部门和国务院测绘行政主管部门拟订,报国务院批准后公布。

第十八条 国务院测绘行政主管部门会同国务院土地行政主管部门编制全国地籍测绘规划。县级以上地方人民政府测绘行政主管部门会同同级土地行政主管部门编制本行政区域的地籍测绘规划。

县级以上人民政府测绘行政主管部门按照地籍测绘规划,组织管理地籍测绘。

第十九条 测量土地、建筑物、构筑物和地面其他附着物的权属界址线,应当按照县级以上人民政府确定的权属界线的界址点、界址线或者提供的有关登记资料和附图进行。权属界址线发生变化时,有关当事人应当及时进行变更测绘。

第二十条 城市建设领域的工程测量活动,与房屋产权、产籍相关的房屋面积的测量,应当执行由国务院建设行政主管部门、国务院测绘行政主管部门负责组织编制的测量技术规范。

水利、能源、交通、通信、资源开发和其他领域的工程测量活动,应当按照国家有关的工程测量技术规范进行。

第二十一条 建立地理信息系统,必须采用符合国家标准的基础地理信息数据。

第五章 测绘资质资格

第二十二条 国家对从事测绘活动的单位实行测绘资质管理制度。

从事测绘活动的单位应当具备下列条件,并依法取得相应等级的测绘资质证书后,方可从事测绘活动:

(一)有与其从事的测绘活动相适应的专业技术人员;

(二)有与其从事的测绘活动相适应的技术装备和设施;

(三)有健全的技术、质量保证体系和测绘成果及资料档案管理制度；

(四)具备国务院测绘行政主管部门规定的其他条件。

第二十三条　国务院测绘行政主管部门和省、自治区、直辖市人民政府测绘行政主管部门按照各自的职责负责测绘资质审查、发放资质证书，具体办法由国务院测绘行政主管部门商国务院其他有关部门规定。

军队测绘主管部门负责军事测绘单位的测绘资质审查。

第二十四条　测绘单位不得超越其资质等级许可的范围从事测绘活动或者以其他测绘单位的名义从事测绘活动，并不得允许其他单位以本单位的名义从事测绘活动。

测绘项目实行承发包的，测绘项目的发包单位不得向不具有相应测绘资质等级的单位发包或者迫使测绘单位以低于测绘成本承包。

测绘单位不得将承包的测绘项目转包。

第二十五条　从事测绘活动的专业技术人员应当具备相应的执业资格条件，具体办法由国务院测绘行政主管部门会同国务院人事行政主管部门规定。

第二十六条　测绘人员进行测绘活动时，应当持有测绘作业证件。

任何单位和个人不得妨碍、阻挠测绘人员依法进行测绘活动。

第二十七条　测绘单位的资质证书、测绘专业技术人员的执业证书和测绘人员的测绘作业证件的式样，由国务院测绘行政主管部门统一规定。

第六章　测绘成果

第二十八条　国家实行测绘成果汇交制度。

测绘项目完成后，测绘项目出资人或者承担国家投资的测绘项目的单位，应当向国务院测绘行政主管部门或者省、自治区、直辖市人民政府测绘行政主管部门汇交测绘成果资料。属于基础测绘项目的，应当汇交测绘成果副本；属于非基础测绘项目的，应当汇交测绘成果目录。负责接收测绘成果副本和目录的测绘行政主管部门应当出具测绘成果汇交凭证，并及时将测绘成果副本和目录移交给保管单位。测绘成果汇交的具体办法由国务院规定。

国务院测绘行政主管部门和省、自治区、直辖市人民政府测绘行政主管部门应当定期编制测绘成果目录，向社会公布。

第二十九条　测绘成果保管单位应当采取措施保障测绘成果的完整和安全，并按照国家有关规定向社会公开和提供利用。

测绘成果属于国家秘密的，适用国家保密法律、行政法规的规定；需要对外提供的，按照国务院和中央军事委员会规定的审批程序执行。

第三十条　使用财政资金的测绘项目和使用财政资金的建设工程测绘项目，有关部门在批准立项前应当征求本级人民政府测绘行政主管部门的意见，有适宜测绘成果的，应当充分利用已有的测绘成果，避免重复测绘。

第三十一条　基础测绘成果和国家投资完成的其他测绘成果，用于国家机关决策和社会公益性事业的，应当无偿提供。

前款规定之外的，依法实行有偿使用制度；但是，政府及其有关部门和军队因防灾、减灾、国防建设等公共利益的需要，可以无偿使用。

测绘成果使用的具体办法由国务院规定。

第三十二条　中华人民共和国领域和管辖的其他海域的位置、高程、深度、面积、长度等重要地理信息数据，由国务院测绘行政主管部门审核，并与国务院其他有关部门、军队测绘主管部门会商后，报国务院批准，由国务院或者国务院授权的部门公布。

第三十三条　各级人民政府应当加强对编制、印刷、出版、展示、登载地图的管理，保证地图质量，维护国家主权、安全和利益。具体办法由国务院规定。

各级人民政府应当加强对国家版图意识的宣传教育，增强公民的国家版图意识。

第三十四条　测绘单位应当对其完成的测绘成果质量负责。县级以上人民政府测绘行政主管部门应当加强对测绘成果质量的监督管理。

第七章　测量标志保护

第三十五条　任何单位和个人不得损毁或者擅自移动永久性测量标志和正在使用中的临时性测量标志，不得侵占永久性测量标志用地，不得在永久性测量标志安全控制范围内从事危害测量标志安全和使用效能的活动。

本法所称永久性测量标志，是指各等级的三角点、基线点、导线点、军用控制点、重力点、天文点、水准点和卫星定位点的木质觇标、钢质觇标和标石标志，以及用于地形测图、工程测量和形变测量的固定标志和海底大地点设施。

第三十六条　永久性测量标志的建设单位应当对永久性测量标志设立明显标记，并委托当地有关单位指派专人负责保管。

第三十七条　进行工程建设，应当避开永久性测量标志；确实无法避开，需要拆迁永久性测量标志或者使永久性测量标志失去效能的，应当经国务院测绘行政主管部门或者省、自治区、直辖市人民政府测绘行政主管部门批准；涉及军用控制点的，应当征得军队测绘主管部门的同意。所需迁建费用由工程建设单位承担。

第三十八条　测绘人员使用永久性测量标志，必须持有测绘作业证件，并保证测量标志的完好。

保管测量标志的人员应当查验测量标志使用后的完好状况。

第三十九条　县级以上人民政府应当采取有效措施加强测量标志的保护工作。

县级以上人民政府测绘行政主管部门应当按照规定检查、维护永久性测量标志。

乡级人民政府应当做好本行政区域内的测量标志保护工作。

第八章　法律责任

第四十条　违反本法规定，有下列行为之一的，给予警告，责令改正，可以并处十万元以下的罚款；对负有直接责任的主管人员和其他直接责任人员，依法给予行政处分：

（一）未经批准，擅自建立相对独立的平面坐标系统的；

（二）建立地理信息系统，采用不符合国家标准的基础地理信息数据的。

第四十一条　违反本法规定，有下列行为之一的，给予警告，责令改正，可以并处十万元以下的罚款；构成犯罪的，依法追究刑事责任；尚不够刑事处罚的，对负有直接责任的主管人员和其他直接责任人员，依法给予行政处分：

（一）未经批准，在测绘活动中擅自采用国际坐标系统的；

（二）擅自发布中华人民共和国领域和管辖的其他海域的重要地理信息数据的。

第四十二条　违反本法规定，未取得测绘资质证书，擅自从事测绘活动的，责令停止违法行为，没收违法所得和测绘成果，并处测绘约定报酬一倍以上二倍以下的罚款。

以欺骗手段取得测绘资质证书从事测绘活动的，吊销测绘资质证书，没收违法所得和测绘成果，并处测绘约定报酬一倍以上二倍以下的罚款。

第四十三条　违反本法规定，测绘单位有下列行为之一的，责令停止违法行为，没收违法所得和测绘成果，处测绘约定报酬一倍以上二倍以下的罚款，并可以责令停业整顿或者降低资质等级；情节严重的，吊销测绘资质证书：

（一）超越资质等级许可的范围从事测绘活动的；

（二）以其他测绘单位的名义从事测绘活动的；

（三）允许其他单位以本单位的名义从事测绘活动的。

第四十四条　违反本法规定，测绘项目的发包单位将测绘项目发包给不具有相应资质等级的测绘单位或者迫使测绘单位以低于测绘成本承包的，责令改正，可以处测绘约定报酬二倍以下的罚款。发包单位的工作人员利用职务上的便利，索取他人财物或者非法收受他人财物，为他人谋取利益，构成犯罪的，依法追究刑事责任；尚不够刑事处罚的，依法给予行政处分。

第四十五条　违反本法规定，测绘单位将测绘项目转包的，责令改正，没收违法所得，处测绘约定报酬一倍以上二倍以下的罚款，并可以责令停业整顿或者降低资质等级；情节严重的，吊销测绘资质证书。

第四十六条　违反本法规定，未取得测绘执业资格，擅自从事测绘活动的，责令停止违法行为，没收违法所得，可以并处违法所得二倍以下的罚款；造成损失的，依法承担赔偿责任。

第四十七条　违反本法规定，不汇交测绘成果资料的，责令限期汇交；逾期不汇交的，对测绘项目出资人处以重测所需费用一倍以上二倍以下的罚款；对承担国家投资的测绘项目的单位处一万元以上五万元以下的罚款，暂扣测绘资质证书，自暂扣测绘资质证书之日起六个月内仍不汇交测绘成果资料的，吊销测绘资质证书，并对负有直接责任的主管人员和其他直接责任人员依法给予行政处分。

第四十八条　违反本法规定，测绘成果质量不合格的，责令测绘单位补测或者重测；情节严重的，责令停业整顿，降低资质等级直至吊销测绘资质证书；给用户造成损失的，依法承担赔偿责任。

第四十九条　违反本法规定，编制、印刷、出版、展示、登载的地图发生错绘、漏绘、泄密，危害国家主权或者安全，损害国家利益，构成犯罪的，依法追究刑事责任；尚不够刑事处罚的，依法给予行政处罚或者行政处分。

第五十条　违反本法规定，有下列行为之一的，给予警告，责令改正，可以并处五万元以下的罚款；造成损失的，依法承担赔偿责任；构成犯罪的，依法追究刑事责任；尚不够刑事处罚的，对负有直接责任的主管人员和其他直接责任人员，依法给予行政处分：

（一）损毁或者擅自移动永久性测量标志和正在使用中的临时性测量标志的；

（二）侵占永久性测量标志用地的；

（三）在永久性测量标志安全控制范围内从事危害测量标志安全和使用效能的活动的；

（四）在测量标志占地范围内，建设影响测量标志使用效能的建筑物的；

（五）擅自拆除永久性测量标志或者使永久性测量标志失去使用效能，或者拒绝支付迁建费用的；

（六）违反操作规程使用永久性测量标志，造成永久性测量标志毁损的。

第五十一条　违反本法规定,有下列行为之一的,责令停止违法行为,没收测绘成果和测绘工具,并处一万元以上十万元以下的罚款;情节严重的,并处十万元以上五十万元以下的罚款,责令限期离境;所获取的测绘成果属于国家秘密,构成犯罪的,依法追究刑事责任:

(一)外国的组织或者个人未经批准,擅自在中华人民共和国领域和管辖的其他海域从事测绘活动的;

(二)外国的组织或者个人未与中华人民共和国有关部门或者单位合资、合作,擅自在中华人民共和国领域从事测绘活动的。

第五十二条　本法规定的降低资质等级、暂扣测绘资质证书、吊销测绘资质证书的行政处罚,由颁发资质证书的部门决定;其他行政处罚由县级以上人民政府测绘行政主管部门决定。

本法第五十一条规定的责令限期离境由公安机关决定。

第五十三条　违反本法规定,县级以上人民政府测绘行政主管部门工作人员利用职务上的便利收受他人财物、其他好处或者玩忽职守,对不符合法定条件的单位核发测绘资质证书,不依法履行监督管理职责,或者发现违法行为不予查处,造成严重后果,构成犯罪的,依法追究刑事责任;尚不够刑事处罚的,对负有直接责任的主管人员和其他直接责任人员,依法给予行政处分。

第九章　附　则

第五十四条　军事测绘管理办法由中央军事委员会根据本法规定。

第五十五条　本法自2002年12月1日起施行。

九届全国人大常委会第二十九次会议在人民大会堂闭幕

李鹏委员长主持会议并讲话,表决通过农村土地承包法等三部法律。

会议首先表决通过了农村土地承包法、水法修订案、测绘法修订案,国家主席江泽民签署第73、74、75号主席令分别予以公布,并分别于2003年3月1日,2002年10月1日、12月1日起开始施行。

会议还分别表决通过了全国人大常委会关于《刑法》第三百一十三条的解释、关于批准《〈儿童权利公约〉关于买卖儿童、儿童卖淫和儿童色情制品问题的任择议定书》的决定、关于批准中国和老挝引渡条约的决定、关于批准上海合作组织宪章的决定,全国人大常委会代表资格审查委员会关于个别代表的代表资格终止的报告,香港、澳门十届全国人大代表选举会议成员名单,以及任免名单等。

在各项议程进行完毕后,李鹏发表讲话。他说,实行土地承包是我国农村开始进行伟大改革的重要标志。20多年来的实践证明,实行土地承包对解放农村生产力,调动农民生产积极性,发展农村经济,提高农民生活水平,发挥了巨大作用。本次会议通过的农村土地承包法,用法律的形式对土地承包中涉及的重要问题作出规定,必将进一步稳定党在农村的土地承包政策,对于保障亿万农民的根本权益,促进农业发展,保持农村稳定,具有深远意义。

李鹏说,水资源是21世纪重要的战略资源。本次会议通过的水法修订案,总结了水法实施10多年来的经验,并针对出现的新情况和新问题,对水资源的管理、开发、利用、节约和保护等,作出了规定,为解决我国水资源短缺,实现水资源的合理开发和可持续利用,进一步提供了法律保障。

李鹏指出,测绘工作是国民经济和社会发展的一项前期性、基础性工作,关系到经济建设、国防建设、科学研究、文化教育和人民生活。本次会议通过了测绘法修订案,这对进一步规范测绘工作中的政府行为,协调各有关方面的关系,推动测绘事业的发展,将起到重要作用。

他说,近年来,"执行难"一直是司法工作中比较突出的问题。为了解决拒不履行人民法院判决、裁定,严重妨害司法秩序,扰乱社会主义市场经济健康发展的问题,本次会议对《刑法》第三百一十三条作出法律解释,这将有利于保证人民法院作出的判决和裁定得以顺利执行,保护债权人的合法权益,维护国家法律的尊严和人民法院的权威。

李鹏说,今年年底以前,香港、澳门将分别依法选举产生第十届全国人大代表,本次会议通过了两个特区第十届全国人大代表选举会议成员名单。我们相信,选举会议成员一定会认真履行职责,严格依法办事,选举出严格遵守中华人民共和国宪法和法律,爱国爱港、爱国爱澳,拥护"一国两制"方针和香港、澳门特别行政区基本法,认真依照法律规定履行代表职责的港澳居民中的中国公民,参加最高国家权力机关的工作。

李鹏指出,本次会议听取和审议了国务院关于今年以来国民经济和社会发展计划执行情况的报告。总的看,今年以来,国民经济保持了良好发展势头,但也面临一些困难和问题。各级政府一定要正确地执行扩大内需的方针和积极的财政政策,进一步完善社会保障体系,千方百计增加就业机会,努力增加农民收入,按照"三个代表"的要求,维护最广大人民的根本利益,努力实现九届全国人大五次会议批准的经济和社会发展的各项目标。

他说，本次会议还听取和审议了国务院关于妇女权益保障工作情况的报告。妇女是“半边天”，党和国家历来十分重视妇女权益的保障工作。我国宪法明确规定妇女享有同男子平等的权利，全国人大专门制定了妇女权益保障法，常委会又修改了婚姻法，一个以宪法为基础，包括有关法律在内的保障妇女权益的法律体系已经形成。我们一定要继续努力，全面实现法律赋予妇女的各项权益，进一步做好保障妇女权益的工作。

李鹏说，食品卫生关系人民群众的身体健康和生命安全。当前，危害我国人民生命安全的食源性传染病，虽然总体上已经得到控制，但食品安全卫生的形势依然严峻。常委会关于食品卫生法的执法检查报告和各位委员在审议中，都指出了这部法律实施中存在的问题，并提出了许多好的意见和建议。各级政府及有关方面要认真研究和落实整改措施，切实改进执法，下力气解决食品卫生法实施中的问题，让人民群众吃得卫生、吃得放心。

李鹏指出，本次会议对监督法草案进行了初步审议。这是全国人民和各级人大代表盼望已久、普遍关注的一部法律。人大监督必须坚持中国共产党的领导，依法进行监督，集体行使职权，不代替行政、审判、检察机关行使职权。制定监督法，要以宪法为依据，从我国当前的国情出发，认真总结监督实践中成功的经验，并为各级人大在监督工作方面继续进行探索留有余地。对这部法律草案，会后要根据委员们的审议意见，并在广泛征求意见的基础上，认真加以修改和补充，使监督法草案更趋完善，以便提请以后的常委会会议继续审议。

全国人大常委会副委员长田纪云、姜春云、邹家华、王光英、布赫、铁木尔·达瓦买提、吴阶平、彭珮云、周光召、曹志、丁石孙、成思危、许嘉璐、蒋正华，秘书长何椿霖出席会议。国务委员迟浩田、最高人民法院院长肖扬、最高人民检察院检察长韩杼滨列席会议。

全国人民代表大会常务委员会关于《中华人民共和国刑法》第三百一十三条的解释

（2002 年 8 月 29 日第九届全国人民代表大会常务委员会第二十九次会议通过）

全国人民代表大会常务委员会讨论了《中华人民共和国刑法》（以下简称《刑法》）第三百一十三条规定的“对人民法院的判决、裁定有能力执行而拒不执行，情节严重”的含义问题，解释如下：

《刑法》第三百一十三条规定的“人民法院的判决、裁定”，是指人民法院依法作出的具有执行内容并已发生法律效力的判决、裁定。人民法院为依法执行支付令、生效的调解书、仲裁裁决、公证债权文书等所作的裁定属于该条规定的裁定。

下列情形属于《刑法》第三百一十三条规定的“有能力执行而拒不执行，情节严重”的情形：

（一）被执行人隐藏、转移、故意毁损财产或者无偿转让财产、以明显不合理的低价转让财产，致使判决、裁定无法执行的；

（二）担保人或者被执行人隐藏、转移、故意毁损或者转让已向人民法院提供担保的财产，致使判决、裁定无法执行的；

（三）协助执行义务人接到人民法院协助执行通知书后，拒不协助执行，致使判决、裁定无法执行的；

（四）被执行人、担保人、协助执行义务人与国家机关工作人员通谋，利用国家机关工作人员的职权妨害执行，致使判决、裁定无法执行的；

（五）其他有能力执行而拒不执行，情节严重的情形。

国家机关工作人员有上述第四项行为的，以拒不执行判决、裁定罪的共犯追究刑事责任。国家机关工作人员收受贿赂或者滥用职权，有上述第四项行为的，同时又构成《刑法》第三百八十五条、第三百九十七条规定之罪的，依照处罚较重的规定定罪处罚。

现予公告。

全国人民代表大会常务委员会公告

最近，江苏省人大常委会、广西壮族自治区人大常委会依法分别罢免了赵学凤、莫振汉（壮族）的第九届全国人民代表大会代表职务。根据代表法的有关规定，赵学凤、莫振汉（壮族）的第九届全国人民代表大会代表资格终止。

特此公告。

全国人民代表大会常务委员会

2002 年 8 月 29 日

全国人民代表大会常务委员会任命名单

（2002 年 8 月 29 日第九届全国人民代表大会常务委员会第二十九次会议通过）

任命姜恩柱为第九届全国人民代表大会外事委员会副主任委员。

全国人民代表大会常务委员会免职名单

（2002 年 8 月 29 日第九届全国人民代表大会常务委员会第二十九次会议通过）

免去祝铭山的最高人民法院副院长职务。

全国人民代表大会常务委员会免职名单

（2002 年 8 月 29 日第九届全国人民代表大会常务

委员会第二十九次会议通过）

免去张国文的最高人民检察院检察员职务。

全国人民代表大会常务委员会任免名单

（2002年8月29日第九届全国人民代表大会常务委员会第二十九次会议通过）

一、任命李玉成为最高人民法院审判员、审判委员会委员。

二、任命刘贵祥为最高人民法院民事审判第二庭副庭长。

三、任命高贵君为最高人民法院审判监督庭副庭长。

四、任命于雷、刘保军、张树明、苗有水、颜茂昆为最高人民法院审判员。

五、免去李凡的最高人民法院民事审判第一庭副庭长职务。

六、免去刘炳炎的最高人民法院审判员职务。

全国人民代表大会常务委员会关于批准《上海合作组织宪章》的决定

（2002年8月29日通过）

第九届全国人民代表大会常务委员会第二十九次会议决定：批准国家主席江泽民代表中华人民共和国于2002年6月7日在圣彼得堡签署的《上海合作组织宪章》。

全国人民代表大会常务委员会关于批准《中华人民共和国和老挝人民民主共和国引渡条约》的决定

（2002年8月29日通过）

第九届全国人民代表大会常务委员会第二十九次会议决定：批准外交部副部长乔宗淮代表中华人民共和国于2002年2月4日在北京签署的《中华人民共和国和老挝人民民主共和国引渡条约》。

全国人民代表大会常务委员会关于批准《〈儿童权利公约〉关于买卖儿童、儿童卖淫和儿童色情制品问题的任择议定书》的决定

（2002年8月29日通过）

第九届全国人民代表大会常务委员会第二十九次会议决定：批准于2000年5月25日经联合国大会通过、同年9月6日我国政府签署的《〈儿童权利公约〉关于买卖儿童、儿童卖淫和儿童色情制品问题的任择议定书》，同时声明：

依照香港特别行政区基本法有关规定，根据香港特别行政区政府意见，本议定书在中华人民共和国香港特别行政区的适用需经香港特别行政区先行立法；在中华人民共和国政府另行通知前，本议定书暂不适用于中华人民共和国香港特别行政区。

全国人民代表大会常务委员会批准免职的名单

（2002年8月29日第九届全国人民代表大会常务委员会第二十九次会议通过）

批准免去鲍绍坤的福建省人民检察院检察长职务。

中华人民共和国香港特别行政区第十届全国人民代表大会代表选举会议成员名单

（2002年8月29日在第九届全国人民代表大会常务委员会第二十九次会议通过）

（955人，名单略）

中华人民共和国澳门特别行政区第十届全国人民代表大会代表选举会议成员名单

（2002年8月29日在第九届全国人民代表大会常务委员会第二十九次会议通过）

（203人，名单略）

全国人大常委会举办第二十八次法制讲座

全国人大常委会委员长李鹏主持讲座并讲话。李鹏在讲话中强调，宪法是治国安邦的总章程。宪法的贯彻实施，对于建设有中国特色的社会主义民主政治，具有至关重要的作用。

为了纪念一九八二年宪法颁布实施二十周年，九届全国人大常委会安排了这次有关宪法的法制讲座。全国人大法律委员会副主任委员、全国人大常委会法制工作委员会主任顾昂然作为主讲人，就“宪法是治国安邦的总章程”这个主题讲了三部分内容：一、宪法是国家的根本大法；二、宪法关于国家根本制度和根本任务的规定；三、依法治国，保证宪法的贯彻实施。

李鹏在讲话中指出，宪法是具有最高法律效力的国家根本大法，是治国安邦的总章程。它规定国家的根本制度、根本任务和国家生活中最重要的原则，确立公民的基本权利和义务，规定国家权力之间的关系，是一切组织和公民最根本的活动准则。

在谈到我国宪法的发展时，李鹏说，党的十一届三中全会以后，我国进入了改革开放和社会主义现代化建设的新的历史时期。1982年宪法在1954年宪法的基础上，深入总结新中国成立以来的历史经验，很好地体现了党的十一届三中全会所确立的路线、方针、政策，从我国的实际出发，提出要坚持四项基本原则，坚持和完善人民代表大会制度，坚持物质文明和精神文明建设，扩大和充分保障公民的基本权利，逐步健全国家机构。这部宪法是中国共产党正确主张和全国人民共同意志的统一，反映了最广大人民群众的根本利益，适应了改革开放和现代化建设发展的需要，是一部适合我国国情的好宪法。1982 年宪法实施以来，根据国家和社会的发展、改革开放过程中一些新的经验和做法，我们采取宪法修正案的形式，先后对宪法做了三次修改，在宪法中规定了社会主义初级阶段的基本路线，国家实行社会主义市场经济，中国共产党领导的多党合作和政治协商制度将长期存在和发展。党的十五大后，宪法又将邓小平理论确立为国家的指导思想，并将依法治国的基本方略规定为社会主义现代化建设的重要目标。

李鹏强调，这些都是我国宪法的重要发展，充分体现了解放思想、实事求是的思想路线，以及“与时俱进”的时代要求，对维护改革、发展、稳定的大局，促进我国的社会主义现代化建设，具有重要意义。

李鹏指出，宪法的贯彻实施，对于建设有中国特色的社会主义民主政治，具有至关重要的作用。我们要继续深入持久地在全社会，特别是在各级干部中开展学习宪法、贯彻宪法的宣传教育活动，让宪法观念家喻户晓，深入人心。要加强对宪法实施的监督力度，逐步形成一个以宪法为根本活动准则，自觉维护宪法尊严、保证宪法实施的良好社会环境。要按照宪法的要求，把坚持党的领导、人民当家做主和依法治国有机结合起来，从国情出发，积极稳妥地推进政治体制改革，努力把我国建设成为富强、民主、文明的社会主义国家。

全国人大常委会副委员长田纪云、姜春云、邹家华、王光英、布赫、铁木尔·达瓦买提、吴阶平、彭珮云、周光召、曹志、丁石孙、成思危、许嘉璐、蒋正华和秘书长何椿霖听取了法制讲座。

全国人大常委会委员长李鹏在人民大会堂会见由会长荒木浩率领的日本亚洲交流协会代表团

第十一次全国高校党建工作会议在北京召开

中共中央政治局常委、国务院副总理李岚清作了形势报告。他强调，全国高校要认真学习《江泽民论有中国特色社会主义》的重要论述，按照“三个代表”的要求，认清形势，统一思想，加强和改进高校党建与思想政治工作，保持高校稳定，促进高等教育改革和发展，迎接党的十六大的胜利召开。

中共中央政治局委员、书记处书记、中宣部部长丁关根出席会议。中共中央政治局候补委员、书记处书记、中组部部长曾庆红主持会议。会议由中央组织部、中央宣传部和中共教育部党组联合召开。

李岚清首先代表党中央、国务院，向辛勤工作在教育战线的同志们，表示亲切的问候。他指出，《江泽民论有中国特色社会主义》一书近日出版发行，这是我党、我国政治生活中的一件大事。高校的各级党组织要组织全体党团员和师生员工认真学习，深刻领会，特别要进一步认识“三个代表”的重大意义、深刻而丰富的内涵，并以此来指导我们的思想和行动。这也是我们这次高校党建工作会议的首要任务。

李岚清在讲话中总结和分析了我国当前的经济社会形势，他说，今年以来，各地认真贯彻落实中央的各项部署，齐心协力，奋发进取，改革开放和现代化建设取得新的进展，国民经济保持着良好的发展势头。经济保持较快增长，经济结构调整取得新进展，外贸出口和外商投资增长明显加快。经济体制改革继续深化，科教兴国战略进一步实施，各项社会事业蓬勃发展，社会主义精神文明建设和民主法制建设进一步加强。这些成就的取得，凝聚了全国各族人民的共同努力。实践充分证明，中央采取的一系列方针、政策和措施是完全正确的。我们要十分珍惜来之不易的好形势，充分重视、认真解决经济生活和社会发展中存在的问题，使形势继续向好的方向发展。

在谈到科技教育工作时，李岚清指出，近几年来，党中央提出的科教兴国战略方针深入人心，教育改革不断推进，教育事业得到了前所未有的发展，科技实力和创新能力不断增强，初步解决了长期存在的科技经济“两张皮”问题，科技教育为社会主义现代化建设提供了强有力的支持。国家对科技教育的投入大幅度增加，科研教学条件明显改善。按照“共建、调整、合作、合并”的方针，对高校管理体制进行了重大改革，形成了中央和省两级政府管理，以省为主、部省共建的新体制，高等教育规模明显扩大，高校教育资源得到优化配置和充分利用，基本扭转了长期形成的部门和地方条块分割、低水平重复办学的局面，调动了中央、地方政府共同关心支持高校的积极性，促进了高校更好地为经济和社会发展服务。逐步建立起由奖学金、助学贷款、勤工助学、困难补助和学费减免等措施构成的助学制度，基本保证了高校学生不因经济困难而辍学。高校后勤社会化改革取得明显成效，改善了学生的学习和生活条件。科技体制改革取得重大进展，应用型科研机构基本完成了企业化转制的改革。同时，采用改制为企业和按非营利机构运行两种方式，分批启动了社会公益型科研机构的改革。高新技术产业化步伐加快，科技创新能力得到增强，成为我国经济发展新的有力增长点。

李岚清强调，做好新世纪的科技教育工作，关系到中华民族振兴的前途和命运。我们要坚定不移地继续落实科教兴国战略，大力推进科技教育的改革与发展。要进一步调整和完善农村义务教育管理体制，进一步实现普及九年制义务教育和扫除青壮年文盲的目标。继续深化高等教育改革，推动高等教育发展。因地制宜地积极推进教育方法的现代化。促进民办教育、职业教育、幼儿教育、特殊教育等各类教育的健康发展。要继续深化科技体制改革，加强原始性创新，加速科技成果产业化进程，努力实现技术的跨越式发展。

李岚清提出，新的形势下，高等学校工作的任务更加光荣和艰巨。各高校要以“三个代表”重要思想为指导，认真贯彻党的路线、方针和政策，适应形势发展的要求，坚持不懈地加强和改进高校党建工作，加强教师队伍建设和基层党组织建设，进一步做好新时期的思想政治工作，继续维护高校的稳定，积极推动高等教育的改革发展。高校广大师生要讲政治、讲大局，积极关心和参与国家的改革开放和现代化建设，以新的优异成绩和实际行动迎接党的十六大的召开。

曾庆红在主持会议时说，李岚清同志的重要讲话，首先要求我们认真学习、深刻领会《江泽民论有中国特色社会主义》的重要论述，并以此来指导我们的思想和行动。同时，深入分析了我国当前的经济形势，全面介绍了经济工作的主要任务，充分肯定了科技教育战线取得的重大成就，进一步明确了新形势下实施科教兴国战略、推动科技教育事业全面发展的工作重点，对高等教育的改革和发展、高校党建工作和思想政治工作提出了新的要求。这对于我们认清形势，总结经验，把握大局，进一步做好高校的各方面工作，具有重要的指导意义。我们一定要认真学习领会，并结合实际加以贯彻落实。党的十六大即将召开，这是全党全军和全国各族人民政治生活中的一件大事，也给全国高校工作特别是高校党建和思想政治工作提供了十分有利的条件和机遇，我们要努力把各方面的工作做得更好，以优异的成绩迎接党的十六大胜利召开。

教育部党组书记、部长陈至立代表中组部、中宣部和中共教育部党组在会议上作了题为《全面贯彻“三个代表”重要思想，加强和改进高校学生思想政治工作，以奋发有为昂扬向上的精神状态迎接党的十六大召开》的工作报告，对新形势下的高校思想政治工作和党建工作进行了具体部署。

上海市委教育工委、北京航空航天大学党委、天津市委教卫工委、江苏省委教育工委负责同志作了大会发言。

各省、自治区、直辖市和新疆生产建设兵团党委分管高校党建工作的负责同志、党的教育工作部门的负责同志，中央和国家机关、军队有关部门的负责同志，全国部分高校负责同志参加了会议。

最高人民法院公布《关于审理国际贸易行政案件若干问题的规定》

最高人民法院《关于审理国际贸易行政案件若干问题的规定》明确规定，包括外国人、无国籍人、外国组织在内的自然人、法人和其他组织，认为行政机关有关国际贸易的具体行政行为侵犯其合法权益的，均可依法向具有管辖权的中级以上人民法院提起行政诉讼。

该司法解释共12条，主要就适用范围、诉权保护、管辖、审查标准、法律适用等问题作出规定，将于今年10月1日起正式施行。

最高人民法院副院长李国光表示，加入世贸组织以来，北京、上海、广东等地法院已受理了一些与世贸组织规则有关的国际贸易行政案件，而如何审理这些案件却缺乏具体的操作规定。该司法解释首次明确了我国法院承担涉及世贸组织规则的司法审查职责的基本态度，将进一步促使我国加入世贸组织法律文件的承诺得到履行。

依据中国加入世贸组织工作组报告书，我国不直接适用世贸组织规则，而是通过修改现行国内法和制定完全符合《WTO协定》的新法的途径来实施。所以，该司法解释规定，法院审理国际贸易行政案件，应当依据中华人民共和国法律、行政法规和地方立法机关在法定立法权限范围内制定的地方性法规，并参照国务院部门规章等。也就是说，个人和企业不能直接援用世贸组织规则向法院起诉和抗辩，法院在裁判文书中也不直接援用世贸组织规则作为裁判依据。

依据新出台的司法解释，法院审查被诉的国际贸易具体行政行为是否合法，既包括事实审，又包括法律审。主要审查以下内容：(一)主要证据是否确实、充分；(二)适用法律、法规是否正确；(三)是否违反法定程序；(四)是否超越职权；(五)是否滥用职权；(六)行政处罚是否显失公正；(七)是否不履行或者拖延履行法定职责。

该司法解释还规定，涉及香港特别行政区、澳门特别行政区和台湾地区当事人的国际贸易行政案件，参照本规定处理。

第三次全国残疾人康复工作会议在北京召开

国务委员、国务院残疾人工作协调委员会主任司马义·艾买提出席会议并发表重要讲话。

司马义·艾买提强调，残疾人康复工作是政府工作的组成部分。各地区、各部门要高举邓小平理论伟大旗帜，以江泽民同志“三个代表”重要思想为指导，充分认识做好残疾人康复工作的重要性，增强责任感和紧迫感，抓重点、抓基层、抓落实，努力开创残疾人康复工作的新局面。要坚持和完善社会化工作方式，加大投入力度，稳步提高康复服务能力和水平；要增强基层康复服务能力，切实保障贫困残疾人的基本康复服务；要研究新情况，解决新问题，不断推动残疾人康复工作的开展。各地区、各部门要切实履行《中华人民共和国残疾人保障法》规定的任务，把残疾人康复工作作为执政为民的一件大事来抓。地方各级政府要切实将康复工作纳入当地经济社会发展规划和两个文明建设规划，列入议事日程，加强组织领导，统筹安排。各地要结合实际，制定贯彻国务院办公厅转发的卫生部等部门《关于进一步加强残疾人康复工作的意见》的具体实施办法，卫生、民政、财政、公安、教育等政府职能部门和各级残联要将残疾人康复工作纳入本部门业务，各司其职，相互配合，共同做好残疾人康复工作，为开创残疾人康复工作的新局面，实现残疾人“人人享有康复服务”目标而努力奋斗。

中国残联主席邓朴方代表会议主办单位作了工作报告。会议对在残疾人康复工作中作出突出贡献的先进市县、先进单位和个人进行了表彰。

国务院副秘书长徐绍史，会议主办部门负责人王湛、朱恩涛、李宝库、肖捷、朱庆生以及各省、自治区、直辖市人民政府的主管领导及有关部门的领导，受到表彰的先进市县、先进集体和先进个人的代表以及我国残疾人康复事业领域的专家出席了会议。

全国人大常委会副委员长何鲁丽在赫尔辛基会见芬兰议会议长沃苏凯宁

应芬兰议会的邀请，何鲁丽率领的全国人大代表团于27日抵达赫尔辛基，对芬兰进行为期一周的正式友好访问。

8月30日

国务院总理朱镕基与喀麦隆总理穆松格在雅温得举行会谈

朱镕基说，中国和喀麦隆自1971年建交以来，两国友好合作关系不断向前发展。两国保持着密切的政治交往，在经贸、文教、卫生等众多领域开展了富有成效的合作。在重大国际问题上，我们立场一致或相近，有许多共同语言和共同利益。中喀同属发展中国家，理应相互支持、相互帮助。中方愿进一步密切两国在各个领域的双边友好合作关系。

关于中喀经贸关系，朱镕基表示，两国在经贸领域的合作长期以来进展顺利，取得了许多令人满意的成果。特别是近年来，双方在探索新的合作方式，拓展合作领域方面取得了积极进展。在喀社会经济发展进程中，中国作为发展中国家在力所能及的范围内提供了经济援助，并在喀方的密切配合下兴建了一些基础设施项目。为减轻喀麦隆经济发展的负担，中方已免除喀方到期债务的75%。在企业合作方面，中方一贯鼓励、支持本国有实力的企业与喀麦隆企业开展互利合作。双边贸易近年来取得了较大发展，但仍有很大潜力。中国商品物美价廉，适合喀民众的消费水平，希望喀麦隆更多地进口中国商品，使两国贸易在积极的平衡中取得更大的发展。

会谈后，朱镕基与穆松格出席双方合作文件签字仪式。这些文件是：中国政府向喀麦隆政府提供贷款的协定，中国政府和喀麦隆政府贸易、经济和技术合作协定，中喀两国政府关于同意喀推迟偿还中方提供的一笔无息贷款的换文，中喀两国政府关于同意对雅温得会议大厦进行维修并派组考察的换文以及关于中国政府向喀麦隆政府无偿提供一笔小额物资援助的换文。

国务院总理朱镕基在雅温得会见喀麦隆总统保罗·比亚

全国人大常委会办公厅负责人就香港澳门特区选举第十届全国人大代表有关问题答记者问

问：香港特别行政区、澳门特别行政区第十届全国人大代表的选举，依据什么法律进行实施？

答：根据香港特别行政区基本法、澳门特别行政区基本法的有关规定，香港特别行政区居民中的中国公民和澳门特别行政区居民中的中国公民，根据全国人民代表大会确定的名额和代表产生办法，分别在香港和澳门选出全国人大代表，参加最高国家权力机关的工作。

九届全国人大五次会议通过的《中华人民共和国香港特别行政区选举第十届全国人民代表大会代表的办法》和《中华人民共和国澳门特别行政区选举第十届全国人民代表大会代表的办法》，对应选代表的名额、选举方式、选举的组织工作、选举会议成员的权利和义务、选举程序等问题作出了具体规定。香港特别行政区、澳门特别行政区第十届全国人大代表的选举工作，将按照这两个选举办法来具体实施。

问：香港特别行政区、澳门特别行政区第十届全国人大代表的名额各是多少？参选的资格和条件是什么？

答：根据九届全国人大五次会议关于第十届全国人大代表名额和选举问题的决定，分配给香港特别行政区和澳门特别行政区选举的全国人大代表名额，与九届全国人大时的相同。香港特别行政区应选全国人大代表的名额为36名,澳门特别行政区应选全国人大代表的名额为12名。

年满18周岁的港澳居民中的中国公民,都可以参选。

香港特别行政区、澳门特别行政区全国人大代表,必须模范地遵守《中华人民共和国宪法》和法律,爱国爱港、爱国爱澳、拥护"一国两制"的方针和香港、澳门特别行政区基本法,依照有关法律的规定履行代表的职责。

问:香港特别行政区、澳门特别行政区全国人大代表的职权是什么?

答:全国人大代表是最高国家权力机关的组成人员,依照宪法和法律赋予全国人民代表大会的各项职权,参加行使国家权力。全国人大代表的这些职权包括:在全国人大会议期间,出席大会,审议列入大会议程的各项议案和报告,依法提出议案以及建议、批评和意见,参加各项选举等。在全国人大闭会期间,参加全国人大常委会组织的活动,联系群众、听取意见,向全国人大常委会提出对各方面工作的建议、批评和意见等。香港特别行政区、澳门特别行政区的全国人大代表还可依照特别行政区基本法的规定行使相关职权,如依法参加选举香港特别行政区、澳门特别行政区行政长官等。

问:香港特别行政区、澳门特别行政区第十届全国人大代表的选举采用什么方式?选举工作何时完成?

答:选举办法规定,香港特别行政区和澳门特别行政区分别成立选举会议,选举第十届全国人大代表。

选举会议成员名单已经公布,将在香港、澳门分别召开选举会议进行选举,预计年底前可以选出香港特别行政区、澳门特别行政区第十届全国人大代表。

问:选举会议由哪些人员组成?他们的权利和义务是什么?

答:香港特别行政区选举第十届全国人大代表的选举会议的组成人员为:参加过香港特别行政区第九届全国人大代表选举会议的人员,以及不是上述人员的香港特别行政区居民中的第九届全国人大代表、第九届全国政协委员和香港特别行政区第二任行政长官选举委员会委员中的中国公民(但本人提出不愿参加的除外)。香港特别行政区行政长官为法定成员。

澳门特别行政区选举第十届全国人大代表的选举会议的组成人员为:参加过澳门特别行政区第九届全国人大代表选举会议的人员,以及不是上述人员的澳门特别行政区居民中的第九届全国人大代表、澳门特别行政区第二届立法会议员中的中国公民(但本人提出不愿参加的除外)。澳门特别行政区行政长官为法定成员。

选举会议成员以个人身份参加选举会议,并以个人身份履行职责。选举会议成员有权依法联名提出代表候选人,并参加投票选举。选举会议成员不得直接或间接地索取或接受参选人和候选人的贿赂或谋取其他任何利益,不得直接或间接地以利益影响他人在选举中对参选人和候选人所持的立场。

问:根据选举办法,选举会议将推选主席团。请问选举会议主席团的职责是什么?

答:选举会议的第一次会议由全国人大常委会召集,根据全国人大常委会委员长会议的提名,推选选举会议主席团。

选举会议主席团主持选举会议。主席团常务主席主持主席团会议。主席团的职责主要有:第一,确定选举日期;第二,确定代表候选人的提名时间;第三,公布代表候选人名单;第四,提出总监票人和监票人的人选,由选举会议通过;第五,宣布选举结果;第六,接受与选举代表有关的投诉,转报全国人大常委会代表资格审查委员会处理。

问:选举办法规定,全国人大常委会主持香港特别行政区、澳门特别行政区第十届全国人大代表的选举。请问,全国人大常委会怎样主持这次选举工作?

答:香港特别行政区、澳门特别行政区选举第十届全国人大代表,由全国人大常委会主持。第一,全国人大常委会公布选举会议成员名单;第二,选举会议第一次会议由全国人大常委会召集;第三,选举会议主席团成员人选,由全国人大常委会委员长会议向选举会议提出,由选举会议推选;第四,在选举中发生的投诉,由选举会议主席团转报全国人大常委会代表资格审查委员会处理;第五,选举结束后,全国人大常委会根据代表资格审查委员会提出的报告,确认代表资格,公布代表名单。届时,全国人大常委会还将委派人员赴香港、澳门具体组织选举工作。

问:请您介绍一下香港特别行政区、澳门特别行政区选举第十届全国人大代表的主要程序。

答:根据选举办法,代表选举的主要程序是:

(一)选举会议成员10人以上联名,可以提出代表候选人。

(二)年满18周岁的港澳居民中的中国公民,凡有意参选第十届全国人大代表的,应领取和填写参选人登记表,在提名截止日期以前,送交参选人登记表和10名以上选举会议成员分别填写的候选人提名信。

(三)代表的选举采用候选人名额多于应选名额的办法,候选人名额应比应选名额多1/5至1/2,进行差额选举。提名的候选人名额如果符合法定差额比例,直接进行投票选举。如果提名的候选人名额超过法定的1/2差额比例,由选举会议进行预选,根据候选人得票多少的顺序，按照法定差额比例确定正式候选人名单。

(四)选举采用无记名投票方式。每一选票所选的人数，等于应选代表名额的有效，多于或者少于应选代表名额的作废。代表候选人获得参加投票的选举会议成员过半数的选票时，始得当选。如获得过半数选票的当选代表的人数少于应选代表的名额，不足的名额在没有当选的代表候选人中另行选举。另行选举时，仍然要差额选举，代表候选人获得参加投票的选举会议成员过半数的选票，始得当选。

(五)选举结果由主席团予以宣布，并报全国人大常委会代表资格审查委员会。全国人大常委会根据代表资格审查委员会的报告，确认代表资格，公布代表名单。

问：选举办法对代表辞职和补选，做了哪些规定？

答：香港特别行政区、澳门特别行政区的第十届全国人大代表可以向全国人大常委会提出辞职，由全国人大常委会决定接受辞职后予以公告。

香港特别行政区、澳门特别行政区的第十届全国人大代表因故出缺，由选举时未当选的代表候选人按得票多少顺序依次递补，但被递补为全国人大代表的候选人的得票数不得少于选票的 1/3。

中共中央政治局委员李铁映在辽宁调研

8 月 30 日至 9 月 2 日，李铁映在辽宁省委负责人陪同下，在辽宁进行调研。李铁映指出，辽宁是我国的老工业基地，在过去的几十年间为国家作出了巨大的贡献，在新中国的政治经济发展史上有着独特的地位，这是不容抹杀的。近些年，辽宁在产业升级、结构调整和体制改革等方面取得显著成绩的同时，也遇到了一些困难、出现了一些问题，目前比较突出的是下岗职工的再就业问题。他希望辽宁的同志总结经验，以“三个代表”重要思想来指导全省的工作，力争在较短时间内有新的突破。要广开门路，拓宽就业渠道，走出一条成功的有辽宁特点的就业创新之路。

针对如何利用好近代史资源、搞好精神文明建设的问题，李铁映说，历史博物馆应该成为凝聚民族情感的重要载体，可以通过举办各种类型的纪念活动，调动政府和民间的两个积极性，博物馆自身也要通过各种手段吸引人们来看、来感受，让纪念深深地扎根在人民的心里，以爱国主义的巨大凝聚力促进精神文明建设和社会各项事业的发展。

首届中国科学家论坛在人民大会堂举行

全国政协副主席朱光亚、国家科技部门主要负责人、数十位两院院士和 700 余位科技界、企业界代表出席。

科技部部长徐冠华在首届中国科学家论坛上作主题报告时说，再好的科技成果、再接近国际的先进水平，如果不掌握知识产权，就难以形成自己的产业。所以，我们要强调创新，要跨越，要争取走在别人前边。今天上午为大会作主题报告的还有中国科学院院长路甬祥和中国工程院院长徐匡迪。路甬祥报告的题目是《加速提高我国创新能力的若干思考》，徐匡迪报告的题目是《工程科技与中国现代化》。

由科技日报社主办、发现杂志社承办的中国科学家论坛为期 3 天。科学家们将就中国现代化现状与前景；科学与人文的融合；纳米技术与产业革命；生命科学与生物技术；科研院所转制与产业化；科技进步与管理现代化、可持续发展等议题展开讨论。

原南丹县委书记万瑞忠被判死刑

广西壮族自治区高级人民法院对原南丹县委书记万瑞忠的上诉作出裁定：驳回上诉，维持原判。被告人万瑞忠犯受贿罪和滥用职权罪，数罪并罚，被判死刑，剥夺政治权利终身，并处没收个人财产人民币 50 万元，非法所得人民币 268.5 万元，依法没收，上缴国库。

万瑞忠于 1999 年年初至 2001 年 7 月间，利用其担任南丹县委书记职务的便利，为他人谋利，先后 18 次收受他人财物合计人民币 321.5798 万元，并在南丹“7·17”矿难事故中不正确履行职责，伙同他人对矿难事故隐瞒不报，造成极为恶劣的社会影响。南宁市中级人民法院经审理认为，万瑞忠的受贿行为和滥用职权行为的犯罪情节特别严重，应依法从重处罚。今年 5 月 31 日，南宁中级人民法院作出一审判决，认定被告人万瑞忠犯受贿罪，判处死刑，剥夺政治权利终身，并处没收个人财产人民币 50 万元；犯滥用职权罪，判处有期徒刑七年。数罪并罚，决定执行死刑，剥夺政治权利终身，并处没收个人财产人民币 50 万元，非法所得人民币 268.5 万元，依法没收，上缴国库。

河北省国税局原局长李真等职务犯罪案一审宣判

河北省唐山市、衡水市等地中级人民法院对河北省国税局原局长李真、省政府办公厅原副主任吴庆五等职务犯罪案，分别作出一审判决。李真被依法判处死刑，剥夺政治权利终身；吴庆五等分别被判处死刑缓期二年执行、无期徒刑或有期徒刑。

根据最高人民法院、河北省高级人民法院依法指定管辖，唐山市、衡水市、石家庄市、邢台市、廊坊市、张家口市等地中级人民法院和抚宁县人民法院，对河北省国税局原局长李真受贿、贪污案，省政府办公厅原副主任吴庆五贪污、介绍贿赂案，省政府原副秘书长、省驻京办主任王福友贪污、挪用公款、受贿案，省委办公厅原副主任兼督察室主任杨益铭受贿案，石家庄市原市长张二辰受贿案，省建委原副主任李山林受贿案，沧州市原市委书记薄绍铨受贿案，依法分别进行了公开开庭审理。

法庭经审理查明，李真在担任河北省委办公厅秘书、副主任、省国税局副局长、局长期间，利用职务之便，接受他人的请托，为他人谋取利益，索取和收受财物折合人民币共计676万余元、美元16万余元。李真还伙同他人共同侵吞东方租赁有限公司河北省办事处人民币1872万元及秦皇岛中兴电子有限公司股份和尼瓦利斯有限公司股份共计人民币2967万余元。贪污、受贿数额特别巨大、犯罪情节特别严重，应依法惩处。唐山市中级人民法院以受贿罪、贪污罪并罚，判处李真死刑，剥夺政治权利终身，并处没收个人全部财产。

吴庆五利用担任省政府办公厅副主任的职务便利，伙同他人共同侵吞东方租赁有限公司河北省办事处人民币1872万元及秦皇岛中兴电子有限公司股份和尼瓦利斯有限公司股份共计人民币2967万余元。同时，向国家工作人员介绍贿赂人民币40万元；但考虑其有立功表现及主动坦白司法机关尚未掌握的部分犯罪事实，可依法从轻判处。衡水市中级人民法院以贪污罪、介绍贿赂罪并罚，判处吴庆五死刑，缓期二年执行，剥夺政治权利终身，并处没收个人全部财产。

王福友利用担任河北省政府副秘书长、省驻京办公室主任的职务便利，单独或伙同他人贪污公款共计551万元；并收受他人贿赂人民币65万余元、美元1800元；挪用公款人民币374万元。王福友伙同他人贪污公款数额特别巨大，在共同犯罪中起重要作用，但考虑其未实际分得赃款，石家庄市中级人民法院以贪污罪、受贿罪、挪用公款罪并罚，判处王福友无期徒刑，剥夺政治权利终身，并处没收个人全部财产。

薄绍铨利用其担任河北省沧州市市委书记的职务之便，为他人谋利，收受他人财物共计港币80余万元、美元10万元。张家口市中级人民法院对其以受贿罪判处无期徒刑，剥夺政治权利终身，并处没收个人全部财产。

杨益铭利用担任河北省委办公厅副主任兼督察室主任的职务便利，为他人谋利，先后收受或索要款物折合人民币100万余元。邢台市中级人民法院对其以受贿罪判处有期徒刑十五年。

李山林利用先后担任石家庄市建委主任、河北省建委副主任的职务便利，为他人谋取利益，收受贿赂人民币100余万元、港币1万元。廊坊市中级人民法院对其以受贿罪判处有期徒刑十五年。

张二辰利用担任河北省石家庄市市委副书记、市长的职务便利，先后收受他人财物共计折合人民币44万余元。抚宁县人民法院对其以受贿罪判处有期徒刑十年。

8月31日

2002年第17期《求是》杂志发表署名秋石的文章《社会主义初级阶段理论的新发展》

文章认为，江泽民同志在“七一”讲话中关于社会主义初级阶段的论述，是我们党在新的历史条件下对社会主义初级阶段理论的更深理解和新的发展。

文章指出，十四大以来，我们对社会主义初级阶段理论的认识从五个方面深化和发展了。一是对市场经济的认识转变了。二是对社会矛盾的认识拓展了。三是对我国社会主义初级阶段国情的认识更加深刻了。四是制定和完善了党在社会主义初级阶段的基本纲领。五是注意正确处理改革、发展和稳定三者关系。

文章指出，江泽民同志进一步强调了社会主义初级阶段的长期性和具体发展过程的阶段性。他说，“实现共产主义是一个非常漫长的历史过程”；“我国现在处于并将长期处于社会主义初级阶段”；“社会主义初级阶段又是整个建设有中国特色社会主义的很长历史过程中的初始阶段”。他用三个长期性为我国现阶段社会发展定位，来分析新时期人们面临的种种矛盾和认识上的种种疑惑，阐述我们为什么必须实行现在这样的路线和政策而不能实行别样的路线和政策，根本目的在于面对新的世纪，统一全党思想，凝聚力量，调动一切积极因素，迎接新的挑战。与此同时，江泽民同志明确指出社会主义初级阶段本身也要经历若干个具体的发展阶段。他继承和进一步发展了邓小平同志关于中国经济分三步走阶段性发展理论，把“三步走”发展战略的第三步又分解为三个阶段，是站在新的起点上，迈向新世纪的宏伟规划。

9月1日

国务院总理朱镕基在开普敦会见南非国民议会议长弗雷纳·金瓦拉女士

朱镕基高度评价两国关系及两国议会间的友好交往。他说，中南两国建交时间不长，但双方在各个领域的友好合作发展顺利。特别是江泽民主席和姆贝基总统今年实现互访，共同签署了《中南关于伙伴关系的比勒陀利亚宣言》等重要文件，为双方开展友好合作指明了方向。中国政府十分重视发展与南非的友好合作关系，希望中南伙伴关系在新的世纪不断向前发展。

朱镕基说，正在南非举行的可持续发展世界首脑会议是新世纪联合国在发展领域召开的重要会议，中国政府对此高度重视。会议期间，我将与南非及其他与会国家领导人就可持续发展等重大议题充分交换意见。中方赞赏南非在会议筹备和举办过程中发挥的积极作用。中方愿与南方一道，为会议取得成功而共同努力。

全国总工会主席尉健行在人民大会堂会见以日本工会总联合会事务局长草野忠义为团长的日本工会访华团

中国女子曲棍球队在澳门举行的第十届世界杯女子曲棍球赛中获得冠军

9月2日

国务院总理朱镕基出席在约翰内斯堡举行的可持续发展世界首脑会议

包括104个国家元首和政府首脑在内的192个国家的代表济济一堂，共商全球未来可持续发展大计。

联合国秘书长安南、南非总统姆贝基以及第五十六届联大主席韩升洙等先后在开幕式上致辞。

中国深圳实验小学五年级学生廖茗钰和来自加拿大、厄瓜多尔以及南非的其他4名孩子，在2日的开幕式上还代表全球儿童，朗读了下一代人对地球未来的希冀。

本届可持续发展世界首脑会议是继1992年里约热内卢联合国环境与发展大会后的又一次盛会，又称第二届地球首脑会议，是联合国迄今就可持续发展问题召开的规模最大的会议。

国务院总理朱镕基在约翰内斯堡桑顿国际会议中心会见英国首相布莱尔

朱镕基表示，今年是中英关系中重要的一年，是两国建立大使级外交关系30周年，又是香港回归中国5周年。30年来，中英关系克服了许多困难和挑战，不断向前发展。特别是香港问题的顺利解决，推动中英关系进入了全面发展的新阶段。近年来，两国高层接触频繁，经贸合作稳步上升，去年双边贸易额首次突破100亿美元，今年上半年又呈现良好的势头。双方在文化、科技、教育、金融等领域的交流与合作富有成果。我们对此感到高兴。

朱镕基强调，中国重视发展中英关系。当前国际形势复杂多变，中英两国作为联合国安理会常任理事国应就国际重大问题加强沟通。中方愿与英方一道，推动中英全面合作伙伴关系得到更大的发展。

国务院总理朱镕基在约翰内斯堡桑顿国际会议中心会见意大利总理贝卢斯科尼

朱镕基对中意关系的发展势头表示满意。他说，目前两国政治关系发展顺利，各部门之间的人员往来频繁，磋商与交流不断加强。去年双边贸易额又创历史新高，意企业对华投资的积极性明显增强，双方中小企业合作发展迅速。两国在科技、教育、文化等领域的交流更趋活跃。在环保领域的合作也取得了成果，双方在首脑会议期间举办的“中意环保合作项目”就是中意伙伴关系的具体体现。

朱镕基表示，中国重视意大利在欧盟和国际事务中的重要地位和作用。中意在许多重大国际问题上有着一致的看法和共同的利益。我们愿意继续挖掘双边合作中的巨大潜力，推动两国关系不断深入发展。

中央党校校长胡锦涛在中央党校秋季开学典礼上发表重要讲话

胡锦涛指出，我们党即将召开的十六大，是在新世纪我国进入全面建设小康社会、加快推进社会主义现代化的新的发展阶段召开的一次十分重要的代表大会，对于全面开创有中国特色社会主义事业的新局面、全面推进党的建设新的伟大工程，具有重大而深远的意义。全党同志要继续高举邓小平理论伟大旗帜，全面贯彻“三个代表”重要思想，努力做好改革、发展、稳定各项工作，以优异成绩迎接党的十六大的召开。

胡锦涛指出，今年5月31日江泽民同志在中央党校发表的重要讲话，是继去年“七一”讲话后又一篇马克思主义重要文献，为召开党的十六大作了重要的政治、思想和理论准备。学习“5·31”讲话，最重要的是加深对贯穿讲话全篇的“三个代表”重要思想的理解。“三个代表”重要思想既坚持了马克思主义的基本原理，坚持了辩证唯物主义和历史唯物主义的世界观和方法论，同马克思列宁主义、毛泽东思想和邓小平理论一脉相承；又反映了当代世界和中国的发展变化对党和国家工作的新要求，以新的思想、观点、论断丰富和发展了马克思列宁主义、毛泽东思想和邓小平理论，是我们党理论创新的最新成果，是指导我们在新世纪加强和改进党的建设、推进我国社会主义制度自我完善和发展的强大思想武器。我们要深入学习，正确把握，认真实践，不断增强贯彻“三个代表”要求的自觉性和坚定性。

胡锦涛强调，当今世界、当代中国和我们党的自身状况已经和正在发生重大变化。我们要在不断发展变化的形势下迎接新挑战，完成新任务，实现新发展，把党和国家的事业不断推向前进，必须坚持与时俱进，以马克思主义的政治勇气和理论勇气不断推进理论创新。马克思主义的基本原理任何时候都要坚持，否则我们的事业就会因为没有正确的理论基础和思想灵魂而迷失方向。坚持马克思主义必须同时代特征结合起来，同不断发展变化的客观实际结合起来，在实践中推进马克思主义的发展，用发展着的马克思主义指导新的实践。

胡锦涛指出，江泽民同志在“5·31”讲话中提出的“必须把发展作为党执政兴国的第一要务”的重要论断，既是对我们党执政经验的科学总结，也是对党在新时期根本任务的高度概括。我们必须始终紧紧抓住发展这个主题不放松，把保持党的先进性和发挥社会主义制度的优越性，落实到发展先进生产力、发展先进文化、维护和实现最广大人民的根本利益上来。胡锦涛指出，加快发展，关键是发展经济。当前我国经济形势总的是好的。今年以来，各地区、各部门认真贯彻中央的精神，努力做好各方面工作，取得了明显成效，国民经济保持了良好的发展势头。同时也要清醒地认识到，无论从国际经济环境看，还是从国内经济运行的情况看，我们在前进中都面临不少新情况、新矛盾、新问题。要进一步增强抓住机遇、加快发展的使命感和紧迫感，按照“发展要有新思路、改革要有新突破、开放要有新局面”的要求，抓紧解决面临的突出矛盾和问题，坚定不移地实现我们的发展目标。

胡锦涛指出，在建设有中国特色社会主义道路上实现中华民族的伟大复兴，是一项极其伟大又十分艰难的事业，必须充分调动一切积极因素，紧紧依靠全国各族人民群众，齐心协力、团结奋斗。胡锦涛说，改革越深化，越要正确认识和处理各种利益关系，把社会各个阶层、各个方面群众的切身利益实现好、维护好、发展好，把他们的积极性引导好、保护好、发挥好。要从巩固党执政的群众基础、实现国家长治久安的高度，充分认识正确处理人民内部矛盾的极端重要性，扎扎实实地做好工作。当前，特别要千方百计帮助困难群众解决生产生活中的实际问题。要按照中央确定的方针处理好改革、发展、稳定的关系，全力维护社会稳定。

胡锦涛指出，开创有中国特色社会主义事业新局面，必须毫不动摇地坚持和改善党的领导，必须按照“三个代表”的要求，以改革的精神全面推进党的建设新的伟大工程。胡锦涛说，在新世纪、新阶段，党的建设面临着许多新问题。解决这些新问题，要运用我们党在加强自身建设中长期积累的成功经验，同时还必须在实践中探索新路子，寻找新办法，积累新经验，以适应新形势新任务的需要。胡锦涛着重就深入研究发展党内民主、改革和完善党的领导方式和执政方式问题；深入研究干部队伍建设和选人用人问题；深入研究城市社区和非公有制经济组织中党的建设问题；深入研究从源头上预防和治理腐败问题等提出了要求，强调要坚持解放思想、实事求是，与时俱进、开拓创新，从理论与实践的结合上积极探索和解决党的建设面临的新问题，不断提高党的建设水平。

中共中央政治局候补委员、中央书记处书记、中央组织部部长曾庆红出席开学典礼。

开学典礼由中央党校常务副校长虞云耀主持。出席开学典礼的还有中央有关部门负责同志何勇、王刚、刘云山、王东明、何毅亭。中央党校副校长张志新、王伟光、李君如、石泰峰及校委委员、教师、新学员、在校学员共2000多人参加了开学典礼。

中央党校2002年秋季共招收新学员881人，分别在省部级干部进修班、地厅级干部进修班、县(市)委书记进修班、金融系统领导干部进修班、新疆民族干部培训班、西部地区干部培训班和党校研究生院学习。中直机关分校、中央国家机关分校、部队分校、中央金融工委分校和中央企业工委分校也将陆续开学。

国务委员吴仪在新疆考察

9月2日至8日，吴仪在新疆维吾尔自治区党委书记王乐泉、自治区主席阿不来提·阿不都热西提等陪同下，先后到乌鲁木齐市、昌吉回族自治州、石河子市、博尔塔拉蒙古自治州、伊犁哈萨克自治州、阿勒泰地区、巴音郭楞蒙古自治州，考察了乌鲁木齐经济技术开发区、石河子经济技术开发区、西气东输轮南起输站以及新疆广汇实业股份有限公司等十几个企业，并听取了自治区党委、政府和新疆生产建设兵团的工作汇报。吴仪充分肯定了新疆在深化改革、扩大开放、维护社会稳定等方面取得的显著成绩和兵团为建设边疆和保卫边疆作出的重大贡献。

吴仪强调，新疆要发挥独特的地理和资源优势，抓住我国西部大开发和加入世贸组织两个难得的机遇，加强基础设施建设和生态环境保护，同时着力创造有利于经济发展的软环境,加快农业结构调整和产业化步伐,大力发展特色、优质、高效农业,把新疆特色农产品的深加工搞上去,积极实施农产品品牌战略,促进出口创汇和经济发展。

吴仪指出,新疆外贸有很大的发展潜力,要重视现有出口市场,更要有战略眼光,发挥自身地缘和产业优势,用足用好国家已经制定的各项政策,积极扩大对中亚和独联体国家的出口,使新疆成为我国向西开放的前沿。要鼓励大中型国有企业和民营企业开展边境贸易,努力扩大边境贸易规模,提高边境贸易水平。从新疆实际出发,不仅要做好吸引境外资金的工作,更要重视吸引内地特别是沿海地区的资金、技术和人才。要学习沿海地区经验,努力办好国家级经济技术开发区,发挥其在对外开放和吸引外资等方面的示范、辐射和带动作用。

吴仪还到阿拉山口、霍尔果斯海关和检验检疫等单位看望了干部职工,慰问了辛勤工作在一线的边防指战员,并听取了他们的工作汇报。吴仪要求质检、海关等部门充分运用高科技设备和手段,积极实施"大通关",不断提高口岸工作效率,为发展边境贸易、扩大出口服好务。

陪同考察的有国务院有关部门负责人李长江、于广洲、周可仁、刘文杰等。

国家副主席胡锦涛在人民大会堂会见孟加拉人民共和国外交部长穆尔希德·汗

中共中央书记处书记尉健行在人民大会堂会见古巴共产党中央政治局委员亚迪拉·加西亚·贝拉一行

尉健行说,中国共产党和中国人民十分珍惜同古巴共产党和古巴人民的传统友谊,中古两党两国关系在双方的共同努力下,获得了全面进展。

他说,我们一直关注古巴的建设和发展进程,为你们取得的每一个成就感到高兴。相信在卡斯特罗主席的领导下,古巴共产党和古巴人民一定会克服前进道路上的各种困难,在建设符合古巴国情的社会主义进程中取得新的更大成绩。

尉健行表示,中国共产党和中国人民将一如既往地支持古巴人民维护民族独立和国家主权、反对外来干涉的正义事业,支持古巴人民的社会主义建设事业,把中古两党两国的友好合作关系不断推向前进。他还对古巴在国际事务中一贯给予中国宝贵支持表示感谢。

尉健行还向客人介绍了我党学习、贯彻"三个代表"重要思想、筹备召开第十六次全国代表大会的有关情况。

中联部部长戴秉国、古巴驻华大使阿尔韦托·罗·阿鲁菲等会见时在座。

全国人大常委会副委员长何鲁丽在挪威议会大厦会见挪威议会议长科斯莫

应挪威议会的邀请,何鲁丽副委员长率领的全国人大代表团抵达奥斯陆,开始对挪威进行为期5天的正式友好访问。

9月3日

国家主席江泽民在人民大会堂会见韩国大国家党名誉总裁李会昌一行

江泽民说,今年是中韩建交10周年。10年来,在中韩双方的共同努力下,两国在政治、经济、贸易、科技、文化等各个领域的交流与合作取得积极成果,相互理解与信任不断加深。中韩之间的这种睦邻友好关系,有力地促进了我们两国以及本地区的共同繁荣与发展。

江泽民说,在两国关系顺利发展的过程中,中韩党际友好交流也在不断深化。中国共产党愿意与包括大国家党在内的韩国主要政党继续加强多种形式的交往,为中韩关系健康发展和朝鲜半岛的和平与稳定作出新的贡献。

在谈到朝鲜半岛形势时,江泽民说,当前,在南北双方的共同努力下,半岛形势有了新的发展。我们对此感到高兴。中国一贯支持南北双方加强对话,改善关系,希望看到朝鲜半岛保持和平与稳定。

中联部部长戴秉国、韩国驻华大使金夏中等会见时在座。

国家主席江泽民在人民大会堂接受三国新任驻华大使递交的国书

这三位大使是博茨瓦纳大使希帕皮措、卢森堡大使温鹍豪、巴基斯坦大使里亚兹·穆罕默德·汗。

全国人大常委会委员长李鹏在曼谷分别会见泰国国会主席兼下议院议长乌泰·屏猜春和国会副主席兼上议院议长玛暖吉·鲁卡宗

在与乌泰会见时,李鹏说:今年4月,乌泰主席阁下率团出席在中国举行的亚洲议会和平协会第三届年会并访问了中国,进一步加深了泰国国会与中国全国人大的了解和友谊,增强了彼此的信任,为双方合作与交流注入了新的活力。今天又在曼谷相聚,感到非常亲切。我们愿与泰国国会进一步加强相互交流与借鉴,促进各自国家的经济、政治和社会的不断发展,造福于两国和两国人民。

李鹏说，这是他第五次访问泰国。作为中泰友谊的推动者和见证人之一，他高兴地看到，中泰建交27年来，在双方领导人的高度重视和积极促进下，两国建立了互信、互利、互助的良好关系。中泰关系顺利发展，日臻成熟，在各个领域的合作成果显著，这不仅给两国和两国人民带来了切实利益，也为维护本地区的和平、稳定与繁荣作出了贡献。事实证明，中泰两国是相互信赖的好邻居、好朋友、好伙伴，是不同社会制度国家睦邻友好、平等相待的典范。

在通报中国国内形势时，李鹏说：中国政治保持稳定，经济持续发展，人民生活水平不断提高。人民代表大会制度不断巩固和发展，人民享有广泛的权利，民主和法制建设不断加强，依法治国方略稳步推进。今年上半年，中国实现了7.8%的经济增长。但同时，我们也清醒地认识到，中国是一个人口众多的发展中国家，地区发展不平衡，要在本世纪中叶实现现代化，建成富强民主文明的社会主义国家，还需要长期不懈的努力。当前，全国各族人民正在以改革开放和现代化建设的新成绩迎接中国共产党第十六次全国代表大会的召开。这次大会是我们党和国家发展进程中具有十分重要意义的事件。

在会见玛暖吉时，李鹏说，中国和泰国社会制度不同，但这丝毫没有影响我们开展卓有成效的合作与交流。中国全国人大和泰国国会两院在立法和监督职能方面有不少相似之处，双方可以相互借鉴。中国全国人大和泰国国会一直保持着密切的交往和良好的合作，为增进两国人民的了解、友谊和信任，推动双边关系的发展发挥了重要作用。中国全国人大和泰国国会的对口专门委员会、双边友好小组开展了多层次、多形式的交流。在各国议联、亚太议会论坛、亚洲议会和平协会、亚太议员环发会议等多边组织中，双方相互支持、密切配合，进行了很好的合作。中方对此感到满意，并相信这将对两国业已存在的良好关系的发展产生积极影响。

全国人大常委会委员长李鹏在泰国国会大厦会见泰国下议院反对党领袖前总理川·立派

国务院总理朱镕基在南非约翰内斯堡举行的可持续发展世界首脑会议上发言

可持续发展世界首脑会议在桑顿国际会议中心进行首脑发言，国务院总理朱镕基代表中国政府在会上发表讲话，强调指出中国将坚定不移地走可持续发展的道路。

朱镕基首先代表中国政府和人民，热烈祝贺可持续发展世界首脑会议的召开，并感谢南非政府和人民为此次会议所作的努力。他说，这次首脑会议在非洲举行，正值非洲联盟成立不久，意义尤为深远。我相信，伴随着非洲联盟的成立和非洲新伙伴计划的实施，非洲大陆的面貌必将出现新的历史性变化，并为世界和平与发展作出新的贡献。

朱镕基指出，实现可持续发展，是世界各国共同面临的重大和紧迫的任务。10年前，各国领导人在巴西里约热内卢确定了可持续发展的原则、目标和行动纲领。10年来，国际社会和各国政府为实施《里约宣言》和《21世纪议程》作出了不懈努力，在推进经济与人口、资源、环境协调发展方面迈出重要步伐，形式多样的区域及双边环发合作走向深入。同时我们也看到，全球环境恶化的趋势还没有根本扭转。随着经济全球化趋势的发展，南北差距、数字鸿沟也在扩大。特别值得注意的是，恐怖主义活动、地区冲突、跨国犯罪、毒品走私等威胁和平与安全的问题还相当严重。显然，国际社会面临的压力和挑战不是少了，而是多了。实现《21世纪议程》确定的可持续发展目标，任重而道远。

朱镕基表示，人类进入21世纪，世界正发生复杂而深刻的变化。新形势更加要求我们从人类与自然协调和谐、环境与发展相互促进的高度，以更大的决心、更坚实的步伐，走可持续发展之路。

在发言中，朱镕基向与会代表阐明了中国政府促进可持续发展的5点主张：

一、深化对可持续发展的认识。朱镕基说，可持续发展是里约环发大会确立的新的发展观，其实质是改变传统的发展思维和模式。经济发展必须有利于资源的永续利用，有利于生态系统的良性循环，绝不能以浪费资源和破坏生态环境为代价。由于各国国情和发展水平不同，可持续发展模式各异。要坚持以各国的多样化发展为基础，通过局部发展促进全球发展，将解决各国面临的问题和解决全球环境问题结合起来，努力实现全球的可持续发展。

二、实现可持续发展要靠各国共同努力。朱镕基强调，要以共同发展为目标，建立相互尊重、平等互惠的新型伙伴关系。坚持里约环发大会所确定的各项原则，特别是“共同但有区别的责任”的原则。联合国应在协调国际环境与发展总体战略，以及技术转让、技术咨询、人员培训与援助等方面，发挥积极作用。有关国际、区域组织和机构，应加强与各国特别是发展中国家的合作。各国应发挥社会团体、企业和广大民众的积极性，为实现可持续发展共同奋斗。

三、加强可持续发展中的科技合作。朱镕基指出，当今世界科学技术迅速发展，日益成为人类社会进步更加强大的动力。要把科学技术特别是信息、生物等高新技术领域的成果，广泛应用于资源利用、环境保护和生态建设。科学技术的传播不应以国划界。国际社会和各国政府要采取新的政策和机制，解决知识产权保护与科技成果推广应用之间的矛盾，促进国际间技术转让。

四、营造有利于可持续发展的国际经济环境。朱镕基说，实现全球可持续发展，需要公正、合理的国际经济新秩序和国际贸易新体制。用过高的环境标准构筑贸易壁垒，不但解决不了环境保护问题，而且将严重损害发展中国家可持续发展的能力。国际社会应充分理解发展中国家在资金、贸易、债务等方面的困难，采取有力措施，消除各种形式的贸易保护。发达国家尤其应该开放市场，取消贸易壁垒。发展中国家应积极参与国际合作与竞争，不断提升可持续发展能力。为此，我们呼吁，新一轮全球多边贸易谈判，要妥善处理贸易与环境的关系，使两者相互促进。

五、推进可持续发展离不开世界的和平稳定。朱镕基指出，和平是人类生存和发展最重要的前提条件。当今世界总体上是和平、缓和、稳定的，但局部战乱、紧张、动荡也很突出，天下并不太平。各国应遵循联合国宪章的宗旨和原则，遵循公认的国际关系准则，共同维护地区与世界的和平稳定。一切国际争端和地区冲突都应通过和平方式解决，反对诉诸武力或以武力相威胁。

在发言中，朱镕基还向大会介绍了中国近 10 年来在环发领域所作出的努力和取得的成就。他指出，里约环发大会后，中国政府本着高度负责的态度，信守承诺，率先制定了《中国 21 世纪议程》，先后制定并实施科教兴国战略、可持续发展战略，确定了新世纪初中国可持续发展的重点领域和行动计划。国家制定和完善了 120 多部关于人口与计划生育、环境保护、自然资源管理、防灾减灾等法律、法规，建立了中央政府和地方政府多部门参与、多层次运作的组织管理体系。同时，我国加入了一系列国际公约，并决定核准《京都议定书》，积极参与国际环境合作。

朱镕基强调指出，经过 10 年的艰苦努力，可持续发展战略已贯穿于中国经济和社会发展的各个领域，有力地促进经济与人口、资源、环境持续协调发展，取得了举世瞩目的成就。在改革开放推动下，近 10 年中国国内生产总值增长了 1.58 倍。在经济持续快速发展和人民生活水平不断提高的同时，人口过快增长的势头得到控制，自然资源保护与管理得到加强，环境污染治理和生态建设步伐加快，部分城市和地区环境质量有较大改善。经过长期探索，我们已经找到中国特色的发展模式，可持续发展呈现良好的前景。到 2005 年，生态恶化趋势总体上将得到遏制，主要污染物排放总量比 2000 年减少 10%。到 2010 年，中国国内生产总值将比 2000 年增长 1 倍，国民素质不断增强，国土资源开发更趋合理，生态环境质量进一步改善，经济与人口、资源、环境协调发展将取得更加丰硕的成果。

朱镕基最后强调，中国作为最大的发展中国家和环境大国，是国际环境合作中的一个重要力量。我们深知自己肩上的责任。中国的事情办好了，就是对世界可持续发展的贡献。我们将坚持不懈地作出努力，义无反顾地承担起责任，用行动来实践诺言，坚定不移地走可持续发展之路。我坚信，以这次会议为契机，可持续发展战略在各国会得到更好的实施。我们将一如既往地积极参与国际环境合作，与世界各国一道为保护全球环境，实现世界可持续发展，携手奋进。中国的明天会更加美好，世界的明天也会更加美好！

国务院总理朱镕基在南非约翰内斯堡出席可持续发展世界首脑会议圆桌会议并发言

朱镕基在以“实事实办”为主题的发言中，呼吁加强发展中国家可持续发展的能力。

朱镕基首先表示很高兴有机会与各位代表一起，共同探讨世界可持续发展领域的问题。他说，各位刚才的发言充满智慧，深受启发。如何使这次会议的行动计划和大家的承诺真正落实，不仅直接关系到本次会议的成效，更关系到人类社会的未来发展。他表示，中国作为世界上人口最多、国土面积最大的发展中国家，高度重视可持续发展问题。

朱镕基指出，实现可持续发展，是世界各国的共同任务。发达国家和发展中国家都应承担义务，但发达国家负有更大的责任。全球可持续发展战略能否得到实施，相当程度上取决于里约环发大会确定的“共同但有区别的责任”原则的落实情况。过去 10 年，在这方面既有进展，也有挫折，有些承诺没有得到认真履行。中国政府认为，国际社会应继续以这一原则为指导，争取在环境与发展领域的国际合作方面取得更大进展。

为此，朱镕基在发言中呼吁，加强发展中国家可持续发展能力建设。国际社会应积极支持发展中国家走自主发展道路，以各国的多样化发展，推动全球可持续发展战略的实现。发达国家应在解决本国环境问题的同时，向发展中国家提供技术咨询、人员培训、机制建设等方面的帮助。教育在促进可持续发展方面具有极其重要的作用，国际社会应采取有效行动，帮助发展中国家提高教育发展水平，以增强公众的可持续发展意识和素质。

多渠道动员各种资金用于可持续发展。充足的资金是各国执行《21 世纪议程》的必要条件。发展中国家受到经济发展水平的制约,资金短缺。我们希望发达国家在提供资金和技术转让方面采取有效行动,兑现承诺。今年初,在蒙特雷召开的国际发展筹资会议上,在向发展中国家提供资金援助问题上取得了可喜进展。希望联合国和有关国际机构加强协调,确保这次筹资会议的成果得到落实。

大力推进国际科技与贸易合作。发展中国家扩大出口贸易,有利于提高经济发展水平,更好地保护环境。应改变目前以保护环境为借口限制发展中国家产品出口的现象。要充分理解发展中国家在贸易、技术转让等领域面临的困难,消除贸易和技术壁垒。

最后,朱镕基说,实施可持续发展战略,涉及经济、社会发展和人口、资源、环境等诸多领域。我们应该真诚合作、讲求实效,做好各项工作。特别是要优先解决广大发展中国家所关心的贫困饥饿、水资源短缺、城市空气污染、水土流失、能源和健康等问题,国际社会应理解和支持发展中国家在这些问题上的合理要求。只有这样,才能够最终实现全球可持续发展的目标。

国务院总理朱镕基在可持续发展世界首脑会议上宣布中国已核准《〈联合国气候变化框架公约〉京都议定书》

朱镕基指出,这显示了中国参与国际环境合作,促进世界可持续发展的积极姿态。

中国常驻联合国代表王英凡大使已于8月30日向联合国秘书长交存了中国政府核准《〈联合国气候变化框架公约〉京都议定书》的核准书。《京都议定书》签订于1997年12月11日,中国于1998年5月29日签署了该议定书。

中国政府认为,《联合国气候变化框架公约》及其《京都议定书》为国际合作应对气候变化确立了基本原则,提供了有效框架和规则,应当得到普遍遵守。欧盟各成员国及日本已批准了议定书。中国希望其他发达国家尽快批准或核准议定书,使其能够在今年内生效。

中国政府一向十分重视气候变化问题。近年来,中国各级政府为应对气候变化做了极大努力,特别是在提高能源效率方面,中国取得了显著的成绩,相对减少了温室气体的排放,为实现公约的目标作出了巨大贡献,这一成绩已为国际社会所公认。

国务院总理朱镕基在约翰内斯堡会见蒙古国总统巴嘎班迪

国务院总理朱镕基在约翰内斯堡会见南斯拉夫联盟总统科什图尼察

国务院总理朱镕基在约翰内斯堡会见泰国公主朱拉蓬

全国政协主席李瑞环在人民大会堂会见以山本英胜和坂下重信为首的日本在华企业代表团

李瑞环说:从根本上说,中国的改革开放政策是不会变的,因为这是中国的发展之路、强国之路。我们主观上总是希望我国的对外政策越来越有利于双方利益和合作,但由于各自具体的立场、角度、利益不同,对有些问题的认识、政策也不尽一致,这是正常的。召开这样的政策交流会,对于沟通情况,增进了解,完善政策,促进合作,意义重大,希望今后坚持这样做。

李瑞环说,中国与日本是近邻,两国友好关系源远流长。今年是中日邦交正常化30周年,我们都在纪念这个有意义的日子。我们希望中日经济界进一步巩固和发展已取得的成绩,并通过深入开展经济贸易合作,促进两国各方面的友好交流,以推动两国人民世世代代友好下去。

以山本英胜和坂下重信为首的日本在华企业代表团是来京参加"中国对外资企业政策交流会"的。

此次"中国对外资企业政策交流会"是由中国人民对外友好协会、中国黄河经济发展研究会和日本嘉重贸易咨询有限公司、在华日本商工会议所联合举办的。中国人民对外友好协会会长陈昊苏、中国黄河经济发展研究会会长柴泽民等会见时在座。

国务院副总理钱其琛在福建考察对台工作

9月3日至8日,钱其琛在福建省委书记宋德福、省长习近平的陪同下,考察了福建省的对台工作。考察期间,钱其琛召开了部分省市和有关部门对台工作座谈会,听取了东南沿海部分城市有关两岸"三通"准备工作的情况汇报,考察了福州马尾港、厦门港和平码头、莆田湄洲岛妈祖祖庙和部分台商投资企业。钱其琛强调,要坚定不移地维护一个中国原则,坚决反对一切"台独"分裂言行;要采取措施,加大力度,继续推动两岸直接"三通",进一步加强两岸人员往来和各项交流,积极发展两岸经济合作,依法保护台湾同胞的正当权益,努力发展两岸关系、推动祖国和平统一进程。

钱其琛指出,近一个时期以来,台湾当局领导人接连发表"台独"分裂言论,公然鼓吹大陆与台湾是"一边一国",表示要以所谓"公民投票"的方式来决定"台湾的前途、命运和现状"。这些分裂言论,与李登辉的"两国论"如出一辙,是对包括台湾同胞在内的13亿中国人民的公然挑衅,是对国际社会广泛认同和奉行一个中国政策的挑衅,也是对两岸和平、亚太和平的挑衅。这些言论给台湾社会带来新的动荡,引起亚太地区国家的不安，给世界的和平与稳定带来麻烦，理所当然地引起了海内外中华儿女的强烈愤慨和谴责。“台独”不得人心。任何分裂国家的图谋都是注定要失败的。

钱其琛表示，我们要继续坚持“和平统一，一国两制”的基本方针，全面贯彻江泽民主席提出的现阶段发展两岸关系、推进祖国和平统一进程的八项主张，坚定不移地维护一个中国原则，坚定地和广大台湾同胞一起维护两岸关系大局的稳定。他强调，我们一直主张积极发展两岸往来与交流。实现两岸“三通”是两岸经济发展的实际需要，也是两岸同胞的共同愿望，是人心所向、大势所趋，任何力量也阻挡不了。钱其琛充分肯定了各地、各部门所做的工作，要求进一步做好各项准备，推动早日实现两岸“三通”，并呼吁台湾当局从广大台湾同胞的利益和台湾经济发展的需要出发，采取实质性步骤，不要再为两岸“三通”设置障碍。

在考察福建东南汽车有限公司、中华映管福州有限公司、莆田协丰鞋业有限公司、厦门翔鹭纺纤有限公司、厦门翔鹭石化有限公司、漳州东海冷冻食品有限公司、统一马口铁有限公司等台商投资企业时，钱其琛勉励他们安心放手地在祖国大陆开展各项投资和经营活动。钱其琛强调，两岸同胞骨肉情深、血脉相连。台湾同胞具有光荣的爱国主义传统，是推动两岸关系发展的重要力量。改善两岸关系，实现祖国统一，我们寄希望于广大台湾同胞。不管发生什么情况，我们都将切实维护台湾同胞的合法权益。各地、各部门要认真贯彻执行《台湾同胞投资保护法》及其实施细则，依法严肃查处侵害台湾同胞合法权益的违法犯罪活动。要进一步完善政策，扩大两岸人员往来的规模，为更多的台湾同胞来祖国大陆进行投资贸易、探亲访友、考察求学和从事各种交流活动提供方便。各级台办、外经贸等相关部门要在当地党委、政府的领导下，及时帮助、主动关心在祖国大陆从事投资、贸易和其他工商活动的台湾同胞，解决他们在投资经营和工作生活等方面遇到的实际困难，认真做好台商投诉协调工作。

国务院副秘书长崔占福、国务院台湾事务办公室主任陈云林、对外贸易经济合作部副部长安民等有关部门负责人陪同考察。

全国海关加工贸易保税业务管理工作会议在北京召开

国务委员吴仪致信祝贺。吴仪充分肯定了海关在加强加工贸易保税业务监管方面所做的工作。她说，在新世纪、新阶段，加工贸易在我国外贸进出口中仍然具有举足轻重的作用，加工贸易保税业务管理工作应该上一个新水平。希望全国海关按照“三个代表”的要求，适应新形势、新要求，与时俱进，开拓创新。主动加强与国务院有关部门和地方政府的协调、协作，加快加工贸易保税业务管理改革步伐，特别要在加工贸易深加工结转管理和为企业服务上下功夫。通过有效监管，促进加工贸易保税业务发展，做到海关税收应收尽收，为我国进一步扩大开放，增强经济竞争力作出新贡献，以优异的成绩迎接党的十六大的召开。

海关总署署长牟新生在会上说，面对加入世界贸易组织的新形势，全国海关要在加工贸易与保税监管中坚持把关与服务并重，树立与时俱进的意识，迎难而上，因地制宜，在确保有效监管的前提下，不断创新监管方式。针对加工贸易领域内销补税环节仍存在“跑冒滴漏”的问题，全国海关要以核销补税为重点，挖潜补漏，努力做到国家税收应收尽收。对加工贸易企业走私违法犯罪行为，要依法严厉查处。

经国务院批准青藏铁路公司正式成立

铁道部在西宁举行成立大会，国务院副总理吴邦国出席大会并为青藏铁路公司授牌。

“2002年世界华人论坛”在北京开幕

国务院副总理钱其琛，全国政协副主席罗豪才在开幕式前会见了参加论坛的全体代表。

钱其琛首先代表中国政府对论坛的召开表示热烈祝贺。他说，加入世贸组织是中国政府面对世界多极化、经济全球化和科学技术突飞猛进的国际形势，从国内进一步改革开放的需要出发，高瞻远瞩，审时度势，作出的重大战略决策。加入世贸组织，是中国改革开放和现代化建设的历史必然，标志着中国对外开放进入了新的阶段。中国将以更加积极、主动的姿态参与经济全球化进程，这必将有利于中国社会主义市场经济体制的建立和完善，有利于中国国际地位的提高，有利于中国对外经济贸易环境的改善，在新世纪的国际竞争中占据有利的地位。

钱其琛指出，金融业的对外开放是中国改革开放基本国策的重要组成部分，加入世贸组织必将给中国金融业带来新的发展机遇。因此，探讨加入世贸组织后中国金融业的改革与发展，这是很重要，也是很紧迫的课题。钱其琛希望参加论坛的代表能够畅所欲言，建言献策，以各自的真知灼见，帮助中国金融业的改革和发展，以更好地应对加入世贸组织所带来的严峻挑战。

此次论坛由国务院侨务办公室、对外贸易经济合作部、中国人民银行、国务院发展研究中心、中国证券监督管理委员会、中国保险监督管理委员会联合举办。

《人民日报》发表国家计委 教育部 财政部的文章《为科教兴国奠基——"211 工程""九五"建设成就综述》

千家驹逝世

著名经济学家千家驹先生9月3日在深圳因病逝世,享年93岁。

千家驹先生1909年8月生于浙江省武义县,1932年毕业于北京大学经济系。他曾任北京大学经济系讲师,广西大学教授,《中国农村》、《经济通讯》主编,香港达德学院教授。1936年千家驹参加全国各界救国联合会,任理事;1945年加入中国民主同盟,任南方总支部秘书长;1949年参加筹备并出席中国人民政治协商会议第一届全体会议。新中国成立后,他历任中国人民银行总行顾问,清华大学、交通大学教授,政务院财经委员会委员,中央工商行政管理局副局长,中央社会主义学院副院长,中国科学院哲学社会科学部学部委员,中国社会科学院顾问等职。他是第二至五届全国政协委员,第六、七届全国政协常委,民盟第五、六届中央副主席。

千家驹晚年曾多次致函中共中央领导,对邓小平理论表示坚决拥护,对以江泽民同志为核心的党中央表示由衷敬佩,对我国改革开放和社会主义现代化建设所取得的辉煌成就感到欢欣鼓舞。

9月4日

全国人大常委会委员长李鹏在泰国王宫与泰国国王普密蓬·阿杜德和公主诗琳通会见

李鹏说,时隔3年,再次与国王陛下见面,感到十分高兴。抵达曼谷后,我们看到泰国经济的新变化和新成就。我们十分钦佩泰国为克服金融危机和世界经济不景气的影响所做的努力。李鹏和普密蓬国王一致积极评价中泰关系。李鹏说,建交27年来,两国关系始终健康稳定发展,互利合作成果显著,给两国人民带来了切实的利益,也为维护地区和平、稳定和繁荣作出了贡献。中泰关系有今天这样良好的局面,与国王陛下对中泰友谊的重视和推动是分不开的。王后陛下、王储殿下、诗琳通和朱拉蓬两位公主相继访华,为增进两国人民的友谊、深化双方的友好关系作出了重要贡献。我们对此深表钦佩和赞赏。不久前,我和我的夫人在北戴河会见并宴请了朱拉蓬公主一行,对"中泰一家亲"音乐舞蹈演出的成功表示祝贺。下个月,诗琳通公主将再次访华,我们表示热烈欢迎。

普密蓬国王对农业和水利事业十分关心,且有长期的研究。他一直关注中国三峡工程建设情况。会见时还问及今年中国水灾情况。李鹏就此一一作了介绍。他说:考虑到国王陛下对三峡工程很关心,我今天特意带来一幅三峡工程全貌的最新照片,作为纪念。三峡工程经过近10年的建设,工程施工和管理水平不断提高,工程进度按计划顺利完成,工程质量满足了设计要求。我们有信心在明年实现水库初期蓄水、船闸通航、首批机组发电的目标。我们邀请国王陛下有机会去参观。

普密蓬国王对此表示感谢。他说,这项工程建设得很快、很好。如此巨大的工程,建成后最重要的是管理好,使其发挥最大的效益。中国虽然拥有丰富的煤炭资源,但仍十分重视从环保出发,逐步减少燃煤的比例,提倡使用清洁能源,大力开发水电,这都是明智而正确的举措。

李鹏对普密蓬国王的上述评价表示赞赏和感谢,并就中国的能源政策、治理大江大河的情况作了进一步介绍。普密蓬国王也介绍了泰国开发能源和兴修水利的情况,并表示愿借鉴中国的某些相关立法。

宾主还就双边关系等广泛问题交换了意见。

全国人大常委会秘书长何椿霖、副秘书长吕聪敏,外交部副部长王毅,中国驻泰国大使晏廷爱等参加了会见。

国务院总理朱镕基在约翰内斯堡会见世界贸易组织总干事素帕猜

中办国办在北京召开全国减轻农民负担工作电视电话会议

中共中央政治局委员、书记处书记、国务院副总理温家宝在会议上强调,切实减轻农民负担,维护农民利益,是巩固和发展农村"三个代表"重要思想学习教育活动成果最现实、最具体的体现。今年的减轻农民负担工作,重点要放在巩固减负成果,治理突出问题上。要针对农民负担中存在的突出问题,提出更加明确的要求,采取更加有力的措施,落实更加严格的责任,确保实现"使农民负担的税费水平进一步减轻"的目标。

温家宝指出,今年以来,农村形势总的是好的。各地区、各部门坚持"多予、少取、放活"的方针,认真执行中央的减负政策,千方百计增加农民收入,减轻农民负担工作取得新的进展。但是,农民负担过重的问题在一些地方仍然存在。主要表现在:一些地方乱收费、乱集资、乱罚款和各种摊派仍然屡禁不止,对农民进城务工和农民建房收费过高、过多、过乱的问题尤为突出。有些地方乡村财务混乱,政务、村务不公开,随意举债,加重农民负担。一些地方在农村税费改革试点的过程中,由于政策不到位、政策走样、配套措施跟不上,农民负担随时有反弹的可能。

温家宝要求,当前和今后一个时期,要重点抓好以下九项工作:

第一,搞好农村税费改革试点工作。正在进行农村税费改革的地方,一定要把减轻农民负担,作为衡量农村税费改革是否成功的重要标志。要严把收费审批关,不准越权审批收费,不准出台新的收费项目和提高原有的收费标准,防止"三乱"抬头和农民负担反弹。

第二,严格执行减轻农民负担的各项政策规定。没有进行税费改革试点的地区,农民承担的提留统筹费要严格控制,不得超过上年农民人均纯收入的5%和1997年的预算额。要继续执行"八个禁止"的政策规定。

第三,全面实行"四项制度"。即全面实行涉农税收、价格和收费公示制,贫困地区农村中小学义务教育收费一费制,农村订阅报刊费用限额制,涉及农民负担案(事)件责任追究制。这是减轻农民负担的重要措施,必须认真执行,决不能流于形式。

第四,深入开展专项治理。治理的重点是:清理和取消农业用水、用电、农机服务等生产性费用中的不合理收费和搭车收费;清理整顿农村中小学收费、农民建房收费,坚决纠正乱收费。

第五,做好农业税收的灾歉减免工作。各地要按国家有关规定,保证农(牧)业税收的灾歉减免补助资金和地方配套资金及时、足额发放给受灾群众和贫困农户。要适当增加对灾民的救济,安排好生产生活。

第六,保障农民工的合法权益。要坚决清理和取消歧视性政策和做法,取消各种不合法和不合理的收费。各类企业招用农民工,应签订劳动合同,并明确保障权益的条件。不准拖欠农民工的工资,对恶意拖欠、克扣民工工资的企业和企业负责人,要依法严肃查处。对外出务工的农民,承包地要继续保留。

第七,精简机构,节约开支。要加快乡镇机构改革,精简人员,减少支出。乡村两级都要精打细算,厉行节约。

第八,落实减负工作责任制。减轻农民负担要实行地方党政一把手亲自抓、负总责的工作制度。中共中央办公厅、国务院办公厅颁布了《关于对涉及农民负担案(事)件实行责任追究的暂行办法》。这是党中央、国务院为减轻农民负担采取的一项新举措。要结合实施这个办法,把减轻农民负担工作作为考核县、乡两级党委、政府主要负责人的一项重要内容,逐步建立起奖惩结合、赏罚分明的激励机制和约束机制。要进一步强化减轻农民负担工作的部门专项治理责任制。

第九,加强检查监督。要进一步完善农民负担监测工作制度,加强对农民负担的监督检查。年底以前,要对减轻农民负担"四项制度"和专项治理的执行情况,进行一次检查,不落实的要坚决落实到位,违反政策的要坚决纠正,确保农民负担进一步减轻。

温家宝强调,当前我国正处在改革开放和现代化建设的重要时期,做好"三农"工作,事关改革、发展、稳定的大局。要认真贯彻江泽民总书记"三个代表"重要思想,从全局的高度,充分认识做好减轻农民负担工作的重大意义,认真落实中央的各项减负政策,努力发展农村经济,增加农民收入,全面完成今年农村工作各项任务,以优异的成绩迎接党的十六大的召开。

中共中央办公厅主任王刚主持会议。国家计委、教育部、新闻出版总署、国务院纠风办、财政部负责同志发言,分别就今年下半年减轻农民负担的专项工作进行了具体部署。中共中央、国务院等有关部门和单位负责同志,各省(自治区、直辖市)党委、政府分管农业和农村工作的副书记、副省长(副主席、副市长)及有关部门负责同志参加了会议。

最高人民检察院检察长韩杼滨在人民大会堂会见英国总检察长戈德史密斯勋爵一行

全国人口与计划生育综合改革试点工作座谈会在牡丹江市召开

国务委员兼国务院秘书长王忠禹在座谈会上强调,要认真总结经验,巩固成果,明确目标,扎扎实实地推进人口与计划生育综合改革,切实建立和完善人口与计划生育新的工作机制,更好地控制人口数量,提高人口素质,为我国改革开放和现代化建设提供更加适宜的人口环境。

王忠禹指出,当前和今后一个时期的一项重要任务就是要积极推行人口与计划生育综合改革。要以稳定低生育水平和提高人民群众满意程度为标准,以建立人口与计划生育工作新机制为核心,总结各地行之有效的经验,采取措施,创新工作思路和工作方法,营造有利于计划生育的社会政策环境,保障人口与计划生育工作持续、稳定、健康发展。改革的目标是建立和完善"依法管理、村(居)民自治、优质服务、政策推动、综合治理"的人口与计划生育新的工作机制。首先,要深刻理解和准确把握新机制的内涵和特点。依法管理是保障,村(居)民自治是基础,优质服务是手段,政策推动是关键,综合治理是核心。其次,要注重加强基层基础工作。把工作重心放到基层,把以村(居)民自治为主的基层管理服务网络作为全部工作的基石,建立计划生育村务公开和村(居)民代表议事制度,发挥基层计划生育协会等群众团体的作用,实现群众自我教育、自我管理、自我服务,充分体现人民群众的主体地位。再次，要把依法管理和优质服务放到突出位置，认真贯彻实施有关法律、法规，建立、健全配套规章制度，转变工作作风，探索优质服务的有效方式，以人为本，晓之以理，动之以情，把依法管理寓于优质服务之中，把优质服务贯穿于人口与计划生育工作的全过程，切实维护群众的合法权益。最后，要在政策落实和综合治理上下功夫，研究制定有利于计划生育的具体政策及落实办法，进一步健全各级人口与计划生育工作领导小组等综合治理组织，继续完善目标管理责任制。

王忠禹在黑龙江省牡丹江市考察了基层计划生育服务站，并就人口与计划生育综合改革问题，与乡（镇）村计划生育工作人员进行了座谈。

16个试点地区政府负责同志，各省、自治区、直辖市计生委主任参加了会议。国家计生委主任张维庆作会议总结讲话。黑龙江省委书记徐有芳、省长宋法棠出席会议。

9月5日

全国人大常委会委员长李鹏泰国总理府会见泰国总理他信·西那瓦

全国人大常委会委员长李鹏在曼谷会见泰国前上议院议长米猜·立初潘

国务院总理朱镕基在比勒陀利亚与南非总统塔博·姆贝基举行会谈

朱镕基说，在建交不到5年的时间里，中南双边关系全面、快速发展，高层互访和各种形式的来往十分频繁，双方在经贸、能源、科技、文教等各个领域的交流与合作也日益扩大。我们对此十分满意。近两年来，江泽民主席与姆贝基总统成功实现互访，共同签署《比勒陀利亚宣言》，并正式启动中南“国家双边委员会”。去年中南双边贸易额达22.22亿美元，今年1—6月双边贸易额为11.37亿美元，同比增长10.1%。两国关系呈现了蓬勃发展的大好局面。

朱镕基对姆贝基总统长期关心、重视并积极推动中南关系发展深表赞赏。他感谢南非政府坚持一个中国政策。他说，中南都是在各自地区有着重要影响的发展中大国，两国在重大国际与地区问题上相互理解、相互信任，协调与配合不断加强。中方愿与南方共同努力，将两国长期稳定、真诚友好、互利互惠、全面合作的伙伴关系不断推向前进。

朱镕基对可持续发展世界首脑会议取得成功表示祝贺。他说：不久前南非还成功主办非洲联盟首届首脑会议，姆贝基总统就任非盟首任主席，我对此再次表示热烈祝贺。他说，中国一向支持非洲国家联合自强的努力，我们愿与非盟和广大非洲国家一道，为建立中非长期稳定、平等互利的新型伙伴关系而共同努力。“非洲发展新伙伴计划”是姆贝基总统及其他几位非洲国家领导人为非洲大陆制定的宏伟发展蓝图。我们注意到，不久前非盟首脑会议决定将其作为非盟一项重要的经济和社会发展计划，并在非盟框架内实施，祝愿这一计划在实施中不断取得成效。

国务院总理朱镕基在比勒陀利亚会见南非副总统雅各布·祖马

《中国京剧音配像精粹》工程总结会在全国政协礼堂举行

全国政协主席李瑞环和中宣部部长丁关根，全国人大常委会副委员长许嘉璐，全国政协副主席孙孚凌、朱光亚等出席，全国政协副主席万国权主持。

天津市中华民族文化促进会常务副会长叶厚荣汇报了京剧音配像工程的情况；与会的老一辈艺术家、中青年演员、理论工作者、录制工作人员以及戏迷代表、海外嘉宾踊跃发言，畅谈体会。

李瑞环在认真听取发言后作了讲话。

会上，万国权向为音配像作出贡献的42个单位和360名个人颁发了感谢信。李瑞环向中央电视台、中国国家图书馆等单位的代表赠送了京剧音配像光盘和剧本集。

总结会由文化部、中央电视台、全国政协京昆室、天津市中华民族文化促进会联合主办。出席总结会的还有全国政协秘书长郑万通、文化部部长孙家正、广电总局局长徐光春、新闻出版总署署长石宗源等有关部门负责人和部分京剧艺术家、各方面工作人员和海外嘉宾。

《中国京剧音配像精粹》从1985年提出、研究、试录，1994年7月开始成批录制，到2002年8月胜利完成任务，历经17个年头，先后有40多个单位、两万多人次参与其中，共录制京剧355部，制作光盘总计582张，时间总长度达500多个小时。此外，还录制了中国评剧音配像22部，北方鼓曲名家曲目音配像124目。京剧音配像的剧目大部分是20世纪40年代后期到60年代前期京剧舞台上的艺术珍品，有的还追溯到上个世纪初，涉及京剧各个行当、各个流派，基本囊括了近代京剧黄金时代大部分名家的代表作。

**国办转发农业部《关于促进饲料业持续健康发展

的若干意见》并发出通知

通知要求各地区、各有关部门认真贯彻执行，并按照通知的要求，对饲料生产和质量安全进行一次全面检查，完善制度，强化监督。

经过 20 多年的改革与发展，我国饲料业已经形成门类比较齐全、功能比较完备的产业体系，成为国民经济中的重要基础产业。但目前在饲料业发展过程中还存在着一些亟待解决的问题：饲料产业结构和生产布局不够合理，饲料原料的质量和生产能力有待提高，饲料业的标准体系、监测体系和安全监管体系不够健全。为促进我国饲料业持续健康发展，农业部《关于促进饲料业持续健康发展的若干意见》提出：要充分认识饲料业持续健康发展的重要意义。发展饲料业是推进农业和农村经济结构战略性调整的重要方面。大力发展饲料业，不仅能够带动饲料作物种植和养殖业的发展，促进农业结构调整和优化，而且还可以促进粮食加工、转化与增值，推进第二、三产业的发展，提高农业的综合效益。同时，通过发展饲料业提升农业产业层次，把畜牧业发展成为一个大产业。农业部要求，明确饲料生产和安全监管的目标。建设安全优质高效的饲料生产体系。面向市场，依靠科技，科学利用和综合开发各类饲料资源，积极推进安全优质高效和替代进口饲料产品的生产，加快建设符合我国国情的饲料生产体系，以实现大宗饲料原料和饲料总量供求的基本平衡。优化饲料产业结构和布局。大力推进饲料业科技进步。依法加强饲料质量安全监管。进一步深化饲料企业改革。加强对饲料工作的领导。

国务院副总理李岚清在中南海会见日本前首相日本面类业团体联合会名誉会长羽田孜一行

双方就进一步发展中日友好关系交换了意见。

外交部副部长李肇星、外经贸部副部长龙永图、中粮集团董事长周明臣等参加了会见。

中国科协 2002 年学术年会在成都开幕

来自包括香港、澳门在内的全国 6000 多名科技工作者出席了大会的开幕式，其中包括 170 名中国科学院院士和中国工程院院士。

科技部部长徐冠华在学术年会上做作邀报告时说，“十五”期间，我国科技发展的思路面临重大调整，其中最重要的就是从跟踪国外先进技术转变到自主创新。

这些调整是针对我国科技发展中存在的矛盾和问题作出的。当前亟待解决的问题包括：原始性科技创新能力和集成创新能力严重不足，科技对于社会经济发展所起的作用不明显，本来就有限的科研资金和资源浪费严重等等。

关于原始性创新不足的问题，徐冠华指出，经验告诉我们，战略技术、核心技术是引进不来的，只能立足于自主创新。但是，这方面和国外相比差距还比较大，国家自然科学一等奖和国家技术发明一等奖已多年空缺。在产业技术领域，我国的发明专利只有日本、美国的 1/30。长期以来，我们立足于跟踪国际先进水平，习惯做外国人已经做过的工作。这样做出来的成果，即使再接近国际水平，也很难形成新的产业。徐冠华举例说，现在鉴定科研成果，评价最低也是国内先进水平，很多都是国际先进或国际领先水平，几乎没有不通过鉴定的项目。这就是因为选定项目时，选择的都是国外已经做过的工作，成功的把握就较大。

为了解决原始性创新不足的问题，科技部今后 5 年将准备投入 200 亿资金，在 12 个大项争取有所突破。最近，财政部和科技部已经制定和颁发了新的政策，核心内容是规定由政府经费支持下获得的发明专利，原则上归发明者所在的研究机构所有，并且给发明人奖励。同时，科技部还规定，今后国家的科技计划项目，包括“863”攻关等都以获得发明专利作为立项目标和验收指标，而不再搞走过场式的专家鉴定会。

徐冠华还透露，科技部正在研究建立国家创新体系，打破部门之间、地方之间的自我封闭，在国家层次上实现科技资源的优化，整体提高国家创新能力。

在年会的开幕式上，一批科技工作者受到表彰，其中 19 人获“求是杰出青年奖”。

一年一度的中国科协学术年会是一个大规模开放式的学术交流活动，通过跨学科、跨部门、跨地区的学术交流活动，展示中国在自然科学的各个学科领域最新进展情况和科研成果。本次大会将围绕科技进步与经济发展和西部大开发等课题进行研讨。此次大会得到了广大科技工作者的积极响应，大会共收到了 3000 多篇论文，为期 4 天的大会将有 1800 多人作学术报告。

9月6日

国家主席江泽民应约与美国总统布什通电话

双方就国际和地区形势以及进一步发展和加强中美建设性合作关系等问题交换了看法。

全国人大常委会委员长李鹏在曼谷会见泰国副总理兼泰中友好协会会长空·达巴兰西

全国人大常委会委员长李鹏抵达泰国南部的普吉府继续对泰国进行访问

国务院总理朱镕基在约翰内斯堡会见南非主要工商界人士

朱镕基强调,中国政府重视中南友好合作,积极推动双方企业开展优势互补、互惠互利的交流与合作。

朱镕基说,中南两国开展经贸往来时间不长,但两国贸易额从1991年的1400万美元快速增加到去年的22.22亿美元,10年间增长了近20倍。

他说,两国建交后,特别是两国元首成功实现互访,签署了指导两国关系的重要文件之后,双边经贸合作取得长足发展,合作领域不断扩大,形式更加多样化。南非现已成为中国在非洲最大的贸易伙伴。此外,双方相互投资发展也很快。

朱镕基说,中南经济发展各有优势和特点,互补性强,合作潜力很大。南非具有资源优势,在某些方面拥有独特的技术;中国企业在一些方面也有优势。他希望两国的工商界人士加强交流,着眼长远,精诚合作,努力挖掘潜力,拓展合作渠道,通过友好协商解决合作中出现的问题。相信在双方的共同努力下,中南经贸合作将不断迈上新的台阶。

朱镕基对南非工商界人士热心发展中南友谊,积极开展中南互利合作表示赞赏。他还向工商界介绍了中国经济发展情况,并表示中国政府鼓励和支持中国公司和企业来南非投资和开展贸易,也欢迎南非企业到中国去开拓发展。

国务院副总理温家宝在北京主持召开座谈会分析农业和农村工作形势和任务

9月6日、9月20日、9月24日,国务院副总理温家宝召开座谈会,听取部分地区领导和有关专家的意见,分析当前农业和农村工作的形势和任务。

温家宝指出,在新世纪我国全面建设小康社会,加快推进社会主义现代化的进程中,进一步加强农业基础地位,提高广大农民的物质文化生活水平,积极推进农业现代化,具有十分重要的意义。要认真总结进入新阶段以来农业和农村工作的经验,分析当前农业和农村工作的新情况和新问题,研究加快农业和农村经济发展的措施。要用"三个代表"重要思想统揽农村工作全局,坚持党在农村的基本政策,深化农村改革,全面发展农村经济,努力增加农民收入,维护农村社会稳定,以优异的成绩迎接党的十六大的胜利召开。

部分省区市分管农业的负责同志,部分市县委书记,国务院有关部门负责人,中国社会科学院、中国农业科学院部分专家出席了座谈会。大家集思广益,就今后的农业和农村工作提出了许多好的意见和建议。

参加座谈会的还有马忠臣、杜青林、马凯、王春正、段应碧等。

北京语言大学举行建校40周年庆祝大会

来自海内外的1500多位各界人士今天欢聚一堂,庆祝学校建立40周年和新中国对外汉语教育事业发展52周年,江泽民、李鹏、李岚清等党和国家领导人致信题词祝贺。

北京语言大学的前身为成立于1962年的外国留学生高等预备学校。40年来,学校已接受了160多个国家和地区的6万多名海外学子来校学习。现在,每年有7000多名海外留学生和3000多名中国学生在校学习。学校从建校之初的来华部和出国部两个教学单位,发展到今天的汉语学院、外国语学院、出国留学人员培训部、人文学院等10多个教学单位,还设有近20个研究所,涵盖了文学、经济学、法学、工学和教育学5个学科门类。学校现有本科专业13个,硕士学位授权专业10个,博士学位授权专业2个,其中外国留学生汉语言本科专业开了全国风气之先,语言学及应用语言学专业博士点是全国唯一的被批准授予对外汉语教学博士学位的博士点。

作为一所国际型大学,北京语言大学已经与世界上112所大学建立了国际合作与交流关系。在韩国、泰国、新加坡分别建立了北京语文学院、北京语言大学曼谷学院、中国语言文化专业新加坡学位班。今后10年学校的奋斗目标是以语言教学与研究为特色和优势、涵盖相关人文社会科学及信息科学等学科、教学与科研并重的一流的国际型大学。

全国人大常委会副委员长王光英、许嘉璐和108位外国驻华使节等出席了庆典大会。教育部副部长章新胜,中共北京市委常委、教育工委书记朱善璐,北京语言大学党委书记王路江、校长曲德林和国内外大学、海内外校友、教师、学生代表分别讲话或发言。

9月7日

全国人大常委会委员长李鹏在普吉会见泰国副总理兼国防部长差瓦立·永猜裕

国务院总理朱镕基签署第362号令公布《中华人民共和国税收征收管理法实施细则》

现公布《中华人民共和国税收征收管理法实施细则》,自2002年10月15日起施行。

总　理　朱镕基

2002年9月7日

中华人民共和国税收征收管理法实施细则

第一章　总　则

第一条　根据《中华人民共和国税收征收管理法》(以下简称税收征管法)的规定,制定本细则。

第二条 凡依法由税务机关征收的各种税收的征收管理,均适用税收征管法及本细则;税收征管法及本细则没有规定的,依照其他有关税收法律、行政法规的规定执行。

第三条 任何部门、单位和个人作出的与税收法律、行政法规相抵触的决定一律无效,税务机关不得执行,并应当向上级税务机关报告。

纳税人应当依照税收法律、行政法规的规定履行纳税义务;其签订的合同、协议等与税收法律、行政法规相抵触的,一律无效。

第四条 国家税务总局负责制定全国税务系统信息化建设的总体规划、技术标准、技术方案与实施办法;各级税务机关应当按照国家税务总局的总体规划、技术标准、技术方案与实施办法,做好本地区税务系统信息化建设的具体工作。

地方各级人民政府应当积极支持税务系统信息化建设,并组织有关部门实现相关信息的共享。

第五条 税收征管法第八条所称为纳税人、扣缴义务人保密的情况,是指纳税人、扣缴义务人的商业秘密及个人隐私。纳税人、扣缴义务人的税收违法行为不属于保密范围。

第六条 国家税务总局应当制定税务人员行为准则和服务规范。

上级税务机关发现下级税务机关的税收违法行为,应当及时予以纠正;下级税务机关应当按照上级税务机关的决定及时改正。

下级税务机关发现上级税务机关的税收违法行为,应当向上级税务机关或者有关部门报告。

第七条 税务机关根据检举人的贡献大小给予相应的奖励,奖励所需资金列入税务部门年度预算,单项核定。奖励资金具体使用办法以及奖励标准,由国家税务总局会同财政部制定。

第八条 税务人员在核定应纳税额、调整税收定额、进行税务检查、实施税务行政处罚、办理税务行政复议时,与纳税人、扣缴义务人或者其法定代表人、直接责任人有下列关系之一的,应当回避:

(一)夫妻关系;

(二)直系血亲关系;

(三)三代以内旁系血亲关系;

(四)近姻亲关系;

(五)可能影响公正执法的其他利害关系。

第九条 税收征管法第十四条所称按照国务院规定设立的并向社会公告的税务机构,是指省以下税务局的稽查局。稽查局专司偷税、逃避追缴欠税、骗税、抗税案件的查处。

国家税务总局应当明确划分税务局和稽查局的职责,避免职责交叉。

第二章 税务登记

第十条 国家税务局、地方税务局对同一纳税人的税务登记应当采用同一代码,信息共享。

税务登记的具体办法由国家税务总局制定。

第十一条 各级工商行政管理机关应当向同级国家税务局和地方税务局定期通报办理开业、变更、注销登记以及吊销营业执照的情况。

通报的具体办法由国家税务总局和国家工商行政管理总局联合制定。

第十二条 从事生产、经营的纳税人应当自领取营业执照之日起30日内,向生产、经营地或者纳税义务发生地的主管税务机关申报办理税务登记,如实填写税务登记表,并按照税务机关的要求提供有关证件、资料。

前款规定以外的纳税人,除国家机关和个人外,应当自纳税义务发生之日起30日内,持有关证件向所在地的主管税务机关申报办理税务登记。

个人所得税的纳税人办理税务登记的办法由国务院另行规定。

税务登记证件的式样,由国家税务总局制定。

第十三条 扣缴义务人应当自扣缴义务发生之日起30日内,向所在地的主管税务机关申报办理扣缴税款登记,领取扣缴税款登记证件;税务机关对已办理税务登记的扣缴义务人,可以只在其税务登记证件上登记扣缴税款事项,不再发给扣缴税款登记证件。

第十四条 纳税人税务登记内容发生变化的,应当自工商行政管理机关或者其他机关办理变更登记之日起30日内,持有关证件向原税务登记机关申报办理变更税务登记。

纳税人税务登记内容发生变化,不需要到工商行政管理机关或者其他机关办理变更登记的,应当自发生变化之日起30日内,持有关证件向原税务登记机关申报办理变更税务登记。

第十五条 纳税人发生解散、破产、撤销以及其他情形,依法终止纳税义务的,应当在向工商行政管理机关或者其他机关办理注销登记前,持有关证件向原税务登记机关申报办理注销税务登记;按照规定不需要在工商行政管理机关或者其他机关办理注册登记的,应当自有关机关批准或者宣告终止之日起15日内,持有关证件向原税务登记机关申报办理注销税务登记。

纳税人因住所、经营地点变动,涉及改变税务登记机关的,应当在向工商行政管理机关或者其他机关申请办理变更或者注销登记前或者住所、经营地点变动前,向原税务登记机关申报办理注销税务登记,并在30日内向迁达地税务机关申报办理税务登记。

纳税人被工商行政管理机关吊销营业执照或者被其他机关予以撤销登记的，应当自营业执照被吊销或者被撤销登记之日起15日内，向原税务登记机关申报办理注销税务登记。

第十六条 纳税人在办理注销税务登记前，应当向税务机关结清应纳税款、滞纳金、罚款，缴销发票、税务登记证件和其他税务证件。

第十七条 从事生产、经营的纳税人应当自开立基本存款账户或者其他存款账户之日起15日内，向主管税务机关书面报告其全部账号；发生变化的，应当自变化之日起15日内，向主管税务机关书面报告。

第十八条 除按照规定不需要发给税务登记证件的外，纳税人办理下列事项时，必须持税务登记证件：

(一)开立银行账户；

(二)申请减税、免税、退税；

(三)申请办理延期申报、延期缴纳税款；

(四)领购发票；

(五)申请开具外出经营活动税收管理证明；

(六)办理停业、歇业；

(七)其他有关税务事项。

第十九条 税务机关对税务登记证件实行定期验证和换证制度。纳税人应当在规定的期限内持有关证件到主管税务机关办理验证或者换证手续。

第二十条 纳税人应当将税务登记证件正本在其生产、经营场所或者办公场所公开悬挂，接受税务机关检查。

纳税人遗失税务登记证件的，应当在15日内书面报告主管税务机关，并登报声明作废。

第二十一条 从事生产、经营的纳税人到外县(市)临时从事生产、经营活动的，应当持税务登记证副本和所在地税务机关填开的外出经营活动税收管理证明，向营业地税务机关报验登记，接受税务管理。

从事生产、经营的纳税人外出经营，在同一地累计超过180天的，应当在营业地办理税务登记手续。

第三章 账簿、凭证管理

第二十二条 从事生产、经营的纳税人应当自领取营业执照或者发生纳税义务之日起15日内，按照国家有关规定设置账簿。

前款所称账簿，是指总账、明细账、日记账以及其他辅助性账簿。总账、日记账应当采用订本式。

第二十三条 生产、经营规模小又确无建账能力的纳税人，可以聘请经批准从事会计代理记账业务的专业机构或者经税务机关认可的财会人员代为建账和办理账务；聘请上述机构或者人员有实际困难的，经县以上税务机关批准，可以按照税务机关的规定，建立收支凭证粘贴簿、进货销货登记簿或者使用税控装置。

第二十四条 从事生产、经营的纳税人应当自领取税务登记证件之日起15日内，将其财务、会计制度或者财务、会计处理办法报送主管税务机关备案。

纳税人使用计算机记账的，应当在使用前将会计电算化系统的会计核算软件、使用说明书及有关资料报送主管税务机关备案。

纳税人建立的会计电算化系统应当符合国家有关规定，并能正确、完整核算其收入或者所得。

第二十五条 扣缴义务人应当自税收法律、行政法规规定的扣缴义务发生之日起10日内，按照所代扣、代收的税种，分别设置代扣代缴、代收代缴税款账簿。

第二十六条 纳税人、扣缴义务人会计制度健全，能够通过计算机正确、完整计算其收入和所得或者代扣代缴、代收代缴税款情况的，其计算机输出的完整的书面会计记录，可视同会计账簿。

纳税人、扣缴义务人会计制度不健全，不能通过计算机正确、完整计算其收入和所得或者代扣代缴、代收代缴税款情况的，应当建立总账及与纳税或者代扣代缴、代收代缴税款有关的其他账簿。

第二十七条 账簿、会计凭证和报表，应当使用中文。民族自治地方可以同时使用当地通用的一种民族文字。外商投资企业和外国企业可以同时使用一种外国文字。

第二十八条 纳税人应当按照税务机关的要求安装、使用税控装置，并按照税务机关的规定报送有关数据和资料。

税控装置推广应用的管理办法由国家税务总局另行制定，报国务院批准后实施。

第二十九条 账簿、记账凭证、报表、完税凭证、发票、出口凭证以及其他有关涉税资料应当合法、真实、完整。

账簿、记账凭证、报表、完税凭证、发票、出口凭证以及其他有关涉税资料应当保存10年；但是，法律、行政法规另有规定的除外。

第四章 纳税申报

第三十条 税务机关应当建立、健全纳税人自行申报纳税制度。经税务机关批准，纳税人、扣缴义务人可以采取邮寄、数据电文方式办理纳税申报或者报送代扣代缴、代收代缴税款报告表。

数据电文方式，是指税务机关确定的电话语音、电子数据交换和网络传输等电子方式。

第三十一条 纳税人采取邮寄方式办理纳税申报的，应当使用统一的纳税申报专用信封，并以邮政部门收据作为申报凭据。邮寄申报以寄出的邮戳日期为实际申报日期。

纳税人采取电子方式办理纳税申报的，应当按照税务机关规定的期限和要求保存有关资料，并定期书面报送主管税务机关。

第三十二条　纳税人在纳税期内没有应纳税款的，也应当按照规定办理纳税申报。

纳税人享受减税、免税待遇的，在减税、免税期间应当按照规定办理纳税申报。

第三十三条　纳税人、扣缴义务人的纳税申报或者代扣代缴、代收代缴税款报告表的主要内容包括：税种、税目，应纳税项目或者应代扣代缴、代收代缴税款项目，计税依据，扣除项目及标准，适用税率或者单位税额，应退税项目及税额、应减免税项目及税额，应纳税额或者应代扣代缴、代收代缴税额，税款所属期限、延期缴纳税款、欠税、滞纳金等。

第三十四条　纳税人办理纳税申报时，应当如实填写纳税申报表，并根据不同的情况相应报送下列有关证件、资料：

(一)财务会计报表及其说明材料；

(二)与纳税有关的合同、协议书及凭证；

(三)税控装置的电子报税资料；

(四)外出经营活动税收管理证明和异地完税凭证；

(五)境内或者境外公证机构出具的有关证明文件；

(六)税务机关规定应当报送的其他有关证件、资料。

第三十五条　扣缴义务人办理代扣代缴、代收代缴税款报告时，应当如实填写代扣代缴、代收代缴税款报告表，并报送代扣代缴、代收代缴税款的合法凭证以及税务机关规定的其他有关证件、资料。

第三十六条　实行定期定额缴纳税款的纳税人，可以实行简易申报、简并征期等申报纳税方式。

第三十七条　纳税人、扣缴义务人按照规定的期限办理纳税申报或者报送代扣代缴、代收代缴税款报告表确有困难，需要延期的，应当在规定的期限内向税务机关提出书面延期申请，经税务机关核准，在核准的期限内办理。

纳税人、扣缴义务人因不可抗力，不能按期办理纳税申报或者报送代扣代缴、代收代缴税款报告表的，可以延期办理；但是，应当在不可抗力情形消除后立即向税务机关报告。税务机关应当查明事实，予以核准。

第五章　税款征收

第三十八条　税务机关应当加强对税款征收的管理，建立、健全责任制度。

税务机关根据保证国家税款及时足额入库、方便纳税人、降低税收成本的原则，确定税款征收的方式。

税务机关应当加强对纳税人出口退税的管理，具体管理办法由国家税务总局会同国务院有关部门制定。

第三十九条　税务机关应当将各种税收的税款、滞纳金、罚款，按照国家规定的预算科目和预算级次及时缴入国库，税务机关不得占压、挪用、截留，不得缴入国库以外或者国家规定的税款账户以外的任何账户。

已缴入国库的税款、滞纳金、罚款，任何单位和个人不得擅自变更预算科目和预算级次。

第四十条　税务机关应当根据方便、快捷、安全的原则，积极推广使用支票、银行卡、电子结算方式缴纳税款。

第四十一条　纳税人有下列情形之一的，属于税收征管法第三十一条所称特殊困难：

(一)因不可抗力，导致纳税人发生较大损失，正常生产经营活动受到较大影响的；

(二)当期货币资金在扣除应付职工工资、社会保险费后，不足以缴纳税款的。

计划单列市国家税务局、地方税务局可以参照税收征管法第三十一条第二款的批准权限，审批纳税人延期缴纳税款。

第四十二条　纳税人需要延期缴纳税款的，应当在缴纳税款期限届满前提出申请，并报送下列材料：申请延期缴纳税款报告，当期货币资金余额情况及所有银行存款账户的对账单，资产负债表，应付职工工资和社会保险费等税务机关要求提供的支出预算。

税务机关应当自收到申请延期缴纳税款报告之日起20日内作出批准或者不予批准的决定；不予批准的，从缴纳税款期限届满之日起加收滞纳金。

第四十三条　法律、行政法规规定或者经法定的审批机关批准减税、免税的纳税人，应当持有关文件到主管税务机关办理减税、免税手续。减税、免税期满，应当自期满次日起恢复纳税。

享受减税、免税优惠的纳税人，减税、免税条件发生变化的，应当自发生变化之日起15日内向税务机关报告；不再符合减税、免税条件的，应当依法履行纳税义务；未依法纳税的，税务机关应当予以追缴。

第四十四条　税务机关根据有利于税收控管和方便纳税的原则，可以按照国家有关规定委托有关单位和人员代征零星分散和异地缴纳的税收，并发给委托代征证书。受托单位和人员按照代征证书的要求，以税务机关的名义依法征收税款，纳税人不得拒绝；纳税人拒绝的，受托代征单位和人员应当及时报告税务机关。

第四十五条　税收征管法第三十四条所称完税凭证，是指各种完税证、缴款书、印花税票、扣(收)税凭证以及其他完税证明。

未经税务机关指定,任何单位、个人不得印制完税凭证。完税凭证不得转借、倒卖、变造或者伪造。

完税凭证的式样及管理办法由国家税务总局制定。

第四十六条　税务机关收到税款后,应当向纳税人开具完税凭证。纳税人通过银行缴纳税款的,税务机关可以委托银行开具完税凭证。

第四十七条　纳税人有税收征管法第三十五条或者第三十七条所列情形之一的,税务机关有权采用下列任何一种方法核定其应纳税额:

(一)参照当地同类行业或者类似行业中经营规模和收入水平相近的纳税人的税负水平核定;

(二)按照营业收入或者成本加合理的费用和利润的方法核定;

(三)按照耗用的原材料、燃料、动力等推算或者测算核定;

(四)按照其他合理方法核定。

采用前款所列一种方法不足以正确核定应纳税额时,可以同时采用两种以上的方法核定。

纳税人对税务机关采取本条规定的方法核定的应纳税额有异议的,应当提供相关证据,经税务机关认定后,调整应纳税额。

第四十八条　税务机关负责纳税人纳税信誉等级评定工作。纳税人纳税信誉等级的评定办法由国家税务总局制定。

第四十九条　承包人或者承租人有独立的生产经营权,在财务上独立核算,并定期向发包人或者出租人上缴承包费或者租金的,承包人或者承租人应当就其生产、经营收入和所得纳税,并接受税务管理;但是,法律、行政法规另有规定的除外。

发包人或者出租人应当自发包或者出租之日起30日内将承包人或者承租人的有关情况向主管税务机关报告。发包人或者出租人不报告的,发包人或者出租人与承包人或者承租人承担纳税连带责任。

第五十条　纳税人有解散、撤销、破产情形的,在清算前应当向其主管税务机关报告;未结清税款的,由其主管税务机关参加清算。

第五十一条　税收征管法第三十六条所称关联企业,是指有下列关系之一的公司、企业和其他经济组织:

(一)在资金、经营、购销等方面,存在直接或者间接的拥有或者控制关系;

(二)直接或者间接地同为第三者所拥有或者控制;

(三)在利益上具有相关联的其他关系。

纳税人有义务就其与关联企业之间的业务往来,向当地税务机关提供有关的价格、费用标准等资料。具体办法由国家税务总局制定。

第五十二条　税收征管法第三十六条所称独立企业之间的业务往来,是指没有关联关系的企业之间按照公平成交价格和营业常规所进行的业务往来。

第五十三条　纳税人可以向主管税务机关提出与其关联企业之间业务往来的定价原则和计算方法,主管税务机关审核、批准后,与纳税人预先约定有关定价事项,监督纳税人执行。

第五十四条　纳税人与其关联企业之间的业务往来有下列情形之一的,税务机关可以调整其应纳税额:

(一)购销业务未按照独立企业之间的业务往来作价;

(二)融通资金所支付或者收取的利息超过或者低于没有关联关系的企业之间所能同意的数额,或者利率超过或者低于同类业务的正常利率;

(三)提供劳务,未按照独立企业之间业务往来收取或者支付劳务费用;

(四)转让财产、提供财产使用权等业务往来,未按照独立企业之间业务往来作价或者收取、支付费用;

(五)未按照独立企业之间业务往来作价的其他情形。

第五十五条　纳税人有本细则第五十四条所列情形之一的,税务机关可以按照下列方法调整计税收入额或者所得额:

(一)按照独立企业之间进行的相同或者类似业务活动的价格;

(二)按照再销售给无关联关系的第三者的价格所应取得的收入和利润水平;

(三)按照成本加合理的费用和利润;

(四)按照其他合理的方法。

第五十六条　纳税人与其关联企业未按照独立企业之间的业务往来支付价款、费用的,税务机关自该业务往来发生的纳税年度起3年内进行调整;有特殊情况的,可以自该业务往来发生的纳税年度起10年内进行调整。

第五十七条　税收征管法第三十七条所称未按照规定办理税务登记从事生产、经营的纳税人,包括到外县(市)从事生产、经营而未向营业地税务机关报验登记的纳税人。

第五十八条　税务机关依照税收征管法第三十七条的规定,扣押纳税人商品、货物的,纳税人应当自扣押之日起15日内缴纳税款。

对扣押的鲜活、易腐烂变质或者易失效的商品、货物,税务机关根据被扣押物品的保质期,可以缩短前款规定的扣押期限。

第五十九条 税收征管法第三十八条、第四十条所称其他财产，包括纳税人的房地产、现金、有价证券等不动产和动产。

机动车辆、金银饰品、古玩字画、豪华住宅或者一处以外的住房不属于税收征管法第三十八条、第四十条、第四十二条所称个人及其所扶养家属维持生活必需的住房和用品。

税务机关对单价5000元以下的其他生活用品，不采取税收保全措施和强制执行措施。

第六十条 税收征管法第三十八条、第四十条、第四十二条所称个人所扶养家属，是指与纳税人共同居住生活的配偶、直系亲属以及无生活来源并由纳税人扶养的其他亲属。

第六十一条 税收征管法第三十八条、第八十八条所称担保，包括经税务机关认可的纳税保证人为纳税人提供的纳税保证，以及纳税人或者第三人以其未设置或者未全部设置担保物权的财产提供的担保。

纳税保证人，是指在中国境内具有纳税担保能力的自然人、法人或者其他经济组织。

法律、行政法规规定的没有担保资格的单位和个人，不得作为纳税担保人。

第六十二条 纳税担保人同意为纳税人提供纳税担保的，应当填写纳税担保书，写明担保对象、担保范围、担保期限和担保责任以及其他有关事项。担保书须经纳税人、纳税担保人签字盖章并经税务机关同意，方为有效。

纳税人或者第三人以其财产提供纳税担保的，应当填写财产清单，并写明财产价值以及其他有关事项。纳税担保财产清单须经纳税人、第三人签字盖章并经税务机关确认，方为有效。

第六十三条 税务机关执行扣押、查封商品、货物或者其他财产时，应当由两名以上税务人员执行，并通知被执行人。被执行人是自然人的，应当通知被执行人本人或者其成年家属到场；被执行人是法人或者其他组织的，应当通知其法定代表人或者主要负责人到场；拒不到场的，不影响执行。

第六十四条 税务机关执行税收征管法第三十七条、第三十八条、第四十条的规定，扣押、查封价值相当于应纳税款的商品、货物或者其他财产时，参照同类商品的市场价、出厂价或者评估价估算。

税务机关按照前款方法确定应扣押、查封的商品、货物或者其他财产的价值时，还应当包括滞纳金和扣押、查封、保管、拍卖、变卖所发生的费用。

第六十五条 对价值超过应纳税额且不可分割的商品、货物或者其他财产，税务机关在纳税人、扣缴义务人或者纳税担保人无其他可供强制执行的财产的情况下，可以整体扣押、查封、拍卖，以拍卖所得抵缴税款、滞纳金、罚款以及扣押、查封、保管、拍卖等费用。

第六十六条 税务机关执行税收征管法第三十七条、第三十八条、第四十条的规定，实施扣押、查封时，对有产权证件的动产或者不动产，税务机关可以责令当事人将产权证件交税务机关保管，同时可以向有关机关发出协助执行通知书，有关机关在扣押、查封期间不再办理该动产或者不动产的过户手续。

第六十七条 对查封的商品、货物或者其他财产，税务机关可以指令被执行人负责保管，保管责任由被执行人承担。

继续使用被查封的财产不会减少其价值的，税务机关可以允许被执行人继续使用；因被执行人保管或者使用的过错造成的损失，由被执行人承担。

第六十八条 纳税人在税务机关采取税收保全措施后，按照税务机关规定的期限缴纳税款的，税务机关应当自收到税款或者银行转回的完税凭证之日起1日内解除税收保全。

第六十九条 税务机关将扣押、查封的商品、货物或者其他财产变价抵缴税款时，应当交由依法成立的拍卖机构拍卖；无法委托拍卖或者不适于拍卖的，可以交由当地商业企业代为销售，也可以责令纳税人限期处理；无法委托商业企业销售，纳税人也无法处理的，可以由税务机关变价处理，具体办法由国家税务总局规定。国家禁止自由买卖的商品，应当交由有关单位按照国家规定的价格收购。

拍卖或者变卖所得抵缴税款、滞纳金、罚款以及扣押、查封、保管、拍卖、变卖等费用后，剩余部分应当在3日内退还被执行人。

第七十条 税收征管法第三十九条、第四十三条所称损失，是指因税务机关的责任，使纳税人、扣缴义务人或者纳税担保人的合法利益遭受的直接损失。

第七十一条 税收征管法所称其他金融机构，是指信托投资公司、信用合作社、邮政储蓄机构以及经中国人民银行、中国证券监督管理委员会等批准设立的其他金融机构。

第七十二条 税收征管法所称存款，包括独资企业投资人、合伙企业合伙人、个体工商户的储蓄存款以及股东资金账户中的资金等。

第七十三条 从事生产、经营的纳税人、扣缴义务人未按照规定的期限缴纳或者解缴税款的，纳税担保人未按照规定的期限缴纳所担保的税款的，由税务机关发出限期缴纳税款通知书，责令缴纳或者解缴税款的最长期限不得超过15日。

第七十四条 欠缴税款的纳税人或者其法定代表

人在出境前未按照规定结清应纳税款、滞纳金或者提供纳税担保的，税务机关可以通知出入境管理机关阻止其出境。阻止出境的具体办法，由国家税务总局会同公安部制定。

第七十五条　税收征管法第三十二条规定的加收滞纳金的起止时间，为法律、行政法规规定或者税务机关依照法律、行政法规的规定确定的税款缴纳期限届满次日起至纳税人、扣缴义务人实际缴纳或者解缴税款之日止。

第七十六条　县级以上各级税务机关应当将纳税人的欠税情况，在办税场所或者广播、电视、报纸、期刊、网络等新闻媒体上定期公告。

对纳税人欠缴税款的情况实行定期公告的办法，由国家税务总局制定。

第七十七条　税收征管法第四十九条所称欠缴税款数额较大，是指欠缴税款5万元以上。

第七十八条　税务机关发现纳税人多缴税款的，应当自发现之日起10日内办理退还手续；纳税人发现多缴税款，要求退还的，税务机关应当自接到纳税人退还申请之日起30日内查实并办理退还手续。

税收征管法第五十一条规定的加算银行同期存款利息的多缴税款退税，不包括依法预缴税款形成的结算退税、出口退税和各种减免退税。

退税利息按照税务机关办理退税手续当天中国人民银行规定的活期存款利率计算。

第七十九条　当纳税人既有应退税款又有欠缴税款的，税务机关可以将应退税款和利息先抵扣欠缴税款；抵扣后有余额的，退还纳税人。

第八十条　税收征管法第五十二条所称税务机关的责任，是指税务机关适用税收法律、行政法规不当或者执法行为违法。

第八十一条　税收征管法第五十二条所称纳税人、扣缴义务人计算错误等失误，是指非主观故意的计算公式运用错误以及明显的笔误。

第八十二条　税收征管法第五十二条所称特殊情况，是指纳税人或者扣缴义务人因计算错误等失误，未缴或者少缴、未扣或者少扣、未收或者少收税款，累计数额在10万元以上的。

第八十三条　税收征管法第五十二条规定的补缴和追征税款、滞纳金的期限，自纳税人、扣缴义务人应缴未缴或者少缴税款之日起计算。

第八十四条　审计机关、财政机关依法进行审计、检查时，对税务机关的税收违法行为作出的决定，税务机关应当执行；发现被审计、检查单位有税收违法行为的，向被审计、检查单位下达决定、意见书，责成被审计、检查单位向税务机关缴纳应当缴纳的税款、滞纳金。税务机关应当根据有关机关的决定、意见书，依照税收法律、行政法规的规定，将应收的税款、滞纳金按照国家规定的税收征收管理范围和税款入库预算级次缴入国库。

税务机关应当自收到审计机关、财政机关的决定、意见书之日起30日内将执行情况书面回复审计机关、财政机关。

有关机关不得将其履行职责过程中发现的税款、滞纳金自行征收入库或者以其他款项的名义自行处理、占压。

第六章　税务检查

第八十五条　税务机关应当建立科学的检查制度，统筹安排检查工作，严格控制对纳税人、扣缴义务人的检查次数。

税务机关应当制定合理的税务稽查工作规程，负责选案、检查、审理、执行的人员的职责应当明确，并相互分离、相互制约，规范选案程序和检查行为。

税务检查工作的具体办法，由国家税务总局制定。

第八十六条　税务机关行使税收征管法第五十四条第(一)项职权时，可以在纳税人、扣缴义务人的业务场所进行；必要时，经县以上税务局(分局)局长批准，可以将纳税人、扣缴义务人以前会计年度的账簿、记账凭证、报表和其他有关资料调回税务机关检查，但是税务机关必须向纳税人、扣缴义务人开付清单，并在3个月内完整退还；有特殊情况的，经设区的市、自治州以上税务局局长批准，税务机关可以将纳税人、扣缴义务人当年的账簿、记账凭证、报表和其他有关资料调回检查，但是税务机关必须在30日内退还。

第八十七条　税务机关行使税收征管法第五十四条第(六)项职权时，应当指定专人负责，凭全国统一格式的检查存款账户许可证明进行，并有责任为被检查人保守秘密。

检查存款账户许可证明，由国家税务总局制定。

税务机关查询的内容，包括纳税人存款账户余额和资金往来情况。

第八十八条　依照税收征管法第五十五条规定，税务机关采取税收保全措施的期限一般不得超过6个月；重大案件需要延长的，应当报国家税务总局批准。

第八十九条　税务机关和税务人员应当依照税收征管法及本细则的规定行使税务检查职权。

税务人员进行税务检查时，应当出示税务检查证和税务检查通知书；无税务检查证和税务检查通知书的，纳税人、扣缴义务人及其他当事人有权拒绝检查。税务机关对集贸市场及集中经营业户进行检查时，可以使用统一的税务检查通知书。

税务检查证和税务检查通知书的式样、使用和管理的具体办法，由国家税务总局制定。

第七章　法律责任

第九十条　纳税人未按照规定办理税务登记证件验证或者换证手续的，由税务机关责令限期改正，可以处2000元以下的罚款；情节严重的，处2000元以上1万元以下的罚款。

第九十一条　非法印制、转借、倒卖、变造或者伪造完税凭证的，由税务机关责令改正，处2000元以上1万元以下的罚款；情节严重的，处1万元以上5万元以下的罚款；构成犯罪的，依法追究刑事责任。

第九十二条　银行和其他金融机构未依照税收征管法的规定在从事生产、经营的纳税人的账户中登录税务登记证件号码，或者未按规定在税务登记证件中登录从事生产、经营的纳税人的账户账号的，由税务机关责令其限期改正，处2000元以上2万元以下的罚款；情节严重的，处2万元以上5万元以下的罚款。

第九十三条　为纳税人、扣缴义务人非法提供银行账户、发票、证明或者其他方便，导致未缴、少缴税款或者骗取国家出口退税款的，税务机关除没收其违法所得外，可以处未缴、少缴或者骗取的税款1倍以下的罚款。

第九十四条　纳税人拒绝代扣、代收税款的，扣缴义务人应当向税务机关报告，由税务机关直接向纳税人追缴税款、滞纳金；纳税人拒不缴纳的，依照税收征管法第六十八条的规定执行。

第九十五条　税务机关依照税收征管法第五十四条第(五)项的规定，到车站、码头、机场、邮政企业及其分支机构检查纳税人有关情况时，有关单位拒绝的，由税务机关责令改正，可以处1万元以下的罚款；情节严重的，处1万元以上5万元以下的罚款。

第九十六条　纳税人、扣缴义务人有下列情形之一的，依照税收征管法第七十条的规定处罚：

(一)提供虚假资料，不如实反映情况，或者拒绝提供有关资料的；

(二)拒绝或者阻止税务机关记录、录音、录像、照相和复制与案件有关的情况和资料的；

(三)在检查期间，纳税人、扣缴义务人转移、隐匿、销毁有关资料的；

(四)有不依法接受税务检查的其他情形的。

第九十七条　税务人员私分扣押、查封的商品、货物或者其他财产，情节严重，构成犯罪的，依法追究刑事责任；尚不构成犯罪的，依法给予行政处分。

第九十八条　税务代理人违反税收法律、行政法规，造成纳税人未缴或者少缴税款的，除由纳税人缴纳或者补缴应纳税款、滞纳金外，对税务代理人处纳税人未缴或者少缴税款50%以上3倍以下的罚款。

第九十九条　税务机关对纳税人、扣缴义务人及其他当事人处以罚款或者没收违法所得时，应当开付罚没凭证；未开付罚没凭证的，纳税人、扣缴义务人以及其他当事人有权拒绝给付。

第一百条　税收征管法第八十八条规定的纳税争议，是指纳税人、扣缴义务人、纳税担保人对税务机关确定纳税主体、征税对象、征税范围、减税、免税及退税、适用税率、计税依据、纳税环节、纳税期限、纳税地点以及税款征收方式等具体行政行为有异议而发生的争议。

第八章　文书送达

第一百零一条　税务机关送达税务文书，应当直接送交受送达人。

受送达人是公民的，应当由本人直接签收；本人不在的，交其同住成年家属签收。

受送达人是法人或者其他组织的，应当由法人的法定代表人、其他组织的主要负责人或者该法人、组织的财务负责人、负责收件的人签收。受送达人有代理人的，可以送交其代理人签收。

第一百零二条　送达税务文书应当有送达回证，并由受送达人或者本细则规定的其他签收人在送达回证上记明收到日期，签名或者盖章，即为送达。

第一百零三条　受送达人或者本细则规定的其他签收人拒绝签收税务文书的，送达人应当在送达回证上记明拒收理由和日期，并由送达人和见证人签名或者盖章，将税务文书留在受送达人处，即视为送达。

第一百零四条　直接送达税务文书有困难的，可以委托其他有关机关或者其他单位代为送达，或者邮寄送达。

第一百零五条　直接或者委托送达税务文书的，以签收人或者见证人在送达回证上的签收或者注明的收件日期为送达日期；邮寄送达的，以挂号函件回执上注明的收件日期为送达日期，并视为已送达。

第一百零六条　有下列情形之一的，税务机关可以公告送达税务文书，自公告之日起满30日，即视为送达：

(一)同一送达事项的受送达人众多；

(二)采用本章规定的其他送达方式无法送达。

第一百零七条　税务文书的格式由国家税务总局制定。本细则所称税务文书，包括：(一)税务事项通知书；(二)责令限期改正通知书；(三)税收保全措施决定书；(四)税收强制执行决定书；(五)税务检查通知书；(六)税务处理决定书；(七)税务行政处罚决定书；(八)行政复议决定书；(九)其他税务文书。

第九章　附　则

第一百零八条　税收征管法及本细则所称“以

上”、“以下”、“日内”、“届满”均含本数。

第一百零九条　税收征管法及本细则所规定期限的最后一日是法定休假日的，以休假日期满的次日为期限的最后一日；在期限内有连续3日以上法定休假日的，按休假日天数顺延。

第一百一十条　税收征管法第三十条第三款规定的代扣、代收手续费，纳入预算管理，由税务机关依照法律、行政法规的规定付给扣缴义务人。

第一百一十一条　纳税人、扣缴义务人委托税务代理人代为办理税务事宜的办法，由国家税务总局规定。

第一百一十二条　耕地占用税、契税、农业税、牧业税的征收管理，按照国务院的有关规定执行。

第一百一十三条　本细则自2002年10月15日起施行。1993年8月4日国务院发布的《中华人民共和国税收征收管理法实施细则》同时废止。

国务院副总理钱其琛在厦门会见参加第六届中国投资贸易洽谈会的非洲国家部级经济官员代表团

9月8日

北京师范大学建校100周年庆祝大会在人民大会堂举行

江泽民、朱镕基、李瑞环、胡锦涛、尉健行、李岚清等党和国家领导人出席大会。

中共中央总书记江泽民在庆祝大会上发表重要讲话。

丁关根、李铁映、贾庆林、王光英、许嘉璐、王忠禹等领导同志也出席了庆祝大会。

会上，教育部部长陈至立代表教育部致贺词，北京市市长刘淇代表北京市委和市政府致辞，北京大学校长许智宏院士、法国巴黎高等师范学校校长加伯利埃尔·于杰也对北京师范大学百年校庆表示祝贺。北京师范大学校长钟秉林、党委书记陈文博和教授何大澄、学生代表蔡晓芳在大会上发言。

北京师范大学的前身是创建于1902年的京师大学堂师范馆。在百年历程中，北师大名师荟萃，李大钊、梁启超、鲁迅、钱玄同等曾在这里弘文励教。北京师范大学为国家培养了近20万名高级人才，其中有数以万计的人民教师。今天，北京师范大学已经成为一所师资力量雄厚、学术声誉远播的学府，并正在向以教师教育为主要特色的世界知名的高水平大学迈进。

参加大会的还有中央和国家机关有关部门的负责同志，部分海内外知名大学校长，北京师范大学校友代表，学校师生员工代表共6000多人。

中共中央总书记江泽民在庆祝北京师范大学建校100周年大会上发表讲话

老师们，同学们，同志们，朋友们：

在美好的金秋时节，在又一个教师节到来之际，我们来参加北京师范大学百年校庆的隆重集会，感到十分高兴。党中央、国务院对我国教育事业的改革和发展是高度重视的，对全国广大教师和教育工作者是十分关心的。

在这里，我代表党中央、国务院，向北师大的全体师生员工和海内外校友，表示热烈的祝贺！向全国一千多万教师和广大教育工作者，致以诚挚的问候！

一百年前，北京师范大学的前身——京师大学堂师范馆开始招生，开启了中国现代高等师范教育的先河。这个历史事件，从一个重要方面，反映了当时备受帝国主义和封建主义压迫的中国人民对新文化、新知识的追求，体现了在苦难中觉醒的中华民族振兴教育、变革图强的愿望。

一百年来，伴随着中国人民为争取民族独立、国家富强和人民幸福而奋斗的历程，北京师范大学不断成长和发展。北师大的师生们曾积极投身于“五四”、“一二九”等反帝反封建的革命运动，表现了崇高的爱国主义精神。在新文化运动中，北师大成为传播新思想和提倡新文化的重要阵地，李大钊、梁启超、鲁迅、钱玄同等曾在这里弘文励教。北师大培养了一大批道德高尚、学业精深的人民教师和国家需要的优秀人才，涌现出了许多杰出的革命家、教育家、科学家和社会活动家，为党和人民的事业作出了重要的贡献。

一百年来，北师大的广大师生，以对祖国和人民的高度责任感，努力实践“学为人师，行为世范”的校训，形成了爱国进步、诚信质朴、求真创新、为人师表的优良传统。北师大已经发展成为师资力量雄厚、学术声誉远播的著名学府，并正在向以教师教育为主要特色的世界知名的高水平大学迈进。

当今时代，科技进步日新月异，国际竞争日趋激烈。各国之间的竞争，说到底，是人才的竞争，是民族创新能力的竞争。教育是培养人才和增强民族创新能力的基础，必须放在现代化建设的全局性战略性重要位置。近年来，各级党委、政府和教育战线的同志们，积极贯彻落实科教兴国战略，做了大量工作，取得了突出的成绩。我们要继续坚定不移地实施科教兴国战略，不断培养大批合格的有中国特色社会主义的建设者，不断造就大批具有丰富创新能力的高素质人才，不断提高全民族的思想道德素质和科学文化素质。这是实现中华民族伟大复兴的必然要求，也是我国社会主义教育事业的历史任务。

要完成这一历史任务，必须不断推进教育创新。

教育创新,与理论创新、制度创新和科技创新一样,是非常重要的,而且教育还要为各方面的创新工作提供知识和人才基础。只有按照“三个代表”要求,大力推进教育创新,不断发展有中国特色社会主义教育事业,才能不断为我国经济和社会发展培养高素质的劳动者、建设者、管理者和领导者。

进行教育创新,首先要坚持和发展适应国家和社会发展要求的教育思想。要坚持党的教育方针,坚持教育为社会主义事业服务,坚持教育与社会实践相结合,同时要十分注意研究和解决教育面临的新情况新问题,深入探索新形势下教育发展的规律,更新教育观念,确立与二十一世纪我国经济和社会发展需要相适应的教育观和人才观。

进行教育创新,关键是通过深化改革不断健全和完善与社会主义现代化建设要求相适应的教育体制。要扫除制约教育发展的体制性障碍,努力提高教育资源的利用效益,优化教育结构,扩大教育资源。进一步转变政府管理教育的职能和模式,增强学校依法自主办学的能力。推动教育体系的创新,逐步形成适应终身学习需要的学习型社会,满足人民群众多样化的学习需求。推动学校教育、社会教育和家庭教育紧密结合、相互促进,加强各级各类教育的衔接和沟通。

进行教育创新,根本的目的是要推进素质教育,全面提高教育质量。要改革教学的内容、方法和手段,完善人才培养模式,充分吸纳当代自然科学和人文社会科学的最新成果,建立符合受教育者全面发展规律、激发受教育者创造性的新型教育教学模式,形成相互激励、教学相长的师生关系,努力创造有利于创新人才成长的良好教育环境和社会环境,使每一个受教育者都能充分发挥自身潜能,激发学习成长的主动性,实现全面发展。

进行教育创新,必须充分利用现代科学技术手段,大力提高教育的现代化水平。要通过积极利用现代信息和传播技术,大力推动教育信息化,促进教育现代化。进一步完善学校的计算机网络,加快数字图书馆等教育公共服务体系建设。加强中小学校的信息技术教育,推动信息技术课程和教材建设。采用音像录放等设施,尽快把优质教育资源传输到广大农村,提高农村中小学教学质量。

进行教育创新,必须面向现代化、面向世界、面向未来,加大教育对外开放的力度。要密切关注世界教育发展的大趋势,在继承中华民族优秀教育传统的基础上,积极吸收人类文明的一切优秀成果,借鉴世界上先进的办学经验和管理经验,提高我国教育的国际竞争力。

贯彻党的教育方针,推进教育创新,培养大批高素质人才,离不开教师的辛勤工作。我国广大教师,要率先垂范,做先进生产力和先进文化发展的弘扬者和推动者,做青少年学生健康成长的指导者和引路人,努力成为无愧于党和人民的人类灵魂的工程师。要进一步建立和完善适应我国教育发展需要的、开放灵活的教师教育体系,努力造就一支献身教育事业的高水平的教师队伍。全国各级各类师范院校,都要适应新形势新任务的要求,深化改革,锐意进取,为建设有中国特色教师教育体系作出新的贡献。这里,我对全国广大教师提几点希望。

希望我们的教师志存高远、爱国敬业。人民教师的神圣职责,就是传授知识,传承民族精神,弘扬爱国主义,为祖国和人民培养合格人才。教师要忠诚于人民教育事业,以培育人才、繁荣学术、发展先进文化和推进社会进步为己任,积极引导和帮助青少年学生树立正确的世界观、人生观、价值观,教育他们立志成为有中国特色社会主义建设的栋梁之材。教师要始终牢记自己的神圣职责,并在深刻的社会变革和丰富的教育实践中履行自己的职责,百折不挠,奋勇直前。

希望我们的教师为人师表、教书育人。教书者必先强己,育人者必先律己。教师的道德、品质和人格,对学生具有重要的影响。教师要注重言教,更要注重身教。教师的日常工作虽然是平凡的,但教育工作的意义却是很不平凡的。教师应该自觉加强道德修养,率先垂范,既要有脚踏实地、乐于奉献的工作态度,又要有淡泊明志、甘为人梯的精神境界,以自己的高尚人格教育和影响学生,努力成为青少年学生的良师益友,成为受到全社会尊敬的人。

希望我们的教师严谨笃学、与时俱进。教师在教育创新中承担着重要的使命。教师富有创新精神,才能培养出创新人才。教师应该具备求真务实、勇于创新、严谨自律的治学态度和学术精神,努力发扬优良的学术风气和学术道德。当今时代,新知识层出不穷,知识更新周期不断缩短,每个人都需要加强学习、终身学习。教师是知识的重要传播者和创造者,连接着文明进步的历史、现在和未来,更应该与时俱进,不断以新的知识充实自己,成为热爱学习、学会学习和终身学习的楷模。

百年大计,教育为本。教育大计,教师为本。中华民族素有尊师重教的优良传统。在老师面前,做学生的不论走到哪里,作出了什么业绩,对老师的感激和爱戴之情永远不会改变。我至今仍清晰地记得我的小学、中学和大学老师们给予我的有益教诲和影响,始终对他们充满着感激之情。长期以来,我国广大教师,特别是广大农村和边远贫困地区的教师,在艰苦清贫的条件下恪尽职守,默默耕耘,为祖国的教育事业无私奉献，涌现出了许多可歌可泣的先进人物，充分体现了陶行知先生当年倡导的“捧着一颗心来，不带半根草去”的崇高精神。这种平凡而又伟大的精神，永远值得我们学习和发扬！

全党、全社会都要满腔热情地关心和支持教育工作。各级党委和政府要关心教师的工作和生活，千方百计地为广大教师办实事、办好事，尊重教师的劳动，进一步提高教师的社会地位，使中华民族尊师重教的优良传统不断发扬光大。

老师们、同学们！

我国已经进入了全面建设小康社会、加快推进社会主义现代化的新的发展阶段，正在向现代化建设第三步战略目标迈进。在亿万人民为把我国建设成为富强民主文明的社会主义现代化国家而进行的伟大奋斗中，我国广大青年一定可以大有作为。

全国广大青年们，勇敢承担起建设祖国的历史重任，为祖国和中华民族的美好未来而不懈奋斗！

国家主席江泽民 全国人大常委会委员长李鹏 国务院总理朱镕基联名致电金正日等朝鲜领导人祝贺朝鲜国庆54周年

国家主席江泽民在中南海会见日本外务大臣川口顺子

江泽民说，中日邦交正常化30年来，两国关系经历了风风雨雨，但从总体上看取得了很大成就，给双方带来了重要利益。两国关系发展的历程，最重要的经验就是应该“以史为鉴、面向未来”。中国有句古话，“明镜所以照形，古事所以知今”。在中日两国2000多年的交往中，既有相互学习、和睦相处的传统，也有兵戎相见、日本军国主义野蛮侵略中国的经历。前事不忘，后事之师，从历史中汲取有益的教训，对两国人民都有利；违背历史，对两国人民都有损害。30年前，我们正是本着这一精神实现了中日邦交正常化。30年后的今天，我们仍然要坚持这一精神。只有这样，才能真正把握好两国关系的大局和两国友好的大方向，确保中日关系在新世纪得到健康稳定发展。

江泽民指出，民间友好是中日关系的宝贵财富。中日友好归根到底是两国人民的友好。在当前形势下，我们应大力弘扬民间友好传统，推动两国人民特别是年轻一代加强交流与往来，更多地接触和了解两国关系的历史和现实，增进相互理解和友好感情。这是新世纪中日关系发展的根本保证。中日两国之间可以交流的内容很多，9月下旬，日本将有各界人士一万多人访华，这是中日民间的一次重要交流活动，中方将予以热情接待。这一活动对促进中日人民间友好具有重要意义。

外交部部长唐家璇参加了会见。

第六届中国投资贸易洽谈会展馆在厦门开馆

国务院副总理钱其琛考察了投资贸易洽谈会并出席了开馆仪式。中共中央政治局候补委员、国务委员吴仪在“投洽会”举办的“2002’国际投资论坛”上书面致辞，她指出，实行对外开放是中国的基本国策。中国政府将继续坚持积极合理有效利用外资的方针，努力提高利用外资的质量和水平，实现吸收外资与国民经济的相互促进、共同发展。

吴仪说，在当今开放的世界，跨国直接投资已成为经济全球化的重要推动力量，促进了资源在全球的优化配置，加快了国际产业结构调整，推动了制度创新和技术创新，也进一步密切了各国、各地区之间的相互联系。跨国直接投资对东道国发展经济、扩大出口、增加就业和增强国际竞争力，对投资者进一步拓展发展空间，在激烈的国际竞争中赢得主动和创造新优势，都是十分有利的。中国政府十分重视这种国际投资和合作，致力于为跨国直接投资创造良好的环境。

吴仪指出，进入新世纪，中国的现代化建设进入了一个新阶段，国民经济年均增长进度将保持在7%以上。中国改革开放和现代化建设事业的不断发展，不仅提高了中国人民的生活质量和水平，也为各国工商界人士来中国开展投资贸易合作提供了广阔的空间。作为世贸组织的正式成员，中国政府严格履行对外承诺，有步骤地扩大对外开放领域，降低关税水平，取消非关税壁垒；并在完善法制、整顿和规范市场经济秩序，创造公开、透明、可预见的市场环境方面，做了大量工作。中国政府将保持吸收外资政策的连续性和稳定性，进一步完善投资环境，提高通关效率，为投资贸易便利化创造更好的条件；中国政府积极实施西部大开发战略，致力于推动地区经济协调发展，鼓励外商投资中西部地区；实施“引进来”和“走出去”同时并举、相互促进的开放战略，既鼓励外来投资，也鼓励中国各类企业走向世界，更加积极主动地参与国际竞争与合作。

吴仪最后希望中外企业加强投资合作，增强国际竞争力，共同创造更加美好的未来。

本届中国投资贸易洽谈会由对外贸易经济合作部主办，福建省和厦门市人民政府承办，世界投资促进机构协会（WAIPA）首次参与协办。

中国投资贸易洽谈会是中国目前唯一以促进中国与境外直接、双向投资为宗旨的全国性国际投资促进活动，由“投资促进展览”、“国际投资论坛”、“多边投资洽谈”三大主要活动构成。本届投洽会紧紧围绕国民经济战略性调整及我国吸收外资导向政策和“走出去”战略，进一步突出国际性，促进双向投资；突出全国性，正确引导外资投向，鼓励外资积极参与西部大开发；突出对台经贸特色，扩大吸收台资。大会期间将继续举办国际投资论坛，主题为“国际投资创造国际竞争力”。

外交部部长唐家璇与日本外务大臣川口顺子在钓鱼台国宾馆举行会谈

唐家璇说，在中日邦交正常化30周年之际，川口外务大臣的访问具有重要意义。双方积极评价邦交正常化30年来的中日关系。唐家璇说，30年来，两国关系在各个领域取得了巨大发展，不仅为两国人民带来了重要利益，也促进了本地区的和平、稳定与发展。

唐家璇说，两国关系30年的发展历程，为我们提供了不少重要的经验和启示。第一，中日友好是两国关系发展的大方向，无论形势如何变化都应坚持。第二，《中日联合声明》、《中日和平友好条约》和《中日联合宣言》的原则和精神是指导和规范两国关系的政治基础，必须维护和恪守。第三，互惠互利的经贸合作为两国带来了巨大利益，应不断拓展和深化。第四，民间友好是中日关系的宝贵财富，应大力弘扬。

唐家璇说，中国和日本都处在改革和发展的重要历史时期，国际和地区形势也在发生变化，中日关系的重要性更加突出，两国的共同利益也更加广泛。中方高度重视发展对日关系，愿继续与日方一道，本着“以史为鉴、面向未来”的精神，在《中日联合声明》等3个政治文件的原则指导下，推动两国关系不断向前发展。为此，双方一是要客观、全面地认识对方的发展变化；二是要拓展合作范围，扩大共同利益，促进亚洲的振兴与繁荣；三是妥善处理好两国间出现的问题和摩擦，尤其是历史和台湾问题。

唐家璇表示，历史问题是中日关系中的一个严重干扰因素，如处理不好，将长期影响两国关系的正常发展，也不利于日本的国际形象，不利于日本的根本利益和长远发展，希望日方真正拿出勇气和诚意，以实际行动履行迄今为止的表态和双方达成的共识，使中日关系早日克服和超越这些障碍。

唐家璇说，中方非常重视邦交正常化30周年纪念活动，中日友好有着深厚的群众基础，中方高度评价日本各界有识之士发展对华关系的热情，愿与日方密切合作，使纪念活动圆满成功。

川口顺子表示完全赞同唐家璇的谈话。她说，日本将把“以史为鉴、面向未来”作为发展日中关系的核心思想，进一步致力于发展两国和平与发展的友好合作伙伴关系。为巩固日中关系的基础，日方主张继续加强两国各个渠道的人员往来，使日中两国长期友好下去。两国政府之间也应进一步加强对话，以及时发现并妥善解决两国间可能出现的问题。

川口顺子说，日本政府在1995年村山首相讲话和《日中联合宣言》中阐述的关于历史问题的立场没有变化。日方对日本过去给亚洲人民造成的损害和痛苦深表反省和哀悼。日本将坚持不战政策，致力于发展与邻国的友好合作关系。

中日双方还就以下问题达成了共识：一、于2002年内启动经济伙伴磋商机制；二、恢复外交政策磋商机制；三、于2002年10月中旬共同举办友好环境周；四、中方将自2004年至2008年每年邀请100名日本青年访华；五、继续举行人权对话；六、中方希望日方进一步加快处理日本遗弃化学武器工作进程，尽早进入实际销毁阶段。日方表示将加快有关进程。

全国第三届特奥运动会在西安开幕

全国政协主席、本届特奥会组委会名誉主任李瑞环出席开幕式。

国务委员、国务院残疾人工作协调委员会主任、本届特奥会组委会名誉副主任司马义·艾买提出席了开幕式。出席开幕式的还有国家体育总局局长、本届特奥会组委会顾问袁伟民，中国特奥会主席、本届特奥会组委会顾问阎明复，中央、国家机关有关部委负责同志，陕西省党政领导李建国、安启元等，有关省、市、区领导，全国31个省市区和香港、澳门特别行政区代表团团长、领队，新加坡代表团领队，各省、市、区运动员、裁判员、教练员和工作人员，解放军驻陕部队和陕西省武警部队领导及陕西省各界人士等共约5000多人。

本届运动会参赛运动员达1000多人，比前两届总数还多，是我国特奥运动史上规模最大、项目最多的一次盛会。

陕西省代省长、本届特奥会组委会主任贾治邦致欢迎词，国际特奥会首席执行官蒂莫希·施莱佛致辞，中国残联主席、本届特奥运动会组委会顾问邓朴方致开幕词。随后，李瑞环宣布：中华人民共和国第三届特殊奥林匹克运动会开幕。

本届特奥会将在为期6天的时间里举行包括田径、游泳、举重、篮球、足球、乒乓球在内的6大项目的比赛，还增加了表演项目保龄球的比赛。

“法轮功”非法电视信号再次攻击鑫诺卫星

9月8日以来，覆盖全国的鑫诺卫星再次遭到“法轮功”非法电视信号攻击，中央电视台“村村通”节目和中国教育电视台、部分省级电视台的节目传输受到严重干扰，致使全国部分边远农村、山区和电视教育节目的观众无法正常收看。经有关部门工程技术专家测定，非法电视信号源在台湾省台北市地区。

国务院台湾事务办公室有关负责人表示，“法轮功”在台湾省台北市地区发射非法电视信号，干扰鑫诺卫星事件发生后，国务院台办及业务主管部门即向台湾当局及台湾业务主管部门指出，这是一起严重的违法犯罪活动。他们的这种行径，是对公认准则的肆意践踏，严重地侵犯广大民众的合法权益，极大地伤害两岸同胞的感情，是极其不得人心的，台湾方面有责任立即制止这种犯罪行为。这位负责人特别强调，对“法轮功”邪教组织的支持和纵容，最终将搬起石头砸自己的脚。

9月9日

全国人大常委会委员长李鹏在印度尼西亚国会大厦与印尼人民协商会议主席阿米安·赖斯举行会谈

宾主就双边关系、议会交往及共同关心的其他问题深入交换了意见，取得重要共识。

李鹏说：1990年我作为中国总理访问印尼，双方签署了复交谅解备忘录，揭开了两国关系新的一页。时隔十二年再次访问印尼，我感到十分高兴。我们抵达后，受到赖斯主席和印尼人民协商会议的热情欢迎和接待。

李鹏说：中国和印尼自古就是友好邻邦，两国人民有着深厚的传统友谊。中国和印尼同为发展中大国，在本地区乃至世界都具有重要影响。两国关系虽出现过一段波折，但在双方共同努力下较快得到了恢复，并且取得稳步发展。我们双方对此应该倍加珍惜。

李鹏说：中国关注1997年亚洲金融危机给印尼带来的影响。现在印尼经济逐步复苏，作为近邻和朋友，我们感到高兴。他说，人民协商会议在印尼政治生活中具有重要地位和影响。它的职能与中国全国人大有不少相似之处。赖斯主席今年4月率团访华和我这次率团访问印尼，为双方进行交流和相互借鉴提供了很好的机会。

李鹏强调，中国十分重视同周边各国发展睦邻友好关系。他说，世界多极化和经济全球化是不可阻挡的趋势。尽管受到单边主义的挑战，但多数国家还是主张推动多极化进程，因为多极化有利于世界的和平与稳定。东盟是多极化进程中的一支重要力量。发展同包括印尼在内的东盟各国的关系，是中国的一项重要外交政策。李鹏指出，中国的发展不会对任何国家构成威胁，只会对世界的和平与发展带来益处。中国反对霸权主义，自己也决不谋求霸权，不谋求势力范围。中国永远是世界和平与人类进步的积极因素。

李鹏委员长赞赏印尼奉行一个中国政策。赖斯重申，印尼政府坚持一个中国的立场，尽管政府更迭，这一立场不会改变。中国统一事业的实现是大势所趋，台湾一定会回到祖国的怀抱。

李鹏说，由于历史原因，东南亚国家的公民中有不少华裔，印尼华人是印尼公民，与当地社会已融为一体。他们无疑应为印尼的繁荣昌盛和社会进步作出贡献，同时还应成为中国和印尼友好合作关系的桥梁和纽带。

全国人大常委会委员长李鹏在雅加达会见印尼国会副议长托萨里和穆海明

国务院总理朱镕基在中南海会见国际内部审计师协会主席布克和部分会议代表

朱镕基首先对国际内部审计师协会在北京召开全球论坛会议表示欢迎和祝贺。他高度评价了国际内部审计师协会对全球内部审计发展所做的积极贡献，他指出，这次会议的主题充分体现了国际内部审计师协会的“经验分享，共同进步”这一宗旨。

朱镕基说，中国的内部审计与发达国家的内部审计还存在差距。中国注意学习和借鉴国外发达国家内部审计的先进经验、先进技术与方法，以加快中国内部审计的发展步伐。希望国际内部审计师协会加强与中国内部审计协会的交流与合作。

审计署审计长李金华、副审计长刘家义和中国内部审计协会会长郑力等参加了会见。

《人民日报》发表署名仲祖文的文章《坚持原则不动摇》

国家副主席胡锦涛在人民大会堂会见日本客人

这些客人包括：前来北京参加“世纪之约——中日妇女牵手北京”纪念中日邦交正常化30周年活动的日本社民党党首、众议院议员土井多贺子女士，日本公明党代表代理、参议院议员浜四津敏子女士，日本前首相三木武夫夫人三木睦子女士，日本前外相园田直夫人园田天光光女士等日本妇女访华团主要代表。

胡锦涛首先对“世纪之约——中日妇女牵手北京”活动的举办表示热烈祝贺，对前来参加此次活动的日本妇女界的新老朋友们表示诚挚欢迎。他说，在中日邦交正常化30周年之际，中日两国妇女欢聚一堂，回顾过去，展望未来，共商深化两国妇女交流合作，推动两国关系发展，是一件非常有意义的事。

胡锦涛高度评价了中日两国妇女为中日邦交正常化和两国关系发展所做的大量工作。他说，在中日关系发展的历史进程中，两国妇女和妇女组织为推动中日民间交往,促进两国关系发展作出了重要贡献。

胡锦涛希望中日两国妇女和妇女组织顺应时代发展潮流,“以史为鉴、面向未来”,进一步弘扬两国人民友好交往的优良传统,充分发挥各自独特的作用和优势,继续为加深两国人民的理解与友谊,推动双边互利合作多做工作。同时,抓紧培养中日友好事业接班人,为新世纪两国关系的不断发展和中日世代友好作出新的贡献。

全国人大常委会副委员长、全国妇联主席彭珮云等参加了会见。

国务院副总理李岚清在钓鱼台国宾馆会见来华进行工作访问的新加坡内阁资政李光耀

外交部部长唐家璇就第五十七届联大有关问题接受《人民日报》记者专访

问:尊敬的唐外长,第五十七届联大将于9月10日开幕。感谢您在赴会前夕接受专访。自上届联大以来,国际形势发生了巨大的变化,请问您对本届联大有何展望?

答:一年来,受“9·11”事件的影响,国际局势正经历着深刻和复杂的变化。世界总体形势仍趋向和平、稳定、缓和,但局部战乱、动荡和紧张也时有发生,不稳定等复杂因素增多。非传统安全问题对人类和平与安全的威胁上升。国际经济形势也不容乐观,经济全球化对发展中国家的负面影响进一步显露,发展问题远未得到解决。总的来看,世界多极化和经济全球化的趋势仍在曲折中发展,科技进步日新月异,综合国力竞争日趋激烈。要和平、求发展、谋合作仍然是世界各国人民的共同愿望。和平与发展仍会是今年联大的主题,经济全球化、国际发展合作、联合国作用、全球安全形势、中东等地区热点以及反恐等问题将是各方关注和讨论的重点。

尽管目前国际形势风云变幻,但总体上对中国来说仍是机遇大于挑战。江泽民总书记在“5·31”讲话中明确指出,21世纪头一二十年对我国来说,是必须紧紧抓住并且可以大有作为的重要战略机遇期。过去的一年里,我国政治稳定、经济发展,综合国力进一步增强,外交工作日趋活跃,并取得了积极成果。在本届联大上,中国代表团将贯彻江总书记“三个代表”的重要思想,坚持独立自主的和平外交政策,坚决维护我国利益,并全面阐述中国对国际形势以及一些重大国际问题的看法和主张,积极参与联大各项议题的讨论,与各方广泛接触,增进共识,扩大合作,进一步为我国经济建设创造有利的国际环境,迎接党的十六大的胜利召开。

问:您认为目前发展领域存在的主要问题是什么?联合国在发展问题上可以发挥什么作用?

答:发展是世界各国,特别是广大发展中国家的迫切要求。“9·11”事件后,国际社会进一步认识到贫困现象的加剧是恐怖主义、地区冲突滋生和蔓延的重要原因之一。

由于在经济实力、发展水平、人力资源、高新技术等领域处于劣势,加上不公正、不合理的国际经济秩序的存在,许多发展中国家未能分享经济全球化和信息化带来的“红利”,反而饱受其负面影响之苦。贫困、债务、资金匮乏等老的发展问题没有解决,“数码鸿沟”、气候变暖、金融危机等新的发展问题又层出不穷,南北差距也有进一步拉大的趋势。现在,全球有49个最不发达国家,12亿人生活在赤贫之中,13亿适龄儿童失学,世界上最富的5%的人的收入是最穷的5%的人的114倍。如果听任这种趋势继续下去,发展中国家就会失去平等发展的机会,并将永远处于落后境地。这不仅阻碍了全球经济的健康发展,也不利于世界的和平与稳定。

中国一贯主张,要从政治高度重视发展问题,建立公正、合理的国际经济新秩序,加强国际合作,建立全球发展伙伴关系。国际社会,特别是发达国家应帮助发展中国家创造良好的外部发展环境,并在资金、技术、贸易等方面履行承诺,帮助发展中国家真正参与经济全球化进程,缩小南北差距,实现共同发展。

在发展问题上,联合国应该也可以发挥重要作用。2000年,联合国千年首脑会议制定了一系列发展目标,受到国际社会的一致好评。今年,联合国就发展筹资、儿童、粮食等问题召开了一些重要会议,达成了许多共识,在落实《千年首脑会议宣言》方面迈出了可喜的一步。在南非约翰内斯堡举行的可持续发展世界首脑会议刚刚闭幕。会议就可持续发展通过了目标明确、面向行动的《执行计划》并发表了《政治宣言》,这将推动全球可持续发展事业进入一个新阶段,为《21世纪议程》的进一步实施注入活力。中国希望联合国加大在发展领域的投入,为实现全球共同发展和繁荣的目标继续努力。

问:本届联大适逢“9·11”事件一周年。请您介绍一下中国在反恐问题上的立场,并说明中国参与国际反恐斗争的情况。

答:“9·11”事件表明,恐怖主义严重威胁世界的和平与稳定,是对人类社会的挑战,应予坚决反对和严厉打击。反恐要遵循《联合国宪章》的宗旨和原则以及其他公认的国际关系准则,充分发挥联合国和安理会的主导作用,并有利于维护世界和地区的和平、稳定。不能将恐怖主义与特定的民族或宗教混为一谈。

反恐要有确凿证据，中国反对任意扩大打击范围。

反恐归根到底属于和平与发展范畴内的问题，应该从政治、经济、外交、社会、法律等各方面采取措施，制定全面、系统的战略，贯彻综合治理，标本兼治的原则，努力消除滋生恐怖主义的根源。

前一阶段，国际反恐合作进展基本顺利，取得了积极成果。中国积极支持和参与了国际反恐合作。中国积极参与联合国有关反恐问题的讨论，支持安理会通过一系列反恐决议并予认真执行。中国已经加入了绝大多数国际反恐公约。同时，在中国的积极参与和推动下，亚太经合组织去年在上海会议上通过了一项反恐声明，这有助于加强亚太地区的反恐合作。中国与上海合作组织其他成员国共同缔结了《打击恐怖主义、分裂主义和极端主义上海公约》。中国还与美国、俄罗斯、英国、法国、巴基斯坦、印度等国进行了反恐磋商和对话。中国在反恐问题上的立场和行动受到国际社会的肯定和好评。

问：中国一直在倡导新安全观，请您解释一下具体主张。

答：安全的涵义目前已演变为一个综合概念，其内容由军事和政治扩展到经济、科技、环境、文化等诸多领域。当今世界安全威胁呈现多元化和全球化的趋势，各国在安全问题上的共同利益增多，相互依存加深。以对话与合作为主要特征的新安全观逐渐成为当今时代的潮流之一。

中国是新安全观的积极倡导者。中国认为，新安全观的核心是互信、互利、平等、协作。新安全观的合作模式是灵活多样的。安全合作也不应仅是发展模式和观点一致国家之间的合作，还要包括发展模式和观点不一致的国家之间的合作。新安全观建立在各方的共同利益基础之上，符合人类社会进步的要求。

中国同时还是新安全观的积极实践者，通过自身经验证明了新安全观的可行性。中国积极寻求通过和平谈判解决与邻国的领土、领海争议问题；把加强经济交流与合作作为营造周边持久安全的重要途径；努力推动地区安全与对话合作机制。上海合作组织的形成和发展也是对新安全观的成功实践。新安全观已成为中国对外政策的重要组成部分。

问：地区冲突过去和现在一直都是国际社会的热点问题，请您介绍一下中国在伊拉克、中东、阿富汗等地区热点问题上的主张。

答：目前，联合国安理会正在审议和讨论的地区冲突问题有30多个，主要分布在发展中国家。造成冲突的原因十分复杂，既有内在固有的矛盾，也有外部干预的因素，既有政治、民族、宗教等因素引发的争端，又有经济欠发达和贫困导致的动乱。中国一贯倡导，在国际关系中要遵循《联合国宪章》的宗旨和原则，在处理国与国争端时要“以和为贵”，通过平等对话、共同协商解决问题，不应使用武力或以武力相威胁。同时，在解决地区冲突时要标本兼治，注意消除冲突产生的根源。

伊拉克问题应在安理会有关决议基础上，通过政治和外交手段妥善解决。伊拉克应严格履行安理会有关决议，恢复与联合国的合作。同时，伊拉克的主权、领土完整和合理的安全应得到尊重，人道主义状况要得到改善。

关于中东问题，中国主张应在联合国有关决议和“土地换和平”的原则基础上，实现中东全面、公正和持久的和平。中国一贯反对针对无辜平民的暴力活动，以暴易暴没有出路。国际社会应加大调解力度，推动以巴双方保持冷静和克制，尽快重建互信，恢复和谈。

作为安理会常任理事国和阿富汗的邻国，中国一直致力于推动阿富汗的和平与发展进程，并提供了大量援助。目前，阿富汗问题正处于关键时刻，国际社会要继续给予关注和帮助，尽快兑现援助承诺，加快阿富汗重建工作的步伐。中国支持联合国在阿富汗问题上继续发挥重要作用。

问：今年台湾当局再次唆使其“邦交国”向第五十七届联大总务委员会提出所谓台湾“参与”联合国问题，请问您对此有何评论？

答：台湾当局至今拒不接受一个中国原则，变换手法推行“台独”。陈水扁近期抛出“一边一国”等分裂言论，充分暴露了他的“台独”真面目。台湾当局第10次唆使其“邦交国”向第五十七届联大总务委员会提出所谓台湾“参与”联合国提案，无视历史和现实，颠倒黑白，鼓吹台湾是“主权国家”，公然挑战《联合国宪章》和联大第2758号决议的权威性。这种行径严重侵犯了中国的主权和领土完整，破坏中国的统一大业，危害亚太地区和世界的和平与安全。中国对此坚决反对。

世界上只有一个中国，中华人民共和国政府是代表全中国人民的唯一合法政府。台湾是中国不可分割的一部分。这是国际社会公认的事实。1971年第二十六届联大通过的第2758号决议，早已从政治、法律和程序上彻底解决了中国在联合国的代表权问题。联合国是由主权国家组成的政府间国际机构，台湾作为中国的一个省，根本没有资格“参与”联合国。

自1993年以来，所谓台湾“参与”联合国的闹剧已9次碰壁。这充分说明中国政府在台湾问题上的立场已得到国际社会的广泛理解和有力支持，也反映了联合国广大会员国遵守《联合国宪章》和联大第2758号决议的坚定决心。台湾当局在联合国制造“两个中国”、“一中一台”的图谋是逆历史潮流而动，今年也必将以失败而告终。

第五届“全国十杰教师”颁奖大会在北京举行

全国人大常委会副委员长彭珮云，全国政协副主席周铁农，教育部副部长袁贵仁等为获奖教师颁奖。

荣获本届“全国十杰教师”称号的是：天津市新华中学朱兆林、湖北省阳新县王英乡希望小学王月娥、吉林省永吉县黄榆乡头道川小学林占春、上海市卢湾区辅读学校何金娣、陕西省铜川市第一中学赵文忠、青海省玉树藏族自治州民族综合职业学校吉格勒、新疆乌鲁木齐市第十四中学吐尔逊·肉孜、福建省福州格致中学郑捷、辽宁省大连市第四十六中学董大方、浙江省宁波市鄞州中学史定海。还有22名候选人获提名奖。

该奖评选始于1994年，每两年一次，面向全国中小学中青年教师，由中国教育报刊社主办。本届评选活动是与上海宝钢(集团)公司联合举办。

顾毓琇逝世

著名教育家、科学家、文学艺术家顾毓琇先生因病医治无效，当地时间9日上午在美国俄克拉荷马大学医疗中心逝世，享年100岁。

顾毓琇1902年12月24日生于江苏无锡，1922年赴美留学，在麻省理工学院攻读电机专业，1927年获科学博士学位，以“非线性控制”研究饮誉国际应用力学界。回国后先后任国立中央大学工学院院长、清华大学首任工学院院长、国民政府教育部次长、国立音乐学院首任院长、中央大学校长、国立政治大学校长。20世纪50年代后历任美国麻省理工学院、宾夕法尼亚大学教授。1972年退休，定居美国费城。

顾毓琇先生毕生从事教育、科研、学术事业，文理融汇，中西贯通，出版自然科学、文学(戏剧、小说、诗词)和音乐作品等60余种。他从1972年至1992年多次回国探亲、参观访问、应邀讲学，先后受到国家领导人亲切接见。

9月10日

国家主席江泽民在中南海会见新加坡内阁资政李光耀

江泽民欢迎李光耀再次访华。他表示，中新关系发展很好。中国重视同新加坡的关系，希望双方不断拓展互利合作，促进共同发展。

江泽民说，东盟国家都是中国的友好邻国，中国真诚地发展与东盟国家的睦邻关系，希望在政治上增进互信、经济上促进合作，共同维护地区的和平与发展。

双方还就共同关心的其他国际和地区问题交换了意见。

外交部副部长李肇星等会见时在座。

国家主席江泽民在中南海会见日本前首相细川护熙一行

国家主席江泽民在中南海会见美国摩托罗拉公司董事长兼首席执行官克里斯托夫·高尔文一行

全国人大常委会委员长李鹏在雅加达印尼工商界和友好社团举行的大型欢迎招待会上发表长篇即席讲话

两天来，我同印尼人协主席阿米安·赖斯阁下、印尼副总统哈姆扎·哈兹阁下和国会领导人分别进行了会谈和会见，气氛友好、融洽，达成广泛共识。可以说，访问取得了很大成功。今晚在这里又同1000多位工商界和友好社团的朋友见面，感到十分高兴。在座的各位多年来为推动中国印尼友好关系，特别是为发展两国的经贸合作，做了大量卓有成效的工作。在此，谨向你们表示诚挚的感谢。

12年前，我作为中国总理访问印尼，当时两国政府在雅加达签署了恢复外交关系的谅解备忘录，标志着中国印尼关系进入了一个新的历史时期。中国和印尼都是亚太地区的重要国家，两国外交关系的恢复并不断取得发展，对地区乃至世界的和平与稳定已经并将继续产生巨大影响。

时隔12年，我再次踏上印尼的土地，虽然刚进入第三天，就已目睹“千岛之国”发生的巨大变化。我和我的同事为印尼人民在国家建设中取得的成就感到由衷的高兴。中国和印尼人民的友好交往，可以追溯到两千年以前。近代以来，我们又相互同情，相互支持，曾共同为促进亚非国家的团结与合作作出过重要贡献。20世纪50年代，中国和印尼积极参与的万隆会议倡导了著名的“万隆十项原则”，它与“和平共处五项原则”一起，共同成为当今国际关系的重要指导原则，广为国际社会所认同，具有强大的生命力。

中国印尼复交后，两国的经贸关系得到长足发展，去年贸易额达到70亿美元，相信今年会有更大的发展。今年3月梅加瓦蒂总统访华时，中国承诺向印尼提供4亿美元的优惠信贷，帮助印尼发展基础设施。有关具体细节双方正在商谈，相信将尽快得到落实。上个月，中国选定印尼作为福建液化气资源采购项目的供应方。这一决定不仅是为了满足中国的能源需求，而且也是着眼于帮助印尼发展油气工业。这一项目充分体现了双方优势互补、平等互利的合作精神。中国政府言而有信，凡承诺的事情就一定做到。

朋友们希望了解中国的情况，在这里我愿告诉大家，在邓小平理论指导下，中国走出了一条符合中国国情的发展道路，我们坚持改革开放，坚持以经济建设为中心，经过20多年的努力，经济和社会事业都取得了显著的成就。1997年的亚洲金融危机也曾给中国带来了不小的负面影响，但在江泽民主席的领导下，中国实行了一系列正确的政策，克服了很多困难，使经济仍得以保持了较高的发展速度。展望本世纪的头10年，中国经济仍可保持7%的增长速度。中国在21世纪将实施三大战略，即科教兴国战略、可持续发展战略和西部大开发战略。我们将以信息化带动工业化，以高新技术改造传统产业，使经济保持良好的发展势头。中国从自身发展中得出的一条重要的经验是，必须正确处理好改革、发展和稳定的关系。发展是目的，改革是动力，稳定是发展与改革不可缺少的前提和条件。在一个拥有近13亿人口的发展中大国，没有政治的稳定和社会的安定，什么事情也是办不成的，发展经济和提高人民生活水平都无从谈起。所以我们强调，稳定压倒一切。

中国已成为世贸组织的一员，我们将恪守作出的承诺，进一步扩大对外开放，使中国同世界各国的经济联系更加密切。中国印尼两国经济互补性强，贸易前景十分广阔。

中国的现代化建设需要一个和平的国际环境，特别需要一个睦邻友好的周边环境。中国奉行独立自主的和平外交政策，重视发展同东盟各国的关系，重视东盟在多极化进程中的重要作用，我们将一如既往致力于与东盟的全面合作关系。中国和印尼在国际和地区问题上有许多共同点，应继续加强磋商与配合。印尼领导人多次重申坚持一个中国立场，支持中国的统一事业，对此我们表示赞赏。中国是一个热爱和平的国家，中国的发展和强大不会对任何国家构成威胁，而只会带来更多的合作机会。中国是东盟各国的好朋友、好邻居、好伙伴。那些制造“中国威胁论”的人是别有用心的，他们以此挑拨中国与友好国家关系的企图，是不会得逞的。

由于历史的原因，在印尼等东南亚国家有许多华裔居民，他们已加入所在国国籍，世世代代生活在这块土地上，这是他们的祖国，中国是他们的故土，他们是中国的亲戚。印尼政府倡导“政治稳定、经济发展、民族和谐、人民幸福”的方针，放宽了对华人的政策，这是十分明智而有远见的。我们希望在印尼的华人融入印尼社会，与当地其他各族人民亲密相处，为振兴印尼经济和社会进步作出应有的贡献。同时，我们也殷切希望广大华人成为发展中国印尼友好关系的桥梁。中国印尼关系发展到今天，来之不易，是两国几代人共同努力的结果，应该倍加珍惜，让我们携起手来，为进一步发展中国印尼友好合作关系作出不懈努力，为维护亚太地区乃至世界的和平与发展作出新的贡献！

全国人大常委会委员长李鹏在雅加达会见印尼副总统哈姆扎·哈兹

李鹏说，1990年中国和印尼复交以来，在双方共同努力下，两国友好关系的基础日益牢固，合作领域不断扩大，互信互利关系正向全方位、深层次发展。中国重视印尼在东盟和亚太事务中的重要作用。

关于经贸合作，李鹏说，中国和印尼都是人口大国，市场容量大，经济互补性强。两国在贸易和投资方面面临新的机遇，在能源、农业等领域的合作潜力巨大。中方确定印尼作为福建液化天然气项目的资源供应方，这表明两国的能源合作将会取得实质性成果。在基础设施方面，今年3月梅加瓦蒂总统访华时，中国承诺向印尼提供4亿美元优惠出口信贷，希望双方有关部门抓紧落实。中方还愿就其他项目的合作与印尼方面商谈。中国鼓励更多有实力、有信誉的企业到印尼投资兴业，也欢迎印尼企业家到中国拓展新的商机。

全国人大常委会秘书长何椿霖、副秘书长吕聪敏，外交部副部长王毅，中国驻印尼大使卢树民等参加了会见。

国务院行政审批制度改革工作领导小组第五次全体会议在北京召开

国务院副总理、国务院行政审批制度改革工作领导小组组长李岚清在会上强调，行政审批制度改革是建立与社会主义市场经济体制相适应的行政管理体制，实现政府职能转变，利国利民的大事。国务院各部门要从讲政治、讲大局的高度，巩固前一阶段的成果，以更大的决心和积极的态度，进一步推进行政审批制度改革。

李岚清指出，去年10月以来，国务院各部门按照国务院的统一部署，对本部门行政审批项目进行了清理并提出改革的意见，国务院行政审批制度改革领导小组组织进行了全面审核。经过研究，近期就要公布第一批取消的行政审批项目。行政审批制度改革迈出重要一步，取得了阶段性成果。实践证明，只要各部门提高认识，努力把握方针政策，措施方法得当，行政审批制度改革就能够搞好。

李岚清强调，国务院各部门要在前一阶段工作的基础上，继续扎扎实实地搞好下一阶段的改革：

一是继续做好行政审批项目的审核和处理工作，切实做到“应减必减”，应该改变管理方式的要改变管理方式。这是衡量行政审批制度改革是否取得实效的重要标志。对不符合政企分开、政事分开原则,妨碍市场开放和公平竞争,以及实际上难以有效发挥作用的行政审批,要坚决予以取消;能够用法律、法规来规范的,都应依法行政;对凡是可以用市场机制代替的行政审批事项,都要通过市场机制来运作。

二是切实加强取消审批项目后的后续监管工作,防止"一减了之"。取消审批并不是取消管理,更不是取消监管责任。第一批行政审批项目取消后,作为审批事项已不存在,但大部分事项的监管职能还在,责任还在,决不能"一减了之"。该由哪个部门管的事,还要继续管,而且要管住、管好,决不能因为审批项目的取消,而忽视或放松后续监管。要通过实践,逐步探索出适应社会主义市场经济体制要求的政府管理模式和管理办法。

三是通过改革促进政府职能转变,推进勤政廉政建设。开展行政审批制度改革的目的,决不仅仅是为了减少一批行政审批项目,重要的是要建立与社会主义市场经济体制相适应的行政管理体制,实现政府职能的转变,从源头上预防和治理腐败。各地区、各部门要重视推动政府职能转变和机关作风的转变。所有行政机关及其工作人员都必须严格依法行政,改善行政管理,正确履行职责,按照建立"廉洁、勤政、务实、高效"政府的目标,进一步转变机关作风。要重视解决重审批、轻管理的问题,无论是取消审批,保留审批,还是改变管理方式的事项,都必须做到权责一致。

四是进一步推进相对集中行政处罚权工作,加强综合执法,逐步规范和完善执法行为。适当集中行政执法权,实行综合执法,既可以加强对执收执罚的监督,又有利于实施"收支两条线"管理。要重视研究如何把相对集中处罚、综合行政执法和行政审批制度改革结合起来,积极探索和建立适应新形势要求的执法体制和运行机制。

五是继续加强政策指导和制度创新工作。要围绕建立科学合理的审批管理机制、规范高效的审批运行机制、严密完善的审批监督机制,继续抓好相关问题的研究,力求在制度创新、机制创新和解决现实问题上有所突破,取得成果后,逐步推广。同时,要把"电子政务"建设同行政审批制度改革有机结合起来。

李岚清要求,各部门要进一步加强对行政审批制度改革的组织领导。各部门领导同志特别是主要负责同志,要按照改革的原则和政策规定,切实做好这项制度的改革,决不能消极应付,走过场;要亲自审核把关,组织协调,加强督促检查。

国务委员兼国务院秘书长、国务院行政审批制度改革工作领导小组副组长王忠禹主持会议,领导小组成员出席了会议。会议听取了监察部部长、领导小组副组长兼办公室主任何勇关于对国务院部门第一批拟取消的行政审批项目进行审核和处理的报告,对拟取消的行政审批项目进行了审议。

国家发展计划委员会主任曾培炎在改革开放和现代化建设成就系列报告会上的报告

党的十三届四中全会以来,全国各族人民在以江泽民同志为核心的党中央领导下,高举邓小平理论伟大旗帜,贯彻"三个代表"的要求,坚持走中国特色社会主义道路,坚持党的基本路线,我国改革开放和现代化建设取得了举世瞩目的伟大成就。

一、综合国力显著增强

国民经济保持了稳定高速增长。13年间,国内生产总值年均增长9.3%,比改革开放前30年的年均增长速度高3.2个百分点。与20世纪90年代世界经济2.5%的增长速度相比,显得更加突出。经济实力明显增强。2001年国内生产总值达到95933亿元,比1990年增长近两倍,排名世界第六、发展中国家第一。不少重要产品产量跃居世界首位。外汇储备1989年只有55.5亿美元,今年7月底已增加到2465亿美元,居世界第二位。粮食储备创历史最高水平。经济运行的质量和效益不断提高。企业进行了全面的技术改造。2001年每万元国内生产总值消耗的能源比1990年下降73.7%。2002年已有11家大公司进入世界500强。教育事业得到前所未有的发展,国民素质普遍提高。财政收入大幅度增加,2001年比1990年增长了6.1倍。

二、经济结构战略性调整取得成效

三次产业结构趋向协调。这些年来,坚持巩固和加强第一产业、提高和改造第二产业、积极发展第三产业,使三次产业结构逐渐向合理化的方向发展。农业结构不断优化。农业区域化合理布局、专业化分工的趋势逐步显现,主要农产品生产向优势产区集中。目前,全国主要农作物良种覆盖率已超过95%。畜牧水产业比重上升,农产品加工水平和效益不断提高。农业基础设施明显加强。工业的整体素质和国际竞争力明显增强。传统产业改造升级步伐加快,高技术产业成为新的经济增长点,装备制造业发展取得新成绩。1996—2001年,高技术产业工业产值年均增长20%左右。城市轨道交通设备制造、环保装备国产化、数字化通信设备等专项进展顺利,装备制造企业的自主制造能力不断增强。基础设施、基础工业对经济社会发展的瓶颈制约基本解除。从能源来看,1990—2001年,一次能源生产总量由10.4亿吨标准煤增加到11.7亿吨标准煤,截止到去年底,发电装机容量达到3.38亿千瓦,居世界第二位。交通运输能力大为提高。铁路营业里程由1990年的5.8万公里增加到7万公里。公路加快了“五纵七横”国道主干线和西部开发八条通道建设。公路里程由103万公里增加到170万公里，高速公路已达1.9万公里，跃居世界第二位。1990—2001年，民用航空航线里程由51万公里增加到155万公里。邮电通信业突飞猛进。到今年7月底，我国固定电话用户数已突破两亿，位居世界第一，移动电话用户数达到1.8亿，超过美国，雄居榜首。城市基础设施有了很大改观。1998年以来利用国债资金建设了1000多个城市供水、道路、垃圾和污水处理项目，有力地促进了城市功能的完善，市容市貌有了根本性的改观。服务业结构不断改善。传统服务业比重有所下降，现代服务业比重上升，咨询、物流、连锁经营、社区服务等新兴服务业方兴未艾。

三、经济体制改革取得历史性成果

积极推进体制创新，努力消除影响生产力发展的体制性障碍，初步建立起社会主义市场经济体制。一是市场在资源配置中明显地发挥基础性作用。产品生产主要由市场决定，商品和服务价格基本由市场形成，要素市场初具规模，市场环境不断改善。二是以公有制为主体、多种所有制经济共同发展的格局基本形成。国有经济进一步发展，控制力明显增强；非公有制经济蓬勃发展，成为支撑国民经济的重要力量。三是宏观调控体系初步建立。宏观调控手段发生实质性变化。四是社会保障体系建设取得新进展。城镇职工基本养老保险制度基本建立，城镇职工基本医疗保险制度改革全面启动，失业保险制度进一步完善。

四、对外开放提高到新水平

全方位、多层次、宽领域的对外开放格局不断完善。对外贸易跃上新台阶，我国在世界贸易中的排名由1990年的第十六位上升到2001年的第六位，吸收外资已连续9年居发展中国家首位。这些年来，许多企业立足发挥比较优势，积极到境外投资办厂，进行经贸合作，“走出去”有了一个良好开端。一是境外投资初具规模。据统计，截至今年6月底，我国非金融类境外企业已达6758家，协议投资总额132亿美元，其中中方投资额88.8亿美元。二是投资领域逐步拓宽。过去比较多的是境外加工贸易、餐饮业、劳务承包，近年来扩展到资源开发、产品研发、卫星通信等领域。尤其是开发利用国外石油天然气、铁矿、森林等资源取得了积极进展。三是企业开展国际化经营迈出重要步伐，相当一批大型企业开始拓展海外经营业务。四是对外承包工程和劳务合作迅速发展。我国已进入国际工程承包的世界10强，承包方式从分包为主逐步向施工总承包和“咨询设计—采购—施工”全过程承包转变。到去年底，我国累计签订对外承包工程合同额997亿美元。

五、西部大开发迈出实质性步伐

1999年，江泽民总书记第一次提出了西部大开发战略。两年多来，国家编制了“十五”西部开发总体规划，出台了一系列政策措施。贯彻“以线串点，以点带面”的方针，依托交通干线和中心城市，努力培育经济增长极，带动周边地区的发展。加大对西部地区建设资金投入和转移支付的力度，国债投资中用于西部的超过国债资金总额的1/3。经过各方面的努力，西部大开发已经有了一个良好开端，西部地区社会稳定、经济发展、民族团结、人民生活水平有了新的提高，呈现出一派生机勃勃的新气象。

西部地区基础设施投资之大、建设项目之多是历史上前所未有的。2000年，国家在西部地区新开工10大项目，总投资1000多亿元；2001年，新开工了12大项目，总投资2000多亿元；今年计划新开工的14个重点项目，总投资3000多亿元，目前已开工了11个项目。其中：西电东送对解决我国能源分布不均衡问题有重要作用，目前初步形成南、中、北三大通道；青藏铁路是目前世界上海拔最高的铁路，也是世界铁路建设史上最艰难、最伟大的工程，今年6月已开始铺轨；西气东输项目是我国距离最长、口径最大、场站最多的一项管道工程，对改善东部地区能源结构，有效治理大气污染，变西部资源优势为经济优势有着重大意义，现已全线开工。

中央从西部地区的实际出发，把加强生态建设和环境保护，作为实施西部大开发的根本和切入点。两年多来组织实施了退耕还林、天然林资源保护、京津风沙源治理、天然草原恢复与建设试点等生态建设工程。2000—2001年，国家用于西部地区生态环境建设的投资达300多亿元。

特色经济和优势产业获得长足发展。初步形成了一些特色农业生产基地，培育了一批农副产品加工的龙头企业。稀土、钾盐、磷矿、有色金属等优势资源的开发力度加大，能源矿产基地及骨干企业的建设进一步加强。

六、科技教育和各项社会事业全面发展

坚持实施“科教兴国”战略，科技实力得到大幅度提高。我国成功研究出一批高科技成果，如杂交水稻、基因测序、航天载人飞船等，有的达到世界领先水平。在信息技术、生物工程、新材料等领域，科技成果产业化进程明显加快。有力地推动了企业技术水平和竞争能力的提高。

在教育方面，基础教育“两基”目标(基本普及九年义务教育和基本扫除青壮年文盲)初步实现；高中阶段教育和成人各类培训继续加强；扩大高校招生规模受到群众普遍欢迎。1999—2001年,国家支持高等学校新建教学、科研和学生生活设施项目共计835个,有效地缓解了高校办学条件的紧张局面,同时加快了高校后勤服务社会化进程,为扩大招生创造了条件。

在广播影视方面,通过加大投入力度,广播电视覆盖网不断完善和扩大。广播、电视人口综合覆盖率,目前已分别达到92.9%和94.2%。"村村通"广播电视工程的实施,使贫困地区的10万个行政村结束了不能收听广播、收看电视的历史。

文化事业和文物保护、哲学社会科学、文学艺术、新闻出版、体育卫生等各项事业全面进步,成绩显著。

七、可持续发展能力不断增强

把实现可持续发展摆到重要位置,采取一系列有效措施,在经济与人口、资源、环境协调发展方面取得了举世瞩目的伟大成绩。

人口再生产类型实现历史性转变。人口自然增长率从1989年的15.04‰下降到2001年的6.95‰,人口再生产从"高出生、低死亡、高增长"转变为"低出生、低死亡、低增长"。在有效控制人口数量的同时,人口素质不断提高,我国平均预期寿命已经由1990年的68.6岁增长到2000年的71.4岁。

资源合理开发利用和保护成效显著。从耕地资源情况来看,去年31个省、自治区、直辖市首次全部实现建设占用耕地当年占补平衡。国家高度重视农业节水和农村水利工作,积极推广节水灌溉。加强流域生态建设,实施流域水资源统一调度,保护河流和流域水资源。坚持矿产资源开发与节约并举,把节约放在首位,通过采取征收矿产资源补偿费和建立采矿权有偿转让制度等措施,促进了矿产资源的保护与合理开发利用,乱采滥挖矿产资源的现象基本得到控制。

环境保护向广度、深度发展。1998—2002年,全国用于环境保护的投资达4900亿元,相当于1949—1997年投资总和的1.7倍。环保投入的增加,对控制环境污染,改善环境质量起到积极的作用。污染物排放得到有效控制。1992—2001年,污水排放量下降57.2%,固体废物排放量下降33.4%,废气排放量下降30.5%。重点流域、重点区域和重点城市污染防治工作取得阶段性成果。国家确定的"三河"(淮河、辽河、海河)、"三湖"(太湖、滇池、巢湖)、"两区"(酸雨控制区、二氧化硫控制区)、"一市"(北京市)污染防治工作全面启动并取得很大成效。城市污染防治得到加强。城市污水处理率由1990年的16%提高到去年的36%。

八、人民生活总体达到小康

改革开放以来特别是党的十三届四中全会后,随着国民经济的迅速发展,城乡居民收入和生活水平连续上了几个大的台阶,中国人民实现了由温饱到总体上达到小康的历史性跨越。

城乡居民收入大幅度增加。在农村,通过加强农业基础设施建设,提高综合生产能力,推进产业化经营,发展农村二、三产业,增加农民务工收入等措施,使广大农民的收入水平不断提高。1990—2001年,农村居民家庭人均纯收入实际增长62%。在城镇,加快收入分配制度改革,13年间国家先后7次提高工资,城镇居民收入明显增加。2001年,城镇居民家庭人均可支配收入比1990年实际增加了一倍多。1989年底,城乡居民储蓄存款余额刚过5000亿元。近几年,城乡居民储蓄存款几乎每年都要递增上万亿元,目前已超过8万亿元。

消费水平和生活质量显著提高。一是消费总规模不断扩大。1990年,我国社会消费品零售总额刚过8300亿元,2001年达到37595亿元。二是消费结构发生重大变化。居民消费基本改变了多年来以吃、穿等生存资料为主的格局,城镇居民家庭购买食物的人均支出在消费总支出中的比重,从1990年的54.2%下降到2001年的37.9%,农村从58.8%下降到47.7%。三是城乡居民居住条件进一步改善。目前城镇居民人均居住面积已超过10平方米,农村达到25平方米左右。四是消费品档次升级换代。人们对消费品的购买从改革开放前的百元级"老三件"(自行车、手表、缝纫机),80年代千元级的"新三件"(电视机、洗衣机、电冰箱),到90年代万元级的电脑、小汽车、商品房,层次不断提高。

城乡低收入群体的生活条件不断改善。为保障国有企业下岗职工和失业人员等困难群体的基本生活,注意搞好"三条保障线"(即国有企业下岗职工基本生活保障制度、失业保险制度和城市居民最低生活保障制度)的相互衔接。截至今年6月底,全国有89%的下岗职工进入再就业服务中心,并按时足额领到了基本生活费;城市居民有1930万人领到最低生活保障金,基本实现了"应保尽保"。在农村,实施了"八七"扶贫攻坚计划。到2001年底,农村贫困人口减少到2800万,比改革开放初期减少2.2亿,一些生存环境恶劣和生态脆弱的贫困地区也开始走上可持续发展道路。

国家海洋局发布《全国海洋功能区划》

经国务院批复同意,国家海洋局在北京发布《全国海洋功能区划》。国务院在批复中强调指出,海洋功能区划是我国海域使用管理和海洋环境保护的依据,具有法定效力,必须严格执行。

国家海洋局新闻发言人王飞说,今后,凡是用海的项目都要首先报批审查，符合功能区划的才能取得海域使用证，这就相当于陆地上的土地使用证。

海洋功能区划是根据海域区位、自然资源、环境条件和开发利用的要求，将海域划分为不同类型的功能区，从而可以控制、引导海域的使用方向，保护、改善海洋生态环境。《全国海洋功能区划》将我国管辖海域划定了港口航运区、渔业资源利用与养护区、旅游区、海水资源利用区、工程用海区、海洋保护区、特殊利用区、保留区等10种主要海洋功能区，确定了渤海、黄海、东海、南海四大海区中30个重点海域的主要功能，并提出了每种海洋功能区的开发保护重点和管理要求。

截至2000年，我国海域使用面积200多万公顷，其中，海水养殖120多万公顷，盐田40多万公顷，港口20多万公顷，油气开采20多万公顷，海洋倾废区0.2万公顷，铺设海底电缆管道13500多公里。另外，我国已经建立海洋自然保护区69个，总面积130多万公顷。

国防部部长迟浩田在渥太华会见加拿大总理克雷蒂安

国防部部长迟浩田与加拿大国防部长麦考勒姆在渥太华举行会谈

纪念关向应同志诞辰100周年座谈会在人民大会堂举行

中央军委在人民大会堂举行座谈会，纪念忠诚的共产主义战士，坚定的马克思主义者，老一辈无产阶级革命家，中国工农红军和八路军高级指挥员、卓越的政治工作领导者关向应同志诞辰100周年。中央政治局委员、书记处书记、中央军委副主席张万年出席座谈会，并发表讲话。

老同志廖汉生、韩光，中央军委委员傅全有、王克、王瑞林、曹刚川等参加了座谈会。

张万年强调，关向应同志为中华民族的独立和中国人民的解放事业贡献了毕生精力，建立了不朽的功勋。我们缅怀他的光辉业绩，学习他崇高的革命品质和思想风范，对于发扬我党我军优良传统，学习和实践“三个代表”重要思想，加强国防和军队建设，开创建设有中国特色社会主义事业的新局面，有着十分重要的意义。

张万年在讲话中高度评价了关向应同志光辉战斗的一生。他说，关向应同志有着坚定的革命信念和坚强的党性原则。他出生于一个贫苦的满族家庭，1924年4月加入中国共产主义青年团，1925年1月转为中国共产党党员。他是我国早期工人运动和青年运动的重要组织者和领导者，在党的第六次全国代表大会上当选为中央委员、中央政治局候补委员，在六届三中全会上当选为政治局委员。1931年1月，他出席党的六届四中全会，对王明“左”倾路线的错误做法表示不满，被降为中央政治局候补委员，调上海中央职工部工作。王明一伙的排挤打击并没有动摇他的革命信念，他不顾危险，积极组织工人开展罢工斗争，被国民党当局逮捕。在狱中，他机智勇敢，坚贞不屈，同国民党特务进行了坚决的斗争，后经组织营救得以脱险。他反对“东游西走”的“左”倾盲动主义，多次提出建立根据地或向中央红军靠拢的正确主张，与贺龙一道对“左”倾错误进行了坚决抵制和斗争。1935年1月，党的遵义会议召开，关向应坚决拥护以毛泽东为代表的党中央正确领导，对中国革命前途充满胜利信心。在红二、红四方面军会师后，他对张国焘分裂党和红军的行径进行了坚决斗争，为维护党和红军团结做了大量工作。

张万年说，关向应同志具有卓越的军事领导才能和丰富的政治工作经验。1932年年初，关向应来到湘鄂西革命根据地，同贺龙一起率部向襄河以北地区的国民党军发起攻势，连续取得了龙王集、文家墩等战斗的胜利，壮大了红3军，巩固和扩大了苏区。1935年10月，为策应中央红军长征，他与贺龙、任弼时指挥红2、红6军团发起湘西攻势作战，歼灭和牵制了大量国民党军。同时发动群众，建立革命政权，创建了湘鄂川黔苏区，先后参与指挥陈家河、桃子溪、忠堡、板栗园等战斗，取得了湘鄂川黔苏区反“围剿”作战的胜利。1936年12月，关向应任红二方面军政治委员，中央革命军事委员会委员。抗日战争爆发后，关向应担任八路军第120师政治委员，同师长贺龙一起率部开赴晋西北抗日前线。他和贺龙认真贯彻党中央关于独立自主地开展山地游击战的方针，坚持党的抗日民族统一战线，深入发动群众，广泛开展游击战争，建立抗日群众组织和抗日政权，迅速创建起晋西北抗日根据地。在此期间，他率领工作组深入部队，培训政工干部，建立、健全政治工作制度，加强党的领导。他十分注意总结开展平原游击战争的经验，专门撰写了《论坚持冀中平原游击战争》的军事论著，对巩固冀中抗日根据地起到了重要指导作用。

张万年说，关向应同志为党的事业鞠躬尽瘁，直至生命的最后一息。他的身体在国民党监狱中备受摧残，但视党的事业胜过自己的生命，始终以百折不挠的意志，忘我地为党工作。1946年7月21日，关向应不幸英年早逝。党中央为他举行了隆重的追悼大会，朱德总司令在悼词中指出：“关向应同志生前为革命事业做了很多工作，在战场上、在监狱中都表现了英勇的布尔什维克品质。”毛泽东主席亲笔题写挽词:“忠心耿耿,为党为国,向应同志不死。”这是党和人民给予他的高度评价。

张万年指出,关向应同志光辉的一生,给我们留下了极其宝贵的精神财富。今天,我们纪念关向应同志,缅怀他的丰功伟绩,就要学习他对党的事业矢志不渝的坚定信念;学习他艰苦奋斗、密切联系群众的优良作风;学习他英勇顽强、战斗不息的革命精神;学习他光明磊落、襟怀坦荡的高尚品质。我们要高举邓小平理论伟大旗帜,紧密团结在以江泽民同志为核心的党中央周围,继承和发扬老一辈无产阶级革命家身上所体现的我党我军的优良传统和作风,全面贯彻“三个代表”要求,与时俱进,开拓创新,为加速推进国防和军队现代化建设,实现祖国统一和中华民族的伟大复兴而努力奋斗!

座谈会由中央军委委员、总政治部主任于永波主持。军事科学院政治委员温宗仁、中共中央党史研究室主任孙英、共青团中央书记处常务书记孙金龙,辽宁省委副书记、大连市委书记孙春兰分别在座谈会上发言。

国务院副总理李岚清在北京出席教师节音乐会并向全国广大教育工作者祝贺教师节

李岚清同在京高等院校负责同志和中央音乐学院广大师生员工会聚一堂,欢度我国第十八个教师节,并出席了第十二届国际柴科夫斯基音乐比赛获奖者汇报音乐会。李岚清向辛勤耕耘在教育战线上的全国广大教育工作者致以节日问候。他强调,教育系统要认真学习贯彻江泽民同志在北京师范大学建校100周年大会上的重要讲话精神,进一步解放思想、开拓创新、与时俱进,努力开创教育事业的新局面。

李岚清指出,江泽民同志的重要讲话,科学阐述了教育在培养人才、增强民族创新能力中的基础性作用和在现代化建设中的全局性战略性重要位置,进一步阐明了我国社会主义教育事业的历史任务和奋斗目标,突出强调了教育创新的重要作用,对广大教师和青年学生提出了殷切希望和要求。

李岚清强调,教育创新的基本目的是培养具有创新精神、全面发展的高素质人才。实现这个目标,关键要有新的教育思想、教育观念、教育体制和教育方法,要全面实施素质教育。我国的高等院校要承担起培养大批勤奋、刻苦、探索、创新的高素质人才的重任,基础教育也要注重培养学生德、智、体、美等方面的全面发展。只有培养出千百万高素质的社会主义建设者和接班人,才能推动我国教育和科技事业的快速发展,促进经济繁荣和社会进步。

李岚清说,世界上许多科学家也是艺术家,许多艺术家同时又是科学家。他们的经历表明,科学和艺术是相通的。艺术院校的学生要善于观察社会、深入生活,提高人文、社会科学素质;从事自然科学和社会科学研究的学生,也要提高艺术修养,陶冶和丰富自己。各类学科院校之间要架起一座桥梁,相互合作、相互学习、相互借鉴,使培养出的人才具有较高的综合素质和创新能力。

第十二届国际柴科夫斯基音乐比赛中获奖的中国音乐学院青年教师吴碧霞、中央音乐学院教师居觐和中央音乐学院附中学生陈曦,为教师节献上了一台精彩节目。李岚清向3名获奖者表示祝贺,向精心培育出优秀人才的教师表示感谢。

有关方面负责人陈至立、孙家正、刘淇等出席了庆祝教师节音乐会。

南京师范大学庆祝建校100周年

来自海内外各界人士、全国各地校友及南师大全体师生员工近5万人汇聚南师,共同庆祝这一喜庆的日子。中共中央政治局常委、全国政协主席李瑞环为校庆题词:“发扬好传统,创造新辉煌。”全国人大常委会副委员长彭珮云、许嘉璐等也分别题词表示祝贺。

南京师范大学诞生于100年前,前身是张之洞创办的三江师范学堂。经过百年的发展,现在的南京师范大学在学科建设、教学科研和人才培养上有着雄厚的实力,是国家面向21世纪重点建设的百所高校之一,学科门类覆盖文、史、哲、经、法、管、理、工、农、教十大门类。南师大现有随园、紫金、仙林三个校区,有24个学院(系)57个本科专业,在校师生共2.3万人。

教育部部长陈至立发来贺信,中共江苏省省委书记回良玉在会上讲话。

9月11日

全国人大常委会委员长李鹏在泗水会见印尼东爪哇省省长乌托莫

李鹏说,上海是中国重要的工业城市和海港,山东也是中国的重要省份,有丰富的油气资源,它们和东爪哇都有某些相似之处。东爪哇省和上海结为友好省市,并和山东省建立了多方面的联系,积极探讨在各领域的交流与合作,这是一种很好的方式。他说,今天山东省人大常委会主任韩喜凯在座,相信他会关照在济南学习的东爪哇的留学生。他衷心希望,在今后的岁月中,东爪哇省不断发扬优秀传统,在促进中国印尼友好合作方面不断作出新的贡献。

李鹏说:今天下午我参观了印尼国营大型企业锦

石石油化工公司和最大的日用品制造商之一金锋集团。希望这些企业今后能取得更大发展,两国企业界能进一步加强交流与合作。

国务院总理朱镕基在北京会见国际货币基金组织总裁霍斯特·克勒

双方就世界经济形势、中国改革开放政策和共同关心的问题交换了看法。

应客人的要求,朱镕基介绍了中国在经济建设方面所取得的成就及发展经验。他指出,中国经济的快速、健康发展得益于中国实行了符合中国情况的方针政策。

朱镕基对中国和国际货币基金组织多年来的良好合作关系表示满意。

中国人民银行行长戴相龙、外交部副部长王光亚等参加了会见。

国家副主席胡锦涛在人民大会堂会见越南共产党中央政治局委员 书记处常务书记潘演一行

国务院副总理李岚清在中南海会见以日本国会议员前文部大臣有马朗人和东京大学校长佐佐木毅为代表的日本重点大学群访华团

外交部发言人孔泉就安理会正式将"东突伊斯兰运动"列入安理会颁布的恐怖主义组织和个人名单答记者问

问:安理会于9月11日正式将"东突伊斯兰运动"列入安理会颁布的恐怖主义组织和个人名单。请问中方对此有何评论?

答:9月11日,联合国安理会正式将"东突伊斯兰运动"列入安理会颁布的恐怖主义组织和个人名单。此前,中国、美国、阿富汗、吉尔吉斯斯坦四国就此共同向安理会提出了这一要求并提交了相关材料。这也是中国与美国等有关国家进行反恐合作取得的一项积极成果。

"东突伊斯兰运动"是国际恐怖势力的一部分,在中国境内外制造了大量暴力恐怖事件,对地区安全与稳定构成了严重的威胁。中方将与国际社会继续加强合作,共同打击包括"东突"恐怖组织在内的一切形式的恐怖主义活动。

《中国人民解放军军事训练条例》发布施行

中央军委主席江泽民签署命令,发布施行新的《中国人民解放军军事训练条例》。这个条例的施行,对我军适应现实军事斗争需要,进一步规范和促进军事训练,全面提高部队战斗力具有重要意义。

原有的《军事训练条例》是中央军委于1990年4月发布的。由于当前军事训练面临的形势发生了深刻变化,中央军委决定对原《军事训练条例》进行修订。新的《军事训练条例》坚持以马列主义、毛泽东思想、邓小平理论和江泽民"三个代表"重要思想为指导,以新时期军事战略方针为依据,以适应军事斗争、军队建设和国家安全的需要为目标,充分吸纳训练改革最新成果和科技练兵成功经验。

修改后的《军事训练条例》共9章100条,全面规范了全军各个领域、各个方面、各个层次的军事训练活动。新的条例将"打得赢"、"不变质"列入军事训练的总目标、总要求,把科技兴训、依法治训纳入军事训练总方针,把科学练兵、注重效益纳入军事训练的总原则,明确了军人的训练义务,增加了有关联合训练、总部机关训练、非战争行动训练等方面的内容和开展基地训练、模拟训练、网络训练和电化教学等要求,并规定了合同战术训练基地组织和保障军事训练方面的职责等条款。

新的《军事训练条例》明确规定,全军必须把军事训练作为经常性的中心工作。军事训练必须贯彻科技兴训、依法治训,从实战需要出发、从难从严训练的方针;遵循训战一致、教养一致,科技练兵、勤俭练兵、保证质量、注重效益的原则。军人必须参加军事训练,完成军事训练任务,具备履行职责所必需的军事知识和能力。规定军事训练的基本任务是,掌握军事知识和技能,演练现代作战的组织指挥和战法,开展军事学术研究,检验作战理论、体制编制和各类装备,培养坚强的意志、优良的作风、严明的纪律,锻炼强健的体魄,全面提高官兵的综合素质和部队的整体作战能力。

条例自发布之日起施行。

9月12日

中共中央国务院在北京召开全国再就业工作会议

中共中央总书记、国家主席江泽民在会上作了重要讲话。江泽民指出,扩大就业,促进再就业,关系改革发展稳定的大局,关系人民生活水平的提高,关系国家的长治久安,不仅是重大的经济问题,也是重大的政治问题。千方百计解决好群众的就业问题,就是为人民办实事,就是贯彻"三个代表"要求的重大实践。各级党委和政府一定要充分认识就业和再就业工作的极端重要性,把就业和再就业工作,始终作为关系改革发展稳定的大事,务必抓紧抓实抓好。

江泽民强调,国有企业下岗失业人员,为国家建设作出过贡献,理应得到国家和社会的关心和帮助。解决好他们的再就业问题,是整个就业工作的重中之重,是各级党委和政府以及全社会义不容辞的责任。各级党委和政府一定要下更大的决心,花更大的力气,采取更加有力的措施,切实做好再就业工作。

中共中央政治局常委、国务院总理朱镕基主持会议。中共中央政治局常委李瑞环、胡锦涛、尉健行、李岚清出席了会议。

江泽民说,就业是民生之本。就业工作历来受到党和政府的高度重视。总的看,我们在就业和再就业工作方面,取得了显著成绩。就业规模不断扩大,就业结构调整取得进展。市场导向的就业机制初步形成,就业方式发生深刻变化。"两个确保"得到较好落实,社会保障体系建设取得重大进展。这些成绩,是在我国劳动力供求矛盾十分突出的情况下取得的,也是在世界经济起伏变化的情况下取得的,确实来之不易,是全党和全国上下共同努力的结果。

江泽民指出,当前及今后一个较长时期内,我国就业形势仍十分严峻。我国就业方面的主要矛盾,是劳动者充分就业的需求与劳动力总量过大、素质不相适应之间的矛盾。这将是一个长期存在的问题。当前主要表现在劳动力供求总量矛盾和就业结构性矛盾同时并存,城镇就业压力加大和农村富余劳动力向非农领域转移速度加快同时出现,新成长劳动力就业和失业人员再就业问题相互交织。焦点集中在下岗失业人员再就业上,而且这个问题已经成为一个带有全局性影响的重大经济和社会问题。

江泽民说,各级领导干部在开展工作时,一定要注意分清轻重缓急,善于集中力量搞好当务之急。做好下岗失业人员的再就业工作,就是当前党和国家工作一项重大而紧迫的当务之急。对此全党同志必须有足够的认识,加紧工作,并有针对性地采取一些政策措施。

江泽民指出,一是要结合本地区经济社会发展的需要和下岗失业人员的特点,有组织地开发一批适合下岗失业人员从事的就业岗位。要千方百计帮助下岗失业人员获得一份工作。社区就业潜力很大,应该把充分开发社区服务业的就业岗位作为一个重点。二是要有针对性地开展面向下岗失业人员的职业介绍和职业指导。解决就业困难群众的再就业问题,必须提供更有针对性的就业服务,进一步把工作做细做实。三是要充分重视职业培训在促进再就业工作中的重要作用。要提高再就业培训的针对性、实用性和有效性。适应就业市场的需求和变化,帮助下岗职工通过培训掌握再就业的技能和本领,形成以培训促进创业、以创业促进就业的良性机制。四是要积极开展再就业援助。政府的资金和政策要集中用于帮助最困难的群众实现再就业,政府开发的公益性就业岗位主要应用来安排他们,并采取提供就业援助、社会保险补贴和岗位补贴等更加优惠的扶持政策。对下岗失业人员的职业介绍和再就业培训等服务都要免费。下岗失业人员自谋职业、服务型企业批量招收下岗失业人员、国有企业通过主辅分离分流安置富余职工等,都应在税费政策上给予支持。五是要继续巩固"两个确保",搞好"三条保障线"的衔接,切实做到应保尽保。各级政府和企业要继续运用现有各类渠道筹措资金,加大对生活困难的下岗失业人员的扶持力度,确保他们的基本生活。

江泽民说,做好再就业工作,同做好整个就业工作是紧密联系的。我们党和政府在解决十几亿人口吃饭、几亿劳动力就业这个大问题上,进行了长期富有成效的探索,积累了丰富的经验。要结合新的情况,总结实践经验,借鉴国外的有益措施,逐步走出一条既能够充分促进就业、又能保证经济持续快速健康发展的路子。从长远来看,我们要逐步加快培育和发展劳动力市场,完善就业服务体系,建立以劳动者自主就业为主导、以市场调节就业为基础、以政府促进就业为动力的就业机制。

江泽民指出,做好当前及今后一个时期的就业和再就业工作,要正确处理好以下五个方面的关系。

第一,要正确处理发展经济和扩大就业的关系,通过发展经济促进就业,通过扩大就业推动经济发展,实现发展经济与扩大就业的良性互动。发展是硬道理。通过发展经济来扩大就业,是解决就业问题的根本途径。在研究经济和社会发展规划时,要把就业问题作为重要内容统筹考虑。既通过促进经济发展来扩大就业,又通过扩大就业来促进经济发展。

第二,要正确处理经济结构调整和扩大就业的关系,使经济结构调整和劳动力结构调整协调推进。在提高产业科技含量的同时要重视发展劳动密集型产业,在增强国有经济竞争力的同时要加快发展多种所有制经济,在培育一批大型企业集团的同时要大力发展中小企业,充分发挥各种产业和企业在吸纳劳动力就业方面的作用。第三产业的就业增长弹性大,应作为扩大就业的主攻方向。要在提高经营管理水平和切实保护生态环境的条件下,积极发展旅游业,扩大就业。一些以资源开采为主的城市和地区,要按照市场的需求,结合本地的优势,有步骤地发展接续产业,进行整体性调整,重振经济。

第三,要正确处理深化改革和扩大就业的关系,坚持减员增效和促进再就业相结合、职工下岗分流和社会承受能力相适应的原则。要全面理解和正确贯彻"鼓励兼并、规范破产、下岗分流、减员增效、实施再就业工程"的方针,统筹考虑减员增效和促进再就业。

企业职工下岗分流，要充分考虑财政、企业、职工和社会保障的承受能力，量力而行。国有企业要积极挖掘内部潜力，发展多种经营，改制分流，多渠道安置富余人员。

第四，要正确处理城乡经济协调发展和扩大就业的关系，把引导农村富余劳动力转移和解决“三农”问题紧紧联系起来。在重点做好城镇下岗失业人员再就业工作的同时，要统筹兼顾城镇新增劳动力和农村富余劳动力的就业工作。要为农村劳动力开辟更多的生产门路和就业门路。对农民进城务工要公平对待、合理引导、完善管理、搞好服务，组织和引导农村富余劳动力有序流动，维护农民工的合法权益，促进农村富余劳动力向非农产业转移。

第五，要正确处理完善社会保障体系和扩大就业的关系，通过实行“两个确保”解决保障基本生活的当务之急，通过促进再就业解决下岗失业人员的根本出路，通过完善社会保障体系为深化改革和扩大就业提供保障。

江泽民说，要精打细算，节省一切可以节省的资金，首先保证多用一些在就业和社会保障上。要调整和优化财政支出结构，增加财政对就业的投入。我国是世界上劳动人口最多的国家，就业任务繁重，财政再困难，也要拿出钱来支持就业。

江泽民指出，各级党委和政府都要清醒地认识就业和再就业工作的长期性、艰巨性和复杂性，坚决落实中央的方针政策，既要立足当前，明确工作重点，采取有效措施，集中人力、财力和物力，打好攻坚战，又要着眼长远，把就业和再就业工作作为一项长期的战略任务，制定中长期的规划和政策，打好持久战。要加强统筹协调，发挥各方面的积极性，形成全社会共同参与、齐抓共管的局面。要定期分析情况，研究对策，及时解决突出问题，做到工作责任到位，政策落实到位，资金投入到位，措施保证到位。各级领导要满腔热情地为下岗失业人员排忧解难，确保再就业各项政策措施落实到他们身上。

江泽民最后强调指出，强有力的思想政治工作，历来是我们党的重要政治优势。越是深化改革，越是遇到困难，思想政治工作越要加强。要通过细致的思想政治工作，引导职工群众支持企业改革，自觉维护稳定。

朱镕基在主持会议时说，江泽民同志的重要讲话从党和国家工作全局的战略高度，全面分析了我国当前面临的就业形势，深刻指出了做好再就业工作对于促进经济发展、保持社会稳定的极端重要性，明确了在新的历史条件下进一步做好就业和再就业工作的指导思想和方针政策，并对各地、各部门落实会议精神提出了明确要求。讲话高屋建瓴，内容丰富，对我们认清形势，把握大局，进一步做好就业和再就业工作，全面推进改革开放和社会主义现代化建设的伟大事业，具有十分重要的指导意义。我们一定要认真学习，深刻领会，全面落实。要以邓小平理论和“三个代表”重要思想为指导，分析就业和再就业工作面临的形势，明确新时期做好就业和再就业工作的指导思想、目标任务和政策措施，进一步完善社会保障体系，全面推动就业和再就业工作。

中共中央政治局委员、国务院副总理吴邦国在会上作了工作报告。他说，自1998年5月党中央、国务院召开国有企业下岗职工基本生活保障和再就业工作会议以来，各地区、各部门做了大量工作，取得了重大进展。基本做到“两个确保”，城市“低保”应保尽保。社会保障体系逐步完善。再就业工作取得较大进展。广大国有企业下岗职工识大体、顾大局，以自己的实际行动为国有企业改革发展和我国现代化建设事业作出了新的贡献。这一切，有力地保证了国有企业改革脱困三年目标基本实现，促进了经济结构调整，为维护改革发展稳定大局发挥了重要作用，功不可没，意义深远。但当前就业形势仍然十分严峻，我们必须将认识统一到江总书记讲话和中央的精神上来，以“三个代表”重要思想为指导，提高对做好国有企业下岗失业人员再就业工作的重要性、紧迫性的认识，高度重视，加强领导，明确目标，突出重点，以更加积极的态度，更加务实的作风，做更加扎实的工作，使有劳动能力和就业愿望的下岗失业人员尽快实现再就业。要坚定信心，充分认识到做好工作的有利条件，挖掘潜力，千方百计扩大再就业门路。要发展第三产业尤其是传统服务业，增加再就业岗位。要发展非公有制经济和劳动密集型企业，拓宽再就业门路。要支持有条件的国有大中型企业，通过主辅分离，辅业转制，分流安置富余人员。要完善政策，强化服务，大力促进下岗失业人员再就业。鼓励和支持下岗失业人员自谋职业；鼓励服务型企业吸纳下岗失业人员；鼓励有条件的国有大中型企业主辅分离安置富余人员；对下岗失业人员中女40岁以上、男50岁以上的人员实行特殊的就业援助。促进下岗失业人员再就业，除政策支持外，还必须通过加强培训和改善服务强化再就业服务。要把社区就业和社会保障工作体系建设，作为促进再就业的重要基础工作来抓实抓好。要明确责任，狠抓落实，切实加强对再就业工作的领导。各级党委政府要把再就业工作作为一件大事来抓，抓好政策和资金双落实。要落实部门责任，动员全社会力量共同做好再就业工作。要切实加强对再就业工作的督促检查。要加强思想政治工作，充分发挥各级党组织的政治核心作用。要以“三个代表”思想为指导，认真贯彻落实这次会议的精神，加强领导，转变作风，解放思想，真抓实干，形成全党全社会共同关心再就业工作的良好氛围，努力开创再就业工作的新局面。

出席会议的中央领导同志还有丁关根、田纪云、李长春、李铁映、吴官正、张万年、罗干、姜春云、贾庆林、钱其琛、黄菊、温家宝、曾庆红、吴仪、司马义·艾买提、王忠禹等。各省、自治区、直辖市和计划单列市、新疆生产建设兵团主要负责同志，中央和国家机关有关部门主要负责同志，解放军有关单位、武警部队和有关大型国有企业的负责同志等出席了会议。

全国人大常委会委员长李鹏在泗水会见印尼前总统瓦希德

国务院总理朱镕基在中南海会见新西兰前总理珍妮·希普利女士

全国政协主席李瑞环在全国政协礼堂会见尼泊尔国务会议常务委员会主席凯沙尔·忠格·拉亚马吉

《人民日报》发表中共中央文献研究室的文章《推进有中国特色社会主义事业的强大思想武器——学习〈江泽民论有中国特色社会主义〉(专题摘编)》

当前，全国上下正在响应以江泽民同志为核心的党中央的号召，高举邓小平理论伟大旗帜，全面贯彻“三个代表”重要思想，努力做好各方面的工作，迎接党的十六大召开。根据广大干部群众的迫切需要，经中共中央批准，中央文献研究室编辑出版《江泽民论有中国特色社会主义》(专题摘编)一书，为深入学习建设有中国特色社会主义理论和“三个代表”重要思想提供了一部重要教材。

党的十三届四中全会以来，以江泽民同志为核心的第三代中央领导集体，高举邓小平理论伟大旗帜，坚持解放思想、实事求是的思想路线，弘扬与时俱进、开拓创新的精神，坚持党的基本路线和基本纲领，团结和带领全国各族人民，在实现推进现代化建设、完成祖国统一、维护世界和平与促进共同发展的历史任务过程中，正确应对前进道路上遇到的困难和挑战，妥善处理国际国内的复杂问题，把建设有中国特色社会主义的伟大事业全面推向前进。在这期间，江泽民同志发表了许多重要著作，对中国共产党的基本理论、基本路线和基本纲领，对中国的经济、政治、文化、军事、外交和党的建设等各方面的问题，都做了深刻论述。这些论述，特别是“三个代表”重要思想的论述，是在新的历史条件下对马列主义、毛泽东思想、邓小平理论的运用和发展，是我们继续前进、开创建设有中国特色社会主义新局面的行动指南。

《江泽民论有中国特色社会主义》(专题摘编)一书，是从1989年6月党的十三届四中全会以来的十三年间，江泽民同志所作的报告、讲话、文章、书信、批示等370多篇重要文献中摘录的，按照内容分为25个大题、119个小题，其中有不少论述是第一次公开发表。这本书比较全面系统地反映了江泽民同志在建设有中国特色社会主义的新的探索中，提出并阐明的新思想、新观点、新论断。

一

在二十世纪的历史进程中，一个最引人关注的问题，就是社会主义的兴起、发展和经受挫折。二十世纪初，列宁领导了十月革命，在世界上建立了第一个社会主义国家，开辟了人类历史发展的新纪元。第二次世界大战以后，中国等一批国家相继建立起社会主义制度，社会主义显示出强大的生命力，深刻地改变了世界政治力量的对比。二十世纪八十年代末、九十年代初，东欧剧变，苏联解体，世界社会主义事业遇到了严重挫折。而在中国，由于党的十一届三中全会作出实行改革开放的决策，经过二十多年的发展，特别是十三届四中全会以来的十三年的发展，社会主义日益显示出蓬勃的生机和活力，为全世界所瞩目。从历史的比较和国际的观察中，不难得出一个结论，社会主义在中国之所以展现出光明的前途，最根本的，是由于我们成功地走出了一条建设有中国特色社会主义的道路，并坚定地沿着这条道路不断开拓前进。

1989年6月，在国际风云急剧变幻、国内政治风波刚刚平息，内外压力空前巨大的严峻时刻，以江泽民同志为核心的新的中央领导集体，承担起了在中国全面推进社会主义事业的历史重任。在党的十三届四中全会上，江泽民同志明确指出，我们党已经制定和形成了一条建设有中国特色社会主义的路线和一系列基本政策，我们必须坚定不移、毫不动摇地全面执行，一以贯之。在庆祝新中国成立四十周年大会上，江泽民同志又强调指出，邓小平同志关于建设有中国特色社会主义的理论，是经过十年实践检验而为亿万人民所认识和接受的科学理论，是指引我们继续前进的旗帜。经过党的十四大、十五大，我们党郑重地把邓小平理论确立为党的指导思想，坚定地高举邓小平理论伟大旗帜阔步前进。在邓小平理论指引下，我们党领导和团结全国人民，战胜了前进道路上来自国际的和国内的、政治的和经济的、可以预料和难以预料的种种困难和挑战，全面推进了建设有中国特色社会主义的伟大事业。我国的改革和建设的巨大成就，使党的基本理论、基本路线更加深入人心，成为广大干部群众自觉的实际行动,也获得国际舆论的普遍好评。在这个过程中,江泽民同志始终用马克思主义的政治眼光观察世界,正确判断错综复杂的形势,抓住机遇,从容应对挑战,正确作出决策。他以马克思主义的政治勇气和理论勇气,深刻总结改革开放和现代化建设的新鲜经验,集中全党和全国人民的智慧,正确回答建设有中国特色社会主义实践中迫切需要解决的重大问题,丰富和发展了邓小平理论。特别是"三个代表"重要思想的提出,是我们党理论创新的最重要的成果和集中体现。"三个代表"重要思想既坚持了马克思主义的基本原理,坚持了辩证唯物主义和历史唯物主义的世界观和方法论,同马克思列宁主义、毛泽东思想和邓小平理论一脉相承,又反映了当代世界和中国的发展变化对党和国家工作的新要求,是指导我们在新世纪加强和改进党的建设、推进我国社会主义制度自我完善和发展的强大思想武器。

二

经过这十三年的实践和理论探索,我们党对建设有中国特色社会主义规律的认识比过去更加深刻了,在许多重大理论和实践问题上都有了新的突破、新的发展。

实行改革开放是决定中国命运的历史性决策。改革是社会主义制度的自我完善和发展,是在坚持社会主义基本制度的前提下,自觉地调整和改革生产关系与生产力、上层建筑与经济基础不相适应的方面和环节,促进生产力的发展和社会的全面进步。根据十一届三中全会以来改革的实践和认识的不断深化,特别是邓小平同志关于计划和市场都是经济手段的思想,1992年江泽民同志在党的十四大上正式提出我国经济体制改革的目标是建立社会主义市场经济体制。十四届三中全会进一步提出社会主义市场经济体制的基本框架。此后,在实践中按照社会主义市场经济的要求,深化农村经济体制改革,积极推进国有企业改革,加快计划、财政、税收、金融等宏观调控方面的改革,使我国的经济体制改革从理论和实践的结合上取得了突破性的进展。江泽民同志指出,我国的社会主义市场经济体制是同社会主义基本制度结合在一起的,我们的创造性和特色也就体现在这里。

任何改革都要从我国的国情出发。我国最基本的国情是现在处于并将长期处于社会主义初级阶段。江泽民同志在十五大的报告中对这一基本国情进行了深刻分析,进一步阐述了社会主义初级阶段有中国特色社会主义的经济、政治、文化,提出了党在社会主义初级阶段的基本纲领。强调坚持党在社会主义初级阶段的基本路线不动摇,关键是坚持以经济建设为中心不动摇,要把以经济建设为中心同四项基本原则、改革开放这两个基本点统一于建设有中国特色社会主义的伟大实践。提出公有制为主体、多种所有制经济共同发展是我国社会主义初级阶段的一项基本经济制度,由此决定我们必须坚持和完善按劳分配为主体、多种分配方式并存的分配制度。公有制的实现形式可以而且应当多样化。这些理论上的重要突破,对建设有中国特色社会主义事业的发展具有深远的指导意义。

在党的基本路线和基本纲领指导下,我们党制定和实施了促进改革和发展的一系列方针、政策和战略,保持了国民经济的持续快速健康发展,在世纪之交顺利完成了现代化建设的前两步战略目标,进入全面建设小康社会、加快推进社会主义现代化的新的发展阶段。当即将实现第二步战略目标、向第三步战略目标迈进的关键时刻,江泽民同志在十五大报告中适时提出了实现第三步战略目标的具体步骤,即到2010年实现国民生产总值比2000年翻一番,使人民的小康生活更加宽裕,形成比较完善的社会主义市场经济体制;到建党一百年时,使国民经济更加发展,各项制度更加完善;到二十一世纪中叶建国一百年时,基本实现现代化,建成富强民主文明的社会主义国家。

我们进行现代化建设,必须有正确的政治方向和坚强的政治保证。江泽民同志指出,四项基本原则是最重要的政治保证,如果动摇了四项基本原则,或者坚持得不好,那就会在政治方向上、政治保证上出问题,我们的现代化事业就不能成功。要在坚持四项基本原则的前提下,适应经济发展和社会全面进步的要求,积极稳妥地推进政治体制改革,发展社会主义民主政治,建设社会主义政治文明,巩固民主团结、生动活泼、安定和谐的政治局面。

发展社会主义民主政治,最根本的是要坚持党的领导、人民当家做主和依法治国的有机结合和辩证统一。在中国共产党的领导下,实行人民民主,充分保障人民当家做主的民主权利,是我国政权建设和政治体制改革的根本出发点和归宿。依法治国是党领导人民治理国家的基本方略,它从制度和法律上保证党的基本路线和基本方针的贯彻实施,保证党始终发挥总揽全局、协调各方的领导核心作用。江泽民同志强调,人民代表大会制度、共产党领导的多党合作与政治协商制度和民族区域自治制度,适合中国国情,鲜明地体现了有中国特色社会主义民主政治的本质和特点,具有自己的优势和强大生命力,任何时候都决不能动摇、削弱和丢掉这些政治制度,决不能照搬西方的政治制度模式。要加强社会主义民主政治制度建设,保证人民充分行使各项民主权利。要在建设社会主义民主政治的过程中,始终注意把法制建设与道德建设紧密结合起来,把依法治国与以德治国紧密结合起来。

我们在发展社会主义经济、政治的同时，必须大力加强社会主义精神文明建设，大力发展先进文化，不断丰富人们的精神世界，不断增强人们的智慧和才能。当今世界激烈的综合国力竞争，不仅包括经济实力、科技实力、国防实力等方面的竞争，也包括文化方面的竞争。十三年来，江泽民同志在集中精力抓经济建设的同时，始终把加强社会主义精神文明建设作为关系现代化建设全局，关系国家前途和命运的重大问题，倾注了极大的精力。他指出，必须把物质文明建设和精神文明建设作为统一的奋斗目标，始终不渝地坚持两手抓、两手都要硬。只有建设面向现代化、面向世界、面向未来的，民族的科学的大众的社会主义先进文化，才能满足人民日益增长的精神文化生活的需要。建设有中国特色社会主义文化的主要任务，就是着力提高全民族的思想道德素质和科学文化素质，为经济发展和社会全面进步提供强大的思想保证、精神动力和智力支持，培育适应社会主义现代化要求的一代又一代有理想、有道德、有文化、有纪律的公民。

在全社会形成共同的理想和精神支柱，是有中国特色社会主义文化建设的根本。意识形态领域，社会主义思想不去占领，资本主义思想就必然去占领。这是一个真理。江泽民同志强调，加强和改善思想政治工作，最根本的是坚持和巩固马克思主义在我国意识形态领域的指导地位。要广泛深入地进行爱国主义、集体主义和社会主义教育。宣传思想工作要坚持以科学的理论武装人，以正确的舆论引导人，以高尚的精神塑造人，以优秀的作品鼓舞人。伟大的创业实践需要伟大的创业精神。发展和繁荣先进文化的一个重要任务，就是要使我们的民族和人民在建设有中国特色社会主义事业的征程上，始终保持奋发有为、昂扬向上的精神状态。要继承和发扬优良传统，培育和弘扬民族精神，不断增强中华民族的凝聚力。

加强军队和国防建设，是国家安全和现代化建设的基本保证。江泽民同志强调，加强军队建设，最根本的是要坚持党对军队的绝对领导。这是确保人民军队的性质、确保党的执政地位的巩固、确保国家长治久安的根本政治问题。九十年代初，根据世界局势的发展变化和世界军事领域发生革命性的变革，江泽民同志提出要着眼于现代技术特别是高技术条件下局部战争的特点，深入研究和积极探索现代条件下人民战争的指导规律，努力探寻现代条件下以劣势装备战胜优势装备之敌的战法，丰富和发展有中国特色的军事理论。他领导制定了新时期军事战略方针，把军事斗争准备的基点放在打赢可能发生的现代技术特别是高技术条件下的局部战争上。他强调，要努力探索社会主义市场经济和对外开放条件下治军的特点和规律。要按照“政治合格、军事过硬、作风优良、纪律严明、保障有力”的总要求，实施科技强军、质量建军和依法治军，走有中国特色的精兵之路，保证人民军队在任何时候、任何情况下都能打得赢、不变色，努力把我军的革命化、现代化、正规化建设推向一个新的阶段。

实现祖国的完全统一，是中华民族的根本利益所在，是全中国人民的共同愿望和不可动摇的决心。以江泽民同志为核心的党中央，按照邓小平同志提出的“和平统一、一国两制”方针，为完成祖国统一大业做了大量富有成效的工作，取得了重大进展。在实现香港、澳门顺利回归后，严格按照基本法的规定办事，保持了港澳地区的繁荣稳定，使“一国两制”开始变成现实，对最终解决台湾问题将起重要作用。1995 年，江泽民同志提出发展两岸关系、推进祖国和平统一进程的八项主张。强调坚持一个中国原则是实现和平统一的基础和前提；海峡两岸和平统一谈判可以分阶段进行；我们不承诺放弃使用武力，决不是针对台湾同胞，而是针对外国势力干涉中国统一和搞“台湾独立”图谋的；要大力发展两岸经济交流与合作，以利于两岸经济共同繁荣；两岸同胞要共同继承和发扬中华文化的优秀传统等。此后，根据台湾政治形势的变化，江泽民同志指出，台湾问题不能无限期拖延下去，完成祖国的统一不能无限期拖延下去。要最大限度地争取台湾民心，为早日解决台湾问题创造条件。

中国的发展离不开世界。十三年来，江泽民同志正确分析国际形势的发展和变化，坚持独立自主的和平外交政策，坚决贯彻邓小平同志提出的“冷静观察，稳住阵脚，沉着应付，韬光养晦，善于守拙，绝不当头，有所作为”的战略策略思想，结合我国外交工作面临的新任务，作出了一系列重要决策，不断开拓外交工作的新局面，为我国现代化建设创造了良好的国际环境和周边环境。江泽民同志指出，冷战结束后，和平与发展作为当今时代主题没有改变，但天下仍很不太平。总体和平、局部战争，总体缓和、局部紧张，总体稳定、局部动荡，是当前和今后一个时期国际局势发展的基本态势。世界格局走向多极化，是时代进步的要求，但发展是曲折的。经济全球化是一把双刃剑，既有利于推动生产力的发展，也加剧了世界发展不平衡的矛盾。世界经济的波动对各国经济的影响和冲击越来越直接，世界各国特别是发展中国家维护国家经济安全的任务变得更为艰巨和严峻。要建立公正合理的国际政治经济新秩序，建立以互信、互利、平等、协作为核心的新安全观。坚决反对霸权主义和强权政治，维护国家的独立、主权和尊严。

要把中国的事情办好，关键取决于我们党。坚持、加强和改善党的领导，是我们事业胜利前进的根本保证。十三届四中全会以来，江泽民同志对在新的历史条件下“建设一个什么样的党、怎样建设党”进行了深入思考和研究。他针对国内外形势的深刻变化，特别是改革开放和社会主义市场经济不断发展的实际，提出新时期党的建设工作必须紧紧围绕贯彻党的基本路线来进行，必须联系党的中心任务来展开，必须朝着党的建设总目标来加强。党的十四届四中全会专门讨论了加强党的建设问题。在党的十五大上江泽民同志进一步提出，面向新世纪，推进党的建设新的伟大工程，就是要把党建设成为用邓小平理论武装起来，全心全意为人民服务、思想上政治上组织上完全巩固、能够经受住各种风险、始终走在时代前列、领导全国人民建设有中国特色社会主义的马克思主义政党。围绕党的建设这个总目标，我们党坚持党要管党和从严治党方针，进一步解决提高党的领导水平和执政能力、增强拒腐防变和抵御风险的能力这两大历史性课题，始终保持党同人民群众的血肉联系，全面加强了思想建设、组织建设和作风建设。

在世纪之交，江泽民同志深刻总结我们党近八十年的历史经验和其他国家社会主义兴衰成败的历史经验，根据国内外、党内外出现的新情况、新变化，从探索共产党执政规律、社会主义建设规律和人类社会发展规律的高度，提出了“三个代表”重要思想。江泽民同志强调，“三个代表”是我们党的立党之本、执政之基、力量之源。坚持“三个代表”，是我们党的工人阶级先锋队性质、根本宗旨、根本任务的集中体现，是对党的各级组织和全体党员、干部提出的根本要求。在新世纪，我们要通过锲而不舍的努力，保证我们党始终是中国工人阶级的先锋队，同时是中国人民和中华民族的先锋队，始终是中国先进生产力发展要求、中国先进文化前进方向和中国最广大人民根本利益的忠实代表，始终是建设有中国特色社会主义事业的领导核心。

三

江泽民同志关于有中国特色社会主义的重要论述是全面的系统的。学习这些重要论述，一定要紧密结合我国改革开放和现代化建设的实践，紧密结合国内外形势发生的深刻变化和进入新世纪我们面临的三大历史任务，把握各个基本观点，并从总体上、相互联系上和精神实质上，全面准确地学习和思考。最根本的，是要学习和领会“三个代表”重要思想。在学习中特别要注意掌握贯穿于江泽民同志关于有中国特色社会主义重要论述中的三个基本方面。

——坚持与时俱进，开拓创新。立足不断发展变化的客观实际，坚持与时俱进，不断开拓创新，是江泽民同志重要论述的鲜明特征。他反复强调，马克思主义的一个基本道理，就是不能用本本去框实践，而只能用实践去发展本本。如果一切都要先看本本上有没有，老祖宗讲过没有，就很难在实践中迈开步子。老祖宗一定不能丢，丢了就丧失根本。同时，一定要以我国改革开放和现代化建设的实际问题、以我们正在做的事情为中心，着眼于马克思主义理论的运用，着眼于对实际问题的理论思考，着眼于新的实践和新的发展。坚持在实践中发展马克思主义，用发展着的马克思主义指导新的实践。

一切科学的理论，总是从实践中来，又回到实践中去，接受检验，指导实践，同时在实践中得到丰富和发展。马克思列宁主义是这样，毛泽东思想是这样，邓小平理论也是这样。毛泽东同志在党的七大上指出：“全世界自古以来，没有任何学问、任何东西是完全的，是再不向前发展的。地球是在发展的，太阳是在发展的，这就是世界。停止了发展就不是世界。”时代在前进，实践在发展，我们必须不断深化对客观世界的认识，不断作出新的理论概括，并在实践中加以检验和发展。这是贯彻解放思想、实事求是的思想路线的根本要求，也是推进一切事业发展的根本方法。江泽民同志认为，建设有中国特色社会主义，是不断向前发展的伟大事业。邓小平理论为我们指明了前进的方向，奠定了发展的基础。今后的路具体怎么走，仍需靠我们自己在邓小平理论指引下，在实践中不断探索，不断开拓，总结新的经验，形成新的认识。

党的十三届四中全会以来，世界政治、经济、文化、科技等发生了重大变化，我国改革开放和社会主义现代化建设在不断向前发展，广大党员干部和人民群众工作、生活条件和社会环境也都发生了重大变化。面对这种不断变化的客观实际，如果我们不解放思想，不进行创新，我们的理论和政策不向前发展，我们就不可能正确应对各种新的困难和挑战，社会主义现代化建设事业就不可能继续前进。形势逼人，不进则退。正是在这种情况下，江泽民同志向全党反复强调与时俱进是马克思主义的理论品质，贯彻“三个代表”要求，关键是要做到与时俱进。他把弘扬与时俱进的精神，同党的解放思想、实事求是的思想路线紧密结合起来，指出：解放思想、实事求是，既要坚持坚定正确的政治方向，又要与时俱进，开拓创新。解放思想、实事求是，与时俱进、开拓创新，是马克思主义活的灵魂，也是我们认识新事物、适应新形势、完成新任务的根本思想武器。全党同志特别是领导干部都要勤于思考，深入实际，继续研究和努力回答推进改革开放和现代化建设面临的重大理论问题和实践问题，对新的实践、新的发展及时作出新的理论概括和理论指导。这是我们党在长期执政条件下保持先进性和创造力的决定性因素。我们党能否做到这一点，决定着中国的发展前途和命运。

坚持与时俱进，说到底就是要不断创新。创新包括理论创新、制度创新、科技创新及其他创新。江泽民同志强调，创新是一个民族进步的灵魂，是一个国家兴旺发达的不竭动力，也是一个政党永葆生机的源泉。要使党和国家的发展不停顿，首先理论上不能停顿，否则，一切新的发展都谈不上。江泽民同志关于有中国特色社会主义的一系列新思想、新观点、新论断，正是坚持马克思主义与时俱进的理论品质、不断开拓创新的生动体现。

——坚持把发展作为执政兴国的第一要务，用发展的办法解决前进中的问题。江泽民同志指出：我们党要承担起推动中国社会发展的历史使命，必须始终紧紧抓住发展这个执政兴国的第一要务，把保持党的先进性和发挥社会主义制度的优越性，落实到发展先进生产力、发展先进文化、维护和实现最广大人民的根本利益上来。把握住这一点，就从根本上把握了人民的愿望，把握了社会主义现代化建设的本质。

历史和现实都表明，经济落后，就会处于被动地位，受制于人。财大才能气粗，落后就要挨打。经济落后的国家，不仅国内政局难以稳定，而且在国际事务中也难以发挥应有的作用。当前国际竞争的实质，是以经济和科技实力为基础的综合国力的竞争。只有抓住机遇，加快发展，集中力量把经济建设搞上去，才能增强国家的综合国力，才能在风云变幻的国际局势中处于主动地位，立于不败之地。

我们是在经济文化十分落后的基础上建立社会主义制度的。我国社会主义将长期处于初级阶段，社会的主要矛盾始终是人民日益增长的物质文化需要同落后的社会生产之间的矛盾。这就要求我们必须更加重视和始终坚持解放和发展生产力。如果生产力不发展，社会主义制度的巩固和国家的长治久安就会遇到极大的困难，社会主义优越性就会丧失最根本的经济源泉。江泽民同志指出：改革开放二十多年来，我们党的路线方针政策得到全体人民的拥护，我们经得起国际国内各种风浪的考验，我国的国际威望和影响不断提高，都与我国社会生产力的迅速发展、综合国力的显著增强和人民生活的不断改善密切相关。继续解决我国经济和社会生活中存在的矛盾，提高我们抵御各种风险的能力，实现第三步战略目标，要靠发展；解决台湾问题，完成祖国统一大业，要靠发展；反对霸权主义、强权政治，履行我们维护世界和平与促进各国共同发展的国际责任，不断增强我国在国际事务中的作用，也要靠发展。

在社会主义初级阶段，围绕发展社会生产力这个根本任务，必须把改革作为推进各项工作的动力，不断进行体制创新和制度创新。江泽民同志在党的十四大和十五大上提出的建立社会主义市场经济体制，公有制为主体、多种所有制经济共同发展的基本经济制度，按劳分配为主体、多种分配方式并存的分配制度等等，就是我们党进行体制和制度创新的重要成果，也为我国社会生产力的发展打开了广阔的通途。

中国经济的发展应该走一条什么样的路子，这是关系到我国经济能否持续快速健康发展的关键问题。江泽民同志强调，发展要有新思路，要以结构调整为主线，以改革开放和科技进步为动力，以提高人民生活水平为根本出发点，全面推进经济发展和社会进步。在探索适合我国国情的发展道路的过程中，江泽民同志在中央召开的一系列重要会议上，阐述了实施科教兴国战略、可持续发展战略、西部大开发战略等重要战略指导思想，同时对农业、农村和农民问题，推进国有企业改革和发展，把经济发展建立在主要依靠国内市场的基础上，实施“引进来”和“走出去”相结合的开放战略，促进区域经济合理布局和协调发展，建立和完善社会保障体系等问题，也都进行了深入的探讨，作出了一系列重要论述。

江泽民同志强调，要善于从全局性、战略性的高度，辩证地思考发展问题。他指出，在整个现代化建设的过程中，都必须正确处理改革、发展、稳定的关系。改革是动力，发展是目标，稳定是前提。三者关系处理得当，就能总揽全局，保证经济和社会的顺利发展；处理不当，就会吃苦头，付出代价。经过深入研究和反复思考，从全党全国工作的大局出发，他提出“抓住机遇、深化改革、扩大开放、促进发展、保持稳定”的方针，并强调要按照这个方针从整体上把握改革、发展、稳定之间的内在关系，把改革的力度、发展的速度和社会可承受的程度协调统一起来。要正确处理新形势下的人民内部矛盾，维护社会政治稳定。

——坚持执政为民，把最广大人民的利益实现好、维护好、发展好。全心全意为人民服务，立党为公，执政为民，是我们党同一切剥削阶级政党的根本区别。毛泽东同志指出：“全心全意地为人民服务，一刻也不脱离群众；一切从人民的利益出发，而不是从个人或小集团的利益出发；向人民负责和向党的领导机关负责的一致性；这些就是我们的出发点。”邓小平同志把“人民拥护不拥护”、“人民赞成不赞成”、“人民高兴不高兴”、“人民答应不答应”作为制定各项方针政策的出发点和归宿。我们党八十多年来进行的一切奋斗，归根到底都是为了最广大人民的根本利益。

在新的历史条件下，我们党所处的环境发生了重大变化。我们党已经成为在改革开放和发展社会主义市场经济条件下长期执政的党，在获得更好地为人民服务的条件和资源的同时，也增加了脱离群众甚至损害群众利益的危险。如何更好地实现、维护和发展好最广大人民的根本利益，是一个关系到党和国家兴衰存亡的重大问题。因此，江泽民同志特别强调执政为民的问题，认为执政为民是贯彻“三个代表”思想的本质要求。

坚持执政为民，必须密切党同人民群众的血肉联系。人民群众是实现社会变革的决定力量，始终保持党同人民群众的血肉联系是我们战胜各种困难和风险、不断取得事业成功的根本保证。因此，在任何时候任何情况下，与人民群众同呼吸、共命运的立场不能变，全心全意为人民服务的宗旨不能忘，坚信群众是真正英雄的历史唯物主义观点不能丢。江泽民同志在深刻分析和总结历代政权、许多政党兴衰成败的经验教训的基础上，指出：我们党作为执政党，必须高度关注党与群众的关系问题、人心向背问题。全体党员特别是领导干部，都必须始终坚持清正廉洁，一身正气，经得起改革开放和执政的考验，经得起权力、金钱、美色的考验，决不允许以权谋私、贪赃枉法。我们一定要以党风廉政建设的实际成果取信于人民。

坚持执政为民，必须把最广大人民的根本利益作为出发点和归宿，充分发挥人民群众的积极性、主动性和创造性，在社会不断发展进步的基础上，使人民群众不断获得切实的经济、政治、文化利益。江泽民强调，在任何时候，我们都必须坚持做到坚持尊重社会发展规律与尊重人民历史主体地位的一致性，坚持为崇高理想奋斗与为最广大人民谋利益的一致性，坚持完成党的各项工作与实现人民利益的一致性，把最广大人民群众的切身利益实现好、维护好、发展好，把他们的积极性引导好、保护好、发挥好。人民群众的整体利益总是由各方面的具体利益构成的，最重要的是必须首先考虑并满足最大多数人的利益要求，这始终关系党的执政的全局。同时，要认真考虑和妥善兼顾不同阶层、不同方面群众的利益。

坚持执政为民，最终要体现在改善人民生活上。不断改善人民生活，是我们党全心全意为人民服务宗旨和“三个代表”要求的最终体现，是处理好改革、发展、稳定关系的结合点。人民群众的生活水平不断提高，推进改革就会得到更加广泛的支持，我们党的执政基础就会更加巩固。江泽民同志强调，关心群众，首先要关心困难群体的疾苦；为最广大人民谋利益，首先要为困难群体谋好利益。要努力使广大群众共享经济社会发展的成果，在经济发展的基础上逐步实现全体人民的共同富裕。

建设有中国特色社会主义，是我们党在新的历史条件下的伟大实践，也是我们党长期为之奋斗的伟大事业。认真学习江泽民同志关于有中国特色社会主义的重要论述，对于我们在新世纪，更加坚定地高举邓小平理论伟大旗帜，全面贯彻“三个代表”重要思想，团结一切可以团结的力量，在有中国特色社会主义道路上，全面建设小康社会，加快推进社会主义现代化，实现中华民族的伟大复兴，具有十分重要的指导意义。

外交部部长唐家璇在纽约联合国总部会见欧盟官员

他们是：现任欧盟主席国丹麦外交大臣默勒、下任主席国希腊外长帕潘德里欧、欧盟负责外交与安全政策高级代表索拉纳和欧盟对外关系委员彭定康，唐家璇和他们就中欧关系等问题交换了意见。

唐家璇说，当前中欧关系发展势头很好，各领域的合作不断深化。再过几天，朱镕基总理将赴丹麦出席第五次中欧领导人会晤，就进一步加强中欧关系及共同关心的国际问题交换意见。这是中欧双边最高级别的定期会晤，中方对此高度重视，有关部门已经根据双方商定的议题做了充分的准备。

9月13日

全国人大常委会委员长李鹏在马尼拉与菲律宾众议院议长德贝内西亚举行会谈

李鹏委员长首先对菲律宾议会和政府的热情款待表示感谢。他说，中菲两国有着历史悠久的传统友谊。近年来，中菲关系保持良好的发展势头。两国领导人之间互访与接触频繁。去年阿罗约总统对华进行了成功的国事访问。两国领导人一致同意在睦邻互信、互利合作基础上全面发展长期稳定、超越具体分歧的友好合作关系。两国各个级别的磋商与对话进一步加强，增进了相互了解和信任。

李鹏说，作为双边关系的重要组成部分，中国全国人大和菲律宾议会的交往十分活跃而且富有成效。这次中国全国人大常委会和菲众议院将要签署的合作备忘录，对进一步促进双方的交流与合作，具有重要意义。

李鹏说，中菲经贸合作近两年发展较快，贸易额大幅度增长，在农业、基础设施建设和信息产业等领域的合作也有良好的进展，这对促进两国关系的稳定发展将起到积极作用。最近，双方还就铁路、港口等方面的合作达成谅解，表明中菲经贸合作的领域正在不断拓展。

李鹏说，中方积极支持菲律宾主办亚洲议会和平协会第四届年会，并对菲律宾提出的“亚洲百年和平”远景倡议表示欢迎。他说，今年4月，中国成功主办了亚洲议会和平协会第三届年会，得到了包括菲律宾在内的亚洲各国议会的大力支持。会议通过的《重庆宣言》，以“和平与发展”为主题，全面阐述了与会各国议会领导人对当前亚洲和世界人民普遍关心的一系列问题的立场和观点，反映了亚洲各国议会坦诚对话、真诚合作的精神。他希望通过菲方承办的下届年会，上述精神将得到进一步弘扬。

关于中国与东盟的关系，李鹏指出，目前中国与东盟之间已建立了良好的合作关系。中国主张世界多极化，而东盟在世界多极化趋势发展进程中发挥着重要作用，中国愿进一步加强与东盟各国的睦邻友好关系，促进互利合作，实现共同繁荣。

在谈到反恐问题时，李鹏指出，中国坚决反对并谴责一切形式的恐怖主义，历来主张反恐必须在联合国的框架内进行，中国已经与包括东盟在内的国际社会就反恐问题开展了对话与合作。

会谈中，双方还一致认为，中菲近年来在南海问题上一直保持着良好的沟通与协作，保持了南海地区的稳定，为亚洲的和平作出了重要贡献。

会谈后，李鹏和德贝内西亚出席了仪式，中国全国人大常委会秘书长何椿霖与菲律宾众议院副议长冈萨雷斯签署了“中国全国人大常委会与菲律宾众议院合作备忘录”，中国全国人大还为支持菲律宾承办亚洲议会和平协会第四届年会，向菲律宾国会赠送了办公和会议用品。

全国人大常委会委员长李鹏在马尼拉会见菲律宾参议院代议长李松年

全国再就业工作会议在北京闭幕

国务院总理朱镕基在会议上发表讲话指出，进一步做好下岗失业人员再就业工作，是党中央、国务院从当前改革发展稳定大局出发作出的重要决策。各地区、各部门一定要按照江泽民总书记重要讲话精神，提高认识，统一思想，明确任务，以对国家和人民极端负责的态度，采取更加有力的措施，切实加大工作力度，千方百计促进就业和再就业；同时，继续加强社会保障体系建设。

中共中央政治局常委、国家副主席胡锦涛主持会议，中共中央政治局常委尉健行、李岚清出席了会议。

朱镕基在讲话中，首先进一步强调了做好就业和再就业工作的重大意义。他说，扩大就业，促进下岗失业人员再就业，是我们当前一项紧迫的重要任务，是贯彻“三个代表”要求的具体体现，关系人民群众的根本利益和国家的长治久安。这次会议，对新形势下促进下岗失业人员再就业，采取更加有力的政策措施，作出全面的工作部署，充分说明党中央、国务院对进一步做好就业和再就业工作的高度重视。

朱镕基指出，在建立社会主义市场经济体制、深化国有企业改革中，党中央、国务院一贯非常重视再就业工作，相继制定了一系列政策措施。特别是1997年以来，贯彻执行“鼓励兼并、规范破产、下岗分流、减员增效和实施再就业工程”方针，逐步建立国有企业下岗职工基本生活保障制度、失业保险制度、城市居民最低生活保障制度“三条保障线”和养老、医疗保险制度，不仅有力地推进了国有企业改革和结构调整，而且保证了绝大多数下岗职工的基本生活，并使大部分下岗职工通过多种途径实现了再就业。实践充分证明，中央确定的方针和政策措施是完全正确的，必须继续全面贯彻执行。如果没有及时采取这些方针政策，这些年我国改革开放和现代化建设就不可能取得这么大的成就，也就不会有今天这样好的政治经济形势。要认真总结经验，完善政策措施，正确处理深化改革、调整结构和扩大就业的关系，既要坚持改革方向，又要过细地做好工作，在推进改革和结构调整中，积极促进再就业，努力保持社会稳定。

朱镕基说，对于我们这样一个有近13亿人口的国家来说，妥善解决就业问题，既是一项紧迫的工作，也是一项长期的战略任务。在目前改革攻坚、结构调整加快时期，再就业矛盾突出，需要采取一些特殊的政策措施。同时必须看到，劳动力供过于求，将是我国整个现代化建设进程中长期存在的客观现象。对此，我们一定要有充分的估计和准备，必须作出持久的艰苦努力。

朱镕基指出，当前和今后一个时期，促进再就业需要把握好以下几个问题。一是必须明确再就业的重点方向。我国经济成长进入新阶段，正处在经济体制和经济增长方式根本性转变时期，增加劳动就业主要应是服务业、中小企业、集体经济和个体私营经济。这些方面具有发展的广阔空间和吸纳就业的巨大潜力。同时，要大力发展非全日制、非固定单位、临时工、小时工等灵活多样的就业方式。二是必须坚持正确的就业方针。要继续贯彻执行“劳动者自主就业、市场调节就业、政府促进就业”的方针。在发展社会主义市场经济条件下，必须充分发挥市场机制在就业和再就业中的基础性作用，坚持主要通过市场调节劳动力供求，引导劳动者自主就业。同时，必须高度重视政府在促进就业和再就业中的重要作用。主要是：科学制定就业规划，引导和调节劳动力供求；实施积极的就业政策，对特殊困难对象给以就业援助；健全劳动力市场体系，依法维护劳动力市场秩序；提供就业服务和完善社会保障。要十分注意把市场调节就业和政府促进就业很好地结合起来，这是解决中国就业和再就业问题的正确选择。三是必须全面贯彻各项政策措施。为了进一步做好再就业工作，中央这次出台了一些新的政策措施，各地一定要认真贯彻执行。要准确地理解和把握中央的方针政策，严格按照规定的政策界限和工作部署，积极而又稳妥地开展工作，并在实践探索中及时总结经验。四是必须继续加强再就业服务。要高度重视职业教育和再就业培训，进一步增强培训的针对性、实用性和有效性。加快就业服务信息化建设，健全劳动力市场信息网及其公开发布系统，改进服务方式，提高服务效率，为下岗失业人员求职、创业提供及时、便捷、周到的服务。深入整顿和规范劳动力市场秩序，加强对各类职业中介行为的监管，严厉打击各类非法职业中介和各类欺诈行为。

朱镕基说，要继续加强社会保障体系建设。首先还是全面落实"两个确保"和城市"低保"。这几年，从中央到地方都加强了这方面工作，取得了很大进展。从目前反映的情况看，一些地方和单位还存在"死角"。要针对存在的问题，区别不同情况，明确政策措施，加大工作力度，妥善加以解决。对协议期满暂时还难以出中心的下岗职工，要继续运用现有各种渠道筹措的资金保障他们的基本生活；对企业新裁减人员和出中心的下岗职工，要按规定及时提供失业保险，符合条件的纳入城市"低保"范围；对解除劳动关系的下岗职工，要按照规定认真做好各项社会保险的接续工作。困难企业中在岗职工因拖欠工资而生活困难，符合城市"低保"条件的，要纳入"低保"范围，这方面要抓紧制定具体实施办法。切实做好城市"低保"工作，仍然是当前社会保障体系建设的一个重点。关键是要合理确定当地"低保"标准和应保对象的补助水平。标准太高，国家负担不起，也容易形成养懒汉机制，不利于促进就业；标准太低，又难以保障困难群众的基本生活。"低保"补助金要按应保对象的实际收入状况准确核定，不能随意搞七折八扣，补差过少；也要防止瞒报收入、补差过多的现象。各地区、各城市都要由领导干部带头，深入企业、社区和困难居民家庭，进行认真调查研究，及时发现和解决各种问题。二是妥善帮助解决生活困难较大的群众的实际问题。中央最近决定，对目前收入水平较低和生活困难较大的一些人员，分别由中央财政和地方财政采取措施，提高他们的收入水平和给予生活补助。各地方、各部门一定要按中央的决策办事，真正把党和政府对生活困难较大群众的关心落到实处。三是继续做好完善城镇社会保障体系试点工作。一年多来，辽宁全省和其他省、自治区部分试点城市按照建立完善的社会保障体系的要求，积极推进试点工作，取得了明显进展，还要坚定不移和扎扎实实地把试点各项工作做好，为在全国完善城镇社会保障体系进一步积累和探索完整的经验。

朱镕基强调，进一步做好再就业和社会保障工作，关键是加强领导，狠抓落实。要明确责任，加强检查，多方配合，形成合力，及时发现新情况，解决新问题。要认真总结和大力宣传推广工作做得好的地方、行业、企业、社区的经验，推动全国再就业和社会保障工作更加扎实有效地进行。

胡锦涛在主持会议时指出，党中央、国务院召开的全国再就业工作会议，是一次很重要的会议。江泽民总书记在会上发表的重要讲话，从全局和战略的高度，深刻阐明了扩大就业和促进再就业的极端重要性，明确提出了推进这项工作的指导思想、方针政策和基本要求，为我们做好新形势下的就业和再就业工作指明了方向。朱镕基总理的重要讲话，进一步强调了做好下岗失业人员再就业工作的重大意义，着重阐述了促进再就业需要把握好的几个问题，并对继续加强社会保障工作提出了明确的要求。吴邦国同志的工作报告，也对再就业工作作了具体部署。这次会议对于全面推进就业和再就业工作，具有十分重要的指导作用。

胡锦涛要求各地区、各部门认真传达学习会议精神，特别是要深入学习领会江泽民总书记和朱镕基总理的重要讲话精神，准确理解和把握中央的方针政策，切实把思想和行动统一到中央的决策和部署上来。他特别强调，中央关于做好就业和再就业工作的大政方针已经明确，现在关键是要抓好贯彻落实。各地区、各部门一定要切实增强工作责任感和紧迫感，把中央精神与自身实际紧密结合起来，把立足当前与着眼长远紧密结合起来，尽快研究制定具体的工作方案和实施办法，进一步细化目标任务，完善政策措施，健全工作机制，强化督促检查，真正把扩大就业和促进再就业的各项工作落到实处。让我们紧密团结在以江泽民同志为核心的党中央周围，以邓小平理论和"三个代表"重要思想为指导，开拓创新，扎实工作，以优异成绩迎接党的十六大胜利召开。

出席今天会议的中央领导同志还有丁关根、李长春、吴邦国、吴官正、张万年、罗干、贾庆林、钱其琛、黄菊、温家宝、曾庆红、吴仪、司马义·艾买提、王忠禹等。

各省、自治区、直辖市和计划单列市、新疆生产建设兵团主要负责同志，中央和国家机关有关部门主要负责同志，解放军有关单位、武警部队和有关大型国有企业的负责同志等出席了会议。

全国总工会主席尉健行在人民大会堂会见由总书记卢伊季·安杰莱蒂率领的意大利劳工联盟代表团

尉健行说，经济全球化给国际工会运动带来了许多新情况、新问题，如何更好地维护工人的合法权益，是我们面临的共同课题。面对新的形势，不断加强各国工人和工会组织之间的交流与合作，增进了解，相互学习，十分必要。进一步发展中意两国工会的交流与合作，符合两国工人的意愿，也符合两国人民的根本利益，有利于亚欧地区的经济和社会发展。中国工会将一如既往，为"和平、发展和工人权益"作出不懈努力。

尉健行还应邀向客人介绍了中国当前的经济、政治和工会工作情况。

代表团是应中华全国总工会邀请来华访问的。中华全国总工会副主席、书记处第一书记张俊九参加了会见。

首次中国—东盟经济贸易部长会议在文莱斯里巴加湾市举行

会议由文莱工业和初级产品资源部部长拉赫曼与中国外经贸部部长石广生共同主持，双方就与中国—东盟自由贸易区相关的问题，包括中国—东盟的贸易投资关系、《中国—东盟全面经济合作框架协议》、在货物贸易自由化方面的"早期收获"等内容进行了磋商，并就主要问题达成共识。

本次会议发表了联合新闻声明，强调了中国与东盟经济关系的发展对于维护地区和平与繁荣的重要性，一致认为中国加入世界贸易组织有助于促进双方业已快速发展的关系。部长们原则通过了《中国—东盟全面经济合作框架协议》草案，并建议双方领导人在今年11月于柬埔寨举行的中国—东盟峰会上签署这份重要的文件。

石广生还会见了泰国商业部长阿蒂赛，就中国—东盟自由贸易区及中泰双边经贸关系问题交换了看法。

外交部部长唐家璇在第五十七届联大一般性辩论上发表讲话

主席先生：

请允许我对你荣任本届联大主席表示衷心的祝贺，相信你会在广大会员国的支持下，出色完成所担负的使命。同时，我对韩升洙先生在担任上届联大主席期间所做的贡献表示感谢。

借此机会，我对瑞士联邦加入联合国表示祝贺，对东帝汶民主共和国即将加入联合国表示欢迎。

主席先生：

本届联大开幕，正值"9·11"事件一周年。一年来，各国人民通力合作，国际反恐斗争取得积极进展，有力地打击了国际恐怖主义势力。此时此刻，我们不仅应深入思考如何铲除恐怖主义这一国际公害，还应从更宽广的视角，审视人类面临的安全问题，寻求实现世界持久和平与普遍安全的有效途径。

当前，国际安全形势正在发生深刻变化：

安全的内涵不断扩大。由领土、资源、民族矛盾等因素引发的军事对抗与冲突尚未消除，以恐怖主义为代表的各种非传统安全问题又日见突出。安全问题不再是单纯的军事问题，已经涉及政治、经济、金融、科技、文化等诸多领域。

安全已不再是"零和"游戏。安全的共性明显增强。各国的共同安全利益上升，相互依存加深。

安全的手段需要更新。单一的军事手段不足以应对纷繁复杂的安全挑战。滥用武力只会使世界更不安宁。

在新形势下，维护安全要有新观念。我们提倡树立以互信、互利、平等、协作为核心的新安全观。

互信，是指超越意识形态和社会制度异同，摒弃冷战思维和强权政治心态，互不猜疑，互不敌视。各国应经常就各自安全防务政策以及重大行动展开对话与互相通报。

互利，是指顺应全球化趋势发展的客观要求，各国应在维护本国利益的同时，互相尊重对方的安全利益，在实现自身安全利益的同时，为对方安全创造条件，实现共同安全。

平等，是指国家无论大小强弱，都是国际社会的一员，应相互尊重，平等相待，不干涉别国内政，推动国际关系的民主化。

协作，是指以和平谈判的方式解决争端，并就共同关心的安全问题进行广泛深入的合作，消除隐患，防止战争和冲突的发生。

总之，新安全观的宗旨是，通过对话增进相互信任，通过合作促进共同安全。

正是本着新安全观的精神，中国努力推动地区安全对话合作机制的建设，高度重视并积极参与上海合作组织和东盟地区论坛，和本地区国家一道，致力于建立一个对话而非对抗的亚太安全框架。

中国积极推进国际军控、裁军与防扩散进程，支持在普遍参与和非歧视性的基础上，巩固和加强国际防扩散机制。最近，中国政府颁布了《导弹及相关物项和技术出口管制条例》以及管制清单，出口管理工作法制化建设迈出新的一步。在不久的将来，中国政府还将进一步完善生物及化学两用品的出口管理体制。中国支持国际社会采取有效措施，防止外空武器化的危险。

新安全观是可行的，有效的。我们呼吁国际社会就此达成广泛的共识，积极开展对话与合作，共同解决当前的重大安全问题。

——我们要继续推进国际反恐合作，从根本上抑制国际恐怖主义的威胁。

反恐应遵循国际法和国际关系的基本准则，发挥联合国和安理会的主导作用；应实行综合治理，消除滋生恐怖主义的根源。要防止任意扩大打击范围，同时坚决打击一切证据确凿的恐怖势力，包括接受塔利班和"基地"组织训练、武装和资助的"东突"恐怖组织等，不让恐怖分子再有逞凶的机会。

——我们要进一步促进对话与和解，推动地区热点问题的解决。

我们对以巴暴力冲突深表关注。中国支持巴勒斯坦人民恢复合法民族权利、建立自己国家的正义事业，支持联合国安理会有关决议和"土地换和平"原则。我们反对针对无辜平民的暴力活动，不赞成以暴易暴。巴勒斯坦人民和以色列人民都有在和平中生活的权利，彼此和平共处才能求得真正的安全。

我们主张政治解决伊拉克问题。联合国在此问题上应发挥重要作用。伊拉克应当认真、严格地执行安理会的有关决议。

我们希望印度和巴基斯坦两国在相互尊重和平等的基础上早日恢复对话，以和平方式解决包括克什米尔问题在内的所有分歧。

我们对近一年来阿富汗局势的积极发展感到高兴。中国愿同国际社会一道，为阿富汗的持久和平与战后重建作出建设性努力。我们支持联合国在这方面发挥重要作用。

——我们要加强不同文明之间的交流与对话，防止文明对抗或冲突的发生。

世界文明丰富多彩，多样化的文明之间存在差异，这是人类社会的一个基本特征。无视文明多样性的客观现实，挑动不同文明之间的敌视和对立，与当前和平与发展的时代要求格格不入。企图在全世界推行一种观念、一种文化，否定各国的独特传统和自主选择，与国际关系民主化的潮流背道而驰。

文明的差异不是世界冲突的根源，而是世界融合的起点。人类对客观世界和自身的认识发展到今天，理应以宽广的胸怀和开阔的视野善待不同文明的成果，在尊重差异的基础上推动交流。以兼容代替排斥，以对话代替对抗，以融合代替冲突，相互取长补短，实现共同发展。唯有如此，世界才会有和平与安宁，人类文明才能走向更加辉煌的未来。

主席先生：

和平与发展相辅相成。世界的持久和平与普遍安全，只能建立在国际社会共同繁荣的基础上。今天人类面临的种种问题，追根溯源，大都离不开发展问题。我们要应对这些挑战，最重要的是靠发展。

一年来，联合国就发展问题举行了一系列重要会议，回顾了20世纪90年代以来联合国各项发展倡议的执行情况，提出了今后的行动纲领。特别是本月初闭幕的可持续发展世界首脑会议，制定了国际社会实现可持续发展的新的路线图。现在需要的是把规划和承诺落到实处。

一年来，区域经济合作继续呈现良好势头，成为各国在全球化背景下协作互补、共同发展的有效途径。我们对非洲联盟的成立尤其感到欣喜，相信非洲人民必将在发展的道路上迈出新的历史性步伐。

当前，推动发展的因素更加活跃。现代科技日新月异，给人类社会的进步提供了新的强大动力。经济全球化深入发展，使各国各地区都面对不进则退的选择。参与国际竞争、加快自身发展的要求与日俱增。

我们面临的发展任务更加紧迫。世界财富增加、贫富差距却在扩大的情况亟待改变。金融风险加剧、经济社会动荡频仍的情况亟待改变。经济发展与资源、环境的矛盾日益尖锐的情况亟待改变。国际秩序和规则不能公平反映发展中国家需求的情况亟待改变。人类共同发展的目标，还远远没有实现。

在新形势下，实现发展要有新思路。我们主张：

——建立面向发展的全球伙伴关系。各国政府、国际组织、跨国企业、民间团体，都是参与人类发展事业的一方，应当为落实联合国千年发展目标并肩行动。南方与北方之间，受援国与国际援助机构之间，应是互利互惠、平等合作的伙伴关系。今天对发展中国家的援助，就是对人类共同未来的投资。当前世界经济增长放慢，发展中国家遇到的困难增多，发达国家应在金融、贸易、技术转让和发展援助等方面帮助它们排忧解难，并加快落实减债承诺。新一轮多边贸易谈判应该成为建立新型伙伴关系的重要契机。

——推动经济全球化的均衡、稳定发展。任凭市场法则主导全球化，不利于全球经济的健康发展。国际社会有必要改革国际经济规则，加强对全球化进程的引导和管理，在追求效率的同时兼顾公正，降低风险，引导全球化朝着有利于各国共赢、共存的方向前进。

——增强发展中国家自我发展的能力。发展中国家需要从本国国情出发，选择适合自身的发展道路。要把发展置于优先的地位，在保持稳定的同时，积极推动改革与开放。利用一切有利的国际条件，努力跟上世界经济发展的潮流。国际社会应尊重发展中国家自主选择发展道路的权利，并且在机制建设、人员培训、竞争力开发等领域提供帮助。

——坚持走可持续发展的道路。经济发展必须有利于资源的永续利用，有利于生态系统的良性循环。

我们应当推进经济与人口、资源、环境的协调发展,实现经济效益、社会效益与环境效益的有机结合。要加强国际合作,将解决各国面临的问题和解决全球环境问题结合起来,共同推进人类的可持续发展事业。

——促进人的全面发展。人类进步事业的出发点和最终归宿,都在于人的全面发展。人力资源是推进科技进步,实现经济和社会发展的第一资源。各国在制定发展战略时,应当奉行以人为本、人民受益的原则,以全面提高人的素质、改善人民物质文化生活为目标。

联合国在维护世界和平、实现普遍安全、促进共同发展方面具有不可替代的作用。《联合国宪章》的宗旨和原则有着强大的生命力。我们应当充分发挥联合国的作用,推进国际关系民主化,努力争取人类光明的未来。

主席先生:

不久,中国共产党将召开新世纪的第一次代表大会——第十六次全国代表大会。这次大会将以与时俱进的精神,站在时代潮流的前列,为加快中国社会主义现代化建设勾画新的蓝图。

我们的指导思想是始终代表中国先进生产力的发展要求,代表中国先进文化的前进方向,代表中国最广大人民的根本利益。

我们的历史任务是推进现代化建设、完成祖国统一、维护世界和平与促进共同发展。

新世纪的头一二十年,对中国来说,是发展的重要战略机遇期。我们要把发展作为第一要务,抓住机遇,深化改革、扩大开放、促进发展,保持稳定。

我们将提出发展的新思路,取得改革的新突破,实现开放的新局面。

我们将继续推进市场取向的改革,调整和完善所有制结构,进一步解放和发展生产力。

我们将注重依靠科技进步和加强管理,提高经济增长质量;注重实施可持续发展战略;注重地区、城乡协调发展和社会全面进步。

我们将把加入世界贸易组织作为新的起点,在更大范围、更广领域、更高层次上参与国际经济技术合作和竞争,拓展经济发展空间,全面提高对外开放水平。

我们将发展社会主义物质文明,建设社会主义政治文明,弘扬社会主义精神文明。

我们将继续奉行独立自主的和平外交政策,在和平共处五项原则的基础上,积极发展与世界各国的友好合作关系。我们将继续致力于世界持久和平与各国共同发展,推动国际对话与合作,为国际秩序更加公正合理作出建设性的贡献。

主席先生:

世界上只有一个中国,大陆和台湾同属一个中国,中国的主权和领土完整不容分割。实现国家统一,是我们坚定不移的立场和不懈奋斗的目标。

1995年1月,江泽民主席就现阶段发展两岸关系,推进祖国和平统一进程提出八项重要主张。

从那时以来,两岸经贸关系迅速发展,人员来往日益增加。两岸人民、海外华夏子孙,以及世界上所有对中国人民怀有善意的人们,都为我们长期努力的成果感到欣慰,为中国和平统一的前景感到鼓舞。

然而,台湾当局却想方设法阻挠两岸关系的发展,“台独”势力在分割的道路上越走越远。近来,台湾当局领导人公然把两岸关系歪曲为“一边一国”,这充分暴露了其顽固坚持“台独”立场的真面目,是对包括台湾同胞在内的全体中国人民的公然挑衅,也是对国际社会公认的一个中国原则的公然挑衅。

求和平、求发展、求安定,希望改善和发展两岸关系,是台湾的主流民意。台湾当局领导人罔顾民意,鼓吹“台独”,把极少数顽固“台独”分子的图谋强加给广大台湾人民,是将台湾引向灾难,是对两岸人民安全与福祉的最大威胁,也是亚太地区和平与稳定的破坏因素。

中国政府坚持“和平统一、一国两制”的基本方针,致力于推进两岸经贸合作和人员往来。我们坚决反对任何“台独”活动,决不允许任何人以任何方式把台湾从中国分裂出去。一切“台独”行径都注定要失败。中国的统一大业一定能够完成。

谢谢。

外交部部长唐家璇在纽约联合国总部会见联合国秘书长安南

双方就地区热点、反恐和联合国改革等问题交换了意见。

外交部部长唐家璇在纽约联合国总部分别会见美国国务卿鲍威尔与英国外交大臣斯特劳

唐家璇在与鲍威尔会见时,与他就中美关系以及共同关心的国际和地区问题交换了看法。唐家璇积极评价当前的中美关系。他说,江泽民主席今秋访美,与布什总统举行第三次会晤,是两国关系中的一件大事,这对推动中美建设性合作关系进一步发展具有重大意义,尤其在当前复杂多变的国际形势下,两国领导人就一系列问题深入交换意见,十分重要。中方对此高度重视。

鲍威尔表示,江泽民主席访美意义十分重大,布什总统热切期待着江泽民主席的到来,美方愿与中方一起努力，使访问获得成功。

在谈到反恐问题时，唐家璇说，中美双方一年来在反恐领域进行了很好的合作，中方赞赏美方最近将“东突伊斯兰运动”列入恐怖主义组织的名单。我们愿在双向、互利的基础上与美方进一步加强反恐合作。鲍威尔表示，美方很高兴将“东突伊斯兰运动”列入恐怖主义组织的名单，并愿意与中方加强反恐合作。

关于台湾问题，唐家璇指出，台湾问题攸关中美关系的稳定和发展。他强调了“台独”势力分裂活动的严重危险性和危害性，并希望美方停止向台湾出售先进武器和提升美台关系的做法，不向“台独”分裂势力发出任何错误信号。鲍威尔表示，美国政府的一个中国政策是不可侵犯的，美方遵守中美三个联合公报。

此外，两国外长还讨论了进一步加强双方在经贸等领域的合作问题，并表示将继续就共同关心的国际和地区问题保持磋商。

在与斯特劳举行会谈时，唐家璇积极评价了中英双边关系。他说，朱镕基总理与布莱尔首相在南非可持续发展首脑会议期间进行了会晤，有力地推动了双方在各个领域的合作关系。中英双方已就一系列国际和地区问题进行了对话和磋商，相互了解不断深入，共同点不断增多，合作领域不断拓宽，取得了令人满意的成果。

9月14日

全国人大常委会委员长李鹏在马尼拉会见菲律宾总统阿罗约

宾主就双边关系及其他共同关心的问题交换了意见，并取得广泛共识。

会见前，李鹏和阿罗约出席了签字仪式，双方签署了桑托斯将军市渔港码头扩建工程协议、桑托斯将军市渔港改建工程备忘录、北吕宋铁路建设项目备忘录和关于向菲方赠送五十五台农业水泵的谅解备忘录。中国机械装备(集团)公司总裁任洪斌代表中方在上述文件上签字。

李鹏说，中国和菲律宾隔海相望，两国人民有着悠久的传统友谊，贸易往来和人员交往可以追溯到十分久远的年代。27年前两国建立了外交关系，揭开了中菲关系的新篇章。27年来，双边关系不断发展。不久前，阿罗约总统宣布将中菲建交日6月9日定为“菲华友谊日”，这充分体现了阿罗约总统和菲律宾政府对两国关系的重视。这一决定对两国人民也是很大的鼓舞。

李鹏指出，近年来，两国的贸易合作成效显著，贸易额大幅增长，在基础设施建设、资源开发等方面的合作进展顺利。他说，刚才双方有关部门签署4个合作文件，表明中菲两国在经贸领域的合作又向前迈进了一步。希望两国有关部门进一步加强磋商，使有关协议和谅解逐步得以落实，中方有关公司将为此作出自己的努力。

在谈到反恐问题时，李鹏阐述了中国的原则立场，强调指出：中国一贯反对并谴责一切形式的恐怖主义。我们主张，打击恐怖主义的行动应在联合国的框架内进行。他说，联合国安理会已正式将“东突伊斯兰运动”列入安理会颁布的恐怖主义组织和个人名单。这也是国际社会进行反恐合作取得的一项积极成果。中方将与国际社会继续加强合作，共同打击包括“东突”恐怖组织在内的一切形式的恐怖主义活动。

在谈到中国全国人大与菲议会合作时，李鹏说，中国今年承办了亚洲议会和平协会第三届年会，菲律宾将承办协会下一届年会。我与德贝内西亚议长就两届会议的衔接及下届会议的主题进行了很好的讨论。我们一致认为，应通过各国议会的共同努力，把《重庆宣言》确立的原则加以发扬光大。中国支持菲律宾开好第四届年会。

中国和菲律宾在马尼拉发表联合新闻公报

一、应菲律宾共和国众议院议长小何塞·德贝内西亚阁下邀请，中华人民共和国全国人民代表大会常务委员会委员长李鹏阁下于2002年9月12日至15日对菲律宾共和国进行正式友好访问。

二、访问期间，李鹏委员长与众议长德贝内西亚举行会谈，会见总统阿罗约和参议院代议长李松年。双方就两国关系、议会合作及共同关心的国际和地区问题深入交换意见，并取得广泛共识。双方签署了《中华人民共和国全国人民代表大会常务委员会与菲律宾共和国众议院合作谅解备忘录》等合作文件。

三、李鹏委员长与菲律宾领导人对中华人民共和国与菲律宾共和国之间牢固的传统友谊表示满意，并认为中菲发展长期稳定的睦邻互信互利合作关系不仅符合两国根本利益，而且也有利于本地区的和平、繁荣与发展。

四、双方同意将进一步推动中国全国人大与菲律宾议会领导人之间的互访和接触，加强双方在各国议会联盟、亚洲议会和平协会等合作框架下的联系。菲方赞赏中方今年4月在北京和重庆举办的亚洲议会和平协会第三届年会取得的成果，称赞会议通过的《重庆宣言》对协会的发展具有指导意义。中方对菲方将举办亚洲议会和平协会第四届年会表示积极支持，对菲方提出的“亚洲百年和平”远景倡议表示欢迎，并认为这不仅有助于消除本地区恐怖主义的根源——贫困、无知、偏见和不公正，而且有助于促进亚洲的和平与繁荣。

五、双方高度评价两国经贸合作近年来取得的长足进展，认为这给两国人民带来了许多切实的利益。菲方高度赞赏中方为实现两国贸易平衡所作的不懈努力，欢迎中方积极参与菲律宾铁路、机场、港口等基础设施的建设，感谢中方为推进菲律宾农业发展所给予的帮助和支持。

双方还高兴地看到，中国优良稻种正在菲律宾扩大种植面积，中国政府援助的中菲农业技术中心也将于近期竣工。双方表示将继续共同努力，抓紧落实中国政府向菲提供的1亿美元农业信贷项目。

双方认为中国加入世界贸易组织给中菲经贸合作带来了新的机遇，并同意将共同推动中国与东盟自由贸易区的谈判进程。中方表示将继续鼓励中国有实力的企业赴菲投资兴业。

德贝内西亚众议长还就中国政府一直关心菲律宾在香港14万劳工的福利向李鹏委员长表达了他个人的感激之情。

六、中方赞赏阿罗约总统和菲律宾政府在促进经济增长、维护社会秩序方面取得的积极成效，并相信在菲律宾各界共同努力下，菲律宾一定会在国家建设中取得更大成就。

菲方认为，一个稳定、繁荣的中国有利于本地区乃至世界的和平与发展。菲方重申将继续坚持一个中国的政策，世界上只有一个中国，台湾是中国不可分割的一部分。

七、双方一致认为近年来中菲在南海问题上一直保持着良好的沟通与协作，这为地区局势的稳定作出了重要贡献。他们重申将继续致力于通过和平友好的方式寻求解决两国及有关国家在这一问题上的分歧。双方还表示将继续推动中国与东盟国家尽快接受"南海地区行为准则"，希望南海处理潜在冲突研讨会在现有成果基础上继续探讨新的合作模式。

八、双方表示积极支持国际反恐合作，对上海合作组织、东盟组织在反恐方面作出的共同努力予以赞赏。中方对菲方打击恐怖主义表示理解和支持，并愿与包括菲律宾在内的东盟国家在反恐等非传统安全领域探讨合作方式，共同维护本地区的和平与稳定。

九、双方一致认为李鹏委员长此次访菲取得了圆满成功。李鹏委员长对菲律宾众议院、政府和人民给予的热情周到的接待表示感谢，并邀请德贝内西亚众议长在方便的时候访华，德贝内西亚众议长愉快地接受了邀请。

全国人大常委会副委员长姜春云在新疆调研

9月14日至21日，姜春云在新疆考察了乌鲁木齐市、昌吉州、伊犁州、吐鲁番地区、生产建设兵团的一些种植业、养殖业、加工业基地，工业企业，科研单位，访问了居民，与各级干部和人大代表进行了座谈，还看望了自治区人大机关的同志。

姜春云在调研中，对新疆经济建设和社会事业取得的巨大成就给予充分肯定。他指出，新疆幅员辽阔，资源极其丰富，有着巨大的发展潜力。新疆实现经济的跨越式发展，关键是做好资源加工转化这篇大文章。在保护优化生态环境的前提下，尽快把资源优势转化为经济优势，是新疆经济腾飞的必由之路。他完全赞同自治区党委、政府提出的资源优势转化的经济发展战略。他说，对西红柿、葡萄、牛奶、棉花等资源进行加工，一般都增值一两倍、两三倍，进行精深加工，增值十几倍甚至几十倍，有效地实现了农民增收，企业增效，国家增税，一举三得。在发展种养业的基础上，大力发展农产品加工业，把产销连成一体，推进农业产业化经营，是加快发展新疆农村一、二、三产业，实现富民强国的根本途径。

姜春云指出，新疆实施资源优势转化战略，遇到的主要制约因素是资金、技术、人才不足。这就需要大力改善优化经济环境，更多地吸引外地的生产要素。良好的市场环境是经济快速发展的重要前提和决定因素。俗话说，人往高处走，水往低处流，发展市场经济尤其是这样。哪里市场环境好，各种生产要素，包括资金、技术、人才就往哪里流动，哪里的经济发展就快。相反，哪里市场环境不好，各种生产要素就要往外流，流到效益更好的地方。这是市场经济运行的不以人的意志为转移的客观规律。可以说，良好的市场经济环境是一种吸引力、凝聚力、拉动力、竞争力，最终表现为生产力。我们要加快经济发展，必须下大力改善市场环境。

姜春云说，市场经济环境既包括基础设施、自然资源、生态建设等"硬件"，更包括政府管理服务、政策和法律、社会治安、市场秩序、人文道德等"软件"。这些环境都要全面改善和优化。无论"硬件"还是"软件"，都离不开法制。法制环境在经济环境中的作用更带有根本性、长远性和稳定性。西部大开发，法制要先行。西部大开发对资金、技术、人才等生产要素的引进，要靠法制引导和保障。西部大开发需要加强对各种资源的保护和生态环境的改善，要靠法制来规范和引导。西部大开发需要保持安定团结的政治局面，这也要依靠法制来维护。

姜春云强调，创造良好开发环境，实现经济快速发展，应当以江总书记的"三个代表"重要思想为指导，着力抓好以下关键环节：把依法创造良好环境作为确保经济快速发展的大事，摆在重要位置，列入领导工作的重要日程；依法整顿市场秩序，营造良好的市场环境；及时搞好法律、法规的“立、改、废”工作；依法行政，公正司法，为优化经济环境提供有效的保障；依法保护好西部的生态环境和自然资源；强化法制教育和诚实守信的道德教育，建立文明守法的人文环境。

陪同考察的有：自治区和生产建设兵团负责人王乐泉、阿不来提·阿不都热西提、阿木冬·尼牙孜、陈德敏，有关方面负责人曲格平、于友民、乔晓阳、肖万钧、顾二熊、程湘清等。

外交部部长唐家璇在纽约联合国总部会见第五十七届联大主席前捷克副总理兼外长扬·卡万

唐家璇首先祝贺卡万荣任第五十七届联大主席，感谢他主持联大总务委员会再次拒绝将所谓台湾“参与”联合国的提案列入本届联大议程，并对他在担任捷克副总理和外长期间高度重视对华关系，为促进双边关系所做的努力和贡献表示赞赏。唐家璇表示，中国积极支持卡万作为联大主席所开展的工作。

关于联合国的作用，唐家璇说，本次联大一般性辩论的一个突出特点就是各方都在强调多边合作，希望联合国在国际事务中发挥更大的作用。和平与发展是当今时代的主题，在这方面，联合国也能发挥重要作用。

关于联合国的改革，唐家璇说，改革的目的是加强联合国的作用，提高其效率，加强决策的民主化和各机构间的协调与合作，更加合理地分配和使用掌握的资源，同时也要兼顾各方利益，特别是照顾广大发展中国家的关切。改革的一个很重要内容是加大联合国在发展领域的投入。

外交部部长唐家璇在纽约联合国总部分别会见法德外长和阿盟秘书长

出席第五十七届联大的中国外长唐家璇分别会见了法国外长德维尔潘、德国外长菲舍尔和阿拉伯国家联盟(阿盟)秘书长穆萨，就双边关系和共同关心的其他问题交换了看法。

唐家璇在会见德维尔潘时说，中法两国都对近年来双边关系的新进展感到高兴，并希望两国在各个领域的合作进一步得到加强。朱镕基总理即将访问法国，我们愿同法方一道做好最后阶段的准备工作，相信这次重要访问将进一步推动中法关系向前发展。

唐家璇说，明年拉法兰总理还要访华，中法互办文化年的活动明年秋天也要拉开序幕，两国关系的发展势头令人鼓舞。他还表示，中国重视两国在国际领域的合作，愿加强双方在这方面的沟通和协调。

在会见菲舍尔时，唐家璇积极评价中德两国关系的现状，对德国政府坚持一个中国政策表示高度赞赏。他说，近几年中德关系发展势头很好。今年是中德建交30周年，江泽民主席今年4月对德国的国事访问很成功，两国领导人就进一步发展双边关系达成了广泛共识，这对进一步推动面向未来的两国关系的全面发展具有重要和深远的意义。围绕中德建交30周年，双方还准备在10月前后举办一系列庆祝活动。中方愿与德方一道，以此为契机，推动两国关系进入一个新的发展阶段。

唐家璇还表示，中德两国都是在各自地区和世界上有影响的国家。双方的相互尊重，以诚相见，加强了对话与沟通。

在会见穆萨时，唐家璇说，发展同阿盟及广大阿拉伯国家的友好合作关系是中国外交的既定方针。中国重视阿盟在地区和国际事务中的重要作用，双方在国际事务中积极配合，相互支持，合作良好。

唐家璇赞赏阿盟多年来积极推动中阿友好合作关系向前发展，表示中方对阿盟提出的成立“中阿合作论坛”持积极态度。

关于伊拉克问题，唐家璇表示，中方一直主张伊拉克问题应在联合国安理会有关决议基础上寻求政治解决。联合国安理会应发挥重要作用，伊拉克应认真、严格地执行安理会有关决议，恢复与联合国的合作。

纪念彭雪枫将军诞辰95周年大会在中国科技会堂举行

近400位新四军老战士及其子女和彭雪枫生前就读并从事革命活动的汇文中学的代表参加了大会。香港工商界知名人士何鸿章特别委托家人专程赴京，参加此次纪念活动。

彭雪枫将军1925年投身革命，1926年9月加入中国共产党，早年曾参加过“五卅”运动，1930年5月到中央苏区工作。在战场上，他所率部队屡为先锋，战功卓著。1944年9月11日，彭雪枫将军在指挥收复河南夏邑八里庄的战斗中，身先士卒，亲临前线，不幸壮烈牺牲，年仅37岁。

9月15日

全国增收节支工作会议在北京召开

中共中央政治局常委、国务院总理朱镕基在会上作了重要讲话。他强调，进一步加强增收节支工作，是当前经济工作的重点任务，对保持经济发展的良好势头，全面完成今年各项任务，具有重要意义。各地区、各部门和各方面要以江泽民同志“三个代表”重要思想为指导，提高认识，齐心协力，抓紧落实党中央、国务院确定的各项决策和部署，大力增加收入，严格控制支出，扎扎实实做好工作，以优异成绩迎接党的十六大召开。

中共中央政治局常委、国务院副总理李岚清主持会议。

朱镕基首先分析了当前的经济形势。他指出，今年以来，在世界经济仍不景气的大环境下，我国国民经济继续保持良好的发展势头。不仅经济持续快速增长，而且经济效益较好。国内需求进一步扩大，外贸出口大幅度增长，利用外资明显增加，经济结构调整力度加大，各项改革稳步推进，金融平稳运行，国家外汇储备继续增多，人民生活不断改善。我国经济实力和抗风险能力进一步增强。总的看，整个经济运行情况比预期的好，有些方面取得显著成绩，为完成全年的各项任务奠定了良好基础。他说，今年以来经济形势好，主要是中央去年底召开的经济工作会议，正确地分析国内外形势，对今年面临的困难作出了足够的估计，采取了相应的正确对策。各地区、各部门和各方面认真贯彻落实中央的决策和部署，广大干部群众付出了辛勤劳动。

朱镕基指出，今年以来经济运行中的突出问题，是财政收入增长缓慢，财政支出增长过快。尽管前两个月收入增长减缓的趋势得到初步遏制，但目前财政形势仍很严峻。做好增收节支工作，确保不突破预算赤字，对于巩固和发展经济运行的好形势，促进改革发展稳定大局，为明年经济工作打好基础，都具有重要作用。这不只是考虑当前，而且是着眼长远，各地区、各部门一定要把加强增收节支工作，作为当前经济工作的重点任务，刻不容缓地抓紧抓好。

朱镕基强调，必须千方百计做好财政增收工作。这几年依法治税力度不断加大，取得明显成绩，但作为财政收入主要来源的税收，目前流失仍相当严重，增收潜力很大。有些个体私营企业偷漏税十分严重，有的外资企业偷逃税款，各类商贸城和集贸市场随意"包税"、以费代税现象相当普遍，一些重点行业和国有企业逃税、欠税也比较突出，不法分子通过走私和价格瞒骗大量偷逃税款。造成税收流失的因素很多，有管理体制不健全、法规和政策不完善、征管手段落后、公民纳税意识淡薄等原因，但征管工作力度不够、对偷税漏税惩治不严，是其中的主要原因。

朱镕基指出，增加收入要标本兼治，当务之急是要强化税收征管，堵塞各种"跑冒滴漏"，做到应收尽收。为此，要着力抓好以下方面。一是必须进一步加强税收征管。尤其是要抓好对增值税、消费税、营业税、企业所得税和个人所得税等主要税种的征管。深入开展对集贸市场、加油站税收的专项整治。严格企业财务制度和会计监督，加大税务稽查力度。严厉打击各种虚开增值税发票、做假账等违法犯罪行为。对各类商贸城、集市贸易、个体私营企业要实行严格的建账制度，强化发票管理和税收征缴。严格税务登记管理，清理各种漏征漏管户。大力清缴企业欠税，特别要做好重点税源行业的清欠工作，任何企业都不能无故拖欠税款。进一步加强海关税收征管。二是必须坚决维护税法的统一性、权威性和严肃性。近年来，一些地方随意出台税收优惠政策，侵蚀国家税收。有的滥开减免税口子，有的采取"先征后返"、卖税买税、异地交税等方式偷逃税款。这些现象危害很大。我国税收政策的调整和税收制度的立法权集中于中央，任何地方和部门都不能越权制定税收政策，破坏国家的税收秩序。要抓紧清理现行的各项税收优惠政策，违反税法统一规定的，要立即纠正和废止。三是必须坚持依法征税，敢于碰硬。不管是谁，只要触犯税法，偷逃税收，都要依法严加惩治。执法部门必须牢固树立依法治税的观念，增强依法征税的责任感，讲法不讲情，恪尽职守，执法如山。要抓紧依法审判一批大案要案，严厉打击违法犯罪分子。四是必须进一步完善税制，加强相关的配套制度建设。要完善对进口税收优惠政策的管理，堵塞税制不健全的漏洞。要抓紧对某些影响征管工作执行的问题，作出具体明确的规定。五是要尽快完善"金税工程"，形成税收征管的天罗地网。六是加强税法教育，增强依法纳税观念。任何企业、单位和个人，符合应税条件的，都要自觉依法缴纳税收。公民在享有正当权利的同时，还必须承担法律规定的各项义务，纳税即是重要义务之一，是不能讲任何条件的。要形成一种舆论，在全社会营造"纳税光荣、偷税可耻"的氛围，努力培育公民良好的纳税意识，使依法纳税深入人心。

朱镕基强调，严格控制支出，大力节省开支，同样是一项重要而紧迫的任务。当前，财政支出中乱花钱的现象相当普遍。一些地方和单位各种会议、节庆、研讨等活动名目繁多，乱开支出口子，滥发补贴、奖金。有的地方大搞沽名钓誉的"形象工程"、"政绩工程"，劳民伤财。工业领域重复建设抬头，一些破坏资源污染环境的"五小"企业整顿尚未取得明显效果。有些地方房地产、旅游开发也出现过热现象。制止铺张浪费，反对奢靡之风，已经到了非下大决心解决不可的时候了。大手大脚花钱，不仅会坐吃山空，造成很大浪费，还会滋生腐败，败坏党风政风，损害干群关系。挥霍浪费是极大的犯罪。敞开口子乱花钱，对老百姓的疾苦漠不关心，是绝对不能容忍的。我们要从维护人民群众根本利益的高度，切实做好财政节支工作。

朱镕基说，控制财政支出、节省开支，必须大力抓好以下几个方面。一是要加强预算管理，严格执行支出预算。今年，各级财政除对救灾等少数急需的特殊支出外，一律不再追加新的支出项目。同时要大力压缩一般性支出。凡是有可能完不成收入预算的地区，现在就必须调整支出项目，切实减少支出。二是坚决制止重复建设。制止电解铝、铁合金、玻璃等行业和产品低水平重复建设抬头的趋势。继续依法整顿关闭小煤矿、小油井、小炼厂、小钢铁、小水泥、小玻璃和小造纸等，不准以任何借口和形式恢复已淘汰的落后生产能力。严格审批加工工业项目贷款。对一些房地产投资规模过大、空置率过高的地区，要从严控制房地产贷款规模。停止建设脱离实际的“形象工程”、“政绩工程”。严禁新开工建设城市广场、行政办公楼、培训中心和内部高档娱乐设施项目。对这类项目，财政不得安排资金，银行不得发放贷款，土地管理部门不得提供土地使用权。三是做好财政资金调度，保证重点支出。各级政府要保证抗灾救灾支出的需要，安排好水毁设施的建设资金，同时要拨专款保证灾区人民的生产和生活。务必做好“两个确保”和城市“低保”工作，做到应保尽保。有关省要加大对困难地方的财政转移支付力度，一定要保证工资按时足额发放，努力尽快解决欠发工资的问题。

朱镕基最后强调，各地区、各部门要切实加强领导，务必把增收节支工作落到实处。要针对当前存在的问题，提出增收节支工作的具体目标和措施。实行严格的责任制，一级抓一级，层层抓落实。财政、税务、海关部门要认真履行责任，严格把关，并要带头执行国家的财经纪律。各有关部门要积极配合税收部门的工作，形成增收节支的合力。加大对重点行业、重点资金、重点项目的审计监督，对严重违纪的，要一查到底。各个单位都要加强内部财务检查和监督，发现问题，要立即纠正。

李岚清在主持会议时说，朱镕基总理的重要讲话全面分析了今年以来的经济形势，充分肯定了各方面工作所取得的明显成绩。讲话从全局的高度，明确指出了当前加强增收节支工作的重要性和紧迫性，对大力做好财政增收工作、严格控制财政支出，提出了明确要求。这对于贯彻中央关于今年下半年工作的部署，进一步加强增收节支工作，全面完成今年的各项任务，具有重要的指导意义。

李岚清对贯彻落实这次会议精神提出几点意见。第一，迅速传达会议精神，提高思想认识。各地区、各部门和各单位要认真学习朱镕基总理的重要讲话精神，全面、正确地把握当前经济形势，深刻领会党中央、国务院的工作部署和政策措施，充分认识加强增收节支工作的重大意义，真正把思想和行动统一到中央的决策和部署上来。第二，切实加强领导，狠抓工作落实。一定要按照这次会议的精神和要求，增强工作的紧迫感和责任感，迅速行动起来。要在继续推进经济持续健康发展的同时，务必把增收节支作为当前的重点任务，下大力气抓紧抓好。要根据本地区、本部门和本单位的实际情况，制定具体的实施办法，确保增收节支任务的落实，尽快见到实效。第三，认真履行职责，加大工作力度。税务部门要进一步加强征管，堵塞漏洞，清缴欠税，惩治腐败，继续开展发票打假的专项斗争，不断完善“金税工程”，防止和打击网络涉税犯罪，力争完成和超额完成税收任务。海关要改进和完善关税征管手段，确保完成收入任务。财政部门要开源节流，加强预算管理，优化支出结构，深化财政体制改革，严肃财经纪律，查处各种违纪行为。国务院各有关部门特别是公安、司法、审计、工商、银行、外汇和外贸等部门，要各司其职，积极配合财政、税务和海关部门，共同做好增收节支的各项工作。第四，坚决反对铺张浪费，全面厉行勤俭节约。要大力压缩会议费、招待费、出国考察、庆典、办节、参观等费用支出。坚决杜绝借会议、培训之机搞公款旅游、乱发纪念品、大吃大喝。严格控制各种评级、达标和剪彩活动，更不准乱发财物。凡是违反规定滥发奖金、补贴的，要严肃查处。

李岚清说，进一步加强增收节支工作，全面完成今年财政预算和经济工作任务，意义重大。让我们在以江泽民同志为核心的党中央领导下，以邓小平理论和“三个代表”重要思想为指导，齐心协力，振作精神，开拓进取，以优异成绩迎接党的十六大召开。

李长春、吴邦国、吴官正、罗干、贾庆林、钱其琛、黄菊、温家宝、吴仪、司马义·艾买提、王忠禹等出席了会议。

各省、自治区、直辖市和计划单列市、新疆生产建设兵团主要负责同志，中央和国家机关有关部门主要负责同志，解放军有关单位、武警部队和有关大型国有企业的负责同志等出席了会议。

《人民日报》发表署名仲祖文的文章《执行标准不走样》

最高人民检察院检察长韩杼滨在人民大会堂会见由智利总检察长彼德拉武埃纳率领的智利检察代表团

外交部部长唐家璇在纽约联合国总部会见俄罗斯外长伊万诺夫

唐家璇积极评价了中俄双边关系。他说，一年多来，在江泽民主席和普京总统签署的《中俄睦邻友好合作条约》指引下，中俄两国关系保持着健康、快速、良好的发展势头。双方政治互信不断增强，经贸、人文等具体领域务实合作深入发展，战略协作的范围越来越广。不久前，朱镕基总理与俄罗斯总理卡西亚诺夫在上海举行了两国总理第七次定期会晤，谈得非常好，有力地推动了两国经贸等各领域合作的发展。

外交部部长唐家璇在纽约联合国总部会见以色列副总理兼外长佩雷斯

9月16日

首届国际水稻大会在北京中国国际科技会展中心召开

国家主席江泽民出席开幕式并作重要讲话。

中国工程院院长徐匡迪主持了开幕式，全国政协副主席宋健出席并致辞，出席开幕式的还有国际水稻研究所理事会主席坎巴女士等1200名中外科学家及代表。

这次为期5天的大会由中国工程院、国家发展计划委员会、中国农业科学院和国际水稻研究所共同主办。大会的主题是"创新、影响、繁荣"，目的是促进亚洲和国际社会进一步重视水稻生产，提高亿万穷人的生活水平并推动水稻的二次绿色革命和生态环境的保护，为各国的科学家开展水稻的科技交流和合作提供平台与机会。

国家主席江泽民在首届国际水稻大会上发表讲话

主席先生，女士们，先生们：

今天，首届国际水稻大会在北京隆重开幕。首先，我代表中国政府，并以我个人的名义，向与会各界来宾表示诚挚的欢迎！向大会表示热烈的祝贺！

水稻是世界上食用人口最多、历史最悠久的农作物。世界上90%的水稻产自亚洲，养育着25亿人口。水稻在亚洲各国的农业发展和历史文明中占有重要地位。各国科学家、企业家、政府官员和国际机构的代表共聚一堂，讨论水稻的研发、推广、生产、贸易、管理和国际合作等问题，具有十分重要的意义。

在上个世纪的100年内，科技进步突飞猛进，有力地推动了生产力的发展和人们生活质量的提高。物质科学、生命科学、信息科学、空间科学、海洋科学和环境科学等领域的进步，使人类不断揭开自然界的奥秘，不断掌握新知识、新概念、新理论和新方法。科学技术新发展孕育的农业科技革命，极大地促进了世界农业生产的发展，特别是促进了粮食生产的大幅度增长，提高了发展中国家的粮食生产能力。这为各国特别是发展中国家的经济增长和社会稳定奠定了重要基础，为改善世界粮食供求格局、缓和人口增长对环境和自然资源的压力创造了有利条件。

我们必须看到，世界农业正面临着新的挑战，全球范围内的粮食安全问题依然存在。随着人口的增长，世界粮食需求将继续显著增加，而耕地、淡水等粮食生产的基本要素却呈不断减少的趋势。在相当一些国家和地区，粮食问题尚未根本解决，全球营养不良的人口仍有7.9亿。这些问题和挑战，需要各国政府和各界有识之士加强合作，共商解决之计。

综观全局，世界农业迫切需要找到一条科学合理的发展道路，使人们在推进农业发展的进程中，既能持续提高产量，又能保持资源永续利用，既能满足人民生活的需求，又能不断提高农民的经济收益，从而使农业为21世纪世界经济和社会的发展作出更大的贡献。

为了达到这一目的，应大力加强农业领域的国际合作和交流，让各国人民分享科技进步的成果，走共同发展的道路。这也是本次大会的宗旨。

20世纪后期以来，一场新的农业科技革命正在全球蓬勃兴起。这场新的农业科技革命，将使农业在概念、结构、功能和体系等方面发生深刻的变化，更加有力地推动农业向现代产业迈进。目前，以水稻为代表的国际植物基因组合作研究已经取得了重大进展。在这次国际大合作中，中国科学家独立自主地完成并率先公布了水稻基因物理图谱和籼稻全基因框架图。这些成果以及正在兴起的功能基因组学的研究成果，是全人类的共同财富，应该用来为全人类造福，尤其要保证广大发展中国家有平等的机会使用这方面的研究成果和技术。

国际社会应该珍视科技进步带来的发展机遇。发展中国家要抓住机遇、积极参与，努力推进本国的经济和社会发展。发达国家要深刻认识日益拉大的南北贫富差距对全球稳定和可持续发展带来的影响，在技术、资金、人才和信息等方面向发展中国家提供更多的援助。

女士们、先生们！

中国是具有悠久农耕文明历史的国家。考古研究表明，7000多年前，中华民族就创造了灿烂的仰韶文化和河姆渡文化，开启了有史以来可以考证的农业文明的先河。新中国成立以后，中国科学家主要依靠自己的力量，与国际上的"绿色革命"平行开展了水稻矮化育种的研究并取得了突破，育成了一大批高产水稻品种。七十年代以来，中国科学家创造性地建立了水稻杂交优势育种理论，发明和完善了杂交稻选育和制种技术，并在生产上大面积推广应用。科技进步为农业生产力和综合效益的提高发挥了重要作用。中国粮食年生产能力由上世纪六十年代初的2亿吨提高到目前的5亿吨,以不足世界10%的耕地养活了占世界22%的人口。现在,中国12亿多人民温饱无虞,生活总体上达到小康水平。中国为世界粮食生产和安全作出了自己的贡献。

中国的农业取得了举世瞩目的成就,但中国还是一个人口众多的农业大国,人多地少水少、人均资源不足是基本国情。如何更加有效地提高农业生产的质量和效益,推进产业结构调整,实现农业现代化,仍然是我们要下大气力继续加以解决的重大课题。

共享科技进步带来的成果,实现各国的普遍发展,需要各国政府和人民共同努力,尤其需要各国科学家的共同奋斗。中国与国际水稻科技界几十年来富有成果的交流和合作证明:不同文化传统、经济模式和发展水平的国家开展科技交流和合作,对合作各方和世界的发展都有利。我们主张按照平等互利、成果共享、尊重知识产权的原则积极进行国际合作,鼓励中国科技人员与各国科学家加强合作研究,为各国的共同发展和普遍繁荣作出贡献。

女士们、先生们!

过上幸福美好的生活,是各国人民的共同愿望。为了人类和平与发展的崇高事业,为了世界上所有的贫困人口尽快摆脱困境,世界农业生产要迈上新台阶,农业科技要实现新突破。这需要世界农业科技工作者进行不懈努力,需要各国予以广泛支持。希望这次国际水稻大会,能为世界农业科技的发展起到积极的推动作用。

最后,祝大会圆满成功!祝各位来宾在中国期间愉快!

谢谢大家。

全国人大常委会委员长李鹏在堪培拉与澳大利亚众议院议长安德鲁和参议院议长卡尔弗特举行会谈

李鹏说:我此次访问适逢中澳建交30周年。30年来,两国关系取得了很大发展。1988年我曾作为中国总理访问澳大利亚,14年后的今天再次对澳进行正式友好访问,感到十分高兴。希望这次访问将对进一步发展双边友好合作关系发挥积极作用。

李鹏说,中国和澳大利亚都是亚太地区的重要国家。中国一向致力于同澳大利亚发展稳定的全面合作关系。中澳两国在经济上有很强的互补性,是长期的合作伙伴,中国加入世贸组织将为两国提供更多的合作机会。最近,两国就澳大利亚作为广东液化石油天然气项目资源提供方达成协议,双方在其他方面也进行了良好合作,这些都充分说明中澳两国经济合作前景广阔。

关于议会交往,李鹏说,中国全国人大和澳大利亚议会虽然制度不同,但在立法内容、运作方式等方面仍有不少相似之处,可以相互借鉴和学习。

他指出,中国全国人大和澳大利亚议会的交流与合作在促进双边关系方面可以发挥重要作用。双边友好小组和专门委员会之间卓有成效的交流,就是很好的证明。

会谈中,李鹏详细介绍了中国的人民代表大会制度及全国人大及其常委会的运作机制。

全国人大常委会委员长李鹏在堪培拉会见澳大利亚总理霍华德

李鹏说,近年来,双方为落实两国领导人就发展健康、稳定的中澳关系达成共识,采取了许多积极步骤,在政治、安全等领域建立了磋商和对话机制,在经贸、文化、教育等方面的交流与合作发展势头良好。

李鹏说:我们高兴地看到,双方经贸合作不断取得新进展。最近,中澳就广东液化天然气项目资源供应项目达成了协议,这是继恰那铁矿合作项目之后又一个重大合作成果,预示着中澳开展平等互利的经贸合作前景广阔。

李鹏指出,中澳两国国情不同,历史和文化传统各异,但这并没有影响两国开展互利合作。为增进澳大利亚人民对中国传统文化和当代社会的了解,北京市与澳大利亚首都地区合作,正在堪培拉举行"北京文化节"。澳方也将于11月在上海举办"澳大利亚文化周"。这必将对增进两国人民的了解与友谊起到积极推动作用。

李鹏强调:中方一贯重视中澳关系。经过30年的努力,两国关系已奠定了良好基础。这说明,只要我们在相互尊重、平等互利的基础上把握好两国关系的大局,加强沟通,求同存异,双方的交流与合作就能顺利发展。

全国人大常委会秘书长何椿霖、副秘书长吕聪敏、外交部副部长王毅和中国驻澳大使武韬参加了会见。

全国人大常委会委员长李鹏在堪培拉会见澳反对党工党领袖克林

中央政法委在北京召开全国电视电话会议

中共中央政治局委员、国务委员、中央政法委书记罗干主持会议并发表讲话。罗干强调,党的十六大的召开,对于全面贯彻"三个代表"重要思想,动员全党和全国各族人民,进一步推动我国改革开放和社会主义现代化建设,开创建设有中国特色社会主义伟大事业新局面,具有极其重要的现实意义和深远的历史意义。当前,进一步深化"严打"整治斗争,维护社会稳定，确保党的十六大胜利召开，是政法部门的头等大事，是全体政法干警和武警官兵的神圣职责。

罗干说，"严打"整治斗争开展一年多来，取得了明显成效，摧毁了一批作恶多端的黑恶势力，破获了一批严重影响人民群众安全感的刑事案件，依法从重从快严惩了一大批严重刑事犯罪分子，集中整治了一批治安混乱地区，刑事案件大幅上升的势头得到有效遏制，人民群众的安全感明显增强，政法队伍得到了锻炼提高，全国社会治安形势总体平稳。但是，当前诱发和滋生犯罪的因素依然大量存在，社会治安形势还不稳固，工作稍有松懈就可能出现反弹。

罗干强调，各级党委、政府和政法部门要进一步增强实践"三个代表"重要思想的自觉性，充分认识深化"严打"整治斗争，维护社会稳定的重要性，增强政治意识、大局意识、责任意识，从实际出发，对"严打"整治斗争和维护社会稳定工作进一步作出动员和部署。切实加强领导，努力转变作风，全力以赴，精心组织，务必把维护稳定的各项措施落到实处，确保党的十六大胜利召开。要全面分析本地社会治安形势，认真排查影响当地治安的突出问题，进一步突出重点，采取强有力的措施，把"严打"整治斗争不断推向深入。要严密防范、严厉打击境内外敌对势力、"法轮功"等邪教组织和暴力恐怖势力、民族分裂势力、宗教极端势力的渗透破坏活动，严防发生各类恐怖袭击事件。要充分运用法律武器，继续打击黑恶势力犯罪、严重暴力犯罪、爆炸、投毒和抢劫、抢夺、盗窃等多发性犯罪。因地制宜开展破大案、打现行、挖团伙、追逃犯、治爆缉枪、打击"两抢"犯罪等专项斗争，进一步增强"严打"整治的实效。要继续大力开展重点整治工作，对排查出来的治安秩序混乱地区和重点治安问题，要明确责任，专人负责，挂牌督办，限期解决。要坚持"打防结合，预防为主"的方针，把"严打"整治与防范工作有机地结合起来，切实加强安全防范工作。进一步落实社会治安综合治理各项措施，巩固和扩大"严打"整治斗争成果。要深入开展人民内部矛盾和纠纷的排查调处工作，及时化解影响社会稳定的苗头和事端，把各种影响稳定的苗头和不安定因素解决在基层，解决在萌芽状态。要切实加强治安管理，严密社会面的控制，切实加强对要害部位、重点场所和重点目标的安全保卫工作，确保这些地方的安全。要继续深入开展对枪支弹药和剧毒、易燃、易爆等危险物品的专项治理工作，严防发生恶性事件和重大治安灾害事故。

罗干指出，"严打"整治斗争的实践再次表明，政法队伍是一支党和人民完全可以信赖的、有战斗力的队伍。广大干警一定要进一步振奋精神，鼓舞斗志，发扬连续作战的优良作风，深入推进"严打"整治斗争，认真做好各项安全保卫工作，努力落实维护社会稳定的各项措施，以优异的成绩迎接党的十六大胜利召开。

最高人民法院院长肖扬、最高人民检察院检察长韩杼滨、解放军总政治部副主任唐天标、中央政法委员会秘书长王胜俊和中央有关部门负责人出席了会议。各省、自治区、直辖市党委、政府及政法各部门负责人在各地分会场出席了会议。北京、河北、广东、四川等省、市和公安部的负责同志在会上发了言。

中国人民银行行长戴相龙在改革开放和现代化建设成就系列报告会上的报告

邓小平同志1991年指出，"金融很重要，是现代经济的核心"。在今年2月召开的全国金融工作会议上，江泽民总书记指出：金融在市场配置资源中起着核心作用；金融是调节宏观经济的重要杠杆；金融安全是国家经济安全的核心。这一论述是对邓小平金融理论的创造性发展。由货币、经营管理货币的企业、金融市场、金融监管和调控等组成的金融体制及其有效运行，使金融在现代经济运行中发挥着核心作用。

十三届四中全会以来，以江泽民同志为核心的党的第三代领导集体高度重视金融工作，高瞻远瞩，果断决策，明确了我国金融体制改革目标，及时、正确地制定和实施了金融改革和发展的方针和政策，使我国金融事业实现了历史性跨越，基本建成了与社会主义市场经济体制相适应的新的金融体制。金融业在加强和改善宏观调控，促进经济改革、开放和发展，维护社会稳定方面，发挥了重大作用。

一、金融组织体系逐步健全，有力地支持了经济持续快速健康发展

1994年年初，在四家国有专业银行的基础上，组建了三家政策性银行和四家国有独资商业银行。国有独资商业银行正在逐步改革为经营货币的现代金融企业。为了更好地支持广大中小企业，促进银行业适度竞争，陆续增设和重组120多家股份制中小商业银行。农村信用社已成为农村金融服务的主力军，在支持"三农"中的作用日益突出。进一步规范和发展了证券机构和以证券投资基金为主体的机构投资者。完成了财产险、人寿险和再保险业务的分离工作，组建了一批新的股份制保险公司及各种保险业中介机构。引进外资金融机构，有效地促进了我国金融业的改革和发展。到2001年年底，全部金融机构境内本外币各项贷款折成人民币为11.23万亿元，比1990年增加10.2万亿元，年均增长19.2%。1998年到2001年，四年发放与国债项目配套的基建和技改贷款6083亿元，增加对居民住房消费贷款5600亿元。2002年上半年，新增贷款9335亿元，其中国有银行占49%，非国有银行

占51%。据调查推算，到2002年6月，用于国有和国有控股以外经济的贷款已占全部贷款的63%。金融在支持经济改革、开放和发展中发挥了重要作用。

二、金融市场体系日趋完善，社会资金配置和使用效率稳步提高

货币市场已达到相当规模。1994年，建立了全国统一的同业拆借市场，市场交易量逐年扩大，到今年6月末，已累计成交3.4万亿元。1997年银行间债券市场成立，允许商业银行等金融机构进行国债和政策性金融债的回购和现券买卖，到今年6月末，债券回购累计交易量已达10.7万亿元。1994年4月全国统一的外汇市场成功运转，为形成单一的、有管理的人民币汇率体制奠定了重要的市场基础。8年多来，银行间外汇市场成交规模不断扩大，到今年6月末，已累计成交各币种折合美元4800亿美元。目前，货币市场已成为金融机构管理资金头寸的主要场所和中央银行公开市场操作的重要平台。

资本市场快速发展。1990年10月和1991年7月，上海证券交易所和深圳证券交易所先后成立。到今年8月底，中国境内上市公司已达1197家，市价总值4.65万亿元，流通市值1.53万亿元。1991年以来，证券市场已在境内外累计筹集资金8270亿元。证券市场在改革投融资体制，促进产业结构调整，完善企业法人治理结构，降低企业资产负债率等方面，发挥了非常重要的作用，成为国民经济发展的重要推动力量。

保险市场的深度和广度不断扩大。1989年年末全国保费收入142亿元，2001年为2109亿元，是1989年的15倍，年均增长25.2%。2001年，我国保险机构共对19.3万亿元财产进行了保险。保险市场的发展对保障经济、稳定社会、造福人民，发挥了重要作用。

三、金融宏观调控水平明显提高，人民币币值稳定

从1998年开始，取消了对商业银行的贷款规模控制，运用利率等多种货币政策工具调控货币供应量，金融宏观调控实现了由直接控制向间接调控的根本性转变。全国货币供应量，1989年底为1.3万亿元，2001年年底为15.8万亿元，每年增长23%。适当的货币供应，促进了国民经济持续快速健康发展。

1993年下半年到1996年，我国实行适度从紧的货币政策，大力整顿金融秩序，调高存贷款利率，调整贷款结构，有效地抑制了严重的通货膨胀。

1997年以来，为应对亚洲金融危机的冲击，贯彻扩大内需的方针，我国实行稳健的货币政策，8次下调存贷款利率，促使货币供应量总量年均增长14%左右，积极引导调整贷款投向，在防范和化解金融风险的同时，加大对经济发展的支持力度，防止和克服通货紧缩，人民币币值对内对外均保持稳定，促进国民经济继续保持了稳定发展态势。

利率市场化改革正在逐步推进。全国银行间同业拆借利率、国债回购利率、票据贴现利率已由市场决定，外币利率已按国际市场及时调整，对中小企业和农业贷款利率实行浮动，农村信用社存款利率浮动正在试点。中央银行买卖债券，已对货币市场利率产生重大影响。利率正在逐步成为调节货币供应和经济发展的重要杠杆。

四、金融监管工作明显加强，金融体系平稳运行

金融监管法规体系逐步健全。初步形成了以《中国人民银行法》、《证券法》和《保险法》等金融法律为核心的金融监管法律体系框架。金融市场秩序明显好转。1993年以来，实行“约法三章”，全面整顿违规放款、违规拆借、违规提高利率等违规经营行为，严肃了金融纪律，扭转了金融秩序一度混乱的局面。多年积累的金融风险正逐步化解。四家国有独资商业银行不良贷款余额及其占全部贷款的比例逐步下降。全面整顿和分类处置了信托投资公司、城乡信用社等中小金融机构，依法撤销了少数严重违规、不能支付到期债务的金融机构。全国基本完成了对28000多个农村合作基金会的清理撤并工作。这些措施，有效化解了金融风险，保护了存款人利益，维护了金融和社会稳定。

从总体上看，我国经济增长较快，人民币币值稳定，外汇储备不断上升，外债水平较低，不良贷款不断下降，证券市场日益规范，中国金融业处于安全运行状态。

五、金融对外开放逐步扩大，我国在国际金融事务中的地位显著提高

扩大金融对外开放，加强国际金融合作，是我国主动顺应经济金融全球化趋势，正确应对经济金融全球化挑战的战略选择。在此过程中，我国始终坚持积极稳妥、趋利避害的原则，取得明显成效。

一是金融业对外开放进入新阶段。目前，我国境内共有外资银行营业性机构和保险公司205家，总资产380多亿美元，其中外资银行的外汇贷款占我国境内金融机构全部外汇贷款的20%，外资金融机构成为我国金融体系的重要组成部分。同时，中资金融机构在境外业务也获得迅速发展，共设立机构90多家，资产总额1200多亿美元。加入世贸组织，标志着我国金融业对外开放进入一个新的发展阶段。

二是外汇管理体制在改革中不断完善，人民币汇率保持稳定。1994年以来，我国外汇管理体制进行了重大改革，成功建立了以市场供求为基础的、单一的、有管理的浮动汇率制度。1996年12月顺利实现了人民币经常项目完全可兑换，现在已对资本项目实行部分可兑换。我国国际收支状况良好，人民币汇率持续

稳定,国家外汇储备稳步增加,人民币的国际地位显著提高。到今年8月,外汇储备已达2530亿美元,比1989年的55.5亿美元增加近45倍。

三是扩大国际金融交流与合作,我国在国际金融事务中的地位明显提高。我国已成为国际货币基金组织、世界银行、亚洲开发银行、非洲开发银行、国际清算银行、加勒比开发银行、亚太中央银行行长会议等国际和地区金融组织的重要成员,在国际货币基金组织的份额,从原来的第十一位提高到了第八位,在亚洲开发银行的份额位居第三位。同时,积极参加和推动了东盟加中日韩("10+3")的双边货币互换等金融合作。特别是在亚洲金融危机期间,我国不仅坚持人民币不贬值,而且向有关危机国家提供了资金援助,在维护亚洲金融市场稳定中发挥了重要作用。

六、金融电子化建设和金融业务创新快速发展,金融服务水平明显提高

在江泽民总书记亲自关心和支持下,1994年,我国开始实施以银行卡联网通用为核心的"金卡工程"建设。目前,全国各金融机构已发行银行卡4.38亿张,安装自动柜员机(ATM)4.3万台、销售终端机(POS)26.9万台。"中国银联"的成立,迅速推动了银行卡的联网通用。2002年年底前,国有独资商业银行要在300个以上城市实现本系统内银行卡联网运行,在100个以上城市实现各类银行卡的同城跨行使用,在40个以上城市推广普及全国统一的"银联"标识卡,全面实现跨地区、跨银行的联网通用。

我国金融业在改革和发展中,也面临不少困难和新的挑战。金融业不良资产比例依然较高,金融企业特别是国有独资商业银行改革与经济发展不相适应,金融监管还比较薄弱,社会信用秩序尚需进一步整顿。这些问题是多年形成的。随着今年全国金融工作会议精神的深入贯彻,这些问题将逐步得到解决。

回顾过去,成绩斐然。展望未来,任重道远。面对新挑战和新任务,我国金融业将继续高举邓小平理论伟大旗帜,全面贯彻"三个代表"要求,与时俱进,开拓创新,扎实工作,开创金融改革发展的新局面。

全国总工会主席尉健行在人民大会堂会见由日本工会总联合会会长笹森清率领的日本工会代表团

外交部部长唐家璇在纽约联合国总部与加勒比8国外长举行首次磋商

出席第五十七届联大的中国外交部长唐家璇与安提瓜和巴布达、巴哈马、巴巴多斯、圭亚那、圣卢西亚和苏里南外长以及特立尼达和多巴哥和牙买加两国政府的代表举行了首次正式磋商,就发展双方的友好合作关系等问题深入交换了意见。

唐家璇外长还同里约集团外长举行第十二次政治对话,就中拉、中国与里约集团关系等问题交换了意见。

中国和加勒比8国首次正式磋商发表《联合新闻公报》

2002年9月16日,中华人民共和国外交部长唐家璇和安提瓜和巴布达外交部长莱斯特·伯德、巴哈马国外交兼公共服务部长弗雷德·米切尔、巴巴多斯外交和外贸部长比利·米勒、圭亚那合作共和国外交部长塞缪尔·因萨纳利、圣卢西亚外交、国际贸易和民航部长朱利安·亨特、苏里南共和国外交部长玛丽·莱文斯、特立尼达和多巴哥共和国政府代表菲利普·西利大使、牙买加常驻联合国代表斯塔福·奈尔在纽约举行了中国与上述8个加勒比国家外交部间的首轮磋商。外长们在诚挚、友好和务实的气氛中就进一步发展中国与加勒比国家关系及共同关心的国际和地区问题交换了意见,达成了广泛共识。双方对磋商取得的积极成果感到满意。

一、双方高度重视发展彼此间的友好合作关系。认为,在互相尊重主权和领土完整、互不侵犯、互不干涉内政、平等互利、和平共处等五项原则基础上推动双方关系长期、稳定、全面发展符合双方的根本和长远利益。

二、双方同意加强各级别的政治对话,鼓励和支持官方机构和社会团体开展交流和合作,增进相互了解与信任。

三、双方认为,进一步加强经贸合作符合中国和加勒比国家的利益并有着巨大的潜力。双方愿继续鼓励和支持各自企业增加接触,开展多种形式的互利合作。各国政府将为促进相互贸易和投资创造有利条件,鼓励对方企业和人员参与本国经济建设。中方愿继续提供力所能及的经济援助。加勒比方面满意地注意到中国成为加勒比开发银行成员。

四、双方表示将继续采取积极措施,进一步促进在科技、文化、教育、新闻和卫生等领域的交流与合作。

五、参加磋商的加勒比各国外长重申,各国坚持一个中国的政策,即世界上只有一个中国,中华人民共和国政府是代表全中国的唯一合法政府,台湾是中国领土不可分割的一部分。中方对此表示赞赏,并重申支持加勒比国家争取可持续发展和为实现地区一体化所做的不懈努力,希望该努力有利于加勒比弱小经济体抵御经济全球化带来的消极影响。

六、双方确认,在当今许多重大国际和地区问题上持有相近观点,主张国家不分大小、贫富、强弱,都是

国际社会的平等一员，都有参与国际事务的平等权利。双方愿继续加强在国际事务中的磋商与合作，与国际社会一道共同致力于建立公正、合理的国际政治、经济秩序。双方对经济全球化给广大发展中国家带来的新挑战表示关注，敦促国际社会采取积极措施保障发展中国家的经济安全，帮助其提高发展能力。中方对加勒比国家在国际多边贸易谈判中争取特殊和差别待遇的努力表示理解和支持。

七、中方希望与所有拉美和加勒比区域组织及国家建立互利合作关系，加勒比8国对中方的愿望表示理解和支持。

八、双方商定，将于2004年在中国北京举行第二次磋商，级别为常秘或副部长级，并同意尽快全面落实本次磋商的后续行动。

9月17日

中共中央在中南海怀仁堂召开党外人士座谈会听取他们对中共十六大报告征求意见稿的意见

中共中央总书记江泽民主持会议。李瑞环、胡锦涛、曾庆红和王兆国等出席会议。

会议开始时，江泽民首先介绍了中共十六大报告征求意见稿的形成过程，并就报告的主要内容作了说明。他欢迎党外人士畅所欲言、各抒己见，对十六大报告征求意见稿提出修改意见。

民革中央主席何鲁丽、民盟中央主席丁石孙、民建中央主席成思危、民进中央主席许嘉璐、农工民主党中央主席蒋正华、致公党中央主席罗豪才、九三学社中央主席吴阶平、台盟中央主席张克辉、全国工商联主席经叔平和无党派人士钱易先后在会上发言。他们认为，十六大报告以邓小平理论为指导，坚持解放思想、实事求是的思想路线，从理论和实践的结合上总结了十五大以来5年的工作，特别是总结了十三届四中全会以来13年的基本经验，提出了全面建设小康社会的奋斗目标，对21世纪头20年国家的发展作出了全面部署，是一个全面、深刻、振奋人心的报告，反映了全党、全军、全国各族人民的心愿，体现了“三个代表”重要思想，是中国人民在新世纪初的伟大行动纲领。

党外人士还就推进改革开放和现代化建设、加强政治文明建设和精神文明建设、坚持“一国两制”和实现祖国完全统一等提出了意见和建议。

江泽民在听取党外人士的意见和建议后发表了讲话，认为大家的意见和建议对进一步修改好十六大报告稿有很大帮助。他代表中共中央向大家表示感谢，要求起草组认真研究大家提出的意见，并在修改报告稿时予以吸收。

江泽民说，中国共产党领导的多党合作和政治协商制度，是我国的一项基本政治制度，是我国社会主义民主政治的重要组成部分。坚持“长期共存、互相监督、肝胆相照、荣辱与共”的方针，同民主党派就党和国家的大政方针进行协商，充分发扬民主，对于提高党的领导水平和执政水平，更好地带领全国各族人民进行社会主义现代化建设，有着十分重要的作用。面对日益繁重的改革开放和现代化建设任务，中国共产党作为执政党，要进一步加强同民主党派的合作共事，进一步巩固和发展最广泛的爱国统一战线，把各阶层各方面的智慧和力量都凝聚起来，把全社会全民族的积极性、创造性都发挥出来，万众一心地为实现中华民族的伟大复兴而奋斗。

座谈会之前，中共中央委托中央统战部邀请各民主党派中央、全国工商联负责人和无党派人士阅读并讨论了中共十六大报告征求意见稿。

出席座谈会的党外人士还有：王光英、孙孚凌、万国权、王文元和李赣骝、冯之浚、张怀西、李蒙、王宋大、刘亦铭、张绪武、严义埙等。

全国人大常委会委员长李鹏在中国驻澳大利亚大使馆会见澳工商界人士

李鹏高度评价建交30年来中澳友好关系发展中经贸合作取得的突出成绩，并向在座的20多位工商界人士介绍了中国的经济形势，希望澳工商界为推动两国经贸关系进一步发展作出新的贡献。

李鹏说：中国当前实施科教兴国、可持续发展、西部大开发三大战略，科教兴国是必由之路，21世纪是高科技迅速发展的世纪，中国将以信息化带动工业化，用高新技术改造传统产业；可持续发展战略的实施，将使我们更好地保护水资源，保护大气质量，保护生态环境，我们将努力使能源结构更趋合理，提倡多使用清洁能源，减少污染；实施西部大开发战略，旨在缩小东西部地区的差距，国家投资将向西部倾斜，加快那里的基础设施建设，开发当地的资源，将资源优势转变成经济优势。

李鹏指出，中国加入世界贸易组织，使中国对外开放进入一个新的阶段，中国作为世贸组织的成员，既享受应有的权利，也会履行自己的义务。中国愿在平等互利基础上，为包括澳大利亚在内的各国企业创造良好的投资环境和商业机会。一个拥有近13亿人口的中国，市场潜力是巨大的。加入世贸组织后的中国市场将更加开放。中国正在采取一系列措施为外国投资和产品进口创造条件，提供方便。为适应世贸组织规则，中国修改了一些相关法律、法规，也制定了一些新的法律、法规，如公司法、证券法、合同法等多部法律，并对中外合资企业法等三个涉及外商直接投资的基本法律进行了修订，为各国更好地开展对华经济合作提供了法律保障。

李鹏指出，中澳经济互补性强，开展互利合作前景广阔。澳大利亚的羊毛、铁矿、天然气都是中国现代化建设中长期需要的产品，中国的机电产品、服装、纺织品、高新技术产品等在澳也有较好的市场。他希望中澳工商界加强交流，拓展合作。李鹏表示相信，中澳贸易额在去年90亿美元的基础上会有更大的增长。

中央书记处书记尉健行在河北考察

9月17日和19日，中共中央政治局常委、中央书记处书记、中华全国总工会主席尉健行在河北省考察非公有制企业民主管理工作时强调，要全面贯彻江泽民同志"三个代表"重要思想，依法在非公有制企业实行民主管理，建立稳定协调的劳动关系，维护职工的合法权益，调动和发挥各方面的积极性、创造性，促进非公有制经济的健康发展，更好地为改革发展稳定的大局服务。

尉健行指出，江泽民同志在"5·31"重要讲话中强调，发展社会主义民主政治，建设社会主义政治文明，是社会主义现代化建设的重要目标；发展社会主义民主政治，最根本的是要坚持党的领导、人民当家做主和依法治国的有机结合和辩证统一。这一科学论断，深刻揭示了建设社会主义政治文明的极端重要性，为推进非公有制企业民主管理工作指明了方向。

尉健行说，坚持以公有制为主体、多种所有制经济共同发展，是我国社会主义初级阶段的基本经济制度。改革开放和发展社会主义市场经济以来，非公有制企业迅速发展，这些企业的劳动关系多元、复杂，出现了一系列新情况、新问题。坚持在所有非公有制企业依法实行民主管理，是贯彻"三个代表"重要思想的具体体现，是落实党的全心全意依靠工人阶级根本指导方针的有效措施，是服从服务于党和国家工作大局的内在要求。

尉健行强调，"组织职工采取与企业、事业单位相适应的形式，参与企业、事业单位民主管理"，是我国法律的明确规定，所有非公有制企业都不能例外。依法推进非公有制企业的民主管理，一定要坚持从这些企业的实际和特点出发，大胆探索其任务、形式和职权。从河北省和其他各地的实践经验来看，推进非公有制企业民主管理工作，当前，在工作任务上，要认真贯彻"三个代表"要求，在企业建立、健全调整劳动关系的机制，维护职工合法权益，调动职工和企业两个积极性，共谋企业健康发展。在组织形式上，不强求一律，有的可以实行职工代表大会制度，有的可以采取其他各种与非公有制企业实际相适应的形式。但无论采用什么形式，都要做到发扬民主，充分听取广大职工的意见和要求，吸收广大职工参与企业民主管理。在职权上，提倡和鼓励各地、各企业大胆探索，创造条件使非公有制企业的广大职工能够知情、参与协商和进行民主监督等。各企业应根据自身的实际和条件，逐步充实民主管理的内容，丰富民主管理的形式，探索民主管理的职权。

在河北期间，尉健行深入廊坊新奥集团等一些非公有制企业进行考察，考察了东方大学城，召开了座谈会，听取了有关方面的汇报。尉健行对河北省在非公有制企业民主管理工作方面的积极探索和取得的成绩给予充分肯定。中共河北省委书记王旭东，中华全国总工会副主席、书记处第一书记张俊九等陪同考察。

《人民日报》发表中共中央党校邓小平理论研究中心的文章《伟大实践的记录　理论创新的结晶》

农业部部长杜青林在改革开放和现代化建设成就系列报告会上的报告

党的十三届四中全会以来的13年，是我们党与时俱进、开拓创新的13年，是我国经济和社会快速发展的13年，也是我国农村改革与发展取得巨大成就的13年。13年来，经过党的十四大、十五大，在以江泽民同志为核心的党中央领导下，我们党高举邓小平理论伟大旗帜，全面贯彻"三个代表"重要思想，坚持党的基本路线和基本纲领，带领全国各族人民特别是亿万农民，不断巩固和加强农业的基础地位，深化农村改革，推进农村经济和社会全面发展。这13年，是我国农业和农村发生历史性变化的重要时期，它将作为我国传统农业向现代农业跨越的一个重要里程碑而载入史册。

13年来，以江泽民同志为核心的党中央高度重视并不断加强农业和农村工作，及时根据形势的变化实施一系列重大决策。概括起来说，这些重大决策主要体现在以下五个方面：一是始终把农业放在国民经济发展的首位。坚持以农业为基础的方针，并随着经济和社会的快速发展，不断丰富和发展农业基础地位理论，切实加强对农业和农村工作的领导，在思想认识和工作上都把农业摆在国民经济发展的首要位置。二是稳定基本政策，深化农村改革。坚持党的十一届三中全会以来我们党确立的一整套符合农村客观实际和广大农民根本利益的政策，特别是稳定以家庭承包经营为基础、统分结合的双层经营体制，切实减轻农民负担。在此基础上，按照建立社会主义市场经济体制的要求深化农村改革，为农业和农村经济发展注入活力。

三是坚持把发展农村经济,提高农业生产力水平作为整个农业和农村工作的中心。加强农村基础设施建设,大力实施科教兴农和农业可持续发展战略,加快发展乡镇企业和小城镇,不断提高农业生产力和农民的物质文化生活水平。四是以农民增收为主题、战略性结构调整为主线,推动新阶段农业和农村经济发展。及时根据90年代后期农业和农村经济发生的重大变化,作出农业和农村经济发展进入新阶段的重要判断,并进一步作出了对农业和农村经济结构进行战略性调整的重大决策,要求把努力增加农民收入作为基本目标,立足于农业和农村经济长远发展,考虑国民经济发展全局,对农业和农村经济结构进行战略性调整。五是坚持物质文明和精神文明两手抓。实行村民自治,加强法制建设,整顿农村基层组织,广泛开展创建"文明户"、"文明村镇"和文化、科技、卫生"三下乡"活动,进行"三个代表"重要思想学习教育,全面加强农村基层组织、民主政治建设和思想道德教育,推动农村教育、卫生、体育等文化事业发展。13年来中央作出的所有重视和加强农业的重大决策和部署,实施的所有促进农业和农村发展的政策和措施,无不体现了"三个代表"重要思想的要求,充分地调动了广大农民的积极性和创造性,有力地推进了农业和农村的持续健康发展。

党的十三届四中全会以来,全党和全国人民认真贯彻执行中央关于农业和农村发展的各项决策和部署,齐心协力,艰苦奋斗,开拓进取,真抓实干,我国农业和农村发生一系列历史性变化。

一是农业综合生产能力显著提高,农产品供给实现了由长期短缺到供求基本平衡、丰年有余的历史性转变。粮食和绝大多数农产品生产能力大幅度提高,大多数主要农产品产量跃居世界首位,人均占有量达到或超过世界平均水平,市场供给充足,告别了全面短缺的状况。在农产品总量增加的同时,品种增多,品质改善,质量安全水平提高,均衡供给能力增强。特别是粮食生产快速发展,单位面积产量大幅度提高,由1988年每亩478斤提高到2001年的568斤,增长19%。近年来我国人均粮食占有量稳定在800斤左右,粮食储备量保持在历史最高水平。粮食生产能力和安全水平大幅度提高,成功地解决了近13亿人口的吃饭问题,为国家自立、社会稳定、经济发展奠定了坚实的基础。

二是农业科技取得了历史性进步,农业装备水平明显提高,我国农业科技水平与世界先进水平的差距进一步缩小。农业科技取得丰硕成果,共取得各类获奖农业科技成果两万多项,其中国家科技奖励成果773项。尤其是基础研究和高新技术研究发展迅速,植物细胞和组织培养、单倍体育种及其应用研究等方面都有重大突破;航天育种、杂交水稻和油菜的研究与利用,动物疫病、基因疫苗、动植物的营养与代谢、生物反应器等方面的研究,都达到或接近国际先进水平。从90年代中期开始实施"种子工程",共推广新品种1200多个,其中优质高产多抗品种411个,主要农作物良种覆盖率达到95%。遥感和保护性耕作技术逐步得到应用,一大批先进实用技术在全国广泛推广,农业科技成果转化应用成效显著。全国已建立400多个农业高新技术示范园区,一大批成熟农业高新技术成果开始实现产业化。农机总动力、农田有效灌溉面积和农村用电量等成倍增长,农业装备水平明显提高,农业生产条件有了较大改善。

三是农业和农村经济结构不断优化,综合素质和竞争实力明显增强,特别是乡镇企业和小城镇的发展,开创了一条有中国特色的农村现代化道路。种植业结构由以粮食为主转变为粮食作物与经济作物、饲料作物全面发展,经济作物等播种面积占总播种面积比重提高了7.9个百分点。农业内部结构由以种植业为主转变为种植业和林牧渔业共同发展,农林牧渔总产值中农业份额下降了7.3个百分点,畜牧业和渔业的比重分别上升了3.1个百分点和5.3个百分点。农村经济结构由以农业为主转变为农业与非农产业协调发展。乡镇企业增加值占国内生产总值的近1/3,占农村社会总产值的2/3。城镇化率提高近12个百分点,达到37.7%。一些各具特色、各显优势的作物带、产业带逐步形成,我国东、中、西三大区域农业发展开始出现合理分工的格局,农业的区域比较优势和规模优势逐步得到发挥。

四是农业和农村经济体制发生了重大变革,农业和农村经济市场化进程不断加快。农村合作制、股份合作制、个体私营经济从无到有,从小到大,迅速发展,农民专业合作经济组织、农村专业大户、农村经纪人队伍不断壮大,农村市场主体已经多元化。各类农产品市场已经发展到2.7万多个,其中批发市场4500多个,年交易额超过1.3万亿元,占整个农业总产值的一半。粮食、蔬菜类产品的商品率已超过30%,畜产品、水产品的商品率超过50%,水果的商品率接近90%。农产品市场交易方式已由集市贸易扩大到专业批发、跨区域贸易、"订单"和期货交易,逐步形成了以城乡农贸市场为基础、以批发市场为中心、以直销配送和超市经营为补充的农产品市场体系。2001年我国农产品进出口贸易总额278亿美元,是1988年的1.7倍;外商直接投资农业金额17.6亿美元,是1988年的8倍。农产品贸易从一个单项、区域农业贸易国家向多领域、全方位农业贸易国家转变。农业社会化服务体系已包含农技、林业、畜牧、水利、水产、农机、农经等涉及为农民科技服务的诸多领域,成为开展技术推广、为农民提供各种服务的主渠道。按照建立公共财政体制的要求,逐步建立起有效的农业投入增长机制,初步形成了国家对农业的支持保护体系框架。

五是农民收入不断增加,长期贫困落后的农村面貌发生了实质性变化,农村总体上进入小康阶段。2001年,农民年人均纯收入2366元,是1988年的4.34倍,扣除物价因素,平均每年增长4.1%;农民人均生活费支出1741元,是1988年的3.7倍;反映消费结构和水平的恩格尔系数由54%下降到47.7%,进入小康区间。没有解决温饱的贫困人口由9600万人减少到2926万人,占农村总人口的比重由11%降到3%以下。

六是农村民主政治面貌发生了历史性变化,精神文明建设成绩显著,农村社会全面发展。约有70%行政村的村民委员会实现了村民直选,以财务公开为主要内容的村务公开在全国80%以上的农村铺开,以村民代表会议为主要形式的民主决策,已经成为村民行使民主权利的重要途径,农民能够依法直接行使民主权利。国家新制定了有关农业方面的法律12件,行政法规25件,基本形成了一套农村法律、法规体系,依法治农有了良好开端。农村教育已经形成基础教育、职业教育和成人教育培训网络,小学入学率、升学率都有较大提高,农民文盲半文盲率下降至8%,9年制义务教育普及率已经达到90%,农村医疗和文化事业健康发展,农民素质和健康水平明显提高。

13年农村改革与发展光辉历程,使我们深刻地认识到:要保持农业和农村经济持续健康发展,必须始终坚持以邓小平理论为指导,解放思想,实事求是;必须按照"三个代表"重要思想要求,与时俱进,不断探索;必须始终从全局出发,高度重视农业;必须承认并充分保障农民的自主权,把调动广大农民的积极性作为制定农村政策的首要出发点;必须坚持以市场为取向的改革,为农村经济注入新的活力;必须充分尊重农民的首创精神,依靠群众推进改革和发展的伟大事业。这些改革与发展的经验和启示,对进一步做好农业和农村工作具有十分重要的指导作用。

在看到取得巨大成就的同时,我们也要清醒地看到农业和农村经济发展还面临一些困难与问题。农业抗御自然灾害能力不强,农民收入增长缓慢,影响农村稳定的不利因素仍然存在。特别是目前我国农业正处于新阶段的"爬坡"时期,农业的发展正面临着农产品供大于求、进口农产品冲击和国际经济不景气的严峻考验。只有切实解决好这些问题,农业和农村经济才能够持续健康发展,建设有中国特色社会主义新农村的目标才能真正实现。可以说,农业和农村的发展仍然是一项长期性、复杂性和艰巨性任务,任重而道远。

13年我国农业和农村的沧桑巨变,得益于党的第三代领导集体的正确领导和英明决策,来源于亿万农民的辛勤耕耘和伟大创造,体现了"三个代表"重要思想的生动实践,标志着我国已走上了建设有中国特色社会主义新农村的发展道路。展望未来,在党中央正确领导下,高举邓小平理论伟大旗帜,以江泽民同志"三个代表"重要思想为指导,认真贯彻党在农村的各项方针政策,全面落实新阶段农业和农村经济发展的各项举措,我国农业和农村发展一定会再创辉煌,建设有中国特色社会主义新农村的宏伟蓝图一定能够实现。

国务院副总理李岚清在中南海会见美国前国务卿黑格一行

9月18日

国家主席江泽民和多哥共和国总统纳辛贝·埃亚德马互致贺电祝贺两国建交30周年

全国人大常委会委员长李鹏在堪培拉会见澳大利亚总督彼得·霍林沃思

国务院总理朱镕基在中南海会见出席世界贸易组织与法律服务国际研讨会部分外国代表

朱镕基对研讨会的召开表示祝贺,并对各方与会代表表示欢迎。他说,中国已按照加入世贸组织的承诺完成了全国性的相关法律、法规、规章的清理工作,废止、修改和制定了一批法律、法规,进一步完善了法制,世贸组织及各方面对此给予了肯定。

朱镕基说,中国正在致力于完善法制,其中司法和法律服务工作十分重要。中国愿意吸收和借鉴各国在立法、司法和法律服务方面的实践经验,相信这次国际研讨会将为我们提供良好的学习与交流机会。

国务委员罗干、最高人民法院院长肖扬和司法部部长张福森等会见时在座。

国务院召开第63次常务会议

国务院总理朱镕基主持了会议,审议并原则通过了《禁止使用童工规定(修订草案)》。

会议认为,1991年国务院制定发布的《禁止使用童工规定》,对于打击使用童工行为,保护不满16周岁未成年人的合法权益,起了重要作用。随着10多年来我国经济和社会情况的变化,现行规定显现出对使用童工的主体界定不清,对使用童工行为的处罚手段不足、力度不够等一些亟待解决的问题。为此,有必要对现行规定进行修改和完善。

会议决定,《禁止使用童工规定(修订草案)》经进一步修改后,由国务院公布实施。

全国整顿和规范市场经济秩序领导小组第六次会议在北京召开

国务院副总理、全国整顿和规范市场经济秩序领导小组组长李岚清主持召开了会议,检查前一段整顿和规范市场经济秩序工作进展情况、存在的问题,部署下一阶段整治工作。会议强调,整顿和规范市场经济秩序工作是一项长期而艰巨的任务,各地区、各部门要以江泽民总书记"三个代表"重要思想为指导,继续按照整顿工作的部署,突出重点,对于食品、药品、农资等关系到人民群众切身利益和安全的商品的市场秩序整治,要始终抓住不放,狠抓大案要案的查处,在进行专项整治的同时,要针对存在的问题,研究治本之策,加大舆论宣传力度,深入持久地开展整顿和规范市场经济秩序工作,逐步建立和完善社会主义市场经济体制。

中共中央政治局委员、国务院副总理、全国整顿和规范市场经济秩序领导小组副组长吴邦国,中共中央政治局候补委员、国务委员、全国整顿和规范市场经济秩序领导小组副组长吴仪出席会议并讲话。

吴仪代表领导小组对前一段工作进行了小结,对下一段工作作出部署。她说,自去年4月召开全国整顿和规范市场经济秩序工作会议以来,国务院先后统一部署了联合打假、整顿文化市场、严厉打击传销、整顿建筑市场、强化税收征管、集贸市场专项整治、加油站专项整治、旅游市场打假打非等专项斗争。实践证明,党中央、国务院关于整顿和规范市场经济秩序的决策是完全正确的,非常必要。前一段的整治工作达到了预期的阶段性目标,取得了阶段性成果。

吴仪指出,要充分认识整顿和规范市场经济秩序工作的长期性、艰巨性和复杂性。既要看到整顿和规范市场经济秩序工作已经取得的阶段性成果,也要清醒地认识到某些地区和领域的秩序混乱现象仍然存在,特别是一些根本性问题还没有得到解决。做好下一阶段整顿和规范市场经济秩序工作,特别要重视研究解决以下几个方面的问题:一是要在巩固前一阶段成果的基础上更加深入地开展专项整治,进一步完善行政执法体制和机制,着力解决行政执法中存在的多头执法、重复执法、有权无责、权钱挂钩等问题。二是要抓住直接关系人民群众人身安全、健康等领域中存在的问题,加大整治力度。对图财害命、丧尽天良的违法犯罪分子,要予以严惩,决不手软,同时要严打违法犯罪分子的"保护伞",做到违法必究。三是要认真总结治本方面的经验,进一步完善有关法律、法规,坚持边整边改,标本兼治。四是进一步加强社会信用体系建设,规范经营行为,创造一个良好的市场环境。

吴邦国在讲话中指出,整顿和规范市场经济秩序工作要集中力量整治群众关心、关系全局的问题,并且要逐项落实。要在认真总结已取得的成功经验的基础上,积极探索治本的办法。要加强社会信用体系建设,对故意造假者,要列入"黑名单",使其无法生存。对大案要案特别是一些与地方保护主义、权钱交易相结合的案件,要组织专人一查到底。要加强对原油、成品油批发的管理,坚决整顿和取缔非法小炼油厂,严厉打击加油站掺杂使假、超范围违法经营等行为。

李岚清要求认真落实这次领导小组会议精神,各负其责,把整治工作进一步做好。他强调指出,第一,要把整顿和规范市场经济秩序作为一项长期的任务继续认真抓下去。在整顿和规范市场经济秩序过程中,要始终紧紧抓住与人民切身利益和安全密切相关的商品,特别是食品、药品和农资的打假不放,贯彻整治工作的始终,切实维护广大人民群众的根本利益。各个领域的整顿工作要确定阶段性目标,要使群众感受到市场秩序有明显好转,治本措施初步到位。第二,针对前一阶段整治中存在的问题,要继续深入持久地开展专项整治工作。专项整治工作要突出重点,抓住重点领域、重点地区、重点商品,不能眉毛胡子一把抓,更不能抓了"芝麻"丢了"西瓜"。集贸市场整治要把以批发业务为主要经营内容的"商城"和"商厦"作为重点对象。同时要严厉打击假广告、假商标、假发票、假包装的印制窝点,从源头上杜绝假冒伪劣商品。加油站整治的重点是清理整顿社会加油站,同时也要进一步规范中国石油天然气集团公司、中国石油化工集团公司所属加油站的经营行为。旅游业整顿也要突出重点,狠抓欺诈坑害游客的劣行。第三,要狠抓一批大案要案,加大依法查处力度。特别是对严重危害人民身体健康和财产安全的违法犯罪活动,要严厉打击并绳之以法。要发挥舆论宣传的作用,公开曝光一批典型案件,同时对整治工作取得的明显成效也应予以报道。第四,要通过建章立制,建立和健全治本的措施,实现标本兼治。要继续完善集贸市场税收征管制度,大力推行建账,强化查账征税。充分发挥金融管理在整顿和规范市场经济秩序中的作用,特别是要加强现金管理,建立诚信机制。要落实责任追究制。特别是专项整治,既要取得明显成果,又要有巩固成果的治本措施,这样才能一步一个脚印地把市场经济秩序逐步整治好。

国务院有关部门和单位的负责同志汇报了专项整治工作的进展情况,以及下一阶段整顿和规范市场经济秩序工作的建议。全国整顿和规范市场经济秩序领导小组各成员单位负责同志出席了会议。

世界贸易组织与法律服务国际研讨会在人民大会堂开幕

国家主席江泽民发来贺信。江泽民在贺信中说，加入世界贸易组织，是中国政府的重大战略决策，是中国改革开放和现代化建设进程中具有重要意义的一件大事，对新世纪中国的经济改革和发展，对中国的立法、司法和法律服务等方面，将产生积极的推动作用。这次研讨会邀请有关国家政府、国际组织、中外律师事务所的代表和专家学者，共同讨论世界贸易组织框架下法律服务领域的国际合作问题，有利于加深各国的相互了解和友谊，促进中外法律服务界的合作与交流。

国务委员罗干在开幕式上致辞。他说，为切实履行作为世贸组织成员应尽的义务和中国所做的承诺，按照法制统一、公开透明和非歧视原则，中国将抓紧建立既符合世贸组织规则，又符合中国国情的涉外经济法律、法规体系，不断完善社会主义市场经济法律体系，进一步强化对世贸组织有关知识和规则的学习、宣传与培训；坚持依法行政，切实转变政府职能，实现政府决策的法治化；积极推进司法改革，提高司法效率，维护司法公正。

他说，在加入世贸组织，进一步密切中外经济贸易合作中，中国法律服务业与国际法律服务业的交流与合作也必将进一步密切，这将有利于相互的促进与发展。中国政府将一如既往地积极支持和推动法律服务业更快、更好地发展。

最高人民法院院长肖扬出席开幕式，司法部部长张福森、世贸组织副总干事门多萨、中华全国律师协会会长高宗泽也先后致辞。

这次会议由司法部和中华全国律师协会共同举办，主题是探讨世贸组织框架下中外法律服务交流与合作。来自中国、英国、法国、南非、日本、泰国等国家和地区的政府、国际组织、中外律师事务所的代表和专家学者等400多人出席了研讨会。

在3天会议期间，与会代表们将围绕世贸组织与法制现代化、服务贸易与法律服务业、世贸组织与法律服务的国际化、世贸组织与知识产权保护、法律援助制度的完善、世贸组织与高层次涉外法律人才的培养等议题展开研讨。

对外经贸部部长石广生出席在哥本哈根举行的亚欧经济部长会议

石广生分别会见了欧洲联盟委员会贸易事务委员拉米和世界贸易组织总干事素帕猜，向他们阐述了中国对新一轮多边贸易谈判的立场。

石广生在两次会见时均表示，中国方面认为，新一轮多边贸易谈判应着重关注这样三个方面的问题：一是中方希望，乌拉圭回合谈判协议的内容，特别是关系到广大发展中成员切身利益的《纺织品协议》，能得到认真落实执行；二是滥用反倾销、保障措施、反补贴和技术壁垒等手段，已成为当前国际贸易保护主义的突出表现形式，新一轮谈判应当采取措施解决这一问题；三是中方非常关注新一轮谈判中的农产品问题，特别是削减农产品出口补贴问题。

在谈及世贸组织对中国的贸易政策审议问题时，石广生说，中国加入世贸组织以来已为履行承诺做了大量认真细致的工作，中方对顺利通过相关的贸易政策审议是有信心的，希望各成员方能实事求是地积极评价中方为此所作的努力。

在会晤欧盟委员会贸易委员拉米时，石广生表示，当前中欧贸易关系总体发展良好，双方已成为重要、稳定的贸易伙伴，但也存在一些急需解决的问题。今年1月底欧盟全面暂停进口中国动物源性产品的禁令至今尚未解除，这影响了中欧经贸关系的正常发展。他认为，中国和欧盟一样，都非常重视保护消费者健康的问题，但这不应成为贸易限制的手段。他希望，欧盟从大局出发，充分重视中方为解决这一问题所作出的努力，进一步采取措施，全面解除对中国输欧动物源性产品的限制。

拉米对中国加入世贸组织以来在履行承诺方面所做的工作给予了积极的总体评价。关于中国动物源性产品对欧出口问题，他表示，双方应加强对话，寻找妥善办法，推动问题早日解决。

石广生还分别会见了法国经济、财政和工业部负责预算和预算改革的部长级代表弗朗索瓦·洛斯和越南贸易部长张庭选。

第四届亚欧经济部长会议在欧盟轮值主席国丹麦首都哥本哈根开幕。此次会议将为即将举行的亚欧首脑会议做准备，因而备受关注。

中国是亚欧经济部长会议协调员国。中国外经贸部部长石广生也在开幕式上发表了讲话。他说，在目前世界经济发展速度普遍放慢的形势下，亚欧会议各国经济部长汇聚丹麦，共商深化亚欧经贸合作，推动世界经济发展的大计，意义尤为重要。他认为，亚欧地区科技实力雄厚，人力资源丰富，市场空间巨大，互补性强，在相互开拓市场，共同利用资源方面合作潜力巨大，前景广阔。

9月19日

国家主席江泽民在中南海会见美国联邦最高法院

大法官桑德拉·戴·奥康纳

江泽民说,近来中美关系的发展总的是好的。中美之间尽管存在这样那样的分歧,但更拥有广泛而重要的共同利益。中国是世界上最大的发展中国家,美国是世界上最大的发达国家。由于国情不同,双方应加强相互沟通和了解。近来中美关系的发展总的是好的。中美之间尽管存在这样那样的分歧,但更拥有广泛而重要的共同利益。中美发展建设性合作关系符合两国人民的实际利益,有利于促进亚太地区和世界的和平、稳定与繁荣。只要中美双方都从战略的高度和长远的角度审视和处理两国关系,妥善处理两国间的问题,中美关系就能健康、稳定地向前发展。

在谈到法制建设时,江泽民说,中国重视法制在经济建设和社会发展中的重要作用。改革开放以来,我们一手抓经济建设,一手抓法制建设,成效显著。中国确立了依法治国,建设社会主义法治国家的基本方略,将进一步完善中国特色的社会主义法律体系,推进司法改革,从制度上保证司法机关依法独立公正地行使审判权,为改革、发展、稳定和社会主义现代化建设提供更好的法律保障。

最高人民法院院长、首席大法官肖扬和最高人民法院副院长、大法官曹建明参加了会见。

全国人大常委会委员长李鹏在悉尼会见澳大利亚新南威尔士州总理罗伯特·卡尔

国务委员吴仪在北京主持召开跨国公司对华投资座谈会

吴仪在会上表示,无论国际形势如何变化,中国都将坚持改革开放不动摇,坚持积极合理有效利用外资方针不动摇,保持吸收外资法律、法规和政策的连续性,为外商创造良好的投资环境,实现平等互利、共同发展的合作目标。

60个跨国公司的100多位代表出席了今天的座谈会。西门子、摩托罗拉、索尼、通用电气、诺基亚等在华公司的负责人在会上介绍了在中国的投资情况,对改善投资环境提出建议和希望,吴仪对此表示感谢。

吴仪介绍了中国加入世贸组织后履行承诺的情况,主要是:清理有关法律、法规和规章,国务院近30个部门已清理了法规2300多件,其中废止了830件,修订了325件,地方性法规、地方政府规章和其他政策措施19万多件已废止、停止执行或修改。有关部门修订并颁布了《指导外商投资方向规定》和《外商投资产业指导目录》,加大了对外商投资的开放程度,履行了开放市场的承诺和通报、咨询义务,扩大了服务领域的对外开放。加强知识产权保护,与发达国家广泛开展了在知识产权保护方面的双边交流合作。改善外商投资的法律环境、政策环境。

吴仪说,近一年来的时间已经证明,我们是严格履行加入世贸组织承诺的。中国为加入世贸组织而做的各项准备工作和努力得到了回报。外商对中国投资的热情更加高涨,今年外商在中国直接投资将创历史新高,外商投资的结构将更加优化,质量进一步提高。

吴仪指出,过去20多年,特别是中国共产党的十三届四中全会以来的10多年间,中国取得了举世瞩目的成就。今年11月,我们将召开中共第十六次代表大会。这次大会将对新世纪初我国社会主义改革和建设作出全面部署,掀开中国历史的新篇章,中国仍将是世界经济最具活力的国家,跨国公司来华投资,时逢盛世。

吴仪对跨国公司在华投资提出以下希望和建议:

一是重视技术创新和技术投入,积极引进国际先进技术,不断提升产品的科技含量和附加值。加入世贸组织后,中国市场的竞争将日趋激烈,外商投资企业要想继续保持竞争优势和市场份额,仅依赖中国具有竞争性的经营成本是远远不够的,必须不断提高其在中国所投资企业的生产技术水平和创新能力,必须拿出最好的产品和技术。

二是积极参与国有企业改组、改造。中国政府鼓励跨国公司通过受让股权、买断资产等不同方式参与国有企业的改组、改造;允许国有企业向外商出售股权、资产;除关系国民经济命脉和按照我国对外承诺必须由中方控股的企业外,将根据产业政策和行业特点适当放开外商投资所占的股权比例;外商投资企业上市和国内上市公司向外商投资企业转让部分股权工作正在进行积极探索;在符合国家有关法规和外商投资产业政策的前提下,允许金融资产管理公司向外商出让其拥有的企业股权、实物资产和债权。

三是把地区总部搬到中国来。中国已逐渐成为跨国公司的全球生产基地、配套基地、高新技术产业基地、研发中心或技术中心、国际采购中心,跨国公司在华设立面向全国或亚太地区的跨国公司地区总部的条件已初步具备。我们欢迎并积极创造条件鼓励跨国公司在中国设立地区总部。

四是积极向中国西部地区投资。

五是希望跨国公司投资设立出口采购中心、物流企业和投资于配套产业。中国商品质优价廉,在国际市场有着较好的声誉;跨国公司的销售网络遍布全球,两者相互结合,既有利于扩大中国商品的出口,又可以使跨国公司全球采购、全球配置资源的战略得以更好地实施。欢迎跨国公司积极参与外商投资物流企业试点工作。

国家民委委员全体会议在北京召开

国务委员司马义·艾买提在会上强调,国家民委继续实行委员制度,是新形势下做好民族工作行之有效的重要组织保障。国务院有关部门要以"三个代表"重要思想为指导,齐心协力,与时俱进,扎实工作,把民族工作的各项任务落到实处,努力开创民族工作新局面。

司马义·艾买提指出,国家民委委员制度是一种有效的工作机制,由业务主管部门牵头,定期或不定期召集兼职委员单位及兼职委员会议,研究、决定有关事项,由相关部门负责落实。国家民委实行委员制度是民族工作成功经验的历史沿革。

司马义·艾买提要求,国务院20个部门和单位及其负责同志成为新一届国家民委兼职委员单位和兼职委员,各兼职委员单位要认真实践"三个代表"重要思想,发扬优良传统,按照职责分工,各负其责,通力协作,共同研究和协调解决我国民族工作中的问题,促进各民族共同繁荣,努力完成党中央确定的民族工作任务。

司马义·艾买提强调,处理好民族问题,做好民族工作,是涉及全局的重大问题。各地区、各部门要充分认识民族问题的长期性、复杂性和重要性。当前,要抓住实施科教兴国和西部大开发战略的机遇,制定有效措施,为少数民族群众和民族地区办实事,加快民族地区经济发展,推进教育、科技、文化等社会各项事业全面进步,特别要大力推进"兴边富民行动",把人口较少民族的社会经济发展列入重要议事日程,帮助他们彻底摆脱贫困、走上富裕的道路,从根本上解决民族地区整体发展面临的问题。

国家经贸委主任李荣融在改革开放和现代化建设成就系列报告会上的报告

党的十三届四中全会以来,全国各族人民在以江泽民同志为核心的党中央领导下,高举邓小平理论伟大旗帜,贯彻"三个代表"的要求,坚持走中国特色社会主义道路,坚持党的基本路线,解放思想,实事求是,大胆探索,勇于创新,推进国有企业改革不断向纵深发展,取得了令人瞩目的丰硕成果,为建设有中国特色的社会主义进一步奠定了微观基础。

国有企业在改革与调整中不断发展壮大。国有企业是我国国民经济的支柱。国有企业改革是整个经济体制改革的中心环节。13年来,国有企业在改革与调整中不断发展壮大。党的十三届四中全会以来的13年,是国有企业改革取得实质性进展的13年,是国有企业发展取得重大成就的13年,是国有企业朝着建立社会主义市场经济体制目标迈出前所未有重大步伐的13年。

国有企业总体实力不断增强,在经济和社会发展中发挥着重要作用。在其他经济成分快速发展的同时,国有企业在竞争中也保持了较快增长。1989年至2001年,国有及国有控股工业企业完成工业增加值从3895.1亿元增加到14652.1亿元,年均增长11.7%,比GDP年均增长9.3%高出2.4个百分点;产品销售收入、实现利润、固定资产净值和上缴税金年均分别增长12.3%、10.2%、15.5%和11.1%。2001年,我国钢产量、原煤产量、水泥产量、化学纤维产量均居世界第一,发电量位居世界第二。国有及国有控股工业企业就业人数占规模以上工业就业人数的50%以上。国有企业总体实力的不断增强,为我国国民经济的持续快速健康发展、为社会的全面进步作出了重要贡献。

国有经济布局得到优化,整体素质明显提高。国有企业在国民经济中仍然处于主导地位,影响力、控制力进一步增强。2001年年底,我国境内国有控股上市公司903家,其控制和带动的社会资本约6300亿元;境外国有控股H股公司52家,加上国有控股红筹股公司,其控制和带动国外资本约380亿美元。国有经济在石化、石油、电力、冶金等关系国家命脉的重要行业和关键领域占支配地位,支撑、引导和带动了整个社会经济的发展。1989年到2001年,国有企业户数从10.23万户减少到4.68万户,但实现利润从743亿元提高到2388.56亿元。2001年面对世界经济和贸易大幅下滑势头,国有及国有控股企业利润与2000年基本持平。这充分说明在国有经济布局得到优化的同时,整体素质和竞争力明显提高。

国有企业组织结构明显优化,在激烈的市场竞争中形成一批优强企业。国有企业组织结构"小而全"、"大而全"的状况得到明显改善。520户国家重点企业中国有及国有控股企业有514户,虽然企业数只占全国工业企业数的0.3%,但2001年其资产总额占全部工业的59.2%,销售收入占41.9%,实现利税占47.6%,实现利润占49.4%。在煤炭、汽车等一些重点行业中,产业集中度进一步提高。国有及国有控股大型企业在世界500强企业中的分量加重。2001年,跻身世界500强的内地国有企业由1998年的5家增加到11家,体现出我国大型国有及国有控股企业总体实力的提高。按销售额排序,2000年排在我国企业前10位的都是国有及国有控股企业。国有中小企业整体素质也有明显提高。2001年,全国3.5万户国有及国有控股小型工业企业实现利润120.9亿元,比上年增长48.7%。

技术装备水平大幅提高,技术创新能力明显增强。"九五"以来,我国企业技术装备水平显著提高。通过消化吸收引进的国外先进技术，国有企业掌握了一批重大技术装备的核心技术和关键技术。我国自行研制的60万千瓦火电机组、50万伏高压输变电设备各项性能参数均达到国际20世纪90年代末水平。通过运用高新技术和先进适用技术改造传统产业，主要行业重点企业的生产装备和技术水平明显提高。13年来，国有及国有控股企业共完成技术改造投资4.14万亿元，形成新增固定资产3.17万亿元。经过改造，重点国有企业装备水平与国际先进水平的差距进一步缩小，自动化程度大大提高，加工能力、加工精度明显上了一个台阶。企业技术创新能力也显著提高。国家经贸委确定的宝钢、长虹等6户技术创新试点企业5年来共开发新技术新产品5239项，申请专利4333项，新产品销售收入5513亿元，促进了企业自主创新能力和竞争力的提高。

现代企业制度初步建立，企业经营机制进一步转换。企业管理体制和经营机制发生了深刻变化，相当一部分企业进行了公司制改革。520户国家重点企业中514户国有及国有控股企业已有430户进行了公司制改革，改制面达到83.7%，其中282户企业整体或部分改制为有限责任公司或股份有限公司，实现了投资主体多元化。这几年，中石油、中石化、中海油、中国移动等一批国有企业相继在海外上市，标志着国有企业建立现代企业制度取得了实质性重大进展。长期以来企业只生不死的状况得到了根本改变，企业优胜劣汰的竞争机制初步形成。企业内部经营者能上能下、人员能进能出、收入能增能减的机制基本建立。1998年到2001年的4年间，国有企业通过优化结构和减员增效，人员大幅度减少，职工下岗累计达2550万人，这不仅大大缓解了企业人浮于事的状况，也表明企业在转换经营机制方面迈出了重大步伐。

13年来国有企业改革和发展取得的重大进展和巨大成就充分说明：在社会主义市场经济条件下，国有企业有着广阔的发展空间，公有制与市场经济是可以结合的，国有企业是可以搞好的。

国有企业改革和发展的重大成就是各方面共同努力的结果。国有企业改革是一场广泛而深刻的变革，是一项前无古人的伟大事业，没有现成的路可以走。作为整个经济体制改革中最艰难、最富有挑战性的一环，13年来，国有企业改革是在国内外经济环境发生一系列重大变化的背景下展开和推进的。在市场竞争更加激烈、外部环境更加复杂的情况下，国有企业改革和发展能够取得令人瞩目的巨大成就，这是以江泽民同志为核心的党中央高度重视、采取一系列政策措施的结果，是各地区、各部门和社会各方面大力支持、扎实工作的结果，是国有企业广大干部职工知难而进、自强不息、奋力拼搏的结果。

为探索一条符合中国国情的重振国有企业之路，以江泽民同志为核心的第三代领导集体殚精竭虑，运筹谋划，倾注了很大心血。针对国有企业改革和发展面临的重点难点问题，以江泽民同志为核心的党中央制定和采取了一系列重大政策措施。

大力推进现代企业制度建设，实现企业制度创新。一是积极推进政企分开，理顺政府与企业的关系。1998年党中央、国务院决定对政府机构进行重大改革和调整。经过改革，国务院部委由40个减少到29个。国务院各部门将200多项职能交给企业、中介组织或地方承担。6408户军队、武警、政法机关所办的经营性企业和297户军队保障性企业移交地方，530个中央党政机关所办的企业和经营性实体与其脱钩，共涉及资产12436亿元，职工338万人。二是积极推进公司制改革，促进企业建立规范的法人治理结构。国务院和各地确定的2500多户试点企业，大部分按照《公司法》的要求进行了公司制改革。从1998年到2001年年底，国有及国有控股企业重组上市的有406家，到境外上市的有22家。三是积极探索国有资产管理的有效方式，加强对国有企业的监管。国务院批准了27户中央直接管理的、基础较好的国有大型企业和企业集团作为国家授权投资机构，允许和鼓励地方进行建立国有资产管理体制和机制的试点，探索国有资产管理的具体途径和方式。国务院先后任命了75名监事会主席，陆续向182户国有企业和一批银行、保险公司等派出了监事会主席和监事。中组部、国家经贸委等7部委还选择了一批在行业中有代表性的企业进行建立总法律顾问制度的试点，以促进企业依法经营。

大力推进技术进步，实现企业技术创新。一是拿出部分国债资金支持企业技术改造。1999年以来共安排国债技改贴息资金355.4亿元，安排项目2175个，总投资4354亿元。通过国债支持企业技术改造，产品结构不合理的矛盾得到缓解，一批我国不能自行生产、严重依赖进口的重要工业品基本上可以立足国内解决；一批重点企业的市场竞争力明显增强，一批老企业重新焕发了青春；拉动社会投资，起到了“四两拨千斤”的作用，为我国应对加入世贸组织带来的挑战做了技术准备，将对国有及国有控股企业调整结构、提高竞争力产生重大而深远的影响。二是建立以企业为中心的技术创新体系。国家认定的企业技术中心已达289家，省一级政府认定的企业技术中心已超过2000家，520户国家重点企业中的工业企业基本建立了技术中心，增强了企业的技术创新能力。集中力量组织实施了一批产学研联合示范项目，推动企业与高等院校、科研院所以各种形式共建研发机构和产业化联合实体。围绕解决企业面临的一些重大技术难题，组织开展了院士行活动，取得了良好的经济效益和社会效益。

大力推进科学管理，实现企业管理创新。一是总结推广了一批典型经验。针对国有企业管理中普遍存在的突出问题和薄弱环节，1996年以来，先后在全国推广了河北邯郸钢铁集团“模拟市场核算，实行成本否决”的经验，山东潍坊亚星集团对企业购销活动实行公开比价管理的经验，河南许继集团深化人事、劳动、分配三项制度改革的经验，联想、海尔和黑龙江斯达集团以及广州市在企业信息化建设方面的成功做法和经验，起到了很好的示范和引导作用。二是加强了企业领导班子建设。中央和各地普遍加大了国有企业领导班子考核、调整力度，一大批思想解放、事业心强、懂经营、会管理、年富力强的优秀人才走上领导岗位。各地把党管干部和引入市场机制、公开向社会招聘经营者结合起来，在建立企业经营者的激励和约束机制等方面进行了积极探索。三是加大了企业管理人员的培训力度。近几年来，根据形势发展的要求，先后对企业经营管理者进行了世贸组织基本知识和基本规则、建立现代企业制度和加强企业管理等内容的培训，收到了很好的效果。

大力推进国有企业战略性改组，努力培育具有国际竞争力的大公司和企业集团。在发展大公司和企业集团方面，一是按照市场经济规律，结合垄断行业的改革，大力推进企业联合重组。二是支持大型企业集团充分利用境内外资本市场筹集发展所需资金，加快现代企业制度建设。三是支持大型企业集团进行技术改造，培育核心竞争力。四是对具备条件的企业集团实行国有资产授权经营。五是鼓励大型企业集团开拓国际市场和跨国经营。六是鼓励大型企业集团分流富余人员和分离办社会职能，减轻企业负担。在放开搞活和扶持中小企业发展方面，一是鼓励各地采取改组、联合、兼并、租赁、承包经营和股份合作制、出售等多种形式放开放活国有中小企业，目前国有小型企业改制面已达86.1%。二是通过多种形式帮助中小企业解决融资难、贷款难、人才短缺、技术缺乏等发展中的突出问题。全国大部分省区市已开展了信用担保体系的试点工作。三是加强社会化信用服务体系建设，全国有40多个省区市开展了此项工作。四是中小企业社会化服务体系建设取得初步成效，全国共建立中小企业服务机构36家，带动各类社会服务机构200多家，为中小企业提供资金、技术、人才、信息服务的服务体系已初步建立。五是中小企业的政策体系进一步完善，继《关于鼓励和促进中小企业发展的若干政策意见》实施后，今年6月，全国人大审议通过了《中小企业促进法》，标志着我国促进中小企业发展开始走上规范化和法制化的轨道。在劣势企业退出市场方面，1997年以来，国家共安排核销银行呆、坏账准备金1409亿元，对2075个项目实施了政策性关闭破产，使一大批长期亏损、资不抵债、扭亏无望的企业和资源枯竭的矿山退出了市场。劣势企业退出市场步伐的加快，不仅有利于促进国有企业战略性改组，更重要的是促进了企业优胜劣汰机制的建立，为国有企业步入良性循环发展轨道创造了条件。

大力推进增资减债，努力减轻企业债务负担。1999年，结合国有商业银行集中处理不良资产的改革，国家决定对那些产品有市场、发展有前景、技术水平先进、管理基础好、领导班子强，仅仅由于债务过重而陷入困境的部分国有大中型企业实行债转股。经过严格把关，最后确定对580户企业实施债权转股权，债转股总额4050亿元。初步匡算，实施债转股后，债转股企业的资产负债率可由原来的70%以上降到50%以下，一年可减少企业利息支出200亿元左右。在减轻企业债务负担的同时，国家还通过多种渠道帮助国有企业补充资本金。到1997年年底，将577亿元拨款改贷款的资金转为国家资本金。1998年到2001年年底，国有企业通过境内外上市筹集资金5000亿元左右。通过发行企业债券、所得税返还、增提折旧等渠道，也增加了企业资本金，降低了资产负债率。

大力推进配套改革，努力为国有企业改革和发展创造良好的外部环境。一是加快社会保障体系建设，动员各方面力量做好就业和再就业工作。党中央、国务院十分重视下岗失业人员生活保障和再就业工作，近几年多次召开会议专门进行部署，作出一系列重大决策，采取了一系列有效措施。1998年到2001年底，国有企业2550万下岗职工绝大多数进入了再就业服务中心，进入再就业中心的下岗职工基本生活费发放比例一直保持在96%以上。4年来全国共筹集下岗职工专项资金847亿元，其中中央财政补贴428亿元。为了帮助下岗职工实现再就业，国家出台了一系列鼓励再就业的政策措施，加大了培训力度，加强了就业指导。1998年到2001年，先后有1865万下岗职工走进再就业中心，通过各种渠道实现了再就业。所以，这几年在企业改革和结构调整力度明显加大的情况下，企业和社会总体上保持了稳定。二是加大了整顿和规范市场经济秩序的工作力度。在党中央、国务院的领导下，先后开展了一系列打击假冒伪劣、走私贩私、骗取出口退税等专项斗争，特别是去年在全国范围内开展的整顿和规范市场经济秩序的斗争，查处了一批大案要案，惩处了一批犯罪分子。全国共清理各类集贸市场48520个，取缔销售假冒伪劣商品摊位36424个，取缔无照经营户63594个,工商行政管理机关共查处各类违法案件5万多件,案值5.4亿元,移送司法机关追究刑事责任案件95件、犯罪嫌疑人308人。整顿和规范市场经济秩序工作取得了阶段性成果,经济领域违法犯罪活动蔓延的势头得到遏制,为包括国有企业在内的各类企业更好地发展创造了条件。三是治理向企业乱收费、乱罚款和各种摊派,减轻了企业的负担。1997年7月,党中央、国务院颁布了《关于治理向企业乱收费、乱罚款和各种摊派等问题的决定》,建立了国务院减轻企业负担部际联席会议制度,并设立办公室负责工作指导、监督检查和组织协调。到2000年年底,全国共取消各种基金和向企业不合理收费项目44602项,查处和纠正各种乱收费案件66547起,制止了向企业乱检查、乱评比、乱摊派,对企业反映强烈的热点问题进行了专项治理。

党的十三届四中全会以来国有企业改革和发展取得的成就充分说明,中央作出国有企业改革和发展的一系列重大决策是正确的、及时的,采取的一系列重大政策措施是必要的、有效的,各地区、各部门和广大企业贯彻中央决策是坚决的、有力的。

坚持国有企业改革的方向,坚定不移地推进国有企业改革和发展。国有企业改革和发展取得的巨大成就,进一步坚定了我们搞好国有企业的信心,为新世纪国有企业改革和发展奠定了良好的基础,但改革的任务仍很艰巨,今后的路还很长。当前,国有企业改革正处于最艰苦的攻坚阶段,发展正处于关键时期,几十年积留下来的体制问题、结构问题、社会负担问题、创新能力问题等,迫切要求我们通过深化改革来解决。

当前,经济全球化步伐加快,科学技术日新月异,加入世贸组织后企业间的竞争更加激烈。参与国际竞争主力军的国有特大型企业,与国外著名跨国公司的差距还是相当大的。我们必须深刻认识搞好国有企业改革和发展对发展先进生产力的极端重要性,对我国参与国际经济技术合作与竞争的极端重要性,对现代化建设全局和改革、发展、稳定大局的极端重要性,进一步增强搞好国有企业的使命感和紧迫感。必须坚定不移地全面贯彻党的十五大和十五届四中、五中全会精神,把国有企业改革作为整个经济体制改革的中心环节,作为一项重要而紧迫的任务,按照中央确定的国有企业改革的指导方针、目标任务和政策措施,坚定不移地推进国有企业改革和发展。

国有企业改革是一项十分复杂的系统工程,不仅需要企业自身艰苦努力,切实解决好改革、改组、改造和加强管理的问题,同时也需要社会各方面的大力支持,需要有一个良好的外部环境,需要付出必要的改革成本,需要中央、地方以及社会各方面对国有企业的改革和发展给予更多的关心、理解和支持。必须坚持国有企业改革的方向,坚持行之有效的政策措施,共同开创国有企业改革和发展的新局面。

国务院副总理李岚清在中南海会见喀麦隆国民教育部长约瑟夫·奥沃纳一行

国防部部长迟浩田在雅加达会见印度尼西亚总统梅加瓦蒂

第二次全国海防管理工作会议在福建厦门召开

国务委员、国家边防委员会主任罗干出席会议并讲话。他强调,各有关地区和部门要全面贯彻“三个代表”重要思想,按照巩固海防、稳定海疆、保障开放、促进发展的总体要求,认真做好新时期海防管理工作,以新的优异成绩迎接党的十六大胜利召开。

罗干指出,海防是国家安全的重要屏障,巩固、稳定的海防对扩大沿海开放和繁荣海洋经济具有十分重要的作用。党中央、国务院、中央军委十分关心和重视海防工作。沿海省、自治区、直辖市各级党委、政府以及边(海)防委员会和有关职能部门团结协作,密切配合,在海防管理中做了大量扎实有效的工作,为国家的改革发展稳定作出了积极贡献。面对新形势和新任务,我们必须统一思想,居安思危,切实增强做好新时期海防工作的责任感和紧迫感,坚持与时俱进,开拓创新,不断提高海防管理工作的水平。

罗干强调,当前和今后一个时期,海防管理工作要以江泽民同志“三个代表”重要思想为指导,认真贯彻执行党中央、国务院、中央军委关于海防工作的方针政策和国家法律、法规,坚持为改革发展稳定服务,组织协调各方面力量,坚决捍卫国家主权和领土完整,维护海洋权益,严厉打击走私、偷渡、贩毒、抢劫等海上犯罪活动,保持沿海地区和海上的安全与稳定,为改革开放和现代化建设创造良好环境。在新时期海防管理工作中,各有关地区、部门和边(海)防委员会要进一步提高认识,切实加强对海防管理工作的组织领导,适应形势变化,抓住薄弱环节,研究对策措施,加强海防管理控制,推进海防管理基础设施建设,努力开创海防管理工作的新局面。

这次海防管理工作会议,总结回顾了1992年全国海防管理工作座谈会以来我国海防管理工作的基本情况,研究部署了当前和今后一个时期全国海防管理工作任务。与会代表还参观了厦门市海防管理工作成果展示和下何船管站、曾厝垵边防派出所等基层海防管理工作单位,观摩了军警民联合处置海上突发事件演练。

解放军副总参谋长、国家边防委员会副主任隗福临代表国家边防委员会作了工作报告。国务院副秘书长、国家边防委员会副主任崔占福和公安部副部长、国家边防委员会副主任赵永吉主持了会议。中央和国家机关有关部门,沿海省、市、自治区,解放军四总部、有关军兵种、军区负责同志出席了会议。

《北京历史文化名城保护规划》出台

《北京历史文化名城保护规划》(以下简称《保护规划》)已经建设部批准正式实施。这是北京有史以来最为完整的名城保护规划。

北京是世界上著名的历史文化名城,有5处世界文化遗产,60处国家级重点文物保护单位,以及其他文物和文化遗产共计3553处。

本次公布的《保护规划》分为文物保护单位的保护、历史文化保护区的保护和名城整体保护三个层次。提出从整体上保护北京旧城,对历史水系、传统中轴线、皇城、旧城"凸"字形城郭、道路及街巷胡同、建筑高度、城市景观线、街道对景、建筑色彩、古树名木等10个方面提出具体要求。《保护规划》的一个突出特点是加大了对历史文化保护区的保护力度,在已经确定的北京25片历史文化保护区基础上,又增加了15片,使北京的历史文化保护区达到40片,其中30片位于北京旧城,总面积1278公顷,占旧城总面积的21%。加上文物保护单位保护范围及其建设控制地带,保护面积达到2617公顷,约占旧城总面积的42%。《保护规划》特别强调,对历史文化保护区必须以"院落"为基本单位进行保护与更新,危房的改造和更新不得破坏原有院落布局和胡同肌理。位于北京旧城核心、占地6.8平方公里的明清皇城,被划定为最大的一片历史文化保护区,《保护规划》要求降低保护区的居住人口密度,停止审批建设3层及3层以上楼房和与皇城风貌不协调的建筑,北京市表示将把这个我国唯一保存较好的封建皇城整修后申报世界文化遗产。

《保护规划》还将传统地名纳入保护范畴,要求建立、健全相关法规和技术规范,不得随意修改传统胡同和街道名称。

《保护规划》编制过程,充分体现了民主和科学的态度,2000年4月,北京市政协文史委员会提出"关于尽快制定《北京历史文化名城总体保护规划》的建议"后,市委书记贾庆林立即要求有关部门"限期完成",贾庆林与市长刘淇等有关领导多次听取政协委员和专家的意见和建议。今年3月,副市长刘敬民主持召开了专门的专家论证会对《保护规划》进行评议。有关专家评价《保护规划》汇集了过去名城保护工作的精华,无论从理论和实践上都有很大突破。

9月20日

全国人大常委会委员长李鹏在凯恩斯市会见澳大利亚昆士兰州总理彼得·贝蒂

国务院总理朱镕基在维也纳会见奥地利总统克莱斯蒂尔

国务院总理朱镕基在维也纳与奥地利总理许塞尔举行会谈

朱镕基说,中奥建交31年来,两国关系持续发展,领导人保持经常接触,中奥双边贸易数额虽还不大,但增长速度很快,前景很好。双方在技术和投资领域的合作发展顺利,文化、教育、科技交流与合作也很活跃。我们对此表示满意。

朱镕基说,国际形势发生了很大变化,但两国政府发展友好合作关系的政策没有变。中国赞赏奥政府坚持一个中国政策。中奥两国没有根本的利害冲突和悬而未决的历史问题,对当前许多重大国际和地区问题有相同或近似的看法,在联合国及国际事务中保持了良好的磋商与合作,这符合双方的共同利益。为进一步发展两国友好合作关系,我希望中奥继续加强政治关系,大力拓展经贸合作,进一步推动文化、教育、科技交流,特别是扩大两国在农林、环保领域的合作。奥地利在环保方面技术先进,有许多好的经验,对中方有借鉴意义,建议双方对此进行研究。

全国政协《文史资料存稿选编》首发式暨赠书仪式在全国政协礼堂举行

中共中央政治局常委、全国政协主席李瑞环出席并讲话。

全国政协礼堂三楼大厅会场展台上摆放着一套套刚刚出版的《文史资料存稿选编》(以下简称《选编》)。李瑞环为《选编》题词:"了解历史,研究现状,开创未来。"全国政协副主席叶选平为《选编》题写书名。

这部《选编》是在李瑞环同志的倡导下,由全国政协与地方政协文史委员会通力合作,经过4年的艰苦努力,从库存的近3亿字文史资料中选编而成的。全书共26卷,3445万多字,是一部大型史料图书,所收文稿系当事人或见证人提供的亲历、亲见、亲闻的记载,内容涉及清末到新中国成立前中国社会的方方面面。

全国政协文史资料委员会主任朱作霖介绍了《选编》编辑出版情况。上海市政协副主席朱达人、中国人民大学教授王汝丰、中国国家图书馆馆长任继愈，分别代表协作单位、特约编审和受赠单位发了言。

在听取发言后，李瑞环作了讲话。他对《选编》的出版表示祝贺，向所有参与撰稿、整理、编纂和出版工作的同志表示衷心感谢。李瑞环说，政协的文史资料具有不可替代的价值和作用。文稿的作者包括前清遗老、民国政府要员和高级将领、著名社会活动家、民族工商业者以及各界爱国民主人士。文稿的撰写坚持了“亲历、亲见、亲闻”的原则。文稿的内容大多都是对中国近现代历史上一些重要事件、社团、人物的记述回顾，有不少鲜为人知的史实。文稿的形式体现了不拘观点、不拘体裁、不拘长短、不求全面的要求，可读性很强。这些文稿资料凝聚着撰写者丰富的历史体验和人生感悟，倾注了整理者大量的心血和汗水，是中国近现代历史研究不可多得的重要素材，是我国当代历史文化宝库中一笔珍贵的财富。

李瑞环指出，历史研究必须重视史实、重视史料。以史为鉴的史，是以事实作根据、以资料作基础的史。但是，对待事实的态度、对于资料的取舍，人们往往会受到特定时代环境、特定价值观念的制约，自觉或不自觉地把一些真实、宝贵的资料当作不适宜、不相容的东西，加以排斥，予以埋没，从而造成了许多历史的缺憾。撰写政协文史资料的人士，大多已经故去。这些资料像许多文物一样无法再生。珍惜、保护并利用好这些资料，是当代历史研究和文化建设所必需，是我们对前人应尽的责任，也是对后人应尽的义务。他希望各级政协组织认真做好库存资料的保管工作，以备将来查阅整理。

李瑞环等领导同志向中国国家图书馆等35家图书馆的代表赠送了《选编》，并向受赠单位颁发了收藏证书。

出席首发式暨赠书仪式的有全国人大常委会副委员长许嘉璐、蒋正华，全国政协副主席杨汝岱、王兆国、宋健、孙孚凌、万国权，全国政协秘书长郑万通主持仪式，各民主党派中央和全国工商联、全国政协各专门委员会、国家新闻出版总署的负责人，以及在京史学界、出版界的专家学者等出席。

财政部部长项怀诚在改革开放和现代化建设成就系列报告会上的报告

党的十三届四中全会以来，我们在以江泽民同志为核心的党的第三代领导集体的正确领导下，全面实践“三个代表”重要思想，与时俱进，开拓进取，与全国各行各业一样，财政改革与发展也取得了显著成绩，一个稳固、强大、平衡的国家财政正在逐步建立。

一、国家财政实力逐步由弱到强，财政收入稳定增长机制建立

财税体制改革取得巨大成功。根据党的十四届三中全会通过的《中共中央关于建立社会主义市场经济体制若干问题的决定》对财税体制改革的部署，1994年，我们重点对工商税制和分税制财政体制进行了改革并取得了巨大成功：建立了符合社会主义市场经济要求的国家与企业、国家与个人、中央与地方的新型利益分配关系，为微观经济运行创造了一个统一、公平、竞争的市场环境，促进了社会主义市场经济体制的建立和发展；建立了适应社会主义市场经济要求的分税制财政体制框架，稳定了中央和地方的财政分配关系，调动了中央和地方两个积极性；建立了以流转税和所得税为主体，其他税种相配合，多税种、多环节、多层次调节的具有中国特色的工商税制；逐步形成了财政收入稳定增长机制，2001年与1990年比较，全国财政收入增加了4.6倍，是历史上财政收入增长最快、最稳定的时期。随着财政收入的快速增长，全国财政收入占国内生产总值的比重由1994年改革初期的11.2%提高到2001年的17.1%，由不断下降的趋势转变为稳步上升的趋势；增强了中央宏观调控能力，促进了地区协调发展，维护了民族团结和国家统一。2001年中央财政总收入9174亿元，其中通过税收返还地方财政2340亿元，转移支付和专项拨款用于地方的达3662亿元，是改革初期1994年的6.2倍，平均年增长29.8%。这次财税体制改革不仅是新中国成立以来决策最科学、力度最大、设计最周密、实施最顺利、运行最平稳、具有里程碑意义的财税体制改革，而且对社会主义市场经济体制的建立发挥了重要作用。

所得税收入分享改革进展顺利。为了进一步完善财税体制，实现邓小平同志“共同富裕”的战略构想和实践江泽民同志“三个代表”重要思想，中央决定，从2002年1月1日起，打破现行按隶属关系和税目划分所得税收入的办法，实施所得税收入分享改革：除少数特殊行业或企业外，绝大部分企业所得税和全部个人所得税实行中央与地方按比例分享。分享范围和比例全国统一。其突出意义在于：有利于深化企业改革；有利于经济结构调整，避免重复建设；有利于税制的公平与统一，防止一些地区搞所得税优惠恶性竞争；有利于加快区域经济协调发展，促进民族团结，实现共同富裕。中央将把通过所得税分享改革增加的收入全部用于对地方主要是中西部地区的一般性转移支付。目前改革进展顺利。

税费改革取得重大突破。为了规范税费管理，减轻社会负担，我们按照党中央、国务院的部署，加快了税费改革的步伐。清理取消了一批不合理不合法的收费项目。据统计，自1997年以来，财政部已会同有关

部门取消收费1965项，共减轻社会负担1332亿元。大规模实施了被广大农民群众誉为"德政工程"的农村税费改革。目前，全国共有安徽等20个省份全面开展了农村税费改革试点，其他省份都选择了部分县市进行了局部试点，并已取得明显成效：规范了农村税费收入，农村党群干群关系明显改善，促进了农村社会稳定；试点地区的农民负担得到明显减轻，减负率一般都在25%以上，有效地遏制了农村"三乱"；带动和促进了乡村机构改革、农村教育体制改革等农村各项改革。交通和车辆税费改革已经完成了车辆购置费改税的工作。

二、初步构建了社会主义公共财政体制框架，强有力地支持了各项重点事业的发展

部门预算改革已全面推行。为了使部门的预算内外资金，预算项目的具体内容按规范统一的标准在部门预算中完整地得到反映，增强预算的严肃性、科学性和规范性，经国务院批准，1999年下半年开始实施了部门预算制度改革。2000年，所有中央一级预算单位当年都试编了部门预算，并选择了教育部、农业部、科技部、劳动和社会保障部四个部门的预算上报全国人大审议。2001年，提交全国人大审议的国务院所属部门的部门预算由4个增加到26个，预算内容进一步细化，形式进一步规范。2002年中央各单位都按规范的标准和新的政府收支分类进一步细化了预算编制。同时，地方部门预算改革也加快了步伐。部门预算改革正向规范化的方向迈进。

国库集中支付制度改革试点取得成效。实行国库集中支付制度改革就是将所有的政府财政性资金全部纳入国库单一账户，所有的财政支出必须由国库直接支付。实施这项改革，对保障财政资金的安全有效运行，提高财政资金使用效率，从源头上预防腐败具有重要意义。2001年，国务院批准了财政部和中国人民银行提出的《财政国库管理制度改革方案》，同时，在水利部、科技部、法制办、财政部、中国科学院、国家自然科学基金会6个中央部门进行了试点。截至2001年年底，6个中央试点部门纳入改革范围的预算指标达172亿元，实际拨付资金114亿元。2002年在进一步深化和规范原有试点部门改革的基础上，经国务院批准，改革试点进一步扩大到了23个中央部门。安徽、四川、福建、重庆、辽宁、黑龙江、江苏、山东等地方也积极进行了国库集中支付制度改革试点工作。

政府采购改革规模不断扩大。据统计，2001年全国政府采购金额达到653亿元，其中，中央部门155亿元，资金节约率平均在10%以上。2002年全国政府采购规模有望突破1000亿元，其中中央单位将达到200亿元以上。

深化"收支两条线"管理改革稳步推进。1990年党中央、国务院就作出了实行"收支两条线"管理改革的决定。2001年又对深化改革提出了新要求。深化"收支两条线"管理改革的核心内容是收支脱钩、收缴分离，逐步淡化和取消预算外资金，全部纳入预算管理。这将利于从制度和源头上防治腐败，对防止执收执法部门乱收、乱罚、截留、挪用起到"釜底抽薪"的作用；利于促进部门和单位转变职能，改进作风，从收收支支的繁杂事务中解脱出来，从机制和制度上保证公正执法；利于推进国库集中支付、部门预算等财政改革。2002年，34个中央部门已进行了深化"收支两条线"管理改革试点。各地也普遍加大了深化"收支两条线"管理改革力度，并收到明显成效。

结构性改革力度加大，有力地促进了各项社会事业发展。增加社会保障支出，促进了社会保障体系建设。2001年仅中央财政用于"两个确保"和"低保"支出就达508亿元，是1998年的5倍多。2001年年底，全国企业离退休人员基本养老金按时足额发放率为99%，进中心的国有企业下岗职工99.8%能够按时领取基本生活费；城市居民最低生活保障对象由2001年年底的1171万人，增加到目前的1931万人。2002年各级财政用于社会保障方面的支出将进一步增加。增加工资性支出，提高机关事业单位职工工资水平。继1993年我国对工资制度进行改革后，1999年以来，又连续三次提高机关事业单位职工基本工资标准，从去年开始，实施年终一次性奖金制度和艰苦边远地区津贴制度，月人均基本工资水平由1998年的400元提高到2001年的823元，增幅达105.8%，是新中国成立以来工资增长速度最快、增幅最大的一个时期，机关事业单位职工特别是机关公务员工资长期偏低的状况正在逐步得到改善。增加教育、科技支出，落实"科教兴国"战略。2001年，全国财政教育事业费支出达到2208亿元，比1990年增加5.3倍；科技支出583亿元，比1990年增加4.4倍。增加农业投入，巩固了农业基础地位。2001年国家财政用于农业方面的投入达到2573亿元，比1990年增加3.5倍。增加生态建设和环境保护投入，促进了可持续发展。近三年，中央财政共安排资金427亿元，用于天然林保护、退耕还林、京津风沙源治理等林业重点生态建设工程。2002年，林业重点生态建设工程预计总投入将达293亿元。

三、财政宏观调控作用得到充分发挥，极大促进了国民经济持续快速健康发展

适度从紧财政政策促进了经济"软着陆"。为了确保经济的健康发展，抑制当时的经济过热现象，1993年中央决定通过实行适度从紧的财政政策和货币政策，对80年代中期以来出现的经济过热、通货膨胀现

象进行治理整顿。财税部门认真落实中央适度从紧的财政政策，强化税收征管，严格控制和清理减免税；严格控制财政支出和社会集团购买力的过快增长；积极发行国债，有力地促进了中央宏观调控目标的实现。经过三年的清理整顿，到1996年国民经济成功实现了“软着陆”，既有效地抑制了通货膨胀，挤压了过热经济的泡沫成分，又保持了经济的快速增长，形成了“高增长，低通胀”的良好局面。

积极财政政策有效地促进了经济持续稳定增长。为了应对亚洲金融危机的冲击，1998年，党中央、国务院审时度势、果断决策，实施积极财政政策。1998—2002年，共发行6600亿元长期建设国债，用于基础设施建设和支持传统工业的技术改造，加大西部开发和生态环境建设投入，发展科技教育事业；为防范金融风险，国家向国有独资商业银行发行2700亿元特别国债，补充银行资本金；调整税收政策，鼓励投资和消费，支持出口和吸引外资，减轻企业负担；调整收入分配政策，提高低收入人员基本生活保障水平，增加机关事业单位职工工资，提高企业离退休人员待遇。积极财政政策的实施取得了显著成效：促进了经济持续、快速增长。1998—2001年，增发的长期建设国债分别拉动GDP增长1.5、2.0、1.7和1.8个百分点。促进了经济结构的优化和技术升级。至2001年年底，国债项目已累计建成公路通车里程2.55万公里，全国高速公路已达1.9万多公里，跃居世界第二位；建成铁路新线4007公里，复线1988公里，电气化里程1063公里；新建、扩建机场37个；对2400多个县进行了农网建设和改造。通过不断加大对中西部地区的国债投资比重，较好地促进了中西部地区经济的发展，支持了西部大开发战略的实施，缩小了地区发展差距。对781个技术改造开工项目给予技改贴息，拉动社会其他方面投资达2810亿元，实施了一大批对结构调整和技术升级有重大影响的项目。增加了长江上游、黄河中上游、东北及内蒙古等国有林区的天然林保护投入，加固大江大河大湖堤防3万公里，增加行蓄洪面积近3000平方公里，建成141个污水处理项目等等，为经济社会的长期可持续发展打下了比较扎实的基础。增加了就业，改善了人民生活。据统计，通过实施积极财政政策拉动经济增长，每年可解决150万—200万人的就业问题，极大地缓解了社会就业压力。而通过实施调整收入分配政策和减免农业税等政策措施，直接增加了机关事业单位职工、国有企业下岗职工、离退休人员等城镇低收入者的收入，减轻了农民负担，提高了人民的生活水平。扩大了国际影响，提高了我国的国际地位。实施积极的财政政策，促进经济持续快速增长，有效地维持了人民币汇率的稳定，树立了中国作为一个负责任的大国形象，极大地提高了我国的国际声誉和地位。

在财政政策实践过程中，基本实现了财政宏观调控由被动调控向主动调控的转变，由直接调控向间接调控的转变，由单一调控方式向多种调控方式的转变，宏观调控对象由企业、单位和个人向国内、国际市场的根本性转变，标志着符合社会主义市场经济要求的财政宏观调控体系已初步建立。

公安部有关负责人就我国反恐怖有关问题接受记者采访

9月11日，联合国安理会正式将“东突伊斯兰运动”列入安理会颁布的恐怖主义组织名单。记者就这一事件以及我国反恐怖工作采访了公安部有关负责人。

这位负责人说，长期以来，境内外“东突”恐怖组织，特别是“东突伊斯兰运动”恐怖组织，为了达到分裂中国的目的，在我国新疆制造了一系列爆炸、暗杀、绑架等暴力恐怖活动，以极端残忍手段滥杀无辜，造成大量无辜各民族平民的死伤和财产损失，是不折不扣、典型的恐怖组织。国际社会，特别是联合国安理会对此达成共识，将“东突伊斯兰运动”列入恐怖组织，这同我国各族人民的要求是一致的，也反映了世界各国爱好和平人民反对恐怖主义的共同意愿。可以说，“东突”恐怖组织的恐怖活动不仅严重影响中国的国家安全和社会稳定，对国际和平与地区安全也同样构成了重大威胁，是国际恐怖组织的重要组成部分。

在谈到联合国安理会的决定对我国今后打击“东突”恐怖势力的意义时，这位负责人说，安理会的决定，为我国打击东突恐怖势力创造了良好的国际环境和氛围，提供了重要的国际法依据。我们要进一步揭露其恐怖主义的面目，加大打击力度，更加充分、广泛地利用国际合作，不断拓宽反恐合作的途径和渠道，与相关国家一道，更有成效地开展对“东突”恐怖势力的打击。他强调，东突恐怖组织不仅在中国从事恐怖活动，造成我国各民族群众的伤亡和财产损失，而且与国际恐怖组织融为一体，在其他国家进行了恐怖活动。因此，要有力地打击“东突”恐怖组织，必须寻求国际合作，与有关国家密切协作，形成打击的合力。

在谈到我国的反恐怖工作时，这位负责人说，反恐怖工作是关系到我国人民群众生命财产安全和社会稳定、经济发展、国家安全的一件大事。国家对反恐怖工作十分重视，公安部设立了反恐怖局，专门负责研究、规划、指导、协调、推动全国的反恐怖工作。各地，特别是大城市，也都相应加强了反恐怖专业机构和力量的建设。为了防范和应对可能发生的各类恐怖袭击事件，从国家到地方都制定相关防范和处置恐怖袭击事件的工作预案，建立和完善了应急指挥体系和快速反应机制。许多城市和地方还根据相关预案，开展了多部门、多系统参与的反恐综合演练，提高了反恐怖实战能力和水平。各职能部门，特别是公安、国家安全、卫生、军队、武警等相关部门均根据各自的职责和反恐工作需要，建立了一批训练有素、装备精良的专业应急队伍，保证一旦发生恐怖袭击事件，能召之即来，来之能战，战之能胜，最大限度地减少恐怖活动的危害；快速侦破恐怖事件，严厉打击恐怖分子，保证人民群众的生命财产安全，保障国家安全和社会稳定。

《人民日报》发表国防部部长迟浩田的文章《把加强国防教育作为固国兴邦的一项基础工程来抓》

纪念黄克诚诞辰100周年座谈会在人民大会堂举行　中央军委副主席张万年出席座谈会，并发表讲话。

张万年在讲话中高度评价了黄克诚光辉战斗的一生。他说，黄克诚出身于湖南省永兴县一个贫苦农民家庭，1925年加入中国共产党，1926年参加北伐战争。1928年，他在湘南起义中参与领导永兴起义，并率部随朱德、陈毅上井冈山。1930年初他被中央军委派到苏区继续从事军事工作，参加了巩固、发展湘鄂赣根据地的革命斗争和中央苏区历次反“围剿”。在红军长征中，他率领部队血战湘江，攻克娄山关。抗日战争初期，黄克诚提出恢复政治委员和政治机关制度、加强党对军队绝对领导的建议。1937年10月以后，黄克诚率八路军一部，转战晋察冀、冀鲁豫、豫皖苏地区，与苏北新四军胜利会师，实现了党中央“巩固华北、发展华中”战略部署。皖南事变后，黄克诚积极开展敌后游击战，粉碎了日伪军多次“扫荡”，建立起巩固的苏北抗日根据地。抗日战争胜利后，黄克诚从战略全局出发，及时致电中央，建议进军东北。1945年11月，他率部进入东北，针对当时敌强我弱的形势，提出“占领中小城市，建立乡村根据地，作长期斗争准备”的建议。天津解放后，黄克诚任中共天津市委书记兼军事管制委员会主任，为我党接管、治理大城市探索了经验。新中国成立初期，他任中共湖南省委书记兼湖南军区司令员、政治委员，较快地恢复和发展了城乡工农业生产，有力地支援了进军两广、解放大西南作战和抗美援朝战争。

张万年说，1952年10月，黄克诚调任人民解放军副总参谋长，同时兼任总后勤部部长和政治委员。他提出了军队后勤建设要“为国家负责、为部队负责”的指导思想，使军队后勤建设逐步走上正规化轨道。1954年以后，黄克诚先后担任中央军委委员、中央军委秘书长、国防部副部长、总参谋长和中央书记处书记，协助彭德怀处理军委日常工作，参与制定国防战略和军队现代化、正规化建设的方针以及各项规章制度。在1959年的庐山会议上，他同彭德怀等一起被错定为“反党集团”。在“文化大革命”中，他遭到残酷迫害。1978年12月，黄克诚的冤案被平反昭雪，并被增补为中央委员，当选为中纪委常务书记。1982年后任中纪委第二书记。他不顾年迈体弱，拨乱反正，平反冤假错案，重建党的纪律检查工作，端正党风，做了大量卓有成效的工作。1980年11月，黄克诚发表了《关于对毛主席评价和对毛泽东思想的态度问题》的著名讲话，对当时统一全党、全军和全国人民的思想，团结一致向前看，起了重要作用。

张万年指出，黄克诚光辉战斗的一生，给我们留下了宝贵的精神财富。我们纪念黄克诚，就是要学习他对党和人民无限忠诚，对共产主义事业矢志不渝的坚定信念；学习他光明磊落，无私无畏，敢于坚持真理的坚强党性；学习他勤于学习，善于思考，实事求是的革命精神；学习他谦虚谨慎，平易近人，艰苦朴素，廉洁奉公的优良作风。我们要高举邓小平理论伟大旗帜，紧密团结在以江泽民同志为核心的党中央周围，全面贯彻“三个代表”重要思想，与时俱进，开拓创新，为加速推进国防和军队现代化建设，实现祖国统一和中华民族的伟大复兴而努力奋斗。

座谈会由中央军委委员、总参谋长傅全有主持。他说，在党的第十六次全国代表大会即将召开之际，我们纪念和学习黄克诚，要更加紧密地团结在以江泽民同志为核心的党中央周围，继承和发扬老一辈革命家身上所体现的我党我军的优良传统和作风，为加强我军的革命化、现代化和正规化建设，为实现祖国的统一大业作出新的贡献。

中央军委委员、常务副总参谋长郭伯雄，总后勤部副部长温光春，中纪委副书记刘丽英在座谈会上先后发言。

刘华清、张震、韩光等老同志，中央军委委员于永波、王克、王瑞林、曹刚川等出席了座谈会。

中纪委、统战部、监察部，解放军四总部、驻京部队各大单位、武警部队和军委办公厅，天津市、江苏省、湖南省的领导同志，曾经与黄克诚一起战斗过的老同志，黄克诚的亲属和生前友好等也参加了座谈会。

《黄克诚军事文选》出版发行

今年10月1日是黄克诚大将诞辰100周年的纪念日。经中央军委批准，《黄克诚军事文选》由解放军出版社出版发行。

黄克诚同志是杰出的无产阶级革命家、军事家，党和军队的卓越领导人。革命战争年代，他南征北战，出生入死，为中国革命战争和人民解放事业作出了杰出贡献；和平时期，他高瞻远瞩，深谋远虑，鞠躬尽瘁，为我军革命化、现代化、正规化建设建立了卓越功勋。他的一些重要思想和论述，他的丰功伟绩和高尚品格，闪烁着毛泽东思想的光辉，是我党我军宝贵的精神财富。

由总参谋部组织编辑的《黄克诚军事文选》共收录黄克诚在各个时期关于军事方面的文电、讲话、报告、书信等148件。

中共书记处书记尉健行在人民大会堂会见由全国主席哈罗纳·埃西库率领的加纳新爱国党代表团

尉健行说，加纳是最早同中国建交的非洲国家之一。中加建交40多年来，两国友好关系经受了历史的考验，在诸多领域的合作富有成效。新爱国党执政以来，中加关系得到进一步发展，两国在新闻、贸易、卫生、文化和教育等领域的合作都有新的进展。中国政府感谢加纳政府在许多国际问题上对中方的理解和支持，对中加关系的前景充满信心。

尉健行对加纳新爱国党同中国共产党正式建立关系表示祝贺。他说，中国共产党重视同新爱国党发展友好合作关系。相信通过代表团的来访，一定能够增进了解，加深友谊，促进两党之间的交流与合作，为两党今后发展友好关系奠定良好的基础，也必将有助于巩固和发展中加两国关系和两国人民之间的友谊。

尉健行还向客人介绍了当前中国国内形势和党的建设的有关情况。

中联部副部长马文普会见时在座。

9月21日

国务院总理朱镕基在维也纳会见奥地利国民议会议长菲舍尔和联邦议会议长比林格尔

全国政协主席李瑞环在人民大会堂会见出席中国佛教协会第七次全国代表会议的全体代表及中国佛教协会新一届领导班子成员

李瑞环说，50多年来，中国佛教界高举爱国主义、社会主义两面旗帜，坚持爱国爱教，团结进步，积极探索佛教与社会主义社会相适应，在报效国家、服务社会方面取得了可喜的成绩，在开展佛教教育、学术研究方面取得了丰硕的成果，在维护世界和平、促进祖国和平统一方面发挥了积极的作用。中国佛教所取得的成就，与中国佛教协会的历届领导班子的努力是分不开的，与拥有一大批能与党和政府真诚合作的佛教界朋友是分不开的。

李瑞环希望中国佛教协会新一届领导班子，认真学习和领会全国宗教工作会议精神，切实加强自身建设，继续团结带领广大各民族佛教信徒，弘扬佛教的优良传统，坚持赵朴初先生倡导的“人间佛教”的思想，为增进佛教三大语系的团结，为维护祖国统一、民族团结和社会稳定，为建设有中国特色的社会主义继续作出新的贡献。

中国佛教协会第七次全国代表大会于9月16日至20日在北京召开。会议总结了中国佛教协会第六次全国代表会议以来的工作，提出了今后五年的工作任务和目标。会议审议通过了《中国佛教协会第六届常务理事会工作报告》和修改通过了《中国佛教协会章程》等文件，会议推选帕巴拉·格列朗杰为中国佛教协会名誉会长，选举产生了由会长一诚等21人组成的新一届领导机构。来自全国31个省、自治区、直辖市的近500名代表和特邀代表参加了这次会议。第十一世班禅额尔德尼·确吉杰布向会议发来贺信。

国务委员司马义·艾买提，全国政协副主席、中央统战部部长王兆国，以及刘延东、李德洙、徐绍史、叶小文等有关部门负责人参加了会见。

9月22日

纪念中日邦交正常化30周年友好交流大会在人民大会堂举行

国家主席江泽民在大会上就中日关系发表重要讲话。

国家副主席胡锦涛出席大会。

由日本前首相桥本龙太郎，国土交通大臣扇千景，保守党党首野田毅，执政党三党干事长山崎拓、冬柴铁三、二阶俊博和60多位国会议员率领的来自日本47个都道府县13000多名日本各界人士出席大会。

大会由北京市市长刘淇主持，国家旅游局局长何光暐致辞，桥本龙太郎和扇千景也分别致辞。

交流大会之前，江泽民、胡锦涛等会见了日方主要人士并合影。江泽民首先欢迎以桥本龙太郎前首相为首的日本各界知名人士专程来华出席此次中日友好交流大会。

江泽民说，回顾建交历程，中日两国老一代领导人和许多友好人士都曾为中日关系的重建和发展作出过重要贡献。在新世纪，中日关系的重要性并未降低，而是不断增强；两国的相互依存并未减弱，而是不断加深；双方的共同利益并未减少，而是不断扩大。中日两国只有世代友好，才有光明的前途，才符合双方的根本利益。

桥本龙太郎和扇千景感谢江泽民等中国领导人拨冗会见以及中方为各项日中友好交流活动所做的周

到安排。桥本龙太郎说，日方高度重视日中邦交正常化30周年纪念活动，此次访华活动规模之大，议员人数之集中，在日本历史上尚属首次。日方各界人士决心为日中友好关系在新世纪全面发展作出更加积极努力。

随后，江泽民到人民大会堂宴会厅与5000名日本客人见面。江泽民频频招手致意，不时与日本友人握手并亲切交谈。宴会厅里掌声此起彼伏，气氛热烈。

钱其琛、贾庆林、曾庆红、吴仪、布赫、蒋正华、王忠禹、宋健、胡启立等出席交流大会，中央和国家机关有关部门负责人王刚、贾春旺、徐光春、李肇星、熊光楷也出席了交流大会。

这次交流大会由国家旅游局举办。今年5月，中方组织了5000人的代表团访问日本，进行友好交流活动。

国家主席江泽民在纪念中日邦交正常化30周年友好交流大会上发表讲话

各位来宾，朋友们：

今晚，一万三千多名日本朋友欢聚一堂，与我们共同纪念中日邦交正常化三十周年，我感到很高兴。我代表中国政府和中国人民，并以我个人名义，对这次活动的成功举办，表示衷心的祝贺！对参加这次活动的各位日本朋友，表示热烈的欢迎！

这次活动，堪称中日两千年友好交流史上的一个盛举，也充分说明，日本人民对中国人民有着友好的情谊，日本各界对发展对华合作有着巨大的热情，中日友好在我们两国人民中有着坚实的基础。

中日两国是一衣带水的友好邻邦，有着深厚的历史文化渊源和广泛的共同利益。在漫长的岁月中，中日两国相互借鉴、共同进步。像鉴真六次负笈东渡、阿倍仲麻吕埋骨长安这样脍炙人口的历史佳话，在两国人民中广为传诵。

近代以来，两国也有过不幸的历史。日本军国主义侵略中国，使中国人民遭受深重灾难，也使日本人民付出沉重代价。战后，日本基于战争的教训，选择走和平发展的道路，不仅使日本自身获得巨大发展，也为中日重建和发展友好关系提供了条件。

邦交正常化三十年来，两国关系取得长足发展，人员往来和经济文化交流与合作达到前所未有的程度，政治上形成了重要的共识和指导性原则。中日睦邻友好关系的发展，给双方带来了重要利益，也为本地区乃至世界的和平与发展作出了贡献。

总结中日交往的历史，展望中日友好的前景，最重要的就是要坚持"以史为鉴、面向未来"。以史为鉴，就是要认真汲取中日关系中的历史教训，前事不忘，后事之师，坚持走中日友好的正确道路；面向未来，就是要以中日友好的大局为重，注重现实，着眼未来，推动中日关系不断向前发展。中日两国世世代代和平友好，符合双方的根本利益。

在充满希望的二十一世纪里，中日两国应该更好地和睦相处。中日两国人民毗邻而居，决定了我们必须加强友好。两国作为本地区的重要国家，应该为亚洲的振兴加强协调和合作。我们没有任何理由不友好、不合作。

中国政府和人民真诚希望同日本发展长期稳定的睦邻友好合作关系。两国政治家特别是领导人，有责任站在历史的高度，发挥应有的引导作用，始终把握住两国友好的大方向，在《中日联合声明》等三个政治文件的指导下，增进信任，促进合作，以造福两国人民，促进地区和世界的和平与发展。

民间友好，在中日关系发展中发挥了不可替代的作用。我们不会忘记积极致力于中日友好的老朋友，同时欢迎更多的新朋友加入到中日友好的队伍中来。两国政府和各界有识之士应继续创造条件，大力推进和支持两国人民特别是年轻一代的友好交流。

祝这次友好交流活动圆满成功！

祝中日两国人民友谊之树常青！

谢谢！

国务院总理朱镕基在哥本哈根参加亚洲领导人会议

朱镕基作为第四届亚欧首脑会议亚洲国家协调员出席并主持了会议。

会议核准了《亚欧会议反对恐怖主义政治宣言》和《朝鲜半岛和平政治宣言》，还原则核准了《第四届亚欧会议主席声明》。

朱镕基在主持会议时指出，当前世界政治、经济形势中的不确定因素增加，这使推动亚欧合作向纵深发展愈显迫切。他说：我相信，在此次会议上，亚洲国家能够继续本着团结、协作精神，坚持历届首脑会议确立的原则，扩大与欧洲伙伴之间的共识，密切亚欧关系，深化亚欧合作，尤其是经贸领域的合作，为世界的稳定与繁荣作出贡献。

国务院总理朱镕基在哥本哈根分别会见越南总理潘文凯 泰国总理他信及日本首相小泉纯一郎

朱镕基在会见越南总理潘文凯时说，在"长期稳定、面向未来、睦邻友好、全面合作"的方针指导下，中越两党两国关系发展势头良好。中越双方都致力于现代化建设，中越两国有许多合作项目正在进行。我们之间没有解决不了的问题。双方应着眼于两国人民的长远利益，妥善处理合作中的一些具体问题，使中越友好关系稳定发展。

在会见泰国总理他信时朱镕基说，中泰两国是友好近邻，中泰两国领导人保持着亲密的交往，有力地推动了两国关系的发展。中泰在各个领域的合作不断扩大，成果显著。两国在推进中国与东盟关系、促进亚洲合作方面也有很好的协调与配合。中方希望泰方倡导的亚洲合作对话机制能取得进展。

在会见日本首相小泉纯一郎时朱镕基说，中日邦交正常化30年来，两国关系在各方面取得了巨大发展。22日，来自日本的一万三千多名朋友欢聚在北京人民大会堂，与中方共同纪念邦交正常化30周年，江泽民主席出席了这一纪念活动并发表了重要讲话。江主席的讲话总结了中日关系正反两方面的经验教训，充分肯定中日友好，指出了两国关系的发展方向。

朱镕基说，江主席再次强调发展中日关系要“以史为鉴，面向未来”。希望日方能充分认识在历史问题上的态度会对中国人民的感情造成伤害，为此，要慎重对待。

《人民日报》发表署名仲祖文的文章《履行程序不变通》

最高人民法院公布《最高人民法院关于审理骗取出口退税刑事案件具体应用法律若干问题的解释》

国家工作人员参与实施骗取退税犯罪活动的，将依照刑法从重处罚。该解释已于2002年9月9日由最高人民法院审判委员会第1241次会议通过，自2002年9月23日起施行。

这项司法解释对刑法第二百零四条规定的“假报出口”，界定为以虚构已税货物出口事实为目的，具有下列情形之一的行为：伪造或者签订虚假的买卖合同；以伪造、变造或者其他非法手段取得出口货物报关单、出口收汇核销单、出口货物专用缴款书等有关出口退税单据、凭证；虚开、伪造、非法购买增值税专用发票或者其他可以用于出口退税的发票；其他虚构已税货物出口事实的行为。

根据这一解释，骗取国家出口退税款5万元以上的，为刑法第二百零四条规定的“数额较大”；骗取50万元以上的，为“数额巨大”；骗取250万元以上的，为“数额特别巨大”。

这项司法解释针对不同犯罪行为分别作出规定：实施骗取国家出口退税行为，没有实际取得出口退税款的，可以比照既遂犯从轻或者减轻处罚；国家工作人员参与实施骗取出口退税犯罪活动的，将依照刑法第二百零四条第一款的规定从重处罚。

9月23日

国务院总理朱镕基在哥本哈根召开的第四届亚欧首脑会议上发表题为《携手共创亚欧合作新局面》的讲话

朱镕基说，1996年第一届亚欧会议以来，亚欧各个方面的合作成果显著。政治对话逐渐深入，经贸关系进一步密切，科技、文化、教育等领域的互利合作不断拓展。当前，国际形势正在发生复杂而深刻的变化，世界多极化和经济全球化在曲折中发展。“9·11”事件对国际局势造成冲击，传统和非传统安全问题相互交织，恐怖主义威胁着安全，世界经济发展出现诸多不确定因素。和平问题没有解决，发展问题更加突出。在这种形势下，进一步加强亚欧对话与合作，符合亚欧各国的共同利益，也有利于维护世界和平，促进共同发展。我们要采取更实质性的步骤，携手共创亚欧合作新局面。

朱镕基就此提出以下6点主张：

(一)加强政治对话和磋商，促进世界和平与发展。恐怖主义是对亚欧和世界和平与发展的共同威胁。亚欧会议各成员应一致努力，推动国际社会平等磋商，加强合作，遵循《联合国宪章》宗旨和原则，特别是相互尊重、求同存异、互不干涉内政、平等互利的原则，发挥联合国在和平解决争端和反恐方面的主导作用；同时，加强亚欧会议成员之间的磋商和协调，探讨反恐合作的具体措施。中国将为此在适当时候主办“亚欧会议反恐问题研讨会”。反对恐怖主义，既要治标，更要治本；既要重视反恐合作，更要重视发展合作。发展是关乎世界各国人民福祉的关键问题，也是从根本上消除恐怖主义的重要条件。

(二)深化和提升经贸关系，夯实亚欧合作基础。一是以促进贸易便利化和改善投资环境为重点，相互开放市场，消除技术壁垒，全面扩大贸易和投资。二是充分发挥企业界的作用，特别要推进中小企业间的对话与合作，开展公司治理方面的经验交流。三是加强高科技领域合作，共同开展信息技术、生物技术、再生能源等前沿领域的研究与开发。四是本着平等互利、友好协商的原则，妥善处理亚欧经贸往来出现的问题。五是加强国际贸易方面的协调，防止各种形式的贸易保护主义抬头，并努力推动新一轮全球多边贸易谈判取得共赢的成果。

(三)增加环境与农业领域合作，促进可持续发展。亚欧在环境领域的合作前景广阔。双方可重点落实约翰内斯堡可持续发展世界首脑会议所达成的共识，包括推动《京都议定书》早日生效，深化现有合作，增加合作技术含量。亚欧农业发展有很强的互补性，亚欧会议各成员可探索多种形式，扩大农业技术合作。

(四)促进人才培养与交流，加强人力资源能力建设合作。亚欧会议在促进人才培养和终身教育等合作方面，已经取得一定进展。我们应以此为基础，根据互利互惠原则，发挥各自优势，增加人员往来，加强信息交流，形成多层次、多形式的人才培养和人力资源能力建设的合作机制。

(五)拓宽亚欧文明交流，推动共同进步。亚洲文明和欧洲文明是人类发展史上两颗璀璨的明珠，至今仍保持着旺盛的生命力。亚欧文明在许多方面是相通的，又各具鲜明特点。开展文明对话，有利于增进相互了解，消弭隔阂，化解冲突，有利于相互借鉴，共同进步。中国将在适当时候主办"亚欧会议文明与文化会议"，愿与各方共同努力，推动亚洲和欧洲人民之间的交流与沟通。

(六)扩大国际事务协调与合作，发挥亚欧会议重要影响。亚欧会议成立以来，在国际事务中显示出重要作用，对有关地区问题的解决发挥了积极影响。应在此基础上，根据历届亚欧首脑会议确定的有关原则，继续开展关于联合国事务的磋商，逐步充实磋商内容，建立和完善不同级别的磋商机制，并在协商一致的基础上就国际和地区问题采取共同行动。

朱镕基最后强调，中国将坚定不移地扩大对外开放，不断完善法制，创造更加公平、透明、有序的市场环境。中国将会为包括亚欧会议成员在内的世界各国和地区，提供更好的投资环境和更多的商业机会。中国愿意继续为加强亚欧各方面合作、促进共同繁荣，作出新的贡献。

《人民日报》发表署名任仲平的文章《论服务——写在〈公民道德建设实施纲要〉印发一周年之际》

国务院安全生产委员会第三次会议在北京召开

中共中央政治局委员、国务院副总理吴邦国会议上强调，要以江泽民同志"三个代表"重要思想为指导，牢固树立安全第一、预防为主的思想，狠抓薄弱环节，消除事故隐患，严格安全管理，深入开展安全生产专项整治，坚决防止重特大事故发生，保障人民群众生命财产安全，为党的十六大的胜利召开创造良好的社会环境。

吴邦国指出，今年以来，各地区、各部门按照国务院的统一部署，开展专项整治，加强日常管理，强化监督检查，安全生产形势总体趋于好转。但是，当前安全生产工作的基础还很薄弱，一些重大事故隐患仍未消除，特大生产安全事故还时有发生，安全生产形势依然严峻。他强调，安全生产关系到国家和人民群众生命财产安全，关系到人民群众的切身利益，关系到改革发展稳定的大局，各级领导干部一定要按照"三个代表"的要求，从维护改革发展稳定大局出发，牢固树立安全第一的思想，以对党对人民高度负责的精神，增强责任感和紧迫感，高度重视，切实把安全生产工作抓紧抓实抓好。要坚决克服麻痹松懈思想和侥幸心理，警钟长鸣，常抓不懈，严格管理，狠抓落实。要着力解决本地区、本行业的薄弱环节和突出问题，消除隐患，堵塞漏洞，切实防止重特大生产安全事故的发生。对下一步安全生产工作，吴邦国提出三点要求：

第一，深入开展安全生产专项整治，集中进行一次安全生产大检查。检查和整治的重点领域是煤矿及非煤矿山安全、交通及旅游安全、公共聚集场所消防安全、易燃易爆和危险化学品安全。要着重解决好以下几个问题：一要严厉查处应关未关和明停暗开的小厂小矿，严防死灰复燃。要彻底排查国有大矿"一通三防"上的安全隐患，确保安全生产。瓦斯灾害严重的国有大矿，必须坚持"先抽后采、监测监控、以风定产"的原则，从源头上避免特大事故发生。二要切实加强"十一"期间安全生产和安全防范工作，确保广大人民群众过一个欢乐、祥和的节日。要加强旅游场所、娱乐场所、大型商场、机场、车站、码头、油库等公共场所和要害部位的安全防范，制订应急预案，加强安全保卫，切实做到防患于未然。对各种大型庆祝、娱乐等活动，主办单位和有关部门要切实负起责任，精心组织，充实管理力量，确保万无一失。对交通运输工具带"病"运行、"三超"和疲劳驾驶等违规现象，要严厉查处。三要切实加强爆炸物品和危险化学品生产、运输、储存、销售和使用管理，严禁乘客携带易燃、易爆和危险化学品乘坐交通工具。四要加强节假日期间的值班制度，及时组织力量处置各种突发事件和异常情况。

第二，进一步加强安全生产督察，严格生产安全事故的责任追究。一是各级领导干部特别是一把手是安全生产的第一责任人，必须对本地区、本部门和本单位的安全生产负总责，做到守土有责，确保一方平安。领导要带头严起来，认真解决安全生产中的突出问题，一级抓一级，逐级负责，把安全生产的各项责任落实到基层，落实到人。二是对已经发生的生产安全事故，要按照"四不放过"原则，一查到底，依法追究责任，使有关责任人受到应有的惩处。三是要加大对县乡领导安全生产行政责任追究的力度。对非法小厂、小矿泛滥的县乡，要先解决领导班子问题，否则没有安全可言。四是要将安全生产的责任追究与打黑除恶、惩治腐败、社会治安综合治理紧密结合起来，深挖一些事故背后的"恶根"，坚决打掉"保护伞"。五是要继续组织开展安全生产综合督察和专项督察,加强对整改情况的跟踪检查,并形成制度,使安全生产工作有布置、有检查、有落实。

第三,认真学习和贯彻落实《安全生产法》,增强全民安全意识。各地区、各部门要认真学习和广泛宣传《安全生产法》,普及安全生产法律知识,增强全民安全生产法律意识。有关部门要加紧研究制定相关配套法规,组织修订现行安全生产规程和技术标准,逐步健全安全生产法律、法规体系,为安全生产提供法律保障。要切实加强日常的监督检查和事故防范工作,尽快改变责任不清、纪律松弛、管理不严、有章不循的状况,坚决制止和纠正违章指挥、违章作业、违反劳动纪律的"三违"现象。要加大企业在安全生产方面资金投入力度,弥补企业安全生产欠账,完善各项安全生产监测和防范设施,提高安全生产综合防御能力,切实防止重特大事故发生。

国务院安全生产委员会全体委员出席会议。安委会办公室主任王显政汇报了全国安全生产情况和工作安排意见,公安部、交通部、国家旅游局负责同志分别就道路交通安全、民用爆破器材和烟花爆竹专项整治、公众聚集场所消防安全和水上交通及旅游安全等问题作了专题汇报。

全国总工会主席尉健行在人民大会堂会见以美国劳联—产联副主席美国全国服务雇员工会主席安迪·斯特恩为团长的美国工会代表团

尉健行并向代表团介绍了中国当前的政治、经济和工会工作有关情况。他说,中国工会是世界上最大的发展中国家工会,美国工会是世界上最大的发达国家工会,加强我们两会间的交流与合作有重要意义。由于国情不同,中美两国工会应当面向未来、求同存异,增加对话和交流,加强沟通和了解。中国工会愿意为推动两国工会和工人间的交流与合作,促进中美建设性合作关系的不断发展作出积极的努力。

美国工会代表团是应中华全国总工会邀请来华访问的。中华全国总工会副主席、书记处第一书记张俊九等参加了会见。

海军首次环球航行访问舰艇编队回国

解放军总部和海军在青岛军港举行仪式,欢迎远航132天的506名出访官兵载誉归来。

经中央军委批准,人民海军舰艇编队首次进行环球航行访问。由"青岛"号导弹驱逐舰、"太仓"号综合补给舰组成的舰艇编队,于5月15日从青岛军港启航,横跨印度洋、太平洋、大西洋,远涉亚洲、非洲、欧洲、南美洲和大洋洲,先后对新加坡、埃及、土耳其、乌克兰、希腊、葡萄牙、巴西、厄瓜多尔、秘鲁、法属帕皮提等10个国家和港口进行了友好访问,总航程33000多海里,途经14个主要海峡和苏伊士、巴拿马运河,横跨68个纬度,6次穿越赤道,7次经历大风浪和强低压气旋的考验,创造了人民海军舰艇编队出访时间最长、航程最远、航经海域最广、访问国家最多等纪录。

出访编队总指挥、海军北海舰队司令员丁一平在谈到这次出访的意义时说,这次出访增进了与被访问国家之间的相互了解、相互信任和友谊;宣传了我国维护世界和平的立场和决心;发展了我国与世界各国人民和军队之间的友好关系;全方位展示了人民海军威武之师、文明之师、和平之师的良好形象。他介绍说,"青岛"号导弹驱逐舰是我国自行设计研制的新一代导弹驱逐舰,这次远航经受了复杂水文气象和低纬度高温、高盐、高湿等恶劣环境的考验,全面检验了新型战舰的全球导航能力、指挥通信能力、连续航行能力、气象保障能力和后勤支援能力,展示了我国战舰的良好性能。迄今为止,人民海军已成功出访了30多个国家,担负出访任务的导弹驱逐舰、导弹护卫舰、补给舰和远洋训练舰等6型舰船,均为我国自行设计制造。

解放军副总参谋长熊光楷,海军司令员石云生、政委杨怀庆,济南军区、青岛市党政领导及各界群众出席了欢迎仪式。

9月24日

全国人大常委会委员长李鹏在人民大会堂会见澳大利亚西澳州总理杰夫·盖洛普

李鹏说:我刚结束对澳大利亚的访问回国。在双方努力下,这次访问很成功。它再次证明,中澳两国关系发展良好,发展前景广阔。两国在资源领域的合作卓有成效,而铁矿合作及最近的液化天然气合作都在西澳,可见西澳在中澳经济合作中占有重要地位。我们希望双方在平等互利、优势互补的基础上,扩大合作领域,不断取得新的成果。

国家计委副主任张国宝、全国人大常委会副秘书长吕聪敏、外交部副部长王毅等参加了会见。

全国人大常委会委员长李鹏在人民大会堂会见出席中国与东盟媒体合作研讨会的东盟成员国代表

李鹏对研讨会的成功举行表示祝贺,认为中国与东盟新闻媒体开展合作,有助于促进中国与东盟各国人民之间的相互了解和友谊,推动中国与东盟关系的全面发展。

李鹏认为人民日报社主办的这次中国与东盟媒体合作研讨会很有意义。他说,新闻媒体在当今信息社会中发挥着十分重要的作用。中国与东盟其他方面的交流与合作很多,但双方新闻界如此高级别、大规模的研讨会尚属首次。希望这样的活动能够作为一个良好的开端,中国与东盟媒体合作交流应该经常化,坚持下去。国际舆论应客观反映各个地区的实际情况以及各国的主张。李鹏赞成中国与东盟各国媒体加强彼此的沟通与协调,增强亚洲在国际上的声音。

李鹏说,中国与东盟国家同处亚洲,都属于发展中国家。虽然社会制度、文化、宗教等方面存在差异,但应该本着求同存异的精神,加强友好合作。每个国家都应根据自己的国情,选择适合本国国情的社会制度和发展道路,而不应照搬照抄其他国家的模式。

中方参加会见的有人民日报社社长许中田、外交部副部长王毅等。

全国人大常委会委员长李鹏在人民大会堂会见日本议员代表团成员

国务院总理朱镕基在哥本哈根与欧盟轮值主席国丹麦首相拉斯穆森和欧盟委员会主席普罗迪举行第五次中欧领导人会晤

朱镕基说,我们高兴地看到,去年双方会晤时达成的共识正在得到积极落实,中欧全面伙伴关系不断充实。中欧政治对话与磋商十分活跃,双方在联合国、亚欧会议进程等国际和地区事务中进行了良好的协调与合作。双方对重大国际和地区问题的共识在增多,不断深化中欧关系是双方共同利益的需要,也是适应形势变化的必然选择。中方将继续为深化双方合作作出努力。

朱镕基对中欧经贸关系的发展表示满意。他说,普罗迪主席曾提出欧盟希望成为中国第一大贸易伙伴,中方对此完全赞同,并愿为此共同积极努力。朱镕基说,妥善解决双边经贸关系中的问题对进一步发展双方合作十分重要。我希望欧方继续采取合作、务实和建设性的态度,改变歧视性的反倾销政策,尽早全面解除对中国有关动物源性产品的禁令,按照世界贸易组织规则特别是非歧视性原则,给予中国完全市场经济地位。

第五次中欧领导人会晤联合新闻公报

第五次中国—欧盟领导人会晤于2002年9月24日在哥本哈根举行。中华人民共和国总理朱镕基、欧洲理事会主席丹麦首相安纳斯·弗格·拉斯穆森以及欧盟委员会主席罗马诺·普罗迪出席了会晤。

中国外交部部长唐家璇、中国对外贸易经济合作部部长石广生、丹麦外交大臣佩尔·斯蒂·默勒、欧盟委员会对外关系委员彭定康和欧盟委员会贸易委员帕斯卡尔·拉米等参加了会晤。

双方领导人就中欧关系及共同关心的国际和地区问题深入交换了意见。双方领导人对2001年9月在布鲁塞尔举行领导人会晤以来所取得的进展表示欢迎,同时对本次会晤所取得的积极成果表示满意。双方领导人强调决心进一步扩大和深化中欧在各领域的平等互利合作,推动中欧全面伙伴关系向前发展。

双方分别介绍了中国和欧盟的发展情况,重点是欧盟一体化和扩大进程、中国正在进行的特别是在加入世界贸易组织后实施的经济和社会改革,以及即将召开的中国共产党第十六次全国代表大会的有关情况。

双方领导人对最近中欧加强政治对话表示欢迎。

双方领导人重申中国和欧盟坚持促进世界的和平、安全和可持续发展。双方领导人对地区冲突导致的不稳定表示关注,同意继续支持朝鲜半岛和解进程以及中东和平进程,也特别关心阿富汗局势的发展和印巴关系。

欧方重申继续坚持一个中国的原则并希望通过建设性对话和平解决台湾问题。欧方注意到中方介绍的最近台海形势的变化。中方赞赏欧盟坚持一个中国的立场并重申依照"和平统一、一国两制"基本方针解决台湾问题的原则立场。

双方同意在平等和相互尊重的基础上继续开展人权对话并重申将努力取得有意义和积极的成果。此外,双方重申将尊重国际人权标准并与联合国人权机制开展充分合作。双方领导人对双边项目,特别是建立中欧有关批准和执行联合国人权两公约的学术交流网络方面开展合作取得的进展表示欢迎。同时,双方欢迎成功建立中欧人权小项目,以及采取措施进一步加强中欧非政府组织和学术界的合作。双方确认进一步加强人权领域合作的决心。

双方领导人重申将致力于多边领域的不扩散、军控和裁军,并强调在这些问题上加强双边对话的重要性。双方认为,打击恐怖主义是双方的共同关切,需要更高水平的协调与合作。双方领导人强调,应继续发挥联合国在反恐问题上的主导作用,全面执行国际反恐公约以及联合国安理会有关决议。双方领导人同意,"9·11"之后,国际社会本着互信、互利、平等的精神加强合作与协调,应对发展问题带来的挑战,和平解决争端变得更为重要。鉴此,欧盟很有兴趣地注意到中国的"新安全观"。

双方领导人强调需要加强合作,以应对跨国问题。根据中欧领导人2000年7月会晤达成的共识,领导人强调,中欧开展合作共同打击非法移民和贩卖人口具有重要意义。双方领导人注意到双方在这一领域取得的进展并重申将进一步深化这方面的合作，特别是通过鼓励中国和欧洲的有关部门进一步开展合作。欧方希望尽早开始就签订遣返协定进行探讨。双方领导人强调通过增加中国公民组团赴欧洲旅行以促进中欧民间交往的重要性。为实现这一目标，领导人责成各自官员就旅游目的地国地位进行商讨，以便尽快通过谈判在此领域达成双边协定。欧方表示在该协定中也应考虑遣返问题。中方认为，双方主管部门有必要加强沟通。

双方领导人重申对环境问题的承诺，并决心扩大2001年9月双方领导人布鲁塞尔会晤中提出的对话。双方确认上次会晤以来，特别是在亚欧会议框架下取得的进展。双方重视约翰内斯堡世界可持续发展首脑会议上所开展的工作，致力于进一步密切合作，以确保会议的后续行动取得成功。双方领导人重申对《联合国气候变化框架公约》和《京都议定书》的承诺，认为这两个文件是在气候变化问题上进行国际合作的框架，并强调《京都议定书》早日生效具有重要意义。

双方对中国加入世界贸易组织表示满意，并相信这对中国和所有世界贸易组织成员都有利。中方重申，在充分享受多边贸易体系各项权利的同时，将完全履行自己的承诺。欧方重申愿通过一些合作项目和在如何确保适当的透明度等关键领域开展对话，继续加强对中国的支持。

双方确认在加强多边贸易体系方面享有共同利益，并特别表示将努力使多哈发展议程多边贸易谈判获得成功。双方保证要加强在此领域的对话，并共同争取一个可以满足世界贸易组织所有成员期望的雄心勃勃的结果。特别是，双方将通过互相磋商以及与其他世界贸易组织成员的磋商，确保多哈部长宣言与决定所预期的最后期限得到遵守，并为2003年9月在墨西哥坎昆召开的第五次世界贸易组织部长级会议的成功做好准备。

双方领导人对中欧贸易的持续增长表示欢迎，并同意进一步努力扩大中欧贸易。他们强调对外直接投资的重要性和进一步增加双向投资流动的必要性。双方领导人表示希望尽快解决近期出现的食品与消费者安全问题，为在动植物检疫问题上进一步开展富有成果的合作铺平道路。

双方领导人对运输领域取得的进展，特别是双方即将签署中欧海运协定表示欢迎。领导人对双方在卫星导航领域已开展的具体合作表示欢迎，并表示愿就在最近启动的伽利略计划框架内进一步开展合作的可能性进行探讨。双方对中欧科技合作进展表示满意，并希望这一合作能够在欧盟研究与技术开发第六个框架计划(2002—2006)期间得到进一步扩大。

双方表示希望尽快签订海关合作协定。双方领导人还强调，加强与扩大双方部门间就信息社会、企业政策和教育等广泛议题开展的对话具有重要意义。

加强生态建设再造秀美山川座谈会在延安召开

全国人大常委会副委员长姜春云应邀出席并讲话。他强调，要坚持以“三个代表”重要思想为指导，采取更加有效的治理措施，加快生态环境建设步伐。

1997年8月5日，江泽民总书记在《关于陕北地区治理水土流失、建设生态农业的调查报告》上作出重要批示：“再造一个山川秀美的西北地区。”受到了全国广大干部群众的热烈拥护，成为激励和动员各级各地各行业加强生态建设的强大推动力。在“批示”精神指引下，党中央、国务院就加强生态建设作出了一系列重大部署，批准实施了《全国生态环境建设规划》和《全国生态环境保护纲要》，作出了“退耕还林还草”的决定。5年来，不仅陕西的生态建设取得了重大进展，陕北地区绿色植被明显扩大，全国的生态建设也取得了前所未有的成效。黄河、长江等七大流域的水土流失综合治理、内陆河生态恢复和重点地区封育保护，包括在塔里木河、黑河流域和扎龙湿地实施生态调水工程，有效遏制了沙化、荒漠化的扩展。随着“三北”防护林、天然林保护、退耕还林等六大生态工程的实施，林草植被重建和恢复的步伐明显加快。

姜春云说，今天重温江总书记“批示”精神，回顾5年来治理生态环境、建设秀美山川的伟大实践，倍感亲切。“批示”对陕北地区治理水土流失、改善生态环境的做法和经验给予了充分肯定，深刻分析了西北地区水土流失、沙化荒漠化以及由此造成的经济文化落后的根源，明释了中华文明的主要发祥地演化成荒漠之地的千古疑惑。既提出了治理沙化、荒漠化的宏伟目标——再造一个山川秀美的西北地区，又指明了实现这一目标必须遵循和坚持的方针、原则和路子，创造性地揭示了生态环境与发展生产力、繁荣文化的辩证关系，是一次认识论上的飞跃。我们学习贯彻江总书记重要批示，一定要从“三个代表”的高度，深刻认识生态建设的重大现实意义和深远历史意义，进一步增强防治水土流失的使命感、紧迫感和责任感，坚定再造秀美山川的决心和信心。

姜春云指出，从实现建设秀美山川的宏伟目标看，我国生态环境治理取得的显著成绩，还只是良好的开端。2001年有关部门统计我国水土流失面积高达356万平方公里，占国土总面积的37%，每年流失的土壤总量达50亿吨。沙化土地面积还在继续扩大。我们务必进一步强化忧患意识，按照江总书记的重要批示和党中央、国务院的部署，认真总结治理沙化、荒漠化的成功经验，探索生态建设的有效途径，加快再造秀美山川的步伐。首要的是要进一步加强领导，真正把生态建设作为沙化、荒漠化严重地区的头等大事，切实抓紧抓好，一级做给一级看，一届接着一届干，一张蓝图绘到底。要尽快改变以牺牲生态为代价求发展的落后生产方式，由粗放经营向集约经营转变。遵循自然生态规律，正确处理人口、环境与发展的关系，处理好长远利益与眼前利益、经济效益与生态效益的关系。认真制定和实施防沙治沙规划，建立富有生机与活力的体制和机制，调动广大农牧民和全社会参与生态建设的积极性。依靠科技进步提高生态建设的效率和质量，同时从实际出发，因地制宜确定治理的重点、模式和方法。坚持依法治理，把生态建设纳入法制轨道。

姜春云强调，加强生态建设，防治水土流失，建设秀美山川，是以江泽民同志为核心的党的第三代领导集体面向新世纪、面向未来作出的一项重大战略决策，是事关中华民族生存和发展的伟大事业。回顾过去，我们推翻"三座大山"，建立新中国是一次伟大的革命；今天，我们在现代化建设中，根治恶化的生态环境，则是又一次改造大自然的伟大革命，其重大深远意义是不可估量的。

姜春云还出席了在这里举行的陕北水土保持生态建设示范区启动仪式，并考察了延安市水土保持、小流域治理的进展情况。

陕北水土保持生态建设示范区包括延安、榆林两市，土地面积8.06万平方公里，水土流失面积6.44万平方公里，年均入黄泥沙达7亿吨。这个地区是黄河中游水土流失最严重的地区，其地形地貌在西北地区具有一定代表性，因此，在此建设示范区既是防治黄河洪水泥沙灾害的重要举措，又能为西北地区乃至全国生态建设积累经验，提供借鉴。

全国人大农委主任委员高德占、全国人大环资委主任委员曲格平、陕西省委书记李建国、陕西省代省长贾治邦及水利部、农业部、国家林业局、中科院、陕西省等有关部门负责人出席会议。

会议由全国人大农委、全国人大环资委、陕西省人民政府、水利部、农业部、国家林业局和中国科学院联合召开。

国务委员吴仪在内蒙古满洲里考察

9月24日至26日，吴仪在内蒙古自治区党委书记储波、自治区主席乌云其木格等陪同下，先后考察了满洲里中俄互市贸易区、公路铁路口岸以及铁路进口货物换装所，与口岸各单位进行了座谈，并听取了自治区党委、政府的工作汇报。吴仪充分肯定了内蒙古在深化改革、扩大开放、维护社会稳定以及发展边境贸易、加强口岸建设等方面取得的显著成绩。她希望内蒙古充分发挥资源和区位优势，进一步解放思想，扩大开放。她强调，内蒙古开放要坚持对外开放与对内开放并举，内资外资一起引，特别是吸引内资；要引进来与"走出去"并举，形成双向开发；要政府协作与民间合作并举，形成全方位对内对外开放格局。要利用好国家赋予的各项优惠政策，促进内蒙古经济快速健康发展。

边境贸易占内蒙古外经贸一半以上。吴仪对边贸工作十分关心，在满洲里中俄互市贸易区，她详细询问建设发展状况，与区内经营户亲切交谈，深入了解他们的经营情况。吴仪指出，推动边境贸易健康发展，对发展边疆民族地区经济、提高人民生活水平、维护边境稳定，具有十分重要的意义。边境贸易发展要适应我国加入世贸组织的新形势，拓宽思路，探索新途径、新办法。国务院有关部门和地方政府要加强沟通与协调，切实提高边境贸易水平；要采取有效措施，通过边境贸易扩大出口；要积极吸引东部沿海地区的企业前来边境地区投资，面向毗邻国家如俄罗斯等国市场，发展出口加工业；要规范边境贸易秩序，保证出口商品质量，防止"边贸不边"给国家相关产业造成冲击。

满洲里口岸是我国重要的陆路口岸，这几年来，货运量以年均30%以上的速度增长，客运量也逐年递增。吴仪察看了海关火车检查系统，看望了满洲里海关和出入境检验检疫等单位干部职工。吴仪说，随着国际贸易的发展，口岸的作用越来越重要。要加大投入，加快口岸基础设施建设；要提升口岸工作的科技含量，充分运用高科技设备和手段，既严密监管，又便捷通关；积极实施"大通关"，口岸各有关部门要进一步加强协作配合，合理设计口岸通关流程，简化手续，提高效率；要坚决制止口岸各种乱收费、乱罚款的行为。

陪同考察的有国务院有关部门负责人李长江、盛光祖、崔俊慧、郭莉等。

教育部部长陈至立在改革开放和现代化建设成就系列报告会上的报告

十三届四中全会以来，以江泽民同志为核心的党中央高度重视教育工作。1993年，中共中央、国务院颁发了《中国教育改革和发展纲要》。1994年，召开改革开放以来第二次全国教育工作会议，全面部署和动员实施《中国教育改革和发展纲要》。1995年，作出了实施科教兴国战略的重大决策。1998年，朱镕基总理宣布科教兴国是本届政府的最大任务，成立了科教领导小组。1999年1月，国务院批转了教育部制订的《面向21世纪教育振兴行动计划》。同年6月，中共中央、国务院召开了第三次全国教育工作会议，颁布了《关于深化教育改革全面推进素质教育的决定》。2000年党的十五届五中全会提出了教育适度超前发展的重大方针。2001年、2002年国务院相继召开全国基础教育工作会议、全国职业教育工作会议，明确了新世纪初基础教育和职业教育改革的目标、任务。13年来，在党中央、国务院的关心下，教育投入不足的状况得到明显改善，到2001年，全国教育经费总投入4637.66亿元，其中国家财政性教育经费3051.01亿元，占国内生产总值的3.19%，是此项指标进行测算以来的历史最高水平。

在党中央、国务院的高度重视和亲切关怀下，在社会各界的大力支持下，经过教育战线广大师生员工的不懈努力，我国教育事业取得了举世瞩目的伟大成就。

一、基础教育特别是"两基"工作成就巨大，全民受教育水平得到很大提高

经过长期努力，到2000年，如期实现了基本普及九年义务教育、基本扫除青壮年文盲的宏伟目标。最新统计表明，"普九"人口覆盖率达到90%以上，青壮年文盲率下降到5%以下，与1990年相比，青壮年文盲人口减少了4100万。高中阶段教育发展迅速，2001年招生558万人，是1988年的2.5倍。少数民族教育迅速发展，全国各级各类学校中少数民族在校生已达到1949万人，比1988年增长40%。基础教育的发展为提高中华民族的科学文化素质奠定了重要基础。2000年第五次人口普查数据表明，与1990年第四次普查相比，我国人口的受教育程度大幅度提高。去年召开的全国基础教育工作会议，调整了农村义务教育管理体制，中央每年拨出50亿元专款用于解决贫困地区的教师工资发放，并已在两年内投入30亿元用于中小学危房改造，对保障基础教育特别是农村义务教育的健康发展发挥了重要作用。

二、大力发展职业和成人教育，基本建成结构较完整、专业门类齐全的职业和成人教育体系

中等职业教育迅速崛起，成为高中阶段教育的半壁江山，2001年中等职业学校在校生达到1164万人，是1988年的2倍。从1989年到2001年，我国中等职业教育(含普通中专、职业高中、技工学校、成人中专)培养了4500多万毕业生。中职专业结构更加适应劳动力市场需求，470多个指导性专业方向中有一半以上是根据近几年社会需求的变化而新设立的。高等职业教育迅速发展，独立设置的高等职业技术学校已达386所，在校生72万人，比1985年增长了11倍。成人教育进一步满足了各种教育需求，2001年，成人技术培训结业了9270万人次，并仍有6757万余人在校学习。为加快西部地区职业教育发展，国家利用国债在西部国家级贫困县新建了186个职业教育中心。

三、深化教育教学改革，全面推进素质教育

全面推进素质教育是教育创新的重要内容，是教育思想和人才培养模式的重大进步。各级各类学校全面贯彻教育方针，始终坚持把德育放在首位，注重培养学生的创新精神和实践能力，大力推行课程、教材和教学方式的改革，素质教育全面推进。当前，《基础教育课程改革纲要》(试行)和新的课程标准(实验稿)已经颁布，出版了一批新教材，"繁、难、偏、旧"的问题正在得到解决。从2001年起，新的课程、教材已在部分地区试验推广，到2005年，全国起始年级原则上都将启用新课程。有条件的地区已从小学开始开设信息技术课、外语课。按照有利于学生身心健康和积极主动全面发展的要求，推进了中小学考试评价制度的改革。在职业教育领域，教育教学改革也取得了丰硕成果，使职业教育的专业门类、课程和教材更加适应现代职业教育的要求。

四、高等教育发展加快，专业结构调整力度加大

到2001年，我国高等学校招生464万人，是1988年的3.4倍；研究生招生16.52万人，是1988年的5倍。特别是从1999到2001年高校三年扩招，普通高校招生数和在校生数都翻了一番。今年高等教育毛入学率已达到14%。高考录取率从1998年的36%提高到2002年的58%。从1989年到2001年，我国普通和成人高等学校总共培养了近1200万名本专科毕业生，30多万名研究生，通过自学考试获得本专科学历的达343万人，为现代化建设输送了大批人才。高等教育教学改革不断深化，学科和专业结构更加适应现代化建设对人才的需求。"211工程"在"九五"期间完成了对79所高校和两个公共服务体系(中国教育科研网和高校文献保障系统)的验收，实际完成建设投资108亿元，带动了高校办学水平和教育质量的提高。利用财政投入、国债项目和对口支援支持了西部地区的一批高等学校。高校科研实力增强，科研经费从1990年的14亿元增加到2001年的173亿元，在国内外发表的论文占全国发表论文的60%，在科技创新特别是基础研究中作出了突出贡献。产业化成果显著，北大方正、清华同方等一批高校科技企业和高科技产品为推动高新技术产业化发挥了重要作用。高校哲学社会科学研究工作者深入研究改革开放和现代化建设中的实际问题，为政府和企业提供决策咨询，取得了一系列重大成果。

五、高等教育各项改革取得突破性进展，高等学校更富有生机和活力

1993年以来，对500多所高校进行了管理体制调整；在317所高校开展了校际间合作；先后将708所

高校合并组建为302所多学科或综合性的高校。通过高校管理体制改革基本形成了中央和省两级管理、以省级政府管理为主的新体制。通过高等教育资源整合,使高等教育向人口较多的地市级城市延伸,布局更加合理。高校后勤社会化改革取得突破性进展。2000年以来,全国新建和改建学生公寓4300万平方米,超过新中国成立50年累计建设3200万平方米的总和;新建和改造学生食堂530万平方米,接近新中国成立50年的总和。推进了高等学校招生、收费、就业制度改革,进一步完善了以"奖、贷、补、助、减免"为主要内容的家庭困难学生资助体系。从1994年起,先后动用了总理预备金和紧急财政拨款10多亿元,专项用于资助高校经济困难学生;截至2002年6月,签订贷款合同学生数达到35万人,贷款金额达到30亿元,各级财政安排贴息4.59亿元。从今年开始设立2亿元的国家助学金,每年资助4.5万名家庭经济困难、品学兼优的高校学生。中宣部、中央文明办、教育部从2000年开始启动的"西部开发助学工程",已经资助了4300多名大学生。

六、教育信息化水平大大提高,有力地推动了教育现代化

到2001年年底,中国教育科研网(CERNET)已经覆盖了我国的主要城市,建成两万公里的高速传输网,目前已经有28条国际和地区性信道,成为我国第二大互联网络。70%左右的高校建立了校园网。2000年开通的远程教育卫星宽带多媒体传输平台,具备了播出8套电视、8种语音、20套以上IP数据广播的能力,与CERNET网一起构成了现代远程教育网络的"天罗地网"。充分利用电视、广播、VCD/DVD、放像设备、互联网等多种形式,推动了优质教育资源的共享。实施"校校通"工程以来,中小学信息技术教育发展迅速,高中信息技术课开课率达九成多,中小学拥有的计算机,从1999年年底的平均121人一台提高到51人一台。

七、教师待遇和社会地位显著提高,教师队伍建设加强

教师工资待遇得到法律保障,近几年来,国家多次提高教师的工资水平。高校、中学和小学教师的平均工资分别比1995年增加179.8%、100.4%和93.7%。教师住房得到很大改善,城镇教师家庭人均住房面积从1993年时低于全国平均水平的6.90平方米提高到2000年的10.81平方米,超过了同期城镇居民的平均水平。小学、初中、高中教师的学历合格率,分别从1988年的68.1%、35.6%、41.3%提高到2001年的96.8%、88.7%、70.7%。对1000万名教师开展了全员培训,对数万名骨干教师进行了集中培训,提高了教师实施素质教育的能力。"长江学者奖励计划",已在69所高校的389个学科聘任了412位特聘教授、33位讲座教授,进一步营造了有利于吸引优秀人才的良好环境。

八、民办教育迅速发展,多形式的办学体制初步形成

民办教育已经成为我国教育体系的重要组成部分。到2001年年底,有民办高等教育机构1202所,注册学生113万余人。其中,具有颁发学历文凭资格的民办高校达89所,在校学生15万人;普通中学4571所,在校生233万余人;职业中学1040所,在校生38万人;小学4846所,在校生182万人。

九、国际合作与交流活跃,我国教育国际竞争力提高

我国与世界各国的教育合作与交流不断加强,与发达国家的合作向高层次拓展,与国际组织的多边合作与交流也十分活跃。2001年,我国与德国签署的学历学位互认协议,是我国学历学位教育获得世界公认的重要标志。出国留学人员累计达到46万人,目前已学成回国15万人。留学回国人员大多成为各行各业的骨干。据统计,有留学经历的人员在中科院院士中占81%,在工程院院士中占54%。中外合作办学发展迅速,截至2001年年底,全国共有中外合作办学机构(项目)657个,比1996年增加了9倍以上,覆盖了28个省、自治区、直辖市。

十、大力推进依法治教,教育法制建设不断加强

在上个世纪80年代颁布《学位条例》、《义务教育法》的基础上,我国相继制定了《教育法》、《教师法》、《高等教育法》、《职业教育法》、《国家通用语言文字法》和一系列教育法规、规章,形成了较为完整的教育法律、法规体系,教育执法和法制监督工作逐步开展,依法治教的观念逐步深入人心,为教育的改革和发展提供了有力的保障。

过去的13年是教育改革与发展最快最好的时期。我们在实践中深刻认识到:邓小平理论和"三个代表"重要思想是我国教育改革和发展的重要指针;党中央全面实施科教兴国战略、切实落实教育优先发展的战略地位,是教育改革和发展的根本保证;坚持发展是硬道理,抓住机遇,加快发展,是推动我国教育不断迈上新台阶的关键;坚持走改革创新之路,不断增强教育的生机和活力,是教育事业发展的不竭动力;从实际出发,以积极进取的精神状态,不断研究新情况、解决新问题,是做好新时期教育工作的根本要求;正确处理改革、发展、稳定的关系,是顺利推进教育改革与发展的重要保障。所有这些是我们13年来积累的宝贵经验。

当前,教育战线正在认真学习"三个代表"重要思

想，深刻领会江泽民同志“5·31”重要讲话和《在庆祝北京师范大学建校100周年大会上的讲话》精神。我们要与时俱进，开拓进取，奋发有为，扎实工作，大力推进教育创新，以实际行动迎接党的十六大召开，努力开创教育事业更加辉煌的明天。

香港公布实施《基本法》第二十三条咨询文件

香港特区政府行政会议通过决定，就《基本法》第二十三条有关危害国家安全七种罪行进行立法咨询，咨询期为3个月。

行政长官董建华在行政会议结束后发表了谈话。董建华说，实施《基本法》第二十三条的立法咨询文件是特区政府长期研究、广泛收集社会各方面的意见后的成果，是在现有的法律和普通法的基础上立法，这些建议是完全符合《基本法》、人权法，和适用于香港的两个国际人权公约的。

董建华说，香港《基本法》第二十三条要求特区政府为国家安全自行立法。我们是有这个责任立法的。事实上，立法维护国家安全是大家的共同责任。需要特别指出，我们切实履行维护国家安全的责任，是“一国两制，港人治港”成功落实的基石。

香港特区政府了实施《基本法》第二十三条的咨询文件。保安局局长叶刘淑仪在记者会上指出，《基本法》第二十三条的目的是保障国家主权、领土完整、统一和国家安全，香港特别行政区有道义上及法律上的责任实施该条款。

叶刘淑仪说，每个国家都有法律保障这些基本的国家利益，而香港作为中华人民共和国不可分割的一部分，肯定有责任自行立法保障国家安全。中央人民政府授权香港特区政府就实施《基本法》第二十三条“自行立法”，这就是说内地有关国家安全的法例不会伸延至香港。香港特区政府可根据《基本法》的需要、对国家安全要求的评估及其他司法管辖区类似的法例，来制订立法建议。将来制定法例的模式，最终将由香港特区立法会决定。

叶刘淑仪指出，《基本法》第二十三条列出的罪行属于针对国家罪行，鉴于这些罪行对国家的基本安全可造成的威胁，属于极度严重罪行。正因如此，虽然这些罪行很少发生，但几乎所有的国家都有法例将这些罪行刑事化。

对于就《基本法》第二十三条立法可能对现行权利和自由带来负面影响的关注，叶刘淑仪指出，很多国家，包括最自由的民主政体，都有法例阻吓、惩罚危害国家安全的活动，而这些法例并没有被指违反基本的权利和自由。

叶刘淑仪说，在制定建议以实施《基本法》第二十三条时，政府决定尽量利用现行条例，并确保其所有建议能符合适用于香港的国际人权公约。现时香港人享有的权利、自由及生活方式将不致因实施这些建议而受影响。

叶刘淑仪随后详细阐释了特区政府提出的立法建议，并回答了记者的有关提问。

9月25日

国务院总理朱镕基在哥本哈根与丹麦首相拉斯穆森举行会谈

朱镕基对丹麦作为东道国成功举办第四届亚欧首脑会议再次表示祝贺。他说，中丹关系目前处于良好的状况。两国领导人和政府各部门之间高层互访有力地推动了双边关系全面发展。双方在贸易、投资和财政领域的互利合作富有成果。尽管两国贸易额还不大，但经贸合作进展顺利，潜力很大。中丹在科技、文化、教育等领域的交流与合作也不断扩大。两国在国际事务中保持着良好的合作。

朱镕基说，随着中丹两国合作的深化，中丹在经济上的互补性和巨大的合作潜力更加突出。为推动双边关系进一步发展，中方建议两国继续加强在各级别、各层次的交往与合作，不断拓宽经贸合作的领域，中方欢迎丹方参与中国的西部开发，并在文化、教育、旅游和社会保障等领域进一步加强中丹交流与合作。

朱镕基还指出，由于社会制度、历史文化背景、经济发展水平的不同，中丹两国在一些方面以及对一些问题的看法难免存在差异。双方应本着相互尊重、求同存异的原则，以长远的眼光看待两国关系，妥善处理好相互间的差异与分歧。

国务院总理朱镕基在哥本哈根会见丹麦议长汉森及丹麦议会领导人

国务院总理朱镕基在哥本哈根会见丹麦工业联合会企业家代表

国务院副总理温家宝在山东 天津考察旱情

温家宝指出，今年以来，我国北方部分地区出现严重干旱，给人民群众的生产生活带来很大影响。旱区各级党委政府要把抗旱工作摆到重要位置，千方百计解决群众基本生活问题，努力做好经济社会发展各项工作，以优异成绩迎接党的十六大胜利召开。

入夏以来，山东、天津等地大旱。山东至今累计降雨仅364毫米，比历年同期减少38%。微山湖几近干涸，京杭大运河济宁段断航。天津市的水源地水库入库水量比常年大大减少，居民用水和工农业生产遇到困难。面对严重的旱情，两省市各级党委政府组织干部群众大力节水抗旱，开展生产自救，确保了经济发展、社会安定。

9月25日至26日，温家宝在中共中央政治局委员、山东省委书记吴官正的陪同下，来到南四湖察看干旱缺水状况，并到受灾严重的微山县看望受灾群众。他还考察了济南市的重要水源地卧虎山水库和鹊山水库。26日至27日，温家宝又赶赴天津市，在天津市委书记张立昌、市长李盛霖的陪同下，到东丽区军粮城了解人畜饮水情况，察看了天津三星电机有限公司的节水设施。

考察中，温家宝强调，旱区各级党委政府要进一步加强对抗旱工作的组织领导。首先，要妥善安排好群众生活，保证城市生活用水和农村人畜用水。其次，要积极开展生产自救，抢墒秋种，广开生产门路，组织农民外出打工，增加农民收入。最后，各级领导要切实转变作风，深入基层，和干部群众一起克服困难，以实际行动实践"三个代表"重要思想。

温家宝指出，解决用水问题，要坚持先生活后生产、先地表后地下、先节水后调水，确保重点，兼顾一般。在具体工作中，要抓住节水和水资源统一调配这两个重要环节。通过水价改革、结构调整等措施最大限度地节约用水。沿黄河各省、区、市都要把节水放在重要位置，坚决调整压缩耗水量大的农作物和工业项目，大力推广生产、生活节水技术，加大节水力度。有关部门要切实做好黄河水资源的统一调度和合理配置，努力实现既缓解沿黄地区的缺水困难，又保证黄河不断流的目标。

温家宝强调，开源节流，以节流为主。开辟水源要科学论证、瞻前顾后、讲求效益。要组织技术人员实地勘察，做好规划，帮助旱区群众用最经济、最实用的办法开源引水，抗旱自救。

水利部副部长张基尧、财政部副部长廖晓军等随同考察。

国台办新闻发言人张铭清就"公民投票"决定台湾前途发表谈话

张铭清在北京举行的例行记者会上说，任何借"公民投票"搞"台独"搞分裂的行为都是非法的，也是无效的。

有记者问：台湾当局领导人日前在"三芝会议"上又提到要用"公民投票"决定台湾前途，请问发言人对此有何评论？

张铭清回答，台湾是包括台湾同胞在内的13亿中国人民的台湾，台湾作为中国领土不可分割一部分的地位，无论是从事实上还是法理上，都是明确的。

在回答有关台湾当局"一边一国"论出笼后，大陆方面如何推动"三通"的问题时，张铭清回答：钱其琛副总理最近在福建省考察对台工作时强调，推动两岸直接"三通"是我们的一贯政策，呼吁台湾当局从广大台湾同胞的利益和台湾经济发展的需要出发，采取实质性步骤，不要再为两岸直接"三通"设置障碍。

张铭清表示，海峡两岸同属一个中国。台湾有人把两岸"三通"说成是"国与国间关系"或"准国与国的关系"，这是我们坚决反对的。

张铭清指出，两岸"三通"是经济事务，与两岸同胞的切身利益息息相关，不应受到政治的影响和干扰。在两岸"三通"协商中，可以不涉及一个中国的政治含义。为了推动两岸"三通"早日实现，我们主张以民间对民间、行业对行业、公司对公司协商的办法，尽快通起来。这充分体现了我们的诚意和务实精神。

国台办新闻发言人张铭清就"法轮功"攻击鑫诺卫星发表谈话

张铭清指出，"法轮功"邪教组织一再使用在台湾地区设置的发射装置，攻击鑫诺卫星，台湾当局对此负有不可推卸的责任。台湾当局应该立即采取措施予以查处，并杜绝类似事件再度发生。

张铭清说，自9月8日以来，"法轮功"邪教组织以非法电视信号先后攻击鑫诺卫星2A、3A、6A转发器，造成中央电视台、中国教育电视台以及部分省级电视台的节目受到干扰，使边远农村和山区的群众及电视教育节目的观众不能正常收看电视节目。经相关部门工程技术专家采取科学、严密的方式精确测定，非法电视信号源在台湾台北市地区。

张铭清指出，此次攻击行为是"法轮功"邪教组织继6月下旬攻击鑫诺卫星之后，策划的又一起公然违反人类公共道德准则、肆意践踏民用通信基本法则的犯罪活动，不仅严重侵害了祖国大陆同胞的权益，也极大地伤害了两岸同胞的感情，引起海峡两岸中国人民的强烈愤慨。

张铭清强调，这次事件再次说明，"法轮功"是蔑视人类社会公认的法律准则、公共秩序和道德伦理的邪教组织。两年多来，台湾的"法轮功"势力一直扮演着破坏两岸关系和平稳定的角色，台湾当局对"法轮功"邪教组织在台湾的活动一直采取纵容、支持的态度，这不仅严重伤害了两岸同胞的感情，给已经困难的两岸关系造成更大的伤害，而且也会给台湾社会、家庭和广大台湾民众的切身利益带来直接的危害。我们相信，广大台湾同胞是反对邪教的，是不会容忍"法轮功"破坏两岸关系、伤害民众基本权益的。我们希望台湾社会各界和我们共同努力,坚决制止"法轮功"这一违反人类基本道德和法律准则的犯罪行为,维护两岸关系的稳定和健康发展。

同时出席新闻发布会的国家信息产业部无线电管理局局长刘利华、广播电影电视总局副总工程师杜百川、鑫诺公司总裁程广仁分别就"法轮功"邪教组织使用在台湾地区设置的发射装置攻击鑫诺卫星一事回答了记者提出的有关问题。

9月26日

国家主席江泽民在人民大会堂接受六国新任驻华大使递交的国书

这六位大使是希腊大使哈拉兰博斯·罗卡纳斯、安哥拉大使若昂·曼努埃尔·贝尔纳多、以色列大使海逸达、比利时大使万德斯、刚果民主共和国大使约翰逊·巴埃隆冈迪·瓦·比纳纳和阿塞拜疆大使亚沙尔·托菲吉·阿利耶夫。

全国人大常委会委员长李鹏在北京会见出席人大信访工作座谈会的代表

李鹏指出,信访工作是发扬民主、体察民情、了解民意、联系人民群众的重要渠道。要以"三个代表"重要思想为指导,做好人大信访工作。

李鹏说,"三个代表"重要思想要求我们要代表广大人民群众的利益,人民来信来访是人民对我们的信任。各级党政机关有责任、有义务接受人民来信来访,倾听人民群众的呼声,了解人民群众想什么,要求什么,了解他们有什么疾苦。人大信访工作是党领导下的信访工作的一个重要组成部分。人大每年都要处理大量的来信来访,应当提高效率,突出重点。人大信访工作的重点首先要抓住为人大常委会履行各项职责、处理好与人大立法和监督工作有关的那些来信来访,特别是直接关系法律制定、执行方面的问题;其次是社会普遍关注的热点问题,这些问题处理好了,可以起到举一反三的效果;还有一些个别的但在社会上会引起较大反响的事件,也要及时处理。

李鹏强调,人大信访工作应当规范化、程序化。要按照科学的程序,用法制化的手段处理好人民来信来访。目前全国人大和一些地方人大已制定了一系列办理人民来信来访的工作制度和内部约束机制,使信访工作程序合法,有章可循。在这方面,还需要进一步健全和完善。

李鹏最后说,人大信访工作是人大工作的一个重要方面,做好人大信访工作,对于推动人大工作,推动依法治国有着重要意义。他要求,各级人大领导都要从思想上重视并认真抓好信访工作。人大各部门要加强联系,相互配合,形成合力,不断开创人大信访工作的新局面。

这次人大信访工作座谈会于9月23日至26日在京举行,参加座谈会的有来自全国31个省、自治区、直辖市人大常委会机关的领导同志和信访部门的负责同志,以及一些在信访工作中作出成绩的基层人大常委会的代表。座谈会坚持以"三个代表"重要思想为指导,总结和交流人大信访工作的经验和体会,探索做好人大信访工作的措施和办法。

全国人大常委会副委员长田纪云、布赫和秘书长何椿霖等参加了今天的会见。

国务院总理朱镕基在巴黎法国总统府会见希拉克总统

朱镕基说,在江主席和希拉克总统的关怀下,近年来中法关系不断深入发展,双方在经贸、文化等各个领域的交流与合作成果显著。中法在许多国际和地区问题上有共同点,中方愿继续加强与法方在各个领域的磋商与合作,共同为世界的和平、稳定与发展作出贡献。

朱镕基强调,中方重视加强中法文化交流,双方即将互相举办文化年活动,并在各自首都互设文化中心,这将为中法关系增添新的活力。他指出,东西方文化各有不同,正因为如此,双方更需要增加相互交流,以促进世界文化的多样性。

国务院总理朱镕基在巴黎会见国际展览局主席诺盖斯和秘书长洛斯塞塔莱斯

朱镕基说,世界博览会是展示世界文明发展最新成果的盛会。举办世博会有助于加强国际交流,促进世界经济发展。

朱镕基表示,上海具有成功举办世博会的一切条件。中国政府全力支持上海申办2010年世博会。中国是世界上最大的发展中国家,如上海申办成功,世博会将更具普遍性,更能发挥联系世界各国的纽带作用。

国防部部长迟浩田与菲律宾国防部部长安赫洛·雷耶斯在马尼拉举行正式会谈

双方一致同意要进一步加强两国在军事领域的交流与合作。

迟浩田说,近年来,两国高层领导人保持了经常接触和频繁互访,加深了相互了解和友谊。特别是两国领导人就建立面向21世纪的中菲睦邻互信合作关系达成重要共识,为两国关系的长远发展指明了方向。他指出,中国政府十分重视发展同菲律宾的友好关系,始终着眼两国关系的大局，坚持维护亚洲地区和世界的和平与稳定。他说，中国人民解放军愿与非方一道，为全面发展中菲长期稳定的睦邻互信合作关系而继续努力。他还对菲政府坚持一个中国的政策表示赞赏和感谢。

中国新闻社成立50周年纪念会在北京举行

全国人大常委会委员长李鹏，全国政协主席李瑞环为中国新闻社成立50周年题词祝贺。李鹏的题词是："传播祖国信息，表达华人心声。"李瑞环的题词是："报道当代中国，传播华夏文明。"

国务院副总理钱其琛也为中新社成立50周年题了词，并写来贺信。

成立于1952年9月14日的中国新闻社，其前身是1938年10月由进步人士范长江、胡愈之等人发起成立的国际新闻社，其主要任务是借助海外华文媒体的阵地平台，为港澳同胞、台湾同胞、华侨华人提供新闻和文化服务。经过50年的发展，中新社已经建立起覆盖海外华文媒体的新闻供稿体系，初步建成可为海外华人提供多元服务的新闻、文化机构。目前，中新社每天播发新闻电讯100余条，传真图片30多张，中国新闻网每天更新新闻四五百条，还向海外几十家报纸提供专稿和制作17个报纸的版面。

在纪念会上，中新社社长刘泽彭表示，在新世纪，中新社将根据海外华人报纸的要求，不断改进供稿工作，积极推进两岸新闻交流，真正在世界华文媒体全面报道中国新闻方面发挥自己不可替代的作用。

《人民日报》发表全国政协副主席宋健的文章《制造业与现代化》

9月27日

国家主席江泽民在中南海会见美国IBM公司董事长郭士纳一行

江主席说，中美作为两个大国，发展建设性合作关系符合两国人民的共同利益，也有利于世界的和平与发展。中国加入世界贸易组织后，中美双边经贸关系将迎来一个新的发展阶段。希望包括IBM公司在内的美国企业抓住机遇，加强同中国的合作，为促进中美关系和两国经贸关系作出贡献。

外交部副部长李肇星、外经贸部副部长马秀红等参加了会见。

全国人大内务司法委员会全国妇联在北京举行妇女权益保障法颁布实施十周年座谈会

中共中央政治局常委、全国人大常委会委员长李鹏出席会议并讲话，指出要齐抓共管，依法切实维护妇女的合法权益，充分调动广大妇女的积极性，更好地发挥她们在社会主义现代化建设事业中不可替代的作用。

在听取有关单位介绍实施妇女权益保障法情况后，李鹏说，妇女占我国人口的一半，是社会主义现代化建设的伟大力量。维护妇女权益，实现男女平等，是我国的一项基本国策，是贯彻"三个代表"重要思想的要求，是推进社会主义现代化建设的需要，也是衡量社会文明进步的重要标志。党和国家一贯重视维护妇女合法权益。妇女权益保障法颁布实施10年来，妇女权益保障工作取得了重大进步，妇女的实际地位在日益提高。

李鹏指出，我国目前尚处于社会主义初级阶段，人口多，资源有限，妇女的发展及权益保障还受到各种社会条件的制约；男尊女卑、重男轻女这一承传了几千年的封建思想，仍存在于一些人的头脑之中；有些地方有法不依、执法不严，歧视妇女、侵害妇女权益的问题仍不同程度地存在于社会生活的各个方面。真正维护好妇女的合法权益，使男女从法律的平等到实际生活中的平等，还有许多工作要做。深入实施妇女权益保障法仍然是一项艰巨的任务，需要我们继续努力。

李鹏指出，妇女参政是妇女政治权利的重要体现。各级人民代表大会中女代表占有适当比例，各级领导班子中配备适当数量的女干部，是妇女参政，促进男女平等的重要保证。选拔女干部进领导班子，在同等条件下要实行优先培养、优先选拔。妇女参政是一个过程，要从基层抓起，着眼于提高妇女的素质。今冬明春各级领导班子将换届，要抓住这一时机，争取女干部、女代表比例有提高。

李鹏说，我国妇女劳动就业的情况超过世界上许多国家，但侵害妇女劳动权益的现象还比较普遍。要采取积极的政策措施，防止和减少就业中的性别歧视，大力发展适合女性就业的第三产业，高度重视发展社区服务业。加大劳动执法检查力度，依法查处侵害妇女劳动权益的行为。

李鹏强调，妇女的人身自由和生命健康权不受侵犯。多年来，各地、各有关部门在依法保护妇女人身权利方面做了大量工作，查处了一批强奸妇女、拐卖妇女儿童、卖淫嫖娼等违法犯罪案件。对严重侵害妇女人身权利的违法犯罪活动必须继续依法严厉打击和整治。这是一项长期的任务，要坚持"打防并举"的方针，建立起打击、管理、防范、教育相结合的工作机制，强化综合治理措施。同时，还要保障妇女享有与男子平等的文化教育权利，确保适龄女童普遍接受义务教育，提高妇女的受教育水平，提升妇女的综合素质。

李鹏指出，妇女权益涉及面广，做好保障工作需要全党、全社会共同承担起这个责任。各级党委要加强对保障妇女权益工作的领导；各级政府是执法主体，要切实履行职责，把妇女的各项权益落到实处；各级妇联要积极探索新的工作机制和方式方法，推动维权工作向纵深发展。各级人大要继续加强对妇女权益保障法执行情况的检查监督，纠正有法不依、执法不严、违法不究的现象，督促政府和有关职能部门改进工作，使妇女权益保障法的贯彻实施步步深入。要不断完善保障妇女权益的法律体系，全国人大及其常委会已经制定了婚姻法、妇女权益保障法、农村土地承包法等法律，国务院和各省、自治区、直辖市可制定相应的行政法规和地方性法规，使法律规定的保障妇女权益的条款得到更好的实施。

中共中央政治局候补委员、国务委员、国务院妇女儿童工作委员会主任吴仪也在座谈会上讲了话。她说，10年来，党和国家高度重视妇女工作，国务院先后两次颁发了《中国妇女发展纲要》，各级政府及其有关部门认真贯彻实施妇女权益保障法，制定了一系列配套的行政法规和规章，建立、健全了妇女儿童工作机构，广泛开展宣传教育，调动各方面力量，共同解决妇女生存和发展中的重点和难点问题。我国妇女的合法权益得到进一步实现，参与国家和社会事务管理及决策的程度不断提高，劳动就业和获得经济资源的平等权利有了更多的保障，受教育水平明显提高，健康状况显著改善，妇女人身权利和婚姻家庭权利受到法律保护。她强调，各级政府及其有关部门要按照江泽民同志"三个代表"重要思想的要求，通过贯彻执行妇女权益保障法推动《中国妇女发展纲要》的实施，通过实施《中国妇女发展纲要》使妇女权益保障法赋予妇女的各项权利进一步得到落实，促进妇女的全面发展和进步，以优异的成绩迎接党的十六大的召开。

全国人大常委会副委员长、全国妇联主席彭珮云出席了今天的座谈会。会议由全国人大内司委主任委员侯宗宾主持。全国人大常委会委员、全国人大内司委副主任委员万绍芬报告了妇女权益保障法执法检查情况。全国妇联副主席、书记处第一书记顾秀莲介绍了妇联代表和维护妇女权益的情况。中组部、公安部、劳动和社会保障部负责同志介绍了贯彻妇女权益保障法的情况和今后的打算，辽宁省、湖南省、天津市等有关省市从不同角度介绍了贯彻妇女权益保障法的经验。

国务院总理朱镕基在巴黎与法国总理拉法兰举行会谈

朱镕基说，近年来，中法全面伙伴关系发展顺利，在各领域的合作富有成果。中法在广泛国际问题上有共识，并采取相同立场。中方对两国关系的发展表示满意。两天来，通过与法国领导人和各界人士的接触，深感中法友好合作有坚实基础和强大生命力。

朱镕基强调，中国一贯重视同法国的关系。在世界多极化和经济全球化不断发展的情况下，中法进一步加强合作，符合双方的根本利益，也有利于维护世界和平与共同繁荣。

会谈时，双方还重点回顾并探讨了如何推动两国经贸合作关系的发展。法方表示，希望在核能、环保和航空等领域扩大与中方的合作，法方愿意向中方转让技术、开展人员培训，共同推动法中经贸合作向前发展。

朱镕基对法方提出的有关合作设想持积极态度，对法方愿向中方转让高新技术表示赞赏和肯定。

会谈结束后，朱镕基和拉法兰共同签署了《中法两国政府文化合作协定》。

国务院总理朱镕基在巴黎会见法国国民议会议长德勃雷

国务院总理朱镕基在巴黎向法国工商界人士发表演讲

朱镕基介绍了中国国内经济发展形势和中欧、中法经贸合作等情况。他强调，中方希望进一步加强和扩大中法两国在经贸、科技等领域的交流与合作，并提出五点建议：

一、继续扩大双边贸易规模。希望法国工商界在对华出口的产品质量、价格、技术转让、售后服务等方面增强竞争力，扩大法国产品在中国市场上的份额，争取成为欧盟中对华贸易位居最前列的国家。中国许多产品物美价廉，希望法方更多进口中国产品。

二、积极开展投资领域的合作。中国正加快产业结构调整、基础设施建设和西部大开发。中国投资环境日益改善，希望更多的法国企业在拥有优势的能源、交通、通信等领域扩大对华投资。

三、加强中法高新技术领域合作。中国正加快以信息技术为核心的高新技术产业发展，增加发展高新技术产业的投入。法国在航空航天、电子信息、生物工程、核电等方面具有先进技术和管理经验。双方企业界应争取谈成更多高技术合作项目。

四、加强中小企业间合作。法国中小企业在产业发展方面积累了许多经验，双方有很大合作空间，应进一步推动两国中小企业加强合作。

五、推进农业和环保领域的合作。中法两国同为农业大国，中国坚定地实施可持续发展战略，并采取一系列措施加快生态建设和发展环保产业。法国在农林、环保方面有优势，希望双方开展更多的实质性合作。

全国总工会十三届九次主席团(扩大)会议在北京召开

中共中央政治局常委、中央书记处书记、中华全国总工会主席尉健行出席会议并发表重要讲话，强调要认真学习贯彻全国再就业工作会议精神，研究确定工会组织在促进下岗失业人员再就业工作中的目标、任务与措施，充分发挥工会组织的积极作用，更好地为改革、发展、稳定的大局服务。

尉健行指出，全国再就业工作会议是党中央、国务院在党的十六大前夕召开的一次极为重要的会议。江泽民同志在会上发表的重要讲话，从党和国家工作全局的战略高度，全面分析了当前我国面临的就业和再就业形势，深刻阐明了扩大就业和促进再就业对于深化改革、促进发展、维护稳定的极端重要性，明确提出了推进这项工作的指导思想、方针政策和基本要求，为我们做好新形势下的就业和再就业工作指明了方向。各级工会一定要认真学习、深刻领会、全面贯彻会议精神，把思想和行动统一到会议精神特别是江泽民同志的重要讲话精神上来。

尉健行强调，当前及今后一个时期，工会促进下岗失业人员再就业工作的总体要求是：提高思想认识，搞好源头参与，强化群众监督，办好工会实事。提高思想认识，主要是坚持以江泽民同志“三个代表”重要思想为指导，认真贯彻全国再就业工作会议精神，把促进下岗失业人员再就业切实作为工会履行维护职工合法权益基本职责的重要任务来抓，并以其实际效果，作为检验工会维权工作水平的重要标志。搞好源头参与，主要是按照中央确定的促进下岗失业人员再就业的工作方向和方针政策，深入调查研究，掌握下岗失业人员的真实情况，充分利用联席(联系)会议、三方协商机制等渠道，积极参与地方政府和企业贯彻中共中央、国务院将要下发的《关于进一步做好下岗失业人员再就业工作的通知》的具体实施意见和办法措施的制定工作，充分反映广大职工特别是下岗失业人员的意愿和要求，推动其把中央的要求具体化。强化群众监督，主要是对执行中央提出的促进下岗失业人员再就业的各项政策规定，以及各地、各企业具体制定的实施意见和办法措施实施情况开展群众性监督检查，对不落实再就业政策和职工劳动权益等方面的问题，及时向有关方面反映，对其典型事件进行曝光批评，监督企业裁减人员和改制、破产企业安置职工的方案必须经过职工(代表)大会讨论，如果方案没有被通过，不能实施裁员或进入破产程序。办好工会实事，主要是发挥工会自身优势，在今后三年内，实现对150万下岗失业人员开展职业培训，为150万下岗失业人员提供职业介绍服务，依靠工会劳动福利事业和工会直接联系，帮助150万下岗失业人员实现再就业，同时，到今年年底，在全国50个大中城市建立和逐步规范困难职工救助(服务)中心，三年内达到200个。

尉健行说，按照这个总体要求，各级工会要深入调查研究，积极参与贯彻《通知》具体办法和实施细则的制定；加强群众监督，确保促进下岗失业人员再就业各项政策措施的落实；充分发挥工会自身优势，努力为职工办好实事；积极协助党政做好深入细致的思想政治工作，引导下岗失业人员转变择业观念和正确对待再就业问题。广大工会干部要怀着深厚的阶级感情，把促进下岗失业人员再就业的工作做深做实，以良好的精神状态和扎实的工作作风去做好下岗失业人员再就业的各项工作，加强学习，努力提高做好下岗失业人员再就业工作的能力。

中华全国总工会副主席、书记处第一书记张俊九主持会议。中华全国总工会领导同志和全总十三届主席团委员，各省、自治区、直辖市总工会和计划单列市总工会主席，各全国产业工会和全总各部门、各直属单位的负责同志，共120多人参加了会议。

全国人民调解工作会议在北京召开

会议由最高人民法院和司法部联合召开，会议的主要任务是贯彻中办、国办关于转发《最高人民法院、司法部关于进一步加强新时期人民调解工作的意见》的通知精神，研究部署今后一个时期加强人民调解工作的任务和措施，总结交流近年来人民调解工作改革发展取得的成绩和经验，对作出突出贡献的先进集体和先进个人进行表彰。会议指出，今后一个时期，各级党委和政府要从贯彻“三个代表”重要思想、维护人民群众根本利益、确保社会稳定的高度，切实加强对人民调解工作的领导和指导，促进人民调解工作的改革和发展。

最高人民法院院长肖扬、司法部部长张福森分别讲话。

肖扬指出，巩固和完善人民调解制度，对于新形势下及时妥善处理人民内部矛盾具有重要意义，各级人民法院要积极支持并加强对人民调解工作的指导，同司法行政部门一起进一步建立和健全解决社会矛盾的有效机制，充分发挥司法行政机关、行政机关和其他社会组织解决社会矛盾的作用，使人民调解、行政调解和司法调解协调发展。

肖扬要求，各级人民法院特别是基层人民法院及其派出法庭必须做好几方面的工作：要积极支持人民调解工作，加强对人民调解工作的指导。这种指导主要通过对涉及人民调解协议的民事案件的审理来进行，而不是直接介入人民调解组织的调解活动；要加强调查研究，努力提高对人民调解工作的指导水平。当前基层人民法院及其人民法庭的重要任务就是要认真学习好《最高人民法院关于审理涉及人民调解协议的民事案件的若干规定》；要进一步深化民事审判方式改革，建立和完善与人民调解工作相衔接的简捷、经济的诉讼程序。

张福森指出，司法行政机关要充分认识新形势下推进人民调解工作改革发展的重要性和必要性，努力提高人民调解工作水平，加强指导，密切配合，努力开创人民调解工作的新局面。

劳动和社会保障部部长张左己在改革开放和现代化建设成就系列报告会上的报告

党的十三届四中全会以来的13年间，以江泽民同志为核心的党的第三代中央领导集体高度重视就业和社会保障工作，对就业和社会保障制度改革作出了一系列重大决策，是改革力度最大、进展最快的时期，是市场导向就业机制和有中国特色的社会保障体系框架基本确立的时期。就业和社会保障经历了新旧体制的重大变革，发生了一系列深刻的历史性变化。

一、就业规模不断扩大，再就业工作取得较大进展

就业规模不断扩大。1990年至2001年，我国从业人员规模从6.5亿人扩大到7.3亿人，增加8300万人，其中城镇新增6900万人，农村新增1400万人。失业率得到有效控制，多数年份都保持在3%左右。在劳动力供求矛盾十分突出，同时又面临世界经济起伏变化的复杂情况下，我国成功地保持了就业局势的基本稳定，对于维护改革发展稳定的大局发挥了积极作用。

就业结构进一步改善。第三产业成为扩大就业的主渠道。第三产业从业人员所占比重稳步增长，由1990年的18.5%提高到2001年的27.7%，第一产业从业人员所占比例由60%下降到50%。这是一个具有标志性意义的变化，表明我国三次产业之间的就业结构进一步优化。多种所有制经济的发展正在成为扩大就业的主要领域。乡村从业人员所占比例由1990年的73.7%下降到2001年的67.2%，减少6.5个百分点，表明我国的城镇化进程在不断加快。

再就业工作力度不断加大。主要采取了5个方面的措施：一是把扩大内需与扩大就业结合起来，保持较高的经济增长速度，扩大就业规模，开辟就业门路；二是对下岗职工自谋职业的，给予优惠和扶持；三是加强就业服务；四是提高下岗职工的再就业能力；五是组织实施“再就业援助行动”。1998年至2002年上半年，全国累计有1700多万人通过多种渠道和方式实现再就业，国有企业富余人员问题得到明显缓解。实践充分证明，中央关于国有企业改革的方针政策是完全正确的，必须继续全面贯彻执行。

二、市场导向就业机制初步形成，市场机制在劳动力资源配置中的基础性作用得到越来越充分的发挥

市场导向就业机制初步形成。随着就业制度改革、企业用工制度改革的不断推进，企业和劳动者作为劳动力市场供求主体的地位逐步确立。随着社会保障制度、住房制度、户籍制度等项改革的整体推进，劳动力市场发育的客观环境明显改善，劳动者自主就业、市场调节就业、政府促进就业的市场导向机制初步形成。

就业渠道日趋多元化。社会职业构成发生了重大变化，新的职业群体开始形成，灵活多样的就业形式迅速兴起，就业观念发生了积极的变化。

公共就业服务体系基本形成。2001年年底，全国共有各类职业介绍机构2.6万个，其中公共职业介绍机构1.8万个。目前，我国已初步建立了公共就业服务体系，向社会提供包括职业介绍、职业指导、就业训练、劳动力供求信息发布、社区就业岗位开发服务等内容的公益性就业服务。劳动力市场科学化、规范化、现代化的“三化”建设取得较快进展。在全国100个试点城市中，职业介绍机构基本实现了网络化管理，可以及时快捷地向社会发布职业供求信息，并从去年起开始发布全国大中城市劳动力供求信息和工资指导价位信息，对于促进劳动力资源合理配置和职业培训事业的发展起到了引导作用。

职业培训工作不断加强，先培训后就业、先培训后上岗的制度基本确立。职业资格证书制度迅速发展，为技术工人铺设了一条从初级技工到技师、高级技师的成才通道。全国累计有3500万人次通过参加职业技能鉴定取得了职业资格证书。最近下发的《国务院关于大力推进职业教育改革与发展的决定》，进一步明确了职业教育的改革发展方向和主要措施，将对推动职业教育培训事业发展产生积极作用。

三、农村劳动力向非农产业转移速度加快，进城务工农民的管理服务制度逐步健全

农村劳动力合理有序流动的机制初步形成，流动就业管理服务制度逐步规范，农民外出务工收入成为农民增收的重要渠道。目前乡镇企业从业人员已达1.3亿人，进入城市就业的农村劳动力在8000万人以上。从离土不离乡、进厂不进城，到打开城门、允许农民自理口粮进城；从自发的无序流动，到通过信息引导和劳务协作，组织引导民工有序流动；从农民工管理机制不完善、不健全，到对农民工进城就业实行“公平对待、合理引导、完善管理、搞好服务”的方针。这一过程，

顺应了时代要求,顺应了社会经济发展的客观趋势。

为进一步做好新时期的就业和再就业工作,2002年9月12日至13日,中共中央、国务院召开全国再就业工作会议。会议在深入分析当前就业和再就业形势的基础上,深刻阐明了再就业工作在改革发展稳定大局中的重要地位和作用,明确了工作的指导思想、目标任务和政策措施,为进一步做好就业和再就业工作指明了方向。这是党中央、国务院在党的十六大之前召开的一次十分重要的会议。我们要认真贯彻落实全国再就业工作会议精神,将就业和再就业工作作为一项长期的战略任务和重大的政治任务,作为全面贯彻"三个代表"要求的重要措施,进一步加大工作力度,坚持不懈地抓紧抓好。

四、两个确保不断巩固,三条社会保障线制度逐步完善

两个确保(即确保国有企业下岗职工基本生活和确保企业离退休人员基本养老金按时足额发放)不断得到巩固。1998年至2002年6月底,全国累计国有企业下岗职工2600多万人,90%以上进入再就业服务中心,进中心的下岗职工基本都能按时领到生活费,并由中心代缴社会保险费。1998年到2002年6月,领取基本养老金的企业离退休人数从2700多万人增加到3200多万人,每年平均增加150万人,基本做到了按时足额发放,并补发历史拖欠215亿元。为落实两个确保,1998年至2001年,中央财政对老工业基地和中西部地区的两个确保资金给予了专项补助,总额达1300亿元。实践证明,两个确保是实践"三个代表"要求的重大举措,受到广大职工群众的衷心拥护,有力地维护了社会稳定,促进了国有企业改革的深化和经济结构调整的推进。

三条社会保障线(即国有企业下岗职工基本生活保障制度、失业保险制度、城市居民最低生活保障制度)逐步完善。国有企业下岗职工基本生活保障工作不断加强。失业保险制度改革步伐不断加快,覆盖范围不断扩大。2001年年底,全国参加失业保险人数1.04亿人,领取失业保险金的人数由1998年年底的58万人增加到2001年年底的312万人,四年累计提供失业保险待遇270多亿元,并向再就业服务中心调剂150亿元。城市居民最低生活保障制度逐步建立和完善。三条社会保障线的建立,有效地保障了下岗失业人员和低收入居民的基本生活。

五、社会保险制度改革力度进一步加大,社会保障体系框架基本形成

2001年年底,全国参加基本养老保险的人员达到1.4亿人,是1990年参保人员的两倍多。养老保险制度改革取得重大进展,实现了从"企业保险"向社会统筹的过渡,并确立了三方负担机制。建立了社会统筹和个人账户相结合的新型的企业职工基本养老保险制度。社会化管理服务工作稳步推进,企业离退休人员基本养老金实行了社会化发放,不仅保证按时足额发放,也方便了离退休人员就近、便捷地领取养老金。企业退休人员社会化管理服务工作正在稳步推进。建立了基本养老金调整机制,企业离退休人员养老金水平不断提高,使广大离退休人员分享到社会经济发展的成果,提高了他们的生活水平。

医疗保险制度改革全面启动。到2002年8月底,覆盖人数达到8200万人,取得了阶段性成果。医疗保险制度改革的实行,从制度上有效保障了参保职工的基本医疗,满足了不同人群的不同医疗需求,解决了过去公费、劳保医疗制度下长期存在的拖欠职工医疗费的问题,解除了职工的后顾之忧。医疗费用初步得到控制。工伤、生育保险改革稳步推进。完善城镇社会保障体系试点取得初步成效,为在全国完善社会保障体系积累了经验。

六、职工工资增长较快,生活质量明显提高城镇职工工资收入增长较快

2001年,城镇职工平均工资达到10870元,是1990年的5倍多。1990年至2001年,职工工资年均增长率为15.9%,扣除物价因素,实际年均增长8.1%,是新中国成立以来城镇职工工资收入增长最快的时期之一。经过提高三条保障线标准,加强三条保障线衔接,调整养老金待遇水平并重点向养老金水平低的人员倾斜,城镇低收入居民的收入状况逐步改善。在深化企业工资收入分配制度改革,加强收入分配宏观调控方面,进行了有益的探索。

党的十三届四中全会以来,江泽民总书记对收入分配制度问题作出了一系列重要论述,提出必须坚持按劳分配为主体、多种分配方式并存的原则,体现效率优先、兼顾公平。提出要深化对劳动和劳动价值理论的认识,坚持实行按劳分配和按生产要素分配相结合的制度,允许和鼓励资本、技术等要素参与收益分配。提出要保护合法收入,调节过高收入,取缔非法收入,防止收入分配上的过分悬殊。提出要正确处理一次分配和二次分配的关系,在经济发展的基础上普遍提高居民收入水平,逐步形成一个高收入人群和低收入人群占少数、中等收入人群占大多数的"两头小、中间大"的分配格局。江总书记的这些重要论述,丰富了马克思主义收入分配理论,具有重大的理论意义和实践意义,为不断深化收入分配制度改革指明了方向。

20世纪90年代中期先后两次缩短法定工作时间,从原先的每周工作48小时调整到每周工作44小时,再调整到每周工作40小时;法定节假日由7天增加到

10天，每年形成三个黄金周。职工每年的累计休息时间由原来的59天增加到114天。

劳动法及相关法规相继颁布实施，劳动合同制度、集体合同制度逐步建立和完善，劳动关系的三方协商机制初步形成，劳动争议处理制度进一步完善，劳动保障监督检查工作不断加强，对维护劳动者权益，促进劳动关系的和谐稳定发挥了积极作用。

全面做好就业和社会保障工作，我们面临的任务还很艰巨，还有大量的工作要做。只要我们紧密团结在以江泽民同志为核心的党中央周围，全面贯彻"三个代表"要求，与时俱进，开拓创新，就一定能够不断克服前进道路中的各种问题和困难，不断开创就业和社会保障工作的新局面，为全面推进改革开放和社会主义现代化建设的伟大事业作出新的贡献。

国家副主席胡锦涛在人民大会堂会见以越南胡志明共青团中央第一书记黄平君为团长的越南青年代表团主要成员

胡锦涛祝贺第三届"中越青年友好会见"活动的成功举办。他说，进一步加强中越两国青年和青年组织的友好交流和相互学习，对开创新世纪中越关系更加美好的未来，具有重要而深远的意义。

胡锦涛勉励中越两国青年和青年组织，进一步贯彻落实两党总书记达成的重要共识，坚持发展中越关系十六字方针，为中越睦邻友好与全面合作关系的不断发展作出新贡献。

团中央书记处第一书记周强、越南驻华大使裴鸿福参加了会见。

《中国共产党历史》第一卷出版

中共中央党史研究室推出的《中国共产党历史》第一卷，记述的是1921年至1949年中国共产党领导中国新民主主义革命的历史。它是中共中央党史研究室在1991年出版的《中国共产党历史》上卷的基础上修订而成的。原《中国共产党历史》上卷总体上反映的是20世纪80年代掌握的党史史料状况和学术研究水平。10多年来，一方面，在邓小平、江泽民同志的著作和讲话中，对民主革命时期的党史有许多新的重要论述；另一方面，随着国内外大量历史档案资料的公布，党史界对很多问题有了新的认识并产生了许多新的研究成果。这些都需要有一个与时俱进的新本给予反映。

新出版的《中国共产党历史》第一卷坚持以马克思列宁主义、毛泽东思想、邓小平理论和江泽民"三个代表"重要思想为指导，充分体现中共中央《关于若干历史问题的决议》和《关于建国以来党的若干历史问题的决议》精神。在新书中，坚持全面阐明党史内涵，突出党的历史的本质和主流，充分反映党为民族独立、人民解放英勇斗争的历程，以及党的领导、党的活动与广大人民群众的伟大历史作用；充分反映党坚持马克思列宁主义基本原理与中国革命实际相结合，开拓创新的历程，使民主革命的党史成为体现毛泽东思想的活生生的教科书；充分反映党在革命斗争中不断发展壮大，以及不断加强自身建设的历史。新书在坚持准确叙述历史的同时，还注重对重大问题进行理论思考，科学地总结党在新民主主义革命时期的历史经验，认识并反映中国革命和党自身发展的规律。

《中国共产党历史》第一卷根据江泽民同志在庆祝中国共产党成立80周年大会上的重要讲话精神，站在新世纪的历史高度，实事求是、与时俱进，对原上卷的内容进行了充实和增补，对党史上的若干重大问题，作出更为恰当的表述和科学的评价。如将中国共产党诞生的时代背景从1911年辛亥革命向前延伸到1840年鸦片战争，以进一步说明党创立的历史必然性；新设"遵义会议和红军长征的胜利"一章，更全面深刻地阐述遵义会议及其在历史上的重要地位；对大革命时期陈独秀的错误、土地革命战争时期的三次"左"倾错误和王明在抗战初期的错误，都做了实事求是的具体分析，并有新的表述；根据近几年公布的共产国际档案文献，对共产国际、联共(布)及其驻华代表对中国革命的指导(包括正确的和错误的)，作了比较充分的叙述；增写了党领导人民进行抗日战争、解放战争的波澜壮阔的丰富内容。卷尾单列了结束语，对党的先进性和中国革命的基本经验进行了论述，阐明了中国共产党领导新民主主义革命取得胜利的历史必然性。

《中国共产党历史》第一卷约74万字，由中共党史出版社出版。它的出版，将进一步满足广大党员干部特别是领导干部、教学和研究人员学习和研究中共党史的需要，对于深入学习和贯彻江泽民"三个代表"重要思想，科学地总结党的历史经验，加强党的建设和社会主义精神文明建设，发挥党史"资政育人"的作用，具有重要的意义。

首都学术界在北京大学举行纪念冯定诞辰100周年纪念会

与会专家学者充分肯定了冯定在马克思主义哲学研究和发展上所做的重要贡献，高度赞扬了他高尚的人格和情操。著名专家张岱年、任继愈、黄楠森、汪子嵩、邢贲思、庄福岭以及有关部门负责人出席了纪念会。

冯定是我国著名的老一代马克思主义理论家，对我国马克思主义哲学的研究和宣传作出了重要贡献。

他的《平凡的真理》一书，在解放前后的中国大地上曾引起很大反响，迅速成为追求进步的青年最喜爱的理论读物之一。该书既是一部贴近实际、贴近生活、文字生动、通俗易懂的马克思主义哲学著作，同时又有很高的学术价值。该书对马克思主义哲学的基本内容做了全面、准确的阐述，反映了冯定在马克思主义哲学研究中取得的重要成果。其独特之处在于没有囿于前苏联教科书的条块分割的体系，力求把辩证唯物主义和历史唯物主义、世界观和人生观结合成一个有机整体，从而推动了马克思主义哲学的中国化和在中国的发展。

最近一个时期，江泽民同志就哲学社会科学和教育的发展与创新问题发表了多次重要讲话。与会者认为，缅怀冯定事迹，研究冯定思想，对于贯彻江泽民同志重要讲话的精神，继承老一代哲学社会科学工作者的优良传统和优秀成果，努力推进我国新世纪的哲学社会科学事业、发展中国化的马克思主义哲学有重要的现实意义。据悉，收录了数十位知名专家学者的论文、由北京大学出版社出版的《冯定百年纪念学术文集》，也在同日发行。

9月28日

全国政协办公厅中共中央统战部在人民大会堂举行国庆招待会

全国政协主席李瑞环与来自香港和澳门特别行政区、台湾以及海外的新老朋友，首都各族各界的代表1000多人欢聚一堂，热烈庆祝中华人民共和国成立53周年。

招待会由全国政协副主席杨汝岱主持。全国政协副主席、中共中央统战部部长王兆国在招待会上致辞。王兆国说，2002年是我国社会主义现代化建设史上十分重要的一年。当前，全国各族人民正以扎实的工作和期盼的心情，喜迎中国共产党第十六次全国代表大会的胜利召开。这次大会是中国共产党在新世纪召开的第一次盛会，将全面总结中共十五大以来的成就和十三届四中全会以来的经验，并为我们国家在新世纪的发展作出新的战略部署。

他说，香港、澳门回归以来，在中央政府的支持下，在特区政府领导下，各界人士携手共进，努力克服了亚洲金融危机的严重冲击和国际经济环境变化的不利影响，确保了港澳的社会稳定和经济发展。“一国两制”、“港人治港”、“澳人治澳”、高度自治方针得到全面落实，赢得了国际社会的普遍赞誉。港澳的成功实践表明，“一国两制”方针对港澳有益，对中华民族有益，对世界和平与发展有益。在特区政府和广大港澳特别行政区同胞的共同努力下，在全国各族人民的支持下，香港、澳门的明天一定会更加美好。

王兆国指出，解决台湾问题，实现祖国完全统一，是中国人民进入新世纪的三大任务之一，是包括台湾同胞在内的海内外中华儿女的共同心愿。我们高兴地看到，在两岸同胞的共同努力下，两岸人员往来、各项交流和经贸合作有了新的发展，越来越多的台湾同胞要求尽快实现两岸直接“三通”，越来越多的台湾同胞希望两岸关系健康稳定发展。但是，台湾当局领导人不仅拒不承认一个中国原则和“九二共识”，而且纵容支持“台独”分裂势力，推进“渐进式台独”。最近甚至炮制所谓“一边一国”论，在分裂祖国的道路上越走越远。“台独”分裂势力的倒行逆施，激起了海内外中华儿女的强烈愤慨。任何图谋分裂国家的行径都是注定要失败的。一个中国原则是发展两岸关系的基础。两岸统一，是人心所向，大势所趋，任何势力都无法阻挡。我们将继续坚持“和平统一、一国两制”基本方针和江泽民主席的八项主张，与海内外各界朋友一道，坚定不移地推进祖国和平统一的进程。

王兆国说，海外侨胞是推进我国改革开放和现代化建设、促进祖国统一的积极力量。长期以来，广大海外侨胞积极发扬爱国爱乡的优良传统，心系祖国、情注故乡，为祖国的繁荣昌盛，为家乡的经济建设和各项事业发展，作出了巨大的贡献。我们将继续加强与海外侨胞的联系、交流与合作，共同为中华民族的伟大复兴和祖国的完全统一而携手奋斗。

出席招待会的还有中共中央政治局委员、国务院副总理钱其琛，全国人大常委会副委员长王光英、吴阶平、何鲁丽、丁石孙、成思危，全国政协副主席阿沛·阿旺晋美、万国权、赵南起、经叔平、罗豪才、张克辉，全国政协秘书长郑万通，中共中央统战部副部长刘延东，以及中央和国家机关有关部门负责人，中国侨联、全国台联、北京市有关方面负责人。

中日友好协会和中国人民对外友好协会在人民大会堂举行庆祝中日邦交正常化30周年大型招待会

国家副主席胡锦涛出席招待会，并在招待会开始前会见了应邀出席招待会的日本前首相桥本龙太郎、村山富市、前副首相后藤田正晴以及日中友好七团体负责人。

国务院副总理温家宝，中共中央政治局候补委员、书记处书记曾庆红，全国人大常委会副委员长布赫，全国政协副主席宋健、胡启立等参加会见并出席招待会。

会见开始时，胡锦涛首先代表中国政府向出席招待会的桥本龙太郎、村山富市、后藤田正晴和全体日本朋友表示热烈的欢迎，向长期致力于中日友好事业的日本各界友人表示衷心的感谢。他简要回顾了中日关系发展的历程后说，实践证明，中日友好符合两国人民的根本利益，也为亚洲乃至世界的和平、稳定与发展作出了积极贡献。

胡锦涛强调，几天前，江泽民主席在中日万人友好交流大会上发表重要讲话，为中日关系的长远发展指明了方向。“以史为鉴、面向未来”，把中日关系不断推向前进是中日双方的共同责任，也是两国人民的共同心愿。他希望中日两国的政治家和各界人士，珍惜来之不易的中日友好成果，遵循《中日联合声明》、《中日和平友好条约》和《中日联合宣言》的原则精神，以纪念中日邦交正常化30周年为契机，进一步增进互信，加强交流，深化合作，尤其要着力培养中日友好事业的接班人，始终不渝地推动中日睦邻友好合作关系健康稳定地向前发展，为实现中日世代友好的崇高目标不懈努力。

招待会由中国人民对外友好协会会长陈昊苏主持。全国政协副主席、中日友协会长宋健致辞。他说，30年前，中日两国老一辈政治家和各界人士经过长期艰苦努力，实现了中日邦交正常化。30年来，中日两国的交流合作取得了前所未有的发展。他向一切为中日友好事业作出贡献的人们表示敬意，并深切缅怀中日友好的先驱者们。

宋健表示，希望中日两国按照“以史为鉴，面向未来”的精神，克服困难，排除干扰，进一步扩大交流合作，增进两国人民之间的相互了解和彼此信任，推动新世纪中日友好合作关系向前发展。

参加会见并出席招待会的还有有关部委和人民团体负责人、长期从事中日友好的各界人士以及日本日中友好团体负责人、地方政府领导人、经济、文化界人士约500人。日本驻华使节、驻京工商界代表等也参加了招待会。

全国总工会主席尉健行在中国职工之家接见全总第二届法律顾问委员会全体委员

尉健行希望全总法律顾问委员会，坚持以江泽民同志“三个代表”重要思想为指导，在推动依法治国方略实施中，为工会参与涉及职工权益的立法和政策制定，依法履行维护职工合法权益基本职责提出意见、建议和提供法律咨询，推动依法建会、依法维权、依法治会，保护、调动和发挥广大职工在推进改革、促进发展、维护稳定中的积极性、创造性，更好地发挥法律顾问的积极作用。

全总第二届法律顾问委员会由著名的法律专家、劳动保障专家、律师和有关方面的负责同志共30人组成。中华全国总工会副主席、书记处第一书记张俊九等参加了接见。

国务院副总理温家宝在北京主持召开会议听取《中国可持续发展林业战略研究》项目阶段性成果汇报

中国可持续发展林业战略研究，是国家林业局为贯彻落实江泽民总书记关于建设秀美山川的指示精神组织开展的。去年6月，温家宝副总理在全国林业科学技术大会上提出，要加强林业发展战略的研究，进一步理清林业发展的思路。对当前林业发展的一些重大问题，要从宏观和战略上进一步加强研究，从理论和实践上作出更科学的回答，揭示出一些带有全局性、根本性和关键性的科学规律，提出林业发展和生态建设的指导思想、战略重点和总体规划，为党和政府决策提供科学依据。

林业科技大会后，国家林业局组织了以中国科学院和中国工程院院士、专家领衔，跨部门、跨学科的课题组。参加这项研究的有两院院士和有关部门资深专家60多人，加上其他研究人员近300人，涉及林学、林业工程学、生态学、环境学、农学、生物学、法学、经济学和社会学等40多个学科和专业。课题组分别到25个省区进行调研，还组织有关专题首席专家到欧洲和亚太6国考察，完成了调研报告30多篇。经过一年多的准备和研究，在广泛听取有关地方和部门意见的基础上，形成了《中国可持续发展林业战略研究总论》，这项研究取得了阶段性的成果。

会上温家宝听取了课题组的汇报后作了讲话。他指出，改善生态环境，实现可持续发展，是当今世界各国普遍关注的重大问题。我们党和政府越来越重视这项工作，可持续发展已经摆到经济社会发展的重要战略位置。林业是经济和社会可持续发展的重要基础，是生态建设最根本、最长期的措施。在可持续发展中，应该赋予林业以重要地位；在生态建设中，应该赋予林业以首要地位。

温家宝说，进行林业发展战略研究是一项很有意义的工作。各位院士、专家经过辛勤工作，顺利地完成了第一阶段的研究任务，出版了《中国可持续发展林业战略研究总论》样书和两本调查报告文集。这是发扬科学民主的成果，是多学科合作的一部力作，必将对新时期我国林业发展产生重要的指导作用。研究成果有深度，有创新，有突破。一是在战略思想上，提出了“确立以生态建设为主的林业可持续发展道路；建立以森林植被为主体的国土生态安全体系；建设山川秀美的生态文明社会”的总体战略思想。其核心是“生态建设、生态安全和生态文明”。并提出“严格保护、积极发展、科学经营、持续利用”的战略方针。二是在战略途径上，根据“三生态”的战略思想，明确提出以林业“六大工程”为载体，以科技创新为先导，以体制改革为动力，推动林业跨越式发展，使中国林业实现由以木材生产为主向以生态建设为主的历史性转变,充分发挥林业的生态效益、经济效益和社会效益。三是在重大战略问题上,抓住了天然林保护、退耕还林、荒漠化防治、森林灾害防治等10个事关新世纪我国林业可持续发展的重大问题,从理论与实践的结合上,提出了具体的战略目标、工作重点和保障措施。

温家宝对进一步做好林业宏观战略研究提出几点要求:第一,有关部门要共同关心和支持林业战略研究成果在实践中的应用。各部门要从国家生态环境建设和经济社会发展的全局出发,加强协调,通力合作。第二,国家林业局要抓住项目研究带来的机遇,加快新时期林业发展步伐。要按照"生态建设、生态安全和生态文明"的战略思想和发展思路,及时调整政策,制定切实可行的行动计划。第三,课题组要在项目取得阶段性研究成果的基础上,科学地运用《中国可持续发展林业战略研究总论》所确立的林业战略思想、方针、目标、重点和政策,指导后续相关专题的研究。

课题组负责人、中国林科院院长江泽慧在会上汇报了课题研究情况。卢良恕、沈国舫、王涛、李文华4位院士和有关部门的负责同志发了言。课题组的专家、中央和国务院有关部门负责同志参加了汇报会。

国务院任免国家工作人员

任命廖晓军为财政部副部长;

曹康泰为国务院法制办公室主任;

屠光绍为中国证券监督管理委员会副主席;

单霁翔为国家文物局局长;

高祀仁为中央人民政府驻香港特别行政区联络办公室主任;

巨奎林为驻亚洲开发银行中国执行董事。

免去张佑才的财政部副部长职务;

杨景宇的国务院法制办公室主任职务;

张文彬的国家文物局局长职务;

姜恩柱的中央人民政府驻香港特别行政区联络办公室主任职务;

赵晓宇的驻亚洲开发银行中国执行董事职务。

国防部部长迟浩田在马尼拉会见菲律宾总统阿罗约

9月29日

国务院总理朱镕基签署第363号令公布《互联网上网服务营业场所管理条例》

《互联网上网服务营业场所管理条例》已经2002年8月14日国务院第62次常务会议通过,现予公布,自2002年11月15日起施行。

总　理　朱镕基

2002年9月29日

互联网上网服务营业场所管理条例

第一章　总　则

第一条　为了加强对互联网上网服务营业场所的管理,规范经营者的经营行为,维护公众和经营者的合法权益,保障互联网上网服务经营活动健康发展,促进社会主义精神文明建设,制定本条例。

第二条　本条例所称互联网上网服务营业场所,是指通过计算机等装置向公众提供互联网上网服务的网吧、电脑休闲室等营业性场所。

学校、图书馆等单位内部附设的为特定对象获取资料、信息提供上网服务的场所,应当遵守有关法律、法规,不适用本条例。

第三条　互联网上网服务营业场所经营单位应当遵守有关法律、法规的规定,加强行业自律,自觉接受政府有关部门依法实施的监督管理,为上网消费者提供良好的服务。

互联网上网服务营业场所的上网消费者,应当遵守有关法律、法规的规定,遵守社会公德,开展文明、健康的上网活动。

第四条　县级以上人民政府文化行政部门负责互联网上网服务营业场所经营单位的设立审批,并负责对依法设立的互联网上网服务营业场所经营单位经营活动的监督管理;公安机关负责对互联网上网服务营业场所经营单位的信息网络安全、治安及消防安全的监督管理;工商行政管理部门负责对互联网上网服务营业场所经营单位登记注册和营业执照的管理,并依法查处无照经营活动;电信管理等其他有关部门在各自职责范围内,依照本条例和有关法律、行政法规的规定,对互联网上网服务营业场所经营单位分别实施有关监督管理。

第五条　文化行政部门、公安机关、工商行政管理部门和其他有关部门及其工作人员不得从事或者变相从事互联网上网服务经营活动,也不得参与或者变相参与互联网上网服务营业场所经营单位的经营活动。

第六条　国家鼓励公民、法人和其他组织对互联网上网服务营业场所经营单位的经营活动进行监督,并对有突出贡献的给予奖励。

第二章　设　立

第七条　国家对互联网上网服务营业场所经营单位的经营活动实行许可制度。未经许可,任何组织和个人不得设立互联网上网服务营业场所,不得从事互联网上网服务经营活动。

第八条　设立互联网上网服务营业场所经营单

位，应当采用企业的组织形式，并具备下列条件：

（一）有企业的名称、住所、组织机构和章程；

（二）有与其经营活动相适应的资金；

（三）有与其经营活动相适应并符合国家规定的消防安全条件的营业场所；

（四）有健全、完善的信息网络安全管理制度和安全技术措施；

（五）有固定的网络地址和与其经营活动相适应的计算机等装置及附属设备；

（六）有与其经营活动相适应并取得从业资格的安全管理人员、经营管理人员、专业技术人员；

（七）法律、行政法规和国务院有关部门规定的其他条件。

互联网上网服务营业场所的最低营业面积、计算机等装置及附属设备数量、单机面积的标准，由国务院文化行政部门规定。

审批设立互联网上网服务营业场所经营单位，除依照本条第一款、第二款规定的条件外，还应当符合国务院文化行政部门和省、自治区、直辖市人民政府文化行政部门规定的互联网上网服务营业场所经营单位的总量和布局要求。

第九条　中学、小学校园周围200米范围内和居民住宅楼（院）内不得设立互联网上网服务营业场所。

第十条　设立互联网上网服务营业场所经营单位，应当向县级以上地方人民政府文化行政部门提出申请，并提交下列文件：

（一）名称预先核准通知书和章程；

（二）法定代表人或者主要负责人的身份证明材料；

（三）资金信用证明；

（四）营业场所产权证明或者租赁意向书；

（五）依法需要提交的其他文件。

第十一条　文化行政部门应当自收到设立申请之日起20个工作日内作出决定；经审查，符合条件的，发给同意筹建的批准文件。

申请人完成筹建后，持同意筹建的批准文件到同级公安机关申请信息网络安全和消防安全审核。公安机关应当自收到申请之日起20个工作日内作出决定；经实地检查并审核合格的，发给批准文件。

申请人持公安机关批准文件向文化行政部门申请最终审核。文化行政部门应当自收到申请之日起15个工作日内依据本条例第八条的规定作出决定；经实地检查并审核合格的，发给《网络文化经营许可证》。

对申请人的申请，文化行政部门经审查不符合条件的，或者公安机关经审核不合格的，应当分别向申请人书面说明理由。

申请人持《网络文化经营许可证》到工商行政管理部门申请登记注册，依法领取营业执照后，方可开业。

第十二条　互联网上网服务营业场所经营单位不得涂改、出租、出借或者以其他方式转让《网络文化经营许可证》。

第十三条　互联网上网服务营业场所经营单位变更营业场所地址或者对营业场所进行改建、扩建，变更计算机数量或者其他重要事项的，应当经原审核机关同意。

互联网上网服务营业场所经营单位变更名称、住所、法定代表人或者主要负责人、注册资本、网络地址或者终止经营活动的，应当依法到工商行政管理部门办理变更登记或者注销登记，并到文化行政部门、公安机关办理有关手续或者备案。

第三章　经　营

第十四条　互联网上网服务营业场所经营单位和上网消费者不得利用互联网上网服务营业场所制作、下载、复制、查阅、发布、传播或者以其他方式使用含有下列内容的信息：

（一）反对宪法确定的基本原则的；

（二）危害国家统一、主权和领土完整的；

（三）泄露国家秘密，危害国家安全或者损害国家荣誉和利益的；

（四）煽动民族仇恨、民族歧视，破坏民族团结，或者侵害民族风俗、习惯的；

（五）破坏国家宗教政策，宣扬邪教、迷信的；

（六）散布谣言，扰乱社会秩序，破坏社会稳定的；

（七）宣传淫秽、赌博、暴力或者教唆犯罪的；

（八）侮辱或者诽谤他人，侵害他人合法权益的；

（九）危害社会公德或者民族优秀文化传统的；

（十）含有法律、行政法规禁止的其他内容的。

第十五条　互联网上网服务营业场所经营单位和上网消费者不得进行下列危害信息网络安全的活动：

（一）故意制作或者传播计算机病毒以及其他破坏性程序的；

（二）非法侵入计算机信息系统或者破坏计算机信息系统功能、数据和应用程序的；

（三）进行法律、行政法规禁止的其他活动的。

第十六条　互联网上网服务营业场所经营单位应当通过依法取得经营许可证的互联网接入服务提供者接入互联网，不得采取其他方式接入互联网。

互联网上网服务营业场所经营单位提供上网消费者使用的计算机必须通过局域网的方式接入互联网，不得直接接入互联网。

第十七条　互联网上网服务营业场所经营单位不

得经营非网络游戏。

第十八条　互联网上网服务营业场所经营单位和上网消费者不得利用网络游戏或者其他方式进行赌博或者变相赌博活动。

第十九条　互联网上网服务营业场所经营单位应当实施经营管理技术措施，建立场内巡查制度，发现上网消费者有本条例第十四条、第十五条、第十八条所列行为或者有其他违法行为的，应当立即予以制止并向文化行政部门、公安机关举报。

第二十条　互联网上网服务营业场所经营单位应当在营业场所的显著位置悬挂《网络文化经营许可证》和营业执照。

第二十一条　互联网上网服务营业场所经营单位不得接纳未成年人进入营业场所。

互联网上网服务营业场所经营单位应当在营业场所入口处的显著位置悬挂未成年人禁入标志。

第二十二条　互联网上网服务营业场所每日营业时间限于8时至24时。

第二十三条　互联网上网服务营业场所经营单位应当对上网消费者的身份证等有效证件进行核对、登记，并记录有关上网信息。登记内容和记录备份保存时间不得少于60日，并在文化行政部门、公安机关依法查询时予以提供。登记内容和记录备份在保存期内不得修改或者删除。

第二十四条　互联网上网服务营业场所经营单位应当依法履行信息网络安全、治安和消防安全职责，并遵守下列规定：

(一)禁止明火照明和吸烟并悬挂禁止吸烟标志；

(二)禁止带入和存放易燃、易爆物品；

(三)不得安装固定的封闭门窗栅栏；

(四)营业期间禁止封堵或者锁闭门窗、安全疏散通道和安全出口；

(五)不得擅自停止实施安全技术措施。

第四章　罚　则

第二十五条　文化行政部门、公安机关、工商行政管理部门或者其他有关部门及其工作人员，利用职务上的便利收受他人财物或者其他好处，违法批准不符合法定设立条件的互联网上网服务营业场所经营单位，或者不依法履行监督职责，或者发现违法行为不予依法查处，触犯刑律的，对直接负责的主管人员和其他直接责任人员依照刑法关于受贿罪、滥用职权罪、玩忽职守罪或者其他罪的规定，依法追究刑事责任；尚不够刑事处罚的，依法给予降级、撤职或者开除的行政处分。

第二十六条　文化行政部门、公安机关、工商行政管理部门或者其他有关部门的工作人员，从事或者变相从事互联网上网服务经营活动的，参与或者变相参与互联网上网服务营业场所经营单位的经营活动的，依法给予降级、撤职或者开除的行政处分。

文化行政部门、公安机关、工商行政管理部门或者其他有关部门有前款所列行为的，对直接负责的主管人员和其他直接责任人员依照前款规定依法给予行政处分。

第二十七条　违反本条例的规定，擅自设立互联网上网服务营业场所，或者擅自从事互联网上网服务经营活动的，由工商行政管理部门或者由工商行政管理部门会同公安机关依法予以取缔，查封其从事违法经营活动的场所，扣押从事违法经营活动的专用工具、设备；触犯刑律的，依照刑法关于非法经营罪的规定，依法追究刑事责任；尚不够刑事处罚的，由工商行政管理部门没收违法所得及其从事违法经营活动的专用工具、设备；违法经营额1万元以上的，并处违法经营额5倍以上10倍以下的罚款；违法经营额不足1万元的，并处1万元以上5万元以下的罚款。

第二十八条　互联网上网服务营业场所经营单位违反本条例的规定，涂改、出租、出借或者以其他方式转让《网络文化经营许可证》，触犯刑律的，依照刑法关于伪造、变造、买卖国家机关公文、证件、印章罪的规定，依法追究刑事责任；尚不够刑事处罚的，由文化行政部门吊销《网络文化经营许可证》，没收违法所得；违法经营额5000元以上的，并处违法经营额2倍以上5倍以下的罚款；违法经营额不足5000元的，并处5000元以上1万元以下的罚款。

第二十九条　互联网上网服务营业场所经营单位违反本条例的规定，利用营业场所制作、下载、复制、查阅、发布、传播或者以其他方式使用含有本条例第十四条规定禁止含有的内容的信息，触犯刑律的，依法追究刑事责任；尚不够刑事处罚的，由公安机关给予警告，没收违法所得；违法经营额1万元以上的，并处违法经营额2倍以上5倍以下的罚款；违法经营额不足1万元的，并处1万元以上2万元以下的罚款；情节严重的，责令停业整顿，直至由文化行政部门吊销《网络文化经营许可证》。

上网消费者有前款违法行为，触犯刑律的，依法追究刑事责任；尚不够刑事处罚的，由公安机关依照治安管理处罚条例的规定给予处罚。

第三十条　互联网上网服务营业场所经营单位违反本条例的规定，有下列行为之一的，由文化行政部门给予警告，可以并处15000元以下的罚款；情节严重的，责令停业整顿，直至吊销《网络文化经营许可证》：

(一)在规定的营业时间以外营业的；

(二)接纳未成年人进入营业场所的；

(三)经营非网络游戏的；

(四)擅自停止实施经营管理技术措施的；

(五)未悬挂《网络文化经营许可证》或者未成年人禁入标志的。

第三十一条　互联网上网服务营业场所经营单位违反本条例的规定，有下列行为之一的，由文化行政部门、公安机关依据各自职权给予警告，可以并处15000元以下的罚款；情节严重的，责令停业整顿，直至由文化行政部门吊销《网络文化经营许可证》：

(一)向上网消费者提供的计算机未通过局域网的方式接入互联网的；

(二)未建立场内巡查制度，或者发现上网消费者的违法行为未予制止并向文化行政部门、公安机关举报的；

(三)未按规定核对、登记上网消费者的有效身份证件或者记录有关上网信息的；

(四)未按规定时间保存登记内容、记录备份，或者在保存期内修改、删除登记内容、记录备份的；

(五)变更名称、住所、法定代表人或者主要负责人、注册资本、网络地址或者终止经营活动，未向文化行政部门、公安机关办理有关手续或者备案的。

第三十二条　互联网上网服务营业场所经营单位违反本条例的规定，有下列行为之一的，由公安机关给予警告，可以并处15000元以下的罚款；情节严重的，责令停业整顿，直至由文化行政部门吊销《网络文化经营许可证》：

(一)利用明火照明或者发现吸烟不予制止，或者未悬挂禁止吸烟标志的；

(二)允许带入或者存放易燃、易爆物品的；

(三)在营业场所安装固定的封闭门窗栅栏的；

(四)营业期间封堵或者锁闭门窗、安全疏散通道或者安全出口的；

(五)擅自停止实施安全技术措施的。

第三十三条　违反国家有关信息网络安全、治安管理、消防管理、工商行政管理、电信管理等规定，触犯刑律的，依法追究刑事责任；尚不够刑事处罚的，由公安机关、工商行政管理部门、电信管理机构依法给予处罚；情节严重的，由原发证机关吊销许可证件。

第三十四条　互联网上网服务营业场所经营单位违反本条例的规定，被处以吊销《网络文化经营许可证》行政处罚的，应当依法到工商行政管理部门办理变更登记或者注销登记；逾期未办理的，由工商行政管理部门吊销营业执照。

第三十五条　互联网上网服务营业场所经营单位违反本条例的规定，被吊销《网络文化经营许可证》的，自被吊销《网络文化经营许可证》之日起5年内，其法定代表人或者主要负责人不得担任互联网上网服务营业场所经营单位的法定代表人或者主要负责人。

擅自设立的互联网上网服务营业场所经营单位被依法取缔的，自被取缔之日起5年内，其主要负责人不得担任互联网上网服务营业场所经营单位的法定代表人或者主要负责人。

第三十六条　依照本条例的规定实施罚款的行政处罚，应当依照有关法律、行政法规的规定，实行罚款决定与罚款收缴分离；收缴的罚款和违法所得必须全部上缴国库。

第五章　附　则

第三十七条　本条例自2002年11月15日起施行。2001年4月3日信息产业部、公安部、文化部、国家工商行政管理局发布的《互联网上网服务营业场所管理办法》同时废止。

国务院总理朱镕基和日本首相小泉纯一郎庆祝中日邦交正常化30周年

国务院侨办 港澳办 国台办在人民大会堂举办海外侨胞港澳台同胞和外籍华人国庆招待会

党和国家领导人李鹏、李瑞环、胡锦涛、丁关根、田纪云、吴邦国、张万年、贾庆林、钱其琛、曾庆红、吴仪、王光英、彭珮云、何鲁丽、成思危、司马义·艾买提、王忠禹、王兆国、万国权、胡启立、罗豪才、张克辉出席了招待会。

中共中央政治局委员、国务院副总理钱其琛在招待会上致祝酒词。

钱其琛说，中国国民经济今年继续保持良好的发展态势。国内生产总值持续增长，对外贸易增势强劲。科教兴国战略、可持续发展战略和西部大开发战略不断推进，各项事业蓬勃发展。适应加入世界贸易组织的新形势，中国政府积极履行相关承诺，加快了政府职能的转变进程，对外开放进入了新阶段。面对世界形势的深刻变化，中国人民对发展前景充满信心。即将召开的中国共产党第十六次全国代表大会，是中国共产党在新世纪召开的第一次代表大会，举国关注，举世瞩目。它必将指引中国人民在建设有中国特色的社会主义道路上迈出更坚实更雄壮的步伐，在中华民族的发展史上掀开新的篇章。

钱其琛指出，今年是香港回归祖国五周年，澳门回归祖国也将近3年。两个特别行政区社会稳定，各项事业稳中有进。中央政府将一如既往地全力支持董建华先生领导的香港特别行政区政府和何厚铧先生领导的澳门特别行政区政府依法施政。在“一国两制”条件下，香港和澳门两个特别行政区不仅可以继续保持并发展自身的优势,而且还可以从祖国内地获得更多的支持和得到更广阔的发展空间。只要港澳各界人士把握机遇,团结奋进,就一定能够克服种种困难,开创出新的发展局面。

钱其琛强调,早日解决台湾问题,实现祖国和平统一,是所有中华儿女的共同愿望。他说,在两岸同胞的共同努力下,今年以来,两岸的经济、文化等各项交流和人员往来比去年又有新的增长,两岸直接“三通”已成为不可阻挡的潮流。但是,对“台独”分裂势力的活动还要提高警惕。不久前,台湾当局鼓吹大陆与台湾是“一边一国”,这一分裂言论与“两国论”一脉相承,是对一个中国原则的公然挑衅,理所当然地遭到海内外中华儿女的强烈谴责和国际舆论的普遍质疑。我们呼吁台湾当局尽早接受一个中国原则,开放两岸直接“三通”。中国政府将继续坚持“和平统一、一国两制”的基本方针,深入贯彻江泽民主席提出的推进祖国和平统一进程的八项主张,坚决反对任何“台独”分裂图谋,促进两岸关系向前发展。我们相信,在海内外全体中华儿女的共同努力下,祖国统一大业一定会实现。

钱其琛表示,广大海外侨胞是中国大发展的独特机遇,是中国了解世界、世界了解中国的重要桥梁。长期以来,海外侨胞为中国和所在国的经济发展和繁荣进步,为所在国与中国的合作交流作出了重要贡献。中国政府历来关心海外侨胞在所在国家和地区的生存和发展,希望他们遵守当地的法律,同当地人民和睦相处,为当地的经济发展作出贡献。中国政府也欢迎海外同胞来华创业,并将一如既往保护广大侨胞的正当权益,积极为侨胞提供服务。衷心希望广大海外侨胞、港澳同胞、台湾同胞和华人朋友在促进中国现代化建设,早日实现祖国统一,维护世界和平,促进共同发展的进程中,携手共进,再创辉煌。

招待会由国务院侨办主任郭东坡主持,国务院台办主任陈云林及有关部门负责同志也出席了招待会。

国务院 中央军委发出《关于推进军队后勤保障社会化有关问题的通知》

《国务院、中央军委关于推进军队后勤保障社会化有关问题的通知》(以下简称《通知》)指出,军队后勤保障社会化是江泽民主席从国家和军队建设战略全局作出的重大决策,是解决军队办社会问题、加强军队质量建设的有效途径,是军地双方的共同责任。

《通知》围绕“把应该而且能够由社会来办的事情交给社会,把担负非军事职能的保障机构交给地方,把担负军事职能的机构真正搞精干、搞充实,形成与我军质量建设要求相适应,与社会主义市场经济发展相适应的新型后勤保障体系”的总体改革目标,从营房保障、交通运输保障、医疗保障、军队职工分流安置和组织领导五个方面,明确了地方各级人民政府和有关部门在推进军队后勤保障社会化中的责任,制定出 43 项具体政策。

《通知》指出,地方各级政府将军队后勤保障社会化纳入本地区国民经济和社会发展计划的项目包括:把军队单位的水电气暖供应纳入城镇建设规划;把军队人员购房需求纳入当地经济适用住房建设计划;把军队职工分流安置工作纳入地方用工、培训、再就业管理体系;把军地通用专业的军队职工培训、专业技术等级考核、评定纳入地方管理体系。

《通知》对地方各级政府和有关部门为这项改革提供社会服务的内容作出规定:对远离军队油库(站)的部队,各地石油公司要确定油料供应点;对远离军队医疗机构的军人等,由地方医院提供医疗服务;对远离公交站点的驻军,有条件的城镇要把公交线路延伸至营区边界;对军队分流职工,地方劳动、人事部门提供职业介绍、转岗培训、安排就业等服务。

《通知》对地方各级政府给予改革具体政策扶持的范围提出要求:各地要免征军队后勤保障社会化需要配套改造项目的“城市基础设施配套费”和有关行政性收费、基金;分流职工本人和军队原单位,不再补缴养老、医疗、失业等社会保险;对军队家属住房水电价格、军交运价、军人等就地就医费用、军队职工兴办经济实体税费减免等方面给予优惠。

《通知》强调,各级人民政府要把推进军队后勤保障社会化作为建设现代化、正规化革命军队和“双拥共建”工作的重要内容,列入重要议事日程,为推进改革创造条件,提供服务,在政策、资金上给予必要的支持。要按照“政府部门主导、军队组织实施、社会力量参与、市场机制运作”的原则,加强组织领导,建立有效机制,狠抓工作落实。

国务院副总理李岚清在人民大会堂会见海外留学人员并与他们座谈

李岚清指出,广大海外留学人员是中国人才资源的重要组成部分,充分开发、利用海外留学人员资源,发挥其聪明才智,对于推动中国经济和社会发展,提高和增强中国的综合国力,实现中华民族的伟大复兴具有重要意义。

他指出,派遣留学人员是中国改革开放的重要举措。20 多年来,中国政府始终贯彻邓小平同志提出的“支持留学、鼓励回国、来去自由”的方针,已有 40 万名留学人员先后到海外深造学习,其中 14 万人学成回国。他说,中国改革开放和现代化建设事业取得了巨大成就,国民经济持续快速健康发展,社会稳定,人民生活水平迅速提高，目前正在实施“科教兴国”战略和“人才发展”战略，为广大海外留学人员回国工作和为国服务提供了广阔的空间和领域。他希望广大海外留学人员发扬爱国报国的优良传统和进取奉献的崇高精神，肩负起报效祖国和人民的历史责任，利用所掌握的先进科学技术和管理知识，为推进祖国现代化建设，完成祖国统一大业，维护世界和平与促进共同发展作出新的更大贡献。

全国人大常委会副委员长、欧美同学会会长丁石孙，全国政协副主席、中央统战部部长、中华海外联谊会会长王兆国，以及有关方面负责人刘延东等参加了会见和座谈。

中国长江电力股份有限公司在北京创立

国务院副总理吴邦国致信祝贺，并要求在确保三峡工程顺利建设和葛洲坝电厂安全运营的前提下，努力把中国长江电力股份有限公司真正建设成为自主经营、自负盈亏的法人实体和市场主体。

吴邦国在信中指出，依法设立中国长江电力股份有限公司，是贯彻落实党的十五大和十五届四中、五中全会精神，深化国有企业改革，建立规范的现代企业制度，培育市场投资主体的重大举措和有益探索，是一项开创性的工作。他要求在确保三峡工程顺利建设和葛洲坝电厂安全运营的前提下，依法改制，规范上市。要精干主业，分离办社会职能，妥善分流安置富余人员。要健全法人治理结构，转换经营机制，建立市场化的电力运营体制，提高企业整体素质。要利用资本市场，完善投融资功能，发挥资本纽带作用，壮大经济实力，增强竞争能力，努力把中国长江电力股份有限公司真正建设成为自主经营、自负盈亏的法人实体和市场主体。

由中国长江三峡工程开发总公司、华能国际电力股份有限公司、中国核工业集团公司、中国石油天然气集团公司、中国葛洲坝水利水电工程集团有限公司和长江水利委员会长江勘测规划设计院共同发起设立的中国长江电力股份有限公司，注册资金55.3亿元，主要是以中国长江三峡工程开发总公司葛洲坝水力发电厂为基础组建的。公司将专注于电力生产、经营和投资，计划在2003年三峡首批机组投产发电期间，根据资本市场状况择机上市，并通过持续融资逐步收购三峡工程陆续投产的发电机组，最终发展成为具有提供清洁电力等鲜明特色和较强竞争力的大型发电企业。

《人民日报》发表最高人民法院院长肖扬的文章《推进人民调解制度的完善》

《人民日报》发表司法部部长张福森的文章《把出发点和落脚点放在预防上——让人民调解真正成为维护社会稳定的“第一道防线”》

9月30日

国务院在人民大会堂举行招待会庆祝中华人民共和国成立53周年

江泽民、李鹏、朱镕基、李瑞环、胡锦涛、尉健行、李岚清等党和国家领导人同1000多名各界人士和来自海外的宾客欢聚一堂，共庆中国人民的盛大节日。

国务院总理朱镕基发表了讲话。

招待会由国务委员兼国务院秘书长王忠禹主持。

丁关根、田纪云、吴邦国、迟浩田、张万年、罗干、姜春云、贾庆林、钱其琛、温家宝、曾庆红、吴仪、王光英、布赫、铁木尔·达瓦买提、吴阶平、彭珮云、何鲁丽、周光召、曹志、成思危、许嘉璐、司马义·艾买提、王忠禹、肖扬、韩杼滨、杨汝岱、王兆国、阿沛·阿旺晋美、任建新、宋健、李贵鲜、孙孚凌、朱光亚、万国权、胡启立、陈锦华、赵南起、白立忱、经叔平、罗豪才、张克辉、周铁农、王文元和张劲夫、黄华、彭冲、廖汉生、谷牧、郑天翔、杨白冰、王汉斌、张震、倪志福、陈慕华、李锡铭、王丙乾、邓力群、张廷发、韩光，中央军委委员于永波、王克、王瑞林、曹刚川等出席了招待会。

中央和国家机关有关部门负责人，解放军和武警部队负责人，各民主党派、全国工商联主要负责人和无党派人士，各人民团体主要负责人，北京市负责人，香港特别行政区和澳门特别行政区的一些人士，台湾同胞、华侨和华人代表，在京的重要外宾、国际知名人士和夫人，各国驻华使节、各国际组织驻华代表和夫人，以及部分外国专家和夫人，也出席了招待会。

国务院总理朱镕基在庆祝中华人民共和国成立53周年招待会上发表讲话

各位来宾、各位朋友、各位同志：

在中华人民共和国成立53周年之际，我们欢聚一堂，共同庆祝这一伟大节日。我代表党中央、国务院向全国各族人民，致以节日的祝贺！向香港特别行政区和澳门特别行政区的同胞、台湾同胞以及海外侨胞，致以亲切的问候！向出席招待会的各国朋友，向所有关心与支持我国改革开放和现代化建设的国际友人，表示衷心的感谢！

新中国成立53年特别是实行改革开放以来，在中国共产党的领导下，全国各族人民图强奋进，国家面貌发生了翻天覆地的变化。经济实力大为增强，人民生活显著改善，国际地位日益提高。我们为伟大祖国取得的辉煌成就感到无比自豪。

今年是我国发展史上具有重大意义的一年。全国上下为迎接中国共产党第十六次全国代表大会的召开，齐心协力，顽强拼搏，克服前进道路上的种种困难，各个方面都取得明显成绩。国民经济保持良好发展势头。经济结构调整取得新进展。经济体制改革继续深化。社会保障体系不断完善，再就业工作进一步加强。整顿和规范市场经济秩序深入展开。科教兴国战略和可持续发展战略实施力度加大。我国在加入世界贸易组织的第一年，对外开放进一步扩大，进出口贸易和利用外资显著增加。各项社会事业蓬勃发展，社会主义精神文明和民主法制建设继续推进。

实践证明，以江泽民同志为核心的党中央作出的一系列决策是完全正确的。我们要认真贯彻"三个代表"重要思想，抓紧落实中央的各项工作部署，维护改革发展稳定大局，再接再厉，扎实工作，全面完成今年各项任务。

我们将继续全面贯彻"一国两制"方针和香港、澳门两个基本法，全力支持香港、澳门特别行政区政府和行政长官依法施政，促进香港、澳门长期稳定和繁荣发展。

我们将继续坚持"和平统一、一国两制"的基本方针和江泽民主席提出的八项主张，努力推动两岸关系朝着和平统一的方向发展。最近，台湾当局领导人接连发表"台独"分裂言论，这是对一个中国原则的公然挑衅，遭到包括台湾同胞在内的全中国人民和全世界华人的强烈谴责。任何分裂国家的图谋都是注定要失败的。我们坚信，经过全体中华儿女共同努力，一定能够早日实现祖国的完全统一。

我们将坚定不移地奉行独立自主的和平外交政策。在和平共处五项原则的基础上，继续发展同世界各国的友好交往和互利合作关系。中国人民将始终不渝地同世界各国人民一道，反对霸权主义和强权政治，反对一切形式的恐怖主义，为推动建立公正合理的国际政治经济新秩序，为维护世界和平、促进共同发展，作出不懈的努力！

国务院总理朱镕基在人民大会堂会见51位荣获2002年度中国政府"友谊奖"的外国专家及其亲属

朱镕基说，中国的引进人才政策不会变，中国的开放政策不会变。每年有40万海外专家在中国工作，欢迎海外专家多到中国来，和我们一起参加人才交流、引进智力。中国政府将竭尽全力为外国专家创造更好的条件，使大家安心在中国工作。

一年一度的"友谊奖"是中国政府为表彰在我国现代化建设和改革开放事业中作出突出贡献的外国专家而设立的。1991年以来，国家外国专家局代表中国政府，已向来自50多个国家的666位外国专家颁发了"友谊奖"。

此次荣获"友谊奖"的51位外国专家分别来自美国、日本、德国、加拿大、英国、俄罗斯、奥地利、乌克兰、法国、丹麦、巴西、白俄罗斯、亚美尼亚、韩国、爱尔兰、荷兰、菲律宾、泰国、老挝等19个国家。

国务委员兼国务院秘书长王忠禹、原国务委员张劲夫、人事部部长张学忠、国家外国专家局局长万学远、国务院副秘书长崔占福等会见时在座。

南京汤山特大投毒案一审宣判 陈正平被依法判处死刑

南京市中级人民法院9月30日依法公开审理了南京汤山特大投毒案，一审判处被告人陈正平死刑，剥夺政治权利终身。

经审理查明，被告人陈正平，男，32岁，初中文化，系南京市浦口区乌江镇商业村人，1992年曾因犯盗窃罪被判处有期徒刑2年6个月。陈正平在南京市江宁区汤山镇经营"菊红"面食店期间，为琐事与汤山镇"正武"面食店业主陈宗武发生矛盾。陈正平见陈宗武面食店生意兴隆，遂怀恨在心，意图报复。2002年9月13日晚11时许，被告人陈正平来到"正武"面食店，将所携带的剧毒鼠药"毒鼠强"投放到该店食品原料内，造成300多人因食用有毒食品而中毒，至9月19日起诉时死亡38人，后又有4人经抢救无效死亡，案发至今已死亡42人。

汤山特大投毒案件发生后，中央领导和江苏省、南京市等有关方面高度重视，要求迅速侦破案件。公安机关经过78小时的连续奋战，迅速破获此案，抓获犯罪嫌疑人陈正平。南京市人民检察院及时批捕，依法向南京市中级人民法院提起公诉。南京市中级人民法院组成合议庭，在起诉书送达期满后，公开开庭审理。

南京市中级人民法院经审理认为，被告人陈正平为泄私愤，投放有毒物质，危害公共安全，造成多人中毒及死亡的特别严重后果，其行为已构成投放危险物质罪。陈正平犯罪事实清楚，证据确实、充分。陈正平对检察机关指控的犯罪事实供认不讳。依照《中华人民共和国刑法》等有关规定，判处陈正平死刑，剥夺政治权利终身。

10月1日

《人民日报》发表社论《把伟大祖国建设得更美好——庆祝中华人民共和国成立53周年》

在中国共产党第十六次全国代表大会召开前夕，全国各族人民满怀喜悦迎来了中华人民共和国成立53周年。我们向全国人民致以节日祝贺。

正是秋高圆月好，团结奋进铸伟业。我们伟大的祖国，经济发展，政治稳定，社会进步，民族团结，各项事业兴旺发达，蒸蒸日上。在九百六十万平方公里的大地上，姹紫嫣红，气象万千；12亿多中国人民朝气蓬勃，精神振奋，到处充满着发展的活力，洋溢着胜利的豪情。全国人民正以昂扬的斗志和辛勤的劳动，阔步前进在建设有中国特色社会主义道路上。

伟大祖国取得的辉煌业绩表明，党的十三届四中全会以来，以江泽民同志为核心的第三代中央领导集体，高举邓小平理论伟大旗帜，坚持解放思想、实事求是的思想路线，弘扬与时俱进、开拓创新的精神，坚持党的基本路线和基本纲领，团结和带领全国各族人民，在实现推进现代化建设、完成祖国统一、维护世界和平与促进共同发展的历史任务过程中，正确应对前进道路上遇到的困难和挑战，妥善处理国际国内的复杂问题，把建设有中国特色社会主义的伟大事业全面推向前进。中国共产党是伟大、光荣、正确的党，中国的社会主义现代化建设是恢宏壮丽、前程远大的事业。

十几年前，邓小平同志预言："下个世纪中国是很有希望的。"这反映了亿万人民把祖国建设得更美好的共同心愿，表达了中华民族一定要实现伟大复兴的雄心壮志。我们已经胜利实现了现代化建设"三步走"战略的第一、第二步目标。从新世纪开始，我国已进入全面建设小康社会，加快推进社会主义现代化的新的发展阶段。

党的十六大，是我们党在新世纪召开的第一次代表大会，也是在我国进入全面建设小康社会、加快推进社会主义现代化的新的发展阶段召开的一次十分重要的代表大会。大会将高举邓小平理论伟大旗帜，全面贯彻"三个代表"重要思想，认真总结党的十五大以来五年的工作，总结改革开放以来特别是党的十三届四中全会以来党团结和带领全国各族人民在建设有中国特色社会主义的伟大实践中取得的基本经验，对新世纪新阶段全面推进我国的改革开放和社会主义现代化建设、全面推进党的建设的新的伟大工程作出战略部署，进一步动员全党和全国各族人民，解放思想，实事求是，与时俱进，开拓创新，为开创建设有中国特色社会主义事业新局面而团结奋斗。党的十六大对我们实施现代化建设第三步战略部署，把我们伟大祖国建设得更加富强、更加美好，具有重大的意义，必将产生深远的影响。

把伟大祖国建设得更美好，使我们的国家在风云变幻的国际环境中保持团结稳定和发展活力，使我们的民族走在时代前列，实现伟大复兴，使我们的人民都尽快过上殷实的小康生活，并不断向更高水平前进，最根本的在于全面贯彻"三个代表"重要思想。我们要用"三个代表"统一思想，凝聚力量，不断增强贯彻"三个代表"重要思想的自觉性和坚定性。我们要坚持以经济建设为中心，把发展作为执政兴国的第一要务，抓住机遇，加快发展。我们要深化改革、扩大开放，集中力量解决好关系经济建设和改革全局的重大问题，使经济总量、综合国力和人民生活再上一个新台阶。我们要积极发展社会主义民主政治，建设社会主义政治文明。我们要大力发展面向现代化、面向世界、面向未来的，民族的科学的大众的社会主义文化，不断丰富人们的精神世界，不断增强人们的精神力量。要坚持和改善党的领导，以"三个代表"重要思想为指导，全面推进党的建设新的伟大工程，不断增强党的创造力、凝聚力和战斗力。当前，要扎扎实实做好改革发展稳定各方面的工作，为人民办实事，紧紧依靠全国各族人民，充分调动一切积极因素，齐心协力，团结奋斗，创造优异成绩迎接党的十六大召开。

中华民族是一个具有高远志向和宏大抱负的民族。21世纪头一二十年，对我国来说，是必须紧紧抓住并且可以大有作为的重要战略机遇期。展望这一伟大征程，我们充满必胜的信心。让我们紧密地团结在以江泽民同志为核心的党中央周围，高举邓小平理论伟大旗帜，全面贯彻"三个代表"重要思想，与时俱进，开拓创新，为把我国建设成为富强民主文明的社会主义国家而努力奋斗。

10月2日

国务院副总理钱其琛在吉林 辽宁考察

10月2日至6日，钱其琛在吉林、辽宁省委负责人，国家旅游局局长等陪同下，先后考察了长春、延边、沈阳、鞍山等地的旅游经济发展情况，对发展旅游业扩大就业问题进行专题调研。考察期间，他分别听取了吉林和辽宁省的工作汇报，对两省近年来在经济建设、改革开放、加强民族团结和维护社会稳定等方面取得的成绩给予了充分肯定。

钱其琛说，吉林、辽宁省旅游资源非常丰富和独特，生态环境保护工作成绩出色，具备发展旅游业的有利条件。要根据本地区经济条件、旅游资源特点和优势，大力发展特色旅游，着力打造生态旅游和冰雪旅游等品牌，不断推出旅游精品，并加大宣传促销力度，吸引更多的海内外游客。

钱其琛指出，旅游业是劳动密集型产业，也是第三产业中关联带动性较强的朝阳行业。发展旅游业不仅推动经济增长，促进社会发展，还能够增加就业，是国家产业结构调整的重要组成部分。最近，江总书记在全国再就业工作会议上指出，第三产业的就业增长弹性大，应作为扩大就业的主攻方向。要在提高经营管理水平和切实保护生态环境的条件下，积极发展旅游业，扩大就业。我们要认真学习，深刻领会，全面落实。各级政府和有关部门要切实加强对旅游工作的指导和管理，旅游行业要不断提高经营和服务水平。通过狠抓工业旅游、农业旅游、生态旅游，帮助和指导农民开办“农家乐”等多种形式，加快旅游产品开发步伐，扩大旅游产业规模，充分挖掘旅游吸纳社会就业的潜力，增加就业岗位。要高度重视旅游职业培训，提高培训实用性和有效性，使从业者掌握有关的技能和本领，为就业创造条件。

钱其琛指出，近几年来，国家加大对旅游业的投入力度，先后安排了几十亿元旅游国债项目资金，带动了地方配套资金的投入，拉动了社会相关投资，使旅游基础设施有了很大改善。但全国的情况很不平衡，部分地区仍比较落后。因此，要进一步加大资金投入力度，加快对旅游景区道路等交通基础设施的建设，方便游客进入和观赏，促进旅游业发展迈上一个新的台阶。

北京评剧界纪念筱白玉霜诞辰 80 周年

纪念著名评剧表演艺术家筱白玉霜诞辰 80 周年纪念活动在中国评剧院拉开帷幕。全国政协主席李瑞环，北京市委书记贾庆林出席纪念活动，并为“中国评剧院白派剧团”揭牌。李瑞环为纪念筱白玉霜诞辰 80 周年亲笔题词：“霜艺流芳”。

李瑞环、贾庆林等领导接见了中国评剧院老中青艺术家马泰、张德福、小玉霜、刘萍、谷文月、宋丽以及白派新人王冠丽等，并与艺术家们共同参观了纪念著名评剧表演艺术家筱白玉霜诞辰 80 周年暨白派艺术回顾展。

李瑞环对筱白玉霜诞辰 80 周年纪念活动和中国评剧院白派剧团的成立表示热烈祝贺。他说，评剧是我国北方影响最大的剧种之一，筱白玉霜是评剧白派艺术发展史上一个里程碑式的人物。但由于种种原因，评剧艺术在筱白玉霜之后出现了衰落的局面。李瑞环希望中国评剧院白派剧团成立之后，多出剧目，多出名角，为弘扬白派艺术、推动评剧艺术的繁荣兴旺作出贡献。

评剧白派艺术由评剧早期著名演员白玉霜创立于 20 世纪 30 年代，其低回婉转、舒展流畅的演唱风格深得评剧观众的喜爱，被称为“评剧皇后”。其独特的魅力影响了几代评剧观众，在评剧艺术中占有重要地位。筱白玉霜继承和发展了白派艺术，并将其推向了一个新的高峰。她塑造了众多性格鲜活、生动饱满的艺术形象，如《小女婿》中的杨香草、《秦香莲》中的秦香莲、《家》中的瑞珏、《金沙江畔》中的金秀、《苦菜花》中的冯大娘、《李双双》中的李双双等。这些颇具感染力的艺术形象至今仍久久留在广大评剧观众心中。她在剧中所演唱的唱段如“鸟入林鸡上窝”、“小酸枣”、“菜根虽苦花儿香”等至今广为流传。第三代白派传人刘萍继往开来，为白派艺术的继承与发展作出了重要贡献。新一代传人王冠丽如今担起重任，扛起了白派艺术的大旗。

10 月 3 日

中共中央政治局常委胡锦涛在重庆考察

10 月 3 日至 7 日，胡锦涛在重庆市委书记贺国强、市长包叙定等陪同下，来到重庆市考察工作，实地了解实施西部大开发战略以及开展扶贫助困、库区移民安置、再就业等工作的情况。

在考察重庆环线高速公路、大佛寺长江大桥和建设中的北部新区时，胡锦涛强调，重庆要抓住国家加大对西部地区基础设施建设投入的有利时机，进一步加强基础设施建设。既要加快在建项目的建设进度，保证质量，使工程尽早竣工投产、发挥效益，又要根据当地经济社会发展的需要，抓紧做好新开工项目的前期准备工作；既要争取国家支持，用好国债资金，又要充分运用市场机制，多渠道吸引社会资金参与重庆的基础设施建设。

胡锦涛十分关心重庆城乡困难群众的生活。在渝中区大坪街道等居民小区，胡锦涛来到困难群众家中，关切地询问他们的生活和就业情况。胡锦涛说，我们发展经济的根本目的，是为了实现广大人民群众的利益。各级党委和政府一定要下大力气加强社会保障体系建设，增加社会保障资金投入，保证城镇困难群众的基本生活。同时，要把扩大就业、促进再就业作为一项长期的战略任务和重大的政治任务来抓，千方百计帮助下岗失业人员实现再就业。

三峡库区移民安置工作是胡锦涛这次考察的一个重点。胡锦涛专程前往丰都县考察移民迁建工作情况，他对陪同考察的当地干部说，三峡库区移民工作是关系广大移民群众切身利益的大事，也是三峡工程成败的关键。要坚持开发性移民方针，认真落实有关政策，全力以赴打好库区移民攻坚战。一方面，要立足当前，加快移民迁建进度，抓紧做好库底清理工作，确保三峡工程二期移民目标如期实现；另一方面，要着眼长远，加快库区经济发展，帮助移民群众广开致富门路，真正使库区移民搬得出、稳得住、逐步能致富。

考察结束时，胡锦涛听取了重庆市委、市政府的工作汇报，并作了重要讲话。胡锦涛充分肯定了重庆建立直辖市五年来各项事业取得的新成绩。他说，重庆作为长江上游的工商业重镇和连接我国中西部的一个重要战略枢纽，在实施西部大开发的战略中应该走在前列。要按照江泽民总书记提出的"努力把重庆建设成为长江上游的经济中心"的要求，振奋精神，开拓进取，不断开创重庆改革开放和现代化建设的新局面。

胡锦涛在讲话中强调，做好改革发展稳定的各项工作，实现我们的宏伟目标，关键在于以"三个代表"重要思想为指导，全面推进党的思想、组织、作风建设，不断增强各级党组织的创造力、凝聚力和战斗力。他希望广大干部特别是领导干部，大力发扬党的优良传统和作风，始终保持昂扬向上的精神状态。要与时俱进，努力开拓马克思主义理论发展的新境界，进一步增强改革意识、开放意识、创新意识，创造性地做好各项工作；要顾全大局，加强团结，认真贯彻民主集中制原则，努力形成团结一致干事业的整体合力；要脚踏实地，真抓实干，深入基层，狠抓落实，关心群众的安危冷暖，真正把精力用在勤勤恳恳为人民服务上；要继承和发扬伟大的"红岩"精神，牢固树立正确的权力观、地位观、利益观，自觉抵制拜金主义、享乐主义、极端个人主义，真正做到一身正气、一尘不染，以共产党人的高风亮节和人格力量影响和带动群众。

考察期间，胡锦涛还会见了驻渝部队副军以上干部。

香港立法会发布新闻公报就《实施〈基本法〉第二十三条咨询文件》征询各界意见

公报说，立法会保安事务委员会及司法及法律事务委员会，就特区政府当局于2002年9月24日所公布的《实施〈基本法〉第二十三条咨询文件》，现邀请各界人士及有兴趣的团体发表意见。

公报说，根据《基本法》第二十三条，香港特别行政区应自行立法禁止任何叛国、分裂国家、煽动叛乱、颠覆中央人民政府及窃取国家机密的行为，禁止外国的政治性组织或团体在香港特别行政区进行政治活动，禁止香港特别行政区的政治性组织或团体与外国的政治性组织或团体建立联系。

公报说，咨询文件是特区政府当局实施《基本法》第二十三条的建议。立法会保安事务委员会及司法及法律事务委员会现正在研究咨询文件内的建议，并就有关的建议征询各界意见。

公报要求，有意就咨询文件内的建议发表意见的人士及团体，于2002年10月29日前，将书面意见书送交立法会保安事务委员会秘书，所接获的意见书将公开让新闻界及公众参阅。

长春获2007年亚洲冬季运动会举办权

亚奥理事会代表大会作出决定，第六届亚洲冬季运动会将于2007年在中国长春举行。

10月4日

外交部发言人章启月就美国《2003财年国务院授权法》发表谈话

章启月说，美国《2003财年国务院授权法》含有多项涉华条款。这些条款违反中美三个联合公报原则和美方一再重申的一个中国政策，是对中国内政的粗暴干涉，中方决不接受。

有记者问：美国总统布什近日签署了含有多项涉华条款的《2003财年国务院授权法》，同时发表声明称：美国的一个中国政策没有改变；批准该法并不表示他接受其各项政策主张，或使它们成为美国的外交政策。请问中方对此有何评论？

章启月在回答提问时强调，尽管中方多次向美方提出严正交涉，但该法案仍被签署成法，我们对此表示强烈不满。

章启月说，我们注意到布什总统在签署该法时发表声明指出：上述涉华条款是不当的，美国的一个中国政策没有改变；签署该法案不表明他接受其政策主张或使它们成为外交政策。我们希望美方言而有信，不执行上述错误条款，以免给中美关系带来消极影响。

中国选手陈颖 陶璐娜 李对红在韩国釜山举行的第14届亚运会上打破女子25米运动手枪团体世界纪录

她们以1768环的总成绩夺得冠军，这一成绩还超出原世界纪录4环。13年前的纪录是苏联选手1989年7月13日在萨格勒布欧洲锦标赛上创造的，成绩是1764环。

10月5日

外交部发言人章启月就美国所谓"国会—行政部门中国委员会"报告答记者问

章启月在回答记者提问时对美国所谓"国会—行政部门中国委员会"的一份报告对中国进行攻击，干涉中国内政,表示强烈不满和坚决反对。

有记者问:请问你对美国“国会—行政部门中国委员会”发表首份年度报告有何评论?

章启月说,日前,美国所谓“国会—行政部门中国委员会”的一份报告无视中国在人权和法制建设等领域的巨大成就,利用人权、宗教、“法轮功”等问题,满怀着傲慢与偏见,对中国进行攻击,干涉中国内政。我们对此表示强烈不满和坚决反对,并已就此向美方提出严正交涉。

她说,中国政府一向致力于促进和保护全国各族人民的人权和基本自由。中国的人权状况和法制建设正处于不断改善的最好时期。这是有目共睹的。中国政府依法取缔“法轮功”邪教组织和打击“东突”恐怖组织,正是为了保护中国人民的基本人权,得到广大人民群众的欢迎和拥护。

她说,我们要求美国会和有关机构改弦更张,停止干涉中国内政,多做有利于中美关系和增进两国人民相互了解的事。美行政当局应认真对待中方的严正立场,不采纳该报告提出的所谓建议,并采取切实措施消除该报告的消极影响。

10月6日

中国选手刘春红在韩国釜山举行的第14届亚运会上打破女子举重69公斤级世界纪录

刘春红首先在抓举比赛中以115.5公斤的成绩打破了俄罗斯选手波波娃创造的115公斤的世界纪录。挺举比赛中,她再接再厉,以148公斤的成绩改写了她本人今年3月在世青赛上创造的世界纪录。刘春红同时以262.5公斤的总成绩打破世界纪录。

10月7日

国家主席江泽民与俄罗斯总统普京通电话就双边关系交换意见

国办印发《中央国家机关全面推行政府采购制度的实施方案》并发出通知

国务院各部委、各直属机构:

《中央国家机关全面推行政府采购制度的实施方案》已经国务院同意,现印发给你们,请认真贯彻执行。

中央国家机关全面推行政府采购制度,对加强财政支出管理,提高财政资金使用效益,从源头上预防和治理腐败等具有十分重要的意义。各部门、各单位一定要提高认识,加强领导,积极支持搞好这项改革。有关部门要加强对政府采购工作的管理、监督和检查,积极研究制定配套实施办法,逐步使政府采购工作走上规范化、制度化轨道。有关单位要不断改进工作,完善服务,提高工作效率。要密切注意实施中可能出现的问题,及时采取措施,认真加以解决。

国务院办公厅

2002年10月7日

中央国家机关全面推行政府采购制度的实施方案

根据《中华人民共和国政府采购法》和国务院有关决定精神,在总结三年来中央国家机关政府采购试点工作经验的基础上,现就中央国家机关全面推行政府采购制度,提出如下实施方案:

一、总体目标和原则

中央国家机关全面推行政府采购制度的总体目标是:建立符合社会主义市场经济体制要求和中央国家机关实际的政府采购管理体制,规范采购行为,强化财政支出管理,提高财政资金使用效益,维护国家利益和社会公共利益,促进廉政建设。

中央国家机关全面推行政府采购制度遵循以下原则:

(一)合理分工、相互制衡,政府采购管理部门与集中采购机构分开、集中采购机构与项目采购部门分开。

(二)兼顾效益与效率,合理确定集中采购与自行分散采购的范围。集中采购机构的采购活动,应当符合采购价格低于市场平均价格、采购效率更高、采购质量优良和服务良好的要求。

(三)公开、公平、公正,严格工作程序,规范采购行为,建立、健全监督机制。

(四)分步实施,先易后难,稳步推进,逐步扩大实施范围。

二、管理与组织实施

中央国家机关政府采购工作实行统一管理,分类组织实施。

(一)政府采购管理。

财政部是中央国家机关政府采购工作的监督管理部门,主要履行下列职责:制定中央国家机关政府采购管理规章制度;编制政府采购计划;拟定政府集中采购目录、集中采购限额标准和公开招标数额标准(不包括工程公开招标),报国务院批准公布;负责集中采购资金的缴拨管理;负责从事中央国家机关政府采购业务的社会招标代理机构的登记备案;负责集中采购机构的业绩考核;管理政府采购信息的统计和发布工作;负责政府采购管理人员的培训;按法律规定权限受理政府采购活动中的投诉事项;办理其他有关政府采购管理事务。

(二)集中采购的组织实施。

纳入中央国家机关集中采购目录的项目,应当实行集中采购。

设立中央国家机关政府采购中心,接受委托组织实施中央国家机关集中采购目录中的项目采购。该中心为财政全额拨款的事业单位,由国务院办公厅委托国务院机关事务管理局管理。其主要职责是:受中央国家机关各部门、各单位(以下统称“各部门”)委托,制定集中采购的具体操作方案并组织实施;直接组织招标活动;根据各部门委托的权限签订或组织签订采购合同并督促合同履行;制定集中采购内部操作规程;负责各部门集中采购操作业务人员的培训;接受各部门委托,代理中央国家机关集中采购目录以外项目的采购;办理其他采购事务。

(三)各部门自行采购的组织实施。

中央国家机关集中采购目录以外的采购项目,由各部门按照法律和有关规定自行组织采购,可以实行部门集中采购或分散采购,具体办法另行制定。部门集中采购可以由部门自行组织,也可以委托中央国家机关政府采购中心或政府采购社会招投标代理机构采购。

各部门要加强本部门政府采购的管理,制定本部门政府采购管理办法;按照规定编报政府采购年度预算;组织实施部门集中采购,指导二级预算单位或基层单位进行分散采购。

三、政府采购方式

政府采购采用以下方式:公开招标、邀请招标、竞争性谈判、询价、单一来源采购和财政部确定的其他采购方式。

中央国家机关政府采购中心和各部门的集中采购活动要按有关法律规定确定采购方式,达到公开招标数额标准以上的要实行公开招标采购,其中采购货物和服务达到公开招标数额但由于特殊情况需要采用其他方式采购的,要报财政部批准。公开招标要执行有关法律、法规和部门规章的规定。对需委托政府采购社会招投标代理机构办理招标事务的,要报财政部备案。

四、集中采购工作程序

(一)编制政府采购预算。

各部门编制政府采购预算,列明采购项目及资金预算,并按照预算管理权限汇总上报财政部审核。

(二)制订政府采购计划。

财政部依据批复的部门预算,汇总编制各部门当年政府采购计划(主要包括政府采购项目和实施要求),下达给各部门执行,并抄送中央国家机关政府采购中心。

(三)组织采购。

各部门根据财政部下达的政府采购计划,一般于一个月内将列入集中采购目录的采购项目向中央国家机关政府采购中心报送采购清单,其主要内容包括采购项目名称、技术规格、数量、使用要求、配送单位名单和交货时间等。中央国家机关政府采购中心根据各部门报送的采购清单制定具体操作方案并报财政部备案。

各部门与中央国家机关政府采购中心应当签订委托代理协议,确定委托代理事项,约定双方的权利和义务。

中央国家机关政府采购中心实施公开招标采购的,应当在有关部门指定媒体上公布招标信息,随机确定评标专家,按程序进行评标、签订合同。

(四)履行合同。

采购合同签订后,当事人应当按照合同规定履行各自的权利和义务。中央国家机关政府采购中心或采购部门负责验收,需要时应请质检部门或其他有关单位参加验收。

(五)支付采购资金。

根据政府采购计划,属于财政直接支付资金的采购项目,采购部门应按照签订的合同和财政部有关规定,填报采购资金支付申请书并报财政部。财政部审核无误后,按合同约定将资金支付给供应商;不属于财政直接支付的采购项目,由采购部门按现行资金管理渠道和合同规定付款。

五、监督检查

财政部负责对中央国家机关政府采购中心和采购当事人执行有关政府采购的法律、法规和规章的情况进行监督检查,并按法律规定受理政府采购活动中的投诉。对中央国家机关政府采购中心的采购价格、资金节约效果、服务质量、信誉状况、有无违规行为等进行考核,并定期公布结果。对违规行为予以通报批评,情节严重的按有关规定给予处理。

监察部负责对政府采购监督管理和具体操作活动以及政府采购工作人员在采购活动中出现的违反有关法律、法规和徇私舞弊的行为进行查处。

审计署负责对政府采购活动的真实、合法、效益情况进行审计监督。

采用招标方式采购的,对招投标活动的监督按照《国务院办公厅印发国务院有关部门实施招标投标活动行政监督的职责分工意见的通知》(国办发〔2000〕34号)的规定,由有关部门分工负责。政府采购工程进行招标投标的,适用《中华人民共和国招标投标法》。

中央国家机关政府采购中心和各部门要加强内部规章制度建设和工作队伍建设,实行项目责任制度、人员轮岗制度和回避制度,建立、健全内部监督制约机制。

任何单位和个人都有权检举和控告政府采购活动中的违法违纪行为。

六、实施步骤

原则为分步实施、先易后难、积极稳妥，逐步扩大中央国家机关政府采购范围。

(一)单位范围。2003年所有在京中央国家机关(包括国务院各部委、各直属机构、办事机构、直属事业单位、有关人民团体)必须实行政府采购制度，2004年扩大到中央国家机关的所有二级预算单位，2005年全面实行。

各部门可以根据实际情况，提前全面实行政府采购制度。

(二)资金范围。2003年上述单位用预算内资金和预算外资金安排的采购项目要实行政府采购，2004年扩大到其他配套资金。

(三)项目范围。用上述资金采购的货物、工程和服务都要纳入政府采购。从2003年开始国务院每年公布中央国家机关集中采购目录和集中采购限额标准。

七、配套措施

(一)进一步深化财政管理制度改革，加大实行部门预算和国库集中支付工作力度。进一步细化部门预算项目，提高政府采购预算的可操作性，扩大采购资金财政直接支付的规模。

(二)积极做好政府采购的基础性工作，加强相关规章制度建设。要建立政府采购专家信息库和供应商信息库，完善政府采购信息公告制度，研究制定办公设备和家具的配备标准、公务用车配备管理办法等。

(三)打破部门、行业垄断和地区封锁，积极创造条件形成国内政府采购统一市场。

中央军委主席江泽民签署军委文件批转《总后勤部关于实行军队后勤保障社会化若干问题的意见》

中央军委文件指出，军队后勤保障社会化，是江主席和中央军委从国家和军队建设战略全局作出的重大决策，是解决军队办社会问题、加强质量建设的有效途径，也是减轻国家负担、促进地方经济发展的重要举措。全军各部队要以与时俱进的精神，切实加强领导，注重研究解决存在的问题，确保改革健康发展，确保改革目标如期实现。

中央军委批转的《总后勤部关于实行军队后勤保障社会化若干问题的意见》(以下简称《意见》)，是解放军总后勤部为了确保"十五"期间实现军队生活保障社会化的改革目标而下发的。《意见》对军队后勤保障社会化中，生活保障社会化改革单位的界定、改革的主要内容及其实现标志、职工分流、经费保障、加强组织领导5大类、20个方面的问题，明确了范围、作出了规定、提出了要求。

《意见》对改革单位范围作出了界定，明确指出，驻大中城市的军以上领导机关和非作战部队要实行生活保障社会化；对大中城市、军以上领导机关、非作战部队的涵义同时作出详细说明。

《意见》说，军队生活保障社会化的主要内容包括饮食保障社会化、商业服务社会化、营房保障社会化等7个方面。对上述内容实现社会化的标志，《意见》也作出了具体的规定。

《意见》指出，改革中的职工分流问题，要坚持人随任务走的原则，采取"重组改制"的办法，按照劳动法的有关规定，移交、剥离、分流。要通过深化职工管理制度改革，加快实现与国家劳动人事制度改革全面接轨的步伐，逐步压缩军队职工规模，"十五"期间职工总数要比"九五"末减少15%。

《意见》强调，要通过转化现行标准经费中的相关经费、适当补助改革启动经费、分配国家税收补助经费、改革单位自筹经费等办法，解决改革中的经费保障问题。

《意见》要求军队各级领导要以对军队建设负责、对历史负责的使命感和责任感，切实加强对这项改革的组织领导。要以江主席关于军队后勤保障社会化的一系列重要指示为指导，以军委确定的改革指导思想和原则目标为依据，引导广大官兵和职工，服从大局，转变观念，自觉支持、参与改革。要加强军地之间的协商与沟通，在合作方式、人员分流、税费缴纳等方面，积极争取地方的支持与帮助。

10月8日

国家主席江泽民在中南海会见美国通用电气公司董事长兼首席执行官杰夫·伊梅尔特一行

江泽民说：通用电气公司多年来与中国进行了富有成果的合作，并为促进中美经贸关系的发展作出了积极努力。特别是伊梅尔特上任以来积极推动通用电气公司扩大对华合作，我对此表示赞赏。

江泽民说，中国已经正式加入世贸组织，将会在更高的层次和更广的领域对外开放。我们欢迎包括通用电气公司在内的美国公司到中国来投资、合作，也希望中国的公司能够掌握先进的管理和技术，并迈步走向世界。

江泽民说：应布什总统的邀请，我将于本月底访问美国。我期待着同布什总统就中美关系和其他共同关心的问题深入交换意见，以增进相互了解和信任，进一步推进中美建设性合作关系。

国家计委主任曾培炎参加了会见。

国家主席江泽民在中南海会见美国沃尔玛公司总裁兼首席执行官李·斯科特一行

江泽民说，沃尔玛公司多年来致力于开展在华业务，为促进中美经贸关系的发展作出了积极努力。我对此表示赞赏。

江泽民说，当前中美关系的发展势头总的是好的，两国保持着经常性的高层往来。双方在反恐、经贸等领域及重大国际和地区问题上进行了良好的合作。应布什总统邀请，我将于本月下旬访问美国。我期待着同他就中美关系和共同关心的问题深入交换意见。

江泽民说，我们愿意看到像沃尔玛公司这样的外国零售连锁企业将先进的经营经验带到中国，丰富中国的市场，服务于中国人民。欢迎沃尔玛公司进一步加强与中国的合作。

沃尔玛公司是全球最大的连锁式零售商，最初成立于1962年。截至2002年1月，沃尔玛已在全球拥有4000多家商店。自1996年沃尔玛在深圳开设了其在华首家大型超市后，现在华分店共有22家。斯科特一行是应中国国际信托投资公司的邀请来华进行访问的。

国家主席江泽民在中南海会见由加斯东·弗罗斯主席率领的法属波利尼西亚自治政府代表团

国务院总理朱镕基钓鱼台国宾馆会见柬埔寨国王诺罗敦·西哈努克和莫尼列王后

《人民日报》发表社论《新的伟大工程的光辉篇章》

外交部部长唐家璇在改革开放和现代化建设成就系列报告会上的报告

党的十三届四中全会以来，以江泽民同志为核心的党的第三代领导集体指引中国外交抓住机遇，应对挑战，开拓进取，为推进国家现代化建设、实现祖国统一，为反对霸权主义、维护世界和平与促进共同发展作出重要贡献，在新中国外交史上树立了一座跨世纪的丰碑。

十三年的外交成就，可以分为三个阶段。

第一个阶段，从党的十三届四中全会召开到1993年，中国外交处变不惊，经受住了苏联东欧剧变的冲击和西方制裁的考验，在国际上站稳了脚跟，为国内深化改革创造了条件。

1989年6月以后，西方国家对我国实施制裁，企图孤立中国。中国面临严峻考验。

党中央冷静观察国际形势，作出正确判断，认为尽管国际环境中有不利因素，但绝非漆黑一片。我们仍可以集中精力做好自己的事，顶住西方压力，扩大外交空间。以江泽民同志为核心的党中央全面贯彻邓小平同志提出的“冷静观察，稳住阵脚，沉着应付，韬光养晦，善于守拙，决不当头，有所作为”的指导方针。我们从推进与周边国家的关系着手，加强和发展中国家的团结合作，努力改善同西方发达国家的关系。

我国先后与印尼复交，与新加坡、文莱、韩国建交，与蒙古、老挝、越南实现关系正常化，周边外交局面大为改观。

我国正式成为不结盟运动观察员，同77国集团、里约集团等发展中国家地区组织的关系有了建设性发展，同所有中东国家实现关系正常化。

我国及时与独联体和东欧新独立国家建交，巩固了在这一地区的外交阵地。

对西方国家，我们不卑不亢，顶住压力，利用矛盾，多做工作，逐步打破了西方的制裁。1990年，日本率先恢复提供对华政府援助。1992年，江泽民总书记成功访日，把中日关系提高到一个新水平。

1991年起，我国同西欧关系明显改善。李鹏总理应邀对西欧四国进行了成功访问。

江泽民同志高瞻远瞩，提出处理中美关系的16字方针，即增加信任，减少麻烦，发展合作，不搞对抗，为中美关系的改善和发展指出了正确方向。1993年，克林顿就任美国总统，表示要与中国建立建设性关系，并邀请江主席出席西雅图亚太经合组织（APEC）领导人非正式会议。同年11月，江主席与克林顿在西雅图会晤，这是中美最高领导人1989年以来的首次会晤，标志着中美关系的重大突破。我们彻底打破西方的无理制裁，取得外交上的重大胜利。

第二个阶段，从1994年到1997年党的十五大召开，中国外交抓住机遇，积极进取，进一步改善了我国的国际环境。

（一）我们与周边国家的睦邻友好关系进一步巩固

我国与俄罗斯于1996年宣布建立战略协作伙伴关系。中国与俄罗斯、哈萨克斯坦、吉尔吉斯斯坦和塔吉克斯坦建立了被称为“上海五国”的新型地区安全对话机制。

我国与东盟国家关系连续登上三个台阶。继全面建交或复交后，我国于1996年7月成为东盟全面对话伙伴国。1997年年底，江泽民主席与东盟九国领导人举行首次非正式会晤，双方发表联合声明，确定建立面向21世纪的睦邻互信伙伴关系。

1996年,江泽民主席访问印度、巴基斯坦、尼泊尔三国,首次全面阐述发展与南亚国家关系的五点主张,把中国与南亚国家的睦邻友好推上一个新的高度。

(二)我们与发展中国家的团结与合作继续深化

1996年,江泽民主席访问非洲六国,提出真诚友好、平等相待、互利互惠、加强磋商、面向未来等发展中非关系的五点原则建议,为构筑长期稳定的中非关系奠定了坚实的基础。中国与拉美国家关系也取得很大进展。

(三)我们坚持原则,讲究策略,巧妙周旋,推动西方国家进一步改善对华关系

中美关系经过80年代末90年代初的一番波折后,总的趋势向前发展。我们原则坚定,策略灵活,促使克林顿政府宣布对华实行"接触"政策。

中欧关系顺利发展。1994年江泽民主席应邀访问法国,提出发展与西欧关系的四项原则,推动中欧求同存异、互利互补、努力发展长期稳定的友好合作关系,为中欧关系全面改善和发展注入新的动力。1995年,欧盟首次发表《中欧关系长期政策》文件,主张全面加强与我国在各个领域的关系。

(四)积极参与国际事务,维护我权益

1995年,江泽民主席出席纪念世界反法西斯战争胜利50周年和联合国成立50周年纪念活动,回顾历史,展望未来,提出迎接更加美好的21世纪,受到国际上广泛重视。1995年9月,我国成功举办联合国历史上参加人数最多的国际盛会——联合国第四次世界妇女大会,提高了我国的国际声望。

(五)祖国统一大业迈出历史性的一步

1997年7月1日,中国恢复对香港行使主权,洗刷了百年国耻。邓小平同志提出的"一国两制"方针由构想变为现实。

1995年1月,江泽民总书记发表题为《为促进祖国统一大业的完成而继续奋斗》的重要讲话,提出现阶段发展两岸关系,推进祖国和平统一进程的八项主张,在两岸和国际上引起巨大反响。

中国外交取得的一系列重要成就,为我国顺利迈入新世纪奠定了坚实基础。

第三个阶段,就是党的十五大召开以来的这五年,中国外交空前活跃,在国际上确立了有中国特色社会主义大国的地位,为中国在新世纪的发展开创了更为有利的国际环境。

(一)妥善应对国际危机,发挥负责任大国的作用

亚洲金融危机期间,我国坚持人民币不贬值,并向受灾国提供援助,起到了十分重要的稳定作用。国际社会赞扬中国是一个真正负责任的大国。

1998年5月,爆发南亚核试验危机。在我国倡议下,6月在日内瓦由中国外长主持召开安理会五常任理事国会议,一致呼吁印度和巴基斯坦停止核试并无条件加入《全面禁止核试验条约》和《不扩散核武器条约》。我国为巩固国际防扩散体系,防止事态失控作出重要贡献。

1999年,科索沃危机成为全球关注的焦点。江泽民主席从北约空袭南联盟一开始就表明我原则立场:反对北约绕开联合国对一个主权国家动武,主张维护联合国安理会在国际和平与安全方面的权威。根据中国要求,安理会决议重申应遵守《联合国宪章》的宗旨和原则,安理会在维护国际和平与安全方面负有重要责任。

2001年"9·11"事件发生后,江泽民主席当天即致电布什总统,向美国政府和人民表示深切慰问,表明中国一贯谴责和反对一切形式恐怖主义暴力活动的立场。中国积极参与国际反恐合作,支持安理会通过一系列反恐决议,推动上海亚太经合组织领导人非正式会议通过反恐声明,并与多国开展反恐磋商和对话。我们主张反恐要目标明确,证据确凿,标本兼治,不能搞双重标准,不能将恐怖主义与特定的民族或宗教挂钩。中国在反恐问题上的立场和行动受到国际社会好评。

(二)面向新世纪,确立全方位外交的新格局

1.巩固了周边战略依托。

我国与东盟国家的关系全面发展,分别与东盟十国签署或发表了新世纪双边合作框架文件,与东盟决定10年内建立中国—东盟自由贸易区。

我国与中亚国家的关系不断深化。2001年6月,中、俄、哈、吉、塔、乌六国成立上海合作组织,该组织成为连接中国与中亚国家的紧密纽带。

2001年9月,江泽民总书记应邀访问朝鲜。双方同意本着"继承传统,面向未来,睦邻友好,加强合作"的精神,共同努力把中朝友好关系推向更高的水平。2000年朱镕基总理访问韩国,中韩关系进入全面合作的新阶段。

中国与印度两国领导人达成互不构成威胁的共识。"9·11"事件后,我国及时派出特使访问巴基斯坦,明确支持巴对内外政策作出的积极调整,中巴传统友谊得到加强。我们及时提出解决阿富汗问题的五点主张,成为各方共识。

我国先后同哈萨克斯坦、吉尔吉斯斯坦、塔吉克斯坦、越南等国签订了边界条约,迄今已和绝大多数邻国解决了边界问题。2000年,中越签署了北部湾划界协定,这是我国与邻国划定的第一条海上边界,意义重大。

2.构筑了稳定的大国关系框架。

中美关系。我们按照中央确定的对美工作方针，推动中美关系总体上保持发展势头。1997年和1998年，江泽民主席和克林顿总统成功互访，两国领导人决定共同致力于建立中美建设性战略伙伴关系。布什总统在四个月内两次来华，与江主席会晤。两国元首就发展中美建设性合作关系达成重要共识。中美互利合作成果显著。

在发展对美关系的同时，我们对美方侵犯中国主权、干涉中国内政的行径进行了有理、有利、有节的斗争，维护了国家主权和我国的根本利益。

中俄关系。中俄战略协作伙伴关系进一步深化。2001年7月，江泽民主席访问俄罗斯，与普京总统签署《中俄睦邻友好合作条约》，将两国和两国人民"世代友好，永不为敌"的和平思想用法律形式固定下来，为新世纪中俄关系长期稳定发展奠定了坚实的法律基础。中俄在维护各自主权、独立和领土完整方面相互支持，在国际事务中的战略协作富有成效，经贸关系迅速发展。

中欧关系。中欧建立全面伙伴关系和领导人年度会晤机制。1998年，欧盟通过对华政策新文件，决定把对华关系提高到与美国、日本、俄罗斯关系的同等水平。中欧高层交往频繁，双方互利合作不断扩大。

中日关系。中日关系取得新进展。1998年，江泽民主席对日本进行了国事访问。双方发表《联合宣言》，宣布两国建立致力于和平与发展的友好合作伙伴关系。日方在宣言中首次以书面形式承认过去对中国的侵略，并在会谈中首次就侵华战争向中国人民道歉。中日经贸交往持续增长，民间友好不断发展。2002年9月，江主席在出席中日邦交正常化30周年友好交流大会时发表重要讲话，强调坚持"以史为鉴、面向未来"。13000多名日本人士出席大会，在中日交流史上盛况空前。

对于日本在历史、台湾等问题上的错误举动，我们进行了严肃斗争，打击了日本少数极右势力，敦促日本继续走和平发展道路，维护了中日关系的政治基础。

3. 与发展中国家的合作取得新突破，外交立足点进一步巩固。

江泽民、李鹏、朱镕基、李瑞环、胡锦涛等党和国家领导人多次访问亚、非、拉发展中国家，增进了我国与发展中国家的传统友谊。

我国积极探索与发展中国家开展互利合作的新途径，成效显著。

我国与发展中国家在国际事务中加强协调，密切合作。2000年10月，中国政府倡议召开"中非合作论坛—北京2000年部长级会议"，中非建立起集体对话机制。我国同南非、埃及、巴西、墨西哥等发展中大国以及不结盟运动等发展中国家组织进一步加强磋商，维护共同权益。

(三)推动对话与合作，维护世界和平，促进共同发展

我们积极参与以联合国为中心的多边活动，发挥联合国及安理会在维护国际和平与安全上的核心作用。2000年9月，江泽民主席出席联合国千年首脑会议，提出各国共同努力，把一个和平、繁荣、公正的世界带入新世纪，受到广泛赞同。在中方倡议下，安理会五个常任理事国领导人举行首次会晤。

我们积极推动经济、环发和社会等领域的国际合作，参与亚太和亚欧合作进程。2001年APEC领导人非正式会议在上海成功召开。江主席成功地主持了全部会议和活动，有力推动了亚太经济合作的发展。

我们积极推广新安全观，倡导成立"上海合作组织"，积极参与东盟地区论坛、亚洲相互协作与信任措施会议等区域安全对话机制，通过对话增进相互信任，通过合作促进共同安全，开辟了维护国际安全的新途径。

(四)大力开展经济外交，为国内经济建设服务

我们强化经济外交意识，树立以政带经、以经促政的观念，切实维护国家经济利益和经济安全，扩大我国在制定国际经济规则中的发言权，积极配合"走出去"和"西部大开发"战略的实施，为国家经济建设创造了有利条件。

(五)促进祖国统一

1999年12月20日，澳门回归祖国。香港、澳门的回归，开创了用和平方式解决历史遗留问题的范例，是中国人民为人类进步事业作出的重要贡献。

按照中央部署，我们在国际上广泛揭露李登辉和陈水扁的"台独"真面目，使国际社会进一步认识到台湾问题的敏感性和"台独"的危害性。大多数国家重申坚持一个中国政策。台湾当局"挤入"联合国和世界卫生组织等分裂祖国企图一再遭到挫败。

(六)坚定捍卫国家主权和民族尊严

自1990年以来，西方国家在联合国人权委员会上十次抛出反华提案。在党中央的直接领导下，我们旗帜鲜明地提出"要对话，不要对抗"的主张，团结和依靠广大发展中国家，积极主动做西方国家工作，连续十次挫败西方国家借人权问题干涉我内政的图谋。

我们根据中央制定的原则积极做好涉藏对外工作，赢得国际社会的更多理解和支持。

在党中央的正确领导下，我们同"法轮功"邪教组织的斗争不断取得新的胜利。我驻外使领馆积极做驻在国官方议会、新闻界、主流社会以及华人、华侨和留学生的工作，揭露"法轮功"的邪教本质及其险恶政治

图谋,赢得广泛同情与支持。在国内外密切配合下,挫败了“法轮功”分子在一些重大国际场合滋事的企图,有力打击了境外“法轮功”邪教组织的气焰。

我国跨世纪外交的光辉成就,归功于祖国综合国力的快速发展,归功于全国人民的大力支持,更归功于以江泽民同志为核心的党中央的英明决策和正确指挥。

十三年来,在风云变幻的国际形势下,以江泽民同志为核心的党的第三代领导集体创造性地继承和发展邓小平外交思想,站在时代的前沿,放眼全局和未来,高屋建瓴地提出一整套国际战略思想和方针,开拓了新中国外交理论和实践的新境界:

第一,全面阐述了和平与发展是当今时代主题的重要理论,为新世纪的中国外交提供了理论指导。

第二,深入论述了世界多极化和经济全球化的发展趋势,提出应对这两大趋势的正确途径,为新世纪的中国外交指明了前进方向。

第三,提出新世纪初期是我国重要战略机遇期的重大判断,为新世纪的中国外交提供了决策依据。

第四,提出树立以互信、互利、平等、协作为核心的新安全观,为中国外交营造一个长期稳定、安全可靠的国际环境提供了切实可行的新思路。

第五,提出要尊重世界的多样性,保证各国和睦相处、长期共存,为我们反对霸权主义和强权政治,推动国际交流与合作提供了强大思想武器。

第六,提出要注重以经济实力、国防实力和民族凝聚力为核心的综合国力竞争。我国综合国力日益提高,这是中国外交取得一个又一个胜利的力量之源。

第七,提出要努力发展大国间长期稳定的友好合作关系,指导中国与各大国建立了各种类型的伙伴关系,扩大了我国的回旋余地。

第八,提出要稳定周边,深化与周边国家的睦邻友好关系,使我国的周边环境得到很大改善,处于新中国成立以来较好的时期之一。

第九,提出必须从战略高度加强与发展中国家的团结与合作,使中国与发展中国家的传统友谊得到巩固和充实。

第十,提出要积极参与多边外交活动,使多边外交成为我国在国际上树立形象、扩大影响的重要舞台。

第十一,提出要多做各国领导人和人民的工作,大力增进我国人民与世界各国人民的友谊。

第十二,提出要警惕敌对势力利用民族、宗教问题“西化”、“分化”中国的图谋,这对我们在新形势下维护国家的主权和领土完整提出了新的要求。

以江泽民同志为核心的党的第三代领导集体的外交理论和实践,是“三个代表”重要思想在外交领域的生动体现,反映了我党解放思想、实事求是的思想路线,充满了勇于创新、与时俱进的时代气息,充分显示了党的第三代领导集体驾驭全局的非凡气魄和卓越能力。我们相信,在“三个代表”重要思想指引下,新世纪的中国外交一定会继续为国家现代化建设,为祖国完全统一,为世界和平与发展,作出更大的贡献。

国务院副总理李岚清在中南海会见意大利文化遗产部部长朱利亚诺·乌尔巴尼

外交部发言人章启月就美国国务院的“2002年度世界宗教自由报告”发表谈话

章启月说,这个报告是对国际关系基本准则的践踏,也是对中国内政的粗暴干涉。中方对此表示强烈不满和坚决反对。

有记者问:10月7日,美国务院发表了“2002年度世界宗教自由报告”,其涉华部分对中国的宗教自由状况进行指责。请问中方对此有何评论?

章启月答:美国务院的所谓“2002年度国际宗教自由报告”在其涉华部分中不顾事实,无端指责中国的宗教政策,甚至公然吹捧“法轮功”邪教。这是对国际关系基本准则的践踏,也是对中国内政的粗暴干涉。我们对此表示强烈不满和坚决反对。

她说,中国政府依法保护公民的宗教信仰自由。中国各民族、各地区人民依法享有宗教信仰自由。同时,中国法律不允许任何组织和个人以宗教为幌子从事违法犯罪活动。中国政府依法取缔“法轮功”邪教组织,打击“东突”恐怖势力,正是为了保护公民的宗教信仰自由和基本人权,得到全国人民的拥护。

发言人说,美方借口宗教问题对别国内部事务指手画脚,横加指责,是毫无道理的。美方理应纠正错误,停止利用宗教问题干涉中国内政,以免给中美关系造成消极影响。

10月9日

全国人大常委会法制工作委员会和司法部在人民大会堂共同举行《中华人民共和国法典》首发式

全国人大常委会委员长李鹏出席并讲话指出,我国已形成了以宪法为基础,以民事、刑事、经济、行政和诉讼等方面的基本法律为核心,以各种不同层级的法律、法规、规章为内容的法律框架,初步形成了有中国特色的社会主义法律体系。

李鹏首先对《中华人民共和国法典》的正式出版发行表示祝贺。他说,这是我国法制建设史上的一件大事,是全国人大常委会法工委、司法部以及广大法律工作者多年辛勤劳动的结晶。

李鹏指出,"依法治国,建设社会主义法治国家"是我们党领导人民治理国家的基本方略,已经载入宪法。"有法可依,有法必依,执法必严,违法必究",有法可依是基础。改革开放以来,我国的法制建设取得了很大进步。截至2002年8月底,全国人大及其常委会共审议通过法律301件,法律解释7件,有关法律问题的决定122件,共430件。

李鹏强调,我国是人民当家做主的社会主义国家,党和人民的意志通过法定程序上升为法律。立法的过程是一个动态的过程,也是一个与时俱进的过程,有很多新的法律、法规需要制定,涉及社会生活的方方面面,立法工作任重而道远。这部法典的编纂,全面反映了我国的立法状况和法制建设进程。他希望全国人大常委会法工委和司法部再接再厉,将编纂工作长期延续下去,为实施依法治国方略,为改革开放和社会主义现代化建设作出应有的贡献。

《中华人民共和国法典》是由全国人大常委会法工委编纂、司法部法律出版社出版的,是一部编纂规模大、法律规范文件形式完整、汇集内容全面、编辑方式科学新颖的大型法律、法规汇编。法典囊括了我国全部现有的法律规范的文件形式,即法律(含法律解释、有关法律问题的决定)、行政法规、地方性法规、自治条例和单行条例、部委规章、地方政府规章、司法解释;涵盖宪法、民法商法、行政法、经济法、社会法、刑法、诉讼与非诉讼程序法7个方面;同时也收录了我国缔结或加入的国际条约。这部法典按法律规范的效力等级分卷汇编,已编纂120卷,现已出版83卷。法典采取可追加增补的活页式,新制定、修改的法律规范文件可以及时不断地增补进去。编辑和出版单位将每年追加服务一次,长期延续编纂下去。

这部法典的编纂、出版,是向党的十六大献上的一份厚礼,反映了我国有中国特色社会主义法律体系的完整内容,展示了我国社会主义法制建设的重大成就,也体现了我国加入世贸组织将法律、法规公开化的承诺。

首发式由全国人大常委会法工委主任顾昂然主持,他还介绍了法典的主要内容和编纂情况。司法部部长张福森、国务院法制办主任曹康泰、法律出版社社长贾京平先后发言。

中共中央政治局委员、全国人大常委会副委员长姜春云,全国人大常委会秘书长何椿霖出席了首发式。出席首发式的还有中共中央、全国人大常委会和国务院有关部门,以及最高人民法院、最高人民检察院、军委法制局、中国法学会等单位的负责人。

全国人大常委会委员长李鹏在人民大会堂会见由副议长威廉·康尧利率领的纳米比亚国民议会代表团

李鹏对纳米比亚国民议会代表团来访表示欢迎。他说,中纳传统友谊源远流长,建交以来,两国关系发展顺利,双方在政治、经济、文化等各个领域的合作不断扩大,富有成效。我们相信副议长的此次访问必将进一步加强中国全国人大和纳米比亚国民议会之间的友好交往,促进两国关系的全面发展。

李鹏说,中纳建立长期稳定、真诚友好、平等互利、全面合作的新型伙伴关系,符合双方的根本和长远利益。纳米比亚一贯在台湾、人权等重大问题上给予中国支持,我们对此表示感谢。中方愿与纳米比亚共同努力,在新世纪把两国友好关系提升到新水平。

军队后勤保障社会化工作会议在北京召开

会议指出:全军驻大中城市军以上领导机关和非作战部队推行生活保障社会化,在饮食保障、商业服务、营房保障、职工管理制度等方面的改革取得阶段性成果。通过改革,不仅减少了大量用兵、用工,而且使广大官兵享受到了优质服务。

总后勤部有关部门的一份统计资料显示,截至目前,全军已有1300多个食堂交给地方服务保障机构承办,800多个军人服务社纳入社会商业体系,295个保障性企业和部队农场移交国家和地方,共减少企事业单位职工30多万人。一些单位还在医疗保障、油料物资供应、生活用车、装备修理等9个项目上进行了大胆实践,取得了一定成效。与此同时,各单位加大与地方政府的协调力度,争取地方政府在政策和经费上的支持。目前全国已有28个省、市、自治区相继出台了支持军队后勤保障社会化的意见。据了解,全军适宜营房保障社会化改革的单位解放思想、积极探索,已有1400多个营院不同程度实行了物业管理。保障项目从绿化、保洁、供暖拓展到营房维修、设施设备运行维护管理等。同时,各单位通过整体移交、改制重组、社会分流等途径,使军队职工开始逐渐脱离军队体系。

中央军委委员、总后勤部部长王克在会上强调,全军部队要按照江主席的要求,抓住关键环节,认真解决制约后勤保障社会化改革的突出矛盾。一要解决好经费保障问题。对国家返还的税收补助经费,要全部用于改革项目。在军费预算中安排一定财力,对社会化项目必要的设施改造等启动经费,给予适当补助。各单位要充分挖掘潜力,利用集团消费优势,争取地方合作企业的资金投入和让利优惠。二是解决好职工分流问题。要适应国家人事劳动制度改革的要求,进一步加快和深化军队职工管理制度改革,为促进职工走向社会创造良好的政策环境。同时要采取多种形式,拓宽分流渠道。三是解决好政策配套问题。要根据社会化保障的改革进程，修订完善有关的法规制度。一些保障任务交给社会后，现有的管理机构要转变职能，完善机制，重点搞好监督管理工作。

会议期间，中央军委副主席张万年会见了参加军队后勤保障社会化工作会议代表并讲话。

张万年强调，这次会议的主题是贯彻落实国务院、中央军委关于推进军队后勤保障社会化的两个文件。这两个文件是在国务院领导同志和国家机关有关部委的亲切关怀和大力支持下出台的，从政策制度上为搞好军队后勤保障社会化工作提供了依据。我们一定要贯彻落实好，保证这项工作健康顺利地向前发展，努力走出一条具有我军特色的后勤保障社会化路子。

张万年说，实行军队后勤保障社会化，是江主席作出的重要决策，是推进军队改革、实现“保障有力”的重大举措，是一件利国、利民、利军的大好事，也是毛主席人民战争思想在新的历史条件下的新发展。几年来，在国家机关和地方各级党委、政府的高度重视和积极支持下，全军部队坚决贯彻江主席的重要决策，勇于探索，大胆改革，后勤保障社会化取得了显著成效。实践证明，江主席的重要决策是完全正确的，依托社会办后勤、依托市场搞保障，是大势所趋，是可以大有作为的。

科技部部长徐冠华在改革开放和现代化建设成就系列报告会上的报告

党的十三届四中全会以来，在以江泽民同志为核心的党的第三代领导集体的正确领导下，我国科技事业进入新的发展时期。面对国内外经济、科技发展形势，党中央审时度势，作出了一系列重大战略决策。1995年5月，中共中央、国务院颁布《关于加速科学技术进步的决定》，明确提出实施科教兴国战略，成为我国科技发展史上具有划时代意义的重要里程碑。1999年8月，中共中央、国务院颁布《关于加强技术创新，发展高科技，实现产业化的决定》，明确了通过深化改革，从根本上形成有利于科技创新和产业化的体制和机制。进入新的世纪，根据“三个代表”重要思想，江泽民同志又进一步提出“科学技术是第一生产力，而且是先进生产力的集中体现和主要标志”的重要论断，把马克思主义科技思想推向新的高度。与此同时，我国科技立法工作也取得重要进展，以1993年7月全国人大常委会通过的《科学技术进步法》为核心，相继出台了《促进科技成果转化法》、《专利法》、《科学技术普及法》等重要法律，一个促进科技进步和创新的法律体系已经初步形成。回顾十三年来我国科技改革与发展的历程，我们深切地感到，这是创新理论不断发展的历史，是传统体制重大变革的历史，是优秀人才竞相辈出的历史，是科技成就硕果累累的历史。

一、科技体制改革取得历史性突破

近十三年来，科技体制改革工作紧紧围绕提高科技创新能力，促进科技与经济结合，采取了一系列重大改革措施，在解放和发展科技第一生产力方面取得了突破性进展。

应用型科研机构以市场为导向的创新能力显著提高。转制科研机构通过市场获得的科研经费和自筹科研经费不断增长。这些经费主要用于改善科研条件和稳定队伍。

确实需要国家支持的社会公益类科研机构得到切实加强。国土资源部等四个部门所属98个科研机构2001年11月启动改革试点工作。其中29个院所拟按非营利机构管理和运行。国家对改革后的公益类研究院所的人均事业费投入将由过去的1.9万元增加到5万元。

中国科学院“知识创新工程”试点取得明显成效。目前，以研究所为单元的科研机构调整已基本完成，共有67个科研机构作为独立法人进入试点序列。同时，推进技术开发型研究所整体转制，首批13个技术开发型单位的转制工作已经顺利完成。通过“知识创新工程”试点，制度建设和机制创新已初见成效。中国科学院“知识创新工程”的顺利推进，为我国国家创新体系建设提供了有益经验。

中国工程院在国家工程科技发展中发挥积极作用。1994年，中国工程院正式成立，标志着我国工程科技事业进入新的发展阶段。

国家自然科学基金评审制度不断发展和完善。十多年来，自然科学基金不仅实现了自身从单一项目管理向与国家创新体系相适应的综合功能管理的转变，而且为我国地方和行业科学基金组织的发展起到了示范和带动作用。

企业、高校和地方科技力量明显增强，初步形成科技工作万马奔腾的良好局面。据统计，2000年企业科技活动人员60.1万人，科技经费支出超过800亿元。目前全国高校从事科技活动人员近30万人。高校科研经费从1990年的14亿元增加到2001年的173亿元，发表的论文占全国的60%。“十五”期间，科技部组织实施12个重大科技专项，国家计划投入资金共60亿元，为此地方和企业配套投入达到140亿元。

二、科技创新能力大幅度提高

90年代以来，我国科技投入不断增加。1990年全国R & D投入为125亿元，2001年为960亿元，10年间增长了6倍多；1990年全国R & D投入占GDP比例为0.68%，2001年超过1.0%。通过实施国家973

计划、863计划、重大科技攻关计划等一系列科技计划，完成了大量创新性成果。从总体上看，我国整体科技实力已居于发展中国家前列，部分重点和关键领域已接近或达到国际先进水平。

基础研究领域取得突出成就。中国科学家参加了被誉为生命"登月计划"的国际人类基因组计划；完成中国超级杂交水稻（籼稻）基因组工作框架图。澄江生物群的发现与研究，被列入20世纪最令人惊奇的发现之一。近十年来我国数学家的论文被国际科学引文索引（SCI）收录的篇数增加了近1倍，美国工程索引（EI）增加了7倍，计算数学引文索引（CMCI）增加了3倍。在化学科学研究上，我国学者发表的学术论文从1989年占全世界化学论文总数的3.7%，上升到1999年的23.9%。

高技术研究取得突出成就。高性能计算机关键技术、通信网络技术以及具有自主知识产权的数字程控交换机技术获突破。转基因羊、牛获得，转基因抗虫棉培育成功。一批重要非线性光学晶体新品种诞生。"神舟"号宇宙飞船三次发射成功。

三、高新技术产业化蓬勃发展

高新技术产业成为拉动国民经济增长的重要力量。1991年到2001年，我国高新技术产业的工业产值从3000亿元左右增加到18000亿元左右，年均增长20%以上。1991年我国高新技术产品出口额不到30亿美元，2001年提高到465亿美元，占当年出口增量的56%。

国家高新技术产业开发区成为发展高新技术产业化的重要基地。2001年，53个国家级高新区实现技工贸总收入1.2万亿元，工业总产值1.0万亿元，实现利税1285亿元，出口创汇226.6亿美元，十年平均增长速度超过60%。

初步建立了高新技术产业化的支撑服务体系。目前全国拥有各类孵化器465个，在数量上居世界第二位，年销售收入逾400亿元。首批22个国家大学科技园两年间共吸引投资约130亿元，2000年园内企业共实现销售收入257亿元。全国生产力促进中心机构数量已达700余家，仅次于美国居世界第二位。

四、科技进步对经济社会发展贡献不断增强

科技进步推动农业增产增效。通过"九五"科技攻关计划的实施，共培育农作物新品种600余个，开发新产品近1000项，建立试验基地近2000个、示范点近5000个。一批高产优质农作物新品种选育成功。目前，科技进步对我国农业增产的贡献率已超过40%。

科技进步推动工业技术升级。一批重大技术难题的攻克，解决了国家重大工程建设急需的关键技术和设备。计算机辅助设计、计算机集成制造应用示范工程等一批关键共性技术的开发应用，大大提高了传统产业的技术水平和竞争能力。

科技进步推动社会可持续发展。在水资源及其污染治理、大气污染控制、生态环境综合整治、资源开发利用、人口与健康、减灾防灾等方面开展技术攻关，取得了一系列丰硕成果。

五、科技队伍建设成果显著

科技队伍规模迅速扩大。1990年，国有企事业单位共有各类专业技术人员1081万人，2001年末达到2887万人，增长167%。

优秀青年科技人才不断涌现。在863计划专家委员会成员中，45岁以下的青年专家超过30%；各课题组的科研人员中，年轻人占到一半以上。2001年国家科技奖励中，40岁以下的科技人员占全体获奖人员总数的45%。

具有国际视野的科技人才不断增加。在参与国家杰出青年科学基金、国家重大科技攻关项目、863计划等工程和计划的人员中，近年来学成回国的人员均占到半数以上。

科技人员的社会地位不断提高，生活条件得到明显改善。

六、科普工作日趋深入

科普基础条件和人才队伍建设取得长足发展。近年来，中国科协共命名了200个全国科普教育基地。科技部联合中宣部、中国科协、教育部等部门，命名了100个全国青少年科技教育基地。到2000年，我国共建成科技场馆425座。

科普宣传和创作日益繁荣。每年出版的科普读物达7000—8000种。全国科技类报纸有200多份，科普杂志有300多种；2001年出版的科技类音像制品为1782种、354.03万盒。

七、国际科技合作提高到新水平

目前，我国已与152个国家和地区建立了科技合作关系，与96个国家签订了政府间国际科技合作协定。

国际科技合作在引进优秀人才中的作用日益突出。据统计，2000年来华工作的外国专家和港澳台专家已达44万人次；派出培训人员已达4万多人次，是十年前的12倍。

在新的世纪里，全国科技战线将按照"三个代表"重要思想的要求，深刻认识科学技术是第一生产力，而且是先进生产力的集中体现和主要标志的基本事实，更加深入实施科教兴国战略，为国民经济发展和社会进步提供可靠的动力。

10月10日

全国人大常委会种子法执法检查组在北京举行第一次全体会议

全国人大常委会委员长李鹏给会议致信指出，国以农为本，农以种为先，要加强和巩固农业基础地位，调整农业结构，确保农产品质量安全，增加农民收入，都必须十分重视抓好种子工作。

李鹏在信中强调，种子法是我国农业方面的一部重要法律。这部法律颁布实施以来，对加强农业基础地位、调整农业结构、发展农业生产、维护农民合法权益都发挥了重要作用。但是，从近两年的实施情况看，还存在一些需要解决的问题。通过这次执法检查，进一步推动种子法的深入贯彻实施是非常必要的。种子法执法检查是本届人大常委会的最后一次执法检查，我们要高度重视，集中精力把这次执法检查工作做好。

李鹏指出，深入贯彻实施种子法，推动种子产业健康发展，关键是要进一步提高思想认识。种子是农业、林业最基本的生产资料，也是科技进步的重要载体。这次种子法执法检查的重点是，宣传种子法及其相关法律、法规，进一步提高全社会的法律意识和法制观念；检查加强种子法制建设、落实种子生产经营的各项管理制度以及依法整顿和规范种子市场秩序、确保用种质量和安全的情况；检查完善执法程序，提高执法素质，实行公正执法，规范管理，提高执法水平的情况；检查加大对种子产业的扶持力度的情况。他说，种子产业是科技含量很高的产业，从基础研究、良种的培育实验到推广的周期比较长，各级政府应从各个方面给予更多的重视和支持。

李鹏最后要求，通过这次执法检查工作，针对存在的问题，要提出改进的意见，向常委会作出报告，以促进种子法的进一步正确贯彻实施，也促使完善种子法的法律、法规体系。

这次执法检查组由全国人大常委会副委员长布赫任组长，将分成3个小组，赴湖北、福建、四川、甘肃、河北、辽宁6省进行检查，并委托北京、山西、内蒙古、浙江、山东、广西等6省、自治区、直辖市人大常委会分别对本行政区域内种子法的贯彻实施情况进行检查。

会上农业部副部长刘坚、国家林业局副局长祝列克、国家计委副主任刘江、财政部部长助理冯淑平分别汇报了贯彻实施种子法的有关情况。国务院副秘书长马凯也在会上发言。国家经贸委、中国人民银行、科技部、公安部、工商总局、税务总局、质检总局和最高人民法院向会议提交了书面汇报。

听取汇报后，布赫说，种子的优劣和供求状况直接影响农产品的品种、品质、产量和效益，关系到人民身体健康和生态环境安全。要提高对贯彻落实种子法重要性的认识，为种子产业发展营造良好的法治环境，要进一步增强依法治种、依法兴种的责任感和紧迫感，加强种子法制建设，深入贯彻实施种子法，把种子产业发展提高到一个新水平。要采取有力措施，切实改进种子法执法工作。通过各方面的共同努力，深入贯彻实施种子法，按照种子产业发展规律把种子产业做大做强，提高种子企业的市场竞争力，建设有国际竞争力的现代种子种苗产业。

布赫还就这次种子法的执法检查作了具体的安排部署。他说，要通过执法检查，明确存在的问题，深入分析产生问题的原因，提出改进执法的意见和建议。特别是要抓好检查后整改工作的落实，督促有关部门切实改进种子执法工作，解决法律实施中存在的主要问题。要通过执法检查，增强全民的法制意识，提高依法行政、依法办事的自觉性；大力推进种子法制建设，促进和保障农业和林业的健康发展。

会议由全国人大农业与农村委员会主任委员高德占主持，国务院有关部门，最高人民法院，有关省、直辖市人大常委会负责人出席了会议。

国务院总理朱镕基在人民大会堂与莫桑比克总理帕斯库亚尔·曼努埃尔·莫昆比举行会谈

朱镕基高度评价两国关系。他说，中莫传统友谊源远流长，两国关系一直保持着良好的发展势头。中莫同属发展中国家，在国际事务中有着广泛的共同利益，在重大国际问题上一贯相互支持，密切配合。朱镕基对莫桑比克长期以来坚持一个中国立场，支持中国的统一大业，并在人权等重大问题上给予中国坚定支持表示赞赏。他说，中国政府十分珍视中莫传统友谊，愿与莫方共同努力，将中莫友好合作关系不断提升到新的水平。

关于两国经贸合作，朱镕基说，近年来，中莫双方在贸易、经济技术合作和投资等领域进行了很好的合作，双边经贸关系正朝着积极的方向发展。中国为莫桑比克援建的一些项目已成为中莫友谊的象征；中国企业积极参与莫桑比克经济建设，在水产养殖、农业等领域开展了很有成效的合作；莫桑比克中国投资开发贸易促进中心将于今年底正式投入运营，为进一步促进中莫经贸关系发挥积极作用。朱镕基表示，中莫两国经济互补性强，在平等互利的基础上开展经贸合作潜力巨大，前景十分广阔。

朱镕基还向莫昆比介绍了中非合作论坛后续行动的情况。他说，目前论坛的各项后续行动进展顺利。中国已与包括莫桑比克在内的31个非洲国家签署了减免部分到期债务的协议；中非贸易也得到较快发展，中非之间还加强了在人力资源开发、农业、环保等领域的合作。今年9月下旬，中非合作论坛中方后续行动委员会在北京召开了中非农业投资与合作研讨会，以鼓励中国企业更加积极地参与中非农业合作。朱镕基说，中非双方将于今年11月在埃塞俄比亚召开论坛高官会，明年召开部长级会议。中方愿与非洲各国共同努力，使论坛机制长期、有效地推动中非友好合作关系不断发展。

会谈结束后，朱镕基和莫昆比共同出席了《中华人民共和国政府和莫桑比克共和国政府经济技术合作协定》和《中华人民共和国农业部与莫桑比克农业与农村发展部农业合作谅解备忘录》两个文件的签字仪式。

农业部部长杜青林、中国驻莫桑比克大使陈笃庆、外交部副部长杨文昌、外经贸部副部长周可仁等参加了会谈。

全国法院加强执行工作电视电话会议在北京召开

会议指出：目前，人民法院面临的执行任务艰巨。截至今年8月底，全国各级法院共受理各类执行案件近154万件，已执结115万余件，执结标的额1430亿元，尚有未结案件83万余件。最高人民法院副院长沈德咏要求各级人民法院集中清理执行积案，大幅度减少未结执行案件数量。

本次清理执行积案的工作，将集中清理涉及国企改制、社会稳定的案件；涉及房地产案件中查封不动产1年以上的案件；涉及金融机构和资产管理公司的案件，等等。沈德咏说，上级法院要充分发挥执行体制上统一管理与协调的优势，利用对人员、案件、交通工具等装备统一管理的权力，灵活采取指定执行、交叉执行、提级执行、委托执行、集中执行等措施，加大执行力度。

依据全国人大常委会今年8月29日通过的《关于〈中华人民共和国刑法〉第313条的解释》，最高人民法院要求全国各级人民法院加大执法力度，大力惩治拒不执行法院判决、裁定者。

当前，执行工作中存在一个突出问题：银行、有关国家行政机关等各类协助执行义务人无视法律规定，制造种种借口拒不协助法院依法执行。最高人民法院副院长沈德咏表示，今后，协助执行义务人接到法院的协助执行通知书后，拒不协助执行，致使判决、裁定无法执行的，属于“有能力执行而拒不执行，情节严重”的情形，构成拒不执行人民法院判决、裁定罪，最高可被判处3年有期徒刑。

在一些地方，国家机关工作人员擅用权力，搞地方和部门保护主义，阻碍判决、裁定的执行，破坏了法制统一。沈德咏说，对于那些被执行人、担保人、协助执行义务人与国家机关工作人员通谋，利用国家机关工作人员的职权妨害执行，致使判决、裁定无法执行的，人民法院对国家机关工作人员以拒执罪的共犯追究刑事责任。

在司法实践中，拒不执行判决、裁定的行为人绝大多数是法人或者其他组织。沈德咏要求各级人民法院根据刑法和立法解释的相关规定，对于负有执行人民法院判决、裁定义务的单位的直接负责的主管人员和其他直接责任人员，为了本单位的利益而拒不协助执行，致使判决、裁定无法执行的，以拒执罪定罪处罚。

对于以暴力、威胁方法妨害或者抗拒执行的，不论是否影响了判决、裁定的执行，均以妨害公务罪追究刑事责任。

外经贸部部长石广生在中宣部等五部委联合举办的系列报告会上的报告

十三届四中全会以来的13年，是我国外经贸抓住机遇，迎难而上，赢得最快最好发展的时期。13年的成就，是在以江泽民总书记为核心的党中央坚强领导下，各地区、各部门和各企业共同奋斗，战胜各种艰难险阻取得的，确实来之不易；13年的成就，充分表明党中央、国务院适应复杂多变的国际形势，制定实施的一系列改革开放政策和发展战略是完全正确的；13年的成就，为今后继续前进打下了坚实的基础，极大地鼓舞着我们以更大的信心去赢得外经贸发展的新胜利。我国外经贸13年取得的成就主要有以下六个方面：

第一，对外贸易实现了历史性飞跃，贸易大国地位已经确立。

贸易规模迅速扩大。2001年我国进出口总额达到5098亿美元，是1989年的4.6倍，年均增长13.6%，远高于同期世界贸易6.1%的增长水平，也超过我国国内生产总值9.3%的增速。我国对外贸易在世界的排名，已由1989年的第十五位跃居2001年的第六位。

贸易结构不断优化。机电产品连续8年成为我国第一大类出口商品。2001年机电产品出口1188亿美元，占出口总额的45%，比1989年提高了近30个百分点。高新技术产品已成为新的出口增长点。2001年高新技术产品出口465亿美元，占出口总额的17.5%，比1991年提升了13.5个百分点。

经营主体和贸易方式实现多元化。有外经贸经营权的各类内资企业，已从1989年的6000多家增加到目前的6万家；已开业运营的外商投资企业，已从1万多家增加到20余万家，充分调动了各方面发展外经贸的积极性。2001年，一般贸易、加工贸易以及边境贸易等其他贸易方式分别占出口总额的42%、55.5%和2.5%。跨国零售集团在华采购商品占我国出口总额的12%。目前已有40%以上的进出口企业开展了电子商务。

第二,开创了利用外资的新局面,推进了全方位、多层次、宽领域对外开放格局的形成。

吸收外资规模不断扩大。2001年我国实际吸收外资469亿美元,比1989年增长了12.8倍,年均增速达24%。13年来全国累计实际使用外资超过4000亿美元,占改革开放以来吸收外资总额的97%以上。我国吸收外资已连续9年居发展中国家首位。

吸收外资结构不断优化。外商投资企业出口占我国出口总额的比重,已由1989年的9.4%上升到2001年的50%;外商投资项目的平均规模,已由1989年的97万美元提高到2001年的265万美元;外商投资的重点,已从一般制造业发展到基础产业、基础设施和高新技术产业;我国开放服务贸易领域后,商业、外贸、电信、金融、保险等服务业已成为外商新一轮投资的热点;大型跨国公司来华投资活跃,世界500强中已有400多家来华投资,跨国公司已在我国设立各类研发中心近400家。

吸收外资水平不断提高。经济特区、国家级经济技术开发区、保税区、浦东新区、高新技术产业开发区、出口加工区等吸收外资取得巨大发展,加快了东、中、西部地区对外开放步伐,对地方经济发展的贡献不断增大。同时,吸收外资促进了思想解放和观念更新,推动了社会主义市场经济体制改革进程。

第三,"走出去"战略初见成效,推动了开放型经济的发展。

"走出去"的规模逐步扩大。截至今年6月底,我国共设立境外企业6758家,协议投资总额132亿美元,中方投资额89亿美元;对外工程承包与劳务合作完成营业额972亿美元;今年6月末在外劳务人员47.5万,比1989年年底增加43.2万。

"走出去"的领域不断拓宽。已由初期简单从事进出口贸易、航运和餐饮等少数领域,逐步拓展到生产加工、资源开发、工程承包、农业合作和研究开发等众多领域。我国已在50多个国家和地区参与油气、矿产、林业、渔业等资源合作开发项目200多个;我国在境外承包工程已涉及国民经济的各个行业;派出去的劳务人员从最初的普工、技工发展到各类专业技术人员和高科技与经营管理人员。

"走出去"的层次不断提升。对外投资已由早期的建点开办"窗口",发展到投资办厂带动国产设备材料出口、跨国购并、股权转换、境外上市、设立研发中心、创办工业园区、建立国际营销网络等多种形式;对外工程承包的经营方式,从初期的土建分包逐步向总承包、项目管理承包、交钥匙工程、BOT等方式发展。

第四,外经贸在国民经济中的地位和作用发生了根本性变化,成为国民经济的重要组成部分。

外经贸迅速发展有力地推动了国民经济增长。我国出口占国内生产总值的比重,已由1989年的11.8%上升到2001年的23%,比世界平均水平高5个百分点。2001年,外商投资企业工业增加值占全国工业增加值的24.6%,实际使用外资占全社会固定资产投资的11%。我国累计接受国际援助60亿美元、援助项目600多个,60%以上投向中西部地区,为这些地区经济和社会发展增添了新的动力。我国年出口农产品已超过160亿美元,对发展农村经济、增加农民收入发挥了积极作用。

外经贸迅速发展促进了国内产业结构调整,提高了经济增长质量和效益。我国传统的纺织、轻工、家电等行业通过合资合作与引进消化国外技术,生产水平、产品质量和档次已有了根本性的变化,不仅满足了国内需要,而且还大量出口;机电产品特别是高新技术设备的进口,使我国电子信息技术等高新技术产品和重大装备的设计制造,从无到有、从小到大地发展起来;商业零售领域通过引进跨国连锁集团和现代化的营销技术与管理经验,我国的商场设施、购物环境、商品质量和服务水平等得到了很大提高。

外经贸迅速发展增加了税收、扩大了就业。2001年,进出口税收占全国税收总额的16%,涉外企业税收占全国税收收入的19%。目前,我国从事各项外经贸业务并与此直接相关的从业职工有7000多万人,其中外商投资企业直接从业人员超过2300万,有效地缓解了国内就业压力。

外经贸迅速发展极大地改善了国际收支状况。从1990年开始,我国扭转了进出口长期处于逆差的状况。国家外汇储备从1989年底的55亿美元,增加到2002年8月末的2135亿美元,已居世界第二位。这对增强外商投资信心,防范金融风险,维护国家经济安全起到了极为重要的作用。

第五,我国成功加入世贸组织,对外开放进入新阶段,对经济发展的积极效应正在显现。

在党中央、国务院的正确决策和直接领导下,经过长达15年艰难而曲折的历程,我国在2001年12月11日成为世贸组织成员。加入世贸组织,是党中央面对经济全球化、世界多极化的国际形势,从国内进一步改革开放和发展的需要出发,作出的重大战略决策。加入世贸组织,标志着我国对外开放进入了一个新阶段。我国已由有限范围、领域、地域内的开放,转变为全方位、多层次、宽领域的开放;由以试点为特征的政策性开放，转变为在法律框架下的制度性开放；由单方面为主的自我开放市场，转变为我国与世贸组织成员之间的双向开放市场；由被动地接受国际经贸规则，转变为主动参与国际经贸规则的制定；由只能依靠双边磋商机制协调经贸关系，转变为可以多双边机制相互结合、相互促进。这些变化，对我国的影响是全面的、深远的，必将为国民经济发展开拓新的空间，为外经贸发展提供新的机遇，为参与经济全球化开辟新的途径。

加入世贸组织对我国总体讲是机遇大于挑战，利大于弊，关键看应对。以江总书记为核心的党中央十分重视我国加入世贸组织后的应对工作，对此进行了具体部署。统一思想认识，清理、修订相关法律、法规及规章，加紧培训干部，全国各行各业上下一致，都在应对中努力做到，履行义务与享受权利相结合，学习规则与运用规则相结合，开放市场与合理保护市场相结合，扩大开放与维护国家经济安全相结合。

总的来看，我国加入世贸组织9个多月来，各个方面应对工作充分有力，加入世贸组织对我国经济发展已经和正在产生着积极影响，实现了开局的平稳，并为今后的应对工作积累了一定的经验。

第六，外经贸发展改善和加强了我国对外关系，促进了祖国统一大业。

外经贸迅速发展，进一步提升了我国的国际地位，为我国现代化建设营造了良好的国际环境。我国与发达国家经贸合作不断加强，给双方带来了很大的实际利益，促进了双边关系的稳定和发展；与发展中国家的经贸合作不断扩大，对137个发展中国家提供了援助，增进了双方的传统友谊，促进了共同发展；与港、澳、台的经贸合作不断加深，对港澳平稳过渡、主权顺利回归、保持繁荣稳定，以及推动两岸“三通”、促进和平统一大业产生了积极的影响。

13年来我国外经贸发展取得举世瞩目的成就，给我们的基本启示是：始终坚持对外开放不动摇，是我国外经贸不断发展的根本前提；保持国民经济持续快速健康发展，是我国外经贸不断发展的根本基础；建立社会主义市场经济体制，是我国外经贸不断发展的根本动力；保持良好政策的连续稳定和提高综合竞争力，是我国外经贸不断发展的根本条件；坚持两手抓、两手硬，是我国外经贸不断发展的根本保障。

国家副主席胡锦涛在人民大会堂会见密克罗尼西亚联邦副总统雷德利·基利昂一行

胡锦涛对基利昂首次访华表示热烈欢迎。他说，自1989年中密建交以来，两国关系稳步发展，双方在经贸、农业、渔业、文化等各领域的交流与合作富有成效，两国省州间的友好交往也很活跃；在国际和地区事务中双方相互支持和配合，进行了良好的合作。我们赞赏和感谢密克罗尼西亚联邦政府坚持奉行一个中国政策，不与台湾发生官方往来，在台湾问题上给予中国宝贵支持。中国重视发展中密关系，愿在和平共处五项原则基础上，同密方一道，推动中密友好合作关系健康、持久地向前发展。

在谈到地区形势和区域经济合作时，胡锦涛说，我们高兴地看到，去年以来南太地区热点问题降温，安全形势改善，太平洋紧密经济关系协定已正式生效，南太区域经济合作进入了一个新阶段。中国衷心希望南太地区保持稳定，实现可持续发展。中国重视加强同南太各国的友好合作，愿意与包括密克罗尼西亚在内的南太各国共同努力，把双方的互利合作不断提高到新的水平。

会见结束后，胡锦涛和基利昂出席了中密两国政府经济技术合作协定签字仪式。

外交部副部长李肇星、农业部副部长齐景发、外经贸部副部长马秀红、密克罗尼西亚联邦副外长罗伯特等参加了会见和签字仪式。

国务院副总理吴邦国在中南海会见委内瑞拉瓜亚纳公司总裁弗朗西斯科·何塞·兰赫尔·戈麦斯

中国与吉尔吉斯联合反恐军事演习

演习10月10日至11日在两国边境地区举行。这是上海合作组织框架内的中吉两国首次举行的双边联合军事演习，也是我国军队第一次与外国军队联合举行实兵演习。

持续两天的演习以某“恐怖组织”在国际恐怖势力的支持下，企图制造暴力恐怖事件为背景而展开。两国边防部队共派出数百人及10余辆装甲战斗车和多架直升机参加，演习中双方互通情报，共同指挥，密切协同，联合实施边境封控，全力围堵歼灭“恐怖分子”。

为加强中吉两国防务部门在打击恐怖主义、分裂主义和极端主义领域中的相互信任与合作，今年5月中旬，上海合作组织成员国国防部长在莫斯科举行例行性会晤期间，中吉两国国防部长就举行联合反恐演习事宜达成共识，并于6月上旬在俄罗斯圣彼得堡签署了举行联合演习的备忘录。随后，两国国防部分别成立了军事专家组，就联合演习问题进行了两轮磋商并达成一致意见，签署了《会晤纪要》。这次联合演习，就是两国边防部队根据《会晤纪要》内容具体组织实施的。

参加指挥演习的我军方人士说，联合反恐军事演习是落实上海合作组织各成员国元首达成的共识及《打击恐怖主义、分裂主义和极端主义上海公约》的具体举措，也是上海合作组织成员国在军事领域的新尝试。在当前国际反恐怖新形势下，演习的成功举行，对于显示中吉两国维护国家安全和统一的决心，震慑、遏制和打击恐怖主义、分裂主义和极端主义“三股势力”，维护地区的安全与稳定，推动上海合作组织军事合作向深层次发展，具有重要意义；也为今后我国与上海合作组织成员国军队举行联合军事演习积累了经验。同时，也进一步加深了中吉两军的相互了解和信任，提高了两国军队联合打击恐怖主义的组织指挥和协同作战能力。

在谈到今后上海合作组织开展反恐军事合作时，这位负责人指出，“三股势力”对世界的和平与发展，对各国的领土完整和国家安全以及政治、经济、社会稳定构成了严重威胁。打击这“三股势力”，维护地区稳定是上海合作组织各成员国的共同任务。我方将与上海合作组织成员国共同努力，加强军事合作，共同维护国际和地区的和平与稳定。

艺术界人士在北京举行纪念活动庆祝延安平剧研究院成立60周年

延安平剧研究院于1942年10月10日在延安杨家岭成立。毛泽东主席为剧院成立题词“推陈出新”，朱德总司令题词“宣扬中华民族四千余年的历史光荣传统”。延安平剧研究院的成立标志着平剧(京剧)的改革工作进一步走向深入，平剧的“推陈出新”赋予京剧艺术以新的青春活力。

成立之后的延安平剧研究院，继承改编了《失空斩》、《古城会》、《打渔杀家》、《四进士》等数十个传统剧目，采用各种地方戏和民歌曲调编演了反映现实题材的《上天堂》、《难民曲》、《回头是岸》、《边区自卫军》等剧目，创作排演了《河伯娶妇》、《武松》等新编历史剧。剧院始终坚持京剧改革的探索实践，坚持文艺为人民服务的方向。剧院组织的“平剧院宣传队”坚持下乡演出，深受老百姓的喜爱。这些活动极大丰富和活跃了群众的文化生活。

参加纪念会的老同志、老艺术家认为，以为人民服务的延安精神为动力，加强演员队伍思想作风建设，在今天尤为重要；大力弘扬民族优秀文化，坚持中国文化的前进方向，坚持文化创新，才能谱写出京剧艺术的崭新篇章。

中国京剧院还在北京人民剧场举行了纪念演出活动，演出了创演于延安时期的剧目《逼上梁山》、《三打祝家庄》和根据同名歌剧改编的《白毛女》选场。

10月11日

中共中央在人民大会堂举行纪念彭真同志诞辰100周年座谈会

中共中央总书记、国家主席、中央军委主席江泽民发表重要讲话。

中共中央政治局常委、全国人大常委会委员长李鹏主持座谈会。中共中央政治局常委、国家副主席胡锦涛，中共中央政治局常委、书记处书记尉健行出席座谈会。

李鹏在主持座谈会时说，江泽民同志的重要讲话，高度评价了彭真同志为中国人民的解放和新中国的诞生，为社会主义革命和建设，为新时期的改革开放和社会主义现代化建设作出的杰出贡献；高度评价了彭真同志的崇高精神、品德和作风。我们要认真领会江泽民同志的讲话精神，把纪念彭真同志作为对我们的鼓励。党的十六大即将召开，我们要像彭真同志那样，坚决维护党的团结，坚持讲大局、讲团结、讲稳定，切实做好改革、发展、稳定各方面的工作，以优异成绩向党的十六大献礼。

丁关根、田纪云、罗干、姜春云、贾庆林、曾庆红、铁木尔·达瓦买提、彭珮云、肖扬、韩杼滨、王兆国、阿沛·阿旺晋美和彭冲、廖汉生、王汉斌出席了座谈会。

全国人大常委会秘书长何椿霖，中央党史研究室主任孙英，中央文献研究室主任逄先知，中央政法委秘书长王胜俊，北京市委副书记、市长刘淇等在座谈会上先后发了言。

中央和国家机关、军队等有关部门负责人，老同志代表，彭真同志的亲属及生前友好出席了座谈会。

中共中央总书记江泽民在纪念彭真同志诞辰100周年座谈会上发表讲话

同志们：

今天，我们在这里举行座谈会，纪念彭真同志诞辰100周年。彭真同志是伟大的无产阶级革命家、政治家，杰出的国务活动家，坚定的马克思主义者，我国社会主义法制的主要奠基人，党和国家的卓越领导人。他为中国人民的解放事业，为社会主义革命和建设事业，建立了不朽的功绩，深受全党全国人民的尊敬和爱戴。

彭真同志早年在太原求学期间，接受了马克思主义，于一九二三年加入中国共产党。从此，他矢志不移，投身党和人民的伟大事业，直至生命的最后一刻。大革命时期，彭真同志参与领导工人运动和学生运动，在山西开展国共合作工作。大革命失败后，他作为党在北方地区的主要领导人之一，在白色恐怖的严酷环境中，继续坚持斗争。一九三五年后，他参加北方局的领导工作，为恢复和发展北方地区党的组织，推动抗日民族统一战线的建立，开创白区工作的新局面，做了大量的重要工作。一九三八年后，他和聂荣臻同志领导创建晋察冀抗日根据地。一九四一年，他到中央工作，参加领导延安整风运动，参加七大的筹备和组织工作。抗战胜利后，他到东北担任领导工作，执行中共中央和毛泽东同志作出的战略决策，迅速打开工作局面，为建立巩固的东北根据地奠定了基础。

新中国成立后，彭真同志担任党和国家的重要领导职务，为党的建设、政权建设和经济建设，为政法工作、统战工作、民族工作、思想理论工作和科学教育文化工作，竭诚贡献了自己的智慧和力量。他长期担任北京市的主要领导工作，为首都建设作出重要贡献。彭真同志作为以毛泽东同志为核心的党的第一代领导集体的成员，在实践中努力探索建设社会主义的正确道路，提出了许多宝贵的思想。他提出，社会主义建设要不犯错误，根本的问题在于调查研究。他身体力行，经常深入工厂、农村和基层单位，直接听取意见。他一向尊重知识、尊重人才，重视发挥知识分子在社会主义建设中的作用。他坚持实事求是地处理思想文化领域里的问题，强调要在学术界、文艺界造成既有集中又有民主，既有纪律又有自由，既有统一意志又有个人心情舒畅、生动活泼的政治局面。他一贯提倡和坚持客观、全面、本质地看问题的思想方法，强调掌握马克思主义理论，是探索革命和建设规律，提高党的领导水平的关键。

“文化大革命”中，彭真同志遭受林彪、江青一伙的残酷迫害。但他在逆境中始终关心党和国家的前途命运，坚持学习马列主义、毛泽东思想，同林彪、江青一伙进行坚决的斗争。党的十一届三中全会后，在新的历史时期，彭真同志作为以邓小平同志为核心的党的第二代领导集体的重要成员，参与了党和国家一系列重大决策的制定，为拨乱反正的进行，为确立和贯彻党在社会主义初级阶段的基本路线，为推进改革开放和社会主义现代化事业，作出了重大贡献。他不顾年事已高，经常到各地考察工作，深入基层，调查研究。祖国大地留下了他不倦的身影。

彭真同志长期领导和主持民主法制建设工作，具有丰富的立法工作经验。十一届三中全会后，他主持宪法修改工作，领导制定了一系列重要法律，极大地推进了新时期我国社会主义法制建设。他长期主持全国人大常委会工作，为健全我国人民代表大会制度进行了许多开拓性的努力，并起了关键性的作用。他长期分管政法工作，为推动政法战线制度和队伍的建设，为维护国家安全和社会稳定，做了大量卓有成效的工作。他代表党和国家，参与了许多重大的外事活动。他坚持我们党和国家关于处理党与党、国与国之间关系的基本原则，为维护国家和民族的尊严和利益，增进中国人民和世界各国人民的友谊，推动世界和平与人类进步事业，作出了杰出贡献。彭真同志从领导岗位上退下来后，仍然非常关心我国改革开放和社会主义现代化建设。他坚决支持党中央的工作。他一再强调，我们要永远记住，人民群众是我们共产党的母亲；人民是国家的主人，这是事物的本质；我们共产党人的根永远在车间里，在田野上。这些感人的肺腑之言，我们应该永远铭记。

彭真同志具有坚定的共产主义信念和百折不挠、坚韧不拔的意志，对党、对人民无限忠诚。他善于运用马克思主义的立场、观点和方法，分析和解决问题，具有创造性地开拓新局面和处理复杂问题的胆略和才能。在关系党和国家前途命运的关键时刻和重大政治问题上，他坚持原则，旗帜鲜明。他始终牢记党的全心全意为人民服务的根本宗旨，保持人民公仆的本色，谦虚谨慎，艰苦朴实，严于律己。他模范地执行民主集中制原则和党的集体领导制度，坚持党的群众路线，深入群众，深入实际，作风民主。他一生追求真理，无论遇到什么困难和挫折，都保持乐观主义精神，对党的事业充满必胜的信心。彭真同志的崇高品德和光辉思想，是我们党的宝贵精神财富，值得全党同志永远学习。

建设富强民主文明的社会主义现代化国家，实现中华民族的伟大复兴，是老一辈无产阶级革命家的遗愿。今天，我们纪念彭真同志百年诞辰，就是要继承老一辈无产阶级革命家的遗志，团结一心，开拓创新，把建设有中国特色社会主义的伟大事业继续推向前进！

国家主席江泽民在人民大会堂会见莫桑比克总理莫昆比

江泽民说，中莫两国虽然相距遥远，但两国传统友谊源远流长。中国人民曾坚定地支持莫桑比克人民争取民族独立的斗争。建交以来，两国相互尊重，相互信任，在政治、经济、军事、文教卫生等各领域内进行了平等互利的真诚合作，取得了丰富成果。两国在国际事务中也相互支持。中国赞赏莫桑比克政府坚持一个中国的政策，支持中国的统一大业，并在人权等重大问题上给予中国坚定支持。

江泽民指出，发展中莫长期稳定、真诚友好、全面合作的关系，符合两国人民的根本利益和共同愿望。中方愿与莫方共同努力，把两国关系不断提高到新的水平。

江泽民高度评价莫桑比克在希萨诺总统领导下，

实现了国内政治稳定、民族和解和经济发展。莫桑比克经验再次证明,政治稳定是经济发展的前提。

江泽民强调指出,中国一贯重视发展同非洲国家的友好合作关系,中国愿在中非合作论坛框架内不断扩大双方合作的领域。

国家主席江泽民应约与南非前总统曼德拉通电话

国家主席江泽民和德意志联邦共和国总统约翰内斯·劳互致贺电庆祝两国建交30周年

全国人大常委会委员长李鹏在人民大会堂会见莫桑比克总理莫昆比

全国人大常委会委员长李鹏在人民大会堂会见以南非全国省级事务委员会主席娜莱迪·潘多尔为团长的南非全国省级事务委员会代表团

全国人大常委会委员长李鹏在人民大会堂会见德国前总统瓦尔特·谢尔及德国友好人士代表团成员

国务院西部地区开发领导小组第三次会议在北京召开

中共中央政治局常委、国务院总理朱镕基在会上强调,西部开发要坚持走可持续发展道路,把生态建设和环境保护放在首位,进一步加强基础设施建设,大力发展科技教育事业,把西部大开发扎扎实实推向前进。

会议认为,实施西部大开发三年多来,方针正确,措施得力,进展顺利,成效显著,有力地促进了西部地区经济和社会的发展。实践证明,党中央确定的这项战略决策是富有远见的,要毫不动摇地长期坚持下去。

会议指出,2003年是我国全面建设小康社会、加快推进社会主义现代化的重要一年,也是继续推进西部大开发工作的重要一年。要全面贯彻江泽民同志在西部大开发座谈会上的重要讲话精神,落实党中央、国务院关于实施西部大开发的战略部署和政策措施,着力解决西部地区发展中存在的突出问题,继续加强生态环境和基础设施建设,加快西部地区科技进步和教育发展,推进改革开放,不断开创西部大开发的新局面。

会议强调,西部开发要吸取东部沿海地区的经验教训,一开始就要高起点,发展高科技产业,走可持续发展的道路。要切实防止东部地区现有的工业设备、污染企业向西部地区转移,在西部搞低水平重复建设,防止一哄而上出现房地产过热现象。西部地区地广人稀,资源丰富,文化悠久,名胜古迹众多,要引导西部地区将资源优势转变为经济优势,大力发展特色产业、绿色产业、旅游文化事业。

会议强调,当前西部开发首要的是搞好生态环境建设。积极实施退耕还林,这不但是西部地区改善生态环境的重大措施,关系到子孙万代、千秋伟业、民族存续、国家振兴的根本大计,而且有利于全国调整经济结构、减少粮食库存,增加农民收入,是当前解决"三农"问题的速效良策。这项政策力度绝对不能减弱,如果放松几年,对生态造成的影响几十年都弥补不过来。要抓住当前粮食库存较多的有利时机,进一步加大实施退耕还林的力度,确保补助的粮食和资金的按时足额兑现,确保林木种苗保质保量供应,努力提高植树造林的成活率。

会议指出,在加快退耕还林步伐的同时,要把草原保护提到议事日程上来。要尽快启动"退牧还草"工程,通过实行休牧育草、划区轮牧、封山禁牧、舍饲圈养等措施,促进西部天然草原休养生息,逐步恢复草原植被,把草原建成我国北方的一道天然生态屏障。水资源是制约西部地区发展的最大因素,要通过节水、水资源的优化配置、经济结构调整等措施,保护、开发、利用好西部宝贵的水资源。

会议认为,要继续加快西部地区基础设施建设。在集中力量实施好青藏铁路、西电东送、西气东输、水利枢纽、市政建设等重点工程的同时,要加快西部地区广大农村的基础设施建设,启动建设县际公路,解决农村饮水问题,发展农村新能源,加快改善农村生产、生活条件。

会议强调,要大力发展西部地区的科技、教育事业。加快推广先进适用技术,用高新技术改造传统产业,发展有特色的高新技术产业。教育水平落后是西部地区长期发展最终的制约因素,要采取有力措施加以解决。一是继续加强九年制义务教育,特别是小学教育,要保证就学率,还要减少辍学率。二是加强职业培训,培养职业技能,提高劳动力素质。三是充分发挥当地人才作用,创造人尽其才的良好环境和条件,留住人才、吸引人才。

会议要求,各有关部门、西部各省区市要加强组织领导,转变工作作风,认真贯彻落实党中央、国务院的一系列有关政策措施,着眼打好基础,注重实效,切实把西部大开发推向前进,努力再造一个山川秀美、经济繁荣、民族团结、人民富裕的新西部。

中共中央政治局委员、国务院副总理温家宝,国务委员兼国务院秘书长王忠禹出席会议并讲话。国务院西部地区开发领导小组各成员单位和有关部门的负责人参加了会议。国家计委主任、国务院西部开发办主任曾培炎在会上作了关于2002年西部开发工作进展情况和2003年工作建议的汇报，以及关于进一步推进西部大开发工作有关文件的说明。

国务院总理朱镕基在北京会见出席东盟和中日韩金融研讨会的主要来宾

朱镕基对研讨会在北京成功举办表示祝贺，并介绍了中国经济发展及金融运行的情况。他强调，加强短期资本流动的管理，稳步推进资本账户开放十分重要，此次研讨会的成功举办为大家交流经验，互相学习，取长补短提供了一个宝贵的机会，有助于维护地区及全球金融稳定。

他说，中国重视东盟与中、日、韩（“10＋3”）框架下的财政与金融合作，目前已与泰国、韩国、日本和马来西亚签署了货币互换协议。加强本地区金融合作对于共同应对全球化发展给本地区各国宏观经济管理带来的挑战，具有重要意义。朱总理还对与会代表提出的问题逐一进行了解答。

中国人民银行行长戴相龙、外交部副部长王毅、财政部副部长金立群、中国人民银行副行长兼国家外汇管理局局长郭树清等陪同参加了会见。

此次“短期资本流动管理和资本账户开放”高级研讨会是按照朱镕基总理在去年“10＋3”领导人非正式会议上所作的承诺，由中国人民银行具体承办在北京举行的。参加此次研讨会的代表80多人，包括“10＋3”各国央行及财政部的部级或司局级官员，以及国际金融机构及学术机构的高级官员和知名专家。

全国政协主席李瑞环在人民大会堂会见以娜莱迪·潘多尔主席为团长的南非全国省级事务委员会代表团

国务院副总理李岚清在天津考察

国务院副总理李岚清在考察时强调，当前我国北方城市水资源短缺形势相当严峻。各级党委和政府要充分认识水资源的基础性、战略性地位，坚持开源节流治污并举，建设节水型城市和节水型社会，实现经济和社会可持续发展。

10月11日至13日，李岚清在天津市委书记张立昌、市长李盛霖的陪同下，考察了天津力神电池有限公司、大港区中水利用项目、大港电厂海水淡化项目、天津第四十三中学、膜天膜工程技术有限公司、国家纳米技术产业化基地，深入居民家中察看了节水设施，并召开座谈会听取了天津市委、市政府关于把天津建设成节水型示范城市的情况汇报。李岚清对天津改革开放和现代化建设取得的成绩给予了充分肯定。他指出，近年来，天津市委、市政府团结带领广大干部群众，努力实践“三个代表”重要思想，与时俱进，开拓创新，各项工作取得重大进展，经济持续快速健康发展，利用外资和外贸工作走在全国前列，基础设施建设步伐加快，城市面貌发生很大变化，社会政治稳定，就业和再就业工作扎实深入开展，科技、教育事业发展成绩显著。

天津是个严重缺水的城市。李岚清一直非常关心天津的水资源问题，曾多次指示有关部门对天津开发新的水资源和节水工作进行调研，把天津建设成节水型示范城市。李岚清在考察中指出，我国是个干旱、半干旱国家，人均水资源占有量只有世界平均数的1/4，尤其是华北地区长期严重干旱，水资源只占世界的1/7。水资源问题不仅关系到可持续发展，更关系到可持续生存。南水北调的单项工程近期可望启动，但因工期较长，远水尚不能解近渴。最近不得不再次采取引黄济津的紧急措施，但水量有限。因此我们必须下决心，早动手，坚持开发利用新水源和节约用水并举的方针。要紧密结合我国实际，积极借鉴世界发达国家的成功经验和科技成果，研究开发和推广应用有中国特色的节水技术设备，提高水资源使用效率和污水处理重复利用率。要适应社会主义市场经济体制的要求，引入市场机制，综合运用科技、经济、行政、法律、教育等手段，加强水资源管理，加快水产业的发展，增强节水工作的有效性和全民节水的主动性，建设节水型城市和节水型社会。他充分肯定天津在利用海水资源和节水技术的研究开发和产业化方面取得的成绩，希望天津广大干部群众进一步转变观念，不等不靠，采取各种措施开源节流，加快海水淡化技术的推广和应用，进一步加强节水技术的研究开发，推动节水技术成果的产业化，把水产业培育成天津新的经济增长点，为全国缺水型城市特别是沿海缺水城市的发展探索出一条新路子。

在考察期间，李岚清出席了在天津召开的全国高中发展与建设工作经验交流会并发表讲话。他分析了我国当前的经济形势，对加快基础教育特别是高中发展与建设提出了要求。他指出，综观世界各国经济和社会发展，人才是第一位的。发展教育，培养数以千万计的高素质人才和数以亿计的高素质劳动者，是富民兴邦的根本大计。在新的形势下，加快高中发展与建设，扩大优质高中教育资源，解决制约整个教育发展的瓶颈问题，满足广大人民群众的教育需求，是关系到最广大人民根本利益的一件大事，是提高高等教育质量的一个前提，也是提高劳动者素质、缓解社会就业压力的一条重要途径。各级党委和政府一定要想群众之所想，急群众之所急，把这件一举多得、利国利民的大事办实、办好。天津市通过加强政府统筹，盘活资源，建立多渠道投入机制，积极扶持优质高中的扩建和改建，依托优质高中兼并薄弱学校，使招生规模不断扩大，这个做法对全国有普遍意义。

李岚清指出，加快高中的发展与建设，一是思路要创新，要走以扩大优质高中教育资源为主、有效整合和盘活各种教育资源、多快好省地促进高中教育发展的新路子；二是机制要灵活，坚持政府办学为主，同时积极鼓励和引导社会力量参与发展高中；三是体制要创新，把优质高中的扩建、改建同深化基础教育办学体制改革、有利于调整九年义务教育的学校布局结合起来，逐步做到高、初中分离；四是教学要创新，按照素质教育的要求，加快高中课程改革，改进教学方式，充分发挥学生的自主性、能动性和创造性，为学生全面而富有个性的发展创造有利的条件，进一步提高教学质量。要大力发展现代远程教育，使广大农村地区、西部地区、少数民族地区的高中学生也能够享受到优质教育资源。

教育部部长陈至立就扩大优质高中资源问题作了部署。

有关部门负责人徐冠华、高强、张国宝和清华大学校长王大中等陪同考察。

东盟与中日韩“短期资本流动管理与资本账户开放高级研讨会”在北京举行

国务院副总理温家宝在开幕式上表示，开放资本账户必须坚持循序渐进原则。资本账户的开放进程必须与本国经济发展阶段相适应，必须有利于本国金融的稳定。良好的经济发展形势，正确的宏观经济政策，充足的经济实力，健全的金融体系，完善的金融监管，应是审慎开放资本账户的前提。

温家宝指出，资本有序的跨国流动，是现代经济发展的客观要求。发达国家有较多的资本、先进的技术和现代企业管理经验，发展中国家有工资成本较低的劳动力和价格低廉的自然资源。国际资本的流动，可以改善资源的有效配置，提高资源的使用效率，促进全球经济增长。但是，国际资本的流动，也会产生一定的负面影响，尤其是短期资本大量无序流动，加剧了金融市场的波动，甚至危及一个国家或地区的经济和金融稳定，引发政治和社会动荡。因此，在经济和金融全球化发展的形势下，加强和改善对短期资本流动的管理，稳步推进资本账户开放，有效防御国际资本对本国金融市场的冲击，维护经济和金融稳定，是我们共同面临的一个重大课题。

温家宝说，中国实行改革开放以来，稳步推进资本项目对外开放，统一协调资本开放、人民币利率和汇率政策。1994年实现了汇率并轨，成功地建立了以市场供求为基础的、单一的、有管理的浮动汇率制度，人民币汇率保持稳定。1996年12月，实现了人民币经常项目可兑换。在资本项目方面，积极吸引外商直接投资，严格控制借用外债，支持优质企业到境外上市或投资。到2001年年底，我国通过各种渠道共利用外资约为5600亿美元，境外资产已超过4000亿美元。目前，根据我国资本市场的发育程度和金融监管水平，尚未开放外资购买以人民币标价的证券资产，目的是为了防范国际短期资本的冲击。实践证明，按照循序渐进原则实行资本项目开放，使我国成功地抵御了亚洲金融危机的冲击，促进了经济发展，也为维护亚洲金融稳定作出了贡献。

温家宝指出，促进资本账户逐步开放，必须加强地区金融合作。亚洲地区，尤其是东南亚地区，仍是经济高速增长的地区之一，是吸引国际投资最多的地区之一，有超过1万亿美元的外汇储备，金融合作的潜力很大。在亚洲各国的共同努力下，亚洲的区域金融合作有了长足的进展。我们希望这一合作势头能够继续保持。

温家宝强调，促进资本账户逐步开放，必须进一步发挥国际金融机构的作用，加强国际金融合作。促进资本开放，必须完善国际货币体系，尤其要加强主要国家宏观政策的协调，稳定汇率。发达国家应进一步向发展中国家开放市场，提供持续和足够的资金与技术援助，帮助发展中国家提高自我发展能力，努力消除贫困。在经济全球化迅速发展的时代，建立科学、合理的国际标准和准则十分必要。在建立国际标准和准则时，既要研究和总结各国经济发展的普遍规律，又要注意不同国家处在不同历史发展阶段的特殊性，尤其要照顾发展中国家的利益。

中国人民银行行长戴相龙、国际清算银行总经理克罗克特、亚洲开发银行行长千野忠男、马来西亚国家银行行长吉蒂、柬埔寨国家银行行长谢振都等出席研讨会。

全国水利工程管理体制工作会议在北京举行

会议旨在贯彻落实国务院日前批准发布实施的《水利工程管理体制改革实施意见》(以下简称《实施意见》)，对水利工程管理体制改革进行动员和部署。

新中国成立50多年来，建成一大批水利基础设施，初步形成了防洪、排涝、灌溉、供水、发电等工程体系，在抗御水旱灾害，保障工农业生产和人民生命财产安全等方面发挥了举足轻重的作用，形成数千亿元固定资产。但现行水利工程管理模式与新形势的要求不相适应。水管单位存在的体制不顺、机制不活、经费短缺、人员臃肿、管理粗放等问题日趋突出，大量水利工程老化失修、积病成险、效益衰减，不仅影响自身效益的发挥，也给国民经济的稳定增长和人民生命财产的安全带来极大隐患。如不尽快从根本上予以解决，国家近年相继投入巨资兴建的大量水利设施将面临同样危险。

《实施意见》以直接从事水利工程管理的水管单位改革为重点，提出力争用3—5年时间初步建立符合国情、水情和社会主义市场经济要求，充满生机活力的水利工程管理体制和运行机制的改革目标，并提出一系列具体改革措施，包括进一步完善责权一致的管理体制，推进工程维修养护工作的市场化和社会化，建立有制度保障的管理养护经费渠道，建立合理的水价形成机制和收费管理机制等方面。

《实施意见》被认为是水利工程管理体制改革的纲领性文件，从体制和机制上较好地解决了“重建设，轻管理”、建一个工程背一个包袱的“老大难”问题。

民航六大集团公司在北京成立

这标志着民航改革重组迈出了实质性的步伐。这六大集团分别是中国航空集团公司、中国东方航空集团公司、中国南方航空集团公司三大航空运输集团，以及中国民航信息集团公司、中国航空油料集团公司、中国航空器材进出口集团公司三大航空服务保障集团。

中共中央政治局委员、国务院副总理吴邦国为六大集团的成立作出批示。他希望集团公司在确保安全的前提下，尽快理顺内部关系，加强管理，以新的面貌迎接党的十六大的召开。

民航六大集团公司是经国务院批准，在民航总局直属的九家航空公司和四家服务保障企业的基础上组建的。新集团成立后，即与民航总局脱钩。民航总局作为国务院主管全国民航事务的直属机构，将承担安全管理、市场管理、空中交通管理、宏观调控及对外关系等方面的职能，不再代行六大集团公司的国有资产所有者职能。

据介绍，中国航空集团公司是以中国国际航空公司为主体，联合中国航空总公司和中国西南航空公司组建而成的，资产总额573亿元，运输飞机119架，经营航线307条。中国东方航空集团公司是以东方航空集团公司为主体，兼并中国西北航空公司，联合云南航空公司组建而成的，资产总额473亿元，运输飞机142架，经营航线386条。中国南方航空集团公司是以南方航空(集团)公司为主体，联合中国北方航空公司和新疆航空公司组建而成的，资产总额501亿元，运输飞机180架，经营航线666条。中国民航信息集团公司的资产总额为47亿元，中国航空油料集团公司的资产总额为152亿元，中国航空器材进出口集团公司的资产总额为19亿元。

国家主席江泽民根据全国人大常委会的决定任免驻外大使

一、免去刘振堂的中华人民共和国驻黎巴嫩共和国特命全权大使职务；

任命刘向华(女)为中华人民共和国驻黎巴嫩共和国特命全权大使。

二、免去孟宪科的中华人民共和国驻布隆迪共和国特命全权大使职务；

任命冯志军为中华人民共和国驻布隆迪共和国特命全权大使。

三、免去侯贵信的中华人民共和国驻塞舌尔共和国特命全权大使职务；

任命陈美芬(女)为中华人民共和国驻塞舌尔共和国特命全权大使。

四、免去蒋元德的中华人民共和国驻安哥拉共和国特命全权大使职务；

任命张备三为中华人民共和国驻安哥拉共和国特命全权大使。

五、免去王荣华的中华人民共和国驻冰岛共和国特命全权大使职务；

任命蒋正云为中华人民共和国驻冰岛共和国特命全权大使。

六、免去万永祥的中华人民共和国驻巴西联邦共和国特命全权大使职务；

任命蒋元德为中华人民共和国驻巴西联邦共和国特命全权大使。

七、免去王永占的中华人民共和国驻玻利维亚共和国特命全权大使职务；

任命张拓为中华人民共和国驻玻利维亚共和国特命全权大使。

国务院副总理钱其琛在中南海会见以里卡多·马丁内里第一副议长为团长的中美洲议会代表团

《人民日报》发表中联部部长戴秉国的文章《锐意进取　不断创新——中国共产党十五大以来对外工作新特点》

1997年9月，江泽民总书记在党的十五大上阐述我国独立自主的和平外交政策时宣布，中国共产党“坚持在独立自主、完全平等、互相尊重、互不干涉内部事务原则的基础上，同一切愿与我党交往的各国政党发展新型的党际交流和合作关系，促进国家关系的发展”。5年来，在以江泽民总书记为核心的党中央的亲切关怀下，党的对外工作以这一基本方针为指导，适应当今世界形势和政党政治的新情况、新变化，着眼于党和国家工作大局，全力开拓，锐意进取，不断创新，在为国家总体外交服务、为改革开放和社会主义现代化建设服务、为巩固和加强党的执政地位服务、为巩固和发展有中国特色社会主义制度服务方面取得新的成绩，积累了新的经验。

一、发挥政党外交的独特作用和优势，促进我国与世界各国的国家关系健康、稳定地向前发展。

党际交往特别是高层党际交往，对推动国家关系的发展具有不可替代的重要作用。几年来，我党同外国政党的高层交往相当活跃。江泽民总书记先后访问朝鲜和越南，胡锦涛、尉健行以及中央政治局、书记处其他领导同志共率40多个党的代表团出访五大洲几十个国家。在每年来访的外国政党代表团中，不少代表团由这些党的主要领导人亲自率领，江泽民总书记等中央领导同志都亲自会见交谈。我党和国家领导人江泽民、李鹏、朱镕基等出访时，也常常会晤往访国政党领导人。通过这些高层接触，双方领导人就共同关心的问题深入坦诚地交换意见，从政治高度和战略全局上处理和把握国家关系，收到很好的效果。

政党外交既可以做执政党的工作，也可以做在野党的工作。与执政党交往，有利于巩固国家关系的基础，促进国家关系；同在野党往来，有利于在政局变化时保持国家关系的连续性和稳定性。同年轻政治家交往，可以为面向未来的合作关系打下良好的基础。这种既立足现在，又着眼未来的对外交往和联系，为加深我与各国人民的相互了解与友谊，促进国家关系的巩固和发展，发挥了独特的作用。

通过党际关系渠道做未建交国工作，是我政党外交的一大优势。5年来，我党先后邀请近50批由未建交国政党和各界人士组成的代表团访华，同时也多次派团访问这些未建交国。作为政府外交的重要补充，这些友好交往灵活务实，增进了我与有关国家的相互了解，使这些国家的对华友好力量不断壮大，一些国家对涉我重大问题的态度有所转变。这些扎扎实实的铺垫和积累工作，为逐步实现我与这些国家关系的正常化架起了友谊与合作的桥梁。

二、以党际交往促进经济交流与合作，积极主动为改革开放和社会主义现代化建设服务。

随着我党对外交往的发展，越来越多的外国政党不再满足于一般性的交流，越来越注重交往的实质性内容，其中深入探讨治党治国的经验已成为我党对外交往的重要内容。越、老、古等社会主义国家执政党在与我党交往中，注重党的建设和社会主义问题的探讨。一些发展中国家政党，对学习借鉴我党治党治国经验具有强烈的愿望，多次派团访华。一些西方发达国家的政党也越来越重视了解和研究我们的治党治国方略。同样，我党也非常注重通过政党交往借鉴外国党积累的于我有益的经验教训。我党领导人在对外交往中，除介绍我国改革开放的成就、未来发展构想和内外政策外，还十分注重了解当今世界和各国的新情况、新变化，吸收国外的一些有益于我的成功经验和做法，借助他山之石，丰富发展和工作思路。这些交流与探讨，充实了党际关系的内涵，也为政党外交的新发展增添了活力。

通过在党际交往中注入经济因素，我党逐渐开辟出一些“政党外交搭台、经贸活动唱戏”的新途径、新形式。譬如，在同外国政党交往中，有针对性地安排考察经济建设项目，深入探讨不同国家的发展战略及我加入世界贸易组织后面临的挑战等。一些省区市党委负责同志率党的代表团出访时，贯彻中央“走出去”的方针，偕经贸团组随访，把一批有实力的企业和项目推向国外。我们还通过政党渠道，为经济部门推荐伙伴，提供信息，促成一批经贸项目。为配合“西部大开发”，除为西部地区招商引资，争取有关国际组织的资金和项目外，近年来还安排几百批外国政党、团体和友好人士到我西部参观考察，并请十几个西部省区的党委负责同志率领近30批中共代表团出国访问、考察，收到较好的效果。

三、政党外交已成为我借鉴外国党兴衰成败经验教训、研究党的执政规律和党建理论的一条重要战线。

十五大以来，我们党充分利用党的对外交往这一了解世界、认识世界、走向世界的渠道和窗口，不断加深对人类社会发展规律、社会主义建设规律和共产党执政规律的认识。我党领导人以及中央有关部门和地方负责同志通过积极参与党的对外工作，不仅直接了解到外国政党治党治国的理念与方法、一些政党兴衰成败的经验教训，还可以切身感受到当今世界政治、经济、文化、科技等各个领域的深刻变化，并从与外国的比较中更深刻地认识有中国特色社会主义。这对我们党正确把握世界发展脉搏，准确判断国际形势和时代特征，紧跟世界进步潮流，吸收人类社会创造的各种优秀文明成果，推进理论创新和实践创新，坚定不移地走自己的路，永葆党的先进性具有重要意义。

江泽民总书记“三个代表”思想提出后，我们党通过对外工作这条重要战线，进一步深入研究执政党建设面临的一系列重大问题。特别是通过与外国政党交往，深入了解苏东国家共产党执政几十年后丧失政权、其他国家一些长期执政的大党、老党先后下台的深层次原因和经验教训，加深了对世界各国政治体制变迁和政党兴衰成败的规律性认识，形成了一批调研成果，为加强党的自身建设、完善领导方式和执政方式、改进领导体制和工作制度提供了有益的借鉴。

5年来，我党派出约400个代表团组出访世界各国，接待了800多个来访的外国政党代表团。截至

2001年年底,已有147个国家和地区的418个政党和组织同我党建立联系与交往。我党的对外交往不断深化,我与周边国家主要政党全部建立起友好交流与合作关系,与发达国家左、中、右翼政党全面开展交往,与发展中国家交往的针对性、实效性不断增强,并逐步开拓了与政党国际和地区性组织的交往。通过政党外交搭建的独特舞台,国际社会在较高层面上了解了中国共产党的历史、现状及其大政方针和"三个代表"的重要思想,中国共产党向世界展示了开明开放、与时俱进、爱好和平、致力于合作与发展的良好形象。

进入新世纪,全党上下正在认真学习和贯彻江泽民总书记提出的"三个代表"的重要思想,理论创新、实践创新已成为我们党把建设有中国特色的社会主义事业推向前进的强大动力。最近,江泽民总书记发表了"5·31"重要讲话,进一步丰富和深化了"三个代表"的思想。我们一定要按照中央的要求,认真学习和深刻领会江泽民总书记讲话精神,以党的对外工作的新成绩迎接十六大的召开。

国务院 中央军委批准成立四川 西藏 新疆武警森林总队

成立大会分别在成都、拉萨和乌鲁木齐市召开。

在西部地区成立3支武警森林部队,是国务院、中央军委为加强西部三省区生态建设,防止森林火灾而作出的重大决策。四川、西藏、新疆共有森林面积2057万多公顷,其中西藏、四川的林木蓄积量分别居全国第一、第三位。四川野生动物种类居全国第二位,列为国家重点保护的珍稀动物就有54种,约占全国的一半。西藏的野生动物种类居全国首位,列为国家一、二级重点保护的野生动物有125种,占全国重点保护动物种类的36%。新疆有国家重点保护的野生动物100多种。在这3个省、自治区组建森林武装警察部队非常必要。

新组建的3个森林武警总队,主要领导和骨干从曾经参加过大兴安岭灭火等战斗任务的部队中抽调,并装备有GPS卫星定位系统和运兵车、风力灭火机、高压水枪、灭火弹等先进灭火机具,可随时执行森林灭火任务。

此前,我国已有黑龙江、吉林、内蒙古、云南4个省、自治区成立了森林武警总队,加上新成立的3个总队,不仅可为我国森林和生态资源保护提供强有力的支持,也使森林武警部队分布更加合理,更能及时有效地扑灭森林火灾。

《中国工会运动史料全书》出版座谈会在北京召开

中华全国总工会主席尉健行出席了全总在中国职工之家召开的《中国工会运动史料全书》出版座谈会,并为该书作了题为《继承光荣传统,创造新的辉煌》的总序。

该书是1994年全总开始编纂的一部全面、系统地反映中国工人阶级和工会运动历史的大型资料全书,共62卷、1.5亿多字。它以客观、翔实、权威的历史资料,展现了自19世纪40年代中国工人阶级产生,到1993年中国工会十二大召开这一个半世纪的历史进程中,中国工人阶级及工会运动的光辉历程和伟大贡献。倪志福任《中国工会运动史料全书》总编审委员会名誉主任。它的编辑出版,对于总结、汲取中国工运历史的丰富经验和深刻教训,继承、发扬中国共产党领导的工会运动的革命精神和优良传统,以史为鉴,以史育人,探索适应社会主义市场经济要求的工会工作新路子,充分发挥我国工人阶级及工会组织在全面推进建设有中国特色社会主义伟大事业中的积极作用,具有重要的意义。

倪志福及中共中央宣传部、中共中央企业工委、中共中央党校、中共中央文献研究室、中共中央党史研究室、国家新闻出版总署、中央档案馆和全国总工会的领导及有关方面的专家学者等共100多人出席了座谈会。张俊九、郑必坚、谷安林、蒋毅等在座谈会上作了发言。会议由全总副主席、书记处书记孙宝树主持。

《彭真年谱》上卷出版

为纪念彭真同志诞辰100周年,《彭真年谱》上卷由中央文献出版社出版。

《彭真年谱》上卷以翔实的历史文献和档案资料为依据,并吸收多年来研究成果,客观真实地记述了1902—1949年新中国成立这段时间彭真同志的生平、思想和主要实践活动,从一个侧面反映了中国共产党为中华民族的独立和解放、为新中国的诞生而艰苦奋斗的光荣历史。

《彭真年谱》全书分为上、中、下三卷,中卷和下卷正在编撰。

10月12日

浙江省第九届人大常委会举行第三十八次会议决定习近平任浙江省副省长代理省长

第四届中国国际高新技术成果交易会在深圳高新技术成果交易中心开幕

中共中央政治局委员、广东省委书记李长春,全国人大常委会副委员长周光召出席开幕式,中共中央政治局候补委员、国务委员吴仪发来了贺信。

吴仪在贺信中说，中国国际高新技术成果交易会是我国高新技术领域对外开放的一项重要举措，它集中展示了一大批我国最新的高新技术成果，展示了国际知名的高科技公司的先进产品和技术，传播了世界高新技术发展的前沿理念，促进了高新技术成果的交易和转化，已经成为中外科技界、实业界、教育界、投资金融界交流与合作的一个重要舞台。我衷心希望，一年一度的中国国际高新技术成果交易会越办越好，为促进我国高新技术及其产品的进出口贸易和国际间高新技术交流与合作作出应有的贡献。

周光召在开幕式上致辞。

本届高交会由外经贸部、科学技术部、信息产业部、国家发展计划委员会、中国科学院和深圳市人民政府共同主办，分为"高新技术成果交易"、"高新技术专业产品展"、"中国高新技术论坛"和"不落幕交易"四大部分。

本届高交会有40个国家和地区的88个团组、3691家参展商、1124家投资商(其中外商260家)和42家跨国公司带着7749个项目参加。外经贸部、信息产业部等部门和34个省、自治区、直辖市、计划单列市以及独立组团的27所重点高校，将带着精选的最新科技成果和项目在高交会上亮相。

10月13日

福建省第九届人大常委会举行第三十五次会议任命卢展工为福建省副省长代理省长

10月14日

国家主席江泽民与乌拉圭东岸共和国总统巴特列在人民大会堂举行会谈

江泽民积极评价中乌两国关系现状。他说，建交14年来，中乌友好合作关系稳步发展。特别是近年来，高层互访不断，相互了解和互信加深；经贸合作持续发展；文化交流日渐增多；在国际事务中保持良好合作。我们对两国关系的发展表示满意，对巴特列总统为推进两国关系所做的积极努力表示赞赏。

江泽民强调，中乌同属发展中国家，面临着维护世界和平与促进共同发展的相同任务。加强双边合作符合两国人民的根本利益。中方愿同乌方一道，为进一步推动两国长期稳定、平等互利友好合作关系的发展而努力。

江泽民表示，在双方的共同努力下，近年来双边贸易交流日益密切，中国已成为乌拉圭主要贸易伙伴之一。江泽民说，中国政府对发展双边贸易和经济合作持积极态度，希望两国企业家增加接触，共同探讨扩大贸易和经济合作的可能性，努力开拓合作的新领域，使经贸合作水平提升到一个新的高度。我们也希望双方在世贸组织中密切合作，在促进双边贸易稳步发展的同时，共同维护发展中国家的合法权益。

江泽民对乌拉圭政府长期以来奉行一个中国政策表示赞赏。

会谈结束后，两国元首出席了中乌两国政府在检疫和教育等领域的五项合作协议的签字仪式。

国家主席江泽民在人民大会堂会见联合国秘书长科菲·安南

江泽民说，世界正处在大变革时期，国际形势发生了深刻和复杂的变化，世界多极化和经济全球化趋势在曲折中发展。当前，国际关系中不稳定的因素有所增加，但和平与发展仍是时代主题，是各国人民的利益和愿望所在。总体和平、缓和、稳定，局部战争、紧张、动荡是当前和今后一个时期国际形势的基本态势。江泽民表示，振兴发展中国家的经济是不可阻挡的历史趋势，也是21世纪新国际格局的一个重要特征。他强调，世界经济的健康发展不可能长时期建立在少数国家富裕、多数国家贫困的基础上。一个发展不平衡的世界难以带来持久的和平与安定。国际社会要从战略的高度重视发展问题。

江泽民说，在过去的50年中，联合国在维护世界和平、促进合作发展方面作出了贡献，希望联合国在新世纪在国际事务中继续发挥重要作用。江泽民表示，中国将继续全力支持联合国及秘书长的工作。

双方还就艾滋病的防治、反恐等问题交换了意见。

国家主席江泽民和马尔代夫共和国总统穆蒙·阿卜杜勒·加尧姆互致贺电祝贺两国建交30周年

全国人大常委会委员长李鹏在人民大会堂会见乌干达议长塞坎迪以及乌干达议会代表团全体成员

李鹏对塞坎迪议长在中乌建交40周年之际率团访华表示热烈欢迎。他说，乌干达是撒哈拉以南非洲与中国建交较早的国家。建交40年来，两国友好关系经历了时间的考验，有着坚实的基础。中乌都是发展中国家，在维护各自国家独立和主权、发展国民经济的事业中始终相互支持、相互帮助。中国愿与乌干达一道，进一步发展两国的传统友谊，拓展在经贸和其他领域的合作。中国对乌干达一贯坚持一个中国立场表示感谢。

李鹏赞赏乌干达致力于探索适合乌干达国情的发展道路，对乌干达在经济等各个领域取得的成就表示钦佩，对乌干达在改善同邻国关系、维护地区和平与稳定等方面所作的努力表示赞赏。

李鹏强调，加强和发展与包括乌干达在内的非洲国家和其他发展中国家的团结与合作是中国外交政策的重要组成部分。在新的世纪里，中国将继续遵循“真诚友好、平等相待、团结合作、共同发展、面向未来”的对非关系基本原则，继续落实“中非合作论坛—北京2000年部长级会议”的后续行动，与非洲国家共建长期稳定、平等互利的新型伙伴关系。

李鹏说，中国全国人大希望与乌干达议会进一步加强交流与合作，开展与乌干达议会领导人、对口委员会等多层次的交往，为推进两国关系和两国人民的友谊深入发展作出贡献。

全国人大常委会副委员长许嘉璐和有关部门负责人姚振炎、吕聪敏、乔宗淮、吴文昌参加了会见。

国务院总理朱镕基签署第365号令公布《中华人民共和国生物两用品及相关设备和技术出口管制条例》

现公布《中华人民共和国生物两用品及相关设备和技术出口管制条例》，自2002年12月1日起施行。

总　理　朱镕基

2002年10月14日

中华人民共和国生物两用品及相关设备和技术出口管制条例

第一条　为了加强对生物两用品及相关设备和技术出口的管制，维护国家安全和社会公共利益，制定本条例。

第二条　本条例所称生物两用品及相关设备和技术出口，是指本条例附件《生物两用品及相关设备和技术出口管制清单》(以下简称《管制清单》)所列的生物两用品及相关设备和技术的贸易性出口以及对外交流、交换、赠送、展览、援助、服务和以其他方式进行的技术转移。

第三条　生物两用品及相关设备和技术出口应当遵守国家有关法律、行政法规和本条例规定，不得损害国家安全和社会公共利益。

第四条　国家对生物两用品及相关设备和技术出口实行严格管制，防止《管制清单》所列的生物两用品及相关设备和技术用于生物武器目的。

第五条　国家对《管制清单》所列的生物两用品及相关设备和技术出口实行许可制度。未经许可，任何单位或者个人不得出口《管制清单》所列的生物两用品及相关设备和技术。

第六条　从事生物两用品及相关设备和技术出口的经营者，须经国务院对外经济贸易主管部门(以下简称国务院外经贸主管部门)登记。未经登记，任何单位或者个人不得经营生物两用品及相关设备和技术出口。具体登记办法由国务院外经贸主管部门规定。

第七条　生物两用品及相关设备和技术出口的接受方应当保证：

(一)所进口的生物两用品及相关设备和技术不用于生物武器目的；

(二)未经中国政府允许，不将中国供应的生物两用品及相关设备和技术用于申明的最终用途以外的其他用途；

(三)未经中国政府允许，不将中国供应的生物两用品及相关设备和技术向申明的最终用户以外的第三方转让。

第八条　出口《管制清单》所列的生物两用品及相关设备和技术，应当向国务院外经贸主管部门提出申请，填写生物两用品及相关设备和技术出口申请表(以下简称出口申请表)，并提交下列文件：

(一)申请人的法定代表人、主要经营管理人以及经办人的身份证明；

(二)合同、协议的副本或者其他证明文件；

(三)生物两用品及相关设备和技术的技术说明；

(四)最终用户证明和最终用途证明；

(五)本条例第七条规定的保证文书；

(六)国务院外经贸主管部门规定提交的其他文件。

第九条　申请人应当如实填写出口申请表。

出口申请表由国务院外经贸主管部门统一印制。

第十条　国务院外经贸主管部门应当自收到出口申请表和本条例第八条规定的文件之日起进行审查，或者会同有关部门进行审查。

第十条对《管制清单》第一部分所列的生物两用品及相关设备和技术的出口申请，国务院外经贸主管部门应当在15个工作日内作出许可或者不予许可的决定；对《管制清单》第二部分所列的生物两用品及相关设备和技术的出口申请，国务院外经贸主管部门应当在45个工作日内作出许可或者不予许可的决定。

第十一条　对国家安全、社会公共利益有重大影响的生物两用品及相关设备和技术出口，国务院外经贸主管部门应当会同有关部门报国务院批准。

生物两用品及相关设备和技术出口报国务院批准的，不受本条例第十条规定时限的限制。

第十二条　生物两用品及相关设备和技术出口申请经审查许可的，由国务院外经贸主管部门向申请人颁发生物两用品及相关设备和技术出口许可证件(以下简称出口许可证件)，并书面通知海关。

第十三条　出口许可证件持有人改变原申请的生

物两用品及相关设备和技术出口的，应当交回原出口许可证件，并依照本条例的有关规定，重新申请出口许可。

第十四条　生物两用品及相关设备和技术出口时，出口单位或者个人应当向海关出具出口许可证件，依照海关法的规定办理海关手续，并接受海关监管。

第十五条　接受方违反其依照本条例第七条规定作出的保证，或者出现《管制清单》所列的可用于生物武器目的的生物两用品及相关设备和技术扩散的危险时，国务院外经贸主管部门应当对已经颁发的出口许可证件予以中止或者撤销，并书面通知海关。

第十六条　任何单位或者个人知道或者应当知道所出口的生物两用品及相关设备和技术将被接受方直接用于生物武器目的的，无论该生物两用品及相关设备和技术是否列入《管制清单》，都不应当出口。

第十七条　经国务院批准，国务院外经贸主管部门会同有关部门，可以临时决定对《管制清单》以外的特定生物两用品及相关设备和技术的出口依照本条例实施管制。

第十八条　未经许可擅自出口生物两用品及相关设备和技术的，或者擅自超出许可的范围出口生物两用品及相关设备和技术的，依照刑法关于走私罪、非法经营罪、泄露国家秘密罪或者其他罪的规定，依法追究刑事责任；尚不够刑事处罚的，区别不同情况，依照海关法的有关规定处罚，或者由国务院外经贸主管部门给予警告，没收违法所得，处5万元以上25万元以下的罚款；国务院外经贸主管部门并可以暂停直至撤销其对外贸易经营许可。

第十九条　伪造、变造或者买卖生物两用品及相关设备和技术出口许可证件的，依照刑法关于非法经营罪或者伪造、变造、买卖国家机关公文、证件、印章罪的规定，依法追究刑事责任；尚不够刑事处罚的，依照海关法的有关规定处罚；国务院外经贸主管部门并可以撤销其对外贸易经营许可。

第二十条　以欺骗或者其他不正当手段获取生物两用品及相关设备和技术出口许可证件的，由国务院外经贸主管部门收缴其出口许可证件，没收违法所得，处2万元以上10万元以下的罚款，暂停直至撤销其对外贸易经营许可。

第二十一条　违反本条例第六条规定，未经登记擅自经营生物两用品及相关设备和技术出口的，由国务院外经贸主管部门依法取缔其非法活动，并由国家有关主管部门依照有关法律和行政法规的规定给予处罚。

第二十二条　对生物两用品及相关设备和技术出口实施管制的国家工作人员滥用职权、玩忽职守或者利用职务上的便利索取、收受他人财物的，依照刑法关于滥用职权罪、玩忽职守罪、受贿罪或者其他罪的规定，依法追究刑事责任；尚不够刑事处罚的，依法给予行政处分。

第二十三条　国务院外经贸主管部门会同有关部门，可以根据实际情况对《管制清单》进行调整，报国务院批准后执行。

第二十四条　《管制清单》所列生物两用品及相关设备和技术进口后再出口的，适用本条例的规定。

第二十五条　本条例自2002年12月1日起施行。

国务院总理朱镕基在中南海会见不丹外交大臣吉格梅·廷莱

朱镕基表示，中国政府尊重不丹的主权和领土完整，希望在平等互利、互不干涉内政的原则基础上发展同不丹的友好合作关系。两国边界谈判已进行了16轮，双方取得了不少共识，相信本着互谅互让原则，中不边界问题最终会得到圆满解决。

此前，外交部长唐家璇会见了廷莱，双方就双边关系及共同关心的国际和地区问题交换了意见。外交部副部长王毅同廷莱举行了正式边界会谈。

国务院总理朱镕基在中南海会见以理查德·迈考密克主席为团长的国际商会代表团一行

重庆市第一届人民代表大会常务委员会举行第四十三次会议决定王鸿举任重庆市代理市长

安徽省第九届人民代表大会常务委员会举行第三十三次会议决定王金山为安徽省副省长代理省长

国务院副总理李岚清在中南海会见孟加拉国总理特使卫生和家庭福利部长 孟中友协主席坎德克尔·穆沙拉夫·侯赛因

国务院副总理李岚清在中南海会见俄罗斯联邦新闻出版和广播电视部长米哈伊尔·列辛

中国体育代表团在韩国釜山闭幕的第14届亚运会上获150枚金牌

中国体育代表团第六次蝉联亚运会金牌总数第一。

9月29日至10月14日，来自44个国家和地区的运动员参加了38个大项419个小项的角逐，共打破22项次世界纪录、43项次亚洲纪录、242项次亚运会纪录。

中国体育代表团的684名选手参加了36个大项357个小项的比赛，共夺得150枚金牌、84枚银牌、74枚铜牌，6人3队17次超创13项世界纪录，3人1队5次平5项世界纪录。

10月15日

中共中央总书记江泽民为《中华人民共和国法库》作序

中共中央总书记、国家主席江泽民为这部法库作序。他指出，实现国家经济、政治、文化生活的法治化，是我国社会主义现代化建设的必然要求，我们一定要为实现这一目标而不懈努力。

江泽民在序言中指出，新中国成立以来，我国的法制建设在实践中不断发展，积累了重要的经验，取得了重大的成果。我们深刻地认识到，实行依法治国，建设社会主义法治国家，是建设有中国特色社会主义伟大事业取得成功的重要保证，是实现国家兴旺发达和长治久安的重要保障。1997年9月，中国共产党第十五次全国代表大会明确提出了依法治国的基本方略和建设社会主义法治国家的重要任务。1999年3月15日，第九届全国人民代表大会第二次会议将依法治国和建设社会主义法治国家载入了《中华人民共和国宪法修正案》。这标志着中国的法制建设进入了一个新的发展时期。

江泽民指出，法律既是社会发展的产物，又对社会发展产生作用。经济越发展，社会越进步，越需要通过法治来引导和规范经济生活和社会生活。依法治国，是我们对国家事务、经济和文化事业、社会事务进行管理的有效方式。只有严格依照宪法和法律规范国家权力的运行，才能保证全体人民依法行使国家权力和享有广泛的公民权利；只有完善的法律和制度作保障，才能保证社会主义市场经济的有序发展；只有正确运用法律手段，有效调节和解决各种社会矛盾，才能保证国家和社会长治久安、人民安居乐业。法令行则国治，法令弛则国乱，这是一条被古今中外历史所证明了的为政之道。

江泽民强调，形成完备的法律体系，是依法治国的基础。我们已经明确，要在2010年形成有中国特色社会主义法律体系。这是推进依法治国进程的首要任务。建设有中国特色社会主义法律体系，必须坚持以马克思列宁主义、毛泽东思想、邓小平理论为指导，贯彻“三个代表”要求，坚持我国法律体系的社会主义性质和方向。要从国情出发，制定和实施体现人民意志和利益、符合社会发展规律的法律，在我国宪法的基础上，形成体系统一、结构逻辑严谨、法律部门齐全、体例安排科学的社会主义法律体系，使国家的各项工作和社会的各方面生活都有法可依。

江泽民指出，实现依法治国、建设社会主义法治国家的目标，需要我们进行长期的努力。现在，我们已经初步建立了有中国特色社会主义法律体系，推进国家和社会管理的法治化进程也取得了重大进展。但是，我们面临的立法和修改法律的任务还很重，实施依法治国的基本方略还有大量工作要做。我国加入世界贸易组织后，要在世界贸易组织的法律框架下行使权利和履行义务，也需要进一步完善我国的法律制度。我们必须根据经济和社会发展的要求，努力体现人民的意志，大力加强立法工作，大力推进司法改革，大力推进依法行政，大力加强法律教育和研究工作，大力在全社会普及法律知识，尤其要大力增强各级干部的法治观念和依法办事能力。

江泽民在序言中最后说，《中华人民共和国法库》是一套反映我国法制建设成就的法律全书。编辑出版这套大型的法律全书，是一件很有意义的基础工作。我相信，本书的出版将有助于促进我国社会主义民主政治的建设，有助于完善有中国特色社会主义法律体系，特别是有助于推动实施依法治国、建设社会主义法治国家的进程。

由最高人民法院院长肖扬任总主编的《中华人民共和国法库》是根据中央领导同志提议，由最高人民法院负责编辑，是国家“十五”重点图书出版规划项目。本书的编辑，历时三年，集中了中国法学界著名专家学者和诸多大法官的智慧和心血，是对新中国成立以来的法律、法规所进行的一次全面汇总，由全国人大常委会法制工作委员会最终审定，是迄今为止我国最权威、全面、系统、实用的大型法律、行政法规、司法解释汇编类工具书。

国家主席江泽民在中南海会见前来参加国家开发银行国际顾问委员会第四次会议的全体成员

江泽民主席对法国前总理雷蒙·巴尔以及该委员会其他成员表示欢迎，对他们支持中国经济建设和开发银行的发展给予了积极评价。

江泽民主席向客人介绍了中国的经济形势。他说，中国加入世界贸易组织，标志着中国的对外开放进入了新阶段，中国将在更大范围和更深程度上参与国际经济合作与竞争。中国将恪守承诺，有步骤地扩大对外开放，进一步开放金融市场，积极开辟利用外资的新形式、新途径。他希望各位顾问继续关注中国的经济发展，对中国金融业的改革提出宝贵意见。

江泽民说，国家开发银行作为中国的政策性银行，多年来在基础设施等长期融资领域发挥了重要作用。开发银行建立国际顾问委员会，加强国际交流，学习和吸收先进经验，有益于中国的经济发展和金融改革。

国家开发银行行长陈元、外交部部领导成员乔宗淮等参加了会见。

全国人大常委会委员长李鹏在北京会见乌拉圭总统巴特列

李鹏认为巴特列总统访问必将推动中乌关系进一步向前发展。中乌建交14年来，双方关系发展顺利，各领域的互利合作取得了丰硕成果。特别是近年来，两国高层交往日渐增多，政治互信不断加强，贸易和科技合作持续发展，双方在联合国等国际组织中也保持着良好合作。中方对中乌关系的良好发展表示满意。

李鹏表示，议会间的交流与合作是两国关系的重要组成部分。近年来，中国全国人大与乌拉圭议会间的友好交流与合作日益增强，为增进两国人民的彼此了解和友谊，为推动两国互利合作发挥了重要作用。李鹏重申，中国全国人大愿为加强两国议会间的合作继续作出努力。

全国人大常委会委员长李鹏在人民大会堂会见泰国诗琳通公主

国务院中央军委签署第366号令公布《国务院、中央军事委员会关于修改〈中华人民共和国军品出口管理条例〉的决定》

现公布《国务院、中央军事委员会关于修改〈中华人民共和国军品出口管理条例〉的决定》，自2002年11月15日起施行。

国务院总理　朱镕基

中央军委主席　江泽民

2002年10月15日

国务院、中央军事委员会关于修改《中华人民共和国军品出口管理条例》的决定

为了进一步加强对军品出口的统一管理，完善军品出口管理制度，决定对《中华人民共和国军品出口管理条例》做如下修改：

一、第二条增加一款，作为第二款："前款所称军品出口，纳入军品出口管理清单。军品出口管理清单由国家军品出口主管部门制定、调整并公布。"

二、第三条修改为："国家军品出口主管部门在国务院、中央军事委员会的领导下，主管全国的军品出口工作，对全国的军品出口实施监督管理。"

三、第八条修改为："军品出口经营权由国家军品出口主管部门审查批准。具体办法由国家军品出口主管部门规定。"

四、第十一条修改为："军品贸易公司应当按照国家军品出口主管部门的规定，如实提交与其军品出口经营活动有关的文件及资料。国家军品出口主管部门应当为军品贸易公司保守商业秘密，维护军品贸易公司的合法权益。"

五、第十二条修改为："军品贸易公司可以委托经批准的军品出口运输企业，办理军品出口运输及相关业务。具体办法由国家军品出口主管部门规定。"

六、第十四条修改为："军品出口项目，由国家军品出口主管部门或者由国家军品出口主管部门会同国务院、中央军事委员会的有关部门审查批准。"

七、第十五条修改为："军品出口项目经批准后，军品贸易公司可以对外签订军品出口合同。军品出口合同签订后，应当向国家军品出口主管部门申请审查批准；国家军品出口主管部门应当自收到申请之日起20日内作出决定。军品出口合同获得批准，方可生效。

"军品贸易公司向国家军品出口主管部门申请批准军品出口合同时，应当附送接受国的有效证明文件。"

八、第十六条修改为："重大的军品出口项目、合同，应当经国家军品出口主管部门会同国务院、中央军事委员会的有关部门审查，报国务院和中央军事委员会批准。"

九、第十七条修改为："军品贸易公司在军品出口前，应当凭军品出口合同批准文件，向国家军品出口主管部门申请领取军品出口许可证；符合军品出口合同规定的，国家军品出口主管部门应当自收到申请之日起10日内签发军品出口许可证。

"海关凭军品出口许可证接受申报，并按照国家有关规定验放。"

十、第十八条修改为："军品出口项目、合同的审查批准办法和军品出口许可证的签发办法，由国家军品出口主管部门制定。"

十一、第十九条修改为："军品出口，由国家军品出口主管部门会同有关部门下达军品出口通知。有关部门和地方人民政府收到军品出口通知后，应当按照国家有关规定认真履行职责，保证军品出口的安全、迅速、准确。"

十二、第二十三条修改为："国家军品出口主管部门认为必要时或者根据军品贸易公司的请求，可以对妨碍正常的军品出口秩序的行为进行处理。"

十三、第二十四条修改为："军品贸易公司违反本条例第十一条规定的，由国家军品出口主管部门责令限期改正，予以警告；逾期不改正的，处2万元以上10万元以下的罚款，暂停直至撤销其军品出口经营权。"

十四、第二十五条修改为："军品贸易公司违反本条例第二十二条第(四)项、第(五)项规定，触犯刑律的,依照刑法关于非法经营罪,伪造、变造、买卖国家机关公文、证件、印章罪或者其他罪的规定,依法追究刑事责任;尚不够刑事处罚的,由国家军品出口主管部门予以警告,没收违法所得,并处违法所得1倍以上3倍以下的罚款,没有违法所得或者违法所得不足10万元的,处10万元以上30万元以下的罚款,暂停直至撤销其军品出口经营权。

"军品贸易公司违反本条例第二十二条第(一)项、第(二)项、第(三)项规定或者其他法律、行政法规规定的,由国家有关主管部门依照有关法律和行政法规的规定予以处罚,国家军品出口主管部门并可以暂停直至撤销其军品出口经营权;触犯刑律的,依照刑法有关规定,依法追究刑事责任。"

十五、第二十六条修改为:"违反本条例第二十条规定的,由国家军品出口主管部门取缔非法活动;触犯刑律的,依照刑法关于非法经营罪或者其他罪的规定,依法追究刑事责任;尚不够刑事处罚的,由国家军品出口主管部门予以警告,没收违法所得,并处违法所得1倍以上5倍以下的罚款,没有违法所得或者违法所得不足10万元的,处10万元以上50万元以下的罚款。"

十六、删去第二十七条。

十七、第二十八条改为第二十七条,修改为:"军品贸易公司对国家军品出口主管部门作出的具体行政行为不服的,应当先依法申请行政复议;对行政复议决定仍不服的,可以依法向人民法院提起行政诉讼。"

十八、第二十九条改为第二十八条,修改为:"国家军品出口管理工作人员滥用职权、玩忽职守或者利用职务上的便利收受、索取他人财物,触犯刑律的,依照刑法关于滥用职权罪、玩忽职守罪、受贿罪或者其他罪的规定,依法追究刑事责任;尚不够刑事处罚的,依法给予行政处分。"

此外,对部分条文的文字作相应的修改并对条文顺序作相应调整。

本决定自2002年11月15日起施行。

《中华人民共和国军品出口管理条例》根据本决定做相应的修改,重新公布。

中华人民共和国军品出口管理条例

(1997年10月22日中华人民共和国国务院、中华人民共和国中央军事委员会令第234号发布根据2002年10月15日《国务院、中央军事委员会关于修改〈中华人民共和国军品出口管理条例〉的决定》修订)

第一章 总 则

第一条 为了加强对军品出口的统一管理,维护正常的军品出口秩序,制定本条例。

第二条 本条例所称军品出口,是指用于军事目的的装备、专用生产设备及其他物资、技术和有关服务的贸易性出口。

前款所称军品出口,纳入军品出口管理清单。军品出口管理清单由国家军品出口主管部门制定、调整并公布。

第三条 国家军品出口主管部门在国务院、中央军事委员会的领导下,主管全国的军品出口工作,对全国的军品出口实施监督管理。

第四条 国家实行统一的军品出口管理制度,禁止任何损害国家的利益和安全的军品出口行为,依法保障正常的军品出口秩序。

第五条 军品出口应当遵循下列原则:

(一)有助于接受国的正当自卫能力;

(二)不损害有关地区的和世界的和平、安全与稳定;

(三)不干涉接受国的内政。

第六条 中华人民共和国缔结或者参加的国际条约同本条例有不同规定的,适用国际条约的规定;但是,中华人民共和国声明保留的条款除外。

第二章 军品贸易公司

第七条 本条例所称军品贸易公司,是指依法取得军品出口经营权,并在核定的经营范围内从事军品出口经营活动的企业法人。

第八条 军品出口经营权由国家军品出口主管部门审查批准。具体办法由国家军品出口主管部门规定。

第九条 军品贸易公司依法自主经营、自负盈亏。

第十条 军品贸易公司应当信守合同,保证商品质量,完善售后服务。

第十一条 军品贸易公司应当按照国家军品出口主管部门的规定,如实提交与其军品出口经营活动有关的文件及资料。国家军品出口主管部门应当为军品贸易公司保守商业秘密,维护军品贸易公司的合法权益。

第十二条 军品贸易公司可以委托经批准的军品出口运输企业,办理军品出口运输及相关业务。具体办法由国家军品出口主管部门规定。

第三章 军品出口管理

第十三条 国家对军品出口实行许可制度。

军品出口项目、合同,应当依照本条例的规定申请审查批准。军品出口,应当凭军品出口许可证。

第十四条 军品出口项目,由国家军品出口主管部门或者由国家军品出口主管部门会同国务院、中央军事委员会的有关部门审查批准。

第十五条 军品出口项目经批准后,军品贸易公司可以对外签订军品出口合同。军品出口合同签订后,应当向国家军品出口主管部门申请审查批准;国家军品出口主管部门应当自收到申请之日起20日内作出决定。军品出口合同获得批准，方可生效。

军品贸易公司向国家军品出口主管部门申请批准军品出口合同时，应当附送接受国的有效证明文件。

第十六条　重大的军品出口项目、合同，应当经国家军品出口主管部门会同国务院、中央军事委员会的有关部门审查，报国务院和中央军事委员会批准。

第十七条　军品贸易公司在军品出口前，应当凭军品出口合同批准文件，向国家军品出口主管部门申请领取军品出口许可证；符合军品出口合同规定的，国家军品出口主管部门应当自收到申请之日起10日内签发军品出口许可证。

海关凭军品出口许可证接受申报，并按照国家有关规定验放。

第十八条　军品出口项目、合同的审查批准办法和军品出口许可证的签发办法，由国家军品出口主管部门制定。

第十九条　军品出口，由国家军品出口主管部门会同有关部门下达军品出口通知。有关部门和地方人民政府收到军品出口通知后，应当按照国家有关规定认真履行职责，保证军品出口的安全、迅速、准确。

第四章　军品出口秩序

第二十条　未取得军品出口经营权的任何单位或者组织，不得从事军品出口经营活动。

国家禁止个人从事军品出口经营活动。

第二十一条　军品贸易公司在军品出口经营活动中，应当遵守法律和行政法规的规定，维护正常的军品出口秩序。

第二十二条　军品贸易公司在军品出口经营活动中，不得有下列行为：

(一)危害国家安全或者社会公共利益；

(二)以不正当竞争手段排挤竞争对手；

(三)侵害中华人民共和国法律保护的知识产权；

(四)伪造、变造、骗取或者转让军品出口项目批准文件、合同批准文件、许可证和接受国的有效证明文件等单证；

(五)超越核定的经营范围经营；

(六)违反法律和行政法规规定的其他行为。

第二十三条　国家军品出口主管部门认为必要时或者根据军品贸易公司的请求，可以对妨碍正常的军品出口秩序的行为进行处理。

第五章　法律责任

第二十四条　军品贸易公司违反本条例第十一条规定的，由国家军品出口主管部门责令限期改正，予以警告；逾期不改正的，处2万元以上10万元以下的罚款，暂停直至撤销其军品出口经营权。

第二十五条　军品贸易公司违反本条例第二十二条第(四)项、第(五)项规定，触犯刑律的，依照刑法关于非法经营罪，伪造、变造、买卖国家机关公文、证件、印章罪或者其他罪的规定，依法追究刑事责任；尚不够刑事处罚的，由国家军品出口主管部门予以警告，没收违法所得，并处违法所得1倍以上3倍以下的罚款，没有违法所得或者违法所得不足10万元的，处10万元以上30万元以下的罚款，暂停直至撤销其军品出口经营权。

军品贸易公司违反本条例第二十二条第(一)项、第(二)项、第(三)项规定或者其他法律、行政法规规定的，由国家有关主管部门依照有关法律和行政法规的规定予以处罚，国家军品出口主管部门并可以暂停直至撤销其军品出口经营权；触犯刑律的，依照刑法有关规定，依法追究刑事责任。

第二十六条　违反本条例第二十条规定的，由国家军品出口主管部门取缔非法活动；触犯刑律的，依照刑法关于非法经营罪或者其他罪的规定，依法追究刑事责任；尚不够刑事处罚的，由国家军品出口主管部门予以警告，没收违法所得，并处违法所得1倍以上5倍以下的罚款，没有违法所得或者违法所得不足10万元的，处10万元以上50万元以下的罚款。

第二十七条　军品贸易公司对国家军品出口主管部门作出的具体行政行为不服的，应当先依法申请行政复议；对行政复议决定仍不服的，可以依法向人民法院提起行政诉讼。

第二十八条　国家军品出口管理工作人员滥用职权、玩忽职守或者利用职务上的便利收受、索取他人财物，触犯刑律的，依照刑法关于滥用职权罪、玩忽职守罪、受贿罪或者其他罪的规定，依法追究刑事责任；尚不够刑事处罚的，依法给予行政处分。

第六章　附　则

第二十九条　警用装备的出口适用本条例。

第三十条　本条例自1998年1月1日起施行。

国务院总理朱镕基签署第364号令公布《禁止使用童工规定》

《禁止使用童工规定》已经2002年9月18日国务院第63次常务会议通过，现予公布，自2002年12月1日起施行。

总　理　朱镕基

2002年10月15日

禁止使用童工规定

第一条　为保护未成年人的身心健康，促进义务教育制度的实施，维护未成年人的合法权益，根据宪法和劳动法、未成年人保护法，制定本规定。

第二条　国家机关、社会团体、企业事业单位、民办非企业单位或者个体工商户(以下统称用人单位)均不得招用不满16周岁的未成年人(招用不满16周岁的未成年人,以下统称使用童工)。

禁止任何单位或者个人为不满16周岁的未成年人介绍就业。

禁止不满16周岁的未成年人开业从事个体经营活动。

第三条　不满16周岁的未成年人的父母或者其他监护人应当保护其身心健康,保障其接受义务教育的权利,不得允许其被用人单位非法招用。

不满16周岁的未成年人的父母或者其他监护人允许其被用人单位非法招用的,所在地的乡(镇)人民政府、城市街道办事处以及村民委员会、居民委员会应当给予批评教育。

第四条　用人单位招用人员时,必须核查被招用人员的身份证;对不满16周岁的未成年人,一律不得录用。用人单位录用人员的录用登记、核查材料应当妥善保管。

第五条　县级以上各级人民政府劳动保障行政部门负责本规定执行情况的监督检查。

县级以上各级人民政府公安、工商行政管理、教育、卫生等行政部门在各自职责范围内对本规定的执行情况进行监督检查,并对劳动保障行政部门的监督检查给予配合。

工会、共青团、妇联等群众组织应当依法维护未成年人的合法权益。

任何单位或者个人发现使用童工的,均有权向县级以上人民政府劳动保障行政部门举报。

第六条　用人单位使用童工的,由劳动保障行政部门按照每使用一名童工每月处5000元罚款的标准给予处罚;在使用有毒物品的作业场所使用童工的,按照《使用有毒物品作业场所劳动保护条例》规定的罚款幅度,或者按照每使用一名童工每月处5000元罚款的标准,从重处罚。劳动保障行政部门并应当责令用人单位限期将童工送回原居住地交其父母或者其他监护人,所需交通和食宿费用全部由用人单位承担。

用人单位经劳动保障行政部门依照前款规定责令限期改正,逾期仍不将童工送交其父母或者其他监护人的,从责令限期改正之日起,由劳动保障行政部门按照每使用一名童工每月处1万元罚款的标准处罚,并由工商行政管理部门吊销其营业执照或者由民政部门撤销民办非企业单位登记;用人单位是国家机关、事业单位的,由有关单位依法对直接负责的主管人员和其他直接责任人员给予降级或者撤职的行政处分或者纪律处分。

第七条　单位或者个人为不满16周岁的未成年人介绍就业的,由劳动保障行政部门按照每介绍一人处5000元罚款的标准给予处罚;职业中介机构为不满16周岁的未成年人介绍就业的,并由劳动保障行政部门吊销其职业介绍许可证。

第八条　用人单位未按照本规定第四条的规定保存录用登记材料,或者伪造录用登记材料的,由劳动保障行政部门处1万元的罚款。

第九条　无营业执照、被依法吊销营业执照的单位以及未依法登记、备案的单位使用童工或者介绍童工就业的,依照本规定第六条、第七条、第八条规定的标准加一倍罚款,该非法单位由有关的行政主管部门予以取缔。

第十条　童工患病或者受伤的,用人单位应当负责送到医疗机构治疗,并负担治疗期间的全部医疗和生活费用。

童工伤残或者死亡的,用人单位由工商行政管理部门吊销营业执照或者由民政部门撤销民办非企业单位登记;用人单位是国家机关、事业单位的,由有关单位依法对直接负责的主管人员和其他直接责任人员给予降级或者撤职的行政处分或者纪律处分;用人单位还应当一次性地对伤残的童工、死亡童工的直系亲属给予赔偿,赔偿金额按照国家工伤保险的有关规定计算。

第十一条　拐骗童工,强迫童工劳动,使用童工从事高空、井下、放射性、高毒、易燃易爆以及国家规定的第四级体力劳动强度的劳动,使用不满14周岁的童工,或者造成童工死亡或者严重伤残的,依照刑法关于拐卖儿童罪、强迫劳动罪或者其他罪的规定,依法追究刑事责任。

第十二条　国家行政机关工作人员有下列行为之一的,依法给予记大过或者降级的行政处分;情节严重的,依法给予撤职或者开除的行政处分;构成犯罪的,依照刑法关于滥用职权罪、玩忽职守罪或者其他罪的规定,依法追究刑事责任:

(一)劳动保障等有关部门工作人员在禁止使用童工的监督检查工作中发现使用童工的情况,不予制止、纠正、查处的;

(二)公安机关的人民警察违反规定发放身份证或者在身份证上登录虚假出生年月的;

(三)工商行政管理部门工作人员发现申请人是不满16周岁的未成年人,仍然为其从事个体经营发放营业执照的。

第十三条　文艺、体育单位经未成年人的父母或者其他监护人同意,可以招用不满16周岁的专业文艺工作者、运动员。用人单位应当保障被招用的不满16

周岁的未成年人的身心健康,保障其接受义务教育的权利。文艺、体育单位招用不满16周岁的专业文艺工作者、运动员的办法,由国务院劳动保障行政部门会同国务院文化、体育行政部门制定。

学校、其他教育机构以及职业培训机构按照国家有关规定组织不满16周岁的未成年人进行不影响其人身安全和身心健康的教育实践劳动、职业技能培训劳动,不属于使用童工。

第十四条 本规定自2002年12月1日起施行。1991年4月15日国务院发布的《禁止使用童工规定》同时废止。

国务院总理朱镕基在北京会见乌拉圭总统巴特列

中央综治委2002年第三次全会在北京召开

中共中央政治局委员、国务委员、中央综治委主任罗干在会上提出:各级党委、政府和政法部门要深入贯彻中央政法委"9·16"全国电视电话会议精神,以江泽民总书记"三个代表"重要思想为指导,充分认识维护社会稳定、做好十六大安全保卫工作的重要性,扎扎实实地把各项安全稳定措施落到实处,防止发生敌对分子滋事捣乱事件,防止发生暴力恐怖事件和重大恶性刑事案件,防止发生重大群体性事件,防止发生群死群伤等重大治安灾害和生产安全事故,为十六大的胜利召开创造良好的社会治安环境。

中央社会治安综合治理委员会2002年第三次全体会议听取了中央综治办关于各地开展矛盾纠纷排查调处工作的情况汇报和司法部关于开展人民调解工作情况的汇报,浙江省、天津市介绍了开展矛盾纠纷排查调处工作的做法和成效,会议审议了《关于加强社会治安防范工作的意见》。

罗干在会上指出,还有20多天,党的十六大就将胜利召开。这是全党、全国各族人民政治生活中的一件大事,对于党和国家在新世纪的发展具有重大而深远的意义。做好各项安全保卫工作,全力以赴维护十六大期间的安全稳定,确保十六大胜利召开,是各地、各部门的首要政治任务,是政法部门的头等大事。

罗干要求,各级党委、政府和各有关部门要充分认识加强治安防范、预防犯罪工作的重要性,在继续深入开展"严打"整治斗争的同时,狠抓治安防范,全面落实综合治理的各项措施,巩固"严打"整治斗争的成果,逐步做到控制和减少违法犯罪。各级党政领导要切实承担起维护社会稳定、确保一方平安的政治责任,进一步加强对治安防范工作的领导,及时研究解决工作中的重大问题。各部门、各单位要认真落实部门责任制和单位责任制,加强内部安全保卫和治安防范工作,确保本部门、本系统、本单位内部安全稳定。各级政法、综治部门要充分发挥职能作用,加强督导检查,推动各项防范措施落到实处。

罗干强调,各地、各部门要进一步提高认识,高度重视矛盾纠纷排查调处工作,健全工作机制,完善各项制度,在党委、政府的统一领导下,结合开展"严打"整治斗争和十六大安全保卫工作,采取更加扎实有效的措施,把矛盾纠纷排查调处工作不断引向深入。要紧密围绕做好十六大的安全保卫工作,集中时间,集中力量,在全面开展矛盾纠纷排查调处工作的基础上,重点排查化解可能由民事纠纷演化成重大恶性刑事案件和可能发生大规模群体性事件的矛盾纠纷。要切实转变作风,深入实际,深入群众,着力解决好涉及人民群众切身利益的实际问题。要把人民调解、行政调解、司法调解紧密结合起来,充分发挥基层人民调解组织的作用,把各种影响稳定的苗头和不安定因素化解在基层,解决在萌芽状态。要充分发挥各有关部门的职能作用,齐抓共管,密切配合,共同做好矛盾纠纷排查调处工作。基层综治组织特别是乡镇(街道)综治办要将矛盾纠纷排查调处作为一项重要的基础性工作,长期坚持,抓紧抓好。

罗干强调,各地区、各部门要从实际出发,提出加强社会治安防范工作的具体意见和措施,并抓好落实。要努力建立起打防控一体化的工作机制,并结合实际,突出重点,什么犯罪突出,就加强这方面的犯罪预防;什么治安问题突出,什么时段案件多发,什么地区、场所或部位的治安秩序混乱,就加强这方面的治安防范和重点整治。当前,要紧紧围绕十六大的安全保卫工作,对治安秩序混乱、黄赌毒等社会丑恶现象和流动人口聚集的地区、场所、部位进行集中整治和全面清查,对易燃、易爆和剧毒物品严格进行管理,严密社会面的治安防范和控制,全面落实社会治安综合治理的各项措施。

中央社会治安综合治理委员会副主任、全国人大常委会副委员长曹志,最高人民法院院长肖扬,最高人民检察院检察长韩杼滨,中央综治委委员和天津市、浙江省综治委的负责同志出席了会议。

最高人民法院公布《关于审理商标民事纠纷案件适用法律若干问题的解释》的最新规定

复制、模仿、翻译他人注册的驰名商标或其主要部分,即使是在不相同或者不相类似的商品上作为商标使用,从而误导公众的,也将被认定为侵犯注册商标专有权的行为而承担相应的民事责任。该司法解释将于2002年10月16日正式施行。

依据该司法解释,除了对已注册的驰名商标提供法律保护外,对未在中国注册的驰名商标也提供保护。该司法解释第二条规定:“复制、模仿、翻译他人未在中国注册的驰名商标或其主要部分,在相同或者类似商品上作为商标使用,容易导致混淆的,应当承担停止侵害的民事法律责任。”

该司法解释还就审理商标纠纷案件的类型和管辖、商标侵权判定及其损害赔偿、商标使用许可、侵权民事制裁等作出规定。

《最高人民法院关于审理著作权民事纠纷案件适用法律若干问题的解释》正式施行

《最高人民法院关于审理著作权民事纠纷案件适用法律若干问题的解释》所明确规定的新规则指出:打著作权官司的当事人,应到中级以上人民法院提起诉讼。

作为著作权案件由中级以上人民法院管辖原则的一个补充,该司法解释还规定:“各高级人民法院根据本辖区的实际情况,可以确定若干基层人民法院管辖第一审著作权民事纠纷案件。”到目前为止,全国只有北京市朝阳区法院、海淀区法院,上海市浦东新区法院、黄浦区法院等不到10家基层法院可以管辖第一审著作权案件。

正式施行的司法解释共32条,对著作权民事案件的起诉与受理、案件管辖、举证、特殊作品的著作权保护、侵权赔偿等一系列适用法律问题作出了明确规定。

信息产业部部长吴基传在中宣部等五部委联合举办的系列报告会上的报告

党的十三届四中全会以来,党中央、国务院高度重视信息产业发展。江泽民同志在一次讲话中指出,要进一步把大力推广应用电子信息技术提高到战略高度,充分发挥电子信息技术的倍增作用。他还强调指出,发达的市场体系需要发达的通信网络为之服务。最近两年,他又多次提出,要抓住信息网络化发展带来的机遇,加快发展我国的信息技术和网络技术,并在经济、社会、科技、国防、教育、文化、法律等方面积极加以运用,努力在全球信息网络化的发展中占据主动地位。这一系列具有战略意义的论述,充分肯定了信息产业在国民经济中的重要地位,对新时期信息产业的发展,起到了重大的指导作用。全国信息产业部门在以江泽民同志为核心的党中央正确领导下,高举邓小平理论伟大旗帜,实践“三个代表”重要思想,努力服务于先进生产力的发展,服务于先进文化的传播,服务于人民生活质量的改善,在发展中改革,在改革中发展,走出了一条具有中国特色的发展道路,综合实力实现了历史性跨越。

13年来,信息产业一直保持2—3倍于GDP的速度发展,产业增加值占GDP的比重由1989年的1.4%提高到4.2%。电话网规模容量跃居世界第一位,技术水平进入世界先进行列;电子信息产品制造业成为我国工业制造领域和外贸出口的最大行业,程控交换机、手机、彩电等产品的产量跃居世界第一位。信息产业的发展,壮大了我国的经济实力、国防实力和信息安全实力,提高了国家对国民经济的控制力,信息产业已成为国民经济的先导产业、支柱产业和战略产业。当今的中国,电话已进入亿万百姓家庭,手机使人们随时随地进行联系,家电和计算机日益普及,互联网的影响越来越广泛,这样大的变化在十几年前是无法想象的。

一、通信业由制约改革开放和经济建设的“瓶颈”,发展成为增长最快、综合效益最好的行业之一

通信业连续10多年保持快速增长。我国通信业自1984年开始超前于国民经济发展,1989年到2001年,通信业务收入年均增长36%,最高年份高达50%多,比GDP增长速度高出十几到三十几个百分点。2001年,全国通信固定资产原值达到1.16万亿元,是1989年的47倍,通信投资占全社会投资的比重由1989年的1.3%提高到7.2%;通信业务收入完成4150亿元,是1989年的40倍;电话用户总数今年8月达到3.88亿户,是1989年的88倍,其中固定电话用户2.03亿户,移动电话用户1.85亿户;全国电话普及率由1989年的每百人0.98部提高到每百人30.22部,通电话的行政村比重从1989年的43.6%提高到85.3%;互联网迅猛发展,短短几年时间用户已达到4500多万户,居世界第三位。我国电话网总规模在世界的排名,从1989年的第十六位到目前的第一位,只用了短短的13年时间,这样的发展速度在世界上也是罕见的。

通信网综合能力实现了由小容量向大容量、模拟技术向数字技术、单一业务向多样化业务的转变。“八纵八横”格状形光缆骨干网已覆盖全国各省会和所有的地市,光缆干线总长度达到197万公里,局用电话交换机容量达到2.12亿门。移动通信网、数据网及IP电话业务覆盖全国城镇和部分农村。大多数国家和地区已与我国建立了直达电路及经转开放电信业务、开通移动漫游和开通互联网漫游,还建成了中日、亚欧、中美等多条国际陆地和海底光缆。通信服务质量进一步改善,服务热点问题得到有效缓解,全国电话装机平均时限已缩短为10天以内。西部地区与农村通信迅速发展,建成了西兰乌、兰西拉等光缆,农村电话用户占全国用户的比重提高到37.4%,各地还建成了一大批“电话乡镇”、“电话村”,邮政综合计算机网已连接1.6万个电子化支局(所),邮政金融计算机网的服务范围遍及全国,98%以上的县市实现了通存通取。

通信发展模式实现了由垄断经营向市场竞争的转变。通过改革与重组,初步形成了不同规模、不同业务、不同所有制企业相互竞争、优势互补、共同发展的市场格局。到今年8月底,电信业务收入的市场占有率,中国电信为30%,中国网通为16.8%,中国移动为40%,中国联通为12.1%;移动电话用户的市场份额,中国移动为69.1%,中国联通已上升到30.9%。广大消费者对业务和运营商有了更多的选择。随着我国加入世界贸易组织,我国电信业已对外开放。达到目前的市场开放程度,我国只用了3年多时间,而许多发达国家则长达七八年甚至10多年之久。

通信管理体制实现了由政企合一向政企分开、依法管理的转变。国家陆续颁布实施了《电信条例》《互联网信息服务管理办法》《外商投资电信企业管理规定》等一系列法规,逐步建立了以中央为主、部省双重领导的电信监管体系,统筹规划、互联互通、市场监管、网络与信息安全管理、无线电管理等工作得到进一步加强。国家连续多次对电信资费进行了有升有降的结构性调整,资费整体水平大幅度下降,对扩大消费产生了积极的影响。

二、电子信息产品制造业综合实力显著增强,成为推动经济发展和国防建设的重要支柱产业

电子信息产品制造业规模不断发展壮大。到2001年,电子工业总产值达到1.3万亿元,占全国工业总产值的比重从1989年的不到5%上升到近10%;销售收入达到8900亿元,是1989年的16.7倍;利润总额达到750亿元,是1989年的13.4倍;出口额达到650亿美元,是1989年的12.6倍。工业总产值、销售收入、利润和出口额年均增长分别为29%、27%、24%和30%。主要电子产品的产量大幅度增长,上缴国家税金、实现利润等指标均位居各工业部门前列。经过10多年的发展,我国已成为世界电子信息产品制造业大国,产业规模由1989年的世界第九位上升到第三位,已接近日本。电子信息产品制造业对推动我国传统产业改造,加快产品升级换代,增强企业竞争能力起到了重要作用,成为信息化建设的"引擎"。另外,军事电子工业有力地加快了国防现代化建设的步伐。

产业结构调整不断优化,整体素质显著提高。13年来,电子信息产品制造业在发展中调整结构、在结构调整中加快发展,使长期以来存在的产业结构、产品结构不合理的矛盾得到有效缓解,以计算机网络、通信产品为代表的投资类产品得到迅速发展,改变了长期以来依靠消费类电子产品支撑产业发展的局面,为国民经济建设提供系统装备能力显著增强。电子信息产品更新换代呈现加速趋势,正向数字化、网络化、智能化和高技术、高品质、高附加值方向发展。聚集效应开始显现,规模经济和产业集中度明显提高。目前沿海部分地区正在成为全球IT产品制造基地。中西部电子信息产品制造业也形成了自己的特色。通过实施大公司战略,产业规模经济效益开始显现,一批跨地区、跨行业、跨所有制和跨国经营的大公司迅速发展,市场竞争力显著增强。国企改革稳步推进,三年脱困任务基本完成,一大批国有企业步入了良性发展轨道。股份制企业、民营企业、三资企业快速发展,所占比例不断增加,为电子信息产品制造业注入了新的活力。

对外合作成效显著,电子信息产品成为国家外贸出口最重要的领域之一。截至2001年年底,我国电子信息产品制造业吸引外资总额超过700亿美元,设立外商投资企业10000多家,二者占全国比重均在15%以上,外资已逐渐成为电子信息产品制造业的重要力量。从1995年开始,电子信息产品进出口贸易总额连续7年实现顺差,为国家外汇储备的扩大作出了积极贡献。出口产品附加值不断提高,2001年高新技术出口增长90%来自电子信息产品。出口市场日趋多元化,在保持传统出口市场的同时,我国产品已大量出口到非洲、中东和俄罗斯等新兴市场,国产通信系统打入40多个国家和地区。

三、信息化推进工作取得明显进展,为经济发展、社会进步和人民生活提供了优质高效的服务

在国家信息化领导小组的领导下,信息产业部门认真贯彻落实党中央提出的以信息化带动工业化的战略,务实推进信息化建设,取得了明显的成效。特别是最近几年,面对国内外网络经济泡沫的冲击,坚持从国情出发,坚持以信息化带动工业化而不是取代工业化,注重用信息技术改造传统产业而不是与传统产业相脱离,推进信息化着眼于应用而不是热衷于概念炒作,发展网络经济立足于建立有效的盈利模式而不搞所谓"免费的午餐",紧紧抓住"带动"、"改造"、"应用"、"效益"这四个关键环节,在推进电子政务、电子商务和企业信息化发展等方面下功夫,理性务实地推进信息化,保持了信息化建设的健康发展。

积极推进电子政务。配合有关部委大力推进金卡、金关、金税、金盾等信息化重大工程,并从网络设施、技术支撑、业务集成、资费价格等方面,提供优质、优先、优惠的服务。这些工程的实施,为国家宏观调控、经济运行和经济安全提供了先进的作业手段和网络技术保障,产生了明显的经济效益和社会效益。目前,各行业、各部门利用公用通信网组建的全国性信息应用系统已达到187个。

进入新世纪,信息产业面临着新的机遇和挑战。全国信息产业部门将在以江泽民同志为核心的党中

央领导下，继续坚持在发展中改革，在改革中发展，与时俱进，开拓创新，扎实工作，以优异的成绩迎接党的十六大胜利召开。

国家副主席胡锦涛在人民大会堂会见联合国秘书长安南

胡锦涛对安南再次访华表示欢迎，对安南就任联合国秘书长以来为促进世界和平与发展作出的努力表示赞赏。

胡锦涛说，联合国作为世界上最有代表性、最有权威的政府间国际组织，在国际事务中发挥着不可替代的作用。在新世纪新形势下，联合国在维护世界和平、促进共同发展、建立公正合理的国际政治经济新秩序方面面临艰巨任务，负有重要责任。作为联合国安理会常任理事国，中国将始终遵循和维护《联合国宪章》的宗旨和原则，积极参与联合国各领域事务，一如既往地支持联合国及秘书长的工作，加强与联合国的合作。

在谈到联合国在发展问题上的作用时，胡锦涛指出，促进发展中国家的经济振兴，有利于世界经济的持续、健康发展，有利于缩小南北差距，有利于从根本上消除世界上许多不安定因素。在推动全球发展和建立国际政治经济新秩序的进程中，需要各国广泛参与和团结合作，需要加强联合国的主导作用和协调职能。联合国应继续帮助发展中国家增强能力建设，协助各国特别是发展中国家妥善应对全球化挑战，促进各国的共同发展和繁荣。

中国常驻联合国代表王英凡、外交部副部长王光亚等会见时在座。

中共中央书记处书记尉健行在人民大会堂会见由副总书记若泽·雷斯率领的东帝汶独立革命阵线代表团

尉健行首先对东帝汶成为独立国家表示祝贺，并对若泽·雷斯率团访华表示欢迎。他说，中国是最早支持东帝汶独立的国家之一，也是第一个与东帝汶建交的国家。中国和东帝汶关系的建立和发展反映了两国人民的愿望，这不仅符合两国的根本利益，也有利于本地区的和平与稳定。中国共产党重视独立革命阵线在东帝汶政治、经济和社会生活中的重要地位和作用，愿本着独立自主、完全平等、互相尊重、互不干涉内部事务的原则与东帝汶独立革命阵线开展友好交往。希望两党之间加强交流，不断增进相互了解和信任，为促进两国关系的发展作出积极贡献。

尉健行还向客人介绍了中国国内形势。中联部部长戴秉国、副部长蔡武等会见时在座。

国务院副总理钱其琛在北京会见联合国秘书长科菲·安南

全国人大常委会副委员长姜春云在人民大会堂会见以朝鲜最高人民会议常任委员会副委员长杨亨燮为团长的朝鲜国家代表团

新中国地质工作50年暨中国地质学会成立80周年纪念会在北京召开

国务院副总理温家宝在会上讲话时强调，地质工作要适应发展社会主义市场经济的要求，适应高新技术迅猛发展的新形势，适应经济全球化和我国加入世贸组织的新环境，切实贯彻“三个代表”的重要思想，与时俱进，深化改革，实现新的战略性转变。

温家宝在讲话中概述了新中国成立以来，特别是改革开放以来我国地质工作取得的巨大成就，高度评价广大地质工作者几十年艰苦奋斗，为社会主义现代化建设建立的历史功勋。他总结了50年地质工作的基本经验，主要是：地质工作与经济建设相结合，为经济社会发展服务；以改革开放为动力，促进地质工作的调整、发展和提高；依靠科技进步，在学术上贯彻“双百”方针；按自然规律和经济规律办事；调整、精干地质队伍，造就一代复合式地质专业人才。

温家宝指出，伴随新世纪的到来，我国进入全面建设小康社会，加快社会主义现代化建设的新阶段。地质工作要适应新形势的要求，实现新的战略性转变，建立与社会主义市场经济体制相适应的地质工作体制。要实现传统地质工作向以“地球系统科学”为核心内容的现代地质工作转变，使地质工作更加紧密地与经济建设和社会发展相结合，更好地为经济社会发展服务。

温家宝指出，推进地质工作体制改革，当前要突出抓好三项工作：一是建设一支人员精干并相对稳定、装备精良的地质“野战军”队伍，以保证国家区域性、基础性、公益性地质调查、地质灾害防治和战略性矿产勘查需要。二是加强对全国和地方地质工作的宏观指导，搞好全国地质工作的统一规划，正确引导地质工作布局和结构调整，促进属地化管理的地勘队逐步实现向企业化过渡或融入企业。三是整顿和规范矿产资源管理秩序，加大依法行政的工作力度，从法制、体制、机制和利益关系等方面着手，深入研究、推进改革，探索规范矿产资源管理与利用秩序的治本之策。

全国人大常委会副委员长邹家华，全国政协副主席朱光亚出席会议。会议由国土资源部部长主持。曾在地质、国土资源各有关部门工作的负责人、地学界在京的中国科学院和中国工程院院士、地质找矿功勋单位代表、李四光地质科学奖获奖者代表，以及各有关部门的负责同志参加了这次纪念会。荣获第一届黄汲清青年地质科技奖的10位同志在会上受到表彰。

西北师范大学在兰州举行建校100周年庆祝大会

党和国家领导人江泽民、李鹏、李瑞环题词祝贺，李岚清发来贺信。

江泽民的题词是："培育创新人才，攀登科学高峰，为科教兴国作出更大贡献。"

李鹏的题词是："努力建设好西北大学，为西部大开发培养人才。"

李瑞环的题词是："总结历史经验，振兴西北大学。"

李岚清在贺信中说："西北大学建校100年来，培养了大批优秀人才，取得了丰硕的科学研究成果，为国家经济建设和社会发展作出了重要贡献。希望西北大学按照'三个代表'的要求，继承优良传统，深化改革，与时俱进，不断提高办学水平，为实施西部大开发战略，为实现中华民族的伟大复兴作出新贡献。"

西北大学的前身是创建于1902年的陕西大学堂和京师大学堂仕学馆。在百年历程中，西大形成了"公诚勤朴"的校训和"团结、进取、民主、奉献"的校风，铸就了"艰苦创业、自强不息"的精神。服务陕西，开发西北，积极推动地方经济建设和社会发展，构成了百年西大的办学特色。西北师范大学遵循"学为人师，行为世范"的办学理念，发扬"爱国进步、诚信质朴、艰苦奋斗、自强不息"的精神，培养了8.6万多名优秀人才。李蒸、黎锦熙、李建勋、袁敦礼、常书鸿、吕斯百、孔宪武等知名专家、学者都曾在这所学校弘文励教。

经过百年的建设和发展，西北大学已发展成为一所文、理、工、管、法、医学科门类齐全，教学与科研并重的全国重点综合性大学。学校现有13个学院、39个系、66个本科专业，博士学位授权点19个，硕士学位授权点65个，博士后科研流动站6个，国家重点学科3个，国家基础科学研究和教学人才培养基地6个，国家大学生文化素质教育基地1个。1999年，西大正式跻身国家"211工程"重点院校。2001年，西大又成为西部大开发国家重点支持院校。目前，西大正向研究型、具有特色的国内一流、国际知名的现代化综合大学的目标迈进。

建校100年来，西大共为国家培养了10万余名各类专门人才，其中80%的毕业生分布在西部各行各业，他们中绝大多数成为所在行业和部门的业务骨干、学术带头人，为西部的经济建设和社会发展作出了突出的贡献。

美籍华裔物理学家、诺贝尔奖获得者李政道博士应邀在建校百年庆典中致辞。他说，科技创新需要青年人才，民族精神的树立也需要青年人才，培养青年人才不能只依靠课堂教育，也不能只依靠高科技工具，而是需要更多优秀的、能够以身作则的教师。

全国政协副主席任建新，中央、国家机关有关部门、陕西省及部分国内外知名大学的代表与西大师生员工共3万余人参加了庆祝大会。

纪念爱国人士实业家和社会活动家孙越崎诞辰110周年座谈会在北京举行

全国政协副主席、中共中央统战部部长王兆国代表中共中央统战部在会上讲话。王兆国说，孙越崎同志长期致力于民族工业的发展，是我国现代能源工业的创办人和奠基人之一。孙越崎同志是中国共产党的挚友和诤友，在对中国共产党从相近、相识到相知的过程中，他最终选择接受共产党领导的道路，并在以后的革命和建设历程中，始终与中国共产党风雨同舟，肝胆相照。新中国成立后，孙越崎同志为我国能源工业的发展呕心沥血，做了大量工作。他积极带领民革广大成员长期坚持贯彻执行党的统一战线政策，为坚持和完善中国共产党领导的多党合作和政治协商制度，为巩固和发展新时期的爱国统一战线作出了贡献。

全国人大常委会副委员长、民革中央主席何鲁丽在讲话中表达了对孙越崎同志的崇高敬意和深切怀念。她说，中共十一届三中全会以后，耄耋之年的孙越崎同志仍壮心不已，满怀热忱地投身于现代化建设，为祖国的经济建设和改革开放献计献策。孙越崎同志作为民革中央的领导人之一，一直非常关心民革的工作和自身建设。

座谈会由民革中央副主席李赣骝主持。全国政协副主席杨汝岱、钱正英、孙孚凌、经叔平出席座谈会。孙越崎同志生前友好和亲属代表也在座谈会上发了言。

中共中央统战部、各民主党派中央和全国工商联、欧美同学会、中国和平统一促进会、中华慈善总会、故宫博物院等有关方面负责同志以及孙越崎同志的亲属、生前友好出席了座谈会。

何兰阶逝世

最高人民法院原副院长、党组副书记何兰阶同志，因病医治无效，于2002年10月15日在北京逝世，享年93岁。

何兰阶1910年生于湖北麻城。1927年参加农民协会，1930年参加中国工农红军，1932年加入中国共产党。1929年至1937年，历任红四方面军红一师警卫连排长，营宣传队长、团政治处技术书记，八十八师政治部秘书长，三十军政治部秘书长，参加了长征。抗日战争期间，他历任总政治部保卫部审讯执行科科长，陕甘宁晋绥联防军军法处处长。解放战争期间，他历任联防军派往东北干部团政治处主任、冀东军区独立第十旅政治部主任，军区政治部副主任兼组织部长、政治部主任兼唐山警备司令部副政委，二〇一师政治委员。新中国成立后，他历任最高人民法院刑事审判庭副庭长、中央人民政府直属机关纪检员，最高人民法院华北分院院长、党组书记，华北行政委员会分党组书记、最高人民法院民事审判庭庭长。1964年当选为第三届全国人大代表。

10月16日

全球环境基金第二届成员国大会在北京国际会议中心开幕

国家主席江泽民出席开幕式，并发表了题为《采取积极行动共创美好家园》的讲话。

开幕式由中国财政部部长项怀诚主持。来自全球环境基金各成员国的政府代表、主要国际环保组织及金融机构、非政府组织和中外有关各界人士共1300多人出席了开幕式。

全球环境基金主席兼首席执行官穆罕默德·阿什里也在开幕式上讲话。他说，他对中国政府和人民给予本次大会的热情接待、大力支持和高度关注表示衷心感谢和赞赏。

他说，中国政府的言行为本届大会及此后的国际合作树立了很高的标准，因此，本届大会将成为今后的榜样。

他说，当前人类已经进入了历史上最具创造力的阶段。科技和通讯的飞速发展给人们提供了采取负责任行动的难得机遇。他呼吁，社会各界的领导人物，包括国家首脑以及社会组织、中小企业、国际组织和大公司的领导人共同努力，实现可持续发展。

开幕式前，江泽民会见了出席本次会议的阿什里、联合国副秘书长兼环境规划署执行主任克劳斯·特普费尔、联合国开发计划署署长马克·布朗和亚洲开发银行副行长约瑟夫·埃森伯格以及汤加副首相塞西尔·科克尔等。

参加开幕式和会见的有财政部部长项怀诚、国家环保总局局长解振华、国家计委副主任刘江、外交部副部长王光亚、财政部副部长金立群、国家环保总局副局长祝光耀、北京市副市长翟鸿祥等。

这是全球环境基金首次在中国举办成员国大会。为期3天的本届大会将全面回顾全球环境基金成立以来的经验教训和世界各国10多年来在环境和发展中所取得的成绩，为全球环境基金未来的工作开辟新的道路。会议期间，还将举行以“全球环境基金与中国环境”、“全球环境与可持续发展”、“科学与全球环境”等为主题的研讨会。

国家主席江泽民在全球环境基金第二届成员国大会开幕式上发表题为《采取积极行动共创美好家园》的讲话

女士们，先生们：

今天，全球环境基金第二届成员国大会在北京隆重开幕。首先，我代表中国政府和人民，并以我个人的名义，向大会的召开表示热烈的祝贺！对各位来宾表示诚挚的欢迎！

保护全球环境，实现可持续发展，创造美好家园，是世界各国人民的共同心愿，也是世界各国面临的紧迫任务。

人类是自然之子。人类不仅有认识和利用自然的非凡创造力，而且有保护和珍重自然的理性认识能力。在漫长的历史进程中，人类创造了辉煌的文明成果，但也造成了不容忽视的环境污染和生态破坏。走可持续发展的道路，促进人与自然的和谐，这是人类总结历史得出的深刻结论和正确选择。

推进可持续发展，要求我们努力实现经济增长、环境保护和社会全面进步的协调。

发展经济、消除贫困，是实现可持续发展的基本前提。经济的可持续发展，是环境保护和社会全面进步的物质基础。不解决生存问题，就谈不上发展，更谈不上可持续发展。促进经济发展，努力消除贫困，是发展中国家走向可持续发展的必由之路。不解决发展中国家的贫困问题，发达国家的发展也难以为继。

合理利用资源、保护环境，是实现可持续发展的必然要求。以浪费资源和牺牲环境为代价，发展就不可能持续进行。自然资源并非取之不尽、用之不竭，而人类社会发展的需求却不断增长，如果这两方面的关系处理不当，必然导致生态环境的恶化，严重威胁人类的生存和发展。只有走以最有效利用资源和保护环境为基础的循环经济之路，可持续发展才能得到实现。

实现社会全面进步、提高人民的生活水平和质量，是可持续发展的最终目标。忽视广大民众的物质文化需要，发展也不可能持续进行。在经济发展的过程中，应努力为所有人能够平等地获得发展机会、公平地享有发展成果创造条件，以充分调动广大民众发展经济和保护环境的主动性积极性。

我们应顺应时代潮流，营造有利于可持续发展的国际政治经济环境，推动世界可持续发展事业沿着正确的方向前进。对此，我想谈几点看法。

第一，人类共同拥有一个地球，实现可持续发展是世界各国共同的责任。必须坚持发达国家、发展中国家承担共同但有区别的责任。可持续发展责任的分担，要充分考虑各国发展不平衡的现实，坚持公平、公正、合理的原则。发达国家应带头改变不可持续的生产和消费模式，对解决全球环境问题作出更积极的贡献，并以实际行动帮助发展中国家。发展中国家也要积极努力，按照可持续发展的要求推进本国的发展。

第二，可持续发展的全球行动应充分尊重各国主权和发展的自主性。各国根据国情自主选择社会制度和发展模式，掌握自身发展的进程，是有效保护环境、实现可持续发展的重要保障。各国应根据自己的实际采取积极措施，合理开发和利用自然资源，保护生态环境，促进经济发展和环境保护相协调。同时，各国在推进经济发展的过程中也应注意防止对他国的环境造成不利影响。

第三，环境问题事关人类的共同利益，国际环境规则的制定应由各国平等协商，体现各国的意愿和利益，特别是要充分考虑发展中国家的困难，尊重发展中国家的实际需要，与发展中国家建立真诚的合作伙伴关系。

第四，发展中国家面临着消除贫困和保护环境的双重任务，没有良好的支持性的国际经济环境，它们很难推进可持续发展。对发展中国家而言，环境恶化的根源在于贫困。要坚持把解决贫困问题和保护环境有机结合起来。既要关注影响人类生存和发展的全球性问题，又要帮助解决发展中国家面临的制约其发展的突出问题。要改革国际金融、投资和贸易体系，向发展中国家转移资金和技术，保障发展中国家在经济全球化的条件下能够获得平等发展的权利，推进发展中国家的能力建设。

多年来，全球环境基金为推动世界环境保护事业作出了不懈努力和显著贡献。中国重视全球环境基金为中国的环境保护所发挥的积极作用，愿意进一步深化同全球环境基金的合作。

女士们、先生们！

中国政府高度重视环境保护，坚定不移地实施可持续发展战略。我们制定了一系列保护环境的法律、法规和政策措施，开展了卓有成效的环境保护和生态建设，全面推进经济和人口、资源、环境的协调发展。近几年来，中国加大了环境领域的投资力度。1998年到2002年，中国在环境保护和生态建设方面的投入达到5800亿元。中国一直认真履行签署的环境公约，最近又核准了《京都议定书》。中国在环境和发展领域的成功实践，不仅改善了中国的环境质量，也为保护全球环境和推动世界可持续发展事业作出了重要贡献。

我相信，只要各国人民共同努力，世界的持久和平、普遍繁荣和可持续发展就一定能够实现。让我们积极行动起来，真诚合作，开创世界更加美好的未来。

最后，祝大会取得圆满成功。

谢谢大家！

九届全国人大常委会在人民大会堂举行第六十四次委员长会议

会议决定，九届全国人大常委会第三十次会议10月25日至28日在北京举行。

李鹏委员长主持会议。

委员长会议建议本次常委会会议审议的法律草案有：文物保护法修订草案、环境影响评价法草案、民办教育促进法草案、保险法修正案草案、农业法修订草案、草原法修订草案、公民身份证法草案。

委员长会议建议这次常委会会议审议的议程还有：审议国务院关于提请审议批准中国和突尼斯引渡条约的议案、关于提请审议批准中国和秘鲁引渡条约的议案，听取和审议国务院关于林业生态建设工作情况的报告，听取和审议国务院关于实行积极的促进就业政策、解决特殊困难群体就业情况的报告，听取全国人大常委会执法检查组关于检查矿产资源法实施情况的报告，审议九届全国人大常委会代表资格审查委员会关于个别代表的代表资格终止的报告，审议全国人大财经委员会、全国人大环境与资源保护委员会、全国人大农业与农村委员会关于九届全国人大五次会议主席团交付审议的代表提出的议案审议结果的报告，审议李鹏委员长访问泰国、印度尼西亚、菲律宾和澳大利亚四国情况的书面报告，审议全国人大代表团访问芬兰、挪威两国情况的书面报告以及其他。

会上全国人大常委会秘书长何椿霖作了关于九届全国人大常委会第三十次会议议程草案和日程安排意见的汇报，全国人大法律委员会主任委员王维澄汇报了文物保护法修订草案、环境影响评价法草案、民办教育促进法草案、保险法修正案草案、农业法修订草案、草原法修订草案6个法律草案主要问题修改意见等。

全国人大常委会副委员长田纪云、姜春云、邹家华、王光英、铁木尔·达瓦买提、彭珮云、何鲁丽、周光召、曹志、成思危、许嘉璐、蒋正华出席会议。

全国人大常委会委员长李鹏在人民大会堂会见以最高人民会议常任委员会副委员长杨亨燮为团长的朝鲜国家代表团

李鹏强调中国一贯重视中朝友好，多年来为此作出了不懈努力。

李鹏欢迎杨亨燮率团对中国进行正式友好访问，

希望此次朝鲜国家代表团来访能为促进两国传统友好作出新的贡献。

李鹏向客人介绍了中国对当前国际和地区形势的看法以及中国奉行的独立自主和平外交政策，强调中国十分重视与周边邻国发展睦邻友好关系，积极致力于地区的和平与稳定。作为朝鲜的友好邻邦，我们高兴地看到，近一个时期，在朝方的积极努力下，半岛形势出现了新的进展，朝鲜的对外关系有了新的开拓。中国将继续支持北南双方改善关系，支持半岛最终实现自主和平统一。

李鹏说，朝鲜党和政府带领朝鲜人民积极恢复和发展经济，致力于提高人民生活水平。我们祝愿朝鲜社会主义建设事业今后能够取得更大的发展。

外交部副部长王毅、全国人大常委会副秘书长刘镇、中联部副部长王家瑞、李鹏委员长办公室主任吴文昌，以及朝鲜国家代表团全体成员参加了会见。

全国人大常委会委员长李鹏在人民大会堂会见越南前国家副主席阮氏萍一行

李鹏欢迎阮氏萍率团访华，称赞她在担任公职及卸任后热心中越关系的发展，并作出了积极贡献。

李鹏说，中越两国是山水相连的亲密邻邦，两国人民在社会主义革命和建设事业中结下了深厚友谊。这种友谊是我们的宝贵财富。

李鹏说，两国领导人保持频繁接触，各领域的友好交往与合作日益得到加强。自1991年两党两国关系正常化以来，两国在各个领域的友好合作不断加强。近年来，在两党总书记确定的“长期稳定、面向未来、睦邻友好、全面合作”16字方针指导下，中越关系进入了一个新的发展阶段。中方对中越两国关系的良好发展感到满意。在新形势下，我们愿同越南同志一道，继续遵循16字方针，相互支持，相互借鉴，相互信任，把两国睦邻友好与全面合作关系推向更高的水平。

全国人大常委会副秘书长吕聪敏、外交部副部长王毅、外交学会副会长陈宝鎏等参加了会见。

国务院召开第64次常务会议

朱镕基总理主持召开会议，审议并原则通过了《中华人民共和国海关关衔条例(草案)》。

会议认为，为加强海关队伍正规化建设，维护海关执法的严肃性，有利于海关工作人员依法履行职责，同时也便于人民群众对海关工作人员进行监督，促进海关廉政建设，有必要参照国际通行做法，实行海关关衔制度。

会议确定，《中华人民共和国海关关衔条例(草案)》经修改后由国务院提请全国人大常委会审议。

《人民日报》发表最高人民检察院检察长韩杼滨的文章《预防职务犯罪　服务西部开发》

国家副主席胡锦涛在人民大会堂会见以朝鲜最高人民会议常任委员会副委员长杨亨燮为团长的朝鲜国家代表团

国务院副总理李岚清在人民大会堂接见参加第十四届亚运会载誉归来的中国体育代表团

李岚清代表党中央、国务院向中国体育代表团在第十四届亚运会上取得优异成绩表示热烈的祝贺，并对全体运动员、教练员和工作人员致以亲切的慰问。

李岚清说，本届亚运会中国体育代表团团结一致，顽强拼搏，克服困难，奋发进取，又一次取得了金牌和奖牌总数第一的好成绩，并打破了多项世界纪录和亚洲纪录，继续保持了中国竞技体育在亚洲的优势地位，为祖国和人民赢得了巨大的荣誉。一些传统优势项目继续保持优势，一些薄弱项目开始崛起，田径、游泳、水上三个基础大项的水平有了较大提高，一些年轻运动员创造了很好的成绩，为参加世界竞技体育比赛打下了坚实的基础。李岚清说，在本届亚运会上，运动员表现出良好的精神风貌，给人留下深刻的印象。他们沉着冷静，处变不惊，遵守纪律，尊重裁判，体现了“为国争光、无私奉献、科学求实、遵纪守法、团结协作、顽强拼搏”的中华体育精神，体现了泱泱大国的风范和气度。

李岚清指出，在充分肯定成绩的同时必须看到存在的不足和问题。我国一些传统优势项目遇到了强有力的挑战，在有的项目特别是某些集体项目比赛中，运动员斗志不够旺盛，心理素质还不够稳定，作风不够顽强，相互配合不够协调，这值得认真总结，吸取教训。只要做到“胜不骄，败不馁”，认清形势，居安思危，明确目标，刻苦训练，就一定能克服困难，取得胜利。

李岚清强调，亚运会不是我们的最大挑战。我们的主要目标是在奥运会上取得优异成绩。2004年雅典奥运会和2008年北京奥运会给我们提出了新的更高的要求。我们要做的工作还很多，面临的形势还比较严峻。希望体育部门及广大运动员、教练员认真做好参加奥运会的各项组织准备工作，发挥举国体制的优势，以只争朝夕的精神，认真做好奥运会后备力量的选拔培养工作，搞好人才梯队建设，培养运动员树立超越自我、永不放弃的优良作风和顽强、坚定的心理素质，抓好严格、科学的训练，努力在奥运会上创造更加优异的成绩，向党和人民汇报，确保把2008年奥运会办成历史上最出色的一届奥运会，推动我国体育事业健康持续发展。

有关方面负责人袁伟民、李志坚、高强、于广洲、金立群、刘敬民等参加了接见。

《人民日报》发表外交部副部长王光亚的文章《不断完善防扩散机制 促进国际和平与发展——中国的防扩散政策与实践》

黄河首次调水调沙试验获得成功

黄河首次调水调沙试验,经过3个多月的测验测算,有了结论:黄河下游河道共冲刷泥沙0.362亿吨,河道状况有了明显改善。这次试验对进一步认识黄河水沙运行规律、提高对水沙的调控能力、科学掌握小浪底水库的运行方式、验证现代化治黄手段等都有着重要的科学价值和意义。

此次调水调沙试验利用小浪底水库历时11天的大流量下泄,平均下泄流量为2740立方米每秒,下泄水量共26.1亿立方米,其中小浪底水库上游来水量为10.2亿立方米,小浪底水库补水15.9亿立方米(利用水库汛限水位以上水量14.6亿立方米)。小浪底水库恢复小流量后,黄河水利委员会组织了对下游河床冲刷情况的测验,结果表明,自小浪底坝下至河口800多公里河道内,共冲刷泥沙0.362亿吨,其中山东艾山以上河段冲刷0.137亿吨,艾山以下冲刷0.225亿吨,加上小浪底出库泥沙,调水调沙期间入海泥沙共计0.664亿吨。同时,试验期间开展了水位、流量、泥沙测验等多项监测项目,共获取了520多万组测验数据,为研究黄河自身的水沙规律及河道输沙理论提供了支持。

调水调沙试验总指挥、黄河水利委员会主任李国英指出:调水调沙试验工作还会多次进行,这是探索黄河下游河床不淤积抬高、研究和维护黄河生态的必然任务,也是实现黄河长治久安的重要措施之一。

中国社科院建院25周年庆祝大会在北京举行

中国社会科学院院长李铁映强调,中国社会科学院要以庆祝建院25周年为新契机,锐意进取,扎实工作,把中国社科院各项工作提上新台阶,真正办好中国社会科学院,为新世纪加快发展我国哲学社会科学作出更大的贡献。

1977年,在邓小平同志的亲自关心和指导下,中国社会科学院在中国科学院哲学社会科学学部的基础上正式成立。经过几代哲学社会科学工作者的辛勤努力,中国社会科学院涌现出了不少饮誉海内外的学术大师,汇集了众多造诣精深的专家学者,推出了诸多颇具影响的精品力作。据不完全统计,建院以来,中国社科院共完成专著7045部,论文80715篇,研究报告12115份,此外还有大量的学术资料、译著、教材、学术工具书、古籍整理、理论宣传文章等其他形式的成果。

李铁映指出,中国社科院的成长和发展,一直得到党中央的高度重视和殷切关怀。在近10年的时间里,江泽民总书记和其他中央领导同志,先后三次听取中国社科院的工作汇报。今年7月16日,江泽民总书记考察中国社科院并发表重要讲话,使广大专家学者深受鼓舞。江泽民总书记的讲话高屋建瓴,寓意深刻,是新世纪加快发展我国哲学社会科学的纲领性文献。他指出,深入学习、贯彻江泽民总书记考察中国社科院时的讲话精神,是当前和今后中国社科院的一项长期的重要任务。

李铁映强调,要办好中国社会科学院,必须树立更高、更远的目标。在21世纪最初的10—20年里,中国社会科学院要力争完成"五个基地、一个中心、一个平台"的具体目标,即:把中国社科院建设成为马克思主义理论创新的基地、重大时代课题研究基地、主要学科基础理论研究的基地、新兴学科和交叉学科建设和发展的基地、高素质人才的培养基地;成为国家哲学社会科学的信息中心;成为我国哲学社会科学对外学术交流与合作的主要平台。概括起来说,就是要把中国社科院建设成为国际一流的哲学社会科学研究机构,建设成为党中央和国务院的智囊团和理论创新基地。全院同志必须同心同德、解放思想、辛勤努力,克服前进中遇到的各种困难,圆满实现发展目标。

他指出,在我国进入全面建设小康社会、加快推进社会主义现代化建设的新的发展阶段,我们面临着许多新情况、新问题。研究新情况,解决新问题,需要我们在实践和理论上进行创造性探索。中国社会科学院作为国家创办的哲学社会科学研究机构,一定要充分发挥自己的特色和优势,大力推进理论创新,更好地为社会主义现代化建设提供精神动力和智力支持。

李铁映最后强调,中国社会科学院全体同志要更加紧密团结在以江泽民同志为核心的党中央周围,高举邓小平理论伟大旗帜,坚决贯彻"三个代表"重要思想,与时俱进、开拓创新,以出成果、出人才的优异成绩,迎接党的十六大胜利召开。

全国人大常委会副委员长成思危、许嘉璐、蒋正华,及中央有关部门负责人和中国社会科学院有关负责人、离退休老同志、职工代表等出席庆祝大会。

北京林业大学举行建校50周年庆祝大会

全国人大常委会委员长李鹏题词致贺。李鹏的题词是:"实施可持续发展战略,为再造秀美山川培育人才。"

北京林业大学成立于1952年,原名北京林学院,1985年改为现名。北京林业大学为教育部直属高校,实行教育部与国家林业局共建体制。经过50年的发展，学校已成为以林学、林业工程学、生物学为特色，理、工、文、管、经、法、艺术相结合的多科性全国重点大学。学校1997年进入“211工程”，2001年被列入教育部“面向21世纪教育振兴行动计划”。

半个世纪以来，北京林业大学培养了4万多名高素质人才，取得一大批著名科研成果，为国家林业和生态环境建设作出了突出贡献。学校目前在校生超过1.4万人，有39个本科专业、22个硕士点、14个博士点，还有林业工程、机械工程两个领域的工程硕士和农业推广专业硕士授予权。学校以“质量、结构、特色、效益”为办学方针，始终坚持走教学、科研、生产相结合的道路，承担了大量国家重大科研课题，仅近10年就获得国家级、省部级奖励130多项。

中共中央政治局委员、全国人大常委会副委员长姜春云，全国人大常委会副委员长王光英、布赫、彭珮云，全国政协副主席杨汝岱、宋健、万国权、胡启立等为学校题词。全国人大常委会副委员长何鲁丽等出席学校的庆典活动。

傅鹰诞辰100周年纪念大会在北京大学举行

全国五届政协常委、中国科学院首批学部委员(院士)、我国著名的化学家、教育家，杰出的爱国民主人士，北京大学原副校长傅鹰先生诞辰100周年纪念大会在北京大学举行。中共中央政治局常委、国务院副总理李岚清致函北京大学。

李岚清在致函中说：“傅鹰先生是一位忠诚的爱国者。他在科学研究上勇于攀登、开拓创新；教学上锐意改革，坚持诲人不倦地为学生上课。他拥护党的领导，以主人翁的态度向党进言献策，是党的真挚诤友。他刚正不阿，在逆境中仍坚持真理，与恶势力进行斗争。傅鹰先生的事迹感人至深，是我国爱国知识分子的榜样。希望北京大学师生以傅鹰先生为榜样，发扬‘勤奋、求实、开拓、创新’的精神，努力培养高素质创新人才，为把北京大学办成世界一流大学而努力奋斗。”

傅鹰先生1919年进入燕京大学化学系。为求索科教报国之路，他曾两度赴美，又不顾美方干扰，两度回国。1954年他回到母校北京大学任教。作为我国胶体化学与表面化学的主要奠基人，他对该学科的发展作出了杰出贡献。

10月17日

亚洲议员人口与发展论坛成立20周年纪念招待会在人民大会堂举行

全国人大常委会委员长李鹏出席招待会并发表讲话。

李鹏说，人口与发展已经成为国际社会越来越关注的重大课题。走人口与经济、社会、资源、环境相互协调的可持续发展道路，正成为世界各国的共同选择。这次论坛大会把“二十一世纪人口与可持续发展”作为主题，充分表明了各国议会和议员对这一问题的高度重视。会议期间，大家将围绕这一主题广泛而深入地交换意见。他表示相信，这次大会的成功召开，必将为亚洲乃至世界的可持续发展发挥积极作用。

李鹏指出，在当前的国际形势下，各国议会加强联系，各国议员增进交流和对话，对于促进国家关系的发展，推动地区和国际合作至关重要。1981年10月，亚洲议员人口与发展会议发表了著名的《北京宣言》，决定成立亚洲议员人口与发展论坛。这一重要举措显示了亚洲议会界人士的远见卓识。论坛已经成了亚洲各国议会之间加强交流与对话的一个重要渠道。20年来，论坛为探讨人口与发展问题的解决办法，增进本地区各国议员和各国人民之间的友谊，作出了积极的贡献。我们真诚地希望，在新的世纪里，论坛作为议员的重要讲坛和交流渠道发挥更大的作用。

李鹏说，当今世界，亚洲地区已成为最具活力和发展潜力的地区。亚洲地域广阔，资源丰富，市场潜力巨大；亚洲历史悠久，文化多样，发展活力旺盛；亚洲人民自尊自信、自立自强、勤劳智慧、勇于开拓创新，曾为人类文明和世界历史进程作出过巨大贡献。

他强调，中国作为亚洲大家庭的一员，一向把自身的发展看作是亚洲发展的一个组成部分，是对亚洲乃至全世界的贡献。新中国成立53年特别是实行改革开放以来，国家发生了巨大变化，经济实力大为增强，人民生活显著改善。但我们也清醒地看到，中国是一个人口众多的发展中国家，地区发展还不平衡，要在本世纪中叶基本实现现代化，建成富强民主文明的社会主义国家，还需要进行不懈地努力。进入新世纪，中国正在实施科教兴国战略和可持续发展战略。我们根据依法治国方略，致力于建立社会主义法治国家，为此，先后颁布实施了《人口与计划生育法》、《环境保护法》、《矿产资源法》、《水土保持法》、《节约能源法》等一系列法律、法规，形成了可持续发展战略的法律体系。在此基础上，中国将进一步以发展为主题，继续控制人口增长，提高人口素质，保护和合理利用资源，加强生态建设，保护和治理环境，大力促进人口、资源、环境的协调发展。

李鹏指出，当前，世界多极化和经济全球化深入发展，科学技术日新月异，亚洲各国虽国情不同，但都面临着更大的发展机遇，也面临着新的挑战。历史的责任和共同的利益，要求亚洲各国从各自国情出发，确立自己国家的发展模式，加快自身发展，加强睦邻友好，促进互利合作，以实现亚洲和世界的可持续发展。

他强调，中国奉行独立自主的和平外交政策，愿在和平共处五项原则基础上，与亚洲各国建立和发展友好合作关系。中国全国人大愿与各国议会继续加强交流，加深了解，增强信任，扩大共识，为不断促进亚洲各国议员和人民之间的友谊，作出新的贡献。

李鹏表示相信，在本次论坛上，各位议会领导人和议员能够本着友好协商、集思广益、求同存异的精神，起草并发表论坛北京宣言，使这一文件集中反映亚洲各国的共识，谱写各国议员致力于人口与发展事业的新篇章。

在招待会上，李鹏向为亚洲议员人口与发展论坛成立及发展作出贡献的20位中外人士颁发了纪念奖牌。

亚洲议员人口与发展论坛主席谷津义男致答词，并向李鹏委员长赠送了银质纪念奖牌。

全国人大常委会副委员长彭珮云、秘书长何椿霖，全国人大教科文卫委员会主任委员朱开轩、副主任委员张怀西，国家计划生育委员会主任张维庆，全国人大常委会副秘书长吕聪敏、周成奎，外交部副部长王毅等参加了会见和纪念招待会。

全国人大常委会法工委主任顾昂然在中宣部等五部委联合举办的系列报告会上的报告

党的十三届四中全会以来，以江泽民同志为核心的党中央，高举邓小平理论伟大旗帜，与时俱进，坚持发展社会主义民主政治，明确提出依法治国、建设社会主义法治国家，要求进一步健全社会主义民主制度，加强社会主义法制建设，到2010年形成有中国特色社会主义法律体系。在党的领导下，我国的社会主义民主和法制建设取得了新的显著成就。

一、坚持和进一步完善人民代表大会制度，保障人民当家做主，行使国家权力。

第一，加强立法工作，提高立法质量。全国人大及其常委会把立法作为首要任务，不断加强立法工作，与经济体制改革的不断深化和社会主义现代化建设的发展相适应，及时地将党的方针、政策制定成法律。13年来，全国人大及其常委会共制定125件法律，对56件法律进行了修改，通过了7件法律解释，初步形成了有中国特色的社会主义法律体系。

第二，认真履行监督职责，加强监督工作。13年来，各级人大及其常委会在行使监督权方面不断加强。关于法律监督，全国人大常委会围绕经济和社会发展中的重大问题和人民群众关心的热点问题，先后进行了50多次法律实施情况的检查。关于工作监督，全国人大常委会根据国家和社会发展中的重大问题，先后听取和审议了国务院、最高人民法院和最高人民检察院的40多个专题工作报告。关于对计划和预算工作的监督，全国人大常委会制定了《关于加强中央预算审查监督的决定》和《关于加强经济工作监督的决定》。

第三，不断完善选举制度，充分发挥人民代表的作用。1995年对选举法进行了修改，进一步完善了选举制度。1991年制定了代表法，对各级人大代表的职权、工作方式、执行代表职务的保障以及对代表的监督等，做了具体的规定。全国人大常委会十分重视同代表和人民群众的联系，建立邀请部分全国人大代表列席常委会会议的制度，在作出重大决议、决定，审议法律草案时，征求有关代表的意见；有计划地组织代表开展视察活动；不断改进办理代表议案和建议的工作。

第四，进一步完善民主程序，加强人大组织建设。全国人大及其常委会审议法律草案，充分发扬民主，将与人民群众利益密切相关的法律草案，如合同法、婚姻法修改等草案，在报纸上公布，征求全民的意见。认真总结审议法律案的经验，进一步实行三审制，不断提高审议质量。通过对地方组织法的修改，进一步完善了人大的自身建设，有利于更好地履行职责。

二、进一步扩大基层民主，保证人民群众直接行使民主权利，依法管理自己的事情。

13年来，根据宪法规定，全国人大及其常委会相继制定和修改了有关法律，进一步完善了我国基层民主的各项制度。第一，1998年全国人大常委会颁布了正式的村民委员会组织法，对民主选举、民主决策、民主管理、民主监督制度进行了完善。全国人大常委会制定了城市居民委员会组织法，进一步完善了城镇居民自治组织，推进依法自我管理的基层民主。第二，全国人大常委会制定了劳动法、修改了工会法，从劳动者权利方面，对劳动者参与企业事业单位民主管理的权利做了规定。扩大基层民主法律制度的建立，体现了社会主义民主的广泛性，是我国社会主义民主的伟大实践。

三、根据改革开放和社会主义现代化建设的需要，适时地修改宪法，为建设有中国特色的社会主义提供宪法保障。

宪法是国家的根本大法，是治国安邦的总章程。十三届四中全会以来，随着我国改革开放和社会主义现代化建设事业的不断发展，党的十四大、十五大总结了我国改革和建设的新经验，根据中共中央的建议，全国人民代表大会在1993年和1999年两次对宪法的部分内容做了修改。主要包括：第一，在宪法的序言中，增加规定了“邓小平理论”的内容，表明了邓小平理论在我国社会主义现代化建设事业中的指导地位，反映了全国人民的共识和心愿。将邓小平理论载入宪法，对于建设有中国特色社会主义事业的胜利发展，具有重大的现实意义和深远的历史意义。第二，在宪法序言中增加规定“我国将长期处于社会主义初级阶段”，我国的根本任务是，“沿着建设有中国特色社会主义道路”，“坚持改革开放”，“发展社会主义市场经济”，集中力量进行社会主义现代化建设。第三，在宪法序言中增加规定：“中国共产党领导的多党合作和政治协商制度将长期存在和发展”。第四，在宪法第五条中增加规定：“中华人民共和国实行依法治国，建设社会主义法治国家”。在宪法中写入中国共产党领导人民治理国家的基本方略，对于不断健全社会主义法制，发展社会主义民主政治，保证国家的长治久安，具有重要的意义。第五，在宪法第六条中增加规定：“国家在社会主义初级阶段，坚持公有制为主体、多种所有制经济共同发展的基本经济制度，坚持按劳分配为主体、多种分配方式并存的分配制度”。

四、社会主义市场经济法制建设取得显著成绩，为建立和完善社会主义市场经济提供了法律依据和保障。

党的十四届三中全会提出，要“抓紧制定关于规范市场主体、维护市场秩序、加强宏观调控、完善社会保障、促进对外开放等方面的法律”，“为社会主义市场经济提供法律规范”。近10多年来，我国在民商和经济立法方面取得了十分显著的成就，为社会主义市场经济的建立和发展，提供了重要的法律依据和法律保障。

五、初步形成以宪法为核心的有中国特色社会主义法律体系。

为实现党的十五大提出的“加强立法工作，提高立法质量，到2010年形成有中国特色社会主义法律体系”的宏伟目标，全国人大及其常委会进一步加强立法工作，提高立法质量，到现在，我国已经有现行法律200多件，国务院制定通过的现行行政法规600多件，地方人大及其常委会制定通过的地方性法规8000多件。从总体上看，我国政治生活、经济生活、社会生活的主要方面，已经基本做到有法可依，以宪法为核心的有中国特色社会主义法律体系初步形成。

六、开展全民普法宣传教育，广大公民的法律意识明显增强，依法行政和公正司法取得新的进展。

13年来，全国人大常委会通过了3个在全国开展法制宣传教育的决议，中央和国务院有关部门联合下发了3个普法教育的五年规划。江泽民同志和其他中央领导同志身体力行，带头学习法律，中央政治局先后举办了12次法制讲座。全国人大常委会也建立了法制讲座制度，近5年来，已经举办了28次法制讲座。有8亿多人民群众接受了普法宣传教育。通过普法教育，人民群众增强了遵守法律的自觉性，提高了运用法律武器维护自己合法权益的意识和能力。

党的十三届四中全会以来，我国社会主义民主法制建设取得伟大成就的经验是：第一，坚定不移地坚持党的领导。我国社会主义民主法制建设的成就，都是在党的领导下取得的。中国共产党是我国社会主义事业的领导核心，党的这一地位和作用是历史形成的，是全国各族人民所公认的，并且明确地载入了我国宪法。在社会主义现代化建设新的历史时期，我们党适应新的形势和任务，不断总结经验，改革和完善党的领导方式和执政方式，把对国家事务的主张和党的路线、方针、政策，经过国家权力机关成为人人都要遵守的法律和国家意志。按照总揽全局，协调各方的原则，支持人大依法履行职责，通过科学化、规范化、制度化的机制，实现对国家各项事业的坚强领导。第二，坚定不移地充分发扬民主。坚持党的领导与充分发扬民主是一致的。党对国家政治生活的领导，最本质的内容就是组织和支持人民当家做主，根本着眼点是为了保证人民更好地行使当家做主的权利，保证国家和人民的利益得到切实维护和发展。一切为了人民，一切依靠人民，一切权力属于人民，这是党和国家一切工作的根本原则。发展社会主义民主政治，必须从我国国情出发，坚持和完善人民代表大会制度。全国人大及其常委会通过的法律是党的主张和人民意志的统一。党尊重和支持人大依法行使职权，通过各种形式和渠道联系人民群众，坚持走群众路线，广泛发扬社会主义民主，充分调动了人民群众当家做主的积极性和主动性。第三，严格依法办事。依法治国，是党领导人民治理国家的基本方略。把发展社会主义民主，同发展社会主义法制紧密结合，以法治为保障，推进民主政治，发展政治文明。党领导人民制定宪法和法律，并领导人民遵守宪法和法律，各级党组织和广大党员及领导干部，不断增强法制观念，严格依法办事，提高治国理政的法治水平。

在建设社会主义的新的征程中，我们要继续高举邓小平理论伟大旗帜，认真贯彻和实践“三个代表”重要思想，坚持党的领导、人民当家做主和依法治国的统一性，与时俱进，再接再厉，做好立法、监督、执法、司法等各项工作，为推进依法治国、建设社会主义法治国家的进程，为改革开放和社会主义现代化建设的伟大事业，作出更大贡献。

侯镜如百年诞辰纪念座谈会在北京举行

民革中央在北京举行纪念著名的政治活动家、爱国将领、中国国民党革命委员会杰出的领导人侯镜如诞辰100周年座谈会。

中共中央政治局常委、全国政协主席李瑞环出席座谈会。

侯镜如1924年5月进入黄埔军校第一期学习，毕业后参加第一、第二次东征和北伐战争。1927年，他作为总指挥部的成员指挥了上海工人的第三次武装暴动。此后，跟随贺龙参加了"八一"南昌起义。在抗日战争期间，他率部参加了著名的台儿庄战役，与日本侵略军浴血奋战。解放战争后期，侯镜如积极响应中国共产党关于推翻蒋介石独裁统治、解放全中国的号召，成功地组织、策动了国民党九十二军在北平起义，九十二军三一八师在福州起义，并与廖运泽一起联系廖运升师在浙江义乌起义，为全中国的解放作出了贡献。新中国成立后，侯镜如历任政务院参事，第二、三、四届全国政协委员，第五、六届全国政协常委，北京市政协副主席，北京市人大常委会副主任，第七、八届全国政协副主席，全国政协祖国统一联谊委员会副主任，中国国民党革命委员会北京市委员会主任委员，中国国民党革命委员会第五、六、七届中央委员会副主席，第八届中央名誉主席，中国和平统一促进会会长，黄埔军校同学会会长，中国人民争取和平与裁军协会副会长。

全国政协副主席、中共中央统战部部长王兆国、全国人大常委会副委员长、民革中央主席何鲁丽在座谈会上讲话。

座谈会由民革中央副主席李赣骝主持。黄埔军校同学会会长李运昌、中共北京市委常委尤兰田、侯镜如之子侯伯文也在座谈会上发了言。

中央统战部常务副部长刘延东和各民主党派中央、全国工商联等有关方面负责同志及侯镜如的亲属、生前友好等出席了座谈会。

国务院副总理李岚清在钓鱼台会见古巴中央银行行长弗朗西斯科·索韦龙·瓦尔德斯

国务委员吴仪在中南海会见欧盟委员会贸易委员拉米

吴仪说，中国严格履行加入世界贸易组织所做的承诺，希望欧盟按照世贸组织规则给予中国完全市场经济地位。

外经贸部部长石广生和欧盟贸易委员拉米在北京举行会谈

双方一致认为新一轮多边贸易谈判任务艰巨，时间紧迫，中欧应在谈判中加强协调，发挥重要作用。

石广生说，中欧在许多国际贸易问题上具有相似看法，双方应在平衡谈判议题、协调发展中国家与发达国家利益方面加强合作，共同推动新一轮贸易谈判沿着公平、公正的轨道进行。

外交部发言人章启月就国务院颁布《生物两用品及相关设备和技术出口管制条例》发表谈话

10月14日，国务院颁布了《生物两用品及相关设备和技术出口管制条例》(以下简称《条例》)，明确规定了中国对生物两用品及相关设备和技术的出口管理。

中国一贯主张全面禁止和彻底销毁包括生物武器在内的一切大规模杀伤性武器。作为《禁止生物武器公约》的缔约国，中国一直认真履行《禁止生物武器公约》的义务，不发展、生产、储存生物武器，也不帮助他国获得或发展生物武器。中国历来反对生物武器的扩散，并采取了严格的出口政策。

此次颁布的《条例》是中国结合国内外形势发展，根据本国出口控制实践并借鉴他国经验而制定的。它将进一步完善中国对生物两用品及相关设备和技术的出口管制，是中国加强敏感物项出口管制所采取的又一重要措施。

我愿借此机会指出，根据《禁止生物武器公约》的规定，缔约国有义务促进用于和平目的的国际生物交流与合作，中国重视并将继续开展这样的交流与合作。中国政府制定该《条例》是基于国际形势的发展和国内依法治国的需要，同时也是对中国与各国生物领域之间的交流与合作进行有序规范。

该《条例》的出台，加上此前业已颁布的各项出口管制法规，中国在防扩散出口控制方面的法规已经涵盖了核、生物、化学和导弹领域，形成一个全面的敏感物项出口控制体系。这标志着中国出口管理制度法制化建设的进一步完善，对于切实履行防扩散国际义务和对外经贸活动的正常开展，都具有重要意义。

外经贸部新闻发言人高燕就国务院颁布《生物两用品及相关设备和技术出口管制条例》发表谈话

高燕指出，中国政府一贯高度重视防扩散出口管制问题。本着依法治国的精神，中国政府根据本国的防扩散政策和出口管制实践，参照其他国家的做法，不断完善有关出口管制机制，加强出口管制的立法工作。1994年颁布的《中华人民共和国对外贸易法》作为对外贸易领域的基本法律，明确规定了限制或禁止进出口的货物和技术种类。近年来，先后颁布实施的《监控化学品管理条例》、《核出口管制条例》、《军品出口管理条例》、《核两用品及相关技术出口管制条例》，以及近期颁布的《导弹及相关物项和技术出口管制条例》

对于规范我国有关出口管理,落实国家防扩散政策,履行有关国际义务,维护国家安全、社会公共利益以及对外经济贸易活动的正常开展,具有重要的意义。

高燕强调,本次颁布的《生物两用品及相关设备和技术出口管制条例》是对中国出口管制制度的进一步完善。

她指出,《生物两用品及相关设备和技术出口管制条例》颁布后,中国在防扩散出口管制方面的法规已涵盖了核、生物、化学和导弹等领域,形成了较为全面的敏感物项和技术出口管制体系。

高燕表示,外经贸部作为中国出口管制部门,将会同国家其他有关部门,采取有效措施,确保上述出口管制法规得以严格实施,并继续推进我国出口管制的法制化进程。

10月18日

国家主席江泽民和乌干达共和国总统约韦里·卡古塔·穆塞韦尼互致贺电庆祝两国建交40周年

国务院总理朱镕基在中南海会见俄罗斯总统驻中央联邦区全权代表格·谢·波尔塔夫琴科一行

朱镕基对波尔塔夫琴科率领包括俄罗斯中央联邦区18位州长在内的大型经贸代表团访问广东省并参加广交会表示欢迎。他说,江泽民主席与普京总统共同倡导的中俄战略协作伙伴关系对中俄关系发展发挥着越来越重要的推动作用。两国元首签署的《中俄睦邻友好合作条约》,又为中俄关系进一步发展注入了新的活力。一年多来,双方各领域合作呈现蓬勃发展的新局面。不久前,他和卡西亚诺夫总理在上海举行第七次定期会晤,达成了加快实施大型合作项目的一系列重要协议。现在,双边经贸合作开始与高水平的政治关系同步发展。

朱镕基表示,中俄地方交往是双边关系发展的重要组成部分。中国政府支持两国各地方间建立直接交流与合作。现在,中俄地方交往与合作的规模逐步扩大,水平不断提高。广东省是中国实行改革开放最早、经济最发达的地区之一。中央联邦区与广东省开展合作是名副其实的强强合作,对两国地方间合作有示范意义。希望双方抓住两国关系快速发展的良好机遇,不断扩大彼此在各领域的合作,以促进本地经济持续快速增长。

广东省省长卢瑞华、外交部部长助理周文重会见时在座。

中央书记处书记尉健行在人民大会堂会见郑培民先进事迹报告团成员和采访郑培民先进事迹的《人民日报》新华社和中央电视台记者

中共中央政治局委员、书记处书记丁关根,中共中央政治局候补委员、书记处书记曾庆红参加了会见。

尉健行在会见时发表了讲话。他强调,郑培民同焦裕禄、孔繁森一样,是我们党千千万万诚心诚意为人民谋利益的领导干部的优秀代表。他的先进事迹,集中体现了在新的历史条件下,党的高级领导干部忠诚实践"三个代表"重要思想,为党和人民的事业尽职尽责、鞠躬尽瘁的理想追求和精神风貌。

尉健行希望广大党员干部,特别是领导干部,都能像郑培民那样,全面贯彻"三个代表"的要求,时刻摆正同人民群众的位置,心系人民群众,深怀爱民之心,恪守为民之责,始终把为人民谋利益作为自己不懈的人生追求,讲学习、讲政治、讲正气,带头弘扬艰苦奋斗的革命精神,清正廉洁,永葆共产党人的高尚情操和优秀品格,更好地肩负起带领人民群众迎接新挑战、开创建设有中国特色社会主义新局面的重大历史使命。

尉健行指出,宣传郑培民同志的先进事迹,对于帮助广大干部群众进一步全面、正确认识我们的党,正确认识党的干部队伍,为党的十六大营造昂扬向上、团结奋进、开拓创新的良好氛围具有重要意义。中组部、中宣部和湖南省委已做了大量基础性工作,《人民日报》、新华社、中央电视台和报告团的同志们为搞好宣传报道付出了许多心血,已取得了很好的实效。希望大家再接再厉,把这一重要宣传任务完成好,以实际行动和优异成绩迎接党的十六大召开。

报告团成员高锦屏、王晓生、洪金玉、袁友方、郑培民同志的儿子郑海龙参加了会见。

参加会见的还有中央组织部副部长赵洪祝、中央宣传部副部长胡振民等。

湖北省第九届人大常委会第三十六次会议决定任命罗清泉为湖北省副省长代理省长

国务院副总理李岚清在中南海会见参加中非传统医药论坛的部长级与会代表

李岚清高度评价了中国人民和非洲人民的传统友谊与友好合作,重申中国政府将按照真诚友好、平等相待、团结合作、共同发展、面向未来的方针在21世纪继续发展与非洲国家的友好合作关系。他指出,中国政府十分重视传统医药,积极致力于传统医药的现代化,希望中国和非洲各国在传统医药领域的合作得到进一步发展与加强。

塞拉利昂、中非、莱索托、马达加斯加和多哥的卫生部长,加纳、纳米比亚、莫桑比克、坦桑尼亚、喀麦隆和埃及的卫生部副部长及世界卫生组织非洲区主任参加了会见。

卫生部部长张文康、副部长佘靖等陪同会见。

中非传统医药论坛由国家中医药管理局和世界卫生组织共同举办，是2000年“中非合作论坛”后中国卫生系统后续行动的重要内容。20个非洲国家和有关地区组织派代表参加论坛。

外交部部长唐家璇在布宜诺斯艾利斯会见阿根廷总统杜阿尔德

唐家璇在会见时说，中阿建交30年来，双方在各个领域的友好合作取得了长足发展。两国政治上互信加深，经贸领域交流日益扩大，在国际事务中也保持密切合作。中国政府高度重视发展同阿根廷的关系，愿与阿方一道，推动两国关系在新世纪取得更大发展。

唐家璇是应阿根廷外长鲁考夫的邀请来阿根廷进行正式访问的。唐家璇与鲁考夫举行了正式会谈。两国外长还签署了《联合新闻公报》和《两国外交学院合作协定》。

外经贸部国家经贸委海关总署签署第33号令联合颁布《有关化学品及相关设备和技术出口管制办法》

根据《中华人民共和国对外贸易法》，经国务院批准，现发布《有关化学品及相关设备和技术出口管制办法》，本办法自2002年11月19日起施行。

外经贸部部长　石广生

国家经贸委主任　李荣融

海关总署署长　牟新生

2002年10月18日

有关化学品及相关设备和技术出口管制办法

第一条　为加强对有关化学品及相关设备和技术的出口管制，维护国家安全和社会公共利益，制定本办法。

第二条　本办法所称有关化学品及相关设备和技术的出口，是指本办法附件《有关化学品及相关设备和技术出口管制清单》(以下简称《管制清单》)所列的物项和技术的贸易性出口以及对外赠送、展览、科技合作、援助、服务和以其他方式进行的技术转移。

第三条　有关化学品及相关设备和技术的出口应当遵守国家的有关法律、行政法规和本办法的规定，不得损害国家安全和社会公共利益。

第四条　国家对有关化学品及相关设备和技术出口实行严格管理，防止《管制清单》所列物项和技术被用于化学武器目的。

第五条　国家对《管制清单》所列物项和技术的出口实行许可制度。未经许可，任何单位和个人不得出口《管制清单》所列物项和技术。

第六条　有关化学品及相关设备和技术出口的接受方应当保证，不将中国提供的有关化学品及相关设备和技术用于储存、加工、生产、处理化学武器或用于生产化学武器前体化学品；未经中国政府允许，不得将中国提供的有关化学品及相关设备和技术用于申明的最终用途以外的用途或者向申明的最终用户以外的第三方转让。

第七条　从事有关化学品及相关设备和技术出口的经营者，须经对外贸易经济合作部(以下简称外经贸部)登记。未经登记，任何单位或个人不得经营有关化学品及相关设备和技术出口。具体登记办法由外经贸部规定。

第八条　出口《管制清单》所列物项和技术，应当向外经贸部提出申请，填写有关化学品及相关设备和技术出口申请表(以下简称出口申请表)，并提交下列文件：

(一)出口经营者从事有关化学品及相关设备和技术出口的经营资格证明；

(二)出口经营者的法定代表人、主要经营管理人以及经办人的身份证明；

(三)合同或协议的副本；

(四)有关化学品及相关设备和技术的技术说明；

(五)最终用户和最终用途证明；

(六)接受方依照本办法第六条规定提供的保证文书；

(七)外经贸部要求提交的其他文件。

第九条　出口经营者应如实填写出口申请表，出口申请表由外经贸部统一印制。

第十条　外经贸部应当自收到出口申请表和本办法第八条规定的文件之日起进行审查，或会同国务院有关部门进行审查，并在45个工作日内作出许可或不许可的决定。

第十一条　对国家安全、社会公共利益或外交政策有重大影响的有关化学品及相关设备和技术出口，外经贸部应当会同有关部门报国务院批准。

报国务院批准的，不受本办法第十条规定时限的限制。

第十二条　有关化学品及相关设备和技术出口申请经审查许可的，由外经贸部颁发有关化学品及相关设备和技术出口许可证件(以下简称出口许可证件)，并书面通知海关。

第十三条　出口许可证件持有人改变原申请出口的有关化学品及相关设备和技术的，应当交回原出口许可证件，并依照本办法的有关规定，重新申请出口许可证件。

第十四条　有关化学品及相关设备和技术出口时，出口经营者应当向海关出具出口许可证件，依照海关规定办理海关手续。

第十五条　接受方违反其依照本办法第六条规定作出的保证，或出现《管制清单》所规定的可被用于化学武器目的的有关化学品及相关设备和技术扩散危险时，外经贸部应当对已经颁发的出口许可证件予以中止或撤销，并书面通知海关。

第十六条　出口经营者知道或应当知道所出口的有关化学品及相关设备和技术将被接受方直接用于化学武器目的或化学武器前体化学品生产目的，无论该物项或技术是否列入《管制清单》，都不应当出口。

第十七条　经国务院批准，外经贸部会同国务院有关部门，可临时决定对《管制清单》以外的特定物项和技术的出口依照本办法实施管制。

前款规定的特定物项和技术的出口，应当依照本办法的规定经过许可。

第十八条　未经许可擅自出口有关化学品及相关设备和技术，或擅自超出许可范围出口有关化学品及相关设备和技术的，依照刑法关于走私罪、非法经营罪、泄露国家秘密罪或其他罪的规定，依法追究刑事责任；尚不够刑事处罚的，区别不同情况，依照海关法的有关规定处罚，或由外经贸部给予警告，处非法所得1倍以上5倍以下的罚款；外经贸部并可以撤销其对外贸易经营许可。

第十九条　伪造、变造、买卖或通过欺骗等其他不正当手段获取有关化学品及相关设备和技术出口许可证件，依照刑法关于非法经营罪或伪造、变造、买卖国家机关公文、证件、印章罪的规定，依法追究刑事责任；尚不够刑事处罚的，依照海关法的有关规定处罚；外经贸部并可以撤销其对外贸易经营许可。

第二十条　对有关化学品及相关设备和技术出口实施管制的国家工作人员，滥用职权、玩忽职守或利用职务上的便利收受、索取他人财物的，依照刑法关于滥用职权罪、玩忽职守罪、受贿罪或其他罪的规定，依法追究刑事责任；尚不够刑事处罚的，依法给予行政处分。

第二十一条　外经贸部可以会同国务院有关部门，根据实际情况对《管制清单》进行调整。

第二十二条　本办法自2002年11月19日起施行。

国家信息化领导小组批准颁布《国民经济和社会发展第十个五年计划信息化重点专项规划》

这是“十五”期间我国国民经济和社会发展的十个重点专项规划之一，是我国编制的第一个国家信息化规划。

《国民经济和社会发展第十个五年计划信息化重点专项规划》(以下简称《专项规划》)界定了信息化的内涵，指出“信息化是以信息技术广泛应用为主导，信息资源为核心，信息网络为基础，信息产业为支撑，信息人才为依托，法规、政策、标准为保障的综合体系”，还明确了“十五”时期推进国民经济和社会信息化的发展方针，即“统筹规划，资源共享，应用主导，面向市场，安全可靠，务求实效”。

《专项规划》指出，“十五”期间，国民经济和社会信息化水平要迈上新台阶，电信运营业和电子信息产品制造业增加值占国内生产总值7%以上；网络规模、容量位居世界第一，基本满足信息化发展的需要，普遍服务能力不断提高，为网络基础设施薄弱的中西部地区、广大农村地区和中低收入阶层参与信息化发展创造良好条件；信息服务业仍将保持快速增长势头；电子信息产品制造业水平和规模进一步提高，电子信息产品制造业增加值占国内生产总值3.3%；信息化成为提高国民素质的重要手段；信息化人才队伍不断壮大。

《专项规划》还提出，“十五”期间我国信息化的三大任务是努力完成信息技术推广应用、现代信息基础建设和加快发展电子信息产业。

10月19日

中共中央国务院作出关于进一步加强农村卫生工作的决定

农村卫生工作是我国卫生工作的重点，关系到保护农村生产力、振兴农村经济、维护农村社会发展和稳定的大局，对提高全民族素质具有重大意义。改革开放以来，党和政府为加强农村卫生工作采取了一系列措施，农村缺医少药的状况得到较大改善，农民健康水平和平均期望寿命有了很大提高。但是，从总体上看，农村卫生工作仍比较薄弱，体制改革滞后，资金投入不足，卫生人才匮乏，基础设施落后，农村合作医疗面临很多困难，一些地区传染病、地方病危害严重，农民因病致贫、返贫问题突出，必须引起各级党委和政府的高度重视。为进一步加强农村卫生工作，现作出如下决定。

一、农村卫生工作的指导思想和目标

1.农村卫生工作的指导思想。贯彻落实江泽民同志“三个代表”重要思想，坚持以农村为重点的卫生工作方针，从农村经济社会发展实际出发，深化农村卫生体制改革，加大农村卫生投入，发挥市场机制作用，加强宏观调控，优化卫生资源配置，逐步缩小城乡卫生差距，坚持因地制宜，分类指导，全面落实初级卫生保健发展纲要，满足农民不同层次的医疗卫生需求，从整体上提高农民的健康水平和生活质量。

2. 农村卫生工作的目标。根据全面建设小康社会和社会主义现代化建设第三步战略目标的总体要求，到2010年，在全国农村基本建立起适应社会主义市场经济体制要求和农村经济社会发展水平的农村卫生服务体系和农村合作医疗制度。主要包括：建立基本设施齐全的农村卫生服务网络，建立具有较高专业素质的农村卫生服务队伍，建立精干高效的农村卫生管理体制，建立以大病统筹为主的新型合作医疗制度和医疗救助制度，使农民人人享有初级卫生保健，主要健康指标达到发展中国家的先进水平。沿海经济发达地区要率先实现上述目标。

二、加强农村公共卫生工作

3. 明确农村公共卫生责任。各级政府按照分级管理，以县(市)为主的农村卫生管理体制，对农村公共卫生工作承担全面责任。国家针对现阶段影响农民健康的主要公共卫生问题，制定农村公共卫生基本项目和规划，各省、自治区、直辖市制订实施方案，市(地)、县(市)具体组织实施，全面落实农村公共卫生各项任务。

4. 加强农村疾病预防控制。坚持预防为主的方针，提高处理农村重大疫情和公共卫生突发事件的能力，重点控制严重危害农民身体健康的传染病、地方病、职业病和寄生虫病等重大疾病。到2010年，农村地区儿童计划免疫接种率达到90%以上；95%以上的县(市、区)实施现代结核病控制策略；75%的乡(镇)能够为艾滋病病毒感染者和艾滋病患者提供预防保健咨询服务；95%以上的县(市、区)实现消除碘缺乏病目标；地方病重病区根据本地区情况，采取改水、改灶、换粮、移民、退耕还林还草等综合性措施，有效预防和控制地方病。积极开展慢性非传染性疾病的防治工作。

5. 做好农村妇幼保健工作。制定有效措施，加强农村孕产妇和儿童保健工作，提高住院分娩率，改善儿童营养状况。要保证乡(镇)卫生院具备处理孕产妇顺产的能力；县级医疗机构及中心乡(镇)卫生院具备处理孕产妇难产的能力。到2010年，全国孕产妇死亡率、婴儿死亡率要比2000年分别下降25%和20%。采取重点干预措施，有效降低出生缺陷发生率，提高出生人口素质。

6. 大力开展爱国卫生运动。以改水改厕为重点，加强农村卫生环境整治，促进文明村镇建设。根据各地不同情况，制定农村自来水普及率和卫生厕所普及率目标，并逐年提高。推进“亿万农民健康促进行动”，采取多种形式普及疾病预防和卫生保健知识，引导和帮助农民建立良好的卫生习惯，破除迷信，倡导科学、文明、健康的生活方式。

三、推进农村卫生服务体系建设

7. 建设社会化农村卫生服务网络。农村卫生服务网络由政府、集体、社会、个人举办的医疗卫生机构组成。打破部门和所有制界限，统筹规划、合理配置、综合利用农村卫生资源，建立起以公有制为主导、多种所有制形式共同发展的农村卫生服务网络。发挥市场机制的作用，多渠道吸引社会资金，发展民办医疗机构，支持城市医疗机构和人员到农村办医或向下延伸服务，对符合条件的民办医疗机构，应一视同仁，并按机构性质给予税收减免等鼓励政策。农村预防保健等公共卫生服务可由政府举办的卫生机构提供，也可由政府向符合条件的其他医疗机构购买。省级人民政府要根据县、乡、村卫生机构功能，制定基本设施配置标准。到2010年，基本完成县级医院、预防保健机构和乡(镇)卫生院房屋设备的改造和建设任务，已有的卫生院以改造为主，保证开展公共卫生和基本医疗服务所需的基础设施和条件。

8. 发挥农村卫生网络的整体功能。政府举办的县级卫生机构是农村预防保健和医疗服务的业务指导中心，承担农村预防保健、基本医疗、基层转诊、急救以及基层卫生人员的培训及业务指导职责。乡(镇)卫生院以公共卫生服务为主，综合提供预防、保健和基本医疗等服务，受县级卫生行政部门委托承担公共卫生管理职能。乡(镇)卫生院要改进服务模式，深入农村社区、家庭、学校，提供预防保健和基本医疗服务，一般不得向医院模式发展。村卫生室承担卫生行政部门赋予的预防保健任务，提供常见伤、病的初级诊治。要注重发挥社会、个人举办的医疗机构的作用。进一步完善乡村卫生服务管理一体化，鼓励县、乡、村卫生机构开展纵向业务合作，提高农村卫生服务网络整体功能。计划生育技术服务机构是农村卫生资源的组成部分。医疗卫生机构和计划生育技术服务机构要按照有关法律、法规的规定，明确职能，发挥各自在农村卫生工作中的应有作用，实现优势互补、资源共享。

9. 推进乡(镇)卫生院改革。调整现有乡(镇)卫生院布局，在乡(镇)行政区划调整后，原则上每个乡(镇)应有一所卫生院。调整后的乡(镇)卫生院由政府举办，要严格控制规模，按服务人口、工作项目等因素核定人员，卫生院的人员、业务、经费等划归县级卫生行政部门按职责管理。对其余的乡(镇)卫生院可以进行资源重组或改制。要在全县(市)或更大范围内公开招聘乡(镇)卫生院院长，竞争上岗，实行院长任期目标责任制，保证其相应待遇，并将其工资和医疗保险单位缴费部分列入财政预算。要积极推进乡(镇)卫生院运行机制改革，探索搞活卫生院的多种运营形式，实行全员聘用制，形成有生机活力的用人机制和分配激励机制，提高乡（镇）卫生院效率。在改制过程中要规范资产评估、转让等操作程序，妥善安置人员，变现资金应继续用于农村卫生投入。

10. 提高农村卫生人员素质。高等医学院校要针对我国农村卫生实际需要，通过改革培养模式，调整专业设置和教学内容，强化面向农村需要的全科医学教育，可采取初中毕业后学习5年或高中毕业后学习3年的高等专科教育等方式，定向为农村培养适用的卫生人才。鼓励医学院校毕业生和城市卫生机构的在职或离退休卫生技术人员到农村服务。建立、健全继续教育制度，加强农村卫生技术人员业务知识和技能培训，鼓励有条件的乡村医生接受医学学历教育。对卫生技术岗位上的非卫生技术人员要有计划清退，对达不到执业标准的人员要逐步分流。到2005年，全国乡（镇）卫生院临床医疗服务人员要具备执业助理医师及以上执业资格，其他卫生技术人员要具备初级及以上专业技术资格；到2010年，全国大多数乡村医生要具备执业助理医师及以上执业资格。

11. 发挥中医药在农村卫生服务中的优势与作用。合理配置卫生资源，加强县级中医医院和乡（镇）卫生院中医科建设，为农村中医药发展提供必要的物质条件，逐步形成中医特色和优势。加强乡村医生的中医药知识和技能培训，培养一批具有中医执业助理医师以上资格的农村中医骨干。鼓励农村临床医疗服务人员兼学中医并应用中医药诊疗技术为农民服务。要筛选推广农村中医药适宜技术，扩大中医药服务领域，在规范农村中医药管理和服务的基础上，允许乡村中医药技术人员自种、自采、自用中草药。要认真发掘、整理和推广民族医药技术。

12. 促进农村药品供应网络建设。支持鼓励大型药品经营企业通过兼并和改造县（市、区）药品批发企业，建立基层药品配送中心，鼓励药品零售连锁经营向农村延伸，方便农民就近购药。逐步推行农村卫生机构药品集中采购，也可由乡（镇）卫生院为村级卫生机构统一代购药品，但代购方不得以谋利为目的。有条件的地区可试行药品集中招标采购。制定乡村医生基本用药目录，规范用药行为。

四、加大农村卫生投入力度

13. 政府卫生投入要重点向农村倾斜。各级人民政府要逐年增加卫生投入，增长幅度不低于同期财政经常性支出的增长幅度。从2003年起到2010年，中央及省、市（地）、县级人民政府每年增加的卫生事业经费主要用于发展农村卫生事业，包括卫生监督、疾病控制、妇幼保健和健康教育等公共卫生经费、农村卫生服务网络建设资金等。要研究制定具体补助办法，规范政府对农村卫生事业补助的范围和方式。

14. 合理安排农村公共卫生经费。县级财政要根据国家确定的农村公共卫生基本项目，安排人员经费和业务经费。省、市（地）级财政要对县、乡开展公共卫生工作给予必要的业务经费补助。此外，省级财政还要承担购买全省计划免疫疫苗和相关的运输费用。中央财政通过专项转移支付对困难地区的重大传染病、地方病和职业病的预防控制等公共卫生项目给予补助。

15. 合理安排农村卫生机构经费和建设资金。县级人民政府负责安排政府举办的农村卫生机构开展公共卫生和必要的医疗服务经费、离退休人员费用和发展建设资金。中央和省级财政对贫困地区农村卫生机构基础设施建设和设备购置给予补助。

16. 加强农村卫生经费管理。按照规定的项目、标准和服务量将农村卫生经费纳入各级财政预算。地方各级人民政府要认真做好农村卫生专项资金使用的管理和监督，严禁各种挪用和浪费行为，充分发挥资金使用效益。

17. 加大卫生支农和扶贫力度。建立对口支援和巡回医疗制度。组织城市和军队的大中型医疗机构开展"一帮一"活动，采取援赠医疗设备、人员培训、技术指导、巡回医疗、双向转诊、学科建设、合作管理等方式，对口重点支援县级医疗卫生机构和乡（镇）卫生院建设。县级医疗机构要建立下乡巡回医疗服务制度，各地要为每个县配备一辆巡回医疗车，中央对贫困、民族地区购置巡回医疗车及其附属医疗设备给予资金补助，巡回医疗车的日常运行费用由地方财政负责。大力支持开展视觉"光明行动"等巡回医疗活动。严格执行城市医生在晋升主治医师或副主任医师职称前到农村累计服务一年的制度。政府组织的卫生支农所需经费由派出机构的同级财政给予补助。中央和省级人民政府要把卫生扶贫纳入扶贫计划，作为政府扶贫工作的一项重要内容，并在国家扶贫资金总量中逐步加大对卫生扶贫的投入，帮助贫困地区重点解决基础卫生设施建设，改善饮水条件，加强妇幼卫生和防治传染病、地方病等方面的困难。

五、建立和完善农村合作医疗制度和医疗救助制度

18. 逐步建立新型农村合作医疗制度。各级政府要积极组织引导农民建立以大病统筹为主的新型农村合作医疗制度，重点解决农民因患传染病、地方病等大病而出现的因病致贫、返贫问题。农村合作医疗制度应与当地经济社会发展水平、农民经济承受能力和医疗费用需要相适应，坚持自愿原则，反对强迫命令，实行农民个人缴费、集体扶持和政府资助相结合的筹资

机制。农民为参加合作医疗、抵御疾病风险而履行缴费义务不能视为增加农民负担。有条件的地方要为参加合作医疗的农民每年进行一次常规性体检。要建立有效的农民合作医疗管理体制和社会监督机制。各地要先行试点,取得经验,逐步推广。到2010年,新型农村合作医疗制度要基本覆盖农村居民。经济发达的农村可以鼓励农民参加商业医疗保险。

19.对农村贫困家庭实行医疗救助。医疗救助对象主要是农村五保户和贫困农民家庭。医疗救助形式可以是对救助对象患大病给予一定的医疗费用补助,也可以是资助其参加当地合作医疗。医疗救助资金通过政府投入和社会各界自愿捐助等多渠道筹集。要建立独立的医疗救助基金,实行个人申请、村民代表会议评议,民政部门审核批准,医疗机构提供服务的管理体制。

20.政府对农村合作医疗和医疗救助给予支持。省级人民政府负责制定农村合作医疗和医疗救助补助资金统筹管理办法。省、市(地)、县级财政都要根据实际需要和财力情况安排资金,对农村贫困家庭给予医疗救助资金支持,对实施合作医疗按实际参加人数和补助定额给予资助。中央财政通过专项转移支付对贫困地区农民贫困家庭医疗救助给予适当支持。从2003年起,中央财政对中西部地区除市区以外的参加新型合作医疗的农民每年按人均10元安排合作医疗补助资金,地方财政对参加新型合作医疗的农民补助每年不低于人均10元,具体补助标准由省级人民政府确定。

六、依法加强农村医药卫生监管

21.强化农村卫生监督管理。卫生行政部门要加强行业管理,强化农村卫生机构、从业人员、卫生技术应用等方面的准入管理。加强农村卫生服务质量的评估、管理与监督,重点对乡、村卫生机构医疗操作规程、合理用药和一次性医疗用品、医疗器械消毒进行监督检查,规范农村卫生服务行为,保证农民就医安全。政府价格主管部门要加强对农村医疗服务价格及收费行为的监督管理。县级人民政府要充实力量,加大对乡、村巡回卫生监督的力度,加强对职业病防治、食品安全和生产销售健康相关产品的卫生监督工作,严禁危害农民身体健康的生产经营活动。严厉打击非法行医和其他危害公共卫生的违法行为。

22.加强农村药品监管。药品监管部门要定期组织对县及县以下药品批发企业、零售企业、农村卫生机构的药品采购渠道和药品质量的检查,开展对制售假劣药品、过期失效药品、兽药人用等违法行为的专项治理,严肃查处无证无照经营药品行为,取缔各种非法药品集贸市场,大力整顿和规范中药材专业市场。要充实县级药品监管力量,积极为基层培养药品监管人员,改善药品监管装备条件,扩大农村用药监督检查和抽验的覆盖面,保证农民用上合格药品。政府价格主管部门要加强对农村医疗机构、药店销售药品的价格监督,严厉查处价格违法违规行为。

23.加强高毒农药及剧毒杀鼠剂管理。政府主管部门要加强对农药特别是高毒农药的管理,严格实行农药生产经营许可制度。要认真做好杀鼠剂的登记审批工作,对申请登记的杀鼠剂进行严格审查,今后不再批准杀鼠剂的分装登记。要大力开展对制售高毒农药和杀鼠剂的专项整治活动,依法严厉打击非法生产、销售国家明令禁止的剧毒药品行为,对其制售窝点要坚决予以查封和取缔。要加强宣传教育工作,增强农民拒绝使用剧毒鼠药的意识。针对可能发生的农药生产和使用中毒,要制订应急预案。

七、加强对农村卫生工作的领导

24.高度重视农村卫生工作。做好农村卫生工作,保护和增进农民健康,是各级党委和政府义不容辞的责任。我们要从实践“三个代表”重要思想的高度,充分认识加强农村卫生工作的重大意义,以对人民高度负责的精神,加强对农村卫生工作的领导。各级人民政府要定期研究农村卫生改革与发展工作。省、自治区、直辖市人民政府要全面贯彻中央的农村卫生工作方针政策,把初级卫生保健纳入国民经济和社会发展规划,制定本地区农村初级卫生保健发展规划,落实人力、物力、财力等各项保障措施,保证各项规划目标的实现。市(地)、县人民政府要全面落实农村初级卫生保健发展规划,把改善农村基本卫生条件、组织建立新型农村合作医疗制度、提高农民健康水平、减少本地区因病致贫和因病返贫人数、保证农村卫生支出经费等目标作为领导干部政绩考核的重要内容。经济发达地区,在完成中央提出的各项发展目标和任务的基础上,要根据本地经济发展水平和农民需要,加快农村卫生事业发展,提高农民医疗和健康水平。

25.落实有关部门责任。中央和国家机关有关部门要对农村卫生的全局性问题制定切实可行的方针政策,并运用转移支付、西部开发、卫生扶贫等方式帮助经济欠发达地区发展农村卫生事业。各级党委和政府要组织协调有关部门,动员全社会力量共同做好农村卫生工作。卫生行政部门要充分发挥主管部门职能作用,宣传、计划、经贸、教育、科技、民政、财政、人事、农业、计划生育、环保、药监、体改、中医药、扶贫等有关部门要明确在农村卫生工作中的职责和任务,群众团体要在农村卫生工作中发挥积极作用。国务院和省、自治区、直辖市人民政府每年要对农村卫生工作情况进行专项督查,确保农村卫生各项工作的完成。

全国人大常委会委员长李鹏在人民大会堂会见俄罗斯科学院院长奥希波夫及俄罗斯科学院代表团全体成员

李鹏说，在过去10年里，中俄关系经历了不断深化的过程，取得了重大进展，两国确立了战略协作伙伴关系，在各个领域的互利合作不断加强。中俄在推动世界多极化进程、维护全球和平与稳定方面进行了卓有成效的合作。去年江泽民主席和普京总统共同签署了《中俄睦邻友好合作条约》，为中俄关系的发展指明了方向。一年来，条约中的许多内容得到了落实。

李鹏说，中俄两国开展社会科学和人文领域的合作已具备了坚实的基础，发展前景广阔。近年来，中俄在社会科学领域的合作成果丰硕，为两国睦邻友好合作关系的进一步发展发挥了重大作用。李鹏说，中国党和政府十分重视社会科学的研究和发展，坚持以马列主义、毛泽东思想、邓小平理论为指导，全面落实江泽民“三个代表”的要求，不断推进有中国特色社会主义的建设进程。他表示，中方愿进一步加强同俄罗斯在社会科学和人文领域的交流与合作。

中共中央政治局委员、中国社会科学院院长李铁映，全国人大常委会副秘书长吕聪敏，中国社会科学院副院长李慎明等会见时在座。

外交部发言人章启月就中国颁布《有关化学品及相关设备和技术出口管制办法》发表谈话

10月18日，经国务院批准，外经贸部、国家经贸委、海关总署联合颁布了《有关化学品及相关设备和技术出口管制办法》。

中国一贯主张全面禁止和彻底销毁包括化学武器在内的一切大规模杀伤性武器，反对任何国家发展、拥有、生产、使用化学武器，或以任何方式扩散这些武器。作为《禁止化学武器公约》的缔约国，中国严格遵守公约的规定，认真、全面地履行了自己的义务，并为此制定了《监控化学品管理条例》等法规，实行严格的出口控制。

此次颁布的化学品出口管制办法是中国结合国内外形势发展，根据本国出口控制实践并借鉴他国经验而制定的。它将进一步完善中国对化学两用品及相关设备和技术的出口管制，是中国加强敏感物项出口管制所采取的又一重要措施。

我愿借此机会指出，根据《禁止化学武器公约》，缔约国有义务促进用于和平目的的化学活动方面的国际交流与合作，以增进所有缔约国的经济和技术发展。中国将继续与其他国家开展同这一宗旨相符的正常的交流与合作。

外经贸部新闻发言人高燕就《有关化学品及相关设备和技术出口管制办法》颁布发表谈话

高燕指出，中国政府于1995年颁布实施了《中华人民共和国监控化学品管理条例》。多年来，中国政府依据该条例对监控化学品的生产、经营和使用活动，包括进出口实行了严格管理。《有关化学品及相关设备和技术出口管制办法》是对《中华人民共和国监控化学品管理条例》的补充，将使中国对化学两用品及相关设备和技术的出口管制更加完善。

她强调，本办法作为中国出口管制法律体系的一个重要组成部分，对于落实国家防扩散政策，履行有关国际义务，维护国家安全和社会公共利益，规范我国有关敏感物项出口管理，维持对外经贸活动的正常秩序，具有重要的意义。

高燕表示，外经贸部作为中国出口管制主管部门，将会同国家其他有关部门，采取有效措施，确保上述出口管制法规得以严格实施，并继续推进我国出口管制的法制化进程。希望相关出口经营者充分了解国家出口管制法规，在积极开展正常的对外经济贸易活动中依法行事。

国防部部长迟浩田在黑龙江 吉林调研

迟浩田强调，各级党委、政府要全面深刻认识新形势下加强国防动员建设的重大意义，以“三个代表”重要思想为指导，按照国家总体部署，搞好整体筹划，实施科学指导，确保国防动员建设有计划、有步骤地进行。特别是要弘扬与时俱进精神，解放思想，勇于开拓，在改革创新中推动国防动员建设加快发展。

迟浩田指出，江泽民主席历来高度重视国防动员建设，作过一系列重要指示和精辟论述。我们要认真学习领会，抓好贯彻落实。要立足国家战略全局，进一步增强搞好国防动员建设的使命感、责任感。

迟浩田指出，各地要结合自身实际，加强整体筹划，把国防动员的基础性建设搞得扎实有效。要贯彻重点建设的思想，突出抓好预备役部队和大中城市的民兵建设；着眼增强战争综合支撑能力，积极探索战略资源优化配置的有效途径；针对高技术战争特点，大力加强重要经济目标防护建设；依托地方基础设施建设，进一步完善国防交通网络体系。

迟浩田强调指出，当前和今后一个时期，要注重理顺和完善国防动员领导体制，研究解决国防动员整体结构布局与军事要求不相适应的问题。要尽快健全和完善国防动员法律、法规，为国防动员建设提供可靠的法律保证。

调研中，迟浩田考察了东北地区边防安全情况。他要求各级要切实把边防安全作为一项经常性的重要任务抓紧抓好，确保边境地区安宁。解放军副总参谋长钱树根，沈阳军区司令员钱国梁、政委姜福堂及两省主要领导同志陪同调研。

10月20日

《人民日报》发表国家发展计划委员会主任曾培炎的文章《西部大开发是实践“三个代表”的生动乐章》

国务院总理朱镕基考察中国气象局

朱镕基与副司级以上干部、部分院士、专家及参加中国气象学会第25次代表大会的部分代表进行了座谈。他要求，全国气象工作者高举邓小平理论伟大旗帜，以“三个代表”重要思想为指导，在党中央、国务院的领导下，再接再厉，扎实工作，大力推进气象现代化建设，把我国气象工作提高到一个新的水平。

中共中央政治局委员、国务院副总理温家宝，国务委员、国务院秘书长王忠禹一同参加了考察和座谈。

朱镕基一行先后参观了国家卫星气象中心和国家气象中心，看望和慰问中国气象局科研人员和干部职工。在国家卫星气象中心，朱镕基考察了气象卫星运控中心，观看了我国今年刚发射并已交付使用的第四颗极轨气象卫星——风云一号D的接收云图。在中央气象台天气预报会商室，朱镕基了解了天气预报制作过程，并通过国家气象中心信息网络系统的可视电视系统，与江西、湖南等地的气象职工亲切交谈。在国家气象中心计算机房，朱镕基参观了我国产神威Ⅰ号和银河Ⅲ号计算机，详细询问了计算机的性能参数及计算机在数值天气预报中发挥的作用。

在座谈中，朱镕基对近几年我国气象工作取得的成绩给予充分肯定，并代表党中央、国务院向全国气象工作者表示问候。他说，全国有2600多个气象台站，5万多名气象职工，不少同志长年工作在高山、海岛、严寒、荒原、沙漠等地区，在非常艰苦的环境条件下，为我国气象事业发展作出了重要贡献。他指出，气象工作非常重要，与经济建设、社会发展和人民生活息息相关。这些年来，我国气象事业发展迅速，建立了较为完整并具有一定现代化水平的气象监测预报体系，形成了包括天气预报、短期气候预测、农业等专业气象和人工影响局部天气等服务手段，增强和提高了气象服务的能力与水平，拓宽了气象服务领域，在防灾减灾、促进经济社会发展、保障人民生命财产安全等方面，发挥了重要作用。

朱镕基强调，要继续推进气象现代化建设，决不能放松。他说，1996年江泽民总书记视察中国气象局时就指出，气象事业发展水平的高低，是一个国家现代化水平的重要标志之一，气象工作要始终抓住现代化建设这个中心不放，坚持为国民经济各行各业服务。这些指示非常重要。最近几年，我们实施了一些气象现代化建设的国家重点工程项目，如新一代多普勒天气雷达、气象卫星、短期气候预测业务系统和大气监测自动化系统等。这些工程建设进展顺利，提高了气象服务的现代化水平，并取得了初步效益。气象部门是高科技部门。气象事业的发展，需要高新技术的支持，同时也会促进计算机技术等高新技术的发展和应用。要继续加强科技进步和科技创新，不断提高气象工作的科技含量，瞄准世界科技发展的前沿，利用高新技术，增强气象服务的科学手段，推动我国气象工作更上一层楼。

朱镕基强调，气象现代化建设，要重视现代化的人才队伍建设。加强气象工作队伍建设，必须全面提高气象工作者的政治素质和业务素质。气象工作者要注意不断学习新知识，不断提高专业技术水平。基础科学和社会公益性科研部门要通过改革，努力创造优秀人才脱颖而出的环境，使人才真正成长起来。要把优秀人才放到重要的工作岗位，为他们提供必要的工作条件，使他们得到社会的尊重和应有的待遇。各级政府和气象部门的领导机关，要进一步关心基层气象工作者的工作和生活，充分调动和发挥他们的积极性。

在谈到气候变化问题时，朱镕基说，气候变化是关系经济建设和社会发展的重大问题。以气候变暖为主要特征的气候变化，对世界和我国的自然生态、经济发展和人民生活的影响日渐明显。气象部门要进一步加强对全球和我国气候变化及其影响的研究，为党中央和国务院的战略决策提供更有力的科学支持，推进我国经济和社会的可持续发展。

温家宝也在座谈会上讲了话。他强调，像我们这样的大国，气象工作应该拥有一流的装备、一流的技术、一流的人才、一流的气象台站，更好地为经济建设、社会发展和人民生活服务。要提高卫星的研制和保障能力，提高计算机硬件和软件的研制和应用水平，提高短期气候预测水平。分布在基层的野外气象台站是气象工作的基础，一定要把气象台站建设好。

座谈会由王忠禹主持。中国气象局局长秦大河作了工作汇报。

陪同朱镕基考察的有关部门负责人有：徐冠华、杜青林、马凯、刘江、解振华、翟浩辉、尹成杰、李伟、王曙光等。

第七次全国台湾同胞代表会议在北京开幕

各省、自治区、直辖市(不含西藏)以及中央有关部门共35个选举单位的241名代表出席大会。代表们将审议中华全国台湾同胞联谊会第六届理事会工作报告，选举产生全国台联第七届理事会。

中共中央政治局委员、国务院副总理钱其琛出席了开幕式并发表讲话。

他强调，党和政府把解决台湾问题、实现祖国完全统一作为进入新世纪的三大任务之一，全国台联及各级台联肩负着光荣而艰巨的使命。

钱其琛说，在“和平统一、一国两制”基本方针和江泽民主席提出的八项主张指引下，海峡两岸经济、文化等各项交流和人员往来日益增长，两岸直接“三通”已成为不可阻挡的潮流。实现祖国和平统一，是包括台湾同胞在内的全体中华儿女的共同心愿；发展两岸关系，早日实现两岸直接“三通”，推进和平统一进程，符合两岸同胞的现实利益和长远利益。两岸合则两利，分则两害，已越来越为台湾同胞所认同。

钱其琛说，具有光荣爱国主义传统的台湾同胞始终是保持两岸关系和平、稳定和健康发展的基础力量。在促进两岸关系发展，实现祖国和平统一的过程中，我们寄希望于广大台湾同胞。我们充分理解和尊重台湾同胞当家做主的愿望和要求，广大台湾同胞的这一要求，与极少数人搞“台独”有着本质区别。不管发生什么情况，我们都要切实维护台湾同胞的合法权益。

钱其琛重申，世界上只有一个中国，大陆和台湾同属一个中国，中国的主权和领土完整不容分割。他指出，台湾当局领导人不久前鼓吹大陆与台湾是“一边一国”，煽动以所谓“公投方式”决定台湾前途，这一分裂言论与李登辉的“两国论”一脉相承，是对一个中国原则的公然挑衅。搞“台独”不得人心，搞“台独”没有出路，任何分裂国家的图谋都是注定要失败的。中国人民有信心、有能力粉碎一切分裂祖国的图谋，我们对祖国和平统一的前景充满信心。

全国人大常委会副委员长、民革中央主席何鲁丽，全国政协副主席、中共中央统战部部长王兆国，全国政协副主席、台盟中央主席张克辉和有关方面负责人出席了开幕式。

全国监狱劳教人民警察队伍建设工作会议在北京召开

国务委员、中央政法委书记罗干在会上指出，监狱劳教工作在维护社会稳定、社会主义民主法制建设中肩负重要职责，必须抓好队伍建设，努力建设一支政治坚定、业务精通、纪律严明、作风过硬、执法如山的合格的高素质的监狱劳教人民警察队伍。

罗干指出，党中央、国务院对监狱劳教工作非常重视，寄予厚望。多年来，广大监狱劳教人民警察讲政治、讲大局、讲奉献，克服重重困难，确保了监所的安全稳定；坚持依法、严格、科学、文明管理，把大批罪犯和劳教人员教育、改造、挽救成为守法公民，为维护政治稳定和社会安宁作出了重要贡献。但是，也应该清醒地看到，在新的历史时期，监狱劳教人民警察队伍建设还不能完全适应新形势、新任务的要求，队伍的整体素质还有待进一步提高，严格、公正、文明执法建设有待不断加强。

罗干要求，要采取有力措施，切实抓好监狱劳教人民警察队伍建设的各项工作。必须加强监狱劳教人民警察队伍的思想政治工作，用邓小平理论和江泽民总书记“三个代表”重要思想武装监狱劳教人民警察的头脑。必须建设坚强有力的监狱劳教工作领导班子，以好的班子带出好的队伍。必须不断提高广大警察的综合素质和工作本领，积极吸收教育改造方面的紧缺人才，优化队伍知识结构。必须强化严格、公正、文明执法。要坚持狱务所务公开，自觉接受社会监督；人民法院在办理减刑、假释案件时，要确保司法公正；人民检察院要保证公正行使检察权；坚决纠正队伍中存在的有章不循、有法不依、执法不严和执法腐败等问题。

罗干指出，要不断深化警察管理体制特别是人事制度改革。通过改革，创造公正、平等、竞争、择优的用人环境，建立干部能上能下、能进能出、充满活力的用人机制。要严格把好警察队伍的“进口”关，坚持凡进必考的原则，不合格的人决不能进入警察队伍；切实疏通队伍的“出口”，对不适合继续从事监狱劳教工作的人员，要坚决予以调整、辞退。

罗干强调，各级党委、政府要积极支持和推进监狱劳教工作改革，为监狱劳教工作的发展创造良好的政策环境。要积极推进依法治监、依法治所，堵塞监狱劳教工作存在的隐患和漏洞，铲除滋生消极腐败现象的条件和土壤；要认真帮助监狱劳教人民警察解决困难，消除后顾之忧。

司法部部长张福森主持会议并讲话。出席会议的还有中央政法委、最高人民法院、最高人民检察院、公安部、国家安全部等有关部门的负责同志。

外交部部长唐家璇在波哥大会见哥伦比亚总统阿尔瓦罗·乌里韦

唐家璇说，中哥建交22年来，两国关系稳步发展，相互了解日益加深。中哥友好深入人心，双方相互信赖，互利合作前景广阔。中国高度重视与哥发展关系，愿意同哥方一道，共同推进中哥友好合作关系的进一步发展。

唐家璇是应哥伦比亚外长巴尔科的邀请于19日抵达波哥大开始对哥伦比亚进行正式访问的。10月

21日，中哥两国外长将举行正式会谈。

中国地质大学举行建校50周年庆祝大会

中共中央政治局常委、全国人大常委会委员长李鹏题词："办好地质大学，培养优秀人才，探索地球奥秘，造福人类社会。"

中国地质大学的前身是1952年由北大、清华、天津大学、唐山铁道学院、西北大学等院校的地质系（科）合并组建的北京地质学院，1975年学校迁入武汉市，更名为武汉地质学院，1987年组建中国地质大学，京、汉两地办学，现为教育部直属全国重点大学。经过50年的艰苦奋斗，中国地质大学的传统地学已经拓展为地质、资源、环境和地学工程技术互相交叉融合的地球科学。学校建设有国家地质学理科、国土资源部地质工科两个基础科学研究和教学人才培养基地。50年来，从学校走出的7万多名毕业生中，有21位成为两院院士，200余人成为省部级以上劳动模范。

全国人大常委会副委员长邹家华，全国政协副主席叶选平、钱伟长、宋健、马万祺、周铁农等也为学校题词。教育部，国土资源部，北京市委、市政府给学校发来贺信。中央、国家机关的有关部门负责人，北京市和部分省市负责人，部分海内外知名大学校长，校友代表和在校师生员工共8000多人参加了庆祝大会。

南京航空航天大学举行建校50周年庆祝大会

江泽民、李鹏、李岚清等中央领导同志分别致信、题词祝贺。

江泽民在贺信中说："在你们举行五十周年校庆之际，我向你校全体师生员工表示热烈的祝贺！五十年来特别是改革开放以来，你们在教学和科研等方面取得了很大成绩。希望你们继续努力，不懈追求，努力创建高水平大学，为改革开放和社会主义现代化建设，为中华民族的伟大复兴作出新的更大的贡献。"李鹏题词说："努力办好南航大学，为科教兴国培育人才。"李岚清在贺信中希望"南京航空航天大学按照'三个代表'重要思想的要求，深化改革，突出特色，继承传统，勇于创新，坚持正确的办学方向，不断提高办学水平和质量，培养更多优秀人才，把南京航空航天大学建设成为一所高水平的大学。"

吴邦国致信说："希望南京航空航天大学高举邓小平理论伟大旗帜，全面贯彻江总书记'三个代表'重要思想，发扬治学严谨的优良传统，坚持与时俱进，深化教学改革，推进素质教育，提高创新能力，大力培养和造就适应社会主义现代化建设需要的高科技人才，努力把南京航空航天大学建设成为国内一流、国际知名的研究型大学，为我国国防现代化建设作出新的更大贡献。"迟浩田题词希望南航："与时俱进，再创辉煌。"全国政协副主席钱伟长、宋健、马万祺也为南京航空航天大学题了词。

这所隶属于国防科学技术工业委员会的高校，50年来与时俱进，以"团结、俭朴、唯实、创新"的优良学风和一心甘为祖国国防科学事业发展而不懈奋斗的精神，为我国国防科技和经济建设输送了5万多深怀报国之志的科技人才，培养出一批包括两院院士在内的科技精英，他们所取得的研究成果，直接推动了我国国防科技事业的发展进程。

全国政协副主席钱伟长和30多位两院院士，江苏省、国防科工委的领导同万余名师生一起参加了南京航空航天大学举行的庆典。

10月21日

国务院总理朱镕基在中南海会见西班牙第二副首相兼经济大臣拉托

朱镕基说，中西建交以来两国关系发展顺利，双方领导人保持着经常性的往来和接触，彼此间的了解和交往不断加深。近年来，中西经贸合作稳步发展，贸易额年年递增。双方在文化、教育、科技、军事等领域的交流也日益扩大，成效显著。今天副首相先生出席了中西企业合作交流会，这一形式很好，可以促进两国企业界的相互了解。此外，中西还要抓紧落实好中西论坛，使之成为促进两国关系发展的重要桥梁。朱镕基强调，中方高度重视发展同西班牙的关系，希望把两国友好互利合作关系推向一个新的水平。

外经贸部副部长周可仁、总理办公室主任李伟、外交部部长助理赵进军、西班牙驻华大使布雷戈拉特等参加了会见。

全国人大常委会办公厅发布李鹏委员长访问泰国 印度尼西亚 菲律宾 澳大利亚四国情况的书面报告

应泰王国国会主席乌泰·屏猜春、印度尼西亚共和国人民协商会议主席阿米安·赖斯、菲律宾共和国众议院议长德贝内西亚和澳大利亚联邦议会众议长尼尔·安德鲁和参议长保罗·卡尔弗特的邀请，全国人大常委会委员长李鹏于9月3日至22日对上述四国进行了正式友好访问。陪同访问的有李鹏委员长的夫人朱琳、全国人大常委会秘书长何椿霖、全国人大华侨委员会主任委员甘子玉、全国人大环境与资源保护委员会副主任委员王涛、全国人大法律委员会副主任委员周克玉、全国人大内务司法委员会副主任委员张丁华、全国人大教育科学文化卫生委员会副主任委员蒋祝平、全国人大民族委员会委员李永泰、北京市人大常委会主任于均波、山东省人大常委会主任韩喜凯、全国人大常委会副秘书长吕聪敏、外交部副部长王毅和李鹏委员长办公室主任吴文昌以及我驻四国的大使和夫人。四国议会和政府高度重视李鹏委员长的访问，都给予热情、友好、隆重和高规格的接待。访问取得圆满成功，达到了“增强信任、扩大共识、促进友好、深化合作”的目的，对在新形势下深化我国与东盟国家的睦邻友好合作关系，保持中澳关系的良好发展势头，营造稳定的周边环境都具有重要意义。

一

李鹏委员长此访是今年我国主要领导人对东南亚地区采取的一次重要外交行动，也是中澳庆祝建交30周年的主要活动。访问期间，李鹏委员长除与四国议会领导人会谈外，还会见了泰国国王普密蓬和总理他信、印尼副总统哈兹(总统梅加瓦蒂在国外访问)、菲律宾总统阿罗约、澳大利亚总督霍林沃斯和总理霍华德等四国领导人，就双边关系、议会交往以及地区和国际问题深入交换意见，达成了广泛共识。李鹏委员长还与四国朝野其他政要、工商界人士、华侨华人社团和友好组织的成员广泛接触，会见了老朋友，结识了新朋友。

在与四国领导人会谈和会见时，李鹏委员长全面阐述了中国对周边国家奉行的睦邻友好政策，强调中国进行现代化建设，需要一个长期的和平国际环境，尤其是稳定的周边环境，愿与各国友好相处，特别希望同周边国家加强合作。在泰国，李鹏委员长高度评价中泰友谊是不同社会制度国家友好合作的典范，赞赏普密蓬国王及王室成员对发展中泰关系所做的独特贡献，赞赏他信总理为恢复经济、稳定社会作出的努力，支持其倡导的亚洲合作对话机制。在印尼，李鹏委员长强调中国和印尼早在五十年代共同倡导的万隆精神，在当今国际社会依然发挥着重要作用。著名的万隆十项原则及和平共处五项原则，作为指导国际关系的基本准则，依然具有强大的生命力。中国印尼关系发展到今天，来之不易，应倍加珍惜。中国希望印尼社会稳定、经济发展，支持印尼维护国家统一和领土完整的努力。在菲律宾，李鹏委员长积极评价阿罗约总统为振兴经济和打击国内恐怖主义、稳定社会秩序所采取的政策措施，对她为发展中菲友谊所做的贡献，特别是对她将中菲建交日定为“菲华友谊日”表示高度赞赏。在澳大利亚，李鹏委员长总结了中澳建交30年来的经验，指出中澳发展全面合作关系符合两国人民的根本利益。两国经济上互补性强，互利合作前景广阔。尽管两国政治体制不同，但只要双方相互尊重，互不干涉内政，平等互利，两国关系就能健康稳定发展。

四国领导人均强调对华关系是其最重要的双边关系之一，愿在新的世纪进一步深化友好合作，把双边关系提高到一个新水平。泰王室成员和其他领导人说，中泰关系像亲戚一样密切，高层互访已形成良好的传统，是发展两国关系的强大动力。泰中友谊是任何力量也破坏不了的；菲律宾总统和参众两院议长均强调，近年来两国高层领导人的直接对话频繁，有效地增进了相互间的了解和信任，从而保证了两国关系平稳发展；印尼领导人说，印尼和中国搞好关系，对在亚洲营造一个和平稳定的地区环境具有重要意义。虽然两国关系经历过波折，但这已成为过去，印尼对两国关系的发展前景是有信心的。澳大利亚领导人表示，澳中建交30年来的经验充分证明，中国的发展对澳有益。中国现已成为澳第三大出口市场，澳方越来越认识到发展对华关系的重要性。

二

向四国介绍我国内外政策，并就重大国际、地区问题交换意见。

(一)李鹏委员长全面地介绍了我国政治社会稳定、经济持续增长的大好形势，强调：中国共产党即将召开十六大，这是我们党在新世纪召开的第一次代表大会，也是我国进入全面建设小康社会，加快推进社会主义现代化的新的发展阶段召开的一次十分重要的代表大会，对实施现代化建设第三步战略部署，必将产生深远影响。李鹏委员长说，中国将坚持走有中国特色社会主义道路，坚持改革开放，坚持以经济建设为中心，实施科教兴国、可持续发展和西部大开发三大战略。我们将继续在保持稳定的条件下，深化改革，加快发展。

考虑到一些外国人士希望了解中国的政治体制和民主法制建设情况，李鹏委员长着重介绍了人民代表大会制度及中国共产党领导的多党合作和政治协商制度，介绍了我国贯彻依法治国方略、加强社会主义民主法制建设取得的成果。他强调，我国十分重视建设社会主义政治文明。中国的民主政治建设符合中国的国情。中国与四国的社会制度、历史背景、文化传统、意识形态不同，但我们历来认为，这些差异是世界多样性的表现，不应该成为我们相互发展友好关系的障碍。在对外交往中，我们一贯尊重各国人民根据自己的国情选择发展道路。

(二)李鹏委员长阐述了我国的独立自主和平外交政策。他强调，中国反对霸权主义，自己也决不谋求霸权，不搞强权政治，中国永远是世界和平与人类进步的积极因素。中国的发展不会对周边和世界构成任何威胁。改革开放以来，中国对外经贸合作有了很大发展，这不仅符合中国的利益，与中国有经贸关系的国家也大受其益。特别是中国加入世贸组织后，中国同外国的经贸合作在广度和深度上都将会有更大的发展，这无疑给各国尤其周边国家提供更多的商机。

四国对中国的发展均给予高度评价。四国各界人士中不少人曾访问过中国，他们说，中国领导人面对复杂多变的国际形势和艰巨的国内任务，表现了非凡的智慧和才干。中国的成就值得钦佩。每次去中国访问都能看到新的变化，中国的稳定和发展给他们留下深刻印象。只有亲自目睹，才能了解真实的中国。东盟三国领导人表示，中国的发展对地区稳定和繁荣至关重要，邻国将从中获益而不会受到威胁，东盟与中国的关系不是竞争，而是合作，亚洲各国应成为一个团结的大家庭。澳大利亚领导人表示，中国作为一个大国，它的发展是维护亚太地区和平与稳定的重要因素。

（三）关于台湾问题，李鹏委员长向四国领导人和各界人士重申了我原则立场，揭露了台湾当局领导人散布"一边一国"论、大搞"台独"的本质以及破坏我国同周边国家良好关系的图谋。四国领导人均重申坚持一个中国政策，强调他们不支持"台独"，不与台进行官方性质的往来。菲领导人说，台湾作为中国领土不可分割的一部分是不容置疑的事实。印尼领导人表示，尽管印尼政府更迭，但一个中国的立场不会改变。中国的统一事业是大势所趋。泰国领导人重申泰国的一个中国立场坚定不移。

（四）关于中国与东盟的关系，李鹏委员长强调指出，中国与东盟各国都是发展中国家，又同处亚洲地区，有广泛的共同利益。中国重视东盟在推动世界多极化进程中的作用，重视东盟在国际和地区事务中的重要影响，愿继续加强与东盟各国在政治、经济、安全等领域的对话与合作，保持"10＋3"合作的良好势头。三国领导人感谢中国对东盟的支持，认为东盟与中国的团结与合作，是维护亚太地区和平与稳定的重要因素。

在与菲律宾领导人会晤时，双方谈及南海问题。李鹏委员长表示中方希望与菲及东盟有关国家共同维护南海的稳定。菲方表示愿继续加强与中方的磋商与合作，不使南海出现紧张。双方在联合新闻公报中强调，近年来中菲在南海问题上一直保持着良好的沟通与协作，这为地区局势的稳定作出了重要贡献。重申将继续致力于通过和平友好的方式寻求解决两国及有关国家在这一问题上的分歧。

（五）李鹏委员长全面准确地阐述了我国的华人华侨政策。他说，东盟三国尤其印尼是华人华侨聚居的国家，广大华人已加入当地国籍，驻在国是他们的祖国，中国是他们的故土。对驻在国，他们应尽公民义务，也应享受应得的权利。对中国，他们是亲戚，欢迎多走动，多交往。华侨是中国公民，但在驻在国，他们同样应该遵守当地法律，与其他居民和睦相处。他们的合法权益也应受到保护。李鹏委员长赞赏和鼓励东盟三国政府在华人华侨问题上采取开明政策，强调中国的华人华侨政策是明确的，我们不会利用华人华侨谋取自己的私利和势力范围，而是希望和鼓励华人华侨为驻在国经济和社会发展多做贡献，并成为联结与中国的友谊桥梁和合作纽带。李鹏委员长的上述表态，引起积极和热烈反响。广大华人表示拥护和欢迎，广大华侨倍受鼓舞。在泰国、印尼和菲律宾三国华人社团举行的盛大招待会上，当李鹏委员长发表上述讲话时，全场报以长时间的热烈掌声，许多华人华侨热泪盈眶，情景十分感人。东盟三国政界人士对我政策也表示理解和赞赏，泰、菲两国领导人赞扬本国华人与其他各族人民融为一体，世代友好相处，为当地经济和社会发展作出杰出贡献。印尼政界人士说，1998年的"五月骚乱"是印尼处理民族事务的污点，强调这类事件不会重演，表示印尼将实行各民族团结和睦政策，华人处境日趋改善，已成为完全意义的印尼公民。澳大利亚领导人表示，澳移民政策使澳社会日益多元化、国际化。华人华侨人数不断增加，对澳的发展作出了有益贡献，中文也已成为澳第一大外语。

（六）关于反恐问题，李鹏委员长强调，中国一贯坚决反对一切形式的恐怖主义，中国也是恐怖主义的受害者，主张反恐应在联合国框架内进行。中国支持东盟各国打击恐怖主义，并愿在反恐等非传统安全领域开展合作。东盟三国领导人赞同李鹏委员长的看法，赞赏中国在反恐问题上所持的立场。他们认为，"9·11"事件之后，国际和地区形势发生深刻变化，反恐形势十分严峻，有必要进行更大范围的反恐合作。菲方还就东盟与上海合作组织在反恐方面进行合作提出建议。

（七）关于伊拉克问题，李鹏委员长阐述了我原则立场，指出中国主张在联合国框架内寻求伊问题的政治解决，伊应认真、严格执行安理会的决议。东盟三国领导人均表达了与我相同或相似的立场。澳领导人也希望通过联合国寻求伊拉克问题的解决。

三

加强我与四国的经贸合作是此访的一项重要成果。四国均十分重视与我发展经贸合作。我经济持续快速发展，加入世贸组织后进一步改革开放，使四国感受到中国发展的巨大潜力，都希望更多地利用中国发展所带来的合作机遇。东盟国家从亚洲金融危机以来的经历中认识到，一个国家的经济发展离不开地区经济合作，中国的支持和帮助对东盟的发展日益重要。希望中国能在信贷、技术方面提供支持，帮助其搞大型项目建设，同时希望中国更多吸纳其资源和产品，扩大在中国的市场份额。澳大利亚凭借合理的经济结构和较完善的金融体制以及多元化的外贸战略，避免了亚洲金融危机的冲击。为保持良好的发展势头，澳朝野各界都希望把中国作为澳长期稳定的合作伙伴，把加强对华经贸合作作为巩固和发展两国关系的重点。

李鹏委员长与四国领导人和企业界就此深入交换意见，达成了广泛共识。对于我向印尼提供的4亿美元信贷支持、我承包菲律宾铁路建设以及广东、福建分别与澳大利亚、印尼达成的两个大型液化天然气项目，李鹏委员长强调这些重大项目充分显示了中国同周边国家深化互利合作，建立长期伙伴关系的真诚意愿。四国领导人均表示，中国是值得信赖的合作伙伴，发展对华经贸合作具备很多有利条件。四国企业界人士也普遍认为，对华经贸合作潜力巨大，表示将主动同中国企业界接触，探讨扩大合作的可能性，对一些已达成协议的项目，将尽快付诸实施。访菲期间，李鹏委员长和阿罗约总统亲自出席两国政府关于桑托斯将军渔港码头扩建工程协议、渔港码头改建备忘录、北吕宋铁路项目备忘录以及关于向菲方赠送55台农业水泵的谅解备忘录的签字仪式。阿罗约总统等领导人高度评价并感谢中国长期以来在菲农业、基础设施建设等方面给予的支持。她说，许多合作项目已圆满完成，发挥了很好的经济效益，在菲产生了很好的影响。

四

同四国议会领导人深入交换意见，促进交流与合作，是此访的一项重要内容。在当今世界，各国议会之间的交往对促进国家关系的发展具有越来越重要的作用。四国议会在其国家政治生活中具有重要影响，各主要政党也多通过议会渠道介入外交问题，参与外交政策的酝酿和制定过程，有时甚至能对外交决策产生关键性作用。不断加强我全国人大与四国议会的友好关系，可以增进相互了解，促进人民友好，推动全面合作。

李鹏委员长同四国议员广泛接触，进行多次座谈，回答了他们所关切的问题，赞赏他们为推动双边关系所作的努力，表示我全国人大愿与四国议会加强交流，开展双方领导人和专门委员会、友好小组之间多层次、多形式的交往，相互借鉴在立法和法律监督等方面的经验。此外，应进一步重视和加强年轻议员交流和互访，培养友好事业的接班人。四国议会领导人均十分重视与我全国人大加强友好合作。访问期间，泰国两院议长多次陪同李鹏委员长活动并进行交谈，上院议长还带领50多名议员专程到普吉为李鹏委员长送行。印尼人协主席两天内三次同李鹏委员长会晤。菲律宾议会领导人就进一步发展双边合作提出许多好的建议。根据菲方的建议，访问结束时双方发表了联合新闻公报并签署了合作备忘录。澳参众议长多次出席欢迎李鹏委员长的活动。作为澳议会最大的双边友好组织，澳中议会小组高度评价他们不久前访华的成果，特别是去西藏实地考察的收获，认为这类实质性访问对增进了解和信任十分有益。

李鹏委员长感谢东盟三国议会领导人率团出席在华举办的亚洲议会和平协会第三届年会并为会议的成功所做的贡献。他强调，年会的成功举办和《重庆宣言》的诞生，充分说明亚洲各国议会在和平与发展问题上有着广泛的共识和加强合作的诚意。亚洲国家绝大多数是发展中国家，都需要集中力量发展经济，消除贫困、提高人民生活水平，共同促进亚洲的进步，这既需要有一个安定团结的国内建设环境，也需要有一个和平稳定的国际环境特别是周边环境。李鹏委员长表示，中方支持菲律宾承办下届年会，并愿为开好这次会议提供力所能及的帮助。

东盟三国积极评价亚洲议会和平协会第三届年会取得的成果，赞赏中方承办会议出色的组织工作，一致认为《重庆宣言》所阐述的各项原则应进一步坚持和发扬，使其成为协会不断发展的指导性文件。菲律宾总统阿罗约说，中国提议菲律宾承办下届年会是对菲的信任，菲方将尽最大努力把会开好。众议长德贝内西亚表示，菲中双方利用李鹏委员长访菲的时机签署合作备忘录有着重要意义，它奠定了菲议会与中国人大开展双边和多边合作的基础，菲律宾议会希望根据此项文件的精神，双方建立经常的对话和互访机制，加强交流与合作。他感谢中方支持菲承办下届年会，并说菲方拟将下届年会的主题定为"亚洲百年和平"，这是因为，亚洲各国只有团结起来，共同打击恐怖主义、贩毒等跨国犯罪，解决贫困、文盲问题，消除不公正现象，才能确保实现亚洲的持久和平与发展。在这样一个主题下召开下届年会，旨在弘扬《重庆宣言》精神。李鹏委员长表示赞同菲方关于下届年会主题的设想，并说作为本届主席，中方愿就下届年会的有关事宜与菲方保持磋商和协调，共同为会议的成功作出贡献。

中央书记处书记尉健行在人民大会堂会见以国家党领袖比尔·英格利希为团长的新西兰国家党代表团

尉健行积极评价中国共产党与新西兰国家党的关系。他说，国家党是新西兰重要的政治力量，为新西兰的经济、社会发展作出了积极贡献，也为推动中新两国友好合作关系作出了不懈努力。中国共产党愿意在党际交往四项原则的基础上加强与包括国家党在内的新西兰各政党之间的交流与合作，为推动两国和两国人民之间的友谊作出新的贡献。

中联部部长戴秉国会见时在座。

外交部部长唐家璇在波哥大与安共体5国外长磋商

外交部部长唐家璇在哥伦比亚外交部与安第斯共同体轮值秘书国哥伦比亚外交部长及专程前来的玻利维亚、秘鲁和委内瑞拉外长以及厄瓜多尔副外长一道举行了中国—安第斯共同体政治磋商与合作机制首次外长级会议。

唐家璇表示,中国政府十分重视发展同安第斯共同体的关系,多年来与安第斯共同体各成员国在政治、经济等领域以及国际事务中保持着友好和密切的合作关系。通过此次外长级磋商,双方正式启动关于建立政治磋商与合作机制的协议,这标志着我们之间的友好合作关系步入了一个新的发展阶段。

唐家璇指出,积极发展中国与安第斯共同体全面友好合作关系,符合双方的根本利益,也有利于推动世界的和平与发展事业。中国政府愿与安第斯共同体各成员国一道,进一步加强双方在政治、经贸、文化和科技等领域的全面互利合作,努力把中国和安第斯共同体友好合作关系推向更高水平。

双方外长们在诚挚、友好和务实的气氛中就进一步发展彼此友好合作关系以及共同关心的国际和地区问题深入交换了意见,达成了广泛共识。双方商定,拟于近期在石油、电信、人力资源培训、新闻记者访问等领域开展一系列具体交流项目,以增进了解,推动合作。

安第斯共同体是拉丁美洲安第斯地区已有30多年历史的地区一体化组织,在促进其成员国经济发展和政治团结方面发挥了重要作用。中国与安第斯共同体于2000年签署了关于建立政治磋商与合作机制的协议。此次唐家璇外长访问安第斯共同体现任轮值秘书国哥伦比亚,与该组织5个成员国外长举行双方首次外长级磋商,从而正式启动了上述机制。

磋商结束后,双方发表了联合新闻公报。

中国—安第斯共同体政治磋商与合作机制首次外长级会议联合发布新闻公报

2002年10月21日,中华人民共和国外交部长唐家璇和哥伦比亚共和国外交部长卡罗琳娜·巴尔科·伊萨克松、玻利维亚共和国外交和宗教事务部长卡洛斯·萨韦德拉·布鲁诺、秘鲁共和国外交部长阿伦·瓦格纳·蒂松、委内瑞拉玻利瓦尔共和国外交部长罗伊·查德顿·马托斯、厄瓜多尔副外长爱德华多·莫拉和安第斯共同体秘书长费尔南德斯·德索托在哥伦比亚首都波哥大举行了中国与安第斯共同体政治磋商与合作机制首次外长级磋商会议。外长们在诚挚、友好和务实的气氛中就进一步发展中国与安第斯共同体及其成员国的友好合作关系以及共同关心的国际和地区问题深入交换了意见,达成了广泛共识。双方对会议取得的积极成果表示满意。

一、双方高度重视并积极评价彼此间的友好合作关系。认为在互相尊重主权和领土完整、互不侵犯、互不干涉内政、平等互利、和平共处五项原则基础上不断推动双方关系长期、稳定、全面发展符合双方的根本利益。双方同意加强各级别的政治磋商与对话,开展全方位和多层次的交流,不断增进相互了解与互信。

二、双方一致认为,中国同安共体各国之间在贸易、投资、金融和科技等领域的合作潜力很大,有利于各方的共同发展,双方同属发展中国家,承认各国不同的发展水平。中国政府承诺促进同安共体的合作。中国和安共体各国政府鼓励和支持双方政府有关部门及公司、企业增加接触,交流信息,开展多种形式的互利合作,并愿为对方企业和人员参与本国经济建设提供必要便利。双方拟在电子通信等高新技术、能源开发、人力资源培训、基础设施建设、环境保护、农业开发等领域确定和实施交流与合作项目。

三、双方将继续采取积极措施,促进在法律、文教、新闻、卫生、体育等领域的交流与合作。

四、中安双方都重视在反对非法毒品及其相关犯罪和有组织犯罪方面加强合作,进一步加强协调机制,开展反洗钱和反贩毒斗争,并防止这些犯罪活动被用于资助世界恐怖主义。

五、安共体各国外长重申,安共体及其各成员国坚持一个中国的政策,即世界上只有一个中国,中华人民共和国政府是代表全中国的唯一合法政府,台湾是中国领土不可分割的一部分。支持中国政府和人民为实现祖国统一所做的努力,确认不与台湾建立和发展任何形式的官方关系或进行任何官方性质的往来,不支持台湾加入只有主权国家才能参加的国际组织。中方对此表示赞赏和感谢。

六、中国政府重申,支持安共体成员国在一体化进程方面的努力,视安共体为重要的次地区对话伙伴,重申愿意通过共同实施全面战略,支持和促进安共体融入太平洋地区。

七、双方重申,坚持奉行联合国宪章所规定的宗旨和原则,特别是有关发展各国友好关系,并为解决国际经济、社会与文化问题而增进国际合作的宗旨和原则。

八、双方表示尊重各国的历史文化、社会制度和发展模式,希望为努力建立一个更加公正、和平和安全的世界而开展合作。双方愿为此继续加强在国际事务中的磋商与合作。

九、双方对经济全球化给广大发展中国家带来的新挑战表示关注，愿就发展问题交流经验，协调立场，积极合作，以消除贫困，保持经济发展，并通过推动可持续发展，积极地融入世界经济体系。

十、双方同意加紧全面落实本次外长会议的后续行动，并确认就政治关系、经贸和科技合作、文化交流以及重大国际和地区问题每两年举行一次副外长级磋商，还将不定期举行其他层次的磋商；双方外长如认为必要，可适时进行外长级磋商。双方商定首次副外长级磋商将于2004年下半年在北京举行。

《中国人民解放军战役装备保障纲要》颁布

中央军委主席江泽民签署命令，颁布施行《中国人民解放军战役装备保障纲要》(以下简称《战役装备保障纲要》)。

《中国人民解放军战役装备保障纲要》是我军装备管理体制调整后，中央军委制定和颁布的规范我军诸军种战役军团战时装备保障行动的第一部基本法规，是我军战役装备保障的基本依据，是我军新一代作战条令体系的重要组成部分。纲要共设11章378条，覆盖了战役装备保障各个方面、各个层次和各个环节的活动，反映了高技术局部战争条件下战役装备保障的基本特征和规律，明确了战役装备保障的任务、地位作用、指导思想和基本原则，确定了战役装备保障体系与力量组织、战役装备保障指挥、战役装备保障勤务的基本内容，规范了联合战役、陆军战役、海军战役、空军战役和第二炮兵战役装备保障的基本方法，既适用于陆军、海军、空军及第二炮兵各级战役军团组织实施军种战役的装备保障和训练，也适用于战区、战区方向及集团军联合战役军团组织实施联合战役的装备保障和训练。

《战役装备保障纲要》规定，组织实施战役装备保障，必须以毛泽东军事思想、邓小平新时期军队建设思想和江泽民关于军队建设的一系列重要论述为指导，贯彻新时期军事战略方针，着眼高技术条件下战役特点和规律，围绕战役决心，统一筹划和运用装备保障力量，继承和发扬我军装备保障的优良传统，充分发挥军民结合、诸军种一体的整体保障威力，综合运用多种保障方式和手段，全面而有重点地为各种战役力量的作战行动提供及时、可靠的装备保障。

《战役装备保障纲要》明确了战役装备保障是战役的重要组成部分，对于保持和提高战役军团的作战能力、保证战役胜利具有重要作用。战役装备保障的基本任务是统一组织建制内、上级加强和地方支援的装备保障力量，在战略装备保障力量的支援下，实施装备的调配保障、技术保障和经费保障以及战场装备管理等活动，保障战役任务的顺利完成。

国务院副总理李岚清在北京考察高校工作

李岚清强调，高等学校要以“三个代表”重要思想为指导，以增强民族创新能力为目标，不断推进高等教育创新，努力培养和造就大批具有丰富创新能力的高素质人才。

李岚清先后考察了北京林业大学学生公寓、园林学院试验花圃基地，北京语言大学汉语考试中心、多媒体教室，中国地质大学地质探针实验室、晶体结构实验室，北京航空航天大学飞行器设计所、飞机自动相关监视系统。他察看了学生公寓和学校的教学、科研、试验场所，与各校领导进行了座谈，听取了四所大学领导的汇报并发表了讲话。李岚清首先向北京林业大学、中国地质大学、北京航空航天大学建校50周年，北京语言大学建校40周年表示祝贺。他指出，这四所大学都是新中国成立以后党中央、国务院决定创办的。几十年来，广大师生坚持党的教育方针，坚持教育为社会主义事业服务、与社会实践相结合，培养了大批人才，为国家经济建设和社会发展作出了重要贡献。近年来，四所高校在教育部等国务院有关部委和北京市委、市政府的大力支持和帮助下，深化教育教学改革，调整学科和专业结构，改善校园环境，推进学校后勤工作社会化，取得了很好的成效。海淀区学院路高等院校比较集中，希望这里的大学充分发挥区位优势，加强校际间的合作，加强与北京市的共建，走产学研结合之路，努力办出特色，再创辉煌。

李岚清强调，今年9月，江泽民同志在庆祝北京师范大学建校100周年大会上发表了重要讲话，科学阐述了“教育创新”的重要思想，为新时期我国高等教育事业的发展指明了前进方向。当前高等学校的一项重要任务，就是要深入学习领会江泽民同志的讲话精神，大力推进高等教育创新，努力培养大批合格的有中国特色社会主义的建设者，造就大批具有丰富创新能力的高素质人才，为增强民族创新能力打下坚实的基础。

李岚清指出，深化改革是高等教育事业发展的强大动力，也是进行高等教育创新的客观要求。高等学校要大力推进素质教育，进一步深化教育教学改革和内部管理体制改革，加快教育现代化和信息化进程，为创新人才的成长和创新成果的涌现营造良好的环境。要继续推进高校后勤社会化改革，做好经济困难学生的助学贷款等项工作，妥善解决学生学习、生活等方面遇到的新问题，保证正常的教学秩序。要把思想政治教育和管理工作做到学生公寓，贯穿于学习、生活的各个环节，确保高校稳定。当前要在师生中广泛深入地宣传十三届四中全会以来我国改革开放和现代化建设的伟大成就，增强广大师生建设有中国特色社会主义的理想和信念，为实现中华民族的伟大复兴而共同奋斗。

李岚清强调，扩大开放是增强高等学校办学活力和创新能力的重要途径。高等学校扩大开放，首先要加强同国内其他高校之间的合作，通过优秀教学科研人员跨校兼职，学生跨学校选课，共享重大科研设备、教学设施和文体活动场馆等措施，大力提高优质教育资源的利用率。同时要面向世界，积极稳妥地开展对外合作办学，借鉴世界上先进的办学经验和管理经验，提高我国高等教育的国际竞争力。

国务院有关部门和北京市负责人陈至立、刘积斌、高强、龙新民、林文漪等陪同考察。

国际博物馆协会亚太地区第七次大会暨博物馆与无形文化遗产国际学术讨论会在上海开幕

国务院副总理李岚清致信大会表示祝贺。李岚清在贺信中说，博物馆对于保护、展示、研究、传播世界各国、各地区、各民族独具特色的文化和科学技术成果具有重要作用，是一个国家、地区和民族宣传其文明成就和发展水平的重要窗口。中国政府历来重视博物馆的建设和发展。改革开放以来，中国博物馆事业取得了很大成就，为保护、传承和弘扬中华民族优秀文化和自然遗产，普及科学知识，推介世界优秀文明成果发挥了积极作用。

国际博物馆协会亚太地区委员会主席加拉教授在上海博物馆宣布，来自26个国家、地区和国际组织的150名代表将在上海制定《上海宪章》，以保护亚太地区的无形文化遗产。

这次大会和学术讨论会为期4天，主题是“全球化、无形遗产和博物馆”，将研讨经济全球化和文化多样性问题。与会代表将考察各国保护无形遗产的基本框架，建立地区性对话和协调行动计划，强化博物馆管理中有形和无形遗产的结合。此次会议是国际博协亚太地区委员会、国际博协中国国家委员会和中国博物馆学会联合主办的，联合国教科文组织、国际博协、中国文物局和上海市的有关负责人出席了此次会议。

三名中国科学家在新德里分别受到第三世界科学院和第三世界科学组织网络的奖励

印度人力资源、科技兼海洋发展部部长马诺哈尔·乔希向他们颁发了证书和奖金。

中国工程院院士、中国科学院海洋研究所研究员、中国贝类学会常务副理事长张福绥因在贝类养殖领域的突出贡献而荣获第三世界科学组织网络奖。中国科学院院士、沈阳金属研究所所长卢柯因在纳米材料研究中取得重大成就而获得第三世界科学组织网络颁发的2000年度应用科学奖。现在南开大学任职的数学家张伟平因在微分几何指标理论研究方面作出突出贡献而获得第三世界科学院2000年度数学奖。

10月22日

国家主席江泽民抵达芝加哥开始对美国进行为期4天的访问

国家主席江泽民在芝加哥会见了美国伊利诺伊州州长乔治·瑞安。江泽民表示，此次访美首先来到芝加哥，感到十分高兴。伊利诺伊州交通便利、经济发达，是世界上农业最发达的地区之一；芝加哥市是美国重要的金融、贸易、工业和文化中心。中国政府一直积极支持各地区、各部门与伊州和芝加哥市开展经济技术交流与合作，取得了可喜的成果。他希望双方再接再厉，将互利友好合作提高到新的水平。

江泽民在谈及此次美国之行时说：中美关系当前保持着良好的发展势头。我们两国之间存在一些分歧，但更拥有广泛而重要的共同利益。双方在反恐、经贸等众多领域的合作给双方带来了巨大的实际利益，也有利于亚太地区和世界的和平、稳定与繁荣。

国务院总理朱镕基在人民大会堂会见2002年全球工商领导人论坛部分与会人士

朱镕基对各位代表与会表示欢迎，并向他们介绍了当前中国经济形势。他说，中国经济在过去10年中保持了持续、快速、健康发展，今年全年经济增长将好于预期。在社会主义市场经济建立过程中，市场机制因素发挥着愈来愈重要的作用，中外企业家经营理念的共同点越来越多。他希望中外企业界能就共同关心的问题更有效地交换意见，致力于共同发展。

参加会见的有英国前首相梅杰、菲律宾前总统拉莫斯、澳大利亚前总理霍克以及一些著名企业领导人。

国家科技教育领导小组在中南海举办科技知识讲座

讲座邀请国际著名物理学家李政道教授作题为《物理的挑战》报告。中共中央政治局常委、国务院总理、国家科技教育领导小组组长朱镕基，中共中央政治局常委、国务院副总理、国家科技教育领导小组副组长李岚清出席听课。

李政道教授是美国哥伦比亚大学教授，国际著名物理学家，因发现宇称不守恒现象与杨振宁教授共同获得1957年诺贝尔物理学奖，至今一直在世界物理学前沿开展工作，在物理学研究领域取得许多杰出成就。

讲座中，李政道教授以深厚的学术造诣，从20世纪的物理、人才的培养、中国古代的天体物理、对称与不对称等方面，深刻阐述了物理学的发展和取得的丰硕成果，并从现代科学最前沿论述了物理学对21世纪的挑战，提出了许多独到和深刻的见解。他在讲座中，将深奥的科学理论与中国优秀传统文化相结合，讲得深入浅出，简明扼要，受到大家欢迎。

朱镕基即席作了讲话。他说，现代物理学创造了一批重大的科技成就，也造就了一批著名科学家，对人类科学技术进步和社会生活的发展产生了深远影响。李政道教授用简明、朴素的语言，十分清楚地讲述了深奥、复杂的物理理论。听了李政道教授的讲课，使我们进一步认识到宇宙的伟大和人类探索宇宙能力的无限。科学的发展有赖于上一代科学家的指引，有赖于政府相关政策的支持，有赖于科技工作者孜孜以求的研究探索。面对21世纪日益激烈的科技竞争，我们要认真贯彻党中央提出的“科教兴国”战略，高举“科学技术是第一生产力”的旗帜，加大科技投入，加快创新步伐，大力培养、吸引高科技人才，不断把我国的科学技术提高到一个新水平。

吴邦国、温家宝、迟浩田、罗干、吴仪、王忠禹等国务院领导同志和国务院各部门负责同志出席了讲座。

全国政协优秀提案和先进承办单位表彰会在政协礼堂举行

中共中央政治局常委、全国政协主席李瑞环出席会议。

会议表彰了九届政协优秀提案200件，先进承办单位37个。在优秀提案中，8个民主党派中央和全国工商联的提案20件，界别小组提案3件，委员个人及联名提案177件。这些提案紧紧围绕经济和社会发展中的突出问题和老百姓关心的热点问题，提出了许多有价值的建议和意见，内容涉及制订和实施“十五”计划、加快西部大开发、生态环保和可持续发展、建立监督机制、完善法律、法规等。被表彰的承办单位，对政协提案高度重视，认真办理，讲求实效，受到提案人的好评。

李瑞环等领导同志为优秀提案和先进承办单位获奖代表颁发了荣誉证书和奖牌。

全国政协副主席宋健在表彰会上讲话，代表全国政协向优秀提案获奖者和先进承办单位表示祝贺。他说，九届政协以来，在全国政协常委会的高度重视下，经过全体委员的共同努力和各承办单位的大力支持，提案工作有了长足发展，取得了很大成绩。政协委员、各民主党派和有关人民团体，围绕党和国家的中心工作及社会关注的热点问题，运用提案的形式提出了许多意见和建议，受到中共中央、国务院和各承办单位的高度重视。到2002年9月底，九届政协审查立案的提案共16255件，其中各民主党派和全国工商联、有关人民团体的提案272件，参与提案的委员2204人，占委员总数的95%。各承办单位从贯彻中国共产党领导的多党合作和政治协商制度的高度，把提案办理过程看作是实行决策民主化、科学化的过程，看作是接受民主监督、改进自身工作作风的契机。许多单位的主要领导同志带头部署和参与办理提案，使提案办理质量进一步提高。

宋健说，做好提案办理工作，对于完善我国社会主义民主政治制度，广泛听取来自社会各界的意见和建议，克服官僚主义，改进工作作风，提高工作效率，维护安定团结，都具有重要的意义。他强调，要继续提高提案质量、办理质量、服务质量，加强提案机构和承办单位的沟通与协作，按照江泽民总书记“三个代表”的要求，与时俱进，开拓创新，把提案工作提高到一个新的水平。

全国政协提案委员会主任何光远在会上作了关于九届政协优秀提案和先进承办单位评选情况的说明。国务院副秘书长高强在讲话中介绍了政府系统办理政协提案工作的情况，希望国务院各部门和各级地方政府不断改进提案办理工作。民革中央副主席朱培康，全国政协委员刘杲、郭松海代表优秀提案获奖者，科技部副部长李学勇代表先进承办单位发言，分别介绍了努力提高提案质量和办理质量的做法和体会。

表彰会由全国政协秘书长郑万通主持。

全国政协副主席王兆国、李贵鲜、孙孚凌、朱光亚、万国权、赵南起、经叔平、张克辉、王文元，以及中央和国家机关有关部门负责人出席表彰会。

全国政协主席李瑞环在北京会见由总书记奇里安吉率领的纳米比亚斯瓦普党代表团

全国政协主席李瑞环在北京会见由总书记阿卜杜勒·卡里姆·埃里亚尼率领的也门全国人民大会代表团

2002年全球工商领导人论坛在北京开幕

国务院副总理吴邦国出席开幕式并致辞，代表中国政府对论坛的召开表示祝贺。

吴邦国在致辞中说，变革是当今世界一个永恒的主题。我们生活在一个日新月异的变革时代，企业面对的市场条件、体制环境、竞争格局、经济形势和科学技术等，都在以超乎人们想象的速度演进变化。认真分析、仔细品味这些变化，从中捕捉机遇，利用机遇，与时俱进，对企业在激烈竞争中取胜至关重要。他说，经济全球化趋势正在这种深刻的变革中不断发展。经济和技术发展程度的不同，对每个国家、每个企业表现出不同的比较优势。经济全球化的过程就是依照这种比较优势进行分工调整的过程。大型企业和企业集团,只有置身全球范围挖掘比较优势,才能把握发展形势,找准发展途径,在国际竞争中掌握主动权。他指出,中国的企业特别是国有大企业和企业集团,要适应日趋激烈的国内外市场竞争的严峻形势,就必须融入经济全球化的大潮,面对挑战,不断增强企业的产品开发能力、发明专有技术能力和管理创新能力等核心竞争力。

在谈到中国经济形势时,吴邦国说,近几年来,世界经济不确定因素增加,面对这些新情况、新问题,我们实施扩大内需的方针,实行积极的财政政策和稳健的货币政策,克服亚洲金融危机和世界经济低迷的不利影响,保持了国民经济持续快速健康发展。1997年到2001年,国内生产总值年均增长7.8%。今年前三季度,比去年同期增长7.9%,总体经济形势好于预期。

吴邦国说,如同中国整体经济形势一样,中国工业和企业的发展形势总体良好,前景喜人。这几年,国有企业改革脱困和发展取得了令世人瞩目的重大成就。以建立现代企业制度为目标的国有企业改革继续深化,战略性改组取得进展,初步形成了一批拥有自主知识产权、核心能力强的大公司和企业集团。企业技术装备水平跃上台阶,企业管理进一步改善,企业科技开发能力、市场竞争能力和抗御风险能力不断增强。国有大中型工业企业的面貌发生了巨大变化。2000年较1997年国有企业利润三年翻了两番,达历史最好水平。2001年在世界500强企业利润下降50%的情况下,仍维持在2000年的历史最高水平。今年头9个月,国有企业完成工业增加值比去年同期增长10.8%,效益总体逐月好转,实现利润今年可望达到或超过去年水平,发展势头良好。

吴邦国说,中国加入世贸组织将近一年,中国政府和企业在遵循世贸组织规则、履行世贸组织成员责任和义务等方面做了大量工作,为中外企业参与平等竞争创造了必要的市场环境和法律环境。他指出,实践充分说明,中国加入世贸组织,不仅给中国经济发展注入了新的活力,也为外商进入中国市场带来了前所未有的机遇。加入世贸组织对于中国和世界来说,都是有利的,实现了双赢。

吴邦国说,我们即将迎来中国共产党第十六次全国代表大会的胜利召开。这是中国共产党在新世纪、新形势下召开的一次十分重要的会议。十六大将对实施第三步战略目标,全面建设小康社会,加快推进中国社会主义现代化建设,进行全面的动员和部署。这无疑会对中国的改革开放和现代化建设事业产生积极而深远的影响。中国经济正处于高速成长阶段,本世纪头一二十年,又迎来了可以大有作为的重要战略机遇期。我们相信,一个更加开放、更加繁荣、更加进步的中国,必将对世界经济发展和人类进步作出更大贡献。

论坛以"21世纪企业新构思:变革、权力与责任的制衡"为主题,是由中国企业联合会与美国《商业周刊》共同举办的。400余名来自国外跨国公司和中国企业的高层领导代表,围绕21世纪世界经济和企业发展、企业的社会责任等热点问题展开深入讨论。

研究优势农产品区域布局规划工作会议在北京召开

国务院副总理温家宝在会上指出,优化农产品区域布局,进一步发挥农业比较优势,是推进农业和农村经济结构战略性调整的重大步骤,也是我国农业增长方式的重大变革。要坚持按客观规律办事,尊重农民意愿,抓住重点环节,扎扎实实地做好这项工作。

近年来,随着农业结构的调整,我国具有区域特色和比较优势的农产品发展很快,优质专用农产品比重明显提高,大宗产品继续向优势产区集中。为了适应加入世贸组织的新形势,充分发挥我国农业的比较优势,加快形成产业带,稳步提高我国农业的竞争力,农业部经过深入调研和论证,正在编制优势农产品区域布局规划和分品种的专项规划。温家宝在听取农业部的汇报后指出,优化农产品区域布局,有利于发挥各地的比较优势,提高农业产业化经营水平;有利于集中投入,改善农业生产条件;有利于推广和运用农业现代科学技术,加强农业生产的科学管理,促进农业现代化。

温家宝强调,开展优势农产品区域布局,要遵循自然规律和经济规律。要从资源和市场这两个基点出发,坚持"按比较优势布局"、"按市场需求布局"。既要充分考虑各地资源条件,更要充分考虑市场潜力,防止出现新的积压和卖难。要坚持尊重农民的生产经营自主权,尊重农民意愿,保护农民权益。凡是与农民利益有关的问题,都要和农民商量,不能搞强迫命令,强制推行统一种植和统一经营;即使是经济效益好的品种,如果农民不接受,也要通过示范和引导,让他们自愿地改变种植品种和经营方式。

温家宝指出,开展优势农产品区域布局工作,要重点抓好五个关键环节。一是产业化。这是推进优势农产品区域布局的重要形式。要重点扶持龙头企业,发挥他们在开拓市场、引导基地、加工增值、科技创新、标准化生产等方面的带动作用。二是科技进步。这是发展优势农产品的决定性因素。要有重点地进行科研开发,加快引进、选育和推广优良品种,加速品种更新换代。大力推进良种良苗的育、繁、产、加、销一体化,把种业当作推动优势农产品发展的先导产业来抓。三是质量安全。这是检验优势农产品区域布局成效的重要标准。必须坚持以质取胜,加强农产品质量监督和市场监管。四是标准化建设。这是现代农业的一个重要标志。要对规划确定的优势农产品,制定科学、完备的标准体系,尽快与国际标准接轨,建设好优质农产品标准化生产基地。五是市场信息服务。这是推进优势农产品区域布局的关键。要重点加强市场体系和农业信息体系建设。

温家宝强调,搞好优势农产品区域布局工作,要有改革创新的精神。要加强国家对农业的宏观调控,改进对农业的扶持办法,提高资金使用效益。对现有农业项目、资金进行整合,相对集中,用于扶持优势农产品及其产区的发展。近些年来,各种专业合作经济组织和农产品行业协会,在农户和市场之间发挥了很好的桥梁作用,要认真总结经验,加以积极的指导和扶持。

农业部部长杜青林作了汇报。中央和国务院有关部门负责同志参加了汇报会。

北京上海重庆市委主要负责同志职务调整

中共中央决定:贾庆林同志调中央工作,不再兼任中共北京市委书记、常委、委员职务;刘淇同志任中共北京市委书记。

黄菊同志调中央工作,不再兼任中共上海市委书记、常委、委员职务。

贺国强同志不再担任中共重庆市委书记、常委、委员职务,另有任用;黄镇东同志任中共重庆市委委员、常委、书记。

10月23日

国家主席江泽民抵达休斯敦并会见得克萨斯州休斯敦市市长李·布朗

江泽民感谢布朗市长和休斯敦市民热情友好的欢迎,对有“世界能源之都”美称的休斯敦在石油、化工、航天、医疗等领域取得的成就表示祝贺。他指出,中国政府一向重视发展与休斯敦的友好关系,积极支持鼓励各部门、各地区与休斯敦开展交流与合作。江泽民表示相信,在双方共同推动下,中国与休斯敦在各个领域的交流与合作将取得更大的发展。

江泽民主席和夫人出席了布朗市长夫妇举行的盛大欢迎晚宴。江主席在答辞中首先感谢布朗市长和布什前总统发表的热情洋溢的讲话。他还回顾了中美交往的历程,并强调指出:30年前我们两国领导人以远见卓识,共同打破了冻结中美关系长达23年的坚冰,两国开始走向交流和合作,两国人民之间的友好关系不断发展。历史告诉我们,中美开展友好合作,不仅会给两国人民带来巨大利益,而且会有力地促进亚太和世界的和平与繁荣。一个稳定、健康和不断发展的中美关系,符合两国人民和世界人民的根本利益,符合时代发展的潮流。江泽民表示期待着25日与布什总统的会晤,并相信这次会晤将取得积极成果,推动中美关系进一步向前发展。

国务院副总理钱其琛、美国前国务卿贝克和来自得克萨斯州、休斯敦市的各界知名人士800余人出席了晚宴。

江泽民还参观了位于休斯敦市南部的约翰逊航天中心,并听取了中心主任有关航天飞机控制中心和空间训练舱等的情况介绍。

国务院副总理李岚清在陕西考察

10月23日至25日,李岚清在陕西省委副书记、代省长贾治邦等陪同下,先后考察了杨凌农业高新技术示范区和西安、延安等地的科研机构、企业和学校。听取了杨凌农业高新技术示范区的工作汇报,就促进教育创新、推动大学生助学贷款工作召开了座谈会。李岚清对陕西省近年来在经济社会发展和以杨凌农业示范区为依托,扩大农业高新技术研究开发和推广利用、带动农民致富等方面取得的成绩给予充分肯定,对杨凌示范区5年来所发生的巨大变化和取得的进步,特别是使农民收入5年来平均以12%的速度增长,感到由衷的高兴。他指出,杨凌示范区是国务院批准成立的。在国家有关部委和陕西省委、省政府的关心、支持下,经过示范区管委会和广大科教人员的辛勤努力,短短5年,在基础设施建设、高新技术产业化、农科教相结合、产学研相结合、科教体制改革、发展旱作农业、广泛吸引人才、扩大对外开放和行政管理体制改革等方面,取得了明显进展。初步形成了以农牧良种、生物技术、节水灌溉、环保农资、农产品深加工、生物制药等为主导的产业格局,成为我国向亚太经合组织开放的10大科技园区之一。杨凌示范区的实践,对全国的农业发展特别是干旱半干旱地区的农业发展具有重要的示范、辐射和带动作用。李岚清勉励示范区的高等学校和科研机构要进一步解放思想、大胆创新,紧紧抓住那些具有发展前景、社会效益好的科研项目,集中力量攻关,取得具有自主知识产权的科研成果,并加速成果转化,尽快推向市场,推动先进生产力发展,为实现经济不发达地区的跨越式发展作出积极贡献。他希望杨凌示范区成为我国发展现代农业的示范、农业科研体制改革的示范、中国农村经济发展道路的示范、现代化小城镇建设的示范、科技园区和开发区新型行政管理体制的示范。

李岚清强调,面对激烈的国内外市场竞争的新形势,我国农业要发展,农民要增收,就必须对农业和农村经济结构进行战略性调整,走“公司+科技+农户”的发展道路。以公司为龙头,以高科技为手段,推动传统农业向产业化、现代化、标准化农业转变。要遵循市场经济规律,使龙头企业能做大做强,营造一条农产品生产、加工、销售产业链,走向国际国内市场。农业科技创新是发展现代农业的根本出路,要从体制改革入手,优化配置、合理利用农业科技资源,从根本上解决科研和生产相脱节的问题,把科研成果尽快转化为现实生产力。进一步探索建立新的农业科技推广体系,农业科技类大学要在农业产业化和科技推广中发挥重要作用。

李岚清指出,实行高校共建,推行后勤社会化改革,办学条件得到改善,招生规模扩大,满足了广大人民群众接受高等教育的需求。高校要根据新的形势,大力推行素质教育,提高办学质量和办学效益,促进高校改革与发展。当前要进一步加强学生的思想政治工作,把学生的管理和思想政治工作做到学生宿舍中去,以利于全面素质的提高和高校稳定。西部地区的高校中家庭经济困难的学生比较多,银行、学校和教育管理部门要紧密配合,建立有效的工作协调机制,加大工作力度,切实做好国家助学贷款工作,提高学生的信用观念,确保家庭经济困难学生完成学业。

李岚清还对加强文物保护工作和发展旅游业发表了意见。他说,陕西文物资源丰富,黄帝陵、秦始皇陵等文物古迹名扬海内外,发展旅游业得天独厚。要严格执行文物保护法的规定,强化保护意识,合理加以利用,加强管理。对重大文物保护场所,要加大周边环境的整治力度,制定实施规划,严禁私拆乱盖,恢复自然生态环境,使之与文物景观相协调,推动旅游业持续、健康发展。让中华五千年灿烂文化不断发扬光大,在促进经济和社会发展、增强民族凝聚力等方面发挥更大作用。

陪同李岚清考察的还有国务院有关部门负责同志徐冠华、高强、于广洲、张保庆、肖捷等。

外交部部长唐家璇在墨西哥洛斯卡沃斯参加亚太经合组织第十四届部长级会议

10月24日

国家主席江泽民在得克萨斯州大学城乔治·布什总统图书馆发表演讲

布什总统和夫人,波帕迪克先生,女士们,先生们:

在这个金秋时节,来到美丽的得克萨斯,我感到十分高兴。这里独特的人文和自然景观,给我留下了美好而深刻的印象。

首先,我对总统先生和布什图书馆举行这次活动,表示由衷的谢意。布什图书馆展示了布什总统各方面活动的历程,包括他为中美关系发展作出的贡献。布什总统是中国人民的老朋友。1974年,中美恢复交往初期,他就担任美国驻华联络处主任。他一向关心和支持发展中美关系,做了许多有益的工作。我希望,在布什总统的直接参与和指导下,布什图书馆将成为美国又一个研究中国问题和开展中美友好活动的中心。

中美建交已近24年。这个时期,正是中国实施改革开放的新政策,大力推进现代化建设的时期。24年来,中国的发展取得了举世瞩目的成就。

中国全面推进改革开放,集中力量发展经济,初步建立了社会主义市场经济体制,促进了生产力的解放和发展。2001年中国的国内生产总值相当于1980年的7.4倍,年均增长9.5%,农村两亿两千万贫困人口解决了温饱问题,各族人民的生活水平明显提高。

中国积极发展社会主义民主政治,进行政治体制改革,扩大民主,建设法治国家,维护人民当家做主的各项权利。中国的民主制度日益完善,以农村村民自治和城市社区民主管理为标志的基层民主建设深入发展。

中国实施科教兴国战略,各项文化事业不断发展,人民受教育的条件和健康卫生条件显著改善,思想道德素质和科学文化素质正在不断提高。

中国坚持实施对外开放的基本国策,与世界各国开展广泛的交流与合作,积极借鉴和吸收国外先进的文明成果。中国已加入世贸组织,对外开放进入新的阶段。中国将恪守承诺,积极发展同各国的经济技术交流与合作,进一步实行全方位的对外开放。

中国已进入了全面建设小康社会、加快推进现代化的新的发展阶段。我们的目标就是,到本世纪中叶,基本实现现代化。

中国取得了巨大的成绩,但仍然是世界上最大的发展中国家。与发达国家相比,中国的生产力水平和科技教育水平还有很大差距。中国要实现现代化建设的战略任务,使十几亿人民的生活更加美好富裕,还需要进行长期的艰苦奋斗。

今年11月,中国共产党将召开第十六次全国代表大会。这次大会将对全面推进中国的改革开放和现代化建设作出战略部署。

中国二十多年来发展的实践证明,坚持改革开放,走建设有中国特色社会主义的道路,符合中国的国情和中国各族人民的共同愿望。我们将按照代表中国先进生产力的发展要求、中国先进文化的前进方向、中国最广大人民的根本利益的要求,坚持以经济建设为中心,全面推进各项社会事业,实现中国社会物质文明、政治文明和精神文明的协调发展。

女士们、先生们:

中国越发展、越开放,与世界的联系越紧密,就越需要一个长期和平稳定的国际环境。促进世界与地区的和平与发展,符合中国的根本利益。

中华民族自古就有以诚为本、以和为贵、以信为先的优良传统。中国在处理国际关系时始终遵循这一价值观。中国对外政策的宗旨是维护世界和平、促进共同发展。

两千多年前,中国先秦思想家孔子就提出了“君子和而不同”的思想。和谐而又不千篇一律,不同而又不相互冲突。和谐以共生共长,不同以相辅相成。和而不同,是社会事物和社会关系发展的一条重要规律,也是人们处世行事应该遵循的准则,是人类各种文明协调发展的真谛。

大千世界,丰富多彩。事物之间、国家之间、民族之间、地区之间,存在这样那样的不同和差别是正常的,也可以说是必然的。我们主张,世界各种文明、社会制度和发展模式应相互交流和相互借鉴,在和平竞争中取长补短,在求同存异中共同发展。

中国地处亚太地区,十分关心亚太地区的和平与稳定。我们坚持以邻为善,通过和平谈判同绝大多数邻国解决了陆地边界问题,与东盟就制定南海地区行为准则保持磋商,与所有周边国家和睦相处。

中国积极参与亚太经合组织、东盟地区论坛、“10 + 3”等多边合作机制,与东盟各国先后发表了在新世纪加强双边合作的框架文件,并决定在10年内建立中国一东盟自由贸易区。

中国是维护亚太地区和平的坚定力量。美国也是太平洋地区的大国。我们愿与美国和亚太各国共同努力,为促进地区的和平与繁荣发挥作用。

台湾问题早日解决,中国早日完成和平统一,有利于促进亚太和世界的和平与稳定,有助于中美关系的稳定发展,也将使美国在台湾的利益得到更有效的保障。

早在1995年年初,我就提出了关于解决台湾问题的八项主张。我们明确承诺,实现统一后,台湾可以保持自已的经济制度和生活方式,自己管理党、政、军等系统,台湾民众的权益将得到切实保障。我们将本着最大的诚意,进行最大的努力,促进两岸的和平统一。

近年来,海峡两岸人员往来日益频繁,经济、文化等领域的交流不断扩大。台湾民众和我们一样强烈希望早日实现直接“三通”。

“和平统一、一国两制”是解决台湾问题的最好方式,而“台独”才是台海地区和平与稳定的最大威胁。美方多次重申将恪守中美三个联合公报和坚持一个中国政策。我们希望美方继续坚持这一正确的立场。

女士们、先生们:

当今世界,人类仍然面临着许多严峻的挑战。恐怖主义、大规模杀伤性武器扩散、地区冲突和环境恶化等问题,对世界和平与发展造成了严重威胁。

中美都是恐怖主义的受害者。在反恐斗争中,中国人民一直与美国人民站在一起,进行着良好的合作。中国将继续加强与美国在反恐领域的磋商和合作,同世界各国一道,共同打击恐怖主义这一国际公害。

防止大规模杀伤性武器扩散,维护朝鲜半岛、南亚、中东等地区的和平与稳定,保护环境等,是世界各国人民普遍关心的重大问题。中美双方应在这些方面加强磋商与合作,这符合中美两国的共同利益。我们愿意继续与美方保持沟通,加强合作,共同致力于公正合理地解决这些问题,促进世界的和平与稳定。

中国是世界上最大的发展中国家,美国是世界上最大的发达国家。中美经济互补性强,文化各有所长,两国在经贸、能源、环保、科学技术和教育等方面的合作,潜力巨大,前景广阔。发展我们两国的建设性合作关系,符合两国人民的根本利益和两国人民的共同心愿,必将造福于两国人民。

让我们继续共同努力,增进了解,扩大共识,发展合作,共创中美关系的美好未来!

谢谢!

国家主席江泽民就莫斯科发生武装分子劫持人质事件致电普京总统

全国人大常委会委员长李鹏在人民大会堂会见克罗地亚议长兹拉特科·托姆契奇一行

李鹏说,中克两国自1992年建交以来,双边关系发展顺利,合作领域不断拓展。中克两国高层互访不断,特别是今年5月克罗地亚总统梅西奇访华期间,两国元首签署了“中克关于深化互利合作关系的联合声明”,确立了两国关系在新时期的发展方向。两国经贸关系近年来也呈上升趋势。两国已经签署经贸合作、投资保护、避免双重征税和海运合作等协定,发展经贸合作的法律基础已经奠定。中方重视发展同克的经贸关系,愿与克方共同努力,进一步拓展两国在经贸领域的合作。希望通过议长阁下的来访,双方将进一步增进了解,加强合作。

李鹏说,中国全国人大与克议会保持着正常交往,双方的了解和友谊不断加深。中方高度赞赏克议会和议长本人对发展对华关系的重视。中国全国人大愿意继续加强与克议会、各专门委员会和友好小组之间的交往与合作，以促进两国友好合作关系的全面发展。

全国人大常委会副委员长布赫及有关方面负责人范敬宜、吕聪敏、乔宗淮、吴文昌参加了会见。

中央组织部中央宣传部主要负责同志职务调整

中共中央决定：曾庆红同志不再兼任中共中央组织部部长职务；贺国强同志任中共中央组织部部长。

丁关根同志不再兼任中共中央宣传部部长职务；刘云山同志任中共中央宣传部部长。

全国城市居民最低生活保障工作会议在沈阳召开

国务委员司马义·艾买提在会上强调，切实做好“低保”工作，是贯彻“三个代表”重要思想的具体体现，是维护改革发展稳定大局的需要，是深化国有企业改革的重要保证。对于更好地保障广大困难群众的基本生活，促进经济结构调整和各项改革深化，支持就业和再就业工作，维护社会政治稳定，具有重要意义。必须从讲政治的高度进一步提高对做好“低保”工作重要性的认识，增强做好“低保”工作的责任感和紧迫感。

司马义·艾买提说，党中央、国务院非常关心困难群众的生活，高度重视“低保”工作，作出了一系列重大决策和部署。特别是今年以来，江泽民、朱镕基等中央领导同志多次听取“低保”工作汇报，多次作出重要指示。民政、财政等有关部门和地方各级党委、政府，认真贯彻党中央、国务院的指示精神，把这项工作摆上更加重要的位置，加强领导，统一部署，精心组织，增加投入，狠抓落实。目前全国已有1960多万人享受“低保”待遇，基本实现了应保尽保的目标，初步形成了政府领导、民政主管、部门配合、基层操作、群众参与的工作体系，走出了一条有中国特色的救助城市贫困人口的新路子。

司马义·艾买提强调，各级政府必须把“低保”工作作为一项重要的政治任务，列入重要议事日程，切实加强对“低保”工作的领导，经常研究“低保”工作中出现的新情况，及时解决工作中的实际困难和问题，加强基层管理力量，把这项事关全局的工作抓实、抓好。要把“低保”工作的重点转到规范管理上来，要着力在完善制度、规范操作、强化管理、沟通协商、监督检查等几个方面下功夫。要合理确定“低保”标准，既要能够确保困难群众的最低生活需要，又要特别注意有利于促进就业和再就业。要严格按实际收入准确核定“低保”对象的家庭收入，使真正困难、符合条件的家庭进入最低生活保障，使“低保”对象能按规定足额领到“低保”金。要按照动态管理的要求，使“低保”对象有进有出。要坚持“属地管理”原则，凡企业困难职工，不论隶属关系和所有制性质，只要符合“低保”条件的，都要纳入“低保”范围。地方各级人民政府要以对人民群众高度负责的态度，按照“一要吃饭，二要建设”的原则，努力调整和优化财政支出结构，按照“低保”的实际需要，保证资金落实，将“低保”资金纳入财政社会保障补助资金专户，专款专用，防止被挤占挪用。民政、财政等有关部门要认真履行职责，通力协作，相互支持和配合，共同推进“低保”工作。建设、卫生、教育、工商等有关部门要认真落实“低保”对象住房、医疗、子女教育、税收、水电、煤气等方面的社会救助政策。

司马义·艾买提指出，许多“低保”对象特别是下岗职工为国家建设和社会发展作出过许多贡献，从事“低保”工作的同志，特别是与困难群众面对面做工作的街道、居委会的同志，一定要严格执行有关“低保”的政策规定，进一步改进工作作风，带着深厚的感情去工作，像关心自己的家人那样去关心和帮助他们，满腔热情地为他们服务，把党和政府的关心和温暖送给每一个困难群众，激励他们爱护社区、关心社会，为维护稳定，为经济建设和社会发展努力贡献力量。

全国农村税费改革试点工作座谈会在郑州召开

会议认为，从全国来看，经过各方面共同努力，目前改革试点总体运行平稳，进展顺利，取得了重要的突破性进展。一是明显减轻了农民负担，试点地区一般减负幅度在30%以上，农民得到的好处预计在300亿元以上。初步确立了新的农村税费制度框架，试点地区呈现出稳定发展的可喜局面。二是推动了乡镇机构改革和政府职能转变，推进了村级组织建设，保证了乡村政权组织的正常运转。三是促进了农村教育管理体制的改革，明确了实行在国务院领导下，由地方政府负责、分级管理、以县为主的政府办学体制，改变了农村义务教育长期依靠向农民收费集资办学的不规范做法。采取多项措施，从制度上完善了政府对农村义务教育经费的保障渠道，确保了农村义务教育必要的经费投入。

会议强调，在农村税费改革试点工作中，确保农民负担得到明显减轻、不反弹，确保乡镇机构和村级组织正常运转，确保农村义务教育经费正常需要，是衡量农村税费改革是否成功的重要标志。要进一步统一思想，坚定信心，牢牢把握改革的正确方向，不折不扣地落实中央有关政策措施，努力实现“三个确保”的目标。要通过实行这项改革，使农村户户减负，人人受益，减负成果持久巩固；使乡镇政权和村级组织建设得到加强，有人办事，有钱办事，推动农村经济的发展；使农村义务教育投入不低于改革前的水平，做到教师工资有保障、学校运转有保障、师生安全有保障。

会议指出，要清醒地认识到农村税费改革的长期性、复杂性、艰巨性，克服松劲麻痹思想。当前，要针对改革中出现的一些普遍性和倾向性问题，采取切实有效措施，扎实工作，确保改革的健康进行。要进一步加强对改革试点工作的指导和协调，认真落实党政主要领导负责制，加强对改革试点的领导。严格执行农村税费改革的各项政策。进一步加强政策宣传，增强工作透明度。要积极推进乡镇机构、县乡财政体制、农村义务教育体制等各项配套改革，压缩村级开支，规范村级财务。要加强监督检查，严肃查处各种违纪行为。

财政部部长项怀诚、农业部部长杜青林代表国务院农村税费改革工作小组分别作了开幕讲话和会议总结。

外交部部长唐家璇在亚太经合组织第十四届部长级会议正式会议上发言

唐家璇指出，如何确保世界经济的复苏，推动自由公平的贸易与投资，以及加强反恐合作，是目前世界面临的迫切任务。

唐家璇在谈及世界形势时指出，自上海会议结束后的一年来，国际局势经历了深刻和复杂的变化。求和平、促发展、谋合作仍然是当前世界的主流，但国际社会也面临一些新的挑战。他指出，当前世界的主要问题有：全球经济增长存在诸多不确定因素；加强多边贸易体制、反对贸易保护主义任重道远；局部动荡与战乱时有发生，非传统安全问题对和平的威胁日益突出。因此，如何确保经济的复苏，推动自由公平的贸易与投资，以及加强反恐合作，是摆在人类面前的迫切任务。

唐家璇指出，亚太经合组织必须与时代同步前进，根据本地区多样性特点，加强合作，努力开创共同繁荣的新局面。他说：今年亚太经合组织会议确定的主题为“扩大经济增长的益处——执行远景规划”，重在落实包括上海会议在内的以往各次会议的成果，这反映了各成员的共识。我们应当共同努力，推动世界贸易组织新一轮谈判，落实《上海共识》各项内容。

唐家璇指出，亚太经合组织在推动亚太地区实现贸易投资自由化与便利化方面发挥了重要作用，中国积极参与了这一进程。他说：“我们非常重视贸易便利化方面的工作，已宣布加入亚太经合组织商务旅行卡计划，有关准备工作进展顺利，争取尽早正式实施。”

唐家璇强调，应当积极开展经济技术合作，促进能力建设。他希望亚太经合组织有关活动能不断深入，改善协调，吸引更多资源，促进各成员加大投入，取得实效。他指出，中国支持亚太经合组织开展经济技术合作活动，并为此作出了自己的贡献。他说，在去年上海会议上江泽民主席宣布了亚太经合组织人力资源能力建设促进项目和金融发展项目，在各成员的大力支持和积极参与下，这些项目取得了可喜的进展；中国还成立了亚太经合组织研究院，面向工商企业开展培训活动；明年中国还将举办亚太经合组织中小企业技术交流及展览会和亚太地区发展中成员政府市场培训班等合作项目。

唐家璇还强调大力推进新经济发展的重要性。他说，促进新经济的发展、缩小“数字鸿沟”，是亚太经合组织合作的重要领域。

唐家璇最后指出，亚太经合组织的发展与亚太地区各成员间的团结与协作休戚相关。他表示相信：只要继续遵循以自主自愿、协商一致为基本原则的“亚太经合组织方式”，我们的合作进程就会不断向前推进，通过大家的不懈努力，一个共赢、共荣的“亚太大家庭”必将造福亚太地区的人民。

外交部部长唐家璇在洛斯卡沃斯分别会晤新西兰外长戈夫 巴布亚新几内亚外长纳马柳以及美国国务卿鲍威尔

10月25日

国家主席江泽民在得克萨斯州克劳福德与美国总统布什进行会晤

江主席感谢布什总统、美国政府和人民的热情接待。他说：去年在上海，我们说过，中美两国有着广泛的共同利益，应该发展建设性合作关系。一年来，我们的合作扩大了，相互信任加深了，两国关系出现了好的发展势头。中美两个伟大国家拥有广泛而重要的共同利益，双方应扩大在各个领域的交流与合作，加强在重大国际和地区问题上的对话与协调，推动中美建设性合作关系不断向前发展。

两国元首认为，保持两国高层战略对话和交往十分重要，并同意加强这种交往。

双方同意在双向、互利的基础上加强反恐交流与合作，并于年内举行第三次反恐磋商。双方同意在集装箱运输安全和贸易安全领域开展合作。

江主席强调，台湾问题对中美关系的影响深远，太重要了。中国政府坚持“和平统一、一国两制”的基本方针。中国一直在尽最大努力争取以和平方式解决台湾问题，完成祖国的统一。问题是“台独”势力在千方百计地破坏和平解决的前景，“台独”势力的分裂活动是对台海地区稳定和中美关系发展的最大威胁。希望美方恪守一个中国政策和中美三个联合公报，为中国实现和平统一发挥建设性作用。

布什说，美方理解台湾问题的敏感性，坚持一个中国的政策，反对台湾独立。我们赞赏中方关于和平解决台湾问题的立场。美国政府的上述政策是不会改变的。

江主席说，我们生活在一个丰富多彩、多样化的世界里。不同社会制度和发展模式长期共存、取长补短，在竞争比较中共同发展。这是人类文明进步的表现。

双方还就人权、宗教等问题交换了看法，同意本着相互尊重和平等的精神，通过对话增进了解，扩大共识。

两国元首深入讨论了共同关心的重大国际和地区问题。

关于伊拉克问题，江泽民主席说，中方一直主张伊拉克应认真、全面地执行联合国安理会有关决议，伊拉克问题应在联合国框架内和安理会有关决议的基础上寻求政治解决。

双方讨论了朝核问题。江主席指出，中国一贯支持朝鲜半岛无核化，希望半岛保持和平与稳定。双方同意将继续就这一问题保持磋商，共同努力确保这一问题得到和平解决。

中美双方已商定，切尼副总统将应胡锦涛副主席的邀请于明年早些时候对中国进行正式访问。双方同意恢复两军交往，近期举行国防部副部长级防务磋商及其他交流项目。双方还决定建立关于战略安全、多边军控和防扩散等问题的副外长级磋商机制。

中国国务院副总理钱其琛、外交部副部长李肇星、中国驻美大使杨洁篪和美国国务卿鲍威尔、美驻华大使雷德、总统国家安全事务助理赖斯等参加了会谈。

国家主席江泽民与美国总统布什在得克萨斯州克劳福德布什总统的家庭牧场会见记者

江泽民和布什一致表示，中美双方愿共同努力，加强在各领域、各层次的交流与合作，推动中美建设性合作关系继续向前发展。

江泽民说，刚刚举行的会谈是建设性和富有成果的。我们都认为，中美这两个伟大国家拥有广泛而重要的共同利益，双方应扩大在经贸、文化、教育等各领域的交流与合作，加强在重大国际和地区问题上的对话与协调，推动中美建设性合作关系不断向前发展。

江泽民说："我们对两国一年来在反恐领域的合作感到满意，同意在双向互利的基础上加强这种合作，共同反对一切形式的恐怖主义。我们就中方关切的台湾问题坦率交换了意见。我阐明了中国政府在解决台湾问题上的'和平统一、一国两制'的基本方针。布什总统重申了美国政府坚持一个中国政策的明确立场。"

江泽民指出，双方在会谈中讨论了朝鲜核问题。中国一贯支持朝鲜半岛无核化，希望朝鲜半岛保持和平与稳定。中美双方商定将继续就这一问题保持磋商，共同努力确保这一问题得到和平解决。

江泽民说，民主和人权是人类的共同追求，中国的人权事业不断发展，人民的各项权利得到充分保障。对于双方在这些领域的分歧，中方愿与美方在相互尊重、求同存异的基础上继续交换看法，加深了解，扩大共识。江泽民说："我相信，只要中美双方坚持从战略的高度和长远的角度来审视和处理中美关系，不断扩大合作和增进互信，中美关系就能稳定发展，造福于两国人民。"

在应记者要求评价一年来的中美关系并对今后中美关系的发展作出展望时，江泽民说，一年来中美两国的合作扩大了，相互了解和信任加深了，两国关系的发展势头总的是好的。事实再次表明，尽管国际形势发生了深刻变化，中美之间还存在这样那样的分歧，但中美之间的共同利益不是减少了，而是增加了，两国的合作前景不是缩小了，而是扩大了。只要不断扩大共同利益，加强互信，恪守中美三个联合公报的原则，中美关系就能不断向前发展。

当有记者问中国国力不断增强是否会对美国构成威胁时，江泽民说，中美国情不同，存在一些分歧是自然的，双方应当从两国人民的根本利益和世界和平与发展的大局看待和处理这些分歧。中国选择了适合自己的发展道路，经济、文化和民主法制建设都发展得很快，给老百姓带来了实实在在的利益，老百姓很高兴。中国要实现现代化，还有很长的路要走，我们的中心任务和长期目标是发展经济，不断提高人民生活水平，中国从不搞扩张，也不搞霸权，衷心希望世界和平。即使中国将来发达了，也不会对别国构成威胁。事实已经并将继续证明，中国是维护世界和地区和平的坚定力量。

布什强调，美国寻求与中国建立建设性的合作关系，今后将通过不同级别的接触建设这种关系，其中包括就战略安全问题进行对话与磋商。美国和中国都相信中美之间发展良好的关系，将有助于我们建立一个更加和平的世界。

布什在回答记者提问时说，美国和中国是全球反恐的盟友，双方的经济关系不断加深，像美国和中国这样大的国家之间存在分歧是不可避免的，但双方都同意通过理解和相互尊重解决彼此的分歧。

当被问及美国政府在台湾问题上的立场时，布什重申坚持一个中国政策，明确表示美国不支持台湾"独立"。

布什还宣布，美国副总统切尼将应中国国家副主席胡锦涛的邀请，于明年春天访问中国。

九届全国人大常委会举行第三十次会议

李鹏委员长主持了第一次全体会议。公民身份证法草案首次提请审议。

会议有九项议程：继续审议文物保护法修订草案、环境影响评价法草案、民办教育促进法草案、保险法修正案草案、农业法修订草案、草原法修订草案，全国人大法律委员会副主任委员周克玉、李伯勇、王茂林分别就这六部法律草案作了审议结果的报告或修改情况的汇报。会议审议了国务院关于提请审议公民身份证法草案的议案，公安部副部长罗锋受国务院委托就这个法律草案作了说明。会议还审议了国务院关于提请审议批准中国和突尼斯、中国和秘鲁两个引渡条约的议案，外交部副部长王光亚受国务院委托分别就这两个议案作了说明。

全国人大常委会副委员长田纪云、姜春云、邹家华、王光英、布赫、铁木尔·达瓦买提、吴阶平、彭珮云、何鲁丽、周光召、曹志、丁石孙、成思危、许嘉璐、蒋正华，秘书长何椿霖出席会议，国务委员罗干、最高人民法院院长肖扬、最高人民检察院检察长韩杼滨列席会议。

国务院总理朱镕基在中南海会见法国新任青年国民教育和研究部负责科研和新技术事务的部长级代表克洛迪·艾涅尔一行

中央书记处书记尉健行考察国家法官学院

尉健行会见了国家法官学院教职工和正在这里学习的高级法官培训班学员。

中央政法委书记罗干，最高人民法院院长肖扬陪同考察。

尉健行在会见时指出，在十六大即将召开之际，国家法官学院迎来了建院5周年院庆。在最高人民法院党组的正确领导和高度重视下，5年来，全国法院系统以邓小平理论为指导，全面贯彻“三个代表”重要思想的要求，锐意改革，奋发进取，法官教育培训工作取得了长足的进步和新的突破，取得了显著的成果。国家法官学院为贯彻“依法治国，建设社会主义法治国家”的基本方略，为培训和建设一支高素质的法官队伍作出了积极的贡献。

尉健行指出，法院工作的灵魂在于司法公正。司法公正能否实现，很重要的一点，在于要有一支政治坚定、业务精通、作风优良、清正廉洁、品德高尚的职业化法官队伍。人民法院的法官教育培训工作事业，作为国家教育事业的重要组成部分，是加强国家民主法制建设的一项十分重要的基础工作，是提高法官队伍素质、确保司法公正的有效途径和手段，也是实现党的十五大确定的发展目标的必然要求。

尉健行最后希望法官学院的全体教职员工深刻认识自己所肩负的使命，重视理论联系实际，真正做到为审判实践服务，为人民法院改革服务，为建设一支高素质的法官队伍服务。

考察时，尉健行还听取了最高人民法院副院长、国家法官学院院长曹建明有关国家法官学院工作情况的汇报，参观了国家法官学院图书馆、电教中心和新建教室。

国家法官学院是国家级的法官教育培训基地，成立于1997年11月10日，负责培养、培训基层人民法院的院长以上、中级人民法院副院长以上的高级法官。

国务院长江三峡二期工程验收委员会全体会议在北京召开

国务院副总理、国务院长江三峡二期工程验收委员会主任委员吴邦国主持会议。吴邦国在会上强调，要以对党、对人民、对子孙后代高度负责的精神，精心组织，统筹安排，缜密细致地做好三峡二期工程验收工作，严格把好工程质量关，确保三峡二期工程按期实现蓄水、通航和发电三大目标。

吴邦国指出，在党中央、国务院的正确领导下，经过广大建设者和重庆、湖北等省市及有关部门共同努力，三峡工程总体进展顺利。枢纽工程和输变电工程符合进度和质量要求，移民工作按计划展开，清库工作正在加速推进，二期工程的目标可以如期实现。他强调，三峡工程建设已进入攻坚阶段，当前正处于关键时期，各项工作任务十分繁重，要发扬连续作战的精神，紧密配合，再接再厉，圆满完成三峡二期工程的各项任务。

吴邦国说，验收是工程项目投入使用前的必要程序，是检查工程是否符合设计和质量要求的重要环节，认真负责地做好验收工作对确保三峡工程质量至关重要。党中央、国务院对三峡工程建设和工程质量一贯极为重视。为确保三峡工程质量，国务院决定成立国务院验收委员会，对三峡二期工程实行国家级验收。目前，枢纽、输变电和移民工程三个验收组的工作已全面展开，导流明渠截流前验收顺利通过，标志着三峡二期工程验收工作实现良好开局。现在各项验收工作的要求已经明确，组织和责任已经落实，关键在于扎实工作。他说，这次二期工程的验收，虽然只是阶段性的验收，但十分重要，它是对三峡工程十年工作的检验和总结，关系到2003年能否顺利实现蓄水、通航、发电三大目标，也是整个三峡工程竣工验收的基础。他指出，验收工作本身也是一项系统工程，三个验收组的工作同时展开，自验、初验、终验环环紧扣，任务复杂而繁重。

吴邦国要求,参加验收工作的专家、干部和工作人员,要有强烈的历史责任感和使命感,以对党、对人民、对子孙后代高度负责的精神,严格按照验收大纲的规定,高标准、严要求,精心组织,缜密工作,一丝不苟地做好三峡二期工程验收工作,确保工程质量,确保不留任何隐患,经得起历史的检验。对验收中发现的问题,有关方面要坚决整改,彻底解决。

吴邦国指出,为确保明年按期蓄水、通航和发电,在搞好验收工作的同时,当前还要着重抓好四件事:一是要加紧做好135米水位线下移民搬迁和清库扫尾工作;二是要按期完成影响水库蓄水发电的地质灾害和环境污染的防治工作;三是要组织好导流明渠截流及碾压混凝土围堰的施工;四是要做好断航期的客货转运方案和明年的度汛方案。三峡工程建设的关键在移民,难点在移民。当务之急要把135米水位蓄水后就近后靠移民的后期扶持工作提到议事日程,确保移民稳得住,逐步能致富。

国务院长江三峡二期工程验收委员会全体会议同意枢纽工程验收组关于在今年11月份实施导流明渠截流的意见。全国政协副主席、验收委员会顾问钱正英,两院资深院士、验收委员会顾问张光斗出席了会议。验收委员会办公室主任高金榜汇报了近期工作情况和下一步工作安排意见,水利部副部长张基尧代表枢纽工程验收组就导流明渠截流前验收工作作了汇报,中国长江三峡工程开发总公司总经理陆佑楣就三峡枢纽工程建设情况作了汇报。

10月26日

国家主席江泽民在墨西哥洛斯卡沃斯举行的2002年亚太经合组织工商领导人峰会上发表题为《为促进世界经济的发展而共同努力》的演讲

女士们,先生们:

首先,我感谢本届亚太经合组织工商领导人峰会组委会的盛情邀请,使我有机会在这里与各位见面,共同探讨世界经济发展的重大问题。

从当前各国经济运行的情况看,世界经济出现了一些复苏的迹象。这令人欣慰。同时,一些国家和地区存在的经济波动说明,目前世界经济复苏的基础并不稳固。这又令人担忧。在这个重要时期,各国政府和工商界应齐心努力,积极推动世界经济走上良性发展的道路。

亚太经合组织区域的经济总量占世界的一半以上,其经济状况对世界经济的发展方向有着至关重要的影响。亚太经合组织各成员应采取更加积极的措施,推动自身经济的发展,并为世界经济的发展作出贡献。

近两年来,由于受到世界经济调整和国际市场需求变化的影响,同其他国家一样,中国的发展遇到了一些困难。中国政府采取扩大内需的方针,实施积极的财政政策和稳健的货币政策,加快经济结构调整,积极推进各项改革,继续扩大对外开放,努力推动经济增长。今年以来,中国经济继续持续快速健康发展,全年增长速度有望保持在7%以上。世界经济的复苏有利于中国的发展,中国的发展也有利于世界经济的复苏。

面对当前世界经济的形势,亚太经合组织各成员的政府和工商界更要加强合作,增加信任,同舟共济。为了促进世界经济增长,亚太经合组织各成员应进一步开放市场,为国内外企业创造更多的商业机会。经过多年的努力,亚太经合组织的贸易投资自由化和经济技术合作已经取得长足进展。在去年的上海会议中,各成员领导人达成共识,认为推进贸易自由化和经济技术合作仍然是亚太经合组织进程的核心内容。贸易保护主义措施,从短期看,似乎为本国企业保护了市场,然而从长远看,既限制了外国企业的商业机会,也不利于本国企业的发展。我们应从区域经济合作和世界经济发展的大局出发,抑制贸易保护主义,坚定不移地加强贸易投资往来和经济技术合作。

去年12月,中国正式加入世界贸易组织。10个月来,中国在降低关税总水平、减少非关税措施、清理修订涉外经济法规、进一步扩大服务业的开放等方面做了大量工作。中国将信守承诺,进一步深化改革,扩大开放。中国将积极参与新一轮多边贸易谈判,同有关各方一起寻求发展中成员和发达成员在多边贸易体制中的利益平衡,继续发挥建设性作用。

中国的发展和开放已经使中国成为国际商界公认的全球大市场之一,给外国产品和服务进入中国市场提供了大量机会。近年的实践已经证明,中国经济的发展是对全球经济发展、特别是亚太地区经济发展的积极贡献。对于发达国家来说,中国的发展对资本密集型、技术密集型和知识密集型的产品产生了巨大需求,中国对这些产品的进口一直保持较高的增长率。同时,中国经济及出口的增长,可以满足发达国家对劳动密集型产品的巨大需求。中国从发展中国家的进口也在快速增长。随着技术水平的提高和经济实力的增加,中国逐步扩大了对发展中国家的投资和各种经济技术合作。中国主张在平等、互利、互惠的基础上同世界各国发展经贸关系,愿同世界各国加强合作,共同发展。

中国同拉丁美洲国家和地区有广泛的经济贸易往来。近年来,中国和拉美国家的经贸关系发展迅速。2001年,中拉贸易额达到149亿美元。双边经济技术合作和相互投资也取得可喜进展。中国和拉美地区的合作水平不断提高，领域日益拓展。

本次会议东道主墨西哥，是中国在拉美的重要合作伙伴。历史上，两国早在1899年就曾经签订过通商条约。1972年中墨建交以来，两国贸易、经济技术合作和相互投资不断取得进展。墨西哥已成为中国企业在拉美投资的主要国家之一。2001年，中国从墨西哥的进口比上年增长56%。这说明，墨西哥的产品正越来越多地进入中国市场。中墨两国经济存在很大的互补性，双方经贸关系的发展前景广阔。

中国十分关心拉美国家的经济发展。世界经济的波动和国际金融市场的动荡，对拉美国家的经济和金融市场影响较大。拉美各国政府和工商界正在积极采取对策，力求稳定金融市场和恢复经济。我相信，在拉美国家的共同努力下，拉美各国的经济一定能更好地发展。我希望，中国的发展能为拉美经济的发展助一臂之力。

女士们，先生们！

进入新世纪以来，国际局势发生了深刻的变化，不稳定因素增加，世界经济发展面临新的困难，但维护和平、促进发展，是世界各国人民的共同愿望。只要我们携起手来，就一定能够把和平与发展的崇高事业继续推向前进。

谢谢各位！

国家主席江泽民出席在墨西哥洛斯卡沃斯召开的亚太经合组织第十次领导人非正式会议第一部分会议

江泽民主席参加了领导人与亚太经合组织工商咨询理事会代表的对话会。来自亚太经合组织其他成员的领导人一起出席了会议。

福克斯总统主持会议。在他介绍会议的日程后，领导人们就经济领域的反恐合作问题进行了讨论。

江泽民在会上发表讲话，阐述了中国在反恐问题上的原则立场。他说：我对近来在印度尼西亚和菲律宾发生的恐怖事件，以及在莫斯科发生的劫持人质恐怖行为表示强烈谴责，对受害者表示哀悼，对他们的家属表示慰问。

江泽民说，这些事件再次证明，恐怖主义活动不论发生在什么地方，不论以什么形式出现，都是对人类社会的共同威胁。听任恐怖主义活动肆虐，各国人民的和平与安全就难以得到保证，经济发展也无从谈起。国际社会必须开展合作，共同应对恐怖主义。

他说：加强国际社会在反恐问题上的合作，去年亚太经合组织上海会议已经有了一个坚实、良好的开端。我支持本次领导人非正式会议再发表一份《反恐声明》，进一步表明我们反对恐怖主义的决心和承诺。亚太经合组织应在加强港口和运输安全、打击恐怖组织的融资活动、制止网络犯罪等领域深化合作，努力为各成员经济发展与繁荣创造一个和平安全的环境。

江泽民强调，中国深受恐怖主义之害，坚决谴责和反对一切形式的恐怖主义。中国认真执行联合国安理会有关决议，加入了绝大多数国际反恐公约。中国还同许多国家开展了双边反恐合作，成效显著。中国已经决定加入"集装箱安全倡议"。同时，在亚太经合组织合作框架内，中国欢迎"区域贸易安全"等倡议，将继续坚定支持并积极参与国际反恐合作。

随后，与会领导人与亚太经合组织工商咨询理事会代表对话会在美洲假日饭店举行。福克斯对工商咨询理事会关于促进亚太地区经济发展的建议报告表示欢迎。

会上，江泽民就当前金融领域面临的挑战及发展问题阐述了中国的立场。

江泽民指出，稳定、高效的金融体系是保证经济持续发展的重要因素。当前，各成员都面临着如何促进经济进一步发展的问题，相互依赖性增强，任何金融或经济动荡都将对其他国家和地区造成影响。各成员有必要加强沟通与协调。他说：亚太经合组织就此开展了合作，进行宏观经济政策对话与交流，我对此表示支持。

江泽民强调，亚太经合组织应在金融领域加强能力建设。去年中国就此提出的亚太经合组织金融与发展项目已取得了积极成果。中国希望亚太经合组织继续在有关领域加强合作。

江泽民在上述两个会议上的讲话引起与会各方的广泛重视和认同。

国家主席江泽民在洛斯卡沃斯会见墨西哥总统福克斯

正在墨西哥洛斯卡沃斯市出席亚太经合组织第十次领导人非正式会议的国家主席江泽民会见了本次会议东道国墨西哥总统福克斯，双方就双边关系及共同关心的国际问题交换了意见。

江泽民表示，建交30年来，中墨关系发展势头良好，政治互信增强，在经贸、文化、科技等领域的交流与合作不断扩大。中墨都是有重要影响的发展中国家，在国际事务中拥有广泛的共同利益，并保持着良好合作。我们愿同墨方一起，推动两国友好合作关系全面、深入、持久地发展。

江泽民指出，墨西哥是中国在拉美的重要经贸合作伙伴，双边贸易发展很快，经济合作领域不断扩大，相互投资逐年增加。我们愿在平等互利的基础上进一步深化双边经贸合作。

国家主席江泽民在洛斯卡沃斯会见印度尼西亚总

统梅加瓦蒂

双方重点就进一步发展中国和印尼间的友好互利合作关系交换了意见。

江泽民指出,中国和印尼同为亚洲发展中大国,发展长期稳定的友好关系符合两国人民的根本利益。我们高度重视与印尼的友好关系。我们两国都是人口大国,市场潜力大,经济互补性强,开展经贸合作具有广阔的前景。近年来,尽管世界和地区经济增速放缓,但我们之间的贸易保持了稳步上升的势头。我相信,在双方共同努力下,两国经贸等领域的合作必将不断取得丰硕成果。

九届全国人大常委会第三十次会议举行全体会议

会议听取和审议国务院关于林业、就业和再就业工作情况的报告,以及全国人大常委会执法检查组关于检查矿产资源法实施情况的报告等。李鹏委员长出席了会议。

受国务院委托,国家林业局局长周生贤作关于林业工作情况的报告。他主要报告了5年来林业工作的主要进展和成效,以及今后林业工作的思路和主要任务。周生贤说,目前全国森林面积达到23.8亿亩,活立木蓄积量达到124.9亿立方米,森林覆盖率提高到了16.55%。退耕还林等六大工程覆盖了我国97%以上的县,规划造林任务超过11亿亩,取得了显著成效。

劳动和社会保障部部长张左己受国务院委托作关于就业和再就业工作情况的报告。他说,下一步将着重采取以下措施,推动就业和再就业工作:立足于通过发展经济扩大就业;多渠道开辟就业门路;完善落实再就业扶持政策;改进就业服务和再就业培训;加大再就业资金投入;加强对就业的宏观调控;建立政府目标责任制;巩固两个确保,做好社会保障工作。

今年5至7月,全国人大常委会组织了4个执法检查组,赴江西、云南、辽宁、内蒙古检查矿产资源法执行情况。全国人大常委会副委员长邹家华报告了这次执法检查的情况。检查组对4省(区)贯彻矿产资源法所取得的成效和经验给予肯定,并针对存在的主要问题提出建议:进一步提高对贯彻实施矿产资源法重要意义的认识;标本兼治,确保矿产资源管理秩序的长治久安,不断提高矿产资源保护和合理利用等。

会议听取和审议了代表资格审查委员会主任委员王维澄所作的关于个别代表的代表资格终止的报告,全国人大财经委员会副主任委员蒋心雄、环境与资源保护委员会副主任委员李蒙、农业与农村委员会主任委员高德占所作的关于九届全国人大五次会议主席团交付审议的代表提出的议案审议结果的报告。

会议还审议了李鹏委员长访问泰国、印度尼西亚、菲律宾和澳大利亚4国情况和全国人大代表团访问芬兰、挪威两国情况的两个书面报告。

全国人大常委会副委员长周光召主持会议,副委员长田纪云、姜春云、王光英、布赫、铁木尔·达瓦买提、吴阶平、彭珮云、何鲁丽、曹志、丁石孙、许嘉璐、蒋正华,秘书长何椿霖出席会议,国务委员司马义·艾买提、最高人民法院院长肖扬、最高人民检察院检察长韩杼滨列席会议。

国务院副总理李岚清在四川考察

10月26日至28日,李岚清在四川省省长张中伟等同志陪同下,先后考察了绵阳科技城和成都高新技术园区、科研院所、高等学校、企业,出席了绵阳科技城部际协调小组第四次会议,并听取了四川省委、省政府的工作汇报。李岚清对四川省在实施西部大开发战略中各个方面取得的显著成绩给予了充分肯定。他指出,近年来,四川省委、省政府认真贯彻落实党中央、国务院的部署,开拓创新,真抓实干,科技和教育事业明显进步,经济和社会事业全面快速发展,特别是绵阳科技城和成都高新技术园区科技成果转化开发速度很快,成效显著,形势喜人,已成为四川省经济和社会事业发展中的一个亮点。

李岚清指出,四川的实践证明:西部地区与沿海地区的差距,一是基础设施较落后,二是生态环境较脆弱,三是科技教育发展较滞后。近几年,国家加大了对西部地区的支持力度,基础设施和生态环境逐步改善,科技教育快速发展。这就为西部大开发奠定了一个初步的基础。西部地区要坚持从实际出发,充分发挥自身优势,通过观念更新,促进体制创新和科技创新,并将创新成果迅速转化为现实生产力,就能实现经济和社会事业的跨越式发展。

李岚清指出,西部地区的发展,不能采用传统的追踪和赶超的路子,必须充分利用先进技术成果,大力发展高新技术产业,促进科技与经济和社会发展结合,加速科技成果向现实生产力转化,增强国际竞争力。要培养一大批具有国际先进水平的高科技企业,加快核心技术的开发,加强现代营销网络建设与售后服务,大力开发国内国际两个市场,利用国内国际两种资源,积极参与国际竞争;要大力发展现代农业,借鉴现代工业生产的方法,走"公司+科技+农户"的路子,发展规模农业和特色农业。要注重农产品加工和深加工,采用国际标准,提高产品质量,争创知名品牌,并与世界大型物流企业合作,把产品推到国际市场。要加快军转民步伐,通过体制创新,促进军民结合和军工科研成果转化,使军工企业与民用经济互相支持,协调发展。要发挥中医药资源优势,充分利用高科技手段,抓紧研究、开发和推广，扩大国内、国际两个市场。

李岚清指出，西部地区发展，必须切实转变政府职能，深化行政管理制度改革。财政改革是重要的一环。各级政府要牢固树立公共财政观念，规范预算管理，保证教育、科研、社保、卫生、治安、安全等公共支出的需要；推行国库集中支付制度，试行会计委派，扩大政府集中采购招标，实行部门预算，严格预算外资金管理，实行收支两条线，推行财政审计制度。

李岚清强调，现代科技发展离不开高等学校的支持，这几年高校的调整、共建、合作、合并，为实现优质教育资源共享，提高教学科研水平创造了条件。创建优质高校，需要有相当规模和良好环境，但更要看教育质量，看培养高素质人才，看高水平科研成果，看能否在世界科学领域有重大贡献。要重点搞好学科建设，努力办出特色，力争在某一学科领域处于领先地位。要特别注意重大成果的研究、开发与推广，以回报社会与人民。

国家有关部门负责人徐冠华、高强、于广洲、张保庆、肖捷等陪同考察。

《中国可持续发展林业战略研究总论》首发式在人民大会堂举行

中共中央政治局委员、全国人大常委会副委员长姜春云出席首发式并发表讲话。全国人大常委会副委员长曹志，全国政协副主席赵南起出席了首发式。

姜春云说，这部论著的问世，是向即将召开的党的十六大献上的一份厚礼。这不仅是中国林业发展进程中的一件喜事，也是关系到整个国家利益、人民利益和经济社会长远发展的一件大事。这项研究成果为党中央、国务院进行林业和生态建设重大决策提供了可靠的科学依据，这项战略不只是部门战略，而且是国家战略。

姜春云说，森林是农业和国土安全的重要屏障，是经济和社会可持续发展的重要基础，是关系到民族生存与发展的根本性问题。林业是生态建设的主体，是一项极其重要的基础产业和公益事业。在实施可持续发展战略中，应当赋予林业应有的重要地位；在生态建设中，应当把林业放在首要位置；在西部生态建设中，林业具有举足轻重、不可替代的重要地位和作用。

姜春云指出，中国可持续发展林业战略研究，抓住了林业和生态建设的关键性问题，进行了深入研究，取得了丰硕的成果。这项研究的显著特点：一是立意新、起点高。采取多学科、宽领域、全方位、深层次、开放式的宏观战略研究，这在新中国林业发展史上还是第一次。把林业发展战略研究，放在世界林业发展的大背景和国家经济社会发展的全局中，以可持续发展理论为指导，以重大工程为载体，以科学技术为先导，以深化改革为动力，充分运用了世界最新研究成果，符合基本国情、林情。二是思想新、定位准。提出了富有创新性的战略思想："确立以生态建设为主的可持续林业发展道路，建立以森林植被为主体的国土生态安全体系，建设山川秀美的生态文明社会。"这个战略思想切中要害，抓住了本质，突出了林业在我国可持续发展战略中的地位和作用，明确了林业所承担的历史使命。三是层面广、内涵深。这项研究涉及人口、资源、环境等领域和体制、机制、政策等，较好地把林业与农牧业、水利、城镇建设等紧密结合起来，提出了把生态建设指标列为国民经济和社会发展的重要指标、减轻林业税赋、发展非公有制林业等重大林业战略举措。四是集成度高、科学性强。这项研究在理论创新、体制创新和机制创新等方面进行了积极的探索，提出了具有全局性、前瞻性和可行性的林业发展思路与对策。

姜春云强调，这项研究的成果是总结过去、反映现实、指导未来的精品力作，将对未来50年中国林业的发展产生深远的影响。要继续做好这项研究的后续工作，要大力宣传这项成果，扎扎实实地运用这项成果，以推动我国新时期林业持续快速发展。

国家林业局党组成员、中国林科院院长、中国可持续发展林业战略研究专家组组长江泽慧教授介绍了《中国可持续发展林业战略研究总论》的研究情况和主要成果。

中国工程院副院长沈国舫院士、中国科学院院士李文华、中央财经领导小组办公室副主任段应碧和科技部副部长李学勇代表项目首席专家和有关部门作了发言。全国绿化委员会副主任、国家林业局局长周生贤主持首发式。全国人大农委主任委员高德占及国务院办公厅、国家经贸委、科技部、财政部、国土资源部等20个部委的负责同志出席了首发式。

黄帝陵基金会在北京人民大会堂举行基金会成立10周年暨整修黄帝陵工作座谈会

全国政协主席、黄帝陵基金会名誉会长李瑞环在座谈会上强调，要进一步把黄帝陵整修好，保护好，管理好。

李瑞环对陕西省和有关方面为整修黄帝陵所做的工作给予充分肯定，向参与整修黄帝陵的专家学者，向慷慨解囊的同志、同胞、朋友，向所有为整修黄帝陵出过力、尽过心的单位和人士表示衷心感谢。他说，黄帝是中华民族的人文始祖，黄帝陵是中华儿女朝拜的圣地。早在春秋战国时代，祭祀黄帝的活动就已经开始。自汉以后，历朝历代都把祭扫黄帝陵作为国家大典，并对黄帝陵进行修缮和扩建。古往今来，祭祀不绝。华夏子孙之所以高度重视祭祀黄帝，代代相因整修黄帝陵，不仅因为黄帝是中华民族的共同祖先，祭祀黄帝反映了华夏子孙寻根祭祖的心愿，而且因为经过千百年的沧桑演变，黄帝已成为中华民族的象征，维系民族情感的纽带。祭祀黄帝体现着广大华夏儿女对中华文化传统的认同，对民族团结和睦的企盼，对祖国繁荣昌盛的希望。祭祀全民族共同始祖的活动，在民族成员之间架起了一座座相互沟通和理解的桥梁。中华民族屡经磨难而不衰，几临厄运而不散，一个最深层的原因就在于有着这种深厚的民族情感和独特的民族文化。在同一个祖先面前，不论有多大的歧见都可以搁置，不论有什么样的恩怨都可以化解，所有华夏儿女都可以携起手来，万众一心，形成民族复兴的强大力量。

李瑞环指出，整修黄帝陵既要抓紧做好当前的工作，又要有长远的考虑。要把扫墓、祭陵规范化、程序化，努力使公祭黄帝典礼成为所有祭祀中层次最高、影响最大的活动；要提高服务水平，做到既保护好文物、保护好环境，又保护好宾客的权益；要健全管理机构，保证各项工作不停顿地向前推进。

李瑞环强调，修好黄帝陵是海内外中华儿女的共同愿望，受到社会各界的广泛关注。希望大家不负重托、再接再厉、争分夺秒，一年之内圆满完成全部整修任务，在来年公祭活动中黄帝陵能够以崭新的面貌出现在世人面前。

据座谈会介绍，黄帝陵的整修工作受到党和国家领导人的关心和重视，江泽民、李鹏、朱镕基、李瑞环、胡锦涛、尉健行、李岚清曾前往黄帝陵并视察整修工程，或对黄帝陵整修工程给予指示。

黄帝陵基金会于1992年10月在北京成立，10年来，在社会各界的大力支持下，共筹集资金1.25亿元，其中募集捐赠资金7000多万元，为黄帝陵整修一期工程发挥了积极作用。目前已完成的一期工程主要包括陵园区和庙前区，完成的主要项目有入口广场、印池、轩辕桥、庙前广场等22个，累计投资8300多万元。二期工程已于2001年12月开工，建设项目主要包括祭祀大殿、祭祀广场、古柏防火、功德坛和配套工程以及大环境治理等，概算资金2.5亿元。二期工程建设完工后，黄帝陵这一中华民族的圣地，将充分展示出“雄伟、庄严、肃穆、古朴”的气势。

座谈会由陕西省委书记李建国主持，代省长贾治邦致辞，陕西省副省长、省黄帝陵管委会主任赵德全和省政协副主席、黄帝陵基金会会长孙天义分别介绍了整修黄帝陵工程建设和黄帝陵基金会工作情况。中国工程院院士、西北建筑设计研究院总建筑师张锦秋汇报了整修二期工程设计方案。座谈会上，有关单位和个人为整修黄帝陵二期工程捐献资金1660多万元。

全国政协副主席王兆国、罗豪才和马文瑞以及有关方面负责同志出席了座谈会。

哲学社会科学高层论坛在武汉召开

中共中央政治局委员、中国社会科学院院长李铁映为论坛发来了贺信。他说，“创新”是这个时代的“时代精神”，是哲学社会科学繁荣发展的必由之路。建设有中国特色社会主义的伟大实践，需要创新的理论，同时也为哲学社会科学的理论创新提供了难得的机遇和广阔的舞台。

李铁映在贺信中指出，当今时代是一个锐意创新的时代，一个在理论上缺乏创新，跟不上时代前进步伐的国家和民族，是注定没有前途的。面对科学技术的新发展，面对当代社会实践的深刻变化，面对世界范围内各种思想文化的相互激荡，哲学社会科学工作者需要站在时代发展的前列，高举邓小平理论伟大旗帜，认真学习贯彻江泽民同志“三个代表”重要思想和关于大力发展我国哲学社会科学的一系列重要讲话精神，紧紧把握21世纪我国改革开放和现代化建设所面临的重大课题，努力拓宽知识结构，改进研究方法，提高研究能力，提出真知灼见，创造学术精品，推进理论创新，以优异的科研成果和崭新的精神面貌，迎接党的十六大的胜利召开。

这次论坛由中国社会科学杂志社和华中科技大学主办，旨在积极探索创新时代我国哲学社会科学的发展方向、功能定位和发展模式。80余名国内哲学社会科学领域的知名学者参加了这次论坛。

北京航空航天大学举行建校50周年庆祝大会

中共中央总书记、国家主席江泽民致信表示热烈祝贺。江泽民同志在贺信中说：“50年来特别是改革开放以来，你们刻苦钻研，顽强拼搏，为推进国防现代化建设和科学技术创新，为发展我国的教育事业，为培养高素质科技人才，作出了重要成绩。希望你们坚持艰苦朴素，勤奋好学，全面发展，勇于创新，努力为推进我国国防现代化建设和科技创新作出新的更大的贡献。”

中共中央政治局常委、全国人大常委会委员长李鹏，中共中央政治局常委、国务院总理朱镕基，中共中央政治局常委、全国政协主席李瑞环，中共中央政治局常委、国务院副总理李岚清，也分别以题词、致信等方式表示祝贺。李鹏的题词是：“攀登世界科技高峰，培育航空航天人才。”朱镕基在批示中对北航50周年校庆表示祝贺。李瑞环的题词是：“为四化建设服务，为中华民族争光。”李岚清在贺信中说：“北京航空航天大学建校50年来，认真贯彻党的教育方针，培养了大批优秀人才，取得了许多科学研究成果，为我国国防现代化建设和航空航天事业发展作出了重要贡献。希望你校按照‘三个代表’的要求，与时俱进，深化改革，勇于创新，努力把北京航空航天大学建设成为一流高水平的大学。”

李鹏在北京航空航天大学建校50周年庆祝大会上发表讲话。他说，北航是新中国建立的一所航空航天高等学府。在半个世纪的办学历程中，培养了大批高素质人才，创造了大批科技创新成果，积累了丰富的办学经验。历届毕业生已成为我国国防、航空、航天和国民经济各个领域的优秀人才，在社会主义建设事业中取得了优异成绩。

李鹏说，21世纪是高科技时代，科学技术在经济社会发展中起着积极的推动作用。50年来，北航担负着航空、航天等领域重要的教学、科研任务，为国防现代化建设、国民经济建设和祖国的腾飞作出了贡献。

李鹏强调，回首过去，成绩显著；展望未来，任重道远。希望北航师生不辜负江泽民总书记的殷切期望，在新的世纪，以50周年校庆为新的起点，认真贯彻“三个代表”重要思想，与时俱进，深化改革，抓住机遇，加快发展，努力把北京航空航天大学建设成为“国内一流、世界知名”的高水平大学，为建设有中国特色社会主义事业、实现中华民族的伟大复兴作出更大贡献。

50年前，北京航空学院的成立，开创了新中国航空航天高等教育事业。1988年，经教育部批准，学院更名为北京航空航天大学。在半个世纪的办学实践中，北航形成了优良的办学传统、丰富的文化积淀和宝贵的精神财富。如今，北航已发展成为一所多科性、研究型、开放式，具有航空航天特色、国内一流的工程科学技术大学。学校拥有17个学院、6个系，涵盖了理、工、文、管等学科门类，构建了结构合理、门类较齐全的学科布局。50年里学校为国家培养的近8万名高层次人才，成为社会主义建设事业的骨干力量。

刘华清、王光英、钱伟长、孙孚凌、朱光亚、周铁农以及中央军委委员傅全有出席了庆祝大会。

国防科工委主任刘积斌、教育部部长陈至立、中国工程院院长徐匡迪、北京市委副书记龙新民分别致辞，祝贺北航校庆。

北京航空航天大学校长李未、北京大学校长许智宏、莫斯科航空学院院长普如科哈洛夫·依格尔及北航教师、校友、学生代表也在大会上发了言。

10月27日

国家主席江泽民出席在墨西哥洛斯卡沃斯召开的亚太经合组织第十次领导人非正式会议第二部分会议

福克斯主持了会议并邀请江主席作为第一位领导人作了主旨讲话。

江泽民主席的发言受到与会各成员领导人的高度重视和积极评价。

与会其他领导人还就如何应对国际及地区经济中的挑战，促进亚太地区贸易投资自由化，加强能力建设等问题发表了看法。

会议结束后，宣读了亚太经合组织第十次领导人非正式会议的《领导人宣言》。

国家主席江泽民在亚太经合组织第十次领导人非正式会议上发表讲话

福克斯总统阁下，各位同事：

一年前，亚太经合组织第九次领导人非正式会议在上海黄浦江畔举行，当时的情景至今仍历历在目。今天，我们相聚在太平洋彼岸风景秀丽的洛斯卡沃斯，共商亚太经济合作大计。老朋友见面，感到十分高兴。借此机会，我对福克斯总统的盛情邀请和墨西哥政府的精心安排，表示衷心的感谢。

一年来，经济全球化趋势继续发展，科技进步日新月异，给各国带来了新的发展机遇。同时，全球经济发展中的不确定因素增加，包括有关亚太经合组织成员在内的一些国家和地区，在经济发展过程中面临新的挑战。贸易保护主义又有抬头，实现自由、公平和公正的贸易仍任重道远。反对恐怖主义的斗争艰巨复杂，非传统安全因素有所增加。我们这个世界还很不安宁。

尽管国际社会还面临这样那样的问题，将来也还可能出现这样那样意想不到的问题，但和平与发展的时代潮流不可逆转，各国人民追求美好生活的愿望没有改变。各国人民都盼望世界能保持长期的和平与稳定，都向往实现普遍繁荣和可持续发展。保持世界和平，促进共同发展，需要各国政治家顺应人民的意愿拿出推动历史前进的胆识与勇气，需要国际大家庭加强协调与合作。亚太经合组织应一如既往，顺应时代潮流，发挥自身优势，开展广泛合作。

第一，实现全球和地区经济的稳定和增长是摆在我们面前的重要任务。当今世界，没有一个国家可以关起门来实现发展。面对全球和地区经济中的风险和困难，更应加强相互协调与合作。大家都应采取切实的财政和货币措施，规范和稳定市场，以恢复投资者和消费者的信心，促进经济增长。发达国家在全球和地区经济中举足轻重，应率先行动，承担更多责任。

亚太经合组织应发挥自身的独特作用，加快贸易投资自由化和便利化以及经济技术合作的前进步伐，能为恢复市场信心和促进均衡发展作出贡献。在全面落实上海会议达成的共识，继续推动市场开放、向“茂物目标”迈进的同时，加强能力建设、人力资源开发、金融等领域的合作,有助于发展中成员提高参与全球竞争的能力。

为此,中国提出了亚太经合组织金融和发展项目、人才能力建设促进项目等倡议。在各成员的积极参与和支持下,这些项目取得了实质性进展。我们成立了中国亚太经合组织研究院,专门从事与亚太区域合作有关的研究,对企业家进行培训。中国愿继续与各成员在这些领域加强交流与合作。

第二,要坚定地支持建设开放的全球多边贸易体制,积极推进世界贸易组织新一轮谈判。健全的多边贸易体制和公平的贸易条件,是世界贸易持续稳定发展的重要保障,也是保证各国从经济全球化中获益的重要前提。新一轮多边贸易谈判已经启动,但进展缓慢。各方应进一步采取务实的态度,着眼共同利益,推动多边贸易体制的健康发展。要优先考虑发展中国家的需求,使新一轮谈判成为真正的"发展回合"。

为实现这一目标,亚太经合组织就新一轮谈判的重大问题深入交换意见是非常必要的。我们还应共同反对贸易保护主义,为各国经济的增长和多边贸易体制的健康发展创造条件。

近来,各种区域性贸易安排不断出现,与多边贸易体制并行发展,这既是挑战,也是机遇。只要符合世界贸易组织的基本原则和亚太经合组织确定的"茂物目标",这些区域性安排就会有助于亚太地区贸易投资自由化的进程,有助于多边贸易体制的健康发展。

第三,要加强反恐合作,为本地区的发展和繁荣创造和平与安全的环境。和平是全球和地区经济增长的重要前提。恐怖主义是对世界和平的严重威胁。在上海会议上,我们率先就共同打击恐怖主义发出了坚定而明确的声明,对推动联合国等不同机制下的国际反恐合作起到了建设性的作用。

一年来的反恐实践表明,只要国际社会加强合作,共同行动,恐怖主义就难以兴风作浪。反对恐怖主义,既要治标,又要治本,只要遵循互信、互利、平等、协作为核心的新安全观,就能共同维护世界的和平与安全。

亚太经合组织应继续在打击恐怖主义方面发挥积极作用,在上海会议达成的《反恐声明》的基础上,进一步表明我们打击国际恐怖主义的决心,深化在金融、海关、交通运输和通信安全等领域的合作。

中国也深受恐怖主义之害。我们坚决谴责和反对一切形式的恐怖主义,将继续支持国际社会反对恐怖主义的努力和行动。

各位同事!

经过十多年的发展,亚太经合组织的合作内容不断丰富,成员不断扩大,已成为本地区最有影响的多边经济论坛,对推动全球和地区的经济发展发挥了积极作用。无论是在茂物确定合作的长远目标,还是推进多边贸易体制的建设,无论是消除亚洲金融危机的影响,还是应对"9·11"恐怖袭击事件,亚太经合组织都发挥了重要作用。

总结我们成功的经验,关键是要根据各成员的不同关切,尊重多样性,存小异以求大同。世界是丰富多彩的,亚太地区尤其如此。对各成员历史文化多样性的尊重,对各成员不同发展道路和模式的尊重,是我们实现共同发展和繁荣的重要基础。在历史发展的长河中,各种文化相互交融和相互影响,构成了人类文明发展的动力。我们应遵循历史前进的规律,更加积极主动地开展各种文化的相互交流,更加自觉地汲取不同文化的精华,以推动人类社会的共同进步。

正是根据这样的认识,我们在实践中逐步形成了以相互尊重、平等互利、自主自愿、协商一致为主要内容的"亚太经合组织方式"。这一方式,符合亚太地区历史文化多样性的基本特征,也是亚太地区开展合作的必然选择。更重要的是,这一方式还为开展更广泛的国际合作提供了十分有价值的借鉴。

环顾世界,面对未来,亚太经合组织应坚持走适合自身特点的发展道路,始终以加强区域经济合作和推动共同发展为己任,与时俱进,开拓进取,不断为我们的合作注入新的活力。

经过二十多年的发展,中国的现代化建设取得了显著的成就,中国各族人民安居乐业,正满怀信心地迈向更加美好的未来。中国加入世界贸易组织,标志着中国的对外开放进入了新的发展阶段。中国将恪守承诺,进一步发展多层次、全方位、宽领域的对外开放,在更大范围内参与国际经济合作。事实已经并将继续证明,中国的发展将为亚太地区乃至全球经济的发展带来更多的机遇。中国将坚定不移地走适合自己国情的发展道路,坚持改革开放,把社会主义现代化建设不断推向前进。一个发展繁荣的中国,必将为世界和地区的和平与发展发挥积极的建设性作用。

亚太经合组织的发展给各成员促进经济发展带来了实际的好处,也给我们提供了十分宝贵的启示。其中最重要的启示是:在机遇和困难面前,我们必须加强合作,善于利用机遇,勇敢迎接挑战,推动各成员不断向着发展繁荣的目标迈进。

我对亚太区域合作的未来充满信心。我相信,通过大家的共同努力,各成员的发展前景一定会更加广阔,人民的生活一定会更加美好。

国家主席江泽民在墨西哥洛斯卡沃斯会见俄罗斯总理卡西亚诺夫

国家主席江泽民在墨西哥洛斯卡沃斯会见韩国总统金大中

国家主席江泽民在墨西哥洛斯卡沃斯会见日本首相小泉纯一郎

亚太经合组织第十次领导人非正式会议发表《领导人宣言》

宣言要求该组织成员全面、积极参与世贸组织新一轮谈判，在加强安全的同时保持货物、资金和人员的顺畅流动。

宣言说，在全球和地区形势变化之际，亚太经合组织各成员领导人在墨西哥洛斯卡沃斯第十次聚首，表明他们对自由贸易与投资及共享机会和繁荣的决心。

今年会议的主题为“扩大经济增长与发展的益处——执行远景规划”。在此基础上，亚太经合组织各成员领导人就促进经济增长、发展新经济、推动中小企业和扩大妇女与青年融入等制定了政策措施。

宣言说，本地区经济正在复苏，但仍存在不确定因素。恐怖主义仍是亚太经合组织成员的共同威胁。在加强安全的同时，各成员领导人决心保持货物、资金和人员的顺畅流动，欢迎各成员为执行去年《领导人反恐声明》所采取的措施，并在此基础上再次共同发表2002年《领导人反恐声明》，在加强贸易、金融和信息系统的安全与效率方面加强合作。

领导人们认为，亚太经合组织在促进经济增长与社会进步方面发挥着重要作用。为迎接挑战，各成员将坚持市场经济，扩大开放以促进增长，实行健全的宏观经济政策，进行结构改革，加强公司治理，为私营企业创造良好的环境。

宣言指出，应采取谨慎和透明的财政政策，保持宏观经济稳定、低利率和高增长率；应避免过大的财政赤字，健全金融系统，加强抵御风险的能力；应合理利用各种资源，吸引国内外投资。

宣言欢迎世贸组织“多哈发展议程”启动，要求世贸组织成员全面、积极参与世贸组织新一轮谈判，保证2005年1月1日前结束谈判。宣言还呼吁“多哈发展议程”取得全面进展，为2003年世贸组织坎昆(墨西哥)部长会议作准备。

各成员领导人还呼吁多哈回合谈判为所有成员特别是发展中成员带来实质利益，要求亚太经合组织通过开展能力建设为“多哈发展议程”谈判进一步作出贡献。各成员领导人认为，区域和双边贸易协定对世贸组织有补充作用，认为它们应与世贸组织的原则和规定相一致。

关于能力建设，宣言说，全球化是经济发展的推动力。各成员应坚持机会均等、共享繁荣的共同目标，帮助人们认识全球化的挑战，以便能从中受益。

领导人们认为，亚太经合组织可以促进微型及中小企业在全球化过程中得到更大的发展，必须在人才能力建设、信息共享和财政等方面向中小企业提供支持。

关于可持续经济增长，宣言认为，2001年制定的《上海共识》取得了进展。当前亚太经合组织有关工作形成了一个新的执行框架，即可持续经济增长和发展数字经济框架。其内容包括：同意通过扩展和更新《大阪行动议程》，通过《透明度共识》，实施“探路者方式”，通过《贸易和数码经济协定》及《贸易便利化行动计划》。

关于经济技术合作，宣言说，领导人们认为，有必要突出亚太经合组织经济技术合作活动的重点，以吸引和利用国际金融机构和私营部门的资源。各成员领导人指示部长们与相关机构和私营部门为实现上述目标共同努力，并制定有效的监督和评估机制。

亚太经济合作组织第十次领导人非正式会议发表反恐声明

声明呼吁国际社会团结起来与恐怖主义作斗争。

声明说：“恐怖主义是对亚太经合组织自由、开放和繁荣经济目标的直接挑战。我们将团结起来，实现去年在上海制订的反恐目标和计划。”

在声明中，领导人对最近在印度尼西亚巴厘岛恐怖事件中无辜平民遭到杀戮表示愤慨，同时对受害者及其家属表示深切的同情和哀悼。

领导人重申将执行联合国有关反恐决议，同意全面履行去年在上海作出的承诺，保证采取措施保护地区贸易、金融和信息系统的安全，保证集装箱安全运输，执行世界海关组织有关电子报关的标准，推动私营部门采用更高的供货安全标准，制订船只和港口安全计划，在特定船只上安装自动识别系统，打击海盗。

声明表示，要采取措施保证航空安全，保护机组人员安全。成员之间要预先交流乘机旅客信息，尽快在亚太经合组织成员的国际机场引进高效行李扫描程序和设备，加强飞机驾驶舱门安全，执行国际民航组织有关安全的标准，同时还要保护旅客的安全，执行全球共同标准，收集和传递乘客信息，在边防程序上采用国际民航组织和国际标准化组织制定的标准。

领导人还承诺打击恐怖主义融资活动，全面执行联合国和其他国际性文件，努力于2003年10月前批准《国际禁止资恐公约》，促进对替代汇款机制和非营利组织的监管，加强立法和规范能力，保护网络安全，打击网络犯罪，提供必要的资助，进行相关能力建设，使各成员能够执行声明中的各项措施。

“中国资源二号”卫星成功发射

北京时间11时17分,太原卫星发射中心用“长征四号乙”运载火箭,成功地将“中国资源二号”卫星送入太空。

“中国资源二号”卫星,是我国自行研制的第二颗传输型遥感卫星,其总体性能和技术水平又有了新的发展和提高。有关专家认为,“中国资源二号”卫星的发射成功和稳定运行,标志着我国航天遥感技术日臻成熟。

10月28日

国家主席江泽民签署第76号令公布《中华人民共和国文物保护法》

《中华人民共和国文物保护法》已由中华人民共和国第九届全国人民代表大会常务委员会第三十次会议于2002年10月28日修订通过,现将修订后的《中华人民共和国文物保护法》公布,自公布之日起施行。

中华人民共和国主席 江泽民

2002年10月28日

中华人民共和国文物保护法

第一章 总 则

第一条 为了加强对文物的保护,继承中华民族优秀的历史文化遗产,促进科学研究工作,进行爱国主义和革命传统教育,建设社会主义精神文明和物质文明,根据宪法,制定本法。

第二条 在中华人民共和国境内,下列文物受国家保护:

(一)具有历史、艺术、科学价值的古文化遗址、古墓葬、古建筑、石窟寺和石刻、壁画;

(二)与重大历史事件、革命运动或者著名人物有关的以及具有重要纪念意义、教育意义或者史料价值的近代现代重要史迹、实物、代表性建筑;

(三)历史上各时代珍贵的艺术品、工艺美术品;

(四)历史上各时代重要的文献资料以及具有历史、艺术、科学价值的手稿和图书资料等;

(五)反映历史上各时代、各民族社会制度、社会生产、社会生活的代表性实物。

文物认定的标准和办法由国务院文物行政部门制定,并报国务院批准。

具有科学价值的古脊椎动物化石和古人类化石同文物一样受国家保护。

第三条 古文化遗址、古墓葬、古建筑、石窟寺、石刻、壁画、近代现代重要史迹和代表性建筑等不可移动文物,根据它们的历史、艺术、科学价值,可以分别确定为全国重点文物保护单位,省级文物保护单位,市、县级文物保护单位。

历史上各时代重要实物、艺术品、文献、手稿、图书资料、代表性实物等可移动文物,分为珍贵文物和一般文物;珍贵文物分为一级文物、二级文物、三级文物。

第四条 文物工作贯彻保护为主、抢救第一、合理利用、加强管理的方针。

第五条 中华人民共和国境内地下、内水和领海中遗存的一切文物,属于国家所有。

古文化遗址、古墓葬、石窟寺属于国家所有。国家指定保护的纪念建筑物、古建筑、石刻、壁画、近代现代代表性建筑等不可移动文物,除国家另有规定的以外,属于国家所有。

国有不可移动文物的所有权不因其所依附的土地所有权或者使用权的改变而改变。

下列可移动文物,属于国家所有:

(一)中国境内出土的文物,国家另有规定的除外;

(二)国有文物收藏单位以及其他国家机关、部队和国有企业、事业组织等收藏、保管的文物;

(三)国家征集、购买的文物;

(四)公民、法人和其他组织捐赠给国家的文物;

(五)法律规定属于国家所有的其他文物。

属于国家所有的可移动文物的所有权不因其保管、收藏单位的终止或者变更而改变。

国有文物所有权受法律保护,不容侵犯。

第六条 属于集体所有和私人所有的纪念建筑物、古建筑和祖传文物以及依法取得的其他文物,其所有权受法律保护。文物的所有者必须遵守国家有关文物保护的法律、法规的规定。

第七条 一切机关、组织和个人都有依法保护文物的义务。

第八条 国务院文物行政部门主管全国文物保护工作。

地方各级人民政府负责本行政区域内的文物保护工作。县级以上地方人民政府承担文物保护工作的部门对本行政区域内的文物保护实施监督管理。

县级以上人民政府有关行政部门在各自的职责范围内,负责有关的文物保护工作。

第九条 各级人民政府应当重视文物保护,正确处理经济建设、社会发展与文物保护的关系,确保文物安全。

基本建设、旅游发展必须遵守文物保护工作的方针,其活动不得对文物造成损害。

公安机关、工商行政管理部门、海关、城乡建设规划部门和其他有关国家机关，应当依法认真履行所承担的保护文物的职责，维护文物管理秩序。

第十条 国家发展文物保护事业。县级以上人民政府应当将文物保护事业纳入本级国民经济和社会发展规划，所需经费列入本级财政预算。

国家用于文物保护的财政拨款随着财政收入增长而增加。

国有博物馆、纪念馆、文物保护单位等的事业性收入，专门用于文物保护，任何单位或者个人不得侵占、挪用。

国家鼓励通过捐赠等方式设立文物保护社会基金，专门用于文物保护，任何单位或者个人不得侵占、挪用。

第十一条 文物是不可再生的文化资源。国家加强文物保护的宣传教育，增强全民文物保护的意识，鼓励文物保护的科学研究，提高文物保护的科学技术水平。

第十二条 有下列事迹的单位或者个人，由国家给予精神鼓励或者物质奖励：

(一)认真执行文物保护法律、法规，保护文物成绩显著的；

(二)为保护文物与违法犯罪行为作坚决斗争的；

(三)将个人收藏的重要文物捐献给国家或者为文物保护事业作出捐赠的；

(四)发现文物及时上报或者上交，使文物得到保护的；

(五)在考古发掘工作中作出重大贡献的；

(六)在文物保护科学技术方面有重要发明创造或者其他重要贡献的；

(七)在文物面临破坏危险时，抢救文物有功的；

(八)长期从事文物工作，作出显著成绩的。

第二章 不可移动文物

第十三条 国务院文物行政部门在省级、市、县级文物保护单位中，选择具有重大历史、艺术、科学价值的确定为全国重点文物保护单位，或者直接确定为全国重点文物保护单位，报国务院核定公布。

省级文物保护单位，由省、自治区、直辖市人民政府核定公布，并报国务院备案。

市级和县级文物保护单位，分别由设区的市、自治州和县级人民政府核定公布，并报省、自治区、直辖市人民政府备案。

尚未核定公布为文物保护单位的不可移动文物，由县级人民政府文物行政部门予以登记并公布。

第十四条 保存文物特别丰富并且具有重大历史价值或者革命纪念意义的城市，由国务院核定公布为历史文化名城。

保存文物特别丰富并且具有重大历史价值或者革命纪念意义的城镇、街道、村庄，由省、自治区、直辖市人民政府核定公布为历史文化街区、村镇，并报国务院备案。

历史文化名城和历史文化街区、村镇所在地的县级以上地方人民政府应当组织编制专门的历史文化名城和历史文化街区、村镇保护规划，并纳入城市总体规划。

历史文化名城和历史文化街区、村镇的保护办法，由国务院制定。

第十五条 各级文物保护单位，分别由省、自治区、直辖市人民政府和市、县级人民政府划定必要的保护范围，作出标志说明，建立记录档案，并区别情况分别设置专门机构或者专人负责管理。全国重点文物保护单位的保护范围和记录档案，由省、自治区、直辖市人民政府文物行政部门报国务院文物行政部门备案。

县级以上地方人民政府文物行政部门应当根据不同文物的保护需要，制定文物保护单位和未核定为文物保护单位的不可移动文物的具体保护措施，并公告施行。

第十六条 各级人民政府制定城乡建设规划，应当根据文物保护的需要，事先由城乡建设规划部门会同文物行政部门商定对本行政区域内各级文物保护单位的保护措施，并纳入规划。

第十七条 文物保护单位的保护范围内不得进行其他建设工程或者爆破、钻探、挖掘等作业。但是，因特殊情况需要在文物保护单位的保护范围内进行其他建设工程或者爆破、钻探、挖掘等作业的，必须保证文物保护单位的安全，并经核定公布该文物保护单位的人民政府批准，在批准前应当征得上一级人民政府文物行政部门同意；在全国重点文物保护单位的保护范围内进行其他建设工程或者爆破、钻探、挖掘等作业的，必须经省、自治区、直辖市人民政府批准，在批准前应当征得国务院文物行政部门同意。

第十八条 根据保护文物的实际需要，经省、自治区、直辖市人民政府批准，可以在文物保护单位的周围划出一定的建设控制地带，并予以公布。

在文物保护单位的建设控制地带内进行建设工程，不得破坏文物保护单位的历史风貌；工程设计方案应当根据文物保护单位的级别，经相应的文物行政部门同意后，报城乡建设规划部门批准。

第十九条 在文物保护单位的保护范围和建设控制地带内，不得建设污染文物保护单位及其环境的设施，不得进行可能影响文物保护单位安全及其环境的活动。对已有的污染文物保护单位及其环境的设施，应当限期治理。

第二十条 建设工程选址,应当尽可能避开不可移动文物;因特殊情况不能避开的,对文物保护单位应当尽可能实施原址保护。

实施原址保护的,建设单位应当事先确定保护措施,根据文物保护单位的级别报相应的文物行政部门批准,并将保护措施列入可行性研究报告或者设计任务书。

无法实施原址保护,必须迁移异地保护或者拆除的,应当报省、自治区、直辖市人民政府批准;迁移或者拆除省级文物保护单位的,批准前须征得国务院文物行政部门同意。全国重点文物保护单位不得拆除;需要迁移的,须由省、自治区、直辖市人民政府报国务院批准。

依照前款规定拆除的国有不可移动文物中具有收藏价值的壁画、雕塑、建筑构件等,由文物行政部门指定的文物收藏单位收藏。

本条规定的原址保护、迁移、拆除所需费用,由建设单位列入建设工程预算。

第二十一条 国有不可移动文物由使用人负责修缮、保养;非国有不可移动文物由所有人负责修缮、保养。非国有不可移动文物有损毁危险,所有人不具备修缮能力的,当地人民政府应当给予帮助;所有人具备修缮能力而拒不依法履行修缮义务的,县级以上人民政府可以给予抢救修缮,所需费用由所有人负担。

对文物保护单位进行修缮,应当根据文物保护单位的级别报相应的文物行政部门批准;对未核定为文物保护单位的不可移动文物进行修缮,应当报登记的县级人民政府文物行政部门批准。

文物保护单位的修缮、迁移、重建,由取得文物保护工程资质证书的单位承担。

对不可移动文物进行修缮、保养、迁移,必须遵守不改变文物原状的原则。

第二十二条 不可移动文物已经全部毁坏的,应当实施遗址保护,不得在原址重建。但是,因特殊情况需要在原址重建的,由省、自治区、直辖市人民政府文物行政部门征得国务院文物行政部门同意后,报省、自治区、直辖市人民政府批准;全国重点文物保护单位需要在原址重建的,由省、自治区、直辖市人民政府报国务院批准。

第二十三条 核定为文物保护单位的属于国家所有的纪念建筑物或者古建筑,除可以建立博物馆、保管所或者辟为参观游览场所外,如果必须作其他用途的,应当经核定公布该文物保护单位的人民政府文物行政部门征得上一级文物行政部门同意后,报核定公布该文物保护单位的人民政府批准;全国重点文物保护单位作其他用途的,应当由省、自治区、直辖市人民政府报国务院批准。国有未核定为文物保护单位的不可移动文物作其他用途的,应当报告县级人民政府文物行政部门。

第二十四条 国有不可移动文物不得转让、抵押。建立博物馆、保管所或者辟为参观游览场所的国有文物保护单位,不得作为企业资产经营。

第二十五条 非国有不可移动文物不得转让、抵押给外国人。

非国有不可移动文物转让、抵押或者改变用途的,应当根据其级别报相应的文物行政部门备案;由当地人民政府出资帮助修缮的,应当报相应的文物行政部门批准。

第二十六条 使用不可移动文物,必须遵守不改变文物原状的原则,负责保护建筑物及其附属文物的安全,不得损毁、改建、添建或者拆除不可移动文物。

对危害文物保护单位安全、破坏文物保护单位历史风貌的建筑物、构筑物,当地人民政府应当及时调查处理,必要时,对该建筑物、构筑物予以拆迁。

第三章 考古发掘

第二十七条 一切考古发掘工作,必须履行报批手续;从事考古发掘的单位,应当经国务院文物行政部门批准。

地下埋藏的文物,任何单位或者个人都不得私自发掘。

第二十八条 从事考古发掘的单位,为了科学研究进行考古发掘,应当提出发掘计划,报国务院文物行政部门批准;对全国重点文物保护单位的考古发掘计划,应当经国务院文物行政部门审核后报国务院批准。国务院文物行政部门在批准或者审核前,应当征求社会科学研究机构及其他科研机构和有关专家的意见。

第二十九条 进行大型基本建设工程,建设单位应当事先报请省、自治区、直辖市人民政府文物行政部门组织从事考古发掘的单位在工程范围内有可能埋藏文物的地方进行考古调查、勘探。

考古调查、勘探中发现文物的,由省、自治区、直辖市人民政府文物行政部门根据文物保护的要求会同建设单位共同商定保护措施;遇有重要发现的,由省、自治区、直辖市人民政府文物行政部门及时报国务院文物行政部门处理。

第三十条 需要配合建设工程进行的考古发掘工作,应当由省、自治区、直辖市文物行政部门在勘探工作的基础上提出发掘计划,报国务院文物行政部门批准。国务院文物行政部门在批准前,应当征求社会科学研究机构及其他科研机构和有关专家的意见。

确因建设工期紧迫或者有自然破坏危险,对古文化遗址、古墓葬急需进行抢救发掘的,由省、自治区、直辖市人民政府文物行政部门组织发掘，并同时补办审批手续。

第三十一条　凡因进行基本建设和生产建设需要的考古调查、勘探、发掘，所需费用由建设单位列入建设工程预算。

第三十二条　在进行建设工程或者在农业生产中，任何单位或者个人发现文物，应当保护现场，立即报告当地文物行政部门，文物行政部门接到报告后，如无特殊情况，应当在二十四小时内赶赴现场，并在七日内提出处理意见。文物行政部门可以报请当地人民政府通知公安机关协助保护现场；发现重要文物的，应当立即上报国务院文物行政部门，国务院文物行政部门应当在接到报告后十五日内提出处理意见。

依照前款规定发现的文物属于国家所有，任何单位或者个人不得哄抢、私分、藏匿。

第三十三条　非经国务院文物行政部门报国务院特别许可，任何外国人或者外国团体不得在中华人民共和国境内进行考古调查、勘探、发掘。

第三十四条　考古调查、勘探、发掘的结果，应当报告国务院文物行政部门和省、自治区、直辖市人民政府文物行政部门。

考古发掘的文物，应当登记造册，妥善保管，按照国家有关规定移交给由省、自治区、直辖市人民政府文物行政部门或者国务院文物行政部门指定的国有博物馆、图书馆或者其他国有收藏文物的单位收藏。经省、自治区、直辖市人民政府文物行政部门或者国务院文物行政部门批准，从事考古发掘的单位可以保留少量出土文物作为科研标本。

考古发掘的文物，任何单位或者个人不得侵占。

第三十五条　根据保证文物安全、进行科学研究和充分发挥文物作用的需要，省、自治区、直辖市人民政府文物行政部门经本级人民政府批准，可以调用本行政区域内的出土文物；国务院文物行政部门经国务院批准，可以调用全国的重要出土文物。

第四章　馆藏文物

第三十六条　博物馆、图书馆和其他文物收藏单位对收藏的文物，必须区分文物等级，设置藏品档案，建立严格的管理制度，并报主管的文物行政部门备案。

县级以上地方人民政府文物行政部门应当分别建立本行政区域内的馆藏文物档案；国务院文物行政部门应当建立国家一级文物藏品档案和其主管的国有文物收藏单位馆藏文物档案。

第三十七条　文物收藏单位可以通过下列方式取得文物：

(一)购买；

(二)接受捐赠；

(三)依法交换；

(四)法律、行政法规规定的其他方式。

国有文物收藏单位还可以通过文物行政部门指定保管或者调拨方式取得文物。

第三十八条　文物收藏单位应当根据馆藏文物的保护需要，按照国家有关规定建立、健全管理制度，并报主管的文物行政部门备案。未经批准，任何单位或者个人不得调取馆藏文物。

文物收藏单位的法定代表人对馆藏文物的安全负责。国有文物收藏单位的法定代表人离任时，应当按照馆藏文物档案办理馆藏文物移交手续。

第三十九条　国务院文物行政部门可以调拨全国的国有馆藏文物。省、自治区、直辖市人民政府文物行政部门可以调拨本行政区域内其主管的国有文物收藏单位馆藏文物；调拨国有馆藏一级文物，应当报国务院文物行政部门备案。

国有文物收藏单位可以申请调拨国有馆藏文物。

第四十条　文物收藏单位应当充分发挥馆藏文物的作用，通过举办展览、科学研究等活动，加强对中华民族优秀的历史文化和革命传统的宣传教育。

国有文物收藏单位之间因举办展览、科学研究等需借用馆藏文物的，应当报主管的文物行政部门备案；借用馆藏一级文物，应当经国务院文物行政部门批准。

非国有文物收藏单位和其他单位举办展览需借用国有馆藏文物的，应当报主管的文物行政部门批准；借用国有馆藏一级文物，应当经国务院文物行政部门批准。

文物收藏单位之间借用文物的最长期限不得超过三年。

第四十一条　已经建立馆藏文物档案的国有文物收藏单位，经省、自治区、直辖市人民政府文物行政部门批准，并报国务院文物行政部门备案，其馆藏文物可以在国有文物收藏单位之间交换；交换馆藏一级文物的，必须经国务院文物行政部门批准。

第四十二条　未建立馆藏文物档案的国有文物收藏单位，不得依照本法第四十条、第四十一条的规定处置其馆藏文物。

第四十三条　依法调拨、交换、借用国有馆藏文物，取得文物的文物收藏单位可以对提供文物的文物收藏单位给予合理补偿，具体管理办法由国务院文物行政部门制定。

国有文物收藏单位调拨、交换、出借文物所得的补偿费用，必须用于改善文物的收藏条件和收集新的文物，不得挪作他用；任何单位或者个人不得侵占。

调拨、交换、借用的文物必须严格保管，不得丢失、损毁。

第四十四条 禁止国有文物收藏单位将馆藏文物赠与、出租或者出售给其他单位、个人。

第四十五条 国有文物收藏单位不再收藏的文物的处置办法,由国务院另行制定。

第四十六条 修复馆藏文物,不得改变馆藏文物的原状;复制、拍摄、拓印馆藏文物,不得对馆藏文物造成损害。具体管理办法由国务院制定。

不可移动文物的单体文物的修复、复制、拍摄、拓印,适用前款规定。

第四十七条 博物馆、图书馆和其他收藏文物的单位应当按照国家有关规定配备防火、防盗、防自然损坏的设施,确保馆藏文物的安全。

第四十八条 馆藏一级文物损毁的,应当报国务院文物行政部门核查处理。其他馆藏文物损毁的,应当报省、自治区、直辖市人民政府文物行政部门核查处理;省、自治区、直辖市人民政府文物行政部门应当将核查处理结果报国务院文物行政部门备案。

馆藏文物被盗、被抢或者丢失的,文物收藏单位应当立即向公安机关报案,并同时向主管的文物行政部门报告。

第四十九条 文物行政部门和国有文物收藏单位的工作人员不得借用国有文物,不得非法侵占国有文物。

第五章 民间收藏文物

第五十条 文物收藏单位以外的公民、法人和其他组织可以收藏通过下列方式取得的文物:

(一)依法继承或者接受赠与;

(二)从文物商店购买;

(三)从经营文物拍卖的拍卖企业购买;

(四)公民个人合法所有的文物相互交换或者依法转让;

(五)国家规定的其他合法方式。

文物收藏单位以外的公民、法人和其他组织收藏的前款文物可以依法流通。

第五十一条 公民、法人和其他组织不得买卖下列文物:

(一)国有文物,但是国家允许的除外;

(二)非国有馆藏珍贵文物;

(三)国有不可移动文物中的壁画、雕塑、建筑构件等,但是依法拆除的国有不可移动文物中的壁画、雕塑、建筑构件等不属于本法第二十条第四款规定的应由文物收藏单位收藏的除外;

(四)来源不符合本法第五十条规定的文物。

第五十二条 国家鼓励文物收藏单位以外的公民、法人和其他组织将其收藏的文物捐赠给国有文物收藏单位或者出借给文物收藏单位展览和研究。

国有文物收藏单位应当尊重并按照捐赠人的意愿,对捐赠的文物妥善收藏、保管和展示。

国家禁止出境的文物,不得转让、出租、质押给外国人。

第五十三条 文物商店应当由国务院文物行政部门或者省、自治区、直辖市人民政府文物行政部门批准设立,依法进行管理。

文物商店不得从事文物拍卖经营活动,不得设立经营文物拍卖的拍卖企业。

第五十四条 依法设立的拍卖企业经营文物拍卖的,应当取得国务院文物行政部门颁发的文物拍卖许可证。

经营文物拍卖的拍卖企业不得从事文物购销经营活动,不得设立文物商店。

第五十五条 文物行政部门的工作人员不得举办或者参与举办文物商店或者经营文物拍卖的拍卖企业。

文物收藏单位不得举办或者参与举办文物商店或者经营文物拍卖的拍卖企业。

禁止设立中外合资、中外合作和外商独资的文物商店或者经营文物拍卖的拍卖企业。

除经批准的文物商店、经营文物拍卖的拍卖企业外,其他单位或者个人不得从事文物的商业经营活动。

第五十六条 文物商店销售的文物,在销售前应当经省、自治区、直辖市人民政府文物行政部门审核;对允许销售的,省、自治区、直辖市人民政府文物行政部门应当作出标识。

拍卖企业拍卖的文物,在拍卖前应当经省、自治区、直辖市人民政府文物行政部门审核,并报国务院文物行政部门备案;省、自治区、直辖市人民政府文物行政部门不能确定是否可以拍卖的,应当报国务院文物行政部门审核。

第五十七条 文物商店购买、销售文物,拍卖企业拍卖文物,应当按照国家有关规定作出记录,并报原审核的文物行政部门备案。

拍卖文物时,委托人、买受人要求对其身份保密的,文物行政部门应当为其保密;但是,法律、行政法规另有规定的除外。

第五十八条 文物行政部门在审核拟拍卖的文物时,可以指定国有文物收藏单位优先购买其中的珍贵文物。购买价格由文物收藏单位的代表与文物的委托人协商确定。

第五十九条 银行、冶炼厂、造纸厂以及废旧物资回收单位,应当与当地文物行政部门共同负责拣选掺杂在金银器和废旧物资中的文物。拣选文物除供银行研究所必需的历史货币可以由人民银行留用外,应当移交当地文物行政部门。移交拣选文物，应当给予合理补偿。

第六章　文物出境进境

第六十条　国有文物、非国有文物中的珍贵文物和国家规定禁止出境的其他文物，不得出境；但是依照本法规定出境展览或者因特殊需要经国务院批准出境的除外。

第六十一条　文物出境，应当经国务院文物行政部门指定的文物进出境审核机构审核。经审核允许出境的文物，由国务院文物行政部门发给文物出境许可证，从国务院文物行政部门指定的口岸出境。

任何单位或者个人运送、邮寄、携带文物出境，应当向海关申报；海关凭文物出境许可证放行。

第六十二条　文物出境展览，应当报国务院文物行政部门批准；一级文物超过国务院规定数量的，应当报国务院批准。

一级文物中的孤品和易损品，禁止出境展览。

出境展览的文物出境，由文物进出境审核机构审核、登记。海关凭国务院文物行政部门或者国务院的批准文件放行。出境展览的文物复进境，由原文物进出境审核机构审核查验。

第六十三条　文物临时进境，应当向海关申报，并报文物进出境审核机构审核、登记。

临时进境的文物复出境，必须经原审核、登记的文物进出境审核机构审核查验；经审核查验无误的，由国务院文物行政部门发给文物出境许可证，海关凭文物出境许可证放行。

第七章　法律责任

第六十四条　违反本法规定，有下列行为之一，构成犯罪的，依法追究刑事责任：

(一)盗掘古文化遗址、古墓葬的；

(二)故意或者过失损毁国家保护的珍贵文物的；

(三)擅自将国有馆藏文物出售或者私自送给非国有单位或者个人的；

(四)将国家禁止出境的珍贵文物私自出售或者送给外国人的；

(五)以牟利为目的倒卖国家禁止经营的文物的；

(六)走私文物的；

(七)盗窃、哄抢、私分或者非法侵占国有文物的；

(八)应当追究刑事责任的其他妨害文物管理行为。

第六十五条　违反本法规定，造成文物灭失、损毁的，依法承担民事责任。

违反本法规定，构成违反治安管理行为的，由公安机关依法给予治安管理处罚。

违反本法规定，构成走私行为，尚不构成犯罪的，由海关依照有关法律、行政法规的规定给予处罚。

第六十六条　有下列行为之一，尚不构成犯罪的，由县级以上人民政府文物主管部门责令改正，造成严重后果的，处五万元以上五十万元以下的罚款；情节严重的，由原发证机关吊销资质证书：

(一)擅自在文物保护单位的保护范围内进行建设工程或者爆破、钻探、挖掘等作业的；

(二)在文物保护单位的建设控制地带内进行建设工程，其工程设计方案未经文物行政部门同意、报城乡建设规划部门批准，对文物保护单位的历史风貌造成破坏的；

(三)擅自迁移、拆除不可移动文物的；

(四)擅自修缮不可移动文物，明显改变文物原状的；

(五)擅自在原址重建已全部毁坏的不可移动文物，造成文物破坏的；

(六)施工单位未取得文物保护工程资质证书，擅自从事文物修缮、迁移、重建的。

刻划、涂污或者损坏文物尚不严重的，或者损毁依照本法第十五条第一款规定设立的文物保护单位标志的，由公安机关或者文物所在单位给予警告，可以并处罚款。

第六十七条　在文物保护单位的保护范围内或者建设控制地带内建设污染文物保护单位及其环境的设施的，或者对已有的污染文物保护单位及其环境的设施未在规定的期限内完成治理的，由环境保护行政部门依照有关法律、法规的规定给予处罚。

第六十八条　有下列行为之一的，由县级以上人民政府文物主管部门责令改正，没收违法所得，违法所得一万元以上的，并处违法所得二倍以上五倍以下的罚款；违法所得不足一万元的，并处五千元以上二万元以下的罚款：

(一)转让或者抵押国有不可移动文物，或者将国有不可移动文物作为企业资产经营的；

(二)将非国有不可移动文物转让或者抵押给外国人的；

(三)擅自改变国有文物保护单位的用途的。

第六十九条　历史文化名城的布局、环境、历史风貌等遭到严重破坏的，由国务院撤销其历史文化名城称号；历史文化城镇、街道、村庄的布局、环境、历史风貌等遭到严重破坏的，由省、自治区、直辖市人民政府撤销其历史文化街区、村镇称号；对负有责任的主管人员和其他直接责任人员依法给予行政处分。

第七十条　有下列行为之一，尚不构成犯罪的，由县级以上人民政府文物主管部门责令改正，可以并处二万元以下的罚款，有违法所得的，没收违法所得：

(一)文物收藏单位未按照国家有关规定配备防火、防盗、防自然损坏的设施的；

(二)国有文物收藏单位法定代表人离任时未按照馆藏文物档案移交馆藏文物，或者所移交的馆藏文物与馆藏文物档案不符的；

(三)将国有馆藏文物赠与、出租或者出售给其他单位、个人的；

(四)违反本法第四十条、第四十一条、第四十五条规定处置国有馆藏文物的；

(五)违反本法第四十三条规定挪用或者侵占依法调拨、交换、出借文物所得补偿费用的。

第七十一条　买卖国家禁止买卖的文物或者将禁止出境的文物转让、出租、质押给外国人，尚不构成犯罪的，由县级以上人民政府文物主管部门责令改正，没收违法所得，违法经营额一万元以上的，并处违法经营额二倍以上五倍以下的罚款；违法经营额不足一万元的，并处五千元以上二万元以下的罚款。

第七十二条　未经许可，擅自设立文物商店、经营文物拍卖的拍卖企业，或者擅自从事文物的商业经营活动，尚不构成犯罪的，由工商行政管理部门依法予以制止，没收违法所得、非法经营的文物，违法经营额五万元以上的，并处违法经营额二倍以上五倍以下的罚款；违法经营额不足五万元的，并处二万元以上十万元以下的罚款。

第七十三条　有下列情形之一的，由工商行政管理部门没收违法所得、非法经营的文物，违法经营额五万元以上的，并处违法经营额一倍以上三倍以下的罚款；违法经营额不足五万元的，并处五千元以上五万元以下的罚款；情节严重的，由原发证机关吊销许可证书：

(一)文物商店从事文物拍卖经营活动的；

(二)经营文物拍卖的拍卖企业从事文物购销经营活动的；

(三)文物商店销售的文物、拍卖企业拍卖的文物，未经审核的；

(四)文物收藏单位从事文物的商业经营活动的。

第七十四条　有下列行为之一，尚不构成犯罪的，由县级以上人民政府文物主管部门会同公安机关追缴文物；情节严重的，处五千元以上五万元以下的罚款：

(一)发现文物隐匿不报或者拒不上交的；

(二)未按照规定移交拣选文物的。

第七十五条　有下列行为之一的，由县级以上人民政府文物主管部门责令改正：

(一)改变国有未核定为文物保护单位的不可移动文物的用途，未依照本法规定报告的；

(二)转让、抵押非国有不可移动文物或者改变其用途，未依照本法规定备案的；

(三)国有不可移动文物的使用人拒不依法履行修缮义务的；

(四)考古发掘单位未经批准擅自进行考古发掘，或者不如实报告考古发掘结果的；

(五)文物收藏单位未按照国家有关规定建立馆藏文物档案、管理制度，或者未将馆藏文物档案、管理制度备案的；

(六)违反本法第三十八条规定，未经批准擅自调取馆藏文物的；

(七)馆藏文物损毁未报文物行政部门核查处理，或者馆藏文物被盗、被抢或者丢失，文物收藏单位未及时向公安机关或者文物行政部门报告的；

(八)文物商店销售文物或者拍卖企业拍卖文物，未按照国家有关规定作出记录或者未将所作记录报文物行政部门备案的。

第七十六条　文物行政部门、文物收藏单位、文物商店、经营文物拍卖的拍卖企业的工作人员，有下列行为之一的，依法给予行政处分，情节严重的，依法开除公职或者吊销其从业资格；构成犯罪的，依法追究刑事责任：

(一)文物行政部门的工作人员违反本法规定，滥用审批权限、不履行职责或者发现违法行为不予查处，造成严重后果的；

(二)文物行政部门和国有文物收藏单位的工作人员借用或者非法侵占国有文物的；

(三)文物行政部门的工作人员举办或者参与举办文物商店或者经营文物拍卖的拍卖企业的；

(四)因不负责任造成文物保护单位、珍贵文物损毁或者流失的；

(五)贪污、挪用文物保护经费的。

前款被开除公职或者被吊销从业资格的人员，自被开除公职或者被吊销从业资格之日起十年内不得担任文物管理人员或者从事文物经营活动。

第七十七条　有本法第六十六条、第六十八条、第七十条、第七十一条、第七十四条、第七十五条规定所列行为之一的，负有责任的主管人员和其他直接责任人员是国家工作人员的，依法给予行政处分。

第七十八条　公安机关、工商行政管理部门、海关、城乡建设规划部门和其他国家机关，违反本法规定滥用职权、玩忽职守、徇私舞弊，造成国家保护的珍贵文物损毁或者流失的，对负有责任的主管人员和其他直接责任人员依法给予行政处分；构成犯罪的，依法追究刑事责任。

第七十九条　人民法院、人民检察院、公安机关、海关和工商行政管理部门依法没收的文物应当登记造册，妥善保管，结案后无偿移交文物行政部门，由文物行政部门指定的国有文物收藏单位收藏。

第八章 附 则

第八十条 本法自公布之日起施行。

国家主席江泽民签署第77号令公布《中华人民共和国环境影响评价法》

《中华人民共和国环境影响评价法》已由中华人民共和国第九届全国人民代表大会常务委员会第三十次会议于2002年10月28日通过,现予公布,自2003年9月1日起施行。

中华人民共和国主席 江泽民

2002年10月28日

中华人民共和国环境影响评价法

第一章 总 则

第一条 为了实施可持续发展战略,预防因规划和建设项目实施后对环境造成不良影响,促进经济、社会和环境的协调发展,制定本法。

第二条 本法所称环境影响评价,是指对规划和建设项目实施后可能造成的环境影响进行分析、预测和评估,提出预防或者减轻不良环境影响的对策和措施,进行跟踪监测的方法与制度。

第三条 编制本法第九条所规定的范围内的规划,在中华人民共和国领域和中华人民共和国管辖的其他海域内建设对环境有影响的项目,应当依照本法进行环境影响评价。

第四条 环境影响评价必须客观、公开、公正,综合考虑规划或者建设项目实施后对各种环境因素及其所构成的生态系统可能造成的影响,为决策提供科学依据。

第五条 国家鼓励有关单位、专家和公众以适当方式参与环境影响评价。

第六条 国家加强环境影响评价的基础数据库和评价指标体系建设,鼓励和支持对环境影响评价的方法、技术规范进行科学研究,建立必要的环境影响评价信息共享制度,提高环境影响评价的科学性。

国务院环境保护行政主管部门应当会同国务院有关部门,组织建立和完善环境影响评价的基础数据库和评价指标体系。

第二章 规划的环境影响评价

第七条 国务院有关部门、设区的市级以上地方人民政府及其有关部门,对其组织编制的土地利用的有关规划,区域、流域、海域的建设、开发利用规划,应当在规划编制过程中组织进行环境影响评价,编写该规划有关环境影响的篇章或者说明。

规划有关环境影响的篇章或者说明,应当对规划实施后可能造成的环境影响作出分析、预测和评估,提出预防或者减轻不良环境影响的对策和措施,作为规划草案的组成部分一并报送规划审批机关。

未编写有关环境影响的篇章或者说明的规划草案,审批机关不予审批。

第八条 国务院有关部门、设区的市级以上地方人民政府及其有关部门,对其组织编制的工业、农业、畜牧业、林业、能源、水利、交通、城市建设、旅游、自然资源开发的有关专项规划(以下简称专项规划),应当在该专项规划草案上报审批前,组织进行环境影响评价,并向审批该专项规划的机关提出环境影响报告书。

前款所列专项规划中的指导性规划,按照本法第七条的规定进行环境影响评价。

第九条 依照本法第七条、第八条的规定进行环境影响评价的规划的具体范围,由国务院环境保护行政主管部门会同国务院有关部门规定,报国务院批准。

第十条 专项规划的环境影响报告书应当包括下列内容:

(一)实施该规划对环境可能造成影响的分析、预测和评估;

(二)预防或者减轻不良环境影响的对策和措施;

(三)环境影响评价的结论。

第十一条 专项规划的编制机关对可能造成不良环境影响并直接涉及公众环境权益的规划,应当在该规划草案报送审批前,举行论证会、听证会,或者采取其他形式,征求有关单位、专家和公众对环境影响报告书草案的意见。但是,国家规定需要保密的情形除外。

编制机关应当认真考虑有关单位、专家和公众对环境影响报告书草案的意见,并应当在报送审查的环境影响报告书中附具对意见采纳或者不采纳的说明。

第十二条 专项规划的编制机关在报批规划草案时,应当将环境影响报告书一并附送审批机关审查;未附送环境影响报告书的,审批机关不予审批。

第十三条 设区的市级以上人民政府在审批专项规划草案,作出决策前,应当先由人民政府指定的环境保护行政主管部门或者其他部门召集有关部门代表和专家组成审查小组,对环境影响报告书进行审查。审查小组应当提出书面审查意见。

参加前款规定的审查小组的专家,应当从按照国务院环境保护行政主管部门的规定设立的专家库内的相关专业的专家名单中,以随机抽取的方式确定。

由省级以上人民政府有关部门负责审批的专项规划,其环境影响报告书的审查办法,由国务院环境保护行政主管部门会同国务院有关部门制定。

第十四条 设区的市级以上人民政府或者省级以上人民政府有关部门在审批专项规划草案时,应当将环境影响报告书结论以及审查意见作为决策的重要依据。

在审批中未采纳环境影响报告书结论以及审查意见的，应当作出说明，并存档备查。

第十五条　对环境有重大影响的规划实施后，编制机关应当及时组织环境影响的跟踪评价，并将评价结果报告审批机关；发现有明显不良环境影响的，应当及时提出改进措施。

第三章　建设项目的环境影响评价

第十六条　国家根据建设项目对环境的影响程度，对建设项目的环境影响评价实行分类管理。

建设单位应当按照下列规定组织编制环境影响报告书、环境影响报告表或者填报环境影响登记表(以下统称环境影响评价文件)：

(一)可能造成重大环境影响的，应当编制环境影响报告书，对产生的环境影响进行全面评价；

(二)可能造成轻度环境影响的，应当编制环境影响报告表，对产生的环境影响进行分析或者专项评价；

(三)对环境影响很小、不需要进行环境影响评价的，应当填报环境影响登记表。

建设项目的环境影响评价分类管理名录，由国务院环境保护行政主管部门制定并公布。

第十七条　建设项目的环境影响报告书应当包括下列内容：

(一)建设项目概况；

(二)建设项目周围环境现状；

(三)建设项目对环境可能造成影响的分析、预测和评估；

(四)建设项目环境保护措施及其技术、经济论证；

(五)建设项目对环境影响的经济损益分析；

(六)对建设项目实施环境监测的建议；

(七)环境影响评价的结论。

涉及水土保持的建设项目，还必须有经水行政主管部门审查同意的水土保持方案。

环境影响报告表和环境影响登记表的内容和格式，由国务院环境保护行政主管部门制定。

第十八条　建设项目的环境影响评价，应当避免与规划的环境影响评价相重复。

作为一项整体建设项目的规划，按照建设项目进行环境影响评价，不进行规划的环境影响评价。

已经进行了环境影响评价的规划所包含的具体建设项目，其环境影响评价内容建设单位可以简化。

第十九条　接受委托为建设项目环境影响评价提供技术服务的机构，应当经国务院环境保护行政主管部门考核审查合格后，颁发资质证书，按照资质证书规定的等级和评价范围，从事环境影响评价服务，并对评价结论负责。为建设项目环境影响评价提供技术服务的机构的资质条件和管理办法，由国务院环境保护行政主管部门制定。

国务院环境保护行政主管部门对已取得资质证书的为建设项目环境影响评价提供技术服务的机构的名单，应当予以公布。

为建设项目环境影响评价提供技术服务的机构，不得与负责审批建设项目环境影响评价文件的环境保护行政主管部门或者其他有关审批部门存在任何利益关系。

第二十条　环境影响评价文件中的环境影响报告书或者环境影响报告表，应当由具有相应环境影响评价资质的机构编制。

任何单位和个人不得为建设单位指定对其建设项目进行环境影响评价的机构。

第二十一条　除国家规定需要保密的情形外，对环境可能造成重大影响、应当编制环境影响报告书的建设项目，建设单位应当在报批建设项目环境影响报告书前，举行论证会、听证会，或者采取其他形式，征求有关单位、专家和公众的意见。

建设单位报批的环境影响报告书应当附具对有关单位、专家和公众的意见采纳或者不采纳的说明。

第二十二条　建设项目的环境影响评价文件，由建设单位按照国务院的规定报有审批权的环境保护行政主管部门审批；建设项目有行业主管部门的，其环境影响报告书或者环境影响报告表应当经行业主管部门预审后，报有审批权的环境保护行政主管部门审批。

海洋工程建设项目的海洋环境影响报告书的审批，依照《中华人民共和国海洋环境保护法》的规定办理。

审批部门应当自收到环境影响报告书之日起六十日内，收到环境影响报告表之日起三十日内，收到环境影响登记表之日起十五日内，分别作出审批决定并书面通知建设单位。

预审、审核、审批建设项目环境影响评价文件，不得收取任何费用。

第二十三条　国务院环境保护行政主管部门负责审批下列建设项目的环境影响评价文件：

(一)核设施、绝密工程等特殊性质的建设项目；

(二)跨省、自治区、直辖市行政区域的建设项目；

(三)由国务院审批的或者由国务院授权有关部门审批的建设项目。

前款规定以外的建设项目的环境影响评价文件的审批权限，由省、自治区、直辖市人民政府规定。

建设项目可能造成跨行政区域的不良环境影响，有关环境保护行政主管部门对该项目的环境影响评价结论有争议的，其环境影响评价文件由共同的上一级环境保护行政主管部门审批。

第二十四条　建设项目的环境影响评价文件经批准后，建设项目的性质、规模、地点、采用的生产工艺或者防治污染、防止生态破坏的措施发生重大变动的，建设单位应当重新报批建设项目的环境影响评价文件。

建设项目的环境影响评价文件自批准之日起超过五年，方决定该项目开工建设的，其环境影响评价文件应当报原审批部门重新审核；原审批部门应当自收到建设项目环境影响评价文件之日起十日内，将审核意见书面通知建设单位。

第二十五条　建设项目的环境影响评价文件未经法律规定的审批部门审查或者审查后未予批准的，该项目审批部门不得批准其建设，建设单位不得开工建设。

第二十六条　建设项目建设过程中，建设单位应当同时实施环境影响报告书、环境影响报告表以及环境影响评价文件审批部门审批意见中提出的环境保护对策措施。

第二十七条　在项目建设、运行过程中产生不符合经审批的环境影响评价文件的情形的，建设单位应当组织环境影响的后评价，采取改进措施，并报原环境影响评价文件审批部门和建设项目审批部门备案；原环境影响评价文件审批部门也可以责成建设单位进行环境影响的后评价，采取改进措施。

第二十八条　环境保护行政主管部门应当对建设项目投入生产或者使用后所产生的环境影响进行跟踪检查，对造成严重环境污染或者生态破坏的，应当查清原因、查明责任。对属于为建设项目环境影响评价提供技术服务的机构编制不实的环境影响评价文件的，依照本法第三十三条的规定追究其法律责任；属于审批部门工作人员失职、渎职，对依法不应批准的建设项目环境影响评价文件予以批准的，依照本法第三十五条的规定追究其法律责任。

第四章　法律责任

第二十九条　规划编制机关违反本法规定，组织环境影响评价时弄虚作假或者有失职行为，造成环境影响评价严重失实的，对直接负责的主管人员和其他直接责任人员，由上级机关或者监察机关依法给予行政处分。

第三十条　规划审批机关对依法应当编写有关环境影响的篇章或者说明而未编写的规划草案，依法应当附送环境影响报告书而未附送的专项规划草案，违法予以批准的，对直接负责的主管人员和其他直接责任人员，由上级机关或者监察机关依法给予行政处分。

第三十一条　建设单位未依法报批建设项目环境影响评价文件，或者未依照本法第二十四条的规定重新报批或者报请重新审核环境影响评价文件，擅自开工建设的，由有权审批该项目环境影响评价文件的环境保护行政主管部门责令停止建设，限期补办手续；逾期不补办手续的，可以处五万元以上二十万元以下的罚款，对建设单位直接负责的主管人员和其他直接责任人员，依法给予行政处分。

建设项目环境影响评价文件未经批准或者未经原审批部门重新审核同意，建设单位擅自开工建设的，由有权审批该项目环境影响评价文件的环境保护行政主管部门责令停止建设，可以处五万元以上二十万元以下的罚款，对建设单位直接负责的主管人员和其他直接责任人员，依法给予行政处分。

海洋工程建设项目的建设单位有前两款所列违法行为的，依照《中华人民共和国海洋环境保护法》的规定处罚。

第三十二条　建设项目依法应当进行环境影响评价而未评价，或者环境影响评价文件未经依法批准，审批部门擅自批准该项目建设的，对直接负责的主管人员和其他直接责任人员，由上级机关或者监察机关依法给予行政处分；构成犯罪的，依法追究刑事责任。

第三十三条　接受委托为建设项目环境影响评价提供技术服务的机构在环境影响评价工作中不负责任或者弄虚作假，致使环境影响评价文件失实的，由授予环境影响评价资质的环境保护行政主管部门降低其资质等级或者吊销其资质证书，并处所收费用一倍以上三倍以下的罚款；构成犯罪的，依法追究刑事责任。

第三十四条　负责预审、审核、审批建设项目环境影响评价文件的部门在审批中收取费用的，由其上级机关或者监察机关责令退还；情节严重的，对直接负责的主管人员和其他直接责任人员依法给予行政处分。

第三十五条　环境保护行政主管部门或者其他部门的工作人员徇私舞弊，滥用职权，玩忽职守，违法批准建设项目环境影响评价文件的，依法给予行政处分；构成犯罪的，依法追究刑事责任。

第五章　附　则

第三十六条　省、自治区、直辖市人民政府可以根据本地的实际情况，要求对本辖区的县级人民政府编制的规划进行环境影响评价。具体办法由省、自治区、直辖市参照本法第二章的规定制定。

第三十七条　军事设施建设项目的环境影响评价办法，由中央军事委员会依照本法的原则制定。

第三十八条　本法自2003年9月1日起施行。

国家主席江泽民签署第78号令公布《全国人民代表大会常务委员会关于修改〈中华人民共和国保险法〉的决定》

《全国人民代表大会常务委员会关于修改〈中华

人民共和国保险法〉的决定》已由中华人民共和国第九届全国人民代表大会常务委员会第三十次会议于2002年10月28日通过,现予公布,自2003年1月1日起施行。

中华人民共和国主席 江泽民

2002年10月28日

全国人民代表大会常务委员会关于修改《中华人民共和国保险法》的决定

(2002年10月28日第九届全国人民代表大会常务委员会第三十次会议通过)

第九届全国人民代表大会常务委员会第三十次会议决定对《中华人民共和国保险法》做如下修改:

一、第四条修改为:“从事保险活动必须遵守法律、行政法规,尊重社会公德,遵循自愿原则。”

二、增加一条,作为第五条:“保险活动当事人行使权利、履行义务应当遵循诚实信用原则。”

三、第八条改为第九条,修改为:“国务院保险监督管理机构依照本法负责对保险业实施监督管理。”并相应地将有关条文中的“金融监督管理部门”修改为“保险监督管理机构”。

四、第二十三条改为第二十四条,第一款修改为:“保险人收到被保险人或者受益人的赔偿或者给付保险金的请求后,应当及时作出核定,并将核定结果通知被保险人或者受益人;对属于保险责任的,在与被保险人或者受益人达成有关赔偿或者给付保险金额的协议后十日内,履行赔偿或者给付保险金义务。保险合同对保险金额及赔偿或者给付期限有约定的,保险人应当依照保险合同的约定,履行赔偿或者给付保险金义务。”

五、第三十一条改为第三十二条,修改为:“保险人或者再保险接受人对在办理保险业务中知道的投保人、被保险人、受益人或者再保险分出人的业务和财产情况及个人隐私,负有保密的义务。”

六、第六十七条改为第六十八条,修改为:“人身保险的被保险人因第三者的行为而发生死亡、伤残或者疾病等保险事故的,保险人向被保险人或者受益人给付保险金后,不得享有向第三者追偿的权利。但被保险人或者受益人仍有权向第三者请求赔偿。”

七、第八十七条改为第八十八条,增加一款,作为第二款:“转让或者由保险监督管理机构指定接受前款规定的人寿保险合同及准备金的,应当维护被保险人、受益人的合法权益。”

八、第九十一条改为第九十二条,第二款修改为:“同一保险人不得同时兼营财产保险业务和人身保险业务;但是,经营财产保险业务的保险公司经保险监督管理机构核定,可以经营短期健康保险业务和意外伤害保险业务。”

第四款修改为:“保险公司不得兼营本法及其他法律、行政法规规定以外的业务。”

九、第九十三条改为第九十四条,修改为:“保险公司应当根据保障被保险人利益、保证偿付能力的原则,提取各项责任准备金。

“保险公司提取和结转责任准备金的具体办法由保险监督管理机构制定。”

十、第九十六条改为第九十七条,增加一款,作为第三款:“保险保障基金管理使用的具体办法由保险监督管理机构制定。”

十一、第一百零一条改为第一百零二条,修改为:“保险公司应当按照保险监督管理机构的有关规定办理再保险。”

十二、第一百零四条改为第一百零五条,第三款修改为:“保险公司的资金不得用于设立证券经营机构,不得用于设立保险业以外的企业。”

十三、第一百零五条改为第一百零六条,增加一项,作为第五项:“(五)故意编造未曾发生的保险事故进行虚假理赔,骗取保险金。”

十四、第一百零六条改为第一百零七条,修改为:“关系社会公众利益的保险险种、依法实行强制保险的险种和新开发的人寿保险险种等的保险条款和保险费率,应当报保险监督管理机构审批。保险监督管理机构审批时,遵循保护社会公众利益和防止不正当竞争的原则。审批的范围和具体办法,由保险监督管理机构制定。

“其他保险险种的保险条款和保险费率,应当报保险监督管理机构备案。”

十五、增加一条,作为第一百零八条:“保险监督管理机构应当建立、健全保险公司偿付能力监管指标体系,对保险公司的最低偿付能力实施监控。”

十六、第一百零七条改为第一百零九条,增加一款,作为第三款:“保险监督管理机构有权查询保险公司在金融机构的存款。”

十七、第一百一十九条改为第一百二十一条,修改为:“保险公司必须聘用经保险监督管理机构认可的精算专业人员,建立精算报告制度。”

十八、增加一条,作为第一百二十二条:“保险公司的营业报告、财务会计报告、精算报告及其他有关报表、文件和资料必须如实记录保险业务事项,不得有虚假记载、误导性陈述和重大遗漏。”

十九、第一百二十条改为第一百二十三条,增加一款,作为第二款:“依法受聘对保险事故进行评估和鉴定的评估机构和专家,应当依法公正地执行业务。因故意或者过失给保险人或者被保险人造成损害的,依法承担赔偿责任。”

增加一款，作为第三款：“依法受聘对保险事故进行评估和鉴定的评估机构收取费用，应当依照法律、行政法规的规定办理。”

二十、增加一条，作为第一百二十七条：“保险人委托保险代理人代为办理保险业务的，应当与保险代理人签订委托代理协议，依法约定双方的权利和义务及其他代理事项。”

二十一、第一百二十四条改为第一百二十八条，增加一款，作为第二款：“保险代理人为保险人代为办理保险业务，有超越代理权限行为，投保人有理由相信其有代理权，并已订立保险合同的，保险人应当承担保险责任；但是保险人可以依法追究越权的保险代理人的责任。”

二十二、第一百二十四条第二款改为第一百二十九条，修改为：“个人保险代理人在代为办理人寿保险业务时，不得同时接受两个以上保险人的委托。”

二十三、第一百二十六条改为第一百三十一条，修改为：“保险代理人、保险经纪人在办理保险业务活动中不得有下列行为：

“(一)欺骗保险人、投保人、被保险人或者受益人；

“(二)隐瞒与保险合同有关的重要情况；

“(三)阻碍投保人履行本法规定的如实告知义务，或者诱导其不履行本法规定的如实告知义务；

“(四)承诺向投保人、被保险人或者受益人给予保险合同规定以外的其他利益；

“(五)利用行政权力、职务或者职业便利以及其他不正当手段强迫、引诱或者限制投保人订立保险合同。”

二十四、增加一条，作为第一百三十四条：“保险代理手续费和经纪人佣金，只限于向具有合法资格的保险代理人、保险经纪人支付，不得向其他人支付。”

二十五、增加一条，作为第一百三十六条：“保险公司应当加强对保险代理人的培训和管理，提高保险代理人的职业道德和业务素质，不得唆使、误导保险代理人进行违背诚信义务的活动。”

二十六、第一百三十一条改为第一百三十八条，修改为：“投保人、被保险人或者受益人有下列行为之一，进行保险欺诈活动，构成犯罪的，依法追究刑事责任：

“(一)投保人故意虚构保险标的，骗取保险金的；

“(二)未发生保险事故而谎称发生保险事故，骗取保险金的；

“(三)故意造成财产损失的保险事故，骗取保险金的；

“(四)故意造成被保险人死亡、伤残或者疾病等人身保险事故，骗取保险金的；

“(五)伪造、变造与保险事故有关的证明、资料和其他证据，或者指使、唆使、收买他人提供虚假证明、资料或者其他证据，编造虚假的事故原因或者夸大损失程度，骗取保险金的。

“有前款所列行为之一，情节轻微，尚不构成犯罪的，依照国家有关规定给予行政处罚。”

二十七、第一百三十二条改为第一百三十九条，修改为：“保险公司及其工作人员在保险业务中隐瞒与保险合同有关的重要情况，欺骗投保人、被保险人或者受益人，或者拒不履行保险合同约定的赔偿或者给付保险金的义务，构成犯罪的，依法追究刑事责任；尚不构成犯罪的，由保险监督管理机构对保险公司处以五万元以上三十万元以下的罚款；对有违法行为的工作人员，处以二万元以上十万元以下的罚款；情节严重的，限制保险公司业务范围或者责令停止接受新业务。

“保险公司及其工作人员阻碍投保人履行如实告知义务，或者诱导其不履行如实告知义务，或者承诺向投保人、被保险人或者受益人给予非法的保险费回扣或者其他利益，构成犯罪的，依法追究刑事责任；尚不构成犯罪的，由保险监督管理机构责令改正，对保险公司处以五万元以上三十万元以下的罚款；对有违法行为的工作人员，处以二万元以上十万元以下的罚款；情节严重的，限制保险公司业务范围或者责令停止接受新业务。”

二十八、第一百三十三条改为第一百四十条，修改为：“保险代理人或者保险经纪人在其业务中欺骗保险人、投保人、被保险人或者受益人，构成犯罪的，依法追究刑事责任；尚不构成犯罪的，由保险监督管理机构责令改正，并处以五万元以上三十万元以下的罚款；情节严重的，吊销经营保险代理业务许可证或者经纪业务许可证。”

二十九、第一百三十四条改为第一百四十一条，修改为：“保险公司及其工作人员故意编造未曾发生的保险事故进行虚假理赔，骗取保险金，构成犯罪的，依法追究刑事责任。”

三十、第一百三十五条改为第一百四十二条，修改为：“违反本法规定，擅自设立保险公司或者非法从事商业保险业务活动的，由保险监督管理机构予以取缔；构成犯罪的，依法追究刑事责任；尚不构成犯罪的，由保险监督管理机构没收违法所得，并处以违法所得一倍以上五倍以下的罚款，没有违法所得或者违法所得不足二十万元的，处以二十万元以上一百万元以下的罚款。”

三十一、第一百三十六条改为第一百四十三条，修改为：“违反本法规定，超出核定的业务范围从事保险业务或者兼营本法及其他法律、行政法规规定以外的业务，构成犯罪的，依法追究刑事责任；尚不构成犯罪的，由保险监督管理机构责令改正，责令退还收取的保险费，没收违法所得，并处以违法所得一倍以上五倍以下的罚款；没有违法所得或者违法所得不足十万元的，处以十万元以上五十万元以下的罚款；逾期不改正或者造成严重后果的，责令停业整顿或者吊销经营保险业务许可证。”

三十二、第一百三十八条改为第一百四十五条，第二项修改为：“（二）未按照规定提取或者结转各项责任准备金或者未按照规定提取未决赔款准备金的”；增加一项，作为第八项：“（八）未按照规定将应当报送审批的险种的保险条款和保险费率报送审批的。”

三十三、第一百三十九条改为第一百四十六条，第二项修改为：“（二）未按照规定将应当报送备案的险种的保险条款和保险费率报送备案的。”

三十四、第一百四十条改为第一百四十七条，修改为：“违反本法规定，有下列行为之一，构成犯罪的，依法追究刑事责任；尚不构成犯罪的，由保险监督管理机构责令改正，处以十万元以上五十万元以下的罚款；情节严重的，可以限制业务范围、责令停止接受新业务或者吊销经营保险业务许可证：

“（一）提供虚假的报告、报表、文件和资料的；

“（二）拒绝或者妨碍依法检查监督的。”

三十五、第一百四十二条改为第一百四十九条，修改为：“违反本法规定，未取得经营保险代理业务许可证或者经纪业务许可证，非法从事保险代理业务或者经纪业务活动的，由保险监督管理机构予以取缔；构成犯罪的，依法追究刑事责任；尚不构成犯罪的，由保险监督管理机构没收违法所得，并处以违法所得一倍以上五倍以下的罚款，没有违法所得或者违法所得不足十万元的，处以十万元以上五十万元以下的罚款。”

三十六、第一百四十三条改为第一百五十条，修改为：“对违反本法规定尚未构成犯罪的行为负有直接责任的保险公司高级管理人员和其他直接责任人员，保险监督管理机构可以区别不同情况予以警告，责令予以撤换，处以二万元以上十万元以下的罚款。”

三十七、第一百四十五条、第一百四十六条合并为一条，作为第一百五十二条，修改为：“对不符合本法规定条件的设立保险公司的申请予以批准，或者对不符合保险代理人、保险经纪人条件的申请予以批准，或者有滥用职权、玩忽职守的其他行为，构成犯罪的，依法追究刑事责任；尚不构成犯罪的，依法给予行政处分。”

三十八、第一百四十八条改为第一百五十四条，修改为：“中外合资保险公司、外资独资保险公司、外国保险公司分公司适用本法规定；法律、行政法规另有规定的，适用其规定。”

此外，根据本决定对部分条文的文字做相应修改并对条文顺序做相应调整。

本决定自2003年1月1日起施行。《中华人民共和国保险法》根据本决定做相应修改，重新公布。

中华人民共和国保险法

（1995年6月30日第八届全国人民代表大会常务委员会第十四次会议通过　根据2002年10月28日第九届全国人民代表大会常务委员会第三十次会议《关于修改〈中华人民共和国保险法〉的决定》修正）

第一章　总　则

第一条　为了规范保险活动，保护保险活动当事人的合法权益，加强对保险业的监督管理，促进保险事业的健康发展，制定本法。

第二条　本法所称保险，是指投保人根据合同约定，向保险人支付保险费，保险人对于合同约定的可能发生的事故因其发生所造成的财产损失承担赔偿保险金责任，或者当被保险人死亡、伤残、疾病或者达到合同约定的年龄、期限时承担给付保险金责任的商业保险行为。

第三条　在中华人民共和国境内从事保险活动，适用本法。

第四条　从事保险活动必须遵守法律、行政法规，尊重社会公德，遵循自愿原则。

第五条　保险活动当事人行使权利、履行义务应当遵循诚实信用原则。

第六条　经营商业保险业务，必须是依照本法设立的保险公司。其他单位和个人不得经营商业保险业务。

第七条　在中华人民共和国境内的法人和其他组织需要办理境内保险的，应当向中华人民共和国境内的保险公司投保。

第八条　保险公司开展业务，应当遵循公平竞争的原则，不得从事不正当竞争。

第九条　国务院保险监督管理机构依照本法负责对保险业实施监督管理。

第二章　保险合同

第一节　一般规定

第十条　保险合同是投保人与保险人约定保险权利义务关系的协议。

投保人是指与保险人订立保险合同，并按照保险合同负有支付保险费义务的人。

保险人是指与投保人订立保险合同，并承担赔偿或者给付保险金责任的保险公司。

第十一条　投保人和保险人订立保险合同，应当遵循公平互利、协商一致、自愿订立的原则，不得损害社会公共利益。

除法律、行政法规规定必须保险的以外，保险公司和其他单位不得强制他人订立保险合同。

第十二条　投保人对保险标的应当具有保险利益。

投保人对保险标的不具有保险利益的，保险合同无效。

保险利益是指投保人对保险标的具有的法律上承认的利益。

保险标的是指作为保险对象的财产及其有关利益或者人的寿命和身体。

第十三条　投保人提出保险要求，经保险人同意承保，并就合同的条款达成协议，保险合同成立。保险人应当及时向投保人签发保险单或者其他保险凭证，并在保险单或者其他保险凭证中载明当事人双方约定的合同内容。

经投保人和保险人协商同意，也可以采取前款规定以外的其他书面协议形式订立保险合同。

第十四条　保险合同成立后，投保人按照约定交付保险费；保险人按照约定的时间开始承担保险责任。

第十五条　除本法另有规定或者保险合同另有约定外，保险合同成立后，投保人可以解除保险合同。

第十六条　除本法另有规定或者保险合同另有约定外，保险合同成立后，保险人不得解除保险合同。

第十七条　订立保险合同，保险人应当向投保人说明保险合同的条款内容，并可以就保险标的或者被保险人的有关情况提出询问，投保人应当如实告知。

投保人故意隐瞒事实，不履行如实告知义务的，或者因过失未履行如实告知义务，足以影响保险人决定是否同意承保或者提高保险费率的，保险人有权解除保险合同。

投保人故意不履行如实告知义务的，保险人对于保险合同解除前发生的保险事故，不承担赔偿或者给付保险金的责任，并不退还保险费。

投保人因过失未履行如实告知义务，对保险事故的发生有严重影响的，保险人对于保险合同解除前发生的保险事故，不承担赔偿或者给付保险金的责任，但可以退还保险费。

保险事故是指保险合同约定的保险责任范围内的事故。

第十八条　保险合同中规定有关于保险人责任免除条款的，保险人在订立保险合同时应当向投保人明确说明，未明确说明的，该条款不产生效力。

第十九条　保险合同应当包括下列事项：

(一)保险人名称和住所；

(二)投保人、被保险人名称和住所，以及人身保险的受益人的名称和住所；

(三)保险标的；

(四)保险责任和责任免除；

(五)保险期间和保险责任开始时间；

(六)保险价值；

(七)保险金额；

(八)保险费以及支付办法；

(九)保险金赔偿或者给付办法；

(十)违约责任和争议处理；

(十一)订立合同的年、月、日。

第二十条　投保人和保险人在前条规定的保险合同事项外，可以就与保险有关的其他事项作出约定。

第二十一条　在保险合同有效期内，投保人和保险人经协商同意，可以变更保险合同的有关内容。

变更保险合同的，应当由保险人在原保险单或者其他保险凭证上批注或者附贴批单，或者由投保人和保险人订立变更的书面协议。

第二十二条　投保人、被保险人或者受益人知道保险事故发生后，应当及时通知保险人。

被保险人是指其财产或者人身受保险合同保障，享有保险金请求权的人，投保人可以为被保险人。

受益人是指人身保险合同中由被保险人或者投保人指定的享有保险金请求权的人，投保人、被保险人可以为受益人。

第二十三条　保险事故发生后，依照保险合同请求保险人赔偿或者给付保险金时，投保人、被保险人或者受益人应当向保险人提供其所能提供的与确认保险事故的性质、原因、损失程度等有关的证明和资料。

保险人依照保险合同的约定，认为有关的证明和资料不完整的，应当通知投保人、被保险人或者受益人补充提供有关的证明和资料。

第二十四条　保险人收到被保险人或者受益人的赔偿或者给付保险金的请求后，应当及时作出核定，并将核定结果通知被保险人或者受益人；对属于保险责任的，在与被保险人或者受益人达成有关赔偿或者给付保险金额的协议后十日内，履行赔偿或者给付保险金义务。保险合同对保险金额及赔偿或者给付期限有约定的，保险人应当依照保险合同的约定，履行赔偿或者给付保险金义务。

保险人未及时履行前款规定义务的，除支付保险金外，应当赔偿被保险人或者受益人因此受到的损失。

任何单位或者个人都不得非法干预保险人履行赔偿或者给付保险金的义务，也不得限制被保险人或者受益人取得保险金的权利。

保险金额是指保险人承担赔偿或者给付保险金责

任的最高限额。

第二十五条　保险人收到被保险人或者受益人的赔偿或者给付保险金的请求后，对不属于保险责任的，应当向被保险人或者受益人发出拒绝赔偿或者拒绝给付保险金通知书。

第二十六条　保险人自收到赔偿或者给付保险金的请求和有关证明、资料之日起六十日内，对其赔偿或者给付保险金的数额不能确定的，应当根据已有证明和资料可以确定的最低数额先予支付；保险人最终确定赔偿或者给付保险金的数额后，应当支付相应的差额。

第二十七条　人寿保险以外的其他保险的被保险人或者受益人，对保险人请求赔偿或者给付保险金的权利，自其知道保险事故发生之日起二年不行使而消灭。

人寿保险的被保险人或者受益人对保险人请求给付保险金的权利，自其知道保险事故发生之日起五年不行使而消灭。

第二十八条　被保险人或者受益人在未发生保险事故的情况下，谎称发生了保险事故，向保险人提出赔偿或者给付保险金的请求的，保险人有权解除保险合同，并不退还保险费。

投保人、被保险人或者受益人故意制造保险事故的，保险人有权解除保险合同，不承担赔偿或者给付保险金的责任，除本法第六十五条第一款另有规定外，也不退还保险费。

保险事故发生后，投保人、被保险人或者受益人以伪造、变造的有关证明、资料或者其他证据，编造虚假的事故原因或者夸大损失程度的，保险人对其虚报的部分不承担赔偿或者给付保险金的责任。

投保人、被保险人或者受益人有前三款所列行为之一，致使保险人支付保险金或者支出费用的，应当退回或者赔偿。

第二十九条　保险人将其承担的保险业务，以分保形式，部分转移给其他保险人的，为再保险。

应再保险接受人的要求，再保险分出人应当将其自负责任及原保险的有关情况告知再保险接受人。

第三十条　再保险接受人不得向原保险的投保人要求支付保险费。

原保险的被保险人或者受益人，不得向再保险接受人提出赔偿或者给付保险金的请求。

再保险分出人不得以再保险接受人未履行再保险责任为由，拒绝履行或者迟延履行其原保险责任。

第三十一条　对于保险合同的条款，保险人与投保人、被保险人或者受益人有争议时，人民法院或者仲裁机关应当作有利于被保险人和受益人的解释。

第三十二条　保险人或者再保险接受人对在办理保险业务中知道的投保人、被保险人、受益人或者再保险分出人的业务和财产情况及个人隐私，负有保密的义务。

第二节　财产保险合同

第三十三条　财产保险合同是以财产及其有关利益为保险标的的保险合同。

本节中的财产保险合同，除特别指明的外，简称合同。

第三十四条　保险标的的转让应当通知保险人，经保险人同意继续承保后，依法变更合同。但是，货物运输保险合同和另有约定的合同除外。

第三十五条　货物运输保险合同和运输工具航程保险合同，保险责任开始后，合同当事人不得解除合同。

第三十六条　被保险人应当遵守国家有关消防、安全、生产操作、劳动保护等方面的规定，维护保险标的的安全。

根据合同的约定，保险人可以对保险标的的安全状况进行检查，及时向投保人、被保险人提出消除不安全因素和隐患的书面建议。

投保人、被保险人未按照约定履行其对保险标的的安全应尽的责任的，保险人有权要求增加保险费或者解除合同。

保险人为维护保险标的的安全，经被保险人同意，可以采取安全预防措施。

第三十七条　在合同有效期内，保险标的危险程度增加的，被保险人按照合同约定应当及时通知保险人，保险人有权要求增加保险费或者解除合同。

被保险人未履行前款规定的通知义务的，因保险标的的危险程度增加而发生的保险事故，保险人不承担赔偿责任。

第三十八条　有下列情形之一的，除合同另有约定外，保险人应当降低保险费，并按日计算退还相应的保险费：

(一)据以确定保险费率的有关情况发生变化，保险标的的危险程度明显减少；

(二)保险标的的保险价值明显减少。

第三十九条　保险责任开始前，投保人要求解除合同的，应当向保险人支付手续费，保险人应当退还保险费。保险责任开始后，投保人要求解除合同的，保险人可以收取自保险责任开始之日起至合同解除之日止期间的保险费，剩余部分退还投保人。

第四十条　保险标的的保险价值，可以由投保人和保险人约定并在合同中载明，也可以按照保险事故发生时保险标的的实际价值确定。

保险金额不得超过保险价值;超过保险价值的,超过的部分无效。

保险金额低于保险价值的,除合同另有约定外,保险人按照保险金额与保险价值的比例承担赔偿责任。

第四十一条　重复保险的投保人应当将重复保险的有关情况通知各保险人。

重复保险的保险金额总和超过保险价值的,各保险人的赔偿金额的总和不得超过保险价值。除合同另有约定外,各保险人按照其保险金额与保险金额总和的比例承担赔偿责任。

重复保险是指投保人对同一保险标的、同一保险利益、同一保险事故分别向两个以上保险人订立保险合同的保险。

第四十二条　保险事故发生时,被保险人有责任尽力采取必要的措施,防止或者减少损失。

保险事故发生后,被保险人为防止或者减少保险标的的损失所支付的必要的、合理的费用,由保险人承担;保险人所承担的数额在保险标的的损失赔偿金额以外另行计算,最高不超过保险金额的数额。

第四十三条　保险标的发生部分损失的,在保险人赔偿后三十日内,投保人可以终止合同;除合同约定不得终止合同的以外,保险人也可以终止合同。保险人终止合同的,应当提前十五日通知投保人,并将保险标的的未受损失部分的保险费,扣除自保险责任开始之日起至终止合同之日止期间的应收部分后,退还投保人。

第四十四条　保险事故发生后,保险人已支付了全部保险金额,并且保险金额相等于保险价值的,受损保险标的的全部权利归于保险人;保险金额低于保险价值的,保险人按照保险金额与保险价值的比例取得受损保险标的的部分权利。

第四十五条　因第三者对保险标的的损害而造成保险事故的,保险人自向被保险人赔偿保险金之日起,在赔偿金额范围内代位行使被保险人对第三者请求赔偿的权利。

前款规定的保险事故发生后,被保险人已经从第三者取得损害赔偿的,保险人赔偿保险金时,可以相应扣减被保险人从第三者已取得的赔偿金额。

保险人依照第一款行使代位请求赔偿的权利,不影响被保险人就未取得赔偿的部分向第三者请求赔偿的权利。

第四十六条　保险事故发生后,保险人未赔偿保险金之前,被保险人放弃对第三者的请求赔偿的权利的,保险人不承担赔偿保险金的责任。

保险人向被保险人赔偿保险金后,被保险人未经保险人同意放弃对第三者请求赔偿的权利的,该行为无效。

由于被保险人的过错致使保险人不能行使代位请求赔偿的权利的,保险人可以相应扣减保险赔偿金。

第四十七条　除被保险人的家庭成员或者其组成人员故意造成本法第四十五条第一款规定的保险事故以外,保险人不得对被保险人的家庭成员或者其组成人员行使代位请求赔偿的权利。

第四十八条　在保险人向第三者行使代位请求赔偿权利时,被保险人应当向保险人提供必要的文件和其所知道的有关情况。

第四十九条　保险人、被保险人为查明和确定保险事故的性质、原因和保险标的的损失程度所支付的必要的、合理的费用,由保险人承担。

第五十条　保险人对责任保险的被保险人给第三者造成的损害,可以依照法律的规定或者合同的约定,直接向该第三者赔偿保险金。

责任保险是指以被保险人对第三者依法应负的赔偿责任为保险标的的保险。

第五十一条　责任保险的被保险人因给第三者造成损害的保险事故而被提起仲裁或者诉讼的,除合同另有约定外,由被保险人支付的仲裁或者诉讼费用以及其他必要的、合理的费用,由保险人承担。

第三节　人身保险合同

第五十二条　人身保险合同是以人的寿命和身体为保险标的的保险合同。

本节中的人身保险合同,除特别指明的外,简称合同。

第五十三条　投保人对下列人员具有保险利益:

(一)本人;

(二)配偶、子女、父母;

(三)前项以外与投保人有抚养、赡养或者扶养关系的家庭其他成员、近亲属。

除前款规定外,被保险人同意投保人为其订立合同的,视为投保人对被保险人具有保险利益。

第五十四条　投保人申报的被保险人年龄不真实,并且其真实年龄不符合合同约定的年龄限制的,保险人可以解除合同,并在扣除手续费后,向投保人退还保险费,但是自合同成立之日起逾二年的除外。

投保人申报的被保险人年龄不真实,致使投保人支付的保险费少于应付保险费的,保险人有权更正并要求投保人补交保险费,或者在给付保险金时按照实付保险费与应付保险费的比例支付。

投保人申报的被保险人年龄不真实,致使投保人实付保险费多于应付保险费的,保险人应当将多收的保险费退还投保人。

第五十五条　投保人不得为无民事行为能力人投

保以死亡为给付保险金条件的人身保险，保险人也不得承保。

父母为其未成年子女投保的人身保险，不受前款规定限制，但是死亡给付保险金额总和不得超过保险监督管理机构规定的限额。

第五十六条　以死亡为给付保险金条件的合同，未经被保险人书面同意并认可保险金额的，合同无效。

依照以死亡为给付保险金条件的合同所签发的保险单，未经被保险人书面同意，不得转让或者质押。

父母为其未成年子女投保的人身保险，不受第一款规定限制。

第五十七条　投保人于合同成立后，可以向保险人一次支付全部保险费，也可以按照合同约定分期支付保险费。

合同约定分期支付保险费的，投保人应当于合同成立时支付首期保险费，并应当按期支付其余各期的保险费。

第五十八条　合同约定分期支付保险费，投保人支付首期保险费后，除合同另有约定外，投保人超过规定的期限六十日未支付当期保险费的，合同效力中止，或者由保险人按照合同约定的条件减少保险金额。

第五十九条　依照前条规定合同效力中止的，经保险人与投保人协商并达成协议，在投保人补交保险费后，合同效力恢复。但是，自合同效力中止之日起二年内双方未达成协议的，保险人有权解除合同。

保险人依照前款规定解除合同，投保人已交足二年以上保险费的，保险人应当按照合同约定退还保险单的现金价值；投保人未交足二年保险费的，保险人应当在扣除手续费后，退还保险费。

第六十条　保险人对人身保险的保险费，不得用诉讼方式要求投保人支付。

第六十一条　人身保险的受益人由被保险人或者投保人指定。

投保人指定受益人时须经被保险人同意。

被保险人为无民事行为能力人或者限制民事行为能力人的，可以由其监护人指定受益人。

第六十二条　被保险人或者投保人可以指定一人或者数人为受益人。

受益人为数人的，被保险人或者投保人可以确定受益顺序和受益份额；未确定受益份额的，受益人按照相等份额享有受益权。

第六十三条　被保险人或者投保人可以变更受益人并书面通知保险人。保险人收到变更受益人的书面通知后，应当在保险单上批注。

投保人变更受益人时须经被保险人同意。

第六十四条　被保险人死亡后，遇有下列情形之一的，保险金作为被保险人的遗产，由保险人向被保险人的继承人履行给付保险金的义务：

(一)没有指定受益人的；

(二)受益人先于被保险人死亡，没有其他受益人的；

(三)受益人依法丧失受益权或者放弃受益权，没有其他受益人的。

第六十五条　投保人、受益人故意造成被保险人死亡、伤残或者疾病的，保险人不承担给付保险金的责任。投保人已交足二年以上保险费的，保险人应当按照合同约定向其他享有权利的受益人退还保险单的现金价值。

受益人故意造成被保险人死亡或者伤残的，或者故意杀害被保险人未遂的，丧失受益权。

第六十六条　以死亡为给付保险金条件的合同，被保险人自杀的，除本条第二款规定外，保险人不承担给付保险金的责任，但对投保人已支付的保险费，保险人应按照保险单退还其现金价值。

以死亡为给付保险金条件的合同，自成立之日起满二年后，如果被保险人自杀的，保险人可以按照合同给付保险金。

第六十七条　被保险人故意犯罪导致其自身伤残或者死亡的，保险人不承担给付保险金的责任。投保人已交足二年以上保险费的，保险人应当按照保险单退还其现金价值。

第六十八条　人身保险的被保险人因第三者的行为而发生死亡、伤残或者疾病等保险事故的，保险人向被保险人或者受益人给付保险金后，不得享有向第三者追偿的权利。但被保险人或者受益人仍有权向第三者请求赔偿。

第六十九条　投保人解除合同，已交足二年以上保险费的，保险人应当自接到解除合同通知之日起三十日内，退还保险单的现金价值；未交足二年保险费的，保险人按照合同约定在扣除手续费后，退还保险费。

第三章　保险公司

第七十条　保险公司应当采取下列组织形式：

(一)股份有限公司；

(二)国有独资公司。

第七十一条　设立保险公司，必须经保险监督管理机构批准。

第七十二条　设立保险公司，应当具备下列条件：

(一)有符合本法和公司法规定的章程；

(二)有符合本法规定的注册资本最低限额；

(三)有具备任职专业知识和业务工作经验的高级管理人员；

（四）有健全的组织机构和管理制度；

（五）有符合要求的营业场所和与业务有关的其他设施。

保险监督管理机构审查设立申请时，应当考虑保险业的发展和公平竞争的需要。

第七十三条　设立保险公司，其注册资本的最低限额为人民币二亿元。

保险公司注册资本最低限额必须为实缴货币资本。

保险监督管理机构根据保险公司业务范围、经营规模，可以调整其注册资本的最低限额。但是，不得低于第一款规定的限额。

第七十四条　申请设立保险公司，应当提交下列文件、资料：

（一）设立申请书，申请书应当载明拟设立的保险公司的名称、注册资本、业务范围等；

（二）可行性研究报告；

（三）保险监督管理机构规定的其他文件、资料。

第七十五条　设立保险公司的申请经初步审查合格后，申请人应当依照本法和公司法的规定进行保险公司的筹建。具备本法第七十二条规定的设立条件的，向保险监督管理机构提交正式申请表和下列有关文件、资料：

（一）保险公司的章程；

（二）股东名册及其股份或者出资人及其出资额；

（三）持有公司股份百分之十以上的股东资信证明和有关资料；

（四）法定验资机构出具的验资证明；

（五）拟任职的高级管理人员的简历和资格证明；

（六）经营方针和计划；

（七）营业场所和与业务有关的其他设施的资料；

（八）保险监督管理机构规定的其他文件、资料。

第七十六条　保险监督管理机构自收到设立保险公司的正式申请文件之日起六个月内，应当作出批准或者不批准的决定。

第七十七条　经批准设立的保险公司，由批准部门颁发经营保险业务许可证，并凭经营保险业务许可证向工商行政管理机关办理登记，领取营业执照。

第七十八条　保险公司自取得经营保险业务许可证之日起六个月内无正当理由未办理公司设立登记的，其经营保险业务许可证自动失效。

第七十九条　保险公司成立后应当按照其注册资本总额的百分之二十提取保证金，存入保险监督管理机构指定的银行，除保险公司清算时用于清偿债务外，不得动用。

第八十条　保险公司在中华人民共和国境内外设立分支机构，须经保险监督管理机构批准，取得分支机构经营保险业务许可证。

保险公司分支机构不具有法人资格，其民事责任由保险公司承担。

第八十一条　保险公司在中华人民共和国境内外设立代表机构，须经保险监督管理机构批准。

第八十二条　保险公司有下列变更事项之一的，须经保险监督管理机构批准：

（一）变更名称；

（二）变更注册资本；

（三）变更公司或者分支机构的营业场所；

（四）调整业务范围；

（五）公司分立或者合并；

（六）修改公司章程；

（七）变更出资人或者持有公司股份百分之十以上的股东；

（八）保险监督管理机构规定的其他变更事项。

保险公司更换董事长、总经理，应当报经保险监督管理机构审查其任职资格。

第八十三条　保险公司的组织机构，适用公司法的规定。

第八十四条　国有独资保险公司设立监事会。监事会由保险监督管理机构、有关专家和保险公司工作人员的代表组成，对国有独资保险公司提取各项准备金、最低偿付能力和国有资产保值增值等情况以及高级管理人员违反法律、行政法规或者章程的行为和损害公司利益的行为进行监督。

第八十五条　保险公司因分立、合并或者公司章程规定的解散事由出现，经保险监督管理机构批准后解散。保险公司应当依法成立清算组，进行清算。

经营有人寿保险业务的保险公司，除分立、合并外，不得解散。

第八十六条　保险公司违反法律、行政法规，被保险监督管理机构吊销经营保险业务许可证的，依法撤销。由保险监督管理机构依法及时组织清算组，进行清算。

第八十七条　保险公司不能支付到期债务，经保险监督管理机构同意，由人民法院依法宣告破产。保险公司被宣告破产的，由人民法院组织保险监督管理机构等有关部门和有关人员成立清算组，进行清算。

第八十八条　经营有人寿保险业务的保险公司被依法撤销的或者被依法宣告破产的，其持有的人寿保险合同及准备金，必须转移给其他经营有人寿保险业务的保险公司；不能同其他保险公司达成转让协议的，由保险监督管理机构指定经营有人寿保险业务的保险公司接受。

转让或者由保险监督管理机构指定接受前款规定的人寿保险合同及准备金的，应当维护被保险人、受益人的合法权益。

第八十九条　保险公司依法破产的，破产财产优先支付其破产费用后，按照下列顺序清偿：

(一)所欠职工工资和劳动保险费用；

(二)赔偿或者给付保险金；

(三)所欠税款；

(四)清偿公司债务。

破产财产不足清偿同一顺序清偿要求的，按照比例分配。

第九十条　保险公司依法终止其业务活动，应当注销其经营保险业务许可证。

第九十一条　保险公司的设立、变更、解散和清算事项，本法未作规定的，适用公司法和其他有关法律、行政法规的规定。

第四章　保险经营规则

第九十二条　保险公司的业务范围：

(一)财产保险业务，包括财产损失保险、责任保险、信用保险等保险业务；

(二)人身保险业务，包括人寿保险、健康保险、意外伤害保险等保险业务。

同一保险人不得同时兼营财产保险业务和人身保险业务；但是，经营财产保险业务的保险公司经保险监督管理机构核定，可以经营短期健康保险业务和意外伤害保险业务。

保险公司的业务范围由保险监督管理机构依法核定。保险公司只能在被核定的业务范围内从事保险经营活动。

保险公司不得兼营本法及其他法律、行政法规规定以外的业务。

第九十三条　经保险监督管理机构核定，保险公司可以经营前条规定的保险业务的下列再保险业务：

(一)分出保险；

(二)分入保险。

第九十四条　保险公司应当根据保障被保险人利益、保证偿付能力的原则，提取各项责任准备金。

保险公司提取和结转责任准备金的具体办法由保险监督管理机构制定。

第九十五条　保险公司应当按照已经提出的保险赔偿或者给付金额，以及已经发生保险事故但尚未提出的保险赔偿或者给付金额，提取未决赔款准备金。

第九十六条　除依照前二条规定提取准备金外，保险公司应当依照有关法律、行政法规及国家财务会计制度的规定提取公积金。

第九十七条　为了保障被保险人的利益，支持保险公司稳健经营，保险公司应当按照保险监督管理机构的规定提存保险保障基金。

保险保障基金应当集中管理，统筹使用。

保险保障基金管理使用的具体办法由保险监督管理机构制定。

第九十八条　保险公司应当具有与其业务规模相适应的最低偿付能力。保险公司的实际资产减去实际负债的差额不得低于保险监督管理机构规定的数额；低于规定数额的，应当增加资本金，补足差额。

第九十九条　经营财产保险业务的保险公司当年自留保险费，不得超过其实有资本金加公积金总和的四倍。

第一百条　保险公司对每一危险单位，即对一次保险事故可能造成的最大损失范围所承担的责任，不得超过其实有资本金加公积金总和的百分之十；超过的部分，应当办理再保险。

第一百零一条　保险公司对危险单位的计算办法和巨灾风险安排计划，应当报经保险监督管理机构核准。

第一百零二条　保险公司应当按照保险监督管理机构的有关规定办理再保险。

第一百零三条　保险公司需要办理再保险分出业务的，应当优先向中国境内的保险公司办理。

第一百零四条　保险监督管理机构有权限制或者禁止保险公司向中国境外的保险公司办理再保险分出业务或者接受中国境外再保险分入业务。

第一百零五条　保险公司的资金运用必须稳健，遵循安全性原则，并保证资产的保值增值。

保险公司的资金运用，限于在银行存款、买卖政府债券、金融债券和国务院规定的其他资金运用形式。

保险公司的资金不得用于设立证券经营机构，不得用于设立保险业以外的企业。

保险公司运用的资金和具体项目的资金占其资金总额的具体比例，由保险监督管理机构规定。

第一百零六条　保险公司及其工作人员在保险业务活动中不得有下列行为：

(一)欺骗投保人、被保险人或者受益人；

(二)对投保人隐瞒与保险合同有关的重要情况；

(三)阻碍投保人履行本法规定的如实告知义务，或者诱导其不履行本法规定的如实告知义务；

(四)承诺向投保人、被保险人或者受益人给予保险合同规定以外的保险费回扣或者其他利益；

(五)故意编造未曾发生的保险事故进行虚假理赔，骗取保险金。

第五章　保险业的监督管理

第一百零七条　关系社会公众利益的保险险种、

依法实行强制保险的险种和新开发的人寿保险险种等的保险条款和保险费率，应当报保险监督管理机构审批。保险监督管理机构审批时，遵循保护社会公众利益和防止不正当竞争的原则。审批的范围和具体办法，由保险监督管理机构制定。

其他保险险种的保险条款和保险费率，应当报保险监督管理机构备案。

第一百零八条　保险监督管理机构应当建立、健全保险公司偿付能力监管指标体系，对保险公司的最低偿付能力实施监控。

第一百零九条　保险监督管理机构有权检查保险公司的业务状况、财务状况及资金运用状况，有权要求保险公司在规定的期限内提供有关的书面报告和资料。

保险公司依法接受监督检查。

保险监督管理机构有权查询保险公司在金融机构的存款。

第一百一十条　保险公司未按照本法规定提取或者结转各项准备金，或者未按照本法规定办理再保险，或者严重违反本法关于资金运用的规定的，由保险监督管理机构责令该保险公司采取下列措施限期改正：

（一）依法提取或者结转各项准备金；

（二）依法办理再保险；

（三）纠正违法运用资金的行为；

（四）调整负责人及有关管理人员。

第一百一十一条　依照前条规定，保险监督管理机构作出限期改正的决定后，保险公司在限期内未予改正的，由保险监督管理机构决定选派保险专业人员和指定该保险公司的有关人员，组成整顿组织，对该保险公司进行整顿。

整顿决定应当载明被整顿保险公司的名称、整顿理由、整顿组织和整顿期限，并予以公告。

第一百一十二条　整顿组织在整顿过程中，有权监督该保险公司的日常业务。该保险公司的负责人及有关管理人员，应当在整顿组织的监督下行使自己的职权。

第一百一十三条　在整顿过程中，保险公司的原有业务继续进行，但是保险监督管理机构有权停止开展新的业务或者停止部分业务，调整资金运用。

第一百一十四条　被整顿的保险公司经整顿已纠正其违反本法规定的行为，恢复正常经营状况的，由整顿组织提出报告，经保险监督管理机构批准，整顿结束。

第一百一十五条　保险公司违反本法规定，损害社会公共利益，可能严重危及或者已经危及保险公司的偿付能力的，保险监督管理机构可以对该保险公司实行接管。

接管的目的是对被接管的保险公司采取必要措施，以保护被保险人的利益，恢复保险公司的正常经营。被接管的保险公司的债权债务关系不因接管而变化。

第一百一十六条　接管组织的组成和接管的实施办法，由保险监督管理机构决定，并予公告。

第一百一十七条　接管期限届满，保险监督管理机构可以决定延期，但接管期限最长不得超过二年。

第一百一十八条　接管期限届满，被接管的保险公司已恢复正常经营能力的，保险监督管理机构可以决定接管终止。

接管组织认为被接管的保险公司的财产已不足以清偿所负债务的，经保险监督管理机构批准，依法向人民法院申请宣告该保险公司破产。

第一百一十九条　保险公司应当于每一会计年度终了后三个月内，将上一年度的营业报告、财务会计报告及有关报表报送保险监督管理机构，并依法公布。

第一百二十条　保险公司应当于每月月底前将上一月的营业统计报表报送保险监督管理机构。

第一百二十一条　保险公司必须聘用经保险监督管理机构认可的精算专业人员，建立精算报告制度。

第一百二十二条　保险公司的营业报告、财务会计报告、精算报告及其他有关报表、文件和资料必须如实记录保险业务事项，不得有虚假记载、误导性陈述和重大遗漏。

第一百二十三条　保险人和被保险人可以聘请依法设立的独立的评估机构或者具有法定资格的专家，对保险事故进行评估和鉴定。

依法受聘对保险事故进行评估和鉴定的评估机构和专家，应当依法公正地执行业务。因故意或者过失给保险人或者被保险人造成损害的，依法承担赔偿责任。

依法受聘对保险事故进行评估和鉴定的评估机构收取费用，应当依照法律、行政法规的规定办理。

第一百二十四条　保险公司应当妥善保管有关业务经营活动的完整账簿、原始凭证及有关资料。

前款规定的账簿、原始凭证及有关资料的保管期限，自保险合同终止之日起计算，不得少于十年。

第六章　保险代理人和保险经纪人

第一百二十五条　保险代理人是根据保险人的委托，向保险人收取代理手续费，并在保险人授权的范围内代为办理保险业务的单位或者个人。

第一百二十六条　保险经纪人是基于投保人的利益，为投保人与保险人订立保险合同提供中介服务，并依法收取佣金的单位。

第一百二十七条 保险人委托保险代理人代为办理保险业务的，应当与保险代理人签订委托代理协议，依法约定双方的权利和义务及其他代理事项。

第一百二十八条 保险代理人根据保险人的授权代为办理保险业务的行为，由保险人承担责任。

保险代理人为保险人代为办理保险业务，有超越代理权限行为，投保人有理由相信其有代理权，并已订立保险合同的，保险人应当承担保险责任；但是保险人可以依法追究越权的保险代理人的责任。

第一百二十九条 个人保险代理人在代为办理人寿保险业务时，不得同时接受两个以上保险人的委托。

第一百三十条 因保险经纪人在办理保险业务中的过错，给投保人、被保险人造成损失的，由保险经纪人承担赔偿责任。

第一百三十一条 保险代理人、保险经纪人在办理保险业务活动中不得有下列行为：

(一)欺骗保险人、投保人、被保险人或者受益人；

(二)隐瞒与保险合同有关的重要情况；

(三)阻碍投保人履行本法规定的如实告知义务，或者诱导其不履行本法规定的如实告知义务；

(四)承诺向投保人、被保险人或者受益人给予保险合同规定以外的其他利益；

(五)利用行政权力、职务或者职业便利以及其他不正当手段强迫、引诱或者限制投保人订立保险合同。

第一百三十二条 保险代理人、保险经纪人应当具备保险监督管理机构规定的资格条件，并取得保险监督管理机构颁发的经营保险代理业务许可证或者经纪业务许可证，向工商行政管理机关办理登记，领取营业执照，并缴存保证金或者投保职业责任保险。

第一百三十三条 保险代理人、保险经纪人应当有自己的经营场所，设立专门账簿记载保险代理业务或者经纪业务的收支情况，并接受保险监督管理机构的监督。

第一百三十四条 保险代理手续费和经纪人佣金，只限于向具有合法资格的保险代理人、保险经纪人支付，不得向其他人支付。

第一百三十五条 保险公司应当设立本公司保险代理人登记簿。

第一百三十六条 保险公司应当加强对保险代理人的培训和管理，提高保险代理人的职业道德和业务素质，不得唆使、误导保险代理人进行违背诚信义务的活动。

第一百三十七条 本法第一百零九条、第一百一十九条的规定，适用于保险代理人和保险经纪人。

第七章 法律责任

第一百三十八条 投保人、被保险人或者受益人有下列行为之一，进行保险欺诈活动，构成犯罪的，依法追究刑事责任：

(一)投保人故意虚构保险标的，骗取保险金的；

(二)未发生保险事故而谎称发生保险事故，骗取保险金的；

(三)故意造成财产损失的保险事故，骗取保险金的；

(四)故意造成被保险人死亡、伤残或者疾病等人身保险事故，骗取保险金的；

(五)伪造、变造与保险事故有关的证明、资料和其他证据，或者指使、唆使、收买他人提供虚假证明、资料或者其他证据，编造虚假的事故原因或者夸大损失程度，骗取保险金的。

有前款所列行为之一，情节轻微，尚不构成犯罪的，依照国家有关规定给予行政处罚。

第一百三十九条 保险公司及其工作人员在保险业务中隐瞒与保险合同有关的重要情况，欺骗投保人、被保险人或者受益人，或者拒不履行保险合同约定的赔偿或者给付保险金的义务，构成犯罪的，依法追究刑事责任；尚不构成犯罪的，由保险监督管理机构对保险公司处以五万元以上三十万元以下的罚款；对有违法行为的工作人员，处以二万元以上十万元以下的罚款；情节严重的，限制保险公司业务范围或者责令停止接受新业务。

保险公司及其工作人员阻碍投保人履行如实告知义务，或者诱导其不履行如实告知义务，或者承诺向投保人、被保险人或者受益人给予非法的保险费回扣或者其他利益，构成犯罪的，依法追究刑事责任；尚不构成犯罪的，由保险监督管理机构责令改正，对保险公司处以五万元以上三十万元以下的罚款；对有违法行为的工作人员，处以二万元以上十万元以下的罚款；情节严重的，限制保险公司业务范围或者责令停止接受新业务。

第一百四十条 保险代理人或者保险经纪人在其业务中欺骗保险人、投保人、被保险人或者受益人，构成犯罪的，依法追究刑事责任；尚不构成犯罪的，由保险监督管理机构责令改正，并处以五万元以上三十万元以下的罚款；情节严重的，吊销经营保险代理业务许可证或者经纪业务许可证。

第一百四十一条 保险公司及其工作人员故意编造未曾发生的保险事故进行虚假理赔，骗取保险金，构成犯罪的，依法追究刑事责任。

第一百四十二条 违反本法规定，擅自设立保险公司或者非法从事商业保险业务活动的，由保险监督管理机构予以取缔；构成犯罪的，依法追究刑事责任；尚不构成犯罪的，由保险监督管理机构没收违法所得，并处以违法所得一倍以上五倍以下的罚款,没有违法所得或者违法所得不足二十万元的,处以二十万元以上一百万元以下的罚款。

第一百四十三条 违反本法规定,超出核定的业务范围从事保险业务或者兼营本法及其他法律、行政法规规定以外的业务,构成犯罪的,依法追究刑事责任;尚不构成犯罪的,由保险监督管理机构责令改正,责令退还收取的保险费,没收违法所得,并处以违法所得一倍以上五倍以下的罚款;没有违法所得或者违法所得不足十万元的,处以十万元以上五十万元以下的罚款;逾期不改正或者造成严重后果的,责令停业整顿或者吊销经营保险业务许可证。

第一百四十四条 违反本法规定,未经批准,擅自变更保险公司的名称、章程、注册资本、公司或者分支机构的营业场所等事项的,由保险监督管理机构责令改正,并处以一万元以上十万元以下的罚款。

第一百四十五条 违反本法规定,有下列行为之一的,由保险监督管理机构责令改正,并处以五万元以上三十万元以下的罚款;情节严重的,可以限制业务范围、责令停止接受新业务或者吊销经营保险业务许可证:

(一)未按照规定提存保证金或者违反规定动用保证金的;

(二)未按照规定提取或者结转各项责任准备金或者未按照规定提取未决赔款准备金的;

(三)未按照规定提取保险保障基金、公积金的;

(四)未按照规定办理再保险分出业务的;

(五)违反规定运用保险公司资金的;

(六)未经批准设立分支机构或者代表机构的;

(七)未经批准分立、合并的;

(八)未按照规定将应当报送审批的险种的保险条款和保险费率报送审批的。

第一百四十六条 违反本法规定,有下列行为之一的,由保险监督管理机构责令改正,逾期不改正的,处以一万元以上十万元以下的罚款:

(一)未按照规定报送有关报告、报表、文件和资料的;

(二)未按照规定将应当报送备案的险种的保险条款和保险费率报送备案的。

第一百四十七条 违反本法规定,有下列行为之一,构成犯罪的,依法追究刑事责任;尚不构成犯罪的,由保险监督管理机构责令改正,处以十万元以上五十万元以下的罚款;情节严重的,可以限制业务范围、责令停止接受新业务或者吊销经营保险业务许可证:

(一)提供虚假的报告、报表、文件和资料的;

(二)拒绝或者妨碍依法检查监督的。

第一百四十八条 违反本法规定,有下列行为之一的,由保险监督管理机构责令改正,处以五万元以上三十万元以下的罚款:

(一)超额承保,情节严重的;

(二)为无民事行为能力人承保以死亡为给付保险金条件的保险的。

第一百四十九条 违反本法规定,未取得经营保险代理业务许可证或者经纪业务许可证,非法从事保险代理业务或者经纪业务活动的,由保险监督管理机构予以取缔;构成犯罪的,依法追究刑事责任;尚不构成犯罪的,由保险监督管理机构没收违法所得,并处以违法所得一倍以上五倍以下的罚款,没有违法所得或者违法所得不足十万元的,处以十万元以上五十万元以下的罚款。

第一百五十条 对违反本法规定尚未构成犯罪的行为负有直接责任的保险公司高级管理人员和其他直接责任人员,保险监督管理机构可以区别不同情况予以警告,责令予以撤换,处以二万元以上十万元以下的罚款。

第一百五十一条 违反本法规定,给他人造成损害的,应当依法承担民事责任。

第一百五十二条 对不符合本法规定条件的设立保险公司的申请予以批准,或者对不符合保险代理人、保险经纪人条件的申请予以批准,或者有滥用职权、玩忽职守的其他行为,构成犯罪的,依法追究刑事责任;尚不构成犯罪的,依法给予行政处分。

第八章 附 则

第一百五十三条 海上保险适用海商法的有关规定;海商法未作规定的,适用本法的有关规定。

第一百五十四条 中外合资保险公司、外资独资保险公司、外国保险公司分公司适用本法规定;法律、行政法规另有规定的,适用其规定。

第一百五十五条 国家支持发展为农业生产服务的保险事业,农业保险由法律、行政法规另行规定。

第一百五十六条 本法规定的保险公司以外的其他性质的保险组织,由法律、行政法规另行规定。

第一百五十七条 本法施行前按照国务院规定经批准设立的保险公司继续保留,其中不完全具备本法规定的条件的,应当在规定的期限内达到本法规定的条件。具体办法由国务院规定。

第一百五十八条 本法自1995年10月1日起施行。

九届全国人大常委会第三十次会议闭幕

李鹏委员长主持会议。

会议表决通过了修订后的文物保护法、环境影响评价法、全国人大常委会关于修改保险法的决定，江泽民主席分别签署第76号、77号、78号主席令予以公布。

会议还表决通过了全国人大常委会关于批准中国和突尼斯、中国和秘鲁引渡条约的决定；表决通过全国人大常委会代表资格审查委员会关于个别代表的代表资格终止的报告；表决通过全国人大财经委员会、环境与资源保护委员会、农业与农村委员会关于九届全国人大五次会议主席团交付审议的代表提出的议案审议结果的报告，以及任免名单等。

在各项议程进行完毕后，李鹏发表讲话。他说，环境保护关系到经济与社会的可持续发展，全国人大常委会历来非常重视。从1979年制定环境保护法(试行)到现在，在短短二十多年的时间里，我们已经制定了防治水污染、噪声污染、固体废物污染、大气污染，以及保护海洋环境、防沙治沙等十部保护环境的法律，基本形成了环境保护方面的法律体系。本次会议通过的环境影响评价法，必将为进一步解决环境的污染和破坏问题，提高我国环境保护的水平，提供有力的法律保障。

李鹏说，文物是国家和民族的历史见证，是中华民族优秀的历史文化遗产。保护文物，对建设社会主义精神文明和物质文明，具有重要意义。文物保护法自1982年实施以来，对保护文物起到了十分重要的作用。这次通过的文物保护法修订案，先后经过常委会会议四次审议，围绕如何确定新形势下文物保护工作的方针和原则，如何在加大对贵重文物的管理和保护力度的同时，促进文物的合理流动、允许文物的民间收藏等重大问题，充分听取和吸收了委员们的意见，也广泛征求了有关国家机关和社会有关方面的意见，从而在充分发扬民主的基础上，实现了正确的集中，使文物保护法更符合客观现实的需要，也更具有操作性。这是人民代表大会制度民主的一次生动实践。

李鹏说，保险法是规范保险活动的重要法律。随着我国社会主义市场经济的发展，特别是我国加入世贸组织后，迫切需要对保险法作出必要的修改。本次会议通过的修改保险法的决定，将更好地保护保险活动当事人的合法权益，加强对保险市场的监管，推动保险业的健康发展。

李鹏指出，本次会议听取了国务院关于就业和再就业工作情况和关于林业工作情况的两个报告。我国人口众多，就业压力大将是长期面临的问题。各级政府要认真贯彻落实党中央不久前召开的再就业工作会议的精神，并根据本次会议上常委会组成人员的审议意见，落实责任，挖掘潜力，切实采取有效措施，千方百计创造就业门路和岗位，尤其要加强对特殊困难群体的就业培训和指导，增加他们的就业机会，全心全意地为人民群众谋利益，保持国家和社会的稳定。改革开放以来特别是近几年来，党和国家高度重视林业工作，我国林业保持了快速发展。在今后一个时期，我国林业工作将面临人口增长和经济发展的双重压力，各级政府务必抓好重点难点工作，强化依法治林，坚持科技兴林，保护和发展森林资源，推动林业事业的快速、持续发展。

李鹏说，本次会议还听取和审议了全国人大常委会执法检查组关于检查矿产资源法实施情况的报告。矿产资源是国家经济社会发展的重要物质基础，也是地方经济发展的重要物质保障。各级政府要进一步增强对实施矿产资源法重要性的认识，认真整顿矿业秩序，建立、健全适应社会主义市场经济要求的矿产资源勘查开发机制，不断提高矿产资源保护和合理利用水平。

李鹏最后强调，党的十六大不久就要召开，这是新世纪我们党召开的第一次具有重大历史意义的大会。全国人大常委会全体组成人员和机关工作人员，都要深入学习领会、认真贯彻落实十六大精神，以“三个代表”重要思想为指导，依法履行职责，把常委会的各项工作做得更好。

全国人大常委会副委员长田纪云、姜春云、邹家华、王光英、布赫、铁木尔·达瓦买提、吴阶平、彭珮云、何鲁丽、周光召、曹志、丁石孙、许嘉璐、蒋正华，秘书长何椿霖出席会议，国务院副总理吴邦国、最高人民法院院长肖扬、最高人民检察院检察长韩杼滨列席会议。

全国人民代表大会常务委员会决定任免的名单

(2002年10月28日第九届全国人民代表大会常务委员会第三十次会议通过)

一、免去黄镇东的交通部部长职务。

二、任命张春贤为交通部部长。

全国人民代表大会常务委员会任命名单

(2002年10月28日第九届全国人民代表大会常务委员会第三十次会议通过)

任命王云龙为全国人民代表大会常务委员会副秘书长。

全国人民代表大会常务委员会任免名单

(2002年10月28日第九届全国人民代表大会常务委员会第三十次会议通过)

一、任命张相军、王守安、霍亚鹏(女)、张振海、孙忠诚、王景琦(女)、赵扬(女)、鲜铁可、吕洪涛、王光辉、曾洪强、肖亚军、王利民、周常志、李庆发为最高人民检察院检察员。

二、免去那书元(女)的最高人民检察院检察员职务。

全国人民代表大会常务委员会公告

最近,吉林省人大常委会、广东省人大常委会分别依法罢免了桑粤春(满族)、李经纬的第九届全国人民代表大会代表职务。根据代表法的有关规定,桑粤春(满族)、李经纬的第九届全国人民代表大会代表资格终止。

特此公告。

全国人民代表大会常务委员会

2002年10月28日

全国人民代表大会常务委员会关于批准《中华人民共和国和突尼斯共和国引渡条约》的决定

(2002年10月28日通过)

第九届全国人民代表大会常务委员会第三十次会议决定:批准外交部部长唐家璇代表中华人民共和国于2001年11月19日在北京签署的《中华人民共和国和突尼斯共和国引渡条约》。

全国人民代表大会常务委员会关于批准《中华人民共和国和秘鲁共和国引渡条约》的决定

(2002年10月28日通过)

第九届全国人民代表大会常务委员会第三十次会议决定:批准外交部部长助理周文重代表中华人民共和国于2001年11月5日在北京签署的《中华人民共和国和秘鲁共和国引渡条约》。

国务院总理朱镕基在国家统计局考察工作

国务院副总理温家宝一同参加了考察。

朱镕基一行来到国家统计局,先后考察了核算司国内生产总值(GDP)办公室和计算机中心,观看了统计工作信息化汇报演示,听取了有关负责人的情况介绍。随后,与国家统计局机关副司级以上干部和直属事业单位主要负责人进行了座谈。

在听取国家统计局工作汇报后,朱镕基首先充分肯定了统计工作所取得的成绩,并代表党中央、国务院向全国统计系统广大干部职工表示问候。他说,今年是国家统计局成立50周年。50年来,统计系统发生很大变化,作出了显著成绩。近几年,国家统计局在改革统计制度和方法、采用国际标准、开展统计服务、推进统计信息化、加强统计队伍建设等方面,取得了新的进步。统计部门通过组织重大国情国力普查,实施大量经常性调查和专项调查,开展统计分析研究,为各级领导机关和宏观管理部门提供了大量统计信息和咨询建议,在各级领导机关决策和管理中发挥了重要作用,为经济发展和社会进步作出了重要贡献。

朱镕基指出,统计工作非常重要,是实行科学决策和管理的一项重要基础性工作。统计信息是认识国情、决定国策的重要依据。随着社会主义市场经济的发展和对外开放的扩大,各级领导机关、广大企业、社会各界和国际社会对我国统计数据的需求越来越多,对统计数据质量和时效性的要求也越来越高。统计系统责任重大,任务艰巨。

朱镕基说,统计工作最重要的任务,是准确、及时地提供统计数据。特别要围绕经济和社会发展中的突出问题,善于捕捉新情况、新信息,做深入细致的调查和分析研究。统计数据尤其要准确、真实、可靠,不能失真,不能有水分。

朱镕基强调,要不断提高统计数据的科学性和准确性,必须大力推进统计改革和建设。要改革统计管理体制,改革统计制度和方法,建立和完善具有中国特点、符合国际一般规则的统计制度和体系。他指出,要加快统计信息化建设。统计部门是专门的信息部门,掌握着十分丰富的信息资源,迫切需要利用现代信息技术进行有效开发和科学管理。信息化是统计工作方式的重大变革,是发展现代统计事业的必然选择。要充分利用信息技术改造传统的统计工作方式,把丰富的统计信息资源整合好、开发好、管理好,为国家的决策和管理,为社会公众提供更多更好的服务。

朱镕基指出,必须加强统计法治。严格执行《中华人民共和国统计法》,维护统计的严肃性。现在,某些地方和单位为了追逐名利,往往置《中华人民共和国统计法》和党纪政纪于不顾,在统计数据上弄虚作假。这种现象必须坚决制止。要完善统计执法监督机制。

朱镕基说,统计工作是专业性很强的工作,需要一大批精通统计科学、掌握现代信息技术、熟悉经济管理的专门人才。要创造能够留住人才、吸引人才、使人才脱颖而出的良好环境。统计工作者要具备良好的思想品质和职业道德,发扬坚持原则、尊重科学、严谨求实、遵守纪律的优良作风,忠诚统计,不出假数,为国家和人民作出新的贡献。他说,统计工作综合性比较强,涉及面广,需要得到各方面的协作与配合。有关部门要积极支持统计部门的工作。

温家宝在座谈会上也讲了话。他说,近几年,统计系统认真贯彻党中央、国务院的要求,努力提高统计质量,改进统计服务,为改革开放和现代化建设做了大量工作,应当充分肯定。他强调,要改革统计管理体制,提高国家统计工作的权威性,加强对地方统计工作的监督检查。统计工作信息化应当作为电子政务建设的一个重点。要切实加强统计队伍建设,造就一支坚持原则、严格执法、精通业务、作风扎实的统计队伍，保证统计数据真实可信。

国家统计局局长朱之鑫作了工作汇报。陪同朱镕基考察的有关部门负责人有李荣融、戴相龙、王春正、马凯、吕福源、魏礼群、楼继伟、李伟等。

政协第九届全国委员会第四十三次主席会议在全国政协会议中心举行

全国政协主席李瑞环主持会议。

会议审议通过了政协九届常委会第十九次会议议程草案和日程，决定于2002年11月中下旬在京举行政协九届常委会第十九次会议，建议这次常委会议的主要议题是：一、学习和贯彻中国共产党第十六次全国代表大会精神，审议通过政协九届常委会第十九次会议《关于学习和贯彻中国共产党第十六次全国代表大会精神的决议》；二、以中共十六大精神为指导，进一步总结和推进人民政协工作。

会议听取了全国政协副秘书长王巨禄关于政协九届常委会第十九次会议议程、日程草案的说明，政协第九届全国委员会专门委员会副主任增补名单草案的说明；全国政协秘书长郑万通关于叶选平副主席在政协九届常委会第十九次会议上讲话稿起草情况的说明，关于政协第十届全国委员会第一次会议准备工作有关情况的简要汇报；全国政协副主席、中共中央统战部部长王兆国关于撤销麦崇楷政协第九届全国委员会委员资格决定草案的说明。

会议讨论了叶选平副主席在政协九届常委会第十九次会议上的讲话稿，并责成办公厅对这个讲话稿做进一步的修改完善。

会议还审议通过了关于撤销麦崇楷政协第九届全国委员会委员资格的决定草案，审议通过了关于政协第九届全国委员会专门委员会副主任增补名单草案，决定将这两个名单草案提请政协九届常委会第十九次会议审议。

全国政协副主席叶选平、阿沛·阿旺晋美、钱伟长、任建新、宋健、李贵鲜、张思卿、钱正英、孙孚凌、朱光亚、胡启立、陈锦华、赵南起、毛致用、白立忱、经叔平、罗豪才、张克辉、周铁农、王文元出席会议。

全国总工会主席尉健行出席在北京召开的《中华人民共和国工会法》修改颁布实施一周年座谈会

尉健行希望，各级工会要以江泽民同志“三个代表”重要思想为指导，继续坚持以贯彻实施新修改的《中华人民共和国工会法》(以下简称《工会法》)为契机，依法坚决履行维护职工合法权益的基本职责，进一步加强调整劳动关系机制的建设，努力为职工特别是困难职工群体办实事，保护调动发挥好广大职工推动改革、促进发展、维护稳定的积极性、创造性，为完成即将召开的党的十六大提出的奋斗目标和行动纲领，充分发挥工人阶级的主力军作用。

在座谈会上，张春生、黄淑和、王东进、关怀、王瑞华、万绍芬、张俊九等先后发言。他们充分肯定了《工会法》修改颁布实施一年来取得的成绩，对进一步贯彻实施《工会法》提出明确的建议和要求。

中共中央宣传部、全国人大内司委、全国人大法工委、最高人民法院、国家经贸委、劳动和社会保障部、公安部、司法部、中国企业家协会、中华全国总工会、北京市总工会的领导和有关部门的负责同志，以及有关方面的专家学者共90多人出席座谈会。会议由中华全国总工会副主席、书记处书记孙宝树主持。

全国总工会主席尉健行在人民大会堂会见由主席约翰·加斯特涅罗率领的卢森堡总工会代表团

国防部部长迟浩田在北京与比利时国防大臣安德烈·弗拉奥举行会谈

《人民日报》发表中国林业科学研究院院长中国可持续发展林业战略研究专家组组长江泽慧的文章《中国可持续发展林业战略研究主要成果》

10月29日

全国农村卫生工作会议在北京召开

中共中央总书记、国家主席江泽民致信会议强调，农村卫生工作直接关系到农村的发展、农业的繁荣和农民的健康，关系到我国经济和社会发展目标的实现。党中央、国务院十分重视农村卫生工作，最近下发了进一步加强农村卫生工作的决定，提出了我国农村卫生工作的努力目标和工作要求。各级党委和政府要从全面贯彻“三个代表”重要思想的高度，充分认识做好农村卫生工作的重大意义，进一步加强领导，精心组织部署，切实做好工作，保护和不断增进广大农民的健康，努力把我国卫生事业的改革和发展推进到一个新的阶段，为社会主义现代化建设作出新的贡献。

江泽民代表党中央、国务院，向长期奋斗在农村卫生工作战线上的同志们表示诚挚的慰问，向全国的卫生工作者表示良好的祝愿。

全国农村卫生工作会议是由国务院召开的。会议将就贯彻《中共中央国务院关于进一步加强农村卫生工作的决定》，做好今后一个时期的农村卫生工作进行部署，表彰十多年来在农村初级卫生保健工作中作出突出成绩的先进县(市)和个人。会议还将对建立新型农村合作医疗制度、深化农村卫生机构改革、落实农村卫生补助政策、加强农村卫生人才培养和队伍建设、开展城市卫生支援农村卫生工作和加强乡村医生管理等问题进行深入研究。

新中国成立以来,我国通过建立农村三级卫生服务网和乡村医生队伍,推行农村合作医疗制度,用有限的卫生资源,承担了占人口大多数的农村居民的基本医疗卫生服务,农村缺医少药的状况得到较大改善,广大农村居民的健康水平有了较大提高。我国走出了一条具有中国特色的低投入、高产出、穷国办大卫生的农村卫生发展道路,取得了举世公认的成就。从20世纪五六十年代起,我国就有效地控制了霍乱、鼠疫、天花等严重危害人民健康的烈性传染病。改革开放以来,特别是进入90年代,通过实施农村初级卫生保健,加强农村卫生机构"三项建设",广泛开展爱国卫生运动,我国消灭了脊髓灰质炎,基本控制了大多数地方病和寄生虫病,基本实现了消除碘缺乏病的阶段目标。到2001年底,全国95%的农业县(市、区、旗)初步实现了农村初级卫生保健阶段性目标,农村居民生活环境得到显著改善,健康水平得到明显提高;农村自来水普及率和卫生厕所普及率逐年提高;全国农村婴儿死亡率从1949年的200‰下降到33.8‰,农村孕产妇死亡率从1500/10万下降到61.9/10万,农村人口平均期望寿命从35岁上升到2000年的69.6岁。

会上卫生部部长张文康、国家计委副主任于广洲、教育部副部长赵沁平、财政部副部长肖捷、农业部副部长刘坚分别作了工作报告,提出了本部门进一步加强农村卫生工作的意见和措施。国务院副秘书长高强主持会议。

全国人大常委会委员长李鹏在人民大会堂会见比利时国防大臣安德烈·弗拉奥和随行的全体议员

李鹏说,近年来,中比两国关系发展顺利,双方在包括军事和议会在内的众多领域进行了卓有成效的合作。中国全国人大积极评价与比议会的友好合作关系。中国对比利时坚持一个中国的立场表示赞赏和感谢。中国重视比利时与欧盟在欧洲和国际事务中的重要作用,愿意进一步发展与比利时在各个领域的合作。李鹏表示希望弗拉奥一行此访将进一步促进中比两国、两国议会和两军的友好合作关系。中国全国人大也希望不断加强与比议会的友好交往。

中央军委副主席、国务委员兼国防部长迟浩田上将,中国人民解放军副总参谋长张黎中将,全国人大常委会副秘书长吕聪敏等会见时在座。

全国人大常委会委员长李鹏在人民大会堂会见马来西亚联邦法院首席大法官穆哈迈德·赛汀

李鹏说,90年代以来,中马两国友好合作关系进入全面发展的新阶段,两国在包括司法在内的各个领域的合作不断深化。赛汀大法官此次率团来访是马来西亚最高法院第一次正式组团访华,相信此访必将促进两国司法界的交流与合作,为推动两国友好关系的全面发展作出贡献。

李鹏说,中国按照依法治国方略,民主法制建设不断取得重要进展,以宪法为核心的具有中国特色的社会主义法律体系框架基本形成。我们已经和正在制定一批新法律,还修改完善了一批与社会主义市场经济不相适应的法律,为改革发展稳定和社会主义现代化建设进一步提供了法律保障。为适应加入世贸组织的需要,中国加快了制定和修改相关法律的进程。

李鹏说,我们重视同外国法律、司法界的交流,吸收和借鉴国外在立法和司法方面的有益经验。赛汀首席大法官访华期间同中国最高人民法院院长肖扬等中国司法界同行交换意见,共同讨论合作事宜,十分有益。

最高人民法院院长肖扬、全国人大常委会副秘书长吕聪敏、最高人民法院副院长姜兴长等会见时在座。

全国人大常委会委员长李鹏在人民大会堂会见德国前总统里夏德·冯·魏茨泽克

国务院三峡工程建设委员会第11次全体会议在北京召开

国务院总理、国务院三峡工程建设委员会主任朱镕基主持会议并作了重要讲话。他强调,三峡二期工程建设已进入关键阶段,要全力以赴做好各项工作,确保明年如期实现初期蓄水、永久船闸通航、首批机组并网发电的工程建设目标。要以对国家、对人民、对历史高度负责的精神,科学施工,严格把关,确保工程质量、设备运行万无一失。继续贯彻"两个调整"方针,加大农村移民外迁安置力度,做好企业迁建及结构调整工作,大力发展库区经济,使库区人民安居乐业。

国务院副总理、国务院三峡工程建设委员会副主任吴邦国,全国政协副主席、国务院三峡工程建设委员会质量检查专家组组长钱正英和两院院士、质量检查专家组副组长张光斗出席会议并讲了话。

会议指出,三峡工程自1993年开工以来,在党中央、国务院的正确领导和全国人民的大力支持下,经过数万名建设者艰苦奋战和各方面的共同努力,工程建设取得了很大成绩。三峡工程总体进展顺利,工程进度按计划进行,质量达到设计要求。到今年9月底,累计搬迁安置移民64万多人,新建各类移民房屋2844万平方米,二期移民任务即将完成。库区企业迁建和结构调整取得显著成效。地质灾害和环境污染防治力度加大。库底清理工作正抓紧进行。目前,三峡枢纽工程导流明渠截流的条件已经具备,会议决定,今年11月实施截流。

朱镕基指出,移民问题始终是关系三峡工程建设成败的一个关键问题。在三峡工程建设初期,实行移民就地后靠安置是必要的,也是正确的。但由于三峡库区山高坡陡,环境容量有限,如果继续就近后靠安置移民,势必开垦陡坡,毁坏植被,造成新的水土流失,破坏生态环境。针对这种情况,1999年5月,国务院三峡工程移民工作会议适时提出了"两个调整"的方针,采取多种方式安置移民,尤其是鼓励农村移民外迁安置,加大库区企业结构调整力度。在迁出、迁入地各级党委、政府和广大移民的共同努力下,外迁移民安置总体情况良好。实践证明,"两个调整"方针符合三峡库区实际,是完全正确的,应毫不动摇地贯彻执行。

朱镕基强调,随着三峡三期工程建设的进行,今后移民工作任务仍很繁重,应继续鼓励和引导更多的农村移民外迁安置。应该看到,随着国民经济快速发展,尤其是沿海地区经济的发展,就业机会增多,具备多安置一些三峡移民的条件。这些地区要继续从大局出发,积极主动地承担起更多的三峡移民安置任务。要制定措施,鼓励和帮助已经后靠安置的移民外出务工经商,广开致富门路,增加收入。这样做,既有利于长期稳定地解决移民的生计问题,也有利于保护和改善库区的生态环境,也为发达地区经济发展提供了劳动力。要大力促进库区经济发展,加强对口支援,培育优势产业,扶持移民发展生产。

朱镕基强调,三峡工程是中华民族的千秋大业,质量是三峡工程的生命。参与工程建设的各有关单位和广大建设者,一定要牢固树立质量第一的思想,一切工作都要服从于质量,确保三峡工程质量经得起历史考验。当前,三峡工程已进入二期施工的最后关键阶段,施工安装任务都十分繁重,"行百里者半九十",千万不能产生自满和松懈情绪,以免功亏一篑。特别是三峡导流明渠截流施工难度超过上次大江截流,一定要精心施工,确保一次成功。要加强对工程质量的监督检查,严格验收,绝不能放过一丝一毫隐患,对发现的问题必须及时整改。

朱镕基说,目前距三峡水库蓄水仅有8个月,时间紧,任务重,要采取更加有力的措施,全面做好蓄水前的各项准备工作。要加快进行库底清理,清除各类障碍物和固体废物,做好卫生消毒工作。加大地质灾害防治力度,切实完成各项治理项目建设。加强库区生态环境建设和保护工作,大力推进退耕还林,综合治理水土流失,加快水污染治理和垃圾处理的工程进度。继续做好三峡库区文物保护工作。科学制定三峡电能的消纳预案,确保首批机组并网发电后送得出、用得上。要完善三峡水库管理体制,合理利用和保护各类资源,确保枢纽工程安全运行和长期发挥效益。

国务院三峡建委副主任、办公室主任郭树言就工程建设进展情况和有关问题作了汇报。国务院三峡工程建设委员会成员、湖北省和重庆市负责人参加会议并发言。

10月30日

全国农村卫生工作会议在北京继续举行

中共中央政治局常委、国务院副总理李岚清出席会议并发表讲话强调,各级党委和政府要按照江泽民同志"三个代表"重要思想的要求,贯彻落实《中共中央、国务院关于进一步加强农村卫生工作的决定》(以下简称《决定》),大力加强农村卫生工作,全面提高农民健康水平,推动农村两个文明建设和社会全面进步。

中共中央政治局委员、国务院副总理温家宝主持会议并作总结讲话。

温家宝在总结讲话中指出,江泽民总书记致全国农村卫生工作会议的信,为新时期我国农村卫生事业的改革和发展指明了方向。李岚清同志代表党中央、国务院作的重要讲话,充分肯定了农村卫生工作的成绩,深刻阐述了做好农村卫生工作的重要意义,对贯彻中央的《决定》、进一步做好农村卫生工作提出了要求,各地、各部门要认真学习领会,抓好落实。温家宝强调,各级党委和政府要以江泽民同志"三个代表"重要思想为指导,进一步提高对做好当前农村卫生工作重要性和紧迫性的认识,把医疗卫生工作的重点放到农村,大力加强农村卫生服务网络和服务能力建设,提高服务水平和质量,切实保障农民群众基本医疗需要和日益增长的健康需求。要准确把握《决定》精神,加强组织引导,做深入细致的思想工作,通过试点,积极探索,逐步建立和完善新型农村合作医疗制度和医疗救助制度。地方各级政府要把农村卫生事业纳入当地经济和社会发展的总体规划,抓紧制定具体措施,把加强农村卫生工作的各项任务落到实处。李岚清、温家宝还为全国农村初级卫生保健工作先进县和先进个人代表颁了奖。

卫生部部长张文康宣读了《卫生部、国家计委、农业部、国家环保总局、全国爱卫会关于表彰全国农村初级卫生保健工作先进县和先进个人的决定》。吉林、山东、江苏、湖北、广西、青海等省(区)的负责同志在会上发了言。各省(自治区、直辖市)、计划单列市、新疆生产建设兵团的负责同志以及计划、财政、农业、卫生、体改等部门的主要负责同志参加了会议。中央国家机关有关部门、全国人大和全国政协有关专门委员会、解放军总后勤部的负责同志出席了会议。

国务院副总理李岚清在全国农村卫生工作会议上发表讲话

农业、农村和农民问题始终是关系到党和国家全局的根本性问题。农村卫生工作直接关系到广大农民群众的身体健康,关系到农村经济和社会的协调发展,关系到农民生活质量的提高和农村社会进步,是我国卫生工作的重点,也是党的农村工作的重要组成部分。改善农村卫生条件,提高农民健康水平,是我国卫生工作和农村工作的重要任务。最近,中共中央、国务院下发了《关于进一步加强农村卫生工作的决定》,江泽民总书记作出重要指示,进一步阐明了做好农村卫生工作的重大意义,对各级党委和政府提出了明确要求。我们要认真学习,深刻领会,切实贯彻落实。

一、充分认识加强农村卫生工作的重大意义和作用

我们党和政府历来十分重视农村卫生工作,党中央、国务院为此作出了一系列重大部署。新中国成立以后,在旧中国农村卫生事业几乎空白的基础上,我国在50年代就初步建立了农村卫生服务体系,并开始兴办合作医疗,为广大农民提供基本的医疗预防保健服务。毛泽东同志早在1965年就明确指示“把医疗卫生工作的重点放到农村去”,确立了农村卫生工作在全国卫生工作中的重要地位,指明了我国卫生事业的发展方向。改革开放以来,我国农村卫生事业进入了新的发展时期。1984年,邓小平同志批示:“防治地方病,为人民造福。”党的十三届四中全会以来,以江泽民同志为核心的党中央对农村卫生工作高度重视。1996年,江泽民同志出席全国卫生工作会议并发表重要讲话。他指出:“做好农村卫生工作,保护和增进农民健康,是各级党委和政府义不容辞的责任。农村卫生工作对于深化农村改革,对于推进农村经济和社会全面协调发展,对于加强农村物质文明和精神文明建设,具有十分重要的意义。”1997年中共中央、国务院作出了《关于卫生改革与发展的决定》,2001年专门出台了《关于农村卫生改革与发展的指导意见》。这些都对推动农村卫生工作产生了重要和深远的影响。

在党中央、国务院的领导下,经过各级党委、政府和广大卫生工作者坚持不懈的共同努力,我国农村卫生事业蓬勃发展,取得了举世公认的巨大成就。医疗预防保健网覆盖广大农村。截至2001年年底,全国共有县级综合医院2018所,中医院1226所,防疫站1663所,妇幼保健院1393所,乡镇卫生院48090所。89.7%的行政村设有医疗室,平均每村拥有乡村医生和卫生员1.82人。到2000年年底,全国共有95%的农业县(市、区、旗)初步实现了农村初级卫生保健阶段性目标,履行了中国政府对国际社会的庄严承诺。广大农民的健康水平显著提高,从1949年到2001年,全国农村婴儿死亡率从20%下降到3.38%,农村孕产妇死亡率从1.5%下降到0.06%,传染病发病率从20%下降到0.19%。农村的环境卫生面貌发生了很大变化。农村人口平均期望寿命从1949年的35岁上升到2000年的69.55岁。特别是1998年在罕见的特大洪涝灾害之后没有发生疫病流行,也是农村卫生工作的一项重大成就。长期以来,广大农村卫生工作者在艰苦条件下辛勤工作,默默奉献,为农民群众健康水平的提高,为农村经济和社会的全面发展作出了重要贡献。在此,我代表党中央、国务院,向全国农村卫生工作者以及所有关心和支持农村卫生工作的同志们表示衷心的感谢!

在肯定成绩的同时,我们也要清醒地看到,当前我国农村卫生事业发展还面临一些困难和问题。主要是:农村居民主要健康指标的改善幅度缓慢,城乡居民医疗水平差距加大;在一些地方特别是贫困地区,传染病和地方病发病率仍然较高,严重危害着广大群众的健康和生命安全;农村卫生事业投入不足、卫生机构设施条件比较差,公共卫生和预防保健服务得不到有效保证;农村医疗服务水平较低,难以承担起保护和促进农村居民健康的任务;农村卫生管理体制改革滞后,机制不活、效率不高的问题仍比较普遍;农民缺乏有效的合作医疗制度,难以抵御重大疾病风险,因病致贫、因病返贫的现象在一些地方非常突出。这些问题影响了农村经济的发展和社会稳定,制约了农民脱贫致富奔小康的步伐,必须引起各级党委和政府的高度重视。

江泽民同志指出:“农村卫生工作直接关系到农村的发展、农业的繁荣和农民的健康,关系到我国经济和社会发展目标的实现。”我国当前农业和农村经济发展中的突出问题是农民收入增长缓慢,各地正在大力调整农业结构,加快农业现代化进程,推行农村税费改革,减轻农民负担,增加农民收入。但是,如果农民的医疗卫生状况得不到改善,农民患病特别是患大病得不到及时救治,必将严重制约农民脱贫致富的步伐。做好农村卫生工作,一方面能够增强农村劳动者的身体素质和劳动能力,提高农业生产率,促进农村经济增长,直接增加农民收入;另一方面能够使患病的农民及时得到治疗,减轻医疗费用负担,减少因病致贫、因病返贫的现象,间接增加农民的收入。农村稳定是整个社会稳定的基础，而传染病等重大疾病蔓延是影响农村稳定的一大隐患。做好农村卫生工作，不但能够有效防止重大疾病的蔓延，维护社会稳定，而且有利于密切党和人民的血肉联系，巩固我们国家政权的基础。由于历史和现实的原因，愚昧、迷信活动在广大农村还有一定市场。有的农民患病时，不是去求医就诊，而是去求神问鬼拜菩萨。有的地方巫医行骗活动乘虚而入，严重威胁农民生命和切身利益。做好农村卫生工作，有利于农民破除迷信，解放思想，养成科学、文明、健康的生活方式。可以说，加强农村卫生工作，是繁荣农村经济、减轻农民负担、促进农村稳定的重要条件，是发展先进文化、提高农民文明水平的重要途径，是增强农民素质、提高农民健康水平的重要保障。这不仅是个重大的经济问题和社会问题，而且是个重大的政治问题。各级党委、政府一定要从实践"三个代表"重要思想的高度，从保护亿万农民身体健康、促进农村经济和社会发展的全局出发，把改进和加强农村医疗卫生工作这项功在当代、利在千秋的大事抓紧抓好。

二、关于农村卫生工作中必须切实抓好的几项重点工作

第一，必须坚持预防为主的方针。根据我国农村生产生活实际，农村卫生工作必须把预防保健作为出发点和着力点。我国农村地域辽阔，人口众多，一旦传染病、地方病大面积流行蔓延，后果不堪设想，不但对患病农民的家庭是灭顶之灾，也会给国家和社会造成巨大危害和损失。当前，我国有些农村地区，若干重点传染病如乙型肝炎、结核病的流行，部分地方病和寄生虫病如地氟病、大骨节病、血吸虫病等，仍未得到有效遏制，新的传染病如被称为现代瘟疫的艾滋病已由高危人群向普通人群传播，急性中毒事件明显增加，有些地方职业危害问题触目惊心。这些都严重威胁着农民的健康。我们必须坚持预防为主、防治结合，把重大疾病预防控制作为农村卫生工作的头等大事来抓，着力提高处理农村重大疫情和公共卫生突发事件的能力，坚决遏制一些传染病、地方病、职业病等重大疾病蔓延的势头。这样做是要花一些钱，但与重大疾病一旦爆发造成的损失相比，代价要小得多。对这项涉及广大人民群众根本利益的大事，各级党委和政府必须抓住不放，抓紧抓好。要做好重大疾病的经常性监测和疫情报告工作，为疾病防治提供科学依据。要加强农村妇幼保健工作，尤其要采取重点干预措施，有效降低出生缺陷发生率，提高出生人口素质。今年是我国开展爱国卫生运动50周年，要在农村地区大力宣传和开展爱国卫生运动，以改水、改厕为重点，加强卫生环境整治，加快实施"亿万农民健康促进行动"，普及疾病预防和卫生保健知识，帮助农民养成良好的卫生习惯和科学、文明、健康的生活方式。

第二，深化乡(镇)卫生院改革。乡(镇)卫生院是农村卫生服务网络的枢纽，是社会公益性事业单位。目前乡(镇)卫生院存在着布局不合理、机制不灵活、医疗服务水平不高等问题，必须通过改革加以解决。要适应社会主义市场经济体制的需要，建立起新的管理体制和运行机制。要抓住目前乡(镇)行政区划调整的机遇，因地制宜，合理调整现有乡(镇)卫生院的布局。在乡(镇)行政区划调整后，原则上每个乡(镇)保留一所卫生院。对其余的乡(镇)卫生院和部分医疗卫生机构，要在保证国有资产保值增值的基础上，进行规范的资产评估，通过转让、租赁等方式实现资源重组或改制，动员社会力量发展卫生医疗事业。变现的资金应继续用于农村卫生事业，不能挪作他用。调整后的乡(镇)卫生院由政府举办，卫生院的人员、业务、经费等一律划归县级卫生行政部门按职责管理。乡(镇)卫生院的职能，以开展公共卫生服务为主，综合提供预防、保健和基本医疗等服务，重点做好疾病控制和预防保健工作，决不能本末倒置，盲目向医院的模式发展。在贫困地区和离县城较远的山区，可以集中建设医疗服务水平较高的中心卫生院，使较多的手术病人能够就近得到治疗。要积极推行乡(镇)卫生院人事制度改革，在全县(市)或更大的范围内，采取公开招聘、竞争上岗的办法，选拔任用卫生院院长，同时加强对卫生院院长的培训、管理和监督。要积极推进运行机制改革，探索搞活卫生院的多种运营形式，实行全员聘任制，形成有生机活力的用人机制和分配激励机制，促进乡(镇)卫生院服务水平的提高。对改制后的医疗服务机构，要加强指导、管理和监督。

第三，加强农村基层卫生机构基础设施建设。我国农村现有的县、乡、村卫生机构，房屋年久失修、设备陈旧落后的问题比较普遍，不能适应农村医疗卫生事业发展的需要。在改革体制、调整布局、转变机制的基础上，省级政府要根据县、乡、村卫生机构的职能，制定基本设施配置标准。各级政府要加大投入力度，加快建设进度，确保到2010年，基本完成县级医院、县预防保健机构和乡(镇)卫生院房屋设备的改造和建设任务，保证开展公共卫生和基本医疗服务所需的基础设施和条件。农村医疗卫生机构建设必须做到房屋、人员和医疗设备相适应、相配套。在房屋设备更新改造的过程中，不能脱离农村卫生工作的实际需要，不顾本地经济和社会发展的实际情况，铺张浪费，大兴土木，搞重复建设，购置大型贵重设备，搞超标准的豪华装修。

第四，加强农村卫生医疗队伍建设。抓好农村卫生工作，关键是要有一支具有较高思想道德素质和专

业素质的农村卫生医疗队伍。我们要从现阶段农村的实际出发，采取多种办法，加强农村卫生医疗队伍建设。高等医学院校要强化面向农村需要的全科医学教育，同时要实行专门培养农村医务人员的学制，招收一部分初、高中毕业生，让他们接受3至5年的医学教育，对符合条件的颁发农村医务人员执业证书，直接充实到农村医疗服务队伍中去。各地要制定相应政策，鼓励医学院校毕业生和城市卫生技术人员到农村服务，对他们开办的民办医疗机构，符合条件的要按照国家规定给予税收减免优惠。要建立、健全继续教育制度，加强农村卫生技术人员业务知识和技能培训，鼓励有条件的农村医生接受医学学历教育。对卫生技术岗位上的非卫生技术人员要有计划清退，达不到执业标准的要逐步分流。要把减员增效、分流多余或不合格人员作为当前推进农村卫生改革与发展的重点来抓，加强督导，检查落实。同时，要特别强调，城市医生在晋升主治医师或副主任医师职称前，必须要有到农村服务一年以上的工作经历。到农村服务的时间可以根据个人不同情况分段安排，但在晋升职称前累计一定要达到规定的要求。这要形成制度，严格执行，长期坚持下去。下乡医务人员要真正深入农村，为农民治病、办实事，不能搞形式主义，走过场。派出单位要对下乡医务人员的工作业绩进行认真考核，并作为晋升职称的条件之一。各级政府要对这项工作给予财政支持，卫生行政部门要加强监督检查，城市卫生医疗机构要积极组织引导，县、乡、村卫生机构要妥善安排。

第五，进一步建立和完善新型农村合作医疗制度、医疗救助制度。建立和完善新型农村合作医疗制度，是帮助农民抵御重大疾病风险的有效途径，也是摆在我们面前的一项长期、艰巨、复杂的工作。现阶段，建立和完善新型农村合作医疗制度的性质是政府引导和支持下的农民互助合作，主要发展以大病统筹为主的多种形式的合作医疗。重点对大额医疗费用或住院费用进行补助。在建立和完善新型农村合作医疗制度的过程中要处理好以下两个问题：一是各地要根据经济社会发展水平和群众意愿，因地制宜，实行不同水平、不同形式的农村合作医疗制度，不搞强迫命令，不强求一律，但要以大病统筹为主要形式，尽量减少农民因病致贫、因病返贫现象的发生。二是要加强组织，因势利导，积极引导农民参加。要注意医疗服务的公平性，让所有参加合作医疗的农民都能得到好处。有条件的地方要为参加合作医疗的农民每年进行一次常规性体检，建立健康档案，这样可以做到有病早治、无病早防，提高农民的保健水平，同时也可以引导更多的农民参加合作医疗。具体检查项目和方式可由各地自定。从明年起，各地要选择若干县进行建立新型农村合作医疗制度的试点，取得经验，逐步推广。到2010年，在全国农村基本建立起适应社会主义市场经济体制要求和农村经济社会发展水平的农村卫生服务体系和农村合作医疗制度。

对农村贫困家庭和农村五保户给予医疗服务方面的特殊照顾和救助，是中央针对当前农村实际提出的一项重要举措，是医疗卫生服务公平性的重要体现，也是为老百姓办实事的具体体现。医疗救助资金要以政府投入为主，通过社会捐助等多渠道筹集。还要建立独立的医疗救助基金。确定救助对象要征求当地群众的意见，有关部门要加强监督。在建立农村合作医疗制度的地方，应资助救助对象参加当地合作医疗；在尚未建立合作医疗制度的地方，可以对救助对象的大额医疗费用给予补助。

第六，健全农村合作医疗管理机构。建立新型农村合作医疗制度，实现病有所医，是中国农民梦寐以求的愿望，是一项宏伟而艰巨的系统工程。国务院决定这项工作由卫生行政部门负责。卫生行政部门要配设精干的机构和人员，保证工作的正常有序运转。机构设置一定要精干高效，原则上不增加编制，所需人员在现有卫生部门中调剂解决。农村合作医疗经办机构设在县级，以县为单位统筹管理。机构和人员所需经费列入财政预算，不花合作医疗费用一分钱，违者要追究责任。管理和使用好农村合作医疗资金是农村合作医疗制度顺利实施的关键。要加强对资金使用的监督管理，严格审计，防止发生挪用、侵占的行为。要充分发挥基层人大、政协、社会各界和农民的监督作用，增加资金使用的透明度。各级卫生行政部门和医疗机构要规范医疗服务行为，提高服务质量，控制医疗费用的过快增长，减轻农民的医药费用负担，保护广大农民的利益。

第七，加大政府财政对农民的医疗补助。建立和完善新型农村合作医疗制度、医疗救助制度，需要充分发挥中央和地方政府部门的作用，同时也需要广大农民群众的积极参与。中央财政将通过专项转移支付对贫困地区农民贫困家庭医疗救助给予适当支持。从2003年起，中央财政对中西部地区除市区以外的参加新型合作医疗的农民每年按人均10元安排合作医疗补助资金，地方财政对参加新型合作医疗农民的补助每年人均不低于10元。这里，需要着重强调两点：首先，中央财政补助的前提是农民个人缴费和地方财政补助资金都要到位。农民个人不参加合作医疗的，政府不予补助；地方财政补助资金不到位的，中央也不予补助。在有关部门核实实际参加新型合作医疗农民的人数、缴费情况和地方财政补助资金落实情况后，中央财政将资金划拨到县，由县财政拨给县农村合作医疗管理机构管理使用。其次,中央财政补助的范围是中西部地区除市区以外参加新型合作医疗的农民,中西部地区城市所辖区里的农民由当地政府安排补贴,东部地区由地方政府自行安排补贴。

第八,建立农村巡回医疗制度。加强农村医疗卫生工作,城市要支援农村,军队要支援地方,东部要支援西部。县级医疗机构要建立下乡巡回医疗服务制度,采取组织巡回医疗服务队、配备巡回医疗服务车等多种形式,尽快解决贫困地区农民看病难的问题。每个县要配备一辆巡回医疗服务车。民族地区和贫困地区购置巡回医疗服务车及附属医疗设备,由中央给予适当补贴。巡回医疗服务车的使用和管理,由县级卫生行政部门负责。巡回医疗服务车的日常运行费用,由地方财政列入预算,拨款解决。要充分发挥巡回医疗服务车实用、方便、快捷的特点,重点解决交通困难地方的群众看病问题。卫生部正在运行的"健康快车"要继续免费为农民提供医疗服务。

第九,深化农村医药体制改革,强化药品市场监管。当前,有些地方农村缺医少药的问题与医药市场秩序混乱的问题并存,医药体制必须进行改革。城市医药机构要向农村延伸,在乡(镇)推行药店连锁经营,保证合格的药品进入农村市场,方便农民就地买药。要加强对医药、医师的管理,严厉打击巫医和非法行医。中医药是中华民族优秀传统文化的瑰宝。在农村,中医药有比较广泛的群众基础,受到农民的欢迎。各地要为农村中医药的发展提供必要的物质条件,鼓励农村临床医疗服务人员学习中医并运用中医药诊疗技术为农民服务,充分发挥中医药在农村卫生服务中的优势和作用。要加强对高毒农药及剧毒杀鼠剂的管理,严格实行农药生产经营许可证制度。对农药生产和使用过程中可能发生的中毒事件,要有应急预案。

三、加强领导,推动农村卫生事业健康发展

做好农村卫生工作,提高农民健康水平,是各级党委和政府义不容辞的责任。为保证中央《决定》的落实,各级党委和政府要切实加强对农村卫生工作的领导。

一是要统一思想,各负其责。一定要把中央《决定》和有关配套文件精神学习好、理解透,把思想认识统一到党中央、国务院的部署和要求上来。据了解,一些地方的领导认为地方的主要任务是发展经济,农村医疗卫生问题顾不上;还有的认为农村卫生事业应推向市场,运用市场机制去解决,这些认识都是片面的。应该看到,农村医疗卫生问题,如果离开党和政府的组织、引导、支持,就很难得到解决,农民的健康就难以得到保证。这是进一步加强农村卫生工作的重要前提。只有认识到位了,才能把中央的《决定》真正落实到各项工作中去。各级政府要明确自己的责任,特别是有关部门的领导要明确本部门在这项工作中所承担的职责,该谁办的要积极主动地去办,决不允许推诿扯皮,敷衍塞责。

二是要下定决心,加大投入。应当看到,做好新时期的农村卫生工作有很多有利条件,但是面临的困难和问题也不少。比如,资金问题、富余人员安置问题、农民群众参加合作医疗的积极性问题等等,都有一定难度。各级领导必须要有克服各种困难的思想准备,不管遇到多大难题,都得横下一条心,把这件利国利民的事情办好,不达到《决定》中提出的目标决不罢休。现在各地干部都喊财政紧张,各项公共事业发展都需要增加投入,这是可以理解的,但大家应认真地检查一下本级财政的收支情况,看一看该收的收上来没有,不该花的控制了多少,开动脑筋,从增收节支上找出路、想办法。要牢固树立公共财政的理念,大力调整财政支出结构,压缩不必要或不急需的开支,确保卫生投入逐年增加,增长幅度不低于同期财政经常性支出的增长幅度,增加的投入主要用于发展农村卫生事业等方面公共财政的支出。

三是要精心谋划,分步实施。各级政府要把农村卫生工作纳入国民经济和社会发展的总体规划,从当地实际出发,认真研究制定贯彻落实中央《决定》的具体措施和办法。富裕地区怎么搞,贫困地区怎么搞,要找准突破口和主攻方向,先易后难,先试点后推广,切不可大而化之。要深入实际,调查研究,加强指导,及时研究解决存在的困难和问题。特别要深入细致地做好宣传思想工作,争取广大农民群众的理解、支持和参与。要坚决防止借建立农村合作医疗制度之机,搞变相乱收费或强迫命令,一旦发现,要严肃查处。

四是要协调配合,狠抓落实。各级党委、政府要组织协调有关部门,动员全社会的力量共同做好农村卫生工作。对《决定》提出的各项任务,要一件一件抓落实,把好事办实、办好,让农民得到实实在在的好处,决不能搞形式主义和"花架子"。卫生部负责对全国农村卫生工作的统一规划,实行卫生全行业管理和监督。各级卫生行政部门要认真负责,努力做好组织、协调工作。各级计划、财税、农业、人事、教育、民政、计划生育、药品监督、扶贫等部门,都要密切配合,认真履行职责,发挥积极作用。舆论宣传部门要大力宣传深化农村卫生改革的重要性和必要性,大力宣传农村卫生工作中涌现的先进典型,为农村卫生事业的发展营造良好的社会舆论氛围。

加强农村卫生工作,提高农民健康水平,是一项光荣而艰巨的任务。让我们高举邓小平理论伟大旗帜,全面贯彻“三个代表”重要思想，抓住机遇，开拓进取，努力开创农村卫生工作的新局面，为我国卫生事业的发展作出更大的贡献！

国台办发言人李维一就两岸“三通”问题发表谈话

李维一表示，我们希望台湾当局顺应潮流，尊重民意，不要再以两岸政治分歧阻挠和拖延两岸“三通”，尽快取消各种不合理的限制，为实现两岸直接“三通”作出实实在在的努力。

李维一说，今年以来，两岸“三通”形势出现了一些新的变化。台湾各界特别是工商界要求尽快实现两岸直接“三通”的呼声日益高涨。实现两岸直接“三通”是我们的一贯主张，是两岸经济发展和各方面交往的客观需要，也是两岸同胞的利益之所在，完全应当采取实际步骤加速推进。多年来，我们为此进行了不懈的努力，各地、各部门为促进两岸“三通”做了许多工作，并已做好一切准备，可以说是“万事俱备，只欠东风”。我们推动两岸“三通”进程的愿望是真诚的，态度是积极的，而且是始终如一的。

李维一指出，我们对实现“三通”的基本立场已多次公开反复说明过。“三通”是两岸间的事，是经济问题，“三通”商谈不是政治谈判，不应受到政治因素的影响和干扰。在“三通”技术性、业务性商谈中可以不涉及一个中国的政治含义，但也绝不能把两岸“三通”说成是“国与国”之间的“三通”。只要做到这一点，双方就可通过民间协商，使用两岸注册的船舶和飞机，进港时挂公司旗或标志旗，就可以尽快通起来。

他说，需要强调的是，任何人企图把两岸“三通”说成是“国与国”的或“准国际”的，都是为两岸“三通”设置新的障碍，这是我们坚决反对的，也是不能得逞的。我们强调两岸“三通”是两岸间的事情，由两岸资本在两岸注册的船舶和飞机经营两岸航运，既是题中应有之义，也是为了切实维护两岸民众特别是航运业者的利益。

李维一表示，为了尽早实现两岸“三通”，我们已做好一切准备。民间行业组织已做好了与台湾相应民间行业组织或团体进行接触磋商的准备。我们愿意并欢迎台湾民间行业组织、工商界、航运界人士与我们就两岸“三通”相关事宜进行协商，争取尽快地通起来。

外经贸部、信息产业部、民航总局和海峡两岸航运交流协会等单位的有关方面负责人出席新闻发布会，全面介绍了祖国大陆方面为促进两岸直接“三通”所做的努力，并回答了中外记者的问题。

10月31日

国家主席江泽民在中南海会见国际电工委员会(IEC)主席高柳诚一博士等该组织重要官员及理事局全体成员

江泽民首先代表中国政府对第六十六届国际电工委员会大会在北京召开表示祝贺。他说，随着现代科学技术日新月异的发展和世界经济全球化步伐加快，国际标准化和认证认可工作已逐步成为世界经济、贸易、科技和工业发展必不可少的重要基础。国际电工委员会标准不仅在提高人们生活质量和发展国际技术合作中发挥了重要作用，也为消除贸易技术壁垒起到了有效、积极的作用。江泽民对国际电工委员会所取得的成就表示赞赏。

江泽民说，中国作为发展中国家，在加入世界贸易组织后，将与国际电工委员会各成员国合作，积极促进国际经济和贸易合作。我们愿意看到国际电工委员会与中国的标准化和认证认可部门开展广泛的合作，并鼓励中国企业参与这个组织国际标准的制定和合格评定活动。

国务委员吴仪和国家质检总局局长李长江、副局长李传卿以及国际电工委员会中国国家委员会主席王凤清等参加了会见。

全国人大常委会委员长李鹏在人民大会堂会见马来西亚国会上议院议长曾永森

李鹏首先对曾永森议长率团访华表示热烈欢迎。他说，议长阁下是中国人民的老朋友，为两国建交作出了重要贡献。多年来，阁下为促进中马两国及中国全国人大和马来西亚议会之间的友好合作关系作出了不懈努力，我们对此表示赞赏和感谢。相信阁下此访将进一步增进双方的了解和友谊，加强和发展两国业已存在的友好合作关系。

李鹏说，中国和马来西亚的友好交往源远流长。建交28年来，两国关系发展顺利。特别是近十多年来，两国领导人保持了经常性的互访和接触，有力地促进了两国友好合作关系的全面发展，希望这一良好的传统继续保持下去。在当前国际形势下，中国愿意进一步巩固和发展两国及两国立法机构之间的交流与合作。

李鹏积极评价了马来西亚的发展成就。他说，马来西亚在马哈蒂尔总理领导下，成功地应对亚洲金融危机的冲击，经济发展取得了巨大成就。我相信，在马来西亚人民的努力下，贵国政府制定的发展规划一定会实现。中国将一如既往与包括马来西亚在内的东盟各国加强合作,共同发展。

全国人大常委会副委员长姜春云、副秘书长吕聪敏、外交部副部长王毅、李鹏委员长办公室主任吴文昌、全国人大教科文卫委员会委员高运甲等参加了会见。

2002年第21期《求是》杂志发表署名秋石的文章《一个伟大思想理论的诞生——论"三个代表"重要思想产生的历史背景》

全国无障碍设施建设工作电视电话会议在北京召开

国务院副总理温家宝致信强调,各级党委和政府要高度重视无障碍设施建设工作,把它作为实践"三个代表"重要思想的"民心工程"、"文明工程"列入议事日程,切实抓出成效。

温家宝在信中指出,全国无障碍设施建设工作会议的召开,表明党中央、国务院对残疾人和老年人的关心,对残疾人工作和老龄工作的重视。尊老爱幼、扶弱济残是中华民族的传统美德,也是社会主义精神文明的一个重要体现。建设无障碍设施,是为残疾人、老年人和其他社会成员提供方便的重要措施,是现代城市建设的一项必不可少的内容,是社会进步的重要标志。有关部门要按照《城市道路和建筑物无障碍设计规范》的要求,把无障碍设施规划好、建设好、管理好。他相信,通过社会各界的共同努力,我国的无障碍设施建设工作一定能够再上一个新的台阶。

国务委员、国务院残疾人工作协调委员会主任司马义·艾买提出席会议并讲话。他说,经过建设、民政和残联等部门、单位和社会各界的共同努力,我国无障碍设施建设工作得到了较快发展,取得了显著成绩,但还远不能适应社会的总体需求。各地区、各部门要增强责任感和紧迫感,力争"十五"期间全国无障碍设施建设有一个大的改观。

司马义·艾买提强调,要突出重点,狠抓落实,推动无障碍设施建设工作全面、系统、规范发展。要健全制度,严格把关,确保新建城市道路和建筑物的无障碍设施建设;切实推动现有道路和建筑物的无障碍设施改造。要加强监督管理,提高建设质量和使用效益,建设好无障碍设施建设示范城市和示范行业,带动无障碍设施建设和管理整体水平上一个新台阶。要进一步加强法规建设,加强规划,将无障碍设施建设工作纳入法制化轨道。同时,要加强宣传,营造全社会关心无障碍设施建设的良好氛围,使无障碍设施建设成为设计和建设管理单位的自觉行动,使维护和不占用无障碍设施成为社会各单位和广大群众的自觉行动。

会议还公布了北京、天津、上海、大连、青岛、南京、杭州、厦门、广州、西安、苏州、秦皇岛12个城市为首批全国无障碍设施建设示范城(区)创建城市。

建设部部长汪光焘,中国残联主席邓朴方,民政部副部长、全国老龄工作委员会办公室常务副主任李宝库在会上讲话。国务院副秘书长徐绍史、建设部副部长郑一军、中国残联常务副理事长王新宪出席会议,国务院其他有关部门、全国妇联及北京市有关负责同志参加了主会场会议,各地政府领导和有关部门的同志在各分会场参加了会议。

上海合作组织成员国总检察长会议在上海开幕

这是上海合作组织框架内的首次检察机关高层会议,也是我国检察机关探索加强国际司法合作的一种新尝试。中共中央政治局委员、中央书记处书记、国务委员罗干向会议发来贺信。

罗干在贺信中指出,上海合作组织成立一年多来,在加强成员国间的相互信任和睦邻友好,维护地区和平、安全与稳定,促进不同领域的互利合作,推动成员国的经济、社会和文化发展等方面都发挥了重要作用。打击恐怖主义、分裂主义和极端主义是上海合作组织的主要宗旨和合作方向之一。上海合作组织成员国的检察机关在维护法制,打击以"三股势力"为重点的跨国犯罪,维护本地区的安全和稳定方面担负着重要的职责。近年来,中、哈、吉、俄、塔、乌检察机关交往频繁,建立了密切的联系,开展了良好的合作,积累了一定经验,为推动本地区的安全和稳定发挥了积极的作用。这次会议对于推动和深化在上海合作组织框架内的司法交流与合作,维护本地区的安全和稳定,必将起到重要的作用。

最高人民检察院检察长韩杼滨在开幕式上致辞。

为期两天的上海合作组织总检察长会议由中华人民共和国最高人民检察院主办,以"加强合作、维护稳定"为主题,研究适应新的形势,落实《上海公约》的有关问题,围绕打击恐怖主义、分裂主义和极端主义合作机制,以及司法改革信息交流途径、检察官的交流与培训等问题进行广泛的探讨,并将签署联合声明。

国防部部长迟浩田在北京会见意大利国防部副部长萨·奇库

11月1日

国家主席江泽民在人民大会堂与加纳总统约翰·库福尔举行会谈

江泽民积极评价两国关系，他说，中加友谊源远流长，加纳是非洲最早与中国建交的国家之一，库福尔总统担任副外长时为恢复中国在联合国的合法席位投下了具有历史意义的一票，执政后又非常重视对华关系，主张扩大和加强双方在各领域的合作，中方对此表示赞赏和感谢。

江泽民表示，中国一贯主张在尊重国家主权、不干涉别国内政基础上发展国与国之间的友好关系。多年来，中国一直不断向加纳提供一些经济援助，这完全是着眼于两国人民的友谊和根本利益。同时，加纳历届政府在台湾问题上一直坚持一个中国政策，库福尔总统和加纳政府也多次重申加纳在台湾问题上的立场不会改变，我们对此表示赞赏和感谢。江泽民重申，中国政府十分珍视中加传统友谊，愿与库福尔总统领导下的加纳政府和人民携手共进，将中加友好合作关系提高到一个新的水平。

关于两国经贸合作，江泽民说，中国政府历来重视发展与加纳的经贸合作，把它作为双边关系的重要推动力。几十年来，中国在力所能及的范围内向加纳提供了一些援助，为加纳经济发展和社会进步作出了积极的贡献。中国政府愿本着平等互利、共同发展的原则，共同推动双边经贸合作在已有基础上取得新的进展。

会谈后，两国元首出席了中加两国有关合作协议的签字仪式。两国政府有关部门负责人签署了《中华人民共和国政府向加纳共和国政府提供贷款的协定》等4个文件。

国家主席江泽民在北京会见马耳他总理阿达米

江泽民说，中马建交30年来，不管国际风云如何变幻，两国关系一直发展顺利。其中的根本原因在于中马两国彼此相互尊重，平等相待，从广泛和长远的角度来看待和处理双边关系。中国人民感谢马耳他一贯坚持一个中国的政策，支持中国的统一大业；中国也始终支持马耳他为发展本国经济、维护地区和平与稳定所做的积极努力。中国人民对马耳他人民怀有真挚的感情，中马友谊经受了时间的考验。

江泽民介绍了中共十六大的准备情况和中国国内经济发展情况。

双方还就国际问题交换了看法。

中国人民大学举行建校65周年庆祝大会

中共中央政治局常委、全国人大常委会委员长李鹏出席庆祝大会暨吴玉章奖颁奖仪式，向中国人民大学的全体师生员工和广大海内外校友表示热烈祝贺，向获得吴玉章奖的各位专家学者表示祝贺和敬意。

李鹏在讲话中指出，中国人民大学是我们党和中央人民政府创立的第一所新型大学。

65年来，中国人民大学为中国革命和建设事业作出了重要贡献，培养了大批优秀人才。中国人民大学是一所有着优良革命传统的学校，这个传统可以概括为坚定正确的政治方向，理论联系实际的学风和为人民服务的人生观、价值观，希望这种优良传统在新的时代得到继承和发扬。

李鹏强调，人文社会科学与自然科学是“车之两轮”、“鸟之双翼”。科学技术是第一生产力，人文科学、社会科学和管理科学也同样可以转化为生产力，在以经济建设为中心的今天，这一点非常重要。他说，在一定意义上说，管理就是改革，就是要调整和处理好生产力和生产关系之间的关系，这就要求实现管理的科学化。他要求中国人民大学发挥自身优势，在人文科学、社会科学和管理科学研究与人才培养方面作出新的努力和探索。

李鹏说，中国人民大学建校以来为国家培养了17万名优秀的各类专门人才，希望今后继续为建设有中国特色社会主义事业培养更多优秀人才，为中华民族的伟大复兴，为建设一个富强、民主、文明的社会主义现代化国家作出更大的贡献。

李鹏和出席会议的领导同志为吴玉章人文社会科学奖和优秀教师奖获奖者颁了奖。吴玉章人文社会科学奖是面向全国为奖励人文社会科学领域的优秀成果而设立的。今年是第四届，共有31项优秀成果获奖。李鹏同志曾担任第一届吴玉章基金委员会主任，现任第四届吴玉章基金委员会名誉主任。

李铁映、宋平、许嘉璐、肖扬等同志以及中央和国家有关部门负责人出席了今天的大会。

教育部部长陈至立在大会上致辞，代表教育部祝贺中国人民大学建校65周年。她说，今年4月28日，江泽民总书记亲临中国人民大学考察并发表重要讲话，对中国人民大学全体师生寄予了殷切期望。21世纪是中华民族实现伟大复兴的时代，需要与时俱进的哲学社会科学。中国人民大学作为我国人文科学、社会科学、管理科学教育和研究的重要基地，在繁荣和发展哲学社会科学方面大有作为，中国人民大学全体师生要继续贯彻落实江泽民总书记的重要讲话精神，加快创建以人文社会科学为主的世界知名的一流大学的进程。她表示，教育部将高度重视中国人民大学的建设和发展，加快与北京市共建中国人民大学的步伐。

北京市委副书记强卫宣读了北京市委、市政府的贺信。

庆祝大会由中国人民大学党委书记程天权主持，校长纪宝成介绍了中国人民大学65年建设和发展的历程。北京大学党委书记闵维方、奥地利维也纳大学常务副校长约翰·尤伦尼奇和吴玉章奖获奖者代表、校友代表、教师代表、学生代表分别发言。出席庆祝大会的还有国内外高等院校代表、海内外校友与学校师生员工代表。

中国人民大学的前身是1937年8月在延安成立的陕北公学，后来与鲁迅艺术学院、延安工人学校等合并组建为华北联合大学，1948年又与北方大学合并组建为华北大学。1949年12月，中央人民政府政务院根据中共中央政治局的建议作出了成立中国人民大学的决定，杰出的无产阶级革命家、教育家吴玉章为首任校长。1954年，人民大学被确定为全国首批6所重点大学之一，1996年又首批进入"211工程"重点大学之列。学校现设18个学院、29个系、12个人文社会科学重点研究基地、6个文科基础学科人才培养和科学研究基地、56个学士学位专业、91个硕士点、64个博士点、8个博士后流动站、25个重点学科。现有全日制在校生16000多人，其中本科生8000多人，硕士、博士研究生7900多人，形成了多层次办学格局和人才培养体系。目前，学校同30多个国家和地区的100多所大学建立了学术交流关系。近年来，中国人民大学积极推进教育教学改革，加快学科和基础设施建设与院系调整，进一步完善了以"主干的文科、适当的理科、必要的工科"的学科体系，校园的面貌也发生了很大的变化。

国务院总理朱镕基在人民大会堂会见加纳总统约翰·库福尔

朱镕基说，中国政府愿与加纳政府共同努力，将两国在政治、经贸、文教、卫生及军事等领域的友好合作关系推向更高水平。

关于双边经贸合作，朱镕基表示，近年来，双边贸易逐年增长，双方在农业、基础设施建设等方面的合作取得积极成效。今后，双方在探索合作方式、丰富合作内容方面还大有可为。他表示相信，在两国领导人的亲自关心和积极推动下，两国经贸合作一定会取得更加丰硕的成果。

国务院决定取消789项行政审批项目

这标志着国务院各部门行政审批制度改革迈出了实质性的一步，取得了阶段性重要成果。

这次决定取消的789项行政审批项目，涉及国务院56个部门和单位。其中，涉及经济管理事务的560项，涉及社会管理事务的167项，涉及行政管理事务及其他方面事务的62项；依据行政法规设定的81项，依据国务院文件设定的88项，依据部门规章设定的279项，依据部门文件设定的303项，依据部门内设机构文件设定的38项。

国务院决定要求，各部门、各地区要研究并及时处理行政审批项目取消后可能出现的情况和问题，认真做好有关工作的后续监管和衔接，防止出现管理脱节。要按照完善社会主义市场经济体制的目标和建立"廉洁、勤政、务实、高效"政府的要求，进一步转变政府职能，继续深入推进行政审批制度改革。要将行政审批制度改革与政府机构改革、实行政务公开和"收支两条线"管理以及其他有关工作紧密结合起来，努力建立适应社会主义市场经济体制要求的行政管理体制。

2001年10月，国务院召开行政审批制度改革工作电视电话会议以来，在国务院行政审批制度改革工作领导小组的领导下，国务院所有有行政审批职能的部门和单位对本部门和单位的审批项目进行了认真彻底的清理，国务院行政审批制度改革工作领导小组办公室与各部门逐项认真研究并组织相关部门和专家学者进行深入论证。其间，组织相关专门人员，集中力量对国家经贸委的审批项目进行深入剖析和审核，探索并形成了处理行政审批项目工作的基本规范和做法，为国务院行政审批制度改革打下良好的基础。

在对行政审批项目进行审核和处理工作中，国务院各部门按照合法、合理、效能、责任和监督原则，注意处理好四个方面的关系：一是处理好着眼长远发展与立足现实国情的关系，把改革的总体要求与阶段性目标结合起来；二是把严格执行改革的政策规定与兼顾部门各自职能和特点结合起来；三是处理好政府与市场、政府与企业、政府与社会的关系，把政府不该管的事项减下来；四是处理好推进行政审批制度改革与保证正常运作的关系，把落实改革措施与促进各部门正确履行职责结合起来。坚持从实际出发，对应当取消也可以取消的审批项目，坚决予以取消；对应当取消但目前条件尚不具备的审批项目，提出过渡性的措施和办法；对应该保留的审批项目，予以保留。为防止审批项目取消后有关方面出现管理脱节，国务院第一批取消的审批项目所涉及的56个部门和单位，正在认真研究审批项目取消后的后续监管措施，积极将取消审批项目与建立规范的管理制度结合起来，把应该管的事项管住、管好。

国务委员吴仪在国际电工委员会大会上表示我国将进一步推进标准化和认证认可工作

国务委员吴仪在第六十六届国际电工委员会(IEC)大会上说,为适应经济的持续快速健康发展,我国政府及时大力推行国际标准和国外先进标准,广泛开展了认证认可工作,并计划用5年时间,使国际标准转化为我国标准的转化率达到70%,进一步提高全体人民的标准化和认证认可意识。

吴仪在讲话中对会议的成功举行表示热烈祝贺。她指出,IEC作为世界上最早的国际标准化组织,一直致力于促进电工、电子和相关领域的国际标准、认证认可规则等国际文件的制定,致力于国际间、区域间标准化和认证认可方面的合作。本次大会所取得的成果,一定能够在促进世界经济发展和人类社会进步方面取得良好效果。

吴仪说,中国实行改革开放政策以来,经济持续稳定增长,综合国力不断增强。中国政府一贯重视标准化和认证认可工作,在最近10年我国制定的19000多项国家标准中,有8600多项采用了国际标准和国外先进标准,采标率为43.7%。电子、电工、家电等行业的采标率均在60%以上,有的达到80%。逐步建立了以国际标准为基础的IEC产品检测与认证制度,大大提高了企业管理水平和经济效益。中国将进一步跟上国际上标准化和合格评定的发展步伐,使我们的采标率有一个更大的提高。

吴仪表示,中国将以更加积极的姿态走向世界,参与经济全球化进程。中国政府将一如既往地积极支持IEC的工作,与其他各成员国一道,为促进IEC事业的更好发展作出更大贡献。吴仪最后希望IEC采取措施,促进各成员国之间的技术交流与合作,维护公开、公平和协商一致原则,最大限度地消除"技术壁垒"。

中央军委主席江泽民签署命令颁布实施《中国人民解放军装备采购条例》

这是我军装备管理体制调整后,中央军委制定和颁布的规范我军武器装备采购工作的第一部基本法规。

《中国人民解放军装备采购条例》以邓小平理论和江泽民主席关于装备建设的一系列重要论述为指导,从我军装备管理体制和装备采购管理实际情况出发,按照社会主义市场经济体制和政府采购制度的有关原则和要求,结合我军装备采购的特点,明确了我军装备采购工作的基本任务,规定了我军装备采购工作应当遵循的指导思想和基本原则,规范了我军装备采购工作的基本内容、基本程序、基本要求和基本职责。

《中国人民解放军装备采购条例》共11章65条,对采购计划制订、采购方式确立、装备采购程序、采购合同订立、采购合同履行以及国外装备采购工作,进行了宏观总体规范,体现了我军装备采购工作统一领导、分工负责和系统管理的原则,体现了国家实行政府采购制度和在社会主义市场经济环境中我军装备采购工作的新情况、新特点和新要求。

11月2日

国务院总理朱镕基在金边与柬埔寨首相洪森举行会谈

朱镕基说:中柬两国人民自古就有友好交往。中国三代领导人与西哈努克国王亲手缔造和精心培育了今天的中柬友谊。近年来,中柬友好与互利合作日益发展,给两国人民带来了切实利益。中柬关系已进入健康稳定、全面发展的时期。我这次访柬的目的就是进一步增进友谊,扩大共识,深化合作。我们愿与柬方一道,在江泽民主席2000年访柬时两国发表的《联合声明》指导下,共同推动中柬关系取得更大的发展。

为更加密切和稳固中柬友好关系,朱镕基建议:

(一)保持高层接触和互访。中方欢迎柬领导人访问中国,愿意加强两国在政治、经贸、文化、教育、旅游等方面的交流与合作。

(二)加强经贸领域的互利合作。近10年来,中柬经贸合作取得长足发展,还有很多潜力可挖。中方一向关心柬埔寨的经济建设,将继续向柬提供力所能及的帮助。中国的援助是真诚的,不附带任何政治条件。朱镕基宣布,中国政府决定免除柬埔寨对华的所有到期债务。这是中国减免亚洲国家债务计划的一部分。

(三)确定两国重点合作领域。为具体落实《联合声明》,建议将农业、人力资源开发、基础设施建设作为当前两国合作的重点领域。希望双方农业部门扎实深化合作。中方愿意在人才培养方面向柬方提供帮助。中方已决定向柬方提供分期贷款,帮助柬修复桔井—上丁公路。

(四)加强在国际和地区事务中的协调与配合。中方愿继续与柬在联合国、东亚地区合作、东盟地区论坛等国际和地区多边场合协调立场,相互支持和配合,维护我们的共同利益。中国支持柬加入世贸组织和亚欧会议。

朱镕基积极评价了柬国内形势。他说,柬在保持政治和社会稳定的同时,经济持续发展,人民生活得到改善。柬政府奉行独立自主的政策,两大执政党团结合作,集中精力发展经济,这是符合柬人民根本利益的。中方坚定地支持柬政府继续走一条符合柬国情的发展道路。朱镕基还对柬埔寨作为东道国为筹办

"10＋3"等一系列东亚地区领导人会议所做的精心准备表示赞赏，并相信这些会议一定能取得圆满成功。

会谈后，中柬双方签署了两国经济技术合作协定和中国政府承建修复柬7号公路桔井—上丁路段项目的换文。

11月3日

中国共产党第十五届中央委员会第七次全体会议在北京举行

全会讨论并通过了第十五届中央委员会向党的第十六次全国代表大会的报告，讨论并通过了《中国共产党章程(修正案)》，全会决定将这两个文件提请党的第十六次全国代表大会审议。

全会审议并通过了《中共中央纪律检查委员会关于王雪冰问题的审查报告》。

全会总结了十五大以来五年的工作，回顾了1989年十三届四中全会以来改革开放和社会主义现代化建设的历史进程。全会认为，这十三年来，国际局势风云变幻，我国改革开放和社会主义现代化建设的进程波澜壮阔，以江泽民同志为核心的第三代中央领导集体，高举邓小平理论伟大旗帜，团结带领全党和全国各族人民，坚持党的十一届三中全会以来的路线不动摇，从容应对来自各方面的困难和风险，改革开放取得历史性突破，我国的综合国力大幅度跃升，祖国和平统一大业取得重大进展，人民生活总体上实现了由温饱到小康的历史性跨越，开创了建设有中国特色社会主义事业的崭新局面。这十三年取得的巨大成就，必将载入中华民族伟大复兴的光辉史册。这十三年积累的宝贵经验，对建设有中国特色社会主义事业具有长远的指导意义。

中国共产党第十五届中央委员会第七次全体会议公报

(2002年11月5日中国共产党第十五届中央委员会第七次全体会议通过)

中国共产党第十五届中央委员会第七次全体会议，于2002年11月3日至5日在北京举行。

出席会议的有中央委员186人，候补中央委员139人。中央纪律检查委员会委员和有关负责同志列席会议。

会议由中央政治局主持。中央委员会总书记江泽民同志作了重要讲话。

会议决定，中国共产党第十六次全国代表大会于2002年11月8日在北京召开。

全会讨论并通过了十五届中央委员会向党的第十六次全国代表大会的报告，讨论并通过了《中国共产党章程(修正案)》，全会决定将这两个文件提请党的第十六次全国代表大会审议。

全会审议并通过了《中共中央纪律检查委员会关于王雪冰问题的审查报告》。全会决定，撤销王雪冰中央委员会候补委员职务，给予其开除党籍处分。

全会总结了十五大以来五年的工作，回顾了1989年十三届四中全会以来改革开放和社会主义现代化建设的历史进程。全会认为，这十三年来，国际局势风云变幻，我国改革开放和社会主义现代化建设的进程波澜壮阔，以江泽民同志为核心的第三代中央领导集体，高举邓小平理论伟大旗帜，团结带领全党和全国各族人民，坚持党的十一届三中全会以来的路线不动摇，从容应对来自各方面的困难和风险，改革开放取得历史性突破，我国的综合国力大幅度跃升，祖国和平统一大业取得重大进展，人民生活总体上实现了由温饱到小康的历史性跨越，开创了建设有中国特色社会主义事业的崭新局面。这十三年取得的巨大成就，必将载入中华民族伟大复兴的光辉史册。这十三年积累的宝贵经验，对建设有中国特色社会主义事业具有长远的指导意义。

全会以邓小平理论和"三个代表"重要思想为指导，全面分析了新世纪党面临的国际国内形势和肩负的历史任务，就我国新世纪新阶段改革开放和社会主义现代化建设的若干重大问题，进行了深入讨论，为十六大的召开做了充分的准备。

国务院总理朱镕基出席在金边举行的大湄公河次区域经济合作领导人会议并发表讲话

朱镕基说，大湄公河次区域各国同属发展中国家。加强区域经济合作，有利于发挥各自优势，加快经济发展步伐；有利于各国参与全球经济合作与竞争，提升本国和本地区在世界政治、经济格局中的地位。

朱镕基说，大湄公河次区域国家加强经济合作，符合经济全球化和区域一体化的时代潮流，天时、地利、人和，机遇很好。第一，本地区近10年来呈现稳定和平的局面。第二，本地区幅员辽阔，人口众多，市场潜力巨大，人文和自然资源丰富，经济互补性强，有着广阔的合作前景。第三，本地区各国山水相连，传统友谊源远流长，人员往来和经贸关系密切。只要充分发挥这些有利因素和条件，不断加强区域经济合作，就会有力地推动各国经济发展，并为深化"10＋3"、"10＋1"进程创造有利条件。

朱镕基说，在开展区域合作方面，需要采取务实的态度，拓展合作领域，完善合作机制，以确保区域合作沿着健康的轨道前进。他就此提出以下建议：

一、坚持平等协商、互惠互利。大湄公河次区域各国虽然国家有大小，发展有差距，国情不尽相同，但共同的愿望和责任将我们紧紧联系在一起。我们应在相互尊重、友好协商、自主自愿、互惠互利的基础上稳步推进合作。上下游国家、不同发展水平的国家应充分考虑彼此利益，共同开发，共同受益。

二、坚持以项目为主导，注重实效。大湄公河次区域经济合作形成了比较完备的合作体系，推动了一批项目的建设。今后，在亚洲开发银行的支持下，大湄公河次区域合作应本着注重效果、面向行动的原则，将重心放在推动具体项目的合作上，以点带面，逐步形成规模，促进沿岸各国经济的全面发展。

三、坚持突出重点，循序渐进。目前，以交通、能源、电讯等基础设施建设为重点的合作，符合本地区经济发展水平和实际情况。同时，要在推进贸易便利化、改善投资环境、开发人力资源和旅游、农业、禁毒、环境等更广泛的领域进行合作。我们应以经济可持续发展为目标，努力提高保护生态与合理开发利用水资源的能力。

朱镕基说，今年，中国积极参与了大湄公河次区域合作开发的多个重点项目。我们愿在更广泛的范围，以更积极的姿态参与大湄公河次区域的经济合作。明年，我们将与沿岸各国继续开展航运、农业、卫生方面的项目合作，举办信息技术、海关及贸易便利化培训班。在此次会议上加入和签署《大湄公河次区域便利运输协定》和《大湄公河次区域政府间电力贸易协议》后，我们将与各签署国共同制定具体措施，使它们得以早日实施。

朱镕基强调，加强大湄公河次区域的合作功在当代，利在千秋。完全可以相信，在各方的共同努力下，大湄公河次区域的经济合作之路会越走越宽广。祝愿我们之间的友谊和经贸合作，如同澜沧江—湄公河之水，滔滔向前，奔流不息。

国务院总理朱镕基在金边王宫会见柬埔寨国王西哈努克

国务院总理朱镕基和老挝总理本南·沃拉芝在金边出席中国援助老挝建设昆曼公路老挝境内部分路段有关协议的签字仪式

中国对外贸易经济合作部部长石广生和老挝副总理兼外长宋萨瓦分别代表本国政府签署了中国向老挝提供援助的《经济技术合作协定》和《中华人民共和国政府和老挝人民民主共和国政府关于建设昆曼公路老挝境内部分路段项目的议定书》。

国务院总理朱镕基在金边分别会见柬埔寨参议院议长谢辛和国民议会议长拉那烈

国务院总理朱镕基在金边会见新加坡总理吴作栋

《人民日报》发表特约评论员文章《转变政府职能的重要举措》

国务院副总理李岚清在北京接见中国残疾人体育代表团

李岚清在接见参加第八届远东及南太平洋地区残疾人运动会载誉归来的中国残疾人体育代表团时指出，残疾人运动员身上体现出的中华民族自尊、自信、自强、自立的精神，是求生存、图发展的志气和自信力，是我们进行社会主义现代化建设、实现祖国繁荣昌盛的强大动力。

国务委员、国务院残疾人工作协调委员会主任司马义·艾买提陪同接见。

李岚清说，在党的十六大即将召开之际，中国残疾人体育代表团的健儿们在韩国釜山第八届远南运动会上团结一致，顽强拼搏，取得了优异成绩，为祖国和人民赢得了巨大荣誉。他代表党中央、国务院向中国残疾人体育代表团表示祝贺，并对全体运动员、教练员和工作人员致以慰问。

李岚清指出，中国残疾人体育代表团在本届远南运动会上共获得191枚金牌，奖牌总数达到331枚，实现第五次蝉联远南运动会金牌和奖牌总数第一，还打破7项世界纪录，一批新人脱颖而出，达到了锻炼队伍、培养新人的目标，并取得精神文明建设新的成绩。必须看到，争取在2004年特别是2008年残奥会上取得优异成绩，要做的工作还很多，还要作出更大的努力。他希望各级残联、体育行政部门和广大运动员、教练员认真做好参加残奥会的各项组织准备工作，认真做好残奥会后备力量的选拔培养工作，搞好人才梯队建设，努力在残奥会上创造更加优异的成绩，向党和人民汇报。

李岚清要求地方各级党委、政府和有关部门要认真贯彻《中共中央、国务院关于进一步加强和改进新时期体育工作的意见》和《国务院批转中国残疾人事业“十五”计划纲要的通知》精神，以北京举办2008年残奥会为契机，重视和发展残疾人体育事业，增加投入，加强体育设施建设，为残疾人体育事业的发展做好各项保障工作，确保实现党中央、国务院关于“努力把2008年奥运会和残疾人奥运会办成历史上最出色的一届奥运会”的要求。

国家体育总局党组书记、副局长李志坚，中国残联主席邓朴方，国务院副秘书长徐绍史，财政部副部长肖捷，劳动和社会保障部副部长张小建，教育部副部长赵沁平，民政部副部长李宝库等也参加了接见。

2002中医药现代化国际科技大会在成都召开

来自24个国家和地区的2400多名专家学者、政府官员、企业代表等今天会聚成都，参加为期3天的2002中医药现代化国际科技大会。中共中央政治局常委、国务院副总理李岚清致信大会，向大会的召开表示祝贺。他希望通过这次大会，进一步推动世界传统医药的交流与合作，使中医药更好地为人类健康作出更大贡献。

全国人大常委会副委员长吴阶平宣布大会开幕。

中医药是中华民族的瑰宝，也是世界传统医学的重要组成部分，中药因其源自天然，毒副作用小，现在日益受到世界各国的关注，国际性的传统医学热为中医药的发展提供了广阔的空间。据统计，世界草药市场年销售额已超过160亿美元，并以每年10%—20%的速度递增。

本次大会由科技部、卫生部、中科院和四川省人民政府等联合主办。大会的主题是：中医药与人类健康。专家们将研讨中医药资源的可持续利用、中医药的疗效机理、中药现代化创新、中医药的优质化、标准化与现代化等议题。在大会期间，还将举办中医药新技术、新产品展览，中药新药最新研究成果，中药及植物药的制药工艺、技术和设备，中药现代化基地，都将一一亮相。技术产权拍卖、技术转让与投资洽谈等活动也将同时展开。

11月4日

国务院任免国家工作人员

任命郑欣淼为文化部副部长；

刘绍勇为中国民用航空总局副局长；

吴定富为中国保险监督管理委员会主席。

免去鲍培德的中国民用航空总局副局长职务；

马永伟的中国保险监督管理委员会主席职务；

刘名启的中央人民政府驻澳门特别行政区联络办公室副主任职务。

国务院总理朱镕基出席在金边举行的第六次东盟与中日韩(10+3)领导人会议并发表讲话

朱镕基说：一年来，本地区的形势总体上是稳定的。在全球经济放缓的情况下，东亚国家经济仍保持了增长势头，区域内的经贸联系更为密切。近期在印尼和菲律宾发生的一系列爆炸事件表明，恐怖主义和跨国犯罪已成为危害本地区和平的严重不稳定因素。进一步扩大和深化在反恐等非传统安全领域的合作，是我们面临的重要课题。

朱镕基说，面对经济全球化的机遇与挑战，“10+3”合作在三个“10+1”不断深入发展基础上，正在逐步走向成熟。亚洲国家团结合作意识进一步增强。

他同时指出：尽管“10+3”合作在较短时间内取得了很快发展，但与其他地区的合作水平以及本地区各国的发展需要相比，还有不小的距离。我们应全面提高合作水平。我愿就此提出一些看法和倡议：

一、深化经济和金融合作

发展经济是东亚各国的首要任务，“10+3”应继续以经济合作为重点。中方支持进一步落实“清迈倡议”，我们已同泰国、日本、韩国和马来西亚签署了双边货币互换协议，并将继续与其他国家进行商谈。中方举办的第一轮共四期“10+3”财政和金融政策培训班，受到各方欢迎。我们决定再为“10+3”国家举办第二轮共四期这方面的培训班。

东盟一体化进程是“10+3”合作的重要组成部分，中方将尽己所能支持东盟国家的发展。我在此宣布，中国已决定实施亚洲减债计划，免除越南、老挝、柬埔寨、缅甸以及阿富汗和马尔代夫共6个债务国的部分或全部债务。这也是中国亚洲减债整体计划的一部分。

二、拓展政治和安全合作

当前，恐怖主义等跨国犯罪日益成为本地区各国面临的现实问题。随着经济合作不断深入，“10+3”应逐步启动政治和安全领域的合作，中方提议召开“10+3”打击跨国犯罪部长会议，得到各方同意，这将成为本次会议的成果之一。中国还将与东盟领导人发表《中国与东盟关于非传统安全领域合作联合宣言》，以共同应对面临的新挑战。

此外，“10+3”国家应进一步加强在国际事务中的沟通和协调，提高东亚在国际事务中的地位。中国支持柬、老、缅三国早日成为亚欧会议的成员，支持越、柬、老加入世界贸易组织。

三、加强合作机制建设

“10+3”框架内已陆续建立了外交、财政、经贸、农林、劳工和旅游共6个部长级会议机制。中方支持在其他领域也逐步建立合作机制。我们欢迎东盟关于召开“10+3”环境部长会议的建议。为促进本地区国家之间的贸易便利，我建议成立“10+3”海关合作工作层机制。

“10+3”各国共同参与的《东亚研究小组最终报告》提出了17项近期可实施的合作措施，并就“10+3”未来发展方向提出了9项中长期合作措施。中方支持尽快落实有关措施。中方愿研究建立东亚自由贸易区和召开东亚峰会的设想。随着各个领域合作的不断拓展,也有必要从机制上对“10 + 3”合作加以规划和协调,中方欢迎在这方面进行的积极探讨。

四、加强各国人民之间友好交往

“10 + 3”合作应逐渐由政府主导阶段,扩展到政府和民间共同参与、相互促进的阶段。我提议于明年上半年在云南省昆明市举办东亚城市市长论坛,希望这一论坛能为推动社会各界广泛参与“10 + 3”合作起到积极作用。

“10 + 3”合作应继续坚持互利互惠、循序渐进、注重实效的原则,充分尊重本地区多样性特点,照顾各方发展水平、社会制度等差异。在全球化日益深入的今天,东亚的发展离不开世界。“10 + 3”合作应继续保持开放性,与亚太经济合作组织、亚欧会议等机制相互补充,相互促进。

朱镕基强调,作为亚洲的一员和本地区最大的发展中国家,中国一贯积极参与和支持地区合作。中国的发展已经与东亚各国紧密联系在一起。中国在地区合作中不寻求特殊地位,我们支持任何有利于地区合作发展、符合东亚各国共同利益的倡议。中方将继续支持东盟在东亚合作进程中发挥核心作用。我们愿与日、韩和东盟各方一道,发挥各自优势,推动东亚合作的健康、稳定和持续发展。

国务院总理朱镕基出席在金边举行的第六次中国与东盟领导人会议并发表讲话

朱镕基指出,过去的一年,在江泽民主席与东盟领导人共同发表的《联合声明》指导下,双方政治互信进一步提高,合作领域继续扩大。中国与东盟关系处于历史上最好的时期。

朱镕基表示:我们应巩固成果,深化合作,推动双方关系进入全面发展的新阶段。为此,我提出以下建议:

第一,启动中国和东盟自由贸易区进程,推进双方全面经济合作。

去年,在第五次中国与东盟领导人会议上,我们同意建立中国与东盟自由贸易区,有力地推动了双方关系,在本地区乃至世界都产生了良好影响。经过双方共同努力,我们已就《中国与东盟全面经济合作框架协议》达成一致。加快建设中国与东盟自由贸易区,政治上可显示我们双方的团结与合作,经济上也符合我们的共同利益。自由贸易区越早建成,中国就会越早向东盟国家打开市场,中国与东盟市场进一步畅通,将有利于东盟的发展与繁荣,有利于东亚合作的进一步深入。因此,中方支持将2010年确定为自由贸易区的建成目标。

新东盟成员的利益在《框架协议》中已得到充分照顾,可以享受5年的宽限期。中方还决定向越、老、柬三个非世贸组织成员提供与世贸组织成员同等的最惠国待遇。

中方将切实履行《框架协议》中作出的承诺。中方在“早期收获”中尽可能地照顾了东盟各国的利益,率先向东盟开放了农业市场,我们将如期实施“早期收获”中规定的各项安排。我们愿与东盟各方共同努力,通过自由贸易区建设,推动中国与东盟经济合作的全面展开。

为了落实去年我们共同确定的新世纪初重点合作领域,中国农业部和东盟秘书处已代表双方签署了《农业合作谅解备忘录》,迈出了中国与东盟重点领域合作的第一步。在此,我提议建立双方信息产业部长定期会议机制,并尽快签署中国与东盟信息产业中长期合作备忘录,以促进信息领域的合作。他宣布,中方将在今后5年内为东盟培训500名信息技术人员。今年,在北京成功举行了首届中国与东盟媒体合作研讨会。我们希望今后继续与东盟开展在媒体、旅游、文化等领域的交流与合作。

第二,启动湄公河流域全面开发合作,促进东盟一体化进程。

中方在刚刚结束的首次大湄公河次区域经济合作领导人会议上签署了《政府间电力贸易协定》,加入《便利跨境客货运输框架协定》,并发表了《湄公河次区域合作国家报告》,提出了中国今后参与湄公河次区域开发的计划和重点项目。中方参与湄公河次区域的开发是面向整个流域的。我们将进一步加大投入,支持有关发展规划的落实。为支持泛亚铁路早日贯通,中国还决定投资全面改造和修建境内昆明至河口的铁路线。

东盟将基础设施、人力资源开发、信息通讯技术和地区经济一体化确定为“东盟一体化倡议”的四个优先领域,中方将结合这些领域,支持东盟一体化进程。中方刚刚宣布了“亚洲减债计划”。中国愿积极考虑使用中国与东盟合作基金,承办“改善柬、老、缅、越内陆航道的发展研究”等项目。

第三,启动中国与东盟非传统安全领域全面合作,维护地区和平与安全。

恐怖主义等非传统安全问题日益突出。最近在印尼和菲律宾发生的一系列事件表明,本地区国家有必要进一步加强合作,共同应对非传统安全威胁的挑战。中国与东盟在禁毒等领域的合作已经展开。本次会议将发表《中国与东盟关于非传统安全领域合作联合宣言》。我希望双方利用现有机制,制定和落实合作计划。

朱镕基指出：进一步加强政治互信，是中国与东盟关系全面发展的重要基础和保证。中国与东盟已完成关于《南海各方行为宣言》的磋商，将于会后签署。这是中国与东盟关系的一个重要进展，不仅标志着中国与东盟政治互信的深化，也有利于维护地区和平与稳定。中方赞赏并支持《东南亚友好合作条约》的宗旨和原则，对加入条约持积极态度。我们愿与东盟各方共同努力，推动五个核国家早日共同加入《东南亚无核武器区条约》议定书。

他说：中国加入世贸组织将近一年。事实表明，中国经济的发展并没有以损害其他国家的发展为代价，相反已成为东亚经济的重要拉动力量。今年头三个季度，中国与东盟贸易额达385.5亿美元，同比增长27.1%。其中东盟对华出口增幅达27%，一些国家增长了近50%。中国在对东盟国家提供市场的同时，对东盟各国的投资也在逐步增长。我相信，中国投资将成为促进东盟国家经济发展的新的重要因素。

朱镕基指出：中国将一如既往地奉行独立自主的和平外交政策。我们珍视与东盟各国的睦邻友好合作，赞赏东盟国家继续坚持一个中国政策。中国将继续支持东盟国家维护民族团结和社会稳定的努力，包括严厉打击恐怖主义的活动。我们愿在地区合作中加强与东盟的协调，支持东盟在东亚合作中继续发挥主导作用。让我们携起手来，共创中国与东盟关系的美好明天。

会后，中国和东盟秘书处签署了《农业合作谅解备忘录》。中国与东盟各方签署了《南海各方行为宣言》。这是中国与东盟关系的一个重要进展，不仅标志着中国与东盟政治互信的深化，也有利于维护地区和平与稳定。此外，中国与东盟领导人发表了《中国—东盟关于非传统安全领域合作联合宣言》。

中国与东盟关于非传统安全领域合作联合宣言

我们，中华人民共和国、文莱达鲁萨兰国、柬埔寨王国、印度尼西亚共和国、老挝人民民主共和国、马来西亚、缅甸联邦、菲律宾共和国、新加坡共和国、泰王国和越南社会主义共和国的国家元首或政府首脑，齐集柬埔寨金边举行中国与东盟第六次领导人会议：

忆及1997年《中华人民共和国与东盟国家领导人会议联合声明》，其中承诺加强在所有领域的对话与合作，以增进了解和扩大互利，巩固和充实睦邻互信伙伴关系。

严重关注贩毒、偷运非法移民包括贩卖妇女儿童、海盗、恐怖主义、武器走私、洗钱、国际经济犯罪和网络犯罪等非传统安全问题，这些问题日益突出，已成为影响国际和地区安全的重要不确定因素，对国际和地区和平与稳定构成新的挑战。

认识到非传统安全问题十分复杂，有着深刻的背景，需要综合运用政治、经济、外交、法律、科技等手段加以应对。

认为非传统安全问题需要加强地区和国际合作，中国与东盟各国互为近邻，在应对非传统安全问题方面存在广泛的共同利益。

满意地注意到中国与东盟在非传统安全领域已经开展的合作和取得的成果，包括2000年的《东盟和中国禁毒行动计划》，2001年中国、老挝、缅甸和泰国四国禁毒合作部长会议及其发表的《北京宣言》，以及中国与东盟国家通过双边渠道开展的各种合作。

欢迎1997年东盟打击跨国犯罪部长级会议发表的声明、2001年东盟领导人发表的反恐联合声明、2002年东盟反恐特别部长会议联合公报和柬埔寨、印度尼西亚、马来西亚、菲律宾四国的《情报交流与建立联系程序协议》。

确认在遵守《联合国宪章》、《东南亚友好合作条约》体现的和平共处五项原则和其他公认的国际法准则的基础上开展合作，并尊重各国的法律制度。

决心进一步加强和深化双方在非传统安全领域合作，授权主管部长根据以下内容落实本宣言。

一、目标

根据各方的共同需要，制定非传统安全领域的合作措施和方法，提高各方应对非传统安全问题的能力，促进各方的稳定与发展，维护地区和平与安全。

二、合作重点和形式

（一）现阶段合作重点为打击贩毒、偷运非法移民包括贩卖妇女儿童、海盗、恐怖主义、武器走私、洗钱、国际经济犯罪和网络犯罪等。

（二）在深化其他的多边和双边合作基础上：

1. 加强信息交流；

2. 加强人员交流与培训，促进能力建设；

3. 加强在非传统安全领域的务实合作；

4. 加强对非传统安全问题的共同研究；

5. 探讨其他合作领域和方式。

三、参与和组织

（一）中国与东盟将尽可能利用现有的机制，包括东盟打击跨国犯罪部长会议和高官会，开展合作，并根据联合宣言的宗旨和原则制定中长期合作规划，指导双方合作。

（二）通过上述机制，在中国和东盟成员国主管部门支持下，就相关领域合作设立专门工作组，实施有关行动计划。

四、其他

为落实本联合宣言，可根据联合宣言的宗旨和原则，制定具体的合作协议。

我们，中华人民共和国与东盟国家领导人，承诺继续关注此事，并呼吁其他地区和国家与我们共同努力，加强在非传统安全领域的合作。

兹于2002年11月4日在柬埔寨王国金边通过。

国务院总理朱镕基和东盟10国领导人在金边签署《中国与东盟全面经济合作框架协议》

国务院总理朱镕基 日本首相小泉纯一郎和韩国总理金硕洙在金边举行会晤

朱镕基总理作为今年中日韩三国领导人会晤的东道主主持了会晤。三国领导人侧重就三国经贸合作和三国与东盟的合作交换了意见。这次会晤是在东盟10国与中日韩(10+3)等东亚领导人会议期间举行的。

三国领导人均认为，会晤加强了三国间的相互理解和信任，也有利于推动“10+3”进程向前发展。三国领导人对加强今后的合作提出了建议。

朱镕基就三国今后的合作方向提出以下设想：一、明确三国合作的重点领域。建议将经贸、信息产业、环保、人力资源开发和文化合作决定为三国今后一段时间的重点合作领域；二、适时启动三国自由贸易区可能性的研究。这对促进三国经贸合作、实现东亚经济更大融合具有积极意义；三、加强“10+3”框架内的政策协调。中日韩三方在支持东盟发挥核心作用的同时，有必要在“10+3”框架内就此开展一些政策上的协调，共同促进东亚合作的发展。

朱镕基建议将沙尘暴的监测和治理作为三国的共同合作项目；实现三国商务人员签证便利化，确保人员往来便利；为促进三国媒体合作，建议明年举办一个中日韩三国媒体高层研讨会。

11月5日

中国共产党中央纪律检查委员会第八次全体会议公报

(2002年11月5日中国共产党中央纪律检查委员会第八次全体会议通过)

中国共产党中央纪律检查委员会第八次全体会议，于2002年11月4日至5日在北京举行。中央纪律检查委员会委员110人出席了会议，列席了中国共产党第十五届中央委员会第七次全体会议。

中央纪律检查委员会常务委员会主持了会议。中共中央政治局常委、中央纪律检查委员会书记尉健行在会上讲了话。

全会审议并通过了《中共中央纪律检查委员会向党的第十六次全国代表大会的工作报告》，同意提请党的第十六次全国代表大会审查。

全会认为，党的十五大以来，中央纪律检查委员会在以江泽民同志为核心的党中央领导下，坚持以邓小平理论和“三个代表”重要思想为指导，坚持党要管党、从严治党的方针，认真执行党章规定的各项任务，严格政治纪律，保证了党中央的决策、部署的贯彻落实；不断加大工作力度，推动反腐倡廉工作持续深入开展。经过全党全社会的共同努力，党风廉政建设和反腐败斗争取得了新的明显成效，党政机关和干部队伍中腐败现象蔓延的势头程度不同地得到遏制，维护了改革发展稳定的大局。

全会坚信，各级党委、纪委和全体党员高举邓小平理论伟大旗帜，全面贯彻“三个代表”重要思想，认真学习贯彻党的十六大精神，与时俱进，开拓创新，就一定能够把党风廉政建设和反腐败斗争不断引向深入，为实现党的十六大作出的战略部署和重大决策提供坚强的政治保证。

《人民日报》发表署名钟轩理的文章《不断提高全党的马克思主义理论水平(在“三个代表”指引下阔步前进)——十五大以来党的理论武装工作综述》

一个始终站在时代前列的马克思主义政党，离不开科学理论的指导。党的十五大以来，以江泽民同志为核心的党中央，把理论建设作为党的建设的重要内容，坚持用邓小平理论和“三个代表”重要思想武装全党，不断提高全党的马克思主义理论水平，为我们党应对各种困难和风险的考验，推进建设有中国特色社会主义伟大事业，奠定了坚实的思想基础。

一

5年来，党中央高度重视理论武装工作，提出了一系列明确要求，采取了一系列有力措施。在党的十五大报告中，江泽民同志鲜明指出，一定要高举邓小平理论的伟大旗帜，用邓小平理论来指导我们的整个事业和各项工作。他号召全党，要重视学习，善于学习，兴起一个学习马列主义、毛泽东思想特别是邓小平理论的新高潮。在党的十五届二中全会上，江泽民同志指出，必须把理论学习摆在首位。1998年6月，中央发出《关于在全党深入学习邓小平理论的通知》。7月，根据中央决定，召开了学习邓小平理论工作会议。年底，中央部署在全国县级以上党政领导班子、领导干部中深入开展以“讲学习、讲政治、讲正气”为主要内容的党性党风教育。从2000年底开始，在全国农村深入开展了“三个代表”重要思想学习教育活动。2001年，中央作出了《面向21世纪加强和改进党校干部教育工作的决定》，制定了《2001—2005年全国干部教育培训规划》,对全党干部学习进行全面部署。5年来,各级党委按照中央要求,大力加强理论武装工作,积极推动党委中心组学习。全党理论学习风气更加浓厚,学习同实践结合更加紧密,中央一系列重大决策得到顺利贯彻落实。全国各族人民万众一心、团结奋斗,推动改革开放和现代化建设事业蓬勃发展。这一切,是与我们党不断加强理论武装工作分不开的,是与各级领导干部理论水平和领导能力的不断提高分不开的。

二

十五大以来,理论武装工作在党中央的领导下,在深入学习邓小平理论和"三个代表"重要思想的过程中,不断兴起学习的热潮。

深入学习邓小平理论和十五大精神,形成了一个理论学习热潮。党的十五大以后,广大党员干部把学习邓小平理论同学习十五大精神结合起来,在全面、正确领会与掌握邓小平理论的科学体系、精神实质和十五大精神上下功夫,在掌握马克思主义的立场、观点、方法并用以指导新的实践上下功夫,使全党理论学习达到了新的水平。

深入开展"三讲"集中教育活动,又形成了一个理论学习热潮。根据中央部署,从1998年年底开始,在全国县级以上党政领导班子、领导干部中,集中时间分期分批开展"三讲"教育活动。各级领导干部结合工作实际和思想实际,深入学习马克思主义经典著作,开展批评与自我批评,受到了一次深刻的马克思主义教育,推动全党理论学习进一步深入。

深入学习"三个代表"重要思想和"七一"讲话、"五三一"讲话,再次形成了理论学习热潮。2000年年初,"三个代表"重要思想一经提出,就在广大干部群众中产生了热烈反响。全党积极行动,认真学习。江泽民同志"七一"重要讲话发表后,中央和各地积极组织开展了有声势、有力度的宣讲活动。"五三一"重要讲话发表后,广大党员干部的学习热情进一步高涨。"三个代表"重要思想日益深入人心,成为指导各项工作的强大理论武器和根本指针。

这三次理论学习热潮前后相继,环环相扣,主题一脉相承,内容不断深化,推动理论武装工作不断向深度和广度发展。5年来,广大党员干部通过认真学习、深入思考和实践锻炼,认识水平明显提高,主要收获有:

一是对"什么是社会主义、怎样建设社会主义"的认识达到了新的高度。广大党员干部结合新的实践,既从整体上不断深化对邓小平理论和"三个代表"重要思想的科学体系、精神实质的认识,又从各个领域不断深化对其基本观点的把握,运用马克思主义的立场、观点、方法解决重大理论和实际问题的能力进一步增强。在社会主义市场经济、社会主义公有制实现形式、国有经济主导作用等一系列重大问题上统一了思想,提高了认识,有力地促进了改革和建设事业的发展。

二是对"建设一个什么样的党和怎样建设党"的认识达到了新的高度。通过"三个代表"重要思想的学习,广大党员干部进一步深化了对新的历史条件下如何加强党的建设、巩固党的执政地位、始终保持党的先进性等一系列问题的认识。通过"三讲"教育,开展批评与自我批评,解决思想问题,树立正确的世界观、人生观、价值观、权力观,促进了党风廉政建设和领导班子建设。全面贯彻"三个代表"重要思想,加强和改进党的建设,把我们的事业不断推向前进,成为各级干部和广大党员的共识。

三

5年来,理论武装工作不断加强和改进,形成了以党委中心组学习为龙头,以县处级以上领导干部为重点,脱产学习、中心组学习与在职自学相结合,广大党员干部踊跃参加理论学习的良好态势,表现出以下特点:理论武装围绕党的工作大局,与党的事业发展相互配合,相互促进。这是5年来的一个鲜明特点。各级党委把学习理论同学习中央指示精神、贯彻中央重大决策结合起来,同学习各种新知识结合起来,在深度和广度上不断拓展,增强了贯彻执行党的基本路线和各项方针政策的自觉性、坚定性。

理论学习纳入经常化、规范化轨道,学习制度逐步健全。近年来,中央对理论学习制度建设多次提出明确要求。中组部、中宣部制定了《关于加强和改进党委(党组)中心组学习的意见》《关于建立县级以上党政领导干部理论学习考核制度的若干意见》。各级党委把学习制度建设摆到突出位置,常抓不懈,逐步建立、健全理论学习领导责任制、中心组学习制度、干部脱产培训制度、学习考核制度等。通过制度建设,把外在约束与内在动力结合起来,"学与不学一个样,学得好与不好一个样"的状况有所改变。

学习形式和教育方法不断改进,理论的说服力、战斗力不断增强。理论学习适应形势发展,与研究、宣传紧密结合,同时在方法和载体上也不断创新。"三讲"集中教育、"七一"集中宣讲等新形式,着力于针对性、实效性,着力于说充分、说清楚,创造了党的理论教育的成功经验。报刊、广播电视和互联网等现代传媒发挥了巨大作用,特别是《使命》、《光荣行》、《走进新时代》等一批优秀电视理论宣传片,大大增强了理论的吸引力和感染力。各地运用专题研讨班、社科论坛、竞赛、辅导等方式,开展生动活泼的学习活动,激发了广大党员干部学习的积极性。

理论武装工作得到各级党委的高度重视,良好的学习风气开始形成。各级党委把理论学习列入"一把手工程”，普遍建立党委主要领导亲自抓、分管领导具体抓、职能部门协助抓的领导机制，初步形成了一级抓一级、一级带一级、齐抓共管的工作格局。各级领导干部以身作则，带头学习，为理论武装工作的深入开展提供了有力保证。

11月6日

国家主席江泽民在钓鱼台国宾馆会见“电视与广播博物馆国际理事会2002年北京年会”与会代表

江泽民对这次在北京召开的国际媒体界盛会表示祝贺，并对电视与广播博物馆国际理事会为各国在新闻传播和文化领域的交流与合作所做的贡献表示赞赏。江泽民说，中国改革开放以来，经济建设和社会发展都取得了长足的进步。广播电视系统的体制改革也日益深化，广播电视系统的产业化不断发展。因特网的发展尤为迅速，它已成为中国新闻传媒的重要组成部分。随着去年底中国加入世贸组织，中国的改革开放将进一步深化，中国的经济和社会会有更大的发展。江泽民希望国际传媒界继续加强与中国同行的交流与合作，为促进各国人民之间的相互理解和交流作出新的努力。

中共中央政治局常委、国务院副总理李岚清，中共中央政治局委员、书记处书记丁关根会见时在座。参加会见的还有赵启正、孙家正、刘淇、徐光春、石宗源等。

电视与广播博物馆国际理事会是国际媒体界一年一度的盛会，其主要目的是为全球传媒界领导人提供一个相互交流与合作的机会。自1996年至今，它已先后在罗马、柏林、马德里、巴黎、伦敦和维也纳召开过六届年会，这次年会是首次在发展中国家举行。

国家主席江泽民与马达加斯加共和国总统马克·拉瓦卢马纳纳互致贺电庆祝两国建交30周年

全国人大常委会委员长李鹏出席长江三峡工程导流明渠截流合龙仪式并发表讲话

9时50分，长江三峡工程导流明渠截流胜利合龙。中共中央政治局常委、全国人大常委会委员长李鹏在截流合龙后发表讲话。他说，举世瞩目的三峡枢纽工程胜利地实现了导流明渠截流，这是三峡工程建设的一件大事，必将给全国各族人民以巨大的鼓舞，为即将召开的中国共产党第十六次全国代表大会献上一份厚礼。

全长3.7公里、渠宽350米的导流明渠，是为解决三峡二期工程期间通航和过流而开挖出来的一段“人造长江”。三峡工程要在2003年实现水库初期蓄水、船闸通航和首批机组发电三大目标，必须在今年11月完成截流导流明渠，随后浇筑起用于挡水的三期混凝土围堰。这次截流是世界水利水电工程中综合施工难度最大的一次截流。其截流水力学指标高于三峡大江截流和葛洲坝大江截流。由于导流明渠截流连续高强度抛投压力大，戗堤进占中水流条件异常复杂，为控制截流风险，截流施工单位提前在龙口段大量抛投了钢架石笼和合金钢网石兜，形成了一道道拦石坝，从而降低了合龙的难度。导流明渠截流施工从10月25日正式启动，经过截流勇士连续10天艰苦奋战，导流明渠截流围堰上下游戗堤龙口已经束窄至20米。截流合龙万事俱备。

9时，中国长江三峡工程开发总公司总经理陆佑楣报告了此时三峡坝址的水文情势：长江通过三峡坝址的流量为每秒8600立方米，其中通过大坝导流底孔的流量为每秒8450立方米，通过截流龙口的流量是每秒120立方米；上游龙口的流速为每秒3.1米，下游龙口的流速为每秒2.78米。此时的水情对合龙非常有利。

9时10分，中共中央政治局委员、国务院副总理吴邦国下达截流合龙命令。

9时50分，上游龙口胜利合龙，随后下游龙口也成功合龙。在听取截流现场总指挥报告后，吴邦国宣布导流明渠截流合龙成功。

李鹏在截流合龙后发表讲话。他代表党中央、全国人大、国务院，向三峡工程的全体建设者和库区的广大干部群众，表示热烈的祝贺和亲切的慰问，向支持三峡工程的全国各族人民，向关心三峡工程的香港、澳门特别行政区，台湾同胞和海外侨胞以及国际友好人士，表示衷心的感谢！

李鹏说，1992年4月3日，七届全国人大五次会议通过了关于兴建长江三峡工程的决议。经过十年的努力，三峡工程建设各方面都取得了很大的成绩。目前，三峡左岸大坝已全线浇筑到坝顶185米高程，永久船闸已转入有水调试阶段，首批发电的机组正在安装。三峡二期移民工作即将全部完成。输变电工程进展顺利，可以满足2003年并网送电的需要。这些成绩的取得，凝聚着以江泽民同志为核心的党中央的关怀和心血，与全体三峡工程建设者和库区各级政府、移民群众的奋勇拼搏、艰苦创业，与全国各族人民的大力支持是分不开的。体现了我们中华民族拼搏奉献的伟大精神，体现了社会主义的优越性。

李鹏希望全体三峡工程建设者和库区各级政府以及广大干部群众，一定要进一步发扬“为一流工程，创一流质量”精神，认真负责，严格把关，确保工程质量万无一失；一定要抓紧时间，争分夺秒，完成明年并网发电前的施工、安装和设备调试任务。一定要采取更有力的措施，加快库底清理工作的进度，加大地质灾害和环境污染防治工作的力度，全面做好大坝下闸蓄水前一切准备工作。

李鹏指出，三峡工程是世界工程建设史上的一个壮举。自古以来，"水治则国治"。确保长江安澜，造福于民，是中国世世代代人民的夙愿。实现这一夙愿的历史重任，则落在了我们的肩上。三峡工程是一项具有防洪、发电、航运、环保、引水等综合效益、符合国家可持续发展战略的跨世纪宏伟工程，"功在当代，利及千秋"。它的建设，无疑是中国历史进程中的一座丰碑，必将有力地促进我国的社会主义现代化建设。

李鹏说，十年前，中国共产党、中国政府和中国人民就庄严地向全世界承诺，一定能够建设好三峡工程。现在，巍巍的左岸大坝屹立在长江汹涌波涛之上，十几座现代化的城市坐落在翠绿群山怀抱之中。事实告诉世人，我们一定能够完成历史赋予的建设好三峡工程这一光荣任务！让我们在邓小平理论和"三个代表"重要思想指引下，团结拼搏，为全面完成三峡工程的任务而努力奋斗！

讲话结束后，李鹏兴致勃勃地来到上游合龙现场，会见了三峡工程参建单位代表并同大家合影留念。随后，李鹏等考察了正在进行调试的永久船闸、已经全线封顶的二期大坝和正在紧张进行机组安装的发电厂房。李鹏、吴邦国还为三峡水力发电厂揭牌。

全国人大常委会副委员长邹家华也参加了今天的活动。

国务院三峡工程建设委员会副主任郭树言主持了截流仪式。参加截流合龙仪式的有关方面负责人有：曾培炎、李荣融、项怀诚、杨振怀、姚振炎、马凯、柴松岳、张春贤、孙文盛、蒲海清、李永安和湖北省、重庆市负责人俞正声、罗清泉、黄镇东、王鸿举等。

《人民日报》发表由中共中央文献研究室编写的《中共十三届四中全会以来大事记》

国办印发《关于促进农产品加工业发展的意见》

各省、自治区、直辖市人民政府，国务院各部委、各直属机构：

《关于促进农产品加工业发展的意见》已经国务院同意，现印发给你们，请认真贯彻执行。

国务院办公厅

2002年11月6日

关于促进农产品加工业发展的意见

近年来，我国农产品加工业得到了较快发展，成为国民经济中发展颇具潜力的增长点。但就总体而言，还不能适应整个经济和社会发展的需要，尤其是农产品加工水平和质量较低，专门用于加工的农产品不足，产加销各环节联结不紧密，农产品质量安全标准不健全、加工业布局和产业结构不尽合理等问题仍比较突出。为促进农产品加工业持续健康发展，现提出如下意见：

一、充分认识发展农产品加工业的重要意义

发展农产品加工业，实现农业产业化经营，是促进农业和农村经济结构战略性调整的重要途径，具有十分重要的意义。发展农产品加工业，可以促进优化农产品区域布局和优势农产品生产基地的建设，延长农业产业链条，提高农产品的综合利用、转化增值水平，有利于提高农业综合效益和增加农民收入；通过扩大农产品深加工，提高产品档次和质量，促进农产品出口，有利于提高我国农业的国际竞争力；通过发展农产品加工业，以农业产业化经营为基本途径，吸纳农村富余劳动力就业，提高技术装备能力和水平，有利于推进农业现代化。

二、发展农产品加工业的指导思想和目标

（一）指导思想。

当前和今后一个时期，要紧紧围绕农业和农村经济结构的战略性调整，因地制宜，科学规划，合理布局，依靠科技进步发展农产品加工业；在避免重复建设、提高农产品综合加工能力的同时，逐步实现农产品由初级加工向精深加工转变，由传统加工工艺向采用先进适用技术转变；推进农产品加工原料生产基地化，产加销经营一体化，加工制品优质化，促进农产品加工业持续健康发展。

（二）发展目标。

经过5—10年发展，形成与优势农产品产业带相适应的加工布局，建成一批农产品加工骨干企业和示范基地；建立农产品加工业的技术创新体系，健全重要农产品加工制品质量安全标准；使农产品加工业增加值占国内生产总值、工业增加值的比重有较大提高。

三、发展农产品加工业的主要原则和重点领域

（一）主要原则。

1. 以市场需求为导向。遵循市场经济规律，发展优质、安全、方便、营养的农产品加工制品，巩固城市消费市场，开拓农村、小城镇和国际市场，不断适应和满足市场需求。

2. 发挥区域比较优势。因地制宜，充分发挥其资源、经济、市场和技术优势，依托优势农产品专业化生产区域，发展优势、特色农产品加工业，逐步形成农产品生产和加工产业带，实现农产品加工与原料基地有机结合。

3. 适度规模经营。发展农产品加工业，要与原

料基地的规模和市场需求相适应，既要发展大中型龙头骨干企业，又要发展有市场、有特色、有潜力的小型企业。

4. 采用先进适用技术。保护和发展具有民族特色的传统工艺，选用先进适用的技术装备，鼓励有条件的农产品加工企业积极引进和开发高新技术。

5. 发展和保护相结合。坚持高标准、严要求，采用先进工艺和技术，切实推行清洁生产，保护生态环境，有利于可持续发展。发展农产品加工业，要特别注意不能上污染严重和危害生态环境的项目。

6. 加强宏观指导。通过制定和实施农产品加工业发展规划、政策，引导农产品加工业合理布局，防止盲目铺摊子和低水平重复建设，新上项目一开始就要做到高起点、高水平，提高农产品加工的现代化水平。

(二)重点领域。

1. 大力发展粮、棉、油料等重要农产品精深加工。粮食加工以小麦、玉米、薯类、大豆、稻米深加工为主，配套发展粮食烘干等产后处理能力。发展各类专用粮油产品和营养、经济、方便食品加工。

2. 积极发展"菜篮子"产品加工。肉类重点发展猪、牛、羊、鸡、鸭、鹅、兔等产品深加工；奶业要优先提供优质、营养的学生饮用奶；水产品发展优质鱼、虾、贝类、海珍品等水产品精深加工；积极发展有机蔬菜产品和绿色蔬菜产品加工，搞好蔬菜的清洗、分级、整理、包装，推广净菜上市，发展脱水蔬菜、冷冻菜、保鲜菜等；注重发展干鲜果品保鲜、储藏及精深加工。

3. 巩固发展糖、茶、丝、麻、皮革等传统加工。鼓励发展精制糖，发展名优茶、有机茶和保健茶；发展丝和麻加工系列制品；积极开发牛、羊等皮毛(绒)深加工制品；合理利用和开发食用菌等农业野生资源，发展特色农产品加工。

四、促进农产品加工业发展的重点工作

(一)制定和实施发展规划。

各省、自治区、直辖市人民政府要根据《全国主要农产品加工业发展规划》和《全国优势农产品区域布局规划》等有关规划，结合本地实际情况，制定本地区的农产品加工业发展规划并认真组织实施。要重点做好对市、县两级农产品加工业发展规划编制和实施的指导，防止盲目发展和重复建设。

(二)建设原料生产基地。

在现有农产品生产基地的基础上，加强优势农产品良种繁育、技术推广、运销服务等基础设施建设，建设和形成布局合理、专用、优质、稳定的优势农产品原料生产基地。

(三)建立生产经营新机制。

鼓励农产品加工企业通过定向投入、定向服务、定向收购等方式，发展产业化经营，与农民建立稳定的合同关系和利益联结机制，形成真正的利益共同体。

(四)鼓励和扶持龙头企业。

支持农产品加工骨干企业实行优质农产品基地建设、科研开发、生产加工、营销服务一体化经营。要重点培植一批有自主知识产权、产业关联度大、带动能力强、有国际竞争力的大中型农产品加工龙头企业。支持农产品加工龙头企业引进国外资金、技术和管理经验，提高农产品加工水平，增强农产品加工制品国际市场竞争力。

(五)推进技术进步和科技创新。

国务院农业和科技行政主管部门要抓紧制定农产品加工业的技术发展政策措施。优先开发大宗农产品的精深加工工艺、技术和装备。支持科技成果转化和推广先进适用的农产品加工技术。鼓励农产品加工骨干企业与大专院校、科研院所联合组建科学技术研究与开发中心。各地有关部门和农产品加工企业，要重视对职工的技能培训。

(六)健全质量安全体系。

参照国际标准，抓紧制(修)定和健全农产品加工制品的质量安全标准和技术规范。完善农产品加工制品质量安全检验检测手段，抓好质量认证工作。加强对农产品加工质量安全的监督、检测和检查，完善有关法规并严格执法。

(七)扶持和发展中介组织。

加强农产品加工业行业协会、专业技术服务等中介组织建设。发挥各种专业化中介组织在提供社会化服务、开展行业自律、防止无序竞争、协助解决国际贸易争端等方面的作用。

五、发展农产品加工业的政策措施

(一)加大国家投入力度。

提高农产品加工业基本建设投资占整个基本建设投资的比重，增加对农产品加工骨干企业的技改投入。各级财政支农资金和农业综合开发有偿资金等，要重点支持农产品加工企业的基地建设、科研开发、技术服务、质量标准和信息网络体系建设。科技、农业、乡镇企业等行政主管部门的科技开发资金、教育培训资金，应有一定比例用于农产品加工业发展。外经贸部门应加大对农产品加工制品出口的支持和协调服务。

(二)给予相关的金融支持。

商业银行要将支持农产品加工企业发展作为信贷工作的重要内容，及时满足农产品加工企业合理的资金需求。对农产品加工企业向农户收购农产品和完成国内外订单生产所需流动资金，有关银行应积极予以支持。对农产品加工企业申请贷款，应视项目用途与实际需要，适当放宽担保抵押条件，合理确定贷款期限。应把中小型农产品加工企业列为中小企业信用担保体系的优先扶持对象。符合股票上市条件和市场开拓能力强的大型农产品加工骨干企业,可申请公开发行股票并上市。

(三)落实税收支持政策。

对农产品出口实行与法定退税率一致的退税政策,出口退税率尚未达到法定征税率的农产品,应优先考虑适当提高出口退税率。企业研究开发新产品、新技术、新工艺所发生的各项费用,在缴纳企业所得税前扣除。农产品加工企业引进技术和进口农产品加工设备,符合国家有关税收政策规定的,免征关税和进口环节增值税。对重点农产品加工骨干企业从事种植业、养殖业和农产品初加工所得,要落实免征3—5年企业所得税的政策。

(四)其他配套措施。

各级国土资源管理部门在编制土地利用总体规划和计划时,要对农产品加工企业用地进行统筹考虑,合理安排。农产品加工企业特别是骨干企业生产经营需征用土地应依法报批,各项费用按合理标准收取。电力部门要保证对农产品加工企业的供电。

六、切实加强对发展农产品加工业的组织领导

地方各级人民政府要把发展农产品加工业作为繁荣农村经济的重点,统一规划,统筹安排,将其纳入本地区经济社会发展计划。对不同地区、不同特点的农产品加工业要实行分类指导,注重实效,避免"一刀切"、"一哄而起"或搞重复建设。有关部门和地区,要在巩固、提高东部地区和城市农产品加工水平的同时,积极促进资金、技术和人才等要素向中西部地区和小城镇流动。

国务院农业行政主管部门要牵头研究和制定促进农产品加工业发展的政策措施,计划、经贸、外经贸、国土资源、财政、科技、卫生、金融、税务、环保、工商、质检等行政主管部门要各司其职,加强协作,转变职能,改善服务,共同推动农产品加工业持续健康发展。

11月7日

中国共产党第十六次全国代表大会在人民大会堂举行预备会议

江泽民同志主持会议。

党的十六大代表实有2114名,特邀代表40名,共2154名。

出席今天预备会议的代表2118名。

会议以举手表决方式,通过了由24人组成的代表资格审查委员会成员名单,通过了由236人组成的大会主席团成员名单,选举胡锦涛为大会秘书长。会议并通过了大会秘书处机构设置和工作任务。

会议还通过了十六大的议程。大会的议程为:听取和审查十五届中央委员会的报告;审查中央纪律检查委员会的工作报告;审议通过《中国共产党章程(修正案)》;选举十六届中央委员会;选举中央纪律检查委员会。

中国共产党第十六次全国代表大会主席团在人民大会堂举行第一次会议

江泽民同志出席会议并作了重要讲话。

会议首先在大会秘书长胡锦涛主持下,以举手表决方式通过了由江泽民同志等32人组成的主席团常务委员会名单。

随后,会议在江泽民主持下进行了各项议程。会议以举手表决方式通过了丁关根、罗干、曾庆红、王刚为大会副秘书长。

会议通过了中国共产党第十六次全国代表大会代表资格审查委员会关于代表资格的审查报告。

报告说,中央确定党的十六大代表名额为2120名,分配到各选举单位的名额为2120名。各选举单位共选举产生代表2120名,其中因病去世2人;因工作严重失误或存在违纪问题,同意本人辞去代表资格2人;因严重违纪,被撤销代表资格2人。实有代表2114名。

报告说,党的十六大代表选举工作,中央要求明确,各选举单位党组织高度重视,精心组织实施,认真贯彻党的民主集中制原则,广大党员积极参与,充分发扬党内民主,整个工作健康有序,进展顺利。代表选举工作是严格按照中央规定的程序进行的。全国参与推荐提名的基层党组织达到98%,党员达到93%。各选举单位认真组织对代表人选的考察工作,特别对代表人选的思想政治素质、作风情况、廉洁自律、工作表现和群众公认程度进行了深入细致的考察。考察工作结束后,各选举单位召开党代表大会或党代表会议进行差额选举。

报告说,十六大代表既具有先进性,又具有广泛代表性。他们大都是各条战线的领导骨干和各方面生产、工作第一线的先进模范人物,有较好的群众基础。他们具有共产主义远大理想和中国特色社会主义坚定信念,努力学习实践"三个代表"重要思想,在改革开放和社会主义现代化建设事业中作出了显著成绩。十六大代表结构比较合理,代表的文化素质进一步提高。当选代表中,有各个历史时期入党的党员。

报告说,代表资格审查委员会认为,全国38个选举单位的代表选举工作符合中央规定的程序,2114名代表资格有效。参照十五大的做法,中央邀请了40名

特邀代表出席党的十六大，特邀代表具有正式代表同样的权利。

会议通过了中国共产党第十六次全国代表大会选举办法（草案），提交各代表团酝酿。

会议还通过了列席和来宾事项。中央决定，邀请党内有关负责同志和部分党外人士列席这次大会。列席这次大会的有：不是十六大代表的十五届中央委员会委员、候补委员和中央纪律检查委员会委员；不是十六大代表、特邀代表的原中央顾问委员会委员；不是十六大代表、特邀代表的党内部分老同志，以及其他有关同志，共284人。作为来宾列席大会开幕式和闭幕式的有：担任全国人大常委会副委员长、全国政协副主席的党外人士，担任过国家副主席、全国人大常委会副委员长、全国政协副主席的党外人士，各民主党派中央、全国工商联负责人和无党派人士，以及全国人大、全国政协常委中在京的党外人士和部分少数民族、宗教界人士等，共152人。

主席团会议还通过了十六大大会日程。根据这个日程，十六大将于11月8日上午开幕，11月14日上午闭幕。

中国共产党第十六次全国代表大会主席团成员名单

（共236人，按姓氏笔画为序）

丁关根　刀玉琴（女，傣族）　于　勇　于永波（满族）
万　里　卫留成　马　凯　马之庚　马启智（回族）
马富才　王　刚　王　克　王　晨　王天玺（彝族）
王云坤　王太华　王乐泉　王兆国　王众孚　王旭东
王岐山　王沪宁　王忠诚　王忠禹　王胜俊　王洛林
王梦奎　王瑞林　毛致用　乌云其木格（女，蒙古族）
方红霄　邓朴方　石广生　石宗源（回族）
布　赫（蒙古族）　卢瑞华　叶选平　田凤山　田成平
田纪云　田聪明　白立忱（回族）　白志健　白克明
白恩培　司马义·艾买提（维吾尔族）　邢世忠
列　确（藏族）　回良玉（回族）　朱光亚　朱镕基
乔　石　乔清晨　伍绍祖　任仲夷　任建新　华建敏
多吉才让（藏族）　刘　玠　刘　京　刘　淇　刘云山
刘书田　刘冬冬　刘延东（女）　刘华秋　刘华清
刘明康　刘积斌　刘高倬　江小涓（女）　江泽民
许永跃　孙　英　孙家正　牟新生　苏　荣　杜青林
杜铁环　李　鹏　李长印　李长江　李长春
李兆焯（壮族）　李岚清　李金华　李建国　李荣融
李树文　李贵鲜　李素丽（女）　李铁林　李铁映
李瑞环　李德洙（朝鲜族）　李毅中　杨　扬（女）
杨元元　杨正午（土家族）　杨汝岱　杨怀庆　杨国庆
杨国梁　杨德清　肖　扬　吴　仪（女）　吴邦国
吴启迪（女）　吴奇修　吴官正　吴基传　何　勇
何椿霖　谷　牧　邹家华　闵维方　汪光焘　汪恕诚
沈方泉　宋　平　宋　健　宋任穷　宋照肃　宋德福
迟万春　迟浩田　张万年　张文台　张文康　张玉台
张左己　张立昌　张庆伟　张学忠　张春贤　张思卿
张俊九　张彦仲　张恩照　张高丽　张维庆　张瑞敏
张福森　张德江　张德邻
阿不来提·阿不都热西提（维吾尔族）　陈　元
陈小津　陈云林　陈至立（女）　陈良宇　陈佳洱
陈建国　陈奎元　陈锦华　陈福今　陈慕华（女）
林兆枢　尚福林　罗　干　竺延风　金人庆　金炳华
周　强　周小川　周永康　周光召　周声涛　周德强
郑万通　郑斯林　孟建柱　项怀诚　赵启正
赵南起（朝鲜族）　胡启立　胡锦涛　俞正声　闻世震
姜建清　姜春云　姜福堂　洪学智　贺国强　袁伟民
贾庆林　贾春旺　顾秀莲（女）　柴松岳
钱正英（女）　钱运录　钱其琛　铁　凝（女）
铁木尔·达瓦买提（维吾尔族）　徐才厚　徐永清
徐匡迪　徐有芳　徐光春　徐冠华　高祀仁　郭　峰
郭东坡　郭伯雄　郭金龙　郭树言　唐家璇　黄　菊
黄镇东　曹　志　曹刚川　曹庆泽　曹伯纯　阎海旺
尉健行　彭珮云（女）　韩杼滨　傅全有　傅志寰
储　波　曾庆红　曾培炎　温宗仁　温家宝　雷鸣球
虞云耀　路甬祥　解振华　廖　晖　谭启龙　滕文生
薄一波　穆占英　戴秉国（土家族）　戴相龙　魏礼群

中国共产党第十六次全国代表大会主席团常务委员会成员名单

（共32人）

江泽民　李　鹏　朱镕基　李瑞环　胡锦涛　尉健行
李岚清　丁关根　田纪云　李长春　李铁映　吴邦国
吴官正　迟浩田　张万年　罗　干　姜春云　贾庆林
钱其琛　黄　菊　温家宝　曾庆红　吴　仪（女）万　里
乔　石　宋　平　刘华清　薄一波　宋任穷　叶选平
宋　健　曹庆泽

中国共产党第十六次全国代表大会秘书长名单

胡锦涛

中国共产党第十六次全国代表大会副秘书长名单

丁关根　罗　干　曾庆红　王　刚

中国共产党十六大代表资格审查委员会成员名单

（共24人）

主任：尉健行

副主任：曾庆红　徐才厚

委员（按姓氏笔画为序）：

王云坤 乌云其木格(女,蒙古族) 回良玉(回族)
伍绍祖 何 勇 张柏林 张俊九 张德邻
阿不来提·阿不都热西提(维吾尔族) 陈 希
陈奎元 苗 圩 周 强 周永康 郑斯林 贺国强
热 地(藏族) 顾秀莲(女) 铁 瑛 唐天标
阎海旺

十六大新闻中心举行新闻发布会

受大会的委托,吉炳轩向中外记者介绍了十六大的有关情况。他说,中国共产党第十六次全国代表大会,是我们党在新世纪召开的第一次全国代表大会,也是在我国进入全面建设小康社会、加快推进社会主义现代化的新的发展阶段召开的一次十分重要的代表大会。大会将高举邓小平理论伟大旗帜,全面贯彻"三个代表"重要思想,认真总结党的十五大以来5年的工作,总结改革开放以来特别是党的十三届四中全会以来党团结和带领全国各族人民在建设有中国特色社会主义的伟大实践中取得的基本经验,对新世纪新阶段全面推进我国的改革开放和社会主义现代化建设、全面推进党的建设新的伟大工程作出战略部署,进一步动员全党和全国各族人民,解放思想,实事求是,与时俱进,开拓创新,为开创建设有中国特色社会主义事业新局面而团结奋斗。

吉炳轩说,去年9月,党的十五届六中全会作出了《关于召开党的第十六次全国代表大会的决议》。之后,在党中央的直接领导下,经过深入调查研究,广泛征求意见,充分发扬民主,反复研究讨论,拟就了十六大报告的征求意见稿。这个征求意见稿在党内3000多人的范围内讨论和征求了意见,并听取了党外人士的意见,对报告进行了反复修改。11月5日,党的十五届七中全会讨论通过了党的十六大报告稿,决定正式提交十六大审议。

吉炳轩介绍说,从去年10月开始,按照党中央的要求,全国38个选举单位,认真贯彻民主集中制原则,充分发扬党内民主,坚持自下而上、上下结合、反复酝酿、逐级遴选,进行了党的十六大代表的选举工作。整个选举工作进展顺利,全部代表都经无记名投票、差额选举产生。据统计,各选举单位基层党组织参与率平均为98%,党员参与率平均为93%。经代表资格审查委员会审查,大会实有代表2114名。他们代表着全党6600多万党员,具有较强的先进性和广泛的代表性。当选代表中,各级党员领导干部占75.7%;来自工业、农业、财贸、科技、国防、政法、教育、文化、卫生、体育等生产和工作第一线的代表占24.3%,他们中获得过省部级以上荣誉称号的先进模范人物占88.5%;女代表占18.1%;少数民族代表占10.9%;具有大专以上文化程度的占91.9%;代表年龄在55岁以下的占63.2%。当选代表中,大革命、土地革命战争、抗日战争、解放战争时期入党的党员占2.5%;新中国成立后入党的党员占97.5%,其中,十一届三中全会以来入党的占32%。这表明,新中国成立以来入党的同志已经成为十六大代表的主体,这是我们党的事业兴旺发达、后继有人的重要标志。

吉炳轩说,十六大闭幕后将召开党的十六届一中全会,选举产生新一届中央领导机构。全会结束后,新一届中央政治局常委将与中外记者见面。

吉炳轩还回答了中外记者的提问。

新闻发布会由大会新闻中心主任徐心华主持。约600名中外记者参加了新闻发布会。

最高人民法院公布《最高人民法院关于审理偷税抗税刑事案件具体应用法律若干问题的解释》

《最高人民法院关于审理偷税抗税刑事案件具体应用法律若干问题的解释》与2002年9月17日公布的《最高人民法院关于审理骗取出口退税刑事案件具体应用法律若干问题的解释》,为司法机关依法办理涉税犯罪案件,严惩偷税、抗税和骗取国家出口退税犯罪活动,提供了明确的法律适用依据。

审理偷税刑事案件,关键在于准确把握偷税罪的构成条件。为此,该司法解释明确规定,具备以下两个条件的,以偷税罪定罪处罚,最高处七年有期徒刑,并处偷税数额五倍以下罚金:(1)纳税人有"伪造、变造、隐匿、擅自销毁账簿、记账凭证"、"在账簿上多列支出或者不列、少列收入"、"经税务机关通知申报而拒不申报纳税"、"进行虚假纳税申报"或者"缴纳税款后,以假报出口或者其他欺骗手段,骗取所缴纳税款"等行为之一;(2)不缴或者少缴应纳税款,偷税数额占应纳税额的百分之十以上且偷税数额在一万元以上。

关于审理抗税案件,解释规定,具有以下五种情形之一的抗税行为,属于抗税"情节严重",将被处以三年以上七年以下有期徒刑,并处拒缴税款一倍以上五倍以下罚金。这五种行为是:(1)聚众抗税的首要分子;(2)抗税数额在十万元以上;(3)多次抗税;(4)故意伤害致人轻伤;(5)具有其他严重情节。同时明确规定,"与纳税人或者扣缴义务人共同实施抗税行为的,以抗税罪的共犯依法处罚"。该司法解释于2002年11月7日起施行。

外交部发言人孔泉就联合国安理会通过伊拉克问题决议发表谈话

中国政府对解决伊拉克问题的立场是一贯和明确

的。我们坚决主张在联合国框架内，通过政治和外交手段，以和平方式解决伊拉克问题，始终要求伊拉克全面、严格地履行安理会有关决议，与联合国充分合作，彻底查清并销毁大规模杀伤性武器。中国一贯认为，要全面解决伊拉克问题，伊拉克的主权和领土完整及合理关切应得到尊重，安理会应根据伊拉克执行决议的情况，考虑中止并最终解除对伊长达12年之久的制裁。正是基于上述考虑，中国对安理会刚刚通过的第1441号决议投了赞成票。

中国以建设性的态度积极参与了安理会各阶段对决议草案的磋商，并提出了中方的意见和建议。我们愿强调，安理会肩负着《联合国宪章》赋予的维护国际和平与安全的重任。在当前时刻，安理会就伊拉克问题通过决议，将有利于政治解决伊拉克问题，有利于维护安理会的权威，也有利于推动联合国核查人员返伊并顺利开展工作。

11月8日

中国共产党第十六次全国代表大会在人民大会堂开幕

江泽民代表第十五届中央委员会向大会作了题为《全面建设小康社会，开创中国特色社会主义事业新局面》的报告。

在主席台前排就座的大会主席团常务委员会成员有江泽民、李鹏、朱镕基、李瑞环、胡锦涛、尉健行、李岚清、丁关根、田纪云、李长春、李铁映、吴邦国、吴官正、迟浩田、张万年、罗干、姜春云、贾庆林、钱其琛、黄菊、温家宝、曾庆红、吴仪、万里、乔石、宋平、刘华清、薄一波、叶选平、宋健、曹庆泽。

大会由李鹏同志主持。

李鹏宣布，十六大应到代表和特邀代表共2154人，实到代表和特邀代表共2134人。

应邀列席大会的有担任全国人大常委会副委员长、全国政协副主席的党外人士，担任过国家副主席、全国人大常委会副委员长、全国政协副主席的党外人士，各民主党派中央、全国工商联负责人和无党派人士荣毅仁、帕巴拉·格列朗杰、王光英、吴阶平、何鲁丽、丁石孙、成思危、许嘉璐、蒋正华、阿沛·阿旺晋美、钱伟长、丁光训、孙孚凌、霍英东、马万祺、万国权、经叔平、罗豪才、张克辉、周铁农、王文元、费孝通、孙起孟等，他们在主席台贵宾席就座。党内有关负责同志也列席了今天的大会。

江泽民在中国共产党第十六次全国代表大会上发表题为《全面建设小康社会　开创中国特色社会主义事业新局面》的报告

同志们：

现在，我代表第十五届中央委员会向大会作报告。

中国共产党第十六次全国代表大会，是我们党在新世纪召开的第一次代表大会，也是我们党在开始实施社会主义现代化建设第三步战略部署的新形势下召开的一次十分重要的代表大会。

大会的主题是：高举邓小平理论伟大旗帜，全面贯彻“三个代表”重要思想，继往开来，与时俱进，全面建设小康社会，加快推进社会主义现代化，为开创中国特色社会主义事业新局面而奋斗。

当人类社会跨入二十一世纪的时候，我国进入全面建设小康社会、加快推进社会主义现代化的新的发展阶段。国际局势正在发生深刻变化。世界多极化和经济全球化的趋势在曲折中发展，科技进步日新月异，综合国力竞争日趋激烈。形势逼人，不进则退。我们党必须坚定地站在时代潮流的前头，团结和带领全国各族人民，实现推进现代化建设、完成祖国统一、维护世界和平与促进共同发展这三大历史任务，在中国特色社会主义道路上实现中华民族的伟大复兴。这是历史和时代赋予我们党的庄严使命。

一、过去五年的工作和十三年的基本经验

十五大以来的五年，是我们高举邓小平理论伟大旗帜不断开拓创新的五年，是我们经受住各种困难和风险的考验、继续沿着中国特色社会主义道路胜利前进的五年。

十五大确立邓小平理论为党的指导思想，提出党在社会主义初级阶段的基本纲领，明确了我国跨世纪发展的奋斗目标和任务。为贯彻十五大精神，中央先后召开七次全会，分别就农业和农村工作、国有企业改革和发展、制订“十五”计划、加强和改进党的作风建设等重大问题，作出决定和部署。五年来，我们走过了很不平凡的历程，在改革发展稳定、内政外交国防、治党治国治军各方面都取得了巨大成就。

国民经济持续快速健康发展。实施扩大内需的方针，适时采取积极的财政政策和稳健的货币政策，克服亚洲金融危机和世界经济波动对我国的不利影响，保持了经济较快增长。经济结构战略性调整取得成效，农业的基础地位继续加强，传统产业得到提升，高新技术产业和现代服务业加速发展。建设了一大批水利、交通、通信、能源和环保等基础设施工程。西部大开发取得重要进展。经济效益进一步提高，财政收入不断增长。“九五”计划胜利完成，“十五”计划开局良好。

改革开放取得丰硕成果。社会主义市场经济体制初步建立。公有制经济进一步壮大，国有企业改革稳步推进。个体、私营等非公有制经济较快发展。市场体系建设全面展开，宏观调控体系不断完善，政府职能转变步伐加快。财税、金融、流通、住房和政府机构等改革继续深化。开放型经济迅速发展，商品和服务贸易、资本流动规模显著扩大。国家外汇储备大幅度增加。我国加入世贸组织，对外开放进入新阶段。

社会主义民主政治和精神文明建设成效显著。民主法制建设继续推进，政治体制改革迈出新步伐。爱国统一战线发展壮大，民族、宗教和侨务工作取得新进展。社会治安综合治理取得新成效。科技、教育、文化、卫生、体育和计划生育等事业全面进步。宣传舆论工作和思想道德建设不断加强，群众精神文化生活日益丰富。

国防和军队建设迈出新步伐。人民解放军的革命化现代化正规化建设继续加强，国防实力和军队防卫作战能力进一步提高。军队、武警和民兵在保卫和建设祖国中发挥了重要作用。

人民生活总体上达到小康水平。城乡居民收入稳步增长。城乡市场繁荣，商品供应充裕，居民生活质量提高，衣食住用行都有较大改善。社会保障体系建设成效明显。“八七”扶贫攻坚计划基本完成。

祖国统一大业取得新进展。我国政府恢复对澳门行使主权。坚持贯彻“一国两制”方针，严格执行香港特别行政区基本法和澳门特别行政区基本法，香港和澳门社会经济稳定。海峡两岸人员往来和经济文化交流不断加强。反对“台独”等各种分裂图谋的斗争深入开展。

对外工作开创新局面。根据国际形势的发展变化，坚持正确的对外方针和政策，广泛开展双边和多边外交，积极参与国际交流和合作，我国的国际地位进一步提高。

党的建设全面加强。全党对邓小平理论的学习不断深入。我们提出并深刻阐述了“三个代表”重要思想。“三讲”集中教育和“三个代表”学习教育活动卓有成效。党的思想、组织、作风建设全面推进，思想政治工作得到加强。干部制度改革迈出新步伐。廉政建设和反腐败斗争深入开展，取得新的明显成效。

实践证明，十五大和十五大以来中央作出的各项重大决策是正确的，符合最广大人民的根本利益。我们取得的成就，是全党和全国各族人民共同奋斗的结果，为今后党和国家事业的发展奠定了更加坚实的基础。

必须清醒地看到，我们工作中还有不少困难和问题。农民和城镇部分居民收入增长缓慢，失业人员增多，有些群众的生活还很困难；收入分配关系尚未理顺；市场经济秩序有待继续整顿和规范；有些地方社会治安状况不好；一些党员领导干部的形式主义、官僚主义作风和弄虚作假、铺张浪费行为相当严重，有些腐败现象仍然突出；党的领导方式和执政方式与新形势新任务的要求还不完全适应，有的党组织软弱涣散。我们必须高度重视存在的问题，继续采取有力措施加以解决。

五年来的成就，是在改革开放特别是一九八九年十三届四中全会以来的实践基础上取得的。这十三年来，国际局势风云变幻，我国改革开放和现代化建设的进程波澜壮阔。二十世纪八十年代末九十年代初，国内发生严重政治风波，东欧剧变、苏联解体，世界社会主义出现严重曲折，我国社会主义事业的发展面临空前巨大的困难和压力。在这个决定党和国家前途命运的重大历史关头，党中央紧紧依靠全党同志和全国各族人民，坚持十一届三中全会以来的路线不动摇，成功地稳住了改革和发展的大局，捍卫了中国特色社会主义伟大事业。邓小平同志南方谈话以后，十四大确立社会主义市场经济体制的改革目标，改革开放和现代化建设进入新的阶段。在社会主义条件下发展市场经济，是前无古人的伟大创举，是中国共产党人对马克思主义发展作出的历史性贡献，体现了我们党坚持理论创新、与时俱进的巨大勇气。由计划经济体制向社会主义市场经济体制的转变，实现了改革开放新的历史性突破，打开了我国经济、政治和文化发展的崭新局面。邓小平同志逝世后，我们高举邓小平理论伟大旗帜，开拓进取，把中国特色社会主义事业全面推向二十一世纪。

十三年来，我们思想统一，目标明确，工作扎实，取得了重大的历史性成就。二〇〇一年，我国国内生产总值达到九万五千九百三十三亿元，比一九八九年增长近两倍，年均增长百分之九点三，经济总量已居世界第六位。人民生活总体上实现了由温饱到小康的历史性跨越。人们公认，这十三年是我国综合国力大幅度跃升、人民得到实惠最多的时期，是我国社会长期保持安定团结、政通人和的时期，是我国国际影响显著扩大、民族凝聚力极大增强的时期。我们党和我国人民作出的艰辛努力和取得的伟大成就举世瞩目，必将载入中华民族伟大复兴的光辉史册。

回首这十三年，我们走过的道路很不平坦，成绩来之不易。我们从容应对一系列关系我国主权和安全的国际突发事件，战胜在政治、经济领域和自然界出现的困难和风险，经受住一次又一次考验，排除各种干扰，保证了改革开放和现代化建设的航船始终沿着正确的方向破浪前进。我们能取得这样的胜利，靠的是党的基本理论、基本路线和基本纲领的正确指引，靠的是党的高度团结统一，靠的是全党和全国各族人民的顽强奋斗。

在这里，我代表中共中央，向全国各族人民，向各民主党派、各人民团体和各界爱国人士，向香港特别行政区同胞、澳门特别行政区同胞和台湾同胞以及广大侨胞，向一切关心和支持中国现代化建设的各国朋友，表示衷心的感谢！

十三年来的实践，加深了我们对什么是社会主义、怎样建设社会主义，建设什么样的党、怎样建设党的认识，积累了十分宝贵的经验。

（一）坚持以邓小平理论为指导，不断推进理论创新。邓小平理论是我们的旗帜，党的基本路线和基本纲领是各项工作的根本指针。无论遇到什么困难和风险，都必须坚持党的基本理论、基本路线和基本纲领不动摇。坚持用马克思列宁主义、毛泽东思想和邓小平理论武装全党、教育人民，不断解放思想、实事求是，与时俱进、开拓创新，尊重群众的首创精神，通过实践来检验和发展党的理论和路线方针政策。

（二）坚持以经济建设为中心，用发展的办法解决前进中的问题。发展是硬道理。必须抓住一切机遇加快发展。发展要有新思路。坚持扩大内需的方针，实施科教兴国和可持续发展战略，实现速度和结构、质量、效益相统一，经济发展和人口、资源、环境相协调。在经济发展的基础上，促进社会全面进步，不断提高人民生活水平，保证人民共享发展成果。

（三）坚持改革开放，不断完善社会主义市场经济体制。改革开放是强国之路。必须坚定不移地推进各方面改革。改革要从实际出发，整体推进，重点突破，循序渐进，注重制度建设和创新。坚持社会主义市场经济的改革方向，使市场在国家宏观调控下对资源配置起基础性作用。坚持“引进来”和“走出去”相结合，积极参与国际经济技术合作和竞争，不断提高对外开放水平。

（四）坚持四项基本原则，发展社会主义民主政治。四项基本原则是立国之本。坚持中国共产党的领导，巩固和完善人民民主专政的国体和人民代表大会制度的政体，坚持和完善共产党领导的多党合作和政治协商制度以及民族区域自治制度。推进政治体制改革，发展民主，健全法制，依法治国，建设社会主义法治国家，保证人民行使当家做主的权利。

（五）坚持物质文明和精神文明两手抓，实行依法治国和以德治国相结合。社会主义精神文明是中国特色社会主义的重要特征。必须立足中国现实，继承民族文化优秀传统，吸取外国文化有益成果，建设社会主义精神文明，不断提高全民族的思想道德素质和科学文化素质，为现代化建设提供强大的精神动力和智力支持。

（六）坚持稳定压倒一切的方针，正确处理改革发展稳定的关系。稳定是改革和发展的前提。要把改革的力度、发展的速度和社会可承受的程度统一起来，把不断改善人民生活作为处理改革发展稳定关系的重要结合点，在社会稳定中推进改革发展，通过改革发展促进社会稳定。

（七）坚持党对军队的绝对领导，走中国特色的精兵之路。人民军队是人民民主专政的坚强柱石。按照政治合格、军事过硬、作风优良、纪律严明、保障有力的总要求，着眼于打得赢、不变质，注重科技强军，全面推进革命化现代化正规化建设，确保军队永远忠于党，忠于社会主义，忠于祖国，忠于人民。

（八）坚持团结一切可以团结的力量，不断增强中华民族的凝聚力。高举爱国主义、社会主义的旗帜，加强全国各族人民的大团结，巩固和发展最广泛的爱国统一战线。加强同民主党派和无党派人士的团结，做好民族工作、宗教工作和侨务工作，坚持“一国两制”方针，调动一切积极因素，为完成祖国统一大业和实现中华民族的伟大复兴而共同奋斗。

（九）坚持独立自主的和平外交政策，维护世界和平与促进共同发展。始终把国家的主权和安全放在第一位。在和平共处五项原则的基础上，同各国发展友好合作关系，反对霸权主义和强权政治，推动建立公正合理的国际政治经济新秩序。按照冷静观察、沉着应对的方针和相互尊重、求同存异的精神处理国际事务，尊重世界多样性，促进国际关系民主化，争取和平的国际环境和良好的周边环境。

（十）坚持加强和改善党的领导，全面推进党的建设新的伟大工程。治国必先治党，治党务必从严。坚持党的性质和宗旨，以改革的精神加强和改进党的建设，不断提高党的领导水平和执政水平，提高拒腐防变和抵御风险的能力，坚持不懈地开展反腐败斗争，保持党同人民群众的血肉联系，保持党的先进性、纯洁性和团结统一。

以上十条，是党领导人民建设中国特色社会主义必须坚持的基本经验。这些经验，联系党成立以来的历史经验，归结起来就是，我们党必须始终代表中国先进生产力的发展要求，代表中国先进文化的前进方向，代表中国最广大人民的根本利益。这是坚持和发展社会主义的必然要求，是我们党艰辛探索和伟大实践的必然结论。

二、全面贯彻“三个代表”重要思想

开创中国特色社会主义事业新局面，必须高举邓小平理论伟大旗帜，坚持贯彻“三个代表”重要思想。“三个代表”重要思想是对马克思列宁主义、毛泽东思想和邓小平理论的继承和发展，反映了当代世界和中国的发展变化对党和国家工作的新要求，是加强和改

进党的建设、推进我国社会主义自我完善和发展的强大理论武器，是全党集体智慧的结晶，是党必须长期坚持的指导思想。始终做到“三个代表”，是我们党的立党之本、执政之基、力量之源。

“三个代表”重要思想，是在科学判断党的历史方位的基础上提出来的。我们党历经革命、建设和改革，已经从领导人民为夺取全国政权而奋斗的党，成为领导人民掌握全国政权并长期执政的党；已经从受到外部封锁和实行计划经济条件下领导国家建设的党，成为对外开放和发展社会主义市场经济条件下领导国家建设的党。我们必须从中国和世界的历史、现状和未来着眼，准确把握时代特点和党的任务，科学制定并正确执行党的路线方针政策，认真研究和解决推动中国社会进步和加强党的建设的问题，做到既不割断历史、又不迷失方向，既不落后于时代、又不超越阶段，使我们的事业不断从胜利走向胜利。

贯彻“三个代表”重要思想，关键在坚持与时俱进，核心在坚持党的先进性，本质在坚持执政为民。全党同志要牢牢把握这个根本要求，不断增强贯彻“三个代表”重要思想的自觉性和坚定性。

(一)贯彻“三个代表”重要思想，必须使全党始终保持与时俱进的精神状态，不断开拓马克思主义理论发展的新境界。坚持党的思想路线，解放思想、实事求是、与时俱进，是我们党坚持先进性和增强创造力的决定性因素。与时俱进，就是党的全部理论和工作要体现时代性，把握规律性，富于创造性。能否始终做到这一点，决定着党和国家的前途命运。

创新是一个民族进步的灵魂，是一个国家兴旺发达的不竭动力，也是一个政党永葆生机的源泉。世界在变化，我国改革开放和现代化建设在前进，人民群众的伟大实践在发展，迫切要求我们党以马克思主义的理论勇气，总结实践的新经验，借鉴当代人类文明的有益成果，在理论上不断扩展新视野，作出新概括。只有这样，党的思想理论才能引导和鼓舞全党和全国人民把中国特色社会主义事业不断推向前进。实践基础上的理论创新是社会发展和变革的先导。通过理论创新推动制度创新、科技创新、文化创新以及其他各方面的创新，不断在实践中探索前进，永不自满，永不懈怠，这是我们要长期坚持的治党治国之道。

创新就要不断解放思想、实事求是、与时俱进。实践没有止境，创新也没有止境。我们要突破前人，后人也必然会突破我们。这是社会前进的必然规律。我们一定要适应实践的发展，以实践来检验一切，自觉地把思想认识从那些不合时宜的观念、做法和体制的束缚中解放出来，从对马克思主义的错误的和教条式的理解中解放出来，从主观主义和形而上学的桎梏中解放出来。要坚持马克思主义基本原理，又要谱写新的理论篇章，要发扬革命传统，又要创造新鲜经验。善于在解放思想中统一思想，用发展着的马克思主义指导新的实践。

(二)贯彻“三个代表”重要思想，必须把发展作为党执政兴国的第一要务，不断开创现代化建设的新局面。马克思主义执政党必须高度重视解放和发展生产力。离开发展，坚持党的先进性、发挥社会主义制度的优越性和实现民富国强都无从谈起。党的先进性是具体的、历史的，必须放到推动当代中国先进生产力和先进文化的发展中去考察，放到维护和实现最广大人民根本利益的奋斗中去考察，归根到底要看党在推动历史前进中的作用。

我们党在中国这样一个经济文化落后的发展中大国领导人民进行现代化建设，能不能解决好发展问题，直接关系人心向背、事业兴衰。党要承担起推动中国社会进步的历史责任，必须始终紧紧抓住发展这个执政兴国的第一要务，把坚持党的先进性和发挥社会主义制度的优越性，落实到发展先进生产力、发展先进文化、实现最广大人民的根本利益上来，推动社会全面进步，促进人的全面发展。紧紧把握住这一点，就从根本上把握了人民的愿望，把握了社会主义现代化建设的本质，就能使“三个代表”重要思想不断落实，使党的执政地位不断巩固，使强国富民的要求不断得到实现。

发展必须坚持以经济建设为中心，立足中国现实，顺应时代潮流，不断开拓促进先进生产力和先进文化发展的新途径。发展必须坚持和深化改革。一切妨碍发展的思想观念都要坚决冲破，一切束缚发展的做法和规定都要坚决改变，一切影响发展的体制弊端都要坚决革除。发展必须相信和依靠人民，人民是推动历史前进的动力。要集中全国人民的智慧和力量，聚精会神搞建设，一心一意谋发展。

(三)贯彻“三个代表”重要思想，必须最广泛最充分地调动一切积极因素，不断为中华民族的伟大复兴增添新力量。最大多数人的利益和全社会全民族的积极性创造性，对党和国家事业的发展始终是最具有决定性的因素。在我国社会深刻变革、党和国家事业快速发展的进程中，妥善处理各方面的利益关系，把一切积极因素充分调动和凝聚起来，至关紧要。

随着改革开放的深入和经济文化的发展，我国工人阶级队伍不断壮大，素质不断提高。包括知识分子在内的工人阶级，广大农民，始终是推动我国先进生产力发展和社会全面进步的根本力量。在社会变革中出现的民营科技企业的创业人员和技术人员、受聘于外资企业的管理技术人员、个体户、私营企业主、中介组织的从业人员、自由职业人员等社会阶层，都是中国特色社会主义事业的建设者。对为祖国富强贡献力量的社会各阶层人们都要团结,对他们的创业精神都要鼓励,对他们的合法权益都要保护,对他们中的优秀分子都要表彰,努力形成全体人民各尽其能、各得其所而又和谐相处的局面。

必须尊重劳动、尊重知识、尊重人才、尊重创造,这要作为党和国家的一项重大方针在全社会认真贯彻。要尊重和保护一切有益于人民和社会的劳动。不论是体力劳动还是脑力劳动,不论是简单劳动还是复杂劳动,一切为我国社会主义现代化建设作出贡献的劳动,都是光荣的,都应该得到承认和尊重。海内外各类投资者在我国建设中的创业活动都应该受到鼓励。一切合法的劳动收入和合法的非劳动收入,都应该得到保护。不能简单地把有没有财产、有多少财产当作判断人们政治上先进和落后的标准,而主要应该看他们的思想政治状况和现实表现,看他们的财产是怎么得来的以及对财产怎么支配和使用,看他们以自己的劳动对中国特色社会主义事业所作的贡献。要形成与社会主义初级阶段基本经济制度相适应的思想观念和创业机制,营造鼓励人们干事业、支持人们干成事业的社会氛围,放手让一切劳动、知识、技术、管理和资本的活力竞相迸发,让一切创造社会财富的源泉充分涌流,以造福于人民。

在建设中国特色社会主义的进程中,全国人民的根本利益是一致的,各种具体的利益关系和内部矛盾可以在这个基础上进行调节。制定和贯彻党的方针政策,基本着眼点是要代表最广大人民的根本利益,正确反映和兼顾不同方面群众的利益,使全体人民朝着共同富裕的方向稳步前进。我们要保护发达地区、优势产业和通过辛勤劳动与合法经营先富起来人们的发展活力,鼓励他们积极创造社会财富,更要高度重视和关心欠发达地区以及比较困难的行业和群众,特别要使困难群众的基本生活得到保障,并积极帮助他们解决就业问题和改善生活条件,使他们切实感受到社会主义社会的温暖。

(四)贯彻“三个代表”重要思想,必须以改革的精神推进党的建设,不断为党的肌体注入新活力。高度重视和不断加强自身建设,是我们党从小到大、由弱到强,从挫折中奋起、在战胜困难中不断成熟的一大法宝。总结党八十多年来的历史经验,最根本的一条,就是党的建设必须按照党的政治路线来进行,围绕党的中心任务来展开,朝着党的建设总目标来加强,不断提高党的创造力、凝聚力和战斗力。

坚持用时代发展的要求审视自己,以改革的精神加强和完善自己,这是我们党始终保持马克思主义政党本色、永不脱离群众和具有蓬勃活力的根本保证。必须既善于总结成功的经验,又善于记取失误的教训;既善于通过提出和贯彻正确的理论路线带领群众前进,又善于从群众的实践创造和发展要求中获得前进动力;既善于认识和改造客观世界,又善于组织引导干部和党员在实践中加强主观世界的改造。要按照这样的要求,实现坚持马克思主义基本原理和推进理论创新相统一,坚持党的优良传统和弘扬时代精神相统一,坚持增强党的阶级基础和扩大党的群众基础相统一,使党成为思想上政治上组织上完全巩固、始终站在时代前列带领人民团结奋进的坚强领导核心。

总之,“三个代表”重要思想是发展的、前进的。全党必须在思想上不断有新解放,理论上不断有新发展,实践上不断有新创造,把“三个代表”重要思想贯彻到社会主义现代化建设的各个领域,体现在党的建设的各个方面,使我们党始终与时代发展同步伐,与人民群众共命运。

三、全面建设小康社会的奋斗目标

经过全党和全国各族人民的共同努力,我们胜利实现了现代化建设“三步走”战略的第一步、第二步目标,人民生活总体上达到小康水平。这是社会主义制度的伟大胜利,是中华民族发展史上一个新的里程碑。

必须看到,我国正处于并将长期处于社会主义初级阶段,现在达到的小康还是低水平的、不全面的、发展很不平衡的小康,人民日益增长的物质文化需要同落后的社会生产之间的矛盾仍然是我国社会的主要矛盾。我国生产力和科技、教育还比较落后,实现工业化和现代化还有很长的路要走;城乡二元经济结构还没有改变,地区差距扩大的趋势尚未扭转,贫困人口还为数不少;人口总量继续增加,老龄人口比重上升,就业和社会保障压力增大;生态环境、自然资源和经济社会发展的矛盾日益突出;我们仍然面临发达国家在经济科技等方面占优势的压力;经济体制和其他方面的管理体制还不完善;民主法制建设和思想道德建设等方面还存在一些不容忽视的问题。巩固和提高目前达到的小康水平,还需要进行长时期的艰苦奋斗。

综观全局,二十一世纪头二十年,对我国来说,是一个必须紧紧抓住并且可以大有作为的重要战略机遇期。根据十五大提出的到二〇一〇年、建党一百年和新中国成立一百年的发展目标,我们要在本世纪头二十年,集中力量,全面建设惠及十几亿人口的更高水平的小康社会,使经济更加发展、民主更加健全、科教更加进步、文化更加繁荣、社会更加和谐、人民生活更加殷实。这是实现现代化建设第三步战略目标必经的承上启下的发展阶段,也是完善社会主义市场经济体制和扩大对外开放的关键阶段。经过这个阶段的建设,再继续奋斗几十年,到本世纪中叶基本实现现代化,把我国建成富强民主文明的社会主义国家。

全面建设小康社会的目标是：

——在优化结构和提高效益的基础上，国内生产总值到二〇二〇年力争比二〇〇〇年翻两番，综合国力和国际竞争力明显增强。基本实现工业化，建成完善的社会主义市场经济体制和更具活力、更加开放的经济体系。城镇人口的比重较大幅度提高，工农差别、城乡差别和地区差别扩大的趋势逐步扭转。社会保障体系比较健全，社会就业比较充分，家庭财产普遍增加，人民过上更加富足的生活。

——社会主义民主更加完善，社会主义法制更加完备，依法治国基本方略得到全面落实，人民的政治、经济和文化权益得到切实尊重和保障。基层民主更加健全，社会秩序良好，人民安居乐业。

——全民族的思想道德素质、科学文化素质和健康素质明显提高，形成比较完善的现代国民教育体系、科技和文化创新体系、全民健身和医疗卫生体系。人民享有接受良好教育的机会，基本普及高中阶段教育，消除文盲。形成全民学习、终身学习的学习型社会，促进人的全面发展。

——可持续发展能力不断增强，生态环境得到改善，资源利用效率显著提高，促进人与自然的和谐，推动整个社会走上生产发展、生活富裕、生态良好的文明发展道路。

这次大会确立的全面建设小康社会的目标，是中国特色社会主义经济、政治、文化全面发展的目标，是与加快推进现代化相统一的目标，符合我国国情和现代化建设的实际，符合人民的愿望，意义十分重大。为完成党在新世纪新阶段的这个奋斗目标，发展要有新思路，改革要有新突破，开放要有新局面，各项工作要有新举措。各地各部门都要从实际出发，采取切实有效的措施，努力实现这个目标。有条件的地方可以发展得更快一些，在全面建设小康社会的基础上，率先基本实现现代化。可以肯定，实现了全面建设小康社会的目标，我们的祖国必将更加繁荣富强，人民的生活必将更加幸福美好，中国特色社会主义必将进一步显示出巨大的优越性。

四、经济建设和经济体制改革

全面建设小康社会，最根本的是坚持以经济建设为中心，不断解放和发展社会生产力。根据世界经济科技发展新趋势和我国经济发展新阶段的要求，本世纪头二十年经济建设和改革的主要任务是，完善社会主义市场经济体制，推动经济结构战略性调整，基本实现工业化，大力推进信息化，加快建设现代化，保持国民经济持续快速健康发展，不断提高人民生活水平。前十年要全面完成“十五”计划和二〇一〇年的奋斗目标，使经济总量、综合国力和人民生活水平再上一个大台阶，为后十年的更大发展打好基础。

（一）走新型工业化道路，大力实施科教兴国战略和可持续发展战略。实现工业化仍然是我国现代化进程中艰巨的历史性任务。信息化是我国加快实现工业化和现代化的必然选择。坚持以信息化带动工业化，以工业化促进信息化，走出一条科技含量高、经济效益好、资源消耗低、环境污染少、人力资源优势得到充分发挥的新型工业化路子。

推进产业结构优化升级，形成以高新技术产业为先导、基础产业和制造业为支撑、服务业全面发展的产业格局。优先发展信息产业，在经济和社会领域广泛应用信息技术。积极发展对经济增长有突破性重大带动作用的高新技术产业。用高新技术和先进适用技术改造传统产业，大力振兴装备制造业。继续加强基础设施建设。加快发展现代服务业，提高第三产业在国民经济中的比重。正确处理发展高新技术产业和传统产业、资金技术密集型产业和劳动密集型产业、虚拟经济和实体经济的关系。

走新型工业化道路，必须发挥科学技术作为第一生产力的重要作用，注重依靠科技进步和提高劳动者素质，改善经济增长质量和效益。加强基础研究和高技术研究，推进关键技术创新和系统集成，实现技术跨越式发展。鼓励科技创新，在关键领域和若干科技发展前沿掌握核心技术和拥有一批自主知识产权。深化科技和教育体制改革，加强科技教育同经济的结合，完善科技服务体系，加速科技成果向现实生产力转化。推进国家创新体系建设。发挥风险投资的作用，形成促进科技创新和创业的资本运作和人才汇集机制。完善知识产权保护制度。必须把可持续发展放在十分突出的地位，坚持计划生育、保护环境和保护资源的基本国策。稳定低生育水平。合理开发和节约使用各种自然资源。抓紧解决部分地区水资源短缺问题，兴建南水北调工程。实施海洋开发，搞好国土资源综合整治。树立全民环保意识，搞好生态保护和建设。

（二）全面繁荣农村经济，加快城镇化进程。统筹城乡经济社会发展，建设现代农业，发展农村经济，增加农民收入，是全面建设小康社会的重大任务。加强农业基础地位，推进农业和农村经济结构调整，保护和提高粮食综合生产能力，健全农产品质量安全体系，增强农业的市场竞争力。积极推进农业产业化经营，提高农民进入市场的组织化程度和农业综合效益。发展农产品加工业，壮大县域经济。开拓农村市场，搞活农产品流通，健全农产品市场体系。

农村富余劳动力向非农产业和城镇转移，是工业化和现代化的必然趋势。要逐步提高城镇化水平，坚持大中小城市和小城镇协调发展,走中国特色的城镇化道路。发展小城镇要以现有的县城和有条件的建制镇为基础,科学规划,合理布局,同发展乡镇企业和农村服务业结合起来。消除不利于城镇化发展的体制和政策障碍,引导农村劳动力合理有序流动。

坚持党在农村的基本政策,长期稳定并不断完善以家庭承包经营为基础、统分结合的双层经营体制。有条件的地方可按照依法、自愿、有偿的原则进行土地承包经营权流转,逐步发展规模经营。尊重农户的市场主体地位,推动农村经营体制创新。增强集体经济实力。建立、健全农业社会化服务体系。加大对农业的投入和支持,加快农业科技进步和农村基础设施建设。改善农村金融服务。继续推进农村税费改革,减轻农民负担,保护农民利益。

(三)积极推进西部大开发,促进区域经济协调发展。实施西部大开发战略,关系全国发展的大局,关系民族团结和边疆稳定。要打好基础,扎实推进,重点抓好基础设施和生态环境建设,争取十年内取得突破性进展。积极发展有特色的优势产业,推进重点地带开发。发展科技教育,培养和用好各类人才。国家要在投资项目、税收政策和财政转移支付等方面加大对西部地区的支持,逐步建立长期稳定的西部开发资金渠道。着力改善投资环境,引导外资和国内资本参与西部开发。西部地区要进一步解放思想,增强自我发展能力,在改革开放中走出一条加快发展的新路。

中部地区要加大结构调整力度,推进农业产业化,改造传统产业,培育新的经济增长点,加快工业化和城镇化进程。东部地区要加快产业结构升级,发展现代农业,发展高新技术产业和高附加值加工制造业,进一步发展外向型经济。鼓励经济特区和上海浦东新区在制度创新和扩大开放等方面走在前列。支持东北地区等老工业基地加快调整和改造,支持以资源开采为主的城市和地区发展接续产业,支持革命老区和少数民族地区加快发展,国家要加大对粮食主产区的扶持。加强东、中、西部经济交流和合作,实现优势互补和共同发展,形成若干各具特色的经济区和经济带。

(四)坚持和完善基本经济制度,深化国有资产管理体制改革。根据解放和发展生产力的要求,坚持和完善公有制为主体、多种所有制经济共同发展的基本经济制度。第一,必须毫不动摇地巩固和发展公有制经济。发展壮大国有经济,国有经济控制国民经济命脉,对于发挥社会主义制度的优越性,增强我国的经济实力、国防实力和民族凝聚力,具有关键性作用。集体经济是公有制经济的重要组成部分,对实现共同富裕具有重要作用。第二,必须毫不动摇地鼓励、支持和引导非公有制经济发展。个体、私营等各种形式的非公有制经济是社会主义市场经济的重要组成部分,对充分调动社会各方面的积极性、加快生产力发展具有重要作用。第三,坚持公有制为主体,促进非公有制经济发展,统一于社会主义现代化建设的进程中,不能把这两者对立起来。各种所有制经济完全可以在市场竞争中发挥各自优势,相互促进,共同发展。

继续调整国有经济的布局和结构,改革国有资产管理体制,是深化经济体制改革的重大任务。在坚持国家所有的前提下,充分发挥中央和地方两个积极性。国家要制定法律、法规,建立中央政府和地方政府分别代表国家履行出资人职责,享有所有者权益,权利、义务和责任相统一,管资产和管人、管事相结合的国有资产管理体制。关系国民经济命脉和国家安全的大型国有企业、基础设施和重要自然资源等,由中央政府代表国家履行出资人职责。其他国有资产由地方政府代表国家履行出资人职责。中央政府和省、市(地)两级地方政府设立国有资产管理机构。继续探索有效的国有资产经营体制和方式。各级政府要严格执行国有资产管理法律、法规,坚持政企分开,实行所有权和经营权分离,使企业自主经营、自负盈亏,实现国有资产保值增值。

国有企业是我国国民经济的支柱。要深化国有企业改革,进一步探索公有制特别是国有制的多种有效实现形式,大力推进企业的体制、技术和管理创新。除极少数必须由国家独资经营的企业外,积极推行股份制,发展混合所有制经济。实行投资主体多元化,重要的企业由国家控股。按照现代企业制度的要求,国有大中型企业继续实行规范的公司制改革,完善法人治理结构。推进垄断行业改革,积极引入竞争机制。通过市场和政策引导,发展具有国际竞争力的大公司大企业集团。进一步放开搞活国有中小企业。深化集体企业改革,继续支持和帮助多种形式的集体经济的发展。

充分发挥个体、私营等非公有制经济在促进经济增长、扩大就业和活跃市场等方面的重要作用。放宽国内民间资本的市场准入领域,在投融资、税收、土地使用和对外贸易等方面采取措施,实现公平竞争。依法加强监督和管理,促进非公有制经济健康发展。完善保护私人财产的法律制度。

(五)健全现代市场体系,加强和完善宏观调控。在更大程度上发挥市场在资源配置中的基础性作用,健全统一、开放、竞争、有序的现代市场体系。推进资本市场的改革开放和稳定发展。发展产权、土地、劳动力和技术等市场。创造各类市场主体平等使用生产要素的环境。深化流通体制改革,发展现代流通方式。整顿和规范市场经济秩序,健全现代市场经济的社会信用体系，打破行业垄断和地区封锁，促进商品和生产要素在全国市场自由流动。

完善政府的经济调节、市场监管、社会管理和公共服务的职能，减少和规范行政审批。要把促进经济增长，增加就业，稳定物价，保持国际收支平衡作为宏观调控的主要目标。扩大内需是我国经济发展长期的、基本的立足点。坚持扩大国内需求的方针，根据形势需要实施相应的宏观经济政策。调整投资和消费关系，逐步提高消费在国内生产总值中的比重。完善国家计划和财政政策、货币政策等相互配合的宏观调控体系，发挥经济杠杆的调节作用。深化财政、税收、金融和投融资体制改革。完善预算决策和管理制度，加强对财政收支的监督，强化税收征管。稳步推进利率市场化改革，优化金融资源配置，加强金融监管，防范和化解金融风险，使金融更好地为经济社会发展服务。

（六）深化分配制度改革，健全社会保障体系。理顺分配关系，事关广大群众的切身利益和积极性的发挥。调整和规范国家、企业和个人的分配关系。确立劳动、资本、技术和管理等生产要素按贡献参与分配的原则，完善按劳分配为主体、多种分配方式并存的分配制度。坚持效率优先、兼顾公平，既要提倡奉献精神，又要落实分配政策，既要反对平均主义，又要防止收入悬殊。初次分配注重效率，发挥市场的作用，鼓励一部分人通过诚实劳动、合法经营先富起来。再分配注重公平，加强政府对收入分配的调节职能，调节差距过大的收入。规范分配秩序，合理调节少数垄断性行业的过高收入，取缔非法收入。以共同富裕为目标，扩大中等收入者比重，提高低收入者收入水平。

建立、健全同经济发展水平相适应的社会保障体系，是社会稳定和国家长治久安的重要保证。坚持社会统筹和个人账户相结合，完善城镇职工基本养老保险制度和基本医疗保险制度。健全失业保险制度和城市居民最低生活保障制度。多渠道筹集和积累社会保障基金。各地要根据实际情况合理确定社会保障的标准和水平。发展城乡社会救济和社会福利事业。有条件的地方，探索建立农村养老、医疗保险和最低生活保障制度。

（七）坚持"引进来"和"走出去"相结合，全面提高对外开放水平。适应经济全球化和加入世贸组织的新形势，在更大范围、更广领域和更高层次上参与国际经济技术合作和竞争，充分利用国际国内两个市场，优化资源配置，拓宽发展空间，以开放促改革促发展。

进一步扩大商品和服务贸易。实施市场多元化战略，发挥我国的比较优势，巩固传统市场，开拓新兴市场，努力扩大出口。坚持以质取胜，提高出口商品和服务的竞争力。优化进口结构，着重引进先进技术和关键设备。深化外经贸体制改革，推进外贸主体多元化，完善有关税收制度和贸易融资机制。

进一步吸引外商直接投资，提高利用外资的质量和水平。逐步推进服务领域开放。通过多种方式利用中长期国外投资，把利用外资与国内经济结构调整、国有企业改组改造结合起来，鼓励跨国公司投资农业、制造业和高新技术产业。大力引进海外各类专业人才和智力。改善投资环境，对外商投资实行国民待遇，提高法规和政策透明度。实施"走出去"战略是对外开放新阶段的重大举措。鼓励和支持有比较优势的各种所有制企业对外投资，带动商品和劳务出口，形成一批有实力的跨国企业和著名品牌。积极参与区域经济交流和合作。在扩大对外开放中，要十分注意维护国家经济安全。

（八）千方百计扩大就业，不断改善人民生活。就业是民生之本。扩大就业是我国当前和今后长时期重大而艰巨的任务。国家实行促进就业的长期战略和政策。各级党委和政府必须把改善创业环境和增加就业岗位作为重要职责。广开就业门路，积极发展劳动密集型产业。对提供新就业岗位和吸纳下岗失业人员再就业的企业给予政策支持。引导全社会转变就业观念，推行灵活多样的就业形式，鼓励自谋职业和自主创业。完善就业培训和服务体系，提高劳动者就业技能。依法加强劳动用工管理，保障劳动者的合法权益。高度重视安全生产，保护国家财产和人民生命的安全。

发展经济的根本目的是提高全国人民的生活水平和质量。要随着经济发展不断增加城乡居民收入，拓宽消费领域，优化消费结构，满足人们多样化的物质文化需求。加强公共服务设施建设，改善生活环境，发展社区服务，方便群众生活。建立适应新形势要求的卫生服务体系和医疗保健体系，着力改善农村医疗卫生状况，提高城乡居民的医疗保健水平。发展残疾人事业。继续大力推进扶贫开发，巩固扶贫成果，尽快使尚未脱贫的农村人口解决温饱问题，并逐步过上小康生活。

胜利完成经济建设和经济体制改革的各项任务，对加快推进社会主义现代化具有决定性意义。只要全党和全国各族人民同心同德，艰苦奋斗，我们就一定能够建立完善的社会主义市场经济体制，在新世纪新阶段继续保持国民经济持续快速健康发展。

五、政治建设和政治体制改革

发展社会主义民主政治，建设社会主义政治文明，是全面建设小康社会的重要目标。必须在坚持四项基本原则的前提下，继续积极稳妥地推进政治体制改革，扩大社会主义民主，健全社会主义法制，建设社会主义法治国家，巩固和发展民主团结、生动活泼、安定和谐的政治局面。

我们党历来以实现和发展人民民主为己任。改革开放以来,我们坚定不移地推进政治体制改革,有力地促进了社会主义民主政治建设。发展社会主义民主政治,最根本的是要把坚持党的领导、人民当家做主和依法治国有机统一起来。党的领导是人民当家做主和依法治国的根本保证,人民当家做主是社会主义民主政治的本质要求,依法治国是党领导人民治理国家的基本方略。中国共产党是中国特色社会主义事业的领导核心。共产党执政就是领导和支持人民当家做主,最广泛地动员和组织人民群众依法管理国家和社会事务,管理经济和文化事业,维护和实现人民群众的根本利益。宪法和法律是党的主张和人民意志相统一的体现。必须严格依法办事,任何组织和个人都不允许有超越宪法和法律的特权。

政治体制改革是社会主义政治制度的自我完善和发展。推进政治体制改革要有利于增强党和国家的活力,发挥社会主义制度的特点和优势,充分调动人民群众的积极性创造性,维护国家统一、民族团结和社会稳定,促进经济发展和社会全面进步。要坚持从我国国情出发,总结自己的实践经验,同时借鉴人类政治文明的有益成果,决不照搬西方政治制度的模式。要着重加强制度建设,实现社会主义民主政治的制度化、规范化和程序化。

(一)坚持和完善社会主义民主制度。健全民主制度,丰富民主形式,扩大公民有序的政治参与,保证人民依法实行民主选举、民主决策、民主管理和民主监督,享有广泛的权利和自由,尊重和保障人权。坚持和完善人民代表大会制度,保证人民代表大会及其常委会依法履行职能,保证立法和决策更好地体现人民的意志。优化人大常委会组成人员的结构。坚持和完善共产党领导的多党合作和政治协商制度。坚持"长期共存、互相监督、肝胆相照、荣辱与共"的方针,加强同民主党派合作共事,更好地发挥我国社会主义政党制度的特点和优势。保证人民政协发挥政治协商、民主监督和参政议政的作用。巩固和发展最广泛的爱国统一战线。全面贯彻党的民族政策,坚持和完善民族区域自治制度,巩固和发展平等团结互助的社会主义民族关系,促进各民族共同繁荣进步。全面贯彻党的宗教信仰自由政策,依法管理宗教事务,积极引导宗教与社会主义社会相适应,坚持独立自主自办的原则。认真贯彻党的侨务政策。

扩大基层民主,是发展社会主义民主的基础性工作。健全基层自治组织和民主管理制度,完善公开办事制度,保证人民群众依法直接行使民主权利,管理基层公共事务和公益事业,对干部实行民主监督。完善村民自治,健全村党组织领导的充满活力的村民自治机制。完善城市居民自治,建设管理有序、文明祥和的新型社区。坚持和完善职工代表大会和其他形式的企事业民主管理制度,保障职工的合法权益。

(二)加强社会主义法制建设。坚持有法可依、有法必依、执法必严、违法必究。适应社会主义市场经济发展、社会全面进步和加入世贸组织的新形势,加强立法工作,提高立法质量,到二〇一〇年形成中国特色社会主义法律体系。坚持法律面前人人平等。加强对执法活动的监督,推进依法行政,维护司法公正,提高执法水平,确保法律的严格实施。维护法制的统一和尊严,防止和克服地方和部门的保护主义。拓展和规范法律服务,积极开展法律援助。加强法制宣传教育,提高全民法律素质,尤其要增强公职人员的法制观念和依法办事能力。党员和干部特别是领导干部要成为遵守宪法和法律的模范。

(三)改革和完善党的领导方式和执政方式。这对于推进社会主义民主政治建设,具有全局性作用。党的领导主要是政治、思想和组织领导,通过制定大政方针,提出立法建议,推荐重要干部,进行思想宣传,发挥党组织和党员的作用,坚持依法执政,实施党对国家和社会的领导。党委在同级各种组织中发挥领导核心作用,集中精力抓好大事,支持各方独立负责、步调一致地开展工作。进一步改革和完善党的工作机构和工作机制。按照党总览全局、协调各方的原则,规范党委与人大、政府、政协以及人民团体的关系,支持人大依法履行国家权力机关的职能,经过法定程序,使党的主张成为国家意志,使党组织推荐的人选成为国家政权机关的领导人员,并对他们进行监督;支持政府履行法定职能,依法行政;支持政协围绕团结和民主两大主题履行职能。加强对工会、共青团和妇联等人民团体的领导,支持他们依照法律和各自章程开展工作,更好地成为党联系广大人民群众的桥梁和纽带。

(四)改革和完善决策机制。正确决策是各项工作成功的重要前提。要完善深入了解民情、充分反映民意、广泛集中民智、切实珍惜民力的决策机制,推进决策科学化民主化。各级决策机关都要完善重大决策的规则和程序,建立社情民意反映制度,建立与群众利益密切相关的重大事项社会公示制度和社会听证制度,完善专家咨询制度,实行决策的论证制和责任制,防止决策的随意性。

(五)深化行政管理体制改革。进一步转变政府职能,改进管理方式,推行电子政务,提高行政效率,降低行政成本,形成行为规范、运转协调、公正透明、廉洁高效的行政管理体制。依法规范中央和地方的职能和权限,正确处理中央垂直管理部门和地方政府的关系。

按照精简、统一、效能的原则和决策、执行、监督相协调的要求,继续推进政府机构改革,科学规范部门职能,合理设置机构,优化人员结构,实现机构和编制的法定化,切实解决层次过多、职能交叉、人员臃肿、权责脱节和多重多头执法等问题。按照政事分开原则,改革事业单位管理体制。

(六)推进司法体制改革。社会主义司法制度必须保障在全社会实现公平和正义。按照公正司法和严格执法的要求,完善司法机关的机构设置、职权划分和管理制度,进一步健全权责明确、相互配合、相互制约、高效运行的司法体制。从制度上保证审判机关和检察机关依法独立公正地行使审判权和检察权。完善诉讼程序,保障公民和法人的合法权益。切实解决执行难问题。改革司法机关的工作机制和人财物管理体制,逐步实现司法审判和检察同司法行政事务相分离。加强对司法工作的监督,惩治司法领域中的腐败。建设一支政治坚定、业务精通、作风优良、执法公正的司法队伍。

(七)深化干部人事制度改革。努力形成广纳群贤、人尽其才、能上能下、充满活力的用人机制,把优秀人才集聚到党和国家的各项事业中来。以建立、健全选拔任用和管理监督机制为重点,以科学化、民主化和制度化为目标,改革和完善干部人事制度,健全公务员制度。扩大党员和群众对干部选拔任用的知情权、参与权、选择权和监督权。实行党政领导干部职务任期制、辞职制和用人失察失误责任追究制。完善干部职务和职级相结合的制度,建立干部激励和保障机制。探索和完善党政机关、事业单位和企业的干部人事分类管理制度。改革和完善干部双重管理体制。打破选人用人中论资排辈的观念和做法,促进人才合理流动,积极营造各方面优秀人才脱颖而出的良好环境。

(八)加强对权力的制约和监督。建立结构合理、配置科学、程序严密、制约有效的权力运行机制,从决策和执行等环节加强对权力的监督,保证把人民赋予的权力真正用来为人民谋利益。重点加强对领导干部特别是主要领导干部的监督,加强对人财物管理和使用的监督。强化领导班子内部监督,完善重大事项和重要干部任免的决定程序。改革和完善党的纪律检查体制,建立和完善巡视制度。发挥司法机关和行政监察、审计等职能部门的作用。实行多种形式的领导干部述职述廉制度,健全重大事项报告制度、质询制度和民主评议制度。认真推行政务公开制度。加强组织监督和民主监督,发挥舆论监督的作用。

(九)维护社会稳定。完成改革和发展的繁重任务,必须保持长期和谐稳定的社会环境。各级党委和政府要满腔热情地解决人民群众工作和生活中的实际问题。要深入调查研究,区别不同情况,加强思想政治工作,正确运用经济、行政和法律等手段,妥善处理人民内部矛盾特别是涉及群众切身利益的矛盾,保持安定团结的局面。加强政法工作,依法严厉打击各种犯罪活动,防范和惩治邪教组织的犯罪活动,坚决扫除社会丑恶现象,切实保障人民群众生命财产安全。坚持打防结合、预防为主,落实社会治安综合治理的各项措施,改进社会管理,保持良好的社会秩序。加强国家安全工作,警惕国际国内敌对势力的渗透、颠覆和分裂活动。

社会主义民主政治具有强大的生命力和优越性。中国共产党和中国人民对自己选择的政治发展道路充满信心,将坚定不移地把中国特色社会主义政治建设推向前进。

六、文化建设和文化体制改革

全面建设小康社会,必须大力发展社会主义文化,建设社会主义精神文明。当今世界,文化与经济和政治相互交融,在综合国力竞争中的地位和作用越来越突出。文化的力量,深深熔铸在民族的生命力、创造力和凝聚力之中。全党同志要深刻认识文化建设的战略意义,推动社会主义文化的发展繁荣。

(一)牢牢把握先进文化的前进方向。在当代中国,发展先进文化,就是发展面向现代化、面向世界、面向未来的,民族的科学的大众的社会主义文化,以不断丰富人们的精神世界,增强人们的精神力量。必须坚持马克思列宁主义、毛泽东思想和邓小平理论在意识形态领域的指导地位,用"三个代表"重要思想统领社会主义文化建设。坚持为人民服务、为社会主义服务的方向和百花齐放、百家争鸣的方针,弘扬主旋律,提倡多样化。坚持以科学的理论武装人,以正确的舆论引导人,以高尚的精神塑造人,以优秀的作品鼓舞人。大力发展先进文化,支持健康有益文化,努力改造落后文化,坚决抵制腐朽文化。文艺工作者要深入群众、深入生活,为人民奉献更多无愧于时代的作品。新闻出版和广播影视必须坚持正确导向,互联网站要成为传播先进文化的重要阵地。立足于改革开放和现代化建设的实践,着眼于世界文化发展的前沿,发扬民族文化的优秀传统,汲取世界各民族的长处,在内容和形式上积极创新,不断增强中国特色社会主义文化的吸引力和感召力。

(二)坚持弘扬和培育民族精神。民族精神是一个民族赖以生存和发展的精神支撑。一个民族,没有振奋的精神和高尚的品格,不可能自立于世界民族之林。在五千多年的发展中,中华民族形成了以爱国主义为核心的团结统一、爱好和平、勤劳勇敢、自强不息的伟大民族精神。我们党领导人民在长期实践中不断结合时代和社会的发展要求，丰富着这个民族精神。面对世界范围各种思想文化的相互激荡，必须把弘扬和培育民族精神作为文化建设极为重要的任务，纳入国民教育全过程，纳入精神文明建设全过程，使全体人民始终保持昂扬向上的精神状态。

(三)切实加强思想道德建设。依法治国和以德治国相辅相成。要建立与社会主义市场经济相适应、与社会主义法律规范相协调、与中华民族传统美德相承接的社会主义思想道德体系。深入进行党的基本理论、基本路线、基本纲领和"三个代表"重要思想的宣传教育，引导人们树立中国特色社会主义共同理想，树立正确的世界观、人生观和价值观。认真贯彻公民道德建设实施纲要，弘扬爱国主义精神，以为人民服务为核心、以集体主义为原则、以诚实守信为重点，加强社会公德、职业道德和家庭美德教育，特别要加强青少年的思想道德建设，引导人们在遵守基本行为准则的基础上，追求更高的思想道德目标。加强和改进思想政治工作，广泛开展群众性精神文明创建活动。

(四)大力发展教育和科学事业。教育是发展科学技术和培养人才的基础，在现代化建设中具有先导性全局性作用，必须摆在优先发展的战略地位。全面贯彻党的教育方针，坚持教育为社会主义现代化建设服务，为人民服务，与生产劳动和社会实践相结合，培养德智体美全面发展的社会主义建设者和接班人。坚持教育创新，深化教育改革，优化教育结构，合理配置教育资源，提高教育质量和管理水平，全面推进素质教育，造就数以亿计的高素质劳动者、数以千万计的专门人才和一大批拔尖创新人才。加强教师队伍建设，提高教师的师德和业务水平。继续普及九年义务教育。加强职业教育和培训，发展继续教育，构建终身教育体系。加大对教育的投入和对农村教育的支持，鼓励社会力量办学。完善国家资助贫困学生的政策和制度。制定科学和技术长远发展规划。加强科学基础设施建设。普及科学知识，弘扬科学精神。坚持社会科学和自然科学并重，充分发挥哲学社会科学在经济和社会发展中的重要作用。在全社会形成崇尚科学、鼓励创新、反对迷信和伪科学的良好氛围。

(五)积极发展文化事业和文化产业。发展各类文化事业和文化产业都要贯彻发展先进文化的要求，始终把社会效益放在首位。国家支持和保障文化公益事业，并鼓励它们增强自身发展活力。坚持和完善支持文化公益事业发展的政策措施，扶持党和国家重要的新闻媒体和社会科学研究机构，扶持体现民族特色和国家水准的重大文化项目和艺术院团，扶持对重要文化遗产和优秀民间艺术的保护工作，扶持老少边穷地区和中西部地区的文化发展。加强文化基础设施建设，发展各类群众文化。积极推进卫生体育事业的改革和发展，开展全民健身运动，提高全民健康水平。努力办好二〇〇八年奥运会。发展文化产业是市场经济条件下繁荣社会主义文化、满足人民群众精神文化需求的重要途径。完善文化产业政策，支持文化产业发展，增强我国文化产业的整体实力和竞争力。

(六)继续深化文化体制改革。根据社会主义精神文明建设的特点和规律，适应社会主义市场经济发展的要求，推进文化体制改革。抓紧制定文化体制改革的总体方案。把深化改革同调整结构和促进发展结合起来，理顺政府和文化企事业单位的关系，加强文化法制建设，加强宏观管理，深化文化企事业单位内部改革，逐步建立有利于调动文化工作者积极性，推动文化创新，多出精品、多出人才的文化管理体制和运行机制。按照一手抓繁荣、一手抓管理的方针，健全文化市场体系，完善文化市场管理机制，为繁荣社会主义文化创造良好的社会环境。

中华文明博大精深、源远流长，为人类文明进步作出了巨大贡献。在当代中国人民的伟大奋斗中，必将迎来社会主义文化建设的新高潮，创造出更加灿烂的先进文化。

七、国防和军队建设

建立巩固的国防是我国现代化建设的战略任务，是维护国家安全统一和全面建设小康社会的重要保障。坚持国防建设与经济建设协调发展的方针，在经济发展的基础上推进国防和军队现代化。

坚持以毛泽东军事思想、邓小平新时期军队建设思想为指导，全面贯彻"三个代表"重要思想，按照政治合格、军事过硬、作风优良、纪律严明、保障有力的总要求，紧紧围绕打得赢、不变质两个历史性课题，坚定不移地走中国特色的精兵之路，加强军队的革命化现代化正规化建设。

始终把思想政治建设摆在军队各项建设的首位，永葆人民军队的性质、本色和作风。党对军队的绝对领导是我军永远不变的军魂，要毫不动摇地坚持党领导人民军队的根本原则和制度。

贯彻积极防御的军事战略方针，提高高技术条件下的防卫作战能力。适应世界军事变革的趋势，实施科技强军战略，加强质量建设。把教育训练摆到战略位置，深入开展科技练兵，加强军队院校建设，培养大批高素质新型军事人才。创新和发展军事理论。努力完成机械化和信息化建设的双重历史任务，实现我军现代化的跨越式发展。

探索新的历史条件下治军的特点和规律，推进国防和军队建设的各项改革。优化军队的编成和结构，调整和完善政策制度。坚持从严治军，健全军事法规体系，提高依法治军的水平。坚持勤俭建军，建立和完善三军一体、军民兼容、平战结合的联勤保障体制。深化国防科技工业体制改革，坚持寓军于民，建立、健全竞争、评价、监督和激励机制，增强自主创新能力，加快国防科技和武器装备发展。完善国防动员体制，加强民兵和预备役部队建设，发展高技术条件下人民战争的战略战术。武装警察部队要加强全面建设，永远做党和人民的忠诚卫士。

各级党组织和政府、广大人民群众要关心、支持国防和军队建设。军队要积极支持和参加国家建设。加强国防教育，增强全民国防观念。拥军优属，拥政爱民，巩固军政军民团结。

八、"一国两制"和实现祖国的完全统一

实现祖国的完全统一，是海内外中华儿女的共同心愿。我们成功解决了香港问题和澳门问题，正在为早日解决台湾问题、完成祖国统一大业而继续奋斗。

香港和澳门回归祖国，丰富了"一国两制"的理论和实践。事实证明，"一国两制"方针是正确的，具有强大的生命力。我们将坚定不移地实行这一方针，严格按照香港基本法和澳门基本法办事，全力支持香港和澳门两个特别行政区行政长官和政府的工作，广泛团结港澳各界人士，共同维护和促进香港和澳门的繁荣、稳定和发展。

我们坚持"和平统一、一国两制"的基本方针和现阶段发展两岸关系、推进祖国和平统一进程的八项主张，同台湾同胞一道，加强两岸人员往来和经济文化等领域的交流，坚决反对台湾分裂势力。两岸关系的基本格局和发展趋势没有改变。台湾同胞求和平、求安定、求发展的意愿日益增强。台湾分裂势力的分裂活动不得人心。

坚持一个中国原则，是发展两岸关系和实现和平统一的基础。世界上只有一个中国，大陆和台湾同属一个中国，中国的主权和领土完整不容分割。对任何旨在制造"台湾独立"、"两个中国"、"一中一台"的言行，我们都坚决反对。台湾前途系于祖国统一。开展对话，进行和平统一谈判，是我们的一贯主张。我们再次呼吁，在一个中国原则的基础上，暂时搁置某些政治争议，尽早恢复两岸对话和谈判。在一个中国的前提下，什么问题都可以谈，可以谈正式结束两岸敌对状态问题，可以谈台湾地区在国际上与其身份相适应的经济文化社会活动空间问题，也可以谈台湾当局的政治地位等问题。我们愿与台湾各党派和各界人士就发展两岸关系、推进和平统一交换意见。

解决台湾问题、实现祖国的完全统一，我们寄希望于台湾人民。台湾同胞具有光荣的爱国主义传统，是发展两岸关系的重要力量。我们充分尊重台湾同胞的生活方式和当家做主的愿望。两岸应该扩大交流交往，共同弘扬中华文化的优秀传统。实现两岸直接通邮、通航和通商，是两岸同胞的共同利益所在，完全应该采取实际步骤积极推进，开创两岸经济合作的新局面。

"一国两制"是两岸统一的最佳方式。两岸统一后，台湾可以保持原有的社会制度不变，高度自治。台湾同胞的生活方式不变，他们的切身利益将得到充分保障，永享太平。台湾经济将真正以祖国大陆为腹地，获得广阔的发展空间。台湾同胞可以同大陆同胞一道，行使管理国家的权利，共享伟大祖国在国际上的尊严和荣誉。

两千三百万台湾同胞是我们的手足兄弟，没有人比我们更希望通过和平的方式解决台湾问题。我们将继续坚持"和平统一、一国两制"的基本方针，贯彻八项主张，以最大的诚意、尽最大的努力争取和平统一的前景。我们决不承诺放弃使用武力，不是针对台湾同胞的，而是针对外国势力干涉中国统一和台湾分裂势力搞"台湾独立"图谋的。维护祖国统一事关中华民族的根本利益，中国人民将义无反顾地捍卫国家主权和领土完整，决不允许任何人以任何方式把台湾从中国分割出去。

国家要统一，民族要复兴，台湾问题不能无限期地拖延下去。我们坚信，通过全体中华儿女共同努力，祖国的完全统一就一定能够早日实现。

九、国际形势和对外工作

和平与发展仍是当今时代的主题。维护和平，促进发展，事关各国人民的福祉，是各国人民的共同愿望，也是不可阻挡的历史潮流。世界多极化和经济全球化趋势的发展，给世界的和平与发展带来了机遇和有利条件。新的世界大战在可预见的时期内打不起来。争取较长时期的和平国际环境和良好周边环境是可以实现的。

但是，不公正不合理的国际政治经济旧秩序没有根本改变。影响和平与发展的不确定因素在增加。传统安全威胁和非传统安全威胁的因素相互交织，恐怖主义危害上升。霸权主义和强权政治有新的表现。民族、宗教矛盾和边界、领土争端导致的局部冲突时起时伏。南北差距进一步扩大。世界还很不安宁，人类面临着许多严峻挑战。

不管国际风云如何变幻，我们始终不渝地奉行独立自主的和平外交政策。中国外交政策的宗旨，是维护世界和平，促进共同发展。我们愿同各国人民一道，共同推进世界和平与发展的崇高事业。

我们主张顺应历史潮流，维护全人类的共同利益。我们愿与国际社会共同努力，积极促进世界多极化，推动多种力量和谐并存，保持国际社会的稳定；积极促进经济全球化朝着有利于实现共同繁荣的方向发展，趋利避害，使各国特别是发展中国家都从中受益。

我们主张建立公正合理的国际政治经济新秩序。各国政治上应相互尊重，共同协商，而不应把自己的意志强加于人；经济上应相互促进，共同发展，而不应造成贫富悬殊；文化上应相互借鉴，共同繁荣，而不应排斥其他民族的文化；安全上应相互信任，共同维护，树立互信、互利、平等和协作的新安全观，通过对话和合作解决争端，而不应诉诸武力或以武力相威胁。反对各种形式的霸权主义和强权政治。中国永远不称霸，永远不搞扩张。

我们主张维护世界多样性，提倡国际关系民主化和发展模式多样化。世界是丰富多彩的。世界上的各种文明、不同的社会制度和发展道路应彼此尊重，在竞争比较中取长补短，在求同存异中共同发展。各国的事情应由各国人民自己决定，世界上的事情应由各国平等协商。

我们主张反对一切形式的恐怖主义。要加强国际合作，标本兼治，防范和打击恐怖活动，努力消除产生恐怖主义的根源。

我们将继续改善和发展同发达国家的关系，以各国人民的根本利益为重，不计较社会制度和意识形态的差别，在和平共处五项原则的基础上，扩大共同利益的汇合点，妥善解决分歧。

我们将继续加强睦邻友好，坚持与邻为善、以邻为伴，加强区域合作，把同周边国家的交流和合作推向新水平。

我们将继续增强同第三世界的团结和合作，增进相互理解和信任，加强相互帮助和支持，拓宽合作领域，提高合作效果。

我们将继续积极参与多边外交活动，在联合国和其他国际及区域性组织中发挥作用，支持发展中国家维护自身的正当权益。

我们将继续坚持独立自主、完全平等、互相尊重、互不干涉内部事务的原则，同各国各地区政党和政治组织发展交流和合作。

我们将继续广泛开展民间外交，扩大对外文化交流，增进人民之间的友谊，推动国家关系的发展。

世界正向着光明和进步的目标迈进。道路是曲折的，前途是光明的。和平的力量，正义的力量，进步的力量，终究是不可战胜的。

十、加强和改进党的建设

在我们这样一个多民族的发展中大国，要把全体人民的意志和力量凝聚起来，全面建设小康社会，加快推进社会主义现代化，必须毫不放松地加强和改善党的领导，全面推进党的建设新的伟大工程。

加强和改进党的建设，一定要高举邓小平理论伟大旗帜，全面贯彻“三个代表”重要思想，保证党的路线方针政策全面反映人民的根本利益和时代发展的要求；一定要坚持党要管党、从严治党的方针，进一步解决提高党的领导水平和执政水平、提高拒腐防变和抵御风险能力这两大历史性课题；一定要准确把握当代中国社会前进的脉搏，改革和完善党的领导方式和执政方式、领导体制和工作制度，使党的工作充满活力；一定要把思想建设、组织建设和作风建设有机结合起来，把制度建设贯穿其中，既立足于做好经常性工作，又抓紧解决存在的突出问题。通过锲而不舍的努力，保证我们党始终是中国工人阶级的先锋队，同时是中国人民和中华民族的先锋队，始终是中国特色社会主义事业的领导核心，始终代表中国先进生产力的发展要求，代表中国先进文化的前进方向，代表中国最广大人民的根本利益。

(一)深入学习贯彻“三个代表”重要思想，提高全党的马克思主义理论水平。党在思想理论上的提高，是党和国家事业不断发展的思想保证。必须把党的思想理论建设摆在更加突出的位置。坚持用马克思列宁主义、毛泽东思想和邓小平理论武装全体党员，在全党兴起一个学习贯彻“三个代表”重要思想的新高潮。党员干部特别是高中级干部要带头学习和实践“三个代表”重要思想，成为勤奋学习、善于思考的模范，解放思想、与时俱进的模范，勇于实践、锐意创新的模范。在全党深入进行马克思主义发展史的教育，大力弘扬求真务实、开拓进取的精神，不断深化对共产党执政规律、社会主义建设规律和人类社会发展规律的认识，不断丰富和发展马克思主义。

(二)加强党的执政能力建设，提高党的领导水平和执政水平。面对执政条件和社会环境的深刻变化，各级党委和领导干部要不辱使命、不负重托，就要适应新形势新任务的要求，在实践中掌握新知识，积累新经验，增长新本领。必须以宽广的眼界观察世界，正确把握时代发展的要求，善于进行理论思维和战略思维，不断提高科学判断形势的能力；必须坚持按照客观规律和科学规律办事，及时研究解决改革和建设中的新情况新问题，善于抓住机遇加快发展，不断提高驾驭市场经济的能力；必须正确认识和处理各种社会矛盾，善于协调不同利益关系和克服各种困难，不断提高应对复杂局面的能力；必须增强法制观念，善于把坚持党的领导、人民当家做主和依法治国统一起来，不断提高依法执政的能力；必须立足全党全国工作大局，坚定不移地贯彻党的路线方针政策，善于结合实际创造性地开展工作，不断提高总览全局的能力。

(三)坚持和健全民主集中制，增强党的活力和团结统一。民主集中制是民主基础上的集中和集中指导下的民主相结合的制度。党内民主是党的生命，对人民民主具有重要的示范和带动作用。要以保障党员民主权利为基础，以完善党的代表大会制度和党的委员会制度为重点，从改革体制机制入手，建立、健全充分反映党员和党组织意愿的党内民主制度。扩大在市、县进行党的代表大会常任制的试点。积极探索党的代表大会闭会期间发挥代表作用的途径和形式。按照集体领导、民主集中、个别酝酿、会议决定的原则，完善党委内部的议事和决策机制，进一步发挥党的委员会全体会议的作用。改革和完善党内选举制度。建立和完善党内情况通报制度、情况反映制度和重大决策征求意见制度。党和国家的集中统一，是全国各族人民的根本利益所在。在指导思想和路线方针政策以及重大原则问题上，全党全国必须保持高度一致。全党同志必须自觉坚持个人服从组织、少数服从多数、下级组织服从上级组织、全党服从党的全国代表大会和中央委员会的原则，坚决维护中央权威，保证中央的政令畅通。党的各级组织和全体党员特别是领导干部，都要严格遵守党的纪律，决不允许有令不行、有禁不止、各行其是。

（四）建设高素质的领导干部队伍，形成朝气蓬勃、奋发有为的领导层。按照革命化、年轻化、知识化、专业化方针，建设一支能够担当重任、经得起风浪考验的高素质的领导干部队伍，特别是培养造就大批善于治党治国治军的优秀领导人才，是党和国家长治久安的根本大计。要认真贯彻领导干部选拔任用条例，注重在改革和建设的实践中考察和识别干部，把那些德才兼备、实绩突出和群众公认的人及时选拔到领导岗位上来。加大培养选拔优秀年轻干部的工作力度，着重帮助他们加强党性修养、理论学习和实践锻炼，全面提高自身素质。进一步做好培养选拔妇女干部、少数民族干部和党外干部的工作。继续做好离退休干部工作。以提高素质、优化结构、改进作风和增强团结为重点，把各级领导班子建设成为坚持贯彻“三个代表”重要思想的坚强领导集体。必须不断培养和造就中国特色社会主义事业的接班人，确保党和人民的事业后继有人。

（五）切实做好基层党建工作，增强党的阶级基础和扩大党的群众基础。党的基层组织是党的全部工作和战斗力的基础，应该成为贯彻“三个代表”重要思想的组织者、推动者和实践者。要坚持围绕中心、服务大局，拓宽领域、强化功能，扩大党的工作的覆盖面，不断提高党的基层组织的凝聚力和战斗力。加强以村党组织为核心的村级组织配套建设，探索让干部经常受教育、使农民长期得实惠的有效途径。搞好国有企业和集体企业必须坚持全心全意依靠工人阶级，企业党组织要积极参与企业重大问题的决策，充分发挥政治核心作用。加强非公有制企业党的建设，企业党组织要贯彻党的方针政策，引导和监督企业遵守国家的法律、法规，领导工会和共青团等群众组织，团结凝聚职工群众，维护各方的合法权益，促进企业健康发展。高度重视社区党的建设，以服务群众为重点，构建城市社区党建工作新格局。加大在社会团体和社会中介组织中建立党组织的工作力度。全面做好机关党建工作和学校、科研院所、文化团体等事业单位的党建工作。

共产党员必须发挥先锋模范作用，牢固树立共产主义远大理想和中国特色社会主义坚定信念，脚踏实地地为实现党在现阶段的基本纲领而奋斗。在全党开展以实践“三个代表”重要思想为主要内容的保持共产党员先进性教育活动。重点做好在工人、农民、知识分子、军人和干部中发展党员的工作，壮大党的队伍最基本的组成部分和骨干力量。注意在生产、工作第一线和高知识群体、青年中发展党员。要把承认党的纲领和章程、自觉为党的路线和纲领而奋斗、经过长期考验、符合党员条件的其他社会阶层的先进分子吸收到党内来，增强党在全社会的影响力和凝聚力。适应新形势，探索党员管理工作的新机制新方法。

（六）加强和改进党的作风建设，深入开展反腐败斗争。推进党的作风建设，核心是保持党同人民群众的血肉联系。我们党的最大政治优势是密切联系群众，党执政后的最大危险是脱离群众。在任何时候任何情况下，都必须坚持党的群众路线，坚持全心全意为人民服务的宗旨，把实现人民群众的利益作为一切工作的出发点和归宿。要以立党为公、执政为民为根本目的，发扬党的优良传统和作风，按照中央提出的“八个坚持、八个反对”，一靠教育，二靠制度，正确开展批评与自我批评，着力解决党的思想作风、学风、工作作风、领导作风和干部生活作风方面的突出问题，特别是要防止和克服形式主义、官僚主义。认真研究我国社会生活的新变化和群众工作的新特点，把加强和改进群众工作贯彻到党的建设和政权建设的各项工作中去。共产党员首先是各级领导干部，都要努力运用说服教育、示范引导和提供服务等方法，做好新形势下的群众工作，团结和带领群众不断前进。

坚决反对和防止腐败，是全党一项重大的政治任务。不坚决惩治腐败，党同人民群众的血肉联系就会受到严重损害，党的执政地位就有丧失的危险，党就有可能走向自我毁灭。在长期执政的条件下，在对外开放和发展社会主义市场经济的环境中，党必须十分注重防范各种腐朽思想的侵蚀，维护党的队伍的纯洁。各级党委既要充分认识反腐败斗争的紧迫性，又要充分认识其长期性,坚定信心,扎实工作,旗帜鲜明、毫不动摇地把反腐败斗争深入进行下去。进一步抓好领导干部廉洁自律、查处大案要案、纠正部门和行业不正之风的工作。坚持标本兼治、综合治理的方针,逐步加大治本的力度。加强教育,发展民主,健全法制,强化监督,创新体制,把反腐败寓于各项重要政策措施之中,从源头上预防和解决腐败问题。坚持和完善反腐败领导体制和工作机制,认真落实党风廉政建设责任制,形成防止和惩治腐败的合力。领导干部特别是高级干部,必须以身作则,正确行使手中的权力,始终做到清正廉洁,自觉地与各种腐败现象作坚决斗争。对任何腐败分子都必须彻底查处、严惩不贷。

全党同志始终保持共产党人的蓬勃朝气、昂扬锐气和浩然正气,永远同人民群众心连心,我们党的执政基础就坚如磐石。

同志们!全面建设小康社会,开创中国特色社会主义事业新局面,就是要在中国共产党的坚强领导下,发展社会主义市场经济、社会主义民主政治和社会主义先进文化,不断促进社会主义物质文明、政治文明和精神文明的协调发展,推进中华民族的伟大复兴。

中国共产党深深扎根于中华民族之中。党从成立那一天起,就是中国工人阶级的先锋队,同时是中国人民和中华民族的先锋队,肩负着实现中华民族伟大复兴的庄严使命。在新民主主义革命时期,我们党团结和带领全国各族人民完成民族独立和人民解放的历史任务,为实现中华民族伟大复兴创造了前提。新中国成立后,我们党创造性地完成由新民主主义到社会主义的过渡,实现中国历史上最伟大最深刻的社会变革,开始了在社会主义道路上实现中华民族伟大复兴的历史征程。十一届三中全会以来,我们党找到建设中国特色社会主义的正确道路,赋予民族复兴新的强大生机。中华民族的伟大复兴展现出灿烂的前景。

全面建设小康社会,加快推进社会主义现代化,使社会主义中国发展和富强起来,为人类进步事业作出更大贡献,这是我们党必须勇敢担负起来的历史任务。完成这个任务,必须紧紧依靠全党和全国各族人民的团结。团结就是力量,团结就是胜利。我们党和我国人民经历了艰难曲折,积累了丰富经验,愈益成熟起来。面对很不安宁的世界,面对艰巨繁重的任务,全党同志一定要增强忧患意识,居安思危,清醒地看到日趋激烈的国际竞争带来的严峻挑战,清醒地看到前进道路上的困难和风险,倍加顾全大局,倍加珍视团结,倍加维护稳定。

全党同志和全国各族人民,紧密团结在党中央周围,万众一心,奋发图强,把中国特色社会主义事业不断推向前进,共同创造我们的幸福生活和美好未来!

朱镕基参加陕西代表团讨论

朱镕基同志在参加他所在的十六大陕西代表团讨论时说,江泽民同志在党的十六大上所作的报告全面深刻,全面反映了全党全国人民的心愿,充分体现了“三个代表”重要思想。

朱镕基认真听取代表们的发言,不时做着记录。在仔细听完代表们的发言后,朱镕基说:“听了大家的发言,很受启发。我和大家一样完全拥护江泽民同志的报告。这13年来,在以江泽民同志为核心的党中央领导下,我们取得的成就有目共睹,举世公认,来之不易,必将载入中华民族伟大复兴的光辉史册。”

在谈到生态环境问题时,朱镕基说:“经济发展不能以牺牲生态环境为代价。近年来,党中央、国务院在改善生态环境方面做了很多工作,取得了很大成绩。但这项工作决不能放松。要坚持可持续发展战略,提高资源利用效率,促进人与自然的和谐,再造一个山川秀美的西北地区。”

姜春云同志参加了讨论。

胡锦涛参加西藏代表团讨论

胡锦涛同志在西藏代表团讨论时指出,十六大是我们党在新世纪新阶段召开的一次十分重要的代表大会,对于党和国家事业的发展具有重大而深远的意义。江泽民同志在大会上所作的报告,高屋建瓴,总揽全局,全面分析了我们党面临的国际国内形势,科学总结了13年来的基本经验,进一步阐明了贯彻“三个代表”重要思想的根本要求,鲜明地回答了在新世纪新阶段我们党举什么旗、走什么路、实现什么目标的重大问题,对建设中国特色社会主义经济、政治、文化和党的建设等各项工作作出了全面部署。这篇报告是我们党在新世纪新阶段的政治宣言,是全面建设小康社会、加快推进社会主义现代化的行动指南,是一篇马克思主义的纲领性文献。

胡锦涛说,这次大会的主题确定为“高举邓小平理论伟大旗帜,全面贯彻‘三个代表’重要思想,继往开来,与时俱进,全面建设小康社会,加快推进社会主义现代化,为开创中国特色社会主义事业新局面而奋斗”,顺应时代要求,符合党心民心。这一主题,鲜明地向世人昭示:在新世纪新阶段,中国共产党高举的旗帜,就是马克思列宁主义、毛泽东思想、邓小平理论的旗帜,就是“三个代表”重要思想的旗帜;中国共产党要走的道路,就是邓小平同志开辟的、以江泽民同志为核心的党中央坚持并发展了的中国特色社会主义道路;中国共产党带领人民在新世纪前五十年所要实现的目标,就是全面建设小康社会并进而实现现代化的目标。相信这次大会一定会进一步团结动员全党和全国各族人民，同心同德，艰苦奋斗，把中国特色社会主义伟大事业继续推向前进。

胡锦涛指出，报告的灵魂和贯穿报告全篇的一条主线，是“三个代表”重要思想。江泽民同志提出的“三个代表”重要思想，科学总结我们党成立以来的历史经验特别是改革开放以来的新鲜经验，集中全党智慧和创造，既坚持了马克思主义的基本原理，坚持了辩证唯物主义和历史唯物主义的世界观和方法论，又反映了当代世界和中国的发展变化对党和国家工作的新要求，以新的思想、观点、论断继承、丰富和发展了马克思列宁主义、毛泽东思想、邓小平理论，是加强和改进党的建设、推进我国社会主义自我完善和发展的强大思想武器。把“三个代表”重要思想同马克思列宁主义、毛泽东思想、邓小平理论一道确立为我们党必须长期坚持的指导思想，对于全面开创中国特色社会主义事业的新局面，具有十分深远的历史意义，必将产生重大的指导作用。

胡锦涛强调，党的十三届四中全会以来，国际局势风云变幻，我国改革开放和现代化建设的进程波澜壮阔。以江泽民同志为核心的第三代中央领导集体，高举邓小平理论伟大旗帜，团结带领全党和全国各族人民，坚持党的十一届三中全会以来的路线不动摇，从容应对来自各方面的困难和风险，实现了改革开放的历史性突破，取得了现代化建设的巨大成就，开创了中国特色社会主义事业的崭新局面。成绩来之不易，经验十分宝贵。报告总结的13年的基本经验，是我们党理论创新的重要成果，是全党和全国各族人民实践创造的智慧结晶，对于党和国家事业的发展具有长远的指导意义。

胡锦涛指出，报告科学地作出了新世纪头二十年是我国一个重要战略机遇期的重大判断，提出了全面建设小康社会的奋斗目标。这一目标是中国特色社会主义经济、政治、文化全面发展的目标，是与加快推进社会主义现代化相统一的目标，符合我国国情和现代化建设的实际，符合各族人民的愿望。明确提出全面建设小康社会的宏伟目标，对于凝聚人心、鼓舞斗志，充分调动一切积极因素，加快推进我国的现代化建设，必将产生十分重要的作用。

李岚清参加山东代表团讨论

李岚清同志在参加党的十六大山东代表团讨论时强调，“三个代表”重要思想是我们党对马克思列宁主义、毛泽东思想、邓小平理论的继承和发展，是马克思主义中国化的又一光辉典范，是来源于以江泽民同志为核心的党中央领导下，亿万人民的伟大实践，是全党智慧的结晶，是指导我们今后实现新世纪奋斗目标的强大思想武器。

吴官正、谭启龙、孙淑义、展涛、齐涛、高新亭、李淑敏、张瑞敏、曹学成等代表在讨论中发了言。

在认真听取代表的发言后，李岚清说，十六大是我们党在新世纪召开的第一次全国代表大会。今天上午，江泽民同志代表十五届中央委员会所作的报告，核心是“三个代表”重要思想。

他说，中国共产党建立以来，始终坚持实事求是，一切从实际出发，强调马克思主义与中国实际相结合，即马克思主义的中国化，具有鲜明的中国特色。坚持解放思想、理论创新、与时俱进，不管国际风云如何变幻，遇到什么样的困难，我们党都能经受考验、不断发展，带领中国人民从胜利走向胜利。

《人民日报》发表社论《与时俱进 开拓创新——热烈祝贺中国共产党第十六次全国代表大会开幕》

11月9日

江泽民参加上海团讨论

江泽民同志在参加十六大上海代表团讨论时指出，党的十六大，是我们党在新世纪召开的第一次代表大会，是我们党在开始实施社会主义现代化建设第三步战略部署的新形势下召开的一次十分重要的会议。大会要对新世纪初我国改革开放和现代化建设作出全面部署，提出全面建设小康社会的奋斗目标。要实现这个奋斗目标，需要我们进行艰苦的努力，发展要有新思路，改革要有新突破，开放要有新局面，各项工作要有新举措。广大干部群众一定要贯彻十六大精神，把各方面的工作做得更好。

上海代表团的代表分别就社会经济、基层党建、文化建设、科技教育、城市建设等方面发言。

在认真听取代表们的发言后，江泽民说，改革开放以来，上海认真贯彻中央的方针政策，综合实力明显增强，人民生活质量不断提高，加快发展的环境明显改善。今后，上海的同志必须拓宽视野，拓展思路，与时俱进，奋发有为，把上海的改革开放和现代化建设不断推向前进，为实现全面建设小康社会的奋斗目标作出新贡献。中央批准的上海新的城市总体规划，明确上海要建成社会主义现代化国际大都市，并逐步建成国际经济、金融、贸易和航运中心之一。要根据实际情况有所侧重，特别是要按照国际通行惯例加快推进国际金融中心和航运中心建设，努力发挥经济中心城市配置资源的集聚和辐射作用。

江泽民指出，创新是发展的关键。要进一步加强科技创新，努力形成一批具有自主知识产权的核心技术，加快新技术应用和新产品开发，推动有条件的高新技术产业和高附加值产品尽快形成经济规模。要进一步完善科技创新的机制，创造良好的条件，吸引跨国公司的研发机构和技术中心，培养、吸引和使用好各方面的创新人才，促进生产力的跨越式发展。

江泽民说，上海的发展离不开全国的支持。上海要进一步增强城市的综合服务功能，进一步加强地区之间的经济与技术合作，特别是要积极探索同长江三角洲地区联动发展的新路子。要积极探索参与西部开发的新形式，把上海及东部地区的技术、人才和管理优势，同西部地区资源丰富、市场广阔的优势结合起来，为全国经济社会发展和民族团结作出新贡献。

江泽民强调，要按照总揽全局、协调各方的原则，加强和改善党委的领导，不断提高领导改革开放和现代化建设的能力和水平，不断健全党的领导方式和各项制度，同时要充分发挥人大、政府、政协以及人民团体的作用，充分发挥党组织的战斗堡垒作用，充分发挥广大党员干部的先锋模范作用，充分发挥广大群众的积极性创造性，进一步形成团结奋进的合力。

黄菊同志参加了讨论。

李鹏参加重庆团讨论

李鹏同志在参加他所在的十六大重庆代表团讨论时指出，江泽民同志在大会上所作的报告，科学总结了13年的基本经验，提出了全面建设小康社会的奋斗目标，通篇贯穿“三个代表”重要思想，有许多重大的理论创新，是我们全面建设小康社会，开创中国特色社会主义事业新局面的行动指南。

黄镇东、王鸿举、童小平、刘福银、冉绍之、刘学普、尹家绪、肖亚庆、朱明国等代表先后围绕建设小康社会、三峡库区移民、扶贫开发、深化国有企业改革、加强社会主义民主法制建设等问题发了言。

认真听取代表们的发言后，李鹏说，江泽民同志的报告全面总结了13年来，党领导全国人民取得的巨大成就。报告概括的十条基本经验，是坚持和发展社会主义的必然要求，是我们党艰辛探索和伟大实践的必然结论。在全面建设小康社会，开创中国特色社会主义事业新局面的历史进程中，我们必须始终坚持、贯彻这些基本经验，不断创新和完善指导我们行动的理论。

李鹏说，报告提出了全面建设小康社会的奋斗目标，明确要求在优化结构和提高效益的基础上，国内生产总值到2020年力争比2000年翻两番，综合国力和国际竞争力明显增强。这是今后20年全国人民的奋斗目标，鼓舞人心，催人奋进，相信一定能够实现。

李鹏指出，十六大报告的一个显著特点，就是通篇贯穿“三个代表”重要思想，有许多重大的理论创新。报告要求全党始终保持与时俱进的精神状态，要求党的全部理论和工作都要体现时代性，把握规律性，富于创造性，坚决反对把马克思主义教条化。这是我们党永葆生机的源泉，是我们党始终立于不败之地的重要保证。

李鹏说，报告提出，发展社会主义民主政治，建设社会主义政治文明，是全面建设小康社会的重要目标。政治文明的内涵很丰富，依法治国，建设社会主义法治国家，是其中的重要内容。宪法和法律是党的主张和人民意志相统一的体现。必须严格依法办事，任何组织和个人都不允许有超越宪法和法律的特权。

李鹏指出，我们要按照报告提出的要求，高举邓小平理论伟大旗帜，全面贯彻“三个代表”重要思想，全面推进党的建设新的伟大工程，保证我们党始终是中国工人阶级的先锋队，同时是中国人民和中华民族的先锋队，始终是中国特色社会主义事业的领导核心，始终代表中国先进生产力的发展要求，代表中国先进文化的前进方向，代表中国最广大人民的根本利益。

李鹏对重庆直辖5年多来的工作给予充分肯定，希望重庆市在十六大精神鼓舞下，与时俱进，开拓创新，争取更大的发展、更大的进步。

司马义·艾买提、胡启立同志参加了讨论。

李瑞环参加天津团讨论

李瑞环同志在参加十六大天津代表团讨论时说，江泽民同志的报告总结了十三届四中全会以来改革开放和现代化建设的基本经验，提出了贯彻落实“三个代表”重要思想的总体要求，规划了全面建设小康社会的宏伟蓝图，明确了我国经济、政治、文化建设和体制改革的主要任务，全党要认真学习贯彻。

李瑞环指出，把代表最广大人民的根本利益作为我们一切工作的出发点、过程和归宿，是我们党区别于其他任何政党的一个显著的标志，是我们党的性质宗旨的要求，也是我们党产生、存在、发展的根基。各级领导干部一定要心里想着人民群众，一切为了人民群众，永远不脱离人民群众，否则，一切都是白搭。

李瑞环说，我们在代表最广大人民根本利益这一点上做得是好的。但也应该看到，脱离群众甚至违背群众利益的问题确实存在，有些问题还呈愈演愈烈之势。我们决不能忽视、轻视、回避这些问题。

李瑞环强调，我们各级干部必须经常倾听群众的呼声，真正搞清楚群众赞成什么、反对什么、希望什么。必须实实在在地为群众办实事，及时为群众排忧解难，使群众得到实惠，感受到我们所做的一切都是为了他们。必须真心实意地接受群众监督，选拔干部要以群众公认为基础，工作如何要靠群众来评判，形成有效的群众监督机制。必须切实摆正干群关系，群众是主人，干部是公仆，任何时候、任何情况下都不能颠倒主仆位置。必须妥善处理改革发展稳定与群众利益的关系，改革要把握群众总体受益和总体承受能力原则，发展要坚持"一要吃饭，二要建设"的方针，稳定要把理顺群众情绪放在突出位置。

丁关根 吴邦国 吴官正 罗干 贾庆林 钱其琛 黄菊 吴仪参加代表团讨论

丁关根、吴邦国、吴官正、罗干、贾庆林、钱其琛、黄菊、吴仪同志昨天和今天分别参加所在的十六大代表团讨论。他们指出，江泽民同志作的报告，是我们党在新世纪新阶段的政治宣言，是全面建设小康社会、加快推进社会主义现代化的行动指南，是一篇马克思主义的纲领性文献。

丁关根代表今天在参加江苏代表团讨论时发言说，江泽民同志的报告，是一篇光辉的马克思主义文献，体现了解放思想与实事求是的统一、理论创新与实践创新的统一、总结过去与规划未来的统一、立足国情与面向世界的统一。报告具有很强的时代意识、创新精神，具有很强的思想性、理论性、指导性，是中国共产党在新世纪之初的政治宣言，开创中国特色社会主义事业新局面的行动纲领。当前首要的任务是认真学习宣传贯彻十六大报告，把思想和行动统一到十六大报告上来，把智慧和力量凝聚到实现十六大提出的任务上来，牢牢把握十六大的主题，高举邓小平理论伟大旗帜，全面贯彻"三个代表"重要思想，继往开来，与时俱进，全面建设小康社会，加快推进社会主义现代化，为开创中国特色社会主义事业新局面而奋斗。

丁关根指出，"三个代表"重要思想是我们党的立党之本、执政之基、力量之源，是十六大报告的主线和灵魂。把"三个代表"重要思想同马克思列宁主义、毛泽东思想、邓小平理论一起，确立为党必须长期坚持的指导思想，是党的十六大的历史性贡献。要坚持解放思想，实事求是，与时俱进，用发展着的马克思主义指导新的实践。要把发展作为党执政兴国的第一要务，集中精力把经济搞上去。要坚持先进文化的前进方向，把弘扬和培育民族精神作为文化建设的极为重要的任务。要认认真真、扎扎实实加强党的建设，不断增强党的创造力、凝聚力、战斗力，使党在建设中国特色社会主义的伟大历史进程中始终保持强大的生机。他强调，实现十六大报告提出的各项奋斗目标，统一思想的任务很重，改革发展的任务很重，维护稳定的任务很重。我们要坚定不移地贯彻党的路线方针政策，坚定不移地贯彻中央的决策部署，务必以大局为重、为大局服务，务必珍视团结、维护稳定，不断巩固发展改革开放和现代化建设的大好局面。

吴邦国代表在参加安徽团讨论时说，十六大报告是新时期全面建设小康社会，加快推进社会主义现代化的纲领性文献。报告集中了全党的智慧，体现了全国人民的意愿，全面总结了13年的基本经验，深刻阐述了"三个代表"重要思想，明确提出了全面建设小康社会的奋斗目标。报告的主题文字不长，但回答了"举什么旗、走什么路、实现什么目标"的问题，有很强的时代感。他说，报告内容博大精深，结构紧密，语言精练有力，富有新意，有很强的针对性和前瞻性，回答了大家关心的问题，回答了在新形势下社会主义现代化建设和党的建设事业中的重大问题，鼓舞人心，催人奋进。这次大会将给全党全国人民以信心，在国际上进一步树立改革开放、与时俱进的形象。

吴邦国说，"三个代表"重要思想是报告的灵魂，是十六大的灵魂。他说，对于我们这样一个有6000多万党员的大党和十几亿人口的大国来讲，正确的理论指导至关重要。这次会议的重要任务就是明确"三个代表"重要思想是我们党必须长期坚持的指导思想，这也是十六大的重大贡献，将对党和国家各项事业发展产生重大而深远的影响。报告将"三个代表"重要思想的精神实质总结为关键在坚持与时俱进、核心在坚持党的先进性、本质在坚持执政为民，这是高度的理论概括和理论创新。实践充分证明，"三个代表"重要思想是立党之本、执政之基、力量之源，我们的各项工作都必须全面贯彻"三个代表"重要思想。

吴官正代表在参加山东团讨论时说，江泽民同志的报告集中了全党的智慧，贯穿了"三个代表"重要思想，反映了时代的要求和人民愿望，确立了我们党在新时期的行动纲领。我完全拥护。深入领会报告的精神，最重要的是把握报告的灵魂和主题。"三个代表"重要思想是报告的灵魂。他说，报告的主题，明确回答了"举什么旗、走什么路、实现什么目标"这个重大问题，顺应时代潮流，符合党心民心，有利于最充分最广泛地调动一切积极因素，动员党员干部和人民群众为全面建设小康社会努力奋斗。

吴官正说，贯彻落实好报告的战略部署，关键是把十六大精神同本地区、本部门的实际结合起来，把开拓进取与求真务实结合起来，把工作热情与科学态度结合起来，创造性地做好各项工作。要紧紧抓住发展这个执政兴国的第一要务，以改革创新的精神，推进经济社会发展，做到发展有新思路，改革有新突破，开放有新局面，各项工作要有新举措。大力推进制度建设和制度创新，努力形成用制度规范领导行为、按制度办事、靠制度管人的机制和风气。努力推进社会的文明进步，积极推进民主政治建设，建设社会主义政治文明。加强精神文明建设,发展先进文化,弘扬民族精神,提高国民素质,促进人的全面发展。以改革的精神加强和改进党的建设,增强群众观念,改进领导方式和领导方法,大力提高党的执政能力和领导水平。领导干部办事要公、为政要廉、用人要当、作风要实。各级党组织要不断增强创造力、凝聚力和战斗力,永葆党的先进性和生机活力。

罗干代表在参加中央国家机关代表团讨论时说,江泽民同志的报告是13年来我国各方面工作经验的全面总结,回答了一系列重大理论和实践问题,充分体现了与时俱进、开拓创新的精神。报告求真务实,催人奋进,具有很强的思想性、时代性和指导性。报告坚持马列主义、毛泽东思想、邓小平理论,全面贯彻“三个代表”重要思想,明确提出了全面建设小康社会的宏伟目标和推进各方面工作的一系列重大方针政策,对全党和全国人民统一思想,凝聚力量,同心同德,艰苦奋斗,开创中国特色社会主义新局面,具有十分重要而深远的意义。全面贯彻“三个代表”要求,我们党就会永远站在时代前列,永远保持先进性,永远立于不败之地,就能率领全党和全国各族人民实现中华民族的伟大复兴。

罗干指出,要坚持解放思想、实事求是的思想路线,以与时俱进、开拓创新的精神贯彻“三个代表”重要思想。“三个代表”重要思想来自于实践,既坚持了马克思主义的基本原理,又坚持与时俱进,是对时代重大问题的科学回答。在社会主义现代化建设进程中,我们必须坚决贯彻“三个代表”重要思想,认真做到报告中提出的“四个必须”。要坚持报告中提出的十条经验。13年来,在以江泽民同志为核心的第三代中央领导集体的坚强领导下,我们战胜了各种困难和风险,取得了伟大成就。这十条经验是13年来伟大实践的总结,是创新的总结,凝聚了全党全国人民的智慧,在今后工作中要毫不动摇地加以坚持。要继续坚持稳定压倒一切,确保社会稳定。报告高度重视维护稳定工作。这些年来,我们国家面临许多影响社会稳定的问题,在复杂的国际、国内形势下,我们保持了社会稳定,主要是由于全党高度重视维护社会稳定,正确处理改革、发展和稳定的关系,而且在维护社会稳定方面形成了很好的机制和做法。

贾庆林代表在北京代表团讨论时指出,十六大报告主题鲜明,重点突出,思想深刻,论述精辟,集中了全党的智慧,体现了人民的心愿,是一个高瞻远瞩、大气磅礴、凝聚人心、催人奋进的好报告,是指导我们开创中国特色社会主义事业新局面的纲领性文件,是一篇闪耀着马克思主义光芒的历史性文献。

贾庆林说,全面贯彻“三个代表”重要思想,是十六大的灵魂。确立“三个代表”重要思想在全党的指导地位,是十六大的一个历史贡献。“三个代表”重要思想,作为大会的灵魂,与十四大、十五大一脉相承,回答了我们党在新世纪要坚持举什么旗、走什么路、实现什么目标的问题,顺应时代潮流,符合党心民心。贯彻“三个代表”重要思想,必须把发展作为党执政兴国的第一要务。把握住了发展这个执政兴国第一要务,就从根本上把握了人民的愿望,把握了社会主义现代化建设的本质。贯彻“三个代表”重要思想,还必须最广泛最充分地调动一切积极因素,不断为中华民族的伟大复兴增添新力量。在新世纪新阶段,我们必须在邓小平理论和“三个代表”重要思想的指导下,在党的十六大精神的鼓舞下,继续发扬中华民族伟大的团结精神,巩固和拓展最广泛的爱国统一战线,把一切可以团结的力量都团结起来,把全民族的意志、智慧和力量都集中到建设中国特色社会主义伟大事业的总目标上来,为推进现代化建设服务,为完成祖国统一服务,为维护世界和平与促进共同发展服务。

钱其琛代表参加四川代表团讨论时说,江泽民同志的报告充分阐述了“三个代表”重要思想的历史意义和现实意义,是对马克思列宁主义、毛泽东思想和邓小平理论的继承和发展,与之一脉相承。要用与时俱进的精神理解和贯彻落实“三个代表”的重要思想。他说,《共产党宣言》发表一个多世纪以来,特别是中国革命取得成功以后,世界格局发生了很大的变化。不能用教条主义态度对待马克思主义。“三个代表”的重要思想指明了我们用马列主义、毛泽东思想立场和观点,并根据新的情况提出指导实践的方法。

钱其琛说,江泽民同志的报告总结了我国13年来的发展经验,并提高到一个理论的高度。现在我们面临着世界形势的复杂变化,科学技术日新月异,中国共产党人正是用发展的眼光,才能取得这样的成绩。新世纪初的20年是我国发展的重要战略机遇期,报告中提出了明确的目标。我们一定要抓住机遇,增强忧患意识,顾全大局,珍视团结,清醒地看到前进中遇到的困难和问题,努力开创中国特色社会主义事业的新局面。

黄菊代表在参加上海团讨论时说,党的十六大报告高屋建瓴、气势恢宏,令人振奋、催人奋进。报告通篇贯穿着解放思想、实事求是、与时俱进、开拓创新的精神。报告深刻分析了新世纪我党我国面临的新形势、新任务,科学总结了党的十五大以来特别是十三届四中全会以来党和国家取得的成绩和十条基本经验,明确提出了党在新世纪全面建设小康社会的奋斗目标,并对实现这个奋斗目标提出了一系列方针政策,是具有思想性、理论性、指导性的重要文献。

黄菊说，报告提出了加强和改进党的建设的指导思想和奋斗目标、任务，强调了必须毫不放松地加强和改善党的领导，全面推进党的建设新的伟大工程，体现了党理论创新和实践创新的重大成果，体现了党与时俱进、开拓未来，始终代表中国先进生产力的发展要求，代表中国先进文化的前进方向，代表中国最广大人民的根本利益。报告一定能够成为全党全国各族人民全面建设小康社会、加快推进社会主义现代化建设事业的行动纲领。

吴仪代表在甘肃团参加讨论时说，这次大会是一次非常重要的大会，江泽民同志的报告是一个非常重要的报告。报告高屋建瓴，实事求是，总结过去，规划未来，有许多新理论、新思想、新观点。只要我们真正按报告提出的纲领、方针、政策去做，就一定能够开创中国特色社会主义事业的新局面，实现全面建设小康社会的目标。

吴仪说，把"三个代表"重要思想作为党长期坚持的指导思想，是这次大会的一个历史贡献。"三个代表"重要思想是我们党实事求是思想路线和全党智慧的结晶。真正贯彻"三个代表"重要思想，一定要脚踏实地，实实在在，埋头苦干。一定要重实践，重内容，不要看形式，看表态，做表面文章；要言行一致，不能言行不一；要紧紧依靠群众，生活在群众之中，走在群众前面，不能脱离群众，更不能作群众的对立面；要扎扎实实解决改革发展稳定和群众生活中的具体问题，不能遇到问题绕着走，处处回避矛盾。共产党员、特别是党员领导干部，无论何时何地，都要忠心耿耿、勤勤恳恳、任劳任怨地为党工作，为绝大多数人民工作，为社会做贡献。

张万年 迟浩田参加解放军代表团讨论

张万年说，江泽民同志所作的报告，科学总结了我们党带领全国人民建设中国特色社会主义必须坚持的基本经验，明确提出了党在新世纪头二十年的奋斗目标和基本要求，鲜明地宣示了我们党在新世纪举什么旗帜、走什么道路，建设一个什么样的党、怎样建设党等一系列重大理论和实践问题，是一个凝聚党心、振奋军心、鼓舞民心的马克思主义纲领性文献。

张万年指出，坚持和贯彻"三个代表"重要思想，是全党的一项长期战略任务，也是全军第一位的政治任务。在学习贯彻十六大精神的过程中，要紧紧抓住"三个代表"重要思想这个灵魂和主线，广泛宣传，系统学习，自觉行动，全面实践，在全军迅速掀起深入学习贯彻"三个代表"重要思想的新高潮，确保我军坚定正确的政治方向。我军是党绝对领导下的人民军队，坚持党对军队的绝对领导，是永远不变的军魂。我军必须以党的旗帜为旗帜，以党的意志为意志，自觉在思想上政治上与党中央保持高度一致。军队现代化建设的根本出路和动力是改革。要着眼"打得赢"、"不变质"，按照减少数量、提高质量、优化结构、理顺关系的总体思路，以体制编制的调整改革为核心，下决心解决军队存在的结构性矛盾。改革既要积极，又要稳妥，坚持科学论证，精心筹划，周密组织，分步实施。同时还要搞好政策制度和其他方面的配套改革。

迟浩田说，江泽民同志的报告，进一步阐明了贯彻"三个代表"重要思想的根本要求，明确了党在新世纪新阶段的奋斗目标，是一个与时俱进、求真务实、催人奋进的好报告。特别是提出"三个代表"重要思想是党必须长期坚持的指导思想，这是十六大的一个历史性决策，也是十六大的一个历史性贡献，具有重大的理论价值、政治价值和实践价值。

迟浩田指出，"三个代表"重要思想，为加强党的作风建设赋予了新的时代内涵。按照"三个代表"要求加强军队党的作风建设，一是要始终保持艰苦奋斗的政治本色。艰苦奋斗是我党我军的传家宝。在新的历史条件下，我们要做到"三个代表"，赢得人民群众的拥护和支持，保持艰苦奋斗的政治本色，至关重要。二是要自觉维护团结统一的政治局面。全军同志特别是高中级领导干部都要以"三个代表"重要思想为指针，明辨各种是非，提高思想理论和政策水平，切实把全军紧紧团结在"三个代表"的旗帜下。三是要大力倡导求真务实的良好作风。推进军队各项建设和改革，关键是要有一个好的作风，在抓落实上狠下功夫。各级领导干部都要端正工作指导思想，聚精会神地干事业、抓工作。要不断改进和完善领导决策机制和工作运行机制，注重运用现代科技手段，努力增强领导决策和工作指导的针对性、有效性。

我国首座商用（重水堆）核电站一号汽轮机首次冲转试验成功

11月9日14时48分，我国首座商用（重水堆）核电站——秦山三期（重水堆）核电站现场一片欢腾，随着一号汽轮机达到额定转速每分钟1500转，国内电厂首次利用核反应能量产生的核蒸汽冲转试验一次成功。经检测，汽机振动、温度等各项指标均符合技术规范要求，水系统、油系统及蒸汽系统运转正常。

秦山三期（重水堆）核电站工程是国家"九五"重点工程，是我国和加拿大合作建设的最大项目。该工程是从加拿大引进的坎杜6商用重水堆核电站，装机容量两台728兆瓦，设计寿命40年，设计年容量因子85%。按照计划，一号机组将于11月并网发电，年底投入满功率运行。两台机组全部投入商业运营后，年发电量近100多亿千瓦时，将有效缓解华东地区电力紧张的局面。

11月10日

中国共产党第十六次全国代表大会主席团在人民大会堂举行第二次会议

江泽民同志主持了会议。

会议分别通过了关于十五届中央委员会报告的决议(草案)、关于中央纪律检查委员会工作报告的决议(草案)、关于《中国共产党章程(修正案)》的决议(草案)，决定将这3个决议草案提交各代表团讨论。

会议通过了大会选举办法，并完成了其他议程。

尉健行参加浙江代表团讨论

尉健行同志在浙江代表团讨论党的十六大报告时强调，我们要高举邓小平理论伟大旗帜，全面贯彻"三个代表"重要思想，按照党的十六大报告要求，坚持不懈地开展党风廉政建设和反腐败斗争。

张德江、习近平、李泽民、李金明、铁瑛、郑树森、陈美兰、陈艳华、叶明、陈加元等25位同志先后发言。尉健行同志参加了浙江团的讨论并作了发言。

尉健行指出，江泽民同志代表十五届中央委员会作的报告，全面体现了"三个代表"重要思想，实事求是地肯定了十五大以来取得的成就，深刻总结了十三届四中全会以来的基本经验，明确提出了全面建设小康社会的奋斗目标，对新世纪新阶段我国改革开放和现代化建设以及党的建设作出了全面部署，是一个非常重要的报告，是全面建设小康社会、加快推进社会主义现代化的行动指南，对在中国特色社会主义道路上实现中华民族的伟大复兴具有重大而深远的意义。

尉健行指出，党的十三届四中全会以来，在以江泽民同志为核心的第三代领导集体领导下，坚持以邓小平理论和"三个代表"重要思想为指导，不断加大工作力度，反腐倡廉工作持续深入开展。经过全党全社会的共同努力，党风廉政建设和反腐败斗争取得了新的明显成效，党政机关和干部队伍中腐败现象蔓延的势头程度不同地得到遏制，维护了改革发展稳定的大局。

尉健行指出，13年来反腐倡廉伟大实践充分表明，以江泽民同志为核心的第三代领导集体对反腐败斗争形势的认识是清醒的，既坚持认为反腐败关系党和国家的生死存亡，把反对和防止腐败作为全党的一项重大政治任务来抓，又把反腐败斗争放在改革发展稳定的大局中来把握，紧紧围绕经济建设这个中心来开展，依靠群众而不搞群众运动。在改革不断深入，经济快速发展的同时，反腐败斗争始终保持平稳健康、不断向纵深发展的良好态势。其次，党中央惩治腐败的态度是坚决的，工作始终是抓得很紧的。对腐败分子无论职务高低，一经揭露并查证核实，即坚决严厉查处；同时注意讲究斗争策略，综合考虑政治、经济和社会效果。第三，党中央作出的反腐倡廉重大决策和战略部署是完全正确的，尤其可贵的是我们党初步探索出一条适合我国现阶段基本国情的有效开展反腐倡廉的路子，积累了一些基本经验。

尉健行指出，回顾13年反腐败斗争历程，我们应当理直气壮地阐明我国现阶段出现的腐败绝不是根本制度性的腐败，腐败现象同中国共产党的宗旨和社会主义制度是根本不相容的；应当理直气壮地宣传我们党反腐败的指导思想、方针政策和工作思路是符合我国现阶段基本国情的；应当理直气壮地肯定党和干部队伍的主流是好的，我们党完全有能力解决腐败问题。

尉健行指出，在肯定反腐败斗争成绩的同时，我们也清醒地看到反腐败斗争的形势依然比较严峻。在体制转换时期，存在种种滋生腐败的条件，反腐败工作又存在一些不足，腐败现象仍有可能易发多发，反腐败任务还艰巨繁重。我们既要看到反腐败斗争的长期性，又要增强工作的紧迫感，坚持不懈地开展反腐败斗争。

尉健行强调，深入开展反腐败斗争，需要进一步处理好三个关系。一是惩治腐败与加强党风建设的关系。反腐败三项工作，概括起来是两个方面：一个是惩治腐败分子，一个是加强党风建设。腐败分子在党内是极少数，但危害十分严重，我们要继续加大查办违纪违法案件的力度，严厉惩处腐败分子，牢固树立党纪国法防线。而党风方面的问题涉及面广，风气不好的地方往往腐败问题也多，需要下大力气去解决。要把关口前移，立足于教育，着眼于防范，筑牢思想道德防线，增强广大干部拒腐防变的能力。二是治标与治本的关系。党中央历来强调，反腐败要坚持标本兼治，综合治理的方针。随着斗争的发展，要逐步加大治本力度，加强教育，发展民主，健全法制，强化监督，创新体制，把反腐败寓于各项重要政策措施之中，从源头上预防和解决腐败问题。同时，又必须继续重视和加强治标工作，始终保持遏制腐败的强劲势头。三是加强执纪执法机关反腐败职能作用与依靠全党反腐败的关系。既要建设一支政治坚强、公正廉洁、纪律严明、业务精通、作风优良的高素质执纪执法干部队伍，又要明确反腐败是全党的一件大事，需要发挥全党反腐败的积极性，实现中央确定的党委统一领导、党政齐抓共管、纪委组织协调、部门各负其责、依靠群众的支持和参与的反腐败领导体制和工作机制。对各级领导干部来说，尤其要认真落实党风廉政建设责任制，严格责任追究。

尉健行最后指出，全党高举邓小平理论伟大旗帜,全面贯彻“三个代表”重要思想,认真学习贯彻党的十六大精神,与时俱进,开拓创新,就一定能够把党风廉政建设和反腐败斗争不断引向深入,为实现党的十六大作出的战略部署和重大决策提供坚强的政治保证。

田纪云 李长春 李铁映 姜春云 温家宝 曾庆红 司马义·艾买提 胡启立参加代表团讨论

田纪云、李长春、李铁映、姜春云、温家宝、曾庆红、司马义·艾买提、胡启立同志分别参加所在的十六大代表团讨论。他们指出,如同毛泽东思想、邓小平理论一样,“三个代表”重要思想是在实践基础上形成、并经过实践检验的理论创新,反映了当代世界和中国发展变化对党的新要求,是中国共产党人集体智慧的结晶。以“三个代表”重要思想为灵魂的十六大报告必将作为马克思主义的光辉文献载入史册。

田纪云代表在参加贵州团讨论时说,江泽民同志的报告高屋建瓴,内容精深,“三个代表”重要思想的理论精髓贯穿全篇。当前,学习“三个代表”重要思想,关键在于贯彻落实,我们要在实际工作中对此进行深入的思考。只要我们党真正做到了始终代表先进生产力的发展要求,代表先进文化的前进方向和最广大人民的根本利益,就会永葆革命的青春,始终得到人民群众的拥护,永远立于不败之地。

李长春代表在参加广东团讨论时说,十六大报告把“三个代表”重要思想确立为我们党的指导思想和行动指南,这对党的建设和我国社会主义现代化建设具有十分重大的现实意义和深远的历史意义。大得党心,大得民心。以“三个代表”重要思想为灵魂的十六大报告必将作为马克思主义的光辉文献而载入史册。

李长春说,“三个代表”重要思想既是我们党全部历史经验的高度概括,又反映了时代对党和国家工作提出的新要求,回答了新时期、新阶段我们所遇到的一系列理论和实践问题,是马克思主义同中国实际相结合产生的又一次新飞跃,是与时俱进、理论创新的新成果,是中国化的马克思主义,适应了新的历史发展时期的世情、国情、党情,开辟了马克思主义的新境界。“三个代表”重要思想与马克思主义、毛泽东思想、邓小平理论一脉相承,在马克思主义的发展史上和科学理论体系中具有重要的历史地位。首先,“三个代表”重要思想解决了新时期、新阶段我们党如何进一步保持先进性的重大问题。第二,“三个代表”重要思想在政治理论、经济理论、党建理论上都有新的发展,回答了党的建设和国家工作中新遇到的一系列急需回答的问题,特别是巩固党的阶级基础、扩大群众基础这一重要理论和实践问题。第三,“三个代表”重要思想贯通了党的基本纲领和最高纲领,实现了最高纲领和最低纲领的统一。第四,“三个代表”重要思想规定了党的建设的科学标准,是党的建设和国家工作的强大思想武器和精神动力。

李铁映代表在参加湖南团讨论时说,十六大是党在新时期的历史性盛会,江泽民同志的报告全面总结了十三届四中全会以来党的基本经验,更进一步总结了世界各国共产主义运动的历史经验,提出了党在新时期的路线、方针和政策,科学地回答了我们党和国家在新世纪举什么旗、走什么路,确立什么样的奋斗目标等根本性问题。对于我们党团结、带领全国各族人民,全面建设小康社会,加快推进社会主义现代化建设,具有极其重要的指导意义。

李铁映说,十六大报告是对中国共产党自己的实践、自己的经验和理论的总结。对一个马克思主义政党来说,理论上的成熟,从来都是政治上成熟的根本条件,确立解放思想、实事求是、与时俱进的思想路线,是十六大的一大历史性贡献。解放思想是前提,实事求是是目的,与时俱进是本质。他说,“三个代表”重要思想,最核心的是代表人民的根本利益。中国共产党永远地代表人民的利益,她就将是人民永远的代表。

姜春云在参加陕西团讨论时说,江泽民同志的报告,是新时期新阶段马克思主义在中国的新发展、新突破。这个报告主题鲜明,立意高深,内涵丰厚,论述精辟,充满与时俱进、改革创新的精神。报告的最大特点是“新”,每个部分、每个段落都富有新意,令人鼓舞,很受启发和教育。报告高举邓小平理论伟大旗帜,贯穿着“三个代表”重要思想;倡导继往开来、与时俱进的精神;提出全面建设小康社会的宏伟目标。报告总结过去5年的工作和13年实践概括的“十条经验”,是创造性的,每一条都是规律性的认识。我们坚持这“十条经验”,就能够把党建设好,把中国特色社会主义建设好。

姜春云说,“三个代表”重要思想,是对马列主义、毛泽东思想和邓小平理论的继承和发展,是党的理论创新达到了一个新境界,是我们党认识上的第三次历史性飞跃,是十六大的灵魂,是今后我国改革和发展的根本指导思想。理论上的突破,认识上的飞跃,体现了我们党理论创新的勇气,意义非常重大。坚持邓小平理论和“三个代表”重要思想,我们就能无往而不胜。报告对小康社会的内涵作了全面概括、论述,既包括物质文明,也包括政治文明和精神文明,是今后20年的奋斗目标、宏伟蓝图,很有新意,鼓舞人心。只要我们全面落实报告精神,就一定能实现中华民族的伟大复兴。我们学习贯彻十六大报告,就要紧密联系实际,在认识上有一个新的提高,工作思路上有新的开拓,各项事业有新的发展和突破。

温家宝代表在参加吉林团讨论时说,创新是一个民族进步的灵魂,是一个国家兴旺发达的不竭动力,也是一个政党永葆生机的源泉。创新就是要坚持党的思想路线,解放思想,实事求是,与时俱进。实践基础上的理论创新是社会发展和变革的先导。如同毛泽东思想、邓小平理论一样,“三个代表”重要思想是在实践基础上形成、并经过实践检验的理论创新,反映了当代世界和中国发展变化对党的新要求,是以江泽民同志为主要代表的中国共产党人集体智慧的结晶。贯彻“三个代表”重要思想,关键在坚持与时俱进,核心在坚持党的先进性,本质在坚持执政为民。站在时代前列,与时俱进,不断探索,不断创新,永不自满,永不懈怠,永不退缩,我们的事业就能无往而不胜。

温家宝说,发展生产力是推动历史前进的决定性因素,这是马克思主义唯物史观不可动摇的原则。把发展作为党执政兴国的第一要务,就是发展生产力的观点。社会发展阶段归根到底取决于生产力的发展水平。共产主义是中国共产党人追求的最高理想,这个理想只有在社会主义社会充分发展和高度发达的基础上才能实现。社会主义制度的发展和完善是一个长期的历史过程。我国目前正处于并将长期处于社会主义初级阶段。对社会主义初级阶段长期性的认识,来之不易,经过几十年的反复,付出了沉痛的代价。这个正确的判断,是我们制定党的路线和一切内外政策的基础。在社会主义初级阶段,我国社会的主要矛盾是人民日益增长的物质文化需要与落后的社会生产之间的矛盾。党和人民面临的主要任务就是集中力量来解决这个矛盾,加快社会主义现代化建设。

曾庆红代表在参加江西团讨论时说,把“三个代表”重要思想确立为党必须长期坚持的指导思想,同马克思列宁主义、毛泽东思想、邓小平理论一起作为党的行动指南,使我们党实现了指导思想上的与时俱进,这是十六大的历史性决策和历史性贡献。全面贯彻“三个代表”重要思想,加强和改进党的建设,这是实现党在新世纪各项任务的根本保证。他指出,发展是我们党执政兴国的第一要务,发展既贯通于全面贯彻“三个代表”重要思想之中,也贯通于全面建设小康社会的奋斗目标之中。十六大的主题,归根到底聚焦在发展上。所以,十六大报告强调,要聚精会神搞建设,一心一意谋发展。新世纪新阶段的发展目标是全面建设小康社会,这是实现中华民族伟大复兴历史进程中必经的承上启下的发展阶段,是完善社会主义市场经济体制和扩大开放的关键阶段。这个历史进程是社会主义事业的伟大振兴和中华民族伟大复兴的两位一体,是社会主义市场经济、社会主义民主政治和社会主义先进文化的高度统一,是社会主义物质文明、政治文明、精神文明的协调发展。

曾庆红说,按照十六大报告提出的要求,我们必须切实加强和改进党的建设,全面推进党的建设新的伟大工程。要兴起学习贯彻“三个代表”重要思想的新高潮,不断解决提高党的领导水平和执政水平、提高拒腐防变和抵御各种风险能力这两大历史性课题,不断提高党的创造力、凝聚力和战斗力,建设高素质的领导干部队伍,确保党和人民的事业兴旺发达、后继有人。

在审议十六大党章修正案草案和中纪委报告时,曾庆红说,把“三个代表”重要思想作为我们党必须长期坚持的指导思想写入党章,充分体现了与时俱进、开拓创新的精神,这是十六大党章修正案草案最鲜明的特点,也是十六大的历史性决策和历史性贡献,党的十六大也必将以此为重要标志载入史册。

司马义·艾买提代表在参加重庆团讨论时说,江泽民同志的报告有四个特点:一是主题鲜明、指导思想明确;二是理论上有重大创新;三是坚持了解放思想、实事求是的思想路线;四是现实针对性强,有可操作性。回顾我亲历的各次党的代表大会,有几点深切的体会:一是为了保证我们党的事业沿着正确的道路胜利前进,必须制定正确的路线和纲领,而且必须坚定不移地执行正确的路线和纲领。只要制定并坚持了正确的路线和纲领,党的事业就不断前进。十一届三中全会以来就是这样。二是必须始终把发展生产力、改善人民生活作为我们党的根本任务和神圣职责。党的十一届三中全会以后,尤其是十三届四中全会以后,全党抓住经济建设这个中心不放松,才有了今天这样的大好局面。三是我们党是个大党、执政党,我们每个党员、每个党的组织都要坚决地维护和服从党中央的领导,拥护党的领导核心,倍加珍视团结,始终与党中央保持一致,这样我们就能战胜任何困难,无往不胜。

胡启立代表在参加重庆团讨论时说,江泽民同志的报告系统总结了我们党过去5年的工作和13年的基本经验;明确提出了全面建设小康社会的奋斗目标;把“三个代表”重要思想确立为党的指导思想。这是一个总结过去、规划未来的重大历史性文献,是21世纪中华民族复兴的宣言书,是全党全国人民的行动纲领。

胡启立说,江泽民同志的报告标志着我们党第三代领导集体全面掌握了建设中国特色社会主义的客观规律,有能力、有经验,在极其复杂的情况下领导我们的党取得现代化建设的胜利。报告通篇贯穿了“三个代表”的重要思想,回答了建设中国特色社会主义的最重要的一个问题,即建设一个什么样的党和怎样建设党,这是一个历史性的重大课题。党能够永葆先进性，“打得赢，不变质”，靠的就是马列主义、毛泽东思想、邓小平理论和“三个代表”重要思想。党的七大和十五大分别确立了毛泽东思想、邓小平理论在全党的指导地位，十六大强调提出全面贯彻“三个代表”重要思想，必将与七大、十五大一样在我党历史上产生极为重大的影响。报告制定了本世纪头20年开创社会主义现代化建设新局面的行动纲领，明确提出了全面建设小康社会的目标、任务，将极大地鼓舞全党和全国人民为实现全面建设小康社会和中华民族的伟大复兴而奋斗。

十六大新闻中心在梅地亚新闻中心举行记者招待会

国家计委主任曾培炎、国家经贸委主任李荣融分别介绍了我国经济和社会发展情况，并回答了记者的提问。

曾培炎介绍说，十三届四中全会以来的13年，我国国内生产总值年均增长9.3%，经济实力和综合国力又上了一个新台阶，经济总量已居发展中国家首位，世界排名也由第十位跃升到第六位；市场化取向的改革取得突破性进展，社会主义市场经济体制初步确立；开放型经济迅速发展，全方位对外开放格局基本形成；科技教育和各项社会事业全面发展，可持续发展能力进一步增强。可以说，这13年，是我国历史上发展最好的时期，是人民群众得到实惠最多的时期，是社会最稳定的时期，政通人和，国泰民安。

李荣融介绍说，1989年以来，我国工业发展实现了历史性的跨越。许多工业品长期短缺的局面发生了根本性转变，工业经济长期保持了快速增长，工业经济增长的质量和效益明显提高，工业经济体系进一步完善。国有企业改革取得了实质性进展，经营状况明显改善，国有工业企业户数从10.23万户减少到4.68万户，实现利润从743亿元提高到2389亿元。

有记者问：这次十六大将会选出新一届中央委员会，明年初政府也会进行换届选举。每一届新的政府都会有一个新的目标。中国的经济政策是会保持连续性，还是会作出较大调整？

曾培炎说，江泽民同志的报告对于本世纪头20年中国经济和社会发展，提出了非常明确的目标和任务。报告所提到的大政方针和我们改革开放以来特别是十五大以来的大政方针是一致的，发展思路应该说是一脉相承的，是连续的。从大的方面来讲，邓小平同志早就有一句非常形象、也非常明确的话，就是坚持党的基本路线100年不动摇。具体到经济政策来讲，十六大报告中指出的和我们十五大以来所执行的，在重大方针政策和战略举措上都是一致的。比如，坚持扩大内需、加快结构调整、坚持和完善基本经济制度等都是一以贯之的。当然，保持政策的连续性也要体现与时俱进的精神。因为国内外形势都在不断发生变化，会出现一些新的情况、新的问题、新的矛盾。这就需要我们不断调整和完善经济政策。

有记者问：昨天国家经贸委、财政部等四部门发布了《利用外资改组国有企业暂行规定》，这对国有企业的布局会产生什么影响？国有企业的比重多少比较合适？

李荣融说，最近国务院有关部门出台了3个文件，除昨天发布的《利用外资改组国有企业暂行规定》外，前些日子还出台了《关于向外商转让上市公司国有股和法人股有关问题的通知》和《上市公司收购管理办法》。这3个文件的精神是一致的，就是要扩大对外开放，进一步利用外资改组国有企业，深化国有企业改革，从战略上调整国有经济布局，在更大程度上发挥市场对资源配置的基础性作用。这3个文件对我国国有经济布局调整和国有企业深化改革将产生重要影响。至于说国有经济比重多少比较好，这不可能事先人为设定一个比例。可以肯定的是，国有企业的数量还会进一步减少，国有经济的质量必将会继续提高。我认为，关键不在于国有经济的数量，而在于质量。

有记者问：江泽民同志在报告当中两次提到要出售土地的使用权，对这一点您能否作更多的解释？这是否是一项重要的改革措施？中国这么做是否会让政府有更多的收入？

曾培炎说，关于土地使用权的出售，中国宪法规定城市土地是国家所有。城市土地使用权可以出售，这不是这一次报告中新提出的，我们执行这个政策已经有很长一段时间了。各级地方政府在盘活土地的过程中，会有一定的收入，但这些收入也都是为了本地城市建设和发展的需要。

有记者问：一些私营企业家抱怨，他们在同国企和外企竞争时受到不公正对待，请问什么时候中国才可以为所有企业提供一个公平的竞争环境？中国国有银行是否还承担着支持国有企业的责任？

曾培炎说，在江泽民同志的报告中明确指出，我们是鼓励、支持、引导非公有制经济的发展。在市场准入方面，以及在土地、税收、金融、外贸进出口方面，非国有企业将与国有企业一视同仁，公平竞争。中国要搞社会主义市场经济，必须坚持基本的经济制度，就是以公有制为主体，多种经济成分共同发展。关于私营部门参与金融和基础设施建设问题，实际上目前在我们的东部地区，有的民间金融机构办得非常不错，这完全是自发办起来的，当然我们还要进一步加强监管。在基础设施建设领域，民间的资金进去已经不足为奇，有的修路,有的搞一些小型工业设施,这都有。至于城市的垃圾、污水处理,目前也有民间资金进去。我想,在市场准入方面,我们对外开放,也要对个体、私营经济开放。

李荣融说,现在商业银行是自主决定贷款,它们没有承担为国有企业提供贷款的义务。它们按照贷款的条件对所有的企业一视同仁地加以审查。实际上在我国许多行业,国有企业与私营企业竞争是公平的,获得贷款的条件是一样的,竞争环境是一样的,国有企业在税收上也没有特殊的优惠。现在要做的就是按照十六大报告中提出的,使商品和生产要素更加自由地流动,各类的市场主体都能平等地使用生产要素。随着改革的深入,这个目标不久将可以达到。国家经贸委作为负责企业改革和发展工作的部门是为各类企业服务的,我们制定的政策都在网上公布,对各类企业一视同仁。

有记者问:江泽民同志在报告里提到要全面建设小康社会,小康的定义是什么?关于贫富差距的问题,有什么样的解决措施?

曾培炎说,经过20多年的改革开放,到2000年实现了人民生活总体上达到小康水平。这是中国历史上了不起的事。但是,我们现在达到的小康还只是低水平的、不全面的、发展很不平衡的小康。所谓低水平,就是虽然我国经济总量已经达到一定规模,但人均水平还比较低。所谓不全面,就是目前的小康基本上还处于生存性消费的满足,而发展性消费还没有得到有效满足,社会保障还不健全,环境质量还有待提高。所谓发展很不平衡,是指地区之间、城乡之间,发展水平差距不小。十六大报告提出的全面建设小康社会,就是要针对这些问题,建设一个惠及十几亿人口的更高水平的、更全面的、发展比较均衡的小康社会。所谓更高水平,就是用大体20年的时间,使我国国内生产总值比2000年翻两番,人均超过3000美元,相当于当时中等收入国家的平均水平。基本实现工业化,建成完善的社会主义市场经济体制和更具活力、更加开放的经济体系。所谓更全面,就是经济、政治、文化全面发展的小康。社会主义民主更加完善,社会主义法制更加完备,社会秩序良好。人民安居乐业,接受良好教育,实现人的全面发展。生态环境得到改善,人与自然更加和谐。整个社会走上生产发展、生活富足、生态良好的文明发展道路。所谓发展比较均衡,就是使城乡差别、地区差别扩大的趋势逐步扭转,城镇人口比重超过50%,社会保障体系比较健全,家庭财产普遍增加,广大人民过上更加富足的生活。

有记者问:十六大报告中提到新型工业化道路问题,请解释一下我国新型工业化道路"新"在哪里?有哪些具体内容?

曾培炎说,我想这个"新"是相对于传统的工业化来讲的,主要表现在:第一,发达国家都是在工业化之后推行信息化的,中国是一个后发展的国家,这些年信息化发展很快,我们完全可以在工业化的过程中推进信息化,以信息化带动工业化,以工业化促进信息化,从而发挥后发优势,实现生产力的跨越式发展。第二,在发达国家实现工业化特别是在快速发展的时期,大多数是以消耗能源、以牺牲环境为代价,可以说"先发展,后治理",代价是很大的。所以,我们在实现工业化的过程中特别强调生态建设和环境保护,强调处理好经济发展与人口、资源、环境之间的关系。第三,在发达国家实现工业化的过程中注重机械化和自动化,与此同时出现了一些失业问题。中国的国情是人口多,劳动力成本比较低,我们就是要在工业化的进程中,处理好资本技术密集型与劳动密集型产业的关系,处理好高新技术产业和传统产业的关系,处理好虚拟经济和实体经济的关系。也就是说,在推进工业化的同时,也扩大就业。十六大报告对新型工业化道路做了描述,这就是科技含量高、经济效益好、资源消耗低、环境污染少、人力资源得到充分发挥的工业化道路。

我国最长成品油运输管道竣工运行

中国石油天然气股份有限公司在成都宣布:我国目前线路最长、口径最大、压力最大的成品油管道——"兰州—成都—重庆"管道正式竣工,投入运行。

兰成渝输油管道由中国石油天然气股份有限公司投资建设,始于甘肃兰州市西固区(首站),途经甘肃、陕西、四川、重庆3省1市的40个县(市、区),终点为重庆市大渡口区的伏牛区(末站)。从1998年12月开工至全线竣工,历时近4年。干线全长1250公里,年输送能力500万吨,总投资近40亿元。

作为西部大开发12项重点工程之一,兰成渝输油管道的建成投产,将从根本上缓解我国西南地区石油短缺和西北地区油品过剩的矛盾,对促进西部地区经济持续、快速发展,巩固国防,具有重大的现实和战略意义。

中国女队获得第35届国际象棋赛奥林匹克团体赛冠军

中国女队在斯洛文尼亚布莱德举行的第35届国际象棋奥林匹克团体赛中获得冠军。这一胜利,使得中国女队在1998年、2000年、2002年连续三届奥赛上实现了"三连冠"。

11月11日

十六大新闻中心在梅地亚新闻中心举行第二场记者招待会

大会新闻发言人李冰邀请劳动和社会保障部部长张左己，中华全国总工会副主席、书记处第一书记张俊九介绍劳动和社会保障的情况，并回答记者提问。

张左己介绍说，党的十三届四中全会以来，劳动和社会保障领域发生了一系列深刻的历史性变化，市场导向的就业机制和中国特色的社会保障体系框架基本确立。1990年至2001年，我国从业人员规模从6.5亿人扩大到7.3亿人，城镇个体私营经济组织的就业人员总量增加了近3000万人。1998年至今年上半年，全国累计国有企业下岗职工2600多万人，其中1700多万人通过多种方式实现再就业。确保国有企业下岗职工基本生活费按时足额发放，确保离退休人员基本养老金按时足额发放的“两个确保”和下岗职工基本生活保障、失业保险和城市居民最低生活保障“三条保障线”得到较好落实。职工工资收入不断提高，劳动和社会保障法制建设进一步加强，劳动者合法权益得到保障。

张俊九介绍说，工会组织积极参与立法、政策制定和劳动关系调整，加强执法监督及劳动争议调解和仲裁工作。近5年来，参与制定涉及职工切身利益的法律、法规和政策1264件；工会组织积极协助党和政府做好“两个确保”工作，积极参与社会保险制度的改革，推动社会保障体系的完善；积极促进再就业工作，在向党和政府提出政策建议的同时，累计介绍下岗失业人员近300万人次实现再就业，累计培训下岗失业人员319万人次。

有记者问：如何处理再就业工作与完善社会保障体系的关系？在完善社会保障体系方面有哪些措施？

张左己说，中央提出的方针是，要在进一步巩固“两个确保”，逐步完善社会保障体系的基础上，重点做好有劳动能力和就业愿望的下岗失业人员的再就业工作。一个是基础，一个是重点，二者不可偏废，必须协调推进。下一步，在重点做好再就业工作的同时，一是坚持不懈地巩固“两个确保”，完善城镇职工基本养老保险制度和基本医疗保险制度，健全失业保险制度和城镇居民最低生活保障制度，搞好“三条保障线”的衔接，切实做到应保尽保；二是要做好社会保险关系接续工作，对解除劳动关系的职工，提供失业保险待遇，符合条件的纳入城镇“低保”，已经参加社会保险的，其以前的缴费年限予以保留，与以后的缴费年限合并计算；三是加快社会保障信息网络建设，积极推进社会保障管理服务社会化，依托社区对企业退休人员开展社会化管理服务。

有记者问：工会在促进就业特别是促进下岗失业人员再就业方面有何打算？

张俊九说，概括起来三个方面，就是源头参与、强化监督、办好实事。全国总工会和各级工会要针对就业和再就业问题进行深入调研，积极参与同级政府促进再就业工作领导机构，参与有关促进就业和再就业的法律、法规、政策的制定，积极反映职工群众的意愿和要求；要监督地方政府有关部门和企业把中央制定的各项促进再就业政策落到实处；要发挥工会组织的优势，在今后3年内，实现对150万下岗失业人员进行职业培训，为150万下岗失业人员提供职业介绍服务，帮助150万下岗失业人员实现再就业，到今年底，在全国50个大中城市建立和逐步规范困难职工帮扶中心，3年内达到200个。

有记者问：为促进下岗失业人员再就业，政府采取哪些扶持政策？

张左己说，十六大报告指出，就业是民生之本。国家实行促进就业的长期战略和政策。为解决下岗失业人员的再就业问题，党中央、国务院召开了全国再就业工作会议，明确了一系列政策措施和工作要求。在具体扶持政策方面主要有：一是为支持下岗失业人员自谋职业，实行免征税费和小额贷款扶持政策。二是为鼓励服务型企业吸纳下岗失业人员，实行社会保险补贴政策和减免税收政策。三是为帮助就业困难对象，实行再就业援助，对从事社区公益性岗位工作的，实行社会保险补贴和岗位补贴政策。四是为鼓励国有大中型企业主辅分离和辅业改制，分流安置富余人员，兴办经济实体，符合规定条件的，实行免征所得税政策。

有记者问：中国目前正致力于建设城镇人口的社会保障体系，对于农村人口的保障问题应如何解决？

张左己说，农村社会保障是我国社会保障体系的一个重要组成部分，但是由于经济发展的不平衡性，地域的辽阔性，在现阶段全面推行农村社会保障十分艰难，尚不具备条件。经济比较发达的一些地区已经开始探索建立农村养老保险制度，主要办法就是农民自愿交一点钱，集体经济或者社区进行辅助，建立养老保险制度。现在全国已经有6000万农民参加了农村社会养老保险，积累了216亿元，有108万农民开始领取养老保险金。十六大报告提出，有条件的地方，探索建立农村养老、医疗保险和最低生活保障制度。为了适应全面建设小康社会的新形势、新要求，我们正在研究制定适合于进城务工农民、被征用土地的农民以及农转非人口的养老保险制度，然后再逐步过渡到其他农村人口。

11月12日

十六大新闻中心在梅地亚新闻中心举行第三场记者招待会

国务院西部开发办副主任李子彬，新疆维吾尔自治区主席阿不来提·阿不都热西提，西藏自治区党委常务副书记、自治区人大常委会主任热地，重庆市代市长王鸿举，陕西省代省长贾治邦介绍西部大开发情况并回答中外记者提问。

记者招待会由大会新闻发言人李冰主持，近300名中外记者到会采访。

李子彬首先介绍说，1999年，以江泽民同志为核心的党中央作出了实施西部大开发战略的重大决策。三年来，西部大开发的方针正确，措施得力，进展顺利，效果显著。西部地区投资和经济快速增长，2000年西部地区国内生产总值增长8.5%，2001年增长8.7%，今年1至9月份增长9.6%。中央对西部地区的投资力度加大，关系西部地区发展全局的基础设施重大项目已经全面展开，退耕还林工程全面启动，生态环境保护和建设力度显著加大，农村基础设施建设明显加强，科技、教育、人才开发和社会事业加快发展，改革开放的步伐加快，经济结构调整不断推进。

有记者问：实施西部大开发战略三年来，西部地区基础设施和生态环境建设进展情况如何？

李子彬说，三年来，西部地区基础设施和生态环境建设迈出了实质性步伐。青藏铁路、西气东输、西电东送、水利枢纽、交通干线等关系西部地区发展全局的一批重大项目已经相继开工。在农村实施"油路到县"、"送电到乡"、"广播电视到村"工程等，使农民生产、生活条件逐步改善。今年解决了699个无电乡镇的通电问题，西部乡镇通电率达到98%以上，西部行政村通广播电视的比例达到97%以上。三年投资28亿元，解决了1300万农民的饮水问题。生态环境保护和建设显著加强。退耕还林工程经过两年多的试点，今年在25个省、区、市全面启动，到今年9月底，累计完成退耕还林4418万亩，荒山荒地造林4403万亩。2000年开始实施天然草原恢复与建设试点，三年投入专项资金20亿元。从明年起，将实施退牧还草工程，先期工程拟用5年时间重点治理10亿亩退化的草原。

有记者问：新疆是如何处理西部大开发与生态建设关系的？

阿不来提·阿不都热西提说，新疆位于亚欧大陆腹地，为干旱半干旱荒漠绿洲生态，总体讲生态环境比较脆弱。在西部大开发中，新疆把生态环境保护和建设摆在突出位置，坚持"保护与建设并举"，努力改善山区生态，重点建设绿洲生态，积极保护荒漠生态，强化污染治理，逐步解决干旱、盐碱、风沙、污染等生态环境危害，从根本上改变生态环境状况，实现良性循环。一批重点生态工程进展顺利，局部区域的生态环境已经开始得到改善。目前正在实施的重点生态工程主要有：投资107亿元人民币，对塔里木河进行综合治理；实施天然林保护工程，坚决停止对原始森林和荒漠植被的砍伐破坏；实施退耕还林还草工程，努力扩大林草植被面积；实施沙漠化治理工程，控制沙漠化趋势；实施城市环境综合治理，使污染治理取得明显成效。

有记者问：重庆是如何把西部大开发与三峡库区移民工作相结合的？

王鸿举说，西部大开发和三峡移民是重庆发展的两大机遇。几年来，重庆始终把西部大开发和三峡移民有机结合起来，以大开发促进大移民，以大移民推动大开发。西部大开发加快了库区基础设施建设，高速公路、铁路、机场、沿江港口码头，以及一批电力、通信等设施的建设，为移民搬迁和库区开发创造了良好的基础条件。西部大开发促进了库区经济结构调整，库区1397户淹没工矿企业加快了重组搬迁步伐，娃哈哈等一批知名企业落户库区。西部大开发加强了库区生态环境建设与保护，国家在两年中分别投入40亿元用于库区生态环境建设、保护和地质灾害防治，重庆市也加大了投入，库区生态环境正在得到改善。此外，西部大开发也加快了库区对外开放步伐和科技教育发展。到2001年年底，库区15个区县国内生产总值比10年前增加了2.4倍，财政收入增加了2.2倍，农民人均纯收入增加了1.9倍。

有记者问：党的十三届四中全会以来，西藏经济社会取得哪些成就？

热地说，党的十三届四中全会以来，西藏在改革开放和现代化建设中取得了巨大成就。1990年至2001年，全区国内生产总值年均增长11.3%，高于全国平均水平。2001年全区粮食总产量达98.25万吨，比1990年增长61.5%，公路通车总里程达3.6万公里，比1990年增加1.4万公里，发电总装机容量达36.8万千瓦，比1990年增加20.5万千瓦，程控电话交换机24.4万门，比1990年增加22.82万门。广播、电视人口覆盖率分别达81.7%和80.1%，比1990年分别增长55.7%和45.1%，农牧民人均纯收入是1990年的2倍多；农牧民免费医疗政策不断完善；全区平均寿命由20世纪50年代的35岁增加到现在的67岁。城乡面貌日新月异，古城拉萨旧貌换新颜，林芝、日喀则、泽当等已建成市场繁荣、功能日益齐全的新型城镇。

有记者问：陕西省"一线两带"建设已经国家批准并开始实施，能否介绍一下目前建设的有关情况？

贾治邦说，“一线两带”就是以西安为中心、以陇海铁路陕西段为轴线，把陕西省关中平原上4个国家级开发区、3个省级开发区和几十个产业园与科技园串起来，以点带面，将这一地区建设成为最具活力的高新技术产业开发带和星火产业开发带。在建设“一线两带”时，主要靠“四个优先”。一是科技优先，大力支持科技创新，发展信息制造、软件和生物医药等高新技术产业，推广普及农业高新技术，改造提升传统产业，大力发展现代服务业。二是市场优先，推动体制创新，充分发挥市场配置资源的基础性作用。三是环境优先，转变政府职能，优化投资环境，实施可持续发展战略和城镇化战略。四是企业优先，以项目为载体，吸引国内外、省内外各种所有制企业到这一地区以收购、兼并、参股等形式投资发展。

“中国资源二号”卫星组网成功

我国新近发射的“中国资源二号”卫星，在西安卫星测控中心科技人员的精心测控下，经过3次成功变轨，已于11月12日22时53分进入工作轨道，与我国两年前发射的第一颗“中国资源二号”卫星正式组网运行。目前，卫星各项工作运转正常。

在“中国资源二号”卫星3次变轨控制中，西安卫星测控中心采用先进的“中心遥控”透明工作模式，实现了测控资源最优分配，大大拓展了测控资源的利用率，解决了卫星管理和实时测控交织进行的矛盾。同时，在这次卫星组网工作中，中心卫星通信网、测控软件通用平台、航天器控制语言等一批新技术，得到了进一步使用和验证，从而全面提高了我国应对密集型航天器航天发射的综合测控能力。

西安卫星测控中心负责人透露，这次“中国资源二号”卫星组网成功，中心自主研制开发的双星组网测控方案控制精度非常高，确保了两颗卫星的最终工作区间，圆满实现了双星对地观测资源的优化配置。“中国资源二号”卫星经过在轨测试后，近期将正式交付卫星应用部门。

11月13日

中国共产党第十六次全国代表大会主席团在人民大会堂举行第三次会议

江泽民同志主持会议。

会议以举手表决的方式，通过了经各代表团差额预选产生的中央委员会委员、中央委员会候补委员、中央纪律检查委员会委员候选人名单，提请各代表团酝酿。

从11月11日开始，各代表团对大会主席团通过的中央委员会委员、中央委员会候补委员、中央纪律检查委员会委员候选人预备人选名单进行了充分的酝酿。11月12日下午和13日上午，十六大各代表团分别对中央委员会委员、中央纪律检查委员会委员和中央委员会候补委员进行了预选。预选采用差额选举办法。整个预选工作在预选监票人的监督下，严格按照大会选举办法进行。

14日上午，大会将进行正式选举。

十六大新闻中心在梅地亚新闻中心举行第四场记者招待会

十六大新闻发言人李冰邀请外经贸部部长石广生介绍我国对外经济贸易发展情况，回答中外记者提问。

据石广生介绍，十三届四中全会以来的13年，是中国对外经济贸易历史上最快最好的发展时期。中国对外贸易高速发展，已经成为世界贸易大国，在世界的排名，已由1989年的第十五位，跃居2001年的第六位。中国开创了利用外资的新局面，全方位、多层次、宽领域对外开放格局已基本形成。13年来，全国累计实际使用外资超过4000亿美元，占改革开放以来吸收外资总额的97%以上；吸收外资已连续9年居发展中国家首位。实施“走出去”战略，取得了初步成效。外经贸迅速发展，有力地推动了国民经济增长，改善和加强了我国对外关系，促进了祖国统一大业。中国成功加入世贸组织，对外开放进入新阶段，对国民经济发展的积极效应正在进一步显现。

有记者问：十六大报告中提出，2020年中国的国内生产总值要比2000年翻两番，对外经济贸易领域可以为这一目标作出什么样的贡献？对外贸易翻两番的可能性有多大？

石广生说，江泽民同志在十六大报告中明确提出本世纪头20年要在中国全面建设小康社会，并提出了国内生产总值比2000年翻两番的奋斗目标。外经贸作为国民经济的重要组成部分，要为实现这一目标作出贡献。外经贸也要把翻两番作为奋斗目标，如果简单计算，到2020年外贸进出口额应接近2万亿美元。这个目标既是宏伟的，也是艰巨的。所谓宏伟，是因为这一贸易额相当于现在世界上最大贸易国的贸易规模，未来20年我国外贸进出口年增长率要达到7.2%以上；所谓艰巨，是因为对外经济贸易不仅受国内经济变化的影响，同时还要受国际经济形势、特别是经济全球化发展变化的影响和制约。这既是很大的发展机遇，也存在相当大的可变因素和挑战。我们一定按照十六大的要求，认真贯彻“三个代表”重要思想，发挥中国的优势，艰苦奋斗，努力实现这个目标，使中国不仅成为一个贸易大国，而且成为一个贸易强国，同时吸引外资和对外投资也有一个较快的发展。

有记者问：内地与香港商谈建立更紧密的经贸关系安排，目前进展如何？是不是遇到了障碍？

石广生说，中国内地与香港更紧密经贸关系安排的磋商进展顺利，在许多问题上取得了明显进展。在贸易投资便利化方面已取得了重要进展，在许多专题上，比如通关便利化、中小企业合作、贸易投资促进、电子商务、法律透明度等都达成了实质性的协议。货物贸易方面的磋商也取得了实质性的进展，现在双方主要在原产地等方面进行技术性磋商。服务贸易方面也正就相关具体问题进行磋商。磋商没有遇到障碍，相信会取得双方都满意的结果。

有记者问：中国外经贸发展迅速，外资持续大量地涌入，其他发展中国家、特别是东南亚国家对此存在忧虑，你怎么说服它们打消这种忧虑？

石广生说，我个人认为中国的发展将更多地给它们带来发展机遇。因为中国的快速发展对地区特别是对于周边地区来说提供了发展的机遇、市场和空间。据我测算，未来5年中国的进口将达到15000亿到20000亿美元。今年1至10月，中国从东盟国家的进口比去年同期增长27%。中国发展越快，周边国家发展的空间也就越大。中国的发展，特别是随着中国“走出去”战略的实施，会有更多有实力、有条件的企业增加对海外的投资，周边国家将是它们首选的地区之一。在经济全球化的今天，任何国家都回避不了竞争，但可以采取措施变竞争为合作。中国同东盟在10年内建成自由贸易区，就是合作的很好方式，这种形式是互利的、双向的和开放的。中国与东盟完全可以在10+1框架下优势互补，变竞争为合作。因此，中国的发展是一个机遇，而不是一个威胁。

有记者问：中国加入世贸组织10个多月来对中国经济的总体影响如何？

石广生说，中国加入世贸组织，对国民经济的发展已经和正在发挥着积极的影响。首先，进一步促进了中国的对外开放，为中国企业和产品进入国际市场提供了机遇，也为境外企业和产品进入中国市场提供了机遇。其次，中国遵守WTO规则，清理了约2300件法律、法规，促进了中国社会主义市场经济体制的建立和完善。第三，中国获得了一个相对公平的国际经贸环境，也为促进建立公平的国际经贸环境作出了自己的贡献。第四，增强了中国企业参与国际竞争的压力和能力，促进了国有企业的改革和产业结构的调整。关于中国履行加入世贸组织的承诺，中国是一个负责任的大国，我们认真履行了承诺：进一步开放了市场，进口关税由15.3%降到12%；颁布了服务贸易领域开放的法律、法规，审批了符合条件的境外服务贸易企业进入中国；履行了透明度的原则，执行了向WTO秘书处进行通报的义务；我们还以WTO成员的身份，积极参加新一轮谈判，并发挥积极的、建设性的作用。

有记者问：有报道说，美台正拟商签自由贸易协定，您对此有何评论？

石广生说，我也在媒体上见过相关的报道。最近我在墨西哥参加亚太经合组织贸易部长会议期间，专门就此询问美国贸易谈判代表佐立克先生。他明确地回答说，美国没有与台湾当局谈判自由贸易协定的问题，也不准备进行这样的谈判，媒体的报道是不真实的。我们对与我建交的国家同台湾进行民间的经贸往来不持异议，但坚决反对与我建交的国家同台湾当局发生任何形式的官方往来，在这个问题上中国的立场是一贯的。台湾当局正在以商谈自由贸易协定问题作为手段，搞“台湾独立”和“两个中国”。这是一个敏感的政治问题。中方坚决反对与我建交的国家同台湾商谈和签订自由贸易协定，否则将会给它们带来严重的政治麻烦，影响双边的经贸合作关系。

外交部副部长王毅和部长助理周文重在北京分别会见美国负责东亚及太平洋事务的助理国务卿凯利

在磋商中，双方就中美关系和其他共同关心的问题交换了看法。双方一致表示将认真落实中美元首在克劳福德达成的共识，加强在反恐、经贸等广泛领域及国际与地区问题上的磋商与合作，妥善处理分歧，推动中美建设性合作关系不断取得新进展。

双方还就朝鲜核问题交换了意见。美方向中方通报了朝核问题有关进展。中方阐述了原则立场，表示支持半岛无核化、支持半岛保持和平稳定，希望朝核框架协议得到维护和履行，希望朝核问题得到和平解决。双方表示将就此保持接触。

国家统计局 科技部 财政部发布《2001年全国科技经费投入统计公报》

公报显示，“十五”计划第一年我国科技投入呈现良好开局，科技活动经费投入保持较快增长，科学研究与试验发展(R&D)经费支出首次跨上1000亿元台阶，R&D与国内生产总值(GDP)的比例达到1.1%的历史最高水平，这标志着我国科技投入开始步入快速增长阶段。

公报显示，去年全国共筹集科技活动经费2589亿元，比上年增加243亿元，增长10.3%。全年国家财政科技拨款额达703亿元，比上年增加128亿元，增长22.2%，占国家财政支出的比重为3.7%。全年国家科技活动经费总支出为2313亿元，比上年增加262亿元，增长12.8%。

分执行部门看，各类企业、国有独立核算的科研院所、高等院校分别支出1496亿元、558亿元、166亿元，分别比上年增长了11.5%、11.3%、21%。

分地区看，科技活动经费支出超出100亿元以上、R&D经费支出超过50亿元以上的有北京、广东、江苏、上海、山东、四川等省市，支出分别为1441亿元和713亿元。

分研究类型看，用于基础研究、应用研究、试验发展的经费支出分别为52亿元、176亿元和814亿元，分别比上年增长11.8%、15.8%和16.8%。基础研究、应用研究、试验发展占R&D总支出的比重为5%、16.9%和78.1%。

杨焕明被美评为年度科研领袖人物

中国基因研究专家、中国科学院基因组信息学中心暨北京华大基因研究中心主任杨焕明，被《科学美国人》杂志评为年度科研领袖人物。《科学美国人》今年开始首次推出年度50佳的评选，旨在表彰2001年至2002年间对未来科技发展作出杰出贡献的科研、工业和政治人物或团体。今年的"年度科研领袖"联合授给了3个人，与杨焕明分享这一称号的还有瑞士先正达公司的斯蒂芬·戈夫以及美国华盛顿大学基因组中心的于军。他们因"在水稻基因组测序研究中发挥的领导作用"而获得这一荣誉。

11月14日

中国共产党第十六次全国代表大会在人民大会堂闭幕

江泽民同志主持大会。

江泽民、李鹏、朱镕基、李瑞环、胡锦涛、尉健行、李岚清、丁关根、田纪云、李长春、李铁映、吴邦国、吴官正、迟浩田、张万年、罗干、姜春云、贾庆林、钱其琛、黄菊、温家宝、曾庆红、吴仪、乔石、宋平、刘华清、薄一波、叶选平、宋健、曹庆泽等大会主席团常务委员会成员在主席台前排就座。

上午9时，江泽民同志宣布大会开始。

会议首先通过了两名总监票人和36名监票人名单。

在总监票人和监票人的监督下，到会的2132名代表和特邀代表以无记名投票方式，选举出由198名委员、158名候补委员组成的十六届中央委员会，选举出中央纪律检查委员会委员121名。

随后，大会通过了关于十五届中央委员会报告的决议。

大会通过了关于中央纪律检查委员会工作报告的决议。大会充分肯定了中央纪律检查委员会的工作。

大会通过了关于《中国共产党章程(修正案)》的决议，决定这一修正案自通过之日起生效。

大会完成各项议程后，江泽民同志在热烈的掌声中发表了讲话。他说，中国共产党第十六次全国代表大会的各项议程已经胜利完成。在全体代表的共同努力下，这次大会开得很成功，是一次团结的大会、胜利的大会、奋进的大会。

江泽民指出，这次大会，在我们党和国家的发展进程上具有重大的历史意义。大会通过的十五届中央委员会的报告，坚持以党的基本理论和基本路线为指导，总结了党领导人民建设中国特色社会主义的基本经验，提出了全面贯彻"三个代表"重要思想的根本要求，明确了新世纪新阶段全党的奋斗目标，对改革开放和现代化建设、推进党的建设新的伟大工程作出了全面部署。大会的报告是集体智慧的结晶，是我们党在新世纪新阶段的政治宣言和行动纲领。大会通过的党章修正案，把"三个代表"重要思想和马克思列宁主义、毛泽东思想、邓小平理论一道确立为党的指导思想，进一步明确了新形势下加强和改进党的建设的根本要求，充分反映了新形势新任务对党的工作和党的建设提出的新要求，集中体现了这些年来我们党自身建设积累的新经验，必将有力地推进党的建设新的伟大工程。大会选举产生了新一届中央委员会，党的中央领导集体顺利实现了新老交替。大会还选举产生了新一届中央纪律检查委员会。这一切，都是具有重大历史意义的，必将极大地鼓舞全党和全国各族人民，与时俱进、开拓创新，信心百倍地把中国特色社会主义伟大事业继续推向前进。

江泽民说，大会期间，许多国家的政党和组织来电来函对大会表示祝贺，国内各民主党派、全国工商联和各界人士也向大会表示祝贺，广大人民群众通过各种方式向大会表示祝贺，大会主席团谨向他们表示衷心的感谢！

大会选举后，担任全国人大常委会副委员长、全国政协副主席的党外人士，担任过国家副主席、全国人大常委会副委员长、全国政协副主席的党外人士，各民主党派中央、全国工商联负责人和无党派人士荣毅仁、帕巴拉·格列朗杰、王光英、吴阶平、何鲁丽、丁石孙、成思危、许嘉璐、蒋正华、阿沛·阿旺晋美、钱伟长、丁光训、孙孚凌、霍英东、马万祺、万国权、经叔平、罗豪才、张克辉、周铁农、王文元、孙起孟等，应邀列席会议并在主席台贵宾席就座。党内有关负责同志也列席了大会。

大会在雄壮的《国际歌》声中胜利闭幕。

中国共产党第十六次全国代表大会关于十五届中

央委员会报告的决议

（2002年11月14日中国共产党第十六次全国代表大会通过）

中国共产党第十六次全国代表大会批准江泽民同志代表十五届中央委员会所作的报告。报告深刻阐明了我们党在新世纪坚持举什么旗、走什么路、实现什么目标等重大问题，对我国改革开放和社会主义现代化建设作出了全面部署，是我们党团结和带领全国各族人民在新世纪新阶段继续奋勇前进的政治宣言和行动纲领。

大会认为，报告确定的主题顺应时代潮流，符合党心民心。全党要高举邓小平理论伟大旗帜，全面贯彻"三个代表"重要思想，继往开来，与时俱进，全面建设小康社会，加快推进社会主义现代化，为开创中国特色社会主义事业新局面而奋斗。大会强调，我们党必须坚定地站在时代潮流的前头，团结和带领全国各族人民，实现推进现代化建设、完成祖国统一、维护世界和平与促进共同发展这三大历史任务，在中国特色社会主义道路上实现中华民族的伟大复兴。

大会高度评价十五届中央委员会的工作。十五大以来，以江泽民同志为核心的党中央领导全党和全国各族人民，走过了很不平凡的历程，在改革发展稳定、内政外交国防、治党治国治军各方面都取得了巨大成就。十五大和十五大以来中央作出的各项重大决策是正确的。我们取得的成就为今后党和国家事业的发展奠定了更加坚实的基础。

大会同意十五届中央委员会对十三届四中全会以来十三年伟大实践的总结，一致赞同党领导人民建设中国特色社会主义的基本经验。大会认为，这些经验，联系党成立以来的历史经验，归结起来就是，我们党必须始终代表中国先进生产力的发展要求，代表中国先进文化的前进方向，代表中国最广大人民的根本利益。这是坚持和发展社会主义的必然要求，是我们党艰辛探索和伟大实践的必然结论。全党要坚持贯彻党的基本理论、基本路线、基本纲领和基本经验，把各项工作做得更好。

大会一致同意把"三个代表"重要思想和马克思列宁主义、毛泽东思想、邓小平理论一道确立为我们党的指导思想。"三个代表"重要思想是对马克思列宁主义、毛泽东思想和邓小平理论的继承和发展，反映了当代世界和中国的发展变化对党和国家工作的新要求，是加强和改进党的建设、推进我国社会主义自我完善和发展的强大理论武器。始终做到"三个代表"，是我们党的立党之本、执政之基、力量之源。全党同志要牢牢把握关键在坚持与时俱进、核心在坚持党的先进性、本质在坚持执政为民的根本要求，不断增强贯彻"三个代表"重要思想的自觉性和坚定性。

大会指出，二十一世纪头二十年，对我国来说，是一个必须紧紧抓住并且可以大有作为的重要战略机遇期。大会同意报告提出的全面建设小康社会的奋斗目标，认为提出这个奋斗目标，对于凝聚全党和全国各族人民的力量，加快推进社会主义现代化，具有十分重要的意义。实现这个目标，发展要有新思路，改革要有新突破，开放要有新局面，各项工作要有新举措。

大会同意报告关于我国经济、政治、文化建设和改革的部署。大会强调，发展是党执政兴国的第一要务。必须坚持以经济建设为中心，不断解放和发展社会生产力，完善社会主义市场经济体制，坚持科教兴国和可持续发展战略，推动经济结构战略性调整，基本实现工业化，大力推进信息化，加快建设现代化，保持国民经济持续快速健康发展，不断提高人民生活水平。必须在坚持四项基本原则的前提下，继续积极稳妥地推进政治体制改革，发展社会主义民主政治，建设社会主义政治文明，建设社会主义法治国家，巩固和发展民主团结、生动活泼、安定和谐的政治局面。必须大力发展社会主义文化，建设社会主义精神文明，坚持弘扬和培育民族精神，切实加强思想道德建设，大力发展教育和科学事业，积极推进文化创新，不断增强中国特色社会主义文化的吸引力和感召力。大会认为，建立巩固的国防是维护国家安全统一和全面建设小康社会的重要保障，同意报告关于国防和军队建设的部署。大会强调，要坚持"和平统一、一国两制"的基本方针和现阶段发展两岸关系、推进祖国和平统一进程的八项主张，最终实现祖国的完全统一。

大会同意报告对国际形势的分析和提出的对外工作的各项方针，强调始终不渝地奉行独立自主的和平外交政策，同各国人民一道，维护全人类的共同利益，积极促进世界多极化，反对各种形式的霸权主义和强权政治，共同推进世界和平与发展的崇高事业。

大会强调，全面建设小康社会，加快推进社会主义现代化，必须毫不放松地加强和改善党的领导，全面推进党的建设新的伟大工程。要坚持党要管党、从严治党的方针，推进党的思想、组织、作风建设，不断提高全党的马克思主义理论水平，加强党的执政能力建设，增强党的阶级基础和扩大党的群众基础，始终保持党同人民群众的血肉联系。要旗帜鲜明、毫不动摇地把反腐败斗争深入进行下去。

大会要求，面对很不安宁的世界，面对艰巨繁重的任务，全党同志一定要增强忧患意识，居安思危，清醒地看到日趋激烈的国际竞争带来的严峻挑战，清醒地看到前进道路上的困难和风险，倍加顾全大局，倍加珍视团结，倍加维护稳定。

大会号召,全党同志和全国各族人民,紧密团结在党中央周围,万众一心,奋发图强,把中国特色社会主义事业不断推向前进,共同创造我们的幸福生活和美好未来!

中国共产党第十六次全国代表大会关于中央纪律检查委员会工作报告的决议

(2002年11月14日中国共产党第十六次全国代表大会通过)

中国共产党第十六次全国代表大会审查、批准中央纪律检查委员会的工作报告。大会充分肯定了中央纪律检查委员会的工作。

大会要求,中央和地方各级纪律检查委员会,要高举邓小平理论伟大旗帜,全面贯彻"三个代表"重要思想,认真学习贯彻党的十六大精神,坚持从严治党的方针,切实执行党章规定的各项任务,与时俱进,开拓创新,进一步做好纪律检查工作,保证党的路线、方针、政策顺利贯彻执行;深入开展党风廉政建设和反腐败斗争,为改革发展稳定的大局服务。各级党委要以"三个代表"重要思想为指导,继续加强对纪律检查工作的领导,切实加强党的建设,坚定不移地落实党中央关于反腐倡廉的各项任务,不断把党风廉政建设和反腐败斗争引向深入,为实现党的第十六次全国代表大会作出的战略部署和重大决策提供政治保证。

中共中央纪律检查委员会向党的第十六次全国代表大会的工作报告

(2002年11月14日中国共产党第十六次全国代表大会通过)

党的第十五次全国代表大会以来,中央纪律检查委员会和各级纪律检查委员会以邓小平理论和江泽民同志"三个代表"重要思想为指导,按照党的十五大要求和党中央的部署,坚持党要管党、从严治党的方针,认真执行党章规定的各项任务,紧紧依靠党的各级组织、广大党员、干部和人民群众,加大工作力度,推动党风廉政建设和反腐败工作持续深入开展,为保持党的先进性和纯洁性,为改革开放和经济建设的顺利进行提供了有力保障。现将五年来的工作情况和对今后工作的建议,向党的第十六次全国代表大会报告如下,请予审查。

一、党的十五大以来党风廉政建设和反腐败工作的基本情况

党的十五大以来的五年,是我国改革开放和社会主义现代化建设事业承前启后、继往开来的重要时期。世界多极化和经济全球化的趋势在曲折中发展,科技进步日新月异,综合国力竞争日趋激烈。随着改革开放的深入和社会主义市场经济的发展,国内社会经济成分、组织形式、就业方式、利益关系和分配方式日益多样化,新事物新问题层出不穷。我们党面对日益复杂的国内外环境,围绕解决提高党的领导水平和执政水平、提高拒腐防变和抵御风险能力这两大历史性课题,全面推进党的建设新的伟大工程。全党开展了以"讲学习、讲政治、讲正气"为主要内容的党性党风党纪教育。江泽民同志提出并深刻阐述了"三个代表"重要思想,全国深入开展了"三个代表"重要思想学习教育活动。党的十五届六中全会作出了《中共中央关于加强和改进党的作风建设的决定》。党中央的这些重大决策,对于深入开展党风廉政建设和反腐败斗争,具有十分重要的指导意义。

在党中央、国务院坚强有力的领导下,各级党委、政府执行党风廉政建设责任制,党政齐抓共管的局面逐步形成。各级纪委在党委领导下,职能作用进一步发挥。社会主义民主与法制建设不断推进,党内监督和群众监督得到加强。反腐败工作从侧重治标转向标本兼治、逐步加大治本力度。各地区各部门针对腐败现象易发多发的部位和环节,积极主动地改革体制机制制度,加强管理,从源头上预防和治理腐败。经过全党和全社会的共同努力,党风廉政建设和反腐败斗争取得新的明显成效,党政机关和干部队伍中腐败现象蔓延的势头程度不同地得到遏制。

(一)廉洁自律工作不断深化,领导干部廉洁从政自觉性进一步增强

各级党组织认真贯彻执行《中国共产党党员领导干部廉洁从政若干准则(试行)》、《关于党政机关厉行节约制止奢侈浪费行为的若干规定》和党中央这几年作出的领导干部廉洁自律新规定,重点对奢侈浪费和可能影响领导干部公正、廉洁履行职务的问题进行专项治理,进一步规范了领导干部的从政行为。

全国县(处)级以上领导干部通过"三讲"教育以及民主生活会等形式,检查纠正了在遵守廉洁自律规定方面存在的问题。党中央制定了省(部)、地(厅)级领导干部配偶、子女从业的规定。中央和国家机关86个部门结合工作实际和业务特点,分别制定了司(局)级以上干部配偶、子女从业的具体规定。各地区各部门对领导干部配偶、子女违反有关规定经商办企业及在外商独资、中外合资企业任职的问题进行了纠正。认真清理了党政领导干部违反规定收受现金、有价证券的问题,对违纪违法的进行了查处。县以上党政机关和直属事业单位对违反规定安装和购置的通信工具进行了处理,实行通话费定额包干等制度,在规范职务消费方面进行了探索。清退了领导干部违反规定占用、借用的小汽车,以及用公款为领导干部住宅配备的电

脑；制止了一批出国（境）团组；停止购买和新建一批办公楼。一些地区和部门还从实际出发，清理了领导干部超标准住房、违反规定购买企业内部职工股等问题。在国有企业领导人员中，重点落实有关不准个人擅自决定企业大额度资金运作、生产经营和企业改革的重大决策以及重要人事任免等规定，取得一定成效。乡（镇）干部的廉洁自律工作取得进展。

（二）查办违纪违法案件工作力度加大，严肃了党纪国法

坚持重点查办党政领导机关、行政执法机关、司法机关、经济管理部门和县（处）级以上领导干部的违纪违法案件；认真查办了金融、建筑、海关、人事、司法等领域的案件，贪污贿赂、徇私枉法、买官卖官、严重失职渎职的案件，破坏社会主义市场经济秩序的案件。同时注意查办基层干部中发生的违纪违法案件。各级纪委注意研究新形势下领导干部违纪违法的特点和规律，不断探索办案的新思路，改进办案方法，加强对查办大案要案的组织协调，提高依纪依法查办重大案件和复杂案件的能力；按照事实清楚、证据确凿、定性准确、处理恰当、手续完备的要求，加强案件检查和审理工作，提高了办案质量。许多地区和部门通过剖析重大案件发生的原因，有针对性地建章立制，加强管理，堵塞漏洞。

1997年10月至2002年9月，全国纪检监察机关共立案861917件，结案842760件，给予党纪政纪处分846150人，其中开除党籍137711人。被开除党籍又受到刑事追究的37790人。在受处分的党员干部中，县（处）级干部28996人，厅（局）级干部2422人，省（部）级干部98人。特别是查处了全国人大常委会原副委员长成克杰、江西省原副省长胡长清、公安部原副部长李纪周、沈阳市原市长慕绥新等一批腐败分子，查办了湛江和厦门特大走私案，产生了很大的震慑作用，维护了党纪国法的严肃性，为国家挽回了大量经济损失。

各级纪委对近几年查结案件处分决定的执行情况认真进行了检查，处分决定不落实的问题基本得到纠正。为一批被诬告错告的党员干部澄清了是非，给予了保护。

（三）纠正部门和行业不正之风工作持续发展，一些部门和行业的风气继续好转

坚持标本兼治、纠建并举的方针和“谁主管、谁负责”的原则，针对群众反映强烈的不正之风认真进行纠正，取得了较好的效果。全国取消公路、水路收费站点4500多个，治理国道、省道“三乱”工作的成果得到巩固，一些省（区、市）实现了所有公路基本无“三乱”的目标。减轻企业负担工作取得成效。在农村取消了一批不合理收费项目。农村实行税费改革试点的地区，收费项目逐步规范，农民负担有所减轻。清理出各种代币购物券（卡）180多亿元。全国绝大多数县级以上城市在公立非营利性医疗机构中逐步推行了药品集中招标采购制度，近两年采购药品金额达335亿元，中标药品的零售价格有所下降。全国取缔了一批非法药品集贸市场和无证照药品生产经营户。民主评议行风工作普遍推行，创建文明行业活动深入开展，促进了部门和行业风气的好转。

各级纪检监察机关按照中央关于合署办公体制下要履行党的纪律检查和行政监察两项职能的要求，积极开展执法监察，重点围绕整顿和规范市场经济秩序，建筑工程招标投标，粮食流通体制改革以及国债资金、社会保障资金、重点工程建设专项资金、扶贫资金和救灾款物的管理使用等项目，会同有关部门开展专项检查。参加了2300多起重特大事故的调查处理工作。在执法监察过程中，坚持以廉政监察为重点，同时加强效能监察，促进了政府机关及公务员廉政勤政、依法行政。

（四）改革体制机制制度，从源头上预防和治理腐败工作取得明显成效

各级党委、政府按照中央的决策，坚持标本兼治，逐步加大治本力度，采取了一系列改革体制机制制度的重大举措，有力地推进了从源头上预防和治理腐败的工作。

集中开展了军队、武警部队和政法机关不再从事经商活动的工作。军队、武警部队已经停止生产经营活动，政法机关与所办经营性企业彻底脱钩。中央和一些地方党政机关与所办经济实体和管理的直属企业脱钩工作基本完成。这些积累多年、社会反映强烈的问题得到解决，产生了深远的影响。

行政审批制度改革步伐加快。国务院部门第一批取消行政审批项目789项。31个省（区、市）政府已全面推行行政审批制度改革，也取消了一批行政审批项目。对保留的行政审批项目，简化审批环节，规范审批程序，加强监督制约，提高审批工作的透明度。全国338个市（地）级以上城市，除10个经批准可以不建以外，其他都建立了有形建筑市场，其中220个已经与行政主管部门脱钩。全国已有1435个县（市）对经营性土地使用权实行招标拍卖。产权交易进入市场的工作取得进展。不少地区运用市场机制配置某些紧缺的社会资源，拓宽了源头治理的范围。

财政制度改革初见成效。县以上执收执罚部门进一步加强了行政事业性收费和罚没收入“收支两条线”管理工作，大多数地区已将这项工作延伸到乡（镇）一级。全国取消和废止了一大批违反规定设立的收费、罚没项目和违反规定使用的收费或罚款票据。

罚没收入和相当一部分行政事业性收费收入纳入预算管理，绝大部分预算外资金实行了财政专户管理。各地区各部门对行政事业单位的116万多个银行账户进行了清理整顿，取消或合并账户26万多个。中央部门全部编制了部门预算，各省(区、市)也进行了改革试点。一些地方和部门建立了财务集中核算制度，开展了国库集中收付制度试点工作。政府采购工作稳步推进，2001年全国实行政府采购的金额达600多亿元，资金节约率为11%。

干部制度改革迈出新步伐。《党政领导干部选拔任用工作条例》和《深化干部人事制度改革纲要》进一步得到贯彻。各地区各部门积极推行公开选拔、竞争上岗、任前公示等选拔任用党政领导干部的制度，以及干部交流、回避、重点岗位轮换等制度。部分省(区、市)和市(地)实行了由党的委员会全体会议无记名投票表决下一级党委、政府领导班子正职拟任人选的制度。干部选拔任用工作中民主、公开、竞争的程度逐步提高。

随着标本兼治、治本工作力度逐步加大，有些腐败案件多发的部门和领域如海关、金融、建筑等，案件多发的势头有所遏制。1999年以来，纪检监察机关收到的群众检举控告信件逐年下降；人民群众对反腐败工作的认可程度逐年提高。据国家统计局2002年在30个省(区、市)随机抽样入户调查，73.5%的群众对反腐败工作表示认可，69.1%的群众认为腐败现象已经在一定范围内得到遏制，78.7%的群众表示对反腐败斗争有信心。

(五)认真开展党性党风党纪教育，提高了广大党员干部拒腐防变的能力

通过深入开展邓小平理论和"三个代表"重要思想的学习教育活动，开展"三讲"教育，提高了广大党员干部的思想政治素质，创造了在新时期对党员领导干部进行马克思主义教育的一些有效形式和宝贵经验。全党认真学习贯彻《中共中央关于加强和改进党的作风建设的决定》，按照"八个坚持、八个反对"的要求，联系实际抓落实，促进党的作风建设。各级党委、纪委组织党员干部深入学习党内法规和廉政法律、法规；开展学习宣传范匡夫、汪洋湖、姜云胜、郭秀明等先进典型的活动；运用广播、电视、电影等多种形式宣传反腐败斗争的重大成就，开展反腐倡廉的形势教育；利用一些重大典型案例进行警示教育。通过教育，广大党员干部提高了党性觉悟，增强了拒腐防变的能力。

(六)加强党风廉政法制建设，保证党风廉政建设和反腐败工作依法有序进行

党风廉政法制建设工作取得明显进展。制定了一批加强党风廉政建设的法规和制度，初步建立起与社会主义市场经济规则相适应的领导干部廉洁从政行为规范。颁布了《关于实行党风廉政建设责任制的规定》，制定了一批与《中国共产党纪律处分条例(试行)》、《中国共产党党员领导干部廉洁从政若干准则(试行)》、《中华人民共和国行政监察法》等基础性法律和党内法规相配套的规定或实施细则。全国省(部)级以上机关共制定党风廉政方面的法律、法规及其他规范性文件2000余件。这些法律、法规和规范性文件的制定和执行，促进了党风廉政建设和反腐败工作依法有序进行。

(七)加强监督，推动权力沿着规范化的轨道运行

各级党委贯彻执行党中央1996年作出的关于加强党内监督五项制度的规定，对高中级领导干部和各级党政机关主要负责人加强监督。中央及各省(区、市)党委建立了巡视制度。中央共派出9批巡视组，对15个省(区)、6个中央和国家机关部门领导班子及其成员执行党的路线方针政策、廉政勤政、遵守民主集中制原则、选拔任用干部等情况进行监督检查。各级纪委把监督检查党的政治纪律执行情况放在工作的首位，对党员和党员领导干部中阳奉阴违、搞当面一套背后一套两面派行为的，编造、传播政治谣言及丑化党和国家形象的言论的，公开发表反对党的基本理论、基本路线、基本纲领言论的，以及参加"法轮功"邪教组织的骨干分子，按照党的纪律严肃查处，维护了中央权威，保证了政令畅通。这五年，对8000多名违反政治纪律的党员给予了党纪处分。全国普遍实行了县级以下领导干部经济责任审计制度。许多地方和部门实行了提拔任用领导干部征求同级纪委意见等制度。一些地方党委和纪委实行领导干部廉政谈话、诫勉谈话等制度。各地在完善乡(镇)政务公开、村务公开和厂务公开等制度的同时，积极推行县级以上政权机关政务公开，推行面超过半数的有26个省(区、市)。有的地区和部门还就涉及群众利益的重大问题，开展事前政务听证和咨询工作，扩大了群众的知情权、参与权和监督权。全国纪检监察机关聘请了3万多名特邀监察员。国有企业普遍实行了领导人员向职工代表大会报告执行廉洁自律规定等情况的制度，接受群众评议和监督。一些地方政府运用信息网络技术，推行电子政务，提高办事透明度，拓宽了监督渠道。

五年来取得的新的明显成效再次证明，以江泽民同志为核心的党中央对反腐败斗争形势的认识是清醒的，惩治腐败的态度是坚决的，作出的重大决策和战略部署是完全正确的。

我们也清醒地看到，党风廉政建设和反腐败工作还存在一些不足，同党中央的要求和人民群众的期望还有差距。反腐败斗争的形势依然比较严峻。有些腐

败现象仍然突出，有的甚至还在滋生蔓延。有的地方和部门乱收费、乱罚款、乱摊派问题还相当突出。一些党员领导干部的形式主义、官僚主义作风和弄虚作假、铺张浪费行为相当严重。党风廉政法规制度建设相对滞后。一些地方和部门的领导干部没有认真执行党风廉政建设责任制，致使有些反腐败任务没有得到落实。党内监督特别是对领导干部的监督还比较薄弱，有的领导干部存在好人主义等庸俗作风，执纪执法偏宽偏软，瞒案不报、压案不查的问题时有发生。纪检监察机关自身也还存在着一些不合时宜的思想观念，工作中创新精神不够，一些体制机制和工作方法还不适应形势发展的要求。由于我国处在社会主义初级阶段，当前又是经济体制转换时期，存在滋生腐败的条件。我们既要看到反腐败斗争的长期性，又要增强工作的紧迫感，与时俱进，努力工作，以党风廉政建设和反腐败斗争新的实际成果取信于人民。

二、党的十三届四中全会以来党风廉政建设和反腐败工作的基本经验

党风廉政建设和反腐败工作的明显成效，是在改革开放特别是党的十三届四中全会以来伟大实践的基础上，在以江泽民同志为核心的党中央正确领导下取得的。江泽民同志提出的“三个代表”重要思想，是我们党的立党之本、执政之基、力量之源，是加强和改进党的建设，深入开展党风廉政建设和反腐败工作的强大理论武器。在十三年的实践中，全党认真学习、贯彻邓小平党风廉政建设理论和江泽民同志反腐倡廉的重要思想，初步探索出一条适合我国现阶段基本国情的有效开展反腐倡廉的路子，积累了一些基本经验。

必须始终坚持中国共产党的领导，保证反腐败斗争沿着正确的政治方向发展。中国共产党是以马克思主义科学理论武装起来的、以全心全意为人民服务为宗旨的先进政党，这从根本上决定了我们党必然坚定不移地反对腐败。党风廉政建设和反腐败斗争的实践证明，我们党完全有能力领导反腐败斗争取得胜利。只有坚持党的领导，才能确立正确的反腐败指导思想、基本原则和领导体制，作出符合中国国情的党风廉政建设和反腐败斗争的战略决策和工作部署；才能有效地动员和组织全党和全社会的力量反对腐败，既依纪依法严惩腐败分子，又维护政治和社会稳定，保证反腐败斗争在错综复杂的环境中，始终沿着正确的政治方向健康地向前发展，不断取得新的成效。

必须紧紧围绕经济建设这个中心，为改革发展稳定的大局服务。现阶段我国社会的主要矛盾，仍然是人民日益增长的物质文化需要同落后的社会生产之间的矛盾。这就决定了经济建设是全党全国工作的中心，党风廉政建设和反腐败斗争必须服从和服务于这个中心。十三年来，全党紧紧围绕经济建设这个中心开展党风廉政建设和反腐败斗争，坚持“两手抓、两手都要硬”，正确处理反腐败斗争与改革发展稳定的关系，将防治腐败寓于改革开放和经济建设重要政策和措施之中；深入市场经济新的领域，及时发现和解决党风政风方面存在的妨碍经济发展的突出问题；注意从政治上着眼，综合考虑政治、经济和社会效果。这样做，既有力地推动了党风廉政建设和反腐败斗争不断深入，又促进了经济持续快速健康发展。

必须坚持反腐败三项工作一起抓，标本兼治、综合治理。领导干部廉洁自律、查办违纪违法案件、纠正部门和行业不正之风三项工作，基本涵盖了新形势下反腐倡廉的主要内容。坚持三项工作一起抓，并根据形势发展不断赋予其新的内容，有利于在党员干部中牢固筑起思想道德和党纪国法两道防线，促进党风廉政建设和反腐败工作整体推进，协调发展。在经济体制转换时期，客观上存在滋生腐败现象的多方面复杂因素，因此，反腐败斗争必须标本兼治、综合治理，既加强治标，坚决打击腐败分子，遏制腐败现象的滋生蔓延；又逐步加大治本力度，针对容易滋生腐败现象的关键部位和薄弱环节，推进体制机制制度创新，从源头上预防和治理腐败。实践证明，只要坚持标本兼治、综合治理的方针，并切实贯彻到反腐败各项工作中去，就能有效遏制腐败。

必须加强法制建设，使党风廉政建设和反腐败工作逐步纳入法制化轨道。法制建设是新形势下推进党风廉政建设和反腐败斗争的可靠保证。党风廉政法制建设要适应反腐败斗争发展和社会主义市场经济规则的要求，加强廉政立法工作，修订和完善有关反腐败的法律、法规；要针对一个时期党风廉政建设方面出现的新问题，及时制定和完善党员领导干部廉洁从政的行为准则，并结合各地区各部门实际，制定易于操作的实施细则和考核办法。同时，要坚持不懈地进行法律、法规教育；坚持依法行政，依法惩治腐败和打击犯罪；加强对执纪执法情况的监督检查。在推进党风廉政法制建设的进程中，要始终贯彻依法治国和以德治国相结合的精神，使法制建设与思想道德建设协调发展。

必须发展社会主义民主，加强对权力运行的监督制约。发展社会主义民主是加强对权力监督的前提和基础。发展社会主义民主，首先是发展党内民主，特别是不断完善民主集中制，健全民主生活会制度，加强领导班子内部监督，发挥党员和党组织的监督作用。同时，坚持以党内民主促进人民民主的发展，进一步扩大基层民主，改革和完善办事公开、民主评议、信访举报等制度。实践表明，只要切实坚持发展社会主义民主，不断拓宽监督渠道，综合运用党的纪律检查、法律监

督、行政监察、审计监督、群众监督、舆论监督等多种形式,就能逐步形成易于揭露和有效治理腐败的机制,使权力运行置于严格的监督之下。

必须坚持反腐败领导体制和工作机制,形成全党动手反腐败的局面。反腐败斗争是全党的一项重大政治任务,必须在党的领导下动员各方面力量共同完成。实践表明,党委统一领导、党政齐抓共管、纪委组织协调、部门各负其责、依靠群众的支持和参与的反腐败领导体制和工作机制,是加强党的领导、发挥党的政治优势、形成反腐败斗争整体合力的组织保证。只要各级党委、政府坚持反腐败领导体制和工作机制,认真贯彻党风廉政建设责任制,切实抓好党风廉政建设和反腐败各项任务的落实,就能促进全党动手反腐败局面的不断发展。

必须坚持理论创新,用发展着的马克思主义指导党风廉政建设和反腐败斗争新的实践。党的十三届四中全会以来,我们党领导的反腐败斗争方向正确,思路清晰,成效明显,关键在于以江泽民同志为核心的党中央面对深刻变化的国内外形势以及党的建设出现的新情况,始终坚持理论创新,与时俱进,用发展着的马克思主义指导党风廉政建设和反腐败斗争新的实践。特别是"三个代表"重要思想,为全面推进党的建设、深入开展党风廉政建设和反腐败斗争指明了方向。

党的十四大以来,江泽民同志每年都在中央纪委全体会议上发表重要讲话,阐述了一系列加强党风廉政建设和反腐败斗争的重要思想。江泽民同志深刻指出,党在执政条件下的建设和管理比执政前要艰难得多,党执政的时间越长越要抓紧自身建设;我们党的最大政治优势是密切联系群众,党执政后的最大危险是脱离群众,加强和改进党的作风建设的核心问题是保持党同人民群众的血肉联系;治国必先治党,治党务必从严,把从严治党的方针贯穿于党的建设的各个方面,关键在于建立起一整套便利、管用、有约束力的机制;各级领导干部特别是高级干部要以身作则,牢固树立正确的世界观、人生观、价值观,牢固树立正确的权力观、地位观、利益观;全体党员干部都要严格执行党的政治纪律、组织纪律、经济工作纪律、群众工作纪律,尤其要遵守党的政治纪律;反腐败必须坚持标本兼治,教育是基础,法制是保证,监督是关键,通过深化改革,不断铲除腐败现象滋生蔓延的土壤;反腐败是关系党和国家生死存亡的严重政治斗争,必须坚持全党抓,严格执行党风廉政建设责任制,等等。这些重要思想,丰富和发展了党的反腐倡廉理论,有力地指导了新形势下党风廉政建设和反腐败斗争的实践。

党的十三届四中全会以来我们党在反腐倡廉实践中形成的基本经验,是以江泽民同志为核心的党中央全面推进党的建设新的伟大工程的重要成果,是全党同志和全国人民建设中国特色社会主义伟大实践的产物。我们要十分珍惜这些来之不易的经验,并在新的实践中加以丰富和发展,努力开创党风廉政建设和反腐败工作的新局面。

三、关于进一步加强党风廉政建设和反腐败工作的建议

我国现阶段的反腐败斗争是在错综复杂的国内外环境中开展的。国际形势发生深刻变化,世界各种思想文化相互激荡,西方敌对势力对我实施"西化"、"分化"图谋。进入新世纪,我国进入了全面建设小康社会,加快推进社会主义现代化的新的发展阶段。我国社会主义市场经济体制初步建立,适应市场经济发展要求的管理体制、监督制约机制还不健全和完善,行政行为、企业行为和市场行为需要进一步严密规范和有效约束,社会主义民主法制的健全和完善是一个长期的过程。我国加入世界贸易组织,进入全方位、多层次、宽领域的对外开放,将在更大范围和更深程度上参与经济全球化。党风廉政建设和反腐败斗争面临大量新情况、新问题。由于诱发腐败的一些深层次问题尚未完全解决,制约反腐败斗争深入开展的一些因素还存在,今后一个时期腐败现象仍有可能易发多发,反腐败任务还艰巨繁重。

坚决反对和防止腐败是全党一项重大的政治任务。全党同志既要正确认识反腐败斗争的长期性、艰巨性和复杂性,增强忧患意识;又要看到反腐败斗争的有利条件,增强必胜信心。我们要高举邓小平理论伟大旗帜,全面贯彻"三个代表"重要思想,贯彻落实党的十六大精神,紧紧围绕发展这个执政兴国第一要务,坚持党要管党、从严治党,坚持党中央确定的反腐败指导思想、基本原则、工作格局、领导体制和工作机制,坚持标本兼治、综合治理,逐步加大治本力度,与时俱进,开拓创新,深入开展党风廉政建设和反腐败斗争,为实现党的十六大提出的目标和任务提供坚强的政治保证。

(一)深化改革,创新体制,不断拓宽从源头上预防和解决腐败问题的领域

按照中央关于改革要有新突破的要求,深化改革、创新体制,进一步加大从源头上预防和治理腐败的力度。

加快政府职能转变,深入推进行政审批制度改革,规范行政审批权力,充分发挥市场配置资源的基础性作用。凡是可以用市场机制代替的行政审批项目,要通过市场机制运作。逐步将可以推向市场的公共服务项目向社会公开招标。对保留的行政审批项目,建立、健全内部监督制约机制。按照公共财政的要求,积极

推进财政管理体制改革，完善预算管理制度，严格实行“收支两条线”，健全部门预算、国库集中收付和政府采购等制度。健全金融监管机制。进一步强化审计监督。加快干部制度改革步伐，认真贯彻执行《党政领导干部选拔任用工作条例》和《深化干部人事制度改革纲要》，推进干部工作的科学化、民主化、制度化，健全干部选拔任用的监督制度，坚决防止和克服用人上的不正之风。

逐步拓宽通过改革体制机制制度遏制腐败的领域。在深化反腐败三项工作过程中，注意针对易于发生腐败的部位和环节，加大从源头上预防和治理腐败的力度。逐步做到党政机关与所办经营性事业单位彻底脱钩。规范党政机关福利待遇，解决不同部门公务员之间收入差距过大的问题。加强对中介机构的管理和监督。建立、健全信用制度，加快建立企业、中介机构和个人的信用档案。继续整顿和规范市场经济秩序。积极推进垄断行业的改革。加快现代企业制度建设，完善企业法人治理结构，进一步健全管理、约束和激励机制，促进国有企业领导人员遵纪守法，廉洁自律。从剖析领导干部违纪违法案件发生的原因入手，改进相关的体制机制制度及管理。深入开展纠正部门和行业不正之风工作，针对群众反映强烈的问题抓好专项治理，加大从源头上铲除滋生不正之风土壤的力度。

（二）加强理想信念和廉洁从政教育，牢固构筑抵御腐蚀的思想道德防线

深入开展“三个代表”重要思想的学习活动，教育广大党员干部坚定马克思主义信仰，坚定社会主义信念，坚持立党为公、执政为民，保持党的先进性和纯洁性。针对领导干部在思想作风、学风、工作作风、领导作风和生活作风方面的突出问题，开展党性党风党纪教育。教育领导干部保持和发扬艰苦奋斗的优良传统，以身作则，认真执行廉洁从政行为准则，贯彻落实《公民道德建设实施纲要》，以良好的党风政风推动社会风气的好转。教育内容要与社会主义市场经济发展要求相适应，引导党员干部特别是高中级干部牢固树立正确的世界观、人生观、价值观。

要把党风廉政建设的宣传教育纳入全党宣传教育的总体部署，完善宣传教育制度，健全工作机制，改进工作方法。充分发挥正面宣传和警示教育的作用，弘扬正气，激浊扬清。重点抓好对党员干部尤其是领导干部的教育，并把教育贯穿于对领导干部的培养、选拔、管理、奖惩等各个环节。宣传教育要坚持正确导向，讲求实效，针对干部群众在党风廉政建设和反腐败方面出现的思想认识问题，综合运用多种宣传教育手段，解疑释惑，提高宣传教育的说服力和感染力。

（三）发展民主，健全法制，使权力运行受到有效监督制约

发展党内民主，强化党组织的监督作用。进一步建立、健全并严格执行党的民主集中制的各项具体制度。涉及重大决策、重要干部任免、重大项目安排和大额度资金的使用，以及国有资产的重组并购等，须经集体讨论作出决定，严格按规定程序运作。积极探索党的代表大会在闭会期间发挥监督作用，以及党的委员会发挥监督作用的途径和形式，继续落实省（区、市）和市（地）党的委员会全体会议无记名投票表决下一级党委、政府领导班子正职的拟任人选和推荐人选的制度。推行领导干部经济责任审计制度。拓宽党内民主渠道，使党员对党内事务有更多的了解和参与，加强对党的领导机关和领导干部的监督。切实保障党员的权利。健全和完善巡视制度，改进巡视工作，重点加强对党政领导班子和主要负责人的监督。各级领导干部要自觉接受监督。

扩大基层民主，充分发挥群众监督的作用。健全民主制度，发展民主形式，保证人民群众依法行使民主选举、民主决策、民主管理和民主监督的权利。进一步推行和完善政务公开、厂务公开、村务公开等办事公开制度。实行领导干部述职述廉等制度。推行质询制度和民主评议制度。充分发挥新闻舆论监督的作用。健全信访举报管理制度，使群众举报的问题得到认真处理。加快信息化建设，逐步发展电子政务，提高行政行为的透明度和行政管理的效率。

进一步健全法制，把党风廉政建设和反腐败斗争纳入法制化轨道。要适应社会主义市场经济条件下深入开展党风廉政建设和反腐败斗争的需要，进一步制定、修改和完善党风廉政法规制度，不断提高党风廉政建设和反腐败的法制化水平。制定中国共产党党内监督条例，修订《中国共产党纪律处分条例（试行）》，制定国家廉政法、国家公务员行政处分条例等法律、法规，逐步对信访举报、政务公开等进行立法。针对这几年在查办违纪违法案件工作中遇到的新情况，需要对有的法律、法规进行修订，如对认定和处理巨额财产来源不明等规定，作出适当修改，对领导干部的配偶、子女利用该领导干部职权和职务上的影响谋取非法利益等行为，作出明确界定和惩处规定。对不适应形势发展的法律、法规和制度，要予以废止。

（四）继续加强查办违纪违法案件工作，维护党纪国法的严肃性

查办违纪违法案件是惩治腐败的重要手段，是人民群众评价反腐败斗争成效的一个重要标志。各级党委、政府要充分认识查办案件工作在反腐败中的重要作用，切实加强领导。各级党组织都要认真查办职责范围内的案件。纪委要集中力量查办比较重要或复杂

的案件，同时要充分发挥组织协调作用。在查办案件中，执纪执法机关要密切配合，形成办案合力。既要重点查处县(处)级以上党员领导干部的违纪违法案件，也要认真查处国有企业领导人员违纪违法案件，以及基层干部中发生的以权谋私、侵害群众利益的问题。查办案件要严格依纪依法，讲究策略，宽严相济，综合考虑政治、经济和社会效果。要切实纠正一些地方和部门存在的执纪执法失之于宽、失之于软的问题，加大对腐败分子的经济处罚和追缴力度，限制其从业资格，增大腐败行为的风险和成本。对蓄意诬告党员干部和打击报复举报人的，必须严肃处理。

(五)坚持党要管党、从严治党，全面贯彻落实党风廉政建设责任制

各级党政领导班子和领导干部要进一步认识反对腐败是关系党和国家生死存亡的大事，增强执政意识、忧患意识、责任意识，按照党风廉政建设责任制的规定，履行各自在党风廉政建设和反腐败工作中的职责，党政领导班子的正职要切实负起总责。坚持把党风廉政建设和反腐败工作与物质文明建设、政治文明建设、精神文明建设和其他业务建设紧密结合，一起部署、一起落实、一起检查、一起考核。针对党风廉政建设责任制实施过程中遇到的问题，制定实施细则和配套规定，明确政策界限，规范工作程序，加强监督检查，增强责任制的可操作性和有效性。落实党风廉政建设责任制关键在严格责任追究，对违反责任制规定的领导干部，必须进行追究。完善反腐败领导体制和工作机制，进一步形成全党动手反腐败的整体合力。

(六)适应新形势的要求，进一步加强党的纪律检查机关自身建设

党的十六大对新世纪新阶段全面推进我国的改革开放和社会主义现代化建设、全面推进党的建设新的伟大工程作出战略部署，对纪律检查工作提出了新的更高的要求。党的纪律检查机关要在党委的领导下，全面执行党章赋予的各项任务，在推进党的建设新的伟大工程中发挥更加积极的作用。要坚决维护党的章程和其他党内法规，尤其要严明党的政治纪律，认真检查党的路线、方针、政策和决议的执行情况，坚决查处党的组织和党员违反纪律的行为。各级纪委要协助党的委员会加强党风建设和组织协调反腐败工作，认真检查和处理党的组织和党员违反党的章程和其他党内法规的比较重要或复杂的案件。当前，要继续深入贯彻党的十五届六中全会决定，抓好“八个坚持、八个反对”要求的落实，使党的作风建设有新的明显进步。纪律检查机关要坚持党的思想路线，解放思想、实事求是、与时俱进，在思想观念、工作机制、工作方法、工作作风、队伍建设等方面更加适应不断发展变化的客观实际。进一步加强内部监督，对纪律检查干部严格管理，严肃工作纪律尤其是办案纪律。各级纪委要自觉接受各方面的监督。各级党委要切实加强领导，支持纪律检查工作，关心、爱护纪律检查干部。要改革和完善党的纪律检查体制，纪律检查机关对派驻机构实行统一管理。在纪检监察合署办公体制下，要认真贯彻《中华人民共和国行政监察法》，进一步发挥行政监察职能。

在党中央和各级党委的领导下，各级纪委认真履行职责，深入开展党风廉政建设和反腐败斗争，为维护改革发展稳定的大局作出了重要贡献。纪律检查干部队伍是一支党和人民可以信赖的队伍。纪律检查干部要坚持用邓小平理论和“三个代表”重要思想武装头脑。要进一步增强法制观念，同一切违纪违法行为作坚决斗争，做忠于党、忠于人民的坚强卫士。要熟悉纪检监察业务，学习经济、法律、科技、管理等方面的知识，不断提高知识水平和业务能力，提高运用现代科学技术防范和揭露腐败问题的能力。

在新的历史条件下，党的纪律检查机关肩负着光荣而艰巨的使命。我们要高举邓小平理论伟大旗帜，全面贯彻“三个代表”重要思想，解放思想、实事求是，与时俱进、开拓创新，不断取得党风廉政建设和反腐败斗争的新成果，为实现党的十六大作出的战略部署和重大决策而努力奋斗！

中国共产党第十六次全国代表大会关于《中国共产党章程(修正案)》的决议

(2002 年 11 月 14 日中国共产党第十六次全国代表大会通过)

中国共产党第十六次全国代表大会审议并一致通过十五届中央委员会提出的《中国共产党章程(修正案)》，决定这一修正案自通过之日起生效。

大会一致同意在党章中明确规定，中国共产党是中国工人阶级的先锋队，同时是中国人民和中华民族的先锋队，是中国特色社会主义事业的领导核心，代表中国先进生产力的发展要求，代表中国先进文化的前进方向，代表中国最广大人民的根本利益。党的最高理想和最终目标是实现共产主义。大会认为，这样表述党的性质，切合我们党的历史发展和现实状况，符合时代要求，有利于最广泛地调动广大党员的积极性、主动性和创造性，团结和带领广大人民群众共同建设中国特色社会主义。大会要求全党同志深刻认识社会主义制度的发展和完善是一个长期的历史过程，坚持马克思列宁主义的基本原理同中国的实践相结合，满怀信心地走自己的路，建设中国特色社会主义。

大会认为，十三届四中全会以来，以江泽民同志为

主要代表的中国共产党人，在建设中国特色社会主义的实践中，加深了对什么是社会主义、怎样建设社会主义和建设什么样的党、怎样建设党的认识，积累了治党治国新的宝贵经验，形成了“三个代表”重要思想。

大会一致同意在党章中明确规定，中国共产党以马克思列宁主义、毛泽东思想、邓小平理论和“三个代表”重要思想作为自己的行动指南，“三个代表”重要思想是党必须长期坚持的指导思想。这对于保证我们党统一思想、统一行动，团结和带领全国各族人民，实现推进现代化建设、完成祖国统一、维护世界和平与促进共同发展这三大历史任务，在中国特色社会主义道路上实现中华民族的伟大复兴，具有重大而深远的意义。

大会认为，把十六大确定的全面建设小康社会的奋斗目标写入党章，对于动员全党紧紧抓住二十一世纪头二十年的重要战略机遇期，集中力量，推进改革开放和社会主义现代化事业，推动社会主义市场经济、社会主义民主政治和社会主义先进文化的全面发展，具有重要的作用。

大会认为，坚持和完善公有制为主体、多种所有制经济共同发展的基本经济制度，坚持和完善按劳分配为主体、多种分配方式并存的分配制度，坚持和完善社会主义市场经济体制，实施科教兴国和可持续发展战略，推动社会主义物质文明、政治文明和精神文明的协调发展，实行依法治国、建设社会主义法治国家，实行依法治国和以德治国相结合，是我们党在建设中国特色社会主义实践中取得的重大成果。把这些内容写入党章，有利于全党同志更加自觉和坚定地贯彻党的路线方针政策，更好地带领群众开创中国特色社会主义事业新局面。

大会认为，在党章中明确规定，年满十八岁的中国工人、农民、军人、知识分子和其他社会阶层的先进分子，承认党的纲领和章程，愿意参加党的一个组织并在其中积极工作、执行党的决议和按期交纳党费的，可以申请加入中国共产党，这有利于增强党的阶级基础和扩大党的群众基础，提高党在全社会的凝聚力和影响力。

大会认为，适应新形势新任务的要求，吸取这些年我们党自身建设取得的新经验，在党章中对党的建设和党的领导、党员必须履行的义务、党委内部议事和决策的基本制度、党的基层组织建设、党的各级领导干部必须具备的基本条件、党的纪律检查机关的主要任务、党组的地位和任务等提出更加明确的要求，对于全面推进党的建设新的伟大工程，具有十分重大的作用。

大会要求，各级党组织和全党同志要认真学习、坚决执行党章，全面加强和改进党的思想、组织、作风建设，不断提高党的领导水平和执政水平，提高拒腐防变和抵御风险的能力，不断提高党的创造力、凝聚力和战斗力，使党在建设中国特色社会主义的伟大进程中始终保持蓬勃的生机和活力。

中国共产党章程

（中国共产党第十六次全国代表大会部分修改，2002年11月14日通过）

总 纲

中国共产党是中国工人阶级的先锋队，同时是中国人民和中华民族的先锋队，是中国特色社会主义事业的领导核心，代表中国先进生产力的发展要求，代表中国先进文化的前进方向，代表中国最广大人民的根本利益。党的最高理想和最终目标是实现共产主义。

中国共产党以马克思列宁主义、毛泽东思想、邓小平理论和“三个代表”重要思想作为自己的行动指南。

马克思列宁主义揭示了人类社会历史发展的规律，它的基本原理是正确的，具有强大的生命力。中国共产党人追求的共产主义最高理想，只有在社会主义社会充分发展和高度发达的基础上才能实现。社会主义制度的发展和完善是一个长期的历史过程。坚持马克思列宁主义的基本原理，走中国人民自愿选择的适合中国国情的道路，中国的社会主义事业必将取得最终的胜利。

以毛泽东同志为主要代表的中国共产党人，把马克思列宁主义的基本原理同中国革命的具体实践结合起来，创立了毛泽东思想。毛泽东思想是马克思列宁主义在中国的运用和发展，是被实践证明了的关于中国革命和建设的正确的理论原则和经验总结，是中国共产党集体智慧的结晶。在毛泽东思想指引下，中国共产党领导全国各族人民，经过长期的反对帝国主义、封建主义、官僚资本主义的革命斗争，取得了新民主主义革命的胜利，建立了人民民主专政的中华人民共和国；建国以后，顺利地进行了社会主义改造，完成了从新民主主义到社会主义的过渡，确立了社会主义基本制度，发展了社会主义的经济、政治和文化。

十一届三中全会以来，以邓小平同志为主要代表的中国共产党人，总结新中国成立以来正反两方面的经验，解放思想，实事求是，实现全党工作中心向经济建设的转移，实行改革开放，开辟了社会主义事业发展的新时期，逐步形成了建设中国特色社会主义的路线、方针、政策，阐明了在中国建设社会主义、巩固和发展社会主义的基本问题，创立了邓小平理论。邓小平理论是马克思列宁主义的基本原理同当代中国实践和时代特征相结合的产物，是毛泽东思想在新的历史条件下的继承和发展，是马克思主义在中国发展的新阶段，是当代中国的马克思主义，是中国共产党集体智慧的结晶，引导着我国社会主义现代化事业不断前进。

十三届四中全会以来，以江泽民同志为主要代表的中国共产党人，在建设中国特色社会主义的实践中，加深了对什么是社会主义、怎样建设社会主义和建设什么样的党、怎样建设党的认识，积累了治党治国新的宝贵经验，形成了“三个代表”重要思想。“三个代表”重要思想是对马克思列宁主义、毛泽东思想、邓小平理论的继承和发展，反映了当代世界和中国的发展变化对党和国家工作的新要求，是加强和改进党的建设、推进我国社会主义自我完善和发展的强大理论武器，是中国共产党集体智慧的结晶，是党必须长期坚持的指导思想。始终做到“三个代表”，是我们党的立党之本、执政之基、力量之源。

我国正处于并将长期处于社会主义初级阶段。这是在经济文化落后的中国建设社会主义现代化不可逾越的历史阶段，需要上百年的时间。我国的社会主义建设，必须从我国的国情出发，走中国特色社会主义道路。在现阶段，我国社会的主要矛盾是人民日益增长的物质文化需要同落后的社会生产之间的矛盾。由于国内的因素和国际的影响，阶级斗争还在一定范围内长期存在，在某种条件下还有可能激化，但已经不是主要矛盾。我国社会主义建设的根本任务，是进一步解放生产力，发展生产力，逐步实现社会主义现代化，并且为此而改革生产关系和上层建筑中不适应生产力发展的方面和环节。必须坚持和完善公有制为主体、多种所有制经济共同发展的基本经济制度，坚持和完善按劳分配为主体、多种分配方式并存的分配制度，鼓励一部分地区和一部分人先富起来，逐步消灭贫穷，达到共同富裕，在生产发展和社会财富增长的基础上不断满足人民日益增长的物质文化需要。发展是我们党执政兴国的第一要务。各项工作都要把有利于发展社会主义社会的生产力，有利于增强社会主义国家的综合国力，有利于提高人民的生活水平，作为总的出发点和检验标准。跨入新世纪，我国进入全面建设小康社会、加快推进社会主义现代化的新的发展阶段。在新世纪新阶段，经济和社会发展的战略目标是，巩固和发展已经初步达到的小康水平，到建党一百年时，建成惠及十几亿人口的更高水平的小康社会；到建国一百年时，人均国内生产总值达到中等发达国家水平，基本实现现代化。

中国共产党在社会主义初级阶段的基本路线是：领导和团结全国各族人民，以经济建设为中心，坚持四项基本原则，坚持改革开放，自力更生，艰苦创业，为把我国建设成为富强、民主、文明的社会主义现代化国家而奋斗。

中国共产党在领导社会主义事业中，必须坚持以经济建设为中心，其他各项工作都服从和服务于这个中心。要抓紧时机，加快发展，实施科教兴国战略和可持续发展战略，充分发挥科学技术作为第一生产力的作用，依靠科技进步，提高劳动者素质，做到效益好、质量高、速度快，努力把经济建设搞上去。

坚持社会主义道路、坚持人民民主专政、坚持中国共产党的领导、坚持马克思列宁主义毛泽东思想这四项基本原则，是我们的立国之本。在社会主义现代化建设的整个过程中，必须坚持四项基本原则，反对资产阶级自由化。

坚持改革开放，是我们的强国之路。要从根本上改革束缚生产力发展的经济体制，坚持和完善社会主义市场经济体制；与此相适应，要进行政治体制改革和其他领域的改革。开放包括对外对内的全面开放。要发展对外经济技术交流与合作，更多更好地利用外来资金、资源和技术，吸收和借鉴人类社会创造的一切文明成果，包括西方发达国家的一切反映现代社会化生产规律的先进经营方式、管理方法。改革开放应当大胆探索，勇于开拓，在实践中开创新路。

中国共产党领导人民发展社会主义民主政治，建设社会主义政治文明。坚持扩大社会主义民主，健全社会主义法制，依法治国，建设社会主义法治国家，巩固人民民主专政。坚持人民代表大会制度。坚持共产党领导的多党合作和政治协商制度。积极支持人民当家做主，切实保障人民管理国家事务和社会事务、管理经济和文化事业的权利。广开言路，建立、健全民主决策、民主监督的制度和程序。加强国家立法和法律实施工作，使国家各项工作逐步走上法制化轨道。加强社会治安综合治理，保持社会长期稳定。依法坚决打击各种危害国家安全和利益、危害社会稳定和经济发展的犯罪活动和犯罪分子。严格区分和正确处理敌我矛盾和人民内部矛盾这两类不同性质的矛盾。

中国共产党领导人民在建设物质文明、政治文明的同时，努力建设社会主义精神文明，实行依法治国和以德治国相结合。社会主义精神文明建设为经济建设和改革开放提供强大的精神动力和智力支持，创造良好的社会环境。应当大力发展教育、科学、文化事业，尊重知识，尊重人才，提高全民族的思想道德素质和科学文化素质，弘扬民族优秀传统文化，繁荣和发展社会主义文化。应当用党的基本路线和爱国主义、集体主义、社会主义思想教育党员和人民群众，增强民族自尊、自信和自强精神，对党员还要进行共产主义远大理想教育，抵御资本主义和封建主义腐朽思想的侵蚀，扫除各种社会丑恶现象，努力使我国人民成为有理想、有道德、有文化、有纪律的人民。

中国共产党坚持对人民解放军和其他人民武装力量的领导，加强人民解放军的建设，充分发挥人民解放军在巩固国防、保卫祖国和参加社会主义现代化建设中的作用。

中国共产党维护和发展国内各民族的平等、团结、互助关系，坚持实行和不断完善民族区域自治制度，积极培养、选拔少数民族干部，帮助各少数民族地区发展经济、文化，实现各民族的共同繁荣和全面进步。

中国共产党同全国各民族工人、农民、知识分子团结在一起，同各民主党派、无党派人士、各民族的爱国力量团结在一起，进一步发展和壮大由全体社会主义劳动者、拥护社会主义的爱国者、拥护祖国统一的爱国者组成的最广泛的爱国统一战线。不断加强全国人民包括香港特别行政区同胞、澳门特别行政区同胞、台湾同胞和海外侨胞的团结。按照"一个国家、两种制度"的方针，完成祖国统一的大业。

中国共产党主张积极发展对外关系，努力为我国的改革开放和现代化建设争取有利的国际环境。在国际事务中，坚持独立自主的和平外交政策，维护我国的独立和主权，反对霸权主义和强权政治，维护世界和平，促进人类进步。在互相尊重主权和领土完整、互不侵犯、互不干涉内政、平等互利、和平共处五项原则的基础上，发展我国同世界各国的关系。不断发展我国同周边国家的睦邻友好关系，加强同发展中国家的团结与合作。按照独立自主、完全平等、互相尊重、互不干涉内部事务的原则，发展我党同各国共产党和其他政党的关系。

中国共产党要领导全国各族人民实现社会主义现代化的宏伟目标，必须紧密围绕党的基本路线加强和改进党的建设。坚持党要管党、从严治党，发扬党的优良传统和作风，不断提高党的领导水平和执政水平，提高拒腐防变和抵御风险的能力，不断增强党的阶级基础和扩大党的群众基础，不断提高党的创造力、凝聚力、战斗力，使我们党始终走在时代前列，成为领导全国人民沿着中国特色社会主义道路不断前进的坚强核心。党的建设必须坚决实现以下四项基本要求：

第一，坚持党的基本路线。全党要用邓小平理论、"三个代表"重要思想和党的基本路线统一思想，统一行动，并且毫不动摇地长期坚持下去。必须把改革开放同四项基本原则统一起来，全面落实党的基本路线，全面执行党在社会主义初级阶段的基本纲领，反对一切"左"的和右的错误倾向，要警惕右，但主要是防止"左"。加强各级领导班子建设，选拔使用在改革开放和社会主义现代化建设中政绩突出、群众信任的干部，培养和造就千百万社会主义事业接班人，从组织上保证党的基本路线和基本纲领的贯彻落实。

第二，坚持解放思想，实事求是，与时俱进。党的思想路线是一切从实际出发，理论联系实际，实事求是，在实践中检验真理和发展真理。全党必须坚持这条思想路线，积极探索，大胆试验，开拓创新，创造性地开展工作，不断研究新情况，总结新经验，解决新问题，在实践中丰富和发展马克思主义。

第三，坚持全心全意为人民服务。党除了工人阶级和最广大人民群众的利益，没有自己特殊的利益。党在任何时候都把群众利益放在第一位，同群众同甘共苦，保持最密切的联系，不允许任何党员脱离群众，凌驾于群众之上。党在自己的工作中实行群众路线，一切为了群众，一切依靠群众，从群众中来，到群众中去，把党的正确主张变为群众的自觉行动。我们党的最大政治优势是密切联系群众，党执政后的最大危险是脱离群众。党风问题、党同人民群众联系问题是关系党生死存亡的问题。党坚持不懈地反对腐败，加强党风建设和廉政建设。

第四，坚持民主集中制。民主集中制是民主基础上的集中和集中指导下的民主相结合。它既是党的根本组织原则，也是群众路线在党的生活中的运用。必须充分发扬党内民主，发挥各级党组织和广大党员的积极性创造性。必须实行正确的集中，保证全党行动的一致，保证党的决定得到迅速有效的贯彻执行。加强组织性纪律性，在党的纪律面前人人平等。加强对党的领导机关和党员领导干部的监督，不断完善党内监督制度。党在自己的政治生活中正确地开展批评和自我批评，在原则问题上进行思想斗争，坚持真理，修正错误。努力造成又有集中又有民主，又有纪律又有自由，又有统一意志又有个人心情舒畅的生动活泼的政治局面。

党的领导主要是政治、思想和组织的领导。党要适应改革开放和社会主义现代化建设的要求，加强和改善党的领导。党必须按照总揽全局、协调各方的原则，在同级各种组织中发挥领导核心作用。党必须集中精力领导经济建设，组织、协调各方面的力量，同心协力，围绕经济建设开展工作。党必须实行民主的科学的决策，制定和执行正确的路线、方针、政策，做好党的组织工作和宣传教育工作，发挥全体党员的先锋模范作用。党必须在宪法和法律的范围内活动。党必须保证国家的立法、司法、行政机关，经济、文化组织和人民团体积极主动地、独立负责地、协调一致地工作。党必须加强对工会、共产主义青年团、妇女联合会等群众组织的领导，充分发挥它们的作用。党必须适应形势的发展和情况的变化，完善领导体制，改进领导方式，增强执政能力。共产党员必须同党外群众亲密合作，共同为建设中国特色社会主义而奋斗。

第一章　党　员

第一条　年满十八岁的中国工人、农民、军人、知识分子和其他社会阶层的先进分子，承认党的纲领和章程，愿意参加党的一个组织并在其中积极工作、执行党的决议和按期交纳党费的，可以申请加入中国共产党。

第二条　中国共产党党员是中国工人阶级的有共产主义觉悟的先锋战士。

中国共产党党员必须全心全意为人民服务，不惜牺牲个人的一切，为实现共产主义奋斗终生。

中国共产党党员永远是劳动人民的普通一员。除了法律和政策规定范围内的个人利益和工作职权以外，所有共产党员都不得谋求任何私利和特权。

第三条　党员必须履行下列义务：

(一)认真学习马克思列宁主义、毛泽东思想、邓小平理论和“三个代表”重要思想，学习党的路线、方针、政策及决议，学习党的基本知识，学习科学、文化和业务知识，努力提高为人民服务的本领。

(二)贯彻执行党的基本路线和各项方针、政策，带头参加改革开放和社会主义现代化建设，带动群众为经济发展和社会进步艰苦奋斗，在生产、工作、学习和社会生活中起先锋模范作用。

(三)坚持党和人民的利益高于一切，个人利益服从党和人民的利益，吃苦在前，享受在后，克己奉公，多做贡献。

(四)自觉遵守党的纪律，模范遵守国家的法律、法规，严格保守党和国家的秘密，执行党的决定，服从组织分配，积极完成党的任务。

(五)维护党的团结和统一，对党忠诚老实，言行一致，坚决反对一切派别组织和小集团活动，反对阳奉阴违的两面派行为和一切阴谋诡计。

(六)切实开展批评和自我批评，勇于揭露和纠正工作中的缺点、错误，坚决同消极腐败现象作斗争。

(七)密切联系群众，向群众宣传党的主张，遇事同群众商量，及时向党反映群众的意见和要求，维护群众的正当利益。

(八)发扬社会主义新风尚，提倡共产主义道德，为了保护国家和人民的利益，在一切困难和危险的时刻挺身而出，英勇斗争，不怕牺牲。

第四条　党员享有下列权利：

(一)参加党的有关会议，阅读党的有关文件，接受党的教育和培训。

(二)在党的会议上和党报党刊上，参加关于党的政策问题的讨论。

(三)对党的工作提出建议和倡议。

(四)在党的会议上有根据地批评党的任何组织和任何党员，向党负责地揭发、检举党的任何组织和任何党员违法乱纪的事实，要求处分违法乱纪的党员，要求罢免或撤换不称职的干部。

(五)行使表决权、选举权，有被选举权。

(六)在党组织讨论决定对党员的党纪处分或作出鉴定时，本人有权参加和进行申辩，其他党员可以为他作证和辩护。

(七)对党的决议和政策如有不同意见，在坚决执行的前提下，可以声明保留，并且可以把自己的意见向党的上级组织直至中央提出。

(八)向党的上级组织直至中央提出请求、申诉和控告，并要求有关组织给以负责的答复。

党的任何一级组织直至中央都无权剥夺党员的上述权利。

第五条　发展党员，必须经过党的支部，坚持个别吸收的原则。

申请入党的人，要填写入党志愿书，要有两名正式党员做介绍人，要经过支部大会通过和上级党组织批准，并且经过预备期的考察，才能成为正式党员。

介绍人要认真了解申请人的思想、品质、经历和工作表现，向他解释党的纲领和党的章程，说明党员的条件、义务和权利，并向党组织作出负责的报告。

党的支部委员会对申请入党的人，要注意征求党内外有关群众的意见，进行严格的审查，认为合格后再提交支部大会讨论。

上级党组织在批准申请人入党以前，要派人同他谈话，作进一步的了解，并帮助他提高对党的认识。

在特殊情况下，党的中央和省、自治区、直辖市委员会可以直接接收党员。

第六条　预备党员必须面向党旗进行入党宣誓。誓词如下：我志愿加入中国共产党，拥护党的纲领，遵守党的章程，履行党员义务，执行党的决定，严守党的纪律，保守党的秘密，对党忠诚，积极工作，为共产主义奋斗终生，随时准备为党和人民牺牲一切，永不叛党。

第七条　预备党员的预备期为一年。党组织对预备党员应当认真教育和考察。

预备党员的义务同正式党员一样。预备党员的权利，除了没有表决权、选举权和被选举权以外，也同正式党员一样。

预备党员预备期满，党的支部应当及时讨论他能否转为正式党员。认真履行党员义务，具备党员条件的，应当按期转为正式党员；需要继续考察和教育的，可以延长预备期，但不能超过一年；不履行党员义务，不具备党员条件的，应当取消预备党员资格。预备党员转为正式党员，或延长预备期，或取消预备党员资格,都应当经支部大会讨论通过和上级党组织批准。

预备党员的预备期,从支部大会通过他为预备党员之日算起。党员的党龄,从预备期满转为正式党员之日算起。

第八条　每个党员,不论职务高低,都必须编入党的一个支部、小组或其他特定组织,参加党的组织生活,接受党内外群众的监督。党员领导干部还必须参加党委、党组的民主生活会。不允许有任何不参加党的组织生活、不接受党内外群众监督的特殊党员。

第九条　党员有退党的自由。党员要求退党,应当经支部大会讨论后宣布除名,并报上级党组织备案。

党员缺乏革命意志,不履行党员义务,不符合党员条件,党的支部应当对他进行教育,要求他限期改正;经教育仍无转变的,应当劝他退党。劝党员退党,应当经支部大会讨论决定,并报上级党组织批准。如被劝告退党的党员坚持不退,应当提交支部大会讨论,决定把他除名,并报上级党组织批准。

党员如果没有正当理由,连续六个月不参加党的组织生活,或不交纳党费,或不做党所分配的工作,就被认为是自行脱党。支部大会应当决定把这样的党员除名,并报上级党组织批准。

第二章　党的组织制度

第十条　党是根据自己的纲领和章程,按照民主集中制组织起来的统一整体。党的民主集中制的基本原则是:

(一)党员个人服从党的组织,少数服从多数,下级组织服从上级组织,全党各个组织和全体党员服从党的全国代表大会和中央委员会。

(二)党的各级领导机关,除它们派出的代表机关和在非党组织中的党组外,都由选举产生。

(三)党的最高领导机关,是党的全国代表大会和它所产生的中央委员会。党的地方各级领导机关,是党的地方各级代表大会和它们所产生的委员会。党的各级委员会向同级的代表大会负责并报告工作。

(四)党的上级组织要经常听取下级组织和党员群众的意见,及时解决他们提出的问题。党的下级组织既要向上级组织请示和报告工作,又要独立负责地解决自己职责范围内的问题。上下级组织之间要互通情报、互相支持和互相监督。党的各级组织要使党员对党内事务有更多的了解和参与。

(五)党的各级委员会实行集体领导和个人分工负责相结合的制度。凡属重大问题都要按照集体领导、民主集中、个别酝酿、会议决定的原则,由党的委员会集体讨论,作出决定;委员会成员要根据集体的决定和分工,切实履行自己的职责。

(六)党禁止任何形式的个人崇拜。要保证党的领导人的活动处于党和人民的监督之下,同时维护一切代表党和人民利益的领导人的威信。

第十一条　党的各级代表大会的代表和委员会的产生,要体现选举人的意志。选举采用无记名投票的方式。候选人名单要由党组织和选举人充分酝酿讨论。可以直接采用候选人数多于应选人数的差额选举办法进行正式选举。也可以先采用差额选举办法进行预选,产生候选人名单,然后进行正式选举。选举人有了解候选人情况、要求改变候选人、不选任何一个候选人和另选他人的权利。任何组织和个人不得以任何方式强迫选举人选举或不选举某个人。

党的地方各级代表大会和基层代表大会的选举,如果发生违反党章的情况,上一级党的委员会在调查核实后,应作出选举无效和采取相应措施的决定,并报再上一级党的委员会审查批准,正式宣布执行。

第十二条　党的中央和地方各级委员会在必要时召集代表会议,讨论和决定需要及时解决的重大问题。代表会议代表的名额和产生办法,由召集代表会议的委员会决定。

第十三条　凡是成立党的新组织,或是撤销党的原有组织,必须由上级党组织决定。

党的中央和地方各级委员会可以派出代表机关。

在党的地方各级代表大会和基层代表大会闭会期间,上级党的组织认为有必要时,可以调动或者指派下级党组织的负责人。

第十四条　党的各级领导机关,对同下级组织有关的重要问题作出决定时,在通常情况下,要征求下级组织的意见。要保证下级组织能够正常行使他们的职权。凡属应由下级组织处理的问题,如无特殊情况,上级领导机关不要干预。

第十五条　有关全国性的重大政策问题,只有党中央有权作出决定,各部门、各地方的党组织可以向中央提出建议,但不得擅自作出决定和对外发表主张。

党的下级组织必须坚决执行上级组织的决定。下级组织如果认为上级组织的决定不符合本地区、本部门的实际情况,可以请求改变;如果上级组织坚持原决定,下级组织必须执行,并不得公开发表不同意见,但有权向再上一级组织报告。

党的各级组织的报刊和其他宣传工具,必须宣传党的路线、方针、政策和决议。

第十六条　党组织讨论决定问题,必须执行少数服从多数的原则。决定重要问题,要进行表决。对于少数人的不同意见,应当认真考虑。如对重要问题发生争论,双方人数接近,除了在紧急情况下必须按多数意见执行外,应当暂缓作出决定,进一步调查研究,交换意见,下次再表决;在特殊情况下,也可将争论情况向上级组织报告，请求裁决。

党员个人代表党组织发表重要主张，如果超出党组织已有决定的范围，必须提交所在的党组织讨论决定，或向上级党组织请示。任何党员不论职务高低，都不能个人决定重大问题；如遇紧急情况，必须由个人作出决定时，事后要迅速向党组织报告。不允许任何领导人实行个人专断和把个人凌驾于组织之上。

第十七条 党的中央、地方和基层组织，都必须重视党的建设，经常讨论和检查党的宣传工作、教育工作、组织工作、纪律检查工作、群众工作、统一战线工作等，注意研究党内外的思想政治状况。

第三章 党的中央组织

第十八条 党的全国代表大会每五年举行一次，由中央委员会召集。中央委员会认为有必要，或者有三分之一以上的省一级组织提出要求，全国代表大会可以提前举行；如无非常情况，不得延期举行。

全国代表大会代表的名额和选举办法，由中央委员会决定。

第十九条 党的全国代表大会的职权是：

(一)听取和审查中央委员会的报告；

(二)听取和审查中央纪律检查委员会的报告；

(三)讨论并决定党的重大问题；

(四)修改党的章程；

(五)选举中央委员会；

(六)选举中央纪律检查委员会。

第二十条 党的全国代表会议的职权是：讨论和决定重大问题；调整和增选中央委员会、中央纪律检查委员会的部分成员。调整和增选中央委员及候补中央委员的数额，不得超过党的全国代表大会选出的中央委员及候补中央委员各自总数的五分之一。

第二十一条 党的中央委员会每届任期五年。全国代表大会如提前或延期举行，它的任期相应地改变。中央委员会委员和候补委员必须有五年以上的党龄。中央委员会委员和候补委员的名额，由全国代表大会决定。中央委员会委员出缺，由中央委员会候补委员按照得票多少依次递补。

中央委员会全体会议由中央政治局召集，每年至少举行一次。

在全国代表大会闭会期间，中央委员会执行全国代表大会的决议，领导党的全部工作，对外代表中国共产党。

第二十二条 党的中央政治局、中央政治局常务委员会和中央委员会总书记，由中央委员会全体会议选举。中央委员会总书记必须从中央政治局常务委员会委员中产生。

中央政治局和它的常务委员会在中央委员会全体会议闭会期间，行使中央委员会的职权。

中央书记处是中央政治局和它的常务委员会的办事机构；成员由中央政治局常务委员会提名，中央委员会全体会议通过。

中央委员会总书记负责召集中央政治局会议和中央政治局常务委员会会议，并主持中央书记处的工作。

党的中央军事委员会组成人员由中央委员会决定。

每届中央委员会产生的中央领导机构和中央领导人，在下届全国代表大会开会期间，继续主持党的经常工作，直到下届中央委员会产生新的中央领导机构和中央领导人为止。

第二十三条 中国人民解放军的党组织，根据中央委员会的指示进行工作。中央军事委员会的政治工作机关是中国人民解放军总政治部，总政治部负责管理军队中党的工作和政治工作。军队中党的组织体制和机构，由中央军事委员会作出规定。

第四章 党的地方组织

第二十四条 党的省、自治区、直辖市、设区的市和自治州的代表大会，每五年举行一次。

党的县(旗)、自治县、不设区的市和市辖区的代表大会，每五年举行一次。

党的地方各级代表大会由同级党的委员会召集。在特殊情况下，经上一级委员会批准，可以提前或延期举行。

党的地方各级代表大会代表的名额和选举办法，由同级党的委员会决定，并报上一级党的委员会批准。

第二十五条 党的地方各级代表大会的职权是：

(一)听取和审查同级委员会的报告；

(二)听取和审查同级纪律检查委员会的报告；

(三)讨论本地区范围内的重大问题并作出决议；

(四)选举同级党的委员会，选举同级党的纪律检查委员会。

第二十六条 党的省、自治区、直辖市、设区的市和自治州的委员会，每届任期五年。这些委员会的委员和候补委员必须有五年以上的党龄。

党的县(旗)、自治县、不设区的市和市辖区的委员会，每届任期五年。这些委员会的委员和候补委员必须有三年以上的党龄。

党的地方各级代表大会如提前或延期举行，由它选举的委员会的任期相应地改变。

党的地方各级委员会的委员和候补委员的名额，分别由上一级委员会决定。党的地方各级委员会委员出缺，由候补委员按照得票多少依次递补。

党的地方各级委员会全体会议，每年至少召开两次。

党的地方各级委员会在代表大会闭会期间，执行上级党组织的指示和同级党代表大会的决议，领导本地方的工作，定期向上级党的委员会报告工作。

第二十七条　党的地方各级委员会全体会议，选举常务委员会和书记、副书记，并报上级党的委员会批准。党的地方各级委员会的常务委员会，在委员会全体会议闭会期间，行使委员会职权；在下届代表大会开会期间，继续主持经常工作，直到新的常务委员会产生为止。

第二十八条　党的地区委员会和相当于地区委员会的组织，是党的省、自治区委员会在几个县、自治县、市范围内派出的代表机关。它根据省、自治区委员会的授权，领导本地区的工作。

第五章　党的基层组织

第二十九条　企业、农村、机关、学校、科研院所、街道社区、社会团体、社会中介组织、人民解放军连队和其他基层单位，凡是有正式党员三人以上的，都应当成立党的基层组织。

党的基层组织，根据工作需要和党员人数，经上级党组织批准，分别设立党的基层委员会、总支部委员会、支部委员会。基层委员会由党员大会或代表大会选举产生，总支部委员会和支部委员会由党员大会选举产生。

第三十条　党的基层委员会每届任期三年至五年，总支部委员会、支部委员会每届任期两年或三年。基层委员会、总支部委员会、支部委员会选出的书记、副书记，应报上级党组织批准。

第三十一条　党的基层组织是党在社会基层组织中的战斗堡垒，是党的全部工作和战斗力的基础。它的基本任务是：

(一)宣传和执行党的路线、方针、政策，宣传和执行党中央、上级组织和本组织的决议，充分发挥党员的先锋模范作用，团结、组织党内外的干部和群众，努力完成本单位所担负的任务。

(二)组织党员认真学习马克思列宁主义、毛泽东思想、邓小平理论和“三个代表”重要思想，学习党的路线、方针、政策及决议，学习党的基本知识，学习科学、文化和业务知识。

(三)对党员进行教育、管理和监督，提高党员素质，增强党性，严格党的组织生活，开展批评和自我批评，维护和执行党的纪律，监督党员切实履行义务，保障党员的权利不受侵犯。

(四)密切联系群众，经常了解群众对党员、党的工作的批评和意见，维护群众的正当权利和利益，做好群众的思想政治工作。

(五)充分发挥党员和群众的积极性创造性，发现、培养和推荐他们中间的优秀人才，鼓励和支持他们在改革开放和社会主义现代化建设中贡献自己的聪明才智。

(六)对要求入党的积极分子进行教育和培养，做好经常性的发展党员工作，重视在生产、工作第一线和青年中发展党员。

(七)监督党员干部和其他任何工作人员严格遵守国法政纪，严格遵守国家的财政经济法规和人事制度，不得侵占国家、集体和群众的利益。

(八)教育党员和群众自觉抵制不良倾向，坚决同各种违法犯罪行为作斗争。

第三十二条　街道、乡、镇党的基层委员会和村、社区党组织，领导本地区的工作，支持和保证行政组织、经济组织和群众自治组织充分行使职权。

国有企业和集体企业中党的基层组织，发挥政治核心作用，围绕企业生产经营开展工作。保证监督党和国家的方针、政策在本企业的贯彻执行；支持股东会、董事会、监事会和经理(厂长)依法行使职权；全心全意依靠职工群众，支持职工代表大会开展工作；参与企业重大问题的决策；加强党组织的自身建设，领导思想政治工作、精神文明建设和工会、共青团等群众组织。

非公有制经济组织中党的基层组织，贯彻党的方针政策，引导和监督企业遵守国家的法律、法规，领导工会、共青团等群众组织，团结凝聚职工群众，维护各方的合法权益，促进企业健康发展。

实行行政领导人负责制的事业单位中党的基层组织，发挥政治核心作用。实行党委领导下的行政领导人负责制的事业单位中党的基层组织，对重大问题进行讨论和作出决定，同时保证行政领导人充分行使自己的职权。

各级党和国家机关中党的基层组织，协助行政负责人完成任务，改进工作，对包括行政负责人在内的每个党员进行监督，不领导本单位的业务工作。

第六章　党的干部

第三十三条　党的干部是党的事业的骨干，是人民的公仆。党按照德才兼备的原则选拔干部，坚持任人唯贤，反对任人唯亲，努力实现干部队伍的革命化、年轻化、知识化、专业化。

党重视教育、培训、选拔和考核干部，特别是培养、选拔优秀年轻干部。积极推进干部制度改革。

党重视培养、选拔女干部和少数民族干部。

第三十四条　党的各级领导干部必须模范地履行本章程第三条所规定的党员的各项义务，并且必须具备以下的基本条件：

(一)具有履行职责所需要的马克思列宁主义、毛泽东思想、邓小平理论的水平，认真实践“三个代表”重要思想，努力用马克思主义的立场、观点、方法分析和解决实际问题，坚持讲学习、讲政治、讲正气，经得起各种风浪的考验。

(二)具有共产主义远大理想和中国特色社会主义坚定信念，坚决执行党的基本路线和各项方针、政策，立志改革开放，献身现代化事业，在社会主义建设中艰苦创业，作出实绩。

(三)坚持解放思想，实事求是，与时俱进，开拓创新，认真调查研究，能够把党的方针、政策同本地区、本部门的实际相结合，卓有成效地开展工作，讲实话，办实事，求实效，反对形式主义。

(四)有强烈的革命事业心和政治责任感，有实践经验，有胜任领导工作的组织能力、文化水平和专业知识。

(五)正确行使人民赋予的权力，依法办事，清正廉洁，勤政为民，以身作则，艰苦朴素，密切联系群众，坚持党的群众路线，自觉地接受党和群众的批评和监督，做到自重、自省、自警、自励，反对官僚主义，反对任何滥用职权、谋求私利的不正之风。

(六)坚持和维护党的民主集中制，有民主作风，有全局观念，善于团结同志，包括团结同自己有不同意见的同志一道工作。

第三十五条　党员干部要善于同非党干部合作共事，尊重他们，虚心学习他们的长处。

党的各级组织要善于发现和推荐有真才实学的非党干部担任领导工作，保证他们有职有权，充分发挥他们的作用。

第三十六条　党的各级领导干部，无论是由民主选举产生的，或是由领导机关任命的，他们的职务都不是终身的，都可以变动或解除。

年龄和健康状况不适宜于继续担任工作的干部，应当按照国家的规定退、离休。

第七章　党的纪律

第三十七条　党的纪律是党的各级组织和全体党员必须遵守的行为规则，是维护党的团结统一、完成党的任务的保证。党组织必须严格执行和维护党的纪律，共产党员必须自觉接受党的纪律的约束。

第三十八条　党组织对违犯党的纪律的党员，应当本着惩前毖后、治病救人的精神，按照错误性质和情节轻重，给以批评教育直至纪律处分。

严重触犯刑律的党员必须开除党籍。

党内严格禁止用违反党章和国家法律的手段对待党员，严格禁止打击报复和诬告陷害。违反这些规定的组织或个人必须受到党的纪律和国家法律的追究。

第三十九条　党的纪律处分有五种：警告、严重警告、撤销党内职务、留党察看、开除党籍。

留党察看最长不超过两年。党员在留党察看期间没有表决权、选举权和被选举权。党员经过留党察看，确已改正错误的，应当恢复其党员的权利；坚持错误不改的，应当开除党籍。

开除党籍是党内的最高处分。各级党组织在决定或批准开除党员党籍的时候，应当全面研究有关的材料和意见，采取十分慎重的态度。

第四十条　对党员的纪律处分，必须经过支部大会讨论决定，报党的基层委员会批准；如果涉及的问题比较重要或复杂，或给党员以开除党籍的处分，应分别不同情况，报县级或县级以上党的纪律检查委员会审查批准。在特殊情况下，县级和县级以上各级党的委员会和纪律检查委员会有权直接决定给党员以纪律处分。

对党的中央委员会和地方各级委员会的委员、候补委员，给以撤销党内职务、留党察看或开除党籍的处分，必须由本人所在的委员会全体会议三分之二以上的多数决定。在特殊情况下，可以先由中央政治局和地方各级委员会常务委员会作出处理决定，待召开委员会全体会议时予以追认。对地方各级委员会委员和候补委员的上述处分，必须经过上级党的委员会批准。

严重触犯刑律的中央委员会委员、候补委员，由中央政治局决定开除其党籍；严重触犯刑律的地方各级委员会委员、候补委员，由同级委员会常务委员会决定开除其党籍。

第四十一条　党组织对党员作出处分决定，应当实事求是地查清事实。处分决定所依据的事实材料和处分决定必须同本人见面，听取本人说明情况和申辩。如果本人对处分决定不服，可以提出申诉，有关党组织必须负责处理或者迅速转递，不得扣压。对于确属坚持错误意见和无理要求的人，要给以批评教育。

第四十二条　党组织如果在维护党的纪律方面失职，必须受到追究。

对于严重违犯党的纪律、本身又不能纠正的党组织，上一级党的委员会在查明核实后，应根据情节严重的程度，作出进行改组或予以解散的决定，并报再上一级党的委员会审查批准，正式宣布执行。

第八章　党的纪律检查机关

第四十三条　党的中央纪律检查委员会在党的中央委员会领导下进行工作。党的地方各级纪律检查委员会和基层纪律检查委员会在同级党的委员会和上级纪律检查委员会双重领导下进行工作。

党的各级纪律检查委员会每届任期和同级党的委员会相同。

党的中央纪律检查委员会全体会议，选举常务委员会和书记、副书记，并报党的中央委员会批准。党的地方各级纪律检查委员会全体会议，选举常务委员会和书记、副书记，并由同级党的委员会通过，报上级党的委员会批准。党的基层委员会是设立纪律检查委员会，还是设立纪律检查委员，由它的上一级党组织根据具体情况决定。党的总支部委员会和支部委员会设纪律检查委员。

党的中央纪律检查委员会根据工作需要，可以向中央一级党和国家机关派驻党的纪律检查组或纪律检查员。纪律检查组组长或纪律检查员可以列席该机关党的领导组织的有关会议。他们的工作必须受到该机关党的领导组织的支持。

第四十四条　党的各级纪律检查委员会的主要任务是：维护党的章程和其他党内法规，检查党的路线、方针、政策和决议的执行情况，协助党的委员会加强党风建设和组织协调反腐败工作。

各级纪律检查委员会要经常对党员进行遵守纪律的教育，作出关于维护党纪的决定；对党员领导干部行使权力进行监督；检查和处理党的组织和党员违反党的章程和其他党内法规的比较重要或复杂的案件，决定或取消对这些案件中的党员的处分；受理党员的控告和申诉；保障党员的权利。

各级纪律检查委员会要把处理特别重要或复杂的案件中的问题和处理的结果，向同级党的委员会报告。党的地方各级纪律检查委员会和基层纪律检查委员会要同时向上级纪律检查委员会报告。

各级纪律检查委员会发现同级党的委员会委员有违犯党的纪律的行为，可以先进行初步核实，如果需要立案检查的，应当报同级党的委员会批准，涉及常务委员的，经报告同级党的委员会后报上一级纪律检查委员会批准。

第四十五条　上级纪律检查委员会有权检查下级纪律检查委员会的工作，并且有权批准和改变下级纪律检查委员会对于案件所作的决定。如果所要改变的该下级纪律检查委员会的决定，已经得到它的同级党的委员会的批准，这种改变必须经过它的上一级党的委员会批准。

党的地方各级纪律检查委员会和基层纪律检查委员会如果对同级党的委员会处理案件的决定有不同意见，可以请求上一级纪律检查委员会予以复查；如果发现同级党的委员会或它的成员有违犯党的纪律的情况，在同级党的委员会不给予解决或不给予正确解决的时候，有权向上级纪律检查委员会提出申诉，请求协助处理。

第九章　党 组

第四十六条　在中央和地方国家机关、人民团体、经济组织、文化组织和其他非党组织的领导机关中，可以成立党组。党组发挥领导核心作用。党组的任务，主要是负责贯彻执行党的路线、方针、政策；讨论和决定本单位的重大问题；做好干部管理工作；团结非党干部和群众，完成党和国家交给的任务；指导机关和直属单位党组织的工作。

第四十七条　党组的成员，由批准成立党组的党组织决定。党组设书记，必要时还可以设副书记。

党组必须服从批准它成立的党组织领导。

第四十八条　对下属单位实行集中统一领导的国家工作部门可以建立党委，党委的产生办法、职权和工作任务，由中央另行规定。

第十章　党和共产主义青年团的关系

第四十九条　中国共产主义青年团是中国共产党领导的先进青年的群众组织，是广大青年在实践中学习中国特色社会主义和共产主义的学校，是党的助手和后备军。共青团中央委员会受党中央委员会领导。共青团的地方各级组织受同级党的委员会领导，同时受共青团上级组织领导。

第五十条　党的各级委员会要加强对共青团的领导，注意团的干部的选拔和培训。党要坚决支持共青团根据广大青年的特点和需要，生动活泼地、富于创造性地进行工作，充分发挥团的突击队作用和联系广大青年的桥梁作用。

团的县级和县级以下各级委员会书记，企业事业单位的团委员会书记，是党员的，可以列席同级党的委员会和常务委员会的会议。

第十一章　党徽党旗

第五十一条　中国共产党党徽为镰刀和锤头组成的图案。

第五十二条　中国共产党党旗为旗面缀有金黄色党徽图案的红旗。

第五十三条　中国共产党的党徽党旗是中国共产党的象征和标志。党的各级组织和每一个党员都要维护党徽党旗的尊严。要按照规定制作和使用党徽党旗。

中国共产党第十六届中央委员会委员名单

（198人 按姓氏笔画为序）

习近平　马　凯　马启智（回族）　马晓天　王　刚
王　晨　王云龙　王云坤　王太华　王乐泉　王兆国
王众孚　王旭东　王岐山　王沪宁　王金山　王建民
王胜俊　王鸿举　乌云其木格（女，蒙古族）　邓昌友
石云生　石秀诗　石宗源（回族）　卢展工　田凤山
田成平　田聪明　白立忱（回族）　白志健　白克明
白恩培　司马义·艾买提（维吾尔族）　列确（藏族）
吕福源　回良玉（回族）　朱　启　乔清晨　华建敏
多吉才让（藏族）　刘　京　刘　淇　刘云山　刘书田

刘冬冬 刘永治 刘延东(女) 刘华秋 刘志军
刘振华 刘镇武 许永跃 许其亮 孙志强 孙家正
牟新生 苏荣 杜青林 李长江 李长春 李至伦
李兆焯(壮族) 李安东 李克强 李金华 李建国
李荣融 李栋恒 李贵鲜 李铁林 李继耐 李乾元
李盛霖 李肇星 李德洙(朝鲜族) 李毅中 杨元元
杨正午(土家族) 杨怀庆 杨德清 肖扬
吴仪(女) 吴双战 吴邦国 吴官正 何勇
汪光焘 汪恕诚 汪啸风 沈滨义 宋法棠 宋照肃
宋德福 迟万春 张云川 张中伟 张文台 张文康
张玉台 张左己 张立昌 张庆伟 张庆黎 张学忠
张春贤 张俊九 张高丽 张维庆 张福森 张德江
张德邻 陆浩 阿不来提·阿不都热西提(维吾尔族)
陈云林 陈至立(女) 陈传阔 陈良宇 陈建国
陈奎元 陈炳德 陈福今 罗干 罗清泉 季允石
金人庆 周强 周小川 周永康 周声涛 周遇奇
郑万通 郑斯林 孟学农 孟建柱 项怀诚 赵可铭
赵乐际 赵启正 胡锦涛 钮茂生(满族) 俞正声
闻世震 姜福堂 洪虎 贺国强 袁伟民
热地(藏族) 贾庆林 贾治邦 贾春旺 柴松岳
钱运录 钱国梁 钱树根 徐才厚 徐匡迪 徐有芳
徐光春 徐荣凯 徐冠华 高祀仁 郭伯雄 郭金龙
唐天标 唐家璇 黄菊 黄华华 黄晴宜(女)
黄智权 黄镇东 曹刚川 曹伯纯 常万全 符廷贵
阎海旺 梁光烈 隋明太 葛振峰 韩正 储波
曾庆红 曾培炎 温宗仁 温家宝 蒲海清 蒙进喜
雷鸣球 虞云耀 路甬祥 解振华 靖志远 廖晖
廖锡龙 滕文生 薄熙来 戴秉国(土家族) 戴相龙
魏礼群

中国共产党第十六届中央委员会候补委员名单

(158人 按得票多少为序排列,得票相同的,按姓氏笔画为序排列)

艾斯海提·克里木拜(哈萨克族) 王正伟(回族)
朱祖良 杜学芳(女) 杨传堂 邱衍汉 郑立中
王君 朱之鑫 全哲洙(朝鲜族) 杨利民 张华祝
黄瑶(布依族) 彭祖意(瑶族) 翟虎渠
王侠(女) 支树平 刘泽民 刘德旺
杨晶(蒙古族) 宋秀岩(女) 张宝顺 胡永柱
姜大明 高中兴 郭庚茂 黄选平(回族)
符桂花(女,黎族) 管国忠(傣族)
石玉珍(女,苗族) 白春礼(满族) 向巴平措(藏族)
刘奇葆 孙淑义 杜宇新 李景田(满族) 杨永茂
吴玉谦 张孝忠 陈希明(女) 林明月(女)
林树森 罗正富(彝族) 岳福洪 胡彪 袁纯清
梁保华 温熙森 白景富 乔传秀(女) 刘石泉
李克(壮族) 李春城 杨永良 张平 张行湘
陈训秋 罗保铭 周生贤 袁守芳 聂卫国 栗战书
徐守盛 马之庚 王明方 仁青加(藏族) 龙新民
司马义·铁力瓦尔地(维吾尔族) 朱发忠 刘鹏
孙淦 李长印 吴启迪(女) 吴新雄
宋爱荣(女) 范长龙 岳喜翠(女) 黄兴国
曹建明 谢企华(女) 裴怀亮 刘云耕 孙忠同
杜世成 李成玉(回族) 沈跃跃(女) 张文岳
欧广源 欧泽高(藏族) 夏宝龙 息中朝
蒋文兰(女) 谢旭人 薛延忠 王谦 叶小文
朱成友 李纪恒 吴爱英(女) 吴铨叙 闵维方
姜异康 王三运 刘玠 吴定富 张黎 竺延风
奚国华 郭声琨 丁一平 刘明康 陈绍基 周同战
卫留成 李源潮 尚福林 姜建清 潘云鹤 马富才
王正福(苗族) 朱文泉 孙春兰(女) 林左鸣
王家瑞 吕祖善 刘玉浦 刘粤军 李鸿忠 杨洁篪
秦光荣 陶建幸 王明权 石大华 史莲喜(女)
黄洁夫 舒晓琴(女) 苏新添 张轩(女)
杜德印 殷一璀(女) 汪洋 铁凝(女)
邱学强 张瑞敏 李志坚 吉炳轩 张定发 强卫
熊光楷 令计划 散襄军 许志功 陈元 邓朴方
苏树林 黄丽满(女) 王洛林 由喜贵

中国共产党中央纪律检查委员会委员名单

(121人 按姓氏笔画为序)

干以胜 马駇(女) 马子龙(回族) 马志鹏
马铁山 王成铭 王同琢 王华元 王寿亭 王志刚
王建宙 王显政 王振川 王莉莉(女) 王唯众
王德顺 尹凤岐 巴特尔(蒙古族) 布穷(藏族)
田淑兰(女) 白玛(藏族) 冯永生 冯健身
邢元敏 朱维群 乔宗淮 任泽民 刘江 刘丰富
刘志峰 刘晓江 刘峰岩 刘家义 刘锡荣
安立敏(女) 孙文盛 孙宝树 孙载夫 阳安江
李文华 李玉赋 李东生 李有慰 李至伦 李传卿
李运之 李金明 李继松 李雪莹(女) 李崇禧
李清林 杨光洪 杨多良(回族) 吴广才 吴玉良
吴官正 吴毓萍(女) 何勇 沈淑济(女)
沈德咏 张毅 张凤楼 张树田 张恩照 张钰钟
张惠新 陈希 陈培忠 陈冀平 范新德 林文肯
罗世谦 岳宣义 金银焕(女) 金道铭(满族)
周占顺 郑坤生 赵荣 赵春兰(女) 赵洪祝
胡家燕(女) 祝光耀 祝春林 贺邦靖(女,白族)
秦绍德 聂成根 贾文先 夏赞忠 徐承栋 徐敬业
高俊良 陶方桂 黄丹华(女) 黄远志 黄树贤
黄淑和 黄献中 曹洪兴 曹康泰 常小兵 崔会烈
康日新 梁绮萍(女) 彭小枫 董雷 董万才

董宜胜　韩长赋　韩忠信　傅克诚　焦焕成　谢作炎
楼继伟　解厚铨　蔡长松　翟小衡　樊守志　滕久明
(苗族)　薛　利(女)　　魏建国　魏家福

11 月 15 日

中国共产党第十六届中央委员会第一次全体会议公报

(2002 年 11 月 15 日中国共产党第十六届中央委员会第一次全体会议通过)

中国共产党第十六届中央委员会第一次全体会议,于 2002 年 11 月 15 日在北京举行。

出席会议的有中央委员 198 人,候补中央委员 158 人。中央纪律检查委员会委员列席会议。

胡锦涛同志主持会议并作了重要讲话。

全会选举了中央政治局委员、候补委员,中央政治局常务委员会委员,中央委员会总书记;根据中央政治局常务委员会的提名,通过了中央书记处成员;决定了中央军事委员会组成人员;批准了中央纪律检查委员会第一次全体会议选举产生的书记、副书记和常务委员会委员人选。名单如下:

一、中央政治局委员、候补委员

中央政治局委员(按姓氏笔画为序)

王乐泉　王兆国　回良玉(回族)　刘　淇　刘云山
李长春　吴　仪(女)　吴邦国　吴官正　张立昌
张德江　陈良宇　罗　干　周永康　胡锦涛　俞正声
贺国强　贾庆林　郭伯雄　黄　菊　曹刚川　曾庆红
曾培炎　温家宝

中央政治局候补委员

王　刚

二、中央政治局常务委员会委员

胡锦涛　吴邦国　温家宝　贾庆林　曾庆红　黄　菊
吴官正　李长春　罗　干

三、中央委员会总书记

胡锦涛

四、中央书记处书记

曾庆红　刘云山　周永康　贺国强　王　刚　徐才厚
何　勇

五、中央军事委员会主席、副主席、委员

主席　江泽民

副主席　胡锦涛　郭伯雄　曹刚川

委员　徐才厚　梁光烈　廖锡龙　李继耐

六、中央纪律检查委员会书记、副书记、常务委员会委员

书记　吴官正

副书记

何　勇　夏赞忠　李至伦　张树田　刘锡荣　张惠新
刘峰岩

常务委员会委员(按姓氏笔画为序)

干以胜　马　馼(女)　马志鹏　王振川　刘峰岩
刘家义　刘锡荣　李至伦　吴官正　吴毓萍(女)
何　勇　沈德咏　张树田　张惠新　赵洪祝　夏赞忠
黄树贤　解厚铨

中国共产党中央纪律检查委员会第一次全体会议公报

(2002 年 11 月 15 日中国共产党中央纪律检查委员会第一次全体会议通过)

中国共产党第十六次全国代表大会选举产生的中央纪律检查委员会,于 2002 年 11 月 15 日在北京举行第一次全体会议。

中央纪律检查委员会委员 121 人出席了这次会议。吴官正同志主持了会议。全会选举了中央纪律检查委员会书记、副书记和常务委员会委员,报中央委员会批准。

与会同志列席了中国共产党第十六届中央委员会第一次全体会议。

江泽民 胡锦涛等领导同志会见党的十六大代表特邀代表和列席人员并发表重要讲话

国家主席、中央军委主席江泽民和中共十五届中央政治局其他常委李鹏、朱镕基、李瑞环、尉健行、李岚清,新当选的中共中央总书记胡锦涛和十六届中央政治局其他常委吴邦国、温家宝、贾庆林、曾庆红、黄菊、吴官正、李长春、罗干,在人民大会堂亲切会见了出席党的十六大的代表、特邀代表和列席人员,并同大家合影留念。

参加会见的还有:十五届中央领导同志丁关根、田纪云、李铁映、迟浩田、张万年、姜春云、钱其琛和十六届中央领导同志王乐泉、王兆国、回良玉、刘淇、刘云山、吴仪、张立昌、张德江、俞正声、贺国强、曹刚川、曾培炎、王刚、何勇等。

江泽民同志和胡锦涛同志发表了重要讲话。

江泽民说:"党的十六大开得很好,是一次团结的大会、胜利的大会、奋进的大会。这里我讲三句话:

第一,对十三年来全党同志给予我和我们这个领导集体的支持,表示衷心的感谢!

第二,我相信,在以胡锦涛同志为总书记的党中央领导下,中国特色社会主义事业,一定能够开创新的局面,我们党和国家的发展前景,是会更加美好的!

第三,希望同志们团结一致、艰苦奋斗,为党和人民的事业,作出新的贡献!"

胡锦涛同志在讲话中说："刚才，江泽民同志作了热情洋溢、语重心长的讲话，这是对我们的极大鼓励和鞭策。我们要认真学习、领会，坚决贯彻落实。"

胡锦涛说："党的十三届四中全会以来，以江泽民同志为核心的党的第三代领导集体，带领全党和全国各族人民，高举邓小平理论伟大旗帜，克服了前进道路上的种种困难，取得了改革开放和现代化建设的伟大成就，赢得了全党和全国各族人民的衷心拥护和爱戴。现在为了党的事业的继往开来，他们中的许多同志又带头从中央的领导岗位上退下来，表现了一个共产党员的宽阔胸怀和高风亮节。在这里，让我们向江泽民同志，向李鹏、朱镕基、李瑞环、尉健行、李岚清等同志，向其他领导同志表示崇高的敬意。"

胡锦涛说："我们一定牢记江泽民同志的嘱托，一定坚定不移地高举邓小平理论伟大旗帜，全面贯彻'三个代表'重要思想，认真学习领会党的十六大精神，坚决贯彻落实十六大提出的各项任务，团结一致，万众一心，艰苦奋斗，努力开创中国特色社会主义事业新局面。"

乔石、宋平、刘华清、邹家华、布赫、铁木尔·达瓦买提、周光召、曹志、司马义·艾买提、王忠禹、肖扬、韩杼滨、叶选平、杨汝岱、任建新、宋健、李贵鲜、张思卿、钱正英、朱光亚、胡启立、赵南起、毛致用、白立忱和张劲夫、黄华、廖汉生、王芳、谷牧、马文瑞、郑天翔、刘复之、杨白冰、王汉斌、张震、倪志福、陈慕华、李锡铭、王丙乾、韩光，原中央军委委员傅全有、于永波、王克、王瑞林和新任中央军委委员梁光烈、廖锡龙、李继耐参加了会见。

中央军委主席江泽民在人民大会堂会见解放军和武警部队出席党的十六大的全体代表

江泽民希望大家回去后，把大会的精神学习好、宣传好、贯彻好，为完成十六大提出的奋斗目标和各项任务，为继续加强军队的革命化、现代化、正规化建设而不懈奋斗。

胡锦涛参加会见。曹刚川和张万年、迟浩田等也参加了会见。

参加会见的还有刘华清、朱光亚、廖汉生、杨白冰、张震、傅全有、于永波、王克、王瑞林和梁光烈、廖锡龙、李继耐等。

江泽民说，今天，我和胡锦涛同志以及新老军委的同志一起来和大家见面，感到非常高兴。江泽民首先向为党的事业不懈奋斗的老同志致以崇高的敬意，向军队和武警部队的代表，并通过他们向全军和武警部队的广大官兵，表示诚挚的问候。

江泽民说，党的十六大开得很成功，是一次团结的大会、胜利的大会、奋进的大会，必将对我们党和国家事业的发展产生重大的影响。同志们肩负着全军和武警部队170多万党员的重托，认真履行代表职责，圆满完成了大会的各项任务。

江泽民指出，党的十三届四中全会以来，国防和军队建设迈出了新的步伐，取得了重大成就。全军官兵为保卫祖国和建设祖国建立了新的功勋。实践证明，我们这支军队忠于党、忠于社会主义、忠于祖国、忠于人民，是保卫祖国的钢铁长城。

江泽民强调，建立巩固的国防是我国现代化建设的战略任务，是全面建设小康社会的重要保障。当前国际局势复杂多变，世界军事领域正在发生深刻变革，国防和军队建设既面临着重要的发展机遇，也面临着严峻的挑战。党的十六大对国防和军队建设提出了新的要求。全军同志一定要认清形势，牢记使命，坚持党对军队的绝对领导，永葆人民军队的性质、本色和作风，积极推进军队的各项建设和改革，努力实现我军现代化建设的跨越式发展。

中共中央总书记胡锦涛等十六届中央政治局常委在人民大会堂与中外记者见面

新当选的中共中央总书记胡锦涛和中央政治局常委吴邦国、温家宝、贾庆林、曾庆红、黄菊、吴官正、李长春、罗干，在人民大会堂与采访十六大的中外记者见面。

胡锦涛首先向新闻传媒的朋友们表示问候。他说，中国共产党第十六次全国代表大会已于昨天闭幕。大会开得很成功，这是一次团结的大会、胜利的大会、奋进的大会、继往开来的大会。

胡锦涛说，刚才，我们召开了中国共产党第十六届中央委员会第一次全体会议，选举产生了新一届中央领导机构。中央政治局常务委员会由9位同志组成。接着，胡锦涛逐一介绍了新当选的中央政治局常委：吴邦国、温家宝、贾庆林、曾庆红、黄菊、吴官正、李长春、罗干。

胡锦涛代表新当选的中央领导机构成员，感谢全党同志的信任。他说，我们一定不辜负全党同志的重托和全国人民的期望，高举邓小平理论伟大旗帜，全面贯彻"三个代表"重要思想，认真落实十六大提出的各项任务，紧密团结和依靠全党、全国各族人民，继往开来，与时俱进，为全面建设小康社会，加快推进社会主义现代化，开创中国特色社会主义事业新局面而努力奋斗。

胡锦涛说，新闻传媒的朋友们都希望了解我们新当选的中央领导集体将如何开展工作。在这里，我可以明确地告诉大家：十六大把"三个代表"重要思想同马克思列宁主义、毛泽东思想、邓小平理论一道确立为我们党要长期坚持的指导思想，这是一个历史性的决策，也是一个历史性的贡献，为我们指明了前进的方向。江泽民同志在十六大所作的报告，系统总结了十三年来的基本经验，全面阐述了贯彻“三个代表”重要思想的根本要求，明确提出了在本世纪头二十年我们党和国家的奋斗目标，以及经济、政治、文化、国防、祖国统一、外交和我们党的自身建设等各方面的方针政策。所有这些，都体现了中国共产党全党的意志，代表了全国各族人民的愿望，是我们党在新世纪新阶段的政治宣言和行动纲领。我们新一届中央领导集体将坚定不移、一以贯之地贯彻执行。

胡锦涛说，我们坚信，在十六大精神的指引和鼓舞下，中国共产党将进一步向世人展现出与时俱进、开拓进取的良好形象。我们全党和全国各族人民将更加紧密地团结在一起，聚精会神搞建设，一心一意谋发展，把改革开放和现代化建设事业继续推向前进。中国的明天一定会更加美好，中国的发展进步一定会对世界的和平与发展作出更大的贡献！

胡锦涛在讲话结束时说，借此机会，我要衷心感谢新闻传媒的各位朋友为采访报道我们党的十六大所付出的辛劳，并期待着今后有更好的合作。

11 时 50 分，见面活动结束。胡锦涛等挥手向中外记者道别。

《人民日报》发表社论《沿着党的十六大指引的方向奋勇前进——热烈祝贺中国共产党第十六次全国代表大会胜利闭幕》

11 月 16 日

十六届中央政治局召开第一次全体会议

会议专门对学习贯彻党的十六大精神进行研究部署。中共中央总书记胡锦涛主持了会议。

会议强调，党的十六大是我们党在新世纪召开的第一次代表大会，也是我们党在开始实施社会主义现代化建设第三步战略部署的新形势下召开的一次十分重要的代表大会。深入学习贯彻党的十六大精神，把全党和全国各族人民的思想统一到十六大精神上来，同心同德地完成十六大确定的各项任务，确保党和国家在新世纪新阶段奋斗目标的胜利实现，是全党当前和今后一个时期的首要政治任务。

会议指出，江泽民同志的报告从历史和时代的高度，深刻阐明了我们党在新世纪举什么旗、走什么路、实现什么奋斗目标等重大问题，对我国改革开放和社会主义现代化建设作出了全面部署，是我们党团结和带领全国各族人民在新世纪新阶段继续奋勇前进的政治宣言和行动纲领。学习贯彻十六大精神，重点是学习贯彻江泽民同志的报告。

会议认为，“三个代表”重要思想是十六大的灵魂。把“三个代表”重要思想同马克思列宁主义、毛泽东思想和邓小平理论一道确立为我们党必须长期坚持的指导思想，是十六大的一个历史性贡献。学习贯彻十六大精神，首先要抓住学习贯彻“三个代表”重要思想这个中心环节，全面深入地领会“三个代表”重要思想的科学内涵和精神实质，牢牢把握贯彻“三个代表”重要思想的根本要求，进一步增强贯彻落实“三个代表”重要思想的自觉性和坚定性。

会议指出，高举邓小平理论伟大旗帜，全面贯彻“三个代表”重要思想，继往开来，与时俱进，全面建设小康社会，加快推进社会主义现代化，为开创中国特色社会主义事业新局面而奋斗，是十六大的主题。学习贯彻十六大精神，要紧紧围绕这个主题，深刻理解历史和时代赋予我们党的庄严使命，深刻理解党领导人民建设中国特色社会主义必须坚持的基本经验，深刻理解全面建设小康社会的奋斗目标，深刻理解大会对中国特色社会主义经济、政治、文化、国防、祖国统一、外交和党的建设作出的战略部署。

会议强调，坚持解放思想、实事求是、与时俱进，是我们党始终保持先进性和增强创造力的决定性因素，也是十六大报告的精髓。学习贯彻十六大精神，要紧紧把握这个精髓，引导党员干部自觉地把思想认识从那些不合时宜的观念、做法和体制的束缚中解放出来，从对马克思主义的错误的和教条式的理解中解放出来，从主观主义和形而上学的桎梏中解放出来，善于在解放思想中统一思想，用发展着的马克思主义指导新的实践。

会议强调，学习贯彻十六大精神，要坚持以县以上领导干部为重点。广大干部特别是高中级干部要带头学习好、领会好、掌握好、贯彻好十六大精神，努力成为勤奋学习、善于思考的模范，解放思想、与时俱进的模范，勇于实践、锐意创新的模范。通过学习，不断深化对共产党执政规律、社会主义建设规律和人类社会发展规律的认识，不断提高科学判断形势的能力、驾驭市场经济的能力、应对复杂局面的能力、依法执政的能力和总揽全局的能力，更好地担负起领导开创中国特色社会主义事业新局面的历史重任。

会议要求，各级党委要增强政治意识、大局意识、责任意识，围绕主题，把握灵魂，狠抓落实，切实抓好学习贯彻十六大精神的工作。要大力发扬理论联系实际的学风，紧密联系改革开放和现代化建设实际，联系本地区本部门的工作实际，联系党员干部的思想实际，着眼于促进改革发展、维护社会稳定,着眼于推进党的建设新的伟大工程,把运用十六大精神指导实践、推动工作作为学习的出发点和落脚点,作为衡量学习成效的重要标准。

会上,政治局全体同志一致表示,一定要牢记江泽民同志的嘱托,切实担负起党和人民赋予的历史使命。要高举旗帜,与时俱进;发扬民主,团结统一;艰苦奋斗,求真务实;清正廉洁,一心为民。要自觉接受党和人民的监督,真正做到鞠躬尽瘁、竭尽全力,努力把新一届政治局建设成为团结带领全党和全国各族人民继往开来、开拓奋进的坚强领导集体。

会议审议了《中共中央关于学习贯彻党的十六大精神的通知》,决定下发全党。

会议还研究了政治局工作分工和加强政治局自身建设的有关问题。

国家主席江泽民和卢森堡大公国大公亨利相互致电祝贺两国建交30周年

《人民日报》发表社论《伟大的事业　美好的前程》

外交部发言人孔泉就美国《2003财年国防授权法》涉台条款答记者问

有记者问:美国会两院近日通过了《2003财年国防授权法》统一文本,其涉台条款要求美总统向国会提交报告,说明美台进行共同作战训练等问题的可行性。请问你对此有何评论?

孔泉说,中方曾多次就《2003财年国防授权法》涉台条款问题向美方提出严正交涉,美行政当局多次明确表示反对上述条款。我们注意到该法案涉台条款在统一文本过程中已被弱化,但现有内容仍违反中美三个联合公报的原则和美方多次重申的一个中国政策,是对中国内政的粗暴干涉,我们对此表示坚决反对。

他说,我们希望美方认清台湾问题的敏感性和有关涉台条款的危害性,切实履行坚持一个中国政策、遵守中美三个联合公报、反对"台独"的承诺,采取有效措施阻止《2003财年国防授权法》涉台条款通过成法。

11月17日

中共中央发出《关于认真学习贯彻党的十六大精神的通知》

各省、自治区、直辖市党委,各大军区党委,中央各部委,国家机关各部委党组(党委),军委各总部、各军兵种党委,各人民团体党组:

为深入学习贯彻党的十六大精神,把全党和全国各族人民的思想统一到十六大精神上来,同心同德地完成十六大确定的各项任务,确保党和国家在新世纪新阶段奋斗目标的胜利实现,现就有关问题通知如下。

一、充分认识学习贯彻十六大精神的重大意义

党的十六大是我们党在新世纪召开的第一次代表大会,也是我们党在开始实施社会主义现代化建设第三步战略部署的新形势下召开的一次十分重要的代表大会。大会把"三个代表"重要思想同马克思列宁主义、毛泽东思想、邓小平理论一道确立为党的指导思想,提出了新世纪新阶段党和国家的奋斗目标和行动纲领。大会批准了江泽民同志代表十五届中央委员会所作的《全面建设小康社会,开创中国特色社会主义事业新局面》的报告,批准了中央纪律检查委员会的工作报告,审议通过了《中国共产党章程(修正案)》,选举产生了新一届中央领导集体。这次大会是一次团结的大会、胜利的大会、奋进的大会,极大地振奋了全党和全国各族人民的精神,进一步展示了我们党坚持改革开放、维护世界和平与促进共同发展的良好形象,对我们党和国家事业的发展具有重大的历史意义。

江泽民同志的报告,坚持以马克思列宁主义、毛泽东思想和邓小平理论为指导,从历史和时代的高度,全面分析了我们党面临的国际国内形势,科学总结了改革开放以来特别是十三届四中全会以来党领导人民建设中国特色社会主义的基本经验,进一步阐述了"三个代表"重要思想的历史地位和贯彻"三个代表"重要思想的根本要求,明确提出了全面建设小康社会的奋斗目标和推进各方面工作的方针政策,深刻回答了关系党和国家未来发展的一系列重大理论和实际问题,对建设中国特色社会主义经济、政治、文化和加强党的建设等各项工作作出了全面部署。报告主题鲜明、内涵丰富、思想深刻、论述精辟,体现了解放思想与实事求是的高度统一,理论创新与实践创新的高度统一,总结过去与规划未来的高度统一,立足国情与面向世界的高度统一,具有很强的理论性、思想性、前瞻性和指导性,是一篇马克思主义的纲领性文献,是我们党在新世纪新阶段的政治宣言,是全面建设小康社会、加快推进社会主义现代化的行动纲领。

认真学习贯彻十六大精神,是全党当前和今后一个时期的首要政治任务。用十六大精神统一全党和全国各族人民的思想,激励全党和全国各族人民继续艰苦奋斗,奋力开创中国特色社会主义事业新局面,对于确保社会主义中国在风云变幻的国际局势中始终保持安定团结和强大生机,确保我们党始终走在时代前列

和不断增强创造力、凝聚力、战斗力，确保我们胜利实现全面建设小康社会的奋斗目标，具有重大的现实意义和深远的历史意义。

二、全面准确地把握十六大的基本精神

高举邓小平理论伟大旗帜，全面贯彻“三个代表”重要思想，继往开来，与时俱进，全面建设小康社会，加快推进社会主义现代化，为开创中国特色社会主义事业新局面而奋斗，这是十六大的主题。要紧紧围绕这个主题，认真学习江泽民同志的报告，全面把握十六大精神。

“三个代表”重要思想是十六大的灵魂。确立“三个代表”重要思想在全党的指导地位，把“三个代表”重要思想写入党章，是十六大的一个历史性贡献。学习贯彻十六大精神，首先要抓住学习贯彻“三个代表”重要思想这个中心环节。要全面深入地领会“三个代表”重要思想的科学内涵和精神实质，牢牢把握贯彻“三个代表”重要思想的根本要求，在全党兴起一个学习贯彻“三个代表”重要思想的新高潮。充分认识“三个代表”重要思想是对马克思列宁主义、毛泽东思想和邓小平理论的继承和发展，反映了当代世界和中国的发展变化对党和国家工作的新要求，是加强和改进党的建设、推进我国社会主义自我完善和发展的强大理论武器，是党必须长期坚持的指导思想；充分认识始终做到“三个代表”，是我们党的立党之本、执政之基、力量之源；充分认识贯彻“三个代表”重要思想，关键在坚持与时俱进，核心在坚持党的先进性，本质在坚持执政为民。要通过学习，引导广大党员干部进一步提高对“三个代表”重要思想历史地位和重大意义的认识，进一步增强贯彻落实“三个代表”重要思想的自觉性和坚定性。

要深刻理解坚定地站在时代潮流的前头，团结和带领全国各族人民，实现推进现代化建设、完成祖国统一、维护世界和平与促进共同发展这三大历史任务，在中国特色社会主义道路上实现中华民族的伟大复兴，是历史和时代赋予我们党的庄严使命。深刻理解十三届四中全会以来以江泽民同志为核心的第三代中央领导集体带领全党和全国各族人民在改革、发展、稳定等各方面取得的巨大成就，对团结全党、振奋民心，鼓舞斗志、开创未来，具有重大而深远的意义。深刻理解党领导人民建设中国特色社会主义的基本经验是党长期探索和实践的结晶，是全党的宝贵财富，必须认真坚持并在实践中不断丰富发展。深刻理解全面建设小康社会是党在新世纪新阶段的奋斗目标，必须最广泛地动员全党和全国各族人民为实现这一目标而努力奋斗。深刻理解必须把发展作为党执政兴国的第一要务，坚持以经济建设为中心，坚定不移地深化改革和扩大开放，不断解放和发展社会生产力。深刻理解必须把坚持党的领导、人民当家做主和依法治国有机统一起来，发展社会主义民主政治，建设社会主义政治文明。深刻理解必须牢牢把握先进文化的前进方向，大力培育和弘扬民族精神，发展中国特色社会主义文化，建设社会主义精神文明。深刻理解全面建设小康社会、开创中国特色社会主义事业新局面，就是要发展社会主义市场经济、社会主义民主政治和社会主义先进文化，不断促进社会主义物质文明、政治文明和精神文明的协调发展。深刻理解必须始终不渝地奉行独立自主的和平外交政策，促进世界多极化，提倡国际关系民主化，同各国人民共同推进世界和平与发展的崇高事业。深刻理解完成十六大提出的各项任务，必须毫不放松地加强和改善党的领导，全面推进党的建设新的伟大工程。深刻理解面对很不安宁的世界和艰巨繁重的任务，全党必须增强忧患意识，居安思危，倍加顾全大局，倍加珍视团结，倍加维护稳定。

坚持党的思想路线，解放思想、实事求是、与时俱进，是我们党坚持先进性和增强创造力的决定性因素，也是十六大报告的精髓。学习贯彻十六大精神要紧紧把握这个精髓，使全党同志深刻懂得，世界在变化，我国改革开放和现代化建设在前进，人民群众的伟大实践在发展，迫切要求我们认真总结实践的新经验，在理论上不断扩展新视野，作出新概括；使全党同志深刻懂得，通过理论创新推动制度创新、科技创新、文化创新以及其他各方面的创新，不断在实践中探索前进，永不自满、永不懈怠，这是我们要长期坚持的治党治国之道。要引导党员干部自觉地把思想认识从那些不合时宜的观念、做法和体制的束缚中解放出来，从对马克思主义的错误的和教条式的理解中解放出来，从主观主义和形而上学的桎梏中解放出来，善于在解放思想中统一思想，用发展着的马克思主义指导新的实践。

三、大力发扬理论联系实际的学风

坚持理论联系实际的马克思主义学风，是学习贯彻好十六大精神的根本保证。只有学以致用，坚持用十六大精神指导实践，同时在实践中不断加深对十六大精神的理解，才能真正把十六大精神落到实处。要把运用十六大精神指导实践、推动工作，作为学习的出发点和落脚点，作为衡量学习成效的重要标准。要通过扎实有效的工作，把学习贯彻十六大精神，落实到发展先进生产力、发展先进文化、实现最广大人民的根本利益上来。

要紧密联系本地区、本部门的工作实际，着眼于进一步做好改革、发展、稳定的各项工作。要根据十六大的战略部署，深入研究涉及本地区、本部门工作的重大战略性问题，明确奋斗目标，理清发展思路，推动经济社会协调发展。要适应经济全球化发展趋势和加入世界贸易组织的新形势,研究新情况,解决新问题,制定深化改革、扩大开放的具体措施,创造性地开展工作。要坚持立党为公、执政为民,认真解决当前经济社会生活中的突出矛盾和人民群众在生产、生活中遇到的突出问题,努力提高人民群众的物质文化生活水平。

要紧密联系本地区、本部门党员干部的思想实际,着眼于全面推进党的建设新的伟大工程。要按照十六大的部署,深入开展以"三个代表"重要思想为主要内容的保持党的先进性的教育,既做好经常性工作,又抓紧解决存在的突出问题,努力提高党的领导水平和执政水平,提高拒腐防变和抵御风险的能力。各级党组织和广大党员干部要通过学习贯彻十六大精神,保持奋发向上的精神状态,更好地全心全意为人民服务,永远同人民群众心连心,始终保持共产党人的蓬勃朝气、昂扬锐气和浩然正气。

四、领导干部要带头学习贯彻十六大精神

执行党的路线方针政策,领导干部具有决定性作用。学习贯彻十六大精神,完成十六大确定的各项任务,实现十六大确定的宏伟目标,关键在各级领导干部。要坚持以县(处)级以上领导干部为重点,推动全党学习的深入开展。广大干部特别是高中级干部要带头学习贯彻十六大精神,努力成为勤奋学习、善于思考的模范,解放思想、与时俱进的模范,勇于实践、锐意创新的模范。

各级领导干部都要认真学习江泽民同志的报告,学习党章,在掌握基本观点和领会精神实质上下功夫,努力提高理论素养和领导水平。要把学习贯彻十六大精神同学习党的基本理论、基本路线、基本纲领和基本经验结合起来,同学习马克思主义发展史结合起来。通过学习,不断深化对共产党执政规律、社会主义建设规律和人类社会发展规律的认识,不断提高科学判断形势的能力、驾驭市场经济的能力、应对复杂局面的能力、依法执政的能力和总揽全局的能力,更好地担负起团结和带领广大人民开创中国特色社会主义事业新局面的历史重任。

要采取多种形式组织好县(处)级以上领导干部的学习,切实把十六大精神学习好、领会好、掌握好、贯彻好。党委(党组)中心组要把学习十六大精神作为当前和今后一个时期的重点工作,把集中学习与个人自学、通读文件与专题研讨结合起来,力求多学一点、学深一点。党校、行政学院要有计划地对领导干部进行培训和轮训。中央将举办省部级主要领导干部学习十六大精神研讨班。各地也要参照中央的做法,作出相应安排。

五、切实加强对学习贯彻十六大精神工作的领导

各级党委要增强政治意识、大局意识、责任意识,围绕主题,把握灵魂,狠抓落实,切实抓好学习贯彻十六大精神的工作。要按照中央的部署,结合本地实际,提出具体要求,迅速兴起学习十六大精神的热潮。要全面了解学习情况,切实加强指导,总结推广经验。中央将于12月初组织学习十六大精神宣讲团赴各地宣讲。各地也可参照这一做法,组织宣讲团开展宣讲活动,把学习贯彻十六大精神不断引向深入。

各级组织部门要把学习贯彻十六大精神与干部教育培训工作、加强领导班子建设和基层党组织建设有机结合起来,认真做好组织协调和督促检查工作。各级宣传部门要把宣传学习贯彻十六大精神作为当前和今后一个时期工作的重中之重,充分发挥新闻媒体的宣传主导作用,牢牢把握正确导向,在全社会形成学习贯彻十六大精神的良好氛围。工会、共青团和妇联等人民团体要充分发挥广泛联系各界群众的优势,开展各具特色的学习教育活动。党校、社会科学院、高校等单位,要围绕十六大报告中提出的重大理论和实际问题,集中力量,加强研究,推出一批有深度、有分量的研究成果。

企业、农村、机关、学校、部队和社区的基层党组织,要通过举办讨论会、报告会等形式,发挥基层党校、职工学校、市民学校等各类基层宣传文化阵地的作用,组织广大党员干部和群众深入学习十六大精神,引导人们胸怀全局、立足本职,为全面建设小康社会、加快推进社会主义现代化而勤奋工作。各类大中专院校要把学习十六大精神作为思想政治教育、教学和党团组织活动的重要内容,引导青年学生牢固树立中国特色社会主义的理想,坚定跟党走的信念,发奋学习、早日成才、报效祖国。

各地区、各部门要及时将学习贯彻十六大精神的情况报告中央。

中共中央

2002年11月17日

国家主席江泽民致电巴基斯坦总统穆沙拉夫对他宣誓就任新一届总统表示祝贺

华南理工大学举行建校50周年庆祝大会

中共中央政治局常委、广东省委书记李长春题词祝贺。

华南理工大学成立于1952年,经过50年的建设和发展,已经成为华南地区规模最大,以工为主,理工结合,管、经、文、法协调发展的多科性大学,为国家培养了近10万名高级专门人才,为国家经济建设、尤其是为华南地区的经济建设和社会发展作出了重要贡

献。1999年,华南理工大学通过教育部本科教学优秀评价。2001年,教育部和广东省决定重点共建华南理工大学,学校进入高水平大学建设行列。目前,学校共设有20个学院,有6个国家重点学科,9个“211工程”重点建设学科,全校有教职工近4000人,各类学生近3.3万人。

全国人大常委会副委员长成思危、蒋正华,全国政协副主席叶选平、钱伟长以及教育部部长陈至立等也分别致信或题词祝贺。

2002网球大师杯赛在上海新国际博览中心闭幕

这是首次在中国、在发展中国家举行的世界最高水平的男子网球赛事。全国政协主席李瑞环出席闭幕式,并向获得冠军的澳大利亚选手雷登·休伊特颁发纪念奖杯。

11月18日

国家主席江泽民在人民大会堂与乌克兰总统库奇马会谈

双方就双边关系及共同关心的国际和地区问题深入交换了意见,达成广泛共识。

江泽民积极评价中乌关系。他说,中乌建交10年来,两国始终相互尊重,在国际事务中相互协调与支持,双方在各领域的平等互利合作不断深化,地区和民间交往也日趋活跃。去年,双方又确定了建立长期稳定、高度信任、相互协作的全面友好合作关系,两国关系迈上了新的台阶。中方对中乌关系的稳步发展感到满意。

他表示,中方重视发展与乌克兰的关系,愿与乌方共同努力,在巩固现有成果基础上加强双方的互利合作,鼓励双方企业建立直接联系,推动经济技术合作和相互投资;加强双方在高科技领域的合作,推动两国高科技合作向产业化方向发展;扩大双方在教育、文化、旅游、新闻等领域的交往,全面推进两国友好合作关系。

江泽民指出,发展中乌全面友好合作关系符合两国和两国人民的根本利益和愿望。中方赞赏乌克兰在台湾、人权等问题上给予中国的理解与支持,将一如既往地支持乌克兰为维护国家独立、主权和领土完整所作的努力,理解和尊重乌克兰根据本国国情选择发展道路和制定内外政策,并将继续在力所能及的范围内向乌方提供援助。

会谈后,江泽民和库奇马共同签署了《中华人民共和国和乌克兰联合声明》,并出席了《中华人民共和国政府和乌克兰政府知识产权合作协议》等其他3个文件的签字仪式。

国家主席江泽民和乌克兰总统库奇马在北京签署《中华人民共和国和乌克兰联合声明》

应中华人民共和国主席江泽民邀请,乌克兰总统列·达·库奇马于2002年11月17日至20日对中国进行国事访问。

中华人民共和国主席江泽民和乌克兰总统库奇马在友好、坦率和相互理解的气氛中举行了会谈,就深化两国政治、经济和人文领域的合作以及扩大双边关系条约法律基础问题交换了意见,达成广泛共识。

双方满意地指出,中华人民共和国和乌克兰建交十年来,双方本着传统友好和互利合作的精神,不断努力,使两国关系在长期稳定和相互支持的基础上快速发展并取得丰硕成果。

两国元首重申,愿根据公认的国际法原则和国际关系准则发展长期稳定、高度信任、相互协作的中乌全面友好合作与伙伴关系。这符合两国人民的根本利益,对双方都具有战略意义。

双方强调,乌克兰总统库奇马对中华人民共和国的访问对于进一步开展两国最高级政治对话、加强中乌全面合作具有重要意义。两国元首同意共同推动访问期间达成的各项双边协议的落实。

中方重申支持乌克兰主权和领土完整的一贯立场,表示将继续恪守向乌克兰提供安全保证的承诺。

乌方重申,中华人民共和国政府是代表全中国的唯一合法政府,台湾是中华人民共和国领土不可分割的一部分,并确认不和台湾发生官方关系。

双方满意地指出,两国在经济、工业、投资、科学、新技术和教育等领域的合作日趋活跃,双边贸易额大幅攀升。

中方重申,将在乌克兰加入世界贸易组织的进程中给予积极支持。

两国元首对近年来双边科技合作中出现的高科技合作园和联合研究中心等新的合作模式表示欢迎,并商定将共同促进其发展。双方决定共同努力落实航空技术领域合作议定书条款,并为发展两国地方间交流提供必要的国家支持。

双方赞同进一步加强两国文化交流以及社会、青年、体育和旅游组织的联系。

双方商定2003年在乌克兰举办“中国文化日”,并将为开展相关的文化活动提供支持。

两国元首指出,双方对解决国际和地区问题的立场相近或相同。

双方强调打击各种形式的恐怖活动必须进行密切和有效的国际合作,主张国际社会应协调努力加强反恐合作，指出联合国应在此领域发挥主导作用。

两国元首强调，有必要提高联合国工作效率，加强其作用。

两国将在联合国和其他国际组织的框架内加强合作。

乌克兰总统库奇马对访问期间中方给予的热情接待表示感谢，并邀请中华人民共和国主席江泽民在方便的时候对乌克兰进行访问。江泽民主席愉快地接受了邀请。访问日期将通过外交途径商定。

中华人民共和国主席　　乌克兰总统

江泽民　　列昂尼德·库奇马

2002年11月18日于北京

中央纪委监察部在北京召开机关全体党员干部大会

中共中央政治局常委、中央纪委书记吴官正在会上讲话，要求认真学习、深刻领会、全面贯彻十六大精神，按照“三个代表”的要求，深入开展党风廉政建设和反腐败斗争，为实现十六大作出的战略部署和重大决策提供坚强的政治保证。

吴官正指出，党的十六大是我们党在新世纪召开的第一次全国代表大会，也是我们党在开始实施社会主义现代化第三步战略部署的新形势下召开的一次十分重要的代表大会。江泽民同志在大会上所作的报告，以高举邓小平理论伟大旗帜，全面贯彻“三个代表”重要思想，继往开来，与时俱进，全面建设小康社会，加快推进社会主义现代化，为开创中国特色社会主义事业新局面而奋斗为主题，全面分析了我们党面临的国际国内形势，科学总结了13年来的基本经验，进一步阐明了贯彻“三个代表”重要思想的根本要求，深刻阐明了我们党在新世纪坚持举什么旗、走什么路、实现什么目标等重大问题，对建设中国特色社会主义经济、政治、文化和党的建设等各项工作作出了全面部署，是我们党团结和带领全国各族人民在新世纪新阶段继续奋勇前进的政治宣言和行动纲领，是一篇马克思主义的纲领性文献。各级纪检监察机关要把学习贯彻十六大精神作为当前和今后一个时期的首要政治任务，在全系统迅速兴起一个学习贯彻“三个代表”重要思想的新高潮，把思想和行动统一到十六大精神上来。要牢牢把握全面贯彻“三个代表”重要思想这个十六大的灵魂，不断增强贯彻“三个代表”重要思想的自觉性和坚定性，用“三个代表”重要思想统领和指导工作。

吴官正指出，党的十三届四中全会以来特别是党的十五大以来，以江泽民同志为核心的党中央高度重视党风廉政建设和反腐败斗争，采取了一系列重大举措，切实加强领导。经过全党和全社会的共同努力，党风廉政建设和反腐败斗争深入开展，取得了新的明显成效。实践证明，党中央对反腐败斗争形势的认识是清醒的，惩治腐败的态度是坚决的，党中央确定的反腐败指导思想、基本原则、工作格局、领导体制和工作机制是完全正确的。党的十五大选举产生的中央纪律检查委员会，坚决贯彻党中央的部署，认真执行党章规定的各项任务，不断加大工作力度，推动党风廉政建设和反腐败工作持续深入开展，为保持党的先进性和纯洁性，为改革开放和经济建设的顺利进行提供了有力保障，同时也为今后工作打下了坚实的基础，积累了宝贵的经验。我们要继续发扬党的纪律检查工作的好传统、好作风，坚持解放思想、实事求是的思想路线，以与时俱进、开拓创新的精神，创造性地开展工作，不断研究新情况，总结新经验，解决新问题，创造新业绩，作出新贡献，把党风廉政建设和反腐败斗争进一步推向深入，不辜负党和人民的重托。

吴官正强调，坚决反对和防止腐败，是全党一项重大的政治任务。各级党委、政府要充分认识反腐败斗争的紧迫性和长期性，按照十六大的要求，坚定信心，抓紧工作，旗帜鲜明、毫不动摇地把反腐败斗争深入进行下去。各级纪检监察机关要以十六大精神为动力，进一步增强历史使命感和工作责任感。一定要全面贯彻“三个代表”重要思想，坚持解放思想、实事求是，与时俱进、开拓创新，把“三个代表”的要求贯穿于纪检监察工作的全过程，切实维护好、实现好、发展好人民群众的根本利益。一定要牢牢把握发展这个执政兴国的第一要务，紧紧围绕经济建设中心，把党风廉政建设和反腐败斗争同经济、政治、文化等方面的建设和改革有机结合起来，更加自觉地为改革发展稳定的大局服务，为全面建设小康社会服务。一定要始终坚持党要管党、从严治党，围绕提高党的领导水平和执政水平、增强拒腐防变和抵御风险能力这两大历史性课题，认真履行党章赋予的各项职责，切实维护党的先进性和纯洁性，在推进党的建设新的伟大工程中发挥更加积极的作用。一定要坚持党中央确定的反腐败指导思想、基本原则、工作格局、领导体制和工作机制，认真落实党风廉政建设责任制，紧紧依靠各级党组织和广大党员干部，进一步在全党形成防止和惩治腐败的合力。一定要坚持标本兼治、综合治理的方针，进一步抓好领导干部廉洁自律、查办大案要案、纠正部门和行业不正之风的工作，遏制腐败现象的滋生蔓延；加强教育，发展民主，健全法制，强化监督，创新体制，从源头上预防和解决腐败问题。

吴官正最后要求，各级纪检监察机关要高举邓小平理论伟大旗帜，全面贯彻“三个代表”重要思想，在以胡锦涛同志为总书记的党中央领导下，振奋精神，扎实工作，不断取得党风廉政建设和反腐败斗争的新成绩，为实现十六大作出的战略部署和重大决策提供坚强的政治保证。

中央书记处书记、中央纪委副书记、监察部部长何勇主持会议。上一届中央纪委领导曹庆泽、刘丽英、祁培文出席会议。

中央纪委副书记夏赞忠传达了党的十六大精神，中央纪委副书记、监察部副部长李至伦传达了十六届一中全会精神。中央纪委副书记张树田、刘锡荣、张惠新、刘峰岩及中央纪委常委出席会议。

党的十六大秘书处负责人就十六大通过的《中国共产党章程(修正案)》答新华社记者问

问：请你谈谈十六大修改党章的必要性和基本考虑。

答：现行党章是1982年9月党的十二大通过的。根据形势和任务的发展，1987年11月，党的十三大对部分条文作了修改；1992年10月，党的十四大对总纲和条文分别作了部分修改；1997年9月，党的十五大对总纲部分做了个别修改。

十五大以来，我国改革开放和社会主义现代化建设取得历史性进展，社会主义市场经济体制初步建立，现代化建设第二步战略目标顺利实现，人民生活总体上达到小康水平。跨入新世纪，我国进入了全面建设小康社会、加快推进社会主义现代化的新的发展阶段。在新世纪新阶段，党提出了新的发展目标和行动纲领，党章中的相关内容需要进行调整。

这些年来，我们党的自身建设也取得新的进展，积累了新的宝贵经验。特别是江泽民同志提出的“三个代表”重要思想，集中反映了当代世界和中国的发展变化对加强党的建设、推进中国特色社会主义伟大事业的根本要求，是对马克思主义建党学说的新发展。这也决定了有必要对党章进行修改，在党章中体现“三个代表”重要思想。

十六大修改党章遵循的总的原则是：坚持以马克思列宁主义、毛泽东思想、邓小平理论和党的基本路线为指导，认真贯彻“三个代表”重要思想，把江泽民同志十六大报告中确立的重大理论观点和重大方针政策纳入党章，以适应新形势新任务对党的工作和党的建设提出的新要求。

现行党章是在全面总结我们党的历史经验的基础上，根据社会主义现代化建设的实际情况制定的，总体上能适应指导党的建设的需要。因此，对党章宜作小改，不作大改。对各方面提出的修改建议，坚持实践证明是成熟的就改，不成熟的不改。这次党章修改工作，突出了“三个代表”重要思想对新形势下党的工作和党的建设的指导作用，坚持了与时俱进和改革创新的精神，在保持党章整体框架不变的前提下，对一些内容作了适当修改或补充完善。这样做，有利于维护党章的权威性和保持内容的连续性，也有利于适应形势的发展，使党章能够更好地指导当前和今后一个时期党的工作和党的建设。

问：你刚才谈到十六大修改后的党章贯彻了“三个代表”重要思想，请作些具体介绍。

答：江泽民同志提出的“三个代表”重要思想已经在全党形成共识、深入人心。把“三个代表”重要思想写进党章，这是加强和改进党的建设、不断提高党的领导水平和执政水平的根本要求，是继续推进中国特色社会主义伟大事业的客观需要，也是全党同志的共同愿望。

党章总纲部分，增加了关于党的十三届四中全会以来历史进程的表述，阐述了“三个代表”重要思想的历史地位和重要作用。这次党章修改，对总纲第二段、第十九段作了补充，增写了第六段，充分肯定了十三届四中全会以来的十三年党的工作和党的建设取得的成就，阐述了“三个代表”重要思想形成的实践基础和理论渊源。十三届四中全会以来，以江泽民同志为主要代表的中国共产党人，在建设中国特色社会主义的实践中，加深了对什么是社会主义、怎样建设社会主义和建设什么样的党、怎样建设党的认识，积累了治党治国新的宝贵经验，形成了“三个代表”重要思想。总纲部分高度评价了“三个代表”重要思想的历史地位和重要作用，鲜明地指出，“三个代表”重要思想是对马克思列宁主义、毛泽东思想、邓小平理论的继承和发展，反映了当代世界和中国的发展变化对党和国家工作的新要求，是加强和改进党的建设、推进我国社会主义自我完善和发展的强大理论武器，是中国共产党集体智慧的结晶，是党必须长期坚持的指导思想。始终做到“三个代表”，是我们党的立党之本、执政之基、力量之源。强调中国共产党以马克思列宁主义、毛泽东思想、邓小平理论和“三个代表”重要思想作为自己的行动指南。全党同志要用邓小平理论、“三个代表”重要思想和党的基本路线统一思想、统一行动。

党章条文部分，在第三条关于党员必须履行的义务中，增加了认真学习“三个代表”重要思想的内容；在第三十一条关于党的基层组织的基本任务中，增加了组织党员认真学习“三个代表”重要思想的内容；在第三十四条关于党的各级领导干部必须具备的基本条件中，增加了认真实践“三个代表”重要思想的内容。

问：党章对党的性质是如何作进一步阐述的？

答：十六大修改后的党章，将党的性质进一步表述为：中国共产党是中国工人阶级的先锋队，同时是中国人民和中华民族的先锋队，是中国特色社会主义事业的领导核心，代表中国先进生产力的发展要求，代表中国先进文化的前进方向，代表中国最广大人民的根本利益。党的最高理想和最终目标是实现共产主义。这样表述党的性质，切合我们党的历史发展和现实状况，符合时代要求，有利于我们党始终坚持工人阶级先锋队的性质，增强党的阶级基础，有利于拓展党的工作的覆盖面，扩大党的群众基础，有利于全党同志更加深刻地认识和落实党所肩负的历史责任，团结和带领全国各族人民万众一心地建设中国特色社会主义。

问：党章如何结合中国实际对马克思列宁主义关于人类社会发展规律的表述做了新的概括？

答：根据我们党领导中国革命、建设和改革不断取得胜利的基本经验，从近一个世纪以来社会主义的实践出发，特别是对应于这若干年国内外形势发生的深刻变化，党章修正案对总纲第三段的内容做了改写。强调马克思列宁主义的基本原理是正确的，具有强大的生命力。强调中国共产党人追求的共产主义最高理想，只有在社会主义社会充分发展和高度发达的基础上才能实现。社会主义制度的发展和完善是一个长期的历史过程。强调坚持马克思列宁主义的基本原理，走中国人民自愿选择的适合中国国情的道路，中国的社会主义事业必将取得最终的胜利。这样阐述，把侧重点放到了中国共产党始终坚持马克思列宁主义的基本原理和党的最高纲领，同时始终坚持把马克思列宁主义的基本原理同中国的实际相结合，带领全国各族人民满怀信心地走自己的路，建设中国特色社会主义。

问：党章总纲中对我国新世纪新阶段经济和社会发展的战略目标和指导原则增加了哪些新内容？

答：党的十五大以来，改革开放不断深入，党确定的20世纪末的奋斗目标已经实现。为了适应我国新世纪新阶段经济和社会发展的需要，党章总纲部分补充了如下新的内容。

一是确立了本世纪头20年全面建设小康社会的奋斗目标。总纲第七段指出，发展是我们党执政兴国的第一要务。在新世纪新阶段，我国经济和社会发展的战略目标是，巩固和发展已经初步达到的小康水平，到建党100年时，建成惠及十几亿人口的更高水平的小康社会。经过这个阶段的建设，再继续奋斗几十年，到建国100年时，人均国内生产总值达到中等发达国家水平，基本实现现代化。

二是增写了我国社会主义初级阶段的基本经济制度和经济建设方面的内容。总纲第七段指出，我国正处于并将长期处于社会主义初级阶段，必须坚持和完善公有制为主体、多种所有制经济共同发展的基本经济制度，坚持和完善按劳分配为主体、多种分配方式并存的分配制度。在总纲第九段，增写了实施科教兴国战略和可持续发展战略的内容。在总纲第十一段，增写了坚持改革开放是我们的强国之路，要坚持和完善社会主义市场经济体制的内容。

三是增写了依法治国，建设社会主义法治国家的内容。党的十五大总结我们党的历史经验特别是十一届三中全会以来治理国家的经验，提出了依法治国的基本方略和建设社会主义法治国家的重要任务。十六大进一步提出了发展社会主义民主政治，建设社会主义政治文明；明确了党的领导、人民当家做主和依法治国的统一性，强调要坚持这三者的有机结合和辩证统一，不断把社会主义民主政治建设推向前进。总纲第十二段增写这一内容，表明中国共产党和中国人民对自己选择的政治发展道路充满信心，有利于全党进一步增强法制观念，树立依法执政意识，自觉地在宪法和法律范围内活动。

四是在总纲第十三段增写了中国共产党领导人民在建设物质文明、政治文明的同时，努力建设社会主义精神文明，实行依法治国与以德治国相结合的内容。

问：党章对党的建设和党的领导提出了哪些新要求？

答：在新的世纪，继续推进现代化建设，完成祖国统一大业，维护世界和平与促进共同发展，是我们党肩负的三大历史任务。为保证这些任务的实现，在党章总纲关于党的建设的基本目标和四项基本要求中增加了新的内容，明确规定，必须紧密围绕党的基本路线加强和改进党的建设；坚持党要管党、从严治党，不断提高党的领导水平和执政水平，提高拒腐防变和抵御风险的能力，不断增强党的阶级基础和扩大党的群众基础，不断提高党的创造力、凝聚力、战斗力，使我们党始终走在时代前列；全党要用邓小平理论、“三个代表”重要思想和党的基本路线统一思想，统一行动，并且毫不动摇地长期坚持下去；全党必须坚持解放思想、实事求是、与时俱进，依据党的思想路线，积极探索，大胆试验，开拓创新；我们党的最大政治优势是密切联系群众，党执政后的最大危险是脱离群众；加强对党的领导机关和党员领导干部的监督，不断完善党内监督制度。

在对党的领导的基本要求中，增加了党必须按照总揽全局、协调各方的原则，在同级各种组织中发挥领导核心作用，党必须适应形势的发展和情况的变化，完善领导体制，改进领导方式，增强执政能力的内容。同时，为了健全党委内部议事和决策的基本制度，提高决策科学化、民主化水平，对第二章党的组织制度第十条第五项的规定作了补充和完善，明确提出凡属重大问题都要按照集体领导、民主集中、个别酝酿、会议决定的原则，由党的委员会集体讨论，作出决定。

根据近几年来党组的设置和开展工作的实际情况,对党组的作用和任务作了新的规定。在第九章第四十六条中增加了党组发挥领导核心作用的规定,在党组的任务中增加了做好干部管理工作的内容。在第四十七条中,将“党组的成员,由批准成立党组的党的委员会指定”,“党组必须服从批准它成立的党的委员会领导”,改为“党组的成员,由批准成立党组的党组织决定”,“党组必须服从批准它成立的党组织领导”。

党章对党的建设和党的领导提出的这些新要求,贯彻了“三个代表”重要思想,科学总结了近年来的实践经验,适应形势发展的要求,有利于进一步把我们党建设好,从而保证党的基本路线的全面贯彻落实和中国特色社会主义事业的顺利发展。

问:党章对党员队伍和干部队伍建设提出了哪些新要求?

答:党章第一章第一条对关于申请入党对象的规定作了适当修改,表述为:“年满十八岁的中国工人、农民、军人、知识分子和其他社会阶层的先进分子,承认党的纲领和章程,愿意参加党的一个组织并在其中积极工作、执行党的决议和按期交纳党费的,可以申请加入中国共产党。”这有利于增强党的阶级基础和扩大党的群众基础,从而提高我们党在全社会的凝聚力和影响力。在第一章第三条第一项、第四项中明确把认真学习马克思列宁主义、毛泽东思想、邓小平理论和“三个代表”重要思想,模范遵守国家的法律、法规,纳入党员必须履行的义务。

在第六章第三十四条党的各级领导干部必须具备的基本条件中,明确规定要认真实践“三个代表”重要思想,坚持讲学习、讲政治、讲正气,经得起各种风浪的考验,具有共产主义远大理想和中国特色社会主义坚定信念,解放思想,与时俱进,开拓创新,卓有成效地开展工作,坚持依法办事,做到自重、自省、自警、自励。

党章充实的上述这些内容,更加符合时代发展的要求和党员队伍、干部队伍建设的实际。

问:党章对党的基层组织的有关规定做了哪些补充和修改?

答:党章根据新的工作实际,在第五章党的基层组织第二十九条、第三十条、第三十一条、第三十二条中提出了加强党的基层组织建设的新的任务和要求。

在第二十九条中,增写了在社区、社会团体、社会中介组织中成立党的基层组织的内容。这有利于党的组织、党的工作切实有效地覆盖全社会的各个领域。

在第三十条中,将党的基层委员会每届任期三年或四年改为三年至五年。作这样的规定,可以把乡镇党委和其他有关基层党委的任期与上级党委的任期衔接起来,有利于地方党委统筹安排工作。至于哪些类型的党的基层委员会执行五年任期,将另行规定。

在第三十一条第六项中,将“重视吸收在生产和工作第一线的工人、农民、知识分子中的优秀分子入党”,改为“重视在生产、工作第一线和青年中发展党员”。这样修改,突出了发展党员的重点,更符合发展党员工作的实际。

在第三十二条中,将村党支部改为村党组织,并相应增加了社区居委会党组织。主要考虑是,随着农村经济和社会的发展,一些地方根据工作需要和党员数量,调整了部分村党组织的具体设置形式,建立了一定数量的村党委、村党总支,将村党支部改为村党组织,更符合当前的实际情况。明确社区党组织对社区工作的领导作用,有利于打牢党在城市工作的组织基础。

在第三十二条中,将“全民所有制企业中党的基层组织”改为“国有企业和集体企业中党的基层组织”。为适应建立和完善现代企业制度的要求,把党的十五届四中全会对于国有企业党组织发挥政治核心作用的新要求充实进去,作为对国有企业和与之性质相近的集体企业党组织的基本要求,把党组织“支持厂长(经理)依法行使职权”改为“支持股东会、董事会、监事会和经理(厂长)依法行使职权”,并明确提出了国有企业和集体企业党组织领导精神文明建设。

在第三十二条中,还增加了非公有制经济组织中党的基层组织主要任务的规定。明确提出,非公有制经济组织中党的基层组织,贯彻党的方针政策,引导和监督企业遵守国家的法律、法规,领导工会、共青团等群众组织,团结凝聚职工群众,维护各方的合法权益,促进企业健康发展。作这样规定的主要考虑是,非公有制经济组织已经成为我国经济和社会发展的一支重要力量,加强这一领域党的建设,是我们党坚持和完善社会主义初级阶段基本经济制度的需要,也是加强党同非公有制企业广大职工群众的联系,不断增强党的阶级基础和扩大党的群众基础的需要。

问:党章对党的纪律检查机关的职责和任务做了哪些补充规定?

答:坚决反对和防止腐败,是全党一项重大的政治任务。党章在第八章第四十四条关于党的各级纪律检查委员会的主要任务的规定中,增加了协助党委组织协调反腐败工作的内容,以便同在实际工作中形成的党委统一领导、党政齐抓共管、纪委组织协调、部门各负其责、依靠群众的支持和参与的反腐败领导体制和工作机制相一致。在党的纪律检查机关的经常性工作的规定中,增加了对党员领导干部行使权力进行监督和保障党员权利的内容。这样修改,使党的纪律检查工作更好地适应新形势新任务的要求,有利于进一步发扬党内民主,加强党内监督,把反腐败斗争引向深入。

问：党章对中国共产主义青年团的性质是如何作进一步表述的？

答：中国共产主义青年团是党的助手和后备军。为了激励广大青年把胸怀共产主义远大理想同坚定中国特色社会主义信念结合起来，在改革开放和现代化建设的伟大实践中，努力学习，扎实工作，经受锻炼，增长才干，在第十章第四十九条中，将共青团“是广大青年在实践中学习共产主义的学校”，改为“是广大青年在实践中学习中国特色社会主义和共产主义的学校”。

问：请你谈谈增写党徽党旗一章的问题。

答：十六大通过的党章增写了“党徽党旗”一章，作为第十一章。具体分为三条：第五十一条规定，中国共产党党徽为镰刀和锤头组成的图案。第五十二条规定，中国共产党党旗为旗面缀有金黄色党徽图案的红旗。第五十三条规定，中国共产党的党徽党旗是中国共产党的象征和标志。党的各级组织和每一个党员都要维护党徽党旗的尊严。要按照规定制作和使用党徽党旗。增写党徽党旗一章，对于维护党徽党旗的严肃性，发挥党徽党旗的感召力，增强党员的光荣感、使命感，增强党的凝聚力和影响力，都将起到重要的作用。

问：各级党组织和广大党员对这次修改党章提出了哪些意见和建议，请你谈谈对这些意见和建议的处理情况。

答：各级党组织和广大党员对这次党章修改非常关心。许多地区和部门的党组织及广大党员给中央和中央有关部门来信，对党章修改提出了意见和建议。党章修正案在党内一定范围征求了3000多人的意见，收到了许多好的意见和建议。对这些意见和建议，都一一进行了认真研究，许多已经采纳。有的虽然在党章中没有采纳，但主要精神已体现在十六大报告中。有的意见和建议还需要在实践中进一步研究和探索，这次没有写入。还有些建议，将在党内其他法规中去规定。可以这样说，这次党章修改充分发扬了党内民主，集中了全党的智慧。

政协第九届全国委员会常务委员会第十九次会议在北京举行

这次会议的主要议题是：学习和贯彻中国共产党第十六次全国代表大会精神，审议通过政协第九届全国委员会常务委员会第十九次会议《关于学习和贯彻中国共产党第十六次全国代表大会精神的决议》；以中共十六大精神为指导，进一步总结和推进人民政协工作。

今天的开幕会由全国政协副主席叶选平主持。他说，刚刚闭幕的中国共产党第十六次全国代表大会，是一次团结的大会、胜利的大会、奋进的大会。这次大会对新世纪初我国改革开放和现代化建设作出了全面部署，必将鼓舞全党和全国各族人民与时俱进、开拓创新，信心百倍地把中国特色社会主义伟大事业继续推向前进。学习贯彻中共十六大精神，是人民政协各级组织和广大委员当前和今后一个时期的重要任务。

受中共中央委托，中央文献研究室主任、十六大报告起草组成员滕文生在会上就十六大报告形成的基本过程和报告的主要精神作了发言。他在发言中着重从八个方面介绍了有关情况：一、关于中共十六大报告的框架结构；二、关于十三年来的不平凡历程和基本经验；三、关于“三个代表”重要思想的历史地位和指导意义；四、关于全面建设小康社会的奋斗目标；五、关于经济建设和经济体制改革；六、关于政治建设和政治体制改革；七、关于文化建设和文化体制改革；八、关于全面推进党的建设新的伟大工程。

按照议程，这次会议还将审议通过关于撤销麦崇楷政协第九届全国委员会委员资格的决定；审议通过政协第九届全国委员会专门委员会副主任增补名单；审议全国政协常委赴上海、湖北、广西，全国政协委员赴山西、内蒙古、江苏、浙江、安徽、福建、江西、山东、广东、四川、云南、陕西和宁夏视察情况的书面报告；审议外事出访书面报告。

全国政协副主席杨汝岱、王兆国、阿沛·阿旺晋美、钱伟长、宋健、李贵鲜、张思卿、钱正英、孙孚凌、霍英东、马万祺、朱光亚、万国权、胡启立、赵南起、毛致用、白立忱、经叔平、罗豪才、张克辉、周铁农、王文元，秘书长郑万通出席会议。

11月19日

全国人大常委会委员长李鹏在人民大会堂会见乌克兰总统列昂尼德·库奇马

李鹏积极评价双边关系。他说，建交10年来，中乌关系健康稳步发展，各领域的合作取得了丰硕成果。昨天，阁下与江泽民主席举行了富有成果的会谈，并签署了一系列合作协议，为中乌全面友好合作关系进一步发展注入了新的活力。中方十分重视发展中乌全面友好合作关系，愿继续与乌方共同努力，充分利用各自优势，进一步巩固两国传统友谊，加强两国政治互信，推动双边关系持续健康发展，共创两国关系的美好未来。

李鹏说，中国全国人大和乌克兰最高苏维埃的友好交往是两国关系的重要组成部分。两国议会领导人保持着经常交往，各专门委员会之间联系密切，议员友好小组活动积极，双方相互交流、借鉴经验，为促进两国关系全面发展发挥独特的重要作用。

全国人大常委会副秘书长吕聪敏、外交部副部长王毅等参加了会见。

国务院总理朱镕基在第十六届世界会计师大会开幕式上发表演讲

尊敬的主席先生，女士们，先生们，朋友们：

今天，第十六届世界会计师大会在中国香港特别行政区隆重开幕。首先，我代表中国政府和人民，对大会的召开致以热烈的祝贺，向来自世界各地的会计师和企业家表示诚挚的欢迎。

这次大会以“知识经济与会计师”为主题，反映了时代发展潮流对会计界的新要求，具有现实性和前瞻性。

在科技革命突飞猛进的当今世界，发展知识经济，推动产业结构调整，正在成为全球经济发展的大趋势。这对包括会计业在内的各行各业都带来新的机遇和挑战。

——随着知识经济的兴起和市场竞争更加激烈，企业、政府和公众对公开、真实、准确的会计信息，有着更为强烈的需求，特别是需要及时提供更多的和新形式的会计服务。会计师在生产经营管理、投资风险管理和发展战略管理中发挥着越来越大的作用。

——信息技术日新月异和经济全球化深入发展，使资本、技术、管理、人才等生产要素在国际间流动加快。这对会计审计规则、标准和技术手段都提出了新的要求。会计作为世界通用的商业语言，必须积极适应这种新变化。

——在现代市场经济中，会计师的执业准则和职业道德极为重要。诚信是市场经济的基石，也是会计执业机构和会计人员安身立命之本。近几年来，一些国家发生的大公司财务欺诈案，使会计行业面临着“诚信危机”的挑战。维护自己的独立性，提高诚信度和公信力，是会计行业自身建设的根本之策。

在新的环境和形势下，会计业作用更加重要，责任也更加重大。完善会计制度，规范执业定位，改进会计服务，强化责任管理，已成大势所趋，也为社会公众所期盼。

女士们，先生们！

20多年来，中国积极推进改革开放，经济和社会面貌发生了巨大的历史性变化。近几年来，面对亚洲金融危机冲击和世界经济低迷的不利影响，我们采取扩大内需的方针，实施积极的财政政策和稳健的货币政策，推进经济结构调整，收到显著成效。1998—2001年，国内生产总值年均增长7.6%，进出口贸易年均增长11.9%，实际利用外商直接投资累计达1734亿美元。在加入世贸组织的第一年，我国经济继续保持良好的发展势头。今年前三个季度，国内生产总值比去年同期增长7.9%。1—10月，进出口贸易5003亿美元，增长19.7%；实际利用外商直接投资447亿美元，增长20.1%；10月末国家外汇储备达到2655亿美元。中国的经济实力、竞争力和抗风险能力不断增强。

刚刚闭幕的中国共产党第十六次全国代表大会，对我国在新世纪新阶段全面推进改革开放和现代化建设作出了战略部署。我们将在优化结构和提高效益的基础上，力争新世纪头二十年使国内生产总值翻两番。我们将走可持续发展的道路，大力推进信息化，以信息化带动工业化，积极发展高新技术产业、现代农业和现代服务业，促进产业结构优化升级。我们将继续深化改革，完善社会主义市场经济体制，健全现代市场体系，为各类投资主体创造公平竞争和发展的良好体制环境。我们将恪守加入世贸组织承诺，推进全方位对外开放，在更大范围、更广领域、更高层次上参与国际经济技术合作。

中国有十几亿人口的广阔市场，有素质较高和成本较低的丰富劳动力资源，政治社会稳定，体制环境不断完善，国民经济完全能够在今后较长时期保持较快增长，对此我们充满信心。经济持续增长和繁荣，不仅会给十几亿中国人民带来更大的福祉，而且将为各国投资者和企业家提供巨大的商机，为国际经济技术合作开拓广阔的空间。

女士们，先生们！

算盘的发明和使用，是中国会计传统文明和智慧的见证。现代的中国，会计审计规则和技术正在日益同国际惯例相衔接。中国政府十分重视会计业的发展，在会计制度建设、审计准则制定和执业人员培训等方面作了不懈的努力。我们特别重视会计职业道德建设，加强会计业的监督管理，要求所有会计审计人员必须做到“诚信为本，操守为重，坚持准则，不做假账”，恪守独立、客观、公正的原则，不屈从和迎合任何压力与不合理要求，不以职务之便谋取一己私利，不提供虚假会计信息。虽然我国会计业的现状离这些要求还有不小差距，但是我们决心一定要按照这些要求去做。最近几年，我们在北京、上海建立了两个国家会计学院，还有一个厦门国家会计学院正在建设之中。我为这三个国家会计学院题写了校训：“不做假账”。我希望每一个从国家会计学院毕业的学生都要永远牢记这四个字的校训。

我国会计业是较早对外开放的领域之一，今后将进一步扩大开放。我们真诚欢迎世界各地的会计师和投资者，到中国这片充满生机和活力的热土上施展才华，谋求更大的发展。

女士们，先生们！

这次世界会计师大会在香港召开，我们感到由衷的高兴。香港是中国一颗璀璨的明珠，在中国现代化建设中发挥着不可替代的独特作用。香港回归祖国5年多来的事实证明，实行“一国两制”，不仅可以使香港保持原有的制度和特色，继续发挥作为国际贸易、金融、航运等中心的地位和作用，而且可以从祖国内地获得更为有力的支持和更为广阔的发展空间。尽管目前经济面临一些困难，但香港的优势仍然存在，经济实力和国际竞争力没有减低。特别是香港精英荟萃，拥有包括会计师在内的一大批各行各业的优秀人才和企业家，这是香港在竞争中赢得成功的重要条件。中央政府将一如既往全力支持香港的发展，继续促进香港与内地优势互补，共同发展。我们相信，香港一定会保持无尽活力，焕发新的生机，继续创造繁荣。香港会计师公会成功举办本次大会，是香港会计业发展取得成就的重要体现，我谨向香港会计师公会表示祝贺。

知识经济时代赋予会计业和会计师崇高的使命和重大责任。在座的各位和你们所代表的会计师行业，一定会顺应时代发展要求，推进会计业的改革、完善和发展，为维护投资者和社会公众利益，促进世界经济的繁荣与发展，作出更大的贡献。

预祝大会圆满成功。

谢谢大家！

国务院总理朱镕基在出席香港特区政府举行的欢迎晚宴上发表讲话

朱镕基说，我们党刚刚召开了十六大和十六届一中全会，选举产生了以胡锦涛同志为总书记的新的中央领导集体。新的中央领导集体，将会高举马克思列宁主义、毛泽东思想和邓小平理论的伟大旗帜，贯彻“三个代表”重要思想，全面建设小康社会，完善社会主义市场经济体制，创造更加辉煌的业绩；将会继续坚持“一国两制”、“港人治港”、高度自治的方针，竭尽全力，动用一切可以动用的资源和手段，维护香港的繁荣和稳定。

朱镕基说，香港当前面临的困难，主要是历史原因形成的。几十年以来，香港同胞用艰苦创业的精神，创造了香港的繁荣和辉煌。但是，繁荣的景象当中也积累了泡沫，成功的喜悦中也埋下了隐忧，加上亚洲金融危机的影响，这种结构性的矛盾就暴露出来了。

他强调，克服香港当前困难的力量和办法就存在于香港的本身之中，香港具有十分开放的经济体制，比较完善的法律制度，效率比较高的政府公务员队伍，特别是有一大批优秀的企业管理人才，跟世界各国有着广泛的联系，是金融中心、贸易中心、航运中心。香港的优势并没有丧失，竞争力和经济实力没有降低，在董建华先生为首的特区政府带领下，香港完全可以凭借自己的力量克服当前的困难。

朱镕基同时指出，经济复苏要靠产业结构的调整，需要有一个缓冲的时间。对香港目前面临的经济困难不能掉以轻心，广大香港市民要有心理准备，发扬艰苦奋斗精神，进行第二次创业。要寄希望于香港600多万人民，寄希望于香港的年轻一代。中央政府和全国人民对香港都充满信心，作为中国一颗璀璨的明珠，香港是大有希望的，大有前途的。

朱镕基总理的陪同人员经叔平、项怀诚、戴相龙、廖晖、魏礼群、焦焕成、徐绍史、李伟出席了晚宴。

出席晚宴的还有：全国政协副主席霍英东，澳门特别行政区行政长官何厚铧，中央人民政府驻港联络办主任高祀仁、外交部驻港特派员吉佩定、中国人民解放军驻港部队司令员熊自仁和政委王玉发，香港特区政府主要官员、行政会议成员、立法会议员，香港各界知名人士。

国务院总理朱镕基在香港会见香港特别行政区行政长官董建华

朱镕基高度肯定了香港特别行政区第二届政府成立以来的运作情况，并表示，董建华先生和特区政府为克服经济困难、纾缓民困作出了很大的努力，成绩来之不易，中央政府将一如既往地全力支持董建华先生领导的特区政府依法施政。他希望特区政府从容应对目前存在的各种困难和问题，坚决维护香港经济和金融的稳定，维护社会的稳定。

国务院港澳事务办公室主任廖晖、总理办公室主任李伟参加了会见。

国务院总理朱镕基在香港会见澳门特别行政区行政长官何厚铧

国务院总理朱镕基在香港会见香港特区行政长官特设国际顾问委员会委员

朱镕基说，香港目前面临一些经济的困难，特区行政长官董建华邀请各位委员为香港出谋划策，这是非常好的事情。朱镕基说，“一国两制”方针为香港的繁荣稳定提供了有力的保障和良好的机制，其中“一国”使香港有了强大的后盾和广阔的腹地；而“两制”又使香港能够充分发挥自身优势与活力。他希望香港特区行政长官特设国际顾问委员会的委员们，能畅所欲言，提出好的意见，共谋香港未来发展大计。

参加会见的有香港特区行政长官董建华和夫人，以及10位香港特区行政长官特设国际顾问委员会委员。他们分别是：美国国际集团主席兼行政总裁格林伯格、德意志银行监察董事会主席希尔玛·科珀、东京三菱银行株式会社高级顾问高垣佑、西门子公司监察董事会主席卡尔·赫尔曼·鲍曼、莱斯TSB集团董事会主席布宏达、美国在线时代华纳公司前行政总监杰拉尔德·莱文、香港特区政府政务司司长曾荫权、香港特区政府财政司司长梁锦松、香港特区政府工商及科技局局长唐英年、香港特区政府中央政策组首席顾问刘兆佳。

全国政协副主席、全国工商联主席经叔平,中国人民银行行长戴相龙,国务院港澳事务办公室主任廖晖,国务院研究室主任魏礼群,国务院机关事务管理局局长焦焕成,国务院副秘书长徐绍史,总理办公室主任李伟等会见时在座。

香港特区行政长官特设国际顾问委员会设立于1998年,由董建华担任主席,其19位委员多为国际商界翘楚或跨国企业领袖。这个委员会负责香港长远发展的策略性课题,并从国际宏观角度向行政长官提供意见。

全国政协主席李瑞环在人民大会堂会见乌克兰总统列昂尼德·库奇马

《人民日报》发表金冲及的文章《中国共产党在新世纪之初的行动纲领》

全国地方立法研讨会在深圳召开

全国人大常委会副委员长姜春云强调,这次地方立法研讨会要认真学习贯彻党的十六大精神,紧紧围绕十六大确定的目标、任务和要求,坚持以邓小平理论和“三个代表”重要思想为指导,更加自觉地联系实际,总结经验,研究问题,与时俱进,改革创新,努力把立法工作提高到一个新的水平。

姜春云说,在过去的一年,全国各地方人大在“三个代表”重要思想指导下,认真贯彻立法法,地方立法工作取得了明显的进展:一是调整了立法工作重点,突出了立法质量,立法水平有了进一步的提高;二是加大了公民参与立法工作的力度,确保立法体现人民的意志;三是根据我国加入世贸组织和行政审批制度改革的需要,修改、清理和废止了一批地方性法规;四是进一步理顺了地方立法审议机制,“两个积极性”得到了较好的发挥。

姜春云就学习贯彻十六大精神,进一步搞好地方立法工作提出了具体的要求:

第一,要正确处理好人大地方立法工作与党和国家中心工作的关系。十六大报告提出:“全面建设小康社会,最根本的是坚持以经济建设为中心,不断解放和发展生产力。”人大的立法工作必须紧紧围绕和服从这个中心,为经济建设服务,为解放和发展生产力服务。今后的立法工作,重点是围绕规范市场经济秩序,加大行政审批制度改革,促进西部大开发,优化投资环境和适应世贸组织规则等五个方面进行,为深化改革和经济发展创造良好的法制环境。

第二,要正确处理地方立法与维护国家法制统一的关系。地方人大根据本地具体情况制定地方性法规,必须坚持维护国家法制的统一,坚决防止地方保护主义和部门利益倾向。要认真贯彻立法法关于统一审议制度和适用与备案的规定。同时,要按照赋予地方的立法权限,积极主动做好地方立法工作。

第三,要正确处理制定法律与修改、废止法律的关系。要认真做好法律、法规的“立、改、废”工作,与时俱进,处理好改革发展与立法的关系,避免立法工作落后于改革发展的实践。

第四,要正确处理民主参与与集中决策的关系。人民当家做主的一个重要方面就是要通过各种途径参与国家的立法活动,使法律真正体现和反映人民的根本利益和长远利益。人大的立法,必须做到民主立法、开门立法,集中民情、民意、民智,这也是立法法确立的一项重要原则。

第五,要正确处理立法与调查研究的关系。调查研究是搞好立法的基础性工作。调查研究要有针对性,要注意改进方式、方法,不断总结实践经验,探索内在规律,从理论与实践的结合上解决立法工作中的问题。

第六,要正确处理依法行使职权与加强党的领导的关系。加强党对立法工作的领导与在立法中发扬民主和依法办事是统一的,是社会主义政治文明的重要体现。在立法工作中,要认真贯彻执行党的方针、路线、政策。立法中的重大问题,要及时向中央或地方党委请示。中央或地方党委决定的事项,人大要依法认真贯彻落实。

为期3天的地方立法研讨会,将交流各地人大的立法工作经验,研究如何贯彻十六大精神、与时俱进地做好地方立法工作的有关问题。

国务院副总理李岚清在钓鱼台国宾馆会见乌克兰总统列昂尼德·库奇马

国务院副总理李岚清在中南海会见朝鲜教育相边永立

11月20日

国家主席江泽民为“走向和平与合作之旅——尼

克松总统访华三十周年展览”作电视录像讲话

各位来宾：

欢迎前来观看“走向和平与合作之旅——尼克松总统访华三十周年展览”。

三十年前，中美两国领导人在北京握手的一刻，标志着中美两国关系和两国人民友谊的发展开启了新的进程。这是一个具有重大历史意义的事件。

三十年来，中美关系尽管经历了曲折，但总的方向是不断向前发展的，两国在众多领域的交流与合作达到了相当的规模。

回顾历史，是为了更好地开创未来。历史证明，中美开展交往，发展合作，符合我们两国人民的根本利益，对维护世界和平与促进共同发展具有重大的影响。

中美都是伟大的国家。中国人民一向对美国人民有着友好的感情。在当前复杂多变的国际形势下，双方应共同努力，发展两国之间的建设性合作关系。我们相信，只要遵循相互尊重、求同存异、平等互利的原则，中美关系就能够不断向前发展。

祝本次展览成功。

国家主席江泽民在人民大会堂会见韩国前总统卢泰愚

江泽民在介绍刚刚闭幕的中国共产党十六大时说，这次大会在中国共产党和中国的发展历程上具有重大的历史意义。十六大将鼓舞中国共产党和中国各族人民与时俱进，开拓创新，信心百倍地把中国特色社会主义伟大事业继续推向前进。在这次大会上，中国共产党的中央领导集体顺利实现了新老交替。现在，我们新的中央领导机构成员比较年轻，朝气蓬勃。我相信，在以胡锦涛同志为总书记的党中央的领导下，中国的改革开放和社会主义现代化事业一定能更好地向前发展。

江泽民说：10年来，两国关系发展顺利。1998年金大中总统访华时和我共同宣布中韩建立面向21世纪的合作伙伴关系，现在中韩关系正向全面合作新阶段推进。中韩关系的迅速发展不但促进了中韩两国的共同发展，也为朝鲜半岛及亚太地区的和平与稳定作出了积极贡献。

江泽民说，中国一贯致力于维护半岛和平稳定，只要有利于促进半岛和平稳定的事情，我们都支持，反之就不赞成。中国在核问题上的立场是明确的。我们一贯支持半岛无核化，反对大规模杀伤性武器的扩散。中国希望通过对话协商解决有关问题。1994年朝美签署的核框架协议来之不易，应得到切实遵守，这符合有关各方的共同利益。

卢泰愚一行是应中国人民外交学会的邀请访华的。外交部副部长李肇星、外交学会会长梅兆荣等会见时在座。

国家主席江泽民在人民大会堂接受4国新任驻华大使递交的国书

这4位大使是：葡萄牙大使安东尼奥·努内斯·德卡瓦略·桑塔纳·卡洛斯，阿富汗大使齐亚穆丁·拉伊·巴尔拉斯，瑞典大使雍博瑞和罗马尼亚大使维奥雷尔·伊斯蒂奇瓦亚。

政协第九届全国委员会常务委员会第十九次会议在北京举行第三次全体会议

全国政协主席李瑞环出席会议。

受主席会议的委托，全国政协副主席叶选平在会上作了《认真总结经验，不断开创政协工作新局面》的讲话。

全国政协副主席宋健主持会议。全国政协副主席杨汝岱、王兆国、阿沛·阿旺晋美、钱伟长、李贵鲜、张思卿、钱正英、孙孚凌、马万祺、万国权、胡启立、陈锦华、赵南起、毛致用、白立忱、罗豪才、张克辉、周铁农、王文元，秘书长郑万通出席会议。

全国政协副主席叶选平在政协第九届全国委员会常务委员会第十九次会议上发表题为《认真总结经验不断开创政协工作新局面》的讲话

主席、各位副主席、各位常委：

这次常委会议学习了中共十六大精神，还要通过关于学习贯彻中共十六大精神的决议，这对于进一步推进政协工作具有重要意义。中国人民政治协商会议第九届全国委员会即将完成五年的任期。在十六大精神指导下，做好九届政协的总结工作，使本届政协有一个圆满的结束，为新一届政协做好必要的准备，是当前常委会的一项重要任务。

一

第九届政协工作的方针、原则、思路和做法是在以往历届政协特别是八届政协的基础上延续和发展起来的，八、九届政协同处在我国社会主义现代化建设的重要时期。政协工作的开展，从根本上讲是人民政协贯彻中共中央的要求，解放思想、实事求是、与时俱进、开拓创新的结果。

——在此期间，中国共产党毫不动摇地坚持以经济建设为中心，不失时机地深化改革、扩大开放，推进社会主义现代化建设，胜利实现了现代化建设第二步战略目标。这极大地调动了各方面群众的积极性和创造性，也为人民政协紧紧围绕党和国家的中心工作，为改革开放和现代化建设服务，提供了充分的条件和广阔的舞台。

——在此期间,中国共产党确立了建立社会主义市场经济体制的改革目标,确立了公有制为主体、多种所有制经济共同发展的基本经济制度。多种所有制经济的发展,不仅改变了我国的经济结构,而且使我国的社会面貌发生了巨大变化。适应这些变化,中共中央提出必须正确处理改革、发展和稳定的关系,妥善处理各种社会矛盾,最广泛最充分地调动一切积极因素,为中华民族伟大复兴不断增添新的力量。这些社会变化和中共中央的决策,要求人民政协不断扩大团结面,增强包容性,高度重视协调关系、化解矛盾工作,为维护和发展团结稳定的社会局面作出贡献。

——在此期间,中国共产党确定了依法治国的基本方略,提出发展社会主义民主政治、建设社会主义政治文明是社会主义现代化建设的重要目标之一。共产党领导的多党合作和政治协商制度被载入宪法,中共十五大把它列入社会主义初级阶段的基本纲领。人民政协工作纳入建设中国特色社会主义民主政治的轨道,推动了政协履行职能的规范化、制度化建设,对于人民政协事业的发展具有重大而深远的意义。

——在此期间,我们党和国家贯彻“和平统一、一国两制”的方针,顺利实现了香港、澳门回归祖国,迈出了祖国和平统一大业的历史性的一步。如何在“一国两制”的条件下做好联系、团结港澳各界人士的工作,如何因应台湾岛内局势变化联合广大爱国台胞促进两岸统一,如何把海外一切中华儿女的爱国之心引导到为实现祖国的完全统一和振兴中华而共同奋斗上来,对人民政协的港澳台侨工作提出了新的更广、更高的要求。

——在此期间,中国共产党确立了邓小平理论和“三个代表”重要思想在全党的指导地位。高举邓小平理论伟大旗帜,贯彻“三个代表”重要思想,为人民政协与时俱进、发挥作用指明了方向,推动了人民政协在继承优良传统的基础上开拓前进,不断开创政协工作的新局面。

1989年,中共中央制定了关于坚持和完善中国共产党领导的多党合作和政治协商制度的意见,提出共产党领导的多党合作和政治协商制度是我国的一项基本政治制度,必须切实贯彻实施;1995年,中共中央转发了政协全国委员会关于政治协商、民主监督、参政议政的规定,进一步明确了人民政协的性质、职能及其在国家政治生活中的地位和作用;1999年,江泽民同志在庆祝人民政协成立50周年大会上,深刻总结了人民政协半个世纪的基本经验,系统阐述了人民政协的历史地位、独特作用和工作主题,提出了人民政协在新世纪的基本任务。人民政协的一切成就都是在中国共产党的领导下取得的,都是同各党派团体、各族各界人士的团结合作紧密相连的。

二

政协第九届全国委员会认真贯彻中共中央的精神,切实履行政治协商、民主监督、参政议政职能,把团结和民主这两大主题贯穿于政协一切工作的始终,不断探索总结,逐步形成了一些基本的工作思路和方法。比如,坚持选好角度,发挥优势,突出特点,扬长避短,把政协特有的工作作出成效,把与其他方面相配合的事情作出特色;坚持在前进中开拓,在开拓中前进,首先从已经看准的、条件成熟的、力所能及的事情做起,先易后难,逐步推进,尽快形成活跃的工作局面,在工作的过程中去探索、拓展;坚持实践第一的观点,大力倡导到实践中去,在实践中总结积累,在实践中检验完善,靠实践解决问题,用实践经验推动工作;坚持从实际出发,不断解放思想,增强创新意识,敢于突破陈规旧习,做到与时俱进等等。

(一)进一步巩固和扩大了爱国统一战线。贯彻大团结、大联合的精神,把新的社会阶层的代表人物吸纳到政协组织中来;创造多种有效的形式,为各民主党派、人民团体和各族各界代表人士发表政见、表达意愿提供了比较畅通的渠道;促进不同党派、不同信仰、不同民族、不同界别人们之间的合作共事,进一步增强了中华民族的凝聚力;举办各种形式的学习、纪念、报告、座谈活动,提高认识,扩大共识;广泛开展与港澳台侨人士的联谊活动,扩大了同一切拥护祖国统一、拥护振兴中华的爱国同胞的团结。

(二)履行职能的各项工作取得显著成效。强调履行职能必须坚持中国共产党的领导、必须服从和服务于国家大局、必须注意从实际出发、必须加强同各方面的配合等四条原则;列席全国人大会议,围绕我国国民经济和社会发展“十五”计划、每年的政府工作报告、国家的年度财政预算及预算执行情况的报告、最高法院和最高检察院的工作报告等关系国计民生的重大问题,进行了充分的讨论协商;就实施科教兴国战略、可持续发展战略、西部大开发战略、依法治国方略等关系改革发展稳定大局和群众生活的重要问题,建言立论、议政献策;通过政协提案、会议发言、委员视察、专题调研、反映信息等多种形式,向党政领导机关提出大量的意见、建议和批评。

(三)发挥了专门委员会的基础作用。九届政协继续深化专题调研工作,把它看作是对重大问题建言立论献策的质量起决定作用的环节、作为调动各界委员积极性的有效形式和活跃政协工作的重要途径,努力探索并初步形成以重要课题为纽带、以专门委员会为依托的政协专题调研工作机制;合理调整了专门委员会设置,充实了专委会的办事机构,建立、健全了专委会工作的制度;加强对专题调研工作的协调,深入论证重点调研课题,密切与民主党派、地方政协及有关部门的协作配合;重视参政议政成果的转化,对调研报告的形成、报送和反馈的各个环节进行分析、追踪和督促。

(四)深化和拓展了反映社情民意工作。把了解和反映社情民意作为政协履行职能的关键环节,要求每个委员每年至少反映一条社情民意、提出一条有价值的建议;把反映社情民意融合到各项工作之中,充分运用各种形式,通过各种渠道,了解和反映社会的真实情况和群众密切关注的问题;建立信息网络,加强联系沟通,扩大信息来源,重点收集和反映各党派、团体等带有界别性、代表性的意见;通过《政协信息》、《参政议政动态》等途径,比较准确、真实、快捷地向中共中央和国务院报送了大量重要信息。

(五)进一步扩大了对外友好交往。九届期间,我们根据政协具有"亦官亦民"的特点,针对不同情况,主动开展工作,有计划地走出去、请进来,使政协的对外交往发生了重要变化:从过去同社会主义国家的对口联系,发展到同一切愿意与我友好往来的国际组织、各国政府、议会及知名人士之间的高层互访和固定联系;从对重大国际问题表态,发展到就共同关心的问题举办国际性会议和研讨活动;从参与接待外宾,发展到开展各种层次和领域的交往。

(六)推进了政协工作的规范化和制度化建设。认真贯彻中共十五大关于继续推进人民政协履行职能的规范化、制度化的要求,修改了《中国人民政治协商会议章程》,努力落实《政协全国委员会关于政治协商、民主监督、参政议政的规定》。修订了专门委员会通则、提案工作条例,制定了进一步加强反映社情民意工作的若干意见以及其他工作制度。

近些年来,人民政协工作确实取得了很大进展,创造了丰富经验,呈现出蓬勃生机。但同时应当看到,我们的工作还存在不少有待于进一步研究解决的问题,其中有些是规定不明确、认识不到位、措施不得力的问题,有些是与形势发展不相适应的问题。对于这些问题,委员们多次提出过不少意见,其中也有尖锐的批评。我们必须认真对待,予以重视。要按照中央的要求,发扬政协的优良传统,采取切实有效的措施,逐步加以解决。

三

九届政协期间,人民政协在工作上取得了扎实的进展,思想认识上也有新的深化,关于人民政协的理论、政策得到了进一步的丰富和发展:

——高举爱国主义和社会主义两面旗帜,努力发展共同大目标下的大团结。人民政协是我国最广泛的爱国统一战线组织。统一战线的本质就在于大团结、大联合。实现大团结离不开大目标。当今时代,爱国统一战线的大目标就是建设社会主义现代化、完成祖国统一大业、实现中华民族的伟大复兴。人民政协应当充分发挥其广泛代表性和包容性的作用,努力团结一切可以团结的力量,调动一切积极因素,化消极因素为积极因素,为促进中华民族的大团结,实现中华民族的大目标,为维护世界和平与促进共同发展,作出应有的贡献。

——牢记人民政协是我国政治生活中发扬社会主义民主的重要形式,能够在建设中国特色社会主义民主政治中发挥重要作用。人民政协是统一战线组织,又是共产党领导的多党合作和政治协商的重要机构,是发扬社会主义民主的重要形式。这种民主形式提倡广开言路,集思广益,求同存异,增进共识,既能够反映多数人的普遍愿望,又便于吸纳少数人的合理主张;既能够听取支持的、赞同的意见,又便于倾听批评的、不同的意见。这种民主形式体现了我国崇尚兼容并包、和衷共济的优秀文化传统,也符合当今时代的发展要求,对于我们实现决策的民主化、科学化,建设中国特色社会主义民主政治,具有重要的意义。

——始终把群众观点作为统一战线和政协工作的一个理论基石,推动政协体察民情、反映民意。人民群众是创造历史的决定力量。群众观点是历史唯物主义的一个基本观点。中国共产党的一切工作包括政协工作都必须坚持这个观点。在政协工作中坚持群众观点,必须懂得政协委员是各界群众的代表,政协工作必须关注民生。要经常深入群众,了解群众的情况,体察群众的情绪,关心群众的疾苦,反映群众的意愿,真心实意地为群众办事情。人民政协只有坚持贴近群众,与最广大的人民群众保持紧密的联系,才能永葆生命活力,不断创造光明的前途。

——围绕国家中心任务,服从和服务于改革发展稳定的大局。在社会主义初级阶段,坚持以经济建设为中心,推进改革开放和现代化建设,维护安定团结的政治局面,这是全国的大局,各个领域的工作都必须服从和服务于这个大局。政协工作是国家全局工作的一部分。人民政协只有自觉地、主动地围绕这个大局,团结各界,协商讨论、建言献策,在经济建设和社会发展中想实招、鼓实劲、办实事,才能体现自身存在的价值,发挥自己应有的作用。

——坚持解放思想、与时俱进,不断创新政协履行职能的内容和形式。人民政协工作如同其他各项事业一样,必须按照邓小平理论和"三个代表"重要思想的要求,大胆解放思想,积极倡导创新。近些年来,政协工作始终贯彻了这一精神,在不少领域取得了新的突破或发展，其中最重要的一点，就是总结以往的经验，适应新的形势要求，积极参政议政，拓展政协履行职能的内容和形式，活跃政协工作的局面。

——注重政协组织的特点和优势，充分发挥政协的界别作用。人民政协由界别组成，政协委员是各界别的代表。全国政协现有的34个界别包括了当今中国各个党派、各主要社会团体和社会各方面的代表人物。这是政协区别于我国政治体制中其他组织的显著特点。做好政协工作的一个着力点，就是根据界别的特点和要求，从实际出发，认真研究和合理设置政协的界别，鼓励委员加强同本界别群众的联系，对各界委员和群众密切关注、反映强烈的问题予以重视、开展调研，注重通过界别促进各方面群众的相互理解和沟通，广泛地增进共识和团结。

四

九届政协继承优良传统和作风，并且适应形势发展，在营造良好环境和条件方面取得了一些新经验。

——要努力营造民主和谐的工作氛围。九届政协高度重视并努力营造这样的工作氛围。认真贯彻“长期共存、互相监督、肝胆相照、荣辱与共”的方针，经常听取各民主党派委员和无党派人士的意见，搞好与他们的合作共事，支持他们做中国共产党的诤友。在政协的各种会议上，坚持民主协商、平等议事，鼓励讲真话、报实情，把自己想说的话都说出来，真正做到知无不言、言无不尽。在审议文件、作出决议时，注意广泛听取委员的意见，凡是能够采纳的尽量予以采纳，确实不能采纳的说明情况和理由，并允许保留不同意见。在政协的各项活动中，坚持不抓辫子、不打棍子、不扣帽子的“三不主义”，允许提出批评，发表不同意见，切实尊重和保护委员的民主权利。

——做政协工作要有宽阔的胸襟、包容的态度。人民政协的一个特点是具有广泛的代表性。在政协组织中，包括不同党派、不同团体、不同民族、不同宗教等不同界别的人士，在信仰、观念、思维方式和生活方式等许多方面都存在差异。一个政协工作者如果没有宽广的胸怀，没有博大的气度，就难以把他们团结起来。

宽阔的胸襟表现在工作中，就是提倡宽容、豁达、大度，能够求同存异。既重视“同”、善于求“同”，又正视“异”、能够“存异”；遇事能与人商量，听取各种意见，特别是要能够听取与自己不同的意见；要学会尊重人、理解人、谅解人。

——在政协工作要练就良好的形象。政协工作的主要任务是联系人、团结人。在政协工作的同志特别是共产党员，除了具备做一般工作所应有的素质外，还要努力做到人品好、人缘好、具有人格力量。政协工作做得好坏，在很大程度上取决于做工作的人形象如何。

五

中共十六大确立了“三个代表”重要思想在全党的指导地位，科学总结了13年来的基本经验，选举产生了新的中央领导机构，全面部署了我国经济、政治、文化建设和改革等各项工作，对于开创中国特色社会主义事业的新局面，具有重大而深远的意义。人民政协事业作为建设中国特色社会主义事业的重要组成部分，必须高举邓小平理论伟大旗帜，贯彻“三个代表”重要思想，保持与时俱进的精神状态，把中共十六大提出的各项要求变为推动政协工作的指南和动力，在坚持政协自身性质和特点的基础上，积极探索适应新形势的新思路、新方法、新措施，努力开创政协工作的新局面。

学习中共十六大精神，落实中共十六大提出的要求，是今后一个时期政协工作的重要任务。人民政协的各级组织和广大委员要认真领会中共十六大精神，深入贯彻“三个代表”重要思想，在十六大选出的新的中共中央领导下，振奋精神，扎实工作，与时俱进，开拓创新，为把中国特色社会主义事业不断推向前进，共同创造我们的幸福生活和美好未来，作出新的更大的贡献！

《人民日报》发表最高人民法院院长肖扬的文章《贯彻十六大精神　推进人民法院工作》

纪念尼克松访华30周年展览在北京举办

为纪念美国前总统尼克松访华30周年，回顾中美关系发展历程，《走向和平与合作之旅》展览今天在北京中国历史博物馆向公众开放。

此次展览由文化部、国家文物局和美国尼克松图书馆故居基金会合作举办，中国对外艺术展览中心承办，美国读者文摘基金会独家赞助。

据介绍，展览共展出图片、手稿、衣物、礼品、解密的文件及其他各种实物等近200件，由中美双方共同提供。

中美双方特别为展览各制作一部纪录片，尼克松总统的女儿朱莉·尼克松·艾森豪威尔亲自参与拍摄了美方的纪录片。中方制作的纪录片除了记述1972年2月美国总统尼克松对中国的正式访问活动外，还记录了此后两国历任领导人的互访。

中外专家学者和各界人士在北京纪念郭沫若诞辰110周年

郭沫若诞生于1892年11月16日，今年恰逢其诞辰110周年，为此，中国社会科学院、中国科学院、中国文联、中国对外友协等单位20日联合在京举行纪念会。

中国社会科学院院长李铁映在纪念会的书面发言中指出，郭沫若追求革新的创造者姿态，其一生追求光明和开拓创新的精神，是中国知识分子最可宝贵的精神财富。在新文化与旧文化、外来文化与传统文化的碰撞中，郭沫若与时俱进，脱颖而出，成为中华民族新文化的一代巨人，并形成影响他日后思想认识和学术研究的世界文化观。

各界代表在纪念会上发言。郭传杰在发言中高度评价了郭沫若作为新中国科学界的第一位领军人物，为科技事业的发展作出的卓越贡献。陈昊苏回顾了郭沫若作为新中国民间外交的前辈，为争取和平、推进国际文化交流所发挥的巨大作用。

11月21日

国务院总理朱镕基和牙买加总理帕特森相互致电祝贺两国建交30周年

国务院副总理温家宝在贵州考察

11月21日至24日，在贵州省委书记钱运录、省长石秀诗等陪同下，温家宝一行翻山越岭，驱车五百多公里到贵州省铜仁地区江口、印江、思南、石阡等县农村贫困山区，走访农户，与乡村干部群众座谈，就发展农村经济，增加农民收入，扶贫开发等问题进行调查研究。他一下飞机，就直接来到川硐镇乌泥村，与村民亲切交谈起来，仔细询问农民的生产和收入情况，当得知农民今年交的税费比上年有所减少时，温家宝说，农村税费改革已经初见成效，一些地区农民的负担有所减轻。当看到许多农民通过发展多种经营，生活得到改善时，温家宝高兴地说，这是一条增加农民收入的好路子，一定要坚持下去。每到一个村寨，温家宝都与村民促膝谈心，详细询问群众的生产生活情况，倾听他们的意见，了解他们的困难和愿望。

温家宝非常关心经济发展问题，与当地干部深入研究发展经济、脱贫致富的路子。他强调，生产力是推动历史前进的决定性因素，这是马克思主义唯物史观的一条根本原则，社会发展阶段归根到底取决于生产力的发展水平。我国目前正处于并将长期处于社会主义初级阶段，主要矛盾是人民日益增长的物质文化需要同落后的社会生产之间的矛盾。主要任务就是集中精力发展经济，加快社会主义现代化建设。这个判断，是我们制定党的路线方针和内外政策的基础，是来之不易的，经过几十年的反复，为此付出了沉重的代价。基于这个判断，我们才能冷静地面对各种复杂的形势，在建设中国特色社会主义伟大事业中保持清醒的头脑，埋头苦干，艰苦奋斗。全面贯彻落实十六大精神，就要紧紧围绕经济建设这个中心，把发展社会生产力作为我们党执政兴国的第一要务。

温家宝十分关心困难群众的生产生活。他专程走访了多户贫困农民，关切地询问了农业结构调整、减轻农民负担、退耕还林、中小学教育等情况。在德旺乡牛颈坳村，他和村民坐在板凳上拉起家常，在了解到这个村一些农民的生活比较困难，灌溉用的水泵不能正常使用时，他要求随行的当地干部立即采取措施帮助修复。他说，当干部的心里要始终惦记着群众，关心他们的生活。在东瓜溪村，当看到农民利用小额扶贫贷款养猪，生活得到明显改善时，温家宝满意地说，农村小额信贷扶贫是帮助农民脱贫的一个有效途径，一定要把这件好事办好。他指出，要全面落实"三个代表"重要思想的要求，"三个代表"本质是坚持执政为民。我们发展经济，归根到底是为了提高人民群众的物质文化生活水平。全心全意为最广大人民群众谋利益，是中国共产党人的宗旨，是我们革命和建设的根本出发点和归宿。要使十六大精神真正深入人心，变成广大党员干部的自觉行动，干部就要到基层去，到群众中去，倾听群众的呼声和要求，为群众办实实在在的事情。各级领导干部一定要怀着同农民群众的深厚感情，密切同人民群众的血肉联系，时时刻刻把群众的安危冷暖放在心头，切实为广大群众排忧解难。

铜仁地区自然条件较差，基础设施建设落后，扶贫开发任务十分艰巨。每到一地，温家宝都深入研究当地的扶贫开发工作。他强调，我国是一个有13亿人口的大国，发展很不平衡。在加快东部地区发展的同时，特别要重视和加强西部大开发，大力支持老少边穷地区的发展。在鼓励一部分人通过诚实劳动和合法经营先富起来的同时，特别要关心和帮助农村贫困人口和下岗失业人员的生活。要继续做好扶贫开发工作，把发展经济、增加收入作为新阶段扶贫工作的首要任务。调整地区经济发展布局，逐步缩小东西部发展差距，让农民和城市困难群众过上小康生活，是全面实现小康最为艰巨的任务，也是社会主义制度优越性的生动体现。我们要从这一高度来认识十六大提出的全面建设小康社会的重大意义，广泛而充分地调动一切积极因素，为实现全面建设小康社会的目标而努力奋斗。

随同考察的有关方面负责人有刘江、杜青林等。

国务院任免国家工作人员

任命柴松岳为国家电力监管委员会主席，邵秉仁、宋密(女)、史玉波为国家电力监管委员会副主席。

免去邵秉仁的国务院经济体制改革办公室副主任职务。

《人民日报》发表郑必坚的文章《中国特色社会主义在新世纪的根本走向——对十六大主题的几点体会》

我国独立完成水稻第四号染色体精确测序

科技部、中国科学院、上海市人民政府在上海联合宣布：我国科学家完成了所承担的国际水稻基因组计划第四号染色体精确测序任务，使我国对国际水稻基因组计划测序工作的贡献率达10%。这是迄今为止我国独立完成的最大的基因组单条染色体精确测序。

国际水稻基因组测序计划启动于1998年，由政府和其他公共资金支持，中国、日本、美国、法国等10个国家和地区共同发起并承担了这项庞大的科研任务。

测序专家工作组组长、中科院国家基因研究中心韩斌博士等在今天出版的《自然》杂志上以题为《水稻基因组第四号染色体序列及分析》的论文宣布，经过精确测序的水稻粳稻基因组第四号染色体，拼接后总长为3500万碱基对，精确度为99.99%，覆盖染色体全长序列98%(仅留下7个小的空洞)，达到了国际公认的基因组测序完成图的标准。

我国科学家在完成序列精确测定的同时，还对水稻第四号染色体进行了结构和功能分析，对水稻的另一个亚种籼稻广陆矮第四号染色体序列进行了测定。

水稻基因组第四号染色体的序列分析结果及今后的功能基因组研究，可获得大量的水稻遗传信息和功能基因，为培育具有高产、优质、抗病虫害、抗逆等优良性状的水稻新品种打下良好基础。同时，此次测序成果还有助于了解小麦、玉米等其他重要粮食作物基因组中的相关信息，从而推动整个农作物基因组的研究。

科技部副部长李学勇还宣布，随着水稻基因组测序工作的即将完成，该领域的工作重点将逐步转移到水稻功能基因组的研究，以获取自主知识产权的功能基因。“十五”期间，我国政府将把水稻功能基因的研究作为前沿技术之一，给予重点支持。

11月22日

国家主席江泽民在人民大会堂会见美国前国防部长威廉·佩里

在谈到中美关系时，江泽民表示，目前两国关系出现了良好的发展势头，在双边经济、文化及社会交往乃至重大国际问题上，双方的共同利益在不断扩大和加强。维护稳定、健康、互利的中美关系，对双方都是十分重要的。

江泽民说，中美在台湾问题上也存在着共同点。我们都坚持一个中国的政策，都希望台湾问题得到和平解决。不久前，布什总统在和我见面时，重申了这一立场。我们希望美方能坚持这一立场。

江泽民重申，中国一贯致力于维护半岛和平稳定，只要有利于促进半岛和平稳定的事情，我们都支持，反之就不赞成。中国在核问题上的立场是明确的。我们一贯支持半岛无核化，反对大规模杀伤性武器的扩散。中国希望通过对话协商解决有关问题。1994年朝美签署的核框架协议来之不易，应得到切实遵守，这符合有关各方的共同利益。

参加会见的美国客人还有前总统国家安全事务助理布伦特·斯考克罗夫特、参谋长联席会议前主席沙利卡什维利、前驻华大使普理赫等。外交部副部长李肇星、中国人民解放军副总参谋长熊光楷等会见时在座。

佩里一行是应中国国际战略研究基金会邀请来访的。

国家主席江泽民在人民大会堂接受3国新任驻华大使递交的国书

这3位大使是：巴勒斯坦大使阿卜杜—拉希姆、文莱大使阿卜杜勒·哈密德和马达加斯加大使维克托·希科尼纳。

全国人大常委会委员长李鹏和国务院总理朱镕基致电祝贺侯赛因和贾马利分别当选巴基斯坦议长和总理

政协九届常委会第十九次会议在北京闭幕

全国政协主席李瑞环主持会议。

会议通过了政协第九届全国委员会常务委员会第十九次会议《关于学习和贯彻中国共产党第十六次全国代表大会精神的决议》。

会议通过了关于撤销麦崇楷政协第九届全国委员会委员资格的决定；通过了政协第九届全国委员会专门委员会副主任增补名单，决定增补张道诚为政协第九届全国委员会港澳台侨委员会副主任。

会议还听取了各组关于总结九届政协工作讨论情况的汇报。

全国政协副主席叶选平、杨汝岱、王兆国、阿沛·阿旺晋美、钱伟长、宋健、李贵鲜、张思卿、钱正英、孙孚凌、马万祺、朱光亚、万国权、胡启立、陈锦华、赵南起、毛致用、白立忱、经叔平、罗豪才、张克辉、周铁农、王文元，秘书长郑万通出席闭幕会。

关于学习和贯彻中国共产党第十六次全国代表大会精神的决议

(2002年11月22日政协第九届全国委员会常务

委员会第十九次会议通过）

中国人民政治协商会议第九届全国委员会常务委员会第十九次会议，完全拥护江泽民同志在中国共产党第十六次全国代表大会上所作的报告和大会通过的各项决议，衷心拥护中共十六大选举产生的新一届中共中央领导集体。

会议认为，中共十六大是中国共产党在新世纪召开的第一次代表大会，也是在我国开始实施社会主义现代化建设第三步战略部署新形势下召开的一次十分重要的会议。大会高举邓小平理论伟大旗帜，全面贯彻“三个代表”重要思想，认真总结了中共十五大以来五年的工作和中共十三届四中全会以来十三年的基本经验，明确提出了我国在本世纪头二十年全面建设小康社会的奋斗目标，对于我们在新世纪继往开来、与时俱进，加快推进社会主义现代化，继续开创中国特色社会主义事业新局面，具有重大的现实意义和历史意义。中共十六大把“三个代表”重要思想与马克思列宁主义、毛泽东思想、邓小平理论一道确立为中国共产党必须长期坚持的指导思想，并写入中国共产党章程，是一个历史性贡献，体现了中国共产党广大党员和全国各族人民的共同愿望。“三个代表”重要思想是对马克思列宁主义、毛泽东思想和邓小平理论的继承与发展，反映了当代世界和中国的发展变化对中国共产党和国家工作的新要求，是加强和改进中国共产党的建设、推进我国社会主义自我完善和发展的强大理论武器，对于全面开创中国特色社会主义事业的新局面必将产生深远的影响。

会议认为，中共十三届四中全会以来，以江泽民同志为核心的第三代中共中央领导集体，高举邓小平理论伟大旗帜，团结带领全党和全国各族人民，坚持中共十一届三中全会以来的路线不动摇，从容应对来自国内国际各方面的困难和风险，使我国的改革开放取得历史性突破，综合国力大幅度跃升，祖国和平统一大业取得重大进展，国际地位进一步提高，人民生活总体上实现了由温饱到小康的历史性跨越，开创了建设中国特色社会主义事业的崭新局面。这十三年取得的巨大成就，必将载入中华民族伟大复兴的光辉史册。这十三年积累的宝贵经验，对建设中国特色社会主义事业具有长远的指导意义。

会议认为，江泽民同志在中共十六大所作的报告，深刻阐明了中国共产党在新世纪举什么旗、走什么路、实现什么目标等重大问题，是中国共产党团结和带领全国各族人民在新世纪新阶段继续奋勇前进的政治宣言和行动纲领。报告对人民政协工作提出了更高的要求。人民政协的各参加单位、各级组织和广大委员要认真学习、深入领会，积极贯彻中共十六大的精神。要深刻认识、牢牢把握“三个代表”重要思想，紧密联系政协实际贯彻“三个代表”重要思想，努力把政协工作提高到一个新水平。要坚持以经济建设为中心，紧紧围绕团结和民主两大主题履行职能，充分发挥政治协商、民主监督、参政议政的作用，为推进改革开放和现代化建设服务。要坚持和完善中国共产党领导的多党合作和政治协商制度，坚持“长期共存、互相监督、肝胆相照、荣辱与共”的方针，不断增进参加人民政协的各党派团体和各族各界人士的团结合作，为发展社会主义民主政治，促进社会主义物质文明、政治文明和精神文明协调发展作出贡献。要保持与时俱进的精神状态，不断总结实践的新经验，在实践中探索、创新，推进政协工作的制度化、规范化和程序化。要高举爱国主义、社会主义的旗帜，巩固和发展最广泛的爱国统一战线，团结一切可以团结的力量，调动一切积极因素，维护和发展民主团结、生动活泼、安定和谐的政治局面，努力促进完成祖国统一大业和实现中华民族的伟大复兴。

会议认为，面对很不安宁的世界，面对艰巨繁重的任务，我们一定要增强忧患意识，居安思危，清醒地看到日趋激烈的国际竞争带来的严峻挑战，清醒地看到前进道路上的困难和风险，倍加顾全大局，倍加珍视团结，倍加维护稳定。

会议号召，人民政协的各参加单位、各级组织和广大委员，紧密团结在以胡锦涛同志为总书记的中共中央周围，高举邓小平理论伟大旗帜，全面贯彻“三个代表”重要思想，坚持社会主义初级阶段的基本路线和基本纲领，解放思想，实事求是，与时俱进，开拓创新，为发展社会主义市场经济、社会主义民主政治和社会主义先进文化，实现中共十六大提出的全面建设小康社会的目标，为把我国建设成为富强民主文明的社会主义现代化国家而努力奋斗！

国台办主任陈云林在北京会见台湾“中国台商发展促进协会”理事长章孝严一行

陈云林对章孝严一行来访表示欢迎，对他们推动两岸直接通航的努力表示肯定。他指出，海峡两岸直接通航，是祖国大陆方面的一贯主张。早日实现两岸直航，符合两岸同胞特别是在大陆投资的台湾工商业者的愿望和利益，方便两岸同胞直接往来，也有利于台湾航运业和经济的发展，得到广大台湾同胞的支持。最近有很多台湾的工商界人士、各界知名人士纷纷呼吁台湾当局尽快开放直航，并与我们就一些具体问题进行沟通，这充分反映了台湾同胞的愿望和要求。

陈云林指出，在两岸实现直接通航之前，在大陆台商及其家属希望在春节期间包机直航，返乡过年，是合情合理的要求,也是一件完全可以办到的事情。我们注意到,一些人在这个关系广大台商切身利益和要求的事情上一再节外生枝,使事情变得复杂化。只要是真正对台湾工商界有利、对台湾同胞有利的事情,大陆方面都愿意务实推动,积极促成。我们的希望和合理要求是双向直航,如果台湾方面认为目前实行有一定困难,我们也愿意听取和考虑你们的要求。关于包机经停港澳的问题,我们认为完全没有必要,这只能增加航运公司和乘客负担。我们不希望这样做。希望台湾的主管部门尽快批准包机直航,两岸业界和航运组织尽快展开沟通、协商。

陈云林强调,两岸直航需要双方沟通协商。但由于众所周知的原因,海协与海基会的接触与商谈难以恢复。为了不使双方政治分歧影响两岸直接"三通",我们从务实解决问题的态度出发,建议由两岸民间行业组织或航运公司进行协商,达成共识后,由两岸有关方面各自确认、组织实施。这是有成功先例可循、简单易行的做法,也并不影响台湾的所谓"公权力"问题。很显然,关键在于台湾决策者想不想做,有没有诚意。台湾当局领导人曾公开说过"可以考虑委托民间机构进行协商"。如果言而有信的话,就应当同意民间行业代表前来协商,不要再以恢复两会对话或"政府间谈判"等政治诉求为拖延两岸直接通航设置障碍,推卸责任。

外交部驻港特派员公署发言人发表谈话

发言人说,香港特区按照《中华人民共和国香港特别行政区基本法》(以下简称《基本法》)规定,就《基本法》第二十三条自行立法,是必要的和符合法律程序的。这完全是中国的内政和香港特区的内部事务,包括英国在内的任何外国政府和组织对此进行干预都是不能接受的。

发言人是在回答记者有关英国外交国务大臣及英驻港总领馆就《基本法》第二十三条立法发表声明和评论的提问时,做这一表示的。

中央书记处书记曾庆红在北京会见日中友好协会会长平山郁夫一行

曾庆红说,今年是中日邦交正常化30周年。中日两国各界成功举办了一系列重要纪念活动,增进了两国人民的相互了解和友好感情,为两国关系的进一步发展创造了良好条件。特别是9月22日日本各界1.3万多人齐聚北京,与中方共同举办了中日友好交流大会,江泽民主席亲自出席并发表重要讲话,明确了两国关系友好合作的大方向。中日友好有着深厚的群众基础,民间友好大有可为。

曾庆红说,在新的世纪,中方将一如既往,高度重视与日本的睦邻友好合作关系。双方应以邦交正常化30周年为契机,继续本着"以史为鉴、面向未来"的精神,共同努力,增进两国人民的相互理解和友谊,扩大和深化两国在各个领域的合作,推动两国关系取得更大发展。希望日中友协的朋友们继承友好传统,积极推进各界友好交流,为两国人民世代友好作出更大贡献。

参加会见的还有中国人民对外友好协会会长陈昊苏、外交部副部长李肇星等。

国务院副总理钱其琛在中南海会见美国前国防部长威廉·佩里一行

外交部副部长王毅与印度外交部副部长坎瓦·希巴在新德里举行中印边界问题联合工作小组第十四轮会谈和副外长级磋商

双方就包括边界问题在内的双边关系和广泛的国际问题及地区问题坦诚、友好地交换了意见,增进了相互理解。

双方商定,中印边界问题专家小组第十四次会议将于2003年1月在北京举行。

磋商期间,王毅还分别会见了印度外长辛哈和印度国家安全顾问米什拉。

中国电影博物馆奠基开工

中国电影博物馆工程是由国家广播电影电视总局和北京市政府联合投资3.7亿元建设的。

中国电影博物馆是北京市的一项重点建设工程项目,被列入2008年奥运行动规划。博物馆占地3.45万平方米,将于2004年竣工,2005年完成布展,同年将举办中国电影百年庆典。博物馆内设电影展览区、电影放映区和综合服务区等,可以满足观众多种需要。建成后的中国电影博物馆将成为全面展示中国电影历史、文化和发展成就的博物馆,也是电影艺术学术研究和交流中心。

11月23日

第三届中国环境与发展国际合作委员会第一次会议在北京召开

国务院副总理温家宝在开幕式上发表书面讲话指出,刚刚闭幕的中国共产党第十六次代表大会强调要把可持续发展摆到更加突出的位置,通过不懈的努力,使生态环境得到改善,资源利用效率显著提高,促进人与自然的和谐,推动整个社会走上生产发展、生活富裕、生态良好的文明发展道路。这表明了中国在新的发展阶段坚定不移地实施可持续发展战略的决心。

他说,中国政府高度评价前不久召开的可持续发展世界首脑会议取得的积极成果,将根据这次会议通过的《约翰内斯堡可持续发展宣言》和《可持续发展实施计划》,推动我国环境与发展各项工作,使经济增长、社会进步和环境保护相互促进、协调发展。

温家宝说,近5年来,中国坚持实施可持续发展战略,在环境保护和生态建设方面取得重要进展。在经济快速增长的同时,努力控制污染物排放,全国主要污染物排放总量削减了10%;重点地区污染防治力度加大,主要城市的大气污染有所减轻;生态保护和建设取得初步成效,5年累计封山育林502.7万公顷,退耕还林216.36万公顷;环保和生态建设投入逐年增加,5年共投入5800亿元,占国内生产总值的1.29%。"十五"计划期间,中国将进一步加大环境保护和治理力度,计划投入7000亿元,使污染物排放总量继续削减10%,城乡环境质量进一步得到改善。

他表示,中国政府十分重视环境与发展的国际合作。环境与发展国际合作委员会成立10年来,为推动中国的可持续发展事业作出了重要贡献。在新一届国际合作委员会成立之际,希望各位委员、专家继续对中国的环境与发展事业给予更多的关注和支持。

40多名中外知名人士将在为期3天的会议期间听取并讨论秘书处工作报告,提出中国环境与发展国际合作委员会给中国政府的建议。

成立于1992年的中国环境与发展国际合作委员会是国务院批准成立的一个高级咨询机构。其主要职责是针对中国环境发展领域重大问题提出政策建议,并开展政策示范和项目示范。

中华全国工商业联合会第九次会员代表大会在北京开幕

这次大会的主要议程是:学习邓小平理论、"三个代表"重要思想,学习贯彻中共十六大精神;听取和审议中华全国工商业联合会第八届执行委员会工作报告;审议通过《中国工商业联合会章程》(修正案);选举中华全国工商业联合会第九届执行委员会。

中共中央政治局委员、全国政协副主席、中共中央统战部部长王兆国代表中共中央、国务院致贺词。全国政协副主席叶选平代表全国政协致贺词。

民建中央主席成思危代表各民主党派中央致贺词。

中华全国总工会副主席孙宝树代表有关人民团体致贺词。

大会主席团常务主席经叔平代表全国工商联八届执委会作了题为《按照"三个代表"要求,开创工商联工作新局面》的工作报告。报告指出,过去的五年,工商联工作的领域有了新的拓展,参政议政水平明显提高;积极参政议政建言献策,为非公有制经济发展争取良好环境;主动当好政府助手,积极参与西部大开发和招商引资活动;以培养、壮大非公有制经济代表人士积极分子队伍为目标,以开展民营企业文化建设为载体,积极探索非公有制经济人士思想政治工作的新途径;寓教育引导于各种服务之中,服务意识明显增强,服务领域有新的拓展,服务本领有所提高;以成功举办第六届世界华商大会为标志,对外联络工作迈向新阶段;加强组织建设,一批优秀民营企业家走上各级工商联领导岗位。

经叔平在报告中指出,要认真学习、全面领会中共十六大精神,全面贯彻中共中央关于非公有制经济的一系列方针政策;要加强调查研究,努力提高各项工作水平;要加强组织建设,增强凝聚力和吸引力;要加强服务工作,完善商会职能。他最后指出,要紧密团结在中共中央周围,高举邓小平理论伟大旗帜,按照"三个代表"的要求,与时俱进,开拓创新,以换届和即将到来的全国工商联五十华诞为契机,努力开创各项工作的新局面,为建设中国特色社会主义事业作出更大的贡献。

全国人大常委会副委员长王光英、铁木尔·达瓦买提,全国政协副主席孙孚凌出席开幕会。开幕会由大会主席团常务主席张绪武主持。

中央和国家机关有关部门负责同志,各民主党派中央、各人民团体等单位负责同志出席了开幕式。

中共中央国务院致全国工商联九大的贺词

各位代表、同志们:

今天,中华全国工商业联合会隆重召开第九次会员代表大会,中共中央、国务院向大会表示热烈的祝贺!向全体代表并通过你们,向工商联160万会员致以亲切的问候!

中国共产党第十六次全国代表大会刚刚胜利闭幕。大会高举邓小平理论伟大旗帜,全面贯彻"三个代表"重要思想,继往开来、与时俱进,认真总结我们党领导人民建设中国特色社会主义的基本经验,把"三个代表"重要思想同马克思列宁主义、毛泽东思想、邓小平理论一道确立为我们党必须长期坚持的指导思想,明确提出了全面建设小康社会的奋斗目标,对新世纪新阶段全面推进我国改革开放和社会主义现代化建设、全面推进党的建设新的伟大工程作出了战略部署,进一步动员全党和全国各族人民为开创中国特色社会主义事业新局面而团结奋斗。在全党全国认真学习贯彻党的十六大精神的时刻，全国工商联第九次会员代表大会必将推动广大会员认真学习贯彻落实十六大精神，以勇于实践、勇于创造、勇于争先的精神风貌，为开创中国特色社会主义事业新局面作出应有的贡献。

全国工商联第八次会员代表大会以来，在中国共产党的领导下，在党的十五大精神和“三个代表”重要思想指引下，各级工商联认真履行参政议政、民主监督等职能，积极为改革开放和现代化建设建言献策，提出了许多重要意见和建议。深入贯彻中共中央关于新时期工商联要大力加强非公有制经济人士思想政治工作的重要指示，按照“团结、帮助、引导、教育”的方针，进行爱国、敬业、诚信、守法和“致富思源、富而思进”教育，推动企业文化建设，开展光彩事业、信誉宣言等活动，引导广大会员进一步提高对党的路线方针政策的认识，自觉地把企业自身发展与国家的发展结合起来，把个人富裕与全体人民的共同富裕结合起来，把遵循市场法则与发扬社会主义道德结合起来，进一步增强社会责任感。工商联代表和维护会员的合法权益，组织各类培训，加强与国外商会的联系，发挥商会职能，为会员服务。开展了同业公会和行业商会的试点工作，为完善和维护社会主义市场经济秩序起到了积极作用。在此，谨对工商联各级组织和广大会员为改革开放和社会主义现代化事业作出的贡献，致以崇高的敬意！

本世纪头二十年，对我国来说，是一个必须紧紧抓住并且可以大有作为的重要战略机遇期。我们必须抓住机遇，深化改革，扩大开放，促进发展，为实现全面建设小康社会的目标而同心同德地奋斗。中国共产党第十六次全国代表大会强调，要毫不动摇地巩固和发展公有制经济，毫不动摇地鼓励、支持和引导非公有制经济发展，坚持公有制为主体，促进非公有制经济发展，统一于社会主义现代化建设的进程中。强调在社会变革中出现的民营科技企业的创业人员和技术人员、受聘于外资企业的管理技术人员、个体户、私营企业主、中介组织的从业人员、自由职业人员等社会阶层，都是中国特色社会主义事业的建设者。强调对为祖国富强贡献力量的社会各阶层人们都要团结，对他们的创业精神都要鼓励，对他们的合法权益都要保护，对他们中的优秀分子都要表彰，努力形成全体人民各尽其能、各得其所而又和谐相处的局面。要求依法加强监督和管理，促进非公有制经济健康发展。这为开创新世纪工商联工作新局面指明了方向。

工商联是中国共产党领导的人民团体和民间商会，是党和政府联系非公有制经济人士的桥梁和纽带，是政府管理非公有制经济的助手，肩负的历史责任光荣而重大。工商联要充分发挥统战性、经济性、民间性的综合优势，围绕经济建设这个中心和改革发展稳定的大局，不断探索适合非公有制经济人士特点的思想政治工作新方法，引导非公有制经济人士健康成长，培养一支坚决拥护党的领导，坚定走社会主义道路的积极分子队伍。要继续探索建立行业自律和协调发展的机制，积极配合政府维护社会主义市场经济秩序，在代表和维护会员的合法权益，做好为会员服务的各项工作中发挥更大的作用。要切实加强思想、组织和作风建设，提高工作效率和服务水平，不断适应新形势、新任务的要求，努力开创工商联工作的新局面。

进入新世纪以来，中共中央就工商联工作作出了一系列重要指示，明确提出在发展社会主义市场经济的进程中要积极发挥工商联的职能作用。各级党委和政府要加强对工商联的领导，明确工商联的工作地位，赋予工商联一定的商会管理和服务职能，更多地关心、支持和鼓励工商联积极开展工作，帮助解决工作中遇到的困难，进一步发挥工商联的优势和作用。

工商联的老一代领导人与中国共产党长期合作、肝胆相照，为党和国家做了大量工作，为工商联的创建和发展作出了重要贡献。这次大会将选出全国工商联新一届领导集体。我们相信，他们一定能够继往开来、与时俱进，团结带领广大会员和非公有制经济人士，为建设中国特色社会主义事业作出新的贡献！

同志们、朋友们，让我们更加紧密地团结在中共中央周围，高举邓小平理论伟大旗帜，全面贯彻“三个代表”重要思想，认真学习贯彻党的十六大精神，全面落实十六大提出的各项任务，为继续推进中国特色社会主义事业，实现中华民族的伟大复兴而努力奋斗！

祝中华全国工商业联合会第九次会员代表大会圆满成功！

中共中央
国务院
2002年11月23日

山东 广东省委主要负责同志职务调整

中共中央决定：

吴官正同志不再兼任山东省委书记、常委、委员职务，张高丽同志任山东省委书记。

李长春同志不再兼任广东省委书记、常委、委员职务，张德江同志兼任广东省委委员、常委、书记。

浙江 河北 海南省委主要负责同志职务调整

中共中央决定：

张德江同志不再兼任浙江省委书记、常委、委员职务，习近平同志任浙江省委书记。

白克明同志任河北省委委员、常委、书记，不再担任海南省委书记、常委、委员职务；王旭东同志不再担任河北省委书记、常委、委员职务，另有任用。

王岐山同志任海南省委委员、常委、书记。

外交部部长唐家璇在莫斯科举行的上海合作组织成员国外长会议上发表讲话

中国、俄罗斯、哈萨克斯坦、吉尔吉斯斯坦、塔吉克斯坦和乌兹别克斯坦六国外长出席会议。本次会议轮值主席国俄罗斯外长伊万诺夫主持了会议。各国外长在务实和建设性的气氛中讨论了上海合作组织自身建设和发展以及当前重大国际和地区问题，并达成广泛共识。会上签署了《上海合作组织与其他国际组织和国家相互关系临时方案》，发表了《上海合作组织外交部长会议联合公报》。

中国外长唐家璇在会上发表了讲话。他说，一年来，我们在推进上海合作组织建设与合作方面取得诸多重要成果。圣彼得堡峰会为上海合作组织的建设与合作指明了方向，我们要不折不扣地贯彻落实圣彼得堡峰会的精神和决定，更快更好地推进上海合作组织的机制建设与各项合作，开创上海合作组织内外工作的新局面。

唐家璇说，机制建设是当前组织工作的一个重点。经过六国协调员和专家的共同努力，秘书处的筹建工作已进入关键阶段。中方设想，争取在明年峰会前完成相关文件制定工作，待峰会签署文件后，秘书处选择适当时机正式启动运转，开始工作。我愿重申，中方作为东道主愿为秘书处的筹建和运作提供便利和帮助。

唐家璇说，一个月前，在莫斯科发生了举世震惊的严重劫持人质事件。这次事件突出表明，我们这一地区的反恐斗争形势依然严峻。特别需要指出的是，这起恐怖事件的元凶是民族分裂和宗教极端分子，这也再次印证了我们多年来孜孜不懈地致力于打击恐怖主义、分裂主义和极端主义“三股势力”的正确性和必要性。我们要继续毫不动摇地以打击“三股势力”为中心深化和拓展安全合作。为此，应尽快批准《打击恐怖主义、分裂主义和极端主义上海公约》及《关于地区反恐怖机构的协定》，抓紧筹建比什凯克地区反恐机构。本地区毒品走私泛滥成灾，成为恐怖主义的重要资金来源。中方赞赏和支持中亚国家提出的加大反毒合作力度并使之机制化的倡议，建议制定多边反毒合作协定，将反毒列为地区反恐机构的一项重要任务和职能。

唐家璇说，经济合作是上海合作组织的重点合作领域，为使经贸合作早日给各国人民带来实实在在的好处，应进一步强化政治共识，从攸关地区长治久安和上海合作组织兴衰的战略高度来认识这一合作。去年总理会议和今年的经贸部长会议确定了推进贸易和投资便利化的合作目标，我们要把这些决定落到实处。

唐家璇说，当前，国际形势仍处在复杂而深刻的变动之中，应对好来自非传统安全领域的威胁，是大家目前共同面临的迫切任务。反恐斗争依然任重而道远。其他非传统安全领域的问题如贩毒、枪支走私、跨国金融犯罪等也日趋复杂。民族、宗教、领土矛盾引发的军事对抗和冲突仍时有发生，一些地区热点久拖不决，这些问题不同程度地威胁着国际和地区的稳定与安宁。

唐家璇说，尽管国际和地区形势存在严峻和复杂的一面，值得欣慰的是，近年来，大国之间的对话与协调在加强，国际关系的合作面在扩大，区域和跨区域的交流与合作在逐步展开和深入。总体看，全球安全形势还是稳定的，世界经济仍在起伏中向前发展。和平与发展仍是当今时代的主旋律。

唐家璇指出，在这个世界多极化和经济全球化的时代，上海合作组织的发展受到国际形势变化的深刻影响，同样，国际社会也在密切关注上海合作组织的动向。越来越多的国家和国际组织希望与上海合作组织开展对话与合作。对此，上海合作组织要有更加宽广开放的视野和更积极进取的姿态。开展对外交往和合作，这是上海合作组织扩大国际影响的必由之路，也是上海合作组织奉行不结盟、不针对第三方和对外开放原则的必然体现。上海合作组织要同所有愿与其进行建设性对话与合作的国家和国际组织进行交往。这次会议将批准上海合作组织对外关系临时方案，正式启动组织对外交往。相信随着这一进程的逐渐展开，上海合作组织所倡导和实践的新型安全观、新型国家关系、新型区域合作模式以及“互信、互利、平等、协作，尊重多样文明、谋求共同发展”的“上海精神”一定会在国际社会得到更加广泛的弘扬。

唐家璇说，六国外长一致认为，恐怖主义、分裂主义和极端主义等非传统威胁依然是六国面临的主要安全问题。决心进一步加强六国双边和多边安全合作，加强在国际事务中的磋商和协调，加强与有关国家和国际组织的交流与合作，采取切实措施，与“三股势力”、贩毒等威胁进行毫不妥协的斗争，共同营建和平稳定的中亚新环境。同时呼吁联合国安理会充分发挥其在国际安全事务中的主导作用，通过外交、政治手段公正、合理地解决有关热点问题，担负起维护世界和平的重要使命。

上海合作组织外交部长会议发表联合公报

部长们在公报中指出，尽早启动上海合作组织各机制的工作正在按上海合作组织成员国元首圣彼得堡会晤达成的协议紧张地进行。至今已就在北京建立上海合作组织秘书处的问题达成原则协议，就如何解决上海合作组织预算和在比什凯克建立上海合作组织地区反恐怖机构总部的问题达成共识。国家协调员理事会以及相关的专家小组也在继续起草保障上海合作组织和各机构运作所必需的国际法律文件,以备2003年各国元首会晤时签署。

根据上海合作组织开放性和不针对任何国家或国际组织的基本原则,基于使上海合作组织在组织建设阶段即能积极参与国际交流,为巩固地区乃至全球范围内的稳定、安全与和平作出实际贡献的愿望,部长们签署了《上海合作组织与其他国际组织和国家相互关系临时方案》。

部长们就世界局势交换了意见,指出亟须联合所有国家力量,应对非传统安全的挑战,主要是恐怖主义、分裂主义和极端主义、有组织犯罪、非法贩运毒品和武器、扩散大规模杀伤性武器及其运载工具、环境恶化、自然资源枯竭、非法移民、贫困、落后和艾滋病等。部长们重申,应尽快建立包括对威胁的早期预警和防备、对威胁作出坚决和一致反应的各种相关多边协作机制在内的应对现代威胁和挑战的全球体系。

部长们认为,国际社会的迫切任务是加强打击恐怖主义的国际法律基础,包括尽快通过《关于国际恐怖主义的全面公约》和《制止核恐怖主义行为的公约》,同时加强联合国在反恐问题上的主导作用。

部长们一致认为,巩固中亚地区的稳定依然是上海合作组织成员国在安全领域的首要任务。为此,上海合作组织重申与在本地区正在发挥作用的国际组织开展合作。

部长们对亚洲不同国家出现的分裂主义倾向日趋严重并同恐怖主义沆瀣一气感到担心。声明决心一如既往地全力支持各国维护本国主权和领土完整的努力,强调绝不允许企图用宗教、民族或政治借口为恐怖主义和分裂主义进行开脱。

部长们确认,上海合作组织成员国共同关注阿富汗的和平发展,支持阿富汗过渡政府稳定国家局势并进行经济重建。部长们商定,上海合作组织六个成员国将通过包括常驻联合国代表在内的各种渠道就阿富汗问题加强沟通,包括讨论如何协助阿富汗解决其社会和经济问题,和向阿富汗人民提供人道主义援助。

部长们积极评价为根除阿富汗境内的恐怖主义所开展的国际协作,同时担心日益凸显的毒品生产增长趋势会成为阿国内武装冲突和国际恐怖主义的主要资金来源,并给上海合作组织成员国带来毒品灾难。鉴此,认为在阿富汗边界沿线建立反毒品"安全带"的建议是有益的。

部长们支持有助于寻找在中东地区建立和平和稳定途径的包括集体和个人在内的各种国际努力,敦促冲突双方无条件执行联合国安理会的有关决议。

部长们表示,希望联合国安理会关于伊拉克问题的1441号决议和国际核查人员在伊拉克恢复工作将有助于通过和平方式并在遵守所有国际准则的基础上解决伊拉克问题。

部长们支持朝鲜半岛无核化,重申确保通过对话和平解决有关问题的立场,强调维护朝鲜半岛的和平与稳定符合各方利益。

部长们认为,维护亚洲安全的各种多边对话机制应相互补充,而不是相互竞争。

部长们支持上海合作组织与东盟建立工作联系,以加强相互信息交流与合作。

部长们赞成遵循今年6月4日在阿拉木图举行的"亚信"首次峰会通过的原则,进一步积极发展亚洲相互协作与信任措施会议进程。

部长们重申支持在亚洲建立无核武器区,认为上述无核区应充分考虑所有国家的利益和关切。

上海合作组织成员国准备根据《联合国宪章》的宗旨和原则在平等基础上与所有感兴趣的国家和国际组织开展实质性合作,以促进地区和世界的和平与发展。

俄罗斯总统普京在克里姆林宫会见外交部部长唐家璇

唐家璇强调,中方将坚定不移地发展同俄罗斯的战略协作伙伴关系,愿与俄方一道不断巩固和加强双边合作,充实和强化两国战略协作伙伴关系的内容。他说,普京总统将对中国进行的国事访问是今年中俄双边关系中的一件大事,中方对此高度重视。

唐家璇说,他此行的主要目的之一就是为普京总统访华作最后准备,江泽民主席和胡锦涛总书记期待着与普京总统会面,就进一步发展双边关系和当前国际形势深入交换意见。

唐家璇表示,一年多来,中俄两国政府和各部门积极落实《中俄睦邻友好合作条约》(以下简称《条约》),双方在各个领域的合作取得了新的丰硕成果,两国元首经常就共同关心的重大问题深入交换意见,加深了政治互信。双边经贸额持续增长,今年有望再创纪录。双方在落实两国元首关于建立国家间安全磋商机制方面取得了重要进展。实践证明,《条约》为进一步充实和深化中俄战略协作伙伴关系开辟了广阔前景。中方愿与俄方一道,进一步落实《条约》的各项条款,推动各领域合作不断迈上新台阶。

外交部部长唐家璇与俄罗斯外长伊万诺夫在莫斯科举行会晤

双方就有关中俄两国元首将在北京会晤的事宜交

换了意见。

11月24日

国务院 中央军委发出通知对今年冬季士兵退出现役的安置工作作出全面部署

通知指出,做好退出现役士兵安置工作,事关国防和军队建设、经济发展和社会稳定的大局。地方各级政府和军队有关部门要以“三个代表”重要思想为指导,进一步解放思想,深化改革,认真贯彻落实国家有关安置工作的法律、法规和政策规定,全面推行安置就业和自谋职业相结合的就业办法,采取切实有效措施,确保 2002 年冬季退役士兵得到妥善安置。

通知强调,要加大对城镇退役士兵安排工作的力度。县以上地方各级政府要按照国防义务均衡负担原则,将所有机关、团体、企事业单位包括非国有经济单位、民办非企业单位全部纳入安置城镇退役士兵的范围,科学合理地制订安置计划。对适合城镇退役士兵就业的岗位,各地应在符合条件的城镇退役士兵中优先选用。中央国家机关特别是其京外直属机构、企事业单位要积极支持地方政府的工作,不得禁止下属单位接收城镇退役士兵;上级主管部门要积极支持下属单位完成安置任务。用人单位按计划接收人员确有困难的,经县以上地方政府批准,可实行安置任务有偿转移。各省、自治区、直辖市人民政府要制定严格规范的安置任务有偿转移办法。

通知要求,要深化安置改革,积极推进城镇退役士兵自谋职业工作。各地要认真总结近年来开展自谋职业试点的经验和做法,完善政策规定,加大工作力度,引导和鼓励城镇退役士兵自谋职业。对自谋职业的城镇退役士兵,各地政府要按照《中华人民共和国兵役法》的有关规定,合理安排安置经费,及时发放自谋职业城镇退役士兵一次性经济补助,自谋职业补助金的标准由当地政府根据实际情况提出并报省级人民政府审定。城镇退役士兵自谋职业从事个体经营的,各有关部门要简化手续,提高效率,优先给予办理证照、安排场地和摊位;除依法颁发证照收取工本费外,在 3 年内免收各项行政性收费。自谋职业的城镇退役士兵,按国家有关规定参加社会保险,缴纳社会保险费,享受社会保险待遇;其军龄可视同为社会保险缴费年限,并和实际缴费年限合并计算;应允许其配偶和子女按现行户籍管理政策在城镇落户并解决其子女入学问题;如被用人单位录用,享受同工种、同岗位、同工龄职工的福利待遇,其军龄可计算为连续工龄。自谋职业的城镇退役士兵的档案由劳动保障部门免费为其保管;党、团组织关系由镇(乡)、街道接收管理。城镇退役士兵符合“低保”条件的,要纳入城市居民最低生活保障范围。退役士兵报考地方高等学校、中等职业学校的,在同等条件下优先录取。要加大对城镇退役士兵的培训工作力度,努力提高城镇退役士兵的科学文化和职业技能素质。各级民政部门要会同教育和劳动保障等部门,利用现有各级各类学校和相关培训机构,开展多种形式的培训,为城镇退役士兵免费提供一次职业技能培训,增强其在市场经济条件下的就业竞争能力,所需经费由地方人民政府列入财政预算。从 2002 年起,中央财政对安置任务重和经济欠发达地区的退役士兵培训给予适当补助。各地公共职业介绍服务机构要及时为求职登记的城镇退役士兵免费提供就业咨询、就业信息等就业服务。城镇退役士兵自谋职业的有关具体扶持政策,由民政部会同教育部、公安部、财政部、劳动和社会保障部、人民银行、税务总局、工商总局等有关部门抓紧研究制定。

通知指出,对返回农村的退役士兵,地方各级政府及有关部门要结合当地实际,采取有效措施,在生产服务、技术指导、教育培训、农用物资供应、农副产品收购方面给予支持。对生产、生活、住房方面确有困难的,当地政府应当予以扶助。要鼓励和扶持有专长的退役士兵创办经济实体,推荐介绍优秀退役士兵作为基层组织的后备力量,发挥他们在农村“两个文明”建设中的骨干作用。

通知最后强调,地方各级政府要从改革、发展、稳定的大局出发,切实加强对退役士兵安置工作的组织领导。各有关部门要克服困难,密切协作,及时解决安置工作中遇到的突出矛盾和问题。军队有关部门要加强对士兵退役前的教育,使他们主动适应市场经济发展的要求,转变就业观念,自觉服从组织分配。对办理假材料谋取安置资格、占用农村指标入伍、非户口所在地入伍的城镇退役士兵,以及在农村入伍后私自购买城镇户口的,一律不予安排工作;对无正当理由不服从分配的城镇退役士兵,取消其安置资格;没有完成安置任务的地区不能评为双拥模范城(县);对不接收安置任务的单位,要依法对单位直接负责的主管人员和其他直接责任人员予以处罚。对完成安置任务有突出贡献的行业、系统、单位和个人要予以表彰,确保 2002 年度安置任务的顺利完成。

全国人大常委会副委员长姜春云在福建进行行政许可立法调研

11 月 24 日至 28 日,姜春云在福建省进行行政许可立法调研时强调,要以“三个代表”重要思想为指导,积极稳妥地推进行政审批制度改革。

姜春云说,党的十六大把行政管理体制改革作为政治建设和政治体制改革的九项任务之一，这对行政审批制度改革提出了新的更高的要求。实践证明，行政审批制度改革有利于解放和发展生产力，有利于巩固发展改革开放成果，有利于促进社会主义物质文明、政治文明和精神文明建设。九届全国人大常委会第二十九次会议对《行政许可法》(草案)进行第一次审议，提出了一些修改意见和建议：一是行政许可的范围是宽一些还是窄一些；二是哪些机关可以创设行政许可；三是怎样使行政许可的种类设置更科学、更合理；四是如何从程序上体现公开、公正、效率、便民的精神；五是采取哪些有效措施对行政许可实施监督检查等。姜春云强调，要充分认识行政审批改革的重要性和必要性。这既是深化行政管理体制改革，进一步转变政府职能的突破口，也是建立和完善社会主义市场经济体制、解放和发展生产力的客观要求，同时又是世贸组织协定要求和我国对外承诺的重要内容。姜春云说，要以“三个代表”重要思想为标准，科学合理设置行政审批事项。凡是有利于发展先进生产力，有利于弘扬和繁荣先进文化，有利于维护和实现绝大多数人民群众根本利益的，就要保留。反之，就要取消、修改。这应是最高标准，也可以说是根本指导思想。

姜春云强调，行政审批制度改革是一项长期任务，不可能一蹴而就。要把市场经济发展要求与行政审批改革不断深化结合起来，把政府职能转变与市场竞争机制、约束机制的建立结合起来，处理好政府与市场、政府与企业、政府与社会的关系，积极稳妥地推进行政审批制度改革。既要解决因滥设审批窒息企业活力，影响市场经济发展的问题，也要防止因取消审批而造成市场混乱。要通过长期的努力，把行政部门从繁杂琐碎的具体审批事项中解脱出来，转变到依法加强宏观调控、制定市场规则、实施有效服务和监督管理上来。

姜春云指出，要积极探索高效、合理、受群众欢迎的行政审批制度方式，在行政管理体制、管理模式、管理制度方面勇于创新。既要从我国的实际出发，又要参考借鉴发达国家有益经验；既要尽可能地减少行政审批，又要防止出现“真空”失控。对于必要的行政审批，必须坚持“便民、及时”原则。为人民服务，一定要有具体行动，搞好行政审批制度改革，就是实实在在的为人民服务。行政许可立法确立的行政许可制度，应当是“有限审批、阳光审批、服务审批、责任审批”。姜春云强调，要正确界定政府职能和社会中介组织的职能，充分发挥中介组织的作用。国外市场经济发达国家以及我国经济发展较快地区的经验告诉我们，要建立高效有序的行政审批制度，发挥好行业协会等中介组织的作用十分重要。我们要借鉴国外这方面的经验，结合行政审批制度改革，转变政府职能，积极促进行业协会等中介组织的发育，通过发挥行业协会作用，形成自管、自查、自纠的自我约束机制，而政府的主要职责则是制定规则，当好裁判员，搞好服务。

11月25日

国务院总理朱镕基在中南海会见参加第三届中国环境与发展国际合作委员会第一次会议的中外委员

国务院总理朱镕基强调，增强国家的可持续发展能力将是中国全面建设小康社会进程中的一项重要任务。中国政府高度重视实施可持续发展战略，将环境保护作为强国富民安天下的大事来抓。

朱镕基说，中国作为一个最大的发展中国家，在致力于发展经济的同时，把可持续发展作为国家的一项基本战略，把保护环境作为一项长期坚持的基本国策，努力实现经济效益、社会效益和环境效益的统一，在环境保护和可持续发展方面不断取得重要进展。

他表示，中国将把发展循环经济放在突出位置，使环境保护与经济建设相互促进。他说，中国国家主席江泽民在2002年10月16日全球环境基金第二届成员国大会讲话中指出：“合理利用资源、保护环境，是实现可持续发展的必然要求。以浪费资源和牺牲环境为代价，发展就不可能持续进行”，“只有走以最有效利用资源和保护环境为基础的循环经济之路，可持续发展才能得到实现。”

朱镕基指出，环境保护是可持续发展的基础，也是可持续发展的重要支柱之一。加强环境保护，不仅是保障环境安全和人体健康的迫切需要，也是促进经济增长方式转变、消除贫困、推动社会全面进步的必然要求。在今年召开的可持续发展世界首脑会议上，通过了《约翰内斯堡可持续发展宣言》和《可持续发展实施计划》，提出了实施可持续发展的各项具体目标，这充分体现出各国政府对全球可持续发展的严肃责任和积极态度。

朱镕基还介绍了中国西部开发的可持续发展问题和中国积极履行环境领域的国际义务的情况。

朱镕基对中国环境与发展国际合作委员会的工作表示感谢。他说，上一届国合会为本届中国政府提供了许多环境与发展方面的咨询建议，对中国可持续发展产生了积极影响。他希望第三届国合会继续发挥更大作用。

国家环保总局局长解振华、国家计委副主任刘江和全国人大环资委主任委员曲格平作为中国环境与发展国际合作委员会主席团中方副主席会见时在座。

成立于1992年的中国环境与发展国际合作委员会是国务院批准成立的一个高级咨询机构。其主要职责是针对中国环境与发展领域的重大问题提出政策建议，并开展政策示范和项目示范。

国务院总理朱镕基在中南海会见奥地利副总理兼公共服务和体育部长苏珊·里斯—帕瑟女士

国务院副总理李岚清与克罗地亚副总理格拉尼奇在萨格勒布举行会谈

双方就双边关系等问题交换了意见。

李岚清积极评价两国关系。他说，江泽民主席与梅西奇总统签署的《中克关于深化互利合作关系的联合声明》，总结了两国建交10年来双边关系的发展经验，规划了今后两国关系的蓝图，揭开了两国关系史的新篇章。双方各部门正积极落实两国元首会晤精神。

李岚清表示，中方愿与克方共同努力，继续本着相互理解、彼此尊重、平等互利的原则，把中克关系建设成为不同国情国家发展互利友好合作关系的典范。

李岚清就促进两国在经贸、科技、教育、文化、卫生、旅游等领域的合作提出了几点建议，并表示，在上述领域两国都有自己的优势和特点，两国政府可推动民间去开展这些领域的合作。

国务院副总理李岚清在萨格勒布会见克罗地亚总理拉昌

西班牙国王卡洛斯一世和西班牙首相阿斯纳尔分别在马德里会见外交部部长唐家璇

国防部部长迟浩田在北京与黎巴嫩国防部长哈利勒·赫拉维举行会谈

水利部宣布南水北调工程进入实施阶段东线一期工程年内开工

水利部副部长张基尧在北京召开的新闻发布会上宣布，经国务院批准，南水北调工程近期立项的单项工程有三项，即东线第一期工程的江苏段三阳河工程、山东段济平干渠工程和中线第一期工程的丹江口水库大坝加高工程，其中前两项工程将在今年年内开工建设。

南水北调工程近期供水目标是以解决城市缺水为主，兼顾生态和农业用水。东线和中线工程受水区涉及京、津、冀、鲁、豫、苏6个省、直辖市的39座地级以上城市、245座县级以上城市。经过5至10年的建设，南水北调东线第一期工程和中线第一期工程将使北方受水地区增加134亿立方米的供水能力。据测算，东线第一期工程和中线第一期工程静态总投资为1548亿元。

自从1952年毛泽东主席提出“南水北调”的宏伟设想以来，在党中央、国务院的领导和关怀下，广大科技工作者持续进行了50年的南水北调前期工作，做了大量的野外勘查和测量，在分析比较50多种方案的基础上，形成了南水北调东线、中线和西线调水的工程总体布局。东线、中线和西线三条调水线路，各有其合理的供水目标和范围，并与四大江河形成一个有机整体，可相互补充。整个工程将根据实际情况分期实施，规划2050年全部完工。南水北调工程是迄今为止世界上最大的水利工程，工程规模大、建设工期长，既跨流域，又跨省市，不仅总投资超过三峡工程，其复杂性和艰巨性也不亚于三峡工程。

民盟中央在北京举行纪念李公朴诞辰100周年座谈会

全国政协副主席、中央统战部部长王兆国代表全国政协、中央统战部在座谈会上讲话。他说，李公朴先生是一位伟大的爱国主义者，是中国知识分子的骄傲和楷模，也是中国共产党的挚友。在民主革命斗争中，他与中国共产党亲密合作，用自己的鲜血和生命揭露了国民党反动派的罪恶统治，立下不朽的丰碑。李公朴先生殉难已经56年，他为之向往和奋斗的人民共和国呈现出政通人和、日益强盛的繁荣景象。李公朴先生生前瞩望的新中国，已经站到了全面建设小康社会的崭新历史起点上。缅怀人民英烈李公朴先生，使我们又一次体会到新的时代、新的生活来之不易。李公朴先生爱祖国、爱人民的伟大精神，为追求真理、实现祖国富强勇于献身的高尚品德，永远值得我们学习并发扬光大。

全国人大常委会副委员长、民盟中央主席丁石孙在座谈会上说，李公朴同志的一生，是不断追求真理的一生，是坚持革命、顽强奋斗的一生，是献身中国文化、教育事业的一生。我们要学习他与中国共产党紧密合作、共同战斗的光荣传统；学习他崇高的爱国主义品德和他的大无畏精神；学习他对祖国的历史文化和教育事业孜孜不倦、严谨认真的工作态度。中国共产党第十六次全国代表大会提出了全面建设小康社会的宏伟目标，号召全国人民万众一心，奋发图强，共同创造我们的幸福生活和美好未来！我们要高举邓小平理论伟大旗帜，认真学习实践“三个代表”重要思想，响应中共中央的号召，紧密团结在中共中央周围，坚持和完善中国共产党领导的多党合作和政治协商制度，为开创中国特色社会主义事业新局面作出新的贡献！

座谈会由民盟中央副主席吴修平主持。出席座谈会的有全国人大常委会副委员长邹家华，全国政协副主席孙孚凌，中央统战部常务副部长刘延东，中国文联主席周巍峙及各民主党派中央、全国工商联负责同志，李公朴先生生前友好、家乡代表和亲属等百余人。

11月26日

中央军委在人民大会堂举行座谈会纪念罗荣桓同志诞辰100周年

中央军委在人民大会堂举行座谈会，隆重纪念久经考验的无产阶级革命家、军事家，党、国家和军队的卓越领导人，中国人民解放军的创建人之一罗荣桓同志诞辰100周年。国家主席、中央军委主席江泽民出席座谈会并发表重要讲话。中共中央总书记、中央军委副主席胡锦涛出席座谈会。

座谈会由中共中央政治局委员、中央军委副主席郭伯雄主持。他说，江泽民主席的重要讲话，充分肯定了罗荣桓同志毕生坚信马克思主义，为人民军队成长壮大，为中国人民的解放事业和社会主义的建设事业建立的不朽功勋；高度赞扬了罗荣桓同志对党忠诚、智勇双全、顾全大局、坚持原则、联系群众、清正廉洁的优良作风和高尚情怀；号召我们学习罗荣桓同志的思想品质和精神风范。我们要紧密团结在党中央周围，高举邓小平理论伟大旗帜，全面贯彻"三个代表"重要思想，以党的十六大精神为指导，继承和弘扬老一辈无产阶级革命家的崇高精神，为推进中国特色社会主义的伟大事业，为中华民族的伟大复兴，作出新的更大的贡献！

中共中央政治局委员、中央军委副主席曹刚川在座谈会上深情回顾了罗荣桓同志光辉的一生。他说，罗荣桓同志1902年11月26日出生于湖南省衡山县(今衡东县)寒水乡鱼形镇南湾村。1927年4月，他在武昌中山大学理学院读书时加入中国共产主义青年团，不久转入中国共产党。同年8月，罗荣桓同志参加了毛泽东领导的湘赣边界秋收起义。9月底，部队在江西永新县三湾村进行改编，罗荣桓担任工农革命军第1师第1团特务连党代表，参加创建井冈山革命根据地的斗争。1929年年底，罗荣桓同志作为基层代表，出席了中共红4军第九次代表大会(即古田会议)。他积极支持毛泽东提出的建军思想，被选为红4军前敌委员会委员。1930年8月，任红4军军委书记、政治委员。1932年3月任红1军团政治部主任兼任入闽作战的东路军政治部主任。从1933年4月起，他先后任江西军区政治部主任、总政治部巡视员、武装动员部部长和总政治部扩大红军突击队总队长。1934年1月被选为中华苏维埃共和国中央执行委员会候补委员，曾获红星奖章。同年9月任红8军团政治部主任，参加长征。遵义会议后，任红3军团政治部代理主任，不久调回总政治部任巡视员。1935年9月任红1军团(同月改称陕甘支队第1纵队)政治部副主任。1937年1月，任军委后方政治部主任，7月任红1军团政治部主任。在土地革命战争时期，罗荣桓同志以其坚定的政治品质和卓越的领导才能，赢得了广大红军将士的爱戴。

曹刚川说，抗日战争爆发后，罗荣桓同志任八路军第115师政治部主任。1941年8月，罗荣桓同志任山东军政委员会书记。1943年3月任山东军区司令员兼政治委员，115师政治委员、代师长，后任中共中央山东分局书记，统一领导山东抗日根据地的党政军工作。1945年6月，他被选为中共第七届中央委员。罗荣桓同志在领导山东军民同日寇进行长达7年之久的浴血奋战中，为民族的独立和解放建立了不朽的功勋，成为人民尊敬和爱戴的民族英雄。

曹刚川说，抗日战争胜利后，罗荣桓同志率山东主力部队6万余人进军东北，先后任东北人民自治军第二政治委员、东北民主联军副政治委员。1948年8月，罗荣桓同志任东北军区第一副政治委员兼东北野战军政治委员，参与指挥了著名的辽沈战役。平津战役中，他作为中共平津前线总前委委员和人民解放军平津前线政治委员，参与战役指挥及和平解放北平的谈判工作。1949年1月任第四野战军政治委员。6月以后被任命为中共中央华中局第二书记，华中军区第一政治委员。解放战争中，罗荣桓同志着眼全局，坚决维护、认真执行党中央、毛主席的战略决策，为夺取全国解放、成立新中国作出了卓越贡献。

曹刚川说，新中国成立后，罗荣桓同志任最高人民检察署检察长。1950年4月任中国人民解放军总政治部主任，同年9月兼任总干部管理部部长。1952年领导筹建解放军政治学院，后兼任院长。1954年6月，他任中央人民政府人民革命军事委员会副主席，9月任全国人民代表大会常务委员会副委员长、国防委员会副主席。1955年9月被授予中华人民共和国元帅军衔，并获一级八一勋章、一级独立自由勋章和一级解放勋章。同年11月任中国解放军监察委员会书记。1956年9月被选为中共第八届中央政治局委员，同月因病请求解除总政治部主任及总干部部部长职务。1959年9月任中央军委委员，分管民兵建设。1961年1月，复任总政治部主任。1963年12月16日病逝于北京。

曹刚川强调，罗荣桓同志的一生，是为中国人民解放事业和共产主义伟大理想英勇奋斗的一生。他的崇高精神和光辉实践，为我们留下了极其宝贵的精神财富。我们要以罗荣桓同志为榜样，紧密地团结在党中央周围，高举邓小平理论伟大旗帜，全面贯彻"三个代表"重要思想，与时俱进，开拓创新，把国防和军队现代化建设不断推向前进。

老同志代表华楠、贾若瑜,以他们的亲身经历和感受,表达了对罗荣桓同志的深切怀念之情。中共湖南省委书记、省人大常委会主任杨正午也在座谈会上发言,表达了家乡人民对罗荣桓同志的爱戴和崇敬。

迟浩田、张万年、钱其琛、刘华清、曹志、韩杼滨、朱光亚、赵南起、谷牧、张震、张廷发、王瑞林、梁光烈、廖锡龙、李继耐以及罗荣桓同志的夫人林月琴出席了座谈会。

中央国家机关有关部门、解放军四总部和驻京各大单位、武警部队的领导同志,曾经在罗荣桓同志领导下战斗和工作过的老同志以及罗荣桓同志的亲属、生前友好等也参加了座谈会。

中央军委主席江泽民在纪念罗荣桓同志诞辰100周年座谈会上发表讲话

同志们:

今天,中央军委在这里举行座谈会,隆重纪念罗荣桓同志诞辰一百周年。罗荣桓同志是久经考验的无产阶级革命家、军事家,我们党、国家和军队的卓越领导人,中国人民解放军的创建人之一。他为人民军队的成长壮大,为中国人民的解放和社会主义建设事业作出了重大贡献,建立了不朽的功勋,赢得了全党全军和全国各族人民的爱戴和崇敬。

罗荣桓同志对党无限忠诚,始终不渝地高举党的伟大旗帜。他早年积极投身反帝爱国运动,在"四·一二"反革命政变后的白色恐怖下毅然加入中国共产党,从此把自己的一生献给了党和人民的事业。他坚信马克思主义,并善于从中国的实际出发科学认识和坚持马克思主义。他参加了毛泽东同志领导的创建人民军队、开辟中国革命道路的伟大斗争,目睹"左"倾教条主义给中国革命造成的严重危害,深刻认识到毛泽东同志的思想理论是指导中国革命取得胜利的旗帜。一九四四年七月,他就指出:"毛泽东同志的思想是从马列主义的普遍真理与中国革命具体实践日益互相结合上产生发展起来,继承了中国革命百年来的历史传统而民族化了的思想","是代表着党的正确方向,马列主义的方向,胜利的旗帜。"罗荣桓同志坚持党的思想路线,解放思想,实事求是。一九四三年,他正确领导山东军区和一一五师的整风运动,制止了绝对化、扩大化的错误做法,使这次运动真正起到了团结教育干部的作用。罗荣桓同志一贯模范地贯彻执行党的路线方针政策。在开辟山东抗日根据地的过程中,他坚决贯彻党建立抗日民族统一战线的主张,勇敢反击国民党顽固派的进攻,建立了我党独立领导的抗日根据地。

罗荣桓同志为我军政治工作的发展作出了卓越的贡献,是军队政治工作的杰出典范。他一九二七年参加秋收起义,经历了毛泽东同志领导的"三湾改编",是我军历史上最早的连队党代表之一。他参与毛泽东同志主持的为筹备古田会议而进行的调查研究,为古田会议决议的形成付出了心血。在井冈山,他参与组建部队基层党组织,使"支部建在连上"的原则得以落实。在党的六届六中全会上,他总结抗战初期军队党的领导和政治工作受到削弱的教训,建议加强党的政治机关,并在一一五师采取了一系列有效措施,确保党对部队的坚强领导。新中国成立后,时任总政治部主任的罗荣桓同志提出,必须继承和发扬我军政治工作的优良传统,并在调整编制体制和制定干部、军衔等制度中坚持了党的领导和政治工作原则。他向中央建议并领导筹办解放军政治学院,亲自兼任院长,为我军培养了大批优秀政工干部。他长期主管军队干部工作,始终遵循党的干部路线,严守党管干部的原则,坚持"五湖四海"、任人唯贤。罗荣桓同志重视从制度建设上保证党对军队的绝对领导,始终强调要坚持和完善军队党委制、政治委员和政治机关制度等一系列具有我军特色的规章制度。他主持制定了新中国成立后第一部《中国人民解放军政治工作条例》,为落实党对军队的绝对领导这一根本原则提供了制度保障。

罗荣桓同志军政兼优,既是优秀的政治工作领导者,又是优秀的军事指挥员。他身经百战,智勇双全,功勋卓著。土地革命战争时期,他参加保卫井冈山根据地的战斗、反"围剿"作战和万里长征。抗日战争时期,他率部开辟晋西南抗日根据地,领导山东地区军民进行了长达七年的抗日游击战争,组织指挥了许多著名的战役战斗。解放战争时期,他奉命率山东主力部队六万余人挺进东北,转战于白山黑水,参与决策和指挥辽沈、平津等重大战役。他十分注重学习毛泽东同志的军事理论,并在作战指挥中灵活运用,形成了独具特色的指挥艺术。创建山东抗日根据地时,他提出开展"分散性、地方性、群众性"游击战争的方针,创造"敌打进我这里来,我打回敌那里去"的"翻边战术",使山东解放区成为我党我军的重要战略区。解放战争初期,他提出,要努力争取控制住沿长春路两侧广大地区,发动农民群众,建立根据地,为中央确定建立巩固的东北根据地的战略思想提供了重要依据。辽沈战役中,他坚决贯彻毛泽东同志和中央军委关于封闭蒋军在东北予以全歼的战略方针,坚持先打锦州的决策,确保了战役的全胜。罗荣桓同志为丰富毛泽东军事思想作出了贡献。

罗荣桓同志始终坚持人民的利益高于一切,毕生忠实地实践党的宗旨。他长期患病,仍不知疲倦地工作,真正做到了为人民鞠躬尽瘁、死而后已。他时时处处以身作则、率先垂范，顾大局、讲原则，严以律己，坚持以模范的行动影响和带动群众。他自觉与人民群众结合在一起，把人民的利益作为工作的出发点和归宿，与人民群众同生死、共命运、心连心。他廉洁自律，生活简朴，家风严谨，始终保持劳动人民和普通士兵的本色。罗荣桓同志逝世时，毛泽东同志高度评价他的政治品格和道德情操，说："一个人几十年如一日不容易，原则性强，对党忠诚。"

罗荣桓同志虽然离开我们三十九年了，但他的丰功伟绩，党和人民始终铭记在心。我们纪念罗荣桓同志，就是要学习他的崇高品质和革命风范，高举邓小平理论伟大旗帜，全面贯彻"三个代表"重要思想，认真落实党的十六大精神，为全面建设小康社会、开创中国特色社会主义事业新局面而努力奋斗！

国家主席江泽民在人民大会堂与芬兰总统塔里娅·哈洛宁举行会谈

江泽民说，中芬两国建交52年来，双边关系发展一直很好，近年来进入了全面、深入、快速发展时期。两国政治关系密切，领导人之间保持着经常性的接触，在重大国际问题上共识很多。两国在经贸、科技、司法和文教等各领域的合作取得丰硕成果。两国贸易发展很快，芬兰诺基亚公司在中国移动电话市场占有重要份额。

江泽民说，中国视芬兰为可信赖的友好合作伙伴。双方应继续加强在各个层次的政治磋商与协调，在芬方有优势、中方有需要的电信、林业、造纸和环保等领域，进一步深化合作。同时充分利用各自的文化资源，扩大文化交流，使其成为两国人民之间增进了解、加深友谊的桥梁和纽带。江泽民赞赏芬兰政府在台湾问题上坚持一个中国的立场。

国家主席江泽民在人民大会堂会见俄罗斯联邦最高法院院长维亚切斯拉夫·列别杰夫

江泽民说，近年来，在双方的积极推动下，中俄战略协作伙伴关系取得积极成果。双方政治互信达到新的高水平，经贸等领域的务实合作不断深化，在国际事务中的战略协作富有成效。双方去年签署的《中俄睦邻友好合作条约》将两国和两国人民世代友好、永不为敌的和平思想用法律形式固定下来。条约是指导新世纪中俄关系发展的纲领性文件。

在谈到法制建设时，江泽民说，中国重视法制在经济建设和社会发展中的重要作用。1999年全国人大九届二次会议对宪法进行了修改，确立了依法治国、建设社会主义法治国家的基本方略，标志着中国社会主义民主法制建设进入了一个新的历史阶段。他欢迎中俄司法界进行更广泛的交流与合作。

最高人民法院院长、首席大法官肖扬和最高人民法院副院长、大法官张军参加了会见。

国务院副总理温家宝出席联合国亚太农业工程与机械中心在北京举行的迁址揭幕仪式

温家宝在仪式上致辞。他说，联合国亚太农业工程与机械中心是第一个在中国设立总部的联合国官方机构。中心的设立，是联合国亚洲及太平洋经济社会委员会秘书处、中国政府、中心各成员和有关国家共同努力的结果，标志着中国与联合国的合作跨出了新的一步。

他说，我们相信，随着中国对外开放进一步扩大，将会有更多的联合国机构和其他国际组织来中国落户，中国政府愿为这些组织提供支持，为他们在中国的工作创造条件。

他说，联合国亚太农业工程与机械中心在北京设立，将对促进亚太地区农业工程与机械领域的国际合作、提高农业整体发展水平产生积极的作用。他表示衷心希望中心在农业工程与机械领域的科研开发、能力建设、资源共享等方面加强协调，密切合作，为亚太地区消除贫困、共同发展作出突出贡献。

温家宝和联合国副秘书长兼联合国亚洲及太平洋经济社会委员会执行秘书金学洙一同为中心揭幕。金学洙发表致辞，向中方表示感谢。

全国政协副主席宋健向金学洙递交了象征中心所在的中国国际科技会展中心的钥匙模型。

为中心提供首笔赞助的政府代表、芬兰环境部长约尼·帕克曼也在仪式上致辞。

仪式由中国工程院院长徐匡迪主持。

联合国亚太农业工程与机械中心现有成员12个，工作领域涉及农林牧副渔及基因工程、农业信息工程等最新技术。中心在今年年初举行的理事会上决定将总部从泰国曼谷迁至北京。

国务院副总理李岚清在萨格勒布会见克罗地亚总统梅西奇

国务院副总理李岚清在萨格勒布会见克罗地亚议长托姆契奇

中国队在华沙举行的第七十二届男子世界举重锦标赛中获双料冠军

为期8天的比赛在华沙托尔瓦尔体育馆圆满闭幕。中国队以8金4银1铜，总分484分夺取奖牌榜首位和团体总分第一名。这也是中国队在历届世锦赛上取得的最佳战绩。

11月27日

国家主席中国红十字会名誉会长江泽民在中南海会见红十字国际委员会主席雅各布·克伦贝格尔

江泽民说,中国一贯高度重视人道主义事务。长期以来,中国红十字会与红十字国际委员会保持了良好的合作关系。

江泽民欢迎克伦贝格尔的来访。他说,这次来访将进一步促进中国政府、中国红十字会与红十字国际委员会的友好合作关系。

江泽民表示,红十字国际委员会是世界上最重要的人道主义机构之一,是公认的《日内瓦公约》监护人,在保护战争和武装冲突受害者的生命和尊严方面做了大量工作,取得了举世公认的成绩。

全国人大常委会副委员长、中国红十字会会长彭珮云,以及外交部、中国红十字会有关领导参加了会见。

克伦贝格尔应中国红十字会邀请,于26日抵京对中国进行为期4天的工作访问。这是他2000年就任红十字国际委员会主席后第一次访华。

国家主席江泽民在中南海会见联合国副秘书长兼联合国亚洲及太平洋经济社会委员会执行秘书金学洙

江泽民说,中国重视和支持亚太经社委员会的工作,已决定2004年在上海主办亚太经社委员会第六十届年会。

江泽民欢迎金学洙来华参加亚太农业工程与机械中心理事会会议及其总部迁址北京揭幕仪式。他说,中心总部正式迁址北京,值得庆祝。这有利于提升中国与亚太经社委员会及联合国的合作关系。

他指出,中国是一个农业大国。解决好"三农"问题,是中国全面建设小康社会、实现现代化的一个重要环节。这需要依靠科技的进步及推广应用。因此,我们欢迎中心在中国积极开展相关领域的各项工作。

江泽民说,中国支持联合国在新世纪为维护国际和平与安全、促进各国共同发展与繁荣,发挥更大作用。

金学洙是应中国工程院的邀请来访的。中国工程院院长徐匡迪、外交部副部长王毅等会见时在座。

全国人大常委会委员长李鹏在人民大会堂会见芬兰总统塔里娅·哈洛宁

全国人大常委会委员长李鹏在人民大会堂会见以日本众议院议员 前首相羽田孜为团长的日中青年研修协会代表团

全国人大常委会委员长李鹏在人民大会堂会见澳大利亚联邦议会外交国防贸易委员会主席阿兰·弗格森

国务院总理朱镕基在人民大会堂会见芬兰总统塔里娅·哈洛宁

国务院总理朱镕基在人民大会堂会见日本国际协力事业团总裁川上隆朗一行

国务院召开第65次常务会议

国务院总理朱镕基主持召开了会议,讨论并原则通过了《中华人民共和国港口法(草案)》、《中华人民共和国放射性污染防治法(草案)》。

会议认为,港口是国民经济和社会发展的重要基础设施。为了进一步促进港口的发展,充分发挥港口在经济、社会发展中的作用,适应港口管理体制改革后新形势的需要,保证对港口依法实施管理,维护港口经营的良好秩序,防止随意规划和重复建设,增强国际竞争能力,更好地为国民经济和社会发展服务,制定港口法是必要的。

会议认为,经过多年的不懈努力,核能与核技术已在我国国防、医疗、能源、工业、农业、科研等领域得到广泛利用,这对维护我国国防安全,促进国民经济和社会发展,增强我国的综合国力,起到了十分积极的作用。为了防治放射性污染,保护环境,保障人体健康,促进核能、核技术的开发与和平利用,在总结我国放射性污染防治的实践经验、借鉴国外防治放射性污染的成功经验的基础上,制定放射性污染防治法十分必要。

会议决定,《中华人民共和国港口法(草案)》和《中华人民共和国放射性污染防治法(草案)》经进一步修改后,由国务院提请全国人大常委会审议。

中华全国工商业联合会第九次会员代表大会在北京闭幕

黄孟复当选为新一届执行委员会主席。

大会宣布了全国工商联九届一次执委会选出的新一届常务委员、副主席、主席名单。据介绍,全国工商联九届执委会共有412名执委,其中非公有制经济代表人士有233名,所占比例为56%,这是非公有制经济代表人士在执委中首次超过半数。

黄孟复在会上讲话。他说,广大非公有制经济人士是工商联的主体,这次换届后,许多非公有制经济代表人士进入了工商联各级领导机构,成为工商联工作的有力推动者。他强调,中共十六大的胜利召开,为新时期非公有制经济的大发展营造了前所未有的良好环境,为工商联拓展了前所未有的工作空间。面对大好机遇,各级工商联领导班子和广大干部职工,唯有认真学习贯彻十六大精神,坚持与时俱进,开拓创新,不断取得新成绩,才能不辜负党中央的厚望和全体会员的重托,才能无愧于心。

在为期5天的会议中,代表们审议通过了八届执委会工作报告,审议通过了《中国工商业联合会章程(修正案)》。

在26日举行的全国工商联九届一次执委会上,选举产生了由主席1人、副主席22人、常务委员110人组成的新的领导集体。

全国工商联第一副主席梁金泉主持闭幕会并致闭幕词。全国人大常委会副委员长王光英,全国政协副主席孙孚凌、经叔平,中央统战部副部长、全国工商联副主席胡德平,全国工商联副主席张龙之、谢伯阳、王以铭、孙晓华、程路、伍淑清、柳传志、张宏伟、孙安民、任文燕、辜胜阻、段永基、罗康瑞、马有礼、李海仓、唐万里、王玉锁、金会庆、郑跃文出席大会。

中华全国工商业联合会第九届执行委员会主席副主席名单

(2002年11月26日中华全国工商业联合会第九届执行委员会第一次会议选出)

主席:黄孟复

第一副主席:梁金泉

副主席:

胡德平 张龙之 谢伯阳 王以铭(回族) 孙晓华
程 路 刘鹤章 伍淑清(女) 柳传志 张宏伟
孙安民 任文燕(女) 辜胜阻 段永基 罗康瑞
马有礼 李海仓 唐万里 王玉锁 金会庆 郑跃文

国台办新闻发言人张铭清就对台工作发表谈话

张铭清指出,党的十六大报告有关对台工作的论述,确定了我们党进入新世纪对台工作的指导思想,明确了当前对台工作重点。这些论述的核心是坚持一个中国原则,这是发展两岸关系与和平统一的基础。这些论述既保持了我们党对台方针政策的连续性,又充分展现了我们党在对台工作上与时俱进的时代精神,既坚持了原则,又展现了诚意。十六大报告是我们党新世纪对台工作的纲领性文件,对于促进两岸关系的发展具有重大的指导意义。

在回答记者有关将一个中国原则"新三句"写入十六大报告有何意义的问题时,张铭清说,世界上只有一个中国,大陆和台湾同属一个中国,中国的主权和领土完整不容分割。这是发展两岸关系与实现和平统一的基础。党的十六大郑重将这一原则主张写入政治报告中,充分反映了我们在一个中国原则问题上的坚定性,也体现了我们的诚意和包容性,既是全党的共同意志,也代表了中华民族的根本利益。我们希望台湾当局明确接受一个中国原则,承认1992年两会共识,在一个中国原则的基础上恢复两岸对话与谈判。

在谈到对于十六大报告有关两岸政治谈判问题(即"三个可以谈")的论述的解读时,张铭清说,我们一贯主张开展两岸对话,进行和平统一谈判,以和平的方式实现两岸的统一。十六大报告就此再次作出郑重呼吁,并提出"2300万台湾同胞是我们的手足兄弟,没有人比我们更希望通过和平的方式解决台湾问题",表明我们在一如既往地为实现和平谈判进行不懈的努力。近些年来,尽管由于台湾方面的原因,使两岸的对话与商谈被迫中断,但我们始终在积极争取两岸商谈尽快恢复。张铭清说,为打破两岸政治僵局、推动两岸关系发展,我们就两岸政治谈判的议题,提出了一系列的积极主张。十六大报告关于两岸政治谈判的论述,包括首次明确提议在一个中国的前提下"三个可以谈",表明了我们在两岸政治谈判问题上的积极态度和极大诚意。"三个可以谈"的提议,使两岸政治谈判的议题进一步具体化、更具操作性,表明我们由衷希望两岸尽早结束敌对状态,使两岸关系得到改善和发展;同时也表明,我们愿意以最大的诚意,妥善处理台湾地区在国际上的活动空间问题、台湾当局的政治地位问题。这些重要论述和主张,进一步拓展了两岸政治谈判的空间,为打开两岸政治僵局指明了道路,为两岸同胞展现了共同争取和平统一的光明前景。我们相信,只要双方在一个中国原则的基础上谈起来,这些问题完全可以得到妥善解决。

11月28日

全国人大常委会委员长李鹏在天津 河北考察

11月28日到30日,李鹏在中共中央政治局委员、天津市委书记、市人大常委会主任张立昌,市长李盛霖的陪同下,先后考察了位于滨海新区的天津经济技术开发区服务中心、冈谷物流中心、滨海国际汽车城、天津港新扩建集装箱码头、天津钢管公司,考察了天津的梅江小区、天圆广场,实地察看了天津市区水系改造工程,听取了天津市的工作汇报。12月1日,李鹏在河北省委书记白克明、省长钮茂生的陪同下,在廊坊考察了东方大学城、廊坊国际会展中心、廊坊城市规划展和开发区成果展,参观了廊坊这座京津之间新兴城市日新月异的市政建设。

李鹏对天津、河北近年来在改革开放和现代化建设中取得的成绩予以充分肯定，勉励两地干部群众在党的十六大精神的鼓舞下，与时俱进，开拓创新，扎实工作，加快发展。

对天津市在与人民生活密切相关的城市危房改造、水系整治、道路建设、发展服务业推动再就业等方面作出的努力，李鹏给以很高评价。他说，作为一个特大城市，天津的面貌这几年发生了很大变化。这些变化加上良好的治安状况，使老百姓有了一个比较舒适的生活环境和工作环境，也真切地感受到国家的发展、社会的进步、生活的改善。这些变化充分体现了我们党全心全意为人民服务的宗旨，也体现了我们的干部对"三个代表"重要思想的自觉实践。他说，天津要进一步改变城市面貌，最大的难题是水的问题。解决水的问题要靠国家的支持，更要靠自己的努力，要开源节流并举，提高水的利用率，同时要在海水淡化技术方面寻求新的突破。

李鹏对城市"低保"和就业问题十分关心。他说，"低保"是改革发展和维护稳定的重要环节。天津在这方面积累了成功的经验。就业保障是最根本的保障，要在做好"低保"工作的同时，加大再就业工作力度，积极发展服务业，拓宽就业渠道，创造更多的就业机会。天津要利用城市面貌综合整治的机会，大力推动旅游业、餐饮业和社区服务业的发展，以吸纳更多的人员就业。

在谈到国有企业的改革和发展时，李鹏说，江泽民同志在十六大报告中进一步明晰了国有企业的产权。这是在经济体制改革方面迈出的一大步，必将有利于国有企业的改革和发展，有利于国有企业建立完善的现代企业制度。当前，一方面要运用高新技术开发新产品；一方面要瞄准市场推动老企业的技术改造，从而不断提高国有企业的竞争力，壮大国有经济。

天津滨海新区面貌的巨大变化给李鹏留下深刻的印象。在察看了新区建设情况并听取了开发区工作汇报后，他说，天津经济开发区近十年的成功实践证明，邓小平同志"开发区大有希望"的论断是完全正确的。李鹏希望开发区瞄准市场、发挥优势、明确思路、勇于进取，把渤海湾边这片昔日不毛的盐碱地建设成富于生机活力、环境优美的新都市。

在两地考察期间，李鹏一再强调，党的十六大提出全面建设小康社会的目标，在未来的20年里再翻两番，这是一个宏伟的目标，也是一项艰巨的任务。在改革开放20年翻两番的基础上再翻两番，其性质、内涵有了很大的不同。要研究靠什么再翻两番，比如说，以什么产业为基础，以什么产业为支柱，以什么产业作为新的经济增长点，这些都要很好地研究、很好地规划。

李鹏对教育事业的发展一直十分重视。在河北廊坊的东方大学城，他走进一间间教室，与师生们亲切交谈。以政府支持、企业投资、产业化经营、社会化服务这一全新模式建设的东方大学城已完成建筑面积165万平方米、总投资达36亿元。大学城以租赁、买断、合资合作等方式吸纳了来自北京的20多所高校和中学的近4万名大中学生和教职工入住，为实现高校一心一意搞教学，避免"小学校、大社会"的弊端探索出了一种理想机制。李鹏对生机勃勃的大学城的发展感到欣慰，希望大学城不仅是教育城、文明城，更是人才城、科学城、生态城，希望学生们在新的环境里努力学习、发奋读书、学业有成，将来更好地为祖国的建设服务。

为社会各界广泛关注的民办教育促进法草案已经全国人大常委会三次审议，但对一些问题尚有争议。考察中，李鹏与两地负责人多次就民办教育促进法草案中的有关问题进行交谈，并来到天津市四十三中、位于廊坊的海淀走读大学、北京工商大学调研，与师生们交谈，听取他们的意见。大家认为，民办教育发展到今天既取得了较大的成绩，也存在一些亟待解决的问题，很有必要以法律的形式予以规范，以促进其健康发展。党和政府倡导全社会关心教育、支持教育、为教育发展做贡献，国家对投资教育者也应考虑其合理的回报，以鼓励其积极性。

李鹏说，我们提出科教兴国，而教育是科技的基础。因此，无论是党和政府还是全社会，对教育事业都十分重视。民办教育是整个教育体系中的一个组成部分，也同样是为国家培养人才的公益性事业，是利国利民的高尚事业，对此必须有清醒明确的认识。促进民办教育的健康发展不但有社会上的实际需求，而且也有利于进一步加快教育事业的发展。同时也要看到，民办教育有其特殊性，应该允许民办教育的出资人有一定的、合理的经济利益上的回报，当然也必须明确，不能使单纯追求利润成为投资民办学校的目标。

国务院总理朱镕基致电祝贺在纽约召开的"声援巴勒斯坦人民国际日"大会

《人民日报》发表龚育之的文章《十三年：奋斗历程和基本经验》

台湾民主自治同盟第七次全盟代表大会在北京开幕

这次大会的主题是：高举邓小平理论伟大旗帜，深入学习中国共产党第十六次全国代表大会精神和"三个代表"重要思想，动员全体盟员及所联系台胞，为把台盟建设成为适应新世纪要求的参政党，为全面建设小康社会而努力奋斗。

中共中央政治局委员、书记处书记、中央宣传部部长刘云山代表中共中央致贺词。

中国致公党中央主席罗豪才代表兄弟民主党派、全国工商联向大会致贺词。

全国台湾同胞联谊会会长杨国庆代表全国台联也向大会致了贺词。

会上，代表们听取了大会主席团常务主席张克辉代表台盟第六届中央委员会所作的题为《继往开来，为把台盟建设成为适应新世纪要求的参政党而努力奋斗》的报告。报告指出，自第六届全盟代表大会以来，台盟坚持以调查研究为基础，认真履行参政党职能，开拓了参政议政、民主监督工作的新局面；坚持"和平统一、一国两制"基本方针，与台湾不同党派、不同界别、不同阶层人士的交往有了新扩展；适应两岸关系发展变化的新形势，涉台研究和宣传工作取得了新业绩；以政治交接为主线，全盟思想建设、组织建设、制度建设迈上了新台阶。

报告希望台盟各级组织和全体盟员加强交流，广泛团结，努力做好对台工作；要适应形势、不断完善，全面加强自身建设。报告最后要求大家紧密团结在中共中央周围，高举邓小平理论伟大旗帜，深入学习中共十六大精神和"三个代表"重要思想，以与时俱进的思想观念和奋发有为的精神状态，为把台盟建设成为适应新世纪要求的参政党，为全面建设小康社会而努力奋斗。

全国政协副主席李贵鲜出席开幕式。大会常务主席林文漪主持开幕式，常务主席刘亦铭致开幕词。

刘延东等有关部门负责同志，以及各民主党派中央、全国工商联和人民团体的负责人出席了开幕式。

根据大会议程，与会代表将学习贯彻中国共产党第十六次全国代表大会精神；审议并通过台盟第六届中央委员会的报告；讨论并通过《台湾民主自治同盟章程(修改草案)》；选举产生台盟第七届中央委员会。

中共中央致台盟第七次全盟代表大会的贺词

各位代表、各位同志：

今天，台湾民主自治同盟第七次全盟代表大会在这里隆重开幕。中国共产党中央委员会向大会致以热烈的祝贺！向各位代表和台盟全体成员，致以诚挚的问候！

台湾民主自治同盟从成立之日起，就接受了中国共产党提出的新民主主义革命的主张，始终是中国共产党的亲密友党。半个多世纪以来，在共同争取民族独立和人民解放的伟大斗争中，在社会主义革命、建设和改革的伟大实践中，台盟与中国共产党风雨同舟，团结合作，为人民解放和国家发展，为促进祖国统一作出了积极贡献。

过去的五年，是我们高举邓小平理论伟大旗帜不断开拓创新的五年，是我们经受住各种困难和风险的考验，继续沿着中国特色社会主义道路胜利前进，取得举世瞩目巨大成就的五年。台盟坚持以邓小平理论为指导，认真学习和实践"三个代表"重要思想，切实履行参政党职能，就西部大开发、农业结构调整、可持续发展战略、医疗卫生、文化建设等方面提出了许多宝贵的意见和建议，受到了中共中央和国务院的高度重视。台盟不断加强自身建设，努力建设适应新形势新任务要求的参政党。充分发挥自身优势，积极宣传"和平统一、一国两制"的基本方针和江泽民同志关于现阶段发展两岸关系、推进祖国和平统一进程的八项主张，努力推进海峡两岸经济、文化合作和"三通"。台盟中央领导人多次发表文章和谈话，坚决反对分裂、反对外来势力干涉中国内政，同"台独"分子的分裂言行进行了针锋相对的坚决斗争，为推进祖国统一大业不懈努力。对此，中共中央向台盟的同志们致以崇高的敬意！

不久前召开的中国共产党第十六次全国代表大会，是我们党在新世纪召开的第一次代表大会，也是我们党在开始实施社会主义现代化建设第三步战略部署的新形势下召开的一次十分重要的代表大会。大会将"三个代表"重要思想同马克思列宁主义、毛泽东思想、邓小平理论一道确立为我们党必须长期坚持的指导思想，科学总结了我们党领导人民建设中国特色社会主义的基本经验，提出全面建设小康社会的奋斗目标，对新世纪新阶段全面推进改革开放和社会主义现代化建设、加强和改进中国共产党的自身建设等一系列重大工作进行了战略部署，动员全党和全国各族人民为开创中国特色社会主义事业新局面而团结奋斗。这是我们党和国家历史上一次具有重大现实意义和深远历史意义的盛会，必将极大地激发全党和全国各族人民沿着中国特色社会主义道路不断前进的热情和信心。

全面建设小康社会，加快推进社会主义现代化，在中国特色社会主义道路上实现中华民族的伟大复兴，是历史和时代赋予我们的共同使命。只有在中国共产党的坚强领导下，把各阶层、各党派、各民族、各团体和各方面的力量都凝聚起来，把方方面面的积极性都充分调动起来，才能万众一心地把宏伟的蓝图变成美好的现实。统一战线是中国共产党在革命、建设、改革各个历史时期不断从胜利走向胜利的重要法宝，是中国共产党长期坚持的战略方针。各民主党派是与中国共产党长期合作的亲密友党，是建设中国特色社会主义事业的重要力量。在新世纪新阶段，中国共产党将按照十六大精神，进一步发展社会主义民主政治，建设社会主义政治文明，巩固和发展最广泛的爱国统一战线，坚持和完善共产党领导的多党合作和政治协商制度，坚定不移地贯彻“长期共存、互相监督、肝胆相照、荣辱与共”的方针，加强同民主党派合作共事，更好地发挥我国社会主义政党制度的特点和优势。

我们希望台盟组织广大成员深入学习贯彻中共十六大精神，增强与中国共产党团结合作、为实现共同目标而奋斗的责任感和使命感；紧密围绕全面建设小康社会的目标，把广大成员的智慧、力量凝聚到改革开放与现代化建设的伟大实践中；适应时代发展要求，努力提高参政议政、民主监督水平；进一步加强自身建设，搞好政治交接，不断提高成员的思想政治素质，把台盟建设成为与中国共产党亲密合作、能够经受各种困难和风险的考验、致力于建设中国特色社会主义事业的参政党。实现祖国的完全统一，是我国在新世纪的三大历史任务之一。经过两岸同胞的共同努力，两岸人员往来和经济文化等领域的交流不断发展，两岸关系的基本格局和发展趋势没有改变。台湾同胞求和平、求安定、求发展的意愿日益增强。台湾分裂势力的分裂活动不得人心。台盟具有同海内外台湾同胞骨肉相连的特殊优势，一定能够在维护国家主权和领土完整，反对“台独”分裂活动，推动两岸经济文化交流，促进两岸“三通”和实现祖国完全统一的进程中，发挥更加重要的作用。我们坚信，通过包括台盟广大成员在内的全体中华儿女的共同努力，祖国的完全统一就一定能够早日实现。

台盟第七次全盟代表大会，是台盟在新世纪初召开的一次重要会议，对台盟在新世纪开创工作新局面具有重要意义。我们相信，台盟新一届领导班子，一定能够团结和带领广大盟员，深入学习贯彻中共十六大精神，认真学习和实践“三个代表”重要思想，进一步巩固政治交接的成果，继承和发扬台盟老一辈领导人与中国共产党在长期合作中形成的优良传统，在全面建设小康社会的征程中创造新的业绩。让我们紧密地团结在中共中央周围，高举邓小平理论伟大旗帜，全面贯彻“三个代表”重要思想，认真学习落实中共十六大精神，同心同德，艰苦奋斗，为实现中华民族的伟大复兴和祖国完全统一的伟大事业而共同奋斗。

祝台湾民主自治同盟第七次全盟代表大会圆满成功！

中国共产党中央委员会

2002 年 11 月 28 日

国务院副总理李岚清在布拉迪斯拉发会见斯洛伐克总统舒斯特

德国总统约翰内斯·劳在柏林会见外交部部长唐家璇

德国总理施罗德在柏林会见外交部部长唐家璇

外交部部长唐家璇在柏林与德国副总理兼外长菲舍尔举行会谈

唐家璇对中德建交 30 年来双边关系的不断发展表示满意。他说，当前国际形势处于复杂而深刻的变化之中，中德两国在维护世界和平、促进共同发展、打击跨国犯罪、解决全球环境恶化和贫富悬殊等全球性问题上的共同利益越来越多，所担负的责任也越来越大，有必要进一步密切在各领域的交流与合作。唐家璇就继续发展两国关系提出四点建议：一、继续保持高层互访势头，增进互信。二、继续保持并加强两国外交部间的各级磋商机制，进一步密切两国在联合国和其他国际组织中的协调与合作。三、继续推动互惠互利的经贸合作，特别要加强两国中小企业间的合作。四、继续推动两国互设文化中心和留学生交流，并在旅游、环保等领域加强合作。

国务委员吴仪在中南海会见波兰经济部长亚采克·皮耶霍塔

国防部部长迟浩田在北京会见 2002 国际问题研讨班的全体中外军官

来自 32 个国家的 46 名军官参加了这次研讨。迟浩田高度评价了举办国际问题研讨班的意义，祝贺这次研讨班取得圆满成功，并介绍了中国共产党第十六次全国代表大会的情况。他表示，中国人民解放军愿意与各国军队展开交往与合作，互相尊重，共同发展，反对各种形式的霸权主义和一切形式的恐怖主义，为维护世界和平、建立公正合理的国际政治经济新秩序作出贡献。

中国航天科工集团第二研究院庆祝建院 45 周年

李岚清、吴邦国、曾庆红、刘淇、曹刚川、迟浩田、张万年、刘华清、宋健等中央领导同志，以及国防科工委、解放军总装备部、各军兵种的负责人对航天二院和航天科工集团取得的成绩表示祝贺，并勉励航天二院为我国国防现代化再立新功。

中国航天二院创建于 1957 年 11 月，其前身是国防部第五研究院二分院。45 年来，航天二院坚持自力更生、艰苦奋斗，走出了一条从仿制到自行研制和自主设计，发展我国导弹事业的成功之路。航天二院承担并圆满完成了我国早期地地导弹型号控制系统研制生产任务，为我国地地导弹系统的发展作出了重要贡献。同时，先后承担并圆满完成了我国第一代中高空地空导弹武器系统、第二代低空超低空导弹武器系统、艇载低空超低空导弹武器系统、我国第一个固体潜地战略核导弹、固体陆基机动战略核导弹等6个型号的研制任务，为我军装备现代化建设和我国综合国力的提高作出了重大贡献。目前，航天二院正在抓紧进行国家重点武器系统的研制、试验和生产，同时积极开展新一代防空防天导弹武器系统等型号的预先研究和攻关。

在党中央、国务院、中央军委的亲切关怀下，在全国各个方面的大力支持下，航天二院目前已发展成为集开发、研制、生产、试验和服务为一体，以系统总体技术、体系研究和系统技术为主导，以微电子、光电子、机电技术为基础的，具有雄厚技术实力和整体优势的综合性研究院，拥有6名中国科学院、中国工程院院士和一大批为国家作出突出贡献的专家。

陆平逝世

中国人民政治协商会议全国委员会第六、七届常务委员会委员，全国政协原副秘书长陆平同志因病于11月28日在北京逝世，享年88岁。

陆平1914年生于吉林省长春市。1933年2月初参加中国共产主义青年团，同年2月底转为中共正式党员。抗日战争时期曾任中华民族解放先锋队全国总队部组织部部长、平北地委书记兼军分区政治委员。解放战争时期曾任冀察军区、察哈尔军区、华北野战军三纵队政治部主任。1948年后，曾任中共中央华北局青年工作委员会书记，新民主主义青年团中央常委。1952年后，曾任中共松江省委常委、黑龙江省委委员。1954年后，历任铁道部副部长、党组成员，北京大学党委书记兼校长，中共北京市委委员。1975年后，任第七机械工业部副部长、部党组副书记。

陆平是第一届中国人民政治协商会议代表，第二、三届全国人民代表大会代表，中共第十三次全国代表大会代表。

11月29日

中共中央政治局常委贾庆林在北京出席党外人士学习贯彻中共十六大精神座谈会并发表讲话

贾庆林对各民主党派中央、全国工商联、无党派人士学习中共十六大精神的成果给予了充分肯定，结合新世纪、新阶段的要求，对各民主党派广大成员深入学习贯彻十六大精神，认真总结我国多党合作的成功经验，切实加强自身建设，围绕中心、服务大局，在建设中国特色社会主义伟大事业中充分发挥参政党作用，提出了殷切希望。

贾庆林在认真听取党外人士发言后说，认真学习贯彻中共十六大精神，对于推进我们党和国家各项事业在新世纪的发展具有十分重要的意义。各民主党派作为中国共产党的亲密友党和共同致力于社会主义事业的参政党，与中共根本利益一致、奋斗目标相同，同样需要把十六大精神学习好、贯彻好。希望各民主党派注意结合自身的性质和特点，提高学习的针对性和实效性。特别是要通过学习，深刻认识中国共产党的先进性，增强走中国特色社会主义道路的自觉性，切实把思想和行动统一到十六大精神上来，为改革开放和现代化建设贡献智慧和力量。

贾庆林指出，改革开放以来特别是中共十三届四中全会以来，我国的多党合作事业蓬勃发展，积累了丰富的经验，这是一笔宝贵的政治财富，是我们继往开来的重要基础，应当认真地进行总结，很好地加以继承和发扬。要通过总结巩固和完善多党合作制度的经验，使各民主党派成员充分认识中国共产党领导的多党合作和政治协商制度是我国的一项基本政治制度，无论遇到什么困难和风险，都要始终不渝地坚持。要通过总结多党合作理论创新的成果，使各民主党派成员对多党合作制度的基本特征、判断我国政党制度的基本标准等重大理论政策问题，有更加深刻的认识，以保证多党合作事业沿着正确的方向前进。要通过总结发挥多党合作优势和作用的经验，引导和支持各民主党派成员更加积极地围绕经济建设和改革发展稳定大局，发挥参政议政、民主监督的作用。要通过总结民主党派加强自身建设的经验，使各民主党派坚持把政治交接作为一项长期的战略任务，贯穿于思想建设、组织建设、作风建设和制度建设之中，不断巩固多党合作的政治基础、思想基础和组织基础。

贾庆林强调，要实现中共十六大提出的全面建设小康社会的目标，需要包括各民主党派、工商联、无党派人士在内的全体中华儿女的团结奋斗。他说，在新世纪新阶段，发展是事关中华民族根本利益和社会主义前途命运的重大问题，是共产党执政兴国的第一要务，也是各民主党派参政兴国的第一要务。要把发展是硬道理、是解决中国一切问题关键的思想，变成统一战线广大成员的共识和自觉行动，最大限度地把各阶级、各民族、各党派、各团体和各界人士的意志、智慧和力量都凝聚到经济建设上来。要发挥统一战线的优势，努力做好协调关系、理顺情绪、化解矛盾的工作，为改革和建设创造安定团结的社会政治环境。

贾庆林希望各民主党派和工商联与时俱进，把握政治原则，切实加强自身建设。要根据参政党在我国政治生活中的地位、性质和特点，遵循参政党建设的目标和原则，以搞好政治交接为主线，以思想建设为核心，以组织建设为基础，以制度建设为保障，把参政党的建设提高到一个新水平。工商联同样要不断加强自身建设，引导、帮助、教育非公有制经济人士，使他们成为合格的中国特色社会主义事业的建设者。贾庆林强调，坚持中国共产党的领导，是巩固和发展爱国统一战线的根本保证。各级党委和政府要充分认识统一战线和多党合作的重要性，继续深入贯彻全国统战工作会议和《中共中央关于加强统一战线工作的决定》精神，进一步坚持和完善共产党领导的多党合作和政治协商制度，努力开创统一战线和多党合作的新局面。

座谈会上，民革中央主席何鲁丽、民盟中央主席丁石孙、民建中央主席成思危、民进中央主席许嘉璐、农工党中央主席蒋正华、致公党中央主席罗豪才、九三学社中央主席吴阶平、台盟中央主席张克辉、全国工商联主席黄孟复、无党派人士钱易先后发言。他们畅谈了学习中共十六大精神的体会，充分肯定了中共十三届四中全会以来我国改革开放和现代化建设取得的巨大成就，高度评价了13年来中国共产党领导全国人民建设中国特色社会主义的基本经验，对中共十六大提出的全面建设小康社会的奋斗目标感到鼓舞和振奋，对大会选举产生的以胡锦涛同志为总书记的新一届中共中央领导机构表示坚决拥护，特别是对中共十六大把“三个代表”重要思想与马克思列宁主义、毛泽东思想、邓小平理论一道确立为中共长期坚持的指导思想，作为指引中国特色社会主义各项事业的根本指针给予高度赞扬，并表示要结合自身特点和实际，认真学习和实践“三个代表”重要思想，为完成中共十六大提出的各项任务而不懈奋斗。

座谈会由中共中央政治局委员、全国政协副主席、中央统战部部长王兆国主持。他说，认真学习贯彻中共十六大精神是当前和今后一个时期统一战线和多党合作的首要任务，统一战线广大成员要深入学习、宣传、贯彻中共十六大精神，切实把思想和行动统一到中共十六大精神上来，进一步增强接受中国共产党领导的自觉性，增强走中国特色社会主义道路的坚定性，增强为十六大提出的宏伟目标和各项任务团结奋斗的主动性，全面建设小康社会，实现中华民族的伟大复兴，作出新的更大的贡献。

出席座谈会的还有全国政协副主席周铁农、王文元，以及各民主党派中央、全国工商联专职副主席和无党派人士。中共中央统战部常务副部长刘延东等参加了座谈会。

中央书记处书记曾庆红在中央党校省部级干部进修班毕业典礼上发表讲话

中共中央政治局常委、书记处书记曾庆红，受中共中央总书记、中央党校校长胡锦涛同志委托，在中央党校第33期省部级干部进修班毕业典礼上就深入学习贯彻十六大精神发表重要讲话。他强调指出，十六大科学地总结过去、规划未来，提出了新世纪新阶段党和国家的奋斗目标和行动纲领，为中国特色社会主义事业的发展进一步指明了前进方向。我们要在以胡锦涛同志为总书记的党中央坚强领导下，高举邓小平理论伟大旗帜，全面贯彻“三个代表”重要思想，团结一致，开拓创新，为实现十六大确定的奋斗目标和各项任务努力奋斗。

中共中央政治局委员、书记处书记、中央宣传部部长刘云山，中共中央政治局委员、书记处书记、中央组织部部长贺国强，中共中央政治局候补委员、书记处书记、中央办公厅主任王刚，中共中央书记处书记、中央纪委副书记何勇出席毕业典礼。

曾庆红在讲话中深刻阐述了十六大的重大意义。他指出，十六大是一次团结的大会、胜利的大会、奋进的大会。这次大会极大地振奋了全党和全国各族人民的精神，进一步展示了我们党坚持改革开放、坚持与时俱进的良好形象，从思想上、政治上、组织上为我们党和国家事业在新世纪新阶段的发展奠定了坚实的基础。十六大必将以胜利实现党的指导思想的与时俱进，胜利总结党领导人民建设中国特色社会主义的基本经验，胜利制定党在新世纪新阶段的奋斗目标，胜利实现党的中央领导集体的新老交替，胜利实现全党在马克思列宁主义、毛泽东思想、邓小平理论和“三个代表”重要思想基础上的坚强团结，载入我们党和国家的史册。

曾庆红指出，十六大结合改革开放以来特别是十三届四中全会以来13年的丰富实践，系统地总结了我们党领导人民建设中国特色社会主义的基本经验，标志着我们党对共产党执政规律、社会主义建设规律、人类社会发展规律的认识水平进一步提高。十一届三中全会以后，我们党集中全党智慧，形成了党的基本理论、基本路线和基本纲领，连同十六大总结的基本经验，这“四个基本”都是我们做好工作的法宝，对于党和国家具有长远的指导作用。在新世纪新阶段，我们党要带领人民全面建设小康社会，开创中国特色社会主义事业新局面，最重要的是坚定不移地坚持党的基本理论、基本路线、基本纲领和基本经验。无论形势怎样发展变化，无论遇到什么困难和风险，这些基本的东西都不能丢。

曾庆红说，“三个代表”重要思想，是江泽民同志坚持马克思主义基本原理，科学总结我们党成立以来的历史经验特别是改革开放以来的新鲜经验,认真吸取世界社会主义的历史教训,集中全党智慧提出来的。这一重要思想,以新的思想、观点、论断,继承、丰富和发展了马克思列宁主义、毛泽东思想和邓小平理论,是新世纪中国共产党人继往开来、与时俱进的新的理论武器。十六大把“三个代表”重要思想同马克思列宁主义、毛泽东思想、邓小平理论一道确立为我们党必须长期坚持的指导思想,这是继承和发展马克思主义的必然要求,是坚持和发展社会主义的必然要求,是全面贯彻党的基本理论、基本路线、基本纲领和基本经验的必然要求,是继往开来、与时俱进,把老一辈无产阶级革命家开创的、一代一代共产党人为之奋斗的中国社会主义伟业不断推向前进的必然要求。学习贯彻十六大精神,首先要在这个根本问题上加深理解、提高认识。

曾庆红强调,发展是当今世界的主题,也是当代中国的主题。贯彻“三个代表”重要思想,必须把发展作为我们党执政兴国的第一要务,聚精会神搞建设,一心一意谋发展。我们所谋求的发展,是以经济建设为中心、经济政治文化相协调的发展,是社会主义物质文明、政治文明、精神文明共同进步的发展;是不断提高人民群众生活水平,最大限度地维护人民群众切身利益的发展;是紧跟科学革命潮流,积极参与经济全球化,大胆吸收和借鉴人类文明优秀成果,紧紧把握时代脉搏的发展;是经济效益、社会效益和生态效益相统一的持续发展,同时也是人的全面发展。

曾庆红指出,十六大坚持解放思想、实事求是、与时俱进,提出了一系列新思想、新论断、新举措,这是党带领人民群众取得的实践经验的新总结,是思想理论上的新成果,反映了我们党在建设中国特色社会主义一系列重大问题上的新认识,体现了全面建设小康社会、开创中国特色社会主义事业新局面的新要求,具有重要的理论意义和实践意义。学习贯彻十六大精神,要结合实际深入领会和掌握这些新思想、新论断、新举措,在工作中认真加以贯彻。

曾庆红指出,党的建设是实现党在新世纪各项任务的根本保证。各级党组织要按照十六大的部署,认真贯彻“三个代表”重要思想,坚持党要管党、从严治党的方针,以提高党的执政能力为重点,以改革的精神全面推进党的思想、组织和作风建设,不断增强党的创造力、凝聚力和战斗力,不断提高党的领导水平和执政水平。要旗帜鲜明、毫不动摇地把反腐败斗争深入进行下去。各级领导干部要坚持深入群众、深入实际、深入基层,认真调查研究,倾听群众呼声,关心群众疾苦,切实帮助群众解决困难,诚心诚意为群众谋利益,团结和带领群众不断前进。

毕业典礼上,曾庆红为进修班学员代表颁发了毕业证书。毕业典礼由中央党校常务副校长虞云耀主持。出席典礼的还有中央有关部门和中央党校负责同志,省部级干部进修班学员和中央党校的教师代表共130多人。毕业典礼上,学员党支部书记、青海省委副书记宋秀岩和卫生部副部长王陇德分别汇报了学员的学习情况。

中共中央政治局常委李长春在北京会见中央宣讲团成员并进行座谈

中共中央政治局委员、书记处书记、中宣部部长刘云山,中共中央政治局委员、书记处书记、中组部部长贺国强出席了座谈。

为全面、准确、深入学习贯彻党的十六大精神,推动全党迅速兴起学习贯彻十六大精神的热潮,中央宣传部会同中央组织部、中央政策研究室、中央党校、中央文献研究室、中央党史研究室、中国社会科学院,组成中央宣讲团。在认真学习领会十六大精神的基础上,精心准备,深入研讨,集中备课,从30日起,赴各地开展宣讲活动。

李长春在座谈时指出,深入学习贯彻十六大精神,是全党当前和今后一个时期的首要政治任务。组成宣讲团开展宣讲活动,是中央推动全党迅速兴起学习贯彻十六大精神热潮的一个重大举措。我们一定要遵照中央围绕主题、把握灵魂、狠抓落实的要求,积极、全面、准确、深入地宣讲好十六大精神,把思想和认识统一到十六大精神上来,把智慧和力量凝聚到实现十六大确定的各项任务上来。

李长春强调,宣讲要紧紧围绕十六大的主题,紧紧抓住“三个代表”重要思想这个灵魂,紧紧把握解放思想、实事求是、与时俱进这个精髓,原原本本宣讲十六大精神,着重把历史和时代赋予我们党的庄严使命讲透彻讲明白,把党领导人民建设中国特色社会主义的基本经验讲透彻讲明白,把“三个代表”重要思想的历史地位和贯彻“三个代表”重要思想的根本要求讲透彻讲明白,把全面建设小康社会的奋斗目标讲透彻讲明白,把改革开放和现代化建设、推进党的建设新的伟大工程的战略部署讲透彻讲明白,把江泽民同志运用马克思主义的立场、观点和方法,研究新情况、解决新问题的科学态度和创新精神讲透彻讲明白。

李长春要求,宣讲要联系实际,务求实效,紧密联系13年来我们党领导人民艰辛奋斗、破浪前进的光辉历程,联系改革开放和现代化建设的实际,联系各地区各部门实际,联系广大干部群众的思想实际,努力回答干部群众关心的问题。要讲究艺术,注重方法,增强感染力、吸引力。要突出重点,讲出特色,突出亮点,讲出水平。在虚与实的结合中讲清道理,在情与理的交融中达成共识,振奋人们的精神,激发人们的热情,坚定人们的信心,努力营造解放思想、实事求是、与时俱进的浓厚氛围,营造聚精会神搞建设、一心一意谋发展的浓厚氛围,营造倍加顾全大局、倍加珍视团结、倍加维护稳定的浓厚氛围,激励广大干部群众为共同创造我们的幸福生活和美好未来而奋斗。

中央宣讲团由 11 位同志组成,他们是中纪委原副书记傅杰,国务院发展研究中心主任王梦奎,中国记协主席邵华泽,中央党校原副校长龚育之,中组部副部长李景田,中宣部副部长雒树刚,中央文献研究室常务副主任金冲及,全国政协副秘书长张国祥,农业部副部长韩长赋,国防大学政治理论教研室主任许志功,国家计委宏观经济研究院原常务副院长林兆木。

法国总统希拉克在巴黎会见国务院副总理李岚清

李岚清积极评价中法两国关系。他说:近年来,在两国元首的推动下,两国继续保持各个级别的密切往来,不论在双边领域还是在国际事务中的合作都进一步加强。中法在文化交流方面也获得了重要进展。两国元首共同决定举办的中法文化年活动,目前筹备工作已有显著成效。双方在对方国家举办文化年,将有助于两国人民进一步了解对方国家的灿烂文化,增进相互之间的友谊。另外,双方还决定互设文化中心。去年我访法时,双方签署了关于互设文化中心的原则文件。现在两国主管部门已就互设文化中心的具体协议达成一致。今天,我还要出席中国在法文化中心的挂牌仪式。相信法国在中国的文化中心很快也将筹建就绪。我们希望这将给两国文化交流注入新的活力。

双方还就国际形势和进一步加强双边合作事宜交换了看法,并达成了广泛共识。

全国人大常委会副委员长田纪云在智利蒙特港会见新当选的各国议会联盟理事会主席智利参议员派斯

田纪云说,各国议会联盟已经走过了 113 年的历程,它从一个只有 9 个成员国组成的议员论坛,发展成为由 140 多个主权国家议会参加的、当今世界规模最大、最负影响的国际议会间组织。这充分证明议联具有强大的生命力。议联每届大会上,近千名代表相聚一堂,就重大的国际和地区问题及共同感兴趣的问题广泛和深入地交换意见,增进了解,扩大共识,加强友谊,促进了各国议会之间的友好合作关系,从而推进国家关系的全面发展。这是任何其他组织不能替代的。

田纪云说,中国全国人大自 1984 年加入议联以来,重视并积极参与议联的各项活动,支持议联的改革和加强与联合国及其他国际组织的合作。面对当前的国际形势,议联以积极参与、加强对话、增进了解和友谊的姿态开展工作。相信议联在新世纪里将会有更大的发展。

11 月 30 日

中共中央政治局常委吴官正在人民大会堂会见由政治书记拉斐尔·科雷亚率领的委内瑞拉第五共和国运动代表团

吴官正积极评价中国共产党和委内瑞拉第五共和国运动的友好关系。他说,中国共产党重视发展同第五共和国运动的关系,愿意在独立自主、完全平等、互相尊重、互不干涉内部事务原则的基础上进一步巩固和发展两党友好合作关系,交流治国理政经验,增进相互了解与友谊,促进国家关系的健康发展。

中联部部长戴秉国、副部长王家瑞,中国驻委内瑞拉大使王珍等会见时在座。

贯彻落实《中华人民共和国测绘法》座谈会在北京举行

全国人大常委会副委员长姜春云在会上强调,要充分认识新测绘法制定和实施的重要意义,并对贯彻实施测绘法提出了要求。

姜春云说,《中华人民共和国测绘法》是从事测绘活动和进行测绘管理的基本法律规范,是各类测绘单位及其从业人员从事测绘活动的行为规则,也是各级人民政府和各级测绘行政主管部门进行测绘监督管理和测绘行政执法的法律依据。修订后的测绘法,对于推进我国测绘法制建设和测绘依法行政,加强测绘市场管理,规范测绘行为,确保测绘工作满足经济建设和人民生活对基础地理信息日益增长的需求,具有现实的重要意义和作用。他要求要以“三个代表”重要思想为指导,全面实施新的测绘法。要认真学习、准确把握、宣传好测绘法;要抓紧做好测绘法配套法规的制订工作,完善测绘法制;要认真做好测绘法规定的各项制度的落实工作;要加强执法队伍建设,提高执法人员的整体素质和依法行政水平;要建立一支纪律严明、作风过硬、秉公执法的行政执法队伍,以保证测绘法得到全面贯彻实施。

国家测绘局局长陈邦柱表示,国家测绘局将按照测绘法的规定,严格依法行政,加强监管,做到有法必依、执法必严、违法必究,主动为领导决策和宏观管理服务,为国家重大战略实施服务,为重大基础设施建设工程服务,为方便人民生活服务。

座谈会是由全国人大法律委员会和环境与资源委员会、全国人大常委会法制工作委员会、国务院法制办公室、国家测绘局等 5 个部门联合召开的,全国政协副主席王文元等有关方面负责人出席了会议。

12月1日

第十四届中国国际科学与和平周在北京开幕

以“传播科学、维护和平、促进发展”为主题的第十四届中国国际科学与和平周在北京拉开帷幕。10多年来，这一活动高举科学与和平的旗帜，吸引了我国社会各界近1亿人次参与。

本届国际科学与和平周由中国科协、中国人民争取和平与裁军协会、中国国际友谊促进会、中科院、中国工程院等38家单位共同主办。在为期一周的时间里，各主办单位将围绕主题开展包括全国科普宣传展、全国医疗健康咨询义诊活动、卫生科普系列挂图、国防教育活动、网上天文知识竞赛等活动。

国际科学与和平周活动是为响应1988年第四十三届联合国大会号召而举办的。自1989年以来，我国已连续13年成功举办这一活动，吸引了近1亿人次参与。我国举办的国际科学与和平周活动在国内外产生良好的影响，已成为国际社会中开展此项活动最为深入、最为持久、最为广泛、最有实效的国家。

全国人大常委会副委员长王光英、何鲁丽、周光召、蒋正华，全国政协副主席朱光亚，以及各界代表共800人出席开幕式。

国家药品监督管理局在北京宣布取消中成药地方标准

按新修订的《药品管理法》的有关规定，根据我国的实际情况，国务院要求在2002年12月1日前全部解决药品地方标准问题。国家药监局经过一年多的艰苦工作，解决中成药地方标准工作已按规定时限结束。

据了解，此次整顿共受理各省、自治区、直辖市上报中成药地方标准品种5915个批准文号，颁发新的药品标准1518个，核发批准文号3020个。

由于历史原因，我国药品有国家标准和地方标准两种，地方标准是指各省、自治区、直辖市自行组织审批的药品标准。各省、自治区、直辖市自行组织审批药品时缺乏统一遵循的原则，因而地方标准药品的质量水平参差不齐。中成药方面的问题尤为突出，不但药品名称命名不规范，其显示疗效误导患者，而且同名异方、同方异名、同方而功能主治相差甚远的状况，以及组方不合理、疗效不确切、毒副反应大的问题都比较严重。这些混乱状况严重威胁着人民群众用药的安全有效。新修订的《药品管理法》不仅取消了地方审批药品标准的权利，同时也明确取消了地方药品标准。

整顿工作结束后，已纳入国家标准的原地方标准药品可以流通和使用至2003年6月30日；没有纳入国家标准的地方标准药品立即停止生产、销售和使用；从2003年7月1日开始全面停止地方标准药品的流通和使用。

中国选手齐晖在上海世界杯系列赛中以2分08秒77的成绩打破女子200米混合泳短池世界纪录

12月2日

中共中央政治局召开会议分析当前经济形势研究明年经济工作

中共中央总书记胡锦涛主持了会议。

会议指出，今年以来，全党和全国人民以邓小平理论和“三个代表”重要思想为指导，认真贯彻落实中央关于经济工作的部署，扎实做好各项工作，使国民经济继续保持良好的发展势头。实践证明，党中央、国务院采取的一系列政策措施是完全正确的。

会议强调，明年是全面贯彻落实党的十六大精神，开创中国特色社会主义事业新局面的重要一年。做好明年的经济工作，对于党和国家事业的发展具有特别重要的意义。要坚持把发展作为党执政兴国的第一要务，按照全面建设小康社会的要求，努力促进国民经济持续快速健康发展。要坚持实施扩大内需的方针和积极的财政政策、稳健的货币政策，保持宏观经济政策的连续性和稳定性。要加快农业和农村经济结构调整，大力推进新型工业化，积极推进西部大开发。要进一步深化各项改革，为经济发展创造更有利的体制环境。要继续抓住加入世贸组织带来的机遇，进一步扩大对外开放。要大力开展增收节支，严格财政收支管理。要正确处理改革发展稳定的关系，切实做好就业和再就业工作，完善社会保障体系，提高城乡居民生活水平，保持社会稳定。

会议强调，面对复杂多变的国际形势，面对国内改革发展稳定的艰巨任务，面对前进道路上的困难和挑战，全党同志一定要高举邓小平理论伟大旗帜，全面贯彻“三个代表”重要思想，按照党的十六大提出的要求，进一步增强忧患意识和紧迫感，倍加顾全大局，倍加珍视团结，倍加维护稳定，更好地带领广大人民群众，艰苦奋斗，开拓进取，努力夺取改革开放和现代化建设的新胜利。

会议决定近期召开中央经济工作会议。

会议还通过了十六届中央政治局工作规则和其他事项。

国家主席江泽民与俄罗斯联邦总统普京在北京举

行会谈

两国元首就两国关系和共同关心的重大国际问题深入交换了意见，并达成广泛、重要的共识。

江泽民说，我们两国关系从相互视为友好国家，发展建设性伙伴关系，直至确立战略协作伙伴关系，连续上了三个大台阶，所有这些成果集中体现在我们去年签署的《中俄睦邻友好合作条约》中。现在我们之间的高层交往十分活跃并已定期化、机制化。经贸合作快速发展，规模日增。在国际事务中的磋商与协作非常密切。

江泽民说，我认为，10年来我们两国关系迅速发展的成功经验可归纳为：第一，高度的政治互信是基石。《中俄睦邻友好合作条约》中确立了两国世代友好、永不为敌的和平思想，有了高度的政治互信，才有两国关系今天的大好局面。第二，登高望远，着眼未来，从战略高度和长远眼光看待和规划中俄关系。第三，保持密切高层交往并机制化，及时处理和解决新情况、新问题。第四，相互尊重、互谅互让，相互考虑和照顾对方合理利益，通过谈判寻求彼此可接受的解决问题的办法，使双边关系保持良好发展。第五，树立互信、互利、平等、协作为核心的新安全观，实现了两国边境地区的军事信任与相互裁军，共同倡导成立了上海合作组织，使我们各自的国内经济建设有了和平的周边环境。

江泽民说，展望未来，我们两国应遵循《中俄睦邻友好合作条约》的原则和精神，致力于不断巩固和发展睦邻友好合作关系。这是我们两大邻国的唯一选择，是两国人民的共同心声，符合当今世界和平与发展的时代潮流和中俄双方的共同利益。我们愿与俄方一道，与时俱进，开拓进取，不断谱写中俄两国关系发展的新篇章。

为此，江泽民提出建议：要充分挖掘《中俄睦邻友好合作条约》对推动双边关系发展的巨大潜力，继续全面落实这一条约，确保我们永做好邻居、好伙伴和好朋友；要保持并巩固现有的高层互访和定期会晤机制；要加快实施已达成的大型经贸合作项目，积极探讨新项目，不断提升和扩大经贸合作的水平和规模；要深化两国军技合作；要加强两军交流；要扩大两国在人文领域的合作，相互学习，取长补短；要促进两国地方合作的良好势头，发挥各自优势，扩大务实合作；要进一步加强民间交往，特别是青年一代的相互了解与友好。

江泽民说，刚刚召开的十六大选举产生了新一届中央委员会，党的中央领导集体顺利实现了新老交替。新任总书记胡锦涛同志也将与你会见。我相信你们一定会很快建立良好的工作关系，双方密切配合，继续推动中俄战略协作伙伴关系不断充实、深化。

在谈及当前国际反恐斗争等重大国际问题时，江泽民指出，反恐是国际社会面临的共同课题，也是中俄两国面临的艰巨任务。莫斯科发生的车臣恐怖分子绑架人质事件再一次表明其严重危害，中方坚决支持俄方在打击恐怖分子方面采取的正义行动。我们两国就反恐进行了多方面的合作，富有成果，应进一步加强。

江泽民说，和平与发展仍是当今时代的主题，世界多极化和经济全球化在曲折中继续发展。但另一方面，不公平、不合理的国际政治经济旧秩序尚未根本改变，局部的战乱、紧张、动荡此起彼伏，南北差距进一步拉大。恐怖主义等非传统安全问题更加突出。面对新的挑战，国际社会应携起手来，少一些对抗，多一些对话；少一些傲慢与偏见，多一些交流与沟通。这样才能共同发展和进步。中俄两国密切的战略协作，是维护和促进世界和平与稳定的重要因素。我们今后应更加积极地推动世界多极化和国际关系民主化进程，呼吁各国共同树立以互信、互利、平等、协作为核心的新安全观，为人类和平与发展事业作出更大贡献。

会谈后，中俄两国元首签署了《中华人民共和国与俄罗斯联邦联合声明》，并出席了两国间五个合作协定的签字仪式，其中主要包括《中华人民共和国和俄罗斯联邦关于移管被判刑人的条约》、关于1997年6月27日《中华人民共和国政府和俄罗斯联邦政府关于建立中俄总理定期会晤机制及其组织原则的协定》的议定书和《中华人民共和国公安部和俄罗斯联邦税务警察总局关于打击危害税收征管犯罪和其他经济犯罪的合作协议》。

中华人民共和国与俄罗斯联邦联合声明

一

中俄两国元首全面讨论了中俄关系的现状和前景，并声明，深化中华人民共和国与俄罗斯联邦之间的战略协作伙伴关系符合两国和两国人民的长远利益，是唯一正确的历史选择，也是应对世界形势和国际关系发展所带来挑战的需要。

近10年来，两国关系发生了历史性的积极变化。进入21世纪，中俄关系的政治、经济和社会基础越来越坚实，政治互信加深，两国人民的传统友谊得到加强，互利合作取得实质性成果。两国领导人之间的密切接触对双边关系发展发挥着主导作用。

两国元首一致认为，中俄发展睦邻友好合作关系和深化战略协作有着广阔前景和巨大潜力。双方决心继续不懈努力，不断推动两国友好互利合作迈向新水平。

两国元首重申：双方将继续加强两国高层互访和定期会晤机制，提高政治和军事领域的互信水平，经常就重大的双边和国际问题交换意见；加强并巩固两国外交、国防、执法、经济和科技部门的协调与协作；加强两国地区间友好交往与务实合作。

二

2001年7月16日，两国元首签署《中俄睦邻友好合作条约》。一年来的实践充分证明，该条约具有重要的现实意义和历史意义，为两国睦邻友好关系健康稳定发展奠定了坚实基础。条约是确保双边关系不断发展的纲领性文件，具有强大的生命力。它为深化两国全面战略协作开辟了新前景。

两国元首重申，无论国际风云如何变幻，无论中俄各自国内发生什么样的变化，双方决心恪守条约所确定的方针和原则，不断推进、扩大并以新的内容充实和深化两国战略协作伙伴关系，在双方关切的问题上协调立场和相互支持，充分体现"永做好邻居、好朋友、好伙伴，永不为敌"的伟大战略思想，与全世界所有爱好和平的国家和人民一道，共同迎接新时代的挑战。

双方强调，两国友好关系是不结盟、不对抗、不针对第三国的新型国家关系。两国元首深信，条约所奠定的坚实基础将把本世纪的中俄关系提高到新的更高水平。

两国元首指出，国家独立、主权和领土完整是国际法的基础要素，是国际关系的基本原则，也是每个国家存在的必要条件。坚决谴责和打击破坏上述原则的任何企图和行为是每个国家的合法权利。中俄坚定支持对方在维护国家统一和领土完整方面的政策和行动。

俄方重申，中华人民共和国政府是代表全中国的唯一合法政府，台湾是中国领土不可分割的一部分。俄罗斯不同台湾建立官方关系和进行官方往来。俄罗斯始终承认西藏是中国不可分割的组成部分。中方支持俄方打击车臣恐怖分裂分子的努力。

中俄不允许在本国领土上成立损害两国主权、安全和领土完整的组织和团伙，并禁止其活动。

两国元首指出，为解决中俄边界尚未协商一致两个地段的边界线走向问题，找到双方均可接受的方案，当前已具备最为有利的条件。为此，责成两国外交部早日结束边界谈判进程。

彻底解决历史遗留的中俄边界问题，对两国关系的战略前景具有深远意义，将对亚太地区乃至全球产生重要的稳定作用。

三

两国元首认为，加强并全面推进双方经贸合作的积极势头，对确保中俄整体关系的稳定和长远发展具有极其重要的意义。

两国元首认为，两国总理定期会晤机制意义重大，高度评价这一机制为发展中俄长期经贸合作所做的贡献。

双方指出，为使经贸关系在稳定和可预见的环境中发展，必须采取积极措施，扩大贸易规模，通过提高其中高技术、机电产品以及其他高附加值商品的份额，改善商品结构；为两国商品、服务和投资进入对方市场创造有利条件；加大经济技术和投资合作力度，包括建立合资企业、生产合作、技术转让；完善贸易服务体系，包括加强银行结算、信贷、保险领域的合作；加强有关使贸易制度符合国际规范的法律、行政、管理等工作；加强中小企业联系。双方将力争在双边经贸关系整体发展和质量提高方面取得突破性进展。

考虑到能源合作对双方的重大意义，两国元首认为，保证已达成协议的中俄原油和天然气管道合作项目按期实施，并协调落实有前景的能源项目，对确保油气的长期稳定供应至关重要。

双方同意，俄罗斯加入世界贸易组织，对其作为世界经济贸易共同体平等成员融入世界经济体系具有特别意义。双方认为，应以积极和建设性的态度就俄加入世贸组织条件进行双边谈判，并在考虑双方利益的基础上达成有关协议，这有助于加强中俄经贸关系。中方表示支持俄罗斯联邦加入世贸组织，并认为这将使该国际组织具有更大的广泛性。

四

两国元首认为，扩大双方在教育、文化、卫生、体育、媒体领域的友好交流与合作，有利于加强两国睦邻友好和互信的社会基础。双方认为，中俄友好、和平与发展委员会的工作具有重要意义，并高度重视完善其工作形式和工作方法。

为加强两国人民之间的相互理解与合作，双方愿进一步采取切实措施，促进中俄公民之间的相互往来，规范和完善有关法律制度。

两国元首强调，开展执法领域的合作具有重要意义。双方将在打击非法移民领域开展合作。

两国元首指出，必须进一步采取措施，加强生态和环保领域的合作，并完善有关法律制度，认为应重视边境地区的环保合作。

五

国际恐怖主义在纽约、莫斯科、巴厘岛和世界其他地区的罪行表明，恐怖主义、分裂主义和极端主义对主权国家的安全及全球和平与稳定构成严重威胁。全球安全面临的不确定因素增加。两国元首认为，解决这些问题不应采取"双重标准"，打击恐怖主义必须依靠所有国家的共同努力。为此，中俄决心在双边和多边基础上，有针对性地采取必要的切实步骤，以严厉打击一切形式的恐怖主义。

双方重申，车臣和"东突"恐怖分裂分子是国际恐怖主义的组成部分,世界各国应予一致谴责和共同打击。为有效维护各自国家的安全与稳定,促进地区乃至全球的和平与繁荣,双方将加强反恐领域相互支持的力度和在国际上的协调与合作。

今年6月,上海合作组织成员国在圣彼得堡签署了《上海合作组织成员国关于地区反恐怖机构的协定》。两国元首高度评价该组织开展反恐合作的潜力,主张该机构尽快开始实际工作。

双方高度评价中俄反恐工作组的工作,并特别强调,该工作组所形成的建设性与信任对话关系完全符合中俄战略协作伙伴关系的水平。

六

“9·11”事件以来,国际形势发生着深刻而复杂的变化。国际恐怖主义等非传统挑战对世界和平与安全构成严重威胁。局部冲突此起彼伏,紧张和不稳定的根源依然存在,南北差距进一步拉大。人类的和平与发展面临不容忽视的挑战。

两国元首认为,世界各国的和谐并存和多样性、国际关系的民主化有助于加强全球稳定与安全。双方认为,和平与发展是当今时代的主题,在世界多极化和经济全球化总趋势加强的情况下,各国人民均希望建立公正合理的国际政治经济新秩序,这将保障所有国家的持续发展和平等安全。

中俄主张,联合国是多极世界中保障国际安全与合作的主要机制,其核心作用应得到加强。双方赞成进一步提高联合国特别是安理会的效率。

双方认为,在全球化和科技进步时代,各国的相互依存度加深,必须制定一个人类可持续发展的总体战略。国际安全的军事、政治、经济、生态和人文内容是密不可分的,这一认识应成为上述总体战略的基础。

两国元首认为,双方在战略稳定问题上的相互协作对加强国际安全、全球和地区稳定具有重要意义。双方将在双边关系框架内和有关国际论坛开展合作,推动在军控、裁军和防止大规模杀伤性武器及其运载工具扩散领域制定和采取有效的措施。双方将进一步努力,推动两国关于缔结外空非武器化国际协议的共同倡议。

双方将继续在解决导弹扩散问题方面开展密切协作。双方认为,应进一步探讨和推动进行有关多边谈判的建议,以便制定具有法律约束力的全球导弹防扩散机制协议。联合国等多边组织应在这方面发挥主要作用。中俄愿继续就防扩散出口控制问题进行双边对话。

双方高度重视在保护和促进人权方面开展国际合作。双方认为,在人权问题上不能采取“双重标准”,反对在国际关系中利用人权问题施压。

双方强调,以政治和外交手段,通过对话和谈判解决地区冲突应成为国际关系准则。

双方继续坚持主张,只能通过政治外交手段,在严格遵守联合国安理会决议的基础上,求得伊拉克问题的全面彻底解决。双方表示,愿为此继续在联合国框架内进行合作。

双方讨论了中东局势,对旷日持久的巴以对峙表示严重关注。双方确信,武力手段不可能解决双方分歧,达成政治解决符合所有国家的长远利益。政治解决的目标是,以色列和巴勒斯坦两个国家在安全和得到承认的边界内和平共处。

七

上海合作组织已成为当今维护地区和平、安全与稳定的重要因素,也是未来多极世界结构的支柱之一。在当前复杂的国际形势下,为上海合作组织的发展注入新活力,使其更积极地参与地区和国际事务,促进亚洲地区的和平与繁荣,建立平等对话的合作气氛,符合上海合作组织各成员国的共同利益。

因此,两国元首认为,加强上海合作组织框架内的相互协作具有头等重要意义。

中俄愿同上海合作组织其他成员国一道,致力于加速实现该组织机制化,尽快成立上海合作组织秘书处和地区反恐怖机构;加大打击恐怖主义、分裂主义和极端主义的力度,采取措施制止毒品走私和其他形式的跨国犯罪;深化各方在经济和人文领域的广泛合作;积极开展上海合作组织同其他国际组织和国家的交流与合作,以维护本地区及全世界的和平与发展。

八

两国元首认为,在亚太地区安全领域加强多边协作是巩固全球战略稳定的关键因素之一。为保障亚太地区稳定与安全,两国将致力于建立有效的地区多边合作体制。

两国元首对有关国家以集团为基础在东亚合作建立战区导弹防御系统的前景和可能产生的后果表示忧虑,重申这一合作不应破坏地区和全球安全与稳定。双方呼吁有关各国就以集团为基础在东亚建立战区导弹防御系统问题加强对话。中俄将继续在双边框架内就上述问题保持磋商。

双方讨论了中亚局势,并指出,维护该地区的稳定与安全至关重要。

双方指出,东盟在建立亚太地区新型国家关系方面发挥着建设性作用,认为东盟地区论坛是就地区安全问题开展政治对话的有效机制。双方重申愿在东盟地区论坛框架内进行紧密协作。

俄罗斯重申,积极看待“东盟+3”进一步发展对话合作机制。中国愿为俄罗斯同这一机制在双方共同关心的领域建立联系给予必要的协助。

双方认为，在亚太经合组织框架内全面发展经贸、投资和技术合作是对亚太地区稳定和发展事业的重大贡献。双方愿就亚太经合组织事务进行经常磋商，协调观点和立场。

双方高度评价亚欧会议为推动亚欧新型平等伙伴关系深入发展所作的贡献。中方支持俄罗斯加入亚欧会议。

两国元首欢迎在亚洲有关地区建立无核区，认为这样的无核区应充分考虑所有国家的利益和关切。

两国元首支持继续并深化近年来朝鲜半岛已开始的缓和进程，特别是朝韩之间的对话与合作，赞成朝日关系正常化，赞成落实平壤最高级会谈的成果。

双方认为，保持朝鲜半岛无核地位和大规模杀伤性武器不扩散制度对东北亚的和平与安全至关重要。双方强调，美朝应一如既往地遵守以前达成的各项协议，包括1994年框架协议，并在此基础上，本着为解决相互关切进行建设性平等对话的原则，实现关系正常化。双方将继续同朝韩两国发展睦邻友好与合作关系，以利于该地区的和平与繁荣。

双方完全支持阿富汗过渡政府根据波恩协定、支尔格大会决定和联合国安理会决议为使国家局势正常化所进行的工作。双方对阿富汗局势仍不稳定、塔利班运动残留势力活跃、民族矛盾激化和毒品生产有增无减表示不安。双方强调必须保持联合国在解决阿富汗问题中的主导作用。

两国元首声明，愿继续进行密切和相互信任的政治对话，扩大和深化互利经济合作，增进在国际事务中的相互协作，巩固两国人民之间的友谊。

中华人民共和国主席　　俄罗斯联邦总统

江泽民　　弗·弗·普京

2002年12月2日于北京

国家副主席胡锦涛在人民大会堂会见俄罗斯联邦总统普京

全国人大常委会委员长李鹏在人民大会堂会见俄罗斯联邦总统普京

国务院总理朱镕基在北京会见俄罗斯联邦总统普京

朱镕基对普京表示：江泽民主席和你在今天上午举行的会晤，确定了今后一个时期我们两国扩大全面合作的方向和重点领域，为双边关系在新世纪长期稳定发展制定了战略规划，给双方政府提出了新任务。我将继续与卡西亚诺夫总理一道，充分发挥中俄总理定期会晤机制的作用，积极落实两国元首达成的各项合作协议。

朱镕基说：中国有广阔的市场，有众多优势产业和先进技术，投资能力不断增长。俄罗斯有丰富的自然资源，雄厚的工业、科技基础和高素质的人力资源。双方经济互补性很强，全面发展经贸合作是两国经济可持续发展的必然选择。我们在优先保证两国能源领域的大项目合作顺利开展的同时，可适时探讨战略合作规划；可积极开展相互投资，规范贸易秩序，完善贸易服务体系，逐步按照世贸组织规则和国际惯例，为双方创造公平、透明的合作条件。

国务院总理朱镕基在人民大会堂会见委内瑞拉外长罗伊·查德顿·马托斯一行

国务院副总理吴邦国在人民大会堂会见巴西发展工业与外贸部长塞尔吉奥·阿马拉尔一行

吴邦国首先对中国和巴西合资生产支线飞机项目即将正式签约表示祝贺。他指出，刚刚闭幕的中共十六大确定了中国全面建设小康社会的奋斗目标，航空工业是中国要积极发展的高科技产业之一。中巴合作研发生产民用支线飞机，是加快我国航空工业发展的有益尝试，也必将为中巴双方带来双赢的结果。

吴邦国对巴西客人说，你们此次与中航第二集团公司合资生产涡扇支线飞机是中国与巴西加强合作取得的新成果，是中巴友谊的新体现，意义十分重大。这种合作不是权宜之计，而是长期的、战略的、互惠互利的合作。希望这个项目能成为南南合作新的成功典范。

他说，巴西航空工业在发展支线飞机方面有着丰富的经验。此次与你们签约的中航第二集团哈飞公司是我国航空工业的骨干企业，具有较强的实力和雄厚的基础。同时，也具有国际合作的丰富经验。希望中巴合资双方本着互利合作的精神，共同努力，加快推进项目进程，尽快拿出满足国内外市场需求的产品，为两国经贸合作和共同发展作出新贡献。

有关方面负责人李肇星、郑斯林、杨元元、宋法棠、徐匡迪等陪同会见。

国台办发言人就公布实施《关于台湾记者来祖国大陆采访的规定(修订版)》发表谈话

1996年12月，国务院台湾事务办公室颁布了《关于台湾记者来祖国大陆采访的规定》(以下简称“规定”)。“规定”的颁布实行，对于推动两岸新闻交流，方便台湾记者来祖国大陆采访，起到了积极的促进作用。

为进一步方便台湾记者来大陆各地采访，加强海峡两岸新闻交流，促进两岸关系发展，国务院台办决定对“规定”进行适度修订。这次修订的内容主要有两个方面：

一、进一步下放审批权，减少环节，简化手续，提高效率。台湾记者来大陆采访之初，由国务院台办统一审批。后来，由于来大陆采访的台湾记者日益增多，为方便台湾记者，提高申请审批效率，从 1994 年起，国务院台办将台湾记者采访审批权下放到上海等 4 省、市台办；1997 年又进一步下放到包括上海等在内的 13 个省、市台办(含深圳市)。此次修订，下放台湾记者采访审批权的幅度之大，超过前几次。从明年 1 月 1 日起，台湾记者到各省、自治区、直辖市以及深圳市、新疆生产建设兵团采访，国台办将授权各省、自治区、直辖市台办以及深圳市台办、新疆生产建设兵团台办受理、审批；国台办只受理、审批台湾记者跨省、自治区、直辖市采访和到北京市采访的申请。

二、简化台湾记者《采访证》的申领手续。此次修订，与下放审批权相配套，进一步简化了台湾记者《采访证》发放层次，方便台湾记者采访。今后，台湾记者到北京市采访，到中华全国新闻工作者协会申领《采访证》；到各地采访，到所在省、自治区、直辖市以及深圳市、新疆生产建设兵团台办申领《采访证》。

修订后的《关于台湾记者来祖国大陆采访的规定》将于 2003 年 1 月 1 日起实行，这将进一步方便台湾记者来大陆采访，为台湾记者与大陆各地的新闻交流提供更为便利的条件，体现了我们对推动两岸新闻交流发展的诚意。国务院台办作为台湾记者来大陆采访的主管部门，将一如既往地采取积极措施，努力创造良好的条件，为台湾记者的采访提供更高效、周到的服务，促进两岸新闻交流的发展。

海峡两岸的新闻交流，有利于加深两岸同胞的了解与沟通，有利于增进两岸同胞的感情，推动两岸关系的发展和祖国和平统一进程。对此，我们一直是持积极推动的态度。各地、各部门在接待台湾记者采访中，也是积极提供帮助，努力予以各种方便。但是，目前两岸新闻交流的现状并不令人满意，发展还很不平衡。大陆记者赴台采访的人数只是台湾记者来大陆采访人数的 1/20，相差悬殊。我们对台湾媒体来大陆驻点采访没有限制，目前经批准在北京、上海、福建等地驻点采访的台湾媒体已有 9 家，另有两家台湾电视台的驻点申请也在受理之中，而大陆媒体获准在台湾驻点采访的只有 4 家，中国新闻社的赴台驻点申请迄今未获批准。台湾当局对大陆记者赴台采访，还设置了许多障碍，采取不合时宜的限制政策，严重地影响了两岸新闻交流的正常发展，引起了包括台湾新闻界在内的两岸新闻界的普遍不满。11 月 17 日，台湾当局主管部门负责人发表了不利于两岸新闻交流的谈话，甚至使用了称大陆为“敌对国家”、攻击大陆媒体“为匪宣传”等公然鼓吹“台独”分裂、挑起两岸对立的极其情绪化的语言。台湾当局有关部门还在审批大陆媒体驻点时设置障碍，没有正当理由就不批准大陆媒体记者赴台驻点采访。这种做法，严重地伤害了大陆新闻界的感情。我们希望台湾当局拿出诚意，采取切实措施，尽快取消不合理的规定和各种障碍，确保大陆记者赴台采访的顺利进行，促进两岸新闻交流的健康发展。

关于台湾记者来祖国大陆采访的规定

国务院台湾事务办公室(1996 年 12 月 1 日颁布，2002 年 12 月 2 日修订)

第一条　为方便台湾记者进行新闻采访，加强海峡两岸新闻交流，以加深两岸人民的相互了解，促进两岸关系发展，推进祖国和平统一进程，特制定本规定。

第二条　申请来祖国大陆采访的台湾记者，是指正常出版和发布新闻的台湾地区报社、杂志社、通讯社、广播电台、电视台、网站等新闻机构的记者、编辑(包括摄影、录像人员等)。

第三条　台湾记者的采访工作由国务院台湾事务办公室(以下简称国务院台办)主管。

第四条　台湾记者须提前 10 个工作日提出采访申请。申请跨省、自治区、直辖市和来北京市采访，由国务院台办新闻局受理、审批；申请到其他地区采访，国务院台办授权各省、自治区、直辖市、深圳市人民政府台湾事务办公室和新疆生产建设兵团台湾事务办公室受理、审批。

台湾记者申请时应逐项详细填写《台湾新闻记者回大陆采访申请表》，并加盖公章。经审批同意后，持国务院台办新闻局或各省、自治区、直辖市和深圳市、新疆生产建设兵团台办签发的《台湾记者采访审批同意书》传真件办理入境手续。采访时间每次一般不超过一个月。

第五条　台湾记者凭《采访证》采访。

台湾记者到北京市采访，凭入境证件到中华全国新闻工作者协会(以下简称中国记协)申领《采访证》。到其他省、自治区、直辖市以及深圳市、新疆生产建设兵团采访，凭入境证件到所在省、自治区、直辖市以及深圳市、新疆生产建设兵团台办申领《采访证》。

台湾记者获准进行跨地区采访，凭入境证件到采访第一站所在的省、自治区、直辖市台办或深圳市、新疆生产建设兵团台办申领《采访证》。

《采访证》为一次性证件，逾期作废。台湾记者进行采访活动应主动出示《采访证》。

第六条　台湾记者采访，由中国记协或各省、自治区、直辖市以及深圳市、新疆生产建设兵团台办负责接待。接待单位应事先将采访内容告知被采访的单位和个人,征得其同意。

第七条　台湾记者采访应按批准的采访计划进行。延期采访须向原审批单位提出书面申请,说明理由,获准办理延期采访手续后方可进行采访。

台湾记者在北京市采访而要求增加采访项目的,向中国记协申请;在其他地区采访而要求增加采访项目的,向当时所在采访地省、自治区、直辖市及深圳市、新疆生产建设兵团台办申请。

第八条　台湾记者因采访需要携带广播、电视、摄影等器材入境,应持中国记协或各省、自治区、直辖市及深圳市、新疆生产建设兵团台办开具的《器材通关批准书》和保函向海关申报,办理进境手续,并于出境时原物如数带出。违者,由有关部门照章处理。

第九条　台湾记者采访应当遵守新闻从业人员的职业道德,进行客观公正的报道,不得歪曲事实,制造谣言,或以不正当的手段采访报道。

第十条　经批准进行正常采访活动的台湾记者,受国家法律保护;同时,必须遵守国家的法律、法令和有关规定,不得进行与记者身份不符的活动。以探亲、旅游等名义入境,未按规定办理采访手续和未领取《采访证》的台湾记者,不得进行任何形式的采访活动。如有违反,将由主管部门视情节轻重给予警告等相应的处罚,触犯法律的由有关部门依法处理。

第十一条　本规定由国务院台办负责解释。

第十二条　本规定自 2003 年 1 月 1 日起实行。

中国选手齐晖在上海世界杯系列赛中以 2 分 18 秒 86 的成绩打破女子 200 米蛙泳短池世界纪录

12 月 3 日

中国政府代表团在蒙特卡洛举行的国际展览局第 132 次大会上就中国申办 2010 年世界博览会进行陈述

国务院副总理李岚清、国务委员吴仪分别表达了中国政府对申办世博会的支持、12 亿多中国人民对于举办世博会的渴望和上海的承诺。

国务院副总理李岚清在陈述中首先代表中国政府向各位代表庄严承诺,如果中国上海获得 2010 年世博会的举办权,中国将实现所有承诺,使这届世博会成为一次成功、精彩、难忘的盛会。

李岚清说,中国是一个有着五千年历史的文明古国,也是世界上最大的发展中国家。中国的 56 个民族和睦相处、相互交融,形成绚烂多彩的中国文化,共同生活和工作在这美丽家园。改革开放 20 多年来,中国成为世界经济发展最快的一支力量。中国的政治稳定,社会进步,经济繁荣。中国的现代化进程表明,中国已经并将更加敞开她博大的胸怀,与世界各国、各民族交流合作,共同发展,共创美好未来。

李岚清说,上海是现代中国的缩影。在那里,经济繁荣,基础设施完善,生态环境优美,社会稳定,中西文化交融,传统与现代文化争辉。上海是一个有独特魅力的国际化大都市。从任何一个方面看,上海是举办世博会的理想城市。

他说:我深信,如果中国能举办 2010 年世博会,“讲求和谐、注重共赢”的中国文化,必将有利于国际展览事业“理解、沟通、欢聚、合作”的理念进一步发扬光大。如果我们的申博获得批准,将对世界的发展作出进一步的贡献,有利于推动世界各国的文化交流与合作,并为世界各国的参加者提供更大的商机。

李岚清说:2010 年在中国举办一次世博会,是 12 亿中国人由来已久的梦想。因此,我衷心希望你们,尊敬的各位代表,帮助实现这一美好的愿望。我保证,中国将会把她办成一届伟大的世博会。

国务委员、2010 年上海世博会申办委员会主任委员吴仪作陈述时说:我的 12 亿多同胞,正翘首等待着各位的选择。他们对世博会的热情和渴望,可能远远超出您的想象。

吴仪说,全世界越来越多的投资者将目光投向中国,因为中国有巨大的市场;越来越多的游客走向中国,因为中国有悠久而灿烂的文化;越来越多的人成为中国的朋友,因为中国人民热情纯朴,友善好客。如果您选择了中国,占世界人口 1/5 的中国人民,将会以他们的勤劳和智慧向世界证明,您的选择睿智而有远见。

吴仪最后对国际展览局代表说:中国决不会让您失望!上海将给您一个惊喜!

上海在摩纳哥蒙特卡洛举行的国际展览局第 132 次大会上获得 2010 年世界博览会主办权

当地时间 15 时 40 分,国际展览局主席诺盖斯郑重宣布,在摩纳哥举行的国展局第 132 次大会举行了四轮投票,中国上海在第四轮投票中赢得 54 票,以 88% 的得票率胜出,成为 2010 年世博会的主办城市。

在第 132 次大会投票前,中国、韩国、墨西哥、波兰和俄罗斯 5 个申办国的代表团于今天上午分别在大会上围绕各自的申办主题进行了陈述发言。14 时 30 分,国展局 89 个成员国以无记名投票方式,对中国的上海、韩国的丽水、俄罗斯的莫斯科、墨西哥的克雷塔罗和波兰的弗罗茨瓦夫 5 个候选城市进行了投票表决。

中共中央国务院致中国申办 2010 年上海世博会

代表团的贺电

中国申办2010年上海世界博览会代表团：

欣悉上海获得2010年世界博览会举办权，谨向你们表示热烈的祝贺和亲切的慰问！

上海作为我国改革开放和现代化建设的窗口，经过不懈努力，成功获得2010年世界博览会举办权。这是全市人民团结拼搏的结果，是全国各族人民大力支持的结果，也是我国综合国力日益增强、国际地位显著提高、与世界各国友好关系不断发展的结果。

当前，全党和全国各族人民正在为实现党的十六大确定的宏伟目标而努力奋斗。举办2010年上海世界博览会，必将为我国经济建设和社会发展增添新的活力，为人类的和平与进步作出更大贡献。相信上海一定会不辜负全国各族人民的希望和重托，不辜负世界各国人民的友情和信任，出色地、高水平地举办好2010年上海世界博览会。

中共中央

国务院

2002年12月3日

国家主席江泽民就中国在国际展览局第132次代表大会上赢得2010年世界博览会举办权向中国申办2010年上海世博会代表团发去贺电

欣悉我国在国际展览局第132次代表大会上赢得2010年世界博览会举办权。我向你们表示热烈祝贺！并对代表团全体人员和所有参与申办工作的同志表示亲切慰问！

世博会是促进各国在经济、社会、文化和科技领域开展交流与合作，推动人类文明进步的盛会。举办2010年上海世博会，将为我国进一步改革开放和加快现代化建设增加新的动力，为世界了解中国、中国进一步走向世界开辟新的窗口，为加快全面建设小康社会提供新的机遇。

希望大家再接再厉，积极借鉴其他国家举办世博会的成功经验，精心筹备，把2010年上海世博会办成一届成功、精彩和难忘的博览会。

国家主席 江泽民

2002年12月3日

国家主席江泽民和国务院总理朱镕基就上海获得2010年世界博览会主办权分别致电国际展览局主席和秘书长向国际展览局及其成员国表示感谢

国家主席江泽民陪同俄罗斯总统普京在北京大学发表演讲

江泽民主席陪同普京总统来到北京大学，出席普京在这里举行的演讲会。

江泽民首先发表讲话。他说，普京总统选择到北大来向大学生们发表演讲，说明他具有政治家的战略眼光，因为中俄睦邻友好、世界各国人民的友好，归根到底要由年轻一代来继承和发展。中国的未来，俄罗斯的未来，世界的未来，都是属于年轻一代的。

江泽民说，俄罗斯是我们的友好邻邦。俄罗斯是一个伟大的民族。俄罗斯人民为人类文明作出了杰出贡献。俄罗斯人民在普京总统的领导下，正致力于推进民族复兴和国家富强，并不断取得新的成就。我相信，勤劳勇敢的俄罗斯人民，一定能够建设一个崭新的繁荣富强的俄罗斯。

江泽民指出，最近10年来，中俄关系一直沿着健康向上的轨道向前发展。6年前，中国和俄罗斯结成战略协作伙伴。两国政治互信日益加深，各领域的合作不断扩大，两国人民的传统友谊进一步发展，双方在国际事务中的协作和相互支持愈加有力。事实证明，中俄是好邻居、好伙伴、好朋友。

江泽民说，发展中俄战略协作伙伴关系，是两国人民的共同愿望，符合两国的根本利益，有利于维护世界的和平与稳定，有利于促进各国的共同发展和进步。

去年7月，江泽民主席和普京总统共同签署了《中俄睦邻友好合作条约》。这个条约的核心思想是：中俄长期致力于发展睦邻友好和互利合作，两国人民要“世代友好、永不为敌”。江泽民指出，在这个条约精神的指引下，两国友好合作不断迈出坚实的步伐。

江泽民说：“善邻胜远亲”。中俄两国都有这句古话。中华民族历来崇尚与邻为善、以邻为伴。中俄合作有着得天独厚的优势，蕴藏着巨大的发展潜力。当前，中俄都处在国家发展的新时期，双方的互利合作有着广阔的空间。我们要顺应时代潮流，把握好两国全方位合作的历史性机遇，共创两国关系更加美好的未来。

江泽民说，青年是祖国的未来，也是世界的希望。今天，这么多青年学生参加普京总统的演讲，使我看到了中俄友好发展的美好前景。我相信，今天这个演讲会，将会是你们一生中的一个美好回忆。我希望，你们牢记中俄两国人民世代友好的精神，以自己的蓬勃青春和聪明才智，为中俄睦邻友好和互利合作事业作出贡献。

北京大学校长许智宏主持演讲会。北大师生代表600多人参加演讲会。

国务院在北京召开全国抗旱和农田水利基本建设电视电话会议

中共中央政治局常委、国务院副总理温家宝在会议上指出，各地和各有关部门要认真贯彻党的十六大精神，以“三个代表”重要思想为指导，进一步增强责任感和紧迫感，加强领导，周密部署，扎扎实实地搞好抗旱和农田水利基本建设，为明年城乡供水和农业生产打好基础。

近几年我国连续遭受干旱。今年北方又发生了严重的旱灾，全国农作物成灾面积2.3亿亩，牧区草场受旱面积60万平方公里，大型水库总蓄水量比常年同期偏少36%，部分农村人畜饮水困难，一些城镇因旱缺水。局部地区因灾致使水利工程毁坏严重。据气象和水文部门预测，明年春季北方地区仍然可能面临严峻的干旱缺水局面。

温家宝指出，今冬明春抗旱和农田水利基本建设总的要求是，坚持开源与节流并重、节约优先的原则，统筹考虑生活、生产和生态用水，搞好抗旱水源工程建设，大力推行节约用水，加强水资源统一管理和调度，提高农业抗灾能力，确保城乡生活用水安全，确保春耕生产顺利进行，确保经济发展和社会稳定。当前，重点做好八项工作：

第一，抓好抗旱水源工程建设。抓紧对现有水源工程进行清淤扩容、整修配套、除险加固。在有水源条件的地方，因地制宜建设一些小型蓄水、引水、提水和集雨工程。重视城市水源建设，抓紧实施城市应急供水和水源工程建设。缺水严重的城市应制定应急供水方案。

第二，大力推行节约用水。农业、工业等各行各业都要加大节水力度。加快灌区的节水改造，组织农民做好田间工程配套，实行科学灌溉；缺水地区要压缩高耗水作物种植面积，积极推广节水耐旱优良品种；旱作区要充分利用现有农业机械，推广各种节水技术和措施。工业要调整生产布局和用水结构，加大企业节水改造力度，提高水的重复利用率。城市要制定合理的用水计划，加强用水管理，把节水措施落实到用户。要建立合理的水价形成机制，通过价格杠杆促进节约用水。

第三，加强水资源统一管理和调度。要按照“先生活、后生产，先地表、后地下，先节水、后调水”的原则，城乡统筹，合理调度。对耗水量大的工矿企业，要限量供水。地下水超采地区要严禁新建地下水自备水源工程。尽快建立用水总量控制和定额管理指标体系。切实加强流域水资源统一管理，统筹兼顾上下游用水。

第四，切实解决农村人畜饮水困难。要给重灾地区紧急配备运水设备，补助油电费用。必要时动员组织机关、工矿企业、解放军、武警部队为农村饮水困难群众送水。在人畜饮水特别困难的地区，要因地制宜建设水池、水窖，保证群众有水喝。水利部门要搞好工程规划，加强技术指导。

第五，搞好水毁工程修复和冬季田间管理。要组织和引导农民采取“一事一议”、“民主决策”的方式自愿投工投劳，开展农田水利基本建设。遭受洪涝灾害的地区，要做好灾后重建工作，抓紧修复水毁工程。加强冬季农业生产管理，保证农作物安全越冬。

第六，加强水土保持和生态环境建设。加强小流域治理，减少水土流失。抓好退耕还林、退牧还草和京津风沙源治理等项目的实施，加快生态环境建设。开展小水电、沼气、太阳能替代燃料的试点，巩固退耕还林成果。牧区要建设好灌溉饲草基地，通过禁牧、轮牧、休牧，促进退牧还草的顺利实施。

第七，增加抗旱和农田水利基本建设的投入。国务院有关部门和地方各级政府要从资金、物资供应等方面，支持抗旱和农田水利基本建设。统筹安排使用好现有的农业综合开发、以工代赈、水利基建、水土保持和扶贫等各项资金，形成合力。加强资金管理，严格财务制度，提高资金使用效益。

第八，切实加强领导，落实责任。各级党委和政府要把抗旱和农田水利基本建设作为今冬明春农村工作的重要任务，精心组织，周密部署。各有关部门要密切配合，各司其职。要组织干部深入基层，切实帮助基层和群众解决实际问题。

温家宝强调，要充分认识抗旱工作的长期性和艰巨性。我国特别是北方地区水资源短缺，已成为经济和社会发展一个十分重要的制约因素。农业基础设施薄弱，抗御自然灾害的能力不强，在相当长的时期仍是一个突出问题。因此，必须把抗旱节水和农田水利基本建设作为一项长期的任务和经常性的工作，年复一年，常抓不懈。要遵循经济规律，制定正确的政策，发挥中央、地方、企业、农民和社会各界的积极性。要遵循自然规律，科学规划，精心设计，因地制宜，使各项抗旱工作和各项节水措施发挥更大的效益。

山东省、四川省、天津市人民政府的负责同志在会上就搞好抗旱和农田水利基本建设工作情况发言。各省、自治区、直辖市人民政府及有关部门的负责同志，中央和国务院有关部门的负责同志参加了会议。

国务院副总理钱其琛在广东考察

12月3日至8日，钱其琛在中共中央政治局委员、广东省委书记张德江，省长卢瑞华等陪同下，先后考察了广州、江门、东莞、深圳的侨务、台务和旅游等工作，并分别与港澳同胞、华侨和台商代表进行了座谈。

钱其琛指出，新中国成立后，特别是改革开放20多年来，我国取得的举世瞩目的伟大成就，离不开几千万海外同胞的关心和支持。刚刚闭幕的党的十六大，明确提出了全面建设小康社会的奋斗目标。到2020年,中国的经济总量将实现新的"翻两番"的目标,中国改革开放和现代化建设事业的前景无限光明,必将给广大海外同胞带来更多的创业机会。共同的文化背景、共同的历史渊源,使海外同胞在祖国发展事业中形成了独特优势。我们欢迎广大海外同胞分享中国现代化建设过程中所带来的各种机遇。

在东莞与台商座谈时,钱其琛指出,最近10年,海峡两岸交流特别是经济交流方面取得了很大的进展。祖国大陆市场潜力很大,劳动力资源丰富,台胞在大陆办企业普遍是成功的,有目共睹。他表示,在任何情况下,欢迎台胞到大陆开展经济活动的政策不会变,台胞完全可以放心。

钱其琛强调,凡是有利于两岸交流的,我们都赞成,一下子做不到的,可以逐步去做。凡是不利于两岸交流的,我们不会去做。当台商代表反映现在来往两岸很不方便时,钱其琛说,我们一直主张两岸"三通",这有利于两岸人民,有利于两岸经济发展。两岸直航可以降低成本、节省时间、提高效率,对两岸交流有利而无害。台湾当局如为广大台胞着想,应尽快实现两岸直航。

钱其琛充分肯定了创办东莞台商子弟学校和江门籍海外同胞捐办五邑大学的做法。他说,台商子弟学校切实解决了广大台商的子女教育问题,为台商创业解除了后顾之忧。要认真总结东莞试办台商子弟学校的经验,在其他台商比较集中的地区,也可以推广。他说,海外同胞回家乡办企业只是经济上的合作,资助办教育、培养人才,意义更加深远。

国务院副秘书长崔占福、国务院侨办主任郭东坡等陪同考察。

国务委员司马义·艾买提在新疆考察

12月3日至5日,在新疆维吾尔自治区主席阿不来提·阿不都热西提等陪同下,司马义·艾买提到喀什地区考察了老城改造和住宅新区建设情况,了解了社会福利事业的发展;在克孜勒苏柯尔克孜自治州考察了城市建设,到农户家中了解他们的生产生活情况。他对各族干部群众团结一心,奋发图强,扎实工作,在经济、社会、文化等各方面取得的成绩给予充分的肯定。他指出,党中央、国务院历来十分重视民族地区的发展和各族群众的生活改善,特别是实施西部大开发战略以来,国家进一步加大了对边疆少数民族地区的投入和扶持力度,使边疆少数民族地区经济社会等各方面取得了巨大进步,各族群众生活显著改善,充分体现了党中央、国务院对各族群众的关心和爱护。

司马义·艾买提要求各族党员干部特别是领导干部,要从实践"三个代表"重要思想的要求出发,把发展经济、文化,改善各族群众生活作为工作的基本出发点,正确处理好改革、发展和稳定的关系,妥善处理好各族群众关心的热点和难点问题。

司马义·艾买提强调,加强民族团结,维护社会稳定,是各族人民的共同愿望和根本利益所在。要采取更加积极的措施,贯彻落实党的民族宗教政策,做好民族团结和社会稳定工作。他指出,民族分裂势力、宗教极端势力和暴力恐怖势力是破坏民族团结、社会稳定的最大危险,是影响新疆发展进步的最大障碍。新疆各族群众一定要坚定地团结在党和政府周围,自觉与"三股势力"作坚决斗争。

九三学社第八次全国代表大会在北京开幕

这次大会的主要任务是:学习邓小平理论和"三个代表"重要思想,学习贯彻中共十六大精神;听取和审议九三学社第十届中央委员会工作报告;审议通过《九三学社章程修正案》;选举九三学社第十一届中央委员会。

中共中央政治局委员、全国政协副主席、中共中央统战部部长王兆国代表中共中央致贺词。

民盟中央主席丁石孙代表各民主党派中央、全国工商联致贺词。

大会主席团常务主席吴阶平作了开幕讲话。

大会主席团常务主席王文元代表九三学社第十届中央委员会作了题为《与时俱进,开拓创新,为建设适应新世纪要求的参政党团结奋斗》的工作报告。报告从七个方面总结了九三学社过去5年的工作和经验:积极参与高层政治协商,参加重大专题考察调研;依靠各级组织,注重搞好社组织与社会有关方面结合、社内外专家结合、社中央与地方组织结合,参政议政和民主监督取得新成果;加强领导,完善机制,信息工作取得可喜成绩;改进工作方法,加强理论研究,思想建设出现新气象;着眼政治交接,加强组织建设,规范组织工作;继续推进科技服务和支边扶贫工作;多渠道多层次开展对外联络工作,促进祖国和平统一事业。

他在报告中指出,全社同志要深入学习中共十六大精神和"三个代表"重要思想,加强思想政治工作,坚持正确的政治方向;增强参政党意识,完善工作机制,切实履行职能;加大力度,发挥优势,为实施科教兴国战略和可持续发展战略作出更大贡献;以政治交接为主线、领导班子建设为重点,保证组织健康发展,增强活力;大力开展科技文化交流,加强对外联络工作,促进祖国和平统一事业。他在报告中号召九三学社全体成员高举邓小平理论伟大旗帜,在中共十六大精神和"三个代表"重要思想指引下,为促进改革开放和社会主义现代化建设的宏伟事业，全面建设小康社会，实现中华民族的伟大复兴而团结奋斗。

全国人大常委会副委员长曹志、全国政协副主席宋健出席开幕会。开幕会由大会主席团常务主席安振东主持。中央和国家机关有关部门负责同志刘延东等，各民主党派中央和全国工商联负责同志出席了开幕会。

中共中央致九三学社第八次全国代表大会的贺词

各位代表、各位同志：

在九三学社第八次全国代表大会隆重开幕之际，中国共产党中央委员会向大会表示热烈的祝贺！向全体代表和九三学社的同志们，致以诚挚的问候！

九三学社具有光荣的历史和优良的传统。半个多世纪前九三学社成立的时候，中国正面临两种前途、两种命运决战的关键时刻，九三学社高举“民主与科学”的旗帜，明确提出了反对独裁、争取民主，反对内战、争取和平的政治主张，与中国共产党并肩战斗，为民族独立和人民解放事业作出了重要贡献。新中国成立后，九三学社与我们党风雨同舟、团结合作，共同战胜了前进道路上的各种困难和风险，谱写了建设国家和促进民族振兴的光辉篇章。

过去的5年，是我们高举邓小平理论伟大旗帜不断开拓创新的5年，是我们经受住各种困难和风险的考验，继续沿着中国特色社会主义道路胜利前进，取得举世瞩目巨大成就的5年。九三学社坚持以邓小平理论为指导，认真学习和实践“三个代表”重要思想，切实履行参政议政、民主监督职能，组织广大成员投身社会主义现代化建设的伟大事业；以搞好政治交接为主线，大力加强自身建设，成员的政治素质不断提高；充分发挥人才智力优势，就京九铁路沿线的经济发展、保护和合理利用国土资源、东西部科技合作、农业“入世”与挑战、民营科技企业发展和对台工作等重要问题，提出许多很好的意见和建议，为党和国家制定政策和科学决策提供了重要依据；继续推动“九广”、“九临”、“九通”科教合作区建设，为老、少、边、贫地区的经济建设和社会发展提供了有力的支持；积极参加社会主义精神文明建设，在推动社会主义道德和文化建设方面，做了许多卓有成效的工作。在此，中共中央向九三学社的同志们致以崇高的敬意！

不久前召开的中国共产党第十六次全国代表大会，是我们党在新世纪召开的第一次代表大会，也是我们党在开始实施社会主义现代化建设第三步战略部署的新形势下召开的一次十分重要的代表大会。大会将“三个代表”重要思想同马克思列宁主义、毛泽东思想、邓小平理论一道确立为我们党必须长期坚持的指导思想，科学总结了我们党领导人民建设中国特色社会主义的基本经验，提出全面建设小康社会的奋斗目标，对新世纪新阶段全面推进改革开放和社会主义现代化建设、加强和改进中国共产党的自身建设等一系列重大工作进行了战略部署，动员全党和全国各族人民为开创中国特色社会主义事业新局面而团结奋斗。这是我们党和国家历史上一次具有重大现实意义和深远历史意义的盛会，必将极大地激发全党和全国各族人民沿着中国特色社会主义道路不断前进的热情和信心。

全面建设小康社会，加快推进社会主义现代化，在中国特色社会主义道路上实现中华民族的伟大复兴，是历史和时代赋予我们的共同使命。只有在中国共产党的坚强领导下，把各阶层、各党派、各民族、各团体和各方面的力量都凝聚起来，把方方面面的积极性都充分调动起来，才能万众一心地把宏伟的蓝图变成美好的现实。统一战线是中国共产党在革命、建设、改革各个历史时期不断从胜利走向胜利的重要法宝，是中国共产党长期坚持的战略方针。各民主党派是与中国共产党长期合作的亲密友党，是建设中国特色社会主义事业的重要力量。在新世纪新阶段，中国共产党将按照十六大精神，进一步发展社会主义民主政治，建设社会主义政治文明，巩固和发展最广泛的爱国统一战线，坚持和完善共产党领导的多党合作和政治协商制度，坚定不移地贯彻“长期共存、互相监督、肝胆相照、荣辱与共”的方针，加强同民主党派合作共事，更好地发挥我国社会主义政党制度的特点和优势。

21世纪是一个充满机遇和挑战的世纪，在世界多极化、经济全球化趋势曲折发展，科技进步日新月异的条件下，要抓住机遇，应对挑战，实现中华民族的伟大复兴，必须认真实施科教兴国战略和可持续发展战略，推进科技进步和创新，为社会主义现代化建设不断提供强大的科技支持。我们希望九三学社广大成员深入学习贯彻中共十六大精神，在中国共产党的领导下，紧密围绕全面建设小康社会的奋斗目标，充分调动广大成员的积极性和创造性，为加快推进社会主义现代化作出新的贡献；希望九三学社能够适应时代发展的要求，进一步加强自身建设，搞好政治交接，努力提高参政议政和民主监督的水平，把九三学社建设成为与中国共产党亲密合作、能够经受各种困难和风险的考验、致力于建设中国特色社会主义事业的参政党。九三学社汇集了一大批科技、教育界的专家学者，是社会主义现代化建设的一支重要力量。希望九三学社广大成员发扬我国科技工作者顽强拼搏、勇攀高峰的精神，更好地发挥自身的特点和优势，在推进科技进步和创新、培养科技人才、传播科学文化、弘扬科学精神、开展科技扶贫等方面，努力创造出无愧于时代的新业绩。

九三学社第八次全国代表大会是九三学社在新世纪召开的第一次重要会议。通过这次代表大会，将进一步实现新老交替，确定今后一个时期的工作任务。我们相信，即将选出的九三学社中央新一届领导班子一定能够继承和发扬九三学社的优良传统，沿着中共十六大指引的方向，努力开创九三学社工作的新局面，为实现全面建设小康社会的目标作出新的贡献。让我们紧密地团结在以胡锦涛同志为总书记的中共中央周围，高举邓小平理论伟大旗帜，全面贯彻“三个代表”重要思想，认真学习落实中共十六大精神，同心同德，团结奋斗，以多党合作的崭新篇章，迎接中华民族伟大复兴的光辉未来！

祝九三学社第八次全国代表大会圆满成功！

中国共产党中央委员会

2002年12月3日

中国国民党革命委员会第十次全国代表大会在北京开幕

这次大会的主要任务是：学习邓小平理论和“三个代表”重要思想，学习贯彻中共十六大精神，听取和审议民革第九届中央委员会的报告，修改《中国国民党革命委员会章程》，选举民革第十届中央委员会。

中共中央政治局委员、书记处书记、中央组织部部长贺国强代表中共中央致贺词。

九三学社中央主席吴阶平代表各民主党派中央和全国工商联致贺词。

大会主席团常务主席何鲁丽代表民革第九届中央委员会向大会作了题为《与时俱进，开拓创新，为把民革建设成为适应新世纪要求的参政党而努力》的报告。报告围绕建设一个什么样的参政党和怎样建设参政党这一重大问题，系统总结了5年来民革工作的基本经验。报告说，坚定不移地接受中国共产党的领导，坚持和完善共产党领导的多党合作和政治协商制度，是民革必须遵循的根本政治原则；始终坚持以邓小平理论为指导，认真学习实践“三个代表”重要思想，认真履行参政党职能，紧密团结在中共中央周围，是民革保持正确的政治方向、做好各项工作的根本保证；坚持社会主义初级阶段的基本纲领和基本路线，紧紧围绕党和国家的中心任务开展工作，努力为改革、发展、稳定的大局服务，是民革能够有所作为、实现自身价值的重要前提；加强自身建设，建立、健全参政党各种机制，全面提高队伍素质，坚持与时俱进，是民革保持进步性与广泛性相统一的必然要求；继承和弘扬孙中山先生爱国、革命和不断进步的精神，保持民革特色，是民革做好促进祖国统一工作的重要条件。

报告指出，民革要认真学习贯彻中共十六大精神，进一步坚持和完善中国共产党领导的多党合作和政治协商制度，为完成中共十六大提出的各项任务努力奋斗。要以与时俱进的精神，继续围绕建设一个什么样的参政党和怎样建设参政党这一重大问题进行探索和实践，着眼于提高参政议政、民主监督的能力和水平，努力把民革建设成为适应新世纪要求、始终保持进步性与广泛性相统一的特点、具有完善的工作机制、能够在建设中国特色社会主义事业中有所作为的高素质的参政党。

报告强调，今后5年民革要着重做好以下工作：第一，认真学习贯彻中共十六大精神；第二，坚持不懈地抓参政党建设，进一步提高自身素质；第三，加强制度建设，完善工作机制；第四，为完成新世纪历史任务贡献力量；第五，坚持和发展民革进步性与广泛性相统一的特点。

大会主席团常务主席周铁农主持开幕式并致开幕词。大会主席团常务主席李赣骝在会上作了《关于中国国民党革命委员会章程(修改草案)的说明》。

全国人大常委会副委员长彭珮云、全国政协副主席陈锦华出席开幕式。

中央和国家机关有关部门负责同志刘延东等，各民主党派中央、全国工商联和人民团体有关负责人出席了开幕式。

中共中央致中国国民党革命委员会第十次全国代表大会的贺词

各位代表、各位同志：

今天，中国国民党革命委员会第十次全国代表大会在这里隆重开幕。中国共产党中央委员会向大会表示热烈的祝贺！向各位代表和全体民革党员，表示诚挚的问候！

中国国民党革命委员会已经走过50多年的光荣历程。50多年来，民革继承和发扬孙中山先生爱国、革命和不断进步的精神，与中国共产党在争取民族独立和人民解放的伟大斗争中并肩战斗，在社会主义革命和建设的伟大进程中一道前进，在新时期改革开放和社会主义现代化建设的伟大实践中团结奋进，始终是中国共产党的亲密友党，是促进社会主义现代化建设、维护国家安定团结和推动祖国统一大业的一支重要力量。

过去的5年，是我们高举邓小平理论伟大旗帜不断开拓创新的5年，是我们经受住各种困难和风险的考验，继续沿着中国特色社会主义道路胜利前进，取得举世瞩目巨大成就的5年。民革坚持以邓小平理论为指导，认真学习和实践“三个代表”重要思想，认真履行参政党职能，紧紧围绕经济建设这个中心，始终突出促进祖国统一这个重点，各方面工作取得了新的进展。民革中央领导亲自带队，深入基层，就国家经济、政治、文化和社会生活中的重大问题开展调查研究，提出了许多好的意见和建议。特别是民革中央关于兴建新疆伊犁水利枢纽工程、妥善处理证券市场电子交易、推进西部粮食主产区农业产业化经营，以及推进素质教育、治理淮河污染等建议，受到了中共中央和国务院的高度重视，并得到了采纳和实施。民革动员广大成员开展支边扶贫、办学讲学、咨询服务，参与西部地区的开发和建设，产生了良好的社会效果。民革充分发挥与台湾地区和海外联系广泛的优势，积极宣传“和平统一、一国两制”的基本方针，推进海峡两岸民间交流，旗帜鲜明地坚持一个中国的原则，为反对分裂、反对“台独”，形成海内外中华儿女共同致力于实现祖国完全统一的局面，作出了不懈的努力。在此，中共中央向民革的同志们致以崇高的敬意！

刚刚闭幕的中国共产党第十六次全国代表大会，是我们党在新世纪召开的第一次代表大会，也是我们党在开始实施社会主义现代化建设第三步战略部署的新形势下召开的一次十分重要的代表大会。大会将“三个代表”重要思想同马克思列宁主义、毛泽东思想、邓小平理论一道确立为我们党必须长期坚持的指导思想，科学总结我们党领导人民建设中国特色社会主义的基本经验，提出全面建设小康社会的奋斗目标，对新世纪新阶段全面推进改革开放和社会主义现代化建设、加强和改进中国共产党的自身建设等一系列重大工作进行了战略部署，动员全党和全国各族人民为开创中国特色社会主义事业新局面而团结奋斗。这次大会，对我们党和国家的发展具有重大的现实意义和深远的历史意义，必将极大地激发全党和全国各族人民沿着中国特色社会主义道路不断前进的热情和信心。

全面建设小康社会，加快推进社会主义现代化，在中国特色社会主义道路上实现中华民族的伟大复兴，是历史和时代赋予我们的共同使命。只有在中国共产党的坚强领导下，把各阶层、各党派、各民族、各团体和各方面的力量都凝聚起来，把方方面面的积极性都充分调动起来，才能万众一心地把宏伟的蓝图变成美好的现实。统一战线是中国共产党在革命、建设、改革各个历史时期不断从胜利走向胜利的重要法宝，是中国共产党长期坚持的战略方针。各民主党派是与中国共产党长期合作的亲密友党，是建设中国特色社会主义事业的重要力量。在新世纪新阶段，中国共产党将按照十六大精神，进一步发展社会主义民主政治，建设社会主义政治文明，巩固和发展最广泛的爱国统一战线，坚持和完善共产党领导的多党合作和政治协商制度，坚定不移地贯彻“长期共存、互相监督、肝胆相照、荣辱与共”的方针，加强同民主党派的合作共事，更好地发挥我国社会主义政党制度的特点和优势。

我们希望民革深入学习贯彻中共十六大精神，紧紧围绕全面建设小康社会的奋斗目标，把广大成员的智慧和力量凝聚到改革与建设的伟大实践中，更好地发挥参政议政和民主监督作用，为改革开放和社会主义现代化建设作出新的贡献。希望民革把学习贯彻中共十六大精神与加强自身建设紧密结合起来，进一步搞好政治交接，把民革建设成为与中国共产党亲密合作、能够经受各种困难和风险的考验、致力于建设中国特色社会主义事业的参政党。实现祖国的完全统一，是全体中华儿女的共同心愿，事关中华民族的根本利益。民革是由原中国国民党民主派和其他爱国民主人士创建的，在促进祖国和平统一大业中具有特殊作用。我们希望民革各级组织和广大成员继续发挥自身的优势和特点，积极推动两岸经济文化交流，广泛团结香港特别行政区同胞、澳门特别行政区同胞和台湾同胞、海外侨胞，共同反对“台独”，反对分裂，为推动祖国和平统一大业作出更大的贡献。

各位代表，各位同志，中国国民党革命委员会第十次全国代表大会是民革在新世纪召开的第一次全国代表大会。大会将在总结成就和经验的基础上，认真贯彻中共十六大精神，明确今后一个时期的主要任务，动员广大民革成员，更好地发挥参政党作用，以更加饱满的热情，更加扎实的工作，在新世纪创造新的业绩。让我们紧密地团结在以胡锦涛同志为总书记的中共中央周围，高举邓小平理论伟大旗帜，全面贯彻“三个代表”重要思想，认真学习落实中共十六大精神，团结一致，万众一心，共同为全面建设小康社会，实现中华民族的伟大复兴而不懈奋斗！

祝中国国民党革命委员会第十次全国代表大会圆满成功！

中国共产党中央委员会

2002 年 12 月 3 日

台湾民主自治同盟第七次全盟代表大会在北京闭幕

会议选举产生了台盟第七届中央委员会，张克辉连任台盟中央主席。

在为期 6 天的会议中，代表们学习了中国共产党第十六次全国代表大会精神，审议并通过了台盟第六届中央委员会报告，讨论并通过了《台湾民主自治同盟章程(修改草案)》。

大会指出，完成祖国统一大业，是我国进入新世纪的三大任务之一，是海峡两岸人民和全体中华儿女最深切的希望，也是台盟义不容辞的历史责任。大会要求台盟各级组织继续坚持以“和平统一、一国两制”基本方针和江泽民同志关于现阶段发展两岸关系、促进祖国和平统一进程的八项主张为指导，充分发挥桥梁纽带作用，调动一切积极因素，团结一切爱国力量，广泛加强与海内外台湾同胞的联络与交往，增进海峡两岸同胞的沟通与了解，促进“三通”早日实现。

会议还选举产生了由58人组成的台盟第七届中央委员会。选举张克辉为台盟第七届中央委员会主席，刘亦铭、林文漪、吴国祯、李敏宽为副主席。推举蔡子民为名誉主席，李辰、田富达、陈仲颐为名誉副主席。

大会号召台盟各级组织和全体盟员紧密团结在中共中央周围，高举邓小平理论伟大旗帜，认真学习和贯彻中共十六大精神，以与时俱进的思想观念和奋发有为的精神状态，为把台盟建设成适应新世纪要求的参政党，为实现祖国的完全统一和中华民族的伟大复兴而努力奋斗。

台盟中央副主席吴国祯主持闭幕式，副主席林文漪致闭幕词。全国政协副主席、台盟中央主席张克辉，台盟中央副主席刘亦铭、李敏宽和名誉主席蔡子民出席闭幕式。

国务院总理朱镕基在人民大会堂会见21国离到任大使和离任的阿盟驻华代表处主任

朱镕基对即将离任的大使在任期间为发展中国与有关国家的双边关系和友好合作所做的努力和贡献表示感谢。他对新到任大使表示热烈欢迎，希望他们在任期内为促进中国与这些国家的友好合作关系多做工作，并表示中国政府将对他们在任期间的工作给予方便和支持。

参加会见的离任驻华大使是：越南大使裴鸿福、冰岛大使埃吉尔松、肯尼亚大使米西里、尼泊尔大使阿查里雅和阿盟驻华代表处主任萨基特；参加会见的到任驻华大使是：塔吉克斯坦大使阿卜杜拉耶夫、波黑大使马里奇、孟加拉国大使卡利姆、塞浦路斯大使凯斯托拉斯、博茨瓦纳大使希帕皮措、卢森堡大使温鸥豪、希腊大使罗卡纳斯、以色列大使海逸达、比利时大使万德斯、阿塞拜疆大使阿利耶夫、葡萄牙大使卡洛斯、阿富汗大使巴尔拉斯、瑞典大使雍博瑞、罗马尼亚大使伊斯蒂奇瓦亚、巴勒斯坦大使阿卜杜—拉希姆、文莱大使阿卜杜勒和马达加斯加大使希科尼纳。

国务院总理朱镕基在人民大会堂会见美国前国务卿基辛格 华盛顿州州长骆家辉和波音民用飞机集团总裁兼首席执行官穆拉利

国务院副总理吴邦国在中南海会见美国前国务卿基辛格博士 华盛顿州州长骆家辉和波音民用飞机集团总裁兼首席执行官穆拉利

国务院副总理李岚清在蒙特卡洛会见摩纳哥王储阿尔贝

国务院副总理李岚清在蒙特卡洛会见波兰副总理兼财政部长科沃德科

国务委员罗干在中南海会见联合国毒品和犯罪问题办公室执行主任安东尼奥·科斯塔

罗干表示中国政府一贯重视禁毒和预防犯罪领域的国际合作，希望联合国毒品和犯罪问题办公室在这方面继续发挥积极作用，中国将一如既往地支持联合国毒品和犯罪问题办公室的工作。

罗干说，毒品、跨国有组织犯罪是全球性问题，长期困扰着人类社会，对地区乃至世界和平与稳定构成极大威胁。在当前经济全球化迅猛发展、国际交往日益频繁的背景下，各类犯罪集团化、国际化势头亦随之加剧。要有效解决这些问题，需要各国自身的努力，也需要国际社会进一步加强合作。

罗干还向科斯塔介绍了中国禁毒工作的情况和取得的成果。

乌拉圭总统巴特列在蒙得维的亚会见全国人大常委会副委员长田纪云

外交部发言人刘建超就美台军事合作与交往发表谈话

刘建超在答记者问时说，美方与台湾进行任何形式的军事合作与交往都是违反中美三个联合公报原则的，也是中方决不能接受的。

有记者问：美国国会不久前通过的《2003财年国防授权法》近日已被签署，其涉台条款要求美政府就美台举行联合军事训练等活动的合理性和可行性向国会提出报告。请问你对此有何评论？

刘建超说，我们多次就美《2003财年国防授权法》涉台条款向美方提出交涉。美方亦一再明确表示反对有关条款。该法案涉台内容虽已弱化，但仍违反美方在台湾问题上向中方所作的承诺，向“台独”势力发出新的错误信号，中方对此表示坚决反对。

他说，我们敦促美方恪守坚持一个中国政策、遵守中美三个联合公报、反对“台独”的承诺，停止在台湾问题上的错误做法，以免给中美关系带来损害。

12月4日

纪念《中华人民共和国宪法》公布施行20周年大会在人民大会堂举行

中共中央总书记、国家副主席胡锦涛在大会上发表重要讲话。

大会由全国人大常委会委员长李鹏主持。中共中央政治局常委吴邦国、温家宝、贾庆林、曾庆红、罗干出席。

李鹏在主持大会时说，胡锦涛同志作了一个重要讲话。讲话强调，宪法是国家的根本法，是治国安邦的总章程，是保持国家统一、民族团结、经济发展、社会进步和长治久安的法律基础，是中国共产党执政兴国、团结带领全国各族人民建设中国特色社会主义的法制保证。实践证明，我国现行宪法是一部符合国情的好宪法，在国家经济、政治、文化和社会生活中发挥了极其重要的作用。

李鹏说，刚刚闭幕的党的十六大，是我们党在新世纪召开的一次具有深远历史意义的大会。我们一定要把十六大文件精神学习好、贯彻好，为推进中国特色社会主义伟大事业，把我国建设成为富强、民主、文明的社会主义国家而奋斗。

我国宪法1954年由第一届全国人民代表大会第一次会议通过。现行宪法是在1954年宪法的基础上，经过全面修改，于1982年由第五届全国人民代表大会第五次会议通过，公布施行的。

刘淇、刘云山、贺国强、王刚、姜春云、王光英、铁木尔·达瓦买提、吴阶平、彭珮云、何鲁丽、丁石孙、曹志、许嘉璐、成思危、蒋正华、肖扬、韩杼滨、杨汝岱、阿沛·阿旺晋美、任建新、宋健、孙孚凌、万国权、陈锦华、赵南起、经叔平、罗豪才、周铁农等，以及彭冲、王汉斌、陈慕华、王丙乾，中央党政军群有关部门负责人和首都各界群众代表约3000人出席了纪念大会。

全国人大常委会法制工作委员会主任顾昂然、国务院法制办公室主任曹康泰、最高人民法院副院长曹建明、最高人民检察院副检察长张穹、中国人民大学教授许崇德分别在纪念大会上发了言。

中共中央总书记胡锦涛在首都各界纪念《中华人民共和国宪法》公布施行二十周年大会上发表讲话

同志们，朋友们：

我国现行宪法，从一九八二年十二月四日第五届全国人民代表大会第五次会议通过并公布施行以来，已经二十年了。今天，在全国上下认真学习贯彻党的十六大精神的热潮中，我们隆重纪念宪法公布施行二十周年，在全社会进一步树立宪法意识和宪法权威，切实保证宪法的贯彻实施，这对于推动全党和全国各族人民为全面建设小康社会，开创中国特色社会主义事业新局面而团结奋斗，具有十分重要的意义。

《中华人民共和国宪法》是我国的根本法，是治国安邦的总章程，是保持国家统一、民族团结、经济发展、社会进步和长治久安的法律基础，是中国共产党执政兴国、团结带领全国各族人民建设中国特色社会主义的法制保证。宪法以法律的形式确认了我国各族人民奋斗的成果，规定了国家的根本制度、根本任务和国家生活中最重要的原则，具有最大的权威性和最高的法律效力。全国各族人民、一切国家机关和武装力量、各政党和各社会团体、各企业事业组织，都必须以宪法为根本的活动准则，并负有维护宪法尊严、保证宪法实施的职责。

我国现行宪法是在一九五四年宪法的基础上，根据党的十一届三中全会确定的路线、方针、政策，总结新中国成立以来我们建设社会主义的长期实践经验，特别是汲取"文化大革命"的教训，经过全民讨论，由第五届全国人民代表大会第五次会议通过的。随着改革开放和社会主义现代化建设的不断发展，一九八八年、一九九三年、一九九九年，七届全国人大一次会议、八届全国人大一次会议、九届全国人大二次会议又分别对宪法的个别条款和部分内容做了必要的修正，确立了邓小平理论的指导地位，明确提出坚持改革开放，规定了我国社会主义初级阶段的基本经济制度和分配制度，明确了非公有制经济的法律地位，规定了国家实行社会主义市场经济，实行依法治国、建设社会主义法治国家，中国共产党领导的多党合作和政治协商制度将长期存在和发展等内容。宪法全面体现党在社会主义初级阶段的基本路线，集中反映全国各族人民的共同意志和根本利益，认真贯彻社会主义的民主原则和法治精神，切实保障公民的自由和权利，科学规范国家权力，充分适应我国经济、政治、文化发展以及各项社会事业发展的要求，明确提出逐步实现工业、农业、国防和科学技术的现代化，把我国建设成为富强、民主、文明的社会主义国家的宏伟目标。

二十年来的实践证明，我国宪法是一部符合国情的好宪法，在国家经济、政治、文化和社会生活中发挥了极其重要的作用。

——宪法保障了我国的改革开放和社会主义现代化建设。宪法明确规定，国家的根本任务是沿着建设有中国特色社会主义的道路，集中力量进行社会主义现代化建设；国家在社会主义初级阶段坚持公有制为主体、多种所有制经济共同发展的基本经济制度，坚持按劳分配为主体、多种分配方式并存的分配制度；坚持改革开放，发展社会主义市场经济。这为我们深化改革、扩大开放、促进发展提供了坚实的法律保障。二十年来，我们紧紧抓住经济建设这个中心，深化经济体制改革，扩大对外开放，解放和发展社会生产力，推动我国综合国力和人民生活不断迈上新的台阶。我们已经实现了现代化建设"三步走"战略的第一步、第二步目标，实现了人民生活总体上由温饱到小康的历史性跨越。现在，我国已经开始实施现代化建设的第三步战略部署，进入了全面建设小康社会、加快推进社会主义现代化的新的发展阶段。

——宪法促进了我国的社会主义民主建设。宪法规定，中华人民共和国的一切权力属于人民，人民行使国家权力的机关是全国人民代表大会和地方各级人民代表大会。二十年来，我们不断发展社会主义民主，实行民主选举、民主决策、民主管理和民主监督，保证人民依法管理国家事务，管理经济文化事业，管理社会事务。作为我国根本政治制度的人民代表大会制度不断完善和发展。各级人大及其常委会认真履行宪法赋予的职责，在发展社会主义民主和健全社会主义法制中发挥了重要作用。我们坚持和完善中国共产党领导的多党合作和政治协商制度，保证人民政协发挥政治协商、民主监督和参政议政的作用，巩固和发展了最广泛的爱国统一战线。我们坚持民族区域自治制度，巩固和发展平等、团结、互助的社会主义民族关系，促进了各民族的共同繁荣进步。我们进一步扩大农村、城市和企业的基层民主，保证人民群众依法直接行使民主权利，依法管理自己的事情，创造自己的幸福生活。

——宪法推动了我国的社会主义法制建设。宪法是立法和法律实施的基础和依据。二十年来，我们加快立法步伐，提高立法质量，制定了一大批法律、行政法规和地方性法规，以宪法为核心的中国特色社会主义法律体系已经初步形成，国家经济、政治、文化和社会生活的各个方面已经基本做到有法可依。各级行政机关建立、健全执法机构，严格依法行政，行使权力的方式和程序进一步规范化、法制化，行政复议、行政诉讼和国家赔偿的法律制度已经建立。我们积极进行司法体制改革，促进和保障公正司法，推动各级审判机关和检察机关依法独立公正地行使审判权和检察权。以普及宪法知识为主要内容的法制宣传教育广泛开展，全社会的宪法意识和法制观念进一步增强。

——宪法促进了我国人权事业和各项社会事业的发展。宪法对公民的基本权利和义务做了全面的规定，为广大人民群众充分享有民主权利，在国家生活中发挥积极性、主动性、创造性提供了可靠的法律保障。二十年来，我们根据宪法制定了一批保护公民基本权利的法律，签署了一批保护公民权利的国际公约，尊重和保护人权，建立和健全社会保障体系，动员全社会的力量扶助困难群众，推动我国人权事业取得了显著进展。我们按照宪法关于加强社会主义精神文明建设的明确规定，大力实施科教兴国战略，积极发展教育、科技、文化、卫生、体育等各项事业，深入开展思想道德建设，不断提高公民思想道德素质和科学文化素质，不断推进社会全面进步。

二十年的经验告诉我们，只要认真贯彻实施宪法，坚持和完善宪法确立的各方面的制度和体制，就能保证改革开放和社会主义现代化建设不断向前发展，保证最广大人民的根本利益不断得到实现，保证国家安全和社会稳定、实现长治久安。

二十年的经验还告诉我们，改革开放和社会主义现代化建设的蓬勃发展，是宪法得以充分实施和不断完善的根本原因。实践没有止境，宪法也要随着实践的发展而不断完善。要适应改革开放和社会主义现代化建设的发展要求，根据实践中取得的重要的新经验和新认识，及时依照法定程序对宪法的某些规定进行必要的修正和补充，使宪法成为反映时代要求、与时俱进的宪法。

党的十六大把发展社会主义民主政治，建设社会主义政治文明同建设社会主义物质文明、精神文明一起作为全面建设小康社会的重要目标，这是我们在建设中国特色社会主义的实践中取得的新的重大认识，也是我们继续建设中国特色社会主义事业必须完成好的重大任务。建设中国特色社会主义，必须坚持以经济建设为中心，不断解放和发展社会生产力，大力发展社会主义物质文明，同时必须大力发展社会主义政治文明和社会主义精神文明，为现代化建设提供有力的政治和法律保障，提供强大的精神动力和智力支持。我们一定要按照党的十六大的要求，发展社会主义市场经济、社会主义民主政治和社会主义先进文化，不断促进社会主义物质文明、政治文明和精神文明的协调发展，推进中华民族的伟大复兴。

发展社会主义民主政治，最根本的是要把坚持党的领导、人民当家做主和依法治国有机统一起来。党的领导是人民当家做主和依法治国的根本保证，人民当家做主是社会主义民主政治的本质要求，依法治国是党领导人民治理国家的基本方略。正确认识和处理好这三者之间的关系，才能把全党和全国各族人民的意志和力量进一步凝聚起来，意气风发、团结一致地去实现党的十六大提出的全面建设小康社会的奋斗目标，落实党的十六大对我国经济、政治、文化等各方面工作作出的部署。

在整个改革开放和社会主义现代化的进程中，我们都必须坚持依法治国的基本方略。依法治国，就是广大人民群众在党的领导下，依照宪法和法律规定，通过各种途径和形式管理国家事务，管理经济文化事业，管理社会事务，保证国家各项工作都依法进行，逐步实现社会主义民主的制度化、法律化。实行依法治国的基本方略，是坚持和改善党的领导的必然要求，是完成党的十六大作出的各项战略部署的必然要求，是促进我国社会主义物质文明、政治文明和精神文明协调发展的必然要求，也是巩固和发展民主团结、生动活泼、安定和谐的政治局面的必然要求。

实行依法治国的基本方略，首先要全面贯彻实施宪法。这是建设社会主义政治文明的一项根本任务，也是建设社会主义法治国家的一项基础性工作，要长期抓下去，坚持不懈地抓好。

全面贯彻实施宪法，必须加强宪法宣传教育，提高全体人民特别是各级领导干部和国家机关工作人员的宪法意识和法制观念。必须在全社会进一步树立宪法意识，维护宪法的权威，使宪法在全社会得到一体遵行。要在全社会广泛宣传宪法，让宪法家喻户晓、深入人心，使广大人民群众认识到宪法不仅是全体公民必须遵循的行为规范，而且也是保障公民权利的法律武器。各级各类学校尤其是各级党校和干校都要开展宪法教育。要把宪法教育作为党员干部教育的重要内容，使各级领导干部和国家机关工作人员掌握宪法的基本知识，树立忠于宪法、遵守宪法和维护宪法的自觉意识。要坚持把依法治国和以德治国结合起来，不断加强全民族的思想道德建设，促进依法治国基本方略的实施。

全面贯彻实施宪法，必须健全宪法保障制度，确保宪法的实施。二十年来，我国宪法的实施状况不断改善，依照宪法和法律办事正在成为社会普遍的行为准则。但也要看到，在发展社会主义市场经济的新形势下，由于法律和体制不健全以及执法人员自身素质不完全适应等问题，有法不依、执法不严、违法不究的问题还不少，一些不同程度的违宪现象仍然存在。要抓紧研究和健全宪法监督机制，进一步明确宪法监督程序，使一切违反宪法的行为都能及时得到纠正。全国人大及其常委会，要从国家和人民的根本利益出发，在立法过程中充分保障宪法规定的公民的自由和权利；要切实担负起监督宪法实施的职责，坚决纠正违宪行为；要切实履行解释宪法的职能，对宪法实施中的问题作出必要的解释和说明，使宪法的规定更好地得到落实。地方各级人大及其常委会要切实保证宪法在本行政区域内得到遵守和执行。各级国家行政机关、审判机关和检察机关都要坚决贯彻宪法，依法行政，公正司法，不断提高执法人员的素质和执法水平。任何组织或者个人都不得有超越宪法和法律的特权。

全面贯彻实施宪法，必须坚持党的领导，党的各级组织和全体党员都要模范地遵守宪法，严格按照宪法办事。我们党是中国最广大人民根本利益的忠实代表，我们党的宗旨就是全心全意为人民服务。宪法是在党的领导下和广泛发扬民主的基础上制定的，反映了党的路线和方针政策，反映了全国各族人民的利益和意志，是党的主张和人民意志相统一的体现。党的十六大明确提出，党要坚持依法执政，各级党委和领导干部必须增强法制观念，善于把坚持党的领导、人民当家做主和依法治国统一起来，不断提高依法执政的能力。这对于加强和改善党的领导，改革和完善党的领导方式和执政方式，提高党的执政能力和执政水平，具有极其重要的意义。党的各级组织和全体党员都要模范地遵守宪法，严格按照宪法办事，自觉地在宪法和法律范围内活动，团结带领广大人民群众不断创造改革开放和社会主义现代化建设的新业绩。

同志们，朋友们！

党的十六大把“三个代表”重要思想同马克思列宁主义、毛泽东思想、邓小平理论一道确立为我们党必须长期坚持的指导思想，科学总结党领导人民建设中国特色社会主义的基本经验，提出全面建设小康社会的奋斗目标，对我国新世纪新阶段的改革和发展作出了全面部署，这对我们党和国家事业的发展具有重大的现实意义和深远的历史意义。各地区、各部门都要按照中央的要求，认真学习和深入领会党的十六大精神，扎扎实实地把党的十六大精神落实到各项工作中去。

全党同志和全国各族人民，紧密团结在党中央周围，高举邓小平理论伟大旗帜，全面贯彻“三个代表”重要思想，坚持依法治国的基本方略，切实保证宪法的贯彻实施，万众一心，奋发图强，与时俱进，开拓创新，不断把中国特色社会主义事业推向前进！

国家主席江泽民在中南海会见日本三菱集团首脑访华团

江泽民指出，中国全面建设小康社会主要依靠自己的力量，但也需要扩大并加强与世界各国的合作。日本是中国的近邻，两国经贸互利合作已经有了很好的基础。中国欢迎日本经济界，包括三菱集团在内，更加积极地参与这一进程。

江泽民指出，中日同是亚洲国家，一个合作、稳定、发展的中日关系有助于亚洲乃至世界的和平与稳定。希望中日双方本着“以史为鉴、面向未来”的精神，共同推动这一目标的实现。

中共中央政治局委员、国家发展计划委员会主任曾培炎，外交部副部长王毅参加了会见。

中共中央政治局常委贾庆林在人民大会堂会见国际奥委会第二十九届奥运会协调委员会主席海因·维尔布鲁根及其一行

贾庆林对协调委员会访问北京表示欢迎。他说，自北京申奥成功以来，北京与国际奥委会保持了良好的合作关系，协调委员会此次访问将使双方进一步加强沟通、加深了解、扩大友谊。北京将与国际奥委会为共同举办一届最出色的奥运会而努力。

贾庆林说，希望协调委员会经常来北京指导2008年奥运会的筹备工作。北京将认真学习、借鉴其他举办城市的成功经验，弘扬奥林匹克精神，从而让2008年奥运会不仅为中国和北京，也为全世界留下一份宝贵遗产。

中共中央政治局委员、北京市市委书记、北京市市长、北京奥组委主席刘淇，国家体育总局局长、北京奥组委执行主席袁伟民，北京市副市长、北京奥组委常务副主席刘敬民等参加了会见。

中国农工民主党第十三次全国代表大会在北京开幕

这次大会的主要任务是：学习邓小平理论和“三个代表”重要思想；学习贯彻中共十六大精神；听取和审议农工民主党第十二届中央委员会报告；审议通过《中国农工民主党章程(修正案)》；选举农工民主党第十三届中央委员会。

中共中央政治局委员、书记处书记、中央组织部部长贺国强代表中共中央致贺词。

民进中央主席许嘉璐代表各民主党派中央、全国工商联致贺词。

大会主席团常务主席蒋正华受中国农工民主党第十二届中央委员会委托作了题为《与时俱进，奋发有为，为全面建设小康社会、加快推进社会主义现代化作出更大贡献》的工作报告。报告从四个方面总结了农工民主党过去5年的工作：认真履行职能，在多党合作事业中积极发挥作用；发挥智力优势，竭诚为社会主义建设服务；加强思想建设，坚持正确政治方向；加强组织建设，巩固政治交接成果。5年的主要体会是：必须坚持接受中国共产党的领导；必须坚持以邓小平理论为指导，学习实践“三个代表”重要思想；必须坚持搞好自身建设；必须坚持围绕发展的主题开展工作。报告指出，农工民主党的主要任务是：高举邓小平理论伟大旗帜，学习实践“三个代表”重要思想，学习贯彻中共十六大精神，全面加强自身建设，提高参政议政能力，为开创新世纪多党合作新局面，实现中共十六大提出的战略目标和各项任务，全面建设小康社会，加快推进社会主义现代化作出更大贡献。他提出了今后工作的九点建议：认真学习贯彻中共十六大精神；面向新世纪新阶段，确定自身建设的目标和原则；继续推进政治交接，搞好领导班子建设；继承发扬优良传统，加强思想建设；着眼于多党合作长远发展，加强基层组织建设；保证工作有效运转，搞好机关建设；围绕全面建设小康社会，提高参政水平；开展联谊活动，促进祖国完全统一；积极有为，做好社会服务工作。

大会主席团常务主席李蒙致开幕词。

全国人大常委会副委员长姜春云、全国政协副主席钱正英出席开幕会。中央和国家机关有关部门负责同志刘延东等，各民主党派中央和全国工商联负责同志出席了开幕会。

中共中央致中国农工民主党第十三次全国代表大会的贺词

各位代表、各位同志：

在中国农工民主党第十三次全国代表大会隆重开幕之际，中国共产党中央委员会向大会表示热烈的祝贺！向参加会议的全体代表并通过你们，向农工民主党全体同志致以诚挚的问候！

中国农工民主党具有光荣的爱国革命传统。自1930年成立以来，在血与火的考验中，农工民主党同我们党建立了互相信任、互相支持的亲密关系，为新民主主义革命的胜利和新中国的建立作出了重要贡献。新中国成立以来，农工民主党与我们党一道前进，一道经受考验，共同谱写了在社会主义道路上建设国家、促进民族振兴的新篇章。70多年的历史证明，中国农工民主党是中国共产党的亲密友党，是社会主义现代化建设的一支重要力量。

过去的五年，是我们高举邓小平理论伟大旗帜不断开拓创新的五年，是我们经受住各种困难和风险的考验、继续沿着中国特色社会主义道路胜利前进，取得举世瞩目巨大成就的五年。农工民主党坚持以邓小平理论为指导，带领广大成员认真学习和实践“三个代表”重要思想，切实履行参政议政、民主监督职能，以搞好政治交接为主线，大力加强自身建设，不断提高成员的思想政治素质，取得了积极成果。农工民主党广大成员围绕国家经济、政治、文化和社会发展中的一些重大问题，积极参与协商讨论、调研考察，分别就长江上游的水质污染整治、三峡库区的库底清理、内蒙古阿拉善盟和陕西榆林地区的环境保护和生态建设问题，提出了许多切实可行的意见和建议，得到了中共中央和国务院的高度重视。特别是关于加强西藏等边远地区广播电视工作的建议，受到党和国家领导人的高度重视，国家迅速启动实施了“西新工程”。农工民主党充分发挥自身优势，开展办医办学、社会义诊、健康咨询、救灾济困、支边扶贫等活动，并就医疗体制改革、医药管理和发展等问题建言献策，还积极实施“同心建业工程”、“农工世纪林(草)工程”，受到了社会的广泛赞誉。在此，中共中央向农工民主党的同志们致以崇高的敬意！

不久前召开的中国共产党第十六次全国代表大会，是我们党在新世纪召开的第一次代表大会，也是我们党在开始实施社会主义现代化建设第三步战略部署的新形势下召开的一次十分重要的代表大会。大会将“三个代表”重要思想同马克思列宁主义、毛泽东思想、邓小平理论一道确立为我们党必须长期坚持的指导思想，科学总结了我们党领导人民建设中国特色社会主义的基本经验，提出全面建设小康社会的奋斗目标，对新世纪新阶段全面推进改革开放和社会主义现代化建设、加强和改进中国共产党的自身建设等一系列重大工作进行了战略部署，动员全党和全国各族人民为开创中国特色社会主义事业新局面而团结奋斗。这是我们党和国家历史上一次具有重大现实意义和深远历史意义的盛会，必将极大地激发全党和全国各族人民沿着中国特色社会主义道路不断前进的热情和信心。

全面建设小康社会，加快推进社会主义现代化，在中国特色社会主义道路上实现中华民族的伟大复兴，是历史和时代赋予我们的共同使命。只有在中国共产党的坚强领导下，把各阶层、各党派、各民族、各团体和各方面的力量都凝聚起来，把方方面面的积极性都充分调动起来，才能万众一心地把宏伟的蓝图变成美好的现实。统一战线是中国共产党在革命、建设、改革各个历史时期不断从胜利走向胜利的重要法宝，是中国共产党长期坚持的战略方针。各民主党派是与中国共产党长期合作的亲密友党，是建设中国特色社会主义事业的重要力量。在新世纪新阶段，中国共产党将按照十六大精神，进一步发展社会主义民主政治，建设社会主义政治文明，巩固和发展最广泛的爱国统一战线，坚持和完善共产党领导的多党合作和政治协商制度，坚定不移地贯彻“长期共存、互相监督、肝胆相照、荣辱与共”的方针，加强同民主党派合作共事，更好地发挥我国社会主义政党制度的特点和优势。

我们希望农工民主党深入学习贯彻中共十六大精神，在中国共产党的领导下，团结和带领广大成员及所联系的群众，为全面建设小康社会、加快推进社会主义现代化作出新的贡献。希望农工民主党把学习贯彻中共十六大精神与加强自身建设紧密结合起来，进一步搞好政治交接，努力提高参政议政、民主监督的水平，在建设中国特色社会主义事业中更好地发挥参政党的作用。

各位代表、各位同志，农工民主党第十三次全国代表大会是农工民主党在新世纪召开的一次重要会议。大会将认真学习贯彻中共十六大精神，总结过去五年的工作和经验，阐明在新形势下参政党建设的目标，明确在新世纪新阶段为中国特色社会主义事业服务的各项任务。我们相信，这次大会一定能够开成一个团结、民主、求实、奋进的大会，即将选出的新一届中央领导班子一定能够继承和发扬老一代领导人的优良传统，把农工民主党进一步建设成为与中国共产党亲密合作、能够经受各种困难和风险的考验、致力于建设中国特色社会主义事业的参政党。让我们紧密地团结在以胡锦涛同志为总书记的中共中央周围，高举邓小平理论伟大旗帜，全面贯彻“三个代表”重要思想，认真学习落实中共十六大精神，抓住机遇，与时俱进，继续巩固和发展爱国统一战线，为实现全面建设小康社会的目标，为祖国的完全统一和中华民族的伟大复兴，谱写新的光辉篇章！

祝中国农工民主党第十三次全国代表大会圆满成功！

中国共产党中央委员会

2002年12月4日

外交部部长唐家璇应约与日本外相川口顺子通话

唐家璇表示，今年是中日邦交正常化30周年。双方成功举办了一系列重要的纪念活动，增进了两国人民的相互了解和友好感情，促进了两国关系进一步发展。

他说，中共十六大明确了中国未来发展目标和方向。中国将继续奉行独立自主的和平外交政策，加强睦邻友好，坚持与邻为善、以邻为伴。日本是中国的重要近邻，中方将一如既往地高度重视与日本的睦邻友好合作关系。在新的世纪，双方应增进相互信任，扩大共同利益，妥善处理分歧，发展双边友好，促进地区合作，共同开辟两国关系新的前景。

唐家璇说，“以史为鉴、面向未来”是我们应当遵循的基本精神，也是双方达成的重要共识。希望日方高度重视，切实采取有效措施，实现中日关系的健康稳定发展。

双方还就朝鲜半岛形势问题交换了意见。唐家璇说，中方一贯支持半岛无核化，致力于维护半岛和平稳定，主张通过对话解决问题。我们希望有关各方都能继续遵守1994年达成的核框架协议。中日两国都是半岛近邻，在维护半岛和平与稳定方面是有共同利益的。中国支持日朝改善关系并实现关系正常化。我们愿与日方加强协调，共同为维护半岛和平与稳定作出建设性努力。

国际奥委会第二十九届奥运会协调委员会第一次全体会议在北京结束

国际奥委会官员高度评价此次会议取得的成果，并一致认为，北京奥组委和有关政府部门的奥运筹办工作十分出色。

第二十九届奥运会协调委员会今天下午召开了新闻发布会。协调委员会主席维尔布鲁根说，这次会议富有成效。会议期间，国际奥委会和北京奥组委就场馆建设、市场开发、体育、环境、奥运村和运动员服务、新闻宣传、住宿、技术方面举行了工作会谈。协调委员会成员还参观了北京的城市铁路、四环路、五环路和奥林匹克公园预留地。他们认为，北京一年的筹办工作为2008年奥运会打下了坚实的基础，协调委员会已经与北京奥组委建立了紧密的联系，并期待着进一步加强双方今后的合作。

北京奥组委副主席蒋效愚说，北京奥组委今后几个月的工作重点是全面实施《北京奥运行动计划》，启动主要场馆设计与建设的国际招标，启动市场开发项目，确定并公布北京2008年奥运会的会徽。

以维尔布鲁根为团长的协调委员会由16名成员和国际奥委会有关专家共40人组成，分别代表国际奥委会、国家奥委会、国际单项体育组织、运动员和国际残联。今年4月和8月，协调委员会工作小组曾两次来京举行工作会议，为本次全体会议打下了良好基础。

12月5日

中共中央总书记胡锦涛和中央书记处的同志到西柏坡学习考察

12月5日至6日，胡锦涛和中共中央政治局常委、中央书记处书记曾庆红，中共中央政治局委员、中央书记处书记刘云山、贺国强，中共中央政治局候补委员、中央书记处书记王刚，中央书记处书记何勇，在中共河北省委书记白克明、省长钮茂生等陪同下，来到位于太行山东麓、滹沱河北岸的西柏坡，参观了西柏坡纪念馆、中共中央和解放军总部旧址，考察了西柏坡的生产建设情况，看望了老区群众，并同当地干部群众进行了座谈。

12月5日下午，胡锦涛一行来到西柏坡纪念馆，参观了这里的全部十个展室。他们认真观看馆内的陈设，详细了解每一部分的内容。在“大决战”展室，听着讲解员讲解“子弟兵的母亲”戎冠秀的故事，看着图片上挑着扁担、推着小车艰难行进的支前大军，胡锦涛感慨地说：“正是依靠人民的支持，我们党的事业才获得了不断胜利前进的基础。”

在中共中央和解放军总部旧址，胡锦涛和曾庆红等中央书记处的同志先后瞻仰了毛泽东、刘少奇、周恩来、朱德、任弼时、董必武的旧居和中央军委作战室旧址。一间间普通的土屋、一张张斑驳的桌椅、一幅幅用红蓝毛线标注的作战地图以及毛泽东推过的碾子、周恩来雨夜救乡亲的马灯、董必武纺线的纺车……这些珍贵的文物、感人的故事，昭示着共产党人对理想的不懈追求、对人民的无限深情、对事业的执着忠诚，给胡锦涛和中央书记处的同志留下了深刻的印象。

1949年3月，我们党在西柏坡召开的七届二中全会，是在中国革命的重大历史关头召开的一次极其重要的会议。胡锦涛一行来到七届二中全会会址，仔细听取讲解员介绍会议的情况。当时，随着中国革命局势的发展，党面临的主要任务将由通过武装斗争夺取政权转向掌握全国政权、领导人民建设国家，党的工作重心将由农村转向城市。面对这个重大的历史转折，党中央和毛泽东深刻认识到，如何使全党同志在伟大的胜利面前保持清醒头脑，在夺取全国政权后经受住执政的考验，始终坚持党的性质和宗旨，是党面临的全新的历史性课题。在党的七届二中全会上，毛泽东高瞻远瞩地向全党特别是高级干部敲响了警钟，要求全党同志务必继续地保持谦虚、谨慎、不骄、不躁的作风，务必继续地保持艰苦奋斗的作风。面对土墙泥顶的庄严会场，重温毛泽东当年的讲话，胡锦涛说：“我们一定要牢记毛泽东同志倡导的‘两个务必’，首先要从自身做起，从每一位领导干部做起！”

12月6日上午，胡锦涛和曾庆红等中央书记处的同志分别考察了西柏坡荒山综合治理工程、平山县圣地奶牛养殖场，并走村入户，慰问老党员和农民群众。随后，中央领导同志与当地干部群众进行了座谈。

在听取几位基层干部群众代表的发言后，胡锦涛发表了重要讲话。

中共中央总书记胡锦涛在西柏坡学习考察时发表题为《坚持发扬艰苦奋斗的优良作风 努力实现全面建设小康社会的宏伟目标》的讲话

这次，我和中央书记处的几位同志一起到西柏坡来，主要目的是回顾我们党带领人民进行伟大革命斗争的历史，重温毛泽东同志在党的七届二中全会上的重要讲话，牢记毛泽东同志当年倡导的“两个务必”，首先从自身做起，并号召全党同志特别是领导干部，大力发扬艰苦奋斗的作风，为实现党的十六大确定的目标和任务开拓进取、团结奋斗。

刚刚闭幕的党的十六大，全面分析新世纪新阶段党和国家面临的新形势新任务，把“三个代表”重要思想同马克思列宁主义、毛泽东思想、邓小平理论一道确立为我们党必须长期坚持的指导思想，科学总结党领导人民建设中国特色社会主义的基本经验，提出全面建设小康社会的奋斗目标和推进各方面工作的方针政策，选举产生了新一届中央领导集体，从思想上、政治上、组织上为党和国家事业在新世纪、新阶段的发展奠定了坚实的基础。

现在，目标已经确定，蓝图已经绘就。要实现宏伟目标，把蓝图变成美好的现实，需要全党同志和全国各族人民团结一致，艰苦奋斗。在这样的时刻，重温毛泽东同志在党的七届二中全会上的重要讲话，重温邓小平同志、江泽民同志关于全党和全国人民要长期艰苦奋斗的一系列论述，结合新的实际坚持做到“两个务必”，具有十分重要的意义。

通过参观学习，我们进一步了解了党的七届二中全会和毛泽东同志提出“两个务必”的历史背景和重大意义。从1947年5月刘少奇、朱德同志抵达西柏坡和1948年4月周恩来、任弼时同志、5月毛泽东同志抵达西柏坡，到1949年3月23日毛泽东同志和党中央离开西柏坡前往北京，这一段时期在我们党的历史上具有重大的意义。周恩来同志曾经说过，西柏坡是我们党进入北京、解放全中国的最后一个农村指挥所，党中央和毛泽东同志在这里指挥了辽沈、平津、淮海三大战役。1949年3月5日到13日，我们党在西柏坡召开了七届二中全会。这是我们党在中国革命的重大历史关头召开的一次极其重要的会议。当时，中国革命处于全国胜利的前夜。我们党领导人民经过28年的浴血奋战，即将完成以农村包围城市、最后夺取全国胜利的历史任务，掌握全国政权、建立新中国的历史使命摆在了党的面前。随着中国革命局势的胜利发展，我们党面临的主要任务将由通过武装斗争夺取政权转向掌握全国政权、领导人民建设国家，我们党的工作重心将由农村转向城市。面对这个重大的历史转折，党中央和毛泽东同志深刻地认识到，如何使全党同志在伟大的胜利面前保持清醒的头脑，在夺取全国政权后经受住执政的考验，始终坚持党的性质和宗旨，防止出现骄傲自满、贪图享乐、脱离群众而导致人亡政息的危险，是我们党面临的全新的历史性课题，必须及时地、郑重地向全党提出这个问题，使全党同志保持高度的警觉，做好充分的思想准备。在党的七届二中全会上，毛泽东同志高瞻远瞩地向全党特别是高级干部敲了警钟，提出了全党同志必须做到“两个务必”的著名论述。这里，我想完整地念一下这段论述。

毛泽东同志深刻地指出：“我们很快就要在全国胜利了。这个胜利将冲破帝国主义的东方战线，具有伟大的国际意义。夺取这个胜利，已经是不要很久的时间和不要花费很大的气力了；巩固这个胜利，则是需要很久的时间和要花费很大的气力的事情。资产阶级怀疑我们的建设能力。帝国主义者估计我们终究会向他们讨乞才能活下去。因为胜利，党内的骄傲情绪，以功臣自居的情绪，停顿起来不求进步的情绪，贪图享乐不愿再过艰苦生活的情绪，可能生长。因为胜利，人民感谢我们，资产阶级也会出来捧场。敌人的武力是不能征服我们的，这点已经得到证明了。资产阶级的捧场则可能征服我们队伍中的意志薄弱者。可能有这样一些共产党人，他们是不曾被拿枪的敌人征服过的，他们在这些敌人面前不愧英雄的称号；但是经不起人们用糖衣裹着的炮弹的攻击，他们在糖弹面前要打败仗。我们必须预防这种情况。夺取全国胜利，这只是万里长征走完了第一步。如果这一步也值得骄傲，那是比较渺小的，更值得骄傲的还在后头。在过了几十年之后来看中国人民民主革命的胜利，就会使人们感觉那好像只是一出长剧的一个短小的序幕。剧是必须从序幕开始的，但序幕还不是高潮。中国的革命是伟大的，但革命以后的路程更长，工作更伟大，更艰苦。这一点现在就必须向党内讲明白，务必使同志们继续地保持谦虚、谨慎、不骄、不躁的作风，务必使同志们继续地保持艰苦奋斗的作风。我们有批评和自我批评这个马克思列宁主义的武器。我们能够去掉不良作风，保持优良作风。我们能够学会我们原来不懂的东西。我们不但善于破坏一个旧世界，我们还将善于建设一个新世界。”

毛泽东同志的这段论述非常重要，特别是其中的两个重要思想具有长远的指导意义。一是，在伟大的成就面前，党内一部分同志可能会骄傲起来，贪图享乐的思想可能滋长，不愿意再做艰苦的工作，如果不坚决防范和克服这种情绪，党的事业就不能继续向前发展，甚至会失败。二是，不论我们党取得什么样的成就，都必须长期艰苦奋斗，始终坚持马克思主义政党的本色和宗旨，不断维护和实现最广大人民的根本利益，这样我们党才能始终保持同人民群众的血肉联系，始终得到广大人民群众的拥护和支持，始终立于不败之地。

新中国成立50多年来，我们党对坚持艰苦奋斗的问题一直是高度重视的，总是反复地、经常地向全党同志特别是领导干部加以强调。

新中国成立后，毛泽东同志曾多次要求全党同志和领导干部要坚持艰苦奋斗。他说：“要使全体干部和全体人民经常想到我国是一个社会主义的大国，但又是一个经济落后的穷国，这是一个很大的矛盾。要使我国富强起来，需要几十年艰苦奋斗的时间。”他强调：“我们要保持过去革命战争时期的那么一股劲，那么一股革命热情，那么一种拼命精神，把革命工作做到底。”

党的十一届三中全会以后，邓小平同志一再告诫全党:“中国搞四个现代化,要老老实实地艰苦创业。我们穷,底子薄,教育、科学、文化都落后,这就决定了我们还要有一个艰苦奋斗的过程。”他还说:“艰苦奋斗是我们的传统,艰苦朴素的教育今后要抓紧,一直要抓六十至七十年。我们的国家越发展,越要抓艰苦创业。提倡艰苦创业精神,也有助于克服腐败现象。”

党的十三届四中全会以后,江泽民同志反复强调全党特别是领导干部要永远艰苦奋斗。1991年9月,江泽民同志专程来到西柏坡,强调在新的历史条件下全党同志必须始终坚持“两个务必”,并作了重要题词:“牢记‘两个务必’,建设有中国特色的社会主义。”1995年,江泽民同志强调:“艰苦奋斗,是中国共产党的光荣传统,是我们党保持同人民群众密切联系的一个法宝,也是一个干部特别是领导干部必须具备的基本政治素质。我们党正是靠艰苦奋斗不断发展壮大起来的。过去干革命需要艰苦奋斗,今天搞社会主义现代化建设,同样要靠艰苦奋斗。”1997年,江泽民同志指出:“党的性质和肩负的历史使命,决定了我们艰苦奋斗的本色。实现党的崇高理想需要经过长时间的奋斗,广大党员和干部无论在什么情况下都要发扬艰苦奋斗精神,永不停步地前进。”2001年11月,他到河北考察工作时,再一次要求全党同志坚持“两个务必”,指出:“要结合新的实际在全体党员干部中广泛开展坚持‘两个务必’的教育,使全党同志在日益复杂的国内外环境中始终保持清醒的头脑,居安思危,增强忧患意识,扎扎实实地为国家和人民工作。”

党的三代领导核心关于坚持艰苦奋斗的论述,语重心长、寓意深刻,我们要认真领会,切实贯彻。

现在,我国已进入全面建设小康社会、加快推进社会主义现代化的新的发展阶段。经过十一届三中全会以来20多年特别是十三届四中全会以来13年的艰苦奋斗,我国的改革开放和社会主义现代化建设取得了举世瞩目的伟大成就,我们完全有理由为此感到自豪,但我们决不能自满,决不能懈怠,决不能停滞。成绩越大,喝彩声越多,我们越要保持清醒的头脑。而且,必须看到,我们取得的成就只是在伟大征途上迈出的坚实一步,要完成十六大提出的全面建设小康社会的奋斗目标,要完成基本实现现代化、把我国建设成为富强民主文明的社会主义国家的历史任务,要不断开创中国特色社会主义事业新局面,我们要走的路还长得很,我们肩负的任务还很艰巨,我们可能遇到的困难和挑战还会很多,我们必须始终谦虚谨慎、艰苦奋斗。

中华民族历来以勤劳勇敢、不畏艰苦著称于世。我们的古人早就讲过,“艰难困苦,玉汝于成”,“居安思危,戒奢以俭”,“忧劳兴国,逸豫亡身”,“生于忧患,死于安乐”,等等。这些警世名言,今天对我们依然有着重要的启示作用。历史和现实都表明,一个没有艰苦奋斗精神作支撑的民族,是难以自立自强的;一个没有艰苦奋斗精神作支撑的国家,是难以发展进步的;一个没有艰苦奋斗精神作支撑的政党,是难以兴旺发达的。在我们党80多年的历程中,艰苦奋斗作为强大的精神力量,始终激励着我们顽强进取、百折不挠,在各种困难和考验面前巍然屹立、敢于胜利。可以说,我们党是靠艰苦奋斗起家的,也是靠艰苦奋斗发展壮大、成就伟业的。没有艰苦奋斗,就没有我们党今天的局面。艰苦奋斗作为我们党的优良传统和作风,作为我们马克思主义政党的政治本色,是凝聚党心民心、激励全党和全体人民为实现国家富强、民族振兴共同奋斗的强大精神力量,是我们党保持同人民群众血肉联系的一个重要法宝。在革命战争年代和社会主义革命、建设、改革时期,千千万万革命先辈和共产党人为了党和人民的事业无私奉献、忘我奋斗,他们中的许多人不惜牺牲了宝贵的生命,谱写了我们党坚持艰苦奋斗的壮丽篇章。我们永远不能忘记他们为党和人民建立的丰功伟绩,永远不能忘记他们用生命培育的奋斗精神,一定要继承和发扬他们的优秀品质和崇高精神,做到为党和人民的事业生命不息、奋斗不止。

应该看到,这些年来,拜金主义、享乐主义和奢靡之风在党员队伍和干部队伍中有滋长蔓延之势,艰苦奋斗的优良作风在一部分党员、干部那里被淡忘了,在少数人那里甚至被丢得差不多了。大量事实表明,在新的历史条件下,能不能坚持发扬艰苦奋斗的优良作风,能不能经得起权力、金钱、美色的诱惑,对每个党员特别是领导干部是一个很现实的考验。我们讲艰苦奋斗,当然不是要人们去过清教徒式、苦行僧式的生活,也不是要否定合理的物质利益,而是要大力提倡艰苦奋斗、自强不息,与时俱进、开拓创新的精神,要求每个领导干部始终保持共产党人的政治本色。越是改革开放和发展社会主义市场经济,越要弘扬艰苦奋斗的精神。即使将来我们的国家发达了,人民的生活富裕了,艰苦奋斗的精神也不能丢。那种认为艰苦奋斗是老一套、已经过时了的想法是错误的,也是很有害的。

这里,我向全党同志特别是领导干部提四点希望。

第一,牢记我国的基本国情和我们党的庄严使命,树立为党和人民长期艰苦奋斗的思想。要深刻认识坚持艰苦奋斗的重要性,关键是要清醒地认识我国的基本国情。我国正处于并将长期处于社会主义初级阶段,人民日益增长的物质文化需要同落后的社会生产之间的矛盾仍然是我国社会的主要矛盾。十六大报告在提出全面建设小康社会的奋斗目标时,深刻分析了我们面临的突出问题和困难,向全党和全国人民明确提出了必须长时期艰苦奋斗的要求。我国是一个有近13

亿人口的发展中大国，生产力和科技、教育比较落后，实现工业化和现代化还有很长的路要走。我国人民生活总体上达到了小康水平，但现在达到的小康还是低水平的、不全面的、发展很不平衡的小康，巩固和提高目前达到的小康水平，还需要进行长期的艰苦奋斗。同世界先进水平相比，我国的经济实力、科技实力、国防实力还存在很大的差距，我们仍然面临发达国家在经济科技等方面占优势的压力。面对复杂多变的国际局势，国内繁重艰巨的改革、建设任务和我们党肩负的庄严使命，我们没有任何理由陶醉于已有的成绩而稍有懈怠，没有任何理由故步自封而止步不前，没有任何理由满足现状而不思进取。全党同志特别是各级领导干部必须清醒地看到激烈的国际竞争给我们带来的严峻挑战，清醒地看到我们肩负的任务的艰巨性和复杂性，清醒地看到我们工作中存在的困难和风险，增强忧患意识，居安思危，深刻认识坚持艰苦奋斗的极端重要性，牢固树立为党和人民长期艰苦奋斗的思想。

第二，牢记全心全意为人民服务的宗旨，始终不渝地为最广大人民谋利益。艰苦奋斗，是我们党作为马克思主义政党的本色，也是我们党坚持执政为民、始终成为中国特色社会主义事业领导核心的必然要求。只有坚持艰苦奋斗，心中装着人民群众，始终同人民群众同呼吸、共命运、心连心，才能保持我们党同人民群众的血肉联系，才能增强抵御腐朽思想侵蚀的能力，才能不断与时俱进、开拓创新。如果丢掉了艰苦奋斗的作风，贪图享乐，不愿意再做艰苦的工作，对群众的疾苦漠然置之，对群众的呼声充耳不闻，就必然会脱离群众。牢记党的宗旨，坚持艰苦奋斗，这两者之间有着十分紧密的联系。只有牢记全心全意为人民服务的宗旨，才能保持艰苦奋斗的革命意志和革命品格；只有坚持艰苦奋斗，才能更好地履行全心全意为人民服务的宗旨。坚持艰苦奋斗，根本目的就是要为最广大人民的根本利益而不懈努力，不断把人民群众的利益维护好、实现好、发展好。这也是我们贯彻“三个代表”重要思想的必然要求。各级领导干部要坚持深入基层、深入群众，倾听群众呼声，关心群众疾苦，时刻把人民群众的安危冷暖挂在心上，做到权为民所用，情为民所系，利为民所谋。尤其要关心那些生产和生活遇到困难的群众，深入到贫困地区、困难企业中去，深入到下岗职工、农村贫困人口、城市贫困居民等困难群众中去，千方百计地帮助他们解决实际困难。要通过扎实有效的工作，实实在在地为群众谋利益，带领群众创造自己的幸福生活。

第三，牢记党的基本理论、基本路线、基本纲领和基本经验，以艰苦奋斗的精神做好各项工作。发扬艰苦奋斗的作风，要同贯彻落实党的基本理论、基本路线、基本纲领和基本经验紧密结合起来，同全面贯彻落实“三个代表”重要思想紧密结合起来。实践证明，要把党的事业不断推向前进，需要有正确理论、路线和方针政策的指引，还要有良好的精神状态和扎实的作风，经过艰苦奋斗，把各项工作落到实处。我们讲要聚精会神搞建设，一心一意谋发展，不下真功夫、苦功夫是不行的。所有领导干部要保持昂扬向上的精神状态，发扬百折不挠的斗志，坚定不移地在工作中贯彻落实党的理论、路线和方针政策，扎扎实实地做好各项工作。要坚持实现远大目标和切实做好当前工作的统一，坚持发扬共产党人的革命精神和坚持科学务实态度的统一，脚踏实地，埋头苦干，讲实效，办实事，坚决反对形式主义和官僚主义。要不畏艰难，奋力拼搏，勇于开拓，善于创新，在带领群众战胜困难的过程中，切实落实党的方针政策，全面做好改革发展稳定的各项工作。

第四，牢记党和人民的重托和肩负的历史责任，自觉在艰苦奋斗的实践中加强党性锻炼。毛泽东同志曾经指出：“坚定正确的政治方向，是与艰苦奋斗的工作作风不能脱离的，没有坚定正确的政治方向，就不能激发艰苦奋斗的工作作风；没有艰苦奋斗的工作作风，也就不能执行坚定正确的政治方向。”毛泽东同志的这段话，深刻地揭示了坚持正确的政治方向和坚持艰苦奋斗之间的辩证关系。对于共产党员和领导干部来说，保持和弘扬艰苦奋斗的精神，说到底就是牢固树立和坚持马克思主义的世界观、人生观、价值观的问题。只有从根本上解决好世界观、人生观、价值观的问题，牢固树立群众观点，才能使艰苦奋斗的精神在思想上真正扎根、在行动上自觉体现。只有真正做到为党和人民艰苦奋斗，才能在思想上作风上真正贴近群众，也才能在实践中不断解决好世界观、人生观、价值观的问题。总之，艰苦奋斗既是我们必须大力弘扬的工作作风，又是我们必须大力弘扬的思想作风，是共产党人应有的政治品质。

大力弘扬艰苦奋斗的精神，关键是领导干部要以身作则，首先是高级干部要率先垂范。我们手中的权力是党和人民赋予的，只能用来为广大人民谋利益。要树立正确的权力观，坚持立党为公、执政为民，真正为人民掌好权、用好权，做到夙兴夜寐、勤奋工作。无论在成绩面前还是在困难面前，领导干部都要始终保持谦虚谨慎、不骄不躁的作风，保持艰苦奋斗的作风。各级领导干部特别是年轻干部，要自觉地发扬脚踏实地、真抓实干的作风，弘扬艰苦朴素、勤俭建国的精神，坚决反对浮躁浮夸、急功近利，坚决反对铺张浪费、大手大脚。各级领导干部要在实践中不断加强自身修养，牢固树立艰苦奋斗的思想，磨炼艰苦奋斗的意志，始终坚持讲学习、讲政治、讲正气，始终做到自重、自省、自警、自励，始终保持共产党人的蓬勃朝气、昂扬锐气、浩然正气，扎扎实实、踏踏实实地工作，不断为党和人民建立新的业绩。

1949年3月23日上午，从西柏坡动身前往北京的时候，毛泽东同志说："今天是进京赶考的日子。"这是一句意味深长的话。毛泽东同志充分估计到，在这个重大历史关头，党所肩负的任务是繁重的，党所面临的挑战是严峻的，需要全党同志继续进行艰苦的努力。50多年的实践证明，在党的三代中央领导集体的领导下，我们党在这场考试中取得了优异的成绩。今天，在新世纪新阶段，我们党要带领人民实现全面建设小康社会的奋斗目标，不断开创中国特色社会主义事业新局面，是这场考试的继续。我们新一届中央领导集体的同志，所有领导干部和全体党员，一定要高举邓小平理论伟大旗帜，全面贯彻"三个代表"重要思想，紧紧依靠全国各族人民，在这场考试中经受考验，努力交出优异的答卷。

全国人大常委会委员长李鹏出席纪念阳翰笙百年诞辰座谈会

中国文联和文化部今天在京举行座谈会，纪念优秀的马克思主义文艺战士、中国新文化运动的先驱者之一和文艺界卓越领导人阳翰笙诞辰100周年。全国人大常委会委员长李鹏出席座谈会并讲话。

李鹏说，阳翰笙同志是我国革命文艺运动的先驱，是新中国电影的缔造者之一。在长期、艰苦的革命战争和国家建设历程中，他为革命的胜利，为党的文化事业付出了自己一生的心血和才华，作出了重大贡献，赢得了广大文艺工作者的尊敬和爱戴。今天，我们的国家繁荣安定，正在为全面建设小康社会大步迈进，但我们永远不会忘记革命先烈和为革命、建设作出贡献的老同志。希望大家深入学习、贯彻"三个代表"重要思想和党的十六大精神，与时俱进，开拓创新，努力开创社会主义先进文化建设的新局面。

既是革命家，又是成果卓著的文艺家的阳翰笙，从20世纪20年代起就投身中国的革命运动和进步文艺活动。他先后参与了"创造社"的活动和"左联"的创建，为我国进步文艺和进步电影的创业作出巨大努力；抗日战争和解放战争时期，他参与组织"中华剧艺社"和"上海联华影艺社"，领导了进步戏剧运动，完成了《前夜》《李秀成之死》等戏剧的创作和《八千里路云和月》《一江春水向东流》等电影的拍摄。新中国成立后，他长期担任文艺界领导工作，为我国的文化事业发展殚精竭虑，呕心沥血。

在几十年的革命文艺生涯中，阳翰笙留下了300多万字的各类作品，包括《草莽英雄》《三人行》等8部话剧剧本，《北国江南》等18部电影文学剧本和大量小说、散文、杂文、诗词和社会科学论著。其中话剧《天国春秋》《草莽英雄》，电影《万家灯火》等作品，堪称中国话剧和电影史上的经典之作。

座谈会上，中国文联、文化部、国家广电总局等有关部门负责人、老一代文艺工作者和阳翰笙家乡的代表等先后发言。他们深情缅怀阳翰笙的崇高品质和革命精神，以及身体力行，坚持文艺为人民服务、为时代写照的创作实践。

首都文学艺术界知名人士和阳翰笙的亲属共300余人参加了座谈会。

国务院总理朱镕基到中国革命博物馆参观"谱写现代化建设的新篇章——1998—2002年国债建设成果图片展"

中共中央政治局委员、北京市委书记、市长刘淇，中共中央政治局委员、国家计委主任曾培炎等陪同参观。

为应对亚洲金融危机的冲击和世界经济增长放慢带来的不利影响，1998年以来，以江泽民同志为核心的党的第三代领导集体，审时度势，果断实行扩大内需的方针，实施积极的财政政策和稳健的货币政策，增发长期建设国债，加快基础设施等建设。1998年至2002年，国家共发行长期建设国债6600亿元，有效带动了地方、部门、企业配套资金和银行贷款，建设了上万个有利于扩大内需和结构调整的工程项目，投资总规模达3.2万亿元，为保持国民经济持续快速健康发展发挥了至关重要的作用。

朱镕基说，通过这个展览，人们可以突出感受到，几年来我们国家经济建设能够取得巨大成就，最重要的是实施积极的财政政策和稳健的货币政策，通过发行长期建设国债，进行大规模的基础设施建设和其他方面建设，办成了许多过去想办而没有办成的大事。国债项目建设意义十分重大，直接拉动了整个国民经济增长，推动了结构调整和技术改造，加强了生态建设和环境保护，加快了科技和教育发展，支持了西部大开发，增加了税收和就业岗位，改变了城乡面貌。国债项目建设形成了一大批优质资产，有力地增强了经济发展后劲，将对今后经济发展和社会进步发挥越来越大的作用。实践证明，党中央、国务院的决策是完全正确的。

朱镕基说，各部门、各地方十分重视国债项目建设，通力合作，科学安排项目，精心组织施工，加强资金管理和项目监察，严把项目质量关，做了大量的工作，成绩很大，应予以充分肯定。

有关方面负责人李荣融、项怀诚、戴相龙、马凯、魏礼群、姜伟新、胡希捷、翟浩辉、朱之鑫、李伟等陪同参观了展览。

本月1日开幕的国债建设成果图片展由国家计委、国家经贸委、财政部、国家统计局和北京市政府共同主办。

中央党校主要负责同志职务调整

中共中央决定：

胡锦涛同志不再兼任中央党校校长职务，曾庆红同志兼任中央党校校长。

中央统战部主要负责同志职务调整

中共中央决定：

王兆国同志不再兼任中央统战部部长职务，刘延东同志(女)任中央统战部部长。

四川省委主要负责同志职务调整

中共中央决定：

张学忠同志任四川省委委员、常委、书记。

最高人民法院公布《关于审理反倾销行政案件应用法律若干问题的规定》和《关于审理反补贴行政案件应用法律若干问题的规定》的司法解释

司法解释明确规定与反倾销、反补贴行政行为具有法律上利害关系的个人和组织，可以依照行政诉讼法及其他有关法律、行政法规的规定，向人民法院提起行政诉讼。

《反倾销规定》、《反补贴规定》各十二条，分别对司法审查的范围、诉讼参加人、管辖、司法审查的标准、举证责任、判决方式等作出规定，将于2003年1月1日起施行。

最高人民法院副院长李国光说，我国于2001年颁布修改后的《反倾销条例》和《反补贴条例》对人民法院如何进行司法审查未作规定。最高人民法院制定《反倾销规定》和《反补贴规定》，第一次明确我国人民法院承担对国务院主管部门反倾销、反补贴行政行为进行司法审查的重要职责，对人民法院适应加入世贸组织后的新形势，完善我国司法审查制度，具有重要的意义。

依据新出台的司法解释，人民法院受理的反倾销、反补贴行政案件主要有以下几种：不服国务院主管部门作出的反倾销、反补贴有关终裁决定的行政案件；不服国务院主管部门作出的是否征收反倾销税的决定以及追溯征收、退税、对新出口经营者征税的决定的行政案件，不服国务院主管部门作出的是否征收反补贴税以及追溯征收的决定的行政案件；不服国务院主管部门对继续征收反倾销税或者履行价格承诺的必要性作出的复审决定的行政案件，不服国务院主管部门有关保留、修改、取消反补贴税或者承诺的复审决定的行政案件。

国家体育总局发布中国群众体育现状调查结果

结果显示，2000年，我国的体育人口占可统计的7至70岁总人口的33.9%，比1996年提高2.5%；从我国体育人口的年龄结构看，体育人口中老年人的比重略有下降，中青年的比重略有上升，但整体年龄结构依然呈现两头高中间低的“马鞍形”分布；我国城乡居民参与体育活动的场所依然以非经营性的体育场所为主，我国城乡居民以家庭为单位全年体育消费平均为397.42元。

于2001年进行的此次中国体育现状调查是继1997年中国体育现状调查之后，对中国体育现状进行的又一次大规模追踪调查。调查结果显示，随着社会的发展和《全民健身计划纲要》的深入贯彻，我国群众体育取得了可喜的成绩：体育人口增加了，体育人口与其文化程度基本成正比。

本次调查中也发现了一些问题，提示有关部门尽快采取措施予以解决。如职工体育人口相对1996年减少了6.2%，体育活动在居民利用余暇时间所从事活动的排位已由1996年的第三位降至第五位……此外，争取更多的群众参加体育锻炼依然是体育部门的重要责任。

12月6日

国务院召开第66次常务会议

国务院总理朱镕基主持召开了会议，审议并原则通过了《退耕还林条例(草案)》。

会议认为，退耕还林是国家一项重点生态建设工程。自1999年开始试点以来，全国累计完成退耕还林任务8854.64万亩，其中退耕地造林4416.13万亩、宜林荒山荒地造林4438.51万亩。从近几年的实践看，退耕还林对改善生态环境、改变不合理生产方式、加快贫困地区农民脱贫致富、优化农村产业结构、促进农村经济发展发挥了积极的作用。为了把实践证明行之有效的退耕还林政策用法规形式固定下来，使退耕还林工作走上法制化、规范化的轨道，制定《退耕还林条例(草案)》是非常必要的。

会议决定，《退耕还林条例(草案)》经进一步修改后，由国务院公布实施。

《人民日报》发表国家发展计划委员会主任曾培

炎的文章《新世纪头二十年经济建设和改革的主要任务》

我国科学家发现核反应堆中微子消失现象

我国科学家与日本、美国同行同时宣布了他们在中微子实验方面的重大发现——发现了核反应堆中产生的中微子消失的现象,这意味着反应堆中产生的中微子发生了振荡,变成了另一种没有被探测到的中微子。

这项重要的实验结果是由日、美、中三国科学家组成的KamLAND实验组得出的,它最终确证了太阳中微子发生的振荡,并确定了中微子振荡的关键参数。

中微子是一种非常小的基本粒子,几乎不与任何物质发生作用,所以很难发现和探测。2002年的诺贝尔物理学奖就授予了在探测宇宙中微子方面取得重大成就的美国科学家雷蒙德·戴维斯和日本科学家小柴昌俊。太阳的核聚变产生大量的中微子,戴维斯领导的太阳中微子实验在30年的探测中发现了约2000个来自太阳的中微子,但与理论计算值相比,流量只有不到一半,这就是著名的"太阳中微子丢失"之谜。小柴昌俊证实了戴维斯的实验结果,也证实了大气中微子失踪现象。

由日、美、中三国科学家完成的KamLAND实验所获成果的重大意义在于:在一种全新的人工中微子源中发现了中微子消失,且其特性与太阳中微子消失相同,从而最终确认太阳中微子发生了振荡,排除了对太阳和大气中微子消失的其他解释。这是国际上首次用人工中微子源证实太阳中微子振荡现象。这个实验同时也首次定量给出了太阳中微子振荡参数的唯一解,验证了标准太阳模型是正确的,得出了中微子质量不为零的肯定结论。同时,这个实验也首次观测到了地球本身发出的地质中微子。

1997年开始建造的KamLAND探测器位于日本神冈1000米深的矿井下,日、美、中三国近100位科学家组成的实验组用它来探测来自20多个核电站反应堆产生的中微子。实验从今年2月开始,中国科学院高能物理研究所的王贻芳研究员等中国科学家参加了此项实验。

南京邮电学院举行建院60周年庆祝大会

全国人大常委会委员长李鹏为校庆题词勉励:"努力提高办学质量,培养优秀通信人才。"

南京邮电学院1942年诞生于山东抗日根据地,1949年迁抵南京,目前有教职工近1300人,各类在校在籍学生近1.8万名,其中本科生近万名。南邮现有3个博士点,10个硕士点,20个本科专业,6个省部级重点学科,15个省部级重点实验室。近年来,南邮经鉴定的省部级以上科研成果达100余项,其中完成国家"863"计划、国家自然科学基金以及省部级重点科研项目26项,多项成果达到国际先进水平或国内领先水平,并转化为现实生产力,取得了良好的社会效益和经济效益。

迟浩田、费孝通也给南京邮电学院发来贺词、贺信。

12月7日

最高人民法院出台查阅民事诉讼案卷新规定

最高人民法院在今日正式施行的司法解释《最高人民法院关于诉讼代理人查阅民事案件材料的规定》中明确作出规定:律师等诉讼代理人和当事人均有权查阅民事案件相关材料。

最高人民法院有关部门负责人介绍,《民事诉讼法》第六十一条规定:"代理诉讼的律师和其他诉讼代理人有权调查收集证据,可以查阅本案有关材料。查阅本案有关材料的范围和办法由最高人民法院规定。"由于最高人民法院对此一直未作出系统的规定,现行各级法院在处理律师等诉讼代理人阅卷问题上存在一些不规范、不一致的做法。比如,当事人的阅卷权利。由于法律未做明确规定,有的地方法院就出现过不允许当事人阅卷的现象。为了规范阅卷活动,保障诉讼代理人依法行使诉讼权利,最高人民法院专门制定了这一司法解释。

对于阅卷的范围,该司法解释规定:"限于案件审判卷和执行卷的正卷,包括起诉书、答辩书、庭审笔录及各种证据材料等。"案件审判卷和执行卷的副卷,则不在阅卷的范围内。

依照该司法解释的规定,诉讼代理人有权查阅的案件有关材料,限于"所代理案件",而不包括他们没有代理的案件。阅案卷时,诉讼代理人应当出示律师证或者身份证等有效证件,并填写阅卷单。阅卷可以摘抄或者复印。涉及国家秘密的案件材料,依照国家有关规定办理。复印案件材料应当经案卷保管人员的同意。复印案件材料可以收取必要的费用。

诉讼代理人在阅卷时,不得修改、损毁、抽取案卷材料。对违反规定者,将参照《民事诉讼法》第一百零二条的规定,根据情节轻重予以罚款、拘留;构成犯罪的,依法追究刑事责任。

12月8日

李岚清 温家宝 黄菊 吴官正 李长春等领导同志在

北京参观国债建设成果图片展

国务院副总理李岚清，中共中央政治局常委、国务院副总理温家宝，中共中央政治局常委黄菊，中共中央政治局常委吴官正，中共中央政治局常委李长春来到中国革命博物馆，参观了正在这里举办的“谱写现代化建设的新篇章——1998—2002年国债建设成果图片展”。

中共中央政治局委员、书记处书记、中宣部部长刘云山，中共中央政治局委员、天津市委书记张立昌，中共中央政治局委员、广东省委书记张德江，中共中央政治局委员、书记处书记、中央组织部部长贺国强参观了展览。全国人大常委会副委员长彭珮云、曹志也参观了展览。

李岚清说，近年来我国经济保持高速增长，国债建设起到了重要作用。国债投资有效地改善了我国基础设施状况，增强了可持续发展能力，形成了一大批优质资产，有力地增强了经济发展后劲，办成了一大批多年想办而没有办成的大事，对经济发展、结构调整、扩大就业和改善人民生活都发挥了重要作用，有力地促进了生产力特别是先进生产力的发展和先进文化的传播，使祖国面貌发生了深刻变化，综合国力得到显著增强。

温家宝说，五年来国债建设资金带动了社会资金的投入，加强了基础设施和生态环境等方面建设，对促进经济增长发挥了十分重要的作用。这充分说明中央关于扩大内需、实施积极的财政政策和稳健的货币政策的决策是完全正确的。他强调，要用好国债资金，提高投资效益。一要调整投资结构。主要是加大对改善农村生产生活条件、扩大城镇就业、促进企业技术进步、加强生态环境建设、发展科技教育等方面的支持力度。重点搞好在建项目和西部开发项目，从严控制新开工项目。二要加强和改进国债投资项目管理，认真做好前期工作，加强对工程质量和资金使用效益的监督。所有工程都要把质量放在第一位，不能赶进度放松质量管理。同时，要把扩大投资需求同增加消费需求结合起来，重视改善消费环境，完善鼓励消费的政策，开拓城乡市场，实现投资和消费双拉动，促进国民经济稳定快速发展。

吴官正听取了工作人员的介绍，详细询问了西部大开发及生态环境保护的进展情况。他说，展览既展示了国债建设取得的巨大成就，也是各地区、各部门实践“三个代表”重要思想的真实写照，从中可以深切地感受到以江泽民同志为核心的党的第三代领导集体驾驭宏观全局，应对各种复杂局面，带领全国人民开拓前进的高超领导艺术。

李长春详细询问了青藏铁路、西电东送、南水北调等重点工程的进展情况，对国债投资的成就给予充分肯定。他说，国债投资拉动国内投资和消费需求增长，促进了国民经济持续快速健康发展。实践证明，党中央、国务院的决策是完全正确的，国债建设是扩大内需、富国强民的好政策，必将对今后经济发展和社会进步发挥日益重要的作用。

中共中央政治局委员、北京市委书记、市长刘淇，中共中央政治局委员、国家计委主任曾培炎，以及国家计委、国家经贸委、财政部、国家统计局、北京市政府等主办单位负责人陪同参观了展览。

本月1日开幕的国债建设成果图片展分前言和9个部分，通过1000多张图片集中形象地展示国债建设成就。自1998年以来，国家共发行长期建设国债6600亿元，建设了上万个有利于扩大内需和结构调整的工程项目，投资总规模达3.2万亿元。国债投资每年拉动经济增长1.5至2个百分点，累计直接创造就业岗位750万个，为保持国民经济持续快速健康发展发挥了至关重要的作用。

九三学社第八次全国代表大会在北京闭幕

韩启德当选为新一届中央委员会主席。

韩启德在会上讲话说，在新世纪新阶段重要历史时期，九三学社新一届中央领导集体对把九三学社建设成为适应新世纪要求的参政党，对在中国共产党的领导下建设中国特色社会主义事业，肩负着重大责任。新一届中央委员会一定要认真学习贯彻中共十六大精神，努力贯彻落实九三学社八大的各项决定，团结带领全社各级组织、广大社员，把九三学社老一辈在长期革命和建设实践中形成的优良传统和高尚风范一代代传下去，保证共产党领导的多党合作和政治协商制度得到坚持和发展；要始终保持与时俱进的精神状态，解放思想，不断改革，不断创新；要紧紧围绕和服务于经济建设这个中心，发挥九三学社联系科技界的优势与特色；要维护团结，营造民主和谐的工作氛围，最广泛最充分地调动一切积极因素，使九三学社参政议政、民主监督、科教服务、对外联络、自身建设等各项工作，达到新水平，开创新局面。

大会通过了《九三学社中央关于深入学习贯彻中国共产党第十六次全国代表大会精神的决议》。决议指出，中共十六大是我国开始实施社会主义现代化建设第三步战略部署的新形势下召开的一次十分重要的代表大会，必将开启中国人民全面建设小康社会、加快推进社会主义现代化的新篇章。全社要把学习贯彻中共十六大精神作为当前和今后一个时期的首要政治任务。决议号召九三学社各级组织和广大社员倍加顾全大局，倍加珍视团结，倍加维护稳定，在以胡锦涛同志为总书记的中共中央领导下，齐心协力，奋发图强，为全面建设小康社会，开创中国特色社会主义事业新局面，为完成祖国统一大业和实现中华民族的伟大复兴而努力奋斗。

在为期6天的会议中，代表们审议通过了九三学社第十届中央委员会的报告，审议通过了《九三学社章程修正案》。

九三学社第十一届中央委员会共有225名委员，其中具有高级职称的占88%，平均年龄为51.5岁。7日举行的九三学社十一届一中全会选举产生了由主席1人、副主席8人、中央委员会常务委员45人组成的新的领导集体。

九三学社中央副主席王选主持了闭幕会。全国人大常委会副委员长、九三学社中央名誉主席吴阶平，全国政协副主席、九三学社中央名誉副主席王文元，九三学社中央副主席洪绂曾、金开诚、刘应明、闵乃本、谢丽娟、陈抗甫、冯培恩出席了闭幕会。

九三学社第十一届中央委员会名誉主席　名誉副主席　主席　副主席名单

名誉主席：吴阶平

名誉副主席：王文元　徐采栋　杨　樗　陈明绍　陈学俊　赵伟之　黄其兴

主席：韩启德

副主席：洪绂曾　金开诚　王　选　刘应明　闵乃本　谢丽娟(女)　陈抗甫　冯培恩

中国农工民主党第十三次全国代表大会在北京闭幕

蒋正华再次当选新一届中央委员会主席。

蒋正华在会上讲话说，农工民主党新一届中央委员会肩负着团结和带领全党同志，实现中共十六大提出的战略目标和各项任务及全面完成农工民主党十三大确定的各项任务的重任。中共十六大报告强调进一步坚持、完善和发展中国共产党领导的多党合作和政治协商制度，坚持“长期共存、互相监督、肝胆相照、荣辱与共”的方针，强调加强同各民主党派合作共事，对于在新世纪开创我国多党合作事业新局面具有深远意义。农工民主党是接受中国共产党领导，同共产党通力合作，致力于社会主义事业的亲密友党，我们要高举邓小平理论伟大旗帜，学习实践“三个代表”重要思想，切实履行参政党职能，学习贯彻中共十六大精神，全面加强自身建设，提高参政议政能力，为开创新世纪多党合作新局面，全面建设小康社会，加快推进社会主义现代化作出更大贡献。

大会通过的《中国农工民主党第十三次全国代表大会决议》指出，农工民主党全体党员要以与时俱进的精神，进一步学习和贯彻中共十六大精神，把思想统一到中共十六大精神上来。要继承和发扬农工民主党爱国革命的光荣传统，把自觉接受中国共产党的领导、坚持与中国共产党的亲密合作，永远作为立党之本、参政之基，永远沿着中国共产党指引的正确道路前进。

大会通过了致不再担任农工民主党中央委员同志的信。信中说：“你们以身作则，认真履行职责，为巩固和发展我国多党合作事业作出贡献。让我们携手同心，使农工民主党各项事业更加兴旺发达，将中国共产党领导的多党合作和政治协商制度在新世纪进一步发扬光大。”

在为期5天的会议中，代表们审议通过了十二届中央委员会工作报告，审议通过了《中国农工民主党章程(修正案)》。

新一届中央委员会共190人，平均年龄降低，学历层次提高，专业知识结构更加合理，整体素质进一步增强。在8日举行的中国农工民主党十三届一中全会上，选举产生了由主席1人、副主席10人、常务委员43人组成的新的领导集体。

会议由农工民主党中央常务副主席李蒙主持。农工民主党中央副主席桑国卫致闭幕词。农工民主党中央副主席阎洪臣、宋金升、朱兆良、陈建生、陈宗兴、张大宁、左焕琛、王宁生出席大会。

中国农工民主党第十三届中央委员会主席 副主席 名誉副主席名单

主席：蒋正华

副主席：李　蒙　阎洪臣　宋金升　朱兆良　陈建生　陈宗兴　张大宁　左焕琛(女)　桑国卫　王宁生

名誉副主席：方荣欣　姚　峻　章师明　田光涛　蒯天聪　郭秀仪(女)

我国整顿和规范药品市场秩序工作取得重大突破

据国家药品监督管理局相关负责人介绍，经过两年多的努力，清理和规范药品包装、标签、说明书以及统一药品批准文号的工作已于日前基本完成。从2000年10月起，国家药品监督管理局制定了《药品包装、标签和说明书管理规定》、《统一换发药品批准文号工作程序》等一批相关规定，全面开展了统一换发药品批准文号与规范药品包装、标签、说明书的清理整顿工作。在这次清理整顿中，全国133758个药品品种规格中，通过审核已换发药品批准文号113279个，需进一步核查的有12479个，将被撤销的有5472个，并规范了2004个化学药品的说明书，对国家药品标准收载的所有4000余种中成药的处方进行了排序。从今年12月1日起,大部分上市药品统一使用国药准字的文号,药品包装、标签、说明书混乱的情况将得到根本改观。

这是新中国成立以来,我国药品监督管理部门第一次全面清理和规范药品包装、标签、说明书以及药品批准文号,涉及不同时期批准的所有国产药品和境内药品生产企业的药品。

中国曲艺家协会第五次全国代表大会在北京举行

中共中央政治局委员、书记处书记、中宣部部长刘云山出席开幕大会并讲话。

刘云山希望会议高举邓小平理论伟大旗帜,以"三个代表"重要思想为指导,把大会开成认真学习、贯彻十六大精神的大会;开成动员曲艺界为全面建设小康社会团结奋斗的大会;开成在曲艺发展史上留下辉煌一页的大会。作为一个曲艺爱好者、支持者,作为你们的忠实观众、热心听众,我热切地期盼有更多人民群众喜闻乐见的精品力作不断问世,期盼有更多的德艺双馨的艺术新人不断涌现,热切期盼我们的曲艺事业能够紧跟时代步伐不断发展,不断创新,不断开创新局面。伟大的时代一定会孕育伟大的艺术精品,伟大时代一定会催生伟大的艺术大家,伟大的时代也一定会是一个经济、政治、文化全面繁荣发展的时代。

中国曲艺家协会第四届常务副主席刘兰芳代表第四届理事会作了题为《坚持先进文化前进方向推动曲艺事业创新繁荣》的工作报告。副主席薛宝琨作了《修改〈中国曲艺家协会章程〉的说明》。

曲艺表演艺术家刘兰芳当选为新一届中国曲艺家协会主席,冯巩、李时成、佘红仙、侯耀文、姜昆、夏雨田、郭刚、黄宏、崔凯、程永玲、道尔吉仁钦当选为中国曲协副主席。罗扬被推举为中国曲协名誉主席,土登、马三立、朱光斗、吴宗锡、薛宝琨被聘请为中国曲协顾问。

会议审议通过了第四届理事会所作的工作报告,通过了新修改的《中国曲艺家协会章程》。

12月9日

中央经济工作会议在北京召开

中共中央、国务院召开的中央经济工作会议12月9日至10日在北京举行。

胡锦涛、朱镕基、李岚清、吴邦国、温家宝、贾庆林、曾庆红、黄菊、吴官正、李长春、罗干出席会议。

中共中央总书记胡锦涛就当前国际国内形势,认真贯彻落实党的十六大提出的经济工作的各项任务,明年经济工作的总体要求和主要任务作了重要讲话。国务院总理朱镕基就明年经济工作做了全面部署。中共中央政治局常委、国务院副总理温家宝主持会议并在会议结束时作总结讲话。

会议指出,党的十六大的胜利召开,极大地振奋了党心军心民心,进一步激发了全国各族人民建设中国特色社会主义的热情。广大人民群众对国家发展的美好未来充满信心,对我们党寄予厚望。在新世纪新阶段,我们党要肩负起历史和时代赋予的庄严使命,就必须高举旗帜,与时俱进;发扬民主,团结统一;艰苦奋斗,求真务实;清正廉洁,一心为民。

会议认为,当前国际形势仍处在复杂深刻的变动之中。世界多极化和经济全球化趋势在曲折中发展。国际局势总体缓和、稳定的基本态势没有改变,局部紧张、动荡的情况仍将继续。当前世界经济出现了一些复苏迹象,但还有很大的不确定性。我们既要看到有利的一面,坚定信心,抓住机遇,扎实工作,保持我国经济发展的好势头,也要对不利的一面有充分估计,做好各方面应对准备。从国内看,经济发展的总体形势是好的。国民经济持续较快增长,今年经济社会发展的主要预期目标可以实现。国内生产总值将超过10万亿元,经济总量迈上一个新台阶。在世界经济增长缓慢的情况下,这样的成绩来之不易。

会议指出,1998年以来,面对亚洲金融危机冲击和世界经济波动的不利影响,我们采取扩大内需的方针,实施积极的财政政策和稳健的货币政策,保持了经济快速增长。五年来,我国经济发展,社会稳定,民族团结,人民安居乐业,国际地位明显提高。实践证明,以江泽民同志为核心的第三代中央领导集体,不仅在治党治国治军方面,而且在经济工作方面具有高超的领导艺术和驾驭全局的能力,所制定的一系列大政方针和政策是完全正确的,符合最广大人民的根本利益,具有很强的现实意义和长远的指导意义。这些人民群众拥护的、在实践中行之有效的方针政策,要毫不动摇地坚持。政策稳,人心定,经济就能持续快速健康发展,社会就能保持稳定。

会议指出,明年经济工作还面临一些突出矛盾和问题,国际经济的不确定因素很多。在这样的情况下,我们必须把困难估计的充分一些,把应对和克服困难的措施想得周全一些。

会议强调,明年是全面贯彻落实党的十六大精神的第一年。做好明年的经济工作,保持经济发展的良好势头,对于鼓舞斗志、增强信心,实现十六大确定的奋斗目标和各项任务,具有十分重要的意义。全党同志要解放思想,实事求是,与时俱进,做到发展要有新思路,改革要有新突破,开放要有新局面,各项工作要有新举措,迈出全面建设小康社会、加快推进社会主义现代化的新步伐。

会议确定，明年经济工作的总体要求是：以邓小平理论和"三个代表"重要思想为指导，认真贯彻党的十六大精神，积极应对国内外环境变化带来的困难和挑战，坚持扩大内需的方针，继续实施积极的财政政策和稳健的货币政策，进一步深化改革，全面提高对外开放水平，加快经济结构的战略性调整，积极发展农业和农村经济，大力推进新型工业化，促进国民经济持续快速健康发展，实现速度和结构、质量、效益相统一。正确处理改革发展稳定的关系，切实做好就业和再就业工作，完善社会保障体系，提高城乡居民生活水平，保持社会稳定。

会议指出，实现这一总体要求，必须坚持以发展为主题，以结构调整为主线，以改革开放和科技进步为动力，以提高人民生活水平为根本目的。要围绕保持经济稳定增长和完善社会主义市场经济体制两大任务，着重把握好以下四个方面：

一、坚持扩大内需的方针，继续实施积极的财政政策和稳健的货币政策。坚持把发展作为党执政兴国的第一要务，是经济工作的重要指导原则。我国国内市场潜力大，经济发展的回旋余地大，这是我们的优势。在全面建设小康社会乃至整个现代化建设进程中，我们要始终发挥好这个优势，坚持并不断完善扩大内需的方针。明年继续实施积极的财政政策，发行一定规模的建设国债。要进一步用好国债资金。调整和优化国债资金的使用方向和结构，着力提高使用效益。一要集中力量办大事，确保重大项目的投入和建设。二要向农村倾斜，改善农村生产生活条件，增加农民收入。三要向结构调整倾斜，促进技术进步和企业技术改造，增强经济发展的后劲。四要向中西部特别是西部地区倾斜，继续为加快西部地区经济发展创造条件。五要向生态环境建设倾斜，加快实施退耕还林，促进可持续发展。国债项目建设必须保证质量，严格资金管理。扩大投资需求要同扩大就业、改善人民生活、促进消费结合起来，实现投资和消费双拉动。要继续鼓励和引导社会资金投入国家鼓励的产业和建设项目，防止低水平的重复建设。必须把财政增收节支作为一项重点任务来抓。该收的钱一定要收上来，不该花的钱一个也不能花。要继续实施稳健的货币政策。充分发挥金融支持经济增长的重要作用，保持货币供应量的适度增长，规范和引导银行、证券、保险业健康发展。

二、加快结构调整，提高经济增长的质量和效益。经济结构调整是一项长期的战略任务。要密切跟踪世界经济科技发展的新趋势，从我国经济发展的实际出发，把握调整的方向和重点。调整经济结构，必须紧紧依靠科技进步，切实遵循经济规律。各级政府应将注意力转到引导、规范、监管、服务上来，尽快形成适应市场经济发展要求的结构调整新机制。在产业结构调整中，农业基础地位不能动摇。围绕发展优势农产品，调整区域布局，切实保证农产品质量安全。加快城镇化进程，广开农民就业门路，拓宽增收渠道。推进产业结构优化升级，必须走新型工业化道路。积极发展高新技术产业，改造提升传统产业，重视发展有利于扩大就业的劳动密集型产业。支持老工业基地加快调整和改造。加快发展服务业，提高第三产业在国民经济中的比重。培育和发展新的经济增长点。合理调整地区经济布局，继续推进西部大开发。

三、进一步推进改革开放，为发展提供强大动力。必须坚定不移地推进经济体制改革和其他各项改革，坚持和完善公有制为主体、多种所有制经济共同发展的基本经济制度。必须毫不动摇地巩固和发展公有制经济，必须毫不动摇地鼓励、支持和引导非公有制经济发展。深化改革要坚持从实际出发，整体推进，重点突破，循序渐进，注重制度建设和创新。明年要着重抓好四项改革。一是深化国有企业和国有资产管理体制改革。二是深化农村经济体制改革。三是稳步实施金融体制改革。四是深化行政管理体制改革。要把集中整治与制度建设结合起来，严厉打击各种破坏市场经济秩序的违法犯罪行为，加强法制建设和信用体系建设，创造良好市场环境。要继续重视和积极做好对外经济工作。大力推进外贸主体和出口市场多元化，优化出口结构，鼓励和支持扩大出口，提高利用外资质量。

四、加强就业和社会保障工作，努力提高人民生活水平。在经济发展的基础上，不断增加城乡居民收入，提高人民生活水平和质量，是全面建设小康社会的根本目的，也是实践"三个代表"重要思想的具体体现。各级党委和政府要继续认真贯彻全国再就业工作会议精神，认真落实各项政策措施。要立足于发展经济扩大就业。引导人们转变就业观念，鼓励和提倡自谋职业、自主创业，以多种形式和灵活方式实现就业。要加快社会保障体系建设，做好"两个确保"和"三条保障线"的衔接工作。继续大力推进扶贫开发，增加扶贫投入，提高扶贫开发的成效。

会议认为，在明年经济工作中，需要注意把握好以下几点：第一，各方面安排要积极稳妥，留有余地。第二，着力提高经济增长的质量和效益。第三，保持宏观经济政策连续性和稳定性。第四，积极解决社会经济生活中的突出问题。会议从进一步培育和扩大国内需求，促进农业和农村经济全面发展，继续推进产业结构调整和西部开发，深化经济体制改革，继续整顿和规范市场经济秩序，努力提高对外开放水平，切实做好扩大就业和社会保障工作，积极实施科教兴国战略和可持续发展战略，大力做好增收节支等方面，部署了明年经济工作。

会议强调指出，要全面贯彻党的十六大精神，切实加强和改进党对经济工作的领导。要深入学习贯彻十六大精神，把思想和行动统一到十六大精神上来。要坚定不移地抓好发展这个党执政兴国的第一要务，聚精会神搞建设，一心一意谋发展。要居安思危，艰苦奋斗，始终保持昂扬向上的精神状态。要围绕中心，把握全局，妥善处理做好经济工作与推进其他各项工作的关系。着力解决关系群众切身利益的实际问题，始终保持党同人民群众的血肉联系。领导干部一定要多深入基层，多深入群众，了解群众要求，体察群众情绪，关心群众疾苦。现在已近年终岁末，各级领导都要深入到困难群众和灾区群众中去，实实在在地帮助他们解决生活和生产中的实际问题，让群众切实感受到党和政府的温暖。

出席这次会议的中央领导同志还有：王乐泉、王兆国、回良玉、刘淇、刘云山、吴仪、张立昌、张德江、俞正声、贺国强、曹刚川、曾培炎、王刚、迟浩田、钱其琛、何勇、彭珮云、周光召、司马义·艾买提、王忠禹、肖扬、叶选平、宋健、白立忱和中央军委委员梁光烈、廖锡龙、李继耐。

各省、自治区、直辖市和计划单列市、新疆生产建设兵团的党政主要负责人，党中央有关部门、国务院各部委和有关单位的主要负责人，解放军各总部和武警部队负责人出席了会议。

全国人大常委会委员长李鹏在人民大会堂会见厄瓜多尔国民议会议长何塞·科尔德罗

李鹏说，近年来，两国政治关系日益加强，双方在经贸等各领域的合作也不断扩大。中厄同属发展中国家，在和平与发展的问题上有很多共同利益，对重大国际问题有着相同或相似的看法，是可以相互信赖的朋友，中厄友好互利合作必将造福于两国人民。近年来，贵国各界携手努力，克服种种困难，保持了政治稳定和经济发展。贵国奉行独立自主的和平外交政策，在国际和地区事务中发挥着自己的作用。我们对贵国取得的这些成就感到由衷的高兴。对贵国坚持一个中国立场，在人权和中国加入世贸组织等问题上给予我国宝贵支持，我们表示感谢。

在谈到台湾问题时，李鹏表示，中厄建交以来，厄历届政府均坚持奉行一个中国的政策，这符合世界潮流和厄根本利益。目前，台湾当局以种种借口企图在国际上制造“两个中国”或“一中一台”，破坏建交国同我的友好关系。希望厄瓜多尔朋友对“台独”的政治图谋保持警惕，支持中国人民的统一大业，促进中厄友好合作关系健康发展。

全国人大教科文卫委员会副主任委员、全国人大中厄友好小组主席朱丽兰，外交部副部长李肇星，李鹏委员长办公室主任吴文昌等参加了会见。

全国人大常委会委员长李鹏在人民大会堂会见美国众议院国际关系委员会主席亨利·海德及其率领的代表团

国务院总理朱镕基在中南海会见来京述职的香港特别行政区行政长官董建华

朱镕基对香港特别行政区政府的工作给予了充分肯定。他说，香港回归五年来，面对亚洲金融危机的冲击和外部经济环境变化的不利影响，董建华先生领导特区政府，在中央政府的支持下，与社会各界人士共同努力，始终保持了香港大局的稳定，保持了香港作为国际贸易、金融、航运等中心的地位。

朱镕基说，香港面临的经济困难是长期积累形成的。目前香港仍然具有许多优势，有较强的经济实力和竞争力，完全有能力克服目前的困难。中央政府将会采取一切必要的措施，促进香港的繁荣稳定。他希望香港同胞继续发扬艰苦创业的优良传统和精神，团结奋斗，再创辉煌。

国务委员兼国务院秘书长王忠禹、国务院港澳事务办公室主任廖晖参加了会见。

国务院总理朱镕基在中南海会见来京述职的澳门特别行政区行政长官何厚铧

朱镕基说，澳门当前的发展势头很好，社会安定，经济持续增长，政府的行政效率和服务水平逐步提高。他对特区政府提出的澳门经济的发展思路表示赞赏，并希望特区政府着眼长远，逐步优化产业结构，努力开拓发展空间，促进澳门经济和社会的全面发展。

何厚铧向朱镕基总理汇报了澳门特别行政区政府一年来的工作。他说，澳门回归以来在各方面所取得的进步离不开中央政府的全力支持。他对朱总理一直以来对澳门的关心表示衷心的感谢。

国务委员兼国务院秘书长王忠禹、国务院港澳事务办公室主任廖晖参加了会见。

中共中央政治局常委贾庆林在人民大会堂会见以监事霍英东为领队 主席李兆基为团长的香港培华教育基金会访京团一行

中国国民党革命委员会第十次全国代表大会在北

京闭幕

何鲁丽再次当选新一届民革中央委员会主席。

何鲁丽在致闭幕词时说,民革新一届中央领导班子在民革同志们的信任下选举产生了。我们一定不辜负全党同志的重托和期望,团结和带领全党同志,高举邓小平理论伟大旗帜,认真学习和实践“三个代表”重要思想,为全面贯彻落实中共十六大提出的宏伟目标和各项任务而努力奋斗,为全面贯彻落实民革十大精神,开创民革工作新局面而勤奋工作。何鲁丽指出,民革十大是民革历史上具有重要意义的一次会议,是一次学习贯彻中共十六大精神,统一思想、明确任务、振奋精神的会议,是一次总结经验的大会,是一次进一步实现中央领导机构新老交替和政治交接的会议,是一次团结鼓劲、面向未来,全面推进民革工作的动员会。展望新世纪新阶段全面建设小康社会的壮丽前景,我们充满信心。让我们紧密团结在以胡锦涛同志为总书记的中共中央周围,与时俱进、开拓创新,为把我国建设成为富强、民主、文明的社会主义现代化国家,早日实现祖国统一大业作出更大的贡献。

会议通过的《中国国民党革命委员会第十次全国代表大会决议》强调,在民革今后的工作中,全党同志一定要牢牢把握“三个代表”重要思想的精神实质,认真学习、深刻领会、全面贯彻中共十六大精神,把我们的思想和行动统一到中共十六大精神上来,把我们的智慧和力量凝聚到实现中共十六大提出的任务上来,努力把民革建设成为一个适应新世纪新阶段要求的高素质参政党。决议指出,促进祖国和平统一,是民革的工作重点。全党同志一定要在中共十六大报告所阐明的有关精神和原则指导下,充分发挥民革的特点和优势,积极开展推进祖国统一的各种活动,促进海峡两岸的人员交往和经济、文化等各种交流与合作。民革坚决反对任何外国势力干涉中国统一,坚决反对台湾分裂势力搞“台独”的图谋,绝对不允许任何人以任何方式把台湾从中国分裂出去。

为期7天的民革十大,认真学习了中共十六大精神,听取了中共十六大精神的辅导报告,审议通过了九届中央委员会的报告,审议通过了《中国国民党革命委员会章程(修正案)》,选举产生了新一届领导机构。

新一届民革中央委员会由212人组成。在8日举行的民革十届一中全会上,选举产生了由1名主席、10名副主席、44名中央常务委员组成的新的领导集体。

民革中央副主席厉无畏主持了闭幕会。民革中央名誉副主席贾亦斌,民革中央副主席周铁农、李赣骝、童傅、程誌青、徐志纯、钮小明、朱培康、刘民复、万鄂湘出席了大会。

中国国民党革命委员会第十届中央委员会主席副主席 名誉副主席名单

主席:何鲁丽(女)

副主席:周铁农　李赣骝　童　傅　程誌青(女)　徐志纯　厉无畏　钮小明(女)　朱培康　刘民复　万鄂湘

名誉副主席:贾亦斌　彭清源　徐起超

国家主席江泽民根据全国人大常委会的决定任免驻外大使

一、免去孙必干的中华人民共和国驻伊朗伊斯兰共和国特命全权大使职务;

任命刘振堂为中华人民共和国驻伊朗伊斯兰共和国特命全权大使。

二、免去郭天民的中华人民共和国驻加蓬共和国特命全权大使职务;

任命范振水为中华人民共和国驻加蓬共和国特命全权大使。

三、免去鲍树生的中华人民共和国驻博茨瓦纳共和国特命全权大使职务;

任命林迪夫为中华人民共和国驻博茨瓦纳共和国特命全权大使。

四、免去刘峻岫的中华人民共和国驻厄瓜多尔共和国特命全权大使职务;

任命曾钢为中华人民共和国驻厄瓜多尔共和国特命全权大使。

全国人大常委会副委员长姜春云在人民大会堂会见以罗马尼亚最高检察院总检察长若依卡·特纳塞为团长的代表团

国新办发表《2002年中国的国防》白皮书

前言

世界要和平,人民要合作,国家要发展,社会要进步,是不可阻挡的时代潮流。中国人民和各国人民,都不愿看到世界上任何地区再发生新的热战、冷战和动乱,都渴望世界持久和平和稳定安宁,渴望世界共同发展和普遍繁荣。

中国已进入全面建设小康社会、加快推进社会主义现代化的新的发展阶段。推进现代化建设、完成祖国统一、维护世界和平与促进共同发展,是中国人民在新世纪的三大历史任务。举世瞩目的中国共产党第十六次全国代表大会,描绘了新世纪中国发展的宏伟蓝图。发展中的中国需要一个和平的国际环境和良好的周边环境,中国的发展将对世界和平和人类进步事业作出更大贡献。中国始终不渝地走和平发展的道路，奉行独立自主的和平外交政策，实行防御性的国防政策。

为进一步介绍中国的国防政策和近两年国防建设情况，现发表《2002年中国的国防》白皮书。

一、安全形势

进入新世纪，国际局势正在发生深刻变化。世界多极化和经济全球化的趋势在曲折中发展，科技进步日新月异，综合国力竞争日趋激烈。人类面临着新的发展机遇和挑战。

和平与发展仍是当今时代的主题。各国经济相互依存加深，全球和区域经济合作组织的作用增强，经济安全更加受到重视。发展经济和科技，增强综合国力，是各国的主要战略趋向。大国之间既相互借重、合作，又相互制约、竞争。2001年9月11日美国发生恐怖袭击事件之后，大国关系协调与合作的一面上升。广大发展中国家积极推动建立公正合理的国际新秩序，为促进世界的和平与发展发挥着重要作用。新的世界大战在可预见的时期内打不起来。维护和平，促进发展，是各国人民的共同愿望。

亚太地区总体保持和平稳定，依然是世界上最具经济活力和发展潜力的地区。加强对话合作，维护地区稳定，促进共同发展，已成为亚洲各国政策的主流。亚太经济合作组织（APEC）向更加紧密的合作迈进。以东盟与中国、日本、韩国（10＋3）为主渠道的东亚合作更加务实。中国与东盟就十年内建立自由贸易区达成共识，启动了在非传统安全领域的全面合作。湄公河流域开发合作即将全面展开。东盟地区论坛从建立信任措施向预防性外交阶段的过渡取得实质性成果。上海合作组织在建立互信、发展结伴而不结盟的国家关系和反恐怖主义合作方面取得明显进展。阿富汗重建进程启动。朝鲜半岛总体缓和的趋势得到保持。南海地区形势基本稳定，有关各方签署了《南海各方行为宣言》。

但是，影响和平与发展的不确定因素也在增加，世界还很不安宁。不公正、不合理的国际政治经济旧秩序没有根本改变。世界经济发展很不平衡，南北差距进一步扩大，发展中国家在经济全球化进程中获益较少，有的面临被边缘化的危险。国际关系民主化远未实现，霸权主义和强权政治有新的表现。一些地区因民族、宗教、领土、资源等问题引发的争端时起时伏，武装冲突和局部战争不断发生。恐怖主义、跨国犯罪、环境恶化、毒品等非传统安全问题日趋突出，尤其是恐怖主义已对国际和地区安全构成现实威胁。

世界军事变革迅猛发展，军事力量对比出现新的严重失衡。以信息技术为核心的高新技术在军事领域广泛应用，战场向陆、海、空、天、电多维空间扩展，中、远程精确打击成为重要作战样式，战争形态正在向信息化方向发展。世界主要国家普遍进行军事战略调整，加快以高技术为基础的军队现代化建设。发展中国家与发达国家的军事技术差距进一步拉大。发展中国家维护国家主权和安全的斗争面临严峻挑战。

亚太地区仍存在不稳定的因素。历史遗留的传统安全问题尚未消失并出现新的情况，非传统安全问题在一些国家日趋突出。恐怖主义、分裂主义、极端主义势力对地区安全的危害短期内难以根除。南亚紧张局势没有根本改变。阿富汗局势尚未完全稳定。朝鲜半岛和解进程依然曲折。某些国家在亚太地区继续加强军事部署，强化军事同盟，有的国家还不断扩大武装力量的职能和活动范围。

台湾海峡两岸关系的基本格局和发展趋势没有改变。台湾同胞求和平、求安定、求发展的意愿日益增强，两岸经贸、文化等领域的交流和人员往来日益密切，两岸直接通邮、通航、通商是民心所向、大势所趋。但是，两岸关系紧张的根源没有消除。台湾当局领导人拒不接受一个中国原则，顽固坚持"台湾独立"立场，甚至抛出海峡两岸"一边一国"的分裂主张，并以渐进的手法进行各种分裂活动。台湾分裂势力是对台海地区和平与稳定的最大威胁。极少数国家在台湾问题上干涉中国内政，继续售台武器装备，提升与台关系，助长了台湾分裂势力的气焰，损害了中国的和平统一进程。

当今世界安全威胁呈现多元化、全球化的趋势，各国在安全上的共同利益增多。通过对话增进相互信任，通过合作促进共同安全，树立互信、互利、平等和协作的新安全观，是当今时代发展的要求。中国永远是维护世界和平、促进共同发展的坚定力量。中国将坚持不懈地实践新安全观，反对各种形式的霸权主义和强权政治，反对一切形式的恐怖主义。中国将同世界各国一道，努力营造长期稳定、安全可靠的国际和平环境。

二、国防政策

建立巩固的国防是中国现代化建设的战略任务，是维护国家安全统一和全面建设小康社会的重要保障。中国始终奉行防御性的国防政策。

中国制定国防政策的根本依据，是中国的国家利益。它主要包括：维护国家主权、统一、领土完整和安全；坚持以经济建设为中心，不断提高综合国力；坚持和完善社会主义制度；保持和促进社会的安定团结；争取一个长期和平的国际环境和良好的周边环境。中国采取一切必要手段维护国家利益，同时也尊重别国的利益，主张通过协商和平解决国与国之间的纠纷和争端。

中国国防的目标和任务，主要有以下内容：

——巩固国防,防备和抵抗侵略。中国的领陆、内水、领海、领空神圣不可侵犯。中国根据新形势下国家防卫的需要,坚持对国防活动的统一领导,坚持独立自主和全民自卫原则,实行积极防御军事战略,加强武装力量建设和边防、海防、空防建设,采取有效的防卫和管理措施,保卫国家安全,维护海洋权益。一旦国家遭受侵略,中国将依照宪法和法律,坚决进行抵抗。

——制止分裂,实现祖国完全统一。中国是全国各族人民共同缔造的统一的多民族国家。中国政府禁止对任何民族的歧视和压迫,也禁止任何破坏民族团结和制造国家分裂的行为。台湾是中国不可分割的一部分。中国政府按照"和平统一、一国两制"的基本方针和现阶段发展两岸关系、推进祖国和平统一进程的八项主张,以最大的诚意、尽最大的努力争取和平统一的前景,但决不承诺放弃使用武力。中国坚决反对任何国家向台湾出售武器或与台湾进行任何形式的军事结盟。中国武装力量坚决捍卫国家主权和统一,有决心、有能力制止任何分裂行径。

——制止武装颠覆,维护社会稳定。中国宪法和法律禁止任何组织或个人组织、策划、实施武装叛乱或武装暴乱,颠覆国家政权,推翻社会主义制度。中国坚决反对一切形式的恐怖主义、分裂主义和极端主义。中国武装力量把依法维护社会秩序和社会稳定作为重要职责,严厉打击各种恐怖活动,打击敌对势力的渗透和破坏活动,打击危害社会稳定的各种犯罪活动,促进社会的安定团结。

——加强国防建设,实现国防和军队现代化。中国坚持国防建设与经济建设协调发展的方针,坚持走一条经费投入比较少而效益比较高的道路,在经济发展的基础上推进国防和军队现代化。中国军队坚持以毛泽东军事思想、邓小平新时期军队建设思想为指导,全面贯彻"三个代表"重要思想,坚定不移地走中国特色的精兵之路,积极推进各项改革,适应世界军事变革的趋势,努力完成机械化和信息化建设的双重历史任务,实现军队现代化的跨越式发展。

——维护世界和平,反对侵略扩张。中国不称霸,不参加军事集团,不谋求势力范围,反对战争政策、侵略政策和扩张政策,反对军备竞赛。中国支持国际社会为公正合理地解决国际争端所做的努力,支持一切有利于维持全球战略平衡和稳定的活动,积极参与国际反恐怖主义合作。

中国实行积极防御军事战略,在战略上坚持防御、自卫和后发制人的原则。为适应世界军事领域的深刻变革和国家发展战略的要求,中国制定了新时期积极防御的军事战略方针。

这一方针立足于打赢现代技术特别是高技术条件下的局部战争。中国综合考虑威胁国家安全的各种因素,着眼于最困难、最复杂的情况做好防卫作战准备。人民解放军实施科技强军战略,加快国防科研和武器装备发展,培养高素质新型军事人才,建立科学的体制编制,发展具有中国特色的作战理论,增强联合作战、机动作战和执行多种任务的能力。

这一方针注重遏制战争的爆发。根据国家发展战略的需要,人民解放军灵活运用各种军事手段,同政治、经济、外交等斗争密切配合,改善中国的战略环境,减少不安全、不稳定因素,努力遏制局部战争和武装冲突的爆发,使国家建设免遭战争的冲击。中国始终奉行不首先使用核武器政策,对发展核武器采取极为克制的态度。中国从不参加核军备竞赛,也从不在国外部署核武器。中国保持有限的核反击力量,是为了遏制他国对中国可能的核攻击。

这一方针坚持和发展人民战争思想。面对现代战争的新变化,中国坚持依靠人民群众加强国防建设,增强全民国防观念,实行精干的常备军与强大的后备力量相结合的武装力量体制;坚持平战结合、军民结合、寓兵于民的方针,完善动员体制和机制,拓宽动员领域和范围,建立适应现代战争要求的国防动员体系;坚持灵活机动的战略战术,创造现代条件下适合人民群众参战的新战法,发挥人民战争的整体威力。

三、武装力量

中华人民共和国武装力量,由中国人民解放军、中国人民武装警察部队、民兵组成。中华人民共和国中央军事委员会领导并统一指挥全国武装力量。

中国人民解放军

中国人民解放军是中国共产党缔造和领导的人民军队,是中国武装力量的主体。人民解放军由现役部队和预备役部队组成,总员额保持在250万以内。现役部队是国家的常备军,由陆军、海军、空军和第二炮兵组成,主要担负防卫作战任务,必要时可以依照法律规定协助维护社会秩序。中央军委通过总参谋部、总政治部、总后勤部、总装备部对全军实施作战指挥和建设领导。

人民解放军建立于1927年8月1日,建立之初仅由陆军组成。陆军主要担负陆地作战任务,目前没有设置独立的领导机关,领导机关职能由四总部代行,沈阳、北京、兰州、济南、南京、广州、成都七个军区直接领导所属陆军部队。陆军由步兵、装甲兵、炮兵、防空兵、陆军航空兵、工程兵、防化兵、通信兵等兵种及电子对抗兵、侦察兵、测绘兵等专业兵组成。步兵徒步或乘装甲输送车、步兵战车实施机动和作战,由山地步兵、摩托化步兵、机械化步兵(装甲步兵)组成。装甲兵(坦克兵)以坦克及其他装甲车、保障车辆为基本装备,遂行地面突击任务。炮兵以各种压制火炮、反坦克火炮、反坦克导弹和战役战术导弹为基本装备，遂行地面火力突击任务。防空兵以高射炮、地空导弹武器系统为基本装备，遂行对空作战任务。陆军航空兵装备攻击直升机、运输直升机和其他专用直升机及轻型固定翼飞机，遂行空中机动和支援地面作战任务。工程兵担负工程保障任务，由工兵、舟桥、建筑、伪装、野战给水工程、工程维护等专业部(分)队组成。防化兵担负防化保障任务，由防化、喷火、发烟等部(分)队组成。通信兵担负军事通信任务，由通信、通信工程、通信技术保障、航空兵导航和军邮勤务等专业部(分)队组成。陆军按其担负的任务还划分为野战机动部队、海防部队、边防部队、警卫警备部队等。野战机动部队的编制序列一般是：集团军、师(旅)、团、营、连、排、班。海防部队、边防部队和警卫警备部队，根据担负的作战任务和地理条件，确定编组方式。

人民解放军海军成立于1949年4月23日，主要任务是独立或协同陆军、空军防御敌人从海上的入侵，保卫领海主权，维护海洋权益。海军由潜艇部队、水面舰艇部队、航空兵、岸防兵和陆战队等兵种及专业部(分)队组成。海军下辖北海、东海、南海三个舰队和海军航空兵部。舰队下辖基地、水警区、舰艇支队、舰艇大队等。潜艇部队编有常规动力潜艇部队和核动力潜艇部队，具有水下攻击和一定的核反击能力。担负战略核反击任务的核动力潜艇部队，直接由中央军委指挥。水面舰艇部队编有战斗舰艇部队和勤务舰船部队，具有在海上进行反舰、反潜、防空、水雷战和对岸攻击等作战能力。海军航空兵编有轰炸航空兵、歼击轰炸航空兵、强击航空兵、歼击航空兵、反潜航空兵、侦察航空兵部队和警戒、电子对抗、运输、救护、空中加油等保障部(分)队，具有侦察、警戒、反舰、反潜、防空等作战能力，其编制序列为：航空兵部，舰队航空兵，航空兵师、团。海军岸防兵编有岸舰导弹部队和海岸炮兵部队，具有海岸防御作战能力。海军陆战队编有陆战步兵、炮兵、装甲兵、工程兵及侦察、防化、通信等部(分)队，是实施两栖作战的快速突击力量。

人民解放军空军成立于1949年11月11日，主要任务是组织国土防空，保卫国家领空和重要目标的空中安全；组织相对独立的空中进攻作战；在联合战役中，独立或协同陆军、海军和第二炮兵作战，抗击敌人从空中入侵，或从空中对敌实施打击。空军实行空防合一的体制，由航空兵、地空导弹兵、高射炮兵、空降兵以及通信、雷达、电子对抗、防化、技术侦察等专业部(分)队组成。空军下辖沈阳、北京、兰州、济南、南京、广州、成都七个军区空军，在重要方向和重要目标区设有军或相当于军的基地。航空兵由歼击、强击、轰炸、侦察、运输航空兵及保障部(分)队组成，通常按师、团、大队、中队体制编成。航空兵师一般下辖2个至3个航空兵团和驻地场站，航空兵团是基本战术单位。由于武器装备和担负的任务不同，各类航空兵团编制飞机数量，通常在20架至40架之间不等；飞机和飞行员(机组)之比，通常是1:1.2。地空导弹兵、高射炮兵通常按师(旅)、团、营、连体制编成。空降兵按军、师、团、营、连体制编成。

人民解放军第二炮兵组建于1966年7月1日，由地地战略核导弹部队、战役战术常规导弹部队及相应保障部(分)队组成。战略核导弹部队是一支具有一定规模和实战能力的主要核反击作战力量，直接由中央军委指挥。战略核导弹部队装备地地战略核导弹武器系统，主要任务是遏制敌人对中国使用核武器，并在敌人对中国发动核袭击时，遵照统帅部命令，独立或联合其他军种的战略核部队对敌人实施有效自卫反击。战役战术常规导弹部队装备常规战役战术导弹武器系统，遂行常规导弹火力突击任务。

人民解放军预备役部队组建于1983年，是以现役军人为骨干、预备役人员为基础，按规定的体制编制组成的部队。预备役部队实行统一编制，师、旅、团授予番号、军旗，执行人民解放军的条令、条例，列入人民解放军序列，平时归省军区(卫戍区、警备区)建制领导，战时动员后归指定的现役部队指挥或单独遂行作战任务；平时按照规定进行训练，必要时可以依照法律规定协助维护社会秩序，战时根据国家发布的动员令转为现役部队。

人民解放军驻香港、澳门部队隶属于中央军委。驻香港部队由陆军、海军和空军等部队组成。驻澳门部队主要由陆军部队组成，在机关编有少量的海、空军人员。

中国人民武装警察部队

中国人民武装警察部队组建于1982年6月19日，由内卫部队和黄金、森林、水电、交通部队组成，列入武警序列的还有公安边防、消防、警卫部队。内卫部队由各总队和机动师组成。武警部队根据人民解放军的建军思想、宗旨、原则，按照其条令、条例和有关规章制度，结合武警部队特点进行建设，执行《中华人民共和国兵役法》，享受人民解放军的同等待遇。武警部队的基本任务是：维护国家安全和社会稳定，保卫国家重要目标，保卫人民生命财产安全，战时协助人民解放军进行防卫作战。

武警部队属于国务院编制序列，由国务院、中央军委双重领导，实行统一领导管理与分级指挥相结合的体制。武警部队设总部、总队(师)、支队(团)三级领导机关。武警总部是武警部队的领导指挥机关，领导管理武警内卫部队和黄金、森林、水电、交通部队。在中国各级行政区划内，省级设武警总队，地区级设武警支队，县级设武警中队。在执行公安任务和相关业务建设方面，武警部队接受同级公安部门的领导和指挥。

和平时期，武警部队主要担负固定目标执勤、处置突发事件、反恐怖任务，并支援国家经济建设。固定目标执勤，主要是担负警卫、守卫、守护、看押、看守和巡逻等勤务。具体负责国家列名警卫对象和来访重要外宾，省级以上党政领导机关和各国驻华使、领馆，国际性、全国性重要会议和大型文体活动现场的安全警卫；对监狱和看守所实施外围武装警戒；对重要机场、电台和国家经济、国防建设等重要部门的机密要害单位或要害部位实施武装防守保卫；对铁路主要干线上的重要桥梁、隧道和特定的大型公路桥梁实施武装防守保护；对国家规定的大中城市或特定地区实施武装巡查警戒。处置突发事件，主要是对突然发生的危害国家安全或者社会秩序的违法事件依法实施处置，包括处置叛乱事件、骚乱及暴乱事件、群体性治安、械斗事件等。反恐怖，主要是反袭击、反劫持、反爆炸。支援国家经济建设，主要有黄金地质勘察、森林防火灭火，参加国家能源、交通重点项目建设，遇有严重灾害时，参加抢险救灾。

民兵

民兵是不脱离生产的群众武装组织，是人民解放军的后备力量，是进行现代条件下人民战争的基础。民兵工作在国务院、中央军委领导下，由总参谋部主管。民兵在军事机关的指挥下，战时担负配合常备军作战、独立作战、为常备军作战提供战斗勤务保障以及补充兵员等任务，平时担负战备执勤、抢险救灾和维护社会秩序等任务。

按照《中华人民共和国兵役法》的规定，凡年满18岁至35岁符合服兵役条件的男性公民，除征集服现役者外，编入民兵组织服预备役。民兵分为基干民兵和普通民兵。28岁以下退出现役的士兵和经过军事训练的人员，以及选定参加军事训练的人员，编为基干民兵。其余18岁至35岁符合服预备役条件的男性公民，编为普通民兵。根据需要，也可吸收女性公民参加基干民兵。农村的乡镇、行政村，城市街道和具有一定规模的企业事业单位，是民兵的基本组建单位。基干民兵单独编组，在县级行政区内的民兵军事训练基地集中进行军事训练，目前编有应急分队和高炮、高机、便携式防空导弹、地炮、通信、防化、工兵、侦察等专业技术分队。

为使民兵在遇有情况时能够召之即来，中国政府建立了民兵战备制度，定期在民兵中开展以增强国防观念为目的的战备教育，有针对性地按战备预案进行演练，提高遂行任务的能力。

四、国防建设

中国的国防建设，是国家现代化建设的重要组成部分。为适应保障国家安全的需要，中国坚持从自己的国情出发，建设现代化国防。

国防法制

近两年来，中国国防法制建设取得积极进展。2000年3月全国人大通过的《中华人民共和国立法法》，首次以国家基本法律的形式，对中央军委以及各总部、军兵种、军区的立法权限作出明确规定：中央军委根据宪法和法律，制定军事法规；各总部、军兵种、军区，可以根据法律和中央军委的军事法规、决定、命令，在其权限范围内，制定军事规章；军事法规、军事规章在武装力量内部实施；军事法规、军事规章的制定、修改和废止办法，由中央军委依照该法规定的原则规定。这一规定，确立了军事立法在国家立法体制中的重要地位。

2000年以来，中国制定了国防和武装力量建设方面的法律以及有关法律问题的决定3件、法规56件、规章420件。全国人大常委会制定的《中华人民共和国国防教育法》，为开展国防教育提供了法律依据。新修订的《中华人民共和国现役军官法》，进一步完善了人民解放军的军官服役制度。国务院、中央军委联合制定的《中华人民共和国军事设施保护法实施办法》，明确规定了军事设施保护工作的领导组织体系以及具体的保护措施和处罚办法。新修订的《中国人民解放军内务条令》、《中国人民解放军纪律条令》，对新形势下加强依法治军提供了有力的法规保障。

为维护改革开放中的国防利益和军人合法权益，中国对军事司法制度进行了改革。根据中华人民共和国最高人民法院授权，军事法院开始审理军队内部包括合同、婚姻家庭、房地产、知识产权、医疗事故损害赔偿纠纷及申请军人失踪或死亡等在内的民事案件，履行军队内部民事审判职能。地方各级政府和军队有关部门正在努力建立和完善维护军人及其家属合法权益的工作机制，为国防和军队建设创造良好的法制环境。

根据国家的统一部署，中国武装力量从2001年开始进行第四个五年普法教育活动，主要内容包括学习宪法和国家的基本法律，以及与国防和武装力量建设、履行军队职能、发展社会主义市场经济、官兵切身利益相联系的法律、法规等。军事法、战争与武装冲突法等内容已经纳入军事院校的法律课程，并列入部队的训练大纲。人民解放军每两年举办一次有陆、海、空军校级军官参加的武装冲突法讲习班，每年为国防大学在校军、师职以上学员举办武装冲突法专题讲座。

国防动员

中国国家和地方县级以上人民政府设有国防动员

委员会。各级国防动员委员会下设有人民武装动员、国民经济动员、人民防空、交通战备、国防教育等办公室和综合协调机构，负责承办相关工作。国家国防动员委员会主任由国务院总理担任，副主任由国务院、中央军委的副职领导担任，委员由国家有关部委和解放军各总部的领导及所属办公室的领导担任。地方各级国防动员委员会主任由本级政府的主要领导担任，副主任由本级政府的副职领导和同级军事机关的主要领导担任。

国家在和平时期进行动员准备，将武装力量动员和国民经济动员、人民防空动员、交通动员以及国防教育纳入国家总体发展规划和计划。武装力量动员包括人民解放军现役部队和预备役部队、武警部队、民兵和预备役人员，以及相应的武器装备和后勤物资动员等，主要任务是平时做好兵员动员准备，在需要时征召预备役人员和适龄公民入伍，保障军队迅速扩编、改编和扩充其他武装组织，并组织参战支前，配合部队作战。国民经济动员包括工业动员、农业动员、科技动员、物资动员、商业贸易动员、财政金融动员等，主要任务是平时结合经济建设有组织、有计划地进行动员准备，战时根据需要调整经济资源配置，集中控制和调动国家的财力、物力，增加武器装备和其他军用物资的生产，保障战争需要。人民防空动员包括群众防护动员、人防专业队伍动员、人防工程物资技术保障动员、人防预警保障动员等，主要任务是动员社会力量进行防空设施建设，组建和训练防空专业队伍，开展人民防空宣传教育，组织人员疏散隐蔽，配合防空作战，消除空袭后果。交通动员包括交通运输和邮电通信动员，主要任务是平时组织交通、通信行业的专业保障队伍建设、国防基本设施建设、装备建设、战备物资储备、民用运力动员准备，战时组织交通、通信设施的抢修、抢建，组织部队机动、物资补给等方面的交通运输保障。

近年来，军队和地方政府有关部门根据相关法规，联合组织实施了交通运输、联合防空袭等国防动员演练。中国正进一步健全国防动员法规，完善国防动员体制，积极推动国防动员建设不断向现代化方向发展。

国防教育

中国重视普及和加强以爱国主义为核心的国防教育，努力增强全民国防观念，使公民自觉履行国防义务。

全国的国防教育工作由国务院领导，中央军委协同国务院开展全民国防教育。国家国防教育办公室负责规划、组织、指导和协调全国的国防教育工作。地方各级人民政府领导本行政区域内的国防教育工作。各有关部门结合业务工作，各尽其责，相互配合，确保国防教育活动的顺利开展。2001 年 4 月 28 日《中华人民共和国国防教育法》正式颁布实施，标志着中国国防教育事业走上了法制化轨道。

中国在高等学校、高级中学和相当于高级中学的学校施行军事训练制度。自 1985 年以来，军队先后派出 20 余万名官兵协助学校组织学生的军事训练，训练在校学生 3000 多万人。近年来每年受训的大学生占入校新生的 60%左右。自 2002 年起，全国所有普通高等学校和高级中学的学生都将按照有关规定和计划参加军事训练。

2001 年 8 月 31 日，全国人大常委会决定，每年 9 月的第三个星期六为全民国防教育日。全民国防教育日为全民参与国防教育活动提供了一个大众化、社会化的载体，是推动全民国防教育深入持久开展的有效形式。

国防费

中国政府对国防费始终坚持严格控制、严格管理、严格监督的原则，建立了完善的管理体制和法规制度。中国政府依据《中华人民共和国国防法》，保障国防事业的必要经费，将国防费全部纳入国家财政预算安排，对国防费实行财政拨款制度，并按《中华人民共和国预算法》实施管理。国防费预算、决算由全国人大审查批准。国家和军队的审计机关对预算的执行过程实施严格审计监督。

近几年来，按政府财政预算改革的统一要求，对国防费管理进行了一系列改革：改革国防费预算编制办法；对武器装备采购资金实行集中统一支付；对国防物资、工程、服务实行招投标采购制度。国防费管理更加公开、公平、公正。

在国家经济不断增长的基础上，中国的国防费有所增加。中国年度国防费占国内生产总值(GDP)的比例，1995 年为 1.09%，2001 年为 1.50%。但是，中国国防费的增长一直保持较低幅度，主要是补偿性增长。1979 年至 2001 年，国防费占同期国家财政支出的比例总体呈下降趋势，1979 年为 17.37%，2001 年为 7.65%，2001 年与 1979 年相比，下降近 10 个百分点。

2000 年、2001 年中国年度国防费分别为 1207.54 亿元人民币、1442.04 亿元人民币，2002 年中国年度国防费预算数为 1694.44 亿元人民币，占同期国家财政支出比重分别为 7.60%、7.65%和 8.03%。

近几年增加的国防费主要用于：(一)增加军队人员生活支出。在社会经济发展和城乡居民人均收入提高的情况下，保证军队人员生活水平能够同步提高，官兵的生活条件得到改善。10 年来，五次提高部队伙食费标准，干部工资和战士津贴分别增长 84%和 92%。(二)建立和逐步完善军人社会保障制度。按照市场经济的要求，自 1998 年以来，中国先后建立了军人伤亡保险、军人退役医疗保险、军人住房补贴等制度，并调整和完善了军队离退休人员生活费标准。(三)增加军队维持性支出。自1998年军队停止经商后，为确保部队军事训练需要，逐年增加军事训练经费。随着部队生活设施的逐步改善和办公自动化的发展，军队的维持性支出增大。(四)为配合国际社会打击恐怖主义增加支出。(五)为提高现代技术特别是高技术条件下的防卫作战能力，适度增加了部分装备建设经费。

2002年中国国防支出的总体水平在世界上仍然相对较低。与美国、俄罗斯、英国、法国等国家相比，中国国防费占国内生产总值和国家财政支出的比重也是较低的。

国防科技工业

中国国防科技工业是国家战略性产业，是国防现代化的重要工业和技术基础，是国民经济和科学技术发展的重要推动力量。中国独立自主地建设和发展国防科技工业，提高国防科技工业的整体水平和经济效益，促进国防建设与经济建设协调发展。

中华人民共和国国防科学技术工业委员会是主管国防科技工业的国务院组成部门，负责研究拟制国防科技工业发展的方针、政策和法律、法规、规章；研究国防科技工业发展规划，做好国防科研、生产、建设的统筹和衔接；组织军品科研生产的资格审查和许可；审核科研生产单位与军方签订的科研生产合同，协调、监督、检查订货合同的执行，保障军事装备的生产供应；对核、航天、航空、船舶、兵器工业等行业实施行业管理，指导军工电子行业管理；组织研究和实施国防科技工业体制改革，组织国防科技工业能力、结构和布局调整；负责编制国防科技工业固定资产投资、军转民技术改造及技术开发的规划、计划并组织实施；负责国防科技工业的对外交流与国际合作。

经过几十年的发展，中国已形成了专业门类基本齐全、科研生产手段基本配套的国防科技工业体系，培养造就了一支具有较高技术水平和优良作风的国防科技工业人才队伍，为中国自主研制生产武器装备奠定了重要的物质和技术基础。中国目前共有11个军工集团公司，即中国核工业集团公司、中国核工业建设集团公司、中国航天科技集团公司、中国航天科工集团公司、中国航空工业第一集团公司、中国航空工业第二集团公司、中国船舶工业集团公司、中国船舶重工集团公司、中国兵器工业集团公司、中国兵器装备集团公司和中国电子科技集团公司。各军工集团公司负责本集团内军品科研生产任务的组织和管理工作，同时作为国家授权的投资机构，对所属企业的国有资产行使出资人权利。

中国国防科技工业优先发展高新技术武器装备，努力提高现代化水平。加快能力、结构和布局调整，加强高新技术武器装备科研生产能力，精干军工队伍，优化产业布局，逐步建立国防科技工业新体系。进一步加强国防科技建设，促进科技进步，集中力量突破一批关键技术，提高国防科技工业自主创新能力和持续发展能力，努力实现技术发展的跨越。加强人才培养，造就一支适应国防科技工业发展需要的专业配套、结构合理、素质精良的人才队伍。目前中国国防科技工业共有141名中国科学院院士和中国工程院院士，其中中国科学院院士52名，中国工程院院士95名，双院士6名。

中国政府一贯重视和平利用军工技术，鼓励并支持国防科技工业发挥技术、人才等方面的优势，发展军民两用技术和高新技术产业，促进了国民经济建设。民用核电向产业化方向发展。民用航天在应用卫星、运载火箭技术、载人航天等方面取得长足进步。中国长征系列运载火箭成功发射27颗国外制造的卫星，在国际商业卫星发射服务市场中占有一席之地。1999年、2001年和2002年中国成功发射三艘无人试验飞船，标志着中国已突破载人飞船的基本技术，为实现中国载人航天飞行奠定了坚实基础。民用飞机工业在加强技术研究、扩大转包生产、改进现有机型的同时，在通用飞机、“新舟60”飞机生产上取得重要进展，并开始研制新型支线飞机。民用船舶工业已成为全国机电行业中具有较强国际竞争力的出口支柱型产业。近年来，造船产量持续增长，连续七年位居世界第三位。2001年造船完工量占世界份额的6%。

中国国防科技工业努力建立和完善适应国防建设和社会主义市场经济要求的体制和运行机制。推进专业化分工协作，逐步建立由武器装备主承包商、分包商和零部件供应商组成的分层次的新型社会协作体系。推进军工企事业单位战略性重组，优化资源配置，发展核心产业，逐步形成一批具有国际竞争力的大型企业集团。深化军工企业改革，建立现代企业制度，推进企业投资主体多元化和经营机制转换，促进军工企业成为自主经营、自负盈亏的市场竞争主体。推进国防科技工业科技体制改革，加强产、学、研有机结合，促进国防科技成果转化为现实生产力。坚持对外开放，按照优势互补、互惠互利、共同发展的原则，积极参与国际交流与合作。

边防海防

中国奉行睦邻友好政策，严格按照与相邻国家签订的条约、协定、协议和联合国海洋法公约，对陆地边界和管辖海域实施防卫、管辖，维护国家领土主权和海洋权益，保卫边防海防安全。

中国主张通过谈判解决边界和海域划界问题，按照公平原则划定与海岸相向相邻国家的海域界限，反对使用武力或采取激化事态的行动。目前，中国已与大多数邻国解决或基本解决了历史遗留的边界问题。2000 年 12 月，中国与越南签订了北部湾划界协定。2002 年 5 月，中国与塔吉克斯坦签订了《中华人民共和国和塔吉克斯坦共和国关于中塔国界的补充协定》。

中国注重发展与相邻国家的边防交往与合作，共同维护边界秩序。中国分别与蒙古、俄罗斯、缅甸、越南、老挝、印度等国签订了有关边界管理和处理边境事务，以及在边境地区建立信任措施、预防危险军事活动等方面的条约、协定和协议。1995 年以来，中国国防部相继与俄罗斯联邦边防总局、蒙古国边防军管理局签署了边防合作协议。2002 年 1 月，中国国防部与哈萨克斯坦民族安全委员会签署了《中哈边防合作协议》。2002 年 4 月，中国派出代表团参加了在阿拉木图举行的上海合作组织成员国边防部门领导人会晤。中、俄、哈、吉、塔五国边防部门领导人商定：五国边防部门将在上海合作组织有关文件规定的框架内，根据成员国共同国界地区的形势，加强边防信息交流，进一步深化相应的双边和多边合作，采取有效措施共同打击恐怖主义、分裂主义、极端主义和预防各种形式的跨界犯罪活动，维护成员国共同边界地区的良好秩序，为发展成员国之间的睦邻友好、经贸和文化关系提供有力的保障。中国边防部门和边防部队忠实履行有关条约、协定和协议，积极与邻国相应边防管理机构建立、健全磋商和边防会谈会晤机制，开展各个层次的边防交往与合作，妥善处理各种边境事务，增进了相互了解、信任与友谊，形成了和平友好的边界氛围。

中国政府重视边疆地区建设，大力发展边境地区的交通、通信、文教卫生和广播电视事业。1996 年以来，国家边防委员会在九个陆地边境省区组织了大规模的边防基础设施建设，有效改善了边境管理条件，带动和促进了边疆地区的经济和社会发展。边防和海防部队在认真履行职责、不断加强自身建设的同时，积极参与和支援地方的经济建设和精神文明建设，进一步密切了军政军民关系，维护了边疆地区的政治、社会稳定和民族团结。

人民防空

中国人民防空贯彻人民战争思想，从战时需要出发，根据国家经济能力，依靠广大人民群众，发挥中央和地方的积极性，充分准备，严密防护。人民防空的基本任务包括：对人民群众进行防空知识教育；修建各种类型的防护工程；建立人民防空通信和警报系统；制定人员和物资疏散计划；组织和训练防空专业队伍；对国民经济的重要目标进行防护；战时组织指挥人民群众进行防空袭斗争。中国根据战备需要，确定开展人民防空工作的城市和地区，把城市人民防空作为人民防空的重点。

人民防空实行人民政府和军事机关共同领导体制。国务院、中央军委领导全国的人民防空工作；军区根据国务院、中央军委的授权领导本区域的人民防空工作；县级以上地方各级人民政府和同级军事机关领导本行政区域的人民防空工作。国家、军区人民防空主管部门分别设在总参谋部、军区司令部，县级以上地方人民防空主管部门设在同级人民政府。县级以上人民政府的计划、规划、建设等有关部门在各自的职责范围内负责有关的人民防空工作。

人民防空坚持长期准备、重点建设、平战结合的方针，贯彻与经济建设协调发展、与城市建设相结合的原则。国家在和平时期进行人民防空建设，对城市实行分类防护，将人民防空建设纳入国民经济和社会发展计划，将人民防空工程建设规划纳入城市总体规划，保障人民防空通信、警报的畅通。国家保护人民防空设施不受侵害，对人民防空设施建设采取优惠政策，鼓励、支持企业事业组织、社会团体和个人投资进行人民防空工程建设。国家鼓励平时利用人民防空工程为经济建设和人民生活服务，鼓励利用人民防空通信、警报设施为抢险救灾提供服务，鼓励人民防空主管部门和防空专业队伍承担人民政府赋予的抢险救灾任务。根据形势发展的需要，人民防空将逐步实行防空防灾一体化，努力提高快速反应能力、整体抗毁能力、应急救援能力和自我发展能力，以便能够应付现代战争和重大灾害事故，有效保护公民的生命和财产安全。

中国已经颁布实施《中华人民共和国人民防空法》，制定了与之配套的一系列人民防空法规。中国重视与世界各国进行民防合作与交流，并于 1992 年加入“国际民防组织”。

参加和支援西部大开发

开发中国西部地区，具有重要的经济、政治和国防意义。根据国家西部大开发的战略决策，中央军委成立了专门领导小组及其办公室，作出统一部署。人民解放军和武警部队先后出动兵力 150 多万人次，动用机械车辆 45 万台次，积极参加和支援西部大开发。

集中力量援建基础设施重点工程。各部队把参加交通、能源、水利、通信等工程建设作为支援西部大开发的重点，先后参与 8 个机场和 3 条国道、4 条高速公路的改扩建，参加输油管道、天然气开发、油气田基地等 9 项能源设施的施工，承担 7 座水电站、19 条引水干渠的建设，完成 8 条通信光缆共 2 万多公里的敷设任务。

参加生态环境保护和建设。驻西部地区部队为改善驻地生态环境，积极参加植树造林、防沙治沙、封山育林、退耕还林还草等工作，共植树300余万亩，种草180余万亩，退耕150余万亩。测绘、气象、给水、航空等技术部队为西部地区提供了大地勘测、气象预报、水源探测、飞播造林、人工降水服务。

提供人才、智力和技术支援。各部队从院校、医院、科研院所选调专业技术人才支援西部开发，有计划地安排干部转业到西部地区工作，鼓励和动员人口稠密地区的退役士兵到西部地区安家落户，扩大西部地区兵员到经济发达地区服役数量，加速西部地区人才培养和观念更新。一些院校、医院和科研院所还通过开展联合办学、短期培训、防病治病、转让科技成果等途径，积极为西部地区开发建设提供服务。

开放、开发军事设施。在确保军事安全的前提下，军队先后向地方开放了5个军用机场、200多条铁路专用线、30条输油管线、70条通信线路和100多所后方仓库。将部分农场、房地产、保障性企业、军马场转让和移交地方使用。加强空中交通管制和边防公路等战备设施建设，支持民用交通运输业的发展。

开展扶贫帮困活动。驻西部地区部队派出官兵帮助驻地修道路、架电线、打水井，传授实用技术，发展多种经营，使20多万贫困群众走上致富道路。各部队还帮助新建和扩建中小学300多所，帮助5万余名失学儿童重返校园。军队100所医院对西部贫困地区105所县医院进行了对口支援。

五、军队建设

人民解放军按照政治合格、军事过硬、作风优良、纪律严明、保障有力的总要求，紧紧围绕打得赢、不变质两个历史性课题，加强全面建设，努力建成一支革命化、现代化、正规化的人民军队。

军事训练

人民解放军适应现代战争特点，以提高高技术条件下防卫作战能力为主要目标，不断加强和改进军事训练。

近两年来，人民解放军加快实现由传统练兵方式向科技练兵的转变，充分运用现代科学技术组织实施军事训练。2000年10月，总参谋部在北京附近地区组织了一次高科技军事大演兵，应用计算机网络技术、侦察传感技术、电子对抗技术、仿真模拟技术等高新技术手段，演练和检验新的作战思想、武器装备和训练方法，交流了全军部队科技练兵的最新成果。

根据新一代作战条令，人民解放军突出了对联合作战问题的研究和演练。各军区、军兵种组织的年度例行性演习均把联合作战作为重要课题。2001年春夏季节，南京、广州军区部队分别组织了以联合登陆作战为背景的实兵演习，演练了诸军兵种联合登陆作战的协同方法，总结了联合训练、陆军部队两栖训练、国防后备力量快速动员训练等方面的一整套训练、保障和管理经验。总部机关还相继组织了联合战役通讯指挥研练、登陆和山地作战训练以及联合突防战法研讨，并探索了网电一体战的特点和作战样式。

人民解放军施行新一代军事训练法规，加强正规化训练。在广泛吸取全军训练改革成果和科技练兵经验的基础上，总参谋部修改和调整了全军军事训练内容体系，于2001年7月颁布了《军事训练与考核大纲》，并于2001年9月在华北某集团军组织了全军新训练大纲集训。2002年9月，中央军委颁布了新的《中国人民解放军军事训练条例》，更为全面系统地规范了军事训练的组织领导与管理。

人民解放军继续深化院校改革。根据“规模化办校、现代化教学、正规化管理、社会化保障”的总体思路，进一步完善了新型院校体系，并建立起与军事、科技、教育发展相适应的教学体系。近年来，在完成对18所院校、60个学科和31个实验室重点建设任务的基础上，启动了“军队院校重点建设工程”，对67个学科专业领域、178个学科专业领域点实施重点建设，58个学科专业已进入国家级重点学科。总部颁发了全军院校第一部专业目录，初步构建起新的学科专业体系。全军院校以教学内容为重点深化教学改革，制定新一代教学大纲，实施重点教材建设工程，完善教学工作评价制度。同时，加强教学的信息化、网络化建设，初步建成全军教学科研信息网络化平台，形成了拥有近10万个信息站点的全军院校军事训练信息网络。

政治工作

人民解放军的政治工作是中国共产党在军队中的思想工作和组织工作，是实现党对军队的绝对领导、巩固和提高部队战斗力的根本保证，是人民解放军的生命线。

人民解放军的政治工作，贯彻全心全意为人民服务的宗旨，保证党对军队的绝对领导，以思想政治教育为中心环节，实行官兵一致、军民一致、瓦解敌军的原则，实行政治民主、经济民主、军事民主的制度，执行三大纪律八项注意。军队政治工作实行党委(支部)制度、政治首长制度和政治机关制度。党委(支部)制度规定，军队团级以上部队和单位设立党的委员会，营和相当于营的单位设立党的基层委员会，连和相当于连的单位设立党的支部。党的各级委员会(支部)是各该单位统一领导和团结的核心。党委(支部)统一的集体领导下的首长分工负责制，是党对军队领导的根本制度。政治首长制度规定，军队团级以上部队和单位设立政治委员，营设立政治教导员，连设立政治指导员；政治委员、政治教导员、政治指导员与同级军事主官同为所在单位的首长，在同级党委(支部)的领导下，对所属单位的各项工作共同负责；政治委员、政治教导员、政治指导员是党委、支部日常工作的组织者，是政治工作的领导者。政治机关制度规定，军队团级以上部队和单位设立政治部(处)，全军设总政治部；政治机关是所属部队和单位政治工作的领导机关，负责管理党的工作，组织进行政治工作。

人民解放军的政治工作坚持与时俱进、开拓创新，适应国际局势和军事领域的深刻变化，适应社会主义市场经济的迅速发展，努力为打赢未来高技术战争提供强大的精神动力，为保持人民军队的性质、本色和作风提供可靠的政治保证。近些年来，中共中央颁布了新的《中国人民解放军政治工作条例》，中央军委颁布了《军队基层建设纲要》，总政治部制定了《关于改革开放和发展社会主义市场经济条件下军队思想政治建设若干问题的决定》和《关于加强和改进新形势下军队思想政治教育的意见》。人民解放军积极学习和贯彻“三个代表”重要思想，组织官兵学习党的基本理论、国家宪法法律和科学文化知识，开展爱国主义、集体主义和革命英雄主义教育，团以上单位设立军史馆，连队设立荣誉室。颁发军人道德规范，组织创作军人道德组歌，建设全军宣传文化信息网，完善军营文化设施，连队建立俱乐部，驻地集中的团以上单位建立文化活动中心。开展心理教育和法律咨询工作，建立以旅团政治机关和基层政治干部为主、政治工作系统和相关专业系统相结合的心理教育、法律咨询工作机制。

后勤保障

人民解放军积极改革后勤体制和制度，构建现代后勤保障体系，不断提高后勤保障能力。

实行联勤保障，是军队后勤保障体制的一次重大改革。联勤保障体制以军区为基础，采取区域保障与建制保障相结合、通用保障与专用保障相结合的方式。通用物资供应和通用勤务保障由军区统一组织，专用物资供应和专用勤务保障由军兵种按建制系统组织实施。总后勤部主管全军的联勤工作，军区联勤部主管战区内的联勤工作，联勤分部主要负责组织实施保障区域内诸军兵种部队的通用保障。经过两年多的改革实践，联勤保障逐步规范，保障效益明显提高，开始向三军一体、军民兼容、平战结合的方向发展。

为精干后勤保障机构和提高国防费的使用效益，人民解放军在非作战部队的军以上机关和驻大中城市的军队院校、医院等单位，推行了后勤保障社会化改革。经过近三年的努力，后勤保障社会化改革在饮食保障、商业服务、营房保障和职工管理制度改革等方面取得实质性进展，并在生活用车、油料保障、服装货币化供应等方面进行了尝试。目前，全军已有1500多个食堂交给地方服务保障机构承办，1000多个军人服务社纳入社会商业体系，1800多个营院不同程度实行了物业管理，近300个保障性企业和农场移交国家和地方，共减少企事业单位职工30多万人。为推进军队后勤保障社会化改革和确保改革健康发展，2002年9月，国务院、中央军委发出《关于推进军队后勤保障社会化有关问题的通知》；10月，中央军委批转了《总后勤部关于实行军队后勤保障社会化若干问题的意见》。

2001年3月，军队开始对预算编制制度进行改革。借鉴国际上通行的预算方法，全面改革军队预算编制形式、方法和内容，重点推行零基预算等方法，以充分发挥预算的宏观调控作用，逐步建立起财权财力集中、军费分配科学、项目具体透明、监督制约严密的预算新模式。

2002年1月，军队全面推行采购制度改革，实行以集中采购和招标采购为主，建立分工协作、相互制约的分段管理运行机制。对批量大、价值高、通用性强的物资，主要依托物资采购机构进行集中采购。对一次性采购金额达到50万元以上的大宗物资和投资在200万元以上的新建、扩建或装修改造工程，实行招标采购。

人民解放军军官住房保障制度，目前采取军队保障与社会保障相结合、公寓住房与自有住房相结合、实物供应与货币分配相结合的办法。不同职级、不同类别的军官，实行相应的住房保障。在职军官主要住用公寓房。离退休军官主要是购买现有住房或经济适用住房。转业复员干部和士官住房主要是采取领取住房补贴，纳入社会保障系统加以解决。

人民解放军不断加强后勤装备建设，提高后勤保障手段的现代化水平。2001年，军队进行了后勤装备成建制、成系统形成综合保障能力的配套试验，发展了海上伤员快速救治、岸滩保障、野战机场保障、导弹部队机动保障、空投物资保障、单兵保障和野战后勤指挥等七个方面的后勤装备，完成了86种新装备的论证、研制和试验。为实时、准确、透明地获取和处理后勤保障资源、保障需求、保障状态等信息，军队正在组织可视后勤系统研究。2002年7月，中央军委颁布施行《中国人民解放军后勤装备条例》，促进了后勤装备的正规化建设。

武器装备

人民解放军适应军事高科技发展和防卫作战需要，认真贯彻科技强军、质量建军方针，加快武器装备发展，努力提高武器装备现代化水平。

武器装备管理体制和机制进一步完善。1998年4月总装备部成立以后，各军兵种、军区直至军、师、团级作战部队均成立了装备部(处)，进一步加强了武器装备建设的集中统一领导和武器装备全系统、全寿命管理,有效提高了武器装备建设的整体效益。2000年12月,中央军委颁布了第一部《中国人民解放军装备条例》,规范了军队装备工作的组织领导、职责分工和管理程序。2002年6月、10月,中央军委先后颁布了《中国人民解放军装备维修工作条例》和《中国人民解放军战役装备保障纲要》。装备工作的一系列法规制度,促进了武器装备工作向科学化、正规化、法制化方向发展。

武器装备现代化水平不断提高。人民解放军坚持以自力更生、自主创新为主,并积极借鉴国外先进技术发展武器装备。根据未来高技术条件下防卫作战需要,人民解放军重点发展高新技术武器装备,有选择地对现役武器装备进行现代化改装,努力实现武器装备机械化、信息化双重历史使命,初步形成了种类比较齐全、结构比较合理的具有中国特色的武器装备基本体系。

武器装备管理能力明显增强。人民解放军认真管好用好现有武器装备,不断提高新型武器装备的管理能力。军以下部队普遍建立、健全武器装备管理规章制度,实行装备财务规范化管理,开展武器装备管理科学化、制度化、经常化的考评活动。同时,组织新型装备使用和管理集训,培养装备管理和技术保障人才,完善管理配套设施,做好武器装备成建制、成系统形成作战能力和保障能力的工作。

武器装备采购制度改革逐步深化。人民解放军积极适应社会主义市场经济和武器装备发展的需要,大力推进武器装备采购制度改革。军队装备部门行使装备订货甲方责任主体职能,武器装备科研、订购和维修按照国家和军队有关法规实行合同制管理。近年来,军队在武器装备采购工作中,坚持以竞争为核心,逐步实行招投标制度,建立和完善竞争、评价、监督和激励机制,进一步加强驻厂军事代表队伍建设,完善质量认证体系,提高了武器装备经费使用效益和武器装备科研生产质量。

干部培养

人民解放军坚持把培养高素质新型军事人才,作为推进军队现代化建设跨越式发展的根本性措施。

人民解放军的干部包括军官和文职干部。近年来,军队不断提高生长干部的培训层次,调整生长干部的来源结构,建立了科学合理的生长干部培训体制,军事人才培训层次、质量和效益得到明显提高。目前,全军干部中大专以上文化程度的已超过80%。3万多名军队干部获得博士、硕士学位,其中不少已走上师、团职领导岗位。与此同时,为借鉴世界各国特别是发达国家军队建设的有益经验,1996年至今,人民解放军先后向20多个国家派出军事留学人员近千名,其中相当一部分是师、团职军事指挥干部和专业技术干部。

2000年12月全国人大常委会通过的《中华人民共和国现役军官法》和1999年6月中央军委颁布的《中国人民解放军文职干部条例》明确规定,指挥军官和非专业技术文职干部每晋升一级职务、专业技术军官和专业技术文职干部每晋升一级专业技术职务,应当经过相应的院校或者其他训练机构培训;在机关任职的干部应当经过相应的院校培训。军队在职干部的培训正在逐步实现由学历教育向全面的继续教育转变。除少量干部进行学历教育外,绝大多数干部的知识更新主要通过短期培训解决。

2000年5月,国务院、中央军委颁布了《关于建立依托普通高等教育培养军队干部制度的决定》,明确要充分发挥普通高等教育在国防和军队现代化建设中的作用,拓宽选拔培养高素质军队建设人才的途径。目前,北京大学、清华大学等50余所高等学校承担了为军队培养干部的任务,每年向军队输送大批优秀人才。

为适应科技强军的要求,军队高度重视对高层次人才的培养工作。近两年来,全军博士后流动站和博士、硕士学位授权点有了大幅度增加,学位授权体系逐步完善,培养规模有了较大增长。2002年5月,国务院学位委员会审议通过了《军事学硕士专业学位设置方案》,决定设置和试办军事学硕士专业学位,标志着军队高层次应用型专门人才的培养迈上一个新的台阶。

人民解放军把干部交流作为培养锻炼干部、提高干部素质的重要途径。《中华人民共和国现役军官法》对军官的交流做了进一步明确和规范。2002年1月中央军委颁布的《中国人民解放军现役军官职务任免条例》,对军官交流的条件、范围以及组织实施等作出了具体规定。根据1998年12月颁发的《中国人民解放军驻香港部队干部轮换暂行规定》,驻香港部队干部实行全员定期轮换制度,目前已轮换三批。参照驻香港部队的做法,驻澳门部队也已开始实行干部全员轮换。

六、国际安全合作

国际安全合作在维护世界与地区和平稳定中发挥着越来越重要的作用。中国政府高度重视并积极参与国际安全合作,主张在《联合国宪章》、和平共处五项原则以及其他公认的国际关系准则的基础上,开展国际安全合作。

地区安全合作

同亚太各国开展对话与合作是中国亚太安全政策的重要内容,是中国睦邻友好政策的组成部分。中国坚持与邻为善、以邻为伴,不断加强区域合作。两年来,中国努力推动上海合作组织的形成与发展,继续支持和参加东盟地区论坛(ARF)、亚洲相互协作与信任措施会议(CICA)、亚太安全合作理事会(CSCAP)、东北亚合作对话会(NEACD)等多边安全对话与合作进程,为深化具有亚洲特色的区域安全合作发挥了积极作用。

2001年6月,中国、俄罗斯、哈萨克斯坦、吉尔吉斯斯坦、塔吉克斯坦、乌兹别克斯坦六国成立了上海合作组织。这一组织是在"上海五国"机制基础上成立的区域性多边合作组织。它成立以来,先后签署发表了《打击恐怖主义、分裂主义和极端主义上海公约》、国防部长联合公报、总理声明、执法安全部门领导人声明和外交部长联合声明。在2002年6月召开的上海合作组织圣彼得堡峰会上,六国元首签署了《上海合作组织宪章》、《关于地区反恐怖机构的协定》和《上海合作组织成员国元首宣言》三份重要法律、政治文件。上海合作组织倡导新型安全观、新型区域合作模式和新型国家关系,加强了军事领域的信任与合作,强化了在打击恐怖主义、分裂主义和极端主义方面的实质性协作,达成了在防止与和平解决国际冲突中相互协助的共识。上海合作组织弘扬互信、互利、平等、协商、尊重多样文明、谋求共同发展的上海精神,积极推动建立公正合理的国际政治经济新秩序,促进了地区安全与稳定。

中国赞同亚洲相互协作与信任措施会议(简称"亚信")关于加强信任合作、维护地区安全的宗旨和原则,与各成员国开展建设性的友好合作。2002年6月,"亚信"首次元首峰会通过了《阿拉木图文件》和《关于消除恐怖主义和促进文明对话的宣言》。"亚信"进程取得了重要成果。

中国支持东盟地区论坛朝着既定目标不断前进。中国一直积极参加东盟地区论坛外长会议、高官会议及非官方会议。中国承办了论坛海洋信息网站项目并正式开通,参加了论坛建立信任措施的跨国犯罪专家小组会议,提交了跨国犯罪问题的国别报告,并定期向论坛提交年度安全展望报告。在2001年举行的第八届论坛外长会议上,中国提出支持论坛逐步开展非传统安全领域的对话与合作,并再次重申关于通报和派员观察多边联合军事演习的建议。2002年5月,中国向论坛高官会议提交了"关于加强非传统安全领域合作的中方立场文件"。在2002年7月举行的第九届论坛外长会议上,中国提交了"中国关于新安全观的立场文件",强调应共同培育一种新型的安全观念,通过对话增进信任,通过合作促进安全。2002年11月,中国与东盟发表《关于非传统安全领域合作联合宣言》,启动了中国与东盟在非传统安全领域的全面合作。中国还于2002年9月在北京举办了东盟地区论坛军队后勤保障社会化研讨会。

东盟与中、日、韩(10+3)合作是东亚领导人就加强本地区合作交换意见的重要渠道,有利于增进东亚国家的相互了解、信任与互利合作。中国重视并积极参与这一合作,主张在现有基础上将其拓展为全方位合作,在侧重经济合作的同时,本着协商一致、稳步推进的原则,逐步开展政治和安全领域的对话与合作,并从非传统安全领域的合作开始。经过四年多的发展,这一合作已取得明显进展。

中国军队参与了亚太地区安全对话与合作。中国于2002年1月派员观摩了新加坡主办的西太平洋地区海军扫雷演习,2002年4月派员观摩了日本主办的西太平洋地区潜艇搜救演习,2002年5月派员观摩了美国、泰国、新加坡"金色眼镜蛇"联合军事演习。今后,中国还将有选择地逐步参与非传统安全领域的多边联合军事演习。

反恐怖主义合作

近年来,恐怖主义活动明显上升,对世界和平与发展构成了现实威胁。"9·11"事件造成重大生命和财产损失,引起国际社会普遍关注。中国是恐怖主义的受害者,"东突厥斯坦"恐怖势力严重危害中国各族人民群众的生命财产安全和社会稳定。2002年9月11日,联合国安理会根据中国、美国、阿富汗、吉尔吉斯斯坦的共同要求,正式将"东突厥斯坦伊斯兰运动"列入其颁布的恐怖组织名单。中国政府历来坚决反对并谴责一切形式的恐怖主义,并积极采取有效措施打击恐怖主义活动。

中国政府主张,国际社会应加强对话和磋商,开展合作,共同防范和打击国际恐怖活动,努力消除产生恐怖主义的根源。打击恐怖主义要证据确凿,目标明确,符合《联合国宪章》的宗旨和原则及公认的国际法准则,充分发挥联合国和安理会的主导作用,一切行动应有利于维护地区及世界和平的长远利益。不能将恐怖主义与特定的民族或宗教混为一谈。不能对打击恐怖主义采取双重标准。无论恐怖主义发生在何时何地、针对何人、以何种方式出现,国际社会都应共同努力,坚决予以谴责和打击。反对恐怖主义要标本兼治,采取综合措施,其中解决发展问题、缩小南北差距、解决地区冲突十分重要。

中国支持并认真执行联合国及安理会通过的一系列关于反对恐怖主义问题的决议,并已向安理会反恐委员会提交了执行安理会第1373号决议情况的报告。中国加入了《制止恐怖主义爆炸的国际公约》,签署了《制止向恐怖主义提供资助的国际公约》。在12项国际反恐怖主义公约中,中国已加入10项,签署了1项。中国还与美国、俄罗斯、英国、法国、巴基斯坦、印度等国分别进行了反恐磋商，并积极参加了安理会反恐委员会的工作。中国积极推动亚太经济合作组织领导人上海会议发表反恐声明，推动上海合作组织成员国政府首脑、国防部长、执法安全部门领导人和外长发表共同声明，并积极支持该组织建立地区反恐常设机构。2002年10月，中国还与吉尔吉斯斯坦举行了联合反恐军事演习。中国高度重视金融领域的国际反恐合作。中国虽不是反洗钱金融行动特别工作组成员，但一贯支持该工作组的工作，并已向该工作组全面介绍了中国在金融反恐领域的措施。

参与联合国维持和平行动

中国作为联合国安理会常任理事国，一贯重视并支持联合国在《联合国宪章》宗旨和原则指导下，为维护国际和平与安全发挥积极作用。中国对改革维和行动持积极态度，希望进一步加强联合国维和行动的作用并提高其效能，支持联合国秘书处就此采取的各项积极措施，对联大、安理会审议"关于改革联合国维和行动的普拉希米报告"取得的进展表示欢迎。

自1990年首次向联合国维和行动派遣军事观察员以来，中国军队已先后参加了10项联合国维和行动，共派出军事观察员、军事联络官、军事顾问和参谋军官650多人次，派出工程兵部队两批800人次。目前，中国仍有53名军事观察员分别在6个任务区执行任务，有2名参谋军官在联合国维和部工作。中国军队先后有4人在联合国维和行动中牺牲，数十人负伤。

继2000年1月首次派遣15名民事警察执行联合国维和任务后，中国政府先后向"联合国东帝汶过渡行政当局"(UN－AMET)和"联合国波斯尼亚和黑塞哥维那特派团"(UNMIBH)派遣了198名民事警察。

1997年5月，中国政府决定原则上参加联合国维和待命安排。2002年1月，中国正式参加联合国维和行动第一级待命安排机制，并准备在适当时候向联合国维和行动提供工程、医疗、运输等后勤保障分队，可向联合国维和行动提供1个联合国标准工程营、1个联合国标准医疗分队、2个联合国标准运输连。

军事交流与合作

中国人民解放军积极开展对外军事交流与合作，对外交往的领域逐步扩大，内容日趋丰富，形式更加灵活多样。

中国已与100多个国家建立了军事关系，在100多个驻外使馆开设武官处，有70多个国家在中国设立了武官处。近两年来，人民解放军共进行130多项重要交往项目，高级军事代表团出访60多个国家，并接待了60多个国家90余批军队重要领导人来访。2002年5月至9月，中国海军舰艇编队首次进行环球航行访问，航行3万余海里，访问了10个国家。人民解放军对外军事学术交流与专业技术合作也不断向深度和广度发展，同数十个国家进行了上百次专业技术团组交流活动，与外军互派军事留学生的规模逐步扩大。2001年10月至11月，中国在国防大学举办了第三期国际问题研讨班，有来自18个国家的军官参加。2002年10月，中国在国防大学举办第四期国际问题研讨班，有来自32个国家的军官参加。

中国积极发展与世界各国的军事关系。中俄两军关系在《中俄睦邻友好合作条约》的指导下不断加强和发展，两军高层往来保持良好势头。2001年9月，中美海上军事安全磋商机制专门会议在关岛举行，一度中断的中美军事关系开始恢复。2002年10月，中美两国元首会晤时同意恢复两军交往。中日军事关系于2001年年底得到恢复。中国与欧盟的军事关系发展顺利。中国各级军事代表团应邀对东北亚、东南亚、南亚、中亚地区多个国家的军队进行了成功访问。中国沿边军区与相邻国家的边防部队开展了互访和交流。中国继续向一些发展中国家提供人员培训、装备器材、后勤物资、医疗卫生等方面的援助，并积极拓展新的交往领域。与西亚和非洲国家交往的力度加大，与拉美国家的军事交往继续发展。

人民解放军多次派员参加亚太地区多边安全会议、亚太地区防卫当局官员论坛、东北亚合作对话会、东盟地区论坛会议、西太平洋地区海军论坛以及各类多边安全研讨会等活动。人民解放军还与澳大利亚、法国、德国、印度、日本、哈萨克斯坦、吉尔吉斯斯坦、巴基斯坦、俄罗斯、泰国、英国、美国等国的国防和军队有关部门进行了安全磋商和会晤，增进了彼此的信任与了解。

七、军备控制与裁军

"冷战"结束后，国际军控、裁军与防扩散领域取得了一系列成果，但近年来的一系列消极事态却使这一良好势头受挫。在当前形势下，维护全球战略平衡与稳定和国际军控与裁军法律体系至关重要。现有国际军控与裁军法律体系，是以联合国为中心的全球集体安全框架的重要组成部分。中国政府愿与国际社会一道，为维护国际军控与裁军法律体系，推进军控、裁军与防扩散进程作出贡献。

核裁军问题

中国一贯倡导全面禁止和彻底销毁核武器。中国自拥有核武器之日起就郑重声明，在任何时候、任何情况下都不首先使用核武器，此后又承诺无条件地不对无核武器国家和无核武器区使用或威胁使用核武器，并一直推动所有核国家以法律形式确定上述承诺。中国对发展核武器始终采取极为克制的态度，中国核武库的规模仅保持在自卫所需的最低水平。中国认为，拥有最大核武库的国家对核裁军负有特殊、优先责任，应率先大幅度削减其核武库，并对削减下来的核武器予以销毁。中国欢迎美俄签署新的削减进攻性战略武器条约，希望美俄采取切实措施，确保核裁军的“可核查”和“不可逆”，并继续推进核裁军进程，真正促进世界的和平与稳定。

《全面禁止核试验条约》是核裁军进程中的重要一步。作为条约首批签约国，中国一直积极参与条约组织筹委会的工作，认真落实国内各项履约准备。中国政府已将条约提交全国人大常委会审议批准。中国愿与国际社会共同努力，推动条约早日生效。谈判缔结“禁止生产核武器用裂变材料条约”（简称“禁产条约”）有助于推动核裁军进程和防止核武器扩散，中国支持在裁军谈判会议达成全面、平衡的工作计划的基础上，尽早启动条约谈判。

化学和生物武器裁军问题

中国一贯主张全面禁止和彻底销毁化学武器。作为原始缔约国，中国积极支持《禁止化学武器公约》的宗旨和目标，认真、严格履行公约规定的各项义务。中国设立了专门的国家履约机构，按时、完整地提交了初始宣布和各类年度宣布，接待了禁止化学武器组织的55次核查，并与该组织联合举办了视察员培训班、研讨会。

中国领土上至今还有日本遗弃的大量化学武器。中方敦促日方按照中日两国政府签署的《关于销毁中国境内日本遗弃化学武器的备忘录》有关精神，切实履行《禁止化学武器公约》的销毁义务，加快相关工作进程，尽早启动日本遗弃在华化学武器的实质性销毁工作。

中国一贯主张全面禁止和彻底销毁生物武器。中国于1984年加入《禁止生物武器公约》，认真、全面履行了自己所承担的义务。1987年以来，中国一直按照公约审议会议的决定，逐年向联合国报告与公约有关的建立信任措施方面的资料和情况。

中国支持全面加强公约有效性的工作，积极参加了公约缔约国特设工作组谈判制定公约议定书的工作，对议定书未能按期达成、公约五审会被迫休会感到遗憾。中国认为，通过多边谈判，制定一项内容平衡、措施有效的议定书，仍是加强《禁止生物武器公约》有效性的最佳途径。中国愿与各方一道，继续探讨在各国普遍参与及多边框架内加强公约有效性的措施。

导弹防御和防止外空军备竞赛问题

中国在导弹防御问题上的立场是一贯的和明确的。中国理解有关国家在大规模杀伤性武器及其运载工具扩散问题上的安全关切，但同许多国家一样，认为这一问题应在国际社会共同努力下，通过政治和外交手段加以解决。

中国对《反弹道导弹条约》失效感到遗憾。中国始终认为，维护全球战略稳定及国际军控、裁军和防扩散体系至关重要，符合各国的根本利益，希望有关国家认真听取国际社会的意见，在反导问题上慎重行事。同时，中国也愿意与各方展开建设性对话，为维护国际和平与安全共同努力。

中国对有关国家在东北亚地区联合研发并着眼于部署战区导弹防御系统感到关切。这将导致先进导弹技术的扩散，也不利于亚太地区的和平与稳定。中国坚决反对任何国家向台湾提供任何形式的战区导弹防御援助或保护。

外层空间属于全人类，和平利用外空是全人类的共同愿望。当前外空面临武器化的危险，防止外空武器化和外空军备竞赛，已成为十分紧迫的现实问题。国际社会应尽早谈判缔结必要的法律文书，禁止在外空部署武器和对空间物体使用或威胁使用武力，确保外空的和平与安宁。中国认为日内瓦裁军谈判会议是进行此项谈判的合适场所。中国曾多次向裁谈会提交有关工作文件，就未来的国际法律文书要点提出建议。2002年6月，中国又和俄罗斯等国一道，联合向裁谈会提交了题为《防止在外空部署武器、对外空物体使用或威胁使用武力国际条约（草案）》的工作文件，就未来外空法律文书的总体结构和具体内容提出了设想。上述工作文件得到了许多国家的支持和响应。中国希望，裁谈会能早日就此开展实质性工作，谈判缔结相关国际法律文书，为防止外空武器化和外空军备竞赛作出积极努力。

防止大规模杀伤性武器及其运载工具扩散问题

中国一贯反对扩散大规模杀伤性武器及其运载工具，支持国际社会在防扩散领域的积极努力，并以实际行动为防扩散事业作出了贡献。中国认为，防扩散努力不应仅限于防止大规模杀伤性武器扩散本身，而需寻找和解决其根源。建立公正、合理的国际新秩序，实现国际关系的普遍改善，才是消除威胁的根本途径。防止恐怖组织等非国家实体获取大规模杀伤性武器，是国际社会面临的共同任务。中国愿与国际社会一道，为建立各国普遍参与的公平、合理、有效的多边防扩散机制而共同努力。

中国是《不扩散核武器条约》缔约国，一向恪守条约义务，奉行不主张、不鼓励、不从事核武器扩散和不帮助别国发展核武器的政策。中国还制定了核出口三原则：保证用于和平目的；接受国际原子能机构的保障监督；未经中方许可，不得转让第三国。为加强核出口控制机制，中国于1997年加入了桑戈委员会，并逐步建立和完善了相应的国内法律体系。1997年9月和

1998年6月,中国颁布了《核出口管制条例》和《核两用品及相关技术出口管制条例》,对桑戈委员会清单和国际现行核两用品清单包括的物项和技术的出口进行管理。上述条例规定,中国的核出口项目由政府指定的专门公司经营,对核出口实行许可证制度,不向未接受国际原子能机构保障监督的核设施提供任何帮助。为加强保障监督制度的有效性和履行防扩散义务,中国于2002年3月28日正式通知国际原子能机构,中国已完成保障监督附加议定书生效的国内法律程序,该附加议定书同日起对中国生效。中国是核武器国家中第一个完成上述程序的国家。

中国支持国际原子能机构根据规约宗旨和原则为防范潜在的核恐怖活动作出贡献,将适时为机构反核恐怖活动提供适当帮助。加强对核设施和核材料的实物保护,有利于防止核扩散和防范核恐怖活动。中国积极参加了《核材料实物保护公约》的修约工作,愿为顺利完成修约工作作出努力。

中国严格履行《禁止化学武器公约》和《禁止生物武器公约》规定的义务,不以任何方式协助、鼓励任何国家获得化学武器和生物武器。中国一贯对化学品、生物剂及有关生产设备和技术的出口持慎重、负责的态度。为确保中国出口的上述物项不被用于制造化学武器和生物武器的目的,中国政府颁布实施了《中华人民共和国监控化学品管理条例》及其实施细则等法律、法规,严格管理相关物项的出口。2001年12月颁布的《中华人民共和国刑法修正案》,将投放、非法制造、买卖、运输及储存放射性、毒害性和传染病病原体等物质,危害公共安全的行为定为刑事犯罪,并规定了相应的惩罚措施。为进一步加强对化学品和生物两用品及其相关技术和设备出口的管理,中国政府又于2002年10月颁布了《有关化学品及相关设备和技术出口管制办法》(含出口管制清单)、《中华人民共和国生物两用品及相关设备和技术出口管制条例》(含出口管制清单)和新修改的《中华人民共和国军品出口管理条例》。

近年来,导弹扩散问题引起国际社会的广泛关注。中国对此同样十分重视。国际社会应在确保各国安全不受减损、非歧视性的原则基础上通过对话与合作寻求解决办法,包括探讨建立新的多边机制的可能性。中国支持联合国在该领域发挥重要作用,积极参加了联合国导弹问题政府专家组的工作。中国对有关国家提出的新建议持开放态度,以建设性的姿态参加了关于"防止弹道导弹扩散国际行为准则"草案和"全球导弹监控机制"倡议的国际讨论。在导弹防扩散方面,中国政府一向采取严肃、认真、负责任的态度,不以任何方式帮助任何国家发展可被用于运载核武器的弹道导弹,对导弹及其相关物项和技术的出口实行严格控制。2002年8月,中国政府正式颁布了《中华人民共和国导弹及相关物项和技术出口管制条例》及《管制清单》。这是中国政府贯彻本国的导弹防扩散政策,进一步加强导弹及相关物项和技术出口控制,推进出口管理法制化的一项重大举措。今后,中国将根据自己的出口控制实践,继续推进完善出口监管法制化进程,也愿与各方加强交流与合作,积极参加有关国际防扩散机制的讨论进程,为最终建立公正、合理、有效的国际防扩散机制而努力。

小武器和杀伤人员地雷问题

中国一向认真对待小武器非法贸易及其过度积累造成的各种问题,对小武器的生产、转让一贯持负责任的态度,并积极参与国际社会的各种努力。中国于2001年7月以建设性态度参加了联合国小武器非法贸易各方面问题大会,现正以实际行动落实会议通过的《行动纲领》。中国积极参加了《联合国打击跨国有组织犯罪公约》所附"枪支议定书"的谈判,为达成议定书作出了贡献,目前正积极研究签署该议定书的问题。《中华人民共和国枪支管理法》和《中华人民共和国军品出口管理条例》对枪支和弹药的生产、运输、销售、配备及进出境管理做了详细规定,建立了对小武器等军品出口的严格管理制度,并明确了严厉的违法处罚措施。2001年,中国还在全国开展了打击非法枪支专项治理活动,收缴并销毁了大量非法枪支。

自1998年批准《特定常规武器公约》新修订的"地雷议定书"以来,中国继续履行不出口不符合议定书规定的杀伤人员地雷的承诺,并在履约的其他方面取得较大进展。中国人民解放军举办了一系列普及议定书相关知识的地雷业务培训班。有关部门正根据议定书制定一系列规章和标准,其中包括杀伤人员地雷技术性能和雷场标示等方面的国家军用标准。

中国继续推动国内和国际扫雷努力。中国国内的雷患已基本清除。2001年,中国向柬埔寨、埃塞俄比亚、厄立特里亚、莫桑比克、卢旺达、纳米比亚、安哥拉等七国捐献了一大批扫雷设备和器材。2002年,中国用于国际扫雷合作的资金达300多万美元,主要用于向厄立特里亚和黎巴嫩两国提供扫雷援助。除向两国提供扫雷器材外,中国还向厄立特里亚派出了专家小组,现场指导扫雷。

12月10日

胡锦涛 吴邦国 贾庆林 曾庆红等领导同志在北京参观国债建设成果图片展

中共中央总书记胡锦涛来到中国革命博物馆,参观了正在这里举办的"谱写现代化建设的新篇章——

1998—2002年国债建设成果图片展”。

中共中央政治局常委、国务院副总理吴邦国，中共中央政治局常委贾庆林，中共中央政治局常委、中央书记处书记曾庆红等参观了展览。

1998年以来，为应对亚洲金融危机的冲击和国内市场需求不足带来的挑战，以江泽民同志为核心的党的第三代领导集体，高屋建瓴，审时度势，果断作出了扩大国内需求、增发长期建设国债、加快基础设施建设、改善城乡居民消费环境的重大决策。国家利用银行资金比较充裕、市场物价较低的有利条件，发行长期建设国债，有效带动了地方、部门、企业配套资金和银行贷款，建设了上万个有利于扩大内需和结构调整的工程项目，投资总规模达3.2万亿元，为成功抵御亚洲金融危机和世界经济增长减慢带来的冲击和影响，保持国民经济持续快速健康发展发挥了重要作用。在整个展区，1000多张图表生动地展示了我国5年来国债建设的累累硕果。

胡锦涛走进展览大厅。他一边认真观看每一个展区，一边仔细听取有关负责人的介绍，并不时询问有关情况。胡锦涛说，这个展览形象地展示了1998年以来国债建设取得的丰硕成果，看后令人高兴。它表明，中央为促进我国经济发展所采取的扩大内需的方针和一系列重大举措是符合我国国情、符合我国各族人民根本利益的，是卓有成效的。

胡锦涛强调，扩大内需是我国经济发展的基本立足点和长期战略方针。面对新形势和新任务，我们必须继续坚持并不断完善这一方针，加强国债资金的管理，优化资金使用的结构，着力提高资金的使用效益。同时，要从实际出发，把扩大投资需求与扩大消费需求紧密结合起来，形成促进经济持续稳定增长的有效机制。

在一组展示西部地区巨大变化的图片前，吴邦国向工作人员详细了解了西部大开发的最新情况。他说，国债投资一是拉动了国民经济发展；二是支持了西部地区基础设施建设和生态环境建设，效果十分明显；三是办成了一些多年想办而未办成的大事；四是促进了产业优化升级和技术进步，增强了企业发展后劲。更为重要的是积累了不少宝贵的经验。希望国债投资进一步优化结构，更多地向西部地区倾斜。

在基础设施展区，贾庆林仔细询问了西气东输、西电东送、南水北调等工程的进展情况。他说，5年来，国债投资集中力量建成了一大批重大基础设施项目，推动了环境保护和生态建设，增强了综合国力和国际竞争力，为我国经济腾飞奠定了坚实的基础。事实证明，这是功在当代、利在千秋的重大举措。

曾庆红一边看展览，一边向有关负责人询问了国债资金的管理等问题。他说，5年来，国债建设从与人民群众切身利益相关的事情出发，实施了大江大河堤防建设、农村电网改造、中小学危房改造等一系列工程，为广大人民群众办了实事。政策稳，人心定。要把国债投资这项政策进一步贯彻落实好，继续为促进经济发展，改善人民生活发挥重要作用。

王兆国、回良玉、刘淇、吴仪、俞正声、曾培炎、王刚、何勇、王忠禹等参观了展览。国家计委、国家经贸委、财政部、国家统计局、北京市政府等主办单位负责人陪同参观了展览。

国家主席江泽民在中南海会见由主席亨利·海德率领的美国众议院国际关系委员会代表团

江泽民说，总的看，中美关系的发展已进入一个较好的时期。双方都认为，中美拥有广泛而重要的共同利益，双方应扩大在经贸、科教、文化等各领域的交流与合作，在互利的基础上加强反恐领域的合作，加强在解决地区热点问题、防扩散、打击跨国犯罪、促进全球经济增长等重大问题上的磋商和协调，推动中美建设性合作关系不断向前发展。

江泽民说，谈中美关系，不能不谈台湾问题，这个问题对中国和中美关系太重要了。世界上只有一个中国。早日实现大陆和台湾的统一，有利于亚太和世界的和平与稳定，有助于中美关系的稳定发展，对美国也是有利的。我们将继续坚持“和平统一、一国两制”的基本方针，贯彻发展两岸关系、推进祖国和平统一进程的八项主张，以最大的诚意、尽最大的努力争取和平统一的前景。他说：中国实现完全统一是大势所趋，民心所向。我赞赏布什总统关于坚持一个中国政策、遵守中美三个联合公报、反对“台独”的立场。希望美方从战略的高度看待和处理台湾问题，为中国实现和平统一发挥建设性作用。

江泽民说：中美两国国情不同，存在一些分歧是很正常的。关键是要相互尊重、平等相待、求同存异。我相信，只要按照中美三个联合公报的原则行事，增进相互了解，妥善处理分歧，中美关系就能健康发展，造福于两国人民和世界人民。

全国人大外事委员会主任委员曾建徽、副主任委员姜恩柱，外交部副部长李肇星，全国人大外事委员会委员于恩光及美国驻华大使雷德等参加了会见。

全国人大常委会委员长李鹏在人民大会堂会见伊朗议长迈赫迪·卡鲁比及其率领的伊朗伊斯兰议会代表团

李鹏说，中伊经贸互补性很大，又同属发展中国家，在许多国际和地区问题上有着相同或相似的看法。

我们十分珍视同伊朗的传统友谊，认为进一步加强两国友好合作关系，符合两国和两国人民的根本利益。我们感谢伊方在人权和台湾问题上给予中方的支持。

李鹏说，议会间交往是两国关系的重要组成部分。我们高兴地看到中国全国人大与伊朗议会长期以来一直保持着友好往来，在国际领域进行了良好合作；各专门委员会互访不断，增进了相互了解和信任。中国全国人大和伊朗议会在体制上虽各不相同，但都面临着如何应对挑战，把自己的国家建设得更加美好的艰巨任务。为此，中国全国人大愿与伊朗议会共同努力，继续加强各层次的友好往来，增进相互了解和友谊，积极推动和促进两国在各领域友好合作的全面发展。

全国人大常委会副委员长铁木尔·达瓦买提，全国人大内务司法委员会主任委员、全国人大中伊友好小组主席侯宗宾，全国人大常委会委员、全国人大中伊友好小组成员张怀西，全国人大常委会委员、全国人大外事委员会副主任委员徐敦信，外交部副部长杨文昌，李鹏委员长办公室主任吴文昌等参加了会见。

中国致公党第十二次全国代表大会在北京开幕

这次大会的主要议程是：学习邓小平理论、“三个代表”重要思想；学习贯彻中国共产党第十六次全国代表大会精神；听取并审议中国致公党第十一届中央委员会的报告；审议并通过《中国致公党章程(修正案)》；选举产生中国致公党第十二届中央委员会。

中共中央政治局委员、国务委员吴仪代表中共中央致贺词。

全国政协副主席、台盟中央主席张克辉代表各民主党派中央、全国工商联向大会致贺词。

大会主席团常务主席罗豪才代表致公党第十一届中央委员会作了题为《致力为公，与时俱进，努力建设适应新世纪要求的参政党》的报告。报告指出，致公党第十一届中央委员会从历史和时代的高度，以政治交接为主线，以迎接新世纪为动力，带领全党同志，高举邓小平理论伟大旗帜，继承和发扬老一辈领导人自觉接受中国共产党领导、与中国共产党真诚合作的优良传统，注重发挥自身特点和优势，不断研究新情况、新问题，努力开创工作新局面。五年来，致公党在重大政治问题上立场坚定、旗帜鲜明；参政议政、民主监督成绩显著；海外联络工作取得新进展；留学人员工作有了良好开端；社会服务工作形式多样；自身建设得到进一步加强。

报告希望，中国致公党作为多党合作总格局中的参政党，要学习贯彻中共十六大精神，学习实践“三个代表”重要思想，切实履行参政党职能；全面加强自身建设，提高全党整体素质；发挥整体优势，做好新形势下的参政议政工作；密切联系侨界，研究侨情，配合做好侨务工作；扩大党员的参与范围，做好社会服务工作。报告最后要求全党，高举邓小平理论伟大旗帜，学习“三个代表”重要思想，紧密团结在中共中央周围，致力为公，与时俱进，努力把致公党建设成为适应新世纪要求的参政党，为全面建设小康社会，开创中国特色社会主义事业新局面作出积极的贡献。

全国人大常委会副委员长曹志、全国政协副主席赵南起出席开幕式。大会主席团常务主席吴明熹主持开幕式，常务主席郑守仪致开幕词。

中央和国家机关有关部门负责同志刘延东等，各民主党派中央、各人民团体等单位负责同志出席了开幕式。

中共中央致中国致公党十二大的贺词

各位代表、各位同志：

在中国致公党第十二次全国代表大会隆重开幕之际，中国共产党中央委员会向大会表示热烈的祝贺！向参加会议的代表，并通过你们向致公党全体同志，致以亲切的问候！

中国致公党具有爱国、革命的光荣传统，是与中国共产党长期合作、共同致力于中国特色社会主义的参政党，是中国共产党久经考验的亲密友党，是促进社会主义建设和祖国统一大业的一支重要力量。长期以来，致公党高举爱国主义和社会主义旗帜，动员全体成员和所联系的归侨、侨眷与海外侨胞，积极投身于中国革命、建设和改革事业，为实现民族独立和人民解放，进行社会主义建设，促进祖国统一大业，增强中华民族的凝聚力，作出了重要贡献。

过去的5年，是我们高举邓小平理论伟大旗帜不断开拓创新的5年，是我们经受住各种困难和风险的考验，继续沿着中国特色社会主义道路胜利前进，取得举世瞩目成就的5年。致公党坚持以邓小平理论为指导，认真学习和实践“三个代表”重要思想，积极履行参政议政、民主监督职能，为改革开放和现代化建设建言献策，取得多方面成绩。致公党中央领导同志亲自带队，就科教兴国、产业结构调整、生态保护和可持续发展、高新技术发展、交通基础设施建设、“三农”问题、维护华侨的合法权益、做好归国留学人员工作等问题进行专题调研，形成了一批有价值的调研成果，为有关方面正确决策提供了重要依据。致公党充分发挥海外联系广泛的优势，积极开展海外联谊和交流工作，在凝聚侨心、反独促统和协助有关部门加强同世界上一些国家友好交往等方面，发挥了独特的作用。致公党动员广大成员，积极开展支边扶贫、技术咨询等活动，受到社会各界广泛赞誉。致公党适应新形势的需要，大力加强自身建设，成员素质不断提高。对此，中共中央谨向致公党的同志们致以崇高的敬意！

不久前召开的中国共产党第十六次全国代表大会，是我们党在新世纪召开的第一次代表大会，也是我们党在开始实施社会主义现代化建设第三步战略部署的新形势下召开的一次十分重要的代表大会。大会把“三个代表”重要思想同马克思列宁主义、毛泽东思想、邓小平理论一道确立为我们党的指导思想，科学总结我们党领导人民建设中国特色社会主义的基本经验，明确提出全面建设小康社会的奋斗目标，对新世纪新阶段全面推进改革开放和社会主义现代化建设、加强和改进中国共产党的自身建设等一系列重大工作进行了战略部署，进一步动员全党和全国各族人民为开创中国特色社会主义事业新局面而团结奋斗。这次大会，对我们党和国家的发展具有重大的现实意义和深远的历史意义，必将极大地激发全党和全国各族人民沿着中国特色社会主义道路不断前进的热情和信心。

全面建设小康社会，加快推进社会主义现代化，在中国特色社会主义道路上实现中华民族的伟大复兴，是历史和时代赋予我们的共同使命。只有在中国共产党的坚强领导下，把各阶层、各党派、各民族、各团体和各方面的力量都凝聚起来，把方方面面的积极性都充分调动起来，才能万众一心地把宏伟的蓝图变成美好的现实。统一战线是中国共产党在革命、建设、改革各个历史时期不断从胜利走向胜利的重要法宝，是中国共产党长期坚持的战略方针。各民主党派是与中国共产党长期合作的亲密友党，是建设中国特色社会主义事业的重要力量。在新世纪、新阶段，中国共产党将按照十六大精神，进一步发展社会主义民主政治，建设社会主义政治文明，巩固和发展最广泛的爱国统一战线，坚持和完善共产党领导的多党合作和政治协商制度，坚定不移地贯彻“长期共存、互相监督、肝胆相照、荣辱与共”的方针，加强同民主党派合作共事，更好地体现和发挥我国社会主义政党制度的特点和优势。

我们希望致公党深入学习和贯彻中共十六大精神，进一步增强与中国共产党团结合作、共同奋斗的责任感和使命感；紧紧围绕全面建设小康社会的目标，更广泛地凝聚广大成员的智慧和力量，不断推进改革开放和社会主义现代化建设；把学习中共十六大精神与参政党建设结合起来，不断提高成员的政治素质，把致公党建设成为在新世纪与中国共产党亲密合作、能够经受各种困难和风险的考验、致力于建设中国特色社会主义事业的参政党。实现祖国的完全统一，是中华民族的根本利益所在。希望致公党更好地发挥自身优势，及时了解和研究海外侨情，以增进乡情、亲情和友情为重点，多渠道、多层次、多形式地开展海外联络工作，积极宣传“和平统一、一国两制”的基本方针，坚持一个中国的原则，共同反对“台独”，反对分裂，为实现祖国的完全统一作出新的贡献。

中国致公党第十二次全国代表大会是在新世纪召开的一次重要会议。大会将认真学习贯彻中共十六大精神，总结5年来的工作，确定今后一个时期的任务，选举产生新一届领导机构。我们相信，致公党新一届中央领导集体，一定能够继承和发扬老一辈领导人同中国共产党亲密合作的优良传统，进一步搞好政治交接，团结全体成员和所联系的群众，在共同建设中国特色社会主义伟大事业中不断开创工作的新局面。让我们紧密团结在以胡锦涛同志为总书记的中共中央周围，高举邓小平理论伟大旗帜，全面贯彻“三个代表”重要思想，认真学习落实中共十六大精神，万众一心，同心同德，为全面建设小康社会，实现中华民族的伟大复兴而团结奋斗！

祝中国致公党第十二次全国代表大会圆满成功！

中国共产党中央委员会

2002年12月10日

全国法院民商事审判工作会议在上海召开

最高人民法院副院长李国光在会上说，1998年至2002年9月，全国法院共受理一审民商事纠纷案件708万余件，审结683万余件，结案标的数额达2.6万亿余元；年平均结案141万余件，年平均结案标的数额5324亿元，审判质量和效率显著提高。

李国光说，为了建立一种确保司法公正、提高司法效率、资源配置合理的简洁、经济的现代民商事审判机制，全国法院近期将推进四项改革。这四项改革是：一要完善庭前准备程序，全面推行举证时限制度；二要探索当事人主义为主、职权主义为辅的庭审模式，完善合议庭评议规范，进一步提高审判活动的透明度；三要有条件地推进普通程序简易审；四要继续进行裁判文书改革，将民商事裁判文书评选工作制度化，以展现司法公正，提高人民法院在全社会的威信。

针对司法实践中出现的新情况、新问题，5年来，最高人民法院及时制定颁布了民商事审判方面的司法解释及司法解释性文件80余件，有效地指导和规范了民商事审判工作，为社会主义市场经济的健康发展提供了有力的司法保障。

全国人大常委会副委员长田纪云在布宜诺斯艾利斯会见阿根廷国会临时参议长马克达

古巴国务委员会副主席兼内政部部长科洛梅在哈瓦那会见由最高人民检察院检察长韩杼滨率领的中国

检察代表团

外交部发言人刘建超在就中国政府签署《枪支议定书》答记者问

有记者问：据报道，中国政府已经签署了《联合国打击跨国有组织犯罪公约》所附的《枪支议定书》，能否请您就这一问题谈一下看法？

刘建超回答说，2002年12月9日，中国常驻联合国代表王英凡大使代表中国政府在纽约联合国总部签署了《联合国打击跨国有组织犯罪公约》所附的《打击非法制造和贩运枪支及其零部件和弹药的补充议定书》。

近年来，随着恐怖主义和武装贩毒、走私等跨国有组织犯罪活动日益猖獗，各国迫切希望加强合作，预防和打击与此相关的非法制造和贩运枪支等活动。上述议定书正是在此背景下于2001年3月谈判达成的，其目的在于通过打击非法制造和贩运枪支等小武器的活动，加强国际社会在预防和打击跨国有组织犯罪方面的合作。

刘建超说，中国自始至终以建设性态度参加了议定书的谈判，为议定书的达成作出了积极贡献。签署该议定书，再次表明中国政府致力于加强国际合作，共同打击非法制造和贩运枪支等小武器活动的坚定立场，同时，也将对中国国内枪支等小武器生产、库存、使用和转让的管理，维护社会治安和稳定起到较大的积极作用。

中国科学技术信息研究所公布我国国际科技论文数跃居世界第六

2001年我国科技工作者在国际上发表论文6.45万篇，比上年增加30%，占世界论文总数的4.4%。按数量排序，我国继1999年超过俄罗斯后，去年又超过意大利和加拿大，跃居世界第六。国际论文数量排在我国前面的5个国家为：美国、日本、英国、德国和法国。

采用国际公认的检索工具《科学引文索引》（SCI）、《工程索引》（EI）和《科学技术会议录索引》（ISTP）统计表明，2001年我国国际科技论文数量以高于全球平均增长的速度继续增长，主要反映基础研究状况的SCI所收录的中国论文为3.57万篇，比上年增加17%，继续保持世界第八；反映工程科学研究情况的EI收录的中国论文为1.86万篇，比上年增加41%，在美国和日本之后居世界第三；按ISTP统计，我国国际会议论文数为1.03万篇，世界排位由第八上升至第六；2001年我国国际论文被引用数由上年的1.57万篇增加到1.84万篇，被引用次数由3.14万次增加到3.88万次，分别增长16.7%和23.8%。

按地区来看，北京、上海、江苏等省市的论文数量较多；清华大学在国内外发表的论文数和被三大检索工具收录的论文数量均居全国高校之首，中科院物理所则排在全国研究机构前列。

首都学术界在中国社科院纪念贺麟诞辰100周年

著名学者汝信、任继愈、张世英、黄楠森、汪子嵩等出席了纪念会。

贺麟是我国著名的哲学家、翻译家，在唯物辩证法、西方哲学、中西文化交流等领域取得了重大成就。他对中国传统哲学和西方哲学都有深入的研究，组织与领导了西方哲学名著的翻译与研究，毕生致力于以西方哲学为借鉴，发展中国传统哲学，弘扬和光大中国传统文化。新中国成立后，他完成了从唯心主义者向唯物主义者的转变，开始应用马克思主义哲学的立场、观点和方法来研究西方哲学，对唯物辩证法的研究作出了很大贡献。

第四届中国“十大女杰”表彰大会在北京举行

全国人大常委会副委员长、全国妇联主席彭珮云，全国人大常委会副委员长何鲁丽出席会议。

第四届中国“十大女杰”是：武警水电第三总队副总工程师赵秀玲，国家短道速滑运动员杨扬，上海市作协主席王安忆，河南省登封市公安局党委书记、局长任长霞，内蒙古自治区鄂尔多斯市乌审旗河南乡农民殷玉珍，山东海尔集团总裁杨绵绵，天津天士力集团副总裁兼天士力医药有限公司董事长吴廼峰，九三学社湖南省委主委、中南大学教授卢光琇，安徽省华信生物药业股份有限公司董事长朱慧秋，云南省丽江地区华坪县民族中学教师兼华坪儿童之家院长张桂梅。

12月11日

国家主席江泽民在中南海会见来京述职的香港特别行政区行政长官董建华

江泽民说，“一国两制”事业是一项长期的事业。香港回归5年来，我们已经迈出了成功的第一步，并在实践中积累了比较丰富的经验。其中最重要的一条，就是要始终坚定不移地按照“一国两制”方针和基本法办事。他表示，在处理香港事务的过程中，必须始终坚持“一国两制”方针不动摇，全力支持行政长官和特别行政区政府的工作，维护基本法的权威，努力促进香港各界人士在爱国爱港旗帜下的广泛团结。

江泽民说，保持香港经济的繁荣发展十分重要，中央政府会尽最大努力支持香港克服经济困难，确保香港的繁荣稳定。解决香港经济问题的关键，是要不断保持和增强自身的比较优势。他表示对香港经济的发展前景始终充满信心。

江泽民说，刚刚胜利闭幕的中国共产党第十六次全国代表大会对我们党和国家过去13年建设有中国特色社会主义的基本经验作了科学的总结，并选举产生了新的中央领导机构，顺利实现了党的领导集体的新老交替。这有利于保持党的路线、方针、政策的延续性。实践证明，中央对港澳的基本方针、政策是完全正确的，是得到包括港澳同胞在内的全国人民的拥护的，因此，是不会有任何改变的。

董建华说，江泽民主席对香港的事务一直十分关心。5年来，江主席4次亲临香港，充分体现了中央政府对香港同胞的亲切关怀和鼓励。他表示，有中央政府和伟大祖国的强有力支持，特区政府有信心和香港各界人士一道，与时俱进，克服困难，实现更大的发展。

国务院副总理钱其琛，中共中央书记处书记、中央办公厅主任王刚，国务院港澳事务办公室主任廖晖参加了会见。

国家主席江泽民在中南海会见来京述职的澳门特别行政区行政长官何厚铧

江泽民说，澳门回归3年来，社会安定，经济增长，市民安居乐业。事实证明，“一国两制”方针不仅可以用来解决历史遗留的香港和澳门问题，同时也可以为保持香港和澳门的繁荣稳定和发展提供强有力的保障。

江泽民说，中国共产党第十六次全国代表大会对我们党和国家过去13年建设有中国特色社会主义的基本经验作了科学的总结。其中重要的一条，就是要坚定不移地实行“一国两制”方针，严格按照香港基本法和澳门基本法办事，全力支持香港和澳门两个特别行政区行政长官和政府的工作，广泛团结港澳各界人士，共同维护和促进香港和澳门的繁荣稳定和发展。他表示相信，新的中央领导集体将会继续坚持中央既定的对港澳的一系列方针和政策。

何厚铧衷心感谢江泽民主席对澳门同胞的关心和对特区政府工作的支持，并表示将与澳门各界人士一起继续努力，使澳门的各项事业更上一层楼。

国务院副总理钱其琛，中共中央书记处书记、中央办公厅主任王刚，国务院港澳事务办公室主任廖晖参加了会见。

国家主席江泽民在中南海会见美国惠普公司董事长兼首席执行官卡莉·费奥瑞纳

江泽民说，中美关系已经进入较平稳的发展时期。中美两国在经贸、文化、科技等方面的合作也取得了很大的进展，给两国人民带来了实实在在的好处。他希望惠普公司和更多的美国公司继续开展与中国的合作，积极参与中国经济建设，通过与中国伙伴的有效合作获得共同发展。

信息产业部部长吴基传等参加了会见。

国家副主席胡锦涛在人民大会堂会见香港特别行政区行政长官董建华和澳门特别行政区行政长官何厚铧

胡锦涛说，中央领导集体实现新老交替后，中央对港澳的基本方针政策不会有任何改变。我们将继续坚定不移地贯彻落实“一国两制”、“港人治港”、“澳人治澳”、高度自治的方针，严格按照两个基本法办事，全力支持两个特区行政长官和政府的工作，并采取一切必要的措施，支持和促进香港、澳门的繁荣、稳定和发展。

胡锦涛表示，“一国两制”在香港、澳门的成功实践，对完成祖国统一大业具有重要意义和深远影响。在全面建设小康社会，实现中华民族伟大复兴的历史进程中，香港、澳门有着特殊的地位和作用，希望港澳地区发挥各自独特的优势，更好地与内地加强合作，共同开创香港、澳门和伟大祖国更加美好的未来。他还请两位特区行政长官转达他对港澳同胞的亲切问候和良好祝愿。

董建华、何厚铧分别向胡锦涛介绍了香港、澳门两个特别行政区的近况。他们表示，一定会努力工作，与港澳各界人士共同奋斗，把香港、澳门建设得更加美好。

中共中央书记处书记、中央办公厅主任王刚，国务院港澳事务办公室主任廖晖和副主任陈佐洱、徐泽等参加了会见。

全国人大常委会委员长李鹏在福建考察

李鹏在福建就全国人大常委会的工作听取意见并进行立法调研。他指出，发展社会主义民主政治，建设社会主义政治文明，是全面建设小康社会的重要目标。在贯彻十六大精神的过程中，人大必须自觉坚持党的领导，要通过各级国家权力机关积极有效的工作，保障和实现人民当家做主；要通过加快立法、增强监督，加强民主法制建设，推进依法治国、建设社会主义法治国家；为发展社会主义民主政治，建设社会主义政治文明作出贡献。

12月11日至17日，李鹏在福建省委书记、省人大常委会主任宋德福，代省长卢展工的陪同下先后在福州、莆田、泉州、厦门等地考察了福州软件园、妈祖文化发源地、福建炼油化工有限公司、厦新电子有限公司等,察看了福州、厦门的市政建设和文化旅游设施建设,并听取了福建省的工作汇报。

李鹏对福建近年来在改革开放和现代化建设中取得的成绩予以充分肯定,希望广大干部群众认真贯彻党的十六大精神,与时俱进,开拓创新,抓住机遇,加快发展。他说,根据不同的基础和条件分层面推进全面建设小康社会是切合实际、实事求是的。对不发达地区要从人力、财力、物力上予以更多的关心和支持,促进其快速发展,逐渐缩小差别。福建要充分发挥人才和教育优势,发展有特色的高科技产业,提高可持续发展能力。

在福建期间,李鹏还结合党的十六大对党章的修改进行了十六大精神的宣讲。

征求对全国人大常委会工作报告征求意见稿的意见,听取对全国人大常委会工作的建议是李鹏这次考察工作的重点。考察期间,李鹏与福建省人大常委会的负责同志进行了座谈。

李鹏感谢大家对全国人大常委会工作的积极评价和提出的建议。他说,5年来,九届全国人大常委会取得的成绩,是在党中央的正确领导下、经过常委会全体组成人员的共同努力取得的。在具体的工作中,也借鉴并吸取了地方人大及其常委会的经验和做法。

李鹏指出,实践证明,坚持和完善人大制度、做好人大工作,必须正确处理加强党的领导与发挥人大作用的关系,正确处理人大与人民群众的关系,正确处理人大与政府、法院、检察院的关系,正确处理充分发扬民主与实行高度集中的关系,正确处理依法行使职权与不断开拓创新的关系。

李鹏说,贯彻落实十六大精神,实现十六大确定的目标,人大及其常委会同样面临十分繁重的任务。在立法方面要为到2010年形成中国特色社会主义法律体系继续努力,要进一步增强监督工作的实效,实现监督工作的规范化、法律化。

李鹏强调,充分发挥人大代表的作用,是做好人大工作的基础和保证。人大代表来自人民、代表人民。无论是提出议案,还是进行监督,人大代表都认真积极地履行了职责。地方各级人大及其常委会今后在这方面应进一步探索充分发挥代表作用的方式方法。

针对大家在讨论中提出的一些问题,李鹏说,我国民主政治的一个重要特点就是协商原则,在充分协商的基础上进行决策。这一原则在人大得到了很好的体现,全国人大及其常委会议事就是在充分酝酿、认真讨论的基础上进行表决的。他说,人大的工作与人大代表、与人民群众密不可分,要扩大公民对人大工作的知情权和有序参与,使人大工作更好地代表人民的意志,符合最广大人民群众的根本利益。

李鹏说,地方各级人大及其常委会要从各地的实际出发,与时俱进,在立法、监督和其他各项工作上勇于开拓、勇于创新,为发展社会主义民主政治、建设社会主义政治文明作出贡献。

考察期间,李鹏还就民办教育促进法草案听取了各方面的意见和建议。

12月15日,李鹏在厦门会见了出席全国基层关心下一代工作座谈会的全体代表。他说,作为一个全国性的群众性工作组织,关心下一代工作委员会自成立以来,吸收了几百万老同志参加。在向青少年进行革命传统教育、帮助失学儿童、帮教失足青少年等方面做了大量的工作。他勉励老同志们学习贯彻好党的十六大精神,在关心下一代工作中作出新的贡献。

外交部部长唐家璇在北京同吉尔吉斯共和国外交部长阿斯卡尔·艾特马托夫举行会谈

唐家璇说,在重大国际和地区问题上,在联合国、上海合作组织及其他国际和地区组织框架内,中吉能充分理解对方的利益和关切,相互支持,密切合作。中方对吉在台湾、打击"东突"势力等问题上一贯支持中方立场予以高度评价,并将继续支持吉尔吉斯共和国为维护国家主权和安全,以及发展经济所做的努力。

唐家璇指出,积极发展对吉关系是中国的既定方针。江泽民在十六大报告中明确指出:"我们将继续加强睦邻友好,坚持与邻为善、以邻为伴。"今年6月,吉尔吉斯共和国总统阿卡耶夫访华时双方签署《中吉睦邻友好合作条约》,成为指导中吉关系在新世纪继续健康稳定发展的纲领性文件。

唐家璇表示,上海合作组织成立一年来,机制建设逐步完善,各领域合作不断拓展,在地区和国际事务中发挥着越来越积极的作用。中吉在上海合作组织框架内一直保持着良好和密切的合作,希望双方继续加强沟通和协调。

会谈后,两国外长签署了《中华人民共和国和吉尔吉斯共和国关于打击恐怖主义、分裂主义和极端主义的合作协定》。协定规定,中吉在打击上述"三股势力"方面将加强协调和配合,相互支持,共同为维护各自国家的安全以及本地区的和平与稳定作出不懈努力。

《人民日报》发表中宣部部长刘云山的文章《高扬先进文化的旗帜推动中国特色社会主义文化的发展繁荣》

国家环保总局宣布我国首次对国家重点工程实施

环境监理

为健全完善环境管理制度，我国在历史上首次对新建青藏铁路线、西气东输管道工程等13个建在生态敏感区、对生态环境影响突出的国家重点工程实行工程环境监理试点。这标志着我国环境管理制度开始了历史性改革，由原来的开工前审批、完工验收向全程跟踪延伸。

据国家环保总局监督管理司司长祝兴祥介绍，长期以来，我国对建设项目的环境管理主要是抓环保审批和竣工验收两个环节。这种管理模式对工业污染型的建设项目是有效的，但对于交通、铁路、水利、水电、石油开发及管线建设等工程效果不大。因为这类工程对生态环境的影响开始于勘探、选线阶段，重点发生于施工建设期，等到工程竣工验收时，许多生态破坏早已发生，尤其是对自然保护区、生态功能保护区、湿地、珍稀动植物及其栖息地、自然景观的环境破坏已不可逆转。

为此，国家环保总局、铁道部、交通部、水利部、国家电力公司、中国石油天然气集团公司六部门联合发出通知，要求这些国家重点工程的建设单位施工期间必须委托具备相应资质的第三方单位，对工程环保措施实施情况进行监理；工程环境监理单位必须在施工现场对污染防治和生态保护的情况进行检查，确保各项环保措施落到实处。对未按有关环境保护要求施工的，应责令建设单位限期改正，造成生态破坏的，应采取补救措施或予以恢复。

首次实施工程环境监理试点的13个国家重点工程是：青藏铁路格尔木至拉萨段，渝怀铁路，西气东输管道工程，云南澜沧江小湾水电站工程，黄河公伯峡水电站工程，重庆芙蓉江江口水电站工程，四川岷江紫坪铺水利枢纽工程，广西右江百色水利枢纽工程，尼尔基水利枢纽工程，上海国际航运中心洋山深水港区一期工程，上海至瑞丽国道主干线贵州境内清镇至镇宁段高速公路，上海至瑞丽国道主干线湖南境内邵阳至怀化、怀化至新晃高速公路，青岛至银川国道主干线银川至古窑子高速公路。

袁世海逝世

著名京剧表演艺术家袁世海，因病医治无效，于12月11日上午10时50分在北京逝世，享年87岁。

2岁丧父、幼年家贫的袁世海，从小酷爱京剧。他8岁拜师学艺，先后师从许德义、吴彦衡、叶春盛、叶福海、裘桂仙、郝寿臣，从习武、学老生，到改练架子花脸，在学艺生涯中，勤学苦练，博采众长。新中国成立前，他先后和尚小云、梅兰芳等名家合作，在北京、天津、上海等地演出，剧目共有300余出。在从师学艺以及同各流派艺术家合作演出中，他吸取了各家精华，逐步形成独特的表演风格。

几十年来，袁世海一直活跃在我国京剧舞台。在他之前，京剧舞台是生旦为主、花脸为辅。在前人的基础上，他创造出架子花脸铜锤的“袁派”艺术，开创了花脸为主、生旦为辅的新戏路。他还是较早涉足京剧现代戏表演的艺术家之一。在现代京剧《白毛女》《红灯记》《林海雪原》《平原作战》等剧目中创造的不同角色给观众留下难以磨灭的印象。尤其是1964年饰《红灯记》中鸠山获得好评，影响甚大。

袁世海的表演风格质朴豪放，刚劲有力，以情传神。他所开创的袁派艺术以规范而丰满的工架、高亢而浑厚的嗓音、清晰而厚实的念白、端整而大气的扮相，赢得了广大戏迷的喜爱。他的代表剧目《霸王别姬》《捉放曹》《将相和》《野猪林》《黑旋风李逵》《群英会》《横槊赋诗》《华容道》《九江口》等，都是我国戏曲舞台上久演不衰的经典佳作。尤其是袁世海形象地塑造了曹操、李逵、张飞、鲁智深等舞台形象，出神入化，脍炙人口，被戏迷亲切地誉为“活曹操”、“活李逵”、“活张飞”和“活鲁智深”。

12月12日

中共中央政治局常务委员会召开会议研究进一步解决好困难群众生产生活问题的工作

会议专门听取有关部门关于解决困难群众生产生活问题的情况汇报，并对进一步做好这项工作进行了研究部署。中共中央总书记胡锦涛主持了会议。中共中央政治局常委吴邦国、温家宝、贾庆林、曾庆红、黄菊、吴官正、李长春、罗干出席了会议。

会议指出，党中央、国务院一贯高度重视困难群众的生产生活问题，近年来为解决这方面问题采取了一系列重大措施。各地、各部门按照中央的要求，做了大量工作，取得了明显成效。同时也要看到，目前群众生产生活中还有不少实际问题需要解决，有的问题还比较突出。各级党委和政府一定要从贯彻党的十六大精神、实践“三个代表”重要思想的高度，从密切党和人民群众血肉联系、维护改革发展稳定大局的高度，充分认识关心群众生活、解决好困难群众生产生活问题的极端重要性，把它作为一项重大的政治任务切实抓紧抓好。

会议强调，各级领导干部一定要牢记党的全心全意为人民服务的宗旨，进一步转变作风，深入基层，深入群众，特别是深入到困难多、问题多、矛盾多的地方，倾听群众呼声，体察群众情绪，关心群众疾苦，检查扶贫帮困各项措施的落实情况，并进一步采取有效措施，切实帮助困难群众解决突出问题。要着力解决好老红军、老复员军人、伤残军人、烈属等重点优抚对象和劳动模范、先进工作者以及农村五保户的实际困难，认真落实对义务兵家属的优待政策，继续做好转业复员退伍军人安置工作。要确保企业离退休人员基本养老金和国有企业下岗职工基本生活费按时足额发放，继续做好失业保险和城市居民最低生活保障工作，将长期亏损、停产、半停产困难企业符合条件的在岗职工全部纳入"低保"范围，做到应保尽保。要进一步落实扶持再就业的各项政策措施，帮助更多的下岗失业人员实现再就业。要切实安排好灾区、贫困地区群众的生产生活，保证他们吃饱穿暖、安全过冬，国家安排的冬令救济款、农业税灾歉减免资金必须在春节前落实到村到户。要依法严厉查处恶意拖欠、克扣农民工工资等违法行为，保障农民工的合法权益。要进一步调整中央和地方财政支出结构，增加用于解决人民生活问题的资金投入，并加快资金调度，及时将这些资金拨付到位。

会议指出，帮助困难群众解决实际问题，是党和政府义不容辞的重要职责，也是全社会的共同责任。要在全社会大力弘扬中华民族扶贫济困的传统美德，广泛动员各方面力量，积极开展面向城乡困难群众的形式多样的捐赠活动和送温暖、献爱心活动，使他们切身感受到社会主义大家庭的温暖。新闻宣传部门要搞好有关宣传报道，努力营造人人关心和帮助困难群众的良好社会氛围。

会议要求，各级领导机关和领导干部要大力倡导勤俭节约、艰苦奋斗的优良传统和作风，严格执行中央有关规定和纪律，坚决禁止各种奢侈浪费行为。各级纪检监察机关要加强监督检查，严肃法纪，对违反规定的要进行严厉查处，对情节严重、造成恶劣影响的要坚决追究有关领导责任。

会议决定，由中共中央办公厅、国务院办公厅就切实安排好2003年元旦、春节期间的群众生活专门下发通知，并在近期内派出检查组到有关地方和部门对中央精神的落实情况进行重点督促检查。

中共中央政治局委员曾培炎，中共中央政治局候补委员王刚，国务委员王忠禹等列席了会议。

国家主席江泽民在中南海会见伊朗伊斯兰议会议长迈赫迪·卡鲁比

全国劳动保障系统先进集体先进个人和第六届中华技能大奖全国技术能手表彰大会在北京举行

国务院副总理吴邦国在接见出席大会的代表时强调，深入学习贯彻党的十六大精神，是全党当前和今后一个时期的首要政治任务，要用十六大精神武装思想，统一行动，把实现十六大确定的奋斗目标与努力做好本职工作统一和结合起来，恪尽职守，扎实工作，为全面建设小康社会作出新的更大的贡献。

全国人大常委会副委员长许嘉璐、全国政协副主席经叔平等参加了接见活动。

吴邦国首先向受表彰的单位和个人表示热烈祝贺，并向辛勤工作在劳动和社会保障战线的同志们致以亲切的问候和崇高的敬意。

吴邦国指出，当前和今后一个时期全党的首要政治任务，就是要认真学习贯彻十六大精神。要紧紧围绕十六大主题，认真学习贯彻江泽民同志的报告，把握十六大灵魂，在落实上狠下功夫，真正把全党和全国各族人民的思想和行动统一到十六大精神上来，把力量凝聚到完成十六大提出的各项任务上来，确保党和国家在新世纪新阶段奋斗目标的顺利实现。

吴邦国说，党的十三届四中全会特别是党的十五大以来，在以江泽民同志为核心的党的第三代中央领导集体高度重视、殷切关怀和大力推动下，经过上上下下艰苦不懈的努力，我国劳动和社会保障事业得到空前发展，取得了举世瞩目的成就，中国特色的劳动和社会保障体系框架基本建立。"两个确保"不断巩固，社会保险管理体制和资金渠道逐步理顺，11个行业职工养老保险关系平稳下放，社会保险社会化管理和养老金社会化发放普遍实行；关闭破产企业职工安置政策不断完善，劣势企业退出市场通道已经初步建立；就业和再就业工作取得较大进展，积极促进就业的政策和市场导向的就业机制初步形成。所有这些，对深化国有企业改革，推进经济结构调整和维护社会稳定都发挥了极其重要的作用，功不可没。

吴邦国指出，这几年，劳动和社会保障工作是在研究新情况、解决新问题的情况下，一步步地向前推进的，成绩的确来之不易。他说，艰苦的工作，锻炼了人，锻炼了队伍，提高了队伍的整体素质，其中涌现出一大批贡献突出的先进集体和先进个人，你们就是他们当中的杰出代表。吴邦国说，你们的先进事迹，非常感人，很受教育，你们对工作兢兢业业，无私奉献，是大家学习的榜样，希望你们再接再厉，为劳动和社会保障事业再立新功。

吴邦国强调，造就数以亿计的高素质劳动者、数以千万计的专门人才和一大批拔尖创新人才，是党的十六大提出的重要任务，是一项具有战略意义的基础工程。做好这项工作，对于我国走出一条新型的工业化道路，加快实现现代化，提高国际竞争力，全面建设小康社会，具有重大而现实的意义。他说，当今世界，国与国之间综合国力的竞争，关键是人才的竞争。培养和使用人才，需要有新的观念和机制。他指出，

“三百六十行，行行出状元”，科学家、工程师、企业家是人才，技术工人也是人才。提高技术工人队伍的整体素质，是深化企业改革，加快产业结构调整，提高企业竞争力，促进就业和再就业的迫切需要和题中应有之义，必须切实抓紧抓好。要开展行之有效的职业教育和培训，落实职业教育培训经费，完善职业教育培训方式，着力改善劳动力技能结构，提高技术工人特别是高技能人才的比重，尽快形成技能人才辈出的机制。他说，要通过组织开展“中华技能大奖”和“全国技术能手”竞赛等活动，进一步调动广大职工特别是青年工人学习技术的积极性，提高技术工人的社会地位，形成重视技能、尊重技能人才的良好氛围。

吴邦国指出，党的十六大确立了全面建设小康社会的奋斗目标，对劳动和社会保障工作提出了社会保障体系比较健全、社会就业比较充分两个具体目标，各级劳动和社会保障部门肩负着重要的历史使命，任重道远。吴邦国要求，各级劳动和社会保障部门要认真学习、深入领会和全面贯彻落实党的十六大精神和“三个代表”重要思想，切实巩固“两个确保”，细致做好“三条保障线”衔接，为健全社会保障体系、千方百计扩大就业倍加辛勤地工作，努力开创劳动和社会保障工作新局面。

表彰会是由劳动和社会保障部组织召开的。大会对全国劳动保障系统记一等功的105个先进集体、260名先进个人，以及10名来自不同行业、获得第六届“中华技能大奖”的技术工人和101名获得“全国技术能手”称号的同志进行了表彰。

国务院副总理温家宝在中南海会见吉尔吉斯斯坦外交部长阿斯卡尔·艾特马托夫

中共中央政治局常委贾庆林在人民大会堂会见由外事秘书苏莱曼·沙胡米率领的利比亚总人民大会代表团

全国人大常委会副委员长姜春云同志在“2002国际山区年”纪念大会上发表题为《没有山区的现代化就没有全国的现代化》的讲话

今年是联合国确定的“国际山区年”，也是联合国确定的“国际生态旅游年”，还是“里约热内卢环发大会十周年”，时逢中国共产党胜利召开了十六大。今天，我们在这里召开“2002年国际山区年”纪念大会，具有十分重要的意义。

一

山区是河流的源泉，资源的宝库，平原的屏障，区域协调发展的重点，可持续发展的关键，生态建设的主战场。总的说，没有山区的水源涵养和保护，就没有世界的“自然水塔”；没有山区经济的快速增长，就没有区域经济的协调发展；没有山区资源的有效保护和合理利用，就没有世界经济的繁荣和可持续发展；没有山区生态环境的稳定和优化，就没有全球的生态平衡和平原洼地的安全保障。

世界山区面积占全球陆地面积的24%，1/10的世界人口居住在山区。据2002年联合国确定的18个迫切需要人道主义援助的地区中，11处是在山区。自1992年里约热内卢世界环境与发展大会确定山区与荒漠化地区为两大优先发展领域后，今年9月在南非约翰内斯堡举行的第二届“世界环境与发展大会”首脑会议（“世界可持续发展大会”），再次强调了山区发展的重要性，重申了山区对世界可持续发展的重大意义和作用，呼吁世界爱好和平的政府和人民积极行动起来，在充分保护世界淡水资源、生物多样性的同时，系统考虑山区发展问题，把山区发展与区域发展、环境保护、生态旅游以及反贫困结合起来联动解决山区问题，并建立了“山区可持续发展国际伙伴关系”。朱镕基总理代表中国政府在会议上重申了我国可持续发展的立场，并承诺应尽的国际义务。11月在吉尔吉斯召开的“2002国际山区年峰会”，也对世界山区发展进行了认真研究，确立了世界山区可持续发展的方向，号召世界各国重视山区、建设山区、发展山区。

中国是一个多山的国家。山区面积占国土总面积的69%，远远高出世界平均水平，特别是西部山区面积比例更大。我国山区人口占全国总人口的56%，在全国2100多个行政县(市)中有1500多个是山区县。山区在我国国民经济和社会发展中有着极其重要的地位和作用。我国山区是大江大河的源头和汇流地，集中了全国90%的森林和一半以上的可利用草场，生存着32800多种高等植物和2100多种脊椎动物，在保持水土、涵养水源、净化空气、防风固沙、保护生物多样性等方面发挥着巨大的作用。同时，我国55个少数民族中的52个主要生活在山区，山区是我国多元文化的主要聚集地。新中国成立50多年来，我国山区的经济发展有了历史性进步，但是由于自然、区位、交通、通讯和人口、资源等原因，我国山区至今贫困面仍然比较大，贫困程度也比较深。在全国592个国家确定的贫困县中，有496个是山区县。山区经济的发展状况，直接影响到整个国民经济发展的全局。可以说，没有山区的快速发展，就没有全国的快速发展；没有山区的现代化，就没有全国的现代化；没有山区人民的富裕，就不可能实现全国人民的共同富裕。

二

中国政府十分重视山区的建设和发展，积极推进可持续发展战略，组织实施了一系列水土保持、防治荒漠化的生态建设工程，实施了"八七扶贫攻坚计划"和西部大开发战略。山区的发展，希望在山，潜力在林。全国林业六大重点工程的全面实施，为我国可持续发展和改善山区生态环境已经或者正在提供强有力的保障。特别是自1978年开始兴建的"三北"防护林工程和近几年在江泽民主席发出的"再造一个山川秀美的西北地区"的号召下，陆续实施的天然林保护工程、退耕还林工程、防沙治沙工程等，正在有效地遏制生态环境恶化趋势，逐步改变山区的生产条件，推动山区经济和社会发展，取得了可喜的成就。

1996年，中央农村工作领导小组决定由原林业部(国家林业局)牵头协调中央11个部委(办)、金融机构在全国组织实施山区综合开发试点示范工作。在党中央、国务院的关心下，全国选定了30个省(区)、市的114个县进行山区综合开发试点示范。山区综合开发以"改土、治水、植树、修路、办电"为主要内容，积极探索适合中国国情、山情、林情的山区综合开发的路子。在山区广大干部群众共同努力下，各个山区示范县的综合开发建设已经取得了显著成效，其示范带动作用也日益显现。

三

中国已进入了全面建设小康社会、加快推进社会主义现代化的新的发展阶段。山区的建设和发展至关重要。各地的实践经验表明，山区综合开发以县为单位，以农民为主体展开，在当地政府统一领导下，综合协调各个部门的力量，按照国内外市场需求，在保护生态环境的前提下，因地制宜开发山区资源，发展富有特色的林果业、种养业以及相关的加工业，为农民增收致富开拓了新的广阔空间和领域，有利于全面推进山区农村的小康建设和现代化进程。

我国多山的中西部省区，要坚持与时俱进，开拓创新，紧紧抓住全国宏观经济持续发展、社会生态意识觉醒、农业结构调整、林业投入加大、西部大开发、小城镇建设、生态旅游兴起和加入WTO等历史性机遇，进一步做好山区综合开发工作，把山区综合开发纳入宏观经济、区域发展、生态建设、可持续发展和解决"三农"问题的战略高度来考虑，研究新形势，制定新政策，解决新问题，实现新突破，大力促进山区经济社会发展，为实现第三步战略目标做贡献。

山区建设与发展是全人类的共同课题，已经引起国际社会的广泛关注。目前山区仍然是中国经济社会发展相对滞后的地区，全国现有贫困农村人口也主要集中在山区。因此，全面建设小康社会的难点、重点在山区。要突破这个难点和重点，必须在生态优先的原则下，进一步扩大开放、搞活机制、加强合作。我们有信心、有决心主要依靠自己的力量，加快山区的建设步伐。同时，我们十分感谢国际社会多年来对中国山区资源开发和扶贫事业提供的大量资金、技术和人道主义援助。中国政府和人民愿意在山区治理、开发的各个领域与世界各国和地区的政府及非政府组织进行广泛的交流与合作，并希望世界各国政府和非政府组织一如既往地支持中国山区建设，参与中国山区综合开发。

我们坚信，在邓小平理论和"三个代表"重要思想指导下，只要我们坚持解放思想，实事求是，与时俱进，按照客观规律办事，制定和实行符合山区实际的政策措施，开展广泛的国际国内的交流与合作，经过长期的努力，就一定能够在保护好、建设好山区生态环境的前提下，实现山区经济的快速发展，就一定能够"再造秀美山川"，把山区建设成为生态优化、风光秀丽、经济繁荣、文化昌盛、人们向往的地方，广大山区人民必将迎来一个更加美好的明天。

国务院副总理钱其琛在中南海会见美国常务副国务卿理查德·李·阿米蒂奇

外交部部长唐家璇在北京会见美国常务副国务卿理查德·李·阿米蒂奇

外交部部长唐家璇和吉尔吉斯共和国外交部长阿斯卡尔·艾特马托夫在北京发表《中吉联合新闻公报》

一、应中华人民共和国外交部长唐家璇的邀请，吉尔吉斯共和国外交部长艾特马托夫于2002年12月10日至15日对中华人民共和国进行了正式访问。

访问期间，唐家璇外长同艾特马托夫外长举行了会谈，就双边关系以及共同关心的地区形势和国际问题交换意见并达成广泛共识。国务院副总理温家宝会见了艾特马托夫外长。艾特马托夫外长还拜会了外经贸部部长石广生以及国家计委和中联部领导。两国外长签署了《中华人民共和国和吉尔吉斯共和国关于打击恐怖主义、分裂主义和极端主义的合作协定》。访问取得圆满成功。

二、双方指出，建交十年来，中吉两国在政治、经贸、交通、文化及其他领域合作取得了积极成果，为两国关系的进一步发展奠定了坚实的基础。双方指出，2002年6月24日江泽民主席和阿卡耶夫总统共同签署的《中吉睦邻友好合作条约》把中吉关系提高到了新的更高水平，为其发展开辟了更广阔的前景。双方重申不断巩固和深化两国睦邻友好与互利合作关系符合双方的根本利益，有利于地区乃至世界的和平、安全与稳定。

三、双方对各自完成使中吉有关边界协定生效的国内法律程序予以高度评价，认为历史遗留边界问题的全面解决体现了两国高水平的政治互信，符合两国和两国人民的根本利益，为两国关系的深入发展开辟了广阔前景。

四、双方指出，进一步加强双边经贸合作对全面推动两国关系向前发展具有十分重要的意义。双方表示将提高合作水平、拓宽合作领域、充分发挥两国政府间经贸合作委员会机制的作用。双方将采取切实措施，促进两国合作项目的顺利实施，并将根据各自优势继续挖掘潜力、加强优先领域的合作。双方一致认为，应积极推动上海合作组织框架内区域经济合作，以进一步促进两国经贸合作。

五、双方表示将不断扩大和深化两国在各领域的交流与合作，进一步落实已签署的能源合作框架协定，加强在油气、采矿和农产品加工等方面的合作。

双方表示将进一步加强两国在交通运输领域和边境口岸的合作。双方同意积极推进吐尔尕特口岸向第三国公民开放的工作。双方专家将继续就两国中长期电力合作问题进行研究。为进一步发展旅游合作，双方表示将把吉尔吉斯斯坦作为中国公民出国旅游目的地国问题列入议事日程。

六、吉尔吉斯共和国重申，将一如既往地坚持一个中国的政策，支持中国为实现国家统一所做的努力，反对任何制造“两个中国”或“一中一台”的企图，反对台湾“独立”及参加任何只能由主权国家参加的国际组织。吉将不与台湾当局建立任何形式的官方关系，不与其进行任何形式的官方往来。

七、中华人民共和国重申，将支持吉尔吉斯共和国为维护国家安全与稳定、发展国家经济所做的努力，将继续提供力所能及的帮助。

八、双方一致认为，进一步推动上海合作组织的发展，充分发挥其在维护地区安全与稳定、促进成员国经济领域合作等方面的作用，符合该组织所有成员国的根本利益。双方指出，上海合作组织成立一年来，在自身机制和法制建设、开展各领域合作及维护本地区安全与稳定方面取得很大成绩。双方高度评价在圣彼得堡举行的上海合作组织成员国第二次元首会晤及其成果，表示将与其他成员国共同采取实际步骤，抓紧落实《上海合作组织宪章》及《上海合作组织成员国关于地区反恐怖机构的协定》，尽早在比什凯克建立反恐怖机构，为推动上海合作组织的进一步发展共同努力。

九、双方指出，恐怖主义、分裂主义、极端主义仍是本地区安全与稳定的主要威胁。两国将在双边和多边基础上就共同打击上述“三股势力”开展合作。

双方决心继续采取有力措施，共同打击包括“东突”恐怖势力在内的一切形式的恐怖主义，以维护两国和整个地区的和平与稳定。双方认为，打击“东突”恐怖势力是国际反恐斗争的重要组成部分。

十、双方一致认为，应承认和尊重世界多样性，不断推动国际关系的民主化。不同文明的国家和民族可以也应该和平、和谐相处。双方主张在国际事务中遵守相互尊重主权和领土完整，互不干涉内政，通过友好协商解决分歧与争端，建立以互信、互利、平等、协作为核心的新安全观的原则，主张联合国在解决国际和地区重大问题中发挥主要作用。双方将致力于建立长期稳定的和平国际环境。

十一、艾特马托夫外长与外经贸部部长石广生就中国政府向吉外交部提供无偿援助签署换文。艾特马托夫外长代表吉尔吉斯斯坦政府感谢中国政府向吉外交部提供无偿援助。

十二、艾特马托夫外长对中方在访问期间给予的热情接待表示感谢，邀请中华人民共和国外交部长唐家璇在方便时对吉尔吉斯共和国进行访问。唐家璇外长愉快地接受了邀请。

中科院 科技部等四单位联合宣布我国完成世界首张水稻基因组精细图

中国科学院、科技部、国家计委、国家自然科学基金委在北京宣布，中国水稻(籼稻)基因组“精细图”已由我国科学家正式完成。这是全世界第一张农作物的基因组精细图谱，它为阐明水稻基本生物学性状的遗传基础、提高水稻的产量和品质提供了可能。

由中科院基因组信息学中心等单位完成的这张“精细图”覆盖了籼稻97%的基因序列，其中97%的基因被精确地定位在染色体上；覆盖基因组94%染色体定位序列的单碱基准确性达99.99%，已达到国际公认的基因精细图标准。

中国科学院院长路甬祥院士说，籼稻基因组“精细图”的完成是基因组研究史上的重要里程碑，它向全世界证明，中国科学家利用现有的科研条件，完全可以作出自己独特的贡献。籼稻基因组“精细图”的完成，是我国科学家主动请缨的结果。这也说明，由科学家提出方向和目标，科技主管部门给予积极支持，应该成为基础研究的重要组织形式。

路甬祥说，籼稻基因组“精细图”绘制最大的特点，是在基因测序的工具和方法学上有重大创新，没有沿袭国外基因测序的老办法。生物学家与计算机专家、高能物理学家密切合作，独创了基因组组装的计算软件体系，使我国在生物信息学这一新兴交叉领域占有了领先地位。

科技部副部长刘燕华表示，基因测序的最终目的，是通过比较基因组和功能基因组研究，全面阐明水稻的生长、发育、抗病、抗逆和高产规律，推动遗传育种研究。籼稻基因组“精细图”标定了重要的水稻分子遗传标记，并预测出 6 万个水稻基因，在此基础上制备出了全基因组基因芯片，为大规模分离抗病、高产、优质的相关基因奠定了基础。

中国电视艺术家协会第三次全国代表大会在北京开幕

全国 31 个省、自治区、直辖市和解放军、中直机关等单位的电视工作者代表聚会一堂，共商发展繁荣我国电视艺术新思路。中共中央政治局委员、书记处书记、中宣部部长刘云山出席大会并讲话。

刘云山对中国电视艺术家协会第三次代表大会的开幕表示热烈的祝贺，向为繁荣发展我国年轻的电视艺术事业付出辛劳和汗水，为社会主义精神文明建设作出贡献的广大电视艺术工作者致以深深的敬意。他说，这次大会是在党的十六大刚刚闭幕不久召开的电视艺术家的盛会，一定会开成一个高举邓小平理论伟大旗帜，贯彻“三个代表”重要思想的大会；开成一个号召电视艺术界学习、贯彻十六大精神，为全面建设小康社会团结奋斗的大会；开成一个动员广大电视工作者投身社会主义先进文化建设，开创电视艺术事业新局面的大会。

刘云山说，电视艺术是当今最受欢迎，最具时代性、创新性，最有生机和活力的艺术。在我们这个拥有 3.7 亿台电视机，12 亿电视观众，堪称第一电视大国的国家，理所当然应该把发展繁荣电视艺术作为我们文化建设的重要任务，摆上我们工作的重要位置，这是高扬先进文化旗帜、建设中国特色社会主义文化的迫切需要；是满足人民群众精神文化需求，全面建设小康社会的迫切需要；是实践“三个代表”重要思想，贯彻落实十六大精神的迫切需要。

刘云山认为，对于当代电视工作者、电视艺术家来说，发展电视事业，繁荣电视艺术是党和人民赋予的光荣使命，是历史和时代赋予的庄严职责。他希望电视工作者认真学习贯彻党的十六大精神，努力实践“三个代表”重要思想，积极投身改革开放的伟大实践，扎根民族文化的沃土，吸纳世界文明的精华，站在时代发展的前沿，创作出更多中国气派、中国风格、中国特色的艺术精品，为人民群众提供丰富多彩、喜闻乐见、品质优良的精神食粮，为建设民族的、科学的、大众的社会主义文化作出贡献，不辜负党和人民的期望，不愧对我们这个伟大的时代。他相信，通过广大电视工作者的辛勤劳动和不懈努力，我们年轻的电视艺术一定会枝繁叶茂、硕果累累。

会上代表们听取了杨伟光受中国电视艺术家协会第二届理事会委托所作的工作报告。报告说，中国电视艺术家协会第二次全国代表大会以来的 6 年里，中国视协在弘扬主旋律、提倡多样化，加强和改进评奖工作，促进我国电视事业繁荣发展中，作出自己的努力，取得长足进展。这次大会，将以党的十六大精神为指导，认真总结过去的工作，提出今后的发展意见，团结和动员广大电视工作者，坚持先进文化的前进方向，努力开创社会主义电视事业的新局面。

大会期间，代表们将审议这个工作报告，讨论提出今后 5 年的工作建议和设想，修改《中国电视艺术家协会章程》，选举产生中国视协新一届领导机构。

中国文联党组书记、常务副主席李树文，中宣部副部长李从军，国家广电总局副局长胡占凡等在会上讲了话。会议由中国电视艺术家协会第二届副主席刘迪一主持，赵化勇致开幕词，黎鸣作修改章程的说明。

12 月 13 日

全国计划会议在北京召开

国务院总理朱镕基作了重要批示。朱镕基在批示中指出，近几年来，国家计划部门在党中央、国务院的领导下，加强和改进宏观调控，促进国民经济的持续快速健康发展，特别是在贯彻扩大内需方针，管好用好国债投资方面，与各部门、各地方密切配合，做了大量卓有成效的工作。朱镕基希望计划系统广大干部坚持执政为民，廉政勤政，务实高效，与时俱进，为加快社会主义现代化建设作出新的贡献。

中共中央政治局委员、国家计委主任曾培炎出席会议，并作了《认真贯彻党的十六大精神，迈出全面建设小康社会的新步伐》的报告。

曾培炎指出，要认真贯彻十六大和中央经济工作会议精神，以“三个代表”重要思想统揽全局，按照全面建设小康社会的要求研究和部署明年的经济计划工作，保持国民经济发展的良好势头。

曾培炎说，1998 年以来，我们坚持扩大内需的方针，不断探索加快发展的新办法和新途径，加强和改进宏观调控，积极推进经济结构战略性调整，加快体制创新，努力提高对外开放水平，大力实施科教兴国和可持续发展战略，始终坚持以人为本、执政为民，使国民经济在复杂的国际国内形势下，保持了持续快速健康发展。

曾培炎提出，明年国民经济和社会发展计划重点抓好九个方面的工作：加大对农业和农村经济发展的支持力度，千方百计增加农民收入；管好用好国债投资，促进结构调整和经济较快增长；切实做好就业再就业工作，努力增加就业岗位；大力提升工业竞争力，加快发展服务业；积极推进西部大开发，促进地区经济协调发展；坚持市场取向改革，深化投资、价格、粮棉流通和垄断行业管理体制改革；坚持“引进来”和“走出去”相结合，进一步扩大对外经济技术交流与合作；培育和增强居民消费能力，进一步发挥消费需求对经济发展的带动作用；大力发展各项社会事业，进一步增强可持续发展能力。

曾培炎要求，要用“三个代表”重要思想统领经济计划工作，树立新的发展观，紧紧抓住发展这一执政兴国的第一要务，坚持发展是硬道理，聚精会神搞建设，一心一意谋发展，用发展的办法解决前进中的困难和问题。研究编制年度计划和中长期规划，实施宏观调控，推进改革开放，提出发展思路，制定政策法规，进行生产力布局，安排重大建设项目，促进经济社会的协调发展，都要充分体现十六大的要求，切实把实现全面建设小康社会奋斗目标的各项任务落实到经济计划工作中去。

曾培炎强调，各级计划部门要认真领会、准确理解、自觉贯彻十六大精神，努力做到发展要有新思路、改革要有新突破、开放要有新局面、各项工作要有新举措。

发展要有新思路，必须紧紧抓住积极推进经济结构战略性调整这个主线开展工作。在产业结构、地区结构、城乡结构调整上，迈出新步伐。正确处理投资与消费的关系，发展与人口、资源、环境的关系，速度与结构、质量、效益的关系，实现既快又好的发展。

改革要有新突破，必须紧紧抓住坚持和完善基本经济制度和市场取向的改革，推进体制创新和机制创新。要坚持两个“必须毫不动摇”，既要为巩固和发展公有制经济创造条件，也要鼓励、支持和引导非公有制经济发展，把二者统一于经济社会发展进程之中。要在更大程度上发挥市场配置资源的基础性作用。进一步加强和改进宏观调控，运用政府投资引导社会资金，形成固定资产投资稳定增长的内在机制。坚持依法行政，简化行政审批，加强事后监管，提高工作效率和水平。

开放要有新局面，必须紧紧抓住“引进来”和“走出去”相结合，全面提高对外开放水平。“引进来”，要把利用外资的重点放到引进先进技术、管理经验、各类专业人才和智力上来。“走出去”，要更好地利用国内外两种资源、两个市场，拓宽经济发展空间，培育和增强企业的国际竞争力，形成一批有实力的跨国企业和著名品牌，不断提高我国综合国力。

各项工作要有新举措，必须紧紧抓住搞好宏观调控，及时发现和解决经济社会生活中带有全局性、倾向性、苗头性的重大问题。适应新形势、新任务的要求，不断提高宏观调控水平。围绕十六大提出的促进经济增长、增加就业、稳定物价、保持国际收支平衡四大宏观调控目标，研究思路，提出对策，搞好协调，不断探索社会主义市场经济条件下宏观调控的规律。

参加这次会议的有各省、自治区、直辖市及计划单列市、副省级省会城市政府主管计划工作的领导同志和计委主任、物价局长，国务院有关部门的负责同志，计划单列企业集团及新疆生产建设兵团的代表。

中国民主同盟第九次全国代表大会在北京开幕

这次大会的主要任务是：学习邓小平理论、“三个代表”重要思想；学习贯彻中国共产党第十六次全国代表大会精神；听取并审议民盟第八届中央委员会工作报告；审议通过《中国民主同盟章程(修正案)》；选举民盟第九届中央委员会。

中共中央政治局委员、国务委员吴仪代表中共中央致贺词。

全国人大常委会副委员长、民革中央主席何鲁丽代表各民主党派中央、全国工商联致贺词。

大会主席团常务主席丁石孙代表民盟第八届中央委员会作了题为《努力建设高素质参政党，为我国全面建设小康社会作出新贡献》的工作报告。报告从5个方面系统总结了民盟5年来围绕适应时代不断发展的新要求，努力建设高素质参政党的基本经验：自觉接受中国共产党的领导，坚持中国共产党领导的多党合作和政治协商制度，是民盟的历史经验和政治准则；以邓小平理论为指导，学习实践“三个代表”重要思想，切实履行参政党职能，是民盟不断前进的力量源泉；充分发挥民盟的优势和特点，从实际出发，积极参政议政，努力为现代化建设服务，是民盟发挥参政党作用的切实有效途径；坚持进步性和广泛性相结合的特点，继承和发扬优良传统，是民盟内聚人心、外树形象的重要保证；认真学习，与时俱进，努力提高自身素质，加强后备干部队伍建设，是民盟不断开拓前进的坚实基础。

报告提出，各级盟组织和全体盟员要高举邓小平理论伟大旗帜，认真学习“三个代表”重要思想，切实贯彻中共十六大精神，努力为社会主义物质文明、政治文明和精神文明建设作出应有贡献。要积极推进参政议政、民主监督工作；加强社会实践，不断提高为现代化建设服务水平；把握大联合、大团结主题，维护安定团结，促进祖国完全统一；加强后备干部队伍的选拔培养，建设适应时代发展要求的参政党。

全国政协副主席胡启立、民盟中央名誉主席费孝通出席大会。大会主席团常务主席冯之浚主持开幕会，常务主席罗涵先致开幕词。中央和国家机关有关部门负责同志刘延东、郑万通等，各民主党派中央、全国工商联负责同志出席开幕会。

中共中央致中国民主同盟第九次全国代表大会的贺词

各位代表、各位同志：

在中国民主同盟第九次全国代表大会隆重开幕之际，中国共产党中央委员会向大会表示热烈的祝贺！向参加会议的代表，并通过你们向民盟的全体同志，致以亲切的问候！

中国民主同盟具有光荣的革命历史和优良传统。民盟在抗日的烽火中诞生，长期与中国共产党风雨同舟、患难与共，团结爱国知识分子和爱国民主人士，为实现民族独立和人民解放作出了重要贡献。在社会主义革命和建设中，民盟与中国共产党一道前进，共同经受考验。进入改革开放和社会主义现代化建设新时期，民盟与中国共产党亲密合作、共同奋斗，为建设中国特色社会主义创造了新的业绩。60余年的实践证明，民盟是中国共产党久经考验的亲密战友，是社会主义现代化建设的一支重要力量。

过去的5年，是我们高举邓小平理论伟大旗帜不断开拓创新的5年，是我们经受住各种困难和风险的考验，继续沿着中国特色社会主义道路胜利前进，取得举世瞩目成就的5年。民盟坚持以邓小平理论为指导，认真学习和实践“三个代表”重要思想，认真履行参政党职能，努力开拓工作新局面。民盟积极参与国家大政方针的协商，在深入调查研究的基础上，就依法治理黄河、农村劳动力分流、京九铁路沿线城乡经济发展等问题向中共中央和国务院提交了多项建议，为国家制定有关政策提供了重要依据。民盟充分发挥智力优势，积极为教育改革和发展出谋献策，就高等教育、基础教育和教育的跨世纪发展战略以及民办教育等问题开展调研，为中共中央和国务院作出全面推进素质教育、深化教育体制改革的决策提供了有益参考。民盟继续推进支边扶贫、项目咨询等社会服务，与中西部10省(区、市)开展的“东西互助、联手扶贫”工作取得了阶段性成果。民盟响应国家西部大开发的号召，先后举行了甘肃河西走廊综合开发、赣州经济发展和陕西跨世纪发展研讨会，在区域发展研究方面作出了积极贡献。民盟以政治交接为主线，在参政议政和自身建设方面取得了新的成绩。对此，中共中央谨向民盟的同志们，致以崇高的敬意！

不久前召开的中国共产党第十六次全国代表大会，是我们党在新世纪召开的第一次代表大会，也是我们党在开始实施社会主义现代化建设第三步战略部署的新形势下召开的一次十分重要的代表大会。大会把“三个代表”重要思想同马克思列宁主义、毛泽东思想、邓小平理论一道确立为我们党必须长期坚持的指导思想，科学总结我们党领导人民建设中国特色社会主义的基本经验，提出全面建设小康社会的奋斗目标，对新世纪新阶段全面推进改革开放和社会主义现代化建设、加强和改进中国共产党的自身建设等一系列重大工作进行了战略部署，动员全党和全国各族人民为开创中国特色社会主义事业新局面而团结奋斗。这次大会，对我们党和国家的发展具有重大的现实意义和深远的历史意义，必将极大地激发全党和全国各族人民沿着中国特色社会主义道路不断前进的热情和信心。

全面建设小康社会，加快推进社会主义现代化，在中国特色社会主义道路上实现中华民族的伟大复兴，是历史和时代赋予我们的共同使命。只有在中国共产党的坚强领导下，把各阶层、各党派、各民族、各团体和各方面的力量都凝聚起来，把方方面面的积极性都充分调动起来，才能万众一心地把宏伟的蓝图变成美好的现实。统一战线是中国共产党在革命、建设、改革各个历史时期不断从胜利走向胜利的重要法宝，是中国共产党长期坚持的战略方针。各民主党派是与中国共产党长期合作的亲密友党，是建设中国特色社会主义事业的重要力量。在新世纪新阶段，中国共产党将按照十六大精神，进一步发展社会主义民主政治，建设社会主义政治文明，巩固和发展最广泛的爱国统一战线，坚持和完善共产党领导的多党合作和政治协商制度，坚定不移地贯彻“长期共存、互相监督、肝胆相照、荣辱与共”的方针，加强同民主党派合作共事，更好地体现和发挥我国社会主义政党制度的特点和优势。

我们希望民盟深入学习和贯彻中共十六大精神，进一步与中国共产党团结合作，坚定不移地走中国特色社会主义道路；紧密围绕全面建设小康社会的奋斗目标，把广大成员的智慧和力量凝聚到改革和建设的伟大实践之中；适应时代发展的要求，努力提高参政议政、民主监督的水平；继承和发扬爱国、民主、团结、进步的优良传统，把民盟建设成为在新世纪与中国共产党亲密合作、能够经受各种困难和风险的考验、致力于建设中国特色社会主义事业的参政党。民盟拥有众多的专家学者和优秀人才，在实施科教兴国战略、建设社会主义精神文明中具有重要作用。希望民盟进一步动员广大成员立足本职岗位建功立业，同时充分发挥自身优势，就教育改革、科技发展、可持续发展、区域经济发展等问题加强调研，出谋献策，为推进我国科学教育事业的发展作出新的贡献。

民盟第九次全国代表大会是在新世纪召开的一次重要会议。会议将认真学习贯彻中共十六大精神，总结民盟工作的成就和经验，明确今后一个时期的主要任务，选举产生新一届中央领导机构。我们相信，在新世纪新阶段，民盟新一届中央领导集体一定能够继承发扬优良传统，适应新形势新任务的要求，团结和动员广大成员，为全面建设小康社会、开创中国特色社会主义事业新局面作出新的贡献。让我们紧密团结在以胡锦涛同志为总书记的中共中央周围，高举邓小平理论伟大旗帜，全面贯彻“三个代表”重要思想，认真学习落实中共十六大精神，同心同德，团结奋斗，以多党合作的崭新篇章，迎接中华民族伟大复兴的光辉未来！

祝中国民主同盟第九次全国代表大会圆满成功！

中国共产党中央委员会

2002年12月13日

《人民日报》发表中组部部长贺国强的文章《加强党的执政能力建设　提高党的领导水平和执政水平》

巴西联邦总检察院总检察长热拉尔多·布林代罗在巴西利亚会见最高人民检察院检察长韩杼滨

12月14日

国务院总理朱镕基签署第367号令公布《退耕还林条例》

《退耕还林条例》已经2002年12月6日国务院第66次常务会议通过，现予公布，自2003年1月20日起施行。

总　理　朱镕基

2002年12月14日

退耕还林条例

第一章　总　则

第一条　为了规范退耕还林活动，保护退耕还林者的合法权益，巩固退耕还林成果，优化农村产业结构，改善生态环境，制定本条例。

第二条　国务院批准规划范围内的退耕还林活动，适用本条例。

第三条　各级人民政府应当严格执行“退耕还林、封山绿化、以粮代赈、个体承包”的政策措施。

第四条　退耕还林必须坚持生态优先。退耕还林应当与调整农村产业结构、发展农村经济，防治水土流失、保护和建设基本农田、提高粮食单产，加强农村能源建设，实施生态移民相结合。

第五条　退耕还林应当遵循下列原则：

（一）统筹规划、分步实施、突出重点、注重实效；

（二）政策引导和农民自愿退耕相结合，谁退耕、谁造林、谁经营、谁受益；

（三）遵循自然规律，因地制宜，宜林则林，宜草则草，综合治理；

（四）建设与保护并重，防止边治理边破坏；

（五）逐步改善退耕还林者的生活条件。

第六条　国务院西部开发工作机构负责退耕还林工作的综合协调，组织有关部门研究制定退耕还林有关政策、办法，组织和协调退耕还林总体规划的落实；国务院林业行政主管部门负责编制退耕还林总体规划、年度计划，主管全国退耕还林的实施工作，负责退耕还林工作的指导和监督检查；国务院发展计划部门会同有关部门负责退耕还林总体规划的审核、计划的汇总、基建年度计划的编制和综合平衡；国务院财政主管部门负责退耕还林中央财政补助资金的安排和监督管理；国务院农业行政主管部门负责已垦草场的退耕还草以及天然草场的恢复和建设有关规划、计划的编制，以及技术指导和监督检查；国务院水利行政主管部门负责退耕还林还草地区小流域治理、水土保持等相关工作的技术指导和监督检查；国务院粮食行政管理部门负责粮源的协调和调剂工作。

县级以上地方人民政府林业、计划、财政、农业、水利、粮食等部门在本级人民政府的统一领导下，按照本条例和规定的职责分工，负责退耕还林的有关工作。

第七条　国家对退耕还林实行省、自治区、直辖市人民政府负责制。省、自治区、直辖市人民政府应当组织有关部门采取措施，保证退耕还林中央补助资金的专款专用，组织落实补助粮食的调运和供应，加强退耕还林的复查工作，按期完成国家下达的退耕还林任务，并逐级落实目标责任，签订责任书，实现退耕还林目标。

第八条　退耕还林实行目标责任制。

县级以上地方各级人民政府有关部门应当与退耕还林工程项目负责人和技术负责人签订责任书，明确其应当承担的责任。

第九条　国家支持退耕还林应用技术的研究和推广，提高退耕还林科学技术水平。

第十条　国务院有关部门和地方各级人民政府应当组织开展退耕还林活动的宣传教育，增强公民的生态建设和保护意识。

在退耕还林工作中作出显著成绩的单位和个人，由国务院有关部门和地方各级人民政府给予表彰和奖励。

第十一条　任何单位和个人都有权检举、控告破坏退耕还林的行为。

有关人民政府及其有关部门接到检举、控告后，应当及时处理。

第十二条　各级审计机关应当加强对退耕还林资

金和粮食补助使用情况的审计监督。

第二章 规划和计划

第十三条 退耕还林应当统筹规划。

退耕还林总体规划由国务院林业行政主管部门编制,经国务院西部开发工作机构协调、国务院发展计划部门审核后,报国务院批准实施。

省、自治区、直辖市人民政府林业行政主管部门根据退耕还林总体规划会同有关部门编制本行政区域的退耕还林规划,经本级人民政府批准,报国务院有关部门备案。

第十四条 退耕还林规划应当包括下列主要内容:

(一)范围、布局和重点;

(二)年限、目标和任务;

(三)投资测算和资金来源;

(四)效益分析和评价;

(五)保障措施。

第十五条 下列耕地应当纳入退耕还林规划,并根据生态建设需要和国家财力有计划地实施退耕还林:

(一)水土流失严重的;

(二)沙化、盐碱化、石漠化严重的;

(三)生态地位重要、粮食产量低而不稳的。

江河源头及其两侧、湖库周围的陡坡耕地以及水土流失和风沙危害严重等生态地位重要区域的耕地,应当在退耕还林规划中优先安排。

第十六条 基本农田保护范围内的耕地和生产条件较好、实际粮食产量超过国家退耕还林补助粮食标准并且不会造成水土流失的耕地,不得纳入退耕还林规划;但是,因生态建设特殊需要,经国务院批准并依照有关法律、行政法规规定的程序调整基本农田保护范围后,可以纳入退耕还林规划。

制定退耕还林规划时,应当考虑退耕农民长期的生计需要。

第十七条 退耕还林规划应当与国民经济和社会发展规划、农村经济发展总体规划、土地利用总体规划相衔接,与环境保护、水土保持、防沙治沙等规划相协调。

第十八条 退耕还林必须依照经批准的规划进行。未经原批准机关同意,不得擅自调整退耕还林规划。

第十九条 省、自治区、直辖市人民政府林业行政主管部门根据退耕还林规划,会同有关部门编制本行政区域下一年度退耕还林计划建议,由本级人民政府发展计划部门审核,并经本级人民政府批准后,于每年8月31日前报国务院西部开发工作机构、林业、发展计划等有关部门。国务院林业行政主管部门汇总编制全国退耕还林年度计划建议,经国务院西部开发工作机构协调,国务院发展计划部门审核和综合平衡,报国务院批准后,由国务院发展计划部门会同有关部门于10月31日前联合下达。

省、自治区、直辖市人民政府发展计划部门会同有关部门根据全国退耕还林年度计划,于11月30日前将本行政区域下一年度退耕还林计划分解下达到有关县(市)人民政府,并将分解下达情况报国务院有关部门备案。

第二十条 省、自治区、直辖市人民政府林业行政主管部门根据国家下达的下一年度退耕还林计划,会同有关部门编制本行政区域内的年度退耕还林实施方案,经国务院林业行政主管部门审核后,报本级人民政府批准实施。

县级人民政府林业行政主管部门可以根据批准后的省级退耕还林年度实施方案,编制本行政区域内的退耕还林年度实施方案,报本级人民政府批准后实施,并报省、自治区、直辖市人民政府林业行政主管部门备案。

第二十一条 年度退耕还林实施方案,应当包括下列主要内容:

(一)退耕还林的具体范围;

(二)生态林与经济林比例;

(三)树种选择和植被配置方式;

(四)造林模式;

(五)种苗供应方式;

(六)植被管护和配套保障措施;

(七)项目和技术负责人。

第二十二条 县级人民政府林业行政主管部门应当根据年度退耕还林实施方案组织专业人员或者有资质的设计单位编制乡镇作业设计,把实施方案确定的内容落实到具体地块和土地承包经营权人。

编制作业设计时,干旱、半干旱地区应当以种植耐旱灌木(草)、恢复原有植被为主;以间作方式植树种草的,应当间作多年生植物,主要林木的初植密度应当符合国家规定的标准。

第二十三条 退耕土地还林营造的生态林面积,以县为单位核算,不得低于退耕土地还林面积的80%。

退耕还林营造的生态林,由县级以上地方人民政府林业行政主管部门根据国务院林业行政主管部门制定的标准认定。

第三章 造林、管护与检查验收

第二十四条 县级人民政府或者其委托的乡级人民政府应当与有退耕还林任务的土地承包经营权人签订退耕还林合同。

退耕还林合同应当包括下列主要内容：

（一）退耕土地还林范围、面积和宜林荒山荒地造林范围、面积；

（二）按照作业设计确定的退耕还林方式；

（三）造林成活率及其保存率；

（四）管护责任；

（五）资金和粮食的补助标准、期限和给付方式；

（六）技术指导、技术服务的方式和内容；

（七）种苗来源和供应方式；

（八）违约责任；

（九）合同履行期限。

退耕还林合同的内容不得与本条例以及国家其他有关退耕还林的规定相抵触。

第二十五条　退耕还林需要的种苗，可以由县级人民政府根据本地区实际组织集中采购，也可以由退耕还林者自行采购。集中采购的，应当征求退耕还林者的意见，并采用公开竞价方式，签订书面合同，超过国家种苗造林补助费标准的，不得向退耕还林者强行收取超出部分的费用。

任何单位和个人不得为退耕还林者指定种苗供应商。

禁止垄断经营种苗和哄抬种苗价格。

第二十六条　退耕还林所用种苗应当就地培育、就近调剂，优先选用乡土树种和抗逆性强树种的良种壮苗。

第二十七条　林业、农业行政主管部门应当加强种苗培育的技术指导和服务的管理工作，保证种苗质量。

销售、供应的退耕还林种苗应当经县级人民政府林业、农业行政主管部门检验合格，并附具标签和质量检验合格证；跨县调运的，还应当依法取得检疫合格证。

第二十八条　省、自治区、直辖市人民政府应当根据本行政区域的退耕还林规划，加强种苗生产与采种基地的建设。

国家鼓励企业和个人采取多种形式培育种苗，开展产业化经营。

第二十九条　退耕还林者应当按照作业设计和合同的要求植树种草。

禁止林粮间作和破坏原有林草植被的行为。

第三十条　退耕还林者在享受资金和粮食补助期间，应当按照作业设计和合同的要求在宜林荒山荒地造林。

第三十一条　县级人民政府应当建立退耕还林植被管护制度，落实管护责任。

退耕还林者应当履行管护义务。

禁止在退耕还林项目实施范围内复耕和从事滥采、乱挖等破坏地表植被的活动。

第三十二条　地方各级人民政府及其有关部门应当组织技术推广单位或者技术人员，为退耕还林提供技术指导和技术服务。

第三十三条　县级人民政府林业行政主管部门应当按照国务院林业行政主管部门制定的检查验收标准和办法，对退耕还林建设项目进行检查验收，经验收合格的，方可发给验收合格证明。

第三十四条　省、自治区、直辖市人民政府应当对县级退耕还林检查验收结果进行复查，并根据复查结果对县级人民政府和有关责任人员进行奖惩。

国务院林业行政主管部门应当对省级复查结果进行核查，并将核查结果上报国务院。

第四章　资金和粮食补助

第三十五条　国家按照核定的退耕还林实际面积，向土地承包经营权人提供补助粮食、种苗造林补助费和生活补助费。具体补助标准和补助年限按照国务院有关规定执行。

第三十六条　尚未承包到户和休耕的坡耕地退耕还林的，以及纳入退耕还林规划的宜林荒山荒地造林，只享受种苗造林补助费。

第三十七条　种苗造林补助费和生活补助费由国务院计划、财政、林业部门按照有关规定及时下达、核拨。

第三十八条　补助粮食应当就近调运，减少供应环节，降低供应成本。粮食补助费按照国家有关政策处理。

粮食调运费用由地方财政承担，不得向供应补助粮食的企业和退耕还林者分摊。

第三十九条　省、自治区、直辖市人民政府应当根据当地口粮消费习惯和农作物种植习惯以及当地粮食库存实际情况合理确定补助粮食的品种。

补助粮食必须达到国家规定的质量标准。不符合国家质量标准的，不得供应给退耕还林者。

第四十条　退耕土地还林的第一年，该年度补助粮食可以分两次兑付，每次兑付的数量由省、自治区、直辖市人民政府确定。

从退耕土地还林第二年起，在规定的补助期限内，县级人民政府应当组织有关部门和单位及时向持有验收合格证明的退耕还林者一次兑付该年度补助粮食。

第四十一条　兑付的补助粮食，不得折算成现金或者代金券。供应补助粮食的企业不得回购退耕还林补助粮食。

第四十二条　种苗造林补助费应当用于种苗采购，节余部分可以用于造林补助和封育管护。

退耕还林者自行采购种苗的，县级人民政府或者其委托的乡级人民政府应当在退耕还林合同生效时一次付清种苗造林补助费。

集中采购种苗的，退耕还林验收合格后，种苗采购单位应当与退耕还林者结算种苗造林补助费。

第四十三条　退耕土地还林后，在规定的补助期限内，县级人民政府应当组织有关部门及时向持有验收合格证明的退耕还林者一次付清该年度生活补助费。

第四十四条　退耕还林资金实行专户存储、专款专用，任何单位和个人不得挤占、截留、挪用和克扣。

任何单位和个人不得弄虚作假、虚报冒领补助资金和粮食。

第四十五条　退耕还林所需前期工作和科技支撑等费用，国家按照退耕还林基本建设投资的一定比例给予补助，由国务院发展计划部门根据工程情况在年度计划中安排。

退耕还林地方所需检查验收、兑付等费用，由地方财政承担。中央有关部门所需核查等费用，由中央财政承担。

第四十六条　实施退耕还林的乡(镇)、村应当建立退耕还林公示制度，将退耕还林者的退耕还林面积、造林树种、成活率以及资金和粮食补助发放等情况进行公示。

第五章　其他保障措施

第四十七条　国家保护退耕还林者享有退耕土地上的林木(草)所有权。自行退耕还林的，土地承包经营权人享有退耕土地上的林木(草)所有权；委托他人还林或者与他人合作还林的，退耕土地上的林木(草)所有权由合同约定。

退耕土地还林后，由县级以上人民政府依照森林法、草原法的有关规定发放林(草)权属证书，确认所有权和使用权，并依法办理土地变更登记手续。土地承包经营合同应当作相应调整。

第四十八条　退耕土地还林后的承包经营权期限可以延长到70年。承包经营权到期后，土地承包经营权人可以依照有关法律、法规的规定继续承包。

退耕还林土地和荒山荒地造林后的承包经营权可以依法继承、转让。

第四十九条　退耕还林者按照国家有关规定享受税收优惠，其中退耕还林(草)所取得的农业特产收入，依照国家规定免征农业特产税。

退耕还林的县(市)农业税收因灾减收部分，由上级财政以转移支付的方式给予适当补助；确有困难的，经国务院批准，由中央财政以转移支付的方式给予适当补助。

第五十条　资金和粮食补助期满后，在不破坏整体生态功能的前提下，经有关主管部门批准，退耕还林者可以依法对其所有的林木进行采伐。

第五十一条　地方各级人民政府应当加强基本农田和农业基础设施建设，增加投入，改良土壤，改造坡耕地，提高地力和单位粮食产量，解决退耕还林者的长期口粮需求。

第五十二条　地方各级人民政府应当根据实际情况加强沼气、小水电、太阳能、风能等农村能源建设，解决退耕还林者对能源的需求。

第五十三条　地方各级人民政府应当调整农村产业结构，扶持龙头企业，发展支柱产业，开辟就业门路，增加农民收入，加快小城镇建设，促进农业人口逐步向城镇转移。

第五十四条　国家鼓励在退耕还林过程中实行生态移民，并对生态移民农户的生产、生活设施给予适当补助。

第五十五条　退耕还林后，有关地方人民政府应当采取封山禁牧、舍饲圈养等措施，保护退耕还林成果。

第五十六条　退耕还林应当与扶贫开发、农业综合开发和水土保持等政策措施相结合，对不同性质的项目资金应当在专款专用的前提下统筹安排，提高资金使用效益。

第六章　法律责任

第五十七条　国家工作人员在退耕还林活动中违反本条例的规定，有下列行为之一的，依照刑法关于贪污罪、受贿罪、挪用公款罪或者其他罪的规定，依法追究刑事责任；尚不够刑事处罚的，依法给予行政处分：

(一)挤占、截留、挪用退耕还林资金或者克扣补助粮食的；

(二)弄虚作假、虚报冒领补助资金和粮食的；

(三)利用职务上的便利收受他人财物或者其他好处的。

国家工作人员以外的其他人员有前款第(二)项行为的，依照刑法关于诈骗罪或者其他罪的规定，依法追究刑事责任；尚不够刑事处罚的，由县级以上人民政府林业行政主管部门责令退回所冒领的补助资金和粮食，处以冒领资金额2倍以上5倍以下的罚款。

第五十八条　国家机关工作人员在退耕还林活动中违反本条例的规定，有下列行为之一的，由其所在单位或者上一级主管部门责令限期改正，退还分摊的和多收取的费用，对直接负责的主管人员和其他直接责任人员，依照刑法关于滥用职权罪、玩忽职守罪或者其他罪的规定，依法追究刑事责任；尚不够刑事处罚的，依法给予行政处分：

(一)未及时处理有关破坏退耕还林活动的检举、控告的；

(二)向供应补助粮食的企业和退耕还林者分摊粮食调运费用的；

(三)不及时向持有验收合格证明的退耕还林者发放补助粮食和生活补助费的；

(四)在退耕还林合同生效时，对自行采购种苗的退耕还林者未一次付清种苗造林补助费的；

(五)集中采购种苗的，在退耕还林验收合格后，未与退耕还林者结算种苗造林补助费的；

(六)集中采购的种苗不合格的；

(七)集中采购种苗的，向退耕还林者强行收取超出国家规定种苗造林补助费标准的种苗费的；

(八)为退耕还林者指定种苗供应商的；

(九)批准粮食企业向退耕还林者供应不符合国家质量标准的补助粮食或者将补助粮食折算成现金、代金券支付的；

(十)其他不依照本条例规定履行职责的。

第五十九条　采用不正当手段垄断种苗市场，或者哄抬种苗价格的，依照刑法关于非法经营罪、强迫交易罪或者其他罪的规定，依法追究刑事责任；尚不够刑事处罚的，由工商行政管理机关依照反不正当竞争法的规定处理；反不正当竞争法未作规定的，由工商行政管理机关处以非法经营额2倍以上5倍以下的罚款。

第六十条　销售、供应未经检验合格的种苗或者未附具标签、质量检验合格证、检疫合格证的种苗的，依照刑法关于生产、销售伪劣种子罪或者其他罪的规定，依法追究刑事责任；尚不够刑事处罚的，由县级以上人民政府林业、农业行政主管部门或者工商行政管理机关依照种子法的规定处理；种子法未作规定的，由县级以上人民政府林业、农业行政主管部门依据职权处以非法经营额2倍以上5倍以下的罚款。

第六十一条　供应补助粮食的企业向退耕还林者供应不符合国家质量标准的补助粮食的，由县级以上人民政府粮食行政管理部门责令限期改正，可以处非法供应的补助粮食数量乘以标准口粮单价1倍以下的罚款。

供应补助粮食的企业将补助粮食折算成现金或者代金券支付的，或者回购补助粮食的，由县级以上人民政府粮食行政管理部门责令限期改正，可以处折算现金额、代金券额或者回购粮食价款1倍以下的罚款。

第六十二条　退耕还林者擅自复耕，或者林粮间作、在退耕还林项目实施范围内从事滥采、乱挖等破坏地表植被的活动的，依照刑法关于非法占用农用地罪、滥伐林木罪或者其他罪的规定，依法追究刑事责任；尚不够刑事处罚的，由县级以上人民政府林业、农业、水利行政主管部门依照森林法、草原法、水土保持法的规定处罚。

第七章　附　则

第六十三条　已垦草场退耕还草和天然草场恢复与建设的具体实施，依照草原法和国务院有关规定执行。

退耕还林还草地区小流域治理、水土保持等相关工作的具体实施，依照水土保持法和国务院有关规定执行。

第六十四条　国务院批准的规划范围外的土地，地方各级人民政府决定实施退耕还林的，不享受本条例规定的中央政策补助。

第六十五条　本条例自2003年1月20日起施行。

《人民日报》发表评论员文章《大力发扬艰苦奋斗的作风》

中国民主建国会第八次全国代表大会在北京开幕

这次大会的主要任务是：学习邓小平理论和“三个代表”重要思想，学习贯彻中共十六大精神，听取和审议民建第七届中央委员会的报告，修改中国民主建国会章程，选举民建第八届中央委员会。

中共中央政治局委员、国家发展计划委员会主任曾培炎代表中共中央致贺词。

全国工商联主席黄孟复代表各民主党派中央、全国工商联致贺词。

大会主席团常务主席成思危代表民建第七届中央委员会作了题为《与时俱进，奋发有为，建设适应新世纪要求的参政党》的报告。报告围绕建设适应新世纪参政党这个主题，系统总结了5年来的工作和基本经验。报告说，民建七大以来的5年，是民建各项工作不断取得进步、富有活力和开创精神的5年。5年中，民建高度重视从思想上加强参政党建设，保持了理论上的清醒和政治上的坚定；大力加强组织建设，提高会的组织程度，增强了会的活力；注重发挥会的整体功能，切实履行参政议政和民主监督职能；社会服务工作作为参政议政的重要实践，取得了积极成果；为促进祖国统一和经济发展作出了贡献；进一步完善会的领导制度和工作思路，保证领导集体作用的有效发挥。

报告希望民建各级组织和全体成员高举邓小平理论伟大旗帜，努力学习“三个代表”重要思想，认真贯彻中共十六大精神，与中国共产党通力合作，致力于建设中国特色社会主义的经济、政治和文化。围绕全面建设小康社会的奋斗目标，充分发挥密切联系经济界的特点和优势，积极参加社会主义现代化建设的实践活动，针对改革开放、经济建设和社会稳定中的重大问题,开展调查研究,反映社情民意,积极建言献策,更好地发挥参政党作用,在推进我国的现代化建设,完成祖国统一,维护世界和平与促进共同发展的过程中作出应有的贡献。

开幕式由大会主席团常务主席路明主持。大会主席团常务主席张榕明在会上作了《关于中国民主建国会章程(修改草案)的说明》。

全国人大常委会副委员长王光英,全国政协副主席任建新、万国权,民建中央名誉主席孙起孟出席开幕式。

中央和国家机关有关部门负责同志刘延东等,各民主党派中央、全国工商联和人民团体的负责同志出席了开幕式。

中共中央致中国民主建国会第八次全国代表大会的贺词

各位代表、各位同志:

在中国民主建国会第八次全国代表大会隆重开幕之际,中国共产党中央委员会向大会表示热烈的祝贺!向参加会议的代表,并通过你们向民建全体同志,致以亲切的问候!

中国民主建国会具有爱国、革命的光荣历史,是同中国共产党长期合作的亲密友党,是社会主义现代化建设的一支重要力量。民建成立半个多世纪以来,与中国共产党风雨同舟,团结奋斗,形成了坚持爱国主义和社会主义、坚持接受中国共产党领导、坚持自我教育的优良传统,形成了同经济界紧密联系的历史特点。在不同的历史时期,民建坚持发扬优良传统,努力体现自身特点,为我国的革命、建设和改革事业作出了重要贡献。

过去的5年,是我们高举邓小平理论伟大旗帜不断开拓创新的5年,是我们经受住各种困难和风险的考验,继续沿着中国特色社会主义道路胜利前进,取得举世瞩目成就的5年。民建坚持以邓小平理论为指导,认真学习和实践“三个代表”重要思想,切实履行参政议政、民主监督的职能,积极为改革开放和现代化建设建言献策。民建紧密围绕改革、发展、稳定的大局,大力开展调查研究,努力反映社情民意,就修改《宪法》、制定“十五”计划、西部大开发、经济结构调整、国有企业改革、金融改革、社会保障体系建设、区域经济发展等重大问题,以及妥善解决原工商业者的生活待遇问题,提出了一些很好的建议,有许多得到中共中央和国务院的重视和采纳。其中关于加快发展我国风险投资的建议,引起了社会的广泛关注,对推动经济、科技事业发展起到了积极作用。民建开展多种形式的社会服务工作,取得了显著成效。民建以搞好政治交接为主线,大力加强参政党建设,广大成员政治素质明显提高,各级组织活力进一步增强。对此,中共中央谨向民建的同志们,致以崇高的敬意!

不久前召开的中国共产党第十六次全国代表大会,是我们党在新世纪召开的第一次代表大会,也是我们党在开始实施社会主义现代化建设第三步战略部署的新形势下召开的一次十分重要的代表大会。大会把“三个代表”重要思想同马克思列宁主义、毛泽东思想、邓小平理论一道确立为我们党的指导思想,科学总结我们党领导人民建设中国特色社会主义的基本经验,提出全面建设小康社会的奋斗目标,对新世纪新阶段全面推进改革开放和社会主义现代化建设、加强和改进中国共产党的自身建设等一系列重大工作进行了战略部署,进一步动员全党和全国各族人民为开创中国特色社会主义事业新局面而团结奋斗。这次大会,对我们党和国家的发展具有重大的现实意义和深远的历史意义,必将极大地激发全党和全国各族人民沿着中国特色社会主义道路不断前进的热情和信心。

全面建设小康社会,加快推进社会主义现代化,在中国特色社会主义道路上实现中华民族的伟大复兴,是历史和时代赋予我们的共同使命。只有在中国共产党的坚强领导下,把各阶层、各党派、各民族、各团体和各方面的力量都凝聚起来,把方方面面的积极性都充分调动起来,才能万众一心地把宏伟的蓝图变成美好的现实。统一战线是中国共产党在革命、建设、改革各个历史时期不断从胜利走向胜利的重要法宝,是中国共产党长期坚持的战略方针。各民主党派是与中国共产党长期合作的亲密友党,是建设中国特色社会主义事业的重要力量。在新世纪新阶段,中国共产党将按照十六大精神,进一步发展社会主义民主政治,建设社会主义政治文明,巩固和发展最广泛的爱国统一战线,坚持和完善共产党领导的多党合作和政治协商制度,坚定不移地贯彻“长期共存、互相监督、肝胆相照、荣辱与共”的方针,加强同民主党派合作共事,更好地体现和发挥我国社会主义政党制度的特点和优势。

我们希望民建深入学习和贯彻中共十六大精神,进一步增强与中国共产党团结合作、为实现共同目标而奋斗的责任感和使命感;紧密围绕全面建设小康社会的奋斗目标,把广大成员的智慧、力量凝聚到改革开放和现代化建设的伟大实践之中;适应新形势新任务的要求,进一步提高参政议政、民主监督的水平;不断加强自身建设,把民建建设成为与中国共产党亲密合作、能够经受各种困难和风险的考验,致力于建设中国特色社会主义事业的参政党。希望民建继续保持并充分发挥与经济界密切联系的特点和优势,认真研究我国经济发展中的理论和实际问题,积极参与和推动经济结构的调整,参与制定、完善相关法律和政策,协助政府为各类企业发展创造平等竞争的环境;围绕经济发展和政府职能转变,充分发挥非公有制经济在促进经济增长、扩大就业和活跃市场等方面的重要作用,进行调查研究和探索;继续协助有关方面做好非公有制经济代表人士的教育引导工作,帮助他们解决各种困难和问题,促进非公有制经济健康发展。

中国民主建国会第八次全国代表大会是在新世纪召开的一次重要会议。大会将认真学习贯彻中共十六大精神,总结5年来的工作,确定今后一个时期的任务和目标,选举产生新一届中央领导集体。我们相信,民建新一届领导班子,一定能够继承和发扬老一辈领导人同中国共产党亲密合作的优良传统,进一步搞好政治交接,团结全体成员和所联系的群众,在全面建设小康社会、加快推进社会主义现代化中创造新的业绩。让我们紧密团结在以胡锦涛同志为总书记的中共中央周围,高举邓小平理论伟大旗帜,全面贯彻"三个代表"重要思想,认真学习落实中共十六大精神,万众一心,同心同德,为全面建设小康社会,实现中华民族伟大复兴而共同奋斗!

祝中国民主建国会第八次全国代表大会圆满成功!

中国共产党中央委员会

2002年12月14日

中国致公党第十二次全国代表大会在北京闭幕

罗豪才再次当选为中国致公党新一届中央委员会主席。

罗豪才在会上讲话说,致公党新一届中央领导集体对把致公党建设成为适应新世纪要求的参政党,对在中国共产党领导下建设中国特色社会主义事业,肩负着重大的责任。中共十六大报告中提出要加强同民主党派合作共事,更好地发挥我国社会主义政党制度的特点和优势,这既是对民主党派成员的极大鼓舞,也为民主党派继续做好工作提供了广阔的舞台。他说,致公党十二大确定了今后5年的工作方针和主要任务,代表们要把会议精神带到全体党员中去,团结全党同志及所联系的归侨、侨眷、留学人员,更好地发挥参政党职能。他表示,有中国共产党的正确领导,有全党同志的共同努力,新一届领导集体将不辜负全党同志的期望和重托,不断提高政治把握力和参政议政能力,带领全体党员将老一代领导人与中国共产党风雨同舟、和衷共济的优良传统薪火相传,发扬光大,开创致公党工作的新局面。

大会通过了给老同志的致敬信。致敬信表示,要继承和发扬老一辈致公党人的优良传统,努力把致公党建设成为适应新世纪要求的参政党。

在为期5天的会议中,代表们认真学习了中共十六大精神,听取了关于中共十六大精神的辅导报告,审议并通过了中国致公党第十一届中央委员会报告,审议并通过了《中国致公党章程(修正案)》。

中国致公党第十二届中央委员会共有99名委员,平均年龄51.6岁,其中归侨、侨眷、留学归国人员及访问学者占74.8%,"侨"、"海"特色更加显著。14日举行的中国致公党十二届一中全会选举产生了由主席1人、副主席7人、中央委员会常务委员29人组成的新的中央领导集体。

致公党中央副主席俞云波主持了闭幕会。致公党中央副主席王宋大、吴明熹、杜宜瑾、王珣章、程津培、王钦敏出席了闭幕会。

中国致公党第十二届中央委员会名誉主席 名誉副主席 主席 副主席名单

名誉主席:董寅初

名誉副主席:伍觉天　杨纪珂

主席:罗豪才

副主席:王宋大　吴明熹　杜宜瑾　俞云波　王珣章　程津培　王钦敏

12月15日

中共中央总书记胡锦涛在中南海会见学习贯彻十六大精神中央宣讲团的成员并举行座谈

胡锦涛强调,当前,全党和全国学习贯彻十六大精神的热潮已经兴起,各级党委要进一步加强组织引导,按照中央的部署,围绕主题,把握灵魂,狠抓落实,不断把学习贯彻十六大精神的工作引向深入。

中共中央政治局常委、中央书记处书记曾庆红,中共中央政治局常委李长春,中共中央政治局委员、中央书记处书记刘云山、贺国强,中共中央政治局候补委员、中央书记处书记王刚参加会见并座谈。

座谈开始时,刘云山介绍了学习贯彻十六大精神中央宣讲团的工作情况。宣讲团的几位同志谈了自己的体会。

胡锦涛在听取大家的发言后发表了重要讲话。他首先对中央宣讲团的工作给予充分肯定,对大家的辛勤工作表示衷心的感谢。

胡锦涛强调,学习贯彻十六大精神,是当前和今后一个时期全党的首要政治任务。切实学习好、领会好十六大精神,对于统一全党和全国各族人民的思想和行动,万众一心地为实现十六大提出的宏伟目标和各项任务而奋斗,具有十分重大的意义。

在谈到中央宣讲团工作的意义时，胡锦涛说，组织宣讲团赴各省区市宣讲，是党中央为推动全党和全国形成学习贯彻十六大精神的热潮而采取的一项重大举措。中央宣讲团成员分别在中央国家机关和全国31个省区市进行宣讲，历时10多天，宣讲70多场，直接听众50多万人。各地对中央宣讲团成员前去宣讲高度重视，精心组织，党政主要领导亲自抓，为宣讲活动的成功提供了有力保证。大家按照中央的要求，着力把十六大精神讲透彻讲明白，突出了重点，讲出了亮点，讲出了水平。宣讲受到了广大干部群众和大学生们的热烈欢迎，对兴起学习贯彻十六大精神的热潮起到了很好的推动作用。实践证明，组织宣讲团，围绕中央作出的重大决策和重大部署，统一准备，分头宣讲，是一个很好的形式，是一个成功的创新。

胡锦涛强调，把学习贯彻十六大精神的工作引向深入，要在深入人心上下功夫。实现十六大提出的奋斗目标和各项任务，关键是要把十六大精神化为全党6600多万党员和全国亿万人民的自觉行动，形成全党和全国上下同心同德贯彻落实十六大精神的巨大合力。下一步要组织引导广大干部群众把十六大精神学深学透，使十六大精神真正深入党心民心。要采取各种有效措施，帮助广大干部群众深刻领会十六大的主题，深刻领会"三个代表"重要思想的科学内涵和精神实质，深刻领会党领导人民建设中国特色社会主义的基本经验，深刻领会全面建设小康社会的奋斗目标和战略部署。要引导广大干部群众把思想和行动统一到十六大精神上来，把智慧和力量凝聚到完成十六大确定的各项任务上来，不断增强贯彻十六大精神的自觉性和坚定性，增强贯彻"三个代表"重要思想的自觉性和坚定性。

胡锦涛强调，把学习贯彻十六大精神的工作引向深入，要在开拓创新上下功夫。坚持党的思想路线，解放思想、实事求是、与时俱进，是十六大报告的精髓。学习贯彻十六大精神，要紧紧把握这个精髓。要使广大干部群众深深懂得，当今世界和当代中国在不断发展变化，我们必须善于研究新情况、解决新问题、总结新经验，坚持与时俱进、开拓创新。要使广大干部群众深深懂得，把宏伟蓝图变成美好现实，必须脚踏实地，艰苦奋斗，不断解决前进中面临的矛盾和问题。要使广大干部群众深深懂得，只有用发展着的马克思主义指导新的实践，我们党和国家的事业才能永葆蓬勃的生机和活力。要通过学习贯彻十六大精神，使全党同志保持昂扬向上的精神状态，弘扬共产党人的蓬勃朝气、昂扬锐气和浩然正气，更加坚强有力地团结带领人民开创改革开放和现代化建设的新局面。

胡锦涛强调，把学习贯彻十六大精神的工作引向深入，要在力求实效上下功夫。学习贯彻十六大精神，最重要的是联系实际，用十六大精神指导实践。要把指导实践、解决问题、推动工作，作为学习贯彻十六大精神的出发点和落脚点，作为衡量学习成效的重要标准。力求实效，就是要坚持以十六大精神为指导，紧密联系改革开放和现代化建设的实际，联系本地区本部门的工作实际，联系广大干部群众的思想实际，更好地回答人民群众关心的难点和热点问题，更好地解决推进改革发展稳定各项工作所面临的实际问题。力求实效，就是要把十六大精神落到实处，落实到经济、政治、文化建设和改革的各个方面，落实到加强和改进党的建设的各项工作中去，不断发展先进生产力和先进文化，不断实现和发展最广大人民的根本利益。力求实效，要求各级领导干部务必继续地保持谦虚谨慎、不骄不躁的作风，务必继续地保持艰苦奋斗的作风，把开拓进取的精神和求真务实的态度结合起来，坚持从实际出发，深入基层、深入群众，既引导群众深入学习领会十六大精神，又带领群众全面贯彻落实十六大精神。要倾听群众呼声，体察群众情绪，关心群众疾苦，切实解决群众在生产和生活中遇到的实际困难，创造性地做好各项工作。

李长春在主持座谈会时说，胡锦涛同志作了十分重要的讲话。他充分肯定了宣讲团的工作。强调认真学习贯彻党的十六大精神，是全党当前和今后一个时期的首要政治任务。学习贯彻十六大精神，要围绕主题，把握灵魂，狠抓落实，在深入人心上下功夫，在开拓创新上下功夫，在务求实效上下功夫。他要求宣传思想战线，深入推进学习贯彻十六大精神的热潮，兴起全面建设小康社会、加快推进社会主义现代化建设的宣传热潮，兴起学习贯彻"三个代表"重要思想的新高潮，努力营造解放思想、实事求是、与时俱进的良好氛围，努力营造聚精会神搞建设、一心一意谋发展的良好氛围，努力营造倍加顾全大局、倍加珍视团结、倍加维护稳定的良好氛围。锦涛同志的重要讲话，对我们做好各项工作具有极其重要的指导意义。我们一定要认真学习，深刻领会，切实贯彻。

中央有关部门负责人王沪宁、虞云耀、滕文生、王伟华、李慎明和中央宣讲团成员傅杰、邵华泽、王梦奎、龚育之、李景田、雒树刚、金冲及、张国祥、韩长赋、许志功、林兆木出席了座谈会。

全国计划会议在北京闭幕

中共中央政治局常委、国务院副总理温家宝在全国计划会议结束时强调，做好明年经济工作，要以邓小平理论和"三个代表"重要思想为指导，全面贯彻落实党的十六大精神，继续坚持扩大内需的方针，实施积极的财政政策和稳健的货币政策，保持宏观经济政策的连续和稳定，保持经济、社会的稳定和发展。

温家宝的讲话着重对宏观经济的几个重大问题作了阐述。

一、保持经济稳定快速增长。明年是贯彻落实党的十六大精神的第一年，各项工作要有一个新的局面。保持经济稳定快速增长，是做好各项工作的基础。近几年我们实施扩大内需的方针和积极的财政政策、稳健的货币政策，促进了国民经济持续快速健康发展，实践证明是完全正确的。明年要继续保持宏观经济政策的稳定和连续。在国内市场供求状况没有很大变化、社会需求稳定增长的机制不完善的情况下，继续发行一定规模的长期建设国债，是非常必要的。关键是用好国债资金，调整投资结构，加强项目管理，提高投资效益，增强对全社会投资的带动能力。同时，要重视改善消费环境，开拓城乡市场，发挥消费对经济的拉动作用。

二、推进经济结构战略性调整。调整和优化经济结构是当前和今后一个时期经济发展的主线，是增强经济发展后劲和提高国际竞争力的根本性措施。要加强农业基础地位，继续推进农业和农村经济结构的战略性调整；大力发展服务业；加快高新技术产业的发展，促进传统产业的技术进步，走新型工业化道路。要合理调整地区经济布局，继续推进西部大开发。把支持老工业基地加快调整和改造作为一项长期的战略任务。要实施科教兴国战略，积极推进经济体制和经济增长方式的根本性转变，真正把经济发展的重点放到调整优化结构、提高质量和效益上来，实现速度与结构、质量、效益相统一。要把可持续发展摆到十分突出的位置，加大生态建设和环境保护的力度，节约、保护和合理利用资源，控制人口增长。

三、坚持改革开放。当前重点抓好农村改革、企业改革、金融改革、政府机构改革。深化农村改革，要围绕减轻农民负担，增加农民收入来进行。继续推进农村税费改革；深化粮食流通体制改革；改革对农业和农民补贴的方式；大力推进农业产业化经营。要深化国有资产管理体制改革，推进国有企业改革和国有经济布局和结构调整，更好地实行政企分开，落实企业经营自主权，提高企业效益，实现国有资产保值增值。稳步推进金融体制改革，降低不良资产比例，防范和化解金融风险，维护金融稳定。进一步发挥金融对经济发展的促进作用，提高金融服务质量，特别是加大对农村、中小企业和服务业的支持力度。坚持精简、效能、统一的原则，进一步推进机构改革，转变政府职能，集中解决行政管理体制存在的突出问题。要继续扩大对外开放，深化外贸体制改革，提高出口产品的质量和技术含量，增强产品的国际竞争力。进一步提高利用外资的质量和水平。鼓励和支持有条件的企业“走出去”。

四、着力解决经济生活中的突出矛盾和问题。一是多渠道增加就业。各级党委和政府要把改善就业环境和增加就业岗位作为重要职责。大力发展劳动密集型产业和各种服务业。要发挥中小企业和个体、私营等非公有经济在促进经济增长、增加就业和活跃市场等方面的重要作用，使之逐渐成为新增就业和再就业的主渠道。只要依法经营，照章纳税，保障职工的合法权益，符合安全生产和环境保护条件的企业，就应当鼓励其发展。放宽市场准入，凡是允许外资进入的领域应当允许国内各类资本进入。在投融资、税收、土地使用和对外贸易等方面采取措施，保护公平竞争。同时，要依法加强监督和管理，促进和引导非公有制经济健康发展。要建立、健全同经济发展水平相适应的社会保障体系，下功夫做好“两个确保”、“低保”和“三条保障线”衔接工作。二是努力增收节支。要加强税收征管，挖掘潜力，千方百计增加收入。要厉行节约，坚决制止铺张浪费。财政支出要保重点，首先保工资发放、社会保障资金。要树立勤俭建国、艰苦奋斗的思想，办各项事业都要量力而行。要采取有力措施，坚决压缩会议、出国考察和各种无实际效果的论坛、研讨会，严禁新开工建设脱离实际的“形象工程”、“政绩工程”，切实把各种不必要的开支减下来。三是整顿和规范市场经济秩序。要坚持两手抓。一手抓专项整治，继续严厉打击各种破坏市场秩序的违法犯罪行为。一手抓制度和法律建设，规范市场秩序，加强市场管理。要把这项工作纳入法制化、规范化的轨道，作为经常工作长期坚持下去。通过整顿和治理，建设公平竞争的市场秩序和诚信守法的市场环境。

温家宝要求各级计划部门认真学习、深刻领会十六大精神和中央经济工作会议精神，按照中央的部署，切实做好工作，为完成明年经济发展的各项任务作出应有的贡献。

中共中央政治局委员、国家发展计划委员会主任曾培炎出席了会议。

外交部部长唐家璇接受《人民日报》记者年终专访

记者：首先请唐外长对今年的国际形势作一个总体评价。

唐家璇：一年来的国际形势再次证明，和平与发展仍然是时代主题。世界多极化与经济全球化趋势在曲折中发展。要和平、不要战争；要合作、不要对抗；要国际关系民主化、不要霸权和单边主义，是绝大多数国家的政治意愿。人类进步事业面临新的机遇和有利条

件。同时,影响和平与发展的不确定因素也在增加,人类仍面临许多严峻挑战。具体来说,今年的国际形势有以下几个特点:

第一,传统安全威胁与非传统安全威胁的因素相互交织,恐怖主义危害上升。国际反恐合作取得显著成果,但恐怖主义势力的活动仍很猖獗。反恐斗争的重要性和紧迫性突出,其长期性和复杂性也进一步显现,必将对国际政治、经济和安全等方面产生深刻影响。

第二,大国关系趋向缓和,对话、协调与合作增多。各大国在反恐上共同利益增加,促进了相互关系的改善和发展,这有利于世界和平与稳定。但大国间的矛盾和分歧依然存在,既合作又竞争,是当前和今后大国关系的基本特征。

第三,局部冲突和动荡时有发生。中东和平进程停滞,印巴局势一度剑拔弩张,伊拉克问题处于战与和的关键时刻,世界并不安宁。

第四,世界经济正处于新一轮结构调整期,增势不旺。发展中国家面临的困难增加。但从长远看,科技进步日新月异,各种区域合作方兴未艾,世界经济前景是光明的。

记者:刚才您谈到大国关系趋向缓和,请谈一下一年来中国与主要大国间的关系。

唐家璇:我们坚持在和平共处五项原则基础上,与各大国扩大共同利益,妥善解决分歧。

中美关系取得重要改善和发展。两国保持着密切的高层往来和战略对话。江泽民主席成功访美,与布什总统就发展中美建设性合作关系达成一系列重要共识,布什总统首次明确表示反对台湾独立。两国元首之间增进了相互了解和信任,对推动中美关系进一步发展具有重要意义。胡锦涛副主席访美也取得重要成果。中美经贸合作迅速扩大。两国在双向、互利基础上积极开展反恐合作。同时,对美在台湾问题上违反中美三个联合公报的举动,中方坚持原则,进行了有理、有利、有节的斗争,维护了国家利益。

中俄战略协作伙伴关系进一步深化。两国高层互访频繁,双边互利合作不断加强,在国际事务中的协作更有成效。《中俄睦邻友好合作条约》在两国得到积极落实。双方领导人一致同意继承十年来两国关系发展的成功经验,把中俄关系不断推向前进。

中国与欧盟的政治、经贸和文化交流与合作全面发展。中欧在重大国际和地区问题上的共识增多、协调加强,成为当前中欧关系的突出特点。

今年是中日邦交正常化30周年,双方举行了丰富多彩的庆祝活动,特别是我国5000人和日本13000人互访活动圆满成功,掀起了两国民间交往的新高潮。中日在经贸等领域的合作也取得新进展。在历史问题上,我们坚持“以史为鉴、面向未来”,维护了中日关系的政治基础。

记者:舆论注意到,今年中国的周边外交十分活跃,成就突出。请唐外长介绍一下这方面的情况。

唐家璇:中国周边外交的方针是坚持“与邻为善,以邻为伴”。一年来,我国以维护周边稳定、促进地区合作为主线,推动与周边国家的睦邻友好关系迈上一个新台阶。

我们积极推进上海合作组织的建设。中、俄、哈、吉、塔、乌六国签署组织宪章、反恐机构协定等重要文件,在加强安全合作的同时,逐步推进经济合作,扩大了上海合作组织的地区和国际影响,使该组织成为维护地区稳定和促进共同发展的重要力量。

我们大力促进东亚区域合作,推动“10+1”、“10+3”机制取得新突破。我国与东盟在经济上签署全面合作框架协议,启动与东盟建立自由贸易区进程,成为东亚区域合作的一个“里程碑”;政治上签署《南海各方行为宣言》,进一步稳定了南海局势;安全上发表《非传统安全领域合作联合宣言》,拓宽了合作领域,启动了反恐合作。我国宣布实施“亚洲减债计划”,受到周边国家欢迎。今年前三个季度,中国从东盟、日本、韩国进口分别增长27%、20.5%和13.6%,中国对地区经济的拉动力增强。周边国家对中国发展的疑虑减少,信任增加,更多认同“中国机遇论”。

记者:反恐是国际社会今年关注的焦点,同时一些国际和地区热点问题也比较突出。请您介绍一下中国在这些问题上所持的立场和发挥的作用。

唐家璇:中国作为联合国安理会常任理事国,一贯主持公道、伸张正义,在国际事务中发挥着负责任大国的作用。

中国积极支持和参与国际反恐合作,主张反恐要目标明确,标本兼治,不搞双重标准,反对将反恐与特定的民族、宗教相联系,受到国际社会的好评。

对于热点问题,中国主张:以和为贵,通过平等谈判和平解决争端;充分发挥联合国及安理会在维护国际和平与安全方面的重要作用;树立互信、互利、平等和协作的新安全观,通过对话增进相互信任,通过合作谋求共同安全。我们从稳定国际和地区形势出发,坚持在联合国框架内寻求政治解决伊拉克问题。在我国任轮值主席期间,安理会一致通过第1441号决议,维护了联合国权威。我们积极参与中东和平进程,向中东派遣特使,受到地区国家和国际社会普遍欢迎。

我们明确支持阿富汗和平进程,积极参与阿战后重建,率先兑现援助承诺。印巴军事对峙期间,我们多方工作,劝和促谈,为缓和南亚紧张局势发挥了积极作用。

记者：重视发展问题一直是中国外交的鲜明特点。在当前国际形势发生深刻变化的背景下，请问您如何看待发展问题？

唐家璇：发展始终是世界各国，特别是广大发展中国家的迫切要求。在发展领域，贫困、债务、资金匮乏等老问题尚未根本解决，“数字鸿沟”、环境恶化等新问题又不断出现，南北差距进一步拉大。如何促进经济全球化朝着有利于实现共同繁荣的方向发展，使各国特别是发展中国家切实受益，实现全球可持续发展，是21世纪国际社会面临的重大课题。

一年来，中国积极参与可持续发展世界首脑会议、发展筹资国际会议等一系列以发展为主题的重要国际会议，提出要从战略高度重视发展问题，推动建立公正合理的国际经济新秩序，受到国际社会的积极评价。中国积极探索与发展中国家开展平等互利合作的新领域、新途径，取得显著成果。可以说，中国为推动发展问题的解决作出了重要贡献。

记者：最后请唐外长总结一下今年的外交工作，并展望今后的中国外交。

唐家璇：今年，在以江泽民同志为核心的党中央领导下，在全国人民的支持下，中国外交正确应对国际形势变化，因势利导，积极进取，营造了比较有利的外部环境，增强了我国的国际影响和地位。

展望今后国际形势，在较长时期内总体上对我有利，我国面临重要战略机遇期。外交工作要坚定不移地服从和服务于我国全面建设小康社会的战略目标，为此营造更加有利的国际环境和更加良好的周边环境。

我们要在党的十六大精神指引下，坚持独立自主的和平外交政策，按照“三个代表”重要思想，与时俱进，开拓创新，提出工作的新举措，开创外交的新局面。要紧紧抓住机遇，充分加以利用。要保持忧患意识，居安思危。要清醒地认识到形势逼人、不进则退。要在国际上高举和平、发展、合作的旗帜，树立公正、民主、进步的形象。开展中国特色的大国外交，与世界各国友好相处，发展互利合作，扩大共同利益。不断推动建立公正合理的国际政治经济新秩序。

我认为，中国的战略目标是同人类的和平与发展事业联系在一起的，中国的利益是同大多数国家的利益联系在一起的，中国的发展是同地区的振兴联系在一起的。我相信，在以胡锦涛同志为总书记的党中央领导下，新世纪新阶段的中国外交一定能为维护世界和平、促进共同发展作出新的重要贡献。

致公党中央在人民大会堂举行座谈会纪念陈其尤诞辰110周年

全国政协副主席、致公党中央主席罗豪才在座谈会上讲话。他说，陈其尤同志一生追求革命、追求进步，把毕生的精力都献给了祖国，献给了人民。尤其是他顺应历史潮流，主动接受中国共产党的帮助，勇敢地承担了恢复、改组和重建致公党的历史重任，推动中国致公党走上同中国共产党真诚合作、共同奋斗的道路。

中共中央统战部部长刘延东出席座谈会并讲话。她说，陈其尤是一位伟大的爱国主义者，是中国致公党的卓越领导人，也是中国共产党的挚友。陈其尤同志的一生，从一个侧面反映了一位民主人士在中国共产党的领导下，不断追求进步、追求革命的历史进程。

刘民复、郭麟恭以及陈其尤之子陈惟理等也在座谈会上发言。座谈会由致公党中央副主席王宋大主持。全国政协港澳台侨委、国务院侨办、中国侨联和各民主党派中央、全国工商联等有关单位的负责同志，致公党中央负责同志，陈其尤家乡代表等近百人出席了座谈会。

12月16日

国家主席江泽民在人民大会堂与几内亚比绍共和国总统昆巴·雅拉举行会谈

江泽民积极评价两国政治关系。他说，中国几内亚比绍虽远隔重洋，但两国人民之间的友谊源远流长，可以追溯到几内亚比绍人民争取民族独立斗争时期。尽管两国关系曾遇到过一段曲折，但1998年复交以来，两国关系又翻开了新的一页，双方在政治、经贸、卫生等各个领域的合作进展顺利。江泽民指出，中国和几内亚比绍同属发展中国家，巩固两国人民之间的友谊，扩大双边友好合作，共同应对世界多极化和经济全球化带来的挑战，符合两国和两国人民的根本和长远利益。

关于两国经贸关系，江泽民说，多年来，中国政府在力所能及的范围内向几内亚比绍提供了一些援助，建成了一些项目，对几内亚比绍的经济和社会发展起到了积极作用。双方本着平等互利、共同发展的原则进行的互利合作也取得了令人满意的成果。中国政府将积极鼓励有实力、有信誉的中国企业赴几内亚比绍开展多种形式的互利合作，共同推动双边经贸合作取得新的进展，将中国几内亚比绍关系提高到一个新的水平。

江泽民向雅拉介绍了台湾问题的历史和现状及中国政府在台湾问题上的原则立场，对雅拉总统和几内亚比绍政府多次重申坚持一个中国政策，支持中国统一大业表示赞赏和感谢。

江泽民还向雅拉总统介绍了中非合作论坛后续行动的有关情况。他说,自中非合作论坛——北京2000年部长级会议成功召开后,论坛各项后续行动进展顺利。中国已同31个非洲国家签署了减免部分到期债务的协议,完成了中方的承诺。中非双方在人力资源开发领域的合作得到加强,在旅游、环保、金融等新领域的合作逐步启动。为准备明年论坛第二届部长级会议,上月在埃塞俄比亚成功召开了论坛高官会。江泽民表示相信,在中非双方共同努力下,不断深入推进后续行动,一定能使论坛这一机制长期、有效地推动中非友好合作关系在新世纪迈上新台阶。

会谈结束后,江泽民和雅拉共同出席了《中华人民共和国政府和几内亚比绍共和国政府经济技术合作协定》的签字仪式。

国务院副总理钱其琛,农业部部长杜青林,中国驻几内亚比绍大使高克祥等会谈时在座。

中国民主促进会第九次全国代表大会在北京开幕

这次大会的主要任务是:学习邓小平理论和"三个代表"重要思想;学习贯彻中共十六大精神;听取和审议民进第十届中央委员会的工作报告;审议通过《中国民主促进会章程修正案》;选举民进第十一届中央委员会。

中共中央政治局委员、书记处书记、中央宣传部部长刘云山代表中共中央致贺词。

全国人大常委会副委员长、农工民主党中央主席蒋正华代表各民主党派中央和全国工商联致贺词。

大会主席团常务主席许嘉璐致开幕词,并受民进第十届中央委员会委托,作了题为《开拓创新,求真务实,为全面建设小康社会作出新贡献》的工作报告。报告指出,5年来,民进坚持政治交接主线,确保全会不断健康发展;围绕中心、服务大局,积极履行参政党职责;切实加强自身建设,为全会的巩固发展打下坚实的基础。民进5年来工作的基本经验是:必须自觉地接受中国共产党的领导,坚持和完善中国共产党领导的多党合作制度,保证全会始终沿正确方向前进;必须坚持开拓创新、求真务实的精神,适应不断发展的形势的需要;必须建立、健全科学有效的工作机制和制度,出色地履行参政党职责。

报告提出,国际国内形势的发展和民进自身状况的变化要求民进必须自觉地把自己建设成为高素质的参政党。今后5年,民进要着重做好以下几个方面的工作:要认真学习邓小平理论、"三个代表"重要思想,学习贯彻中共十六大精神;要进一步搞好政治交接,抓好领导班子建设;要围绕全面建设小康社会的目标,把履行参政党职责提高到新的水平;要切实加强自身建设,努力把民进建设成为与中国共产党亲密合作、致力于建设中国特色社会主义事业的高素质的参政党。

大会主席团常务主席张怀西、楚庄主持开幕会。大会主席团常务主席梅向明作了关于《中国民主促进会章程修正案》的报告。民进中央名誉主席雷洁琼向大会发来贺信。

全国人大常委会副委员长彭珮云、全国政协副主席朱光亚出席开幕式。中央和国家机关有关部门负责同志刘延东等,各民主党派中央、全国工商联和人民团体有关负责同志出席开幕式。

中共中央致中国民主促进会第九次全国代表大会的贺词

各位代表、各位同志:

在中国民主促进会第九次全国代表大会隆重开幕之际,中国共产党中央委员会向大会表示热烈的祝贺!向参加会议的代表,并通过你们向民进全体同志,致以亲切的问候!

中国民主促进会是中国共产党的亲密友党,成立半个多世纪以来,始终同中国共产党风雨同舟、团结合作。在民主革命时期,民进广泛团结文化教育界的知识分子,投身于中国共产党领导的争取民族独立和人民解放的伟大斗争,谱写了光辉的篇章。在社会主义革命、建设、改革的时期,民进带领广大会员继承发扬与中国共产党亲密合作的优良传统,共同致力于中国特色社会主义的伟大事业,作出了新的贡献。

过去的5年,是我们高举邓小平理论伟大旗帜不断开拓创新的5年,是我们经受住各种困难和风险的考验,继续沿着中国特色社会主义道路胜利前进,取得举世瞩目成就的5年。民进坚持以邓小平理论为指导,认真学习和实践"三个代表"重要思想,切实履行参政党职能,紧密围绕国家的中心任务,团结和带领广大成员,为社会主义现代化建设事业竭诚奋斗。民进积极参加国家和地方重大方针政策的协商,广泛开展参政议政的专题调研活动,就西部大开发、合理利用资源、环境保护、建设陇海线星火产业带等提出了许多宝贵的意见和建议。民进积极关心我国教育事业的发展,就义务教育的地位、职业技术教育的完善、学前教育法的制定、民办教育的发展、科学知识的普及等一系列有关教育的问题建言献策,促进了教育事业的发展。民进充分发挥自身优势,不断开拓社会服务的新领域,开展了星火西进、城乡少年手拉手助学活动、百名民进优秀教师西部行、青年星火西进等活动,对我国西部地区的经济发展和社会进步起到了促进作用。民进以搞好政治交接为主线,以思想建设为核心,不断加强自身建设,取得了积极成果。对此,中共中央谨向民进的同志们致以崇高的敬意！

不久前召开的中国共产党第十六次全国代表大会，是我们党在新世纪召开的第一次代表大会，也是我们党在开始实施社会主义现代化建设第三步战略部署的新形势下召开的一次十分重要的代表大会。大会科学总结我们党领导人民建设中国特色社会主义的基本经验，把"三个代表"重要思想同马克思列宁主义、毛泽东思想、邓小平理论一道确立为我们党的指导思想，明确提出全面建设小康社会的奋斗目标，对新世纪新阶段全面推进改革开放和社会主义现代化建设、加强和改进中国共产党的自身建设等一系列重大工作进行了战略部署，进一步动员全党和全国各族人民为开创中国特色社会主义事业新局面而团结奋斗。这次大会，对我们党和国家的发展具有重大的现实意义和深远的历史意义，必将极大地激发全党和全国各族人民沿着中国特色社会主义道路不断前进的热情和信心。

全面建设小康社会，加快推进社会主义现代化，在中国特色社会主义道路上实现中华民族的伟大复兴，是历史和时代赋予我们的共同使命。只有在中国共产党的坚强领导下，把各阶层、各党派、各民族、各团体和各方面的力量都凝聚起来，把方方面面的积极性都充分调动起来，才能万众一心地把宏伟的蓝图变成美好的现实。统一战线是中国共产党在革命、建设、改革各个历史时期不断从胜利走向胜利的重要法宝，是中国共产党长期坚持的战略方针。各民主党派是与中国共产党长期合作的亲密友党，是建设中国特色社会主义事业的重要力量。在新世纪新阶段，中国共产党将按照十六大精神，进一步发展社会主义民主政治，建设社会主义政治文明，巩固和发展最广泛的爱国统一战线，坚持和完善共产党领导的多党合作和政治协商制度，坚定不移地贯彻"长期共存、互相监督、肝胆相照、荣辱与共"的方针，加强同民主党派合作共事，更好地体现和发挥我国社会主义政党制度的特点和优势。

我们希望民进深入学习和贯彻中共十六大精神，在中国共产党领导下，紧紧围绕全面建设小康社会的奋斗目标，更好地发挥参政议政和民主监督的作用，把广大成员的智慧和力量凝聚到改革和建设的伟大实践之中，为加快社会主义现代化建设作出新的贡献；希望民进适应新世纪的要求，进一步加强自身建设，搞好政治交接，提高成员的政治素质，把民进建设成为与中国共产党亲密合作、能够经受各种困难和风险的考验、致力于中国特色社会主义事业的参政党。大力发展科技教育事业，关系到社会主义现代化建设的全局，关系到实现中华民族的伟大复兴。民进是以从事教育、文化、出版工作的高中级知识分子为主的参政党，希望充分利用自身优势，在社会主义精神文明建设、培育和弘扬中华民族精神、提高全民族的思想道德素质和科学文化素质方面，发挥更大的作用。组织和动员广大成员在本职岗位上建功立业，进一步促进科学、文化和教育事业的发展。

中国民主促进会第九次全国代表大会是在新世纪召开的一次重要会议。大会将认真学习贯彻中共十六大精神，总结5年来的工作，确定今后一个时期的任务，选举产生新一届中央领导机构。我们相信，民进新一届领导集体，一定能够继承和发扬民进的光荣传统，适应时代发展要求，创造性地开展工作，为全面建设小康社会作出新的贡献。让我们紧密团结在以胡锦涛同志为总书记的中共中央周围，高举邓小平理论伟大旗帜，全面贯彻"三个代表"重要思想，认真学习落实中共十六大精神，齐心协力，携手并进，为实现中华民族的伟大复兴而努力奋斗！

祝中国民主促进会第九次全国代表大会圆满成功！

中国共产党中央委员会

2002年12月16日

全国经贸工作会议在北京召开

国务院副总理李岚清对会议作出批示：经贸委在促进宏观经济健康发展、整顿和规范市场经济秩序等方面做了大量工作，成效显著，应予充分肯定。当然，整顿和规范市场经济秩序是一项长期工作，不可能一蹴而就，今后在继续依法严打的同时，要更多地研究实施治本之策，为完善社会主义市场经济体制作出新的贡献。

中共中央政治局委员、国务委员吴仪向会议发来贺信。她在贺信中指出，经贸委一年来，在外贸、内贸和整顿规范市场经济秩序等方面做了大量卓有成效的工作。特别在加入WTO后所建立的重点行业、重点商品的预警机制及采取的应对措施等，都对加入WTO第一年的平稳过渡发挥了重要作用；在商业流通领域有新的贡献，在外贸出口方面，推动外国商业企业直接和我生产企业开展对口采购，为外贸出口开辟了新的渠道，推动了今年外贸出口的大幅度增长。在整顿和规范市场经济秩序方面投入了很大的精力，工作十分主动、积极，为国务院领导的决策提供了有力的依据，使这项工作取得了阶段性成果。在新的一年里，希望国家经贸委加强和有关部门的协作配合，同心同德，为贯彻十六大精神和中央经济工作会议精神作出新的贡献。

国家经贸委主任李荣融在会上说，今年以来，各项经贸工作取得积极进展，主要经济指标好于预期，为国民经济继续保持快速增长作出了重要贡献。经济增长的速度、质量和效益迈上新台阶。工业改组改造和结构优化升级迈出新步伐。企业改革和加强管理取得新进展。对外经贸工作和贸易市场建设有了新提高。整顿和规范市场经济秩序取得新成效。转变职能和依法行政有了新突破。

李荣融提出，明年经贸工作要重点做好八个方面工作：加强经济运行的综合协调和监测调控，进一步提高经济增长的质量和效益。大力推进企业改革和重组，加快培育具有国际竞争力的大公司大企业集团。积极扶持各类中小企业，促进多种所有制经济共同发展。大力推进企业技术进步，推动工业结构优化升级和整体素质的提高。加大资源节约综合利用和环境保护工作力度，促进经济社会可持续发展。大力推进流通现代化，进一步开拓城乡市场。继续做好加入世贸组织的各项应对工作，提高对外经贸工作的质量和水平。继续整顿和规范市场经济秩序，切实加强安全生产管理。

李荣融要求，各级经贸委要深入学习贯彻十六大精神，用“三个代表”重要思想统揽经贸工作全局。不断探索新时期经贸工作的规律，提高驾驭经济工作的能力和水平。进一步转变职能，实现管理方式的创新。进一步加强党风廉政建设，形成一支高素质的经贸干部队伍。

国务院副总理吴邦国与全国经贸工作会议代表在北京座谈

中共中央政治局常委、国务院副总理吴邦国在同出席全国经贸工作会议的各省、自治区、直辖市负责同志座谈时强调，要以“三个代表”重要思想为指导，全面贯彻落实党的十六大及中央经济工作会议精神，牢牢把握发展这一执政兴国的第一要务，坚持以经济建设为中心，继续深化国有企业改革，推进经济结构调整，不断提高经济运行的质量和效益，增强企业的竞争能力，坚定不移地走新型工业化道路。

吴邦国在座谈中，首先对近几年经贸工作取得的成绩给予了充分肯定。他说，按照中央确定的国有企业改革发展的方针政策和部署，经过上上下下不懈努力，国有企业总体上已经从困境中走出，开始迈上新的发展征途，为国民经济持续快速健康发展作出了积极贡献。一是坚持建立现代企业制度的方向，国有大中型企业公司制改革和股份制改造取得积极进展，一批大公司大集团在境内外资本市场成功重组上市，国有企业经营机制发生深刻变化。二是着眼于搞好整个国有经济，坚持有进有退，有所为有所不为，从战略上调整国有经济布局和改组国有企业，增强了国有经济的控制力、影响力和带动力。三是实施关闭破产、债转股和下岗分流、减员增效等重大政策措施，着力解决国有企业资产负债率过高、资本金不足、人员过多和社会负担过重等历史遗留问题，使一大批企业走出了困境，同时有一大批资不抵债、扭亏无望的企业稳妥地退出市场，初步建立了优胜劣汰机制。四是坚持市场导向，对重点行业、重点企业和重点产品加大技改投入，一批国有大企业的技术装备水平、产品质量和经济效益大幅度提高，技术进步和技术开发能力进一步增强。五是大力推进企业信息化建设，不断深化企业内部改革，国有企业经营管理水平进一步提高，激励和约束机制有所加强。六是在深化国有企业改革的同时，加快社会保障体系建设，大力实施再就业工程，总体上保持了企业和社会稳定。国有大中型企业的面貌发生了巨大而深刻的变化，从2000年开始国有企业经济效益连续三年保持在历史最高水平，一批充满生机和活力、具有较强竞争力的大公司大集团，在激烈的市场竞争中不断发展壮大，为深化国有企业改革、加快国有企业发展奠定了基础。我们在探索中已经走出一条中国特色的国有企业改革发展的路子。

吴邦国指出，为实现全面建设小康社会的奋斗目标，党的十六大明确提出，实现工业化仍然是我国现代化进程中艰巨的历史任务，而实现工业化要走出一条新型工业化的道路，这为国有企业改革发展进一步指明了方向，提出了新的更高的要求。他说，前些年我们重点解决的是国有企业在市场经济条件下脱困的问题，根据走新型工业化道路的要求，今后要着重解决好国有企业可持续发展的问题。他强调，只有真正形成企业自我发展的内在机制和动力，才能使优势企业得到发展壮大，才能更好地发挥国有经济在国民经济中的主导作用，才能实现国企改革发展的十年目标。

吴邦国说，国有企业改革发展大政方针是明确的，实践证明也是行之有效的，要继续坚定不移地贯彻执行。这几年各地区、各部门和广大企业，结合实际进行了积极探索，积累和创造了不少经验，这是我们的宝贵财富。随着改革发展的不断深入，还会遇到许多新情况和新问题，需要我们不失时机地研究解决，与时俱进，创造性地开展工作。吴邦国指出，推进国有企业改革发展需要特别强调的是，一要坚持发展一批具有国际竞争能力的大公司大集团，使他们成为自主经营、自我发展的法人实体和市场投资主体，在参与国际竞争、深化经济体制改革、加快结构调整中发挥应有的、不可替代的作用。大公司大集团要走在改革与发展的前沿，通过规范改制、境外上市、加强信息化建设等途径，率先建立比较完善的现代企业制度。要在形成核心技术和创新机制上狠下功夫，增强企业的核心竞争力。要结合国有资产管理体制改革，通过资本运作，加快国有企业重组步伐。并通过主辅分离、减员增效,逐步解决企业人员过多的问题。二要继续推进结构调整,促进产业优化升级,加快新型工业化的进程。要形成以高新技术产业为先导、基础产业和制造业为支撑、服务业全面发展的产业格局。要积极运用高新技术和先进适用技术改造和提升传统产业,要围绕关键技术、设备和产品加大企业技术改造力度。他强调,信息化是我国加快实现工业化和现代化的必然选择。企业信息化建设是国民经济信息化的基础。要坚持以信息化带动工业化,以工业化促进信息化,走出一条新型工业化的道路。要把发展信息产业和大力推进企业信息化建设有机结合起来,充分利用信息技术成果,加快推进企业信息化进程,带动企业经营管理、技术进步、机制转换等各项工作的创新和升级。

吴邦国强调,明年改革发展的任务非常繁重,要妥善处理改革发展稳定的关系,努力保持企业和社会的稳定。一是企业重组、兼并破产要把握节奏,要充分考虑企业和职工的承受能力,要花大力气做好破产企业职工安置工作,把工作做深做细。二是要按照中央政治局常委会的要求,高度重视困难职工群众的生产生活问题。要做到"两个确保"和"三条保障线"应保尽保、不留死角。要不折不扣地落实中央关于促进再就业的各项政策措施,使有劳动能力和就业愿望的下岗失业人员尽快实现再就业。吴邦国说,整顿和规范市场经济秩序是完善社会主义市场经济体制的必然要求,关系改革发展稳定的大局,是一项长期艰巨的任务,要突出重点,持之以恒,常抓不懈。

吴邦国反复强调,要认真学习、全面贯彻党的十六大精神,以"三个代表"重要思想为指导,结合本地区、本部门、本单位的实际,解放思想,开拓创新,扎实工作,把党的十六大精神落到实处,把国有企业改革发展的各项工作不断引向深入。

全国组织工作会议在北京召开

中共中央政治局常委、书记处书记曾庆红在会上强调,全面建设小康社会的伟大事业必将给党的建设和组织工作注入强大活力,提供广阔舞台,同时也提出了更高的要求。各级党委要认真贯彻落实十六大精神,与时俱进,开拓创新,全面推进党的建设新的伟大工程,努力开创新世纪、新阶段组织工作的新局面。

这次全国组织工作会议的主要任务是,以邓小平理论和"三个代表"重要思想为指导,认真贯彻落实十六大精神和中央经济工作会议精神,对当前和今后一个时期的组织工作作出部署。

中共中央政治局常委、中央纪律检查委员会书记吴官正出席会议。会议由中共中央政治局委员、书记处书记、中央组织部部长贺国强主持。

曾庆红深刻阐述了十六大的重大意义,全面分析了党的建设和组织工作面临的新形势新任务。他指出,根据十六大的部署,当前和今后一个时期组织工作的总体要求是:坚持以邓小平理论和"三个代表"重要思想为指导,认真贯彻十六大精神,毫不动摇地坚持党的基本理论、基本路线、基本纲领和基本经验,紧紧围绕全面建设小康社会的奋斗目标和改革发展稳定的大局,解放思想、实事求是、与时俱进、开拓创新,以加强党的执政能力建设为重点,抓住用"三个代表"重要思想武装全党这个核心,全面提高党员队伍和干部队伍的素质;进一步加强和改进领导班子建设,加大干部教育培训的工作力度,努力形成朝气蓬勃、奋发有为的各级领导层;大力实施人才强国战略,深化干部人事制度改革,加强人才队伍建设,努力开创人才辈出的局面;健全民主集中制,加强党内民主制度建设,增强党的活力和团结统一;进一步加强基层党组织建设和党员队伍建设,始终保持党的先进性和纯洁性,增强党组织的创造力、凝聚力和战斗力。通过扎扎实实的工作,不断提高组织工作的水平,为全面建设小康社会、开创中国特色社会主义事业新局面提供坚强的组织保证。

曾庆红指出,十六大把"三个代表"重要思想确立为我们党必须长期坚持的指导思想,是一个历史性决策。各级党委要大力抓好用"三个代表"重要思想武装党员、教育干部的工作,把广大党员、干部的思想和行动统一到"三个代表"重要思想上来。

曾庆红强调,全面建设小康社会,必须大规模地培训干部,大幅度提高干部队伍素质。要适应建设学习型社会的要求,确立终身教育的观念和全员培训的目标,坚持党政干部队伍、企业经营管理干部队伍、科学技术干部队伍和其他战线干部队伍一起抓,并根据各自不同特点、不同内容需要进行培训,形成全党动手、全社会参与,多层次、多渠道、大规模的干部教育培训工作格局。要扩大培训覆盖面,做到重要干部重点培训,优秀干部加强培训,年轻干部经常培训,紧缺人才抓紧培训。

曾庆红指出,全面建设小康社会,关键在党、关键在人,在于把各级领导班子建设成为坚持贯彻"三个代表"重要思想的坚强领导集体。这样的领导集体,应该是自觉坚持马克思列宁主义、毛泽东思想、邓小平理论和"三个代表"重要思想,坚定不移地走中国特色社会主义道路,讲学习、讲政治、讲正气的集体;是坚持解放思想、实事求是、与时俱进、开拓创新,善于研究新情况、解决新问题、干练而充满活力的集体;是能够牢牢把握发展这个执政兴国的第一要务,聚精会神搞建设,一心一意谋发展,坚持"两手抓、两手都要硬"的集体；是坚持贯彻党的民主集中制，坚决执行中央的路线、方针、政策，结合实际创造性地开展工作的集体；是坚持立党为公、执政为民，求真务实、清正廉洁，团结带领人民群众为创造幸福生活和美好未来而艰苦奋斗的集体。要按照这个目标要求，坚持不懈地把领导班子建设好。

曾庆红强调，要大力实施人才强国战略，紧紧围绕为全面建设小康社会提供人才保证这个目标，以人才资源能力建设为主题，以调整和优化人才结构为主线，抓住培养、吸引和使用人才三个环节，努力造就数以千万计的专门人才、一大批拔尖创新人才和一大批善于治党治国治军的优秀领导人才。

在谈到深化干部人事制度改革时，曾庆红指出，要围绕实现干部工作科学化、民主化、制度化的目标，以建立、健全干部选拔任用和管理监督机制为重点，着眼于形成择优进入、严格监督、有效激励、正常退出的良好环境，力求在一些重大问题上实现新突破，努力形成广纳群贤、人尽其才、能上能下、充满活力的用人机制。

曾庆红还就加强基层党建工作、坚持和健全民主集中制等，提出了明确要求。

中央党建领导小组其他成员，中央和国家机关有关部门主要负责同志以及中央组织部负责同志也出席了会议。

出席这次会议的还有：各省、自治区、直辖市党委分管副书记、组织部长；各副省级城市和新疆生产建设兵团党委分管副书记、组织部长；中央和国家机关有关部委、有关人民团体负责干部人事工作的司(局)长，中央管理的国有重要骨干企业党组(党委)负责同志，军委总政治部干部部、组织部和武警总部政治部的负责同志。

全国爱国卫生运动委员会在北京召开纪念爱国卫生运动50周年总结表彰电视电话会议

国务院副总理、全国爱卫会主任李岚清出席会议，为受到表彰的全国爱国卫生工作先进工作者代表和卫生城市(区、镇)代表颁奖并发表讲话。他强调，新时期的爱国卫生运动，要在胡锦涛为总书记的党中央领导下，以“三个代表”重要思想为指导，认真贯彻党的十六大精神，把不断提高人民群众的健康素质，作为全面建设小康社会的重要内容，真抓实干，不断开创新时期爱国卫生工作新局面。

李岚清指出，在新时期大力开展爱国卫生运动，动员和组织群众自己动手改造环境、同疾病作斗争、同不卫生的习惯作斗争，是全面建设小康社会的内在要求，是社会主义物质文明和精神文明建设的重要内容，是各级党委和政府为民造福办实事、密切同人民群众联系的重要形式。我们要按照“三个代表”的要求，始终坚持“预防为主”的方针，以改善广大人民群众的生产生活环境、提高全民族的健康素质为目标，以农村卫生工作为重点，以创建卫生城市和文明村镇为载体，以解决社会重大公共卫生问题为突破口，与时俱进，开拓创新，更好地为经济建设服务，为全面建设小康社会服务。

李岚清强调，新时期的爱国卫生工作要注意把握以下几点：一是要与时俱进，不断拓展爱国卫生运动的新领域，协调解决好社会重大公共卫生问题，抓好重大疾病防治和重大自然灾害中的疫情控制。特别要加强对艾滋病的防治工作，认真落实预防为主、标本兼治、综合治理的防治策略，普及艾滋病防治知识，加强血液管理，堵塞艾滋病的传播渠道。二是要适应社会主义市场经济体制的要求，积极探索开展爱国卫生运动的新机制，充分发挥城镇社区和农村支部的作用，综合采用经济、行政的办法，通过专业卫生队伍和广大群众相结合，加强公共卫生环境的整治和管理。三是要充分发挥科学技术在爱国卫生运动中的重要作用，组织防疫、医疗、科研机构、高等院校等部门和单位的科研人员，针对垃圾处理、污染防治、改厕改水、街道清扫等问题，加强应用技术和标准的研究、推广、应用。四是要大力普及卫生科学知识，引导广大群众增强健康意识，提高自我保健能力，养成科学、文明、健康的生活方式，把全民健康教育提高到新水平。特别要加强学校卫生常识教育，使学生从小养成讲卫生、爱卫生的良好习惯，促进他们健康成长。

李岚清要求，各级政府要把爱国卫生工作列入当地国民经济和社会发展总体规划，切实加强领导。各级爱卫会要充分发挥议事协调职能，各成员单位要按照职责分工，主动承担起所负责的工作任务。广大卫生人员要提高自身的政治、业务素质，增强做好爱国卫生工作的光荣感和使命感。新闻媒体要广泛宣传爱国卫生运动的典型事迹和先进经验，营造讲究卫生、增进健康的社会氛围，推动爱国卫生运动深入持久健康地开展下去。

会上，全国爱卫会副主任、卫生部部长张文康作了工作报告，全国爱卫会副主任、建设部部长汪光焘宣读了《关于表彰全国卫生工作先进工作者和命名国家卫生城(区、镇)的决定》。全国爱卫会副主任、国家环保总局局长解振华，全国爱卫会委员，部分曾担任全国爱卫会领导的老同志，中直机关和中央国家机关爱卫会代表，受表彰的先进典型代表，在主会场出席了会议。各省、自治区、直辖市政府分管领导同志、爱卫会成员和有关部门负责人及爱国卫生先进工作者在分会场出席了会议。会议由全国爱卫会副主任、国务院副秘书长高强主持。

第二届中国—东盟商务理事会会议暨中国—东盟商务合作论坛在昆明召开

国务院总理朱镕基致信祝贺。朱镕基在贺信中说：近年来，在双方共同努力下，中国与东盟关系发展迅速，双方政治互信明显提高，经贸往来日益频繁，合作领域不断扩大，出现了各层次、各领域合作相互促进、共同发展的新局面。在不久前结束的中国与东盟领导人会议上，我与东盟各国领导人共同签署了《中国与东盟全面经济合作框架协议》，确定于2010年建成自由贸易区，展示了双方经济合作的广阔前景，在国际和本地区产生了广泛的影响。本次商务理事会会议和商务合作论坛，将以“迈向中国—东盟自由贸易区”为主题，由工商界人士共同探讨推进中国—东盟自由贸易区建设，深化双方经贸合作，这是很有意义的事情。

论坛由中国国际贸易促进委员会、云南省人民政府与东盟工商会联合主办。会议期间，中国与东盟各国商会会长以及企业、商会和协会代表约400人将就商界在中国—东盟自由贸易区建设中所应起的积极作用及加强中国—东盟经贸合作展开研讨。

中联部部长戴秉国就2002年党的对外工作接受《人民日报》记者专访

问：前不久，中国共产党召开了第十六次全国代表大会。此次大会引起了世界的广泛关注，您能否介绍一下这方面的情况？

答：中国共产党第十六次全国代表大会的召开引起了世界的广泛关注。我们党和党的领导人在十六大前后共收到外国发来的贺电(函)700多件，发来贺电(函)的有50多位国家元首和政府首脑、140多个国家的300多个政党和组织以及友好人士，其数量之多、层次之高、范围之广、内容之丰富，都是前所未有的，其中还包括一些与我们没有外交关系或党际关系的国家的领导人和政党。无论左中右翼政党和组织，无论发展中国家还是发达国家的领导人，都对我们党的十六大和十六大提出的全面建设小康社会的目标给予高度评价，对我们党和国家的未来充满信心，都希望加强与中国和我们党的交流与合作。一个执政党的党代会，有如此众多的政党、政要如此热情友好地致电(函)祝贺，恐怕在世界上是罕见的。它从一个侧面说明，我们党的朋友越来越多，遍布天下，中国改革开放的成就已经产生了巨大的国际影响，我们党的执政业绩为世界所瞩目和认同，我们党的十六大虽然讲的是中国党的事、中国的事，但它的影响远远超出了国界。

问：据了解，外国很多政党、政治家高度评价“三个代表”重要思想，请您介绍一下这方面情况。

答：“三个代表”重要思想提出后，各国各种类型的政党和政治家都表现出浓厚的兴趣。他们希望深入了解“三个代表”重要思想的深刻内涵，进而全面了解中国共产党长期执政、中国这个最大的发展中国家崛起的深层次原因，了解和判断中国党和国家的未来。今年我们在党的对外交往中努力以人家听得懂的语言介绍“三个代表”重要思想，深入宣传我们党在“三个代表”重要思想指引下实践创新的有关情况。越来越多的外国政党和政治家看到，中国共产党是一个与时俱进、勇于和善于进行理论和实践创新的政党，中国的崛起得益于坚定务实的中国共产党的正确领导。他们更为强烈地希望与我们党加强交流与合作，共同探讨治党理政的方略，更多地了解中国和中国共产党的成功经验及大政方针。可以说，“三个代表”重要思想的提出为党的对外工作和我们国家整个对外工作的开展创造了更好的条件，开辟了更好的前景。

问：2002年即将过去，您能否对今年党的对外工作做一个简单评价？

答：2002年在我们党和国家的历史上占有十分重要的位置。最为重大的事件是党的十六大的召开。今年党的对外工作的鲜明特色和重点就是迎接十六大、服务十六大、宣传十六大，政党外交在为改革开放和社会主义现代化建设创造良好外部环境，为党的自身建设和中国特色社会主义事业的发展服务，为向世界展示我们党致力于改革开放、和平发展、与时俱进的良好形象，都作出了新的贡献，积累了新的工作经验。

问：您能否谈谈今年党的对外工作的特点？

答：今年，江泽民以中共中央总书记和国家主席双重身份访问越南，尉健行以中央政治局常委身份出访非洲，吴官正、曾庆红、贾庆林、丁关根、黄菊、李长春、李铁映等同志也先后率团出访。我们不仅派出了包括中央部委和省市委领导同志率领的众多的代表团出访，还接待了100多批外国政党和政治组织的代表团来华访问。不仅保持和发展了同老朋友的关系，还同一些外国党建立了关系，结交了一批新朋友。今年党的对外交往中比较突出的特点是：

第一，更加富有时代特征。今年国际形势纷繁复杂的特点更加突出，世界政党情势也出现许多新变化。我们党在对外交往中继续恪守“独立自主、完全平等、互相尊重、互不干涉内部事务”四项原则，以增进了解和友谊、谋求信任与合作、促进国家关系发展为宗旨，热情、友好地同一切愿与我党交往的各国政党和组织开展党际交流与合作。在这一过程中，我们以尊重世界和各国的多样性为基础，积极主张超越意识形态差异，各种文明、不同社会制度和发展道路彼此尊重，在竞争比较中取长补短,在求同存异中共同发展,各国共同应对人类面临的新挑战。这不仅适应了世界的发展变化,而且切中了和平与发展这一时代主题,更具时代特征。

第二,更加注重治党治国经验的交流。我党中央领导人以及有关部门和地方党组织负责人出访时,一方面,注重向国外介绍"三个代表"重要思想,进一步展示中国共产党坚持和平与发展、推进改革和开放,致力于交流与合作,执政为民、与时俱进的良好形象;另一方面,更加注意深入了解当今世界和各国的新情况、新变化,研究国外政党施政的新经验、新举措,研究各国执政党在新形势下面临的新问题和新挑战,从各国政党兴衰成败的经验和教训中汲取有益的东西,使党的对外工作更好地为党的建设和执政服务。

第三,更加注意探索参与多边政党外交活动。在同亚洲、非洲、拉丁美洲、欧洲、澳洲政党双边交往广泛深入开展的同时,今年我们在参与政党多边国际活动方面有新的探索和开拓,特别是积极参加了在泰国召开的亚洲政党国际会议,同亚洲各国70个各类政党一起,共同探讨和平、发展和合作问题。这是新形势下,政党外交的有益尝试和新的发展。

第四,更加注重在党际交往中注入经济因素,努力增强政党外交为国内经济建设服务的针对性和实效性,在"政党外交搭台、经贸活动唱戏"方面摸索出一些新途径、新形式,党的对外工作的内涵更加丰富。

问:当前,全党全国正在掀起学习贯彻十六大精神的热潮,请您谈谈明年党的对外工作的设想。

答:党的对外工作是我们党和国家事业的有机组成部分,是国家总体外交的重要组成部分。作为党的对外工作职能部门,我们要按照十六大提出的要求,认真研究当代世界和中国的发展变化对党的对外工作提出的新要求;通过党的对外交往渠道,进一步宣传"三个代表"重要思想和我们党在新世纪新阶段的战略目标、任务和内外方针政策,争取世界各国人民对我国发展和建设事业的更多的理解、支持和合作;继续与世界各国各类政党广泛深入地开展友好交流,进一步提高为党和国家工作大局服务的质量和水平,以与时俱进、开拓创新的精神,不断探索适应新时期新阶段形势特点和需要的新的工作思路、工作重点、工作方式,把党的对外工作做得更深、更活、更实、更有效,为我们党执政兴国提供更多的智力支持,为全面建设小康社会、开创中国特色社会主义事业新局面作出新的贡献。

中国运载火箭技术研究院建院45周年庆祝活动在北京举行

为我国航天事业和国防现代化作出突出贡献的中国航天科技集团公司第一研究院(中国运载火箭技术研究院)举办系列活动庆祝建院45周年。国务院总理朱镕基,中共中央政治局常委、国务院副总理吴邦国对航天一院取得的成绩表示祝贺,并勉励航天一院为我国航天事业发展再立新功。

中共中央政治局委员、中央军委副主席曹刚川也发来贺信。

正在实施"载人航天工程"的航天一院,是我国最大的导弹武器和运载火箭研制基地。45年来,几代航天人发扬"自力更生,艰苦奋斗,大力协同,无私奉献,严谨务实,勇于攀登"的航天传统精神和"两弹一星"精神,团结协作、奋力拼搏,克服了一个又一个困难,攻克了一个又一个难关,实现了运载火箭技术和导弹武器技术的重大突破,走出了一条中国特色的导弹武器和运载火箭研制的道路,为提高我国综合国力、增强国防实力,为我国航天事业跃居世界先进行列作出了重大贡献。

以航天一院为主研制的长征系列火箭,已成为中国航天的主力运载工具,可用于发射多种轨道的不同卫星,在竞争激烈的国际商业卫星发射服务市场占有一席之地。截至目前,航天一院共进行了58次运载火箭发射,将61个航天器成功送入预定轨道,其中包括27颗国外卫星和三艘"神舟"号试验载人飞船。从1997年至今,已连续取得了20次成功发射的成绩。

近年来,航天一院坚持"军品立院、民品富院、创新兴院",励精图治,狠抓质量,严格管理,使航天一院各项事业取得了飞速发展。目前,航天一院已初步具备了以"运载火箭、导弹武器、民品三产、资本运作"为"四轮驱动"的高科技集团公司雏形。

航天一院前身是国防部第五研究院一分院,创建于1957年11月16日,著名科学家钱学森任第一任院长。

作为院庆活动的一部分,钱学森铜像揭幕式和中国运载火箭技术研究院展览馆开馆式同时举行。

12月17日

中共中央总书记胡锦涛在全国组织工作会议上发表讲话

胡锦涛强调,全党同志要从党和国家兴旺发达、长治久安的高度,充分认识加强和改进党的建设的极端重要性,深刻理解并全面落实党的十六大对党的建设作出的总体部署,与时俱进,开拓创新,努力提高党的建设的整体水平,使我们党更加朝气蓬勃地团结带领全国各族人民全面建设小康社会、开创中国特色社会主义事业新局面。

中共中央政治局常委、中央书记处书记曾庆红主持会议。中共中央政治局常委吴官正、李长春、罗干出席会议。

胡锦涛在讲话中深刻论述了新形势下加强和改进党的建设的极端重要性，深刻阐述了十六大对党的建设作出的总体部署，系统总结了十三届四中全会以来全面推进党的建设新的伟大工程积累的宝贵经验。胡锦涛指出，在新世纪新阶段，全面推进党的建设新的伟大工程，必须高举邓小平理论伟大旗帜，坚持用“三个代表”重要思想统领党的建设。贯彻“三个代表”重要思想，关键在坚持与时俱进，核心在坚持党的先进性，本质在坚持执政为民。这既是全面贯彻“三个代表”重要思想的根本要求，又是切实做好新世纪新阶段党建工作的根本要求。

胡锦涛强调，用“三个代表”重要思想统领党的建设，必须把“三个代表”重要思想贯穿于党的建设的全过程，落实到党的建设的各个方面。要着眼于提高全党的马克思主义理论水平，坚持用邓小平理论和“三个代表”重要思想武装广大党员干部、指导党建工作的实践，认真落实在全党兴起学习贯彻“三个代表”重要思想的新高潮这一重大政治任务，坚持不懈地抓好党的思想建设；着眼于形成朝气蓬勃、奋发有为的领导层，增强党组织的创造力、凝聚力和战斗力，保持党员队伍的先进性和纯洁性，坚持不懈地抓好党的组织建设；着眼于保持党同人民群众的血肉联系，着力解决思想作风、学风、工作作风、领导作风和干部生活作风方面的突出问题，坚持不懈地抓好党的作风建设；着眼于提高党的领导水平和执政水平，巩固党的执政地位，坚持不懈地抓好党的执政能力建设；着眼于增强党的活力和团结统一，以保障党员民主权利为基础，以完善党的代表大会制度和党的委员会制度为重点，健全民主集中制，坚持不懈地抓好党的制度建设。

胡锦涛强调，全面贯彻“三个代表”重要思想，全面推进党的建设新的伟大工程，实现十六大提出的奋斗目标和各项任务，开创中国特色社会主义事业新局面，关键是各级领导干部要带头努力，率先垂范。

第一，牢记使命，勤奋工作。面对复杂多变的国际形势，面对国内改革发展稳定的艰巨任务，面对前进道路上的困难和挑战，各级领导干部要增强忧患意识，居安思危，牢记实现中华民族伟大复兴的历史使命，牢记全面建设小康社会的历史任务，增强使命感和责任感，保持昂扬向上的精神状态，埋头苦干、夙兴夜寐，勤奋工作、开拓进取，自觉地为完成党和人民的事业而不懈奋斗。

第二，坚持宗旨，执政为民。我们党是马克思主义执政党，党的全部任务和责任就是为人民谋利益。领导干部必须身体力行党的宗旨，牢固树立执政为民的思想，不断提高执政为民的本领。要坚持党的群众路线，努力运用说服教育、示范引导和提供服务等方法，做好新形势下的群众工作。各级领导干部要经常深入基层、深入群众，倾听群众呼声，体察群众情绪，关心群众疾苦，团结带领群众不断前进。广大干部特别是年轻干部要勇于到困难的地方和艰苦的环境中去工作，磨炼意志，砥砺品格，增进对人民群众的感情。要加强世界观的改造，努力解决好权力观、地位观和利益观的问题，自觉地为民尽责、为党分忧，真正为人民掌好权、用好权。

第三，改进作风，求真务实。实现全面建设小康社会的宏伟目标，要求全党同志进行长期的艰苦奋斗。各级领导干部要坚持和发扬党的优良传统和作风，既要勇于探索、敢于攻坚、善于创新，创造性地开展各项工作，又要脚踏实地、埋头苦干、坚忍不拔，扎扎实实地落实党的方针政策和工作部署。实践是个大课堂，人民群众是这个课堂上最高明的老师。推进改革，促进发展，保持稳定，办法在实践中，点子在群众中。各级领导干部要注重从群众生动活泼的实践中汲取智慧和力量，寻求解决问题的办法和对策，推动各项工作的落实。要坚决反对形式主义、官僚主义，以改进作风的实际成效取信于民，在全党大兴说实话、办实事、求实效的求真务实之风。

第四，加强学习，与时俱进。面对新形势新任务，各级领导干部必须把学习摆在更加重要的位置。首先要加强对马克思主义理论的学习，同时要加强对党的方针政策的学习，加强对政治、经济、文化、科技、历史和法律等方面知识的学习，加强对国外先进的经营管理经验和一切反映当今世界文明进步的新知识的学习，并不断把学到的东西运用于实践，做到与时俱进、开拓创新。在党和人民事业发展的伟大历史时刻，全党同志都要学习、学习、再学习，实践、实践、再实践，前进、前进、再前进。

曾庆红在主持会议时指出，胡锦涛总书记的重要讲话，高屋建瓴，论述深刻，要求明确，通篇贯穿了十六大精神和“三个代表”重要思想，体现了求真务实、与时俱进的精神，对于加强和改进党的建设，进一步做好组织工作，具有重要的指导作用。各级党委一定要认真学习，深刻领会，结合实际认真贯彻落实。

会上，中共中央政治局委员、中央书记处书记、中组部部长贺国强介绍了全国组织工作会议的有关情况。上海市委副书记刘云耕，河南省委副书记支树平，新疆维吾尔自治区党委常委、组织部长周原，教育部党组书记、部长陈至立，中国一汽集团党委副书记马振东发了言。

中共中央政治局委员、中央书记处书记刘云山，中共中央政治局候补委员、中央书记处书记王刚，中央书记处书记何勇等出席会议。

中共中央总书记胡锦涛致电南非总统姆贝基祝贺他连任南非非洲人国民大会主席

国家主席江泽民在人民大会堂会见老挝人民革命党中央政治局委员 国防部部长多昂斋·比芝一行

江泽民说，中老关系经历了时间的考验，形成了相互支持，平等相待，真诚合作的鲜明特点。中老两国同属发展中国家，都坚持社会主义道路，中老两国有着广泛的共同利益和广泛的合作前景。我们两党、两国政府要为建立新世纪长期稳定、睦邻友好、彼此信赖的全面合作关系共同努力。

江泽民指出，和平与发展仍然是当今时代的主题，但不稳定、不确定因素也在增加。只有加强国际合作，才能有效应对全球安全挑战。作为东南亚国家的近邻，中国将坚持与邻为善、以邻为伴，同本地区各国和睦相处，共同发展。

中华人民共和国中央军委副主席、国务委员兼国防部长迟浩田，中国人民解放军副总参谋长葛振峰，外交部副部长李肇星等会谈时在座。

九届全国人大常委会第六十七次委员长会议在北京举行

李鹏委员长主持会议。会议决定，九届全国人大常委会第三十一次会议于12月23日至28日举行，委员长会议建议安排的议程有29项，民法草案将提请本次常委会会议审议。

会上，全国人大常委会秘书长何椿霖就全国人大常委会第三十一次会议议程草案和日程安排意见，关于召开十届全国人大一次会议的决定草案，关于香港、澳门特别行政区选举十届全国人大代表的情况作了汇报；全国人大法律委员会主任委员王维澄作民办教育促进法草案等5个法律草案主要问题修改情况的汇报和关于完善人民陪审员制度的决定草案的汇报；全国人大常委会法制工作委员会副主任胡康生作关于刑法修正案(四)草案、关于刑法第九章渎职罪主体适用问题的解释草案的汇报和关于民法起草情况的汇报。

委员长会议建议第三十一次常委会会议安排的主要议程有：审议民办教育促进法草案、农业法修订草案、草原法修订草案、行政许可法草案、公民身份证法草案、刑法修正案(四)草案、刑法第九章渎职罪主体适用问题的解释草案、民法草案、司法鉴定管理问题的决定草案、海关关衔条例草案、港口法草案、放射性污染防治法草案等；审议全国人大常委会关于召开十届全国人大一次会议的决定草案；审议中国和南非引渡条约等议案；审议中央军事委员会关于提请审议批准《人民解放军选举委员会人选》的议案；听取和审议国务院关于安全生产工作情况、关于医疗卫生体制改革情况的报告；听取全国人大常委会执法检查组关于检查种子法实施情况的报告；审议全国人大民族委员会等4个专门委员会关于九届全国人大五次会议主席团交付审议的代表提出的议案审议结果的报告等。

全国人大常委会副委员长田纪云、姜春云、邹家华、王光英、铁木尔·达瓦买提、吴阶平、彭珮云、何鲁丽、曹志、许嘉璐、蒋正华出席会议。

国家主席江泽民在人民大会堂接受4国新任驻华大使递交的国书

这4位大使是：秘鲁大使陈路，赤道几内亚大使纳西索·恩图古·阿韦索·奥亚纳，摩尔多瓦大使维克多·鲍尔舍维奇和津巴布韦大使克里斯托弗·哈蒂库里·穆茨万格瓦。

国务院总理朱镕基在上海会见几内亚比绍总统昆巴·雅拉

国务院总理朱镕基在上海会见东帝汶外交与国际合作部长若泽·拉莫斯·奥尔塔一行

全国政协主席李瑞环在人民大会堂会见保加利亚国民议会主席格尔吉科夫一行

江苏省九届人大常委会第三十三次会议决定梁保华为江苏省代理省长

国家级自然保护区达到134个

全国自然保护区建设和管理工作会议上，有关部门为13个新晋升的国家级自然保护区颁发了铭牌，至此国家级自然保护区达到134个。据统计，全国已经建立各类各级自然保护区1405处，总面积1.09亿公顷，有效地保护了85%的陆地生态系统、85%的野生动物种群和65%的野生植物群落。

我国先后有22处自然保护区加入联合国教科文组织的“人与生物圈”保护网络，有21处被列入国际重要湿地名录，有3处被列入世界自然遗产地，相当一部分保护区是全球生物多样性保护的重点地区。

国家林业局副局长马福说，由于有了初具规模的保护区体系为基础，我国在履行《生物多样性公约》、《濒危物种国际贸易公约》、《湿地公约》等国际公约事务中发挥了重要作用,并与多个国家签订了候鸟保护协定、虎保护协定、自然保护交流与合作等有关濒危物种保护和自然保护双边协定,为保护生物物种和履行国际义务作出了贡献。

国家林业局强调,要注重加强重点区域的保护区建设,抢救性地抓紧建立一批保护区,特别是要在典型生态系统保护空缺区域和国家确定的15个重点保护物种的栖息地、原生地,实行抢救性保护;要把着力点放在发展地方级保护区和保护小区上;要把资源管护工作作为保护区第一位的工作来抓。

12月18日

全国人大常委会委员长李鹏在人民大会堂会见保加利亚国民议会主席格尔吉科夫

国务院召开第67次常务会议

受朱镕基总理委托,李岚清副总理主持召开国务院第67次常务会议。会议审议并原则通过了《无照经营查处取缔办法(草案)》。

会议认为,无照经营的违法行为,破坏市场经济秩序,损害公平竞争,侵害消费者利益,甚至危害人身安全与健康,影响社会安定,有的已成为假冒伪劣产品的生产、销售窝点或者各类重大事故的隐患,是规范和整顿市场经济秩序需要解决的突出问题。为了进一步明确规定无照经营行为的查处机关及其职责,强化取缔无照经营的法律手段,制定《无照经营查处取缔办法》是必要的。

会议决定,《无照经营查处取缔办法(草案)》经修改后,由国务院公布实施。

政协第九届全国委员会第四十五次主席会议在北京举行

全国政协主席李瑞环主持会议。

会议审议通过了政协第九届全国委员会常务委员会第二十次会议议程草案和日程,决定这次常委会议于2003年1月20日至23日在北京举行,建议这次会议的主要议题是:审议通过关于召开政协第十届全国委员会第一次会议的决定,协商通过政协第十届全国委员会参加单位、委员名额和人选名单,审议通过提交政协第十届全国委员会第一次会议审议的政协第九届全国委员会常务委员会工作报告和关于提案工作情况的报告,审议通过政协第十届全国委员会第一次会议议程草案和日程草案,审议通过关于授权主席会议审议政协第九届全国委员会常务委员会第二十次会议未尽事宜的决定,以及审议有关书面总结和报告。

主席会议还审议了关于召开政协第十届全国委员会第一次会议的决定草案、政协第九届全国委员会常务委员会工作报告草案和关于提案工作情况的报告草案等,决定将上述草案提请政协第九届全国委员会常务委员会第二十次会议审议。全国政协秘书长郑万通、副秘书长王巨禄、提案委员会副主任盛树仁分别就有关议题作了说明。

全国政协副主席叶选平、王兆国、阿沛·阿旺晋美、任建新、宋健、钱正英、孙孚凌、朱光亚、万国权、赵南起、毛致用、白立忱、经叔平、罗豪才、王文元出席会议。

中国民主建国会第八次全国代表大会在北京闭幕

成思危再次当选为民建中央主席。

成思危在会上讲话说,学习和贯彻中共十六大精神是中国民主建国会新一届中央委员会今后一个时期首要的中心任务。民建各级组织和领导要认真学习"三个代表"重要思想,为实现中共十六大提出的战略目标及全面完成民建八大确定的各项任务而努力奋斗。民建作为接受中国共产党领导,同共产党通力合作,致力于社会主义事业的亲密友党,要高举邓小平理论伟大旗帜,学习实践"三个代表"重要思想,切实履行参政议政、民主监督职能,认真贯彻中共十六大精神。要充分发挥密切联系经济界的特点和优势,一方面要认真研究社会主义市场经济发展中的理论和实际问题,继续对风险投资和虚拟经济等问题进行研究;另一方面要发挥社会主义社会的特点和优势,建立社会保障体系,关心困难群众,保证社会的公正,将依法治国与以德治国紧密结合起来。团结和带领全会同志针对改革开放、经济建设和社会稳定中的重大问题,开展调查研究,反映社情民意,积极建言献策,加强自身建设,更好地履行参政党职能。

大会通过了《关于第七届中央委员会报告的决议》。决议指出,要担当起时代赋予民建的责任,必须加强自身建设。要深入学习和贯彻中共十六大精神,进一步增强与中国共产党团结合作、为实现共同目标而奋斗的责任感和使命感;紧密围绕全面建设小康社会的目标,把广大成员的智慧、力量凝聚到改革开放和现代化建设的伟大实践之中;适应新形势新任务的要求,进一步提高参政议政、民主监督水平;不断加强自身建设,做好政治交接,把本会建设成为与中国共产党亲密合作、能够经受各种困难和风险的考验,致力于建设中国特色社会主义事业的参政党。认真贯彻落实中共中央在贺词中对民建提出的希望和要求,认真研究我国经济发展中的理论和实际问题,积极参与和推动经济结构的调整,参与制定、完善相关法律和政策,协助政府为各类企业发展创造平等竞争的环境；围绕经济发展方式和政府职能转变，就充分发挥非公有制经济在促进经济增长、扩大就业和活跃市场等方面的重要作用，进行调查研究和探索；继续协助有关方面做好非公有制经济代表人士的教育引导工作，帮助他们解决各种困难和问题，促进非公有制经济健康发展。大会号召各级组织和全体会员，同全国人民一道更加紧密地团结在以胡锦涛同志为总书记的中共中央周围，万众一心，奋发图强，把中国特色社会主义事业不断推向前进，为把我国建设成为富强民主文明的社会主义现代化国家，实现祖国完全统一和中华民族的伟大复兴而努力奋斗。

在为期5天的会议中，代表们认真学习了中共十六大精神，审议并通过了《中国民主建国会章程(修改草案)》。

会议还选举产生了由185人组成的民建第八届中央委员会。

民建中央副主席张榕明主持闭幕式。全国人大常委会副委员长、民建中央顾问王光英，全国政协副主席、民建中央名誉副主席万国权，民建中央副主席路明、刘珩、黄关从、朱相远、张榕明、陈昌智、程贻举、王少阶、马培华、陈明德，民建中央名誉副主席陈邃衡、陈铭珊、冯梯云、黄大能、李崇淮、朱元成、冯克煦出席闭幕式。

中国民主建国会第八届中央委员会名誉主席 名誉副主席 主席 副主席名单

名誉主席：孙起孟

名誉副主席：万国权　陈邃衡　陈铭珊　冯梯云　黄大能　李崇淮　朱元成　冯克煦

主席：成思危

副主席：路　明　刘　珩　黄关从　朱相远　张榕明(女)　陈昌智　程贻举　王少阶　马培华　陈明德

中国民主同盟第九次全国代表大会在北京闭幕

丁石孙再次当选为新一届中央委员会主席。

丁石孙在讲话中说，新一届中央委员会肩负着广大盟员的热切期望和重托，新的时代赋予我们新的使命，要求我们有新的作为。我们要自觉地继承和发扬爱国、民主、团结、进步的优良传统，与时俱进，扎实工作，把中国民主同盟建设成为在新世纪继续与中国共产党亲密合作、能够经受各种困难和风险的考验、致力于建设中国特色社会主义事业的参政党，把全盟的思想统一到中共十六大提出的宏伟目标上来，为中国共产党领导的多党合作和政治协商制度的不断发展和完善作出新贡献。

在为期5天的会议中，代表们认真学习了“三个代表”重要思想，听取了中共十六大精神学习辅导报告，总结了民盟八大以来的工作经验，听取并审议通过了民盟第八届中央委员会工作报告，审议通过了《中国民主同盟章程(修正案)》。

民盟第九届中央委员会共有265名委员，平均年龄51.5岁，以文化教育和科学技术界人士为主，学历层次明显提高，其中研究生以上学历的占49.8%。在19日举行的中国民主同盟九届一中全会上选举产生了由主席1人、副主席13人、常务委员53人组成的新的领导集体。

大会主席团常务主席吴修平主持了闭幕会。

中国民主同盟第九届中央委员会名誉主席 名誉副主席 主席 副主席名单

名誉主席：费孝通　钱伟长　谈家桢　苏步青

名誉副主席：叶笃义　陶大镛　马大猷　康振黄　罗涵先　孔令仁(女)　吴修平　厉以宁　江景波　冯克熙

主席：丁石孙

副主席：冯之浚　张毓茂　袁行霈　卢　强　俞泽猷　吴正德　张宝文　王维城　张梅颖(女)　张圣坤　李重庵　郑兰荪　张　平

中共中央政治局常委贾庆林在人民大会堂会见由总书记卢莱德·乌尔德·韦达德率领的毛里塔尼亚民主社会共和党代表团

第三次全国科普工作会议在北京召开

国务院副总理李岚清出席会议，为受到表彰的全国科普工作先进集体和先进工作者代表颁奖并发表讲话。他强调，广大科普工作者要在胡锦涛同志为总书记的党中央领导下，以“三个代表”重要思想为指导，认真学习贯彻党的十六大精神，大力实施《中华人民共和国科学技术普及法》，积极探索科普事业发展的新思路和科普工作的新举措，努力开创科普事业新局面。

李岚清指出，科学技术的普及在经济和社会发展中有着独特的重要作用。在科学技术快速发展的今天，一个国家科学技术的普及程度，从根本上决定着这个国家生产力和文化的发展水平，决定着这个民族的创造能力。加强科普工作，是发展先进生产力的客观要求，是发展先进文化、培育和弘扬民族精神的有效手段，是提高全民族科学文化素质、促进人民全面发展的重要途径。我们必须从全面贯彻“三个代表”重要思想的高度，从全面建设小康社会，开创中国特色社会主义事业新局面的全局出发，与时俱进，开拓创新，加快新时期科普事业的发展。

李岚清强调，今年6月科普法颁布施行，是我国科普事业发展史上的里程碑，标志着科普工作走上了法制化的轨道。当前和今后一个时期，科普工作要以科普法的颁布实施为契机，全面推进科普事业的发展，着重抓好以下几点：一是要把弘扬科学精神作为首要任务，把弘扬科学精神与普及科学知识统一起来，通过扎实有效的工作，使科学精神在全党全社会进一步发扬光大，渗透到生产、工作和社会生活的各个方面，融入广大人民群众的头脑中去。二是要通过举办科普讲座、科普咨询和科技、文化、卫生“三下乡”等多种形式的活动，发挥报刊、广播、电影、电视、互联网等传播媒体的作用，将最新的科技成果、科技常识和适用技术教给群众，进一步增强科普活动的针对性和有效性。三是要切实做好重点群体和重点地区的科普工作，加强对干部、农民、教师和中小学生的科普教育，加强西部地区科普工作，不断提高劳动者素质。四是要组织和引导科学家、文学家、美术家、影视导演、编辑记者联手进行创作，推出质量高、受欢迎、影响广的科普精品，繁荣科普创作。五是要加强科普人才的培养力度，调动社会各方面的力量，发挥离退休老科技工作者、在校大学生等科普志愿者的作用，逐步建立起由科普专家、科技工作者和科普志愿者组成的专群结合、专兼结合的科普工作队伍。六是要加快科普设施建设，鼓励境内外的社会组织和个人投资建设科普场馆，通过完善机制、加强管理，进一步提高科普资源的利用率。

李岚清强调，科普是全社会的共同任务，做好科普工作是各级党委、政府义不容辞的责任，要切实加强对科普工作的领导，将科普工作纳入国民经济和社会发展计划，将科普经费列入同级财政预算，逐步提高科普投入水平，保证科普法落到实处。要充分发挥科学技术协会作为科普工作主要社会力量的作用，调动工会、共青团、妇联等社会团体的积极性和创造性，大力开展群众性、社会性、经常性的科普活动。新闻媒体要加大科普宣传力度，在全社会大力传播科学知识、科学精神、科学思想和科学方法，努力营造学科学、信科学、讲科学、用科学的良好风气。

近年来，在党中央、国务院领导下，经过社会各界的共同努力，科普事业进入健康发展轨道，科普工作已成为各级党委和政府科技工作的重要组成部分。全国共建成科技场馆425座，每年出版科普读物达7000—8000种，2001年出版的科技类音像制品为1782种，已建成的提供科普信息服务类的网站100多个。科普基地建设和人才队伍建设得到高度重视，科技部、中宣部、教育部和中国科协先后命名了200家“全国青少年科技教育基地”，先后表彰了398个全国科普先进集体和654名先进工作者。

全国人大常委会副委员长周光召出席了会议。中国科协副主席徐善衍在会上宣读了《关于表彰全国科普工作先进集体和全国科普工作先进工作者的决定》和《关于命名第二批“全国青少年科技教育基地”的决定》。

全国科普工作会议三年一度。这次全国科普工作会议是由科技部、中宣部、中国科协联合召开的。会议由科技部部长徐冠华主持。

12月19日

全国人大常委会委员长李鹏在人民大会堂出席中国澳大利亚 中国与新西兰建交30周年庆祝招待会并会见澳大利亚驻华大使艾大伟 新西兰驻华大使麦康年

全国人大常委会委员长李鹏在人民大会堂会见由主席穆罕默德·贾西姆·萨克尔率领的科威特国民议会外交委员会代表团

全国政法工作会议在北京召开

中共中央政治局常委、中央政法委书记罗干出席会议并讲话。他强调，明年和今后一个时期的政法工作，要以邓小平理论和“三个代表”重要思想为指导，认真学习贯彻党的十六大精神，依法严厉打击各种严重犯罪活动，加强社会治安综合治理，积极稳妥地推进政法工作改革，继续狠抓政法队伍建设，全力维护国家安全和社会稳定，为全面建设小康社会提供有力的法治保障，创造良好的社会环境。

罗干在讲话中充分肯定了五年来全国政法工作取得的成绩。他说，党的十五大以来，各级政法部门在党中央、国务院和各级党委、政府的领导下，打击犯罪，保护人民，严格执法，热情服务，推进社会治安综合治理，加强政法队伍建设，积极稳妥地进行政法工作改革，推进依法治国基本方略的实施，有力地维护了国家安全和社会稳定，保障了改革开放的顺利进行。罗干代表党中央、国务院，向全国政法公安干警和武警官兵表示亲切的慰问和崇高的敬意。

在总结13年政法工作积累的宝贵经验时，罗干指出，13年来，政法工作的主要经验是：必须以邓小平理论和“三个代表”重要思想为指导，服从服务于经济建设这个中心和改革开放的大局。必须公正司法，严格执法。必须坚持“严打”方针不动摇，保持对犯罪分子的高压态势。必须实行专门机关工作与群众路线相结合。必须打防结合、预防为主，对社会治安实行综合治理。必须与时俱进，积极稳妥地推进政法工作的改革。必须从严治警，持之以恒地推进政法队伍建设。必须加强党对政法工作的绝对领导，在思想上、行动上同党中央保持高度一致。

罗干强调，"三个代表"重要思想是党的十六大的灵魂。当前政法战线的首要政治任务，就是认真学习贯彻十六大精神和"三个代表"重要思想，努力开创政法工作的新局面。要结合政法工作实际，深刻学习领会"三个代表"重要思想的科学内涵和精神实质，始终不渝地用"三个代表"重要思想武装全体干警，不断提高贯彻"三个代表"重要思想的自觉性和坚定性。

罗干说，党的十六大对维护社会稳定提出了新的更高的要求。各级党政领导要充分认识维护社会稳定的重大意义，落实责任，立足预防，动员全党全社会的力量，共同营造稳定的社会环境。

罗干强调，要继续坚持"严打"方针，严厉打击各种刑事犯罪。进一步突出重点，讲究实效，继续深挖黑恶势力及其"保护伞"，依法严惩，除恶务尽。严厉打击严重暴力犯罪、毒品犯罪和抢劫、抢夺等多发性犯罪。进一步排查和整治治安乱点，切实改变一些地方治安不好的状况。要大力加强治安防范，深入推进社会治安综合治理工作。要防范和打击经济犯罪，依法调节社会经济关系。要积极化解人民内部矛盾，妥善处置群体性事件。

罗干指出，要按照十六大的要求，积极稳妥地推进政法工作改革。要坚持不懈地加强政法队伍建设，以"政治坚定、业务精通、作风优良、执法公正"为目标，以公正执法为重点，大力推进政法队伍的革命化、专业化和现代化建设。

罗干指出，在改革开放进一步深入，政法工作任务繁重的形势下，加强和改进党对政法工作的领导尤为重要。各级党委要切实把政法工作摆上重要议事日程，加强对政法工作的宏观部署和指导。要带头模范遵守宪法和法律，支持政法部门依法行使职权，为政法部门创造良好的执法环境。

中共中央政治局委员、书记处书记、中央政法委副书记在讲话中就贯彻落实全国政法工作会议部署的各项任务提出了要求。他强调，要切实抓好党的十六大精神的贯彻落实。要切实抓好维护稳定措施的落实，确保国家长治久安和人民安居乐业。要切实抓好政法队伍建设各项措施的落实，推进队伍的革命化、专业化和现代化建设，做到政治坚定、业务精通、作风优良、执法公正。要切实搞好调查研究，深化政法工作改革，解放思想，更新观念，与时俱进，不断开创政法工作新局面。

他最后要求，元旦、春节即将到来，各地、各部门一定要高度重视，切实抓好当前维护稳定的工作，认真做好节日期间的治安防范和安全保卫工作，确保"两节"、"两会"的安全。要用自己的辛苦，换来让人民群众过一个欢乐祥和的元旦和新春佳节。

中央政法委员会委员肖扬、贾春旺、许永跃、张福森、王胜俊，以及各省、自治区、直辖市及新疆生产建设兵团主管政法工作的负责人，中央和国家机关有关部门负责人出席了会议。

全国工商行政管理工作会议代表座谈会在北京举行

国务委员吴仪与部分代表座谈时强调，各级工商行政管理部门要以"三个代表"重要思想为指导，深入学习贯彻党的十六大和中央经济工作会议精神，牢固树立执法为民、服务经济的思想，求真务实，埋头苦干，切实履行好市场监管执法职责，把工商行政管理工作提高到新的水平，为全面建设小康社会创造良好的市场经济环境。

吴仪在认真听取6个省市工商局长的发言后作了讲话。她充分肯定了工商行政管理部门所做的工作和取得的成绩。吴仪指出，当前，经济全球化趋势进一步加快，我国社会主义市场经济体制逐步建立和完善，政府管理经济的方式正发生深刻变革，工商行政管理工作进入了新的发展阶段。工商行政管理部门要适应新形势，进一步打破传统观念和习惯思维的束缚，把握时代脉搏，研究新情况，解决新问题，创新监管方式，不断提高执法水平和能力，以奋发有为的精神状态再创工商行政管理工作新局面。

吴仪要求各级工商行政管理部门按照党的十六大确定的目标和任务，牢固树立促改革、促发展的意识，坚定不移地巩固和发展公有制经济主体地位，大力支持国有企业深化改革；坚定不移地坚持多种所有制经济共同发展的方针，积极促进个体、私营、外资等各种形式的非公有制经济和多种形式的集体经济健康发展。进一步把思想观念从监管单一的市场主体、单一的国内市场和采用传统的监管执法方式，转到监管多元化的市场主体、日益国际化的市场和采用现代化的监管执法手段上来，建立与市场经济体制和我国加入世贸组织相适应的工商行政管理制度，加强与各有关执法和政府职能部门的联系和配合，加快工商行政管理信息化步伐，促进社会信用体系建设。

吴仪说，工商行政管理部门承担着规范和维护市场经济秩序的重要职责，要进一步提高认识，增强使命感和责任感，把整顿和规范市场经济秩序工作引向深入。要按照全面展开、突出重点的要求，继续开展集贸市场等专项整治，紧紧抓住关系人民群众切身利益和安全领域存在的问题,加大整治力度,狠抓大案要案,切实维护经营者、消费者合法权益;要抓住搞行业垄断和地区封锁的典型案例,打击不正当竞争;要强化商标、广告监管,依法严厉打击商标侵权行为,严肃查处虚假违法广告。继续保持打击传销和变相传销的高压态势。

吴仪强调,工商行政管理部门要以基层工商所建设为重点,努力建设一支忠于职守、勇于负责、公正执法、廉洁办事,切实保护人民群众的合法权益,让党和政府放心,让人民群众满意的工商行政管理队伍。

国家工商行政管理总局局长王众孚在座谈会上作了汇报,国务院有关部门的负责同志出席了今天的座谈会。

全国人大环境与资源保护工作座谈会在北京召开

全国人大常委会委员长李鹏给座谈会发来贺信。邹家华副委员长出席会议并讲话。

李鹏在贺信中说:实行可持续发展战略是我国的基本国策,五年来,全国人大环资委和各级人大环资部门在保护环境、维护生态平衡方面做了大量工作。希望你们全面回顾和总结五年来在环境与资源保护方面的工作,交流经验,并对在新形势下搞好生态建设,加强环境与资源保护工作,为实现全面小康的宏伟目标而奋斗的前景进行展望和探讨。

在高度评价九届全国人大环资委五年来的工作后,邹家华要求,今后人大环境与资源保护工作要坚持“三个代表”重要思想,认真贯彻十六大的精神,并提出了几点建议。一是要进一步加强环境与资源保护的立法工作。各级人大应进一步坚持依法治国的方针,加快立法步伐,提高立法质量,健全和完善我国环境与资源保护法律体系。二是要进一步加强环境与资源保护的监督工作。要继续把执法监督放在与立法同等重要的位置,完善监督机制,提高监督实效,扭转有法不依、执法不严、违法不究的局面,使各项环境与资源法律能够切实得到贯彻实施。三是要进一步加强环保世纪行工作。发挥舆论威力,强化舆论监督,是近年来各级人大开展环境与资源保护工作的重要手段,对提高全民的环境意识和法制观念,加快可持续发展战略的实施,起到了积极的推动作用。今后,环保世纪行工作要围绕国家环境与资源保护的法律、法规,加大宣传力度,强化舆论监督,在全社会形成保护环境的强大舆论氛围,为可持续发展的实施奠定广泛的社会基础,推动环境保护、改善生态、防治污染中群众关心的热点问题得到解决。

全国人大环资委主任委员曲格平总结了五年来的工作。他说,五年来,我国环境与资源保护的法制建设工作已步入了一个新的发展时期。期间,全国人大环资委全面完成了立法规划中有关环境与资源保护的立法任务,为规范环境与资源管理奠定了法制基础;大力开展全国性的环境与资源保护执法检查活动,有力地促进了环境与资源法律的贯彻实施;继续开展中华环保世纪行活动,增强了全社会的环境意识和法制观念;积极开展议会环境外交,加强了议会之间的环境合作和交往。

座谈会旨在回顾总结人大五年来环境与资源保护工作,交流经验,并对在新形势下如何加强生态建设、做好环境与资源保护工作以实现全面小康的目标进行展望和探讨。

各省、自治区和直辖市人大常委会部分领导、环资委主任和环资委办公室主任参加了会议。

全国文物工作会议在北京召开

国务院副总理李岚清在会议上讲话时强调,做好新时期文物工作是历史赋予我们的光荣使命。我们要在以胡锦涛同志为总书记的党中央领导下,认真学习贯彻党的十六大精神,以“三个代表”重要思想为指导,大力实施《中华人民共和国文物保护法》,开拓创新,扎实工作,努力开创我国文物保护事业的新局面。

李岚清指出,在我国漫长历史进程中遗留下来的众多历史文物和革命文物,是一部物化了的中华民族发展史。文物作为历史的物质遗存,是源远流长的中国历史的重要见证,是光辉灿烂的中华文化的重要载体,是维系中华民族团结统一的精神纽带。加强文物工作,有利于继承和弘扬中华民族优秀文化,增强民族凝聚力;有利于推动科技进步,促进经济发展;有利于满足人民群众精神文化需求,提高全民族素质。各级政府和广大文物工作者要本着对历史负责、对人民负责、对子孙后代负责的精神,做好新时期的文物工作。

李岚清强调,今年10月全国人大常委会修订通过的文物保护法,是我国文物事业发展史上的里程碑。文物保护法确立的“保护为主、抢救第一、合理利用、加强管理”的文物工作方针,是指导新时期文物工作的基本准则。贯彻落实这个方针,做好文物工作,要把握好以下几点:一是在任何时候、任何情况下都要坚持“保护为主”,把文物本体及其原生环境的保护和保存放在主要位置,在确保文物安全和永久保存的前提下,正确发挥文物在经济和社会发展中的重要作用,努力实现文物工作社会效益和经济效益的统一。二是要确定合理利用文物的内涵、途径、手段和办法,通过加强管理实现对文物的有效保护和合理利用,遏制对文物不择手段的滥用、破坏,努力实现文物的永久保护、永续利用。三是要坚持在保护文物的前提下进行基本建设和生产建设,在基本建设和生产建设的过程中注重文物保护,努力实现文物保护事业和经济建设的协调发展。四是要深化改革,逐步建立起适应社会主义市场经济体制要求、遵循文物工作自身规律、以国家保护为主并鼓励全社会广泛参与保护、充满生机与活力的文物管理体制和运行机制。五是要在继承优秀传统技术、材料、工艺的基础上,积极审慎地采用现代科技成果保护文物,不断提高文物保护水平。

李岚清强调,做好新时期的文物工作,关键在于加强领导,狠抓落实。各级政府要把文物保护纳入当地经济和社会发展计划、纳入城乡建设规划、纳入财政预算、纳入体制改革、纳入各级领导责任制,协调有关部门,动员广大群众,共同做好文物工作。要认真做好文物保护的基础性工作,提高文物工作队伍的思想道德素质和业务素质。要尽快制定和完善配套法规,大力整顿和规范文物市场秩序,严厉打击各种文物犯罪活动,保证文物保护事业健康发展。

文化部部长孙家正、国家文物局局长单霁翔作了工作报告,公安部、建设部、海关总署、国家工商行政管理总局和国家旅游局的负责同志发了言。山西省、河南省、湖南省、西藏自治区、陕西省政府的负责同志介绍了加强文物保护工作的经验。

中华再造善本编纂出版座谈会在北京举行

国务院副总理李岚清在座谈会上强调,中国古代文化典籍中的善本,是中华民族优秀文化的集中体现,是前人为我们留下的宝贵精神财富。对这些古籍善本进行妥善保护、开发和利用,保证中华文化薪火相传、生生不息、不断发扬光大,是我们党和政府以及文化工作者义不容辞的责任。

李岚清在讲话中说,博大精深、源远流长、为人类文明进步作出了巨大贡献的中华文明,是我们发展中华先进文化,建设社会主义精神文明的重要基础。党的十六大明确提出,要扶持对重要文化遗产和优秀民间艺术的保护工作。我们一定要从发展当代中国先进文化的高度,来认识做好中华再造善本编纂出版工作的重要意义。目前,我国现存的许多善本的保存状况堪忧,亟待抢救和保护。中华再造善本工程是一项规模宏大的系统工程,参与编纂出版工作的单位和人员要明确分工,密切配合,相互支持,形成合力,共同把这项工作做好。

座谈会上,中华再造善本编纂出版委员会主任委员李致忠、国家图书馆馆长任继愈、中国艺术研究院研究员冯其庸、文化部部长孙家正、财政部副部长金立群分别介绍了中华再造善本工程的情况或对编纂出版工作发表了意见。全国政协副主席罗豪才以及有关部门的负责同志和启功等各界专家学者出席了会议。

我国五千年的文明史,曾创造了辉煌浩瀚的文化典籍,成为中华民族历史的见证。据调查,全国现在仅公共图书馆系统收藏的古籍就达2750万册,其中善本250万册,传世稀少。但是,在这些珍善本古籍中,有许多因收藏年代久远亟须抢救。为此,文化部、财政部最近决定实施旨在"继绝存真、传本扬学"的中华再造善本工程。目前,由一些著名专家学者组成的编纂出版委员会,已经对再造善本的目录进行了初选,并出版了首批书籍。这项工程最终将主要选出唐宋以来1300余种兼具文物价值和学术研究价值的古籍善本仿真影印,以满足国内外图书馆补充入藏善本的需要,并为学术界提供丰富的宝贵文献资料。

12月20日

国家主席江泽民电贺卢武铉当选韩国第16届总统

政府采购法贯彻实施座谈会在北京举行

全国人大常委会副委员长姜春云出席会议并讲话。他强调,政府采购法的颁布实施是我国社会主义市场经济法制建设进程中的一件大事,是完善我国财政管理法律制度的重大举措,要充分认识贯彻实施政府采购法的重要意义,切实做好这部法律的贯彻实施工作。

姜春云说,政府采购法的颁布实施,标志着我国政府采购开始步入法制化轨道,对于规范政府采购行为,加强公共财政支出管理,促进廉政建设,维护国家利益和社会公共利益,推进社会主义市场经济发展,具有重要的现实和深远意义。

姜春云强调,政府采购法的贯彻实施,关键在于严格依法办事。各级领导和有关部门要加强对政府采购法的学习、宣传和普及工作;抓紧制定政府采购的实施细则,增强政府采购法的可操作性;重视搞好对政府采购人员的选拔培训,提高其政治业务素质;尽快建立起政府采购相关机构,确保政府依法采购活动能够有效运行。

座谈会由全国人大财经委、法律委,全国人大常委会法工委,财政部,国务院法制办联合召开,全国人大财经委主任委员陈光毅主持了座谈会。

2001年全国政府采购金额已达653亿元,预计今年全国政府采购金额将达1000亿元以上。财政部有关人士表示,2003年全国政府采购金额将达到1500亿元,政府采购资金实行财政直接拨付的规模争取占到全国政府采购规模的1/3左右。

外经贸部新闻发言人高燕就2002年我国外经贸发展情况等问题答记者问

有记者问及201钢铁保障措施对中国钢铁出口产生的影响以及当前交涉与谈判结果。高燕回答，美国作为世界主要贸易大国之一，对维护国际贸易秩序负有重要责任。美方当前在钢铁贸易领域的贸易保护主义举动不仅是不负责任的，而且违反WTO规则。中方坚决反对美国的贸易限制措施。她说，维持正常的国际贸易秩序是各国的共同责任，中国希望美国认真考虑中国及其他国家和地区对这一问题的立场，妥善解决因采取保障措施引发的钢铁贸易问题，并本着相互合作的精神，就钢铁贸易问题与相关国家和地区探讨解决办法。当前，美国迫于国内外压力，依据其国内法对201案涉案产品进行了排除。据悉，欧盟、日本和澳大利亚的多种产品已被排除。中方也提出了排除要求，但未获得美方同意，我们认为美方的这一做法有悖WTO的非歧视原则。为此，中方向美方提出交涉。在11月开始的下一轮排除中，中方已要求美方给予产品排除。

在谈到中美贸易问题时，高燕指出，必须客观看待中美贸易不平衡问题。首先，中美互为重要的贸易伙伴，美国从中美双边贸易中获取了巨大经济利益。其次，美国消费者由于能够享用价廉物美的中国商品而提高了生活质量，降低了生活成本。另外，中国对美出口的绝大部分商品并不对美国制造的商品构成直接替代，美国市场和消费者对中国商品有很大的需求。

高燕强调，中美双方关于美国对华贸易逆差的统计数字相去甚远，没有共认的数据作为讨论这一问题的基本前提，美方的统计方法大大高估了美对华贸易逆差。中国市场有需求，又想从美国进口产品，由于美方的限制，我们又不能进口，比如美国对华的技术出口管制。另一个事实是，美国在华投资企业生产的产品越来越多，这相对减少了美对华的货物出口量，这些产品出口美国，又增加了中国对美出口量。美国除了在对华贸易中获得巨大经济利益外，美商在华投资已达393亿美元，并且从中得到巨大回报。发展中美双边经贸关系是双方共同的需要，应该“以发展促平衡”。

有记者提到，截至目前，正式得到国务院批准的外资零售企业只有28家，但实际进入中国的外资零售企业却超过300家，政府部门是否会制定政策法规整顿这些企业？高燕认为，积极、稳妥地推进商业零售领域的对外开放，维护良好、有序的市场秩序，目的是保护依法设立在华投资商业零售企业的根本利益。因此，针对一些违规设立商业零售企业的现象，政府有关部门非常重视，并自1998年起即开始清理整顿违规设立外商投资商业企业的工作。目前，这项工作已经基本完成。同时，中国商业领域利用外资工作稳步发展。今年以来，国家共新批设立了17家外商投资商业企业。外商投资商业企业对于改善国内商业环境，发展流通市场发挥着积极作用。中国将按照加入WTO的有关承诺，继续推进外商投资商业领域的开放进程。

在谈到备受关注的反倾销等贸易壁垒问题时，高燕说，中国确是遭受反倾销最严重的国家。中国一贯反对国际贸易中的倾销行为，认为反倾销是维护正常、公平、公正贸易的一种手段，但坚决反对滥用这一手段达到贸易保护主义的目的。加入世贸组织一年来，中国的贸易环境有了一定程度的改善，作为WTO成员，中国可以运用WTO规则和应有的权利积极进行交涉，中国相关企业也积极应诉，胜诉率明显提高，说明我国企业运用WTO规则的能力和自我保护意识明显增强。至于针对中国的类似反倾销等贸易壁垒今后是否会减少，这取决于是否在新一轮谈判中能很好地解决公平、公正、合理的国际贸易秩序的建立，取决于国际贸易保护主义能否得到有效遏制。中国企业支持中国加入WTO，他们希望加入世贸组织后给中国产品出口带来更加公正、公平的国际贸易环境。同时，中国政府部门和企业都将遵守并运用WTO规则，维护中国企业的利益。

最后，高燕指出，我们注意到美国在前不久举行的WTO市场准入谈判工作组会议期间提交了关于非农产品自由化的提案。中国欢迎这一倡议，并将认真研究倡议内容。我们认为，WTO各成员都应对多哈发展议程下正在进行的各项谈判作出应有的贡献，但这种贡献应符合各成员各自的发展水平和经济承受能力。为了使WTO各成员分享贸易自由化带来的好处，有条件的成员可以在贸易自由化方面早做或多做贡献。高燕透露，根据目前的进度，今年我国外贸进出口总额将达到6200亿美元，比去年净增1000多亿美元。

12月21日

国务院总理朱镕基和澳大利亚总理霍华德互致贺电庆祝两国建交30周年

中国民主促进会第九次全国代表大会在北京闭幕

许嘉璐再次当选民进新一届中央委员会主席。

许嘉璐在会上讲话说，在中国共产党的领导下，中华民族已经满怀信心地进入充满希望和挑战的新世纪，民进作为同中国共产党亲密合作、致力于建设中国特色社会主义事业的参政党，应该有所作为。新一届中央委员会肩负着团结和带领全会同志实现中共十六大提出的奋斗目标和民进九大作出的各项工作部署的重任，必须在继承传统的基础上，以更加坚定的信心开拓前进，在未来的5年里朝着高素质的参政党迈出扎扎实实的步伐。要深入学习贯彻中共十六大精神和“三个代表”重要思想,用科学的理论指导参政议政和自身建设的实践;要集中全会的力量和智慧,依靠各级组织和广大会员,把民进的各项工作做得更好,谱写出新时代的新篇章。

大会通过了《中国民主促进会第九次全国代表大会决议》。决议指出,中共十六大是中国共产党在开始实施社会主义现代化建设第三步战略部署的新形势下召开的一次十分重要的代表大会,对于实现中华民族的伟大复兴具有重大而深远的意义。认真学习贯彻中共十六大精神是民进当前和今后一个时期首要的政治任务,全会要把思想和行动统一到中共十六大精神上来,把力量凝聚到全面建设小康社会的奋斗目标上来。

决议要求,民进各级组织要在中共十六大精神的指引下,学习实践“三个代表”重要思想,紧紧围绕全面建设小康社会的奋斗目标,切实履行参政党职能,坚持“立会为公、参政为民”的宗旨,充分调动全体会员的积极性,讲政治,讲大局,讲团结,讲稳定,不断开创新局面,取得新成果,把民进工作提高到新水平。

决议号召,全会同志紧密团结在以胡锦涛同志为总书记的中共中央周围,高举爱国主义、社会主义两面旗帜,解放思想,实事求是,与时俱进,开拓创新,同心同德,群策群力,努力建设高素质参政党,为全面建设小康社会、加快推进社会主义现代化建设作出新的贡献。

在为期6天的会议中,代表们认真学习了邓小平理论和“三个代表”重要思想,听取了中共十六大精神的辅导报告,总结了民进5年来的工作和经验,审议通过了民进第十届中央委员会的报告,审议通过了《中国民主促进会章程(修正案)》,选举产生了民进新一届中央领导机构。

新一届民进中央委员会由189人组成,平均年龄为51.8岁,具有大专以上学历的占96%。在20日举行的民进十一届一中全会上,选举产生了由1名主席、9名副主席、43名中央常务委员组成的新的领导集体。

民进中央常务副主席张怀西致闭幕词,副主席潘贵玉主持闭幕会。民进中央副主席陈难先、冯骥才、蔡睿贤、王立平、严隽琪、王佐书、贺旻,名誉副主席陈舜礼、楚庄、梅向明出席闭幕式。

中国民主促进会第十一届中央委员会名誉主席名誉副主席 主席 副主席名单

名誉主席:雷洁琼(女)

名誉副主席:陈舜礼　叶至善　楚　庄　梅向明

主席:许嘉璐

副主席:张怀西　陈难先　冯骥才　潘贵玉(女)
蔡睿贤　王立平　严隽琪(女)　王佐书
贺　旻(女)

河北省第九届人大常委会第三十一次会议决定任命季允石为河北省副省长代省长

12月22日

国务院总理朱镕基和新西兰总理克拉克互致贺电庆祝两国建交30周年

纪念中国乒乓球队建队五十周年座谈会在人民大会堂举行

全国政协主席、中国乒乓球协会名誉主席李瑞环出席座谈会并发表讲话。

李瑞环在讲话中首先向为祖国为人民作出突出贡献、赢得巨大荣誉的中国乒乓球队表示热烈的祝贺!向50年来为我国乒乓球事业辛勤工作、不懈努力的广大运动员、教练员、科研人员及各方面人士致以崇高的敬意!他说,中国乒乓球队建队以来,走过了不平凡的历程,取得了举世瞩目的成就,之所以长盛不衰,原因是多方面的。从根本上说,有举国关心支持的体制保障,有领导人的高度重视,有雄厚的群众基础。这是极为重要的三条。

李瑞环说,中国乒乓球队的成功,还有一些自己特殊的东西。一是为国争光的精神。热爱祖国,胸怀祖国,祖国荣誉高于一切,这是运动员、教练员刻苦训练、勇攀高峰的动力。有了这种思想、觉悟、意识,就不会患得患失,就能够以忘我的、大无畏的精神去克服困难,就能够形成团结奋斗的集体合力。二是顽强拼搏的作风。刻苦认真、不屈不挠。平时训练不怕苦,不怕累,持之以恒,一丝不苟;战时比赛,敢打敢拼,勇往直前,关键时刻豁得出去,拿得下来。三是科学管用的方法。乒乓球队在体育运动中率先坚持用辩证唯物主义思想指导训练比赛。讲究一天、一月、一年打多少个球,通过量的积累寻找质的飞跃。讲究认真总结,在不断实践的基础上使一个又一个感性认识不断升华为理性认识。讲究科学研究,锐意创新,保证技战术的领先优势。讲究知己知彼,扬长避短,灵活用兵。

李瑞环说,凡属正确的领导方法,都是由个别到一般、由一般到个别的过程,都必须先集中起来再坚持下去。解剖麻雀,树立典型,以点带面,是我们长期形成的推动事业发展的有效途径。希望中国乒乓球队的成功经验,对其他运动项目,对其他各项工作,都能起到借鉴、帮助、推动的作用。

国家体育总局局长袁伟民在发言时,要求体育界进一步开展学习、推广乒乓球队经验的活动。

国家体育总局党组书记李志坚、副局长李富荣和前国家体委负责人荣高棠、李梦华，以及乒乓球界代表出席了会议。

座谈会由乒羽管理中心主任刘凤岩主持。中国乒协主席徐寅生谈了国球50年的发展历程。邱钟惠代表老运动员，王楠代表86位世界冠军，蔡振华代表教练员先后发了言。

12月23日

中共中央总书记胡锦涛同各民主党派中央和全国工商联的领导机构成员进行座谈并发表讲话

12月23日上午、24日上午和27日下午，中共中央总书记胡锦涛和中共中央政治局常委贾庆林，中共中央政治局常委、中央书记处书记曾庆红，中共中央政治局候补委员、中央书记处书记王刚一起，分别走访了中国国民党革命委员会、中国民主同盟、中国民主建国会、中国民主促进会、中国农工民主党、中国致公党、九三学社、台湾民主自治同盟中央和中华全国工商业联合会，共商巩固和发展爱国统一战线、坚持和完善共产党领导的多党合作和政治协商制度的大计。

胡锦涛代表中共中央，向各民主党派新一届中央领导机构成员和全国工商联领导机构成员表示衷心的祝贺，向各民主党派和全国工商联的广大成员表示诚挚的问候。

在各民主党派中央机关，胡锦涛等中共中央领导同志与各民主党派中央领导人进行了座谈，就深入学习贯彻十六大精神、加强共产党领导的多党合作、推进改革开放和现代化建设等问题交换了意见。民革中央主席何鲁丽、民盟中央主席丁石孙、民建中央主席成思危、民进中央主席许嘉璐、农工民主党中央主席蒋正华、致公党中央主席罗豪才、九三学社中央主席韩启德、台盟中央主席张克辉等分别介绍了各党派的主要情况和最近召开全国代表大会的情况。他们表示，一定要紧密团结在以胡锦涛同志为总书记的中共中央周围，深入学习贯彻中共十六大精神，认真实践“三个代表”重要思想，切实履行参政党职能，自觉坚持和完善共产党领导的多党合作和政治协商制度，始终不渝地同中国共产党亲密合作，为实现中共十六大提出的宏伟目标贡献力量。

胡锦涛在讲话中说，前不久召开的中共十六大和十六届一中全会选举产生了新一届中央领导机构。各民主党派也都召开了全国代表大会，选举产生了各自的新一届中央领导机构。在这样的时刻，我们中共中央的同志和各民主党派中央的同志有一个共同的心愿，那就是要继续坚持和发扬中国共产党和各民主党派在长期团结奋斗中形成的亲密合作的优良传统，更好地发挥我国社会主义政党制度的特点和优势，同心同德地为全面建设小康社会、开创中国特色社会主义事业新局面而奋斗。

胡锦涛说，各民主党派具有爱国、革命的光荣历史，是中国共产党久经考验的亲密友党。长期以来，各民主党派同我们党团结合作，建立了深厚的革命情谊，为我国的革命、建设和改革事业作出了重要贡献。近年来，各民主党派中央努力加强自身建设，进一步发挥参政党作用，围绕推进改革开放和社会主义现代化建设提出了很多重要建议，为中共中央和国务院决策提供了重要依据。各民主党派发挥自身优势，开展了多种形式的社会服务工作，取得了良好的社会效益。

胡锦涛说，最近各民主党派召开的全国代表大会，认真贯彻中共十六大精神，动员广大成员切实履行参政党职能，为全面建设小康社会、开创中国特色社会主义事业新局面努力奋斗。这充分说明，各民主党派的同志们具有为中华民族的伟大复兴而奋斗的崇高使命感和巨大政治热情。我们为此感到由衷的高兴。

胡锦涛指出，中共十六大提出全面建设小康社会的奋斗目标，对我国新世纪新阶段的改革和发展作出了全面部署。现在，前进方向已经指明，大政方针已经确定，发展蓝图已经绘就。实现这一宏伟目标，需要共产党和各民主党派更加紧密地团结合作，需要全体中华儿女共同努力奋斗。只要坚定地走中国特色社会主义道路，同心同德，艰苦奋斗，我们的目标就一定能够胜利实现。

胡锦涛强调，统一战线是中国共产党团结一切可以团结的力量，夺取革命、建设和改革事业胜利的重要法宝，也是中国共产党执政兴国的重要法宝。共产党领导的多党合作和政治协商制度是我国的一项基本政治制度，也是我国社会主义政治制度的特有优势。以毛泽东、邓小平、江泽民同志为核心的中共中央三代领导集体，为统一战线和我国这项基本政治制度的建立和发展倾注了巨大心血，作出了重大贡献。中共十六大把统一战线和这项基本政治制度写入了中国共产党领导人民建设中国特色社会主义必须坚持的基本经验，表明了我们党巩固和发展最广泛的爱国统一战线、坚持和完善我国这项基本政治制度不可动摇的决心。

胡锦涛强调，各民主党派人才济济，具有自己的优势。希望各民主党派深入学习贯彻中共十六大精神，更广泛地凝聚广大成员的智慧和力量，进一步就经济、政治、文化建设和改革深入调研，献计出力，为实现全面建设小康社会的宏伟目标作出新的贡献。相信各民主党派一定能够把学习中共十六大精神同加强自身建设结合起来，继承和发扬老一代领导人的优良传统，把民主党派建设成为同中国共产党亲密合作、能够经受住各种困难和风险的考验、致力于建设中国特色社会主义事业的参政党。

在全国工商联的座谈会上，全国工商联主席黄孟复介绍了情况。胡锦涛在讲话中充分肯定了各级工商联组织为我国经济发展作出的重要贡献。他指出，中共中央十分重视工商联的工作，并寄予殷切期望。他希望工商联进一步凝聚广大会员的智慧和力量，更好地发挥党和政府联系非公有制经济人士的桥梁和纽带作用，进一步加强自身建设，不断增强工商联组织的吸引力和凝聚力。

在走访活动中，胡锦涛等中共中央领导同志还亲切看望了各民主党派中央和全国工商联的机关工作人员，了解了他们的工作情况。中共中央有关部门负责人刘延东等也参加了走访和座谈。

国家主席江泽民在人民大会堂与哈萨克斯坦总统纳扎尔巴耶夫举行会谈

江泽民积极评价中哈建交10年来两国在双边关系和国际领域等方面的良好合作，并表示两国全面彻底解决边界问题，使中哈边界真正成为连接两国人民友谊的纽带。他强调，加强睦邻友好，坚持与邻为善、以邻为伴作为我们的长期方针和既定国策已写入中共十六大报告。

江泽民就进一步推动中哈关系发展提出如下建议：一、进一步确立世代友好的思想。即将签署的《中哈睦邻友好合作条约》，将以法律形式把两国人民世代友好的真诚愿望固定下来，并为在新世纪发展中哈关系提出了明确方向。二、不断深化互信合作。相互理解，相互信任，本着条约精神，推动两国全面合作向深度和广度发展。三、从战略高度充实中哈关系的物质基础。加强中哈经贸合作，进一步改善贸易结构，加强能源领域合作，并为两国企业家提供更为优惠的条件。四、大力促进人文交流。

江泽民对哈方在打击“东突”恐怖势力问题上一贯理解和支持中方立场表示赞赏和感谢。他说，中哈双方将签署打击“三股势力”双边协定，是上海合作组织成员国签署《打击恐怖主义、分裂主义和极端主义上海公约》后，中哈两国为共同维护地区安全与稳定采取的又一项重要举措，希望我们能按照协定的原则和规定，共同采取措施，把联合打击“东突”及“三股势力”的斗争不断引向深入。

江泽民说，上海合作组织是中哈共同参与发起的重要区域性多边合作组织，对维护地区安全与稳定，促进共同发展意义重大。今年以来，上海合作组织无论是在机制化建设还是在其他各领域合作方面都取得了长足发展，国际影响日益上升。

他指出，明年我们仍面临许多工作和任务，其中尽早成立秘书处和反恐怖机构是重中之重。同时也要采取切实措施，推动安全、经济合作取得实质突破。在当前国际和地区形势下，进一步发展上海合作组织对维护各成员共同利益具有重要意义。

会谈结束后，中哈两国元首签署了《中华人民共和国和哈萨克斯坦共和国睦邻友好合作条约》，并出席了《中哈关于打击恐怖主义、分裂主义和极端主义的合作协定》、《中哈关于预防危险军事活动的协定》、《中哈关于防治蝗虫及其他农作物病虫害合作的协议》、《中华人民共和国政府向哈萨克斯坦政府提供无偿援助的换文》等协议的签署仪式。

九届全国人大常委会第三十一次会议举行全体会议

李鹏委员长主持会议。本次常委会会议安排的议程有29项，新中国第一部民法草案首次提请审议。

会上，全国人大法律委员会副主任委员周克玉首先就民办教育促进法草案作审议情况的说明。民办教育促进法草案已经全国人大常委会会议三次审议。

农业法修订草案、草原法修订草案均已经全国人大常委会会议两次审议，法律委副主任委员王茂林向大会作这两个法律草案审议结果的报告。

会议审议了行政许可法草案、公民身份证法草案、刑法修正案(四)草案、刑法第九章渎职罪主体适用问题的解释草案、关于司法鉴定管理问题的决定草案。法律委副主任委员乔晓阳、胡光宝，全国人大常委会法制工作委员会副主任胡康生，内务司法委员会主任委员侯宗宾分别就这5个草案作修改情况的汇报和说明。

民法草案首次提请全国人大常委会会议审议，法制工作委员会主任顾昂然对草案作了说明。民法草案初稿分为九编1200多条，其中关于婚姻、合同等方面的民事法律已经制定，顾昂然主要就草案中的物权法以及其他几个问题作说明。

会议还审议了关于召开十届全国人大一次会议的决定草案。

全国人大常委会副委员长田纪云、姜春云、邹家华、帕巴拉·格列朗杰、王光英、铁木尔·达瓦买提、吴阶平、彭珮云、周光召、曹志、成思危、许嘉璐、蒋正华，秘书长何椿霖出席会议，国务委员吴仪、最高人民法院院长肖扬、最高人民检察院副检察长梁国庆列席会议。

中国军控与裁军协会首届年会暨军控形势研讨会在北京召开

国务院副总理钱其琛到会并发表讲话。

中国军控与裁军协会会长李道豫主持开幕式。与会人员将就有关国际安全形势、全球战略框架、多边军控进程和前景、国际防扩散形势及大国在防扩散领域合作等问题进行研讨。

中俄反恐工作组第三次会议在北京举行

外交部部长唐家璇会见了俄罗斯外交部副部长萨福诺夫。外交部副部长李肇星与萨福诺夫举行了磋商。

双方着重就当前国际和地区反恐形势、打击贩毒和走私、中俄反恐合作等问题深入交换了看法,并达成广泛共识。

新型工业化道路与中国环保高层论坛在北京举行

全国人大常委会委员长李鹏致信表示祝贺。李鹏说,中国的环境保护事业从无到有,现在进入了历史上重要的发展时期。保护环境的基本国策已深入民心,成为广大人民群众的强烈愿望。特别是党的十六大提出了全面建设小康社会的奋斗目标,把增强可持续发展能力、改善环境质量作为其中的一个重要方面,这符合广大人民群众的根本利益和我国可持续发展的进程。

李鹏指出,环境是经济社会可持续发展的重要基础,环境保护事业是一项光荣而伟大的事业。我们要振奋精神,勇于创新,扎实工作,在各自的工作领域里,为全面建设小康社会作出贡献。

全国人大常委会副委员长邹家华在会见与会者时说,我国要基本实现工业化,就要走出一条科技含量高、经济效益高、资源消耗低、环境污染少、人力资源优势得到充分发挥的新型工业化路子。既要保证经济的快速发展,又要保护好环境和资源,这就对我们提出了更高的要求。我们要以高度的责任感和崇高的使命感,去努力完成这一光荣而艰巨的历史任务。

全国人大环资委主任委员曲格平、国家环保总局局长解振华在论坛上作了主题发言。

全国政协副主席赵南起和有关方面负责人参加了活动。这次论坛由中国环境报社主办。

12月24日

国家副主席胡锦涛在人民大会堂会见哈萨克斯坦总统纳扎尔巴耶夫

九届全国人大常委会第三十一次会议举行全体会议

会议审议海关关衔条例草案等。全国人大常委会委员长李鹏出席全体会议并参加了分组审议。

全体会议由全国人大常委会副委员长田纪云主持。会议的主要议程有:审议海关关衔条例草案、港口法草案、放射性污染防治法草案,受国务院委托,海关总署署长牟新生、交通部部长张春贤、国家环境保护总局局长解振华分别就这3个草案作说明;审议国务院关于提请审议批准中国和南非引渡条约的议案、中国和立陶宛引渡条约的议案、中国和爱沙尼亚关于刑事司法协助的条约的议案、中国和阿拉伯联合酋长国引渡条约的议案、中国和塔吉克斯坦关于中塔国界的补充协定的议案,受国务院委托,外交部副部长王光亚就这5个议案作说明;审议国务院关于提请审议批准上海合作组织成员国关于地区反恐怖机构的协定的议案,公安部部长贾春旺受国务院委托就这个议案作说明;审议中央军事委员会关于提请审议批准人民解放军选举委员会人选的议案;听取关于检查种子法实施情况的报告,全国人大农业与农村委员会主任委员高德占代表布赫副委员长宣读了这个报告。

全国人大常委会副委员长姜春云、邹家华、帕巴拉·格列朗杰、王光英、铁木尔·达瓦买提、彭珮云、何鲁丽、周光召、曹志、丁石孙、成思危、许嘉璐、蒋正华,秘书长何椿霖出席会议,国务委员王忠禹、最高人民法院院长肖扬、最高人民检察院副检察长梁国庆等列席会议。

全国人大常委会委员长李鹏在人民大会堂会见哈萨克斯坦总统纳扎尔巴耶夫

国务院总理朱镕基在人民大会堂与孟加拉国总理卡莉达·齐亚举行会谈

朱镕基说,中孟友好是建立在两国领导人和人民之间高度互信基础上的。在保持高层互访传统的同时,有必要加强两国政界、工商界、新闻界和民间友好团体的交流,使中孟友谊代代相传。两国经贸合作是中孟关系中的重要内容,两国经济各有特点和优势,相信会在新世纪得到更大的发展。孟加拉国是发展中国家,我们理解孟加拉国在经济发展上面临的困难。为了体现中国人民对孟加拉国人民的友好情谊,中国决定将援建的孟中友谊国际会议中心无偿赠送给孟加拉国。

会谈结束后,两国总理共同出席了《中华人民共和国政府和孟加拉人民共和国政府经济技术合作协定》等3个文件的签字仪式。

国务院总理朱镕基人民大会堂会见哈萨克斯坦总

统纳扎尔巴耶夫

国务委员吴仪与全国外经贸工作会议部分代表座谈

国务委员吴仪在座谈时强调，各级外经贸部门要以“三个代表”重要思想为指导，深入学习贯彻党的十六大和中央经济工作会议精神，抓住历史发展机遇，振奋精神，精心谋划，群策群力，努力促进外经贸工作再上一个新台阶。

吴仪说，过去5年，我国外经贸成就显著，贸易额连续跨上几个台阶，国家外汇储备比5年前增加了1倍多；吸收外资连续9年居发展中国家首位，今年有可能成为全世界直接利用外资最多的国家；在境外设立企业数量、投资领域和投资有较大幅度的增长或扩大，“走出去”发展迈出可喜步伐；加入世贸组织标志着我国对外开放进入一个新阶段，加入世贸后第一年开局良好。这些成绩是在极其复杂的国际形势下，克服各种困难取得的。实践证明，党中央、国务院一系列方针、政策和策略是正确的，我们完全有能力参与更大范围的国际合作和更加激烈的国际竞争。

吴仪说，成绩固然可喜，更重要的是要与时俱进，开拓未来。十六大提出要抓住本世纪头20年的重要战略机遇期，全面建设小康社会。外经贸系统要深刻理解这一宏伟目标对外经贸工作提出的新任务、新要求，突出一个“干”字，调动一切积极因素，努力实现贸易大国向贸易强国的转变。

吴仪指出，做好明年的外经贸工作，对于巩固和发展经济运行的好形势，促进国民经济发展至关重要。要继续保持各项外经贸政策的连续性和稳定性，同时应根据世贸组织规则和国际通行做法，进一步完善有关政策，解决外经贸工作中的突出问题，培育外贸发展新的增长点。推动外贸诚信经营，规范经营秩序，继续严厉打击走私、骗取出口退税等不法行为。受国际政治经济的影响，明年外经贸工作还会遇到不少困难，对此要有足够准备，要有忧患意识，把困难估计得充分一点，把应对和克服困难的措施准备得更周全一些。应清醒地看到，加入世贸的挑战是长期的，千万不可掉以轻心，要继续做好各项应对工作，化压力为动力，迎接更大的挑战。

吴仪指出，“走出去”发展是党中央确定的事关我国发展全局和前途的重大战略。要加快“走出去”的法制建设，建立和完善保障体系和监管体系，鼓励和支持有比较优势的各种所有制企业采取多种形式发展境外加工装配，健全营销网络，逐步形成一批我国自己有实力的跨国公司和著名品牌。

吴仪强调，必须大力推进外贸体制改革和管理创新，全面提高外经贸发展的质量和效益。要积极推进国有外经贸企业改革，进一步放开外贸经营权，鼓励和帮助大的非公有制企业逐步建立现代企业制度，激活各类外经贸主体的活力。加快调整和优化出口商品结构，提高商品的质量和科技含量，增强出口竞争力。积极探索利用外资的新方式，在扩大吸收外资规模的同时，全面提高吸收外资的质量和水平。努力办好现有的国家级经济技术开发区。加强部门协作和配合，形成合力，为我国企业参与国际竞争提供优良的服务。

国务院副总理李岚清陪同哈萨克斯坦总统纳扎尔巴耶夫出席北京大学授予纳扎尔巴耶夫总统名誉博士学位仪式暨演讲会

国务院副总理李岚清在中南海会见沙特阿拉伯高教大臣哈立德·本·穆罕默德·安卡里和他率领的沙特政府文化教育代表团

国防部部长迟浩田在北京会见哈萨克斯坦国防部部长阿尔腾巴耶夫

国防部部长迟浩田在北京会见格鲁吉亚国防部副部长格拉·别茹阿什维利

第四次全国高校后勤社会化改革工作电视电话会议在北京召开

国务院副总理李岚清出席会议并发表讲话。他强调，当前和今后一个时期高等教育战线的首要任务，是按照中央的部署，认真学习贯彻十六大精神，将全面落实十六大精神转化为广大师生员工的自觉行动，进一步推动高校的改革与发展，使高校真正成为科教兴国的强大生力军。

李岚清指出，高校后勤社会化改革是我国高等教育改革的一项重要内容，为我们探索以政府力量为主导、吸收社会力量加快高等教育发展，找到了一条适合中国国情的有效途径。三年来，通过各级政府加大资金投入和吸引社会投资，全国高校新建、改造学生公寓和学生食堂超过了新中国成立后五十年建设面积的总和，完成了三年改革预期目标，取得了令人瞩目的重大成绩。但与高校发展的实际需要相比，今后一个时期改革和建设的任务还很艰巨。各级党委和政府、各有关部门、各高等学校要加强领导，统筹规划，密切配合，狠抓落实，坚定不移地把高校后勤社会化改革不断引向深入。要在继续加大政府投入的同时，积极调动社会资金和力量共同发展高等教育。学生公寓和食堂建设要坚持坚固、实用、安全、方便，收费要坚持合理标准,决不能讲排场,比阔气,增加学生不必要的负担。要调整学生公寓建设格局,统筹考虑学生公寓建设和教职工住房建设,力争多在校内、学校周边和离学校近的地方建设学生公寓。

李岚清指出,1999年5月,党中央、国务院作出了进一步扩大高等教育阶段招生规模的重大决定。三年多来的实践证明,党中央、国务院关于高校扩招的决策是符合国情、顺乎民意的,是完全正确的,实际执行的效果也很好。今后几年,高校扩招的增幅要适当稳定,与经济增长速度大致相当,与高校的教学、后勤设施条件相适应,要保证教育质量。针对当前的实际,高校要着重抓好以下三项工作:一是要做好毕业生的就业工作。从明年开始,高校扩招后的学生将陆续毕业,妥善解决好毕业生的就业问题,是一项重大而繁重的任务。各地区、各部门、各高校一定要做好充分的准备,早作部署,早作安排,加强就业指导,鼓励和支持毕业生自主创业,协助和引导他们到农村、到基层、到西部地区和非公有制企业去就业。高校要抓紧调整学科结构,培养更多经济和社会发展需要的人才。二是要加强和改善高校管理。各级领导班子要认真研究和解决新形势下高校面临的新情况、新问题,切实加强自身建设,不断增强管理能力,确保高校稳定,把高校管理工作提高到一个新的水平。三是要做好国家助学贷款工作。银行、学校和教育行政部门要统一思想认识,建立有效的协调机制,加大工作力度,在总结经验的基础上,使国家助学贷款工作走向制度化、规模化,把这件利国、利民、利银行的工作扎扎实实地做好。

会上,教育部部长陈至立作了深化高校后勤社会化改革的工作报告,北京市、陕西省和浙江省的负责同志分别发了言。中央、国家机关有关部门和各银行总行的负责同志在主会场出席了会议。各省、自治区、直辖市和有关部门负责同志在分会场参加了会议。会议由国务院副秘书长高强主持。

《中华人民共和国行政区划图》出版

我国有史以来第一幅标示法定省级陆地行政区域界线的地图——1:400万《中华人民共和国行政区划图》近日由民政部、国家测绘局联合编制问世,今天由中国地图出版社出版发行。

据了解,截至去年年底,经过全国30多万勘界工作者多年的艰苦努力,我国近48万公里的省、县两级陆地行政区域界线全面勘定,从而结束了2000多年来中华大地省与省、县与县的行政区域没有明确分界线的历史,被专家称为"千年一划"。勘界工作为全国行政区划图的绘制提供了法律基础。在全面完成勘界工作任务之际,民政部会同国家测绘局,利用最新的行政区划、地名资料和法定的省级行政区域界线,采用数字制图技术完成了《中华人民共和国行政区划图》的编辑出版工作。

《中华人民共和国行政区划图》长1640毫米、宽1184毫米,具有权威性、法定性、现势性、先进性,是作为比例尺等于或小于1:400万地图上绘制省级陆地行政区域界线的标准和依据。它的公布,对于向社会各界特别是边界地区的基层政府及干部和群众广泛地宣传经国务院批准的省级行政区域界线的法律地位,增强各级政府根据行政管辖区域认真履行行政管理职能,巩固勘界工作成果,促进边界地区社会稳定、经济发展和民族团结具有重要意义。根据这幅图,可以纠正近年来一些部门在公开出版的图书、杂志、报纸以及电影电视、橱窗展览和大量商业广告上所绘制的地图中出现的省界错误画法,使地图编制出版有了一个统一的标准。

12月25日

国家主席江泽民在人民大会堂接受肯尼亚新任驻华大使胡卡·瓦里奥递交的国书

国家主席江泽民在中南海会见孟加拉国总理卡莉达·齐亚

国家副主席胡锦涛在人民大会堂会见孟加拉国总理卡莉达·齐亚

国家副主席胡锦涛应约和俄罗斯总统普京通电话

全国人大常委会委员长李鹏在人民大会堂会见了孟加拉国总理卡莉达·齐亚

国务院总理朱镕基在人民大会堂接见出席全国财政工作会议的代表并发表讲话

朱镕基在讲话中强调,近年来我国财政工作取得很大成绩,为保障国民经济持续快速健康发展作出了重要贡献。他希望全国财政系统广大干部职工再接再厉,同心协力,继续做好各项财政工作,继续实施积极的财政政策,大力增收节支,不断推进财政体制改革,再创财政工作新局面。

朱镕基指出,1994年以来进行的财税体制改革,以及此后推进的所得税收入分享改革、税费改革等,规范了国家、企业和个人及中央和地方的分配关系,建立了财政收入稳定增长的机制。1994—2001年,全国财政收入增加了2.14倍,年均增收1595亿元,其中,1994—1997年年均增收1076亿元,1998—2001年年均增收 1934 亿元。财政收入占国内生产总值的比重，由 1994 年的 11.2％提高到 2001 年的 17.1％。尽管今年财政减收因素较多，但预计全年财政增收仍将超过 1800 亿元。可以说，以上这些改革，是新中国成立以来力度最大、成效显著、影响深远的改革，决策科学、设计周密、实施有力、运行平稳。财政收入的大幅度增长，为经济和社会发展提供了强大的财力支撑。

朱镕基说，1998 年以来，面对亚洲金融危机的冲击和国内有效需求不足的困难局面，中央果断地把宏观调控重点转向实施积极的财政政策和稳健的货币政策。1998—2002 年，发行长期建设国债 6600 亿元，安排国债项目总投资 3.28 万亿元，预计到今年底累计完成投资 2.46 万亿元，形成一大批基础设施等方面的新增生产能力和优质资产。1998—2002 年，各级财政用于“两个确保”和“低保”的支出 2390 亿元，其中中央财政支出 1937 亿元。1999 年以来，连续 3 次提高机关事业单位职工基本工资，财政累计支出 4066 亿元，其中中央财政支出 2333 亿元。农村税费改革试点今年扩大到 20 个省(区、市)，中央财政用于农村税费改革的转移支付，去年为 80 亿元，今年增加到 245 亿元。

朱镕基指出，1998 年以来，推进部门预算、国库集中收付制度、政府采购制度等支出管理方面的改革，“收支两条线”管理改革也已在部分中央部门进行试点。“金财”工程等信息化建设加快。这些改革措施，对于转变政府职能，规范财政管理，从源头上预防腐败，发挥了重要作用。

他说，总之，在党中央、国务院的正确领导下，近些年是财政改革力度最大的时期，是财政实力显著增强的时期，是财政宏观调控作用发挥最好的时期。广大财政干部职工艰苦努力所取得的巨大成绩，必将载入我国财政事业的光辉史册。

朱镕基强调，不久前召开的党的十六大，对在新世纪新阶段建设中国特色社会主义作出了全面部署，提出了全面建设小康社会的奋斗目标。本月召开的中央经济工作会议，提出了明年经济工作的总体要求和主要任务。在新的形势下，财政部门责任重大，财政工作任务光荣而艰巨。

朱镕基对财政系统干部提出了几点希望和要求。一是要认真学习贯彻党的十六大精神，正确履行职责，更好地发挥财政部门的作用。二是按照中央经济工作会议的部署，努力做好明年的财政工作。要继续加强增收节支，调整和优化财政支出结构，保证重点支出，坚决制止铺张浪费，为国家管好财、用好财。三是完善财税体制改革。继续推进农村税费改革，不断深化财政支出管理的改革，加快财政工作信息化建设。四是加强队伍建设，转变工作作风，坚持依法行政，造就一支思想过硬、作风过硬、本领过硬的队伍。

国务院副总理李岚清、国务委员王忠禹参加了接见。

全国财政工作会议在北京召开

这次会议的主要议题是：深入学习贯彻党的十六大精神，认真落实中央经济工作会议确定的各项政策措施，回顾 5 年来财政改革与发展的奋斗历程，总结新时期财政改革和发展的经验，安排部署明年的财政收支计划和财政工作；表彰近年来财政战线涌现的先进集体和先进个人。财政部部长项怀诚要求全国财政系统深入学习、全面贯彻党的十六大和中央经济工作会议精神，以“三个代表”重要思想统领财政改革与发展。

项怀诚说，明年财政工作的指导方针和总体要求是：以邓小平理论和“三个代表”重要思想为指导，认真贯彻落实党的十六大和中央经济工作会议精神，坚持把发展作为执政兴国的第一要务，按照全面建设小康社会的要求，坚持扩大内需的方针，继续实施积极的财政政策，保持政策的稳定性和连续性，努力促进国民经济稳定较快增长；积极调整财政支出结构，进一步加大对社会保障、改善人民生活、农业、西部大开发等重点支出的保障力度；严格财政收支管理，大力开展增收节支，整顿和规范财经秩序；继续深化财政改革，完善预算决策和管理制度。

项怀诚指出，明年必须切实抓好以下六项重点工作，具体概括为“三保三抓”：一要保经济发展大局，继续实施好积极的财政政策。二要保社会保障、工资发放等重点支出需要，着力帮助解决困难群众的生产和生活问题，促进社会稳定。三要保其他重点事业支出，支持经济社会协调发展。四要抓收入征管，确保财政收入稳定增长。五要抓厉行节约，坚决制止铺张浪费。六要抓整顿监督，规范财经秩序。

项怀诚说，根据党的十六大精神和中央经济工作会议的部署，明年及今后一个时期财政改革的任务，概括起来就是“一个目标、两个关键、三个重点”：“一个目标”：即深化公共财政改革，争取再过几年时间，建立比较完善的公共财政体系。“两个关键”：一是继续壮大财政实力，争取再过几年时间，把全国财政收入占 GDP 的比重逐步提高到发展中国家的一般水平；二是财政支出改革要有更大进展，力争再过几年，取得基础性、机制性、结构性和技术性改革的全面成功。“三个重点”：一是调整支出结构，不断加大对重点事业的保障力度；二是进一步完善社会保障体制，促进就业和再就业，保证和改善低收入群体的生活；三是完善防范和化解财政风险的措施，实现财政可持续发展。

具体到明年，深化财政改革的主要任务：一是财政收入体制改革要进一步完善。二是支出体制改革要继续深化和扩大。三是大力支持和配合国有资产管理体制改革、农村经济体制改革、金融体制改革、行政管理体制改革等重大体制改革。

中国造血干细胞捐献者资料库网络系统正式建立运行

目前，该资料库共有志愿者资料5万余份，其中6000余份已输入网络系统，初步形成了为临床服务的能力。

此次运行的网络系统是集数据录入、传输和检索查询为一体的管理软件，可以管理百万名志愿者的数据。

今年，北京、上海、辽宁、山东等13个省市初步建立了分库，这些分库负责当地捐献造血干细胞志愿者的动员、组织、征募、登记、采集血样等工作。为了保证志愿者数据检测的数量和质量，中国造血干细胞捐献者资料库管理中心组织专家相继对13个省市的17个实验室进行了评审，大部分实验室通过验收。到今年年底，中国造血干细胞捐献者资料库共成功配型60余例，并为31名患者成功进行了造血干细胞移植手术。

我国约有400万人患白血病、重症再生障碍性贫血、重症免疫缺血症、急性放射性疾病和恶性肿瘤放化疗后的免疫功能低下等疾病患者，其中仅白血病患者每年就新增4万多人。用造血干细胞移植是治疗这些疾病最先进、最有效的手段，但供者和患者之间的白细胞配型完全相合是进行移植手术的先决条件。

12月26日

中共中央政治局召开会议研究农业和农村工作

会议听取了有关方面关于农业和农村工作的汇报。会议分析和研究了明年农业和农村工作。中共中央总书记胡锦涛主持了会议。

会议指出，我国农业和农村经济发展进入新阶段以来，党中央、国务院根据农产品供大于求的新情况和加入世贸组织以后的新形势，紧紧围绕增加农民收入这一基本目标，采取了一系列重大政策措施，巩固和发展了农村的好形势。农业结构调整取得明显进展，农业综合生产能力有新的提高，农村改革进一步深化，农民生活继续改善，农村社会保持稳定。农产品供给充裕，农村经济稳定发展，有力地支撑了国民经济的发展和社会的稳定。实践证明，中央关于新阶段农业和农村工作的决策和部署，符合农村实际，符合农民利益，符合农村生产力发展要求，是完全正确的。

会议强调，全面建设小康社会，加快推进社会主义现代化，必须统筹城乡经济社会发展，更多地关注农村，关心农民，支持农业，把农业、农村、农民问题作为全党工作的重中之重，放在更加突出的位置，努力开创农业和农村工作的新局面。

会议要求，各地各部门要认真贯彻党的十六大精神，高举邓小平理论伟大旗帜，全面贯彻"三个代表"重要思想，继续落实党在农村的各项方针、政策和措施，努力做好各方面的工作，积极发展农业和农村经济，力争农民收入有较快增长。要继续推进农业结构调整，优化区域布局，提高农产品质量安全水平，发展农业产业化经营。加快乡镇企业的调整和改革，有重点地发展小城镇，加强对进城农民工的服务和管理，促进农村劳动力转移。提高农业的国际竞争力，努力扩大优势农产品的出口。加大对农业和农村的投入力度，加强生态环境建设和农村中小型基础设施建设，切实做好扶贫工作。要稳定农村政策，深化农村改革，调动和保护农民的积极性。要高度重视和加强农村教育、科技、卫生、文化等社会事业建设，逐步缩小城乡社会事业发展差距。各级党委要切实加强对农村工作的领导，加强农村基层组织建设、精神文明建设和民主法制建设，促进农村社会全面进步。

会议决定，近期召开中央农村工作会议。

会议还研究了其他事项。

中共中央总书记胡锦涛主持中共中央政治局集体学习并发表讲话

胡锦涛强调指出，我们党要团结带领全国各族人民抓住机遇、迎接挑战，与时俱进、开拓创新，实现全面建设小康社会的宏伟目标，不断开创中国特色社会主义事业新局面，必须坚持把学习作为全党一项十分重要的任务，不断加强，不断推进，努力使全党的马克思主义理论水平和科学文化水平不断有新的提高。

中共中央政治局这次集体学习安排学习宪法。中国人民大学许崇德教授、武汉大学周叶中教授以《认真贯彻实施宪法和全面建设小康社会》为题，就宪法是国家的根本法、新中国宪法的发展历程、现行宪法的主要内容和特点等问题作了讲解，并就贯彻实施宪法提出了有关建议。

中央政治局各同志边听两位教授的讲解，边认真地做着笔记，并就有关问题进行了深入的讨论。

胡锦涛在主持学习时发表了讲话。他指出，实现十六大提出的宏伟目标和各项任务，要求我们更好地把坚持党的领导、人民当家做主和依法治国有机统一起来，进一步发展社会主义民主，健全社会主义法制，建设社会主义政治文明，以充分调动全国各族人民的积极性、主动性、创造性，同心同德地推进改革开放和社会主义现代化建设。要做到这一点，必须坚持实施依法治国的基本方略，在全社会进一步树立宪法意识和宪法权威，切实保证宪法的贯彻实施，充分发挥宪法对我国社会主义物质文明、政治文明、精神文明协调发展的促进和保障作用。

在谈到贯彻实施宪法时，胡锦涛指出，第一，要深入学习宣传宪法，不断提高全党全国人民对宪法的重要地位和重要作用、宪法的基本知识和基本内容、贯彻落实宪法的重大意义的认识，在全社会形成崇尚宪法、遵守宪法、维护宪法的良好氛围。要把学习贯彻十六大精神和学习宣传宪法紧密结合起来，把贯彻实施宪法落实到全面实现十六大提出的宏伟目标和各项任务上来。第二，要切实加强法律监督，保证宪法和其他法律得到贯彻实施。这是我们实施依法治国的基本方略、建设社会主义法治国家的根本要求。要加强立法监督和执法监督，坚决纠正各种违宪现象，坚决维护国家法制的统一和尊严。第三，要坚持依法执政，不断加强和改善党的领导。我们党是执政党，应该在贯彻实施宪法上为全社会作出表率。十六大提出党要坚持依法执政，这是我们为加强党的执政能力建设，提高党的领导水平和执政水平，改革和完善党的领导方式和执政方式而提出的一个具有重大政治意义的要求。党的各级组织和全体党员都要做遵守宪法的模范，严格依法办事，带动全社会严格贯彻实施宪法。

胡锦涛说，中央政治局经过讨论认为，为了适应党和国家事业发展的需要，为了更好地承担起党和人民所赋予的重任，我们必须进一步加强学习。除了自学以外，中央政治局还要进行集体学习。今天这次学习活动，是新一届中央政治局集体学习的第一次，开了个头。这要作为一项制度长期坚持。

胡锦涛强调，我们党历来高度重视学习问题，始终把学习作为一项关系党的事业兴旺发达的战略任务来抓。毛泽东同志、邓小平同志、江泽民同志都反复强调全党同志特别是领导干部要坚持和加强学习。领导干部加强学习，首先要学习马克思列宁主义、毛泽东思想和邓小平理论，学习“三个代表”重要思想。学习马克思主义理论，关键是要掌握马克思主义的基本原理，领会马克思主义的精髓和本质，学会运用马克思主义的立场、观点、方法来分析和解决改革开放和现代化建设中的实际问题。同时，要学习经济、政治、文化、法律、科技、管理、历史、军事等方面的知识，并把这方面的学习同加深领会和灵活运用马克思主义理论紧密结合起来。各级领导干部必须明白，现在社会各个方面的发展日新月异，人民群众的实践创造丰富多彩，不学习、不坚持学习、不刻苦学习，势必会落伍，势必难以胜任我们所肩负的重大职责，要做合格的领导者和管理者，必须大力加强学习，努力用人类社会创造的丰富知识来充实自己。

胡锦涛强调，领导干部加强学习，必须坚持理论联系实际的优良学风。中央要求领导干部加强学习，根本目的是要提高我们党执政兴国的本领，提高为人民服务的本领，提高不断开创中国特色社会主义事业新局面的本领。加强学习，一定要紧密联系党和国家事业的发展要求来进行，一定要紧密联系认识和解决改革和发展中出现的新情况新问题来进行，一定要紧密联系自身世界观和人生观的改造来进行，一定要紧密联系更好地为最广大人民谋利益来进行。这样才能学得生动、学得深入、学得有效。各级党组织一定要把加强学习作为一项重大而又紧迫的任务来抓，切实抓出成效。只要全党坚持加强学习、加强实践，我们的领导水平和执政水平就能不断提高起来，我们的事业就能不断向前发展。

中央和国家机关有关部门负责人也参加了学习。

九届全国人大常委会第三十一次会议举行全体会议

会议听取和审议国务院关于安全生产工作情况的报告等。全国人大常委会委员长李鹏出席会议。

会议在全国人大常委会副委员长姜春云主持下，首先听取了国家经济贸易委员会主任李荣融受国务院委托所作的关于安全生产工作情况的报告。李荣融说，安全生产形势尽管也还严峻，但总体上明显趋于稳定好转：全国特大恶性事故以较大幅度逐年下降，特别是重特大事故上升的势头得到有效遏制；事故起数和死亡人数上升增幅逐年下降；事故多发、人民群众普遍关注的行业和领域生产安全事故明显下降；部分地区安全生产出现稳定好转势头。他还报告了国务院近年来在安全生产方面所做的主要工作和下一步的工作意见。

会议还听取了卫生部部长张文康受国务院委托所作的关于医疗卫生体制改革情况的报告。张文康报告了医疗卫生体制改革面临的形势和主要进展情况，以及艾滋病的防治工作。他说，我国的卫生改革有了重要进展，卫生发展取得了显著成绩。但是，医疗卫生体制改革仍然面临着一些困难和问题。下一步医疗卫生体制改革的工作思路是：切实加强农村卫生工作，继续深化城镇医药卫生体制改革，加强卫生法制建设，深化卫生监督与疾病预防控制体制改革。

会上，全国人大民族委员会主任委员王朝文、法律委员会副主任委员李伯勇、内务司法委员会副主任委员顾金池、教育科学文化卫生委员会副主任委员蒋祝平分别报告了九届全国人大五次会议主席团交付审议的代表提出的议案审议结果的报告。会议还审议了全国人大代表团访问智利、乌拉圭两国情况的书面报告。

全国人大常委会副委员长田纪云、邹家华、帕巴拉·格列朗杰、王光英、铁木尔·达瓦买提、彭珮云、何鲁丽、周光召、曹志、丁石孙、成思危、许嘉璐、蒋正华,秘书长何椿霖出席会议,国务院副总理钱其琛、最高人民法院院长肖扬、最高人民检察院副检察长梁国庆列席会议。

国务院副总理李岚清在全国财政工作会议和全国税务工作会议上发表题为《健全和完善社会主义市场经济下的公共财政和税收体制》的讲话

党的十六大提出了全面建设小康社会的奋斗目标,部署了经济、政治、文化和社会各项事业发展的战略任务。财税工作要按照党的十六大精神和"三个代表"的要求,继续大力推进社会主义市场经济公共财政建设,不断完善税收制度,在实现全面建设小康社会奋斗目标的进程中发挥更大的作用。

一、五年来财税工作取得了显著成效

1998年以来,各级财税部门认真贯彻落实党的十五大精神和党中央、国务院一系列方针政策,在有关部门的共同努力下,深化改革,开拓创新,立足全局,增收节支,财税工作取得了显著成绩,有力地支持了国民经济和社会各项事业的发展。

(一)财税收入持续大幅度增长。

近几年来,我国财税收入增长一年一大步,财税实力明显增强。与上年相比,1998年增收1225亿元,1999年增收1568亿元,2000年增收1951亿元,2001年增收2991亿元。2002年尽管减收因素较多,增收仍超过2500亿元。1998—2002年财税收入年均增收约2000亿元,比前五年的年均增收额翻了一番,年均增长16%以上,是新中国成立以来收入增长最快的时期。全国财政收入占国内生产总值的比重,已由1997年的11.6%上升到2002年的18%以上。其中,税收收入占国内生产总值的比重2002年已超过17%,五年提高了6个百分点。更重要的是,我国初步建立了财税收入稳定增长的机制和比较规范的财政支出机制,为健全和完善公共财政和税收制度,促进经济和社会协调发展,增强我国综合国力和竞争力,提供了有利条件。

(二)实施积极的财政政策成效显著。

1997年下半年爆发的亚洲金融危机,给我国经济增长也带来了较大的冲击。应对这种情况,党中央、国务院果断决策,实行了扩大内需的方针,实施积极的财政政策和稳健的货币政策。

积极财政政策的一个重要方面,就是通过发行长期建设国债,增加建设投资,加快基础设施建设、企业技术改造、生态环境保护和科技教育发展等。1998—2002年,国家共发行长期建设国债6600亿元,加上银行贷款和社会投资,共安排项目投资32800亿元,累计完成投资24600亿元。形成了一大批新增生产能力,其中包括投产铁路新线5498公里,复线2522公里,电气化里程1054公里;新增公路通车里程3.3万公里,其中高速公路1.2万公里;新建和扩建35个机场;全国农网低压改造覆盖面已达80%;加固大江大河大湖堤防3万公里,增加长江沿岸行蓄洪面积近3000平方公里;完成退耕还林5582万亩,荒山荒地造林5966万亩;建成中央储备粮库仓容1046亿斤;新建1100万平方米高校教育设施,改建5800所中小学危房;用355亿元国债贴息资金带动总投资4354亿元,支持重点行业、重点企业的技术改造项目2175个;还支持了城市轨道交通、超高压直流输变电和燃气轮机等设备国产化项目。西部大开发的步伐不断加快。2000年以来,西部地区新开工重点工程投资总规模6000多亿元,3年来长期建设国债用于西部地区达1600亿元。青藏铁路、西气东输、西电东送、南水北调等标志性工程相继开工。通过国债投入和财政转移支付的支持,有力推动了西部大开发的实施,使西部地区的基础设施建设、生态环境改造、科技教育发展、扶贫脱贫工作等都取得了明显成效。

在增加建设性投资的同时,注重培育和扩大消费需求,采取措施增加居民收入,促进消费增长。从1999年7月1日起,国家连续三次上调机关事业单位职工及离退休人员工资,月人均基本工资水平从1998年的400元提高到2001年的700元,增幅达75%,再加上实施年终一次性奖励制度及正常工资晋档等因素,机关事业单位职工人均月工资水平达到823元,增长105.8%。"两个确保"和"低保"工作不断加强,社会保障体系逐步完善。1998—2002年国家大幅提高企业离退休人员养老金、城市"两个确保"和"低保"的投入,其中仅中央财政就安排资金1934亿元,增加了企业离退休职工、困难职工和城镇低收入者的收入。通过退耕还林、调整农业结构、农村税费改革和按保护价收购农民余粮等措施,增加了农民收入。城镇居民收入的增加,有力地促进了消费。居民消费占国内生产总值的比重,由1997年的46.5%上升到2001年的46.8%。

积极财政政策的另一重要内容,就是在保持税收收入稳定增长的基础上,为推进经济结构战略性调整,对税收政策进行了科学、合理的结构调整,发挥了税收宏观调控的重要作用。为鼓励投资,从1999年7月1

日起，减半征收固定资产投资方向调节税，2000年开始暂停征收，每年减收100多亿元；对符合国家产业政策的各类技术改造项目购置国产设备的投资，按40%的比例抵免企业所得税。为支持外贸出口，1998年以来，出口退税机制不断规范，1998—2002年累计办理出口退税4000多亿元。从2002年起，对生产企业自营或委托出口货物全面实行“免、抵、退”税管理办法。为鼓励居民储蓄向消费、投资转化，从1999年11月1日起，恢复对居民本、外币储蓄新发生的存款利息收入征收个人所得税，到2002年年底累计征收700多亿元。为促进高新技术企业发展和西部大开发，支持国有企业改革和下岗失业人员再就业，先后出台了若干税收优惠政策。

积极财政政策的实施有力地拉动了经济增长。1998—2002年，我国经济增长分别为7.8%、7.1%、8%、7.3%和8%左右，其中国债项目投资对经济增长的贡献率分别为1.5、2、1.7、1.8和2个百分点左右。

（三）适应社会主义市场经济需要的公共财政体制框架初步建立。

建立适应社会主义市场经济需要的公共财政体制框架，是本届政府的一项重要工作。五年来，积极推进财税体制改革，不断完善财政收支机制，转变财政宏观调控方式，为健全和完善公共财政奠定了良好基础。

第一，公共财政收入体制逐步完善。1994年我国进行了包括分税制在内的财税体制改革，2002年又推出了所得税收入中央和地方分享改革，充分调动了中央和地方两个积极性，初步形成了财政收入稳定增长机制。1998年以来，进一步加强税收法制建设，深化税收征管体制改革，大力整顿和规范税收秩序，加快以“金税工程”为主要手段的税收征管信息网络建设，对加强税收征管，打击偷逃骗税等涉税违法犯罪行为，发挥了重大作用。新修订的《税收征管法》及其《实施细则》等一批法律、法规相继颁布实施，税收征管力度加大，保证了税收持续大幅度增长。1998—2002年，全国税收收入总计65000多亿元，比上一个五年翻了一番多。农村税费改革取得重要进展。2002年，试点范围扩大到20个省（区、市），一年减轻农民负担300亿元以上，减负率达30%左右，农村“三乱”问题得到有效遏制。车辆购置费改税从2001年1月1日起顺利实施，两年征税超过600亿元。非税收入管理改革取得明显成效。1997年以来，财政部门会同有关部门共取消收费1965项，减轻社会负担1300多亿元。

第二，公共财政支出改革取得进展。五年来，财政部门不断完善财政法制建设，着力推出一系列公共支出改革。（1）部门预算改革全面推行。从2000年开始，中央一级预算单位都编制了部门预算，许多省、市级政府部门也开始试编部门预算。（2）国库集中收付制度改革已在38个中央部门进行试点，取得较好效果，并受到社会和有关国际机构的好评。（3）政府采购规模不断扩大。今年集中采购规模有望突破1000亿元，节约资金100亿元以上。（4）“收支两条线”管理改革稳步推进。目前在中央34个部门进行试点，海关、国税系统的经费实行了预算制管理。这些改革，既提高了支出效率，节约了财政资金，规范了支出管理，又增强了财政保障水平，促进了部门职能转变和依法行政。

第三，公共财政宏观调控体系逐步健全。根据经济形势变化和宏观调控需要，正确把握积极财政政策的实现形式和力度，采取增加国债投资、灵活运用税收政策、合理调节收入分配、实行财政贴息、增加财政转移支付等措施，提高了政策实施效果，完善了财政宏观调控体系。同时，注重财政政策和货币政策的协调配合。这五年，国债项目的银行配套贷款达8300多亿元；银行5次降息，利率水平较低，降低了国债发行成本，也促进了银行经营状况的改善。五年来中央财政转移支付力度不断加大，增强了中央财政宏观调控能力，促进了各地区公共服务的协调发展。中央财政对地方的税收返还由1998年的2139亿元增加到2002年的3014亿元。中央财政对地方的转移支付由1998年的1032亿元，增加到2002年的4025亿元。在中央财政的转移支付中，1998—2002年用于“两个确保”、“低保”和增加对部分省、区机关事业单位人员工资补助达3534亿元。

几年来，财政、税务、海关等部门加快转变职能，改进工作作风，办事效率明显提高；坚持依法行政，加大反腐败斗争力度，自身思想建设、队伍建设和机构建设进一步加强；“金关”、“金税”、“金财”等基础性工程的信息化建设取得突破性进展。

财税工作能够取得这样突出的成绩，主要是党中央、国务院正确分析国内外形势，及时作出一系列科学决策和部署，为财税工作指明了方向；国务院总理和全体领导同志对财税工作的领导、支持和关怀；也是财税部门广大干部职工认真贯彻落实中央的各项方针政策，开拓进取，扎实工作的结果。

在看到财税工作取得重大成绩的同时，我们也应看到当前财税工作中仍然存在一些需要进一步研究解决的问题：公共财政体制和税收制度不够完善；偷逃骗税问题仍比较严重；支出增长过快，损失浪费现象仍比较普遍。要高度重视和认真解决这些问题，继续深化财税改革，努力把财税工作做得更好。

二、不断完善适应社会主义市场经济需要的公共财政体制

1998年以来，我国财政体制开始逐步向公共财政

体制转变。这是发展社会主义市场经济的必然要求，也是解决社会经济生活中各种矛盾和问题的迫切需要。党的十五届五中全会和“十五”计划纲要明确提出，要建立公共财政框架。党的十五届六中全会《决定》中，把公共财政改革的许多内容作为加强廉政建设和改进作风建设的治本措施。党的十六大提出：“完善国家计划和财政政策、货币政策等相互配合的宏观调控体系，发挥经济杠杆的调节作用。深化财政、税收、金融和投融资体制改革。完善预算决策和管理制度，加强对财政收支的监督，强化税收征管。”这些都为进一步深化财税体制改革，健全和完善社会主义市场经济公共财政指明了方向。我们必须从更高层次上深化对健全和完善公共财政的认识，加快完善公共财政体制，建立稳固、平衡、强大的国家财政，促进全面建设小康社会目标的实现。

(一)正确理解公共财政的内涵和基本功能。

一般来说，公共财政是在市场经济条件下，主要为满足社会公共需要而进行的政府收支活动模式或财政运行机制模式；是国家以社会和经济管理者的身份参与社会分配，并将收入用于政府的公共活动支出，为社会提供公共产品和公共服务，以充分保证国家机器正常运转，保障国家安全，维护社会秩序，实现经济社会的协调发展。公共财政的核心是满足社会公共需要，其涵盖的范围主要有：行政管理、国防、外交、治安、立法、司法、监察等国家安全事项和政权建设；教育、科技、农业、文化、体育、公共卫生、社会保障、救灾救济、扶贫等公共事业发展；水利、交通、能源、市政建设、环保、生态等公益性基础设施建设；对经济运行进行必要的宏观调控等等。

从公共财政的性质及其在经济社会发展中的作用看，公共财政具有三大基本功能：

第一，满足社会公共需要的功能。这是公共财政最基本的功能，其突出特征体现于它的“公共性”，而与市场经济中的赢利性、竞争性相区别。所谓公共需要，指的是社会作为一个整体或以整个社会为单位而提出的需要，具有非营利性和非竞争性，同时也区别于个人或集团性消费。公共财政作为市场经济条件下的财政，主要是为全社会提供公共产品和公共服务，体现整体公众利益。这就是说，凡是市场机制能够完全调节的地方，财政一般不得介入，以免妨碍公平竞争，浪费国家财力；只有在市场机制调节不到或调节不好而影响社会整体利益的地方，财政才有介入的必要。

第二，法制规范的功能。社会主义市场经济是法制经济，作为市场经济条件下的公共财政必须以法制建设为基础。从公共财政的收入来看，最主要的形式是税收，同时辅之以少量必要的规费和罚没收入，还有为偿还债务本金和弥补财政赤字而发行的国债收入。组织这些收入，必须严格按照有关法律、法规行事。从公共财政的支出来看，各项支出都要严格按照《预算法》等法律安排。在市场经济国家，政府制定的年度财政预算草案，一经国会或议会批准，就必须严格执行，政府不能随意超支或增设新的支出项目，如遇特殊情况需要临时追加预算，必须根据有关法律程序来批准。我国是由各级人大审议各级政府提交的预算草案。各级政府必须严格执行经同级人大审议通过的预算，如有特殊原因需要调整预算，也必须提交人大审议并接受监督。

第三，宏观调控的功能。财政政策是国家进行宏观调控的重要手段。在市场机制调节出现严重缺陷或不足时，国家可以综合运用预算、税收、国债、转移支付、政府采购、贴息、补助等手段，发挥财政政策见效快、导向作用大、配置资源较为合理的特点，对经济运行实施宏观调控。其主要作用：一是调控经济运行，促进经济健康稳定增长。财政政策对经济周期波动可进行逆向调节，当经济过热或发生通货膨胀时，主要采取紧缩的财政政策，通过减少财政支出或采取增税措施，相应减少财政赤字或增加财政盈余，遏制经济过热；当经济不景气或发生通货紧缩时，主要采取扩张性财政政策，通过增加财政支出或采取减税措施，相应扩大财政赤字，刺激经济增长。二是优化资源配置，促进经济结构合理调整。在市场经济条件下，市场对资源配置起基础调节作用，但鉴于市场机制本身存在的缺陷和不足，为了纠正市场配置资源的偏差，国家可以运用财政政策，把资源配置引向急需发展的产业和领域，不断优化经济结构。三是调节个人收入分配，保持社会的相对公平和稳定。初次分配注重效率，发挥市场的作用，鼓励一部分人通过诚实劳动、合法经营先富起来。再分配注重公平，国家可以通过税收、财政转移支付等手段，对收入分配进行合理调节，取之于富，济之于贫，防止个人收入差距过大。

(二)充分认识我国健全和完善公共财政的重要意义。

市场经济国家的公共财政，有共性的地方。但由于各国国情、文化传统及市场发育程度不同，公共财政的具体模式和做法也不尽相同。我国不能简单模仿或生搬硬套西方国家的公共财政模式，必须立足本国国情，从实际出发，建立适应中国特色社会主义市场经济需要的公共财政。

5年来，我国建立公共财政体制的总体情况是好的，公共财政在实践中发挥了重要作用。大家对于健全和完善公共财政的认识总体上是一致的，但也有一些同志认识不足，在实践中产生偏差，甚至背离公共财政的原则和要求行事。主要表现：一些地方以满足社会公共需要为名，大搞脱离实际的“形象工程”、“政绩工程”，大手大脚花钱，而对干部、教师工资等支出该保不保，对许多满足社会公共需要的事情该办不办；用计划经济的思路继续大包大揽，把财政资金过多地投向生产性、赢利性的领域，政府大搞“招商引资”，大办“官商”企业，甚至财政资金不够了，就乱集资，由此背上沉重的债务负担；随意肢解公共财政职能，有的以“藏富于民”、“藏富于企业”为名，搞“先征后返”，变相减免税，公开越权制定减免税政策等。所有这些，集中反映了一些同志对建立公共财政的重大意义认识不足，必须切实加以解决。

应当指出，公共财政是一个经济范畴，也是一个政治范畴，事关治国安邦、强国富民。健全和完善社会主义市场经济的公共财政，具有重大的政治、经济和社会意义。

第一，健全和完善公共财政是全面贯彻“三个代表”重要思想的体现。“三个代表”重要思想是我们党必须长期坚持的指导思想，也是建立公共财政的重要指导原则。健全和完善社会主义市场经济公共财政的总体要求是：按照“一要吃饭、二要建设”的原则，努力促进先进生产力的发展，增加财政收入，用于满足维护我国最广大人民群众利益的社会公共需要，包括政治、经济和文化等方面的公共需要，做到“取之于民、用之于民”，不断提高国家的综合实力和人民的生活水平。只有不断深化财税体制改革，加快健全和完善公共财政，进一步做好财税工作，才能更有效地促进先进生产力的发展，更充分地为建设和发展先进文化提供财力支持，更全面地维护中国最广大人民群众的根本利益。

第二，健全和完善公共财政是全面建设小康社会的重要保障。党的十六大确立了全面建设小康社会的奋斗目标。这个目标不是单一的，除了要使经济更加发展外，还要使民主与法制更加健全、科教更加进步、文化更加繁荣、社会更加和谐、人民生活更加殷实。全面建设小康社会的一个重要方面就是不断满足社会公共需要，这是公共财政最基本的任务。公共财政不仅可以为经济发展提供必要的支撑，而且也可以为社会的全面发展提供保障；不仅可以促进物质文明发展，而且也可以促进精神文明发展。只有加快建立比较完善的公共财政，才能为全面建设小康社会提供强大的财力保障。

第三，健全和完善公共财政是构筑社会主义市场经济体制的重要环节。公共财政是与市场经济发展相适应的一种财政运行模式。社会主义市场经济越发展，越需要建立完善的公共财政体制。健全和完善公共财政体制，是市场经济发育和发展的重要条件，也是社会主义市场经济体制不可或缺的重要组成部分。上世纪90年代中期以来，我国相继对财政收支体制进行重大改革，财政运行机制不断改进和增强，初步建立了公共财政体制框架，促进了社会主义市场经济体制的建立。随着改革的不断推进和社会主义市场经济的深入发展，只有不断健全公共财政体制，才能进一步健全和完善社会主义市场经济体制。

第四，健全和完善公共财政是转变政府职能的需要。政府职能与财政体制密切相关。建立公共财政，必须转变政府职能。建立公共财政和转变政府职能二者相互作用、互为促进。在市场经济条件下，政府该干什么，不该干什么，必须界定清楚。凡是市场机制能够解决的问题，政府就不要介入，不要“越位”；对满足社会需要而必须提供的公共服务，政府则要积极介入，不能“缺位”。只有把公共财政建立、健全起来，才能从体制上解决政府职能的“错位”。同时，也有利于从源头上防止腐败，使政府行政机关真正做到依法行政，做到反腐倡廉。有些同志认为公共财政改革是财政部门要“收权”或“集权”，这种认识是片面的和错误的。我们推进部门预算、国库集中收付制度、深化“收支两条线”管理、政府采购制度等公共财政体制改革，就是为了规范财政预算制度，依法加强对各部门使用财政资金的监督，使各部门从分钱分物的琐碎事务中解脱出来，彻底转变职能，为社会提供良好的公共服务。总之，加快建立公共财政体制，对于转变政府职能是十分重要的。

（三）按照公共财政的要求，不断深化财政体制改革。

从当前情况看，健全和完善公共财政体制的任务还很重。要坚持按照社会主义市场经济的原则和要求，建立一个具有“严格的预算、合理的收支、规范的操作、严密的监督”体系，进一步健全公共财政体制。今后一段时期，需要在以下几个方面继续深化财政体制改革。

第一，加快推进预算管理改革，编制综合财政预算。综合财政预算的实质，就是把现行预算内和预算外的资金统筹起来，统一编制部门预算和国家预算，取消预算外资金。所谓部门预算，概言之就是一个部门一本预算。先由政府各部门按照规定编制预算，细化预算，财政部门汇总审核，经政府同意、人大审议批准的反映部门所有收入和支出的预算，是便于监督、便于决算审计的预算。过去是一个部门同时编制多个预算，部门内一个司局甚至一个处室把持一块预算，整个部门没有一个完整的预算。预算编制不规范，随意性大，难以有效监督。实行部门预算，就是要增强预算的完整性、统一性，部门的各种财政性资金（包括预算内外资金)全部在一本预算中编制,所有收支项目都必须在预算中完整反映出来。部门预算经过人大批准后,对该部门的收支项目安排就具有法律效力,从预算执行到资金使用的全过程都必须接受法律监督。财政部门严格按标准进行审核和拨付资金,可以增强预算的透明度和规范化,完善财政监督机制,提高财政资金使用效益,防止腐败。从2000年开始,我国逐步推行了部门预算,目前中央各部门都按照新的要求编制部门预算,各省、地市、县级政府也要稳步推进部门预算的改革。实行部门预算为综合财政预算奠定了良好的基础。我们要积极创造条件,加快建立统一、规范和完整的国家公共财政预算体系。

第二,实行国库集中收付制度。就是将所有的政府性财政资金全部纳入国库单一账户,所有的财政支出必须由国库直接支付。国库集中收付制度的核心是单一账户制度,取消各部门和单位在银行设立的收支账户。各种政府性收入直接缴入国库。各部门和单位根据自身履行职能的需要,在预算确定的范围内,决定购买商品和支付劳务费用,但付款过程均由国库单一账户支付。国库管理部门可以直接对各部门和单位的收支活动实行全程监督。这样做,有利于规范预算执行程序,方便预算单位及时用款;有利于提高预算收支过程的透明度,保障财政资金安全有效运行,从源头上预防腐败;有利于合理调度资金,提高资金使用效率,增强政府调控能力。目前一些部门和地方的改革试点进展顺利,效果很好。要及时总结试点经验,尽快在全国逐步推开。

第三,着力深化“收支两条线”改革。进一步落实“收支两条线”规定,所有行政事业性收费都要实行收支脱钩,并逐步纳入预算。“收支两条线”管理改革,从收入的角度看,要做到“取之合法、规模适当、收缴分离、纳入预算”,防止乱收、滥罚以及坐收坐支;从支出的角度看,要实行“收支脱钩”,执收单位上缴收入不再与其支出安排挂钩。这样,可以有力保证执收单位的公正执法。目前,深化“收支两条线”改革已经取得重要进展,34个中央部门进行的“收支脱钩”试点进展顺利。各部门要按照国务院已作出的部署,进一步规范“收支两条线”管理,并尽快在省市县等各级政府部门逐步推开。财政部门要增强服务意识和保障意识,确保部门正常经费的足额安排与及时拨付。实行“收支两条线”管理是从制度上防止腐败的重大举措,有利于执收执罚部门转变职能,从收钱、分钱等繁杂事务中解脱出来;有利于保证公正执法,杜绝乱收、乱罚、截留、挪用和坐收坐支现象;有利于统筹安排预算内外资金,深入推进部门预算、国库集中收付制度等方面的改革。要研究建立“制定政策法规、综合执法、监督执法”三者合理分工和相互制衡的新机制,更有效地实行“收支两条线”管理。

第四,认真清理和规范政策外补贴,严禁设立“小金库”,继续整顿和规范行政事业单位的银行账户管理。多年来,“小金库”游离于财政预算与财务监督之外,是必须认真解决的一个问题。许多单位私设“小金库”,用于单位小团体滥发钱、乱花钱。其收入来源多种多样,有的通过搞名目繁多的“创收”活动,有的乱收费、乱罚款,有的私设账户、私自截留财政资金等。这些做法不仅严重违反财经纪律,扰乱收入分配秩序,滋长腐败,而且还造成国家税收的大量流失。对此,要通过建立公共财政,特别是要结合部门预算、国库集中收付制度和“收支两条线”的改革,整顿和规范银行账户管理和现金管理,包括推行信用卡和支票支付制度,彻底清理部门和单位存在的多个账户、多头开立账户问题,结合实行国库单一账户,控制大额现金提取;严禁各种乱收费、乱罚款,加强会计、审计监督,真正从制度上、源头上铲除“小金库”现象。

第五,推行政府采购制度,规范政府公共工程管理。过去,政府的采购行为是分散进行的,弊端非常明显。主要是采购资金的分配和使用脱节,采购过程不透明、不公开,财政无法实施有效监督,容易产生腐败;采购行为强化了地方保护主义,不利于全国统一市场的形成。我国政府的采购规模发展很快,迫切需要大力推进政府采购改革,严格实行招投标制度。需要强调的是,提高公共工程的效益,防止公共工程中的腐败行为,也应借鉴国外的先进管理经验,将公共工程纳入政府采购范围,实行国库集中支付。要根据《招投标法》的有关规定,增强监管透明度,对这些工程实行公开、公平招投标的办法。从国外的经验和我国的试点情况看,推行政府采购制度有利于节约财政资金,防止腐败,强化政府宏观调控能力。

第六,明晰各级政府的财权和事权,进一步规范财政转移支付制度。我国现行的分税制财政体制,主要是划分了中央和省一级的财权,但对事权界定不够明晰,财权和事权不统一。省以下的财政体制改革也有待完善。目前对省、市、县分别有哪些财权,应对哪些事情负责,还规定得不够明确,各级之间扯皮很多。从根本上解决这些问题,必须进一步调整和完善财政分级管理体制。要进一步深化和完善分税制财政体制,合理界定各级政府的财权、事权范围和财政支出责任。属于省、市级政府承担的财政支出,省、市级财政应积极筹措资金予以保障,不得以任何形式转嫁给县乡财政。同时,要根据各级政府的财政支出责任划分收入范围以及收入分布结构,合理划分省以下各级政府财政收入,凡是由县乡政府承担的事权要有相应的财力保障。

除明确划分各级政府的财权和事权外，还必须建立规范的转移支付制度，这也是加强国家宏观调控，促进地区协调发展的必然要求。受各方面条件、政策等因素的影响，我国地区经济发展差距在不断扩大，这种现象不能任其发展下去，政府必须采取有效措施，调节地区发展差距。其中一个重要手段，就是要逐步加大财政转移支付力度。但要看到，目前转移支付制度还不很规范，一些转移支付措施是应急实施的，特别是地方财政的转移支付力度还比较小。为此，要建立、健全财政转移支付的各项规章制度，加强财政转移支付的法制化建设；在逐步增强中央财政转移支付手段的同时，特别要完善省级、地(市)级财政向下的转移支付制度，确保中央财政和省、市财政安排的转移支付资金及时足额地落实到县乡政府。要继续深化所得税收入分享改革。2002年中央和地方对所得税收入增量实行五五分成，中央通过这项改革增加了对中西部地区的转移支付资金；2003年要改为中央与地方六四分成，中央从所得税增长中多分享的收入，全部用于增加对地方主要是中西部地区的转移支付。

第七，健全国有资产保值增值机制。党的十六大报告提出："国家要制定法律、法规，建立中央政府和地方政府分别代表国家履行出资人职责，享有所有者权益，权利、义务和责任相统一，管资产和管人、管事相结合的国有资产管理体制。"要按照十六大提出的任务和方向，抓紧制定法律、法规，依法规范，稳步推进，建立和健全国有资产管理机构和机制，做到既有利于国有资产保值增值，又有利于政企分开，搞活国有企业，优化国有经济的布局和结构。要根据中央的统一部署和要求，研究在新形势下如何行使财政监管职责，发挥财政职能作用的问题，积极探索有效的国有资产经营体制和方式。要研究对国有资源的管理办法，用市场经济手段，对土地等经营性的国有资产和资源进行规范的公开拍卖，其所得收入作为财政收入的重要组成部分，有关部门要加强对这些收入的管理。这样做，有利于强化监督管理，防止内部交易和腐败行为，避免国有资产和资源的流失。

第八，继续完善会计委派制度试点。现在不少地方，如河南的焦作、云南的楚雄等地，改革基层财政管理体制，取消了行政事业单位银行账户，建立会计核算中心，集中办理资金结算，取得了明显成效。希望各地针对县(区)基层单位比较集中，业务量相对较小的特点，继续完善会计集中核算和会计委派制试点。从一些地方的经验看，推行会计委派制，有利于强化会计人员的独立地位，加强会计监督，强化行政事业单位和企业的内部约束机制，促进预算内外资金管理，加强廉政建设，整顿财经秩序。

以上几项重大财政改革，首先要进一步完善有关法律、法规和制度，培训有关领导和干部，弄懂、搞通其意义和运作方法，把"经"念"正"，把好事办好。

三、继续完善社会主义市场经济条件下的税收制度

(一)进一步提高对税收重大意义的认识。

继续推进税制改革，首先必须统一思想认识，树立正确的税收观念，深化对税收及税收意义的认识。

第一，税收是保证国家机器运转的经济基础和宏观调控的重要手段。税收是国家为了向社会提供公共服务，凭借国家权力依法向居民和经济组织进行强制征收而取得的一种固定收入，是国家机器运转的经济保障。组织财政收入，保证政府各项经费开支的需要，是税收最基本的职能。只有依法征收足额的税收收入，才能保证国家政权的正常运转，保证经济建设和社会各项事业发展，维护社会稳定。税收具有强制性、无偿性和固定性三大特征。只有规范的税收制度，才能给政府带来稳定的收入，才能与公共财政的支出格局相对应。税收与经济要形成良性的互动机制。经济是税收的基础和源泉，经济发展是决定税收增长的根本因素，同时，税收也反作用于经济。在社会主义市场经济条件下，税收的宏观调控和调节分配作用越来越重要，涵盖了生产、流通、分配、消费各领域的经济活动。只有充分发挥税收在筹集财政资金、调控经济运行、调节收入分配等方面的重要作用，才能保持国民经济的稳定健康发展。

第二，税收法律、法规和政策具有高度的统一性、权威性和严肃性。所谓统一性，就是税收法律、法规和政策一经制定，对全国各地方、各部门都适用，必须无条件遵守。所谓权威性，就是税收法律、法规和政策的制定权在中央，各地无权随意制定有关税收的地方性法规和政策。所谓严肃性，就是各地方、各部门必须严格执行税法和税收政策，任何不执行或变相违反税法和税收政策，都要承担相应责任。但是，一些地方往往忽视税法的统一性、权威性和严肃性。比如：有的地方随意出台税收优惠政策，侵蚀国家税收；有的以招商引资为名，滥开减免税口子，不仅导致地区间的恶性竞争，而且破坏了税制的统一，破坏公平竞争条件，破坏全国统一市场的形成，造成税收的流失；有的地方仍采取随意性"包税"的做法，严重违反税法要求，不少企业动不动以各种借口要求财税部门给予减免税或缓税；有的地方甚至采取"先征后返"方式，帮助企业逃避税收等等。对这些问题及其危害性，不可小视，要坚决刹住。

第三，依法征税是税务部门应尽的神圣职责。税

收是组织财政收入的基础，是调节经济的重要杠杆。所有税务机关和税务人员的天职就是四个字："依法征税"，不能多征，也不能少征，根本没有随意减免税或缓税的权力；如果企业和个人确实有困难，可以向有关方面及时反映情况和问题，但绝不能以感情代替政策，以体谅困难为借口，越权减免税或缓税，或收"关系税"、"人情税"等。税收执法部门必须加强自身队伍建设，牢固树立依法治税的观念和依法征税的责任感，讲法不讲情，恪尽职守，执法如山，做到应征尽征。同时，要增强为纳税人便捷纳税服务的意识，切实加强纳税服务工作。

第四，依法纳税是每个公民应尽的义务。税收来源于人民群众创造的财富，又通过财政支出服务于不断增长的人民群众物质文化需要。只有保证税收收入的稳定增长，才能为公共财政支出提供资金保障，实现广大人民群众的共同利益。每个公民都要自觉依法缴纳税收，谁不依法纳税，谁就损害了全体人民的共同利益。现在一些地方，对纳税人义务存在模糊认识。有的片面地将纳税人称为"衣食父母"，还重奖纳税大户，这种认识和做法是错误的。公民依法纳税天经地义，对依法纳税应予鼓励，而不能随意给予什么"重奖"，变相给予税收返还。

第五，中央和地方在税收的根本利益上是完全一致的。实行分税制后，有的地方认为地方和中央的利益分开了，地方政府在税收政策上无自主权，就通过各种方式收费，一些地方甚至以费挤税，致使乱收费的问题相当严重。应该指出，以费代税是违法的，是以局部利益损害整体利益。中央政府和地方政府在税收上的利益是完全一致的。尽管各级税收入库不同，但最终都是国家的财政收入，而且中央财政收入一半以上通过转移支付给了地方。也有一些经济比较发达、税源充足的地方，在提前完成当年征税任务后，以"涵养税源"为名，不再征税，搞所谓"藏富于民"。从局部和表面看，似乎有利于一方百姓，但从全局和长远看，不仅会严重损害国家整体利益和广大人民群众根本利益，最终也会损害局部利益。

(二)继续深化税制改革。

党的十四届三中全会以来，按照《中共中央关于建立社会主义市场经济体制若干问题的决定》的要求，1994年我国进行了以公平税负和简化税制为核心的工商税制改革，实施了以增值税为核心的流转税制，统一了内资企业所得税，改革了个人所得税，撤并和开征了一些地方税，税种由原来的32个简并为18个，结构趋于合理，基本建立了与社会主义市场经济相适应的以流转税和所得税为主体的税制，形成比较完善的收入保障机制。进一步改革了财政包干体制，实行了分税制。根据财权与事权相结合原则，按税种统一划分中央税、地方税和中央与地方共享税，并建立了中央和地方两套税务机构。近年来我国税收收入每年保持1000亿—2000亿元以上的增收，是财税体制改革成效的重要体现，也是全国各级税务干部共同努力的结果。

当然，我们也要清醒地看到，与发展社会主义市场经济和全面建设小康社会的要求相比，与我国加入WTO以后的客观需要相比，现行税制还有许多不完善地方。必须按照党的十六大精神，继续深化税制改革，在流转税和所得税双主体并重、其他税种辅助配合的税制结构基础上，建立一个符合社会主义市场经济体制要求，与世贸组织规则相衔接，能够适应经济波动并进行有效调节，体现国家产业政策，充分发挥税收职能作用，促进经济持续快速健康发展，满足国家财政预算正常需求的税制体系。主要思路是：在保持税收收入稳定增长的基础上，继续对税制进行科学、合理的结构调整，扩大税基，调整税率，公平税负，强化调控，搞好税费改革，规范分配关系，提高征管效率，增加财政收入，进一步增强税收组织收入、促进公平竞争和推动经济发展的能力。税制改革涉及重大的利益关系调整，一定要周密部署，加强专题研究，妥善制订方案，并根据经济和社会发展的需要，把握好时机，做到成熟一个择机出台一个。

要进一步完善税收优惠政策。我国在促进西部大开发和高新技术产业发展等方面，制定了一些税收优惠政策，发挥了重要作用。现在的问题是，一些地方和部门擅自出台税收优惠政策，实际上是保护了落后；一些税收优惠政策难以适应世贸组织规则和形势发展的需要。对此，要坚决纠正和废止各种越权制定的税收优惠政策，要进一步清理和取消不规范的优惠政策，按照对世贸组织的承诺，实行税收的国民待遇。要完善涉外税收政策，对于一些到期的税收优惠政策，有的要废止，有的要按照世贸组织规则加以调整。

(三)大力推进税收征管改革。

按照"加强征管，堵塞漏洞，惩治腐败，清缴欠收"的税收工作方针、"依法征税，应收尽收，坚决不收'过头税'"的原则，要大力推进依法治税、深化税收征管改革、切实加强税务干部队伍建设，通过科技加管理，继续认真搞好税收工作。

严格贯彻《税收征管法》，认真抓好新《税收征管法》，认真抓好新《税收征管法》及其《实施细则》的学习、宣传、贯彻工作。全面推行税收执法责任制，加强内部执法监督，规范税务干部的执法行为。

要加快"金税工程"的建设和完善，使其覆盖所有税种，所有税收工作环节，覆盖国、地税局，并与有关部门联网，形成一个严密税收征管，预防和打击涉税犯罪行为的“天罗地网”。要大力推进税收征管改革，加快税务部门重组业务，精简机构，改善服务，提高征管水平。

随着“金税工程”的实施，要更新管理观念，创新管理体制，优化管理模式，完善管理手段，把技术创新和管理创新有机结合起来。按照推进税收信息化的实际要求，着力完善税收征管业务工作流程和岗责体系，合理配置税收征管资源，逐步建立以信息化为依托的税收征管工作新格局，全面提高税收征管质量和效率。

“金税工程”建设，一半靠机器，一半靠人。科技加管理，既要实现“机器管人”，更要实现“人管机器”，最终实现人机的最佳结合。要大力加强税务干部队伍建设，建立一套科学而严格的干部管理和监督制约机制。加强税务干部教育培训工作，多层次、多渠道、大规模地培训税务干部，全面提高税务干部素质。

2003年是贯彻落实党的十六大精神的第一年，做好经济工作和财税工作十分重要。要按照中央经济工作会议的部署，继续实施积极的财政政策和稳健的货币政策，进一步推进公共财政体制建设，强化税收征管，加强增收节支工作，依法严厉打击各类涉税犯罪活动，堵塞各种税收跑冒滴漏，确保财政收入的稳定增长；同时要进一步按照公共财政的要求，大力压缩一般性支出，确保重点支出需要，保持国民经济持续快速健康发展。

国务院副总理李岚清在中南海会见参加中国科技发展新世纪论坛的海内外科学家代表

李岚清对海外学者回国参加论坛活动表示欢迎，对他们为振兴我国科技事业而积极建言、献计献策表示感谢，希望有关部门认真听取专家、学者们的意见，进一步改进工作，加快我国科技事业的改革与发展。

会见中，美国纽约科技大学校长张钟浚、中科院神经科学研究所所长蒲慕明、美国麻省理工学院教授田刚、美国明尼苏达大学研究员丁抗、清华大学教授孙家广就加快中国科技发展等问题发了言。

科技部部长徐冠华、中国工程院院长徐匡迪等参加了会见。

中国科技发展新世纪论坛由科技部主办，来自海内外著名大学和科研机构的科学家和科技发展战略专家共50余人参加了论坛。

文莱苏丹和国家元首哈桑纳尔·博尔基亚在斯里巴加湾市会见最高人民检察院检察长韩杼滨及其率领的中国检察代表团

外交部部长唐家璇在北京与也门外长库尔比举行会谈

国防部部长迟浩田在北京与尼日尔国防部部长哈萨内·苏莱举行会谈

12月27日

南水北调工程开工典礼在北京 江苏 山东同时举行

南水北调工程开工典礼在北京人民大会堂和江苏省、山东省施工现场同时举行。中共中央总书记江泽民为南水北调工程开工发来贺信。国务院总理朱镕基在北京人民大会堂主会场宣布工程正式开工，中共中央政治局常委、国务院副总理温家宝发表讲话。

典礼由中共中央政治局委员、国家计委主任曾培炎主持。曾培炎首先宣读了中共中央总书记江泽民的贺信。

江泽民在贺信中说，南水北调工程是优化我国水资源配置的重大战略性基础设施，事关中华民族兴旺发达的长远利益。他向南水北调工程开工建设表示热烈的祝贺，向广大工程建设者表示诚挚的问候。

江泽民在贺信中说，兴建南水北调工程，对缓解我国北方水资源严重短缺的局面，推动经济结构战略性调整，改善生态环境，提高人民群众的生活水平，增强综合国力，具有十分重大的意义。这项水利工程规模宏大，纵跨四大水系，涉及地域广，建设时间长，任务十分艰巨。希望沿线地区各级党委和政府、各参与工程建设的部门和单位，发扬艰苦奋斗、开拓进取的精神，切实加大节水、治污和生态环境保护的力度，周密组织、严格管理，精心设计、精心施工，团结协作、群策群力，确保南水北调工程顺利实施并如期发挥效益，为全面建设小康社会、开创中国特色社会主义事业新局面作出新贡献，谱写中华民族伟大复兴的新篇章。

随后，中共中央政治局常委、国务院副总理温家宝发表了讲话。他首先代表党中央、国务院表示热烈祝贺！他指出，南水北调是一个科学的工程。几十年的规划设计、科学论证和反复选比，凝聚了各方面专家和广大工程技术人员的心血和智慧。决策过程充分发扬了民主。南水北调是一个具有综合效益的工程。按照经济规律建立工程建设管理体制、调水管理体制和运营机制，合理配置生活用水、生产用水和生态用水，兼顾了经济效益、社会效益和生态效益。南水北调是一个可持续发展的工程。总体规划把节水、治污和生态环境保护摆到突出位置，提出保持水源地一池清水、建设清水廊道的目标，统筹规划了东、中、西三条线路以及长江、黄河、淮河、海河四大流域的水资源配置。

温家宝强调，南水北调工程是迄今为止世界上最大的水利工程，是事关中华民族子孙后代的千秋伟业，必须把工程质量放在第一位。要坚持按科学规律办事，把科学研究贯穿工程建设全过程。要实行严格的工程设计、施工、监理责任制，确保工程建设万无一失。要推进工程建设管理体制和运营机制的创新，提高资金使用效益和工程效益。我们相信，在以胡锦涛同志为总书记的党中央领导下，在党的十六大精神和“三个代表”重要思想指引下，依靠广大工程建设者的艰苦奋斗，依靠各地区、各部门的团结协作，一定能够把南水北调工程建设成为经得起历史检验的世界一流工程，建设成为永载史册的丰碑。

温家宝在讲话结束时引用恩格斯的一段名言与大家共勉，希望引起更加警醒：“我们不要过分陶醉于我们人类对自然界的胜利。对于每一次这样的胜利，自然界都对我们进行报复。”“因此我们每走一步都要记住：……我们对自然界的全部统治力量，就在于我们比其他一切生物强，能够认识和正确运用自然规律。”温家宝强调，建设南水北调工程，必须始终坚持科学求实的态度，不断深化对自然规律的认识，及时修正和完善方案，使其更加符合客观规律，使工程发挥最大的效益，为人民造福，为子孙后代造福，为中华民族造福。

江苏省、山东省主要负责人分别在南水北调三阳河、潼河、宝应站工程和济平干渠工程开工典礼分会场报告开工准备完毕。随即，朱镕基总理宣布：“南水北调工程开工！”人民大会堂主会场掌声雷动。江苏、山东施工现场马达轰鸣。

中共中央政治局委员、江苏省委书记回良玉在江苏分会场，中共中央政治局委员、北京市委书记、市长刘淇在人民大会堂主会场出席开工典礼。在北京主会场出席开工典礼的有北京、天津、河北、河南、湖北五省市政府负责人和党中央、国务院有关部门负责人。

据介绍，南水北调工程将首先启动东线第一期和中线第一期工程，东、中线一期主体工程投资1240亿元。工程建成后，将使北方受水地区增加134亿立方米的供水能力。今日正式开工的江苏段三阳河、潼河、宝应站工程和山东段济平干渠工程是东线首批工程。

全国民委主任会议在北京举行

国务院总理朱镕基在人民大会堂会见了出席全国民委主任会议的代表。他在讲话中强调，党的十六大为全国各族人民描绘了全面建设小康社会的宏伟蓝图，为民族工作指明了前进的方向。民族工作战线的同志们要深入学习贯彻党的十六大精神，落实“三个代表”重要思想，在以胡锦涛同志为总书记的党中央领导下，动真情，干实事，加快少数民族地区的经济和社会发展，提高少数民族地区人民的生活水平。

朱镕基说，长期以来，民族工作战线上的同志们认真贯彻党的民族政策，为增进民族团结，维护社会稳定和国家统一，推动民族地区经济和社会发展，做了大量卓有成效的工作。他向全国民族工作战线上的同志们和所有关心、支持民族事业的同志们，向全国各族人民表示慰问和感谢。

朱镕基指出，民族问题是一个世界性的问题。中国共产党创造性地把马克思主义理论与中国民族问题的实际结合起来，开创了一条具有中国特色的解决民族问题的正确道路，使民族地区得到了很大的发展，少数民族人民生活水平得到显著提高，维护和巩固了团结稳定的大局。党中央、国务院对民族问题始终予以高度重视，对少数民族和民族地区给予了全心全意的关心和支持。

朱镕基指出，由于历史原因，我国少数民族地区总是与贫困联系在一起。少数民族群众的生活现在还不富裕，有的还处于贫困状态。因此，我们要进一步加强民族工作，加快少数民族和民族地区的发展，努力实现全面建设小康社会的奋斗目标。我国的少数民族主要集中在中西部地区，实施西部大开发，就能够更好地解决我国的民族问题。要大力抓好民族地区的基础设施建设、生态环境建设和资源开发，特别是要加大对交通通信、广播电视等方面的投入，促进中西部协调发展。

朱镕基说，处理好民族问题，是事关全局的重大问题。做好民族工作，是全党全社会的共同工作，各级领导干部要与各族群众同甘共苦，时刻把人民群众特别是农民、少数民族的冷暖挂在心上，为改变民族地区的面貌贡献力量。民族工作战线的同志们要进一步加强自身建设，提高素质，更好地承担起光荣而艰巨的历史使命，为实现中华民族的伟大复兴，为创造各族人民的幸福生活和美好未来作出新的更大的贡献。

国务委员司马义·艾买提、王忠禹以及中央、国家机关有关部门负责人参加了会见。司马义·艾买提出席会议并作了讲话。

中共中央政治局常委贾庆林在北京与全国统战部长会议代表座谈

贾庆林强调，各级统战部门要按照中央的要求，围绕主题，把握灵魂，狠抓落实，深入学习党的十六大精神，进一步开创新世纪新阶段统一战线新局面，为全面建设小康社会、实现中华民族伟大复兴，提供广泛的力量支持。

贾庆林指出，学习的目的全在于运用。我们要紧密联系统一战线面临的国际国内形势，深刻认识统一战线在全党全国大局中的重要地位，切实增强做好统一战线的责任感和使命感；密切联系统一战线的工作实际，深入研究关系统一战线工作全局的重大问题，更好地把握新形势下统一战线工作的特点和规律，进一步完善方针政策，创新工作思路，健全工作机制，提高统一战线工作的水平。紧密联系统一战线广大成员的思想实际，引导他们充分认识中国共产党的先进性，坚定不移地跟党走中国特色社会主义道路。

贾庆林说，十六大强调，要最广泛最充分地调动一切积极因素，为中华民族的伟大复兴增添新力量。这是对统一战线提出的明确要求，也是衡量统一战线工作成效的基本标准。在新形势新任务面前，我们党所领导的爱国统一战线要大力发扬中华民族伟大的团结精神，努力把执政党的力量与参政党的力量团结起来，把汉族群众的力量与少数民族的力量团结起来，把信教群众的力量与不信教群众的力量团结起来，把工人农民的力量与知识分子的力量团结起来，把大陆范围内广大人民的力量与香港特别行政区同胞、澳门特别行政区同胞、台湾同胞和海外侨胞的力量团结起来，从而最大限度地把海内外中华儿女都团结起来，形成浩浩荡荡的大军，为实现全面建设小康社会的宏伟目标提供强大力量。

贾庆林说，随着社会主义市场经济的发展和对外开放的进一步扩大，我国社会发生了深刻的变革，出现了民营科技企业的创业人员和技术人员、受聘于外资企业的管理技术人员、个体户、私营企业主、中介组织的从业人员、自由职业人员等社会阶层。这些都是中国特色社会主义事业的建设者，是我们需要加以团结的新的社会力量。要针对这些社会阶层的特点，运用统一战线的方式加以引导和教育，把他们更加紧密地团结在党的周围。要鼓励他们的创业精神，保护他们的合法权益，表彰他们中的优秀分子，从而让一切劳动、知识、技术、管理和资本的活力竞相迸发，让一切创造社会财富的源泉充分涌流，为全面建设小康社会提供新的力量支持。

贾庆林指出，发展是我们党执政兴国的第一要务，也是统一战线的第一要务。要按照中央对明年经济工作的总体要求，把各阶层、各党派、各民族、各方面的智慧和力量都凝聚到促进国民经济持续快速健康发展上来。要支持和帮助各民主党派、工商联和无党派人士，围绕扩大国内需求、加快结构调整、推进改革开放、加强就业再就业和社会保障工作积极参政议政，建言献策。要毫不动摇地鼓励、支持和引导非公有制经济的发展，继续组织非公有制经济人士参与“光彩事业”，参与西部大开发，参与国际竞争，进一步增强自身经济实力和市场竞争能力，为促进我国经济发展多做贡献。要充分发挥统一战线智力密集、人才荟萃、联系广泛的优势，充分发挥党外知识分子在科教兴国中的作用，大力推进科技创新，努力促进科技成果向现实生产力转化，吸引更多的海外留学人员归国服务和为国服务，使我国经济发展获得更多的人才和智力支持。

贾庆林强调，稳定是改革和发展的前提。没有稳定，一切都无从谈起。各级统战工作部门都要倍加顾全大局，倍加珍视团结，倍加维护稳定。要牢固树立政治意识、大局意识、忧患意识和责任意识，切实履行统一战线协调关系、化解矛盾的职能，多做统一思想、理顺情绪、排忧解难的工作，为改革和发展减少阻力、增强助力、形成合力。要以统一战线的团结稳定促进国家和社会的团结稳定，为全面建设小康社会创造良好的社会政治环境。

贾庆林说，统战工作是党的特殊的群众工作。进一步密切党同党外人士的联系，是统一战线实践“三个代表”重要思想的必然要求，是加强党同人民群众血肉联系的重要内容，也是尊重、维护和照顾同盟者利益的具体体现。各级统战干部特别是领导干部要按照最近召开的中央政治局常委会议的要求，迅速行动起来，深入基层，深入群众，倾听党外人士的呼声，了解党外人士的情绪，关心党外人士的疾苦，积极帮助党外人士解决工作、生产、生活等方面的困难和问题。特别是元旦、春节期间，要及时摸清统一战线成员中困难干部职工、下岗失业人员的基本情况，尤其是原工商业者、起义投诚人员、三胞眷属等人士基本生活保障情况，会同有关部门妥善解决他们遇到的困难和问题，使他们切实感受到党和政府的关怀，感受到社会主义大家庭的温暖。要加强党外人士的思想政治工作，教育和引导广大统一战线成员正确认识形势，坚定改革信心，自觉维护大局。

贾庆林指出，党的十三届四中全会以来，以江泽民同志为核心的第三代中央领导集体高度重视统一战线工作，多次召开会议，提出了一系列理论观点，作出了一些新的重要政策规定，明确了各领域统战工作的主要任务，形成和发展了团结、稳定、振奋、活跃的局面，使这个时期成为统一战线历史上最好的时期之一。各级统战部门要不断加深对统一战线基本理论和基本经验的认识，在实践中长期坚持并创造性地加以运用。要按照十六大提出的新要求，不断解放思想、实事求是、与时俱进，在实践中掌握新知识、积累新经验、增长新本领。要深入实际，研究问题，研究政策，探索规律，努力形成新认识，提出新政策，使统战工作在继承中发展，在开拓中前进。

贾庆林强调，各级党委要高度重视统战工作，加强和改善党对统一战线的领导。要建立、健全各级党委加强对统战工作领导的机制，将统战工作纳入各级党委的重要议事日程，纳入县以上各级党政主要领导干部的检查考核内容，纳入新闻宣传部门的宣传计划，纳入各级党校的培训和教育内容。要继续贯彻落实中央关于省及省以下由于工作需要又有条件的要由党委常委担任统战部长、建立统战部负责协调机制等重要规定。要高度重视统战干部队伍的建设，选派德才兼备、年富力强的优秀干部充实到统战部门。要积极改善统战部门的工作条件，提供经费保障，使统战部门更好地履行职能、发挥作用。

中央统战部部长刘延东主持座谈会并汇报全国统战部长会议情况。重庆、四川、新疆、吉林和上海等省区市委统战部负责人在座谈会上介绍了工作情况。各省、自治区、直辖市、计划单列市、新疆生产建设兵团党委统战部长，中央国家机关和统战系统有关单位负责人参加座谈会。

国务院副总理吴邦国在北京与中央企业工委工作会议代表座谈

国务院副总理、中央企业工委书记吴邦国强调，要深入学习贯彻十六大精神，自觉地以“三个代表”重要思想统领国有企业的各项工作，进一步统一思想，凝聚力量，扎实工作，开创国有企业党建工作新局面，推进国有企业各项工作的创新发展。

吴邦国指出，学习贯彻党的十六大精神是全党当前和今后一个时期的首要政治任务。企业各级党组织要加强组织引导，紧紧围绕十六大主题，切实把握十六大灵魂，深入领悟十六大精髓，把学习贯彻工作不断引向深入。他强调，一要高度重视。要充分认识深入学习贯彻十六大精神的极端重要性，以高度的政治责任感和历史使命感抓好这件大事，坚持不懈地把十六大精神学习好、领会好、贯彻好。二要全面把握基本精神。学习贯彻十六大精神，重点是学习贯彻江泽民同志的报告。要抓住报告的重要论述和重大问题，深入学习钻研，在实践中不断加深理解，努力提高学习的质量和水平。三要学以致用。学习贯彻十六大精神，要发扬理论联系实际的优良学风，结合走新型工业化道路的要求，紧密联系企业工作实际，联系党员和职工群众思想实际，着力解决企业改革发展中的突出矛盾和问题，务求取得实效。

在座谈中，吴邦国充分肯定了这几年中央企业工委和中央企业的工作。他说，几年来中央企业工委和中央企业各级党组织，坚持以“三个代表”重要思想为指导，在加强和完善新形势下企业党的建设、领导班子建设、纪检监察、推进企业改革发展和国有资产监管等方面进行了积极探索，做了大量工作，取得了显著成绩。一是中央企业党建工作不断加强。企业党组织政治核心作用增强，领导班子整体素质得到提高，党的思想作风建设逐步深化，腐败现象有所遏制，有力地保证了党的路线方针政策的贯彻落实。二是监事会工作在探索中逐步规范和制度化。监管力度明显加大，监督作用显著增强。三是中央企业重要骨干作用进一步发挥。一批具有实力的大公司大集团在市场竞争中发展壮大，中央企业整体实力明显提高。中央企业的发展壮大，进一步增强了国有经济的控制力，增强了国有经济在国民经济中的主导地位，为国民经济发展和深化经济体制改革、加快结构调整作出了突出贡献。

吴邦国说，为实现党的十六大提出的奋斗目标，国有企业尤其是大公司大集团任重道远，必须毫不动摇地坚持党对国有企业的领导，毫不动摇地加强和改进国有企业党的建设。他要求，一是充分发挥企业党组织的政治核心作用。企业党组织要依法参与企业重大问题的决策，保证党的路线方针政策的贯彻落实，保证企业改革始终沿着正确的方向前进。要加强党支部建设，健全党内生活，充分发挥基层党组织的战斗堡垒作用和党员的先锋模范作用。二是切实加强企业领导班子建设。要把党管干部原则和董事会依法选择企业经营者、企业经营者依法行使用人权结合起来，建立与现代企业制度相适应的企业领导人员管理体制，健全企业领导班子集体领导决策制度，提高领导成员综合素质，增强领导班子的整体功能，形成朝气蓬勃、奋发有为的企业领导层。三是坚持不懈地抓好党的思想建设。坚持用邓小平理论和“三个代表”重要思想武装广大党员干部和职工群众，增强贯彻“三个代表”重要思想的自觉性和坚定性，把“三个代表”重要思想贯穿于党的建设的全过程，落实到党的各项工作中。四是始终坚持“党要管党、从严治党”的方针，将党风廉政建设和反腐败斗争坚定不移地引向深入。要加强制度建设，从源头上治理和防止腐败。五是始终坚持全心全意依靠工人阶级办好企业的方针。切实尊重职工的主人翁地位，充分发挥职工群众的积极性、主动性和创造性，维护好广大职工的合法权益，着力解决好关系职工群众切身利益的实际问题。吴邦国反复强调，企业党建工作要紧紧围绕企业生产经营这个中心，把搞好企业改革、加强内部管理、提高经济效益、增强企业竞争能力和实现国有资产保值增值作为企业党建工作的出发点和落脚点，使企业党建工作在企业的蓬勃发展中焕发出旺盛的生命力。

吴邦国说，当前国有企业改革发展的形势很好，但一定要保持清醒头脑，充分认识市场竞争的严峻性和肩负任务的艰巨性，充分认识前进中的困难和风险，大力发扬艰苦奋斗的作风，厉行勤俭节约，反对铺张浪费，始终保持昂扬向上的精神状态，脚踏实地，埋头苦干，把国有企业改革发展的各项工作扎实向前推进。

座谈会由中央企业工委副书记郑斯林主持。20家中央大型企业的负责人出席了会议。

中央企业工委工作会议在北京召开

国务院总理朱镕基对中央企业工委工作会议作出重要批示,中央企业工委成立3年来,认真贯彻落实党中央的方针政策,加强对国有企业的监督管理,改善企业党的建设和纪检监察工作,在保护国有资产、促进企业经营管理、惩处违法违规现象等方面功绩显著。根据党的十六大精神,国有企业的监管工作任重而道远,同志们务必坚持不懈,再接再厉,为国有企业的改革和发展奋斗到底。

中央企业工委副书记郑斯林在今天的工作会上全面总结了中央企业一年来的工作。一年来,在党中央、国务院的领导下,中央企业深入学习实践"三个代表"重要思想,以实际行动迎接十六大,学习贯彻十六大精神,认真落实中央各项方针政策,全面加强企业党的建设,中央企业各项工作取得了显著成绩。

今年中央企业经济运行继续保持良好发展势头。据对174户中央企业统计,1至11月份,完成工业总产值(1990年不变价)10633亿元,同比增长15.5%;实现主营业务收入26398亿元,增长12.3%;实现利润1972亿元,增长14.8%;实现税金1456亿元,增长6.1%。汽车、钢铁、电信企业经济效益快速增长。中央企业承担的三峡工程、西电东送、西气东输、青藏铁路等重大项目进展顺利。总体上看,中央企业经济运行质量和效益进一步提高,运行情况好于预期,跃上历史新台阶已成定局。

中央企业改革进一步深化。军工企业改革和脱困工作稳步推进。中央企业建立现代企业制度取得实质性进展,二级以下单位中进行公司制改革的占56%,其中180家企业境内上市,6家企业境外上市。企业内部经营机制继续转换,三项制度改革力度逐步加大,通过主辅分离、减员增效等,增强了市场竞争能力。调整优化经济结构,加快信息化建设步伐,提高科技创新能力,积极参与国际竞争,一批具有国际竞争能力的大公司大集团逐步发展壮大。

郑斯林指出,"三个代表"重要思想是搞好国有企业的强大思想武器和行动指南,党中央关于国有企业改革发展的一系列方针政策和重大部署是完全正确的,我们必须坚定不移、毫不动摇地贯彻执行。明年中央企业要以邓小平理论和"三个代表"重要思想为指导,认真贯彻落实党的十六大精神,解放思想,实事求是,与时俱进,开拓创新,大力加强和改进中央企业党的建设、领导班子建设、纪检监察和企业监督工作,不断增强党对国有企业的领导水平,努力开创中央企业改革发展稳定工作的新局面。重点做好六个方面的工作:一是坚持用十六大精神统揽全局,切实加强对学习贯彻十六大精神工作的领导;二是紧紧抓住发展这一执政兴国的第一要务,大力促进中央企业的改革发展稳定;三是充分发挥党组织政治核心作用,努力提高中央企业党建工作整体水平;四是以提高素质、优化结构、改进作风和增强团结为重点,切实加强企业领导班子建设;五是切实保持党的先进性和纯洁性,不断深化中央企业纪检监察工作;六是深化监督,注重实效,进一步做好监事会工作。

中央企业工委副书记吴晓华主持会议。来自中央和国家机关有关部门的负责同志、国有重点大型企业监事会主席、各中央企业党政主要负责同志500多人出席了会议。

国务委员吴仪在北京与全国质检工作会议部分代表座谈

吴仪强调,各级质检部门要以"三个代表"重要思想为指导,全面贯彻党的十六大和中央经济工作会议精神,进一步认清肩负的历史使命,牢固树立执法为民的思想,加强自身建设,认真履行职责,不断提高质量监督和检验检疫工作水平,充分发挥质检工作对经济发展的保障和推动作用,促进质检事业全面发展。

吴仪说,以质检总局成立为标志,质检事业进入新的发展阶段。一年多来,各级质检部门团结一心、转变职能、开拓进取,认真履行职责,探索建立有效的工作制度,积极研究实施技术性贸易措施,提高服务经济的有效性,全系统保持了良好的精神状态,各项工作成绩显著,应该充分肯定。

吴仪指出,党的十六大对我国在新世纪新阶段建设中国特色社会主义作出了全面部署,提出了全面建设小康社会的奋斗目标,质检部门要认真学习、深刻领会其精神实质,并结合实际,认真贯彻落实。要全面实施"以质取胜"战略,在继续加大打击制售假冒伪劣商品违法行为力度的同时,加强标准、计量、认证认可等技术基础工作,帮助和督促企业狠抓产品质量,引导企业走质量安全效益型发展道路,实现经济增长方式的转变。加快现代科技手段的运用,认真研究并实施技术性贸易措施,做到严守国门、服务经济两手都要强。

吴仪说,实现全面建设小康社会的奋斗目标,质检部门有很多工作要做,必须不断加强自身建设。要努力建立一支"忠于职守、勇于负责、严格把关、保国安民"的高素质干部队伍。要深化改革,按照政企分开、政事分开、营利性机构与非营利性机构分开的原则,加快技术检测机构和实验室走向市场的步伐,统筹规划技术机构和实验室建设,合理布局,为行政执法提供可靠的技术保障。大力培育和发展认证市场、验货市场、校准市场,充分发挥市场在检验检测资源配置中的基础性作用。

吴仪要求质检部门积极推进社会诚信体系建设,通过建立企业质量档案等手段,形成一套企业质量信誉等级制度。区分产品质量状况、执行标准情况、质量管理体系建设等,确定企业质量信誉等级,并纳入社会信用评价体系,促使企业自觉提高产品质量。她还要求质检部门采取更加有效措施,积极支持扩大农产品出口,为农民增收出力。

吴仪强调,要深入研究整顿和规范市场经济秩序的治本之策,突出重点,下大力防止“洋垃圾”等有毒有害物品的入境,防止不合格产品、食品出口。加快“金质工程”信息化建设,改革和创新检验检疫管理模式,积极推进大通关,努力促进外经贸发展。元旦、春节相继到来,有关部门对直接关系人民群众节日生活的食品、药品等产品,要从生产销售各个环节加强监管,切实维护人民群众利益。

全国总工会十三届五次执委会议在北京召开

中共中央政治局委员王兆国当选为中华全国总工会主席并发表重要讲话。尉健行出席会议。会议作出了明年10月在北京召开中国工会第十四次全国代表大会的决议。

王兆国在讲话中指出,这些年来,以江泽民同志为核心的第三代中央领导对工会工作高度重视,为做好工会工作创造了十分有利的条件。各级工会组织自觉坚持党对工会工作的领导,坚持以邓小平理论和“三个代表”重要思想为指导,紧紧围绕全党全国工作的大局,努力推动党的全心全意依靠工人阶级根本指导方针的贯彻落实,切实履行维护职工合法权益的基本职责,热忱为职工特别是困难职工办实事,最大限度地把广大职工组织到工会中来,广泛调动职工群众的积极性和创造性,积极引导他们为推动改革、促进发展、维护稳定贡献力量,充分发挥了工会作为党联系职工群众的桥梁纽带作用、国家政权的重要社会支柱作用。

王兆国强调,各级工会组织要积极响应中央的号召,按照两办通知的要求,以高度的政治责任感和深厚的阶级感情,切实把关心职工群众疾苦、安排好困难职工生产生活作为当前一件大事来抓。要坚持工会这些年来的好做法,面向困难职工深入开展“进万家门,知万家情,解万家难,暖万家心”的送温暖活动,协助党委和政府解决困难职工的燃眉之急,确保每个职工都能过上欢乐、祥和的节日,真正使大家感受到党和政府的关怀,感受到社会主义大家庭的温暖。

会上,中华全国总工会副主席、书记处第一书记张俊九作了题为《深入学习贯彻党的十六大精神,进一步开创工会工作新局面》的工作报告,全国总工会经费审查委员会主任李永安作了《关于全总2002年经费审查工作情况和2003年经费审查工作意见》的报告。会议作出了《关于召开中国工会第十四次全国代表大会的决议》。会议选举黄彦蓉、黄燕明为中华全国总工会第十三届执行委员会主席团委员。会议还履行了全总十三届执行委员会委员、全总十三届经费审查委员会委员的增补、替补的民主程序。

12月28日

国家主席江泽民签署第80号令公布《中华人民共和国民办教育促进法》

《中华人民共和国民办教育促进法》已由中华人民共和国第九届全国人民代表大会常务委员会第三十一次会议于2002年12月28日通过,现予公布,自2003年9月1日起施行。

中华人民共和国主席　江泽民

2002年12月28日

中华人民共和国民办教育促进法

第一章　总　则

第一条　为实施科教兴国战略,促进民办教育事业的健康发展,维护民办学校和受教育者的合法权益,根据宪法和教育法制定本法。

第二条　国家机构以外的社会组织或者个人,利用非国家财政性经费,面向社会举办学校及其他教育机构的活动,适用本法。本法未作规定的,依照教育法和其他有关教育法律执行。

第三条　民办教育事业属于公益性事业,是社会主义教育事业的组成部分。

国家对民办教育实行积极鼓励、大力支持、正确引导、依法管理的方针。

各级人民政府应当将民办教育事业纳入国民经济和社会发展规划。

第四条　民办学校应当遵守法律、法规,贯彻国家的教育方针,保证教育质量,致力于培养社会主义建设事业的各类人才。

民办学校应当贯彻教育与宗教相分离的原则。任何组织和个人不得利用宗教进行妨碍国家教育制度的活动。

第五条　民办学校与公办学校具有同等的法律地位,国家保障民办学校的办学自主权。

国家保障民办学校举办者、校长、教职工和受教育者的合法权益。

第六条　国家鼓励捐资办学。

国家对为发展民办教育事业作出突出贡献的组织和个人,给予奖励和表彰。

第七条 国务院教育行政部门负责全国民办教育工作的统筹规划、综合协调和宏观管理。

国务院劳动和社会保障行政部门及其他有关部门在国务院规定的职责范围内分别负责有关的民办教育工作。

第八条 县级以上地方各级人民政府教育行政部门主管本行政区域内的民办教育工作。

县级以上地方各级人民政府劳动和社会保障行政部门及其他有关部门在各自的职责范围内,分别负责有关的民办教育工作。

第二章 设 立

第九条 举办民办学校的社会组织,应当具有法人资格。

举办民办学校的个人,应当具有政治权利和完全民事行为能力。

民办学校应当具备法人条件。

第十条 设立民办学校应当符合当地教育发展的需求,具备教育法和其他有关法律、法规规定的条件。

民办学校的设置标准参照同级同类公办学校的设置标准执行。

第十一条 举办实施学历教育、学前教育、自学考试助学及其他文化教育的民办学校,由县级以上人民政府教育行政部门按照国家规定的权限审批;举办实施以职业技能为主的职业资格培训、职业技能培训的民办学校,由县级以上人民政府劳动和社会保障行政部门按照国家规定的权限审批,并抄送同级教育行政部门备案。

第十二条 申请筹设民办学校,举办者应当向审批机关提交下列材料:

(一)申办报告,内容应当主要包括:举办者、培养目标、办学规模、办学层次、办学形式、办学条件、内部管理体制、经费筹措与管理使用等;

(二)举办者的姓名、住址或者名称、地址;

(三)资产来源、资金数额及有效证明文件,并载明产权;

(四)属捐赠性质的校产须提交捐赠协议,载明捐赠人的姓名、所捐资产的数额、用途和管理方法及相关有效证明文件。

第十三条 审批机关应当自受理筹设民办学校的申请之日起三十日内以书面形式作出是否同意的决定。

同意筹设的,发给筹设批准书。不同意筹设的,应当说明理由。

筹设期不得超过三年。超过三年的,举办者应当重新申报。

第十四条 申请正式设立民办学校的,举办者应当向审批机关提交下列材料:

(一)筹设批准书;

(二)筹设情况报告;

(三)学校章程、首届学校理事会、董事会或者其他决策机构组成人员名单;

(四)学校资产的有效证明文件;

(五)校长、教师、财会人员的资格证明文件。

第十五条 具备办学条件,达到设置标准的,可以直接申请正式设立,并应当提交本法第十二条和第十四条(三)、(四)、(五)项规定的材料。

第十六条 申请正式设立民办学校的,审批机关应当自受理之日起三个月内以书面形式作出是否批准的决定,并送达申请人;其中申请正式设立民办高等学校的,审批机关也可以自受理之日起六个月内以书面形式作出是否批准的决定,并送达申请人。

第十七条 审批机关对批准正式设立的民办学校发给办学许可证。

审批机关对不批准正式设立的,应当说明理由。

第十八条 民办学校取得办学许可证,并依照有关的法律、行政法规进行登记,登记机关应当按照有关规定即时予以办理。

第三章 学校的组织与活动

第十九条 民办学校应当设立学校理事会、董事会或者其他形式的决策机构。

第二十条 学校理事会或者董事会由举办者或者其代表、校长、教职工代表等人员组成。其中三分之一以上的理事或者董事应当具有五年以上教育教学经验。

学校理事会或者董事会由五人以上组成,设理事长或者董事长一人。理事长、理事或者董事长、董事名单报审批机关备案。

第二十一条 学校理事会或者董事会行使下列职权:

(一)聘任和解聘校长;

(二)修改学校章程和制定学校的规章制度;

(三)制定发展规划,批准年度工作计划;

(四)筹集办学经费,审核预算、决算;

(五)决定教职工的编制定额和工资标准;

(六)决定学校的分立、合并、终止;

(七)决定其他重大事项。

其他形式决策机构的职权参照本条规定执行。

第二十二条 民办学校的法定代表人由理事长、董事长或者校长担任。

第二十三条 民办学校参照同级同类公办学校校

长任职的条件聘任校长,年龄可以适当放宽,并报审批机关核准。

第二十四条 民办学校校长负责学校的教育教学和行政管理工作,行使下列职权:

(一)执行学校理事会、董事会或者其他形式决策机构的决定;

(二)实施发展规划,拟订年度工作计划、财务预算和学校规章制度;

(三)聘任和解聘学校工作人员,实施奖惩;

(四)组织教育教学、科学研究活动,保证教育教学质量;

(五)负责学校日常管理工作;

(六)学校理事会、董事会或者其他形式决策机构的其他授权。

第二十五条 民办学校对招收的学生,根据其类别、修业年限、学业成绩,可以根据国家有关规定发给学历证书、结业证书或者培训合格证书。

对接受职业技能培训的学生,经政府批准的职业技能鉴定机构鉴定合格的,可以发给国家职业资格证书。

第二十六条 民办学校依法通过以教师为主体的教职工代表大会等形式,保障教职工参与民主管理和监督。

民办学校的教师和其他工作人员,有权依照工会法,建立工会组织,维护其合法权益。

第四章 教师与受教育者

第二十七条 民办学校的教师、受教育者与公办学校的教师、受教育者具有同等的法律地位。

第二十八条 民办学校聘任的教师,应当具有国家规定的任教资格。

第二十九条 民办学校应当对教师进行思想品德教育和业务培训。

第三十条 民办学校应当依法保障教职工的工资、福利待遇,并为教职工缴纳社会保险费。

第三十一条 民办学校教职工在业务培训、职务聘任、教龄和工龄计算、表彰奖励、社会活动等方面依法享有与公办学校教职工同等权利。

第三十二条 民办学校依法保障受教育者的合法权益。

民办学校按照国家规定建立学籍管理制度,对受教育者实施奖励或者处分。

第三十三条 民办学校的受教育者在升学、就业、社会优待以及参加先进评选等方面享有与同级同类公办学校的受教育者同等权利。

第五章 学校资产与财务管理

第三十四条 民办学校应当依法建立财务、会计制度和资产管理制度,并按照国家有关规定设置会计帐簿。

第三十五条 民办学校对举办者投入民办学校的资产、国有资产、受赠的财产以及办学积累,享有法人财产权。

第三十六条 民办学校存续期间,所有资产由民办学校依法管理和使用,任何组织和个人不得侵占。

任何组织和个人都不得违反法律、法规向民办教育机构收取任何费用。

第三十七条 民办学校对接受学历教育的受教育者收取费用的项目和标准由学校制定,报有关部门批准并公示;对其他受教育者收取费用的项目和标准由学校制定,报有关部门备案并公示。

民办学校收取的费用应当主要用于教育教学活动和改善办学条件。

第三十八条 民办学校资产的使用和财务管理受审批机关和其他有关部门的监督。

民办学校应当在每个会计年度结束时制作财务会计报告,委托会计师事务所依法进行审计,并公布审计结果。

第六章 管理与监督

第三十九条 教育行政部门及有关部门应当对民办学校的教育教学工作、教师培训工作进行指导。

第四十条 教育行政部门及有关部门依法对民办学校实行督导,促进提高办学质量;组织或者委托社会中介组织评估办学水平和教育质量,并将评估结果向社会公布。

第四十一条 民办学校的招生简章和广告,应当报审批机关备案。

第四十二条 民办学校侵犯受教育者的合法权益,受教育者及其亲属有权向教育行政部门和其他有关部门申诉,有关部门应当及时予以处理。

第四十三条 国家支持和鼓励社会中介组织为民办学校提供服务。

第七章 扶持与奖励

第四十四条 县级以上各级人民政府可以设立专项资金,用于资助民办学校的发展,奖励和表彰有突出贡献的集体和个人。

第四十五条 县级以上各级人民政府可以采取经费资助,出租、转让闲置的国有资产等措施对民办学校予以扶持。

第四十六条 民办学校享受国家规定的税收优惠政策。

第四十七条 民办学校依照国家有关法律、法规,可以接受公民、法人或者其他组织的捐赠。

国家对向民办学校捐赠财产的公民、法人或者其他组织按照有关规定给予税收优惠，并予以表彰。

第四十八条　国家鼓励金融机构运用信贷手段，支持民办教育事业的发展。

第四十九条　人民政府委托民办学校承担义务教育任务，应当按照委托协议拨付相应的教育经费。

第五十条　新建、扩建民办学校，人民政府应当按照公益事业用地及建设的有关规定给予优惠。教育用地不得用于其他用途。

第五十一条　民办学校在扣除办学成本、预留发展基金以及按照国家有关规定提取其他的必需的费用后，出资人可以从办学结余中取得合理回报。取得合理回报的具体办法由国务院规定。

第五十二条　国家采取措施，支持和鼓励社会组织和个人到少数民族地区、边远贫困地区举办民办学校，发展教育事业。

第八章　变更与终止

第五十三条　民办学校的分立、合并，在进行财务清算后，由学校理事会或者董事会报审批机关批准。

申请分立、合并民办学校的，审批机关应当自受理之日起三个月内以书面形式答复；其中申请分立、合并民办高等学校的，审批机关也可以自受理之日起六个月内以书面形式答复。

第五十四条　民办学校举办者的变更，须由举办者提出，在进行财务清算后，经学校理事会或者董事会同意，报审批机关核准。

第五十五条　民办学校名称、层次、类别的变更，由学校理事会或者董事会报审批机关批准。

申请变更为其他民办学校，审批机关应当自受理之日起三个月内以书面形式答复；其中申请变更为民办高等学校的，审批机关也可以自受理之日起六个月内以书面形式答复。

第五十六条　民办学校有下列情形之一的，应当终止：

(一)根据学校章程规定要求终止，并经审批机关批准的；

(二)被吊销办学许可证的；

(三)因资不抵债无法继续办学的。

第五十七条　民办学校终止时，应当妥善安置在校学生。实施义务教育的民办学校终止时，审批机关应当协助学校安排学生继续就学。

第五十八条　民办学校终止时，应当依法进行财务清算。

民办学校自己要求终止的，由民办学校组织清算；被审批机关依法撤销的，由审批机关组织清算；因资不抵债无法继续办学而被终止的，由人民法院组织清算。

第五十九条　对民办学校的财产按照下列顺序清偿：

(一)应退受教育者学费、杂费和其他费用；

(二)应发教职工的工资及应缴纳的社会保险费用；

(三)偿还其他债务。

民办学校清偿上述债务后的剩余财产，按照有关法律、行政法规的规定处理。

第六十条　终止的民办学校，由审批机关收回办学许可证和销毁印章，并注销登记。

第九章　法律责任

第六十一条　民办学校在教育活动中违反教育法、教师法规定的，依照教育法、教师法的有关规定给予处罚。

第六十二条　民办学校有下列行为之一的，由审批机关或者其他有关部门责令限期改正，并予以警告；有违法所得的，退还所收费用后没收违法所得；情节严重的，责令停止招生、吊销办学许可证；构成犯罪的，依法追究刑事责任：

(一)擅自分立、合并民办学校的；

(二)擅自改变民办学校名称、层次、类别和举办者的；

(三)发布虚假招生简章或者广告，骗取钱财的；

(四)非法颁发或者伪造学历证书、结业证书、培训证书、职业资格证书的；

(五)管理混乱严重影响教育教学，产生恶劣社会影响的；

(六)提交虚假证明文件或者采取其他欺诈手段隐瞒重要事实骗取办学许可证的；

(七)伪造、变造、买卖、出租、出借办学许可证的；

(八)恶意终止办学、抽逃资金或者挪用办学经费的。

第六十三条　审批机关和有关部门有下列行为之一的，由上级机关责令其改正；情节严重的，对直接负责的主管人员和其他直接责任人员，依法给予行政处分；造成经济损失的，依法承担赔偿责任；构成犯罪的，依法追究刑事责任：

(一)已受理设立申请，逾期不予答复的；

(二)批准不符合本法规定条件申请的；

(三)疏于管理，造成严重后果的；

(四)违反国家有关规定收取费用的；

(五)侵犯民办学校合法权益的；

(六)其他滥用职权、徇私舞弊的。

第六十四条　社会组织和个人擅自举办民办学校的，由县级以上人民政府的有关行政部门责令限期改正，符合本法及有关法律规定的民办学校条件的，可以补办审批手续；逾期仍达不到办学条件的，责令停止办学，造成经济损失的，依法承担赔偿责任。

第十章 附 则

第六十五条 本法所称的民办学校包括依法举办的其他民办教育机构。

本法所称的校长包括其他民办教育机构的主要行政负责人。

第六十六条 在工商行政管理部门登记注册的经营性的民办培训机构的管理办法，由国务院另行规定。

第六十七条 境外的组织和个人在中国境内合作办学的办法，由国务院规定。

第六十八条 本法自2003年9月1日起施行。1997年7月31日国务院颁布的《社会力量办学条例》同时废止。

国家主席江泽民签署第81号令公布《中华人民共和国农业法》

《中华人民共和国农业法》已由中华人民共和国第九届全国人民代表大会常务委员会第三十一次会议于2002年12月28日修订通过，现将修订后的《中华人民共和国农业法》公布，自2003年3月1日起施行。

中华人民共和国主席 江泽民

2002年12月28日

中华人民共和国农业法

第一章 总 则

第一条 为了巩固和加强农业在国民经济中的基础地位，深化农村改革，发展农业生产力，推进农业现代化，维护农民和农业生产经营组织的合法权益，增加农民收入，提高农民科学文化素质，促进农业和农村经济的持续、稳定、健康发展，实现全面建设小康社会的目标，制定本法。

第二条 本法所称农业，是指种植业、林业、畜牧业和渔业等产业，包括与其直接相关的产前、产中、产后服务。

本法所称农业生产经营组织，是指农村集体经济组织、农民专业合作经济组织、农业企业和其他从事农业生产经营的组织。

第三条 国家把农业放在发展国民经济的首位。

农业和农村经济发展的基本目标是：建立适应发展社会主义市场经济要求的农村经济体制，不断解放和发展农村生产力，提高农业的整体素质和效益，确保农产品供应和质量，满足国民经济发展和人口增长、生活改善的需求，提高农民的收入和生活水平，促进农村富余劳动力向非农产业和城镇转移，缩小城乡差别和区域差别，建设富裕、民主、文明的社会主义新农村，逐步实现农业和农村现代化。

第四条 国家采取措施，保障农业更好地发挥在提供食物、工业原料和其他农产品，维护和改善生态环境，促进农村经济社会发展等多方面的作用。

第五条 国家坚持和完善公有制为主体、多种所有制经济共同发展的基本经济制度，振兴农村经济。

国家长期稳定农村以家庭承包经营为基础、统分结合的双层经营体制，发展社会化服务体系，壮大集体经济实力，引导农民走共同富裕的道路。

国家在农村坚持和完善以按劳分配为主体、多种分配方式并存的分配制度。

第六条 国家坚持科教兴农和农业可持续发展的方针。

国家采取措施加强农业和农村基础设施建设，调整、优化农业和农村经济结构，推进农业产业化经营，发展农业科技、教育事业，保护农业生态环境，促进农业机械化和信息化，提高农业综合生产能力。

第七条 国家保护农民和农业生产经营组织的财产及其他合法权益不受侵犯。

各级人民政府及其有关部门应当采取措施增加农民收入，切实减轻农民负担。

第八条 全社会应当高度重视农业，支持农业发展。

国家对发展农业和农村经济有显著成绩的单位和个人，给予奖励。

第九条 各级人民政府对农业和农村经济发展工作统一负责，组织各有关部门和全社会做好发展农业和为发展农业服务的各项工作。

国务院农业行政主管部门主管全国农业和农村经济发展工作，国务院林业行政主管部门和其他有关部门在各自的职责范围内，负责有关的农业和农村经济发展工作。

县级以上地方人民政府各农业行政主管部门负责本行政区域内的种植业、畜牧业、渔业等农业和农村经济发展工作，林业行政主管部门负责本行政区域内的林业工作。县级以上地方人民政府其他有关部门在各自的职责范围内，负责本行政区域内有关的为农业生产经营服务的工作。

第二章 农业生产经营体制

第十条 国家实行农村土地承包经营制度，依法保障农村土地承包关系的长期稳定，保护农民对承包土地的使用权。

农村土地承包经营的方式、期限、发包方和承包方的权利义务、土地承包经营权的保护和流转等，适用《中华人民共和国土地管理法》和《中华人民共和国农村土地承包法》。

农村集体经济组织应当在家庭承包经营的基础上，依法管理集体资产，为其成员提供生产、技术、信息等服务，组织合理开发、利用集体资源，壮大经济实力。

第十一条 国家鼓励农民在家庭承包经营的基础上自愿组成各类专业合作经济组织。

农民专业合作经济组织应当坚持为成员服务的宗旨，按照加入自愿、退出自由、民主管理、盈余返还的原则，依法在其章程规定的范围内开展农业生产经营和服务活动。

农民专业合作经济组织可以有多种形式，依法成立、依法登记。任何组织和个人不得侵犯农民专业合作经济组织的财产和经营自主权。

第十二条 农民和农业生产经营组织可以自愿按照民主管理、按劳分配和按股分红相结合的原则，以资金、技术、实物等入股，依法兴办各类企业。

第十三条 国家采取措施发展多种形式的农业产业化经营，鼓励和支持农民和农业生产经营组织发展生产、加工、销售一体化经营。

国家引导和支持从事农产品生产、加工、流通服务的企业、科研单位和其他组织，通过与农民或者农民专业合作经济组织订立合同或者建立各类企业等形式，形成收益共享、风险共担的利益共同体，推进农业产业化经营，带动农业发展。

第十四条 农民和农业生产经营组织可以按照法律、行政法规成立各种农产品行业协会，为成员提供生产、营销、信息、技术、培训等服务，发挥协调和自律作用，提出农产品贸易救济措施的申请，维护成员和行业的利益。

第三章 农业生产

第十五条 县级以上人民政府根据国民经济和社会发展的中长期规划、农业和农村经济发展的基本目标和农业资源区划，制定农业发展规划。

省级以上人民政府农业行政主管部门根据农业发展规划，采取措施发挥区域优势，促进形成合理的农业生产区域布局，指导和协调农业和农村经济结构调整。

第十六条 国家引导和支持农民和农业生产经营组织结合本地实际按照市场需求，调整和优化农业生产结构，协调发展种植业、林业、畜牧业和渔业，发展优质、高产、高效益的农业，提高农产品国际竞争力。

种植业以优化品种、提高质量、增加效益为中心，调整作物结构、品种结构和品质结构。

加强林业生态建设，实施天然林保护、退耕还林和防沙治沙工程，加强防护林体系建设，加速营造速生丰产林、工业原料林和薪炭林。

加强草原保护和建设，加快发展畜牧业，推广圈养和舍饲，改良畜禽品种，积极发展饲料工业和畜禽产品加工业。

渔业生产应当保护和合理利用渔业资源，调整捕捞结构，积极发展水产养殖业、远洋渔业和水产品加工业。

县级以上人民政府应当制定政策，安排资金，引导和支持农业结构调整。

第十七条 各级人民政府应当采取措施，加强农业综合开发和农田水利、农业生态环境保护、乡村道路、农村能源和电网、农产品仓储和流通、渔港、草原围栏、动植物原种良种基地等农业和农村基础设施建设，改善农业生产条件，保护和提高农业综合生产能力。

第十八条 国家扶持动植物品种的选育、生产、更新和良种的推广使用，鼓励品种选育和生产、经营相结合，实施种子工程和畜禽良种工程。国务院和省、自治区、直辖市人民政府设立专项资金，用于扶持动植物良种的选育和推广工作。

第十九条 各级人民政府和农业生产经营组织应当加强农田水利设施建设，建立、健全农田水利设施的管理制度，节约用水，发展节水型农业，严格依法控制非农业建设占用灌溉水源，禁止任何组织和个人非法占用或者毁损农田水利设施。

国家对缺水地区发展节水型农业给予重点扶持。

第二十条 国家鼓励和支持农民和农业生产经营组织使用先进、适用的农业机械，加强农业机械安全管理，提高农业机械化水平。

国家对农民和农业生产经营组织购买先进农业机械给予扶持。

第二十一条 各级人民政府应当支持为农业服务的气象事业的发展，提高对气象灾害的监测和预报水平。

第二十二条 国家采取措施提高农产品的质量，建立、健全农产品质量标准体系和质量检验检测监督体系，按照有关技术规范、操作规程和质量卫生安全标准，组织农产品的生产经营，保障农产品质量安全。

第二十三条 国家支持依法建立、健全优质农产品认证和标志制度。

国家鼓励和扶持发展优质农产品生产。县级以上地方人民政府应当结合本地情况，按照国家有关规定采取措施，发展优质农产品生产。

符合国家规定标准的优质农产品可以依照法律或者行政法规的规定申请使用有关的标志。符合规定产地及生产规范要求的农产品可以依照有关法律或者行政法规的规定申请使用农产品地理标志。

第二十四条 国家实行动植物防疫、检疫制度，健全动植物防疫、检疫体系，加强对动物疫病和植物病、虫、杂草、鼠害的监测、预警、防治，建立重大动物疫情和植物病虫害的快速扑灭机制，建设动物无规定疫病区，实施植物保护工程。

第二十五条　农药、兽药、饲料和饲料添加剂、肥料、种子、农业机械等可能危害人畜安全的农业生产资料的生产经营，依照相关法律、行政法规的规定实行登记或者许可制度。

各级人民政府应当建立、健全农业生产资料的安全使用制度，农民和农业生产经营组织不得使用国家明令淘汰和禁止使用的农药、兽药、饲料添加剂等农业生产资料和其他禁止使用的产品。

农业生产资料的生产者、销售者应当对其生产、销售的产品的质量负责，禁止以次充好、以假充真、以不合格的产品冒充合格的产品；禁止生产和销售国家明令淘汰的农药、兽药、饲料添加剂、农业机械等农业生产资料。

第四章　农产品流通与加工

第二十六条　农产品的购销实行市场调节。国家对关系国计民生的重要农产品的购销活动实行必要的宏观调控，建立中央和地方分级储备调节制度，完善仓储运输体系，做到保证供应，稳定市场。

第二十七条　国家逐步建立统一、开放、竞争、有序的农产品市场体系，制定农产品批发市场发展规划。对农村集体经济组织和农民专业合作经济组织建立农产品批发市场和农产品集贸市场，国家给予扶持。

县级以上人民政府工商行政管理部门和其他有关部门按照各自的职责，依法管理农产品批发市场，规范交易秩序，防止地方保护与不正当竞争。

第二十八条　国家鼓励和支持发展多种形式的农产品流通活动。支持农民和农民专业合作经济组织按照国家有关规定从事农产品收购、批发、贮藏、运输、零售和中介活动。鼓励供销合作社和其他从事农产品购销的农业生产经营组织提供市场信息，开拓农产品流通渠道，为农产品销售服务。

县级以上人民政府应当采取措施，督促有关部门保障农产品运输畅通，降低农产品流通成本。有关行政管理部门应当简化手续，方便鲜活农产品的运输，除法律、行政法规另有规定外，不得扣押鲜活农产品的运输工具。

第二十九条　国家支持发展农产品加工业和食品工业，增加农产品的附加值。县级以上人民政府应当制定农产品加工业和食品工业发展规划，引导农产品加工企业形成合理的区域布局和规模结构，扶持农民专业合作经济组织和乡镇企业从事农产品加工和综合开发利用。

国家建立、健全农产品加工制品质量标准，完善检测手段，加强农产品加工过程中的质量安全管理和监督，保障食品安全。

第三十条　国家鼓励发展农产品进出口贸易。

国家采取加强国际市场研究、提供信息和营销服务等措施，促进农产品出口。

为维护农产品产销秩序和公平贸易，建立农产品进口预警制度，当某些进口农产品已经或者可能对国内相关农产品的生产造成重大的不利影响时，国家可以采取必要的措施。

第五章　粮食安全

第三十一条　国家采取措施保护和提高粮食综合生产能力，稳步提高粮食生产水平，保障粮食安全。

国家建立耕地保护制度，对基本农田依法实行特殊保护。

第三十二条　国家在政策、资金、技术等方面对粮食主产区给予重点扶持，建设稳定的商品粮生产基地，改善粮食收贮及加工设施，提高粮食主产区的粮食生产、加工水平和经济效益。

国家支持粮食主产区与主销区建立稳定的购销合作关系。

第三十三条　在粮食的市场价格过低时，国务院可以决定对部分粮食品种实行保护价制度。保护价应当根据有利于保护农民利益、稳定粮食生产的原则确定。

农民按保护价制度出售粮食，国家委托的收购单位不得拒收。

县级以上人民政府应当组织财政、金融等部门以及国家委托的收购单位及时筹足粮食收购资金，任何部门、单位或者个人不得截留或者挪用。

第三十四条　国家建立粮食安全预警制度，采取措施保障粮食供给。国务院应当制定粮食安全保障目标与粮食储备数量指标，并根据需要组织有关主管部门进行耕地、粮食库存情况的核查。

国家对粮食实行中央和地方分级储备调节制度，建设仓储运输体系。承担国家粮食储备任务的企业应当按照国家规定保证储备粮的数量和质量。

第三十五条　国家建立粮食风险基金，用于支持粮食储备、稳定粮食市场和保护农民利益。

第三十六条　国家提倡珍惜和节约粮食，并采取措施改善人民的食物营养结构。

第六章　农业投入与支持保护

第三十七条　国家建立和完善农业支持保护体系，采取财政投入、税收优惠、金融支持等措施，从资金投入、科研与技术推广、教育培训、农业生产资料供应、市场信息、质量标准、检验检疫、社会化服务以及灾害救助等方面扶持农民和农业生产经营组织发展农业生产，提高农民的收入水平。

在不与我国缔结或加入的有关国际条约相抵触的情况下，国家对农民实施收入支持政策，具体办法由国务院制定。

第三十八条 国家逐步提高农业投入的总体水平。中央和县级以上地方财政每年对农业总投入的增长幅度应当高于其财政经常性收入的增长幅度。

各级人民政府在财政预算内安排的各项用于农业的资金应当主要用于：加强农业基础设施建设；支持农业结构调整，促进农业产业化经营；保护粮食综合生产能力，保障国家粮食安全；健全动植物检疫、防疫体系，加强动物疫病和植物病、虫、杂草、鼠害防治；建立、健全农产品质量标准和检验检测监督体系、农产品市场及信息服务体系；支持农业科研教育、农业技术推广和农民培训；加强农业生态环境保护建设；扶持贫困地区发展；保障农民收入水平等。

县级以上各级财政用于种植业、林业、畜牧业、渔业、农田水利的农业基本建设投入应当统筹安排，协调增长。

国家为加快西部开发，增加对西部地区农业发展和生态环境保护的投入。

第三十九条 县级以上人民政府每年财政预算内安排的各项用于农业的资金应当及时足额拨付。各级人民政府应当加强对国家各项农业资金分配、使用过程的监督管理，保证资金安全，提高资金的使用效率。

任何单位和个人不得截留、挪用用于农业的财政资金和信贷资金。审计机关应当依法加强对用于农业的财政和信贷等资金的审计监督。

第四十条 国家运用税收、价格、信贷等手段，鼓励和引导农民和农业生产经营组织增加农业生产经营性投入和小型农田水利等基本建设投入。

国家鼓励和支持农民和农业生产经营组织在自愿的基础上依法采取多种形式，筹集农业资金。

第四十一条 国家鼓励社会资金投向农业，鼓励企业事业单位、社会团体和个人捐资设立各种农业建设和农业科技、教育基金。

国家采取措施，促进农业扩大利用外资。

第四十二条 各级人民政府应当鼓励和支持企业事业单位及其他各类经济组织开展农业信息服务。

县级以上人民政府农业行政主管部门及其他有关部门应当建立农业信息搜集、整理和发布制度，及时向农民和农业生产经营组织提供市场信息等服务。

第四十三条 国家鼓励和扶持农用工业的发展。

国家采取税收、信贷等手段鼓励和扶持农业生产资料的生产和贸易，为农业生产稳定增长提供物质保障。

国家采取宏观调控措施，使化肥、农药、农用薄膜、农业机械和农用柴油等主要农业生产资料和农产品之间保持合理的比价。

第四十四条 国家鼓励供销合作社、农村集体经济组织、农民专业合作经济组织、其他组织和个人发展多种形式的农业生产产前、产中、产后的社会化服务事业。县级以上人民政府及其各有关部门应当采取措施对农业社会化服务事业给予支持。

对跨地区从事农业社会化服务的，农业、工商管理、交通运输、公安等有关部门应当采取措施给予支持。

第四十五条 国家建立、健全农村金融体系，加强农村信用制度建设，加强农村金融监管。

有关金融机构应当采取措施增加信贷投入，改善农村金融服务，对农民和农业生产经营组织的农业生产经营活动提供信贷支持。

农村信用合作社应当坚持为农业、农民和农村经济发展服务的宗旨，优先为当地农民的生产经营活动提供信贷服务。

国家通过贴息等措施，鼓励金融机构向农民和农业生产经营组织的农业生产经营活动提供贷款。

第四十六条 国家建立和完善农业保险制度。

国家逐步建立和完善政策性农业保险制度。鼓励和扶持农民和农业生产经营组织建立为农业生产经营活动服务的互助合作保险组织，鼓励商业性保险公司开展农业保险业务。

农业保险实行自愿原则。任何组织和个人不得强制农民和农业生产经营组织参加农业保险。

第四十七条 各级人民政府应当采取措施，提高农业防御自然灾害的能力，做好防灾、抗灾和救灾工作，帮助灾民恢复生产，组织生产自救，开展社会互助互济；对没有基本生活保障的灾民给予救济和扶持。

第七章 农业科技与农业教育

第四十八条 国务院和省级人民政府应当制定农业科技、农业教育发展规划，发展农业科技、教育事业。

县级以上人民政府应当按照国家有关规定逐步增加农业科技经费和农业教育经费。

国家鼓励、吸引企业等社会力量增加农业科技投入，鼓励农民、农业生产经营组织、企业事业单位等依法举办农业科技、教育事业。

第四十九条 国家保护植物新品种、农产品地理标志等知识产权，鼓励和引导农业科研、教育单位加强农业科学技术的基础研究和应用研究，传播和普及农业科学技术知识，加速科技成果转化与产业化，促进农业科学技术进步。

国务院有关部门应当组织农业重大关键技术的科技攻关。国家采取措施促进国际农业科技、教育合作与交流，鼓励引进国外先进技术。

第五十条 国家扶持农业技术推广事业，建立政府扶持和市场引导相结合,有偿与无偿服务相结合,国家农业技术推广机构和社会力量相结合的农业技术推广体系,促使先进的农业技术尽快应用于农业生产。

第五十一条　国家设立的农业技术推广机构应当以农业技术试验示范基地为依托,承担公共所需的关键性技术的推广和示范工作,为农民和农业生产经营组织提供公益性农业技术服务。

县级以上人民政府应当根据农业生产发展需要,稳定和加强农业技术推广队伍,保障农业技术推广机构的工作经费。

各级人民政府应当采取措施,按照国家规定保障和改善从事农业技术推广工作的专业科技人员的工作条件、工资待遇和生活条件,鼓励他们为农业服务。

第五十二条　农业科研单位、有关学校、农业技术推广机构以及科技人员,根据农民和农业生产经营组织的需要,可以提供无偿服务,也可以通过技术转让、技术服务、技术承包、技术入股等形式,提供有偿服务,取得合法收益。农业科研单位、有关学校、农业技术推广机构以及科技人员应当提高服务水平,保证服务质量。

对农业科研单位、有关学校、农业技术推广机构举办的为农业服务的企业,国家在税收、信贷等方面给予优惠。

国家鼓励农民、农民专业合作经济组织、供销合作社、企业事业单位等参与农业技术推广工作。

第五十三条　国家建立农业专业技术人员继续教育制度。县级以上人民政府农业行政主管部门会同教育、人事等有关部门制定农业专业技术人员继续教育计划,并组织实施。

第五十四条　国家在农村依法实施义务教育,并保障义务教育经费。国家在农村举办的普通中小学校教职工工资由县级人民政府按照国家规定统一发放,校舍等教学设施的建设和维护经费由县级人民政府按照国家规定统一安排。

第五十五条　国家发展农业职业教育。国务院有关部门按照国家职业资格证书制度的统一规定,开展农业行业的职业分类、职业技能鉴定工作,管理农业行业的职业资格证书。

第五十六条　国家采取措施鼓励农民采用先进的农业技术,支持农民举办各种科技组织,开展农业实用技术培训、农民绿色证书培训和其他就业培训,提高农民的文化技术素质。

第八章　农业资源与农业环境保护

第五十七条　发展农业和农村经济必须合理利用和保护土地、水、森林、草原、野生动植物等自然资源,合理开发和利用水能、沼气、太阳能、风能等可再生能源和清洁能源,发展生态农业,保护和改善生态环境。

县级以上人民政府应当制定农业资源区划或者农业资源合理利用和保护的区划,建立农业资源监测制度。

第五十八条　农民和农业生产经营组织应当保养耕地,合理使用化肥、农药、农用薄膜,增加使用有机肥料,采用先进技术,保护和提高地力,防止农用地的污染、破坏和地力衰退。

县级以上人民政府农业行政主管部门应当采取措施,支持农民和农业生产经营组织加强耕地质量建设,并对耕地质量进行定期监测。

第五十九条　各级人民政府应当采取措施,加强小流域综合治理,预防和治理水土流失。从事可能引起水土流失的生产建设活动的单位和个人,必须采取预防措施,并负责治理因生产建设活动造成的水土流失。

各级人民政府应当采取措施,预防土地沙化,治理沙化土地。国务院和沙化土地所在地区的县级以上地方人民政府应当按照法律规定制定防沙治沙规划,并组织实施。

第六十条　国家实行全民义务植树制度。各级人民政府应当采取措施,组织群众植树造林,保护林地和林木,预防森林火灾,防治森林病虫害,制止滥伐、盗伐林木,提高森林覆盖率。

国家在天然林保护区域实行禁伐或者限伐制度,加强造林护林。

第六十一条　有关地方人民政府,应当加强草原的保护、建设和管理,指导、组织农(牧)民和农(牧)业生产经营组织建设人工草场、饲草饲料基地和改良天然草原,实行以草定畜,控制载畜量,推行划区轮牧、休牧和禁牧制度,保护草原植被,防止草原退化沙化和盐渍化。

第六十二条　禁止毁林毁草开垦、烧山开垦以及开垦国家禁止开垦的陡坡地,已经开垦的应当逐步退耕还林、还草。

禁止围湖造田以及围垦国家禁止围垦的湿地。已经围垦的,应当逐步退耕还湖、还湿地。

对在国务院批准规划范围内实施退耕的农民,应当按照国家规定予以补助。

第六十三条　各级人民政府应当采取措施,依法执行捕捞限额和禁渔、休渔制度,增殖渔业资源,保护渔业水域生态环境。

国家引导、支持从事捕捞业的农(渔)民和农(渔)业生产经营组织从事水产养殖业或者其他职业,对根据当地人民政府统一规划转产转业的农(渔)民,应当按照国家规定予以补助。

第六十四条 国家建立与农业生产有关的生物物种资源保护制度,保护生物多样性,对稀有、濒危、珍贵生物资源及其原生地实行重点保护。从境外引进生物物种资源应当依法进行登记或者审批,并采取相应安全控制措施。

农业转基因生物的研究、试验、生产、加工、经营及其他应用,必须依照国家规定严格实行各项安全控制措施。

第六十五条 各级农业行政主管部门应当引导农民和农业生产经营组织采取生物措施或者使用高效低毒低残留农药、兽药,防治动植物病、虫、杂草、鼠害。

农产品采收后的秸秆及其他剩余物质应当综合利用,妥善处理,防止造成环境污染和生态破坏。

从事畜禽等动物规模养殖的单位和个人应当对粪便、废水及其他废弃物进行无害化处理或者综合利用,从事水产养殖的单位和个人应当合理投饵、施肥、使用药物,防止造成环境污染和生态破坏。

第六十六条 县级以上人民政府应当采取措施,督促有关单位进行治理,防治废水、废气和固体废弃物对农业生态环境的污染。排放废水、废气和固体废弃物造成农业生态环境污染事故的,由环境保护行政主管部门或者农业行政主管部门依法调查处理;给农民和农业生产经营组织造成损失的,有关责任者应当依法赔偿。

第九章 农民权益保护

第六十七条 任何机关或者单位向农民或者农业生产经营组织收取行政、事业性费用必须依据法律、法规的规定。收费的项目、范围和标准应当公布。没有法律、法规依据的收费,农民和农业生产经营组织有权拒绝。

任何机关或者单位对农民或者农业生产经营组织进行罚款处罚必须依据法律、法规、规章的规定。没有法律、法规、规章依据的罚款,农民和农业生产经营组织有权拒绝。

任何机关或者单位不得以任何方式向农民或者农业生产经营组织进行摊派。除法律、法规另有规定外,任何机关或者单位以任何方式要求农民或者农业生产经营组织提供人力、财力、物力的,属于摊派。农民和农业生产经营组织有权拒绝任何方式的摊派。

第六十八条 各级人民政府及其有关部门和所属单位不得以任何方式向农民或者农业生产经营组织集资。

没有法律、法规依据或者未经国务院批准,任何机关或者单位不得在农村进行任何形式的达标、升级、验收活动。

第六十九条 农民和农业生产经营组织依照法律、行政法规的规定承担纳税义务。税务机关及代扣、代收税款的单位应当依法征税,不得违法摊派税款及以其他违法方法征税。

第七十条 农村义务教育除按国务院规定收取的费用外,不得向农民和学生收取其他费用。禁止任何机关或者单位通过农村中小学校向农民收费。

第七十一条 国家依法征用农民集体所有的土地,应当保护农民和农村集体经济组织的合法权益,依法给予农民和农村集体经济组织征地补偿,任何单位和个人不得截留、挪用征地补偿费用。

第七十二条 各级人民政府、农村集体经济组织或者村民委员会在农业和农村经济结构调整、农业产业化经营和土地承包经营权流转等过程中,不得侵犯农民的土地承包经营权,不得干涉农民自主安排的生产经营项目,不得强迫农民购买指定的生产资料或者按指定的渠道销售农产品。

第七十三条 农村集体经济组织或者村民委员会为发展生产或者兴办公益事业,需要向其成员(村民)筹资筹劳的,应当经成员(村民)会议或者成员(村民)代表会议过半数通过后,方可进行。

农村集体经济组织或者村民委员会依照前款规定筹资筹劳的,不得超过省级以上人民政府规定的上限控制标准,禁止强行以资代劳。

农村集体经济组织和村民委员会对涉及农民利益的重要事项,应当向农民公开,并定期公布财务账目,接受农民的监督。

第七十四条 任何单位和个人向农民或者农业生产经营组织提供生产、技术、信息、文化、保险等有偿服务,必须坚持自愿原则,不得强迫农民和农业生产经营组织接受服务。

第七十五条 农产品收购单位在收购农产品时,不得压级压价,不得在支付的价款中扣缴任何费用。法律、行政法规规定代扣、代收税款的,依照法律、行政法规的规定办理。

农产品收购单位与农产品销售者因农产品的质量等级发生争议的,可以委托具有法定资质的农产品质量检验机构检验。

第七十六条 农业生产资料使用者因生产资料质量问题遭受损失的,出售该生产资料的经营者应当予以赔偿,赔偿额包括购货价款、有关费用和可得利益损失。

第七十七条 农民或者农业生产经营组织为维护自身的合法权益,有向各级人民政府及其有关部门反映情况和提出合法要求的权利,人民政府及其有关部门对农民或者农业生产经营组织提出的合理要求,应当按照国家规定及时给予答复。

第七十八条　违反法律规定，侵犯农民权益的，农民或者农业生产经营组织可以依法申请行政复议或者向人民法院提起诉讼，有关人民政府及其有关部门或者人民法院应当依法受理。

人民法院和司法行政主管机关应当依照有关规定为农民提供法律援助。

第十章　农村经济发展

第七十九条　国家坚持城乡协调发展的方针，扶持农村第二、第三产业发展，调整和优化农村经济结构，增加农民收入，促进农村经济全面发展，逐步缩小城乡差别。

第八十条　各级人民政府应当采取措施，发展乡镇企业，支持农业的发展，转移富余的农业劳动力。

国家完善乡镇企业发展的支持措施，引导乡镇企业优化结构，更新技术，提高素质。

第八十一条　县级以上地方人民政府应当根据当地的经济发展水平、区位优势和资源条件，按照合理布局、科学规划、节约用地的原则，有重点地推进农村小城镇建设。

地方各级人民政府应当注重运用市场机制，完善相应政策，吸引农民和社会资金投资小城镇开发建设，发展第二、第三产业，引导乡镇企业相对集中发展。

第八十二条　国家采取措施引导农村富余劳动力在城乡、地区间合理有序流动。地方各级人民政府依法保护进入城镇就业的农村劳动力的合法权益，不得设置不合理限制，已经设置的应当取消。

第八十三条　国家逐步完善农村社会救济制度，保障农村五保户、贫困残疾农民、贫困老年农民和其他丧失劳动能力的农民的基本生活。

第八十四条　国家鼓励、支持农民巩固和发展农村合作医疗和其他医疗保障形式，提高农民健康水平。

第八十五条　国家扶持贫困地区改善经济发展条件，帮助进行经济开发。省级人民政府根据国家关于扶持贫困地区的总体目标和要求，制定扶贫开发规划，并组织实施。

各级人民政府应当坚持开发式扶贫方针，组织贫困地区的农民和农业生产经营组织合理使用扶贫资金，依靠自身力量改变贫穷落后面貌，引导贫困地区的农民调整经济结构、开发当地资源。扶贫开发应当坚持与资源保护、生态建设相结合，促进贫困地区经济、社会的协调发展和全面进步。

第八十六条　中央和省级财政应当把扶贫开发投入列入年度财政预算，并逐年增加，加大对贫困地区的财政转移支付和建设资金投入。

国家鼓励和扶持金融机构、其他企业事业单位和个人投入资金支持贫困地区开发建设。

禁止任何单位和个人截留、挪用扶贫资金。审计机关应当加强扶贫资金的审计监督。

第十一章　执法监督

第八十七条　县级以上人民政府应当采取措施逐步完善适应社会主义市场经济发展要求的农业行政管理体制。

县级以上人民政府农业行政主管部门和有关行政主管部门应当加强规划、指导、管理、协调、监督、服务职责，依法行政，公正执法。

县级以上地方人民政府农业行政主管部门应当在其职责范围内健全行政执法队伍，实行综合执法，提高执法效率和水平。

第八十八条　县级以上人民政府农业行政主管部门及其执法人员履行执法监督检查职责时，有权采取下列措施：

（一）要求被检查单位或者个人说明情况，提供有关文件、证照、资料；

（二）责令被检查单位或者个人停止违反本法的行为，履行法定义务。

农业行政执法人员在履行监督检查职责时，应当向被检查单位或者个人出示行政执法证件，遵守执法程序。有关单位或者个人应当配合农业行政执法人员依法执行职务，不得拒绝和阻碍。

第八十九条　农业行政主管部门与农业生产、经营单位必须在机构、人员、财务上彻底分离。农业行政主管部门及其工作人员不得参与和从事农业生产经营活动。

第十二章　法律责任

第九十条　违反本法规定，侵害农民和农业生产经营组织的土地承包经营权等财产权或者其他合法权益的，应当停止侵害，恢复原状；造成损失、损害的，依法承担赔偿责任。

国家工作人员利用职务便利或者以其他名义侵害农民和农业生产经营组织的合法权益的，应当赔偿损失，并由其所在单位或者上级主管机关给予行政处分。

第九十一条　违反本法第十九条、第二十五条、第六十二条、第七十一条规定的，依照相关法律或者行政法规的规定予以处罚。

第九十二条　有下列行为之一的，由上级主管机关责令限期归还被截留、挪用的资金，没收非法所得，并由上级主管机关或者所在单位给予直接负责的主管人员和其他直接责任人员行政处分；构成犯罪的，依法追究刑事责任：

（一）违反本法第三十三条第三款规定，截留、挪用粮食收购资金的；

（二）违反本法第三十九条第二款规定，截留、挪用用于农业的财政资金和信贷资金的；

（三）违反本法第八十六条第三款规定，截留、挪用扶贫资金的。

第九十三条　违反本法第六十七条规定，向农民或者农业生产经营组织违法收费、罚款、摊派的，上级主管机关应当予以制止，并予公告；已经收取钱款或者已经使用人力、物力的，由上级主管机关责令限期归还已经收取的钱款或者折价偿还已经使用的人力、物力，并由上级主管机关或者所在单位给予直接负责的主管人员和其他直接责任人员行政处分；情节严重，构成犯罪的，依法追究刑事责任。

第九十四条　有下列行为之一的，由上级主管机关责令停止违法行为，并给予直接负责的主管人员和其他直接责任人员行政处分，责令退还违法收取的集资款、税款或者费用：

（一）违反本法第六十八条规定，非法在农村进行集资、达标、升级、验收活动的；

（二）违反本法第六十九条规定，以违法方法向农民征税的；

（三）违反本法第七十条规定，通过农村中小学校向农民超额、超项目收费的。

第九十五条　违反本法第七十三条第二款规定，强迫农民以资代劳的，由乡（镇）人民政府责令改正，并退还违法收取的资金。

第九十六条　违反本法第七十四条规定，强迫农民和农业生产经营组织接受有偿服务的，由有关人民政府责令改正，并返还其违法收取的费用；情节严重的，给予直接负责的主管人员和其他直接责任人员行政处分；造成农民和农业生产经营组织损失的，依法承担赔偿责任。

第九十七条　县级以上人民政府农业行政主管部门的工作人员违反本法规定参与和从事农业生产经营活动的，依法给予行政处分；构成犯罪的，依法追究刑事责任。

第十三章　附　则

第九十八条　本法有关农民的规定，适用于国有农场、牧场、林场、渔场等企业事业单位实行承包经营的职工。

第九十九条　本法自2003年3月1日起施行。

国家主席江泽民签署第82号令公布《中华人民共和国草原法》

《中华人民共和国草原法》已由中华人民共和国第九届全国人民代表大会常务委员会第三十一次会议于2002年12月28日修订通过，现将修订后的《中华人民共和国草原法》公布，自2003年3月1日起施行。

中华人民共和国主席　江泽民

2002年12月28日

中华人民共和国草原法

第一章　总　则

第一条　为了保护、建设和合理利用草原，改善生态环境，维护生物多样性，发展现代畜牧业，促进经济和社会的可持续发展，制定本法。

第二条　在中华人民共和国领域内从事草原规划、保护、建设、利用和管理活动，适用本法。

本法所称草原，是指天然草原和人工草地。

第三条　国家对草原实行科学规划、全面保护、重点建设、合理利用的方针，促进草原的可持续利用和生态、经济、社会的协调发展。

第四条　各级人民政府应当加强对草原保护、建设和利用的管理，将草原的保护、建设和利用纳入国民经济和社会发展计划。

各级人民政府应当加强保护、建设和合理利用草原的宣传教育。

第五条　任何单位和个人都有遵守草原法律、法规、保护草原的义务，同时享有对违反草原法律、法规、破坏草原的行为进行监督、检举和控告的权利。

第六条　国家鼓励与支持开展草原保护、建设、利用和监测方面的科学研究，推广先进技术和先进成果，培养科学技术人才。

第七条　国家对在草原管理、保护、建设、合理利用和科学研究等工作中作出显著成绩的单位和个人，给予奖励。

第八条　国务院草原行政主管部门主管全国草原监督管理工作。

县级以上地方人民政府草原行政主管部门主管本行政区域内草原监督管理工作。

乡（镇）人民政府应当加强对本行政区域内草原保护、建设和利用情况的监督检查，根据需要可以设专职或者兼职人员负责具体监督检查工作。

第二章　草原权属

第九条　草原属于国家所有，由法律规定属于集体所有的除外。国家所有的草原，由国务院代表国家行使所有权。

任何单位或者个人不得侵占、买卖或者以其他形式非法转让草原。

第十条　国家所有的草原，可以依法确定给全民所有制单位、集体经济组织等使用。

使用草原的单位，应当履行保护、建设和合理利用草原的义务。

第十一条　依法确定给全民所有制单位、集体经济组织等使用的国家所有的草原，由县级以上人民政府登记,核发使用权证,确认草原使用权。

未确定使用权的国家所有的草原,由县级以上人民政府登记造册,并负责保护管理。

集体所有的草原,由县级人民政府登记,核发所有权证,确认草原所有权。

依法改变草原权属的,应当办理草原权属变更登记手续。

第十二条　依法登记的草原所有权和使用权受法律保护,任何单位或者个人不得侵犯。

第十三条　集体所有的草原或者依法确定给集体经济组织使用的国家所有的草原,可以由本集体经济组织内的家庭或者联户承包经营。

在草原承包经营期内,不得对承包经营者使用的草原进行调整;个别确需适当调整的,必须经本集体经济组织成员的村(牧)民会议三分之二以上成员或者三分之二以上村(牧)民代表的同意,并报乡(镇)人民政府和县级人民政府草原行政主管部门批准。

集体所有的草原或者依法确定给集体经济组织使用的国家所有的草原由本集体经济组织以外的单位或者个人承包经营的,必须经本集体经济组织成员的村(牧)民会议三分之二以上成员或者三分之二以上村(牧)民代表的同意,并报乡(镇)人民政府批准。

第十四条　承包经营草原,发包方和承包方应当签订书面合同。草原承包合同的内容应当包括双方的权利和义务、承包草原四至界限、面积和等级、承包期和起止日期、承包草原用途和违约责任等。承包期届满,原承包经营者在同等条件下享有优先承包权。

承包经营草原的单位和个人,应当履行保护、建设和按照承包合同约定的用途合理利用草原的义务。

第十五条　草原承包经营权受法律保护,可以按照自愿、有偿的原则依法转让。

草原承包经营权转让的受让方必须具有从事畜牧业生产的能力,并应当履行保护、建设和按照承包合同约定的用途合理利用草原的义务。

草原承包经营权转让应当经发包方同意。承包方与受让方在转让合同中约定的转让期限,不得超过原承包合同剩余的期限。

第十六条　草原所有权、使用权的争议,由当事人协商解决;协商不成的,由有关人民政府处理。

单位之间的争议,由县级以上人民政府处理;个人之间、个人与单位之间的争议,由乡(镇)人民政府或者县级以上人民政府处理。

当事人对有关人民政府的处理决定不服的,可以依法向人民法院起诉。

在草原权属争议解决前,任何一方不得改变草原利用现状,不得破坏草原和草原上的设施。

第三章　规　划

第十七条　国家对草原保护、建设、利用实行统一规划制度。国务院草原行政主管部门会同国务院有关部门编制全国草原保护、建设、利用规划,报国务院批准后实施。

县级以上地方人民政府草原行政主管部门会同同级有关部门依据上一级草原保护、建设、利用规划编制本行政区域的草原保护、建设、利用规划,报本级人民政府批准后实施。

经批准的草原保护、建设、利用规划确需调整或者修改时,须经原批准机关批准。

第十八条　编制草原保护、建设、利用规划,应当依据国民经济和社会发展规划并遵循下列原则:

(一)改善生态环境,维护生物多样性,促进草原的可持续利用;

(二)以现有草原为基础,因地制宜,统筹规划,分类指导;

(三)保护为主、加强建设、分批改良、合理利用;

(四)生态效益、经济效益、社会效益相结合。

第十九条　草原保护、建设、利用规划应当包括:草原保护、建设、利用的目标和措施,草原功能分区和各项建设的总体部署,各项专业规划等。

第二十条　草原保护、建设、利用规划应当与土地利用总体规划相衔接,与环境保护规划、水土保持规划、防沙治沙规划、水资源规划、林业长远规划、城市总体规划、村庄和集镇规划以及其他有关规划相协调。

第二十一条　草原保护、建设、利用规划一经批准,必须严格执行。

第二十二条　国家建立草原调查制度。

县级以上人民政府草原行政主管部门会同同级有关部门定期进行草原调查;草原所有者或者使用者应当支持、配合调查,并提供有关资料。

第二十三条　国务院草原行政主管部门会同国务院有关部门制定全国草原等级评定标准。

县级以上人民政府草原行政主管部门根据草原调查结果、草原的质量,依据草原等级评定标准,对草原进行评等定级。

第二十四条　国家建立草原统计制度。

县级以上人民政府草原行政主管部门和同级统计部门共同制定草原统计调查办法,依法对草原的面积、等级、产草量、载畜量等进行统计,定期发布草原统计资料。

草原统计资料是各级人民政府编制草原保护、建设、利用规划的依据。

第二十五条　国家建立草原生产、生态监测预警系统。

县级以上人民政府草原行政主管部门对草原的面积、等级、植被构成、生产能力、自然灾害、生物灾害等草原基本状况实行动态监测，及时为本级政府和有关部门提供动态监测和预警信息服务。

第四章　建　设

第二十六条　县级以上人民政府应当增加草原建设的投入，支持草原建设。

国家鼓励单位和个人投资建设草原，按照谁投资、谁受益的原则保护草原投资建设者的合法权益。

第二十七条　国家鼓励与支持人工草地建设、天然草原改良和饲草饲料基地建设，稳定和提高草原生产能力。

第二十八条　县级以上人民政府应当支持、鼓励和引导农牧民开展草原围栏、饲草饲料储备、牲畜圈舍、牧民定居点等生产生活设施的建设。

县级以上地方人民政府应当支持草原水利设施建设，发展草原节水灌溉，改善人畜饮水条件。

第二十九条　县级以上人民政府应当按照草原保护、建设、利用规划加强草种基地建设，鼓励选育、引进、推广优良草品种。

新草品种必须经全国草品种审定委员会审定，由国务院草原行政主管部门公告后方可推广。从境外引进草种必须依法进行审批。

县级以上人民政府草原行政主管部门应当依法加强对草种生产、加工、检疫、检验的监督管理，保证草种质量。

第三十条　县级以上人民政府应当有计划地进行火情监测、防火物资储备、防火隔离带等草原防火设施的建设，确保防火需要。

第三十一条　对退化、沙化、盐碱化、石漠化和水土流失的草原，地方各级人民政府应当按照草原保护、建设、利用规划，划定治理区，组织专项治理。

大规模的草原综合治理，列入国家国土整治计划。

第三十二条　县级以上人民政府应当根据草原保护、建设、利用规划，在本级国民经济和社会发展计划中安排资金用于草原改良、人工种草和草种生产，任何单位或者个人不得截留、挪用；县级以上人民政府财政部门和审计部门应当加强监督管理。

第五章　利　用

第三十三条　草原承包经营者应当合理利用草原，不得超过草原行政主管部门核定的载畜量；草原承包经营者应当采取种植和储备饲草饲料、增加饲草饲料供应量、调剂处理牲畜、优化畜群结构、提高出栏率等措施，保持草畜平衡。

草原载畜量标准和草畜平衡管理办法由国务院草原行政主管部门规定。

第三十四条　牧区的草原承包经营者应当实行划区轮牧，合理配置畜群，均衡利用草原。

第三十五条　国家提倡在农区、半农半牧区和有条件的牧区实行牲畜圈养。草原承包经营者应当按照饲养牲畜的种类和数量，调剂、储备饲草饲料，采用青贮和饲草饲料加工等新技术，逐步改变依赖天然草地放牧的生产方式。

在草原禁牧、休牧、轮牧区，国家对实行舍饲圈养的给予粮食和资金补助，具体办法由国务院或者国务院授权的有关部门规定。

第三十六条　县级以上地方人民政府草原行政主管部门对割草场和野生草种基地应当规定合理的割草期、采种期以及留茬高度和采割强度，实行轮割轮采。

第三十七条　遇到自然灾害等特殊情况，需要临时调剂使用草原的，按照自愿互利的原则，由双方协商解决；需要跨县临时调剂使用草原的，由有关县级人民政府或者共同的上级人民政府组织协商解决。

第三十八条　进行矿藏开采和工程建设，应当不占或者少占草原；确需征用或者使用草原的，必须经省级以上人民政府草原行政主管部门审核同意后，依照有关土地管理的法律、行政法规办理建设用地审批手续。

第三十九条　因建设征用集体所有的草原的，应当依照《中华人民共和国土地管理法》的规定给予补偿；因建设使用国家所有的草原的，应当依照国务院有关规定对草原承包经营者给予补偿。

因建设征用或者使用草原的，应当交纳草原植被恢复费。草原植被恢复费专款专用，由草原行政主管部门按照规定用于恢复草原植被，任何单位和个人不得截留、挪用。草原植被恢复费的征收、使用和管理办法，由国务院价格主管部门和国务院财政部门会同国务院草原行政主管部门制定。

第四十条　需要临时占用草原的，应当经县级以上地方人民政府草原行政主管部门审核同意。

临时占用草原的期限不得超过二年，并不得在临时占用的草原上修建永久性建筑物、构筑物；占用期满，用地单位必须恢复草原植被并及时退还。

第四十一条　在草原上修建直接为草原保护和畜牧业生产服务的工程设施，需要使用草原的，由县级以上人民政府草原行政主管部门批准；修筑其他工程，需要将草原转为非畜牧业生产用地的，必须依法办理建设用地审批手续。

前款所称直接为草原保护和畜牧业生产服务的工程设施，是指：

(一)生产、贮存草种和饲草饲料的设施；

(二)牲畜圈舍、配种点、剪毛点、药浴池、人畜饮水设施；

(三)科研、试验、示范基地；

(四)草原防火和灌溉设施。

第六章　保　护

第四十二条　国家实行基本草原保护制度。下列草原应当划为基本草原，实施严格管理：

(一)重要放牧场；

(二)割草地；

(三)用于畜牧业生产的人工草地、退耕还草地以及改良草地、草种基地；

(四)对调节气候、涵养水源、保持水土、防风固沙具有特殊作用的草原；

(五)作为国家重点保护野生动植物生存环境的草原；

(六)草原科研、教学试验基地；

(七)国务院规定应当划为基本草原的其他草原。

基本草原的保护管理办法，由国务院制定。

第四十三条　国务院草原行政主管部门或者省、自治区、直辖市人民政府可以按照自然保护区管理的有关规定在下列地区建立草原自然保护区：

(一)具有代表性的草原类型；

(二)珍稀濒危野生动植物分布区；

(三)具有重要生态功能和经济科研价值的草原。

第四十四条　县级以上人民政府应当依法加强对草原珍稀濒危野生植物和种质资源的保护、管理。

第四十五条　国家对草原实行以草定畜、草畜平衡制度。县级以上地方人民政府草原行政主管部门应当按照国务院草原行政主管部门制定的草原载畜量标准，结合当地实际情况，定期核定草原载畜量。各级人民政府应当采取有效措施，防止超载过牧。

第四十六条　禁止开垦草原。对水土流失严重、有沙化趋势、需要改善生态环境的已垦草原，应当有计划、有步骤地退耕还草；已造成沙化、盐碱化、石漠化的，应当限期治理。

第四十七条　对严重退化、沙化、盐碱化、石漠化的草原和生态脆弱区的草原，实行禁牧、休牧制度。

第四十八条　国家支持依法实行退耕还草和禁牧、休牧。具体办法由国务院或者省、自治区、直辖市人民政府制定。

对在国务院批准规划范围内实施退耕还草的农牧民，按照国家规定给予粮食、现金、草种费补助。退耕还草完成后，由县级以上人民政府草原行政主管部门核实登记，依法履行土地用途变更手续，发放草原权属证书。

第四十九条　禁止在荒漠、半荒漠和严重退化、沙化、盐碱化、石漠化、水土流失的草原以及生态脆弱区的草原上采挖植物和从事破坏草原植被的其他活动。

第五十条　在草原上从事采土、采砂、采石等作业活动，应当报县级人民政府草原行政主管部门批准；开采矿产资源的，并应当依法办理有关手续。

经批准在草原上从事本条第一款所列活动的，应当在规定的时间、区域内，按照准许的采挖方式作业，并采取保护草原植被的措施。

在他人使用的草原上从事本条第一款所列活动的，还应当事先征得草原使用者的同意。

第五十一条　在草原上种植牧草或者饲料作物，应当符合草原保护、建设、利用规划；县级以上地方人民政府草原行政主管部门应当加强监督管理，防止草原沙化和水土流失。

第五十二条　在草原上开展经营性旅游活动，应当符合有关草原保护、建设、利用规划，并事先征得县级以上地方人民政府草原行政主管部门的同意，方可办理有关手续。

在草原上开展经营性旅游活动，不得侵犯草原所有者、使用者和承包经营者的合法权益，不得破坏草原植被。

第五十三条　草原防火工作贯彻预防为主、防消结合的方针。

各级人民政府应当建立草原防火责任制，规定草原防火期，制定草原防火扑火预案，切实做好草原火灾的预防和扑救工作。

第五十四条　县级以上地方人民政府应当做好草原鼠害、病虫害和毒害草防治的组织管理工作。县级以上地方人民政府草原行政主管部门应当采取措施，加强草原鼠害、病虫害和毒害草监测预警、调查以及防治工作，组织研究和推广综合防治的办法。

禁止在草原上使用剧毒、高残留以及可能导致二次中毒的农药。

第五十五条　除抢险救灾和牧民搬迁的机动车辆外，禁止机动车辆离开道路在草原上行驶，破坏草原植被；因从事地质勘探、科学考察等活动确需离开道路在草原上行驶的，应当向县级人民政府草原行政主管部门提交行驶区域和行驶路线方案，经确认后执行。

第七章　监督检查

第五十六条　国务院草原行政主管部门和草原面积较大的省、自治区的县级以上地方人民政府草原行政主管部门设立草原监督管理机构，负责草原法律、法规执行情况的监督检查，对违反草原法律、法规的行为进行查处。

草原行政主管部门和草原监督管理机构应当加强执法队伍建设，提高草原监督检查人员的政治、业务素质。草原监督检查人员应当忠于职守，秉公执法。

第五十七条　草原监督检查人员履行监督检查职责时，有权采取下列措施：

(一)要求被检查单位或者个人提供有关草原权属的文件和资料，进行查阅或者复制；

(二)要求被检查单位或者个人对草原权属等问题作出说明；

(三)进入违法现场进行拍照、摄像和勘测；

(四)责令被检查单位或者个人停止违反草原法律、法规的行为，履行法定义务。

第五十八条　国务院草原行政主管部门和省、自治区、直辖市人民政府草原行政主管部门，应当加强对草原监督检查人员的培训和考核。

第五十九条　有关单位和个人对草原监督检查人员的监督检查工作应当给予支持、配合，不得拒绝或者阻碍草原监督检查人员依法执行职务。

草原监督检查人员在履行监督检查职责时，应当向被检查单位和个人出示执法证件。

第六十条　对违反草原法律、法规的行为，应当依法作出行政处理，有关草原行政主管部门不作出行政处理决定的，上级草原行政主管部门有权责令有关草原行政主管部门作出行政处理决定或者直接作出行政处理决定。

第八章　法律责任

第六十一条　草原行政主管部门工作人员及其他国家机关有关工作人员玩忽职守、滥用职权，不依法履行监督管理职责，或者发现违法行为不予查处，造成严重后果，构成犯罪的，依法追究刑事责任；尚不够刑事处罚的，依法给予行政处分。

第六十二条　截留、挪用草原改良、人工种草和草种生产资金或者草原植被恢复费，构成犯罪的，依法追究刑事责任；尚不够刑事处罚的，依法给予行政处分。

第六十三条　无权批准征用、使用草原的单位或者个人非法批准征用、使用草原的，超越批准权限非法批准征用、使用草原的，或者违反法律规定的程序批准征用、使用草原，构成犯罪的，依法追究刑事责任；尚不够刑事处罚的，依法给予行政处分。非法批准征用、使用草原的文件无效。非法批准征用、使用的草原应当收回，当事人拒不归还的，以非法使用草原论处。

非法批准征用、使用草原，给当事人造成损失的，依法承担赔偿责任。

第六十四条　买卖或者以其他形式非法转让草原，构成犯罪的，依法追究刑事责任；尚不够刑事处罚的，由县级以上人民政府草原行政主管部门依据职权责令限期改正，没收违法所得，并处违法所得一倍以上五倍以下的罚款。

第六十五条　未经批准或者采取欺骗手段骗取批准，非法使用草原，构成犯罪的，依法追究刑事责任；尚不够刑事处罚的，由县级以上人民政府草原行政主管部门依据职权责令退还非法使用的草原，对违反草原保护、建设、利用规划擅自将草原改为建设用地的，限期拆除在非法使用的草原上新建的建筑物和其他设施，恢复草原植被，并处草原被非法使用前三年平均产值六倍以上十二倍以下的罚款。

第六十六条　非法开垦草原，构成犯罪的，依法追究刑事责任；尚不够刑事处罚的，由县级以上人民政府草原行政主管部门依据职权责令停止违法行为，限期恢复植被，没收非法财物和违法所得，并处违法所得一倍以上五倍以下的罚款；没有违法所得的，并处五万元以下的罚款；给草原所有者或者使用者造成损失的，依法承担赔偿责任。

第六十七条　在荒漠、半荒漠和严重退化、沙化、盐碱化、石漠化、水土流失的草原，以及生态脆弱区的草原上采挖植物或者从事破坏草原植被的其他活动的，由县级以上地方人民政府草原行政主管部门依据职权责令停止违法行为，没收非法财物和违法所得，可以并处违法所得一倍以上五倍以下的罚款；没有违法所得的，可以并处五万元以下的罚款；给草原所有者或者使用者造成损失的，依法承担赔偿责任。

第六十八条　未经批准或者未按照规定的时间、区域和采挖方式在草原上进行采土、采砂、采石等活动的，由县级人民政府草原行政主管部门责令停止违法行为，限期恢复植被，没收非法财物和违法所得，可以并处违法所得一倍以上二倍以下的罚款；没有违法所得的，可以并处二万元以下的罚款；给草原所有者或者使用者造成损失的，依法承担赔偿责任。

第六十九条　违反本法第五十二条规定，擅自在草原上开展经营性旅游活动，破坏草原植被的，由县级以上地方人民政府草原行政主管部门依据职权责令停止违法行为，限期恢复植被，没收违法所得，可以并处违法所得一倍以上二倍以下的罚款；没有违法所得的，可以并处草原被破坏前三年平均产值六倍以上十二倍以下的罚款；给草原所有者或者使用者造成损失的，依法承担赔偿责任。

第七十条　非抢险救灾和牧民搬迁的机动车辆离开道路在草原上行驶或者从事地质勘探、科学考察等活动未按照确认的行驶区域和行驶路线在草原上行驶，破坏草原植被的，由县级人民政府草原行政主管部门责令停止违法行为，限期恢复植被，可以并处草原被破坏前三年平均产值三倍以上九倍以下的罚款；给草原所有者或者使用者造成损失的，依法承担赔偿责任。

第七十一条　在临时占用的草原上修建永久性建筑物、构筑物的，由县级以上地方人民政府草原行政主管部门依据职权责令限期拆除；逾期不拆除的，依法强制拆除，所需费用由违法者承担。

临时占用草原，占用期届满，用地单位不予恢复草原植被的，由县级以上地方人民政府草原行政主管部门依据职权责令限期恢复；逾期不恢复的，由县级以上地方人民政府草原行政主管部门代为恢复，所需费用由违法者承担。

第七十二条　未经批准，擅自改变草原保护、建设、利用规划的，由县级以上人民政府责令限期改正；对直接负责的主管人员和其他直接责任人员，依法给予行政处分。

第七十三条　对违反本法有关草畜平衡制度的规定，牲畜饲养量超过县级以上地方人民政府草原行政主管部门核定的草原载畜量标准的纠正或者处罚措施，由省、自治区、直辖市人民代表大会或者其常务委员会规定。

第九章　附　则

第七十四条　本法第二条第二款中所称的天然草原包括草地、草山和草坡，人工草地包括改良草地和退耕还草地，不包括城镇草地。

第七十五条　本法自2003年3月1日起施行。

国家主席江泽民签署第83号令公布《中华人民共和国刑法修正案(四)》

《中华人民共和国刑法修正案(四)》已由中华人民共和国第九届全国人民代表大会常务委员会第三十一次会议于2002年12月28日通过，现予公布，自公布之日起施行。

中华人民共和国主席　江泽民

2002年12月28日

中华人民共和国刑法修正案(四)

为了惩治破坏社会主义市场经济秩序、妨害社会管理秩序和国家机关工作人员的渎职犯罪行为，保障社会主义现代化建设的顺利进行，保障公民的人身安全，对刑法作如下修改和补充：

一、将刑法第一百四十五条修改为："生产不符合保障人体健康的国家标准、行业标准的医疗器械、医用卫生材料，或者销售明知是不符合保障人体健康的国家标准、行业标准的医疗器械、医用卫生材料，足以严重危害人体健康的，处三年以下有期徒刑或者拘役，并处销售金额百分之五十以上二倍以下罚金；对人体健康造成严重危害的，处三年以上十年以下有期徒刑，并处销售金额百分之五十以上二倍以下罚金；后果特别严重的，处十年以上有期徒刑或者无期徒刑，并处销售金额百分之五十以上二倍以下罚金或者没收财产。"

二、在第一百五十二条中增加一款作为第二款："逃避海关监管将境外固体废物、液态废物和气态废物运输进境，情节严重的，处五年以下有期徒刑，并处或者单处罚金；情节特别严重的，处五年以上有期徒刑，并处罚金。"

原第二款作为第三款，修改为："单位犯前两款罪的，对单位判处罚金，并对其直接负责的主管人员和其他直接责任人员，依照前两款的规定处罚。"

三、将刑法第一百五十五条修改为："下列行为，以走私罪论处，依照本节的有关规定处罚：(一)直接向走私人非法收购国家禁止进口物品的，或者直接向走私人非法收购走私进口的其他货物、物品，数额较大的；(二)在内海、领海、界河、界湖运输、收购、贩卖国家禁止进出口物品的，或者运输、收购、贩卖国家限制进出口货物、物品，数额较大，没有合法证明的。"

四、刑法第二百四十四条后增加一条，作为第二百四十四条之一："违反劳动管理法规，雇用未满十六周岁的未成年人从事超强度体力劳动的，或者从事高空、井下作业的，或者在爆炸性、易燃性、放射性、毒害性等危险环境下从事劳动，情节严重的，对直接责任人员，处三年以下有期徒刑或者拘役，并处罚金；情节特别严重的，处三年以上七年以下有期徒刑，并处罚金。

"有前款行为，造成事故，又构成其他犯罪的，依照数罪并罚的规定处罚。"

五、将刑法第三百三十九条第三款修改为："以原料利用为名，进口不能用作原料的固体废物、液态废物和气态废物的，依照本法第一百五十二条第二款、第三款的规定定罪处罚。"

六、将刑法第三百四十四条修改为："违反国家规定，非法采伐、毁坏珍贵树木或者国家重点保护的其他植物的，或者非法收购、运输、加工、出售珍贵树木或者国家重点保护的其他植物及其制品的，处三年以下有期徒刑、拘役或者管制，并处罚金；情节严重的，处三年以上七年以下有期徒刑，并处罚金。"

七、将刑法第三百四十五条修改为："盗伐森林或者其他林木，数量较大的，处三年以下有期徒刑、拘役或者管制，并处或者单处罚金；数量巨大的，处三年以上七年以下有期徒刑，并处罚金；数量特别巨大的，处七年以上有期徒刑，并处罚金。

"违反森林法的规定，滥伐森林或者其他林木，数量较大的，处三年以下有期徒刑、拘役或者管制，并处或者单处罚金；数量巨大的，处三年以上七年以下有期徒刑，并处罚金。

"非法收购、运输明知是盗伐、滥伐的林木，情节严重的，处三年以下有期徒刑、拘役或者管制，并处或者单处罚金；情节特别严重的，处三年以上七年以下有期徒刑,并处罚金。

“盗伐、滥伐国家级自然保护区内的森林或者其他林木的,从重处罚。”

八、将刑法第三百九十九条修改为:“司法工作人员徇私枉法、徇情枉法,对明知是无罪的人而使他受追诉、对明知是有罪的人而故意包庇不使他受追诉,或者在刑事审判活动中故意违背事实和法律作枉法裁判的,处五年以下有期徒刑或者拘役;情节严重的,处五年以上十年以下有期徒刑;情节特别严重的,处十年以上有期徒刑。

“在民事、行政审判活动中故意违背事实和法律作枉法裁判,情节严重的,处五年以下有期徒刑或者拘役;情节特别严重的,处五年以上十年以下有期徒刑。

“在执行判决、裁定活动中,严重不负责任或者滥用职权,不依法采取诉讼保全措施、不履行法定执行职责,或者违法采取诉讼保全措施、强制执行措施,致使当事人或者其他人的利益遭受重大损失的,处五年以下有期徒刑或者拘役;致使当事人或者其他人的利益遭受特别重大损失的,处五年以上十年以下有期徒刑。

“司法工作人员收受贿赂,有前三款行为的,同时又构成本法第三百八十五条规定之罪的,依照处罚较重的规定定罪处罚。”

九、本修正案自公布之日起施行。

国家主席江泽民就车臣发生恐怖爆炸事件致电俄罗斯总统普京向受害者家属表示诚挚慰问 对死难者表示深切哀悼

九届全国人大常委会第三十一次会议闭幕

全国人大常委会委员长李鹏主持会议并讲话。

会议首先表决通过民办教育促进法,修订后的农业法、草原法,刑法修正案(四),国家主席江泽民签署第80、81、82、83号主席令予以公布,并分别于2003年9月1日、2003年3月1日、2003年3月1日公布之日起施行。表决通过决定:免去贾春旺的公安部部长职务、免去戴相龙的中国人民银行行长职务、任命周小川为中国人民银行行长、免去张学忠的人事部部长职务,国家主席江泽民签署第84号主席令予以公布。

会议表决通过的还有:关于刑法第九章渎职罪主体适用问题的解释;全国人大常委会关于召开十届全国人大一次会议的决定;全国人大常委会关于批准中国和南非引渡条约、中国和立陶宛引渡条约、中国和爱沙尼亚关于刑事司法协助的条约、中国和阿拉伯联合酋长国引渡条约、中国和塔吉克斯坦关于中塔国界的补充协定、上海合作组织成员国关于地区反恐怖机构的协定六个决定;表决通过人民解放军选举委员会主任、副主任、委员名单;全国人大民族委员会、法律委员会、内务司法委员会、教育科学文化卫生委员会关于九届全国人大五次会议主席团交付审议的代表提出的议案审议结果的报告;任免名单等。

在进行完本次会议的各项议程后,李鹏委员长发表了讲话。他说,本届常委会的任期即将届满。五年来,在党中央的领导下,在常委会全体组成人员的共同努力下,常委会根据全国工作的大局,认真履行宪法赋予的职责,各方面工作取得了新的进展,为加强社会主义民主法制建设,推进依法治国、建设社会主义法治国家的进程,保障和促进中国特色社会主义事业的顺利进行,作出了应有贡献。

李鹏说,五年来,常委会在立法工作方面坚持以宪法为依据,从我国社会主义初级阶段的基本国情出发,坚持以“三个代表”重要思想为指导,维护国家的整体利益和人民的根本利益;坚持把立法与国家改革、发展、稳定的重大决策紧密地结合起来,使立法工作服从和服务于国家工作的大局;坚持立法工作的计划性,做到年度有计划,五年有规划,长远有目标;坚持把修改原有法律与制定新的法律放在同等重要的位置,更好地发挥法律对现实生活的规范作用;坚持在做好立法工作的同时,把法律解释作为常委会的重要工作,增强法律的适应性,保证法律的正确实施;坚持从实际出发,尊重立法工作自身的规律,努力使法律内容科学规范,相互协调。在前几届工作的基础上,经过不懈努力,构成中国特色社会主义法律体系的各个法律部门已经齐全,每个法律部门中主要的法律已经基本制定出来,加上国务院制定的行政法规和地方人大制定的地方性法规,以宪法为核心的中国特色社会主义法律体系已经初步形成。

李鹏说,五年来,常委会把监督工作放在与立法工作同样重要的位置,把执法检查和听取工作报告作为监督的两种主要形式,注意把改革、发展、稳定中的重大问题,人民群众关心的热点难点问题,作为常委会监督工作的重点,使监督工作有针对性、有重点;注意加强监督工作的计划性,抓准问题,集中力量进行监督;注意克服形式主义,不断增强监督实效;注意把监督工作与完善法律结合起来,结合相关法律的修改,对法律本身不够完善的地方,予以补充和修订;注意充分发挥专门委员会在协助常委会开展监督工作中的作用;注意监督工作的规范化、法律化。通过监督,推动了宪法、法律的实施,促进了国务院依法行政、最高人民法院和最高人民检察院公正司法。

李鹏说,五年来,我们的代表工作和联络工作进一步加强,对外交往开拓了新局面,法制宣传教育和人大工作宣传报道得到拓展，常委会的自身建设得到加强。总之，回顾过去的五年，常委会依法履行职责，各方面工作都有新的进展。这些成绩，是在党中央的正确领导下，经过常委会全体组成人员的共同努力取得的，是各个方面分工合作、密切配合、大力协同的结果。

李鹏指出，五年工作的实践使我们更加深刻地认识到，人民代表大会制度是适合我国国情，保证国家兴旺发达、长治久安的根本政治制度，必须长期坚持下去。五年工作的实践，也使我们对如何坚持和完善人大制度、做好人大工作，有了更加深切的认识和感受。

李鹏强调，必须正确处理加强党的领导与发挥人大作用的关系，人大及其常委会要自觉地接受党的领导，在依法履行职责的过程中，全面贯彻党的路线方针政策，使党的主张经过法定程序成为国家意志，切实把坚持党的领导、人民当家做主和依法治国有机统一起来；必须正确处理人大与人民群众的关系，保持同人民的血肉联系，了解人民的意见，倾听人民的呼声，反映人民的愿望，自觉地把人大工作置于人民的监督之下；必须正确处理人大与政府、法院、检察院的关系，人大依照法律规定对“一府两院”实行监督，督促“一府两院”依法行政、公正司法，把各项工作做得更好，保证把人民赋予的权力真正用来为人民谋利益，这既是对“一府两院”必要的制约，也是对“一府两院”工作的支持和促进；必须正确处理充分发扬民主与在民主的基础上实行集中的关系，常委会制定任何法律、作出任何决定，都必须走群众路线，广泛听取各地方、各部门和广大人民群众的意见，也都必须依照法定程序充分听取常委会组成人员的意见，做到既尊重少数人的意见，又维护少数服从多数的民主原则；必须正确处理依法行使职权与不断开拓创新的关系，既要依法行使职权，又要解放思想、实事求是、与时俱进。

李鹏最后指出，九届全国人大常委会的历史使命即将完成。在本届任期余下的两个多月时间内，我们要认真学习十六大精神，按照“三个代表”重要思想的要求，继续兢兢业业地履行好宪法和法律赋予我们的职责，精心做好第十届全国人民代表大会第一次会议的各项准备工作，把最后一班岗站好。

全国人大常委会副委员长田纪云、姜春云、邹家华、帕巴拉·格列朗杰、王光英、布赫、铁木尔·达瓦买提、吴阶平、彭珮云、何鲁丽、周光召、曹志、丁石孙、成思危、许嘉璐、蒋正华，秘书长何椿霖出席会议，国务委员迟浩田、最高人民法院院长肖扬、最高人民检察院检察长韩杼滨等列席会议。

全国人大常委会举办第三十次法制讲座

这是本届常委会最后一次法制讲座，听取科技法律制度介绍。李鹏委员长主持讲座并发表讲话。他说，全国人大常委会要进一步加强科技立法工作，以及对科技法律实施的监督工作，推动建立适应社会主义市场经济体制和科技自身发展规律的新的科技体制，充分发挥科学技术进步对经济社会发展的巨大推动作用，为我国科技法制建设作出新的贡献。

李鹏说，科学技术是第一生产力，是经济和社会发展的决定性因素。世界各国综合国力的竞争，首先表现在科技实力的竞争上。我国要在新世纪新的历史阶段，全面建设小康社会、加快推进社会主义现代化，实现中华民族的伟大复兴，就必须始终把大力发展科学技术、加速全社会科技进步放在经济社会发展的突出位置，进一步实施“科教兴国”战略，大大提高全民族的科学文化素质。

李鹏指出，科技活动是人类认识世界、改造世界的重要社会实践。通过法律来确定和规范人类科技活动所形成的社会关系，对于促进科技发展具有重要意义。历史和现实都表明，一个国家科技法制状况如何，直接影响着它的科技进步和国家创新体系的建设，也进而影响它的经济增长质量和效益。改革开放以来，我国科技法制建设取得了显著成绩。全国人大及其常委会制定了科学技术进步法、农业技术推广法、促进科技成果转化法、科学技术普及法、计量法、标准化法、专利法等科技方面的法律。国务院及其有关部门制定了计算机软件保护条例、植物新品种保护条例等上百项有关科技的法规、规章及规范性文件。我国还加入了有关工业产权、集成电路知识产权、专利合作等方面的国际条约和协定。目前，我国科技发展的各个领域，包括推进科学技术进步、研究开发、科技成果保护和科技奖励、技术市场管理与技术贸易、促进高技术产业、科技物质保障与环境保护、加强国际科技交流与合作等方面，基本上做到了有法可依，科技法律制度初步形成。

李鹏强调，我们正处于科学技术飞速发展、科技成果日新月异的时代，科技创新越来越成为经济和社会发展的主导力量。适应这一要求，我们迫切需要将现代科技发展的客观规律、成功经验，以及科技创新政策和措施，用立法的形式确定下来，并不断完善。

李鹏最后说，九届全国人大常委会十分重视法律知识的学习。本届以来，我们共安排了30次法制讲座。这些讲座内容广泛丰富，既有宪法和人民代表大会制度的基本理论，也有各个方面的法律和人大各项工作的基本知识；讲座大都是邀请有关方面的专家和学者主讲。五年来的实践表明，举办常委会法制讲座，对增进全国人大常委会组成人员的法律知识，提高常委会审议法律草案的质量，推动人大系统开展法律知识的学习活动，发挥了重要作用。希望下一届人大常委会继续把法制讲座办下去。讲座应更加密切结合立法工作的需要，同时为了加深对课程的理解，可以相应组织一些讨论。

今天法制讲座的主讲人为北京大学法学院教授、华中科技大学法学院院长罗玉中。他从科技法的概念、我国的科技法律制度建设、完善我国科技法律制度的几点思考等几个方面讲述了科技法律制度。

全国人民代表大会常务委员会关于召开第十届全国人民代表大会第一次会议的决定

（2002年12月28日通过）

第九届全国人民代表大会常务委员会第三十一次会议决定：中华人民共和国第十届全国人民代表大会第一次会议于2003年3月5日在北京召开。建议会议的主要议程是：听取和审议政府工作报告；审查和批准2002年国民经济和社会发展计划执行情况的报告及2003年国民经济和社会发展计划；审查2002年中央和地方预算执行情况的报告及2003年中央和地方预算草案，批准2002年中央预算执行情况的报告及2003年中央预算；听取和审议国务院关于提请审议批准国务院机构改革方案的议案；听取和审议全国人民代表大会常务委员会工作报告、最高人民法院工作报告、最高人民检察院工作报告；选举第十届全国人民代表大会常务委员会委员长、副委员长、秘书长、委员，选举中华人民共和国主席、副主席，决定国务院总理的人选和国务院副总理、国务委员、各部部长、各委员会主任、中国人民银行行长、审计长、秘书长的人选，选举中华人民共和国中央军事委员会主席，决定中华人民共和国中央军事委员会其他组成人员的人选，选举最高人民法院院长，选举最高人民检察院检察长，决定第十届全国人民代表大会各专门委员会组成人员的人选等。

全国人民代表大会常务委员会关于批准《上海合作组织成员国关于地区反恐怖机构的协定》的决定

（2002年12月28日通过）

第九届全国人民代表大会常务委员会第三十一次会议决定：

批准国家主席江泽民代表中华人民共和国于2002年6月7日在圣彼得堡签署的《上海合作组织成员国关于地区反恐怖机构的协定》。

全国人民代表大会常务委员会关于批准《中华人民共和国和塔吉克斯坦共和国关于中塔国界的补充协定》的决定

（2002年12月28日通过）

第九届全国人民代表大会常务委员会第三十一次会议决定：批准国家主席江泽民代表中华人民共和国于2002年5月17日在北京签署的《中华人民共和国和塔吉克斯坦共和国关于中塔国界的补充协定》。

全国人民代表大会常务委员会关于批准《中华人民共和国和爱沙尼亚共和国关于刑事司法协助的条约》的决定

（2002年12月28日通过）

第九届全国人民代表大会常务委员会第三十一次会议决定：批准外交部部长唐家璇代表中华人民共和国于2002年6月12日在塔林签署的《中华人民共和国和爱沙尼亚共和国关于刑事司法协助的条约》。

全国人民代表大会常务委员会关于批准《中华人民共和国和立陶宛共和国引渡条约》的决定

（2002年12月28日通过）

第九届全国人民代表大会常务委员会第三十一次次会议决定：批准外交部部长唐家璇代表中华人民共和国于2002年6月17日在维尔纽斯签署的《中华人民共和国和立陶宛共和国引渡条约》。

全国人民代表大会常务委员会关于批准《中华人民共和国和南非共和国引渡条约》的决定

（2002年12月28日通过）

第九届全国人民代表大会常务委员会第三十一次次会议决定：批准司法部部长张福森代表中华人民共和国于2001年12月10日在北京签署的《中华人民共和国和南非共和国引渡条约》。

全国人民代表大会常务委员会关于批准《中华人民共和国和阿拉伯联合酋长国引渡条约》的决定

（2002年12月28日通过）

第九届全国人民代表大会常务委员会第三十一次次会议决定：批准司法部部长张福森代表中华人民共和国于2002年5月13日在北京签署的《中华人民共和国和阿拉伯联合酋长国引渡条约》。

全国人民代表大会常务委员会决定任免的名单

（2002年12月28日第九届全国人民代表大会常务委员会第三十一次会议通过）

一、免去贾春旺的公安部部长职务。

二、免去戴相龙的中国人民银行行长职务；任命周小川为中国人民银行行长。

三、免去张学忠的人事部部长职务。

人民解放军选举委员会主任 副主任 委员名单

（2002年12月28日第九届全国人民代表大会常务委员会第三十一次会议批准）

主　任：郭伯雄

副主任：曹刚川　徐才厚

委员：梁光烈　廖锡龙　李继耐　张　黎　唐天标
张树田　张文台　迟万春　谭悦新　张铁健
赵　刚　解厚铨

全国人民代表大会常务委员会任免名单

（2002年12月28日第九届全国人民代表大会常务委员会第三十一次会议通过）

一、免去刘家琛的最高人民法院副院长职务。

二、任命黄松有、江必新为最高人民法院副院长。

三、任命冯跃、刘寿杰、姜启波为最高人民法院审判员。

全国人民代表大会常务委员会任免名单

（2002年12月28日第九届全国人民代表大会常务委员会第三十一次会议通过）

一、任命贾春旺为最高人民检察院副检察长、检察委员会委员。

二、任命王振川为最高人民检察院副检察长。

三、任命高景峰、史卫忠、钱舫、杨兴国、贾小刚、张巍、罗庆东、张凤艳(女)、许山松、曹峰、陈雪芬(女)、田力、孙加瑞、任长义、张玉梅(女)为最高人民检察院检察员。

四、免去陈又胜、孙文禄的最高人民检察院检察员职务。

全国人民代表大会常务委员会关于《中华人民共和国刑法》第九章渎职罪主体适用问题的解释

（2002年12月28日第九届全国人民代表大会常务委员会第三十一次会议通过）

全国人大常委会根据司法实践中遇到的情况，讨论了刑法第九章渎职罪主体的适用问题，解释如下：

在依照法律、法规规定行使国家行政管理职权的组织中从事公务的人员，或者在受国家机关委托代表国家机关行使职权的组织中从事公务的人员，或者虽未列入国家机关人员编制但在国家机关中从事公务的人员，在代表国家机关行使职权时，有渎职行为，构成犯罪的，依照刑法关于渎职罪的规定追究刑事责任。

现予公告。

国务院总理朱镕基签署第368号令公布《国务院关于修改〈中华人民共和国专利法实施细则〉的决定》

现公布《国务院关于修改〈中华人民共和国专利法实施细则〉的决定》，自2003年2月1日起施行。

总　理　朱镕基

2002年12月28日

国务院关于修改《中华人民共和国专利法实施细则》的决定

国务院决定对2001年6月15日公布的《中华人民共和国专利法实施细则》做如下修改：

一、第一百零一条修改为："国际申请的申请人应当在专利合作条约第二条所称的优先权日(本章简称"优先权日")起30个月内，向国务院专利行政部门办理国际申请进入中国国家阶段的下列手续：

(一)提交其国际申请进入中国国家阶段的书面声明。声明中应当写明国际申请号，并以中文写明要求获得的专利权类型、发明创造的名称、申请人姓名或者名称、申请人的地址和发明人的姓名，上述内容应当与国际局的记录一致；

(二)缴纳本细则第九十条第一款规定的申请费、申请附加费和公布印刷费；

(三)国际申请以中文以外的文字提出的，应当提交原始国际申请的说明书、权利要求书、附图中的文字和摘要的中文译文；国际申请以中文提出的，应当提交国际公布文件中的摘要副本；

(四)国际申请有附图的，应当提交附图副本。国际申请以中文提出的，应当提交国际公布文件中的摘要附图副本。

申请人在前款规定的期限内未办理进入中国国家阶段手续的，在缴纳宽限费后，可以在自优先权日起32个月的相应期限届满前办理。"

二、第一百零八条修改为："在优先权日起30个月期满前要求国务院专利行政部门提前处理和审查国际申请的，申请人除应当办理进入中国国家阶段手续外，还应当依照专利合作条约第二十三条第二款规定提出请求。国际局尚未向国务院专利行政部门传送国际申请的，申请人应当提交经确认的国际申请副本。"

本决定自2003年2月1日起施行。《中华人民共和国专利法实施细则》根据本决定作相应的修订，重新公布。

中华人民共和国专利法实施细则

（2001年6月15日中华人民共和国国务院令第306号公布，根据2002年12月28日《国务院关于修改〈中华人民共和国专利法实施细则〉的决定》修订）

第一章　总　则

第一条　根据《中华人民共和国专利法》(以下简称专利法)，制定本细则。

第二条　专利法所称发明，是指对产品、方法或者其改进所提出的新的技术方案。

专利法所称实用新型，是指对产品的形状、构造或者其结合所提出的适于实用的新的技术方案。

专利法所称外观设计，是指对产品的形状、图案或者其结合以及色彩与形状、图案的结合所作出的富有美感并适于工业应用的新设计。

第三条　专利法和本细则规定的各种手续，应当以书面形式或者国务院专利行政部门规定的其他形式办理。

第四条　依照专利法和本细则规定提交的各种文件应当使用中文；国家有统一规定的科技术语的，应当采用规范词；外国人名、地名和科技术语没有统一中文译文的，应当注明原文。

依照专利法和本细则规定提交的各种证件和证明文件是外文的，国务院专利行政部门认为必要时，可以要求当事人在指定期限内附送中文译文；期满未附送的，视为未提交该证件和证明文件。

第五条　向国务院专利行政部门邮寄的各种文件，以寄出的邮戳日为递交日；邮戳日不清晰的，除当事人能够提出证明外，以国务院专利行政部门收到日为递交日。

国务院专利行政部门的各种文件，可以通过邮寄、直接送交或者其他方式送达当事人。当事人委托专利代理机构的，文件送交专利代理机构；未委托专利代理机构的，文件送交请求书中指明的联系人。

国务院专利行政部门邮寄的各种文件，自文件发出之日起满15日，推定为当事人收到文件之日。

根据国务院专利行政部门规定应当直接送交的文件，以交付日为送达日。

文件送交地址不清，无法邮寄的，可以通过公告的方式送达当事人。自公告之日起满1个月，该文件视为已经送达。

第六条　专利法和本细则规定的各种期限的第一日不计算在期限内。期限以年或者月计算的，以其最后一月的相应日为期限届满日；该月无相应日的，以该月最后一日为期限届满日；期限届满日是法定节假日的，以节假日后的第一个工作日为期限届满日。

第七条　当事人因不可抗拒的事由而延误专利法或者本细则规定的期限或者国务院专利行政部门指定的期限，导致其权利丧失的，自障碍消除之日起2个月内，最迟自期限届满之日起2年内，可以向国务院专利行政部门说明理由并附具有关证明文件，请求恢复权利。

当事人因正当理由而延误专利法或者本细则规定的期限或者国务院专利行政部门指定的期限，导致其权利丧失的，可以自收到国务院专利行政部门的通知之日起2个月内向国务院专利行政部门说明理由，请求恢复权利。

当事人请求延长国务院专利行政部门指定的期限的，应当在期限届满前，向国务院专利行政部门说明理由并办理有关手续。

本条第一款和第二款的规定不适用专利法第二十四条、第二十九条、第四十二条、第六十二条规定的期限。

第八条　发明专利申请涉及国防方面的国家秘密需要保密的，由国防专利机构受理；国务院专利行政部门受理的涉及国防方面的国家秘密需要保密的发明专利申请，应当移交国防专利机构审查，由国务院专利行政部门根据国防专利机构的审查意见作出决定。

除前款规定的外，国务院专利行政部门受理发明专利申请后，应当将需要进行保密审查的申请转送国务院有关主管部门审查；有关主管部门应当自收到该申请之日起4个月内，将审查结果通知国务院专利行政部门；需要保密的，由国务院专利行政部门按照保密专利申请处理，并通知申请人。

第九条　专利法第五条所称违反国家法律的发明创造，不包括仅其实施为国家法律所禁止的发明创造。

第十条　除专利法第二十八条和第四十二条规定的情形外，专利法所称申请日，有优先权的，指优先权日。

本细则所称申请日，除另有规定的外，是指专利法第二十八条规定的申请日。

第十一条　专利法第六条所称执行本单位的任务所完成的职务发明创造，是指：(一)在本职工作中作出的发明创造；(二)履行本单位交付的本职工作之外的任务所作出的发明创造；(三)退职、退休或者调动工作后1年内作出的，与其在原单位承担的本职工作或者原单位分配的任务有关的发明创造。

专利法第六条所称本单位，包括临时工作单位；专利法第六条所称本单位的物质技术条件，是指本单位的资金、设备、零部件、原材料或者不对外公开的技术资料等。

第十二条　专利法所称发明人或者设计人，是指对发明创造的实质性特点作出创造性贡献的人。在完成发明创造过程中，只负责组织工作的人、为物质技术条件的利用提供方便的人或者从事其他辅助工作的人，不是发明人或者设计人。

第十三条　同样的发明创造只能被授予一项专利。依照专利法第九条的规定，两个以上的申请人在同一日分别就同样的发明创造申请专利的，应当在收到国务院专利行政部门的通知后自行协商确定申请人。

第十四条　中国单位或者个人向外国人转让专利申请权或者专利权的，由国务院对外经济贸易主管部门会同国务院科学技术行政部门批准。

第十五条　除依照专利法第十条规定转让专利权外，专利权因其他事由发生转移的，当事人应当凭有关证明文件或者法律文书向国务院专利行政部门办理专利权人变更手续。

专利权人与他人订立的专利实施许可合同，应当自合同生效之日起3个月内向国务院专利行政部门备案。

第二章　专利的申请

第十六条　以书面形式申请专利的，应当向国务院专利行政部门提交申请文件一式两份。

以国务院专利行政部门规定的其他形式申请专利的，应当符合规定的要求。

申请人委托专利代理机构向国务院专利行政部门申请专利和办理其他专利事务的，应当同时提交委托书，写明委托权限。

申请人有2人以上且未委托专利代理机构的，除请求书中另有声明的外，以请求书中指明的第一申请人为代表人。

第十七条　专利法第二十六条第二款所称请求书中的其他事项，是指：(一)申请人的国籍；(二)申请人是企业或者其他组织的，其总部所在地的国家；(三)申请人委托专利代理机构的，应当注明的有关事项；申请人未委托专利代理机构的，其联系人的姓名、地址、邮政编码及联系电话；(四)要求优先权的，应当注明的有关事项；(五)申请人或者专利代理机构的签字或者盖章；(六)申请文件清单；(七)附加文件清单；(八)其他需要注明的有关事项。

第十八条　发明或者实用新型专利申请的说明书应当写明发明或者实用新型的名称，该名称应当与请求书中的名称一致。说明书应当包括下列内容：(一)技术领域：写明要求保护的技术方案所属的技术领域；(二)背景技术：写明对发明或者实用新型的理解、检索、审查有用的背景技术；有可能的，并引证反映这些背景技术的文件；(三)发明内容：写明发明或者实用新型所要解决的技术问题以及解决其技术问题采用的技术方案，并对照现有技术写明发明或者实用新型的有益效果；(四)附图说明：说明书有附图的，对各幅附图作简略说明；(五)具体实施方式：详细写明申请人认为实现发明或者实用新型的优选方式；必要时，举例说明；有附图的，对照附图。

发明或者实用新型专利申请人应当按照前款规定的方式和顺序撰写说明书，并在说明书每一部分前面写明标题，除非其发明或者实用新型的性质用其他方式或者顺序撰写能节约说明书的篇幅并使他人能够准确理解其发明或者实用新型。

发明或者实用新型说明书应当用词规范、语句清楚，并不得使用"如权利要求……所述的……"一类的引用语，也不得使用商业性宣传用语。

发明专利申请包含一个或者多个核苷酸或者氨基酸序列的，说明书应当包括符合国务院专利行政部门规定的序列表。申请人应当将该序列表作为说明书的一个单独部分提交，并按照国务院专利行政部门的规定提交该序列表的计算机可读形式的副本。

第十九条　发明或者实用新型的几幅附图可以绘在一张图纸上，并按照"图1，图2，……"顺序编号排列。

附图的大小及清晰度，应当保证在该图缩小到三分之二时仍能清晰地分辨出图中的各个细节。

发明或者实用新型说明书文字部分中未提及的附图标记不得在附图中出现，附图中未出现的附图标记不得在说明书文字部分中提及。申请文件中表示同一组成部分的附图标记应当一致。

附图中除必需的词语外，不应当含有其他注释。

第二十条　权利要求书应当说明发明或者实用新型的技术特征，清楚、简要地表述请求保护的范围。

权利要求书有几项权利要求的，应当用阿拉伯数字顺序编号。

权利要求书中使用的科技术语应当与说明书中使用的科技术语一致，可以有化学式或者数学式，但是不得有插图。除绝对必要的外，不得使用"如说明书……部分所述"或者"如图……所示"的用语。

权利要求中的技术特征可以引用说明书附图中相应的标记，该标记应当放在相应的技术特征后并置于括号内，便于理解权利要求。附图标记不得解释为对权利要求的限制。

第二十一条　权利要求书应当有独立权利要求，也可以有从属权利要求。

独立权利要求应当从整体上反映发明或者实用新型的技术方案，记载解决技术问题的必要技术特征。

从属权利要求应当用附加的技术特征，对引用的权利要求作进一步限定。

第二十二条　发明或者实用新型的独立权利要求应当包括前序部分和特征部分，按照下列规定撰写：(一)前序部分：写明要求保护的发明或者实用新型技术方案的主题名称和发明或者实用新型主题与最接近的现有技术共有的必要技术特征；(二)特征部分：使用"其特征是……"或者类似的用语，写明发明或者实用新型区别于最接近的现有技术的技术特征。这些特征和前序部分写明的特征合在一起,限定发明或者实用新型要求保护的范围。

发明或者实用新型的性质不适于用前款方式表达的,独立权利要求可以用其他方式撰写。

一项发明或者实用新型应当只有一个独立权利要求,并写在同一发明或者实用新型的从属权利要求之前。

第二十三条 发明或者实用新型的从属权利要求应当包括引用部分和限定部分,按照下列规定撰写:(一)引用部分:写明引用的权利要求的编号及其主题名称;(二)限定部分:写明发明或者实用新型附加的技术特征。

从属权利要求只能引用在前的权利要求。引用两项以上权利要求的多项从属权利要求,只能以择一方式引用在前的权利要求,并不得作为另一项多项从属权利要求的基础。

第二十四条 说明书摘要应当写明发明或者实用新型专利申请所公开内容的概要,即写明发明或者实用新型的名称和所属技术领域,并清楚地反映所要解决的技术问题、解决该问题的技术方案的要点以及主要用途。

说明书摘要可以包含最能说明发明的化学式;有附图的专利申请,还应当提供一幅最能说明该发明或者实用新型技术特征的附图。附图的大小及清晰度应当保证在该图缩小到4厘米×6厘米时,仍能清晰地分辨出图中的各个细节。摘要文字部分不得超过300个字。摘要中不得使用商业性宣传用语。

第二十五条 申请专利的发明涉及新的生物材料,该生物材料公众不能得到,并且对该生物材料的说明不足以使所属领域的技术人员实施其发明的,除应当符合专利法和本细则的有关规定外,申请人还应当办理下列手续:(一)在申请日前或者最迟在申请日(有优先权的,指优先权日),将该生物材料的样品提交国务院专利行政部门认可的保藏单位保藏,并在申请时或者最迟自申请日起4个月内提交保藏单位出具的保藏证明和存活证明;期满未提交证明的,该样品视为未提交保藏;(二)在申请文件中,提供有关该生物材料特征的资料;(三)涉及生物材料样品保藏的专利申请应当在请求书和说明书中写明该生物材料的分类命名(注明拉丁文名称)、保藏该生物材料样品的单位名称、地址、保藏日期和保藏编号;申请时未写明的,应当自申请日起4个月内补正;期满未补正的,视为未提交保藏。

第二十六条 发明专利申请人依照本细则第二十五条的规定保藏生物材料样品的,在发明专利申请公布后,任何单位或者个人需要将该专利申请所涉及的生物材料作为实验目的使用的,应当向国务院专利行政部门提出请求,并写明下列事项:(一)请求人的姓名或者名称和地址;(二)不向其他任何人提供该生物材料的保证;(三)在授予专利权前,只作为实验目的使用的保证。

第二十七条 依照专利法第二十七条规定提交的外观设计的图片或者照片,不得小于3厘米×8厘米,并不得大于15厘米×22厘米。

同时请求保护色彩的外观设计专利申请,应当提交彩色图片或者照片一式两份。

申请人应当就每件外观设计产品所需要保护的内容提交有关视图或者照片,清楚地显示请求保护的对象。

第二十八条 申请外观设计专利的,必要时应当写明对外观设计的简要说明。

外观设计的简要说明应当写明使用该外观设计的产品的设计要点、请求保护色彩、省略视图等情况。简要说明不得使用商业性宣传用语,也不能用来说明产品的性能。

第二十九条 国务院专利行政部门认为必要时,可以要求外观设计专利申请人提交使用外观设计的产品样品或者模型。样品或者模型的体积不得超过30厘米×30厘米×30厘米,重量不得超过15公斤。易腐、易损或者危险品不得作为样品或者模型提交。

第三十条 专利法第二十二条第三款所称已有的技术,是指申请日(有优先权的,指优先权日)前在国内外出版物上公开发表、在国内公开使用或者以其他方式为公众所知的技术,即现有技术。

第三十一条 专利法第二十四条第(二)项所称学术会议或者技术会议,是指国务院有关主管部门或者全国性学术团体组织召开的学术会议或者技术会议。

申请专利的发明创造有专利法第二十四条第(一)项或者第(二)项所列情形的,申请人应当在提出专利申请时声明,并自申请日起2个月内,提交有关国际展览会或者学术会议、技术会议的组织单位出具的有关发明创造已经展出或者发表,以及展出或者发表日期的证明文件。

申请专利的发明创造有专利法第二十四条第(三)项所列情形的,国务院专利行政部门认为必要时,可以要求申请人在指定期限内提交证明文件。

申请人未依照本条第二款的规定提出声明和提交证明文件的,或者未依照本条第三款的规定在指定期限内提交证明文件的,其申请不适用专利法第二十四条的规定。

第三十二条 申请人依照专利法第三十条的规定办理要求优先权手续的,应当在书面声明中写明第一次提出专利申请(以下称在先申请)的申请日、申请号和受理该申请的国家;书面声明中未写明在先申请的申请日和受理该申请的国家的,视为未提出声明。

要求外国优先权的,申请人提交的在先申请文件副本应当经原受理机关证明;提交的证明材料中,在先申请人的姓名或者名称与在后申请的申请人姓名或者名称不一致的,应当提交优先权转让证明材料;要求本国优先权的,申请人提交的在先申请文件副本应当由国务院专利行政部门制作。

第三十三条 申请人在一件专利申请中,可以要求一项或者多项优先权;要求多项优先权的,该申请的优先权期限从最早的优先权日起计算。

申请人要求本国优先权,在先申请是发明专利申请的,可以就相同主题提出发明或者实用新型专利申请;在先申请是实用新型专利申请的,可以就相同主题提出实用新型或者发明专利申请。但是,提出后一申请时,在先申请的主题有下列情形之一的,不得作为要求本国优先权的基础:(一)已经要求外国优先权或者本国优先权的;(二)已经被授予专利权的;(三)属于按照规定提出的分案申请的。申请人要求本国优先权的,其在先申请自后一申请提出之日起即视为撤回。

第三十四条 在中国没有经常居所或者营业所的申请人,申请专利或者要求外国优先权的,国务院专利行政部门认为必要时,可以要求其提供下列文件:(一)国籍证明;(二)申请人是企业或者其他组织的,其营业所或者总部所在地的证明文件;(三)申请人的所属国,承认中国单位和个人可以按照该国国民的同等条件,在该国享有专利权、优先权和其他与专利有关的权利的证明文件。

第三十五条 依照专利法第三十一条第一款规定,可以作为一件专利申请提出的属于一个总的发明构思的两项以上的发明或者实用新型,应当在技术上相互关联,包含一个或者多个相同或者相应的特定技术特征,其中特定技术特征是指每一项发明或者实用新型作为整体,对现有技术作出贡献的技术特征。

第三十六条 专利法第三十一条第二款所称同一类别,是指产品属于分类表中同一小类;成套出售或者使用,是指各产品的设计构思相同,并且习惯上是同时出售、同时使用。

依照专利法第三十一条第二款规定将两项以上外观设计作为一件申请提出的,应当将各项外观设计顺序编号标在每件使用外观设计产品的视图名称之前。

第三十七条 申请人撤回专利申请的,应当向国务院专利行政部门提出声明,写明发明创造的名称、申请号和申请日。

撤回专利申请的声明在国务院专利行政部门作好公布专利申请文件的印刷准备工作后提出的,申请文件仍予公布;但是,撤回专利申请的声明应当在以后出版的专利公报上予以公告。

第三章 专利申请的审查和批准

第三十八条 在初步审查、实质审查、复审和无效宣告程序中,实施审查和审理的人员有下列情形之一的,应当自行回避,当事人或者其他利害关系人可以要求其回避:(一)是当事人或者其代理人的近亲属的;(二)与专利申请或者专利权有利害关系的;(三)与当事人或者其代理人有其他关系,可能影响公正审查和审理的;(四)专利复审委员会成员曾参与原申请的审查的。

第三十九条 国务院专利行政部门收到发明或者实用新型专利申请的请求书、说明书(实用新型必须包括附图)和权利要求书,或者外观设计专利申请的请求书和外观设计的图片或者照片后,应当明确申请日、给予申请号,并通知申请人。

第四十条 专利申请文件有下列情形之一的,国务院专利行政部门不予受理,并通知申请人:(一)发明或者实用新型专利申请缺少请求书、说明书(实用新型无附图)和权利要求书的,或者外观设计专利申请缺少请求书、图片或者照片的;(二)未使用中文的;(三)不符合本细则第一百二十条第一款规定的;(四)请求书中缺少申请人姓名或者名称及地址的;(五)明显不符合专利法第十八条或者第十九条第一款的规定的;(六)专利申请类别(发明、实用新型或者外观设计)不明确或者难以确定的。

第四十一条 说明书中写有对附图的说明但无附图或者缺少部分附图的,申请人应当在国务院专利行政部门指定的期限内补交附图或者声明取消对附图的说明。申请人补交附图的,以向国务院专利行政部门提交或者邮寄附图之日为申请日;取消对附图的说明的,保留原申请日。

第四十二条 一件专利申请包括两项以上发明、实用新型或者外观设计的,申请人可以在本细则第五十四条第一款规定的期限届满前,向国务院专利行政部门提出分案申请;但是,专利申请已经被驳回、撤回或者视为撤回的,不能提出分案申请。

国务院专利行政部门认为一件专利申请不符合专利法第三十一条和本细则第三十五条或者第三十六条的规定的,应当通知申请人在指定期限内对其申请进行修改;申请人期满未答复的,该申请视为撤回。

分案的申请不得改变原申请的类别。

第四十三条 依照本细则第四十二条规定提出的分案申请,可以保留原申请日,享有优先权的,可以保留优先权日，但是不得超出原申请公开的范围。

分案申请应当依照专利法及本细则的规定办理有关手续。

分案申请的请求书中应当写明原申请的申请号和申请日。提交分案申请时，申请人应当提交原申请文件副本；原申请享有优先权的，并应当提交原申请的优先权文件副本。

第四十四条　专利法第三十四条和第四十条所称初步审查，是指审查专利申请是否具备专利法第二十六条或者第二十七条规定的文件和其他必要的文件，这些文件是否符合规定的格式，并审查下列各项：(一)发明专利申请是否明显属于专利法第五条、第二十五条的规定，或者不符合专利法第十八条、第十九条第一款的规定，或者明显不符合专利法第三十一条第一款、第三十三条、本细则第二条第一款、第十八条、第二十条的规定；(二)实用新型专利申请是否明显属于专利法第五条、第二十五条的规定，或者不符合专利法第十八条、第十九条第一款的规定，或者明显不符合专利法第二十六条第三款、第四款、第三十一条第一款、第三十三条、本细则第二条第二款、第十三条第一款、第十八条至第二十三条、第四十三条第一款的规定，或者依照专利法第九条规定不能取得专利权；(三)外观设计专利申请是否明显属于专利法第五条的规定，或者不符合专利法第十八条、第十九条第一款的规定，或者明显不符合专利法第三十一条第二款、第三十三条、本细则第二条第三款、第十三条第一款、第四十三条第一款的规定，或者依照专利法第九条规定不能取得专利权。

国务院专利行政部门应当将审查意见通知申请人，要求其在指定期限内陈述意见或者补正；申请人期满未答复的，其申请视为撤回。申请人陈述意见或者补正后，国务院专利行政部门仍然认为不符合前款所列各项规定的，应当予以驳回。

第四十五条　除专利申请文件外，申请人向国务院专利行政部门提交的与专利申请有关的其他文件，有下列情形之一的，视为未提交：(一)未使用规定的格式或者填写不符合规定的；(二)未按照规定提交证明材料的。国务院专利行政部门应当将视为未提交的审查意见通知申请人。

第四十六条　申请人请求早日公布其发明专利申请的，应当向国务院专利行政部门声明。国务院专利行政部门对该申请进行初步审查后，除予以驳回的外，应当立即将申请予以公布。

第四十七条　申请人依照专利法第二十七条的规定写明使用外观设计的产品及其所属类别时，应当使用国务院专利行政部门公布的外观设计产品分类表。未写明使用外观设计的产品所属类别或者所写的类别不确切的，国务院专利行政部门可以予以补充或者修改。

第四十八条　自发明专利申请公布之日起至公告授予专利权之日前，任何人均可以对不符合专利法规定的专利申请向国务院专利行政部门提出意见，并说明理由。

第四十九条　发明专利申请人因有正当理由无法提交专利法第三十六条规定的检索资料或者审查结果资料的，应当向国务院专利行政部门声明，并在得到有关资料后补交。

第五十条　国务院专利行政部门依照专利法第三十五条第二款的规定对专利申请自行进行审查时，应当通知申请人。

第五十一条　发明专利申请人在提出实质审查请求时以及在收到国务院专利行政部门发出的发明专利申请进入实质审查阶段通知书之日起的3个月内，可以对发明专利申请主动提出修改。

实用新型或者外观设计专利申请人自申请日起2个月内，可以对实用新型或者外观设计专利申请主动提出修改。

申请人在收到国务院专利行政部门发出的审查意见通知书后对专利申请文件进行修改的，应当按照通知书的要求进行修改。

国务院专利行政部门可以自行修改专利申请文件中文字和符号的明显错误。国务院专利行政部门自行修改的，应当通知申请人。

第五十二条　发明或者实用新型专利申请的说明书或者权利要求书的修改部分，除个别文字修改或者增删外，应当按照规定格式提交替换页。外观设计专利申请的图片或者照片的修改，应当按照规定提交替换页。

第五十三条　依照专利法第三十八条的规定，发明专利申请经实质审查应当予以驳回的情形是指：(一)申请不符合本细则第二条第一款规定的；(二)申请属于专利法第五条、第二十五条的规定，或者不符合专利法第二十二条、本细则第十三条第一款、第二十条第一款、第二十一条第二款的规定，或者依照专利法第九条规定不能取得专利权的；(三)申请不符合专利法第二十六条第三款、第四款或者第三十一条第一款的规定的；(四)申请的修改不符合专利法第三十三条规定，或者分案的申请不符合本细则第四十三条第一款规定的。

第五十四条　国务院专利行政部门发出授予专利权的通知后，申请人应当自收到通知之日起2个月内办理登记手续。申请人按期办理登记手续的，国务院专利行政部门应当授予专利权，颁发专利证书，并予以公告。

期满未办理登记手续的，视为放弃取得专利权的权利。

第五十五条　授予实用新型专利权的决定公告后，实用新型专利权人可以请求国务院专利行政部门作出实用新型专利检索报告。

请求作出实用新型专利检索报告的，应当提交请求书，并指明实用新型专利的专利号。每项请求应当限于一项实用新型专利。

国务院专利行政部门收到作出实用新型专利检索报告的请求后，应当进行审查。请求不符合规定要求的，应当通知请求人在指定期限内补正。

第五十六条　经审查，实用新型专利检索报告请求书符合规定的，国务院专利行政部门应当及时作出实用新型专利检索报告。

经检索，国务院专利行政部门认为所涉及的实用新型专利不符合专利法第二十二条关于新颖性或者创造性的规定的，应当引证对比文件，说明理由，并附具所引证对比文件的复印件。

第五十七条　国务院专利行政部门对专利公告、专利文件中出现的错误，一经发现，应当及时更正，并对所作更正予以公告。

第四章　专利申请的复审与专利权的无效宣告

第五十八条　专利复审委员会由国务院专利行政部门指定的技术专家和法律专家组成，主任委员由国务院专利行政部门负责人兼任。

第五十九条　依照专利法第四十一条的规定向专利复审委员会请求复审的，应当提交复审请求书，说明理由，必要时还应当附具有关证据。

复审请求书不符合规定格式的，复审请求人应当在专利复审委员会指定的期限内补正；期满未补正的，该复审请求视为未提出。

第六十条　请求人在提出复审请求或者在对专利复审委员会的复审通知书作出答复时，可以修改专利申请文件；但是，修改应当仅限于消除驳回决定或者复审通知书指出的缺陷。

修改的专利申请文件应当提交一式两份。

第六十一条　专利复审委员会应当将受理的复审请求书转交国务院专利行政部门原审查部门进行审查。原审查部门根据复审请求人的请求，同意撤销原决定的，专利复审委员会应当据此作出复审决定，并通知复审请求人。

第六十二条　专利复审委员会进行复审后，认为复审请求不符合专利法和本细则有关规定的，应当通知复审请求人，要求其在指定期限内陈述意见。期满未答复的，该复审请求视为撤回；经陈述意见或者进行修改后，专利复审委员会认为仍不符合专利法和本细则有关规定的，应当作出维持原驳回决定的复审决定。

专利复审委员会进行复审后，认为原驳回决定不符合专利法和本细则有关规定的，或者认为经过修改的专利申请文件消除了原驳回决定指出的缺陷的，应当撤销原驳回决定，由原审查部门继续进行审查程序。

第六十三条　复审请求人在专利复审委员会作出决定前，可以撤回其复审请求。

复审请求人在专利复审委员会作出决定前撤回其复审请求的，复审程序终止。

第六十四条　依照专利法第四十五条的规定，请求宣告专利权无效或者部分无效的，应当向专利复审委员会提交专利权无效宣告请求书和必要的证据一式两份。无效宣告请求书应当结合提交的所有证据，具体说明无效宣告请求的理由，并指明每项理由所依据的证据。

前款所称无效宣告请求的理由，是指被授予专利的发明创造不符合专利法第二十二条、第二十三条、第二十六条第三款、第四款、第三十三条或者本细则第二条、第十三条第一款、第二十条第一款、第二十一条第二款的规定，或者属于专利法第五条、第二十五条的规定，或者依照专利法第九条规定不能取得专利权。

第六十五条　专利权无效宣告请求书不符合本细则第六十四条规定的，专利复审委员会不予受理。

在专利复审委员会就无效宣告请求作出决定之后，又以同样的理由和证据请求无效宣告的，专利复审委员会不予受理。

以授予专利权的外观设计与他人在先取得的合法权利相冲突为理由请求宣告外观设计专利权无效，但是未提交生效的能够证明权利冲突的处理决定或者判决的，专利复审委员会不予受理。

专利权无效宣告请求书不符合规定格式的，无效宣告请求人应当在专利复审委员会指定的期限内补正；期满未补正的，该无效宣告请求视为未提出。

第六十六条　在专利复审委员会受理无效宣告请求后，请求人可以在提出无效宣告请求之日起1个月内增加理由或者补充证据。逾期增加理由或者补充证据的，专利复审委员会可以不予考虑。

第六十七条　专利复审委员会应当将专利权无效宣告请求书和有关文件的副本送交专利权人，要求其在指定的期限内陈述意见。

专利权人和无效宣告请求人应当在指定期限内答复专利复审委员会发出的转送文件通知书或者无效宣告请求审查通知书；期满未答复的，不影响专利复审委员会审理。

第六十八条 在无效宣告请求的审查过程中，发明或者实用新型专利的专利权人可以修改其权利要求书，但是不得扩大原专利的保护范围。

发明或者实用新型专利的专利权人不得修改专利说明书和附图，外观设计专利的专利权人不得修改图片、照片和简要说明。

第六十九条 专利复审委员会根据当事人的请求或者案情需要，可以决定对无效宣告请求进行口头审理。

专利复审委员会决定对无效宣告请求进行口头审理的，应当向当事人发出口头审理通知书，告知举行口头审理的日期和地点。当事人应当在通知书指定的期限内作出答复。

无效宣告请求人对专利复审委员会发出的口头审理通知书在指定的期限内未作答复，并且不参加口头审理的，其无效宣告请求视为撤回；专利权人不参加口头审理的，可以缺席审理。

第七十条 在无效宣告请求审查程序中，专利复审委员会指定的期限不得延长。

第七十一条 专利复审委员会对无效宣告的请求作出决定前，无效宣告请求人可以撤回其请求。

无效宣告请求人在专利复审委员会作出决定之前撤回其请求的，无效宣告请求审查程序终止。

第五章 专利实施的强制许可

第七十二条 自专利权被授予之日起满3年后，任何单位均可以依照专利法第四十八条的规定，请求国务院专利行政部门给予强制许可。

请求强制许可的，应当向国务院专利行政部门提交强制许可请求书，说明理由并附具有关证明文件各一式两份。

国务院专利行政部门应当将强制许可请求书的副本送交专利权人，专利权人应当在国务院专利行政部门指定的期限内陈述意见；期满未答复的，不影响国务院专利行政部门作出关于强制许可的决定。

国务院专利行政部门作出的给予实施强制许可的决定，应当限定强制许可实施主要是为供应国内市场的需要；强制许可涉及的发明创造是半导体技术的，强制许可实施仅限于公共的非商业性使用，或者经司法程序或者行政程序确定为反竞争行为而给予救济的使用。

第七十三条 依照专利法第五十四条的规定，请求国务院专利行政部门裁决使用费数额的，当事人应当提出裁决请求书，并附具双方不能达成协议的证明文件。国务院专利行政部门应当自收到请求书之日起3个月内作出裁决，并通知当事人。

第六章 对职务发明创造的发明人或者设计人的奖励和报酬

第七十四条 被授予专利权的国有企业事业单位应当自专利权公告之日起3个月内发给发明人或者设计人奖金。一项发明专利的奖金最低不少于2000元；一项实用新型专利或者外观设计专利的奖金最低不少于500元。

由于发明人或者设计人的建议被其所属单位采纳而完成的发明创造，被授予专利权的国有企业事业单位应当从优发给奖金。

发给发明人或者设计人的奖金，企业可以计入成本，事业单位可以从事业费中列支。

第七十五条 被授予专利权的国有企业事业单位在专利权有效期限内，实施发明创造专利后，每年应当从实施该项发明或者实用新型专利所得利润纳税后提取不低于2%或者从实施该项外观设计专利所得利润纳税后提取不低于0.2%，作为报酬支付发明人或者设计人；或者参照上述比例，发给发明人或者设计人一次性报酬。

第七十六条 被授予专利权的国有企业事业单位许可其他单位或者个人实施其专利的，应当从许可实施该项专利收取的使用费纳税后提取不低于10%作为报酬支付发明人或者设计人。

第七十七条 本章关于奖金和报酬的规定，中国其他单位可以参照执行。

第七章 专利权的保护

第七十八条 专利法和本细则所称管理专利工作的部门，是指由省、自治区、直辖市人民政府以及专利管理工作量大又有实际处理能力的设区的市人民政府设立的管理专利工作的部门。

第七十九条 除专利法第五十七条规定的外，管理专利工作的部门应当事人请求，还可以对下列专利纠纷进行调解：(一)专利申请权和专利权归属纠纷；(二)发明人、设计人资格纠纷；(三)职务发明的发明人、设计人的奖励和报酬纠纷；(四)在发明专利申请公布后专利权授予前使用发明而未支付适当费用的纠纷。

对于前款第(四)项所列的纠纷，专利权人请求管理专利工作的部门调解，应当在专利权被授予之后提出。

第八十条 国务院专利行政部门应当对管理专利工作的部门处理和调解专利纠纷进行业务指导。

第八十一条 当事人请求处理或者调解专利纠纷的，由被请求人所在地或者侵权行为地的管理专利工作的部门管辖。

两个以上管理专利工作的部门都有管辖权的专利纠纷，当事人可以向其中一个管理专利工作的部门提出请求；当事人向两个以上有管辖权的管理专利工作的部门提出请求的，由最先受理的管理专利工作的部门管辖。

管理专利工作的部门对管辖权发生争议的，由其共同的上级人民政府管理专利工作的部门指定管辖；无共同上级人民政府管理专利工作的部门的，由国务院专利行政部门指定管辖。

第八十二条　在处理专利侵权纠纷过程中，被请求人提出无效宣告请求并被专利复审委员会受理的，可以请求管理专利工作的部门中止处理。

管理专利工作的部门认为被请求人提出的中止理由明显不能成立的，可以不中止处理。

第八十三条　专利权人依照专利法第十五条的规定，在其专利产品或者该产品的包装上标明专利标记的，应当按照国务院专利行政部门规定的方式予以标明。

第八十四条　下列行为属于假冒他人专利的行为：(一)未经许可，在其制造或者销售的产品、产品的包装上标注他人的专利号；(二)未经许可，在广告或者其他宣传材料中使用他人的专利号，使人将所涉及的技术误认为是他人的专利技术；(三)未经许可，在合同中使用他人的专利号，使人将合同涉及的技术误认为是他人的专利技术；(四)伪造或者变造他人的专利证书、专利文件或者专利申请文件。

第八十五条　下列行为属于以非专利产品冒充专利产品、以非专利方法冒充专利方法的行为：(一)制造或者销售标有专利标记的非专利产品；(二)专利权被宣告无效后，继续在制造或者销售的产品上标注专利标记；(三)在广告或者其他宣传材料中将非专利技术称为专利技术；(四)在合同中将非专利技术称为专利技术；(五)伪造或者变造专利证书、专利文件或者专利申请文件。

第八十六条　当事人因专利申请权或者专利权的归属发生纠纷，已请求管理专利工作的部门处理或者向人民法院起诉的，可以请求国务院专利行政部门中止有关程序。

依照前款规定请求中止有关程序的，应当向国务院专利行政部门提交请求书，并附具管理专利工作的部门或者人民法院的有关受理文件副本。

在管理专利工作的部门作出的处理决定或者人民法院作出的判决生效后，当事人应当向国务院专利行政部门办理恢复有关程序的手续。自请求中止之日起1年内，有关专利申请权或者专利权归属的纠纷未能结案，需要继续中止有关程序的，请求人应当在该期限内请求延长中止。期满未请求延长的，国务院专利行政部门自行恢复有关程序。

第八十七条　人民法院在审理民事案件中裁定对专利权采取保全措施的，国务院专利行政部门在协助执行时中止被保全的专利权的有关程序。保全期限届满，人民法院没有裁定继续采取保全措施的，国务院专利行政部门自行恢复有关程序。

第八章　专利登记和专利公报

第八十八条　国务院专利行政部门设置专利登记簿，登记下列与专利申请和专利权有关的事项：(一)专利权的授予；(二)专利申请权、专利权的转移；(三)专利权的质押、保全及其解除；(四)专利实施许可合同的备案；(五)专利权的无效宣告；(六)专利权的终止；(七)专利权的恢复；(八)专利实施的强制许可；(九)专利权人的姓名或者名称、国籍和地址的变更。

第八十九条　国务院专利行政部门定期出版专利公报，公布或者公告下列内容：(一)专利申请中记载的著录事项；(二)发明或者实用新型说明书的摘要，外观设计的图片或者照片及其简要说明；(三)发明专利申请的实质审查请求和国务院专利行政部门对发明专利申请自行进行实质审查的决定；(四)保密专利的解密；(五)发明专利申请公布后的驳回、撤回和视为撤回；(六)专利权的授予；(七)专利权的无效宣告；(八)专利权的终止；(九)专利申请权、专利权的转移；(十)专利实施许可合同的备案；(十一)专利权的质押、保全及其解除；(十二)专利实施的强制许可的给予；(十三)专利申请或者专利权的恢复；(十四)专利权人的姓名或者名称、地址的变更；(十五)对地址不明的当事人的通知；(十六)国务院专利行政部门作出的更正；(十七)其他有关事项。发明或者实用新型的说明书及其附图、权利要求书由国务院专利行政部门另行全文出版。

第九章　费　用

第九十条　向国务院专利行政部门申请专利和办理其他手续时，应当缴纳下列费用：(一)申请费、申请附加费、公布印刷费；(二)发明专利申请实质审查费、复审费；(三)专利登记费、公告印刷费、申请维持费、年费；(四)著录事项变更费、优先权要求费、恢复权利请求费、延长期限请求费、实用新型专利检索报告费；(五)无效宣告请求费、中止程序请求费、强制许可请求费、强制许可使用费的裁决请求费。

前款所列各种费用的缴纳标准，由国务院价格管理部门会同国务院专利行政部门规定。

第九十一条　专利法和本细则规定的各种费用，可以直接向国务院专利行政部门缴纳，也可以通过邮局或者银行汇付，或者以国务院专利行政部门规定的其他方式缴纳。

通过邮局或者银行汇付的，应当在送交国务院专利行政部门的汇单上写明正确的申请号或者专利号以及缴纳的费用名称。不符合本款规定的,视为未办理缴费手续。

直接向国务院专利行政部门缴纳费用的,以缴纳当日为缴费日。以邮局汇付方式缴纳费用的,以邮局汇出的邮戳日为缴费日。以银行汇付方式缴纳费用的,以银行实际汇出日为缴费日;但是,自汇出日至国务院专利行政部门收到日超过15日的,除邮局或者银行出具证明外,以国务院专利行政部门收到日为缴费日。

多缴、重缴、错缴专利费用的,当事人可以自缴费日起1年内,向国务院专利行政部门提出退款请求。

第九十二条　申请人应当在收到受理通知书后,最迟自申请之日起2个月内缴纳申请费、公布印刷费和必要的附加费;期满未缴纳或者未缴足的,其申请视为撤回。

申请人要求优先权的,应当在缴纳申请费的同时缴纳优先权要求费;期满未缴纳或者未缴足的,视为未要求优先权。

第九十三条　当事人请求实质审查、恢复权利或者复审的,应当在专利法及本细则规定的相关期限内缴纳费用;期满未缴纳或者未缴足的,视为未提出请求。

第九十四条　发明专利申请人自申请日起满2年尚未被授予专利权的,自第三年度起应当缴纳申请维持费。

第九十五条　申请人办理登记手续时,应当缴纳专利登记费、公告印刷费和授予专利权当年的年费。发明专利申请人应当一并缴纳各个年度的申请维持费,授予专利权的当年不包括在内。期满未缴纳费用的,视为未办理登记手续。以后的年费应当在前一年度期满前1个月内预缴。

第九十六条　专利权人未按时缴纳授予专利权当年以后的年费或者缴纳的数额不足的,国务院专利行政部门应当通知专利权人自应当缴纳年费期满之日起6个月内补缴,同时缴纳滞纳金;滞纳金的金额按照每超过规定的缴费时间1个月,加收当年全额年费的5%计算;期满未缴纳的,专利权自应当缴纳年费期满之日起终止。

第九十七条　著录事项变更费、实用新型专利检索报告费、中止程序请求费、强制许可请求费、强制许可使用费的裁决请求费、无效宣告请求费应当自提出请求之日起1个月内,按照规定缴纳;延长期限请求费应当在相应期限届满之日前缴纳;期满未缴纳或者未缴足的,视为未提出请求。

第九十八条　申请人或者专利权人缴纳本细则规定的各种费用有困难的,可以按照规定向国务院专利行政部门提出减缴或者缓缴的请求。减缴或者缓缴的办法由国务院专利行政部门商国务院财政部门、国务院价格管理部门规定。

第十章　关于国际申请的特别规定

第九十九条　国务院专利行政部门根据专利法第二十条规定,受理按照专利合作条约提出的专利国际申请。

按照专利合作条约提出并指定中国的专利国际申请(以下简称国际申请)进入中国国家阶段的条件和程序适用本章的规定;本章没有规定的,适用专利法及本细则其他各章的有关规定。

第一百条　按照专利合作条约已确定国际申请日并指定中国的国际申请,视为向国务院专利行政部门提出的专利申请,该国际申请日视为专利法第二十八条所称的申请日。

在国际阶段,国际申请或者国际申请中对中国的指定撤回或者视为撤回的,该国际申请在中国的效力终止。

第一百零一条　国际申请的申请人应当在专利合作条约第二条所称的优先权日(本章简称"优先权日")起30个月内,向国务院专利行政部门办理国际申请进入中国国家阶段的下列手续:(一)提交其国际申请进入中国国家阶段的书面声明。声明中应当写明国际申请号,并以中文写明要求获得的专利权类型、发明创造的名称、申请人姓名或者名称、申请人的地址和发明人的姓名,上述内容应当与国际局的记录一致;(二)缴纳本细则第九十条第一款规定的申请费、申请附加费和公布印刷费;(三)国际申请以中文以外的文字提出的,应当提交原始国际申请的说明书、权利要求书、附图中的文字和摘要的中文译文;国际申请以中文提出的,应当提交国际公布文件中的摘要副本;(四)国际申请有附图的,应当提交附图副本。国际申请以中文提出的,应当提交国际公布文件中的摘要附图副本。

申请人在前款规定的期限内未办理进入中国国家阶段手续的,在缴纳宽限费后,可以在自优先权日起32个月的相应期限届满前办理。

第一百零二条　申请人在本细则第一百零一条第二款规定的期限内未办理进入中国国家阶段手续,或者在该期限届满时有下列情形之一的,其国际申请在中国的效力终止:(一)进入中国国家阶段声明中未写明国际申请号的;(二)未缴纳本细则第九十条第一款规定的申请费、公布印刷费和本细则第一百零一条第二款规定的宽限费的;(三)国际申请以中文以外的文字提出而未提交原始国际申请的说明书和权利要求书的中文译文的。

国际申请在中国的效力已经终止的,不适用本细则第七条第二款的规定。

第一百零三条　申请人办理进入中国国家阶段手续时有下列情形之一的，国务院专利行政部门应当通知申请人在指定期限内补正：(一)未提交摘要的中文译文或者摘要副本的；(二)未提交附图副本或者摘要附图副本的；(三)未在进入中国国家阶段声明中以中文写明发明创造的名称、申请人姓名或者名称、申请人的地址和发明人的姓名的；(四)进入中国国家阶段声明的内容或者格式不符合规定的。

期限届满申请人未补正的，其申请视为撤回。

第一百零四条　国际申请在国际阶段作过修改，申请人要求以经修改的申请文件为基础进行审查的，申请人应当在国务院专利行政部门作好国家公布的准备工作前提交修改的中文译文。在该期间内未提交中文译文的，对申请人在国际阶段提出的修改，国务院专利行政部门不予考虑。

第一百零五条　申请人办理进入中国国家阶段手续时，还应当满足下列要求：(一)国际申请中未指明发明人的，在进入中国国家阶段声明中指明发明人姓名；(二)国际阶段向国际局已办理申请人变更手续的，应当提供变更后的申请人享有申请权的证明材料；(三)申请人与作为优先权基础的在先申请的申请人不是同一人，或者提出在先申请后更改姓名的，必要时，应当提供申请人享有优先权的证明材料；(四)国际申请涉及的发明创造有专利法第二十四条第(一)项或者第(二)项所列情形之一，在提出国际申请时作过声明的，应当在进入中国国家阶段声明中予以说明，并自办理进入中国国家阶段手续之日起2个月内提交本细则第三十一条第二款规定的有关证明文件。

申请人未满足前款第(一)项、第(二)项和第(三)项要求的，国务院专利行政部门应当通知申请人在指定期限内补正。期满未补正第(一)项或者第(二)项内容的，该申请视为撤回；期满未补正第(三)项内容的，该优先权要求视为未提出。

申请人未满足本条第一款第(四)项要求的，其申请不适用专利法第二十四条的规定。

第一百零六条　申请人按照专利合作条约的规定，对生物材料样品的保藏已作出说明的，视为已经满足了本细则第二十五条第(三)项的要求。申请人应当在进入中国国家阶段声明中指明记载生物材料样品保藏事项的文件以及在该文件中的具体记载位置。

申请人在原始提交的国际申请的说明书中已记载生物材料样品保藏事项，但是没有在进入中国国家阶段声明中指明的，应当在办理进入中国国家阶段手续之日起4个月内补正。期满未补正的，该生物材料视为未提交保藏。

申请人在办理进入中国国家阶段手续之日起4个月内向国务院专利行政部门提交生物材料样品保藏证明和存活证明的，视为在本细则第二十五条第(一)项规定的期限内提交。

第一百零七条　申请人在国际阶段已要求一项或者多项优先权，在进入中国国家阶段时该优先权要求继续有效的，视为已经依照专利法第三十条的规定提出了书面声明。

申请人在国际阶段提出的优先权书面声明有书写错误或者未写明在先申请的申请号的，可以在办理进入中国国家阶段手续时提出改正请求或者写明在先申请的申请号。申请人提出改正请求的，应当缴纳改正优先权要求请求费。

申请人在国际阶段已依照专利合作条约的规定，提交过在先申请文件副本的，办理进入中国国家阶段手续时不需要向国务院专利行政部门提交在先申请文件副本。申请人在国际阶段未提交在先申请文件副本的，国务院专利行政部门认为必要时，可以通知申请人在指定期限内补交。申请人期满未补交的，其优先权要求视为未提出。

优先权要求在国际阶段视为未提出并经国际局公布该信息，申请人有正当理由的，可以在办理进入中国国家阶段手续时请求国务院专利行政部门恢复其优先权要求。

第一百零八条　在优先权日起30个月期满前要求国务院专利行政部门提前处理和审查国际申请的，申请人除应当办理进入中国国家阶段手续外，还应当依照专利合作条约第二十三条第二款规定提出请求。国际局尚未向国务院专利行政部门传送国际申请的，申请人应当提交经确认的国际申请副本。

第一百零九条　要求获得实用新型专利权的国际申请，申请人可以在办理进入中国国家阶段手续之日起1个月内，向国务院专利行政部门提出修改说明书、附图和权利要求书。

要求获得发明专利权的国际申请，适用本细则第五十一条第一款的规定。

第一百一十条　申请人发现提交的说明书、权利要求书或者附图中的文字的中文译文存在错误的，可以在下列规定期限内依照原始国际申请文本提出改正：(一)在国务院专利行政部门作好国家公布的准备工作之前；(二)在收到国务院专利行政部门发出的发明专利申请进入实质审查阶段通知书之日起3个月内。

申请人改正译文错误的，应当提出书面请求，提交译文的改正页，并缴纳规定的译文改正费。

申请人按照国务院专利行政部门的通知书的要求改正译文的，应当在指定期限内办理本条第二款规定的手续；期满未办理规定手续的，该申请视为撤回。

第一百一十一条　对要求获得发明专利权的国际申请，国务院专利行政部门经初步审查认为符合专利法和本细则有关规定的，应当在专利公报上予以公布；国际申请以中文以外的文字提出的，应当公布申请文件的中文译文。

要求获得发明专利权的国际申请，由国际局以中文进行国际公布的，自国际公布日起适用专利法第十三条的规定；由国际局以中文以外的文字进行国际公布的，自国务院专利行政部门公布之日起适用专利法第十三条的规定。

对国际申请，专利法第二十一条和第二十二条中所称的公布是指本条第一款所规定的公布。

第一百一十二条　国际申请包含两项以上发明或者实用新型的，申请人在办理进入中国国家阶段手续后，依照本细则第四十二条第一款的规定，可以提出分案申请。

在国际阶段，国际检索单位或者国际初步审查单位认为国际申请不符合专利合作条约规定的单一性要求时，申请人未按照规定缴纳附加费，导致国际申请某些部分未经国际检索或者未经国际初步审查，在进入中国国家阶段时，申请人要求将所述部分作为审查基础，国务院专利行政部门认为国际检索单位或者国际初步审查单位对发明单一性的判断正确的，应当通知申请人在指定期限内缴纳单一性恢复费。期满未缴纳或者未足额缴纳的，国际申请中未经检索或者未经国际初步审查的部分视为撤回。

第一百一十三条　申请人依照本细则第一百零一条的规定提交文件和缴纳费用的，以国务院专利行政部门收到文件之日为提交日、收到费用之日为缴纳日。

提交的文件邮递延误的，申请人自发现延误之日起

1个月内证明该文件已经在本细则第一百零一条规定的

期限届满之日前5日交付邮寄的，该文件视为在期限届满之日收到。但是，申请人提供证明的时间不得迟于本细则第一百零一条规定的期限届满后6个月。

申请人依照本细则第一百零一条的规定向国务院专利行政部门提交文件，可以使用传真方式。申请人使用传真方式的，以国务院专利行政部门收到传真件之日为提交日。申请人应当自发送传真之日起14日内向国务院专利行政部门提交传真件的原件。期满未提交原件的，视为未提交该文件。

第一百一十四条　国际申请要求优先权的，申请人应当在办理进入中国国家阶段手续时缴纳优先权要求费；未缴纳或者未足额缴纳的，国务院专利行政部门应当通知申请人在指定的期限内缴纳；期满仍未缴纳或者未足额缴纳的，视为未要求该优先权。

第一百一十五条　国际申请在国际阶段被有关国际单位拒绝给予国际申请日或者宣布视为撤回的，申请人在收到通知之日起2个月内，可以请求国际局将国际申请档案中任何文件的副本转交国务院专利行政部门，并在该期限内向国务院专利行政部门办理本细则第一百零一条规定的手续，国务院专利行政部门应当在接到国际局传送的文件后，对国际单位作出的决定是否正确进行复查。

第一百一十六条　基于国际申请授予的专利权，由于译文错误，致使依照专利法第五十六条规定确定的保护范围超出国际申请的原文所表达的范围的，以依据原文限制后的保护范围为准；致使保护范围小于国际申请的原文所表达的范围的，以授权时的保护范围为准。

第十一章　附　则

第一百一十七条　经国务院专利行政部门同意，任何人均可以查阅或者复制已经公布或者公告的专利申请的案卷和专利登记簿，并可以请求国务院专利行政部门出具专利登记簿副本。

已视为撤回、驳回和主动撤回的专利申请的案卷，自该专利申请失效之日起满2年后不予保存。

已放弃、宣告全部无效和终止的专利权的案卷，自该专利权失效之日起满3年后不予保存。

第一百一十八条　向国务院专利行政部门提交申请文件或者办理各种手续，应当使用国务院专利行政部门制定的统一格式，由申请人、专利权人、其他利害关系人或者其代表人签字或者盖章；委托专利代理机构的，由专利代理机构盖章。

请求变更发明人姓名、专利申请人和专利权人的姓名或者名称、国籍和地址、专利代理机构的名称、地址和代理人姓名的，应当向国务院专利行政部门办理著录事项变更手续，并附具变更理由的证明材料。

第一百一十九条　向国务院专利行政部门邮寄有关申请或者专利权的文件，应当使用挂号信函，不得使用包裹。

除首次提交申请文件外，向国务院专利行政部门提交各种文件、办理各种手续时，应当标明申请号或者专利号、发明创造名称和申请人或者专利权人姓名或者名称。

一件信函中应当只包含同一申请的文件。

第一百二十条　各类申请文件应当打字或者印刷，字迹呈黑色，整齐清晰，并不得涂改。附图应当用制图工具和黑色墨水绘制，线条应当均匀清晰，并不得涂改。

请求书、说明书、权利要求书、附图和摘要应当分别用阿拉伯数字顺序编号。

申请文件的文字部分应当横向书写。纸张限于单面使用。

第一百二十一条　国务院专利行政部门根据专利法和本细则制定专利审查指南。

第一百二十二条　本细则自2001年7月1日起施行。1992年12月12日国务院批准修订、1992年12月21日中国专利局发布的《中华人民共和国专利法实施细则》同时废止。

12月29日

国务院总理朱镕基在人民大会堂与德国总理施罗德举行会谈

朱镕基强调近年来中德关系在各个领域都取得显著发展，无论在广度和深度上都处于历史最好水平。他说，德国长期以来是中国在欧洲最大的贸易和技术合作伙伴。预计今年两国贸易将再创新高。德国对华投资也逐年增加，其中很多是大项目。上海磁浮列车的建设成功是中德经贸关系史上值得祝贺的一件大事。两国还加强了在文化、科技、教育、法律等领域的交流与合作，双边关系的内涵不断充实。朱镕基说，中德在维护世界和平、促进共同发展等重大国际问题上有着一致或相近的看法和越来越多的共同利益。两国在联合国和其他国际组织中保持了良好的合作。我们对中德合作日益密切和广泛表示满意，对两国合作前景充满期待。

朱镕基还感谢德方坚持一个中国政策，支持中国申办2010年上海世博会，强调中方愿与德方共同努力，进一步加强两国在各领域的友好合作关系。

国务院副总理吴邦国听取铁道部的工作汇报并对铁路工作提出要求

中共中央政治局常委、国务院副总理吴邦国近日听取了铁道部的工作汇报，充分肯定党的十五大以来铁路工作取得的成绩，对做好今后一个时期铁路工作提出要求。

吴邦国指出，这几年铁路工作取得很大成绩。铁路建设质量提高、进展加快，一大批重点新线、复线建设工程建成投产，提高了铁路运输能力；先后进行四次大提速，提高了铁路市场竞争能力；客货运量和运输收入不断突破历史纪录，运输经营连续四年实现盈利，确保了粮食、煤炭等重点物资运输，支持了国民经济建设和结构调整；铁路改革在发展中稳步推进，科技进步成果显著，铁路建设技术和机车车辆及调度指挥水平明显提高；安全生产基础工作不断加强，运输安全基本稳定，为国民经济发展作出了重要贡献。

吴邦国强调，铁路部门要深入学习贯彻党的十六大精神，以“三个代表”重要思想为指导，总结经验，分析形势，振奋精神，开拓创新，全力做好2003年各项工作，更加富有成效地把铁路工作推向前进，为实现我国现代化建设第三步战略目标作出新的更大的贡献。吴邦国要求，要在现有工作的基础上，组织力量，根据实践，结合需要，以解决繁忙干线能力紧张和加快西部铁路建设为重点，完善铁路发展总体规划，逐步实施，努力提高运输能力和质量。要积极、稳妥、有序地推进铁路改革，努力增强铁路企业的活力，更好地满足国民经济和社会发展需要。要毫不放松地抓好安全生产，确保铁路运输的安全畅通。

按照党的十六大和中央经济工作会议精神，铁道部在近日召开的全路工作会议上，提出了新世纪新阶段铁路改革发展的指导思想和总体目标：即全面贯彻“三个代表”重要思想，坚持把发展作为铁路第一要务，破除一切制约先进生产力发展的思想障碍和体制障碍，深化发展战略研究，充分利用后发优势，加快铁路现代化建设，进一步促进铁路全面发展，力争到2020年，使铁路主要技术装备水平达到或超过21世纪初发达国家的水平。铁路运输能力、运输质量、服务水平及经营方式全面适应更高水平的小康社会需求。推进客运快速化、货运物流化，使人便其行，货畅其流。铁路建立起与社会主义市场经济相适应的管理体制和经营机制，形成开放、竞争、有序的市场环境。职工思想道德素质、科学文化素质和健康素质明显提高，生活条件和生活质量有更大改善。这次会议还对2003年铁路工作做了部署。一是继续深入推进各项改革工作，研究下一步铁路改革的目标和任务，努力实现铁路改革的新突破。二是抓好各项重点工程建设，青藏铁路建设要夺取全面攻坚的新胜利。三是进一步提高运输质量和效益，大力增收节支，确保完成全年盈利目标。四是进一步加快铁路科技创新步伐，加强高速铁路技术的自主开发研究，加快推进信息化建设，进一步强化运输安全技术保障。五是大力加强党的建设和思想政治工作，处理好改革发展稳定的关系，努力开创铁路工作的新局面。

全国总工会十三届十一次主席团(扩大)会议在北京召开

中共中央政治局委员、中华全国总工会主席王兆国在会上强调，广大工会干部要切实把学习贯彻党的十六大精神作为首要政治任务来抓，坚持用“三个代表”重要思想统揽工会工作全局。

中华全国总工会副主席、书记处第一书记张俊九主持会议。全总其他领导和全总十三届主席团委员参加会议。各省、自治区、直辖市总工会主席，各全国产业工会主席，全总各部门和各直属单位的负责同志列席了会议。

中国电力新组建(改组)公司成立大会在人民大会堂召开

中共中央政治局委员、国家计委主任曾培炎出席大会并作了讲话。

曾培炎说，中国电力新组建(改组)的11家公司正式宣告成立，实现了厂网分开，引入了竞争机制，这是我国电力体制改革的重要成果，它标志着电力工业在建立社会主义市场经济体制，加快社会主义现代化建设的宏伟事业中，进入了一个新的发展时期。

新成立的电力公司包括：国家电网公司、中国南方电网有限公司、中国华能集团公司、中国大唐集团公司、中国华电集团公司、中国国电集团公司、中国电力投资集团公司、中国电力工程顾问集团公司、中国水电工程顾问集团公司、中国水利水电建设集团公司和中国葛洲坝集团公司。

12月30日

"神舟"四号飞船成功发射

北京时间2002年12月30日凌晨，我国自行研制的"神舟"四号无人飞船在酒泉卫星发射中心发射升空并成功进入预定轨道。这是我国载人航天工程的第四次飞行试验。全国人大常委会委员长李鹏，中共中央政治局常委、国务院副总理吴邦国，中共中央政治局常委贾庆林在发射现场观看飞船发射。

中共中央政治局委员、中央军委副主席曹刚川，全国政协副主席宋健，中央军委委员、总装备部部长李继耐，总装备部政委迟万春等，也在现场观看了飞船发射。

十几分钟后，飞船成功进入预定轨道。这次发射成功，标志着我国载人航天事业取得了新进展，向实现载人飞行又迈出了重要一步。

飞船发射成功后，李鹏发表了重要讲话。他说，刚才，我们共同经历了一个激动人心的时刻，举世瞩目的"神舟"四号飞船顺利升空了。这是一件长民族志气、振国威军威的大喜事，举国为之骄傲，为之振奋。我代表吴邦国、贾庆林、曹刚川、宋健等领导同志向参加载人航天工程研制试验的全体科技人员、干部、工人和解放军指战员，表示热烈的祝贺和诚挚的问候。

李鹏指出，这次发射成功，是在全党全军全国人民认真学习贯彻十六大精神，意气风发开创新局面的大好形势下，在"神舟"三号飞船成功发射仅9个月的时间里取得的，意义非常重大。这是党中央科学决策、正确领导的结果，是全体参试人员团结协作、奋力拼搏的结果。这次发射成功，标志着我国载人航天技术日臻成熟，标志着我国综合国力、科技实力显著提高，充分展示了中国人民万众一心实现民族伟大复兴的坚强信心。这次发射成功，不仅对我国载人航天工程的发展是个巨大的推动，而且对全国各条战线都是个巨大的鼓舞。实践再一次证明，党中央下决心搞载人飞船的决策是非常正确的。我们要按照既定的目标坚定不移地走下去，为人类开发利用太空作出应有的贡献。

李鹏强调，党的十六大为我们国家的发展确立了新的奋斗目标，描绘了新的宏伟蓝图。载人航天工程是国家的重点工程。大力推进这一重点工程，突破和发展我国的载人航天技术，对于全面建设小康社会、推进中国特色社会主义伟大事业，意义重大，影响深远。在这条战线工作的同志们是无上光荣的，你们付出的辛劳和汗水党和人民永远不会忘记，你们的功绩，将永载史册。载人航天工程的后续任务还很重。希望参加研制试验的全体同志，认真学习贯彻党的十六大精神，全面贯彻落实"三个代表"重要思想，大力弘扬"两弹一星"精神，保持和发扬航天战线的优良传统和顽强作风，再接再厉，乘势而上，扎实细致工作，坚持质量第一，确保载人飞行试验取得圆满成功，为实现中华民族的飞天梦想，实现十六大提出的奋斗目标作出更大的贡献。

在"神舟"四号飞船发射前，李鹏、吴邦国、贾庆林还听取了载人航天工程总指挥李继耐等的工作汇报，考察了飞船发射前线指挥部、指挥控制大厅、火箭飞船垂直总装测试厂房和载人航天发射场，会见了在场的参试人员并与大家亲切握手。

我国于1999年11月20日首次成功发射"神舟"号飞船。按照研制计划，要发射若干艘无人飞船，然后实施载人飞行。这次发射的"神舟"四号飞船是整个研制计划中一次重要的飞行试验。飞船将在太空完成预定试验任务后返回地面。

"神舟"四号飞船由中国航天科技集团公司所属的中国空间技术研究院和上海航天技术研究院为主研制；长征二号F火箭由中国航天科技集团公司所属的中国运载火箭技术研究院研制。中国科学院、信息产业部等部门的有关单位，研制了用于空间科学实验与应用研究的船载仪器和地面测控设备。

载人航天应用系统全系统参加试验，飞船在太空自主飞行和留轨飞行期间将进行多模态微波遥感器对地探测、综合精密定轨试验、生物大分子和细胞的空间分离纯化实验、微重力流体物理实验等空间科学技术研究项目。航天员系统和飞船环境控制与生命保障分系统也全面参加试验。此前，预备航天员已进入飞船进行了实际体验。

这次试验还按照正式载人飞行的要求，设立了若干陆上应急救生区和海上应急救生区，救护人员到位并进行了有关演练。飞船在轨飞行期间，在北京航天指挥控制中心的统一调度下，有关测控站和“远望号”远洋航天测量船，将对飞船进行持续跟踪、测量和控制。

发射“神舟”四号飞船，是长征系列运载火箭的第69次飞行，也是自1996年10月以来，我国航天发射连续第27获得成功。飞船发射场——酒泉卫星发射中心，建有完善的发射测量、控制、通信、指挥系统和适应航天员需要的设备设施，以及备份着陆场和应急救生医疗中心。

李鹏 吴邦国 贾庆林等领导同志在酒泉会见参加“神舟”四号飞船发射的科技人员和部队官兵

全国人大常委会委员长李鹏，中共中央政治局常委、国务院副总理吴邦国，中共中央政治局常委贾庆林在酒泉卫星发射中心亲切会见了参加“神舟”四号飞船发射的科技人员和部队官兵代表。李鹏发表了讲话。

中共中央政治局委员、中央军委副主席曹刚川，全国政协副主席宋健，中央军委委员、总装备部部长、载人航天工程总指挥李继耐，总装备部政委迟万春参加会见。

李鹏首先向全体参加“神舟”四号飞船发射试验的科技人员和部队官兵，表示热烈的祝贺和亲切的慰问。他说，“神舟”四号飞船发射成功，标志着我国载人航天取得了实质性突破，中国人千百年来的飞天梦想很快就会实现。这是我国综合国力显著提高的重要体现，是社会主义能够集中力量办大事的充分展示。

李鹏说，载人航天工程的实施，已经在我国政治、经济、科技和国防建设等各个领域取得显著成效。实践充分证明，党中央、国务院下决心搞载人航天工程的决策是非常英明和正确的，这对于加快推进我国经济建设、社会进步、科技发展，对于牢固确立我国在世界上的大国地位，对于全面建设小康社会、开创中国特色社会主义事业新局面、实现中华民族的伟大复兴都具有十分重要的意义。

李鹏指出，酒泉卫星发射中心是我国组建最早的航天发射试验基地，曾创造了中国航天史上“九个第一”的辉煌业绩。就是在这里，我国第一颗人造地球卫星、科学探测和返回式技术实验卫星飞向太空；我国第一代导弹和远程火箭发射成功；我国第一次导弹核武器结合试验和“一箭三星”发射成功。还是在这里，“神舟”号飞船四战四捷，尤其是在今年短短的九个月时间里，“神舟”号飞船连续两次发射成功，令人振奋，使人鼓舞。这些成就的取得，是党中央英明决策、正确领导的结果，是全国各方面鼎力支持、大力协同的结果，是全体研制试验人员团结奋战、刻苦攻关的结果。江泽民同志今年在观看“神舟”三号飞船发射时，高度赞扬了同志们为我国航天事业所作出的重要贡献，你们的功绩将载入共和国史册，党和人民永远不会忘记你们。最近，党中央、国务院、中央军委决定，加强载人航天工程人才队伍建设和军队实施“高新工程”人才特殊津贴，这既是党中央、国务院、中央军委对你们的关心，也是对你们的褒奖。

李鹏强调，当今世界，科技进步日新月异，综合国力竞争日趋激烈。虽然我国航天事业取得了很大成绩，但要抢占世界航天科技的制高点，牢牢掌握主动权，还需要付出更艰苦的努力，任重而道远。航天战线的同志们一定要认真学习贯彻十六大精神，全面落实“三个代表”重要思想，瞄准世界科技发展的前沿，抓住机遇，锐意进取，加速推进我国航天事业的跨越式发展；一定要努力提高航天科技和发射试验的自主创新能力，突破一批航天关键技术，培养造就一支勇于开拓、不断创新的航天科技队伍；一定要大力发扬“两弹一星”精神，艰苦奋斗、顽强拼搏，严肃认真、科学求实，团结协作、集智攻关，当科技尖兵，做航天先锋，不断夺取载人航天工程建设的新胜利，不断谱写中国航天事业和国防科技发展的新篇章，为实现党的十六大确立的宏伟目标而努力奋斗。

中央和国家机关有关部门负责同志参加了会见。

中央军委主席江泽民致电总装备部并载人航天工程指挥部祝贺“神舟”四号飞船发射成功

国家主席江泽民在中南海会见德国总理施罗德

国家副主席胡锦涛在人民大会堂会见德国总理施罗德

中央精神文明建设指导委员会在北京召开全体会议

中共中央政治局常委、中央文明委主任李长春主持会议并讲话。中共中央政治局委员、书记处书记、中央文明委副主任刘云山出席会议。

李长春指出，十六大提出了全面建设小康社会新阶段精神文明建设的目标、任务，为进一步加强精神文明建设指明了方向。要通过学习十六大精神，使我们对精神文明建设重要性的认识有一个新的飞跃，坚持“两手抓、两手硬”的自觉性有一个新的提高。要保持清醒头脑，增强忧患意识，始终保持谦虚谨慎、不骄不躁的作风，始终保持艰苦奋斗的作风，扎扎实实地做好工作。

李长春要求，做好明年精神文明建设工作，要抓好重中之重，把学习宣传贯彻十六大精神和“三个代表”重要思想的热潮引向深入，在深入人心上下功夫，在开拓创新上下功夫，在力求实效上下功夫，使十六大主要精神家喻户晓、人人明白，真正深入党心民心，化为全党全国人民的自觉行动。要以贯彻《公民道德建设实施纲要》为重点，提高人们的思想道德素质，弘扬和培育民族精神，丰富人们的精神世界，增强人们的精神力量。要以诚信建设为重点，认真纠正行业不正之风，找准不同领域的突出问题，采取有效措施进行综合整治。要以帮助困难群众和贫困地区为重点，多办好事实事，多做化解矛盾、维护稳定的工作。要以创建文明城市为重点，提高城乡文明程度，努力创造有利于扩大开放加快发展的政务环境、法治环境、市场环境、人文环境、生活环境、生态环境。

李长春强调，必须始终坚持用“三个代表”重要思想统领社会主义精神文明建设。要坚持以“三个代表”重要思想作为指导思想，坚持为发展先进生产力服务，坚持大力发展社会主义先进文化，坚持全面地充分地体现人民的利益。要坚持与时俱进，研究新情况，解决新问题，总结新经验，形成新思路，提出新举措。要坚持加强党对精神文明建设的领导，形成党委统一领导、党政齐抓共管、部门各负其责、文明委协调指导、群众积极参与的领导体制和工作机制。要始终把当前干部群众普遍关心的制止消极腐败现象、纠正行业不正之风、扫除黄赌毒等社会丑恶现象、禁止制造和传播文化垃圾、治理社会治安和环境脏乱差，作为加强精神文明建设的重点，切实抓出成效。要注重实效，严防形式主义。

李长春强调，我们要紧密团结在以胡锦涛同志为总书记的党中央周围，高举邓小平理论伟大旗帜不动摇，全面贯彻“三个代表”重要思想，认真贯彻落实十六大精神，开拓进取，扎实工作，努力开创精神文明建设新局面。

中央文明委委员出席会议并发表了意见。

河南省委主要负责同志职务调整

中共中央决定：

李克强同志任河南省委书记；免去陈奎元同志的河南省委书记、常委、委员职务，另有任用。

江苏省委主要负责同志职务调整

中共中央决定：

回良玉同志不再兼任江苏省委书记、常委、委员职务，李源潮同志任江苏省委书记。

天津市十三届人大常委会第三十八次会议决定任命戴相龙为天津市副市长代市长

12 月 31 日

国家主席江泽民发表题为《共同创造和平繁荣的美好未来》的新年贺词

女士们，先生们，同志们，朋友们：

二〇〇三年的新年钟声即将敲响。在新的一年到来的时刻，我很高兴通过中国国际广播电台、中央人民广播电台和中央电视台，向全国各族人民，向香港特别行政区同胞和澳门特别行政区同胞，向台湾同胞和海外侨胞，向世界各国和各地区的朋友们，致以新年的祝福！

二〇〇二年，是对中国的发展具有重大而深远意义的一年。中国共产党胜利召开了第十六次全国代表大会。这次大会，把“三个代表”重要思想同马克思列宁主义、毛泽东思想、邓小平理论一道确立为中国共产党必须长期坚持的指导思想，系统总结我们党领导人民建设中国特色社会主义的基本经验，提出全面建设小康社会的奋斗目标，对建设中国特色社会主义经济、政治、文化等各项工作作出全面部署，顺利实现中国共产党中央领导集体的新老交替。当前，中国各族人民正紧密团结在以胡锦涛同志为总书记的党中央周围，群情振奋，万众一心，为全面建设小康社会、开创中国特色社会主义事业新局面而奋斗。我坚信，中国必将迎来更加光辉灿烂的未来。

二〇〇二年，是中国的改革开放和社会主义现代化建设继续开拓前进的一年。

我们坚持扩大内需的方针，实施积极的财政政策和稳健的货币政策，实施科教兴国和可持续发展战略，大力推进经济结构的战略性调整，加强农业基础地位，深化国有企业改革，加强生态环境保护和建设，积极推进西部大开发，努力扩大就业和促进再就业，完善社会保障体系，加强社会主义民主法制建设和精神文明建设，保持了国民经济持续快速健康发展，促进了社会全面进步，人民生活水平进一步提高。今日之中国，政通人和，欣欣向荣。

我们坚持以开放促改革促发展，对外开放水平有了新提高。中国严格遵守世贸组织规则，履行有关承诺，不断开放市场，改善投资环境，成为全球对外资最有吸引力的国家之一。中国的发展离不开世界，世界的繁荣也离不开中国。中国的发展，有利于促进世界的和平与发展。

我们坚持"一国两制"方针，严格按照香港特别行政区基本法和澳门特别行政区基本法办事，保持了香港和澳门的社会经济稳定。我们坚持"和平统一、一国两制"的基本方针和现阶段发展两岸关系、推进和平统一进程的八项主张，积极发展两岸关系，两岸人员往来和经济文化交流不断加强，台湾同胞求和平、求安定、求发展的意愿不断增强。

我们坚持奉行独立自主的和平外交政策，同世界各国人民一道，坚定不移地推进世界和平与发展的崇高事业。我们开展全方位外交，在重大的国际和地区问题上发挥积极作用，进一步加强与世界各国的经济合作和交流，并积极推动在联合国等不同机制下的国际反恐合作。中国人民和各国人民的友谊不断加强。

二〇〇三年，是中国各族人民为十六大提出的宏伟目标和各项任务进行奋斗的开局之年，中国人民将继续沿着中国特色社会主义的道路意气风发地前进。经过改革开放二十多年的发展，中国取得了举世瞩目的伟大成就。完全可以相信，再经过二十年的努力，勤劳勇敢的中国人民将用自己的双手，在中国这片神奇的土地上创造新的人间奇迹。到那个时候，中国将更加繁荣富强，中国将对人类作出更大的贡献。

这里，我特别要祝愿两千三百万台湾同胞在新的一年里幸福安康。我坚信，包括广大台湾同胞在内的全体中华儿女共同努力，祖国的完全统一就一定能够早日实现。

当前，国际局势正在发生深刻的变化，世界多极化和经济全球化趋势继续发展，科技进步日新月异。和平与发展仍是当今时代的主题。人类拥有创造美好生活的更多有利条件。但也要看到，世界的发展很不平衡，不公正不合理的国际政治经济旧秩序还没有根本改变，南北差距进一步扩大，一些地区的冲突和争端此起彼伏，国际恐怖主义危害着人们的宁静生活，贫困、环境恶化、毒品等非传统安全问题更加突出。人类仍面临着许多严峻的挑战。各国人民应该携起手来，共同应对这些问题。

中国人民和各国人民都渴望实现持久和平，渴望实现共同发展，渴望过上安宁幸福的生活。中国人民将一如既往地同世界各国人民一道，推动建立国际政治经济新秩序，尊重世界的多样性，促进国际关系民主化，努力维护世界和平，促进共同发展。

人类社会的发展正面临着难得的机遇，也面临着各种挑战。要创造世界更加美好的未来，必须抓住机遇，迎接挑战。我相信，只要各国人民和政治家携起手来，从人类前途命运和世界各国人民共同利益出发，以积极的态度克服在前进中面临的困难，人类社会的发展前景就始终是光明的。

最后，我从北京祝大家新年好！

谢谢。

上海磁浮示范运营线举行通车典礼

国务院总理朱镕基和正在中国访问的德国总理施罗德出席典礼并发表讲话。

上午10时，朱镕基总理、施罗德总理来到装扮一新的示范运营线始发站——龙阳路站。两国总理为试运行通车剪彩后，同乘列车前往终点站——上海浦东国际机场站。

10时10分，绿黄白相间的流线型磁浮列车如御风而行，行间达到设计最高运行速度每小时430公里，全程30公里只用了不到8分钟时间。中德两国总理和双方随行人员热烈鼓掌，对通车成功表示祝贺。随后，朱镕基和施罗德参观了浦东国际机场站站台，向车站工作人员频频挥手致意。再次登车返回龙阳路站后，两国总理一同参观了示范运营线总控制室，询问了磁浮交通系统建设和试运行的有关情况。

11时10分，上海磁浮示范运营线通车典礼在上海国际新闻中心举行。朱镕基和施罗德发表讲话。

朱镕基说，上海磁浮示范运营线经过两年多的规划和建设，今天成功实现了试运行通车。这是上海城市建设史上的一件大事，也是中国轨道交通发展史上的一件大事。上海在如此短的时间内成功完成了这项高科技工程，确实是一个奇迹。他对试运行通车成功表示热烈祝贺，对前来参加通车典礼的施罗德总理及其代表团成员表示欢迎。

朱镕基说，磁浮列车是高科技的新型交通工具，具有容量大、速度快、能耗低、安全性好、环境影响小等很多优点，有明显的经济效益和巨大的社会效益，发展前景广阔。上海建成世界上第一条商业化运营磁浮示范线，是对新型轨道交通建设的有益探索。这不仅有利于上海加快建成现代化国际大都市，而且对促进中国轨道交通多样化建设及相关工业技术的跨越式发展具有重要意义。

朱镕基说，上海引进德国技术建成磁浮示范运营线，这是中德两国在高科技领域成功合作的最新成果，把中德经贸技术合作推向了一个崭新阶段。他对两国工程技术人员和全体建设者的辛勤劳动表示崇高敬意，并感谢施罗德总理和德国联邦政府对合作项目的关心、帮助和支持。

朱镕基希望中德两国的合作伙伴继续密切合作，进一步完善磁浮技术系统，探索磁浮设备本地化道路，使高速磁浮交通系统具有更高的经济性和更强的竞争力。

施罗德在讲话中热烈祝贺并高度评价上海磁浮示范运营线成功通车。他说，中国政府的决心和工程建设者们的艰苦努力使这项工程得以高质量、高速度地完成，将我们三年前的幻想变成了现实。他还感谢上海市政府给予这一项目的全力支持。

施罗德指出，世界上第一条商业运营磁浮项目的建成充分体现了德中两国在经贸和高新技术领域的密切合作。德国政府和企业界希望与中国进行长期合作，以造福两国人民。

中共中央政治局委员、国家计委主任曾培炎出席典礼。

国务院和上海市有关部门负责人徐冠华、傅志寰、徐匡迪、马凯、魏礼群、马灿荣、李伟、周慕尧、赵进军等也出席了通车典礼。

上海磁浮示范运营线于2000年6月由中德两国政府签订协议开展可行性研究，同年8月获国家计委批准立项，2001年3月正式开工建设。工程从签约到通车试运行历时两年半，创造了高速度、高质量的建设奇迹。示范运营线将于2003年初开始单线一列三节车试运行，9月全线开始双线折返运行，年底全线完成验收。

上海申通集团等8家公司出资成立上海磁浮交通发展有限公司负责磁浮铁路建设和运行，德方西门子、蒂森·克虏伯、磁浮国际三家公司组成联合体负责项目供货和技术服务。示范运营线具有交通、旅游观光等多重功能，为上海增添了新的风采。

国务院安全生产委员会第四次全体会议在北京召开

在听取有关部门工作汇报后，吴邦国发表讲话。他说，党中央、国务院一贯高度重视安全生产工作。近年来，针对部分领域和行业重特大事故多发的情况，在加强领导、强化监督、健全监管机构、完善法律、法规体系、开展专项整治、严格行政责任追究和增加安全生产投入等方面采取一系列重大措施，经过各地区、各部门和企业及安全生产工作战线上广大干部职工辛勤努力和积极工作，取得了一定成效，全国安全生产形势总体稳定、趋向好转。一是生产安全特大恶性事故以较大幅度逐年下降，重特大事故上升势头得到有效遏制；二是安全生产专项整治取得阶段性成果，事故多发、人民群众普遍关注的行业和领域生产安全事故明显下降；三是安全生产责任制进一步落实，监督检查力度明显加大，特别是省、市级领导的重视程度普遍提高；四是一些地区安全生产出现稳定好转势头。

吴邦国指出，在看到这几年安全生产工作取得成绩的同时，一定要清醒地认识到，当前安全生产工作的基础还很薄弱，专项整治成果也只是阶段性的、不牢固的，全国安全生产形势依然十分严峻。他说，搞好安全生产是一项重要的、长期的、艰巨的任务，也是一项经常性的工作，只能加强，丝毫也不能削弱，必须警钟长鸣，常抓不懈。要增强责任感、紧迫感和自觉性，通过加倍努力、扎实工作，逐步实现安全生产形势根本好转。吴邦国强调，各地区、各部门和单位要以“三个代表”重要思想为指导，认真贯彻胡锦涛总书记在中央经济工作会议上强调的“安全生产关系群众生命，要作为一项重要工作切实抓好”的指示精神，从维护改革发展稳定大局出发，始终坚持“安全第一、预防为主”的方针，牢固树立长期奋斗的思想，发扬脚踏实地的作风，从薄弱的环节抓起，从解决突出的问题入手，明确责任，落实措施，严格管理，强化监督，扎扎实实地把安全生产工作抓紧抓好。

对下一阶段安全生产工作，吴邦国着重强调了三点：第一，全面贯彻实施《安全生产法》，逐步把安全生产纳入法治轨道。《安全生产法》是安全生产工作的根本大法，各地区、各部门和单位必须严格执行。要依法落实安全生产责任制，建立、健全各项规章制度，加强安全生产培训，严格责任追究。要针对新形势下面临的新情况、新问题，积极探索加强对非公有制企业安全生产管理的有效办法，逐步建立安全生产长效机制。第二，深入开展安全生产专项整治，巩固和扩大整治成果。要继续以煤矿安全、危险化学品管理、烟花爆竹和易燃易爆物品管理、道路和水上交通运输等领域为重点，在前两年工作基础上，把安全生产专项整治工作深入持久地开展下去。同时，要加强日常监督检查，发现问题，及时整改。第三，加大安全生产投入，提高企业安全生产整体水平。企业要下决心解决安全生产欠账问题，集中力量建设完善安全生产监测和防范设施，改善作业环境和条件，规范规划建设和生产经营活动，最大限度地消除事故隐患，提高安全生产综合防御能力，从源头上防止重特大生产安全事故发生。

吴邦国最后强调，当前要突出做好“两节”及明年“两会”期间的安全生产工作。各地区、各部门和各行业要结合年度工作部署，对安全生产工作进行全面安排，有针对性地开展安全生产大检查，认真排查事故隐患，坚决堵塞管理漏洞。他说，“春运”在即，有关方面要把“春运”的各项工作组织好、安排好，保证铁路、民航、公路、水路安全畅通，疏导民工合理有序流动，确保广大人民群众出行安全。要严格烟花爆竹和易燃易爆物品及危险化学品的管理，严禁携带易燃易爆物品和危险化学品乘坐车船飞机。对节假日期间举办的各种大型群众性活动，主办单位和有关部门要切实负起责任，精心组织，周密部署，确保万无一失。要把旅游场所、娱乐场所、大型商场、机场、车站、码头、油库等公共场所和要害部门作为安全防范的重点，落实防范措施，确保不发生重特大事故。要加强节假日期间安全保卫和值班工作，严格岗位责任，制定应急预案，及时组织力量处置各种突发事件和异常情况，确保人民群众过一个欢乐、祥和、喜庆的节日。国务院安全生产委员会全体成员出席了会议。有关方面负责人作了汇报。会议决定，明年1月份召开全国安全生产电视电话会议，对有关工作进行具体部署。